DIE BIBEL

Einheitsübersetzung
der Heiligen Schrift

DIE BIBEL

EINHEITSÜBERSETZUNG
DER HEILIGEN SCHRIFT

mit Bildern von

ALBIN EGGER-LIENZ

– Gesamtausgabe –
Psalmen und Neues Testament
Ökumenischer Text
Mit Familienchronik und 32 Farbtafeln

Mit Texten zu den Bildern
und einem Nachwort zum Künstler von Gert Ammann

Tyrolia-Verlag · Innsbruck-Wien

Herausgegeben im Auftrag
der Bischöfe Deutschlands,
Österreich,
der Schweiz,
des Bischofs von Luxemburg,
des Bischofs von Lüttich,
des Bischofs von Bozen-Brixen,
des Rates der Evangelischen Kirche
in Deutschland
und der Deutschen Bibelgesellschaft

Mitglied der Verlagsgruppe „engagement"

Bibliografische Information Der Deutschen Bibliothek
Die Deutsche Bibliothek verzeichnet diese Publikation in der Deutschen Nationalbibliothek; detaillierte bibliografische Daten sind im Internet unter http://dnb.ddb.de abrufbar.

Lizenzausgabe der Katholischen Bibelanstalt, Stuttgart
Einheitsübersetzung der Heiligen Schrift

2003

Umschlaggestaltung: unisono Werbeagentur, Innsbruck
Lithografie: Laserpoint, Innsbruck
Satz: Hahn Medien Kornwestheim
Druck: Druckerei C. H. Beck, Nördlingen
ISBN 3-7022-2529-3 (Leinen)
ISBN 3-7022-2549-8 (Leder)
E-Mail: buchverlag@tyrolia.at
Internet: www.tyrolia.at

INHALTSVERZEICHNIS

DIE SCHRIFTEN DES ALTEN TESTAMENTS

DIE SCHRIFTEN DES NEUEN TESTAMENTS

ANHANG

AN DIE LESER DIESER AUSGABE

»Der Mensch lebt nicht nur von Brot, sondern von jedem Wort, das aus Gottes Mund kommt« (Mt 4,4).

Diese Aussage Jesu im Kampf gegen den Versucher, die er dem Alten Testament entnimmt (vgl. Dtn 8,3), weist auf die bleibende Bedeutung des Wortes Gottes für die Menschen aller Völker und Zeiten hin.

Schon vor dem Zweiten Vatikanischen Konzil fassten die deutschen katholischen Bischöfe aufgrund einer Denkschrift des Katholischen Bibelwerks Stuttgart den Beschluss, eine neue Übersetzung der Bibel aus den Urtexten für den kirchlichen Gebrauch schaffen zu lassen, um so einen besseren Zugang zum Wort Gottes zu ermöglichen. Sie beauftragten dazu die Bischöfe J. Freundorfer, C. J. Leiprecht und E. Schick. Die österreichischen Bischöfe entsandten später Weihbischof A. Stöger. Den bischöflichen Beauftragten wurde ein Arbeitsausschuss aus Fachleuten der Exegese, Katechese, Liturgik und der deutschen Sprache zur Seite gestellt.

Bei dieser Übersetzung sollten nicht nur die neuen Erkenntnisse der Bibelwissenschaft, sondern auch die Regeln der deutschen Sprache in angemessener Weise berücksichtigt werden. Bis dahin benutzte die katholische Kirche Übersetzungen, welche entweder die lateinische Übersetzung der Bibel durch den heiligen Hieronymus, die Vulgata, zugrunde legten oder doch in besonderer Weise berücksichtigten.

Die Arbeit an der neuen Übersetzung begann 1962. Kurz darauf gestattete das Zweite Vatikanische Konzil den Gebrauch der Landessprachen in der Liturgie und erklärte: »Der Zugang zur Heiligen Schrift muss für alle, die an Christus glauben, weit offenstehen. Darum … bemüht sich die Kirche, dass brauchbare und genaue Übersetzungen in die verschiedenen Sprachen erarbeitet werden, mit Vorrang aus dem Urtext der heiligen Bücher« (Über die Göttliche Offenbarung, Nr. 22). Daraufhin schlossen sich die übrigen katholischen Bischöfe deutschsprachiger Gebiete in Europa dem Unternehmen an, das den Namen »Einheitsübersetzung« erhielt, weil es den Gebrauch einheitlicher biblischer Texte in Gottesdienst und Schule in allen Diözesen ermöglichen sollte. Die einheitliche Texterfassung ließ hoffen, dass sich wichtige Aussagen der Bibel dem Ohr der Gläubigen dauerhafter einprägten. Auch würde eine solche für den Gebrauch der Bibel in der Öffentlichkeit, besonders in Presse, Funk und Fernsehen, von Nutzen sein.

Da die Übersetzung vor allem in der Verkündigung Verwendung finden sollte, musste sie sowohl das Verstehen erleichtern wie auch für das Vorlesen und teilweise auch für das Singen geeignet sein. Darum wurden von Anfang an neben Fachleuten der Bibelwissenschaften auch solche der Liturgik, Katechetik, der Kirchenmusik und der deutschen Sprache herangezogen. Besondere Sorgfalt wurde auf die sprachliche Fassung der hymnischen Texte des Alten und des Neuen Testamentes, insbesondere der Psalmen, verwendet.

Von Anfang an strebten die katholischen Bischöfe die Mitarbeit der evangelischen Kirche in Deutschland an. Die evangelische Michaelsbruderschaft arbeitete von Anfang an durch Beauftragte an der Übersetzung mit. Ab 1967 beteiligte sich die Evangelische Kirche in Deutschland an der Übersetzung der beiden Kirchen gemeinsamen biblischen Lesungen der Sonn- und Festtage und der Psalmen, nachdem Kardinal A. Bea, der erste Leiter des Sekretariats für die Einheit der Christen in Rom, und Bischof K. Scharf, der damalige Vorsitzende des Rates der Evangelischen Kirche in Deutschland, sich bei einem Zusammentref-

fen für eine solche Zusammenarbeit ausgesprochen hatten. Über diese gemeinsame Arbeit wurde 1970 der erste Vertrag zwischen dem Verband der Diözesen Deutschlands und dem Rat der Evangelischen Kirche in Deutschland und dem Evangelischen Bibelwerk in der Bundesrepublik Deutschland geschlossen.

Ein wichtiges Ergebnis der Zusammenarbeit stellt die Einigung der Beauftragten beider Kirchen auf eine einheitliche deutsche Wiedergabe der biblischen Eigennamen sowie der Bezeichnung für Orte, Landschaften, Maße und Gewichte dar. Das »Ökumenische Verzeichnis der biblischen Eigennamen« wurde 1972 veröffentlicht.

Ab 1970 erschienen die Übersetzungen einzelner biblischer Bücher im Druck; 1972 wurde die vorläufige Endfassung des Neuen Testamentes, 1974 jene des Alten Testamentes für die Erprobung, vor allem in Liturgie und Schule, veröffentlicht. Die Übersetzung fand Eingang in die neuen liturgischen Bücher, die Lektionare für die biblischen Lesungen im Gottesdienst sowie in das vorläufige deutsche Stundenbuch. Alle Urteilsfähigen wurden von den beteiligten Bischöfen um Kritik und Verbesserungsvorschläge gebeten. Diese ließen zugleich Gutachten erstellen über die Treue gegenüber dem Urtext und über die sprachliche Ausdrucksform der Übersetzung. Die Gesellschaft für Deutsche Sprache, Wiesbaden, wurde für die Überprüfung dieser Übersetzung herangezogen.

Die vorläufige Fassung der Psalmen, die 1971 zuerst im Druck erschien, wurde 1973/74 durch eine ökumenische Arbeitsgruppe überarbeitet, wobei der endgültige Text festgelegt wurde. Ab 1975 begann die Revision der vorläufigen Fassungen des Alten und Neuen Testamentes durch eigens dafür bestellte Revisionskommissionen unter dem Vorsitz von Bischof E. Schick (Neues Testament) und Weihbischof J. Plöger (Altes Testament). Die überaus zahlreichen Stellungnahmen und Verbesserungsvorschläge leisteten für die Erstellung der endgültigen Fassung der Übersetzung wertvolle Dienste.

Im Rahmen dieser Revisionsarbeit weitete die evangelische Seite ihre Mitarbeit auf das ganze Neue Testament aus, einschließlich der Einführungen und knapp gehaltenen Anmerkungen zu den einzelnen biblischen Schriften.

Im Februar 1978 approbierte die Deutsche Bischofskonferenz die Endfassung der Einheitsübersetzung für den kirchlichen Gebrauch in Gottesdienst und Schule. Sie dankte dabei den Übersetzern und allen übrigen Mitarbeitern und Beratern. Ihr folgten die übrigen bischöflichen Auftraggeber aus den deutschsprachigen Gebieten in Europa. Auch der Rat der Evangelischen Kirche in Deutschland und das Evangelische Bibelwerk begrüßten das Ergebnis der gemeinsamen Arbeit. Im März und April 1979 wurden die Einführungen und Anmerkungen von allen Auftraggebern gutgeheißen. Damit fand ein für den deutschen Sprachraum einmaliges Unternehmen seinen Abschluss.

Aufgrund der guten Aufnahme, die der vorläufige Endtext in der Öffentlichkeit fand, ist zu hoffen, dass diese Übersetzung erfüllt, was die Mitglieder der Deutschen Bischofskonferenz bei der Approbation des Textes im Frühjahr 1978 zum Ausdruck brachten: »Die Deutsche Bischofskonferenz ist überzeugt, dass die nun vorliegende Übersetzung der Heiligen Schrift den Entscheidungen des Zweiten Vatikanums gerecht wird, den katholischen und nichtkatholischen Christen wie auch der Kirche Fernstehenden einen sprachlich verständlichen und wissenschaftlich gesicherten Zugang zur Botschaft der Heiligen Schrift zu bieten. Die Einheitsübersetzung ist in gehobenem Gegenwartsdeutsch abgefasst. Ihr fehlt es nicht an dichterischer Schönheit, Treffsicherheit des Ausdrucks und Würde biblischer Darstellungskraft. Wir Bischöfe hoffen zuversichtlich, dass die Neuübersetzung auch der zeitgemäßen Gebetssprache eine neuen Anstoß gibt und dass sie hilfreich sein wird in dem Bemühen, dem Wort Gottes im deutschen Sprachraum neue Beachtung und tieferes Verständnis zu verschaffen!«

Daneben verdient im Blick auf die Psalmen und das Neue Testament Beachtung, was der damalige Vorsitzende des Rates der Evangelischen Kirche in Deutschland, Landesbischof Helmut Claß, an den Vorsitzenden der Deutschen Bischofskonferenz, Joseph Kardinal Höffner, schrieb: »Die Tatsache, dass katholische und evangelische Christen nunmehr die Psalmen und ein Neues Testament besitzen, die Exegeten beider Kirchen im offiziellen Auftrag übersetzt haben, kann nicht hoch genug veranschlagt werden. Mehr als einzelne gemeinsame Aktionen führt gemeinsames Hören auf das Wort der Schrift dazu, dass die getrennten Kirchen aufeinander zugehen, um einmal zusammenzufinden unter dem einen Herrn der Kirche, Jesus Christus. Die ökumenische Übersetzung der Psalmen und des Neuen Testamentes leistet dazu einen wichtigen Beitrag.«

Advent 1979

Joseph Kardinal Höffner
Vorsitzender der
Deutschen Bischofskonferenz

Alfred Kardinal Bengsch
Vorsitzender der
Berliner Bischofskonferenz

Franz Kardinal König
Vorstitzender der
Österreichischen Bischofskonferenz

Pierre Mamie
Vorsitzender der
Schweizerischen Bischofskonferenz

Jean Hengen
Bischof von Luxemburg

Joseph Gargitter
Bischof von Bozen-Brixen

Guillaume-Marie van Zuylen
Bischof von Lüttich

Landesbischof Eduard Lohse
Vorsitzender des Rates
der Evangelischen Kirche in Deutschland
(für die Psalmen und das Neue Testament)

DIE SCHRIFTEN DES ALTEN TESTAMENTS

Die Bibel (griechisch bíblos = Buch) oder die Heilige Schrift ist eine Sammlung von Büchern, die das Alte und Neue Testament umfasst. Das Alte Testament wird von Juden und Christen als Offenbarungsurkunde betrachtet. Die Bücher des Alten Testaments stammen von Verfassern, durch die Gott zu den Menschen spricht und durch die das Volk Israel seinen Glauben an die Heilstaten und Verheißungen Gottes bekennt. Juden und Christen glauben an die Inspiration (Eingebung) dieser Bücher durch den Geist Gottes. Das Verzeichnis der Bücher, die zur Heiligen Schrift gehören, nennt man Kanon (griechisch kanón = Maßstab), weil sie den Maßstab für den Glauben darstellen. Jesus und seine Jünger übernahmen die Bücher der Heiligen Schrift, wie sie ihr Volk kannte, und beriefen sich in ihrer Botschaft auf sie als auf das Wort Gottes.

Die Juden Palästinas unterschieden drei Teile der Bibel: die fünf Bücher der Torá oder des Gesetzes (Genesis, Exodus, Levitikus, Numeri, Deuteronomium), die sie Mose zuschrieben; die Bücher der Propheten, die sie in die früheren (Josua, Richter, Samuel, Könige) und die späteren Propheten (Jesaja, Jeremia, Ezechiel und das Buch der zwölf Kleinen Propheten) unterteilten; die (übrigen) Schriften (Psalmen, Ijob, Sprichwörter, Rut, Klagelieder, Hoheslied, Kohelet, Ester, Daniel, Esra-Nehemia und Chronik). Weil sie noch nicht die Zweiteilung der Bücher Samuel, Könige, Esra-Nehemia und Chronik kannten und die zwölf Kleinen Propheten noch in einem einzigen Buch zusammenfassten, zählten sie insgesamt 24 Bücher der Heiligen Schrift; erst in den christlichen Bibelausgaben teilte man die genannten Bücher auf, sodass dieser Kanon 39 Bücher umfasst, die sogenannten protokanonischen Bücher (griechisch prôtos kanón = erster Kanon). Dieser Kanon ist im Vorwort zur griechischen Sirach-Übersetzung vorausgesetzt und wurde um 100 n. Chr. vom Judentum allgemein anerkannt.

Die Griechisch sprechenden Juden der Diaspora in Ägypten lasen im Gottesdienst der Synagoge die Bibel in einer griechischen Übersetzung, der sogenannten Septuaginta (»Siebzig«, weil angeblich von siebzig Übersetzern stammend). Diese griechische Übersetzung enthielt noch andere Bücher, die bei den Diasporajuden ebenfalls als heilige Schriften galten. Von ihnen übernahm die christliche Kirche die sieben sogenannten deuterokanonischen Bücher (griechisch déuteros kanón = zweiter Kanon) in ihre Bibel: Tobit, Judit, 1 und 2 Makkabäer, Baruch, Weisheit und Sirach, ferner zusätzliche Abschnitte in den Büchern Daniel und Ester.

Demgegenüber legten die Führer der Aramäisch sprechenden Juden Palästinas auf der sog. »Synode« von Jamnia (Jabne, um 100 n. Chr.) offiziell fest, welche Schriften kanonisch sind. Alle in griechischer Sprache geschriebenen Bücher wurden grundsätzlich für nicht kanonisch erklärt. In der hebräischen Bibel fehlen daher die sog. deuterokanonischen Bücher.

In den christlichen Bibelausgaben wurden die Bücher neu geordnet und eingeteilt, und zwar in Geschichtsbücher, Lehrbücher und Prophetenbücher. Erst als die Schriften der Apostel und Apostelschüler ebenfalls kanonisches Ansehen gewonnen hatten und zur Heiligen Schrift gerechnet wurden (vgl. die Einleitung zum Neuen Testament), unterschieden die christlichen Theologen zwischen dem Alten Testament und dem Neuen Testament, wobei »Testament« (lateinisch testamentum) die Bedeutung »Bund« (griechisch: diathéke; hebräisch: berít) bekam.

Das erste Kanonverzeichnis der Kirche, das alle Bücher der christlichen Bibel enthält, geht auf die Provinzialsynode von Hippo (393 n. Chr.) zurück. Es wurde von der lateinischen Kirche und von der Ostkirche übernommen und auf dem Konzil von Trient 1546 bestätigt. Diesen Kanon setzt die lateinische Bibelübersetzung, die sogenannte Vulgata (= die allgemein Verbreitete), voraus. Martin Luther griff für seine Übersetzung bewusst auf den hebräischen Text zurück und schied daher die deuterokanonischen Bücher wieder aus dem Kanon aus. Er übersetzte sie zwar und empfahl ihre Lektüre, rechnete sie aber nicht zur

Heiligen Schrift. Seither bezeichnen die Kirchen der Reformation diese Bücher als Apokryphen, das heißt als der Bibel später zugefügte Schriften. Im Sprachgebrauch der katholischen Theologen dagegen sind Apokryphen andere Bücher, die zwar zeitweise in manchen jüdischen und christlichen Gemeinschaften zur Heiligen Schrift gerechnet und im Gottesdienst vorgelesen wurden, die aber weder die lateinische Kirche noch die Ostkirche in die Bibel aufnahm. Diese Bücher nennen die Theologen der reformatorischen Kirchen Pseudepigraphen, das heißt fälschlich biblischen Personen zugeschriebene Bücher.

Die protokanonischen Bücher sind in Hebräisch überliefert; nur einige Abschnitte haben einen aramäischen Urtext (vgl. die Einleitungen zu Esra und Daniel). Die deuterokanonischen Bücher sind nur in Griechisch erhalten geblieben (vgl. aber die Einleitung zu Sirach).

Die Leitsätze für die interkonfessionelle Zusammenarbeit bei der Bibelübersetzung, die 1968 vom Weltbund der Bibelgesellschaften und dem Sekretariat für die Einheit der Christen beschlossen wurden, sehen vor, dass in ökumenischen Ausgaben die deuterokanonischen Bücher enthalten sind. Für die Bibelausgaben der Bibelgesellschaften wird dabei auf die Möglichkeit verwiesen, die deuterokanonischen Teile vor dem Neuen Testament abzudrucken.

Die meisten Bücher des Alten Testaments sind in einem langen Überlieferungsprozess entstanden. Gott hat zunächst zu den Patriarchen, zu Mose, zu den Propheten und anderen Gottesmännern gesprochen. Diese haben die Offenbarung teils mündlich, teils schriftlich weitergegeben. Die Lehrer Israels haben das so empfangene Wort Gottes betend durchdacht, erläutert und erweitert. Schließlich fanden sich Männer, die der so weitergegebenen Überlieferung jene endgültige schriftliche Form gaben, die Jesus und die Urkirche als Heilige Schrift anerkannten und der Kirche anvertrauten.

DIE FÜNF BÜCHER DES MOSE

Die Bücher Genesis, Exodus, Levitikus, Numeri und Deuteronomium bilden bei den Juden eine Einheit, die sie Torá (Gesetz) nennen, weil sie das Gesetz enthalten, das Mose auf dem Sinai von Gott für Israel empfangen hat und das die Grundlage für den Bund zwischen Gott und Israel bildet. Wegen des großen Umfangs teilten schon die Juden die Torá in fünf Bücher ein. Die fünf Buchrollen verwahrte man in den Synagogen in einem Behälter. Darum nannten bereits die Kirchenväter die Sammlung dieser fünf Buchrollen Pentateuch (Fünfrollen-Behälter). Diese fünf Bücher wurden an den Sabbaten und Hochfesten in der Synagoge gelesen, und zwar fortlaufend in einer einjährigen oder dreijährigen Leseordnung. Die Lesung der Torá ist bis heute wesentlicher Bestandteil des jüdischen Gottesdienstes.

Nach jüdischer und christlicher Tradition hat Mose die Torá geschrieben, um sein Volk die Heilsgeschichte von der Erschaffung der Welt bis zum Einzug Israels in das den Erzvätern verheißene Land zu lehren. In die Geschichtsdarstellung sind die Gesetzestexte aufgenommen, die die Juden als das Bundesgesetz vom Sinai verstehen. Die moderne Bibelwissenschaft hat an zeitgeschichtlichen und literarischen Unstimmigkeiten, an Unterschieden in den Gottesnamen, im Wortschatz, im Stil, an den verschiedenen »Theologien« und an anderen Merkmalen festgestellt, dass der Pentateuch eine große, aus mehreren literarischen Schichten bestehende Sammlung von Überlieferungen ist, die in ihrem Kern bis auf die Zeit des Mose (13. Jahrhundert v. Chr.) zurückgehen können.

Man pflegt heute drei Hauptschichten zu unterscheiden, die sich über die vier ersten Bücher erstrecken: 1. Die jahwistische (J), erkennbar an der Vorliebe für den Gottesnamen Jahwe; sie wurde um 900 v. Chr. als Werk eines großen Geschichtsschreibers und Theologen niedergeschrieben. 2. Die elohistische Schicht (E), so genannt wegen der Vorliebe für den Gottesnamen Elohim (= Gott); sie wurde um 720 v. Chr. niedergeschrieben. 3. Die Priesterschrift (P); sie wurde im Babylonischen Exil um 550 v. Chr. von Priestern niedergeschrieben, die besonders an gottesdienstlichen Ordnungen interessiert waren. Die Zuweisung der einzelnen Texte an die drei Schichten ist aber nicht unumstritten. Dazu kommt als ein eigener Überlieferungskomplex das Deuteronomium. In diese drei bzw. vier Schichten haben die Verfasser Überlieferungen eingearbeitet, die ihrerseits auf mündlich umlaufende oder schriftlich vorliegende Traditionen verschiedenen Alters zurückgingen: Erzählungen über Personen und Ereignisse, die für das Werden und die Geschichte Israels wichtig waren; Lieder; Stammbäume; Listen von Orten; Sammlungen von Gesetzen verschiedenen Inhalts.

Die spätere Tradition hat die früheren Überlieferungen bearbeitet, vor allem später notwendige gesetzliche Regelungen in das überkommene Bundesgesetz eingearbeitet. Schließlich hat ein letzter Bearbeiter (Redaktor, abgekürzt R) die ganze ihm vorliegende mündliche und schriftliche Tradition zusammengefasst und unserem Pentateuch die heutige Gestalt verliehen. Damit wollte er seinem Volk nach der Katastrophe des Babylonischen Exils (586–538 v. Chr.) zeigen, wie Gott im Lauf der Geschichte an der Menschheit und besonders an seinem Volk Israel gehandelt hat, und diesem Volk eine feste Lebensordnung geben.

DAS BUCH GENESIS

Das erste der fünf Bücher Mose heißt in der griechischen und in der lateinischen Übersetzung Genesis (Entstehung), weil es von der Entstehung der Welt, der Menschheit und des Volkes Israel handelt. Die Juden nennen das Buch nach dem Anfangswort Bereschit (Im Anfang). Es gliedert sich in zwei Hauptteile: Urgeschichte (Kap. 1 – 11) und Patriarchengeschichte (Kap. 12 – 50). In der Patriarchengeschichte unterscheidet man: die Geschichte der Erzväter (Kap. 12 – 36) und die Geschichte der Söhne Jakobs (Kap. 37 – 50).

Die theologische Bedeutung des Buches liegt in seinen Aussagen über Gott als den Schöpfer der Welt und den Herrn der Geschichte. Wichtig ist dabei vor allem die Erschaffung der Welt durch das Wort Gottes, die Gottebenbildlichkeit des Menschen, die Erzählung von Paradies und Sündenfall, von der Sintflut und dem Bund mit Noach, von der gnadenhaften Erwählung Abrahams und seiner Nachkommen als Segensmittler für die ganze Menschheit, von den Verheißungen an die Patriarchen. Alles Handeln Gottes in der Geschichte ist nach dieser Sicht letztlich auf das Heil der Menschen ausgerichtet.

Das Buch Genesis verarbeitet älteste Überlieferungen Israels und seiner Nachbarvölker über die Urgeschichte der Menschheit und die Vorgeschichte Israels. Es wählt davon Ereignisse aus, die für die Menschheitsgeschichte charakteristisch sind, und zeigt an bestimmten Personen, wie Gott die Menschen zum Heil beruft, wie die Menschen das Heilsangebot Gottes ausschlagen und sich damit selbst immer tiefer ins Unheil stürzen; es zeigt aber auch, wie Gott in Abraham und seinen Nachkommen dem Fluch den unverdienten Segen entgegensetzt, an dem alle Menschen Anteil erhalten sollen (Gen 12,3).

Die Erzählungen der Urgeschichte sind weder als naturwissenschaftliche Aussagen noch als Geschichtsdarstellung, sondern als Glaubensaussagen über das Wesen der Welt und des Menschen und über deren Beziehung zu Gott zu verstehen. Die Geschichte der Erzväter und der Söhne Jakobs sind zwar in Einzelheiten ebenfalls nicht historisch nachprüfbar, doch stimmen die politischen, sozialen, rechtlichen, kulturellen und religiösen Zustände, die hier geschildert werden, weithin mit den Verhältnissen überein, wie sie die heutige Forschung für Palästina und seine Umwelt in der Zeit vor Mose, d. h. für die sog. Mittlere und Späte Bronzezeit, erschlossen hat. Man darf die Geschichtsdarstellung des Buches Genesis nicht an der modernen Geschichtsschreibung messen, sondern man muss sie als antike Geschichtsschreibung und als theologische Geschichtsdeutung beurteilen. Der die Verfasser des Buches inspirierende Gott wollte uns nicht genaue Einzelheiten über die Entstehung der Welt und des Menschen mitteilen oder uns über den exakten Verlauf der Patriarchengeschichte unterrichten. Vielmehr wollte er an den erzählten Begebenheiten sein Heilsangebot und die typischen Reaktionen des Menschen darauf aufzeigen. Damit wollte er deutlich machen, dass er auch Sünder zu Trägern und Vermittlern von Segen und Heil erwählt.

DIE ANFÄNGE: 1,1 – 11,9

Die Erschaffung der Welt

1 Im Anfang schuf Gott Himmel und Erde; 2 die
Erde aber war wüst und wirr, Finsternis lag
über der Urflut und Gottes Geist schwebte über
dem Wasser.
3 Gott sprach: Es werde Licht. Und es wurde Licht.
4 Gott sah, dass das Licht gut war. Gott schied das
Licht von der Finsternis 5 und Gott nannte das
Licht Tag und die Finsternis nannte er Nacht. Es
wurde Abend und es wurde Morgen: erster Tag.
6 Dann sprach Gott: Ein Gewölbe entstehe mitten
im Wasser und scheide Wasser von Wasser. 7 Gott
machte also das Gewölbe und schied das Wasser
unterhalb des Gewölbes vom Wasser oberhalb des
Gewölbes. So geschah es 8 und Gott nannte das Ge-
wölbe Himmel. Es wurde Abend und es wurde
Morgen: zweiter Tag.
9 Dann sprach Gott: Das Wasser unterhalb des
Himmels sammle sich an einem Ort, damit das
Trockene sichtbar werde. So geschah es. 10 Das
Trockene nannte Gott Land und das angesam-
melte Wasser nannte er Meer. Gott sah, dass es gut
war. 11 Dann sprach Gott: Das Land lasse junges
Grün wachsen, alle Arten von Pflanzen, die Samen
tragen, und von Bäumen, die auf der Erde Früchte
bringen mit ihrem Samen darin. So geschah es.
12 Das Land brachte junges Grün hervor, alle Arten
von Pflanzen, die Samen tragen, alle Arten von
Bäumen, die Früchte bringen mit ihrem Samen
darin. Gott sah, dass es gut war. 13 Es wurde Abend
und es wurde Morgen: dritter Tag.
14 Dann sprach Gott: Lichter sollen am Himmels-
gewölbe sein, um Tag und Nacht zu scheiden. Sie
sollen Zeichen sein und zur Bestimmung von Fest-
zeiten, von Tagen und Jahren dienen; 15 sie sollen
Lichter am Himmelsgewölbe sein, die über die
Erde hin leuchten. So geschah es. 16 Gott machte
die beiden großen Lichter, das größere, das über
den Tag herrscht, das kleinere, das über die Nacht
herrscht, auch die Sterne. 17 Gott setzte die Lichter
an das Himmelsgewölbe, damit sie über die Erde
hin leuchten, 18 über Tag und Nacht herrschen und
das Licht von der Finsternis scheiden. Gott sah,
dass es gut war. 19 Es wurde Abend und es wurde
Morgen: vierter Tag.
20 Dann sprach Gott: Das Wasser wimmle von le-
bendigen Wesen und Vögel sollen über dem Land
am Himmelsgewölbe dahinfliegen. 21 Gott schuf
alle Arten von großen Seetieren und anderen Le-
bewesen, von denen das Wasser wimmelt, und alle
Arten von gefiederten Vögeln. Gott sah, dass es gut
war. 22 Gott segnete sie und sprach: Seid fruchtbar
und vermehrt euch und bevölkert das Wasser im
Meer und die Vögel sollen sich auf dem Land ver-
mehren. 23 Es wurde Abend und es wurde Morgen:
fünfter Tag.
24 Dann sprach Gott: Das Land bringe alle Arten
von lebendigen Wesen hervor, von Vieh, von
Kriechtieren und von Tieren des Feldes. So ge-
schah es. 25 Gott machte alle Arten von Tieren des
Feldes, alle Arten von Vieh und alle Arten von
Kriechtieren auf dem Erdboden. Gott sah, dass es
gut war. 26 Dann sprach Gott: Lasst uns Menschen
machen als unser Abbild, uns ähnlich. Sie sollen
herrschen über die Fische des Meeres, über die Vö-
gel des Himmels, über das Vieh, über die ganze
Erde und über alle Kriechtiere auf dem Land.
27 Gott schuf also den Menschen als sein Abbild; als
Abbild Gottes schuf er ihn. Als Mann und Frau
schuf er sie. 28 Gott segnete sie und Gott sprach zu
ihnen: Seid fruchtbar und vermehrt euch, bevöl-
kert die Erde, unterwerft sie euch und herrscht
über die Fische des Meeres, über die Vögel des
Himmels und über alle Tiere, die sich auf dem
Land regen.
29 Dann sprach Gott: Hiermit übergebe ich euch
alle Pflanzen auf der ganzen Erde, die Samen tra-
gen, und alle Bäume mit samenhaltigen Früchten.
Euch sollen sie zur Nahrung dienen. 30 Allen Tie-
ren des Feldes, allen Vögeln des Himmels und al-
lem, was sich auf der Erde regt, was Lebensatem in
sich hat, gebe ich alle grünen Pflanzen zur Nah-
rung. So geschah es.
31 Gott sah alles an, was er gemacht hatte: Es war
sehr gut. Es wurde Abend und es wurde Morgen:
der sechste Tag.

2 So wurden Himmel und Erde vollendet und
ihr ganzes Gefüge. 2 Am siebten Tag vollen-
dete Gott das Werk, das er geschaffen hatte, und
er ruhte am siebten Tag, nachdem er sein ganzes

Werk vollbracht hatte. 3 Und Gott segnete den
siebten Tag und erklärte ihn für heilig; denn an
ihm ruhte Gott, nachdem er das ganze Werk der
Schöpfung vollendet hatte.
4 Das ist die Entstehungsgeschichte von Himmel
und Erde, als sie erschaffen wurden.

1,1: 2,4b; Joh 1,1–3 • 14: Ps 136,7–9 • 26: 2,7; Ps 8,6–9; Eph 4,24; Kol 3,10 • 27: 5,1f • 29: 9,3 • 2,2: Ex 20,8–11

Das Paradies

Zur Zeit, als Gott, der Herr, Erde und Himmel
machte, 5 gab es auf der Erde noch keine Feld-
sträucher und wuchsen noch keine Feldpflanzen;
denn Gott, der Herr, hatte es auf die Erde noch
nicht regnen lassen und es gab noch keinen Men-
schen, der den Ackerboden bestellte; 6 aber Feuch-
tigkeit stieg aus der Erde auf und tränkte die ganze
Fläche des Ackerbodens.
7 Da formte Gott, der Herr, den Menschen aus Erde
vom Ackerboden und blies in seine Nase den
Lebensatem. So wurde der Mensch zu einem
lebendigen Wesen.
8 Dann legte Gott, der Herr, in Eden, im Osten, ei-
nen Garten an und setzte dorthin den Menschen,
den er geformt hatte. 9 Gott, der Herr, ließ aus dem
Ackerboden allerlei Bäume wachsen, verlockend
anzusehen und mit köstlichen Früchten, in der
Mitte des Gartens aber den Baum des Lebens und
den Baum der Erkenntnis von Gut und Böse.
10 Ein Strom entspringt in Eden, der den Garten
bewässert; dort teilt er sich und wird zu vier
Hauptflüssen. 11 Der eine heißt Pischon; er ist es,
der das ganze Land Hawila umfließt, wo es Gold
gibt. 12 Das Gold jenes Landes ist gut; dort gibt es
auch Bdelliumharz und Karneolsteine. 13 Der
zweite Strom heißt Gihon; er ist es, der das ganze
Land Kusch umfließt. 14 Der dritte Strom heißt
Tigris; er ist es, der östlich an Assur vorbeifließt.
Der vierte Strom ist der Eufrat.
15 Gott, der Herr, nahm also den Menschen und
setzte ihn in den Garten von Eden, damit er ihn
bebaue und hüte.
16 Dann gebot Gott, der Herr, dem Menschen: Von
allen Bäumen des Gartens darfst du essen, 17 doch
vom Baum der Erkenntnis von Gut und Böse
darfst du nicht essen; denn sobald du davon isst,
wirst du sterben.
18 Dann sprach Gott, der Herr: Es ist nicht gut, dass
der Mensch allein bleibt. Ich will ihm eine Hilfe
machen, die ihm entspricht.
19 Gott, der Herr, formte aus dem Ackerboden alle
Tiere des Feldes und alle Vögel des Himmels und
führte sie dem Menschen zu, um zu sehen, wie er
sie benennen würde. Und wie der Mensch jedes le-
bendige Wesen benannte, so sollte es heißen. 20 Der
Mensch gab Namen allem Vieh, den Vögeln des
Himmels und allen Tieren des Feldes. Aber eine
Hilfe, die dem Menschen entsprach, fand er nicht.
21 Da ließ Gott, der Herr, einen tiefen Schlaf auf
den Menschen fallen, sodass er einschlief, nahm
eine seiner Rippen und verschloss ihre Stelle mit
Fleisch. 22 Gott, der Herr, baute aus der Rippe, die
er vom Menschen genommen hatte, eine Frau und
führte sie dem Menschen zu. 23 Und der Mensch
sprach:
Das endlich ist Bein von meinem Bein / und
Fleisch von meinem Fleisch. / Frau soll sie heißen,
/ denn vom Mann ist sie genommen.
24 Darum verlässt der Mann Vater und Mutter und
bindet sich an seine Frau und sie werden *ein*
Fleisch. 25 Beide, Adam und seine Frau, waren
nackt, aber sie schämten sich nicht voreinander.

4b: 1,1 • 7: 1,26f • 24: Mt 19,5; Mk 10,8; Eph 5,31; 1 Kor 6,16

Der Fall des Menschen

3 Die Schlange war schlauer als alle Tiere des
Feldes, die Gott, der Herr, gemacht hatte. Sie
sagte zu der Frau: Hat Gott wirklich gesagt: Ihr
dürft von keinem Baum des Gartens essen? 2 Die
Frau entgegnete der Schlange: Von den Früchten
der Bäume im Garten dürfen wir essen; 3 nur von
den Früchten des Baumes, der in der Mitte des
Gartens steht, hat Gott gesagt: Davon dürft ihr
nicht essen und daran dürft ihr nicht rühren, sonst
werdet ihr sterben.
4 Darauf sagte die Schlange zur Frau: Nein, ihr
werdet nicht sterben. 5 Gott weiß vielmehr: Sobald
ihr davon esst, gehen euch die Augen auf; ihr wer-
det wie Gott und erkennt Gut und Böse. 6 Da sah
die Frau, dass es köstlich wäre, von dem Baum zu
essen, dass der Baum eine Augenweide war und
dazu verlockte, klug zu werden. Sie nahm von sei-
nen Früchten und aß; sie gab auch ihrem Mann,
der bei ihr war, und auch er aß.

7 Da gingen beiden die Augen auf und sie erkann-
ten, dass sie nackt waren. Sie hefteten Feigenblät-
ter zusammen und machten sich einen Schurz.
8 Als sie Gott, den Herrn, im Garten gegen den Tag-
wind einherschreiten hörten, versteckten sich
Adam und seine Frau vor Gott, dem Herrn, unter
den Bäumen des Gartens. 9 Gott, der Herr, rief
Adam zu und sprach: Wo bist du? 10 Er antwortete:
Ich habe dich im Garten kommen hören; da geriet
ich in Furcht, weil ich nackt bin, und versteckte
mich. 11 Darauf fragte er: Wer hat dir gesagt, dass
du nackt bist? Hast du von dem Baum gegessen,
von dem zu essen ich dir verboten habe? 12 Adam
antwortete: Die Frau, die du mir beigesellt hast,
sie hat mir von dem Baum gegeben und so habe
ich gegessen. 13 Gott, der Herr, sprach zu der Frau:
Was hast du da getan? Die Frau antwortete: Die
Schlange hat mich verführt und so habe ich ge-
gessen.
14 Da sprach Gott, der Herr, zur Schlange:
Weil du das getan hast, bist du verflucht / unter al-
lem Vieh und allen Tieren des Feldes. / Auf dem
Bauch sollst du kriechen / und Staub fressen alle
Tage deines Lebens.
15 Feindschaft setze ich zwischen dich und die
Frau, / zwischen deinen Nachwuchs und ihren
Nachwuchs. / Er trifft dich am Kopf / und du triffst
ihn an der Ferse.
16 Zur Frau sprach er: Viel Mühsal bereite ich dir,
sooft du schwanger wirst. / Unter Schmerzen ge-
bierst du Kinder. / Du hast Verlangen nach deinem
Mann; / er aber wird über dich herrschen.
17 Zu Adam sprach er: Weil du auf deine Frau
gehört und von dem Baum gegessen hast, von dem
zu essen ich dir verboten hatte:
So ist verflucht der Ackerboden deinetwegen. /
Unter Mühsal wirst du von ihm essen / alle Tage
deines Lebens.
18 Dornen und Disteln lässt er dir wachsen / und
die Pflanzen des Feldes musst du essen.
19 Im Schweiße deines Angesichts / sollst du dein
Brot essen, / bis du zurückkehrst zum Ackerboden;
/ von ihm bist du ja genommen. / Denn Staub bist
du, zum Staub musst du zurück.
20 Adam nannte seine Frau Eva (Leben), denn sie
wurde die Mutter aller Lebendigen. 21 Gott, der
Herr, machte Adam und seiner Frau Röcke aus
Fellen und bekleidete sie damit. 22 Dann sprach
Gott, der Herr: Seht, der Mensch ist geworden wie
wir; er erkennt Gut und Böse. Dass er jetzt nicht
die Hand ausstreckt, auch vom Baum des Lebens
nimmt, davon isst und ewig lebt! 23 Gott, der Herr,
schickte ihn aus dem Garten von Eden weg, damit
er den Ackerboden bestellte, von dem er genom-
men war. 24 Er vertrieb den Menschen und stellte
östlich des Gartens von Eden die Kerubim auf und
das lodernde Flammenschwert, damit sie den Weg
zum Baum des Lebens bewachten.

1: Joh 8,44 • 2: Offb 12,9 • 3: 2,17 • 6: Weish 2,23f; Sir 25,24

Kain und Abel

4 Adam erkannte Eva, seine Frau; sie wurde
schwanger und gebar Kain. Da sagte sie: Ich
habe einen Mann vom Herrn erworben. 2 Sie gebar
ein zweites Mal, nämlich Abel, seinen Bruder. Abel
wurde Schafhirt und Kain Ackerbauer.
3 Nach einiger Zeit brachte Kain dem Herrn ein
Opfer von den Früchten des Feldes dar; 4 auch Abel
brachte eines dar von den Erstlingen seiner Herde
und von ihrem Fett. Der Herr schaute auf Abel
und sein Opfer, 5 aber auf Kain und sein Opfer
schaute er nicht. Da überlief es Kain ganz heiß und
sein Blick senkte sich. 6 Der Herr sprach zu Kain:
Warum überläuft es dich heiß und warum senkt
sich dein Blick?
7 Nicht wahr, wenn du recht tust, darfst du auf-
blicken; wenn du nicht recht tust, lauert an der Tür
die Sünde als Dämon. Auf dich hat er es abgese-
hen, / doch du werde Herr über ihn!
8 Hierauf sagte Kain zu seinem Bruder Abel: Ge-
hen wir aufs Feld! Als sie auf dem Feld waren, griff
Kain seinen Bruder Abel an und erschlug ihn. 9 Da
sprach der Herr zu Kain: Wo ist dein Bruder Abel?
Er entgegnete: Ich weiß es nicht. Bin ich der Hü-
ter meines Bruders? 10 Der Herr sprach: Was hast
du getan? Das Blut deines Bruders schreit zu mir
vom Ackerboden. 11 So bist du verflucht, verbannt
vom Ackerboden, der seinen Mund aufgesperrt
hat, um aus deiner Hand das Blut deines Bruders
aufzunehmen. 12 Wenn du den Ackerboden be-
stellst, wird er dir keinen Ertrag mehr bringen.
Rastlos und ruhelos wirst du auf der Erde sein.
13 Kain antwortete dem Herrn: Zu groß ist meine
Schuld, als dass ich sie tragen könnte. 14 Du hast

mich heute vom Ackerland verjagt und ich muss
mich vor deinem Angesicht verbergen; rastlos und
ruhelos werde ich auf der Erde sein und wer mich
findet, wird mich erschlagen. 15 Der Herr aber sprach
zu ihm: Darum soll jeder, der Kain erschlägt, sie-
benfacher Rache verfallen. Darauf machte der Herr
dem Kain ein Zeichen, damit ihn keiner erschlage,
der ihn finde. 16 Dann ging Kain vom Herrn weg
und ließ sich im Land Nod nieder, östlich von
Eden.

Die Nachkommen Kains

17 Kain erkannte seine Frau; sie wurde schwanger
und gebar Henoch. Kain wurde Gründer einer
Stadt und benannte sie nach seinem Sohn He-
noch. 18 Dem Henoch wurde Irad geboren; Irad
zeugte Mehujaël, Mehujaël zeugte Metuschaël und
Metuschaël zeugte Lamech.
19 Lamech nahm sich zwei Frauen; die eine hieß
Ada, die andere Zilla. 20 Ada gebar Jabal; er wurde
der Stammvater derer, die in Zelten und beim Vieh
wohnen. 21 Sein Bruder hieß Jubal; er wurde der
Stammvater aller Zither- und Flötenspieler. 22 Auch
Zilla gebar, und zwar Tubal-Kajin, der die Geräte
aller Erz- und Eisenhandwerker schmiedete. Die
Schwester Tubal-Kajins war Naama.
23 Lamech sagte zu seinen Frauen:
Ada und Zilla, hört auf meine Stimme, / ihr Frauen
Lamechs, lauscht meiner Rede! / Ja, einen Mann
erschlage ich für eine Wunde / und einen Knaben
für eine Strieme. 24 Wird Kain siebenfach gerächt,
/ dann Lamech siebenundsiebzigfach.

Die Nachkommen Sets

25 Adam erkannte noch einmal seine Frau. Sie
gebar einen Sohn und nannte ihn Set (Setzling);
denn sie sagte:
Gott setzte mir anderen Nachwuchs ein / für Abel,
weil ihn Kain erschlug.
26 Auch dem Set wurde ein Sohn geboren und er
nannte ihn Enosch. Damals begann man den Na-
men des Herrn anzurufen.
5 Das ist die Liste der Geschlechterfolge nach
Adam: Am Tag, da Gott den Menschen er-
schuf, machte er ihn Gott ähnlich. 2 Als Mann und
Frau erschuf er sie, er segnete sie und nannte sie
Mensch an dem Tag, da sie erschaffen wurden.
3 Adam war hundertdreißig Jahre alt, da zeugte er
einen Sohn, der ihm ähnlich war, wie sein Abbild,
und nannte ihn Set. 4 Nach der Geburt Sets lebte
Adam noch achthundert Jahre und zeugte Söhne
und Töchter. 5 Die gesamte Lebenszeit Adams be-
trug neunhundertdreißig Jahre, dann starb er.
6 Set war hundertfünf Jahre alt, da zeugte er
Enosch. 7 Nach der Geburt des Enosch lebte Set
noch achthundertsieben Jahre und zeugte Söhne
und Töchter. 8 Die gesamte Lebenszeit Sets betrug
neunhundertzwölf Jahre, dann starb er.
9 Enosch war neunzig Jahre alt, da zeugte er Kenan.
10 Nach der Geburt Kenans lebte Enosch noch
achthundertfünfzehn Jahre und zeugte Söhne und
Töchter. 11 Die gesamte Lebenszeit des Enosch be-
trug neunhundertfünf Jahre, dann starb er.
12 Kenan war siebzig Jahre alt, da zeugte er Maha-
lalel. 13 Nach der Geburt Mahalalels lebte Kenan
noch achthundertvierzig Jahre und zeugte Söhne
und Töchter. 14 Die gesamte Lebenszeit Kenans be-
trug neunhundertzehn Jahre, dann starb er.
15 Mahalalel war fünfundsechzig Jahre alt, da zeug-
te er Jered. 16 Nach der Geburt Jereds lebte Maha-
lalel noch achthundertdreißig Jahre und zeugte
Söhne und Töchter. 17 Die gesamte Lebenszeit Ma-
halalels betrug achthundertfünfundneunzig Jahre,
dann starb er.
18 Jered war hundertzweiundsechzig Jahre alt, da
zeugte er Henoch. 19 Nach der Geburt Henochs
lebte Jered noch achthundert Jahre und zeugte
Söhne und Töchter. 20 Die gesamte Lebenszeit Je-
reds betrug neunhundertzweiundsechzig Jahre,
dann starb er.
21 Henoch war fünfundsechzig Jahre alt, da zeugte
er Metuschelach. 22 Nach der Geburt Metusche-
lachs ging Henoch seinen Weg mit Gott noch drei-
hundert Jahre lang und zeugte Söhne und Töch-
ter. 23 Die gesamte Lebenszeit Henochs betrug
dreihundertfünfundsechzig Jahre.
24 Henoch war seinen Weg mit Gott gegangen,
dann war er nicht mehr da; denn Gott hatte ihn
aufgenommen.
25 Metuschelach war hundertsiebenundachtzig
Jahre alt, da zeugte er Lamech. 26 Nach der Geburt
Lamechs lebte Metuschelach noch siebenhun-
dertzweiundachtzig Jahre und zeugte Söhne und
Töchter. 27 Die gesamte Lebenszeit Metuschelachs

betrug neunhundertneunundsechzig Jahre, dann starb er.
[28] Lamech war hundertzweiundachtzig Jahre alt, da zeugte er einen Sohn [29] und nannte ihn Noach (Ruhe). Dabei sagte er: Er wird uns aufatmen lassen von unserer Arbeit und von der Mühe unserer Hände um den Ackerboden, den der Herr verflucht hat.
[30] Nach der Geburt Noachs lebte Lamech noch fünfhundertfünfundneunzig Jahre und zeugte Söhne und Töchter. [31] Die gesamte Lebenszeit Lamechs betrug siebenhundertsiebenundsiebzig Jahre, dann starb er.
[32] Noach zeugte im Alter von fünfhundert Jahren Sem, Ham und Jafet.

5,1f: 1,26f • 3: 1,26f • 29: 3,17

Noach und die Sintflut: 6,1 – 9,29

Die Bosheit der Menschen

6 Als sich die Menschen über die Erde hin zu vermehren begannen und ihnen Töchter geboren wurden, [2] sahen die Gottessöhne, wie schön die Menschentöchter waren, und sie nahmen sich von ihnen Frauen, wie es ihnen gefiel.
[3] Da sprach der Herr: Mein Geist soll nicht für immer im Menschen bleiben, weil er auch Fleisch ist; daher soll seine Lebenszeit hundertzwanzig Jahre betragen. [4] In jenen Tagen gab es auf der Erde die Riesen, und auch später noch, nachdem sich die Gottessöhne mit den Menschentöchtern eingelassen und diese ihnen Kinder geboren hatten. Das sind die Helden der Vorzeit, die berühmten Männer.
[5] Der Herr sah, dass auf der Erde die Schlechtigkeit des Menschen zunahm und dass alles Sinnen und Trachten seines Herzens immer nur böse war. [6] Da reute es den Herrn, auf der Erde den Menschen gemacht zu haben, und es tat seinem Herzen weh. [7] Der Herr sagte: Ich will den Menschen, den ich erschaffen habe, vom Erdboden vertilgen, mit ihm auch das Vieh, die Kriechtiere und die Vögel des Himmels, denn es reut mich, sie gemacht zu haben.
[8] Nur Noach fand Gnade in den Augen des Herrn.

5: 8,21

Gottes Sorge um Noach

[9] Das ist die Geschlechterfolge nach Noach: Noach war ein gerechter, untadeliger Mann unter seinen Zeitgenossen; er ging seinen Weg mit Gott. [10] Noach zeugte drei Söhne, Sem, Ham und Jafet. [11] Die Erde aber war in Gottes Augen verdorben, sie war voller Gewalttat. [12] Gott sah sich die Erde an: Sie war verdorben, denn alle Wesen aus Fleisch auf der Erde lebten verdorben.
[13] Da sprach Gott zu Noach: Ich sehe, das Ende aller Wesen aus Fleisch ist da; denn durch sie ist die Erde voller Gewalttat. Nun will ich sie zugleich mit der Erde verderben. [14] Mach dir eine Arche aus Zypressenholz! Statte sie mit Kammern aus, und dichte sie innen und außen mit Pech ab! [15] So sollst du die Arche bauen: Dreihundert Ellen lang, fünfzig Ellen breit und dreißig Ellen hoch soll sie sein. [16] Mach der Arche ein Dach und hebe es genau um eine Elle nach oben an! Den Eingang der Arche bring an der Seite an! Richte ein unteres, ein zweites und ein drittes Stockwerk ein! [17] Ich will nämlich die Flut über die Erde bringen, um alle Wesen aus Fleisch unter dem Himmel, alles, was Lebensgeist in sich hat, zu verderben. Alles auf Erden soll verenden. [18] Mit dir aber schließe ich meinen Bund. Geh in die Arche, du, deine Söhne, deine Frau und die Frauen deiner Söhne! [19] Von allem, was lebt, von allen Wesen aus Fleisch, führe je zwei in die Arche, damit sie mit dir am Leben bleiben; je ein Männchen und ein Weibchen sollen es sein. [20] Von allen Arten der Vögel, von allen Arten des Viehs, von allen Arten der Kriechtiere auf dem Erdboden sollen je zwei zu dir kommen, damit sie am Leben bleiben. [21] Nimm dir von allem Essbaren mit und leg dir einen Vorrat an! Dir und ihnen soll es zur Nahrung dienen. [22] Noach tat alles genau so, wie ihm Gott aufgetragen hatte.

7 Darauf sprach der Herr zu Noach: Geh in die Arche, du und dein ganzes Haus, denn ich habe gesehen, dass du unter deinen Zeitgenossen vor mir gerecht bist. [2] Von allen reinen Tieren nimm dir je sieben Paare mit und von allen unreinen Tieren je ein Paar, [3] auch von den Vögeln des Himmels je sieben Männchen und Weibchen, um Nachwuchs auf der ganzen Erde am Leben zu erhalten. [4] Denn noch sieben Tage dauert es, dann lasse ich es vierzig Tage und vierzig Nächte lang

auf die Erde regnen und tilge vom Erdboden alle
Wesen, die ich gemacht habe. 5 Noach tat alles,
was ihm der Herr aufgetragen hatte. 6 Noach war
sechshundert Jahre alt, als die Flut über die Erde
kam.
7 Noach ging also mit seinen Söhnen, seiner Frau
und den Frauen seiner Söhne in die Arche, bevor
das Wasser der Flut kam. 8 Von den reinen und un-
reinen Tieren, von den Vögeln und allem, was sich
auf dem Erdboden regt, 9 kamen immer zwei zu
Noach in die Arche, Männchen und Weibchen, wie
Gott dem Noach aufgetragen hatte. 10 Als die sie-
ben Tage vorbei waren, kam das Wasser der Flut
über die Erde, 11 im sechshundertsten Lebensjahr
Noachs, am siebzehnten Tag des zweiten Monats.
An diesem Tag brachen alle Quellen der gewalti-
gen Urflut auf und die Schleusen des Himmels
öffneten sich. 12 Der Regen ergoss sich vierzig Tage
und vierzig Nächte lang auf die Erde.
13 Genau an jenem Tag waren Noach, die Söhne
Noachs, Sem, Ham und Jafet, Noachs Frau und
mit ihnen die drei Frauen seiner Söhne in die Ar-
che gegangen, 14 sie und alle Arten der Tiere, alle
Arten des Viehs und alle Arten der Kriechtiere, die
sich auf der Erde regen, und alle Arten der Vögel,
des fliegenden Getiers. 15 Sie waren zu Noach in die
Arche gekommen, immer zwei von allen Wesen
aus Fleisch, in denen Lebensgeist ist. 16 Von allen
Tieren waren Männchen und Weibchen gekom-
men, wie Gott ihm aufgetragen hatte. Dann
schloss der Herr hinter ihm zu.

Die große Flut

17 Die Flut auf der Erde dauerte vierzig Tage. Das
Wasser stieg und hob die Arche immer höher über
die Erde. 18 Das Wasser schwoll an und stieg immer
mehr auf der Erde, die Arche aber trieb auf dem
Wasser dahin. 19 Das Wasser war auf der Erde ge-
waltig angeschwollen und bedeckte alle hohen
Berge, die es unter dem ganzen Himmel gibt.
20 Das Wasser war fünfzehn Ellen über die Berge
hinaus angeschwollen und hatte sie zugedeckt.
21 Da verendeten alle Wesen aus Fleisch, die sich
auf der Erde geregt hatten, Vögel, Vieh und sons-
tige Tiere, alles, wovon die Erde gewimmelt hatte,
und auch alle Menschen. 22 Alles, was auf der Erde
durch die Nase Lebensgeist atmete, kam um.
23 Gott vertilgte also alle Wesen auf dem Erdboden,
Menschen, Vieh, Kriechtiere und die Vögel des
Himmels; sie alle wurden vom Erdboden vertilgt.
Übrig blieb nur Noach und was mit ihm in der
Arche war. 24 Das Wasser aber schwoll hundert-
fünfzig Tage lang auf der Erde an.

8 Da dachte Gott an Noach und an alle Tiere
und an alles Vieh, das bei ihm in der Arche
war. Gott ließ einen Wind über die Erde wehen
und das Wasser sank. 2 Die Quellen der Urflut und
die Schleusen des Himmels schlossen sich; der
Regen vom Himmel ließ nach 3 und das Wasser
verlief sich allmählich von der Erde. So nahm das
Wasser nach hundertfünfzig Tagen ab. 4 Am sieb-
zehnten Tag des siebten Monats setzte die Arche
im Gebirge Ararat auf. 5 Das Wasser nahm immer
mehr ab, bis zum zehnten Monat. Am ersten Tag
des zehnten Monats wurden die Berggipfel sicht-
bar.
6 Nach vierzig Tagen öffnete Noach das Fenster der
Arche, das er gemacht hatte, 7 und ließ einen Ra-
ben hinaus. Der flog aus und ein, bis das Wasser
auf der Erde vertrocknet war. 8 Dann ließ er eine
Taube hinaus, um zu sehen, ob das Wasser auf der
Erde abgenommen habe. 9 Die Taube fand keinen
Halt für ihre Füße und kehrte zu ihm in die Arche
zurück, weil über der ganzen Erde noch Wasser
stand. Er streckte seine Hand aus und nahm die
Taube wieder zu sich in die Arche. 10 Dann wartete
er noch weitere sieben Tage und ließ wieder die
Taube aus der Arche. 11 Gegen Abend kam die
Taube zu ihm zurück, und siehe da: In ihrem
Schnabel hatte sie einen frischen Olivenzweig.
Jetzt wusste Noach, dass nur noch wenig Wasser
auf der Erde stand. 12 Er wartete weitere sieben
Tage und ließ die Taube noch einmal hinaus. Nun
kehrte sie nicht mehr zu ihm zurück.
13 Im sechshundertersten Jahr Noachs, am ersten
Tag des ersten Monats, hatte sich das Wasser ver-
laufen. Da entfernte Noach das Verdeck der Arche,
blickte hinaus, und siehe: Die Erdoberfläche war
trocken. 14 Am siebenundzwanzigsten Tag des zwei-
ten Monats war die Erde trocken. 15 Da sprach Gott
zu Noach: 16 Komm heraus aus der Arche, du, dei-
ne Frau, deine Söhne und die Frauen deiner
Söhne! 17 Bring mit dir alle Tiere heraus, alle We-
sen aus Fleisch, die Vögel, das Vieh und alle Kriech-

tiere, die sich auf der Erde regen. Auf der Erde soll
es von ihnen wimmeln; sie sollen fruchtbar sein
und sich auf der Erde vermehren. 18 Da kam Noach
heraus, er, seine Söhne, seine Frau und die Frauen
seiner Söhne. 19 Auch alle Tiere kamen, nach Gat-
tungen geordnet, aus der Arche, die Kriechtiere,
die Vögel, alles, was sich auf der Erde regt.
20 Dann baute Noach dem Herrn einen Altar,
nahm von allen reinen Tieren und von allen rei-
nen Vögeln und brachte auf dem Altar Brandop-
fer dar. 21 Der Herr roch den beruhigenden Duft
und der Herr sprach bei sich: Ich will die Erde we-
gen des Menschen nicht noch einmal verfluchen;
denn das Trachten des Menschen ist böse von Ju-
gend an. Ich will künftig nicht mehr alles Leben-
dige vernichten, wie ich es getan habe.
22 So lange die Erde besteht, / sollen nicht aufhören
/ Aussaat und Ernte, Kälte und Hitze, / Sommer
und Winter, Tag und Nacht.

8,13: 7,11 • 17: 1,22.28 • 21: 6,5

Gottes Bund mit Noach

9 Dann segnete Gott Noach und seine Söhne
und sprach zu ihnen: Seid fruchtbar, ver-
mehrt euch und bevölkert die Erde! 2 Furcht und
Schrecken vor euch soll sich auf alle Tiere der Erde
legen, auf alle Vögel des Himmels, auf alles, was
sich auf der Erde regt, und auf alle Fische des Mee-
res; euch sind sie übergeben. 3 Alles Lebendige, das
sich regt, soll euch zur Nahrung dienen. Alles
übergebe ich euch wie die grünen Pflanzen. 4 Nur
Fleisch, in dem noch Blut ist, dürft ihr nicht essen.
5 Wenn aber euer Blut vergossen wird, fordere ich
Rechenschaft, und zwar für das Blut eines jeden
von euch. Von jedem Tier fordere ich Rechenschaft
und vom Menschen. Für das Leben des Menschen
fordere ich Rechenschaft von jedem seiner Brüder.
6 Wer Menschenblut vergießt, dessen Blut wird
durch Menschen vergossen. Denn: Als Abbild
Gottes hat er den Menschen gemacht. 7 Seid
fruchtbar und vermehrt euch; bevölkert die Erde
und vermehrt euch auf ihr!
8 Dann sprach Gott zu Noach und seinen Söhnen,
die bei ihm waren: 9 Hiermit schließe ich meinen
Bund mit euch und mit euren Nachkommen
10 und mit allen Lebewesen bei euch, mit den Vö-
geln, dem Vieh und allen Tieren des Feldes, mit al-
len Tieren der Erde, die mit euch aus der Arche ge-
kommen sind. 11 Ich habe meinen Bund mit euch
geschlossen: Nie wieder sollen alle Wesen aus
Fleisch vom Wasser der Flut ausgerottet werden;
nie wieder soll eine Flut kommen und die Erde
verderben. 12 Und Gott sprach: Das ist das Zeichen
des Bundes, den ich stifte zwischen mir und euch
und den lebendigen Wesen bei euch für alle kom-
menden Generationen: 13 Meinen Bogen setze ich
in die Wolken; er soll das Bundeszeichen sein zwi-
schen mir und der Erde. 14 Balle ich Wolken über
der Erde zusammen und erscheint der Bogen in
den Wolken, 15 dann gedenke ich des Bundes, der
besteht zwischen mir und euch und allen Lebewe-
sen, allen Wesen aus Fleisch, und das Wasser wird
nie wieder zur Flut werden, die alle Wesen aus
Fleisch vernichtet. 16 Steht der Bogen in den Wol-
ken, so werde ich auf ihn sehen und des ewigen
Bundes gedenken zwischen Gott und allen leben-
den Wesen, allen Wesen aus Fleisch auf der Erde.
17 Und Gott sprach zu Noach: Das ist das Zeichen
des Bundes, den ich zwischen mir und allen We-
sen aus Fleisch auf der Erde geschlossen habe.

1: 1,28; 9,7 • 3: 1,29 • 6: 1,26–28 • 7: 9,1

Noachs Fluch und Segen

18 Die Söhne Noachs, die aus der Arche gekommen
waren, sind Sem, Ham und Jafet. Ham ist der Va-
ter Kanaans. 19 Diese drei sind die Söhne Noachs;
von ihnen stammen alle Völker der Erde ab.
20 Noach wurde der erste Ackerbauer und pflanzte
einen Weinberg. 21 Er trank von dem Wein, wurde
davon betrunken und lag entblößt in seinem Zelt.
22 Ham, der Vater Kanaans, sah die Blöße seines Va-
ters und erzählte davon draußen seinen Brüdern.
23 Da nahmen Sem und Jafet einen Überwurf; den
legten sich beide auf die Schultern, gingen rück-
wärts und bedeckten die Blöße ihres Vaters. Sie
hatten ihr Gesicht abgewandt und konnten die
Blöße des Vaters nicht sehen. 24 Als Noach aus sei-
nem Rausch erwachte und erfuhr, was ihm sein
zweiter Sohn angetan hatte, 25 sagte er:
Verflucht sei Kanaan. / Der niedrigste Knecht sei
er seinen Brüdern.
26 Und weiter sagte er:
Gepriesen sei der Herr, der Gott Sems, / Kanaan
aber sei sein Knecht.

27 Raum schaffe Gott für Jafet. / In Sems Zelten
wohne er, / Kanaan aber sei sein Knecht.
28 Noach lebte nach der Flut noch dreihundert-
fünfzig Jahre. 29 Die gesamte Lebenszeit Noachs
betrug neunhundertfünfzig Jahre, dann starb er.

Die Nachkommen Noachs – Völkertafel

10 Das ist die Geschlechterfolge nach den
Söhnen Noachs, Sem, Ham und Jafet. Ih-
nen wurden nach der Flut Söhne geboren. 2 Die
Söhne Jafets sind Gomer, Magog, Madai, Jawan,
Tubal, Meschech und Tiras. 3 Die Söhne Gomers
sind Aschkenas, Rifat und Togarma. 4 Die Söhne
Jawans sind Elischa, Tarschisch, die Kittäer und die
Rodaniter. 5 Von ihnen zweigten sich die Inselvöl-
ker in ihren verschiedenen Ländern ab, jedes nach
seiner Sprache und seinen Sippenverbänden in
ihren Völkerschaften.
6 Die Söhne Hams sind Kusch, Ägypten, Put und
Kanaan. 7 Die Söhne von Kusch sind Seba, Hawila,
Sabta, Ragma und Sabtecha, und die Söhne Rag-
mas sind Saba und Dedan. 8 Kusch zeugte Nimrod;
dieser wurde der erste Held auf der Erde. 9 Er war
ein tüchtiger Jäger vor dem Herrn. Deshalb pflegt
man zu sagen: Ein tüchtiger Jäger vor dem Herrn
wie Nimrod. 10 Kerngebiet seines Reiches war Ba-
bel, Erech, Akkad und Kalne im Land Schinar.
11 Von diesem Land zog er nach Assur aus und er-
baute Ninive, Rehobot-Ir, Kelach 12 sowie Resen,
zwischen Ninive und Kelach, das ist die große
Stadt. 13 Ägypten zeugte die Luditer, die Anamiter,
die Lehabiter, die Naftuhiter, 14 die Patrositer und
die Kasluhiter, von denen die Philister abstam-
men, ferner die Kaftoriter. 15 Kanaan zeugte Sidon,
seinen Erstgeborenen, und Het, 16 ferner die Jebu-
siter, die Amoriter, die Girgaschiter, 17 die Hiwiter,
die Arkiter, die Siniter, 18 die Arwaditer, die Zema-
riter und die Hamatiter. Später spalteten sich die
Sippenverbände der Kanaaniter. 19 Das Gebiet der
Kanaaniter reichte von Sidon, wenn man über Ge-
rar kommt, bis Gaza, wenn man über Sodom, Go-
morra, Adma und Zebojim kommt, bis Lescha.
20 Das waren die Söhne Hams nach ihren Sippen-
verbänden, nach ihren Sprachen in ihren Ländern
und Völkerschaften.
21 Auch Sem wurden Kinder geboren. Er ist der
Stammvater aller Söhne Ebers, der ältere Bruder
Jafets. 22 Die Söhne Sems sind Elam, Assur, Ar-
pachschad, Lud und Aram. 23 Die Söhne Arams
sind Uz, Hul, Geter und Masch. 24 Arpachschad
zeugte Schelach, Schelach zeugte Eber. 25 Dem Eber
wurden zwei Söhne geboren; der eine hieß Peleg
(Teilung), denn zu seiner Zeit wurde das Land
geteilt, und sein Bruder hieß Joktan. 26 Joktan
zeugte Almodad, Schelef, Hazarmawet, Jerach,
27 Hadoram, Usal, Dikla, 28 Obal, Abimaël, Scheba,
29 Ofir, Hawila und Jobab. Das alles sind Söhne
Joktans. 30 Ihr Siedlungsgebiet reichte von Mescha,
wenn man über Sefar kommt, bis ans Ostgebirge.
31 Das waren die Söhne Sems nach ihren Sippen-
verbänden, nach ihren Sprachen in ihren Ländern,
nach ihren Völkern. 32 Das waren die Sippenver-
bände der Söhne Noachs nach ihrer Geschlechter-
folge in ihren Völkern. Von ihnen zweigten sich
nach der Flut die Völker der Erde ab.

Der Turmbau zu Babel

11 Alle Menschen hatten die gleiche Sprache
und gebrauchten die gleichen Worte. 2 Als
sie von Osten aufbrachen, fanden sie eine Ebene
im Land Schinar und siedelten sich dort an. 3 Sie
sagten zueinander: Auf, formen wir Lehmziegel
und brennen wir sie zu Backsteinen. So dienten
ihnen gebrannte Ziegel als Steine und Erdpech als
Mörtel. 4 Dann sagten sie: Auf, bauen wir uns eine
Stadt und einen Turm mit einer Spitze bis zum
Himmel und machen wir uns damit einen Namen,
dann werden wir uns nicht über die ganze Erde
zerstreuen.
5 Da stieg der Herr herab, um sich Stadt und Turm
anzusehen, die die Menschenkinder bauten. 6 Er
sprach: Seht nur, *ein* Volk sind sie und *eine* Spra-
che haben sie alle. Und das ist erst der Anfang
ihres Tuns. Jetzt wird ihnen nichts mehr uner-
reichbar sein, was sie sich auch vornehmen. 7 Auf,
steigen wir hinab und verwirren wir dort ihre
Sprache, sodass keiner mehr die Sprache des an-
deren versteht.
8 Der Herr zerstreute sie von dort aus über die
ganze Erde und sie hörten auf, an der Stadt zu
bauen. 9 Darum nannte man die Stadt Babel
(Wirrsal), denn dort hat der Herr die Sprache
aller Welt verwirrt, und von dort aus hat er die
Menschen über die ganze Erde zerstreut.

DIE ERZVÄTER: 11,10 – 36,43

Die Vorfahren Abrahams

10 Das ist die Geschlechterfolge nach Sem: Sem
zeugte im Alter von hundert Jahren Arpachschad,
zwei Jahre nach der Flut. 11 Nach der Geburt Ar-
pachschads lebte Sem noch fünfhundert Jahre und
zeugte Söhne und Töchter.
12 Arpachschad zeugte mit fünfunddreißig Jahren
Schelach. 13 Nach der Geburt Schelachs lebte Ar-
pachschad noch vierhundertdrei Jahre und zeugte
Söhne und Töchter.
14 Schelach zeugte mit dreißig Jahren Eber. 15 Nach
der Geburt Ebers lebte Schelach noch vierhun-
dertdrei Jahre und zeugte Söhne und Töchter.
16 Eber war vierunddreißig Jahre alt, da zeugte er
Peleg. 17 Nach der Geburt Pelegs lebte Eber noch
vierhundertdreißig Jahre und zeugte Söhne und
Töchter.
18 Peleg war dreißig Jahre alt, da zeugte er Regu.
19 Nach der Geburt Regus lebte Peleg noch zwei-
hundertneun Jahre und zeugte Söhne und Töch-
ter.
20 Regu war zweiunddreißig Jahre alt, da zeugte er
Serug. 21 Nach der Geburt Serugs lebte Regu noch
zweihundertsieben Jahre und zeugte Söhne und
Töchter.
22 Serug war dreißig Jahre alt, da zeugte er Nahor.
23 Nach der Geburt Nahors lebte Serug noch zwei-
hundert Jahre und zeugte Söhne und Töchter.
24 Nahor war neunundzwanzig Jahre alt, da zeugte
er Terach. 25 Nach der Geburt Terachs lebte Nahor
noch hundertneunzehn Jahre und zeugte Söhne
und Töchter.
26 Terach war siebzig Jahre alt, da zeugte er Abram,
Nahor und Haran.
27 Das ist die Geschlechterfolge nach Terach:
Terach zeugte Abram, Nahor und Haran; Haran
zeugte Lot. 28 Dann starb Haran, noch vor seinem
Vater Terach, in seiner Heimat Ur in Chaldäa.
29 Abram und Nahor nahmen sich Frauen; die Frau
Abrams hieß Sarai und die Frau Nahors hieß
Milka; sie war die Tochter Harans, des Vaters der
Milka und der Jiska. 30 Sarai war unfruchtbar, sie
hatte keine Kinder. 31 Terach nahm seinen Sohn
Abram, seinen Enkel Lot, den Sohn Harans, und
seine Schwiegertochter Sarai, die Frau seines Soh-
nes Abram, und sie wanderten miteinander aus Ur
in Chaldäa aus, um in das Land Kanaan zu ziehen.
Als sie aber nach Haran kamen, siedelten sie sich
dort an. 32 Die Lebenszeit Terachs betrug zwei-
hundertfünf Jahre, dann starb Terach in Haran.

Abrahams Berufung und Wanderung nach Kanaan

12 Der Herr sprach zu Abram: Zieh weg aus
deinem Land, von deiner Verwandtschaft
und aus deinem Vaterhaus in das Land, das ich dir
zeigen werde. 2 Ich werde dich zu einem großen
Volk machen, dich segnen und deinen Namen
groß machen. Ein Segen sollst du sein. 3 Ich will
segnen, die dich segnen; wer dich verwünscht, den
will ich verfluchen. Durch dich sollen alle Ge-
schlechter der Erde Segen erlangen.
4 Da zog Abram weg, wie der Herr ihm gesagt
hatte, und mit ihm ging auch Lot. Abram war fünf-
undsiebzig Jahre alt, als er aus Haran fortzog. 5 Ab-
ram nahm seine Frau Sarai mit, seinen Neffen Lot
und alle ihre Habe, die sie erworben hatten, und
die Knechte und Mägde, die sie in Haran gewon-
nen hatten. Sie wanderten nach Kanaan aus und
kamen dort an.
6 Abram zog durch das Land bis zur Stätte von Si-
chem, bis zur Orakeleiche. Die Kanaaniter waren
damals im Land. 7 Der Herr erschien Abram und
sprach: Deinen Nachkommen gebe ich dieses
Land. Dort baute er dem Herrn, der ihm erschie-
nen war, einen Altar. 8 Von da brach er auf zum
Bergland östlich von Bet-El und schlug sein Zelt
so auf, dass er Bet-El im Westen und Ai im Osten
hatte. Dort baute er dem Herrn einen Altar und
rief den Namen des Herrn an. 9 Dann zog Abram
immer weiter, dem Negeb zu.

3: 18,18; 22,18; 26,4; 28,14; Sir 44,21; Gal 3,6–18

Abraham und Sara in Ägypten

10 Als über das Land eine Hungersnot kam, zog Ab-
ram nach Ägypten hinab, um dort zu bleiben;
denn die Hungersnot lastete schwer auf dem Land.
11 Als er sich Ägypten näherte, sagte er zu seiner
Frau Sarai: Ich weiß, du bist eine schöne Frau.
12 Wenn dich die Ägypter sehen, werden sie sagen:

Das ist seine Frau!, und sie werden mich erschlagen, dich aber am Leben lassen. 13 Sag doch, du seiest meine Schwester, damit es mir deinetwegen gut geht und ich um deinetwillen am Leben bleibe. 14 Als Abram nach Ägypten kam, sahen die Ägypter, dass die Frau sehr schön war. 15 Die Beamten des Pharao sahen sie und rühmten sie vor dem Pharao. Da holte man die Frau in den Palast des Pharao. 16 Er behandelte Abram ihretwegen gut: Abram bekam Schafe und Ziegen, Rinder und Esel, Knechte und Mägde, Eselinnen und Kamele. 17 Als aber der Herr wegen Sarai, der Frau Abrams, den Pharao und sein Haus mit schweren Plagen schlug, 18 ließ der Pharao Abram rufen und sagte: Was hast du mir da angetan? Warum hast du mir nicht gesagt, dass sie deine Frau ist? 19 Warum hast du behauptet, sie sei deine Schwester, sodass ich sie mir zur Frau nahm? Nun, da hast du deine Frau wieder, nimm sie und geh! 20 Dann ordnete der Pharao seinetwegen Leute ab, die ihn, seine Frau und alles, was ihm gehörte, fortgeleiten sollten.

Abraham und Lot

13 Von Ägypten zog Abram in den Negeb hinauf, er und seine Frau mit allem, was ihm gehörte, und mit ihm auch Lot. 2 Abram hatte einen sehr ansehnlichen Besitz an Vieh, Silber und Gold. 3 Er wanderte von einem Lagerplatz zum andern weiter, vom Negeb bis nach Bet-El, bis zu dem Ort, an dem anfangs sein Zelt gestanden hatte, zwischen Bet-El und Ai, 4 dem Ort, wo er früher den Altar erbaut hatte. Dort rief Abram den Namen des Herrn an.

5 Auch Lot, der mit Abram gezogen war, besaß Schafe und Ziegen, Rinder und Zelte. 6 Das Land war aber zu klein, als dass sich beide nebeneinander hätten ansiedeln können; denn ihr Besitz war zu groß und so konnten sie sich nicht miteinander niederlassen. 7 Zwischen den Hirten Abrams und den Hirten Lots kam es zum Streit; auch siedelten damals noch die Kanaaniter und die Perisiter im Land. 8 Da sagte Abram zu Lot: Zwischen mir und dir, zwischen meinen und deinen Hirten soll es keinen Streit geben; wir sind doch Brüder. 9 Liegt nicht das ganze Land vor dir? Trenn dich also von mir! Wenn du nach links willst, gehe ich nach rechts; wenn du nach rechts willst, gehe ich nach links. 10 Lot blickte auf und sah, dass die ganze Jordangegend bewässert war. Bevor der Herr Sodom und Gomorra vernichtete, war sie bis Zoar hin wie der Garten des Herrn, wie das Land Ägypten. 11 Da wählte sich Lot die ganze Jordangegend aus. Lot brach nach Osten auf und sie trennten sich voneinander. 12 Abram ließ sich in Kanaan nieder, während Lot sich in den Städten jener Gegend niederließ und seine Zelte bis Sodom hin aufschlug. 13 Die Leute von Sodom aber waren sehr böse und sündigten schwer gegen den Herrn.

3: 12,8

Gottes Verheißung an Abraham

14 Nachdem sich Lot von Abram getrennt hatte, sprach der Herr zu Abram: Blick auf und schau von der Stelle, an der du stehst, nach Norden und Süden, nach Osten und Westen. 15 Das ganze Land nämlich, das du siehst, will ich dir und deinen Nachkommen für immer geben. 16 Ich mache deine Nachkommen zahlreich wie den Staub auf der Erde. Nur wer den Staub auf der Erde zählen kann, wird auch deine Nachkommen zählen können. 17 Mach dich auf, durchzieh das Land in seiner Länge und Breite; denn dir werde ich es geben. 18 Da zog Abram mit seinen Zelten weiter und ließ sich bei den Eichen von Mamre in Hebron nieder. Dort baute er dem Herrn einen Altar.

15f: 15,7.18–21; 17,8; 26,2–5; 28,1–4.13f; 35,12

Abraham und Melchisedek

14 Damals führten Amrafel, der König von Schinar, Arjoch, der König von Ellasar, Kedor-Laomer, der König von Elam, und Tidal, der König der Völker, 2 Krieg gegen Bera, den König von Sodom, Birscha, den König von Gomorra, Schinab, den König von Adma, Schemeber, den König von Zebojim, und den König von Bela, das jetzt Zoar heißt. 3 Sie alle zogen als Verbündete in das Siddimtal, das jetzt Salzmeer heißt. 4 Zwölf Jahre waren sie Kedor-Laomer untertan gewesen, im dreizehnten Jahr fielen sie von ihm ab. 5 Im vierzehnten Jahr kamen Kedor-Laomer und die mit ihm verbündeten Könige. Sie schlugen die Rafaïter in Aschterot-Karnajim, die Susiter in Ham, die Emiter in der Ebene von Kirjatajim 6 und die Horiter in ihrem Gebirge Seïr bis nach El-Pa-

ran, das am Rande der Wüste liegt. 7 Auf dem
Rückweg kamen sie nach En-Mischpat, das jetzt
Kadesch heißt, und verwüsteten das ganze Gebiet
der Amalekiter sowie das der Amoriter, die in Ha-
zezon-Tamar wohnten. 8 Der König von Sodom,
der König von Gomorra, der König von Adma, der
König von Zebojim und der König von Bela, das
jetzt Zoar heißt, zogen aus und stellten sich ihnen
im Siddimtal zum Kampf, 9 nämlich Kedor-Lao-
mer, dem König von Elam, Tidal, dem König der
Völker, Amrafel, dem König von Schinar, und
Arjoch, dem König von Ellasar: vier Könige gegen
fünf.
10 Das Siddimtal war voller Erdpechgruben; die
Könige von Sodom und Gomorra mussten fliehen
und fielen dort hinein, die Übrigen flohen ins Ge-
birge. 11 Die Feinde nahmen die ganze Habe von
Sodom und Gomorra sowie alle ihre Vorräte mit
und zogen ab. 12 Als sie abzogen, nahmen sie auch
Lot, den Neffen Abrams, und seine Habe mit; Lot
wohnte damals in Sodom.
13 Ein Flüchtling kam und berichtete es dem Heb-
räer Abram; Abram wohnte bei den Eichen des
Amoriters Mamre, des Bruders Eschkols und
Aners, die seine Bundesgenossen waren. 14 Als
Abram hörte, sein Bruder sei gefangen, musterte
er seine ausgebildete Mannschaft, dreihundert-
achtzehn Mann, die alle in seinem Haus geboren
waren, und nahm die Verfolgung auf bis nach Dan.
15 In der Nacht verteilten sie sich, er und seine
Knechte, um sie zu überfallen. Er schlug sie und
verfolgte sie bis Hoba, nördlich von Damaskus.
16 Er brachte die ganze Habe zurück, auch seinen
Bruder Lot und dessen Besitz sowie die Frauen
und die übrigen Leute. 17 Als er nach dem Sieg über
Kedor-Laomer und die mit ihm verbündeten Kö-
nige zurückkam, zog ihm der König von Sodom
ins Schawetal entgegen, das jetzt Königstal heißt.
18 Melchisedek, der König von Salem, brachte Brot
und Wein heraus. Er war Priester des Höchsten
Gottes. 19 Er segnete Abram und sagte:
Gesegnet sei Abram vom Höchsten Gott, / dem
Schöpfer des Himmels und der Erde,
20 und gepriesen sei der Höchste Gott, / der deine
Feinde an dich ausgeliefert hat. Darauf gab ihm
Abram den Zehnten von allem.
21 Der König von Sodom sagte zu Abram: Gib mir
die Leute zurück, die Habe behalte! 22 Abram ent-
gegnete dem König von Sodom: Ich erhebe meine
Hand zum Herrn, dem Höchsten Gott, dem
Schöpfer des Himmels und der Erde: 23 Keinen
Faden und keinen Schuhriemen, nichts von allem,
was dir gehört, will ich behalten. Du sollst nicht
behaupten können: Ich habe Abram reich ge-
macht. 24 Nur was meine Leute verzehrt haben und
was auf die Männer entfällt, die mit mir gezogen
sind, auf Aner, Eschkol und Mamre, das sollen sie
als ihren Anteil behalten.

18: Ps 110,4; Hebr 5,6.10; 6,20; 7,1.10–17 • 20: Hebr 7,2.4.8f

Gottes Bund mit Abraham

15 Nach diesen Ereignissen erging das Wort
des Herrn in einer Vision an Abram:
Fürchte dich nicht, Abram, ich bin dein Schild;
dein Lohn wird sehr groß sein. 2 Abram antwor-
tete: Herr, mein Herr, was willst du mir schon ge-
ben? Ich gehe doch kinderlos dahin und Erbe mei-
nes Hauses ist Eliëser aus Damaskus. 3 Und Abram
sagte: Du hast mir ja keine Nachkommen gegeben;
also wird mich mein Haussklave beerben. 4 Da er-
ging das Wort des Herrn an ihn: Nicht er wird dich
beerben, sondern dein leiblicher Sohn wird dein
Erbe sein. 5 Er führte ihn hinaus und sprach: Sieh
doch zum Himmel hinauf und zähl die Sterne,
wenn du sie zählen kannst. Und er sprach zu ihm:
So zahlreich werden deine Nachkommen sein.
6 Abram glaubte dem Herrn und der Herr rechnete
es ihm als Gerechtigkeit an. 7 Er sprach zu ihm: Ich
bin der Herr, der dich aus Ur in Chaldäa heraus-
geführt hat, um dir dieses Land zu Eigen zu geben.
8 Da sagte Abram: Herr, mein Herr, woran soll ich
erkennen, dass ich es zu Eigen bekomme? 9 Der
Herr antwortete ihm: Hol mir ein dreijähriges
Rind, eine dreijährige Ziege, einen dreijährigen
Widder, eine Turteltaube und eine Haustaube!
10 Abram brachte ihm alle diese Tiere, zerteilte sie
und legte je eine Hälfte der andern gegenüber; die
Vögel aber zerteilte er nicht. 11 Da stießen Raub-
vögel auf die Fleischstücke herab, doch Abram
verscheuchte sie.
12 Bei Sonnenuntergang fiel auf Abram ein tiefer
Schlaf; große, unheimliche Angst überfiel ihn.
13 Gott sprach zu Abram: Du sollst wissen: Deine
Nachkommen werden als Fremde in einem Land

wohnen, das ihnen nicht gehört. Sie werden dort
als Sklaven dienen und man wird sie vierhundert
Jahre lang hart behandeln. 14 Aber auch über das
Volk, dem sie als Sklaven dienen, werde ich Gericht
halten und nachher werden sie mit reicher Habe
ausziehen. 15 Du aber wirst in Frieden zu deinen
Vätern heimgehen; in hohem Alter wirst du be-
graben werden. 16 Erst die vierte Generation wird
hierher zurückkehren; denn noch hat die Schuld
der Amoriter nicht ihr volles Maß erreicht.
17 Die Sonne war untergegangen und es war dun-
kel geworden. Auf einmal waren ein rauchender
Ofen und eine lodernde Fackel da; sie fuhren zwi-
schen jenen Fleischstücken hindurch. 18 An diesem
Tag schloss der Herr mit Abram folgenden Bund:
Deinen Nachkommen gebe ich dieses Land vom
Grenzbach Ägyptens bis zum großen Strom
Eufrat, 19 (das Land) der Keniter, der Kenasiter, der
Kadmoniter, 20 der Hetiter, der Perisiter, der Rafaï-
ter, 21 der Amoriter, der Kanaaniter, der Girga-
schiter, der Hiwiter und der Jebusiter.

5: 13,16; 22,15–18; 26,4; 28,14 • 6: Röm 4,3.9.22; Gal 3,6; Jak 2,23 •
14: Ex 12,35f • 18: 13,15

Ismaels Geburt

16 Sarai, Abrams Frau, hatte ihm keine Kin-
der geboren. Sie hatte aber eine ägyptische
Magd namens Hagar. 2 Sarai sagte zu Abram: Der
Herr hat mir Kinder versagt. Geh zu meiner Magd!
Vielleicht komme ich durch sie zu einem Sohn.
Abram hörte auf sie. 3 Sarai, Abrams Frau, nahm
also die Ägypterin Hagar, ihre Magd, – zehn Jahre,
nachdem sich Abram in Kanaan niedergelassen
hatte – und gab sie ihrem Mann Abram zur Frau.
4 Er ging zu Hagar und sie wurde schwanger. Als
sie merkte, dass sie schwanger war, verlor die Her-
rin bei ihr an Achtung. 5 Da sagte Sarai zu Abram:
Das Unrecht, das ich erfahre, komme auf dich. Ich
habe dir meine Magd überlassen. Kaum merkt sie,
dass sie schwanger ist, so verliere ich schon an Ach-
tung bei ihr. Der Herr entscheide zwischen mir
und dir. 6 Abram entgegnete Sarai: Hier ist deine
Magd; sie ist in deiner Hand. Tu mit ihr, was du
willst. Da behandelte Sarai sie so hart, dass ihr
Hagar davonlief.
7 Der Engel des Herrn fand Hagar an einer Quelle
in der Wüste, an der Quelle auf dem Weg nach
Schur. 8 Er sprach: Hagar, Magd Sarais, woher
kommst du und wohin gehst du? Sie antwortete:
Ich bin meiner Herrin Sarai davongelaufen. 9 Da
sprach der Engel des Herrn zu ihr: Geh zurück zu
deiner Herrin und ertrag ihre harte Behandlung!
10 Der Engel des Herrn sprach zu ihr: Deine Nach-
kommen will ich so zahlreich machen, dass man
sie nicht zählen kann. 11 Weiter sprach der Engel
des Herrn zu ihr: Du bist schwanger, du wirst ei-
nen Sohn gebären und ihn Ismael (Gott hört) nen-
nen; denn der Herr hat auf dich gehört in deinem
Leid.
12 Er wird ein Mensch sein wie ein Wildesel. / Seine
Hand gegen alle, die Hände aller gegen ihn! / Al-
len seinen Brüdern setzt er sich vors Gesicht.
13 Da nannte sie den Herrn, der zu ihr gesprochen
hatte: El-Roï (Gott, der nach mir schaut). Sie sagte
nämlich: Habe ich hier nicht nach dem geschaut,
der nach mir schaut? 14 Darum nannte sie den
Brunnen Beer-Lahai-Roï (Brunnen des Lebendi-
gen, der nach mir schaut). Er liegt zwischen Ka-
desch und Bered.
15 Hagar gebar dem Abram einen Sohn und Abram
nannte den Sohn, den ihm Hagar gebar, Ismael.
16 Abram war sechsundachtzig Jahre alt, als Hagar
ihm Ismael gebar.

1–16 || 21,9–21

Die Beschneidung als Bundeszeichen

17 Als Abram neunundneunzig Jahre alt war,
erschien ihm der Herr und sprach zu ihm:
Ich bin Gott, der Allmächtige. Geh deinen Weg vor
mir und sei rechtschaffen! 2 Ich will einen Bund
stiften zwischen mir und dir und dich sehr zahl-
reich machen. 3 Abram fiel auf sein Gesicht nieder;
Gott redete mit ihm und sprach: 4 Das ist mein
Bund mit dir: Du wirst Stammvater einer Menge
von Völkern. 5 Man wird dich nicht mehr Abram
nennen. Abraham (Vater der Menge) wirst du
heißen; denn zum Stammvater einer Menge von
Völkern habe ich dich bestimmt. 6 Ich mache dich
sehr fruchtbar und lasse Völker aus dir entstehen;
Könige werden von dir abstammen. 7 Ich schließe
meinen Bund zwischen mir und dir samt deinen
Nachkommen, Generation um Generation, einen
ewigen Bund: Dir und deinen Nachkommen
werde ich Gott sein. 8 Dir und deinen Nachkom-

men gebe ich ganz Kanaan, das Land, in dem du als Fremder weilst, für immer zu Eigen und ich will ihnen Gott sein. 9 Und Gott sprach zu Abraham: Du aber halte meinen Bund, du und deine Nachkommen, Generation um Generation. 10 Das ist mein Bund zwischen mir und euch samt deinen Nachkommen, den ihr halten sollt: Alles, was männlich ist unter euch, muss beschnitten werden. 11 Am Fleisch eurer Vorhaut müsst ihr euch beschneiden lassen. Das soll geschehen zum Zeichen des Bundes zwischen mir und euch. 12 Alle männlichen Kinder bei euch müssen, sobald sie acht Tage alt sind, beschnitten werden in jeder eurer Generationen, seien sie im Haus geboren oder um Geld von irgendeinem Fremden erworben, der nicht von dir abstammt.

13 Beschnitten muss sein der in deinem Haus Geborene und der um Geld Erworbene. So soll mein Bund, dessen Zeichen ihr an eurem Fleisch tragt, ein ewiger Bund sein. 14 Ein Unbeschnittener, eine männliche Person, die am Fleisch ihrer Vorhaut nicht beschnitten ist, soll aus ihrem Stammesverband ausgemerzt werden. Er hat meinen Bund gebrochen.

15 Weiter sprach Gott zu Abraham: Deine Frau Sarai sollst du nicht mehr Sarai nennen, sondern Sara (Herrin) soll sie heißen. 16 Ich will sie segnen und dir auch von ihr einen Sohn geben. Ich segne sie, sodass Völker aus ihr hervorgehen; Könige über Völker sollen ihr entstammen. 17 Da fiel Abraham auf sein Gesicht nieder und lachte. Er dachte: Können einem Hundertjährigen noch Kinder geboren werden und kann Sara als Neunzigjährige noch gebären? 18 Dann sagte Abraham zu Gott: Wenn nur Ismael vor dir am Leben bleibt!

19 Gott entgegnete: Nein, deine Frau Sara wird dir einen Sohn gebären und du sollst ihn Isaak nennen. Ich werde meinen Bund mit ihm schließen als einen ewigen Bund für seine Nachkommen.

20 Auch was Ismael angeht, erhöre ich dich. Ja, ich segne ihn, ich lasse ihn fruchtbar und sehr zahlreich werden. Zwölf Fürsten wird er zeugen und ich mache ihn zu einem großen Volk. 21 Meinen Bund aber schließe ich mit Isaak, den dir Sara im nächsten Jahr um diese Zeit gebären wird. 22 Als Gott das Gespräch beendet hatte, verließ er Abraham und fuhr zur Höhe auf.

23 Abraham nahm nun seinen Sohn Ismael sowie alle in seinem Haus Geborenen und alle um Geld Erworbenen, alle männlichen Personen vom Haus Abraham, und beschnitt das Fleisch ihrer Vorhaut noch am selben Tag, wie Gott ihm befohlen hatte.

24 Abraham war neunundneunzig Jahre alt, als er am Fleisch seiner Vorhaut beschnitten wurde,

25 und sein Sohn Ismael war dreizehn Jahre alt, als er am Fleisch seiner Vorhaut beschnitten wurde.

26 Am selben Tag wurden Abraham und sein Sohn Ismael beschnitten. 27 Auch alle Männer seines Hauses, die im Haus Geborenen und die um Geld von Fremden Erworbenen, wurden mit ihm beschnitten.

8: 13,15; 15,18–21; 26,3–5; 28,3f; 35,12 • 16: 18,10–14 • 19: 18,10; 21,1–8

Gott zu Gast bei Abraham

18 Der Herr erschien Abraham bei den Eichen von Mamre. Abraham saß zur Zeit der Mittagshitze am Zelteingang. 2 Er blickte auf und sah vor sich drei Männer stehen. Als er sie sah, lief er ihnen vom Zelteingang aus entgegen, warf sich zur Erde nieder 3 und sagte: Mein Herr, wenn ich dein Wohlwollen gefunden habe, geh doch an deinem Knecht nicht vorbei! 4 Man wird etwas Wasser holen; dann könnt ihr euch die Füße waschen und euch unter dem Baum ausruhen. 5 Ich will einen Bissen Brot holen und ihr könnt dann nach einer kleinen Stärkung weitergehen; denn deshalb seid ihr doch bei eurem Knecht vorbeigekommen. Sie erwiderten: Tu, wie du gesagt hast. 6 Da lief Abraham eiligst ins Zelt zu Sara und rief: Schnell drei Sea feines Mehl! Rühr es an und backe Brotfladen!

7 Er lief weiter zum Vieh, nahm ein zartes, prächtiges Kalb und übergab es dem Jungknecht, der es schnell zubereitete. 8 Dann nahm Abraham Butter, Milch und das Kalb, das er hatte zubereiten lassen, und setzte es ihnen vor. Er wartete ihnen unter dem Baum auf, während sie aßen. 9 Sie fragten ihn: Wo ist deine Frau Sara? Dort im Zelt, sagte er. 10 Da sprach der Herr: In einem Jahr komme ich wieder zu dir, dann wird deine Frau Sara einen Sohn haben. Sara hörte am Zelteingang hinter seinem Rücken zu. 11 Abraham und Sara waren schon alt; sie waren in die Jahre gekommen. Sara erging es längst nicht mehr, wie es Frauen zu ergehen pflegt.

12 Sara lachte daher still in sich hinein und dachte:
Ich bin doch schon alt und verbraucht und soll
noch das Glück der Liebe erfahren? Auch ist mein
Herr doch schon ein alter Mann! 13 Da sprach der
Herr zu Abraham: Warum lacht Sara und sagt: Soll
ich wirklich noch Kinder bekommen, obwohl ich
so alt bin? 14 Ist beim Herrn etwas unmöglich?
Nächstes Jahr um diese Zeit werde ich wieder zu
dir kommen; dann wird Sara einen Sohn haben.
15 Sara leugnete: Ich habe nicht gelacht. Sie hatte
nämlich Angst. Er aber sagte: Doch, du hast ge-
lacht. 16 Die Männer erhoben sich von ihrem Platz
und schauten gegen Sodom. Abraham wollte mit-
gehen, um sie zu verabschieden. 17 Da sagte sich
der Herr: Soll ich Abraham verheimlichen, was ich
vorhabe? 18 Abraham soll doch zu einem großen,
mächtigen Volk werden, durch ihn sollen alle Völ-
ker der Erde Segen erlangen. 19 Denn ich habe ihn
dazu auserwählt, dass er seinen Söhnen und sei-
nem Haus nach ihm aufträgt, den Weg des Herrn
einzuhalten und zu tun, was gut und recht ist, da-
mit der Herr seine Zusagen an Abraham erfüllen
kann. 20 Der Herr sprach also: Das Klagegeschrei
über Sodom und Gomorra, ja, das ist laut gewor-
den, und ihre Sünde, ja, die ist schwer. 21 Ich will
hinabgehen und sehen, ob ihr Tun wirklich dem
Klagegeschrei entspricht, das zu mir gedrungen
ist. Ich will es wissen. 22 Die Männer wandten sich
von dort ab und gingen auf Sodom zu.
Abraham aber stand noch immer vor dem Herrn.
23 Er trat näher und sagte: Willst du auch den Ge-
rechten mit den Ruchlosen wegraffen? 24 Vielleicht
gibt es fünfzig Gerechte in der Stadt: Willst du
auch sie wegraffen und nicht doch dem Ort ver-
geben wegen der fünfzig Gerechten dort? 25 Das
kannst du doch nicht tun, die Gerechten zusam-
men mit den Ruchlosen umbringen. Dann ginge
es ja dem Gerechten genauso wie dem Ruchlosen.
Das kannst du doch nicht tun. Sollte sich der Rich-
ter über die ganze Erde nicht an das Recht halten?
26 Da sprach der Herr: Wenn ich in Sodom, in der
Stadt, fünfzig Gerechte finde, werde ich ihretwe-
gen dem ganzen Ort vergeben. 27 Abraham ant-
wortete und sprach: Ich habe es nun einmal un-
ternommen, mit meinem Herrn zu reden, obwohl
ich Staub und Asche bin. 28 Vielleicht fehlen an den
fünfzig Gerechten fünf. Wirst du wegen der fünf
die ganze Stadt vernichten? Nein, sagte er, ich
werde sie nicht vernichten, wenn ich dort fünf-
undvierzig finde. 29 Er fuhr fort, zu ihm zu reden:
Vielleicht finden sich dort nur vierzig. Da sprach
er: Ich werde es der vierzig wegen nicht tun. 30 Und
weiter sagte er: Mein Herr zürne nicht, wenn ich
weiterrede. Vielleicht finden sich dort nur dreißig.
Er entgegnete: Ich werde es nicht tun, wenn ich
dort dreißig finde. 31 Darauf sagte er: Ich habe es
nun einmal unternommen, mit meinem Herrn zu
reden. Vielleicht finden sich dort nur zwanzig. Er
antwortete: Ich werde sie um der zwanzig willen
nicht vernichten. 32 Und nochmals sagte er: Mein
Herr zürne nicht, wenn ich nur noch einmal das
Wort ergreife. Vielleicht finden sich dort nur zehn.
Und wiederum sprach er: Ich werde sie um der
zehn willen nicht vernichten. 33 Nachdem der Herr
das Gespräch mit Abraham beendet hatte, ging er
weg und Abraham kehrte heim.

10: 17,15–21; 21,1–8 • 18: 12,2f; 22,17f; 26,4; 28,14

Das Gericht über Sodom und die Rettung Lots

19 Die beiden Engel kamen am Abend nach
Sodom. Lot saß im Stadttor von Sodom.
Als er sie sah, erhob er sich, trat auf sie zu, warf
sich mit dem Gesicht zur Erde nieder 2 und sagte:
Meine Herren, kehrt doch im Haus eures Knech-
tes ein, bleibt über Nacht und wascht euch die
Füße! Am Morgen könnt ihr euren Weg fortsetzen.
Nein, sagten sie, wir wollen im Freien übernach-
ten. 3 Er redete ihnen aber so lange zu, bis sie mit-
gingen und bei ihm einkehrten. Er bereitete ihnen
ein Mahl, ließ ungesäuerte Brote backen und sie
aßen. 4 Sie waren noch nicht schlafen gegangen, da
umstellten die Einwohner der Stadt das Haus, die
Männer von Sodom, Jung und Alt, alles Volk von
weit und breit. 5 Sie riefen nach Lot und fragten
ihn: Wo sind die Männer, die heute Abend zu dir
gekommen sind? Heraus mit ihnen, wir wollen
mit ihnen verkehren. 6 Da ging Lot zu ihnen hin-
aus vor die Tür, schloss sie hinter sich zu 7 und
sagte: Aber meine Brüder, begeht doch nicht ein
solches Verbrechen! 8 Seht, ich habe zwei Töchter,
die noch keinen Mann erkannt haben. Ich will sie
euch herausbringen. Dann tut mit ihnen, was euch
gefällt. Nur jenen Männern tut nichts an; denn
deshalb sind sie ja unter den Schutz meines Da-

ches getreten. 9 Sie aber schrien: Mach dich fort!,
und sagten: Kommt da so ein einzelner Fremder
daher und will sich als Richter aufspielen! Nun
wollen wir es mit dir noch schlimmer treiben als
mit ihnen. Sie setzten dem Mann, nämlich Lot, arg
zu und waren schon dabei, die Tür aufzubrechen.
10 Da streckten jene Männer die Hand aus, zogen
Lot zu sich ins Haus und sperrten die Tür zu.
11 Dann schlugen sie die Leute draußen vor dem
Haus, Groß und Klein, mit Blindheit, sodass sie
sich vergebens bemühten, den Eingang zu finden.
12 Die Männer sagten dann zu Lot: Hast du hier
noch einen Schwiegersohn, Söhne, Töchter oder
sonst jemand in der Stadt? Bring sie weg von die-
sem Ort! 13 Wir wollen nämlich diesen Ort ver-
nichten; denn schwer ist die Klage, die über die
Leute zum Herrn gedrungen ist. Der Herr hat uns
geschickt, die Stadt zu vernichten. 14 Da ging Lot
hinaus, redete auf seine Schwiegersöhne ein, die
seine Töchter heiraten wollten, und sagte: Macht
euch auf und verlasst diesen Ort; denn der Herr
will die Stadt vernichten. Aber seine Schwieger-
söhne meinten, er mache nur Spaß.
15 Als die Morgenröte aufstieg, drängten die Engel
Lot zur Eile: Auf, nimm deine Frau und deine bei-
den Töchter, die hier sind, damit du nicht wegen
der Schuld der Stadt hinweggerafft wirst. 16 Da er
noch zögerte, fassten die Männer ihn, seine Frau
und seine beiden Töchter an der Hand, weil der
Herr mit ihm Mitleid hatte, führten ihn hinaus
und ließen ihn erst draußen vor der Stadt los.
17 Während er sie hinaus ins Freie führte, sagte er:
Bring dich in Sicherheit, es geht um dein Leben.
Sieh dich nicht um und bleib in der ganzen Ge-
gend nicht stehen! Rette dich ins Gebirge, sonst
wirst du auch weggerafft. 18 Lot aber sagte zu ih-
nen: Nein, mein Herr, 19 dein Knecht hat doch dein
Wohlwollen gefunden. Du hast mir große Gunst
erwiesen und mich am Leben gelassen. Ich kann
aber nicht ins Gebirge fliehen, sonst lässt mich das
Unglück nicht mehr los und ich muss sterben.
20 Da, die Stadt in der Nähe, dorthin könnte man
fliehen. Sie ist doch klein; dorthin will ich mich
retten. Ist sie nicht klein? So könnte ich am Leben
bleiben. 21 Er antwortete ihm: Gut, auch das will
ich dir gewähren und die Stadt, von der du
sprichst, nicht zerstören. 22 Schnell flieh dorthin;
denn ich kann nichts unternehmen, bevor du dort
angekommen bist. Deshalb nannte er die Stadt
Zoar (Kleine).
23 Als die Sonne über dem Land aufgegangen und
Lot in Zoar angekommen war, 24 ließ der Herr auf
Sodom und Gomorra Schwefel und Feuer regnen,
vom Herrn, vom Himmel herab. 25 Er vernichtete
von Grund auf jene Städte und die ganze Gegend,
auch alle Einwohner der Städte und alles, was auf
den Feldern wuchs. 26 Als Lots Frau zurückblickte,
wurde sie zu einer Salzsäule.
27 Am frühen Morgen begab sich Abraham an den
Ort, an dem er dem Herrn gegenübergestanden
hatte. 28 Er schaute gegen Sodom und Gomorra
und auf das ganze Gebiet im Umkreis und sah:
Qualm stieg von der Erde auf wie der Qualm aus
einem Schmelzofen. 29 Als Gott die Städte der
Gegend vernichtete, dachte er an Abraham und
ließ Lot mitten aus der Zerstörung fortgeleiten,
während er die Städte, in denen Lot gewohnt hatte,
von Grund auf zerstörte.

Die Stammväter der Moabiter und Ammoniter

30 Lot zog von Zoar weiter hinauf und ließ sich mit
seinen beiden Töchtern im Gebirge nieder. Er
fürchtete sich nämlich, in Zoar zu bleiben, und
wollte lieber mit seinen beiden Töchtern in einer
Höhle wohnen. 31 Eines Tages sagte die Ältere zur
Jüngeren: Unser Vater wird alt und einen Mann,
der mit uns verkehrt, wie es in aller Welt üblich ist,
gibt es nicht. 32 Komm, geben wir unserem Vater
Wein zu trinken und legen wir uns zu ihm, damit
wir von unserem Vater Kinder bekommen. 33 Sie
gaben also ihrem Vater am Abend Wein zu trin-
ken; dann kam die Ältere und legte sich zu ihrem
Vater. Er merkte nicht, wie sie sich hinlegte und
wie sie aufstand. 34 Am anderen Tag sagte die Äl-
tere zur Jüngeren: Ich habe gestern bei meinem
Vater gelegen. Geben wir ihm auch heute Abend
Wein zu trinken, dann geh und leg du dich zu ihm.
So werden wir von unserem Vater Kinder bekom-
men. 35 Sie gaben ihrem Vater also auch an jenem
Abend Wein zu trinken; dann legte sich die Jün-
gere zu ihm. Er merkte nicht, wie sie sich hinlegte
und wie sie aufstand. 36 Beide Töchter Lots wurden
von ihrem Vater schwanger. 37 Die Ältere gebar ei-
nen Sohn und nannte ihn Moab. Er gilt als Stamm-

vater der Moabiter bis heute. 38 Auch die Jüngere
gebar einen Sohn und nannte ihn Ben-Ammi. Er
gilt als Stammvater der Ammoniter bis heute.

Abraham in Gerar

20 Abraham brach von dort auf und zog in
den Negeb. Er ließ sich zwischen Kadesch
und Schur nieder und hielt sich in Gerar als Frem-
der auf. 2 Abraham behauptete von Sara, seiner
Frau: Sie ist meine Schwester. Da schickte Abime-
lech, der König von Gerar, hin und ließ Sara ho-
len. 3 Nachts kam Gott zu Abimelech und sprach
zu ihm im Traum: Du musst sterben wegen der
Frau, die du dir genommen hast; sie ist verheira-
tet. 4 Abimelech aber war ihr noch nicht nahe ge-
kommen. Mein Herr, sagte er, willst du denn auch
unschuldige Leute umbringen? 5 Hat er mir nicht
gesagt, sie sei seine Schwester? Auch sie selbst hat
behauptet, er sei ihr Bruder. Mit arglosem Herzen
und mit reinen Händen habe ich das getan. 6 Da
sprach Gott zu ihm im Traum: Auch ich weiß, dass
du es mit arglosem Herzen getan hast. Ich habe
dich ja auch daran gehindert, dich gegen mich zu
verfehlen. Darum habe ich nicht zugelassen, dass
du sie anrührst. 7 Jetzt aber gib die Frau dem Mann
zurück; denn er ist ein Prophet. Er wird für dich
eintreten, dass du am Leben bleibst. Gibst du sie
aber nicht zurück, dann sollst du wissen: Du musst
sterben, du und alles, was dir gehört.

8 Am Morgen stand Abimelech auf, ließ alle seine
Untergebenen rufen und erzählte ihnen alles, was
vorgefallen war. Da gerieten die Männer in große
Furcht.

9 Nun ließ Abimelech Abraham rufen und stellte
ihn zur Rede: Was hast du uns angetan? Womit
habe ich denn gegen dich gefehlt, dass du über
mich und mein Reich eine so große Sünde bringst?
Du hast mir etwas angetan, was man nicht tun
darf. 10 Und Abimelech fragte Abraham: Was hat-
test du vor, als du das tatest? 11 Abraham entgeg-
nete: Ich sagte mir: Vielleicht gibt es keine Gottes-
furcht an diesem Ort und man wird mich wegen
meiner Frau umbringen. 12 Übrigens ist sie wirk-
lich meine Schwester, eine Tochter meines Vaters,
nur nicht eine Tochter meiner Mutter; so konnte
sie meine Frau werden. 13 Als mich aber Gott aus
dem Haus meines Vaters ins Ungewisse ziehen
hieß, schlug ich ihr vor: Tu mir den Gefallen und
sag von mir überall, wohin wir kommen: Er ist
mein Bruder.

14 Darauf nahm Abimelech Schafe, Ziegen und
Rinder, Knechte und Mägde und schenkte sie Ab-
raham. Auch gab er ihm seine Frau Sara zurück;
15 dabei sagte Abimelech: Hier, mein Land steht dir
offen. Wo es dir beliebt, da lass dich nieder! 16 Zu
Sara aber sagte er: Da, ich gebe deinem Bruder tau-
send Silberstücke. Das soll allen Leuten in deiner
Umgebung die Augen zudecken und vor allen er-
fährst du Genugtuung. 17 Abraham trat für ihn bei
Gott ein; da heilte Gott Abimelech, auch seine
Frau und seine Dienerinnen, sodass sie wieder ge-
bären konnten. 18 Denn der Herr hatte im Haus
Abimelech jeden Mutterschoß verschlossen wegen
Sara, der Frau Abrahams.

1–18 ‖ 12,10–20; 26,1–11

Isaaks Geburt

21 Der Herr nahm sich Saras an, wie er gesagt
hatte, und er tat Sara so, wie er versprochen
hatte. 2 Sara wurde schwanger und gebar dem Ab-
raham noch in seinem Alter einen Sohn zu der
Zeit, die Gott angegeben hatte. 3 Abraham nannte
den Sohn, den ihm Sara gebar, Isaak. 4 Als sein
Sohn Isaak acht Tage alt war, beschnitt ihn Abra-
ham, wie Gott ihm befohlen hatte. 5 Abraham war
hundert Jahre alt, als sein Sohn Isaak zur Welt
kam. 6 Sara aber sagte: Gott ließ mich lachen; jeder,
der davon hört, wird mit mir lachen. 7 Wer, sagte
sie, hätte Abraham zu sagen gewagt, Sara werde
noch Kinder stillen? Und nun habe ich ihm noch
in seinem Alter einen Sohn geboren. 8 Das Kind
wuchs heran und wurde entwöhnt. Als Isaak ent-
wöhnt wurde, veranstaltete Abraham ein großes
Festmahl.

1: 17,15–22; 18,10–15

Hagar und Ismael

9 Eines Tages beobachtete Sara, wie der Sohn, den
die Ägypterin Hagar Abraham geboren hatte, um-
hertollte. 10 Da sagte sie zu Abraham: Verstoß diese
Magd und ihren Sohn! Denn der Sohn dieser
Magd soll nicht zusammen mit meinem Sohn
Isaak Erbe sein. 11 Dieses Wort verdross Abraham
sehr, denn es ging doch um seinen Sohn. 12 Gott

sprach aber zu Abraham: Sei wegen des Knaben
und deiner Magd nicht verdrossen! Hör auf alles,
was dir Sara sagt! Denn nach Isaak sollen deine
Nachkommen benannt werden. 13 Aber auch den
Sohn der Magd will ich zu einem großen Volk
machen, weil auch er dein Nachkomme ist. 14 Am
Morgen stand Abraham auf, nahm Brot und einen
Schlauch mit Wasser, übergab beides Hagar, legte
es ihr auf die Schulter, übergab ihr das Kind und
entließ sie. Sie zog fort und irrte in der Wüste von
Beerscheba umher. 15 Als das Wasser im Schlauch
zu Ende war, warf sie das Kind unter einen
Strauch, 16 ging weg und setzte sich in der Nähe
hin, etwa einen Bogenschuss weit entfernt; denn
sie sagte: Ich kann nicht mit ansehen, wie das Kind
stirbt. Sie saß in der Nähe und weinte laut. 17 Gott
hörte den Knaben schreien; da rief der Engel
Gottes vom Himmel her Hagar zu und sprach:
Was hast du, Hagar? Fürchte dich nicht, Gott hat
den Knaben dort schreien gehört, wo er liegt.
18 Steh auf, nimm den Knaben und halt ihn fest an
deiner Hand; denn zu einem großen Volk will ich
ihn machen. 19 Gott öffnete ihr die Augen und sie
erblickte einen Brunnen. Sie ging hin, füllte den
Schlauch mit Wasser und gab dem Knaben zu trin-
ken. 20 Gott war mit dem Knaben. Er wuchs heran,
ließ sich in der Wüste nieder und wurde ein
Bogenschütze. 21 Er ließ sich in der Wüste Paran
nieder und seine Mutter nahm ihm eine Frau aus
Ägypten.

9–21 || 16,1–16

Der Vertrag Abrahams mit Abimelech

22 Um jene Zeit sagten Abimelech und sein Feld-
herr Pichol zu Abraham: Gott ist mit dir bei allem,
was du unternimmst. 23 Aber nun schwör mir hier
bei Gott, dass du weder mich noch meinen Thron-
erben noch meine Nachfahren hintergehen wirst.
Das gleiche Wohlwollen, das ich dir erwiesen habe,
sollst du mir erweisen und dem Land, in dem du
dich als Fremder aufhältst. 24 Abraham erwiderte:
Gut, ich will den Eid leisten.
25 Abraham stellte aber Abimelech zur Rede wegen
des Brunnens, den ihm Abimelechs Knechte weg-
genommen hatten. 26 Abimelech antwortete: Ich
weiß nicht, wer das getan hat. Du hast es mir noch
nicht gemeldet und auch ich habe erst heute da-
von gehört. 27 Da nahm Abraham Schafe und Rin-
der und gab sie Abimelech; so schlossen beide ei-
nen Vertrag. 28 Abraham stellte aber sieben Läm-
mer der Herde beiseite. 29 Da fragte ihn Abimelech:
Was sollen die sieben Lämmer da, die du beiseite
gestellt hast? 30 Die sieben Lämmer, sagte er, sollst
du von mir annehmen als Beweis dafür, dass ich
diesen Brunnen gegraben habe. 31 Darum nannte
er den Ort Beerscheba (Siebenbrunn oder Eid-
brunn); denn dort leisteten beide einen Eid. 32 Sie
schlossen also zu Beerscheba einen Vertrag. Dann
machten sich Abimelech und sein Feldherr Pichol
auf und kehrten ins Philisterland zurück. 33 Abra-
ham aber pflanzte eine Tamariske in Beerscheba
und rief dort den Herrn an unter dem Namen:
Gott, der Ewige. 34 Darauf hielt sich Abraham län-
gere Zeit als Fremder im Philisterland auf.

31: 26,33

Abrahams Opfer

22 Nach diesen Ereignissen stellte Gott Ab-
raham auf die Probe. Er sprach zu ihm:
Abraham! Er antwortete: Hier bin ich. 2 Gott
sprach: Nimm deinen Sohn, deinen einzigen, den
du liebst, Isaak, geh in das Land Morija und bring
ihn dort auf einem der Berge, den ich dir nenne,
als Brandopfer dar.
3 Frühmorgens stand Abraham auf, sattelte seinen
Esel, holte seine beiden Jungknechte und seinen
Sohn Isaak, spaltete Holz zum Opfer und machte
sich auf den Weg zu dem Ort, den ihm Gott ge-
nannt hatte.
4 Als Abraham am dritten Tag aufblickte, sah er
den Ort von weitem. 5 Da sagte Abraham zu seinen
Jungknechten: Bleibt mit dem Esel hier! Ich will
mit dem Knaben hingehen und anbeten; dann
kommen wir zu euch zurück.
6 Abraham nahm das Holz für das Brandopfer und
lud es seinem Sohn Isaak auf. Er selbst nahm das
Feuer und das Messer in die Hand. So gingen beide
miteinander. 7 Nach einer Weile sagte Isaak zu
seinem Vater Abraham: Vater! Er antwortete: Ja,
mein Sohn! Dann sagte Isaak: Hier ist Feuer und
Holz. Wo aber ist das Lamm für das Brandopfer?
8 Abraham entgegnete: Gott wird sich das Opfer-
lamm aussuchen, mein Sohn. Und beide gingen
miteinander weiter.

9 Als sie an den Ort kamen, den ihm Gott genannt
hatte, baute Abraham den Altar, schichtete das
Holz auf, fesselte seinen Sohn Isaak und legte ihn
auf den Altar, oben auf das Holz. 10 Schon streckte
Abraham seine Hand aus und nahm das Messer,
um seinen Sohn zu schlachten. 11 Da rief ihm der
Engel des Herrn vom Himmel her zu: Abraham,
Abraham! Er antwortete: Hier bin ich. 12 Jener
sprach: Streck deine Hand nicht gegen den Kna-
ben aus und tu ihm nichts zuleide! Denn jetzt weiß
ich, dass du Gott fürchtest; du hast mir deinen ein-
zigen Sohn nicht vorenthalten. 13 Als Abraham
aufschaute, sah er: Ein Widder hatte sich hinter
ihm mit seinen Hörnern im Gestrüpp verfangen.
Abraham ging hin, nahm den Widder und brachte
ihn statt seines Sohnes als Brandopfer dar. 14 Ab-
raham nannte jenen Ort Jahwe-Jire (Der Herr
sieht), wie man noch heute sagt: Auf dem Berg
lässt sich der Herr sehen.
15 Der Engel des Herrn rief Abraham zum zweiten
Mal vom Himmel her zu 16 und sprach: Ich habe
bei mir geschworen – Spruch des Herrn: Weil du
das getan hast und deinen einzigen Sohn mir nicht
vorenthalten hast, 17 will ich dir Segen schenken in
Fülle und deine Nachkommen zahlreich machen
wie die Sterne am Himmel und den Sand am
Meeresstrand. Deine Nachkommen sollen das Tor
ihrer Feinde einnehmen. 18 Segnen sollen sich mit
deinen Nachkommen alle Völker der Erde, weil du
auf meine Stimme gehört hast.
19 Darauf kehrte Abraham zu seinen Jungknechten
zurück. Sie machten sich auf und gingen mitei-
nander nach Beerscheba. Abraham blieb in Beer-
scheba wohnen.

17: 12,2f; 18,18; 26,4f; 28,14; Gal 3,16

Abrahams Verwandtschaft

20 Nach diesen Ereignissen meldete man Abraham:
Auch Milka hat deinem Bruder Nahor Söhne ge-
boren: 21 Uz, seinen Erstgeborenen, dessen Bruder
Bus sowie Kemuël, den Stammvater der Aramäer,
22 ferner Kesed, Haso, Pildasch, Jidlaf und Betuël.
23 Betuël zeugte Rebekka. Diese acht gebar Milka
dem Nahor, dem Bruder Abrahams. Er hatte noch
eine Nebenfrau namens Rëuma. 24 Auch sie bekam
Kinder, nämlich Tebach, Gaham, Tahasch und
Maacha.

Saras Tod und Grabstätte

23 Die Lebenszeit Saras betrug hundertsie-
benundzwanzig Jahre; so lange lebte Sara.
2 Sie starb in Kirjat-Arba, das jetzt Hebron heißt,
in Kanaan. Abraham kam, um die Totenklage über
sie zu halten und sie zu beweinen. 3 Danach stand
Abraham auf, ging von seiner Toten weg und re-
dete mit den Hetitern. Er sagte: 4 Fremder und
Halbbürger bin ich unter euch. Gebt mir ein Grab
bei euch als Eigentum, damit ich meine Tote hi-
nausbringen und begraben kann. 5 Die Hetiter
antworteten Abraham: 6 Hör uns an, Herr! Du bist
ein Gottesfürst in unserer Mitte. In der vornehm-
sten unserer Grabstätten darfst du deine Tote be-
graben. Keiner von uns wird dir seine Grabstätte
versagen und deiner Toten das Begräbnis verwei-
gern. 7 Abraham aber stand auf, verneigte sich tief
vor den Bürgern des Landes, den Hetitern, 8 ver-
handelte mit ihnen und sagte: Wenn ihr damit ein-
verstanden seid, dass ich meine Tote hinausbringe
und begrabe, dann hört mich an und setzt euch
für mich ein bei Efron, dem Sohn Zohars! 9 Er soll
mir die Höhle von Machpela überlassen, die ihm
gehört, am Rand seines Grundstücks. Zum vollen
Geldwert soll er sie mir überlassen als eigene Grab-
stätte mitten unter euch. 10 Efron saß unter den
Hetitern. Der Hetiter Efron antwortete Abraham,
sodass es die Hetiter, alle, die zum Tor seiner Stadt
Zutritt hatten, hören konnten: 11 Nein, Herr, hör
mich an: Das Grundstück überlasse ich dir und die
Höhle darauf überlasse ich dir; in Gegenwart der
Söhne meines Volkes überlasse ich sie dir. Begrab
deine Tote! 12 Da verneigte sich Abraham tief in
Gegenwart der Bürger des Landes 13 und sagte zu
Efron, sodass es die Bürger des Landes hören
konnten: Hör mich doch, bitte, an: Ich zahle das
Geld für das Grundstück. Nimm es von mir an, da-
mit ich dort meine Tote begrabe. 14 Efron antwor-
tete Abraham: 15 Herr, hör mich an! Land im Wert
von vierhundert Silberstücken, was bedeutet das
schon unter uns? Begrab nur deine Tote!
16 Abraham hörte auf Efron und wog ihm den
Geldbetrag ab, den er in Gegenwart der Hetiter
genannt hatte, vierhundert Silberstücke zum üb-
lichen Handelswert. 17 So ging das Grundstück
Efrons in Machpela bei Mamre, das Feld mit der
Höhle darauf und mit allen Bäumen auf dem

„Gott schuf also den Menschen als sein Abbild; als Abbild Gottes schuf er ihn. Als Mann und Frau schuf er sie." (Genesis 1,27)
„Dann sprach Gott, der Herr: Es ist nicht gut, dass der Mensch allein bleibt. Ich will ihm eine Hilfe machen, die ihm entspricht." (Genesis 2,18)

Der Antrag, 1898

Öl auf Leinwand, 74 x 53 cm
bezeichnet links unten: Egger Lienz
Privatbesitz

Albin Egger-Lienz versucht in dieser idyllischen Atmosphäre die zwischenmenschliche Harmonie eines Bauernburschen und eines Mädchens zu vermitteln. Die Verhaltenheit beider ist in die Leuchtkraft des Lichtes eingebunden: Schatten und Licht markieren die äußere wie innere Haltung der Menschen. Noch ganz im Sinne seines Lehrers Franz von Defregger, Professor an der Akademie der bildenden Künste in München, ist dieser Einblick als ein Moment Alltagsleben entstanden.

„Gott segnete sie und Gott sprach zu ihnen: Seid fruchtbar und vermehrt euch, bevölkert die Erde, unterwerft sie euch …“
(Genesis 1,28)

Vorfrühling,
Die Lawine oder Vorfrühling in Tirol, 1917

Tempera (Kasein?) auf Leinwand, 142 x 170 cm
bezeichnet links unten: Egger Lienz
Lienz, Museum der Stadt Lienz Schloss Bruck, Inv.Nr. AEL 49

Das Motiv des Hausbaues in der Ebene von Lienz in Osttirol vor dem Abhang des Rauchkofels hat bei Albin Egger-Lienz auch den Bildtitel „Die Lawine“ oder „Vorfrühling in Tirol“ erhalten. Die Lawine ist als weißer Malstrich markiert, die nur symbolisch donnernd zu Tal stürzt. Der junge Lehrbub links und der ältere Zimmermann rechts blicken empor, der in der Mitte arbeitende Mann geht seiner Tätigkeit nach. Es ist Frühling: Im Hintergrund hinter der Häuserkulisse blüht bereits ein Obstbaum. Drohende Naturgewalt, die meist zerstört, steht der Schöpfung des Menschen im Hausbau gegenüber. Egger-Lienz ging es aber vor allem um das Festhalten einer Stimmung.

Grundstück in seiner ganzen Ausdehnung ringsum, [18] in den Besitz Abrahams über, in Gegenwart der Hetiter, aller, die zum Tor seiner Stadt Zutritt hatten. [19] Dann begrub Abraham seine Frau Sara in der Höhle des Grundstücks von Machpela bei Mamre, das jetzt Hebron heißt, in Kanaan. [20] Das Grundstück samt der Höhle darauf war also von den Hetitern als Grabstätte in den Besitz Abrahams übergegangen.

Isaak und Rebekka

24 Abraham war alt und hochbetagt; der Herr hatte ihn mit allem gesegnet. [2] Eines Tages sagte er zum Großknecht seines Hauses, der seinen ganzen Besitz verwaltete: Leg deine Hand unter meine Hüfte! [3] Ich will dir einen Eid beim Herrn, dem Gott des Himmels und der Erde, abnehmen, dass du meinem Sohn keine Frau von den Töchtern der Kanaaniter nimmst, unter denen ich wohne. [4] Du sollst vielmehr in meine Heimat zu meiner Verwandtschaft reisen und eine Frau für meinen Sohn Isaak holen. [5] Der Knecht entgegnete ihm: Vielleicht will aber die Frau mir gar nicht hierher in dieses Land folgen. Soll ich dann deinen Sohn in das Land zurückbringen, aus dem du ausgewandert bist? [6] Hüte dich, antwortete ihm Abraham, meinen Sohn dorthin zurückzubringen! [7] Der Herr, der Gott des Himmels, der mich weggeholt hat aus dem Haus meines Vaters und aus meinem Heimatland, der zu mir gesagt und mir geschworen hat: Deinen Nachkommen gebe ich dieses Land!, er wird seinen Engel vor dir hersenden und so wirst du von dort eine Frau für meinen Sohn mitbringen. [8] Wenn dir aber die Frau nicht folgen will, dann bist du von dem Eid, den du mir geleistet hast, entbunden. Meinen Sohn darfst du auf keinen Fall dorthin zurückbringen.
[9] Da legte der Knecht seine Hand unter die Hüfte seines Herrn Abraham und leistete ihm in dieser Sache den Eid.

[10] Der Knecht nahm zehn von den Kamelen seines Herrn und machte sich mit allerlei kostbaren Sachen aus dem Besitz seines Herrn auf die Reise. Er brach auf und zog nach Mesopotamien in die Stadt Nahors. [11] Vor der Stadt ließ er die Kamele am Brunnen lagern. Es war gegen Abend, um die Zeit, da die Frauen herauskommen, um Wasser zu schöpfen. [12] Er sagte: Herr, Gott meines Herrn Abraham, lass mich heute Glück haben und zeig meinem Herrn Abraham deine Huld! [13] Da stehe ich an der Quelle und die Töchter der Stadtbewohner werden herauskommen, um Wasser zu schöpfen.
[14] Das Mädchen, zu dem ich dann sage: Reich mir doch deinen Krug zum Trinken!, und das antwortet: Trink nur, auch deine Kamele will ich tränken!, sie soll es sein, die du für deinen Knecht Isaak bestimmt hast. Daran will ich erkennen, dass du meinem Herrn Huld erweist.

[15] Kaum hatte er aufgehört zu sprechen, da kam auch schon aus der Stadt Rebekka mit dem Krug auf der Schulter. Sie war dem Betuël geboren worden, dem Sohn der Milka, die die Frau Nahors, des Bruders Abrahams, war. [16] Das Mädchen war sehr schön und sie war ledig; noch kein Mann hatte sie erkannt. Sie stieg zur Quelle hinab, füllte ihren Krug und kam wieder herauf. [17] Da ging der Knecht schnell auf sie zu und sagte: Lass mich ein wenig Wasser aus deinem Krug trinken! [18] Trink nur, mein Herr!, antwortete sie, ließ geschwind den Krug auf ihre Hand herab und gab ihm zu trinken. [19] Nachdem sie ihm zu trinken gegeben hatte, sagte sie: Auch für deine Kamele will ich schöpfen, bis sie sich satt getrunken haben. [20] Flink leerte sie ihren Krug an der Tränke und lief noch einmal an den Brunnen zum Schöpfen. So schöpfte sie für alle Kamele. [21] Der Knecht Abrahams schaute ihr schweigend zu; er wollte sehen, ob der Herr seine Reise gelingen ließe oder nicht.
[22] Als die Kamele mit dem Trinken fertig waren, nahm der Mann einen goldenen Nasenreif, einen halben Schekel schwer, und zwei goldene Spangen für ihre Arme, zehn Goldschekel schwer, [23] und fragte: Wessen Tochter bist du? Sag mir doch, ob im Haus deines Vaters für uns Platz zum Übernachten ist! [24] Sie antwortete ihm: Ich bin die Tochter Betuëls, des Sohnes der Milka und des Nahor. [25] Weiter sagte sie zu ihm: Stroh und Futter haben wir reichlich, auch Platz zum Übernachten.
[26] Da verneigte sich der Mann, warf sich vor dem Herrn nieder [27] und sagte: Gepriesen sei der Herr, der Gott meines Herrn Abraham, der es meinem Herrn nicht an Huld und Treue fehlen ließ. Der Herr hat mich geradewegs zum Haus des Bruders meines Herrn geführt.

28 Das Mädchen lief weg und erzählte im Haus sei-
ner Mutter alles, was vorgefallen war. 29 Rebekka
hatte einen Bruder namens Laban. Laban eilte zu
dem Mann hinaus an die Quelle. 30 Er hatte den
Nasenreif und an den Händen seiner Schwester die
Spangen gesehen und hatte gehört, wie seine
Schwester Rebekka berichtete: So und so hat der
Mann zu mir gesagt. Er kam zu dem Mann, der bei
den Kamelen an der Quelle stand. 31 Laban sagte:
Komm, du Gesegneter des Herrn! Warum stehst
du hier draußen? Ich habe das Haus aufgeräumt
und für die Kamele Platz gemacht. 32 Da ging der
Mann mit ins Haus. Man schirrte die Kamele ab
und gab ihnen Stroh und Futter. Für ihn und die
Männer in seiner Begleitung brachte man Wasser
zum Füßewaschen.

33 Als man ihm zu essen vorsetzte, sagte der Knecht
Abrahams: Ich esse nicht, bevor ich nicht mein
Anliegen vorgebracht habe. Sie antworteten: Rede!
34 Da berichtete er: Ein Knecht Abrahams bin ich.
35 Der Herr hat meinen Herrn reichlich gesegnet,
sodass er zu großem Vermögen gekommen ist. Er
hat ihm Schafe und Rinder, Silber und Gold,
Knechte und Mägde, Kamele und Esel gegeben.
36 Sara, die Frau meines Herrn, hat meinem Herrn
noch in ihrem Alter einen Sohn geboren. Ihm ver-
macht er alles, was ihm gehört. 37 Mein Herr hat
mir den Eid abgenommen: Du darfst für meinen
Sohn keine Frau von den Töchtern der Kanaani-
ter nehmen, in deren Land ich wohne. 38 Reise viel-
mehr zum Haus meines Vaters und zu meiner Ver-
wandtschaft und hol eine Frau für meinen Sohn!
39 Ich entgegnete meinem Herrn: Vielleicht will
aber die Frau nicht mitkommen. 40 Darauf ant-
wortete er mir: Der Herr, vor dem ich meinen Weg
gegangen bin, wird dir seinen Engel mitschicken
und deine Reise gelingen lassen. Du wirst schon
eine Frau für meinen Sohn mitbringen aus meiner
Verwandtschaft, aus dem Haus meines Vaters.
41 Von dem Eid, den du mir geleistet hast, sollst du
dann entbunden sein, wenn du zu meinen Ver-
wandten kommst und sie dir keine Frau geben. In
diesem Fall bist du von dem Eid, den du mir ge-
leistet hast, entbunden. 42 So kam ich heute an die
Quelle und sagte: Herr, Gott meines Herrn Abra-
ham, lass doch die Reise gelingen, auf der ich mich
befinde. 43 Da stehe ich nun an der Quelle. Kommt
ein Mädchen aus der Stadt heraus, um Wasser zu
schöpfen, dann will ich sagen: Gib mir doch aus
deinem Krug ein wenig Wasser zu trinken! 44 Sagt
sie zu mir: Trink nur! Auch für deine Kamele will
ich schöpfen!, so soll es die Frau sein, die der Herr
für den Sohn meines Herrn bestimmt hat. 45 Kaum
hatte ich so zu mir gesagt, kam auch schon Re-
bekka mit dem Krug auf der Schulter heraus, stieg
zur Quelle hinunter und schöpfte. Ich redete sie
an: Gib mir doch zu trinken! 46 Da setzte sie ge-
schwind ihren Krug ab und sagte: Trink nur! Auch
deine Kamele will ich tränken. Ich trank und sie
gab auch den Kamelen zu trinken. 47 Als ich sie
fragte: Wessen Tochter bist du?, antwortete sie:
Die Tochter Betuëls, des Sohnes Nahors, den ihm
Milka gebar. Da legte ich ihr den Reif an die Nase
und die Spangen um die Arme. 48 Ich verneigte
mich, warf mich vor dem Herrn nieder und pries
den Herrn, den Gott meines Herrn Abraham,
der mich geradewegs hierher geführt hat, um die
Tochter des Bruders meines Herrn für dessen
Sohn zu holen. 49 Jetzt aber sagt mir, ob ihr geneigt
seid, meinem Herrn Wohlwollen und Vertrauen
zu schenken. Wenn nicht, so gebt mir ebenfalls Be-
scheid, damit ich mich dann anderswohin wende.
50 Daraufhin antworteten Laban und Betuël: Die
Sache ist vom Herrn ausgegangen. Wir können dir
weder Ja noch Nein sagen. 51 Da, Rebekka steht vor
dir. Nimm sie und geh! Sie soll die Frau des Soh-
nes deines Herrn werden, wie der Herr es gefügt
hat. 52 Als der Knecht Abrahams ihre Antwort
hörte, warf er sich vor dem Herrn zur Erde nieder.
53 Dann holte der Knecht silbernen und goldenen
Schmuck und Kleider hervor und schenkte sie Re-
bekka. Auch ihrem Bruder und ihrer Mutter über-
reichte er kostbare Geschenke. 54 Er und die Män-
ner seiner Begleitung aßen und tranken und
gingen dann schlafen. Als sie am Morgen aufstan-
den, sagte der Knecht: Entlasst mich jetzt zu mei-
nem Herrn! 55 Der Bruder Rebekkas und ihre Mut-
ter antworteten: Das Mädchen soll noch eine Zeit
lang bei uns bleiben, etwa zehn Tage, dann mag sie
sich auf die Reise begeben. 56 Haltet mich nicht auf,
antwortete er ihnen, der Herr hat meine Reise ge-
lingen lassen. Lasst mich also zu meinem Herrn
zurückkehren! 57 Sie entgegneten: Wir wollen das
Mädchen rufen und es selbst fragen. 58 Sie riefen

Rebekka und fragten sie: Willst du mit diesem
Mann reisen? Ja, antwortete sie. 59 Da ließen sie
ihre Schwester Rebekka und ihre Amme mit dem
Knecht Abrahams und seinen Leuten ziehen. 60 Sie
segneten Rebekka und sagten zu ihr:
Du, unsere Schwester, / werde Mutter von tau-
sendmal Zehntausend! / Deine Nachkommen sol-
len besetzen / das Tor ihrer Feinde.
61 Rebekka brach mit ihren Mägden auf. Sie be-
stiegen die Kamele und folgten dem Mann. Der
Knecht nahm Rebekka mit und trat die Rückreise
an.
62 Isaak war in die Gegend des Brunnens von La-
hai-Roï gekommen und hatte sich im Negeb nie-
dergelassen. 63 Eines Tages ging Isaak gegen Abend
hinaus, um sich auf dem Feld zu beschäftigen. Als
er aufblickte, sah er: Kamele kamen daher. 64 Auch
Rebekka blickte auf und sah Isaak. Sie ließ sich
vom Kamel herunter 65 und fragte den Knecht: Wer
ist der Mann dort, der uns auf dem Feld entge-
genkommt? Der Knecht erwiderte: Das ist mein
Herr. Da nahm sie den Schleier und verhüllte sich.
66 Der Knecht erzählte Isaak alles, was er ausge-
richtet hatte. 67 Isaak führte Rebekka in das Zelt
seiner Mutter Sara. Er nahm sie zu sich und sie
wurde seine Frau. Isaak gewann sie lieb und trös-
tete sich so über den Verlust seiner Mutter.

5: 12,1.4 • 7: 13,14–17; 15,17–21 • 15: 11,27–32 • 60: 22,17

Die Nachkommen Abrahams

25 Abraham nahm sich noch eine andere
Frau, namens Ketura. 2 Sie gebar ihm
Simran, Jokschan, Medan, Midian, Jischbak und
Schuach. 3 Jokschan zeugte Scheba und Dedan.
Die Söhne Dedans waren die Aschuriter, die Letu-
schiter und die Lëummiter. 4 Die Söhne Midians
waren Efa, Efer, Henoch, Abida und Eldaga. Sie alle
waren Söhne Keturas. 5 Abraham vermachte Isaak
alles, was ihm gehörte. 6 Den Söhnen der Neben-
frauen, die er hatte, gab Abraham Geschenke und
schickte sie noch zu seinen Lebzeiten weg nach
Osten, ins Morgenland, weit weg von seinem Sohn
Isaak.

Abrahams Tod und Begräbnis

7 Das ist die Zahl der Lebensjahre Abrahams: Hun-
dertfünfundsiebzig Jahre wurde er alt, 8 dann ver-
schied er. Er starb in hohem Alter, betagt und le-
benssatt, und wurde mit seinen Vorfahren vereint.
9 Seine Söhne Isaak und Ismael begruben ihn in
der Höhle von Machpela bei Mamre, auf dem
Grundstück des Hetiters Efron, des Sohnes Zo-
hars, 10 auf dem Grundstück, das Abraham von
den Hetitern gekauft hatte. Dort sind Abraham
und seine Frau Sara begraben. 11 Nach dem Tod
Abrahams segnete Gott seinen Sohn Isaak und
Isaak ließ sich beim Brunnen Lahai-Roï nieder.

10: 23,16–18

Der Stammbaum der Ismaeliter

12 Das ist die Geschlechterfolge nach Ismael, dem
Sohn Abrahams. Ihn hatte die Ägypterin Hagar,
die Magd Saras, Abraham geboren. 13 Das sind die
Söhne Ismaels nach ihren Namen und nach ihrer
Geschlechterfolge: Der Erstgeborene Ismaels war
Nebajot; dann kamen Kedar, Adbeel, Mibsam,
14 Mischma, Duma, Massa, 15 Hadad, Tema, Jetur,
Nafisch und Kedma. 16 Das waren die Söhne Isma-
els und das waren die Namen, die sie in ihren Sied-
lungen und Zeltlagern trugen: zwölf Fürsten, je ei-
ner für einen Stamm. 17 Und das ist die Zahl der
Lebensjahre Ismaels: hundertsiebenunddreißig
Jahre. Dann verschied er und wurde mit seinen
Vorfahren vereint. 18 Ihr Siedlungsgebiet reichte
von Hawila bis Schur, das Ägypten gegenüber an
der Straße nach Assur liegt. Über alle seine Brüder
fiel er her.

Geburt Esaus und Jakobs

19 Und das ist die Geschlechterfolge nach Isaak,
dem Sohn Abrahams: Abraham zeugte Isaak.
20 Isaak war vierzig Jahre alt, als er Rebekka zur
Frau nahm. Sie war die Tochter des Aramäers
Betuël aus Paddan-Aram, eine Schwester des
Aramäers Laban. 21 Isaak betete zum Herrn für
seine Frau, denn sie war kinderlos geblieben, und
der Herr ließ sich von ihm erbitten. Als seine Frau
Rebekka schwanger war, 22 stießen die Söhne ei-
nander im Mutterleib. Da sagte sie: Wenn das so
ist, was soll dann aus mir werden? Sie ging, um
den Herrn zu befragen.
23 Der Herr gab diese Antwort: Zwei Völker sind in
deinem Leib, / zwei Stämme trennen sich / schon
in deinem Schoß. / Ein Stamm ist dem andern

überlegen, / der ältere muss dem jüngeren dienen.
24 Als die Zeit ihrer Niederkunft gekommen war,
zeigte es sich, dass sie Zwillinge in ihrem Leib trug.
25 Der erste, der kam, war rötlich, über und über
mit Haaren bedeckt wie mit einem Fell. Man
nannte ihn Esau. 26 Darauf kam sein Bruder; seine
Hand hielt die Ferse Esaus fest. Man nannte ihn Ja-
kob (Fersenhalter). Isaak war sechzig Jahre alt, als
sie geboren wurden.

Verkauf des Erstgeburtsrechts an Jakob

27 Die Knaben wuchsen heran. Esau war ein Mann
geworden, der sich auf die Jagd verstand, ein Mann
des freien Feldes. Jakob dagegen war ein untadeli-
ger Mann und blieb bei den Zelten. 28 Isaak hatte
Esau lieber, denn er aß gern Wildbret; Rebekka
aber hatte Jakob lieber.
29 Einst hatte Jakob ein Gericht zubereitet, als Esau
erschöpft vom Feld kam. 30 Da sagte Esau zu Jakob:
Gib mir doch etwas zu essen von dem Roten, von
dem Roten da, ich bin ganz erschöpft. Deshalb
heißt er Edom (Roter). 31 Jakob gab zur Antwort:
Dann verkauf mir jetzt sofort dein Erstgeburts-
recht! 32 Schau, ich sterbe vor Hunger, sagte Esau,
was soll mir da das Erstgeburtsrecht? 33 Jakob er-
widerte: Schwör mir jetzt sofort! Da schwor er ihm
und verkaufte sein Erstgeburtsrecht an Jakob.
34 Darauf gab Jakob dem Esau Brot und Linsen-
gemüse; er aß und trank, stand auf und ging sei-
nes Weges. Vom Erstgeburtsrecht aber hielt Esau
nichts.

33: Hebr 12,16f

Isaak in Gerar

26 Im Land brach eine Hungersnot aus, eine
andere als die frühere zur Zeit Abrahams.
Isaak begab sich nach Gerar zu Abimelech, dem
König der Philister. 2 Da erschien ihm der Herr
und sprach: Geh nicht nach Ägypten hinunter,
bleib in dem Land wohnen, das ich dir verspreche.
3 Halte dich als Fremder in diesem Land auf! Ich
will mit dir sein und dich segnen. Denn dir und
deinen Nachkommen gebe ich alle diese Länder
und erfülle den Eid, den ich deinem Vater Abra-
ham geleistet habe. 4 Ich mache deine Nachkom-
men zahlreich wie die Sterne am Himmel und
gebe ihnen alle diese Länder. Mit deinen Nach-
kommen werden alle Völker der Erde sich segnen,
5 weil Abraham auf meinen Ruf gehört und weil er
auf meine Anordnungen, Gebote, Satzungen und
Weisungen geachtet hat. 6 Isaak blieb also in Gerar.
7 Als sich die Männer des Ortes nach seiner Frau
erkundigten, sagte er: Sie ist meine Schwester. Er
fürchtete sich nämlich zu sagen: Sie ist meine Frau.
Er dachte: Die Männer des Ortes könnten mich
sonst wegen Rebekka umbringen. Sie war nämlich
schön. 8 Nachdem er längere Zeit dort zugebracht
hatte, schaute einmal Abimelech, der König der
Philister, durch das Fenster und sah gerade, wie
Isaak seine Frau Rebekka liebkoste. 9 Da rief
Abimelech Isaak und sagte: Sie ist ja deine Frau.
Wie konntest du behaupten, sie sei deine Schwes-
ter? Da antwortete ihm Isaak: Ich sagte mir: Ich
möchte nicht ihretwegen sterben. 10 Abimelech
entgegnete: Was hast du uns da angetan? Beinahe
hätte einer der Leute mit deiner Frau geschlafen;
dann hättest du über uns Schuld gebracht.
11 Abimelech ordnete für das ganze Volk an: Wer
diesen Mann oder seine Frau anrührt, wird mit
dem Tod bestraft.
12 Isaak säte in diesem Land und er erntete in die-
sem Jahr hundertfältig. Der Herr segnete ihn;
13 der Mann wurde reicher und reicher, bis er sehr
wohlhabend war. 14 Er besaß Schafe, Ziegen und
Rinder und zahlreiches Gesinde, sodass ihn die
Philister beneideten. 15 Die Philister schütteten alle
Brunnen zu, die die Knechte zur Zeit seines Vaters
Abraham gegraben hatten, und füllten sie mit
Erde. 16 Da sagte Abimelech zu Isaak: Zieh von uns
fort; denn du bist uns viel zu mächtig geworden.
17 Isaak zog fort, schlug sein Lager im Tal von Ge-
rar auf und ließ sich dort nieder. 18 Die Brunnen,
die man zur Zeit seines Vaters Abraham gegraben
hatte und die die Philister nach dem Tod Abra-
hams zugeschüttet hatten, ließ Isaak wieder auf-
graben und gab ihnen dieselben Namen, die ihnen
sein Vater gegeben hatte. 19 Die Knechte Isaaks gru-
ben in der Talsohle und fanden dort einen Brun-
nen mit frischem Wasser. 20 Die Hirten von Gerar
stritten mit den Hirten Isaaks und behaupteten:
Uns gehört das Wasser. Da nannte er den Brunnen
Esek (Zank), denn sie hatten mit ihm gezankt.
21 Als sie einen anderen Brunnen gruben, stritten
sie auch um ihn; so nannte er ihn Sitna (Streit).

22 Darauf brach er von dort auf und grub wieder einen anderen Brunnen. Um ihn stritten sie nicht mehr.
Da nannte er ihn Rehobot (Weite) und sagte: Jetzt hat uns der Herr weiten Raum verschafft und wir sind im Land fruchtbar geworden.

1–11 ‖ 12,10–20; 20,1–18 • 3: 15,18–21 • 4: 15,5; 12,3; 18,18; 22,18; 28,14

Isaak in Beerscheba

23 Von dort zog er nach Beerscheba hinauf. 24 In jener Nacht erschien ihm der Herr und sprach: Ich bin der Gott deines Vaters Abraham. Fürchte dich nicht, denn ich bin mit dir. Ich segne dich und mache deine Nachkommen zahlreich wegen meines Knechtes Abraham. 25 Dort baute er einen Altar, rief den Namen des Herrn an und schlug sein Zelt auf. Isaaks Knechte hoben dort einen Brunnen aus.

26 Eines Tages kam zu ihm Abimelech aus Gerar mit seinem Vertrauten Ahusat und seinem Feldherrn Pichol. 27 Isaak sagte zu ihnen: Weshalb kommt ihr zu mir? Ihr seid mir doch Feind und habt mich aus eurem Gebiet ausgewiesen. 28 Sie entgegneten: Wir haben deutlich gesehen, dass der Herr mit dir ist, und wir dachten: Zwischen uns und dir sollte ein Eid stehen. Wir wollen mit dir einen Vertrag schließen: 29 Du wirst uns nichts Böses zufügen, wie auch wir dich nicht angetastet haben; wir haben dir nur Gutes erwiesen und dich in Frieden ziehen lassen. Du bist nun einmal der Gesegnete des Herrn. 30 Da bereitete er ihnen ein Mahl und sie aßen und tranken. 31 Früh am Morgen standen sie auf und leisteten einander den Eid. Isaak entließ sie und sie schieden von ihm in Frieden.

32 Am selben Tag kamen die Knechte Isaaks und erzählten ihm von dem Brunnen, den sie gegraben hatten. Sie meldeten ihm: Wir haben Wasser gefunden. 33 Da nannte er ihn Schiba (Eid); darum heißt die Stadt bis auf den heutigen Tag Beerscheba (Eidbrunn).

34 Als Esau vierzig Jahre alt war, nahm er Judit, die Tochter des Hetiters Beeri, und Basemat, die Tochter des Hetiters Elon, zu Frauen. 35 Sie wurden für Isaak und Rebekka Anlass zu bitterem Gram.

33: 21,31.

Der Erstgeburtssegen

27 Als Isaak alt geworden und seine Augen erloschen waren, sodass er nicht mehr sehen konnte, rief er seinen älteren Sohn Esau und sagte zu ihm: Mein Sohn! Er antwortete: Hier bin ich. 2 Da sagte Isaak: Du siehst, ich bin alt geworden. Ich weiß nicht, wann ich sterbe. 3 Nimm jetzt dein Jagdgerät, deinen Köcher und deinen Bogen, geh aufs Feld und jag mir ein Wild! 4 Bereite mir dann ein leckeres Mahl, wie ich es gern mag, und bring es mir zum Essen, damit ich dich segne, bevor ich sterbe.

5 Rebekka hatte das Gespräch zwischen Isaak und seinem Sohn Esau mit angehört. Als Esau zur Jagd aufs Feld gegangen war, um ein Wild herbeizuschaffen, 6 sagte Rebekka zu ihrem Sohn Jakob: Ich habe gehört, wie dein Vater zu deinem Bruder Esau gesagt hat: 7 Hol mir ein Wild und bereite mir ein leckeres Mahl zum Essen; dann will ich dich vor dem Herrn segnen, bevor ich sterbe. 8 Nun hör genau zu, mein Sohn, was ich dir auftrage: 9 Geh zur Herde und bring mir von dort zwei schöne Ziegenböckchen! Ich will damit ein leckeres Mahl für deinen Vater zubereiten, wie er es gern mag. 10 Du bringst es dann deinem Vater zum Essen, damit er dich vor seinem Tod segnet. 11 Jakob antwortete seiner Mutter Rebekka: Mein Bruder Esau ist aber behaart und ich habe eine glatte Haut. 12 Vielleicht betastet mich mein Vater; dann könnte er meinen, ich hielte ihn zum Besten, und ich brächte Fluch über mich statt Segen. 13 Seine Mutter entgegnete: Dein Fluch komme auf mich, mein Sohn. Hör auf mich, geh und hol mir die Böckchen! 14 Da ging er hin, holte sie und brachte sie seiner Mutter. Sie bereitete ein leckeres Mahl zu, wie es sein Vater gern mochte. 15 Dann holte Rebekka die Feiertagskleider ihres älteren Sohnes Esau, die sie bei sich im Haus hatte, und zog sie ihrem jüngeren Sohn Jakob an. 16 Die Felle der Ziegenböckchen legte sie um seine Hände und um seinen glatten Hals. 17 Dann übergab sie das leckere Essen und das Brot, das sie zubereitet hatte, ihrem Sohn Jakob.

18 Er ging zu seinem Vater hinein und sagte: Mein Vater! Ja, antwortete er, wer bist du, mein Sohn? 19 Jakob entgegnete seinem Vater: Ich bin Esau, dein Erstgeborener. Ich habe getan, wie du mir ge-

sagt hast. Setz dich auf, iss von meinem Wildbret
und dann segne mich! [20] Da sagte Isaak zu seinem
Sohn: Wie hast du nur so schnell etwas finden
können, mein Sohn? Er antwortete: Der Herr, dein
Gott, hat es mir entgegenlaufen lassen. [21] Da sagte
Isaak zu Jakob: Komm näher heran! Ich will dich
betasten, mein Sohn, ob du wirklich mein Sohn
Esau bist oder nicht. [22] Jakob trat zu seinem Vater
Isaak hin. Isaak betastete ihn und sagte: Die
Stimme ist zwar Jakobs Stimme, die Hände aber
sind Esaus Hände. [23] Er erkannte ihn nicht, denn
Jakobs Hände waren behaart wie die seines Bru-
ders Esau, und so segnete er ihn. [24] Er fragte: Bist
du es, mein Sohn Esau? Ja, entgegnete er. [25] Da
sagte Isaak: Bring es mir! Ich will von dem Wild-
bret meines Sohnes essen und dich dann segnen.
Jakob brachte es ihm und Isaak aß. Dann reichte
er ihm auch Wein und Isaak trank. [26] Nun sagte
sein Vater Isaak zu ihm: Komm näher und küss
mich, mein Sohn! [27] Er trat näher und küsste ihn.
Isaak roch den Duft seiner Kleider, er segnete ihn
und sagte:
Ja, mein Sohn duftet wie das Feld, / das der Herr
gesegnet hat.
[28] Gott gebe dir vom Tau des Himmels, / vom Fett
der Erde, viel Korn und Most.
[29] Dienen sollen dir die Völker, / Stämme sich vor
dir niederwerfen, / Herr sollst du über deine Brü-
der sein. / Die Söhne deiner Mutter sollen dir hul-
digen. / Verflucht, wer dich verflucht. / Gesegnet,
wer dich segnet.
[30] Kaum hatte Isaak Jakob gesegnet und war Jakob
von seinem Vater Isaak weggegangen, da kam sein
Bruder Esau von der Jagd. [31] Auch er bereitete ein
leckeres Mahl, brachte es seinem Vater und sagte
zu ihm: Mein Vater richte sich auf und esse von
dem Wildbret seines Sohnes, damit du mich dann
segnest. [32] Da fragte ihn sein Vater Isaak: Wer bist
du? Er antwortete: Ich bin dein Sohn Esau, dein
Erstgeborener. [33] Da überkam Isaak ein heftiges
Zittern und er fragte: Wer war es denn, der das
Wildbret gejagt und es mir gebracht hat? Ich habe
von allem gegessen, bevor du gekommen bist, und
ich habe ihn gesegnet; gesegnet wird er auch blei-
ben. [34] Als Esau die Worte seines Vaters hörte,
schrie er heftig auf, aufs Äußerste verbittert, und
sagte zu seinem Vater: Segne auch mich, Vater! [35] Er
entgegnete: Dein Bruder ist mit List gekommen
und hat dir den Segen weggenommen.
[36] Da sagte Esau: Hat man ihn nicht Jakob (Betrü-
ger) genannt? Er hat mich jetzt schon zweimal be-
trogen: Mein Erstgeburtsrecht hat er mir genom-
men, jetzt nimmt er mir auch noch den Segen.
Dann sagte er: Hast du mir keinen Segen aufge-
hoben?
[37] Isaak antwortete und sagte zu Esau: Ich habe ihn
zum Herrn über dich gemacht und alle seine Brü-
der habe ich ihm als Knechte gegeben. Auch mit
Korn und Most habe ich ihn versorgt. Was kann
ich da noch für dich tun, mein Sohn? [38] Da sagte
Esau zu seinem Vater: Hattest du denn nur einen
einzigen Segen, Vater? Segne auch mich, Vater!
Und Esau begann laut zu weinen. [39] Sein Vater
Isaak antwortete ihm und sprach:
Fern vom Fett der Erde musst du wohnen, / fern
vom Tau des Himmels droben.
[40] Von deinem Schwert wirst du leben. / Deinem
Bruder wirst du dienen. / Doch hältst du durch, so
streifst du ab / sein Joch von deinem Nacken.

30–40: Hebr 12,16f

Jakobs Flucht nach Haran

[41] Esau war dem Jakob Feind wegen des Segens, mit
dem ihn sein Vater gesegnet hatte, und Esau sagte:
Es nähern sich die Tage der Trauer um meinen Va-
ter; dann werde ich meinen Bruder Jakob um-
bringen. [42] Als man Rebekka hinterbrachte, was ihr
ältester Sohn Esau gesagt hatte, ließ sie Jakob,
ihren jüngeren Sohn, rufen und sagte zu ihm: Dein
Bruder Esau will sich an dir rächen und dich tö-
ten. [43] Nun aber, mein Sohn, hör auf mich! Mach
dich auf und flieh zu meinem Bruder Laban nach
Haran! [44] Bleib einige Zeit bei ihm, bis sich der
Groll deines Bruders gelegt hat. [45] Wenn der Zorn
deines Bruders von dir abgelassen und er verges-
sen hat, was du ihm angetan hast, werde ich dich
von dort holen lassen. Warum soll ich euch beide
an einem Tag verlieren?
[46] Zu Isaak sagte Rebekka: Mein Leben ekelt mich
wegen der Hetiterinnen.
Wenn Jakob so eine Hetiterin, eine Einheimische,
zur Frau nimmt, was liegt mir dann noch am
Leben?

46: 26,34f

28 Isaak rief Jakob, segnete ihn und befahl
ihm: Nimm keine Kanaaniterin zur Frau!
2 Mach dich auf, geh nach Paddan-Aram, zum
Haus Betuëls, des Vaters deiner Mutter! Hol dir
von dort eine Frau, eine von den Töchtern Labans,
des Bruders deiner Mutter! 3 Gott der Allmächtige
wird dich segnen, er wird dich fruchtbar machen
und vermehren: Zu einer Schar von Völkern wirst
du werden. 4 Er wird dir und mit dir auch deinen
Nachkommen den Segen Abrahams verleihen, da-
mit du das Land in Besitz nimmst, in dem du als
Fremder lebst, das aber Gott Abraham gegeben
hat. 5 Isaak verabschiedete Jakob und Jakob zog
nach Paddan-Aram zu Laban, dem Sohn des
Aramäers Betuël. Dieser war der Bruder Rebekkas,
der Mutter Jakobs und Esaus.
6 Esau sah, dass Isaak Jakob segnete und nach Pad-
dan-Aram schickte, damit er sich von dort eine
Frau holt. Als er ihn segnete, trug er ihm auf:
Nimm dir keine Kanaaniterin zur Frau! 7 Jakob
hörte auf seinen Vater und seine Mutter und be-
gab sich auf den Weg nach Paddan-Aram. 8 Als
Esau merkte, dass die Kanaaniterinnen seinem
Vater Isaak nicht gefielen, 9 ging er zu Ismael und
nahm zu seinen Frauen noch Mahalat als Frau
hinzu, die Schwester Nebajots, die Tochter Isma-
els, des Sohnes Abrahams.
10 Jakob zog aus Beerscheba weg und ging nach Ha-
ran. 11 Er kam an einen bestimmten Ort, wo er
übernachtete, denn die Sonne war untergegangen.
Er nahm einen von den Steinen dieses Ortes, legte
ihn unter seinen Kopf und schlief dort ein. 12 Da
hatte er einen Traum: Er sah eine Treppe, die auf
der Erde stand und bis zum Himmel reichte. Auf
ihr stiegen Engel Gottes auf und nieder. 13 Und
siehe, der Herr stand oben und sprach: Ich bin der
Herr, der Gott deines Vaters Abraham und der
Gott Isaaks. Das Land, auf dem du liegst, will ich
dir und deinen Nachkommen geben. 14 Deine
Nachkommen werden zahlreich sein wie der Staub
auf der Erde. Du wirst dich unaufhaltsam aus-
breiten nach Westen und Osten, nach Norden und
Süden und durch dich und deine Nachkommen
werden alle Geschlechter der Erde Segen erlangen.
15 Ich bin mit dir, ich behüte dich, wohin du auch
gehst, und bringe dich zurück in dieses Land.
Denn ich verlasse dich nicht, bis ich vollbringe,
was ich dir versprochen habe. 16 Jakob erwachte
aus seinem Schlaf und sagte: Wirklich, der Herr ist
an diesem Ort und ich wusste es nicht. 17 Furcht
überkam ihn und er sagte: Wie Ehrfurcht gebie-
tend ist doch dieser Ort! Hier ist nichts anderes als
das Haus Gottes und das Tor des Himmels. 18 Ja-
kob stand früh am Morgen auf, nahm den Stein,
den er unter seinen Kopf gelegt hatte, stellte ihn als
Steinmal auf und goss Öl darauf. 19 Dann gab er
dem Ort den Namen Bet-El (Gotteshaus). Früher
hieß die Stadt Lus. 20 Jakob machte das Gelübde:
Wenn Gott mit mir ist und mich auf diesem Weg,
den ich eingeschlagen habe, behütet, wenn er mir
Brot zum Essen und Kleider zum Anziehen gibt,
21 wenn ich wohlbehalten heimkehre in das Haus
meines Vaters und der Herr sich mir als Gott er-
weist, 22 dann soll der Stein, den ich als Steinmal
aufgestellt habe, ein Gotteshaus werden und von
allem, was du mir schenkst, will ich dir den zehn-
ten Teil geben.

27,46: 26,34f • 28,3: 17,6–8 • 14: 12,3; 13,16; 18,18; 22,18; 26,4

Jakobs Frauen und Söhne

29 Jakob machte sich auf und zog weiter ins
Land der Söhne des Ostens. 2 Eines Tages
sah er einen Brunnen auf freiem Feld. Dort lager-
ten drei Herden von Schafen und Ziegen; denn aus
dem Brunnen tränkte man die Herden. Ein großer
Stein lag über der Brunnenöffnung. 3 Wenn sich
dort alle Herden eingefunden hatten, schob man
den Stein von der Brunnenöffnung und tränkte
das Vieh. Dann schob man den Stein wieder
zurück an seinen Platz über der Brunnenöffnung.
4 Jakob fragte die Leute dort: Meine Brüder, woher
seid ihr? Aus Haran, antworteten sie. 5 Da sagte er
zu ihnen: Kennt ihr Laban, den Sohn Nahors? Ja,
wir kennen ihn, antworteten sie. 6 Weiter fragte er
sie: Geht es ihm gut? Sie entgegneten: Ja, es geht
ihm gut. Aber da kommt gerade seine Tochter Ra-
hel mit der Herde.
7 Da sagte er: Es ist noch mitten am Tag und nicht
die Zeit, das Vieh zusammenzutreiben. Tränkt
doch die Tiere, dann geht und weidet weiter! 8 Da
sagten sie: Das können wir nicht, bevor nicht alle
Herden sich eingefunden haben. Erst dann kann
man den Stein von der Brunnenöffnung weg-
schieben und die Tiere tränken.

9 Während er sich noch mit ihnen unterhielt, war
Rahel mit der Herde, die ihrem Vater gehörte, ein-
getroffen; denn sie war Hirtin. 10 Als Jakob Rahel,
die Tochter Labans, des Bruders seiner Mutter,
und dessen Herde sah, trat er hinzu, schob den
Stein von der Brunnenöffnung und tränkte das
Vieh Labans, des Bruders seiner Mutter. 11 Dann
küsste er Rahel und begann laut zu weinen. 12 Ja-
kob sagte zu Rahel, dass er ein Bruder ihres Vaters
und der Sohn Rebekkas sei. Da lief sie weg und er-
zählte es ihrem Vater. 13 Als Laban von Jakob, dem
Sohn seiner Schwester, hörte, lief er ihm entgegen;
er umarmte und küsste ihn und führte ihn in sein
Haus. Jakob erzählte Laban die ganze Geschichte.
14 Da erwiderte ihm Laban: Du bist wirklich mein
Bein und mein Fleisch. Als Jakob etwa einen Mo-
nat bei ihm geblieben war, 15 sagte Laban zu ihm:
Sollst du mir umsonst dienen, weil du mein Bru-
der bist? Sag mir, welchen Lohn du haben willst.
16 Laban hatte zwei Töchter; die ältere hieß Lea, die
jüngere Rahel. 17 Die Augen Leas waren matt, Ra-
hel aber war schön von Gestalt und hatte ein schö-
nes Gesicht. 18 Jakob hatte Rahel lieb und so sagte
er: Ich will dir um die jüngere Tochter Rahel sie-
ben Jahre dienen. 19 Laban entgegnete: Es ist bes-
ser, ich gebe sie dir als einem anderen. Bleib bei
mir! 20 Jakob diente also um Rahel sieben Jahre.
Weil er sie liebte, kamen sie ihm wie wenige Tage
vor. 21 Dann aber sagte er zu Laban: Gib mir jetzt
meine Frau; denn meine Zeit ist um und ich will
nun zu ihr gehen. 22 Da ließ Laban alle Männer des
Ortes zusammenkommen und veranstaltete ein
Festmahl. 23 Am Abend nahm er aber seine Toch-
ter Lea, führte sie zu ihm und Jakob wohnte ihr
bei. 24 Laban gab seine Magd Silpa seiner Tochter
Lea zur Magd. 25 Am Morgen stellte sich heraus: Es
war Lea. Da sagte Jakob zu Laban: Was hast du mir
angetan? Habe ich dir denn nicht um Rahel ge-
dient? Warum hast du mich hintergangen? 26 La-
ban erwiderte: Es ist hierzulande nicht üblich, die
Jüngere vor der Älteren zur Ehe zu geben. 27 Ver-
bring mit dieser noch die Brautwoche, dann soll
dir auch die andere gehören um weitere sieben
Jahre Dienst. 28 Jakob ging darauf ein. Er ver-
brachte mit Lea die Brautwoche, dann gab ihm
Laban seine Tochter Rahel zur Frau. 29 Laban gab
seine Magd Bilha seiner Tochter Rahel zur Magd.
30 Jakob wohnte Rahel ebenfalls bei und er liebte
Rahel mehr als Lea. Er blieb noch weitere sieben
Jahre bei Laban im Dienst.

31 Als der Herr sah, dass Lea zurückgesetzt wurde,
öffnete er ihren Mutterschoß, Rahel aber blieb un-
fruchtbar.

32 Lea wurde schwanger und gebar einen Sohn. Sie
nannte ihn Ruben (Seht, ein Sohn!); denn sie
sagte: Der Herr hat mein Elend gesehen. Jetzt wird
mein Mann mich lieben. 33 Sie wurde abermals
schwanger und gebar einen Sohn. Da sagte sie: Der
Herr hat gehört, dass ich zurückgesetzt bin, und
hat mir auch noch diesen geschenkt. Sie nannte
ihn Simeon (Hörer). 34 Sie wurde noch einmal
schwanger und gebar einen Sohn. Da sagte sie:
Jetzt endlich wird mein Mann an mir hängen,
denn ich habe ihm drei Söhne geboren. Darum
nannte sie ihn Levi (Anhang). 35 Abermals wurde
sie schwanger und gebar einen Sohn. Da sagte sie:
Diesmal will ich dem Herrn danken. Darum
nannte sie ihn Juda (Dank). Dann bekam sie keine
Kinder mehr.

30 Als Rahel sah, dass sie Jakob keine Kinder
gebar, wurde sie eifersüchtig auf ihre
Schwester. Sie sagte zu Jakob: Verschaff mir Söhne!
Wenn nicht, sterbe ich. 2 Da wurde Jakob zornig
auf Rahel und sagte: Nehme ich etwa die Stelle
Gottes ein, der dir die Leibesfrucht versagt? 3 Sie
antwortete: Da ist meine Magd Bilha. Geh zu ihr!
Sie soll auf meine Knie gebären, dann komme
auch ich durch sie zu Kindern.

4 Sie gab ihm also ihre Magd Bilha zur Frau und
Jakob ging zu ihr. 5 Bilha wurde schwanger und
gebar Jakob einen Sohn. 6 Rahel sagte: Gott hat mir
Recht verschafft; er hat auch meine Stimme gehört
und mir einen Sohn geschenkt. Deshalb nannte sie
ihn Dan (Richter). 7 Bilha, Rahels Magd, wurde
abermals schwanger und gebar Jakob einen zwei-
ten Sohn. 8 Da sagte Rahel: Gotteskämpfe habe ich
ausgestanden mit meiner Schwester und ich habe
mich durchgesetzt. So nannte sie ihn Naftali
(Kämpfer).

9 Als Lea sah, dass sie keine Kinder mehr bekam,
nahm sie ihre Magd Silpa und gab sie Jakob zur
Frau. 10 Leas Magd Silpa gebar Jakob einen Sohn.
11 Da sprach Lea: Glück auf! So nannte sie ihn Gad
(Glück). 12 Als Leas Magd Silpa Jakob einen zwei-

ten Sohn gebar, [13] sagte Lea: Mir zum Glück! Denn
die Frauen werden mich beglückwünschen. So
nannte sie ihn Ascher (Glückskind).
[14] Einst ging Ruben zur Zeit der Weizenernte weg
und fand auf dem Feld Alraunen. Er brachte sie
seiner Mutter Lea mit. Da sagte Rahel zu Lea: Gib
mir doch ein paar von den Alraunen deines Soh-
nes! [15] Sie aber erwiderte ihr: Ist es dir nicht genug,
mir meinen Mann wegzunehmen? Nun willst du
mir auch noch die Alraunen meines Sohnes neh-
men? Da entgegnete Rahel: Gut, dann soll Jakob
für die Alraunen deines Sohnes heute Nacht bei dir
schlafen. [16] Als Jakob am Abend vom Feld kam,
ging ihm Lea entgegen und sagte: Zu mir musst du
kommen! Ich habe dich nämlich erworben um
den Preis der Alraunen meines Sohnes. So schlief
er in jener Nacht bei ihr. [17] Gott erhörte Lea. Sie
wurde schwanger und gebar Jakob einen fünften
Sohn. [18] Da sagte Lea: Gott hat mich dafür belohnt,
dass ich meine Magd meinem Mann gegeben
habe. Sie nannte ihn Issachar (Lohn). [19] Noch ein-
mal wurde Lea schwanger und gebar Jakob einen
sechsten Sohn. [20] Da sagte Lea: Gott hat mich mit
einem schönen Geschenk bedacht. Jetzt endlich
wird mein Mann bei mir bleiben, da ich ihm doch
sechs Söhne geboren habe. Sie nannte ihn also
Sebulon (Bleibe). [21] Schließlich gebar sie eine
Tochter und nannte sie Dina.
[22] Nun erinnerte sich Gott an Rahel. Gott erhörte
sie und öffnete ihren Mutterschoß. [23] Sie wurde
schwanger und gebar einen Sohn. Da sagte sie:
Gott hat die Schande von mir genommen. [24] Sie
nannte ihn Josef (Zufüger) und sagte: Der Herr
gebe mir noch einen anderen Sohn hinzu.

29,20: Hos 12,13

Jakobs List gegen Laban

[25] Nachdem Rahel Josef geboren hatte, sagte Jakob
zu Laban: Entlass mich! Ich will in meine Heimat
ziehen. [26] Gib mir meine Frauen und Kinder, um
die ich dir gedient habe, damit ich gehen kann. Du
weißt ja um meinen Dienst, den ich dir geleistet
habe. [27] Laban antwortete ihm: Wenn ich nur dein
Wohlwollen finde! Ich stand unter günstigen Vor-
zeichen und der Herr hat mich deinetwegen ge-
segnet. [28] Weiter sagte er: Bestimm selbst deinen
Lohn und ich werde ihn dir aushändigen. [29] Da
sagte Jakob zu ihm: Du weißt um meinen Dienst
und um dein Vieh, das mir anvertraut war. [30] Das
wenige, das du hattest, bevor ich kam, hat sich ge-
waltig vermehrt und der Herr hat dich gesegnet
für jeden meiner Schritte. Und jetzt – wann werde
auch ich etwas für mein eigenes Haus tun können?
[31] Da sagte Laban: Was soll ich dir geben? Du
brauchst mir weiter nichts zu geben, antwortete
Jakob, wenn du mit folgendem Vorschlag einver-
standen bist: Ich will dein Vieh weiterhin weiden
und hüten. [32] Ich will heute unter deinem Vieh
umhergehen. Und du sondere dort alle schwarz
gesprenkelten oder schwarz scheckigen und alle
dunklen Schafe aus, ebenso die weiß scheckigen
und weiß gesprenkelten Ziegen. Das soll mein
Lohn sein. [33] Morgen soll meine Redlichkeit offen-
bar werden, wenn du kommst, meinen Lohn zu
besehen: Alles, was nicht weiß gesprenkelt und
weiß scheckig unter den Ziegen und dunkel unter
den Lämmern ist, das soll als von mir gestohlen
gelten. [34] Gut, sagte Laban, wie du gesagt hast, soll
es geschehen.
[35] Am selben Tag noch sonderte er die hell ge-
streiften und weiß scheckigen Ziegenböcke aus
und alle weiß gesprenkelten und weiß scheckigen
Ziegen, alles, an dem etwas Weißes war, und alles
Dunkle unter den Lämmern und übergab es sei-
nen Söhnen. [36] Dann entfernte er sich drei Tages-
märsche von Jakob, der das übrige Vieh Labans
weidete. [37] Nun holte sich Jakob frische Ruten von
Silberpappeln, Mandelbäumen und Platanen,
schälte weiße Streifen heraus und legte so das
Weiße an den Ruten bloß. [38] Die geschälten Ruten
legte er in die Tröge, in die Wasserrinnen, zu de-
nen die Tiere zur Tränke kamen, gerade vor die
Tiere hin. Die Tiere begatteten sich, wenn sie zur
Tränke kamen. [39] Hatten sich die Tiere vor den Ru-
ten begattet, so warfen sie gestreifte, gesprenkelte
und scheckige Junge. [40] Die Lämmer teilte Jakob
auf. Er richtete den Blick der Tiere auf das Ge-
streifte und alles Dunkle in der Herde Labans. So
legte er sich selbst Herden zu und tat sie nicht zum
Vieh Labans. [41] Jedes Mal nun, wenn sich die kräf-
tigen Tiere begatteten, legte Jakob die Ruten in die
Tröge, sodass die Tiere sie vor Augen hatten, wenn
sie sich begatteten. [42] Bei den schwächlichen Tie-
ren aber legte er sie nicht hin. So wurden die

schwächlichen Labans, die kräftigen dagegen Ja-
kobs Eigentum, 43 und der Mann wurde überaus
reich; er besaß eine Menge Schafe und Ziegen,
Mägde und Knechte, Kamele und Esel.

Jakobs Trennung von Laban

31 Jakob hatte erfahren, dass die Söhne La-
bans sagten: Jakob hat alles, was unserem
Vater gehört, weggenommen; auf Kosten unseres
Vaters hat er sich so bereichert. 2 Jakob sah Laban
ins Gesicht: Laban war ihm nicht mehr zugetan
wie früher. 3 Da sagte der Herr zu Jakob: Kehr
zurück in das Land deiner Väter und zu deiner
Verwandtschaft! Ich bin mit dir. 4 Jakob ließ Rahel
und Lea auf das Feld zu seiner Herde rufen 5 und
sagte zu ihnen: Ich sehe am Gesicht eures Vaters,
dass er mir nicht mehr so gesinnt ist wie früher.
Aber der Gott meines Vaters war mit mir. 6 Ihr
wisst, dass ich mit allen Kräften eurem Vater ge-
dient habe. 7 Aber euer Vater hat mich hintergan-
gen und meinen Lohn zehnmal geändert; Gott
freilich hat ihn daran gehindert, mich zu schädi-
gen. 8 Sagte er, die Gesprenkelten sollen dein Lohn
sein, dann warfen alle Tiere gesprenkelte Junge;
sagte er, die Gestreiften sollen dein Lohn sein,
dann warfen alle Tiere gestreifte Junge. 9 Gott hat
eurem Vater den Viehbestand entzogen und ihn
mir gegeben. 10 Zur Zeit, da die Tiere brünstig wa-
ren, hatte ich einen Traum; ich sah: Gestreifte, ge-
sprenkelte und fleckige Böcke besprangen die
Tiere. 11 Der Engel Gottes sprach im Traum zu mir:
Jakob! Ich antwortete: Hier bin ich. 12 Dann sprach
er: Schau hin: Alle Böcke, welche die Tiere be-
springen, sind gestreift, gesprenkelt oder gefleckt.
Ich habe nämlich alles gesehen, was dir Laban an-
tut. 13 Ich bin der Gott von Bet-El, wo du das Stein-
mal gesalbt und mir ein Gelübde gemacht hast.
Jetzt auf, zieh fort aus diesem Land und kehr in
deine Heimat zurück! 14 Rahel und Lea antworte-
ten ihm: Haben wir noch Anteil oder Erbe im
Haus unseres Vaters? 15 Gelten wir ihm nicht wie
Fremde? Er hat uns ja verkauft und sogar unser
Geld aufgezehrt. 16 Ja, der ganze Reichtum, den
Gott unserem Vater weggenommen hat, uns
gehört er und unseren Söhnen. Nun also, tu jetzt
alles, was Gott dir gesagt hat. 17 Da machte sich
Jakob auf, hob seine Söhne und Frauen auf die
Kamele 18 und führte sein ganzes Vieh fort, seinen
ganzen Besitz an Vieh, den er in Paddan-Aram
erworben hatte, um zu seinem Vater Isaak nach
Kanaan zurückzukehren.
19 Laban war weggegangen, um seine Schafe zu
scheren; da stahl Rahel die Götterbilder ihres Va-
ters 20 und Jakob überlistete den Aramäer Laban:
Er verriet ihm nicht, dass er sich davonmachen
wollte. 21 Mit allem, was ihm gehörte, machte er
sich auf und davon. Er überquerte den Strom (den
Eufrat) und schlug die Richtung zum Gebirge von
Gilead ein. 22 Am dritten Tag meldete man Laban,
Jakob sei auf und davon. 23 Da nahm Laban seine
Brüder mit und jagte ihm sieben Tage lang nach.
Im Gebirge von Gilead war er ihm schon ganz
nahe. 24 Gott aber kam in einem nächtlichen
Traum zum Aramäer Laban und sprach zu ihm:
Hüte dich, Jakob auch nur das Geringste vorzu-
werfen.
25 Laban holte Jakob ein, als dieser gerade im Ge-
birge die Zelte aufgeschlagen hatte. Da schlug auch
Laban mit seinen Brüdern im Gebirge von Gilead
die Zelte auf. 26 Laban sagte nun zu Jakob: Was hast
du getan? Du hast mich überlistet und meine
Töchter wie Kriegsgefangene weggeführt. 27 Wa-
rum hast du mir verheimlicht, dass du dich da-
vonmachen wolltest, und warum hast du mich
überlistet und mir nichts gesagt? Ich hätte dir gern
das Geleit gegeben mit Gesang, Pauken und Har-
fen. 28 Du hast mir aber nicht einmal gestattet,
meine Söhne und Töchter zu küssen. Da hast du
töricht gehandelt. 29 Es stünde in meiner Macht,
euch Schlimmes anzutun; aber der Gott eures Va-
ters hat mir gestern Nacht gesagt: Hüte dich, Jakob
auch nur das Geringste vorzuwerfen. 30 Nun bist
du also fortgezogen, weil du Heimweh hattest
nach deinem Vaterhaus. Aber warum hast du
meine Götter gestohlen? 31 Jakob erwiderte Laban:
Ich fürchtete mich und meinte, du könntest mir
deine Töchter wegnehmen. 32 Bei wem du aber
deine Götter findest, der soll nicht am Leben blei-
ben. In Gegenwart unserer Brüder durchsuche,
was ich habe, und nimm, was dein ist. Jakob wuss-
te nicht, dass Rahel die Götter gestohlen hatte.
33 Laban betrat das Zelt Jakobs, das Zelt der Lea
und das der beiden Mägde, fand aber nichts. Vom
Zelt der Lea ging er in das Zelt Rahels. 34 Rahel

hatte die Götterbilder genommen, sie in die Sat-
teltasche des Kamels gelegt und sich darauf ge-
setzt. Laban durchstöberte das ganze Zelt, fand
aber nichts. 35 Rahel aber sagte zu ihrem Vater: Sei
nicht böse, mein Herr! Ich kann vor dir nicht auf-
stehen, es geht mir gerade, wie es eben Frauen er-
geht. Er suchte weiter, die Götterbilder aber fand
er nicht.
36 Da wurde Jakob zornig und begann mit Laban
zu streiten. Jakob ergriff das Wort und sagte zu La-
ban: Was habe ich verbrochen, was habe ich Un-
rechtes getan, dass du mir nachhetzt? 37 Alle meine
Sachen hast du durchstöbert. Was hast du gefun-
den an Sachen, die zu deinem Haus gehören? Leg
sie her vor meine und deine Brüder und sie sollen
zwischen uns beiden entscheiden. 38 Schon zwan-
zig Jahre bin ich bei dir. Deine Schafe und Ziegen
hatten keinen Fehlwurf. Die Böcke deiner Herde
habe ich nicht aufgezehrt. 39 Gerissenes Vieh habe
ich dir nicht gebracht; ich habe es selbst ersetzt. Du
hättest ja doch Ersatz gefordert, ob es mir nun bei
Tag oder bei Nacht abhanden kam. 40 So ging es
mir: Bei Tag fraß mich die Hitze, der Frost bei
Nacht und der Schlaf floh meine Augen. 41 Schon
zwanzig Jahre diene ich in deinem Haus, vierzehn
Jahre um deine beiden Töchter und sechs Jahre
um dein Vieh. Du aber hast meinen Lohn zehnmal
geändert. 42 Wäre nicht der Gott meines Vaters, der
Gott Abrahams und der Schrecken Isaaks, für
mich eingetreten, dann hättest du mich jetzt mit
leeren Händen weggeschickt. Doch Gott hat mein
Elend und die Mühe meiner Hände gesehen und
gestern Nacht hat er entschieden. 43 Darauf ergriff
Laban das Wort und sagte zu Jakob: Die Töchter
sind meine Töchter und die Söhne sind meine
Söhne und das Vieh ist mein Vieh und alles, was
du siehst, gehört mir. Was kann ich heute für
meine Töchter tun oder für die Söhne, die sie ge-
boren haben? 44 Jetzt aber komm, wir wollen einen
Vertrag schließen, ich und du. Der Vertrag soll
Zeuge sein zwischen mir und dir. 45 Da nahm Ja-
kob einen Stein und richtete ihn als Steinmal auf.
46 Jakob sagte zu seinen Brüdern: Tragt Steine zu-
sammen! Da holten sie Steine und legten einen
Steinhügel an. Dort auf dem Steinhügel aßen sie.
47 Laban nannte ihn Jegar-Sahaduta und Jakob
nannte ihn Gal-Ed. 48 Dieser Steinhügel, sagte La-
ban, soll heute Zeuge sein zwischen mir und dir.
Darum gab er ihm den Namen Gal-Ed (Zeugen-
hügel) 49 und Mizpa (Spähturm), weil er sagte: Der
Herr sei Späher zwischen mir und dir, wenn wir
voneinander nichts mehr wissen. 50 Solltest du
meine Töchter schlecht behandeln oder dir außer
meinen Töchtern noch andere Frauen nehmen –
auch wenn kein Mensch bei uns ist: Sieh, Gott ist
Zeuge zwischen mir und dir. 51 Weiter sagte Laban
zu Jakob: Hier, dieser Steinhügel, hier, dieses Stein-
mal, das ich zwischen mir und dir errichtet habe –
52 Zeuge sei dieser Steinhügel. Zeuge sei dieses
Steinmal: Nie will ich diesen Steinhügel in böser
Absicht gegen dich überschreiten und nie sollst du
diesen Steinhügel oder dieses Steinmal in böser
Absicht gegen mich überschreiten. 53 Der Gott Ab-
rahams und der Gott Nahors seien Richter zwi-
schen uns. Da leistete Jakob einen Eid beim
Schrecken seines Vaters Isaak. 54 Dann schlachtete
Jakob auf dem Berg ein Opfertier und lud seine
Brüder zum Mahl ein. Sie aßen und verbrachten
die Nacht auf dem Berg.

32 Früh am Morgen stand Laban auf, küsste
seine Söhne und Töchter und segnete sie.
Dann machte er sich auf den Weg und kehrte nach
Hause zurück.

31,13: 28,18.20

Die Boten und Geschenke für Esau

2 Auch Jakob zog seines Weges. Da begegneten ihm
Engel Gottes. 3 Als Jakob sie erblickte, sagte er: Das
ist das Heerlager Gottes. Dem Ort gab er darum
den Namen Mahanajim (Doppellager).
4 Jakob sandte Boten vor sich her zu seinem Bru-
der Esau nach Seïr, in das Gebiet von Edom. 5 Er
trug ihnen auf: Ihr sollt Esau, meinem Herrn, sa-
gen: So sagt dein Knecht Jakob: Bei Laban habe ich
mich aufgehalten und bin bis jetzt ausgeblieben.
6 Ich habe Ochsen und Esel, Schafe und Ziegen,
Knechte und Mägde. Ich gebe nun meinem Herrn
durch Boten Nachricht, um dein Wohlwollen zu
finden.
7 Die Boten kehrten zu Jakob zurück und berich-
teten: Als wir zu deinem Bruder Esau kamen, war
auch er schon unterwegs zu dir. Vierhundert
Mann hat er bei sich. 8 Jakob wurde angst und
bange. Er teilte seine Leute, die Schafe und Ziegen,

die Rinder und Kamele auf zwei Lager auf [9] und
sagte: Wenn Esau zu dem einen Lager kommt und
es niedermacht, dann kann das andere Lager ent-
kommen. [10] Und Jakob sagte: Du Gott meines Va-
ters Abraham und Gott meines Vaters Isaak, Herr,
du hast mir gesagt: Kehr in deine Heimat und zu
deiner Verwandtschaft zurück; ich werde es dir gut
gehen lassen. [11] Ich bin nicht wert all der Hulder-
weise und all der Treue, die du deinem Knecht er-
wiesen hast. Denn nur mit einem Stab habe ich
den Jordan dort überschritten und jetzt sind aus
mir zwei Lager geworden. [12] Entreiß mich doch der
Hand meines Bruders, der Hand Esaus! Ich fürchte
nämlich, er könnte kommen und mich erschlagen,
Mutter und Kinder. [13] Du hast doch gesagt: Ich will
es dir gut gehen lassen und will deine Nachkom-
men zahlreich machen wie den Sand am Meer, den
niemand zählen kann vor Menge.

[14] Er brachte dort jene Nacht zu. Dann stellte er
von allem, was er gerade zur Hand hatte, ein Ge-
schenk für seinen Bruder Esau zusammen: [15] zwei-
hundert Ziegen und zwanzig Böcke, zweihundert
Mutterschafe und zwanzig Widder, [16] dreißig säu-
gende Kamele mit ihren Jungen, vierzig Kühe und
zehn Stiere, zwanzig Eselinnen und zehn Esel. [17] Er
übergab sie, nach Herden gesondert, seinen
Knechten und sagte zu ihnen: Zieht mir voraus
und haltet zwischen den einzelnen Herden Ab-
stand.

[18] Dem ersten trug er auf: Wenn du auf meinen
Bruder Esau triffst und er dich ausfragt: Zu wem
gehörst du, wohin gehst du und wem gehört das
da vor dir?, [19] dann sag: Deinem Knecht Jakob. Ein
Geschenk ist es, gesandt an meinen Herrn, an
Esau. Schau, dort hinter uns kommt er auch schon
selbst. [20] Auch dem zweiten und dritten, allen, die
hinter den einzelnen Herden schritten, trug er auf:
Im gleichen Sinn redet mit Esau, wenn ihr ihn
trefft. [21] Sagt: Schau, dort kommt dein Knecht Ja-
kob auch schon hinter uns. Denn Jakob sagte sich:
Ich will ihn mit der geschenkten Herde, die vor
mir herzieht, beschwichtigen und ihm dann erst
unter die Augen treten. Vielleicht nimmt er mich
freundlich auf. [22] Die Herde, die er schenken
wollte, zog ihm also voraus, er aber brachte jene
Nacht im Lager zu.

10: 31,3 • 13: 32,10; 22,17; 28,14

Jakobs Kampf mit Gott

[23] In derselben Nacht stand er auf, nahm seine bei-
den Frauen, seine beiden Mägde sowie seine elf
Söhne und durchschritt die Furt des Jabbok. [24] Er
nahm sie und ließ sie den Fluss überqueren. Dann
schaffte er alles hinüber, was ihm sonst noch
gehörte. [25] Als nur noch er allein zurückgeblieben
war, rang mit ihm ein Mann, bis die Morgenröte
aufstieg. [26] Als der Mann sah, dass er ihm nicht bei-
kommen konnte, schlug er ihn aufs Hüftgelenk.
Jakobs Hüftgelenk renkte sich aus, als er mit ihm
rang. [27] Der Mann sagte: Lass mich los; denn die
Morgenröte ist aufgestiegen. Jakob aber entgeg-
nete: Ich lasse dich nicht los, wenn du mich nicht
segnest. [28] Jener fragte: Wie heißt du? Jakob, ant-
wortete er. [29] Da sprach der Mann: Nicht mehr Ja-
kob wird man dich nennen, sondern Israel (Got-
tesstreiter); denn mit Gott und Menschen hast du
gestritten und hast gewonnen. [30] Nun fragte Jakob:
Nenne mir doch deinen Namen! Jener entgegnete:
Was fragst du mich nach meinem Namen? Dann
segnete er ihn dort. [31] Jakob gab dem Ort den Na-
men Penuël (Gottesgesicht) und sagte: Ich habe
Gott von Angesicht zu Angesicht gesehen und bin
doch mit dem Leben davongekommen. [32] Die
Sonne schien bereits auf ihn, als er durch Penuël
zog; er hinkte an seiner Hüfte. [33] Darum essen die
Israeliten den Muskelstrang über dem Hüftgelenk
nicht bis auf den heutigen Tag; denn er hat Jakob
aufs Hüftgelenk, auf den Hüftmuskel geschlagen.

Jakobs Versöhnung mit Esau

33 Jakob blickte auf und sah: Esau kam und
mit ihm vierhundert Mann. Da verteilte er
die Kinder auf Lea und Rahel und auf die beiden
Mägde. [2] Die Mägde und deren Kinder stellte er
vorn hin, dahinter Lea und ihre Kinder und zuletzt
Rahel und Josef. [3] Er trat vor und warf sich sie-
benmal zur Erde nieder, bis er vor seinem Bruder
stand. [4] Esau lief ihm entgegen, umarmte ihn und
fiel ihm um den Hals; er küsste ihn und sie wein-
ten. [5] Dann blickte Esau auf und sah die Frauen mit
den Kindern. Er fragte: Wer sind die dort bei dir?
Die Kinder, erwiderte er, die Gott deinem Knecht
aus Wohlwollen geschenkt hat.

[6] Die Mägde und ihre Kinder kamen näher und
warfen sich nieder. [7] Dann kamen auch Lea und

ihre Kinder und warfen sich nieder und zuletzt kamen Josef und Rahel und warfen sich nieder. 8 Da fragte Esau: Was willst du mit dem ganzen Auftrieb dort, auf den ich gestoßen bin? Jakob erwiderte: Ich wollte das Wohlwollen meines Herrn finden. 9 Darauf sagte Esau: Ich habe selber genug, Bruder. Behalte, was dir gehört. 10 Nicht doch, entgegnete Jakob, wenn ich dein Wohlwollen gefunden habe, dann nimm das Geschenk aus meiner Hand an! Denn dafür habe ich dein Angesicht gesehen, wie man das Angesicht Gottes sieht, und du bist mir wohlwollend begegnet. 11 Nimm doch mein Begrüßungsgeschenk an, das man dir überbracht hat. Denn Gott hat mir Wohlwollen erwiesen und ich habe alles, was ich brauche. Er drängte ihn, bis er annahm.

12 Darauf machte Esau den Vorschlag: Brechen wir auf und ziehen wir weiter. Ich will an deiner Seite ziehen. 13 Jakob entgegnete ihm: Mein Herr weiß, dass die Kinder noch Schonung brauchen; auch habe ich für säugende Schafe und Rinder zu sorgen. Überanstrengt man sie nur einen einzigen Tag, so geht das ganze Vieh ein. 14 Mein Herr ziehe doch seinem Knecht voraus. Ich aber will mich dem gemächlichen Gang der Viehherden vor mir und dem Schritt der Kinder anpassen, bis ich zu meinem Herrn nach Seïr komme. 15 Darauf sagte Esau: Ich will dir einige von meinen Leuten zuweisen. Wozu?, erwiderte Jakob, ich finde ja das Wohlwollen meines Herrn.

16 Esau kehrte an jenem Tag um und zog nach Seïr zurück. 17 Jakob brach nach Sukkot auf. Er baute sich ein Haus und für sein Vieh errichtete er Hütten. Darum gab er dem Ort den Namen Sukkot (Hütten). 18 Jakob gelangte, als er aus Paddan-Aram kam, wohlbehalten bis Sichem in Kanaan und schlug vor der Stadt sein Lager auf. 19 Das Grundstück, auf dem er sein Zelt aufspannte, erwarb er von den Söhnen Hamors, des Vaters von Sichem, für hundert Kesita. 20 Dort errichtete er einen Altar und nannte ihn: Gott, der Gott Israels.

Die Rache der Jakobssöhne an den Sichemiten

34 Dina, die Tochter, die Lea Jakob geboren hatte, ging aus, um sich die Töchter des Landes anzusehen. 2 Sichem, der Sohn des Hiwiters Hamor, des Landesfürsten, erblickte sie; er ergriff sie, legte sich zu ihr und vergewaltigte sie. 3 Er fasste Zuneigung zu Dina, der Tochter Jakobs, er liebte das Mädchen und redete ihm gut zu. 4 Zu seinem Vater Hamor sagte Sichem: Nimm mir dieses Mädchen zur Frau!

5 Jakob hörte, dass man seine Tochter Dina entehrt hatte. Seine Söhne waren gerade auf dem Feld bei seiner Herde und so behielt Jakob die Sache für sich bis zu ihrer Rückkehr. 6 Inzwischen kam Hamor, der Vater Sichems, zu Jakob heraus, um mit ihm darüber zu reden. 7 Als Jakobs Söhne vom Feld kamen und davon erfuhren, empfanden sie das als Beleidigung und wurden sehr zornig; eine Schandtat hatte Sichem an Israel begangen, weil er der Tochter Jakobs beiwohnte; so etwas darf man nicht tun.

8 Hamor redete mit ihnen und sagte: Mein Sohn Sichem hat zu eurer Tochter Zuneigung gefasst. Gebt sie ihm doch zur Frau! 9 Verschwägern wir uns; gebt uns eure Töchter und nehmt die unseren! 10 Ihr könnt euch bei uns ansiedeln und das Land steht euch offen. Bleibt da, geht hier euren Geschäften nach und macht euch im Land ansässig! 11 Sichem sagte zu Dinas Vater und zu ihren Brüdern: Finde ich euer Wohlwollen, dann will ich geben, was ihr auch von mir verlangt. 12 Legt mir ruhig ein sehr hohes Heiratsgeld und eine hohe Brautgabe auf! Ich will geben, was ihr von mir verlangt. Nur gebt mir das Mädchen zur Frau!

13 Die Söhne Jakobs gaben Sichem und seinem Vater Hamor, als sie die Verhandlungen aufnahmen, eine hinterhältige Antwort, weil er ihre Schwester entehrt hatte. 14 Sie sagten zu ihnen: Wir können uns nicht darauf einlassen, unsere Schwester einem Unbeschnittenen zu geben; denn das gilt bei uns als Schande. 15 Nur unter der Bedingung gehen wir auf euren Vorschlag ein, dass ihr euch uns anpasst und alle männlichen Personen beschneiden lasst. 16 Dann würden wir euch unsere Töchter geben und wir könnten eure Töchter nehmen; wir könnten mit euch zusammen wohnen und ein einziges Volk werden. 17 Wollt ihr aber von der Beschneidung nichts wissen, so nehmen wir unsere Tochter zurück und ziehen fort. 18 Hamor und sein Sohn Sichem waren mit ihrem Vorschlag einverstanden. 19 Der junge Mann verlor keine Zeit, die Angelegenheit zu regeln; denn er hatte die Toch-

ter Jakobs lieb und er war der Einflussreichste von
allen im Hause seines Vaters. 20 Hamor und sein
Sohn Sichem gingen an das Tor ihrer Stadt und
sprachen zu ihren Mitbürgern: 21 Jene Leute sind
uns friedlich gesinnt. Sie könnten sich im Land an-
siedeln und ihren Geschäften nachgehen. Das
Land hat ja nach allen Seiten Platz genug für sie.
Wir könnten ihre Töchter zu Frauen nehmen und
unsere Töchter ihnen geben. 22 Allerdings wollen
die Männer bloß unter der Bedingung auf unse-
ren Vorschlag eingehen, mit uns zusammen zu
wohnen und ein einziges Volk zu werden, dass sich
bei uns alle Männer beschneiden lassen, so wie sie
beschnitten sind. 23 Ihre Herden, ihr Besitz, ihr
Vieh, könnte das nicht alles uns gehören? Gehen
wir also auf ihren Vorschlag ein, dann werden sie
bei uns bleiben.
24 Alle, die durch das Tor der Stadt ausziehen, hör-
ten auf Hamor und seinen Sohn Sichem; und alle
Männer, alle, die durch das Tor seiner Stadt aus-
ziehen, ließen sich beschneiden.
25 Am dritten Tag aber, als sie an Wundfieber lit-
ten, griffen zwei Söhne Jakobs, Simeon und Levi,
die Brüder Dinas, zum Schwert, überfielen unge-
fährdet die Stadt und brachten alles Männliche
um. 26 Hamor und seinen Sohn Sichem machten
sie mit dem Schwert nieder, holten Dina aus dem
Hause Sichems und gingen davon. 27 Dann mach-
ten sich die Söhne Jakobs über die Erschlagenen
her und plünderten die Stadt, weil man ihre
Schwester entehrt hatte.
28 Ihre Schafe und Rinder, ihre Esel und was es
sonst in der Stadt oder auf dem Feld gab, nahmen
sie mit. 29 Ihre ganze Habe, all ihre Kinder und
Frauen führten sie fort und raubten alles, was sich
in den Häusern fand.
30 Jakob sagte darauf zu Simeon und Levi: Ihr
stürzt mich ins Unglück. Ihr habt mich in Verruf
gebracht bei den Bewohnern des Landes, den Ka-
naanitern und Perisitern. Meine Männer kann
man an den Fingern abzählen. Jene werden sich
gegen mich zusammentun und mich niederma-
chen. Dann ist es vorbei mit mir und meinem
Haus.
31 Die Söhne aber sagten: Durfte er unsere Schwes-
ter wie eine Dirne behandeln?

30: 49,5–7

Jakob wieder in Bet-El

35 Gott sprach zu Jakob: Zieh nach Bet-El
hinauf und lass dich dort nieder! Errichte
dort einen Altar dem Gott, der dir auf der Flucht
vor deinem Bruder Esau erschienen ist. 2 Dann
sagte Jakob zu seinem Haus und zu allen, die zu
ihm gehörten: Entfernt die fremden Götter aus eu-
rer Mitte, reinigt euch und wechselt eure Kleider!
3 Wir wollen uns aufmachen und nach Bet-El hi-
naufziehen. Dort will ich einen Altar für den Gott
errichten, der mich am Tag meiner Bedrängnis er-
hört hat und der auf meinem Weg mit mir war.
4 Sie übergaben Jakob alle fremden Götter, die sie
hatten, und die Ringe an ihren Ohren. Jakob ver-
grub sie unter der Eiche bei Sichem. 5 Dann bra-
chen sie auf. Da überkam ein Gottesschrecken die
Städte ringsum und so verfolgten sie die Söhne
Jakobs nicht. 6 Jakob kam nach Lus in Kanaan, das
jetzt Bet-El heißt, er und alles Volk, das bei ihm
war.
7 Er baute dort einen Altar und nannte die Stätte
»Gott von Bet-El«; denn auf der Flucht vor seinem
Bruder hatte Gott sich ihm dort offenbart.
8 Debora, die Amme Rebekkas, starb. Man begrub
sie unterhalb von Bet-El unter der Eiche. Er gab
ihr den Namen Träneneiche.
9 Gott erschien Jakob noch einmal nach seiner
Rückkehr aus Paddan-Aram und segnete ihn.
10 Gott sprach zu ihm: Dein Name ist Jakob. Dein
Name soll jedoch nicht mehr Jakob lauten, son-
dern Israel soll dein Name sein. Er gab ihm also
den Namen Israel. 11 Und Gott sprach zu ihm: Ich
bin Gott, der Allmächtige. Sei fruchtbar und ver-
mehre dich! Ein Volk, eine Schar von Völkern soll
aus dir hervorgehen, Könige sollen deinen Lenden
entstammen.
12 Das Land, das ich Abraham und Isaak gegeben
habe, will ich dir geben und auch deinen Nach-
kommen will ich es geben. 13 Dann fuhr Gott von
dem Ort, an dem er mit ihm geredet hatte, zum
Himmel auf.
14 Jakob richtete an dem Ort, wo Gott mit ihm ge-
redet hatte, ein Steinmal, einen Gedenkstein, auf.
Darüber schüttete er ein Trankopfer und goss Öl
darauf. 15 Jakob gab dem Ort, an dem Gott mit ihm
geredet hatte, den Namen Bet-El.

7: 28,12–22 • 10: 32,29 • 12: 13,14f; 15,17–21; 26,3f

Benjamins Geburt und Rahels Tod

16 Sie brachen von Bet-El auf. Nur ein kleines Stück
Weg war es noch bis Efrata, als Rahel gebar. Sie
hatte eine schwere Geburt. 17 Als sie bei der Geburt
schwer litt, redete ihr die Amme zu: Fürchte dich
nicht, auch diesmal hast du einen Sohn. 18 Wäh-
rend ihr das Leben entfloh – sie musste nämlich
sterben –, gab sie ihm den Namen Ben-Oni (Un-
heilskind); sein Vater aber nannte ihn Benjamin
(Erfolgskind). 19 Als Rahel gestorben war, begrub
man sie an der Straße nach Efrata, das jetzt Betle-
hem heißt.
20 Jakob errichtete ein Steinmal über ihrem Grab.
Das ist das Grabmal Rahels bis auf den heutigen
Tag.

Die Söhne Jakobs und der Tod Isaaks

21 Israel brach auf und schlug sein Zelt jenseits von
Migdal-Eder auf. 22 Während Israel in jenem Land
wohnte, ging Ruben hin und schlief mit Bilha, der
Nebenfrau seines Vaters. Israel hörte davon. Jakob
hatte zwölf Söhne.
23 Die Söhne Leas waren: Ruben, der Erstgeborene
Jakobs, ferner Simeon, Levi, Juda, Issachar und
Sebulon. 24 Die Söhne Rahels waren: Josef und
Benjamin. 25 Die Söhne Bilhas, der Magd Rahels,
waren: Dan und Naftali. 26 Die Söhne Silpas, der
Magd Leas, waren: Gad und Ascher. Das waren die
Söhne Jakobs, die ihm in Paddan-Aram geboren
wurden.
27 Jakob kam zu seinem Vater Isaak nach Mamre,
nach Kirjat-Arba, das jetzt Hebron heißt, wo sich
Abraham und Isaak als Fremde aufgehalten hat-
ten.
28 Isaak wurde hundertachtzig Jahre alt, 29 dann
verschied er. Er starb und wurde mit seinen Vor-
fahren vereint, betagt und satt an Jahren. Seine
Söhne Esau und Jakob begruben ihn.

22: 49,3f

Die Nachkommen Esaus

36 Das ist die Geschlechterfolge nach Esau,
der auch Edom hieß: 2 Esau nahm sich
seine Frauen aus den Töchtern Kanaans: Ada, die
Tochter des Hetiters Elon, Oholibama, die Tochter
des Ana, eines Sohnes des Hiwiters Zibon, 3 und
Basemat, die Tochter Ismaels, eine Schwester Ne-
bajots. 4 Ada gebar dem Esau Elifas, Basemat gebar
Reguël 5 und Oholibama gebar Jëusch, Jalam und
Korach. Das waren die Söhne Esaus, die ihm in
Kanaan geboren wurden.
6 Esau nahm seine Frauen, Söhne und Töchter, alle
Personen seines Hauses und seinen Besitz, all sein
Vieh und seine ganze Habe, die er in Kanaan er-
worben hatte, und zog in ein anderes Land, fort
von seinem Bruder Jakob. 7 Ihr Besitz war nämlich
zu groß, als dass sie zusammen hätten wohnen
können. Das Land, in dem sie lebten, konnte we-
gen ihres Viehbestandes nicht beide ernähren. 8 So
ließ sich Esau im Bergland Seïr nieder. Esau ist
Edom.
9 Das ist die Geschlechterfolge nach Esau, dem
Stammvater von Edom im Bergland Seïr. 10 Die
Namen der Söhne Esaus sind: Elifas, der Sohn der
Ada, der Frau Esaus, und Reguël, der Sohn Base-
mats, der Frau Esaus. 11 Die Söhne des Elifas sind:
Teman, Omar, Zefo, Gatam und Kenas. 12 Timna
war die Nebenfrau des Elifas, des Sohnes Esaus. Sie
gebar dem Elifas Amalek. Das waren die Söhne
Adas, der Frau Esaus. 13 Die Söhne Reguëls sind:
Nahat, Serach, Schamma und Misa. Das waren die
Söhne Basemats, der Frau Esaus. 14 Die Söhne, die
Oholibama, die Frau Esaus und Tochter Anas, ei-
nes Sohnes Zibons, Esau gebar, sind: Jëusch, Jalam
und Korach.
15 Das sind die Häuptlinge der Söhne Esaus: die
Söhne des Elifas, des Erstgeborenen Esaus: Häupt-
ling Teman, Häuptling Omar, Häuptling Zefo,
Häuptling Kenas, 16 Häuptling Korach, Häuptling
Gatam, Häuptling Amalek. Das waren die Häupt-
linge des Elifas in Edom, lauter Söhne der Ada.
17 Das sind die Söhne Reguëls, des Sohnes Esaus:
Häuptling Nahat, Häuptling Serach, Häuptling
Schamma, Häuptling Misa. Das waren die Häupt-
linge Reguëls in Edom; sie waren die Söhne Base-
mats, der Frau Esaus.
18 Das sind die Söhne Oholibamas, der Frau Esaus:
Häuptling Jëusch, Häuptling Jalam, Häuptling
Korach. Das waren die Häuptlinge, die von Oho-
libama, der Frau Esaus und Tochter Anas, ab-
stammten.
19 Das waren also die Söhne Esaus und deren
Häuptlinge. Das ist Edom.
20 Das sind die Söhne des Horiters Seïr, die Ein-

wohner des Landes: Lotan, Schobal, Zibon, Ana,
21 Dischon, Ezer und Dischan. Das waren die
Häuptlinge der Horiter, der Söhne Seïrs, in Edom.
22 Die Söhne Lotans sind: Hori und Hemam. Die
Schwester Lotans ist Timna. 23 Das sind die Söhne
Schobals: Alwan, Manahat, Ebal, Schefi und
Onam.

24 Die Söhne Zibons sind: Aja und Ana. Das ist je-
ner Ana, der das Wasser in der Wüste fand, als er
die Esel seines Vaters Zibon weidete. 25 Die Kinder
Anas sind: Dischon und Oholibama, die Tochter
Anas. 26 Die Söhne Dischons sind: Hemdan, Esch-
ban, Jitran und Keran. 27 Die Söhne Ezers sind: Bil-
han, Saawan und Akan. 28 Die Söhne Dischans
sind: Uz und Aran.

29 Die Häuptlinge der Horiter sind: Häuptling Lo-
tan, Häuptling Schobal, Häuptling Zibon, Häupt-
ling Ana, 30 Häuptling Dischon, Häuptling Ezer,
Häuptling Dischan. Das waren die Häuptlinge der
Horiter nach ihren Stämmen in Seïr.

31 Die Könige, die in Edom regierten, bevor bei den
Israeliten ein König regierte, waren folgende: 32 In
Edom regierte Bela, der Sohn Beors; seine Stadt
hieß Dinhaba. 33 Als Bela starb, wurde König an
seiner Stelle Jobab, der Sohn Serachs aus Bozra.
34 Als Jobab starb, wurde König an seiner Stelle
Huscham aus dem Land der Temaniter. 35 Als
Huscham starb, wurde König an seiner Stelle Ha-
dad, der Sohn Bedads, der Midian im Grünland
von Moab schlug; seine Stadt hieß Awit. 36 Als Ha-
dad starb, wurde König an seiner Stelle Samla aus
Masreka. 37 Als Samla starb, wurde König an seiner
Stelle Schaul aus Rehobot am Strom (Eufrat).
38 Als Schaul starb, wurde König an seiner Stelle
Baal-Hanan, der Sohn Achbors. 39 Als Baal-Hanan,
der Sohn Achbors, starb, wurde König an seiner
Stelle Hadar; seine Stadt hieß Pagu. Seine Frau
hieß Mehetabel; sie war die Tochter Matreds und
Enkelin Me-Sahabs.

40 Das sind die Namen der Häuptlinge Esaus nach
ihren Sippenverbänden, Orten und Namen:
Häuptling Timna, Häuptling Alwa, Häuptling
Jetet, 41 Häuptling Oholibama, Häuptling Ela,
Häuptling Pinon, 42 Häuptling Kenas, Häuptling
Teman, Häuptling Mibzar, 43 Häuptling Magdiël,
Häuptling Iram. Das waren die Häuptlinge Edoms
nach ihren Siedlungsgebieten in dem Land, das sie
besaßen. So viel über Esau, den Stammvater von
Edom.

7: 13,6

DIE SÖHNE JAKOBS: 37,1 – 50,26

Josef und seine Brüder

37 Jakob ließ sich in dem Land nieder, in dem
sich sein Vater als Fremder aufgehalten
hatte, in Kanaan. 2 Das ist die Geschlechterfolge
nach Jakob: Als Josef siebzehn Jahre zählte, also
noch jung war, weidete er mit seinen Brüdern, den
Söhnen Bilhas und Silpas, der Frauen seines Va-
ters, die Schafe und Ziegen. Josef hinterbrachte
ihrem Vater, was die Brüder Böses taten. 3 Israel
liebte Josef unter allen seinen Söhnen am meisten,
weil er ihm noch in hohem Alter geboren worden
war. Er ließ ihm einen Ärmelrock machen. 4 Als
seine Brüder sahen, dass ihr Vater ihn mehr liebte
als alle seine Brüder, hassten sie ihn und konnten
mit ihm kein gutes Wort mehr reden.

5 Einst hatte Josef einen Traum. Als er ihn seinen
Brüdern erzählte, hassten sie ihn noch mehr. 6 Er
sagte zu ihnen: Hört, was ich geträumt habe. 7 Wir
banden Garben mitten auf dem Feld. Meine Garbe
richtete sich auf und blieb auch stehen. Eure Gar-
ben umringten sie und neigten sich tief vor mei-
ner Garbe. 8 Da sagten seine Brüder zu ihm: Willst
du etwa König über uns werden oder dich als Herr
über uns aufspielen? Und sie hassten ihn noch
mehr wegen seiner Träume und seiner Worte.

9 Er hatte noch einen anderen Traum. Er erzählte
ihn seinen Brüdern und sagte: Ich träumte noch
einmal: Die Sonne, der Mond und elf Sterne ver-
neigten sich tief vor mir. 10 Als er davon seinem Va-
ter und seinen Brüdern erzählte, schalt ihn sein
Vater und sagte zu ihm: Was soll das, was du da
geträumt hast? Sollen wir vielleicht, ich, deine
Mutter und deine Brüder, kommen und uns vor
dir zur Erde niederwerfen? 11 Seine Brüder waren
eifersüchtig auf ihn, sein Vater aber vergaß die
Sache nicht.

12 Als seine Brüder fortgezogen waren, um das Vieh
ihres Vaters bei Sichem zu weiden, 13 sagte Israel zu
Josef: Deine Brüder weiden bei Sichem das Vieh.
Geh, ich will dich zu ihnen schicken. Er antwor-
tete: Ich bin bereit. 14 Da sagte der Vater zu ihm:
Geh doch hin und sieh, wie es deinen Brüdern und
dem Vieh geht, und berichte mir! So schickte er
ihn aus dem Tal von Hebron fort und Josef kam
nach Sichem.
15 Ein Mann traf ihn, wie er auf dem Feld umher-
irrte; er fragte ihn: Was suchst du? 16 Josef antwor-
tete: Meine Brüder suche ich. Sag mir doch, wo sie
das Vieh weiden. 17 Der Mann antwortete: Sie sind
von hier weitergezogen. Ich habe nämlich gehört,
wie sie sagten: Gehen wir nach Dotan. Da ging Jo-
sef seinen Brüdern nach und fand sie in Dotan.
18 Sie sahen ihn von weitem. Bevor er jedoch nahe
an sie herangekommen war, fassten sie den Plan,
ihn umzubringen. 19 Sie sagten zueinander: Dort
kommt ja dieser Träumer. 20 Jetzt aber auf, er-
schlagen wir ihn und werfen wir ihn in eine der
Zisternen. Sagen wir, ein wildes Tier habe ihn ge-
fressen. Dann werden wir ja sehen, was aus seinen
Träumen wird.
21 Ruben hörte das und wollte ihn aus ihrer Hand
retten. Er sagte: Begehen wir doch keinen Mord.
22 Und Ruben sagte zu ihnen: Vergießt kein Blut!
Werft ihn in die Zisterne da in der Steppe, aber legt
nicht Hand an ihn! Er wollte ihn nämlich aus ih-
rer Hand retten und zu seinem Vater zurückbrin-
gen.
23 Als Josef bei seinen Brüdern angekommen war,
zogen sie ihm sein Gewand aus, den Ärmelrock,
den er anhatte, 24 packten ihn und warfen ihn in
die Zisterne. Die Zisterne war leer; es war kein
Wasser darin.
25 Als sie dann beim Essen saßen und aufblickten,
sahen sie, dass gerade eine Karawane von Ismaeli-
tern aus Gilead kam. Ihre Kamele waren mit Tra-
gakant, Mastix und Ladanum beladen. Sie waren
unterwegs nach Ägypten. 26 Da schlug Juda seinen
Brüdern vor: Was haben wir davon, wenn wir un-
seren Bruder erschlagen und sein Blut zudecken?
27 Kommt, verkaufen wir ihn den Ismaelitern. Wir
wollen aber nicht Hand an ihn legen, denn er ist
doch unser Bruder und unser Verwandter. Seine
Brüder waren einverstanden.
28 Midianitische Kaufleute kamen vorbei. Da zo-
gen sie Josef aus der Zisterne heraus und verkauf-
ten ihn für zwanzig Silberstücke an die Ismaeliter.
Diese brachten Josef nach Ägypten.
29 Als Ruben zur Zisterne zurückkam, war Josef
nicht mehr dort. Er zerriss seine Kleider, 30 wandte
sich an seine Brüder und sagte: Der Kleine ist ja
nicht mehr da. Und ich, was soll ich jetzt anfan-
gen? 31 Da nahmen sie Josefs Gewand, schlachteten
einen Ziegenbock und tauchten das Gewand in
das Blut. 32 Dann schickten sie den Ärmelrock zu
ihrem Vater und ließen ihm sagen: Das haben wir
gefunden. Sieh doch, ob das der Rock deines Soh-
nes ist oder nicht. 33 Als er ihn angesehen hatte,
sagte er: Der Rock meines Sohnes! Ein wildes Tier
hat ihn gefressen. Zerrissen, zerrissen ist Josef.
34 Jakob zerriss seine Kleider, legte Trauerkleider
an und trauerte um seinen Sohn viele Tage. 35 Alle
seine Söhne und Töchter machten sich auf, um ihn
zu trösten. Er aber ließ sich nicht trösten und
sagte: Ich will dauernd zu meinem Sohn in die Un-
terwelt hinabsteigen. So beweinte ihn sein Vater.
36 Die Midianiter aber verkauften Josef nach Ägyp-
ten an Potifar, einen Hofbeamten des Pharao, den
Obersten der Leibwache.

Die Familiengeschichte Judas

38 Um jene Zeit verließ Juda seine Brüder
und begab sich hinunter zu einem Mann
aus Adullam, der Hira hieß. 2 Juda sah dort die
Tochter eines Kanaaniters namens Schua. Er nahm
sie zur Frau und wohnte ihr bei. 3 Sie wurde
schwanger, gebar einen Sohn und gab ihm den
Namen Er. 4 Sie wurde abermals schwanger, gebar
einen Sohn und gab ihm den Namen Onan. 5 Und
noch einmal gebar sie einen Sohn und gab ihm
den Namen Schela. Juda war in Kesib, als sie ihn
gebar.
6 Juda nahm für seinen Erstgeborenen Er eine Frau
namens Tamar. 7 Aber Er, der Erstgeborene Judas,
missfiel dem Herrn und so ließ ihn der Herr ster-
ben. 8 Da sagte Juda zu Onan: Geh mit der Frau
deines Bruders die Schwagerehe ein und verschaff
deinem Bruder Nachkommen! 9 Onan wusste also,
dass die Nachkommen nicht ihm gehören würden.
Sooft er zur Frau seines Bruders ging, ließ er den
Samen zur Erde fallen und verderben, um seinem

Bruder Nachkommen vorzuenthalten. [10] Was er
tat, missfiel dem Herrn und so ließ er auch ihn
sterben. [11] Nun sagte Juda zu seiner Schwieger-
tochter Tamar: Bleib als Witwe im Haus deines Va-
ters, bis mein Sohn Schela groß ist. Denn er dachte:
Er soll mir nicht auch noch sterben wie seine Brü-
der. Tamar ging und blieb im Haus ihres Vaters.
[12] Viele Jahre vergingen. Die Tochter Schuas, die
Frau Judas, war gestorben. Als die Trauer vorbei
war, ging Juda mit seinem Freund Hira aus Adul-
lam hinauf nach Timna zur Schafschur. [13] Man be-
richtete Tamar: Dein Schwiegervater geht gerade
nach Timna hinauf zur Schafschur. [14] Da zog sie
ihre Witwenkleider aus, legte einen Schleier über
und verhüllte sich. Dann setzte sie sich an den Orts-
eingang von Enajim, der an der Straße nach Timna
liegt. Sie hatte nämlich gemerkt, dass Schela groß
geworden war, dass man sie ihm aber nicht zur
Frau geben wollte.
[15] Juda sah sie und hielt sie für eine Dirne; sie hatte
nämlich ihr Gesicht verhüllt. [16] Da bog er vom Weg
ab, ging zu ihr hin und sagte: Lass mich zu dir
kommen! Er wusste ja nicht, dass es seine Schwie-
gertochter war. Sie antwortete: Was gibst du mir,
wenn du zu mir kommen darfst? [17] Er sagte: Ich
werde dir ein Ziegenböckchen von der Herde
schicken. Sie entgegnete: Du musst mir aber ein
Pfand dalassen, bis du es schickst. [18] Da fragte er:
Was für ein Pfand soll ich dir dalassen? Deinen Sie-
gelring mit der Schnur und den Stab in deiner
Hand, antwortete sie. Er gab es ihr. Dann ging er
zu ihr und sie wurde von ihm schwanger. [19] Sie
stand auf, ging weg, legte ihren Schleier ab und zog
wieder ihre Witwenkleider an.
[20] Juda schickte seinen Freund aus Adullam mit
dem Ziegenböckchen, um das Pfand aus der Hand
der Frau zurückzuerhalten, er fand sie aber nicht.
[21] Er fragte die Leute aus dem Ort: Wo ist die Dirne,
die in Enajim an der Straße saß? Sie antworteten
ihm: Hier gibt es keine Dirne.
[22] Darauf kehrte er zu Juda zurück und sagte: Ich
habe sie nicht gefunden und außerdem behaupten
die Leute aus dem Ort, es gebe da keine Dirne.
[23] Juda antwortete: Soll sie es behalten! Wenn man
uns nur nicht auslacht! Ich habe ja dieses
Böckchen geschickt, aber du hast sie nicht gefun-
den.
[24] Nach etwa drei Monaten meldete man Juda:
Deine Schwiegertochter Tamar hat Unzucht ge-
trieben und ist davon schwanger. Da sagte Juda:
Führt sie hinaus! Sie soll verbrannt werden. [25] Als
man sie hinausführte, schickte sie zu ihrem
Schwiegervater und ließ ihm sagen: Von dem
Mann, dem das gehört, bin ich schwanger. Auch
ließ sie sagen: Sieh genau hin: Wem gehören der
Siegelring mit der Schnur und dieser Stab? [26] Juda
schaute es sich genau an und gab zu: Sie ist mir ge-
genüber im Recht, weil ich sie meinem Sohn
Schela nicht zur Frau gegeben habe. Später ver-
kehrte er mit ihr nicht mehr.
[27] Als sie niederkam, waren Zwillinge in ihrem
Leib. [28] Bei der Geburt streckte einer die Hand
heraus. Die Hebamme griff zu, band einen roten
Faden um die Hand und sagte: Er ist zuerst he-
rausgekommen. [29] Er zog aber seine Hand wieder
zurück und heraus kam sein Bruder. Da sagte sie:
Warum hast du dir den Durchbruch erzwungen?
So nannte man ihn Perez (Durchbruch). [30] Dann
erst kam sein Bruder zum Vorschein, an dessen
Hand der rote Faden war. Ihn nannte man Serach
(Rotglanz).

Josef als Sklave in Ägypten

39 Josef hatte man nach Ägypten gebracht.
Ein Hofbeamter des Pharao, ein Ägypter
namens Potifar, der Oberste der Leibwache, hatte
ihn den Ismaelitern abgekauft, die ihn dorthin ge-
bracht hatten. [2] Der Herr war mit Josef und so
glückte ihm alles. Er blieb im Haus seines ägypti-
schen Herrn.
[3] Dieser sah, dass der Herr mit Josef war und dass
der Herr alles, was er unternahm, unter seinen
Händen gelingen ließ. [4] So fand Josef sein Wohl-
wollen und er durfte ihn bedienen. Er bestellte ihn
zum Verwalter seines Hauses und vertraute ihm
alles an, was er besaß. [5] Seit er ihm sein Haus und
alles, was ihm gehörte, anvertraut hatte, segnete
der Herr das Haus des Ägypters um Josefs willen.
Der Segen des Herrn ruhte auf allem, was ihm
gehörte im Haus und auf dem Feld. [6] Er ließ sei-
nen ganzen Besitz in Josefs Hand und kümmerte
sich, wenn Josef da war, um nichts als nur um
sein Essen. Josef war schön von Gestalt und Aus-
sehen.

7 Nach einiger Zeit warf die Frau seines Herrn
ihren Blick auf Josef und sagte: Schlaf mit mir! 8 Er
weigerte sich und entgegnete der Frau seines
Herrn: Du siehst doch, mein Herr kümmert sich,
wenn ich da bin, um nichts im Haus; alles, was ihm
gehört, hat er mir anvertraut. 9 Er ist in diesem
Haus nicht größer als ich und er hat mir nichts
vorenthalten als nur dich, denn du bist seine Frau.
Wie könnte ich da ein so großes Unrecht begehen
und gegen Gott sündigen? 10 Obwohl sie Tag für
Tag auf Josef einredete, bei ihr zu schlafen und ihr
zu Willen zu sein, hörte er nicht auf sie. 11 An ei-
nem solchen Tag kam er ins Haus, um seiner Ar-
beit nachzugehen. Niemand vom Hausgesinde
war anwesend. 12 Da packte sie ihn an seinem Ge-
wande und sagte: Schlaf mit mir! Er ließ sein Ge-
wand in ihrer Hand und lief hinaus. 13 Als sie sah,
dass er sein Gewand in ihrer Hand zurückgelassen
hatte und hinausgelaufen war, 14 rief sie nach
ihrem Hausgesinde und sagte zu den Leuten: Seht
nur! Er hat uns einen Hebräer ins Haus gebracht,
der seinen Mutwillen mit uns treibt. Er ist zu mir
gekommen und wollte mit mir schlafen; da habe
ich laut geschrien. 15 Als er hörte, dass ich laut auf-
schrie und rief, ließ er sein Gewand bei mir liegen
und floh ins Freie. 16 Sein Kleid ließ sie bei sich lie-
gen, bis sein Herr nach Hause kam. 17 Ihm erzählte
sie die gleiche Geschichte: Der hebräische Sklave,
den du uns gebracht hast, ist zu mir gekommen,
um mit mir seinen Mutwillen zu treiben. 18 Als ich
laut aufschrie und rief, ließ er sein Gewand bei mir
liegen und lief hinaus.

19 Als sein Herr hörte, wie ihm seine Frau erzählte:
So hat es dein Sklave mit mir getrieben!, packte ihn
der Zorn. 20 Er ließ Josef ergreifen und in den Ker-
ker bringen, wo die Gefangenen des Königs in Haft
gehalten wurden. Dort blieb er im Gefängnis.
21 Aber der Herr war mit Josef. Er wandte ihm das
Wohlwollen und die Gunst des Gefängnisleiters
zu.

Josef im Gefängnis

22 Der Gefängnisleiter vertraute der Hand Josefs
alle Gefangenen im Kerker an. Alles, was dort zu
besorgen war, musste er tun. 23 Der Gefängnislei-
ter brauchte sich um nichts zu sorgen, was Josef in
seine Hand nahm, denn der Herr war mit ihm.
Was er auch unternahm, der Herr ließ es ihm ge-
lingen.

40 Einige Zeit später vergingen sich der kö-
nigliche Mundschenk und der Hofbäcker
gegen ihren Herrn, den König von Ägypten. 2 Der
Pharao war aufgebracht über seine beiden Hof-
beamten, den Obermundschenk und den Ober-
bäcker. 3 Er gab sie in Haft in das Haus des Obers-
ten der Leibwache, in den Kerker, wo Josef
gefangen gehalten wurde. 4 Der Oberste der Leib-
wache betraute Josef mit ihrer Bedienung. Als sie
einige Zeit in Haft waren, 5 hatte jeder von ihnen
einen Traum. Der Mundschenk und der Bäcker
des Königs von Ägypten, die im Kerker gefangen
gehalten wurden, hatten in derselben Nacht einen
Traum, der für jeden von ihnen eine besondere Be-
deutung haben sollte. 6 Am Morgen kam Josef zu
ihnen und sah ihnen an, dass sie missmutig waren.
7 Da fragte er die Hofbeamten des Pharao, die mit
ihm im Hause seines Herrn in Gewahrsam gehal-
ten wurden: Warum seht ihr heute so böse drein?
8 Sie antworteten ihm: Wir hatten einen Traum,
aber es ist keiner da, der ihn auslegen kann. Josef
sagte zu ihnen: Ist nicht das Träumedeuten Sache
Gottes? Erzählt mir doch!

9 Darauf erzählte der Obermundschenk Josef sei-
nen Traum. Er sagte zu ihm: Im Traum sah ich vor
mir einen Weinstock. 10 Am Weinstock waren drei
Ranken und es war mir, als triebe er Knospen.
Seine Blüten wuchsen und schon reiften die Beeren
an seinen Trauben. 11 Ich hatte den Becher des Pha-
rao in meiner Hand. Ich nahm die Beeren, drückte
sie in den Becher des Pharao aus und gab dem
Pharao den Becher in die Hand. 12 Da sprach Josef
zu ihm: Das ist die Deutung: Die drei Ranken sind
drei Tage.

13 Noch drei Tage, dann wird der Pharao dich vor-
laden und dich wieder in dein Amt einsetzen. Du
wirst dem Pharao den Becher reichen, wie es
früher deine Aufgabe war, als du noch sein Mund-
schenk warst. 14 Doch denk an mich, wenn es dir
gut geht. Tu mir dann einen Gefallen: Erzähl dem
Pharao von mir und hol mich aus diesem Haus
heraus! 15 Denn entführt hat man mich aus dem
Land der Hebräer und auch hier habe ich nichts
getan, dass man mich hätte ins Gefängnis werfen
müssen.

16 Als der Oberbäcker merkte, dass Josef eine güns-
tige Deutung gegeben hatte, sagte er zu ihm: Auch
ich hatte einen Traum. Ich hatte drei Körbe Fein-
gebäck auf meinem Kopf. 17 Im obersten Korb war
allerlei Backwerk für die Tafel des Pharao. Aber die
Vögel fraßen es aus dem Korb auf meinem Kopf.
18 Josef antwortete: Das ist die Deutung: Die drei
Körbe sind drei Tage. 19 Noch drei Tage, dann wird
der Pharao dich vorladen und dich an einem
Baum aufhängen; die Vögel werden von dir das
Fleisch abfressen.
20 Drei Tage darauf hatte der Pharao Geburtstag.
Er veranstaltete für alle seine Hofleute ein Gast-
mahl. Da lud er vor versammeltem Hof den Ober-
mundschenk und den Oberbäcker vor. 21 Den
Obermundschenk setzte er wieder in sein Amt ein;
er durfte dem Pharao den Becher reichen. 22 Den
Oberbäcker ließ er aufhängen. Alles geschah, wie
es Josef ihnen gedeutet hatte. 23 Der Obermund-
schenk aber dachte nicht mehr an Josef und ver-
gaß ihn.

Der Traum des Pharao und seine Deutung

41 Zwei Jahre später hatte der Pharao einen
Traum: Er stand am Nil. 2 Aus dem Nil stie-
gen sieben gut aussehende, wohlgenährte Kühe
und weideten im Riedgras. 3 Nach ihnen stiegen
sieben andere Kühe aus dem Nil; sie sahen häss-
lich aus und waren mager. Sie stellten sich neben
die schon am Nilufer stehenden Kühe 4 und die
hässlichen, mageren Kühe fraßen die sieben gut
aussehenden und wohlgenährten Kühe auf. Dann
erwachte der Pharao. 5 Er schlief aber wieder ein
und träumte ein zweites Mal: An einem einzigen
Halm wuchsen sieben Ähren, prall und schön.
6 Nach ihnen wuchsen sieben kümmerliche, vom
Ostwind ausgedörrte Ähren. 7 Die kümmerlichen
Ähren verschlangen die sieben prallen, vollen
Ähren. Der Pharao wachte auf: Es war ein Traum.
8 Am Morgen fühlte er sich beunruhigt; er schickte
hin und ließ alle Wahrsager und Weisen Ägyptens
rufen. Der Pharao erzählte ihnen seine Träume,
doch keiner war da, der sie ihm hätte deuten kön-
nen. 9 Da sagte der Obermundschenk zum Pharao:
Heute muss ich an meine Verfehlung erinnern:
10 Als der Pharao über seine Diener aufgebracht
war, gab er mich ins Haus des Obersten der Leib-
wache in Haft, mich und den Oberbäcker. 11 Da
hatten wir, ich und er, in derselben Nacht einen
Traum, der für jeden eine besondere Bedeutung
haben sollte. 12 Dort war mit uns zusammen ein
junger Hebräer, ein Sklave des Obersten der Leib-
wache. Wir erzählten ihm unsere Träume und er
legte sie uns aus. Jedem gab er die zutreffende
Deutung. 13 Wie er es uns gedeutet hatte, so ge-
schah es: Mich setzte man wieder in mein Amt ein,
den andern hängte man auf.
14 Da schickte der Pharao hin und ließ Josef rufen.
Man holte ihn schnell aus dem Gefängnis, schor
ihm die Haare, er zog andere Kleider an und kam
zum Pharao. 15 Der Pharao sagte zu Josef: Ich hatte
einen Traum, doch keiner kann ihn deuten. Von
dir habe ich aber gehört, du brauchst einen Traum
nur zu hören, dann kannst du ihn deuten. 16 Josef
antwortete dem Pharao: Nicht ich, sondern Gott
wird zum Wohl des Pharao eine Antwort geben.
17 Da sagte der Pharao zu Josef: In meinem Traum
stand ich am Nilufer. 18 Aus dem Nil stiegen sieben
wohlgenährte, stattliche Kühe und weideten im
Riedgras.
19 Nach ihnen stiegen sieben andere Kühe herauf,
elend, sehr hässlich und mager. Nie habe ich in
ganz Ägypten so hässliche Kühe gesehen. 20 Die
mageren und hässlichen Kühe fraßen die sieben
ersten, fetten auf. 21 Sie verschwanden in ihrem
Bauch, aber man merkte nicht, dass sie darin wa-
ren; sie sahen genauso elend aus wie vorher. Dann
wachte ich auf. 22 Weiter sah ich in meinem Traum:
Auf einem einzigen Halm gingen sieben volle,
schöne Ähren auf. 23 Nach ihnen wuchsen sieben
taube, kümmerliche, vom Ostwind ausgedörrte
Ähren. 24 Die kümmerlichen Ähren verschlangen
die sieben schönen Ähren. Ich habe das den Wahr-
sagern erzählt, aber keiner konnte mir die Deu-
tung sagen.
25 Darauf sagte Josef zum Pharao: Der Traum des
Pharao ist ein und derselbe. Gott sagt dem Pharao
an, was er vorhat: 26 Die sieben schönen Kühe sind
sieben Jahre und die sieben schönen Ähren sind
sieben Jahre. Es ist ein und derselbe Traum. 27 Die
sieben mageren und hässlichen Kühe, die nachher
heraufkamen, sind sieben Jahre und die sieben lee-
ren, vom Ostwind ausgedörrten Ähren sind sieben
Jahre Hungersnot. 28 Das ist es, was ich meinte, als

ich zum Pharao sagte: Gott ließ den Pharao sehen, was er vorhat: 29 Sieben Jahre kommen, da wird großer Überfluss in ganz Ägypten sein. 30 Nach ihnen aber werden sieben Jahre Hungersnot heraufziehen: Da wird der ganze Überfluss in Ägypten vergessen sein und Hunger wird das Land auszehren. 31 Dann wird man nichts mehr vom Überfluss im Land merken wegen des Hungers, der danach kommt; denn er wird sehr drückend sein. 32 Dass aber der Pharao gleich zweimal träumte, bedeutet: Die Sache steht bei Gott fest und Gott wird sie bald ausführen. 33 Nun sehe sich der Pharao nach einem klugen, weisen Mann um und setze ihn über Ägypten. 34 Der Pharao möge handeln: Er bestelle Bevollmächtigte über das Land und besteuere Ägypten mit einem Fünftel in den sieben Jahren des Überflusses. 35 Die Bevollmächtigten sollen alles Brotgetreide der kommenden guten Jahre sammeln und auf Weisung des Pharao Korn aufspeichern; das Brotgetreide sollen sie in den Städten sicherstellen. 36 Das Brotgetreide soll dem Land als Rücklage dienen für die sieben Jahre der Hungersnot, die über Ägypten kommen werden. Dann wird das Land nicht an Hunger zugrunde gehen.

11: 40,5

Josefs Macht über Ägypten

37 Die Rede gefiel dem Pharao und allen seinen Hofleuten. 38 Der Pharao sagte zu ihnen: Finden wir einen Mann wie diesen hier, einen, in dem der Geist Gottes wohnt? 39 Dann sagte der Pharao zu Josef: Nachdem dich Gott all das hat wissen lassen, gibt es niemand, der so klug und weise wäre wie du. 40 Du sollst über meinem Hause stehen und deinem Wort soll sich mein ganzes Volk beugen. Nur um den Thron will ich höher sein als du. 41 Der Pharao sagte weiter zu Josef: Hiermit stelle ich dich über ganz Ägypten. 42 Der Pharao nahm den Siegelring von seiner Hand und steckte ihn Josef an die Hand. Er bekleidete ihn mit Byssusgewändern und legte ihm die goldene Kette um den Hals. 43 Dann ließ er ihn seinen zweiten Wagen besteigen. Man rief vor ihm aus: Achtung! So stellte er ihn über ganz Ägypten. 44 Der Pharao sagte zu Josef: Ich bin der Pharao, aber ohne dich soll niemand seine Hand oder seinen Fuß regen in ganz Ägypten. 45 Der Pharao verlieh Josef den Namen Zafenat-Paneach und gab ihm Asenat, die Tochter Potiferas, des Priesters von On, zur Frau. So wurde Josef Herr über Ägypten.

46 Josef war dreißig Jahre alt, als er vor dem Pharao, dem König von Ägypten, stand. Josef ging vom Pharao weg und durchzog ganz Ägypten. 47 Das Land brachte in den sieben Jahren des Überflusses überreichen Ertrag. 48 Josef ließ während der sieben Jahre, in denen es Überfluss gab, alles Brotgetreide in Ägypten sammeln und in die Städte schaffen. Das Getreide der Felder rings um jede Stadt ließ er dort hineinbringen. 49 So speicherte Josef Getreide in sehr großer Menge auf, wie Sand am Meer, bis man aufhören musste, es zu messen, weil man es nicht mehr messen konnte.

50 Ein Jahr, bevor die Hungersnot kam, wurden Josef zwei Söhne geboren. Asenat, die Tochter Potiferas, des Priesters von On, gebar sie ihm. 51 Josef nannte den Erstgeborenen Manasse (Vergessling), denn er sagte: Gott hat mich all meine Sorge und mein ganzes Vaterhaus vergessen lassen. 52 Den zweiten Sohn nannte er Efraim (Fruchtbringer), denn er sagte: Gott hat mich fruchtbar werden lassen im Lande meines Elends.

53 Die sieben Jahre des Überflusses in Ägypten gingen zu Ende 54 und es begannen die sieben Jahre der Hungersnot, wie es Josef vorausgesagt hatte. Eine Hungersnot brach über alle Länder herein, in ganz Ägypten aber gab es Brot. 55 Da ganz Ägypten Hunger hatte, schrie das Volk zum Pharao nach Brot. Der Pharao aber sagte zu den Ägyptern: Geht zu Josef! Tut, was er euch sagt. 56 Als die Hungersnot über das ganze Land gekommen war, öffnete Josef alle Speicher und verkaufte Getreide an die Ägypter. Aber der Hunger wurde immer drückender in Ägypten. 57 Auch alle Welt kam nach Ägypten, um bei Josef Getreide zu kaufen; denn der Hunger wurde immer drückender auf der ganzen Erde.

Die erste Reise der Brüder Josefs nach Ägypten

42 Als Jakob erfuhr, dass es in Ägypten Getreide zu kaufen gab, sagte er zu seinen Söhnen: Warum schaut ihr einander so an? 2 Und er sagte: Ich habe gehört, dass es in Ägypten Getreide zu kaufen gibt. Zieht hin und kauft dort für uns Getreide, damit wir am Leben bleiben und

nicht sterben müssen. 3 Zehn Brüder Josefs zogen also hinunter, um in Ägypten Getreide zu kaufen. 4 Benjamin, den Bruder Josefs, ließ Jakob nicht mit seinen Brüdern ziehen, denn er dachte, es könnte ihm ein Unglück zustoßen. 5 Die Söhne Israels kamen also mitten unter anderen, die auch gekommen waren, um Getreide zu kaufen; denn Hungersnot herrschte in Kanaan. 6 Josef verwaltete das Land. Er war es, der allen Leuten im Lande Getreide verkaufte. So kamen Josefs Brüder und warfen sich vor ihm mit dem Gesicht zur Erde nieder. 7 Als Josef seine Brüder sah, erkannte er sie. Aber er gab sich ihnen nicht zu erkennen, sondern fuhr sie barsch an. Er fragte sie: Wo kommt ihr her? Aus Kanaan, um Brotgetreide zu kaufen, sagten sie. 8 Josef hatte seine Brüder erkannt, sie aber hatten ihn nicht erkannt. 9 Josef erinnerte sich an das, was er von ihnen geträumt hatte, und sagte: Spione seid ihr. Um nachzusehen, wo das Land eine schwache Stelle hat, seid ihr gekommen. 10 Sie antworteten ihm: Nein, Herr. Um Brotgetreide zu kaufen, sind deine Knechte gekommen. 11 Wir alle sind Söhne ein und desselben Vaters. Ehrliche Leute sind wir, deine Knechte sind keine Spione. 12 Er aber entgegenete ihnen: Nichts da, ihr seid nur gekommen, um nachzusehen, wo das Land eine schwache Stelle hat. 13 Da sagten sie: Wir, deine Knechte, waren zwölf Brüder, Söhne ein und desselben Mannes in Kanaan. Der Jüngste ist bei unserem Vater geblieben und einer ist nicht mehr. 14 Josef aber sagte zu ihnen: Es bleibt dabei, wie ich euch gesagt habe: Spione seid ihr. 15 So wird man euch auf die Probe stellen: Beim Leben des Pharao! Ihr sollt von hier nicht eher loskommen, bis auch euer jüngster Bruder da ist. 16 Schickt einen von euch hin! Er soll euren Bruder holen; ihr anderen aber werdet in Haft genommen. So wird man euer Gerede überprüfen und feststellen können, ob ihr die Wahrheit gesagt habt oder nicht. Beim Leben des Pharao, ja, Spione seid ihr. 17 Dann ließ er sie für drei Tage in Haft nehmen.

18 Am dritten Tag sagte Josef zu ihnen: Tut Folgendes und ihr werdet am Leben bleiben, denn ich fürchte Gott: 19 Wenn ihr ehrliche Leute seid, soll einer von euch Brüdern in dem Gefängnis zurückgehalten werden, in dem ihr in Haft gewesen seid. Ihr anderen aber geht und bringt das gekaufte Getreide heim, um den Hunger eurer Familien zu stillen. 20 Euren jüngsten Bruder aber schafft mir herbei, damit sich eure Worte als wahr erweisen und ihr nicht sterben müsst. So machten sie es.

21 Sie sagten zueinander: Ach ja, wir sind an unserem Bruder schuldig geworden. Wir haben zugesehen, wie er sich um sein Leben ängstigte. Als er uns um Erbarmen anflehte, haben wir nicht auf ihn gehört. Darum ist nun diese Bedrängnis über uns gekommen. 22 Ruben entgegnete ihnen: Habe ich euch nicht gesagt: Versündigt euch nicht an dem Kind! Ihr aber habt nicht gehört. Nun wird für sein Blut von uns Rechenschaft gefordert. 23 Sie aber ahnten nicht, dass Josef zuhörte, denn er bediente sich im Gespräch mit ihnen eines Dolmetschers. 24 Er wandte sich von ihnen ab und weinte. Als er sich ihnen wieder zuwandte und abermals mit ihnen redete, ließ er aus ihrer Mitte Simeon festnehmen und vor ihren Augen fesseln. 25 Josef befahl dann, ihre Behälter mit Getreide zu füllen, einem jeden von ihnen das Geld wieder in den Sack zurückzulegen und ihnen für die Reise Verpflegung mitzugeben. So geschah es. 26 Sie luden das Getreide auf ihre Esel und zogen fort. 27 Als einer seinen Sack öffnete, um in der Herberge seinen Esel zu füttern, sah er sein Geld. Es lag in seinem Getreidesack ganz oben. 28 Er sagte zu seinen Brüdern: Man hat mir mein Geld zurückgegeben. Seht, hier ist es in meinem Getreidesack. Da verließ sie der Mut und sie sagten zitternd zueinander: Was hat uns Gott da angetan?

29 Sie kamen zu ihrem Vater Jakob nach Kanaan und berichteten ihm alles, was ihnen zugestoßen war: 30 Jener Mann, der Herr des Landes, hat uns barsch angefahren und uns für Leute gehalten, die das Land ausspionieren. 31 Wir sagten ihm: Ehrliche Leute sind wir und keine Spione. 32 Wir waren zwölf Brüder, Söhne ein und desselben Vaters. Einer ist nicht mehr und der Jüngste ist bei unserem Vater in Kanaan geblieben. 33 Jener Mann aber, der Herr des Landes, sagte zu uns: Daran will ich erkennen, ob ihr ehrliche Leute seid: Lasst einen von euch Brüdern bei mir zurück, nehmt das Getreide, das den Hunger eurer Familien stillen soll, geht 34 und schafft mir euren jüngsten Bruder herbei! So werde ich erfahren, dass ihr keine Spione, sondern ehrliche Leute seid. Ich gebe euch dann eu-

ren Bruder heraus und ihr dürft euch frei im Land
bewegen. 35 Während sie nun ihre Säcke leerten,
stellten sie fest: Jeder hatte seinen Geldbeutel im
Sack. Als sie und ihr Vater ihre Geldbeutel sahen,
bekamen sie Angst. 36 Ihr Vater Jakob sagte zu ih-
nen: Ihr bringt mich um meine Kinder. Josef ist
nicht mehr, Simeon ist nicht mehr und Benjamin
wollt ihr mir auch noch nehmen. Nichts bleibt mir
erspart. 37 Da sagte Ruben zu seinem Vater: Meine
beiden Söhne magst du umbringen, wenn ich ihn
dir nicht zurückbringe. Vertrau ihn meiner Hand
an; ich bringe ihn dir wieder zurück. 38 Nein, sagte
er, mein Sohn wird nicht mit euch hinunterziehen.
Denn sein Bruder ist schon tot, nur er allein ist
noch da. Stößt ihm auf dem Weg, den ihr geht, ein
Unglück zu, dann bringt ihr mein graues Haar vor
Kummer in die Unterwelt.

9: 37,5–11

Die zweite Reise der Brüder Josefs nach Ägypten

43 Der Hunger lastete schwer auf dem Land.
2 Das Getreide, das sie aus Ägypten ge-
bracht hatten, war aufgezehrt. Da sagte ihr Vater
zu ihnen: Geht noch einmal hin, kauft uns etwas
Brotgetreide! 3 Juda antwortete ihm: Der Mann hat
uns nachdrücklich eingeschärft: Kommt mir ja
nicht mehr unter die Augen, wenn ihr nicht euren
Bruder mitbringt. 4 Wenn du bereit bist, unseren
Bruder mitzuschicken, ziehen wir hinunter und
kaufen dir Brotgetreide. 5 Willst du ihn aber nicht
mitschicken, gehen wir nicht. Denn der Mann hat
uns gesagt: Kommt mir ja nicht mehr unter die
Augen, wenn ihr nicht euren Bruder mitbringt.
6 Da sagte Israel: Warum habt ihr mir so etwas
Schlimmes angetan, jenem Mann zu sagen, dass
ihr noch einen Bruder habt? 7 Der Mann, entgeg-
neten sie, hat sich bei uns eingehend nach unserer
Verwandtschaft erkundigt und gefragt: Lebt euer
Vater noch, habt ihr noch einen Bruder? Wir ha-
ben ihm Auskunft gegeben, wie es wirklich ist.
Konnten wir denn wissen, dass er sagen würde:
Bringt euren Bruder her! 8 Juda schlug seinem Va-
ter Israel vor: Lass den Knaben mit mir ziehen!
Dann können wir aufbrechen und uns auf die
Reise machen. So werden wir am Leben bleiben
und nicht sterben, wir und du und unsere Kinder.
9 Ich verbürge mich für ihn; aus meiner Hand
magst du ihn zurückfordern. Wenn ich ihn dir
nicht zurückbringe und vor dich hinstelle, will ich
alle Tage bei dir in Schuld stehen. 10 Hätten wir
nicht so lange gezögert, könnten wir schon zum
zweiten Mal zurück sein.
11 Da sagte ihr Vater Israel zu ihnen: Wenn es schon
sein muss, dann macht es so: Nehmt von den bes-
ten Erzeugnissen des Landes in eurem Gepäck mit
und überbringt es dem Mann als Geschenk: etwas
Mastix, etwas Honig, Tragakant und Ladanum,
Pistazien und Mandeln. 12 Nehmt den doppelten
Geldbetrag mit! Das Geld, das sich wieder oben
in euren Getreidesäcken fand, gebt mit eigenen
Händen zurück! Vielleicht war es ein Versehen.
13 So nehmt denn euren Bruder mit, brecht auf
und geht wieder zu dem Mann zurück! 14 Gott, der
Allmächtige, lasse euch Erbarmen bei dem Mann
finden, sodass er euch den anderen Bruder und
Benjamin freigibt. Ich aber, ich verliere noch alle
Kinder.
15 Die Männer nahmen das Geschenk und den
doppelten Geldbetrag mit und dazu auch Benja-
min. Sie machten sich auf, zogen nach Ägypten
hinab und traten vor Josef hin. 16 Als Josef bei ih-
nen Benjamin sah, sagte er zu seinem Hausver-
walter: Führe die Männer ins Haus, schlachte ein
Tier und richte es her! Die Männer werden näm-
lich mit mir zu Mittag essen. 17 Der Mann tat, wie
Josef angeordnet hatte: Er führte die Männer in
das Haus Josefs. 18 Die Männer fürchteten sich,
weil man sie in Josefs Haus führte, und dachten:
Wegen des Geldes, das sich beim ersten Mal wie-
der in unseren Getreidesäcken fand, werden wir da
hineingeführt. Man wird sich auf uns werfen, man
wird uns überfallen und uns als Sklaven zurück-
halten samt unseren Eseln. 19 Sie traten näher an
den Hausverwalter Josefs heran und begannen mit
ihm an der Haustür ein Gespräch. 20 Sie sagten:
Bitte, Herr, schon früher sind wir einmal hierher
gekommen, um Brotgetreide zu kaufen. 21 Als wir
aber in die Herberge kamen und unsere Getreide-
säcke öffneten, lag das Geld eines jeden von uns
oben im Sack, unser Geld im vollen Betrag. Wir
bringen es mit eigenen Händen wieder zurück.
22 Darüber hinaus haben wir noch mehr Geld mit-
gebracht, um Brotgetreide einzukaufen. Wir wis-
sen nicht, wer das Geld in unsere Säcke gelegt hat.

23 Ihr könnt beruhigt sein, antwortete er, fürchtet
euch nicht! Euer Gott, der Gott eures Vaters, hat
euch heimlich ein Geschenk in eure Säcke gelegt.
Bei mir ist euer Geld eingegangen. Dann brachte
er Simeon zu ihnen heraus. 24 Als er die Männer ins
Haus Josefs geführt hatte, gab er ihnen Wasser
zum Füßewaschen und ließ ihre Esel füttern. 25 Sie
legten, bis Josef zu Mittag kam, das Geschenk zu-
recht; denn sie hatten gehört, dass sie dort essen
sollten.
26 Als Josef ins Haus kam, überreichten sie ihm das
Geschenk, das sie mit hineingenommen hatten,
und warfen sich vor ihm auf die Erde nieder. 27 Er
erkundigte sich, wie es ihnen gehe, und fragte:
Geht es eurem alten Vater gut, von dem ihr erzählt
habt? Ist er noch am Leben? 28 Sie erwiderten: Dei-
nem Knecht, unserem Vater, geht es gut; er lebt
noch. Dann verneigten sie sich und und warfen
sich nieder. 29 Als er hinsah und seinen Bruder
Benjamin, den Sohn seiner Mutter, erblickte,
fragte er: Ist das euer jüngster Bruder, von dem ihr
mir erzählt habt? Und weiter sagte er: Gottes
Gnade sei mit dir, mein Sohn. 30 Dann ging Josef
schnell weg, denn er konnte sich vor Rührung über
seinen Bruder nicht mehr halten; er war dem Wei-
nen nahe. Er zog sich in die Kammer zurück, um
sich dort auszuweinen. 31 Dann wusch er sein Ge-
sicht, kam zurück, nahm sich zusammen und ord-
nete an: Tragt das Essen auf! 32 Man trug das Essen
auf, getrennt für ihn, für sie und für die mit ihm
speisenden Ägypter. Die Ägypter können nämlich
nicht gemeinsam mit den Hebräern essen, weil das
bei den Ägyptern als unschicklich gilt. 33 Die Brü-
der kamen vor ihm so zu sitzen, dass der Erstge-
borene den ersten und der Jüngste den letzten
Platz einnahm. Da blickten die Männer einander
verwundert an. 34 Er ließ ihnen Gerichte vorsetzen,
die vor ihm standen, was man aber Benjamin vor-
setzte, übertraf das aller anderen um das Fünffa-
che. Sie tranken mit ihm und waren guter Dinge.

44 Dann befahl Josef seinem Hausverwalter:
Fülle die Getreidesäcke der Männer mit
so viel Brotgetreide, wie sie tragen können, und leg
das Geld eines jeden oben in den Sack! 2 Meinen
Becher, den Silberbecher, leg oben in den Sack des
Jüngsten mit dem Geld, für das er Getreide gekauft
hat. Er tat, wie Josef es angeordnet hatte. 3 Als es
am Morgen hell wurde, ließ man die Männer mit
ihren Eseln abreisen. 4 Sie hatten sich noch nicht
weit von der Stadt entfernt, da sagte Josef zu sei-
nem Hausverwalter: Auf, jag hinter den Männern
her! Wenn du sie eingeholt hast, sag ihnen: Warum
habt ihr Gutes mit Bösem vergolten und mir den
Silberbecher gestohlen? 5 Das ist doch der, aus dem
mein Herr trinkt und aus dem er wahrsagt. Da
habt ihr etwas Schlimmes getan. 6 Der Hausver-
walter holte sie ein und sagte zu ihnen, was ihm
aufgetragen war. 7 Sie antworteten ihm: Wie kann
mein Herr so etwas sagen? Niemals werden deine
Knechte so etwas tun. 8 Sieh her, das Geld, das wir
oben in unseren Getreidesäcken fanden, haben
wir dir aus Kanaan zurückgebracht. Wie könnten
wir da aus dem Haus deines Herrn Silber oder
Gold stehlen? 9 Der von den Knechten, bei dem
sich der Becher findet, soll sterben und auch wir
sollen dann unserem Herrn als Sklaven gehören.
10 Also gut, sagte er, es soll geschehen, wie ihr sagt:
Bei wem er sich findet, der sei mein Sklave, doch
ihr anderen sollt straffrei bleiben. 11 Jeder stellte ei-
ligst seinen Sack auf die Erde und öffnete ihn: 12 Er
durchsuchte alles, beim Ältesten begann er und
beim Jüngsten hörte er auf. Der Becher fand sich
im Sack Benjamins.
13 Da zerrissen sie ihre Kleider. Jeder belud seinen
Esel und sie kehrten in die Stadt zurück. 14 So ka-
men Juda und seine Brüder wieder in das Haus Jo-
sefs, der noch dort war. Sie fielen vor ihm zur Erde
nieder. 15 Josef sagte zu ihnen: Was habt ihr getan?
Wusstet ihr denn nicht, dass ein Mann wie ich
wahrsagen kann? 16 Juda erwiderte: Was sollen wir
unserem Herrn sagen, was sollen wir vorbringen,
womit uns rechtfertigen? Gott hat die Schuld dei-
ner Knechte ans Licht gebracht. So sind wir also
Sklaven unseres Herrn, wir und der, bei dem sich
der Becher gefunden hat. 17 Doch Josef gab zur
Antwort: Das kann ich auf keinen Fall tun. Der-
jenige, bei dem sich der Becher gefunden hat, der
soll mein Sklave sein. Ihr anderen aber zieht in
Frieden hinauf zu eurem Vater!
18 Da trat Juda an ihn heran und sagte: Bitte, mein
Herr, dein Knecht darf vielleicht meinem Herrn
offen etwas sagen, ohne dass sein Zorn über dei-
nen Knecht entbrennt; denn du bist wie der Pha-
rao. 19 Mein Herr hat seine Knechte gefragt: Habt

ihr einen Vater oder Bruder? [20] Wir erwiderten meinem Herrn: Wir haben einen alten Vater und einen kleinen Bruder, der ihm noch in hohem Alter geboren wurde. Dessen Bruder ist gestorben; er ist allein von seiner Mutter noch da und sein Vater liebt ihn besonders. [21] Du aber hast von deinen Knechten verlangt: Bringt ihn her zu mir, ich will ihn mit eigenen Augen sehen. [22] Da sagten wir zu unserem Herrn: Der Knabe kann seinen Vater nicht verlassen. Verließe er ihn, so würde der Vater sterben. [23] Du aber sagtest zu deinen Knechten: Wenn euer jüngster Bruder nicht mit euch kommt, dürft ihr mir nicht mehr unter die Augen treten. [24] Als wir zu deinem Knecht, deinem Vater, hinaufgekommen waren, erzählten wir ihm, was mein Herr gesagt hatte.

[25] Als dann unser Vater sagte: Kauft uns noch einmal etwas Brotgetreide!, [26] entgegneten wir: Wir können nicht hinunterziehen; nur wenn unser jüngster Bruder dabei ist, ziehen wir hinunter. Wir können nämlich dem Mann nicht mehr unter die Augen treten, wenn nicht unser jüngster Bruder dabei ist. [27] Darauf antwortete uns dein Knecht, mein Vater: Ihr wisst, dass mir meine Frau zwei Söhne geboren hat. [28] Einer ist von mir gegangen und ich sagte: Er ist gewiss zerrissen worden. Ich habe ihn bis heute nicht mehr gesehen. [29] Nun nehmt ihr mir auch den noch weg. Stößt ihm ein Unglück zu, dann bringt ihr mein graues Haar vor Leid in die Unterwelt.

[30] Wenn ich jetzt zu deinem Knecht, meinem Vater, käme und der Knabe wäre nicht bei uns, da doch sein Herz so an ihm hängt, [31] wenn er also sähe, dass der Knabe nicht dabei ist, würde er sterben. Dann brächten deine Sklaven deinen Knecht, unseren greisen Vater, vor Gram in die Unterwelt.
[32] Dein Knecht hat sich für den Knaben beim Vater mit den Worten verbürgt: Wenn ich ihn nicht zu dir zurückbringe, will ich alle Tage bei meinem Vater in Schuld stehen.

[33] Darum soll jetzt dein Knecht an Stelle des Knaben dableiben als Sklave für meinen Herrn; der Knabe aber soll mit seinen Brüdern ziehen dürfen. [34] Denn wie könnte ich zu meinem Vater hinaufziehen, ohne dass der Knabe bei mir wäre? Ich könnte das Unglück nicht mit ansehen, das dann meinen Vater träfe.

45 Josef vermochte sich vor all den Leuten, die um ihn standen, nicht mehr zu halten und rief: Schafft mir alle Leute hinaus! So stand niemand bei Josef, als er sich seinen Brüdern zu erkennen gab. [2] Er begann so laut zu weinen, dass es die Ägypter hörten; auch am Hof des Pharao hörte man davon. [3] Josef sagte zu seinen Brüdern: Ich bin Josef. Ist mein Vater noch am Leben? Seine Brüder waren zu keiner Antwort fähig, weil sie fassungslos vor ihm standen. [4] Josef sagte zu seinen Brüdern: Kommt doch näher zu mir her! Als sie näher herangetreten waren, sagte er: Ich bin Josef, euer Bruder, den ihr nach Ägypten verkauft habt. [5] Jetzt aber lasst es euch nicht mehr leid sein und grämt euch nicht, weil ihr mich hierher verkauft habt. Denn um Leben zu erhalten, hat mich Gott vor euch hergeschickt. [6] Ja, zwei Jahre sind es jetzt schon, dass der Hunger im Land wütet. Und noch fünf Jahre stehen bevor, in denen man weder pflügen noch ernten wird. [7] Gott aber hat mich vor euch hergeschickt, um von euch im Land einen Rest zu erhalten und viele von euch eine große Rettungstat erleben zu lassen. [8] Also nicht ihr habt mich hierher geschickt, sondern Gott. Er hat mich zum Vater für den Pharao gemacht, zum Herrn für sein ganzes Haus und zum Gebieter über ganz Ägypten. [9] Zieht eiligst zu meinem Vater hinauf und meldet ihm: So hat dein Sohn Josef gesagt: Gott hat mich zum Herrn für ganz Ägypten gemacht. Komm herunter zu mir, lass dich nicht aufhalten! [10] Du kannst dich im Gebiet von Goschen niederlassen und wirst in meiner Nähe sein, du mit deinen Söhnen und deinen Kindeskindern, mit deinen Schafen und Ziegen, mit deinen Rindern und mit allem, was dir gehört. [11] Dort werde ich für dich sorgen; denn noch fünf Jahre dauert die Hungersnot. Du mit deinem Haus und allem, was dir gehört, du brauchst dann nicht zu darben.
[12] Ihr und mein Bruder Benjamin, ihr seht es ja mit eigenen Augen, dass ich wirklich mit euch rede.
[13] Erzählt meinem Vater von meinem hohen Rang in Ägypten und von allem, was ihr gesehen habt. Beeilt euch und bringt meinen Vater her! [14] Er fiel seinem Bruder Benjamin um den Hals und weinte; auch Benjamin weinte an seinem Hals. [15] Josef küsste dann weinend alle seine Brüder. Darauf unterhielten sich seine Brüder mit ihm.

[16] Am Hof des Pharao verbreitete sich die Nach-
richt: Die Brüder Josefs sind gekommen. Dem
Pharao und seinen Dienern war das recht. [17] Der
Pharao sagte zu Josef: Sag zu deinen Brüdern: So
sollt ihr es machen: Beladet eure Tragtiere und
reist nach Kanaan zurück! [18] Holt euren Vater und
eure Familien und kommt zu mir! Ich will euch
das Beste geben, was Ägypten bietet; von den bes-
ten Erzeugnissen des Landes dürft ihr essen. [19] Du
gib den Auftrag weiter: Tut Folgendes: Nehmt
euch aus Ägypten Wagen mit für eure Kinder und
Frauen, lasst euren Vater aufsteigen und kommt!
[20] Es soll euch nicht leid sein um euren Hausrat.
Denn das Beste, was ganz Ägypten bietet, soll euch
gehören.
[21] Die Söhne Israels machten es so. Josef stellte
nach der Weisung des Pharao Wagen zur Verfü-
gung und gab ihnen Verpflegung mit auf die Reise.
[22] Allen schenkte er Festgewänder, Benjamin aber
schenkte er dreihundert Silberstücke und fünf
Festgewänder. [23] Seinem Vater schickte er ungefähr
zehn Esel mit, beladen mit dem Besten, was Ägyp-
ten bietet, und zehn Eselinnen, beladen mit Ge-
treide und Brot, sowie Reiseverpflegung für seinen
Vater. [24] Dann entließ er seine Brüder. Als sie sich
auf den Weg machten, sagte er noch zu ihnen:
Streitet nicht unterwegs!
[25] Sie zogen also von Ägypten hinauf und kamen
nach Kanaan zu ihrem Vater Jakob. [26] Sie berichte-
ten ihm: Josef ist noch am Leben. Er ist sogar Herr
über ganz Ägypten. Jakobs Herz aber blieb unbe-
wegt; denn er glaubte ihnen nicht. [27] Als sie ihm
aber alles erzählten, was Josef zu ihnen gesagt
hatte, und als er die Wagen sah, die Josef geschickt
hatte, um ihn zu holen, lebte der Geist Jakobs, ih-
res Vaters, wieder auf [28] und Israel sagte: Genug!
Mein Sohn Josef lebt noch. Ich will hingehen und
ihn sehen, bevor ich sterbe.

43,3: 42,15f.20 • 7: 42,10–13

Jakobs Familie in Ägypten

46 Israel brach auf mit allem, was ihm
gehörte. Er kam nach Beerscheba und
brachte dem Gott seines Vaters Isaak Schlachtop-
fer dar. [2] Da sprach Gott in einer nächtlichen Vi-
sion zu Israel: Jakob! Jakob! Hier bin ich!, antwor-
tete er. [3] Gott sprach: Ich bin Gott, der Gott deines
Vaters. Fürchte dich nicht, nach Ägypten hinab-
zuziehen; denn zu einem großen Volk mache ich
dich dort. [4] Ich selbst ziehe mit dir hinunter nach
Ägypten und ich führe dich auch selbst wieder
herauf. Josef wird dir die Augen zudrücken.
[5] Jakob brach von Beerscheba auf. Die Söhne Isra-
els hoben ihren Vater Jakob, ihre Kinder und ihre
Frauen auf die Wagen, die der Pharao geschickt
hatte, um ihn zu holen. [6] Sie nahmen ihr Vieh und
ihre Habe, die sie in Kanaan erworben hatten, und
gelangten nach Ägypten, Jakob und mit ihm alle
seine Nachkommen.
[7] Seine Söhne und Enkel, seine Töchter und Enke-
linnen, alle seine Nachkommen brachte er mit
nach Ägypten.
[8] Das sind die Namen der Söhne Israels, die nach
Ägypten kamen, Jakob und seine Söhne: der Erst-
geborene Jakobs, Ruben; [9] die Söhne Rubens: He-
noch, Pallu, Hezron und Karmi; [10] die Söhne Si-
meons: Jemuël, Jamin, Ohad, Jachin, Zohar und
Schaul, der Sohn der Kanaaniterin; [11] die Söhne
Levis: Gerschon, Kehat und Merari; [12] die Söhne
Judas: Er, Onan, Schela, Perez und Serach; Er und
Onan waren aber in Kanaan gestorben; die Söhne
des Perez waren Hezron und Hamul; [13] die Söhne
Issachars: Tola, Puwa, Jaschub und Schimron;
[14] die Söhne Sebulons: Sered, Elon und Jachleel.
[15] Das waren die Söhne Leas, die sie Jakob in Pad-
dan-Aram geboren hatte, dazu seine Tochter Dina,
an Söhnen und Töchtern insgesamt dreiund-
dreißig Personen.
[16] Die Söhne Gads: Zifjon, Haggi, Schuni, Ezbon,
Eri, Arod und Areli; [17] die Söhne Aschers: Jimna,
Jischwa, Jischwi und Beria, dazu ihre Schwester
Serach; die Söhne Berias: Heber und Malkiël.
[18] Das waren die Söhne Silpas, die Laban seiner
Tochter Lea mitgegeben hatte; sie alle hatte sie Ja-
kob geboren, sechzehn Personen.
[19] Die Söhne Rahels, der Frau Jakobs: Josef und
Benjamin. [20] Josef hatte in Ägypten Kinder erhal-
ten, die ihm Asenat, die Tochter Potiferas, des
Priesters von On, geboren hatte: Manasse und
Efraim. [21] Die Söhne Benjamins: Bela, Becher,
Aschbel, Gera, Naaman, Ehi, Rosch, Muppim,
Huppim und Ard. [22] Das waren die Söhne Rahels,
die Jakob geboren worden waren, insgesamt vier-
zehn Personen.

23 Die Söhne Dans: Schuham; 24 die Söhne Naftalis:
Jachzeel, Guni, Jezer und Schillem. 25 Das waren
die Söhne Bilhas, die Laban seiner Tochter Rahel
mitgegeben hatte. Sie alle hatte Bilha Jakob gebo-
ren, insgesamt sieben Personen.
26 Die Gesamtzahl der Personen, die mit Jakob
nach Ägypten gekommen waren und von ihm ab-
stammten, betrug ohne die Frauen der Söhne Ja-
kobs insgesamt sechsundsechzig Personen. 27 Da-
zu kommen die Söhne Josefs, die ihm in Ägypten
geboren worden waren, zwei Personen. Insgesamt
waren vom Haus Jakob siebzig Personen nach
Ägypten gekommen.
28 Jakob schickte Juda voraus zu Josef, um ihn zu
sich nach Goschen zu bestellen. So kamen sie ins
Gebiet von Goschen. 29 Josef ließ seinen Wagen an-
schirren und zog seinem Vater Israel nach Go-
schen entgegen. Als er ihn sah, fiel er ihm um den
Hals und weinte lange. 30 Israel sagte zu Josef: Jetzt
will ich gern sterben, nachdem ich dein Angesicht
wieder sehen durfte und weiß, dass du noch am
Leben bist. 31 Josef sagte dann zu seinen Brüdern
und zum ganzen Haus seines Vaters: Ich will hin-
gehen, will den Pharao benachrichtigen und ihm
sagen: Meine Brüder und alle vom Haus meines
Vaters, die in Kanaan lebten, sind zu mir gekom-
men. 32 Die Männer sind Viehhirten, ja, Viehzüch-
ter sind sie. Ihre Schafe, Ziegen und Rinder und al-
les, was ihnen gehört, haben sie mitgebracht. 33 Der
Pharao wird euch rufen lassen und euch fragen,
womit ihr euch beschäftigt. 34 Dann sagt: Deine
Knechte sind von Jugend an bis jetzt Viehzüchter
gewesen, wir waren es und unsere Väter waren es
auch schon. Dann werdet ihr euch in Goschen nie-
derlassen dürfen; denn die Ägypter haben gegen
alle Viehhirten eine große Abneigung.
47 Josef ging also hin, berichtete dem Pha-
rao und sagte: Mein Vater und meine
Brüder sind mit ihren Schafen, Ziegen und Rin-
dern und mit allem, was ihnen gehört, aus Kanaan
gekommen. Sie sind bereits in Goschen. 2 Aus dem
Kreis seiner Brüder hatte er fünf Männer mitge-
bracht und stellte sie dem Pharao vor. 3 Der Pha-
rao fragte Josefs Brüder: Womit beschäftigt ihr
euch? Sie antworteten dem Pharao: Hirten von
Schafen und Ziegen sind deine Knechte; wir sind
es und unsere Väter waren es auch schon. 4 Weiter
sagten sie zum Pharao: Wir sind gekommen, um
uns als Fremde im Land aufzuhalten. Es gibt ja
keine Weide für das Vieh deiner Knechte, denn
schwer lastet die Hungersnot auf Kanaan. Nun
möchten sich deine Knechte in Goschen nieder-
lassen. 5 Darauf sagte der Pharao zu Josef: Dein Va-
ter und deine Brüder sind also zu dir gekommen.
6 Ägypten steht dir offen. Im besten Teil des Lan-
des lass deinen Vater und deine Brüder wohnen!
Sie sollen sich in Goschen niederlassen. Wenn du
aber unter ihnen tüchtige Leute kennst, dann setze
sie als Aufseher über meine Herden ein!
7 Darauf führte Josef seinen Vater Jakob hinein
und stellte ihn dem Pharao vor. Jakob grüßte den
Pharao mit einem Segenswunsch. 8 Der Pharao
redete Jakob an: Wie viele Lebensjahre zählst
du? 9 Jakob gab dem Pharao zur Antwort: Die Zahl
der Jahre meiner Pilgerschaft beträgt hundertdrei-
ßig. Gering an Zahl und unglücklich waren meine
Lebensjahre und sie reichen nicht heran an die
Lebensjahre meiner Väter in den Tagen ihrer Pil-
gerschaft. 10 Jakob verabschiedete sich vom Pharao
mit einem Segenswunsch. 11 Josef siedelte seinen
Vater und seine Brüder an und wies ihnen den
Grundbesitz in Ägypten zu, im besten Teil des
Landes, im Gebiet von Ramses, wie der Pharao
verfügt hatte. 12 Josef versorgte seinen Vater und
seine Brüder und das ganze Haus seines Vaters mit
so viel Brot, dass die Kinder genug zu essen hat-
ten.

Josefs Verwaltung in Ägypten

13 Im ganzen Land gab es kein Brot und der Hun-
ger war sehr drückend. Ägypten und Kanaan wa-
ren vor Hunger erschöpft. 14 Josef hatte das Geld,
das in Ägypten und in Kanaan im Umlauf war, für
das Getreide, das sie kaufen mussten, eingezogen
und in den Palast des Pharao gebracht. 15 So war
das Geld in Ägypten und Kanaan ausgegangen.
Alle Ägypter kamen zu Josef und sagten: Gib uns
Brot! Warum sollen wir vor deinen Augen um-
kommen? Das Geld ist nämlich zu Ende. 16 Liefert
euer Vieh ab, sagte Josef, dann gebe ich euch dafür
Brot, wenn das Geld zu Ende ist. 17 So brachten sie
ihr Vieh zu Josef und Josef verkaufte ihnen Brot
um den Preis der Pferde, ihrer Bestände an Scha-
fen und Ziegen, an Rindern und Eseln. Er ver-

sorgte die Leute also in jenem Jahr gegen ihren
ganzen Viehbestand mit Brot. 18 Das Jahr ging in-
des zu Ende und im nächsten Jahr kamen sie und
sagten zu ihm: Wir können unserem Herrn nicht
verhehlen, dass das Geld zu Ende und unser Vieh-
bestand in den Besitz unseres Herrn übergegan-
gen ist. Wie unser Herr sieht, haben wir nichts
mehr als unsere Leiber und unser Ackerland.
19 Warum sollen wir vor deinen Augen umkom-
men, wir selbst und auch unser Ackerland? Kauf
uns und unsere Äcker um Brot! Wir und unser
Ackerland wollen dem Pharao dienstbar sein. Stell
Saatgut zur Verfügung, so werden wir am Leben
bleiben, wir müssen dann nicht sterben und das
Ackerland braucht nicht zu verkommen. 20 Josef
kaufte also das ganze Ackerland der Ägypter für
den Pharao auf; denn die Ägypter verkauften alle
ihr Feld, weil sie der Hunger dazu zwang. So wurde
das Land Eigentum des Pharao. 21 Das Volk aber
machte er ihm Leibeigen von einem Ende Ägyp-
tens bis zum andern. 22 Nur das Ackerland der
Priester kaufte er nicht auf, denn den Priestern
steht ein festes Einkommen vom Pharao zu; sie
leben von dem festen Einkommen, das ihnen der
Pharao gewährt. Darum brauchten sie ihr Acker-
land nicht zu verkaufen.
23 Nun sprach Josef zum Volk: Seht, heute habe ich
euch und euer Ackerland für den Pharao gekauft.
Hier habt ihr Saatgut; bestellt nun die Äcker!
24 Vom Ertrag liefert ihr dann ein Fünftel dem Pha-
rao ab, vier Teile aber gehören euch als Saatgut für
das Feld sowie als Nahrung für euch, für die Leute
in euren Häusern und für eure Kinder. 25 Da ant-
worteten sie: Du hast uns am Leben erhalten.
Wenn wir das Wohlwollen unseres Herrn finden,
wollen wir gern dem Pharao als Knechte dienen.
26 So verfügte Josef als gültiges Recht bis auf den
heutigen Tag, dass das Ackerland Ägyptens zu-
gunsten des Pharao mit einem Fünftel zu besteu-
ern ist. Nur die Äcker der Priester wurden nicht
Eigentum des Pharao.

Jakobs letzter Wille

27 Israel ließ sich in Ägypten nieder, in der Land-
schaft Goschen. Sie wurden dort ansässig, waren
fruchtbar und vermehrten sich sehr. 28 Jakob lebte
noch siebzehn Jahre in Ägypten und die Tage Ja-
kobs, seine Lebensjahre, betrugen hundertsieben-
undvierzig Jahre. 29 Als die Zeit kam, da Israel ster-
ben sollte, rief er seinen Sohn Josef und sagte zu
ihm: Wenn ich dein Wohlwollen gefunden habe,
leg deine Hand unter meine Hüfte, dass du nach
Treu und Glauben an mir handeln wirst: Begrab
mich nicht in Ägypten! 30 Bin ich zu meinen Vä-
tern entschlafen, dann bring mich fort aus Ägyp-
ten und begrab mich in der Grabstätte meiner Vä-
ter! Er antwortete: Ich will tun, wie du gesagt hast.
31 Da sagte Jakob: Leiste mir einen Eid! Er leistete
ihm den Eid. Darauf neigte sich Israel über das
Kopfende seines Bettes.

48 Einige Zeit danach ließ Jakob Josef sagen:
Dein Vater ist krank. Da nahm Josef seine
beiden Söhne mit, Manasse und Efraim, 2 und ließ
Jakob melden: Dein Sohn Josef ist zu dir gekom-
men. Israel nahm sich zusammen und setzte sich
im Bett auf. 3 Dann sagte Jakob zu Josef: Gott, der
Allmächtige, ist mir zu Lus in Kanaan erschienen
und hat mich gesegnet. 4 Er hat zu mir gesagt: Ich
mache dich fruchtbar und vermehre dich, ich ma-
che dich zu einer Schar von Völkern und gebe die-
ses Land deinen Nachkommen zu ewigem Besitz.
5 Jetzt sollen deine beiden Söhne, die dir in Ägyp-
ten geboren wurden, bevor ich zu dir nach Ägyp-
ten kam, mir gehören. Efraim und Manasse sollen
mir so viel gelten wie Ruben und Simeon. 6 Die
Nachkommen aber, die du erst nach ihnen gezeugt
hast, sollen dir gehören; nach dem Namen ihrer
Brüder soll man sie in ihrem Erbteil benennen.
7 Als ich aus Paddan-Aram kam, starb mir unter-
wegs Rahel in Kanaan; nur noch ein kleines Stück
war es bis Efrata. Ich begrub sie dort auf dem Weg
nach Efrata, das jetzt Betlehem heißt.
8 Als Israel die Söhne Josefs sah, fragte er: Wer sind
diese? 9 Josef sagte zu seinem Vater: Meine Söhne
sind es, die mir Gott hier geschenkt hat. Da sagte
Israel: Bring sie her zu mir, ich will sie segnen. 10 Is-
raels Augen waren vor Alter schwer geworden, er
konnte nicht mehr recht sehen. Er zog die Söhne
Josefs an sich heran, küsste und umarmte sie.
11 Dann sagte Israel zu Josef: Ich hatte nicht mehr
geglaubt, dich jemals wieder zu sehen. Nun aber
hat mich Gott sogar noch deine Nachkommen se-
hen lassen. 12 Josef holte sie von seinen Knien weg
und sie warfen sich mit ihrem Gesicht zur Erde

nieder. 13 Dann nahm Josef beide, Efraim an seine
Rechte, zur Linken Israels, und Manasse an seine
Linke, zur Rechten Israels, und führte sie zu ihm
hin. 14 Israel streckte seine Rechte aus und legte sie
Efraim auf den Kopf, obwohl er der jüngere war,
seine Linke aber legte er Manasse auf den Kopf,
wobei er seine Hände überkreuzte, obwohl Manasse
der Erstgeborene war. 15 Er segnete Josef und
sprach:
Gott, vor dem meine Väter Abraham und Isaak / ihren Weg gegangen sind, / Gott, der mein Hirt war mein Lebtag bis heute,
16 der Engel, der mich erlöst hat / von jeglichem Unheil, / er segne die Knaben. / Weiterleben soll mein Name durch sie, / auch der Name meiner Väter / Abraham und Isaak. / Im Land sollen sie sich tummeln, / zahlreich wie die Fische im Wasser.
17 Als Josef sah, dass sein Vater seine Rechte Efraim
auf den Kopf legte, gefiel ihm das nicht. Josef ergriff die Hand seines Vaters, um sie von Efraims
Kopf auf den Kopf Manasses hinüberzuziehen,
18 und er sagte zu seinem Vater: Nicht so, Vater,
sondern der ist der Erstgeborene; leg deine Rechte
ihm auf den Kopf! 19 Aber sein Vater wollte nicht.
Ich weiß, mein Sohn, ich weiß, sagte er, auch er wird zu einem Volk, auch er wird groß sein; aber sein jüngerer Bruder wird größer als er und seine Nachkommen werden zu einer Fülle von Völkern.
20 Er segnete sie an jenem Tag mit den Worten:
Mit deinem Namen wird Israel segnen und sagen: Gott mache dich wie Efraim und Manasse.
21 So setzte Israel Efraim vor Manasse und er sagte
zu Josef: Sieh, ich muss sterben. Gott wird mit euch sein und euch in das Land eurer Väter zurückbringen.
22 Ich gebe dir einen Bergrücken schulterhoch über deinen Brüdern, den ich der Hand der Amoriter mit Schwert und Bogen entrissen habe.

3: 28,13f; 35,11f • 7: 35,16–20

Der Segen Jakobs

49 Darauf rief Jakob seine Söhne und sprach: Versammelt euch, dann sage ich euch an, was euch begegnet in künftigen Tagen.
2 Kommt zusammen, ihr Söhne Jakobs, und hört, / auf Israel hört, auf euren Vater!
3 *Ruben*, mein Erster, du meine Stärke, / meiner Zeugungskraft Erstling, / übermütig an Stolz, übermütig an Kraft,
4 brodelnd wie Wasser. Der Erste sollst du nicht bleiben. / Du bestiegst ja das Bett deines Vaters; geschändet hast du damals mein Lager.
5 *Simeon* und *Levi*, die Brüder, / Werkzeuge der Gewalt sind ihre Messer.
6 Zu ihrem Kreis mag ich nicht gehören, / mit ihrer Rotte vereinige sich nicht mein Herz. / Denn in ihrem Zorn brachten sie Männer um, / mutwillig lähmten sie Stiere.
7 Verflucht ihr Zorn, da er so heftig, / verflucht ihr Grimm, da er so roh. / Ich teile sie unter Jakob auf, / ich zerstreue sie unter Israel.
8 *Juda*, dir jubeln die Brüder zu, / deine Hand hast du am Genick deiner Feinde. / Deines Vaters Söhne fallen vor dir nieder.
9 Ein junger Löwe ist Juda. / Vom Raub, mein Sohn, wurdest du groß. / Er kauert, liegt da wie ein Löwe, / wie eine Löwin. Wer wagt, sie zu scheuchen?
10 Nie weicht von Juda das Zepter, / der Herrscherstab von seinen Füßen, / bis der kommt, dem er gehört, / dem der Gehorsam der Völker gebührt.
11 Er bindet am Weinstock sein Reittier fest, / seinen Esel am Rebstock. / Er wäscht in Wein sein Kleid, / in Traubenblut sein Gewand.
12 Feurig von Wein funkeln die Augen, / seine Zähne sind weißer als Milch.
13 *Sebulon* wohnt nahe dem Strand, / am Gestade der Schiffe, / mit seinem Rücken nach Sidon hin.
14 *Issachar* ist ein knochiger Esel, / lagernd in seinem Pferch.
15 Er sieht, wie die Ruhe so schön ist / und wie so freundlich das Land; / da neigt er die Schulter als Träger / und wird zum fronenden Knecht.
16 *Dan* schafft Recht seinem Volk / wie nur einer von Israels Stämmen.
17 Zur Schlange am Weg wird Dan, / zur zischelnden Natter am Pfad. / Sie beißt das Pferd in die Fesseln, / sein Reiter stürzt rücklings herab.
18 Auf deine Hilfe harre ich, Herr.
19 *Gad*, ins Gedränge drängen sie ihn, / doch er bedrängt ihre Ferse.
20 *Ascher*, fett ist sein Brot. / Königskost liefert er.
21 *Naftali*, die flüchtige Hirschkuh, / versteht sich auf gefällige Rede.

22 Ein junger Fruchtbaum ist *Josef,* / ein junger
Fruchtbaum am Quell, / ein junger Zweig an der
Mauer.
23 Man erbittert und reizt ihn, / die Schützen stel-
len ihm nach.
24 Sein Bogen sitzt sicher; / gelenkig sind Arme und
Hände. / Das kommt vom Starken Jakobs, / von
dort kommt der Hirt, Israels Fels,
25 vom Gott deines Vaters, er wird dir helfen. / Gott,
der Allmächtige, er wird dich segnen / mit Segen
des Himmels von droben, / mit Segen tief lagern-
der Urflut, / mit Segen von Brust und Schoß.
26 Deines Vaters Segen übertrifft / den Segen der
uralten Berge, / den man von den ewigen Hügeln
ersehnt. / Er komme auf Josefs Haupt, / auf das
Haupt des Geweihten der Brüder.
27 *Benjamin* ist ein reißender Wolf: / Am Morgen
frisst er die Beute, / am Abend teilt er den Fang.

3–27 || Dtn 33,6–25 • 4: 35,22

Jakobs Tod und Begräbnis

28 Sie alle sind die zwölf Stämme Israels und das
war es, was ihr Vater zu ihnen sagte, als er sie seg-
nete. Einen jeden bedachte er mit dem Segen, der
ihm zukam. 29 Er trug ihnen ferner auf und sagte
zu ihnen: Ich werde mit meinen Vorfahren vereint.
Begrabt mich bei meinen Vätern in der Höhle auf
dem Grundstück des Hetiters Efron, 30 in der
Höhle auf dem Grundstück von Machpela bei
Mamre in Kanaan. Das Grundstück hatte Abra-
ham vom Hetiter Efron als eigene Grabstätte ge-
kauft. 31 Dort hat man Abraham und seine Frau
Sara begraben; dort hat man Isaak und seine Frau
Rebekka begraben; dort habe ich Lea begraben,
32 auf dem Grundstück, das samt der Höhle darauf
von den Hetitern in unseren Besitz übergegangen
ist. 33 Jakob beendete den Auftrag an seine Söhne
und zog seine Füße auf das Bett zurück. Dann ver-
schied er und wurde mit seinen Vorfahren vereint.
50 Josef warf sich über seinen Vater, weinte
um ihn und küsste ihn. 2 Darauf befahl er
den Ärzten, die ihm zu Dienste standen, seinen Va-
ter einzubalsamieren. Die Ärzte balsamierten also
Israel ein. 3 Darüber vergingen vierzig volle Tage,
denn so lange dauerte die Einbalsamierung. Die
Ägypter beweinten ihn siebzig Tage lang. 4 Als die
Tage der Trauer vorüber waren, sagte Josef zu den
Hofleuten des Pharao: Wenn ich euer Wohlwollen
genieße, tragt dem Pharao dieses mein Anliegen
vor: 5 Mein Vater hat mich schwören lassen und ge-
sagt: Ich muss sterben; in dem Grab, das ich mir in
Kanaan angelegt habe, dort begrabt mich! Nun
also möchte ich hinaufziehen und meinen Vater
begraben; dann komme ich wieder zurück. 6 Da
sagte der Pharao: Zieh hinauf, begrabe deinen
Vater, wie du geschworen hast.
7 Josef zog hinauf, um seinen Vater zu begraben.
Mit ihm zogen alle Hofleute des Pharao, die Ältes-
ten seines Hofes und alle Ältesten Ägyptens, 8 das
ganze Haus Josef, seine Brüder und das Haus sei-
nes Vaters. Nur ihre Kinder, ihre Schafe, Ziegen
und Rinder ließen sie in Goschen zurück. 9 Auch
die Wagen und die dazugehörige Mannschaft zo-
gen mit ihm, sodass es ein sehr großer Zug wurde.
10 Als sie nach Goren-Atad jenseits des Jordan ge-
kommen waren, hielten sie dort eine sehr große,
würdige Totenklage; sieben Tage hielt er um sei-
nen Vater Trauer. 11 Die Einheimischen, die Ka-
naaniter, beobachteten die Trauerfeier in Goren-
Atad und sagten: Eine würdige Trauerfeier ver-
anstalten da die Ägypter. Darum heißt der Ort
Abel-Mizrajim (Ägyptertrauer); er liegt jenseits
des Jordan.
12 Jakobs Söhne taten an Jakob so, wie er ihnen auf-
getragen hatte. 13 Sie brachten ihn nach Kanaan
und begruben ihn in der Höhle des Grundstücks
von Machpela. Abraham hatte das Grundstück bei
Mamre als eigene Grabstätte von dem Hetiter
Efron gekauft.

49,32: 23,16–18

Josefs letzte Lebensjahre und sein Tod

14 Nachdem Josef seinen Vater begraben hatte,
kehrte er nach Ägypten zurück, zusammen mit
seinen Brüdern und allen, die mitgezogen waren,
um seinen Vater zu begraben.
15 Als Josefs Brüder sahen, dass ihr Vater tot war,
sagten sie: Wenn sich Josef nur nicht feindselig ge-
gen uns stellt und uns alles Böse vergilt, das wir
ihm getan haben. 16 Deshalb ließen sie Josef wis-
sen: Dein Vater hat uns, bevor er starb, aufgetra-
gen: 17 So sagt zu Josef: Vergib doch deinen Brü-
dern ihre Untat und Sünde, denn Schlimmes
haben sie dir angetan. Nun also vergib doch die

Untat der Knechte des Gottes deines Vaters! Als
man ihm diese Worte überbrachte, musste Josef
weinen. 18 Seine Brüder gingen dann auch selbst
hin, fielen vor ihm nieder und sagten: Hier sind
wir als deine Sklaven. 19 Josef aber antwortete ih-
nen: Fürchtet euch nicht! Stehe ich denn an Gottes
Stelle? 20 Ihr habt Böses gegen mich im Sinne ge-
habt, Gott aber hatte dabei Gutes im Sinn, um zu
erreichen, was heute geschieht: viel Volk am Leben
zu erhalten. 21 Nun also fürchtet euch nicht! Ich
will für euch und eure Kinder sorgen. So tröstete
er sie und redete ihnen freundlich zu.
22 Josef blieb in Ägypten, er und das Haus seines
Vaters. Josef wurde hundertzehn Jahre alt. 23 Er sah
noch Efraims Söhne und Enkel. Auch die Söhne
Machirs, des Sohnes Manasses, kamen auf Josefs
Knien zur Welt. 24 Dann sprach Josef zu seinen
Brüdern: Ich muss sterben. Gott wird sich euer an-
nehmen, er wird euch aus diesem Land heraus und
in jenes Land hinaufführen, das er Abraham, Isaak
und Jakob mit einem Eid zugesichert hat. 25 Josef
ließ die Söhne Israels schwören: Wenn Gott sich
euer annimmt, dann nehmt meine Gebeine von
hier mit hinauf! 26 Josef starb im Alter von hun-
dertzehn Jahren. Man balsamierte ihn ein und
legte ihn in Ägypten in einen Sarg.

DAS BUCH EXODUS

Das Buch Exodus ist vom Buch Genesis deutlich abgehoben. Es schildert die weiteren Schicksale der Nachkommen Jakobs, die in Ägypten zu einem großen Volk werden. Das Buch trägt in der griechischen und lateinischen Bibel den Namen Exodus, das heißt »Auszug«, weil die Schilderung des Auszugs der Israeliten aus Ägypten unter Führung des Mose wesentlicher Bestandteil dieses Buches ist. Bei den Juden heißt das Buch nach den Anfangsworten Elle Schemót (Das sind die Namen). Die Darstellung reicht von der Volkwerdung Israels in Ägypten bis zu den Ereignissen am Sinai. Da aber die erzählenden Teile durch Gesetzestexte und Anordnungen über die Errichtung des Heiligtums sowie Berichte über die Ausführung dieser Anordnungen unterbrochen werden, ist die Gliederung nicht so durchsichtig wie im Buch Genesis.

Man kann den Inhalt folgendermaßen gliedern: Volkwerdung und Fronknechtschaft in Ägypten (Kap. 1); Jugend und Flucht des Mose (Kap. 2); Berufung des Mose und seine Rückkehr nach Ägypten (Kap. 3 und 4); Verhandlungen mit dem Pharao, die ägyptischen Plagen (Kap. 5 – 11); die Feier des Pascha und die Vorbereitungen für den Auszug (12,1 – 13,16); Auszug und Rettung am Schilfmeer (13,17 – 15,21); Wanderung zum Sinai (15,22 – 19,2); Bundesschluss am Sinai (19,3 – 24,18; hier sind eingearbeitet die Zehn Gebote 20,1–17 und das so genannte Bundesbuch Kap. 21 – 23); Anordnungen über Bundeslade, Zeltheiligtum und Priesterschaft (Kap. 25 – 31); der Bundesbruch und seine Folgen (Kap. 32 – 34); die Ausführung der Anordnungen über Bundeslade und Heiligtum (Kap. 35 – 40).

In der Geschichtsdarstellung lassen sich die gleichen literarischen Schichten feststellen wie in Genesis (vgl. die Einleitung zu Genesis). Dazu kommen umfangreiche Gesetze, von denen die Zehn Gebote, das sogenannte Bundesbuch und die Vorschriften in 34,11–26 einst selbstständige kleine Gesetzbücher waren. Sie alle können in ihrem Kern auf die Zeit des Mose (13. Jahrhundert v. Chr.) zurückgehen. Auch ist ein längeres Lied aufgenommen, das die Rettungstat Gottes am Schilfmeer verherrlicht (15,1–18).

Der Auszug aus Ägypten wird heute allgemein in die zweite Hälfte des 13. Jahrhunderts v. Chr. datiert. Da wir über diese Ereignisse keine außerbiblischen Quellen besitzen und außerdem die Texte erst nach lan-

ger mündlicher Überlieferung Jahrhunderte nach den Ereignissen ihre heutige Gestalt erhalten haben, können wir den genauen geschichtlichen Hergang nur schwer feststellen. Der wesentliche Verlauf, wie die Knechtschaft in Ägypten, der Auszug unter der Führung des Mose, die Rettung am Schilfmeer, der Bundesschluss am Sinai durch Mose als Mittler zwischen Volk und Gott und die Anfänge einer israelitischen Gesetzgebung dürften aber zuverlässig wiedergegeben sein.

Das Buch ist von großer theologischer Bedeutung wegen der Aussagen über die Erlösung aus Knechtschaft durch das rettende Eingreifen Gottes, über den Bund zwischen Gott und dem Volk Israel, über Mose als den Führer des Volkes, den Mittler des Bundes und auch den großen Fürbitter, der Gottes Zorn nach dem Bundesbruch Israels durch sein Eintreten für das Volk besänftigt. An den großen Jahresfesten Pascha, Pfingsten und Laubhüttenfest wurden die in Exodus geschilderten Ereignisse im Gottesdienst Israels vergegenwärtigt. Sie werden im Christentum als Vorwegnahme und Bilder für die Erlösung durch Jesus Christus verstanden. Die Zehn Gebote haben die Ethik der Kulturvölker maßgeblich geprägt.

ISRAEL IN ÄGYPTEN: 1,1 – 11,10

Jakobs Nachkommen in Ägypten

1 Das sind die Namen der Söhne Israels, die
nach Ägypten gekommen waren – mit Jakob
waren sie gekommen, jeder mit seiner Familie:
2 Ruben, Simeon, Levi, Juda, 3 Issachar, Sebulon,
Benjamin, 4 Dan, Naftali, Gad und Ascher. 5 Zu-
sammen waren es siebzig Personen; sie alle
stammten von Jakob ab. Josef aber war bereits in
Ägypten.
6 Josef, alle seine Brüder und seine Zeitgenossen
waren gestorben. 7 Aber die Söhne Israels waren
fruchtbar, sodass das Land von ihnen wimmelte.
Sie vermehrten sich und wurden überaus stark; sie
bevölkerten das Land.
8 In Ägypten kam ein neuer König an die Macht,
der Josef nicht gekannt hatte. 9 Er sagte zu seinem
Volk: Seht nur, das Volk der Israeliten ist größer
und stärker als wir. 10 Gebt Acht! Wir müssen über-
legen, was wir gegen sie tun können, damit sie sich
nicht weiter vermehren. Wenn ein Krieg ausbricht,
können sie sich unseren Feinden anschließen, ge-
gen uns kämpfen und sich des Landes bemächti-
gen. 11 Da setzte man Fronvögte über sie ein, um
sie durch schwere Arbeit unter Druck zu setzen.
Sie mussten für den Pharao die Städte Pitom und
Ramses als Vorratslager bauen. 12 Je mehr man sie
aber unter Druck hielt, umso stärker vermehrten
sie sich und breiteten sie sich aus, sodass die Ägyp-
ter vor ihnen das Grauen packte. 13 Daher gingen
sie hart gegen die Israeliten vor und machten sie
zu Sklaven. 14 Sie machten ihnen das Leben schwer
durch harte Arbeit mit Lehm und Ziegeln und
durch alle möglichen Arbeiten auf den Feldern.
So wurden die Israeliten zu harter Sklavenarbeit
gezwungen.
15 Zu den hebräischen Hebammen – die eine hieß
Schifra, die andere Pua – sagte der König von
Ägypten: 16 Wenn ihr den Hebräerinnen Geburts-
hilfe leistet, dann achtet auf das Geschlecht! Ist es
ein Knabe, so lasst ihn sterben! Ist es ein Mädchen,
dann kann es am Leben bleiben. 17 Die Hebammen
aber fürchteten Gott und taten nicht, was ihnen
der König von Ägypten gesagt hatte, sondern
ließen die Kinder am Leben. 18 Da rief der König
von Ägypten die Hebammen zu sich und sagte zu
ihnen: Warum tut ihr das und lasst die Kinder am
Leben? 19 Die Hebammen antworteten dem Pha-
rao: Bei den hebräischen Frauen ist es nicht wie bei
den Ägypterinnen, sondern wie bei den Tieren:
Wenn die Hebamme zu ihnen kommt, haben sie
schon geboren. 20 Gott verhalf den Hebammen zu
Glück; das Volk aber vermehrte sich weiter und
wurde sehr stark. 21 Weil die Hebammen Gott
fürchteten, schenkte er ihnen Kindersegen. 22 Da-
her gab der Pharao seinem ganzen Volk den Be-
fehl: Alle Knaben, die den Hebräern geboren wer-
den, werft in den Nil! Die Mädchen dürft ihr alle
am Leben lassen.

„... denn ich bin der Herr, der diese Gaben geheiligt hat. ... Ihr sollt auf meine Gebote achten und sie befolgen; ich bin der Herr. Ihr sollt meinen heiligen Namen nicht entweihen, damit ich inmitten der Israeliten geheiligt werde; ich, der Herr, bin es, der euch heiligt." (Levitikus 22,16.31f)

Feldsegen, 1896

Öl auf Leinwand, 166,5 x 154,5 cm
Lienz, Museum der Stadt Lienz Schloss Bruck, Inv.Nr. AEL 17

Der Bauer mit dem Weihwasserbehälter in seiner linken und dem Sprenger in seiner rechten Hand segnet in der Frühdämmerung sein Feld; das orangefarbige Licht im Bauernhof im Hintergrund weist noch auf die Nähe der Nacht. Der Gestus des Bauern lässt eine „heilige" Handlung erahnen. Der Bauer scheint im Glauben eins mit der Natur zu sein. Es herrscht eine „Feierlichkeit der Geste" (Heinrich Hammer).

Egger Lienz

„Sechs Tage soll man arbeiten, aber am siebten Tag ist vollständiger Ruhetag, ein Tag heiliger Versammlung, an dem ihr keinerlei Arbeit verrichten dürft. Es ist ein Feiertag zur Ehre des Herrn überall, wo ihr wohnt.“ (Levitikus 23,3)

Die Prozession I, 1903

Öl auf Leinwand auf Karton, 29,7 x 46,8 cm
bezeichnet rechts unten: Egger Lienz
Lienz, Museum der Stadt Lienz Schloss Bruck, Inv.Nr. AEL 26
(Leihgabe in der Österreichischen Galerie Belvedere, Wien, Inv.Nr. Lg. 186)

Mädchen in weißen Kleidern, mit Blumenkränzen im Haar und Kerzen in ihren Händen begleiten den „Himmel“ mit dem Allerheiligsten durch eine Parklandschaft. Vor dem „Himmel“ wird eine Umtragefigur mitgeführt. Albin Egger-Lienz hat diese Szene aus dem religiösen Leben in eine stimmungsvolle Naturidylle gesetzt. Beeindruckt vom Impressionismus, formuliert er diesen Szenenausschnitt einer Prozession mit Farbflecken als Impression eines Ereignisses. Die Feierlichkeit des Geschehens wird in der nuancierten Klangfülle von Weiß und Grün spürbar.

Die Jugend des Mose

2 Ein Mann aus einer levitischen Familie ging
hin und nahm eine Frau aus dem gleichen
Stamm. 2 Sie wurde schwanger und gebar einen
Sohn. Weil sie sah, dass es ein schönes Kind war,
verbarg sie es drei Monate lang. 3 Als sie es nicht
mehr verborgen halten konnte, nahm sie ein Bin-
senkästchen, dichtete es mit Pech und Teer ab, leg-
te den Knaben hinein und setzte ihn am Nilufer
im Schilf aus. 4 Seine Schwester blieb in der Nähe
stehen, um zu sehen, was mit ihm geschehen würde.
5 Die Tochter des Pharao kam herab, um im Nil zu
baden. Ihre Dienerinnen gingen unterdessen am
Nilufer auf und ab. Auf einmal sah sie im Schilf das
Kästchen und ließ es durch ihre Magd holen. 6 Als
sie es öffnete und hineinsah, lag ein weinendes
Kind darin. Sie bekam Mitleid mit ihm und sie
sagte: Das ist ein Hebräerkind. 7 Da sagte seine
Schwester zur Tochter des Pharao: Soll ich zu den
Hebräerinnen gehen und dir eine Amme rufen,
damit sie dir das Kind stillt? 8 Die Tochter des Pha-
rao antwortete ihr: Ja, geh! Das Mädchen ging und
rief die Mutter des Knaben herbei. 9 Die Tochter
des Pharao sagte zu ihr: Nimm das Kind mit und
still es mir! Ich werde dich dafür entlohnen. Die
Frau nahm das Kind zu sich und stillte es. 10 Als der
Knabe größer geworden war, brachte sie ihn der
Tochter des Pharao. Diese nahm ihn als Sohn an,
nannte ihn Mose und sagte: Ich habe ihn aus dem
Wasser gezogen.
11 Die Jahre vergingen und Mose wuchs heran.
Eines Tages ging er zu seinen Brüdern hinaus und
schaute ihnen bei der Fronarbeit zu. Da sah er, wie
ein Ägypter einen Hebräer schlug, einen seiner
Stammesbrüder. 12 Mose sah sich nach allen Seiten
um, und als er sah, dass sonst niemand da war,
erschlug er den Ägypter und verscharrte ihn im
Sand.
13 Als er am nächsten Tag wieder hinausging, sah
er zwei Hebräer miteinander streiten. Er sagte zu
dem, der im Unrecht war: Warum schlägst du dei-
nen Stammesgenossen? 14 Der Mann erwiderte:
Wer hat dich zum Aufseher und Schiedsrichter
über uns bestellt? Meinst du, du könntest mich
umbringen, wie du den Ägypter umgebracht hast?
Da bekam Mose Angst und sagte: Die Sache ist also
bekannt geworden.

Mose in Midian

15 Der Pharao hörte von diesem Vorfall und wollte
Mose töten; Mose aber entkam ihm. Er wollte in
Midian bleiben und setzte sich an einen Brunnen.
16 Der Priester von Midian hatte sieben Töchter.
Sie kamen zum Wasserschöpfen und wollten die
Tröge füllen, um die Schafe und Ziegen ihres Va-
ters zu tränken. 17 Doch die Hirten kamen und
wollten sie verdrängen. Da stand Mose auf, kam
ihnen zu Hilfe und tränkte ihre Schafe und Zie-
gen. 18 Als sie zu ihrem Vater Reguël zurückkehr-
ten, fragte er: Warum seid ihr heute so schnell wie-
der da? 19 Sie erzählten: Ein Ägypter hat uns gegen
die Hirten verteidigt; er hat uns sogar Wasser ge-
schöpft und das Vieh getränkt. 20 Da fragte Reguël
seine Töchter: Wo ist er? Warum habt ihr ihn dort
gelassen? Holt ihn und ladet ihn zum Essen ein!
21 Mose entschloss sich, bei dem Mann zu bleiben,
und dieser gab seine Tochter Zippora Mose zur
Frau. 22 Als sie einen Sohn gebar, nannte er ihn
Gerschom (Ödgast) und sagte: Gast bin ich in
fremdem Land.

22: 18,3

Die Berufung des Mose

23 Nach vielen Jahren starb der König von Ägyp-
ten. Die Israeliten stöhnten noch unter der Skla-
venarbeit; sie klagten und ihr Hilferuf stieg aus
ihrem Sklavendasein zu Gott empor. 24 Gott hörte
ihr Stöhnen und Gott gedachte seines Bundes mit
Abraham, Isaak und Jakob. 25 Gott blickte auf die
Söhne Israels und gab sich ihnen zu erkennen.

3 Mose weidete die Schafe und Ziegen seines
Schwiegervaters Jitro, des Priesters von Mi-
dian. Eines Tages trieb er das Vieh über die Steppe
hinaus und kam zum Gottesberg Horeb. 2 Dort er-
schien ihm der Engel des Herrn in einer Flamme,
die aus einem Dornbusch emporschlug. Er schau-
te hin: Da brannte der Dornbusch und verbrannte
doch nicht. 3 Mose sagte: Ich will dorthin gehen
und mir die außergewöhnliche Erscheinung an-
sehen. Warum verbrennt denn der Dornbusch
nicht?
4 Als der Herr sah, dass Mose näher kam, um sich
das anzusehen, rief Gott ihm aus dem Dornbusch
zu: Mose, Mose! Er antwortete: Hier bin ich. 5 Der
Herr sagte: Komm nicht näher heran! Leg deine

Schuhe ab; denn der Ort, wo du stehst, ist heiliger
Boden. 6 Dann fuhr er fort: Ich bin der Gott deines
Vaters, der Gott Abrahams, der Gott Isaaks und
der Gott Jakobs. Da verhüllte Mose sein Gesicht;
denn er fürchtete sich, Gott anzuschauen.

7 Der Herr sprach: Ich habe das Elend meines
Volkes in Ägypten gesehen und ihre laute Klage
über ihre Antreiber habe ich gehört. Ich kenne ihr
Leid. 8 Ich bin herabgestiegen, um sie der Hand der
Ägypter zu entreißen und aus jenem Land hi-
naufzuführen in ein schönes, weites Land, in ein
Land, in dem Milch und Honig fließen, in das Ge-
biet der Kanaaniter, Hetiter, Amoriter, Perisiter,
Hiwiter und Jebusiter. 9 Jetzt ist die laute Klage der
Israeliten zu mir gedrungen und ich habe auch ge-
sehen, wie die Ägypter sie unterdrücken. 10 Und
jetzt geh! Ich sende dich zum Pharao. Führe mein
Volk, die Israeliten, aus Ägypten heraus! 11 Mose
antwortete Gott: Wer bin ich, dass ich zum Pharao
gehen und die Israeliten aus Ägypten heraus-
führen könnte? 12 Gott aber sagte: Ich bin mit dir;
ich habe dich gesandt und als Zeichen dafür soll
dir dienen: Wenn du das Volk aus Ägypten he-
rausgeführt hast, werdet ihr Gott an diesem Berg
verehren.

13 Da sagte Mose zu Gott: Gut, ich werde also zu
den Israeliten kommen und ihnen sagen: Der Gott
eurer Väter hat mich zu euch gesandt. Da werden
sie mich fragen: Wie heißt er? Was soll ich ihnen
darauf sagen? 14 Da antwortete Gott dem Mose: Ich
bin der »Ich-bin-da«. Und er fuhr fort: So sollst du
zu den Israeliten sagen: Der »Ich-bin-da« hat mich
zu euch gesandt. 15 Weiter sprach Gott zu Mose: So
sag zu den Israeliten: Jahwe, der Gott eurer Väter,
der Gott Abrahams, der Gott Isaaks und der Gott
Jakobs, hat mich zu euch gesandt. Das ist mein
Name für immer und so wird man mich nennen
in allen Generationen. 16 Geh, versammle die Ältes-
ten Israels und sag ihnen: Jahwe, der Gott eurer
Väter, der Gott Abrahams, Isaaks und Jakobs, ist
mir erschienen und hat mir gesagt: Ich habe sorg-
sam auf euch geachtet und habe gesehen, was man
euch in Ägypten antut. 17 Darum habe ich be-
schlossen, euch aus dem Elend Ägyptens hinauf-
zuführen in das Land der Kanaaniter, Hetiter,
Amoriter, Perisiter, Hiwiter und Jebusiter, in ein
Land, in dem Milch und Honig fließen. 18 Wenn sie
auf dich hören, so geh mit den Ältesten Israels zum
König von Ägypten; sagt ihm: Jahwe, der Gott der
Hebräer, ist uns begegnet. Und jetzt wollen wir
drei Tagesmärsche weit in die Wüste ziehen und
Jahwe, unserem Gott, Schlachtopfer darbringen.
19 Ich weiß, dass euch der König von Ägypten nicht
ziehen lässt, es sei denn, er würde von starker
Hand dazu gezwungen. 20 Erst wenn ich meine
Hand ausstrecke und Ägypten niederschlage mit
allen meinen Wundern, die ich in seiner Mitte
vollbringe, wird er euch ziehen lassen. 21 Dann
werde ich die Ägypter zugunsten dieses Volkes
umstimmen, und wenn ihr wegzieht, werdet ihr
nicht mit leeren Händen gehen. 22 Jede Frau kann
von ihrer Nachbarin oder Hausgenossin silberne
und goldene Geräte und Kleider verlangen. Über-
gebt sie euren Söhnen und Töchtern und plündert
so die Ägypter aus!

4 Mose antwortete: Was aber, wenn sie mir
nicht glauben und nicht auf mich hören, son-
dern sagen: Jahwe ist dir nicht erschienen? 2 Der
Herr entgegnete ihm: Was hast du da in der Hand?
Er antwortete: Einen Stab. 3 Da sagte der Herr:
Wirf ihn auf die Erde! Mose warf ihn auf die Erde.
Da wurde der Stab zu einer Schlange und Mose
wich vor ihr zurück. 4 Der Herr aber sprach zu
Mose: Streck deine Hand aus und fasse sie am
Schwanz! Er streckte seine Hand aus und packte
sie. Da wurde sie in seiner Hand wieder zu einem
Stab. 5 So sollen sie dir glauben, dass dir Jahwe er-
schienen ist, der Gott ihrer Väter, der Gott Abra-
hams, der Gott Isaaks und der Gott Jakobs. 6 Wei-
ter sprach der Herr zu ihm: Leg deine Hand in
deinen Gewandbausch! Er legte seine Hand hi-
nein. Als er sie herauszog, war seine Hand von
Aussatz weiß wie Schnee. 7 Darauf sagte der Herr:
Leg deine Hand noch einmal in deinen Gewand-
bausch! Er legte seine Hand noch einmal hinein.
Als er sie wieder herauszog, sah sie wieder aus wie
der übrige Leib. 8 Wenn sie dir nicht glauben und
sich durch das erste Zeichen nicht überzeugen las-
sen, werden sie auf das zweite Zeichen hin glau-
ben. 9 Glauben sie aber selbst nach diesen beiden
Zeichen nicht und lassen sie sich nicht überzeu-
gen, dann nimm etwas Nilwasser und schütt es auf
trockenen Boden! Das Wasser, das du aus dem Nil
geholt hast, wird auf dem Boden zu Blut werden.

[10] Doch Mose sagte zum Herrn: Aber bitte, Herr,
ich bin keiner, der gut reden kann, weder gestern
noch vorgestern, noch seitdem du mit deinem
Knecht sprichst. Mein Mund und meine Zunge
sind nämlich schwerfällig. [11] Der Herr entgegnete
ihm: Wer hat dem Menschen den Mund gegeben
und wer macht taub oder stumm, sehend oder
blind? Doch wohl ich, der Herr! [12] Geh also! Ich bin
mit deinem Mund und weise dich an, was du re-
den sollst. [13] Doch Mose antwortete: Aber bitte,
Herr, schick doch einen andern!

[14] Da entbrannte der Zorn des Herrn über Mose
und er sprach: Hast du nicht noch einen Bruder,
den Leviten Aaron? Ich weiß, er kann reden;
außerdem bricht er gerade auf und wird dir be-
gegnen. Wenn er dich sieht, wird er sich von Her-
zen freuen. [15] Sprich mit ihm und leg ihm die
Worte in den Mund! Ich aber werde mit deinem
und seinem Mund sein, ich werde euch anweisen,
was ihr tun sollt, [16] und er wird für dich zum Volk
reden. Er wird für dich der Mund sein und du wirst
für ihn Gott sein. [17] Diesen Stab nimm in deine
Hand! Mit ihm wirst du die Zeichen vollbringen.

Die Rückkehr des Mose nach Ägypten

[18] Darauf kehrte Mose zu seinem Schwiegervater
Jitro zurück. Er sagte zu ihm: Ich will zu meinen
Brüdern nach Ägypten zurückkehren. Ich will se-
hen, ob sie noch am Leben sind. Jitro antwortete
Mose: Geh in Frieden!

[19] Der Herr sprach zu Mose in Midian: Mach dich
auf und kehr nach Ägypten zurück; denn alle, die
dir nach dem Leben getrachtet haben, sind tot.
[20] Da holte Mose seine Frau und seine Söhne, setzte
sie auf einen Esel und trat den Rückweg nach
Ägypten an. Den Gottesstab hielt er in der Hand.
[21] Der Herr sprach zu Mose: Wenn du gehst und
nach Ägypten zurückkehrst, halte dir alle Wunder
vor Augen, die ich in deine Hand gelegt habe, und
vollbring sie vor dem Pharao! Ich will sein Herz
verhärten, sodass er das Volk nicht ziehen lässt.
[22] Dann sag zum Pharao: So spricht Jahwe: Israel
ist mein erstgeborener Sohn.

[23] Ich sage dir: Lass meinen Sohn ziehen, damit er
mich verehren kann. Wenn du dich weigerst, ihn
ziehen zu lassen, bringe ich deinen erstgeborenen
Sohn um.

[24] Unterwegs am Rastplatz trat der Herr dem Mose
entgegen und wollte ihn töten. [25] Zippora ergriff
einen Feuerstein und schnitt ihrem Sohn die Vor-
haut ab. Damit berührte sie die Beine des Mose
und sagte: Ein Blutbräutigam bist du mir. [26] Da ließ
der Herr von ihm ab. »Blutbräutigam«, sagte sie
damals wegen der Beschneidung.

[27] Der Herr sprach zu Aaron: Geh hinaus in die
Wüste, Mose entgegen! Da ging er. Am Gottesberg
traf er ihn und küsste ihn. [28] Mose erzählte Aaron
von dem Auftrag, mit dem der Herr ihn gesandt
hatte, und von allen Zeichen, zu denen er ihn er-
mächtigt hatte. [29] Mose und Aaron gingen und ver-
sammelten alle Ältesten der Israeliten. [30] Aaron
wiederholte vor ihnen alle Worte, die der Herr zu
Mose gesprochen hatte, und Mose vollbrachte die
Zeichen vor den Augen des Volkes. [31] Da glaubte
das Volk, und als sie hörten, dass der Herr sich der
Israeliten angenommen und ihr Elend gesehen
habe, verneigten sie sich und warfen sich vor ihm
nieder.

20: 18,3f

Die erfolglosen Verhandlungen mit dem Pharao

5 Danach gingen Mose und Aaron zum Pharao
und sagten: So spricht Jahwe, der Gott Isra-
els: Lass mein Volk ziehen, damit sie mir in der
Wüste ein Fest feiern können. [2] Der Pharao erwi-
derte: Wer ist Jahwe, dass ich auf ihn hören und Is-
rael ziehen lassen sollte? Ich kenne Jahwe nicht
und denke auch nicht daran, Israel ziehen zu las-
sen. [3] Da sagten sie: Der Gott der Hebräer ist uns
begegnet und jetzt wollen wir drei Tagesmärsche
weit in die Wüste ziehen und Jahwe, unserem
Gott, Schlachtopfer darbringen, damit er uns
nicht mit Pest oder Schwert straft. [4] Der König von
Ägypten entgegnete ihnen: Warum, Mose und
Aaron, wollt ihr die Leute zum Nichtstun verlei-
ten? Fort mit euch, tut euren Frondienst! [5] Der
Pharao fuhr fort: So viele Leute sind jetzt im Land
und ihr wollt sie vom Frondienst abhalten?

[6] Am selben Tag noch gab der Pharao den Antrei-
bern der Leute und den Listenführern die Anwei-
sung: [7] Gebt den Leuten nicht mehr, wie bisher,
Stroh zum Ziegelmachen! Sie sollen selber gehen
und sich Stroh besorgen. [8] Legt ihnen aber das glei-
che Soll an Ziegeln auf, das sie bisher erfüllen muss-

ten. Lasst ihnen davon nichts nach! Denn sie sind
faul, und deshalb schreien sie: Wir wollen gehen
und unserem Gott Schlachtopfer darbringen. 9 Er-
schwert man den Leuten die Arbeit, dann sind sie
beschäftigt und kümmern sich nicht um leeres Ge-
schwätz. 10 Da gingen die Antreiber der Leute und
die Listenführer zu den Leuten und sagten: So
spricht der Pharao: Ich gebe euch kein Stroh mehr.
11 Geht selbst und besorgt euch Stroh, wo ihr es fin-
det. Von eurem Arbeitssoll aber wird euch nichts
erlassen. 12 Die Leute verteilten sich also über ganz
Ägypten, um sich Stroh zu besorgen. 13 Die An-
treiber drängten und sagten: Ihr müsst euer tägli-
ches Soll erfüllen wie bisher, als euch noch Stroh
geliefert wurde. 14 Die Antreiber des Pharao schlu-
gen die israelitischen Listenführer, die sie einge-
setzt hatten, und sagten: Warum habt ihr heute
nicht wie neulich noch das festgesetzte Soll an Zie-
geln erfüllt? 15 Da gingen die israelitischen Listen-
führer zum Pharao und erhoben vor ihm Klage:
Warum tust du deinen Sklaven das an? 16 Man gibt
deinen Sklaven kein Stroh, aber man sagt uns:
Macht Ziegel! Schau, man hat deine Sklaven ge-
schlagen; die Schuld aber liegt bei deinen Leuten.
17 Er entgegnete: Faul seid ihr, faul. Nur deshalb
sagt ihr: Wir wollen gehen und Jahwe Schlachtop-
fer darbringen. 18 Jetzt aber fort mit euch und tut
eure Arbeit! Stroh bekommt ihr nicht, aber euer
Soll an Ziegeln müsst ihr erfüllen. 19 Da sahen sich
die israelitischen Listenführer in einer üblen Lage,
weil man ihnen sagte: Nichts von eurem täglichen
Soll an Ziegeln wird euch erlassen.

Die Klage des Mose und die Verheißung Gottes

20 Als sie vom Pharao kamen, stießen sie auf Mose
und Aaron, die ihnen entgegenkamen. 21 Die Lis-
tenführer sagten zu ihnen: Der Herr soll euch er-
scheinen und euch richten; denn ihr habt uns
beim Pharao und seinen Dienern in Verruf ge-
bracht und ihnen ein Schwert in die Hand gege-
ben, mit dem sie uns umbringen können. 22 Da
wandte sich Mose an den Herrn und sagte: Mein
Herr, warum behandelst du dieses Volk so
schlecht? Wozu hast du mich denn gesandt? 23 Seit
ich zum Pharao gegangen bin, um in deinem Na-
men zu reden, behandelt er dieses Volk noch
schlechter, aber du hast dein Volk nicht gerettet.

6 Der Herr antwortete Mose: Jetzt wirst du se-
hen, was ich dem Pharao antue. Denn von
starker Hand gezwungen, wird er sie ziehen lassen,
ja, von starker Hand gezwungen, wird er sie sogar
aus seinem Land ausweisen.
2 Gott redete mit Mose und sprach zu ihm: Ich bin
Jahwe. 3 Ich bin Abraham, Isaak und Jakob als El-
Schaddai (Gott, der Allmächtige) erschienen, aber
unter meinem Namen Jahwe habe ich mich ihnen
nicht zu erkennen gegeben. 4 Auch habe ich einen
Bund mit ihnen geschlossen und habe verspro-
chen, ihnen das Land Kanaan zu geben, das Land,
in dem sie als Fremde lebten. 5 Ferner habe ich ge-
hört, wie die Israeliten darüber stöhnen, dass die
Ägypter sie wie Sklaven behandeln. Da habe ich
meines Bundes gedacht 6 und deshalb sag zu den
Israeliten: Ich bin Jahwe. Ich führe euch aus dem
Frondienst für die Ägypter heraus und rette euch
aus der Sklaverei. Ich erlöse euch mit hoch erho-
benem Arm und durch ein gewaltiges Strafgericht
über sie. 7 Ich nehme euch als mein Volk an und
werde euer Gott sein. Und ihr sollt wissen, dass ich
Jahwe bin, euer Gott, der euch aus dem Frondienst
in Ägypten herausführt. 8 Ich führe euch in das
Land, das ich Abraham, Isaak und Jakob unter Eid
versprochen habe. Ich übergebe es euch als Eigen-
tum, ich, der Herr.
9 So redete Mose zu den Israeliten. Sie aber hörten
nicht auf Mose, weil sie vor harter Arbeit verzag-
ten. 10 Da sprach der Herr zu Mose: 11 Geh, sag dem
Pharao, dem König von Ägypten, er solle die Isra-
eliten aus seinem Land fortziehen lassen. 12 Mose
erwiderte dem Herrn: Wenn schon die Israeliten
nicht auf mich hörten, wie sollte mich dann der
Pharao anhören, zumal ich ungeschickt im Reden
bin?
13 So redete der Herr mit Mose und mit Aaron. Er
gab ihnen den Auftrag, zu den Israeliten und zum
Pharao, dem König von Ägypten, zu gehen und die
Israeliten aus Ägypten herauszuführen.

Die Nachkommen Rubens, Simeons und Levis

14 Das sind die Oberhäupter ihrer Großfamilien:
Die Söhne Rubens, des Erstgeborenen Israels:
Henoch, Pallu, Hezron und Karmi; das waren die
Sippenverbände Rubens. 15 Die Söhne Simeons:
Jemuël, Jamin, Ohad, Jachin, Zohar und Schaul,

der Sohn der Kanaaniterin; das waren die Sippenverbände Simeons. 16 Das sind die Namen der Söhne Levis nach ihrer Geschlechterfolge: Gerschon, Kehat und Merari. Die Lebenszeit Levis betrug hundertsiebenunddreißig Jahre. 17 Die Söhne Gerschons: Libni und Schimi, nach ihren Sippenverbänden.

18 Die Söhne Kehats: Amram, Jizhar, Hebron und Usiël. Die Lebenszeit Kehats betrug hundertdreiunddreißig Jahre. 19 Die Söhne Meraris: Machli und Muschi; das waren die Sippenverbände der Leviten nach ihrer Geschlechterfolge.

20 Amram nahm seine Tante Jochebed zur Frau. Sie gebar ihm Aaron und Mose. Die Lebenszeit Amrams betrug hundertsiebenunddreißig Jahre. 21 Die Söhne Jizhars: Korach, Nefeg und Sichri. 22 Die Söhne Usiëls: Mischaël, Elizafan und Sitri. 23 Aaron nahm Elischeba, die Tochter Amminadabs, die Schwester Nachschons, zur Frau. Sie gebar ihm Nadab, Abihu, Eleasar und Itamar. 24 Die Söhne Korachs: Assir, Elkana und Abiasaf. Das waren die Sippenverbände der Korachiter. 25 Eleasar, der Sohn Aarons, nahm eine Tochter Putiëls zur Frau. Sie gebar ihm Pinhas. Das waren die Oberhäupter der levitischen Großfamilien nach ihren Sippenverbänden.

26 Das waren also Aaron und Mose, zu denen der Herr gesagt hatte: Führt die Israeliten aus Ägypten und übernehmt dabei die Leitung der Scharen! 27 Die beiden waren es, die mit dem Pharao, dem König von Ägypten, reden und die Israeliten aus Ägypten herausführen sollten, Mose und Aaron. 28 Damals, als der Herr mit Mose in Ägypten redete, 29 sagte er zu Mose: Ich bin Jahwe. Sag dem Pharao, dem König von Ägypten, alles, was ich dir auftrage. 30 Mose aber antwortete dem Herrn: Ich bin doch ungeschickt im Reden; wie soll der Pharao auf mich hören?

30: 4,10; 6,12

Die ägyptischen Plagen

7 Der Herr sprach zu Mose: Hiermit mache ich dich für den Pharao zum Gott; dein Bruder Aaron soll dein Prophet sein. 2 Du sollst alles sagen, was ich dir auftrage; dein Bruder Aaron soll es dem Pharao sagen und der Pharao muss die Israeliten aus seinem Land fortziehen lassen. 3 Ich aber will das Herz des Pharao verhärten und dann werde ich meine Zeichen und Wunder in Ägypten häufen. 4 Der Pharao wird nicht auf euch hören. Deshalb werde ich meine Hand auf Ägypten legen und unter gewaltigem Strafgericht meine Scharen, mein Volk, die Israeliten, aus Ägypten führen. 5 Erst wenn ich meine Hand gegen die Ägypter ausstrecke, werden sie erkennen, dass ich der Herr bin, und dann werde ich die Israeliten aus ihrer Mitte herausführen. 6 Mose und Aaron taten, was ihnen der Herr aufgetragen hatte. So machten sie es. 7 Mose war achtzig Jahre und Aaron dreiundachtzig Jahre alt, als sie mit dem Pharao verhandelten.

8 Der Herr sprach zu Mose und Aaron: 9 Wenn der Pharao zu euch sagt: Tut doch ein Wunder zu eurer Beglaubigung!, dann sag zu Aaron: Nimm deinen Stab und wirf ihn vor den Pharao hin! Er wird zu einer Schlange werden. 10 Als Mose und Aaron zum Pharao kamen, taten sie, was ihnen der Herr aufgetragen hatte: Aaron warf seinen Stab vor den Pharao und seine Diener hin und er wurde zu einer Schlange.

11 Da rief auch der Pharao Weise und Beschwörungspriester und sie, die Wahrsager der Ägypter, taten mit Hilfe ihrer Zauberkunst das Gleiche: 12 Jeder warf seinen Stab hin und die Stäbe wurden zu Schlangen. Doch Aarons Stab verschlang die Stäbe der Wahrsager. 13 Das Herz des Pharao aber blieb hart und er hörte nicht auf sie. So hatte es der Herr vorausgesagt.

14 Der Herr sprach zu Mose: Das Herz des Pharao ist ungerührt und er ist nicht bereit, das Volk ziehen zu lassen. 15 Geh morgen früh zum Pharao, wenn er an den Fluss hinuntergeht, und tritt am Nilufer vor ihn hin! Den Stab, der sich in eine Schlange verwandelt hat, nimm mit! 16 Sag zum Pharao: Jahwe, der Gott der Hebräer, hat mich zu dir gesandt und lässt dir sagen: Lass mein Volk ziehen, damit sie mich in der Wüste verehren können. Bis jetzt hast du nicht hören wollen. 17 So spricht Jahwe: Daran sollst du erkennen, dass ich Jahwe bin: Mit dem Stab in meiner Hand schlage ich auf das Wasser im Nil und es wird sich in Blut verwandeln. 18 Die Fische im Nil werden sterben und der Nil wird stinken, sodass sich die Ägypter davor ekeln, Nilwasser zu trinken.

19 Dann sprach der Herr zu Mose: Sag Aaron:
Nimm deinen Stab und streck deine Hand über
die Gewässer Ägyptens aus, über ihre Flüsse und
Nilarme, über ihre Sümpfe und alle Wasserstellen;
sie sollen zu Blut werden. Blut soll es geben in ganz
Ägypten, in den Gefäßen aus Holz und Stein.
20 Mose und Aaron taten, was ihnen der Herr auf-
getragen hatte. Er erhob den Stab und schlug vor
den Augen des Pharao und seiner Höflinge auf das
Wasser im Nil. Da verwandelte sich alles Nilwas-
ser in Blut. 21 Die Fische im Nil starben und der Nil
stank, sodass die Ägypter kein Nilwasser mehr
trinken konnten. Das Blut gab es in ganz Ägypten.
22 Doch die Wahrsager der Ägypter taten mit Hilfe
ihrer Zauberkunst das Gleiche. Das Herz des Pha-
rao blieb hart und er hörte nicht auf sie. So hatte
es der Herr vorausgesagt. 23 Der Pharao kehrte
nach Hause zurück und nahm die Sache nicht
ernst. 24 Alle Ägypter gruben in der Umgebung des
Nil nach Trinkwasser, denn das Nilwasser konn-
ten sie nicht trinken. 25 So vergingen sieben Tage,
nachdem der Herr den Nil geschlagen hatte.
26 Dann sprach der Herr zu Mose: Geh zum Pha-
rao und sag ihm: So spricht Jahwe: Lass mein Volk
ziehen, damit sie mich verehren können. 27 Wei-
gerst du dich, sie ziehen zu lassen, so bringe ich
eine Froschplage über dein ganzes Land. 28 Der Nil
wird von Fröschen wimmeln; sie werden herauf-
kommen und in dein Haus eindringen, in dein
Schlafgemach, auf dein Bett werden sie kommen,
in die Häuser deiner Diener und deines Volkes, in
deine Backöfen und Backschüsseln. 29 Über dich,
dein Volk und alle deine Diener werden die Frö-
sche kommen.

8 Der Herr sprach zu Mose: Sag zu Aaron:
Streck deine Hand mit dem Stab aus über die
Flüsse, über die Nilarme und die Sümpfe und lass
die Frösche über Ägypten kommen! 2 Aaron
streckte seine Hand über die Gewässer Ägyptens
aus. Da stiegen die Frösche herauf und bedeckten
ganz Ägypten. 3 Doch die Wahrsager taten mit
Hilfe ihrer Zauberkunst das Gleiche und ließen die
Frösche über Ägypten kommen. 4 Der Pharao rief
Mose und Aaron zu sich und sagte: Betet zu Jahwe,
er möge mich und mein Volk von den Fröschen
befreien. Dann will ich das Volk ziehen lassen und
sie können Jahwe Schlachtopfer darbringen. 5 Da
sagte Mose zum Pharao: Verfüg über mich! Wann
soll ich für dich, deine Diener und dein Volk um
Beseitigung der Frösche von dir und aus deinen
Häusern beten? Nur im Nil sollen sie erhalten blei-
ben. 6 Er sagte: Morgen. Mose antwortete: Wie du
willst; du sollst erkennen, dass keiner Jahwe, unse-
rem Gott, gleichkommt. 7 Die Frösche werden von
dir und deinen Häusern, von deinen Dienern und
deinem Volk weichen; nur im Nil werden sie blei-
ben. 8 Als Mose und Aaron vom Pharao wegge-
gangen waren, schrie Mose zum Herrn um Befrei-
ung von der Froschplage, die er über den Pharao
gebracht hatte. 9 Der Herr erfüllte Mose die Bitte
und die Frösche in den Häusern, in den Höfen und
auf den Feldern starben. 10 Man sammelte sie zu
riesigen Haufen und das ganze Land stank davon.
11 Als der Pharao sah, dass die Not vorbei war, ver-
schloss er sein Herz wieder und hörte nicht auf sie.
So hatte es der Herr vorausgesagt.
12 Darauf sprach der Herr zu Mose: Sag zu Aaron:
Streck deinen Stab aus und schlag damit auf
die Erde in den Staub! In ganz Ägypten sollen da-
raus Stechmücken werden. 13 Sie taten es. Aaron
streckte die Hand aus und schlug mit seinem Stab
auf die Erde in den Staub. Da wurden Stech-
mücken daraus, die sich auf Mensch und Vieh
setzten. In ganz Ägypten wurden aus dem Staub
auf der Erde Stechmücken. 14 Die Wahrsager ver-
suchten mit Hilfe ihrer Zauberkunst ebenfalls
Stechmücken hervorzubringen, konnten es aber
nicht. Die Stechmücken saßen auf Mensch und
Vieh. 15 Da sagten die Wahrsager zum Pharao: Das
ist der Finger Gottes. Doch das Herz des Pharao
blieb hart und er hörte nicht auf sie. So hatte es der
Herr vorausgesagt.
16 Darauf sprach der Herr zu Mose: Steh früh auf,
tritt vor den Pharao, wenn er an den Fluss hinun-
tergeht, und sag zu ihm: So spricht Jahwe: Lass
mein Volk ziehen, damit sie mich verehren kön-
nen. 17 Denn wenn du mein Volk nicht ziehen lässt,
lasse ich Ungeziefer auf dich los, auf deine Diener,
dein Volk und deine Häuser. Die Häuser in Ägyp-
ten werden voll Ungeziefer sein; es wird sogar den
Boden, auf dem sie stehen, bedecken. 18 Das Land
Goschen aber, in dem mein Volk lebt, will ich an
jenem Tag auszeichnen: Dort wird es kein Unge-
ziefer geben. Daran wirst du erkennen, dass ich,

Jahwe, Herr mitten im Land bin. 19 Ich mache einen Unterschied zwischen meinem und deinem Volk. Morgen wird das Zeichen geschehen. 20 Und so tat es der Herr. Ungeziefer kam in Massen über das Haus des Pharao, über das Haus seiner Diener und über ganz Ägypten. Das Land erlitt durch das Ungeziefer schweren Schaden. 21 Da ließ der Pharao Mose und Aaron rufen und sagte: Geht, bringt eurem Gott hier im Land Schlachtopfer dar! 22 Doch Mose erwiderte: Das können wir nicht. Denn wir müssen dem Herrn, unserem Gott, Schlachtopfer darbringen, die bei den Ägyptern Anstoß erregen. Wenn wir vor ihren Augen Schlachtopfer darbringen, die bei ihnen Anstoß erregen, werden sie uns dann nicht steinigen? 23 Wir wollen drei Tagesmärsche weit in die Wüste ziehen und dem Herrn, unserem Gott, Schlachtopfer darbringen, wie er es uns gesagt hat. 24 Der Pharao antwortete: Ich lasse euch ziehen. Bringt also Jahwe, eurem Gott, in der Wüste Schlachtopfer dar! Aber zu weit dürft ihr euch nicht entfernen. Betet auch für mich! 25 Darauf sagte Mose: Gut, ich gehe von dir fort und bete zu Jahwe. Dann wird morgen das Ungeziefer vom Pharao, von seinen Dienern und seinem Volk ablassen. Nur darf der Pharao nicht wieder wortbrüchig werden und das Volk daran hindern, wegzuziehen und Jahwe zu opfern. 26 Mose verließ den Pharao und betete zum Herrn. 27 Der Herr erfüllte Mose die Bitte und befreite den Pharao, seine Diener und sein Volk von dem Ungeziefer; nichts blieb übrig. 28 Der Pharao aber verschloss sein Herz auch diesmal und ließ das Volk nicht ziehen.

9 Wieder sprach der Herr zu Mose: Geh zum Pharao und sag zu ihm: So spricht Jahwe, der Gott der Hebräer: Lass mein Volk ziehen, damit sie mich verehren können. 2 Wenn du dich weigerst, sie ziehen zu lassen, und sie immer noch festhältst, 3 wird die Hand Jahwes dein Vieh auf dem Feld, die Pferde und Esel, die Kamele und Rinder, die Schafe und Ziegen, überfallen und über sie eine sehr schwere Seuche bringen. 4 Aber Jahwe wird einen Unterschied zwischen dem Vieh Israels und dem Vieh der Ägypter machen; nichts von dem, was den Israeliten gehört, wird eingehen. 5 Auch den Zeitpunkt hat Jahwe schon festgesetzt: Morgen wird Jahwe das im Lande tun. 6 Am folgenden Tag tat es der Herr. Alles Vieh der Ägypter ging ein, vom Vieh der Israeliten aber ging kein einziges Stück ein. 7 Der Pharao erkundigte sich, und wirklich: Vom Vieh Israels war kein einziges Stück eingegangen. Doch der Pharao verschloss sein Herz und ließ das Volk nicht ziehen.

8 Da sprach der Herr zu Mose und Aaron: Holt euch eine Hand voll Ofenruß und Mose soll ihn vor den Augen des Pharao in die Höhe werfen. 9 Er wird als Staub auf ganz Ägypten niedergehen und an Mensch und Vieh Geschwüre mit aufplatzenden Blasen hervorrufen, in ganz Ägypten. 10 Sie holten den Ofenruß, traten vor den Pharao und Mose warf ihn in die Höhe. Da bildeten sich an Mensch und Vieh Geschwüre mit aufplatzenden Blasen. 11 Die Wahrsager konnten wegen der Geschwüre Mose nicht gegenübertreten, sie waren wie alle Ägypter von Geschwüren befallen. 12 Aber der Herr verhärtete das Herz des Pharao, sodass er nicht auf sie hörte. So hatte es der Herr dem Mose vorausgesagt.

13 Darauf sprach der Herr zu Mose: Steh früh am Morgen auf, tritt vor den Pharao hin und sag zu ihm: So spricht Jahwe, der Gott der Hebräer: Lass mein Volk ziehen, damit sie mich verehren können. 14 Denn diesmal will ich alle meine Plagen loslassen auf dich, deine Diener und dein Volk. Daran wirst du erkennen, dass mir keiner im ganzen Land gleichkommt. 15 Denn schon jetzt hätte ich meine Hand ausstrecken und dich und dein Volk mit der Pest schlagen können und du wärst vom Erdboden verschwunden. 16 Ich habe dich aber am Leben gelassen, um meine Macht zu zeigen und meinen Namen auf der ganzen Erde bekannt zu machen. 17 Wenn du dich weiterhin als den großen Herrn über mein Volk aufspielst und sie nicht ziehen lässt, 18 dann lasse ich morgen um diese Zeit ein sehr schweres Hagelwetter niedergehen, wie es in Ägypten seit seiner Gründung bis auf den heutigen Tag noch keines gegeben hat. 19 Und nun schick Leute aus, bring dein Vieh in Sicherheit und alles, was dir auf dem Feld gehört. Auf alle Menschen und auf das Vieh, das auf dem Feld bleibt und nicht unter Dach gebracht wird, geht der Hagel nieder und erschlägt sie. 20 Wer sich von den Dienern des Pharao vor der Drohung des Herrn fürchtete, ließ seine Knechte und sein Vieh unter

Dach bringen. 21 Wer aber das Wort des Herrn
nicht ernst nahm, ließ seine Knechte und sein Vieh
auf dem Feld.
22 Und der Herr sprach zu Mose: Streck deine
Hand zum Himmel empor! Dann wird Hagel auf
ganz Ägypten niedergehen, auf Mensch und Vieh
und auf alle Feldpflanzen in Ägypten. 23 Mose
streckte seinen Stab zum Himmel empor und der
Herr ließ es donnern und hageln. Blitze fuhren auf
die Erde herab und der Herr ließ Hagel über Ägyp-
ten niedergehen. 24 Schwerer Hagel prasselte herab
und in den sehr schweren Hagel hinein zuckten
Blitze. Ähnliches hatte es im ganzen Land der
Ägypter noch nicht gegeben, seit sie ein Volk ge-
worden waren. 25 Der Hagel erschlug in ganz
Ägypten alles, was auf dem Feld war. Menschen,
Vieh und alle Feldpflanzen erschlug der Hagel und
alle Feldbäume zerbrach er. 26 Nur in Goschen, wo
sich die Israeliten aufhielten, hagelte es nicht. 27 Da
ließ der Pharao Mose und Aaron rufen und sagte
zu ihnen: Diesmal bekenne ich mich schuldig.
Jahwe ist im Recht; ich aber und mein Volk, wir
sind im Unrecht. 28 Betet zu Jahwe! Die Donner-
stimme Gottes und der Hagel, das ist zu viel. Ich
will euch jetzt ziehen lassen; ihr müsst nicht län-
ger bleiben. 29 Mose antwortete ihm: Sobald ich
außerhalb der Stadt bin, werde ich meine Hände
vor Jahwe ausbreiten; der Donner wird aufhören
und es wird kein Hagel mehr fallen. So wirst du er-
kennen, dass das Land Jahwe gehört. 30 Du und
Deine Diener aber, das weiß ich, ihr fürchtet euch
noch immer nicht vor dem Gott Jahwe.
31 Der Flachs und die Gerste waren zerschlagen;
denn die Gerste hatte gerade Ähren angesetzt und
der Flachs stand in Blüte. 32 Der Weizen und der
Spelt wurden nicht zerschlagen, denn sie kommen
später heraus.
33 Mose verließ den Pharao, ging vor die Stadt hi-
naus und breitete seine Hände vor dem Herrn aus.
Da hörte der Donner auf und kein Hagel und kein
Regen fiel mehr auf die Erde. 34 Doch als der Pha-
rao sah, dass Regen, Hagel und Donner aufgehört
hatten, blieb er bei seiner Sünde; er und seine Die-
ner verschlossen wieder ihr Herz. 35 Das Herz des
Pharao blieb hart und er ließ die Israeliten nicht
ziehen. So hatte es der Herr durch Mose voraus-
gesagt.

10 Der Herr sprach zu Mose: Geh zum Pha-
rao! Ich habe sein Herz und das Herz sei-
ner Diener verschlossen, damit ich diese Zeichen
unter ihnen vollbringen konnte 2 und damit du
deinem Sohn und deinem Enkel erzählen kannst,
was ich den Ägyptern angetan und welche Zeichen
ich unter ihnen vollbracht habe. Dann werdet ihr
erkennen, dass ich der Herr bin.
3 Mose und Aaron gingen zum Pharao und sagten:
So spricht Jahwe, der Gott der Hebräer: Wie lange
willst du dich noch weigern, dich mir zu unter-
werfen? Lass mein Volk ziehen, damit sie mich ver-
ehren können. 4 Wenn du dich weigerst, mein Volk
ziehen zu lassen, so schicke ich morgen Heu-
schrecken über dein Land. 5 Sie werden die Ober-
fläche der Erde bedecken, sodass man den Erdbo-
den nicht mehr sehen kann. Sie werden auch noch
das verzehren, was der Hagel verschont hat, und
alle Bäume kahl fressen, die auf euren Feldern
wachsen. 6 Deine Häuser, die Häuser aller deiner
Diener und die aller Ägypter werden voll davon
sein. So etwas haben deine Väter und Vorväter bis
heute nicht gesehen, seitdem sie in diesem Land
leben. Dann wandte sich Mose um und verließ den
Pharao.
7 Die Diener sagten zum Pharao: Wie lange soll uns
dieser Mann noch Unglück bringen? Lass die
Leute ziehen, damit sie Jahwe, ihren Gott, vereh-
ren können. Merkst du denn noch immer nicht,
dass Ägypten zugrunde geht? 8 Da holte man Mose
und Aaron zum Pharao zurück und er sagte zu ih-
nen: Geht, verehrt Jahwe, euren Gott! Wer von
euch will denn mitgehen? 9 Mose antwortete: Wir
gehen mit Jung und Alt, mit unseren Söhnen und
Töchtern; auch die Schafe, Ziegen und Rinder
nehmen wir mit. Denn wir feiern ein Jahwefest.
10 Da sagte er zu ihnen: Dann sei Jahwe ebenso we-
nig mit euch, wie ich euch und eure Kinder ziehen
lasse. Seht, ihr habt Böses im Sinn. 11 Nein, nur ihr
Männer dürft gehen und Jahwe verehren; denn das
habt ihr verlangt. Und man jagte sie vom Pharao
weg.
12 Darauf sprach der Herr zu Mose: Streck deine
Hand über Ägypten aus! Dann werden Heu-
schrecken kommen und über Ägypten herfallen.
Sie werden den ganzen Pflanzenwuchs des Landes
auffressen, alles, was der Hagel verschont hat. 13 Da

streckte Mose seinen Stab über Ägypten aus und
der Herr schickte den Ostwind in das Land, einen
ganzen Tag und eine ganze Nacht lang. Als es Mor-
gen wurde, hatte der Ostwind die Heuschrecken
ins Land gebracht. 14 Sie fielen über ganz Ägypten
her und ließen sich in Schwärmen auf dem Gebiet
von Ägypten nieder. Niemals vorher gab es so viele
Heuschrecken wie damals, auch wird es nie wie-
der so viele geben.
15 Sie bedeckten die Oberfläche des ganzen Landes
und das Land war schwarz von ihnen. Sie fraßen
allen Pflanzenwuchs des Landes und alle Baum-
früchte auf, die der Hagel verschont hatte, und an
den Bäumen und Feldpflanzen in ganz Ägypten
blieb nichts Grünes.
16 Da ließ der Pharao Mose und Aaron eiligst ru-
fen und sagte zu ihnen: Ich habe gegen Jahwe, eu-
ren Gott, gesündigt und auch gegen euch. 17 Nur
noch diesmal nehmt meine Sünde von mir und
betet zu Jahwe, eurem Gott, er möge mich wenigs-
tens noch von dieser tödlichen Gefahr befreien.
18 Mose verließ den Pharao wieder und betete zum
Herrn. 19 Der Herr ließ den Wind in einen sehr
starken Westwind umschlagen, der die Heu-
schrecken forttrug und ins Schilfmeer warf. Im
ganzen Gebiet von Ägypten blieb keine einzige
Heuschrecke mehr übrig. 20 Der Herr aber verhär-
tete das Herz des Pharao, sodass er die Israeliten
nicht ziehen ließ.
21 Da sprach der Herr zu Mose: Streck deine Hand
zum Himmel aus; dann wird eine Finsternis über
Ägypten kommen und es wird stockdunkel wer-
den.
22 Mose streckte seine Hand zum Himmel aus und
schon breitete sich tiefe Finsternis über ganz
Ägypten aus, drei Tage lang. 23 Man konnte einan-
der nicht sehen und sich nicht von der Stelle
rühren, drei Tage lang. Wo aber die Israeliten
wohnten, blieb es hell.
24 Da ließ der Pharao Mose rufen und sagte: Geht
und verehrt Jahwe! Nur eure Schafe, Ziegen und
Rinder sollen bleiben. Eure Kinder dürfen mitzie-
hen. 25 Mose erwiderte: Selbst wenn du uns
Schlacht- und Brandopfer mitgäbest, damit wir sie
Jahwe, unserem Gott, darbringen, 26 müssten un-
sere Herden doch mitgehen, keine Klaue darf
zurückbleiben. Denn aus unseren Herden nehmen
wir das Opfer, mit dem wir Jahwe, unseren Gott,
verehren; aber mit welchem Opfertier wir Jahwe
verehren sollen, wissen wir nicht, ehe wir dort an-
gekommen sind.
27 Der Herr verhärtete das Herz des Pharao, sodass
er sie nicht ziehen lassen wollte. 28 Der Pharao
sagte zu Mose: Weg von mir! Hüte dich, mir jemals
wieder unter die Augen zu treten. Denn an dem
Tag, an dem du mir unter die Augen trittst, musst
du sterben. 29 Da sagte Mose: Gut, dein Wort soll
gelten. Ich werde dir nie mehr unter die Augen tre-
ten.

11 Da sprach der Herr zu Mose: Noch eine
Plage schicke ich dem Pharao und seinem
Land. Danach wird er euch von hier wegziehen
lassen. Und wenn er euch endlich ziehen lässt,
wird er euch sogar fortjagen. 2 Lass unter dem Volk
ausrufen, jeder Mann und jede Frau soll sich von
dem Nachbarn Geräte aus Silber und Gold erbit-
ten. 3 Der Herr ließ das Volk bei den Ägyptern
Gunst finden. Auch Mose genoss in Ägypten bei
den Dienern des Pharao und beim Volk hohes
Ansehen.
4 Mose sagte: So spricht Jahwe: Um Mitternacht
will ich mitten durch Ägypten gehen. 5 Dann wird
jeder Erstgeborene in Ägypten sterben, vom Erst-
geborenen des Pharao, der auf dem Thron sitzt, bis
zum Erstgeborenen der Magd an der Handmühle
und bis zu den Erstlingen unter dem Vieh. 6 Ge-
schrei wird sich in ganz Ägypten erheben, so groß,
wie es keines je gegeben hat oder geben wird.
7 Doch gegen keinen der Israeliten wird auch nur
ein Hund die Zähne fletschen, weder gegen
Mensch noch Vieh; denn ihr sollt wissen, dass
Jahwe zwischen Ägypten und Israel einen Unter-
schied macht. 8 Dann werden alle deine Diener
hier zu mir herabsteigen, sich vor mir niederwer-
fen und sagen: Zieht doch fort, du und das ganze
Volk, das du anführst. Danach werde ich fortzie-
hen. Er verließ den Pharao, rot vor Zorn.
9 Der Herr sprach zu Mose: Der Pharao hört nicht
auf euch; denn ich will viele Wunder in Ägypten
vollbringen. 10 Mose und Aaron vollbrachten alle
diese Wunder vor den Augen des Pharao, aber der
Herr verhärtete das Herz des Pharao, sodass er die
Israeliten nicht aus seinem Land fortziehen ließ.

7,1: 4,15f • 9: 4,1–5 • 11,2: 3,22; 12,35f • 5: 4,23

DER AUSZUG AUS ÄGYPTEN: 12,1 – 18,27

Das Pascha

12 Der Herr sprach zu Mose und Aaron in Ägypten: 2 Dieser Monat soll die Reihe eurer Monate eröffnen, er soll euch als der erste unter den Monaten des Jahres gelten. 3 Sagt der ganzen Gemeinde Israel: Am Zehnten dieses Monats soll jeder ein Lamm für seine Familie holen, ein Lamm für jedes Haus. 4 Ist die Hausgemeinschaft für ein Lamm zu klein, so nehme er es zusammen mit dem Nachbarn, der seinem Haus am nächsten wohnt, nach der Anzahl der Personen. Bei der Aufteilung des Lammes müsst ihr berücksichtigen, wie viel der Einzelne essen kann. 5 Nur ein fehlerfreies, männliches, einjähriges Lamm darf es sein, das Junge eines Schafes oder einer Ziege müsst ihr nehmen.

6 Ihr sollt es bis zum vierzehnten Tag dieses Monats aufbewahren. Gegen Abend soll die ganze versammelte Gemeinde Israel die Lämmer schlachten. 7 Man nehme etwas von dem Blut und bestreiche damit die beiden Türpfosten und den Türsturz an den Häusern, in denen man das Lamm essen will.

8 Noch in der gleichen Nacht soll man das Fleisch essen. Über dem Feuer gebraten und zusammen mit ungesäuertem Brot und Bitterkräutern soll man es essen. 9 Nichts davon dürft ihr roh oder in Wasser gekocht essen, sondern es muss über dem Feuer gebraten sein. Kopf und Beine dürfen noch nicht vom Rumpf getrennt sein. 10 Ihr dürft nichts bis zum Morgen übrig lassen. Wenn aber am Morgen noch etwas übrig ist, dann verbrennt es im Feuer! 11 So aber sollt ihr es essen: eure Hüften gegürtet, Schuhe an den Füßen, den Stab in der Hand. Esst es hastig! Es ist die Paschafeier für den Herrn.

12 In dieser Nacht gehe ich durch Ägypten und erschlage in Ägypten jeden Erstgeborenen bei Mensch und Vieh. Über alle Götter Ägyptens halte ich Gericht, ich, der Herr. 13 Das Blut an den Häusern, in denen ihr wohnt, soll ein Zeichen zu eurem Schutz sein. Wenn ich das Blut sehe, werde ich an euch vorübergehen und das vernichtende Unheil wird euch nicht treffen, wenn ich in Ägypten dreinschlage. 14 Diesen Tag sollt ihr als Gedenktag begehen. Feiert ihn als Fest zur Ehre des Herrn! Für die kommenden Generationen macht euch diese Feier zur festen Regel! 15 Sieben Tage lang sollt ihr ungesäuertes Brot essen. Gleich am ersten Tag schafft den Sauerteig aus euren Häusern! Denn jeder, der zwischen dem ersten und dem siebten Tag Gesäuertes isst, soll aus Israel ausgemerzt werden. 16 Am ersten Tag sollt ihr eine heilige Versammlung einberufen und ebenso eine heilige Versammlung am siebten Tag. An diesen beiden Tagen darf man keinerlei Arbeit tun. Nur das, was jeder zum Essen braucht, dürft ihr zubereiten. 17 Begeht das Fest der ungesäuerten Brote! Denn gerade an diesem Tag habe ich eure Scharen aus Ägypten herausgeführt. Begeht diesen Tag in allen kommenden Generationen; das sei für euch eine feste Regel. 18 Im ersten Monat, vom Abend des vierzehnten Tags bis zum Abend des einundzwanzigsten Tags, esst ungesäuerte Brote!

19 Sieben Tage lang darf sich in euren Häusern kein Sauerteig befinden; denn jeder, der Gesäuertes isst, sei er fremd oder einheimisch, soll aus der Gemeinde Israel ausgemerzt werden. 20 Esst also nichts Gesäuertes! Überall, wo ihr wohnt, sollt ihr ungesäuerte Brote essen.

21 Da rief Mose alle Ältesten Israels zusammen und sagte zu ihnen: Holt Schafe oder Ziegen für eure Sippenverbände herbei und schlachtet das Paschalamm! 22 Dann nehmt einen Ysopzweig, taucht ihn in die Schüssel mit Blut und streicht etwas von dem Blut in der Schüssel auf den Türsturz und auf die beiden Türpfosten! Bis zum Morgen darf niemand von euch das Haus verlassen. 23 Der Herr geht umher, um die Ägypter mit Unheil zu schlagen. Wenn er das Blut am Türsturz und an den beiden Türpfosten sieht, wird er an der Tür vorübergehen und dem Vernichter nicht erlauben, in eure Häuser einzudringen und euch zu schlagen. 24 Haltet euch an diese Anordnung! Sie gelte dir und deinen Nachkommen als feste Regel.

25 Wenn ihr in das Land kommt, das euch der Herr gibt, wie er gesagt hat, so begeht diese Feier! 26 Und wenn euch eure Söhne fragen: Was bedeutet diese Feier?, 27 dann sagt: Es ist das Pascha-Opfer zur

Ehre des Herrn, der in Ägypten an den Häusern
der Israeliten vorüberging, als er die Ägypter mit
Unheil schlug, unsere Häuser aber verschonte.
Das Volk verneigte sich und warf sich nieder.
28 Dann gingen die Israeliten und taten, was der
Herr Mose und Aaron befohlen hatte. So machten
sie es. 29 Es war Mitternacht, als der Herr alle Erst-
geborenen in Ägypten erschlug, vom Erstgebore-
nen des Pharao, der auf dem Thron saß, bis zum
Erstgeborenen des Gefangenen im Kerker, und
jede Erstgeburt beim Vieh.
30 Da standen der Pharao, alle seine Diener und alle
Ägypter noch in der Nacht auf und großes Weh-
geschrei erhob sich bei den Ägyptern; denn es gab
kein Haus, in dem nicht ein Toter war. 31 Der Pha-
rao ließ Mose und Aaron noch in der Nacht rufen
und sagte: Auf, verlasst mein Volk, ihr beide und
die Israeliten! Geht und verehrt Jahwe, wie ihr ge-
sagt habt. 32 Auch eure Schafe, Ziegen und Rinder
nehmt mit, wie ihr gesagt habt. Geht und betet
auch für mich! 33 Die Ägypter drängten das Volk,
eiligst das Land zu verlassen, denn sie sagten: Sonst
kommen wir noch alle um. 34 Das Volk nahm den
Brotteig ungesäuert mit; sie wickelten ihre Back-
schüsseln in Kleider ein und luden sie sich auf die
Schultern. 35 Die Israeliten taten, was Mose gesagt
hatte. Sie erbaten von den Ägyptern Geräte aus Sil-
ber und Gold und auch Gewänder. 36 Der Herr ließ
das Volk bei den Ägyptern Gunst finden, sodass sie
auf ihre Bitte eingingen. Auf diese Weise plünder-
ten sie die Ägypter aus.
37 Die Israeliten brachen von Ramses nach Sukkot
auf. Es waren an die sechshunderttausend Mann
zu Fuß, nicht gerechnet die Kinder. 38 Auch ein
großer Haufen anderer Leute zog mit, dazu Schafe,
Ziegen und Rinder, eine sehr große Menge Vieh.
39 Aus dem Teig, den sie aus Ägypten mitgebracht
hatten, backten sie ungesäuerte Brotfladen; denn
der Teig war nicht durchsäuert, weil sie aus Ägyp-
ten verjagt worden waren und nicht einmal Zeit
hatten, für Reiseverpflegung zu sorgen.
40 Der Aufenthalt der Israeliten in Ägypten dauerte
vierhundertdreißig Jahre. 41 Nach Ablauf der vier-
hundertdreißig Jahre, genau an jenem Tag, zogen
alle Scharen des Herrn aus Ägypten fort. 42 Eine
Nacht des Wachens war es für den Herrn, als er
sie aus Ägypten herausführte. Als eine Nacht des
Wachens zur Ehre des Herrn gilt sie den Israeliten
in allen Generationen.
43 Der Herr sprach zu Mose und Aaron: Folgende
Regel gilt für das Pascha: Kein Fremder darf davon
essen; 44 aber jeder Sklave, den du für Geld gekauft
hast, darf davon essen, sobald du ihn beschnitten
hast. 45 Halbbürger und Lohnarbeiter dürfen nicht
davon essen. 46 In einem Haus muss man es essen.
Trag nichts vom Fleisch aus dem Haus! Und ihr
sollt keinen Knochen des Paschalammes zerbre-
chen. 47 Die ganze Gemeinde Israel soll es so hal-
ten. 48 Lebt bei dir jemand als Fremder, der das
Pascha zur Ehre des Herrn feiern will, so muss er
alle männlichen Angehörigen beschneiden lassen;
dann darf er sich am Pascha beteiligen. Er gilt
dann wie ein Einheimischer. Doch kein Unbe-
schnittener darf davon essen. 49 Für Einheimische
und für Fremde, die dauernd bei euch leben, gilt
das gleiche Gesetz.
50 Alle Israeliten taten, was der Herr Mose und Aa-
ron aufgetragen hatte. So machten sie es. 51 Genau
an jenem Tag führte der Herr die Israeliten aus
Ägypten heraus, an der Spitze ihrer Scharen.
13 Der Herr sprach zu Mose: 2 Erkläre alle
Erstgeburt als mir geheiligt! Alles, was bei
den Israeliten den Mutterschoß durchbricht, bei
Mensch und Vieh, gehört mir.
3 Mose sagte zum Volk: Denkt an diesen Tag, an
dem ihr aus Ägypten, dem Sklavenhaus, fortgezo-
gen seid; denn mit starker Hand hat euch der Herr
von dort herausgeführt. Nichts Gesäuertes soll
man essen. 4 Heute im Monat Abib seid ihr wegge-
zogen. 5 Wenn dich der Herr in das Land der Ka-
naaniter, Hetiter, Amoriter, Hiwiter und Jebusiter
geführt hat – er hat deinen Vätern mit einem Eid
zugesichert, dir das Land zu geben, wo Milch und
Honig fließen –, begeh die Feier in diesem Monat!
6 Sieben Tage sollst du ungesäuerte Brote essen, am
siebten Tag ist ein Fest zur Ehre des Herrn. 7 Un-
gesäuerte Brote soll man sieben Tage lang essen.
Nichts Gesäuertes soll man bei dir sehen und kein
Sauerteig soll in deinem ganzen Gebiet zu finden
sein. 8 An diesem Tag erzähl deinem Sohn: Das ge-
schieht für das, was der Herr an mir getan hat, als
ich aus Ägypten auszog. 9 Es sei dir ein Zeichen an
der Hand und ein Erinnerungsmal an der Stirn,
damit das Gesetz des Herrn in deinem Mund sei.

Denn mit starker Hand hat dich der Herr aus
Ägypten herausgeführt. 10 Halte dich an diese Re-
gel, Jahr für Jahr, zur festgesetzten Zeit!
11 Der Herr wird dich in das Land der Kanaaniter
bringen und wird es dir geben, wie er dir und dei-
nen Vätern mit einem Eid zugesichert hat. 12 Dann
musst du alles, was den Mutterschoß durchbricht,
vor den Herrn bringen; alle männlichen Erstlinge,
die dein Vieh wirft, gehören dem Herrn. 13 Jeden
Erstling vom Esel aber löse durch ein Schaf aus!
Willst du ihn nicht auslösen, dann brich ihm das
Genick! Jeden Erstgeborenen deiner Söhne musst
du auslösen. 14 Wenn dich morgen dein Sohn fragt:
Was bedeutet das?, dann sag ihm: Mit starker
Hand hat uns der Herr aus Ägypten, aus dem Skla-
venhaus, herausgeführt.
15 Als der Pharao hart blieb und uns nicht ziehen
ließ, erschlug der Herr alle Erstgeborenen in
Ägypten, bei Mensch und Vieh. Darum opfere ich
dem Herrn alle männlichen Tiere, die den Mut-
terschoß durchbrechen; alle Erstgeborenen mei-
ner Söhne aber löse ich aus. 16 Das sei dir ein Zei-
chen an deiner Hand und ein Schmuck auf deiner
Stirn; denn mit starker Hand hat uns der Herr aus
Ägypten herausgeführt.

12,35f: 3,22; 11,2f; Ps 105,37

Die Rettung am Schilfmeer

17 Als der Pharao das Volk ziehen ließ, führte sie
Gott nicht den Weg ins Philisterland, obwohl er
der kürzere war. Denn Gott sagte: Die Leute könn-
ten es sonst, wenn sie Krieg erleben, bereuen und
nach Ägypten zurückkehren wollen. 18 So ließ sie
Gott einen Umweg machen, der durch die Wüste
zum Schilfmeer führte. Geordnet zogen die Israe-
liten aus Ägypten hinauf. 19 Mose nahm die Ge-
beine Josefs mit; denn dieser hatte die Söhne Isra-
els beschworen: Wenn Gott sich euer annimmt,
dann nehmt meine Gebeine von hier mit hinauf!
20 Sie brachen von Sukkot auf und schlugen ihr
Lager in Etam am Rand der Wüste auf. 21 Der Herr
zog vor ihnen her, bei Tag in einer Wolkensäule,
um ihnen den Weg zu zeigen, bei Nacht in einer
Feuersäule, um ihnen zu leuchten. So konnten sie
Tag und Nacht unterwegs sein. 22 Die Wolkensäule
wich bei Tag nicht von der Spitze des Volkes und
die Feuersäule nicht bei Nacht.

14 Der Herr sprach zu Mose: 2 Sag den Israeli-
ten, sie sollen umkehren und vor Pi-Ha-
hirot zwischen Migdol und dem Meer ihr Lager
aufschlagen. Gegenüber von Baal-Zefon sollt ihr
am Meer das Lager aufschlagen. 3 Dann denkt der
Pharao: Die Israeliten haben sich im Land verlau-
fen, die Wüste hat sie eingeschlossen. 4 Ich will das
Herz des Pharao verhärten, sodass er ihnen nach-
jagt; dann will ich am Pharao und an seiner ganzen
Streitmacht meine Herrlichkeit erweisen und die
Ägypter sollen erkennen, dass ich der Herr bin.
Und so taten sie es.
5 Als man dem König von Ägypten meldete, das
Volk sei geflohen, änderten der Pharao und seine
Diener ihre Meinung über das Volk und sagten:
Wie konnten wir nur Israel aus unserem Dienst
entlassen! 6 Er ließ seinen Streitwagen anspannen
und nahm seine Leute mit. 7 Sechshundert auser-
lesene Streitwagen nahm er mit und alle anderen
Streitwagen der Ägypter und drei Mann auf jedem
Wagen. 8 Der Herr verhärtete das Herz des Pharao,
des Königs von Ägypten, sodass er den Israeliten
nachjagte, während sie voll Zuversicht weiterzo-
gen. 9 Die Ägypter jagten mit allen Pferden und
Streitwagen des Pharao, mit seiner Reiterei und
seiner Streitmacht hinter ihnen her und holten sie
ein, als sie gerade am Meer lagerten. Es war bei
Pi-Hahirot vor Baal-Zefon.
10 Als der Pharao sich näherte, blickten die Israeli-
ten auf und sahen plötzlich die Ägypter von hin-
ten anrücken. Da erschraken die Israeliten sehr
und schrien zum Herrn. 11 Zu Mose sagten sie: Gab
es denn keine Gräber in Ägypten, dass du uns zum
Sterben in die Wüste holst? Was hast du uns da
angetan? Warum hast du uns aus Ägypten heraus-
geführt? 12 Haben wir dir in Ägypten nicht gleich
gesagt: Lass uns in Ruhe! Wir wollen Sklaven der
Ägypter bleiben; denn es ist für uns immer noch
besser, Sklaven der Ägypter zu sein, als in der Wüs-
te zu sterben. 13 Mose aber sagte zum Volk: Fürch-
tet euch nicht! Bleibt stehen und schaut zu, wie der
Herr euch heute rettet. Wie ihr die Ägypter heute
seht, so seht ihr sie niemals wieder. 14 Der Herr
kämpft für euch, ihr aber könnt ruhig abwarten.
15 Der Herr sprach zu Mose: Was schreist du zu
mir? Sag den Israeliten, sie sollen aufbrechen.
16 Und du heb deinen Stab hoch, streck deine Hand

über das Meer und spalte es, damit die Israeliten
auf trockenem Boden in das Meer hineinziehen
können. 17 Ich aber will das Herz der Ägypter ver-
härten, damit sie hinter ihnen hineinziehen. So
will ich am Pharao und an seiner ganzen Streit-
macht, an seinen Streitwagen und Reitern meine
Herrlichkeit erweisen. 18 Die Ägypter sollen erken-
nen, dass ich der Herr bin, wenn ich am Pharao,
an seinen Streitwagen und Reitern meine Herr-
lichkeit erweise.
19 Der Engel Gottes, der den Zug der Israeliten an-
führte, erhob sich und ging an das Ende des Zuges
und die Wolkensäule vor ihnen erhob sich und trat
an das Ende. 20 Sie kam zwischen das Lager der
Ägypter und das Lager der Israeliten. Die Wolke
war da und Finsternis und Blitze erhellten die
Nacht. So kamen sie die ganze Nacht einander
nicht näher. 21 Mose streckte seine Hand über das
Meer aus und der Herr trieb die ganze Nacht das
Meer durch einen starken Ostwind fort. Er ließ das
Meer austrocknen und das Wasser spaltete sich.
22 Die Israeliten zogen auf trockenem Boden ins
Meer hinein, während rechts und links von ihnen
das Wasser wie eine Mauer stand. 23 Die Ägypter
setzten ihnen nach; alle Pferde des Pharao, seine
Streitwagen und Reiter zogen hinter ihnen ins
Meer hinein. 24 Um die Zeit der Morgenwache
blickte der Herr aus der Feuer- und Wolkensäule
auf das Lager der Ägypter und brachte es in Ver-
wirrung. 25 Er hemmte die Räder an ihren Wagen
und ließ sie nur schwer vorankommen. Da sagte
der Ägypter: Ich muss vor Israel fliehen; denn
Jahwe kämpft auf ihrer Seite gegen Ägypten.
26 Darauf sprach der Herr zu Mose: Streck deine
Hand über das Meer, damit das Wasser zurückflu-
tet und den Ägypter, seine Wagen und Reiter, zu-
deckt. 27 Mose streckte seine Hand über das Meer
und gegen Morgen flutete das Meer an seinen al-
ten Platz zurück, während die Ägypter auf der
Flucht ihm entgegenliefen. So trieb der Herr die
Ägypter mitten ins Meer. 28 Das Wasser kehrte
zurück und bedeckte Wagen und Reiter, die ganze
Streitmacht des Pharao, die den Israeliten ins Meer
nachgezogen war. Nicht ein Einziger von ihnen
blieb übrig. 29 Die Israeliten aber waren auf trocke-
nem Boden mitten durch das Meer gezogen,
während rechts und links von ihnen das Wasser
wie eine Mauer stand. 30 So rettete der Herr an je-
nem Tag Israel aus der Hand der Ägypter. Israel
sah die Ägypter tot am Strand liegen. 31 Als Israel
sah, dass der Herr mit mächtiger Hand an den
Ägyptern gehandelt hatte, fürchtete das Volk den
Herrn. Sie glaubten an den Herrn und an Mose,
seinen Knecht.

13,19: Gen 50,25

Das Lied des Mose

15 Damals sang Mose mit den Israeliten dem
Herrn dieses Lied; sie sagten: Ich singe dem
Herrn ein Lied, / denn er ist hoch und erhaben. /
Rosse und Wagen warf er ins Meer.
2 Meine Stärke und mein Lied ist der Herr, / er ist
für mich zum Retter geworden. / Er ist mein Gott,
ihn will ich preisen; / den Gott meines Vaters will
ich rühmen.
3 Der Herr ist ein Krieger, / Jahwe ist sein Name.
4 Pharaos Wagen und seine Streitmacht / warf er
ins Meer. / Seine besten Kämpfer versanken im
Schilfmeer.
5 Fluten deckten sie zu, / sie sanken in die Tiefe wie
Steine.
6 Deine Rechte, Herr, ist herrlich an Stärke; / deine
Rechte, Herr, zerschmettert den Feind.
7 In deiner erhabenen Größe / wirfst du die Geg-
ner zu Boden. / Du sendest deinen Zorn; / er frisst
sie wie Stoppeln.
8 Du schnaubtest vor Zorn, / da türmte sich Was-
ser, / da standen Wogen als Wall, / Fluten erstarr-
ten im Herzen des Meeres.
9 Da sagte der Feind: Ich jage nach, hole ein. / Ich
teile die Beute, ich stille die Gier. / Ich zücke mein
Schwert, meine Hand jagt sie davon.
10 Da schnaubtest du Sturm. Das Meer deckte sie
zu. / Sie sanken wie Blei ins tosende Wasser.
11 Wer ist wie du unter den Göttern, o Herr? / Wer
ist wie du gewaltig und heilig, / gepriesen als
furchtbar, Wunder vollbringend?
12 Du strecktest deine Rechte aus, / da verschlang
sie die Erde.
13 Du lenktest in deiner Güte / das Volk, das du er-
löst hast, / du führtest sie machtvoll / zu deiner
heiligen Wohnung.
14 Als die Völker das hörten, erzitterten sie, / die
Philister packte das Schütteln.

15 Damals erschraken die Häuptlinge Edoms, / die
Mächtigen von Moab packte das Zittern, / Ka-
naans Bewohner, sie alle verzagten.
16 Schrecken und Furcht überfiel sie, / sie erstarr-
ten zu Stein / vor der Macht deines Arms, / bis hin-
durchzog, o Herr, dein Volk, / bis hindurchzog das
Volk, das du erschufst.
17 Du brachtest sie hin / und pflanztest sie ein / auf
dem Berg deines Erbes. / Einen Ort, wo du thronst,
Herr, / hast du gemacht; / ein Heiligtum, Herr,
haben deine Hände gegründet.
18 Der Herr ist König für immer und ewig.
19 Denn als die Rosse des Pharao mit Wagen und
Reitern ins Meer zogen, ließ der Herr das Wasser
des Meeres auf sie zurückfluten, nachdem die Is-
raeliten auf trockenem Boden mitten durchs Meer
gezogen waren.
20 Die Prophetin Mirjam, die Schwester Aarons,
nahm die Pauke in die Hand und alle Frauen zo-
gen mit Paukenschlag und Tanz hinter ihr her.
21 Mirjam sang ihnen vor:
Singt dem Herrn ein Lied, / denn er ist hoch und
erhaben! / Rosse und Wagen warf er ins Meer.

2: Ps 118,14; Jes 12,2

Auf dem Weg zum Sinai

22 Mose ließ Israel vom Schilfmeer aufbrechen und
sie zogen zur Wüste Schur weiter. Drei Tage waren
sie in der Wüste unterwegs und fanden kein Was-
ser. 23 Als sie nach Mara kamen, konnten sie das
Wasser von Mara nicht trinken, weil es bitter war.
Deshalb nannte man es Mara (Bitterbrunn). 24 Da
murrte das Volk gegen Mose und sagte: Was sollen
wir trinken? 25 Er schrie zum Herrn und der Herr
zeigte ihm ein Stück Holz. Als er es ins Wasser
warf, wurde das Wasser süß.
Dort gab Gott dem Volk Gesetz und Rechtsent-
scheidungen und dort stellte er es auf die Probe.
26 Er sagte: Wenn du auf die Stimme des Herrn,
deines Gottes, hörst und tust, was in seinen Augen
gut ist, wenn du seinen Geboten gehorchst und auf
alle seine Gesetze achtest, werde ich dir keine der
Krankheiten schicken, die ich den Ägyptern ge-
schickt habe. Denn ich bin der Herr, dein Arzt.
27 Dann kamen sie nach Elim. Dort gab es zwölf
Quellen und siebzig Palmen; dort am Wasser
schlugen sie ihr Lager auf.

16 Die ganze Gemeinde der Israeliten brach
von Elim auf und kam in die Wüste Sin, die
zwischen Elim und dem Sinai liegt. Es war der fünf-
zehnte Tag des zweiten Monats nach ihrem Aus-
zug aus Ägypten. 2 Die ganze Gemeinde der Israe-
liten murrte in der Wüste gegen Mose und Aaron.
3 Die Israeliten sagten zu ihnen: Wären wir doch
in Ägypten durch die Hand des Herrn gestorben,
als wir an den Fleischtöpfen saßen und Brot genug
zu essen hatten. Ihr habt uns nur deshalb in diese
Wüste geführt, um alle, die hier versammelt sind,
an Hunger sterben zu lassen. 4 Da sprach der Herr
zu Mose: Ich will euch Brot vom Himmel regnen
lassen. Das Volk soll hinausgehen, um seinen täg-
lichen Bedarf zu sammeln. Ich will es prüfen, ob
es nach meiner Weisung lebt oder nicht. 5 Wenn sie
am sechsten Tag feststellen, was sie zusammenge-
bracht haben, wird es doppelt so viel sein, wie sie
sonst täglich gesammelt haben.
6 Da sagten Mose und Aaron zu allen Israeliten:
Heute Abend sollt ihr erfahren, dass der Herr euch
aus Ägypten geführt hat, 7 und morgen werdet ihr
die Herrlichkeit des Herrn schauen; denn er hat
euer Murren gegen ihn gehört. Aber wer sind
schon wir, dass ihr gegen uns murrt? 8 Weiter sagte
Mose: Wenn der Herr euch heute Abend Fleisch zu
essen gibt und euch am Morgen mit Brot sättigt,
wenn er also euer Murren hört, mit dem ihr ihn
bedrängt, was sind wir dann? Nicht uns galt euer
Murren, sondern dem Herrn.
9 Dann sagte Mose zu Aaron: Sag der ganzen Ge-
meinde der Israeliten: Tretet hin vor den Herrn;
denn er hat euer Murren gehört. 10 Während Aa-
ron zur ganzen Gemeinde der Israeliten sprach,
wandten sie sich zur Wüste hin. Da erschien plötz-
lich in der Wolke die Herrlichkeit des Herrn. 11 Der
Herr sprach zu Mose: 12 Ich habe das Murren der
Israeliten gehört. Sag ihnen: Am Abend werdet ihr
Fleisch zu essen haben, am Morgen werdet ihr satt
sein von Brot und ihr werdet erkennen, dass ich
der Herr, euer Gott, bin.
13 Am Abend kamen die Wachteln und bedeckten
das Lager. Am Morgen lag eine Schicht von Tau
rings um das Lager. 14 Als sich die Tauschicht ge-
hoben hatte, lag auf dem Wüstenboden etwas Fei-
nes, Knuspriges, fein wie Reif, auf der Erde. 15 Als
das die Israeliten sahen, sagten sie zueinander: Was

ist das? Denn sie wussten nicht, was es war. Da
sagte Mose zu ihnen: Das ist das Brot, das der Herr
euch zu essen gibt. 16 Das ordnet der Herr an: Sam-
melt davon so viel, wie jeder zum Essen braucht,
ein Gomer je Kopf. Jeder darf so viel Gomer ho-
len, wie Personen im Zelt sind. 17 Die Israeliten ta-
ten es und sammelten ein, der eine viel, der andere
wenig. 18 Als sie die Gomer zählten, hatte keiner,
der viel gesammelt hatte, zu viel und keiner, der
wenig gesammelt hatte, zu wenig. Jeder hatte so
viel gesammelt, wie er zum Essen brauchte.
19 Mose sagte zu ihnen: Davon darf bis zum Mor-
gen niemand etwas übrig lassen. 20 Doch sie hör-
ten nicht auf Mose, sondern einige ließen etwas bis
zum Morgen übrig. Aber es wurde wurmig und
stank. Da geriet Mose in Zorn über sie.
21 Sie sammelten es Morgen für Morgen, jeder so
viel, wie er zum Essen brauchte. Sobald die Son-
nenhitze einsetzte, zerging es. 22 Am sechsten Tag
sammelten sie die doppelte Menge Brot, zwei Go-
mer für jeden. Da kamen alle Sippenhäupter der
Gemeinde und berichteten es Mose. 23 Er sagte zu
ihnen: Es ist so, wie der Herr gesagt hat: Morgen
ist Feiertag, heiliger Sabbat zur Ehre des Herrn.
Backt, was ihr backen wollt, und kocht, was ihr ko-
chen wollt, den Rest bewahrt bis morgen früh auf!
24 Sie bewahrten es also bis zum Morgen auf, wie
es Mose angeordnet hatte, und es faulte nicht,
noch wurde es madig. 25 Da sagte Mose: Esst es
heute, denn heute ist Sabbat zur Ehre des Herrn.
Heute findet ihr draußen nichts. 26 Sechs Tage
dürft ihr es sammeln, am siebten Tag ist Sabbat;
da findet ihr nichts.
27 Am siebten Tag gingen trotzdem einige vom
Volk hinaus, um zu sammeln, fanden aber nichts.
28 Da sprach der Herr zu Mose: Wie lange wollt ihr
euch noch weigern, meine Gebote und Weisungen
zu befolgen? 29 Ihr seht, der Herr hat euch den Sab-
bat gegeben; daher gibt er auch am sechsten Tag
Brot für zwei Tage. Jeder bleibe, wo er ist. Am sieb-
ten Tag verlasse niemand seinen Platz. 30 Das Volk
ruhte also am siebten Tag. 31 Das Haus Israel
nannte das Brot Manna. Es war weiß wie Korian-
dersamen und schmeckte wie Honigkuchen.
32 Mose sagte: Der Herr ordnet Folgendes an. Ein
volles Gomer Manna ist für die Generationen
nach euch aufzubewahren, damit sie das Brot se-
hen, das ich euch in der Wüste zu essen gab, als ich
euch aus Ägypten herausführte. 33 Zu Aaron sagte
Mose: Nimm ein Gefäß, schütte ein volles Gomer
Manna hinein und stell es vor den Herrn! Es soll
für die nachkommenden Generationen aufbe-
wahrt werden. 34 Wie der Herr dem Mose befohlen
hatte, stellte Aaron das Manna vor die Bundesur-
kunde, damit es dort aufbewahrt würde. 35 Die Is-
raeliten aßen vierzig Jahre lang Manna, bis sie in
bewohntes Land kamen. Sie aßen Manna, bis sie
die Grenze von Kanaan erreichten. 36 Ein Gomer
ist der zehnte Teil eines Efa.

17 Die ganze Gemeinde der Israeliten zog von
der Wüste Sin weiter, von einem Rastplatz
zum andern, wie es der Herr jeweils bestimmte. In
Refidim schlugen sie ihr Lager auf. Weil das Volk
kein Wasser zu trinken hatte, 2 geriet es mit Mose
in Streit und sagte: Gebt uns Wasser zu trinken!
Mose aber antwortete: Was streitet ihr mit mir?
Warum stellt ihr den Herrn auf die Probe? 3 Das
Volk dürstete dort nach Wasser und murrte gegen
Mose. Sie sagten: Warum hast du uns überhaupt
aus Ägypten hierher geführt? Um uns, unsere
Söhne und unser Vieh verdursten zu lassen?
4 Mose schrie zum Herrn: Was soll ich mit diesem
Volk anfangen? Es fehlt nur wenig und sie steini-
gen mich. 5 Der Herr antwortete Mose: Geh am
Volk vorbei und nimm einige von den Ältesten Is-
raels mit; nimm auch den Stab in die Hand, mit
dem du auf den Nil geschlagen hast, und geh!
6 Dort drüben auf dem Felsen am Horeb werde ich
vor dir stehen. Dann schlag an den Felsen! Es wird
Wasser herauskommen und das Volk kann trin-
ken. Das tat Mose vor den Augen der Ältesten Is-
raels. 7 Den Ort nannte er Massa und Meriba
(Probe und Streit), weil die Israeliten Streit be-
gonnen und den Herrn auf die Probe gestellt hat-
ten, indem sie sagten: Ist der Herr in unserer Mitte
oder nicht?
8 Als Amalek kam und in Refidim den Kampf mit
Israel suchte, 9 sagte Mose zu Josua: Wähl uns
Männer aus und zieh in den Kampf gegen Ama-
lek! Ich selbst werde mich morgen auf den Gipfel
des Hügels stellen und den Gottesstab mitneh-
men. 10 Josua tat, was ihm Mose aufgetragen hatte,
und kämpfte gegen Amalek, während Mose, Aaron
und Hur auf den Gipfel des Hügels stiegen. 11 So-

lange Mose seine Hand erhoben hielt, war Israel stärker; sooft er aber die Hand sinken ließ, war Amalek stärker. 12 Als dem Mose die Hände schwer wurden, holten sie einen Steinbrocken, schoben ihn unter Mose und er setzte sich darauf. Aaron und Hur stützten seine Arme, der eine rechts, der andere links, sodass seine Hände erhoben blieben, bis die Sonne unterging. 13 So besiegte Josua mit scharfem Schwert Amalek und sein Heer. 14 Danach sprach der Herr zu Mose: Halte das zur Erinnerung in einer Urkunde fest und präg es Josua ein! Denn ich will die Erinnerung an Amalek unter dem Himmel austilgen. 15 Mose baute einen Altar und gab ihm den Namen »Jahwe mein Feldzeichen«. 16 Er sagte:
Die Hand an Jahwes Feldzeichen! Krieg ist zwischen Jahwe und Amalek von Generation zu Generation.

16,8: Num 11,31–33; Ps 78,26–29; Weish 19,11f • 15: 16,4; Num 11,7–9; Dtn 8,3.16; Ps 78,24; Weish 16,20–28 • 35: Jos 5,12 • 17,7: Num 20,7–13; Dtn 32,51; 33,8; Ps 95,8f; 106,32f

Jitros Rat: Die Berufung von Richtern:

18 Jitro, der Priester von Midian, der Schwiegervater des Mose, hörte, was Gott alles an Mose und seinem Volk Israel getan und wie der Herr Israel aus Ägypten herausgeführt hatte. 2 Da nahm Jitro, der Schwiegervater des Mose, Zippora mit sich, die Frau des Mose – Mose hatte sie wieder zurückgeschickt –, 3 und ihre beiden Söhne. Der eine hieß Gerschom (Ödgast), weil Mose gesagt hatte: Gast bin ich in fremdem Land. 4 Der andere hieß Eliëser (Gotthelf), weil Mose gesagt hatte: Der Gott meines Vaters hat mir geholfen und hat mich vor dem Schwert des Pharao gerettet. 5 Jitro, der Schwiegervater des Mose, kam mit dessen Söhnen und dessen Frau in die Wüste am Gottesberg, wo Mose gerade lagerte. 6 Er ließ Mose sagen: Ich, dein Schwiegervater Jitro, komme zu dir zusammen mit deiner Frau und ihren beiden Söhnen. 7 Da ging Mose seinem Schwiegervater entgegen, fiel vor ihm nieder und küsste ihn. Dann fragten sie einander nach ihrem Wohlergehen und gingen ins Zelt.

8 Mose erzählte seinem Schwiegervater alles, was der Herr dem Pharao und den Ägyptern um Israels willen angetan hatte, auch von allen Schwierigkeiten, denen sie unterwegs begegnet waren, und wie der Herr sie gerettet hatte. 9 Jitro freute sich über alles, was der Herr an Israel Gutes getan hatte, als er es aus der Hand der Ägypter rettete. 10 Jitro sagte: Gepriesen sei der Herr, der euch aus der Hand der Ägypter und des Pharao gerettet hat. 11 Jetzt weiß ich: Jahwe ist größer als alle Götter. Denn die Ägypter haben Israel hochmütig behandelt, doch der Herr hat das Volk aus ihrer Hand gerettet.

12 Dann holte Jitro, der Schwiegervater des Mose, Tiere für Brandopfer und Schlachtopfer zur Ehre Gottes. Aaron und alle Ältesten Israels kamen, um mit dem Schwiegervater des Mose vor dem Angesicht Gottes ein Mahl zu halten.

13 Am folgenden Morgen setzte sich Mose, um für das Volk Recht zu sprechen. Die Leute mussten vor Mose vom Morgen bis zum Abend anstehen. 14 Als der Schwiegervater des Mose sah, was er alles für das Volk zu tun hatte, sagte er: Was soll das, was du da für das Volk tust? Warum sitzt du hier allein und die vielen Leute müssen vom Morgen bis zum Abend vor dir anstehen? 15 Mose antwortete seinem Schwiegervater: Die Leute kommen zu mir, um Gott zu befragen. 16 Wenn sie einen Streitfall haben, kommen sie zu mir. Ich entscheide dann ihren Fall und teile ihnen die Gesetze und Weisungen Gottes mit.

17 Da sagte der Schwiegervater zu Mose: Es ist nicht richtig, wie du das machst. 18 So richtest du dich selbst zugrunde und auch das Volk, das bei dir ist. Das ist zu schwer für dich; allein kannst du es nicht bewältigen.

19 Nun hör zu, ich will dir einen Rat geben und Gott wird mit dir sein. Vertritt du das Volk vor Gott! Bring ihre Rechtsfälle vor ihn, 20 unterrichte sie in den Gesetzen und Weisungen und lehre sie, wie sie leben und was sie tun sollen. 21 Du aber sieh dich im ganzen Volk nach tüchtigen, gottesfürchtigen und zuverlässigen Männern um, die Bestechung ablehnen. Gib dem Volk Vorsteher für je tausend, hundert, fünfzig und zehn!

22 Sie sollen dem Volk jederzeit als Richter zur Verfügung stehen. Alle wichtigen Fälle sollen sie vor dich bringen, die leichteren sollen sie selber entscheiden. Entlaste dich und lass auch andere Verantwortung tragen! 23 Wenn du das tust, sofern

Gott zustimmt, bleibst du der Aufgabe gewachsen
und die Leute hier können alle zufrieden heimge-
hen.
24 Mose hörte auf seinen Schwiegervater und tat al-
les, was er vorschlug. 25 Mose wählte sich tüchtige
Männer in ganz Israel aus und setzte sie als Haupt-
leute über das Volk ein, als Vorsteher für je tau-
send, hundert, fünfzig und zehn. 26 Sie standen
dem Volk jederzeit als Richter zur Verfügung. Die
schwierigen Fälle brachten sie vor Mose, alle leich-
teren entschieden sie selber.
27 Mose verabschiedete seinen Schwiegervater und
dieser kehrte in sein Land zurück.

3: 2,22

AM SINAI: 19,1 – 40,38

Das Bundesangebot Gottes

19 Im dritten Monat nach dem Auszug der
Israeliten aus Ägypten – am heutigen Tag
– kamen sie in der Wüste Sinai an. 2 Sie waren von
Refidim aufgebrochen und kamen in die Wüste
Sinai. Sie schlugen in der Wüste das Lager auf.
Dort lagerte Israel gegenüber dem Berg.
3 Mose stieg zu Gott hinauf. Da rief ihm der Herr
vom Berg her zu: Das sollst du dem Haus Jakob sa-
gen und den Israeliten verkünden: 4 Ihr habt gese-
hen, was ich den Ägyptern angetan habe, wie ich
euch auf Adlerflügeln getragen und hierher zu mir
gebracht habe. 5 Jetzt aber, wenn ihr auf meine
Stimme hört und meinen Bund haltet, werdet ihr
unter allen Völkern mein besonderes Eigentum
sein. Mir gehört die ganze Erde, 6 ihr aber sollt mir
als ein Reich von Priestern und als ein heiliges Volk
gehören. Das sind die Worte, die du den Israeliten
mitteilen sollst.
7 Mose ging und rief die Ältesten des Volkes zu-
sammen. Er legte ihnen alles vor, was der Herr ihm
aufgetragen hatte. 8 Das ganze Volk antwortete
einstimmig und erklärte: Alles, was der Herr ge-
sagt hat, wollen wir tun. Mose überbrachte dem
Herrn die Antwort des Volkes. 9 Der Herr sprach
zu Mose: Ich werde zu dir in einer dichten Wolke
kommen; das Volk soll es hören, wenn ich mit dir
rede, damit sie auch an dich immer glauben. Da
berichtete Mose dem Herrn, was das Volk gesagt
hatte.
10 Der Herr sprach zu Mose: Geh zum Volk! Ordne
an, dass sie sich heute und morgen heilig halten
und ihre Kleider waschen. 11 Sie sollen sich für den
dritten Tag bereithalten. Am dritten Tag nämlich
wird der Herr vor den Augen des ganzen Volkes auf
den Berg Sinai herabsteigen. 12 Zieh um das Volk
eine Grenze und sag: Hütet euch, auf den Berg zu
steigen oder auch nur seinen Fuß zu berühren. Je-
der, der den Berg berührt, wird mit dem Tod be-
straft. 13 Keine Hand soll den Berg berühren. Wer
es aber tut, soll gesteinigt oder mit Pfeilen er-
schossen werden; ob Tier oder Mensch, niemand
darf am Leben bleiben. Erst wenn das Horn ertönt,
dürfen sie auf den Berg steigen.
14 Mose stieg vom Berg zum Volk hinunter und
ordnete an, das Volk solle sich heilig halten und
seine Kleider waschen. 15 Er sagte zum Volk: Hal-
tet euch für den dritten Tag bereit! Berührt keine
Frau! 16 Am dritten Tag, im Morgengrauen, be-
gann es zu donnern und zu blitzen. Schwere Wol-
ken lagen über dem Berg und gewaltiger Hörner-
schall erklang. Das ganze Volk im Lager begann zu
zittern. 17 Mose führte es aus dem Lager hinaus
Gott entgegen. Unten am Berg blieben sie stehen.
18 Der ganze Sinai war in Rauch gehüllt, denn der
Herr war im Feuer auf ihn herabgestiegen. Der
Rauch stieg vom Berg auf wie Rauch aus einem
Schmelzofen. Der ganze Berg bebte gewaltig 19 und
der Hörnerschall wurde immer lauter. Mose re-
dete und Gott antwortete im Donner.
20 Der Herr war auf den Sinai, auf den Gipfel des
Berges, herabgestiegen. Er hatte Mose zu sich auf
den Gipfel des Berges gerufen und Mose war hi-
naufgestiegen. 21 Da sprach der Herr zu Mose: Geh
hinunter und schärf dem Volk ein, sie sollen nicht
neugierig sein und nicht versuchen, zum Herrn
vorzudringen; sonst müssten viele von ihnen um-
kommen. 22 Auch die Priester, die sich dem Herrn
nähern, müssen sich geheiligt haben, damit der
Herr in ihre Reihen keine Bresche reißt. 23 Mose
entgegnete dem Herrn: Das Volk kann nicht auf den
Sinai steigen. Denn du selbst hast uns eingeschärft:

Zieh eine Grenze um den Berg und erklär ihn für
heilig! 24 Doch der Herr sprach zu ihm: Geh hinun-
ter und komm zusammen mit Aaron wieder herauf!
Die Priester aber und das Volk sollen nicht ver-
suchen hinaufzusteigen und zum Herrn vorzudrin-
gen, sonst reißt er in ihre Reihen eine Bresche. 25 Da
ging Mose zum Volk hinunter und sagte es ihnen.

5f: 1 Petr 2,9

Die Zehn Gebote

20 Dann sprach Gott alle diese Worte: 2 Ich
bin Jahwe, dein Gott, der dich aus Ägyp-
ten geführt hat, aus dem Sklavenhaus. 3 Du sollst
neben mir keine anderen Götter haben. 4 Du sollst
dir kein Gottesbild machen und keine Darstellung
von irgendetwas am Himmel droben, auf der Erde
unten oder im Wasser unter der Erde. 5 Du sollst
dich nicht vor anderen Göttern niederwerfen und
dich nicht verpflichten, ihnen zu dienen. Denn
ich, der Herr, dein Gott, bin ein eifersüchtiger
Gott: Bei denen, die mir Feind sind, verfolge ich
die Schuld der Väter an den Söhnen, an der drit-
ten und vierten Generation; 6 bei denen, die mich
lieben und auf meine Gebote achten, erweise ich
Tausenden meine Huld. 7 Du sollst den Namen des
Herrn, deines Gottes, nicht missbrauchen; denn
der Herr lässt den nicht ungestraft, der seinen Na-
men missbraucht.
8 Gedenke des Sabbats: Halte ihn heilig! 9 Sechs
Tage darfst du schaffen und jede Arbeit tun. 10 Der
siebte Tag ist ein Ruhetag, dem Herrn, deinem
Gott, geweiht. An ihm darfst du keine Arbeit tun:
du, dein Sohn und deine Tochter, dein Sklave und
deine Sklavin, dein Vieh und der Fremde, der in
deinen Stadtbereichen Wohnrecht hat. 11 Denn in
sechs Tagen hat der Herr Himmel, Erde und Meer
gemacht und alles, was dazugehört; am siebten Tag
ruhte er. Darum hat der Herr den Sabbattag ge-
segnet und ihn für heilig erklärt.
12 Ehre deinen Vater und deine Mutter, damit du
lange lebst in dem Land, das der Herr, dein Gott,
dir gibt.
13 Du sollst nicht morden.
14 Du sollst nicht die Ehe brechen.
15 Du sollst nicht stehlen.
16 Du sollst nicht falsch gegen deinen Nächsten
aussagen.
17 Du sollst nicht nach dem Haus deines Nächsten
verlangen. Du sollst nicht nach der Frau deines
Nächsten verlangen, nach seinem Sklaven oder
seiner Sklavin, seinem Rind oder seinem Esel oder
nach irgendetwas, das deinem Nächsten gehört.
18 Das ganze Volk erlebte, wie es donnerte und
blitzte, wie Hörner erklangen und der Berg rauch-
te. Da bekam das Volk Angst, es zitterte und hielt
sich in der Ferne. 19 Sie sagten zu Mose: Rede du
mit uns, dann wollen wir hören. Gott soll nicht mit
uns reden, sonst sterben wir. 20 Da sagte Mose zum
Volk: Fürchtet euch nicht! Gott ist gekommen, um
euch auf die Probe zu stellen. Die Furcht vor ihm
soll über euch kommen, damit ihr nicht sündigt.
21 Das Volk hielt sich in der Ferne und Mose
näherte sich der dunklen Wolke, in der Gott war.

2–18 ‖ Dtn 5,6–22 • 5: 23,24; Dtn 5,9; 13,3

Das Altargesetz

22 Der Herr sprach zu Mose: Sag den Israeliten: Ihr
habt gesehen, dass ich vom Himmel her mit euch
geredet habe. 23 Ihr sollt euch neben mir keine Göt-
ter aus Silber machen, auch Götter aus Gold sollt
ihr euch nicht machen. 24 Du sollst mir einen Altar
aus Erde errichten und darauf deine Schafe, Ziegen
und Rinder als Brandopfer und Heilsopfer schlach-
ten. An jedem Ort, an dem ich meinem Namen ein
Gedächtnis stifte, will ich zu dir kommen und dich
segnen. 25 Wenn du mir einen Altar aus Steinen er-
richtest, so sollst du ihn nicht aus behauenen Qua-
dern bauen. Du entweihst ihn, wenn du mit einem
Meißel daran arbeitest. 26 Du sollst nicht auf Stu-
fen zu meinem Altar hinaufsteigen, damit deine
Blöße dabei nicht zum Vorschein komme.

25: Dtn 27,5f

Das Bundesbuch: 21,1 – 23,33

Einleitung

21 Das sind die Rechtsvorschriften, die du ih-
nen vorlegen sollst:

Hebräische Sklaven

2 Wenn du einen hebräischen Sklaven kaufst, soll
er sechs Jahre Sklave bleiben, im siebten Jahr soll
er ohne Entgelt als freier Mann entlassen werden.

3 Ist er allein gekommen, soll er allein gehen. War
er verheiratet, soll seine Frau mitgehen. 4 Hat ihm
sein Herr eine Frau gegeben und hat sie ihm Söhne
oder Töchter geboren, dann gehören Frau und Kin-
der ihrem Herrn und er muss allein gehen. 5 Erklärt
aber der Sklave: Ich liebe meinen Herrn, meine Frau
und meine Kinder und will nicht als freier Mann
fortgehen, 6 dann soll ihn sein Herr vor Gott brin-
gen, er soll ihn an die Tür oder an den Torpfosten
bringen und ihm das Ohr mit einem Pfriem durch-
bohren; dann bleibt er für immer sein Sklave.
7 Wenn einer seine Tochter als Sklavin verkauft hat,
soll sie nicht wie andere Sklaven entlassen werden.
8 Hat ihr Herr sie für sich selbst bestimmt, mag er
sie aber nicht mehr, dann soll er sie zurückkaufen
lassen. Er hat nicht das Recht, sie an Fremde zu ver-
kaufen, da er seine Zusage nicht eingehalten hat.
9 Hat er sie für seinen Sohn bestimmt, verfahre er mit
ihr nach dem Recht, das für Töchter gilt. 10 Nimmt
er sich noch eine andere Frau, darf er sie in Nah-
rung, Kleidung und Beischlaf nicht benachteili-
gen. 11 Wenn er ihr diese drei Dinge nicht gewährt,
darf sie unentgeltlich, ohne Bezahlung, gehen.

Totschlag und Mord

12 Wer einen Menschen so schlägt, dass er stirbt,
wird mit dem Tod bestraft. 13 Wenn er ihm aber
nicht aufgelauert hat, sondern Gott es durch seine
Hand geschehen ließ, werde ich dir einen Ort fest-
setzen, an den er fliehen kann. 14 Hat einer vor-
sätzlich gehandelt und seinen Mitbürger aus dem
Hinterhalt umgebracht, sollst du ihn von meinem
Altar wegholen, damit er stirbt.

Misshandlung der Eltern

15 Wer seinen Vater oder seine Mutter schlägt, wird
mit dem Tod bestraft.

15: Lev 20,9; Dtn 27,16

Menschenraub

16 Wer einen Menschen raubt, gleichgültig, ob er
ihn verkauft hat oder ob man ihn noch in seiner
Gewalt vorfindet, wird mit dem Tod bestraft.

Entehrung der Eltern

17 Wer seinen Vater oder seine Mutter verflucht,
wird mit dem Tod bestraft.

Körperverletzung durch Menschen

18 Wenn Männer in Streit geraten und einer den
andern mit einem Stein oder einer Hacke verletzt,
sodass er zwar nicht stirbt, aber bettlägerig wird,
19 später wieder aufstehen und mit Krücken drau-
ßen umhergehen kann, so ist der freizusprechen,
der geschlagen hat; nur für die Arbeitsunfähigkeit
des Geschädigten muss er Ersatz leisten und er
muss für die Heilung aufkommen. 20 Wenn einer
seinen Sklaven oder seine Sklavin mit dem Stock
so schlägt, dass er unter seiner Hand stirbt, dann
muss der Sklave gerächt werden. 21 Wenn er noch
einen oder zwei Tage am Leben bleibt, dann soll
den Täter keine Rache treffen; es geht ja um sein
eigenes Geld. 22 Wenn Männer miteinander raufen
und dabei eine schwangere Frau treffen, sodass sie
eine Fehlgeburt hat, ohne dass ein weiterer Scha-
den entsteht, dann soll der Täter eine Buße zah-
len, die ihm der Ehemann der Frau auferlegt; er
kann die Zahlung nach dem Urteil von Schieds-
richtern leisten. 23 Ist weiterer Schaden entstanden,
dann musst du geben: Leben für Leben, 24 Auge für
Auge, Zahn für Zahn, Hand für Hand, Fuß für
Fuß, 25 Brandmal für Brandmal, Wunde für Wun-
de, Strieme für Strieme. 26 Wenn einer seinem Skla-
ven oder seiner Sklavin ein Auge ausschlägt, soll er
ihn für das ausgeschlagene Auge freilassen. 27 Wenn
er seinem Sklaven oder seiner Sklavin einen Zahn
ausschlägt, soll er ihn für den ausgeschlagenen
Zahn freilassen.

24: Lev 24,19f; Dtn 19,21; Mt 5,38

Körperverletzung durch Haustiere

28 Wenn ein Rind einen Mann oder eine Frau so
stößt, dass der Betreffende stirbt, dann muss man
das Rind steinigen und sein Fleisch darf man nicht
essen; der Eigentümer des Rinds aber bleibt straf-
frei. 29 Hat das Rind aber schon früher gestoßen
und hat der Eigentümer, obwohl man ihn darauf
aufmerksam gemacht hat, auf das Tier nicht auf-
gepasst, sodass es einen Mann oder eine Frau getö-
tet hat, dann soll man das Rind steinigen und auch
sein Eigentümer soll getötet werden. 30 Will man
ihm aber eine Sühne auferlegen, soll er als Löse-
geld für sein Leben so viel geben, wie man von ihm
fordert. 31 Stößt das Rind einen Sohn oder eine
Tochter, verfahre man nach dem gleichen Grund-

satz. 32 Stößt das Rind einen Sklaven oder eine
Sklavin, soll der Eigentümer dem Herrn dreißig
Silberschekel zahlen; das Rind aber soll gesteinigt
werden.

Ersatz bei Schädigung fremden Viehs

33 Wenn jemand einen Brunnen offen lässt oder ei-
nen Brunnen gräbt, ohne ihn abzudecken, und es
fällt ein Rind oder ein Esel hinein, 34 dann soll der
Eigentümer des Brunnens Ersatz leisten; er soll
dem Eigentümer des Tieres Geld zahlen, das ver-
endete Tier aber gehört ihm. 35 Wenn jemandes
Rind das Rind eines anderen stößt, sodass es ein-
geht, soll man das lebende Rind verkaufen und
den Erlös aufteilen; auch das verendete Rind soll
man aufteilen. 36 Wenn jedoch der Eigentümer
wusste, dass das Rind schon früher stößig war,
aber trotzdem nicht darauf aufgepasst hat, soll er
das Rind ersetzen, Rind für Rind, das verendete
Rind aber gehört ihm.

Ersatz bei Diebstahl

37 Wenn einer ein Rind oder ein Schaf stiehlt und
es schlachtet oder verkauft, soll er fünf Stück
Großvieh für das Rind oder vier Stück Kleinvieh
für das Schaf als Ersatz geben.
22 Wird ein Dieb beim Einbruch ertappt
und so geschlagen, dass er stirbt, so ent-
steht dadurch keine Blutschuld. 2 Doch ist darüber
bereits die Sonne aufgegangen, dann entsteht
Blutschuld. Ein Dieb muss Ersatz leisten. Besitzt er
nichts, soll man ihn für den Wert des Gestohlenen
verkaufen. 3 Findet man das Gestohlene, sei es
Rind, Esel oder Schaf, noch lebend in seinem Be-
sitz, dann soll er doppelten Ersatz leisten.

Ersatz bei fahrlässigem Feldbrand

4 Wenn jemand ein Feld oder einen Weinberg ab-
brennt und das Feuer sich ausbreiten lässt, sodass
es das Feld eines andern in Brand steckt, dann soll
er den besten Ertrag seines Feldes oder Weinbergs
als Ersatz dafür geben.
5 Breitet sich das Feuer aus, erfasst es eine Dor-
nenhecke und vernichtet einen Getreidehaufen,
auf dem Halm stehendes Getreide oder ein Feld,
dann soll der für den Brand Verantwortliche den
Schaden ersetzen.

Haftung für fremdes Eigentum

6 Übergibt jemand einem andern Geld oder Gerät
zur Aufbewahrung und es wird aus dessen Haus
gestohlen, dann soll der Dieb, wenn man ihn fin-
det, doppelten Ersatz leisten. 7 Findet man den
Dieb nicht, soll der Hausherr vor Gott erklären,
dass er sich nicht selbst am Eigentum des andern
vergriffen hat.
8 Wenn jemandem etwas veruntreut wurde, ein
Rind, ein Esel, ein Schaf, ein Kleid oder sonst et-
was, und er behauptet: Ja, das ist es, dann soll der
Streitfall der beiden vor Gott kommen. Wen Gott
als schuldig bezeichnet, soll dem andern doppel-
ten Ersatz leisten. 9 Wenn jemand einem andern
einen Esel, ein Rind, ein Schaf oder sonst ein
Haustier zur Verwahrung übergibt und das Tier
eingeht, sich etwas bricht oder fortgetrieben wird,
ohne dass es jemand sieht, 10 dann soll ein Eid beim
Namen des Herrn Klarheit darüber schaffen, dass
der eine sich nicht am Eigentum des andern ver-
griffen hat. Der Eigentümer soll an sich nehmen,
was noch da ist, ohne dass der andere Ersatz zu
leisten hätte. 11 Ist es ihm aber gestohlen worden,
muss er dem Eigentümer Ersatz leisten. 12 Ist das
Tier gerissen worden, bringe er es zum Beweis her-
bei; dann braucht er für das Gerissene keinen Er-
satz zu leisten. 13 Leiht jemand von einem andern
ein Tier und bricht es sich etwas oder geht ein,
und zwar in Abwesenheit des Eigentümers, so muss
er Ersatz leisten. 14 War der Eigentümer aber an-
wesend, so braucht der andere keinen Ersatz zu
leisten. Ist er Taglöhner, so geht es von seinem
Lohn ab.

Verführung einer Jungfrau

15 Wenn jemand ein noch nicht verlobtes Mädchen
verführt und bei ihm schläft, dann soll er das
Brautgeld zahlen und sie zur Frau nehmen. 16 Wei-
gert sich aber ihr Vater, sie ihm zu geben, dann hat
er ihm so viel zu zahlen, wie der Brautpreis für eine
Jungfrau beträgt.

**Todeswürdige Verbrechen:
Zauberei, Bestialität, Götzendienst**

17 Eine Hexe sollst du nicht am Leben lassen. 18 Je-
der, der mit einem Tier verkehrt, soll mit dem Tod
bestraft werden. 19 Wer einer Gottheit außer Jahwe

Schlachtopfer darbringt, an dem soll die Vernichtungsweihe vollstreckt werden.

17: Lev 20,27; Dtn 18,10–12 • 18: 27,21 • 19: Dtn 13,3f; 13–16; 18,13

Schutz vor Unterdrückung und Ausbeutung

20 Einen Fremden sollst du nicht ausnützen oder ausbeuten, denn ihr selbst seid in Ägypten Fremde gewesen.
21 Ihr sollt keine Witwe oder Waise ausnützen.
22 Wenn du sie ausnützt und sie zu mir schreit,
werde ich auf ihren Klageschrei hören. 23 Mein
Zorn wird entbrennen und ich werde euch mit dem Schwert umbringen, sodass eure Frauen zu Witwen und eure Söhne zu Waisen werden.
24 Leihst du einem aus meinem Volk, einem Armen, der neben dir wohnt, Geld, dann sollst du dich gegen ihn nicht wie ein Wucherer benehmen. Ihr sollt von ihm keinen Wucherzins fordern.
25 Nimmst du von einem Mitbürger den Mantel zum Pfand, dann sollst du ihn bis Sonnenunter-
gang zurückgeben; 26 denn es ist seine einzige Decke, der Mantel, mit dem er seinen bloßen Leib bedeckt.
Worin soll er sonst schlafen? Wenn er zu mir schreit, höre ich es, denn ich habe Mitleid.

24: Lev 25,36f; Dtn 23,20f

Gotteslästerung und Majestätsbeleidigung

27 Du sollst Gott nicht verächtlich machen und den Fürsten deines Volkes nicht verfluchen.

Erstlingsopfer

28 Deinen Reichtum und Überfluss sollst du nicht für dich behalten. Den Erstgeborenen unter deinen Söhnen sollst du mir geben.
29 Ebenso sollst du es mit deinen Rindern, Schafen und Ziegen halten. Sieben Tage sollen sie bei ihrer Mutter bleiben, am achten Tag sollst du sie mir übergeben.

28: 34,19f; Dtn 15,19–23

Verbot, gerissene Tiere zu essen

30 Als heilige Männer sollt ihr mir gehören. Fleisch von einem Tier, das auf dem Feld gerissen wurde, sollt ihr nicht essen; ihr sollt es den Hunden vorwerfen.

30: Lev 17,15

Verhalten im Rechtsverfahren

23 Du sollst kein leeres Gerücht verbreiten.
Biete deine Hand nicht dem, der Unrecht
hat, indem du als falscher Zeuge auftrittst. 2 Du
sollst dich nicht der Mehrheit anschließen, wenn sie im Unrecht ist, und sollst in einem Rechtsverfahren nicht so aussagen, dass du dich der Mehr-
heit fügst und das Recht beugst. 3 Du sollst auch
den Geringen in seinem Rechtsstreit nicht begünstigen.

3: Lev 19,15

Verhalten gegen den Feind

4 Wenn du dem verirrten Rind oder dem Esel deines Feindes begegnest, sollst du ihm das Tier
zurückbringen. 5 Wenn du siehst, wie der Esel dei-
nes Gegners unter der Last zusammenbricht, dann lass ihn nicht im Stich, sondern leiste ihm Hilfe!

Verbot von Rechtsbeugung

6 Du sollst das Recht des Armen in seinem Rechts-
streit nicht beugen. 7 Von einem unlauteren Ver-
fahren sollst du dich fern halten. Wer unschuldig und im Recht ist, den bring nicht um sein Leben;
denn ich spreche den Schuldigen nicht frei. 8 Du
sollst dich nicht bestechen lassen; denn Bestechung macht Sehende blind und verkehrt die Sache derer, die im Recht sind.

Rechtsschutz des Fremden

9 Einen Fremden sollst du nicht ausbeuten. Ihr wisst doch, wie es einem Fremden zumute ist; denn ihr selbst seid in Ägypten Fremde gewesen.

Sabbatjahr und Sabbatfeier

10 Sechs Jahre kannst du in deinem Land säen und
die Ernte einbringen; 11 im siebten sollst du es
brach liegen lassen und nicht bestellen. Die Armen in deinem Volk sollen davon essen, den Rest mögen die Tiere des Feldes fressen. Das Gleiche sollst du mit deinem Weinberg und deinen Ölbäumen tun.
12 Sechs Tage kannst du deine Arbeit verrichten, am siebten Tag aber sollst du ruhen, damit dein Rind und dein Esel ausruhen und der Sohn deiner Sklavin und der Fremde zu Atem kommen.

10: Lev 25,2–4 • 12: 20,9f; Dtn 5,12–14

Mahnung: Treue zum Bundesgott
13 Auf alles, was ich euch gesagt habe, sollt ihr ach-
ten. Den Namen eines anderen Gottes sollt ihr
nicht aussprechen, er soll dir nicht über die Lip-
pen kommen.

Die drei Hauptfeste
14 Dreimal im Jahr sollst du mir ein Fest feiern.
15 Du sollst das Fest der ungesäuerten Brote halten.
Im Monat Abib sollst du zur festgesetzten Zeit sie-
ben Tage lang ungesäuertes Brot essen, wie ich es
dir geboten habe. Denn in diesem Monat bist du
aus Ägypten ausgezogen. Man soll nicht mit lee-
ren Händen vor mir erscheinen. 16 Du sollst auch
das Fest der Ernte, des ersten Ertrags deiner Aus-
saat auf dem Feld, halten, ebenso das Fest der Lese
am Ende des Jahres, wenn du den Ertrag deines
Feldes eingebracht hast. 17 Dreimal im Jahr sollen
alle deine Männer vor dem Herrn erscheinen.
14–17: 13,6f; 34,18–23

Opfervorschriften
18 Beim Schlachten sollst du das Blut meines Op-
fers nicht über gesäuertes Brot fließen lassen. Das
Fett meines Festopfers darf nicht bis zum Morgen
liegen bleiben. 19 Von den Erstlingsfrüchten deines
Ackers sollst du die besten in das Haus des Herrn,
deines Gottes, bringen. Das Junge einer Ziege
sollst du nicht in der Milch seiner Mutter kochen.
18: 34,25f

Schlussmahnung: Verheißung und Warnung
20 Ich werde einen Engel schicken, der dir voraus-
geht. Er soll dich auf dem Weg schützen und dich
an den Ort bringen, den ich bestimmt habe.
21 Achte auf ihn und hör auf seine Stimme! Wi-
dersetz dich ihm nicht! Er würde es nicht ertragen,
wenn ihr euch auflehnt; denn in ihm ist mein
Name gegenwärtig. 22 Wenn du auf seine Stimme
hörst und alles tust, was ich sage, dann werde ich
der Feind deiner Feinde sein und alle in die Enge
treiben, die dich bedrängen.
23 Wenn mein Engel dir vorausgeht und dich in das
Land der Amoriter, Hetiter, Perisiter, Kanaaniter,
Hiwiter und Jebusiter führt und wenn ich sie ver-
schwinden lasse, 24 dann sollst du dich vor ihren
Göttern nicht niederwerfen und dich nicht ver-
pflichten, ihnen zu dienen. Du sollst keine Kultge-
genstände herstellen wie sie, sondern sie zerstören
und ihre Steinmale zerschlagen.
25 Wenn ihr dem Herrn, eurem Gott, dient, wird er
dein Brot und dein Wasser segnen. Ich werde
Krankheiten von dir fern halten. 26 In deinem Land
wird es keine Frau geben, die eine Fehlgeburt hat
oder kinderlos bleibt. Ich lasse dich die volle Zahl
deiner Lebenstage erreichen. 27 Ich sende meinen
Schrecken vor dir her, ich verwirre jedes Volk, zu
dem du kommst, und alle deine Feinde lasse ich
vor dir die Flucht ergreifen. 28 Ich lasse vor dir Pa-
nik ausbrechen; sie wird die Hiwiter, Kanaaniter
und Hetiter vor dir hertreiben. 29 Ich vertreibe sie
aber nicht gleich im ersten Jahr; sonst verödet das
Land und die wilden Tiere könnten zu deinem
Schaden überhand nehmen. 30 Nur allmählich will
ich sie vor dir zurückdrängen, bis du so zahlreich
geworden bist, dass du das Land in Besitz nehmen
kannst. 31 Ich setze deine Landesgrenzen fest vom
Schilfmeer bis zum Philistermeer, von der Wüste
bis zum Strom. Wenn ich die Einwohner des Lan-
des in deine Hand gebe und du sie vertreibst,
32 dann sollst du keinen Bund mit ihnen und ihren
Göttern schließen. 33 Sie sollen nicht in deinem
Land bleiben. Sonst könnten sie dich zur Sünde
gegen mich verführen, sodass du ihre Götter ver-
ehrst; denn dann würde dir das zu einer Falle.
24: 20,5; Dtn 5,9; 13,3 • 28: Dtn 7,20; Jos 24,12

Der Bundesschluß
24 Zu Mose sprach er: Steig zum Herrn hi-
nauf zusammen mit Aaron, Nadab, Abihu
und mit siebzig von den Ältesten Israels; werft
euch in einiger Entfernung nieder! 2 Mose allein
soll sich dem Herrn nähern, die anderen dürfen
nicht näher kommen und das Volk darf den Berg
nicht mit ihm zusammen besteigen.
3 Mose kam und übermittelte dem Volk alle Worte
und Rechtsvorschriften des Herrn. Das ganze Volk
antwortete einstimmig und sagte: Alles, was der
Herr gesagt hat, wollen wir tun. 4 Mose schrieb alle
Worte des Herrn auf. Am nächsten Morgen stand
er zeitig auf und errichtete am Fuß des Berges
einen Altar und zwölf Steinmale für die zwölf
Stämme Israels. 5 Er schickte die jungen Männer
Israels aus. Sie brachten Brandopfer dar und

schlachteten junge Stiere als Heilsopfer für den
Herrn. [6] Mose nahm die Hälfte des Blutes und goss
es in eine Schüssel, mit der anderen Hälfte be-
sprengte er den Altar. [7] Darauf nahm er die Ur-
kunde des Bundes und verlas sie vor dem Volk. Sie
antworteten: Alles, was der Herr gesagt hat, wol-
len wir tun; wir wollen gehorchen. [8] Da nahm Mose
das Blut, besprengte damit das Volk und sagte: Das
ist das Blut des Bundes, den der Herr aufgrund all
dieser Worte mit euch geschlossen hat.
[9] Danach stiegen Mose, Aaron, Nadab, Abihu und
die siebzig von den Ältesten Israels hinauf [10] und
sie sahen den Gott Israels. Die Fläche unter seinen
Füßen war wie mit Saphir ausgelegt und glänzte
hell wie der Himmel selbst. [11] Gott streckte nicht
seine Hand gegen die Edlen der Israeliten aus; sie
durften Gott sehen und sie aßen und tranken.
[12] Der Herr sprach zu Mose: Komm herauf zu mir
auf den Berg und bleib hier! Ich will dir die Stein-
tafeln übergeben, die Weisung und die Gebote, die
ich aufgeschrieben habe. Du sollst das Volk darin
unterweisen. [13] Da erhob sich Mose mit seinem
Diener Josua und stieg den Gottesberg hinauf.
[14] Zu den Ältesten sagte er: Bleibt hier, bis wir zu
euch zurückkehren; Aaron und Hur sind ja bei
euch. Wer ein Anliegen hat, wende sich an sie.
[15] Dann stieg Mose auf den Berg und die Wolke be-
deckte den Berg. [16] Die Herrlichkeit des Herrn ließ
sich auf den Sinai herab und die Wolke bedeckte
den Berg sechs Tage lang. Am siebten Tag rief der
Herr mitten aus der Wolke Mose herbei. [17] Die Er-
scheinung der Herrlichkeit des Herrn auf dem
Gipfel des Berges zeigte sich vor den Augen der
Israeliten wie verzehrendes Feuer. [18] Mose ging
mitten in die Wolke hinein und stieg auf den Berg
hinauf. Vierzig Tage und vierzig Nächte blieb
Mose auf dem Berg.

Die Anordnungen für Heiligtum und Kult: 25,1 – 31,17

Das Heiligtum und seine Geräte

25 Der Herr sprach zu Mose: [2] Sag zu den Is-
raeliten, sie sollen für mich eine Abgabe
erheben. Von jedem, den sein Sinn dazu bewegt,
sollt ihr die Abgabe erheben. [3] Das ist die Abgabe,
die ihr von ihnen erheben sollt: Gold, Silber, Kup-
fer, [4] violetten und roten Purpur, Karmesin, Bys-
sus, Ziegenhaare, [5] rötliche Widderfelle, Tahasch-
häute und Akazienholz; [6] Öl für den Leuchter,
Balsame für das Salböl und für duftendes Räu-
cherwerk; [7] Karneolsteine und Ziersteine für Efod
und Lostasche. [8] Macht mir ein Heiligtum! Dann
werde ich in ihrer Mitte wohnen. [9] Genau nach
dem Muster der Wohnstätte und aller ihrer Ge-
genstände, das ich dir zeige, sollt ihr es herstellen.
[10] Macht eine Lade aus Akazienholz, zweieinhalb
Ellen lang, anderthalb Ellen breit und anderthalb
Ellen hoch! [11] Überzieh sie innen und außen mit
purem Gold und bring daran ringsherum eine
Goldleiste an! [12] Gieß für sie vier Goldringe und
befestige sie an ihren vier Füßen, zwei Ringe an der
einen Seite und zwei Ringe an der anderen Seite!
[13] Fertige Stangen aus Akazienholz an und über-
zieh sie mit Gold! [14] Steck die Stangen durch die
Ringe an den Seiten der Lade, sodass man die Lade
damit tragen kann. [15] Die Stangen sollen in den
Ringen der Lade bleiben; man soll sie nicht he-
rausziehen. [16] In die Lade sollst du die Bundes-
urkunde legen, die ich dir gebe. [17] Verfertige auch
eine Deckplatte aus purem Gold zweieinhalb El-
len lang und anderthalb Ellen breit! [18] Mach zwei
Kerubim aus getriebenem Gold und arbeite sie an
den beiden Enden der Deckplatte heraus! [19] Mach
je einen Kerub an dem einen und dem andern
Ende; auf der Deckplatte macht die Kerubim an
den beiden Enden! [20] Die Kerubim sollen die Flü-
gel nach oben ausbreiten, mit ihren Flügeln die
Deckplatte beschirmen und sie sollen ihre Gesich-
ter einander zuwenden; der Deckplatte sollen die
Gesichter der Kerubim zugewandt sein. [21] Setz die
Deckplatte oben auf die Lade und in die Lade leg
die Bundesurkunde, die ich dir gebe. [22] Dort werde
ich mich dir zu erkennen geben und dir über der
Deckplatte zwischen den beiden Kerubim, die auf
der Lade der Bundesurkunde sind, alles sagen, was
ich dir für die Israeliten auftragen werde.
[23] Fertige auch einen Tisch aus Akazienholz an,
zwei Ellen lang, eine Elle breit und anderthalb
Ellen hoch! [24] Überzieh ihn mit purem Gold
und bring daran ringsherum eine Goldleiste an!
[25] Mach ihm ringsherum eine handbreite Einfas-
sung und verfertige um diese Einfassung eine gol-

dene Leiste! [26] Mach ihm vier Goldringe und befes-
tige die Ringe an den vier Ecken, die von seinen
vier Füßen gebildet werden. [27] Die Ringe sollen
dicht unter der Einfassung die Stangen aufneh-
men, mit denen man den Tisch trägt. [28] Mach die
Stangen aus Akazienholz und überzieh sie mit
Gold! Mit ihnen soll man den Tisch tragen. [29] Dazu
mach Schüsseln, Schalen, Kannen und Krüge für
die Trankopfer! Aus purem Gold sollst du sie an-
fertigen. [30] Auf dem Tisch sollst du ständig Schau-
brote vor mir auflegen.
[31] Verfertige auch einen Leuchter aus purem Gold!
Der Leuchter, sein Gestell, sein Schaft, seine Kel-
che, Knospen und Blüten sollen aus einem Stück
getrieben sein. [32] Von seinen Seiten sollen sechs
Arme ausgehen, drei Leuchterarme auf der einen
Seite und drei auf der anderen Seite. [33] Der erste
Arm soll drei mandelblütenförmige Kelche mit je
einer Knospe und einer Blüte aufweisen und der
zweite Arm soll drei mandelblütenförmige Kelche
mit je einer Knospe und einer Blüte aufweisen; so
alle sechs Arme, die von dem Leuchter ausgehen.
[34] Auf dem Schaft des Leuchters sollen vier man-
delblütenförmige Kelche, Knospen und Blüten
sein, [35] je eine Knospe unten zwischen zwei Armen,
entsprechend den sechs Armen, die vom Leuchter
ausgehen. [36] Seine Knospen und die Arme sollen
ein Ganzes mit dem Schaft bilden; das Ganze soll
ein Stück aus getriebenem purem Gold sein.
[37] Dann mach für den Leuchter sieben Lampen
und setze seine Lampen so auf, dass sie das Licht
nach vorn fallen lassen; [38] dazu Dochtscheren und
Pfannen aus purem Gold. [39] Aus einem Talent pu-
ren Goldes soll man den Leuchter und alle diese
Geräte machen. [40] Sieh zu, dass du ihn nach dem
Muster ausführst, das du auf dem Berg gesehen
hast.

26 Die Wohnstätte sollst du aus zehn Zelt-
tüchern herstellen; aus gezwirntem Bys-
sus, violettem und rotem Purpur und Karmesin
mit Kerubim sollst du sie machen, wie es ein
Kunstweber macht. [2] Ein Zelttuch soll achtund-
zwanzig Ellen lang und vier Ellen breit sein; alle
Zelttücher sollen dasselbe Maß haben. [3] Fünf Zelt-
tücher sollen jeweils aneinander gefügt sein.
[4] Mach Schleifen aus violettem Purpur am Rand
des einen Zelttuchs, am Ende des zusammenge-
fügten Stückes; ebenso sollst du es am Rand des
letzten Zelttuchs des außen zusammengefügten
Stückes machen. [5] Fünfzig Schleifen sollst du an
dem einen Zelttuch anbringen und fünfzig Schlei-
fen am Zelttuchende des zweiten zusammen-
gefügten Stückes; die Schleifen sollen einander
entsprechen. [6] Du sollst auch fünfzig Goldhaken
machen und die Zelttücher mit den Haken ver-
binden, eines mit dem andern; so soll die Wohn-
stätte ein Ganzes bilden.
[7] Mach Decken aus Ziegenhaar für das Zelt über
der Wohnstätte; elf Stück sollst du herstellen.
[8] Eine Decke soll dreißig Ellen lang und vier Ellen
breit sein; die elf Decken sollen dasselbe Maß ha-
ben. [9] Verbinde fünf Decken zu einem Stück und
sechs Decken zu einem Stück; die sechste Decke
sollst du an der Vorderseite des Zeltes doppelt zu-
sammenlegen. [10] Fünfzig Schleifen mach am Saum
der Decke, die das Ende eines zusammengesetzten
Stückes bildet, und ebenso fünfzig Schleifen am
Saum der Decke, die das Ende des andern zusam-
mengesetzten Stückes bildet. [11] Fertige fünfzig
Kupferhaken an, häng die Haken in die Schleifen
und setz das Zelt so zusammen, dass es ein Ganzes
bildet. [12] Den herabhängenden überschüssigen
Teil der Zeltdecke lass zur Hälfte an der Rückseite
der Wohnstätte herabhängen! [13] Die überschüssige
Elle auf beiden Längsseiten der Zeltdecken soll auf
die beiden Seiten der Wohnstätte herabhängen,
sodass sie sie bedeckt. [14] Schließlich mach für das
Zelt eine Decke aus rötlichen Widderfellen und
darüber eine Decke aus Tahaschhäuten!
[15] Mach für die Wohnstätte Bretter aus Akazien-
holz zum Aufstellen! [16] Jedes Brett soll zehn Ellen
lang und anderthalb Ellen breit sein; [17] jedes Brett
soll durch zwei Zapfen mit dem nächsten verbun-
den werden. So mach es mit allen Brettern für die
Wohnstätte! [18] An Brettern für die Wohnstätte ver-
fertige zwanzig für die Südseite! [19] Stell vierzig
Sockel aus Silber her als Unterlage für die zwanzig
Bretter je zwei Sockel als Unterlage eines Brettes
für seine beiden Zapfen! [20] Für die zweite Seite der
Wohnstätte, die Nordseite, ebenfalls zwanzig Bret-
ter [21] und vierzig Sockel aus Silber, je zwei Sockel
als Unterlage eines Brettes. [22] Für die Rückseite der
Wohnstätte, die Westseite, verfertige sechs Bretter
[23] und zwei Bretter stell für die Eckstücke an der

Rückseite der Wohnstätte her! 24 Sie sollen einan-
der entsprechen und von unten bis oben zum ers-
ten Ring reichen. So soll es mit den beiden Bret-
tern geschehen, die die Eckstücke bilden. 25 Acht
Bretter und sechzehn Sockel aus Silber sollen vor-
handen sein, je zwei Sockel als Unterlage für jedes
Brett.
26 Verfertige Querlatten aus Akazienholz, fünf für
die Bretter auf der einen Seite der Wohnstätte,
27 fünf für die Bretter der zweiten Seite der Wohn-
stätte und fünf für die Bretter der Rückseite der
Wohnstätte, der Westseite! 28 Die mittlere Quer-
latte soll in der Mitte der Bretter angebracht wer-
den und von einem Ende zum andern reichen.
29 Überzieh die Bretter mit Gold und mach Ringe
aus Gold, welche die Querlatten aufnehmen; auch
die Querlatten überzieh mit Gold! 30 So errichte
die Wohnstätte nach dem Muster, das dir auf dem
Berg gezeigt worden ist.
31 Mach einen Vorhang aus violettem und rotem
Purpur, Karmesin und gezwirntem Byssus; wie
Kunstweberarbeit soll er gemacht werden, mit Ke-
rubim. 32 Häng ihn an die vier mit Gold überzoge-
nen Akaziensäulen, die auf vier Sockeln aus Silber
stehen sollen. Auch die Nägel der Säulen sollen aus
Gold sein. 33 Häng den Vorhang an die Haken und
bring dorthin, hinter den Vorhang, die Lade der
Bundesurkunde! Der Vorhang trenne euch das
Heiligtum vom Allerheiligsten. 34 Setz die Deck-
platte auf die Lade der Bundesurkunde im Aller-
heiligsten! 35 Stell den Tisch außen vor den Vor-
hang, den Leuchter gegenüber dem Tisch an die
Südseite der Wohnstätte; den Tisch stell an die
Nordseite! 36 Für den Eingang des Zeltes mach ei-
nen Vorhang aus violettem und rotem Purpur,
Karmesin und gezwirntem Byssus; Arbeit eines
Buntwirkers soll er sein. 37 Für den Vorhang mach
fünf Akaziensäulen, überzieh sie mit Gold und
gieß für sie fünf kupferne Sockel! Auch die Nägel
der Säulen sollen aus Gold sein.
27 Dann mach aus Akazienholz den Altar,
fünf Ellen lang und fünf Ellen breit – der
Altar soll also quadratisch sein – und drei Ellen
hoch. 2 Mach ihm Hörner an seinen vier Ecken –
seine Hörner sollen mit ihm ein Ganzes bilden –
und überzieh ihn mit Kupfer! 3 Stell auch die Ge-
fäße her für seine Fett-Asche, seine Schaufeln und
Schalen, seine Gabeln und Feuerpfannen! Alle
seine Geräte sollst du aus Kupfer herstellen. 4 Mach
für den Altar ein Gitterwerk, ein Netzgitter aus
Kupfer, und befestige am Netzgitter vier Kupfer-
ringe, und zwar an seinen vier Enden! 5 Bring das
Gitterwerk unterhalb der Altareinfassung unten
an! Das Netzgitter soll bis zur Mitte des Altars rei-
chen. 6 Verfertige für den Altar Stangen – Stangen
aus Akazienholz – und überzieh sie mit Kupfer!
7 Man soll die Stangen in die Ringe stecken, und
zwar sollen die Stangen an beiden Seiten des Al-
tars angebracht sein, wenn man ihn trägt. 8 Mach
ihn hohl, aus Brettern! Wie man es dir auf dem
Berg gezeigt hat, so soll man es ausführen.
9 Dann mach den Vorhof der Wohnstätte: für die
Südseite die Behänge des Vorhofs aus gezwirntem
Byssus, hundert Ellen lang für eine Seite, 10 seine
zwanzig Säulen und deren zwanzig Sockel aus
Kupfer, die Nägel der Säulen und deren Querstan-
gen aus Silber; 11 ebenso für die nördliche Längs-
seite Behänge, hundert Ellen lang, ihre zwanzig
Säulen und deren zwanzig Sockel aus Kupfer, die
Nägel der Säulen und deren Querstangen aus Sil-
ber; 12 für die Breitseite des Vorhofs im Westen
Behänge von fünfzig Ellen, ihre zehn Säulen und
deren Sockel. 13 Der Vorhof an der Ostseite soll
fünfzig Ellen breit sein, 14 und zwar fünfzehn Ellen
Behänge für die eine Seitenwand mit ihren drei
Säulen und deren drei Sockel; 15 für die andere Sei-
tenwand ebenso fünfzehn Ellen Behänge mit ihren
drei Säulen und deren drei Sockel; 16 für das Tor
des Vorhofs als Buntwirkerarbeit einen Vorhang
von zwanzig Ellen aus violettem und rotem Pur-
pur, Karmesin und gezwirntem Byssus, mit ihren
vier Säulen und deren vier Sockeln; 17 alle Säulen
des Vorhofs ringsum mit Querstangen aus Silber
sowie ihre Nägel aus Silber und ihre Sockel aus
Kupfer. 18 Der Vorhof soll hundert Ellen lang,
fünfzig Ellen breit und fünf Ellen hoch sein, die
Behänge aus gezwirntem Byssus, ihre Sockel aus
Kupfer. 19 Alle Geräte der Wohnstätte, die darin zu
irgendeinem Dienst verwendet werden, alle ihre
Zeltpflöcke und alle Zeltpflöcke des Vorhofs sol-
len aus Kupfer sein.
20 Du aber befiehl den Israeliten, dass sie dir reines
Öl aus gestoßenen Oliven für den Leuchter liefern,
damit immer Licht brennt. 21 Im Offenbarungszelt

außerhalb des Vorhangs vor der Bundesurkunde sollen es Aaron und seine Söhne zurichten; es soll vom Abend bis zum Morgen vor dem Herrn brennen, als eine ständig eingehaltene Verpflichtung bei den Israeliten von Generation zu Generation.

25,1–9: 35,4–10 • 10–22: 37,1–9 • 23–30: 37,10–16 • 31–40: 37,17–24 • 26,1–6: 36,8–13 • 7–14: 36,14–19 • 15–25: 36,20–30 • 26–30: 36,31–34 • 31–37: 36,35–38 • 27,1–8: 38,1–7 • 9–19: 38,9–20 • 20–21: Lev 24,2f

Die Priestergewänder

28 Lass aus der Mitte der Israeliten deinen Bruder Aaron und mit ihm auch seine Söhne zu dir kommen, damit sie mir als Priester dienen, Aaron mit Nadab, Abihu, Eleasar und Itamar, den Söhnen Aarons. [2] Lass für deinen Bruder Aaron heilige Gewänder anfertigen, die ihm zur Ehre und zum Schmuck gereichen. [3] Rede mit allen Sachverständigen, die ich mit dem Geist der Weisheit erfüllt habe; sie sollen Aarons Gewänder anfertigen, damit er geheiligt sei und mir als Priester dient. [4] Das sind die Gewänder, die sie anfertigen sollen: Lostasche, Efod, Obergewand, Leibrock aus gewirktem Stoff, Turban und Gürtel. Sie sollen also für deinen Bruder Aaron und für seine Söhne heilige Gewänder anfertigen, damit er mir als Priester dient. [5] Sie sollen dazu Gold, violetten und roten Purpur, Karmesin und Byssus verwenden.

[6] Das Efod sollen sie als Kunstweberarbeit herstellen, aus Gold, violettem und rotem Purpur, Karmesin und gezwirntem Byssus. [7] Es soll zwei miteinander verbundene Schulterstücke haben, und zwar an seinen beiden Enden sollen sie miteinander verbunden sein. [8] Die Schärpe am Efod soll von derselben Machart sein und mit ihm ein einziges Stück bilden, aus Gold, violettem und rotem Purpur, Karmesin und gezwirntem Byssus. [9] Nimm die beiden Karneolsteine und schneide die Namen der Söhne Israels ein: [10] sechs von den Namen in den einen Stein und die übrigen sechs Namen in den andern Stein, in der Reihenfolge, wie sie geboren wurden. [11] In Steinschneidearbeit wie Siegelgravierung sollst du in die beiden Steine die Namen der Söhne Israels schneiden, in Goldfassungen eingesetzt sollst du sie herstellen. [12] Befestige die beiden Steine an den Schulterstücken des Efod als Steine, die den Herrn an die Israeliten erinnern. Aaron soll ihre Namen auf beiden Schulterstücken vor dem Herrn zur Erinnerung tragen. [13] Du sollst also die Fassung aus Gold [14] und zwei Kettchen aus purem Gold machen; dreh sie wie eine Schnur, und befestige die schnurartigen Kettchen an den Fassungen!

[15] Mach eine Lostasche für den Schiedsspruch; als Kunstweberarbeit wie das Efod sollst du sie herstellen; aus Gold, violettem und rotem Purpur, Karmesin und gezwirntem Byssus sollst du sie herstellen. [16] Sie soll quadratisch sein, zusammengefaltet, eine Spanne lang und eine Spanne breit. [17] Besetze sie mit gefassten Edelsteinen in vier Reihen: die erste Reihe mit Rubin, Topas und Smaragd; [18] die zweite Reihe mit Karfunkel, Saphir und Jaspis; [19] die dritte Reihe mit Achat, Hyazinth und Amethyst; [20] die vierte Reihe mit Chrysolith, Karneol und Onyx; sie sollen in Gold gefasst und eingesetzt sein. [21] Die Steine sollen auf die Namen der Söhne Israels lauten, zwölf Steine auf ihre Namen – in Siegelgravierung. Jeder laute auf einen Namen der zwölf Stämme. [22] Befestige an der Lostasche schnurartige, gedrehte Kettchen aus purem Gold! [23] An der Lostasche bring zwei goldene Ringe an und befestige die Ringe an den Enden der Lostasche! [24] Sodann verbinde die beiden Goldschnüre mit den beiden Ringen an den Enden der Lostasche; [25] die zwei andern Enden der Schnüre befestige an den beiden Einfassungen und häng sie an die Vorderseite der Schulterstücke des Efod! [26] Mach noch zwei Goldringe und befestige sie an den beiden Enden der Lostasche, und zwar am inneren Rand, der dem Efod zugekehrt ist. [27] Mach zwei weitere Goldringe und befestige sie unten an den beiden Schulterstücken des Efod, und zwar an der Vorderseite, nahe ihrer Naht, aber oberhalb der Efodschärpe. [28] Man soll die Lostasche mit ihren Ringen an die Ringe des Efod mit einer violetten Purpurschnur binden, damit sie über der Efodschärpe bleibt und sich die Lostasche nicht vom Efod verschiebt. [29] Aaron soll die Namen der Söhne Israels in der Lostasche für den Schiedsspruch über seinem Herzen tragen, wenn er zum Heiligtum kommt, zur immer währenden Erinnerung vor dem Herrn. [30] In die Lostasche für den Schiedsspruch steck die Lose Urim und Tummim; sie sollen sich über dem Herzen Aarons befinden,

wenn er vor den Herrn kommt; Aaron trage den
Schiedsspruch für die Israeliten über seinem Her-
zen ständig vor dem Herrn.
31 Verfertige den Efodmantel ganz aus violettem
Purpur; 32 in seiner Mitte soll sich eine Öffnung für
den Kopf befinden; an seiner Öffnung ringsum
soll wie bei der Öffnung eines Panzerhemds ein
gewebter, unzerreißbarer Rand angebracht sein.
33 An seinem unteren Saum mach Granatäpfel aus
violettem und rotem Purpur und aus Karmesin,
an seinem Saum ringsum, und dazwischen gol-
dene Glöckchen ringsum: 34 ein Goldglöckchen
und ein Granatapfel abwechselnd ringsum am
Saum des Mantels. 35 Aaron soll ihn beim Dienst
tragen; sein Ton soll zu hören sein, wenn er in das
Heiligtum vor den Herrn hintritt und wenn er
wieder herauskommt; sonst muss er sterben.
36 Mach eine Rosette aus purem Gold und bring
darauf nach Art der Siegelgravierung die Inschrift
an: Heilig dem Herrn. 37 Befestige die Rosette an
einer Schnur aus violettem Purpur und bring sie
am Turban an; sie soll an der Vorderseite des Tur-
bans angebracht werden. 38 Sie soll auf Aarons
Stirn sein, denn Aaron ist verantwortlich für die
Verfehlungen an den Weihegaben, die die Israeli-
ten weihen, für alle heiligen Abgaben; sie soll stän-
dig auf Aarons Stirn sein, damit sie dem Herrn ge-
nehm sind.
39 Web den Leibrock aus Byssus; mach einen Tur-
ban aus Byssus und einen Gürtel in Buntwirker-
arbeit! 40 Für die Söhne Aarons verfertige Leib-
röcke und mach ihnen Gürtel! Mach für sie auch
Kopfbünde, die ihnen zur Ehre und zum Schmuck
gereichen. 41 Dann bekleide damit deinen Bruder
Aaron und zusammen mit ihm auch seine Söhne
und salbe sie, setze sie ins Priesteramt ein und
weihe sie, damit sie mir als Priester dienen. 42 Mach
ihnen Beinkleider aus Leinen, damit sie ihre
Scham bedecken; von den Hüften bis zu den
Schenkeln sollen sie reichen. 43 Aaron und seine
Söhne sollen sie tragen, wenn sie zum Offenba-
rungszelt kommen oder sich dem Altar nähern,
um den Dienst am Heiligtum zu verrichten; so
werden sie keine Schuld auf sich laden und nicht
sterben. Als ständig einzuhaltende Verpflichtung
gelte dies für ihn und seine Nachkommen.

1–43 || 39,1–31

Die Weihe der Priester

29 Das ist es, was du mit ihnen tun sollst,
wenn du sie zum Priesterdienst für mich
weihst: Nimm einen Jungstier und zwei fehlerlose
Widder, 2 ungesäuerte Brote, mit Öl vermengte
ungesäuerte Kuchen und mit Öl bestrichene un-
gesäuerte Brotfladen; aus Feinmehl sollst du sie
zubereiten. 3 Leg sie in einen Korb und bring sie im
Korb herbei, dazu den Jungstier und die beiden
Widder! 4 Lass Aaron und seine Söhne zum Ein-
gang des Offenbarungszeltes treten, und wasche
sie mit Wasser! 5 Nimm die Gewänder und be-
kleide Aaron mit Leibrock, Efodmantel, Efod und
Lostasche und bind ihm die Efodschärpe um!
6 Setz ihm den Turban auf den Kopf und befestige
das heilige Diadem am Turban! 7 Nimm Salböl,
gieß es auf sein Haupt und salb ihn! 8 Lass seine
Söhne herantreten und bekleide sie mit Leib-
röcken! 9 Gürte Aaron und seine Söhne mit einem
Gürtel und bind ihnen die Kopfbünde um! Das
Priestertum gehört dann ihnen als dauerndes An-
recht. Setz also Aaron und seine Söhne ins Pries-
teramt ein! 10 Lass den Jungstier vor das Offenba-
rungszelt bringen und Aaron und seine Söhne
sollen ihre Hände auf den Kopf des Jungstiers le-
gen. 11 Dann schlachte den Jungstier vor dem Herrn
am Eingang des Offenbarungszeltes! 12 Nimm vom
Blut des Jungstiers und gib etwas davon mit dei-
nem Finger auf die Hörner des Altars! Das ganze
übrige Blut aber gieß am Sockel des Altars aus!
13 Nimm das ganze Fett, das die Eingeweide be-
deckt, die Fettmasse über der Leber, die beiden
Nieren und ihr Fett und lass es auf dem Altar in
Rauch aufgehen! 14 Das Fleisch des Jungstiers, sein
Fell und seinen Mageninhalt verbrenn im Feuer
außerhalb des Lagers, denn es ist ein Sündopfer.
15 Dann hol den einen Widder und Aaron und
seine Söhne sollen ihre Hände auf den Kopf des
Widders legen. 16 Schlachte den Widder, nimm
sein Blut und gieß es ringsum an den Altar! 17 Zer-
leg den Widder in seine Teile, wasche seine Einge-
weide und seine Beine und leg sie auf seine übri-
gen Teile und auf seinen Kopf! 18 Dann lass den
ganzen Widder auf dem Altar in Rauch aufgehen!
Ein Brandopfer ist es für den Herrn zum beruhi-
genden Duft, ein Feueropfer für den Herrn ist es.
19 Dann hol den zweiten Widder und Aaron und

seine Söhne sollen ihre Hände auf den Kopf des Widders legen. 20 Schlachte den Widder, nimm von seinem Blut und streich es auf das rechte Ohrläppchen Aarons und seiner Söhne, auf den Daumen ihrer rechten Hand und auf die große Zehe ihres rechten Fußes! Das übrige Blut gieß ringsum an den Altar! 21 Nimm vom Blut auf dem Altar und vom Salböl und bespreng damit Aaron und dessen Gewänder sowie seine Söhne und deren Gewänder! Er und seine Gewänder werden so geweiht sein und mit ihm auch seine Söhne und deren Gewänder. 22 Dann nimm vom Widder das Fett, den Fettschwanz, das Fett, das die Eingeweide bedeckt, die Fettmasse über der Leber, die beiden Nieren und ihr Fett sowie die rechte Schenkelkeule; denn es ist der Widder der Priestereinsetzung. 23 Nimm dazu ein rundes Brot, einen mit Öl zubereiteten Brotkuchen und einen Brotfladen aus dem Korb der ungesäuerten Brote, der sich vor dem Herrn befindet. 24 Das alles leg Aaron und seinen Söhnen in die Hände und lass sie es vor dem Herrn hin- und herschwingen und so darbringen! 25 Dann nimm die Stücke wieder aus ihren Händen und lass sie auf dem Altar mit dem Brandopfer in Rauch aufgehen, zum beruhigenden Duft vor dem Herrn; ein Feueropfer für den Herrn ist es. 26 Dann nimm die Brust des Widders der Priestereinsetzung Aarons und schwing sie vor dem Herrn zur Darbringung hin und her! Die Brust gehört dir als Anteil. 27 Erkläre die Brust des Darbringungsritus und die Keule des Erhebungsritus als heilig; denn sie wurden vom Widder des Einsetzungsopfers genommen, dem Widder Aarons und dem seiner Söhne. 28 Sie gehören Aaron und seinen Söhnen als dauerndes Anrecht gegenüber den Israeliten, denn es ist ein Erhebungsopfer, und zwar ein Erhebungsopfer von den Israeliten, von ihren Heilsopfern, ihren Erhebungsopfern zur Ehre des Herrn. 29 Die heiligen Gewänder Aarons gehören nach ihm seinen Söhnen, damit man sie darin salbt und ins Priesteramt einsetzt. 30 Sieben Tage lang soll sie derjenige von seinen Söhnen tragen, der an seiner Stelle Priester wird und ins Offenbarungszelt eintritt, um im Heiligtum den Dienst zu verrichten. 31 Nimm den Einsetzungswidder und koch sein Fleisch an heiliger Stätte! 32 Aaron und seine Söhne sollen das Widderfleisch und das Brot aus dem Korb am Eingang des Offenbarungszeltes essen. 33 Sie sollen das essen, womit sie bei ihrer Priestereinsetzung und Weihe entsühnt wurden; kein Laie darf davon essen, denn es ist heilig. 34 Wenn vom Fleisch des Einsetzungsopfers und vom Brot etwas bis zum Morgen übrig bleibt, dann sollst du das Übriggebliebene im Feuer verbrennen; man darf es nicht essen, denn es ist heilig. 35 Tu mit Aaron und seinen Söhnen genau so, wie ich es dir befohlen habe. Sieben Tage verwende für ihre Priestereinsetzung! 36 Bereite täglich einen Sündopferstier für die Entsühnung zu und entsündige den Altar, indem du ihn entsühnst. Salb ihn, um ihn zu weihen. 37 Sieben Tage sollst du den Altar entsühnen und so weihen. Der Altar ist dann hochheilig; jeder, der den Altar berührt, wird heilig.

1–37 || Lev 8,1–36

Vorschriften für den Kult

38 Folgendes sollst du auf dem Altar darbringen: Tagtäglich und ständig zwei männliche einjährige Lämmer. 39 Das eine Lamm sollst du am Morgen, das andere zur Zeit der Abenddämmerung darbringen, 40 dazu ein Zehntel Feinmehl, das mit einem viertel Hin Öl aus gestoßenen Oliven vermengt ist, und als Trankopfer ein viertel Hin Wein für ein Lamm. 41 Das zweite Lamm bring zur Zeit der Abenddämmerung dar, mit einer Opfergabe und einem Trankopfer wie am Morgen, zum beruhigenden Duft als Feueropfer für den Herrn. 42 Es soll von Generation zu Generation ein immer währendes Brandopfer am Eingang des Offenbarungszeltes vor dem Herrn sein, wo ich mich euch offenbare, um mit dir dort zu reden. 43 Ich werde mich dort den Israeliten offenbaren und mich in meiner Herrlichkeit als heilig erweisen. 44 Ich werde das Offenbarungszelt, den Altar, Aaron und seine Söhne heiligen und für meinen Priesterdienst weihen. 45 Ich werde mitten unter den Israeliten wohnen und ihnen Gott sein. 46 Sie sollen erkennen, dass ich der Herr, ihr Gott bin, der sie aus Ägypten herausgeführt hat, um in ihrer Mitte zu wohnen, ich, der Herr, ihr Gott.

30 Mach auch einen Altar zum Verbrennen von Räucherwerk; aus Akazienholz sollst du ihn machen. 2 Er soll eine Elle lang, eine Elle breit, also quadratisch, und zwei Ellen hoch sein;

seine Hörner sollen mit ihm eine Einheit bilden.
3 Mit purem Gold überzieh ihn, seine Platte, seine
Wände ringsum und seine Hörner und bring an
ihm ringsum eine Goldleiste an! 4 Mach für ihn
zwei Paar Goldringe, befestige sie unterhalb seiner
Leiste an seinen beiden Seiten, seinen Seitenwän-
den, zum Aufnehmen der Stangen, sodass man ihn
damit tragen kann. 5 Mach die Stangen aus Akazi-
enholz und überzieh sie mit Gold! 6 Stell ihn vor
den Vorhang vor der Lade der Bundesurkunde, vor
der Deckplatte über der Bundesurkunde! Dort
will ich mich dir offenbaren. 7 Aaron soll auf ihm
Morgen für Morgen duftendes Räucherwerk ver-
brennen; wenn er die Lampen herrichtet, soll er es
verbrennen. 8 Wenn Aaron zur Zeit der Abend-
dämmerung die Lampen wieder aufsetzt, soll er
das Räucherwerk verbrennen; es soll ein immer
währendes Rauchopfer vor dem Herrn sein von
Generation zu Generation. 9 Ihr dürft auf ihm we-
der ein unerlaubtes Rauchopfer, noch ein Brand-
opfer, noch ein Speiseopfer darbringen; auch dürft
ihr auf ihm kein Trankopfer ausgießen. 10 An sei-
nen Hörnern soll Aaron einmal im Jahr die Sühne
für die Sünden vollziehen; mit dem Blut des Süh-
neopfers soll man einmal im Jahr auf ihm die
Sühne vollziehen von Generation zu Generation.
Etwas Hochheiliges ist es für den Herrn.

11 Der Herr sprach zu Mose: 12 Wenn du die Zäh-
lung der Israeliten für ihre Veranlagung durch-
führst, soll jeder von ihnen ein Lösegeld für seine
Person anlässlich der Veranlagung an den Herrn
zahlen, damit sie kein Unheil wegen der Veranla-
gung trifft. 13 Jeder von ihnen, der zur Veranlagung
kommt, soll einen halben Schekel, entsprechend
dem Schekelgewicht des Heiligtums, entrichten:
zwanzig Gera auf einen Schekel; einen halben
Schekel soll die Abgabe für den Herrn betragen.
14 Jeder von zwanzig Jahren und darüber, der zur
Veranlagung kommt, soll eine Abgabe für den
Herrn entrichten. 15 Der Reiche soll nicht mehr,
der Arme nicht weniger als einen halben Schekel
geben, wenn ihr die Abgabe für den Herrn als
Lösegeld für eure Person entrichtet. 16 Nimm das
Silber des Lösegeldes von den Israeliten und ver-
wende es für den Dienst im Offenbarungszelt; es
diene den Israeliten zur Erinnerung vor dem
Herrn, als Lösegeld für eure Person.

17 Der Herr sprach zu Mose: 18 Verfertige ein
Becken aus Kupfer und ein Gestell aus Kupfer für
die Waschungen und stell es zwischen das Offen-
barungszelt und den Altar; dann füll Wasser ein!
19 Aaron und seine Söhne sollen darin ihre Hände
und Füße waschen. 20 Wenn sie zum Offenba-
rungszelt kommen, sollen sie sich mit Wasser wa-
schen, damit sie nicht sterben. Ebenso sollen sie es
halten, wenn sie zum Altar treten, um den Dienst
zu verrichten und um Feueropfer für den Herrn in
Rauch aufgehen zu lassen. 21 Sie sollen sich ihre
Hände und Füße waschen, damit sie nicht sterben.
Dies soll für sie eine immer währende Verpflich-
tung sein, für Aaron und seine Nachkommen von
Generation zu Generation.

22 Der Herr sprach zu Mose: 23 Nimm dir Balsam
von bester Sorte: fünfhundert Schekel erstarrte
Tropfenmyrrhe, halb so viel, also zweihundert-
fünfzig Schekel, wohlriechenden Zimt, zweihun-
dertfünfzig Schekel Gewürzrohr 24 und fünfhun-
dert Schekel Zimtnelken, nach dem Schekel-
gewicht des Heiligtums, dazu ein Hin Olivenöl,
25 und mach daraus ein heiliges Salböl, eine wür-
zige Salbe, wie sie der Salbenmischer bereitet. Ein
heiliges Salböl soll es sein. 26 Damit salbe das Of-
fenbarungszelt und die Lade der Bundesurkunde,
27 den Tisch und den Leuchter mit ihren Geräten
und den Rauchopferaltar, 28 ferner den Brandop-
feraltar samt allen seinen Geräten und das Becken
mit seinem Gestell. 29 So sollst du sie weihen, da-
mit sie hochheilig seien; ein jeder, der sie berührt,
wird heilig. 30 Auch Aaron und seine Söhne sollst
du salben und sie weihen, damit sie mir als Pries-
ter dienen. 31 Zu den Israeliten aber sag: Das soll
euch als ein mir heiliges Salböl gelten von Gene-
ration zu Generation. 32 Auf keinen menschlichen
Körper darf es gegossen werden und ihr dürft auch
keines in der gleichen Mischung herstellen; denn
heilig ist es, heilig soll es euch sein. 33 Wer eine sol-
che Mischung herstellt oder damit einen Laien
salbt, soll aus seinen Stammesgenossen ausge-
merzt werden.

34 Der Herr sprach zu Mose: Nimm dir Duftstoffe,
Staktetropfen, Räucherklaue, Galbanum, Ge-
würzkräuter und reinen Weihrauch, von jedem
gleich viel, 35 und mach Räucherwerk daraus, ein
Würzgemisch, wie es der Salbenmischer herstellt,

gesalzen, rein und heilig. [36] Zerstoß einen Teil davon ganz fein und bring davon wieder einen Teil vor die Bundesurkunde im Offenbarungszelt, wo ich dir begegnen werde; hochheilig soll es euch sein. [37] Das Räucherwerk, das du bereiten sollst – in derselben Mischung dürft ihr euch kein anderes herstellen –, soll dir als dem Herrn heilig gelten. [38] Wer solches um des Duftes willen herstellt, soll aus seinen Stammesgenossen ausgemerzt werden.

29,38: Num 28,1–10 • 30,1–5: 37,25–28 • 10: Lev 16,18f • 12: 38,21 • 22–33: 37,29

Die Beauftragung von Künstlern und Handwerkern

31 Der Herr sprach zu Mose: [2] Siehe, ich habe Bezalel, den Sohn Uris, den Enkel Hurs, vom Stamm Juda, beim Namen gerufen [3] und ihn mit dem Geist Gottes erfüllt, mit Weisheit, mit Verstand und mit Kenntnis für jegliche Arbeit: [4] Pläne zu entwerfen und sie in Gold, Silber und Kupfer auszuführen [5] und durch Schneiden und Fassen von Steinen und durch Schnitzen von Holz allerlei Werke herzustellen. [6] Ich habe ihm Oholiab, den Sohn Ahisamachs, vom Stamm Dan, beigegeben und allen Kunstverständigen Weisheit verliehen, damit sie alles ausführen, was ich dir aufgetragen habe: [7] das Offenbarungszelt, die Lade für die Bundesurkunde, die Deckplatte darauf und alle Geräte des Zeltes, [8] den Tisch mit seinen Geräten, den Leuchter aus reinem Gold mit allen seinen Geräten und den Rauchopferaltar, [9] den Brandopferaltar mit allen seinen Geräten und das Becken mit seinem Gestell, [10] die gewirkten Gewänder und die heiligen Gewänder des Priesters Aaron sowie die Gewänder seiner Söhne für den Priesterdienst, [11] das Salböl und das duftende Räucherwerk für das Heiligtum. Sie sollen alles so ausführen, wie ich es dir befohlen habe.

Die Feier des Sabbat

[12] Der Herr sprach zu Mose: [13] Sag den Israeliten: Ihr sollt meine Sabbate halten; denn das ist ein Zeichen zwischen mir und euch von Generation zu Generation, damit man erkennt, dass ich, der Herr, es bin, der euch heiligt. [14] Darum haltet den Sabbat; denn er soll euch heilig sein. Wer ihn entweiht, soll mit dem Tod bestraft werden. Denn jeder, der an ihm eine Arbeit verrichtet, soll aus seinen Stammesgenossen ausgemerzt werden. [15] Sechs Tage soll man arbeiten; der siebte Tag ist Sabbat, Ruhetag, heilig für den Herrn. Jeder, der am Sabbat arbeitet, soll mit dem Tod bestraft werden. [16] Die Israeliten sollen also den Sabbat halten, indem sie ihn von Generation zu Generation als einen ewigen Bund halten. [17] Für alle Zeiten wird er ein Zeichen zwischen mir und den Israeliten sein. Denn in sechs Tagen hat der Herr Himmel und Erde gemacht; am siebten Tag ruhte er und atmete auf.

15: 20,9f; Dtn 5,12–14 • 17: Gen 2,2f

Der Bruch des Bundes: das goldene Kalb

[18] Nachdem der Herr zu Mose auf dem Berg Sinai alles gesagt hatte, übergab er ihm die beiden Tafeln der Bundesurkunde, steinerne Tafeln, auf die der Finger Gottes geschrieben hatte.

32 Als das Volk sah, dass Mose noch immer nicht vom Berg herabkam, versammelte es sich um Aaron und sagte zu ihm: Komm, mach uns Götter, die vor uns herziehen. Denn dieser Mose, der Mann, der uns aus Ägypten heraufgebracht hat – wir wissen nicht, was mit ihm geschehen ist. [2] Aaron antwortete: Nehmt euren Frauen, Söhnen und Töchtern die goldenen Ringe ab, die sie an den Ohren tragen, und bringt sie her! [3] Da nahm das ganze Volk die goldenen Ohrringe ab und brachte sie zu Aaron. [4] Er nahm sie von ihnen entgegen, zeichnete mit einem Griffel eine Skizze und goss danach ein Kalb. Da sagten sie: Das sind deine Götter, Israel, die dich aus Ägypten heraufgeführt haben. [5] Als Aaron das sah, baute er vor dem Kalb einen Altar und rief aus: Morgen ist ein Fest zur Ehre des Herrn. [6] Am folgenden Morgen standen sie zeitig auf, brachten Brandopfer dar und führten Tiere für das Heilsopfer herbei. Das Volk setzte sich zum Essen und Trinken und stand auf, um sich zu vergnügen.

[7] Da sprach der Herr zu Mose: Geh, steig hinunter, denn dein Volk, das du aus Ägypten heraufgeführt hast, läuft ins Verderben. [8] Schnell sind sie von dem Weg abgewichen, den ich ihnen vorgeschrieben habe. Sie haben sich ein Kalb aus Metall gegossen und werfen sich vor ihm zu Boden. Sie bringen

ihm Schlachtopfer dar und sagen: Das sind deine
Götter, Israel, die dich aus Ägypten heraufgeführt
haben. 9 Weiter sprach der Herr zu Mose: Ich habe
dieses Volk durchschaut: Ein störrisches Volk ist
es. 10 Jetzt lass mich, damit mein Zorn gegen sie
entbrennt und sie verzehrt. Dich aber will ich zu
einem großen Volk machen. 11 Da versuchte Mose,
den Herrn, seinen Gott, zu besänftigen, und sagte:
Warum, Herr, ist dein Zorn gegen dein Volk ent-
brannt? Du hast es doch mit großer Macht und
starker Hand aus Ägypten herausgeführt. 12 Sollen
etwa die Ägypter sagen können: In böser Absicht
hat er sie herausgeführt, um sie im Gebirge um-
zubringen und sie vom Erdboden verschwinden
zu lassen? Lass ab von deinem glühenden Zorn
und lass dich das Böse reuen, das du deinem Volk
antun wolltest. 13 Denk an deine Knechte, an Ab-
raham, Isaak und Israel, denen du mit einem Eid
bei deinem eigenen Namen zugesichert und gesagt
hast: Ich will eure Nachkommen zahlreich machen
wie die Sterne am Himmel, und: Dieses ganze
Land, von dem ich gesprochen habe, will ich eu-
ren Nachkommen geben und sie sollen es für im-
mer besitzen. 14 Da ließ sich der Herr das Böse
reuen, das er seinem Volk angedroht hatte.

15 Mose kehrte um und stieg den Berg hinab, die
zwei Tafeln der Bundesurkunde in der Hand, die
Tafeln, die auf beiden Seiten beschrieben waren.
Auf der einen wie auf der andern Seite waren sie
beschrieben. 16 Die Tafeln hatte Gott selbst ge-
macht und die Schrift, die auf den Tafeln einge-
graben war, war Gottes Schrift.

17 Josua hörte das Lärmen und Schreien des Volkes
und sagte zu Mose: Horch, Krieg ist im Lager.
18 Mose antwortete: Nicht Siegesgeschrei, auch
nicht Geschrei nach Niederlage ist das Geschrei,
das ich höre. 19 Als Mose dem Lager näher kam und
das Kalb und den Tanz sah, entbrannte sein Zorn.
Er schleuderte die Tafeln fort und zerschmetterte
sie am Fuß des Berges. 20 Dann packte er das Kalb,
das sie gemacht hatten, verbrannte es im Feuer
und zerstampfte es zu Staub. Den Staub streute er
in Wasser und gab es den Israeliten zu trinken.

21 Zu Aaron sagte Mose: Was hat dir dieses Volk ge-
tan, dass du ihm eine so große Schuld aufgeladen
hast? 22 Aaron erwiderte: Mein Herr möge sich
doch nicht vom Zorn hinreißen lassen. Du weißt
doch, wie böse das Volk ist. 23 Sie haben zu mir ge-
sagt: Mach uns Götter, die uns vorangehen. Denn
dieser Mose, der Mann, der uns aus Ägypten he-
raufgeführt hat – wir wissen nicht, was mit ihm
geschehen ist. 24 Da habe ich zu ihnen gesagt: Wer
Goldschmuck trägt, soll ihn ablegen. Sie haben
mir das Gold übergeben, ich habe es ins Feuer
geworfen und herausgekommen ist dieses Kalb.
25 Mose sah, wie verwildert das Volk war. Denn
Aaron hatte es verwildern lassen, zur Schaden-
freude ihrer Widersacher.

26 Mose trat an das Lagertor und sagte: Wer für den
Herrn ist, her zu mir! Da sammelten sich alle
Leviten um ihn. 27 Er sagte zu ihnen: So spricht
der Herr, der Gott Israels: Jeder lege sein Schwert
an. Zieht durch das Lager von Tor zu Tor! Jeder
erschlage seinen Bruder, seinen Freund, seinen
Nächsten. 28 Die Leviten taten, was Mose gesagt
hatte. Vom Volk fielen an jenem Tag gegen drei-
tausend Mann. 29 Dann sagte Mose: Füllt heute
eure Hände mit Gaben für den Herrn! Denn jeder
von euch ist heute gegen seinen Sohn und seinen
Bruder vorgegangen und der Herr hat Segen auf
euch gelegt.

30 Am folgenden Morgen sprach Mose zum Volk:
Ihr habt eine große Sünde begangen. Jetzt will ich
zum Herrn hinaufsteigen; vielleicht kann ich für
eure Sünde Sühne erwirken. 31 Mose kehrte zum
Herrn zurück und sagte: Ach, dieses Volk hat eine
große Sünde begangen. Götter aus Gold haben sie
sich gemacht. 32 Doch jetzt nimm ihre Sünde von
ihnen! Wenn nicht, dann streich mich aus dem
Buch, das du angelegt hast. 33 Der Herr antwortete
Mose: Nur den, der gegen mich gesündigt hat,
streiche ich aus meinem Buch. 34 Aber jetzt geh,
führe das Volk, wohin ich dir gesagt habe. Mein
Engel wird vor dir hergehen. Am Tag aber, an dem
ich Rechenschaft verlange, werde ich über ihre
Sünde mit ihnen abrechnen. 35 Der Herr schlug das
Volk mit Unheil, weil sie das Kalb gemacht hatten,
das Aaron anfertigen ließ.

33 Der Herr sprach zu Mose: Geh, zieh mit
dem Volk, das du aus Ägypten heraufge-
führt hast, fort von hier, in das Land hinauf, von
dem ich Abraham, Isaak und Jakob mit einem Eid
versichert habe: Deinen Nachkommen gebe ich es.
2 Ich sende einen Engel, der dir vorangeht, und ich

vertreibe die Kanaaniter, Amoriter, Hetiter, Perisi-
ter, Hiwiter und Jebusiter. 3 In ein Land, in dem
Milch und Honig fließen, wirst du kommen. Ich
selbst ziehe nicht in deiner Mitte hinauf, denn du
bist ein störrisches Volk. Es könnte sonst gesche-
hen, dass ich dich unterwegs vertilge. 4 Als das Volk
diese Drohung hörte, trauerten sie und keiner
legte seinen Schmuck an. 5 Da sprach der Herr zu
Mose: Sag zu den Israeliten: Ihr seid ein störrisches
Volk. Wenn ich auch nur einen einzigen Augen-
blick mit dir zöge, müsste ich dir ein Ende machen.
Jetzt aber leg deinen Schmuck ab! Dann will ich
sehen, was ich mit dir tun kann. 6 Da trugen die Is-
raeliten keinen Schmuck mehr, vom Berg Horeb
an.

32,13: Gen 22,17; 26,4; 17,8

Die Erneuerung des Bundes

7 Mose nahm das Zelt und schlug es für sich außer-
halb des Lagers auf, in einiger Entfernung vom
Lager. Er nannte es Offenbarungszelt. Wenn einer
den Herrn aufsuchen wollte, ging er zum Offen-
barungszelt vor das Lager hinaus. 8 Wenn Mose
zum Zelt hinausging, erhob sich das ganze Volk.
Jeder trat vor sein Zelt und sie schauten Mose
nach, bis er in das Zelt eintrat. 9 Sobald Mose das
Zelt betrat, ließ sich die Wolkensäule herab und
blieb am Zelteingang stehen. Dann redete der Herr
mit Mose. 10 Wenn das ganze Volk die Wolkensäule
am Zelteingang stehen sah, erhoben sich alle und
warfen sich vor ihren Zelten zu Boden. 11 Der Herr
und Mose redeten miteinander Auge in Auge, wie
Menschen miteinander reden. Wenn Mose aber
dann ins Lager zurückging, wich sein Diener Jo-
sua, der Sohn Nuns, ein junger Mann, nicht vom
Zelt.

12 Mose sagte zum Herrn: Du sagst zwar zu mir:
Führ dieses Volk hinauf! Du hast mich aber nicht
wissen lassen, wen du mitschickst. Du hast doch
gesagt: Ich kenne deinen Namen und habe dir
meine Gnade geschenkt. 13 Wenn ich aber wirklich
deine Gnade gefunden habe, so lass mich doch
deinen Weg wissen! Dann werde ich dich erken-
nen und es wird sich bestätigen, dass ich deine
Gnade gefunden habe. Sieh diese Leute an: Es ist
doch dein Volk! 14 Der Herr antwortete: Mein An-
gesicht wird mitgehen, bis ich dir Ruhe verschafft
habe. 15 Mose entgegnete dem Herrn: Wenn dein
Angesicht nicht mitgeht, dann führ uns lieber
nicht von hier hinauf! 16 Woran soll man erkennen,
dass ich zusammen mit deinem Volk deine Gnade
gefunden habe? Doch wohl daran, dass du mit uns
ziehst. Und dann werden wir, ich und dein Volk,
vor allen Völkern auf der Erde ausgezeichnet wer-
den. 17 Der Herr erwiderte Mose: Auch das, was du
jetzt verlangt hast, will ich tun; denn du hast nun
einmal meine Gnade gefunden und ich kenne dich
mit Namen.

18 Dann sagte Mose: Lass mich doch deine Herr-
lichkeit sehen! 19 Der Herr gab zur Antwort: Ich
will meine ganze Schönheit vor dir vorüberziehen
lassen und den Namen des Herrn vor dir ausru-
fen. Ich gewähre Gnade, wem ich will, und ich
schenke Erbarmen, wem ich will. 20 Weiter sprach
er: Du kannst mein Angesicht nicht sehen; denn
kein Mensch kann mich sehen und am Leben blei-
ben. 21 Dann sprach der Herr: Hier, diese Stelle da!
Stell dich an diesen Felsen! 22 Wenn meine Herr-
lichkeit vorüberzieht, stelle ich dich in den Fels-
spalt und halte meine Hand über dich, bis ich
vorüber bin. 23 Dann ziehe ich meine Hand zurück
und du wirst meinen Rücken sehen. Mein Ange-
sicht aber kann niemand sehen.

34 Weiter sprach der Herr zu Mose: Hau dir
zwei steinerne Tafeln zurecht wie die ers-
ten! Ich werde darauf die Worte schreiben, die auf
den ersten Tafeln standen, die du zerschmettert
hast. 2 Halte dich für morgen früh bereit! Steig am
Morgen auf den Sinai und dort auf dem Gipfel des
Berges stell dich vor mich hin! 3 Niemand soll mit
dir hinaufsteigen; auch soll sich kein Mensch auf
dem ganzen Berg sehen lassen und kein Schaf oder
Rind soll am Abhang des Berges weiden.

4 Da hieb Mose zwei Tafeln aus Stein zurecht wie
die ersten. Am Morgen stand Mose zeitig auf und
ging auf den Sinai hinauf, wie es ihm der Herr auf-
getragen hatte. Die beiden steinernen Tafeln nahm
er mit. 5 Der Herr aber stieg in der Wolke herab
und stellte sich dort neben ihn hin. Er rief den
Namen Jahwe aus. 6 Der Herr ging an ihm vorüber
und rief: Jahwe ist ein barmherziger und gnädiger
Gott, langmütig, reich an Huld und Treue: 7 Er be-
wahrt Tausenden Huld, nimmt Schuld, Frevel und
Sünde weg, lässt aber (den Sünder) nicht unge-

straft; er verfolgt die Schuld der Väter an den Söh-
nen und Enkeln, an der dritten und vierten Gene-
ration. 8 Sofort verneigte sich Mose bis zur Erde
und warf sich zu Boden.
9 Er sagte: Wenn ich deine Gnade gefunden habe,
mein Herr, dann ziehe doch mein Herr mit uns. Es
ist zwar ein störrisches Volk, doch vergib uns un-
sere Schuld und Sünde und lass uns dein Eigen-
tum sein!
10 Da sprach der Herr: Hiermit schließe ich einen
Bund: Vor deinem ganzen Volk werde ich Wunder
wirken, wie sie auf der ganzen Erde und unter
allen Völkern nie geschehen sind. Das ganze Volk,
in dessen Mitte du bist, wird die Taten des Herrn
sehen; denn was ich mit dir vorhabe, wird Furcht
erregen. 11 Halte dich an das, was ich dir heute
auftrage. Ich werde die Amoriter, Kanaaniter,
Hetiter, Perisiter, Hiwiter und Jebusiter vor dir
vertreiben.
12 Du hüte dich aber, mit den Bewohnern des Lan-
des, in das du kommst, einen Bund zu schließen;
sie könnten dir sonst, wenn sie in deiner Mitte
leben, zu einer Falle werden. 13 Ihre Altäre sollt ihr
vielmehr niederreißen, ihre Steinmale zerschla-
gen, ihre Kultpfähle umhauen.
14 Du darfst dich nicht vor einem andern Gott nie-
derwerfen. Denn Jahwe trägt den Namen »der Ei-
fersüchtige«; ein eifersüchtiger Gott ist er.
15 Hüte dich, einen Bund mit den Bewohnern des
Landes zu schließen. Sonst werden sie dich einla-
den, wenn sie mit ihren Göttern Unzucht treiben
und ihren Göttern Schlachtopfer darbringen, und
du wirst von ihren Schlachtopfern essen. 16 Du
wirst von ihren Töchtern für deine Söhne Frauen
nehmen; sie werden mit ihren Göttern Unzucht
treiben und auch deine Söhne zur Unzucht mit
ihren Göttern verführen.
17 Du sollst dir keine Götter aus Metall gießen.
18 Du sollst das Fest der ungesäuerten Brote halten.
Im Monat Abib sollst du zur festgesetzten Zeit sie-
ben Tage lang ungesäuertes Brot essen, wie ich es
dir geboten habe. Denn im Monat Abib bist du aus
Ägypten ausgezogen.
19 Das Erste, was den Mutterschoß durchbricht, je-
der männliche Erstling beim Vieh, bei deinen Rin-
dern und Schafen, gehört mir. 20 Den Erstling vom
Esel aber sollst du durch ein Schaf auslösen. Willst
du ihn nicht auslösen, dann brich ihm das Genick!
Jeden Erstgeborenen deiner Söhne musst du aus-
lösen.
Man soll vor mir nicht mit leeren Händen er-
scheinen.
21 Sechs Tage sollst du arbeiten, am siebten Tag
sollst du ruhen; selbst zur Zeit des Pflügens und
des Erntens sollst du ruhen.
22 Du sollst das Wochenfest feiern, das Fest der
Erstlingsfrüchte von der Weizenernte und das Fest
der Lese an der Jahreswende.
23 Dreimal im Jahr sollen alle deine Männer vor
dem Herrn, dem Gott Israels, erscheinen. 24 Wenn
ich die Völker vor dir vertrieben und deine Gren-
zen weiter vorgeschoben habe, wird niemand in
dein Land einfallen, während du dreimal im Jahr
hinaufziehst, um vor dem Herrn, deinem Gott, zu
erscheinen.
25 Beim Schlachten sollst du das Blut meines Op-
fers nicht über gesäuertes Brot fließen lassen und
vom Schlachttier des Paschafestes darf nichts bis
zum Morgen liegen bleiben.
26 Von den Erstlingsfrüchten deines Ackers sollst
du die besten in das Haus des Herrn, deines
Gottes, bringen. Das Junge einer Ziege sollst du
nicht in der Milch seiner Mutter kochen.
27 Dann sprach der Herr zu Mose: Schreib diese
Worte auf! Denn aufgrund dieser Worte schließe
ich mit dir und mit Israel einen Bund.
28 Mose blieb dort beim Herrn vierzig Tage und
vierzig Nächte. Er aß kein Brot und trank kein
Wasser. Er schrieb die Worte des Bundes, die zehn
Worte, auf Tafeln. 29 Als Mose vom Sinai herunter-
stieg, hatte er die beiden Tafeln der Bundesur-
kunde in der Hand.
Während Mose vom Berg herunterstieg, wusste er
nicht, dass die Haut seines Gesichtes Licht aus-
strahlte, weil er mit dem Herrn geredet hatte. 30 Als
Aaron und alle Israeliten Mose sahen, strahlte die
Haut seines Gesichtes Licht aus und sie fürchteten
sich, in seine Nähe zu kommen. 31 Erst als Mose sie
rief, kamen Aaron und alle Sippenhäupter der Ge-
meinde zu ihm zurück und Mose redete mit ih-
nen. 32 Dann kamen alle Israeliten herbei und er
übergab ihnen alle Gebote, die der Herr ihm auf
dem Sinai mitgeteilt hatte. 33 Als Mose aufhörte,
mit ihnen zu reden, legte er über sein Gesicht ei-

nen Schleier. [34] Wenn Mose zum Herrn hineinging, um mit ihm zu reden, nahm er den Schleier ab, bis er wieder herauskam. Wenn er herauskam, trug er den Israeliten alles vor, was ihm aufgetragen worden war. [35] Wenn die Israeliten das Gesicht des Mose sahen und merkten, dass die Haut seines Gesichtes Licht ausstrahlte, legte er den Schleier über sein Gesicht, bis er wieder hineinging, um mit dem Herrn zu reden.

34,6f: 20,5f; Num 14,18; Dtn 5,9f • 18: 23,15 • 19: 13,12f; 22,28f • 21: 20,9f; 23,12 • 25: 23,18f

Ausführung der kultischen Anordnungen: 35,1 – 40,38

Das Gesetz über den Sabbat

35 Mose versammelte die ganze Gemeinde der Israeliten und sagte zu ihnen: Das ist es, was der Herr euch zu tun befohlen hat: [2] Sechs Tage soll man arbeiten; der siebte Tag ist heilig, Sabbat, Ruhetag zur Ehre des Herrn. Jeder, der an ihm arbeitet, soll mit dem Tod bestraft werden. [3] Am Sabbat sollt ihr in keiner eurer Wohnstätten Feuer anzünden.

2: 20,9f; 31,15; Dtn 5,12–14

Die Spenden für das Heiligtum

[4] Mose sagte zur ganzen Gemeinde der Israeliten: Der Herr hat Folgendes befohlen: [5] Erhebt von euch eine Abgabe für den Herrn! Jeder, den sein Herz dazu bewegt, soll eine Abgabe für den Herrn bringen: Gold, Silber, Kupfer, [6] violetten und roten Purpur, Karmesin, Byssus, Ziegenhaare, [7] rötliche Widderfelle, Tahaschhäute und Akazienholz, [8] Öl für den Leuchter, Balsam für das Salböl und für das duftende Räucherwerk, [9] Karneolsteine und Ziersteine für Efod und Lostasche. [10] Alle Sachverständigen unter euch sollen kommen und alles anfertigen, was der Herr angeordnet hat: [11] die Wohnstätte, ihr Zelt und seine Decke, seine Haken, Bretter, Querlatten, Säulen und Sockel, [12] die Lade und ihre Stangen, die Deckplatte und den Vorhang, [13] den Tisch, seine Stangen, alle seine Geräte und die Schaubrote, [14] den Leuchter mit seinen Geräten und Lampen sowie das Öl für den Leuchter, [15] den Räucheraltar mit seinen Stangen, das Salböl, das duftende Räucherwerk und den Türvorhang für den Eingang der Wohnstätte, [16] den Brandopferaltar, sein Gitter aus Kupfer, seine Stangen, all sein Gerät, das Becken und sein Gestell, [17] die Behänge des Vorhofs, seine Säulen und Sockel sowie den Vorhang für das Tor des Vorhofs, [18] die Zeltpflöcke der Wohnstätte und des Vorhofs mit ihren Stricken, [19] die gewirkten Gewänder für den Dienst im Heiligtum, die heiligen Gewänder für den Priester Aaron und die Gewänder für seine Söhne zum Priesterdienst. [20] Da ging die ganze Gemeinde der Israeliten weg von Mose; [21] als sie wiederkamen, brachte jeder, den sein Herz bewog, und jeder, den sein Geist dazu antrieb, die Abgabe für den Herrn zur Herstellung des Offenbarungszeltes und für seinen gesamten Dienst und die heiligen Gewänder. [22] Männer und Frauen kamen; alle brachten auf eigenen Antrieb hin Spangen, Nasenreife und Fingerringe, Halsketten, allerlei Goldgegenstände, jeder, der Gold für den Herrn als Weihegabe bringen wollte. [23] Alle, die etwas an violettem und rotem Purpur, Karmesin, Byssus, Ziegenhaaren, rötlichen Widderfellen oder Tahaschhäuten bei sich fanden, brachten es. [24] Alle, die eine Abgabe an Silber oder Kupfer leisten wollten, brachten die Abgabe für den Herrn; alle, die Akazienholz beschaffen konnten, geeignet für jede Bearbeitung, brachten es herbei. [25] Alle Frauen, die sich auf Handarbeit verstanden, spannen und brachten das Gesponnene: violetten und roten Purpur, Karmesin und Byssus. [26] Alle kunstfertigen Frauen, die sich angespornt fühlten, spannen Ziegenhaare. [27] Die Sippenhäupter brachten Karneolsteine und Ziersteine für Efod und Lostasche, [28] Balsam und Öl für den Leuchter, für das Salböl und für das duftende Räucherwerk. [29] Alle Männer und Frauen, die ihr Herz dazu trieb, etwas zu irgendeiner Arbeit beizutragen, die der Herr durch Mose anzufertigen befohlen hatte, alle diese Israeliten brachten eine Spende für den Herrn.

4–29: 25,1–9

Die Beauftragung von Künstlern und Handwerkern

[30] Dann sagte Mose zu den Israeliten: Seht, der Herr hat Bezalel, den Sohn Uris, des Sohnes Hurs, vom Stamm Juda, beim Namen gerufen [31] und ihn

mit dem Geist Gottes erfüllt, mit Weisheit, Klugheit und Kenntnis für jegliche Arbeit, 32 Pläne zu entwerfen und sie in Gold, Silber und Kupfer auszuführen 33 und durch Schneiden und Fassen von Steinen und durch Schnitzen von Holz allerlei Kunstwerke herzustellen. 34 Auch hat er ihm und Oholiab, dem Sohn Ahisamachs, vom Stamm Dan, die Gabe verliehen, andere zu lehren. 35 Er hat sie erfüllt mit Kunstsinn zum Ausführen jeder Arbeit eines Steinschneiders, eines Kunstwebers und eines Buntwirkers in violettem und rotem Purpur, Karmesin und Byssus sowie eines Webers. Sie können alle Arbeiten ausführen und die Pläne dazu entwerfen.

36 Bezalel und Oholiab und alle kunstverständigen Männer, denen der Herr Weisheit und Klugheit zum Entwerfen und Ausführen der ganzen Arbeiten für den Dienst am Heiligtum gegeben hat, sollen alles tun, was der Herr angeordnet hat.

2 Mose berief also Bezalel, Oholiab und alle kunstverständigen Männer, denen der Herr Weisheit in ihr Herz gegeben hatte, jeden, den sein Herz antrieb, sich ans Werk zu machen und es durchzuführen. 3 Sie nahmen von Mose alle Abgaben entgegen, die die Israeliten gebracht hatten, damit die Arbeiten für den Dienst am Heiligtum ausgeführt werden könnten. Man brachte ihm auch weiterhin Morgen für Morgen Spenden. 4 Alle Kunstverständigen, die alle Arbeiten für das Heiligtum ausführten, kamen aber – jeder von seiner Arbeit, die er gerade verrichtete – 5 und sagten zu Mose: Das Volk bringt mehr, als man für die Arbeit benötigt, die der Herr auszuführen befahl. 6 Da erließ Mose einen Befehl und ließ im Lager ausrufen: Weder Mann noch Frau soll sich weiterhin um eine Abgabe für das Heiligtum bemühen. So bewog man das Volk, nichts mehr zu bringen. 7 Es war Material mehr als genug vorhanden, um alle Arbeiten durchzuführen.

35,30–35: 31,1–11

Die Ausstattung des Heiligtums

8 Die Kunstverständigen unter den Arbeitern verfertigten die Wohnstätte aus zehn Zelttüchern: aus gezwirntem Byssus, violettem und rotem Purpur und Karmesin, mit Kerubimfiguren; als Kunstweberarbeit machten sie es. 9 Ein Zelttuch war achtundzwanzig Ellen lang und vier Ellen breit; alle Zelttücher hatten dasselbe Maß. 10 Er fügte jeweils fünf Zelttücher aneinander. 11 Dann machte er Schleifen aus violettem Purpur am Rand des einen Zelttuchs, das das Ende des zusammengefügten Stückes bildete; ebenso machte er es am Rande des letzten Zelttuchs des anderen zusammengefügten Stückes. 12 Fünfzig Schleifen brachte er an dem einen Zelttuch an und fünfzig Schleifen am Zelttuchende des zweiten zusammengefügten Stückes; die Schleifen entsprachen einander. 13 Dann machte er fünfzig Goldhaken und verband die Zelttücher mit den Haken, eines mit dem andern; so wurde die Wohnstätte ein Ganzes.

14 Er machte Decken aus Ziegenhaar für das Zelt über der Wohnstätte; elf Decken stellte er her. 15 Eine Decke war dreißig Ellen lang und vier Ellen breit; die elf Decken hatten dasselbe Maß. 16 Er verband fünf Decken zu einem Stück und sechs Decken zu einem Stück. 17 Er machte fünfzig Schleifen am Saum der Decke, die das Ende des einen zusammengesetzten Stückes bildete, und ebenso fünfzig Schleifen am Saum der Decke, welche das Ende des anderen zusammengesetzten Stückes bildete. 18 Er fertigte fünfzig Kupferhaken an, um das Zelt zusammenzusetzen, damit es ein Ganzes ergäbe. 19 Schließlich machte er für das Zelt eine Decke aus rötlichen Widderfellen und darüber eine Decke aus Tahaschhäuten.

20 Er machte für die Wohnstätte Bretter aus Akazienholz zum Aufstellen. 21 Jedes Brett war zehn Ellen lang und anderthalb Ellen breit; 22 jedes Brett wurde durch zwei Zapfen mit dem nächsten verbunden. So machte er es mit allen Brettern der Wohnstätte. 23 An Brettern für die Wohnstätte verfertigte er zwanzig für die Südseite. 24 Er stellte vierzig Sockel aus Silber als Unterlage für die zwanzig Bretter her: je zwei Sockel als Unterlage eines Brettes für seine beiden Zapfen. 25 Für die zweite Seite der Wohnstätte, die Nordseite, machte er ebenfalls zwanzig Bretter 26 und vierzig Sockel aus Silber, je zwei Sockel als Unterlage eines Brettes. 27 Für die Rückseite der Wohnstätte, die Westseite, verfertigte er sechs Bretter 28 und zwei Bretter stellte er für die Eckstücke an der Rückseite der Wohnstätte her. 29 Sie entsprachen einander und

reichten von unten bis oben, zum ersten Ring. So
machte er es mit den beiden Brettern, die die bei-
den Eckstücke bildeten. 30 Es waren also acht Bret-
ter und sechzehn Sockel aus Silber vorhanden: je
zwei Sockel als Unterlage für ein Brett.
31 Er verfertigte Querlatten aus Akazienholz, fünf
für die Bretter auf der einen Seite der Wohnstätte,
32 fünf für die Bretter auf der zweiten Seite der
Wohnstätte und fünf für die Bretter der Rückseite
der Wohnstätte, der Westseite. 33 Er brachte die
mittlere Querlatte in der Mitte der Bretter an; sie
reichte von einem Ende zum andern. 34 Er überzog
die Bretter mit Gold und machte Ringe aus Gold,
die die Querlatten aufnahmen; auch die Querlat-
ten überzog er mit Gold.
35 Er machte einen Vorhang aus violettem und ro-
tem Purpur, Karmesin und gezwirntem Byssus; er
machte ihn in Kunstweberarbeit, mit Kerubim-
figuren. 36 Er machte für ihn vier Akaziensäulen,
überzog sie mit Gold – auch die Nägel waren aus
Gold – und goss für sie vier Sockel aus Silber. 37 Für
den Eingang des Zeltes machte er einen Vorhang
aus violettem und rotem Purpur, Karmesin und
gezwirntem Byssus in Buntwirkerarbeit 38 sowie
seine fünf Säulen mit ihren Nägeln und überzog
ihre Kapitelle und ihre Querstangen mit Gold; ihre
fünf Sockel waren aus Kupfer.

37 Dann machte Bezalel die Lade aus Akazi-
enholz, zweieinhalb Ellen lang, andert-
halb Ellen breit und anderthalb Ellen hoch. 2 Er
überzog sie innen und außen mit purem Gold und
brachte daran ringsherum eine Goldleiste an. 3 Er
goss für sie vier Goldringe und befestigte sie an
ihren vier Füßen, zwei Ringe an der einen Seite
und zwei Ringe an der anderen Seite. 4 Er fertigte
Stangen aus Akazienholz an und überzog sie mit
Gold. 5 Er steckte die Stangen durch die Ringe an
den Seiten der Lade, sodass man damit die Lade
tragen konnte.
6 Er verfertigte auch eine Deckplatte aus purem
Gold, zweieinhalb Ellen lang und anderthalb Ellen
breit. 7 Er machte zwei Kerubim aus getriebenem
Gold und arbeitete sie aus den beiden Enden der
Deckplatte heraus, 8 und zwar einen Kerub an dem
einen Ende und einen Kerub an dem andern Ende
der Deckplatte; er arbeitete die Kerubim an ihren
beiden Enden heraus. 9 Die Kerubim breiteten ihre
Flügel nach oben aus; mit ihren Flügeln be-
schirmten sie die Deckplatte und sie wandten ihre
Gesichter einander zu; die Gesichter waren der
Deckplatte zugewandt.
10 Er fertigte auch den Tisch aus Akazienholz an,
zwei Ellen lang, eine Elle breit und anderthalb El-
len hoch. 11 Er überzog ihn mit purem Gold und
brachte daran ringsherum eine Goldleiste an. 12 Er
machte ihm ringsherum eine handbreite Einfas-
sung und verfertigte um diese Einfassung eine gol-
dene Leiste. 13 Er goss für ihn vier Goldringe und
befestigte die Ringe an den vier Ecken, die von sei-
nen vier Füßen gebildet wurden. 14 Die Ringe wa-
ren dicht unter der Einfassung, sodass sie die Stan-
gen aufnahmen und man den Tisch tragen konnte.
15 Er machte die Stangen aus Akazienholz und
überzog sie mit Gold, sodass man den Tisch tra-
gen konnte. 16 Dazu machte er die Geräte, die auf
dem Tisch stehen sollten: seine Schüsseln, Schalen,
Kannen und Krüge für die Trankopfer – alles aus
purem Gold.
17 Er machte den Leuchter aus purem Gold. Der
Leuchter, sein Gestell und sein Schaft, seine Kel-
che, Knospen und Blüten waren aus einem Stück
getrieben. 18 Von seinen Seiten gingen sechs Arme
aus, drei Leuchterarme auf der einen Seite und
drei Leuchterarme auf der anderen Seite. 19 Der
erste Arm wies drei mandelblütenförmige Kelche
auf mit je einer Knospe und einer Blüte und der
zweite Arm wies drei mandelblütenförmige Kel-
che auf mit je einer Knospe und einer Blüte; so alle
sechs Arme, die von dem Leuchter ausgingen. 20 An
dem Leuchter waren vier mandelblütenförmige
Kelche, Knospen und Blüten: 21 je eine Knospe un-
ten zwischen zwei Armen, entsprechend den sechs
Armen, die vom Leuchter ausgingen. 22 Die Knos-
pen und Arme bildeten mit dem Schaft ein
Ganzes; das Ganze war ein Stück aus getriebenem
purem Gold. 23 Dann machte er auch für den
Leuchter die sieben Lampen, seine Dochtscheren
und Pfannen aus purem Gold. 24 Aus einem Talent
puren Goldes machte er den Leuchter und alle da-
zugehörenden Geräte.
25 Auch machte er den Räucheraltar aus Akazien-
holz, eine Elle lang, eine Elle breit – also quadra-
tisch – und zwei Ellen hoch; seine Hörner bilde-
ten mit ihm eine Einheit. 26 Er überzog ihn mit

purem Gold, seine Platte, seine Wände ringsum und seine Hörner, und brachte an ihm ringsum eine Goldleiste an. [27] Er machte für ihn zwei Paar Goldringe und befestigte sie unterhalb der Leiste an seinen beiden Seiten, seinen Seitenwänden, zum Aufnehmen der Stangen, sodass man ihn damit tragen konnte. [28] Er machte die Stangen aus Akazienholz und überzog sie mit Gold. [29] Er bereitete auch das heilige Salböl und das reine duftende Räucherwerk, wie Salbenmischer sie zubereiten.

38 Dann machte er den Brandopferaltar aus Akazienholz, fünf Ellen lang, fünf Ellen breit – also quadratisch – und drei Ellen hoch. [2] Er machte ihm Hörner an seinen vier Ecken – seine Hörner bildeten mit ihm ein Ganzes – und überzog ihn mit Kupfer. [3] Er stellte auch alle Altargeräte her: die Gefäße, die Schaufeln, die Schalen, die Gabeln und die Feuerpfannen. Alle seine Geräte stellte er aus Kupfer her. [4] Er machte auch für den Altar ein Gitterwerk, ein Netzgitter aus Kupfer, unterhalb der Einfassung bis zu seiner halben Höhe. [5] Dann goss er vier Ringe an die vier Enden des kupfernen Gitterwerkes zum Aufnehmen der Stangen. [6] Er verfertigte die Stangen aus Akazienholz und überzog sie mit Kupfer. [7] Er steckte die Stangen in die Ringe an den Seiten des Altars, sodass man ihn damit tragen konnte; er machte ihn hohl, aus Brettern.

[8] Er machte das Becken und sein Gestell aus Kupfer, und zwar aus den Spiegeln der Frauen, die am Eingang des Offenbarungszeltes Dienst taten.

[9] Dann machte er den Vorhof: für die südliche Längsseite Vorhofbehänge aus gezwirntem Byssus, hundert Ellen. [10] Ihre zwanzig Säulen und deren zwanzig Sockel waren aus Kupfer, die Nägel der Säulen und ihre Querstangen waren aus Silber. [11] Für die nördliche Längsseite hundert Ellen Behänge; ihre zwanzig Säulen und deren zwanzig Sockel waren aus Kupfer; die Nägel der Säulen und ihre Querstangen waren aus Silber. [12] Für die Westseite fünfzig Ellen Behänge, ihre zehn Säulen und deren zehn Sockel; die Nägel der Säulen und ihre Querstangen waren aus Silber. [13] Für die Vorderseite, gegen Osten hin, fünfzig Ellen Behänge, [14] und zwar fünfzehn Ellen Behänge für die eine Seitenwand mit den drei Säulen und den drei Sockeln, [15] ebenso für die andere Seitenwand. So waren beiderseits des Vorhoftores fünfzehn Ellen Behänge mit den drei Säulen und den drei Sockeln. [16] Alle Behänge des Vorhofs ringsum bestanden aus gezwirntem Byssus. [17] Die Sockel der Säulen waren aus Kupfer, die Nägel der Säulen und ihre Querstangen aus Silber, der Überzug ihrer Kapitelle aus Silber. Alle Säulen des Vorhofs hatten Querstangen aus Silber. [18] Für das Tor des Vorhofs machte er einen Vorhang: Er war Buntwirkerarbeit aus violettem und rotem Purpur, Karmesin und gezwirntem Byssus, zwanzig Ellen breit und fünf Ellen hoch, entsprechend den übrigen Behängen des Vorhofs. [19] Ihre vier Säulen und deren vier Sockel waren aus Kupfer, ihre Nägel aus Silber und auch der Überzug ihrer Kapitelle und ihre Querstangen aus Silber. [20] Alle Zeltpflöcke für die Wohnstätte und den Vorhof ringsum waren aus Kupfer.

[21] Das ist die Veranlagung zugunsten der Wohnstätte, der Stätte der Bundesurkunde; diese Veranlagung hatte Mose den Leviten unter dem Priester Itamar, dem Sohn Aarons, übertragen. [22] Bezalel, der Sohn Uris, des Sohnes Hurs, vom Stamm Juda, führte alles aus, was der Herr dem Mose befohlen hatte. [23] Mit Oholiab, dem Sohn Ahisamachs, vom Stamm Dan, als Steinschneider, Kunstweber und Buntwirker des violetten und roten Purpurs, des Karmesins und des Byssus führte er alles aus. [24] Das gesamte Gold, das man für alle Arbeiten zur Errichtung des Heiligtums verwendete – es war das Gold der Weihegaben –, wog 29 Talente und 730 Schekel, und zwar nach dem Schekelgewicht des Heiligtums. [25] Das Silber betrug aufgrund der Veranlagung der Gemeinde 100 Talente und 1775 Schekel, und zwar nach dem Schekelgewicht des Heiligtums, [26] einen Halbschekel für jede Person, also die Hälfte eines Schekels, und zwar nach dem Schekelgewicht des Heiligtums, für jeden von zwanzig Jahren und darüber, der zur Veranlagung vortreten musste, also für 603 550 Mann. [27] Verwendet wurden 100 Talente Silber zum Guss der Sockel des Heiligtums und der Sockel der Behänge, 100 Talente für 100 Sockel, also ein Talent für einen Sockel. [28] Aus 1775 Schekel machte er die Nägel für die Säulen, überzog die Kapitelle und verband sie miteinander. [29] Das Kupfer der Weihegaben betrug 70 Talente und 2400 Schekel.

30 Daraus machte er die Sockel für den Eingang des
Offenbarungszeltes, den kupfernen Altar samt sei-
nem kupfernen Gitterwerk und alle Altargeräte
31 sowie die Sockel für den Vorhof ringsum, die
Torsockel des Vorhofs, alle Zeltpflöcke der Wohn-
stätte und alle Zeltpflöcke des Vorhofs ringsum.

36,8–13: 26,1–6 • 14–19: 26,7–14 • 20–30: 26,15–25 • 31–34: 26,26–30 • 35–38: 26,31–37 • 37,1–9: 25,10–22 • 10–16: 25,23–30 • 17–24: 25,31–39 • 25–28: 30,1–10 • 29: 30,22–33 • 38,1–7: 27,1–8 • 9–20: 27,9–19 • 21–26: 30,11–16

Die Anfertigung der Priestergewänder

39 Aus violettem und rotem Purpur und aus
Karmesin verfertigten sie die gewirkten
Gewänder für den Dienst im Heiligtum und ver-
fertigten die heiligen Gewänder für Aaron, wie es
der Herr dem Mose befohlen hatte. 2 Sie stellten
das Efod her aus Gold, violettem und rotem Pur-
pur, Karmesin und gezwirntem Byssus. 3 Sie schlu-
gen goldene Plättchen breit, schnitten sie in Fäden,
um sie zwischen violettem und rotem Purpur,
Karmesin und Byssus als Kunstweberarbeit einzu-
wirken. 4 Für das Efod machten sie miteinander
verbundene Schulterstücke und befestigten sie an
ihren beiden Enden. 5 Eine Efodschärpe daran bil-
dete mit ihm ein einziges Stück und war von der-
selben Machart, aus Gold, violettem und rotem
Purpur, Karmesin und gezwirntem Byssus, wie es
der Herr dem Mose befohlen hatte. 6 Sie bearbei-
teten die in Goldfassungen eingesetzten Karneol-
steine und schnitten nach Siegelart die Namen der
Söhne Israels ein. 7 Man setzte sie dann auf die
Schulterstücke des Efod als Steine, die den Herrn
an die Israeliten erinnern, wie es der Herr dem
Mose befohlen hatte.
8 Die Lostasche verfertigte man als Kunstweberar-
beit wie das Efod, aus Gold, violettem und rotem
Purpur, Karmesin und gezwirntem Byssus. 9 Sie
machten die Lostasche quadratisch, zusammenge-
faltet, eine Spanne lang und eine Spanne breit.
10 Sie besetzten sie mit Edelsteinen in vier Reihen:
die erste Reihe mit Rubin, Topas und Smaragd,
11 die zweite Reihe mit Karfunkel, Saphir und Jas-
pis, 12 die dritte Reihe mit Achat, Hyazinth und
Amethyst, 13 die vierte Reihe mit Chrysolith, Kar-
neol und Onyx; sie waren in Gold gefasst. 14 Die
Steine lauteten auf die Namen der Söhne Israels,
zwölf auf ihre Namen – in Siegelgravierung. Jeder
lautete auf den Namen eines der zwölf Stämme.
15 Sie befestigten an der Lostasche schnurartige,
gedrehte Kettchen aus purem Gold. 16 Sie machten
zwei goldene Einfassungen und zwei Goldringe
und befestigten die beiden Ringe an den beiden
Enden der Lostasche. 17 Die beiden goldenen
Schnüre verbanden sie mit den beiden Ringen an
den Enden der Lostasche; 18 die zwei anderen En-
den der Schnüre befestigten sie an den beiden Ein-
fassungen und hängten sie an die Vorderseite der
Schulterstücke des Efod. 19 Sie machten noch zwei
Goldringe und befestigten sie an den beiden En-
den der Lostasche, und zwar am inneren Rand, der
dem Efod zugekehrt ist. 20 Sie machten zwei wei-
tere Goldringe und befestigten sie unten an den
beiden Schulterstücken des Efod, und zwar an der
Vorderseite, nahe ihrer Naht, aber oberhalb der
Efodschärpe. 21 Sie banden die Lostasche mit ihren
Ringen an die Ringe des Efod mit einer violetten
Purpurschnur, sodass sie über der Efodschärpe
blieb und sich die Lostasche nicht vom Efod ver-
schob, wie es der Herr dem Mose befohlen hatte.
22 Er machte den Efodmantel als Weberarbeit
gänzlich aus violettem Purpur. 23 In seiner Mitte
war die Mantelöffnung, wie die Öffnung eines
Panzerhemds; die Öffnung hatte ringsum einen
gewebten unzerreißbaren Rand. 24 An seinem un-
teren Saum machten sie Granatäpfel aus violettem
und rotem Purpur und aus gezwirntem Karmesin.
25 Sie machten Glöckchen aus reinem Gold und
befestigten die Glöckchen zwischen den Granat-
äpfeln am Saum des Mantels, ringsum zwischen
den Granatäpfeln: 26 ein Glöckchen und ein Gra-
natapfel abwechselnd ringsum am Saum des
Mantels für den Dienst, wie es der Herr dem Mose
befohlen hatte.
27 Danach machten sie die Leibröcke aus Byssus als
Weberarbeit für Aaron und seine Söhne, 28 den
Turban aus Byssus, den Schmuck der Kopfbünde
aus Byssus, die leinenen Beinkleider aus gezwirn-
tem Byssus 29 und den Gürtel aus gezwirntem Bys-
sus, violettem und rotem Purpur und Karmesin,
als Buntwirkerarbeit, wie es der Herr dem Mose
befohlen hatte.
30 Sie machten eine Rosette aus purem Gold, das
heilige Diadem, und brachten darauf die Inschrift
nach Art der Siegelgravierung an: Heilig dem

Herrn. 31 Sie befestigten sie an einer Schnur aus
violettem Purpur, um sie oben am Turban anzu-
bringen, wie es der Herr dem Mose befohlen hatte.
1–31 || 28,1–43

Der Abschluss der Arbeiten

32 So wurde das ganze Werk für die Wohnstätte des
Offenbarungszeltes vollendet; die Israeliten taten
genau so, wie es der Herr dem Mose befohlen
hatte. So machten sie es. 33 Sie brachten die Wohn-
stätte zu Mose: das Zelt mit allen seinen Geräten,
seinen Haken, Brettern, Querlatten, Säulen und
Sockeln, 34 die Decke aus rötlichen Widderfellen,
die Decke aus Tahaschhäuten und die Vorhang-
decke, 35 die Lade der Bundesurkunde mit ihren
Stangen und der Deckplatte, 36 den Tisch und alle
dazugehörigen Geräte sowie die Schaubrote, 37 den
Leuchter aus purem Gold, seine Lampen – die
Lampen der Reihe nach aufgestellt – und alle seine
Geräte sowie das Öl für den Leuchter, 38 den gol-
denen Altar, das Salböl, das duftende Räucherwerk
und den Vorhang für den Eingang des Zeltes, 39 den
kupfernen Altar und das zugehörige kupferne Git-
terwerk mit seinen Stangen und allen seinen Gerä-
ten, das Becken und sein Gestell, 40 die Behänge des
Vorhofs, seine Säulen und Sockel sowie den Vor-
hang für das Tor des Vorhofs, seine Schnüre und
Zeltpflöcke und alle Geräte für den Dienst an der
Wohnstätte, am Offenbarungszelt, 41 die gewirkten
Gewänder für den Dienst im Heiligtum, die heili-
gen Gewänder für den Priester Aaron und die Ge-
wänder seiner Söhne für den Priesterdienst. 42 Ge-
nau so, wie es der Herr dem Mose befohlen hatte,
führten die Israeliten die gesamte Arbeit aus.
43 Mose besichtigte das ganze Werk: Sie hatten es
gemacht, wie der Herr es befohlen hatte. So hatten
sie es gemacht und Mose segnete sie.

Die Weihe des Heiligtums

40 Der Herr sprach zu Mose: 2 Am ersten Tag
des ersten Monats sollst du die Wohnstätte
des Offenbarungszeltes aufstellen. 3 Stell die Lade
der Bundesurkunde hinein und verdeck die Lade
durch den Vorhang! 4 Bring den Tisch hinein und
leg seine Ausrüstung zurecht; stell den Leuchter
auf und setz seine Lampen auf! 5 Stell den golde-
nen Räucheraltar vor die Lade der Bundesurkunde
und häng den Vorhang vor den Eingang der
Wohnstätte! 6 Errichte den Brandopferaltar vor
dem Eingang der Wohnstätte, des Offenbarungs-
zeltes! 7 Das Becken stell zwischen das Offenba-
rungszelt und den Altar und gieß Wasser hinein!
8 Errichte den Vorhof ringsum und häng den Vor-
hang an das Tor des Vorhofs! 9 Nimm das Salböl
und salbe die Wohnstätte und alles, was in ihr ist.
Weihe sie mit allen ihren Geräten! So wird sie hei-
lig sein. 10 Salbe auch den Brandopferaltar mit all
seinen Geräten und weihe den Altar! So wird der
Altar hochheilig sein. 11 Salbe das Becken mit sei-
nem Gestell und weihe es!
12 Dann lass Aaron und seine Söhne zum Eingang
des Offenbarungszeltes herantreten und wasche
sie mit Wasser! 13 Bekleide Aaron mit den heiligen
Gewändern, salbe und weihe ihn, damit er mir als
Priester dient. 14 Dann lass seine Söhne herantre-
ten und bekleide sie mit Leibröcken; 15 salbe sie,
wie du ihren Vater gesalbt hast, damit sie mir als
Priester dienen. Ihre Salbung soll ihnen ein immer
währendes Priestertum sichern von Generation zu
Generation.
16 Mose tat es. Er machte alles, wie es der Herr ihm
befohlen hatte. 17 Im zweiten Jahr, am ersten Tag
des ersten Monats, stellte man die Wohnstätte auf.
18 Mose stellte die Wohnstätte auf, legte ihre Sockel
hin, setzte ihre Bretter darauf, brachte ihre Quer-
latten an und stellte ihre Säulen auf. 19 Dann
spannte er das Zelt über die Wohnstätte und legte
die Decke des Zeltes darüber, wie es der Herr dem
Mose befohlen hatte. 20 Dann nahm er die Bundes-
urkunde, legte sie in die Lade, brachte die Stangen
an der Lade an und setzte die Deckplatte oben auf
die Lade.
21 Er brachte die Lade in die Wohnstätte, spannte
die Vorhangdecke auf und verdeckte so die Lade
der Bundesurkunde, wie es der Herr dem Mose be-
fohlen hatte. 22 Er stellte den Tisch in das Offenba-
rungszelt, an die Nordseite der Wohnstätte, vor
den Vorhang. 23 Darauf schichtete er die Brote vor
dem Herrn auf, wie es der Herr dem Mose befoh-
len hatte. 24 Er stellte den Leuchter in das Offenba-
rungszelt, dem Tisch gegenüber, an die Südseite
der Wohnstätte. 25 Er setzte die Lampen vor dem
Herrn auf, wie es der Herr dem Mose befohlen
hatte. 26 Dann stellte er den goldenen Altar in das

Offenbarungszelt vor den Vorhang. 27 Er ließ auf ihm duftendes Räucherwerk verbrennen, wie es der Herr dem Mose befohlen hatte. 28 Dann hängte er den Vorhang an den Eingang der Wohnstätte. 29 Den Brandopferaltar stellte er an den Eingang der Wohnstätte, des Offenbarungszeltes, und brachte auf ihm das Brand- und Speiseopfer dar, wie es der Herr dem Mose befohlen hatte. 30 Er stellte das Becken zwischen das Offenbarungszelt und den Altar und goss Wasser zum Waschen hinein. 31 Darin wuschen Mose, Aaron und seine Söhne ihre Hände und Füße. 32 Wenn sie in das Offenbarungszelt eintraten oder sich dem Altar näherten, wuschen sie sich, wie es der Herr dem Mose befohlen hatte. 33 Er errichtete den Vorhof um die Wohnstätte und den Altar und ließ den Vorhang am Tor des Vorhofs aufhängen. So vollendete Mose das Werk.

34 Dann verhüllte die Wolke das Offenbarungszelt und die Herrlichkeit des Herrn erfüllte die Wohnstätte. 35 Mose konnte das Offenbarungszelt nicht betreten, denn die Wolke lag darauf, und die Herrlichkeit des Herrn erfüllte die Wohnstätte. 36 Immer, wenn die Wolke sich von der Wohnstätte erhob, brachen die Israeliten auf, solange ihre Wanderung dauerte. 37 Wenn sich aber die Wolke nicht erhob, brachen sie nicht auf, bis zu dem Tag, an dem sie sich erhob.

38 Bei Tag schwebte über der Wohnstätte die Wolke des Herrn, bei Nacht aber war an ihr Feuer vor den Augen des ganzen Hauses Israel, solange ihre Wanderung dauerte.

DAS BUCH LEVITIKUS

Das Buch trägt in der griechischen und lateinischen Bibel den Namen Levitikus, weil es fast ganz aus Vorschriften für den Kult und für die Priester aus dem Stamm Levi besteht. Die Juden nennen es nach den Anfangsworten Wajjikrá (Und er rief). Das ganze Buch gehört der priesterlichen Überlieferungsschicht (P) an. Es enthält nur zwei kurze erzählende Abschnitte: über den Tod der Aaron-Söhne Nadab und Abihu (10,1–5) und über die Steinigung eines Gotteslästerers (24,10–15). Die Vorschriften dieses Buches werden so in die Geschichtsdarstellung des Pentateuch eingefügt, dass sie als Anordnungen Gottes während des Sinai-Aufenthalts erscheinen.

Die Gliederung des Stoffes ist nicht leicht überschaubar. Lev 8 – 10 greift auf Ex 40 (Einsetzung der Priester aus dem Stamm Levi) zurück. In Kap. 1 – 7 stehen Anweisungen für verschiedene Opfer; in Kap. 11 – 15 folgen Vorschriften über die kultische Reinheit; Kap. 16 ist das Ritual für den Versöhnungstag. In Kap. 17 – 26 folgt das sogenannte Heiligkeitsgesetz, eine Gesetzessammlung, die in ihrem Grundbestand alte Vorschriften ethischer und kultischer Art enthält und wie altorientalische Gesetzbücher mit Segenszusagen und Fluchandrohungen schließt. Ein Nachtrag (Kap. 27) regelt die Ablösung von Gelübden und Zehnten durch Geld.

Dieser ganze Stoff wurde erst nach dem Babylonischen Exil in seine jetzige Gestalt gebracht; das Buch enthält aber vieles, was bereits lange in der Praxis der Priester und in der zur Unterweisung der Priester dienenden Tradition vorlag. Das alles wird unter die Autorität des Mose und des Bundesgesetzes vom Sinai gestellt und daher Mose in den Mund gelegt.

Die für uns teilweise befremdlichen Riten und Vorschriften, die die sogenannte kultische Reinheit regeln und die »Heiligkeit« Israels garantieren sollen, erklären sich daraus, dass die altorientalischen Völker keine scharfe Trennung zwischen Alltagsleben und Religion kannten. Dem heiligen, von aller Befleckung freien

Gott dürfen nur Menschen dienen, die sich von ethischen Vergehen freihalten, aber auch die Regeln des Anstands und der Hygiene beachten. Sie müssen sich außerdem von allem fern halten, was an heidnische Bräuche erinnert; dazu gehören der Genuss von bei heidnischen Opfern geschlachteten Tieren und die meisten Trauerriten. Darum machen bestimmte Tiere und Speisen und alles, was mit dem Bereich des Todes zu tun hat, z. B. Leichen und Aas, »unrein«. Wer sich gegen solche Reinheitsbestimmungen vergangen hat, und sei es nur unbeabsichtigt, muss sich bestimmten Reinigungsriten unterziehen und Schuld- oder Sündopfer darbringen, wenn er wieder am Gottesdienst teilnehmen will.

Wenn auch diese Vorschriften durch das Neue Testament überholt sind, behält das Buch Levitikus seine Bedeutung für die Kenntnis des Judentums und für das Verständnis des Neuen Testaments. Durch die strenge Befolgung der levitischen Gesetze hat das Judentum bis heute seine Identität bewahrt und ist nicht im Völkergemisch des Mittelmeerraums aufgegangen.

DIE OPFERVORSCHRIFTEN FÜR DAS VOLK: 1,1 – 5,26

Das Brandopfer

1 Der Herr rief Mose, redete ihn vom Offen-
barungszelt aus an und sprach: 2 Rede zu den
Israeliten und sag zu ihnen: Wenn einer von euch
dem Herrn von den Haustieren eine Opfergabe
darbringt, könnt ihr das mit Rind und Kleinvieh
tun. 3 Ist seine Opfergabe ein Brandopfer vom
Rind, so bringe er ein männliches Tier ohne Feh-
ler dar; er soll es an den Eingang des Offenba-
rungszeltes bringen, damit es vor dem Herrn An-
nahme findet. 4 Er lege seine Hand auf den Kopf
des Opfertiers, damit es für ihn angenommen
werde, um ihn zu entsühnen. 5 Er soll dann den
Stier vor dem Herrn schlachten und die Söhne Aa-
rons, die Priester, sollen das Blut darbringen. Sie
sollen es ringsum an den Altar sprengen, der am
Eingang des Offenbarungszeltes steht. 6 Dann soll
er das Opfer abhäuten und es in Stücke zerlegen.
7 Die Söhne Aarons, die Priester, sollen Feuer auf
den Altar bringen und Holz darauf schichten.
8 Hierauf sollen die Söhne Aarons, die Priester, die
Stücke sowie den Kopf und das Fett auf das Holz
über dem Altarfeuer legen. 9 Der Priester soll dann
die Eingeweide und die Beine mit Wasser waschen
und das Ganze auf dem Altar in Rauch aufgehen
lassen. Ein Brandopfer ist es, ein Feueropfer zum
beruhigenden Duft für den Herrn. 10 Ist seine Op-
fergabe ein Brandopfer vom Kleinvieh, von den
Schafen oder Ziegen, dann soll er ein fehlerloses
männliches Tier bringen. 11 Er soll es an der Nord-
seite des Altars vor dem Herrn schlachten und die
Söhne Aarons, die Priester, sollen sein Blut
ringsum an den Altar sprengen. 12 Dann soll der
Priester es in Stücke zerlegen und diese sowie den
Kopf und das Fett auf das Holz über dem Altar-
feuer legen. 13 Er soll dann die Eingeweide und die
Beine mit Wasser waschen und der Priester soll das
Ganze darbringen und auf dem Altar in Rauch
aufgehen lassen. Ein Brandopfer ist es, ein Feu-
eropfer zum beruhigenden Duft für den Herrn.
14 Ist seine Opfergabe für den Herrn ein Brandop-
fer vom Geflügel, dann soll er eine Turteltaube
oder eine junge Taube bringen. 15 Der Priester soll
sie zum Altar bringen, ihren Kopf abtrennen und
ihn auf dem Altar in Rauch aufgehen lassen; ihr
Blut soll gegen die Altarwand ausgepresst werden.
16 Dann soll er ihren Kropf mit den Federn entfer-
nen und ihn an der Ostseite des Altars auf den
Platz der Fett-Asche werfen. 17 Darauf soll der
Priester den Vogel an den Flügeln einreißen, ohne
ihn dabei zu teilen, und ihn auf dem Altar, auf dem
Holz über dem Feuer, in Rauch aufgehen lassen.
Ein Brandopfer ist es, ein Feueropfer zum beruhi-
genden Duft für den Herrn.

Das Speiseopfer

2 Wenn jemand dem Herrn ein Speiseopfer
darbringt, muss seine Opfergabe aus Fein-
mehl bestehen, auf das er Öl gießen und Weih-
rauch legen soll. 2 Er bringe es zu den Söhnen

Aarons, den Priestern. Er nehme davon eine Hand voll, vom Feinmehl und vom Öl mit dem ganzen Weihrauch, und der Priester lasse sie auf dem Altar als Gedächtnisanteil in Rauch aufgehen, als ein Feueropfer zum beruhigenden Duft für den Herrn. 3 Der Rest des Speiseopfers gehört Aaron und seinen Söhnen als etwas Hochheiliges von den Feueropfern des Herrn.

4 Wenn du ein im Ofen gebackenes Speiseopfer darbringst, so soll es aus Feinmehl sein, ein mit Öl vermengter ungesäuerter Kuchen und ein mit Öl bestrichener ungesäuerter Brotfladen. 5 Ist deine Opfergabe eine auf einer Ofenplatte zubereitete Speise, so soll sie aus ungesäuertem Feinmehl sein, das mit Öl vermengt ist. 6 Du sollst sie zerbröckeln und Öl darüber gießen. Ein Speiseopfer ist es. 7 Ist deine Opfergabe eine im Kochtopf zubereitete Speise, so soll sie aus Feinmehl mit Öl angemacht sein. 8 Du sollst die daraus zubereitete Speise zum Herrn bringen. Man soll sie dem Priester reichen, der sie an den Altar bringt.

9 Der Priester soll davon den Gedächtnisanteil abheben und auf dem Altar in Rauch aufgehen lassen als ein Feueropfer zum beruhigenden Duft für den Herrn. 10 Der Rest des Speiseopfers gehört Aaron und seinen Söhnen als etwas Hochheiliges von den Feueropfern des Herrn. 11 Kein Speiseopfer, das ihr dem Herrn darbringt, darf mit Sauerteig angemacht sein; denn ihr dürft dem Herrn weder Sauerteig noch Honig als Feueropfer darbringen. 12 Ihr sollt sie dem Herrn als Erstlingsopfer darbringen, aber auf dem Altar sollen sie nicht zum beruhigenden Duft aufsteigen. 13 Jedes Speiseopfer sollst du salzen und deinem Speiseopfer sollst du das Salz des Bundes deines Gottes nicht fehlen lassen; jede deiner Opfergaben sollst du mit Salz darbringen.

14 Wenn du dem Herrn ein Speiseopfer von den Erstlingsfrüchten darbringst, sollst du geröstete reife Körner und Grütze aus frischen Körnern als Speiseopfer deiner Erstlingsfrüchte darbringen. 15 Du sollst Öl darauf gießen und Weihrauch darauf geben. Ein Speiseopfer ist es. 16 Der Priester soll den Gedächtnisanteil mit einem Teil der Grütze und des Öls mit dem ganzen Weihrauch als ein Feueropfer für den Herrn in Rauch aufgehen lassen.

Das Heilsopfer

3 Ist seine Opfergabe ein Heilsopfer und vom Rind, dann soll er ein männliches oder ein weibliches fehlerloses Tier vor den Herrn bringen. 2 Er soll seine Hand auf den Kopf des Opfers legen und es am Eingang des Offenbarungszeltes schlachten. Dann sollen die Söhne Aarons, die Priester, das Blut ringsum an den Altar sprengen. 3 Er soll einen Teil dieses Opfers als Feueropfer für den Herrn darbringen, und zwar das Fett, das die Eingeweide bedeckt, das gesamte Fett über den Eingeweiden, 4 die beiden Nieren, das Fett über ihnen und das an den Lenden sowie die Fettmasse, die er von der Leber und den Nieren loslöst. 5 Die Söhne Aarons sollen diesen Teil mit dem Brandopfer, das auf dem Holz über dem Feuer liegt, auf dem Altar in Rauch aufgehen lassen. Es ist ein Feueropfer zum beruhigenden Duft für den Herrn.

6 Ist seine Opfergabe ein Heilsopfer für den Herrn vom Kleinvieh, dann soll er ein männliches oder weibliches fehlerloses Tier darbringen. 7 Wenn er ein Schaf darbringt, soll er es vor den Herrn bringen. 8 Er soll seine Hand auf den Kopf des Opfers legen und es vor dem Offenbarungszelt schlachten; dann sollen die Söhne Aarons das Blut ringsum an den Altar sprengen.

9 Von diesem Heilsopfer soll er das Fett als Feueropfer für den Herrn darbringen: den ganzen Fettschwanz, den er nahe an den Schwanzwirbelknochen ablösen soll, das Fett, das die Eingeweide bedeckt, das gesamte Fett über den Eingeweiden, 10 die beiden Nieren, das Fett über ihnen und das an den Lenden sowie die Fettmasse, die er von der Leber und den Nieren loslöst. 11 Der Priester lasse diese Teile auf dem Altar in Rauch aufgehen. Das soll eine Feueropferspeise für den Herrn sein. 12 Wenn er eine Ziege darbringt, soll er sie vor den Herrn bringen. 13 Er soll seine Hand auf ihren Kopf legen und sie vor dem Offenbarungszelt schlachten; dann sollen die Söhne Aarons ihr Blut ringsum an den Altar sprengen. 14 Von ihr soll er als Feueropfer für den Herrn darbringen: das Fett, das die Eingeweide bedeckt, das gesamte Fett über den Eingeweiden, 15 die beiden Nieren, das Fett über ihnen und das an den Lenden sowie die Fettmasse, die er von der Leber und den Nieren loslöst.

16 Der Priester lasse diese Teile auf dem Altar in Rauch aufgehen. Sie sind eine Feueropferspeise zum beruhigenden Duft für den Herrn. Das ganze Fett gehört dem Herrn. 17 Als feste Regel gelte bei euch von Generation zu Generation an allen euren Wohnstätten: Ihr dürft weder Fett noch Blut genießen.

Das Sündopfer eines Priesters

4 Der Herr sprach zu Mose: 2 Sag zu den Israeliten: Wenn einer ohne Vorsatz gegen eines der Gebote des Herrn sündigt und etwas Verbotenes tut, 3 dann soll er, wenn es ein gesalbter Priester ist, der sündigt und dadurch Schuld auf das Volk lädt, dem Herrn für die von ihm begangene Sünde einen fehlerlosen Jungstier als Sündopfer darbringen.

4 Er soll diesen Jungstier zum Eingang des Offenbarungszeltes vor den Herrn bringen, ihm die Hand auf den Kopf legen und ihn vor dem Herrn schlachten. 5 Dann soll der gesalbte Priester etwas vom Blut dieses Stiers nehmen, es in das Offenbarungszelt bringen, 6 seinen Finger in das Blut tauchen und es vor dem Herrn siebenmal gegen den Vorhang des Heiligtums spritzen. 7 Darauf soll der Priester etwas vom Blut auf die Hörner des Rauchopferaltars tun, der vor dem Herrn im Offenbarungszelt steht, und dann soll er das ganze Blut des Stiers am Sockel des Brandopferaltars ausgießen, der sich am Eingang des Offenbarungszeltes befindet.

8 Dann soll er das ganze Fett des Sündopferstieres abheben, und zwar das Fett, das die Eingeweide bedeckt, das gesamte Fett über den Eingeweiden, 9 die beiden Nieren, das Fett über ihnen und das an den Lenden sowie die Fettmasse, die er von der Leber und den Nieren loslöst – 10 genauso, wie es beim Stier des Heilsopfers geschieht –, und der Priester lasse diese Teile auf dem Brandopferaltar in Rauch aufgehen. 11 Das Fell des Stiers aber, sein ganzes Fleisch mit dem Kopf, den Beinen, den Eingeweiden und dem Mageninhalt, 12 also den ganzen Stier, soll er aus dem Lager hinaus an einen reinen Ort, nämlich den Abfallplatz der Fett-Asche, schaffen und ihn auf einem Holzfeuer verbrennen; auf dem Abfallplatz der Fett-Asche soll es verbrannt werden.

Das Sündopfer der Gemeinde

13 Wenn die ganze Gemeinde Israels ohne Vorsatz gesündigt und etwas vom Herrn Verbotenes getan hat, ohne es bemerkt zu haben, und dadurch schuldig wurde, 14 dann soll die Gemeinde für die Verfehlung, sobald sie bekannt wird, einen Jungstier als Sündopfer darbringen und ihn vor das Offenbarungszelt bringen. 15 Die Ältesten der Gemeinde sollen ihre Hände vor dem Herrn auf den Kopf des Stiers legen und man soll ihn vor dem Herrn schlachten. 16 Dann soll der gesalbte Priester etwas vom Blut des Stiers in das Offenbarungszelt tragen, 17 seinen Finger in das Blut tauchen und es siebenmal gegen den Vorhang vor dem Herrn spritzen. 18 Darauf soll er ein wenig von dem Blut auf die Hörner des Altars tun, der vor dem Herrn im Offenbarungszelt steht, und dann soll er das ganze Blut am Sockel des Brandopferaltars ausgießen, der sich am Eingang des Offenbarungszeltes befindet. 19 Dann soll er das ganze Fett des Tieres abheben und es auf dem Altar in Rauch aufgehen lassen. 20 Er soll mit dem Stier tun, was auch mit dem Sündopferstier gemacht wird; so soll er es mit ihm machen. Dann soll er die Gemeinde entsühnen und es wird ihnen vergeben werden. 21 Er soll den Stier aus dem Lager hinausbringen und ihn verbrennen, wie er den ersten Stier verbrannt hat. Das ist das Sündopfer für die Gemeinde.

Das Sündopfer eines Sippenhauptes

22 Angenommen, ein Sippenhaupt sündigt, tut ohne Vorsatz etwas, was der Herr, sein Gott, verboten hat, und wird dadurch schuldig 23 oder man teilt ihm eine Verfehlung mit, die er begangen hat, so soll er als seine Opfergabe einen fehlerlosen Ziegenbock bringen. 24 Er soll die Hand auf den Kopf des Bockes legen und ihn dort schlachten, wo man das Brandopfer vor dem Herrn schlachtet. Ein Sündopfer ist es. 25 Der Priester soll mit seinem Finger etwas vom Blut des Sündopfers auf die Hörner des Brandopferaltars tun, dann das Blut am Sockel des Brandopferaltars ausgießen 26 und das ganze Fett, wie das Fett des Heilsopfers, auf dem Altar in Rauch aufgehen lassen. So entsühnt der Priester den Betreffenden und löst ihn von seiner Sünde; dann wird ihm vergeben werden.

Das Sündopfer eines gewöhnlichen Israeliten

27 Wenn jemand aus dem Volk ohne Vorsatz sündigt und schuldig wird, weil er etwas vom Herrn Verbotenes getan hat, 28 oder man teilt ihm eine Verfehlung mit, die er begangen hat, so bringe er als seine Opfergabe für seine Sünde, die er begangen hat, eine fehlerlose Ziege. 29 Er soll die Hand auf den Kopf des Sündopfers legen und es dort schlachten, wo man das Brandopfer schlachtet. 30 Der Priester soll mit seinem Finger etwas vom Blut auf die Hörner des Brandopferaltars tun und dann das ganze Blut am Sockel des Altars ausgießen. 31 Er soll das ganze Fett ablösen, wie man das Fett eines Heilsopfers ablöst, und der Priester soll es auf dem Altar in Rauch aufgehen lassen als beruhigenden Duft für den Herrn und so diesen Mann entsühnen; dann wird ihm vergeben werden. 32 Will er aber zum Sündopfer ein Schaf als Opfergabe bringen, soll er ein fehlerloses weibliches Tier bringen. 33 Er soll die Hand auf den Kopf des Sündopfers legen und es dort schlachten, wo man das Brandopfer schlachtet. 34 Der Priester soll mit seinem Finger etwas vom Blut dieses Opfers nehmen, auf die Hörner des Brandopferaltars tun und das ganze Blut am Sockel des Altars ausgießen. 35 Das ganze Fett soll er ablösen, wie man das Fett des Schafes eines Heilsopfers ablöst. Der Priester soll die Fettteile mit dem Feueropfer des Herrn auf dem Altar in Rauch aufgehen lassen und ihn so entsühnen, um ihn von seiner Sünde zu lösen, die er begangen hat; dann wird ihm vergeben werden.

Die Schuld- und Sündopfer für einzelne Vergehen

5 Angenommen, jemand sündigt in einem der folgenden Fälle: er hat eine laute Verfluchung gehört, ist Zeuge, da er es gesehen oder darum gewusst hat, aber er zeigt es nicht an und lädt damit Schuld auf sich; 2 oder jemand berührt eine unreine Sache, das Aas eines unreinen wilden Tieres oder eines unreinen Haustiers oder eines unreinen Kriechtiers und es blieb ihm verborgen, aber er merkt es dann und wird unrein und schuldig; 3 oder er berührt etwas Unreines von einem Menschen, dessen Berührung unrein macht, und bemerkt es nicht, aber er erfährt es später und wird schuldig; 4 oder jemand schwört unbesonnen, ob zum Schaden oder zum Nutzen, wie eben der Mensch bisweilen unbesonnen schwört, aber er merkt es gar nicht, doch dann erfährt er es und wird schuldig durch so etwas – 5 wenn also jemand in einem dieser Fälle schuldig wird, so soll er gestehen, wodurch er sich verfehlt hat. 6 Als Schuldopfer für seine begangene Verfehlung soll er dann ein weibliches Stück Kleinvieh, ein Schaf oder eine Ziege, vor den Herrn als Sündopfer bringen und der Priester soll ihn entsühnen und so von seiner Verfehlung lösen.

7 Wenn seine Mittel für ein Schaf nicht ausreichen, soll er als Schuldopfer für seine Verfehlung zwei Turteltauben oder zwei junge Tauben vor den Herrn bringen, die eine als Sünd- und die andere als Brandopfer. 8 Er soll sie zum Priester bringen und dieser soll zuerst die eine für das Sündopfer darbringen. Er soll ihren Kopf vom Genick trennen, aber nicht ganz abreißen; 9 er soll etwas vom Blut des Sündopfers gegen die Altarwand spritzen und das übrige Blut am Sockel des Altars auspressen. Ein Sündopfer ist das.

10 Die zweite Taube soll er, wie vorgeschrieben, als Brandopfer darbringen. Der Priester soll ihn entsühnen und von der Sünde, die er begangen hat, lösen; dann wird ihm vergeben werden. 11 Falls seine Mittel für zwei Turteltauben oder zwei junge Tauben nicht ausreichen, soll er als Opfergabe für seine Verfehlung ein Zehntel Efa Feinmehl darbringen, aber weder Öl noch Weihrauch darauftun, denn es ist ein Sündopfer. 12 Er bringe es dem Priester, der davon eine Hand voll nimmt und als Gedächtnisanteil auf dem Altar mit den Feueropfern des Herrn in Rauch aufgehen lässt. Ein Sündopfer ist das. 13 Der Priester soll ihn so für die von ihm in einem dieser Fälle begangene Verfehlung entsühnen und es wird ihm vergeben werden. Dem Priester gehört das Gleiche wie beim Speiseopfer.

Das Schuldopfer für sakrale Vergehen

14 Der Herr sprach zu Mose: 15 Wenn jemand sich verfehlt und sich ohne Vorsatz an Dingen vergeht, die dem Herrn heilig sind, soll er als Schuldopfer für den Herrn von seiner Herde einen fehlerlosen Widder bringen, der in Silberschekel nach dem

Schekelgewicht des Heiligtums zu schätzen ist.
16 Wenn er sich am Heiligen verfehlt hat, soll er Er-
satz leisten und noch ein Fünftel des Wertes hin-
zufügen. Er soll es dem Priester geben und dieser
soll ihn mit dem Schuldopferwidder entsühnen;
dann wird ihm vergeben werden. 17 Wenn jemand
sich verfehlt und etwas tut, was der Herr verboten
hat, es nicht bemerkt, aber dann schuldig wird, soll
er die Folgen seiner Schuld tragen. 18 Er soll als
Schuldopfer einen fehlerlosen Widder von seiner
Herde nach dem üblichen Schätzwert zum Pries-
ter bringen und dieser soll ihn für seine unab-
sichtliche Verfehlung, die er ohne Vorsatz began-
gen hat, entsühnen; dann wird ihm vergeben
werden. 19 Ein Schuldopfer ist das; der Betreffende
hat sich tatsächlich vor dem Herrn schuldig ge-
macht.

Das Schuldopfer für unsoziales Verhalten

20 Der Herr sprach zu Mose: 21 Wenn jemand sün-
digt und eine Veruntreuung gegen den Herrn be-
geht, indem er einen aus seinem Volk über anver-
trautes oder hinterlegtes oder geraubtes Gut
täuscht oder ihn übervorteilt 22 oder verlorenes
Gut findet und es leugnet oder einen Meineid
leistet hinsichtlich irgendeiner Sünde, die ein
Mensch begehen kann, 23 wenn er also auf solche
Weise sündigt und schuldig wird, muss er das, was
er geraubt oder durch Übervorteilung gewonnen
hat oder was ihm anvertraut wurde, oder das Ver-
lorene, das er gefunden hat, zurückgeben 24 oder er
muss den Schaden, den er durch den Meineid an-
gerichtet hat, wieder gutmachen; am Tag seines
Schuldopfers erstatte er dem Geschädigten den
um ein Fünftel vermehrten Wert. 25 Er soll einen
fehlerlosen Widder von seiner Herde nach dem
üblichen Schätzwert als sein Schuldopfer vor den
Herrn zum Priester bringen 26 und dieser soll ihn
vor dem Herrn entsühnen; dann wird ihm jede Tat
vergeben werden, durch die er sich schuldig ge-
macht hat.

21–26: Ex 22,6–14

DIE OPFERVORSCHRIFTEN FÜR DIE PRIESTER: 6,1 – 7,38

Das Brandopfer

6 Der Herr sprach zu Mose: 2 Trag Aaron und
seinen Söhnen auf: Für das Brandopfer gilt
folgendes Gesetz: Das Brandopfer soll die ganze
Nacht bis zum Morgen auf der Feuerstelle des Al-
tars bleiben und das Altarfeuer soll darauf bren-
nen.
3 Der Priester soll sein Leinengewand anlegen und
seinen Körper mit einem leinenen Beinkleid be-
decken. Dann soll er die Fett-Asche nehmen, zu
der das Brandopfer auf dem Altar vom Feuer ver-
zehrt wurde, und sie neben den Altar schütten.
4 Dann soll er seine Kleider ablegen, andere anzie-
hen und die Fett-Asche aus dem Lager hinaus an
einen reinen Platz schaffen. 5 Das Feuer soll auf
dem Altar brennen bleiben, es darf nicht erlöschen
und der Priester soll jeden Morgen Holz nachle-
gen. Er lege darauf das Brandopfer und lasse auf
ihm die Fetteile des Heilsopfers in Rauch aufge-
hen. 6 Ein ständiges Feuer soll auf dem Altar bren-
nen; es darf nicht verlöschen.

3: Ex 28,42f

Das Speiseopfer

7 Für das Speiseopfer gilt folgendes Gesetz:
Einer der Söhne Aarons bringt es vor den Herrn
zur Vorderseite des Altars, 8 hebt von ihm eine
Hand voll Feinmehl, zusammen mit dem Öl und
dem ganzen darauf befindlichen Weihrauch ab
und lässt es als Gedächtnisanteil für den Herrn auf
dem Altar zum beruhigenden Duft in Rauch auf-
gehen.
9 Das Übrige sollen Aaron und seine Söhne als un-
gesäuertes Brot an einem heiligen Ort, im Vorhof
des Offenbarungszeltes, essen.
10 Man soll den Anteil an meinen Feueropfern,
den ich ihnen gebe, nicht gesäuert backen. Es ist
etwas Hochheiliges wie das Sünd- und das Schuld-
opfer.
11 Jede männliche Person unter den Söhnen Aa-
rons darf von diesem Anteil an den Feueropfern
des Herrn essen. Das gelte bei euch als feste Regel
von Generation zu Generation. Alles, was damit in
Berührung kommt, wird heilig.

7–11: 2,1–13

Das Opfer bei der Priesterweihe

12 Der Herr sprach zu Mose: 13 Das ist die Opfer-
gabe, die Aaron und seine Söhne am Tag ihrer Sal-
bung dem Herrn darbringen sollen: ein Zehntel
Efa Feinmehl als dauerndes Speiseopfer, die Hälfte
am Morgen und die Hälfte am Abend. 14 Dieses
Speiseopfer soll, mit Öl eingerührt, auf einer
Ofenplatte zubereitet werden; du sollst es in meh-
rere Stücke zerbröckeln und als beruhigenden
Duft für den Herrn darbringen. 15 Der Priester, der
an Aarons Stelle aus dem Kreis seiner Söhne
gesalbt ist, soll es zubereiten. Als feste Regel gelte:
Das Speiseopfer soll für den Herrn ganz in Rauch
aufgehen; 16 jedes Speiseopfer eines Priesters soll
ein Ganzopfer sein; man darf es nicht essen.

Das Sündopfer

17 Der Herr sprach zu Mose: 18 Sag zu Aaron und
seinen Söhnen: Für das Sündopfer gilt folgendes
Gesetz: Dort, wo man das Brandopfer schlachtet,
soll das Sündopfer vor dem Herrn geschlachtet
werden. Es ist etwas Hochheiliges. 19 Der Priester,
der dieses Opfer darbringt, soll es essen; an einem
heiligen Ort, im Vorhof des Offenbarungszeltes,
muss es gegessen werden. 20 Alles, was mit dem
Fleisch in Berührung kommt, wird heilig, und
wenn vom Blut etwas auf die Gewänder spritzt,
soll die Stelle an einem heiligen Ort gewaschen
werden. 21 Das Tongefäß, in dem das Fleisch ge-
kocht wird, soll zerbrochen werden, und wenn es
in einem Bronzegefäß gekocht wird, muss dieses
gescheuert und mit Wasser abgespült werden.
22 Jede männliche Person unter den Priestern darf
davon essen; es ist etwas Hochheiliges. 23 Aber man
darf kein Sündopfer essen, dessen Blut man in das
Offenbarungszelt gebracht hat, um im Heiligtum
die Sühne zu vollziehen; es muss im Feuer ver-
brannt werden.

17–23: 4,1–35

Das Schuldopfer

7 Für das Schuldopfer gilt folgendes Gesetz: Es
ist etwas Hochheiliges. 2 Dort, wo man das
Brandopfer schlachtet, soll man das Schuldopfer
schlachten und der Priester soll das Blut ringsum
an den Altar sprengen. 3 Dann soll er das ganze Fett
davon darbringen: den Fettschwanz, das Fett, das
die Eingeweide bedeckt, 4 die beiden Nieren, das
Fett über ihnen und das an den Lenden sowie die
Fettmasse, die er von der Leber und den Nieren
loslöst.
5 Der Priester lasse das alles auf dem Altar als Feu-
eropfer für den Herrn in Rauch aufgehen; es ist ein
Schuldopfer. 6 Jede männliche Person unter den
Priestern darf davon essen; man soll es an einem
heiligen Ort essen. Es ist etwas Hochheiliges. 7 Für
das Schuldopfer gilt dasselbe Gesetz wie für das
Sündopfer. Es gehört dem Priester, der damit die
Sühne vollzieht.
8 Das Fell des Opfertieres, das einer als ein Brand-
opfer zum Priester bringt, gehört dem Priester, der
es darbringt. 9 Jedes Speiseopfer, das im Ofen ge-
backen oder in einem Kochtopf oder auf einer
Ofenplatte zubereitet wurde, gehört dem Priester,
der es darbringt. 10 Jedes mit Öl vermengte und je-
des trockene Speiseopfer gehört allen Söhnen Aa-
rons ohne Unterschied.

1–10: 5,1–26

Das Heilsopfer

11 Für das Heilsopfer, das man für den Herrn dar-
bringt, gilt folgendes Gesetz: 12 Wenn man es als
Dankopfer darbringt, soll man zu diesem Dank-
schlachtopfer ungesäuerten, mit Öl vermengten
Kuchen hinzutun und ungesäuerte, mit Öl bestri-
chene Brotfladen sowie Kuchen aus Feinmehl, das
mit Öl vermengt und eingerührt ist. 13 Dazu soll
man auch Gebäck aus gesäuertem Brot geben und
das alles zusammen mit dem Heilsopfer als Dank-
opfer darbringen. 14 Einen Teil von jeder Opfer-
gabe soll man mit dem Erhebungsritus dem Herrn
darbringen; es gehört dem Priester, der das Blut
des Heilsopfers sprengt. 15 Das Opferfleisch des
Schlachtdankopfers soll am Tag der Darbringung
gegessen werden; nichts davon darf bis zum nächs-
ten Morgen liegen bleiben. 16 Wenn es sich um ein
Gelübde oder um ein freiwilliges Opfer handelt,
darf das Fleisch am Tag der Darbringung und am
folgenden Tag gegessen werden; was übrig bleibt,
darf gegessen werden; 17 was aber vom Fleisch des
Schlachtopfers dann noch übrig bleibt, soll am
dritten Tag verbrannt werden. 18 Wenn man vom
Fleisch des Heilsopfers am dritten Tag isst, findet
der Darbringende keine Annahme. Es wird ihm

nicht angerechnet und ist untauglich und die Per-
son, die davon isst, muss die Folgen ihrer Schuld
tragen.
19 Fleisch, das mit irgendetwas Unreinem in Be-
rührung kommt, darf man nicht essen; man soll es
im Feuer verbrennen. Jeder Reine darf Opfer-
fleisch essen; 20 wenn aber jemand im Zustand der
Unreinheit vom Fleisch des Heilsopfers isst, das
dem Herrn gehört, soll er aus seinen Stammes-
genossen ausgemerzt werden. 21 Wenn jemand mit
irgendetwas Unreinem in Berührung kommt, sei
es mit etwas Unreinem von einem Menschen oder
einem unreinen Tier oder irgendeiner unreinen,
abscheulichen Sache, und dann vom Fleisch eines
Heilsopfers isst, das für den Herrn geopfert wird,
soll er aus seinen Stammesgenossen ausgemerzt
werden.

11–21: 3,1–17

Das Verbot von Fett- und Blutgenuß

22 Der Herr sprach zu Mose: 23 Sag zu den Israeli-
ten: Von Rind, Schaf oder Ziege dürft ihr keinerlei
Fett essen. 24 Das Fett eines verendeten oder zer-
rissenen Tieres kann zu jedem Zweck verwendet
werden, doch essen dürft ihr es auf keinen Fall.
25 Jeder, der dennoch das Fett eines Tieres isst, das
man als Feueropfer für den Herrn darbringt, soll
aus seinen Stammesgenossen ausgemerzt werden.
26 Wo immer ihr wohnt, dürft ihr kein Blut ge-
nießen, weder von Vögeln, noch vom Vieh. 27 Wer
Blut genießt, soll aus seinen Stammesgenossen
ausgemerzt werden.

24: Ex 22,30 • 26: Gen 9,4

Die Feueropfer

28 Der Herr sprach zu Mose: 29 Sag zu den Israeli-
ten: Wer ein Tier als Heilsopfer für den Herrn dar-
bringen will, soll davon als Opfergabe für den
Herrn Folgendes herbeibringen: 30 Mit seinen
Händen bringe er als Feueropfer für den Herrn das
Fett des Bruststückes; er soll dieses Fett und die
Brust bringen, die er vor dem Herrn hin- und her-
schwingen und so darbringen soll. 31 Der Priester
lasse das Fett auf dem Altar in Rauch aufgehen, die
Brust aber gehört Aaron und seinen Söhnen. 32 Für
den Erhebungsritus gebt von euren Heilsopfern
die rechte Schenkelkeule dem Priester! 33 Diese
rechte Schenkelkeule soll jenem der Söhne Aarons
als Anteil gehören, der das Blut und das Fett des
Heilsopfers darbringt. 34 Ich nehme nämlich von
den Heilsopfern der Israeliten die Brust für den
Darbringungsritus und die Schenkelkeule für den
Erhebungsritus und gebe sie dem Priester Aaron
und seinen Söhnen als ein dauerndes Anrecht, das
die Israeliten ihnen gewähren müssen. 35 Das also
ist der Anteil Aarons und seiner Söhne an den Feu-
eropfern des Herrn an dem Tag, an dem er sie dem
Herrn als Priester darbringt. 36 Das hat der Herr ih-
nen zu geben befohlen an dem Tag, an dem er sie
unter den Israeliten salbte. Das gelte für sie als feste
Regel von Generation zu Generation. 37 Das ist das
Gesetz für Brandopfer, Speiseopfer, Sündopfer,
Schuldopfer, Priestereinsetzungsopfer und Heils-
opfer. 38 So hat es der Herr dem Mose auf dem Sinai
an dem Tag aufgetragen, an dem er die Israeliten
verpflichtete, ihre Gaben dem Herrn in der Wüste
Sinai darzubringen.

DIE PRIESTERGESETZE: 8,1 – 10,20

Die Priesterweihe

8 Der Herr sprach zu Mose: 2 Nimm Aaron und
seine Söhne, die Gewänder, das Salböl, den
Stier für das Sündopfer, die beiden Widder und
den Korb mit den ungesäuerten Broten! 3 Dann ruf
die ganze Gemeinde am Eingang des Offenba-
rungszeltes zusammen! 4 Mose tat, was ihm der
Herr befohlen hatte, und die Gemeinde versam-
melte sich am Eingang des Offenbarungszeltes.
5 Mose sagte zur Gemeinde: Der Herr hat ange-
ordnet, das Folgende zu tun. 6 Mose ließ Aaron
und seine Söhne näher treten und wusch sie mit
Wasser. 7 Er legte ihm das Gewand an, gürtete ihn
mit dem Gürtel, bekleidete ihn mit dem Oberge-
wand und legte ihm das Efod an. Dann band er
ihm die Schärpe um, an der er das Efod befestigte.
8 Er übergab ihm die Lostasche, in die er die Lose
Urim und Tummim steckte. 9 Dann setzte er ihm
den Turban auf und befestigte an der Vorderseite
des Turbans die goldene Rosette, das heilige Dia-

dem, wie der Herr dem Mose vorgeschrieben
hatte. 10 Darauf nahm Mose das Salböl und salbte
die Wohnstätte und alles, was darin war, um sie zu
weihen. 11 Mit dem Öl spritzte er siebenmal gegen
den Altar, salbte ihn und alle seine Geräte, das
Becken und sein Gestell, um sie zu weihen. 12 Vom
Salböl goss er etwas auf das Haupt Aarons und
salbte ihn, um ihn zu weihen. 13 Dann ließ Mose
die Söhne Aarons näher treten, bekleidete sie mit
Gewändern und legte ihnen den Gürtel an; er
setzte ihnen den Kopfbund auf, wie es der Herr
dem Mose befohlen hatte.
14 Dann ließ er den Sündopferstier heranbringen.
Auf seinen Kopf legten Aaron und seine Söhne
ihre Hände 15 und Mose schlachtete ihn. Dann
nahm Mose das Blut und tat etwas davon mit sei-
nem Finger ringsum auf die Hörner des Altars, um
ihn zu entsündigen. Nachher goss er das Blut am
Sockel des Altars aus und weihte ihn; so entsühnte
er ihn. 16 Danach nahm er das ganze Fett, das die
Eingeweide bedeckt, die Fettmasse über der Leber,
die beiden Nieren und ihr Fett und ließ diese
Stücke auf dem Altar in Rauch aufgehen. 17 Was
vom Stier noch übrig war, sein Fell und Fleisch so-
wie seinen Mageninhalt verbrannte er außerhalb
des Lagers, wie es der Herr dem Mose befohlen
hatte. 18 Dann ließ er den Widder für das Brand-
opfer herbeibringen. Aaron und seine Söhne leg-
ten ihre Hände auf den Kopf des Widders 19 und
Mose schlachtete ihn. Er sprengte das Blut rings-
um gegen den Altar. 20 Dann zerteilte er den Wid-
der und ließ den Kopf, die Teile und das Fett in
Rauch aufgehen. 21 Er wusch die Eingeweide und
die Beine mit Wasser und ließ den ganzen Widder
auf dem Altar in Rauch aufgehen. Es war ein Brand-
opfer zum beruhigenden Duft, ein Feueropfer für
den Herrn, wie es der Herr dem Mose befohlen
hatte.
22 Dann ließ er den zweiten Widder, den Widder
für das Opfer der Priestereinsetzung, herbeibrin-
gen. Aaron und seine Söhne legten ihre Hände auf
den Kopf des Widders 23 und Mose schlachtete ihn.
Er nahm etwas Blut und tat es auf das rechte Ohr-
läppchen Aarons, auf den Daumen seiner rechten
Hand und auf die große Zehe seines rechten
Fußes. 24 Dann ließ er die Söhne Aarons näher tre-
ten und tat etwas Blut auf ihr rechtes Ohrläpp-
chen, auf den Daumen ihrer rechten Hand und auf
die große Zehe ihres rechten Fußes. Danach goss
Mose das Blut ringsum an den Altar.
25 Er nahm auch das Fett, den Fettschwanz, das
ganze Fett, das sich über den Eingeweiden befin-
det, die Fettmasse über der Leber, die beiden Nie-
ren und ihr Fett und die rechte Schenkelkeule.
26 Aus dem Korb mit den ungesäuerten Broten, der
vor dem Herrn stand, nahm er einen ungesäuer-
ten Kuchen, einen Ölbrotkuchen und einen Brot-
fladen, die er auf die Fettstücke und die rechte
Schenkelkeule legte. 27 Das alles gab er in die
Hände Aarons und seiner Söhne und ließ sie es vor
dem Herrn hin- und herschwingen und so dar-
bringen. 28 Dann nahm es Mose wieder aus ihren
Händen und ließ es auf dem Altar mit dem Brand-
opfer in Rauch aufgehen. Das war das Opfer der
Priestereinsetzung zum beruhigenden Duft, ein
Feueropfer für den Herrn.
29 Mose nahm auch das Bruststück und vollzog mit
ihm vor dem Herrn den Darbringungsritus. Die-
ser Teil des Einsetzungswidders gehörte Mose als
Anteil, wie es der Herr dem Mose befohlen hatte.
30 Danach nahm Mose etwas Salböl und etwas
Blut, das auf dem Altar war, und spritzte es auf Aa-
ron und dessen Gewänder sowie auf seine Söhne
und deren Gewänder. So weihte er Aaron und des-
sen Gewänder sowie seine Söhne und deren Ge-
wänder. 31 Mose sagte zu Aaron und seinen Söhnen:
Kocht das Fleisch am Eingang des Offenbarungs-
zeltes! Ihr sollt es dort essen, ebenso wie das Brot
aus dem Einsetzungskorb, wie ich es angeordnet
habe mit den Worten: Aaron und seine Söhne sol-
len es essen. 32 Was vom Fleisch und vom Brot üb-
rig bleibt, sollt ihr verbrennen. 33 Sieben Tage lang
sollt ihr den Eingang des Offenbarungszeltes nicht
verlassen, bis die Zeit eurer Einsetzung um ist;
denn sieben Tage dauert eure Einsetzung. 34 Wie
man es am heutigen Tag getan hat, so hat der Herr
angeordnet, soll man es auch weiter tun, um euch
zu entsühnen. 35 Sieben Tage lang, Tag und Nacht,
sollt ihr am Eingang des Offenbarungszeltes blei-
ben und auf die Anordnungen des Herrn achten;
dann werdet ihr nicht sterben. Denn so ist es mir
befohlen worden. 36 Aaron und seine Söhne taten
alles, was der Herr durch Mose angeordnet hatte.

1–36 || Ex 29,1–37 • 7: Ex 28,4–43 • 31: Ex 29,31–34

Das Weiheopfer des Hohenpriesters

9 Am achten Tag rief Mose Aaron, seine Söhne
und die Ältesten Israels zusammen 2 und
sagte zu Aaron: Nimm ein Kalb, ein junges Rind,
für ein Sündopfer und einen Widder für ein Brand-
opfer, fehlerlose Tiere, und bring sie her vor den
Herrn! 3 Dann sollst du zu den Israeliten sagen:
Nehmt einen Ziegenbock für ein Sündopfer, fer-
ner ein Kalb und ein Schaf, einjährige und fehler-
lose Tiere, für ein Brandopfer, 4 ein Rind und ei-
nen Widder für ein Heilsopfer, um sie vor dem
Herrn zu schlachten, und ein Speiseopfer, das mit
Öl vermengt ist. Denn heute wird euch der Herr
erscheinen. 5 Sie brachten, was Mose befohlen
hatte, zum Offenbarungszelt und die ganze Ge-
meinde kam herbei und stellte sich vor dem Herrn
auf. 6 Mose sagte: Das ist es, was der Herr euch zu
tun geboten hat, damit euch die Herrlichkeit des
Herrn erscheint. 7 Dann sagte Mose zu Aaron: Tritt
zum Altar hin, bring dein Sünd- und dein Brand-
opfer dar und vollzieh so für dich und das Volk die
Sühne! Dann bring das Opfer des Volkes dar und
entsühne es, wie der Herr befohlen hat.
8 Aaron trat an den Altar und schlachtete das Kalb
für seine eigene Sünde. 9 Dann brachten ihm die
Söhne Aarons das Blut; er tauchte seinen Finger in
das Blut, tat es auf die Hörner des Altars und goss
das übrige Blut am Sockel des Altars aus. 10 Das Fett
des Sündopfers, die Nieren und die Fettmasse über
der Leber des Sündopfers ließ er auf dem Altar in
Rauch aufgehen, wie es der Herr dem Mose be-
fohlen hatte. 11 Das Fleisch und das Fell verbrannte
er außerhalb des Lagers. 12 Danach schlachtete er
das Brandopfer; die Söhne Aarons reichten ihm
das Blut und er sprengte es ringsum an den Altar.
13 Sie reichten ihm die einzelnen Stücke und den
Kopf des Brandopfers und er ließ sie auf dem Al-
tar in Rauch aufgehen. 14 Er wusch die Eingeweide
und Beine und ließ auch sie mit dem Brandopfer
auf dem Altar in Rauch aufgehen.
15 Dann ließ er das Opfer des Volkes heranbringen.
Er nahm den Bock für das Sündopfer des Volkes,
schlachtete ihn und brachte ihn wie den ersten als
Sündopfer dar. 16 Darauf ließ er das Brandopfer
bringen und verfuhr nach der Vorschrift. 17 Er ließ
das Speiseopfer bringen, nahm eine Hand voll
davon und ließ es auf dem Altar in Rauch aufge-
hen, dazu noch das Morgenbrandopfer. 18 Dann
schlachtete er das Rind und den Widder als Heils-
opfer für das Volk. Die Söhne Aarons reichten ihm
das Blut und er sprengte es ringsum an den Altar.
19 Die Fettstücke des Rinds und des Widders, und
zwar den Fettschwanz, das Eingeweidenetz, die
Nieren und die Fettmasse über der Leber, 20 legte
er auf die Bruststücke und ließ sie auf dem Altar
in Rauch aufgehen. 21 Die Bruststücke und die
rechte Schenkelkeule schwang Aaron vor dem
Herrn hin und her und brachte sie so dar, wie es
Mose befohlen hatte.
22 Dann erhob Aaron seine Hände über das Volk
und segnete es. Nachdem er so das Sünd- und das
Brandopfer sowie das Heilsopfer vollzogen hatte,
stieg er herunter 23 und Mose ging mit Aaron in das
Offenbarungszelt. Dann kamen beide heraus und
segneten das Volk. Da erschien die Herrlichkeit des
Herrn dem ganzen Volk. 24 Feuer ging vom Herrn
aus und verzehrte das Brandopfer und die Fett-
stücke auf dem Altar. Als das ganze Volk das sah,
stieß es Jubelschreie aus und alle fielen auf ihr Ge-
sicht nieder.

8: 8,14–21 • 16: 1,10–13 • 17: 2,1–16 • 18: 3,1–17

Die Strafe für unrechtmäßiges Opfern

10 Die Söhne Aarons, Nadab und Abihu, nah-
men jeder seine Räucherpfanne. Sie legten
Feuer auf, taten Räucherwerk darauf und brach-
ten vor dem Herrn ein unerlaubtes Feuer dar, ei-
nes, das er ihnen nicht befohlen hatte. 2 Da ging
vom Herrn ein Feuer aus, das sie verzehrte, und sie
kamen vor dem Herrn um. 3 Da sagte Mose zu Aa-
ron: Das ist es, was der Herr meinte, als er sprach:
An denen, die mir nahe sind, / erweise ich mich
heilig / und vor dem ganzen Volk / zeige ich mich
herrlich. Aaron schwieg. 4 Mose rief Mischaël und
Elizafan, die Söhne von Aarons Onkel Usiël, und
sagte zu ihnen: Kommt her und tragt eure Brüder
vom Heiligtum weg, vor das Lager hinaus! 5 Sie tra-
ten heran und trugen sie in ihren Gewändern vor
das Lager hinaus, wie es Mose gesagt hatte.

Der Dienst im Heiligtum

6 Zu Aaron und seinen Söhnen Eleasar und Itamar
sagte Mose: Lasst euer Haar nicht lose herunter-
hängen und zerreißt nicht eure Kleider, sonst

müsst ihr sterben und der Herr zürnt über die
ganze Gemeinde. Eure Brüder, das ganze Haus Is-
rael, sollen über den Brand weinen, den der Herr
entfacht hat. 7 Verlasst nicht den Eingang des Of-
fenbarungszeltes, sonst müsst ihr sterben; denn
das Salböl des Herrn ist auf euch. Sie taten, was
Mose gesagt hatte.
8 Der Herr sagte zu Aaron: 9 Wenn ihr zum Offen-
barungszelt kommt, dürft ihr, du und deine
Söhne, weder Wein noch Bier trinken, sonst müsst
ihr sterben. Das gelte bei euch als feste Regel von
Generation zu Generation. 10 Ihr sollt zwischen
heilig und profan, zwischen unrein und rein un-
terscheiden 11 und die Israeliten sollt ihr über alle
Vorschriften belehren, die der Herr euch durch
Mose verkündet hat. 12 Mose sagte zu Aaron und
seinen überlebenden Söhnen Eleasar und Itamar:
Nehmt das Speiseopfer, das von den Feueropfern
des Herrn übrig bleibt, esst davon die ungesäuer-
ten Brote neben dem Altar, denn es ist etwas Hoch-
heiliges. 13 An einem heiligen Ort sollt ihr es essen,
denn es ist das, was dir und deinen Söhnen von
den Feueropfern des Herrn zusteht; so ist es mir
nämlich befohlen worden. 14 Die Brust vom Dar-
bringungsritus und die Schenkelkeule vom Erhe-
bungsritus sollt ihr, du, deine Söhne und deine
Töchter, an einem reinen Ort essen, denn sie sind
der für dich und deine Söhne bestimmte Anteil an
den Heilsopfern der Israeliten, den man dir gibt.
15 Die Schenkelkeule vom Erhebungsritus und die
Brust vom Darbringungsritus, die bei den Fett-
stücken der Feueropfer sind, sollen sie zur Dar-
bringung vor den Herrn bringen; sie sollen dir und
deinen Söhnen als dauerndes Anrecht gehören,
wie es der Herr befohlen hat.
16 Mose erkundigte sich nach dem Sündopferbock,
und siehe da, man hatte ihn verbrannt. Er geriet
über Eleasar und Itamar, die überlebenden Söhne
Aarons, in Zorn und sagte: 17 Warum habt ihr das
Sündopfer nicht an einem heiligen Ort gegessen?
Es ist etwas Hochheiliges und es wurde euch gege-
ben, damit ihr die Schuld von der Gemeinde weg-
nehmt, indem ihr sie vor dem Herrn entsühnt.
18 Sein Blut wurde ja nicht in das Innere des Hei-
ligtums gebracht; das Fleisch hättet ihr im Heilig-
tum essen sollen, wie ich es angeordnet habe. 19 Aa-
ron antwortete Mose: Heute haben sie ihr Sünd-
und ihr Brandopfer vor dem Herrn dargebracht
und doch hat mich so etwas getroffen. Wenn ich
heute das Sündopfer gegessen hätte, hätte das dem
Herrn gefallen? 20 Als Mose das hörte, schien es
ihm richtig.

DIE REINHEITSGESETZE: 11,1 – 15,33

Reine und unreine Tiere

11 Der Herr sprach zu Mose und Aaron: 2 Sagt
den Israeliten: Das sind die Tiere, die ihr
von allem Vieh auf der Erde essen dürft: 3 Alle
Tiere, die gespaltene Klauen haben, Paarzeher sind
und wiederkäuen, dürft ihr essen.
4 Jedoch dürft ihr von den Tieren, die wiederkäuen
oder gespaltene Klauen haben, Folgende nicht es-
sen: Ihr sollt für unrein halten das Kamel, weil es
zwar wiederkäut, aber keine gespaltenen Klauen
hat; 5 ihr sollt für unrein halten den Klippdachs,
weil er zwar wiederkäut, aber keine gespaltenen
Klauen hat; 6 ihr sollt für unrein halten den Hasen,
weil er zwar wiederkäut, aber keine gespaltenen
Klauen hat; 7 ihr sollt für unrein halten das Wild-
schwein, weil es zwar gespaltene Klauen hat und
Paarzeher ist, aber nicht wiederkäut.
8 Ihr dürft von ihrem Fleisch nicht essen und ihr
Aas nicht berühren; ihr sollt sie für unrein halten.
9 Von allen Tieren, die im Wasser leben, dürft ihr
essen; alle Tiere mit Flossen und Schuppen, die im
Wasser, in Meeren und Flüssen leben, dürft ihr
essen. 10 Aber alles, was in Meeren oder Flüssen
lebt, alles Kleingetier des Wassers und alle Lebe-
wesen, die im Wasser leben und keine Flossen oder
Schuppen haben, seien euch abscheulich. 11 Ihr
sollt sie als abscheulich ansehen; von ihrem Fleisch
dürft ihr nicht essen und ihr Aas sollt ihr verab-
scheuen. 12 Alles, was ohne Flossen oder Schuppen
im Wasser lebt, haltet für abscheulich!
13 Unter den Vögeln sollt ihr Folgende verab-
scheuen – man darf sie nicht essen, sie sind
abscheulich: Aasgeier, Schwarzgeier, Bartgeier,
14 Milan, die verschiedenen Bussardarten, 15 alle

Arten des Raben, [16] Adlereule, Kurzohreule, Langohreule und die verschiedenen Falkenarten, [17] Kauz, Fischeule, Bienenfresser, [18] Weißeule, Kleineule, Fischadler, [19] den Storch, die verschiedenen Reiherarten, Wiedehopf und Fledermaus.

[20] Alle Kleintiere mit Flügeln und vier Füßen seien euch abscheulich. [21] Von diesen Kleintieren mit Flügeln und vier Füßen dürft ihr aber jene essen, die Springbeine haben, um damit auf dem Boden zu hüpfen. [22] Von ihnen dürft ihr die verschiedenen Arten der Wanderheuschrecke, der Solam-, der Hargol- und der Hagab-Heuschrecke essen. [23] Alle übrigen Kleintiere mit Flügeln und vier Füßen aber seien euch abscheulich. [24] An diesen Tieren verunreinigt ihr euch; jeder, der ihr Aas berührt, wird unrein bis zum Abend. [25] Jeder, der ihr Aas trägt, muss seine Kleider waschen und ist unrein bis zum Abend.

[26] Alle Tiere mit gespaltenen Klauen, die aber nicht Paarzeher sind und nicht wiederkäuen, sollt ihr für unrein halten; jeder, der sie berührt, wird unrein. [27] Alle Vierfüßler, die auf Pfoten gehen, sollt ihr für unrein halten; jeder, der ihr Aas berührt, wird unrein bis zum Abend, [28] und wer ihr Aas trägt, muss seine Kleider waschen und ist unrein bis zum Abend. Ihr sollt sie für unrein halten.

[29] Unter dem Kleingetier, das auf dem Boden kriecht, sollt ihr für unrein halten den Maulwurf, die Maus und die verschiedenen Arten der Eidechsen, [30] nämlich den Gecko, die Koach- und die Letaa-Eidechse, den Salamander und das Chamäleon. [31] Unter allem Kleingetier sollt ihr diese für unrein halten. Jeder, der sie berührt, wenn sie tot sind, ist unrein bis zum Abend.

[32] Jeder Gegenstand, auf den eines dieser Tiere fällt, wenn sie tot sind, wird unrein, jedes Holzgerät, Kleid, Fell, grobes Zeug und jeder Gebrauchsgegenstand. Man muss einen solchen Gegenstand in Wasser tauchen; er ist unrein bis zum Abend und erst dann wieder rein. [33] Jedes Tongefäß, in das ein solches Tier fällt, müsst ihr zerbrechen und sein Inhalt ist unrein. [34] Jede Speise, die man essen will, wird unrein, wenn Wasser aus einem solchen Gefäß darauf kommt; jedes Getränk, das man trinken will, wird durch ein solches Gefäß unrein. [35] Alles, worauf ein Aas von ihnen fällt, wird unrein; ein Backofen und ein kleiner Herd müssen niedergerissen werden, denn sie sind unrein und als unrein sollen sie euch gelten. [36] Nur eine Quelle und eine Zisterne mit angesammeltem Wasser bleiben rein. Jeder, der ein Aas von jenen Tieren berührt, wird unrein. [37] Wenn ein Aas von ihnen auf irgendeinen Samen fällt, der gesät werden soll, so bleibt er rein. [38] Wenn aber das Korn mit Wasser befeuchtet war und ein solches Aas darauf fällt, sollt ihr es für unrein halten.

[39] Wenn eines der Tiere, das euch zur Nahrung dient, verendet, so wird der, der sein Aas berührt, unrein bis zum Abend. [40] Wer von solchem Fleisch isst, muss seine Kleider waschen und ist unrein bis zum Abend; wer solches Aas trägt, muss seine Kleider waschen und ist unrein bis zum Abend.

[41] Jedes Kleintier, das sich auf dem Boden bewegt, ist abscheulich und darf nicht gegessen werden. [42] Alles, was sich auf dem Bauch oder auf vier und mehr Füßen fortbewegt, kurz alles Kleingetier, das sich auf dem Boden bewegt, dürft ihr nicht essen, denn es ist abscheulich. [43] Macht euch nicht selbst abscheulich mit all diesem Gewimmel von Kleintieren und macht euch durch sie nicht unrein, indem ihr euch durch sie verunreinigen lasst. [44] Denn ich bin der Herr, euer Gott. Erweist euch als heilig, und seid heilig, weil ich heilig bin. Verunreinigt euch daher nicht selbst durch alle diese Kleintiere, die auf dem Boden kriechen. [45] Denn ich bin der Herr, der euch aus Ägypten heraufgeführt hat, um euer Gott zu sein. Ihr sollt daher heilig sein, weil ich heilig bin.

[46] Das ist das Gesetz über das Vieh, die Vögel, alle Lebewesen, die sich im Wasser bewegen, und alle Lebewesen, die auf dem Boden kriechen. [47] So soll man das Unreine und das Reine unterscheiden, die Tiere, die man essen darf, und jene, die man nicht essen darf.

1–47 ‖ Dtn 14,3–21a • 39: Ex 22,30

Die Reinigung der Wöchnerin

12 Der Herr sprach zu Mose: [2] Sag zu den Israeliten: Wenn eine Frau niederkommt und einen Knaben gebiert, ist sie sieben Tage unrein, wie sie in der Zeit ihrer Regel unrein ist. [3] Am achten Tag soll man die Vorhaut des Kindes beschneiden [4] und dreiunddreißig Tage soll die Frau wegen ihrer Reinigungsblutung zu Hause bleiben.

Sie darf nichts Geweihtes berühren und nicht zum
Heiligtum kommen, bis die Zeit ihrer Reinigung
vorüber ist. 5 Wenn sie ein Mädchen gebiert, ist sie
zwei Wochen unrein wie während ihrer Regel.
Sechsundsechzig Tage soll sie wegen ihrer Reini-
gungsblutung zu Hause bleiben. 6 Wenn die Zeit
ihrer Reinigung vorüber ist, soll sie, für einen Sohn
ebenso wie für eine Tochter, ein einjähriges Schaf
als Brandopfer und eine junge Taube oder eine
Turteltaube als Sündopfer zum Priester an den
Eingang des Offenbarungszeltes bringen. 7 Er soll
es vor dem Herrn darbringen und sie entsühnen;
so wird sie von ihrem Blutfluss gereinigt.
Das ist das Gesetz für eine Frau, die einen Knaben
oder ein Mädchen gebiert. 8 Wenn sie die Mittel für
ein Schaf nicht aufbringen kann, soll sie zwei Tur-
teltauben oder zwei junge Tauben nehmen, eine
als Brandopfer und die andere als Sündopfer; der
Priester soll sie entsühnen und so wird sie gerei-
nigt.

3: Gen 17,12 • 8: Lk 2,24

Der Aussatz an Menschen

13 Der Herr sprach zu Mose und Aaron:
2 Wenn sich auf der Haut eines Menschen
eine Schwellung, ein Ausschlag oder ein heller
Fleck bildet, liegt Verdacht auf Hautaussatz vor.
Man soll ihn zum Priester Aaron oder zu einem
seiner Söhne, den Priestern, führen. 3 Der Priester
soll das Übel auf der Haut untersuchen. Wenn das
Haar an der kranken Stelle weiß wurde und die
Stelle tiefer als die übrige Haut liegt, ist es Aussatz.
Nachdem der Priester das Übel untersucht hat, soll
er den Erkrankten für unrein erklären. 4 Wenn
aber auf der Haut ein weißer Fleck besteht, der
nicht merklich tiefer als die übrige Haut liegt, und
das Haar nicht weiß geworden ist, soll der Priester
den Befallenen für sieben Tage absondern. 5 Am
siebten Tag untersuche er ihn wieder. Wenn er mit
seinen eigenen Augen feststellt, dass das Übel
gleich geblieben ist und sich auf der Haut nicht
ausgebreitet hat, soll er ihn noch einmal für sieben
Tage absondern 6 und ihn am siebten Tag abermals
untersuchen. Wenn er dann feststellt, dass das
Übel nachgelassen und sich auf der Haut nicht
ausgebreitet hat, soll ihn der Priester für rein er-
klären. Es handelt sich um einen Ausschlag. Der
Kranke soll seine Kleider waschen, dann ist er rein.
7 Breitet sich jedoch der Ausschlag auf der Haut
aus, nachdem der Kranke vom Priester untersucht
und für rein erklärt wurde, soll er sich ihm noch
einmal zeigen. 8 Stellt der Priester fest, dass der
Ausschlag sich auf der Haut ausgebreitet hat, soll
der Priester ihn für unrein erklären: Es handelt
sich um Aussatz.
9 Wenn sich also an jemandem ein Übel von der
Art des Aussatzes zeigt, soll man ihn zum Priester
bringen. 10 Stellt der Priester fest, dass sich auf der
Haut eine weiße Schwellung zeigt, dass die Haare
heller geworden sind und dass sich an der Schwel-
lung wildes Fleisch gebildet hat, 11 dann ist es ein
veralteter Aussatz auf der Haut. Der Priester soll
ihn für unrein erklären, ohne ihn erst abzuson-
dern, denn er ist unrein. 12 Wenn aber der Aussatz
auf der Haut ausbricht, sie völlig ergreift und sich
vom Kopf bis zu den Füßen erstreckt, überall, wo-
hin der Priester schaut, 13 so soll er den Kranken
untersuchen und, falls er feststellt, dass der Aus-
satz den ganzen Körper bedeckt, den Kranken für
rein erklären. Da er völlig weiß geworden ist, ist er
rein. 14 An dem Tag jedoch, an dem an ihm wildes
Fleisch sichtbar wird, ist er unrein. 15 Hat der Pries-
ter das wilde Fleisch untersucht, soll er ihn für un-
rein erklären. Das wilde Fleisch ist etwas Unreines;
es ist Aussatz. 16 Wenn aber das wilde Fleisch ver-
schwindet und die befallene Stelle weiß wird, soll
der Mann den Priester aufsuchen. 17 Dieser soll ihn
untersuchen, und wenn er feststellt, dass die be-
troffene Stelle tatsächlich weiß geworden ist, soll
er den Kranken für rein erklären: Er ist rein.
18 Wenn sich auf der Haut eines Menschen ein Fu-
runkel bildet und wieder abheilt, 19 sich aber dann
an der Stelle des Furunkels eine weiße Schwellung
oder ein hellroter Fleck bildet, soll er sich dem
Priester zeigen; 20 dieser soll ihn untersuchen.
Wenn er eine merkliche Vertiefung der Haut und
heller gewordenes Haar feststellt, soll der Priester
ihn für unrein erklären; es ist ein Fall von Aussatz,
der im Furunkel ausgebrochen ist. 21 Wenn der
Priester bei der Untersuchung weder weiße Haare
noch eine Vertiefung der Haut, vielmehr ein Ab-
klingen des Übels feststellt, soll er den Kranken
sieben Tage lang absondern. 22 Wenn sich das Übel
dann doch auf der Haut ausbreitet, soll er ihn für

unrein erklären: Es ist ein Fall von Aussatz. [23] Wenn
aber der helle Fleck unverändert bleibt, ohne sich
auszubreiten, so ist es eine Narbe vom Furunkel;
der Priester soll diesen Menschen für rein er-
klären.
[24] Wenn jemand auf der Haut eine Brandwunde
hat und sich eine Wucherung als hellroter oder
weißer Fleck bildet, [25] soll ihn der Priester unter-
suchen. Wenn er heller gewordenes Haar oder eine
merkliche Vertiefung des Fleckes in der Haut fest-
stellt, ist es Aussatz, der in der Brandwunde aus-
gebrochen ist. Der Priester soll den Menschen für
unrein erklären; es ist ein Fall von Aussatz. [26] Un-
tersucht ihn der Priester und stellt kein weißes
Haar auf dem Fleck, keine Vertiefung der Haut,
sondern ein Abklingen fest, so soll er ihn sieben
Tage lang absondern. [27] Am siebten Tag soll er ihn
wieder untersuchen. Hat sich das Übel auf der
Haut ausgebreitet, soll er ihn für unrein erklären;
es ist ein Fall von Aussatz. [28] Wenn der helle Fleck
unverändert geblieben ist, ohne sich auf der Haut
auszubreiten, vielmehr abgeblasst ist, so ist es nur
eine angeschwollene Brandnarbe. Der Priester soll
den Kranken für rein erklären, denn es ist nur eine
Brandnarbe.
[29] Zeigt sich bei einem Mann oder bei einer Frau
an Kopf oder Kinn eine kranke Stelle, [30] soll der
Priester sie untersuchen. Stellt er dort eine merk-
liche Hautvertiefung mit rötlich gelb glänzendem,
schütter gewordenem Haar fest, soll er den Kran-
ken für unrein erklären. Es ist eine Flechte, ein
Aussatz des Kopfes oder des Kinns. [31] Stellt der
Priester bei der Untersuchung dieses Falls von
Flechte weder eine merkliche Hautvertiefung
noch schwarzes Haar fest, soll er den mit Flechte
Behafteten sieben Tage lang absondern. [32] Am
siebten Tag soll er das Übel untersuchen. Stellt er
fest, dass sich die Flechte nicht ausgebreitet hat, an
ihr kein rötlich gelb glänzendes Haar aufgetreten
ist und auch keine merkliche Hautvertiefung be-
steht, [33] soll sich der Kranke rasieren, dabei aber die
befallene Stelle aussparen und der Priester soll ihn
noch einmal sieben Tage lang absondern. [34] Am
siebten Tag soll er das Übel wieder untersuchen.
Stellt er fest, dass es sich auf der Haut nicht aus-
gebreitet hat und dass keine merkliche Hautver-
tiefung besteht, soll er den Kranken für rein er-
klären. Dieser soll seine Kleider waschen, dann ist
er rein. [35] Hat sich aber die Flechte nach der Rein-
erklärung doch auf der Haut ausgebreitet, [36] soll
ihn der Priester wieder untersuchen. Stellt er fest,
dass sich die Flechte auf der Haut ausbreitet,
braucht der Priester nicht erst festzustellen, ob das
Haar rötlich gelb glänzend ist; er ist unrein.
[37] Scheint aber dem Priester die Flechte gleichzu-
bleiben und wächst an ihr schwarzes Haar, so heilt
sie ab; er ist rein und der Priester soll ihn für rein
erklären.
[38] Zeigen sich bei einem Mann oder bei einer Frau
Flecken, weiße Flecken auf der Haut, [39] so soll der
Priester sie untersuchen. Stellt er fest, dass diese
Flecken auf der Haut verblassen, so handelt es sich
um einen Ausschlag, der auf der Haut ausgebro-
chen ist; der Kranke ist rein.
[40] Verliert ein Mann auf seinem Kopf die Haare, so
ist es eine Hinterkopfglatze; er ist rein. [41] Geschieht
es an der Schädelvorderseite, so ist es eine Stirn-
glatze; er ist rein. [42] Entsteht aber auf der Glatze des
Hinterkopfes oder über der Stirn ein hellroter
Fleck, so ist es Aussatz, der auf dem Kopf oder auf
der Stirn dieses Menschen ausbricht. [43] Der Pries-
ter soll ihn untersuchen. Stellt er auf der Hinter-
kopf- oder auf der Stirnglatze eine hellrote Aus-
satzschwellung fest, die wie Hautaussatz aussieht,
[44] so ist der Mensch aussätzig; er ist unrein. Der
Priester muss ihn für unrein erklären; er ist an sei-
nem Kopf von Aussatz befallen.
[45] Der Aussätzige, der von diesem Übel betroffen
ist, soll eingerissene Kleider tragen und das Kopf-
haar ungepflegt lassen; er soll den Schnurrbart
verhüllen und ausrufen: Unrein! Unrein! [46] So-
lange das Übel besteht, bleibt er unrein; er ist un-
rein. Er soll abgesondert wohnen, außerhalb des
Lagers soll er sich aufhalten.

Der Aussatz an Kleidern

[47] Zeigt sich Aussatz auf einem Kleidungsstück, sei
es ein Woll- oder Leinenkleid, [48] ein Gewebe oder
Gewirke aus Leinen oder Wolle, oder auf Leder
oder auf irgendeinem Ledergegenstand, [49] so ist
das ein Fall von Aussatz, der dem Priester dann zu
zeigen ist, wenn der Fleck auf dem Kleid, dem Le-
der, dem Gewebe, dem Gewirke oder irgendeinem
Ledergerät grüngelblich oder rötlich erscheint.

50 Der Priester soll das Übel untersuchen und den befallenen Gegenstand sieben Tage lang absondern. 51 Wenn er am siebten Tage beobachtet, dass sich das Übel auf dem Kleid, dem Gewebe, dem Gewirke, dem Leder oder Ledergegenstand, was immer es auch sein mag, ausgebreitet hat, so ist es ein Fall von bösartigem Aussatz: Der befallene Gegenstand ist unrein. 52 Man soll dieses Kleid, dieses Gewebe, dieses Gewirke aus Wolle oder Leinen oder das Ledergerät, was es auch sein mag, auf dem sich das Übel zeigt, verbrennen; denn es ist bösartiger Aussatz, der im Feuer verbrannt werden muss. 53 Wenn aber der Priester bei der Untersuchung feststellt, dass das Übel sich auf diesem Kleid, Gewebe, Gewirke oder Ledergerät nicht ausgebreitet hat, 54 soll er den befallenen Gegenstand waschen lassen und ihn noch einmal sieben Tage lang absondern. 55 Nach dem Abwaschen soll er das Übel untersuchen, und wenn er feststellt, dass sich sein Aussehen nicht verändert hat, so ist der Gegenstand unrein, auch wenn sich das Übel nicht ausbreitet; du sollst ihn im Feuer verbrennen. Es liegt eine ausgefressene Vertiefung an seiner Vorder- oder Rückseite vor. 56 Stellt aber der Priester bei der Untersuchung fest, dass das Übel nach dem Abwaschen abgeblasst ist, so soll er die befallene Stelle von dem Kleid, dem Leder, dem Gewebe oder dem Gewirke abreißen. 57 Sollte aber das Übel auf diesem Kleid, Gewebe, Gewirke oder Ledergerät wieder erscheinen, so greift das Übel weiter um sich und du sollst den befallenen Gegenstand im Feuer verbrennen. 58 Aber das Kleid, das Gewebe, das Gewirke oder das Ledergerät, auf dem das Übel nach dem Abwaschen verschwunden ist, soll noch einmal gewaschen werden und ist dann rein.

59 Das ist das Gesetz für den Fall von Aussatz auf einem Woll- oder Leinenkleid, einem Gewebe, Gewirke oder Ledergerät, wenn es gilt, sie für rein oder unrein zu erklären.

Die Reinigungsriten für vom Aussatz Geheilte

14 Der Herr sprach zu Mose: 2 Das ist das Gesetz für den Aussätzigen, wenn er für rein erklärt wird: Man soll ihn zum Priester führen 3 und der Priester soll vor das Lager herauskommen. Stellt er nach der Untersuchung fest, dass der Aussätzige von seinem Aussatz geheilt ist, 4 soll er anordnen, dass man für den, der sich der Reinigung unterzieht, zwei lebende reine Vögel, Zedernholz, Karmesin und Ysop nimmt. 5 Dann soll er anordnen, den einen Vogel über einem Tongefäß mit Quellwasser zu schlachten. 6 Den lebenden Vogel, das Zedernholz, das Karmesin und den Ysop soll er nehmen und alles, auch den lebenden Vogel, in das Blut des über dem Quellwasser geschlachteten Vogels tauchen. 7 Nun soll er den, der sich der Reinigung vom Aussatz unterzieht, siebenmal besprengen und, nachdem er ihn für rein erklärt hat, den lebenden Vogel ins freie Feld fliegen lassen. 8 Der sich der Reinigung unterzieht, der soll seine Kleider waschen, sein ganzes Haar scheren, sich in Wasser baden und dann rein sein. Nachher darf er ins Lager kommen, muss aber noch sieben Tage außerhalb seines Zeltes bleiben. 9 Am siebten Tag soll er sein ganzes Haar scheren, die Kopfhaare, den Bart und die Augenbrauen; alle Haare muss er scheren. Nachdem er seine Kleider gewaschen und seinen Körper in Wasser gebadet hat, ist er rein.

10 Am achten Tag soll er zwei fehlerlose Widder, ein einjähriges fehlerloses Schaf, drei Zehntel Efa Speiseopfermehl, das mit Öl vermengt ist, und ein Log Öl nehmen. 11 Der Priester, der die Reinigung vornimmt, soll den, der sich der Reinigung unterzieht, mit seinen Opfergaben am Eingang des Offenbarungszeltes vor dem Herrn aufstellen. 12 Dann soll er den einen Widder nehmen, ihn zusammen mit dem Log Öl als Schuldopfer darbringen und mit beiden den Darbringungsritus vor dem Herrn vollziehen. 13 Er soll den Widder an der Stelle schlachten, wo man das Sünd- und das Brandopfer schlachtet, an dem heiligen Ort. Dieses Schuldopfer nämlich gehört wie ein Sündopfer dem Priester, es ist etwas Hochheiliges. 14 Der Priester soll etwas Blut vom Schlachtopfer nehmen und es auf das rechte Ohrläppchen dessen tun, der sich der Reinigung unterzieht, und auf den Daumen seiner rechten Hand und auf die große Zehe seines rechten Fußes. 15 Dann soll er etwas von dem Log Öl nehmen und auf seinen eigenen linken Handteller gießen. 16 Er soll einen Finger seiner rechten Hand in das Öl, das auf seinem linken Handteller ist, tauchen und mit diesem Fin-

ger siebenmal Öl vor dem Herrn verspritzen. 17 Dann soll er etwas von dem auf seinem Handteller übrig gebliebenen Öl auf das rechte Ohrläppchen dessen tun, der sich der Reinigung unterzieht, auf den Daumen seiner rechten Hand und auf die große Zehe seines rechten Fußes, auf das Blut des Schuldopfers. 18 Den Rest des Öls, das er auf seinem Handteller hat, soll er auf den Kopf dessen tun, der sich der Reinigung unterzieht. So soll er ihn vor dem Herrn entsühnen.

19 Nun soll der Priester das Sündopfer durchführen und den, der sich der Reinigung unterzieht, von seiner Unreinheit entsühnen. Danach soll er das Brandopfer schlachten 20 und dieses und das Speiseopfer auf dem Altar als Ganzopfer darbringen. Hat der Priester den betreffenden Menschen entsühnt, so ist er rein.

21 Wenn er arm ist und seine Mittel nicht ausreichen, soll der Priester einen einzigen Schuldopferwidder für den Darbringungsritus nehmen, um ihn zu entsühnen. Er soll nur ein Zehntel Efa Feinmehl, das mit Öl vermengt ist, und ein Log Öl als Speiseopfer nehmen, 22 und je nachdem es seine Mittel gestatten, soll er zwei Turteltauben oder zwei junge Tauben bringen, von denen die eine als Sündopfer und die andere als Brandopfer dienen soll. 23 Er soll sie am achten Tag zu seiner Reinigung dem Priester zum Eingang des Offenbarungszeltes vor den Herrn bringen. 24 Der Priester soll den Schuldopferwidder und das Log Öl nehmen und damit den Darbringungsritus vor dem Herrn vollziehen. 25 Hat er diesen Schuldopferwidder geschlachtet, dann nehme er etwas Blut vom Schuldopfer und tue es auf das rechte Ohrläppchen dessen, der sich der Reinigung unterzieht, auf den Daumen seiner rechten Hand und auf die große Zehe seines rechten Fußes. 26 Er soll etwas Öl auf seinen linken Handteller gießen 27 und etwas von diesem Öl, das auf seinem linken Handteller ist, mit seinem rechten Zeigefinger siebenmal vor dem Herrn verspritzen. 28 Dann soll er etwas von dem Öl, das auf seinem Handteller ist, auf das rechte Ohrläppchen dessen, der sich der Reinigung unterzieht, auf den Daumen seiner rechten Hand und auf die große Zehe seines rechten Fußes tun, und zwar auf die Stelle des Schuldopferblutes. 29 Den Rest des Öls auf seinem Handteller soll der Priester auf den Kopf dessen tun, der sich der Reinigung unterzieht. So soll er ihn vor dem Herrn entsühnen. 30 Seinen Mitteln entsprechend soll er die eine der beiden Turteltauben oder jungen Tauben 31 als ein Sündopfer und die andere als ein Brandopfer mit einem Speiseopfer verwenden. Der Priester soll damit den, der sich der Reinigung unterzieht, vor dem Herrn entsühnen.

32 Das ist das Gesetz für einen, der vom Aussatz befallen ist und dessen Mittel für seine Reinigung nicht ausreichen.

14: 8,23; Ex 29,20

Der Aussatz an Häusern

33 Der Herr sprach zu Mose und Aaron: 34 Wenn ihr in das Land Kanaan kommt, das ich euch zum Besitz gebe, und ich lasse an einem Haus des Landes, das ihr besitzen werdet, Aussatz auftreten, 35 so soll der Hausherr kommen, es dem Priester anzeigen und sagen: Ich habe an meinem Haus so etwas wie Aussatz gesehen. 36 Der Priester soll anordnen, dass man das Haus räumt, bevor er kommt, um das Übel zu untersuchen; auf diese Weise wird das, was sich im Haus befindet, nicht unrein. Danach erst soll der Priester kommen, um das Haus zu besichtigen. 37 Stellt er dabei fest, dass sich an den Mauern des Hauses grünlich gelbe oder rötliche Vertiefungen zeigen, die Mulden in der Mauer bilden, 38 so soll der Priester aus dem Haus hinausgehen und den Eingang für sieben Tage abschließen. 39 Am siebten Tag soll er wiederkommen. Stellt er bei der Besichtigung fest, dass sich das Übel an den Hausmauern ausgebreitet hat, 40 so ordne er an, die Steine, die vom Übel befallen sind, herauszureißen und sie vor die Stadt hinaus an einen unreinen Ort zu werfen. 41 Dann soll er die Innenwände des Hauses abkratzen lassen und man soll den so entfernten Mörtel aus der Stadt hinausschaffen und an einen unreinen Ort schütten. 42 Man soll andere Steine nehmen, um die herausgerissenen zu ersetzen, und das Haus mit frischem Mörtel bestreichen. 43 Hat man die Steine entfernt, das Haus abgekratzt und neu verputzt und das Übel bricht wieder aus, 44 soll der Priester kommen, um es zu besichtigen. Stellt er fest, dass sich das Übel an dem Haus ausgebreitet hat, so ist bösartiger Aussatz an dem Haus; es ist unrein. 45 Man soll es niederreißen

und seine Steine, seine Balken und seinen ganzen Mörtelverputz vor die Stadt hinausbringen an einen unreinen Ort. 46 Jeder, der das Haus während der Tage, an denen es durch den Priester verschlossen war, betreten hat, ist unrein bis zum Abend. 47 Wer im Haus geschlafen hat, muss seine Kleider waschen; wer im Haus gegessen hat, muss seine Kleider waschen.

48 Kommt aber der Priester, um das Übel zu besichtigen, und stellt fest, dass sich das Übel, nachdem das Haus neu verputzt wurde, nicht ausgebreitet hat, soll er das Haus für rein erklären, denn das Übel ist abgeheilt. 49 Um das Haus zu entsündigen, soll er zwei Vögel, Zedernholz, Karmesin und Ysop nehmen.

50 Er soll einen der Vögel über einem Tongefäß mit Quellwasser schlachten. 51 Dann soll er das Zedernholz, den Ysop, das Karmesin und den lebenden Vogel nehmen, um sie in das Blut des geschlachteten Vogels und in das Quellwasser zu tauchen. Er soll das Haus siebenmal besprengen und, 52 nachdem er das Haus mit dem Blut des Vogels, dem Quellwasser, dem lebenden Vogel, dem Zedernholz, dem Ysop und dem Karmesin entsündigt hat, 53 den lebenden Vogel aus der Stadt hinaus ins freie Feld fliegen lassen. So entsühnt er das Haus und es ist wieder rein.

54 Das ist das Gesetz für alle Fälle von Aussatz und Flechte, 55 von Aussatz an Kleidern und Häusern, 56 von Geschwülsten, Ausschlag und hellen Flecken, 57 zur Unterweisung, wann etwas unrein oder rein ist. Das ist das Gesetz über den Aussatz.

Die Unreinheit bei Männern

15 Der Herr sprach zu Mose und Aaron: 2 Redet zu den Israeliten und sagt zu ihnen: Wenn ein Mann einen Ausfluss aus seinem Körper hat, so ist dieser Ausfluss unrein. 3 Hat er diesen Ausfluss, so besteht seine Unreinheit, ob sein Körper den Ausfluss fließen lässt oder ihn zurückhält; bei ihm liegt Unreinheit vor. 4 Jedes Lager, auf das sich dieser Mann legt, und jeder Gegenstand, auf den er sich setzt, ist unrein. 5 Wer sein Lager berührt, muss seine Kleider waschen, sich in Wasser baden und ist unrein bis zum Abend. 6 Wer sich auf einen Gegenstand setzt, auf dem der Leidende saß, muss seine Kleider waschen, sich in Wasser baden und ist unrein bis zum Abend. 7 Wer den Körper des Leidenden berührt, muss seine Kleider waschen, sich in Wasser baden und ist unrein bis zum Abend. 8 Wenn der Kranke eine reine Person anspuckt, muss sie ihre Kleider waschen, sich in Wasser baden und ist unrein bis zum Abend. 9 Jeder Sattel, den der Kranke benutzt, ist unrein. 10 Jeder, der irgendeinen Gegenstand berührt, der unter dem Kranken war, ist unrein bis zum Abend. Wer einen solchen Gegenstand trägt, muss seine Kleider waschen, sich in Wasser baden und ist unrein bis zum Abend. 11 Jeder, den der Kranke berührt, ohne zuvor seine Hände mit Wasser abzuspülen, muss seine Kleider waschen, sich in Wasser baden und ist unrein bis zum Abend. 12 Ein Tongefäß, das der Kranke berührt, muss zerbrochen und jedes Holzgerät mit Wasser abgespült werden.

13 Wird dieser Mann von seinem Ausfluss rein, soll er sieben Tage bis zu seiner Reinigung zählen. Danach muss er seine Kleider waschen, seinen Körper in Quellwasser baden und ist dann rein. 14 Am achten Tag soll er zwei Turteltauben oder zwei junge Tauben nehmen, vor den Herrn zum Eingang des Offenbarungszeltes kommen und sie dem Priester geben. 15 Mit der einen soll der Priester ein Sündopfer und mit der andern ein Brandopfer darbringen. Der Priester soll ihn so vor dem Herrn wegen seines Ausflusses entsühnen.

16 Hat ein Mann Samenerguss, soll er seinen ganzen Körper in Wasser baden und ist unrein bis zum Abend. 17 Jedes Kleid und jedes Lederstück, auf das Samen gekommen ist, muss mit Wasser gesäubert werden und ist unrein bis zum Abend. 18 Schläft ein Mann, der Samenerguss hat, mit einer Frau, müssen sie sich beide in Wasser baden und sind unrein bis zum Abend.

Die Unreinheit bei Frauen

19 Hat eine Frau Blutfluss und ist solches Blut an ihrem Körper, soll sie sieben Tage lang in der Unreinheit ihrer Regel verbleiben. Wer sie berührt, ist unrein bis zum Abend. 20 Alles, worauf sie sich in diesem Zustand legt, ist unrein; alles, worauf sie sich setzt, ist unrein. 21 Wer ihr Lager berührt, muss seine Kleider waschen, sich in Wasser baden und ist unrein bis zum Abend. 22 Wer irgendeinen Gegenstand berührt, auf dem sie saß, muss seine

Kleider waschen, sich in Wasser baden und ist unrein bis zum Abend. 23 Befindet sich etwas auf dem Bett oder auf dem Gegenstand, auf dem sie saß, wird derjenige, der es berührt, unrein bis zum Abend. 24 Schläft ein Mann mit ihr, so kommt die Unreinheit ihrer Regel auf ihn. Er wird für sieben Tage unrein. Jedes Lager, auf das er sich legt, wird unrein.

25 Hat eine Frau mehrere Tage außerhalb der Zeit ihrer Regel einen Blutfluss oder hält ihre Regel länger an, ist sie für die ganze Dauer dieses Ausflusses im gleichen Zustand der Unreinheit wie während der Zeit ihrer Regel.

26 Jedes Lager, auf das sie sich während der ganzen Dauer ihres Ausflusses legt, ist so wie ihr Lager, auf dem sie während ihrer Regel liegt. Jeder Gegenstand, auf den sie sich setzt, wird unrein wie bei der Unreinheit ihrer Regel. 27 Jeder, der diese Gegenstände berührt, wird unrein; er muss seine Kleider waschen, sich in Wasser baden und ist unrein bis zum Abend.

28 Ist sie von ihrem Ausfluss rein, soll sie sieben Tage zählen und dann rein sein. 29 Am achten Tag soll sie zwei Turteltauben oder zwei junge Tauben nehmen und sie dem Priester zum Eingang des Offenbarungszeltes bringen. 30 Der Priester soll die eine als Sündopfer und die andere als Brandopfer verwenden. Er soll sie so vor dem Herrn wegen ihres verunreinigenden Ausflusses entsühnen.

31 Ihr sollt die Israeliten vor ihrer Unreinheit warnen, damit sie nicht in ihr sterben müssen, weil sie meine Wohnstätte in ihrer Mitte verunreinigen.

32 Das ist das Gesetz für einen Mann, der einen Ausfluss hat, für einen, den ein Samenerguss unrein gemacht hat, 33 und für die Frau in der Unreinheit ihrer Regel, also für den Mann oder die Frau mit Ausfluss und den Mann, der mit einer unreinen Frau schläft.

DAS RITUAL FÜR DEN VERSÖHNUNGSTAG: 16,1–34

16 Nach dem Tod der beiden Söhne Aarons, die umgekommen waren, als sie vor den Herrn hintraten, redete der Herr mit Mose. 2 Der Herr sprach zu Mose: Sag deinem Bruder Aaron, er soll nicht zu jeder beliebigen Zeit das Heiligtum hinter dem Vorhang vor der Deckplatte der Lade betreten. Dann wird er nicht sterben, wenn ich über der Deckplatte in einer Wolke erscheine. 3 Aaron darf nur so in das Heiligtum kommen: mit einem Jungstier für ein Sündopfer und einem Widder für ein Brandopfer. 4 Ein geweihtes Leinengewand soll er anhaben, leinene Beinkleider tragen, sich mit einem Leinengürtel gürten und um den Kopf einen Leinenturban binden. Das sind heilige Gewänder; deshalb soll er seinen ganzen Körper in Wasser baden und sie erst dann anlegen. 5 Von der Gemeinde der Israeliten soll er zwei Ziegenböcke für ein Sündopfer und einen Widder für ein Brandopfer erhalten. 6 Hat er den Jungstier für seine eigene Sünde dargebracht und sich und sein Haus entsühnt, 7 dann soll Aaron die beiden Ziegenböcke nehmen und sie vor dem Herrn am Eingang des Offenbarungszeltes aufstellen. 8 Für die beiden Böcke soll er Lose kennzeichnen, ein Los »für den Herrn« und ein Los »für Asasel«. 9 Aaron soll den Bock, für den das Los »für den Herrn« herauskommt, herbeiführen und ihn als Sündopfer darbringen. 10 Der Bock, für den das Los »für Asasel« herauskommt, soll lebend vor den Herrn gestellt werden, um für die Sühne zu dienen und zu Asasel in die Wüste geschickt zu werden.

11 Aaron soll den Jungstier für sein eigenes Sündopfer herbeibringen lassen, um sich und sein Haus zu entsühnen, und diesen Jungstier als Sündopfer für sich schlachten.

12 Dann soll er eine Räucherpfanne voll glühender Kohlen vom Altar, der vor dem Herrn steht, und zwei Hand voll zerstoßenen duftenden Räucherwerks nehmen. Er soll alles hinter den Vorhang bringen 13 und das Räucherwerk auf das Feuer vor dem Herrn tun; die Wolke des Räucherwerks soll die Deckplatte über der Lade einhüllen, damit er nicht sterben muss. 14 Dann soll er vom Blut des Jungstiers nehmen und es mit seinem Finger gegen die Vorderseite der Deckplatte spritzen; auch vor die Deckplatte soll er mit seinem Finger siebenmal etwas Blut spritzen. 15 Nachher soll er den Bock schlachten, der als Sündopfer für das Volk

bestimmt ist, und sein Blut hinter den Vorhang tra-
gen. Er soll es mit diesem Blut ebenso machen wie
mit dem Blut des Jungstiers und es auf die Deck-
platte und vor die Deckplatte spritzen. 16 So soll er
das Heiligtum von den Unreinheiten der Israeli-
ten, von all ihren Freveltaten und Sünden entsüh-
nen und so soll er mit dem Offenbarungszelt ver-
fahren, das bei ihnen inmitten ihrer Unreinheiten
seinen Sitz hat. 17 Kein Mensch darf im Offenba-
rungszelt sein, wenn er in das Heiligtum eintritt, um
die Sühne zu vollziehen, bis er es wieder verlässt.
Hat er sich, sein Haus und die ganze Gemeinde Is-
raels entsühnt, 18 so soll er zum Altar vor dem Herrn
hinausgehen und ihn entsühnen. Er soll etwas Blut
des Jungstiers und des Bockes nehmen und es auf
die Hörner rings um den Altar tun. 19 Etwas von
diesem Blut soll er mit seinem Finger siebenmal
auf den Altar spritzen. So soll er ihn von den Un-
reinheiten der Israeliten reinigen und ihn heiligen.
20 Hat er so die Entsühnung des Heiligtums, des
Offenbarungszeltes und des Altars beendet, soll er
den lebenden Bock herbringen lassen. 21 Aaron soll
seine beiden Hände auf den Kopf des lebenden
Bockes legen und über ihm alle Sünden der Israe-
liten, alle ihre Frevel und alle ihre Fehler beken-
nen. Nachdem er sie so auf den Kopf des Bockes
geladen hat, soll er ihn durch einen bereitstehen-
den Mann in die Wüste treiben lassen 22 und der
Bock soll alle ihre Sünden mit sich in die Einöde
tragen.
Hat er den Bock in die Wüste geschickt, 23 dann soll
Aaron wieder in das Offenbarungszelt gehen, die
Leinengewänder, die er beim Betreten des Heilig-
tums angelegt hat, ablegen und sie dort verwah-
ren. 24 Er soll seinen Körper in Wasser an einem
heiligen Ort baden, wieder seine Kleider anlegen
und hinausgehen, um sein Brandopfer und das des
Volkes darzubringen. Er soll sich und das Volk ent-
sühnen 25 und das Fett des Sündopfers auf dem
Altar in Rauch aufgehen lassen.
26 Der Mann, der den Bock für Asasel hinausge-
führt hat, muss seine Kleider waschen, seinen Kör-
per in Wasser baden und darf danach wieder in das
Lager kommen. 27 Den Jungstier und den Bock, die
man als Sündopfer dargebracht und deren Blut
man in das Heiligtum zur Entsühnung gebracht
hat, soll man aus dem Lager hinausschaffen und
ihr Fell, ihr Fleisch und ihren Mageninhalt im
Feuer verbrennen. 28 Wer sie verbrannt hat, muss
seine Kleider waschen, den Körper in Wasser ba-
den und darf danach wieder ins Lager kommen.
29 Folgendes soll euch als feste Regel gelten: Im
siebten Monat, am zehnten Tag des Monats, sollt
ihr euch Enthaltung auferlegen und keinerlei
Arbeit tun, der Einheimische und ebenso der
Fremde, der in eurer Mitte lebt. 30 Denn an diesem
Tag entsühnt man euch, um euch zu reinigen. Vor
dem Herrn werdet ihr von allen euren Sünden
wieder rein. 31 Dieser Tag ist für euch ein vollstän-
diger Ruhetag, und ihr sollt euch Enthaltung auf-
erlegen. Das gelte als feste Regel. 32 Der Priester,
den man gesalbt und an Stelle seines Vaters als
Priester eingesetzt hat, soll die Sühne vollziehen.
Er soll die Leinengewänder, die heiligen Gewän-
der, anlegen. 33 Er soll das geweihte Heiligtum, das
Offenbarungszelt und den Altar entsühnen; dann
soll er die Priester und das ganze Volk der Ge-
meinde entsühnen. 34 Das soll für euch als feste
Regel gelten: Einmal im Jahr sollen die Israeliten
von allen ihren Sünden entsühnt werden. Und man
tat, wie es der Herr dem Mose befohlen hatte.

1: 10,1–5 • 2: Ex 25,17–21

DAS HEILIGKEITSGESETZ: 17,1 – 26,46

Schlachtungen und Blutgenuss

17 Der Herr sprach zu Mose: 2 Rede zu Aaron,
seinen Söhnen und allen Israeliten und sag
zu ihnen: Das ist es, worauf der Herr euch ver-
pflichtet hat: 3 Jeder Mann aus dem Haus Israel,
der innerhalb oder außerhalb des Lagers ein Rind,
ein Schaf oder eine Ziege schlachtet 4 und das Tier
nicht zum Eingang des Offenbarungszeltes bringt,
um es dem Herrn vor seiner Wohnstätte zu opfern,
dem soll es als Blutschuld angerechnet werden; er
hat Blut vergossen und soll aus der Mitte seines
Volkes ausgemerzt werden.
5 Daher sollen die Israeliten die Opfer, die sie (jetzt
noch) auf dem freien Feld schlachten, dem Pries-

ter für den Herrn zum Eingang des Offenba-
rungszeltes bringen und sie als Heilsopfer für den
Herrn schlachten. 6 Der Priester soll das Blut auf
den Altar des Herrn am Eingang des Offenba-
rungszeltes gießen und das Fett zum beruhigen-
den Duft für den Herrn in Rauch aufgehen lassen.
7 Sie sollen nicht mehr ihre Schlachtopfer für
Bocksdämonen schlachten, mit denen sie Unzucht
treiben. Das gelte ihnen und ihren kommenden
Generationen als feste Regel.
8 Du sollst ihnen weiter sagen: Jeder Mann aus dem
Haus Israel oder jeder Fremde in eurer Mitte, der
ein Brand- oder Schlachtopfer darbringt, 9 ohne es
zum Eingang des Offenbarungszeltes zu bringen,
um es für den Herrn zu vollziehen, soll aus seinen
Stammesgenossen ausgemerzt werden.
10 Jeder Mann aus dem Haus Israel oder jeder
Fremde in eurer Mitte, der irgendwie Blut genießt,
gegen einen solchen werde ich mein Angesicht
wenden und ihn aus der Mitte seines Volkes aus-
merzen. 11 Die Lebenskraft des Fleisches sitzt näm-
lich im Blut. Dieses Blut habe ich euch gegeben,
damit ihr auf dem Altar für euer Leben die Sühne
vollzieht; denn das Blut ist es, das für ein Leben
sühnt.
12 Deshalb habe ich zu den Israeliten gesagt: Nie-
mand unter euch darf Blut genießen, auch der
Fremde, der in eurer Mitte lebt, darf kein Blut
genießen. 13 Jeder unter den Israeliten oder der
Fremde in eurer Mitte, der Wild oder für den Ge-
nuss erlaubte Vögel erlegt, muss das Blut aus-
fließen lassen und es mit Erde bedecken. 14 Denn
das Leben aller Wesen aus Fleisch ist das Blut, das
darin ist. Ich habe zu den Israeliten gesagt: Das
Blut irgendeines Wesens aus Fleisch dürft ihr nicht
genießen; denn das Leben aller Wesen aus Fleisch
ist ihr Blut. Jeder, der es genießt, soll ausgemerzt
werden.
15 Jeder, sei er einheimisch oder fremd, der ein ver-
endetes oder zerrissenes Tier isst, muss seine Klei-
der waschen, sich in Wasser baden und ist unrein
bis zum Abend; dann ist er rein. 16 Wer seine Klei-
der nicht wäscht und seinen Körper nicht in Was-
ser badet, muss die Folgen seiner Schuld tragen.

5: 3,1–17 • 11: Gen 9,4; Dtn 12,23 • 15: 11,40; Ex 22,30

Sexuelle Vorschriften: 18,1–30

Einleitung

18 Der Herr sprach zu Mose: 2 Rede zu den
Israeliten und sag zu ihnen: Ich bin der
Herr, euer Gott. 3 Ihr sollt nicht tun, was man in
Ägypten tut, wo ihr gewohnt habt; ihr sollt nicht
tun, was man in Kanaan tut, wohin ich euch führe.
Ihre Bräuche sollt ihr nicht befolgen. 4 Meine Vor-
schriften sollt ihr einhalten und meine Satzungen
sollt ihr beachten und befolgen. Ich bin der Herr,
euer Gott. 5 Ihr sollt auf meine Satzungen und
meine Vorschriften achten. Wer sie einhält, wird
durch sie leben. Ich bin der Herr.

Unzucht unter Verwandten

6 Niemand von euch darf sich einer Blutsver-
wandten nähern, um ihre Scham zu entblößen. Ich
bin der Herr. 7 Die Scham deines Vaters, nämlich
die Scham deiner Mutter, darfst du nicht ent-
blößen. Sie ist deine Mutter, du darfst ihre Scham
nicht entblößen. 8 Die Scham der Frau deines Va-
ters darfst du nicht entblößen; sie ist die Scham
deines Vaters. 9 Die Scham deiner Schwester, einer
Tochter deines Vaters oder einer Tochter deiner
Mutter, darfst du nicht entblößen, sei sie im Haus
oder außerhalb geboren. 10 Die Scham einer Toch-
ter deines Sohnes oder einer Tochter deiner Toch-
ter darfst du nicht entblößen; denn ihre Scham ist
deine eigene Scham. 11 Die Scham der Tochter ei-
ner Frau deines Vaters darfst du nicht entblößen.
Sie ist deinem Vater geboren, also deine Schwes-
ter; du darfst ihre Scham nicht entblößen. 12 Die
Scham einer Schwester deines Vaters darfst du
nicht entblößen; denn sie ist mit deinem Vater
leiblich verwandt. 13 Die Scham der Schwester
deiner Mutter darfst du nicht entblößen; denn sie
ist mit deiner Mutter leiblich verwandt. 14 Die
Scham des Bruders deines Vaters darfst du nicht
entblößen; du darfst dich seiner Frau nicht
nähern; denn sie ist deine Tante. 15 Die Scham dei-
ner Schwiegertochter darfst du nicht entblößen.
Sie ist die Frau deines Sohnes; du darfst ihre
Scham nicht entblößen. 16 Die Scham der Frau dei-
nes Bruders darfst du nicht entblößen; denn sie ist
die Scham deines Bruders. 17 Die Scham einer Frau
und gleichzeitig die ihrer Tochter darfst du nicht

entblößen; weder die Tochter ihres Sohnes noch
die Tochter ihrer Tochter darfst du nehmen, um
ihre Scham zu entblößen. Sie sind leiblich ver-
wandt, es wäre Blutschande. [18] Du darfst neben ei-
ner Frau nicht auch noch deren Schwester heira-
ten; du würdest sie zur Nebenbuhlerin machen,
wenn du zu Lebzeiten der Frau die Scham ihrer
Schwester entblößt.

Andere Unzuchtvergehen

[19] Einer Frau, die wegen ihrer Regel unrein ist,
darfst du dich nicht nähern, um ihre Scham zu
entblößen. [20] Der Frau deines Stammesgenossen
darfst du nicht beiwohnen; du würdest dadurch
unrein.
[21] Von deinen Nachkommen darfst du keinen für
Moloch darbringen. Du darfst den Namen deines
Gottes nicht entweihen. Ich bin der Herr.
[22] Du darfst nicht mit einem Mann schlafen, wie
man mit einer Frau schläft; das wäre ein Gräuel.
[23] Keinem Vieh darfst du beiwohnen; du würdest
dadurch unrein. Keine Frau darf vor ein Vieh hin-
treten, um sich mit ihm zu begatten; das wäre eine
schandbare Tat.

21: 20,2–5

Schlussmahnung

[24] Ihr sollt euch nicht durch all das verunreinigen;
denn durch all das haben sich die Völker verun-
reinigt, die ich vor euch vertrieben habe. [25] Das
Land wurde unrein, ich habe an ihm seine Schuld
geahndet und das Land hat seine Bewohner aus-
gespien. [26] Ihr aber sollt auf meine Satzungen und
Vorschriften achten und keine dieser Gräueltaten
begehen, weder der Einheimische noch der Frem-
de, der in eurer Mitte lebt. [27] Denn all diese Gräu-
eltaten haben die Leute begangen, die vor euch im
Land waren, und so wurde das Land unrein.
[28] Wird es etwa euch, wenn ihr es verunreinigt,
nicht ebenso ausspeien, wie es das Volk vor euch
ausgespien hat? [29] Alle nämlich, die irgendeine die-
ser Gräueltaten begehen, werden aus der Mitte
ihres Volkes ausgemerzt. [30] Achtet auf meine An-
ordnungen, befolgt keinen von den gräulichen
Bräuchen, die man vor euch befolgt hat, und ver-
unreinigt euch nicht durch sie. Ich bin der Herr,
euer Gott.

Kultische und soziale Gebote: 19,1–37

Einleitung

19 Der Herr sprach zu Mose: [2] Rede zur
ganzen Gemeinde der Israeliten und sag zu
ihnen: Seid heilig, denn ich, der Herr, euer Gott,
bin heilig.

Die Ehrfurcht gegenüber den Eltern

[3] Jeder von euch soll Mutter und Vater fürchten
und auf meine Sabbate achten; ich bin der Herr,
euer Gott. [4] Ihr sollt euch nicht anderen Göttern
zuwenden und euch nicht Götterbilder aus Metall
gießen; ich bin der Herr, euer Gott.

3–4: Ex 20,1–12; 23,12; 34,14–17.21; Dtn 5,6–16

Die rechte Einstellung zum Heilsopfer

[5] Wenn ihr für den Herrn ein Heilsopfer schlach-
tet, opfert es so, dass ihr Annahme findet. [6] An dem
Tag, an dem ihr es schlachtet, oder am folgenden
Tag soll es gegessen werden; was davon am dritten
Tag noch übrig ist, soll im Feuer verbrannt wer-
den. [7] Isst man davon am dritten Tag, so ist das
Opfer untauglich und findet keine Annahme
mehr. [8] Wer davon isst, muss die Folgen seiner
Schuld tragen; denn er hat die Heiligkeit des Herrn
entweiht. Ein solcher Mensch soll aus seinen
Stammesgenossen ausgemerzt werden.

5–8: 7,14–18

Das Verbot der Nachlese

[9] Wenn ihr die Ernte eures Landes einbringt, sollt
ihr das Feld nicht bis zum äußersten Rand abern-
ten. Du sollst keine Nachlese von deiner Ernte hal-
ten. [10] In deinem Weinberg sollst du keine Nach-
lese halten und die abgefallenen Beeren nicht
einsammeln. Du sollst sie dem Armen und dem
Fremden überlassen. Ich bin der Herr, euer Gott.

Soziales Verhalten und Nächstenliebe

[11] Ihr sollt nicht stehlen, nicht täuschen und ei-
nander nicht betrügen. [12] Ihr sollt nicht falsch bei
meinem Namen schwören; du würdest sonst den
Namen deines Gottes entweihen. Ich bin der Herr.
[13] Du sollst deinen Nächsten nicht ausbeuten und
ihn nicht um das Seine bringen. Der Lohn des Ta-
gelöhners soll nicht über Nacht bis zum Morgen

bei dir bleiben. [14] Du sollst einen Tauben nicht ver-
fluchen und einem Blinden kein Hindernis in den
Weg stellen; vielmehr sollst du deinen Gott fürch-
ten. Ich bin der Herr.
[15] Ihr sollt in der Rechtsprechung kein Unrecht
tun. Du sollst weder für einen Geringen noch für
einen Großen Partei nehmen; gerecht sollst du
deinen Stammesgenossen richten. [16] Du sollst dei-
nen Stammesgenossen nicht verleumden und dich
nicht hinstellen und das Leben deines Nächsten
fordern. Ich bin der Herr.
[17] Du sollst in deinem Herzen keinen Hass gegen
deinen Bruder tragen. Weise deinen Stammes-
genossen zurecht, so wirst du seinetwegen keine
Schuld auf dich laden. [18] An den Kindern deines
Volkes sollst du dich nicht rächen und ihnen
nichts nachtragen. Du sollst deinen Nächsten lie-
ben wie dich selbst. Ich bin der Herr.

11–12: Ex 20,7.15f; 23,7; Dtn 5,11.19f • 15–16: Ex 23,3–7

Das Verbot von Mischungen

[19] Ihr sollt auf meine Satzungen achten: Unter dei-
nem Vieh sollst du nicht zwei Tiere verschiedener
Art sich begatten lassen. Dein Feld sollst du nicht
mit zweierlei Arten besäen. Du sollst kein aus
zweierlei Fäden gewebtes Kleid anlegen.

Unzucht mit der Nebenfrau eines anderen

[20] Wohnt ein Mann einer Frau bei, die einem an-
dern Mann als Sklavin zur Nebenfrau bestimmt
ist und die weder losgekauft noch freigelassen
ist, dann soll der Fall untersucht werden; sterben
sollen sie nicht, da sie nicht freigelassen war. [21] Er
soll als sein Schuldopfer für den Herrn einen Wid-
der zum Eingang des Offenbarungszeltes bringen.
[22] Mit diesem Widder soll der Priester ihn vor dem
Herrn von der begangenen Sünde entsühnen; so
wird ihm die Sünde, die er begangen hat, verge-
ben.

20: Ex 21,7–9

Die Erstlingsfrüchte

[23] Wenn ihr in das Land kommt und einen Frucht-
baum pflanzt, sollt ihr seine Früchte behandeln,
als ob sie seine Vorhaut wären. Drei Jahre lang sol-
len sie für euch etwas Unbeschnittenes sein, das
man nicht essen darf. [24] Im vierten Jahr sollen alle
Früchte als Festgabe für den Herrn geheiligt sein.
[25] Erst im fünften Jahr dürft ihr die Früchte essen
und den Ertrag für euch ernten. Ich bin der Herr,
euer Gott.

Das Verbot fremder Kultbräuche

[26] Ihr sollt nichts mit Blut essen. Wahrsagerei und
Zauberei sollt ihr nicht treiben. [27] Ihr sollt euer
Kopfhaar nicht rundum abschneiden. Du sollst
deinen Bart nicht stutzen. [28] Für einen Toten dürft
ihr keine Einschnitte auf eurem Körper anbringen
und ihr dürft euch keine Zeichen einritzen lassen.
Ich bin der Herr.
[29] Entweih nicht deine Tochter, indem du sie der
Unzucht preisgibst, damit das Land nicht der Un-
zucht verfällt und voller Schandtat wird. [30] Ihr sollt
auf meine Sabbate achten und mein Heiligtum
fürchten. Ich bin der Herr. [31] Wendet euch nicht an
die Totenbeschwörer und sucht nicht die Wahrsa-
ger auf; sie verunreinigen euch. Ich bin der Herr,
euer Gott.

26: 17,10–12 • 30: Ex 20,8; Dtn 5,12

Die Ehrfurcht vor dem Alter

[32] Du sollst vor grauem Haar aufstehen, das Anse-
hen eines Greises ehren und deinen Gott fürchten.
Ich bin der Herr.

Verhalten gegen Fremde

[33] Wenn bei dir ein Fremder in eurem Land lebt,
sollt ihr ihn nicht unterdrücken. [34] Der Fremde,
der sich bei euch aufhält, soll euch wie ein Einhei-
mischer gelten und du sollst ihn lieben wie dich
selbst; denn ihr seid selbst Fremde in Ägypten ge-
wesen. Ich bin der Herr, euer Gott.

Übervorteilung

[35] Ihr sollt kein Unrecht begehen bei Gericht, mit
Längenmaß, Gewicht und Hohlmaß. [36] Ihr sollt
richtige Waagen, richtige Gewichtsteine, richtiges
Efa und richtiges Hin haben. Ich bin der Herr, euer
Gott, der euch aus Ägypten geführt hat.

Schlussmahnung

[37] Ihr sollt auf alle meine Satzungen und alle meine
Vorschriften achten und sie befolgen. Ich bin der
Herr.

Todeswürdige Verbrechen: 20,1–27

Das Kinderopfer

20 Der Herr sprach zu Mose: [2] Sag zu den Israeliten: Jeder Mann unter den Israeliten oder unter den Fremden in Israel, der eines seiner Kinder dem Moloch gibt, wird mit dem Tod bestraft. Die Bürger des Landes sollen ihn steinigen. [3] Ich richte mein Angesicht gegen einen solchen und merze ihn aus seinem Volk aus, weil er eines seiner Kinder dem Moloch gegeben, dadurch mein Heiligtum verunreinigt und meinen heiligen Namen entweiht hat. [4] Falls die Bürger des Landes ihre Augen diesem Mann gegenüber verschließen, wenn er eines seiner Kinder dem Moloch gibt, und ihn nicht töten, [5] so richte ich mein Angesicht gegen ihn und seine Sippe und merze sie aus der Mitte ihres Volkes aus, ihn und alle, die sich mit ihm dem Molochdienst hingeben.

Die Totenbeschwörung und Wahrsagerei

[6] Gegen einen, der sich an Totenbeschwörer und Wahrsager wendet und sich mit ihnen abgibt, richte ich mein Angesicht und merze ihn aus seinem Volk aus. [7] Ihr sollt euch heiligen, um heilig zu sein; denn ich bin der Herr, euer Gott. [8] Ihr sollt auf meine Satzungen achten und sie befolgen. Ich bin der Herr, der euch heiligt.

6: 19,31

Die Verfluchung der Eltern

[9] Jeder, der seinen Vater oder seine Mutter verflucht, wird mit dem Tod bestraft. Da er seinen Vater oder seine Mutter verflucht hat, soll sein Blut auf ihn kommen.

9: Ex 21,17

Der Ehebruch

[10] Ein Mann, der mit der Frau seines Nächsten die Ehe bricht, wird mit dem Tod bestraft, der Ehebrecher samt der Ehebrecherin.

10: Ex 20,14; Dtn 5,18

Unzuchtverbrechen

[11] Ein Mann, der mit der Frau seines Vaters schläft, hat die Scham seines Vaters entblößt. Beide werden mit dem Tod bestraft; ihr Blut soll auf sie kommen. [12] Schläft einer mit seiner Schwiegertochter, so werden beide mit dem Tod bestraft. Sie haben eine schändliche Tat begangen, ihr Blut soll auf sie kommen. [13] Schläft einer mit einem Mann, wie man mit einer Frau schläft, dann haben sie eine Gräueltat begangen; beide werden mit dem Tod bestraft; ihr Blut soll auf sie kommen. [14] Heiratet einer eine Frau und ihre Mutter, so ist das Blutschande. Ihn und die beiden Frauen soll man verbrennen, damit es keine Blutschande unter euch gibt. [15] Ein Mann, der einem Tier beiwohnt, wird mit dem Tod bestraft; auch das Tier sollt ihr töten. [16] Nähert sich eine Frau einem Tier, um sich mit ihm zu begatten, dann sollst du die Frau und das Tier töten. Sie werden mit dem Tod bestraft; ihr Blut soll auf sie kommen. [17] Nimmt einer seine Schwester, eine Tochter seines Vaters oder eine Tochter seiner Mutter und sieht ihre Scham und sie sieht die seine, so ist es eine Schandtat. Sie sollen vor den Augen der Söhne ihres Volkes ausgemerzt werden. Er hat die Scham seiner Schwester entblößt; er muss die Folgen seiner Schuld tragen.

11–17: 18,6–23

Der Verkehr mit einer Menstruierenden

[18] Ein Mann, der mit einer Frau während ihrer Regel schläft und ihre Scham entblößt, hat ihre Blutquelle aufgedeckt und sie hat ihre Blutquelle entblößt; daher sollen beide aus ihrem Volk ausgemerzt werden.

Die Unzucht mit Verwandten

[19] Die Scham der Schwester deiner Mutter oder der Schwester deines Vaters sollst du nicht entblößen; denn wer seine eigene Verwandte entblößt, muss die Folgen seiner Schuld tragen. [20] Ein Mann, der mit seiner Tante schläft, hat die Scham seines Onkels entblößt. Sie müssen die Folgen ihrer Sünde tragen; sie sollen kinderlos sterben. [21] Nimmt einer die Frau seines Bruders, so ist das Befleckung. Er hat die Scham seines Bruders entblößt; sie sollen kinderlos bleiben.

Schlussmahnung

[22] Ihr sollt auf alle meine Satzungen und Vorschriften achten und sie befolgen; dann wird euch das Land nicht ausspeien, in das ich euch führe,

und ihr werdet dort wohnen können. 23 Ihr sollt
euch nicht nach den Bräuchen des Volkes richten,
das ich vor euren Augen vertreibe; denn all diese
Dinge haben sie getan, so dass es mich vor ihnen
ekelte. 24 Daher habe ich euch gesagt: Ihr seid es,
die ihren Boden in Besitz nehmen sollen. Ich bin
es, der ihn euch zum Besitz geben wird, ein Land,
in dem Milch und Honig fließen. Ich bin der Herr,
euer Gott, der euch von diesen Völkern ausgeson-
dert hat.
25 So unterscheidet zwischen reinem und unrei-
nem Vieh, zwischen unreinen und reinen Vögeln!
Macht euch nicht selbst abscheulich mit diesen
Tieren, diesen Vögeln, mit allem, was auf dem Bo-
den kriecht. Ich habe es für euch als unrein unter-
schieden.
26 Seid mir geheiligt; denn ich, der Herr, bin heilig
und ich habe euch von all diesen Völkern ausge-
sondert, damit ihr mir gehört.

22–26: 18,24–30

Nachtrag: Die Totenbeschwörung

27 Männer oder Frauen, in denen ein Toten- oder
ein Wahrsagegeist ist, sollen mit dem Tod bestraft
werden. Man soll sie steinigen, ihr Blut soll auf sie
kommen.

27: 19,31

Vorschriften für Priester: 21,1–24

Das Verhalten beim Begräbnis von Verwandten

21 Der Herr sprach zu Mose: Rede zu den
Priestern, den Söhnen Aarons, und sag zu
ihnen: Keiner von ihnen darf sich an der Leiche
eines seiner Stammesgenossen verunreinigen,
2 außer an seinen nächsten Verwandten: seiner
Mutter, seinem Vater, seinem Sohn, seiner Tochter
oder seinem Bruder. 3 An seiner unverheirateten
Schwester, die seine nahe Verwandte blieb, da sie
keinem Mann angehörte, darf er unrein werden.
4 Nicht aber darf er an seiner Schwester, die mit
einem Stammesgenossen verheiratet ist, unrein
werden; er würde sich entweihen.
5 Die Priester sollen sich auf ihrem Kopf keine
Glatze scheren, ihren Bart nicht stutzen und an
ihrem Körper keine Einschnitte machen. 6 Sie sol-
len ihrem Gott geheiligt sein und den Namen ih-
res Gottes nicht entweihen. Denn sie sind es, die
die Feueropfer des Herrn, die Speise ihres Gottes,
darbringen; darum sollen sie heilig sein.

Ehehindernisse für Priester

7 Sie dürfen weder eine Dirne, noch eine Entehrte,
noch eine Frau heiraten, die ihr Mann verstoßen
hat; denn der Priester ist seinem Gott geweiht. 8 Du
sollst ihn heilig halten, denn er bringt die Speise
deines Gottes dar. Heilig soll er dir sein, denn ich
bin heilig, der Herr, der euch heiligt.

Die Strafe für unzüchtige Priestertöchter

9 Wenn sich die Tochter eines Priesters als Dirne
entweiht, so entweiht sie ihren Vater; sie soll im
Feuer verbrannt werden.

Das Verhalten des Hohenpriesters bei Todesfällen

10 Der Priester, der unter seinen Brüdern den
höchsten Rang einnimmt, auf dessen Haupt das
Salböl ausgegossen wurde und der durch das An-
legen der heiligen Gewänder eingesetzt ist, soll
sein Haar nicht lose herunterhängen lassen, seine
Kleider nicht zerreißen, 11 sich an keinem Leich-
nam verunreinigen, auch nicht, wenn es sich um
Vater oder Mutter handelt. 12 Er soll sich nicht vom
Heiligtum entfernen, um nicht das Heiligtum sei-
nes Gottes zu entweihen; denn die Weihe des Salb-
öls seines Gottes ist auf ihm. Ich bin der Herr.

Ehehindernisse für den Hohenpriester

13 Er soll nur eine Jungfrau heiraten. 14 Eine Witwe,
eine Verstoßene oder eine Entehrte, eine Dirne,
darf er nicht heiraten; nur eine Jungfrau aus sei-
nem Stamm darf er zur Frau nehmen; 15 sonst
würde er seine Nachkommenschaft unter seinen
Stammesgenossen entweihen; denn ich, der Herr,
bin es, der ihn heiligt.

Die körperliche Tauglichkeit für das Priesteramt

16 Der Herr sprach zu Mose: 17 Sag zu Aaron: Kei-
ner deiner Nachkommen, auch in den kommen-
den Generationen, der ein Gebrechen hat, darf
herantreten, um die Speise seines Gottes darzu-
bringen. 18 Denn keiner mit einem Gebrechen darf

herantreten: kein Blinder oder Lahmer, kein im
Gesicht oder am Körper Entstellter, [19] kein Mann,
der einen gebrochenen Fuß oder eine gebrochene
Hand hat, [20] keiner mit Buckel, Muskelschwund,
Augenstar, Krätze, Flechte oder Hodenquet-
schung. [21] Keiner der Nachkommen Aarons, des
Priesters, darf herantreten, um die Feueropfer des
Herrn darzubringen, wenn er ein Gebrechen hat.
Er hat ein Gebrechen, er darf nicht herantreten,
um die Speise seines Gottes darzubringen. [22] Doch
darf er von der Speise seines Gottes, von den hoch-
heiligen und heiligen Dingen, essen, [23] aber nicht
zum Vorhang kommen und sich nicht dem Altar
nähern; denn er hat ein Gebrechen und darf meine
heiligen Gegenstände nicht entweihen; denn ich
bin der Herr, der sie geheiligt hat.

Schlussbemerkung

[24] Das sagte Mose zu Aaron, zu dessen Söhnen und
zu allen Israeliten.

Weitere Vorschriften für den Genuss und die Darbringung von Opfern: 22,1–33

Der Ausschluss von Priestern vom Genuss der Opfergaben

22 Der Herr sprach zu Mose: [2] Sag zu Aaron
und seinen Söhnen, sie sollen sich mit
den heiligen Opfergaben der Israeliten in Acht
nehmen, um meinen heiligen Namen nicht zu ent-
weihen; sie müssen für mich heilig gehalten wer-
den. Ich bin der Herr. [3] Sag zu ihnen: Jeder aus eu-
ren Nachkommen, auch in den kommenden
Generationen, der sich im Zustand der Unreinheit
den heiligen Opfergaben nähert, die die Israeliten
dem Herrn weihen, soll ausgemerzt und aus mei-
ner Gegenwart weggeschafft werden. Ich bin der
Herr.
[4] Keiner aus den Nachkommen Aarons, der aus-
sätzig ist oder einen Ausfluss hat, darf von den hei-
ligen Gaben essen, ehe er rein ist. Wer irgendetwas
berührt hat, das durch eine Leiche unrein wurde,
wer einen Samenerguss hatte, [5] wer Kleintiere be-
rührt hat und sich damit verunreinigte oder einen
Menschen, der ihn durch eine eigene Unreinheit
befleckte, [6] jeder, der solche Berührungen hatte,
soll bis zum Abend unrein sein und darf von den
heiligen Gaben erst essen, nachdem er seinen Kör-
per in Wasser gebadet hat. [7] Mit Sonnenuntergang
soll er wieder rein sein und darf danach von den
heiligen Gaben essen; denn sie sind sein Lebens-
unterhalt. [8] Er darf kein verendetes oder zerrisse-
nes Tier essen; er würde sich dadurch verunrei-
nigen. Ich bin der Herr. [9] Sie sollen auf meine
Anordnungen achten und keine Sünde auf sich
laden; sie sollen sterben, falls sie sie entweihen.
Ich, der Herr, bin es, der sie heiligt.

Der Ausschluss der Laien vom Genuss der Opfergaben

[10] Kein Laie darf Heiliges essen; weder der Haus-
genosse eines Priesters noch sein Lohnarbeiter
darf etwas Heiliges essen. [11] Aber wenn ein Priester
eine Person mit seinem Geld als Eigentum erwirbt,
darf sie davon essen wie einer, der in seinem Haus
geboren ist; sie dürfen von seiner Nahrung essen.
[12] Wenn eine Priestertochter einen Laien heiratet,
darf sie vom Anteil des Erhebungsritus, von den
heiligen Gaben nicht essen; [13] aber wenn sie ver-
witwet oder verstoßen ist und keine Kinder hat
und deshalb in das Haus ihres Vaters zurückkehrt,
darf sie wie in ihrer Jugend vom Lebensunterhalt
ihres Vaters essen; kein Laie aber darf davon essen.
[14] Wenn einer ohne Vorsatz etwas Heiliges isst, soll
er es dem Priester ersetzen und ein Fünftel des
Wertes hinzufügen. [15] Die Priester dürfen die hei-
ligen Gaben der Israeliten, die sie dem Herrn dar-
bieten, nicht entweihen. [16] Sie würden den Israeli-
ten Schuld aufladen, die zu einem Schuldopfer
verpflichtet, wenn sie ihre heiligen Gaben äßen;
denn ich bin der Herr, der diese Gaben geheiligt
hat.

Die Tauglichkeit der Opfertiere

[17] Der Herr sprach zu Mose: [18] Rede zu Aaron, sei-
nen Söhnen und allen Israeliten und sag zu ihnen:
Jeder aus dem Haus Israel oder von den Fremden
in Israel, der seine Opfergabe wegen eines Ge-
lübdes oder freiwillig bringt und sie für den Herrn
als Brandopfer darbringt, [19] muss, damit ihr An-
nahme findet, ein fehlerloses, männliches Tier von
den Rindern, Schafen oder Ziegen darbringen.
[20] Ihr dürft kein Tier mit einem Gebrechen dar-

bringen, denn ihr würdet damit keine Annahme
finden. [21] Wenn jemand ein Heilsopfer für den
Herrn darbringt, sei es, um ein Gelübde zu erfüllen, oder sei es als freiwillige Gabe, so soll es ein fehlerloses Rind oder Schaf oder eine fehlerlose Ziege sein, um Annahme zu finden; es darf kein Gebrechen haben.

[22] Ihr dürft dem Herrn kein Tier opfern, das blind, verstümmelt, krätzig, aussätzig, eitrig ist oder zerbrochene Gliedmaßen hat. Kein Stück von solchen Tieren dürft ihr auf den Altar als ein Feueropfer
für den Herrn legen. [23] Ein entstelltes oder verstümmeltes Rind oder Schaf kannst du als freiwillige Opfergabe verwenden, aber als Einlösung
eines Gelübdes ist es missfällig. [24] Ihr dürft dem
Herrn kein Tier darbringen, das zerdrückte, zerschlagene, ausgerissene oder abgeschnittene Hoden hat. Ihr dürft das in eurem Land nicht tun
[25] und ihr dürft kein solches Tier aus der Hand eines Fremden erwerben, um es als Speise eures Gottes darzubringen. Ein derartiger Eingriff an ihnen bewirkt ein Gebrechen; sie würden euch keine Annahme bringen.

Einzelbestimmungen über Opfertiere

[26] Der Herr sprach zu Mose: [27] Wenn ein Rind, ein
Schaf oder eine Ziege geboren wird, soll das Junge sieben Tage bei seiner Mutter bleiben. Vom achten Tag an ist es als Feueropfer für den Herrn annehmbar. [28] Ein Rind oder Schaf sollt ihr nicht an
einem Tag zugleich mit seinem Jungen schlachten.
[29] Wenn ihr dem Herrn ein Dankopfer darbringt,
opfert es so, dass es angenommen werden kann.
[30] Man soll es noch am selben Tag essen, ohne etwas davon bis zum Morgen übrig zu lassen. Ich bin der Herr.

27: Ex 22,29

Schlussmahnung

[31] Ihr sollt auf meine Gebote achten und sie befol-
gen; ich bin der Herr. [32] Ihr sollt meinen heiligen
Namen nicht entweihen, damit ich inmitten der Israeliten geheiligt werde; ich, der Herr, bin es, der
euch heiligt. [33] Ich, der euch aus Ägypten herausgeführt hat, um euer Gott zu sein, ich bin der Herr.

Festordnungen und Feiervorschriften: 23,1 – 24,23

Einleitung

23 Der Herr sprach zu Mose: [2] Rede zu den
Israeliten und sag zu ihnen: Die Feste des Herrn, die ihr als Tage heiliger Versammlung ausrufen sollt, sind folgende:

Der Sabbat

[3] Sechs Tage soll man arbeiten, aber am siebten Tag ist vollständiger Ruhetag, ein Tag heiliger Versammlung, an dem ihr keinerlei Arbeit verrichten dürft. Es ist ein Feiertag zur Ehre des Herrn überall, wo ihr wohnt.

3: Ex 20,8–11; 31,12–17; 35,2; Dtn 5,12–15

Das Pascha und das Fest der ungesäuerten Brote

[4] Das sind die Feste des Herrn, Tage heiliger Versammlungen, die ihr zur festgesetzten Zeit ausrufen sollt: [5] Im ersten Monat, am vierzehnten Tag
des Monats, zur Abenddämmerung, ist Pascha zur
Ehre des Herrn. [6] Am fünfzehnten Tag dieses Monats ist das Fest der ungesäuerten Brote zur Ehre des Herrn. Sieben Tage sollt ihr ungesäuertes Brot
essen. [7] Am ersten Tag habt ihr heilige Versammlung; ihr dürft keine schwere Arbeit verrichten.
[8] Sieben Tage hindurch sollt ihr ein Feueropfer für den Herrn darbringen. Am siebten Tag ist heilige Versammlung; da dürft ihr keine schwere Arbeit verrichten.

5: Ex 12,2–11 • 6: 23,15; Ex 34,18

Die Erstlingsfrüchte

[9] Der Herr sprach zu Mose: [10] Rede zu den Israeliten und sag zu ihnen: Wenn ihr in das Land kommt, das ich euch gebe, und wenn ihr dort die Ernte einbringt, sollt ihr dem Priester die erste
Garbe eurer Ernte bringen. [11] Er soll sie vor dem
Herrn hin- und herschwingen und sie so darbringen, damit ihr Annahme findet. Am Tag nach dem
Sabbat soll der Priester den Ritus ausführen. [12] Am
Tag, an dem ihr die Garbe darbringt, sollt ihr dem Herrn auch ein fehlerloses einjähriges Schaf
als Brandopfer herrichten, [13] dazu als Speiseopfer
zwei Zehntel Feinmehl, das mit Öl vermengt ist.
Das Ganze soll ein Feueropfer für den Herrn zum

beruhigenden Duft sein; dazu kommt ein viertel Hin Wein als Trankopfer. [14] Vor diesem Tag, bevor ihr eurem Gott die Opfergabe gebracht habt, dürft ihr kein Brot und kein geröstetes oder frisches Korn essen. Das gelte als feste Regel bei euch von Generation zu Generation überall, wo ihr wohnt.

Das Wochenfest (Pfingstfest)

[15] Vom Tag nach dem Sabbat, an dem ihr die Garbe für die Darbringung gebracht habt, sollt ihr sieben volle Wochen zählen.

[16] Zählt fünfzig Tage bis zum Tag nach dem siebten Sabbat, und dann bringt dem Herrn ein neues Speiseopfer dar! [17] Bringt als Erstlingsgaben für den Herrn aus euren Wohnsitzen zwei Brote dar, gebacken aus zwei zehntel Efa Feinmehl mit Sauerteig.

[18] Zum Brot bringt sieben fehlerlose einjährige Lämmer, einen Jungstier und zwei Widder als Brandopfer für den Herrn dar, dazu das Speiseopfer sowie das Trankopfer als ein Feueropfer zum beruhigenden Duft für den Herrn. [19] Bereitet auch einen Ziegenbock als Sündopfer und zwei einjährige Lämmer als Heilsopfer zu! [20] Der Priester soll sie, zusammen mit dem Brot der Erstlingsgaben, vor dem Herrn hin- und herschwingen und sie so darbringen; sie sind mit den beiden Lämmern heilige Gaben für den Herrn, die dem Priester gehören. [21] Am selben Tag ruft eine heilige Versammlung aus und haltet sie ab! Da dürft ihr keine schwere Arbeit verrichten. Das gelte bei euch als feste Regel von Generation zu Generation überall, wo ihr wohnt.

[22] Wenn ihr die Ernte eures Landes einbringt, sollst du dein Feld nicht bis zum äußersten Rand abernten und keine Nachlese deiner Ernte halten. Du sollst das dem Armen und dem Fremden überlassen. Ich bin der Herr, euer Gott.

15: Ex 23,16; 34,22 • 22: 19,9f

Der Neujahrstag

[23] Der Herr sprach zu Mose: [24] Sag zu den Israeliten: Im siebten Monat, am ersten Tag des Monats, ist für euch Ruhetag, in Erinnerung gerufen durch Lärmblasen, eine heilige Versammlung. [25] Da dürft ihr keine schwere Arbeit verrichten und ihr sollt dem Herrn ein Feueropfer darbringen.

Das Versöhnungsfest

[26] Der Herr sprach zu Mose: [27] Am zehnten Tag dieses siebten Monats ist der Versöhnungstag. Da sollt ihr heilige Versammlung halten. Ihr sollt euch Enthaltung auferlegen und dem Herrn ein Feueropfer darbringen. [28] An ebendiesem Tag dürft ihr keinerlei Arbeit verrichten, denn es ist der Versöhnungstag, an dem man euch vor dem Herrn, eurem Gott, entsühnt. [29] Denn jede Person, die sich an diesem Tag nicht Enthaltung auferlegt, soll aus ihren Stammesgenossen ausgemerzt werden. [30] Wer an diesem Tag irgendeine Arbeit verrichtet, den werde ich aus der Mitte seines Volkes austilgen.

[31] Ihr dürft keinerlei Arbeit tun. Das gelte bei euch als feste Regel von Generation zu Generation überall, wo ihr wohnt. [32] Dieser Tag ist für euch ein vollständiger Ruhetag. Ihr sollt euch Enthaltung auferlegen. Vom Abend des neunten Tags in diesem Monat bis zum folgenden Abend sollt ihr Ruhetag halten.

26–32: 16,2–34

Das Laubhüttenfest

[33] Der Herr sprach zu Mose: [34] Sag zu den Israeliten: Am fünfzehnten Tag dieses siebten Monats ist sieben Tage hindurch das Laubhüttenfest zur Ehre des Herrn.

[35] Am ersten Tag, einem Tag heiliger Versammlung, dürft ihr keine schwere Arbeit verrichten. [36] Sieben Tage hindurch sollt ihr ein Feueropfer für den Herrn darbringen. Am achten Tag habt ihr heilige Versammlung und ihr sollt ein Feueropfer für den Herrn darbringen. Es ist der Tag der Festversammlung; da dürft ihr keine schwere Arbeit verrichten.

34: Ex 23,16; 34,22

Schlussbemerkung

[37] Das sind die Festzeiten des Herrn, die ihr als Tage heiliger Versammlung ausrufen sollt, dazu bestimmt, für den Herrn Feueropfer, Brandopfer, Speiseopfer, Schlachtopfer und Trankopfer darzubringen, dem jeweiligen Tag entsprechend, [38] abgesehen von den Sabbaten des Herrn und abgesehen von euren Geschenken, den gelobten und freiwilligen Gaben, die ihr dem Herrn gebt.

Einzelbestimmung für das Laubhüttenfest
39 Am fünfzehnten Tag des siebten Monats, wenn
ihr den Ertrag des Landes erntet, feiert sieben Tage
lang das Fest des Herrn! Am ersten und am achten
Tag ist Ruhetag. 40 Am ersten Tag nehmt schöne
Baumfrüchte, Palmwedel, Zweige von dicht be-
laubten Bäumen und von Bachweiden und seid
sieben Tage lang vor dem Herrn, eurem Gott, fröh-
lich! 41 Feiert dieses Fest zur Ehre des Herrn jähr-
lich sieben Tage lang! Das gelte bei euch als feste
Regel von Generation zu Generation. Ihr sollt die-
ses Fest im siebten Monat feiern. 42 Sieben Tage
sollt ihr in Hütten wohnen. Alle Einheimischen in
Israel sollen in Hütten wohnen, 43 damit eure kom-
menden Generationen wissen, dass ich die Israeli-
ten in Hütten wohnen ließ, als ich sie aus Ägypten
herausführte. Ich bin der Herr, euer Gott. 44 Da teil-
te Mose den Israeliten die Festzeiten des Herrn mit.

Einzelbestimmungen über den Leuchter und den Tisch für die Schaubrote
24 Der Herr sprach zu Mose: 2 Befiehl den Is-
raeliten, dass sie dir für den Leuchter rei-
nes Öl aus zerstoßenen Oliven bringen, damit man
ständig eine Lampe brennen lassen kann. 3 Im Of-
fenbarungszelt, vor dem Vorhang der Lade, soll
Aaron diese Lampe aufstellen. Sie soll hier vor dem
Herrn ständig vom Abend bis zum Morgen bren-
nen. Das gelte bei euch als feste Regel von Gene-
ration zu Generation. 4 Aaron soll die Lampen auf
dem Leuchter aus reinem Gold vor dem Herrn
ständig in Ordnung halten. 5 Du sollst Feinmehl
nehmen und daraus zwölf Kuchen backen; aus
zwei zehntel Efa Feinmehl soll jeder einzelne Ku-
chen zubereitet sein. 6 Dann sollst du sie in zwei
Schichten, sechs in jeder Schicht, auf den Tisch aus
reinem Gold vor den Herrn legen. 7 Auf jede
Schicht sollst du reinen Weihrauch tun; er soll der
Gedächtnisanteil des Brotes sein, ein Feueropfer
für den Herrn. 8 Sabbat für Sabbat soll man die
Brote vor dem Herrn zurichten als dauernde Bun-
desleistung von Seiten der Israeliten. 9 Sie gehören
Aaron und seinen Söhnen, die sie an einem heili-
gen Ort essen sollen; denn sie sind für ihn etwas
Hochheiliges, ein dauerndes Anrecht von den Feu-
eropfern des Herrn.

2–4: Ex 25,31–40

Einschub: Die Lästerung des Gottesnamens
10 Der Sohn einer Israelitin und eines Ägypters
ging unter die Israeliten. Im Lager geriet er in
Streit mit einem Mann, der Israelit war. 11 Der
Sohn der Israelitin schmähte den Gottesnamen
und fluchte. Da brachten sie ihn zu Mose. Der
Name der Mutter war Schelomit; sie war die Toch-
ter Dibris aus dem Stamm Dan. 12 Man nahm ihn
in Gewahrsam, um auf einen Spruch des Herrn
hin zu entscheiden.
13 Der Herr sprach zu Mose: 14 Lass den, der den
Fluch ausgesprochen hat, aus dem Lager hinaus-
führen! Alle, die es gehört haben, sollen ihm ihre
Hände auf den Kopf legen; dann soll ihn die ganze
Gemeinde steinigen. 15 Sag den Israeliten: Jeder,
der seinem Gott flucht, muss die Folgen seiner
Sünde tragen. 16 Wer den Namen des Herrn
schmäht, wird mit dem Tod bestraft; die ganze
Gemeinde soll ihn steinigen. Der Fremde muss
ebenso wie der Einheimische getötet werden,
wenn er den Gottesnamen schmäht.
17 Wer einen Menschen erschlägt, wird mit dem
Tod bestraft. 18 Wer ein Stück Vieh erschlägt, muss
es ersetzen: Leben für Leben. 19 Wenn jemand ei-
nen Stammesgenossen verletzt, soll man ihm an-
tun, was er getan hat: 20 Bruch um Bruch, Auge um
Auge, Zahn um Zahn. Der Schaden, den er einem
Menschen zugefügt hat, soll ihm zugefügt werden.
21 Wer ein Stück Vieh erschlägt, muss es ersetzen;
wer aber einen Menschen erschlägt, wird mit dem
Tod bestraft.
22 Gleiches Recht soll bei euch für den Fremden wie
für den Einheimischen gelten; denn ich bin der
Herr, euer Gott.
23 Nachdem Mose so zu den Israeliten gesprochen
hatte, führten sie den, der den Fluch ausgespro-
chen hatte, aus dem Lager hinaus und steinigten
ihn.
So erfüllten sie, was der Herr dem Mose aufgetra-
gen hatte.

15: Ex 20,7; 22,27 • 17: Ex 20,13; 21,12–20 • 20: Ex 21,23–25; Dtn 19,21

Sabbatjahr und Jubeljahr: 25,1–55

Einleitung

25 Der Herr sprach zu Mose auf dem Berg
Sinai:

Das Brachjahr

2 Rede zu den Israeliten und sag zu ihnen: Wenn
ihr in das Land kommt, das ich euch gebe, soll das
Land Sabbatruhe zur Ehre des Herrn halten.
3 Sechs Jahre sollst du dein Feld besäen, sechs Jahre
sollst du deinen Weinberg beschneiden und seinen
Ertrag ernten. 4 Aber im siebten Jahr soll das Land
eine vollständige Sabbatruhe zur Ehre des Herrn
halten: Dein Feld sollst du nicht besäen und dei-
nen Weinberg nicht beschneiden. 5 Den Nach-
wuchs deiner Ernte sollst du nicht ernten und die
Trauben deines nicht beschnittenen Weinstockes
sollst du nicht lesen. Für das Land soll es ein Jahr
der Sabbatruhe sein. 6 Der Sabbat des Landes selbst
soll euch ernähren: dich, deinen Knecht, deine
Magd, deinen Lohnarbeiter, deinen Halbbürger,
alle, die bei dir leben. 7 Auch deinem Vieh und den
Tieren in deinem Land wird sein ganzer Ertrag zur
Nahrung dienen.

2–7: Ex 23,10f

Das Jubeljahr

8 Du sollst sieben Jahreswochen, siebenmal sieben
Jahre, zählen; die Zeit von sieben Jahreswochen er-
gibt für dich neunundvierzig Jahre. 9 Im siebten
Monat, am zehnten Tag des Monats, sollst du das
Signalhorn ertönen lassen; am Versöhnungstag
sollt ihr das Horn im ganzen Land ertönen lassen.
10 Erklärt dieses fünfzigste Jahr für heilig und ruft
Freiheit für alle Bewohner des Landes aus! Es gelte
euch als Jubeljahr. Jeder von euch soll zu seinem
Grundbesitz zurückkehren, jeder soll zu seiner
Sippe heimkehren. 11 Dieses fünfzigste Jahr gelte
euch als Jubeljahr. Ihr sollt nicht säen, den Nach-
wuchs nicht abernten, die unbeschnittenen Wein-
stöcke nicht lesen. 12 Denn es ist ein Jubeljahr, es
soll euch als heilig gelten. Vom Feld weg sollt ihr
den Ertrag essen. 13 In diesem Jubeljahr soll jeder
von euch zu seinem Besitz zurückkehren.
14 Wenn du deinem Stammesgenossen etwas ver-
kaufst oder von ihm etwas kaufst, sollt ihr einan-
der nicht übervorteilen. 15 Kaufst du von deinem
Stammesgenossen, so berücksichtige die Zahl der
Jahre nach dem Jubeljahr; verkauft er dir, dann soll
er die noch ausstehenden Ertragsjahre berück-
sichtigen. 16 Je höher die Anzahl der Jahre, desto
höher berechne den Kaufpreis; je geringer die An-
zahl der Jahre, desto weniger verlang von ihm;
denn es ist die Zahl von Ernteerträgen, die er dir
verkauft. 17 Ihr sollt einander nicht übervorteilen.
Fürchte deinen Gott; denn ich bin der Herr, euer
Gott. 18 Ihr sollt meine Satzungen befolgen und auf
meine Vorschriften achten und sie ausführen; dann
werdet ihr im Land in Sicherheit wohnen. 19 Das
Land wird seine Frucht geben, ihr werdet euch satt
essen und in Sicherheit darin wohnen.
20 Wenn ihr aber fragt: Was sollen wir im siebten
Jahr essen, wenn wir nicht säen und unseren Er-
trag nicht ernten dürfen? – 21 Seht, ich werde für
euch im sechsten Jahr meinen Segen aufbieten
und er wird den Ertrag für drei Jahre geben.
22 Wenn ihr im achten Jahr sät, werdet ihr noch bis
zum neunten Jahr vom alten Ertrag essen können;
bis der Ertrag dieses Jahres kommt, werdet ihr
vom alten essen können.
23 Das Land darf nicht endgültig verkauft werden;
denn das Land gehört mir und ihr seid nur Fremde
und Halbbürger bei mir. 24 Für jeden Grundbesitz
sollt ihr ein Rückkaufrecht auf das Land gewähren.
25 Wenn dein Bruder verarmt und etwas von seinem
Grundbesitz verkauft, soll sein Verwandter als
Löser für ihn eintreten und den verkauften Boden
seines Bruders auslösen. 26 Hat einer keinen Löser,
hat er aber die nötigen Mittel für den Rückkauf
selbst aufgebracht, 27 dann soll er die Jahre seit dem
Verkauf anrechnen und den Restbetrag dem Käu-
fer zurückzahlen; sein Grundbesitz fällt an ihn
zurück. 28 Bringt er die nötigen Mittel für diese Er-
satzleistung nicht auf, dann soll der verkaufte
Grund bis zum Jubeljahr im Besitz des Käufers
bleiben. Im Jubeljahr wird das Grundstück frei
und es kommt wieder zu seinem Besitz.
29 Verkauft jemand ein Wohnhaus in einer um-
mauerten Stadt, so besteht das Rückkaufrecht bis
zum Ablauf des Jahres, das dem Verkauf folgt; sein
Rückkaufrecht ist zeitlich beschränkt. 30 Erfolgt
der Rückkauf bis zum Ablauf des Jahres nicht,
dann soll das Haus innerhalb der ummauerten

Stadt dem Käufer und seinen Nachkommen endgültig verbleiben; er braucht es im Jubeljahr nicht zu verlassen. 31 Aber die Häuser in Dörfern, die nicht von Mauern umgeben sind, werden als Bestandteil des freien Feldes betrachtet; für sie besteht ein Rückkaufrecht und der Käufer muss es im Jubeljahr verlassen.

Sonderbestimmungen für die Leviten

32 Für die Städte der Leviten, die Häuser der Städte, die ihr Erbbesitz sind, gilt: Die Leviten haben ein zeitlich unbegrenztes Rückkaufrecht. 33 Wenn einer von den Leviten auf Einlösung verzichtet, fällt im Jubeljahr das Haus in der Stadt als Erbbesitz zurück; denn die Häuser in den Städten der Leviten sind deren Eigentum mitten unter den Israeliten. 34 Das Weideland, das zu diesen Städten gehört, kann nicht verkauft werden; denn es ist zeitlich unbegrenzt ihr Eigentum.

Soziales Verhalten

35 Wenn dein Bruder verarmt und sich neben dir nicht halten kann, sollst du ihn, auch einen Fremden oder Halbbürger, unterstützen, damit er neben dir leben kann.

36 Nimm von ihm keinen Zins und Wucher! Fürchte deinen Gott und dein Bruder soll neben dir leben können. 37 Du sollst ihm weder dein Geld noch deine Nahrung gegen Zins und Wucher geben. 38 Ich bin der Herr, euer Gott, der euch aus Ägypten herausgeführt hat, um euch Kanaan zu geben und euer Gott zu sein.

36: Ex 22,24; Dtn 23,20f

Die Freilassung israelitischer Sklaven

39 Wenn ein Bruder bei dir verarmt und sich dir verkauft, darfst du ihm keine Sklavenarbeit auferlegen; 40 er soll dir wie ein Lohnarbeiter oder ein Halbbürger gelten und bei dir bis zum Jubeljahr arbeiten. 41 Dann soll er von dir frei weggehen, er und seine Kinder, und soll zu seiner Sippe, zum Eigentum seiner Väter zurückkehren. 42 Denn sie sind meine Knechte; ich habe sie aus Ägypten herausgeführt; sie sollen nicht verkauft werden, wie ein Sklave verkauft wird. 43 Du sollst nicht mit Gewalt über ihn herrschen. Fürchte deinen Gott!

39–43: Ex 21,2–11

Die Sklaven aus fremden Völkern

44 Die Sklaven und Sklavinnen, die euch gehören sollen, kauft von den Völkern, die rings um euch wohnen; von ihnen könnt ihr Sklaven und Sklavinnen erwerben. 45 Auch von den Kindern der Halbbürger, die bei euch leben, aus ihren Sippen, die mit euch leben, von den Kindern, die sie in eurem Land gezeugt haben, könnt ihr Sklaven erwerben. Sie sollen euer Eigentum sein 46 und ihr dürft sie euren Söhnen vererben, damit diese sie als dauerndes Eigentum besitzen; ihr sollt sie als Sklaven haben. Aber was eure Brüder, die Israeliten, angeht, so soll keiner über den andern mit Gewalt herrschen.

Das Loskaufrecht israelitischer Sklaven bei Fremden

47 Wenn ein Fremder oder ein Halbbürger bei dir zu Vermögen kommt, aber dein Bruder von ihm wirtschaftlich abhängig wird und sich ihm oder einem Nachkommen aus der Familie eines Fremden verkauft, 48 dann soll es, wenn er sich verkauft hat, für ihn ein Loskaufrecht geben: Einer seiner Brüder soll ihn auslösen. 49 Auslösen sollen ihn sein Onkel, der Sohn seines Onkels oder sonst ein Verwandter aus seiner Sippe. Falls seine eigenen Mittel ausreichen, kann er sich selbst loskaufen. 50 Er soll mit dem, der ihn gekauft hat, die Jahre zwischen dem Verkaufs- und dem Jubeljahr berechnen; die Summe des Verkaufspreises soll auf die Zahl der Jahre verteilt werden, wobei die verbrachte Zeit wie die eines Lohnarbeiters gilt. 51 Wenn noch viele Jahre abzudienen sind, soll er ihrer Zahl entsprechend den Lösepreis von seiner Kaufsumme absetzen. 52 Wenn nur noch wenige Jahre bis zum Jubeljahr übrig sind, soll er es ihm berechnen; den Jahren entsprechend soll er den Lösepreis bezahlen. 53 Er gelte wie ein Lohnarbeiter Jahr um Jahr bei seinem Herrn; dieser soll nicht vor deinen Augen mit Gewalt über ihn herrschen. 54 Wenn er in der Zwischenzeit nicht losgekauft wird, soll er im Jubeljahr freigelassen werden, er und seine Kinder.

Abschließende Begründung

55 Denn mir gehören die Israeliten als Knechte, meine Knechte sind sie; ich habe sie aus Ägypten herausgeführt, ich, der Herr, euer Gott.

Segen und Fluch: 26,1–46

Die Grundforderungen Gottes

26 Ihr sollt euch keine Götzen machen, euch
weder ein Gottesbild noch ein Steinmal
aufstellen und in eurem Land keine Steine mit
Bildwerken aufrichten, um euch vor ihnen nie-
derzuwerfen; denn ich bin der Herr, euer Gott.
2 Ihr sollt auf meine Sabbate achten und mein Hei-
ligtum fürchten; ich bin der Herr.

1: 19,4; Ex 20,4; Dtn 5,8

Die Segenszusage für Gehorsam

3 Wenn ihr nach meinen Satzungen handelt, auf
meine Gebote achtet und sie befolgt, 4 so gebe ich
euch Regen zur rechten Zeit; die Erde liefert ihren
Ertrag, und der Baum des Feldes gibt seine
Früchte; 5 die Dreschzeit reicht bei euch bis zur
Weinlese und die Weinlese bis zur Aussaat. Ihr esst
euch satt an eurem Brot und wohnt in eurem Land
in Sicherheit. 6 Ich schaffe Frieden im Land: Ihr
legt euch nieder und niemand schreckt euch auf.
Ich lasse die Raubtiere aus dem Land verschwin-
den. Kein Schwert kommt über euer Land. 7 Ver-
folgt ihr eure Feinde, so werden sie vor euren
Augen dem Schwert verfallen. 8 Fünf von euch
werden hundert verfolgen, hundert von euch wer-
den zehntausend verfolgen und eure Feinde wer-
den vor euren Augen dem Schwert verfallen. 9 Euch
wende ich mich zu, mache euch fruchtbar und
zahlreich und halte meinen Bund mit euch auf-
recht. 10 Ihr werdet noch von der alten Ernte zu es-
sen haben und das Alte hinausschaffen müssen,
um Platz für das Neue zu haben. 11 Ich schlage
meine Wohnstätte in eurer Mitte auf und habe
gegen euch keine Abneigung. 12 Ich gehe in eurer
Mitte; ich bin euer Gott und ihr seid mein Volk.
13 Ich bin der Herr, euer Gott, der euch aus dem
Land der Ägypter herausgeführt hat, sodass ihr
nicht mehr ihre Sklaven zu sein braucht. Ich habe
eure Jochstangen zerbrochen und euch wieder
aufrecht gehen lassen.

3–13: Dtn 28,1–14

Strafandrohung und Fluch für Ungehorsam

14 Aber wenn ihr auf mich nicht hört und alle diese
Gebote nicht befolgt, 15 wenn ihr meine Satzungen
missachtet, meine Vorschriften verabscheut und
meinen Bund brecht, indem ihr keines meiner Ge-
bote befolgt, 16 so tue auch ich euch Folgendes an:
Ich biete gegen euch Bestürzung auf, Schwind-
sucht und Fieber, die das Augenlicht zum Verlö-
schen bringen und den Atem ersticken. Ihr sät euer
Saatgut vergeblich; eure Feinde werden es verzeh-
ren. 17 Ich wende mein Angesicht gegen euch und
ihr werdet von euren Feinden geschlagen. Eure
Gegner treten euch nieder; ihr flieht, selbst wenn
euch niemand verfolgt.
18 Wenn ihr dann immer noch nicht auf mich hört,
fahre ich fort, euch zu züchtigen; siebenfach züch-
tige ich euch für eure Sünden. 19 Ich breche eure
stolze Macht und mache euren Himmel wie Eisen
und euer Land wie Bronze. 20 Eure Kraft ver-
braucht sich vergeblich, euer Land liefert keinen
Ertrag mehr und die Bäume im Land tragen keine
Früchte mehr. 21 Wenn ihr mir feindlich begegnet
und nicht auf mich hören wollt, werde ich noch
weitere Schläge über euch kommen lassen, sie-
benfach, wie es euren Sünden entspricht. 22 Ich
lasse auf euch die wilden Tiere los, die euer Land
entvölkern, euer Vieh vernichten und euch an Zahl
so verringern, dass eure Wege veröden.
23 Wenn ihr euch dadurch noch nicht warnen lasst
und mir weiterhin feindlich begegnet, 24 begegne
auch ich euch feindlich und schlage auch ich euch
siebenfach für eure Sünden. 25 Ich lasse über euch
das Schwert kommen, das Rache für den Bund
nehmen wird. Zieht ihr euch in eure Städte zu-
rück, so sende ich die Pest in eure Mitte und ihr
geratet in Feindeshand. 26 Ich entziehe euch dann
euren Vorrat an Brot, sodass zehn Frauen euer
Brot in einem einzigen Backofen backen, dass man
euch das Brot abgewogen zuteilt und ihr euch
nicht satt essen könnt.
27 Und wenn ihr daraufhin noch immer nicht auf
mich hört und mir immer noch feindlich begeg-
net, 28 begegne auch ich euch im Zorn und züch-
tige euch siebenfach für eure Sünden. 29 Ihr esst das
Fleisch eurer Söhne und Töchter. 30 Ich vernichte
eure Kulthöhen, zerstöre eure Räucheraltäre, häu-
fe eure Leichen über die Leichen eurer Götzen und
verabscheue euch. 31 Ich mache eure Städte zu Rui-
nen, verwüste eure Heiligtümer und will den be-
ruhigenden Duft eurer Opfer nicht mehr riechen.

32 Ich selbst verwüste das Land; eure Feinde, die
sich darin niederlassen, werden darüber entsetzt
sein. 33 Euch aber zerstreue ich unter die Völker
und zücke hinter euch das Schwert. Euer Land
wird zur Wüste und eure Städte werden zu Rui-
nen. 34 Dann erhält das Land seine Sabbate ersetzt,
in der ganzen Zeit der Verwüstung, während ihr
im Land eurer Feinde seid. Dann hat das Land
Ruhe und erhält Ersatz für seine Sabbate.
35 Während der ganzen Zeit der Verwüstung hat es
Sabbatruhe, die es an euren Sabbaten nicht hatte,
als ihr noch darin wohntet.
36 In das Herz derer, die von euch überleben, bringe
ich Angst in den Ländern ihrer Feinde; das bloße
Rascheln verwelkter Blätter jagt sie auf und sie flie-
hen, wie man vor dem Schwert flieht; sie fallen,
ohne dass jemand sie verfolgt. 37 Sie stürzen über-
einander wie vor dem Schwert, ohne dass jemand
sie verfolgt. Ihr könnt vor euren Feinden nicht
standhalten, 38 ihr geht unter den Völkern zu-
grunde und das Land eurer Feinde frisst euch.

14–38: Dtn 28,15–68

Umkehr und Vergebung

39 Diejenigen von euch, die dann noch überleben,
siechen dahin in den Ländern eurer Feinde wegen
ihrer Sünden, auch wegen der Sünden ihrer Väter,
sodass sie, gleich ihnen, dahinsiechen. 40 Dann
werden sie die Schuld eingestehen, die sie selbst
und ihre Väter begangen haben durch ihren Treu-
bruch und auch dadurch, dass sie mir feindlich be-
gegnet sind, 41 sodass auch ich ihnen feindlich be-
gegnete und sie in das Land ihrer Feinde führte.
Ihr unbeschnittenes Herz muss sich dann beugen
und ihre Sünden müssen sie sühnen. 42 Dann
werde ich meines Bundes mit Jakob gedenken,
meines Bundes mit Isaak und meines Bundes mit
Abraham und ich werde meines Landes gedenken.
43 Das Land aber muss von ihnen verlassen werden
und seine Sabbate ersetzt bekommen, indem es
ohne seine Bewohner verödet daliegt. Sie sollen
ihre Schuld sühnen, weil sie immer wieder meine
Vorschriften missachtet und meine Satzungen
verabscheut haben. 44 Aber selbst wenn sie im Land
ihrer Feinde sind, werde ich sie nicht missachten
und sie nicht verabscheuen, um ihnen etwa ein
Ende zu machen und meinen Bund mit ihnen zu
widerrufen; denn ich bin der Herr, ihr Gott. 45 Ich
werde zu ihren Gunsten des Bundes mit den
früheren Generationen gedenken, die ich vor den
Augen der Völker aus Ägypten herausgeführt
habe, um ihr Gott zu sein, ich, der Herr.

Schluss des Heiligkeitsgesetzes

46 Das sind die Satzungen, Vorschriften und Ge-
setze, die der Herr zwischen sich und den Israeli-
ten auf dem Sinai durch die Vermittlung des Mose
erlassen hat.

DIE ABLÖSUNG VON GELÜBDEN UND WEIHEGABEN: 27,1–34

Bei Personen

27 Der Herr sprach zu Mose: 2 Rede zu den
Israeliten und sag zu ihnen: Will jemand
ein Gelübde für den Herrn einlösen, das er nach
dem üblichen Wert einer Person abgelegt hat, 3 so
gilt für einen Mann zwischen zwanzig und sechzig
Jahren ein Schätzwert von fünfzig Silberschekel,
nach dem Schekelgewicht des Heiligtums, 4 für
eine Frau ein Schätzwert von dreißig Schekel, 5 für
einen Jugendlichen zwischen fünf und zwanzig
Jahren, wenn es ein Junge ist, ein Schätzwert von
zwanzig Schekel, wenn es ein Mädchen ist, ein
Schätzwert von zehn Schekel, 6 für einen Knaben
zwischen einem Monat und fünf Jahren ein
Schätzwert von fünf und für ein Mädchen ein
Schätzwert von drei Silberschekel, 7 für einen
Mann von sechzig und mehr Jahren ein Schätz-
wert von fünfzehn und für eine Frau ein Schätz-
wert von zehn Schekel. 8 Ist derjenige, der das Ge-
lübde gemacht hat, nicht in der Lage, den Schätz-
wert zu entrichten, dann soll er die Person dem
Priester vorstellen. Dieser soll den Schätzwert
nach Maßgabe dessen, was der Gelobende auf-
bringen kann, feststellen.

Bei Tieren

9 Handelt es sich um Tiere, die man für den Herrn
als Opfergabe darbringen kann, so wird jedes Tier,

das man dem Herrn gibt, etwas Heiliges. 10 Man
darf es weder auswechseln noch vertauschen,
nicht ein gutes gegen ein schlechtes oder ein
schlechtes gegen ein gutes geben. Wenn man aber
doch ein Tier gegen ein anderes vertauscht, so wird
sowohl das eine als auch das andere etwas Heili-
ges.
11 Handelt es sich um ein unreines Tier, von dem
man keine Opfergabe für den Herrn darbringen
darf, soll man das Tier dem Priester vorführen,
12 und dieser soll den Durchschnittswert feststel-
len; an seine Schätzung soll man sich halten. 13 Will
man es auslösen, so soll man den Schätzwert um
ein Fünftel erhöhen.

Bei Häusern

14 Will man sein Haus dem Herrn weihen, so soll
es der Priester schätzen, indem er seinen Durch-
schnittswert feststellt. Man halte sich an die Schät-
zung des Priesters. 15 Will der Mann, der das Haus
gelobt hat, es auslösen, so soll er ein Fünftel des
Geldes zum Schätzwert hinzufügen und es soll
wieder ihm gehören.

Bei Grundstücken

16 Weiht ein Mann eines von seinen Erbgrund-
stücken dem Herrn, so soll der Schätzwert seines
Saatgutes geschätzt werden. Ein Hómer Saatgerste
entspricht fünfzig Silberschekeln. 17 Weiht jemand
das Feld vom Jubeljahr an, so halte man sich an
diesen Schätzwert; 18 weiht er es aber nach dem Ju-
beljahr, soll ihm der Priester den Preis entspre-
chend der bis zum nächsten Jubeljahr ausstehen-
den Jahre berechnen und vom Schätzwert
abziehen. 19 Will derjenige, der das Feld geweiht
hat, es wieder auslösen, soll er ein Fünftel des Gel-
des zum Schätzwert hinzufügen, und es soll wie-
der ihm gehören. 20 Löst er es nicht aus, verkauft es
aber einem anderen, so kann es nicht mehr aus-
gelöst werden, 21 und das Feld wird, wenn es im Ju-
beljahr frei wird, etwas Heiliges für den Herrn, wie
ein Feld, das geweihtes Gut ist. Es wird Eigentum
des Priesters.
22 Wenn jemand dem Herrn ein Feld weiht, das er
erworben hat und das nicht zu seinem Erbbesitz
gehört, 23 berechne der Priester den Schätzwert mit
Rücksicht auf die Zeit bis zum Jubeljahr und der
Mann bezahle die Summe am selben Tag als etwas
Heiliges für den Herrn. 24 Im Jubeljahr soll das Feld
an den Verkäufer zurückfallen, dem es als ererbter
Landbesitz gehört.

24: 25,23–28

Das Maß der Schätzung

25 Jede Schätzung bei dir soll nach dem Schekelge-
wicht des Heiligtums erfolgen: Zwanzig Gera ent-
sprechen einem Schekel.

Sonderfälle

26 Eine Erstgeburt beim Vieh, die als Erstlingsgabe
dem Herrn gehört, kann man nicht weihen, weder
ein Rind noch ein Schaf; denn es gehört schon dem
Herrn. 27 Aber wenn es die Erstgeburt eines unrei-
nen Tiers ist, kann man es um den um ein Fünftel
erhöhten Schätzwert auslösen. Wird das Tier nicht
ausgelöst, soll es nach dem Schätzwert verkauft
werden. 28 Aber nichts von dem, was ein Mann von
seinem Eigentum an Menschen, Vieh und Feldbe-
sitz als Banngut dem Herrn geweiht hat, darf ver-
kauft oder ausgelöst werden. Alles Banngut ist et-
was Hochheiliges; es gehört dem Herrn. 29 Kein
menschliches Wesen, das als Banngut geweiht
wird, kann zurückgekauft werden; man muss es
töten.
30 Jeder Zehnt des Landes, der vom Ertrag des Lan-
des oder von den Baumfrüchten abzuziehen ist,
gehört dem Herrn; es ist etwas Heiliges für den
Herrn. 31 Will ein Mann einen Teil seines Zehnten
auslösen, muss er ein Fünftel dazuzahlen. 32 Jeder
Zehnt an Rind, Schaf und Ziege ist dem Herrn ge-
weiht, jedes zehnte Stück von allem, was unter
dem Hirtenstab hindurchgeht. 33 Man soll nicht
zwischen dem Guten und dem Schlechten unter-
scheiden und keinen Tausch vornehmen. Wenn
man es dennoch tut, werden das Tier und das mit
ihm vertauschte Tier etwas Heiliges; es darf nicht
ausgelöst werden.

Abschluss

34 Das sind die Gebote, die der Herr dem Mose für
die Israeliten auf dem Sinai gegeben hat.

DAS BUCH NUMERI

Das vierte Buch des Pentateuch trägt in der lateinischen Bibel den Namen Numeri (Zählungen), weil es mit der Zählung bzw. Musterung der wehrfähigen Israeliten beginnt. Die Juden nennen das Buch Bemidbar (In der Wüste), nach einem der ersten Worte. Die Geschichtsdarstellung behandelt zunächst bis 10,10 noch die Vorgänge am Sinai. Der Anfang des Buches ist aber dennoch gut gewählt, weil es sich bei der Musterung und den folgenden Anordnungen überwiegend um Vorgänge handelt, die den Aufbruch vom Sinai vorbereiten.

Die Kapitel 1 – 4 haben neben der Musterung der Wehrfähigen (Kap. 1) die Ordnung der Stämme im Lager und auf dem Marsch (Kap. 2) und die Zählung der Levitengeschlechter (Kap. 3 und 4) zum Inhalt. Es folgen verschiedene andere Vorschriften: Ausweisung von Unreinen aus dem Lager, Abgaben ans Heiligtum, Eifersuchtsordal (Kap. 5), Vorschriften über Nasiräer und Priestersegen (Kap. 6). Die Kapitel 7 – 9 hängen nur lose mit dem Aufbruchthema zusammen; hier geht es um Dinge, die das Heiligtum und seine Versorgung unterwegs betreffen: die Weihegaben der Stammesführer (Kap. 7); der Dienst der Leviten auf dem Marsch und im Lager, die Pascha-Ordnung für besondere Fälle, die Wolkensäule über dem Heiligtum im Lager und beim Aufbruch (Kap. 8 und 9); die Trompetensignale für Aufbruch, Krieg und Fest (10,1–10). Der Rest des Buches (10,11 – 36,13) stellt die Geschehnisse auf der Wüstenwanderung vom Sinai zum Jordan bis kurz vor dem Einzug in Kanaan dar. Doch sind in den Geschichtsablauf immer wieder, wie im Buch Exodus, Gesetzestexte und Listen eingeschoben.

In der Geschichtsdarstellung sind dieselben drei literarischen Schichten nachweisbar wie in den Büchern Genesis und Exodus. An Einzelereignissen werden erzählt: das Murren des Volkes gegen Mose, die Klage des Mose über die ihm von Gott auferlegte Last, die Entlastung des Mose durch die Ausgießung des Geistes auf die Ältesten und das Wachtelwunder (Kap. 11); die Auflehnung der eigenen Geschwister gegen Mose (Kap. 12); der Kundschafterbericht (Kap. 13 und 14); der Aufruhr Korachs, Datans und Abirams (Kap. 16 und 17); das Wasserwunder, der Tod Mirjams und Aarons (Kap. 20); die kupferne Schlange, die Kämpfe mit den Völkern östlich des Jordan (Kap. 21); der Seher Bileam (Kap. 22 – 24); die Tat des Pinhas (Kap. 25); die Berufung Josuas (27,12–23); der Krieg gegen die Midianiter (Kap. 31); die Landzuteilung an die ostjordanischen Stämme (Kap. 32). Ein Verzeichnis der Lagerstätten schließt den Bericht über den Wüstenzug ab (Kap. 33). In den Bericht eingeschaltet und am Schluss des Buches angehängt sind Texte, die die Gesetze vom Sinai ergänzen (Kap. 15; 18 und 19; 27,1–11; 28 – 30; 36), Anweisungen für die Verteilung Kanaans an die Stämme und über die Leviten- und Asylstädte (Kap. 33 – 35). Die Darstellung des Wüstenzugs hat einmal mit dem Bericht über den Tod des Mose geschlossen, doch wurde dieser Bericht an den Schluss des Deuteronomiums verschoben, als dieses Buch den anderen Mosebüchern angefügt wurde (vgl. die Einleitung zu Dtn).

Die Geschichtsdarstellung und die Gesetze im Buch Numeri sollen Israel an die verhängnisvollen Folgen des Murrens gegen Gott, des Aufbegehrens gegen Mose und gegen die priesterliche Kultordnung, des Götzendienstes und des mangelnden Vertrauens gegen den Bundesgott erinnern. Sie zeigen, dass Gott von seinem Volk auch in Zeiten der Not Treue erwartet und bei Versagen des Volkes schwere Strafen verhängt, dass er aber auch zur Vergebung bereit ist, wenn sich Fürsprecher wie Mose für ihr Volk einsetzen. Wie Gott Israel durch die Wüste geführt hat, so wird er es auch weiter durch die Geschichte führen.

AUS DEM PRIESTERGESETZ: 1,1 – 10,10

Die Volks- und Heeresordnung

1 Am ersten Tag des zweiten Monats im zweiten
Jahr nach dem Auszug aus Ägypten sprach der
Herr in der Wüste Sinai im Offenbarungszelt zu
Mose: 2 Ermittelt die Gesamtzahl der Israeliten in
der Gemeinde, geordnet nach Sippenverbänden
und Großfamilien; zählt mit Namen alle Männer,
3 die zwanzig Jahre und älter sind, alle wehrfähigen
Israeliten. Mustert sie für ihre Heeresverbände, du
und Aaron! 4 Aus jedem Stamm soll euch dabei ein
Mann helfen, und zwar jeweils das Haupt einer
Großfamilie. 5 Das sind die Namen der Männer,
die euch helfen sollen: aus Ruben Elizur, der Sohn
Schedëurs; 6 aus Simeon Schelumiël, der Sohn Zu-
rischaddais; 7 aus Juda Nachschon, der Sohn Am-
minadabs; 8 aus Issachar Netanel, der Sohn Zuars;
9 aus Sebulon Eliab, der Sohn Helons; 10 von den
Nachkommen Josefs: aus Efraim Elischama, der
Sohn Ammihuds, und aus Manasse Gamliël, der
Sohn Pedazurs; 11 aus Benjamin Abidan, der Sohn
Gidonis; 12 aus Dan Ahiëser, der Sohn Ammi-
schaddais; 13 aus Ascher Pagiël, der Sohn Ochrans;
14 aus Gad Eljasaf, der Sohn Reguëls; 15 aus Naftali
Ahira, der Sohn Enans. 16 Das sind die von der Ge-
meinde berufenen Anführer der Stämme ihrer
Väter, die Befehlshaber der Tausendschaften Is-
raels.

17 Mose und Aaron nahmen diese namentlich ge-
nannten Männer 18 und versammelten die ganze
Gemeinde am ersten Tag des zweiten Monats.
Dann ermittelte man die Abstammung aller Män-
ner von zwanzig Jahren und darüber; man zählte
sie namentlich, geordnet nach Sippen und Groß-
familien. 19 Wie der Herr es Mose befohlen hatte,
so musterte man sie in der Wüste Sinai.

20 Zuerst kamen die Nachkommen Rubens, des
Erstgeborenen Israels: Man ermittelte ihre Ge-
schlechterfolge nach Sippen und Großfamilien
und zählte mit Namen alle Männer von zwanzig
Jahren und darüber, alle Wehrfähigen. 21 Die Zahl
der aus dem Stamm Ruben Gemusterten betrug
46 500 Mann.

22 Sodann die Simeoniter: Man ermittelte ihre Ge-
schlechterfolge nach Sippen und Großfamilien
und zählte mit Namen alle Männer von zwanzig
Jahren und darüber, alle Wehrfähigen. 23 Die Zahl
der aus dem Stamm Simeon Gemusterten betrug
59 300 Mann.

24 Sodann die Gaditer: Man ermittelte ihre Ge-
schlechterfolge nach Sippen und Großfamilien
und zählte mit Namen alle wehrfähigen Männer
von zwanzig Jahren und darüber. 25 Die Zahl der
aus dem Stamm Gad Gemusterten betrug 45 650
Mann.

26 Sodann die Nachkommen Judas: Man ermittelte
ihre Geschlechterfolge nach Sippen und Groß-
familien und zählte mit Namen alle wehrfähigen
Männer von zwanzig Jahren und darüber. 27 Die
Zahl der aus dem Stamm Juda Gemusterten be-
trug 74 600 Mann.

28 Sodann die Issachariter: Man ermittelte ihre Ge-
schlechterfolge nach Sippen und Großfamilien
und zählte mit Namen alle wehrfähigen Männer
von zwanzig Jahren und darüber. 29 Die Zahl der
aus dem Stamm Issachar Gemusterten betrug
54 400 Mann.

30 Sodann die Sebuloniter: Man ermittelte ihre Ge-
schlechterfolge nach Sippen und Großfamilien
und zählte mit Namen alle wehrfähigen Männer
von zwanzig Jahren und darüber. 31 Die Zahl der
aus dem Stamm Sebulon Gemusterten betrug
57 400 Mann.

32 Sodann die Nachkommen Josefs, zuerst die
Efraimiter: Man ermittelte ihre Geschlechterfolge
nach Sippen und Großfamilien und zählte mit
Namen alle wehrfähigen Männer von zwanzig Jah-
ren und darüber. 33 Die Zahl der aus dem Stamm
Efraim Gemusterten betrug 40 500 Mann.

34 Sodann die Manassiter: Man ermittelte ihre
Geschlechterfolge nach Sippen und Großfamilien
und zählte mit Namen alle wehrfähigen Männer
von zwanzig Jahren und darüber. 35 Die Zahl der
aus dem Stamm Manasse Gemusterten betrug
32 200 Mann.

36 Sodann die Benjaminiter: Man ermittelte ihre
Geschlechterfolge nach Sippen und Großfamilien
und zählte mit Namen alle wehrfähigen Männer
von zwanzig Jahren und darüber. 37 Die Zahl der
aus dem Stamm Benjamin Gemusterten betrug
35 400 Mann.

38 Sodann die Daniter: Man ermittelte ihre Ge-
schlechterfolge nach Sippen und Großfamilien
und zählte mit Namen alle wehrfähigen Männer
von zwanzig Jahren und darüber. 39 Die Zahl der
aus dem Stamm Dan Gemusterten betrug 62 700
Mann.
40 Sodann die Ascheriter: Man ermittelte ihre Ge-
schlechterfolge nach Sippen und Großfamilien
und zählte mit Namen alle wehrfähigen Männer
von zwanzig Jahren und darüber. 41 Die Zahl der
aus dem Stamm Ascher Gemusterten betrug
41 500 Mann.
42 Sodann die Naftaliter: Man ermittelte ihre Ge-
schlechterfolge nach Sippen und Großfamilien
und zählte mit Namen alle wehrfähigen Männer
von zwanzig Jahren und darüber. 43 Die Zahl der
aus dem Stamm Naftali Gemusterten betrug
53 400 Mann.
44 Das waren die Gemusterten, die Mose und Aa-
ron zusammen mit den Anführern Israels zählten;
es waren zwölf Anführer, aus jedem Stamm einer,
jeweils das Haupt einer Großfamilie. 45 So ergab
sich die Gesamtzahl der gemusterten Israeliten, ge-
ordnet nach Großfamilien, also aller wehrfähigen
Männer in Israel von zwanzig Jahren und darüber.
46 Als Gesamtzahl der Gemusterten ergab sich
603 550 Mann. 47 Die aber, die dem Stamm ihrer Vä-
ter nach Leviten waren, wurden nicht gemustert.
48 Der Herr sprach zu Mose: 49 Unter den Israeliten
sollst du nur den Stamm Levi nicht mustern und
zählen. 50 Betrau die Leviten mit der Sorge für die
Wohnstätte der Bundesurkunde, für ihre Geräte
und für alles, was dazu gehört. Sie sollen die
Wohnstätte und alle ihre Geräte tragen und sollen
sie pflegen; sie sollen ihren Lagerplatz rings um die
Wohnstätte haben. 51 Wenn die Wohnstätte wei-
tergetragen werden soll, sollen die Leviten sie ab-
bauen, und wenn die Wohnstätte das Lager be-
zieht, sollen die Leviten sie aufstellen. Wer ihr zu
nahe kommt, ohne dazu befugt zu sein, wird mit
dem Tod bestraft. 52 Im Lager soll jeder Israelit sein
Zelt an der Stelle aufschlagen, zu der er gehört,
und bei dem Feldzeichen, zu dem er gehört, also
bei seiner Abteilung im Heer. 53 Die Leviten aber
sollen ihr Lager rings um die Wohnstätte der Bun-
desurkunde aufschlagen, damit nicht der Zorn
(Gottes) die Gemeinde der Israeliten trifft; die Le-
viten sollen auf die Anordnung über die Wohn-
stätte der Bundesurkunde achten.
54 Die Israeliten taten alles genau so, wie es der
Herr dem Mose befohlen hatte. So machten sie es.
1–54 || 26,1–65

Die Ordnung im Lager und auf dem Marsch

2 Der Herr sprach zu Mose und Aaron: 2 Alle
Israeliten sollen bei ihren Feldzeichen lagern,
jede Großfamilie mit einer eigenen Fahne. Sie sol-
len rings um das Offenbarungszelt so lagern, dass
es jeder vor sich hat. 3 Vorne, nach Osten hin, ist
das Lager Judas mit seinem Feldzeichen, geordnet
nach Abteilungen. Befehlshaber der Nachkom-
men Judas ist Nachschon, der Sohn Amminadabs;
4 sein Heer zählt im Ganzen 74 600 gemusterte
Männer. 5 Daran anschließend ist das Lager des
Stammes Issachar; Befehlshaber der Issachariter
ist Netanel, der Sohn Zuars; 6 sein Heer zählt im
Ganzen 54 400 gemusterte Männer. 7 Dann folgt
der Stamm Sebulon; Befehlshaber der Sebuloniter
ist Eliab, der Sohn Helons; 8 sein Heer zählt im
Ganzen 57 400 gemusterte Männer. 9 Die Gesamt-
zahl der Gemusterten, die zum Lager Judas ge-
hören, beträgt 186 400 Mann, geordnet nach Ab-
teilungen. Sie brechen als Erste auf.
10 Im Süden ist das Lager Rubens mit seinem Feld-
zeichen, geordnet nach Abteilungen. Befehlshaber
der Rubeniter ist Elizur, der Sohn Schedëurs;
11 sein Heer zählt im Ganzen 46 500 gemusterte
Männer. 12 Daran anschließend ist das Lager des
Stammes Simeon; Befehlshaber der Simeoniter ist
Schelumiël, der Sohn Zurischaddais; 13 sein Heer
zählt im Ganzen 59 300 gemusterte Männer.
14 Dann folgt der Stamm Gad; Befehlshaber der
Gaditer ist Eljasaf, der Sohn Reguëls; 15 sein Heer
zählt im Ganzen 45 650 gemusterte Männer. 16 Die
Gesamtzahl der Gemusterten, die zum Lager Ru-
bens gehören, beträgt 151 450 Mann, geordnet
nach Abteilungen. Sie brechen als Zweite auf.
17 Dann bricht das Offenbarungszelt auf und das
Lager der Leviten, das in der Mitte der Lager liegt.
Wie sie lagern, so brechen sie auf, jeder an seiner
Stelle, nach Feldzeichen geordnet.
18 Im Westen ist das Lager Efraims mit seinem
Feldzeichen, geordnet nach Abteilungen. Befehls-
haber der Efraimiter ist Elischama, der Sohn Am-

mihuds; 19 sein Heer zählt im Ganzen 40 500 ge-
musterte Männer. 20 Daran anschließend kommt
der Stamm Manasse; Befehlshaber der Manassiter
ist Gamliël, der Sohn Pedazurs; 21 sein Heer zählt
im Ganzen 32 200 gemusterte Männer. 22 Dann
folgt der Stamm Benjamin; Befehlshaber der Ben-
jaminiter ist Abidan, der Sohn Gidonis; 23 sein
Heer zählt im Ganzen 35 400 gemusterte Männer.
24 Die Gesamtzahl der Gemusterten, die zum Lager
Efraims gehören, beträgt 108 100 Mann, geordnet
nach Abteilungen. Sie brechen als Dritte auf.
25 Im Norden ist das Lager Dans mit seinem Feld-
zeichen, geordnet nach Abteilungen. Befehlshaber
der Daniter ist Ahiëser, der Sohn Ammischaddais;
26 sein Heer zählt im Ganzen 62 700 gemusterte
Männer. 27 Daran anschließend ist das Lager des
Stammes Ascher; Befehlshaber der Ascheriter ist
Pagiël, der Sohn Ochrans; 28 sein Heer zählt im
Ganzen 41 500 gemusterte Männer. 29 Dann folgt
der Stamm Naftali; Befehlshaber der Naftaliter ist
Ahira, der Sohn Enans; 30 sein Heer zählt im Gan-
zen 53 400 gemusterte Männer. 31 Die Gesamtzahl
der Gemusterten, die zum Lager Dans gehören,
beträgt 157 600 Mann. Sie brechen als Letzte auf,
nach Feldzeichen geordnet.
32 Das sind also die gemusterten Israeliten, geord-
net nach Großfamilien. Die Gesamtzahl der Ge-
musterten im Lager, geordnet nach Abteilungen,
beträgt 603 550 Mann. 33 Die Leviten wurden, wie
der Herr es Mose befohlen hatte, unter den Israe-
liten nicht gemustert. 34 Die Israeliten führten alles
aus, was der Herr dem Mose befohlen hatte; sie
lagerten geordnet nach ihren Feldzeichen und so
brachen sie auch auf, jeder in seiner Sippe und bei
seiner Großfamilie.

Die Musterung der Priester- und Levitengeschlechter

3 Das ist die Geschlechterfolge nach Aaron und
Mose, zu der Zeit, als der Herr mit Mose auf
dem Sinai redete. 2 Das waren die Namen der
Söhne Aarons: Nadab als Erstgeborener, dann
Abihu, Eleasar und Itamar. 3 Das waren die Namen
der Söhne Aarons, der gesalbten Priester, die man
ins Priesteramt eingesetzt hatte. 4 Nadab und
Abihu waren vor den Augen des Herrn gestorben,
als sie in der Wüste Sinai dem Herrn ein unrecht-
mäßiges Feueropfer darbrachten. Sie hatten keine
Söhne und so versahen dann Eleasar und Itamar
unter der Aufsicht ihres Vaters Aaron den Pries-
terdienst.
5 Der Herr sprach zu Mose: 6 Lass den Stamm Levi
vor dem Priester Aaron antreten, damit sie ihm
dienen. 7 Sie sollen auf seine Anordnungen achten
und in der ganzen Gemeinde vor dem Offenba-
rungszelt für Ordnung sorgen, wenn sie an der
Wohnstätte Dienst tun. 8 Sie sollen alle Geräte des
Offenbarungszeltes in Ordnung halten und bei
den Israeliten für Ordnung sorgen, wenn sie an der
Wohnstätte Dienst tun. 9 Die Leviten sollst du Aa-
ron und seinen Söhnen zuweisen; sie sollen unter
den Israeliten ausschließlich für den Dienst bei
Aaron bestimmt sein. 10 Aaron und seine Söhne
aber sollst du beauftragen, den Priesterdienst zu
versehen. Wer unbefugt daran teilnimmt, wird mit
dem Tod bestraft.
11 Der Herr sprach zu Mose: 12 Hiermit nehme ich
die Leviten als Ersatz für alle erstgeborenen Israe-
liten, die den Mutterschoß durchbrechen. Die Le-
viten gehören mir; 13 denn alle Erstgeborenen
gehören mir. Als ich in Ägypten alle Erstgebore-
nen erschlug, habe ich alle Erstgeborenen in Israel
mir geheiligt, bei den Menschen und beim Vieh.
Mir gehören sie; ich bin der Herr.
14 Der Herr sprach in der Wüste Sinai zu Mose:
15 Mustere die Leviten nach ihren Großfamilien
und Sippen! Alle männlichen Personen von einem
Monat und darüber sollst du mustern. 16 Da mus-
terte sie Mose, wie ihm durch den Mund des Herrn
befohlen worden war.
17 Das waren die Namen der Söhne Levis: Ger-
schon, Kehat und Merari. 18 Die Namen der Söhne
Gerschons und ihrer Sippen waren Libni und
Schimi, 19 die der Söhne Kehats und ihrer Sippen
Amram, Jizhar, Hebron und Usiël, 20 die der Söhne
Meraris und ihrer Sippen Machli und Muschi. Das
waren die Sippen des Stammes Levi, geordnet
nach Großfamilien.
21 Zu Gerschon gehörten die Sippe der Libniter
und die Sippe der Schimiter; das waren die Sippen
der Gerschoniter. 22 Die Zahl ihrer gemusterten
männlichen Personen von einem Monat und da-
rüber betrug im Ganzen 7500. 23 Die Sippen der
Gerschoniter lagerten hinter der Wohnstätte ge-

gen Westen. 24 Anführer der Großfamilie der Ger-
schoniter war Eljasaf, der Sohn Laëls. 25 Die Ger-
schoniter hatten am Offenbarungszelt die Sorge für
die Wohnstätte und das Zelt, für seine Decke und
den Vorhang am Eingang des Offenbarungszeltes,
26 für die Behänge des Vorhofs, für den Vorhang am
Eingang des Vorhofs, der ringsum die Wohnstätte
und den Altar umgibt, und für die Zeltstricke, je
nachdem, wie es der Dienst erforderte.
27 Zu Kehat gehörten die Sippe der Amramiter, die
Sippe der Jizhariter, die Sippe der Hebroniter und
die Sippe der Usiëliter; das waren die Sippen der
Kehatiter. 28 Die Zahl der männlichen Personen
von einem Monat und darüber betrug im Ganzen
8600; sie hatten am Heiligtum Dienst zu tun. 29 Die
Sippen der Kehatiter lagerten an der Südseite der
Wohnstätte. 30 Familienoberhaupt der Sippen der
Kehatiter war Elizafan, der Sohn Usiëls. 31 Sie hat-
ten die Sorge für die Lade, den Tisch, den Leuch-
ter, die Altäre, die heiligen Geräte, mit denen sie
ihren Dienst versahen, für den Vorhang und alles,
was zu diesem Dienst gehörte. 32 Der oberste An-
führer der Leviten war der Priester Eleasar, der
Sohn Aarons. Er war mit der Aufsicht derer be-
traut, die am Heiligtum Dienst zu tun hatten.
33 Zu Merari gehörten die Sippe der Machliter und
die Sippe der Muschiter; das waren die Sippen der
Merariter. 34 Die Zahl ihrer gemusterten männli-
chen Personen von einem Monat und darüber be-
trug im Ganzen 6200. 35 Familienoberhaupt der
Sippen der Merariter war Zuriël, der Sohn Abiha-
jils. Sie lagerten an der Nordseite der Wohnstätte.
36 Die Söhne Meraris waren betraut mit der Sorge
für die Bretter der Wohnstätte, ihre Querlatten,
Säulen und Sockel, ihre Geräte und alles, was zu
diesem Dienst gehörte, 37 ferner für die Säulen des
Vorhofs ringsum, ihre Sockel, ihre Zeltpflöcke und
Stricke. 38 Vor der Wohnstätte, an der Vorderseite,
östlich vom Offenbarungszelt, lagerten Mose und
Aaron mit seinen Söhnen. Sie hatten den Dienst
am Heiligtum zu tun, wie er den Israeliten aufge-
tragen worden war. Wer unbefugt daran teil-
nimmt, wird mit dem Tod bestraft.
39 Die Gesamtzahl der Leviten, die Mose und Aa-
ron auf Befehl des Herrn musterten, aller männ-
lichen Personen von einem Monat und darüber,
nach Sippen geordnet, betrug 22 000.

40 Der Herr sprach zu Mose: Zähle alle männlichen
erstgeborenen Israeliten, die einen Monat und äl-
ter sind, stell ihre Zahl namentlich fest! 41 Dann
nimm für mich, für mich, den Herrn, die Leviten
als Ersatz für alle erstgeborenen Israeliten entge-
gen, außerdem das Vieh der Leviten als Ersatz für
alle Erstlinge unter dem Vieh der Israeliten!
42 Mose musterte alle erstgeborenen Israeliten, wie
es ihm der Herr befohlen hatte. 43 Die Gesamtzahl
der männlichen Erstgeborenen, die einen Monat
und älter waren, betrug bei dieser namentlichen
Zählung 22 273. 44 Dann sprach der Herr zu Mose:
45 Nimm die Leviten als Ersatz für alle erstgebore-
nen Israeliten entgegen, außerdem das Vieh der
Leviten als Ersatz für das Vieh der Israeliten! Die
Leviten gehören mir, mir, dem Herrn. 46 Es sind
aber 273 erstgeborene Israeliten mehr als Leviten;
sie müssen ausgelöst werden. 47 Erheb für jeden
fünf Schekel; erheb sie nach dem Schekelgewicht
des Heiligtums, den Schekel zu zwanzig Gera.
48 Übergib das Geld Aaron und seinen Söhnen zur
Auslösung der überzähligen Israeliten! 49 Da erhob
Mose das Lösegeld von denen, die die Zahl der Le-
viten überstiegen und deshalb auszulösen waren.
50 1365 Silberschekel erhob Mose von den erstge-
borenen Israeliten, nach dem Schekelgewicht des
Heiligtums, 51 und er übergab Aaron und seinen
Söhnen das Lösegeld, wie es ihm der Herr befoh-
len hatte.

4 Der Herr sprach zu Mose und Aaron: 2 Er-
mittelt die Zahl der Kehatiter unter den Le-
viten, geordnet nach Sippen und Großfamilien,
3 zählt alle Wehrfähigen zwischen dreißig und fünf-
zig Jahren! Sie sollen im Offenbarungszelt tätig
sein. 4 Die Kehatiter haben im Offenbarungszelt
das Hochheilige zu betreuen. 5 Beim Aufbruch
gehen Aaron und seine Söhne hinein, nehmen
die Vorhangdecke ab und hüllen damit die Lade
der Bundesurkunde ein. 6 Darüber legen sie eine
Decke aus Tahaschhaut, breiten darüber ein Tuch,
ganz aus violettem Purpur, und bringen an der
Lade die Stangen an. 7 Auch über den Tisch der
Schaubrote breiten sie ein Tuch aus violettem Pur-
pur. Darauf legen sie die Schüsseln, die Schalen,
die Krüge und die Kannen für das Trankopfer;
auch die Schaubrote sollen darauf sein. 8 Dann
breiten sie darüber ein karmesinrotes Tuch, be-

decken es mit einer Tahaschhaut und bringen die dazugehörenden Stangen an. 9 Weiter nehmen sie ein Tuch aus violettem Purpur und hüllen damit den Leuchter ein, auch seine einzelnen Lampen, die Dochtscheren und Pfannen und alle Ölbehälter, die man für den Leuchter braucht. 10 Ihn und alle zu ihm gehörenden Geräte legen sie auf eine Decke aus Tahaschhaut, dann legen sie alles auf das Traggestell. 11 Über den goldenen Altar breiten sie ein Tuch aus violettem Purpur, hüllen ihn in eine Decke aus Tahaschhaut und bringen seine Stangen an. 12 Dann nehmen sie alle zum Dienst im Heiligtum erforderlichen Geräte, legen sie auf ein Tuch aus violettem Purpur, hüllen sie in eine Decke aus Tahaschhaut und legen sie auf das Traggestell. 13 Sie säubern den Altar von der Fett-Asche und breiten ein Tuch aus rotem Purpur über ihn. 14 Auf den Altar legen sie alle Geräte, die man für den Altardienst braucht, die Pfannen, Gabeln, Schaufeln und Schalen, alle Altargeräte; darüber breiten sie eine Hülle aus Tahaschhaut und bringen die Altarstangen an. 15 Erst wenn Aaron und seine Söhne beim Aufbruch des Lagers mit dem Verhüllen des Heiligtums und aller heiligen Geräte fertig sind, kommen die Kehatiter und übernehmen den Trägerdienst. Sie dürfen aber das Heilige nicht berühren, sonst müssen sie sterben. Das ist die Aufgabe, die die Kehatiter am Offenbarungszelt als Träger haben. 16 Der Priester Eleasar, der Sohn Aarons, hat die Verantwortung für das Öl des Leuchters, das duftende Räucherwerk, das ständige Speiseopfer und das Salböl, die Verantwortung für die ganze Wohnstätte und für alles, was es darin an Heiligem und an Geräten gibt.

17 Der Herr sprach zu Mose und Aaron: 18 Sorgt dafür, dass die Sippen des Stammes der Kehatiter nicht aus dem Kreis der Leviten ausgerottet werden. 19 Damit sie am Leben bleiben und nicht wegen Berührung des Hochheiligen sterben, sollt ihr so verfahren: Aaron und seine Söhne sollen kommen und jedem von ihnen anweisen, was er zu tun und zu tragen hat. 20 Dann ist es nicht möglich, dass sie hineingehen und das Heilige auch nur für einen Augenblick sehen, und sie werden nicht sterben.

21 Der Herr sprach zu Mose: 22 Ermittle auch die Zahl der Gerschoniter, geordnet nach Großfamilien und Sippen! 23 Du sollst sie mustern für den Dienst am Offenbarungszelt, alle wehrfähigen Männer zwischen dreißig und fünfzig Jahren. 24 Die Sippen der Gerschoniter haben folgende Pflichten als Diener und Träger: 25 Sie tragen die Zelttücher der Wohnstätte und das Offenbarungszelt, seine Decke, die Tahaschdecke, die darüber liegt, und den Vorhang am Eingang des Offenbarungszeltes, 26 ferner die Behänge des Vorhofs, den Vorhang am Toreingang des Vorhofs, der rings um die Wohnstätte und um den Altar liegt, die dazugehörenden Stricke und alle Geräte, die sie zu ihrer Arbeit brauchen; sie sollen alle Arbeiten verrichten, die daran auszuführen sind.

27 Der ganze Dienst der Gerschoniter soll nach der Anweisung Aarons und seiner Söhne geschehen, die ihnen alles sagen, alles, was sie zu tragen und zu tun haben. Beauftragt sie mit dem gesamten Trägerdienst! 28 Das ist die Aufgabe der Gerschoniter am Offenbarungszelt. Die Aufsicht über ihren Dienst hat der Priester Itamar, der Sohn Aarons.

29 Ferner sollst du die Merariter mustern, geordnet nach Sippen und Großfamilien. 30 Du sollst sie mustern für den Dienst am Offenbarungszelt, alle wehrfähigen Männer zwischen dreißig und fünfzig Jahren. 31 Das sind ihre Pflichten und einzelnen Aufgaben als Träger beim Offenbarungszelt: Sie haben die Bretter der Wohnstätte zu tragen, ihre Querlatten, Säulen und Sockel, 32 die Säulen des Vorhofs ringsum, ihre Sockel, Zeltpflöcke und Stricke sowie alle Geräte, die sie zur Erfüllung ihrer Aufgaben brauchen. Ihr sollt jedem die Gegenstände einzeln zuweisen, die sie zu tragen haben.

33 Das ist im Ganzen die Aufgabe der Sippen der Merariter am Offenbarungszelt. Die Aufsicht über sie hat der Priester Itamar, der Sohn Aarons.

34 Mose, Aaron und die Anführer der Gemeinde musterten die Kehatiter, geordnet nach Sippen und Großfamilien, 35 für den Dienst am Offenbarungszelt, alle wehrfähigen Männer zwischen dreißig und fünfzig Jahren. 36 Die Zahl der nach Sippen gemusterten Männer betrug 2750. 37 Das waren die in den Sippen der Kehatiter Gemusterten, alle, die am Offenbarungszelt Dienst zu tun hatten. Mose und Aaron hatten sie gemustert, wie es der Herr durch Mose befohlen hatte.

38 Bei den Gerschonitern betrug die Zahl der nach
Sippen und Großfamilien für den Dienst am
Offenbarungszelt Gemusterten, 39 die Zahl aller
wehrfähigen Männer zwischen dreißig und fünf-
zig Jahren, 40 die, geordnet nach Sippen und Groß-
familien, gemustert worden waren, 2630. 41 Das
waren die in den Sippen der Gerschoniter Gemus-
terten, alle, die am Offenbarungszelt Dienst zu tun
hatten. Mose und Aaron hatten sie auf Befehl des
Herrn gemustert.
42 Bei den Sippen der Merariter betrug die Zahl der
nach Sippen und Großfamilien zum Dienst am
Offenbarungszelt Gemusterten, 43 die Zahl aller
wehrfähigen Männer zwischen dreißig und fünf-
zig Jahren, 44 die, geordnet nach Sippen, gemustert
worden waren, 3200. 45 Das waren die in den Sip-
pen der Merariter Gemusterten. Mose und Aaron
hatten sie gemustert, wie es der Herr durch Mose
befohlen hatte.
46 Die Gesamtzahl der Gemusterten, die Mose,
Aaron und die Anführer Israels bei den Leviten,
geordnet nach Sippen und Großfamilien, gemus-
tert hatten, 47 die Zahl aller Männer zwischen
dreißig und fünfzig Jahren, die zur Erfüllung der
Aufgaben und Trägerdienste am Offenbarungszelt
fähig waren, 48 die Gesamtzahl dieser Gemusterten
betrug 8580.
49 Wie es der Herr durch Mose befohlen hatte, so
betraute man jeden Einzelnen von ihnen mit sei-
ner Aufgabe und mit seinem Trägerdienst. Jedem
wurde seine Aufgabe zugewiesen, wie der Herr es
Mose befohlen hatte.

3,4: Lev 10,1–5 • 11–13: 3,41–45; 8,15–19; Ex 13,11–15; 34,20 •
40–45: 3,11–13

Die Ausweisung der Unreinen

5 Der Herr sprach zu Mose: 2 Befiehl den Isra-
eliten, jeden aus dem Lager zu schicken, der
an Aussatz oder an einem Ausfluss leidet, und je-
den, der sich an einer Leiche verunreinigt hat. 3 Ob
Mann oder Frau, schickt sie weg, weist sie aus dem
Lager hinaus!
Sie sollen nicht das Lager unrein machen, in dem
ich mitten unter ihnen wohne. 4 Die Israeliten ta-
ten, was der Herr gesagt hatte, und schickten sie
aus dem Lager. Wie der Herr es Mose gesagt hatte,
so machten sie es.

Schadenersatz und Abgaben ans Heiligtum

5 Der Herr sprach zu Mose: 6 Sag zu den Israeliten:
Wenn ein Mann oder eine Frau etwas, was dem
Herrn gehört, veruntreut hat, also eine von den
Sünden begangen hat, wie sie bei Menschen vor-
kommen, dann ist dieser Mensch schuldig gewor-
den. 7 Sie sollen die Sünde, die sie begangen haben,
bekennen und der Schuldige soll das, was er schul-
det, voll ersetzen und dem, an dem er schuldig ge-
worden ist, noch ein Fünftel dazugeben. 8 Wenn
aber der Anspruchsberechtigte keinen Löser hat,
dem der Schuldige Ersatz leisten könnte, dann
gehört der geschuldete Betrag dem Herrn zuguns-
ten des Priesters, ebenso wie der Sühnewidder,
mit dem der Priester für ihn die Sühne erwirkt.
9 Dem Priester gehören auch alle Weihegeschenke,
die die Israeliten zu ihm bringen. 10 Jeder kann
selbst bestimmen, was er als Weihegeschenk geben
will; was er aber dem Priester gibt, gehört dem
Priester.

Das Eifersuchtsordal

11 Der Herr sprach zu Mose: 12 Rede zu den Israeli-
ten und sag ihnen: Angenommen, eine Frau gerät
auf Abwege, sie wird ihrem Mann untreu, 13 und
ein anderer Mann schläft mit ihr, ohne dass es ihr
Mann merkt, angenommen also, sie ist unrein ge-
worden, ohne dass es entdeckt wird, und es gibt
keine Zeugen, weil sie nicht ertappt worden ist,
14 der Mann aber schöpft Verdacht und wird eifer-
süchtig auf seine Frau, die wirklich unrein ge-
worden ist; angenommen aber auch, er schöpft
Verdacht und wird auf seine Frau eifersüchtig, ob-
wohl sie in Wirklichkeit nicht unrein geworden ist:
15 In einem solchen Fall soll der Mann seine Frau
zum Priester bringen und soll zugleich die für sie
vorgesehene Opfergabe mitbringen: ein zehntel
Efa Gerstenmehl. Er darf kein Öl darauf gießen
und keinen Weihrauch darauf streuen; denn es ist
ein Eifersuchtsopfer, ein Opfer zur Ermittlung der
Schuld. 16 Der Priester führt die Frau hinein und
stellt sie vor den Herrn. 17 Er nimmt heiliges Was-
ser in einem Tongefäß; dann nimmt er etwas Staub
vom Fußboden der Wohnstätte und streut ihn in
das Wasser. 18 Dann stellt der Priester die Frau vor
den Herrn, löst ihr Haar und legt ihr das Ermitt-
lungsopfer, das heißt das Eifersuchtsopfer, in die

Hände; der Priester aber hält das bittere, fluchbringende Wasser in der Hand. 19 Dann beschwört der Priester die Frau und sagt zu ihr: Wenn kein Mann mit dir geschlafen hat, wenn du deinem Mann nicht untreu gewesen, also nicht unrein geworden bist, dann wird sich deine Unschuld durch dieses bittere, fluchbringende Wasser erweisen. 20 Wenn du aber deinem Mann untreu gewesen, wenn du unrein geworden bist und wenn ein anderer als dein eigener Mann mit dir geschlafen hat – 21 und nun soll der Priester die Frau mit einem Fluch beschwören und zu ihr sprechen –, dann wird der Herr dich zum sprichwörtlichen Beispiel für einen Fluch und Schwur in deinem Volk machen. Der Herr wird deine Hüften einfallen und deinen Bauch anschwellen lassen. 22 Dieses fluchbringende Wasser wird in deine Eingeweide eindringen, sodass dein Bauch anschwillt und deine Hüften einfallen. Darauf soll die Frau antworten: Amen, amen. 23 Der Priester aber schreibt diese Flüche auf und wischt die Schrift sodann in das bittere Wasser. 24 Dann gibt er der Frau das bittere, fluchbringende Wasser zu trinken, damit dieses Fluchwasser in sie eindringt und ihr bittere Schmerzen bereitet. 25 Der Priester nimmt aus der Hand der Frau das Eifersuchtsopfer, schwingt die Opfergabe vor dem Herrn hin und her und bringt sie so dar; dann legt er sie auf den Altar. 26 Der Priester nimmt von der Opfergabe eine Hand voll als Gedächtnisanteil weg und lässt ihn auf dem Altar in Rauch aufgehen. Dann erst lässt er die Frau das Wasser trinken.

27 Sobald er sie das Wasser hat trinken lassen, wird das fluchbringende Wasser in sie eindringen und bittere Schmerzen bewirken, falls sie unrein und ihrem Mann untreu geworden ist: Es wird ihren Bauch anschwellen und ihre Hüften einfallen lassen, sodass die Frau in ihrem Volk zum sprichwörtlichen Beispiel für einen Fluch wird. 28 Wenn sie aber nicht unrein geworden, sondern rein ist, dann wird sich zeigen, dass sie unschuldig ist, und sie kann weiterhin Kinder bekommen.

29 Das ist das Eifersuchtsgesetz für den Fall, dass eine Frau ihren Mann betrügt und unrein geworden ist 30 oder dass ein Mann gegen seine Frau Verdacht schöpft, auf sie eifersüchtig wird und sie vor den Herrn treten lässt. Wenn der Priester dieses Gesetz auf sie anwendet, 31 dann ist der Mann von Schuld frei, die Frau aber muss die Folgen ihrer Schuld tragen.

Das Nasiräergelübde

6 Der Herr sprach zu Mose: 2 Rede zu den Israeliten und sag zu ihnen: Wenn ein Mann oder eine Frau etwas Besonderes tun will und das Nasiräergelübde ablegt, sodass er ein dem Herrn geweihter Nasiräer ist, 3 dann soll er auf Wein und Bier verzichten; er soll keinen gegorenen Wein und kein gegorenes Bier trinken, auch keinen Traubensaft, er soll weder frische noch getrocknete Trauben essen. 4 Solange er Nasiräer ist, soll er nichts essen, was von Weinreben stammt, von den unreifen Trauben angefangen bis zu den Trebern. 5 Solange das Nasiräergelübde in Kraft ist, soll auch kein Schermesser sein Haupt berühren, bis die Zeit abgelaufen ist, für die er sich dem Herrn als Nasiräer geweiht hat. Er ist heilig, er muss sein Haar ganz frei wachsen lassen. 6 Solange er sich dem Herrn als Nasiräer geweiht hat, soll er auch nicht in die Nähe eines Toten kommen. 7 Nicht einmal an Vater oder Mutter, an Bruder oder Schwester soll er sich verunreinigen, wenn sie sterben; denn er trägt an seinem Haupt das Zeichen dafür, dass er sich seinem Gott als Nasiräer geweiht hat.

8 Solange er Nasiräer ist, ist er dem Herrn heilig. 9 Wenn aber jemand in seiner Nähe ganz plötzlich stirbt und er dabei sein geweihtes Haupt unrein macht, dann soll er sein Haar an dem Tag abschneiden, an dem er wieder rein wird: Am siebten Tag soll er sein Haar abschneiden, 10 am achten Tag aber soll er zwei Turteltauben oder zwei junge Tauben zum Priester an den Eingang des Offenbarungszeltes bringen. 11 Der Priester richtet die eine zum Sündopfer, die andere zum Brandopfer her und entsühnt den, der an der Leiche eine Sünde auf sich geladen hat; am selben Tag erklärt der Priester sein Haupt wieder für heilig. 12 Er soll sich dann dem Herrn für die Zeit, für die er sich als Nasiräer verpflichtet hatte, von neuem weihen und ein einjähriges Lamm als Schuldopfer darbringen. Die schon abgeleistete Zeit aber ist verfallen, da das vorige Weihegelübde ungültig geworden ist.

13 Das ist das Nasiräergesetz. Am Tag, an dem die Zeit seiner Nasiräerweihe abgelaufen ist, soll man den Mann zum Eingang des Offenbarungszeltes führen. 14 Er bringt seine Opfergabe für den Herrn mit: ein fehlerloses einjähriges männliches Lamm als Brandopfer, ein fehlerloses einjähriges weibliches Lamm als Sühnopfer, einen fehlerlosen Widder als Heilsopfer, 15 ferner einen Korb voll ungesäuerter Kuchen aus Feinmehl, das mit Öl vermengt ist, sowie voll ungesäuerter Brotfladen, die mit Öl bestrichen sind, ferner das dazugehörende Speiseopfer und die dazugehörenden Trankopfer.

16 Der Priester bringt alles vor den Herrn und richtet für den Betreffenden das Sündopfer und das Brandopfer her. 17 Auch richtet er den Widder für das Heilsopfer zur Ehre des Herrn her, zusammen mit dem Korb voll ungesäuertem Gebäck; dann richtet der Priester für den Betreffenden das Speiseopfer und das Trankopfer her. 18 Der Nasiräer schneidet am Eingang des Offenbarungszeltes sein geweihtes Haupthaar ab, nimmt das geweihte Haar und wirft es in das Feuer, das unter dem Heilsopfer brennt. 19 Nachdem der Nasiräer sich das Nasiräerhaar abgeschnitten hat, nimmt der Priester den gekochten Vorderschenkel des Widders, einen ungesäuerten Kuchen aus dem Korb und einen ungesäuerten Brotfladen und legt es dem Nasiräer auf die Hände. 20 Dann schwingt sie der Priester vor dem Herrn hin und her und bringt sie so dar. Das ist eine heilige Gabe für den Priester, zusätzlich zur Widderbrust für den Darbringungsritus und zur Schenkelkeule für den Erhebungsritus. Danach darf der Nasiräer wieder Wein trinken.

21 Das ist das Gesetz für den Nasiräer, der aufgrund seines Weihegelübdes dem Herrn eine Opfergabe gelobt, abgesehen von dem, was er sonst noch leisten kann. Wie es den Worten des Gelübdes entspricht, das er abgelegt hat, so muss er handeln, nach dem Nasiräergesetz, das für seinen Fall gilt.

Der Priestersegen

22 Der Herr sprach zu Mose: 23 Sag zu Aaron und seinen Söhnen: So sollt ihr die Israeliten segnen; sprecht zu ihnen:

24 Der Herr segne dich und behüte dich.

25 Der Herr lasse sein Angesicht über dich leuchten und sei dir gnädig.

26 Der Herr wende sein Angesicht dir zu und schenke dir Heil.

27 So sollen sie meinen Namen auf die Israeliten legen und ich werde sie segnen.

Die Weihegaben der Stammesführer

7 An dem Tag, an dem Mose die Wohnstätte errichtet hatte, salbte und weihte er sie, dazu alle ihre Geräte, ebenso auch den Altar und alle seine Geräte. Er salbte sie und weihte alles.

2 Die Anführer Israels, die Oberhäupter ihrer Großfamilien, die Stammesführer, die an der Spitze der Gemusterten standen, brachten ihre Gaben herbei. 3 Sie brachten dem Herrn als ihre Gabe: sechs Planwagen und zwölf Rinder, jeweils für zwei Stammesführer einen Wagen und für jeden Stammesführer einen Stier. Das brachten sie vor die Wohnstätte. 4 Der Herr sprach zu Mose: 5 Nimm die Gaben von ihnen an; sie sollen für den Dienst am Offenbarungszelt verwendet werden. Übergib sie den Leviten, je nach ihrer Aufgabe. 6 Da nahm Mose die Wagen und die Rinder und übergab sie den Leviten. 7 Zwei Wagen und vier Rinder übergab er den Gerschonitern für ihre Aufgaben; 8 vier Wagen und acht Rinder übergab er dem Priester Itamar, dem Sohn Aarons, für die Merariter und ihre Aufgaben; 9 den Kehatitern übergab er nichts, weil ihnen der Dienst an den heiligen Gegenständen anvertraut war, die sie auf ihren Schultern tragen mussten.

10 Die Stammesführer brachten an dem Tag, an dem man den Altar salbte, auch die Spende für die Altarweihe und legten ihre Gaben vor den Altar. 11 Der Herr hatte zu Mose gesagt: Täglich soll jeweils ein Stammesführer seine Gabe als Spende für die Altarweihe bringen.

12 So brachte am ersten Tag Nachschon, der Sohn Amminadabs, für den Stamm Juda seine Gabe herbei. 13 Sie bestand aus einer silbernen Schüssel, hundertdreißig Schekel schwer, einer silbernen Schale zu siebzig Schekel, nach dem Schekelgewicht des Heiligtums, beide gefüllt mit Feinmehl, das mit Öl vermengt war, für das Speiseopfer, 14 ferner aus einer goldenen Schale von zehn Schekel Gewicht, gefüllt mit Räucherwerk, 15 aus einem

Jungstier, einem Widder und einem einjährigen
Lamm für das Brandopfer, [16] einem Ziegenbock
für das Sündopfer [17] sowie aus zwei Rindern, fünf
Widdern, fünf Böcken und fünf einjährigen Läm-
mern für das Heilsopfer. Das war die Gabe Nach-
schons, des Sohnes Amminadabs.
[18] Am zweiten Tag brachte Netanel, der Sohn Zu-
ars, der Stammesführer von Issachar, seine Gabe
herbei. [19] Er brachte eine silberne Schüssel, hun-
dertdreißig Schekel schwer, eine silberne Schale zu
siebzig Schekel, nach dem Schekelgewicht des Hei-
ligtums, beide gefüllt mit Feinmehl, das mit Öl
vermengt war, für das Speiseopfer, [20] ferner eine
goldene Schale von zehn Schekel Gewicht, gefüllt
mit Räucherwerk, [21] dazu einen Jungstier, einen
Widder und ein einjähriges Lamm für das Brand-
opfer, [22] einen Ziegenbock für das Sündopfer [23] so-
wie zwei Rinder, fünf Widder, fünf Böcke und fünf
einjährige Lämmer für das Heilsopfer. Das war die
Gabe Netanels, des Sohnes Zuars.
[24] Am dritten Tag kam der Stammesführer der Se-
buloniter, Eliab, der Sohn Helons. [25] Seine Gabe be-
stand aus einer silbernen Schüssel, hundertdreißig
Schekel schwer, einer silbernen Schale zu siebzig
Schekel, nach dem Schekelgewicht des Heiligtums,
beide gefüllt mit Feinmehl, das mit Öl vermengt
war, für das Speiseopfer, [26] ferner aus einer golde-
nen Schale von zehn Schekel Gewicht, gefüllt mit
Räucherwerk, [27] aus einem Jungstier, einem Wid-
der und einem einjährigen Lamm für das Brand-
opfer, [28] einem Ziegenbock für das Sündopfer [29] so-
wie aus zwei Rindern, fünf Widdern, fünf Böcken
und fünf einjährigen Lämmern für das Heilsopfer.
Das war die Gabe Eliabs, des Sohnes Helons.
[30] Am vierten Tag kam der Stammesführer der Ru-
beniter, Elizur, der Sohn Schedëurs. [31] Seine Gabe
bestand aus einer silbernen Schüssel, hundert-
dreißig Schekel schwer, einer silbernen Schale zu
siebzig Schekel, nach dem Schekelgewicht des Hei-
ligtums, beide gefüllt mit Feinmehl, das mit Öl
vermengt war, für das Speiseopfer, [32] ferner aus ei-
ner goldenen Schale von zehn Schekel Gewicht,
gefüllt mit Räucherwerk, [33] aus einem Jungstier,
einem Widder und einem einjährigen Lamm für
das Brandopfer, [34] einem Ziegenbock für das Sünd-
opfer [35] sowie aus zwei Rindern, fünf Widdern,
fünf Böcken und fünf einjährigen Lämmern für
das Heilsopfer. Das war die Gabe Elizurs, des Soh-
nes Schedëurs.
[36] Am fünften Tag kam der Stammesführer der
Simeoniter, Schelumiël, der Sohn Zurischaddais.
[37] Seine Gabe bestand aus einer silbernen Schüssel,
hundertdreißig Schekel schwer, einer silbernen
Schale zu siebzig Schekel, nach dem Schekelge-
wicht des Heiligtums, beide gefüllt mit Feinmehl,
das mit Öl vermengt war, für das Speiseopfer,
[38] ferner aus einer goldenen Schale von zehn Sche-
kel Gewicht, gefüllt mit Räucherwerk, [39] aus einem
Jungstier, einem Widder und einem einjährigen
Lamm für das Brandopfer, [40] einem Ziegenbock
für das Sündopfer [41] sowie aus zwei Rindern, fünf
Widdern, fünf Böcken und fünf einjährigen Läm-
mern für das Heilsopfer. Das war die Gabe Sche-
lumiëls, des Sohnes Zurischaddais.
[42] Am sechsten Tag kam der Stammesführer der
Gaditer, Eljasaf, der Sohn Reguëls. [43] Seine Gabe
bestand aus einer silbernen Schüssel, hundert-
dreißig Schekel schwer, einer silbernen Schale zu
siebzig Schekel, nach dem Schekelgewicht des Hei-
ligtums, beide gefüllt mit Feinmehl, das mit Öl
vermengt war, für das Speiseopfer, [44] ferner aus ei-
ner goldenen Schale von zehn Schekel Gewicht,
gefüllt mit Räucherwerk, [45] aus einem Jungstier,
einem Widder und einem einjährigen Lamm für
das Brandopfer, [46] einem Ziegenbock für das Sünd-
opfer [47] sowie aus zwei Rindern, fünf Widdern,
fünf Böcken und fünf einjährigen Lämmern für
das Heilsopfer. Das war die Gabe Eljasafs, des Soh-
nes Reguëls.
[48] Am siebten Tag kam der Stammesführer der
Efraimiter, Elischama, der Sohn Ammihuds.
[49] Seine Gabe bestand aus einer silbernen Schüssel,
hundertdreißig Schekel schwer, einer silbernen
Schale zu siebzig Schekel, nach dem Schekelge-
wicht des Heiligtums, beide gefüllt mit Feinmehl,
das mit Öl vermengt war, für das Speiseopfer,
[50] ferner aus einer goldenen Schale von zehn Sche-
kel Gewicht, gefüllt mit Räucherwerk, [51] aus einem
Jungstier, einem Widder und einem einjährigen
Lamm für das Brandopfer, [52] einem Ziegenbock
für das Sündopfer [53] sowie aus zwei Rindern, fünf
Widdern, fünf Böcken und fünf einjährigen Läm-
mern für das Heilsopfer. Das war die Gabe Elischa-
mas, des Sohnes Ammihuds.

54 Am achten Tag kam der Stammesführer der
Manassiter, Gamliël, der Sohn Pedazurs. 55 Seine
Gabe bestand aus einer silbernen Schüssel, hun-
dertdreißig Schekel schwer, einer silbernen Schale
zu siebzig Schekel, nach dem Schekelgewicht des
Heiligtums, beide gefüllt mit Feinmehl, das mit Öl
vermengt war, für das Speiseopfer, 56 ferner aus ei-
ner goldenen Schale von zehn Schekel Gewicht,
gefüllt mit Räucherwerk, 57 aus einem Jungstier,
einem Widder und einem einjährigen Lamm für
das Brandopfer, 58 einem Ziegenbock für das Sünd-
opfer 59 sowie aus zwei Rindern, fünf Widdern,
fünf Böcken und fünf einjährigen Lämmern für
das Heilsopfer. Das war die Gabe Gamliëls, des
Sohnes Pedazurs.
60 Am neunten Tag kam der Stammesführer der
Benjaminiter, Abidan, der Sohn Gidonis. 61 Seine
Gabe bestand aus einer silbernen Schüssel, hun-
dertdreißig Schekel schwer, einer silbernen Schale
zu siebzig Schekel, nach dem Schekelgewicht des
Heiligtums, beide gefüllt mit Feinmehl, das mit Öl
vermengt war, für das Speiseopfer, 62 ferner aus
einer goldenen Schale zu zehn Schekel Gewicht,
gefüllt mit Räucherwerk, 63 aus einem Jungstier,
einem Widder und einem einjährigen Lamm für
das Brandopfer, 64 einem Ziegenbock für das Sünd-
opfer 65 sowie aus zwei Rindern, fünf Widdern,
fünf Böcken und fünf einjährigen Lämmern für
das Heilsopfer. Das war die Gabe Abidans, des
Sohnes Gidonis.
66 Am zehnten Tag kam der Stammesführer der
Daniter, Ahiëser, der Sohn Ammischaddais.
67 Seine Gabe bestand aus einer silbernen Schüssel,
hundertdreißig Schekel schwer, einer silbernen
Schale zu siebzig Schekel, nach dem Schekelge-
wicht des Heiligtums, beide gefüllt mit Feinmehl,
das mit Öl vermengt war, für das Speiseopfer,
68 ferner aus einer goldenen Schale von zehn Sche-
kel Gewicht, gefüllt mit Räucherwerk, 69 aus einem
Jungstier, einem Widder und einem einjährigen
Lamm für das Brandopfer, 70 einem Ziegenbock
für das Sündopfer 71 sowie aus zwei Rindern, fünf
Widdern, fünf Böcken und fünf einjährigen Läm-
mern für das Heilsopfer. Das war die Gabe Ahië-
sers, des Sohnes Ammischaddais.
72 Am elften Tag kam der Stammesführer der
Ascheriter, Pagiël, der Sohn Ochrans. 73 Seine Gabe
bestand aus einer silbernen Schüssel, hundert-
dreißig Schekel schwer, einer silbernen Schale zu
siebzig Schekel, nach dem Schekelgewicht des Hei-
ligtums, beide gefüllt mit Feinmehl, das mit Öl
vermengt war, für das Speiseopfer, 74 ferner aus
einer goldenen Schale zu zehn Schekel Gewicht,
gefüllt mit Räucherwerk, 75 aus einem Jungstier,
einem Widder und einem einjährigen Lamm für
das Brandopfer, 76 einem Ziegenbock für das Sünd-
opfer 77 sowie aus zwei Rindern, fünf Widdern,
fünf Böcken und fünf einjährigen Lämmern für
das Heilsopfer. Das war die Gabe Pagiëls, des Soh-
nes Ochrans.
78 Am zwölften Tag kam der Stammesführer der
Naftaliter, Ahira, der Sohn Enans. 79 Seine Gabe be-
stand aus einer silbernen Schüssel, hundertdreißig
Schekel schwer, einer silbernen Schale zu siebzig
Schekel, nach dem Schekelgewicht des Heilig-
tums, beide gefüllt mit Feinmehl, das mit Öl ver-
mengt war, für das Speiseopfer, 80 ferner aus einer
goldenen Schale von zehn Schekel Gewicht, gefüllt
mit Räucherwerk, 81 aus einem Jungstier, einem
Widder und einem einjährigen Lamm für das
Brandopfer, 82 einem Ziegenbock für das Sündop-
fer 83 sowie aus zwei Rindern, fünf Widdern, fünf
Böcken und fünf einjährigen Lämmern für das
Heilsopfer. Das war die Gabe Ahiras, des Sohnes
Enans.
84 Das war die Spende der Stammesführer Israels
für die Weihe des Altars, als man den Altar salbte:
zwölf silberne Schüsseln, zwölf silberne Schalen,
zwölf goldene Schalen, 85 jede silberne Schüssel
hundertdreißig Schekel schwer, jede silberne
Schale siebzig Schekel schwer, das Silber aller
Gefäße zusammen also zweitausendvierhundert
Schekel, nach dem Schekelgewicht des Heilig-
tums, 86 ferner zwölf goldene Schalen, gefüllt mit
Räucherwerk, jede Schale zehn Schekel schwer,
nach dem Schekelgewicht des Heiligtums, das
Gold aller Schalen zusammen also hundertzwan-
zig Schekel; 87 dazu insgesamt zwölf Rinder, und
zwar Stiere, für das Brandopfer, zwölf Wid-
der, zwölf einjährige Lämmer und die dazu-
gehörenden Speiseopfer, ferner zwölf Ziegen-
böcke für das Sündopfer, 88 außerdem im Ganzen
vierundzwanzig Rinder, und zwar Stiere, sechzig
Widder, sechzig Böcke und sechzig einjährige

Lämmer für das Heilsopfer. Das war die Spende für die Weihe des Altars, nachdem man ihn gesalbt hatte.

Die Begegnung des Herrn mit Mose

[89] Wenn Mose das Offenbarungszelt betrat, um mit dem Herrn zu reden, hörte er die Stimme zu ihm reden. Sie sprach zu ihm von der Deckplatte her, die auf der Lade der Bundesurkunde lag, aus dem Raum zwischen den Kerubim.

Die Bedienung des Leuchters

8 Der Herr sprach zu Mose: [2] Rede zu Aaron
und sag zu ihm: Wenn du die Lampen auf
den Leuchter steckst, dann so, dass das Licht der
sieben Lampen vom Leuchter aus nach vorn fällt.
[3] Das tat Aaron; er steckte die Lampen so auf, dass
ihr Licht vom Leuchter aus nach vorn fiel, wie der
Herr es Mose aufgetragen hatte. [4] Der Leuchter
war aus Gold getrieben, vom Gestell bis zu den
Blüten war er aus Gold getrieben. Mose hatte den
Leuchter nach dem Muster angefertigt, das der
Herr ihm gezeigt hatte.

4: Ex 25,31–36.40; 37,17–24

Die Weihe und der Dienst der Leviten

[5] Der Herr sprach zu Mose: [6] Sondere die Leviten
von den Israeliten ab und reinige sie! [7] So sollst du
ihre Reinigung vollziehen: Spreng über sie das
Entsündigungswasser! Sie selbst sollen sich an
ihrem ganzen Körper mit einem Schermesser die
Haare schneiden, ihre Kleider waschen und sich
reinigen. [8] Dann sollen sie einen Jungstier nehmen
und dazu als Speiseopfer Feinmehl, das mit Öl vermengt ist. Einen zweiten Jungstier sollst du für das
Sündopfer nehmen. [9] Dann sollst du die Leviten
vor das Offenbarungszelt führen und die ganze
Gemeinde der Israeliten versammeln. [10] Lass die
Leviten vor den Herrn treten! Die Israeliten sollen
den Leviten die Hände auflegen [11] und Aaron soll
an den Leviten im Namen der Israeliten vor den
Augen des Herrn die Weihe vornehmen. Auf diese
Weise sollen sie den Dienst des Herrn antreten.
[12] Die Leviten sollen ihre Hände den Stieren auf
den Kopf legen. Dann richte den einen als Sündopfer und den anderen als Brandopfer für den
Herrn her, um die Leviten zu entsühnen.
[13] Lass die Leviten vor Aaron und seine Söhne treten und vollzieh an ihnen die Weihe für den Herrn!
[14] Auf diese Weise sollst du die Leviten aus den
Israeliten aussondern; dann gehören die Leviten
mir.
[15] Danach sollen die Leviten mit ihrem Dienst am
Offenbarungszelt beginnen. Reinige sie und vollzieh an ihnen die Weihe; [16] denn sie sind mir von
den Israeliten übergeben, als Ersatz für alle, die
den Mutterschoß durchbrechen; als Ersatz für alle
erstgeborenen Israeliten habe ich sie mir genommen. [17] Denn alle erstgeborenen Israeliten gehören
mir, sowohl bei den Menschen als auch beim Vieh.
An dem Tag, an dem ich in Ägypten alle Erstgeborenen erschlug, habe ich sie als mir heilig erklärt
[18] und habe die Leviten als Ersatz für alle erstgeborenen Israeliten genommen. [19] Ich gebe die
Leviten dem Aaron und seinen Söhnen; aus dem
Kreis der Israeliten sind sie ihnen übergeben, damit sie am Offenbarungszelt den Gottesdienst der
Israeliten vollziehen und die Israeliten entsühnen.
Dann wird die Israeliten kein Unheil treffen, wenn
sie dem Heiligtum zu nahe kommen.
[20] Mose, Aaron und die ganze Gemeinde der Israeliten taten mit den Leviten genau das, was der
Herr dem Mose hinsichtlich der Leviten befohlen
hatte; das taten die Israeliten mit den Leviten.
[21] Die Leviten ließen sich entsündigen und wuschen ihre Kleider. Aaron vollzog an ihnen vor den
Augen des Herrn die Weihe und entsühnte sie; so
machte er sie rein. [22] Danach traten die Leviten bei
Aaron und seinen Söhnen ihren Dienst am Offenbarungszelt an. Was der Herr dem Mose hinsichtlich der Leviten befohlen hatte, das tat man mit
ihnen.
[23] Der Herr sprach zu Mose: [24] Folgendes gilt für
die Leviten: Mit fünfundzwanzig Jahren und darüber ist jeder verpflichtet, am Offenbarungszelt
seinen Dienst zu tun. [25] Mit fünfzig Jahren endet
seine Verpflichtung und er braucht keinen Dienst
mehr zu tun; [26] er kann aber am Offenbarungszelt
seinen Brüdern bei der Ausübung ihrer Pflichten
helfen; doch den eigentlichen Dienst soll er nicht
versehen.
So sollst du die Dienstpflichten der Leviten ordnen.

17: 3,11–13; Ex 13,11–15

Ergänzung der Paschaordnung

9 Im ersten Monat des zweiten Jahres nach ihrem Auszug aus Ägypten sprach der Herr in der Wüste Sinai zu Mose: 2 Die Israeliten sollen zur festgesetzten Zeit das Paschafest feiern. 3 Am vierzehnten Tag dieses Monats sollt ihr es in der Abenddämmerung zur festgesetzten Zeit feiern. Ihr sollt es genau nach den dafür geltenden Gesetzen und Vorschriften feiern. 4 Da befahl Mose den Israeliten, das Paschafest zu feiern. 5 So feierten sie am vierzehnten Tag des ersten Monats in der Abenddämmerung das Paschafest in der Wüste Sinai. Genau so, wie der Herr es Mose befohlen hatte, machten es die Israeliten.

6 Es gab Männer, die unrein waren, weil sie einen Toten berührt hatten, und die deshalb an jenem Tag das Paschafest nicht feiern konnten. Die Männer kamen noch am selben Tag zu Mose und Aaron 7 und sagten zu ihnen: Wir sind unrein, weil wir einen Toten berührt haben. Warum soll es uns verwehrt sein, zur festgesetzten Zeit wie die anderen Israeliten dem Herrn unsere Opfergabe darzubringen? 8 Mose antwortete ihnen: Bleibt da; ich will hören, was euch der Herr befiehlt.

9 Der Herr sprach zu Mose: 10 Sag den Israeliten: Wenn einige von euch oder von euren Nachkommen unrein sind wegen eines Toten oder wenn sie weit weg auf einer Reise sind, aber trotzdem das Paschafest für den Herrn feiern wollen, 11 dann sollen sie es im zweiten Monat am vierzehnten Tag in der Abenddämmerung feiern; zu ungesäuerten Broten und Bitterkräutern sollen sie das Paschalamm essen. 12 Sie sollen davon nichts bis zum nächsten Morgen übrig lassen und sollen an dem Paschalamm keinen Knochen zerbrechen. Genau so, wie es das Paschagesetz vorschreibt, sollen sie handeln.

13 Wer jedoch rein ist und sich nicht auf einer Reise befindet, es aber trotzdem unterlässt, das Paschafest zu feiern, der soll aus seinen Stammesgenossen ausgemerzt werden, denn er hat dem Herrn seine Gabe nicht zur festgesetzten Zeit dargebracht; ein solcher Mensch muss die Folgen seiner Sünde tragen.

14 Wenn ein Fremder bei euch lebt und das Paschafest für den Herrn feiern will, dann soll er es nach dem Paschagesetz und Pascharecht feiern. Für den Fremden und für den Einheimischen soll bei euch dasselbe Gesetz gelten.

1–14 || Ex 12,1–20.43–49

Die Wolkensäule über dem heiligen Zelt

15 An dem Tag, als man die Wohnstätte aufstellte, bedeckte eine Wolke die Wohnstätte, das Zelt der Bundesurkunde. Am Abend legte sie sich wie ein Feuerschein über die Wohnstätte und blieb dort bis zum Morgen. 16 So war es die ganze Zeit: Bei Tag bedeckte die Wolke die Wohnstätte und bei Nacht der Feuerschein. 17 Jedes Mal, wenn sich die Wolke über dem Zelt erhob, brachen die Israeliten auf, und wo sich die Wolke niederließ, dort schlugen die Israeliten ihr Lager auf. 18 Nach dem Gebot des Herrn brachen die Israeliten auf und nach dem Gebot des Herrn schlugen sie ihr Lager auf. Solange die Wolke über der Wohnstätte lag, blieben sie im Lager.

19 Auch wenn die Wolke längere Zeit über der Wohnstätte stehen blieb, achteten die Israeliten auf die Anordnung des Herrn und brachen nicht auf. 20 Und wenn die Wolke nur wenige Tage über der Wohnstätte stehen blieb, blieben sie nach dem Gebot des Herrn nur so lange in ihrem Lager, bis sie nach dem Gebot des Herrn aufzubrechen hatten. 21 Wenn die Wolke nur vom Abend bis zum Morgen blieb und sich am Morgen erhob, dann brachen sie am nächsten Morgen auf. Ob es bei Tag oder bei Nacht war: wenn die Wolke sich erhob, brachen sie auf. 22 Ob es zwei Tage dauerte oder einen Monat oder noch länger: wenn die Wolke über der Wohnstätte anhielt und stehen blieb, dann schlugen die Israeliten ihr Lager auf und brachen nicht auf; erst wenn sie sich erhob, brachen sie auf.

23 Nach dem Gebot des Herrn schlugen sie das Lager auf, nach dem Gebot des Herrn brachen sie auf. Sie achteten auf die Anordnungen des Herrn, so wie es ihnen der Herr durch Mose befahl.

15–18: Ex 40,34–38

Die Trompetensignale für die Gemeinde

10 Der Herr sprach zu Mose: 2 Mach dir zwei silberne Trompeten! Aus getriebenem Metall sollst du sie machen. Sie sollen dir dazu dienen, die Gemeinde einzuberufen und den ein-

zelnen Lagern das Zeichen zum Aufbruch zu geben. 3 Wenn man mit den Trompeten bläst, soll sich die ganze Gemeinde am Eingang des Offenbarungszeltes bei dir versammeln. 4 Wenn man nur einmal bläst, sollen sich die Befehlshaber, die Hauptleute der Tausendschaften Israels, bei dir versammeln. 5 Wenn ihr aber mit großem Lärm blast, dann sollen die Lager auf der Ostseite aufbrechen. 6 Wenn ihr zum zweiten Mal mit großem Lärm blast, dann sollen die Lager auf der Südseite aufbrechen. Je nachdem, wie sie aufzubrechen haben, soll man mit großem Lärm blasen. 7 Wenn die Versammlung einberufen werden soll, dann blast, aber nicht mit großem Lärm! 8 Die Söhne Aarons, die Priester, sollen die Trompeten blasen. Das soll als feste Regel bei euch gelten, von Generation zu Generation. 9 Wenn ihr in eurem Land in einen Krieg mit einem Gegner verwickelt werdet, der euch bedrängt, dann blast mit euren Trompeten Alarm! So werdet ihr euch beim Herrn, eurem Gott, in Erinnerung bringen und vor euren Feinden gerettet werden. 10 Auch an euren Freudentagen, an den Festen und Monatsanfängen, blast zu euren Brand- und Heilsopfern mit den Trompeten! Das wird euch bei eurem Gott in Erinnerung bringen. Ich bin der Herr, euer Gott.

VOM SINAI ZUM JORDAN: 10,11 – 36,13

Der Aufbruch vom Sinai

11 Am zwanzigsten Tag des zweiten Monats im zweiten Jahr erhob sich die Wolke über der Wohnstätte der Bundesurkunde. 12 Da brachen die Israeliten von der Wüste Sinai auf, wie es die Ordnung für den Aufbruch vorsah, und die Wolke ließ sich in der Wüste Paran nieder.

13 So brachen sie zum ersten Mal auf, wie ihnen der Herr durch Mose befohlen hatte. 14 Als Erstes brach das Feldzeichen des Lagers Juda auf, nach Abteilungen geordnet. Judas Heer befehligte Nachschon, der Sohn Amminadabs. 15 Das Heer des Stammes der Issachariter befehligte Netanel, der Sohn Zuars. 16 Das Heer des Stammes der Sebuloniter befehligte Eliab, der Sohn Helons. 17 Nach dem Abbau der Wohnstätte brachen die Gerschoniter und die Merariter auf, die die Wohnstätte trugen. 18 Dann brach das Feldzeichen des Lagers der Rubeniter auf, nach Abteilungen geordnet. Rubens Heer befehligte Elizur, der Sohn Schedëurs. 19 Das Heer des Stammes der Simeoniter befehligte Schelumiël, der Sohn Zurischaddais. 20 Das Heer des Stammes der Gaditer befehligte Eljasaf, der Sohn Reguëls. 21 Dann brachen die Kehatiter auf, die das Heiligtum trugen. Die Wohnstätte stellte man auf, bevor sie ankamen. 22 Dann brach das Feldzeichen des Lagers der Efraimiter auf, nach Abteilungen geordnet. Efraims Heer befehligte Elischama, der Sohn Ammihuds. 23 Das Heer des Stammes der Manassiter befehligte Gamliël, der Sohn Pedazurs. 24 Das Heer des Stammes der Benjaminiter befehligte Abidan, der Sohn Gidonis. 25 Dann brach das Feldzeichen des Lagers der Daniter auf; sie bildeten die Nachhut aller nach Abteilungen geordneten Lager. Das Heer Dans befehligte Ahiëser, der Sohn Ammischaddais. 26 Das Heer des Stammes der Ascheriter befehligte Pagiël, der Sohn Ochrans. 27 Das Heer des Stammes der Naftaliter befehligte Ahira, der Sohn Enans. 28 Das war die Ordnung für den Aufbruch der Israeliten, geordnet nach Abteilungen. So brachen sie auf.

29 Mose sagte zu Hobab, dem Sohn des Midianiters Reguël, seines Schwiegervaters: Wir brechen auf zu dem Ort, von dem der Herr gesagt hat: Ihn gebe ich euch. Geh mit uns! Wir werden dir Gutes tun; denn der Herr hat zugesagt, Israel Gutes zu tun. 30 Hobab erwiderte ihm: Ich gehe nicht mit, sondern ich gehe in mein Land und zu meiner Verwandtschaft zurück. 31 Da sagte Mose: Verlass uns doch nicht! Denn du kennst die Orte in der Wüste, an denen wir unser Lager aufschlagen können; du kannst unser Auge sein. 32 Wenn du also mitgehst, dann werden wir all das Gute, das der Herr uns schenkt, mit dir teilen.

33 Sie brachen vom Berg des Herrn auf und zogen drei Tagesmärsche weit. Die Bundeslade des Herrn zog drei Tage lang vor ihnen her, um einen Rastplatz für sie zu erkunden. 34 Die Wolke des Herrn war bei Tag über ihnen, wenn sie vom Lager aufbrachen. 35 Wenn die Lade aufbrach, sagte Mose:

Steh auf, Herr, dann zerstreuen sich deine Feinde,
/ dann fliehen deine Gegner vor dir.
36 Und wenn man Halt machte, sagte er:
Lass dich nieder, Herr, / bei den zehntausendmal
Tausenden Israels!

13–28: 2,1–32 • 35: Ps 68,2

Mose und die Ältesten

11 Das Volk lag dem Herrn mit schweren
Vorwürfen in den Ohren. Als der Herr das
hörte, entbrannte sein Zorn; das Feuer des Herrn
brach bei ihnen aus und griff am Rand des Lagers
um sich. 2 Da schrie das Volk zu Mose und Mose
setzte sich beim Herrn für sie ein. Darauf ging das
Feuer wieder aus. 3 Daher nannte man den Ort
Tabera (Feuerbrand), da das Feuer des Herrn bei
ihnen ausgebrochen war.
4 Die Leute, die sich ihnen angeschlossen hatten,
wurden von der Gier gepackt und auch die Israe-
liten begannen wieder zu weinen und sagten:
Wenn uns doch jemand Fleisch zu essen gäbe!
5 Wir denken an die Fische, die wir in Ägypten
umsonst zu essen bekamen, an die Gurken und
Melonen, an den Lauch, an die Zwiebeln und an
den Knoblauch. 6 Doch jetzt vertrocknet uns die
Kehle, nichts bekommen wir zu sehen als immer
nur Manna.
7 [Das Manna war wie Koriandersamen und es sah
wie Bdelliumharz aus. 8 Die Leute pflegten um-
herzugehen und es zu sammeln; sie mahlten es mit
der Handmühle oder zerstampften es im Mörser,
kochten es in einem Topf und bereiteten daraus
Brotfladen. Es schmeckte wie Ölkuchen. 9 Wenn
bei Nacht der Tau auf das Lager fiel, fiel auch das
Manna.]
10 Mose hörte die Leute weinen, eine Sippe wie die
andere; jeder weinte am Eingang seines Zeltes. Da
entbrannte der Zorn des Herrn; Mose aber war
verstimmt 11 und sagte zum Herrn: Warum hast du
deinen Knecht so schlecht behandelt und warum
habe ich nicht deine Gnade gefunden, dass du mir
die Last mit diesem ganzen Volk auferlegst?
12 Habe denn ich dieses ganze Volk in meinem
Schoß getragen oder habe ich es geboren, dass du
zu mir sagen kannst: Nimm es an deine Brust, wie
der Wärter den Säugling, und trag es in das Land,
das ich seinen Vätern mit einem Eid zugesichert
habe? 13 Woher soll ich für dieses ganze Volk
Fleisch nehmen? Sie weinen vor mir und sagen zu
mir: Gib uns Fleisch zu essen! 14 Ich kann dieses
ganze Volk nicht allein tragen, es ist mir zu schwer.
15 Wenn du mich so behandelst, dann bring mich
lieber gleich um, wenn ich überhaupt deine Gnade
gefunden habe. Ich will mein Elend nicht mehr
ansehen.
16 Da sprach der Herr zu Mose: Versammle siebzig
von den Ältesten Israels vor mir, Männer, die du
als Älteste des Volkes und Listenführer kennst;
bring sie zum Offenbarungszelt! Dort sollen sie
sich mit dir zusammen aufstellen. 17 Dann komme
ich herab und rede dort mit dir. Ich nehme etwas
von dem Geist, der auf dir ruht, und lege ihn auf
sie. So können sie mit dir zusammen an der Last
des Volkes tragen und du musst sie nicht mehr al-
lein tragen. 18 Zum Volk aber sollst du sagen: Hei-
ligt euch für morgen, dann werdet ihr Fleisch zu
essen haben. Denn ihr habt dem Herrn die Ohren
vollgeweint und gesagt: Wenn uns doch jemand
Fleisch zu essen gäbe! In Ägypten ging es uns gut.
Der Herr wird euch Fleisch zu essen geben. 19 Nicht
nur einen Tag werdet ihr es essen, nicht zwei Tage,
nicht fünf Tage, nicht zehn Tage und nicht zwan-
zig Tage, 20 sondern Monate lang, bis es euch zum
Hals heraushängt und ihr euch davor ekelt. Denn
ihr habt den Herrn, der mitten unter euch ist, miss-
achtet und habt vor ihm geweint und gesagt:
Warum sind wir aus Ägypten weggezogen?
21 Da entgegnete Mose: Sechshunderttausend Mann
zu Fuß zählt das Volk, bei dem ich lebe, und du
sagst: Ich gebe ihnen Fleisch, dass sie Monate lang
zu essen haben? 22 Selbst wenn man alle Schafe,
Ziegen und Rinder für sie schlachtet, reicht das für
sie? Wenn man alle Fische des Meeres für sie fängt,
reicht das für sie? 23 Der Herr antwortete Mose:
Ist etwa der Arm des Herrn zu kurz? Du wirst
bald sehen, ob mein Wort an dir in Erfüllung geht
oder nicht.
24 Mose ging hinaus und teilte dem Volk die Worte
des Herrn mit. Dann versammelte er siebzig Ältes-
te des Volkes und stellte sie rings um das Zelt auf.
25 Der Herr kam in der Wolke herab und redete
mit Mose. Er nahm etwas von dem Geist, der auf
ihm ruhte, und legte ihn auf die siebzig Ältesten.
Sobald der Geist auf ihnen ruhte, gerieten sie in

prophetische Verzückung, die kein Ende nahm. 26 Zwei Männer aber waren im Lager geblieben; der eine hieß Eldad, der andere Medad. Auch über sie war der Geist gekommen. Sie standen in der Liste, waren aber nicht zum Offenbarungszelt hinausgegangen. Sie gerieten im Lager in prophetische Verzückung. 27 Ein junger Mann lief zu Mose und berichtete ihm: Eldad und Medad sind im Lager in prophetische Verzückung geraten. 28 Da ergriff Josua, der Sohn Nuns, der von Jugend an der Diener des Mose gewesen war, das Wort und sagte: Mose, mein Herr, hindere sie daran! 29 Doch Mose sagte zu ihm: Willst du dich für mich ereifern? Wenn nur das ganze Volk des Herrn zu Propheten würde, wenn nur der Herr seinen Geist auf sie alle legte! 30 Dann ging Mose mit den Ältesten Israels in das Lager zurück.

31 Darauf brach ein Wind los, den der Herr geschickt hatte, und trieb Wachteln vom Meer heran. Er warf sie auf das Lager, einen Tagesmarsch weit in der einen Richtung und einen Tagesmarsch weit in der anderen Richtung rings um das Lager; zwei Ellen hoch lagen sie auf dem Erdboden. 32 Da stand das Volk auf und sammelte die Wachteln ein, den ganzen Tag und die ganze Nacht und den ganzen folgenden Tag. Jeder sammelte mindestens zehn Hómer. Sie legten sie rings um das Lager zum Dörren aus. 33 Sie hatten aber das Fleisch noch zwischen den Zähnen, es war noch nicht gegessen, da entbrannte der Zorn des Herrn über das Volk und der Herr schlug das Volk mit einer bösen Plage. 34 Daher nannte man den Ort Kibrot-Taawa (Giergräber), da man dort die Leute begrub, die von der Gier gepackt worden waren. 35 Von Kibrot-Taawa brach das Volk nach Hazerot auf.

4: Ex 12,38 • 7: Ex 16,13–26 • 11: Ex 5,22 • 18: 11,4f • 29: Joël 3,1f • 31: Ex 16,6–13

Auflehnung Mirjams und Aarons

12 Als sie in Hazerot waren, redeten Mirjam und Aaron über Mose wegen der kuschitischen Frau, die er sich genommen hatte. Er hatte sich nämlich eine Kuschiterin zur Frau genommen. 2 Sie sagten: Hat etwa der Herr nur mit Mose gesprochen? Hat er nicht auch mit uns gesprochen? Das hörte der Herr. 3 Mose aber war ein sehr demütiger Mann, demütiger als alle Menschen auf der Erde. 4 Kurz darauf sprach der Herr zu Mose, Aaron und Mirjam: Geht ihr drei hinaus zum Offenbarungszelt! Da gingen die drei hinaus. 5 Der Herr kam in der Wolkensäule herab, blieb am Zelteingang stehen und rief Aaron und Mirjam. Beide traten vor 6 und der Herr sprach: Hört meine Worte! Wenn es bei euch einen Propheten gibt, so gebe ich mich ihm in Visionen zu erkennen und rede mit ihm im Traum. 7 Anders bei meinem Knecht Mose. Mein ganzes Haus ist ihm anvertraut. 8 Mit ihm rede ich von Mund zu Mund, von Angesicht zu Angesicht, nicht in Rätseln. Er darf die Gestalt des Herrn sehen. Warum habt ihr es gewagt, über meinen Knecht Mose zu reden? 9 Der Herr wurde zornig auf sie und ging weg.

10 Kaum hatte die Wolke das Zelt verlassen, da war Mirjam weiß wie Schnee vor Aussatz. Aaron wandte sich Mirjam zu und sah: Sie war aussätzig. 11 Da sagte Aaron zu Mose: Mein Herr, ich bitte dich, lass uns nicht die Folgen der Sünde tragen, die wir leichtfertig begangen haben. 12 Mirjam soll nicht wie eine Totgeburt sein, die schon halb verwest ist, wenn sie den Schoß der Mutter verlässt. 13 Da schrie Mose zum Herrn: Ach, heile sie doch! 14 Der Herr antwortete Mose: Wenn ihr Vater ihr ins Gesicht gespuckt hätte, müsste sie sich dann nicht sieben Tage lang schämen? Sie soll sieben Tage lang aus dem Lager ausgesperrt sein; erst dann soll man sie wieder hereinlassen. 15 So wurde Mirjam sieben Tage aus dem Lager ausgesperrt. Das Volk brach nicht auf, bis man Mirjam wieder hereinließ. 16 Erst nachher brach das Volk von Hazerot auf und schlug dann sein Lager in der Wüste Paran auf.

Der Bericht der Kundschafter

13 Der Herr sprach zu Mose: 2 Schick einige Männer aus, die das Land Kanaan erkunden, das ich den Israeliten geben will. Aus jedem Väterstamm sollt ihr einen Mann aussenden, und zwar jeweils einen der führenden Männer. 3 Da schickte Mose von der Wüste Paran die Männer aus, wie es der Herr befohlen hatte. Sie alle waren führende Männer unter den Israeliten 4 und das sind ihre Namen: aus dem Stamm Ruben Schamua, der Sohn Sakkurs; 5 aus dem Stamm Simeon Schafat, der Sohn Horis; 6 aus dem Stamm Juda

Kaleb, der Sohn Jefunnes; [7] aus dem Stamm Issachar Jigal, der Sohn Josefs; [8] aus dem Stamm Efraim Hoschea, der Sohn Nuns; [9] aus dem Stamm Benjamin Palti, der Sohn Rafus; [10] aus dem Stamm Sebulon Gadiël, der Sohn Sodis; [11] aus dem Josefstamm Manasse Gadi, der Sohn Susis; [12] aus dem Stamm Dan Ammiël, der Sohn Gemallis; [13] aus dem Stamm Ascher Setur, der Sohn Michaels; [14] aus dem Stamm Naftali Nachbi, der Sohn Wofsis; [15] aus dem Stamm Gad Gëuël, der Sohn Machis. [16] Das waren die Namen der Männer, die Mose zur Erkundigung des Landes aussandte. Hoschea aber, den Sohn Nuns, nannte Mose Josua.

[17] Als Mose sie ausschickte, um Kanaan erkunden zu lassen, sagte er zu ihnen: Zieht von hier durch den Negeb und steigt hinauf ins Gebirge! [18] Seht, wie das Land beschaffen ist und ob das Volk, das darin wohnt, stark oder schwach ist, ob es klein oder groß ist; [19] seht, wie das Land beschaffen ist, in dem das Volk wohnt, ob es gut ist oder schlecht und wie die Städte angelegt sind, in denen es wohnt, ob sie offen oder befestigt sind [20] und ob das Land fett oder mager ist, ob es dort Bäume gibt oder nicht. Habt Mut und bringt Früchte des Landes mit! Es war gerade die Zeit der ersten Trauben.

[21] Da zogen die Männer hinauf und erkundeten das Land von der Wüste Zin bis Rehob bei Lebo-Hamat. [22] Sie durchzogen zuerst den Negeb und kamen bis Hebron. Dort lebten Ahiman, Scheschai und Talmai, Söhne des Anak. Hebron war sieben Jahre vor der Stadt Zoan, die in Ägypten liegt, erbaut worden. [23] Von dort kamen sie in das Traubental. Dort schnitten sie eine Rebe mit einer Weintraube ab und trugen sie zu zweit auf einer Stange, dazu auch einige Granatäpfel und Feigen. [24] Den Ort nannte man später Traubental wegen der Traube, die die Israeliten dort abgeschnitten hatten.

[25] Vierzig Tage, nachdem man sie zur Erkundung des Landes ausgeschickt hatte, machten sie sich auf den Rückweg. [26] Sie kamen zu Mose und Aaron und zu der ganzen Gemeinde der Israeliten in die Wüste Paran nach Kadesch. Sie berichteten ihnen und der ganzen Gemeinde und zeigten ihnen die Früchte des Landes. [27] Sie erzählten Mose: Wir kamen in das Land, in das du uns geschickt hast: Es ist wirklich ein Land, in dem Milch und Honig fließen; das hier sind seine Früchte. [28] Aber das Volk, das im Land wohnt, ist stark und die Städte sind befestigt und sehr groß. Auch haben wir die Söhne des Anak dort gesehen. [29] Amalek wohnt im Gebiet des Negeb, die Hetiter, die Jebusiter und Amoriter wohnen im Gebirge und die Kanaaniter wohnen am Meer und am Ufer des Jordan. [30] Kaleb beruhigte das Volk, das über Mose aufgebracht war, und sagte: Wir können trotzdem hinaufziehen und das Land in Besitz nehmen; wir werden es gewiss bezwingen.

[31] Die Männer aber, die mit Kaleb zusammen nach Kanaan hinaufgezogen waren, sagten: Wir können nichts gegen dieses Volk ausrichten; es ist stärker als wir. [32] Und sie verbreiteten bei den Israeliten falsche Gerüchte über das Land, das sie erkundet hatten, und sagten: Das Land, das wir durchwandert und erkundet haben, ist ein Land, das seine Bewohner auffrisst; alle Leute, die wir dort gesehen haben, sind hochgewachsen. [33] Sogar die Riesen haben wir dort gesehen – die Anakiter gehören nämlich zu den Riesen. Wir kamen uns selbst klein wie Heuschrecken vor und auch ihnen erschienen wir so.

14 Da erhob die ganze Gemeinde ein lautes Geschrei und das Volk weinte die ganze Nacht. [2] Alle Israeliten murrten über Mose und Aaron und die ganze Gemeinde sagte zu ihnen: Wären wir doch in Ägypten oder wenigstens hier in der Wüste gestorben! [3] Warum nur will uns der Herr in jenes Land bringen? Etwa damit wir durch das Schwert umkommen und unsere Frauen und Kinder eine Beute der Feinde werden? Wäre es für uns nicht besser, nach Ägypten zurückzukehren? [4] Und sie sagten zueinander: Wir wollen einen neuen Anführer wählen und nach Ägypten zurückkehren.

[5] Da warfen sich Mose und Aaron vor der ganzen Gemeindeversammlung der Israeliten auf ihr Gesicht nieder. [6] Josua, der Sohn Nuns, und Kaleb, der Sohn Jefunnes, zwei von denen, die das Land erkundet hatten, zerrissen ihre Kleider [7] und sagten zu der ganzen Gemeinde der Israeliten: Das Land, das wir durchwandert und erkundet haben, dieses Land ist überaus schön. [8] Wenn der Herr uns wohlgesinnt ist und uns in dieses Land bringt, dann schenkt er uns ein Land, in dem Milch und Honig

fließen. 9 Lehnt euch nur nicht gegen den Herrn auf! Habt keine Angst vor den Leuten in jenem Land; sie werden unsere Beute. Ihr schützender Schatten ist von ihnen gewichen, denn der Herr ist mit uns. Habt keine Angst vor ihnen! 10 Doch die ganze Gemeinde drohte Mose und Aaron zu steinigen.

Da erschien die Herrlichkeit des Herrn am Offenbarungszelt allen Israeliten, 11 und der Herr sprach zu Mose: Wie lange verachtet mich dieses Volk noch, wie lange noch wollen sie nicht an mich glauben trotz all der Zeichen, die ich mitten unter ihnen vollbracht habe? 12 Ich will sie mit der Pest schlagen und vertreiben; aber dich will ich zu einem Volk machen, das größer und mächtiger ist als dieses. 13 Da antwortete Mose dem Herrn: Die Ägypter werden hören, dass du dieses Volk mit deiner Kraft aus ihrer Mitte hierher geführt hast, 14 und sie werden zu den Einwohnern dieses Landes sagen, sie hätten gehört, dass du, Herr, mitten in diesem Volk warst, dass du, Herr, sichtbar erschienen bist, dass deine Wolke über ihnen stand, dass du ihnen bei Tag in einer Wolkensäule und bei Nacht in einer Feuersäule vorangegangen bist, 15 dass du dann aber dieses Volk wie einen einzigen Mann umgebracht hast. Wenn sie das alles über dich hören, werden die Völker sagen: 16 Weil Jahwe nicht imstande war, dieses Volk in das Land zu bringen, das er ihnen mit einem Eid zugesichert hatte, hat er sie in der Wüste abgeschlachtet. 17 Gerade jetzt sollte sich die Kraft meines Herrn in ihrer ganzen Größe zeigen, wie du gesagt hast: 18 Ich bin Jahwe, langmütig und reich an Huld, der Schuld und Frevel wegnimmt, der aber (den Sünder) nicht ungestraft lässt, der die Schuld der Väter an den Söhnen verfolgt, an der dritten und vierten Generation: 19 Verzeih also diesem Volk seine Sünde nach deiner großen Huld, wie du diesem Volk auch schon bisher vergeben hast, von Ägypten bis hierher. 20 Da sprach der Herr: Ich verzeihe ihm, da du mich bittest. 21 Doch so wahr ich lebe und die Herrlichkeit des Herrn das ganze Land erfüllt: 22 Alle Männer, die meine Herrlichkeit und meine Zeichen gesehen haben, die ich in Ägypten und in der Wüste vollbracht habe und die mich jetzt schon zum zehnten Mal auf die Probe gestellt und doch nicht auf mich gehört haben, 23 sie alle werden das Land nicht zu sehen bekommen, das ich ihren Vätern mit einem Eid zugesichert habe. Keiner von denen, die mich verachtet haben, wird es zu sehen bekommen. 24 Meinen Knecht Kaleb aber, der anders denkt und treu zu mir hält, ihn werde ich in das Land bringen. Er darf es betreten und seine Nachkommen sollen es erben. 25 [Die Amalekiter und die Kanaaniter sitzen in der Ebene.] Brecht also morgen auf und schlagt eine andere Richtung ein, in die Wüste, zum Schilfmeer hin!

26 Der Herr sprach zu Mose und Aaron: 27 Wie lange soll das mit dieser bösen Gemeinde so weitergehen, die immer über mich murrt? Ich habe mir das Murren der Israeliten jetzt lange genug angehört. 28 Sag ihnen: So wahr ich lebe – Spruch des Herrn –, ich will euch das antun, womit ihr mir die Ohren vollgeschrien habt: 29 Hier in der Wüste sollen eure Leichen liegen bleiben, alle ohne Ausnahme; jeder von euch, der gemustert worden ist, wird sterben, alle Männer von zwanzig Jahren und darüber, die über mich gemurrt haben. 30 Keiner von euch wird in das Land kommen, auch wenn ich meine Hand erhoben und geschworen habe, euch darin wohnen zu lassen, außer Kaleb, der Sohn Jefunnes, und Josua, der Sohn Nuns. 31 Eure Kinder aber, von denen ihr gesagt habt, sie würden eine Beute der Feinde werden, sie werde ich in das Land bringen. Sie werden das Land kennen lernen, das ihr verschmäht habt. 32 Eure Leichen aber werden in dieser Wüste liegen bleiben. 33 Eure Söhne müssen vierzig Jahre lang ihr Vieh in der Wüste weiden lassen; sie haben so lange unter eurer Untreue zu leiden, bis ihr alle tot in der Wüste liegt. 34 So viele Tage, wie ihr gebraucht habt, um das Land zu erkunden, nämlich vierzig Tage, so viele Jahre lang – für jeden Tag ein Jahr – müsst ihr die Folgen eurer Schuld tragen, also vierzig Jahre lang; dann werdet ihr erkennen, was es heißt, mir Widerstand zu leisten. 35 Ich, der Herr, habe gesprochen. Unwiderruflich werde ich es mit dieser ganzen bösen Gemeinde so machen, die sich gegen mich zusammengerottet hat: In dieser Wüste finden sie ihr Ende, hier müssen sie sterben.

36 Die Männer, die Mose ausgeschickt hatte, um das Land erkunden zu lassen, die dann aber nach ihrer Rückkehr die ganze Gemeinde zum Murren

verführt hatten, 37 fielen plötzlich tot zu Boden, vor den Augen des Herrn, alle, die über das Land falsche Gerüchte verbreitet hatten. 38 Nur Josua, der Sohn Nuns, und Kaleb, der Sohn Jefunnes, blieben am Leben, als einzige von allen, die ausgezogen waren, um das Land zu erkunden.

39 Mose sagte das alles den Israeliten. Da wurde das Volk sehr traurig. 40 Sie standen am nächsten Morgen auf, um auf die Höhe des Gebirges zu steigen; sie sagten: Wir ziehen jetzt zu dem Ort hinauf, den der Herr genannt hat. Ja, wir haben gesündigt. 41 Da sagte Mose: Warum übertretet ihr den Befehl des Herrn? Das wird euch nicht gelingen. 42 Zieht nicht hinauf, denn der Herr ist nicht bei euch; ihr werdet von euren Feinden nur geschlagen werden. 43 Denn ihr habt dort die Amalekiter und die Kanaaniter gegen euch, und ihr werdet durch das Schwert umkommen. Weil ihr euch vom Herrn abgewendet habt, wird der Herr nicht mit euch sein. 44 Doch in ihrem Starrsinn stiegen sie auf die Höhe des Gebirges hinauf. Aber die Bundeslade des Herrn und Mose wichen nicht von ihrer Stelle mitten im Lager. 45 Da kamen die Amalekiter und die Kanaaniter, die dort im Gebirge wohnten, herunter und schlugen die Israeliten und zersprengten sie bis nach Horma.

14,18: Ex 34,6f; Ex 20,5; Dtn 5,9 • 28: 14,2 • 31: 14,3 • 36: 1 Kor 10,5.10

Opfer und Sühne

15 Der Herr sprach zu Mose: 2 Rede zu den Israeliten und sag zu ihnen: Wenn ihr in das Land kommt, das ich euch zur Besiedlung geben will, 3 und wenn ihr für den Herrn ein Feueropfer vorbereitet, ein Brandopfer oder ein Schlachtopfer zur Erfüllung eines Gelübdes oder als freiwillige Gabe oder anlässlich eurer Feste, um dem Herrn einen beruhigenden Duft von einem Rind oder Schaf darzubringen, 4 dann soll jeder, der dem Herrn seine Opfergabe bringt, als Speiseopfer ein Zehntel Feinmehl darbringen, das mit einem viertel Hin Öl vermengt ist. 5 Und beim Brand- oder Schlachtopfer sollst du auf je ein Lamm ein viertel Hin Wein als Trankopfer herrichten. 6 Auf einen Widder aber sollst du als Speiseopfer zwei Zehntel Feinmehl herrichten, das mit einem drittel Hin Öl vermengt ist, 7 und als Trankopfer sollst du ein drittel Hin Wein darbringen, als beruhigenden Duft für den Herrn. 8 Richtest du ein Kalb als Brand- oder Schlachtopfer zur Erfüllung eines Gelübdes oder als Heilsopfer zur Ehre des Herrn her, 9 dann bring auf jedes Kalb als Speiseopfer drei Zehntel Feinmehl dar, das mit einem halben Hin Öl vermengt ist; 10 als Trankopfer sollst du in diesem Fall ein halbes Hin Wein darbringen. Das ist ein Feueropfer und ein beruhigender Duft für den Herrn.

11 So soll man es bei jedem Rind, bei jedem Widder, bei jedem jungen Lamm und jeder jungen Ziege machen. 12 Je nachdem, wie viele Tiere ihr zum Opfer herrichtet, sollt ihr es jeweils machen. 13 So soll es jeder Einheimische machen, wenn er ein Feueropfer als beruhigenden Duft für den Herrn darbringt. 14 Wenn ein Fremder, der bei euch lebt, oder einer, dessen Familie schon seit Generationen unter euch lebt, ein Feueropfer als beruhigenden Duft für den Herrn darbringen will, dann soll er es ebenso machen wie ihr. 15 Für euch und für die Fremden, die bei euch leben, gilt ein und dieselbe Regel; das soll bei euch als feste Regel des Herrn gelten, von Generation zu Generation, für euch ebenso wie für den Fremden: 16 Gleiches Gesetz und gleiches Recht gilt für euch und für die Fremden, die bei euch leben.

17 Der Herr sprach zu Mose: 18 Rede zu den Israeliten und sag zu ihnen: Wenn ihr in das Land kommt, in das ich euch bringe, 19 und wenn ihr vom Brot des Landes esst, dann sollt ihr eine Abgabe für den Herrn entrichten. 20 Als Erstlingsgabe von eurem Brotteig sollt ihr einen Kuchen abgeben. Ihr sollt ihn wie die Abgabe von der Tenne abliefern. 21 Von dem ersten Gebäck aus eurem Teig sollt ihr dem Herrn eine Abgabe entrichten, von Generation zu Generation.

22 Wenn ihr aus Versehen irgendeines dieser Gebote, die der Herr dem Mose mitgeteilt hat, nicht haltet, 23 irgendetwas, was der Herr euch durch Mose befohlen hat seit dem Tag, an dem der Herr die Gebote gegeben hat, und weiterhin von Generation zu Generation, 24 dann soll, wenn das Versehen vorkam, ohne dass die Gemeinde es bemerkte, die ganze Gemeinde einen Jungstier zum Brandopfer als beruhigenden Duft für den Herrn herrichten, ferner das dazugehörende Speise- und

Trankopfer, wie es Vorschrift ist, sowie einen Zie-
genbock als Sündopfer. 25 Der Priester soll die
ganze Gemeinde der Israeliten entsühnen, dann
wird ihnen vergeben werden; denn es war ein Ver-
sehen und sie haben ihre Opfergabe als Feueropfer
für den Herrn und ihr Sündopfer für ihr Versehen
vor den Herrn gebracht. 26 Der ganzen Gemeinde
der Israeliten und den Fremden, die bei ihnen
leben, wird vergeben werden, denn das ganze Volk
war von dem Versehen betroffen.
27 Wenn ein einzelner versehentlich sündigt, dann
soll er eine einjährige Ziege als Sündopfer dar-
bringen. 28 Der Priester soll die Person, die verse-
hentlich gesündigt hat, vor dem Herrn entsühnen;
dann wird ihr vergeben werden. 29 Für die einhei-
mischen Israeliten und für die Fremden, die bei
ihnen leben, gilt das gleiche Gesetz, wenn jemand
etwas aus Versehen tut. 30 Wer aber, sei er einhei-
misch oder fremd, etwas vorsätzlich tut, der be-
geht eine Gotteslästerung. Ein solcher Mensch soll
aus seinem Volk ausgemerzt werden; 31 denn er hat
das Wort des Herrn verachtet und sein Gesetz ge-
brochen. Ein solcher Mensch muss ausgemerzt
werden; er hat schwere Schuld auf sich geladen.
32 Als die Israeliten in der Wüste waren, entdeck-
ten sie einmal, dass einer am Sabbat Holz sam-
melte. 33 Die Leute, die ihn beim Holz Sammeln
angetroffen hatten, brachten ihn vor Mose und
Aaron und vor die ganze Gemeinde. 34 Man sperrte
ihn ein, weil noch nicht entschieden war, was mit
ihm geschehen sollte. 35 Der Herr sprach zu Mose:
Der Mann ist mit dem Tod zu bestrafen. Die ganze
Gemeinde soll ihn draußen vor dem Lager steini-
gen. 36 Da führte die ganze Gemeinde den Mann
vor das Lager hinaus und steinigte ihn zu Tod, wie
der Herr es Mose befohlen hatte.
37 Der Herr sprach zu Mose: 38 Rede zu den Israeli-
ten und sag zu ihnen, sie sollen sich Quasten an
ihre Kleiderzipfel nähen, von Generation zu Ge-
neration, und sollen an den Quasten eine violette
Purpurschnur anbringen; 39 sie soll bei euch zur
Quaste gehören. Wenn ihr sie seht, werdet ihr euch
an alle Gebote des Herrn erinnern, ihr werdet sie
halten und eurem Herzen und euren Augen nicht
nachgeben, wenn sie euch zur Untreue verleiten
wollen. 40 Ihr sollt so an alle meine Gebote denken
und sie halten; dann werdet ihr eurem Gott heilig
sein. 41 Ich bin der Herr, euer Gott, der euch aus
Ägypten herausgeführt hat, um für euch Gott zu
sein, ich, der Herr, euer Gott.

1–31 || Lev 6,17 – 7,18 • 35: Ex 31,15; 35,2 • 38: Mt 23,5

Der Aufruhr Korachs, Datans und Abirams

16 Korach, der Sohn Jizhars, des Sohnes Ke-
hats, des Sohnes Levis, ferner Datan und
Abiram, die Söhne Eliabs, und On, der Sohn
Pallus, der Rubeniter, 2 erhoben sich gegen Mose,
zusammen mit zweihundertfünfzig führenden
Männern aus der Gemeinde, angesehenen Ab-
geordneten der Versammlung. 3 Sie rotteten sich
gegen Mose und Aaron zusammen und sagten zu
ihnen: Ihr nehmt euch zu viel heraus. Alle sind
heilig, die ganze Gemeinde, und der Herr ist mit-
ten unter ihnen. Warum erhebt ihr euch über die
Gemeinde des Herrn? 4 Als Mose das hörte, warf
er sich auf sein Gesicht nieder 5 und er sagte zu
Korach und seinem ganzen Anhang: Morgen früh
wird der Herr zeigen, wer zu ihm gehört, wer der
Heilige ist und wer sich ihm nähern darf. Wen der
Herr erwählt, der darf sich ihm nähern. 6 Du,
Korach, und dein ganzer Anhang, macht Folgen-
des: Nehmt euch Räucherpfannen, 7 tut Feuer hin-
ein und legt Weihrauch für den Herrn darauf, und
zwar morgen! Dann wird sich zeigen, wen der Herr
erwählt und wer der Heilige ist. Ihr nehmt euch zu
viel heraus, ihr Leviten!
8 Dann sagte Mose zu Korach: Hört, ihr Leviten!
9 Ist es euch noch zu wenig, dass euch der Gott
Israels aus der Gemeinde Israels herausgehoben
hat, um euch in seine Nähe zu holen, damit ihr an
der Wohnstätte des Herrn Dienst tut, vor die Ge-
meinde tretet und für sie euren Dienst verrichtet?
10 Er hat dich und alle deine Brüder, die Leviten,
die bei dir sind, in seine Nähe geholt, doch nun
wollt ihr auch noch das Priesteramt. 11 Deshalb
rottet ihr, du und dein ganzer Anhang, euch gegen
den Herrn zusammen. Über ihn, nicht über Aa-
ron, murrt ihr.
12 Dann ließ Mose Datan und Abiram, die Söhne
Eliabs, rufen. Sie aber ließen ihm sagen: Wir kom-
men nicht. 13 Ist es nicht genug, dass du uns aus
einem Land, in dem Milch und Honig fließen, her-
geholt hast, um uns in der Wüste sterben zu las-
sen? Willst du dich auch noch als unser Herrscher

aufspielen? 14 Du hast uns nicht in ein Land ge-
bracht, in dem Milch und Honig fließen, und
hast uns keine Felder und Weinberge zum Besitz
gegeben. Hältst du diese Männer hier etwa für
blind? Wir kommen nicht.
15 Da wurde Mose sehr zornig und sagte zum
Herrn: Sieh ihre Opfer nicht an! Nicht einen ein-
zigen Esel habe ich ihnen weggenommen, keinem
von ihnen habe ich etwas zuleide getan. 16 Dann
sagte Mose zu Korach: Du und dein ganzer An-
hang, erscheint morgen vor dem Herrn, du, diese
Männer und Aaron! 17 Nehmt eure Räucherpfan-
nen mit, tut Weihrauch hinein und bringt eure
Räucherpfannen vor den Herrn, jeder seine eigene
Räucherpfanne, im Ganzen also zweihundertfünf-
zig Räucherpfannen, auch du und Aaron, bringt
eure Räucherpfannen mit! 18 Jeder nahm also seine
Räucherpfanne, sie taten Feuer hinein, legten
Weihrauch darauf und traten an den Eingang des
Offenbarungszeltes, zusammen mit Mose und
Aaron. 19 Korach aber versammelte die ganze Ge-
meinde bei ihnen am Eingang des Offenbarungs-
zeltes. Da erschien der ganzen Gemeinde die Herr-
lichkeit des Herrn.
20 Der Herr sprach zu Mose und Aaron: 21 Sondert
euch von dieser Gemeinde ab! Ich will ihr auf
einen Schlag ein Ende bereiten. 22 Da warfen sie
sich auf ihr Gesicht nieder und sagten: Gott, du
Gott der Geister, die alle Menschen beleben, ein
einzelner Mensch sündigt und du willst der
ganzen Gemeinde zürnen? 23 Der Herr antwortete
Mose: 24 Sag der Gemeinde: Entfernt euch aus der
Nähe der Zelte Korachs, Datans und Abirams!
25 Da stand Mose auf und ging zu Datan und Abi-
ram und die Ältesten Israels folgten ihm. 26 Dann
sagte er zur Gemeinde: Geht aus der Nähe der
Zelte dieser niederträchtigen Leute weg und rührt
nichts von dem an, was ihnen gehört, sonst wer-
det auch ihr wegen aller ihrer Sünden hingerafft.
27 Da entfernten sie sich aus der Nähe der Zelte
Korachs, Datans und Abirams. Datan und Abiram
waren herausgekommen und standen am Eingang
ihrer Zelte, zusammen mit ihren Frauen, Söhnen
und kleinen Kindern. 28 Dann sagte Mose: Daran
sollt ihr erkennen, dass der Herr mich gesandt
hat, damit ich alle diese Taten vollbringe, und dass
ich nicht aus eigenem Antrieb gehandelt habe:
29 Wenn diese Leute sterben, wie jeder Mensch
stirbt, und wenn sie nur so wie jeder andere
Mensch Rechenschaft ablegen müssen, dann hat
der Herr mich nicht gesandt. 30 Wenn aber der
Herr etwas ganz Ungewöhnliches tut, wenn die
Erde ihren Rachen aufreißt und sie verschlingt
zusammen mit allem, was ihnen gehört, wenn sie
also lebend in die Unterwelt hinabstürzen, dann
werdet ihr erkennen, dass diese Leute den Herrn
beleidigt haben.
31 Kaum hatte er das gesagt, da spaltete sich der
Boden unter ihnen, 32 die Erde öffnete ihren
Rachen und verschlang sie samt ihrem Haus, mit
allen Menschen, die zu Korach gehörten, und mit
ihrem ganzen Besitz. 33 Sie und alles, was zu ihnen
gehörte, stürzten lebend in die Unterwelt hinab.
Die Erde deckte sie zu und sie waren aus der
Gemeinde verschwunden. 34 Alle Israeliten, die um
sie herumstanden, liefen weg, als sie sie schreien
hörten; sie sagten: Die Erde wird auch uns noch
verschlingen. 35 Vom Herrn ging ein Feuer aus
und fraß die zweihundertfünfzig Männer, die den
Weihrauch dargebracht hatten.
17 Darauf sprach der Herr zu Mose: 2 Sag zum
Priester Eleasar, dem Sohn Aarons, er soll
die Räucherpfannen aus der Asche herausneh-
men, denn sie sind heilig. Die Glut aber streut weit
auseinander! 3 Die Räucherpfannen der Männer,
die wegen ihrer Sünde ums Leben gekommen
sind, soll man zu Blech hämmern und damit den
Altar überziehen; denn sie haben die Räucher-
pfannen vor den Herrn gebracht und damit sind
die Pfannen heilig geworden. Sie sollen für die
Israeliten ein Zeichen sein. 4 Da nahm der Priester
Eleasar die kupfernen Räucherpfannen der Män-
ner, die im Feuer umgekommen waren, und häm-
merte daraus einen Überzug für den Altar. 5 Das
sollte den Israeliten ein mahnendes Zeichen dafür
sein, dass kein Unbefugter, keiner, der nicht zu den
Nachkommen Aarons gehört, sich dem Herrn
nähern darf, um für ihn Weihrauch zu verbren-
nen; sonst geht es ihm genauso, wie es der Herr
durch Mose dem Korach und seinem Anhang an-
gekündigt hatte.
6 Am nächsten Tag murrte die ganze Gemeinde
der Israeliten über Mose und Aaron; sie sagten:
Ihr habt das Volk des Herrn getötet. 7 Als sich die

Gemeinde gegen Mose und Aaron zusammenrot-
tete und sich dem Offenbarungszelt zuwandte, be-
deckte die Wolke das Zelt und die Herrlichkeit des
Herrn erschien. 8 Mose und Aaron gingen vor das
Offenbarungszelt 9 und der Herr sprach zu Mose:
10 Verlasst diese Gemeinde, denn ich will sie in
einem einzigen Augenblick vernichten. Da warfen
sich Mose und Aaron auf ihr Gesicht nieder 11 und
Mose sagte zu Aaron: Nimm die Räucherpfanne,
tu Feuer vom Altar hinein, und leg Weihrauch da-
rauf; dann geh schnell zur Gemeinde und ent-
sühne sie! Denn vom Herrn ist ein Zorngericht
ausgegangen und die Plage hat schon begonnen.
12 Da nahm Aaron die Räucherpfanne, wie Mose
gesagt hatte, und lief mitten unter die Leute, die
versammelt waren. Und wirklich, die Plage hatte
im Volk schon begonnen. Aaron legte Weihrauch
in die Pfanne und entsühnte das Volk. 13 Er trat
zwischen die Toten und die Lebenden und da
hörte die Plage auf. 14 Durch die Plage waren aber
bereits vierzehntausendsiebenhundert Menschen
gestorben, nicht gerechnet die Toten, die wegen
Korach umgekommen waren. 15 Darauf kehrte
Aaron zu Mose an den Eingang des Offenba-
rungszeltes zurück; die Plage hatte aufgehört.
16 Dann sprach der Herr zu Mose: 17 Rede zu den
Israeliten und lass dir jeweils von einer Groß-
familie einen Stab geben, und zwar von der
Großfamilie des Stammesführers, im Ganzen also
zwölf Stäbe, und schreib ihre Namen darauf!
18 Auf den Stab Levis schreib den Namen Aaron;
denn auf jede Großfamilie eines Stammesführers
kommt ein Stab. 19 Dann leg die Stäbe in das Offen-
barungszelt vor die Bundesurkunde, dort, wo ich
euch begegne. 20 Dann wird der Stab dessen, den
ich erwähle, Blätter bekommen. So will ich vor mir
das Murren zum Schweigen bringen, mit dem sie
euch belästigen. 21 Mose berichtete es den Israeli-
ten. Darauf gaben ihm alle Stammesführer die
Stäbe, jede Großfamilie eines Stammesführers
einen, im Ganzen also zwölf Stäbe. Auch Aarons
Stab war darunter. 22 Mose legte die Stäbe im
Offenbarungszelt vor dem Herrn nieder.
23 Als Mose am nächsten Tag zum Zelt der Bundes-
urkunde kam, da war der Stab Aarons, der das
Haus Levi vertrat, grün geworden; er trieb Zweige,
blühte und trug Mandeln. 24 Da nahm Mose alle
Stäbe von ihrem Platz vor dem Herrn weg und
brachte sie zu den Israeliten hinaus. Als sie die
Stäbe sahen, nahm jeder den seinen. 25 Darauf
sagte der Herr zu Mose: Trag den Stab Aarons
zurück vor die Bundesurkunde! Dort soll er auf-
bewahrt werden als ein Zeichen für alle Aufsässi-
gen. Mach mir auf diese Weise ihrem Murren ein
Ende, dann werden sie nicht sterben. 26 Mose tat
genau so, wie es ihm der Herr befohlen hatte. So
machte er es.
27 Die Israeliten aber sagten zu Mose: Sieh her, wir
kommen um, wir gehen zugrunde, alle gehen wir
noch zugrunde. 28 Jeder, der zu nahe an die Wohn-
stätte des Herrn kommt, stirbt. Sollen wir denn
alle umkommen?

16,22: 27,16 • 17,25: Hebr 9,4

Der Dienst und die Entlohnung der Priester und Leviten

18 Der Herr sprach zu Aaron: Du, deine
Söhne und deine ganze Familie, ihr tragt
die Verantwortung für das Heiligtum; du und mit
dir deine Söhne, ihr tragt die Verantwortung für
euer Priesteramt. 2 Aber auch deine Brüder, den
Stamm Levi, deinen väterlichen Stamm, lass zu-
sammen mit dir herkommen! Sie sollen sich dir
anschließen und dir dienen, während ihr, du und
deine Söhne, vor dem Offenbarungszelt seid. 3 Sie
sollen sich an deine Anordnungen und an die für
das ganze Zelt geltende Ordnung halten. Nur den
heiligen Geräten und dem Altar dürfen sie nicht
zu nahe kommen, sonst müssen sie sterben und
ihr mit ihnen. 4 Sie sollen sich dir anschließen und
sich beim ganzen Dienst am Zelt an die Ordnung
halten, die am Offenbarungszelt gilt. Kein Unbe-
fugter darf in eure Nähe kommen. 5 Wenn ihr euch
an die Ordnung haltet, die am Heiligtum und am
Altar gilt, wird der Zorn (Gottes) nicht mehr über
die Israeliten kommen.
6 Seht, ich habe eure Brüder, die Leviten, aus den
Israeliten euch übergeben; sie sind dem Herrn
übergeben, um den Dienst am Offenbarungszelt
zu verrichten. 7 Du aber und mit dir deine Söhne,
ihr sollt euer Priesteramt in allem ausüben, was
den Altar und den Raum hinter dem Vorhang be-
trifft; dort sollt ihr euren Dienst tun. Als einen
Dienst, der ein Geschenk ist, übergebe ich euch das

Priesteramt. Wer sich nähert, ohne dazu befugt zu
sein, ist mit dem Tod zu bestrafen.
8 Der Herr sagte zu Aaron: Ich selbst übergebe dir
jetzt die Verwaltung der Abgaben, die mir ent-
richtet werden. Von allen heiligen Gaben der Isra-
eliten gebe ich sie dir als Anteil und deinen Söh-
nen als ein dauerndes Anrecht. 9 Dir soll an den
hochheiligen Gaben all das zufallen, was nicht für
das Feuer bestimmt ist: alle ihre Opfergaben bei
allen ihren Speise-, Sünd- und Schuldopfern, die
sie mir als hochheilige Gaben entrichten; dir und
deinen Söhnen gehören sie. 10 Esst sie am hoch-
heiligen Ort! Jede männliche Person darf davon
essen; sie sollen dir als heilig gelten.
11 Auch das gehört dir: die Abgabe, die die Israe-
liten bei allem entrichten, was sie darbringen. Dir
und deinen Söhnen und Töchtern, die bei dir sind,
habe ich diese Abgabe als dauerndes Anrecht ge-
geben. Jeder, der rein ist in deinem Haus, darf
davon essen. 12 Das Beste von allem Öl, das Beste
von allem Most und Getreide, die Erstlingsgaben,
die sie dem Herrn entrichten, sie habe ich für dich
bestimmt. 13 Von allem, was es in ihrem Land gibt,
gehören dir die Erstlingsfrüchte, die sie dem Herrn
bringen. Jeder, der rein ist in deinem Haus, darf
davon essen. 14 Alles, was in Israel geweiht wird,
gehört dir. 15 Alle lebenden Wesen, die den Mutter-
schoß durchbrechen und die man dem Herrn dar-
bringt, Mensch und Vieh, gehören dir. Du musst
aber den Erstgeborenen bei den Menschen aus-
lösen und ebenso musst du auch die erstgebore-
nen Tiere bei unreinem Vieh auslösen, 16 und zwar
musst du die, die ausgelöst werden, im Alter von
etwa einem Monat, je nachdem, wie du sie ein-
schätzt, mit Geld auslösen, mit fünf Schekel, ge-
rechnet nach dem Schekelgewicht des Heiligtums,
das sind zwanzig Gera. 17 Aber die Erstlinge vom
Rind, vom Schaf oder von der Ziege darfst du nicht
auslösen; sie sind heilig. Ihr Blut sollst du auf den
Altar sprengen und ihre Fettteile als Feueropfer
zum beruhigenden Duft für den Herrn in Rauch
aufgehen lassen. 18 Ihr Fleisch gehört dir, wie auch
die Brust vom Darbringungsritus und auch die
rechte Keule dir gehören. 19 Alle Abgaben von den
heiligen Opfern, die die Israeliten dem Herrn ent-
richten, habe ich dir und deinen Söhnen und
Töchtern, die bei dir sind, als dauerndes Anrecht
gegeben. Das soll für dich und auch für deine
Nachkommen als ein ewiger »Salzbund« vor dem
Herrn gelten.
20 Der Herr sprach zu Aaron: Du sollst in ihrem
Land keinen erblichen Besitz haben. Dir gehört
unter ihnen kein Besitzanteil; ich bin dein Besitz
und dein Erbteil mitten unter den Israeliten.
21 Den Leviten gebe ich als Erbteil den ganzen
Zehnten, den die Israeliten entrichten, als Entgelt
für den Dienst, den die Leviten verrichten, den
Dienst am Offenbarungszelt. 22 Die Israeliten dür-
fen künftig nicht mehr in die Nähe des Offenba-
rungszeltes kommen; sonst laden sie eine Sünde
auf sich und sterben.
23 Nur der Levit soll am Offenbarungszelt Dienst
tun; die Leviten tragen die Verantwortung – das
soll bei euch von Generation zu Generation als
feste Regel gelten. Darum sollen sie unter den
Israeliten keinen Erbbesitz haben. 24 Denn als
Erbteil für die Leviten habe ich die Zehnten be-
stimmt, die die Israeliten dem Herrn als Abgabe
entrichten. Darum habe ich zu den Leviten gesagt,
sie sollen keinen Erbbesitz unter den Israeliten be-
kommen.
25 Der Herr sprach zu Mose: 26 Rede zu den Leviten
und sag zu ihnen: Wenn ihr von den Israeliten den
Zehnten entgegennehmt, den ich euch von ihnen
als euren Anteil zugewiesen habe, dann entrichtet
davon dem Herrn eine Abgabe als Zehnten vom
Zehnten!
27 Das soll als eure Abgabe angerechnet werden wie
bei den anderen die Abgabe vom Getreide der
Tenne und vom Inhalt der Kelter. 28 So sollt auch
ihr dem Herrn eine Abgabe von allen euch zuste-
henden Zehnten entrichten, die ihr von den Israe-
liten erhaltet; diese Abgabe für den Herrn sollt ihr
dem Priester Aaron übergeben. 29 Von allem, was
man euch gibt, sollt ihr die ganze Abgabe für den
Herrn leisten, von allem das Beste, als heilige
Gabe.
30 Ferner sag zu ihnen: Wenn ihr davon das Beste
abliefert, wird es den Leviten angerechnet wie den
anderen der Ertrag von Tenne und Kelter. 31 Die-
sen dürft ihr überall essen, ihr und eure Familien,
denn es gehört euch als Lohn für euren Dienst am
Offenbarungszelt. 32 Ihr dürft aber keine Sünde auf
euch laden, wenn ihr selbst das Beste abzugeben

habt, und ihr dürft die heiligen Gaben der Israeli-
ten nicht entweihen. Wenn ihr das befolgt, werdet
ihr nicht sterben.

Das Reinigungswasser

19 Der Herr sprach zu Mose und Aaron: 2 Das
ist die Verordnung, die der Herr erlässt:
Sag den Israeliten, sie sollen dir eine fehlerlose,
einwandfreie rote Kuh bringen, die noch nie ein
Joch getragen hat. 3 Übergebt die Kuh dem Priester
Eleasar! Dann soll man sie vor das Lager hinaus-
führen und sie vor seinen Augen schlachten. 4 Der
Priester Eleasar nimmt mit seinem Finger etwas
von ihrem Blut und spritzt damit siebenmal gegen
die Vorderseite des Offenbarungszeltes. 5 Darauf
verbrennt man die Kuh vor seinen Augen. Ihr Fell,
ihr Fleisch und ihr Blut, alles soll man verbrennen,
samt ihrem Mageninhalt. 6 Der Priester nimmt
Zedernholz, Ysop und Karmesin und wirft alles in
das Feuer, in dem die Kuh verbrannt wird. 7 Dann
wäscht der Priester seine Kleider, badet seinen
Körper in Wasser und kehrt nachher ins Lager
zurück; der Priester bleibt aber bis zum Abend
unrein. 8 Derjenige, der die Kuh verbrannt hat,
wäscht seine Kleider und badet seinen Körper in
Wasser; er bleibt aber bis zum Abend unrein. 9 Ein
reiner Mann sammelt die Asche der Kuh und legt
sie an einen reinen Ort außerhalb des Lagers. Sie
wird für die Gemeinde der Israeliten zur Zuberei-
tung des Reinigungswassers aufbewahrt. Es ist ein
Sündopfer. 10 Derjenige, der die Asche der Kuh ge-
sammelt hat, wäscht dann seine Kleider, bleibt
aber bis zum Abend unrein.
Für die Israeliten und für die Fremden, die bei
ihnen leben, gilt die feste Regel: 11 Wer irgendeinen
toten Menschen berührt, ist sieben Tage lang un-
rein. 12 Am dritten Tag entsündigt er sich mit dem
Reinigungswasser und am siebten Tag wird er rein.
Wenn er sich am dritten Tag nicht entsündigt,
dann wird er am siebten Tag nicht rein. 13 Jeder, der
einen toten Menschen, einen Verstorbenen, an-
rührt und sich nicht entsündigt, hat die Wohn-
stätte des Herrn verunreinigt. Ein solcher Mensch
muss aus Israel ausgemerzt werden, weil er sich
nicht hat mit dem Reinigungswasser besprengen
lassen. Er ist unrein; seine Unreinheit haftet ihm
immer noch an.
14 Folgendes Gesetz gilt, wenn ein Mensch in einem
Zelt stirbt: Jeder, der ins Zelt kommt oder der
schon im Zelt ist, wird für sieben Tage unrein;
15 auch jedes offene Gefäß, das keinen verschnür-
ten Deckel hat, ist unrein.
16 Jeder, der auf freiem Feld einen mit dem Schwert
Erschlagenen, einen Toten, menschliche Gebeine
oder ein Grab berührt, ist für sieben Tage unrein.
17 Für den Unreinen nimmt man etwas Brandasche
vom Sündopfer, schüttet sie in ein Gefäß und gießt
Quellwasser darüber. 18 Ein reiner Mann nimmt
Ysop, taucht ihn in das Wasser und bespritzt da-
mit das Zelt sowie die Gefäße und die Menschen,
die im Zelt sind, oder den, der Gebeine, einen Er-
schlagenen, einen Toten oder ein Grab berührt
hat. 19 Der Reine bespritzt den Unreinen am drit-
ten und am siebten Tag und entsündigt ihn am
siebten Tag. Dann wäscht der Betreffende seine
Kleider und badet seinen Körper in Wasser; am
Abend ist er dann rein. 20 Wer aber unrein gewor-
den ist und sich nicht entsündigt, ein solcher
Mensch ist aus der Versammlung auszumerzen;
denn er hat das Heiligtum des Herrn verunreinigt.
Er hat sich nicht mit dem Reinigungswasser be-
sprengen lassen; er ist unrein. 21 Das soll bei den
Israeliten als feste Regel gelten. Auch wer das Rei-
nigungswasser verspritzt hat, wäscht seine Klei-
der; wer mit dem Reinigungswasser in Berührung
kommt, ist bis zum Abend unrein. 22 Alles, was der
Unreine berührt, ist unrein. Ebenso ist jeder, der
ihn berührt, bis zum Abend unrein.

Das Wasser aus dem Felsen
Der Tod Mirjams und Aarons

20 Im ersten Monat kam die ganze Ge-
meinde der Israeliten in die Wüste Zin
und das Volk ließ sich in Kadesch nieder. Dort
starb Mirjam und wurde auch dort begraben.
2 Da die Gemeinde kein Wasser hatte, rotteten sie
sich gegen Mose und Aaron zusammen. 3 Das Volk
geriet mit Mose in Streit; sie sagten: Wären wir
doch umgekommen wie unsere Brüder, die vor
den Augen des Herrn gestorben sind. 4 Warum
habt ihr das Volk des Herrn in diese Wüste ge-
führt? Nur damit wir hier zusammen mit unserem
Vieh sterben? 5 Wozu habt ihr uns aus Ägypten
hierher geführt? Nur um uns an diesen elenden

Ort zu bringen, eine Gegend ohne Korn und Feigen, ohne Wein und Granatäpfel? Nicht einmal Trinkwasser gibt es. 6 Mose und Aaron verließen die Versammlung, gingen zum Eingang des Offenbarungszeltes und warfen sich auf ihr Gesicht nieder. Da erschien ihnen die Herrlichkeit des Herrn.

7 Der Herr sprach zu Mose: 8 Nimm deinen Stab; dann versammelt die Gemeinde, du und dein Bruder Aaron, und sagt vor ihren Augen zu dem Felsen, er solle sein Wasser fließen lassen. Auf diese Weise wirst du für sie Wasser aus dem Felsen fließen lassen und ihnen und ihrem Vieh zu trinken geben.

9 Mose holte den Stab von seinem Platz vor dem Herrn, wie der Herr ihm befohlen hatte. 10 Mose und Aaron riefen die Versammlung vor dem Felsen zusammen und Mose sagte zu ihnen: Hört, ihr Meuterer, können wir euch wohl aus diesem Felsen Wasser fließen lassen? 11 Dann hob er seine Hand hoch und schlug mit seinem Stab zweimal auf den Felsen. Da kam Wasser heraus, viel Wasser, und die Gemeinde und ihr Vieh konnten trinken.

12 Der Herr aber sprach zu Mose und Aaron: Weil ihr mir nicht geglaubt habt und mich vor den Augen der Israeliten nicht als den Heiligen bezeugen wolltet, darum werdet ihr dieses Volk nicht in das Land hineinführen, das ich ihm geben will. 13 Das ist das Wasser von Meriba (Streitwasser), weil die Israeliten mit dem Herrn gestritten haben und er sich als der Heilige erwiesen hat.

14 Mose schickte von Kadesch aus Boten zum König von Edom und ließ ihm sagen: So sagt dein Bruder Israel: Du kennst alle Mühsal, die uns getroffen hat. 15 Unsere Väter sind nach Ägypten gezogen und wir haben viele Jahre in Ägypten gewohnt. Aber die Ägypter haben uns und unsere Väter schlecht behandelt. 16 Da haben wir zum Herrn geschrien und er hat uns gehört. Er schickte einen Boten und der Bote führte uns aus Ägypten heraus. Jetzt sind wir in Kadesch, einer Stadt an der Grenze deines Gebietes. 17 Wir möchten durch dein Land ziehen. Wir werden eure Felder und Weinberge nicht betreten und kein Brunnenwasser trinken. Wir werden die Königsstraße benutzen und weder rechts noch links davon abbiegen, bis wir dein Gebiet durchzogen haben. 18 Edom aber ließ dem Mose sagen: Du wirst bei mir nicht durchziehen, sonst ziehe ich dir mit dem Schwert entgegen. 19 Da ließen ihm die Israeliten sagen: Wir wollen auf der Straße ziehen. Und wenn wir von deinem Wasser trinken, ich und meine Herden, dann zahle ich dafür. Ich will nichts anderes, nur zu Fuß durch dein Land ziehen. 20 Aber Edom ließ wieder sagen: Du wirst nicht durchziehen. Und Edom zog mit schwer bewaffneten Kriegern Israel entgegen, zur Abwehr entschlossen. 21 Da Edom sich also weigerte, Israel durch sein Gebiet ziehen zu lassen, musste Israel einen Umweg machen.

22 Die Israeliten brachen von Kadesch auf und die ganze Gemeinde kam zum Berg Hor. 23 Am Berg Hor, an der Grenze von Edom, sprach der Herr zu Mose und Aaron: 24 Aaron wird jetzt mit seinen Vorfahren vereint; er wird nicht in das Land kommen, das ich für die Israeliten bestimmt habe; denn ihr habt euch am Wasser von Meriba gegen meinen Befehl aufgelehnt. 25 Nimm Aaron und seinen Sohn Eleasar und führ sie auf den Berg Hor hinauf! 26 Dann nimm Aaron seine Gewänder ab und leg sie seinem Sohn Eleasar an! Aaron wird dort mit seinen Vätern vereint werden und sterben. 27 Mose tat, was ihm der Herr befohlen hatte. Sie stiegen vor den Augen der ganzen Gemeinde auf den Berg Hor. 28 Mose nahm Aaron die Gewänder ab und legte sie seinem Sohn Eleasar an. Dann starb Aaron dort auf dem Gipfel des Berges, Mose aber und Eleasar stiegen vom Berg herab. 29 Als die Gemeinde sah, dass Aaron dahingeschieden war, beweinte ihn das ganze Haus Israel dreißig Tage lang.

3–4: 11,4–6; 14,1–4; 17,6–14 • 7–13: Ex 17,3–7 • 14: 21,21–24

Die kupferne Schlange. Kämpfe unterwegs

21 Als der kanaanitische König von Arad, der im Negeb saß, hörte, dass Israel auf dem Weg von Atarim heranzog, griff er die Israeliten an und machte einige Gefangene. 2 Da gelobte Israel dem Herrn: Wenn du mir dieses Volk in meine Gewalt gibst, dann weihe ich ihre Städte dem Untergang. 3 Der Herr hörte auf Israel und gab die Kanaaniter in seine Gewalt. Israel weihte sie und ihre Städte dem Untergang. Daher nannte man den Ort Horma (Untergangsweihe).

4 Die Israeliten brachen vom Berg Hor auf und
schlugen die Richtung zum Schilfmeer ein, um
Edom zu umgehen. Unterwegs aber verlor das
Volk den Mut, 5 es lehnte sich gegen Gott und
gegen Mose auf und sagte: Warum habt ihr uns
aus Ägypten heraufgeführt? Etwa damit wir in der
Wüste sterben? Es gibt weder Brot noch Wasser.
Dieser elenden Nahrung sind wir überdrüssig.
6 Da schickte der Herr Giftschlangen unter das
Volk. Sie bissen die Menschen und viele Israeliten
starben.
7 Die Leute kamen zu Mose und sagten: Wir haben
gesündigt, denn wir haben uns gegen den Herrn
und gegen dich aufgelehnt. Bete zum Herrn, dass
er uns von den Schlangen befreit. Da betete Mose
für das Volk. 8 Der Herr antwortete Mose: Mach dir
eine Schlange und häng sie an einer Fahnenstange
auf! Jeder, der gebissen wird, wird am Leben blei-
ben, wenn er sie ansieht. 9 Mose machte also eine
Schlange aus Kupfer und hängte sie an einer
Fahnenstange auf. Wenn nun jemand von einer
Schlange gebissen wurde und zu der Kupfer-
schlange aufblickte, blieb er am Leben.
10 Die Israeliten brachen auf und schlugen ihr
Lager in Obot auf. 11 Dann brachen sie von Obot
auf und schlugen in Ije-Abarim ihr Lager auf, in
der Wüste, die östlich von Moab liegt. 12 Von dort
brachen sie auf und schlugen ihr Lager am Bach
Sered auf. 13 Von dort brachen sie auf und schlu-
gen das Lager jenseits des Arnon auf, in der Wüs-
te, die sich vom Amoritergebiet bis zum Arnon
ausdehnt. Der Arnon bildet nämlich die Grenze
zwischen Moab und den Amoritern. 14 Deshalb
heißt es im Buch der Kriege des Herrn: Waheb in
Sufa und die Bäche des Arnon 15 und die Wasser-
scheide, die sich zum Wohngebiet von Ar hinneigt
und sich an das Gebiet von Moab anlehnt. 16 Von
dort ging es weiter nach Beer (Brunnen); es ist der
Brunnen, von dem der Herr zu Mose gesagt hat:
Versammle das Volk, damit ich ihnen Wasser gebe.
17 Damals sang Israel das folgende Lied:
Steig auf, Brunnen! Singt über ihn ein Lied,
18 über den Brunnen, den Heerführer gruben, / den
die Edlen des Volkes aushoben / mit dem Zepter,
mit ihren Stäben.
Aus der Wüste (zogen sie weiter) nach Mattana,
19 von Mattana nach Nahaliël, von Nahaliël nach
Bamot, 20 von Bamot zum Tal im Grünland von
Moab, zum Gipfel des Pisga, der auf das Ödland
herabschaut.
21 Israel schickte Boten zum Amoriterkönig Sihon
und ließ ihm sagen: 22 Ich möchte durch dein
Land ziehen. Wir werden nicht in die Felder und
Weinberge abbiegen und wir werden kein Wasser
aus euren Brunnen trinken. Wir wollen nur die
Königsstraße benutzen, bis wir dein Gebiet durch-
zogen haben.
23 Doch Sihon ließ Israel nicht durch sein Gebiet
ziehen. Er versammelte sein ganzes Volk und zog
Israel in die Wüste entgegen. Als er nach Jahaz
gekommen war, griff er Israel an. 24 Aber Israel
schlug ihn mit scharfem Schwert und besetzte sein
Land vom Arnon bis zum Jabbok, das heißt bis
zu dem Gebiet der Ammoniter, denn Jaser bildete
damals die Grenze zu den Ammonitern. 25 Die
Israeliten nahmen alle jene Städte ein und ließen
sich in den Amoriterstädten nieder, in Heschbon
und allen seinen Tochterstädten. 26 Heschbon war
nämlich die Hauptstadt Sihons, des Amoriter-
königs. Sihon hatte aber zuvor gegen den ersten
König von Moab Krieg geführt und hatte ihm sein
ganzes Land bis zum Arnon abgenommen.
27 Darum sagen die Spruchdichter: / Kommt nach
Heschbon! / Aufgebaut, neu gegründet wird
Sihons Stadt.
28 Denn von Heschbon ging ein Feuer aus, / eine
Flamme von Sihons Burg, / sie hat Ar-Moab ge-
fressen / und die Arnonhöhen verschlungen.
29 Weh dir, Moab, / mit dir ist es aus, Volk des
Kamosch. / Seine Söhne hat er zu Flüchtlingen
gemacht, / seine Töchter zu Gefangenen / des
Amoriterkönigs Sihon.
30 Ihre Scholle ist dahin / von Heschbon bis Dibon,
/ von Naschim bis Nofach bei Medeba.
31 Die Israeliten ließen sich im Land der Amoriter
nieder. 32 Mose schickte Boten aus, um Jaser aus-
kundschaften zu lassen. Die Israeliten eroberten
Jasers Tochterstädte und vertrieben die Amoriter,
die dort wohnten.
33 Dann änderten sie die Richtung und zogen den
Weg zum Baschan hinauf. Og, der König des
Baschan, zog ihnen mit seinem ganzen Volk nach
Edreï zum Kampf entgegen. 34 Der Herr sagte zu
Mose: Hab keine Angst vor ihm; denn ich gebe

ihn mit seinem ganzen Volk und seinem Land in
deine Gewalt. Mach mit ihm, was du schon mit
dem Amoriterkönig Sihon gemacht hast, der in
Heschbon saß. 35 Da erschlugen die Israeliten Og
und seine Söhne und sein ganzes Volk; keiner von
ihnen konnte entrinnen. Die Israeliten aber be-
setzten sein Land.

4–5: 11,4–6; 14,1–4; 17,6–14; 20,2–6 • 11: 33,44–48 • 21: 20,14–21

Der Seher Bileam

22 Die Israeliten brachen auf und schlugen
ihr Lager in den Steppen von Moab auf,
jenseits des Jordan bei Jericho. 2 Balak, der Sohn
Zippors, hatte gesehen, was Israel den Amoritern
alles angetan hatte. 3 Moab erschrak sehr vor dem
Volk (der Israeliten), weil es so groß war, und es
packte ihn das Grauen vor den Israeliten. 4 Da
sagte Moab zu den Ältesten von Midian: Jetzt wird
uns dieser Haufen ringsum alles abfressen, wie die
Rinder das Gras auf den Weiden abgrasen.
Damals war Balak, der Sohn Zippors, König von
Moab. 5 Er schickte Boten zu Bileam, dem Sohn
Beors, nach Petor am Strom, ins Land seiner Stam-
mesgenossen, um ihn rufen zu lassen. Er ließ ihm
sagen: Aus Ägypten ist ein Volk herangezogen, das
das ganze Land bedeckt und nun mir gegenüber
sich niedergelassen hat. 6 Darum komm her und
verfluch mir dieses Volk; denn es ist zu mächtig
für mich. Vielleicht kann ich es dann schlagen und
aus dem Land vertreiben. Ich weiß: Wen du seg-
nest, der ist gesegnet; wen du verfluchst, der ist
verflucht.
7 Die Ältesten von Moab und die Ältesten von
Midian machten sich auf den Weg, mit Wahr-
sagerlohn in den Händen. Als sie zu Bileam
kamen, wiederholten sie ihm die Worte Balaks.
8 Bileam sagte zu ihnen: Bleibt über Nacht hier,
dann werde ich euch berichten, was der Herr
zu mir sagt. Da blieben die Hofleute aus Moab bei
Bileam.
9 Gott kam zu Bileam und fragte ihn: Wer sind die
Männer, die bei dir wohnen? 10 Bileam antwortete
Gott: Balak, der Sohn Zippors, der König von
Moab, hat Boten zu mir geschickt und lässt mir
sagen: 11 Das Volk, das aus Ägypten herangezogen
ist, bedeckt das ganze Land. Darum komm und
verwünsch es für mich! Vielleicht kann ich es dann
im Kampf besiegen und vertreiben. 12 Gott ant-
wortete Bileam: Geh nicht mit! Verfluch das Volk
nicht; denn es ist gesegnet.
13 Am Morgen stand Bileam auf und sagte zu den
Hofleuten Balaks: Kehrt in euer Land zurück;
denn der Herr erlaubt mir nicht, mit euch zu
gehen. 14 Da machten sich die Hofleute aus Moab
auf den Weg und kehrten zu Balak zurück. Sie be-
richteten: Bileam hat sich geweigert, mit uns zu
kommen.
15 Balak schickte noch einmal Hofleute aus, mehr
und vornehmere als das erste Mal. 16 Sie kamen zu
Bileam und sagten zu ihm: So sagt Balak, der Sohn
Zippors: Lass dich nicht abhalten, zu mir zu kom-
men. 17 Ich will dir einen sehr hohen Lohn geben;
alles, was du von mir verlangst, will ich tun. Nur
komm und verwünsch mir dieses Volk! 18 Bileam
antwortete den Dienern Balaks: Auch wenn mir
Balak sein Haus voll Silber und Gold gäbe, könnte
ich dem Befehl des Herrn, meines Gottes, nicht
zuwiderhandeln, sei es in einer unwichtigen oder
einer wichtigen Sache. 19 Doch bleibt auch ihr jetzt
über Nacht hier, bis ich weiß, was der Herr weiter
zu mir sagt. 20 In der Nacht kam Gott zu Bileam
und sprach zu ihm: Wenn die Männer gekommen
sind, um dich zu holen, dann mach dich auf den
Weg und geh mit! Aber du darfst nur das tun, was
ich dir sage. 21 Am Morgen stand Bileam auf, sat-
telte seinen Esel und ging mit den Hofleuten aus
Moab.
22 Aber Gott wurde zornig, weil Bileam mitging,
und der Engel des Herrn trat Bileam in feindlicher
Absicht in den Weg, als Bileam, begleitet von zwei
jungen Männern, auf seinem Esel dahinritt. 23 Der
Esel sah den Engel des Herrn auf dem Weg stehen,
mit dem gezückten Schwert in der Hand, und er
verließ den Weg und wich ins Feld aus. Da schlug
ihn Bileam, um ihn auf den Weg zurückzubringen.
24 Darauf stellte sich der Engel des Herrn auf den
engen Weg zwischen den Weinbergen, der zu bei-
den Seiten Mauern hatte. 25 Als der Esel den Engel
des Herrn sah, drückte er sich an der Mauer ent-
lang und drückte dabei das Bein Bileams gegen die
Mauer. Da schlug ihn Bileam wieder. 26 Der Engel
des Herrn ging weiter und stellte sich an eine be-
sonders enge Stelle, wo es weder rechts noch links
eine Möglichkeit gab auszuweichen. 27 Als der Esel

den Engel des Herrn sah, ging er unter Bileam in
die Knie. Bileam aber wurde wütend und schlug
den Esel mit dem Stock.
28 Da öffnete der Herr dem Esel den Mund und der
Esel sagte zu Bileam: Was habe ich dir getan, dass
du mich jetzt schon zum dritten Mal schlägst?
29 Bileam erwiderte dem Esel: Weil du mich zum
Narren hältst. Hätte ich ein Schwert dabei, dann
hätte ich dich schon umgebracht. 30 Der Esel ant-
wortete Bileam: Bin ich nicht dein Esel, auf dem
du seit eh und je bis heute geritten bist? War es
etwa je meine Gewohnheit, mich so gegen dich zu
benehmen? Da musste Bileam zugeben: Nein.
31 Nun öffnete der Herr dem Bileam die Augen und
er sah den Engel des Herrn auf dem Weg stehen,
mit dem gezückten Schwert in der Hand. Da ver-
neigte sich Bileam und warf sich auf sein Gesicht
nieder. 32 Der Engel des Herrn sagte zu ihm:
Warum hast du deinen Esel dreimal geschlagen?
Ich bin dir feindlich in den Weg getreten, weil mir
der Weg, den du gehst, zu abschüssig ist. 33 Der Esel
hat mich gesehen und ist mir schon dreimal aus-
gewichen. Wäre er mir nicht ausgewichen, dann
hätte ich dich vielleicht jetzt schon umgebracht,
ihn aber am Leben gelassen. 34 Bileam antwortete
dem Engel des Herrn: Ich habe gesündigt, aber
nur, weil ich nicht wusste, dass du mir im Weg
standest. Jetzt aber will ich umkehren, wenn dir
mein Vorhaben nicht recht ist. 35 Der Engel des
Herrn antwortete Bileam: Geh mit den Männern,
aber rede nichts, außer was ich dir sage. Da ging
Bileam mit den Hofleuten Balaks.
36 Als Balak hörte, dass Bileam kam, ging er ihm
entgegen bis zur Grenzstadt Moabs am Arnon,
unmittelbar an der Grenze. 37 Balak sagte zu Bi-
leam: Ich hatte dich rufen lassen. Warum bist du
nicht zu mir gekommen? Kann ich dir nicht einen
hohen Lohn geben? 38 Bileam antwortete Balak:
Jetzt bin ich zwar bei dir. Aber kann ich jetzt etwas
reden? Ich kann nur sagen, was Gott mir in den
Mund legt. 39 Bileam ging mit Balak weiter nach
Kirjat-Huzot. 40 Balak schlachtete Rinder und
Schafe und ließ damit Bileam und die Hofleute,
die dabei waren, bewirten. 41 Am nächsten Morgen
nahm Balak Bileam mit sich und führte ihn zu den
Baalshöhen hinauf. Von dort konnte er bis zum
Volk sehen.

23 Bileam sagte zu Balak: Errichte mir hier
sieben Altäre und stell mir hier sieben
junge Stiere und sieben Widder bereit! 2 Balak tat,
was Bileam gesagt hatte, und Balak und Bileam
brachten auf jedem Altar einen jungen Stier und
einen Widder dar. 3 Dann sagte Bileam zu Balak:
Bleib bei deinem Brandopfer stehen! Ich aber will
beiseite gehen; vielleicht begegnet mir der Herr.
Was er mich sehen lässt, werde ich dir mitteilen.
Dann ging er auf die kahle Höhe.
4 Gott begegnete Bileam. Bileam sagte zu ihm:
Ich habe sieben Altäre hergerichtet und auf jedem
Altar einen jungen Stier und einen Widder dar-
gebracht. 5 Da legte der Herr dem Bileam ein Wort
in den Mund und sagte: Geh zu Balak zurück und
sag ihm das und das! 6 Bileam kehrte also zurück.
Balak stand bei seinem Brandopfer und alle Hof-
leute Moabs waren bei ihm. 7 Da begann Bileam
mit seinem Orakelspruch und sagte:
Aus Aram führte mich Balak her, / der König von
Moab vom Ostgebirge: / »Geh, verfluche mir Ja-
kob! / Geh, drohe Israel!«
8 Doch wie soll ich verwünschen, / wen Gott nicht
verwünscht, / wie soll ich drohen, / wem Jahwe
nicht droht?
9 Denn vom Gipfel der Felsen sehe ich es, / von den
Höhen aus erblicke ich es: / Dort, ein Volk, es
wohnt für sich, / es zählt sich nicht zu den Völkern.
10 Wer zählt Jakobs Menge, zahlreich wie Staub, /
wer die Zehntausende Israels? / Oh, könnte ich den
Tod der Gerechten sterben / und wäre mein Ende
dem seinen gleich.
11 Da sagte Balak zu Bileam: Was hast du mir
angetan? Ich habe dich geholt, damit du meine
Feinde verwünschst, und nun hast du sie statt-
dessen gesegnet. 12 Bileam antwortete: Muß ich
nicht das sagen, was der Herr mir in den Mund
legt?
13 Darauf sagte Balak zu ihm: Geh mit mir an einen
anderen Ort, von wo aus du das Volk sehen kannst.
Du wirst freilich nur den äußersten Rand sehen;
ganz wirst du es nicht sehen. Von dort aus ver-
wünsch es mir! 14 Er nahm ihn mit zum Späherfeld
am Gipfel des Pisga, errichtete dort sieben Altäre
und brachte auf jedem Altar einen jungen Stier
und einen Widder dar. 15 Bileam sagte zu Balak:
Bleib hier bei deinem Brandopfer stehen, ich aber

will dort drüben auf die Begegnung mit dem
Herrn warten. 16 Der Herr begegnete Bileam, legte
ihm ein Wort in den Mund und sagte: Kehr zu
Balak zurück und sag ihm das und das! 17 Als
Bileam zu Balak kam, stand er bei seinem Opfer
und die Hofleute Moabs waren bei ihm. Balak
fragte ihn: Was hat der Herr gesagt? 18 Da begann
Bileam mit seinem Orakelspruch und sagte:
Auf, Balak, höre, / lausche mir, Sohn Zippors!

19 Gott ist kein Mensch, der lügt, / kein Menschen-
kind, das etwas bereut. / Spricht er etwas und tut
es dann nicht, / sagt er etwas und hält es dann
nicht?

20 Sieh her, ich habe es übernommen zu segnen; /
so muss ich segnen, ich kann's nicht widerrufen.

21 Man erblickt kein Übel in Jakob, / man sieht kein
Unheil in Israel. / Jahwe, sein Gott, ist bei ihm, /
seinem König jubelt Israel zu.

22 Gott hat sie aus Ägypten geführt. / Er hat Hör-
ner wie ein Wildstier.

23 Zauberei wirkt nicht gegen Jakob, / Beschwö-
rung hilft nicht gegen Israel – / [Jetzt sagt man zu
Jakob, zu Israel: / Was hat Gott getan?]

24 ein Volk wie ein Löwe, der aufsteht, / wie ein
Raubtier, das sich erhebt. / Es legt sich nicht hin, /
bevor es die Beute gefressen / und das Blut der
Erschlagenen getrunken hat.

25 Da sagte Balak zu Bileam: Wenn du es schon
nicht verwünschen willst, dann segne es doch we-
nigstens nicht! 26 Bileam antwortete Balak: Habe
ich es dir nicht gesagt: Ich muss alles tun, was der
Herr mir befiehlt.

27 Darauf sagte Balak zu Bileam: Komm mit, ich
will dich noch an einen anderen Ort mitnehmen.
Vielleicht ist es Gott recht, dass du mir das Volk
von dort aus verfluchst. 28 Balak nahm also Bileam
mit auf den Gipfel des Pegor, der auf das Ödland
herabschaut.

29 Bileam sagte zu Balak: Bau mir hier sieben Al-
täre und stell mir hier sieben junge Stiere und sie-
ben Widder bereit! 30 Balak tat, was Bileam gesagt
hatte, und brachte auf jedem Altar einen jungen
Stier und einen Widder dar.

24 Bileam aber sah, dass es dem Herrn recht
war, wenn er Israel segnete. Er suchte
nicht geheimnisvolle Zeichen, wie er sonst zu tun
pflegte, sondern wandte sein Gesicht der Wüste
zu. 2 Als Bileam aufblickte, sah er Israel im Lager,
nach Stämmen geordnet. Da kam der Geist Gottes
über ihn, 3 er begann mit seinem Orakelspruch
und sagte:
Spruch Bileams, des Sohnes Beors, / Spruch des
Mannes mit geschlossenem Auge,

4 Spruch dessen, der Gottesworte hört, / der eine
Vision des Allmächtigen sieht, / der daliegt mit
entschleierten Augen:

5 Jakob, wie schön sind deine Zelte, / wie schön
deine Wohnstätten, Israel!

6 Wie Bachtäler ziehen sie sich hin, / wie Gärten am
Strom, / wie Eichen, vom Herrn gepflanzt, / wie
Zedern am Wasser.

7 Von seinen Schöpfeimern rinnt das Wasser, /
reichlich Wasser hat seine Saat. / Sein König ist
Agag überlegen, / seine Königsherrschaft erstarkt.

8 Ja, Gott hat ihn aus Ägypten geführt. / Er hat
Hörner wie ein Wildstier. / Er frißt die Völker, die
ihm Feind sind, / er zermalmt ihre Knochen / und
zerbricht ihre Pfeile.

9 Er duckt sich, liegt da wie ein Löwe, / wie ein
Raubtier. Wer wagt es, ihn aufzujagen? / Wer dich
segnet, ist gesegnet, / und wer dich verflucht, ist
verflucht.

10 Da wurde Balak zornig auf Bileam. Er schlug die
Hände zusammen und sagte zu Bileam: Ich habe
dich gerufen, damit du meine Feinde verwünschst,
du aber hast sie schon dreimal gesegnet. 11 Geh
weg, dorthin, woher du gekommen bist! Ich habe
versprochen, dir einen hohen Lohn zu geben,
aber Jahwe hat dich daran gehindert, ihn zu er-
halten.

12 Bileam antwortete Balak: Habe ich nicht gleich
zu deinen Boten, die du zu mir geschickt hast,
gesagt: 13 Auch wenn mir Balak sein Haus voll
Silber und Gold gibt, kann ich dem Befehl des
Herrn nicht zuwiderhandeln und nach eigenem
Gutdünken Gutes oder Böses bewirken. Ich muss
sagen, was der Herr sagt. 14 Gut, ich gehe jetzt zu
meinem Volk zurück. Ich will dir aber noch ver-
raten, was dieses Volk deinem Volk in der Zukunft
antun wird.

15 Und er begann mit seinem Orakelspruch und
sagte:
Spruch Bileams, des Sohnes Beors, / Spruch des
Mannes mit geschlossenem Auge,

16 Spruch dessen, der Gottesworte hört, / der die Gedanken des Höchsten kennt, / der eine Vision des Allmächtigen sieht, / der daliegt mit entschleierten Augen:
17 Ich sehe ihn, aber nicht jetzt, / ich erblicke ihn, aber nicht in der Nähe: / Ein Stern geht in Jakob auf, / ein Zepter erhebt sich in Israel. / Er zerschlägt Moab die Schläfen / und allen Söhnen Sets den Schädel.
18 Edom wird sein Eigentum, / Seïr, sein Feind, wird sein Besitz. / Israel aber wird mächtig und stark.
19 Aus Jakob steigt einer herab / und vernichtet alles, was aus der Stadt entkam.
20 Dann sah Bileam Amalek; er begann mit seinem Orakelspruch und sagte:
Amalek war das erste unter den Völkern, / doch es endet im Untergang.
21 Dann sah Bileam die Keniter; er begann mit seinem Orakelspruch und sagte:
Dein Wohnsitz, Kain, ist sicher und fest, / dein Nest ist auf Felsen gebaut;
22 doch es wird hinweggefegt werden. / Nicht mehr lange, dann führt Assur dich weg.
23 Er begann nochmals mit seinem Orakelspruch und sagte:
Weh, wer wird am Leben bleiben, wenn Gott das tut?
24 Schiffe kommen von den Kittäern, / sie demütigen Assur, sie demütigen Eber. / Doch auch er endet im Untergang.
25 Dann brach Bileam auf und kehrte in seine Heimat zurück und auch Balak zog seines Weges.

22,6: 24,9; Gen 12,3; 27,29 • 24,3: 24,15f • 7: 1 Sam 15,8 • 9: 22,6; Gen 12,3; 27,29 • 13: 22,18 • 15–16: 24,3f

Der Priester Pinhas

25 Als sich Israel in Schittim aufhielt, begann das Volk mit den Moabiterinnen Unzucht zu treiben. 2 Sie luden das Volk zu den Opferfesten ihrer Götter ein, das Volk aß mit ihnen und fiel vor ihren Göttern nieder.
3 So ließ sich Israel mit Baal-Pegor ein. Da entbrannte der Zorn des Herrn gegen Israel 4 und der Herr sprach zu Mose: Nimm alle Anführer des Volkes und spieße sie für den Herrn im Angesicht der Sonne auf Pfähle, damit sich der glühende Zorn des Herrn von Israel abwendet. 5 Da sagte Mose zu den Richtern Israels: Jeder soll die von seinen Leuten töten, die sich mit Baal-Pegor eingelassen haben.
6 Unter den Israeliten war einer, der zu seinen Brüdern kam und eine Midianiterin mitbrachte, und zwar vor den Augen des Mose und der ganzen Gemeinde der Israeliten, während sie am Eingang des Offenbarungszeltes weinten. 7 Als das der Priester Pinhas, der Sohn Eleasars, des Sohnes Aarons, sah, stand er mitten in der Gemeinde auf, ergriff einen Speer, 8 ging dem Israeliten in den Frauenraum nach und durchbohrte beide, den Israeliten und die Frau, auf ihrem Lager. Danach nahm die Plage, die die Israeliten getroffen hatte, ein Ende.
9 Im Ganzen aber waren vierundzwanzigtausend Menschen an der Plage gestorben.
10 Der Herr sprach zu Mose: 11 Der Priester Pinhas, der Sohn Eleasars, des Sohnes Aarons, hat meinen Zorn von den Israeliten abgewendet dadurch, dass er sich bei ihnen für mich ereiferte. So musste ich die Israeliten nicht in meinem leidenschaftlichen Eifer umbringen. 12 Darum sage ich: Hiermit gewähre ich ihm meinen Friedensbund. 13 Ihm und seinen Nachkommen wird der Bund des ewigen Priestertums zuteil, weil er sich für seinen Gott ereifert und die Israeliten entsühnt hat.
14 Der Israelit, der zusammen mit der Midianiterin erschlagen worden war, hieß Simri; er war ein Sohn Salus und ein führender Mann aus einer simeonitischen Großfamilie. 15 Die erschlagene Midianiterin hieß Kosbi; sie war die Tochter Zurs, und dieser war das Haupt einer Großfamilie in Midian.
16 Der Herr sprach zu Mose: 17 Greift die Midianiter an und schlagt sie; 18 denn auch sie haben euch arglistig angegriffen, als sie euch mit Pegor und mit ihrer Schwester Kosbi überlisteten, der Tochter eines führenden Midianiters, die erschlagen wurde, als die Plage wegen Pegor ausgebrochen war.

Die zweite Volkszählung

26 19 Nach jener Plage 1 sagte der Herr zu Mose und zu dem Priester Eleasar, dem Sohn Aarons: 2 Ermittelt die Gesamtzahl der Gemeinde aller Israeliten, die zwanzig Jahre und

älter sind, aller wehrfähigen Israeliten, nach
Großfamilien geordnet. 3 Da redeten Mose und
der Priester Eleasar zu den Israeliten in den Step-
pen von Moab, am Jordan bei Jericho, 4 zu allen
Männern von zwanzig Jahren und darüber, wie
der Herr es Mose befohlen hatte.
Das sind die Israeliten, die aus Ägypten ausge-
zogen waren:
5 Ruben war der Erstgeborene Israels. Zu den
Rubenitern gehörten von Henoch die Sippe der
Henochiter, von Pallu die Sippe der Palluiter, 6 von
Hezron die Sippe der Hezroniter, von Karmi die
Sippe der Karmiter. 7 Das waren die Sippen der
Rubeniter. Die Zahl der bei ihnen Gemusterten
betrug 43 730 Mann. 8 Der Sohn Pallus war Eliab;
9 die Söhne Eliabs: Nemuël, Datan und Abiram.
Datan und Abiram waren die Abgeordneten der
Gemeinde, die mit Mose und Aaron in Streit ge-
raten waren, zusammen mit den Anhängern
Korachs, als diese mit dem Herrn in Streit geraten
waren. 10 Die Erde tat ihren Rachen auf und ver-
schlang sie und Korach, als seine Anhänger ums
Leben kamen; das Feuer fraß die zweihundert-
fünfzig Mann und sie wurden zu einem warnen-
den Zeichen. 11 Die Söhne Korachs waren aber
dabei nicht ums Leben gekommen.
12 Zu den Simeonitern gehörten folgende Sippen:
von Jemuël die Sippe der Jemuëliter, von Jamin
die Sippe der Jaminiter, von Jachin die Sippe der
Jachiniter, 13 von Serach die Sippe der Serachiter,
von Schaul die Sippe der Schauliter. 14 Das waren
die Sippen der Simeoniter, im Ganzen 22 200
Mann.
15 Zu den Gaditern gehörten folgende Sippen: von
Zifjon die Sippe der Zifjoniter, von Haggi die Sippe
der Haggiter, von Schuni die Sippe der Schuniter,
16 von Osni die Sippe der Osniter, von Eri die Sippe
der Eriter, 17 von Arod die Sippe der Aroditer,
von Areli die Sippe der Areliter. 18 Das waren die
Sippen der Gaditer mit ihren Gemusterten, im
Ganzen 40 500 Mann.
19 Die Söhne Judas waren: Er und Onan; Er und
Onan aber waren in Kanaan gestorben. 20 Zu Juda
gehörten folgende Sippen: von Schela die Sippe
der Schelaniter, von Perez die Sippe der Perezi-
ter, von Serach die Sippe der Serachiter. 21 Zu den
Perezitern gehörten von Hezron die Sippe der
Hezroniter und von Hamul die Sippe der Hamu-
liter. 22 Das waren die Sippen Judas mit ihren Ge-
musterten, im Ganzen 76 500 Mann.
23 Zu den Issacharitern gehörten folgende Sippen:
von Tola die Sippe der Tolaiter, von Puwa die
Sippe der Puwaniter, 24 von Jaschub die Sippe der
Jaschubiter, von Schimron die Sippe der Schim-
roniter. 25 Das waren die Sippen Issachars mit ihren
Gemusterten, im Ganzen 64 300 Mann.
26 Zu den Sebulonitern gehörten folgende Sippen:
von Sered die Sippe der Serediter, von Elon die
Sippe der Eloniter, von Jachleel die Sippe der
Jachleeliter. 27 Das waren die Sippen der Sebuloni-
ter mit ihren Gemusterten, im Ganzen 60 500
Mann.
28 Bei den Josefstämmen Manasse und Efraim
gehörten folgende Sippen 29 zu den Manassitern:
von Machir die Sippe der Machiriter; Machir
zeugte Gilead und von Gilead stammt die Sippe
der Gileaditer. 30 Das sind die Gileaditer: von Ieser
die Sippe der Ieseriter, von Helek die Sippe der
Helekiter, 31 von Asriël die Sippe der Asriëliter, von
Schechem die Sippe der Schechemiter, 32 von Sche-
mida die Sippe der Schemidaiter, von Hefer die
Sippe der Heferiter. 33 Zelofhad, der Sohn Hefers,
hatte keine Söhne, sondern nur Töchter; die Töch-
ter Zelofhads hießen Machla, Noa, Hogla, Milka
und Tirza. 34 Das waren die Sippen Manasses mit
ihren Gemusterten, im Ganzen 52 700 Mann.
35 Zu den Efraimitern gehörten folgende Sippen:
von Schutelach die Sippe der Schutelachiter, von
Becher die Sippe der Becheriter, von Tahan die
Sippe der Tahaniter. 36 Zu den Schutelachitern ge-
hört von Eran die Sippe der Eraniter. 37 Das waren
die Sippen der Efraimiter mit ihren Gemusterten,
im Ganzen 32 500 Mann. Das waren die Josef-
stämme nach ihren Sippen.
38 Zu den Benjaminitern gehörten folgende Sip-
pen: von Bela die Sippe der Belaiter, von Aschbel
die Sippe der Aschbeliter, von Ahiram die Sippe
der Ahiramiter, 39 von Schufam die Sippe der
Schufamiter, von Hufam die Sippe der Hufamiter.
40 Die Söhne Belas waren Ard und Naaman; von
Ard stammt die Sippe der Arditer, von Naaman die
Sippe der Naamaniter. 41 Das waren die Benjami-
niter nach ihren Sippen; die Zahl der bei ihnen Ge-
musterten betrug 45 600 Mann.

42 Zu den Danitern gehörten folgende Sippen: von Schuham die Sippe der Schuhamiter. Das waren die Sippen Dans. 43 Die Zahl der Gemusterten bei den Sippen der Schuhamiter betrug im Ganzen 64 400 Mann.

44 Zu den Ascheritern gehörten folgende Sippen: von Jimna die Sippe der Jimnaiter, von Jischwi die Sippe der Jischwiter, von Beria die Sippe der Beriaiter. 45 Zu den Beriaitern gehörten folgende Sippen: von Heber die Sippe der Heberiter, von Malkiël die Sippe der Malkiëliter. 46 Die Tochter Aschers hieß Serach. 47 Das waren die Sippen der Ascheriter mit ihren Gemusterten, im Ganzen 53 400 Mann.

48 Zu den Naftalitern gehörten folgende Sippen: von Jachzeel die Sippe der Jachzeeliter, von Guni die Sippe der Guniter, 49 von Jezer die Sippe der Jezeriter, von Schillem die Sippe der Schillemiter. 50 Das waren die Sippen Naftalis. Die Zahl der bei ihnen Gemusterten betrug 45 400 Mann.

51 Die Gesamtzahl der gemusterten Israeliten betrug 601 730 Mann.

52 Der Herr sprach zu Mose: 53 An diese Männer soll das Land als Erbbesitz verteilt werden, entsprechend der Zahl der verzeichneten Namen. 54 Wer mehr Namen zählt, dem sollst du einen größeren Erbbesitz geben; wer weniger zählt, dem sollst du einen kleineren Erbbesitz geben. Jedem soll sein Erbbesitz entsprechend der Zahl der bei ihm Gemusterten gegeben werden. 55 Doch soll das Land durch das Los verteilt werden und sie sollen ihren Erbbesitz nach den Namen der Stämme ihrer Väter erhalten. 56 Der Erbbesitz soll durch das Los zwischen den großen und den kleinen Stämmen aufgeteilt werden.

57 Zu den im Stamm Levi Gemusterten gehörten folgende Sippen: von Gerschon die Sippe der Gerschoniter, von Kehat die Sippe der Kehatiter, von Merari die Sippe der Merariter. 58 Das sind die Sippen Levis: die Sippe der Libniter, die Sippe der Hebroniter, die Sippe der Machliter, die Sippe der Muschiter, die Sippe der Korachiter.

Kehat zeugte Amram. 59 Die Frau Amrams hieß Jochebed; sie war die Tochter Levis, die dem Levi noch in Ägypten geboren wurde. Sie gebar dem Amram Aaron und Mose sowie deren Schwester Mirjam. 60 Dem Aaron wurden Nadab, Abihu, Eleasar und Itamar geboren. 61 Nadab und Abihu aber waren gestorben, als sie dem Herrn ein unerlaubtes Feueropfer darbrachten.

62 Bei den Leviten wurden im Ganzen 23 000 Mann gemustert, alle männlichen Personen im Alter von einem Monat und darüber. Sie wurden aber nicht zusammen mit den Israeliten gemustert; denn ihnen wurde kein Erbbesitz wie den anderen Israeliten gegeben.

63 Das waren die von Mose und dem Priester Eleasar gemusterten Israeliten, die sie in den Steppen von Moab am Jordan bei Jericho gemustert hatten. 64 Unter ihnen war niemand mehr von denen, die Mose und der Priester Aaron in der Wüste Sinai gemustert hatten. 65 Denn über sie hatte der Herr ja gesagt: Sie müssen in der Wüste sterben. Daher war keiner von ihnen am Leben geblieben außer Kaleb, der Sohn Jefunnes, und Josua, der Sohn Nuns.

26,1–65 ‖ 1,1–54 • 10: 16,1–35 • 19: Gen 38,3–10 • 33: 27,1–11 • 60: 3,2.4; Lev 10,1–5 • 64: 1; 3 • 65: 14,21–35

Die Erbordnung

27 Die Töchter Zelofhads, des Sohnes Hefers, des Sohnes Gileads, des Sohnes Machirs, des Sohnes Manasses, aus den Sippen Manasses, des Sohnes Josefs, – diese Töchter hießen Machla, Noa, Hogla, Milka und Tirza –, 2 kamen zu Mose, zum Priester Eleasar, zu den Anführern und zur ganzen Gemeinde an den Eingang des Offenbarungszeltes und sagten: 3 Unser Vater ist in der Wüste gestorben. Er gehörte nicht zu den Anhängern Korachs, die sich gegen den Herrn zusammengerottet hatten; denn er war bereits wegen seiner eigenen Sünde gestorben. Aber er hinterließ keine Söhne. 4 Warum soll nun der Name unseres Vaters aus seiner Sippe verschwinden, weil er keinen Sohn hatte? Gib uns also eigenen Grund und Boden bei den Brüdern unseres Vaters! 5 Mose trug ihren Fall dem Herrn vor 6 und der Herr sprach zu Mose: 7 Die Töchter Zelofhads haben Recht. Du musst ihnen eigenen Grund und Boden als Erbbesitz bei den Brüdern ihres Vaters geben, also den Erbbesitz ihres Vaters auf sie übertragen. 8 Sag zu den Israeliten: Wenn jemand ohne Söhne stirbt, dann übertragt seinen Erbbesitz auf seine Tochter! 9 Hat er keine Tochter, dann gebt

seinen Erbbesitz seinen Brüdern! 10 Hat er keine
Brüder, dann gebt seinen Erbbesitz den Brüdern
seines Vaters! 11 Hat sein Vater keine Brüder, dann
gebt seinen Erbbesitz dem nächsten Verwandten
aus seiner Sippe; er soll ihn bekommen. Das wurde
für die Israeliten geltendes Recht, wie der Herr es
Mose befohlen hatte.

1: 26,33

Die Berufung Josuas

12 Der Herr sprach zu Mose: Steig auf das Abarim-
gebirge dort und sieh dir das Land an, das ich den
Israeliten gegeben habe. 13 Wenn du es gesehen
hast, wirst du mit deinen Vorfahren vereint wer-
den wie dein Bruder Aaron; 14 denn ihr habt euch
in der Wüste Zin meinem Befehl widersetzt, als die
Gemeinde aufbegehrte und ihr vor ihren Augen
hättet bezeugen sollen, dass ich der Heilige bin.
[Das ist das »Streitwasser« von Kadesch in der
Wüste Zin.]
15 Da sagte Mose zum Herrn: 16 Der Herr, der Gott
der Geister, die alle Menschen beleben, setze einen
Mann als Anführer der Gemeinde ein, 17 der vor
ihnen her in den Kampf zieht und vor ihnen her
wieder in das Lager einzieht, der sie zum Krieg
hinausführt und sie zurückführt; die Gemeinde
des Herrn soll nicht sein wie Schafe, die keinen
Hirten haben. 18 Der Herr antwortete Mose: Nimm
Josua, den Sohn Nuns, einen Mann, der mit Geist
begabt ist, und leg ihm deine Hand auf! 19 Dann
lass ihn vor den Priester Eleasar und vor die ganze
Gemeinde treten und gib ihm vor ihren Augen
deine Anweisungen! 20 Gib ihm einen Teil deiner
Würde ab, damit die ganze Gemeinde der Israeli-
ten auf ihn hört. 21 Er soll vor den Priester Eleasar
treten und ihn vor dem Herrn um die Entschei-
dungen durch das Urim-Orakel bitten. Nach sei-
nem Befehl sollen sie in den Kampf ziehen und
nach seinem Befehl sollen sie wieder in das Lager
einziehen, er und mit ihm alle Israeliten und die
ganze Gemeinde. 22 Mose tat, was ihm der Herr
befohlen hatte. Er nahm Josua und ließ ihn vor
den Priester Eleasar und vor die ganze Gemeinde
treten. 23 Er legte ihm seine Hände auf und gab ihm
seine Anweisungen, wie es der Herr durch Mose
befohlen hatte.

13: 20,22–29 • 14: 20,2–13; Ex 17,7 • 16: 16,22 • 17: Mt 9,36; Mk 6,34

Opfer und Feste

28 Der Herr sprach zu Mose: 2 Gib den Israe-
liten folgenden Befehl und sag zu ihnen:
Ihr sollt darauf bedacht sein, zur festgesetzten Zeit
meine Opfergaben, meine Speise, durch das Feu-
eropfer als beruhigenden Duft mir darzubringen.
3 Sag ihnen: Das ist das Feueropfer, das ihr dem
Herrn darbringen sollt: täglich zwei fehlerlose
einjährige Lämmer als regelmäßiges Brandopfer.
4 Das eine Lamm sollst du am Morgen, das zweite
Lamm zur Abenddämmerung herrichten, 5 dazu
ein zehntel Efa Feinmehl, das mit einem viertel
Hin gestoßenen Öls vermengt ist, als Speiseopfer.
6 Das ist das regelmäßige Brandopfer, das am Sinai
als beruhigender Duft für den Herrn, als Feuer-
opfer hergerichtet wurde. 7 Das dazugehörende
Trankopfer soll aus einem viertel Hin je Lamm be-
stehen. Am Heiligtum gieß als Trankopfer für den
Herrn berauschendes Getränk aus! 8 Das zweite
Lamm sollst du zur Abenddämmerung herrich-
ten; ebenso wie am Morgen sollst du es zusammen
mit einem Speiseopfer und einem dazugehören-
den Trankopfer als Feueropfer, als beruhigenden
Duft für den Herrn herrichten. 9 Am Sabbat aber
nimm zwei fehlerlose einjährige Lämmer, dazu als
Speiseopfer zwei Zehntel Feinmehl, das mit Öl
vermengt ist, sowie das dazugehörende Trank-
opfer; 10 das sei das Sabbatbrandopfer an jedem
Sabbat, zusätzlich zum regelmäßigen Brandopfer
mit dem entsprechenden Trankopfer.
11 An den Monatsanfängen sollt ihr für den Herrn
als Brandopfer zwei einjährige Jungstiere, einen
Widder und sieben fehlerlose einjährige Lämmer
darbringen, 12 dazu je Jungstier drei Zehntel Fein-
mehl, das mit Öl vermengt ist, als Speiseopfer,
außerdem zwei Zehntel Feinmehl, das mit Öl ver-
mengt ist, als zu dem Widder gehörendes Speise-
opfer 13 sowie je Lamm ein Zehntel Feinmehl, das
mit Öl vermengt ist, als Speiseopfer; dies sei das
Brandopfer als beruhigender Duft, als Feueropfer
für den Herrn.
14 Die dazugehörenden Trankopfer bestehen aus
einem halben Hin Wein je Jungstier, einem drittel
Hin für den Widder und einem viertel Hin Wein
je Lamm. Das ist das monatliche Opfer, das in je-
dem Monat des Jahres am Neumond dargebracht
wird.

15 Auch soll man einen Ziegenbock als Sündopfer
für den Herrn herrichten, zusätzlich zu dem regel-
mäßigen Brandopfer und dem dazugehörenden
Trankopfer.
16 Am vierzehnten Tag des ersten Monats ist das
Paschafest zur Ehre des Herrn. 17 Der fünfzehnte
Tag dieses Monats ist ein Festtag. Sieben Tage lang
ißt man ungesäuerte Brote. 18 Am ersten Tag findet
eine heilige Versammlung statt; an ihm dürft ihr
keine schwere Arbeit verrichten; 19 ihr sollt ein
Feueropfer darbringen, ein Brandopfer für den
Herrn: zwei Jungstiere, einen Widder und sieben
fehlerlose einjährige Lämmer. 20 Als das dazu-
gehörende Speiseopfer sollt ihr je Jungstier drei
Zehntel Feinmehl, das mit Öl vermengt ist, und
zwei Zehntel für den Widder herrichten; 21 außer-
dem sollst du je Lamm ein Zehntel herrichten,
22 dazu einen Ziegenbock als Sündopfer, um euch
zu entsühnen.
23 Das sollt ihr zusätzlich zu dem Morgenopfer
herrichten, das zu dem regelmäßigen Brandopfer
gehört. 24 Ebenso sollt ihr es während der sieben
Tage täglich mit den Speisen und mit dem Feuer-
opfer als dem beruhigenden Duft für den Herrn
halten. Das soll zusätzlich zu dem regelmäßigen
Brandopfer und dem dazugehörenden Trankopfer
geschehen.
25 Am siebten Tag sollt ihr eine heilige Versamm-
lung abhalten; an diesem Tag dürft ihr keine
schwere Arbeit verrichten. 26 Auch am Tag der
Erstlingsfrüchte, wenn ihr dem Herrn das Speise-
opfer vom neuen Getreide darbringt, an eurem
Wochenfest, sollt ihr die heilige Versammlung
abhalten; auch an diesem Tag dürft ihr keine
schwere Arbeit verrichten; 27 ihr sollt als Brand-
opfer und als beruhigenden Duft für den Herrn
zwei Jungstiere, einen Widder und sieben ein-
jährige Lämmer darbringen, 28 ferner als dazu-
gehörendes Speiseopfer je Jungstier drei Zehntel
Feinmehl, das mit Öl vermengt ist, zwei Zehntel
für den einen Widder 29 und ein Zehntel für jedes
der sieben Lämmer, 30 außerdem einen Ziegen-
bock, um euch zu entsühnen. 31 Das sollt ihr zu-
sätzlich zu dem regelmäßigen Brandopfer, dem
dazugehörenden Speiseopfer und den dazu-
gehörenden Trankopfern darbringen. Aber ihr
dürft dabei nur fehlerlose Tiere verwenden.

29 Am ersten Tag des siebten Monats sollt
ihr eine heilige Versammlung abhalten;
an diesem Tag dürft ihr keine schwere Arbeit ver-
richten. Es soll für euch ein Tag sein, an dem mit
großem Lärm die Trompete geblasen wird. 2 Rich-
tet als Brandopfer, als beruhigenden Duft für den
Herrn einen Jungstier, einen Widder und sieben
fehlerlose einjährige Lämmer her, 3 ferner als zu
dem Stier gehörendes Speiseopfer drei Zehntel
Feinmehl, das mit Öl vermengt ist, sowie zwei
Zehntel für den einen Widder 4 und ein Zehntel für
jedes der sieben Lämmer, 5 dazu einen Ziegenbock
als Sündopfer, um euch zu entsühnen, 6 das alles
zusätzlich zum monatlichen Brandopfer und zum
dazugehörenden Speiseopfer und zusätzlich zum
regelmäßigen Brandopfer, zum dazugehörenden
Speiseopfer und den dazugehörenden Trankop-
fern, wie sie der Vorschrift entsprechen, als beru-
higenden Duft, als Feueropfer für den Herrn.
7 Am zehnten Tag dieses siebten Monats sollt ihr
eine heilige Versammlung abhalten. An diesem
Tag sollt ihr euch Enthaltung auferlegen und dürft
keinerlei Arbeit verrichten; 8 ihr sollt dem Herrn
ein Brandopfer als beruhigenden Duft darbrin-
gen. Dafür sollt ihr einen Jungstier, einen Widder
und sieben fehlerlose einjährige Lämmer verwen-
den, 9 ferner als zu dem Stier gehörendes Speise-
opfer drei Zehntel Feinmehl, das mit Öl vermengt
ist, sowie zwei Zehntel für den einen Widder 10 und
ein Zehntel für jedes der sieben Lämmer, 11 außer-
dem einen Ziegenbock als Sündopfer, und zwar
zusätzlich zum Sündopfer der Entsühnung, zum
regelmäßigen Brandopfer, zum dazugehörenden
Speiseopfer und den dazugehörenden Trankop-
fern.
12 Am fünfzehnten Tag des siebten Monats sollt ihr
eine heilige Versammlung abhalten. An diesem
Tag dürft ihr keine schwere Arbeit verrichten; ihr
sollt sieben Tage lang ein Fest zur Ehre des Herrn
feiern. 13 Ihr sollt ein Brandopfer darbringen, als
Feueropfer, als beruhigenden Duft für den Herrn.
Dreizehn Jungstiere, zwei Widder und vierzehn
fehlerlose einjährige Lämmer sollen es sein, 14 fer-
ner als dazugehörendes Speiseopfer drei Zehntel
Feinmehl, das mit Öl vermengt ist, für jeden der
dreizehn Stiere, zwei Zehntel für jeden der zwei
Widder 15 und ein Zehntel für jedes der vierzehn

Lämmer, 16 außerdem ein Ziegenbock als Sünd-
opfer, das alles zusätzlich zum regelmäßigen
Brandopfer und zum dazugehörenden Speise-
und Trankopfer.
17 Am zweiten Tag sollen es zwölf Jungstiere,
zwei Widder und vierzehn fehlerlose einjährige
Lämmer sein, 18 dazu die Speise- und Trankop-
fer, entsprechend der Zahl der Stiere, Widder und
Lämmer, wie es vorgeschrieben ist, 19 ferner ein
Ziegenbock als Sündopfer, das alles zusätzlich
zum regelmäßigen Brandopfer sowie zum dazu-
gehörenden Speise- und Trankopfer.
20 Am dritten Tag sollen es elf Stiere, zwei Widder
und vierzehn fehlerlose einjährige Lämmer sein,
21 dazu die Speise- und Trankopfer, entsprechend
der Zahl der Stiere, Widder und Lämmer, wie es
vorgeschrieben ist, 22 ferner ein Bock als Sünd-
opfer, das alles zusätzlich zum regelmäßigen
Brandopfer und zum dazugehörenden Speise-
und Trankopfer.
23 Am vierten Tag sollen es zehn Stiere, zwei Wid-
der und vierzehn fehlerlose einjährige Lämmer
sein, 24 dazu die Speise- und Trankopfer, entspre-
chend der Zahl der Stiere, Widder und Lämmer,
wie es vorgeschrieben ist, 25 ferner ein Ziegenbock
als Sündopfer, das alles zusätzlich zum regelmäßi-
gen Brandopfer und zum dazugehörenden Speise-
und Trankopfer.
26 Am fünften Tag sollen es neun Stiere, zwei Wid-
der und vierzehn fehlerlose einjährige Lämmer
sein, 27 dazu die Speise- und Trankopfer, entspre-
chend der Zahl der Stiere, Widder und Lämmer,
wie es vorgeschrieben ist, 28 ferner ein Bock als
Sündopfer, das alles zusätzlich zum regelmäßigen
Brandopfer und zum dazugehörenden Speise-
und Trankopfer.
29 Am sechsten Tag sollen es acht Stiere, zwei Wid-
der und vierzehn fehlerlose einjährige Lämmer
sein, 30 dazu die Speise- und Trankopfer, entspre-
chend der Zahl der Stiere, Widder und Lämmer,
wie es vorgeschrieben ist, 31 ferner ein Bock als
Sündopfer, das alles zusätzlich zum regelmäßigen
Brandopfer und zum dazugehörenden Speise-
und Trankopfer.
32 Am siebten Tag sollen es sieben Stiere, zwei Wid-
der und vierzehn fehlerlose einjährige Lämmer
sein, 33 dazu die Speise- und Trankopfer, entspre-
chend der Zahl der Stiere, Widder und Lämmer,
wie es vorgeschrieben ist, 34 ferner ein Bock als
Sündopfer, das alles zusätzlich zum regelmäßigen
Brandopfer und zum dazugehörenden Speise-
und Trankopfer.
35 Am achten Tag sollt ihr eine Festversammlung
abhalten. An diesem Tag dürft ihr keine schwere
Arbeit verrichten; 36 ihr sollt als Brandopfer, als
Feueropfer, als beruhigenden Duft für den Herrn
einen Stier, einen Widder und sieben fehlerlose
einjährige Lämmer darbringen, 37 dazu die dem
Stier, dem Widder und den Lämmern entspre-
chenden Speise- und Trankopfer, wie es vorge-
schrieben ist, 38 ferner einen Bock als Sündopfer,
das alles zusätzlich zum regelmäßigen Brandopfer
und zum dazugehörenden Speise- und Trank-
opfer.
39 Das sollt ihr zur Ehre des Herrn an euren Fest-
tagen tun, abgesehen von euren Brand-, Speise-,
Trank- und Heilsopfern, die ihr gelobt habt oder
freiwillig darbringt.

30 Mose teilte den Israeliten alles genau so
mit, wie es ihm der Herr aufgetragen hatte.

28,2–8: Ex 29,38–46

Die Gültigkeit von Gelübden

2 Mose sagte zu den Stammeshäuptern der Israeli-
ten: Das befiehlt der Herr: 3 Wenn ein Mann dem
Herrn ein Gelübde ablegt oder sich durch einen
Eid zu einer Enthaltung verpflichtet, dann darf er
sein Wort nicht brechen; genau so, wie er es aus-
gesprochen hat, muss er es ausführen.
4 Wenn aber eine Frau dem Herrn ein Gelübde ab-
legt oder sich zu einer Enthaltung verpflichtet,
während sie noch ledig im Haus ihres Vaters lebt,
5 dann soll ihr Vater von ihrem Gelübde oder von
der Enthaltung, zu der sie sich verpflichtet hat, er-
fahren. Schweigt ihr Vater dazu, dann treten die
Gelübde oder jede Enthaltung, zu der sie sich ver-
pflichtet hat, in Kraft; 6 versagt aber ihr Vater an
dem Tag, an dem er davon erfährt, seine Zustim-
mung, dann tritt das Gelübde oder die Ent-
haltung, zu der sie sich verpflichtet hat, nicht in
Kraft; der Herr wird es ihr erlassen, weil ihr Vater
seine Zustimmung versagt hat. 7 Heiratet sie einen
Mann, während sie durch ein Gelübde oder durch
ein voreiliges Wort, mit dem sie sich verpflichtet

hat, gebunden ist, [8] dann bleiben die Gelübde oder die Enthaltung, zu der sie sich verpflichtet hat, in Kraft, falls ihr Mann an dem Tag, an dem er davon erfährt, dazu schweigt. [9] Wenn ihr Mann aber an dem Tag, an dem er davon erfährt, seine Zustimmung versagt, dann hat er ihr Gelübde, an das sie gebunden war, oder das voreilige Wort, durch das sie sich verpflichtet hatte, außer Kraft gesetzt und der Herr wird es ihr erlassen.

[10] Aber das Gelübde einer Witwe oder einer verstoßenen Frau – alles, wozu sie sich verpflichtet hat – bleibt für sie in Kraft. [11] Wenn sie im Haus ihres Mannes etwas gelobt oder sich mit einem Eid zu einer Enthaltung verpflichtet hat, [12] dann bleiben alle Gelübde und jede Enthaltung, zu der sie sich verpflichtet hat, in Kraft, wenn ihr Mann zwar davon gehört, aber geschwiegen und seine Zustimmung nicht versagt hat. [13] Wenn aber ihr Mann an dem Tag, an dem er davon hörte, ihr Gelübde oder die Verpflichtung zur Enthaltung, die sie ausgesprochen hat, außer Kraft gesetzt hat, dann ist alles aufgehoben; ihr Mann hat es außer Kraft gesetzt und der Herr wird es ihr erlassen. [14] Ihr Mann kann jedes Gelübde und jeden Eid, der zu einer Enthaltung verpflichtet, anerkennen oder außer Kraft setzen.

[15] Schweigt ihr Mann dazu von einem Tag bis zum andern, dann erkennt er alle Gelübde und Verpflichtungen zur Enthaltung an. Er hat sie anerkannt, denn er hat an dem Tag, an dem er davon erfahren hat, geschwiegen. [16] Hat er aber davon erfahren und setzte sie erst später außer Kraft, dann trägt er dafür die Verantwortung.

[17] Das sind die Gesetze, die der Herr dem Mose aufgetragen hat; sie gelten für den Mann und seine Frau, für den Vater und seine ledige Tochter, solange sie noch im Haus ihres Vaters lebt.

Der Midianiterkrieg

31 Der Herr sprach zu Mose: [2] Nimm für die Israeliten Rache an den Midianitern! Danach wirst du mit deinen Vorfahren vereint werden. [3] Da redete Mose zum Volk und sagte: Rüstet einen Teil eurer Männer für den Heeresdienst! Sie sollen über Midian herfallen, um die Rache des Herrn an Midian zu vollstrecken. [4] Aus jedem Stamm Israels sollt ihr tausend Mann zum Heer abstellen. [5] Man hob also aus den Tausendschaften Israels je Stamm tausend Mann aus, im Ganzen zwölftausend zum Krieg gerüstete Männer. [6] Mose schickte die tausend Mann je Stamm zum Heer, zusammen mit dem Priester Pinhas, dem Sohn Eleasars, der die heiligen Geräte und die Lärmtrompeten mitnahm. [7] Sie zogen gegen Midian zu Feld, wie der Herr es Mose befohlen hatte, und brachten alle männlichen Personen um. [8] Als sie die Männer erschlagen hatten, brachten sie auch noch die Könige von Midian um: Ewi, Rekem, Zur, Hur und Reba, die fünf Könige von Midian. Auch Bileam, den Sohn Beors, brachten sie mit dem Schwert um. [9] Die Frauen von Midian und deren kleine Kinder nahmen die Israeliten als Gefangene mit. Das ganze Vieh und der reiche Besitz der Midianiter wurde ihre Beute. [10] Alle Städte im Siedlungsgebiet der Midianiter und ihre Zeltdörfer brannten sie nieder. [11] Alle Menschen und das ganze Vieh, das sie erbeutet und geraubt hatten, nahmen sie mit. [12] Sie brachten die Gefangenen und die geraubte Beute zu Mose, zum Priester Eleasar und zur Gemeinde der Israeliten in das Lager in den Steppen von Moab am Jordan bei Jericho.

[13] Mose, der Priester Eleasar und alle Anführer der Gemeinde gingen ihnen aus dem Lager entgegen. [14] Mose aber geriet in Zorn über die Befehlshaber, die Hauptleute der Tausendschaften und die Hauptleute der Hundertschaften, die von dem Kriegszug zurückkamen.

[15] Er sagte zu ihnen: Warum habt ihr alle Frauen am Leben gelassen? [16] Gerade sie haben auf den Rat Bileams hin die Israeliten dazu verführt, vom Herrn abzufallen und dem Pegor zu dienen, sodass die Plage über die Gemeinde des Herrn kam. [17] Nun bringt alle männlichen Kinder um und ebenso alle Frauen, die schon einen Mann erkannt und mit einem Mann geschlafen haben. [18] Aber alle weiblichen Kinder und die Frauen, die noch nicht mit einem Mann geschlafen haben, lasst für euch am Leben! [19] Schlagt aber für sieben Tage eure Zelte außerhalb des Lagers auf! Jeder von euch, der einen Menschen umgebracht hat, und jeder, der einen Erschlagenen berührt hat, muss sich am dritten und am siebten Tag der Entsündigung unterziehen, ihr selbst wie eure Gefangenen. [20] Auch

alle Kleidungsstücke, alle Lederwaren, alle Erzeug-
nisse aus Ziegenhaaren und alle Holzgeräte müsst
ihr entsündigen.
21 Der Priester Eleasar sagte zu den Männern, die
von dem Kriegszug zurückgekehrt waren: Das
ist die gesetzliche Verordnung, die der Herr dem
Mose aufgetragen hat: 22 Nur das Gold, das Sil-
ber, das Kupfer, das Eisen, das Zinn und das Blei,
23 alles, was Feuer nicht verbrennen kann, sollt ihr
durchs Feuer ziehen, damit es rein wird. Doch es
muss auch noch mit Reinigungswasser entsündigt
werden. Alles aber, was im Feuer verbrennen kann,
zieht durchs Wasser! 24 Wascht am siebten Tag eure
Kleider, dann seid ihr rein und dürft in das Lager
zurückkommen.
25 Der Herr sprach zu Mose: 26 Zähl zusammen mit
dem Priester Eleasar und den Familienhäuptern
der Gemeinde die Beute, die gefangenen Men-
schen und Tiere! 27 Teil die Beute zur Hälfte zwi-
schen denen, die am Krieg teilgenommen haben,
und der ganzen Gemeinde. 28 Dann erheb von den
Kriegern, die mit dem Heer ausgezogen sind, als
Steuer für den Herrn je einen von fünfhundert
Gefangenen, je ein Tier von fünfhundert Rindern,
Eseln, Schafen und Ziegen. 29 Nehmt sie von dem
Beuteanteil der Krieger; dann gib sie dem Priester
Eleasar als Abgabe für den Herrn! 30 Von dem
Anteil der Beute, der auf die Israeliten entfällt,
sollst du je einen von fünfzig Gefangenen und je
ein Tier von fünfzig Rindern, Eseln, Schafen und
Ziegen, also vom ganzen Vieh, nehmen und den
Leviten übergeben, die auf die Anordnungen für
die Wohnstätte des Herrn zu achten haben.
31 Mose und der Priester Eleasar taten, was der
Herr dem Mose befohlen hatte. 32 Die überaus rei-
che Beute, die das Kriegsvolk im Heer gemacht
hatte, betrug 675 000 Schafe und Ziegen, 33 72 000
Rinder, 34 61 000 Esel 35 und insgesamt 32 000
Menschen, Frauen, die noch mit keinem Mann
geschlafen hatten. 36 Die Hälfte des Anteils derer,
die mit dem Heer ausgezogen waren, betrug also
337 500 Schafe und Ziegen; 37 die Steuer für den
Herrn von den Schafen und Ziegen betrug also
675 Stück. 38 Rinder waren es 36 000, davon fielen
72 als Steuer an den Herrn. 39 Esel waren es 30 500,
davon fielen 61 als Steuer an den Herrn. 40 Men-
schen waren es 16 000, davon fielen 32 als Steuer
an den Herrn. 41 Mose übergab die Steuer als Ab-
gabe für den Herrn dem Priester Eleasar, wie der
Herr es ihm befohlen hatte.
42 Von der für die Israeliten bestimmten Hälfte,
die Mose von der gesamten Beute der Krieger ab-
gezweigt hatte, 43 von der für die Gemeinde be-
stimmten Hälfte – im Ganzen 337 500 Schafe und
Ziegen, 44 36 000 Rinder, 45 30 500 Esel 46 und 16 000
Menschen – 47 von dieser für die Israeliten be-
stimmten Hälfte also nahm Mose je eine von fünf-
zig gefangenen Frauen und je eines von fünfzig
Tieren und übergab sie den Leviten, die auf die
Anordnungen für die Wohnstätte des Herrn zu
achten haben, wie der Herr es Mose befohlen
hatte.
48 Die Befehlshaber der Heeresverbände, die
Hauptleute der Tausendschaften und die Haupt-
leute der Hundertschaften kamen zu Mose 49 und
sagten: Deine Knechte haben die Krieger gezählt,
die unter unserem Befehl standen; kein einziger
Mann wird vermisst. 50 Darum bringen wir eine
Gabe für den Herrn, jeder, was er an Goldgeräten,
an Armbändern, Spangen, Siegelringen, Ohrrin-
gen und anderen Schmucksachen gefunden hat;
damit wollen wir uns vor dem Herrn entsühnen.
51 Mose und der Priester Eleasar nahmen das Gold
und alle Kunstgegenstände von ihnen entgegen.
52 Diese Abgabe an Gold, die sie für den Herrn
von den Hauptleuten der Tausendschaften und
den Hauptleuten der Hundertschaften einsam-
melten, betrug im Ganzen 16 750 Schekel. 53 Von
den Kriegern hatte nämlich jeder auch noch für
sich Beute gemacht. 54 Mose und der Priester Elea-
sar nahmen das Gold von den Hauptleuten der
Tausendschaften und von den Hauptleuten der
Hundertschaften entgegen und brachten es in das
Offenbarungszelt, als Zeichen, das den Herrn an
die Israeliten erinnern sollte.

Die Landzuteilung an die ostjordanischen Stämme

32 Die Rubeniter und die Gaditer hatten sehr
große Viehherden. Als sie nun das Land
Jaser und das Land Gilead sahen, erschien ihnen
diese Gegend gut geeignet für ihre Viehhaltung.
2 Darum kamen sie zu Mose, zu dem Priester
Eleasar und zu den Anführern der Gemeinde und

sagten: [3] Atarot, Dibon, Jaser, Nimra, Heschbon, Elale, Sibma, Nebo und Beon, [4] das Land, das der Herr für die Gemeinde Israel erobert hat, ist gut geeignet für die Viehhaltung und deine Knechte haben Viehherden. [5] Sie sagten: Wenn wir dein Wohlwollen gefunden haben, dann gebe man dieses Land deinen Knechten als Besitz. Nimm uns nicht über den Jordan mit! [6] Mose antwortete den Gaditern und den Rubenitern: Sollen eure Brüder in den Krieg ziehen, während ihr hier sitzen bleibt? [7] Warum wollt ihr den Israeliten den Mut nehmen, in das Land hinüberzuziehen, das der Herr für sie bestimmt hat? [8] Genauso haben es schon eure Väter gemacht, als ich sie von Kadesch-Barnea ausgeschickt hatte, damit sie das Land erkundeten. [9] Sie waren bis zum Traubental hinaufgekommen, hatten das Land gesehen und haben dann den Israeliten den Mut genommen, sodass sie das Land nicht mehr betreten wollten, das der Herr für sie bestimmt hatte. [10] Damals entbrannte der Zorn des Herrn und er schwor: [11] Auf keinen Fall werden die, die aus Ägypten heraufgekommen sind, die Männer von zwanzig Jahren und darüber, das Land zu sehen bekommen, das ich Abraham, Isaak und Jakob mit einem Eid zugesichert habe; denn sie haben nicht treu zu mir gehalten. [12] Nur der Kenasiter Kaleb, der Sohn Jefunnes, und Josua, der Sohn Nuns, waren ausgenommen, denn sie hielten treu zum Herrn.

[13] Der Zorn des Herrn entbrannte über Israel und er ließ sie vierzig Jahre lang in der Wüste umherirren, bis die ganze Generation ausgestorben war, die getan hatte, was dem Herrn missfiel. [14] Und jetzt kommt ihr anstelle eurer Väter, ihr Brut von Sündern, um den glühenden Zorn des Herrn auf Israel noch größer zu machen? [15] Wenn ihr euch von ihm abwendet, wird er dieses ganze Volk noch länger in der Wüste lassen und ihr richtet das ganze Volk zugrunde.

[16] Doch sie traten noch näher an Mose heran und sagten: Wir errichten hier Pferche für unser Vieh, unsere Schafe und Ziegen, und bauen Städte für unsere Kinder. [17] Wir selbst aber rüsten uns und ziehen bewaffnet vor den Israeliten her, bis wir sie in ihr Land gebracht haben. Unterdessen werden unsere Kinder in den Städten wohnen, die zum Schutz gegen die Einwohner des Landes befestigt sind. [18] Wir kehren nicht in unsere Häuser zurück, bevor jeder Israelit seinen Erbbesitz erhalten hat. [19] Wir verlangen auf der anderen Seite des Jordan keinen Erbbesitz wie sie, wenn wir diesseits, östlich des Jordan, unseren Erbbesitz bekommen. [20] Mose antwortete ihnen: Wenn ihr das tut, wenn ihr euch also vor den Augen des Herrn zum Kampf rüstet [21] und jeder von euch, der sich gerüstet hat, vor den Augen des Herrn den Jordan überschreitet und kämpft, bis er seine Feinde vertrieben hat [22] und das Land dem Herrn unterworfen ist, dann dürft ihr nachher umkehren und ihr seid gegenüber dem Herrn und Israel frei von weiteren Verpflichtungen. Dann soll dieses Land vor den Augen des Herrn euch als Eigentum gehören. [23] Wenn ihr das aber nicht tut, versündigt ihr euch gegen den Herrn. Dann habt ihr die Folgen für eure Sünde zu tragen; das müsst ihr wissen. [24] Baut euch Städte für eure Kinder und errichtet Pferche für eure Schafe und Ziegen! Aber haltet auch, was ihr versprochen habt. [25] Da sagten die Gaditer und die Rubeniter zu Mose: Deine Knechte werden tun, was mein Herr befiehlt. [26] Unsere Kinder, unsere Frauen und unsere Herden, unser ganzes Vieh, werden dort in den Städten von Gilead bleiben. [27] Alle deine Knechte aber werden sich rüsten und vor den Augen des Herrn über den Jordan in den Krieg ziehen, wie mein Herr befiehlt.

[28] Für sie gab Mose dem Priester Eleasar, Josua, dem Sohn Nuns, und den Familienhäuptern der israelitischen Stämme folgende Weisung: [29] Er sagte zu ihnen: Wenn die Gaditer und die Rubeniter, zum Kampf gerüstet, vor den Augen des Herrn mit euch den Jordan überschreiten und wenn ihr das Land unterworfen habt, dann gebt ihnen das Land Gilead zum Besitz! [30] Wenn sie sich aber nicht rüsten und mit euch hinübergehen, dann sollen sie mitten unter euch in Kanaan eigenen Grund und Boden erhalten. [31] Die Gaditer und die Rubeniter antworteten: Was der Herr zu deinen Knechten sagt, werden wir tun. [32] Wir rüsten uns und ziehen vor den Augen des Herrn nach Kanaan hinüber, dann bleibt uns jenseits des Jordan unser Erbbesitz erhalten. [33] Da übergab Mose den Gaditern, den Rubenitern und dem halben Stamm des Manasse, des Sohnes Josefs, das Reich des Amoriterkönigs Sihon und das Reich Ogs, des Königs des

Baschan, das Land mit seinen Städten und deren
ganzen Umgebung, soweit das Land reichte.
34 Die Gaditer erbauten die befestigten Städte
Dibon, Atarot, Aroër, 35 Atrot-Schofan, Jaser,
Jogboha, 36 Bet-Nimra und Bet-Haran und er-
richteten Schafpferche. 37 Die Rubeniter erbauten
Heschbon, Elale, Kirjatajim, 38 Nebo und Baal-
Meon, denen sie andere Namen gaben, sowie
Sibma. Sie gaben nämlich den Städten, die sie
wieder aufbauten, neue Namen.
39 Die Söhne Machirs, des Sohnes des Manasse,
zogen nach Gilead und eroberten es. Sie vertrie-
ben die Amoriter, die dort lebten. 40 Da übergab
Mose Gilead dem Machir, dem Sohn des Manasse,
und Machir ließ sich dort nieder. 41 Jaïr, der Sohn
des Manasse, zog in den Kampf und eroberte die
Zeltdörfer der Amoriter; er nannte sie Hawot-Jaïr
(Zeltdörfer Jaïrs). 42 Nobach zog in den Kampf, er-
oberte Kenat und seine Tochterstädte und nannte
es nach seinem eigenen Namen Nobach.

9: 14,1–38 • 10–12: 14,21–24.30f

Das Verzeichnis der Lagerstationen

33 Das sind die Wegstrecken, die die Israe-
liten bei ihrem Auszug aus Ägypten unter
der Führung von Mose und Aaron zurücklegten,
nach Abteilungen geordnet. 2 Mose schrieb die
Orte, an denen sie zu den einzelnen Wegstrecken
aufbrachen, auf Befehl des Herrn auf. Das sind
also die Wegstrecken in der Reihenfolge, in der die
Israeliten aufbrachen: 3 Aus Ramses brachen sie
am fünfzehnten Tag des ersten Monats auf. Am
Tag nach dem Paschafest zogen die Israeliten vor
den Augen aller Ägypter voll Zuversicht aus, 4 wäh-
rend die Ägypter ihre Erstgeborenen begruben,
die der Herr bei ihnen alle erschlagen hatte, und
während der Herr an ihren Göttern sein Strafge-
richt vollstreckte.
5 Die Israeliten brachen von Ramses auf und
schlugen ihr Lager in Sukkot auf. 6 Von Sukkot bra-
chen sie auf und schlugen ihr Lager in Etam, am
Rand der Wüste, auf. 7 Von Etam brachen sie
auf, bogen nach Pi-Hahirot gegenüber Baal-Zefon
ab und schlugen ihr Lager vor Migdol auf. 8 Von
Pi-Hahirot brachen sie auf und zogen mitten
durch das Meer in die Wüste. In der Wüste Etam
waren sie drei Tage unterwegs und schlugen dann
ihr Lager in Mara auf. 9 Von Mara brachen sie auf
und kamen nach Elim. In Elim gab es zwölf Quel-
len und siebzig Palmen; daher schlugen sie dort
ihr Lager auf. 10 Von Elim brachen sie auf und
schlugen ihr Lager am Schilfmeer auf. 11 Vom
Schilfmeer brachen sie auf und schlugen ihr Lager
in der Wüste Sin auf. 12 Von der Wüste Sin brachen
sie auf und schlugen ihr Lager in Dofka auf. 13 Von
Dofka brachen sie auf und schlugen ihr Lager in
Alusch auf. 14 Von Alusch brachen sie auf und
schlugen ihr Lager in Refidim auf; dort hatte das
Volk kein Wasser zu trinken. 15 Von Refidim bra-
chen sie auf und schlugen ihr Lager in der Wüste
Sinai auf. 16 Aus der Wüste Sinai brachen sie auf
und schlugen ihr Lager in Kibrot-Taawa auf. 17 Von
Kibrot-Taawa brachen sie auf und schlugen ihr
Lager in Hazerot auf. 18 Von Hazerot brachen sie
auf und schlugen ihr Lager in Ritma auf. 19 Von
Ritma brachen sie auf und schlugen ihr Lager in
Rimmon-Perez auf. 20 Von Rimmon-Perez bra-
chen sie auf und schlugen ihr Lager in Libna auf.
21 Von Libna brachen sie auf und schlugen ihr
Lager in Rissa auf. 22 Von Rissa brachen sie auf und
schlugen ihr Lager in Kehelata auf. 23 Von Kehelata
brachen sie auf und schlugen ihr Lager am Berg
Schefer auf. 24 Vom Berg Schefer brachen sie auf
und schlugen ihr Lager in Harada auf. 25 Von Ha-
rada brachen sie auf und schlugen ihr Lager in
Makhelot auf. 26 Von Makhelot brachen sie auf
und schlugen ihr Lager in Tahat auf. 27 Von Tahat
brachen sie auf und schlugen ihr Lager in Terach
auf. 28 Von Terach brachen sie auf und schlugen ihr
Lager in Mitka auf. 29 Von Mitka brachen sie auf
und schlugen ihr Lager in Haschmona auf. 30 Von
Haschmona brachen sie auf und schlugen ihr La-
ger in Moserot auf. 31 Von Moserot brachen sie auf
und schlugen ihr Lager in Bene-Jaakan auf. 32 Von
Bene-Jaakan brachen sie auf und schlugen ihr
Lager in Hor-Gidgad auf. 33 Von Hor-Gidgad bra-
chen sie auf und schlugen ihr Lager in Jotbata auf.
34 Von Jotbata brachen sie auf und schlugen ihr
Lager in Abrona auf. 35 Von Abrona brachen sie auf
und schlugen ihr Lager in Ezjon-Geber auf. 36 Von
Ezjon-Geber brachen sie auf und schlugen ihr
Lager in der Wüste Zin, das heißt Kadesch, auf.
37 Von Kadesch brachen sie auf und schlugen ihr
Lager am Berg Hor am Rand von Edom auf.

38 Auf Befehl des Herrn stieg der Priester Aaron auf
den Berg Hor und starb dort im vierzigsten Jahr
nach dem Auszug der Israeliten aus Ägypten,
am ersten Tag des fünften Monats. 39 Aaron war
hundertdreiundzwanzig Jahre alt, als er auf dem
Berg Hor starb.
40 Der kanaanitische König von Arad, der im Ne-
geb, im Süden Kanaans saß, hörte, dass die Israe-
liten heranrückten.
41 Vom Berg Hor brachen sie auf und schlugen ihr
Lager in Zalmona auf. 42 Von Zalmona brachen sie
auf und schlugen ihr Lager in Punon auf. 43 Von
Punon brachen sie auf und schlugen ihr Lager in
Obot auf. 44 Von Obot brachen sie auf und schlu-
gen ihr Lager in Ije-Abarim, im Gebiet von Moab,
auf. 45 Von Ijim brachen sie auf und schlugen ihr
Lager in Dibon-Gad auf. 46 Von Dibon-Gad bra-
chen sie auf und schlugen ihr Lager in Almon-
Diblatajim auf. 47 Von Almon-Diblatajim brachen
sie auf und schlugen ihr Lager im Abarimgebirge
vor Nebo auf. 48 Vom Abarimgebirge brachen sie
auf und schlugen ihr Lager in den Steppen von
Moab am Jordan bei Jericho auf; 49 ihr Lager am
Jordan erstreckte sich von Bet-Jeschimot bis Abel-
Schittim in den Steppen von Moab.

3: Ex 14,8 • 8: Ex 14 • 38: 20,22–29 • 40: 21,1

Die Anweisungen für die Landverteilung

50 In den Steppen von Moab, am Jordan bei
Jericho, sprach der Herr zu Mose: 51 Rede zu den
Israeliten und sag zu ihnen: Wenn ihr den Jordan
überschritten und Kanaan betreten habt, 52 dann
vertreibt vor euch alle Einwohner des Landes und
vernichtet alle ihre Götterbilder! Alle ihre aus
Metall gegossenen Figuren sollt ihr vernichten
und alle ihre Kulthöhen zerstören. 53 Dann nehmt
das Land in Besitz und lasst euch darin nieder;
denn ich habe es euch zum Besitz gegeben. 54 Ver-
teilt das Land durch das Los an eure Sippen! Ei-
nem großen Stamm gebt großen Erbbesitz, einem
kleinen Stamm gebt kleinen Erbbesitz! Worauf
das Los eines jeden fällt, das soll ihm gehören. Teilt
das Land so unter die Stämme eurer Väter auf!
55 Wenn ihr die Einwohner des Landes vor euch
nicht vertreibt, dann werden die, die von ihnen
übrig bleiben, zu Splittern in euren Augen und zu
Stacheln in eurer Seite. Sie werden euch in dem
Land, in dem ihr wohnt, in eine große Gefahr brin-
gen. 56 Dann werde ich mit euch machen, was ich
mit ihnen machen wollte.

34 Der Herr sprach zu Mose: 2 Befiehl den
Israeliten und sag ihnen, wenn ihr nach
Kanaan kommt: Das ist das Land, das euch als erb-
licher Besitz zufällt, Kanaan in seinen jetzigen
Grenzen. 3 Eure Südgrenze soll von der Wüste Zin
aus an Edom entlang verlaufen, und zwar soll sie
vom Ende des Salzmeers im Osten ausgehen.
4 Dann soll eure Grenze südlich des Skorpionen-
passes sich bis Zin erstrecken. Ihre Ausläufer sol-
len bis südlich von Kadesch-Barnea reichen. Von
dort soll sie sich bis Hazar-Addar und bis Azmon
hinziehen. 5 Von Azmon soll die Grenze zum
Grenzbach Ägyptens abbiegen und die Ausläufer
der Grenze sollen bis zum Meer reichen. 6 Eure
Grenze im Westen soll das Große Meer mit seinem
Strand sein. Das sei eure Westgrenze. 7 Das sei eure
Nordgrenze: Vom Großen Meer sollt ihr euch eine
Linie bis zum Berg Hor abstecken, 8 und vom Berg
Hor eine Linie bis Lebo-Hamat. Die Ausläufer
dieser Grenze sollen bis Zedad reichen. 9 Dann soll
die Grenze weitergehen bis Sifron und ihre Aus-
läufer sollen bis Hazar-Enan reichen. Das sei eure
Nordgrenze. 10 Als Ostgrenze sollt ihr eine Linie
von Hazar-Enan bis Schefam abstecken. 11 Von
Schefam soll die Grenze nach Ribla östlich von
Ajin hinuntersteigen. Dann soll die Grenze zum
Rand des Gebirges östlich des Sees von Kinneret
hinuntergehen. 12 Dann soll die Grenze zum Jor-
dan hinunterführen und ihre Ausläufer sollen bis
zum Salzmeer reichen. Das seien die Grenzen
rings um euer Land.
13 Da befahl Mose den Israeliten: Das ist das Land,
das ihr durch das Los als Erbbesitz verteilen sollt.
Der Herr hat befohlen, es den neuneinhalb Stäm-
men zu geben; 14 denn der Stamm der Rubeniter
mit seinen Sippen und der Stamm der Gaditer
mit seinen Sippen und der halbe Stamm Manasse
haben ihren Erbbesitz schon erhalten. 15 Diese
zweieinhalb Stämme haben ihren Erbbesitz jen-
seits des Jordan erhalten, östlich von Jericho.
16 Der Herr sprach zu Mose: 17 Das sind die Namen
der Männer, die das Land unter euch verteilen sol-
len: der Priester Eleasar und Josua, der Sohn Nuns.
18 Außerdem nehmt zur Verteilung des Landes je

einen führenden Mann aus jedem Stamm hinzu! [19] Das sind die Namen dieser Männer: für den Stamm Juda Kaleb, der Sohn Jefunnes; [20] für den Stamm der Simeoniter Schemuël, der Sohn Ammihuds; [21] für den Stamm Benjamin Elidad, der Sohn Kislons; [22] für den Stamm der Daniter der Anführer Bukki, der Sohn Joglis; [23] bei den Josefstämmen für den Stamm der Manassiter der Anführer Hanniël, der Sohn Efods, [24] und für den Stamm der Efraimiter der Anführer Kemuël, der Sohn Schiftans; [25] für den Stamm der Sebuloniter der Anführer Elizafan, der Sohn Parnachs; [26] für den Stamm der Issachariter der Anführer Paltiël, der Sohn Asans; [27] für den Stamm der Ascheriter der Anführer Ahihud, der Sohn Schelomis; [28] für den Stamm der Naftaliter der Anführer Pedahel, der Sohn Ammihuds. [29] Das waren die Männer, die der Herr dazu verpflichtete, in Kanaan den Israeliten ihren Erbanteil zuzuteilen.

33,51: Ex 34,12f • 54: 26,52–56 • 34,14f: 32,1–42

Die Leviten- und Asylstädte

35 In der Steppe von Moab, am Jordan bei Jericho, sprach der Herr zu Mose: [2] Befiehl den Israeliten, sie sollen von ihrem Erbbesitz den Leviten einige Städte abgeben, in denen sie sich niederlassen können. Auch die ringsum zu den Städten gehörende Weidefläche sollt ihr den Leviten überlassen. [3] Die Städte sollen ihnen als Wohnsitz gehören und die dazugehörenden Weideflächen sollen ihrem Vieh, ihren Herden und allen ihren Tieren zur Verfügung stehen. [4] Die Weideflächen der Städte, die ihr den Leviten gebt, sollen ringsum von der Stadtmauer zweitausend Ellen nach außen reichen. [5] Außerhalb der Stadt sollt ihr in östlicher Richtung zweitausend Ellen, in südlicher Richtung zweitausend Ellen, in westlicher Richtung zweitausend Ellen und in nördlicher Richtung zweitausend Ellen abmessen. Die Stadt soll also in der Mitte liegen. Das soll den Leviten als Weidefläche der Städte gehören. [6] Unter den Städten, die ihr ihnen abgebt, sollen sechs Asylstädte sein, die ihr als Zufluchtsorte für den bestimmt, der einen Menschen erschlagen hat. Außerdem sollt ihr ihnen weitere zweiundvierzig Städte geben. [7] Im Ganzen sind es achtundvierzig Städte samt ihren Weideflächen, die ihr den Leviten abgeben sollt. [8] Die Zahl der Städte, die ihr vom Landbesitz der Israeliten abgebt, sollt ihr bei einem großen Stamm höher, bei einem kleinen niedriger ansetzen; jeder Stamm soll von seinen Städten den Leviten so viele abgeben, wie es der Größe seines eigenen Erbbesitzes entspricht.

[9] Der Herr sprach zu Mose: [10] Rede zu den Israeliten und sag zu ihnen: Wenn ihr den Jordan überschritten und Kanaan betreten habt, [11] dann sollt ihr einige Städte auswählen, die euch als Asylstädte dienen. Dorthin kann einer fliehen, der einen Menschen ohne Vorsatz erschlagen hat. [12] Die Städte sollen euch als Asyl vor dem Bluträcher dienen, sodass der, der getötet hat, nicht sterben muss, bevor er vor dem Gericht der Gemeinde stand. [13] Von den Städten, die ihr abgebt, sollen euch sechs als Asylstädte dienen. [14] Drei dieser Städte sollt ihr jenseits des Jordan und drei in Kanaan bestimmen; sie sollen Asylstädte sein. [15] Den Israeliten, auch den Fremden und den Halbbürgern bei euch, sollen diese sechs Städte als Asyl zur Verfügung stehen; dorthin kann jeder fliehen, der ohne Vorsatz einen Menschen erschlagen hat.

[16] Wenn er ihn aber mit einem Eisengerät so geschlagen hat, dass er stirbt, ist er ein Mörder. Der Mörder ist mit dem Tod zu bestrafen. [17] Wenn er ihn mit einem Stein in der Hand, der groß genug ist, jemanden zu töten, so geschlagen hat, dass er stirbt, ist er ein Mörder. Der Mörder ist mit dem Tod zu bestrafen. [18] Auch wenn er ihn mit einem hölzernen Gegenstand, der geeignet ist, einen Menschen zu töten, so geschlagen hat, dass er stirbt, ist er ein Mörder. Der Mörder ist mit dem Tod zu bestrafen.

[19] Der Bluträcher darf den Mörder töten; sobald er ihn trifft, darf er ihn töten.

[20] Wenn einer einen andern aus Hass stößt oder aus dem Hinterhalt nach ihm wirft, sodass er stirbt, [21] oder wenn er ihn in feindlicher Absicht mit der Hand so schlägt, dass er stirbt, dann soll der, der zugeschlagen hat, mit dem Tod bestraft werden; er ist ein Mörder. Der Bluträcher darf den Mörder töten, sobald er ihn trifft.

[22] Wenn aber einer einen andern aus Unachtsamkeit, ohne feindliche Absicht, gestoßen oder ohne Hinterhältigkeit irgendeinen Gegenstand auf ihn geworfen hat [23] oder wenn er, ohne ihn zu sehen,

einen Stein, der einen Menschen töten kann, auf
ihn fallen ließ, sodass er starb – vorausgesetzt, er
war nicht sein Feind und suchte ihn auch nicht
zu schädigen –, [24] dann soll die Gemeinde zwi-
schen dem, der getötet hat, und dem Bluträcher
nach diesen Grundsätzen ein Urteil fällen: [25] Die
Gemeinde soll den, der getötet hat, vor der Gewalt
des Bluträchers retten und ihn in die Asylstadt, in
die er geflohen war, zurückbringen. Er darf darin
wohnen, bis der Hohepriester stirbt, den man mit
heiligem Öl gesalbt hat. [26] Wenn der, der getötet
hat, das Gebiet der Asylstadt verlässt, in die er ge-
flohen ist, [27] und der Bluträcher ihn außerhalb
seiner Asylstadt trifft, darf dieser den, der getötet
hat, umbringen; dadurch entsteht ihm keine Blut-
schuld. [28] Denn der, der getötet hat, soll bis zum
Tod des Hohenpriesters in der Asylstadt bleiben;
nach dem Tod des Hohenpriesters kann er zu
seinem Land und zu seinem Besitz zurückkehren.
[29] Das soll bei euch überall, wo ihr wohnt, von
Generation zu Generation als Recht gelten.
[30] Wenn irgendjemand einen Menschen erschlägt,
darf man den Mörder nur aufgrund von Zeugen-
aussagen töten; doch aufgrund der Aussage nur
eines einzigen Zeugen darf man einen Menschen
nicht töten. [31] Ihr sollt kein Sühnegeld annehmen
für das Leben eines Mörders, der schuldig gespro-
chen und zum Tod verurteilt ist; denn er muss
mit dem Tod bestraft werden. [32] Auch dürft ihr
von einem, der in eine Asylstadt geflohen ist,
kein Sühnegeld annehmen, sodass er vor dem Tod
des Hohenpriesters in die Heimat zurückkehren
könnte. [33] Ihr dürft das Land, in dem ihr wohnt,
nicht entweihen; denn Blut entweiht das Land,
und man kann das Land von dem darin vergosse-
nen Blut nur durch das Blut dessen entsühnen, der
es vergossen hat. [34] Verunreinigt nicht das Land, in
dem ihr euch niedergelassen habt und in dessen
Mitte ich selbst wohne; denn ich, der Herr, wohne
mitten unter den Israeliten.

1–34 || Ex 21,12–14; Jos 20,1–9; Dtn 19,1–10 • 30: Dtn 17,6; 19,15

Weitere Erbrechtsbestimmungen

36 Die Familienoberhäupter der Nachkom-
men Gileads, des Sohnes Machirs, des
Sohnes Manasses, aus den Sippen der Nachkom-
men Josefs, kamen zu Mose und den führenden
Männern, den Familienhäuptern der Israeliten,
um mit ihnen zu reden. [2] Sie sagten: Der Herr hat
meinem Herrn aufgetragen, das Land durch das
Los als Erbbesitz an die Israeliten zu verteilen. Mein
Herr erhielt aber vom Herrn auch den Auftrag,
den Erbbesitz unseres Bruders Zelofhad seinen
Töchtern zu geben. [3] Wenn diese nun einen Mann
aus einem anderen israelitischen Stamm heiraten,
dann geht ihr Besitz dem Erbbesitz unserer Väter
verloren und wird zum Erbbesitz des Stammes, in
den sie einheiraten; er geht also unserem Erbanteil
verloren. [4] Sobald das Jubeljahr für die Israeliten
kommt, wird ihr Erbbesitz zum Erbbesitz des
Stammes, in den sie einheiraten, aber dem Erb-
besitz unseres väterlichen Stammes geht ihr Erb-
besitz verloren. [5] Da befahl Mose den Israeliten auf
Anweisung des Herrn: Die Männer vom Stamm
der Söhne Josefs haben Recht. [6] Das ist es, was der
Herr den Töchtern Zelofhads befiehlt: Heiratet,
wen ihr wollt, nur müsst ihr einen Mann aus einer
Sippe eures väterlichen Stammes heiraten. [7] Der
Erbbesitz darf bei den Israeliten nicht von einem
Stamm auf den andern übergehen; denn jeder
Israelit soll fest mit dem Erbbesitz seines väterli-
chen Stammes verbunden bleiben. [8] Jede Tochter,
die Anspruch auf Erbbesitz in einem israelitischen
Stamm hat, muss einen Mann aus einer Sippe ih-
res väterlichen Stammes heiraten, damit bei den
Israeliten jeder im Erbbesitz seiner Väter bleibt.
[9] Der Erbbesitz darf nicht von einem Stamm auf
einen andern übergehen. Denn jeder Israelit soll
fest mit dem Erbbesitz seines Stammes verbunden
bleiben.
[10] Die Töchter Zelofhads taten, was der Herr dem
Mose befohlen hatte. [11] Machla, Tirza, Hogla,
Milka und Noa, die Töchter Zelofhads, heirate-
ten Söhne ihrer Onkel; [12] sie heirateten Männer
aus den Sippen der Nachkommen Manasses, des
Sohnes Josefs. So blieb ihr Erbbesitz dem Stamm
ihrer väterlichen Sippe erhalten.
[13] Das sind die Gebote und Rechte, die der Herr
den Israeliten in den Steppen von Moab, am Jor-
dan bei Jericho, durch Mose gegeben hat.

2: 27, 1–11

DAS BUCH DEUTERONOMIUM

Das Buch Deuteronomium erzählt von den letzten Lebenstagen des Mose und schließt den Pentateuch ab. Vor seinem Tod verkündet Mose noch einmal das Gesetz vom Sinai. Daher trägt dieses Buch in der griechischen und in der lateinischen Bibel den Namen Deuteronomium (Zweites Gesetz; vgl. 17,18). Die Juden nennen dieses Buch Dewarim (Worte) nach den Anfangsworten Elle haddebarim (Das sind die Worte).

Das Buch Deuteronomium enthält zum Teil sehr alte Texte. Doch in seine jetzige Gestalt wuchs es erst in der ausgehenden Königszeit, im Exil und nach dem Exil hinein. Indem Israel seine späteren Ordnungen und Einsichten bis in die Zeit des Mose zurückverlegt, bekennt es, dass es sich dabei um Gottes Weisung und Setzung handelt, an der man für immer festhalten soll.

Die letzte Wurzel des deuteronomischen Gesetzes ist wahrscheinlich ein Bundestext aus der Richterzeit, der noch in Ex 34,10–26 erhalten ist. Er spiegelt eine Ordnung, in der Jahwe, der Gott Israels, selbst als Herrscher des Volkes galt. Nachdem Israel einen König erhalten hatte, konnte man zunächst mit solchen Vorstellungen nichts anfangen. Die Tradition wurde aber weitergepflegt und in der frühen Königszeit hatte das Bundesgesetz die Gestalt angenommen, die in Ex 20,22 – 23,33, dem sog. Bundesbuch, erhalten ist. Im ausgehenden 8. Jahrhundert scheint man in Juda bei religiösen Reformversuchen, erstmalig wohl unter König Hiskija, auf diese alten Traditionen zurückgegriffen zu haben. In den neu redigierten Text kamen die Gesetze über die Zentralisierung der Opfer, Abgaben und Wallfahrtsfeste an einem einzigen Heiligtum (Jerusalem; vgl. 2 Kön 18,22); irgendwann wurden Gesetze eingefügt, die am alten Text der Zehn Gebote orientiert waren; damals entstand auch die feierliche »deuteronomische Sprache«, die wohl für den öffentlichen Vortrag bei Bundesschluss oder Bundeserneuerung gedacht war.

Im Jahr 622 v. Chr. verpflichtete König Joschija von Jerusalem sein Reich auf ein im Tempel gefundenes Gesetz (2 Kön 22f). Dieses dürfte eine Fassung des deuteronomischen Gesetzes gewesen sein, die mit Dtn 6,4 einsetzte und große Teile der jetzigen Kapitel 6 – 28 enthielt. Dieses Gesetz, das im Lauf der Zeit noch viele Erweiterungen erfuhr, war von da an bis zum Untergang Jerusalems (586 v. Chr.), im Exil und auch nach der Heimkehr die Lebensgrundlage des jüdischen Volkes, bis es durch das »Heiligkeitsgesetz« (Lev 19 – 26) ergänzt und dann zusammen mit vielen anderen gesetzlichen Materialien in der Gesetzgebung des Pentateuch zusammengefasst wurde.

Noch zu Lebzeiten Joschijas wurde ein Geschichtswerk verfasst, das von Mose bis zu diesem König reichte. An seinen Anfang wurde das deuteronomische Gesetz gestellt, gewissermaßen als göttlicher Maßstab für die Geschichte des Volkes. Damals wurde es als Moserede stilisiert und mit anderen Reden des Mose umgeben, die zum Teil Rückblicke auf die Wüstenzeit Israels und Ausblicke auf die Geschichte Israels enthalten. Dieses »Deuteronomistische Geschichtswerk« wurde in und nach dem Babylonischen Exil noch mehrfach überarbeitet.

Es umfasst jetzt die Bücher Dtn bis 2 Kön. Bei der Herstellung des Pentateuch in nachexilischer Zeit wurde das Buch Deuteronomium von diesem Geschichtswerk abgetrennt und durch einige weitere Texte, vor allem aus der »Priesterschrift«, mit den ersten vier Büchern des Pentateuch verklammert (vgl. die Einleitung zu den Fünf Büchern des Mose).

Das Buch stellt sich jetzt als eine Sammlung von Mosereden dar, die durch ein Überschriftensystem in vier Teile gegliedert ist: 1,1 – 4,43 »Rede« des Mose (Rückblick und Mahnung); 4,44 – 28,68 »Weisung« des Mose (Verkündigung des Gesetzes); 28,69 – 32,52 die »Worte, mit denen der Bund geschlossen wurde« (letzte Verfügungen des Mose); 33,1–29 »Segen« des Mose (mit angehängtem Bericht über seinen Tod und sein Begräbnis 34,1–12). Das Moselied (32,1–43) und der Mosesegen (33,2–29) sind alte Dichtungen.

Man kann das Deuteronomium als Zeugnis der ersten großen theologischen Synthese in Israel betrachten. Hier werden zum ersten Mal unter den Leitgedanken der Verpflichtung Israels auf den ausschließlichen Dienst für seinen Gott Jahwe und des Verhältnisses Gott-Volk nach Art eines Lehnsverhält-

nisses zwischen einem Herrn und denen, die sich ihm durch einen Vertrag anvertraut haben (»Bund«), die verschiedensten Traditionen zu einer Einheit zusammengefasst. Für uns sind viele Institutionen, die sich in den Gesetzen spiegeln, Vergangenheit. Doch zeigt dieses alle Lebensbereiche in das Gottesverhältnis hineinziehende Buch, dass Gott sich ein Volk schaffen will, als Zeichen unter den Völkern und als Zeuge seiner Herrschaft.

DIE REDE DES MOSE: RÜCKBLICK UND MAHNUNG: 1,1 – 4,43

Ort und Zeit

1 Das sind die Worte, die Mose vor ganz Israel
gesprochen hat. Er sprach sie jenseits des Jor-
dan, in der Wüste, in der Araba, östlich von Suf,
zwischen Paran und Tofel, Laban, Hazerot und
Di-Sahab. 2 Elf Tage sind es vom Horeb auf dem
Weg zum Gebirge Seïr bis nach Kadesch-Barnea.
3 Es war im vierzigsten Jahr, im elften Monat, am
ersten Tag des Monats. Mose sagte den Israeliten
genau das, was ihm der Herr für sie aufgetragen
hatte. 4 Nachdem er Sihon, den König der Amori-
ter, der in Heschbon seinen Sitz hatte, und Og, den
König des Baschan, der in Aschtarot seinen Sitz
hatte, bei Edreï geschlagen hatte, 5 begann Mose
jenseits des Jordan im Land Moab, diese Weisung
aufzuschreiben. Er sagte:

4: 2,24 – 3,11

Der Aufbruch vom Horeb

6 Der Herr, unser Gott, hat am Horeb zu uns ge-
sagt: Ihr habt euch lange genug an diesem Berg
aufgehalten. 7 Nun wendet euch dem Bergland der
Amoriter zu, brecht auf und zieht hinauf! Zieht
aus gegen alle seine Bewohner in der Araba, auf
dem Gebirge, in der Schefela, im Negeb und an der
Meeresküste! Zieht in das Land der Kanaaniter
und in das Gebiet des Libanon, bis an den großen
Strom, den Eufrat! 8 Hiermit liefere ich euch das
Land aus. Zieht hinein und nehmt es in Besitz,
das Land, von dem ihr wisst: Der Herr hat euren
Vätern Abraham, Isaak und Jakob geschworen, es
ihnen und später ihren Nachkommen zu geben.
9 Damals habe ich zu euch gesagt: Ich kann euch
nicht allein tragen. 10 Der Herr, euer Gott, hat euch
zahlreich gemacht. Ja, ihr seid heute schon so zahl-
reich wie die Sterne am Himmel. 11 Und der Herr,
der Gott eurer Väter, lasse eure Zahl auf das
Tausendfache wachsen und segne euch, wie er es
euch versprochen hat. 12 Wie soll ich allein euch
tragen: eure Bürde, eure Last, eure Rechtshändel?
13 Schlagt für jeden eurer Stämme weise, gebildete
und bewährte Männer vor, damit ich sie als eure
Führer einsetze. 14 Ihr habt mir geantwortet: Das
ist ein guter Vorschlag. Führ ihn aus! 15 Also habe
ich die Führer eurer Stämme, weise und bewährte
Männer, genommen und sie zu euren Führern
ernannt: als Anführer für je tausend, Anführer
für je hundert, Anführer für je fünfzig, Anführer
für je zehn, und als Listenführer, für jeden eurer
Stämme. 16 Damals habe ich eure Richter ver-
pflichtet: Lasst jeden Streit zwischen euren Brü-
dern vor euch kommen. Entscheidet gerecht, sei es
der Streit eines Mannes mit einem Bruder oder
mit einem Fremden. 17 Kennt vor Gericht kein An-
sehen der Person! Klein wie Groß hört an! Fürch-
tet euch nicht vor angesehenen Leuten; denn das
Gericht hat mit Gott zu tun. Und ist euch eine
Sache zu schwierig, legt sie mir vor; dann werde
ich sie anhören. 18 Damals habe ich euch alle Vor-
schriften gegeben, nach denen ihr handeln sollt.

6–8: Ex 33,1 • 7: 19,8 • 9–18: Ex 18,13–27; Num 11,11–17 • 10: Hebr 11,12 • 13: 1,15; 5,23; 29,9; 33,5 • 15: 1,13; 16,18 • 16–17: 16,18–20; 17,8–13; 2 Chr 19,5–11; Joh 7,51 • 17: Jak 2,9 • 18: Ex 24,3–8

Israels Unglaube in Kadesch-Barnea

19 Dann brachen wir auf, verließen den Horeb und
wanderten durch diese ganze große und Furcht er-
regende Wüste – ihr habt sie erlebt – auf dem Weg
zum Amoriterbergland, wie es uns der Herr, un-
ser Gott, befohlen hatte. Wir kamen bis Kadesch-

Barnea. 20 Dort sagte ich zu euch: Nun seid ihr
am Bergland der Amoriter angekommen, das der
Herr, unser Gott, uns gibt. 21 Sieh, der Herr, dein
Gott, hat dir das Land ausgeliefert. Zieh hinauf
und nimm es in Besitz, wie der Herr, der Gott
deiner Väter, es dir befohlen hat. Fürchte dich
nicht und hab keine Angst! 22 Da seid ihr zu mir
gekommen, ihr alle, und habt gesagt: Wir wollen
einige Männer vorausschicken. Sie sollen uns das
Land auskundschaften und uns Bericht erstatten
über den Weg, den wir hinaufziehen, und über die
Städte, auf die wir treffen werden. 23 Der Vorschlag
erschien mir gut. Ich wählte unter euch zwölf
Männer aus, für jeden Stamm einen. 24 Sie wen-
deten sich dem Bergland zu, zogen hinauf, ge-
langten bis zum Traubental und erkundeten es.
25 Sie pflückten einige von den Früchten des Lan-
des, brachten sie zu uns herab und erstatteten uns
Bericht. Sie sagten: Das Land, das der Herr, unser
Gott, uns gibt, ist prächtig. 26 Doch ihr habt euch
geweigert hinaufzuziehen. Ihr habt euch dem Be-
fehl des Herrn, eures Gottes, widersetzt 27 und habt
in euren Zelten gemurrt. Ihr habt gesagt: Weil er
uns hasst, hat der Herr uns aus Ägypten geführt.
Er will uns in die Gewalt der Amoriter geben, um
uns zu vernichten. 28 Wohin geraten wir, wenn wir
hinaufziehen? Unsere Brüder haben uns den Mut
genommen, als sie berichteten: Ein Volk, größer
und zahlreicher als wir, Städte, groß, mit himmel-
hohen Mauern. Sogar Anakiter haben wir dort ge-
sehen. 29 Da habe ich zu euch gesagt: Ihr dürft nicht
vor ihnen zurückweichen und dürft euch nicht vor
ihnen fürchten. 30 Der Herr, euer Gott, der euch
vorangeht, wird für euch kämpfen, genau so, wie
er vor euren Augen in Ägypten auf eurer Seite
gekämpft hat. 31 Das Gleiche tat er in der Wüste,
du hast es selbst erlebt. Da hat der Herr, dein Gott,
dich auf dem ganzen Weg, den ihr gewandert seid,
getragen, wie ein Vater seinen Sohn trägt, bis ihr
an diesen Ort kamt. 32 Trotzdem habt ihr nicht an
den Herrn, euren Gott, geglaubt, 33 der euch auf
dem Weg vorangegangen war, um euch die Stelle
für das Lager zu suchen. Bei Nacht ging er im Feuer
voran, um euch den Weg zu zeigen, auf dem ihr
gehen solltet, bei Tag in der Wolke. 34 Der Herr
hörte euer lautes Murren, wurde unwillig und
schwor: 35 Kein einziger von diesen Männern, von
dieser verdorbenen Generation, soll das präch-
tige Land sehen, von dem ihr wisst: Ich habe ge-
schworen, es euren Vätern zu geben. 36 Nur Kaleb,
der Sohn Jefunnes, wird es sehen. Ihm und seinen
Söhnen werde ich das Land geben, das er betreten
hat. Denn er ist dem Herrn ganz und gar nachge-
folgt. 37 Auch mir grollte der Herr euretwegen und
sagte: Auch du sollst nicht in das Land hinein-
kommen. 38 Josua, der Sohn Nuns, dein Gehilfe,
wird hineinkommen. Verleih ihm Macht: Er soll
das Land an Israel als Erbbesitz verteilen. 39 Und
eure Kleinen, von denen ihr sagt: Zur Beute wer-
den sie!, und eure Kinder, die heute noch nichts
von Gut und Böse wissen, sie werden in das Land
hineinkommen. Ihnen gebe ich es und sie nehmen
es dann auch in Besitz. 40 Ihr aber, wendet euch zur
Wüste, brecht auf und nehmt den Weg zum Schilf-
meer! 41 Ihr habt mir darauf erwidert: Wir haben
vor dem Herrn gesündigt. Doch jetzt wollen wir
hinaufziehen und kämpfen, genau so, wie es uns
der Herr, unser Gott, befohlen hat. Und jeder legte
die Waffen an und gürtete sich, um ins Bergland
zu ziehen. 42 Doch der Herr sprach zu mir: Sag ih-
nen: Ihr sollt nicht hinaufziehen und nicht kämp-
fen; denn ich bin nicht in eurer Mitte. Ich will
nicht, dass eure Feinde euch niederstoßen. 43 Ich
habe euch zugeredet, doch ihr habt nicht gehört.
Ihr habt euch dem Befehl des Herrn widersetzt. In
eurer Vermessenheit seid ihr ins Bergland gezo-
gen. 44 Da rückten die Amoriter, die dort im Berg-
land wohnen, gegen euch aus. Sie verfolgten euch
wie ein Bienenschwarm und versprengten euch in
Seïr bis nach Horma hin. 45 Als ihr zurückkamt,
weintet ihr vor dem Herrn. Doch er hat auf eure
Klagen nicht gehört und hatte kein Ohr mehr für
euch. 46 Dann hieltet ihr euch lange in Kadesch auf
– die ganze Zeit, die ihr dort geblieben seid.

19–46: 9, 23; 13 – 14 • 19: 29,1 • 28: 9,1f • 29–31: 20,2–4 • 31: 29,1;
Apg 13,18 • 33: Ex 13,21f • 36: Jos 14,6–15 • 37: 3,23–27; 4,21f; 31,2
• 38: 3,28; 31,6–8.23; Jos 1,2–9; 13,1–7 • 46: Num 20,1

Der Zug ins Ostjordanland

2 Dann wendeten wir uns der Wüste zu, bra-
chen auf und nahmen den Weg zum Schilf-
meer, wie es der Herr mir befohlen hatte. Wir um-
zogen lange Zeit das Gebirge Seïr. 2 Dann sagte der
Herr zu mir: 3 Ihr seid jetzt lange genug um dieses

Gebirge herumgezogen. Wendet euch jetzt nach Norden! 4 Befiehl dem Volk: Ihr werdet jetzt durch das Gebiet von Stammverwandten ziehen, durch das Gebiet der Nachkommen Esaus, die in Seïr wohnen. Wenn sie Furcht vor euch zeigen, dann seid auf der Hut, 5 und beginnt keine Feindseligkeiten gegen sie! Von ihrem Land gebe ich euch keinen Fußbreit; denn das Gebirge Seïr habe ich für Esau zum Besitz bestimmt. 6 Was ihr an Getreide zum Essen braucht, kauft von ihnen für Silber; selbst das Trinkwasser beschafft euch von ihnen gegen Silber! 7 Der Herr, dein Gott, hatte dich reich gesegnet bei der Arbeit deiner Hände. Er wusste, dass du in dieser großen Wüste unterwegs warst. Vierzig Jahre lang war der Herr, dein Gott, bei dir. Nichts hat dir gefehlt. 8 Wir zogen also weg aus dem Gebiet in der Nähe der Söhne Esaus, unserer Stammverwandten, die in Seïr wohnen, weg vom Weg durch die Araba, von Elat und Ezjon-Geber. Wir wendeten uns (nach Norden) und zogen den Weg zur Wüste Moab entlang. 9 Und der Herr sagte zu mir: Begegne Moab nicht feindlich, beginn keinen Kampf mit ihnen! Von ihrem Land bestimme ich dir kein Stück zum Besitz; denn Ar habe ich für die Nachkommen Lots zum Besitz bestimmt. 10 Einst saßen dort die Emiter, ein Volk, das groß, zahlreich und hoch gewachsen war wie die Anakiter. 11 Wie die Anakiter galten auch sie als Rafaïter, die Moabiter aber nennen sie Emiter. 12 In Seïr saßen einst die Horiter, aber deren Besitz haben die Nachkommen Esaus übernommen. Als sie vordrangen, vernichteten sie die Horiter und setzten sich an deren Stelle, so wie die Israeliten es mit dem Land taten, das ihnen der Herr zum Besitz bestimmt hatte. 13 Und jetzt steht auf und überquert das Tal des Sered! Da überquerten wir das Tal des Sered.

1–25: Num 21,4–20 • 2–8: Num 20,14–21 • 5: Apg 7,5 • 7: 8,4; 28,12; 29,4

Die Eroberung des Ostjordanlandes

14 Die Zeit, die wir von Kadesch-Barnea an gewandert waren, bis wir das Tal des Sered überquerten, betrug achtunddreißig Jahre. So lange dauerte es, bis die Generation der waffenfähigen Männer vollständig ausgestorben war, sodass sich keiner von ihnen mehr im Lager befand, wie es ihnen der Herr geschworen hatte. 15 Der Herr hatte seine Hand gegen sie ausgestreckt und Verwirrung unter ihnen verbreitet, bis sie ausgestorben waren, sodass sich keiner von ihnen mehr im Lager befand. 16 Als alle waffenfähigen Männer ausgestorben und tot waren, sodass keiner von ihnen mehr im Volk lebte, 17 sagte der Herr zu mir: 18 Wenn du heute durch das Gebiet von Moab, durch Ar, ziehst, 19 kommst du nahe an den Ammonitern vorbei. Begegne ihnen nicht feindlich, beginne keine Feindseligkeiten gegen sie! Vom Land der Ammoniter bestimme ich dir kein Stück zum Besitz; denn ich habe es für die Nachkommen Lots zum Besitz bestimmt. 20 Auch dieses gilt als Land der Rafaïter. Einst saßen die Rafaïter darin. Die Ammoniter nennen sie die Samsummiter, 21 ein Volk, das groß, zahlreich und hoch gewachsen war wie die Anakiter. Der Herr vernichtete die Rafaïter, als die Ammoniter eindrangen. Diese übernahmen ihren Besitz und setzten sich an ihre Stelle. 22 Das war das Gleiche, was der Herr für die Nachkommen Esaus getan hat, die in Seïr sitzen. Als sie vordrangen, vernichtete er die Horiter. Die Nachkommen Esaus übernahmen ihren Besitz und setzten sich an ihre Stelle. So blieb es bis heute. 23 Das Gleiche geschah mit den Awitern, die in einzelnen Dörfern bis nach Gaza hin saßen. Die Kaftoriter, die aus Kaftor ausgewandert waren, vernichteten sie und setzten sich an ihre Stelle. 24 Steht auf, brecht auf und überquert das Tal des Arnon! Hiermit gebe ich Sihon, den König von Heschbon, den Amoriter, mit seinem Land in eure Gewalt. Fang an, in Besitz zu nehmen! Bei Sihon sollst du den Kampf beginnen. 25 Und ich fange heute an, den Völkern überall unter dem Himmel Schrecken und Furcht vor dir ins Gesicht zu zeichnen. Wenn sie von dir nur hören, zittern sie. Sie winden sich vor Angst, wenn sie dich sehen. 26 Da sandte ich aus der Wüste Kedemot Boten zu Sihon, dem König von Heschbon, und ließ ihm folgendes Abkommen vorschlagen: 27 Ich will durch dein Land ziehen. Ich werde mich genau an den Weg halten, ohne ihn rechts oder links zu verlassen. 28 Was ich an Getreide zum Essen brauche, wirst du mir für Silber verkaufen, auch das Trinkwasser wirst du mir gegen Silber geben. Ich werde nur zu Fuß durchziehen, 29 so wie die Nachkommen

Esaus, die in Seïr wohnen, und die Moabiter, die
in Ar wohnen, es mir erlaubt haben. (Das soll gel-
ten,) bis ich über den Jordan in das Land gezogen
bin, das der Herr, unser Gott, uns gibt. [30] Doch
Sihon, der König von Heschbon, weigerte sich, uns
bei sich durchziehen zu lassen. Denn der Herr,
dein Gott, hatte seinen Kampfgeist gestärkt und
ihm Mut gemacht, um ihn in deine Gewalt zu
geben, wie es inzwischen geschehen ist. [31] Zu mir
aber sagte der Herr: Hiermit fange ich an. Ich lie-
fere dir Sihon und sein Land aus. Du fang an, in
Besitz zu nehmen! Fang mit seinem Land an!
[32] Sihon rückte mit seinem ganzen Volk gegen uns
aus, um bei Jahaz zu kämpfen.
[33] Der Herr, unser Gott, lieferte ihn uns aus. Wir
schlugen ihn, seine Söhne und sein ganzes Volk.
[34] Damals eroberten wir alle seine Städte. Wir
weihten die ganze männliche Bevölkerung, die
Frauen, die Kinder und die Greise der Vernich-
tung; keinen ließen wir überleben. [35] Als Beute be-
hielten wir nur das Vieh und das, was wir in den
eroberten Städten geplündert hatten. [36] Von Aroër
am Rand des Arnontals und von der Stadt, die im
Tal liegt, bis hin nach Gilead gab es keine befestigte
Stadt, deren Mauern für uns zu hoch waren. Alle
hat uns der Herr, unser Gott, ausgeliefert. [37] Nur
dem Land der Ammoniter hast du dich nicht
genähert, dem gesamten Randgebiet des Jabbok-
tals und den Städten im Gebirge, also allem, was
der Herr, unser Gott, uns verwehrt hatte.

3 Dann wendeten wir uns dem Weg zum Ba-
schan zu und zogen hinauf. Og, der König des
Baschan, rückte mit seinem ganzen Volk gegen uns
aus, um bei Edreï zu kämpfen. [2] Der Herr sagte zu
mir: Fürchte ihn nicht, denn ich gebe ihn, sein
ganzes Volk und sein Land in deine Gewalt. Tu mit
ihm, was du mit Sihon getan hast, dem König der
Amoriter, der in Heschbon seinen Sitz hatte. [3] Und
der Herr, unser Gott, gab auch Og, den König des
Baschan, und sein ganzes Volk in unsere Gewalt.
Wir schlugen ihn und ließen keinen überleben.
[4] Damals eroberten wir alle seine Städte. Es gab
keine befestigte Stadt, die wir ihnen nicht genom-
men hätten: sechzig Städte, den ganzen Bezirk von
Argob, das Königreich des Og im Baschan. [5] Alle
diese Städte waren durch hohe Mauern, Torflügel
und Torbalken befestigt. Hinzu kamen die zahl-
reichen offenen Landstädte. [6] Wir weihten sie der
Vernichtung, wie wir es mit Sihon, dem König von
Heschbon, getan hatten. Wir weihten die ganze
männliche Bevölkerung und die Frauen, Kinder
und Greise der Vernichtung. [7] Alles Vieh und das,
was wir in den Städten geplündert hatten, behiel-
ten wir als Beute.
[8] Damals entrissen wir der Gewalt der beiden
Amoriterkönige jenseits des Jordan das Land vom
Arnontal bis zum Gebirge Hermon – [9] die Sidonier
nennen den Hermon Sirjon, die Amoriter nennen
ihn Senir –, [10] alle Städte der Hochebene, ganz
Gilead und den ganzen Baschan bis nach Salka
und Edreï, das heißt nur die Städte des König-
reichs Ogs im Baschan.
[11] Denn Og, der König des Baschan, war als Ein-
ziger von den letzten Rafaïtern noch übrig ge-
blieben. Sein Bett war aus Eisen. Steht es nicht in
Rabba, der Hauptstadt der Ammoniter? Es ist
neun gewöhnliche Ellen lang und vier breit. [12] Die-
ses Land nahmen wir damals in Besitz. Von Aroër
an, das am Arnontal liegt, einschließlich der Hälfte
des Gebirges Gilead und ihrer Städte, übergab ich
es (euch,) den Rubenitern und Gaditern. [13] Den
Rest von Gilead und den ganzen Baschan, soweit
er zum Königreich Ogs gehört hatte, übergab ich
(euch,) der einen Hälfte des Stammes Manasse –
den ganzen Bezirk von Argob. Diesen ganzen
Baschan bezeichnet man als Land der Rafaïter.
[14] Jaïr, der Sohn Manasses, übernahm den ganzen
Bezirk von Argob einschließlich des Gebiets der
Geschuriter und der Maachatiter und benannte
sie nach seinem eigenen Namen: Er nannte den
Baschan Hawot-Jaïr (Zeltdörfer Jaïrs). So heißt er
noch heute.
[15] Dem Machir übergab ich Gilead, [16] den Rubeni-
tern und Gaditern aber gab ich das Gebiet von Gi-
lead bis zum Arnontal, das Tal selbst und das zu-
gehörige Gebiet bis zum Jabbok, wo das Tal die
Grenze zu den Ammonitern bildet, [17] dazu die
Araba und den Jordan mit dem zugehörigen Ge-
biet, vom See Kinneret bis zum Meer der Araba,
dem Salzmeer am Fuß der Steilhänge des Pisga,
nach Osten hin.

2,15: Ex 14,24 • 25: 11,25; 28,10; Ex 15,14 • 26–37: Num 21,21–25 • 34: 20,16–18 • 3,1–7: Num 21,33–35 • 6: 20,16–18 • 12–17: Num 32; Jos 13,15–33

Die Vorbereitungen zur Eroberung des Westjordanlandes

18 Damals wies ich euch an: Der Herr, euer Gott,
hat euch dieses Land gegeben, sodass ihr es in Be-
sitz nehmen könnt. Doch jetzt, in Waffen, sollt ihr
zunächst mit allen Wehrfähigen an der Spitze eu-
rer Brüder, der Israeliten, über den Jordan ziehen.
19 Nur eure Frauen, Kinder, Greise und Herden –
ich weiß, ihr habt viele Herden – können in den
Städten bleiben, die ich für euch bestimmt habe.
20 Erst wenn der Herr euren Brüdern wie euch
Ruhe verschafft hat, erst wenn auch sie das Land
jenseits des Jordan in Besitz genommen haben, das
der Herr, euer Gott, ihnen gibt, dürft ihr zurück-
kehren, jeder zu seinem Besitz, den ich für euch
bestimmt habe.
21 Damals wies ich Josua an: Du hast mit eigenen
Augen alles gesehen, was der Herr, euer Gott, mit
diesen beiden Königen getan hat. Das Gleiche
wird der Herr mit allen Königreichen tun, zu de-
nen du hinüberziehst. 22 Ihr sollt sie nicht fürch-
ten; denn der Herr, euer Gott, ist es, der für euch
kämpft.
23 Damals rief ich den Herrn um Gnade für mich
an: 24 Gott, mein Herr! Du hast angefangen, dei-
nen Knecht deine Macht und deine starke Hand
schauen zu lassen. Welcher Gott im Himmel oder
auf der Erde hat etwas vollbracht, was deinen Ta-
ten und deinen Siegen vergleichbar wäre? 25 Lass
mich doch hinüberziehen! Lass mich das präch-
tige Land jenseits des Jordan sehen, dieses präch-
tige Bergland und den Libanon! 26 Doch euretwe-
gen zürnte mir der Herr und erhörte mich nicht.
Der Herr sagte zu mir: Genug! Trag mir diese
Sache niemals wieder vor! 27 Steig auf den Gipfel
des Pisga, richte die Augen nach Westen, nach
Norden, nach Süden und nach Osten und schau
mit eigenen Augen hinüber! Doch hinüberziehen
über den Jordan hier wirst du nicht. 28 Setz Josua
ein, verleih ihm Macht und Stärke: Er soll an der
Spitze dieses Volkes hinüberziehen. Er soll an sie
das Land als Erbbesitz verteilen, das du nur
schauen darfst.
29 So blieben wir in der Talschlucht gegenüber Bet-
Pegor.

18–20: Num 32,16f; Jos 1,13 • 21–22: 20,2–4 • 23–27: 1,37 • 27: 34,1–3 • 29: Num 25

Ermahnung und Ausblick

4 Und nun, Israel, höre die Gesetze und Rechts-
vorschriften, die ich euch zu halten lehre.
Hört und ihr werdet leben, ihr werdet in das Land,
das der Herr, der Gott eurer Väter, euch gibt, hi-
neinziehen und es in Besitz nehmen. 2 Ihr sollt
dem Wortlaut dessen, worauf ich euch verpflichte,
nichts hinzufügen und nichts davon wegnehmen;
ihr sollt auf die Gebote des Herrn, eures Gottes,
achten, auf die ich euch verpflichte. 3 Ihr habt mit
eigenen Augen gesehen, was der Herr wegen des
Baal-Pegor getan hat. Jeden, der dem Baal-Pegor
nachfolgte, hat der Herr, dein Gott, in deiner Mitte
vernichtet. 4 Ihr aber habt euch am Herrn, eurem
Gott, fest gehalten, und darum seid ihr alle heute
noch am Leben.
5 Hiermit lehre ich euch, wie es mir der Herr, mein
Gott, aufgetragen hat, Gesetze und Rechtsvor-
schriften. Ihr sollt sie innerhalb des Landes halten,
in das ihr hineinzieht, um es in Besitz zu nehmen.
6 Ihr sollt auf sie achten und sollt sie halten. Denn
darin besteht eure Weisheit und eure Bildung in
den Augen der Völker. Wenn sie dieses Gesetzes-
werk kennen lernen, müssen sie sagen: In der Tat,
diese große Nation ist ein weises und gebildetes
Volk. 7 Denn welche große Nation hätte Götter, die
ihr so nah sind, wie Jahwe, unser Gott, uns nah ist,
wo immer wir ihn anrufen? 8 Oder welche große
Nation besäße Gesetze und Rechtsvorschriften,
die so gerecht sind wie alles in dieser Weisung, die
ich euch heute vorlege?
9 Jedoch, nimm dich in Acht, achte gut auf dich!
Vergiss nicht die Ereignisse, die du mit eigenen
Augen gesehen, und die Worte, die du gehört hast.
Lass sie dein ganzes Leben lang nicht aus dem
Sinn! Präge sie deinen Kindern und Kindeskin-
dern ein! 10 Vergiss nicht den Tag, als du am Horeb
vor dem Herrn, deinem Gott, standest. Der Herr
hatte zu mir gesagt: Ruf mir das Volk zusammen!
Ich will sie meine Worte hören lassen. Sie sollen
lernen, mich zu fürchten, so lange, wie sie im Land
leben, und sie sollen es auch ihre Kinder lehren.
11 Ihr wart herangekommen und standet unten am
Berg und der Berg brannte: Feuer, hoch bis in den
Himmel hinauf, Finsternis, Wolken und Dunkel.
12 Der Herr sprach zu euch mitten aus dem Feuer.
Ihr hörtet den Donner der Worte. Eine Gestalt

habt ihr nicht gesehen. Ihr habt nur den Donner
gehört. 13 Der Herr offenbarte euch seinen Bund,
er verpflichtete euch, ihn zu halten: die Zehn
Worte. Er schrieb sie auf zwei Steintafeln. 14 Mir
befahl damals der Herr, euch Gesetze und Rechts-
vorschriften zu lehren, die ihr in dem Land halten
sollt, in das ihr hinüberzieht, um es in Besitz zu
nehmen.
15 Nehmt euch um eures Lebens willen gut in Acht!
Denn eine Gestalt habt ihr an dem Tag, als der
Herr am Horeb mitten aus dem Feuer zu euch
sprach, nicht gesehen. 16 Lauft nicht in euer Ver-
derben und macht euch kein Gottesbildnis, das
irgendetwas darstellt, keine Statue, kein Abbild
eines männlichen oder weiblichen Wesens, 17 kein
Abbild irgendeines Tiers, das auf der Erde lebt,
kein Abbild irgendeines gefiederten Vogels, der am
Himmel fliegt, 18 kein Abbild irgendeines Tiers, das
am Boden kriecht, und kein Abbild irgendeines
Meerestieres im Wasser unter der Erde. 19 Wenn du
die Augen zum Himmel erhebst und das ganze
Himmelsheer siehst, die Sonne, den Mond und die
Sterne, dann lass dich nicht verführen! Du sollst
dich nicht vor ihnen niederwerfen und ihnen
nicht dienen. Der Herr, dein Gott, hat sie allen
anderen Völkern überall unter dem Himmel zu-
gewiesen. 20 Euch aber hat der Herr genommen
und aus dem Schmelzofen, aus Ägypten, heraus-
geführt, damit ihr sein Volk, sein Erbbesitz werdet
– wie ihr es heute seid. 21 Zwar hat der Herr mir
wegen eures Murrens gegrollt und mir geschwo-
ren, ich dürfe nicht über den Jordan ziehen und
das prächtige Land betreten, das der Herr, dein
Gott, dir als Erbbesitz gibt. 22 Ich muss in diesem
Land hier sterben und werde nicht über den Jor-
dan ziehen. Aber ihr werdet hinüberziehen und
dieses prächtige Land in Besitz nehmen.
23 Nehmt euch in Acht! Vergesst nicht den Bund,
den der Herr, euer Gott, mit euch geschlossen hat.
Ihr sollt euch kein Gottesbildnis machen, das ir-
gendetwas darstellt, was der Herr, dein Gott, dir
verboten hat. 24 Denn der Herr, dein Gott, ist ver-
zehrendes Feuer. Er ist ein eifersüchtiger Gott.
25 Wenn du Kinder und Kindeskinder zeugst und
ihr im Land heimisch seid, wenn ihr dann ins
Verderben lauft und ein Gottesbildnis macht, das
irgendetwas darstellt, wenn ihr also tut, was in
den Augen des Herrn, deines Gottes, böse ist, und
wenn ihr ihn erzürnt – 26 den Himmel und die
Erde rufe ich heute als Zeugen gegen euch an: dann
werdet ihr unverzüglich aus dem Land ausgetilgt
sein, in das ihr jetzt über den Jordan zieht, um es
in Besitz zu nehmen. Nicht lange werdet ihr darin
leben. Ihr werdet vernichtet werden. 27 Der Herr
wird euch unter die Völker verstreuen. Nur einige
von euch werden übrig bleiben in den Nationen,
zu denen der Herr euch führt. 28 Dort müsst ihr
Göttern dienen, Machwerken von Menschenhand,
aus Holz und Stein. Sie können nicht sehen und
nicht hören, nicht essen und nicht riechen. 29 Dort
werdet ihr den Herrn, deinen Gott, wieder suchen.
Du wirst ihn auch finden, wenn du dich mit gan-
zem Herzen und mit ganzer Seele um ihn be-
mühst. 30 Wenn du in Not bist, werden alle diese
Worte dich finden. In späteren Tagen wirst du zum
Herrn, deinem Gott, zurückkehren und auf seine
Stimme hören. 31 Denn der Herr, dein Gott, ist ein
barmherziger Gott. Er lässt dich nicht fallen und
gibt dich nicht dem Verderben preis und vergisst
nicht den Bund mit deinen Vätern, den er ihnen
beschworen hat.
32 Forsche doch einmal in früheren Zeiten nach,
die vor dir gewesen sind, seit dem Tag, als Gott den
Menschen auf der Erde schuf; forsche nach vom
einen Ende des Himmels bis zum andern Ende:
Hat sich je etwas so Großes ereignet wie dieses und
hat man je solche Worte gehört? 33 Hat je ein Volk
einen Gott mitten aus dem Feuer im Donner spre-
chen hören, wie du ihn gehört hast, und ist am
Leben geblieben? 34 Oder hat je ein Gott es ebenso
versucht, zu einer Nation zu kommen und sie mit-
ten aus einer anderen herauszuholen unter Prü-
fungen, unter Zeichen, Wundern und Krieg, mit
starker Hand und hoch erhobenem Arm und un-
ter großen Schrecken, wie es der Herr, euer Gott,
in Ägypten mit euch getan hat, vor deinen Augen?
35 Das hast du sehen dürfen, damit du erkennst:
Jahwe ist der Gott, kein anderer ist außer ihm.
36 Vom Himmel herab ließ er dich seinen Donner
hören, um dich zu erziehen. Auf der Erde ließ er
dich sein großes Feuer sehen und mitten aus dem
Feuer hast du seine Worte gehört. 37 Weil er deine
Väter lieb gewonnen hatte, hat er alle Nachkom-
men eines jeden von ihnen erwählt und dich dann

in eigener Person durch seine große Kraft aus Ägypten geführt, [38] um bei deinem Angriff Völker zu vertreiben, die größer und mächtiger sind als du, um dich in ihr Land zu führen und es dir als Erbbesitz zu geben, wie es jetzt geschieht. [39] Heute sollst du erkennen und dir zu Herzen nehmen: Jahwe ist der Gott im Himmel droben und auf der Erde unten, keiner sonst. [40] Daher sollst du auf seine Gesetze und seine Gebote, auf die ich dich heute verpflichte, achten, damit es dir und später deinen Nachkommen gut geht und du lange lebst in dem Land, das der Herr, dein Gott, dir gibt für alle Zeit.

1–4: 30,15–20 • 2: 13,1; Offb 22,18f • 3: 29,1; Num 25,1–9 • 5: 12,1; 31,13 • 7–8: Röm 3,2 • 9–14: 5,2–31; Ex 19–20; Dtn 5,24; 29,1; 31,13; 32,46 • 11–12: Hebr 12,18f • 12: Joh 1,18; 5,37; 6,46 • 15–19: Röm 1,23 • 16–19: 5,8f • 19–20: 32,8f; 17,2–5; 29,25 • 20: 9,29; 1 Kön 8,51 • 21: 1,37 • 23: 29,24 • 24: 5,9; Hebr 12,29 • 25–28: 28,15–68 • 26: 30,18f; 31,28 • 28: 27,15; 28,36; Ps 115,4–8; 135,15–18 • 29–31: 30,1–10 • 31: Gen 15,18 • 32–40: 8,2–6 • 34: 34,11f • 35: Mk 12,32; 1 Kor 8,4 • 37: 10,15 • 38: 18,12 • 39: 1 Kor 8,4

Die Asylstädte im Ostjordanland

[41] Damals hat Mose jenseits des Jordan, nach Osten hin, drei Städten eine Sonderstellung zugewiesen. [42] Dorthin soll jeder, der einen Menschen getötet hat, fliehen können, falls er den andern ohne Vorsatz getötet hat und nicht schon früher mit ihm verfeindet gewesen ist. Wenn er in eine dieser Städte flieht, darf er am Leben bleiben. [43] Es sind Bezer im Wüstengebiet der Hochebene für die Rubeniter, Ramot in Gilead für die Gaditer und Golan im Baschan für die Manassiter.

41–43: 19,1–10; Num 35,6–15

DIE VERKÜNDIGUNG DES GESETZES: 4,44 – 28,68

Ort und Zeit

[44] Und das ist die Weisung, die Mose den Israeliten vorgelegt hat. [45] Das sind die Satzungen, die Gesetze und Rechtsvorschriften, die Mose den Israeliten verkündet hat, als sie aus Ägypten zogen. [46] Es geschah jenseits des Jordan, in der Talschlucht gegenüber Bet-Pegor, im Land Sihons, des Königs der Amoriter, der in Heschbon seinen Sitz hatte. Ihn hatten Mose und die Israeliten geschlagen, als sie aus Ägypten zogen. [47] Sie hatten sein Land und das Land Ogs, des Königs des Baschan, in Besitz genommen, das Land der beiden Amoriterkönige jenseits des Jordan, im Osten, [48] von Aroër am Rand des Arnontals bis zum Gebirge Sion – das ist der Hermon – [49] und die ganze Araba jenseits des Jordan nach Osten hin, bis zum Meer der Araba unterhalb der Steilhänge des Pisga.

Der Bund am Horeb: Die Zehn Gebote

5 Mose rief ganz Israel zusammen. Er sagte zu ihnen: Höre, Israel, die Gesetze und Rechtsvorschriften, die ich euch heute vortrage. Ihr sollt sie lernen, auf sie achten und sie halten.

[2] Der Herr, unser Gott, hat am Horeb einen Bund mit uns geschlossen. [3] Nicht mit unseren Vätern hat der Herr diesen Bund geschlossen, sondern mit uns, die wir heute hier stehen, mit uns allen, mit den Lebenden. [4] Auge in Auge hat der Herr auf dem Berg mitten aus dem Feuer mit euch geredet. [5] Ich stand damals zwischen dem Herrn und euch, um euch das Wort des Herrn weiterzugeben; denn ihr wart aus Furcht vor dem Feuer nicht auf den Berg gekommen. Der Herr sprach:

[6] Ich bin Jahwe, dein Gott, der dich aus Ägypten geführt hat, aus dem Sklavenhaus. [7] Du sollst neben mir keine anderen Götter haben. [8] Du sollst dir kein Gottesbildnis machen, das irgendetwas darstellt am Himmel droben, auf der Erde unten oder im Wasser unter der Erde. [9] Du sollst dich nicht vor anderen Göttern niederwerfen und dich nicht verpflichten, ihnen zu dienen. Denn ich, der Herr, dein Gott, bin ein eifersüchtiger Gott: Bei denen, die mir Feind sind, verfolge ich die Schuld der Väter an den Söhnen und an der dritten und vierten Generation; [10] bei denen, die mich lieben und auf meine Gebote achten, erweise ich Tausenden meine Huld.

[11] Du sollst den Namen des Herrn, deines Gottes, nicht missbrauchen; denn der Herr lässt den nicht ungestraft, der seinen Namen missbraucht.

[12] Achte auf den Sabbat: Halte ihn heilig, wie es dir der Herr, dein Gott, zur Pflicht gemacht hat. [13] Sechs Tage darfst du schaffen und jede Arbeit tun. [14] Der siebte Tag ist ein Ruhetag, dem Herrn,

deinem Gott, geweiht. An ihm darfst du keine
Arbeit tun: du, dein Sohn und deine Tochter, dein
Sklave und deine Sklavin, dein Rind, dein Esel und
dein ganzes Vieh und der Fremde, der in deinen
Stadtbereichen Wohnrecht hat. Dein Sklave und
deine Sklavin sollen sich ausruhen wie du. [15] Denk
daran: Als du in Ägypten Sklave warst, hat dich
der Herr, dein Gott, mit starker Hand und hoch
erhobenem Arm dort herausgeführt. Darum hat
es dir der Herr, dein Gott, zur Pflicht gemacht, den
Sabbat zu halten.
[16] Ehre deinen Vater und deine Mutter, wie es dir
der Herr, dein Gott, zur Pflicht gemacht hat, da-
mit du lange lebst und es dir gut geht in dem Land,
das der Herr, dein Gott, dir gibt.
[17] Du sollst nicht morden, [18] du sollst nicht die Ehe
brechen, [19] du sollst nicht stehlen, [20] du sollst nicht
Falsches gegen deinen Nächsten aussagen, [21] du
sollst nicht nach der Frau deines Nächsten verlan-
gen und du sollst nicht das Haus deines Nächsten
begehren, nicht sein Feld, seinen Sklaven oder
seine Sklavin, sein Rind oder seinen Esel, nichts,
was deinem Nächsten gehört.
[22] Diese Worte sagte der Herr auf dem Berg zu eu-
rer vollzähligen Versammlung, mitten aus dem
Feuer, aus Wolken und Dunkel, unter lautem Don-
ner, diese Worte und sonst nichts. Er schrieb sie
auf zwei Steintafeln und übergab sie mir.

1: 11,32; 12,1; 26,16 • 2–31: Apg 7,38 • 3: 28,69; 29,13f • 4–22: Ex 19f • 6–22: Ex 20,2–18 • 7: Ex 23,13; 34,14 • 8: 27,15 • 9–10: 7,9f; Ex 34,7; Ex 34,14 • 10: 11,1 • 13: Ex 23,12; 34,21; Lk 13,14 • 14: Mk 2,27; Lk 23,56 • 15: 15,15; 16,12; 24,18.22; Apg 13,17 • 16–21: Mt 19,18f; Mk 10,19; Lk 18,20; Röm 13,9 16: Mt 15,4; Mk 7,10; Eph 6,2f • 17f: Jak 2,11; Mt 5,21 • 18: Mt 5,27 • 21: Röm 7,7 • 22–27: Hebr 12,18f

Die Einsetzung des Mose als Gesetzesmittler

[23] Als ihr den Donner mitten aus der Finsternis
gehört hattet und der Berg immer noch in Feuer
stand, seid ihr zu mir gekommen – eure Stammes-
führer und Ältesten – [24] und habt gesagt: Sieh, der
Herr, unser Gott, hat uns seine Herrlichkeit und
Macht gezeigt und wir haben seine donnernde
Stimme mitten aus dem Feuer gehört. Heute ist es
uns geschehen, dass Gott zu Menschen sprach und
sie am Leben blieben. [25] Trotzdem: Warum sollen
wir noch einmal das Leben aufs Spiel setzen?
Denn dieses große Feuer könnte uns verzehren.
Wenn wir noch einmal die donnernde Stimme des
Herrn, unseres Gottes, hören, werden wir sterben.
[26] Denn welches Wesen aus Fleisch wäre am Leben
geblieben, wenn es wie wir die donnernde Stimme
des lebendigen Gottes gehört hätte, als er mitten
aus dem Feuer redete? [27] Geh du allein hin! Höre
alles, was der Herr, unser Gott, sagt. Berichte uns
dann alles, was der Herr, unser Gott, dir gesagt hat,
und wir werden es hören und halten. [28] Der Herr
hörte euer Geschrei, als ihr auf mich einredetet,
und sagte zu mir: Ich habe das Geschrei dieses
Volkes gehört, mit dem es dich bedrängt hat. Alles,
was sie von dir verlangen, ist recht. [29] Möchten sie
doch diese Gesinnung behalten, mich fürchten
und ihr Leben lang auf alle meine Gebote achten,
damit es ihnen und ihren Nachkommen immer
gut geht. [30] Geh und sag ihnen: Kehrt zu euren Zel-
ten zurück! [31] Und du, stell dich hierher zu mir! Ich
will dir das ganze Gebot mitteilen, die Gesetze und
Rechtsvorschriften, die du sie lehren sollst und die
sie halten sollen in dem Land, das ich ihnen gebe
und das sie in Besitz nehmen sollen.
[32] Daher sollt ihr darauf achten, dass ihr handelt,
wie es der Herr, euer Gott, euch vorgeschrieben
hat. Ihr sollt weder rechts noch links abweichen.
[33] Ihr sollt nur auf dem Weg gehen, den der Herr,
euer Gott, euch vorgeschrieben hat, damit ihr
Leben habt und es euch gut geht und ihr lange
lebt in dem Land, das ihr in Besitz nehmt.

23–31: 18,16–19; Ex 20,18–21 • 23: 1,13; 19,12; 27,1; 29,9; 31,9.28 • 24: 4,9; 29,1

Die Grundforderung Gottes: Liebe und Furcht

6 Und das ist das Gebot, das sind die Gesetze
und Rechtsvorschriften, die ich euch im Auf-
trag des Herrn, eures Gottes, lehren soll und die
ihr halten sollt in dem Land, in das ihr hinüber-
zieht, um es in Besitz zu nehmen. [2] Wenn du den
Herrn, deinen Gott, fürchtest, indem du auf alle
seine Gesetze und Gebote, auf die ich dich ver-
pflichte, dein ganzes Leben lang achtest, du, dein
Sohn und dein Enkel, wirst du lange leben. [3] Des-
halb, Israel, sollst du hören und darauf achten,
(alles, was der Herr, unser Gott, mir gesagt hat,)
zu halten, damit es dir gut geht und ihr so un-
ermesslich zahlreich werdet, wie es der Herr, der
Gott deiner Väter, dir zugesagt hat, in dem Land,
wo Milch und Honig fließen.

4 Höre, Israel! Jahwe, unser Gott, Jahwe ist einzig.
5 Darum sollst du den Herrn, deinen Gott, lieben
mit ganzem Herzen, mit ganzer Seele und mit
ganzer Kraft.
6 Diese Worte, auf die ich dich heute verpflichte,
sollen auf deinem Herzen geschrieben stehen. 7 Du
sollst sie deinen Söhnen wiederholen. Du sollst
von ihnen reden, wenn du zu Hause sitzt und
wenn du auf der Straße gehst, wenn du dich schla-
fen legst und wenn du aufstehst. 8 Du sollst sie als
Zeichen um das Handgelenk binden. Sie sollen
zum Schmuck auf deiner Stirn werden. 9 Du sollst
sie auf die Türpfosten deines Hauses und in deine
Stadttore schreiben.
10 Und wenn der Herr, dein Gott, dich in das Land
führt, von dem du weißt: er hat deinen Vätern
Abraham, Isaak und Jakob geschworen, es dir
zu geben – große und schöne Städte, die du nicht
gebaut hast, 11 mit Gütern gefüllte Häuser, die du
nicht gefüllt hast, in den Felsen gehauene Zister-
nen, die du nicht gehauen hast, Weinberge und
Ölbäume, die du nicht gepflanzt hast –, wenn du
dann isst und satt wirst: 12 nimm dich in Acht, dass
du nicht den Herrn vergisst, der dich aus Ägypten,
dem Sklavenhaus, geführt hat. 13 Den Herrn, dei-
nen Gott, sollst du fürchten; ihm sollst du dienen,
bei seinem Namen sollst du schwören. 14 Ihr sollt
nicht anderen Göttern nachfolgen, keinem Gott
eines Volkes, das in eurer Nachbarschaft wohnt.
15 Denn der Herr, dein Gott, ist als eifersüchtiger
Gott in deiner Mitte. Der Zorn des Herrn, deines
Gottes, könnte gegen dich entbrennen, er könnte
dich im ganzen Land vernichten. 16 Ihr sollt den
Herrn, euren Gott, nicht auf die Probe stellen, wie
ihr ihn bei Massa auf die Probe gestellt habt.
17 Ihr sollt auf die Gebote des Herrn, eures Gottes,
genau achten, auf seine Satzungen und Gesetze,
auf die er dich verpflichtet hat. 18 Du sollst tun, was
in seinen Augen richtig und gut ist. Dann wird es
dir gut gehen und du kannst in das prächtige Land,
das der Herr deinen Vätern mit einem Schwur ver-
sprochen hat, hineinziehen und es in Besitz neh-
men. 19 Der Herr wird alle deine Feinde vor dir her-
jagen, wie er es zugesagt hat.
20 Wenn dich morgen dein Sohn fragt: Warum ach-
tet ihr auf die Satzungen, die Gesetze und Rechts-
vorschriften, auf die der Herr, unser Gott, euch
verpflichtet hat?, 21 dann sollst du deinem Sohn
antworten: Wir waren Sklaven des Pharao in
Ägypten und der Herr hat uns mit starker Hand
aus Ägypten geführt. 22 Der Herr hat vor unseren
Augen gewaltige, unheilvolle Zeichen und Wunder
an Ägypten, am Pharao und an seinem ganzen
Haus getan, 23 uns aber hat er dort herausgeführt,
um uns in das Land, das er unseren Vätern mit
einem Schwur versprochen hatte, hineinzufüh-
ren und es uns zu geben. 24 Der Herr hat uns ver-
pflichtet, alle diese Gesetze zu halten und den
Herrn, unseren Gott, zu fürchten, damit es uns das
ganze Leben lang gut geht und er uns Leben
schenkt, wie wir es heute haben. 25 Nur dann wer-
den wir (vor Gott) im Recht sein, wenn wir darauf
achten, dieses ganze Gesetz vor dem Herrn, unse-
rem Gott, so zu halten, wie er es uns zur Pflicht ge-
macht hat.

3: Ex 3,8.17 • 4–5: Mk 12,29–33; 4: Röm 3,30; 1 Kor 8,4 • 5: 5,10; 11,1; 2 Kön 23,3; Lk 10,27 • 6–9: 11,18–20; 30,11–14 • 8–9: Mt 23,5; Ex 13,9.16 • 10–11: Jos 24,13 • 12–15: 5,6–9 • 13: Mt 4,10; Lk 4,8 • 14: 2 Kön 23,3 • 16: Ex 17,2–7; Num 20,1–13; Mt 4,7; Lk 4,12 • 17: 5,10; 2 Kön 23,3 • 18–19: 16,20; 1,8 • 19: 2,25; Ex 23,27–31; 34,11 • 20: Ex 13,14

Israel und die Völker des Landes

7 Wenn der Herr, dein Gott, dich in das Land
geführt hat, in das du jetzt hineinziehst, um
es in Besitz zu nehmen, wenn er dir viele Völker
aus dem Weg räumt – Hetiter, Girgaschiter und
Amoriter, Kanaaniter und Perisiter, Hiwiter und
Jebusiter, sieben Völker, die zahlreicher und mäch-
tiger sind als du –, 2 wenn der Herr, dein Gott, sie
dir ausliefert und du sie schlägst, dann sollst du sie
der Vernichtung weihen. Du sollst keinen Vertrag
mit ihnen schließen, sie nicht verschonen 3 und
dich nicht mit ihnen verschwägern. Deine Tochter
gib nicht seinem Sohn und nimm seine Tochter
nicht für deinen Sohn! 4 Wenn er deinen Sohn ver-
leitet, mir nicht mehr nachzufolgen, und sie dann
anderen Göttern dienen, wird der Zorn des Herrn
gegen euch entbrennen und wird dich unverzüg-
lich vernichten. 5 So sollt ihr gegen sie vorgehen:
Ihr sollt ihre Altäre niederreißen, ihre Steinmale
zerschlagen, ihre Kultpfähle umhauen und ihre
Götterbilder im Feuer verbrennen.
6 Denn du bist ein Volk, das dem Herrn, deinem
Gott, heilig ist. Dich hat der Herr, dein Gott, aus-

gewählt, damit du unter allen Völkern, die auf der
Erde leben, das Volk wirst, das ihm persönlich
gehört. 7 Nicht weil ihr zahlreicher als die anderen
Völker wäret, hat euch der Herr ins Herz ge-
schlossen und ausgewählt; ihr seid das kleinste un-
ter allen Völkern. 8 Weil der Herr euch liebt und
weil er auf den Schwur achtet, den er euren Vätern
geleistet hat, deshalb hat der Herr euch mit star-
ker Hand herausgeführt und euch aus dem Skla-
venhaus freigekauft, aus der Hand des Pharao, des
Königs von Ägypten. 9 Daran sollst du erkennen:
Jahwe, dein Gott, ist der Gott; er ist der treue Gott;
noch nach tausend Generationen achtet er auf den
Bund und erweist denen seine Huld, die ihn lieben
und auf seine Gebote achten. 10 Denen aber, die
ihm Feind sind, vergilt er sofort und tilgt einen
jeden aus; er zögert nicht, wenn einer ihm Feind
ist, sondern vergilt ihm sofort. 11 Deshalb sollst du
auf das Gebot achten, auf die Gesetze und Rechts-
vorschriften, auf die ich dich heute verpflichte,
und du sollst sie halten.

12 Wenn ihr diese Rechtsvorschriften hört, auf sie
achtet und sie haltet, wird der Herr, dein Gott, da-
für auf den Bund achten und dir die Huld bewah-
ren, die er deinen Vätern geschworen hat. 13 Er
wird dich lieben, dich segnen und dich zahlreich
machen. Er wird die Frucht deines Leibes und die
Frucht deines Ackers segnen, dein Korn, deinen
Wein und dein Öl, die Kälber, Lämmer und Zick-
lein, in dem Land, von dem du weißt: Er hat dei-
nen Vätern geschworen, es dir zu geben. 14 Du wirst
mehr als die anderen Völker gesegnet sein. Weder
Mann noch Frau noch Vieh, nichts wird bei dir
unfruchtbar sein. 15 Alle Krankheiten wird der
Herr von dir ablenken. Keine der schweren ägyp-
tischen Seuchen, die du kennst, wird er dir auf-
erlegen, sondern über alle deine Feinde wird er sie
bringen. 16 Du wirst alle Völker verzehren, die der
Herr, dein Gott, für dich bestimmt. Du sollst in
dir kein Mitleid mit ihnen aufsteigen lassen. Und
du sollst ihren Göttern nicht dienen; denn dann
liefest du in eine Falle.

17 Wenn du überlegst: Diese Völker sind größer als
ich – wie sollte ich sie vertreiben können?, 18 dann
sollst du vor ihnen keine Furcht haben. Du sollst
an das denken, was der Herr, dein Gott, mit dem
Pharao und mit ganz Ägypten gemacht hat: 19 an
die schweren Prüfungen, die du mit eigenen Augen
gesehen hast, an die Zeichen und Wunder, an die
starke Hand und den hoch erhobenen Arm, mit
denen der Herr, dein Gott, dich herausgeführt hat.
So wird es der Herr, dein Gott, mit allen Völkern
machen, vor denen du Furcht hast. 20 Außerdem
wird der Herr, dein Gott, Panik unter ihnen aus-
brechen lassen, so lange, bis auch die ausgetilgt
sind, die überleben konnten und sich vor dir ver-
steckt haben. 21 Du sollst nicht erschreckt zurück-
weichen, wenn sie angreifen; denn der Herr, dein
Gott, ist als großer und Furcht erregender Gott in
deiner Mitte. 22 Doch der Herr, dein Gott, wird
diese Völker dir nur nach und nach aus dem Weg
räumen. Du kannst sie nicht rasch ausmerzen,
weil sonst die wilden Tiere überhand nehmen und
dir schaden. 23 Doch wird der Herr, dein Gott, dir
diese Völker ausliefern. Er wird sie in ausweglose
Verwirrung stürzen, bis sie vernichtet sind. 24 Er
wird ihre Könige in deine Gewalt geben. Du wirst
ihren Namen unter dem Himmel austilgen. Kei-
ner wird deinem Angriff standhalten können, bis
du sie schließlich vernichtet hast.

25 Ihre Götterbilder sollt ihr im Feuer verbrennen.
Du sollst nicht das Silber oder Gold haben wollen,
mit dem sie überzogen sind. Du sollst es nicht an
dich nehmen, damit du dabei nicht in eine Falle
läufst. Denn es ist dem Herrn, deinem Gott, ein
Gräuel. 26 Du sollst aber keinen Gräuel in dein
Haus bringen, sonst bist du wie er der Vernichtung
geweiht. Du sollst Grauen und Abscheu vor ihm
haben, denn er ist der Vernichtung geweiht.

1–26: Ex 23,20–33; 34,11–16; Ri 2,1–5; • 1–2: 20,17f; Jos 10,40 • 1: Apg 13,19 • 4: 13,3; 28,14 • 5: Ex 23,24; 34,13 • 6–8: 10,15; 14,2.21; 26,18f; 28,9; Ex 19,3–6; 22,30; Röm 9,4; Tit 2,14; 1 Petr 2,9 • 8–11: 8,2–6; 8–10: 5,6–10 • 8: Hos 11,1; Gen 15,18 • 9: 11,1; 1 Kor 1,9; 10,13 • 12–16: 28,1–14 • 13: 28,4; Lk 1,42 • 15: 28,27; Ex 15,26 • 16: 19,13 • 17–18: 1,28–31; 20,2–4; 18,12 • 18: 29,1 • 25–26: Jos 7 • 25: 7,5; 27,15

Israel und der Reichtum

8 Ihr sollt auf das ganze Gebot, auf das ich dich
heute verpflichte, achten und es halten, da-
mit ihr Leben habt und zahlreich werdet und in
das Land, das der Herr euren Vätern mit einem
Schwur versprochen hat, hineinziehen und es in
Besitz nehmen könnt.

2 Du sollst an den ganzen Weg denken, den der
Herr, dein Gott, dich während dieser vierzig Jahre

in der Wüste geführt hat, um dich gefügig zu machen und dich zu prüfen. Er wollte erkennen, wie du dich entscheiden würdest: ob du auf seine Gebote achtest oder nicht. 3 Durch Hunger hat er dich gefügig gemacht und hat dich dann mit dem Manna gespeist, das du nicht kanntest und das auch deine Väter nicht kannten. Er wollte dich erkennen lassen, dass der Mensch nicht nur von Brot lebt, sondern dass der Mensch von allem lebt, was der Mund des Herrn spricht. 4 Deine Kleider sind dir nicht in Lumpen vom Leib gefallen und dein Fuß ist nicht geschwollen, diese vierzig Jahre lang.
5 Daraus sollst du die Erkenntnis gewinnen, dass der Herr, dein Gott, dich erzieht, wie ein Vater seinen Sohn erzieht. 6 Du sollst auf die Gebote des Herrn, deines Gottes, achten, auf seinen Wegen gehen und ihn fürchten.
7 Wenn der Herr, dein Gott, dich in ein prächtiges Land führt, ein Land mit Bächen, Quellen und Grundwasser, das im Tal und am Berg hervorquillt, 8 ein Land mit Weizen und Gerste, mit Weinstock, Feigenbaum und Granatbaum, ein Land mit Ölbaum und Honig, 9 ein Land, in dem du nicht armselig dein Brot essen musst, in dem es dir an nichts fehlt, ein Land, dessen Steine aus Eisen sind, aus dessen Bergen du Erz gewinnst; 10 wenn du dort isst und satt wirst und den Herrn, deinen Gott, für das prächtige Land, das er dir gegeben hat, preist, 11 dann nimm dich in acht und vergiss den Herrn, deinen Gott, nicht, missachte nicht seine Gebote, Rechtsvorschriften und Gesetze, auf die ich dich heute verpflichte. 12 Und wenn du gegessen hast und satt geworden bist und prächtige Häuser gebaut hast und sie bewohnst, 13 wenn deine Rinder, Schafe und Ziegen sich vermehren und Silber und Gold sich bei dir häuft und dein gesamter Besitz sich vermehrt, 14 dann nimm dich in Acht, dass dein Herz nicht hochmütig wird und du den Herrn, deinen Gott, nicht vergisst, der dich aus Ägypten, dem Sklavenhaus, geführt hat; 15 der dich durch die große und Furcht erregende Wüste geführt hat, durch Feuernattern und Skorpione, durch ausgedörrtes Land, wo es kein Wasser gab; der für dich Wasser aus dem Felsen der Steilwand hervorsprudeln ließ; 16 der dich in der Wüste mit dem Manna speiste, das deine Väter noch nicht kannten, (und der das alles tat,) um dich gefügig zu machen, dich zu prüfen und dir zuletzt Gutes zu tun. 17 Dann nimm dich in Acht und denk nicht bei dir: Ich habe mir diesen Reichtum aus eigener Kraft und mit eigener Hand erworben. 18 Denk vielmehr an den Herrn, deinen Gott: Er war es, der dir die Kraft gab, Reichtum zu erwerben, weil er seinen Bund, den er deinen Vätern geschworen hatte, so verwirklichen wollte, wie er es heute tut.
19 Wenn du aber den Herrn, deinen Gott, vergisst und anderen Göttern nachfolgst, ihnen dienst und dich vor ihnen niederwirfst – heute rufe ich Zeugen gegen euch an: dann werdet ihr völlig ausgetilgt werden. 20 Wie die Völker, die der Herr bei eurem Angriff austilgt, so werdet auch ihr dafür ausgetilgt werden, dass ihr nicht auf die Stimme des Herrn, eures Gottes, gehört habt.

1: 16,20 • 2–6: 4,32–40; 7,8–11; 9,4–7; 10,20–22; 11,1–7; 29,1–8 • 2: 13,4; Gen 22,1; Ex 15,25; 16,4; 20,20 • 3: Ex 17; Num 11,4–9; Mt 4,4; Lk 4,4; 1 Kor 10,3 • 4: 2,7; 29,4 • 5: Hebr 12,7 • 7–20: 6,10–14; 11,10–15; 2 Kön 18,32 • 15: Num 21,4–9; Ex 17,1–7 • 18: Gen 15,18 • 19–20: 28,15–68 • 19: 30,19

Kein Rechtsanspruch Israels auf das Land

9 Höre, Israel! Heute wirst du den Jordan überschreiten, um in das Land von Völkern, die größer und mächtiger sind als du, hineinzuziehen und ihren Besitz zu übernehmen. Du wirst in große Städte mit himmelhohen Mauern kommen, 2 zu einem großen, hoch gewachsenen Volk, den Anakitern – du kennst ja die Redensart und hast sie oft gehört: Wer kann den Söhnen Anaks widerstehen? 3 Heute wirst du erkennen, dass der Herr, dein Gott, wie ein verzehrendes Feuer selbst vor dir hinüberzieht. Er wird sie vernichten und er wird sie dir unterwerfen, sodass du sie unverzüglich vertreiben und austilgen kannst, wie es der Herr dir zugesagt hat. 4 Wenn der Herr, dein Gott, sie vor dir herjagt, sollst du nicht meinen: Ich bin im Recht, daher lässt mich der Herr in das Land hineinziehen und es in Besitz nehmen; diese Völker sind im Unrecht, daher vertreibt sie der Herr vor mir.
5 Denn nicht, weil du im Recht bist und die richtige Gesinnung hast, kannst du in ihr Land hineinziehen und es in Besitz nehmen. Vielmehr vertreibt der Herr, dein Gott, diese Völker vor dir, weil sie im Unrecht sind und weil der Herr die Zusage ein-

lösen will, die er deinen Vätern Abraham, Isaak
und Jakob mit einem Schwur bekräftigt hat. [6] Du
sollst erkennen: Du bist ein halsstarriges Volk.
Daher kann dir der Herr, dein Gott, dieses prächti-
ge Land nicht etwa aufgrund eines Rechtsan-
spruchs geben, damit du es in Besitz nimmst.
[7] Denk daran und vergiss nicht, dass du in der
Wüste den Unwillen des Herrn, deines Gottes,
erregt hast. Von dem Tag an, als du aus Ägypten
auszogst, bis zur Ankunft an diesem Ort habt ihr
euch dem Herrn ständig widersetzt. [8] Vor allem am
Horeb habt ihr den Unwillen des Herrn erregt.
Damals grollte er euch so sehr, dass er euch ver-
nichten wollte.

1–6: 18,12 • 1–2: 1,28; 11,23 • 2: Num 13,32f • 3: 6,19; 31,3; Hebr 12,29 • 4–7: 8,2–6 • 4–6: Röm 10,3; Phil 3,9 • 4: 6,19.25; 8,17; Röm 10,6 • 5: Gen 15,18 • 6: 9,13; Ex 32,9; Apg 7,51 • 7: 1,26.43; Num 20,10.24; Ez 20,8.13.21; Ps 78,17.40.56

Der Bundesbruch und die Bundeserneuerung am Horeb

[9] Als ich auf den Berg gestiegen war, um die Stein-
tafeln entgegenzunehmen, die Tafeln des Bundes,
den der Herr mit euch geschlossen hatte, blieb ich
vierzig Tage und vierzig Nächte auf dem Berg,
aß kein Brot und trank kein Wasser. [10] Der Herr
übergab mir die beiden Steintafeln, die mit dem
Gottesfinger beschrieben waren. Auf den Tafeln
standen alle die Worte, die der Herr am Tag der
Versammlung auf dem Berg mitten aus dem Feuer
zu euch gesprochen hatte.
[11] Es war am Ende der vierzig Tage und der vierzig
Nächte, als mir der Herr die beiden Steintafeln, die
Tafeln des Bundes, übergab [12] und zu mir sagte:
Steh auf, steig rasch hinunter, weg von hier; denn
dein Volk, das du aus Ägypten geführt hast, läuft
ins Verderben. Sie sind rasch von dem Weg abge-
wichen, den ich ihnen vorgeschrieben habe. Sie
haben sich ein Bildnis gegossen. [13] Weiter sagte der
Herr zu mir: Ich habe mir dieses Volk angesehen.
Ja, es ist ein halsstarriges Volk. [14] Lass mich, damit
ich sie vernichte, ihren Namen unter dem Him-
mel auslösche und dich zu einem Volk mache,
das mächtiger und zahlreicher als dieses ist. [15] Ich
wandte mich um und stieg den Berg hinunter.
Der Berg stand in Feuer. Ich trug die beiden Tafeln
des Bundes auf meinen Armen. [16] Und ich sah, was
geschehen war: Ja, ihr hattet euch an dem Herrn,
eurem Gott, versündigt, ihr hattet euch ein Kalb
gegossen, ihr wart rasch von dem Weg abgewi-
chen, den der Herr euch vorgeschrieben hatte.
[17] Ich packte die beiden Tafeln, die ich auf meinen
Armen trug, schleuderte sie fort und zerschmet-
terte sie vor euren Augen.
[18] Dann warf ich mich vor dem Herrn nieder. Wie
beim ersten Mal blieb ich vierzig Tage und vierzig
Nächte vor ihm, aß kein Brot und trank kein Was-
ser, wegen all der Sünde, die ihr begangen hattet,
indem ihr tatet, was in den Augen des Herrn böse
ist, sodass ihr ihn erzürntet. [19] Denn ich hatte
Angst vor dem glühenden Zorn des Herrn. Er war
voll Unwillen gegen euch und wollte euch ver-
nichten. Doch der Herr erhörte mich auch dies-
mal. [20] [Auch dem Aaron grollte der Herr sehr und
er wollte ihn vernichten. Damals betete ich auch
für Aaron.] [21] Ich nahm das Kalb, die Sünde, die ihr
euch gemacht hattet, verbrannte es im Feuer, zer-
stieß es und zermahlte es vollständig, bis es feiner
Staub war; den Staub streute ich in den Bach, der
vom Berg herunterfließt.
[22] Auch in Tabera, in Massa und in Kibrot-Taawa
habt ihr den Unwillen des Herrn erregt. [23] Als der
Herr euch von Kadesch-Barnea aussandte mit
dem Befehl: Zieht hinauf und nehmt das Land in
Besitz, das ich euch gebe!, da habt ihr euch dem
Befehl des Herrn, eures Gottes, widersetzt, ihr habt
ihm nicht geglaubt und nicht auf seine Stimme
gehört. [24] Ihr habt euch dem Herrn widersetzt, seit
er euch kennt.
[25] Ich warf mich also vor dem Herrn nieder und
lag vor ihm vierzig Tage und vierzig Nächte lang.
Ich warf mich nieder, weil der Herr gedroht hatte,
er werde euch vernichten. [26] Ich betete zum Herrn
und sagte: Gott, mein Herr, bring nicht das Ver-
derben über dein Volk und deinen Erbbesitz, die
du in deiner Macht freigekauft und mit starker
Hand aus Ägypten geführt hast. [27] Denk an deine
Knechte, an Abraham, Isaak und Jakob! Beachte
nicht den Starrsinn dieses Volkes, sein Verschul-
den und seine Sünde, [28] damit man nicht in dem
Land, aus dem du uns geführt hast, sagt: Offenbar
kann der Herr sie nicht in das Land führen, das
er ihnen zugesagt hat, oder er liebt sie nicht; also
hat er sie nur herausgeführt, um sie in der Wüste
sterben zu lassen. [29] Sie sind aber doch dein Volk

und dein Erbbesitz, die du mit großer Kraft und
hoch erhobenem Arm herausgeführt hast.

10 Damals sagte der Herr zu mir: Hau zwei
Steintafeln zurecht, so wie die ersten, und
steig zu mir auf den Berg! Fertige auch eine höl-
zerne Lade an! 2 Ich will auf die Tafeln die gleichen
Worte schreiben wie auf die ersten, die du zer-
schmettert hast; diese Tafeln sollst du dann in die
Lade legen. 3 Ich fertigte eine Lade aus Akazienholz
an, hieb zwei Steintafeln zurecht, so wie die ersten,
und stieg auf den Berg. Ich hielt die beiden Tafeln
in der Hand. 4 Wie bei der ersten Inschrift schrieb
der Herr auf die Tafeln die Zehn Worte, die er am
Tag der Versammlung auf dem Berg mitten aus
dem Feuer zu euch gesprochen hatte, und der Herr
übergab sie mir. 5 Ich wandte mich um, stieg den
Berg hinunter und legte die Tafeln in die Lade,
die ich angefertigt hatte. Dort blieben sie, wie der
Herr es mir befohlen hatte. 6 [Die Israeliten zogen
von Beerot-Bene-Jaakan nach Moser. Dort starb
Aaron, dort wurde er auch begraben. Sein Sohn
Eleasar wurde an seiner Stelle Priester. 7 Von dort
zogen sie nach Hor-Gidgad, von Hor-Gidgad nach
Jotbata, einer Gegend, wo es Bäche gab, die immer
Wasser führten.]
8 Damals sonderte der Herr den Stamm Levi aus,
damit er die Lade des Bundes des Herrn trage, vor
dem Herrn stehe, vor ihm Dienst tue und in sei-
nem Namen den Segen spreche. So geschieht es
noch heute. 9 Deshalb erhielt Levi nicht wie seine
Brüder Landanteil und Erbbesitz. Der Herr ist
sein Erbbesitz, wie es der Herr, dein Gott, ihm zu-
gesagt hat.
10 Zu mir aber, als ich wie beim ersten Mal vierzig
Tage und vierzig Nächte lang auf dem Berg blieb
und als der Herr mich auch diesmal erhörte, weil
er dich nicht dem Verderben preisgeben wollte,
11 sprach der Herr: Steh auf und tritt zum Auf-
bruch an die Spitze des Volkes! Sie sollen in das
Land hineinziehen und es in Besitz nehmen, das
Land, von dem du weißt: Ich habe ihren Vätern ge-
schworen, es ihnen zu geben.

9,9–29: Ex 32 • 9: 5,22; Mt 4,2; Lk 4,2 • 10–11: 2 Kor 3,3 • 10:
Ex 31,18; Apg 7,38; • 14: Ex 32,10; Num 14,12 • 19: Hebr 12,21 •
22: Ex 17,2–7; Num 11 • 23: 1,19–40; Num 13f • 26–29:
Ex 32,11–13; Num 14,13–19 • 10,1: Ex 34,1 • 3–5: Hebr 9,4 •
6–7: Num 33,31–33; Num 20,22–29 • 8: 17,9.18; 18,1.5; 21,5; 24,8;
27,9; 31,9 • 9: 12,12; 14,27.29; 18,1f • 11: Ex 32,34; 33,1

Bundestreue und Ernte

12 Und nun, Israel, was fordert der Herr, dein Gott,
von dir außer dem einen: dass du den Herrn,
deinen Gott, fürchtest, indem du auf allen seinen
Wegen gehst, ihn liebst und dem Herrn, deinem
Gott, mit ganzem Herzen und mit ganzer Seele
dienst; 13 dass du ihn fürchtest, indem du auf die
Gebote des Herrn und seine Gesetze achtest, auf
die ich dich heute verpflichte. Dann wird es dir gut
gehen. 14 Sieh, dem Herrn, deinem Gott, gehören
der Himmel, der Himmel über den Himmeln, die
Erde und alles, was auf ihr lebt. 15 Doch nur deine
Väter hat der Herr ins Herz geschlossen, nur sie
hat er geliebt. Und euch, ihre Nachkommen, hat er
später unter allen Völkern ausgewählt, wie es sich
heute zeigt.
16 Ihr sollt die Vorhaut eures Herzens beschneiden
und nicht länger halsstarrig sein. 17 Denn der Herr,
euer Gott, ist der Gott über den Göttern und der
Herr über den Herren. Er ist der große Gott, der
Held und der Furchterregende. Er lässt kein Anse-
hen gelten und nimmt keine Bestechung an. 18 Er
verschafft Waisen und Witwen ihr Recht. Er liebt
die Fremden und gibt ihnen Nahrung und Klei-
dung – 19 auch ihr sollt die Fremden lieben, denn
ihr seid Fremde in Ägypten gewesen.
20 Du sollst den Herrn, deinen Gott, fürchten. Ihm
sollst du dienen, an ihm sollst du dich festhalten,
bei seinem Namen sollst du schwören. 21 Er ist dein
Lobgesang, er ist dein Gott. Für dich hat er all
das Große und Furchterregende getan, das du mit
eigenen Augen gesehen hast. 22 Als deine Vorfah-
ren nach Ägypten zogen, waren sie nur siebzig an
der Zahl; jetzt aber hat der Herr, dein Gott, dich so
zahlreich gemacht wie die Sterne am Himmel.

11 Darum sollst du den Herrn, deinen Gott,
lieben und dein Leben lang auf seine
Dienstordnung, auf seine Gesetze, Rechtsvor-
schriften und Gebote achten. 2/7 Heute sollt ihr er-
kennen, dass der Herr euch erzogen hat. Denn
nicht eure Kinder, die die Erziehung durch den
Herrn, euren Gott, nicht kennen gelernt und
nicht miterlebt haben, sondern ihr selbst habt alle
großen Taten, die der Herr getan hat, mit eigenen
Augen gesehen, seine Macht, seine starke Hand
und seinen hoch erhobenen Arm, 3 seine Zeichen
und seine Taten: was er in Ägypten mit dem Pha-

„Sieh, dem Herrn, deinem Gott, gehören der Himmel, der Himmel über den Himmeln, die Erde und alles, was auf ihr lebt. ... Du sollst den Herrn, deinen Gott, fürchten, ihm sollst du dienen, an ihm sollst du dich festhalten ... Er ist dein Lobgesang, er ist dein Gott. Für dich hat er all das Große und Furchterregende getan, das du mit eigenen Augen gesehen hast." (Deuteronomium 10,14.20f)

Virgl, 1913

Öl auf Leinwand, 97,5 x 130,5 cm
bezeichnet rechts unten: Egger Lienz
Innsbruck, Tiroler Landesmuseum Ferdinandeum, Inv.Nr. Gem 1295

Nach der Rückkehr von Weimar, wo Albin Egger-Lienz eine Professur an der Großherzoglichen Hochschule für bildende Kunst innehatte, in seine Tiroler Heimat, nach St. Justina bei Bozen in Südtirol, schuf er tief bewegte eindrucksvolle Landschaften: Hier weitet sich der Blick in den Bozner Talkessel, links am Abhang liegt Virgl. In den Dunst des Talkessels dringen drei Bahnen des Sonnenlichtes ein – wie eine symbolhaltige Botschaft. Die Stille der Natur, die Intensität des Lichtes, die Monumentalität der Landschaft sind hier vereint zu einer globalen Einheit, in welcher der Mensch nicht existent ist.

„Das Land, in das ihr jetzt hinüberzieht, um es in Besitz zu nehmen, ist ein Land mit Bergen und Tälern und es trinkt das Wasser, das als Regen vom Himmel fällt. Es ist ein Land, um das sich der Herr, dein Gott, kümmert. Stets ruhen auf ihm die Augen des Herrn, deines Gottes, vom Anfang des Jahres bis zum Ende des Jahres.“
(Deuteronomium 11,11–12)

Die Quelle, 1924

Öl auf Pappe, 60 x 86 cm
bezeichnet links unten: Egger Lienz
Innsbruck, Tiroler Landesmuseum Ferdinandeum, Inv.Nr. Gem 3024

Der Hirtenknabe hat seinen Stab zur Seite gelegt und sich auf die Erde geworfen, um das Wasser der Quelle in sich aufzunehmen. Mensch und Natur werden zu einer optischen und gedanklichen Einheit. Über die weite Horizontlinie ragt allein die Schuhferse in das Himmelsfeld, ansonsten ist der Körper eingebunden in die Landschaft. Das Blau des Wassers symbolisiert das Heil und die Hoffnung auf Leben.

rao, dem König von Ägypten, und mit seinem gan-
zen Land getan hat; 4 was er mit dem ägyptischen
Heer, den Rossen und Streitwagen getan hat – das
Wasser des Schilfmeers ließ der Herr über ihnen
zusammenschlagen, als sie euch nachsetzten, und
er riss sie in die Tiefe, sodass sie heute nicht mehr
sind –; 5 was er mit euch in der Wüste getan hat,
bis ihr an diesen Ort gekommen seid; 6 was er mit
Datan und Abiram getan hat, den Söhnen Eliabs,
des Sohnes Rubens – die Erde riss ihren Rachen
auf und verschlang sie mit ihren Familien, ihren
Zelten und ihrem ganzen Tross in der Mitte von
ganz Israel.
8 Daher sollt ihr auf das ganze Gebot, auf das ich
dich heute verpflichte, achten, damit ihr stark seid
und in das Land, in das ihr jetzt hinüberzieht, um
es in Besitz zu nehmen, hineinziehen und es in Be-
sitz nehmen könnt. 9 Ihr sollt darauf achten, damit
ihr lange lebt in dem Land, von dem ihr wißt: Der
Herr hat euren Vätern geschworen, es ihnen und
ihren Nachkommen zu geben, ein Land, in dem
Milch und Honig fließen. 10 Denn das Land, in das
du hineinziehst, um es in Besitz zu nehmen, ist
nicht wie das Land Ägypten, aus dem ihr ausgezo-
gen seid. Dort musstest du, wenn der Same gesät
war, den Boden künstlich bewässern wie in einem
Gemüsegarten. 11 Das Land, in das ihr jetzt hinü-
berzieht, um es in Besitz zu nehmen, ist ein Land
mit Bergen und Tälern und es trinkt das Wasser,
das als Regen vom Himmel fällt. 12 Es ist ein Land,
um das der Herr, dein Gott, sich kümmert. Stets
ruhen auf ihm die Augen des Herrn, deines Gottes,
vom Anfang des Jahres bis zum Ende des Jahres.
13 Und wenn ihr auf meine Gebote hört, auf die ich
euch heute verpflichte, wenn ihr also den Herrn,
euren Gott, liebt und ihm mit ganzem Herzen und
mit ganzer Seele dient, 14 dann gebe ich eurem
Land seinen Regen zur rechten Zeit, den Regen im
Herbst und den Regen im Frühjahr, und du kannst
Korn, Most und Öl ernten; 15 dann gebe ich dei-
nem Vieh sein Gras auf dem Feld und du kannst
essen und satt werden. 16 Aber nehmt euch in Acht!
Lasst euer Herz nicht verführen, weicht nicht vom
Weg ab, dient nicht anderen Göttern und werft
euch nicht vor ihnen nieder! 17 Sonst wird der Zorn
des Herrn gegen euch entbrennen; er wird den
Himmel zuschließen, es wird kein Regen fallen,
der Acker wird keinen Ertrag bringen und ihr wer-
det unverzüglich aus dem prächtigen Land getilgt
sein, das der Herr euch geben will.
18 Diese meine Worte sollt ihr auf euer Herz und
auf eure Seele schreiben. Ihr sollt sie als Zeichen
um das Handgelenk binden. Sie sollen zum
Schmuck auf eurer Stirn werden. 19 Ihr sollt sie
eure Söhne lehren, indem ihr von ihnen redet,
wenn du zu Hause sitzt und wenn du auf der
Straße gehst, wenn du dich schlafen legst und
wenn du aufstehst. 20 Du sollst sie auf die Türpfos-
ten deines Hauses und in deine Stadttore schrei-
ben. 21 So sollen die Tage, die ihr und eure Söhne
in dem Land lebt, von dem ihr wißt: der Herr
hat euren Vätern geschworen, es ihnen zu geben,
so zahlreich werden wie die Tage, die der Himmel
sich über der Erde wölbt.

10,12f: 6,4–25; 11,1 • 12: Mi 6,8 • 15: 7,6–8 • 16: 9,6.13; Jer 4,4; Röm 2,29 • 17: 19,16; Apg 10,34; Röm 2,11; Gal 2,6; Eph 6,9; Kol 3,25; 1 Tim 6,15; 1 Petr 1,17; Offb 17,14 • 19: Ex 22,20; 23,9 • 20–22: 8,2–6 • 20: 6,13 • 21: 29,1 • 22: Gen 46,27; Ex 1,5; Apg 7,14; Hebr 11,12 • 11,1–7: 8,2–6 • 1: 5,10; 6,5; 7,9; 10,12; 11,13.22; 13,4; 19,9; 30,6.16.20 • 2/7: 29,1 • 3: Ex 7–15 • 4: Ex 14f • 5: Ex 16; Num 21 • 6: Num 16 • 8: 16,20 • 9: 6,3 • 13–17: 28 • 13: 11,1 • 14: Jak 5,7 • 17: 28,23 • 18–20: 6,6–9; 30,11–14

Die Verheißung der Eroberung des Landes

22 Wenn ihr auf dieses ganze Gebot, auf das ich
euch heute verpflichte, genau achtet und es haltet,
wenn ihr den Herrn, euren Gott, liebt, auf allen
seinen Wegen geht und euch an ihm fest haltet,
23 dann wird der Herr alle diese Völker vor euch
vertreiben und ihr werdet den Besitz von Völkern
übernehmen, die größer und mächtiger sind als
ihr. 24 Jede Stelle, die euer Fuß berührt, soll euch
gehören, von der Wüste an. Dazu soll der Libanon
euer Gebiet sein, vom Strom, dem Eufrat, bis zum
Meer im Westen. 25 Keiner wird eurem Angriff
standhalten können. Dem ganzen Land, das ihr
betretet, wird der Herr, euer Gott, Schrecken und
Furcht vor euch ins Gesicht zeichnen, wie er es
euch zugesagt hat.

22–25: 18,12; Jos 1,1–9 • 22: 11,1 • 23: 7,1; 1,28; 9,1 • 24: 1,7; 19,8 • 25: 2,25; 28,10

Überleitung

26 Seht, heute werde ich euch den Segen und den
Fluch vorlegen: 27 den Segen, weil ihr auf die Ge-
bote des Herrn, eures Gottes, auf die ich euch

heute verpflichte, hört, 28 und den Fluch für den
Fall, dass ihr nicht auf die Gebote des Herrn, eures
Gottes, hört, sondern von dem Weg abweicht, den
ich euch heute vorschreibe, und anderen Göttern
nachfolgt, die ihr früher nicht gekannt habt.
29 Und wenn der Herr, dein Gott, dich in das Land
geführt hat, in das du jetzt hineinziehst, um es in
Besitz zu nehmen, dann sollst du auf dem Berg
Garizim den Segen und auf dem Berg Ebal den
Fluch verkünden. 30 [Liegen denn beide nicht jen-
seits des Jordan, hinter der Straße, im Westen, im
Gebiet der Kanaaniter, die in der Araba wohnen,
gegenüber Gilgal bei den Orakel-Eichen?]
31 Wenn ihr jetzt den Jordan überschreitet, um
in das Land, das der Herr, euer Gott, euch gibt,
hineinzuziehen und es in Besitz zu nehmen,
und wenn ihr es in Besitz genommen habt und
es bewohnt, 32 dann sollt ihr auf alle Gesetze und
Rechtsvorschriften, die ich euch heute vorlege,
achten und sie halten.

26–28: 28 • 29: 27,2–26 • 31–32: 12–26 • 32: 5,1

Die deuteronomische Gesetzessammlung: 12,1 – 26,19

Einleitung

12 Das sind die Gesetze und Rechtsvorschrif-
ten, auf die ihr achten und die ihr halten
sollt in dem Land, das der Herr, der Gott deiner
Väter, dir gegeben hat, damit du es in Besitz
nimmst. Sie sollen so lange gelten, wie ihr in dem
Land leben werdet.

1: 4,5; 5,1; 31,13

Die Vernichtung fremder Kultstätten

2 Ihr sollt alle Kultstätten zerstören, an denen die
Völker, deren Besitz ihr übernehmt, ihren Göttern
gedient haben: auf den hohen Bergen, auf den
Hügeln und unter jedem üppigen Baum.
3 Ihr sollt ihre Altäre niederreißen und ihre Stein-
male zerschlagen. Ihre Kultpfähle sollt ihr im
Feuer verbrennen und die Bilder ihrer Götter
umhauen. Ihre Namen sollt ihr an jeder solchen
Stätte tilgen.

2: 1 Kön 14,23; 2 Kön 16,4; 17,10; Jer 2,20; Hos 4,13 • 3: 7,5.25; Ex 23,24; 34,13

Eine einzige Kultstätte für Israel

4 Ihr sollt nicht das Gleiche tun (wie diese Völker),
wenn ihr den Herrn, euren Gott, verehrt, 5 sondern
ihr sollt nach der Stätte fragen, die der Herr, euer
Gott, aus allen euren Stammesgebieten auswählen
wird, indem er dort seinen Namen anbringt. Nach
seiner Wohnung sollt ihr fragen und dorthin sollst
du ziehen. 6 Dorthin sollt ihr eure Brandopfertiere
und Schlachtopfertiere bringen, eure Zehnten und
Handerhebungsopfer, was ihr dem Herrn gelobt
habt und was ihr freiwillig gebt, und die Erstlinge
eurer Rinder, Schafe und Ziegen. 7 Dort sollt ihr
vor dem Herrn, eurem Gott, das Mahl halten. Ihr
sollt fröhlich sein, ihr und eure Familien, aus
Freude über alles, was eure Hände geschafft haben,
weil der Herr, dein Gott, dich gesegnet hat.

4–28: Ex 20,24; 2 Kön 18,22; Joh 4,20 • 5: 12,21; 14,24; 1 Kön 9,3; 11,36; 14,21; 2 Kön 21,4.7; 1 Kön 6,13; 8,12

Der Zeitpunkt des Inkrafttretens

8 Ihr sollt nicht tun, was jeder Einzelne für richtig
hält, wie es hier bei uns heute noch geschieht.
9 Denn ihr seid bis jetzt nicht in die Ruhe und in
den Erbbesitz eingezogen, die der Herr, dein Gott,
dir gibt. 10 Wenn ihr aber den Jordan überschritten
habt und in dem Land wohnt, das der Herr, euer
Gott, an euch als Erbbesitz verteilt, wenn er euch
Ruhe vor allen euren Feinden ringsum verschafft
hat und ihr in Sicherheit wohnt, 11 dann sollt ihr
alles, wozu ich euch verpflichte, an die Stätte brin-
gen, die der Herr, euer Gott, auswählt, indem er
dort seinen Namen wohnen lässt: eure Brand-
opfertiere und Schlachtopfertiere, eure Zehnten
und Handerhebungsopfer und alle eure auserlese-
nen Gaben, die ihr dem Herrn gelobt habt. 12 Dort
sollt ihr vor dem Herrn, eurem Gott, fröhlich sein,
ihr, eure Söhne und Töchter, eure Sklaven und
Sklavinnen sowie die Leviten, die in euren Stadt-
bereichen Wohnrecht haben; denn der Levit hat
nicht wie ihr Landanteil und Erbbesitz.

10: 2 Sam 7,1.11; 1 Kön 5,5 • 11: 14,23; 16,2.6.11; 26,2; Jer 7,12 • 12: 10,9

Die Unterscheidung von Opfer und Schlachtung

13 Nimm dich in Acht! Verbrenn deine Brand-
opfertiere nicht an irgendeiner Stätte, die dir ge-
rade vor die Augen kommt, 14 sondern nur an der

Stätte, die der Herr im Gebiet eines deiner Stämme
auswählt. Dort sollst du deine Brandopfertiere
verbrennen und dort sollst du alles ausführen,
wozu ich dich verpflichte. 15 Doch darfst du im-
mer, wenn du es möchtest, und überall in deinen
Stadtbereichen schlachten und Fleisch essen, so
weit der Segen reicht, den dir der Herr, dein Gott,
geschenkt hat. Jeder, der Reine wie der Unreine,
darf davon essen, wie bei Gazelle und Damhirsch.
16 Das Blut aber sollt ihr nicht genießen, sondern
wie Wasser auf die Erde schütten. 17 Auch darfst du
in deinen Stadtbereichen nicht den Zehnten von
Korn, Wein und Öl verzehren, die Erstlinge von
Rindern, Schafen und Ziegen, alle Gaben, die du
dem Herrn gelobt hast, die freiwilligen Gaben und
deine Handerhebungsopfer. 18 Vor dem Herrn,
deinem Gott, sollst du sie verzehren, an der Stätte,
die der Herr, dein Gott, auswählen wird – du, dein
Sohn und deine Tochter, dein Sklave und deine
Sklavin sowie die Leviten, die in deinen Stadt-
bereichen Wohnrecht haben –, und du sollst vor
dem Herrn, deinem Gott, fröhlich sein und dich
freuen über alles, was deine Hände geschafft
haben. 19 Nimm dich in Acht, und lass die Leviten
nicht im Stich, solange du im Land lebst.

15–16: 15,22f; 14,5 • 17–18: 14,22–27 • 19: 14,27

Das Blut bei Opfer und Schlachtung

20 Wenn der Herr, dein Gott, dein Gebiet vergrö-
ßert, wie er es dir zugesagt hat, und du, weil du
Appetit auf Fleisch hast, sagst: Ich möchte gern
Fleisch essen, dann darfst du so viel Fleisch essen,
wie du möchtest. 21 Und wenn die Entfernung zu
der Stätte, die der Herr, dein Gott, auswählen wird,
indem er dort seinen Namen anbringt, zu groß
ist, dann schlachte, so wie ich es dir erlaubt habe,
Rinder, Schafe oder Ziegen, die der Herr dir ge-
schenkt hat, und iss in deinen Stadtbereichen, so
viel du möchtest. 22 Auch sollst du davon essen, wie
man von Gazelle und Damhirsch isst: Der Reine
und der Unreine dürfen gemeinsam davon essen.
23 Doch beherrsche dich und genieße kein Blut;
denn Blut ist Lebenskraft und du sollst nicht zu-
sammen mit dem Fleisch die Lebenskraft verzeh-
ren. 24 Du sollst es nicht genießen, sondern wie
Wasser auf die Erde schütten. 25 Du sollst es nicht
genießen, damit es dir und später deinen Söhnen
gut geht, weil du tust, was in den Augen des Herrn
richtig ist. 26 Die heiligen Abgaben jedoch, zu de-
nen du verpflichtet bist, und die Gaben, die du
selbst dem Herrn gelobt hast, sollst du aufladen
und du sollst damit zu der Stätte ziehen, die der
Herr auswählen wird. 27 Dort sollst du deine Brand-
opfertiere auf dem Altar des Herrn, deines Gottes,
darbringen, das Fleisch und das Blut. Bei deinen
Schlachtopfertieren soll das Blut auf den Altar
des Herrn, deines Gottes, geschüttet werden, das
Fleisch sollst du essen. 28 Achte und höre auf alle
diese Worte, auf die ich dich verpflichte, damit es
dir und später deinen Söhnen immer gut geht, weil
du tust, was in den Augen des Herrn, deines
Gottes, gut und richtig ist.

20: 19,8 • 21: 12,5; 14,24 • 22–25: 15,22f

Das Verbot kanaanäischer Kultbräuche

29 Wenn der Herr, dein Gott, die Völker, in deren
Land du hineinziehst, um ihren Besitz zu über-
nehmen, vor dir niedergestreckt hat, wenn du
ihren Besitz übernommen hast und dort wohnst,
30 dann nimm dich in Acht! Lauf nicht hinter
ihnen her in die Falle, nachdem sie bei deinem
Angriff vernichtet worden sind. Erkundige dich
nicht nach ihren Göttern und frag nicht: Wie die-
nen denn diese Völker ihren Göttern? Ich will das
Gleiche tun wie sie. 31 Wenn du dem Herrn, dei-
nem Gott, dienst, sollst du nicht das Gleiche tun
wie sie; denn sie haben, wenn sie ihren Göttern
dienten, alle Gräuel begangen, die der Herr hasst.
Sie haben sogar ihre Söhne und Töchter im Feuer
verbrannt, wenn sie ihren Göttern dienten.

29–31: 7 • 30: Ex 23,33; 34,12 • 31: 18,9f; 2 Kön 17,31; Jer 7,31; 19,5

Das Verbot einer Änderung dieses Gesetzes

13 Ihr sollt auf den vollständigen Wortlaut
dessen, worauf ich euch verpflichte, achten
und euch daran halten. Ihr sollt nichts hinzufü-
gen und nichts wegnehmen.

1: 4,2; Offb 22,18f

Die Anstiftung zum Abfall durch Propheten und Traumseher

2 Wenn in deiner Mitte ein Prophet oder ein
Traumseher auftritt und dir ein Zeichen oder
Wunder ankündigt, 3 wobei er sagt: Folgen wir an-

deren Göttern nach, die du bisher nicht kanntest,
und verpflichten wir uns, ihnen zu dienen!, und
wenn das Zeichen und Wunder, das er dir an-
gekündigt hatte, eintrifft, 4 dann sollst du nicht
auf die Worte dieses Propheten oder Traumsehers
hören; denn der Herr, euer Gott, prüft euch, um
zu erkennen, ob ihr das Volk seid, das den Herrn,
seinen Gott, mit ganzem Herzen und mit ganzer
Seele liebt. 5 Ihr sollt dem Herrn, eurem Gott,
nachfolgen, ihn sollt ihr fürchten, auf seine Gebote
sollt ihr achten, auf seine Stimme sollt ihr hören,
ihm sollt ihr dienen, an ihm sollt ihr euch fest
halten.
6 Der Prophet oder Traumseher aber soll mit dem
Tod bestraft werden. Er hat euch aufgewiegelt
gegen den Herrn, euren Gott, der euch aus Ägyp-
ten geführt und dich aus dem Sklavenhaus freige-
kauft hat. Denn er wollte dich davon abbringen,
auf dem Weg zu gehen, den der Herr, dein Gott,
dir vorgeschrieben hat. Du sollst das Böse aus dei-
ner Mitte wegschaffen.

2–19: 5,6–9; Ex 22,19 • 2–4: Mt 24,24; Mk 13,22; 2 Petr 2,1; Offb 13,14 • 2: Jer 23,25–32; • 3: 7,4; 28,14 • 4: 6,5; 8,2; 11,1; 1 Kor 11,19 • 5: 10,20; 2 Kön 23,3 • 6: 21,21; 1 Kor 5,13

Die geheime Anstiftung zum Abfall

7 Wenn dein Bruder, der dieselbe Mutter hat wie
du, oder dein Sohn oder deine Tochter oder deine
Frau, mit der du schläfst, oder dein Freund, den du
liebst wie dich selbst, dich heimlich verführen will
und sagt: Gehen wir und dienen wir anderen Göt-
tern – (wobei er Götter meint,) die du und deine
Vorfahren noch nicht kannten, 8 unter den Göt-
tern der Völker, die in eurer Nachbarschaft woh-
nen, in der Nähe oder weiter entfernt, zwischen
dem einen Ende der Erde und dem andern Ende
der Erde –, 9 dann sollst du nicht nachgeben und
nicht auf ihn hören. Du sollst in dir kein Mitleid
mit ihm aufsteigen lassen, sollst keine Nachsicht
für ihn kennen und die Sache nicht vertuschen.
10 Sondern du sollst ihn anzeigen. Wenn er hinge-
richtet wird, sollst du als Erster deine Hand gegen
ihn erheben, dann erst das ganze Volk. 11 Du sollst
ihn steinigen und er soll sterben; denn er hat ver-
sucht, dich vom Herrn, deinem Gott, abzubrin-
gen, der dich aus Ägypten geführt hat, aus dem
Sklavenhaus.
12 Ganz Israel soll davon hören, damit sie sich
fürchten und nicht noch einmal einen solchen
Frevel in deiner Mitte begehen.

7: 13,3 • 9: 19,13 • 10: 17,7 • 12: 21,21

Der Abfall einer Stadt

13 Wenn du aus einer deiner Städte, die der Herr,
dein Gott, dir als Wohnort gibt, erfährst: 14 Nieder-
trächtige Menschen sind aus deiner Mitte heraus-
getreten und haben ihre Mitbürger vom Herrn
abgebracht, indem sie sagten: Gehen wir und die-
nen wir anderen Göttern, die ihr bisher nicht
kanntet!, 15 wenn du dann durch Augenschein und
Vernehmung genaue Ermittlungen angestellt hast
und sich gezeigt hat: Ja, es ist wahr, der Tatbestand
steht fest, dieser Gräuel ist in deiner Mitte gesche-
hen, 16 dann sollst du die Bürger dieser Stadt mit
scharfem Schwert erschlagen, du sollst an der
Stadt und an allem, was darin lebt, auch am Vieh,
mit scharfem Schwert die Vernichtungsweihe voll-
strecken. 17 Alles, was du in der Stadt erbeutet hast,
sollst du auf dem Marktplatz aufhäufen, dann
sollst du die Stadt und die gesamte Beute als Ganz-
opfer für den Herrn, deinen Gott, im Feuer ver-
brennen. Für immer soll sie ein Schutthügel blei-
ben und nie wieder aufgebaut werden. 18 Von dem,
was der Vernichtung geweiht war, soll nichts in
deiner Hand zurückbleiben, damit der Herr von
seinem glühenden Zorn ablässt und dir wieder
sein Erbarmen schenkt, sich deiner annimmt und
dich wieder zahlreich macht, wie er es deinen
Vätern geschworen hat 19 für den Fall, dass du auf
die Stimme des Herrn, deines Gottes, hörst, auf
alle seine Gebote, auf die ich dich heute ver-
pflichte, achtest und tust, was in den Augen des
Herrn, deines Gottes, richtig ist.

14: 13,3 • 15: 19,18 • 16–17: 20,16–18 • 16: Jos 8,28 • 18: Jos 7

Das Verbot kanaanäischer Trauerbräuche

14 Ihr seid Kinder des Herrn, eures Gottes.
Ihr sollt euch für einen Toten nicht wund
ritzen und keine Stirnglatzen scheren. 2 Denn du
bist ein Volk, das dem Herrn, deinem Gott, heilig
ist, und dich hat der Herr ausgewählt, damit du
unter allen Völkern, die auf der Erde leben, das
Volk wirst, das ihm persönlich gehört.

1–2: Mt 5,45; 6,9; Lk 6,35; 11,2 • 2: 7,6; 26,18f; Tit 2,14; 1 Petr 2,9

Die Speiseverbote

3 Du sollst nichts essen, was ein Gräuel ist. 4 Dies
sind die Großtiere, die ihr essen dürft: Rind, Lamm,
Zicklein, 5 Damhirsch, Gazelle, Rehbock, Wild-
ziege, Wisent, Wildschaf und Steinbock. 6 Ihr dürft
jedes Großtier essen, das gespaltene Klauen hat,
und zwar ganz gespaltene Klauen, und das zu den
Wiederkäuern gehört. 7 Von den Großtieren, die
wiederkäuen oder ganz gespaltene Klauen haben,
dürft ihr aber Folgende nicht essen: Kamel, Hase,
Klippdachs. Sie sind zwar Wiederkäuer, haben aber
keine gespaltenen Klauen. Sie sollen euch als un-
rein gelten. 8 Ebenso das Wildschwein, denn es hat
zwar gespaltene Klauen, ist aber kein Wiederkäuer.
Es soll euch als unrein gelten. Vom Fleisch dieser
Tiere dürft ihr nicht essen und ihr Aas dürft ihr
nicht berühren. 9 Von allem, was im Wasser lebt,
dürft ihr Folgendes essen: Alles, was Flossen und
Schuppen hat, dürft ihr essen. 10 Alles, was keine
Flossen und keine Schuppen hat, dürft ihr nicht
essen. Es soll euch als unrein gelten. 11 Alle reinen
Vögel dürft ihr essen. 12 Dies sind die Vögel, die ihr
nicht essen dürft: Aasgeier, Schwarzgeier, Bartgeier,
13 Milan, die verschiedenen Bussardarten, 14 alle Ar-
ten des Raben, 15 Adlereule, Kurzohreule, Langohr-
eule und die verschiedenen Falkenarten, 16 Kauz,
Bienenfresser, Weißeule, 17 Kleineule, Fischadler,
Fischeule, 18 Storch und die verschiedenen Reiher-
arten, Wiedehopf, Fledermaus 19 und alles fliegende
Kleingetier: Sie sollen euch als unrein gelten und
dürfen nicht gegessen werden. 20 Alle reinen geflü-
gelten Tiere dürft ihr essen. 21a Ihr dürft keinerlei
Aas essen. Du sollst es dem Fremden, der in euren
Stadtbereichen Wohnrecht hat, zum Essen überlas-
sen oder es einem Ausländer verkaufen. Denn du
bist ein Volk, das dem Herrn, deinem Gott, heilig ist.

3–21a || Lev 11 • 21a: Ex 22,30; 7,6

Das Verbot eines Fruchtbarkeitszaubers

21b Du sollst ein Zicklein nicht in der Milch seiner
Mutter kochen.

21b: Ex 23,19; 34,26

Die jährlichen Abgaben an das Heiligtum

22 Du sollst jedes Jahr den Zehnten von der ge-
samten Ernte geben, die dein Acker erbringt aus
dem, was du angebaut hast. 23 Vor dem Herrn, dei-
nem Gott, sollst du an der Stätte, die er auswählt,
indem er dort seinen Namen wohnen lässt, deinen
Zehnten an Korn, Wein und Öl und die Erstlinge
deiner Rinder, Schafe und Ziegen verzehren, da-
mit du lernst, den Herrn, deinen Gott, zu fürch-
ten, solange du lebst. 24 Wenn aber der Weg dort-
hin deine Kräfte übersteigt, weil die Stätte, die der
Herr auswählt, indem er dort seinen Namen an-
bringt, so weit entfernt liegt und der Herr, dein
Gott, dich so gesegnet hat, dass du den Zehnten
nicht dorthin tragen kannst, 25 dann sollst du alles
für Silber verkaufen, das Silber als deinen Besitz
zusammenbinden, zu der Stätte ziehen, die der
Herr, dein Gott, auswählt, 26 dort für das Silber
alles kaufen, worauf du Appetit hast – Rinder,
Schafe, Ziegen, Wein und Bier, alles, wonach es
deinen Gaumen verlangt –, und dann sollst du vor
dem Herrn, deinem Gott, Mahl halten und fröh-
lich sein, du und deine Familie. 27 Auch sollst du
die Leviten, die in deinen Stadtbereichen Wohn-
recht haben, nicht im Stich lassen, denn sie haben
nicht wie du Landanteil und Erbbesitz.

22–27: 12,17–19 • 23: 12,11; 15,19–23 • 24: 12,5.21 • 27: 10,9

Der Zehnt für die Armen in jedem dritten Jahr

28 In jedem dritten Jahr sollst du den ganzen Zehn-
ten deiner Jahresernte in deinen Stadtbereichen
abliefern und einlagern 29 und die Leviten, die ja
nicht wie du Landanteil und Erbbesitz haben, die
Fremden, die Waisen und die Witwen, die in dei-
nen Stadtbereichen wohnen, können kommen, es-
sen und satt werden, damit der Herr, dein Gott,
dich stets segnet bei der Arbeit, die deine Hände
tun.

28–29: 26,12–15 • 29: 10,9; 28,12

Der Verzicht auf Forderungen in jedem siebten Jahr

15 In jedem siebten Jahr sollst du die Acker-
brache einhalten. 2 Und so lautet eine Be-
stimmung für die Brache: Jeder Gläubiger soll den
Teil seines Vermögens, den er einem andern unter
Personalhaftung als Darlehen gegeben hat, brach-
liegen lassen. Er soll gegen den andern, falls dieser
sein Bruder ist, nicht mit Zwang vorgehen; denn
er hat die Brache für den Herrn verkündet. 3 Ge-
gen einen Ausländer darfst du mit Zwang vorge-

hen. Wenn es sich aber um deinen Bruder handelt, dann lass deinen Vermögensteil brachliegen! 4 Doch eigentlich sollte es bei dir gar keine Armen geben; denn der Herr wird dich reich segnen in dem Land, das der Herr, dein Gott, dir als Erbbesitz gibt und das du in Besitz nimmst, 5 wenn du auf die Stimme des Herrn, deines Gottes, hörst, auf dieses Gebot, auf das ich dich heute verpflichte, achtest und es hältst. 6 Wenn der Herr, dein Gott, dich segnet, wie er es dir zugesagt hat, dann kannst du vielen Völkern gegen Pfand leihen, du selbst aber brauchst nichts zu verpfänden; du wirst über viele Völker Gewalt haben, über dich aber werden sie keine Gewalt haben.

1–11: 15,9.12; 31,10; Ex 23,10f • 3: 23,20f • 4–6: 28,1–13 • 6: 28,12

Die Kredithilfen an arme Israeliten

7 Wenn bei dir ein Armer lebt, irgendeiner deiner Brüder in irgendeinem deiner Stadtbereiche in dem Land, das der Herr, dein Gott, dir gibt, dann sollst du nicht hartherzig sein und sollst deinem armen Bruder deine Hand nicht verschließen. 8 Du sollst ihm deine Hand öffnen und ihm gegen Pfand leihen, was der Not, die ihn bedrückt, abhilft. 9 Nimm dich in Acht, dass du nicht in niederträchtigem Herzen den Gedanken hegst: Bald kommt das siebte Jahr, das Brachjahr!, und deinen armen Bruder böse ansiehst und ihm nichts gibst, sodass er den Herrn gegen dich anruft und Strafe für diese Sünde über dich kommt. 10 Du sollst ihm etwas geben, und wenn du ihm gibst, soll auch dein Herz nicht böse darüber sein; denn wegen dieser Tat wird dich der Herr, dein Gott, segnen in allem, was du arbeitest, und in allem, was deine Hände schaffen. 11 Die Armen werden niemals ganz aus deinem Land verschwinden. Darum mache ich dir zur Pflicht: Du sollst deinem Not leidenden und armen Bruder, der in deinem Land lebt, deine Hand öffnen.

7–8: 1 Joh 3,17 • 9: 15,1 • 11: Mt 26,11; Mk 14,7; Joh 12,8

Die Selbstverknechtung

12 Wenn dein Bruder, ein Hebräer – oder auch eine Hebräerin –, sich dir verkauft, soll er dir sechs Jahre als Sklave dienen. Im siebten Jahr sollst du ihn als freien Mann entlassen. 13 Und wenn du ihn als freien Mann entlässt, sollst du ihn nicht mit leeren Händen entlassen. 14 Du sollst ihm von deinen Schafen und Ziegen, von deiner Tenne und von deiner Kelter so viel mitgeben, wie er tragen kann. Wie der Herr, dein Gott, dich gesegnet hat, so sollst du ihn bedenken. 15 Denk daran: Als du in Ägypten Sklave warst, hat der Herr, dein Gott, dich freigekauft. Darum verpflichte ich dich heute auf dieses Gebot. 16 Wenn dieser Sklave dir aber erklärt: Ich will nicht von dir freigelassen werden – denn er hat dich und deine Familie lieb gewonnen, weil es ihm bei dir gut ging –, 17 so nimm einen Pfriem und stich ihn durch sein Ohr in die Tür: Dann ist er dein Sklave für immer. Bei einer Sklavin sollst du das Gleiche tun. 18 Halt es nicht für eine Härte, wenn du ihn als freien Mann entlassen musst; denn was er in den sechs Jahren für dich erarbeitet hat, entspricht dem, was du einem Tagelöhner als Lohn hättest zahlen müssen. Dann wird der Herr, dein Gott, dich in allem segnen, was du tust.

12–18: Ex 21,2–11; Jer 34,8–22 • 12: 15,1; Joh 8,35 • 15: 5,15

Die Erstgeburt des Viehs

19 Alle männlichen Erstlinge, die unter deinen Rindern, Schafen und Ziegen geboren werden, sollst du dem Herrn, deinem Gott, weihen. Mit einem Erstlingsstier darfst du nicht arbeiten und ein Erstlingsschaf darfst du nicht scheren. 20 Jahr für Jahr sollst du die Erstlinge vor dem Herrn, deinem Gott, an der Stätte, die der Herr auswählt, essen, du und deine Familie. 21 Doch wenn ein Tier einen Fehler hat, wenn es hinkt oder blind ist, wenn es irgendeinen Makel hat, sollst du es nicht für den Herrn, deinen Gott, schlachten. 22 In deinen Stadtbereichen sollst du es verzehren; der Reine und der Unreine können es gemeinsam essen, wie bei Gazelle und Damhirsch. 23 Nur das Blut sollst du nicht genießen, sondern wie Wasser auf die Erde schütten.

19–23: Ex 13,2.11–16; 22,29; 34,19 • 20: 14,23 • 22–23: 12,15f.22–25

Das Frühlingsfest

16 Achte auf den Monat Abib und feiere dem Herrn, deinem Gott, das Paschafest; denn im Monat Abib hat der Herr, dein Gott, dich nachts aus Ägypten geführt. 2 Als Paschatiere für den Herrn, deinen Gott, sollst du Schafe, Ziegen

oder Rinder schlachten an der Stätte, die der Herr
auswählen wird, indem er dort seinen Namen
wohnen lässt. [3] Du sollst nichts Gesäuertes dazu
essen. Sieben Tage lang sollst du ungesäuertes Brot
dazu essen, die Speise der Bedrängnis, damit du
dein ganzes Leben lang des Tages gedenkst, an dem
du aus Ägypten gezogen bist. Denn in Hast bist du
aus Ägypten gezogen. [4] In deinem ganzen Gebiet
soll sieben Tage lang kein Sauerteig zu finden sein
und vom Fleisch des Tieres, das du am Abend des
ersten Tages schlachtest, darf bis zum andern Mor-
gen nichts übrig bleiben. [5] Du darfst das Pascha-
tier nicht in irgendeinem der Stadtbereiche
schlachten, die der Herr, dein Gott, dir geben wird,
[6] sondern nur an der Stätte, die der Herr, dein Gott,
auswählt, indem er dort seinen Namen wohnen
lässt. Dort sollst du das Paschatier schlachten, am
Abend bei Sonnenuntergang, zu der Stunde, in
der du aus Ägypten gezogen bist. [7] Du sollst es an
der Stätte kochen und verzehren, die der Herr,
dein Gott, ausgewählt hat, und am Morgen darfst
du wieder zu deinen Zelten zurückkehren. [8] Sechs
Tage sollst du ungesäuertes Brot essen, am sieb-
ten Tag ist eine Festversammlung für den Herrn,
deinen Gott; da sollst du keine Arbeit tun.

1–17: Ex 23,14–17; 34,18–26 • 1–8: Lk 2,41; Ex 12; 2 Kön 23,21 • 2: 12,11 • 3–4: 26,7; Ex 3,7; 12,11; 13,3–10; 23,18; 34,25; 1 Kor 5,8 • 6: 12,11

Das Wochenfest

[9] Du sollst sieben Wochen zählen. Wenn man die
Sichel an den Halm legt, sollst du beginnen, die
sieben Wochen zu zählen. [10] Danach sollst du dem
Herrn, deinem Gott, das Wochenfest feiern und
dabei eine freiwillige Gabe darbringen, die du da-
nach bemisst, wie der Herr, dein Gott, dich geseg-
net hat. [11] Du sollst vor dem Herrn, deinem Gott,
fröhlich sein, du, dein Sohn und deine Tochter,
dein Sklave und deine Sklavin, auch die Leviten,
die in deinen Stadtbereichen Wohnrecht haben,
und die Fremden, Waisen und Witwen, die in
deiner Mitte leben. Du sollst fröhlich sein an der
Stätte, die der Herr, dein Gott, auswählt, indem er
dort seinen Namen wohnen lässt. [12] Denk daran:
Du bist in Ägypten Sklave gewesen. Daher sollst
du auf diese Gesetze achten und sie halten.

9–11: Apg 2,1; 1 Kor 16,8 • 11: 12,11 • 12: 5,15

Das Laubhüttenfest

[13] Das Laubhüttenfest sollst du sieben Tage lang
feiern, nachdem du das Korn von der Tenne und
den Wein aus der Kelter eingelagert hast. [14] Du
sollst an deinem Fest fröhlich sein, du, dein Sohn
und deine Tochter, dein Sklave und deine Sklavin,
die Leviten und die Fremden, Waisen und Witwen,
die in deinen Stadtbereichen wohnen.
[15] Sieben Tage lang sollst du dem Herrn, deinem
Gott, das Fest feiern an der Stätte, die der Herr
auswählt. Wenn dich der Herr, dein Gott, in allem
gesegnet hat, in deiner Ernte und in der Arbeit
deiner Hände, dann sollst du wirklich fröhlich
sein.

14: 26,11 • 15: 28,12

Die Verpflichtung zu Wallfahrten

[16] Dreimal im Jahr sollen alle deine Männer hin-
gehen, um das Angesicht des Herrn, deines Gottes,
an der Stätte, die er auswählt, zu schauen: am Fest
der Ungesäuerten Brote, am Wochenfest und am
Laubhüttenfest. Man soll nicht mit leeren Hän-
den hingehen, um das Angesicht des Herrn zu
schauen, [17] sondern jeder mit seiner Gabe, die
dem Segen entspricht, den du vom Herrn, dei-
nem Gott, erhalten hast.

16: Ex 23,14–17; 34,18–23

Das Verhalten der Richter in den Ortschaften

[18] Richter und Listenführer sollst du in allen Stadt-
bereichen einsetzen, die der Herr, dein Gott, dir in
deinen Stammesgebieten gibt. Sie sollen dem Volk
Recht sprechen und gerechte Urteile fällen. [19] Du
sollst das Recht nicht beugen. Du sollst kein An-
sehen der Person kennen. Du sollst keine Beste-
chung annehmen; denn Bestechung macht Weise
blind und verdreht die Fälle derer, die im Recht
sind. [20] Gerechtigkeit, Gerechtigkeit – ihr sollst du
nachjagen, damit du Leben hast und das Land in
Besitz nehmen kannst, das der Herr, dein Gott, dir
gibt.

18–20: 1,16f; 2 Chr 19,5–7 • 18: 1,15; 29,5–9; 29,9; 31,28 • 19–20: Ex 23,1–3.6–8; Jak 2,9 • 20: 6,18f; 8,1; 11,8; Jos 23,5

Das Verbot nichtjahwistischer Kultsymbole

[21] Du sollst neben dem Altar des Herrn, deines
Gottes, den du dir baust, keinen Kultpfahl, keiner-

lei Holz einpflanzen. 22 Du sollst kein Steinmal von der Art errichten, die der Herr, dein Gott, hasst.

21–22: 12,3 • 21: Ex 20,24; 1 Kön 14,15; 2 Kön 21,7; 23,6f • 22: 1 Kön 14,23; 2 Kön 17,10

Das Verbot fehlerhafter Opfer

17 Du sollst dem Herrn, deinem Gott, keinen Stier und kein Lamm schlachten, die einen Fehler, irgendeine Missbildung haben, denn das ist dem Herrn, deinem Gott, ein Gräuel.

1: Mal 1,6–9

Das Verfahren beim Abfall zu Gestirngöttern

2 Wenn in deiner Mitte, in einem der Stadtbereiche, die der Herr, dein Gott, dir gibt, ein Mann – oder auch eine Frau – lebt, der tut, was in den Augen des Herrn, deines Gottes, böse ist, und sich über seinen Bund hinwegsetzt, 3 wenn er hingeht, anderen Göttern dient und sich vor ihnen niederwirft – und zwar vor der Sonne, dem Mond oder dem ganzen Himmelsheer, was ich verboten habe –, 4 wenn dir das gemeldet wird, wenn du den Fall anhängig machst, genaue Ermittlungen anstellst und es sich zeigt: Ja, es ist wahr, der Tatbestand steht fest, dieser Gräuel ist in Israel geschehen!, 5 dann sollst du diesen Mann oder diese Frau, die den Frevel begangen haben, den Mann oder die Frau, zu einem deiner Stadttore führen und steinigen und sie sollen sterben. 6 Wenn es um Leben oder Tod eines Angeklagten geht, darf er nur auf die Aussage von zwei oder drei Zeugen hin zum Tod verurteilt werden. Auf die Aussage eines einzigen Zeugen hin darf er nicht zum Tod verurteilt werden. 7 Wenn er hingerichtet wird, sollen die Zeugen als Erste ihre Hand gegen ihn erheben, dann erst das ganze Volk. Du sollst das Böse aus deiner Mitte wegschaffen.

2–5: 4,19; 13,2–19; 2 Kön 17,16; 21,3.5; 23,4f; Dtn 29,24 • 4: 19,18 • 6: 19,15; Mt 18,16; Joh 8,17; 2 Kor 13,1; 1 Tim 5,19; Hebr 10,28 • 7: 13,10; 21,21; Joh 8,7; 1 Kor 5,13

Das sakrale Gerichtsverfahren

8 Wenn bei einem Verfahren wegen Mord, Eigentumsdelikt oder Körperverletzung – also wegen Streitsachen, über die in deinen Stadtbereichen entschieden werden darf – der Fall für dich zu ungewöhnlich liegt, dann sollst du dich aufmachen, zu der Stätte hinaufziehen, die der Herr auswählt, 9 und vor die levitischen Priester und den Richter treten, der dann amtiert. Du sollst genaue Ermittlungen anstellen lassen und sie sollen dir den Urteilsspruch verkünden. 10 Dann sollst du dich an den Spruch halten, den sie dir an dieser Stätte, die der Herr auswählt, verkünden, und du sollst auf alles, was sie dich lehren, genau achten und es halten. 11 An den Wortlaut der Weisung, die sie dich lehren, und an das Urteil, das sie fällen, sollst du dich halten. Von dem Spruch, den sie dir verkünden, sollst du weder rechts noch links abweichen. 12 Ein Mann aber, der so vermessen ist, auf den Priester, der dort steht, um vor dem Herrn, deinem Gott, Dienst zu tun, oder auf den Richter nicht zu hören, dieser Mann soll sterben. Du sollst das Böse aus Israel wegschaffen. 13 Das ganze Volk soll davon hören, damit sie sich fürchten und nicht noch einmal so vermessen sind.

8–13: 21,5; Ex 18,13–26; 2 Chr 19,8–11 • 9: 10,8; 19,17; 26,3 • 12–13: 21,21; 20,2

Der König

14 Wenn du in das Land, das der Herr, dein Gott, dir gibt, hineingezogen bist, es in Besitz genommen hast, in ihm wohnst und dann sagst: Ich will einen König über mich einsetzen wie alle Völker in meiner Nachbarschaft!, 15 dann darfst du einen König über dich einsetzen, doch nur einen, den der Herr, dein Gott, auswählt. Nur aus der Mitte deiner Brüder darfst du einen König über dich einsetzen. Einen Ausländer darfst du nicht über dich einsetzen, weil er nicht dein Bruder ist. 16 Der König soll sich aber nicht zu viele Pferde halten. Er soll das Volk nicht nach Ägypten zurückbringen, um mehr Pferde zu bekommen; denn der Herr hat zu euch gesagt: Ihr sollt auf diesem Weg nie wieder zurückkehren. 17 Er soll sich auch keine große Zahl von Frauen nehmen, damit sein Sinn nicht vom rechten Weg abweicht. Er soll nicht zu viel Silber und Gold anhäufen. 18 Und wenn er seinen Königsthron bestiegen hat, soll er sich von dieser Weisung, die die levitischen Priester aufbewahren, auf einer Schriftrolle eine Zweitschrift anfertigen lassen. 19 Sein Leben lang soll er die Weisung mit sich führen und in der Rolle lesen, damit er lernt, den Herrn, seinen Gott, zu fürch-

ten, auf alle Worte dieser Weisung und dieser Gesetze zu achten, sie zu halten, 20 sein Herz nicht über seine Brüder zu erheben und von dem Gebot weder rechts noch links abzuweichen, damit er lange als König in Israels Mitte lebt, er und seine Nachkommen.

14–20: 1 Sam 7,2 – 8,22; 10,18f; 12,1–25 • 15: 1 Sam 10,24; 16,1–13; 2 Sam 5,1–3 • 16: 28,68; Gen 26,2; 2 Sam 8,4; 1 Kön 10,26–29 • 17: 1 Kön 10,14–25; 11,1–8 • 18–20: Jos 1,7–9; 1 Kön 2,1–4 • 18: 10,8; 31,9.26 • 20: 5,32f

Die Einkünfte der Priester

18 Die levitischen Priester – der ganze Stamm Levi – sollen nicht wie das übrige Israel Landanteil und Erbbesitz haben. Sie sollen sich von den Opferanteilen des Herrn, von seinem Erbbesitz, ernähren. 2 Der Stamm Levi soll inmitten seiner Brüder leben, aber keinen Erbbesitz haben. Der Herr selbst ist sein Erbbesitz, wie er es ihm zugesagt hat. 3 Und das ist das Recht, das die Priester gegenüber dem Volk haben, gegenüber denen, die ein Schlachtopfertier schlachten, sei es ein Stier oder ein Lamm: Man soll dem Priester den Bug, die Kinnbacken und den Labmagen geben. 4 Du sollst ihm den ersten Ertrag von Korn, Wein und Öl und den ersten Ertrag der Schafschur geben. 5 Denn der Herr, dein Gott, hat den Stamm Levi unter allen deinen Stämmen dazu ausgewählt, dass er im Namen des Herrn dasteht und Dienst tut – Levi und seine Nachkommen, ihr Leben lang. 6 Wenn ein Levit aus einem deiner Stadtbereiche irgendwo in Israel, in dem er als Fremder gewohnt hat, zu der Stätte kommt, die der Herr ausgewählt hat, und zwar, wann immer er möchte, 7 und wenn er dann wie alle seine levitischen Brüder, die dort vor dem Herrn stehen, im Namen des Herrn, seines Gottes, Dienst tut, 8 sollen alle die gleiche Zuteilung erhalten, ohne dass man berücksichtigt, wie groß sein väterliches Vermögen ist.

1–5: 1 Kor 9,13 • 1–2: 10,8f; 1 Sam 2,28 • 4: 26,1–11; Ex 23,19 • 5: 10,8 • 6–8: 2 Kön 23,9 • 6: Ri 17,7; 19,1

Die Zauberer und Propheten

9 Wenn du in das Land hineinziehst, das der Herr, dein Gott, dir gibt, sollst du nicht lernen, die Gräuel dieser Völker nachzuahmen. 10 Es soll bei dir keinen geben, der seinen Sohn oder seine Tochter durchs Feuer gehen lässt, keinen, der Losorakel befragt, Wolken deutet, aus dem Becher weissagt, zaubert, 11 Gebetsbeschwörungen hersagt oder Totengeister befragt, keinen Hellseher, keinen, der Verstorbene um Rat fragt. 12 Denn jeder, der so etwas tut, ist dem Herrn ein Gräuel. Wegen dieser Gräuel vertreibt sie der Herr, dein Gott, vor dir. 13 Du sollst ganz und gar bei dem Herrn, deinem Gott, bleiben. 14 Denn diese Völker, deren Besitz du übernimmst, hören auf Wolkendeuter und Orakelleser. Für dich aber hat der Herr, dein Gott, es anders bestimmt. 15 Einen Propheten wie mich wird dir der Herr, dein Gott, aus deiner Mitte, unter deinen Brüdern, erstehen lassen. Auf ihn sollt ihr hören. 16 Der Herr wird ihn als Erfüllung von allem erstehen lassen, worum du am Horeb, am Tag der Versammlung, den Herrn, deinen Gott, gebeten hast, als du sagtest: Ich kann die donnernde Stimme des Herrn, meines Gottes, nicht noch einmal hören und dieses große Feuer nicht noch einmal sehen, ohne dass ich sterbe. 17 Damals sagte der Herr zu mir: Was sie von dir verlangen, ist recht. 18 Einen Propheten wie dich will ich ihnen mitten unter ihren Brüdern erstehen lassen. Ich will ihm meine Worte in den Mund legen und er wird ihnen alles sagen, was ich ihm auftrage. 19 Einen Mann aber, der nicht auf meine Worte hört, die der Prophet in meinem Namen verkünden wird, ziehe ich selbst zur Rechenschaft. 20 Doch ein Prophet, der sich anmaßt, in meinem Namen ein Wort zu verkünden, dessen Verkündigung ich ihm nicht aufgetragen habe, oder der im Namen anderer Götter spricht, ein solcher Prophet soll sterben.

21 Und wenn du denkst: Woran können wir ein Wort erkennen, das der Herr nicht gesprochen hat?, 22 dann sollst du wissen: Wenn ein Prophet im Namen des Herrn spricht und sein Wort sich nicht erfüllt und nicht eintrifft, dann ist es ein Wort, das nicht der Herr gesprochen hat. Der Prophet hat sich nur angemaßt, es zu sprechen. Du sollst dich dadurch nicht aus der Fassung bringen lassen.

9: 12,31; 20,18; 32,16; 1 Kön 14,24 • 10: 2 Kön 16,3; 21,2.11; 23,13; Dtn 12,31; Ex 22,17; 2 Kön 9,22; 16,3; 17,17; 21,6; 23,10 • 11: 1 Sam 28; 2 Kön 21,6; 23,24 • 12: 4,38; 7,17; 9,1–6; 11,22–25 • 13: 2 Sam 22,24; Mt 5,48 • 14: 18,10 • 15–19: 2 Kön 17,13; Mt 17,5; Mk 9,7; Lk 9,35; Joh 1,21; 6,14; 7,40; Apg 3,22f; 7,37 • 16–19: 5,23–31 • 18: Ex 4,15 • 20: Jer 14,13–18 • 21–22: Jer 28; Ez 33,33

Die Asylstädte

19 Wenn der Herr, dein Gott, die Völker, deren Land der Herr, dein Gott, dir geben will, niederstreckt und du ihren Besitz übernimmst und in ihren Städten und Häusern wohnst, [2] sollst du in dem Land, das der Herr, dein Gott, dir gibt, damit du es in Besitz nimmst, drei Städten eine Sonderstellung zuweisen. [3] Du sollst die Wegstrecken berechnen und die Fläche des Landes, das der Herr, dein Gott, dir als Erbbesitz gibt, in drei Teile teilen. Dann kann jeder, der einen Menschen getötet hat, in diese Städte fliehen.

[4] Und so lautet die Bestimmung für einen, der jemand getötet hat und dorthin flieht, um am Leben zu bleiben: Wenn er den andern ohne Vorsatz erschlagen hat und nicht schon früher mit ihm verfeindet gewesen ist, [5] zum Beispiel wenn er mit einem andern in den Wald gegangen ist, um Bäume zu fällen, seine Hand mit der Axt ausgeholt hat, um einen Baum umzuhauen, das Eisenblatt sich vom Stiel gelöst und den andern getroffen hat und dieser gestorben ist, dann kann er in eine dieser Städte fliehen, um am Leben zu bleiben. [6] Es darf nicht sein, dass der Weg (zum Heiligtum) zu weit ist, damit nicht der Bluträcher, der aus Rachedurst den, der getötet hat, verfolgt, ihn einholt und tödlich trifft, obwohl kein Recht besteht, ihn zu töten, da er ja mit dem Getöteten nicht schon früher verfeindet war. [7] Deshalb mache ich dir zur Pflicht: Du sollst drei Städten eine Sonderstellung zuweisen. [8] Und wenn der Herr, dein Gott, dein Gebiet vergrößert, wie er es deinen Vätern geschworen hat, und dir das ganze Land, von dem er gesagt hat, er werde es deinen Vätern geben, wirklich gibt, [9] weil du auf dieses ganze Gebot, auf das ich dich heute verpflichte, achtest und es hältst, indem du den Herrn, deinen Gott, liebst und dein Leben lang auf seinen Wegen gehst, dann sollst du diese drei Städte um drei weitere vermehren. [10] So soll verhindert werden, dass mitten in dem Land, das der Herr, dein Gott, dir als Erbbesitz gibt, unschuldiges Blut vergossen wird und Blutschuld über dich kommt.

1–13: 4,41–43; Ex 21,12–14; Jos 20 • 6: 2 Sam 14,7 • 8: 1,7; 11,24; 12,20; Gen 15,18; Ex 23,31; 34,24; Jos 1,4; 1 Kön 5,1–4 • 9: 11,1 • 10: 19,13; 21,7–9; 22,8; 27,25

Die Auslieferung eines Mörders aus der Asylstadt

[11] Wenn es sich um einen Mann handelt, der mit einem andern verfeindet war, wenn er ihm auflauerte, ihn überfiel und tödlich traf, sodass er starb, und wenn er in eine dieser Städte floh, [12] dann sollen die Ältesten seiner Stadt ihn von dort holen lassen und in die Gewalt des Bluträchers geben und er soll sterben. [13] Du sollst in dir kein Mitleid mit ihm aufsteigen lassen. Du sollst das Blut des Unschuldigen aus Israel wegschaffen und es wird dir gut gehen.

12: 5,23; 21,1–9.19; 22,13–21; 25,5–10 • 13: 7,16; 13,9; 19,21; 25,12; 21,21; 19,10

Die Grenzverrückung

[14] An deinem Erbbesitz, der dir in dem Land zugeteilt werden soll, das der Herr, dein Gott, dir gibt, damit du es in Besitz nimmst, sollst du die Grenzmarkierung zu deinem Nachbarn hin, die die Vorfahren errichtet haben, nicht verrücken.

14: 27,17

Die Zahl der Zeugen

[15] Wenn es um ein Verbrechen oder ein Vergehen geht, darf ein einzelner Belastungszeuge nicht Recht bekommen, welches Vergehen auch immer der Angeklagte begangen hat. Erst auf die Aussage von zwei oder drei Zeugen darf eine Sache Recht bekommen.

15: 17,6; Mt 18,16; Joh 8,17; 2 Kor 13,1; 1 Tim 5,19; Hebr 10,28

Die falsche Aussage vor Gericht

[16] Wenn jemand vor Gericht geht und als Zeuge einen andern zu Unrecht der Anstiftung zum Aufruhr bezichtigt, [17] wenn die beiden Parteien mit ihrem Rechtsstreit vor den Herrn hintreten, vor die Priester und Richter, die dann amtieren, [18] wenn die Richter eine genaue Ermittlung anstellen und sich zeigt: Der Mann ist ein falscher Zeuge, er hat seinen Bruder fälschlich bezichtigt, [19] dann sollt ihr mit ihm so verfahren, wie er mit seinem Bruder verfahren wollte. Du sollst das Böse aus deiner Mitte wegschaffen.

[20] Die Übrigen sollen davon hören, damit sie sich fürchten und nicht noch einmal ein solches Verbrechen in deiner Mitte begehen. [21] Und du sollst

in dir kein Mitleid aufsteigen lassen: Leben für
Leben, Auge für Auge, Zahn für Zahn, Hand für
Hand, Fuß für Fuß.

16–21: 5,20; Ex 23,1 • 17: 17,9; 26,3 • 18: 13,15; 17,4 • 19–20: 21,21 • 19: 1 Kor 5,13 • 21: 19,13; Ex 21,23–25; Mt 5,38

Das Aufgebot des Volksheeres

20 Wenn du zum Kampf gegen deine Feinde
ausziehst und Pferde und Wagen und ein
Kriegsvolk erblickst, das zahlreicher ist als du,
dann sollst du dich nicht vor ihnen fürchten;
denn der Herr, dein Gott, der dich aus Ägypten
heraufgeführt hat, ist bei dir. 2 Wenn ihr in den
Kampf zieht, soll der Priester vortreten, dem
Kriegsvolk eine Ansprache halten 3 und zu ihnen
sagen: Höre, Israel! Ihr zieht heute in den Kampf
gegen eure Feinde. Verliert nicht den Mut! Fürch-
tet euch nicht, geratet nicht durcheinander und
weicht nicht erschreckt zurück, wenn sie angrei-
fen. 4 Denn der Herr, euer Gott, zieht mit euch,
um für euch gegen eure Feinde zu kämpfen und
euch zu retten.
5 Dann sollen die Listenführer zum Kriegsvolk
sagen: Ist unter euch einer, der ein neues Haus
gebaut und noch nicht eingeweiht hat? Er trete
weg und kehre zu seinem Haus zurück, damit er
nicht im Kampfe fällt und ein anderer es einweiht.
6 Ist unter euch einer, der einen Weinberg angelegt
und noch nicht die erste Lese gehalten hat? Er trete
weg und kehre nach Hause zurück, damit er nicht
im Kampfe fällt und ein anderer die erste Lese hält.
7 Ist unter euch einer, der sich mit einer Frau ver-
lobt und sie noch nicht geheiratet hat? Er trete weg
und kehre nach Hause zurück, damit er nicht im
Kampfe fällt und ein anderer seine Frau heiratet.
8 Außerdem sollen die Listenführer zum Kriegs-
volk sagen: Ist unter euch einer, der sich fürchtet
und keinen Mut hat? Er trete weg und kehre nach
Hause zurück, damit nicht auch noch seinen
Brüdern der Mut genommen wird. 9 Und wenn die
Listenführer damit zu Ende sind, dies dem Kriegs-
volk zu sagen, sollen sie Truppenführer ernennen
und ihnen das Kommando über das Kriegsvolk
übertragen.

2–4: 1,29–31; 3,21f; 31,2–6; Ex 14,13f; Jos 23,3–13; Dtn 17,12 • 4: Ex 14,30; Ri 2,18; 6,37; 7,7; 10,12; 1 Sam 7,8; 14,23.39 • 5–9: 16,18; 28,30 • 7: 24,5 • 8: Ri 7,3

Der Krieg gegen Städte

10 Wenn du vor eine Stadt ziehst, um sie anzugrei-
fen, dann sollst du ihr zunächst eine friedliche
Einigung vorschlagen. 11 Nimmt sie die friedliche
Einigung an und öffnet dir die Tore, dann soll die
gesamte Bevölkerung, die du dort vorfindest, zum
Frondienst verpflichtet und dir untertan sein.
12 Lehnt sie eine friedliche Einigung mit dir ab und
will sich mit dir im Kampf messen, dann darfst du
sie belagern.
13 Wenn der Herr, dein Gott, sie in deine Gewalt
gibt, sollst du alle männlichen Personen mit schar-
fem Schwert erschlagen. 14 Die Frauen aber, die
Kinder und Greise, das Vieh und alles, was sich
sonst in der Stadt befindet, alles, was sich darin
plündern lässt, darfst du dir als Beute nehmen.
Was du bei deinen Feinden geplündert hast, darfst
du verzehren; denn der Herr, dein Gott, hat es dir
geschenkt. 15 So sollst du mit allen Städten verfah-
ren, die sehr weit von dir entfernt liegen und nicht
zu den Städten dieser Völker hier gehören. 16 Aus
den Städten dieser Völker jedoch, die der Herr,
dein Gott, dir als Erbbesitz gibt, darfst du nichts,
was Atem hat, am Leben lassen. 17 Vielmehr sollst
du die Hetiter und Amoriter, Kanaaniter und
Perisiter, Hiwiter und Jebusiter der Vernichtung
weihen, so wie es der Herr, dein Gott, dir zur
Pflicht gemacht hat, 18 damit sie euch nicht lehren,
alle Gräuel nachzuahmen, die sie begingen, wenn
sie ihren Göttern dienten, und ihr nicht gegen den
Herrn, euren Gott, sündigt.

16–18: 13,16f • 17–18: 7,1–4 • 18: 18,9

Die Schonung des Baumbestandes

19 Wenn du eine Stadt längere Zeit hindurch bela-
gerst, um sie anzugreifen und zu erobern, dann
sollst du ihrem Baumbestand keinen Schaden
zufügen, indem du die Axt daran legst. Du darfst
von den Bäumen essen, sie aber nicht fällen mit
dem Gedanken, die Bäume auf dem Feld seien der
Mensch selbst, sodass sie von dir belagert werden
müssten.
20 Nur den Bäumen, von denen du weißt, dass sie
keine Fruchtbäume sind, darfst du Schaden zufü-
gen. Du darfst sie fällen und daraus Belagerungs-
werk bauen gegen die Stadt, die gegen dich kämp-
fen will, bis sie schließlich fällt.

Der Mord durch einen unbekannten Täter

21 Wenn in dem Land, das der Herr, dein Gott,
dir gibt, damit du es in Besitz nimmst,
einer auf freiem Feld ermordet aufgefunden wird
und man nicht weiß, wer ihn erschlagen hat, [2] dann
sollen deine Ältesten und Richter hinausgehen
und feststellen, wie weit die Städte ringsum von
dem Ermordeten entfernt sind. [3] Wenn feststeht,
welche Stadt dem Ermordeten am nächsten liegt,
sollen die Ältesten dieser Stadt eine junge Kuh aus-
suchen, die noch nicht zur Arbeit verwendet wor-
den ist, das heißt, die noch nicht unter dem Joch
gegangen ist. [4] Die Ältesten dieser Stadt sollen die
Kuh in ein ausgetrocknetes Bachtal bringen, wo
weder geackert noch gesät wird. Dort sollen sie im
Bachbett der Kuh das Genick brechen. [5] Dann sol-
len die Priester, die Nachkommen Levis, herantre-
ten; denn sie hat der Herr, dein Gott, dazu ausge-
wählt, vor ihm Dienst zu tun und im Namen des
Herrn den Segen zu sprechen. Nach ihrem Spruch
soll jeder Rechtsstreit und jeder Fall von Körper-
verletzung entschieden werden. [6] Alle Ältesten
dieser Stadt sollen, weil sie dem Ermordeten am
nächsten sind, über der Kuh, der im Bachbett das
Genick gebrochen wurde, ihre Hände waschen.
[7] Sie sollen feierlich sagen: Unsere Hände haben
dieses Blut nicht vergossen und unsere Augen
haben nichts gesehen. [8] Deck es zu, zum Schutz
deines Volkes Israel, das du freigekauft hast, Herr,
und lass kein unschuldig vergossenes Blut in der
Mitte deines Volkes Israel bleiben. Dann ist das
Blut zu ihrem Schutz zugedeckt. [9] Du wirst das
unschuldig vergossene Blut aus deiner Mitte weg-
schaffen können, wenn du tust, was in den Augen
des Herrn richtig ist.

1–9: 5,17; 19,12 • 5: 10,8; 17,8–13; 19,17 • 6–7: Mt 27,24 •
7–9: 19,10 • 9: 21,21

Die Heirat einer Kriegsgefangenen

[10] Wenn du zum Kampf gegen deine Feinde aus-
ziehst und der Herr, dein Gott, sie alle in deine
Gewalt gibt, wenn du dabei Gefangene machst
[11] und unter den Gefangenen eine Frau von schö-
ner Gestalt erblickst, wenn sie dein Herz gewinnt
und du sie heiraten möchtest, [12] dann sollst du sie
in dein Haus bringen und sie soll sich den Kopf
scheren, ihre Nägel kürzen [13] und die Gefangenen-
kleidung ablegen. Sie soll in deinem Haus wohnen
und einen Monat lang ihren Vater und ihre Mut-
ter beweinen. Danach darfst du mit ihr Verkehr
haben, du darfst ihr Mann werden und sie deine
Frau.
[14] Wenn sie dir aber nicht mehr gefällt, darfst du
sie entlassen, und sie darf tun, was sie will. Auf kei-
nen Fall darfst du sie für Silber verkaufen. Auch
darfst du sie nicht als Sklavin kennzeichnen. Denn
du hast sie dir gefügig gemacht.

Das Erbrecht des erstgeborenen Sohnes

[15] Wenn ein Mann zwei Frauen hat, eine, die er
liebt, und eine, die er nicht liebt, und wenn beide
ihm Söhne gebären, die geliebte wie die ungeliebte,
und der erstgeborene Sohn von der ungeliebten
stammt, [16] dann darf er, wenn er sein Erbe unter
seine Söhne verteilt, den Sohn der geliebten Frau
nicht als Erstgeborenen behandeln und damit ge-
gen das Recht des wirklichen Erstgeborenen, des
Sohnes der ungeliebten Frau, verstoßen.
[17] Vielmehr soll er den Erstgeborenen, den Sohn
der Ungeliebten, anerkennen, indem er ihm von
allem, was er besitzt, den doppelten Anteil gibt.
Ihn hat er zuerst gezeugt, er besitzt das Erstgebo-
renenrecht.

17: Gen 49,3

Die Verstoßung eines Sohnes

[18] Wenn ein Mann einen störrischen und wider-
spenstigen Sohn hat, der nicht auf die Stimme
seines Vaters und seiner Mutter hört, und wenn
sie ihn züchtigen und er trotzdem nicht auf sie
hört, [19] dann sollen Vater und Mutter ihn packen,
vor die Ältesten der Stadt und die Torversamm-
lung des Ortes führen [20] und zu den Ältesten der
Stadt sagen: Unser Sohn hier ist störrisch und
widerspenstig, er hört nicht auf unsere Stimme,
er ist ein Verschwender und Trinker. [21] Dann sollen
alle Männer der Stadt ihn steinigen und er soll
sterben. Du sollst das Böse aus deiner Mitte weg-
schaffen. Ganz Israel soll davon hören, damit sie
sich fürchten.

18–21: 5,16; Ex 21,15.17 • 19: 19,12 • 21: 13,6.12; 17,7.12; 19,13.19;
21,9; 22,21f; 24,7; Ri 20,13

Die Bestattung von Hingerichteten

22 Wenn jemand ein Verbrechen begangen hat, auf das die Todesstrafe steht, wenn er hingerichtet wird und du den Toten an einen Pfahl hängst, 23 dann soll die Leiche nicht über Nacht am Pfahl hängen bleiben, sondern du sollst ihn noch am gleichen Tag begraben; denn ein Gehenkter ist ein von Gott Verfluchter. Du sollst das Land nicht unrein werden lassen, das der Herr, dein Gott, dir als Erbbesitz gibt.

22–23: Jos 8,29; Mt 27,57f; Joh 19,31 • 22: Apg 10,39 • 23: Gal 3,13

Gefundenes Gut

22 Du sollst nicht untätig zusehen, wie ein Stier oder ein Lamm deines Bruders sich verläuft. Du sollst dann nicht so tun, als gingen sie dich nichts an, sondern sie deinem Bruder zurückbringen. 2 Wenn dein Bruder nicht in der Nähe wohnt oder wenn du ihn nicht kennst, sollst du das Tier in deinen Stall tun und es soll dir zur Verfügung stehen, bis dein Bruder es sucht und du es ihm zurückgeben kannst. 3 Ebenso sollst du es mit einem Esel halten, ebenso mit einem Gewand, ebenso mit allem anderen, was dein Bruder verloren hat: was er verloren hat und was du findest. Du kannst gar nicht so tun, als ginge dich das nichts an.

1–3: Ex 23,4

Die nachbarschaftliche Hilfe

4 Du sollst nicht untätig zusehen, wie ein Esel oder ein Ochse deines Bruders auf dem Weg zusammenbricht. Du sollst dann nicht so tun, als gingen sie dich nichts an, sondern ihm helfen, sie wieder aufzurichten.

4: Ex 23,5

Kleidung und Geschlecht

5 Eine Frau soll nicht die Ausrüstung eines Mannes tragen und ein Mann soll kein Frauenkleid anziehen; denn jeder, der das tut, ist dem Herrn, deinem Gott, ein Gräuel.

Die Aushebung von Vogelnestern

6 Wenn du unterwegs auf einem Baum oder auf der Erde zufällig ein Vogelnest mit Jungen oder mit Eiern darin findest und die Mutter auf den Jungen oder auf den Eiern sitzt, sollst du die Mutter nicht zusammen mit den Jungen herausnehmen. 7 Sondern du sollst die Mutter fliegen lassen und nur die Jungen nehmen, damit es dir gut geht und du lange lebst.

7: 5,16

Schutzgeländer an Dachterrassen

8 Wenn du ein neues Haus baust, sollst du um die Dachterrasse eine Brüstung ziehen. Du sollst nicht dadurch, dass jemand herunterfällt, Blutschuld auf dein Haus legen.

8: 19,10

Das Verbot von Vermischung

9 Du sollst in deinem Weinberg keine anderen Pflanzen anbauen, sonst verfällt das Ganze dem Heiligtum, sowohl was du zusätzlich angebaut hast als auch was der Weinberg trägt. 10 Du sollst nicht Ochse und Esel zusammen vor den Pflug spannen. 11 Du sollst für deine Kleidung kein Mischgewebe aus Wolle und Flachs verwenden.

Die Quasten

12 Du sollst an den vier Zipfeln des Überwurfs, den du trägst, Quasten anbringen.

12: Mt 23,5

Die Beschuldigung der Ehefrau wegen vorehelichen Verkehrs

13 Wenn ein Mann eine Frau geheiratet und mit ihr Verkehr gehabt hat, sie aber später nicht mehr liebt 14 und ihr Anrüchiges vorwirft, sie in Verruf bringt und behauptet: Diese Frau habe ich geheiratet, aber als ich mich ihr näherte, entdeckte ich, dass sie nicht mehr unberührt war!, 15 wenn Vater und Mutter des Mädchens dann das Beweisstück ihrer Unberührtheit holen und zu den Ältesten der Stadt ans Tor bringen 16 und der Vater des Mädchens den Ältesten erklärt: Ich habe diesem Mann meine Tochter zur Frau gegeben, aber er liebt sie nicht mehr, 17 ja er wirft ihr jetzt Anrüchiges vor, indem er sagt: Ich habe entdeckt, dass deine Tochter nicht mehr unberührt war!; aber hier ist das Beweisstück für die Unberührtheit meiner Tochter!, und wenn sie das Gewand (aus der Hochzeitsnacht) vor den Ältesten der Stadt ausbreiten, 18 dann sollen die Ältesten dieser Stadt

den Mann packen und züchtigen lassen. 19 Sie sol-
len ihm eine Geldbuße von hundert Silberschekel
auferlegen und sie dem Vater des Mädchens über-
geben, weil der Mann eine unberührte Israelitin
in Verruf gebracht hat. Sie soll seine Frau bleiben.
Er darf sie niemals entlassen. 20 Wenn der Vorwurf
aber zutrifft, wenn sich keine Beweisstücke für die
Unberührtheit des Mädchens beibringen lassen,
21 soll man das Mädchen hinausführen und vor die
Tür ihres Vaterhauses bringen. Dann sollen die
Männer ihrer Stadt sie steinigen und sie soll ster-
ben; denn sie hat eine Schandtat in Israel began-
gen, indem sie in ihrem Vaterhaus Unzucht trieb.
Du sollst das Böse aus deiner Mitte wegschaffen.

13–29: 5,18.21; • 13–21: 19,12 • 21: 21,21; Gen 34,7; Jos 7,15; Ri 20,6.10; 2 Sam 13,12; 1 Kor 5,13

Der Ehebruch mit einer verheirateten Frau

22 Wenn ein Mann dabei ertappt wird, wie er bei
einer verheirateten Frau liegt, dann sollen beide
sterben, der Mann, der bei der Frau gelegen hat,
und die Frau. Du sollst das Böse aus Israel weg-
schaffen.

22: 21,21; Joh 8,5

Der Beischlaf mit der Verlobten eines anderen

23 Wenn ein unberührtes Mädchen mit einem
Mann verlobt ist und ein anderer Mann ihr in der
Stadt begegnet und sich mit ihr hinlegt, 24 dann
sollt ihr beide zum Tor dieser Stadt führen. Ihr
sollt sie steinigen und sie sollen sterben, das Mäd-
chen, weil es in der Stadt nicht um Hilfe geschrien
hat, und der Mann, weil er sich die Frau eines an-
dern gefügig gemacht hat. Du sollst das Böse aus
deiner Mitte wegschaffen.
25 Wenn der Mann dem verlobten Mädchen aber
auf freiem Feld begegnet, sie fest hält und sich mit
ihr hinlegt, dann soll nur der Mann sterben, der
bei ihr gelegen hat, 26 dem Mädchen aber sollst du
nichts tun. Bei dem Mädchen handelt es sich nicht
um ein Verbrechen, auf das der Tod steht; denn
dieser Fall ist so zu beurteilen, wie wenn ein Mann
einen andern überfällt und ihn tötet. 27 Auf freiem
Feld ist er ihr begegnet, das verlobte Mädchen mag
um Hilfe geschrien haben, aber es ist kein Helfer
da gewesen.

24: 1 Kor 5,13

Der Beischlaf mit einer noch nicht Verlobten

28 Wenn ein Mann einem unberührten Mädchen,
das noch nicht verlobt ist, begegnet, sie packt und
sich mit ihr hinlegt und sie ertappt werden, 29 soll
der Mann, der bei ihr gelegen hat, dem Vater des
Mädchens fünfzig Silberschekel zahlen und sie soll
seine Frau werden, weil er sie sich gefügig gemacht
hat. Er darf sie niemals entlassen.

28–29: Ex 22,15f

Die Blutschande

23 Ein Mann darf eine Frau seines Vaters
nicht heiraten; denn er darf das Bett sei-
nes Vaters nicht aufdecken.

1: 27,20; 1 Kor 5,1

Die Aufnahme in die Versammlung des Herrn

2 In die Versammlung des Herrn darf keiner auf-
genommen werden, dessen Hoden zerquetscht
sind oder dessen Glied verstümmelt ist. 3 In die
Versammlung des Herrn darf kein Bastard aufge-
nommen werden; auch in der zehnten Generation
dürfen seine Nachkommen nicht in die Versamm-
lung des Herrn aufgenommen werden. 4 In die
Versammlung des Herrn darf kein Ammoniter
oder Moabiter aufgenommen werden, auch nicht
in der zehnten Generation. Niemals dürfen ihre
Nachkommen in die Versammlung des Herrn auf-
genommen werden; 5 denn sie sind euch nicht mit
Brot und Wasser auf dem Weg entgegengegangen,
als ihr aus Ägypten zogt, und Moab hat Bileam,
den Sohn Beors, aus Petor in Mesopotamien ge-
dungen und gegen dich ausgesandt, damit er dich
verfluchte – 6 doch der Herr, dein Gott, hat sich
geweigert, Bileam zu erhören, und der Herr, dein
Gott, hat für dich den Fluch in Segen verwandelt;
denn der Herr, dein Gott, liebt dich. 7 Du sollst
dich nie und nimmer um einen Friedens- und
Freundschaftsvertrag mit ihnen bemühen. 8 Der
Edomiter dagegen soll dir kein Gräuel sein; denn
er ist dein Bruder. Der Ägypter soll dir kein Gräuel
sein; denn du hast als Fremder in seinem Land
gewohnt. 9 In der dritten Generation dürfen ihre
leiblichen Nachkommen in die Versammlung des
Herrn aufgenommen werden.

3: Sach 9,6 • 5–6: Num 22–24

Die Reinheit des Heerlagers

10 Wenn du ins Feld ziehst und gegenüber deinen Feinden das Lager aufschlägst, sollst du dich vor jeder Unsauberkeit hüten. 11 Wenn jemand unter dir ist, der nicht mehr rein ist, weil nachts etwas geschah, soll er in das Vorgelände des Lagers gehen und das Lager nicht betreten. 12 Wenn der Abend kommt, soll er sich mit Wasser waschen, und wenn die Sonne untergeht, darf er in das Lager zurückkehren. 13 Du sollst im Vorgelände des Lagers eine Ecke haben, wo du austreten kannst.

14 In deinem Gepäck sollst du eine Schaufel haben, und wenn du dich draußen hinhocken willst, dann grab damit ein Loch und nachher deck deine Notdurft wieder zu! 15 Denn der Herr, dein Gott, hält sich in der Mitte deines Lagers auf, um dich der Gefahr zu entreißen und dir deine Feinde auszuliefern. Dein Lager soll heilig sein, damit er bei dir nichts Anstößiges sieht und sich nicht von dir abwendet.

Das Verbot der Auslieferung von Flüchtlingen

16 Du sollst einen fremden Untertan, der vor seinem Herrn bei dir Schutz sucht, seinem Herrn nicht ausliefern. 17 Bei dir soll er wohnen dürfen, in deiner Mitte, in einem Ort, den er sich in einem deiner Stadtbereiche auswählt, wo es ihm gefällt. Du sollst ihn nicht ausbeuten.

Das Verbot sakraler Prostitution

18 Unter den Frauen Israels soll es keine sakrale Prostitution geben, und unter den Männern Israels soll es keine sakrale Prostitution geben. 19 Du sollst weder Dirnenlohn noch Hundegeld in den Tempel des Herrn, deines Gottes, bringen. Kein Gelübde kann dazu verpflichten; denn auch diese beiden Dinge sind dem Herrn, deinem Gott, ein Gräuel.

18–19: 1 Kön 14,24; 15,12; 22,47; 2 Kön 23,7

Zinsen

20 Du darfst von deinem Bruder keine Zinsen nehmen: weder Zinsen für Geld noch Zinsen für Getreide noch Zinsen für sonst etwas, wofür man Zinsen nimmt. 21 Von einem Ausländer darfst du Zinsen nehmen, von deinem Bruder darfst du keine Zinsen nehmen, damit der Herr, dein Gott, dich segnet in allem, was deine Hände schaffen, in dem Land, in das du hineinziehst, um es in Besitz zu nehmen.

20–21: 15,3; Ex 22,24

Gelübde

22 Wenn du vor dem Herrn, deinem Gott, ein Gelübde machst, sollst du nicht zögern, es zu erfüllen; sonst wird es der Herr, dein Gott, von dir einfordern und die Strafe für diese Sünde wird über dich kommen. 23 Wenn du davon absiehst, Gelübde zu machen, wird auch die Strafe für diese Sünde nicht über dich kommen. 24 Was deinem Mund entfahren ist, darauf sollst du auch achten und du sollst es halten, da du dem Herrn, deinem Gott, ja aus freien Stücken gelobt hast, was dein Mund genannt hat.

22: Mt 5,33

Früchte am Weg

25 Wenn du in den Weinberg eines andern kommst, darfst du so viel Trauben essen, wie du magst, bis du satt bist, nur darfst du nichts in ein Gefäß tun.

26 Wenn du durch das Kornfeld eines andern kommst, darfst du mit der Hand Ähren abreißen, aber die Sichel darfst du auf dem Kornfeld eines andern nicht schwingen.

26: Mt 12,1; Mk 2,23; Lk 6,1

Die Wiederaufnahme einer geschiedenen Ehefrau

24 Wenn ein Mann eine Frau geheiratet hat und ihr Ehemann geworden ist, sie ihm dann aber nicht gefällt, weil er an ihr etwas Anstößiges entdeckt, wenn er ihr dann eine Scheidungsurkunde ausstellt, sie ihr übergibt und sie aus seinem Haus fortschickt, 2 wenn sie sein Haus dann verlässt, hingeht und die Frau eines anderen Mannes wird, 3 wenn auch der andere Mann sie nicht mehr liebt, ihr eine Scheidungsurkunde ausstellt, sie ihr übergibt und sie aus seinem Haus fortschickt, oder wenn der andere Mann, der sie geheiratet hat, stirbt, 4 dann darf sie ihr erster Mann, der sie fortgeschickt hat, nicht wieder heiraten, sodass sie wieder seine Frau würde, nach-

dem sie für ihn unberührbar geworden ist. Das wäre dem Herrn ein Gräuel. Du sollst das Land, das der Herr, dein Gott, dir als Erbbesitz gibt, nicht der Sünde verfallen lassen.

1: Mt 5,31; 19,7; Mk 10,4

Die Befreiung Neuvermählter vom Kriegsdienst

5 Wenn ein Mann neu vermählt ist, muss er nicht mit dem Heer ausrücken. Man soll auch keine andere Leistung von ihm verlangen. Ein Jahr lang darf er frei von Verpflichtungen zu Hause bleiben und die Frau, die er geheiratet hat, erfreuen.

5: 20,7

Verbotenes Pfandgut

6 Man darf nicht die Handmühle oder den oberen Mühlstein als Pfand nehmen; denn dann nimmt man das Leben selbst als Pfand.

Der Menschenraub

7 Wenn ein Mann dabei ertappt wird, wie er einen seiner Brüder, einen Israeliten, entführt, ihn als Sklaven kennzeichnet und verkauft, dann soll dieser Entführer sterben. Du sollst das Böse aus deiner Mitte wegschaffen.

7: 19,19; 21,21; Ex 21,16; 1 Kor 5,13

Der Aussatz

8 Nimm dich in Acht, wenn Aussatz als Seuche auftritt. Achte genau auf alles, wozu euch die levitischen Priester anweisen, und haltet es! So wie ich es ihnen aufgetragen habe, sollt ihr darauf achten
und es halten. 9 Denkt an das, was der Herr, dein Gott, als ihr aus Ägypten zogt, unterwegs mit Mirjam getan hat.

8: 10,8 • 9: Num 12

Die Pfandeinbringung und Pfandbehandlung

10 Wenn du einem andern irgendein Darlehen gibst, sollst du, um das Pfand zu holen, nicht sein
Haus betreten. 11 Du sollst draußen stehen bleiben und der Mann, dem du das Darlehen gibst, soll dir ein Pfand nach draußen bringen.

12 Wenn er in Not ist, sollst du sein Pfand nicht
über Nacht behalten. 13 Bei Sonnenuntergang sollst du ihm sein Pfand zurückgeben. Dann kann er in seinem Mantel schlafen, er wird dich segnen und du wirst vor dem Herrn, deinem Gott, im Recht sein.

12–13: Ex 22,25f

Die Lohnauszahlung an den Tagelöhner

14 Du sollst den Lohn eines Notleidenden und Armen unter deinen Brüdern oder unter den Fremden, die in deinem Land innerhalb deiner
Stadtbereiche wohnen, nicht zurückhalten. 15 An dem Tag, an dem er arbeitet, sollst du ihm auch seinen Lohn geben. Die Sonne soll darüber nicht untergehen; denn er ist in Not und lechzt danach. Dann wird er nicht den Herrn gegen dich anrufen und es wird keine Strafe für eine Sünde über dich kommen.

14–15: Mt 20,8; Mk 10,19; Jak 5,4; Mal 3,5

Das Verbot der Sippenhaft

16 Väter sollen nicht für ihre Söhne und Söhne nicht für ihre Väter mit dem Tod bestraft werden. Jeder soll nur für sein eigenes Verbrechen mit dem Tod bestraft werden.

16: 7,10; 2 Kön 14,6; Ez 18

Die sozial Schwachen

17 Du sollst das Recht von Fremden, die Waisen sind, nicht beugen; du sollst das Kleid einer
Witwe nicht als Pfand nehmen. 18 Denk daran: Als du in Ägypten Sklave warst, hat dich der Herr, dein Gott, dort freigekauft. Darum mache ich es dir zur Pflicht, diese Bestimmung einzuhalten.

17–18: Ex 22,20–23; 23,9 • 17: 27,19 • 18: 5,15

Die vergessene Garbe

19 Wenn du dein Feld aberntest und eine Garbe auf dem Feld vergisst, sollst du nicht umkehren, um sie zu holen. Sie soll den Fremden, Waisen und Witwen gehören, damit der Herr, dein Gott, dich bei jeder Arbeit deiner Hände segnet.

19: 28,12

Die Nachlese

20 Wenn du einen Ölbaum abgeklopft hast, sollst du nicht auch noch die Zweige absuchen. Was noch hängt, soll den Fremden, Waisen und Wit-
wen gehören. 21 Wenn du in deinem Weinberg die

Trauben geerntet hast, sollst du keine Nachlese
halten. Sie soll den Fremden, Waisen und Witwen
gehören. 22 Denk daran: Du bist in Ägypten Sklave
gewesen. Darum mache ich es dir zur Pflicht, diese
Bestimmung einzuhalten.

22: 5,15

Die Prügelstrafe

25 Wenn zwei Männer eine Auseinanderset-
zung haben, vor Gericht gehen und man
zwischen ihnen die Entscheidung fällt, indem man
dem Recht gibt, der im Recht ist, und den schul-
dig spricht, der schuldig ist, 2 dann soll der Rich-
ter, falls der Schuldige zu einer Prügelstrafe ver-
urteilt wurde, anordnen, dass er sich hinlegt und
in seiner Gegenwart eine bestimmte Anzahl von
Schlägen erhält, wie es seiner Schuld entspricht.
3 Vierzig Schläge darf er ihm geben lassen, mehr
nicht. Sonst könnte dein Bruder, wenn man ihm
darüber hinaus noch viele Schläge gibt, in deinen
Augen entehrt werden.

3: 2 Kor 11,24

Der Ochse beim Dreschen

4 Du sollst dem Ochsen zum Dreschen keinen
Maulkorb anlegen.

4: 1 Kor 9,9; 1 Tim 5,18

Die Schwagerehe

5 Wenn zwei Brüder zusammen wohnen und der
eine von ihnen stirbt und keinen Sohn hat, soll die
Frau des Verstorbenen nicht die Frau eines frem-
den Mannes außerhalb der Familie werden. Ihr
Schwager soll sich ihrer annehmen, sie heiraten
und die Schwagerehe mit ihr vollziehen. 6 Der ers-
te Sohn, den sie gebiert, soll den Namen des ver-
storbenen Bruders weiterführen. So soll dessen
Name in Israel nicht erlöschen. 7 Wenn der Mann
aber seine Schwägerin nicht heiraten will und
seine Schwägerin zu den Ältesten ans Tor hinauf-
geht und sagt: Mein Schwager will dem Namen
seines Bruders in Israel keinen Bestand sichern
und hat es deshalb abgelehnt, mit mir die Schwa-
gerehe einzugehen!, 8 wenn die Ältesten seiner
Stadt ihn dann vorladen und zur Rede stellen, er
aber bei seiner Haltung bleibt und erklärt: Ich
will sie nicht heiraten!, 9 dann soll seine Schwäge-
rin vor den Augen der Ältesten zu ihm hintreten,
ihm den Schuh vom Fuß ziehen, ihm ins Gesicht
spucken und ausrufen: So behandelt man einen,
der seinem Bruder das Haus nicht baut. 10 Ihm soll
man in Israel den Namen geben: Barfüßerhaus.

5–10: 19,12 • 5–6 Mt 22,24; Mk 12,19; Lk 20,28

Übergriff beim Streit

11 Wenn zwei Männer, ein Mann und sein Bruder,
miteinander raufen und die Frau des einen hinzu-
kommt, um ihren Mann aus der Gewalt des an-
dern, der auf ihn einschlägt, zu befreien, und wenn
sie die Hand ausstreckt und dessen Schamteile
ergreift, 12 dann sollst du ihr die Hand abhacken.
Du sollst in dir kein Mitleid aufsteigen lassen.

12: 19,13

Falsches Gewicht und Maß

13 Du sollst in deinem Beutel nicht zwei verschie-
dene Gewichte haben, ein größeres und ein klei-
neres. 14 Du sollst in deinem Haus nicht zwei
verschiedene Efa haben, ein größeres und ein klei-
neres. 15 Volle und richtige Gewichte sollst du
haben, volle und richtige Hohlmaße sollst du
haben, damit du lange in dem Land lebst, das der
Herr, dein Gott, dir gibt. 16 Denn alle, die so etwas
tun, alle Betrüger, sind dem Herrn ein Gräuel.

Die Vergeltung an den Amalekitern

17 Denk daran, was Amalek dir unterwegs angetan
hat, als ihr aus Ägypten zogt: 18 wie er unterwegs
auf dich stieß und, als du müde und matt warst,
ohne jede Gottesfurcht alle erschöpften Nach-
zügler von hinten niedermachte. 19 Wenn der Herr,
dein Gott, dir von allen deinen Feinden ringsum
Ruhe verschafft hat in dem Land, das der Herr,
dein Gott, dir als Erbbesitz gibt, damit du es in
Besitz nimmst, dann lösche die Erinnerung an
Amalek unter dem Himmel aus! Du sollst nicht
vergessen.

17–19: Ex 17,14; 1 Sam 15 • 19: 12,10

Die Darbringung der Erstlingsfrüchte

26 Wenn du in das Land, das der Herr, dein
Gott, dir als Erbbesitz gibt, hineinziehst,
es in Besitz nimmst und darin wohnst, 2 dann sollst
du von den ersten Erträgen aller Feldfrüchte, die

du in dem Land, das der Herr, dein Gott, dir gibt, eingebracht hast, etwas nehmen und in einen Korb legen. Dann sollst du zu der Stätte ziehen, die der Herr, dein Gott, auswählt, indem er dort seinen Namen wohnen lässt. [3] Du sollst vor den Priester treten, der dann amtiert, und sollst zu ihm sagen: Heute bestätige ich vor dem Herrn, deinem Gott, dass ich in das Land gekommen bin, von dem ich weiß: Er hat unseren Vätern geschworen, es uns zu geben. [4] Dann soll der Priester den Korb aus deiner Hand entgegennehmen und ihn vor den Altar des Herrn, deines Gottes, stellen. [5] Du aber sollst vor dem Herrn, deinem Gott, folgendes Bekenntnis ablegen:

Mein Vater war ein heimatloser Aramäer. Er zog nach Ägypten, lebte dort als Fremder mit wenigen Leuten und wurde dort zu einem großen, mächtigen und zahlreichen Volk. [6] Die Ägypter behandelten uns schlecht, machten uns rechtlos und legten uns harte Fronarbeit auf. [7] Wir schrien zum Herrn, dem Gott unserer Väter, und der Herr hörte unser Schreien und sah unsere Rechtlosigkeit, unsere Arbeitslast und unsere Bedrängnis. [8] Der Herr führte uns mit starker Hand und hoch erhobenem Arm, unter großem Schrecken, unter Zeichen und Wundern aus Ägypten, [9] er brachte uns an diese Stätte und gab uns dieses Land, ein Land, in dem Milch und Honig fließen. [10] Und siehe, nun bringe ich hier die ersten Erträge von den Früchten des Landes, das du mir gegeben hast, Herr.

Wenn du den Korb vor den Herrn, deinen Gott, gestellt hast, sollst du dich vor dem Herrn, deinem Gott, niederwerfen. [11] Dann sollst du fröhlich sein und dich freuen über alles Gute, das der Herr, dein Gott, dir und deiner Familie gegeben hat: du, die Leviten und die Fremden in deiner Mitte.

1–11: 14,22–27; 18,4; Ex 23,19; 34,26 • 2: 12,10f • 3: 17,9; 19,17 • 5–8: Num 20,15f • 5: Gen 12,10; 18,18; 46,3; 47,4 • 6–9: 6,21–23 • 6: Ex 1,11f; 5,9.23 • 7: Ex 3,7.9 • 8: Ex 3,19; 4,8f.21; 8,19; 15,11.16 • 9: 6,3; Ex 3,8; 23,20 • 11: 16,14

Das Gebet nach der Ablieferung des Zehnten für die Armen

[12] Wenn du im dritten Jahr, dem Zehntjahr, alle Zehntanteile von deiner Ernte vollständig ausgesondert und für die Leviten, Fremden, Waisen und Witwen abgeliefert hast und sie davon in deinen Stadtbereichen essen und satt werden, [13] dann sollst du vor dem Herrn, deinem Gott, sagen: Ich habe alle heiligen Abgaben aus meinem Haus geschafft. Ich habe sie für die Leviten und die Fremden, für die Waisen und die Witwen gegeben, genau nach deinem Gebot, auf das du mich verpflichtet hast. Ich habe dein Gebot nicht übertreten und habe es nicht vergessen. [14] Ich habe in der Trauerzeit nicht davon gegessen. Ich habe nichts davon weggeschafft, als ich unrein war. Ich habe nichts davon einem Toten gespendet. Ich habe auf die Stimme des Herrn, meines Gottes, gehört. Ich habe alles so gehalten, wie du es mir zur Pflicht gemacht hast. [15] Blick von deiner heiligen Wohnung, vom Himmel, herab, und segne dein Volk Israel und das Land, das du uns gegeben hast, wie du es unseren Vätern geschworen hattest, das Land, wo Milch und Honig fließen.

12: 14,28f • 15: 28,8

Der Grund, das Gesetz zu halten: der Bund

[16] Heute, an diesem Tag, verpflichtet dich der Herr, dein Gott, diese Gesetze und die Rechtsvorschriften zu halten. Du sollst auf sie achten und sie halten mit ganzem Herzen und mit ganzer Seele.

[17] Heute hast du der Erklärung des Herrn zugestimmt. Er hat dir erklärt: Er will dein Gott werden und du sollst auf seinen Wegen gehen, auf seine Gesetze, Gebote und Rechtsvorschriften achten und auf seine Stimme hören.

[18] Und der Herr hat heute deiner Erklärung zugestimmt. Du hast ihm erklärt: Du möchtest das Volk werden, das ihm persönlich gehört, wie er es dir zugesagt hat. Du willst auf alle seine Gebote achten; [19] er soll dich über alle Völker, die er geschaffen hat, erheben – zum Lob, zum Ruhm, zur Zierde –; und du möchtest ein Volk werden, das ihm, dem Herrn, deinem Gott, heilig ist, wie er es zugesagt hat.

16: 5,1 • 17–19: 29,12; 2 Sam 7,24 • 18–19: 7,6 • 19: 28,1.9

Einschub: Aufträge für die Zeit
nach dem Jordanübergang: 27,1–26

27 Mose und die Ältesten Israels befahlen
dem Volk: Achtet auf das ganze Gebot, auf
das ich euch heute verpflichte. 2 An dem Tag, wenn
ihr über den Jordan zieht in das Land, das der
Herr, dein Gott, dir gibt, sollst du große Steine
aufrichten, sie mit Kalk bestreichen 3 und alle
Worte dieser Weisung darauf schreiben, wenn du
hinüberziehst, um in das Land, das der Herr, dein
Gott, dir gibt, das Land, wo Milch und Honig
fließen, hineinzuziehen, wie der Herr, der Gott
deiner Väter, es dir zugesagt hat. 4 Wenn ihr über
den Jordan zieht, sollt ihr diese Steine, die zu er-
richten ich euch heute befehle, auf dem Berg Ga-
rizim aufrichten. Mit Kalk sollst du sie bestrei-
chen. 5 Dort sollst du dem Herrn, deinem Gott,
einen Altar bauen, einen Altar aus Steinen. Du
darfst nicht mit Eisenwerkzeug daran arbeiten.
6 Aus unbehauenen Steinen sollst du den Altar des
Herrn, deines Gottes, bauen und auf ihm sollst du
Brandopfertiere für den Herrn, deinen Gott, ver-
brennen. 7 Dort sollst du Heilsopfertiere schlach-
ten und verzehren und vor dem Herrn, deinem
Gott, fröhlich sein. 8 Und auf die Steine sollst du
in schöner Schrift alle Worte dieser Weisung
schreiben.
9 Mose und die levitischen Priester sagten zu ganz
Israel: Sei still und höre, Israel: Heute, an diesem
Tag, bist du das Volk des Herrn, deines Gottes, ge-
worden. 10 Du sollst auf die Stimme des Herrn, dei-
nes Gottes, hören und seine Gebote und Gesetze
halten, auf die ich dich heute verpflichte.
11 Am gleichen Tag befahl Mose dem Volk: 12 Fol-
gende Stämme sollen sich auf dem Berg Garizim
aufstellen, um das Volk zu segnen, wenn ihr den
Jordan überschritten habt: Simeon, Levi, Juda,
Issachar, Josef und Benjamin. 13 Folgende Stämme
sollen sich am Berg Ebal aufstellen, um den Fluch
zu sprechen: Ruben, Gad, Ascher, Sebulon, Dan
und Naftali. 14 Die Leviten sollen über alle Männer
Israels mit lauter Stimme ausrufen: 15 Verflucht ist
der Mann, der ein Gottesbildnis, das dem Herrn
ein Gräuel ist, ein Künstlermachwerk, schnitzt
oder gießt und es heimlich aufstellt. Und das ganze
Volk soll ausrufen: Amen. 16 Verflucht, wer Vater
oder Mutter schmäht. Und das ganze Volk soll
rufen: Amen. 17 Verflucht, wer den Grenzstein
seines Nachbarn verrückt. Und das ganze Volk soll
rufen: Amen. 18 Verflucht, wer einem Blinden den
falschen Weg weist. Und das ganze Volk soll rufen:
Amen. 19 Verflucht, wer das Recht der Fremden, die
Waisen sind, und das der Witwen beugt. Und das
ganze Volk soll rufen: Amen. 20 Verflucht, wer sich
mit der Frau seines Vaters hinlegt, denn er deckt
das Bett seines Vaters auf. Und das ganze Volk soll
rufen: Amen. 21 Verflucht, wer sich mit irgendei-
nem Tier hinlegt. Und das ganze Volk soll rufen:
Amen. 22 Verflucht, wer sich mit seiner Schwester
hinlegt, mit der Tochter seines Vaters oder mit
der Tochter seiner Mutter. Und das ganze Volk soll
rufen: Amen. 23 Verflucht, wer sich mit seiner
Schwiegermutter hinlegt. Und das ganze Volk soll
rufen: Amen. 24 Verflucht, wer einen andern heim-
lich erschlägt. Und das ganze Volk soll rufen:
Amen. 25 Verflucht, wer sich bestechen lässt, einen
unschuldigen Menschen zu töten. Und das ganze
Volk soll rufen: Amen. 26 Verflucht, wer nicht die
Worte dieser Weisung stützt, indem er sie hält.
Und das ganze Volk soll rufen: Amen.

1–13: Jos 8,30–35 • 1: 5,23 • 4: Joh 4,20 • 5–6: Ex 20,25 • 9: 7,6; 10,8; 26,17–19 • 10: 28,1 • 11–13: 11,29 • 15: 4,16.28; 5,8; 7,25; 9,12; 31,29; Ri 17,3; 1 Kön 14,9; 2 Kön 17,16; 21,7 • 16: 5,16; Ex 21,17 • 17: 5,21; 19,14 • 19: 24,17; Ex 22,20–23; 23,9 • 20: 23,1; 2 Sam 16,22; 1 Kor 5,1 • 21: Ex 22,18 • 24: 5,17; Ex 21,12 • 25: 19,10; Ex 23,8 • 26: 2 Kor 3,9; Gal 3,10

Der Abschluss der Verkündigung
des Gesetzes: 28,1–68

Der Segen für Gehorsam

28 Wenn du auf die Stimme des Herrn, dei-
nes Gottes, hörst, indem du auf alle seine
Gebote, auf die ich dich heute verpflichte, achtest
und sie hältst, wird dich der Herr, dein Gott, über
alle Völker der Erde erheben. 2 Alle diese Segnun-
gen werden über dich kommen und dich errei-
chen, wenn du auf die Stimme des Herrn, deines
Gottes, hörst: 3 Gesegnet bist du in der Stadt, ge-
segnet bist du auf dem Land. 4 Gesegnet ist die
Frucht deines Leibes, die Frucht deines Ackers und
die Frucht deines Viehs, die Kälber, Lämmer und
Zicklein. 5 Gesegnet ist dein Korb und dein Back-

trog. 6 Gesegnet bist du, wenn du heimkehrst, ge-
segnet bist du, wenn du ausziehst. 7 Der Herr stößt
die Feinde, die sich gegen dich erheben, nieder und
liefert sie dir aus. Auf einer Straße ziehen sie gegen
dich aus, auf sieben Straßen fliehen sie vor dir.
8 Der Herr befiehlt dem Segen, an deiner Seite zu
sein: in deinen Speichern und bei allem, was deine
Hände schaffen. Der Herr segnet dich in dem
Land, das er, dein Gott, dir gibt. 9 Der Herr lässt
dich erstehen als das Volk, das ihm heilig ist, wie
er es dir unter der Bedingung geschworen hat, dass
du auf die Gebote des Herrn, deines Gottes, ach-
test und auf seinen Wegen gehst. 10 Dann sehen alle
Völker der Erde, dass der Name des Herrn über
dir ausgerufen ist, und fürchten sich vor dir. 11 Der
Herr schenkt dir Gutes im Überfluss bei der
Frucht deines Leibes, bei der Frucht deines Viehs
und bei der Frucht deines Ackers in dem Land,
von dem du weißt: Der Herr hat deinen Vätern
geschworen, es dir zu geben. 12 Der Herr öffnet dir
den Himmel, seine Schatzkammer voll köstlichen
Wassers: Er gibt deinem Land zur rechten Zeit
Regen und segnet jede Arbeit deiner Hände. An
viele Völker kannst du ausleihen und du brauchst
nichts zu entleihen. 13 Der Herr macht dich zum
Kopf und nicht zum Schwanz. Du kennst nur den
Aufstieg, du kennst keinen Abstieg, wenn du auf
die Gebote des Herrn, deines Gottes, auf die ich
dich heute verpflichte, hörst, auf sie achtest und
sie hältst.

14 Von allen Worten, die ich euch heute vor-
schreibe, sollst du weder rechts noch links abwei-
chen. Du sollst nicht anderen Göttern nachfolgen
und ihnen dienen.

1–14 ‖ Lev 26,3–13; Dtn 28,15–45; 7,12–16; 11,13–15; 30,16 • 1: 26,19 • 4: 7,13; 30,9; Lk 1,42 • 8: 26,15 • 9: 7,6; 26,18f • 10: 2,25; 11,25; 2 Sam 12,28; 1 Kön 8,43; Jer 14,9 • 12: 2,7; 14,29; 16,15; 24,19; 30,9; 15,6 • 14: 7,4; 13,3

Der Fluch für Ungehorsam

15 Wenn du nicht auf die Stimme des Herrn, dei-
nes Gottes, hörst, indem du nicht auf alle seine
Gebote und Gesetze, auf die ich dich heute ver-
pflichte, achtest und sie nicht hältst, werden alle
diese Verfluchungen über dich kommen und dich
erreichen: 16 Verflucht bist du in der Stadt, ver-
flucht bist du auf dem Land. 17 Verflucht ist dein
Korb und dein Backtrog. 18 Verflucht ist die Frucht
deines Leibes und die Frucht deines Ackers, die
Kälber, Lämmer und Zicklein. 19 Verflucht bist
du, wenn du heimkehrst, verflucht bist du, wenn
du ausziehst. 20 Verfluchtsein, Verwirrtsein, Ver-
wünschtsein lässt der Herr auf dich los, auf alles,
was deine Hände schaffen und was du tust, bis du
bald vernichtet und bis du ausgetilgt bist wegen
deines Tuns, durch das du mich böswillig verlas-
sen hast. 21 Der Herr heftet die Pest an dich, bis er
dich ausgemerzt hat aus dem Land, in das du hin-
einziehst, um es in Besitz zu nehmen. 22 Der Herr
schlägt dich mit Schwindsucht, Fieber und Brand,
mit Glut und Trockenheit, Versengung und Ver-
gilbung. Sie verfolgen dich, bis du ausgetilgt bist.
23 Der Himmel über deinem Kopf wird zu Erz, die
Erde unter dir wird zu Eisen. 24 Der Herr verwan-
delt den Regen, den dein Land erhält, in Staub.
Asche fällt vom Himmel auf dich herab, bis du
vernichtet bist. 25 Der Herr stößt dich nieder und
liefert dich deinen Feinden aus. Auf einer Straße
ziehst du gegen sie aus, auf sieben Straßen fliehst
du vor ihnen. Alle Könige der Erde erschauern vor
dir. 26 Deine Leichen liegen da, zum Fraß für alle
Vögel des Himmels und für die Tiere der Erde und
keiner verscheucht sie. 27 Der Herr schlägt dich mit
dem ägyptischen Geschwür, mit Beulen, Krätze
und Grind und keiner kann dich heilen. 28 Der
Herr schlägt dich mit Wahnsinn, Blindheit und
Irresein. 29 Am hellen Mittag tappst du im Dunkel
wie ein Blinder. Deine Wege führen nicht zum Er-
folg. Dein Leben lang wirst du ausgebeutet und
ausgeraubt und niemand hilft dir. 30 Du verlobst
dich mit einer Frau und ein anderer schläft mit ihr.
Du baust ein Haus und wohnst nicht darin. Du
legst einen Weinberg an und hältst nicht einmal
die erste Lese. 31 Dein Ochse wird vor deinen Au-
gen geschlachtet und du bekommst nicht einmal
davon zu essen. Dein Esel wird dir weggerissen
und kehrt nicht zurück. Deine Schafe und Ziegen
werden deinen Feinden ausgeliefert und niemand
kommt dir zu Hilfe. 32 Deine Söhne und Töchter
werden einem anderen Volk ausgeliefert, du siehst
dir den ganzen Tag nach ihnen die Augen aus und
zwingst sie doch nicht herbei. 33 Den Ertrag deines
Ackers und all deinen Gewinn verzehrt ein Volk,
das du früher nicht einmal gekannt hast, und du
wirst dein Leben lang nur ausgebeutet und miss-

handelt. 34 Wahnsinn befällt dich bei dem Anblick,
der sich deinen Augen bietet. 35 Der Herr schlägt
dich mit bösen Geschwüren am Knie und am
Schenkel, und keiner kann dich heilen. Von der
Sohle bis zum Scheitel bist du krank. 36 Der Herr
bringt dich und den König, den du über dich ein-
gesetzt hast, zu einem Volk, das du und deine
Väter früher nicht einmal gekannt haben, und
dort musst du anderen Göttern dienen, Göttern
aus Holz und Stein. 37 Alle Völker, zu denen der
Herr dich führt, wenden sich entsetzt von dir ab,
sagen Spottverse über dich auf und stimmen
Hohngelächter an. 38 Viel Saatgut trägst du aufs
Feld, aber du erntest wenig. Das andere hat die
Heuschrecke gefressen. 39 Weinberge legst du an
und pflegst sie, aber du trinkst keinen Wein und
bringst keinen in den Keller. Der Wurm hat ihn
weggefressen. 40 Ölbäume wachsen überall in dei-
nem Land, aber du hast kein Öl, um dich zu sal-
ben. Dein Ölbaum hat die Oliven abgeworfen.
41 Söhne und Töchter hast du gezeugt, aber sie sind
nicht bei dir. Sie sind als Gefangene weggezogen.
42 Alle deine Bäume und Feldfrüchte nimmt das
Ungeziefer in Besitz. 43 Der Fremde, der in deiner
Mitte wohnt, steigt immer höher nach oben, hoch
über dich hinaus, und du steigst immer tiefer
hinab. 44 Er leiht dir aus und du kannst ihm nichts
ausleihen. Er wird zum Kopf und du wirst zum
Schwanz.

45 Alle diese Verfluchungen werden über dich
kommen, dich verfolgen und dich erreichen, bis
du vernichtet bist, wenn du auf die Stimme des
Herrn, deines Gottes, nicht hörst und nicht auf
seine Gebote und Gesetze, auf die er dich ver-
pflichtet hat, achtest. 46 Für immer werden sie als
Zeichen und Wunder an dir und an deinen Nach-
kommen haften.

47 Weil du dem Herrn, deinem Gott, nicht gedient
hast aus Freude und Dankbarkeit dafür, dass alles
in Fülle da war, 48 musst du deinen Feinden dienen,
die der Herr gegen dich ausgesandt hat. Hunger
und Durst wirst du leiden, nackt sein und nichts
mehr haben. Er legt dir ein eisernes Joch auf den
Nacken, bis er dich vernichtet hat. 49 Der Herr trägt
zum Kampf gegen dich ein Volk aus der Ferne
herbei, von den Enden der Erde, das wie ein Adler
herabstößt, ein Volk, dessen Sprache du noch nie
gehört hast, 50 ein Volk mit unbeweglichem Ge-
sicht, das sich dem Greis nicht zuwendet und für
das Kind kein Mitleid zeigt. 51 Es verzehrt die
Frucht deines Viehs und die Frucht deines Ackers,
bis du vernichtet bist. Es lässt dir nichts übrig vom
Korn, vom Wein und vom Öl, von den Kälbern,
Lämmern und Zicklein, bis es dich ausgetilgt hat.
52 Es belagert dich in allen deinen Städten, bis die
Mauern fallen, die hohen, fest gefügten Mauern,
auf die du dich in deinem ganzen Land verlässt.
Es belagert dich in allen deinen Städten in dem
ganzen Land, das der Herr, dein Gott, dir gegeben
hat. 53 In der Not der Belagerung, wenn dein Feind
dich einschnürt, musst du die Frucht deines eige-
nen Leibes essen, das Fleisch deiner Söhne und
Töchter, die dir der Herr, dein Gott, geschenkt hat.
54 Der weichlichste und verwöhnteste Mann blickt
dann bei dir missgünstig auf seinen Bruder, auf die
Frau, mit der er schläft, und auf den Rest der Kin-
der, die er noch übrig gelassen hat, 55 und möchte
niemandem etwas abgeben von dem Fleisch seiner
Kinder, das er isst, weil ihm keine Nahrung mehr
übrig geblieben ist in der Not der Belagerung,
wenn dein Feind dich in allen deinen Städten
einschnürt. 56 Die weichlichste und verwöhnteste
Frau, die noch nie versucht hat, ihren Fuß auf die
Erde zu setzen vor lauter Verwöhntheit und Ver-
weichlichung, blickt missgünstig auf den Mann,
mit dem sie schläft, auf ihren Sohn und ihre Toch-
ter, 57 auf die Nachgeburt, die zwischen ihren Bei-
nen hervorkommt, und auf die Kinder, die sie
noch gebären wird; denn sie will sie heimlich es-
sen, weil sie nichts mehr hat in der Not der Bela-
gerung, wenn dein Feind dich in allen deinen Städ-
ten einschnürt.

58 Wenn du nicht auf alle Worte dieser Weisung,
die in dieser Urkunde aufgezeichnet sind, achtest
und sie hältst, aus Furcht vor diesem herrlichen
und Furcht erregenden Namen, vor Jahwe, dei-
nem Gott, 59 wird der Herr die Schläge, die er dir
und deinen Nachkommen versetzt, über alles
Gewohnte hinaus steigern zu gewaltigen und hart-
näckigen Schlägen, zu schlimmen und hartnäcki-
gen Krankheiten. 60 Er wird alle ägyptischen Seu-
chen, vor denen du Angst hast, wieder über dich
bringen und sie werden an dir haften bleiben.
61 Auch alle Krankheiten und Schläge, die nicht in

der Urkunde dieser Weisung aufgezeichnet sind, wird der Herr über dich bringen, bis du vernichtet bist. 62 Dann werden nur noch wenige Leute von euch übrig bleiben, statt dass ihr zahlreich seid wie die Sterne am Himmel; denn du hast nicht auf die Stimme des Herrn, deines Gottes, gehört. 63 So wie der Herr seine Freude daran hatte, euch Gutes zu tun und euch zahlreich zu machen, so wird der Herr seine Freude daran haben, euch auszutilgen und euch zu vernichten. Ihr werdet aus dem Land, in das du nun hineinziehst, um es in Besitz zu nehmen, herausgerissen werden. 64 Der Herr wird dich unter alle Völker verstreuen, vom einen Ende der Erde bis zum anderen Ende der Erde. Dort musst du anderen Göttern dienen, die du und deine Väter vorher nicht einmal gekannt haben, Göttern aus Holz und Stein. 65 Unter diesen Nationen wirst du keine Ruhe finden. Es wird keine Stelle geben, wohin du deinen Fuß setzen kannst. Der Herr wird dir dort das Herz erzittern, die Augen verlöschen und den Atem stocken lassen. 66 Du wirst in Lebensgefahr schweben, bei Nacht und bei Tag erschrecken und deines Lebens nicht mehr sicher sein. 67 Am Morgen wirst du sagen: Wenn es doch schon Abend wäre!, und am Abend: Wenn es doch schon Morgen wäre! – um dem Schrecken zu entfliehen, der dein Herz befällt, und dem Anblick, der sich deinen Augen bietet. 68 Der Herr wird dich auf Schiffen nach Ägypten zurückbringen, auf einem Weg, von dem ich dir gesagt hatte: Du sollst ihn niemals wieder sehen. Dort werdet ihr euch deinen Feinden als Sklaven und Sklavinnen zum Verkauf anbieten, aber niemand wird euch kaufen.

15–68 || Lev 26,14–38; Dtn 4,25–28; 8,19f; 11,16f; 30,17f; • 15–45: 28,1–14 • 21: 1 Kön 8,37 • 23: 11,17; 1 Kön 8,35 • 25: 1 Kön 8,33 • 27: 7,15; 28,60; Ex 9,9; Offb 16,2 • 30: 20,5–7 • 35: Offb 16,2 • 36: 4,28; 17,15; 28,64; 2 Kön 17,4–6; 25,7.11 • 37: 1 Kön 9,7 • 48: Jer 28,13f • 49: Jer 5,15; 1 Kor 14,21 • 52: Jer 5,17 • 53: 2 Kön 6,28f; Jer 19,9 • 59–60: 28,27 • 62: 1,10 • 63: 30,9 • 64: 28,36; Lk 21,24 • 68: 17,16; Gen 26,2; Hos 8,13; 9,3

DIE LETZTEN VERFÜGUNGEN DES MOSE: 28,69 – 32,52

69 Das sind die Worte, mit denen der Bund geschlossen wurde, den Mose im Auftrag des Herrn in Moab mit den Israeliten schloss, zusätzlich zu dem Bund, den er mit ihnen am Horeb geschlossen hatte.

69: 5,2

Rückblick

29 Mose rief ganz Israel zusammen und sagte zu den Israeliten: Ihr habt alles gesehen, was der Herr in Ägypten vor euren Augen mit dem Pharao, mit seinem ganzen Hof und seinem ganzen Land getan hat. 2 Mit eigenen Augen hast du jene schweren Prüfungen, die großen Zeichen und Wunder gesehen. 3 Aber einen Verstand, der wirklich erkennt, Augen, die wirklich sehen, und Ohren, die wirklich hören, hat der Herr euch bis zum heutigen Tag nicht gegeben. 4 Ich habe euch vierzig Jahre lang durch die Wüste geführt. Eure Kleider sind euch nicht in Lumpen vom Leib gefallen, deine Schuhe sind dir nicht an den Füßen zerrissen, 5 ihr habt kein Brot gegessen und keinen Wein und kein Bier getrunken, denn ihr solltet erkennen: Ich bin Jahwe, euer Gott. 6 Und so kamt ihr bis an diesen Ort. Sihon, der König von Heschbon, und Og, der König des Baschan, sind gegen uns zum Kampf ausgerückt und wir haben sie geschlagen. 7 Wir haben ihnen ihr Land genommen und es den Rubenitern, den Gaditern und der Hälfte des Stammes der Manassiter als Erbbesitz gegeben. 8 Darum achtet auf die Bestimmungen dieses Bundes und haltet sie, damit euch alles, was ihr tut, gelingt.

1–8: 8,2–6 • 1–3: 1,19.31; 3,21; 4,3.9.35; 5,24; 7,18f; 10,21; 11,7; 29,16.21 • 3: Mt 13,14; Röm 11,8 • 4: 2,7; 8,4 • 6–7: 2,24 – 3,13 • 8: Jos 1,7f

Partner und Inhalt des Bundes

9 Ihr habt euch heute alle vor dem Herrn, eurem Gott, aufgestellt: eure Anführer, Stammesführer, Ältesten und Listenführer, alle Männer Israels, 10 eure Kinder und Greise, eure Frauen und auch die Fremden in deinem Lager, vom Holzarbeiter bis zum Wasserträger. 11 Du schreitest jetzt zwischen den Zeichen des Bundes mit dem Herrn, deinem Gott, hindurch, den Zeichen der Selbst-

verwünschung. Der Herr, dein Gott, schließt heute
mit dir diesen Bund, 12 um dich heute als sein Volk
einzusetzen und dein Gott zu werden, wie er es dir
zugesagt und deinen Vätern Abraham, Isaak und
Jakob geschworen hat. 13 Nicht mit euch allein
schließe ich diesen Bund und setze diese Verwün-
schung in Kraft, 14 sondern ich schließe ihn mit
denen, die heute hier bei uns vor dem Herrn, un-
serem Gott, stehen, und mit denen, die heute nicht
hier bei uns sind.

9: 1,13; 5,23; 16,18; 33,5 • 10: Jos 9,27 • 12: 26,17–19 • 13–14: 5,3

Die Strafe für den geheimen Vorbehalt beim Bundesschwur

15 Ihr wisst noch von unserem Aufenthalt in Ägyp-
ten und von unserem Zug mitten durch die Völ-
ker, deren Gebiet ihr durchziehen musstet. 16 Ihr
habt bei ihnen Scheusale und Götzen aus Holz
und Stein, aus Silber und Gold gesehen. 17 Es soll
keinen unter euch geben, weder Mann noch Frau,
weder Sippe noch Stamm, der heute sein Herz
vom Herrn, unserem Gott, abwendet und anfängt,
den Göttern dieser Völker zu dienen. Es soll bei
euch keine Wurzel wachsen, die Gift und Wermut
hervorbringt, 18 das heißt keinen, der beim Hören
der Worte dieser Verwünschung insgeheim fol-
genden Gegensegen über sich spricht: Mir soll
nichts geschehen, wenn ich aus eigenem Ent-
schluss etwas tue, damit Wasserfülle die Dürre
beendet. 19 Der Herr wird sich weigern, ihm zu ver-
zeihen, er wird schnauben vor Zorn und Eifer-
sucht gegen einen solchen Menschen. Jede Ver-
wünschung, die in dieser Urkunde aufgezeich-
net ist, wird auf ihn lauern und der Herr wird
seinen Namen unter dem Himmel auslöschen.
20 Entsprechend den Verwünschungen, die beim
Abschluss des Bundes gesprochen werden und in
dieser Urkunde der Weisung einzeln aufgezeich-
net sind, wird der Herr ihn von allen Stämmen
Israels absondern, damit es ihm schlecht ergeht.

17: Apg 8,23; Hebr 12,15 • 19–20: 28,15–68; Offb 22,18

Die Androhung der Vertreibung

21 Dann wird eine spätere Generation, also eure
Söhne, die nach euch erstehen, und die Ausländer,
die aus fernen Ländern kommen, die Schläge
sehen, die dieses Land getroffen haben, und die
Seuchen, die der Herr in ihm ausbrechen ließ:
22 Schwefel und Salz bedecken es; seine Fläche ist
eine einzige Brandstätte; es kann nicht besät wer-
den und lässt nichts aufkeimen; kein Hälmchen
kann wachsen; alles ist wie nach der Zerstörung
von Sodom und Gomorra, Adma und Zebojim,
die der Herr in seinem glühenden Zorn zerstört
hat. 23 Dann werden sie und alle Völker fragen:
Warum hat der Herr diesem Land so etwas an-
getan? Warum entbrannte dieser gewaltige Zorn?
24 Und man wird antworten: Weil sie den Bund
verlassen haben, den Jahwe, der Gott ihrer Väter,
mit ihnen geschlossen hatte, als er sie aus Ägypten
führte, 25 weil sie angefangen haben, anderen Göt-
tern zu dienen und sich vor ihnen niederzuwer-
fen, Göttern, die sie vorher nicht einmal gekannt
hatten und die er ihnen nicht zugewiesen hatte.
26 Deshalb entbrannte der Zorn des Herrn gegen
dieses Land. Deshalb brachte der Herr den gan-
zen Fluch, der in dieser Urkunde aufgezeichnet
ist, über das Land, 27 riss sie mit glühendem Zorn
und großem Unwillen aus ihrem Land heraus und
warf sie in ein anderes Land, in dem sie heute noch
sind.
28 Was noch verborgen ist, steht bei dem Herrn,
unserem Gott. Was schon offenbar ist, gilt für uns
und unsere Kinder auf ewig: dass wir alle Bestim-
mungen dieser Weisung halten sollen.

21–27: 1 Kön 9,8f; Jer 5,19; 13,22; 16,10–13; 22,8f • 22: Gen 14,2; 19,15–29; Jer 49,18; 50,40 • 24: 4,23; 17,2; 31,16.20; Jos 7,11.15; 23,16; Ri 2,20; 1 Kön 11,11; 2 Kön 17,15.38; 18,12• 25: 4,19 • 28: 32,34

Die Heimkehrverheißung

30 Und wenn alle diese Worte über dich ge-
kommen sind, der Segen und der Fluch,
die ich dir vorgelegt habe, wenn du sie dir zu Her-
zen nimmst mitten unter den Völkern, unter die
der Herr, dein Gott, dich versprengt hat, 2 und
wenn du zum Herrn, deinem Gott, zurückkehrst
und auf seine Stimme hörst in allem, wozu ich
dich heute verpflichte, du und deine Kinder, mit
ganzem Herzen und mit ganzer Seele, 3 dann wird
der Herr, dein Gott, dein Schicksal wenden, er
wird sich deiner erbarmen, sich dir zukehren und
dich aus allen Völkern zusammenführen, unter
die der Herr, dein Gott, dich verstreut hat. 4 Und
wenn einige von dir bis ans Ende des Himmels ver-

sprengt sind, wird dich der Herr, dein Gott, von dort zusammenführen, von dort wird er dich holen. 5 Und der Herr, dein Gott, wird dich in das Land, das deine Väter in Besitz genommen haben, zurückbringen. Du wirst es wieder in Besitz nehmen und er wird dich glücklicher und zahlreicher machen als deine Väter. 6 Der Herr, dein Gott, wird dein Herz und das Herz deiner Nachkommen beschneiden. Dann wirst du den Herrn, deinen Gott, mit ganzem Herzen und mit ganzer Seele lieben können, damit du Leben hast. 7 Alle diese Verwünschungen aber wird der Herr, dein Gott, über deine Feinde und Gegner verhängen, die dich verfolgt haben.

8 Du jedoch wirst umkehren, auf die Stimme des Herrn hören und alle seine Gebote, auf die ich dich heute verpflichte, halten, 9 und der Herr, dein Gott, wird dir Gutes im Überfluss schenken, bei jeder Arbeit deiner Hände, bei der Frucht deines Leibes, bei der Frucht deines Viehs und bei der Frucht deines Ackers. Denn der Herr wird sich, wie er sich an deinen Vätern gefreut hat, auch an dir wieder freuen. Er wird dir Gutes tun, 10 wenn du auf die Stimme des Herrn, deines Gottes, hörst und auf seine Gebote und Gesetze achtest, die in dieser Urkunde der Weisung einzeln aufgezeichnet sind, und wenn du zum Herrn, deinem Gott, mit ganzem Herzen und mit ganzer Seele zurückkehrst.

1–10: 4,29–31; Jer 29,10–14; 32,37–42 • 1: 28,1–68 • 2: 4,30 • 3: 28,64 • 4: Mt 24,31 • 6: 10,16; 11,1; Röm 2,29 • 9: 28,4.11f.63

Das dem Menschen nahe Gebot

11 Dieses Gebot, auf das ich dich heute verpflichte, geht nicht über deine Kraft und ist nicht fern von dir. 12 Es ist nicht im Himmel, sodass du sagen müsstest: Wer steigt für uns in den Himmel hinauf, holt es herunter und verkündet es uns, damit wir es halten können? 13 Es ist auch nicht jenseits des Meeres, sodass du sagen müsstest: Wer fährt für uns über das Meer, holt es herüber und verkündet es uns, damit wir es halten können? 14 Nein, das Wort ist ganz nah bei dir, es ist in deinem Mund und in deinem Herzen, du kannst es halten.

11–14: Jer 31,31–34 • 11: 1 Joh 5,3 • 12–14: Röm 10,6–10; Joh 3,13 • 14: 6,6–9; 11,18–20; Röm 2,15

Segen und Fluch – Leben und Tod

15 Hiermit lege ich dir heute das Leben und das Glück, den Tod und das Unglück vor. 16 Wenn du auf die Gebote des Herrn, deines Gottes, auf die ich dich heute verpflichte, hörst, indem du den Herrn, deinen Gott, liebst, auf seinen Wegen gehst und auf seine Gebote, Gesetze und Rechtsvorschriften achtest, dann wirst du leben und zahlreich werden und der Herr, dein Gott, wird dich in dem Land, in das du hineinziehst, um es in Besitz zu nehmen, segnen.

17 Wenn du aber dein Herz abwendest und nicht hörst, wenn du dich verführen lässt, dich vor anderen Göttern niederwirfst und ihnen dienst – 18 heute erkläre ich euch: Dann werdet ihr ausgetilgt werden; ihr werdet nicht lange in dem Land leben, in das du jetzt über den Jordan hinüberziehst, um hineinzuziehen und es in Besitz zu nehmen. 19 Den Himmel und die Erde rufe ich heute als Zeugen gegen euch an. Leben und Tod lege ich dir vor, Segen und Fluch. Wähle also das Leben, damit du lebst, du und deine Nachkommen. 20 Liebe den Herrn, deinen Gott, hör auf seine Stimme und halte dich an ihm fest; denn er ist dein Leben. Er ist die Länge deines Lebens, das du in dem Land verbringen darfst, von dem du weißt: Der Herr hat deinen Vätern Abraham, Isaak und Jakob geschworen, es ihnen zu geben.

15–20: 4,1–4; 32,47 • 16: 11,1; 28,1–14 • 17–18: 28,15–68 • 18: 8,19 • 19: 4,26; 8,19; 31,28 • 20: 11,1

Die Einsetzung Josuas durch Mose

31 Mose trat vor ganz Israel hin und sprach diese Worte. 2 Er sagte zu ihnen: Ich bin jetzt hundertzwanzig Jahre alt. Ich kann nicht mehr in den Kampf ziehen. Auch hat der Herr zu mir gesagt: Du wirst den Jordan hier nicht überschreiten. 3 Der Herr, dein Gott, zieht selbst vor dir hinüber, er selbst vernichtet diese Völker bei deinem Angriff, sodass du ihren Besitz übernehmen kannst. Josua zieht vor dir hinüber, wie es der Herr zugesagt hat. 4 Der Herr wird an ihnen tun, was er an Sihon und Og, den Amoriterkönigen, die er vernichtete, und an ihrem Land getan hat. 5 Der Herr wird sie euch ausliefern: Dann sollt ihr an ihnen genau nach dem Gebot handeln, auf das ich euch verpflichtet habe. 6 Empfangt Macht und

Stärke: Fürchtet euch nicht und weicht nicht erschreckt zurück, wenn sie angreifen; denn der Herr, dein Gott, zieht mit dir. Er lässt dich nicht fallen und verlässt dich nicht.

[7] Mose rief Josua herbei und sagte vor den Augen ganz Israels zu ihm: Empfange Macht und Stärke: Du sollst mit diesem Volk in das Land hineinziehen, von dem du weißt: Der Herr hat ihren Vätern geschworen, es ihnen zu geben. Du sollst es an sie als Erbbesitz verteilen. [8] Der Herr selbst zieht vor dir her. Er ist mit dir. Er lässt dich nicht fallen und verlässt dich nicht. Du sollst dich nicht fürchten und keine Angst haben.

2–6: 20,2–4 • 2: 1,37; 34,7 • 3: 1,38; 9,3 • 4: 7,1–4; 20,16–18 • 7–8: 1,38; Hebr 4,8 • 8: Hebr 13,5

Die Verlesung des Gesetzes im Sabbatjahr

[9] Mose schrieb diese Weisung auf und übergab sie den Priestern, den Nachkommen Levis, die die Lade des Bundes des Herrn trugen, und allen Ältesten Israels. [10] Mose schrieb ihnen vor: In jedem siebten Jahr, in einer der Festzeiten des Brachjahres, beim Laubhüttenfest, [11] wenn ganz Israel zusammenkommt, um an der Stätte, die der Herr auswählt, das Angesicht des Herrn, deines Gottes zu schauen, sollst du diese Weisung vor ganz Israel laut vortragen. [12] Versammle das Volk – die Männer und Frauen, Kinder und Greise, dazu die Fremden, die in deinen Stadtbereichen Wohnrecht haben –, damit sie zuhören und auswendig lernen und den Herrn, euren Gott, fürchten und darauf achten, dass sie alle Bestimmungen dieser Weisung halten.

[13] Vor allem ihre Kinder, die das alles noch nicht kennen, sollen zuhören und lernen, den Herrn, euren Gott, zu fürchten. Das sollt ihr so lange tun, wie ihr in dem Land lebt, in das ihr jetzt über den Jordan hinüberzieht, um es in Besitz zu nehmen.

9: 5,23; 10,8; 17,18; 31,26 • 13: 4,5; 12,1; 32,46

Die Erscheinung Gottes

[14] Der Herr sagte zu Mose: Sieh, deine Zeit ist gekommen: Du wirst sterben. Ruf Josua und tritt mit ihm in das Offenbarungszelt, damit ich ihn einsetzen kann. Mose und Josua gingen hin und traten in das Offenbarungszelt hinein. [15] Der Herr erschien ihnen am Zelt in einer Wolkensäule. Die Wolkensäule stand über dem Eingang des Zeltes.

14: Ex 33,7–11

Die Offenbarung des Moseliedes

[16] Und der Herr sagte zu Mose: Sieh, du wirst jetzt bald zu deinen Vätern gebettet werden. Dann wird dieses Volk sich erheben; man wird in seiner Mitte Unzucht treiben, indem man den fremden Göttern des Landes nachfolgt, in das es jetzt hineinzieht, es wird mich verlassen und den Bund brechen, den ich mit ihm geschlossen habe. [17] An jenem Tag wird mein Zorn gegen sie entbrennen. Ich werde sie verlassen und mein Angesicht vor ihnen verbergen. Dann wird dieses Volk verzehrt werden. Not und Zwang jeder Art werden es treffen. An jenem Tag wird es sich fragen: Hat mich diese Not nicht deshalb getroffen, weil mein Gott nicht mehr in meiner Mitte ist? [18] Aber ich werde an jenem Tag mein Angesicht nur noch mehr verbergen wegen all des Bösen, das dieses Volk getan hat; denn es hat sich anderen Göttern zugewandt.

[19] Doch jetzt schreibt dieses Lied auf! Lehre es die Israeliten! Lass es sie auswendig lernen, damit dieses Lied mein Zeuge gegen die Israeliten werde.

[20] Wenn ich dieses Volk in das Land geführt habe, das ich seinen Vätern mit einem Schwur versprochen habe, in das Land, wo Milch und Honig fließen, und wenn es gegessen hat und satt und fett geworden ist und sich anderen Göttern zugewandt hat, wenn sie ihnen gedient und mich verworfen haben und es so meinen Bund gebrochen hat, [21] dann wird, wenn Not und Zwang jeder Art es treffen, dieses Lied vor ihm als Zeuge aussagen; denn seine Nachkommen werden es nicht vergessen, sondern es auswendig wissen. Ich kenne seine Neigung, die sich schon heute regt, noch ehe ich es in das Land gebracht habe, das ich mit einem Schwur versprochen habe. [22] An jenem Tag schrieb Mose dieses Lied auf und lehrte es die Israeliten.

16: 29,24; 32,12; Ex 34,15f; Ri 2,17; 8,27.33 • 17: 32,20–30 • 19: 32,1–43 • 20: 29,24; 32,13–18; • 21: 31,26; 32,23–25

Die Einsetzung Josuas durch Gott

[23] Der Herr aber setzte Josua, den Sohn Nuns, in sein Amt ein und sagte: Empfange Macht und

Stärke: Du sollst die Israeliten in das Land führen,
das ich ihnen mit einem Schwur versprochen
habe. Ich werde bei dir sein.

23: 1,38

Die Hinterlegung des Gesetzes

24 Als Mose damit zu Ende war, den Text dieser
Weisung in eine Urkunde einzutragen, ohne ir-
gendetwas auszulassen, 25 befahl Mose den Levi-
ten, die die Lade des Bundes des Herrn trugen:
26 Nehmt diese Urkunde der Weisung entgegen
und legt sie neben die Lade des Bundes des Herrn,
eures Gottes! Dort diene sie als Zeuge gegen euch.
27 Denn ich kenne deine Widersetzlichkeit und
deine Halsstarrigkeit. Seht, schon jetzt, wo ich
noch unter euch lebe, habt ihr euch dem Herrn wi-
dersetzt. Was wird erst nach meinem Tod gesche-
hen? 28 Versammelt um mich alle Ältesten eurer
Stämme und alle eure Listenführer, damit ich ih-
nen diesen Text vortragen und Himmel und Erde
gegen sie als Zeugen anrufen kann. 29 Denn ich
weiß: Nach meinem Tod werdet ihr ins Verderben
laufen und von dem Weg abweichen, den ich euch
vorgeschrieben habe. Dann, in künftigen Tagen,
wird euch die Not begegnen, weil ihr tut, was in
den Augen des Herrn böse ist, und weil ihr ihn
durch euer Machwerk erzürnt.

25–26: 17,18; 31,9 • 26–27: Joh 5,45; Dtn 31,12 • 27: 9,6f.24 • 28: 4,26; 5,23; 16,18; 30,19; 32,1 • 29: 4,16.25; 9,12f; 27,15; 32,5.20.23

Das Lied des Mose

30 Und Mose trug der vollzähligen Versammlung
Israels den Wortlaut dieses Liedes vor, ohne ir-
gendetwas auszulassen:

32 Hört zu, ihr Himmel, ich will reden, / die
Erde lausche meinen Worten. 2 Meine
Lehre wird strömen wie Regen, / meine Botschaft
wird fallen wie Tau, / wie Regentropfen auf das
Gras / und wie Tauperlen auf die Pflanzen.
3 Ich will den Namen des Herrn verkünden. / Preist
die Größe unseres Gottes!
4 Er heißt: der Fels. Vollkommen ist, was er tut; /
denn alle seine Wege sind recht. / Er ist ein unbe-
irrbar treuer Gott, / er ist gerecht und gerade.
5 Ein falsches, verdrehtes Geschlecht fiel von ihm
ab, / Verkrüppelte, die nicht mehr seine Söhne sind.
6 Ist das euer Dank an den Herrn, / du dummes,
verblendetes Volk? / Ist er nicht dein Vater, dein
Schöpfer? / Hat er dich nicht geformt und hinge-
stellt?
7 Denk an die Tage der Vergangenheit, / lerne aus
den Jahren der Geschichte! / Frag deinen Vater, er
wird es dir erzählen, / frag die Alten, sie werden es
dir sagen.
8 Als der Höchste (den Göttern) die Völker über-
gab, / als er die Menschheit aufteilte, / legte er die
Gebiete der Völker / nach der Zahl der Götter fest;
9 der Herr nahm sich sein Volk als Anteil, / Jakob
wurde sein Erbland.
10 Er fand ihn in der Steppe, / in der Wüste, wo wil-
des Getier heult. / Er hüllte ihn ein, gab auf ihn
Acht / und hütete ihn wie seinen Augenstern,
11 wie der Adler, der sein Nest beschützt / und über
seinen Jungen schwebt, / der seine Schwingen aus-
breitet, ein Junges ergreift / und es flügelschlagend
davonträgt.
12 Der Herr allein hat Jakob geleitet, / kein fremder
Gott stand ihm zur Seite.
13 Er führte ihn auf die Berge des Landes, / er
nährte ihn mit den Früchten des Feldes, / er stillte
ihn mit Wein aus den Felsen, / mit Öl aus Fels-
spalten.
14 Mit Butter von Kühen, Milch von Schafen und
Ziegen, / dazu kam Fett von Lämmern, / von Wid-
dern aus Baschan / und von Ziegenböcken, / dazu
Feinmehl aus Weizen. / Das Blut der Trauben
trankst du gegoren.
15 Und Jakob aß und wurde satt, / Jeschurun wurde
fett und bockte. / Ja, fett und voll und feist bist
du geworden. / Er stieß den Gott, der ihn geformt
hatte, von sich / und hielt den Fels für dumm, der
ihn gerettet hatte.
16 Sie weckten seine Eifersucht durch Fremde, /
durch gräuliche Wesen reizten sie ihn zum Zorn:
17 Sie opferten Geistern, die keine Gottheiten sind,
/ und Göttern, die sie früher nicht kannten, / Neu-
lingen, die erst vor kurzem gekommen waren, / vor
denen eure Väter sich nicht fürchteten.
18 An den Fels, der dich gezeugt hat, / dachtest du
nicht mehr, / du vergaßest den Gott, der dich ge-
boren hat.
19 Da sah der Herr, dass er geschmäht wurde / von
seinen Söhnen und Töchtern, / die seinen Zorn
erregten.

[20] Und er sagte: Ich will mein Gesicht vor ihnen
verbergen / und dann sehen, was in Zukunft mit
ihnen geschieht. / Denn sie sind eine Generation
des Aufruhrs, / Söhne, in denen die Untreue sitzt.
[21] Sie haben meine Eifersucht geweckt / durch ei-
nen Gott, der kein Gott ist, / mich zum Zorn ge-
reizt durch ihre Götter aus Luft – / so wecke ich
ihre Eifersucht / durch ein Volk, das kein Volk ist,
/ durch ein dummes Volk reize ich sie zum Zorn.
[22] In meiner Nase ist Feuer entbrannt. / Es lodert
bis in die unterste Totenwelt, / verzehrt die Erde
und was auf ihr wächst / und schmilzt die Funda-
mente der Berge.
[23] Immer neue Not bürde ich ihnen auf, / ich setze
gegen sie alle meine Pfeile ein.
[24] Sie werden ausgemergelt durch den Hunger, /
verzehrt durch die Pest und die verheerende Seu-
che. / Den Zahn der Raubtiere lasse ich auf sie los,
/ dazu das Gift der im Staube Kriechenden.
[25] Auf der Straße raubt das Schwert die Kinder /
und in den Zimmern der Schrecken. / Da stirbt der
junge Mann und das Mädchen, / der Säugling und
der Greis.
[26] Ich könnte sagen: Sie sollen nicht mehr sein, /
kein Mensch soll später noch an sie denken,
[27] müsste ich nicht auch ihren Feind angreifen, /
der meinen Zorn erregt, / ihre Gegner, die sich
nicht täuschen sollen, / die nicht sagen sollen: Un-
sere Hand ist erhoben, / der Herr hat nichts von
allem getan.
[28] Doch diesem Volk fehlt es an Rat, / ihm mangelt
es an Verstand.
[29] Wären sie klug, so begriffen sie alles / und ver-
stünden, was in Zukunft mit ihnen geschieht.
[30] Wie kann ein Einziger hinter tausend herjagen /
und zwei zehntausend in die Flucht schlagen, / es
sei denn, ihr Fels hat sie verkauft, / der Herr hat sie
preisgegeben?
[31] Doch der Fels unserer Feinde ist nicht wie unser
Fels; / das beweisen unsere Feinde.
[32] Ihr Weinstock stammt von dem Weinstock So-
doms, / vom Todesacker Gomorras. / Ihre Trauben
sind giftige Trauben / und tragen bittere Beeren.
[33] Ihr Wein ist Schlangengift / und Gift von ekli-
gen Ottern.
[34] Liegt dies nicht bei mir verborgen, / in meinen
Vorratskammern versiegelt
[35] bis zum Tag der Strafe und Vergeltung, / bis zu
der Zeit, da ihr Fuß wanken wird? / Doch der Tag
ihres Verderbens ist nah / und ihr Verhängnis
kommt schnell. –
[36] Ja, der Herr wird seinem Volk Recht geben / und
mit seinen Dienern Mitleid haben. / Er wird sehen:
Jede Hand ist ermüdet, / es gibt nur noch Unter-
drückte und Hilflose.
[37] Und er wird sagen: Wo sind ihre Götter? / Wo ist
der Fels, bei dem sie Schutz suchten?
[38] Die das Fett ihrer Schlachtopfer essen, / die
den Wein ihrer Trankopfer trinken – / die sollen
vortreten und euch helfen. / Dieser Fels soll ein
Schutzdach über euch sein.
[39] Jetzt seht: Ich bin es, nur ich, / und kein Gott tritt
mir entgegen. / Ich bin es, der tötet und der leben-
dig macht. / Ich habe verwundet; nur ich werde
heilen. / Niemand kann retten, wonach meine
Hand gegriffen hat.
[40] Ich hebe meine Hand zum Himmel empor / und
sage: So wahr ich ewig lebe:
[41] Habe ich erst die Klinge meines Schwertes ge-
schliffen, / um das Recht in meine Hand zu neh-
men, / dann zwinge ich meinen Gegnern die Strafe
auf / und denen, die mich hassen, die Vergeltung.
[42] Meine Pfeile mache ich trunken von Blut, /
während mein Schwert sich ins Fleisch frisst – /
trunken vom Blut Erschlagener und Gefangener, /
ins Fleisch des höchsten feindlichen Fürsten.
[43] Erhebt das Siegesgeschrei, ihr Himmel, zusam-
men mit ihm, / werft euch vor ihm nieder, ihr Göt-
ter! / Denn er erzwingt die Strafe für das Blut sei-
ner Söhne / und entsühnt das Land seines Volkes.
[44] Dann kam Mose zum Volk und trug ihm das
Lied in seinem vollen Wortlaut vor, er und Josua,
der Sohn Nuns.

4: Röm 9,14; 2 Thess 3,3; Offb 15,3; 16,5 • 5: Mt 17,17; Lk 9,41; Apg 2,40; Phil 2,15; Mt 6,9; Lk 11,2; Joh 8,41 • 8: Apg 17,27; Ps 82 • 15: 33,5.26 • 16: 1 Kor 10,20; Offb 9,20 • 20: Mt 17,17; Lk 9,41 • 21: Röm 10,19; 11,11; 1 Kor 10,22 • 29: Lk 19,42 • 31: 1 Sam 2,2 • 35–36: Lk 21,22; Röm 12,19; Hebr 10,30; 1 Thess 4,6 • 36: 2 Kön 14,26; Ps 135,14 • 39: Jes 43,10–13 • 40: Offb 10,5f • 43: Röm 15,10 G; Hebr 1,6; Offb 6,10; 18,20; 19,2

Die Mahnung zur Belehrung der nächsten Generation

[45] Als Mose damit zu Ende war, alle diese Worte
vor ganz Israel vorzutragen, [46] sagte er zu ihnen:
Schenkt allen Bestimmungen eure Beachtung.

Heute beschwöre ich euch: Verpflichtet eure Kinder, dass auch sie auf alle Bestimmungen dieser Weisung achten und sie halten. [47] Das ist kein leeres Wort, das ohne Bedeutung für euch wäre, sondern es ist euer Leben. Wenn ihr diesem Wort folgt, werdet ihr lange in dem Land leben, in das ihr jetzt über den Jordan hinüberzieht, um es in Besitz zu nehmen.

46: 4,9; 31,13 • 47: 4,1–4; 30,15–20

Gottes Weisung über das Sterben des Mose

[48] Am selben Tag sagte der Herr zu Mose: [49] Geh hinauf in das Gebirge Abarim, das du vor dir siehst, steig auf den Berg Nebo, der in Moab gegenüber Jericho liegt, und schau auf das Land Kanaan, das ich den Israeliten als Grundbesitz geben werde. [50] Dort auf dem Berg, den du ersteigst, sollst du sterben und sollst mit deinen Vorfahren vereint werden, wie dein Bruder Aaron auf dem Berg Hor gestorben ist und mit seinen Vorfahren vereint wurde. [51] Denn ihr seid mir untreu gewesen inmitten der Israeliten beim Haderwasser von Kadesch in der Wüste Zin und habt mich inmitten der Israeliten nicht als den Heiligen geehrt. [52] Du darfst das Land von der anderen Talseite aus sehen. Aber du darfst das Land, das ich den Israeliten geben werde, nicht betreten.

48–52: Num 27,12–14; Num 33,47f; Apg 7,45 • 50: Num 20,22–29 • 51: Num 20,2–13

DER SEGEN DES MOSE: 33,1–29

33 Und das ist der Segen, mit dem Mose, der Mann Gottes, die Israeliten segnete, bevor er starb.

Einleitung

[2] Er sprach: Der Herr kam hervor aus dem Sinai, / er leuchtete vor ihnen auf aus Seïr, / er strahlte aus dem Gebirge Paran, / er trat heraus aus Tausenden von Heiligen. / Ihm zur Rechten flammte vor ihnen das Feuer des Gesetzes. [3] Der du die Völker liebst: / In deiner Hand sind alle Heiligen eines jeden von ihnen. / Sie haben sich dir zu Füßen geworfen, / jeder wird sich erheben, wenn du es befiehlst. [4] Mose hat uns eine Weisung übergeben, / ein Besitztum für eine Gemeinde Jakobs, [5] und ein König erstand in Jeschurun – / als sich die Häupter des Volkes versammelten, / die Vereinigung der Stämme Israels.

2: Ri 5,4; Ps 68,8; Mt 25,31; Jud 14 • 3: Apg 20,32; 26,18; Eph 1,18 • 5: 1,13; 29,9; 32,15

Der Segen über die Stämme

[6] Ruben soll leben, er sterbe nicht aus – / doch habe er wenig Männer.

[7] Und dies sagte er für Juda:

Höre, Herr, die Stimme Judas, / führ ihn heim zu seinem Volk. / Mit eigenen Händen kämpfe er dafür – / sei du ihm Hilfe gegen seine Feinde.

[8] Für Levi sagte er:

Levi hat deine Tummim erhalten, / deine Urim dein treuer Gefolgsmann, / den du in Massa auf die Probe stelltest, / mit dem du strittest am Wasser von Meriba; [9] der von seinem Vater und seiner Mutter sagte: / Ich habe beide nie gesehen!, / und der seine Brüder nicht erkannte / und von seinen Kindern nichts wissen wollte. / Denn die Leviten haben auf dein Wort geachtet – / nun wachen sie über deinen Bund.

[10] Sie lehren Jakob deine Rechtsvorschriften, / Israel deine Weisung. / Sie legen Weihrauch auf, damit du ihn riechst, / legen das Ganzopfer auf deinen Altar.

[11] Segne, Herr, Levis Besitz, / freu dich am Werk seiner Hände! / Zerschlag seinen Feinden die Hüften, / seinen Hassern, sodass sie sich nicht mehr erheben.

[12] Für Benjamin sagte er:

In Sicherheit wohne / der Liebling des Herrn. / Täglich wacht / über ihn der Höchste / und zwischen seinen Schultern wohne er.

[13] Und für Josef sagte er:

Sein Land sei vom Herrn gesegnet / mit Köstlichem des Himmels, mit Tau, / mit Grundwasser, das in der Tiefe lagert, [14] mit Köstlichem aus den Erzeugnissen der Sonne, / mit Köstlichem aus dem, was jeden Monat sprießt,

15 mit dem Besten uralter Berge, / mit Köstlichem
ewiger Hügel, 16 mit Köstlichem des Landes und
seiner Bewohner / und (über ihn komme) die
Gnade dessen, / der im Dornbusch wohnt. / Das
komme über Josefs Haupt, / auf den Scheitel des
Geweihten aus seiner Brüder Schar.
17 Der Erstling seines Stiers – wie herrlich ist er! /
Seine Hörner sind Büffelhörner. / Mit ihnen stoße
er die Völker alle zusammen nieder, / die Enden der
Welt. / Das sind die Zehntausende aus Efraim, /
das sind die Tausende aus Manasse.
18 Und für Sebulon sagte er:
Lache, Sebulon, wenn du in See stichst, / und du,
Issachar, in deinen Zelten!
19 Sie werden Völker zum Berge rufen, / dort wer-
den sie gültige Opfer schlachten. / Denn sie näh-
ren sich vom Überfluss der Meere, / von Schätzen,
die im Sand verborgen sind.
20 Und für Gad sagte er:
Gepriesen sei der, der Gad Raum schafft. / Gad lau-
ert wie ein Löwe, / Arm und Kopf reißt er ab.
21 Das erste Stück hat er sich ausgesucht, / denn wo
der Anteil des Anführers war, / da versammelten
sich die Häupter des Volkes. / Er tat, was vor dem
Herrn recht ist, / (hielt sich) gemeinsam mit Israel
(an) seine Rechtsvorschriften.
22 Und für Dan sagte er:
Dan ist ein junger Löwe, / der aus dem Baschan
hervorspringt.
23 Und für Naftali sagte er:
Naftali, gesättigt mit Gnade, / gefüllt mit dem Se-
gen des Herrn – / See und Süden nimm in Besitz!
24 Und für Ascher sagte er:
Mehr als die (anderen) Söhne sei Ascher gesegnet,
/ bei seinen Brüdern sei er beliebt, / er bade seinen
Fuß in Öl.
25 Deine Riegel seien von Eisen und Bronze. / Hab
Frieden, solange du lebst!

6–25 || Gen 49,3–27 • 8: 1 Sam 14,37–42 G; Ex 17; Num 20,2–13 • 9: Ex 32,27–29; Mt 10,37; Lk 14,26 • 12: 2 Thess 2,13 • 16: Ex 3,2–4

Schluss

26 Keiner ist wie der Gott Jeschuruns, / der in den
Himmel steigt, um dir zu helfen, / auf die Wolken
in seiner Hoheit.
27 Eine Wohnung ist der Gott der Urzeit, / von un-
ten (tragen sie) die Arme des Ewigen. / Er trieb den
Feind vor dir her, / er sagte (zu dir): Vernichte!
28 So siedelte Israel sich sicher an, / die Quelle Ja-
kobs für sich allein, / in einem Land voller Korn
und Wein, / dessen Himmel Tau träufeln lässt.
29 Wie glücklich bist du, Israel! / Wer ist dir gleich,
/ du Volk, gerettet durch den Herrn, / den Schild,
der dir hilft, / deine Hoheit, wenn das Schwert
kommt? Deine Feinde werden sich vor dir ernied-
rigen / und du setzt deinen Fuß auf ihre Nacken.

28: Gen 27,28

DER TOD DES MOSE: 34,1–9

34 Mose stieg aus den Steppen von Moab
hinauf auf den Nebo, den Gipfel des Pisga
gegenüber Jericho, und der Herr zeigte ihm das
ganze Land. Er zeigte ihm Gilead bis nach Dan
hin, 2 ganz Naftali, das Gebiet von Efraim und
Manasse, ganz Juda bis zum Mittelmeer, 3 den Ne-
geb und die Jordangegend, den Talgraben von Jeri-
cho, der Palmenstadt, bis Zoar. 4 Der Herr sagte zu
ihm: Das ist das Land, das ich Abraham, Isaak und
Jakob versprochen habe mit dem Schwur: Deinen
Nachkommen werde ich es geben. Ich habe es dich
mit deinen Augen schauen lassen. Hinüberziehen
wirst du nicht. 5 Danach starb Mose, der Knecht
des Herrn, dort in Moab, wie es der Herr bestimmt
hatte. 6 Man begrub ihn im Tal, in Moab, gegen-
über Bet-Pegor. Bis heute kennt niemand sein Grab.
7 Mose war hundertzwanzig Jahre alt, als er starb.
Sein Auge war noch nicht getrübt, seine Frische
war noch nicht geschwunden. 8 Die Israeliten be-
weinten Mose dreißig Tage lang in den Steppen
von Moab. Danach war die Zeit des Weinens und
der Klage um Mose beendet. 9 Josua, der Sohn
Nuns, war vom Geist der Weisheit erfüllt, denn
Mose hatte ihm die Hände aufgelegt. Die Israeli-
ten hörten auf ihn und taten, was der Herr dem
Mose aufgetragen hatte.

1–3: 3,27 • 4: 1,37; 3,26–28; 4,21f; 31,2 • 7: 31,2 • 8: Num 20,29 • 9: Num 27,18–23

DER ABSCHLUSS DER FÜNF BÜCHER DES MOSE: 34,10–12

[10] Niemals wieder ist in Israel ein Prophet wie Mose aufgetreten. Ihn hat der Herr Auge in Auge berufen. [11] Keiner ist ihm vergleichbar, wegen all der Zeichen und Wunder, die er in Ägypten im Auftrag des Herrn am Pharao, an seinem ganzen Hof und an seinem ganzen Land getan hat, [12] wegen all der Beweise seiner starken Hand und wegen all der Furcht erregenden und großen Taten, die Mose vor den Augen von ganz Israel vollbracht hat.

10: Ex 33,11 • 11: Num 12,6–8 • 12: 4,34.

DIE BÜCHER DER GESCHICHTE DES VOLKES GOTTES

DAS BUCH JOSUA

Dieses Buch ist nach Josua, dem Nachfolger des Mose, benannt. Es berichtet vom Einzug Israels in das verheißene Land und umfasst den Zeitraum vom Tod des Mose bis zum Tod Josuas. In dieser Zeit wird nach der Darstellung des Buches das von Gott verheißene Land westlich des Jordan erobert und durch Josua an die Stämme Israels verteilt, soweit sie nicht schon im Ostjordanland (Ruben, Gad und der halbe Stamm Manasse) Landbesitz erhalten haben (vgl. Num 32). Der Bericht über die feierliche Verpflichtung Israels auf Jahwe, seinen Gott, schließt das Buch ab. Dementsprechend besteht das Buch aus drei Teilen: Eroberung des Westjordanlandes unter Führung Josuas (Kap. 1 – 12); Verteilung des Landes (Kap. 13 – 22); Verpflichtung auf Jahwe (Kap. 23 und 24).

Der erste Teil enthält Erzählungen über die Landnahme, die als rein kriegerisches Unternehmen gesehen wird (doch vgl. Ri 1). Die meisten dieser Erzählungen, ausgenommen der Bericht über die Schlacht bei dem im Norden Palästinas gelegenen Merom (11,1–15), spielen in Mittelpalästina. Dort gewann der Stamm Benjamin, dem Josua angehörte, sein Gebiet. Josua wird zur beherrschenden Gestalt der ganzen Darstellung der Eroberung des Landes: Nach seiner Beauftragung (Kap. 1) wird Jericho erkundet (Kap. 2) und der Jordan überschritten (Kap. 3 und 4). Israel lagert in Gilgal (Kap. 5) und erobert von dort aus durch göttliche Hilfe Jericho (Kap. 6). Nach einem Fehlschlag, der durch einen Diebstahl Achans an dem Jahwe geweihten Beutegut verursacht war, wird Ai erobert (Kap. 7 und 8). Die Gibeoniter erlisten sich einen Vertrag mit Israel (Kap. 9); in der Nähe ihrer Stadt werden fünf Könige der Kanaaniter besiegt (Kap. 10). Über Eroberungen im Süden und Norden wird nur zusammenfassend berichtet (10,28 – 11,23). Eine Liste der in Kanaan besiegten Könige beschließt die Darstellung der Landnahme (Kap. 12).

Die Erzählungen des Buches Josua sind von recht verschiedener Art: Neben Kampfberichten stehen listenartige Angaben, Anweisungen und Berichte über kultische Begehungen, Erzählungen über Auseinandersetzungen in Israel selbst und mit den Bewohnern des Landes. Einige dieser Erzählungen, darunter Kap. 22, »erklären« auffallende Gegebenheiten: den Steinkreis bei Gilgal, die zwölf Steine im Jordan, die Ortsnamen »Hügel der Vorhäute« und Gilgal, den Steinhaufen im Achortal bei Jericho, den Ruinenhügel bei Ai, das Vertragsverhältnis mit Gibeon, den Altar im Ostjordanland. Man bezeichnet sie deshalb als Ätiologien (Ursprungserzählungen).

Der zweite Teil enthält die Angaben über die Verteilung des Landes. Nach dem Befehl Gottes (13,1–7) werden das Ostjordanland (13,15–33) und das Westjordanland an die Stämme verteilt (Kap. 14 – 19). Asyl- und Levitenstädte werden eingerichtet (Kap. 20 und 21). Der Streit um einen Altar östlich des Jordan wird beigelegt (Kap. 22). In der Gebiets- und Grenzbeschreibung der einzelnen Stämme sind vermutlich alte Listen, vor allem über die verwaltungsmäßige Einteilung Judas, verwendet.

Der dritte Teil des Buches enthält zwei Abschiedsreden, in denen Josua Israel zum Gehorsam gegenüber Gott verpflichtet. Diese Verpflichtung übernimmt Israel auf dem »Landtag« zu Sichem (Kap. 23 und 24).

Das Buch Josua, das zum Deuteronomistischen Geschichtswerk gehört (vgl. die Einleitung zum Buch Deuteronomium), will bezeugen, dass Gott die Landverheißung eingelöst hat, und es mahnt Israel, seinem Bund mit Gott treu zu bleiben.

DIE EROBERUNG DES LANDES:
1,1 – 12,24

Der Befehl zur Besetzung des Westjordanlandes

1 Nachdem Mose, der Knecht des Herrn, ge-
storben war, sagte der Herr zu Josua, dem
Sohn Nuns, dem Diener des Mose: 2 Mein Knecht
Mose ist gestorben. Mach dich also auf den Weg
und zieh über den Jordan hier mit diesem ganzen
Volk in das Land, das ich ihnen, den Israeliten,
geen werde. 3 Jeden Ort, den euer Fuß betreten
wird, gebe ich euch, wie ich es Mose versprochen
habe. 4 Euer Gebiet soll von der Steppe und vom
Libanon an bis zum großen Strom, zum Eufrat,
reichen – das ist das ganze Land der Hetiter – und
bis hin zum großen Meer, wo die Sonne untergeht.
5 Niemand wird dir Widerstand leisten können,
solange du lebst. Wie ich mit Mose war, will ich
auch mit dir sein. Ich lasse dich nicht fallen und
verlasse dich nicht. 6 Sei mutig und stark! Denn du
sollst diesem Volk das Land zum Besitz geben, von
dem du weißt: Ich habe ihren Vätern geschworen,
es ihnen zu geben. 7 Sei nur mutig und stark und
achte genau darauf, dass du ganz nach der Wei-
sung handelst, die mein Knecht Mose dir gegeben
hat. Weich nicht nach rechts und nicht nach links
davon ab, damit du Erfolg hast in allem, was du
unternimmst. 8 Über dieses Gesetzbuch sollst du
immer reden und Tag und Nacht darüber nach-
sinnen, damit du darauf achtest, genau so zu han-
deln, wie darin geschrieben steht. Dann wirst du
auf deinem Weg Glück und Erfolg haben. 9 Habe
ich dir nicht befohlen: Sei mutig und stark?
Fürchte dich also nicht und hab keine Angst; denn
der Herr, dein Gott, ist mit dir bei allem, was du
unternimmst.
10 Da befahl Josua den Listenführern im Volk:
11 Geht durch das Lager und befehlt den Leuten:
Versorgt euch mit Lebensmitteln; denn in drei
Tagen werdet ihr den Jordan hier überschreiten,
um in das Land hineinzuziehen und es in Besitz
zu nehmen, das der Herr, euer Gott, euch zu eigen
gibt. 12 Und den Rubenitern, den Gaditern und
dem halben Stamm Manasse sagte Josua: 13 Er-
innert euch an das, was Mose, der Knecht des
Herrn, euch geboten hat: Der Herr, euer Gott,
gewährt euch Ruhe und gibt euch dieses Land.
14 Eure Frauen, eure Kinder und euer Vieh sollen
in dem Land bleiben, das Mose euch östlich des
Jordan gegeben hat. Ihr aber sollt mit euren Brü-
dern hinübergehen, ihnen kampfbereit mit allen
Kriegern voranziehen und ihnen helfen, 15 bis der
Herr euren Brüdern ebenso wie euch Ruhe ge-
währt und bis auch sie das Land in Besitz nehmen,
das der Herr, euer Gott, ihnen gibt. Dann sollt ihr
in euren eigenen Besitz zurückkehren, in das Land,
das euch Mose, der Knecht des Herrn, östlich des
Jordan gegen Sonnenaufgang als Besitz gegeben
hat. 16 Sie antworteten Josua: Alles, was du uns
befohlen hast, wollen wir tun und dahin, wohin du
uns schickst, werden wir gehen. 17 Genauso, wie
wir auf Mose gehört haben, wollen wir auch auf
dich hören. Der Herr aber, dein Gott, möge mit dir
sein, wie er mit Mose gewesen ist. 18 Jeder, der sich
deinem Befehl widersetzt und nicht allen deinen
Anordnungen gehorcht, soll mit dem Tod bestraft
werden. Sei nur mutig und stark!

1: Dtn 34,5 • 3: Dtn 11,24 • 5: Dtn 31,6.8 • 6: Dtn 3,28 • 7: Dtn 5,32; 29,8 • 11: Dtn 3,12–29 • 12–18: 4,12 • 13: Num 32,20–29

Die Kundschafter in Jericho

2 Josua, der Sohn Nuns, schickte von Schittim
heimlich zwei Kundschafter aus und befahl
ihnen: Geht, erkundet das Land, besonders die
Stadt Jericho! Sie brachen auf und kamen zu dem
Haus einer Dirne namens Rahab; dort wollten sie
übernachten. 2 Man meldete dem König von Je-
richo: Heute Nacht sind ein paar Männer hierher
gekommen, Israeliten, um das Land auszukund-
schaften. 3 Da schickte der König von Jericho Bo-
ten zu Rahab und ließ ihr sagen: Gib die Männer
heraus, die bei dir in deinem Haus eingekehrt sind;
denn sie sind gekommen, um das ganze Land aus-
zukundschaften. 4 Da nahm die Frau die beiden
Männer und versteckte sie. (Zu den Boten aber)
sagte sie: Ja, die Männer sind zu mir gekommen;
doch ich wusste nicht, woher sie waren. 5 Als das
Stadttor bei Einbruch der Dunkelheit geschlossen
werden sollte, sind die Männer weggegangen; ich
weiß aber nicht, wohin sie gegangen sind. Lauft ih-
nen schnell nach, dann könnt ihr sie noch einho-

„Als nun die Königin von Saba die ganze Weisheit Salomos erkannte, ... Sie sagte zum König: Was ich in meinem Land über dich und deine Weisheit gehört habe, ist wirklich wahr. Ich wollte es nicht glauben, bis ich nun selbst gekommen bin und es mit eigenen Augen gesehen habe. Und wahrlich, nicht einmal die Hälfte hat man mir berichtet; deine Weisheit und deine Vorzüge übertreffen alles, was ich gehört habe.“ (1 Könige 10,4.6f)

Des Künstlers Tochter Lorli, 1922

Öl auf Leinwand, 115 x 101,5 cm
bezeichnet rechts oben: Egger Lienz / 1922 / Lorli
Lienz, Museum der Stadt Lienz Schloss Bruck, Inv.Nr. AEL 60

Die 22-jährige Tochter Lorli hat Albin Egger-Lienz in einem dunklen kurzärmeligen Kleid mit weitem Rock gemalt. Es ist eines der wenigen Bildnisse seiner Familienmitglieder – berührend die leichte Traurigkeit, die dem Modell innewohnt. Die Komposition ist noch von einer jugendstilhaften Dekorativität geprägt. Reizvoll erscheint der krause Lockenkopf mit den großen dunklen Augen und den aparten Ohrringen im Kontrast zum hellen Dekolleté gestaltet.

„Der Herr sprach zu Salomo: Ich habe dein flehentliches Gebet, das du an mich gerichtet hast, gehört und dieses Haus, das du gebaut hast, geheiligt. Meinen Namen werde ich für immer hierher legen, meine Augen und mein Herz werden allezeit hier weilen. Wenn du mit ungeteiltem und aufrichtigem Herzen vor mir den Weg gehst, den dein Vater David gegangen ist, und wenn du alles tust, was ich dir befohlen habe, wenn du auf meine Gebote und Rechtsvorschriften achtest, dann werde ich deinen Königsthron auf ewig in Israel bestehen lassen …" (1 Könige 9,3–5)

Sonnenuntergang auf der Mendel, 1919

Öl auf Karton, 74 x 100 cm
bezeichnet rechts unten: Egger Lienz
Lienz, Museum der Stadt Lienz Schloss Bruck, Inv.Nr. AEL 54

Die Kulisse der Mendel erhebt sich wie eine Mauer südlich über dem Bozner Talbecken. Die gleißende Scheibe der Sonne ist fast in der Symmetrie des Bildfeldes lokalisiert und sendet zwei massiv leuchtende Strahlenbündel nach links und rechts. Somit wird der Raum wie durch ein „Lichtdach" geschlossen. Der Berghorizont ist leicht im Gegenlicht erhellt, der Talboden im dumpfen Licht eingebettet: „Etwas Verklärtes, beinahe Musikalisches kommt in seine Naturschilderung" (Heinrich Hammer). Der Bergrücken wird wie zu einem Thron für die Sonne. Diese Interpretation erinnert an das Gemälde „Virgl" von 1913, in dem Albin Egger-Lienz auch die Symbolkraft der Sonnenstrahlen deutlich markiert.

len. 6 Sie hatte aber die Männer auf das flache Dach
gebracht und unter den Flachsstängeln versteckt,
die auf dem Dach aufgeschichtet waren. 7 Inzwi-
schen hatte man die Verfolgung der Männer auf-
genommen, und zwar in Richtung Jordan, zu den
Furten hin. Und man hatte das Stadttor geschlos-
sen, nachdem die Verfolger hinausgegangen wa-
ren. 8 Bevor die Männer sich niederlegten, stieg
Rahab zu ihnen auf das Dach hinauf 9 und sagte zu
ihnen: Ich weiß, dass der Herr euch das Land ge-
geben hat und dass uns Furcht vor euch befallen
hat und alle Bewohner des Landes aus Angst vor
euch vergehen. 10 Denn wir haben gehört, wie der
Herr das Wasser des Schilfmeers euretwegen aus-
trocknen ließ, als ihr aus Ägypten ausgezogen seid.
Wir haben auch gehört, was ihr mit Sihon und Og,
den beiden Königen der Amoriter jenseits des Jor-
dan, gemacht habt: Ihr habt sie dem Untergang
geweiht. 11 Als wir das hörten, zerschmolz unser
Herz und jedem stockte euretwegen der Atem;
denn der Herr, euer Gott, ist Gott droben im Him-
mel und hier unten auf der Erde. 12 Nun schwört
mir beim Herrn, dass ihr der Familie meines Va-
ters euer Wohlwollen erweist, wie ich es euch er-
wiesen habe, und gebt mir ein sicheres Zeichen
dafür, 13 dass ihr meinen Vater und meine Mutter,
meine Brüder und meine Schwestern und alles,
was ihnen gehört, am Leben lasst und dass ihr uns
vor dem Tod bewahrt. 14 Die Männer antworteten
ihr: Wir bürgen mit unserem Leben für euch,
wenn ihr nur unsere Sache nicht verratet. Wenn
uns der Herr das Land gibt, werden wir dir unser
Wohlwollen und unsere Treue zeigen. 15 Darauf
ließ die Frau sie mit einem Seil durch das Fenster
die Stadtmauer hinab; das Haus, in dem sie wohn-
te, war nämlich in die Stadtmauer eingebaut. 16 Sie
riet ihnen: Geht ins Gebirge, damit die Verfolger
euch nicht finden; dort haltet euch drei Tage lang
verborgen, bis die Verfolger zurückgekehrt sind;
dann könnt ihr eures Weges gehen. 17 Die Männer
sagten zu ihr: Wir können uns nur unter folgen-
der Bedingung an den Eid halten, den du uns
hast schwören lassen: 18 Wenn wir in das Land ein-
dringen, musst du diese geflochtene purpurrote
Schnur an das Fenster binden, durch das du uns
herabgelassen hast, und du musst deinen Vater,
deine Mutter, deine Brüder und die ganze Familie
deines Vaters bei dir in deinem Haus versammeln.
19 Jeder aber, der aus der Tür deines Hauses her-
austritt, ist selbst schuld, wenn sein Blut vergossen
wird. Wir sind dann ohne Schuld. Doch bei jedem,
der mit dir in deinem Haus bleibt, tragen wir die
Schuld, wenn Hand an ihn gelegt wird. 20 Auch
wenn du unsere Sache verrätst, brauchen wir uns
nicht an den Eid zu halten, den du uns hast
schwören lassen. 21 Sie antwortete: Es sei, wie ihr
gesagt habt. Dann ließ sie die beiden gehen und
band die purpurrote Schnur an das Fenster. 22 Die
Männer gingen also und kamen ins Gebirge; dort
blieben sie drei Tage, bis die Verfolger (in die
Stadt) zurückgekehrt waren. Die Verfolger hatten
sie überall gesucht, aber nicht gefunden. 23 Dann
machten sich die beiden Männer auf den Rück-
weg. Sie stiegen vom Gebirge herab, überschritten
den Jordan und kamen zu Josua, dem Sohn Nuns.
Sie erzählten ihm alles, was sie erfahren hatten,
24 und sagten: Der Herr hat uns das ganze Land
ausgeliefert; alle Bewohner des Landes vergehen
aus Angst vor uns.

1: 6,22 • 10: Ex 14,21; Num 21,21–26 • 12: 6,25 • 14: 6,22

Der Übergang über den Jordan

3 Am frühen Morgen brach Josua mit allen Is-
raeliten von Schittim auf. Als sie an den Jor-
dan kamen, übernachteten sie dort, bevor sie ihn
überschritten. 2 Nach drei Tagen gingen die Lis-
tenführer durch das Lager 3 und befahlen dem
Volk: Wenn ihr die Bundeslade des Herrn, eures
Gottes, seht und die levitischen Priester, die sie tra-
gen, dann sollt auch ihr von dort, wo ihr gerade
seid, aufbrechen und ihr folgen; 4 nur müsst ihr
zwischen ihr und euch einen Abstand von zwei-
tausend Ellen lassen, ihr dürft nicht zu nahe an sie
herankommen. So werdet ihr wissen, welchen Weg
ihr gehen sollt; denn ihr seid den Weg ja früher
noch nie gegangen. 5 Und Josua sagte zum Volk:
Heiligt euch; denn morgen wird der Herr mitten
unter euch Wunder tun. 6 Und zu den Priestern
sagte Josua: Nehmt die Bundeslade auf und zieht
dem Volk voran! Und sie nahmen die Bundeslade
auf und gingen dem Volk voraus.
7 Da sagte der Herr zu Josua: Heute fange ich an,
dich vor den Augen ganz Israels groß zu machen,
damit alle erkennen, dass ich mit dir sein werde,

wie ich mit Mose gewesen bin. 8 Du aber sollst den
Priestern, die die Bundeslade tragen, befehlen:
Wenn ihr zum Ufer des Jordan kommt, geht in den
Jordan hinein und bleibt dort stehen! 9 Darauf
sagte Josua zu den Israeliten: Kommt her und hört
die Worte des Herrn, eures Gottes! 10 Dann sagte
Josua: Daran sollt ihr erkennen, dass ein lebendi-
ger Gott mitten unter euch ist: Er wird die Kanaa-
niter, die Hetiter, Hiwiter, Perisiter, Girgaschiter,
Amoriter und Jebusiter vor euren Augen vertrei-
ben. 11 Seht, die Bundeslade des Herrn der ganzen
Erde zieht vor euch her durch den Jordan. 12 Wählt
nun zwölf Männer aus den Stämmen Israels aus,
aus jedem Stamm einen! 13 Sobald die Füße der
Priester, die die Lade des Herrn tragen, des Herrn
der ganzen Erde, im Wasser des Jordan stehen,
wird das Wasser des Jordan, das von oben herab-
kommt, wie abgeschnitten sein und wie ein Wall
dastehen.
14 Als dann das Volk seine Zelte verließ und auf-
brach, um den Jordan zu überschreiten, gingen die
Priester, die die Bundeslade trugen, an der Spitze
des Volkes. 15 Und als die Träger der Lade an den
Jordan kamen und die Füße der Priester, die die
Lade trugen, das Wasser berührten – der Jordan
war aber während der ganzen Erntezeit über alle
Ufer getreten –, 16 da blieben die Fluten des Jordan
stehen. Das von oben herabkommende Wasser
stand wie ein Wall in weiter Entfernung, bei der
Stadt Adam, die in der Nähe von Zaretan liegt.
Die zum Meer der Araba, zum Salzmeer, hinab-
fließenden Fluten dagegen liefen vollständig ab
und das Volk zog Jericho gegenüber durch den Jor-
dan. 17 Die Priester, die die Bundeslade des Herrn
trugen, standen, während ganz Israel trockenen
Fußes hindurchzog, fest und sicher mitten im Jor-
dan auf trockenem Boden, bis das ganze Volk den
Jordan durchschritten hatte.

7: 4,14; 1,5.17 • 13: 4,7 • 16: Ex 14,21; Ps 114,3

Die zwölf Gedenksteine

4 Als das ganze Volk den Jordan durchschritten
hatte, sagte der Herr zu Josua: 2 Wählt aus
dem Volk zwölf Männer aus, aus jedem Stamm ei-
nen, 3 und befehlt ihnen: Hebt hier, an der Stelle
mitten im Jordan, wo die Priester fest und sicher
standen, zwölf Steine auf, nehmt sie mit hinüber
und legt sie an dem Ort nieder, an dem ihr die
nächste Nacht verbringt. 4 Da rief Josua die zwölf
Männer, die er aus den Israeliten bestimmt hatte,
aus jedem Stamm einen, 5 und sagte zu ihnen: Geht
vor der Lade des Herrn, eures Gottes, her bis zur
Mitte des Jordan; dort soll jeder von euch einen
Stein auf seine Schulter heben, so viele Steine, wie
es Stämme der Israeliten gibt. 6 Sie sollen unter
euch ein Zeichen sein. Wenn euch eure Söhne
morgen fragen: Was bedeuten diese Steine für
euch?, 7 dann antwortet ihnen: (Sie bedeuten,) dass
die Fluten des Jordan vor der Bundeslade des
Herrn wie abgeschnitten waren; als sie durch den
Jordan zog, waren die Fluten des Jordan wie abge-
schnitten. So sind diese Steine ein ewiges Erinne-
rungszeichen für die Israeliten. 8 Die Israeliten ta-
ten, was Josua befohlen hatte, und nahmen zwölf
Steine mitten aus dem Jordan, so viele, wie es
Stämme der Israeliten gab, wie es der Herr dem
Josua befohlen hatte. Sie nahmen sie mit hinüber
zu ihrem Rastplatz und stellten sie dort auf. 9 Und
in der Mitte des Jordan richtete Josua zwölf Steine
auf, dort, wo die Priester gestanden hatten, die die
Bundeslade trugen; sie stehen dort bis zum heuti-
gen Tag. 10 Die Priester aber, die die Lade trugen,
blieben mitten im Jordan stehen, bis alles gesche-
hen war, was der Herr durch Josua dem Volk
befohlen hatte [ganz so, wie Mose dem Josua be-
fohlen hatte], und das Volk beeilte sich und zog hi-
nüber. 11 Als das ganze Volk vollständig hinüber-
gezogen war, zog auch die Lade des Herrn hinüber
und die Priester (gingen wieder) dem Volk voraus.
12 Die Rubeniter, die Gaditer und der halbe Stamm
Manasse zogen kampfbereit vor den Israeliten her,
wie es ihnen Mose befohlen hatte. 13 Es waren etwa
vierzigtausend bewaffnete Männer, die vor den
Augen des Herrn zum Kampf in die Steppen von
Jericho zogen.
14 An jenem Tag machte der Herr den Josua in den
Augen ganz Israels groß und man hatte Ehrfurcht
vor ihm, wie man vor Mose zeit seines Lebens Ehr-
furcht hatte. 15 Da sagte der Herr zu Josua: 16 Be-
fiehl den Priestern, die die Lade der Bundesur-
kunde tragen, aus dem Jordan heraufzusteigen.
17 Da befahl Josua den Priestern: Steigt aus dem
Jordan herauf! 18 Als nun die Priester, die die Bun-
deslade des Herrn trugen, aus der Mitte des Jor-

dan heraufstiegen und ihre Füße das Ufer berühr-
ten, da kehrte das Wasser des Jordan an seinen Ort
zurück und trat wie zuvor wieder über alle Ufer.
19 Das Volk zog am zehnten Tag des ersten Monats
durch den Jordan und schlug in Gilgal, am Ost-
rand des Gebietes von Jericho, sein Lager auf.
20 In Gilgal stellte Josua die zwölf Steine auf, die
man aus dem Jordan mitgenommen hatte. 21 Er
sagte zu den Israeliten: Wenn eure Söhne morgen
ihre Väter fragen: Was bedeuten diese Steine?,
22 dann sollt ihr sie belehren: Hier hat Israel trocke-
nen Fußes den Jordan durchschritten; 23 denn der
Herr, euer Gott, hat das Wasser des Jordan vor eu-
ren Augen austrocknen lassen, bis ihr hindurch-
gezogen wart, genau so wie es Jahwe, euer Gott,
mit dem Schilfmeer machte, das er vor unseren
Augen austrocknen ließ, bis wir hindurchgezogen
waren. 24 Daran sollen alle Völker der Erde erken-
nen, dass die Hand des Herrn stark ist, und ihr sollt
allezeit Jahwe, euren Gott, fürchten.

5 Alle Könige der Amoriter jenseits des Jordan
im Westen und alle Könige der Kanaaniter
am Meer hörten, dass der Herr das Wasser des Jor-
dan vor den Augen der Israeliten austrocknen ließ,
bis sie hinübergezogen waren; da zerschmolz ihr
Herz und jedem stockte der Atem wegen der Isra-
eliten.

4,12: 1,12–16 • 23: Ex 14,21f

Die Beschneidung in Gilgal

2 Damals sagte der Herr zu Josua: Mach dir Stein-
messer und ordne wieder eine Beschneidung der
Israeliten an, eine zweite! 3 Da machte sich Josua
Steinmesser und er beschnitt die Israeliten auf
dem »Hügel der Vorhäute«. 4 Josua nahm die Be-
schneidung vor, weil das ganze Volk, das aus Ägyp-
ten ausgezogen war, das heißt die Männer, alle
Krieger, nach ihrem Auszug aus Ägypten auf dem
Weg durch die Wüste gestorben waren. 5 Als das
Volk auszog, waren alle beschnitten. Alle aber, die
nach dem Auszug aus Ägypten unterwegs in der
Wüste geboren wurden, hatte man nicht be-
schnitten. 6 Denn vierzig Jahre lang wanderten die
Israeliten durch die Wüste. Schließlich war das
ganze Volk, alle Krieger, die aus Ägypten ausgezo-
gen waren, umgekommen, weil sie nicht auf die
Stimme des Herrn gehört hatten. Der Herr hatte
ihnen geschworen, er werde sie das Land nicht
schauen lassen, das er ihren Vätern mit einem Eid
zugesichert hatte, ein Land, in dem Milch und Ho-
nig fließen. 7 Ihre Söhne, die der Herr an ihre Stelle
treten ließ, beschnitt Josua; denn sie waren noch
unbeschnitten, da man sie unterwegs nicht be-
schnitten hatte. 8 Als nun das ganze Volk beschnit-
ten war, blieb man an Ort und Stelle, im Lager, bis
die Männer wieder gesund waren. 9 Und der Herr
sagte zu Josua: Heute habe ich die ägyptische
Schande von euch abgewälzt. Darum nennt man
diesen Ort bis zum heutigen Tag Gilgal (Wälzplatz).
10 Als die Israeliten in Gilgal ihr Lager hatten, fei-
erten sie am Abend des vierzehnten Tages jenes
Monats in den Steppen von Jericho das Pascha.
11 Am Tag nach dem Pascha, genau an diesem Tag,
aßen sie ungesäuerte Brote und geröstetes Ge-
treide aus den Erträgen des Landes. 12 Vom folgen-
den Tag an, nachdem sie von den Erträgen des
Landes gegessen hatten, blieb das Manna aus; von
da an hatten die Israeliten kein Manna mehr, denn
sie aßen in jenem Jahr von der Ernte des Landes
Kanaan.

2: Gen 17,10–14 • 6: Num 14,22f • 11: Lev 23,10.14 • 12: Ex 16,35

Der Anführer des Heeres des Herrn

13 Als Josua bei Jericho war und Ausschau hielt, sah
er plötzlich einen Mann mit einem gezückten
Schwert in der Hand vor sich stehen. Josua ging
auf ihn zu und fragte ihn: Gehörst du zu uns oder
zu unseren Feinden? 14 Er antwortete: Nein, ich bin
der Anführer des Heeres des Herrn. Ich bin soeben
gekommen. Da warf sich Josua vor ihm zu Boden,
um ihm zu huldigen, und fragte ihn: Was befiehlt
mein Herr seinem Knecht? 15 Der Anführer des
Heeres des Herrn antwortete Josua: Zieh deine
Schuhe aus; denn der Ort, wo du stehst, ist heilig.
Und Josua tat es.

15: Ex 3,5

Die Eroberung Jerichos

6 Jericho hielt wegen der Israeliten die Tore fest
verschlossen. Niemand konnte heraus und
niemand konnte hinein. 2 Da sagte der Herr zu Jo-
sua: Sieh her, ich gebe Jericho und seinen König
samt seinen Kriegern in deine Gewalt. 3 Ihr sollt
mit allen Kriegern um die Stadt herumziehen und

sie einmal umkreisen. Das sollst du sechs Tage lang tun. 4 Sieben Priester sollen sieben Widderhörner vor der Lade hertragen. Am siebten Tag sollt ihr siebenmal um die Stadt herumziehen und die Priester sollen die Hörner blasen. 5 Wenn das Widderhorn geblasen wird und ihr den Hörnerschall hört, soll das ganze Volk in lautes Kriegsgeschrei ausbrechen. Darauf wird die Mauer der Stadt in sich zusammenstürzen; dann soll das Volk hinübersteigen, jeder an der nächstbesten Stelle. 6 Da rief Josua, der Sohn Nuns, die Priester und sagte: Nehmt die Bundeslade und lasst sieben Priester sieben Widderhörner vor der Lade des Herrn hertragen. 7 Und zum Volk sagte er: Zieht rings um die Stadt herum und lasst die bewaffneten Männer vor der Lade des Herrn herziehen!

8 Und es geschah so, wie Josua es dem Volk gesagt hatte: Sieben Priester trugen die sieben Widderhörner vor dem Herrn her und bliesen im Gehen die Hörner und die Bundeslade des Herrn zog hinter ihnen her. 9 Die bewaffneten Männer gingen vor den Priestern her, die die Hörner bliesen, die Nachhut folgte der Lade und man blies ständig die Hörner. 10 Dem Volk aber befahl Josua: Erhebt kein Kriegsgeschrei und lasst eure Stimmen nicht hören! Kein Wort komme aus eurem Mund bis zu dem Tag, an dem ich zu euch sage: Erhebt das Kriegsgeschrei! Dann sollt ihr losschreien.

11 Darauf ließ er die Lade des Herrn um die Stadt herumziehen und sie einmal umkreisen. Dann kam man zum Lager zurück und übernachtete im Lager. 12 Früh am anderen Morgen brach Josua auf und die Priester trugen die Lade des Herrn. 13 Sieben Priester trugen die sieben Widderhörner der Lade des Herrn voraus und bliesen ständig die Hörner. Die bewaffneten Männer zogen vor ihnen her und die Nachhut folgte der Lade des Herrn. Man blies ständig die Hörner. 14 So zogen sie auch am zweiten Tag einmal um die Stadt herum und kehrten wieder ins Lager zurück. Das machten sie sechs Tage lang.

15 Am siebten Tag aber brachen sie beim Anbruch der Morgenröte auf und zogen, wie gewohnt, um die Stadt, siebenmal; nur an diesem Tag zogen sie siebenmal um die Stadt. 16 Als die Priester beim siebten Mal die Hörner bliesen, sagte Josua zum Volk: Erhebt das Kriegsgeschrei! Denn der Herr hat die Stadt in eure Gewalt gegeben. 17 Die Stadt mit allem, was in ihr ist, soll zu Ehren des Herrn dem Untergang geweiht sein. Nur die Dirne Rahab und alle, die bei ihr im Haus sind, sollen am Leben bleiben, weil sie die Boten versteckt hat, die wir ausgeschickt hatten. 18 Hütet euch aber davor, von dem, was dem Untergang geweiht ist, etwas zu begehren und wegzunehmen; sonst weiht ihr das Lager Israels dem Untergang und stürzt es ins Unglück. 19 Alles Gold und Silber und die Geräte aus Bronze und Eisen sollen dem Herrn geweiht sein und in den Schatz des Herrn kommen. 20 Darauf erhob das Volk das Kriegsgeschrei und die Widderhörner wurden geblasen. Als das Volk den Hörnerschall hörte, brach es in lautes Kriegsgeschrei aus. Die Stadtmauer stürzte in sich zusammen, und das Volk stieg in die Stadt hinein, jeder an der nächstbesten Stelle. So eroberten sie die Stadt.

21 Mit scharfem Schwert weihten sie alles, was in der Stadt war, dem Untergang, Männer und Frauen, Kinder und Greise, Rinder, Schafe und Esel.

22 Zu den beiden Männern, die das Land erkundet hatten, sagte Josua: Geht zu dem Haus der Dirne und holt von dort die Frau und alles, was ihr gehört, wie ihr es ihr geschworen habt. 23 Da gingen die jungen Männer, die Kundschafter, und holten Rahab, ihren Vater, ihre Mutter, ihre Brüder und alles, was ihr gehörte; sie führten ihre ganze Verwandtschaft (aus der Stadt) heraus und wiesen ihnen einen Platz außerhalb des Lagers Israels an. 24 Die Stadt aber und alles, was darin war, brannte man nieder; nur das Silber und Gold und die Geräte aus Bronze und Eisen brachte man in den Schatz im Haus des Herrn. 25 Die Dirne Rahab und die Familie ihres Vaters und alles, was ihr gehörte, ließ Josua am Leben. So wohnt ihre Familie bis heute mitten in Israel; denn Rahab hatte die Boten versteckt, die Josua ausgesandt hatte, um Jericho auskundschaften zu lassen.

26 Damals schwor Josua: Verflucht beim Herrn sei der Mann, der es unternimmt, diese Stadt Jericho wieder aufzubauen. Seinen Erstgeborenen soll es ihn kosten, wenn er sie neu gründet, und seinen Jüngsten, wenn er ihre Tore wieder aufrichtet.

27 Der Herr war mit Josua und sein Ruhm verbreitete sich im ganzen Land.

18: Lev 27,28 • 20: Hebr 11,30 • 21: 8,2 • 22: 2,14 • 25: 2,13

Der Kampf um Ai. Achans Diebstahl

7 Die Israeliten aber veruntreuten etwas von
dem, was dem Untergang geweiht war. Denn
Achan, der Sohn Karmis, des Sohnes Sabdis, des
Sohnes Serachs, vom Stamm Juda, nahm etwas
von dem, was dem Untergang geweiht war. Da ent-
brannte der Zorn des Herrn über die Israeliten.
2 Josua schickte von Jericho aus einige Männer
nach Ai, das bei Bet-Awen, östlich von Bet-El liegt,
und sagte zu ihnen: Geht hinauf, und erkundet das
Land! Die Männer gingen hinauf und erkundeten
Ai. 3 Als sie zu Josua zurückkamen, sagten sie zu
ihm: Es braucht nicht das ganze Volk hinaufzu-
ziehen. Etwa zwei- oder dreitausend Mann sollen
hinaufziehen; sie können Ai besiegen. Bemüh
nicht das ganze Volk dorthin! Denn dort sind nur
wenige Leute. 4 So stiegen vom Volk etwa dreitau-
send Mann nach Ai hinauf; aber sie mussten vor
den Männern von Ai die Flucht ergreifen. 5 Die
Männer von Ai erschlugen sechsunddreißig von
ihnen; die andern verfolgten sie vom Stadttor bis
zu den Steinbrüchen und schlugen sie an der
Steige. Da zerschmolz das Herz des Volkes und
wurde zu Wasser. 6 Josua zerriss seine Kleider und
warf sich zusammen mit den Ältesten vor der Lade
des Herrn mit dem Gesicht zu Boden und blieb
dort bis zum Abend liegen. Sie streuten sich Asche
auf das Haupt 7 und Josua sagte: Ach Herr, mein
Gott! Warum hast du dieses Volk über den Jordan
ziehen lassen? Um uns den Amoritern auszulie-
fern, damit sie uns vernichten? Hätten wir uns
doch dazu entschlossen, jenseits des Jordan zu
bleiben! 8 Ach Herr, was soll ich sagen, nachdem
Israel seinen Feinden den Rücken gezeigt hat?
9 Das werden die Kanaaniter und alle Bewohner
des Landes hören und sie werden uns umzingeln
und unseren Namen im ganzen Land ausrotten.
Was willst du dann für deinen großen Namen tun?
10 Da sagte der Herr zu Josua: Steh auf! Warum
liegst du da, mit dem Gesicht zur Erde? 11 Israel hat
gesündigt. Sie haben sich sogar gegen meinen
Bund vergangen, den ich ihnen auferlegt habe. Sie
haben etwas weggenommen von dem, was dem
Untergang geweiht war; sie haben es gestohlen; sie
haben es unterschlagen und zu ihren eigenen Sa-
chen getan. 12 Deshalb können die Israeliten dem
Angriff ihrer Feinde nicht mehr standhalten und
müssen ihren Feinden den Rücken zeigen; denn
sie sind nun selbst dem Untergang geweiht. Ich
werde nicht mehr mit euch sein, wenn ihr bei euch
nicht alles, was dem Untergang geweiht ist, ver-
nichtet. 13 Auf! Heilige das Volk und sag: Heiligt
euch für morgen! Denn so hat der Herr, der Gott
Israels, gesprochen: Bei dir, Israel, ist etwas, was
dem Untergang geweiht ist. Du kannst dem An-
griff deiner Feinde nicht standhalten, solange ihr
nicht alles, was dem Untergang geweiht ist, aus eu-
rer Mitte entfernt habt. 14 Morgen sollt ihr Stamm
für Stamm antreten und der Stamm, den der Herr
bezeichnet, soll Sippe für Sippe antreten und die
Sippe, die der Herr dann bezeichnet, soll Großfa-
milie für Großfamilie antreten und die Großfami-
lie, die der Herr dann bezeichnet, soll Mann für
Mann antreten. 15 Bei wem man dann etwas findet,
das dem Untergang geweiht ist, der soll mit allem,
was er hat, verbrannt werden, weil er sich am Bund
des Herrn vergangen und in Israel eine Schandtat
verübt hat.
16 Josua ließ also früh am Morgen Israel Stamm für
Stamm antreten; da wurde der Stamm Juda be-
zeichnet. 17 Dann ließ er die Sippen Judas antreten;
da wurde die Sippe der Serachiter bezeichnet.
Dann ließ er die Sippe der Serachiter nach Groß-
familien antreten; da wurde Sabdi bezeichnet.
18 Dann ließ er dessen Familie Mann für Mann an-
treten; da wurde Achan, der Sohn Karmis, der En-
kel Sabdis, des Sohnes Serachs, vom Stamm Juda
bezeichnet. 19 Josua sagte zu Achan: Mein Sohn, gib
dem Herrn, dem Gott Israels, die Ehre und leg vor
ihm ein Geständnis ab! Sag mir offen, was du ge-
tan hast, und verheimliche mir nichts! 20 Achan
antwortete Josua: Es ist wahr, ich habe mich gegen
den Herrn, den Gott Israels, versündigt. Das und
das habe ich getan: 21 Ich sah unter der Beute einen
schönen Mantel aus Schinar, außerdem zweihun-
dert Schekel Silber und einen Goldbarren, der
fünfzig Schekel wog. Ich wollte es haben und
nahm es an mich. Es ist in meinem Zelt im Boden
vergraben, das Silber an unterster Stelle. 22 Josua
schickte Boten und sie liefen zum Zelt, und wirk-
lich: die Sachen waren im Zelt Achans vergraben,
das Silber an unterster Stelle. 23 Sie holten alles aus
dem Zelt heraus, brachten es zu Josua und allen Is-
raeliten und breiteten es vor dem Herrn aus.

24 Da nahm Josua Achan, den Sohn Serachs, ebenso das Silber und den Mantel und den Goldbarren, seine Söhne und Töchter, seine Rinder, Esel und Schafe, sein Zelt und seine ganze Habe. Er und ganz Israel brachten alles ins Tal Achor. 25 Dann sagte Josua: Womit du uns ins Unglück gestürzt hast, damit stürzt dich der Herr heute ins Unglück. Und ganz Israel steinigte Achan. [Sie verbrannten sie im Feuer und steinigten sie.] 26 Man errichtete über ihm einen großen Steinhaufen, der bis zum heutigen Tag zu sehen ist, und der Herr ließ ab von seinem glühenden Zorn. Deshalb nennt man diesen Ort bis heute Achortal (Unglückstal).

16: 1 Sam 10,20 • 26: Jes 65,10; Hos 2,17

Die Vernichtung von Ai

8 Dann sagte der Herr zu Josua: Fürchte dich nicht und hab keine Angst! Nimm alle kriegstüchtigen Männer, brich auf und zieh nach Ai! Siehe, ich habe den König von Ai und sein Volk, seine Stadt und sein Land in deine Gewalt gegeben. 2 Du sollst es mit Ai und seinem König ebenso machen, wie du es mit Jericho und seinem König gemacht hast. Doch ihren Besitz und das Vieh in der Stadt dürft ihr erbeuten. Leg im Rücken der Stadt einen Hinterhalt! 3 Da brach Josua mit dem ganzen Heer auf und zog nach Ai. Er wählte dreißigtausend kampferprobte Männer aus und schickte sie bei Nacht weg 4 mit dem Befehl: Seht zu, dass ihr im Rücken der Stadt einen Hinterhalt legt, aber nicht zu weit entfernt von der Stadt. Dort haltet euch alle bereit! 5 Ich aber werde mit allen Leuten, die bei mir sind, gegen die Stadt vorrücken, und wenn man dann wie beim ersten Mal einen Ausfall macht, werden wir vor ihnen fliehen. 6 Sie werden uns verfolgen, bis wir sie von der Stadt weggelockt haben, denn sie werden denken: Sie fliehen vor uns wie beim ersten Mal. Wenn wir vor ihnen geflohen sind, 7 dann könnt ihr aus dem Hinterhalt hervorbrechen und die Stadt besetzen. Der Herr, euer Gott, wird sie euch ausliefern. 8 Wenn ihr dann die Stadt eingenommen habt, sollt ihr sie in Brand stecken. Handelt nach dem Wort des Herrn! Seht, ich habe es euch befohlen. 9 Dann schickte sie Josua weg und sie legten sich westlich von Ai in den Hinterhalt, zwischen Bet-El und Ai. Josua aber blieb die Nacht über beim Volk.

10 Früh am Morgen stand Josua auf, musterte das Volk und zog zusammen mit den Ältesten Israels an der Spitze des Volkes nach Ai hinauf. 11 Das ganze Heer zog mit ihm hinauf und rückte bis in die Nähe der Stadt vor. Im Norden von Ai schlugen sie ihr Lager auf; zwischen ihnen und Ai lag ein Tal. 12 Dann nahm er etwa fünftausend Mann und legte sie westlich der Stadt, zwischen Bet-El und Ai, in einen Hinterhalt. 13 So stellten sie das Volk auf: Das Lager war im Norden der Stadt und der Hinterhalt westlich der Stadt. Josua aber verbrachte die Nacht unten im Tal.

14 Als das der König von Ai sah, brach er mit den Männern der Stadt am Morgen in aller Eile auf und zog mit seinem ganzen Volk zum (sogenannten) Versammlungsplatz vor der Steppe, um gegen Israel zu kämpfen. Er wusste nicht, dass man ihm im Rücken der Stadt einen Hinterhalt gelegt hatte. 15 Josua und die Israeliten ließen sich von ihnen schlagen und flohen zur Wüste hin. 16 Nun wurde das ganze Volk, das noch in der Stadt war, zu ihrer Verfolgung aufgeboten. Sie verfolgten Josua und wurden so von der Stadt weggelockt. 17 Niemand blieb in Ai [und Bet-El] zurück; alle rückten aus, ließen die Stadt ohne Schutz zurück und verfolgten die Israeliten. 18 Da sagte der Herr zu Josua: Streck das Sichelschwert in deiner Hand gegen Ai aus, denn ich gebe es in deine Gewalt. Josua streckte das Sichelschwert in seiner Hand gegen Ai aus. 19 Als er seine Hand ausstreckte, brachen die Männer im Hinterhalt eiligst aus ihrer Stellung hervor, stürmten in die Stadt, nahmen sie ein und steckten sie sogleich in Brand. 20 Als die Männer von Ai sich umwandten, sahen sie plötzlich aus der Stadt Rauch zum Himmel aufsteigen. Aber sie konnten weder vor noch zurück und hatten keine Möglichkeit zur Flucht. Denn das Volk, das zur Wüste hin geflohen war, wandte sich nun gegen den Verfolger. 21 Als nämlich Josua und ganz Israel sahen, dass aus der Stadt Rauch aufstieg, dass also die Männer aus dem Hinterhalt die Stadt eingenommen hatten, machten sie kehrt und schlugen die Männer von Ai. 22 Denn weil diese ihnen aus der Stadt nachgerückt waren, waren sie nun von beiden Seiten her mitten zwischen die Israeliten geraten. Die Israeliten schlugen sie so vernichtend, dass keiner von ihnen mehr übrig blieb, der hätte

entkommen und sich in Sicherheit bringen kön-
nen. 23 Den König von Ai aber nahmen sie lebend
gefangen und brachten ihn zu Josua.
24 Als die Israeliten sämtliche Bewohner von Ai, die
ihnen nachgejagt waren, ohne Ausnahme auf frei-
em Feld und in der Wüste mit scharfem Schwert
getötet hatten und alle gefallen waren, kehrte ganz
Israel nach Ai zurück und machte auch dort alles
mit scharfem Schwert nieder. 25 Es gab an jenem
Tag insgesamt zwölftausend Gefallene, Männer
und Frauen, alle Einwohner von Ai. 26 Josua aber
ließ seine Hand mit dem Sichelschwert nicht sin-
ken, bis er alle Einwohner von Ai dem Untergang
geweiht hatte. 27 Nur das Vieh und den Besitz der
Stadt nahm Israel für sich als Beute, nach dem Be-
fehl, den der Herr Josua gegeben hatte. 28 Dann
brannte Josua Ai nieder und machte es für immer
zu einem Trümmerhaufen und zu einem öden
Platz; das ist es geblieben bis zum heutigen Tag.
29 Den König von Ai aber ließ er an einem Baum
aufhängen; dort hing er bis zum Abend. Als die
Sonne unterging, nahm man die Leiche auf Befehl
Josuas von dem Baum ab und warf sie vor das Tor
der Stadt. Man errichtete über ihr einen großen
Steinhaufen, der noch heute da ist.

6: 7,4 • 29: Dtn 21,23

Der Bau des Altars und die Verkündigung des Gesetzes

30 Damals errichtete Josua auf dem Berg Ebal für
den Herrn, den Gott Israels, einen Altar 31 aus un-
behauenen Steinen, die noch kein eisernes Werk-
zeug berührt hatte, so wie Mose, der Knecht des
Herrn, es den Israeliten geboten hatte und wie es
im Gesetzbuch des Mose geschrieben steht. Auf
diesem Altar brachte man dem Herrn Brandopfer
dar und schlachtete Heilsopfer. 32 Und Josua brach-
te dort auf den Steinen eine Abschrift des Geset-
zes des Mose an; er schrieb vor den Augen der
Israeliten darauf. 33 Ganz Israel und die Ältesten,
die Listenführer und die Richter, standen zu bei-
den Seiten der Lade neben den levitischen Pries-
tern, den Trägern der Bundeslade des Herrn, dazu
Fremde und Einheimische. Die eine Hälfte von ih-
nen war dem Berg Garizim zugewandt, die andere
dem Berg Ebal, wie es Mose, der Knecht Jahwes,
für die Segnung des Volkes Israel früher angeord-
net hatte. 34 Danach verlas Josua das Gesetz im
vollen Wortlaut, Segen und Fluch, genau so, wie es
im Buch des Gesetzes aufgezeichnet ist. 35 Von all
dem, was Mose angeordnet hatte, gab es kein ein-
ziges Wort, das Josua nicht vor der ganzen Ver-
sammlung Israels verlesen hätte; auch die Frauen
und Kinder und die Fremden, die mit ihnen zo-
gen, waren dabei.

30: Dtn 27,2–8; Ex 20,25 • 32: Ex 24,1–8 • 33: Dtn 11,29; 27,12f

Die List der Gibeoniter

9 Davon hörten alle Könige jenseits des Jor-
dan, auf dem Gebirge, in der Schefela und an
der ganzen Küste des großen Meeres bis hin zum
Libanon: die Hetiter, die Amoriter, die Kanaaniter,
die Perisiter, die Hiwiter und die Jebusiter. 2 Sie ta-
ten sich zusammen, um gemeinsam gegen Josua
und Israel den Kampf aufzunehmen.
3 Als die Einwohner von Gibeon erfuhren, was Jo-
sua mit Jericho und Ai gemacht hatte, 4 griffen sie
zu einer List. Sie versahen sich mit Verpflegung,
packten alte Säcke und alte, brüchige und geflickte
Weinschläuche auf ihre Esel und machten sich da-
mit auf den Weg. 5 Sie zogen alte, geflickte Schuhe
und alte Mäntel an. Das ganze Brot in ihrem Vor-
rat war trocken und krümelig. 6 So zogen sie zu Jo-
sua ins Lager nach Gilgal und sagten zu ihm und
zu den Israeliten: Wir kommen aus einem fernen
Land. Schließt doch einen Vertrag mit uns! 7 Da
antworteten die Israeliten den Hiwitern: Vielleicht
wohnt ihr mitten in unserem Gebiet. Wie können
wir da einen Vertrag mit euch schließen? 8 Sie aber
sagten zu Josua: Wir sind deine Knechte. Josua
fragte sie: Wer seid ihr und woher kommt ihr? 9 Sie
antworteten ihm: Deine Knechte kommen aus ei-
nem weit entfernten Land, angezogen vom Ruhm
des Herrn, deines Gottes. Wir haben von seinem
Ruhm und von allem gehört, was er in Ägypten ge-
tan hat, 10 und auch von allem, was er mit den bei-
den Königen der Amoriter jenseits des Jordan ge-
macht hat, mit Sihon, dem König von Heschbon,
und mit Og, dem König des Baschan in Aschtarot.
11 Da sagten unsere Ältesten und alle Bewohner des
Landes zu uns: Nehmt Verpflegung für unterwegs
mit, zieht ihnen entgegen und sagt zu ihnen: Wir
sind eure Knechte. Nun schließt mit uns einen Ver-
trag! 12 Unser Brot hier war noch warm, als wir es

aus unseren Häusern als Vorrat mitnahmen an
dem Tag, als wir uns auf den Weg zu euch mach-
ten. Jetzt aber, seht her: Es ist trocken und krüme-
lig. 13 Auch diese Weinschläuche waren neu, als wir
sie füllten; und jetzt, seht her: Sie sind brüchig.
Und hier, unsere Mäntel und unsere Schuhe, sie
sind durch den weiten Weg ganz abgenützt. 14 Da
nahmen die Israeliten etwas von der Verpflegung;
aber den Mund des Herrn befragten sie nicht. 15 So
gewährte ihnen Josua Frieden und schloss mit ih-
nen einen Vertrag, sie am Leben zu lassen. Auch die
Vorsteher der Gemeinde leisteten ihnen einen Eid.
16 Drei Tage aber, nachdem sie mit ihnen den
Vertrag geschlossen hatten, erfuhren sie, dass die
Männer aus der Nähe waren und mitten in ihrem
Gebiet wohnten. 17 Die Israeliten brachen auf und
kamen am dritten Tag zu ihren Städten: nach Gi-
beon, Kefira, Beerot und Kirjat-Jearim. 18 Aber die
Israeliten erschlugen die Einwohner nicht, weil die
Vorsteher der Gemeinde ihnen beim Herrn, dem
Gott Israels, einen Eid geleistet hatten. Doch die
ganze Gemeinde war empört über die Vorsteher.
19 Da sagten alle Vorsteher zu der Gemeinde: Wir
haben ihnen beim Herrn, dem Gott Israels, einen
Eid geleistet. Darum können wir ihnen nichts tun.
20 Wir wollen es so mit ihnen machen: Wir werden
sie am Leben lassen, damit nicht wegen des Eides,
den wir ihnen geschworen haben, ein Zorngericht
über uns kommt. 21 Die Vorsteher sagten also zu
ihnen: Sie sollen am Leben bleiben. So wurden sie
Holzfäller und Wasserträger für die ganze Ge-
meinde, wie es ihnen die Vorsteher sagten.
22 Darauf rief Josua die Gibeoniter und sagte zu
ihnen: Warum habt ihr uns getäuscht und gesagt:
Wir wohnen sehr weit entfernt von euch, obwohl
ihr mitten in unserem Gebiet wohnt? 23 Nun seid
ihr verflucht; ihr müsst für immer Sklaven, Holz-
fäller und Wasserträger für das Haus meines Got-
tes sein. 24 Sie antworteten Josua: Deinen Knech-
ten wurde genau berichtet, was Jahwe, dein Gott,
seinem Knecht Mose befohlen hat: euch das ganze
Land zu geben und alle Bewohner des Landes vor
euren Augen zu vernichten. Darum hatten wir
große Angst vor euch und fürchteten um unser
Leben. Deshalb haben wir das getan. 25 Jetzt sind
wir in deiner Hand. Mach mit uns, was dir gut und
recht erscheint. 26 Daraufhin tat er Folgendes: Er
rettete sie zwar aus der Gewalt der Israeliten, so-
dass sie sie nicht töteten; 27 doch er machte sie an
jenem Tag zu Holzfällern und Wasserträgern für
die Gemeinde und für den Altar des Herrn an dem
Ort, den er erwählen würde. Das sind sie bis zum
heutigen Tag geblieben.

3: 6,20f; 8,26.29 • 10: 12,2.4; Num 21,21–35 • 15: 11,19

Der Krieg mit den fünf Kanaaniter-Königen

10 Adoni-Zedek, der König von Jerusalem,
hörte, dass Josua Ai erobert und dem Un-
tergang geweiht hatte – wie er es mit Jericho und
seinem König gemacht hatte, so hatte er es auch
mit Ai und seinem König gemacht – und dass die
Einwohner von Gibeon mit den Israeliten Frieden
geschlossen hatten und weiterhin mitten unter ih-
nen leben durften. 2 Da bekam er große Angst;
denn die Stadt Gibeon war ebenso groß wie die
Städte mit Königssitz; sie war größer als Ai und
alle ihre Männer waren kampferprobte Krieger.
3 Darum sandte Adoni-Zedek, der König von Je-
rusalem, Boten an Hoham, den König von Heb-
ron, an Piram, den König von Jarmut, an Jafia, den
König von Lachisch, und an Debir, den König von
Eglon, und ließ ihnen sagen:
4 Zieht herauf zu mir und helft mir! Wir wollen Gi-
beon schlagen, weil es mit Josua und den Israeli-
ten Frieden geschlossen hat. 5 Da sammelten sich
die fünf Könige der Amoriter und zogen mit ihren
ganzen Heeren hinauf: der König von Jerusalem,
der König von Hebron, der König von Jarmut, der
König von Lachisch und der König von Eglon. Sie
belagerten Gibeon und eröffneten den Kampf ge-
gen die Stadt.
6 Darauf sandten die Männer von Gibeon (Boten)
zu Josua ins Lager nach Gilgal und ließen ihm sa-
gen: Lass deine Knechte nicht im Stich! Zieh
schnell herauf zu uns, rette uns und komm uns zu
Hilfe; denn alle Amoriterkönige, die das Bergland
bewohnen, haben sich gegen uns zusammengetan.
7 Da zog Josua mit dem ganzen Heer, mit allen
kampferprobten Männern, von Gilgal herauf.
8 Der Herr sagte zu Josua: Fürchte dich nicht vor
ihnen; denn ich gebe sie in deine Gewalt. Keiner
von ihnen kann dir standhalten. 9 Nachdem Josua
die ganze Nacht von Gilgal her auf dem Marsch
gewesen war, stieß er plötzlich auf sie. 10 Der Herr

versetzte sie beim Anblick der Israeliten in Verwirrung, sodass Josua ihnen bei Gibeon eine schwere Niederlage beibringen konnte. Er verfolgte sie in Richtung auf die Steige von Bet-Horon und schlug sie bis nach Aseka und Makkeda zurück. 11 Als sie auf der Flucht vor Israel an den Abhang von Bet-Horon kamen, warf der Herr große Steine auf sie vom Himmel her, bis nach Aseka hin, sodass viele umkamen. Es kamen mehr durch die Hagelsteine um, als die Israeliten mit dem Schwert töteten.

12 Damals, als der Herr die Amoriter den Israeliten preisgab, redete Josua mit dem Herrn; dann sagte er in Gegenwart der Israeliten:

Sonne, bleib stehen über Gibeon / und du, Mond, über dem Tal von Ajalon! –

13 Und die Sonne blieb stehen / und der Mond stand still, / bis das Volk an seinen Feinden Rache genommen hatte.

Das steht im »Buch des Aufrechten«. Die Sonne blieb also mitten am Himmel stehen und ihr Untergang verzögerte sich, ungefähr einen ganzen Tag lang. 14 Weder vorher noch nachher hat es je einen solchen Tag gegeben, an dem der Herr auf die Stimme eines Menschen gehört hätte; der Herr kämpfte nämlich für Israel.

15 Danach kehrte Josua und mit ihm ganz Israel in das Lager nach Gilgal zurück. 16 Die fünf Könige aber waren geflohen und hatten sich in der Höhle bei Makkeda versteckt. 17 Da meldete man Josua: Wir haben die fünf Könige gefunden; sie haben sich in der Höhle bei Makkeda versteckt. 18 Josua sagte: Wälzt große Steine vor den Eingang der Höhle und stellt einige Männer davor, um die Könige zu bewachen. 19 Ihr (anderen) aber bleibt nicht stehen, sondern verfolgt die Feinde und macht auch noch die Nachhut nieder! Lasst sie nicht bis zu ihren Städten gelangen; denn der Herr, euer Gott, hat sie in eure Gewalt gegeben. 20 So brachten Josua und die Israeliten ihnen endgültig eine schwere Niederlage bei, die sie völlig vernichtete; nur einige Flüchtlinge konnten entkommen und in die festen Städte gelangen. 21 Darauf kehrte das ganze Heer wohlbehalten zu Josua nach Makkeda zurück und keiner wagte es mehr, die Israeliten zu bedrohen.

22 Dann sagte Josua: Öffnet den Eingang der Höhle und bringt die fünf Könige aus der Höhle zu mir her! 23 Sie taten es und führten die fünf Könige aus der Höhle heraus: den König von Jerusalem, den König von Hebron, den König von Jarmut, den König von Lachisch und den König von Eglon. 24 Als man die Könige zu Josua gebracht hatte, rief Josua alle Israeliten herbei und sagte zu den Anführern der Krieger, die mit ihm ausgezogen waren: Kommt her, setzt diesen Königen euren Fuß auf den Nacken! Sie kamen herbei und setzten ihnen den Fuß auf den Nacken. 25 Und Josua sagte zu ihnen: Fürchtet euch nicht und habt keine Angst! Seid mutig und stark! Denn so wird es der Herr mit allen euren Feinden machen, mit denen ihr kämpfen werdet. 26 Danach erschlug Josua die Könige und ließ die Leichen an fünf Bäumen aufhängen. Dort blieben sie bis zum Abend hängen. 27 Bei Sonnenuntergang befahl Josua, sie von den Bäumen abzunehmen und in die Höhle zu werfen, in der sie sich zuvor versteckt hatten. Dann wälzte man große Steine vor den Eingang der Höhle; sie liegen dort bis zum heutigen Tag.

1: 6; 8; 9 • 10: Ex 23,27; Ri 4,15; 1 Sam 7,10 • 12: Hab 3,11 • 13: 2 Sam 1,18 • 26: Dtn 21,23

Die Eroberung von sechs Städten

28 Am gleichen Tag nahm Josua Makkeda ein und erschlug seine Einwohner und seinen König mit scharfem Schwert. Er weihte sie und alles, was in der Stadt lebte, dem Untergang; niemand ließ er entkommen. Mit dem König von Makkeda machte er es, wie er es mit dem König von Jericho gemacht hatte. 29 Dann zog Josua mit ganz Israel von Makkeda weiter nach Libna und kämpfte gegen Libna. 30 Der Herr gab auch Libna und seinen König in die Gewalt Israels. Josua erschlug alles, was in ihm lebte, mit scharfem Schwert; niemand ließ er entkommen. Mit seinem König machte er es, wie er es mit dem König von Jericho gemacht hatte. 31 Dann zog Josua mit ganz Israel von Libna weiter nach Lachisch, belagerte die Stadt und griff sie an. 32 Und der Herr gab auch Lachisch in die Gewalt Israels. Josua nahm die Stadt am zweiten Tag ein. Er erschlug alles, was in ihr lebte, mit scharfem Schwert, genau so, wie er es mit Libna gemacht hatte. 33 Als Horam, der König von Geser, heranzog, um Lachisch zu helfen, schlug Josua

auch ihn und sein Volk und ließ niemand übrig, der hätte entkommen können. 34 Dann zog Josua mit ganz Israel von Lachisch weiter nach Eglon. Sie belagerten die Stadt und griffen sie an. 35 Noch am gleichen Tag nahmen sie die Stadt ein und erschlugen ihre Einwohner mit scharfem Schwert. Alles, was in ihr lebte, weihte man noch am gleichen Tag dem Untergang, genau so, wie man es mit Lachisch gemacht hatte. 36 Von Eglon zog Josua mit ganz Israel nach Hebron hinauf und griff es an. 37 Sie nahmen die Stadt ein und erschlugen [ihren König und] alles, was in ihr lebte, ebenso die Einwohner aller ihrer Tochterstädte, mit scharfem Schwert; niemand ließ er entkommen, genau so, wie er es mit Eglon gemacht hatte. Er weihte die Stadt und alles, was in ihr lebte, dem Untergang. 38 Dann wandte sich Josua mit ganz Israel gegen Debir und griff die Stadt an. 39 Er eroberte die Stadt und ihre (Tochter)städte, nahm ihren König gefangen, erschlug ihre Einwohner mit scharfem Schwert und weihte alles, was in ihr lebte, dem Untergang; niemand ließ er entkommen. Wie er es mit Hebron und mit Libna und seinem König gemacht hatte, so machte er es auch mit Debir und seinem König. 40 So schlug Josua das ganze Land – das Bergland und den Negeb, die Schefela und ihre Ausläufer – mit allen seinen Königen. Niemand ließ er entkommen; alles, was lebte, weihte er dem Untergang, wie es der Herr, der Gott Israels, befohlen hatte. 41 Josua eroberte (das ganze Gebiet) von Kadesch-Barnea bis Gaza und ebenso das ganze Land Goschen und das Gebiet bis nach Gibeon. 42 Aller dieser Könige und ihrer Länder bemächtigte sich Josua mit einem Schlag; denn der Herr, der Gott Israels, kämpfte für Israel. 43 Dann kehrte Josua mit ganz Israel in das Lager nach Gilgal zurück.

Der Sieg über die Könige im Norden

11 Als Jabin, der König von Hazor, das hörte, schickte er Boten zu Jobab, dem König von Madon, zum König von Schimron, zum König von Achschaf 2 und zu den Königen im Norden auf dem Gebirge und in der Araba südlich von Kinneret, in der Schefela und auf den Höhen von Dor im Westen, 3 zu den Kanaanitern im Osten und im Westen, zu den Amoritern, Hetitern und Perisitern, zu den Jebusitern im Gebirge und den Hiwitern am Fuß des Hermon im Land Mizpe. 4 Da rückten sie aus mit all ihren Truppen, einem Heer so groß und zahlreich wie der Sand am Ufer des Meeres, dazu mit einer großen Menge von Pferden und Wagen. 5 Alle diese Könige taten sich zusammen, rückten heran und bezogen gemeinsam ihr Lager bei den Wassern von Merom, um den Kampf mit Israel aufzunehmen.

6 Der Herr sagte zu Josua: Fürchte dich nicht vor ihnen! Denn morgen um diese Zeit werde ich sie alle erschlagen Israel zu Füßen legen. Du wirst ihre Pferde lähmen und ihre Wagen in Brand stecken. 7 Da rückte Josua mit dem ganzen Heer an den Wassern von Merom plötzlich gegen sie vor und überfiel sie. 8 Der Herr gab sie in die Gewalt der Israeliten und die Israeliten schlugen sie und verfolgten sie bis Groß-Sidon und Misrefot-Majim und bis zur Ebene von Mizpe im Osten. Sie schlugen sie so vernichtend, dass keiner von ihnen übrig blieb, der hätte entkommen können. 9 Josua machte mit ihnen, was der Herr ihm gesagt hatte: Er lähmte ihre Pferde und steckte ihre Wagen in Brand.

10 Daraufhin kehrte Josua um und nahm Hazor ein; ihren König erschlug er mit dem Schwert. Hazor hatte früher die Oberherrschaft über alle diese Königreiche. 11 Die Israeliten erschlugen alles, was in der Stadt lebte, mit scharfem Schwert und weihten es dem Untergang. Nichts Lebendiges blieb übrig. Die Stadt selbst steckte man in Brand.

12 Aller dieser Königsstädte samt ihren Königen bemächtigte sich Josua; er erschlug alles mit scharfem Schwert und weihte es dem Untergang, wie Mose, der Knecht des Herrn, befohlen hatte. 13 Alle die Städte, die (heute noch) auf ihren Trümmerhügeln stehen, verbrannte Israel nicht; nur Hazor brannte Josua nieder. 14 Den ganzen Besitz aus diesen Städten und das Vieh nahmen die Israeliten für sich, die Menschen aber erschlugen sie alle mit scharfem Schwert und rotteten sie völlig aus. Niemand ließen sie am Leben.

1: Ri 4,2

Das eroberte Land

15 Wie der Herr es seinem Knecht Mose befohlen hatte, so hatte es Mose Josua befohlen und so führte Josua es aus: Er unterließ nichts von all

dem, was der Herr dem Mose befohlen hatte. 16 So
nahm Josua dieses ganze Land ein, das Gebirge
und den ganzen Negeb, das ganze Land Goschen
und die Schefela, die Araba und das Gebirge Isra-
els mit seiner Schefela: 17 (das ganze Land) von den
kahlen Bergen, die nach Seïr hin ansteigen, bis
nach Baal-Gad in der Libanonsenke am Fuß des
Hermongebirges. Alle ihre Könige nahm Josua
gefangen und schlug sie tot. 18 Lange Zeit führte
Josua gegen alle diese Könige Krieg. 19 Es gab kei-
ne Stadt, die mit den Israeliten Frieden geschlos-
sen hätte, außer den Hiwitern, die Gibeon be-
wohnten. Alle musste man im Kampf nehmen.
20 Denn vom Herrn war beschlossen worden, ihr
Herz angesichts des Kampfes mit Israel zu verhär-
ten, um sie dem Untergang zu weihen; Israel sollte
keine Gnade bei ihnen walten lassen, sondern sie
ausrotten, wie es der Herr dem Mose befohlen
hatte.

21 Damals zog Josua auch gegen die Anakiter, die
im Gebirge, in Hebron, in Debir, in Anab, im Berg-
land von Juda und im Bergland von Israel wohn-
ten; er rottete sie überall aus und weihte sie samt
ihren Städten dem Untergang. 22 Im Land der Is-
raeliten blieben keine Anakiter übrig; nur in Gaza,
Gat und Aschdod verblieben sie.

23 Josua nahm das ganze Land ein, genau so, wie es
der Herr zu Mose gesagt hatte, und Josua verteilte
es als Erbbesitz an Israel entsprechend seiner
Stammeseinteilung. Dann war der Krieg zu Ende
und das Land hatte Ruhe.

12 Das sind die Könige des Landes, die von
den Israeliten geschlagen wurden, und die
Länder, die sie in Besitz nahmen, jenseits des Jor-
dan im Osten vom Arnontal bis zum Hermon-
gebirge mit der ganzen Araba im Osten: 2 Sihon,
der Amoriterkönig, der in Heschbon wohnte; er
herrschte von Aroër am Rand des Arnontales und
von der Mitte des Tals an über das halbe Gilead bis
zum Jabboktal, das die Grenze zu den Ammoni-
tern bildet, 3 ferner über die Araba bis zum See
Kinneret im Osten und bis zum Meer der Araba,
dem Salzmeer im Osten in Richtung auf Bet-Je-
schimot und im Süden über das Gebiet am Fuß des
Berges Pisga, 4 dann das Gebiet des Og, des Königs
von Baschan, der von den Rafaïtern übrig geblie-
ben war und in Aschtarot und in Edreï wohnte; 5 er
herrschte über das Hermongebirge und Salcha
und den ganzen Baschan bis zum Gebiet der Ge-
schuriter und der Maachatiter sowie über das
halbe Gilead bis zum Gebiet Sihons, des Königs
von Heschbon. 6 Mose, der Knecht des Herrn, und
die Israeliten hatten sie geschlagen und Mose, der
Knecht des Herrn, hatte das Land den Rubenitern,
den Gaditern und dem halben Stamm Manasse
zum Besitz gegeben. 7 Das sind die Könige des Lan-
des, die Josua und die Israeliten jenseits des Jordan
im Westen geschlagen hatten, von Baal-Gad in der
Libanonsenke bis zu den kahlen Bergen, die nach
Seïr hin ansteigen – Josua gab ihr Land den Stäm-
men Israels zum Besitz, deren Stammeseinteilung
entsprechend: 8 im Gebirge und in der Schefela, in
der Araba und an den Bergabhängen, in der Wüs-
te und im Negeb, (das Land) der Hetiter, der Amo-
riter, der Kanaaniter, der Perisiter, der Hiwiter und
der Jebusiter:

9 Der König von Jericho: einer; der König von Ai,
das seitlich von Bet-El liegt: einer; 10 der König von
Jerusalem: einer; der König von Hebron: einer;
11 der König von Jarmut: einer; der König von La-
chisch: einer; 12 der König von Eglon: einer; der
König von Geser: einer; 13 der König von Debir: ei-
ner; der König von Geder: einer; 14 der König von
Horma: einer; der König von Arad: einer; 15 der
König von Libna: einer; der König von Adullam:
einer; 16 der König von Makkeda: einer; der König
von Bet-El: einer; 17 der König von Tappuach: ei-
ner; der König von Hefer: einer; 18 der König von
Afek: einer; der König von Scharon: einer; 19 der
König von Madon: einer; der König von Hazor: ei-
ner; 20 der König von Schimron-Meron: einer; der
König von Achschaf: einer; 21 der König von Taa-
nach: einer; der König von Megiddo: einer; 22 der
König von Kedesch: einer; der König von Jokneam
am Karmel: einer; 23 der König von Dor an der
Höhe von Dor: einer; der König von Gojim in Ga-
liläa: einer; 24 der König von Tirza: einer; zusam-
men: einunddreißig Könige.

11,15: Dtn 20,10–15 • 19: 9,15 • 20: Dtn 7,2 • 21: 14,12–15; Dtn 9,2 •
12,2: 9,10; Num 21,23f • 4: 9,10; Num 21,33; Dtn 3 • 6: Num 32,33

DIE VERTEILUNG DES LANDES: 13,1 – 22,34

Das Land im Westen

13 Als Josua alt und hochbetagt war, sagte der
Herr zu ihm: Du bist alt und hochbetagt,
aber vom Land bleibt noch sehr viel in Besitz zu
nehmen. 2 Das ist das Land, das noch übrig ist: alle
Bezirke der Philister und das ganze Gebiet der Ge-
schuriter 3 vom Schihor-Fluss östlich von Ägypten
bis zum Gebiet von Ekron im Norden – es wird
den Kanaanitern zugerechnet –, die fünf Philister-
fürsten von Gaza, Aschdod, Aschkelon, Gat und
Ekron sowie die Awiter 4 im Süden, das ganze Land
der Kanaaniter und Meara, das zu Sidon gehört,
bis nach Afek und bis zum Gebiet der Amoriter,
5 ferner das Land der Gibliter und der ganze Liba-
non im Osten, von Baal-Gad am Fuß des Her-
mongebirges bis nach Lebo-Hamat.
6 Alle Bewohner des Berglandes vom Libanon bis
nach Misrefot-Majim, alle Sidonier werde ich
selbst vor den Israeliten vertreiben. Du aber ver-
lose das Land unter Israel als Erbbesitz, wie ich es
dir befohlen habe. 7 Verteil nun dieses Land als
Erbbesitz an die neun Stämme und den halben
Stamm Manasse. 8 Die andere Hälfte des Stammes
Manasse und mit ihm die Rubeniter und Gaditer
hatten ihren Erbbesitz schon erhalten; ihn hatte
Mose ihnen jenseits des Jordan im Osten gegeben,
[wie ihn Mose, der Knecht des Herrn, ihnen zuge-
wiesen hatte], 9 von Aroër am Rand des Arnonta-
les und von der Stadt an, die mitten im Tal liegt,
also die ganze Ebene von Medeba bis Dibon, 10 alle
Städte des Amoriterkönigs Sihon, der in Hesch-
bon herrschte, bis zum Gebiet der Ammoniter,
11 dazu Gilead und das Gebiet der Geschuriter und
Maachatiter und das ganze Hermongebirge und
den ganzen Baschan bis nach Salcha, 12 das ganze
Reich des Og im Baschan, der in Aschtarot und
Edreï herrschte. Er war vom Rest der Rafaïter
übrig geblieben. Mose hatte sie geschlagen und
vertrieben. 13 Aber die Israeliten vertrieben die Ge-
schuriter und die Maachatiter nicht; so wohnen
Geschuriter und Maachatiter bis zum heutigen
Tag mitten in Israel. 14 Nur dem Stamm Levi gab
Josua keinen Erbbesitz; der Herr, der Gott Israels,
ist sein Erbteil, wie der Herr ihm gesagt hatte.

3: Ri 3,3 • 8: 13,15–32 • 14: 13,33; 18,7; Num 18,20f; Dtn 18,1

Die Verteilung des Ostjordanlandes

15 Die Zuteilung an den Stamm der Rubeniter hatte
also Mose entsprechend ihren Sippen vorgenom-
men. 16 Ihnen war zuteil geworden das Gebiet von
Aroër am Rand des Arnontales und von der Stadt
an, die mitten im Tal liegt: die ganze Ebene bei Me-
deba, 17 Heschbon und alle seine Städte in der Ebene,
Dibon, Bamot-Baal und Bet-Baal-Meon, 18 Jahaz,
Kedemot und Mefaat, 19 Kirjatajim, Sibma und
Zeret-Schahar auf dem Berg im Tal, 20 Bet-Pegor,
die Abhänge des Pisga, Bet-Jeschimot 21 und alle
Städte der Ebene, das heißt: das ganze Reich des
Amoriterkönigs Sihon, der in Heschbon herrsch-
te. Mose hatte ihn und die Fürsten Midians ge-
schlagen: Ewi, Rekem, Zur, Hur und Reba, die
Heerführer Sihons, die im Land wohnten. 22 Auch
den Wahrsager Bileam, den Sohn Beors, hatten die
Israeliten zusammen mit den anderen mit dem
Schwert erschlagen. 23 Die Grenze der Rubeniter
bildete der Jordan und sein Ufergebiet. Dieses Ge-
biet mit seinen Städten und Gehöften ist der Erb-
besitz der Rubeniter, entsprechend ihren Sippen.
24 Mose hatte auch die Zuteilung an den Stamm
Gad, die Gaditer, entsprechend ihren Sippen vor-
genommen. 25 Ihnen war zuteil geworden das Ge-
biet von Jaser und alle Städte Gileads, das halbe
Land der Ammoniter bis Aroër, das gegenüber
Rabba liegt, 26 (das Land) von Heschbon bis Ra-
mat-Mizpe und Betonim und von Mahanajim bis
zum Gebiet von Lo-Dabar, 27 dazu im Tal Bet-Ha-
ram, Bet-Nimra, Sukkot und Zafon – der Rest des
Reiches Sihons, des Königs von Heschbon –, fer-
ner der Jordan und das Gebiet bis zum Ende des
Sees von Kinneret jenseits des Jordan im Osten.
28 Dieses Gebiet mit seinen Städten und Gehöften
ist der Erbbesitz der Gaditer, entsprechend ihren
Sippen.
29 Mose hatte auch die Zuteilung an den halben
Stamm Manasse vorgenommen, [dem halben
Stamm Manasse wurde zuteil] entsprechend sei-
nen Sippen. 30 Sein Gebiet umfasste von Mahana-
jim an den ganzen Baschan, das ganze Reich des
Königs Og vom Baschan und alle Zeltdörfer Jaïrs
im Baschan, sechzig Städte. 31 Die Hälfte von Gi-
lead sowie Aschtarot und Edreï, die Königsstädte

des Og vom Baschan, fiel den Nachkommen Ma-
chirs, des Sohnes Manasses zu, und zwar der Hälf-
te der Machiriter entsprechend ihren Sippen.
32 Das sind die Gebiete, die Mose in den Steppen
von Moab jenseits des Jordan östlich von Jericho
als Erbbesitz verteilt hatte.
33 Dem Stamm Levi aber hatte Mose keinen Erb-
besitz zugeteilt. Der Herr, der Gott Israels, ist ihr
Erbteil, wie er es ihnen gesagt hatte.

15–32 ‖ Num 32,1–42 • 22: Num 22,5; 31,8 • 33: 13,14; 18,7

Die Verteilung des Westjordanlandes

14 Das sind die Gebiete, die die Israeliten als
Erbbesitz im Land Kanaan erhielten und
die der Priester Eleasar sowie Josua, der Sohn
Nuns, und die Anführer der Sippen der Israeliten
zuteilten – 2 durch das Los teilten sie es ihnen zu,
wie es der Herr durch Mose befohlen hatte –, den
neuneinhalb Stämmen. 3 Denn Mose hatte zwei-
einhalb Stämmen ihren Erbbesitz schon jenseits
des Jordan zugewiesen; den Leviten gab er keinen
Erbbesitz in ihrer Mitte. 4 Denn die Nachkommen
Josefs bildeten zwei Stämme, Manasse und Efraim.
Den Leviten gab man also keinen Landanteil, son-
dern nur Städte als Wohnsitz und die dazuge-
hörenden Weideflächen für das Vieh, das sie be-
saßen. 5 Wie es der Herr dem Mose befohlen hatte,
so machten es die Israeliten und verteilten das
Land.
6 Damals traten die Judäer in Gilgal an Josua heran
und Kaleb, der Sohn des Kenasiters Jefunne, sagte
zu ihm: Du weißt, was der Herr zu Mose, dem
Gottesmann, in Kadesch-Barnea über mich und
dich gesagt hat. 7 Ich war vierzig Jahre alt, als mich
Mose, der Knecht des Herrn, in Kadesch-Barnea
aussandte, damit ich das Land erkundete, und ich
erstattete ihm Bericht, wie ich es mir vorgenom-
men hatte. 8 Während meine Brüder, die mit mir
hinaufgezogen waren, das Volk mutlos machten,
hielt ich treu zum Herrn, meinem Gott. 9 An jenem
Tag schwor Mose: Das Land, das dein Fuß betre-
ten hat, soll dir und deinen Söhnen für immer als
Erbbesitz gehören, weil du treu zum Herrn, dei-
nem Gott, gehalten hast. 10 Nun sieh her: Der Herr
hat mich, wie er es versprochen hat, am Leben ge-
lassen. Fünfundvierzig Jahre ist es her, seit der
Herr dieses Wort zu Mose gesprochen hat, als Is-
rael durch die Wüste zog. Heute bin ich, wie du
siehst, fünfundachtzig Jahre alt. 11 Ich bin immer
noch so stark wie damals, als Mose mich ausge-
sandt hat; wie meine Kraft damals war, so ist sie
noch heute, wenn es gilt, zu kämpfen, auszuziehen
und heimzukehren. 12 Nun gib mir also dieses Berg-
land, von dem der Herr an jenem Tag geredet hat.
Denn du hast selbst an jenem Tag gehört, dass
Anakiter dort sind und große befestigte Städte.
Vielleicht ist der Herr mit mir, sodass ich sie ver-
treiben kann, wie der Herr gesagt hat. 13 Da segnete
Josua Kaleb, den Sohn Jefunnes, und gab ihm Heb-
ron als Erbbesitz. 14 Deshalb gehört Hebron bis
zum heutigen Tag dem Kenasiter Kaleb, dem Sohn
Jefunnes, weil er treu zum Herrn, dem Gott Isra-
els, gehalten hat. 15 Hebron hieß früher Kirjat-
Arba (Stadt des Arba); Arba war der größte Mann
unter den Anakitern. Danach war der Krieg zu
Ende und das Land hatte Ruhe.

1: Num 34,17 • 2: Num 26,55 • 3: 13,14.33; Dtn 10,9 • 4: 21,1–42 •
6: Num 14,24; Dtn 1,36 • 7: Num 13,6.30 • 8: Num 14,24; 32,11f •
12: 11,21 • 13: 15,13–17; 21,12; Ri 1,20 • 14: Num 32,12

Das Gebiet des Stammes Juda

15 An den Stamm der Judäer fiel durch das
Los, entsprechend seinen Sippen, der An-
teil gegen die Grenze Edoms hin, südwärts der
Wüste Zin zu gelegen, die im äußersten Süden ist.
2 Die Südgrenze Judas beginnt am Ende des Salz-
meeres, an der (Meeres)zunge, die sich nach Sü-
den erstreckt, 3 verläuft dann südlich zur Skorpio-
nen-Steige, zieht sich hinüber nach Zin, steigt
südlich von Kadesch-Barnea hinauf, führt hinü-
ber nach Hezron, steigt hinauf nach Addar und
wendet sich nach Karka; 4 dann führt sie hinüber
nach Azmon, geht hinaus zum Grenzbach Ägyp-
tens und läuft am Meer aus. Das ist die Südgrenze
des Stammes Juda.
5 Die Ostgrenze bildet das Salzmeer bis zur Jordan-
mündung. Für die Nordseite beginnt die Grenze
an der Meereszunge bei der Jordanmündung. 6 Die
Grenze geht dann nach Bet-Hogla hinauf und
läuft nördlich an Bet-Araba vorbei. Dann zieht sie
sich hinauf zum Stein Bohans, des Sohnes Rubens.
7 Vom Achortal steigt sie empor nach Debir und
wendet sich nordwärts nach Gelilot gegenüber der
Steige von Adummim, die südlich des Bachtals

liegt; dann führt sie hinüber zum Wasser von En-
Schemesch und läuft hinaus zur Rogel-Quelle.
8 Von da an steigt die Grenze hinauf in das Ben-
Hinnom-Tal südlich des Bergrückens der Jebusi-
ter – das ist Jerusalem – und weiter empor zum
Gipfel des Berges, der westlich des Hinnom-Tals
am nördlichen Rand der Rafaïter-Ebene liegt.
9 Vom Gipfel des Berges biegt die Grenze ab zur
Neftoach-Quelle und führt hinaus zum Berg
Efron. Dann biegt sie ab nach Baala, das ist Kirjat-
Jearim. 10 Von Baala wendet sich die Grenze nach
Westen zum Berg Seïr, führt dann an der Nord-
flanke des Berges von Jearim, das ist Kesalon, vor-
bei, hinab nach Bet-Schemesch und hinüber nach
Timna.
11 Dann verläuft sie hinaus zur Nordflanke von
Ekron, biegt ab nach Schikkaron, geht hinüber
zum Berg Baala und hinaus nach Jabneel. Die
Grenze läuft aus am Meer. 12 Das große Meer und
das Küstengebiet bilden die Westgrenze. Das ist
das Gebiet der Judäer ringsum, entsprechend
ihren Sippen.
13 Kaleb aber, dem Sohn Jefunnes, gab Josua einen
Anteil mitten unter den Judäern, nach der Anwei-
sung des Herrn an Josua (und zwar) Kirjat-Arba –
Arba war der Vater Anaks –, das heißt Hebron.
14 Kaleb vertrieb von dort die drei Anakiter Sche-
schai, Ahiman und Talmai, die Söhne Anaks.
15 Von dort zog er hinauf zu den Einwohnern von
Debir. Debir hieß früher Kirjat-Sefer. 16 Und Kaleb
sagte: Wer Kirjat-Sefer besiegt und einnimmt, dem
gebe ich meine Tochter Achsa zur Frau. 17 Otniël,
der Sohn des Kenas, eines Bruders Kalebs, nahm
die Stadt ein und Kaleb gab ihm seine Tochter
Achsa zur Frau.
18 Als sie bei Otniël ankam, drängte er sie, von
ihrem Vater ein Stück Land zu verlangen. Da ließ
sie sich vom Esel herabgleiten und Kaleb fragte sie:
Was hast du? 19 Sie antwortete: Gib mir ein Ge-
schenk als Zeichen des Segens! Wenn du mich
schon ins Trockenland schickst, dann gib mir auch
Wasserstellen! Da gab er ihr die obere und die un-
tere Wasserquelle.
20 Das ist der Erbbesitz des Stammes der Judäer,
entsprechend ihren Sippen: 21 Die Städte im Be-
reich des Stammes der Judäer waren folgende:
an der Grenze zu Edom im Negeb: Kabzeel, Eder,
Jagur, 22 Kina, Dimona, Adada, 23 Kadesch, Hazor,
Jitna, 24 Sif, Telem, Bealot, 25 Hazor-Hadatta, Ke-
rijot-Hezron, das ist Hazor, 26 Amam, Schema,
Molada, 27 Hazar-Gadda, Heschmon, Bet-Pelet,
28 Hazar-Schual, Beerscheba und seine Tochter-
städte, 29 Baala, Ijim, Ezem, 30 Eltolad, Kesil, Horma,
31 Ziklag, Madmanna, Sansanna, 32 Lebaot, Schil-
him und En-Rimmon: im ganzen neunundzwan-
zig Städte mit den dazugehörenden Gehöften;
33 in der Schefela: Eschtaol, Zora, Aschna, 34 Sa-
noach, En-Gannim, Tappuach, Enajim, 35 Jarmut,
Adullam, Socho, Aseka, 36 Schaarajim, Aditajim,
Gedera und Gederotajim: vierzehn Städte mit den
dazugehörenden Gehöften; 37 Zenan, Hadascha,
Migdal-Gad, 38 Dilan, Mizpe, Jokteel, 39 Lachisch,
Bozkat, Eglon, 40 Kabbon, Lachmas, Kitlisch, 41 Ge-
derot, Bet-Dagon, Naama und Makkeda: sech-
zehn Städte mit den dazugehörenden Gehöften;
42 Libna, Eter, Aschan, 43 Jiftach, Aschna, Nezib,
44 Keïla, Achsib und Marescha: neun Städte mit
den dazugehörenden Gehöften; 45 Ekron mit den
dazugehörenden Tochterstädten und Gehöften,
46 von Ekron bis zum Meer alles, was auf der Seite
von Aschdod liegt, samt den dazugehörenden
Gehöften; 47 Aschdod mit den dazugehörenden
Tochterstädten und Gehöften, Gaza mit den da-
zugehörenden Tochterstädten und Gehöften bis
zum Grenzbach Ägyptens und zum großen Meer
mit dem Küstengebiet;
48 auf dem Gebirge: Schamir, Jattir, Socho,
49 Danna, Kirjat-Sanna, das ist Debir, 50 Anab, Esch-
temoa, Anim, 51 Goschen, Holon und Gilo: elf
Städte mit den dazugehörenden Gehöften; 52 Arab,
Duma, Eschan, 53 Janum, Bet-Tappuach, Afeka,
54 Humta, Kirjat-Arba, das ist Hebron, und Zior:
neun Städte und die dazugehörenden Gehöfte;
55 Maon, Karmel, Sif, Jutta, 56 Jesreel, Jokdeam,
Sanoach, 57 Kaim, Gibea und Timna: zehn Städte
mit den dazugehörenden Gehöften; 58 Halhul,
Bet-Zur, Gedor, 59 Maarat, Bet-Anot und Eltekon:
sechs Städte mit den dazugehörenden Gehöften;
Tekoa, Efrata, das ist Betlehem, Pegor, Etam, Ku-
lon, Tatam, Schoresch, Kerem, Gallim, Bet-Ter
und Manocho: elf Städte mit den dazugehörenden
Gehöften: 60 Kirjat-Baal, das ist Kirjat-Jearim, und
Rabba: zwei Städte mit den dazugehörenden
Gehöften;

61 in der Steppe: Bet-Araba, Middin, Sechacha,
62 Nibschan, Ir-Melach und En-Gedi: sechs Städte
mit den dazugehörenden Gehöften.
63 Nur die Jebusiter, die in Jerusalem wohnten,
konnten die Judäer nicht vertreiben und so woh-
nen die Jebusiter bis zum heutigen Tag mit den
Judäern zusammen in Jerusalem.

13–19: 14,13–15; Ri 1,10–15 • 17: Ri 3,9

Das Gebiet der Nachkommen Josefs

16 Das war der Anteil, der den Nachkommen
Josefs durch das Los zufiel: (Seine Grenze
verläuft) vom Jordan bei Jericho zu den Quellen
von Jericho im Osten, dann von Jericho aus in die
Wüste aufsteigend und ins Gebirge von Bet-El.
2 Von Bet-El geht sie nach Lus hinaus und hinüber
zum Gebiet der Arkiter nach Atarot. 3 Dann führt
sie westwärts hinab zum Gebiet der Jafletiter bis
zum Gebiet von Unter-Bet-Horon und Geser und
läuft am Meer aus.
4 Erbbesitz erhielten auch die Söhne Josefs, Ma-
nasse und Efraim. 5 Dies war das Gebiet der Efrai-
miter, entsprechend ihren Sippen: Die Grenze
ihres Erbbesitzes [im Osten] verläuft von Atarot-
Adar bis Ober-Bet-Horon 6 und läuft zum Meer.
Von Michmetat im Norden wendet sich die Gren-
ze ostwärts nach Taanat-Schilo und geht ostwärts
daran vorbei nach Janoach. 7 Von Janoach führt sie
hinab nach Atarot und Naara, berührt Jericho und
läuft am Jordan aus. 8 Von Tappuach geht die
Grenze westwärts zum Bach Kana und läuft am
Meer aus. Das ist der Erbbesitz des Stammes der
Efraimiter, entsprechend ihren Sippen; 9 ferner
(gehören) den Efraimitern vereinzelte Städte mit-
ten im Erbbesitz der Manassiter, und zwar die
Städte samt den dazugehörenden Gehöften. 10 Die
Efraimiter konnten aber die Kanaaniter, die in Ge-
ser wohnten, nicht vertreiben. So wohnen die Ka-
naaniter bis zum heutigen Tag mitten in Efraim;
sie wurden aber zu Fronknechten gemacht.

17 Dem Stamm des Manasse – er war der
Erstgeborene Josefs – fiel durch das Los
folgender Anteil zu: Machir, der Erstgeborene
Manasses, der Vater Gileads, – er war ein kampf-
erprobter Mann – erhielt Gilead und den Baschan.
2 Auch die übrigen Söhne Manasses erhielten ei-
nen (Anteil) entsprechend ihren Sippen: die
Söhne Abiësers, die Söhne Heleks, die Söhne As-
riëls, die Söhne Schechems, die Söhne Hefers und
die Söhne Schemidas; das sind die männlichen
Nachkommen Manasses, des Sohnes Josefs, mit
ihren Sippen. 3 Zelofhad aber, der Sohn Hefers, des
Sohnes Gileads, des Sohnes Machirs, des Sohnes
Manasses, hatte keine Söhne, sondern nur Töch-
ter. Seine Töchter hatten folgende Namen: Mach-
la, Noa, Hogla, Milka und Tirza. 4 Sie erschienen
vor dem Priester Eleasar und vor Josua, dem Sohn
Nuns, und vor den Anführern und sagten: Der
Herr hat Mose befohlen, uns Erbbesitz im Kreis
unserer Brüder zu geben. Da gab er ihnen, gemäß
der Anweisung des Herrn, Erbbesitz im Kreis der
Brüder ihres Vaters. 5 So entfielen auf Manasse, ab-
gesehen vom Land Gilead und dem Baschan, die
jenseits des Jordan liegen, zehn Anteile. 6 Denn die
Töchter Manasses erhielten Erbbesitz im Kreis sei-
ner Söhne. Das Land Gilead aber erhielten die
übrigen Söhne Manasses.
7 Das Gebiet Manasses reicht vom Gebiet Aschers
bis nach Michmetat, das gegenüber von Sichem
liegt. Von dort verläuft die Grenze nach Süden bis
zu den Einwohnern von En-Tappuach. 8 Manasse
wurde das Gebiet von Tappuach zuteil, Tappuach
selbst aber, an der Grenze Manasses, den Efraimi-
tern. 9 Dann zieht sich die Grenze hinab zum Bach
Kana; südlich des Bachs gehören einzelne Städte
mitten unter den Städten Manasses zu Efraim.
Nördlich des Bachs ist die Grenze Manasses; sie
läuft am Meer aus. 10 Das Gebiet im Süden gehört
Efraim und das Gebiet im Norden Manasse, des-
sen Grenze das Meer bildet. Im Norden grenzen sie
an Ascher, im Osten an Issachar. 11 Manasse erhielt
in Issachar und in Ascher Bet-Schean und seine
Tochterstädte, Jibleam und seine Tochterstädte,
die Einwohner von Dor und seinen Tochterstäd-
ten, die Einwohner von En-Dor und seinen Toch-
terstädten, die Einwohner von Taanach und seinen
Tochterstädten, die Einwohner von Megiddo und
seinen Tochterstädten [drei Anhöhen]. 12 Doch die
Manassiter konnten diese Städte nicht in Besitz
nehmen; es gelang den Kanaanitern, ihre Wohn-
sitze in diesem Land zu halten. 13 Als die Israeliten
jedoch stark geworden waren, zwangen sie die
Kanaaniter zur Fron; aber vertreiben konnten sie
sie nicht.

14 Die Nachkommen Josefs sagten zu Josua: Wa-
rum hast du uns nur ein einziges Los und nur ei-
nen einzigen Anteil als Erbbesitz gegeben, obwohl
wir ein zahlreiches Volk sind, nachdem uns der
Herr so sehr gesegnet hat? 15 Josua antwortete ih-
nen: Wenn ihr ein so zahlreiches Volk seid, dann
steigt doch hinauf in das Waldgebiet und rodet für
euch dort im Land der Perisiter und Rafaïter, wenn
euch das Gebirge Efraim zu eng ist. 16 Da sagten die
Nachkommen Josefs: Das Bergland reicht für uns
nicht aus. Im ebenen Land aber wohnen die Ka-
naaniter, die alle eiserne Kampfwagen haben, wie
etwa die Leute in Bet-Schean und seinen Tochter-
städten und die Leute in der Ebene Jesreel. 17 Josua
erwiderte dem Haus Josef, Efraim und Manasse:
Ihr seid ein zahlreiches Volk und habt große Kraft.
Ihr erhaltet nicht nur einen einzigen Anteil;
18 denn auch das Bergland soll euch gehören. Es ist
bewaldet; ihr könnt es roden. Das so gewonnene
Land soll euch gehören, wenn ihr auch die Kanaa-
niter nicht vertreiben könnt, weil sie eiserne
Kampfwagen haben und weil sie stark sind.

17,1: 13,29f; Num 26,29; Ri 5,14 • 3: Num 26,33; 27,1–8; 36,2 • 9: 16,8f • 11: Ri 1,27f

Das Gebiet der übrigen Stämme

18 Die ganze Gemeinde der Israeliten ver-
sammelte sich in Schilo. Dort schlugen sie
das Offenbarungszelt auf; das ganze Land lag un-
terworfen vor ihnen. 2 Aber noch waren von den
Israeliten sieben Stämme übrig, die ihren Erbbe-
sitz nicht zugeteilt bekommen hatten. 3 Da sagte
Josua zu den Israeliten: Wie lange wollt ihr noch
zögern, hinzugehen und das Land in Besitz zu
nehmen, das der Herr, der Gott eurer Väter, euch
gegeben hat? 4 Bestimmt drei Männer aus jedem
Stamm; ich will sie aussenden. Sie sollen sich auf
den Weg machen, durch das ganze Land ziehen
und es im Hinblick auf ihren Erbbesitz schriftlich
aufnehmen. Dann sollen sie (wieder) zu mir kom-
men. 5 Ihr sollt es unter euch in sieben Teile auf-
teilen. Juda soll auf seinem Gebiet im Süden blei-
ben und das Haus Josef soll auf seinem Gebiet im
Norden bleiben. 6 Ihr also sollt das Land in sieben
Teilen schriftlich aufnehmen und (die Aufzeich-
nung) zu mir hierher bringen. Ich werde dann hier
vor dem Herrn, unserem Gott, das Los für euch
werfen. 7 Doch Levi bekommt keinen Anteil unter
euch, denn sein Erbbesitz ist das Priestertum des
Herrn. Und Gad, Ruben und der halbe Stamm
Manasse haben bereits ihren Erbbesitz erhalten;
ihn hat Mose, der Knecht des Herrn, ihnen gege-
ben, jenseits des Jordan im Osten.
8 Da machten sich die Männer auf den Weg und
zogen fort. Josua hatte denen, die fortzogen, be-
fohlen, das Land schriftlich aufzunehmen, und ge-
sagt: Geht, zieht durch das Land und nehmt es
schriftlich auf! Dann kommt zu mir zurück und
ich will hier in Schilo vor dem Herrn das Los für
euch werfen. 9 Die Männer gingen fort, durch-
querten das Land und zeichneten es in einem Buch
auf, geordnet nach Städten und in sieben Teile ge-
gliedert. Dann kamen sie wieder zu Josua ins La-
ger nach Schilo. 10 Und Josua warf in Schilo vor den
Augen des Herrn das Los für die Israeliten. So ver-
teilte Josua das Land an sie, entsprechend ihren
Abteilungen.
11 Das (erste) Los fiel auf den Stamm der Benjami-
niter und ihre Sippen. Als ihr Anteil ergab sich das
Gebiet zwischen den Judäern und den Nachkom-
men Josefs. 12 Ihre Grenze im Norden beginnt am
Jordan. Dann steigt sie hinauf zum Bergrücken
nördlich von Jericho und weiter nach Westen ins
Gebirge und läuft sodann ins Weidegebiet von
Bet-Awen hinaus. 13 Von dort zieht sie sich hinü-
ber nach Lus, südlich am Bergrücken von Lus, das
ist Bet-El, vorbei; dann steigt sie nach Atrot-Addar
hinab zu dem Berg, der südlich von Unter-Bet-
Horon liegt. 14 Darauf biegt sie ab und wendet sich
auf der Westseite nach Süden, von dem Berg aus,
der Bet-Horon südlich gegenüberliegt. Sie läuft
aus bei Kirjat-Baal, das ist Kirjat-Jearim, eine Stadt
der Judäer. Das ist die Westseite. 15 Die Südseite
(der Grenze) beginnt am Rand von Kirjat-Jearim.
Sie verläuft dann westwärts hin zur Neftoach-
Quelle. 16 Dann zieht sie sich hinab zum Rand des
Berges, der dem Ben-Hinnom-Tal gegenüber im
Norden der Rafaïter-Ebene liegt. Sie steigt in das
Ben-Hinnom-Tal hinab südlich des Bergrückens
der Jebusiter und führt zur Rogel-Quelle hinun-
ter. 17 Dann biegt sie nach Norden ab, geht weiter
nach En-Schemesch und nach Gelilot, gegenüber
der Steige von Adummim, und steigt dann zum
Stein des Bohan, des Sohnes Rubens, hinab. 18 Sie

geht nördlich am Bergrücken von Bet-Araba vor-
bei und führt weiter in die Araba hinunter. [19] Dann
führt die Grenze nördlich am Bergrücken von Bet-
Hogla vorbei und läuft nördlich der Landzunge
des Salzmeers aus, am südlichen Ende des Jor-
dan. Das ist die Südgrenze. [20] Der Jordan bildet die
Grenze auf der Ostseite. Das ist der Erbbesitz der
Benjaminiter mit seinen Grenzen ringsum, ent-
sprechend ihren Sippen.
[21] Das sind die Städte des Stammes der Benjamini-
ter, entsprechend ihren Sippen: Jericho, Bet-Hog-
la, Emek-Keziz, [22] Bet-Araba, Zemarajim, Bet-El,
[23] Awim, Para, Ofra, [24] Kefar-Ammoni, Ofni und
Geba: zwölf Städte mit den dazugehörenden Ge-
höften; [25] ferner Gibeon, Rama, Beerot, [26] Mizpe,
Kefira, Moza, [27] Rekem, Jirpeel, Tarala, [28] Zela, Elef,
Jebus, das ist Jerusalem, Gibea und Kirjat: vierzehn
Städte mit den dazugehörenden Gehöften. Das ist
der Erbbesitz der Benjaminiter, entsprechend ih-
ren Sippen.
19 Das zweite Los fiel [auf Simeon] auf den
Stamm der Simeoniter und ihre Sippen.
Ihr Erbbesitz lag mitten im Erbbesitz der Judäer.
[2] Sie erhielten als Erbbesitz: Beerscheba, Scheba,
Molada, [3] Hazar-Schual, Baala, Ezem, [4] Eltolad, Be-
tul, Horma, [5] Ziklag, Bet-Markabot, Hazar-Susa,
[6] Bet-Lebaot und Scharuhen: dreizehn Städte mit
den dazugehörenden Gehöften; [7] ferner Ajin, Rim-
mon, Atar und Aschan: vier Städte mit den dazu-
gehörenden Gehöften, [8] dazu alle Gehöfte rings
um diese Städte bis hin nach Baalat-Beer und Ra-
mat-Negeb. Das ist der Erbbesitz des Stamms der
Simeoniter, entsprechend ihren Sippen. [9] Der Erb-
besitz der Simeoniter war ein Stück vom Anteil der
Judäer; denn der Anteil der Judäer war für diese zu
groß. So erhielten die Simeoniter Erbbesitz mitten
in deren Erbbesitz.
[10] Das dritte Los fiel auf die Sebuloniter und ihre
Sippen. Das Gebiet ihres Erbbesitzes erstreckt sich
bis nach Sarid. [11] Ihre Grenze steigt westwärts nach
Marala hinauf, berührt Dabbeschet und stößt an
das Bachtal gegenüber von Jokneam. [12] Von Sarid
aus wendet sie sich nach Osten [dem Sonnenauf-
gang zu] zum Gebiet von Kislot-Tabor, läuft wei-
ter nach Daberat und hinauf nach Jafia. [13] Von dort
geht sie wieder ostwärts dem Sonnenaufgang zu
nach Gat-Hefer und Et-Kazin und weiter nach
Rimmon und biegt dann ab nach Nea. [14] Sie zieht
sich um Nea herum, geht dann in nördlicher Rich-
tung nach Hannaton und läuft im Tal Jiftach-El
aus. [15] (Dazu kommen) ... Kattat, Nahalal, Schim-
ron, Jidala und Betlehem: zwölf Städte mit den da-
zugehörenden Gehöften. [16] Das ist der Erbbesitz
der Sebuloniter, entsprechend ihren Sippen: die
Städte mit den dazugehörenden Gehöften.
[17] Das vierte Los fiel [auf Issachar,] auf die Issa-
chariter und ihre Sippen. [18] Ihr Gebiet erstreckt
sich bis Jesreel und (umfasst) Kesullot, Schunem,
[19] Hafarajim, Schion, Anahara, [20] Rabbit, Kischjon,
Ebez, [21] Remet, En-Gannim, En-Hadda und Bet-
Pazzez. [22] Die Grenze berührt Tabor, Schahazajim
und Bet-Schemesch. Dann läuft sie am Jordan aus:
Im Ganzen sind es sechzehn Städte mit den dazu-
gehörenden Gehöften. [23] Das ist der Erbbesitz der
Issachariter, entsprechend ihren Sippen: die Städte
mit den dazugehörenden Gehöften.
[24] Das fünfte Los fiel auf den Stamm der Ascheri-
ter und ihre Sippen. [25] Ihr Gebiet umfasst Helkat,
Hali, Beten, Achschaf, [26] Alammelech, Amad und
Mischal; es stößt im Westen an den Karmel und an
den Fluss Libnat. [27] Im Osten dagegen verläuft die
Grenze nach Bet-Dagon, stößt an Sebulon und
berührt im Norden das Tal Jiftach-El, ferner Bet-
Emek und Negiël und geht dann nordwärts nach
Kabul [28] – Abdon, Rehob, Hammon und Kana
gehören dazu – und bis nach Groß-Sidon. [29] Dann
wendet sich die Grenze nach Rama und geht bis
zur Festung Tyrus. Von dort wendet sie sich nach
Hosa und läuft am Meer aus. (Dazu gehören) ...
Mahaleb, Achsib, [30] Umma, Afek und Rehob: (im
ganzen) zweiundzwanzig Städte mit den dazu-
gehörenden Gehöften. [31] Das ist der Erbbesitz des
Stammes der Ascheriter, entsprechend ihren Sip-
pen: die Städte mit den dazugehörenden Gehöften.
[32] Das sechste Los fiel auf die Naftaliter und ihre
Sippen. [33] Ihre Grenze geht von Helef, von der Ei-
che bei Zaanannim, aus über Adami-Nekeb und
Jabneel bis nach Lakkum und läuft am Jordan aus.
[34] Umgekehrt geht die Grenze westwärts nach As-
not-Tabor und von dort hinaus nach Hukkok. Sie
stößt im Süden an Sebulon; im Westen stößt sie an
Ascher und im Osten [an Juda und] an den Jor-
dan. [35] (Dazu kommen) die befestigten Städte Zid-
dim, Zer, Hammat-Rakkat, Kinneret, [36] Adama,

Rama, Hazor, 37 Kedesch, Edreï, En-Hazor, 38 Jiron,
Migdal-El, Horem, Bet-Anat und Bet-Schemesch:
neunzehn Städte mit den dazugehörenden Gehöf-
ten. 39 Das ist der Erbbesitz der Naftaliter entspre-
chend ihren Sippen: die Städte mit den dazu-
gehörenden Gehöften.
40 Das siebte Los fiel auf den Stamm der Daniter
und ihre Sippen. 41 Das Gebiet ihres Erbbesitzes
umfasste Zora, Eschtaol, Ir-Schemesch, 42 Schaal-
bim, Ajalon, Jitla, 43 Elon, Timna, Ekron, 44 Elteke,
Gibbeton, Baalat, 45 Jehud, Bene-Berak, Gat-Rim-
mon, 46 Me-Jarkon, Rakkon samt dem Gebiet ge-
genüber Jafo. 47 Doch das Gebiet wurde den Dani-
tern zu eng. Da zogen die Daniter nach Leschem
hinauf, eröffneten den Kampf gegen Leschem,
nahmen es ein und erschlugen seine Einwohner
mit scharfem Schwert. Sie nahmen die Stadt in Be-
sitz und blieben dort. Sie nannten Leschem von
nun an Dan, nach dem Namen ihres Stammvaters
Dan. 48 Das ist der Erbbesitz des Stammes der Da-
niter, entsprechend ihren Sippen: die Städte mit
den dazugehörenden Gehöften.
49 So vollendeten die Israeliten die Verteilung der
Gebiete des Landes. Die Israeliten gaben auch Jo-
sua, dem Sohn Nuns, Erbbesitz in ihrer Mitte.
50 Auf Befehl des Herrn gaben sie ihm die Stadt, die
er sich erbeten hatte: Timnat-Serach im Gebirge
Efraim. Er baute die Stadt wieder auf und wohnte
dort.
51 Das sind die erblichen Anteile, die der Priester
Eleasar und Josua, der Sohn Nuns, und die Häup-
ter der Großfamilien der Israeliten in Schilo vor
den Augen des Herrn, am Eingang des Offenba-
rungszeltes, den Stämmen der Israeliten durch das
Los zuteilten. Dann waren sie mit der Verteilung
des Landes fertig.

18,7: 13,14.33 • 19,47: Ri 18,27–29

Die Asylstädte

20 Damals sagte der Herr zu Josua: 2 Sag den
Israeliten: Bestimmt die Asylstädte bei
euch, von denen ich zu euch durch Mose gespro-
chen habe. 3 Dorthin kann jeder fliehen, der getö-
tet hat, das heißt, der versehentlich, ohne Vorsatz,
einen Menschen erschlagen hat. Die Städte sollen
euch als Asyl vor dem Bluträcher dienen. 4 Wenn
jemand in eine von diesen Städten flieht, soll er am
Eingang des Stadttors stehen bleiben und den
Ältesten der Stadt seine Sache vortragen. Sie sol-
len ihn zu sich in die Stadt aufnehmen und ihm
eine Unterkunft geben, damit er bei ihnen bleiben
kann. 5 Wenn dann der Bluträcher ihn verfolgt,
sollen sie ihm den, der getötet hat, nicht ausliefern;
denn er hat seinen Nächsten versehentlich er-
schlagen und ohne ihn vorher gehasst zu haben.
6 Er soll in dieser Stadt bleiben, bis er vor die Ge-
meinde zur Gerichtsverhandlung treten kann, bis
zum Tod des Hohenpriesters, der in jenen Tagen
im Amt ist. Dann darf der, der getötet hat, wieder
in seine Stadt und in sein Haus zurückkehren – in
die Stadt, aus der er geflohen ist.
7 Man wählte also Kedesch in Galiläa, im Gebirge
Naftali, aus, ferner Sichem im Gebirge Efraim und
Kirjat-Arba, das ist Hebron, im Gebirge Juda.
8 Jenseits des Jordan [östlich von Jericho] bestimm-
te man Bezer in der Steppe, in der Ebene, vom
Stamm Ruben, Ramot in Gilead vom Stamm Gad
und Golan im Baschan vom Stamm Manasse.
9 Das waren die Asylstädte für alle Israeliten und
für die Fremden, die sich bei ihnen aufhielten.
Dorthin konnte jeder, der ohne Vorsatz einen
Menschen erschlagen hatte, fliehen, um nicht
durch die Hand des Bluträchers zu sterben, bevor
er vor der Gemeinde gestanden hätte.

1–9 || Num 35,9–29; Dtn 19,1–10

Die Städte für die Leviten

21 Die Familienoberhäupter der Leviten ka-
men in Schilo im Land Kanaan zu dem
Priester Eleasar, zu Josua, dem Sohn Nuns, und zu
den Stammeshäuptern der Israeliten 2 und sagten
zu ihnen: Der Herr hat durch Mose befohlen, uns
Städte zum Wohnen und ihre Weideflächen für
unser Vieh zu geben. 3 Da gaben die Israeliten den
Leviten nach der Anordnung des Herrn aus ihrem
Erbbesitz die folgenden Städte mit ihren Weide-
flächen. 4 Als das Los auf die Sippen der Kehatiter
fiel, erhielten unter den Leviten die Nachkommen
des Priesters Aaron durch das Los dreizehn Städte
vom Stamm Juda, vom Stamm der Simeoniter und
vom Stamm Benjamin. 5 Die übrigen Kehatiter er-
hielten, entsprechend ihren Sippen, durch das Los
zehn Städte vom Stamm Efraim, vom Stamm Dan
und vom halben Stamm Manasse. 6 Die Nach-

kommen Gerschons erhielten, entsprechend ihren
Sippen, durch das Los dreizehn Städte vom Stamm
Issachar, vom Stamm Ascher, vom Stamm Naftali
und vom halben Stamm Manasse im Baschan.
7 Die Nachkommen Meraris erhielten, entspre-
chend ihren Sippen, zwölf Städte vom Stamm Ru-
ben, vom Stamm Gad und vom Stamm Sebulon.
8 Diese Städte mit ihren Weideflächen gaben die Is-
raeliten durch das Los den Leviten, wie es der Herr
durch Mose befohlen hatte.
9 Vom Stamm der Judäer und vom Stamm der Si-
meoniter gaben sie ihnen die folgenden, nament-
lich genannten Städte. 10 Sie wurden den Nach-
kommen Aarons unter den Kehatitern, unter den
Leviten, zuteil; denn auf sie fiel das erste Los.
11 Ihnen gab man die Stadt des Arba, des Vaters
Anaks, also Hebron, im Gebirge Juda, mit seinen
Weideflächen ringsum. 12 Das Ackerland der Stadt
aber und die dazugehörenden Gehöfte hatte man
Kaleb, dem Sohn Jefunnes, als Besitz gegeben.
13 Den Nachkommen des Priesters Aaron gab man
also die Asylstadt für solche, die einen Menschen
erschlagen haben, Hebron mit seinen Weide-
flächen, ferner Libna mit seinen Weideflächen,
14 Jattir mit seinen Weideflächen, Eschtemoa mit
seinen Weideflächen, 15 Holon mit seinen Weide-
flächen, Debir mit seinen Weideflächen, 16 Ajin mit
seinen Weideflächen, Jutta mit seinen Weide-
flächen und Bet-Schemesch mit seinen Weide-
flächen: neun Städte von den zwei Stämmen (den
Judäern und den Simeonitern). 17 Vom Stamm
Benjamin (gab man ihnen) Gibeon mit seinen
Weideflächen, Geba mit seinen Weideflächen,
18 Anatot mit seinen Weideflächen und Alemet mit
seinen Weideflächen: vier Städte. 19 Im Ganzen
erhielten die Nachkommen Aarons, die Priester
waren, dreizehn Städte mit ihren Weideflächen.
20 Die Sippen der levitischen Kehatiter, die von
den Nachkommen Kehats außerdem noch vor-
handen waren, erhielten die Städte ihres Anteils
vom Stamm Efraim. 21 Man gab ihnen die Asyl-
städte für solche, die einen Menschen erschlagen
haben, Sichem mit seinen Weideflächen im Ge-
birge Efraim, ferner Geser mit seinen Weide-
flächen, 22 Kibzajim mit seinen Weideflächen und
Bet-Horon mit seinen Weideflächen: vier Städte;
23 vom Stamm Dan erhielten sie Elteke mit seinen
Weideflächen, Gibbeton mit seinen Weideflächen,
24 Ajalon mit seinen Weideflächen und Gat-Rim-
mon mit seinen Weideflächen: vier Städte; 25 vom
halben Stamm Manasse erhielten sie Taanach mit
seinen Weideflächen und Gat-Rimmon mit seinen
Weideflächen: zwei Städte. 26 Im Ganzen erhielten
die Sippen der übrigen Nachkommen Kehats zehn
Städte. 27 Den Gerschonitern aus den levitischen
Sippen gab man vom halben Stamm Manasse die
Asylstadt für solche, die einen Menschen erschla-
gen haben, Golan im Baschan mit seinen Weide-
flächen sowie Aschtarot mit seinen Weideflächen:
zwei Städte; 28 vom Stamm Issachar erhielten sie
Kischjon mit seinen Weideflächen, Daberat mit
seinen Weideflächen, 29 Jarmut mit seinen Weide-
flächen und En-Gannim mit seinen Weideflächen:
vier Städte; 30 vom Stamm Ascher erhielten sie
Mischal mit seinen Weideflächen, Abdon mit sei-
nen Weideflächen, 31 Helkat mit seinen Weide-
flächen und Rehob mit seinen Weideflächen: vier
Städte; 32 vom Stamm Naftali erhielten sie die Asyl-
stadt für solche, die einen Menschen erschlagen
haben, Kedesch in Galiläa mit seinen Weide-
flächen sowie Hammot-Dor mit seinen Weide-
flächen und Kartan mit seinen Weideflächen: drei
Städte.
33 Im Ganzen erhielten die Gerschoniter, entspre-
chend ihren Sippen, dreizehn Städte mit ihren
Weideflächen. 34 Den übrigen Leviten, also den
Sippen der Nachkommen Meraris, gab man vom
Stamm Sebulon Jokneam mit seinen Weide-
flächen, Karta mit seinen Weideflächen, 35 Dimna
mit seinen Weideflächen und Nahalal mit seinen
Weideflächen: vier Städte; 36 dazu vom Stamm
Ruben Bezer mit seinen Weideflächen, Jahaz mit
seinen Weideflächen, 37 Kedemot mit seinen Wei-
deflächen und Mefaat mit seinen Weideflächen:
vier Städte; 38 vom Stamm Gad erhielten sie die
Asylstadt für solche, die einen Menschen erschla-
gen haben, Ramot-Gilead mit seinen Weide-
flächen, ferner Mahanajim mit seinen Weide-
flächen, 39 Heschbon mit seinen Weideflächen und
Jaser mit seinen Weideflächen: zusammen vier
Städte. 40 Im Ganzen erhielten die Merariter ent-
sprechend ihren Sippen, die unter den Sippen der
Leviten noch übrig waren, als ihren Anteil zwölf
Städte.

41 Die Gesamtanzahl der Levitenstädte mitten im Besitz der Israeliten betrug achtundvierzig, mit ihren Weideflächen. 42 Diese Städte bestanden jeweils aus der Stadt und den Weideflächen in ihrer Umgebung; so war es bei allen diesen Städten.

1–3: 14,4; Num 35,1–8 • 12: 15,13

Die Ruhe in der neu gewonnenen Heimat

43 So gab der Herr Israel das ganze Land, das er ihren Vätern mit einem Eid zugesichert hatte. Sie nahmen es in Besitz und wohnten darin. 44 Und der Herr verschaffte ihnen Ruhe ringsum, genau so, wie er es ihren Vätern mit einem Eid zugesichert hatte. Keiner von all ihren Feinden konnte ihnen Widerstand leisten; alle ihre Feinde gab der Herr in ihre Gewalt. 45 Keine von all den Zusagen, die der Herr dem Haus Israel gegeben hatte, war ausgeblieben; jede war in Erfüllung gegangen.

22 Damals rief Josua die Rubeniter, die Gaditer und den halben Stamm Manasse zu sich 2 und sagte zu ihnen: Ihr habt alles befolgt, was euch Mose, der Knecht des Herrn, befohlen hat; ihr habt auch mir in allem gehorcht, was ich euch befohlen habe. 3 Ihr habt eure Brüder während dieser langen Zeit bis heute nicht im Stich gelassen und habt darauf geachtet, den Befehl des Herrn, eures Gottes, zu befolgen. 4 Nun hat der Herr, euer Gott, euren Brüdern Ruhe verschafft, wie er es ihnen versprochen hatte. Kehrt also nun wieder zu euren Zelten zurück, in das Land, das euch gehört und das euch Mose, der Knecht des Herrn, jenseits des Jordan gegeben hat. 5 Achtet aber genau darauf, das Gebot und das Gesetz zu erfüllen, das euch Mose, der Knecht des Herrn, gegeben hat: den Herrn, euren Gott, zu lieben, auf allen seinen Wegen zu gehen, seine Gebote zu halten, euch ihm anzuschließen und ihm von ganzem Herzen und ganzer Seele zu dienen. 6 Dann segnete sie Josua und ließ sie ziehen und sie begaben sich zu ihren Zelten.

7 Der einen Hälfte des Stammes Manasse hatte Mose im Baschan (Land) gegeben, der anderen Hälfte gab Josua bei ihren Brüdern (Land) auf der anderen Seite des Jordan im Westen. Als Josua sie nun wieder zu ihren Zelten ziehen ließ und sie segnete, 8 sagte er zu ihnen: Mit reichen Schätzen kehrt ihr zu euren Zelten zurück, mit sehr viel Vieh, mit Silber und Gold, mit Bronze, Eisen und sehr vielen Gewändern. Teilt die Beute, die ihr euren Feinden abgenommen habt, mit euren Brüdern. 9 So verließen die Rubeniter, die Gaditer und der halbe Stamm Manasse die Israeliten und zogen von Schilo im Land Kanaan nach Gilead, in das Land, das ihnen gehörte und das sie auf den durch Mose ergangenen Befehl des Herrn hin in Besitz genommen hatten.

1: Num 32,20–22; Dtn 3,18–20

Der Altar am Jordan

10 Als sie zu den Steinkreisen am Jordan kamen, die noch im Land Kanaan liegen, errichteten die Rubeniter, die Gaditer und der halbe Stamm Manasse dort am Jordan einen Altar von stattlichem Aussehen. 11 Da erhielten die Israeliten folgende Nachricht: Schaut, die Rubeniter, die Gaditer und der halbe Stamm Manasse haben gegenüber dem Land Kanaan bei den Steinkreisen am Jordan jenseits des Gebiets der Israeliten einen Altar errichtet. 12 Als die Israeliten das hörten, versammelte sich die ganze Gemeinde Israels in Schilo, um gegen sie ins Feld zu ziehen. 13 Die Israeliten schickten den Priester Pinhas, den Sohn Eleasars, zu den Rubenitern, den Gaditern und zum halben Stamm Manasse in Gilead. 14 Mit ihm gingen zehn Anführer [aus jeder Familie], aus jedem Stamm Israels je ein Anführer; jeder gehörte zu den Familienoberhäuptern der Tausendschaften Israels. 15 Als sie zu den Rubenitern, den Gaditern und dem halben Stamm Manasse ins Land Gilead kamen, sagten sie zu ihnen: 16 So hat die ganze Gemeinde des Herrn gesagt: Was soll denn dieser Treubruch bedeuten, den ihr gegen den Gott Israels begeht, indem ihr euch heute vom Herrn abwendet, indem ihr euch einen Altar errichtet und euch heute dadurch gegen den Herrn auflehnt? 17 Ist uns der Frevel von Pegor zu wenig? Von ihm haben wir uns bis heute noch nicht gereinigt und seinetwegen ist die Plage über die Gemeinde des Herrn gekommen. 18 Ihr aber wendet euch heute vom Herrn ab. Wenn ihr euch heute gegen den Herrn auflehnt, wird sich sein Zorn morgen gegen die ganze Gemeinde Israels richten. 19 Falls das Land, das euch gehört, unrein ist, dann kommt herüber in das Land, das dem Herrn gehört und wo die Wohnstätte des Herrn

ist, und siedelt euch bei uns an! Aber lehnt euch
nicht gegen den Herrn auf und zieht uns nicht da-
durch in euren Aufruhr hinein, dass ihr für euch
selber einen zweiten Altar, neben dem Altar des
Herrn, unseres Gottes, baut. 20 Ist nicht sein Zorn
über die ganze Gemeinde Israels gekommen, als
sich Achan, der Sohn Serachs, treulos an dem Gut
vergriffen hatte, das dem Untergang geweiht war?
Und er war nur ein einzelner Mann. Musste er
nicht für seinen Frevel sterben?
21 Darauf antworteten die Rubeniter, die Gaditer
und der halbe Stamm Manasse den Befehlshabern
der Tausendschaften Israels: 22 Gott, ja Gott, der
Herr – Gott, ja Gott, der Herr, er weiß es und Is-
rael soll es wissen: Wenn das Untreue, wenn das
Auflehnung gegen den Herrn war, dann soll er uns
heute nicht helfen. 23 Ob wir uns einen Altar er-
richtet haben, um uns vom Herrn abzuwenden,
und ob wir auf ihm Brandopfer und Speiseopfer
darbringen und Heilsopfer herrichten wollten,
möge der Herr selbst untersuchen. 24 Nein, wir ha-
ben das nur aus Sorge getan, und zwar aus folgen-
der Überlegung: Eure Söhne könnten morgen zu
unseren Söhnen sagen: Was habt ihr mit dem
Herrn, dem Gott Israels, zu tun? 25 Als Grenze hat
der Herr den Jordan zwischen uns und euch, das
heißt den Rubenitern und Gaditern, gelegt. Ihr
habt keinen Anteil am Herrn. So könnten eure
Söhne unsere Söhne davon abhalten, den Herrn
zu fürchten. 26 Deshalb sagten wir uns: Wir wollen
einen Altar errichten, nicht für Brandopfer und
nicht für Schlachtopfer; 27 er soll vielmehr ein
Zeuge sein zwischen uns und euch und zwischen
den Generationen nach uns dafür, dass wir den
Dienst vor dem Angesicht des Herrn durch Brand-
opfer, Schlachtopfer und Heilsopfer verrichten
dürfen. Dann können eure Söhne morgen nicht
unseren Söhnen sagen: Ihr habt keinen Anteil
am Herrn. 28 Wir dachten: Wenn sie morgen so
zu uns und unseren Nachkommen sprechen, wer-
den wir zu ihnen sagen: Seht euch doch die Gestalt
des Altares des Herrn an, den unsere Väter errich-
tet haben, nicht für Brandopfer und nicht für
Schlachtopfer, sondern damit er Zeuge zwischen
uns und euch sei. 29 Es sei fern von uns, dass wir
uns gegen den Herrn auflehnen und uns heute von
ihm abwenden, indem wir einen zweiten Altar für
Brandopfer, Speiseopfer und Schlachtopfer neben
dem Altar des Herrn, unseres Gottes, errichten,
der vor seiner Wohnstätte steht.
30 Als der Priester Pinhas und die Oberhäupter der
Gemeinde [die Befehlshaber der Tausendschaften
Israels], die bei ihm waren, hörten, was die Rube-
niter, die Gaditer und die Manassiter sagten, wa-
ren sie damit einverstanden. 31 Und der Priester
Pinhas, der Sohn Eleasars, sagte zu den Rubeni-
tern, den Gaditern und den Manassitern: Jetzt wis-
sen wir, dass der Herr mitten unter uns ist; denn
ihr habt keinen solchen Treubruch gegen den
Herrn begangen. Dadurch habt ihr die Israeliten
vor der (strafenden) Hand des Herrn bewahrt.
32 Dann verließen der Priester Pinhas, der Sohn
Eleasars, und die Oberhäupter die Rubeniter und
Gaditer und kehrten aus dem Land Gilead ins
Land Kanaan zu den Israeliten zurück. Sie berich-
teten ihnen alles 33 und die Israeliten waren damit
einverstanden. Sie priesen Gott und dachten nicht
mehr daran, gegen die Rubeniter und Gaditer ins
Feld zu ziehen und das Land zu verwüsten, in dem
sie wohnten. 34 Die Rubeniter und Gaditer nann-
ten den Altar Zeuge, denn (sie sagten): Er steht
mitten unter uns als Zeuge dafür, dass Jahwe Gott
ist.

17: Num 25 • 20: 7,1–26

DIE VERPFLICHTUNG AUF JAHWE: 23,1 – 24,33

Josuas Rede an das Volk

23 Lange Zeit später, nachdem der Herr Is-
rael Ruhe vor all seinen Feinden ringsum
verschafft hatte und Josua alt und betagt gewor-
den war, 2 rief Josua ganz Israel, seine Ältesten und
Häupter, seine Richter und Listenführer zusam-
men und sagte zu ihnen: Ich bin nun alt und be-
tagt. 3 Ihr habt selbst alles gesehen, was der Herr,
euer Gott, mit all diesen Völkern vor euren Augen
gemacht hat; denn der Herr, euer Gott, hat selbst
für euch gekämpft. 4 Seht, ich habe euch die Ge-
biete dieser Völker, die noch übrig geblieben sind,

und all der Völker, die ich vernichtet habe, vom
Jordan bis zum großen Meer im Westen entspre-
chend euren Stämmen als Erbbesitz zugeteilt.
5 Der Herr, euer Gott, wird sie (auch künftig) vor
euren Augen verjagen und sie vor euren Augen
vertreiben und ihr werdet ihr Land in Besitz neh-
men, wie es euch der Herr, euer Gott, versprochen
hat. 6 Haltet aber immer daran fest, alles zu beach-
ten und zu tun, was im Gesetzbuch des Mose ge-
schrieben steht; weicht nicht nach rechts oder
links davon ab! 7 Vermischt euch nicht mit diesen
Völkern, die bei euch noch übrig geblieben sind;
den Namen ihrer Götter sollt ihr nicht nennen
und nicht bei ihnen schwören, ihr sollt ihnen nicht
dienen und euch nicht vor ihnen niederwerfen,
8 sondern am Herrn, eurem Gott, fest halten, wie
ihr es bis heute getan habt. 9 Der Herr hat vor eu-
ren Augen große und mächtige Völker vertrieben;
bis heute konnte niemand euch standhalten. 10 Ein
Einziger von euch kann tausend verfolgen; denn
der Herr, euer Gott, kämpft selbst für euch, wie er
es euch versprochen hat. 11 Achtet darum um eu-
res Lebens willen sehr darauf, dass ihr (immer)
den Herrn, euren Gott, liebt. 12 Denn wenn ihr
euch wirklich von ihm abwendet und euch diesen
Völkern, die bei euch noch übrig geblieben sind,
anschließt, wenn ihr euch mit ihnen verschwägert,
wenn ihr euch mit ihnen vermischt und sie sich
mit euch vermischen, 13 dann könnt ihr gewiss
sein, dass der Herr, euer Gott, diese Völker nicht
mehr vor euren Augen vertreiben wird. Sie werden
zur Schlinge und zur Falle für euch, zur Peitsche
für euren Rücken und zum Stachel in euren Au-
gen, bis ihr aus diesem schönen Land verschwin-
det, das der Herr, euer Gott, euch gegeben hat.
14 Ich selbst muss heute den Weg alles Irdischen ge-
hen. Ihr aber sollt mit ganzem Herzen und ganzer
Seele erkennen, dass von all den Zusagen, die der
Herr, euer Gott, euch gegeben hat, keine einzige
ausgeblieben ist; alle sind sie eingetroffen, keine
einzige von ihnen ist ausgeblieben. 15 Wie aber bis-
her jede Zusage, die der Herr, euer Gott, euch ge-
geben hat, eingetroffen ist, so wird der Herr, euer
Gott, künftig jede Drohung gegen euch verwirkli-
chen, bis er euch aus diesem schönen Land hin-
weggerafft hat, das euch der Herr, euer Gott, gege-
ben hat. 16 Wenn ihr euch gegen den Bund, auf den
der Herr, euer Gott, euch verpflichtet hat, vergeht,
wenn ihr anderen Göttern dient und sie anbetet,
dann wird der Zorn des Herrn gegen euch ent-
brennen und ihr werdet rasch aus dem schönen
Land verschwinden, das er euch gegeben hat.

13: Num 33,55; Ri 2,3

Die Versammlung des Volkes in Sichem

24 Josua versammelte alle Stämme Israels in
Sichem; er rief die Ältesten Israels, seine
Oberhäupter, Richter und Listenführer zusam-
men und sie traten vor Gott hin. 2 Josua sagte zum
ganzen Volk: So spricht der Herr, der Gott Israels:
Jenseits des Stroms wohnten eure Väter von Ur-
zeiten an [Terach, der Vater Abrahams und der Va-
ter Nahors] und dienten anderen Göttern. 3 Da
holte ich euren Vater Abraham von jenseits des
Stroms und ließ ihn durch das ganze Land Kanaan
ziehen. Ich schenkte ihm zahlreiche Nachkom-
menschaft und gab ihm Isaak. 4 Dem Isaak gab ich
Jakob und Esau und ich verlieh Esau das Bergland
Seïr, damit er es in Besitz nahm. Jakob aber und
seine Söhne zogen nach Ägypten hinab. 5 Dann
sandte ich Mose und Aaron und strafte Ägypten
durch das, was ich in Ägypten tat. Danach habe ich
euch herausgeführt 6 [ich führte eure Väter he-
raus] aus Ägypten und ihr seid ans Meer gekom-
men. Die Ägypter aber verfolgten eure Väter mit
Wagen und Pferden bis zum Schilfmeer. 7 Da
schrien eure Väter zum Herrn und er legte zwi-
schen euch und die Ägypter eine Finsternis und
ließ das Meer über sie kommen, sodass es sie über-
flutete. Mit eigenen Augen habt ihr gesehen, was
ich in Ägypten getan habe. Dann habt ihr euch
lange in der Wüste aufgehalten. 8 Ich brachte euch
in das Land der Amoriter, die jenseits des Jordan
wohnten. Sie kämpften mit euch, aber ich gab sie
in eure Gewalt; ihr habt ihr Land in Besitz ge-
nommen und ich habe sie euretwegen vernichtet.
9 Dann erhob sich der König Balak von Moab,
der Sohn Zippors, und kämpfte gegen Israel. Er
schickte Boten zu Bileam, dem Sohn Beors, und
ließ ihn rufen, damit er euch verflucht. 10 Ich aber
wollte keinen Fluch von Bileam hören. Darum
musste er euch segnen und ich rettete euch aus sei-
ner Gewalt. 11 Dann habt ihr den Jordan durch-
schritten und seid nach Jericho gekommen; die

Bürger von Jericho kämpften gegen euch, ebenso
die Amoriter, die Perisiter, die Kanaaniter, die He-
titer, die Girgaschiter, die Hiwiter und die Jebusi-
ter und ich gab sie in eure Gewalt. 12 Ich habe Pa-
nik vor euch hergeschickt. Sie trieb sie vor euch her
[die beiden Könige der Amoriter]; das geschah
nicht durch dein Schwert und deinen Bogen. 13 Ich
gab euch ein Land, um das ihr euch nicht bemüht
hattet, und Städte, die ihr nicht erbaut hattet. Ihr
habt in ihnen gewohnt und ihr habt von Wein-
bergen und Ölbäumen gegessen, die ihr nicht ge-
pflanzt hattet. 14 Fürchtet also jetzt den Herrn und
dient ihm in vollkommener Treue. Schafft die
Götter fort, denen eure Väter jenseits des Stroms
und in Ägypten gedient haben, und dient dem
Herrn! 15 Wenn es euch aber nicht gefällt, dem
Herrn zu dienen, dann entscheidet euch heute,
wem ihr dienen wollt: den Göttern, denen eure Vä-
ter jenseits des Stroms dienten, oder den Göttern
der Amoriter, in deren Land ihr wohnt. Ich aber
und mein Haus, wir wollen dem Herrn dienen.
16 Das Volk antwortete: Das sei uns fern, dass wir
den Herrn verlassen und anderen Göttern dienen.
17 Denn der Herr, unser Gott, war es, der uns und
unsere Väter aus dem Sklavenhaus Ägypten he-
rausgeführt hat und der vor unseren Augen alle die
großen Wunder getan hat. Er hat uns beschützt auf
dem ganzen Weg, den wir gegangen sind, und un-
ter allen Völkern, durch deren Gebiet wir gezogen
sind. 18 Der Herr hat alle Völker vertrieben, auch
die Amoriter, die vor uns im Land wohnten. Auch
wir wollen dem Herrn dienen; denn er ist unser
Gott. 19 Da sagte Josua zum Volk: Ihr seid nicht im-
stande, dem Herrn zu dienen, denn er ist ein hei-
liger Gott, ein eifersüchtiger Gott; er wird euch
eure Frevel und eure Sünden nicht verzeihen.
20 Wenn ihr den Herrn verlasst und fremden Göt-
tern dient, dann wird er sich von euch abwenden,
wird Unglück über euch bringen und euch ein
Ende bereiten, obwohl er euch zuvor Gutes getan
hat. 21 Das Volk aber sagte zu Josua: Nein, wir wol-
len dem Herrn dienen. 22 Josua antwortete dem
Volk: Ihr seid Zeugen gegen euch selbst, dass ihr
euch für den Herrn und für seinen Dienst ent-
schieden habt. [Sie antworteten: Das sind wir.]
23 Schafft also jetzt die fremden Götter ab, die noch
bei euch sind, und neigt eure Herzen dem Herrn
zu, dem Gott Israels! 24 Das Volk sagte zu Josua:
Dem Herrn, unserem Gott, wollen wir dienen und
auf seine Stimme hören.
25 So schloss Josua an jenem Tag einen Bund für
das Volk und gab dem Volk Gesetz und Recht in
Sichem. 26 Josua schrieb alle diese Worte in das
Buch des Gesetzes Gottes und er nahm einen
großen Stein und stellte ihn in Sichem unter der
Eiche auf, die im Heiligtum des Herrn steht. 27 Da-
bei sagte er zu dem ganzen Volk: Seht her, dieser
Stein wird ein Zeuge sein gegen uns; denn er hat
alle Worte des Herrn gehört, die er zu uns gespro-
chen hat. Er soll ein Zeuge sein gegen euch, damit
ihr euren Gott nicht verleugnet. 28 Dann entließ
Josua das Volk, einen jeden in seinen Erbbesitz.

2: Gen 11,26 • 3: Gen 12 – 24 • 4: Gen 25,19–26.27; 32,4; 36,1–8; 46,6 • 5: Ex 3 – 15 • 6: Ex 14 • 8: Num 21,25.31 • 9–10: Num 22–24; Ri 11,25 • 11: 3,16f; 6,1–11 • 12: 10,1f; Ex 23,27f; Dtn 7,20 • 13: Dtn 6,10f • 19: Ex 20,5 • 26: Gen 35,4; Ri 9,6

Die Grabstätten Josuas, Josefs und Eleasars

29 Nach diesen Ereignissen starb Josua, der Sohn
Nuns, der Knecht des Herrn, im Alter von hun-
dertzehn Jahren. 30 Man begrub ihn in Timnat-
Serach, im Gebiet seines Erbbesitzes auf dem Ge-
birge Efraim, nördlich vom Berg Gaasch. 31 Israel
aber diente dem Herrn, solange Josua lebte und
solange die Ältesten am Leben waren, die Josua
überlebten und alles wussten, was der Herr für Is-
rael getan hatte. 32 Die Gebeine Josefs, die die Isra-
eliten aus Ägypten mitgebracht hatten, begrub
man in Sichem auf dem Grundstück, das Jakob
von den Söhnen Hamors, des Vaters Sichems, für
hundert Kesita erworben hatte; es war den Nach-
kommen Josefs als Erbbesitz zuteil geworden.
33 Auch Eleasar, der Sohn Aarons, starb und man
begrub ihn in Gibea, (der Stadt) seines Sohnes
Pinhas, die man ihm im Gebirge Efraim gegeben
hatte.

29: Ri 2,8f • 31: Ri2,7 • 32: Gen 50,25; 33,19 • 33: Dtn 10,6

DAS BUCH DER RICHTER

Das Buch der Richter hat seinen Namen von den »Richtern«, die in der Zeit nach der Landnahme Israels wichtige Leitungsaufgaben erfüllten und einzelne Sippenverbände oder Stammesgruppen aus der Bedrängnis durch Feinde retteten. Zu den Leitungsaufgaben gehörte vor allem die Rechtsprechung (daher der Name »Richter«).

Den Hauptteil des Buches machen die Erzählungen über die verschiedenen Richtergestalten aus (3,7 – 16,31). Voraus geht eine Einleitung, die an das Buch Josua anknüpft; sie bietet eine knappe Beschreibung der Landnahme durch einzelne Stämme und leitet mit einer allgemeinen Charakterisierung der Richterzeit zu den Richtererzählungen über (1,1 – 3,6). Auf den Hauptteil folgen zwei längere Anhänge, in denen die Gründung des Heiligtums von Dan (Kap. 17 und 18) sowie die Schandtat und Bestrafung der Benjaminiter von Gibea (Kap. 19 – 21) berichtet werden.

Die Heldenerzählungen des Hauptteils waren ursprünglich wohl bei einzelnen Stämmen beheimatet. Auffällig breit werden die wunderbare Geburt Simsons und dessen außergewöhnliche Taten geschildert (Kap. 13 – 16). Auch die Geschichte Gideons nimmt einen breiten Raum ein (Kap. 6 – 8); seine Berufung wird mit der Gründung eines Heiligtums verbunden (Kap. 6). Im Debora-Lied (Kap. 5) wird der Sieg über Sisera und sein Heer besungen; es gehört zu den ältesten Texten des Alten Testaments. Die Fabel in 9,8–15 ist ein politischer Text, der unterstreicht, dass man das Königtum in Israel nicht ohne den Willen Gottes erlangen kann.

Die Zeit zwischen Josua und Samuel war nach dem Bild, das das Richterbuch zeichnet, eine Periode, in der sich Israel im Land Kanaan, zumeist gegen Feinde von außen, behaupten musste. Das gelang dem Volk nicht aus eigener Kraft, wie es auch das verheißene Land nicht durch eigene Anstrengung, sondern nur mit Gottes Hilfe erobert hatte. Das Verhältnis Israels zu seinem Gott entschied auch darüber, ob Israel ruhig in seinem Land wohnen konnte. Das war die Überzeugung der Bearbeiter, die die einzelnen Erzählungen zu einem Gesamtbild der Richterzeit zusammenstellten.

Der Geschichtsverlauf wird nach folgenden Leitgedanken des Deuteronomisten beurteilt: Jahwe allein verehren; auf seine Stimme hören; seine Gebote befolgen; anderen Göttern nicht nachlaufen. So kommen die Verfasser zu ihrer in der Konsequenz beeindruckenden Wertung der Richterzeit (Kap. 2) und gewinnen ein Schema, das sie an diese Zeit anlegen können: Abfall von Gott, Strafe, Hilferuf, Umkehr, Rettung, Wohlergehen und Frieden, solange das Volk auf die Richter hört und Gott die Treue hält (so erstmals 3,7–11). Das Richterbuch ist ein eindrucksvolles Zeugnis für den Glauben an den Herrschaftsanspruch Gottes gegenüber seinem Volk, aber auch an seine Treue und Fürsorge.

DIE CHARAKTERISIERUNG DER RICHTERZEIT: 1,1 – 3,6

Die Eroberung des Gebiets der Stämme Juda und Simeon

1 Nach dem Tod Josuas befragten die Israeliten den Herrn: Wer von uns soll zuerst gegen die Kanaaniter in den Kampf ziehen?
2 Der Herr antwortete: Juda soll (zuerst) hinaufziehen; ich gebe das Land in seine Gewalt.
3 Da sagte Juda zu seinem Bruder Simeon: Zieh mit mir hinauf in das Gebiet, das mir durch das Los zugefallen ist; wir wollen (zusammen) gegen die Kanaaniter kämpfen. Dann werde auch ich mit dir in dein Gebiet ziehen. Da ging Simeon mit ihm.
4 Juda zog hinauf und der Herr gab die Kanaaniter und die Perisiter in ihre Gewalt. Sie schlugen sie bei Besek – (ein Heer von) zehntausend Mann.
5 Sie stießen bei Besek auf Adoni-Besek, kämpften mit ihm und

schlugen die Kanaaniter und die Perisiter. 6 Adoni-
Besek floh, aber sie verfolgten ihn, ergriffen ihn
und hackten ihm die Daumen und die großen Ze-
hen ab. 7 Da sagte Adoni-Besek: Siebzig Könige mit
abgehackten Daumen und abgehackten großen
Zehen haben unter meinem Tisch (den Abfall)
aufgelesen. Wie ich gehandelt habe, so vergilt mir
Gott. Man brachte ihn nach Jerusalem und dort
starb er. 8 Die Judäer kämpften auch gegen Jerusa-
lem, nahmen es ein, schlugen die Stadt mit schar-
fem Schwert und steckten sie in Brand. 9 Danach
zogen die Judäer weiter, um gegen die Kanaaniter
zu kämpfen, die im Gebirge, im Negeb und in der
Schefela wohnten.
10 Juda zog auch gegen die Kanaaniter, die in Heb-
ron wohnten – Hebron hieß früher Kirjat-Arba –,
und sie schlugen Scheschai, Ahiman und Talmai.
11 Von dort zogen sie weiter gegen die Einwohner
von Debir. Debir hieß früher Kirjat-Sefer. 12 Da
sagte Kaleb: Wer Kirjat-Sefer schlägt und ein-
nimmt, dem gebe ich meine Tochter Achsa zur
Frau. 13 Otniël, der Sohn des Kenas, des jüngeren
Bruders Kalebs, nahm die Stadt ein. Da gab ihm
Kaleb seine Tochter Achsa zur Frau. 14 Als sie nun
ankam, drängte er sie, von ihrem Vater ein Stück
Land zu verlangen. Da ließ sie sich vom Esel her-
abgleiten und Kaleb fragte sie: Was hast du? 15 Sie
antwortete: Gib mir ein Geschenk als Zeichen des
Segens! Wenn du mich schon ins Trockenland
schickst, dann gib mir auch Wasserstellen! Da gab
Kaleb ihr die Obere und die Untere Quelle.
16 Die Söhne des Keniters (Hobab), des Schwieger-
vaters des Mose, waren mit den Judäern von der
Palmenstadt zur Wüste Juda südlich von Arad hi-
naufgezogen; nun zogen sie weiter und ließen sich
bei den Amalekitern nieder. 17 Juda aber zog mit
seinem Bruder Simeon weiter. Sie schlugen die
Kanaaniter, die in Zefat wohnten, weihten die
Stadt dem Untergang und nannten sie Horma
(Untergangsweihe). 18 Doch Gaza und sein Gebiet,
Aschkelon und sein Gebiet, Ekron und sein Gebiet
konnte Juda nicht erobern. 19 Der Herr war mit
Juda, sodass es das Bergland in Besitz nehmen
konnte. Aber die Bewohner der Ebene konnten sie
nicht vertreiben, weil sie eiserne Kampfwagen hat-
ten. 20 Dem Kaleb gab man Hebron, wie Mose es
angeordnet hatte; er vertrieb von dort die drei
Söhne Anaks. 21 Die Benjaminiter konnten die Je-
busiter, die in Jerusalem wohnten, nicht vertreiben
und so blieben die Jebusiter bei den Benjaminitern
in Jerusalem wohnen bis auf den heutigen Tag.

8: Jos 10,40; 11,16–20 • 10–15: Jos 15,13–19 • 13: 3,9 • 16: 4,11;
1 Sam 15,6 • 17: Dtn 20,13–17 • 20: Jos 14,6–15; Jos 11,21 •
21: Jos 15,63

Die Eroberung des Gebiets
der Nachkommen Josefs

22 Auch die Nachkommen Josefs zogen hinauf, und
zwar nach Bet-El. Und der Herr war mit ihnen.
23 Die Nachkommen Josefs ließen Bet-El beobach-
ten. Die Stadt hieß früher Lus. 24 Als die Wachen
einen Mann aus der Stadt herauskommen sahen,
sagten sie zu ihm: Zeig uns, wo man in die Stadt
eindringen kann, dann werden wir dir unser Wohl-
wollen beweisen. 25 Er zeigte ihnen eine Stelle, wo
sie in die Stadt eindringen konnten, und sie schlu-
gen die Stadt mit scharfem Schwert. Den Mann
aber und seine ganze Sippe ließen sie gehen. 26 Der
Mann ging in das Land der Hetiter, erbaute eine
Stadt und nannte sie Lus. Das ist ihr Name bis auf
den heutigen Tag.
27 Manasse konnte (die Einwohner von) Bet-Schean
und seinen Tochterstädten sowie von Taanach und
seinen Tochterstädten, die Einwohner von Dor
und seinen Tochterstädten, die Einwohner von
Jibleam und seinen Tochterstädten und die Ein-
wohner von Megiddo und seinen Tochterstädten
nicht vertreiben. So gelang es den Kanaanitern, in
dieser Gegend zu verbleiben. 28 Als die Israeliten
stark geworden waren, zwangen sie die Kanaani-
ter zur Fron, aber vertreiben konnten sie sie nicht.
29 Efraim konnte die Kanaaniter nicht vertreiben,
die in Geser wohnten. Darum blieben die Kanaa-
niter mitten unter ihnen in Geser wohnen.
30 Sebulon konnte die Einwohner von Kitron und
die Einwohner von Nahalol nicht vertreiben.
Darum blieben die Kanaaniter mitten unter ihnen
wohnen, aber sie wurden Fronarbeiter.
31 Ascher konnte die Einwohner von Akko und die
Einwohner von Sidon nicht vertreiben, auch nicht
(die Einwohner) von Mahaleb, Achsib, Helba, Afek
und Roheb. 32 Darum leben die Ascheriter mitten
unter den Kanaanitern, die in der Gegend wohnen
blieben, weil man sie nicht vertreiben konnte.

33 Naftali konnte die Einwohner von Bet-Sche-
mesch und die Einwohner von Bet-Anat nicht
vertreiben und wohnt deshalb mitten unter den
Kanaanitern, die im Land verblieben sind. Die
Einwohner von Bet-Schemesch und Bet-Anat aber
wurden Fronarbeiter.
34 Die Amoriter drängten die Daniter ins Bergland
ab und ließen sie nicht in die Ebene herabkom-
men. 35 Es gelang den Amoritern, in Har-Heres,
Ajalon und Schaalbim zu bleiben; als aber das
Haus Josef ihnen überlegen war, wurden sie Fron-
arbeiter. 36 Das Gebiet der Amoriter reicht von der
Skorpionensteige bis nach Sela und darüber hi-
naus.

27: Jos 17,11–13 • 29: Jos 16,10 • 34: 18,1

Die Erscheinung des Engels des Herrn

2 Der Engel des Herrn kam von Gilgal nach
Bochim hinauf und sagte: Ich habe euch aus
Ägypten heraufgeführt und euch in das Land ge-
bracht, das ich euren Vätern mit einem Eid zuge-
sichert hatte. Ich hatte gesagt: Ich werde meinen
Bund mit euch niemals aufheben; 2 aber ihr dürft
keinen Bund mit den Bewohnern dieses Landes
schließen und ihre Altäre sollt ihr niederreißen.
Doch ihr habt auf meine Stimme nicht gehört.
Warum habt ihr das getan? 3 Deshalb sage ich euch
jetzt: Ich werde sie nicht vor euren Augen vertrei-
ben, sondern sie sollen euch Widerstand leisten
und ihre Götter sollen euch zu Fall bringen. 4 Als
der Engel des Herrn das zum Volk gesagt hatte,
brachen alle Israeliten in lautes Weinen aus.
5 Darum nannten sie jenen Ort Bochim (Ort des
Weinens). Und sie brachten dort dem Herrn Op-
fer dar.

2: Dtn 7,2–5 • 3: Jos 23,13

Josuas Tod

6 Als Josua das Volk ziehen ließ, machten sich die
Israeliten auf den Weg, um das Land in Besitz zu
nehmen; jeder (ging) zu seinem Erbbesitz. 7 Und
das Volk diente dem Herrn, solange Josua lebte
und solange die Ältesten am Leben waren, die Jo-
sua überlebten und all die großen Taten des Herrn
gesehen hatten, die er für Israel getan hatte. 8 Jo-
sua, der Sohn Nuns, der Knecht des Herrn, starb
im Alter von hundertzehn Jahren 9 und man be-
grub ihn in Timnat-Heres, im Gebiet seines Erb-
besitzes auf dem Gebirge Efraim, nördlich vom
Berg Gaasch. 10 Auch seine ganze Generation wur-
de mit ihren Vätern vereint und nach ihnen kam
eine andere Generation, die den Herrn und die Ta-
ten, die er für Israel vollbracht hatte, nicht mehr
kannte.

7: Jos 24,31 • 9: Jos 24,30

Die Berufung von Richtern

11 Die Israeliten taten, was dem Herrn missfiel, und
dienten den Baalen. 12 Sie verließen den Herrn, den
Gott ihrer Väter, der sie aus Ägypten herausge-
führt hatte, und liefen anderen Göttern nach, den
Göttern der Völker, die rings um sie wohnen. Sie
warfen sich vor ihnen nieder und erzürnten da-
durch den Herrn. 13 Als sie den Herrn verließen
und dem Baal und den Astarten dienten, 14 ent-
brannte der Zorn des Herrn gegen Israel. Er gab
sie in die Gewalt von Räubern, die sie ausplün-
derten, und lieferte sie der Gewalt ihrer Feinde
ringsum aus, sodass sie ihren Feinden keinen Wi-
derstand mehr leisten konnten. 15 Sooft sie auch in
den Krieg zogen, war die Hand des Herrn gegen
sie, und sie hatten kein Glück, wie der Herr gesagt
und ihnen geschworen hatte. So gerieten sie in
große Not. 16 Der Herr aber setzte Richter ein, die
sie aus der Gewalt der Räuber befreiten. 17 Doch sie
gehorchten auch ihren Richtern nicht, sondern
gaben sich anderen Göttern hin und warfen sich
vor ihnen nieder. Rasch wichen sie von dem Weg
ab, den ihre Väter, den Geboten des Herrn gehor-
sam, gegangen waren. Sie handelten nicht so (wie
ihre Väter). 18 Wenn aber der Herr bei ihnen Rich-
ter einsetzte, dann war der Herr mit dem Richter
und rettete die Israeliten aus der Gewalt ihrer
Feinde, solange der Richter lebte; denn der Herr
hatte Mitleid mit ihnen, wenn sie über ihre Fein-
de und Unterdrücker klagten. 19 Sobald aber der
Richter gestorben war, wurden sie rückfällig und
trieben es noch schlimmer als ihre Väter, liefen an-
deren Göttern nach, dienten ihnen und warfen
sich vor ihnen nieder. Sie ließen nicht ab von
ihrem bösen Treiben und von ihrem störrischen
Verhalten. 20 Da entbrannte der Zorn des Herrn
gegen Israel. Er sagte: Weil dieses Volk meinen
Bund übertreten hat, zu dem ich ihre Väter ver-

pflichtet habe, und weil es nicht auf meine Stimme hört, 21 werde auch ich kein einziges der Völker mehr vor ihren Augen vertreiben, die Josua bei seinem Tod noch übrig gelassen hat. 22 Israel soll durch sie auf die Probe gestellt werden, ob es daran fest hält, den Weg des Herrn zu gehen, wie es seine Väter taten, oder nicht. 23 Darum ließ der Herr diese Völker (im Land) und vertrieb sie vorerst nicht. Er hatte sie auch nicht in die Gewalt Josuas gegeben.

14: Lev 26,17

Fremde Völker unter den Israeliten

3 Das sind die Völker, die der Herr (im Land) ließ, um durch sie die Israeliten, alle, die von all den Kämpfen um Kanaan nichts mehr wussten, auf die Probe zu stellen 2 – (er tat das) nur, um die Generationen der Israeliten, die das Kriegführen nicht mehr kannten, darin zu unterrichten; denn sie wussten von den Kriegen, die früher waren, nichts mehr –: 3 die fünf Fürsten der Philister und alle Kanaaniter und Sidonier und Hiwiter, die auf dem Libanongebirge wohnen, vom Berg Baal-Hermon bis nach Lebo-Hamat. 4 Sie waren dazu da, dass die Israeliten durch sie auf die Probe gestellt würden und dass in Erfahrung gebracht würde, ob sie den Geboten des Herrn gehorchten, auf die er ihre Väter durch Mose verpflichtet hatte. 5 Die Israeliten wohnten also mitten unter den Kanaanitern, Hetitern, Amoritern, Perisitern, Hiwitern und Jebusitern. 6 Sie nahmen sich deren Töchter zu Frauen und ihre Töchter gaben sie deren Söhnen und sie dienten deren Göttern.

1: 2,21f • 3: Jos 13,3

DIE EINZELNEN RICHTER: 3,7 – 16,31

Otniël

7 Die Israeliten taten, was dem Herrn missfiel. Sie vergaßen den Herrn, ihren Gott, und dienten den Baalen und den Kultpfählen. 8 Da entbrannte der Zorn des Herrn gegen die Israeliten und er lieferte sie der Gewalt des Kuschan-Rischatajim aus, des Königs von Aram in Mesopotamien. So mussten die Israeliten acht Jahre lang Kuschan-Rischatajim dienen. 9 Als die Israeliten zum Herrn schrien, gab der Herr den Israeliten einen Retter, der sie befreite: Otniël, den Sohn des Kenas, den jüngeren Bruder Kalebs. 10 Der Geist des Herrn kam über ihn und er wurde Richter in Israel. Er zog in den Kampf und der Herr gab Kuschan-Rischatajim, den König von Aram, in seine Gewalt und Otniël unterwarf Kuschan-Rischatajim. 11 Darauf hatte das Land vierzig Jahre lang Ruhe; dann starb Otniël, der Sohn des Kenas.

9: 1,13; Jos 15,17 • 10: 6,34; 11,29; 13,25; 14,6.19; 15,14

Ehud und Schamgar

12 Und wiederum taten die Israeliten, was dem Herrn missfiel. Der Herr aber gab Eglon, dem König von Moab, Macht über Israel, weil sie taten, was dem Herrn missfiel. 13 Eglon verbündete sich mit den Ammonitern und Amalekitern, zog in den Kampf, schlug Israel und eroberte die Palmenstadt. 14 Darauf mussten die Israeliten achtzehn Jahre lang Eglon, dem König von Moab, dienen. 15 Als aber die Israeliten zum Herrn schrien, gab ihnen der Herr einen Retter: Ehud, den Sohn Geras, aus dem Stamm Benjamin, einen Linkshänder. Als nun die Israeliten durch ihn Tribut an Eglon, den König von Moab, schickten, 16 machte sich Ehud einen Dolch mit zwei Schneiden, eine Spanne lang, und band ihn unter seinem Gewand an seine rechte Hüfte. 17 So überbrachte er Eglon, dem König von Moab, den Tribut. Eglon aber war ein sehr beleibter Mann. 18 Als Ehud mit der Übergabe des Tributs zu Ende war, schickte er die Leute, die die Abgaben getragen hatten, weg; 19 er selber aber kehrte bei den Götterbildern in Gilgal um, ging (zum König) zurück und sagte: Ich habe eine geheime Botschaft an dich, König. Da gebot der König Ruhe und alle Anwesenden gingen hinaus. 20 Nun trat Ehud zu ihm herein. Eglon saß in seinem kühlen Obergemach, das für ihn allein bestimmt war, und Ehud sagte: Ich habe eine Botschaft Gottes für dich. Da erhob sich der König von seinem Sessel. 21 Ehud aber streckte seine linke Hand aus, ergriff den Dolch an seiner rechten Hüfte und stieß ihn Eglon in den Leib. 22 Die

Klinge drang samt dem Heft hinein und das Fett
umschloss die Klinge. Ehud zog den Dolch nicht
aus dem Leib Eglons heraus [er ging zum Sei-
teneingang hinaus], 23 sondern schloss die Tür des
Obergemachs hinter sich, schob den Riegel vor
und ging zur Halle hinaus. 24 Als er weggegangen
war, kamen die Diener und sahen, dass die Tür des
Obergemachs verriegelt war. Sie meinten, Eglon
verrichte in der kühlen Kammer seine Notdurft.
25 Sie warteten aber vergeblich. Und als er die Tür
des Obergemachs nicht öffnete, nahmen sie den
Schlüssel und schlossen auf: Da lag ihr Herr tot auf
dem Boden. 26 Ehud aber war entkommen, wäh-
rend sie gezögert hatten. Er war bereits an den
Götterbildern vorbeigegangen und hatte sich nach
Seïra in Sicherheit gebracht. 27 Sobald er dort an-
gekommen war, ließ er auf dem Gebirge Efraim
das Widderhorn blasen und die Israeliten zogen
mit ihm vom Gebirge hinab, er an ihrer Spitze.
28 Er sagte zu ihnen: Folgt mir, denn der Herr hat
eure Feinde, die Moabiter, in eure Gewalt gegeben.
Sie zogen mit ihm hinab, besetzten die Jordan-
übergänge nach Moab und ließen niemand mehr
hinüber. 29 Damals erschlugen sie von Moab etwa
zehntausend Mann, alles starke und kriegstüch-
tige Männer, und keiner entkam. 30 So musste sich
Moab an jenem Tag der Gewalt Israels unterwer-
fen und das Land hatte achtzig Jahre lang Ruhe.
31 Auf Ehud folgte Schamgar, der Sohn des Anat.
Er erschlug sechshundert Philister mit einem
Ochsenstecken. Auf diese Weise trug auch er zur
Rettung Israels bei.

31: 5,6

Debora und Barak: 4,1 – 5,31

Der Sieg über Sisera

4 Als Ehud gestorben war, taten die Israeliten
wieder, was dem Herrn missfiel. 2 Darum lie-
ferte sie der Herr der Gewalt Jabins, des Königs
von Kanaan, aus, der in Hazor herrschte. Sein
Heerführer war Sisera, der in Haroschet-Gojim
wohnte. 3 Da schrien die Israeliten zum Herrn,
denn Sisera besaß neunhundert eiserne Kampf-
wagen und hatte die Israeliten zwanzig Jahre lang
grausam unterdrückt. 4 Damals war Debora, eine
Prophetin, die Frau des Lappidot, Richterin in Is-
rael. 5 Sie hatte ihren Sitz unter der Debora-Palme
zwischen Rama und Bet-El im Gebirge Efraim und
die Israeliten kamen zu ihr hinauf, um sich Recht
sprechen zu lassen. 6 Sie schickte Boten zu Barak,
dem Sohn Abinoams aus Kedesch-Naftali, ließ ihn
rufen und sagte zu ihm: Der Herr, der Gott Israels,
befiehlt: Geh hin, zieh auf den Berg Tabor und
nimm zehntausend Naftaliter und Sebuloniter mit
dir! 7 Ich aber werde Sisera, den Heerführer Jabins,
mit seinen Wagen und seiner Streitmacht zu dir an
den Bach Kischon lenken und ihn in deine Hand
geben. 8 Barak sagte zu ihr: Wenn du mit mir gehst,
werde ich gehen; wenn du aber nicht mit mir
gehst, werde ich nicht gehen. 9 Sie sagte: Ja, ich gehe
mit dir; aber der Ruhm bei dem Unternehmen, zu
dem du ausziehst, wird dann nicht dir zuteil; denn
der Herr wird Sisera der Hand einer Frau auslie-
fern. Und Debora machte sich auf und ging zu-
sammen mit Barak nach Kedesch. 10 Barak rief Se-
bulon und Naftali in Kedesch zusammen und
zehntausend Mann folgten ihm (auf den Tabor)
hinauf. Auch Debora ging mit ihm. 11 Der Keniter
Heber aber, der sich von Kain, von den Söhnen
Hobabs, des Schwiegervaters des Mose, getrennt
hatte, hatte sein Zelt an der Eiche von Zaanannim
bei Kedesch aufgeschlagen.
12 Als man nun Sisera meldete, dass Barak, der
Sohn Abinoams, auf den Berg Tabor gezogen sei,
13 beorderte Sisera alle seine Wagen – neunhundert
eiserne Kampfwagen – und das ganze Kriegsvolk,
das er bei sich hatte, von Haroschet-Gojim an den
Bach Kischon. 14 Da sagte Debora zu Barak: Auf!
Denn das ist der Tag, an dem der Herr den Sisera
in deine Gewalt gegeben hat. Ja, der Herr zieht
selbst vor dir her. Barak zog also vom Berg Tabor
herab und die zehntausend Mann folgten ihm.
15 Und der Herr brachte Sisera, alle seine Wagen
und seine ganze Streitmacht [mit scharfem
Schwert] vor den Augen Baraks in große Verwir-
rung. Sisera sprang vom Wagen und floh zu Fuß.
16 Barak verfolgte die Wagen und das Heer bis nach
Haroschet-Gojim. Das ganze Heer Siseras fiel un-
ter dem scharfen Schwert; nicht ein einziger Mann
blieb übrig.

2: Jos 11,1 • 5: Gen 35,8 • 11: 1,16 • 15: 5,20; Ex 23,27; Jos 10,10;
1 Sam 7,10

Siseras Tod

17 Sisera war zu Fuß zum Zelt der Jaël, der Frau des
Keniters Heber, geflohen; denn zwischen Jabin,
dem König von Hazor, und der Familie des Keni-
ters Heber herrschte Frieden. 18 Jaël ging Sisera
entgegen und sagte zu ihm: Kehr ein, Herr, kehr
ein bei mir, hab keine Angst! Da begab er sich zu
ihr ins Zelt und sie deckte ihn mit einem Teppich
zu. 19 Er sagte zu ihr: Gib mir doch etwas Wasser
zu trinken, ich habe Durst. Sie öffnete einen
Schlauch mit Milch und gab ihm zu trinken; dann
deckte sie ihn wieder zu. 20 Er sagte zu ihr: Stell
dich an den Zelteingang, und wenn einer kommt
und dich fragt: Ist jemand hier?, dann antworte:
Nein. 21 Doch Jaël, die Frau Hebers, holte einen
Zeltpflock, nahm einen Hammer in die Hand,
ging leise zu Sisera hin und schlug ihm den Zelt-
pflock durch die Schläfe, sodass er noch in den Bo-
den drang. So fand Sisera, der vor Erschöpfung
eingeschlafen war, den Tod. 22 Da erschien gerade
Barak, der Sisera verfolgte. Jaël ging ihm entgegen
und sagte: Komm, ich zeige dir den Mann, den du
suchst. Er ging mit ihr hinein; da sah er Sisera tot
am Boden liegen, mit dem Pflock in seiner Schläfe.
23 So demütigte Gott an diesem Tag Jabin, den Kö-
nig von Kanaan, vor den Israeliten 24 und die Faust
der Israeliten lag immer schwerer auf Jabin, dem
König von Kanaan, bis sie Jabin, den König von
Kanaan, ganz vernichtet hatten.

19: 5,25

Das Debora-Lied

5 Debora und Barak, der Sohn Abinoams, san-
gen an jenem Tag dieses Lied: 2 Dass Führer
Israel führten / und das Volk sich bereit zeigte, /
dafür preist den Herrn!
3 Hört, ihr Könige, horcht auf, ihr Fürsten! / Ich
will dem Herrn zu Ehren singen, / ich will zu Eh-
ren des Herrn, / des Gottes Israels, spielen.
4 Herr, als du auszogst aus Seïr, / als du vom Grün-
land Edoms heranschrittest, / da bebte die Erde,
die Himmel ergossen sich, / ja, aus den Wolken er-
goss sich das Wasser.
5 Die Berge wankten vor dem Blick des Herrn, [das
ist der Sinai] / vor dem Blick des Herrn, des Gottes
Israels.
6 In den Tagen Schamgars, des Sohnes des Anat, /
in den Tagen Jaëls lagen die Wege verlassen da; /
wer unterwegs war, musste Umwege machen.
7 Bewohner des offenen Landes gab es nicht mehr, /
es gab sie nicht mehr in Israel, / bis du dich er-
hobst, Debora, / bis du dich erhobst, Mutter in Is-
rael.
8 Man hatte sich neue Götter erwählt. / Es gab kein
Brot an den Toren. / Schild und Speer waren nicht
mehr zu sehen / bei den Vierzigtausend in Israel.
9 Mein Herz gehört Israels Führern. / Ihr, die ihr
bereit seid im Volk, / preist den Herrn!
10 Ihr, die ihr auf weißen Eselinnen reitet, / die ihr
auf Teppichen sitzt, / die ihr auf der Straße dahin-
zieht, singt!
11 Horch, sie jubeln zwischen den Tränken; / dort
besingt man die rettenden Taten des Herrn, / seine
hilfreiche Tat an den Bauern in Israel. / Damals zog
das Volk des Herrn hinab zu den Toren.
12 Auf, auf, Debora! Auf, auf, sing ein Lied! / Erheb
dich, Barak, / führ deine Gefangenen heim, / Sohn
Abinoams!
13 Dann steige herab, / was übrig ist unter den
Herrlichen des Volkes. / Der Herr steige herab / mit
mir unter den Helden.
14 Aus Efraim zogen sie hinunter ins Tal, / hinter
ihnen Benjamin mit seinen Scharen; / von Machir
stiegen die Führer hinab, / von Sebulon die, die das
Zepter tragen.
15 Die Fürsten Issachars zusammen mit Debora /
und wie Issachar so auch Barak, / ins Tal getragen
von seinen Füßen. / In Rubens Bezirken / überlegte
man lange.
16 Warum sitzt du zwischen den Hürden / und
hörst bei den Herden dem Flötenspiel zu? / In Ru-
bens Bezirken / überlegte man lange.
17 Gilead bleibt jenseits des Jordan. / Warum ver-
weilt Dan bei den Schiffen? / Ascher sitzt am Ufer
des Meeres, / bleibt ruhig an seinen Buchten.
18 Sebulon ist ein Volk, / das sein Leben aufs Spiel
setzt, / auch Naftali auf den Höhen des Feldes.
19 Könige kamen und kämpften, / damals kämpf-
ten Kanaans Könige / in Taanach, an den Wassern
Megiddos, / doch Beute an Silber machten sie
nicht.
20 Vom Himmel her kämpften die Sterne, / von
ihren Bahnen aus kämpften sie gegen Sisera.
21 Der Bach Kischon schwemmte sie fort, / der alt-

berühmte Bach, der Bach Kischon. / Meine Seele
soll auftreten mit Macht.
22 Damals stampften die Hufe der Pferde / im Ja-
gen, im Dahinjagen der Hengste.
23 Ihr sollt Meros verfluchen, / spricht der Engel
des Herrn. / Mit Flüchen flucht seinen Bewoh-
nern; / denn sie kamen dem Herrn nicht zu Hilfe, /
zu Hilfe dem Herrn unter den Helden.
24 Gepriesen sei Jaël unter den Frauen, / die Frau
des Keniters Heber, / gepriesen unter den Frauen
im Zelt.
25 Er hatte Wasser verlangt, sie gab ihm Milch, / in
einer prächtigen Schale reichte sie Sahne.
26 Ihre Hand streckte sie aus nach dem Pflock, /
ihre Rechte nach dem Hammer des Schmieds. / Sie
erschlug Sisera, zermalmte sein Haupt, / zerschlug,
durchbohrte seine Schläfe.
27 Zu ihren Füßen brach er zusammen, fiel nieder,
lag da, / zu ihren Füßen brach er zusammen, fiel nie-
der. / Wo er zusammenbrach, da lag er vernichtet.
28 Aus ihrem Fenster blickt Siseras Mutter / und
klagt durch das Gitter: / Warum säumt sein Wagen
zu kommen, / warum zögert der Hufschlag seiner
Gespanne?
29 Eine Kluge aus ihren Fürstinnen antwortet ihr, /
und sie selbst wiederholt deren Worte:
30 Sicher machen und teilen sie Beute, / ein, zwei
Frauen für jeden Mann, / Beute an Kleidern für
Sisera, / Beute an Kleidern, / für meinen Hals als
Beute ein, zwei bunte Tücher.
31 So gehen all deine Feinde zugrunde, Herr. / Doch
die, die ihn lieben, sind wie die Sonne, / wenn sie
aufgeht in ihrer Kraft. Dann hatte das Land vier-
zig Jahre lang Ruhe.

4: Dtn 33,2 • 6: 3,31 • 25: 4,19

Die Berufung Gideons

6 Die Israeliten taten, was dem Herrn missfiel.
Da gab sie der Herr in die Gewalt Midians,
sieben Jahre lang. 2 Als Midian die Oberhand ge-
wann, machten sich die Israeliten die Schluchten
in den Bergen und die Höhlen und die Bergnester
(als Unterschlupf) vor den Midianitern zurecht.
3 Doch immer, wenn die Israeliten gesät hatten, ka-
men Midian, die Amalekiter und die Leute aus
dem Osten und zogen gegen sie heran. 4 Sie bela-
gerten die Israeliten und vernichteten die Ernte
des Landes bis hin in die Gegend von Gaza. Sie
ließen in Israel keine Lebensmittel übrig, auch
kein Schaf, kein Rind und keinen Esel. 5 Denn sie
zogen mit ihren Herden und Zelten heran und ka-
men so zahlreich wie die Heuschrecken herbei.
Zahllos waren sie selbst und auch ihre Kamele. Sie
kamen und verheerten das Land. 6 So verarmte Is-
rael sehr wegen Midian und die Israeliten schrien
zum Herrn. 7 Als nun die Israeliten wegen Midian
zum Herrn schrien, 8 schickte der Herr einen Pro-
pheten zu den Israeliten. Dieser sagte zu ihnen: So
spricht der Herr, der Gott Israels: Ich selbst habe
euch aus Ägypten heraufgeführt. Ich habe euch
aus dem Sklavenhaus herausgeführt. 9 Ich habe
euch aus der Gewalt Ägyptens und aus der Gewalt
all eurer Unterdrücker befreit. Ich habe sie vor eu-
ren Augen vertrieben und euch ihr Land gegeben.
10 Und ich habe euch gesagt: Ich bin der Herr, euer
Gott. Fürchtet nicht die Götter der Amoriter, in
deren Land ihr wohnt. Aber ihr habt nicht auf
meine Stimme gehört.
11 Der Engel des Herrn kam und setzte sich unter
die Eiche bei Ofra, die dem Abiësriter Joasch
gehörte. Sein Sohn Gideon war gerade dabei, in
der Kelter Weizen zu dreschen, um ihn vor Midian
in Sicherheit zu bringen. 12 Da erschien ihm der
Engel des Herrn und sagte zu ihm: Der Herr sei
mit dir, starker Held. 13 Doch Gideon sagte zu ihm:
Ach, mein Herr, ist der Herr wirklich mit uns?
Warum hat uns dann all das getroffen? Wo sind
alle seine wunderbaren Taten, von denen uns un-
sere Väter erzählt haben? Sie sagten doch: Wirk-
lich, der Herr hat uns aus Ägypten heraufgeführt.
Jetzt aber hat uns der Herr verstoßen und uns der
Faust Midians preisgegeben. 14 Da wandte sich der
Herr ihm zu und sagte: Geh und befrei mit der
Kraft, die du hast, Israel aus der Faust Midians! Ja,
ich sende dich. 15 Er entgegnete ihm: Ach, mein
Herr, womit soll ich Israel befreien? Sieh doch,
meine Sippe ist die schwächste in Manasse und ich
bin der Jüngste im Haus meines Vaters. 16 Doch der
Herr sagte zu ihm: Weil ich mit dir bin, wirst du
Midian schlagen, als wäre es nur ein Mann. 17 Gi-
deon erwiderte ihm: Wenn ich dein Wohlwollen
gefunden habe, dann gib mir ein Zeichen dafür,
dass du selbst es bist, der mit mir redet. 18 Entfern
dich doch nicht von hier, bis ich zu dir zurück-

komme; ich will eine Gabe für dich holen und sie
vor dich hinlegen. Er sagte: Ich werde bleiben, bis
du zurückkommst. [19] Gideon ging (ins Haus) hi-
nein und bereitete ein Ziegenböckchen zu sowie
ungesäuerte Brote von einem Efa Mehl. Er legte
das Fleisch in einen Korb, tat die Brühe in einen
Topf, brachte beides zu ihm hinaus unter die Ei-
che und setzte es ihm vor. [20] Da sagte der Engel
Gottes zu ihm: Nimm das Fleisch und die Brote,
und leg sie hier auf den Felsen, die Brühe aber gieß
weg! Gideon tat es. [21] Der Engel des Herrn streckte
den Stab aus, den er in der Hand hatte, und be-
rührte mit seiner Spitze das Fleisch und die Brote.
Da stieg Feuer von dem Felsblock auf und ver-
zehrte das Fleisch und die Brote. Der Engel des
Herrn aber war Gideons Augen entschwunden.
[22] Als nun Gideon sah, dass es der Engel des Herrn
gewesen war, sagte er: Weh mir, Herr und Gott, ich
habe den Engel des Herrn von Angesicht zu Ange-
sicht gesehen. [23] Der Herr erwiderte ihm: Friede sei
mit dir! Fürchte dich nicht, du wirst nicht sterben.
[24] Gideon errichtete an jener Stelle einen Altar für
den Herrn und nannte ihn: Der Herr ist Friede.
Der Altar steht bis zum heutigen Tag in Ofra, (der
Stadt) der Abiësriter.

11: 8,2 • 14: 1 Sam 12,11; Hebr 11,32 • 16: Ex 3,12 • 22: Ex 33,20; Jes 6,5

Die Zerstörung des Baal-Altars

[25] In jener Nacht sagte der Herr zu Gideon: Nimm
das Rind deines Vaters, den siebenjährigen fetten
Farren, reiß den Altar des Baal nieder, der deinem
Vater gehört, und den Kultpfahl daneben hau um!
[26] Bau einen Altar für den Herrn, deinen Gott, auf
der Höhe der Burg hier, entsprechend der vorge-
schriebenen Ordnung, nimm den fetten Farren
und bring ihn mit dem Holz des Kultpfahls, den
du umhaust, als Brandopfer dar. [27] Da nahm Gi-
deon zehn seiner Knechte und tat, was der Herr zu
ihm gesagt hatte. Weil er sich aber vor seiner Fa-
milie und den Leuten der Stadt fürchtete, es bei
Tag zu tun, tat er es bei Nacht. [28] Als die Einwoh-
ner der Stadt am Morgen aufstanden, sahen sie,
dass der Altar des Baal zerstört, der Kultpfahl da-
neben umgehauen und der fette Farren auf dem
neu erbauten Altar geopfert war. [29] Da sagten sie
zueinander: Wer hat das getan? Sie suchten und
forschten nach und stellten fest: Gideon, der Sohn
des Joasch, hat es getan. [30] Die Einwohner der Stadt
sagten deshalb zu Joasch: Gib deinen Sohn heraus!
Er muss sterben, denn er hat den Altar des Baal
niedergerissen und den Kultpfahl daneben umge-
hauen. [31] Joasch erwiderte allen, die um ihn he-
rumstanden: Wollt ihr etwa für Baal streiten? Wollt
ihr ihn retten? Wer für ihn streitet, soll noch vor
dem Morgen sterben. Wenn Baal Gott ist, soll er für
sich selbst streiten, weil man seinen Altar nieder-
gerissen hat. [32] Darum nannte man Gideon seit je-
nem Tag Jerubbaal – das heißt: Baal möge gegen
ihn streiten –; denn er hat seinen Altar niederge-
rissen.

32: 7,1

Das göttliche Zeichen vor der Schlacht gegen die Midianiter

[33] Ganz Midian, Amalek und die Leute aus dem
Osten taten sich zusammen, zogen herüber und
schlugen in der Ebene Jesreel ihr Lager auf. [34] Da
kam der Geist des Herrn über Gideon. Gideon
blies ins Widderhorn und rief die Abiësriter, ihm
(in den Kampf) zu folgen. [35] Auch schickte er Bo-
ten in ganz Manasse umher und rief Manasse, ihm
(in den Kampf) zu folgen. Außerdem schickte er
Boten in Ascher, Sebulon und Naftali umher und
auch diese stießen zu ihnen.
[36] Da sagte Gideon zu Gott: Wenn du Israel wirk-
lich durch meine Hand retten willst, wie du gesagt
hast – [37] sieh her, ich lege frisch geschorene Wolle
auf die Tenne; wenn der Tau allein auf die Wolle
fällt und es auf dem ganzen (übrigen) Boden tro-
cken bleibt, dann weiß ich, dass du durch meine
Hand Israel retten willst, wie du gesagt hast. [38] Und
so geschah es. Als er früh am Morgen hinkam und
die Wolle ausdrückte, konnte er den Tau – eine
Schale voll Wasser – aus der Wolle herauspressen.
[39] Darauf sagte Gideon zu Gott: Dein Zorn möge
nicht gegen mich entbrennen, wenn ich noch ein-
mal rede. Ich möchte es nur noch dieses eine Mal
mit der Wolle versuchen: Die Wolle allein soll die-
ses Mal trocken bleiben und auf dem ganzen (üb-
rigen) Boden soll Tau liegen. [40] Und Gott machte
es in der folgenden Nacht so: Die Wolle allein blieb
trocken und auf dem ganzen übrigen Boden lag
Tau.

34: 3,10; 11,29; 13,25

Der Kampf gegen die Midianiter

7 Am frühen Morgen brach Jerubbaal – das ist Gideon – mit allen Leuten, die er bei sich hatte, auf und sie errichteten bei der Harod-Quelle ihr Lager; das Lager Midians war nördlich davon beim Hügel More in der Ebene. 2 Der Herr sagte zu Gideon: Die Leute, die du bei dir hast, sind zu zahlreich, als dass ich Midian in deine Gewalt geben könnte. Sonst könnte sich Israel mir gegenüber rühmen und sagen: Meine eigene Hand hat mich gerettet. 3 Ruf daher so laut, dass die Leute es hören: Wer sich fürchtet und Angst hat, soll umkehren. Gideon musterte sie und darauf kehrten von den Leuten zweiundzwanzigtausend um, während zehntausend bei ihm blieben. 4 Doch der Herr sagte zu Gideon: Die Leute sind immer noch zu zahlreich. Führ sie hinab ans Wasser; dort will ich sie für dich mustern. Von wem ich sagen werde: Er soll mit dir gehen!, der soll mitgehen, und jeder, von dem ich zu dir sagen werde: Dieser soll nicht mit dir gehen!, der soll nicht mitgehen. 5 Gideon führte die Leute zum Wasser hinab und der Herr sagte zu ihm: Stell alle, die das Wasser mit der Zunge auflecken, wie es ein Hund tut, auf einen besonderen Platz, und ebenso alle, die sich zum Trinken hinknien. 6 Die Zahl derer, die das Wasser aufleckten, betrug dreihundert Mann. Alle übrigen Leute aber knieten sich hin, um das Wasser zu trinken, indem sie es mit der Hand zum Mund führten. 7 Der Herr sagte zu Gideon: Durch die dreihundert Mann, die (das Wasser) aufgeleckt haben, will ich euch retten; ich werde Midian in deine Gewalt geben. Alle übrigen Leute sollen nach Hause gehen. 8 Gideon entließ also alle Israeliten, jeden zu seinem Zelt, und sie nahmen die Verpflegung der Leute und ihre Widderhörner mit. Nur die dreihundert Mann behielt er bei sich.

Das Lager Midians lag unterhalb von ihm in der Ebene. 9 In jener Nacht geschah es, dass Jahwe zu ihm sagte: Steh auf, geh zum Lager hinab; denn ich habe es in deine Gewalt gegeben. 10 Wenn du dich aber davor fürchtest hinabzusteigen, dann geh (zuerst allein) mit deinem Diener Pura ins Lager hinab 11 und höre, was man dort redet. Dann wirst du die Kraft bekommen, zum Lager hinabzuziehen. Gideon ging also mit seinem Diener Pura bis unmittelbar an die Krieger im Lager heran. 12 Midian und Amalek und die Leute des Ostens waren in die Ebene eingefallen, zahlreich wie die Heuschrecken, und ihre Kamele waren zahllos wie der Sand am Ufer des Meeres. 13 Als Gideon ankam, erzählte gerade einer dem andern einen Traum. Er sagte: Hör zu, ich hatte einen Traum: Ich sah, wie ein Laib Gerstenbrot ins Lager Midians rollte. Er gelangte bis zum Zelt und stieß dagegen, sodass es umfiel und umgestülpt dalag. Dann brach das Zelt zusammen. 14 Der andere antwortete: Das bedeutet nichts anderes als das Schwert des Israeliten Gideon, des Sohnes des Joasch. Gott hat Midian und das ganze Lager in seine Gewalt gegeben.

15 Als Gideon die Erzählung von dem Traum und seine Deutung hörte, warf er sich nieder und betete. Dann kehrte er ins Lager Israels zurück und rief: Auf! Der Herr hat das Lager Midians in eure Gewalt gegeben. 16 Gideon teilte die dreihundert Mann in drei Abteilungen und gab allen Männern Widderhörner und leere Krüge in die Hand; in den Krügen waren Fackeln. 17 Er sagte zu ihnen: Seht auf mich und macht alles ebenso wie ich! Passt auf: Ich gehe nun an den Rand des Lagers (der Midianiter) und das, was ich mache, müsst auch ihr machen. 18 Wenn ich und alle, die bei mir sind, das Widderhorn blasen, dann müsst auch ihr rings um das ganze Lager eure Hörner blasen und rufen: Für den Herrn und Gideon! 19 Gideon und die hundert Mann, die bei ihm waren, gelangten zu Beginn der mittleren Nachtwache an den Rand des Lagers (der Midianiter); man hatte gerade die Wachen aufgestellt. Sie bliesen das Widderhorn und zerschlugen die Krüge, die sie in der Hand hatten. 20 Nun bliesen auch die beiden anderen Abteilungen ihre Hörner, zerschlugen die Krüge, ergriffen mit der linken Hand die Fackeln, während sie in der rechten Hand die Widderhörner hielten, um zu blasen, und schrien: Das Schwert für den Herrn und Gideon! 21 Dabei blieben sie rings um das Lager stehen, jeder an dem Platz, wo er gerade war. Im Lager liefen alle durcheinander, schrien und flohen.

22 Als die dreihundert Männer ihre Hörner bliesen, richtete der Herr im ganzen Lager das Schwert des einen gegen den andern. Alle im Lager flohen bis nach Bet-Schitta, Zereda, Sefat-Abel-Mehola und

Tabbat. 23 Nun wurden die Israeliten aus Naftali,
Ascher und ganz Manasse aufgeboten, um die Mi-
dianiter zu verfolgen. 24 Außerdem schickte Gi-
deon Boten im ganzen Bergland von Efraim um-
her und ließ sagen: Zieht hinab gegen Midian und
nehmt ihm die Wasserstellen weg bis nach Bet-
Bara und (besetzt) den Jordanübergang! So wur-
den alle Männer Efraims zusammengerufen und
sie besetzten die Wasserstellen bis Bet-Bara und
den Jordanübergang. 25 Sie nahmen auch die zwei
Midianiterfürsten Oreb (Rabe) und Seeb (Wolf)
gefangen. Oreb töteten sie am Rabenfelsen und
Seeb töteten sie an der Wolfskelter; dann setzten
sie die Verfolgung Midians fort. Die Köpfe Orebs
und Seebs aber brachten sie zu Gideon über den
Jordan.

8 Die Efraimiter aber sagten zu Gideon: Was
hast du uns da angetan, dass du uns nicht
hast rufen lassen, als du ausgezogen bist, um ge-
gen Midian zu kämpfen? Und sie stritten heftig
mit ihm. 2 Er antwortete ihnen: Was habe ich
schon getan im Vergleich zu euch? Ist nicht die
Nachlese Efraims besser als die Weinlese Abiësers?
3 In eure Gewalt hat Gott Oreb und Seeb, die Fürs-
ten Midians, gegeben. Was vermochte ich zu tun
im Vergleich zu euch? Als er das sagte, legte sich ihr
Zorn gegen ihn.

7,1: 6,32 • 3: Dtn 20,8 • 25: Ps 83,12 • 8,1: 12,1

Der Feldzug im Ostjordanland

4 Als Gideon an den Jordan gekommen und mit
den dreihundert Männern, die bei ihm waren,
hinübergegangen war, erschöpft von der Verfol-
gung, 5 sagte er zu den Einwohnern von Sukkot:
Gebt doch den Leuten, die mir folgen, einige Laibe
Brot, denn sie sind erschöpft. Ich bin dabei, Sebach
und Zalmunna, die Könige von Midian, zu verfol-
gen. 6 Doch die Oberen von Sukkot entgegneten:
Hast du denn Sebach und Zalmunna schon in dei-
ner Gewalt? Warum sollten wir deinem Heer Brot
geben? 7 Darauf sagte Gideon: Wahrhaftig, wenn
der Herr Sebach und Zalmunna in meine Gewalt
gegeben hat, dann dresche ich euch den Leib mit
Wüstendornen und Stechdisteln. 8 Dann zog er
von Sukkot hinauf nach Penuël und sprach die
Leute dort in derselben Weise an, aber die Ein-
wohner von Penuël antworteten ihm genauso, wie
die Männer von Sukkot geantwortet hatten. 9 Da
drohte er auch den Männern von Penuël: Wenn
ich heil zurückkehre, werde ich die Burg hier nie-
derreißen.

10 Sebach und Zalmunna befanden sich mit ih-
rem Heerlager in Karkor; es waren etwa fünfzehn-
tausend Mann; das war alles, was von dem gan-
zen Heerlager der Leute aus dem Osten übrig
geblieben war. Hundertzwanzigtausend mit dem
Schwert bewaffnete Männer waren gefallen. 11 Gi-
deon zog auf dem Beduinenweg östlich von No-
bach und Jogboha hinauf und schlug das (feind-
liche) Heer, das sich in Sicherheit wähnte. 12 Sebach
und Zalmunna, die beiden Könige von Midian,
flohen, aber er verfolgte sie, nahm sie gefangen und
scheuchte das ganze Heerlager auseinander.

13 Als Gideon, der Sohn des Joasch, aus dem Kampf
von Maale-Heres zurückkehrte, 14 nahm er einen
jungen Mann fest, der zu den Leuten von Sukkot
gehörte. Er fragte ihn aus und dieser musste ihm
die Oberen und Ältesten von Sukkot aufschreiben,
siebenundsiebzig Männer. 15 Als er nun zu den
Einwohnern von Sukkot kam, sagte er: Hier sind
Sebach und Zalmunna, deretwegen ihr mich ver-
höhnt habt mit den Worten: Ist denn Sebach und
Zalmunna schon in deiner Hand? Warum sollten
wir deinen erschöpften Männern Brot geben?
16 Dann ergriff er die Ältesten der Stadt, die Män-
ner von Sukkot, und drosch sie mit den Wüsten-
dornen und mit den Stechdisteln. 17 Die Burg von
Penuël aber riss er nieder und tötete die Männer
in der Stadt.

18 Dann sagte er zu Sebach und Zalmunna: Wie sa-
hen die Männer aus, die ihr in Tabor getötet habt?
Sie antworteten: Sie waren wie du; jeder sah aus
wie ein Königssohn. 19 Er entgegnete: Es waren
meine Brüder, die Söhne meiner Mutter. So wahr
der Herr lebt: Hättet ihr sie am Leben gelassen,
würde ich euch nicht töten. 20 Und er sagte zu Jeter,
seinem Erstgeborenen: Auf, töte sie! Aber der
Junge zog sein Schwert nicht; er hatte Angst, weil
er noch so jung war. 21 Da sagten Sebach und Zal-
munna: Steh selber auf und schlag uns nieder!
Denn wie der Mann, so seine Kraft. Da stand Gi-
deon auf und tötete Sebach und Zalmunna. Dann
nahm er ihren Kamelen die kleinen Monde ab, die
sie am Hals trugen.

Die Ablehnung der Königswürde

22 Die Israeliten sagten zu Gideon: Werde unser
Herrscher, du und auch dein Sohn und dein En-
kel; denn du hast uns aus der Gewalt Midians be-
freit. 23 Aber Gideon antwortete ihnen: Ich will
nicht über euch herrschen, und auch mein Sohn
soll nicht über euch herrschen; der Herr soll über
euch herrschen.
24 Weiter sagte Gideon zu ihnen: Ich möchte euch
um etwas bitten: Jeder von euch gebe mir einen
Ring aus seiner Beute. Die Feinde hatten nämlich
goldene Ringe, denn sie waren Ismaeliter. 25 Sie
antworteten: Wir geben sie dir gern. Sie breiteten
einen Mantel aus und jeder legte einen Ring aus
seiner Beute darauf. 26 Das Gewicht der goldenen
Ringe, um die er gebeten hatte, betrug tausendsie-
benhundert Goldschekel, ohne die kleinen Monde
und die Ohrgehänge und die Purpurkleider, die
die Könige von Midian getragen hatten, und ohne
die Halsketten ihrer Kamele.
27 Gideon machte daraus ein Efod und stellte es in
seiner Stadt Ofra auf. Und ganz Israel trieb dort
damit Abgötterei. Das brachte Gideon und sein
Haus zu Fall.
28 Midian aber war von den Israeliten gedemütigt,
sodass es sein Haupt nicht mehr erheben konnte.
Das Land hatte dann vierzig Jahre lang Ruhe,
solange Gideon lebte. 29 Jerubbaal, der Sohn des
Joasch, ging heim und blieb bei seiner Familie.
30 Gideon hatte siebzig leibliche Söhne, denn er
hatte viele Frauen. 31 Auch seine Nebenfrau, die in
Sichem war, gebar ihm einen Sohn; dem gab er den
Namen Abimelech. 32 Gideon, der Sohn des Joasch,
starb in hohem Alter und wurde im Grab seines
Vaters Joasch in Ofra, der Stadt der Abiësriter, be-
graben. 33 Als Gideon tot war, trieben die Israeliten
wieder Abgötterei mit den Baalen und machten
den »Baal des Bundes« zu ihrem Gott. 34 Die Isra-
eliten dachten nicht mehr an den Herrn, ihren
Gott, der sie aus der Gewalt all ihrer Feinde
ringsum befreit hatte. 35 Auch dem Haus Jerub-
baal-Gideon erwiesen sie kein Wohlwollen, wie es
all dem Guten entsprochen hätte, das es für Israel
getan hatte.

31: 9,1

Die Wahl Abimelechs zum König

9 Abimelech, der Sohn Jerubbaals, ging nach
Sichem zu den Brüdern seiner Mutter und
sagte zu ihnen und zur ganzen Sippe der Familie
seiner Mutter: 2 Redet doch allen Bürgern von Si-
chem zu und sagt: Was ist besser für euch: wenn
siebzig Männer über euch herrschen, alle Söhne
Jerubbaals, oder wenn nur ein Mann über euch
herrscht? Denkt auch daran, dass ich euer Fleisch
und Bein bin. 3 Da redeten die Brüder seiner Mut-
ter seinetwegen allen Bürgern Sichems zu, und
zwar genau mit seinen Worten, sodass sich ihr
Herz Abimelech zuwandte. Denn sie sagten sich:
Er ist unser Bruder. 4 Sie gaben ihm siebzig Silber-
stücke aus dem Tempel des »Baal des Bundes« und
Abimelech warb damit Männer an, die nichts zu
verlieren hatten und zu allem fähig waren; sie
wurden sein Gefolge. 5 Dann drang er in das Haus
seines Vaters in Ofra ein und brachte seine Brüder,
die Söhne Jerubbaals, siebzig Mann, auf ein und
demselben Stein um. Nur Jotam, der jüngste Sohn
Jerubbaals, blieb übrig, weil er sich versteckt hatte.
6 Da versammelten sich alle Bürger von Sichem
und Bet-Millo, zogen zu der Eiche, die bei Sichem
steht, und machten Abimelech zum König.

1: 8,31 • 2: Gen 2,23 • 4: 8,33 • 5: 8,35 • 6: Gen 35,4; Jos 24,26

Die Fabel vom König der Bäume

7 Als man das Jotam meldete, stellte er sich auf den
Gipfel des Berges Garizim und rief ihnen mit er-
hobener Stimme zu: Hört auf mich, ihr Bürger
von Sichem, / damit Gott auf euch hört.
8 Einst machten sich die Bäume auf, / um sich ei-
nen König zu salben, / und sie sagten zum Öl-
baum: / Sei du unser König!
9 Der Ölbaum sagte zu ihnen: / Soll ich mein Fett
aufgeben, / mit dem man Götter und Menschen
ehrt, / und hingehen, um über den anderen Bäu-
men zu schwanken?
10 Da sagten die Bäume zum Feigenbaum: / Komm,
sei du unser König!
11 Der Feigenbaum sagte zu ihnen: / Soll ich meine
Süßigkeit aufgeben / und meine guten Früchte /
und hingehen, um über den anderen Bäumen zu
schwanken?
12 Da sagten die Bäume zum Weinstock: / Komm,
sei du unser König!

[13] Der Weinstock sagte zu ihnen: / Soll ich meinen
Most aufgeben, / der Götter und Menschen er-
freut, / und hingehen, um über den anderen Bäu-
men zu schwanken?
[14] Da sagten alle Bäume zum Dornenstrauch: /
Komm, sei du unser König!
[15] Der Dornenstrauch sagte zu den Bäumen: /
Wollt ihr mich wirklich zu eurem König salben? /
Kommt, findet Schutz in meinem Schatten! /
Wenn aber nicht, dann soll vom Dornenstrauch
Feuer ausgehen / und die Zedern des Libanon fres-
sen.
[16] Wenn ihr also treu und redlich gehandelt habt,
als ihr Abimelech zum König machtet, und wenn
ihr an Jerubbaal und seinem Haus gut gehandelt
habt, wenn ihr so an ihm gehandelt habt, wie das
Wirken meines Vaters es verdient, [17] der für euch
gekämpft, sein Leben gewagt und euch aus der Ge-
walt Midians befreit hat, [18] während ihr euch heute
gegen das Haus meines Vaters erhoben habt, seine
Söhne, siebzig Männer, auf ein und demselben
Stein umgebracht und Abimelech, den Sohn sei-
ner Sklavin, zum König über die Bürger von Si-
chem gemacht habt, weil er euer Bruder ist, –
[19] wenn ihr also heute treu und redlich an Jerub-
baal und seinem Haus gehandelt habt, dann sollt
ihr eure Freude haben an Abimelech und er soll
seine Freude an euch haben. [20] Wenn aber nicht,
dann soll Feuer von Abimelech ausgehen und die
Bürger Sichems und Bet-Millos fressen. Und von
den Bürgern Sichems und von Bet-Millo soll Feuer
ausgehen und Abimelech fressen. [21] Dann machte
sich Jotam davon, floh vor seinem Bruder Abime-
lech nach Beer und ließ sich dort nieder.

Der Kampf um Sichem

[22] Als Abimelech drei Jahre lang über Israel ge-
herrscht hatte, [23] sandte Gott einen bösen Geist
zwischen Abimelech und die Bürger von Sichem,
sodass die Bürger von Sichem von Abimelech
abfielen. [24] Das Verbrechen an den siebzig Söhnen
Jerubbaals sollte sich rächen; über ihren Bruder
Abimelech, der sie umgebracht hatte, sollte die
Strafe für das Blutvergießen kommen und ebenso
über die Bürger von Sichem, die ihm tatkräftig bei
der Ermordung seiner Brüder geholfen hatten.
[25] Die Bürger von Sichem legten ihm auf den
Höhen der Berge einen Hinterhalt. Sie raubten
dort jeden aus, der auf seinem Weg bei ihnen vor-
beikam. Das wurde Abimelech gemeldet.
[26] Gaal, der Sohn Ebeds, kam mit seinen Brüdern
und Knechten nach Sichem und die Bürger von
Sichem fassten Vertrauen zu ihm. [27] Sie gingen
aufs Feld hinaus, hielten in ihren Weinbergen die
Weinlese, kelterten und feierten ein Freudenfest;
sie zogen zum Haus ihres Gottes, aßen und tran-
ken und verfluchten Abimelech. [28] Gaal, der Sohn
Ebeds, sagte: Wer ist schon Abimelech? Und was
ist Sichem, dass wir Abimelech dienen sollten? Ist
er nicht der Sohn Jerubbaals und ist nicht Sebul
sein Vogt? Dient lieber den Männern Hamors, des
Vaters von Sichem! Warum sollten wir ihm die-
nen? [29] Wäre doch dieses Volk in meiner Gewalt;
ich wollte Abimelech vertreiben. Ich würde zu
Abimelech sagen: Du hast ein großes Heer, also
zieh in den Kampf! [30] Als Sebul, der Vogt der Stadt,
von den Reden Gaals, des Sohnes Ebeds, hörte,
entbrannte sein Zorn. [31] Er schickte Boten zu Abi-
melech nach Aruma und ließ ihm sagen: Gaal, der
Sohn Ebeds, und seine Brüder sind nach Sichem
gekommen und hetzen nun die Stadt gegen dich
auf. [32] Brich also noch in der Nacht mit den Leu-
ten auf, die du bei dir hast, und leg dich auf dem
freien Feld in einen Hinterhalt! [33] Am Morgen aber
brich bei Sonnenaufgang auf und rück gegen die
Stadt vor! Sobald dann Gaal mit seinen Leuten ge-
gen dich ausrückt, mach mit ihm, wie es sich für
dich ergibt.
[34] Abimelech brach noch in der Nacht mit allen
Leuten, die er bei sich hatte, auf und sie legten sich
in vier Abteilungen bei Sichem in einen Hinter-
halt. [35] Als Gaal, der Sohn Ebeds, herauskam und
vor das Stadttor trat, brach Abimelech mit seinen
Leuten aus dem Hinterhalt hervor. [36] Als Gaal die
Männer sah, sagte er zu Sebul: Sieh, da steigen
Leute von den Höhen der Berge herunter. Sebul
entgegnete ihm: Du siehst den Schatten der Berge
für Menschen an. [37] Doch Gaal redete weiter und
sagte: Sieh doch, da kommen Leute vom Nabel des
Landes herab und eine Abteilung kommt aus der
Richtung der Orakel-Eiche. [38] Da sagte Sebul zu
ihm: Wo bleibt nun dein großes Maul, mit dem du
gesagt hast: Wer ist schon Abimelech, dass wir ihm
dienen sollten? Sind das nicht die Leute, die du

verachtet hast? Rück jetzt nur aus, und kämpfe mit
ihnen! 39 Da rückte Gaal an der Spitze der Bürger
von Sichem aus und kämpfte gegen Abimelech.
40 Aber er musste vor ihm fliehen und Abimelech
verfolgte ihn und viele wurden erschlagen, sie
fielen, noch bevor sie das Tor erreicht hatten.
41 Abimelech aber kehrte nach Aruma zurück und
Sebul vertrieb Gaal und seine Brüder; sie konnten
nicht mehr in Sichem bleiben.
42 Am anderen Morgen gingen die Leute (von Si-
chem) aufs Feld hinaus. Das meldete man Abime-
lech. 43 Er nahm seine Leute, teilte sie in drei Ab-
teilungen und legte auf dem Feld einen Hinterhalt.
Als er sah, wie die Leute aus der Stadt herauska-
men, überfiel er sie und erschlug sie. 44 Abimelech
stürmte mit der Abteilung, die bei ihm war, vor
und bezog am Eingang des Stadttors Stellung,
während die beiden anderen Abteilungen auf die,
die auf dem Feld waren, eindrangen und sie er-
schlugen. 45 Abimelech kämpfte den ganzen Tag
gegen die Stadt. Er eroberte sie und tötete ihre Ein-
wohner. Dann zerstörte er die Stadt und streute
Salz über sie.
46 Als die Besatzung der Burg von Sichem davon
hörte, zog sie sich in das Gewölbe des Tempels des
»Bundesgottes« zurück. 47 Abimelech wurde ge-
meldet, dass sich die ganze Besatzung der Burg von
Sichem dort versammelt hatte. 48 Daraufhin stieg
Abimelech mit all seinen Leuten den Berg Zalmon
hinauf. Abimelech nahm seine Axt in die Hand,
hieb einen Busch ab, hob ihn auf, legte ihn auf
seine Schulter und sagte zu seinen Leuten: Macht
mir nach, was ihr gesehen habt, aber schnell! 49 Da
hieben auch alle seine Leute einen Busch ab und
zogen hinter Abimelech her. Sie legten die Zweige
auf das Gewölbe und zündeten sie an und steck-
ten das Gewölbe über der Besatzung in Brand. So
kam auch die ganze Besatzung der Burg von Si-
chem um, etwa tausend Männer und Frauen.

Der Tod Abimelechs

50 Dann zog Abimelech nach Tebez, belagerte die
Stadt und nahm sie ein. 51 Mitten in der Stadt aber
war eine starke Burg. Dorthin flohen alle Männer
und Frauen, alle Bürger der Stadt. Sie schlossen
hinter sich zu und stiegen auf das Dach der Burg.
52 Abimelech rückte an die Burg heran und eröff-
nete den Kampf gegen sie. Als er sich dem Burgtor
näherte, um es in Brand zu stecken, 53 warf eine
Frau Abimelech einen Mühlstein auf den Kopf
und zerschmetterte ihm den Schädel. 54 Da rief er
seinen Waffenträger und sagte zu ihm: Schnell,
zieh dein Schwert und töte mich! Man soll nicht
von mir sagen: Eine Frau hat ihn umgebracht. Der
junge Mann durchbohrte ihn und er starb.
55 Als die Israeliten sahen, dass Abimelech tot war,
ging jeder zurück in seinen Heimatort. 56 So ließ
Gott das Verbrechen, das Abimelech an seinem Va-
ter begangen hatte, als er seine siebzig Brüder um-
brachte, auf ihn selbst zurückfallen. 57 Auch auf die
Einwohner von Sichem ließ Gott alles Böse, das sie
getan hatten, zurückfallen. So kam über sie der
Fluch Jotams, des Sohnes Jerubbaals.

53: 2 Sam 11,21

Tola und Jaïr

10 Nach Abimelech trat Tola auf, der Sohn Pu-
was, des Sohnes Dodos, um Israel zu retten,
ein Mann aus Issachar. Er wohnte in Schamir auf
dem Gebirge Efraim. 2 Er war dreiundzwanzig
Jahre lang Richter über Israel. Dann starb er und
wurde in Schamir begraben.
3 Nach ihm trat Jaïr aus Gilead auf; er war zwei-
undzwanzig Jahre lang Richter über Israel. 4 Er
hatte dreißig Söhne, die auf dreißig Eseln ritten
und dreißig Städte besaßen. Man nennt sie bis auf
den heutigen Tag »die Zeltdörfer Jaïrs«; sie liegen
im Land Gilead. 5 Als Jaïr starb, wurde er in Kamon
begraben.

1: Gen 46,13; Num 26,23 • 3: Num 32,41; Dtn 3,14; Jos 13,30

Erneute Unterdrückung der Israeliten

6 Die Israeliten taten wieder, was dem Herrn miss-
fiel. Sie dienten den Baalen und Astarten, den Göt-
tern Arams, den Göttern Sidons, den Göttern Mo-
abs, den Göttern der Ammoniter und den Göttern
der Philister. Sie verließen den Herrn und dienten
ihm nicht mehr. 7 Deshalb entbrannte der Zorn
des Herrn über Israel und er lieferte sie der Gewalt
der Philister und der Ammoniter aus. 8 Sie quälten
und unterdrückten die Israeliten in jener Zeit
achtzehn Jahre lang, alle Israeliten jenseits des Jor-
dan im Land der Amoriter, nämlich in Gilead.
9 Dann kamen die Ammoniter über den Jordan,

um auch gegen Juda, Benjamin und das Haus Efraim Krieg zu führen. Israel geriet in große Bedrängnis [10] und die Israeliten schrien zum Herrn: Wir haben gegen dich gesündigt; denn wir haben unseren Gott verlassen und den Baalen gedient. [11] Der Herr erwiderte den Israeliten: Nicht wahr, von Ägypten an [auch von den Amoritern, Ammonitern und Philistern her, [12] ebenso die Sidonier, Amalek und Midian] haben sie euch unterdrückt. Als ihr aber zu mir geschrien habt, habe ich euch aus ihrer Gewalt befreit. [13] Ihr aber habt mich verlassen und anderen Göttern gedient. Darum werde ich euch nicht mehr retten. [14] Geht und schreit doch zu den Göttern, die ihr euch erwählt habt; sie sollen euch retten in der Zeit der Not. [15] Die Israeliten aber sagten zum Herrn: Wir haben gesündigt. Mach mit uns, was dir gefällt, nur rette uns heute! [16] Und sie entfernten die fremden Götter aus ihrer Mitte und dienten dem Herrn. Da konnte er das Elend Israels nicht länger ertragen.

Die Wahl Jiftachs zum Richter

[17] Die Ammoniter wurden aufgeboten und schlugen ihr Lager in Gilead auf. Auch die Israeliten versammelten sich; sie bezogen ihr Lager in Mizpa. [18] Da sagten die Leute [die führenden Männer Gileads] zueinander: Wer ist der Mann, der den Kampf gegen die Ammoniter aufnimmt? Er soll das Oberhaupt aller Bewohner Gileads werden.

11 Jiftach, der Gileaditer, war ein tapferer Held; er war der Sohn einer Dirne und Gilead war sein Vater. [2] Auch Gileads Ehefrau gebar ihm Söhne. Als nun die Söhne der Ehefrau herangewachsen waren, jagten sie Jiftach fort und sagten zu ihm: Du sollst im Haus unseres Vaters nicht erben; denn du bist der Sohn einer anderen Frau. [3] Da floh Jiftach vor seinen Brüdern. Er ließ sich im Land Tob nieder, und Männer, die nichts zu verlieren hatten, scharten sich um ihn und zogen mit ihm (zu Streifzügen) aus. [4] Nach einiger Zeit begannen die Ammoniter Krieg mit Israel. [5] Als nun die Ammoniter mit Israel Krieg begannen, machten sich die Ältesten Gileads auf den Weg, um Jiftach aus dem Land Tob zu holen. [6] Sie sagten zu Jiftach: Komm, sei unser Anführer, dann können wir gegen die Ammoniter kämpfen. [7] Jiftach erwiderte den Ältesten Gileads: Habt ihr mich nicht gehasst und aus dem Haus meines Vaters verjagt? Warum kommt ihr jetzt zu mir, da ihr in Bedrängnis seid? [8] Die Ältesten Gileads antworteten Jiftach: Eben darum haben wir uns jetzt dir wieder zugewandt. Du sollst mit uns gehen und gegen die Ammoniter kämpfen; du sollst unser Oberhaupt und der Anführer aller Bewohner Gileads werden. [9] Jiftach entgegnete den Ältesten Gileads: Wenn ihr mich zum Kampf gegen die Ammoniter zurückholt und der Herr sie vor meinen Augen preisgibt, werde ich dann wirklich euer Oberhaupt sein? [10] Die Ältesten Gileads antworteten Jiftach: Der Herr soll unser Zeuge sein: Wirklich, so wie du es eben gesagt hast, so werden wir es machen. [11] Daraufhin ging Jiftach mit den Ältesten Gileads und die Leute machten ihn zu ihrem Oberhaupt und Anführer. Jiftach aber brachte in Mizpa alle seine Angelegenheiten vor den Herrn.

Die Verhandlung mit den Ammonitern

[12] Danach schickte Jiftach Boten zum König der Ammoniter und ließ ihn fragen: Was haben wir gegeneinander, dass du herangerückt bist, um in meinem Land Krieg zu führen? [13] Der König der Ammoniter antwortete den Boten Jiftachs: Israel hat mir mein Land zwischen dem Arnon und dem Jabbok, bis hin zum Jordan, weggenommen, als es aus Ägypten heraufzog. Gib es jetzt freiwillig wieder zurück! [14] Darauf schickte Jiftach noch einmal Boten zum König der Ammoniter [15] und ließ ihm sagen: So spricht Jiftach: Israel hat das Land Moabs und das Land der Ammoniter nicht weggenommen. [16] Als Israel aus Ägypten heraufzog, wanderte es durch die Wüste bis zum Schilfmeer und kam nach Kadesch. [17] Da schickte Israel Boten zum König von Edom und ließ ihm sagen: Ich möchte durch dein Land ziehen. Aber der König von Edom hörte nicht darauf. Auch zum König von Moab schickten sie, aber auch er wollte nicht (hören). Deshalb blieb Israel in Kadesch. [18] Es zog dann durch die Wüste, umging das Land Edoms und das Land Moabs und kam so in das Gebiet östlich vom Land Moabs. Sie schlugen jenseits des Arnon ihr Lager auf, kamen also gar nicht in das Gebiet Moabs; denn der Arnon ist die Grenze Moabs. [19] Dann sandte Israel Boten zu Sihon, dem König der Amoriter, dem König von Heschbon, und

ließ ihm sagen: Wir möchten durch dein Gebiet in
unser Land ziehen. 20 Sihon aber glaubte nicht,
dass Israel nur durch sein Gebiet durchziehen
wollte. Er sammelte daher seine Männer, schlug in
Jahaz sein Lager auf und eröffnete den Kampf
gegen Israel. 21 Der Herr, der Gott Israels, aber gab
Sihon und alle seine Männer in die Gewalt Israels.
Israel schlug sie und eroberte das ganze Land, das
die Amoriter bewohnten. 22 So nahmen sie das
ganze Land der Amoriter vom Arnon bis zum Jab-
bok und von der Wüste bis zum Jordan in Besitz.
23 Der Herr, der Gott Israels, hat also die Amoriter
vor den Augen seines Volkes Israel vertrieben. Und
du willst es nun aus seinem Besitz vertreiben? 24 Ist
es nicht so: Wen Kemosch, dein Gott, vertreibt,
dessen Besitz nimmst du, und wen immer der
Herr, unser Gott, vor unseren Augen vertreibt,
dessen Besitz nehmen wir. 25 Bist du denn wirklich
besser als der Moabiterkönig Balak, der Sohn Zip-
pors? Hat er denn mit Israel einen Streit oder ei-
nen Krieg angefangen? 26 Israel saß dreihundert
Jahre lang in Heschbon und seinen Tochterstäd-
ten, in Aroër und seinen Tochterstädten und in al-
len Städten, die zu beiden Seiten des Arnon liegen.
Warum habt ihr diese Städte nicht in jener Zeit an
euch gerissen? 27 Was mich betrifft, so habe ich dir
kein Unrecht getan, aber du willst mir Böses an-
tun, indem du den Kampf gegen mich eröffnest.
Der Herr soll unser Richter sein; er möge heute im
Streit zwischen den Israeliten und den Ammoni-
tern entscheiden. 28 Doch der König der Ammoni-
ter hörte nicht auf die Botschaft, die ihm Jiftach
schickte.

18: Num 21,13 • 19: Num 21,21–31 • 25: Num 22,2; Jos 24,9

Jiftachs Sieg

29 Da kam der Geist des Herrn über Jiftach und
Jiftach zog durch Gilead und Manasse nach Mizpa
in Gilead und von Mizpa in Gilead zog er gegen
die Ammoniter. 30 Jiftach legte dem Herrn ein Ge-
lübde ab und sagte: Wenn du die Ammoniter wirk-
lich in meine Gewalt gibst 31 und wenn ich wohl-
behalten von den Ammonitern zurückkehre, dann
soll, was immer mir (als Erstes) aus der Tür mei-
nes Hauses entgegenkommt, dem Herrn gehören
und ich will es ihm als Brandopfer darbringen.
32 Darauf zog Jiftach gegen die Ammoniter in den
Kampf und der Herr gab sie in seine Gewalt. 33 Er
schlug sie im ganzen Gebiet zwischen Aroër und
Minnit bis hin nach Abel-Keramim vernichtend
(und nahm) zwanzig Städte (ein). So wurden die
Ammoniter vor den Augen der Israeliten gede-
mütigt. 34 Als Jiftach nun nach Mizpa zu seinem
Haus zurückkehrte, da kam ihm seine Tochter ent-
gegen; sie tanzte zur Pauke. Sie war sein einziges
Kind; er hatte weder einen Sohn noch eine andere
Tochter. 35 Als er sie sah, zerriss er seine Kleider
und sagte: Weh, meine Tochter! Du machst mich
niedergeschlagen und stürzt mich ins Unglück.
Ich habe dem Herrn mit eigenem Mund etwas ver-
sprochen und kann nun nicht mehr zurück. 36 Sie
erwiderte ihm: Mein Vater, wenn du dem Herrn
mit eigenem Mund etwas versprochen hast, dann
tu mit mir, was du versprochen hast, nachdem dir
der Herr Rache an deinen Feinden, den Ammoni-
tern, verschafft hat. 37 Und sie sagte zu ihrem Va-
ter: Nur das eine möge mir gewährt werden: Lass
mir noch zwei Monate Zeit, damit ich in die Berge
gehe und zusammen mit meinen Freundinnen
meine Jugend beweine. 38 Er entgegnete: Geh nur!,
und ließ sie für zwei Monate fort. Sie aber ging mit
ihren Freundinnen hin und beweinte ihre Jugend
in den Bergen. 39 Als zwei Monate zu Ende waren,
kehrte sie zu ihrem Vater zurück und er tat mit ihr,
was er gelobt hatte; sie aber hatte noch mit keinem
Mann Verkehr gehabt. So wurde es Brauch in Is-
rael, 40 dass Jahr für Jahr die Töchter Israels (in
die Berge) gehen und die Tochter des Gileaditers
Jiftach beklagen, vier Tage lang, jedes Jahr.

29: 3,10; 6,34; 13,25

Der Krieg der Efraimiter gegen Jiftach

12 Die Männer aus Efraim wurden (zum
Kampf) aufgeboten; sie zogen nach Zafon
und sagten zu Jiftach: Warum bist du gegen die
Ammoniter in den Kampf gezogen und hast uns
nicht aufgefordert, mit dir zu ziehen? Wir werden
dir dein Haus über dem Kopf anzünden. 2 Jiftach
sagte zu ihnen: Ich selbst und mein Volk lagen mit
den Ammonitern in heftigem Streit. Ich habe euch
gerufen, aber ihr habt mich nicht aus ihrer Gewalt
befreit. 3 Als ich nun sah, dass ihr mir nicht helfen
wolltet, setzte ich mein Leben aufs Spiel und zog
gegen die Ammoniter und der Herr gab sie in

meine Gewalt. Warum seid ihr nun heute zu mir
heraufgekommen, um Krieg mit mir anzufangen?
4 Darauf sammelte Jiftach alle Männer aus Gilead
und kämpfte gegen Efraim und die Männer aus
Gilead schlugen Efraim. Die Efraimiter hatten ge-
sagt: Ihr seid Flüchtlinge aus Efraim; Gilead liegt
ja mitten in Efraim, mitten in Manasse. 5 Gilead
besetzte die nach Efraim führenden Übergänge
über den Jordan. Und wenn efraimitische Flücht-
linge (kamen und) sagten: Ich möchte hinüber!,
fragten ihn die Männer aus Gilead: Bist du ein
Efraimiter? Wenn er Nein sagte, 6 forderten sie ihn
auf: Sag doch einmal »Schibbolet«. Sagte er dann
»Sibbolet«, weil er es nicht richtig aussprechen
konnte, ergriffen sie ihn und machten ihn dort an
den Furten des Jordan nieder. So fielen damals
zweiundvierzigtausend Mann aus Efraim.
7 Jiftach war sechs Jahre lang Richter in Israel.
Dann starb Jiftach, der Gileaditer, und wurde in
seiner Stadt in Gilead begraben.

1: 8,1

Die Richter Ibzan, Elon und Abdon

8 Nach ihm war Ibzan aus Betlehem Richter in Is-
rael. 9 Er hatte dreißig Söhne; dreißig Töchter gab
er nach auswärts (in die Ehe) und dreißig Töchter
führte er seinen Söhnen von auswärts zu. Ibzan
war sieben Jahre lang Richter in Israel. 10 Dann
starb er und wurde in Betlehem begraben.
11 Nach ihm war Elon, der Sebuloniter, Richter in
Israel; er war zehn Jahre lang Richter in Israel.
12 Dann starb der Sebuloniter Elon und wurde in
Ajalon im Land Sebulon begraben.
13 Nach ihm war Abdon, der Sohn Hillels aus Pira-
ton, Richter in Israel. 14 Er hatte vierzig Söhne und
dreißig Enkel, die auf siebzig Eseln ritten. Er war
acht Jahre lang Richter in Israel.
15 Dann starb Abdon, der Sohn Hillels aus Piraton,
und wurde in Piraton, im Land Efraim, auf dem
Amalekiterberg begraben.

Die Ankündigung der Geburt Simsons

13 Die Israeliten taten wieder, was dem Herrn
missfiel. Deshalb gab sie der Herr vierzig
Jahre lang in die Gewalt der Philister. 2 Damals leb-
te in Zora ein Mann namens Manoach, aus der
Sippe der Daniter; seine Frau war unfruchtbar und
hatte keine Kinder. 3 Der Engel des Herrn erschien
der Frau und sagte zu ihr: Gewiss, du bist un-
fruchtbar und hast keine Kinder; aber du sollst
schwanger werden und einen Sohn gebären.
4 Nimm dich jedoch in Acht und trink weder Wein
noch Bier und iss nichts Unreines! 5 Denn siehe, du
wirst schwanger werden und einen Sohn gebären.
Es darf kein Schermesser an seine Haare kommen;
denn der Knabe wird von Geburt an ein Gott ge-
weihter Nasiräer sein. Er wird damit beginnen, Is-
rael aus der Gewalt der Philister zu befreien. 6 Die
Frau ging und sagte zu ihrem Mann: Ein Gottes-
mann ist zu mir gekommen; er sah aus, wie der
Engel Gottes aussieht, überaus Furcht erregend.
Ich habe ihn nicht gefragt, woher er kam, und er
hat mir auch seinen Namen nicht genannt. 7 Er
sagte zu mir: Siehe, du wirst schwanger werden
und einen Sohn gebären. Trink jedoch keinen
Wein und kein Bier und iss nichts Unreines; denn
der Knabe wird von Geburt an ein Gott geweihter
Nasiräer sein, bis zum Tag seines Todes. 8 Da betete
Manoach zum Herrn und sagte: Bitte, mein Herr,
lass doch den Gottesmann, den du gesandt hast,
noch einmal zu uns kommen und uns belehren,
was wir mit dem Knaben machen sollen, der ge-
boren werden soll. 9 Und Gott erhörte die Bitte
Manoachs. Der Engel Gottes kam noch einmal zu
der Frau, als sie gerade auf dem Feld war; ihr Mann
Manoach war nicht bei ihr. 10 Sie lief schnell zu
ihrem Mann, um es ihm mitzuteilen; sie sagte zu
ihm: Eben ist der Mann, der damals zu mir ge-
kommen ist, wieder erschienen. 11 Manoach stand
auf und folgte seiner Frau. Als er zu dem Mann
kam, fragte er ihn: Bist du der Mann, der mit mei-
ner Frau geredet hat? Er antwortete: Ja, ich bin es.
12 Da sagte Manoach: Wenn sich nun dein Wort er-
füllt, wie sollen wir es mit dem Knaben halten, was
sollen wir mit ihm tun? 13 Der Engel des Herrn ant-
wortete Manoach: Die Frau soll sich vor all dem
hüten, was ich ihr gesagt habe. 14 Nichts, was vom
Weinstock kommt, darf sie genießen; weder Wein
noch Bier darf sie trinken und nichts Unreines es-
sen. Alles, was ich ihr befohlen habe, muss sie be-
achten. 15 Manoach sagte zum Engel des Herrn:
Wir möchten dich gern einladen und dir ein Zie-
genböckchen zubereiten. 16 Aber der Engel des
Herrn sagte zu Manoach: Auch wenn du mich ein-

lädst, werde ich von deinem Mahl nichts essen. Wenn du aber ein Brandopfer herrichten willst, bring es dem Herrn dar! Manoach wusste nämlich nicht, dass es der Engel des Herrn war. [17] Deshalb fragte Manoach den Engel des Herrn: Wie ist dein Name? Wenn eintrifft, was du gesagt hast, möchten wir dir gern Ehre erweisen. [18] Der Engel des Herrn erwiderte: Warum fragst du mich nach meinem Namen? Er ist wunderbar. [19] Da nahm Manoach das Ziegenböckchen und brachte es zusammen mit einem Speiseopfer auf einem Felsblock dem Herrn dar, der Wunder tut. [Manoach und seine Frau sahen zu.] [20] Als die Flamme vom Altar zum Himmel aufstieg, stieg der Engel des Herrn in der Flamme des Altars mit empor. Als Manoach und seine Frau das sahen, warfen sie sich zu Boden auf ihr Gesicht. [21] Von da an aber erschien der Engel des Herrn dem Manoach und seiner Frau nicht mehr. Da erkannte Manoach, dass es der Engel des Herrn gewesen war, [22] und sagte zu seiner Frau: Sicher müssen wir sterben, weil wir Gott gesehen haben. [23] Doch seine Frau entgegnete ihm: Wenn der Herr uns hätte töten wollen, hätte er nicht aus unserer Hand Brand- und Speiseopfer angenommen und er hätte uns nicht all das sehen und uns auch nichts Derartiges hören lassen. [24] Die Frau gebar einen Sohn und nannte ihn Simson; der Knabe wuchs heran und der Herr segnete ihn. [25] Dann aber begann der Geist des Herrn, ihn umherzutreiben im Lager Dans zwischen Zora und Eschtaol.

4: Num 6,2–21 • 5: Jes 7,14 • 17: Gen 32,30 • 22: Ex 33,20; Jes 6,5 • 25: 3,10; 6,34; 11,29; 1 Sam 10,6

Simsons Hochzeit

14 Als Simson (eines Tages) nach Timna hinabging, fiel sein Blick auf eine der jungen Philisterinnen aus Timna. [2] Als er wieder heraufkam, teilte er es seinem Vater und seiner Mutter mit und sagte: Ich habe in Timna eine junge Philisterin gesehen. Gebt sie mir doch zur Frau! [3] Sein Vater und seine Mutter erwiderten ihm: Gibt es denn unter den Töchtern deiner Stammesbrüder und in meinem ganzen Volk keine Frau, sodass du fortgehen und eine Frau von diesen unbeschnittenen Philistern heiraten musst? Simson antwortete seinem Vater: Gib mir diese, denn sie gefällt mir. [4] Sein Vater und seine Mutter wussten nicht, dass es vom Herrn so geplant war, weil er einen Anlass zum Kampf mit den Philistern suchte. Damals herrschten nämlich die Philister über Israel.
[5] Simson ging [mit seinem Vater und seiner Mutter] nach Timna. Als sie bei den Weinbergen von Timna waren, kam ihm plötzlich ein brüllender junger Löwe entgegen. [6] Da kam der Geist des Herrn über Simson und Simson zerriss den Löwen mit bloßen Händen, als würde er ein Böckchen zerreißen. Aber seinem Vater und seiner Mutter teilte er nicht mit, was er getan hatte. [7] Dann ging er hinab und redete mit der Frau und sie gefiel Simson. [8] Nach einiger Zeit ging er wieder hin, um sie zu heiraten. Dabei bog er vom Weg ab, um nach dem Kadaver des Löwen zu sehen. Da fand er im Körper des Löwen einen Bienenschwarm und Honig. [9] Er löste den Honig mit den Händen heraus und aß davon im Weitergehen. Als er zu seinem Vater und zu seiner Mutter kam, gab er ihnen davon und sie aßen ebenfalls. Er sagte ihnen aber nicht, dass er den Honig aus dem Kadaver des Löwen herausgeholt hatte.
[10] Auch sein Vater kam zu der Frau hinab und Simson veranstaltete dort ein Trinkgelage, wie es die jungen Leute zu machen pflegen. [11] Weil man aber vor ihm Angst hatte, holte man dreißig Männer hinzu, die um ihn sein sollten. [12] Simson sagte zu ihnen: Ich will euch ein Rätsel aufgeben. Wenn ihr es mir in den sieben Tagen des Gelages erraten und lösen könnt, dann will ich euch dreißig Hemden und dreißig Festgewänder geben. [13] Wenn ihr mir aber die Lösung nicht sagen könnt, dann sollt ihr mir dreißig Hemden und dreißig Festgewänder geben. Sie sagten zu ihm: Sag uns dein Rätsel, wir möchten es hören. [14] Er sagte zu ihnen: Vom Fresser kommt Speise, vom Starken kommt Süßes. Sie aber konnten es drei Tage lang nicht lösen. [15] Am vierten Tag sagten sie zur Frau Simsons: Überrede deinen Mann, dass er uns die Lösung des Rätsels nennt; sonst werden wir dich samt dem Haus deines Vaters verbrennen. Habt ihr uns hierher eingeladen, um uns arm zu machen? [16] Da weinte die Frau Simsons vor ihm und sagte: Du hast eine Abneigung gegen mich und liebst mich nicht. Du hast den Söhnen meines Volkes ein Rätsel aufgegeben und hast mir nicht die Lösung gesagt. Er erwiderte

ihr: Ich habe es ja nicht einmal meinem Vater und
meiner Mutter gesagt. Wie sollte ich es dir sagen?
17 Sie aber weinte sieben Tage lang vor ihm, solange
sie Gelage hielten. Am siebten Tag aber sagte er es
ihr, weil sie ihm so zusetzte, und sie teilte die Lö-
sung den Söhnen ihres Vaters mit. 18 Und am sieb-
ten Tag sagten die Männer der Stadt zu ihm, bevor
die Sonne unterging: Was ist süßer als Honig und
was ist stärker als ein Löwe? Er erwiderte ihnen:
Hättet ihr nicht mit meiner Kuh gepflügt, dann
hättet ihr mein Rätsel nicht erraten. 19 Und der
Geist des Herrn kam über ihn; er ging nach Asch-
kelon hinab und erschlug dort dreißig Mann von
ihnen, nahm ihnen ihre Kleider und gab die Ge-
wänder denen, die das Rätsel gelöst hatten. Dann
ging er zornentbrannt hinauf in das Haus seines
Vaters. 20 Seine Frau erhielt sein Freund, der der
Brautführer gewesen war.

19: 3,10

Die Vernichtung der Ernte

15 Einige Zeit danach, zur Zeit der Weizen-
ernte, besuchte Simson seine Frau. Er
brachte ein Ziegenböckchen mit und sagte (zu
ihrem Vater): Ich will zu meiner Frau in die Kam-
mer. Aber ihr Vater ließ ihn nicht hinein, 2 sondern
sagte: Ich dachte, du magst sie sicher nicht mehr.
Darum habe ich sie deinem Freund gegeben. Aber
ist nicht ihre jüngere Schwester noch schöner als
sie? Die kannst du an ihrer Stelle haben. 3 Simson
antwortete ihm: Diesmal bin ich frei von Schuld,
wenn ich den Philistern etwas Böses antue. 4 Sim-
son ging weg und fing dreihundert Füchse. Dann
nahm er Fackeln, band je zwei Füchse an den
Schwänzen zusammen und befestigte eine Fackel
in der Mitte zwischen zwei Schwänzen. 5 Er zün-
dete die Fackeln an und ließ die Füchse in die Ge-
treidefelder der Philister laufen. So verbrannte er
die Garben und das noch stehende Korn, ebenso
die Weingärten und die Ölbäume. 6 Als die Philis-
ter fragten: Wer hat das getan?, antwortete man:
Simson, der Schwiegersohn des Timniters, weil
dieser ihm seine Frau weggenommen und seinem
Freund gegeben hat. Da zogen die Philister hinauf
und verbrannten die Frau samt dem Haus ihres
Vaters. 7 Darauf sagte ihnen Simson: Wenn ihr es
so macht, dann werde ich nicht mehr aufhören, bis
ich an euch Rache genommen habe. 8 Und er schlug
ihnen mit gewaltigen Schlägen die Knochen ent-
zwei. Dann ging er weg und hauste in der Felsen-
höhle von Etam.

Simsons Sieg bei Lehi

9 Die Philister zogen nach Juda herauf, schlugen
dort ihr Lager auf und besetzten die Gegend von
Lehi. 10 Die Männer von Juda fragten sie: Warum
seid ihr gegen uns gezogen? Sie antworteten: Wir
sind heraufgekommen, um Simson gefangen zu
nehmen und es mit ihm so zu machen, wie er es
mit uns gemacht hat. 11 Da zogen dreitausend
Männer aus Juda zur Felsenhöhle von Etam hinab
und sagten zu Simson: Weißt du nicht, dass die
Philister unsere Herren sind? Was hast du uns da
angetan? Er antwortete ihnen: Wie sie es mit mir
gemacht haben, so habe ich es mit ihnen gemacht.
12 Sie erwiderten ihm: Wir sind herabgekommen,
um dich zu fesseln und in die Gewalt der Philister
zu geben. Simson sagte zu ihnen: Schwört mir,
dass ihr selber nicht über mich herfallen werdet.
13 Sie antworteten ihm: Nein, wir wollen dich nur
fesseln und in ihre Gewalt geben, aber töten wol-
len wir dich nicht. Sie fesselten ihn also mit zwei
neuen Stricken und führten ihn aus der Felsen-
höhle weg. 14 Als er nach Lehi hinaufkam und die
Philister ihm mit Triumphgeschrei entgegenlie-
fen, kam der Geist des Herrn über ihn. Die Stricke
an seinen Armen wurden wie Fäden, die vom
Feuer versengt werden, und die Fesseln fielen von
seinen Händen. 15 Er fand den noch blutigen Kinn-
backen eines Esels, ergriff ihn mit der Hand und
erschlug damit tausend Männer. 16 Damals sagte
Simson: Mit dem Kinnbacken eines Esels habe ich
sie gründlich verprügelt; mit einem Eselskinn-
backen habe ich tausend Männer erschlagen. 17 Als
er das gesagt hatte, warf er den Kinnbacken weg;
daher nannte man den Ort Ramat Lehi (Kinn-
backenhöhe).
18 Weil er großen Durst hatte, rief er zum Herrn
und sagte: Du hast deinem Knecht diesen großen
Sieg verliehen; jetzt aber soll ich vor Durst sterben
und den Unbeschnittenen in die Hände fallen.
19 Da spaltete Gott die Höhle von Lehi und es kam
Wasser daraus hervor, sodass Simson trinken
konnte. Seine Lebensgeister kehrten zurück und er

lebte wieder auf. Deshalb nennt man die Quelle bei Lehi bis zum heutigen Tag »Quelle des Rufers«. 20 Simson war zur Zeit der Philister zwanzig Jahre lang Richter in Israel.

14: 3,10 • 20: 16,31

Simson in Gaza

16 Als Simson (eines Tages) nach Gaza kam, sah er dort eine Dirne und ging zu ihr. 2 Als man den Leuten von Gaza berichtete: Simson ist hier!, suchten sie überall (nach ihm) und lauerten ihm [die ganze Nacht] am Stadttor auf. Die ganze Nacht über verhielten sie sich still und sagten: Wir warten bis zum Morgengrauen, dann bringen wir ihn um. 3 Simson aber schlief bis gegen Mitternacht. Dann stand er auf, packte die Flügel des Stadttors mit den beiden Pfosten und riss sie zusammen mit dem Riegel heraus. Er lud alles auf seine Schultern und trug es auf den Gipfel des Berges, der Hebron gegenüberliegt.

Simson und Delila

4 Danach verliebte sich Simson in eine Frau im Tal Sorek; sie hieß Delila. 5 Die Fürsten der Philister kamen zu ihr und sagten zu ihr: Versuch ihn zu betören und herauszufinden, wodurch er so große Kraft besitzt und wie wir ihn überwältigen und fesseln können, um ihn zu bezwingen. Jeder von uns gibt dir dann elfhundert Silberstücke. 6 Darauf sagte Delila zu Simson: Sag mir doch, wodurch du so große Kraft besitzt und wie man dich fesseln kann, um dich niederzuzwingen. 7 Simson sagte zu ihr: Wenn man mich mit sieben frischen Sehnen fesselt, die noch nicht getrocknet sind, dann werde ich schwach und bin wie jeder andere Mensch. 8 Die Fürsten der Philister brachten ihr also sieben frische Sehnen, die noch nicht getrocknet waren, und sie fesselte ihn damit, 9 während einige Männer bei ihr in der Kammer auf der Lauer lagen. Dann rief sie ihm zu: Simson, die Philister kommen! Er aber zerriss die Sehnen, wie ein Zwirnfaden reißt, wenn er dem Feuer zu nahe gekommen ist. Doch das Geheimnis seiner Kraft wurde nicht bekannt. 10 Darauf sagte Delila zu Simson: Du hast mich getäuscht und mir etwas vorgelogen. Sag mir doch endlich, womit man dich fesseln kann. 11 Er erwiderte ihr: Wenn man mich mit neuen Stricken fesselt, mit denen noch keine Arbeit getan worden ist, werde ich schwach und bin wie jeder andere Mensch. 12 Delila nahm also neue Stricke und band ihn damit. Dann rief sie ihm zu: Simson, die Philister kommen!, während wieder einige Männer in der Kammer auf der Lauer lagen. Er aber riss die Stricke von seinen Armen wie Fäden. 13 Darauf sagte Delila zu Simson: Bis jetzt hast du mich getäuscht und mir etwas vorgelogen. Sag mir doch, womit man dich fesseln kann. Er erwiderte ihr: Wenn du die sieben Locken auf meinem Kopf mit den Kettfäden des Webstuhls verknotest und mit dem Pflock festmachst, werde ich schwach und bin wie jeder andere Mensch. 14 Nun wiegte sie ihn in den Schlaf und verknotete die sieben Locken auf seinem Kopf mit den Kettfäden und machte sie mit dem Pflock fest. Dann rief sie ihm zu: Simson, die Philister kommen! Er fuhr aus dem Schlaf hoch und riss den Webepflock mit den Kettfäden heraus. 15 Darauf sagte sie zu ihm: Wie kannst du sagen: Ich liebe dich!, wenn mir dein Herz nicht gehört? Jetzt hast du mich dreimal belogen und mir nicht gesagt, wodurch du so große Kraft besitzt. 16 Als sie ihm mit ihrem Gerede jeden Tag zusetzte und ihn (immer mehr) bedrängte, wurde er es zum Sterben leid; 17 er offenbarte ihr alles und sagte zu ihr: Ein Schermesser ist mir noch nicht an die Haare gekommen; denn ich bin von Geburt an Gott als Nasiräer geweiht. Würden mir die Haare geschoren, dann würde meine Kraft mich verlassen; ich würde schwach und wäre wie jeder andere Mensch. 18 Nun merkte Delila, dass er ihr alles offenbart hatte. Sie schickte jemand zu den Philisterfürsten, um sie zu rufen und ihnen sagen zu lassen: Kommt her! Diesmal hat er mir alles offenbart. Die Philisterfürsten kamen zu ihr herauf und brachten das Geld mit. 19 Delila ließ Simson auf ihren Knien einschlafen, [rief einen Mann] und schnitt dann die sieben Locken auf seinem Kopf ab. So begann sie ihn zu schwächen und seine Kraft wich von ihm. 20 Dann rief sie: Simson, die Philister kommen! Er erwachte aus seinem Schlaf und dachte: Ich werde auch diesmal wie bisher entkommen und die Fesseln abschütteln. Denn er wusste nicht, dass der Herr ihn verlassen hatte. 21 Da packten ihn die Philister und stachen ihm die Augen aus. Sie führten ihn nach Gaza hinab und

fesselten ihn mit Bronzeketten und er musste im Gefängnis die Mühle drehen. [22] Doch sein Haar, das man abgeschnitten hatte, fing wieder an zu wachsen.

Gefangenschaft und Tod Simsons

[23] Die Fürsten der Philister versammelten sich, um ihrem Gott Dagon ein großes Opfer darzubringen und ein Freudenfest zu feiern. Sie sagten: Unser Gott hat unseren Feind Simson in unsere Gewalt gegeben. [24] Als das Volk Simson sah, priesen sie ihren Gott und sagten:

Unser Gott hat unseren Feind / in unsere Gewalt gegeben, / ihn, der unser Land verwüstet hat, / der so viele von uns erschlagen hat.

[25] Als sie guter Dinge waren, sagten sie: Ruft Simson her, wir wollen unseren Spaß mit ihm treiben. Und sie ließen Simson aus dem Gefängnis holen, damit er ihr Spaßmacher sei. Sie stellten ihn zwischen die Säulen. [26] Simson aber sagte zu dem Jungen, der ihn an der Hand führte: Lass mich los, ich will die Säulen betasten, von denen das Haus getragen wird, und mich daranlehnen. [27] Das Haus war voll von Männern und Frauen; alle Fürsten der Philister waren da und auf dem Flachdach saßen etwa dreitausend Männer und Frauen. Sie alle wollten Simson als Spaßmacher sehen. [28] Simson aber rief zum Herrn und sagte: Herr und Gott, denk doch an mich und gib mir nur noch dieses eine Mal die Kraft, mein Gott, damit ich an den Philistern Rache nehmen kann, wenigstens für eines von meinen beiden Augen. [29] Dann packte Simson die beiden Mittelsäulen, von denen das Haus getragen wurde, und stemmte sich gegen sie, gegen die eine mit der rechten Hand und gegen die andere mit der linken. [30] Er sagte: So mag ich denn zusammen mit den Philistern sterben. Er streckte sich mit aller Kraft und das Haus stürzte über den Fürsten und über allen Leuten, die darin waren, zusammen. So war die Zahl derer, die er bei seinem Tod tötete, größer als die, die er während seines Lebens getötet hatte. [31] Seine Brüder und die ganze Familie seines Vaters kamen herab; sie holten ihn, brachten ihn heim und begruben ihn zwischen Zora und Eschtaol im Grab seines Vaters Manoach.

Simson war zwanzig Jahre lang Richter in Israel.

31: 13,25; 15,20

NACHTRÄGE: 17,1 – 21,25

Das Heiligtum Michas

17 Im Gebirge Efraim lebte ein Mann namens Micha. [2] Er sagte zu seiner Mutter: Die elfhundert Silberstücke, die dir jemand weggenommen hat und deretwegen du den Fluch ausgestoßen und ihn sogar vor meinen Ohren wiederholt hast, dieses Geld befindet sich bei mir; ich selber habe es genommen. Seine Mutter sagte: Sei gesegnet vom Herrn, mein Sohn. [3] Er gab die elfhundert Silberstücke seiner Mutter zurück. Seine Mutter aber sagte: Ich weihe mein Silber dem Herrn, damit es wieder meinem Sohn zugute kommt. Man soll ein mit Metall überzogenes Gottesbild machen. Fürs Erste aber will ich es dir wiedergeben. [4] Doch der Sohn gab das Silber seiner Mutter zurück. Seine Mutter nahm zweihundert Silberstücke und gab sie einem Goldschmied. Der machte ein mit Metall überzogenes Gottesbild daraus, das dann im Haus Michas aufgestellt wurde. [5] So hatte Micha ein Gotteshaus. Er machte nun ein Efod und Terafim und stellte einen seiner Söhne dazu an, ihm als Priester zu dienen. [6] In jenen Tagen gab es in Israel noch keinen König; jeder tat, was ihm gefiel.

[7] In Betlehem in Juda lebte (damals) ein junger Mann [aus der Sippe Juda]. Er war Levit und lebte dort als Fremder. [8] Dieser Mann zog aus der Stadt, aus Betlehem in Juda, fort, um sich irgendwo als Fremder niederzulassen, wo immer es sei. Auf seiner Wanderung kam er auch ins Gebirge Efraim zum Haus Michas. [9] Micha fragte ihn: Woher kommst du? Er antwortete ihm: Ich bin ein Levit aus Betlehem in Juda und bin unterwegs, um mich irgendwo als Fremder niederzulassen, wo immer es sei. [10] Micha sagte zu ihm: Bleib bei mir und sei mir Vater und Priester! Ich werde dir jährlich zehn Silberstücke geben, dazu die nötigen Kleider und deinen Lebensunterhalt. [Da ging der Levit.] [11] Der

Levit willigte ein, bei ihm zu bleiben, und der
junge Mann wurde für Micha wie einer seiner
Söhne. 12 Micha stellte also den jungen Leviten als
Priester an und er blieb bei ihm im Haus. 13 Und
Micha sagte: Nun weiß ich, dass der Herr mir
Gutes erweisen wird; denn ich habe einen Leviten
als Priester.

6: 18,1; 19,1; 21,25

Die Kundschafter aus Dan

18 Damals gab es noch keinen König in Israel.
Der Stamm der Daniter war zu jener Zeit
dabei, sich einen Erbbesitz zu suchen, um sich nie-
derzulassen; denn es war ihm inmitten der Stäm-
me Israels bis zu jener Zeit noch kein Erbbesitz zu-
gefallen. 2 Daher schickten die Daniter von ihrer
Sippe fünf kampferprobte Männer aus Zora und
Eschtaol aus, um das Land zu durchstreifen und
zu erkunden. Sie sagten zu ihnen: Geht, erkundet
das Land! Die Männer kamen ins Gebirge Efraim
zum Haus Michas und übernachteten dort. 3 Als
sie beim Haus Michas waren, fiel ihnen die Mund-
art des jungen Leviten auf. Sie gingen zu ihm hin
und fragten ihn: Wer hat dich hierher gebracht?
Was willst du hier und was tust du hier? 4 Er ant-
wortete ihnen: Das und das hat Micha mit mir ge-
macht; er hat mich angestellt und so wurde ich
sein Priester. 5 Sie sagten zu ihm: Befrag doch Gott
für uns, damit wir erfahren, ob die Reise, die wir
machen, Erfolg haben wird. 6 Der Priester erwi-
derte ihnen: Zieht in Frieden weiter! Der Weg, den
ihr gehen wollt, liegt vor den Augen des Herrn.
7 Die fünf Männer zogen weiter und kamen nach
Lajisch. Sie sahen, dass das Volk dort ungestört
nach Art der Sidonier lebte, ruhig und sicher. Es
gab niemand, der Schaden anrichtete im Land,
keinen Eroberer und keine Unterdrückung. Sie
waren weit entfernt von den Sidoniern und hatten
auch mit den Aramäern nichts zu tun. 8 Als die
Männer zu ihren Brüdern nach Zora und Eschtaol
kamen, sagten ihre Brüder zu ihnen: Wie ist es
euch ergangen? 9 Sie antworteten: Auf, lasst uns
gegen jene Leute (in den Kampf) ziehen. Denn wir
haben gesehen, dass das Land sehr schön ist.
Warum wollt ihr zögern? Seid nicht so träge!
Macht euch auf den Weg dorthin und nehmt das
Land in Besitz! 10 Ihr findet ein sorgloses Volk vor,
wenn ihr hinkommt. Das Land ist nach allen Sei-
ten hin weiträumig. Wahrhaftig, Gott hat es in
eure Gewalt gegeben. Es ist ein Ort, wo es an nichts
fehlt, was es auf Erden gibt.

1: 17,6; 1,34; Jos 19,47

Der Zug der Daniter nach Lajisch

11 Darauf brachen von dort, also von Zora und Esch-
taol aus, sechshundert mit Waffen ausgerüstete
Männer aus der Sippe der Daniter auf. 12 Sie zogen
hinauf und schlugen bei Kirjat-Jearim in Juda ihr
Lager auf; deshalb nennt man diesen Ort bis auf
den heutigen Tag »Lager Dans«; es liegt hinter Kir-
jat-Jearim. 13 Von dort zogen sie hinüber ins Ge-
birge Efraim und kamen zum Haus Michas. 14 Da
sagten die fünf Männer, die unterwegs gewesen
waren, um das Land [Lajisch] zu erkunden, zu
ihren Brüdern: Wisst ihr auch, dass es in diesen
Häusern ein Efod und Terafim sowie ein mit Me-
tall überzogenes Gottesbild gibt? Überlegt also,
was ihr tun wollt. 15 Da bogen sie (von ihrem Weg)
ab und gingen zum Haus des jungen Leviten [zum
Haus Michas] und begrüßten ihn. 16 Die sechs-
hundert mit Waffen ausgerüsteten Daniter blieben
am Hoftor stehen, 17 während die fünf Männer,
die unterwegs gewesen waren, um das Land zu er-
kunden, hineingingen. Sie nahmen das Gottesbild
mit dem Metallüberzug sowie das Efod und die
Terafim, während der Priester am Eingang des To-
res bei den sechshundert mit Waffen ausgerüste-
ten Männern stand. 18 Als die Leute in das Haus
Michas eindrangen und das Gottesbild mit dem
Metallüberzug, das Efod und die Terafim nahmen,
fragte sie der Priester: Was macht ihr da? 19 Sie ant-
worteten ihm: Schweig! Halt den Mund! Geh mit
uns und werde uns Vater und Priester! Was ist bes-
ser – wenn du Priester im Haus eines einzigen
Mannes bist oder wenn du Priester für einen
Stamm und eine Sippe in Israel bist? 20 Das er-
schien dem Priester gut. Er nahm das Efod, die
Terafim und das Gottesbild und begab sich damit
unter die Leute. 21 Dann brachen sie auf und zogen
weiter. Die Kinder, das Vieh und die Habe führten
sie an der Spitze des Zuges mit sich.
22 Als sie schon weit vom Haus Michas weg waren,
rief Micha die Männer in den Häusern, die in der
Nähe lagen, zusammen und sie verfolgten die Da-

niter. [23] Sie riefen hinter den Danitern her, diese
aber wandten sich um und sagten zu Micha: Was
ist los? Warum habt ihr euch zusammengetan?
[24] Er antwortete: Ihr habt meinen Gott, den ich mir
gemacht hatte, und auch den Priester weggenom-
men und seid davongezogen. Was habe ich jetzt
noch? Wie könnt ihr da zu mir sagen: Was ist los?
[25] Die Daniter entgegneten ihm: Lass dein Ge-
schwätz, sonst fallen unsere erbitterten Leute über
euch her und du bist selbst schuld, wenn du zu-
sammen mit deiner Familie das Leben verlierst.
[26] Dann zogen die Daniter auf ihrem Weg weiter.
Micha aber sah ein, dass sie stärker waren als er,
kehrte um und ging nach Hause zurück. [27] Sie aber
nahmen das Bild, das Micha angefertigt hatte,
samt dem Priester, den er hatte, und überfielen La-
jisch, ein ruhiges und friedliches Volk. Sie erschlu-
gen die Leute mit scharfem Schwert und steckten
die Stadt in Brand. [28] Niemand konnte zu Hilfe
kommen; denn die Stadt lag weit entfernt von Si-
don und hatte auch mit den Aramäern nichts zu
tun; sie lag im Tal von Bet-Rehob. Die Daniter
bauten die Stadt wieder auf und wohnten in ihr.
[29] Sie nannten sie Dan, nach dem Namen ihres
Stammvaters Dan, der einst dem Israel geboren
worden war. Doch früher hatte die Stadt den Na-
men Lajisch. [30] Die Daniter stellten das Gottesbild
bei sich auf und Jonatan, der Sohn Gerschoms, des
Sohnes des Mose, und seine Nachkommen dien-
ten dem Stamm der Daniter als Priester bis zu dem
Tag, an dem die Bewohner des Landes in die Ge-
fangenschaft geführt wurden. [31] Sie hatten also das
Gottesbild, das Micha gemacht hatte, bei sich auf-
gestellt und (es stand dort) die ganze Zeit über,
solange es das Gotteshaus in Schilo gab.

27: Jos 19,47 • 30: 2 Kön 15,29

Die Schandtat der Männer von Gibea

19 In jenen Tagen, als es noch keinen König in
Israel gab, lebte im entlegensten Teil des
Gebirges Efraim ein Levit als Fremder. Er hatte
sich eine Frau aus Betlehem in Juda zur Nebenfrau
genommen. [2] Aber seine Nebenfrau wurde zornig
auf ihn und verließ ihn; sie ging in das Haus ihres
Vaters nach Betlehem in Juda zurück. Dort war sie
nun schon vier Monate lang. [3] Da machte sich ihr
Mann auf den Weg und zog ihr mit seinem Knecht
und zwei Eseln nach, um ihr ins Gewissen zu re-
den und sie zurückzuholen. Die Frau brachte ihn
in das Haus ihres Vaters, und als der Vater der jun-
gen Frau ihn sah, kam er ihm freudig entgegen.
[4] Da sein Schwiegervater, der Vater der jungen
Frau, ihn dringend darum bat, blieb er drei Tage
bei ihm. Sie aßen und tranken und er übernach-
tete dort. [5] Als sie am vierten Tag frühmorgens auf-
gestanden waren und er sich auf den Weg machen
wollte, sagte der Vater der jungen Frau zu seinem
Schwiegersohn: Stärke dich erst noch mit einem
Bissen Brot; dann könnt ihr gehen. [6] Sie setzten
sich und die beiden aßen und tranken zusammen.
Der Vater der jungen Frau aber sagte zu dem
Mann: Entschließ dich doch, (noch einmal) über
Nacht zu bleiben, und lass es dir gut gehen! [7] Der
Mann stand auf, um zu gehen; doch sein Schwie-
gervater nötigte ihn, sodass er dort noch einmal
übernachtete. [8] Als er sich dann am Morgen des
fünften Tages auf den Weg machen wollte, sagte
der Vater der jungen Frau: Stärke dich erst noch
und bleibt hier, bis der Tag zur Neige geht. So aßen
die beiden zusammen. [9] Dann stand der Mann auf,
um mit seiner Nebenfrau und seinem Knecht ab-
zureisen. Sein Schwiegervater aber, der Vater der
jungen Frau, sagte zu ihm: Sieh doch, der Tag geht
zu Ende und es wird Abend. Bleibt über Nacht
hier! Der Tag geht zur Neige; übernachte hier und
lass es dir gut gehen! Morgen früh könnt ihr euch
dann auf den Heimweg zu deinem Zelt machen.
[10] Aber der Mann wollte nicht mehr übernachten,
sondern erhob sich und ging mit seinen zwei ge-
sattelten Eseln, seiner Nebenfrau und seinem
Knecht fort.
Sie kamen zu einem Ort gegenüber von Jebus, das
heißt Jerusalem. [11] Als sie dort waren, war der Tag
schon fast zu Ende gegangen. Darum sagte der
Knecht zu seinem Herrn: Komm, wir wollen in der
Jebusiterstadt hier einkehren und übernachten.
[12] Sein Herr antwortete ihm: Wir wollen nicht in
einer Stadt von Fremden, die nicht zu den Israeli-
ten gehört, einkehren, sondern nach Gibea wei-
terziehen. [13] Und er sagte zu seinem Knecht: Lass
uns lieber zu einem anderen Ort gehen; wir wol-
len in Gibea oder Rama übernachten. [14] Sie zogen
also weiter; als sie bei Gibea, das zu Benjamin
gehört, waren, ging die Sonne unter. [15] Sie bogen

daher dort (vom Weg) ab, um nach Gibea hineinzugehen und dort zu übernachten. In der Stadt setzte er sich auf dem Marktplatz nieder; aber es fand sich niemand, der ihn in seinem Haus zum Übernachten aufnehmen wollte.
[16] Schließlich kam ein alter Mann am Abend von seiner Arbeit auf dem Feld. Der Mann stammte aus dem Gebirge Efraim und lebte als Fremder in Gibea; die Einwohner des Ortes waren Benjaminiter. [17] Als der alte Mann aufsah, erblickte er den Wanderer auf dem Platz der Stadt und fragte ihn: Woher kommst du und wohin gehst du? [18] Er antwortete ihm: Wir sind auf der Durchreise von Betlehem in Juda zum entlegensten Teil des Gebirges Efraim. Von dort komme ich; ich war nach Betlehem in Juda gegangen und bin nun auf dem Weg nach Hause. Aber hier findet sich niemand, der mich in sein Haus aufnimmt, [19] obwohl wir alles dabeihaben, Stroh und Futter für unsere Esel und auch Brot und Wein für mich, deine Magd und den Knecht, der bei deinem Diener ist. Es fehlt also an nichts. [20] Der alte Mann entgegnete: Sei mir willkommen! Was dir fehlt, das lass nur meine Sorge sein; auf dem Platz jedenfalls darfst du nicht übernachten. [21] Und er führte ihn in sein Haus und schüttete den Eseln Futter vor. Sie wuschen sich die Füße und aßen und tranken. [22] Während sie sich's nun wohl sein ließen, umringten plötzlich einige Männer aus der Stadt, übles Gesindel, das Haus, schlugen an die Tür und sagten zu dem alten Mann, dem Besitzer des Hauses: Bring den Mann heraus, der in dein Haus gekommen ist; wir wollen unseren Mutwillen mit ihm treiben. [23] Der Besitzer des Hauses ging zu ihnen hinaus und sagte zu ihnen: Nein, meine Brüder, so etwas Schlimmes dürft ihr nicht tun. Dieser Mann ist als Gast in mein Haus gekommen; darum dürft ihr keine solche Schandtat begehen. [24] Da ist meine jungfräuliche Tochter und seine Nebenfrau. Sie will ich zu euch hinausbringen; ihr könnt sie euch gefügig machen und mit ihnen tun, was euch gefällt. Aber an diesem Mann dürft ihr keine solche Schandtat begehen. [25] Doch die Männer wollten nicht auf ihn hören. Da ergriff der Levit seine Nebenfrau und brachte sie zu ihnen auf die Straße hinaus. Sie missbrauchten sie und trieben die ganze Nacht hindurch bis zum Morgen ihren Mutwillen mit ihr. Sie ließen sie erst gehen, als die Morgenröte heraufzog. [26] Als der Morgen anbrach, kam die Frau zurück; vor der Haustür des Mannes, bei dem ihr Herr wohnte, brach sie zusammen und blieb dort liegen, bis es hell wurde.
[27] Ihr Herr stand am Morgen auf, öffnete die Haustür und ging hinaus, um seine Reise fortzusetzen. Da lag die Frau, seine Nebenfrau, zusammengebrochen am Eingang des Hauses, die Hände auf der Schwelle. [28] Er sagte zu ihr: Steh auf, wir wollen gehen! Doch sie antwortete nicht. Da legte er sie auf den Esel und machte sich auf die Heimreise. [29] Als er nach Hause gekommen war, nahm er ein Messer, ergriff seine Nebenfrau, zerschnitt sie in zwölf Stücke, Glied für Glied, und schickte sie in das ganze Gebiet Israels. [30] Jeder, der das sah, sagte: So etwas ist noch nie geschehen, so etwas hat man nicht erlebt, seit die Söhne Israels aus Ägypten heraufgezogen sind, bis zum heutigen Tag. Denkt darüber nach, beratet und sagt (was ihr dazu meint)!

1: 17,6 • 22–24: Gen 19,4–11 • 29: 1 Sam 11,7 • 30: Hos 10,9

Die Beratung in Mizpa

20 Alle Israeliten von Dan bis Beerscheba und auch die Bewohner von Gilead kamen herbei und die Gemeinde versammelte sich einmütig beim Herrn in Mizpa. [2] Die Häupter des ganzen Volkes, alle Stämme Israels, traten zu einer Versammlung des Volkes Gottes zusammen, vierhunderttausend Mann zu Fuß, mit Schwertern bewaffnet. [3] Die Benjaminiter erfuhren, dass die Israeliten nach Mizpa hinaufgezogen waren. Die Israeliten sagten: Berichtet, wie dieses Verbrechen geschehen ist. [4] Der Levit, der Mann der ermordeten Frau, antwortete: Ich bin mit meiner Nebenfrau nach Gibea, das in Benjamin liegt, gekommen, um zu übernachten. [5] Da rotteten sich die Bürger von Gibea gegen mich zusammen und umringten nachts in feindlicher Absicht das Haus. Sie wollten mich umbringen und meine Nebenfrau vergewaltigten sie, sodass sie gestorben ist. [6] Da nahm ich den Leichnam meiner Nebenfrau, schnitt ihn in Stücke und schickte sie in alle Gebiete des Erbbesitzes der Israeliten; denn sie hatten mitten in Israel ein schändliches Verbrechen begangen. [7] Nun seid ihr alle hier, ihr Israeliten;

also besprecht euch miteinander und beratet hier (was zu tun ist)! 8 Da erhob sich das ganze Volk wie ein Mann und sagte: Keiner von uns darf in sein Zelt gehen und keiner von uns darf in sein Haus zurückkehren. 9 Wir wollen Folgendes mit Gibea machen: Wir wollen gegen die Stadt (in den Kampf) ziehen. 10 Und zwar wählen wir aus allen Stämmen Israels jeweils zehn Männer von hundert und hundert von tausend und tausend von zehntausend durch das Los aus. Sie sollen Verpflegung für die Leute holen, die gekommen sind, um mit Gibea in Benjamin zu machen, was es nach der Schandtat verdient, die es mitten in Israel begangen hat.

1: 21,1; 1 Sam 7,5; 10,17

Der Aufmarsch vor Gibea

11 So versammelten sich alle Israeliten, geschlossen wie ein Mann, bei der Stadt. 12 Und die Stämme Israels schickten Boten durch das ganze Gebiet des Stammes Benjamin und ließen sagen: Was ist das für eine üble Tat, die bei euch geschehen ist? 13 Gebt uns also das üble Gesindel von Gibea heraus, wir wollen es töten und wollen das Böse in Israel austilgen. Doch die Benjaminiter wollten nicht auf die Stimme ihrer Brüder, der Israeliten, hören. 14 Sie kamen vielmehr aus ihren Städten bei Gibea zusammen, um gegen die Israeliten in den Kampf zu ziehen. 15 Als man an jenem Tag die Benjaminiter aus den Städten musterte, zählte man sechsundzwanzigtausend mit Schwertern bewaffnete Männer, ohne die Einwohner von Gibea. [Siebenhundert auserlesene Männer wurden gemustert.] 16 Unter diesen Männern befanden sich siebenhundert besonders auserlesene Männer; sie waren alle Linkshänder und konnten einen Stein haargenau schleudern, ohne je das Ziel zu verfehlen.

17 Auch die Männer Israels ließen sich mustern. Es waren ohne die Benjaminiter vierhunderttausend mit dem Schwert bewaffnete Männer, alles tüchtige Krieger. 18 Sie brachen auf, zogen nach Bet-El hinauf und befragten Gott. Die Israeliten sagten: Wer von uns soll zuerst gegen die Benjaminiter in den Kampf ziehen? Der Herr antwortete: Zuerst Juda.

Die Niederlage der Israeliten

19 Die Israeliten brachen am Morgen auf und bezogen ihr Lager gegenüber Gibea. 20 Dann rückten die Israeliten zum Kampf gegen die Benjaminiter aus und stellten sich ihnen gegenüber vor Gibea zum Kampf auf. 21 Die Benjaminiter rückten von Gibea aus und streckten an diesem Tag zweiundzwanzigtausend Israeliten zu Boden. 22 Doch die Männer Israels fassten wieder Mut und stellten sich noch einmal zum Kampf auf, am gleichen Ort, wo sie sich am ersten Tag aufgestellt hatten. 23 Die Israeliten waren nämlich (inzwischen nach Bet-El) hinaufgezogen, hatten bis zum Abend vor dem Herrn geweint und ihn gefragt: Sollen wir noch einmal zum Kampf gegen unseren Bruder Benjamin antreten? Der Herr hatte geantwortet: Zieht hinauf gegen ihn! 24 Als nun die Israeliten am zweiten Tag gegen die Benjaminiter vorrückten, 25 zogen ihnen die Benjaminiter wiederum von Gibea aus entgegen und streckten noch einmal achtzehntausend Männer aus Israel zu Boden, die alle mit Schwertern bewaffnet waren. 26 Darauf zogen alle Israeliten, das ganze Volk, hinauf nach Bet-El. Dort saßen sie klagend vor dem Herrn; sie fasteten an jenem Tag bis zum Abend und brachten dem Herrn Brandopfer und Heilsopfer dar. 27 Dann befragten die Israeliten wieder den Herrn. In Bet-El stand nämlich in jenen Tagen die Bundeslade Gottes 28 und Pinhas, der Sohn Eleasars, des Sohnes Aarons, tat in jenen Tagen Dienst vor dem Angesicht des Herrn. Die Israeliten sagten: Sollen wir noch einmal ausrücken zum Kampf mit unserem Bruder Benjamin oder sollen wir es aufgeben? Der Herr antwortete: Zieht hinauf! Denn morgen gebe ich ihn in eure Gewalt.

28: Num 25,7

Die Vernichtung der Benjaminiter

29 Darauf legten die Israeliten rings um Gibea Leute in den Hinterhalt. 30 Am dritten Tag zogen die Israeliten wieder gegen die Benjaminiter hinauf und stellten sich, wie die beiden vorigen Male, bei Gibea auf. 31 Die Benjaminiter aber rückten gegen die Israeliten aus und ließen sich von der Stadt weglocken; sie begannen, wie die beiden vorigen Male, auf freiem Feld einzelne Israeliten zu erschlagen, und zwar an den Straßen, von de-

nen die eine nach Bet-El, die andere nach Gibeon hinaufführt, im Ganzen etwa dreißig Mann. 32 Die Benjaminiter dachten: Sie werden von uns geschlagen wie beim ersten Mal. Die Israeliten aber sagten: Wir wollen fliehen und sie von der Stadt weg zu den Straßen hinlocken. 33 Alle Israeliten zogen sich also von ihrem Platz zurück und stellten sich bei Baal-Tamar wieder auf. Die Israeliten aber, die westlich von Gibea im Hinterhalt lagen, brachen aus ihrer Stellung hervor. 34 Darauf rückten zehntausend ausgewählte Männer aus ganz Israel gegenüber Gibea heran. Es gab einen schweren Kampf; die Benjaminiter erkannten nicht, dass das Unheil sie ereilte.

35 Der Herr schlug die Benjaminiter vor den Augen Israels und die Israeliten machten an jenem Tag fünfundzwanzigtausendundeinhundert Mann aus Benjamin nieder, alles mit Schwertern bewaffnete Krieger.

36 Die Benjaminiter sahen, dass sie geschlagen waren. Die Israeliten gaben Benjamin weiteres Gelände preis; denn sie vertrauten auf den Hinterhalt, den sie bei Gibea gelegt hatten. 37 Die Leute im Hinterhalt stürmten nun schnell auf Gibea los. Sie kamen aus dem Hinterhalt hervor und erschlugen alles in der Stadt mit scharfem Schwert.

38 Die Israeliten hatten mit den Männern im Hinterhalt verabredet, dass sie eine Rauchwolke aus der Stadt aufsteigen lassen sollten. 39 Als nun die Israeliten im Kampf kehrtmachten und Benjamin anfing, etwa dreißig Israeliten zu erschlagen, weil sie sagten: Sicher wird Israel von uns völlig geschlagen wie beim ersten Kampf!, 40 da begann aus der Stadt eine hohe Rauchsäule aufzusteigen. Als die Benjaminiter sich umwandten, sahen sie, dass die Stadt wie ein Ganzopfer zum Himmel emporflammte. 41 Als dann die Israeliten wieder kehrtmachten, gerieten die Benjaminiter in Verwirrung; denn sie erkannten, dass das Unglück sie ereilt hatte. 42 Sie zogen sich vor den Israeliten in Richtung auf die Wüste zurück, konnten aber dem Kampf nicht entrinnen. Denn nun kamen auch die Männer (Israels) aus der Stadt, nahmen die Benjaminiter in die Zange und vernichteten sie.

43 Sie umzingelten die Benjaminiter und verfolgten sie von Noha [zertraten sie] bis in die Gegend östlich von Gibea.

44 Achtzehntausend Mann aus Benjamin fielen, alles kampferprobte Männer. 45 Die Übrigen wandten sich um und flohen auf die Wüste zu, nach Sela-Rimmon. Die Israeliten hielten Nachlese und vernichteten auf den Straßen noch einmal fünftausend Mann. Bei der Verfolgung, die sich bis nach Gidom hinzog, erschlugen sie nochmals zweitausend von ihnen. 46 Die Gesamtzahl der Gefallenen aus Benjamin betrug an diesem Tag fünfundzwanzigtausend, lauter mit dem Schwert bewaffnete Krieger. 47 Nur sechshundert Mann konnten sich absetzen und in die Wüste nach Sela-Rimmon fliehen; sie blieben vier Monate in Sela-Rimmon. 48 Die Israeliten aber kehrten zu den Benjaminitern zurück und erschlugen alles, was zu finden war, mit scharfem Schwert, die Stadt samt Menschen und Vieh. Ebenso steckten sie alle Städte, die sie finden konnten, in Brand.

47: 21,13

Die Sorge um den Rest von Benjamin

21 Die Israeliten hatten in Mizpa geschworen: Keiner von uns darf seine Tochter einem Benjaminiter zur Frau geben. 2 Nun kam das Volk nach Bet-El; sie saßen dort bis zum Abend vor Gott, jammerten laut und klagten sehr. 3 Sie sagten: Warum, Herr, Gott Israels, musste das in Israel geschehen, dass heute ein ganzer Stamm Israels fehlt? 4 Am anderen Morgen in aller Frühe erbaute das Volk dort einen Altar und brachte Brandopfer und Heilsopfer dar. 5 Und die Israeliten fragten: Wer aus allen Stämmen Israels ist nicht zu der Versammlung zum Herrn heraufgekommen? Man hatte nämlich gegen den, der nicht zum Herrn nach Mizpa hinaufziehen würde, einen feierlichen Schwur getan und gesagt: Er wird mit dem Tod bestraft.

6 Nun aber hatten die Israeliten Mitleid mit ihrem Bruder Benjamin und sagten: Heute ist ein ganzer Stamm von Israel abgehauen worden. 7 Wie können wir denen, die übrig geblieben sind, Frauen verschaffen? Wir haben doch beim Herrn geschworen, ihnen keine von unseren Töchtern zur Frau zu geben. 8 Darum fragten sie: Ist etwa einer von den Stämmen Israels nicht zum Herrn nach Mizpa hinaufgezogen? Und tatsächlich war niemand aus Jabesch-Gilead zur Versammlung ins

Heerlager gekommen. 9 Denn als man die Leute musterte, zeigte es sich, dass keiner der Einwohner von Jabesch-Gilead da war.

1: 20,1

Der Feldzug gegen Jabesch-Gilead

10 Die Gemeinde schickte deshalb zwölftausend Mann von den Kriegsleuten nach Jabesch-Gilead mit dem Befehl: Geht hin und erschlagt die Einwohner von Jabesch-Gilead mit scharfem Schwert, auch Frauen und Kinder. 11 So sollt ihr es machen: Alles, was männlich ist, und alle Frauen, die schon Verkehr mit einem Mann hatten, sollt ihr dem Untergang weihen. 12 Sie fanden aber unter den Einwohnern von Jabesch-Gilead vierhundert jungfräuliche Mädchen, die noch keinen Verkehr mit einem Mann hatten. Diese brachten sie ins Lager nach Schilo im Land Kanaan. 13 Darauf schickte die ganze Gemeinde Boten und verhandelte mit den Benjaminitern, die in Sela-Rimmon waren, und bot ihnen Frieden an. 14 So kehrten die Benjaminiter damals zurück und die Israeliten gaben ihnen die Frauen aus Jabesch-Gilead, die sie dort am Leben gelassen hatten. Aber diese reichten für sie nicht aus.

13: 20,47

Der Frauenraub in Schilo

15 Das Volk hatte Mitleid mit Benjamin; denn der Herr hatte eine Lücke in die Stämme Israels gerissen. 16 Die Ältesten der Gemeinde sagten: Wie können wir den übrigen Männern Frauen verschaffen, da in Benjamin die Frauen ausgerottet sind? 17 Und sie sagten: Der Besitz der übrig gebliebenen Benjaminiter ist ja noch immer da. Kein Stamm darf in Israel ausgelöscht werden. 18 Von unseren Töchtern können wir ihnen jedoch keine als Frauen geben; denn die Israeliten haben geschworen: Verflucht sei, wer den Benjaminitern eine Frau gibt. 19 Sie sagten also: Da ist doch Jahr für Jahr ein Fest des Herrn in Schilo nördlich von Bet-El, östlich der Straße, die von Bet-El nach Sichem führt, südlich von Lebona. 20 Und sie forderten die Benjaminiter auf: Geht hin und legt euch in den Weinbergen dort auf die Lauer! 21 Wenn ihr dann seht, wie die Töchter Schilos herauskommen, um im Reigen zu tanzen, dann kommt aus den Weinbergen hervor und jeder von euch soll sich von den Töchtern Schilos eine Frau rauben. Dann geht heim ins Land Benjamin! 22 Wenn dann ihre Väter oder Brüder kommen und bei uns Klage erheben, werden wir zu ihnen sagen: Vergebt ihnen; denn wir konnten im Kampf (gegen Jabesch) nicht für jeden eine Frau gewinnen und ihr selbst konntet sie ihnen nicht geben; sonst hättet ihr euch schuldig gemacht. 23 Die Benjaminiter machten es so und jeder nahm sich eines von den tanzenden Mädchen, die sie raubten. Dann kehrten sie in ihren Erbbesitz zurück, bauten die Städte wieder auf und wohnten darin. 24 Auch die Israeliten gingen dann in Bet-El wieder auseinander, jeder zu seinem Stamm und zu seiner Sippe. Jeder zog heim in seinen Erbbesitz. 25 In jenen Tagen gab es noch keinen König in Israel; jeder tat, was ihm gefiel.

DAS BUCH RUT

Das Büchlein Rut, eine novellenartige Erzählung, trägt seinen Namen nach der Hauptperson, einer moabitischen Frau, die die Ahnfrau Davids werden sollte. Josephus Flavius, der jüdische, um 90 n. Chr. in griechischer Sprache schreibende Historiker, hat das Büchlein anscheinend als Anhang zum Richterbuch gekannt (vgl. Ri 17 – 21). Die Handlung spielt in der Richterzeit. In der jüdischen Bibel steht das Buch unter den »Fünf Festrollen«, d. h. den kleinen Büchern, die an bestimmten Festen in der Synagoge gelesen wurden (Rut, Hld, Koh, Klgl und Est); in der christlichen Bibel gehört es zu den »Geschichtsbüchern« und folgt auf das Buch der Richter.

Der Aufbau des Buches ist einfach und übersichtlich: Ein gewisser Elimelech aus Betlehem wandert wegen einer Hungersnot ins Moabiterland aus. Dort heiraten seine Söhne moabitische Frauen. Dann sterben aber Elimelech und seine Söhne. Die Witwe Noomi will in ihre Heimat Betlehem zurückkehren. Sie fordert ihre Schwiegertöchter auf, wieder zu ihren Familien zu gehen. Die eine geht, die andere namens Rut aber erklärt, sie wolle bei ihr bleiben. So kommen Noomi und Rut nach Betlehem (Kap. 1). Dort lernt Rut beim Ährenlesen den Gutsbesitzer Boas, einen Verwandten ihres verstorbenen Mannes, kennen, der sie freundlich behandelt (Kap. 2). Auf geschickte Weise wird Boas an seine Löserpflicht erinnert. Er erklärt sich bereit, ein Grundstück aus dem Besitz des verstorbenen Mannes, das Noomi hätte verkaufen müssen, auszulösen und damit auch Rut, die Witwe seines Verwandten, zu heiraten (Kap. 3). Da aber ein noch näherer Verwandter Noomis da ist, kommt es zu Verhandlungen am Stadttor, bei denen der andere zum Verzicht bewogen wird. So geht Boas die »Schwagerehe« (Leviratsehe) ein, zu der er sich als »Löser« verpflichtet fühlt. Er bekommt mit Rut einen Sohn namens Obed. Dieser wird der Vater Isais und Großvater Davids. Der Erzählung wurde später der Stammbaum Davids angeschlossen (Kap. 4).

Die Entstehung des Büchleins wird heute von einigen in die Königszeit, von anderen in die nachexilische Zeit, etwa in die Zeit Esras, datiert. Der Verfasser wollte vielleicht durch den Hinweis auf die moabitische Abstammung Davids einer antimoabitischen Tendenz seiner Zeit, wie sie etwa aus Dtn 23,4–6 spricht, entgegenwirken und zeigen, dass Gott sogar eine moabitische Frau in seinen Heilsplan einfügt. Das Wort Ruts zu ihrer Schwiegermutter »Wohin du gehst, gehe auch ich, und wo du bleibst, da bleibe auch ich. Dein Volk ist mein Volk und dein Gott ist mein Gott« (1,16f) ist das Bekenntnis einer Nichtisraelitin zum Gott Israels. Es zeigt, dass Gott auch den Heiden, die sich zu Abraham und seinen Nachkommen, zum Volk Israel, bekennen, Segen und Heil schenkt (vgl. Gen 12,3).

Die Vorgeschichte

1 Zu der Zeit, als die Richter regierten, kam eine
Hungersnot über das Land. Da zog ein Mann
mit seiner Frau und seinen beiden Söhnen aus
Betlehem in Juda fort, um sich als Fremder im
Grünland Moabs niederzulassen. 2 Der Mann hieß
Elimelech, seine Frau Noomi, und seine Söhne
hießen Machlon und Kiljon; sie waren Efratiter
aus Betlehem in Juda. Als sie im Grünland Moabs
ankamen, blieben sie dort. 3 Elimelech, der Mann
Noomis, starb und sie blieb mit ihren beiden Söhnen zurück. 4 Diese nahmen sich moabitische
Frauen, Orpa und Rut, und so wohnten sie dort
etwa zehn Jahre lang. 5 Dann starben auch Machlon und Kiljon und Noomi blieb allein, ohne ihren
Mann und ohne ihre beiden Söhne.

1: Ri 10,1–5; 12,7–15; 1 Sam 7,15–17

Die Heimkehr

6 Da brach sie mit ihren Schwiegertöchtern auf,
um aus dem Grünland Moabs heimzukehren;
denn sie hatte dort gehört, der Herr habe sich seines Volkes angenommen und ihm Brot gegeben.
7 Sie verließ zusammen mit ihren beiden Schwie-

gertöchtern den Ort, wo sie sich aufgehalten hatte. Als sie nun auf dem Heimweg in das Land Juda waren, 8 sagte Noomi zu ihren Schwiegertöchtern: Kehrt doch beide heim zu euren Müttern! Der Herr erweise euch Liebe, wie ihr sie den Toten und mir erwiesen habt. 9 Der Herr lasse jede von euch Geborgenheit finden bei einem Gatten. Damit küsste sie beide zum Abschied; doch Orpa und Rut begannen laut zu weinen 10 und sagten zu ihr: Nein, wir wollen mit dir zu deinem Volk gehen. 11 Noomi sagte: Kehrt doch um, meine Töchter! Warum wollt ihr mit mir ziehen? Habe ich etwa in meinem Leib noch Söhne, die eure Männer werden könnten? 12 Kehrt um, meine Töchter, und geht; denn ich bin zu alt, noch einem Mann zu gehören. Selbst wenn ich dächte, ich habe noch Hoffnung, ja, wenn ich noch diese Nacht einem Mann gehörte und gar Söhne bekäme: 13 Wolltet ihr warten, bis sie erwachsen sind? Wolltet ihr euch so lange abschließen und ohne einen Mann leben? Nein, meine Töchter! Mir täte es bitter leid um euch; denn mich hat die Hand des Herrn getroffen. 14 Da weinten sie noch lauter. Doch dann gab Orpa ihrer Schwiegermutter den Abschiedskuss, während Rut nicht von ihr ließ. 15 Noomi sagte: Du siehst, deine Schwägerin kehrt heim zu ihrem Volk und zu ihrem Gott. Folge ihr doch! 16 Rut antwortete: Dränge mich nicht, dich zu verlassen und umzukehren. Wohin du gehst, dahin gehe auch ich, und wo du bleibst, da bleibe auch ich. Dein Volk ist mein Volk und dein Gott ist mein Gott. 17 Wo du stirbst, da sterbe auch ich, da will ich begraben sein. Der Herr soll mir dies und das antun – nur der Tod wird mich von dir scheiden. 18 Als sie sah, dass Rut darauf bestand, mit ihr zu gehen, redete sie nicht länger auf sie ein. 19 So zogen sie miteinander bis Betlehem.

Als sie in Betlehem ankamen, geriet die ganze Stadt ihretwegen in Bewegung. Die Frauen sagten: Ist das nicht Noomi? 20 Doch sie erwiderte: Nennt mich nicht mehr Noomi (Liebliche), sondern Mara (Bittere); denn viel Bitteres hat der Allmächtige mir getan. 21 Reich bin ich ausgezogen, aber mit leeren Händen hat der Herr mich heimkehren lassen. Warum nennt ihr mich noch Noomi, da doch der Herr gegen mich gesprochen und der Allmächtige mir Schlimmes angetan hat? 22 So kehrte Noomi mit Rut, ihrer moabitischen Schwiegertochter, aus dem Grünland Moabs heim. Zu Beginn der Gerstenernte kamen sie in Betlehem an.

Rut auf dem Acker des Boas

2 Noomi hatte einen Verwandten von ihrem Mann her, einen Grundbesitzer; er war aus dem Geschlecht Elimelechs und hieß Boas. 2 Eines Tages sagte die Moabiterin Rut zu Noomi: Ich möchte aufs Feld gehen und Ähren lesen, wo es mir jemand erlaubt. Sie antwortete ihr: Geh, Tochter! 3 Rut ging hin und las auf dem Feld hinter den Schnittern her. Dabei war sie auf ein Grundstück des Boas aus dem Geschlecht Elimelechs geraten. 4 Und nun kam Boas von Betlehem dazu. Er sagte zu den Schnittern: Der Herr sei mit euch! Sie antworteten ihm: Der Herr segne dich. 5 Boas fragte seinen Knecht, der die Schnitter beaufsichtigte: Wem gehört dieses Mädchen da? 6 Der Knecht antwortete: Es ist eine junge Moabiterin, die mit Noomi aus dem Grünland Moabs gekommen ist. 7 Sie hat gesagt: Ich möchte gern Ähren lesen und bei den Garben hinter den Schnittern her sammeln. So kam sie zu uns und hielt aus vom Morgen bis jetzt und gönnte sich kaum Ruhe. 8 Boas sagte zu Rut: Höre wohl, meine Tochter, geh auf kein anderes Feld, um zu lesen; entfern dich nicht von hier, sondern halte dich an meine Mägde; 9 behalte das Feld im Auge, wo sie ernten, und geh hinter ihnen her! Ich werde meinen Knechten befehlen, dich nicht anzurühren. Hast du Durst, so darfst du zu den Gefäßen gehen und von dem trinken, was die Knechte schöpfen. 10 Sie sank vor ihm nieder, beugte sich zur Erde und sagte: Wie habe ich es verdient, dass du mich so achtest, da ich doch eine Fremde bin? 11 Boas antwortete ihr: Mir wurde alles berichtet, was du nach dem Tod deines Mannes für deine Schwiegermutter getan hast, wie du deinen Vater und deine Mutter, dein Land und deine Verwandtschaft verlassen hast und zu einem Volk gegangen bist, das dir zuvor unbekannt war. 12 Der Herr, der Gott Israels, zu dem du gekommen bist, um dich unter seinen Flügeln zu bergen, möge dir dein Tun vergelten und dich reich belohnen. 13 Sie sagte: Du bist sehr gütig zu mir, Herr. Du hast mir Mut gemacht und so

freundlich zu deiner Magd gesprochen und ich bin
nicht einmal eine deiner Mägde.
[14] Zur Essenszeit sagte Boas zu ihr: Komm und iss
von dem Brot, tauch deinen Bissen in die Würz-
tunke! Sie setzte sich neben die Schnitter. Er
reichte ihr geröstete Körner und sie aß sich satt
und behielt noch übrig. [15] Als sie wieder aufstand
zum Ährenlesen, befahl Boas seinen Knechten:
Auch wenn sie zwischen den Garben liest, dürft ihr
sie nicht schelten. [16] Ihr sollt sogar für sie etwas aus
den Bündeln herausziehen und liegen lassen; sie
mag es auflesen und ihr dürft sie nicht schelten.
[17] So sammelte sie auf dem Feld bis zum Abend. Als
sie ausklopfte, was sie aufgelesen hatte, war es etwa
ein Efa Gerste. [18] Sie hob es auf, ging in die Stadt
und zeigte ihrer Schwiegermutter, was sie aufgele-
sen hatte. Dann packte sie aus, was sie von ihrer
Mahlzeit übrig behalten hatte, und gab es ihr.
[19] Ihre Schwiegermutter fragte: Wo hast du heute
gelesen und gearbeitet? Gesegnet sei, der auf dich
Acht hatte. Sie berichtete ihrer Schwiegermutter,
bei wem sie gearbeitet hatte, und sagte: Der Mann,
bei dem ich heute gearbeitet habe, heißt Boas. [20] Da
sagte Noomi zu ihrer Schwiegertochter: Gesegnet
sei er vom Herrn, der seine Gunst den Lebenden
und Toten nicht entzogen hat. Und sie erzählte ihr:
Der Mann ist mit uns verwandt, er ist einer unse-
rer Löser. [21] Die Moabiterin Rut sagte: Er hat noch
zu mir gesagt: Halte dich an meine Knechte, bis
sie meine Ernte eingebracht haben. [22] Gut, meine
Tochter, sagte Noomi zu Rut, wenn du mit seinen
Mägden hinausgehst, dann kann man dich auf ei-
nem anderen Feld nicht belästigen.
[23] Rut hielt sich beim Ährenlesen an die Mägde des
Boas, bis die Gersten- und Weizenernte beendet
war. Danach blieb sie bei ihrer Schwiegermutter.

Rut auf der Tenne des Boas

3 Ihre Schwiegermutter Noomi sagte zu ihr:
Meine Tochter, ich möchte dir ein Heim ver-
schaffen, in dem es dir gut geht. [2] Nun ist ja Boas,
bei dessen Mägden du warst, ein Verwandter von
uns. Heute Abend worfelt er die Gerste auf der
Tenne. [3] Wasch dich, salbe dich und zieh dein
Obergewand an, dann geh zur Tenne! Zeig dich
aber dem Mann nicht, bis er fertig gegessen und
getrunken hat. [4] Wenn er sich niederlegt, so merk
dir den Ort, wo er sich hinlegt. Geh dann hin, deck
den Platz zu seinen Füßen auf und leg dich dort-
hin! Er wird dir dann sagen, was du tun sollst. [5] Rut
antwortete ihr: Alles, was du sagst, will ich tun.
[6] Sie ging zur Tenne und tat genauso, wie ihre
Schwiegermutter ihr aufgetragen hatte. [7] Als Boas
gegessen und getrunken hatte und es ihm wohl zu-
mute wurde, ging er hin, um sich neben dem Ge-
treidehaufen schlafen zu legen. Nun trat sie leise
heran, deckte den Platz zu seinen Füßen auf und
legte sich nieder. [8] Um Mitternacht schrak der
Mann auf, beugte sich vor und fand eine Frau zu
seinen Füßen liegen. [9] Er fragte: Wer bist du? Sie
antwortete: Ich bin Rut, deine Magd. Breite doch
den Saum deines Gewandes über deine Magd,
denn du bist Löser. [10] Da sagte er: Gesegnet bist du
vom Herrn, meine Tochter. So zeigst du deine
Zuneigung noch schöner als zuvor; denn du bist
nicht den jungen Männern, ob arm oder reich,
nachgelaufen. [11] Fürchte dich nicht, meine Toch-
ter! Alles, was du sagst, will ich dir tun; denn jeder
in diesen Mauern weiß, dass du eine tüchtige Frau
bist. [12] Gewiss, ich bin Löser, aber es gibt noch ei-
nen Löser, der näher verwandt ist als ich. [13] Bleib
über Nacht, und wenn er dich dann am Morgen
lösen will, gut, so mag er lösen. Wenn er dich aber
nicht lösen will, so werde ich dich lösen, so wahr
der Herr lebt. Bleib liegen bis zum Morgen! [14] Sie
blieb zu seinen Füßen liegen bis zum Morgen.
Doch noch ehe man einander erkennen konnte,
stand sie auf. Denn Boas wollte nicht bekannt wer-
den lassen, dass die Frau auf die Tenne gekommen
war. [15] Er sagte zu ihr: Reich mir das Tuch, das du
umgelegt hast. Sie hielt es hin und er füllte sechs
Maß Gerste hinein und lud es ihr auf. Dann ging
er zur Stadt.

12: Dtn 25,5f

Der Rat der Schwiegermutter

[16] Rut kam nun zu ihrer Schwiegermutter und
diese fragte: Wie steht es, meine Tochter? Sie er-
zählte ihr, wie viel Gutes ihr der Mann erwiesen
hatte, [17] und sagte: Diese sechs Maß Gerste hat er
mir gegeben; denn er meinte: Du sollst nicht mit
leeren Händen zu deiner Schwiegermutter kom-
men. [18] Noomi antwortete ihr: Warte ab, meine
Tochter, bis du erfährst, wie die Sache ausgeht;

denn der Mann wird nicht ruhen, ehe er noch heute die Sache erledigt hat.

Die Verhandlung im Tor

4 Indes war Boas zum Tor gegangen und hatte sich dort niedergelassen. Da ging gerade der Löser vorüber, von dem Boas gesprochen hatte. Er sagte zu ihm: Komm herüber und setz dich hierher! Der kam herüber und setzte sich. 2 Dann holte Boas zehn Männer von den Ältesten der Stadt und sagte: Setzt euch hierher! Sie taten es. 3 Darauf sagte er zu dem Löser: Das Grundstück, das unserem Verwandten Elimelech gehört, will Noomi, die aus dem Grünland Moabs zurückgekehrt ist, verkaufen. 4 Ich dachte, ich will dich davon unterrichten und dir sagen: Erwirb es in Gegenwart der hier Sitzenden und in Gegenwart der Ältesten meines Volkes! Wenn du lösen willst, so löse! Willst du aber nicht lösen, so sag es mir, damit ich es weiß; denn außer dir ist niemand zum Lösen da und ich bin nach dir an der Reihe. Jener antwortete: Ich werde lösen. 5 Boas fuhr fort: Wenn du den Acker aus der Hand der Noomi erwirbst, dann erwirbst du zugleich auch die Moabiterin Rut, die Frau des Verstorbenen, um den Namen des Toten auf seinem Erbe wieder erstehen zu lassen. 6 Der Löser sagte: Dann kann ich für mich nicht lösen, sonst schädige ich mein eigenes Erbe. Übernimm du mein Löserecht; denn ich kann nicht lösen. 7 Früher bestand in Israel folgender Brauch: Um ein Löse- oder Tauschgeschäft rechtskräftig zu machen, zog man den Schuh aus und gab ihn seinem Partner. Das galt in Israel als Bestätigung. 8 Der Löser sagte nun zu Boas: Erwirb es!, und er zog seinen Schuh aus. 9 Boas sagte zu den Ältesten und zu allem Volk: Ihr seid heute Zeugen, dass ich alles Eigentum Elimelechs sowie das Kiljons und Machlons aus der Hand der Noomi erworben habe. 10 Auch Rut, die Moabiterin, die Frau Machlons, habe ich mir zur Frau erworben, um den Namen des Verstorbenen auf seinem Erbe wieder erstehen zu lassen, damit sein Name unter seinen Verwandten und innerhalb der Mauern seiner Stadt nicht erlischt. Ihr seid heute Zeugen. 11 Da antwortete alles Volk im Tor samt den Ältesten: Wir sind Zeugen. Der Herr mache die Frau, die in dein Haus kommt, wie Rahel und Lea, die zwei, die das Haus Israel aufgebaut haben. Komm zu Reichtum in Efrata und zu Ansehen in Betlehem! 12 Dein Haus gleiche dem Haus des Perez, den Tamar dem Juda geboren hat, durch die Nachkommenschaft, die der Herr dir aus dieser jungen Frau geben möge.

3: Lev 25,24f; Jer 32,7f • 6: Dtn 25,7–10 • 11: Gen 29 – 31 • 12: Gen 38,29

Das gesegnete Kind

13 So nahm Boas Rut zur Frau und ging zu ihr. Der Herr ließ sie schwanger werden und sie gebar einen Sohn. 14 Da sagten die Frauen zu Noomi: Gepriesen sei der Herr, der es dir heute nicht an einem Löser hat fehlen lassen. Sein Name soll in Israel gerühmt werden. 15 Du wirst jemand haben, der dein Herz erfreut und dich im Alter versorgt; denn deine Schwiegertochter, die dich liebt, hat ihn geboren, sie, die mehr wert ist als sieben Söhne. 16 Noomi nahm das Kind, drückte es an ihre Brust und wurde seine Wärterin. 17 Die Nachbarinnen wollten ihm einen Namen geben und sagten: Der Noomi ist ein Sohn geboren. Und sie gaben ihm den Namen Obed. Er ist der Vater Isais, des Vaters Davids.

Der Stammbaum

18 Das ist die Geschlechterfolge nach Perez: Perez zeugte Hezron, 19 Hezron zeugte Ram, Ram zeugte Amminadab, 20 Amminadab zeugte Nachschon, Nachschon zeugte Salmon, 21 Salmon zeugte Boas, Boas zeugte Obed, 22 Obed zeugte Isai und Isai zeugte David.

DIE SAMUELBÜCHER

Die Epoche, die mit dem Namen Samuel verbunden ist, ist eine Zeit des Übergangs. Samuel handelt noch wie einer der Richter, er tritt aber auch wie ein Prophet auf. Unter seiner maßgeblichen Mitwirkung entsteht in Israel das Königtum. Weder zwischen den beiden Büchern noch am Ende von 2 Sam ist ein Einschnitt in der Geschichte Israels zu erkennen. Dennoch hat die Abgrenzung und Zweiteilung des ursprünglich einen Samuelbuches innerhalb des Deuteronomistischen Geschichtswerks (dazu vgl. die Einleitung zu Dtn) Sinn und Grund. 1 Sam schließt mit dem Ende des ersten Königs, des Benjaminiters Saul; in 1 Kön beginnt mit Salomo, dem Nachfolger Davids, die Reihe von Herrschern, die einen bereits zur festen Institution gewordenen Thron besteigen.

Der Aufbau der beiden Samuelbücher folgt dem Verlauf der Ereignisse, setzt aber Schwerpunkte, an denen die Darstellung ausführlicher wird. 1 Sam beginnt mit der Kindheitsgeschichte Samuels (Kap. 1 – 3), wohl einer Überlieferung aus Schilo. Daran schließt sich die Lade-Erzählung an (Kap. 4 – 6), zu der sachlich auch 2 Sam 6 gehört. Samuel wirkt als Richter (Kap. 7) und als prophetischer Seher und Gottesmann. Im Auftrag Gottes salbt er Saul zum ersten König Israels (Kap. 8 – 12), dessen Regierungszeit in Kap. 13 – 31 geschildert wird. Nach Sauls Tod wird David, dessen Aufstieg sich seit langem angebahnt hat, König zunächst von Juda (2 Sam 2 – 4), dann von ganz Israel (5,1–5). David erobert Jerusalem (5,6–16), macht es nach einem Sieg über die Philister (5,17–25) zur Hauptstadt und überführt die Bundeslade dorthin (Kap. 6). Gott verheißt ihm durch den Propheten Natan seinen besonderen Beistand und ein ewiges Königtum (Kap. 7).

Von den Kriegen Davids ist in den Kapiteln 8, 10 und 11 die Rede. Kap. 9 berichtet von Davids Großmut gegen den Enkel Sauls, Kap. 11 und 12 von seiner Sünde, Kap. 13 – 19 von den Wirren um die Thronnachfolge und von Abschaloms Aufstand und Ende, Kap. 20 von der Erhebung des Benjaminiters Scheba. Hier schließt 1 Kön an. Außerhalb des Erzählungszusammenhangs stehen die Nachträge über die Hungersnot und über die Blutrache der Gibeoniter (21,1–14), über Davids Helden (21,15–22; 23,8–29) – dazu der Psalm Davids (Kap. 22 = Ps 18) und seine letzten Worte (23,1–7) – sowie über die Volkszählung und ihre Bestrafung (Kap. 24).

Den Autoren, die die Samuelbücher in der vorliegenden Form gestaltet haben, lagen bereits größere Werke vor, die sie aufnahmen und anscheinend nur wenig veränderten: die bereits genannte Lade- Erzählung (1 Sam 4 – 6; 2 Sam 6), die Geschichte von Davids Aufstieg (1 Sam 16,13 – 2 Sam 5) und die Geschichte der Thronfolge (2 Sam 10 – 20; 1 Kön 1 und 2). Die Erzählung von der heiligen Lade diente dazu, Jerusalem als die von Israels Gott erwählte Stadt auszuweisen. Im Ziel mit ihr verwandt ist 2 Sam 24, wo auf den Platz des künftigen Tempels durch die Erscheinung des Engels Jahwes hingewiesen wird. Die beiden Darstellungen vom Aufstieg Davids und von seiner Nachfolge sind aus Helden- und Familiengeschichten zusammengefügt. Die Kindheitsgeschichte Samuels (1 Sam 1 – 3) ist mit Überlieferungen des Heiligtums von Schilo eng verbunden. Das Danklied der Hanna (1 Sam 2), das Totenlied auf Saul und Jonatan (2 Sam 1), der Psalm (2 Sam 22) und die letzten Worte Davids (2 Sam 23) sind dem Liedgut Israels entnommen.

Die deuteronomistischen Kreise, die bei der Gestaltung der Samuelbücher tätig waren, trugen an wichtigen Punkten ihre eigene theologische Meinung ein, besonders in ihrer Auffassung vom Königtum. Einer königfreundlichen Strömung, die dem geschichtlichen Hergang eher entsprechen dürfte, steht eine kritische Haltung gegenüber. Hier meldet sich warnend (1 Sam 8 und 10) die deuteronomistische Theologie zu Wort, sie bejaht jedoch die davidische Dynastie, vor allem wegen ihrer Verbindung mit dem Tempel (2 Sam 7). So wird in 2 Sam 7 der Grund für die messianische Erwartung gelegt, die bis ins Neue Testament weiterwirken sollte.

DAS ERSTE BUCH SAMUEL

ELI UND SAMUEL: 1,1 – 3,21

Die Geburt Samuels

1 Einst lebte ein Mann aus Ramatajim, ein Zu-
fiter vom Gebirge Efraim. Er hieß Elkana und
war ein Sohn Jerohams, des Sohnes Elihus, des
Sohnes Tohus, des Sohnes Zufs, ein Efraimiter. 2 Er
hatte zwei Frauen. Die eine hieß Hanna, die an-
dere Peninna. Peninna hatte Kinder, Hanna aber
hatte keine Kinder. 3 Dieser Mann zog Jahr für Jahr
von seiner Stadt nach Schilo hinauf, um den Herrn
der Heere anzubeten und ihm zu opfern. Dort wa-
ren Hofni und Pinhas, die beiden Söhne Elis, Pries-
ter des Herrn. 4 An dem Tag, an dem Elkana das
Opfer darbrachte, gab er seiner Frau Peninna und
all ihren Söhnen und Töchtern ihre Anteile.
5 Hanna aber gab er einen doppelten Anteil; denn
er hatte Hanna lieb, obwohl der Herr ihren Schoß
verschlossen hatte. 6 Ihre Rivalin aber kränkte und
demütigte sie sehr, weil der Herr ihren Schoß ver-
schlossen hatte. 7 So machte es Elkana Jahr für Jahr.
Sooft sie zum Haus des Herrn hinaufzogen, kränk-
te Peninna sie; und Hanna weinte und aß nichts.
8 Ihr Mann Elkana fragte sie: Hanna, warum weinst
du, warum isst du nichts, warum ist dein Herz be-
trübt? Bin ich dir nicht viel mehr wert als zehn
Söhne?
9 Nachdem man in Schilo gegessen und getrunken
hatte, stand Hanna auf und trat vor den Herrn.
Der Priester Eli saß an den Türpfosten des Tem-
pels des Herrn auf seinem Stuhl. 10 Hanna war ver-
zweifelt, betete zum Herrn und weinte sehr. 11 Sie
machte ein Gelübde und sagte: Herr der Heere,
wenn du das Elend deiner Magd wirklich ansiehst,
wenn du an mich denkst und deine Magd nicht
vergisst und deiner Magd einen männlichen Nach-
kommen schenkst, dann will ich ihn für sein gan-
zes Leben dem Herrn überlassen; kein Schermesser
soll an sein Haupt kommen. 12 So betete sie lange
vor dem Herrn. Eli beobachtete ihren Mund; 13 denn
Hanna redete nur still vor sich hin, ihre Lippen be-
wegten sich, doch ihre Stimme war nicht zu hören.
Eli hielt sie deshalb für betrunken 14 und sagte zu
ihr: Wie lange willst du dich noch wie eine Be-
trunkene aufführen? Sieh zu, dass du deinen Wein-
rausch los wirst! 15 Hanna gab zur Antwort: Nein,
Herr! Ich bin eine unglückliche Frau. Ich habe
weder Wein getrunken noch Bier; ich habe nur
dem Herrn mein Herz ausgeschüttet. 16 Halte deine
Magd nicht für eine nichtsnutzige Frau; denn nur
aus großem Kummer und aus Traurigkeit habe ich
so lange geredet. 17 Eli erwiderte und sagte: Geh in
Frieden! Der Gott Israels wird dir die Bitte erfül-
len, die du an ihn gerichtet hast. 18 Sie sagte: Möge
deine Magd Gnade finden vor deinen Augen.
Dann ging sie weg; sie aß wieder und hatte kein
trauriges Gesicht mehr.
19 Am nächsten Morgen standen sie früh auf und
beteten den Herrn an. Dann machten sie sich auf
den Heimweg und kehrten in ihr Haus nach Rama
zurück. Elkana erkannte seine Frau Hanna; der
Herr dachte an sie, 20 und Hanna wurde schwan-
ger. Als die Zeit abgelaufen war, gebar sie einen
Sohn und nannte ihn Samuel, denn (sie sagte): Ich
habe ihn vom Herrn erbeten.

1: 1 Chr 6,11f.19f

Samuel wird dem Herrn geweiht

21 Als dann Elkana mit seiner ganzen Familie wie-
der hinaufzog, um dem Herrn das jährliche Opfer
und die Gaben, die er gelobt hatte, darzubringen,
22 zog Hanna nicht mit, sondern sagte zu ihrem
Mann: Ich werde den Knaben erst, wenn er ent-
wöhnt ist, hinaufbringen; dann soll er vor dem
Angesicht des Herrn erscheinen und für immer
dort bleiben. 23 Ihr Mann Elkana sagte zu ihr: Tu,
was dir gefällt. Bleib hier, bis du ihn entwöhnt hast.
Wenn nur der Herr sein Wort erfüllt! Die Frau
blieb also daheim und stillte ihren Sohn, bis sie ihn
entwöhnte. 24 Als sie ihn entwöhnt hatte, nahm sie
ihn mit hinauf, dazu einen dreijährigen Stier, ein
Efa Mehl und einen Schlauch Wein. So brachte sie
ihn zum Haus des Herrn in Schilo; der Knabe aber
war damals noch sehr jung. 25 Als sie den Stier ge-
schlachtet hatten, brachten sie den Knaben zu Eli,
26 und Hanna sagte: Bitte, mein Herr, so wahr du
lebst, mein Herr, ich bin die Frau, die damals ne-
ben dir stand, um zum Herrn zu beten. 27 Ich habe

um diesen Knaben gebetet und der Herr hat mir die Bitte erfüllt, die ich an ihn gerichtet habe. 28 Darum lasse ich ihn auch vom Herrn zurückfordern. Er soll für sein ganzes Leben ein vom Herrn Zurückgeforderter sein. Und sie beteten dort den Herrn an.

Danklied der Hanna

2 Hanna betete. Sie sagte: Mein Herz ist voll Freude über den Herrn, / große Kraft gibt mir der Herr. / Weit öffnet sich mein Mund gegen meine Feinde; / denn ich freue mich über deine Hilfe.

2 Niemand ist heilig, nur der Herr; / denn außer dir gibt es keinen (Gott); / keiner ist ein Fels wie unser Gott.

3 Redet nicht immer so vermessen, / kein freches Wort komme aus eurem Mund; / denn der Herr ist ein wissender Gott / und bei ihm werden die Taten geprüft.

4 Der Bogen der Helden wird zerbrochen, / die Wankenden aber gürten sich mit Kraft.

5 Die Satten verdingen sich um Brot, / doch die Hungrigen können feiern für immer. / Die Unfruchtbare bekommt sieben Kinder, / doch die Kinderreiche welkt dahin.

6 Der Herr macht tot und lebendig, / er führt zum Totenreich hinab und führt auch herauf.

7 Der Herr macht arm und macht reich, / er erniedrigt und er erhöht.

8 Den Schwachen hebt er empor aus dem Staub / und erhöht den Armen, der im Schmutz liegt; / er gibt ihm einen Sitz bei den Edlen, / einen Ehrenplatz weist er ihm zu. / Ja, dem Herrn gehören die Pfeiler der Erde; / auf sie hat er den Erdkreis gegründet.

9 Er behütet die Schritte seiner Frommen, / doch die Frevler verstummen in der Finsternis; / denn der Mensch ist nicht stark aus eigener Kraft.

10 Wer gegen den Herrn streitet, wird zerbrechen, / der Höchste lässt es donnern am Himmel. / Der Herr hält Gericht bis an die Grenzen der Erde. / Seinem König gebe er Kraft / und erhöhe die Macht seines Gesalbten.

11 Darauf kehrte Elkana in sein Haus nach Rama zurück, der Knabe aber stand von da an im Dienst des Herrn unter der Aufsicht des Priesters Eli.

Die Schuld des Hauses Eli

12 Die Söhne Elis waren nichtsnutzige Menschen. Sie kümmerten sich nicht um den Herrn 13 und sie pflegten sich gegenüber dem Volk so zu verhalten: Sooft jemand ein Schlachtopfer darbrachte und das Fleisch kochte, kam ein Diener des Priesters mit einer dreizinkigen Gabel in der Hand. 14 Er stach in den Kessel oder den Topf, in das Becken oder die Schüssel, und alles, was die Gabel heraufholte, nahm der Priester für sich. So machten sie es bei allen Israeliten, die dorthin, nach Schilo, kamen. 15 Noch bevor man das Fett in Rauch aufgehen ließ, kam der Diener des Priesters und sagte zu dem Mann, der opferte: Gib mir Fleisch zum Braten für den Priester; er nimmt von dir aber kein gekochtes Fleisch an, sondern nur rohes. 16 Wenn ihm der Mann erwiderte: Zuerst muss man doch das Fett in Rauch aufgehen lassen, dann nimm dir, was dein Herz begehrt!, sagte ihm der Diener: Nein, gib es sofort her, sonst nehme ich es mit Gewalt. 17 Die Sünde der jungen Männer war sehr schwer in den Augen des Herrn; denn sie behandelten das Opfer des Herrn mit Verachtung.

18 Der junge Samuel aber versah den Dienst vor dem Angesicht des Herrn, bekleidet mit dem leinenen Efod. 19 Seine Mutter machte ihm immer wieder ein kleines Obergewand und brachte es ihm jedes Jahr mit, wenn sie zusammen mit ihrem Mann hinaufzog, um das jährliche Opfer darzubringen. 20 Dann segnete Eli Elkana und seine Frau und sagte: Der Herr gebe dir für den, den er von dir erbeten hat, andere Nachkommenschaft von dieser Frau. Darauf gingen sie wieder in ihren Heimatort zurück. 21 Der Herr aber nahm sich Hannas an; sie wurde schwanger und bekam noch drei Söhne und zwei Töchter. Der Knabe Samuel aber wuchs beim Herrn heran.

22 Eli war sehr alt geworden. Er hörte von allem, was seine Söhne allen Israeliten antaten, auch, dass sie mit den Frauen schliefen, die sich vor dem Eingang des Offenbarungszeltes aufhielten. 23 Er sagte zu ihnen: Warum tut ihr so etwas? Warum muss ich von allen Leuten solch schlimme Dinge über euch hören? 24 Nein, meine Söhne, was man, wie ich höre, im Volk des Herrn über euch verbreitet, ist nicht gut. 25 Wenn ein Mensch gegen einen Menschen sündigt, kann Gott Schiedsrichter sein.

Wenn aber ein Mensch gegen den Herrn sündigt, wer kann dann für ihn eintreten? Aber sie hörten nicht auf die Stimme ihres Vaters; denn der Herr war entschlossen, sie umkommen zu lassen. [26] Der Knabe Samuel aber wuchs heran und gewann immer mehr an Gunst beim Herrn und auch bei den Menschen.

[27] Da kam ein Gottesmann zu Eli und sagte zu ihm: So spricht der Herr: Habe ich mich dem Haus deines Vaters nicht deutlich offenbart, als deine Vorfahren in Ägypten dem Haus des Pharao gehörten? [28] Ich habe sie aus allen Stämmen Israels für mich als Priester erwählt, damit sie zu meinem Altar hinaufgehen, das Rauchopfer darbringen und vor meinen Augen das Efod tragen. Auch habe ich dem Haus deines Vaters alle Feueropfer der Israeliten überlassen. [29] Warum missachtet ihr also aus Missgunst Schlachtopfer und Speiseopfer, die ich angeordnet habe? Warum ehrst du deine Söhne mehr als mich und warum mästet ihr euch mit dem Besten aller Gaben meines Volkes Israel? [30] Darum – Spruch des Herrn, des Gottes Israels:

Ich hatte fest zugesagt: Dein Haus und das Haus deines Vaters sollen für ewig vor meinem Angesicht ihren Dienst versehen. Nun aber – Spruch des Herrn: Das sei fern von mir; denn nur die, die mich ehren, werde ich ehren, die aber, die mich verachten, geraten in Schande. [31] Es werden Tage kommen, da werde ich deinen Arm abhauen und die Macht deines Vaterhauses vernichten; in deinem Haus wird es keinen alten Mann mehr geben. [32] Du wirst voll Neid auf all das Gute blicken, das der Herr für Israel tun wird. Nie mehr wird es in deinem Haus einen alten Mann geben. [33] Nur einen werde ich nicht wegreißen von meinem Altar, wenn ich deine Augen brechen und deine Seele verschmachten lasse; aber der ganze Nachwuchs deines Hauses wird im besten Mannesalter sterben. [34] Und das soll das Zeichen sein, das sich an deinen beiden Söhnen Hofni und Pinhas verwirklichen wird: Beide werden an einem Tag sterben. [35] Ich aber werde mir einen zuverlässigen Priester einsetzen, der nach meinem Herzen und nach meinem Sinn handeln wird. Ich will ihm ein Haus bauen, das Bestand hat, und er wird allezeit vor den Augen meines Gesalbten seinen Dienst versehen. [36] Wer dann von deinem Haus noch übrig ist, wird kommen und sich um ein Geldstück oder einen Laib Brot vor ihm niederwerfen und sagen: Nimm mich doch in eine der Priestergruppen auf, damit ich ein Stück Brot zu essen habe.

15: Lev 7,11–17.28–34 • 26: Lk 2,52 • 28: Dtn 18,1 • 30: Ex 28,1 • 31: 1 Kön 2,27 • 34: 4,11

Die erste Offenbarung an Samuel

3 Der junge Samuel versah den Dienst des Herrn unter der Aufsicht Elis. In jenen Tagen waren Worte des Herrn selten; Visionen waren nicht häufig. [2] Eines Tages geschah es: Eli schlief auf seinem Platz; seine Augen waren schwach geworden und er konnte nicht mehr sehen. [3] Die Lampe Gottes war noch nicht erloschen und Samuel schlief im Tempel des Herrn, wo die Lade Gottes stand. [4] Da rief der Herr den Samuel und Samuel antwortete: Hier bin ich. [5] Dann lief er zu Eli und sagte: Hier bin ich, du hast mich gerufen. Eli erwiderte: Ich habe dich nicht gerufen. Geh wieder schlafen! Da ging er und legte sich wieder schlafen. [6] Der Herr rief noch einmal: Samuel! Samuel stand auf und ging zu Eli und sagte: Hier bin ich, du hast mich gerufen. Eli erwiderte: Ich habe dich nicht gerufen, mein Sohn. Geh wieder schlafen!

[7] Samuel kannte den Herrn noch nicht und das Wort des Herrn war ihm noch nicht offenbart worden. [8] Da rief der Herr den Samuel wieder, zum dritten Mal. Er stand auf und ging zu Eli und sagte: Hier bin ich, du hast mich gerufen. Da merkte Eli, dass der Herr den Knaben gerufen hatte. [9] Eli sagte zu Samuel: Geh, leg dich schlafen! Wenn er dich (wieder) ruft, dann antworte: Rede, Herr; denn dein Diener hört. Samuel ging und legte sich an seinem Platz nieder. [10] Da kam der Herr, trat (zu ihm) heran und rief wie die vorigen Male: Samuel, Samuel! Und Samuel antwortete: Rede, denn dein Diener hört. [11] Der Herr sagte zu Samuel: Fürwahr, ich werde in Israel etwas tun, so- dass jedem, der davon hört, beide Ohren gellen. [12] An jenem Tag werde ich an Eli vom Anfang bis zum Ende alles verwirklichen, was ich seinem Haus angedroht habe. [13] Ich habe ihm angekündigt, dass ich über sein Haus für immer das Urteil gesprochen habe wegen seiner Schuld; denn er wusste, wie seine

Söhne Gott lästern, und gebot ihnen nicht Einhalt.
14 Darum habe ich dem Haus Eli geschworen: Die
Schuld des Hauses Eli kann durch Opfer und durch
Gaben in Ewigkeit nicht gesühnt werden. 15 Sa-
muel blieb bis zum Morgen liegen, dann öffnete er
die Türen zum Haus des Herrn. Er fürchtete sich
aber, Eli von der Vision zu berichten. 16 Da rief Eli
Samuel und sagte: Samuel, mein Sohn! Er ant-
wortete: Hier bin ich. 17 Eli fragte: Was war es, das
er zu dir gesagt hat? Verheimliche mir nichts! Gott
möge dir dies und das antun, wenn du mir auch
nur eines von all den Worten verheimlichst, die er
zu dir gesprochen hat. 18 Da teilte ihm Samuel alle
Worte mit und verheimlichte ihm nichts. Darauf
sagte Eli: Es ist der Herr. Er tue, was ihm gefällt.
19 Samuel wuchs heran und der Herr war mit ihm
und ließ keines von all seinen Worten unerfüllt.
20 Ganz Israel von Dan bis Beerscheba erkannte,
dass Samuel als Prophet des Herrn beglaubigt war.
21 Auch weiterhin erschien der Herr in Schilo: Der
Herr offenbarte sich Samuel in Schilo durch sein
Wort. 2: 4,15

VERLUST UND RÜCKKEHR DER BUNDESLADE: 4,1 – 7,1

Die Bundeslade bei den Philistern

4 Das Wort Samuels erging an ganz Israel. Is-
rael zog gegen die Philister in den Krieg. Sie
schlugen ihr Lager bei Eben-Eser auf und die Phi-
lister hatten ihr Lager in Afek. 2 Die Philister rück-
ten in Schlachtordnung gegen Israel vor und der
Kampf wogte hin und her. Israel wurde von den
Philistern besiegt, die von Israels Heer auf dem
Feld etwa viertausend Mann erschlugen. 3 Als das
Volk ins Lager zurückkam, sagten die Ältesten
Israels: Warum hat der Herr heute die Philister
über uns siegen lassen? Wir wollen die Bundeslade
des Herrn aus Schilo zu uns holen; er soll in un-
sere Mitte kommen und uns aus der Gewalt unse-
rer Feinde retten. 4 Das Volk schickte also (Män-
ner) nach Schilo und sie holten von dort die
Bundeslade des Herrn der Heere, der über den Ke-
rubim thront. Hofni und Pinhas, die beiden Söhne
Elis, begleiteten die Bundeslade Gottes. 5 Als nun
die Bundeslade des Herrn ins Lager kam, erhob
ganz Israel ein lautes Freudengeschrei, sodass die
Erde dröhnte. 6 Die Philister hörten das laute Ge-
schrei und sagten: Was ist das für ein lautes Ge-
schrei im Lager der Hebräer? Als sie erfuhren, dass
die Lade des Herrn ins Lager gekommen sei,
7 fürchteten sich die Philister; denn sie sagten: Gott
ist zu ihnen ins Lager gekommen. Und sie riefen:
Weh uns! Denn so etwas ist früher nie geschehen.
8 Weh uns! Wer rettet uns aus der Hand dieses
mächtigen Gottes? Das ist der Gott, der Ägypten
mit allerlei Plagen [in der Wüste] geschlagen hat.
9 Seid tapfer, Philister, und seid Männer, damit ihr
nicht den Hebräern dienen müsst, wie sie euch ge-
dient haben. Seid Männer und kämpft! 10 Da tra-
ten die Philister zum Kampf an und Israel wurde
besiegt, so- dass alle zu ihren Zelten flohen. Es war
eine sehr schwere Niederlage. Von Israel fielen
dreißigtausend Mann Fußvolk. 11 Die Lade Gottes
wurde erbeutet und die beiden Söhne Elis, Hofni
und Pinhas, fanden den Tod.
12 Ein Benjaminiter lief vom Schlachtfeld weg und
kam noch am gleichen Tag nach Schilo, mit zer-
rissenen Kleidern und Staub auf dem Haupt. 13 Als
er ankam, saß Eli auf seinem Stuhl neben der
Straße und hielt Ausschau; denn er hatte Angst um
die Lade Gottes. Als der Mann kam und in der
Stadt berichtete, schrie die ganze Stadt auf. 14 Eli
hörte das laute Geschrei und fragte: Was bedeutet
dieser Lärm? Der Mann lief schnell herbei und
berichtete Eli. 15 Eli war achtundneunzig Jahre alt;
seine Augen waren starr geworden, sodass er
nichts mehr sehen konnte. 16 Der Mann sagte zu
Eli: Ich bin der Mann, der vom Schlachtfeld ge-
kommen ist; ich bin heute aus der Schlacht geflo-
hen. Eli fragte: Wie ist es denn zugegangen, mein
Sohn? 17 Der Bote antwortete: Israel ist vor den
Philistern geflohen. Das Volk hat eine schwere
Niederlage erlitten. Auch deine beiden Söhne
Hofni und Pinhas sind tot und die Lade Gottes
ist weggeschleppt worden. 18 Als er die Lade Gottes
erwähnte, fiel Eli rückwärts von seinem Stuhl
neben dem Tor, brach sich das Genick und starb,
denn er war ein alter und schwerfälliger Mann. Er
war vierzig Jahre lang Richter in Israel gewesen.

19 Seine Schwiegertochter, die Frau des Pinhas, war
schwanger und stand vor der Niederkunft. Als sie die
Nachricht vernahm, dass die Lade Gottes wegge-
schleppt und dass ihr Schwiegervater und ihr Mann
tot waren, sank sie zu Boden und gebar (ihr Kind);
denn die Wehen waren über sie gekommen. 20 Sie
lag im Sterben und die Frauen, die um sie herum-
standen, sagten: Fürchte dich nicht, du hast einen
Sohn geboren. Doch sie achtete nicht darauf und
antwortete nichts. 21 Sie nannte den Knaben Ika-
bod – das will besagen: Fort ist die Herrlichkeit aus
Israel – wegen des Verlustes der Lade Gottes und
wegen (des Todes) ihres Schwiegervaters und ihres
Mannes. 22 Sie sagte: Fort ist die Herrlichkeit aus
Israel, denn die Lade Gottes ist weggeschleppt
worden.

5 Die Philister brachten die Lade Gottes, die sie
erbeutet hatten, von Eben-Eser nach Asch-
dod. 2 Dann nahmen sie die Lade Gottes, brachten
sie in den Tempel Dagons und stellten sie neben
Dagon auf. 3 Als die Einwohner von Aschdod aber
am nächsten Morgen aufstanden, war Dagon vorn-
über gefallen und lag vor der Lade des Herrn mit
dem Gesicht auf dem Boden. Sie nahmen Dagon
und stellten ihn wieder an seinen Platz. 4 Doch als
sie am nächsten Morgen in der Frühe wieder auf-
standen, da war Dagon wieder vornüber gefallen
und lag vor der Lade des Herrn mit dem Gesicht
auf dem Boden. Dagons Kopf und seine beiden
Hände lagen abgeschlagen auf der Schwelle. Nur
der Rumpf war Dagon geblieben. 5 Deshalb treten
die Priester Dagons und alle, die in den Tempel
Dagons kommen, bis zum heutigen Tag nicht auf
die Schwelle des Dagon von Aschdod.
6 Die Hand des Herrn lastete schwer auf den Ein-
wohnern von Aschdod, und er versetzte sie in
Schrecken und schlug Aschdod und sein Gebiet
mit der Beulenpest. 7 Als die Einwohner von Asch-
dod sahen, was geschah, sagten sie: Die Lade des
Gottes Israels darf nicht bei uns bleiben; denn
seine Hand liegt schwer auf uns und auf unserem
Gott Dagon. 8 Sie sandten (Boten) zu allen Fürsten
der Philister, riefen sie bei sich zusammen und
fragten sie: Was sollen wir mit der Lade des Gottes
Israels machen? Die Fürsten erklärten: Die Lade
des Gottes Israels soll nach Gat hinüberziehen.
Darauf brachte man die Lade des Gottes Israels
nach Gat. 9 Doch nachdem man sie nach Gat ge-
bracht hatte, kam die Hand des Herrn über diese
Stadt und versetzte sie in gewaltigen Schrecken.
Er schlug die Leute der Stadt, vom Kleinsten bis
zum Größten, sodass Pestbeulen bei ihnen auf-
brachen.
10 Darauf schickte man die Lade Gottes nach
Ekron. Als die Lade Gottes nach Ekron kam,
schrien die Einwohner von Ekron auf und sagten:
Sie bringen die Lade des Gottes Israels zu uns
herüber, um uns und unser Volk zu töten. 11 Da-
rauf sandten sie (Boten) zu allen Fürsten der Phi-
lister, riefen sie zusammen und sagten: Schafft die
Lade des Gottes Israels fort! Sie soll an den Ort
zurückkehren, an den sie gehört, und nicht uns
und unser Volk töten. Denn ein tödlicher Schre-
cken lag über der ganzen Stadt; die Hand Gottes
lastete schwer auf ihr. 12 Die Leute, die nicht star-
ben, waren mit Pestbeulen geschlagen, und der
Hilfeschrei der Stadt stieg zum Himmel empor.

4,1: 29,1 • 11: 2,34; Ps 78,61 • 15: 3,2 • 22: Ps 78,61

Die Rückkehr der Lade

6 Die Lade des Herrn war sieben Monate lang
im Gebiet der Philister. 2 Dann riefen die Phi-
lister ihre Priester und Wahrsager herbei und frag-
ten sie: Was sollen wir mit der Lade des Herrn ma-
chen? Gebt uns Auskunft, auf welche Weise wir sie
an den Ort zurückschicken sollen, an den sie
gehört. 3 Sie antworteten: Wenn ihr die Lade des
Gottes Israels zurückschickt, dann schickt sie
nicht ohne Gabe zurück! Ihr müsst vielmehr ein
Sühnegeschenk entrichten. Dann werdet ihr Hei-
lung finden und ihr werdet erkennen, warum
seine Hand nicht von euch ablässt. 4 Sie fragten
weiter: Was für ein Sühnegeschenk sollen wir ihm
entrichten? Sie antworteten: Fünf goldene Beulen
und fünf goldene Mäuse, entsprechend der Zahl
der Philisterfürsten; denn alle hat die gleiche Plage
getroffen, auch eure Fürsten. 5 Macht also Abbil-
der eurer Pestbeulen und der Mäuse, die euer Land
verwüsten, und gebt dem Gott Israels die Ehre!
Vielleicht lässt er seine Hand leichter werden über
euch, eurem Gott und eurem Land. 6 Warum wollt
ihr euer Herz verhärten, wie die Ägypter und der
Pharao ihr Herz verhärtet haben? Sie mussten
doch auch die Israeliten, nachdem sie sie übel be-

handelt hatten, entlassen und diese konnten fortgehen. [7] Macht also jetzt einen neuen Wagen; holt zwei säugende Kühe, auf die noch kein Joch gelegt worden ist, und spannt die Kühe vor den Wagen; ihre Kälber aber nehmt ihnen weg und bringt sie nach Hause! [8] Dann nehmt die Lade des Herrn und stellt sie auf den Wagen und legt daneben in einer Tasche die goldenen Gegenstände, die ihr ihm als Sühnegabe entrichten wollt; dann lasst sie fortziehen! [9] Gebt aber acht: Wenn die Lade in Richtung Bet-Schemesch, also in ihr Gebiet hinaufzieht, dann war er es, der uns dieses große Unheil zugefügt hat; wenn nicht, dann wissen wir, dass nicht seine Hand uns getroffen hat, sondern dass es ein Zufall gewesen ist. [10] Die Leute machten es so. Sie nahmen zwei säugende Kühe und spannten sie an den Wagen; ihre Kälber aber hielten sie zu Hause zurück. [11] Sie stellten die Lade des Herrn auf den Wagen und auch die Tasche mit den goldenen Mäusen und den Abbildern ihrer Geschwüre. [12] Die Kühe aber gingen geradewegs in Richtung Bet-Schemesch; sie folgten genau der Straße, wichen weder nach rechts noch nach links ab und brüllten immerzu. Die Fürsten der Philister folgten ihnen bis zur Grenze von Bet-Schemesch. [13] Die Leute von Bet-Schemesch waren gerade im Tal bei der Weizenernte. Als sie aufblickten und die Lade sahen, freuten sie sich sehr darüber. [14] Als der Wagen bis zum Feld Joschuas von Bet-Schemesch gekommen war, blieb er stehen. Dort lag ein großer Stein. Sie spalteten das Holz des Wagens und brachten die Kühe dem Herrn als Brandopfer dar. [15] [Die Leviten hatten die Lade des Herrn und die Tasche, die neben ihr stand und in der goldene Gegenstände waren, herabgehoben und auf den großen Stein gestellt. Die Männer von Bet-Schemesch brachten an jenem Tag dem Herrn Brandopfer und Schlachtopfer dar.] [16] Die fünf Fürsten der Philister sahen zu; dann kehrten sie am gleichen Tag nach Ekron zurück.

[17] Das sind die goldenen Geschwüre, die die Philister dem Herrn als Sühnegabe entrichtet haben: eines für Aschdod, eines für Gaza, eines für Aschkelon, eines für Gat, eines für Ekron, [18] dazu die goldenen Mäuse entsprechend der Zahl der Philisterstädte unter den fünf Fürsten, von der befestigten Stadt bis zum offenen Dorf. Der große Stein, auf den man die Lade des Herrn gestellt hatte, liegt noch bis zum heutigen Tag auf dem Feld des Joschua aus Bet-Schemesch.

[19] Der Herr aber strafte die Leute von Bet-Schemesch, weil sie die Lade des Herrn angeschaut hatten. Er erschlug aus dem Volk siebzig Mann [fünfzigtausend Mann]. Da trauerte das Volk, weil der Herr einen so schweren Schlag gegen das Volk geführt hatte. [20] Die Männer von Bet-Schemesch sagten: Wer kann vor dem Herrn, diesem heiligen Gott, bestehen? Und zu wem soll er von uns aus hinaufziehen? [21] Sie schickten Boten zu den Einwohnern von Kirjat-Jearim und ließen sagen: Die Philister haben die Lade des Herrn zurückgebracht. Kommt herab und holt sie zu euch hinauf!

7 Da kamen die Leute von Kirjat-Jearim und holten die Lade des Herrn zu sich hinauf. Sie brachten sie in das Haus Abinadabs auf der Anhöhe. Und seinen Sohn Eleasar weihten sie, dass er die Lade des Herrn bewache.

6,6: Ex 8,28; 9,7 • 19: Num 4,20; 2 Sam 6,6f • 21: 1 Chr 13,6; Ps 132,6

SAMUEL UND SAUL: 7,2 – 15,35

Samuel als Richter

[2] Seit dem Tag, an dem die Lade in Kirjat-Jearim ihre Wohnung nahm, war eine lange Zeit vergangen, zwanzig Jahre. Als sich das ganze Haus Israel klagend an den Herrn wandte, [3] sagte Samuel zum ganzen Haus Israel: Wenn ihr von ganzem Herzen zum Herrn zurückkehren wollt, dann schafft die fremden Götter mitsamt den Astarten aus eurer Mitte fort! Wendet euer Herz wieder dem Herrn zu, und dient ihm allein; dann wird er euch aus der Gewalt der Philister befreien. [4] Da entfernten die Israeliten die Baale und Astarten und dienten nur noch dem Herrn. [5] Darauf sagte Samuel: Versammelt ganz Israel in Mizpa; ich will für euch zum Herrn beten. [6] Da versammelten sie sich in Mizpa, sie schöpften Wasser und gossen es vor dem Herrn aus. Dort fasteten sie an diesem Tag und sagten: Wir haben uns gegen den Herrn versündigt. Sa-

muel sprach den Israeliten Recht in Mizpa. 7 Die
Philister erfuhren, dass sich die Israeliten in Mizpa
versammelt hatten, und ihre Fürsten zogen gegen
Israel heran. Als die Israeliten das hörten, beka-
men sie Angst vor den Philistern. 8 Sie sagten zu
Samuel: Kehr dich nicht schweigend von uns ab
und hör nicht auf, zum Herrn, unserem Gott, zu
rufen, damit er uns aus der Hand der Philister be-
freit. 9 Da nahm Samuel ein junges Lamm und
brachte es dem Herrn als Ganzopfer dar. Er rief
zum Herrn für Israel und der Herr erhörte ihn.
10 Als Samuel das Brandopfer darbrachte, rückten
die Philister schon zum Kampf gegen Israel heran.
Da ließ der Herr mit gewaltigem Krachen noch am
gleichen Tag einen Donner gegen die Philister er-
schallen und brachte sie so in Verwirrung, dass sie
von den Israeliten geschlagen wurden. 11 Nun zo-
gen die Israeliten von Mizpa aus, verfolgten die
Philister bis unterhalb von Bet-Kar und schlugen
sie. 12 Samuel nahm einen Stein und stellte ihn zwi-
schen Mizpa und Jeschana auf. Er nannte ihn
Eben-Eser (Stein der Hilfe) und sagte: Bis hierher
hat uns der Herr geholfen. 13 So wurden die Philis-
ter gedemütigt und drangen nicht mehr in das Ge-
biet Israels ein; und die Hand des Herrn lastete auf
den Philistern, solange Samuel lebte. 14 Die Städte
von Ekron bis Gat, die die Philister Israel weg-
genommen hatten, kamen an Israel zurück; das
ganze Gebiet dieser Städte entriss Israel den Philis-
tern wieder. Aber zwischen Israel und den Amori-
tern war Friede.
15 Samuel war Richter in Israel, solange er lebte.
16 Jahr für Jahr zog er umher und machte die
Runde durch Bet-El, Gilgal und Mizpa und sprach
an all diesen Orten Israel Recht. 17 Dann kehrte er
jeweils nach Rama zurück, denn dort hatte er sein
Haus. Auch dort sprach er Israel Recht und er
baute dort einen Altar für den Herrn.

5: 10,17; Ri 20,1 • 10: 14,15; Ex 14,24; 23,27; Jos 10,10; Ri 4,15

Die Forderung nach einem König

8 Als Samuel alt geworden war, setzte er seine
Söhne als Richter Israels ein. 2 Sein erstgebo-
rener Sohn hieß Joël, sein zweiter Abija. Sie waren
in Beerscheba Richter. 3 Seine Söhne gingen nicht
auf seinen Wegen, sondern waren auf ihren Vor-
teil aus, ließen sich bestechen und beugten das
Recht. 4 Deshalb versammelten sich alle Ältesten
Israels und gingen zu Samuel nach Rama. 5 Sie
sagten zu ihm: Du bist nun alt und deine Söhne
gehen nicht auf deinen Wegen. Darum setze jetzt
einen König bei uns ein, der uns regieren soll, wie
es bei allen Völkern der Fall ist. 6 Aber Samuel
missfiel es, dass sie sagten: Gib uns einen König,
der uns regieren soll. Samuel betete deshalb zum
Herrn, 7 und der Herr sagte zu Samuel: Hör auf die
Stimme des Volkes in allem, was sie zu dir sagen.
Denn nicht dich haben sie verworfen, sondern
mich haben sie verworfen: Ich soll nicht mehr ihr
König sein. 8 Das entspricht ganz ihren Taten, die
sie (immer wieder) getan haben, seitdem ich sie
aus Ägypten heraufgeführt habe, bis zum heutigen
Tag; sie haben mich verlassen und anderen Göt-
tern gedient. So machen sie es nun auch mit dir.
9 Doch hör jetzt auf ihre Stimme, warne sie aber
eindringlich und mach ihnen bekannt, welche
Rechte der König hat, der über sie herrschen wird.
10 Samuel teilte dem Volk, das einen König von ihm
verlangte, alle Worte des Herrn mit. 11 Er sagte: Das
werden die Rechte des Königs sein, der über euch
herrschen wird: Er wird eure Söhne holen und sie
für sich bei seinen Wagen und seinen Pferden
verwenden und sie werden vor seinem Wagen
herlaufen. 12 Er wird sie zu Obersten über (Abtei-
lungen von) Tausend und zu Führern über (Ab-
teilungen von) Fünfzig machen. Sie müssen sein
Ackerland pflügen und seine Ernte einbringen. Sie
müssen seine Kriegsgeräte und die Ausrüstung
seiner Streitwagen anfertigen. 13 Eure Töchter wird
er holen, damit sie ihm Salben zubereiten und ko-
chen und backen. 14 Eure besten Felder, Weinberge
und Ölbäume wird er euch wegnehmen und sei-
nen Beamten geben. 15 Von euren Äckern und eu-
ren Weinbergen wird er den Zehnten erheben und
ihn seinen Höflingen und Beamten geben. 16 Eure
Knechte und Mägde, eure besten jungen Leute
und eure Esel wird er holen und für sich arbeiten
lassen. 17 Von euren Schafherden wird er den Zehn-
ten erheben. Ihr selber werdet seine Sklaven sein.
18 An jenem Tag werdet ihr wegen des Königs, den
ihr euch erwählt habt, um Hilfe schreien, aber der
Herr wird euch an jenem Tag nicht antworten.
19 Doch das Volk wollte nicht auf Samuel hören,
sondern sagte: Nein, ein König soll über uns herr-

schen. [20] Auch wir wollen wie alle anderen Völker
sein. Unser König soll uns Recht sprechen, er soll
vor uns herziehen und soll unsere Kriege führen.
[21] Samuel hörte alles an, was das Volk sagte, und
trug es dem Herrn vor. [22] Und der Herr sagte zu Sa-
muel: Hör auf ihre Stimme und setz ihnen einen
König ein! Da sagte Samuel zu den Israeliten: Geht
heim, jeder in seine Stadt!

2: 1 Chr 6,13 • 5: Dtn 17,14–20; Apg 13,20f • 7: 10,19; Ex 15,18;
Ps 74,12

Die Salbung Sauls zum König

9 Damals lebte in Benjamin ein Mann namens
Kisch, ein Sohn Abiëls, des Sohnes Zerors,
des Sohnes Bechorats, des Sohnes Afiachs, ein
wohlhabender Benjaminiter. [2] Er hatte einen Sohn
namens Saul, der jung und schön war; kein ande-
rer unter den Israeliten war so schön wie er; er
überragte alle um Haupteslänge.
[3] Eines Tages verliefen sich die Eselinnen von Sauls
Vater Kisch. Da sagte Kisch zu seinem Sohn Saul:
Nimm einen von den Knechten, mach dich mit
ihm auf den Weg und such die Eselinnen! [4] Sie
durchquerten das Gebirge Efraim und durch-
streiften das Gebiet von Schalischa, fanden sie aber
nicht. Sie zogen durch das Gebiet von Schaalim –
ohne Erfolg; dann durchwanderten sie das Land
Jemini, fanden sie aber wieder nicht. [5] Als sie in das
Gebiet von Zuf gekommen waren, sagte Saul zu
seinem Knecht, der ihn begleitete: Komm, wir
wollen umkehren, sonst macht sich mein Vater um
uns noch mehr Sorgen als um die Eselinnen. [6] Der
Knecht erwiderte ihm: In dieser Stadt wohnt doch
ein Gottesmann. Er ist sehr angesehen; alles, was
er sagt, trifft mit Sicherheit ein. Lasst uns jetzt zu
ihm gehen; vielleicht kann er uns sagen, welchen
Weg wir hätten gehen sollen. [7] Saul antwortete
dem Knecht: Was sollen wir dem Mann mitbrin-
gen, wenn wir hingehen? Das Brot in unseren Ta-
schen ist zu Ende. Wir haben nichts, was wir dem
Gottesmann als Geschenk bringen könnten. Oder
haben wir sonst etwas? [8] Darauf antwortete ihm
der Knecht: Sieh her, ich habe noch einen Viertel-
Silberschekel bei mir. Den will ich dem Gottes-
mann geben, damit er uns Auskunft über den Weg
gibt. [9] – Früher sagte man in Israel, wenn man hin-
ging, um Gott zu befragen: Wir wollen zum Seher
gehen. Denn wer heute Prophet genannt wird,
hieß früher Seher. – [10] Saul sagte zu seinem Knecht:
Dein Vorschlag ist gut. Komm, wir wollen hin-
gehen. Sie gingen also in die Stadt, wo der Got-
tesmann wohnte. [11] Als sie die Steige zur Stadt hin-
aufgingen, trafen sie einige Mädchen, die heraus-
kamen, um Wasser zu schöpfen. Sie fragten sie: Ist
der Seher hier? [12] Sie antworteten ihnen: Ja, er ist
da, da vorn. Beeilt euch aber, denn er ist gerade in
die Stadt gekommen, weil das Volk heute auf der
Kulthöhe ein Opferfest feiert. [13] Wenn ihr in die
Stadt kommt, werdet ihr ihn gerade noch treffen,
bevor er zur Kulthöhe hinaufsteigt, um am Mahl
teilzunehmen. Denn das Volk isst nicht, ehe er
kommt, weil er das Opfer segnen muss; erst dann
essen die Eingeladenen. Geht also hinauf; denn
jetzt könnt ihr ihn treffen. [14] Da gingen sie weiter
zur Stadt hinauf. Und als sie zur Mitte der Stadt
gekommen waren, kam ihnen gerade Samuel ent-
gegen, der zur Kulthöhe hinaufgehen wollte.
[15] Der Herr aber hatte Samuel, einen Tag bevor
Saul kam, das Ohr für eine Offenbarung geöffnet
und gesagt: [16] Morgen um diese Zeit schicke ich ei-
nen Mann aus dem Gebiet Benjamins zu dir. Ihn
sollst du zum Fürsten meines Volkes Israel salben.
Er wird mein Volk aus der Gewalt der Philister be-
freien; denn ich habe die Not meines Volkes Israel
gesehen und sein Hilfeschrei ist zu mir gedrungen.
[17] Als Samuel Saul sah, sagte der Herr zu ihm: Das
ist der Mann, von dem ich dir gesagt habe: Der
wird über mein Volk herrschen. [18] Saul trat mitten
im Tor zu Samuel und fragte: Sag mir doch, wo das
Haus des Sehers ist. [19] Samuel antwortete Saul: Ich
bin der Seher. Geh vor mir her zur Kulthöhe hi-
nauf! Ihr sollt heute mit mir essen. Morgen früh
will ich dich dann weiterziehen lassen. Ich werde
dir Auskunft über alles geben, was du auf dem
Herzen hast. [20] Über die Eselinnen, die dir vor drei
Tagen abhanden gekommen sind, brauchst du dir
keine Gedanken zu machen. Sie wurden gefunden.
Auf wen aber richtet sich die ganze Sehnsucht
Israels? Gilt sie nicht dir und dem ganzen Haus
deines Vaters? [21] Da antwortete Saul: Bin ich nicht
ein Benjaminiter, also aus dem kleinsten Stamm
Israels? Ist meine Sippe nicht die geringste von al-
len Sippen des Stammes Benjamin? Warum sagst
du so etwas zu mir? [22] Samuel nahm Saul und sei-

nen Knecht mit, führte sie in das Haus und wies
ihnen die Ehrenplätze unter den Eingeladenen an;
es waren etwa dreißig Männer (versammelt). 23 Sa-
muel sagte zum Koch: Bring das Stück her, das ich
dir gegeben habe, das, von dem ich dir gesagt habe:
Halt es bei dir zurück! 24 Da trug der Koch die
Keule auf und setzte sie Saul vor; er sagte: Das ist
das, was übrig blieb. Greif zu und iss! Als ich das
Volk eingeladen hatte, ist dieses Stück für dich und
für diese Stunde aufgehoben worden. An jenem
Tag aß Saul zusammen mit Samuel. 25 Dann stie-
gen sie von der Kulthöhe in die Stadt hinab und
Samuel hatte mit Saul auf dem Flachdach eine Un-
terredung. 26 Früh am Morgen, als die Dämme-
rung anbrach, rief Samuel zu Saul aufs Dach hi-
nauf: Steh auf! Ich will dir das Geleit geben. Saul
stand auf und beide gingen zusammen hinaus.
27 Als sie zur Grenze des Stadtgebietes gekommen
waren, sagte Samuel zu Saul: Sag dem Knecht, er
soll vorausgehen; du aber bleib nun hier stehen!
Ich will dir ein Gotteswort verkünden. Da ging der
Knecht voraus.

10 Da nahm Samuel den Ölkrug und goss Saul
das Öl auf das Haupt, küsste ihn und sagte:
Hiermit hat der Herr dich zum Fürsten über sein
Erbe gesalbt. 2 Wenn du jetzt von mir weggehst,
wirst du beim Grab der Rahel in Zelzach im Ge-
biet von Benjamin zwei Männer treffen und sie
werden zu dir sagen: Die Eselinnen, nach denen du
auf der Suche bist, sind gefunden worden. Doch
denkt dein Vater nicht mehr an die Sache mit den
Eselinnen, sondern macht sich Sorgen um euch
und sagt: Was kann ich nur wegen meines Sohnes
unternehmen? 3 Wenn du dann von dort weiter-
ziehst und zur Tabor-Eiche kommst, werden dir
dort drei Männer begegnen, die zu Gott nach Bet-
El hinaufziehen. Einer trägt ein Böckchen, einer
trägt drei Laib Brot und einer trägt einen Schlauch
Wein. 4 Sie werden dich grüßen und dir zwei Brote
geben; die sollst du von ihnen annehmen. 5 Da-
nach wirst du nach Gibeat-Elohim kommen, wo
die Vorposten der Philister stehen. Wenn du dort
in die Stadt hineingehst, wirst du eine Schar von
Propheten treffen, die von der Kulthöhe herab-
kommen, und vor ihnen wird Harfe, Pauke, Flöte
und Zither gespielt. Sie selbst sind in prophe-
tischer Verzückung. 6 Dann wird der Geist des
Herrn über dich kommen und du wirst wie sie in
Verzückung geraten und in einen anderen Men-
schen verwandelt werden. 7 Wenn du aber all diese
Zeichen erlebst, dann tu, was sich gerade ergibt;
denn Gott ist mit dir. 8 Hernach geh mir voraus
nach Gilgal hinab! Ich werde dann bereits auf dem
Weg zu dir sein, um Brandopfer darzubringen und
Heilsopfer zu schlachten. Sieben Tage musst du
warten, bis ich zu dir komme. Dann werde ich dir
verkünden, was du tun sollst.
9 Als sich Saul nun umwandte, um von Samuel
wegzugehen, verwandelte Gott sein Herz. Und
noch am gleichen Tag trafen alle diese Zeichen ein.
10 Als sie, Saul und sein Knecht, nach Gibea ge-
langten, kam ihnen tatsächlich eine Schar von Pro-
pheten entgegen. Der Geist Gottes kam über Saul
und Saul geriet mitten unter ihnen in propheti-
sche Verzückung. 11 Alle, die ihn von früher kann-
ten, sahen, wie er zusammen mit den Propheten in
Verzückung war. Die Leute sagten zueinander:
Was ist denn nur mit dem Sohn des Kisch gesche-
hen? Ist auch Saul unter den Propheten? 12 Einer
von dort erwiderte: Wer ist denn schon deren
Vater? So ist das Sprichwort entstanden: Ist denn
auch Saul unter den Propheten?
13 Als die Verzückung zu Ende war, ging Saul nach
Gibea hinein. 14 Der Onkel Sauls fragte ihn und
seinen Knecht: Wo seid ihr denn gewesen? Er ant-
wortete: Wir waren weg, um die Eselinnen zu su-
chen. Als wir aber sahen, dass sie nirgends (zu fin-
den) waren, gingen wir zu Samuel. 15 Sauls Onkel
sagte: Erzähl mir doch, was Samuel euch gesagt
hat. 16 Saul antwortete seinem Onkel: Er hat uns
mit Bestimmtheit gesagt, dass die Eselinnen ge-
funden worden sind. Die Sache mit dem König-
tum aber, von der Samuel gesprochen hatte, er-
zählte er ihm nicht.

9,21: 15,17 • 10,1: 15,1 • 2: Gen 35,19f • 6: Ri 13,25 • 8: 11,14; 13,8 • 10: 19,20–24 • 12: 19,24

Die Wahl Sauls zum König

17 Samuel rief das Volk zum Herrn nach Mizpa
zusammen. 18 Er sagte zu den Israeliten: So spricht
der Herr, der Gott Israels: Ich habe Israel aus
Ägypten heraufgeführt, ich habe euch aus der Ge-
walt der Ägypter befreit und aus der Gewalt all der
Königreiche, die euch bedrängt haben. 19 Ihr aber

habt heute euren Gott verworfen, der euer Retter in allen Nöten und Bedrängnissen war, und ihr habt gesagt: Nein, du sollst einen König bei uns einsetzen. Stellt euch jetzt also vor dem Herrn auf, (geordnet) nach euren Stämmen und Tausendschaften. [20] Und Samuel ließ alle Stämme Israels antreten (um das Los zu werfen). Das Los fiel auf den Stamm Benjamin. [21] Darauf ließ er den Stamm Benjamin (geordnet) nach seinen Sippen antreten und das Los fiel auf die Sippe Matri. Und schließlich fiel das Los auf Saul, den Sohn des Kisch. Man suchte ihn (überall), fand ihn aber nicht. [22] Sie befragten noch einmal den Herrn: Ist noch jemand hierher gekommen? Der Herr antwortete: Ja, aber er hat sich beim Tross versteckt. [23] Sie liefen hin und holten ihn von dort. Als er mitten unter das Volk trat, überragte er alle anderen um Haupteslänge. [24] Und Samuel sagte zum ganzen Volk: Habt ihr gesehen, wen der Herr erwählt hat? Keiner ist ihm gleich im ganzen Volk. Da jubelte das ganze Volk und sagte: Es lebe der König! [25] Samuel machte dem Volk das Königsrecht bekannt, schrieb es in ein Buch und legte das Buch vor dem Herrn nieder. Dann entließ Samuel das ganze Volk, jeden in sein Haus. [26] Auch Saul ging in sein Haus nach Gibea. Und mit ihm zog eine Schar von Männern, deren Herz Gott berührt hatte. [27] Niederträchtige Menschen aber sagten: Was kann uns der schon helfen? Sie verachteten ihn und brachten ihm kein Geschenk. Er aber tat, als merkte er es nicht.

17: 7,5 • 19: 8,7 • 20: Jos 7,16 • 25: Dtn 17,14–20 • 27: 11,12

Hilfe für Jabesch

11 Da zog der Ammoniter Nahasch heran und belagerte Jabesch-Gilead. Die Männer von Jabesch sagten zu Nahasch: Schließ einen Vertrag mit uns, dann wollen wir dir dienen. [2] Der Ammoniter Nahasch erwiderte ihnen: Unter einer Bedingung will ich mit euch einen Vertrag schließen: Ich steche euch allen das rechte Auge aus und bringe damit Schande über ganz Israel. [3] Die Ältesten von Jabesch sagten: Lass uns sieben Tage Zeit! Wir wollen Boten durch das ganze Gebiet von Israel schicken. Wenn sich niemand findet, der uns retten kann, werden wir uns dir ergeben. [4] Als die Boten nach Gibea-Saul kamen und die Sache dem Volk vortrugen, brach das ganze Volk in lautes Weinen aus. [5] Saul kam gerade hinter seinen Rindern vom Feld her und fragte: Was haben denn die Leute, dass sie weinen? Sie erzählten ihm, was die Männer von Jabesch berichtet hatten. [6] Als Saul das hörte, kam der Geist Gottes über ihn und sein Zorn entbrannte heftig. [7] Er ergriff ein Gespann Rinder und hieb es in Stücke, schickte die Stücke durch Boten in das ganze Gebiet von Israel und ließ sagen: Wer nicht hinter Saul und Samuel in den Kampf zieht, dessen Rindern soll es ebenso gehen. Da fiel der Schrecken des Herrn auf das ganze Volk und sie rückten aus wie ein Mann. [8] Als Saul sie in Besek musterte, waren es dreihunderttausend Männer aus Israel und dreißigtausend Männer aus Juda. [9] Sie sagten zu den Boten, die gekommen waren: Folgendes sollt ihr den Männern von Jabesch-Gilead sagen: Morgen, wenn die Sonne am heißesten brennt, bekommt ihr Hilfe. Die Boten gingen heim und berichteten alles und die Männer von Jabesch freuten sich. [10] Sie ließen Nahasch sagen: Morgen werden wir zu euch hinauskommen. Dann könnt ihr mit uns machen, was euch gefällt. [11] Am nächsten Morgen stellte Saul das Volk in drei Abteilungen auf. Um die Zeit der Morgenwache drangen sie mitten in das Lager ein und zur Zeit der Mittagshitze hatten sie die Ammoniter geschlagen. Nur wenige blieben übrig; sie wurden zerstreut, sodass nicht einmal zwei von ihnen beieinander blieben. [12] Da sagte das Volk zu Samuel: Wer hat damals gesagt: Soll etwa Saul als König über uns herrschen? Gebt diese Männer heraus, damit wir sie töten. [13] Saul aber sagte: An diesem Tag soll niemand getötet werden; denn heute hat der Herr Israel Hilfe gebracht.

6: Ri 13,25 • 12: 10,27 • 13: 14,45

Samuels Abschied

[14] Samuel sagte zum Volk: Kommt, wir wollen nach Gilgal gehen und dort das Königtum erneuern. [15] Da ging das ganze Volk nach Gilgal. Sie machten dort in Gilgal Saul vor dem Herrn zum König, schlachteten dem Herrn Heilsopfer und Saul und alle Männer Israels waren voll Freude.

12 Samuel sagte zu ganz Israel: Ihr wisst, ich habe in allem, was ihr mir gesagt habt, auf euch gehört und einen König bei euch eingesetzt. [2] Seht, hier ist nun der König, der vor euch in den

Krieg ziehen wird. Ich selbst bin alt und grau ge-
worden und meine Söhne leben ja mitten unter
euch. Von meiner Jugend an bis zum heutigen Tag
bin ich vor euch hergegangen. 3 Hier stehe ich; ant-
wortet mir in Gegenwart des Herrn und seines Ge-
salbten: Wem habe ich je ein Rind weggenommen?
Wem habe ich einen Esel weggenommen? Wen
habe ich übervorteilt, wen ungerecht behandelt?
Von wem habe ich Bestechungsgeld angenommen
und habe beide Augen zugedrückt? Ich will es euch
zurückerstatten. 4 Sie antworteten: Du hast uns
weder übervorteilt noch ungerecht behandelt,
noch hast du von jemand etwas angenommen. 5 Er
sagte zu ihnen: Der Herr ist Zeuge euch gegenüber
und auch sein Gesalbter ist heute Zeuge dafür, dass
ihr mir nichts vorwerfen könnt. Sie erwiderten: Sie
sind Zeugen.
6 Und Samuel sagte zum Volk: Der Herr ist es ge-
wesen, der Mose und Aaron erschaffen und eure
Väter aus Ägypten heraufgeführt hat. 7 Tretet nun
zu mir, damit ich mit euch vor den Augen des
Herrn ins Gericht gehe und euch alle Wohltaten
des Herrn vorhalte, die er euch und euren Vätern
erwiesen hat. 8 Als Jakob nach Ägypten gekommen
war und die Ägypter eure Väter unterdrückten
und sie zum Herrn schrien, da sandte der Herr
Mose und Aaron. Sie führten eure Väter aus Ägyp-
ten heraus und gaben ihnen Wohnsitze an diesem
Ort. 9 Eure Väter aber vergaßen den Herrn, ihren
Gott. Da verkaufte er sie an Sisera, den Feldherrn
von Hazor, an die Philister und an den König von
Moab und diese führten Krieg gegen sie. 10 Da
schrien sie zum Herrn und sagten: Wir haben ge-
sündigt; denn wir haben den Herrn verlassen und
den Baalen und Astarten gedient. Befrei uns jetzt
aus der Gewalt unserer Feinde; wir wollen wieder
dir dienen. 11 Darauf sandte der Herr Jerubbaal,
Barak, Jiftach und Samuel und befreite euch aus
der Gewalt eurer Feinde ringsumher, sodass ihr in
Sicherheit leben konntet. 12 Als ihr aber saht, dass
Nahasch, der König der Ammoniter, gegen euch
ausrückte, sagtet ihr zu mir: Nein, ein König soll
über uns herrschen!, obwohl doch der Herr, euer
Gott, euer König ist. 13 Seht, hier ist euer König,
den ihr verlangt und den ihr euch erwählt habt. Ja,
der Herr hat euch einen König gegeben. 14 Wenn
ihr den Herrn fürchtet und ihm dient, wenn ihr
auf seine Stimme hört und euch seinem Befehl
nicht widersetzt, wenn sowohl ihr als auch der Kö-
nig, der über euch herrscht, dem Herrn, eurem
Gott, folgt (dann geht es euch gut). 15 Wenn ihr
aber nicht auf die Stimme des Herrn hört und
euch seinem Befehl widersetzt, dann wird die
Hand des Herrn gegen euch (ausgestreckt) sein
wie gegen eure Väter.
16 Nun tretet her und seht die große Tat mit an, die
der Herr vor euren Augen vollbringen wird. 17 Ist
jetzt nicht gerade Weizenernte? Ich werde zum
Herrn rufen und er wird Gewitter und Regen
schicken. So werdet ihr erkennen und einsehen,
wie groß euer Unrecht in den Augen des Herrn ist,
das ihr dadurch begangen habt, dass ihr für euch
einen König verlangt habt. 18 Samuel rief zum
Herrn und der Herr schickte noch am gleichen Tag
Gewitter und Regen. Da geriet das ganze Volk in
große Furcht vor dem Herrn und vor Samuel
19 und alle sagten zu Samuel: Bete für deine Knech-
te zum Herrn, deinem Gott, damit wir nicht um-
kommen; denn wir haben all unseren Sünden
noch die Bosheit hinzugefügt, einen König für uns
zu verlangen.
20 Samuel erwiderte dem Volk: Fürchtet euch nicht!
Ihr habt all dieses Böse getan; doch weicht (von
nun an) nicht mehr von der Nachfolge des Herrn
ab und dient dem Herrn mit ganzem Herzen!
21 Weicht ja nicht ab und folgt nicht den nichtigen
(Göttern), die nichts nützen und nicht retten kön-
nen, weil sie nichtig sind. 22 Um seines großen Na-
mens willen wird der Herr sein Volk nicht ver-
stoßen; denn er hat sich entschlossen, euch zu
seinem Volk zu machen. 23 Auch ich weise es weit
von mir, mich am Herrn zu versündigen, und höre
deshalb nicht auf, für euch zu beten; ich werde
euch den guten und geraden Weg weisen. 24 Nur
fürchtet den Herrn und dient ihm treu und von
ganzem Herzen! Denn ihr seht, welch große Dinge
er an euch getan hat. 25 Wenn ihr aber wieder Böses
tut, dann werdet sowohl ihr als auch euer König
dahingerafft werden.

11,14: 10,8 • 12,1: 8,6; 11,15 • 8: Ex 3,7f • 9: Ri 4,2; 10,7; 13,1; 3,12 •
10: Ri 10,10 • 11: Ri 6,14; 11,29; Hebr 11,32 • 12: 11,1f; 8,19

Die Herrschaft Sauls

13 Saul war ... Jahre alt, als er König wurde,
und er regierte zwei ... Jahre über Israel.
2 Saul wählte sich dreitausend Mann aus Israel aus;
zweitausend davon waren bei Saul in Michmas
und auf dem Berg von Bet-El und tausend waren
bei Jonatan in Gibea-Benjamin. Den Rest des Vol-
kes entließ er, jeden zu seinem Zelt. 3 Jonatan er-
schlug den Vogt der Philister, der in Geba saß; die
Philister hörten davon. Saul aber ließ im ganzen
Land das Widderhorn blasen und ausrufen: Die
Hebräer sollen es hören. 4 Und ganz Israel hörte
die Kunde: Saul hat den Vogt der Philister erschla-
gen und dadurch hat sich Israel bei den Philistern
verhasst gemacht. Das Volk wurde aufgeboten,
Saul nach Gilgal zu folgen. 5 Die Philister versam-
melten sich zum Kampf gegen Israel; sie hatten
dreitausend Wagen und sechstausend Wagen-
kämpfer und ein Heer so zahlreich wie der Sand
am Ufer des Meeres. Sie zogen herauf und schlu-
gen bei Michmas, östlich von Bet-Awen, ihr Lager
auf. 6 Als die Israeliten sahen, dass sie in Gefahr ge-
rieten und dass das Volk bedrängt wurde, ver-
steckten sie sich in Höhlen, Schlupflöchern, Fels-
spalten, Gruben und Zisternen. 7 Viele gingen über
den Jordan in das Land Gad und Gilead. Saul war
noch in Gilgal und das ganze Volk, das ihm gefolgt
war, hatte große Angst. 8 Er wartete in Gilgal sie-
ben Tage auf Samuel, wie vereinbart, aber Samuel
kam nicht. Als ihm nun das Volk davonlief, 9 sagte
Saul: Bringt das Brandopfer und die Heilsopfer zu
mir her! Und er brachte das Opfer dar. 10 Gerade
als er mit der Darbringung des Opfers fertig war,
kam Samuel. Saul ging ihm entgegen, um ihn zu
begrüßen. 11 Samuel aber fragte: Was hast du ge-
tan? Saul antwortete: Weil ich sah, dass mir das
Volk davonlief und du nicht zu dem vereinbarten
Zeitpunkt gekommen bist und die Philister sich
bei Michmas versammelt haben, 12 dachte ich: Jetzt
werden die Philister gegen mich nach Gilgal her-
abziehen, noch ehe ich den Herrn gnädig ge-
stimmt habe. Darum habe ich es gewagt, das Brand-
opfer darzubringen. 13 Samuel erwiderte Saul: Du
hast töricht gehandelt: Hättest du den Befehl be-
folgt, den dir der Herr, dein Gott, gegeben hat,
dann hätte er jetzt deine Herrschaft über Israel für
immer gefestigt. 14 Nun aber wird deine Herrschaft
keinen Bestand haben. Der Herr hat sich einen
Mann nach seinem Herzen gesucht und ihn zum
Fürsten seines Volkes gemacht. Denn du hast nicht
befolgt, was der Herr dir befohlen hat.
15 Danach brach Samuel auf und ging von Gilgal
nach Gibea-Benjamin hinauf. Saul musterte das
Volk, das noch bei ihm war; es waren etwa sechs-
hundert Mann. 16 Saul, sein Sohn Jonatan und die
Leute, die noch bei ihnen waren, standen bei
Geba-Benjamin, während die Philister ihr Lager
bei Michmas hatten. 17 Da zogen aus dem Lager der
Philister drei Abteilungen aus, um zu plündern.
Eine Abteilung wandte sich in Richtung Ofra im
Gebiet von Schual; 18 die zweite Abteilung zog in
Richtung Bet-Horon, und die dritte Abteilung
wandte sich in Richtung auf den Hügel, der über
das Hyänental weg in die Wüste hinüberschaut.
19 Damals war im ganzen Land kein Schmied zu
finden. Denn die Philister hatten sich gesagt: Die
Hebräer sollen sich keine Schwerter und Lanzen
machen können. 20 Alle Israeliten mussten zu den
Philistern hinabgehen, wenn jemand sich eine
Pflugschar, eine Hacke, eine Axt oder eine Sichel
schmieden lassen wollte. 21 Der Preis für das Schär-
fen der Pflugscharen, der Hacken, des Dreizacks
und der Äxte und das Einsetzen des Ochsensta-
chels betrug ein Pim. 22 Als es nun zum Krieg kam,
fand sich im ganzen Volk, das bei Saul und Jona-
tan war, weder ein Schwert noch ein Speer. Nur
Saul und sein Sohn Jonatan hatten (solche Waf-
fen).

8: 10,8 • 13: 10,8 • 14: 16,1; Apg 13,22 • 19: Ri 5,8

Jonatans Heldentat

23 Ein Posten der Philister rückte gegen den Pass
von Michmas vor.

14 Eines Tages sagte Jonatan, der Sohn Sauls,
zu seinem Waffenträger: Komm, wir wol-
len zu dem Posten der Philister hinübergehen, der
da drüben steht. Seinem Vater sagte er aber nichts
davon. 2 Saul saß an der Flurgrenze von Gibea un-
ter dem Granatapfelbaum, der bei Migron steht.
Das Volk, das er bei sich hatte, zählte etwa sechs-
hundert Mann. 3 Damals trug Ahija, der Sohn Ahi-
tubs, des Bruder Ikabods, des Sohnes des Pinhas,
des Sohnes Elis, des Priesters des Herrn in Schilo,
das Efod. Auch das Volk wusste nicht, dass Jona-

tan weggegangen war. 4 An den Übergängen, wo
Jonatan zu dem Posten der Philister hinüberzu-
kommen versuchte, war hüben und drüben eine
Felszacke; die eine nannte man Bozez, die andere
Senne. 5 Die eine Felszacke erhebt sich wie eine Säu-
le auf der Nordseite, gegenüber von Michmas, die
andere auf der Südseite, gegenüber von Geba. 6 Jo-
natan sagte also zu seinem Waffenträger: Komm,
wir wollen hinübergehen zu dem Posten dieser
Unbeschnittenen. Vielleicht wird der Herr für uns
handeln; für den Herrn ist es ja keine Schwierig-
keit zu helfen, sei es durch viele oder durch wenige.
7 Sein Waffenträger erwiderte ihm: Tu nur, was du
im Sinn hast. Geh, ich bin mit dabei; ganz wie du
willst. 8 Jonatan sagte: Hör zu! Wir wollen zu den
Männern hinübergehen und uns ihnen offen zei-
gen. 9 Und wenn sie dann zu uns sagen: Bleibt ste-
hen, bis wir zu euch kommen!, dann bleiben wir
stehen, wo wir sind, und gehen nicht zu ihnen hin-
auf. 10 Wenn sie aber sagen: Kommt zu uns herauf!,
dann wollen wir zu ihnen hinaufsteigen; denn der
Herr hat sie in unsere Hand gegeben. Das soll für
uns das Zeichen sein.
11 Die beiden zeigten sich also dem Posten der Phi-
lister. Die Philister sagten: Seht nur, die Hebräer
sind aus ihren Löchern hervorgekommen, in de-
nen sie sich versteckt hatten. 12 Die Wachtposten
riefen zu Jonatan und seinem Waffenträger hinü-
ber und sagten: Kommt nur herauf zu uns, wir
werden euch etwas erzählen. Da sagte Jonatan zu
seinem Waffenträger: Geh hinter mir hinauf; denn
der Herr hat sie in die Gewalt Israels gegeben. 13 Jo-
natan kletterte auf Händen und Füßen hinauf und
sein Waffenträger folgte ihm. Da ergriffen sie vor
Jonatan die Flucht, aber sein Waffenträger, der
hinter ihm war, tötete sie. 14 Das war der erste
Schlag, den Jonatan und sein Waffenträger führ-
ten. Sie erschlugen etwa zwanzig Mann, auf einer
Fläche, die ungefähr einen halben Morgen groß
war. 15 Großer Schrecken entstand im Lager (der
Philister) und auf dem Feld und im ganzen Volk;
auch der Vorposten und die plündernden Abtei-
lungen erschraken. Dazu bebte die Erde und es
entstand ein Gottesschrecken.

14,15: 7,10

Der Sieg über die Philister

16 Die Späher Sauls in Gibea-Benjamin sahen ein
Getümmel, das wogte und hin und her lief. 17 Da
sagte Saul zu den Leuten, die bei ihm waren: Prüft
einmal und seht nach, wer von unseren Leuten
weggegangen ist. Sie sahen nach, und tatsächlich
fehlten Jonatan und sein Waffenträger. 18 Saul sagte
zu Ahija: Bring die Lade Gottes her! Denn die Lade
war an jenem Tag bei den Israeliten (im Lager).
19 Während Saul mit dem Priester redete, wurde
das Getümmel im Lager der Philister immer
größer. Da sagte Saul zu dem Priester: Halt ein!
20 Saul aber und alle Leute, die bei ihm waren, zo-
gen gemeinsam in den Kampf. Da sahen sie, dass
(im Lager der Philister) jeder sein Schwert gegen
den anderen gerichtet hatte und dass ein ganz
gewaltiges Getümmel entstanden war. 21 Auch die
Hebräer, die bis zu diesem Zeitpunkt aufseiten der
Philister gestanden und mit ihnen in den Krieg ge-
zogen waren, wandten sich nun (von ihnen) ab,
um aufseiten Israels zu sein, das zu Saul und Jo-
natan hielt. 22 Als die Israeliten, die sich im Gebirge
Efraim versteckt hatten, hörten, dass die Philister
auf der Flucht waren, setzten auch sie ihnen im
Kampf nach 23 und der Kampf dehnte sich bis Bet-
Awen aus. So rettete der Herr an jenem Tag Israel.

Sauls Schwur

24 Die Israeliten aber waren an jenem Tag in Be-
drängnis geraten. Darum stellte Saul das Volk un-
ter einen Fluch und sagte: Verflucht sei jeder, der
vor dem Abend etwas isst, bevor ich mich an mei-
nen Feinden gerächt habe. Das Volk nahm also bis
zum Abend keine Nahrung zu sich. 25 Nun gab es
in jener ganzen Gegend viele Bienennester, sodass
Honig auf freiem Feld zu finden war. 26 Als das Volk
zu den Waben kam und sah, dass Honig aus ihnen
herausfloss, streckte niemand seine Hand aus, um
etwas davon zu nehmen. Denn das Volk fürchtete
den Schwur (Sauls). 27 Jonatan aber hatte nicht ge-
hört, wie sein Vater das Volk beschwor. Er tauchte
den Stock, den er in der Hand hielt, mit der Spitze
in eine Honigwabe und führte den Honig mit der
Hand zum Mund. Da leuchteten seine Augen wie-
der. 28 Einer aus dem Volk aber sagte: Dein Vater
hat das Volk mit einem Eid beschworen und ge-
sagt: Verflucht sei jeder, der heute etwas isst. Das

Volk war aber erschöpft. 29 Jonatan erwiderte: Mein Vater stürzt das Land ins Unglück. Seht nur, meine Augen leuchten, weil ich ein bisschen von diesem Honig gegessen habe. 30 Ja, hätte das Volk heute von der Beute, die es gemacht hat, ordentlich gegessen! Dann wäre die Niederlage der Philister noch größer geworden.

31 Die Israeliten schlugen an diesem Tag die Philister (im ganzen Gebiet) zwischen Michmas und Ajalon, das Volk aber war sehr erschöpft. 32 Deshalb stürzte sich das Volk auf die Beute, nahm Schafe, Rinder und Kälber, schlachtete sie, sodass das Blut einfach auf die Erde floss. Und das Volk aß (das Fleisch) samt dem Blut. 33 Da meldete man Saul: Sieh nur, das Volk versündigt sich gegen den Herrn, es isst (das Fleisch) samt dem Blut. Er sagte: Ihr habt ein Unrecht begangen. Wälzt sofort einen großen Stein her! 34 Und er befahl: Geht unter die Leute und sagt ihnen: Jeder soll sein Rind und sein Lamm zu mir bringen und es hier schlachten und essen. Versündigt euch nicht gegen den Herrn, indem ihr es samt dem Blut esst. Da brachten die Leute noch in der Nacht alles, was sie in der Hand hatten, herbei und schlachteten es dort. 35 Und Saul erbaute dem Herrn einen Altar. Es war der erste Altar, den er dem Herrn erbaute.

36 Saul sagte: Wir wollen in der Nacht hinter den Philistern herziehen und unter ihnen plündern, bis der Tag anbricht. Keinen von ihnen wollen wir übrig lassen. Die Leute antworteten: Tu nur, was du für richtig hältst. Der Priester aber sagte: Wir wollen (erst) hier vor Gott hintreten. 37 Saul fragte also Gott: Soll ich hinter den Philistern herziehen? Wirst du sie in die Gewalt Israels geben? Gott aber gab an jenem Tag keine Antwort. 38 Darauf sagte Saul: Alle Anführer des Volkes, kommt her und forscht nach, wodurch diese Sünde heute zustande gekommen ist. 39 So wahr der Herr, der Retter Israels, lebt: Selbst wenn es sich um meinen Sohn Jonatan handeln würde – er muss sterben. Doch niemand aus dem Volk antwortete. 40 Saul aber sagte zu allen Israeliten: Ihr sollt auf der einen Seite stehen, ich und mein Sohn Jonatan wollen auf der anderen Seite stehen. Das Volk antwortete Saul: Tu, was du für richtig hältst. 41 Darauf sagte Saul zum Herrn: Gott Israels, gib uns volle Klarheit! Da fiel das Los auf Jonatan und Saul, das Volk aber ging frei aus. 42 Saul sagte: Werft nun das Los zwischen mir und meinem Sohn Jonatan! Das Los fiel auf Jonatan. 43 Da sagte Saul zu Jonatan: Sag mir, was hast du getan? Jonatan bekannte es ihm und sagte: Ich habe mit der Spitze des Stockes, den ich in der Hand hatte, ein wenig Honig genommen und davon versucht. Ich bin bereit zu sterben. 44 Saul erwiderte: Gott möge mir dies und das antun – Jonatan, du musst sterben. 45 Aber das Volk sagte zu Saul: Soll Jonatan sterben, der so viel für die Rettung Israels getan hat? Das darf nicht sein! So wahr der Herr lebt: Ihm soll kein Haar gekrümmt werden. Denn nur mit Gottes Hilfe hat er heute diese Tat vollbracht. So befreite das Volk Jonatan und er brauchte nicht zu sterben. 46 Saul aber gab die Verfolgung der Philister auf und zog wieder hinauf und die Philister kehrten in ihre Städte zurück.

32: Lev 3,17 • 45: 11,13

Die Kriege Sauls

47 Als Saul die Königswürde über Israel erlangt hatte, führte er ringsum mit all seinen Feinden Krieg: mit Moab und den Ammonitern, mit Edom und den Königen von Zoba und mit den Philistern. Wohin er sich auch wandte, war er siegreich. 48 Er vollbrachte tapfere Taten, schlug Amalek und befreite Israel aus der Gewalt derer, die es ausraubten.

Sauls Familie

49 Die Söhne Sauls waren Jonatan, Jischwi und Malkischua. Die ältere seiner beiden Töchter hieß Merab, die jüngere Michal. 50 Sauls Frau hieß Ahinoam; sie war eine Tochter des Ahimaaz. Sein Heerführer hieß Abner; er war ein Sohn Ners, des Onkels Sauls; 51 Kisch, der Vater Sauls, und Ner, der Vater Abners, waren Söhne Abiëls. 52 Der harte Krieg gegen die Philister hörte nicht auf, solange Saul lebte. Jeden starken und kriegstüchtigen Mann, den Saul sah, nahm er in seinen Dienst.

50: 2 Sam 2,8

Der Krieg gegen die Amalekiter. Sauls Verstoßung

15 Samuel sagte zu Saul: Der Herr hatte mich gesandt, um dich zum König seines Volkes Israel zu salben. Darum gehorche jetzt den Wor-

ten des Herrn! 2 So spricht der Herr der Heere: Ich
habe beobachtet, was Amalek Israel angetan hat:
Es hat sich ihm in den Weg gestellt, als Israel aus
Ägypten heraufzog. 3 Darum zieh jetzt in den
Kampf und schlag Amalek! Weihe alles, was ihm
gehört, dem Untergang! Schone es nicht, sondern
töte Männer und Frauen, Kinder und Säuglinge,
Rinder und Schafe, Kamele und Esel! 4 Saul bot das
Volk auf und musterte es in Telaim. Es waren zwei-
hunderttausend Mann Fußvolk [und zehntausend
Mann aus Juda]. 5 Saul rückte bis zur Stadt der
Amalekiter vor und legte im Bachtal einen Hin-
terhalt. 6 Den Kenitern aber ließ er sagen: Auf, zieht
fort, verlasst das Gebiet der Amalekiter, damit ich
euch nicht zusammen mit ihnen vernichte; denn
ihr habt euch gegenüber allen Israeliten freundlich
verhalten, als sie aus Ägypten heraufzogen. Da ver-
ließen die Keniter das Gebiet der Amalekiter. 7 Saul
aber schlug die Amalekiter (im ganzen Gebiet)
zwischen Hawila und der Gegend von Schur, das
Ägypten gegenüberliegt. 8 Agag, den König von
Amalek, brachte er lebend in seine Gewalt; das
ganze Volk aber weihte er mit scharfem Schwert
dem Untergang. 9 Saul und das Volk schonten
Agag, ebenso auch die besten von den Schafen und
Rindern, nämlich das Mastvieh und die Lämmer,
sowie alles, was sonst noch wertvoll war. Das woll-
ten sie nicht dem Untergang weihen. Nur alles
Minderwertige und Wertlose weihten sie dem
Untergang.
10 Deshalb erging das Wort des Herrn an Samuel:
11 Es reut mich, dass ich Saul zum König gemacht
habe. Denn er hat sich von mir abgewandt und hat
meine Befehle nicht ausgeführt. Das verdross Sa-
muel sehr und er schrie die ganze Nacht zum
Herrn. 12 Am nächsten Morgen machte sich Sa-
muel auf den Weg und ging Saul entgegen. Man
hatte Samuel mitgeteilt: Saul ist nach Karmel ge-
kommen und hat sich (dort) ein Denkmal errich-
tet; dann ist er umgekehrt und nach Gilgal hinab
weitergezogen. 13 Als Samuel nun zu Saul kam,
sagte Saul zu ihm: Gesegnet seist du vom Herrn.
Ich habe den Befehl des Herrn ausgeführt. 14 Sa-
muel erwiderte: Und was bedeutet dieses Blöken
von Schafen, das mir in die Ohren dringt, und das
Gebrüll der Rinder, das ich da höre? 15 Saul ant-
wortete: Man hat sie aus Amalek mitgebracht, weil
das Volk die besten von den Schafen und Rindern
geschont hat, um sie dem Herrn, deinem Gott, zu
opfern. Das übrige haben wir dem Untergang ge-
weiht. 16 Da sagte Samuel zu Saul: Hör auf! Ich will
dir verkünden, was der Herr mir heute Nacht ge-
sagt hat. Saul antwortete: Sprich! 17 Samuel sagte:
Bist du nicht, obwohl du dir gering vorkommst,
das Haupt der Stämme Israels? Der Herr hat dich
zum König von Israel gesalbt. 18 Dann hat dich der
Herr auf den Weg geschickt und gesagt: Geh und
weihe die Amalekiter, die Übeltäter, dem Unter-
gang; kämpfe gegen sie, bis du sie vernichtet hast.
19 Warum hast du nicht auf die Stimme des Herrn
gehört, sondern hast dich auf die Beute gestürzt
und getan, was dem Herrn missfällt? 20 Saul erwi-
derte Samuel: Ich habe doch auf die Stimme des
Herrn gehört; ich bin den Weg gegangen, auf den
der Herr mich geschickt hat; ich habe Agag, den
König von Amalek, hergebracht und die Amaleki-
ter dem Untergang geweiht. 21 Aber das Volk hat
von der Beute einige Schafe und Rinder genom-
men, das Beste von dem, was dem Untergang ge-
weiht war, um es dem Herrn, / deinem Gott, in Gil-
gal zu opfern. 22 Samuel aber sagte:
Hat der Herr an Brandopfern und Schlachtopfern
das gleiche Gefallen / wie am Gehorsam gegen-
über der Stimme des Herrn? / Wahrhaftig, Gehor-
sam ist besser als Opfer, / Hinhören besser als das
Fett von Widdern.
23 Denn Trotz ist ebenso eine Sünde wie die Zau-
berei, / Widerspenstigkeit ist ebenso (schlimm) /
wie Frevel und Götzendienst. / Weil du das Wort
des Herrn verworfen hast, / verwirft er dich als Kö-
nig.
24 Da sagte Saul zu Samuel: Ich habe gesündigt;
denn ich habe mich über den Befehl des Herrn
und deine Anweisungen hinweggesetzt, ich habe
mich vor dem Volk gefürchtet und auf seine
Stimme gehört. 25 Darum nimm doch die Sünde
von mir weg und kehr mit mir zurück, damit ich
den Herrn anbete. 26 Samuel erwiderte Saul: Ich
kehre nicht mit dir zurück; denn du hast das Wort
des Herrn verworfen und nun hat der Herr dich
verworfen, sodass du nicht mehr König von Israel
sein kannst. 27 Als Samuel sich umwandte, um
wegzugehen, griff Saul nach dem Zipfel seines
Mantels, doch der riss ab. 28 Da sagte Samuel zu

ihm: So entreißt dir heute der Herr die Herrschaft über Israel und gibt sie einem anderen, der besser ist als du. 29 Er, der ewige Ruhm Israels, kann weder lügen noch bereuen. Er ist doch kein Mensch, sodass er etwas bereuen müsste. 30 Saul erwiderte: Ich habe gesündigt; erweise mir aber jetzt vor den Ältesten des Volkes und vor Israel die Ehre, mit mir zurückzukehren, damit ich den Herrn, deinen Gott, anbete. 31 Da kehrte Samuel um und folgte Saul und Saul betete den Herrn an. 32 Darauf sagte Samuel: Bringt Agag, den König von Amalek, zu mir! Agag wurde in Fesseln zu ihm gebracht und sagte: Wahrhaftig, die Bitterkeit des Todes ist gewichen. 33 Samuel aber erwiderte:

Wie dein Schwert die Frauen um ihre Kinder gebracht, / so sei unter den Frauen deine Mutter kinderlos gemacht.

Und Samuel hieb vor den Augen des Herrn in Gilgal Agag in Stücke. 34 Dann ging Samuel nach Rama und Saul zog hinauf in sein Haus nach Gibea-Saul.

35 Samuel sah Saul vor dem Tag seines Todes nicht mehr. Samuel trauerte um Saul, weil es den Herrn reute, dass er Saul zum König über Israel gemacht hatte.

1: 10,1 • 2: Ex 17,8–16; Dtn 25,17–19 • 6: Ri 1,16 • 7: Gen 20,1; 25,18 • 17: 9,21 • 19: 28,18; 1 Chr 10,13 • 23: 16,1 • 28: 28,17 • 29: Num 23,19 • 35: 19,18–24

SAUL UND DAVID: 16,1 – 31,13

Davids Salbung zum König

16 Der Herr sagte zu Samuel: Wie lange willst du noch um Saul trauern? Ich habe ihn doch verworfen; er soll nicht mehr als König über Israel herrschen. Fülle dein Horn mit Öl und mach dich auf den Weg! Ich schicke dich zu dem Betlehemiter Isai; denn ich habe mir einen von seinen Söhnen als König ausersehen. 2 Samuel erwiderte: Wie kann ich da hingehen? Saul wird es erfahren und mich umbringen. Der Herr sagte: Nimm ein junges Rind mit und sag: Ich bin gekommen, um dem Herrn ein Schlachtopfer darzubringen. 3 Lade Isai zum Opfer ein! Ich selbst werde dich dann erkennen lassen, was du tun sollst: Du sollst mir nur den salben, den ich dir nennen werde. 4 Samuel tat, was der Herr befohlen hatte. Als er nach Betlehem kam, gingen ihm die Ältesten der Stadt zitternd entgegen und fragten: Bedeutet dein Kommen Frieden? 5 Er antwortete: Frieden. Ich bin gekommen, um dem Herrn ein Schlachtopfer darzubringen. Heiligt euch und kommt mit mir zum Opfer! Dann heiligte er Isai und seine Söhne und lud sie zum Opfer ein. 6 Als sie kamen und er den Eliab sah, dachte er: Gewiss steht nun vor dem Herrn sein Gesalbter. 7 Der Herr aber sagte zu Samuel: Sieh nicht auf sein Aussehen und seine stattliche Gestalt, denn ich habe ihn verworfen; Gott sieht nämlich nicht auf das, worauf der Mensch sieht. Der Mensch sieht, was vor den Augen ist, der Herr aber sieht das Herz. 8 Nun rief Isai den Abinadab und ließ ihn vor Samuel treten. Dieser sagte: Auch ihn hat der Herr nicht erwählt. 9 Isai ließ Schima kommen. Samuel sagte: Auch ihn hat der Herr nicht erwählt. 10 So ließ Isai sieben seiner Söhne vor Samuel treten, aber Samuel sagte zu Isai: Diese hat der Herr nicht erwählt. 11 Und er fragte Isai: Sind das alle deine Söhne? Er antwortete: Der jüngste fehlt noch, aber der hütet gerade die Schafe. Samuel sagte zu Isai: Schick jemand hin und lass ihn holen; wir wollen uns nicht zum Mahl hinsetzen, bevor er hergekommen ist. 12 Isai schickte also jemand hin und ließ ihn kommen. David war blond, hatte schöne Augen und eine schöne Gestalt. Da sagte der Herr: Auf, salbe ihn! Denn er ist es. 13 Samuel nahm das Horn mit dem Öl und salbte David mitten unter seinen Brüdern. Und der Geist des Herrn war über David von diesem Tag an. Samuel aber brach auf und kehrte nach Rama zurück.

1: 13,14; 15,23 • 3: 1 Chr 11,3 • 10: 17,12; 1 Chr 2,13–15 • 12: 17,42 • 13: 2 Sam 2,4; 5,3; Ps 89,21

David im Dienst Sauls

14 Der Geist des Herrn war von Saul gewichen; jetzt quälte ihn ein böser Geist, der vom Herrn kam. 15 Da sagten die Diener Sauls zu ihm: Du siehst, ein böser Geist Gottes quält dich. 16 Darum möge unser Herr seinen Knechten, die vor ihm stehen, be-

fehlen, einen Mann zu suchen, der die Zither zu
spielen versteht. Sobald dich der böse Geist Gottes
überfällt, soll er auf der Zither spielen; dann wird
es dir wieder gut gehen. 17 Saul sagte zu seinen Die-
nern: Seht euch für mich nach einem Mann um,
der gut spielen kann, und bringt ihn her zu mir!
18 Einer der jungen Männer antwortete: Ich kenne
einen Sohn des Betlehemiters Isai, der Zither zu
spielen versteht. Und er ist tapfer und ein guter
Krieger, wortgewandt, von schöner Gestalt, und
der Herr ist mit ihm. 19 Da schickte Saul Boten zu
Isai und ließ ihm sagen: Schick mir deinen Sohn
David, der bei den Schafen ist. 20 Isai nahm einen
Esel, dazu Brot, einen Schlauch Wein und ein Zie-
genböckchen und schickte seinen Sohn David da-
mit zu Saul. 21 So kam David zu Saul und trat in
seinen Dienst; Saul gewann ihn sehr lieb, und Da-
vid wurde sein Waffenträger. 22 Darum schickte
Saul zu Isai und ließ ihm sagen: David soll in mei-
nem Dienst bleiben; denn er hat mein Wohlwol-
len gefunden. 23 Sooft nun ein Geist Gottes Saul
überfiel, nahm David die Zither und spielte da-
rauf. Dann fühlte sich Saul erleichtert, es ging ihm
wieder gut und der böse Geist wich von ihm.

14: 18,10; 19,9 • 22: 18,2

David und Goliat

17 Die Philister zogen ihre Truppen zum
Kampf zusammen. Sie versammelten sich
bei Socho, das zu Juda gehört, und schlugen zwi-
schen Socho und Aseka in Efes-Dammim ihr
Lager auf. 2 Auch Saul und die Männer Israels sam-
melten sich; sie schlugen ihr Lager im Terebin-
thental auf und traten zum Kampf gegen die Phi-
lister an. 3 Die Philister standen an dem Berg auf
der einen Seite, die Israeliten an dem Berg auf der
anderen Seite; zwischen ihnen lag das Tal.
4 Da trat aus dem Lager der Philister ein Vor-
kämpfer namens Goliat aus Gat hervor. Er war
sechs Ellen und eine Spanne groß. 5 Auf seinem
Kopf hatte er einen Helm aus Bronze und er trug
einen Schuppenpanzer aus Bronze, der fünftau-
send Schekel wog. 6 Er hatte bronzene Schienen an
den Beinen und zwischen seinen Schultern hing
ein Sichelschwert aus Bronze. 7 Der Schaft seines
Speeres war (so dick) wie ein Weberbaum und die
eiserne Speerspitze wog sechshundert Schekel.
Sein Schildträger ging vor ihm her. 8 Goliat trat vor
und rief zu den Reihen der Israeliten hinüber:
Warum seid ihr ausgezogen und habt euch zum
Kampf aufgestellt? Bin ich nicht ein Philister und
seid ihr nicht die Knechte Sauls? Wählt euch doch
einen Mann aus! Er soll zu mir herunterkommen.
9 Wenn er mich im Kampf erschlagen kann, wol-
len wir eure Knechte sein. Wenn ich ihm aber
überlegen bin und ihn erschlage, dann sollt ihr un-
sere Knechte sein und uns dienen. 10 Und der Phi-
lister sagte weiter: Heute habe ich die Reihen Is-
raels verhöhnt (und gesagt): Schickt mir doch
einen Mann, damit wir gegeneinander kämpfen
können. 11 Als Saul und ganz Israel diese Worte des
Philisters hörten, erschraken sie und hatten große
Angst.
12 David war der Sohn eines Efratiters namens Isai
aus Betlehem in Juda, der acht Söhne hatte. Zur
Zeit Sauls war Isai bereits alt und betagt. 13 Die drei
ältesten Söhne Isais waren zusammen mit Saul in
den Krieg gezogen. Seine drei Söhne, die mit in
den Krieg gezogen waren, hießen Eliab – er war der
Erstgeborene –, der zweite Abinadab, der dritte
Schima. 14 Die drei Ältesten waren Saul gefolgt.
David aber war der jüngste. 15 David kehrte öfters
vom Hof Sauls nach Betlehem zurück, um die
Schafe seines Vaters zu hüten.
16 Der Philister kam jeden Morgen und Abend und
stellte sich kampfbereit hin – vierzig Tage lang.
17 Eines Tages sagte Isai zu seinem Sohn David:
Nimm für deine Brüder ein Efa von diesem gerös-
teten Korn und diese zehn Brote und lauf damit
zu ihnen ins Lager. 18 Und diese zehn Käse bring
dem Obersten der Tausendschaft! Sieh nach, ob es
deinen Brüdern gut geht, und lass dir ein Pfand
(als Lebenszeichen) von ihnen geben! 19 Saul ist
mit ihnen und all den anderen Israeliten im Tere-
binthental und sie kämpfen gegen die Philister.
20 David brach früh am Morgen auf, überließ die
Herde einem Wächter, lud die Sachen auf und
ging, wie es ihm Isai befohlen hatte. Als er zur Wa-
genburg kam, rückte das Heer gerade in Schlacht-
ordnung aus und ließ den Kampfruf erschallen.
21 Israel und die Philister stellten sich, Reihe gegen
Reihe, zum Kampf auf. 22 David legte das Gepäck
ab, überließ es dem Wächter des Trosses und lief
zur Schlachtreihe. Er ging zu seinen Brüdern und

fragte, wie es ihnen gehe. 23 Während er noch mit ihnen redete, trat gerade aus den Reihen der Philister ihr Vorkämpfer, der Philister namens Goliat aus Gat, hervor; er rief die gewohnten Worte und David hörte es. 24 Als die Israeliten den Mann sahen, hatten sie alle große Angst vor ihm und flohen. 25 Sie sagten: Habt ihr gesehen, wie dieser Mann daherkommt? Er kommt doch nur, um Israel zu verhöhnen. Wer ihn erschlägt, den wird der König sehr reich machen; er wird ihm seine Tochter geben und seine Familie wird er von allen Steuern in Israel befreien. 26 David fragte die Männer, die bei ihm standen: Was wird man für den Mann tun, der diesen Philister erschlägt und die Schande von Israel wegnimmt? Wer ist denn dieser unbeschnittene Philister, dass er die Schlachtreihen des lebendigen Gottes verhöhnen darf? 27 Die Leute antworteten ihm dasselbe: Das und das wird man dem tun, der ihn erschlägt. 28 Sein ältester Bruder Eliab hörte, wie er mit den Männern redete, und er wurde zornig auf David. Er sagte: Wozu bist du denn hergekommen? Wem hast du denn die paar Schafe in der Wüste überlassen? Ich kenne doch deine Keckheit und die Bosheit in dir. Du bist nur hergekommen, um den Kampf zu sehen. 29 David erwiderte: Was habe ich denn jetzt wieder getan? Ich habe doch nur gefragt. 30 Dann wandte er sich von ihm ab und einem anderen zu und fragte ihn dasselbe. Die Leute antworteten ihm wie beim ersten Mal.

31 Als bekannt wurde, was David gesagt hatte, berichtete man davon auch in Sauls Umgebung und Saul ließ ihn holen. 32 David sagte zu Saul: Niemand soll wegen des Philisters den Mut sinken lassen. Dein Knecht wird hingehen und mit diesem Philister kämpfen. 33 Saul erwiderte ihm: Du kannst nicht zu diesem Philister hingehen, um mit ihm zu kämpfen; du bist zu jung, er aber ist ein Krieger seit seiner Jugend. 34 David sagte zu Saul: Dein Knecht hat für seinen Vater die Schafe gehütet. Wenn ein Löwe oder ein Bär kam und ein Lamm aus der Herde wegschleppte, 35 lief ich hinter ihm her, schlug auf ihn ein und riss das Tier aus seinem Maul. Und wenn er sich dann gegen mich aufrichtete, packte ich ihn an der Mähne und schlug ihn tot. 36 Dein Knecht hat den Löwen und den Bären erschlagen und diesem unbeschnittenen Philister soll es genauso ergehen wie ihnen, weil er die Schlachtreihen des lebendigen Gottes verhöhnt hat. 37 Und David sagte weiter: Der Herr, der mich aus der Gewalt des Löwen und des Bären gerettet hat, wird mich auch aus der Gewalt dieses Philisters retten. Da antwortete Saul David: Geh, der Herr sei mit dir. 38 Und Saul zog David seine Rüstung an; er setzte ihm einen bronzenen Helm auf den Kopf und legte ihm seinen Panzer an, 39 und über der Rüstung hängte er ihm sein Schwert um. David versuchte (in der Rüstung) zu gehen, aber er war es nicht gewohnt. Darum sagte er zu Saul: Ich kann in diesen Sachen nicht gehen, ich bin nicht daran gewöhnt. Und er legte sie wieder ab, 40 nahm seinen Stock in die Hand, suchte sich fünf glatte Steine aus dem Bach und legte sie in die Hirtentasche, die er bei sich hatte (und) die (ihm als) Schleudersteintasche (diente). Die Schleuder in der Hand, ging er auf den Philister zu.

41 Der Philister kam immer näher an David heran; sein Schildträger schritt vor ihm her. 42 Voll Verachtung blickte der Philister David an, als er ihn sah; denn David war noch sehr jung, er war blond und von schöner Gestalt. 43 Der Philister sagte zu David: Bin ich denn ein Hund, dass du mit einem Stock zu mir kommst? Und er verfluchte David bei seinen Göttern.

44 Er rief David zu: Komm nur her zu mir, ich werde dein Fleisch den Vögeln des Himmels und den wilden Tieren (zum Fraß) geben. 45 David antwortete dem Philister: Du kommst zu mir mit Schwert, Speer und Sichelschwert, ich aber komme zu dir im Namen des Herrn der Heere, des Gottes der Schlachtreihen Israels, den du verhöhnt hast. 46 Heute wird dich der Herr mir ausliefern. Ich werde dich erschlagen und dir den Kopf abhauen. Die Leichen des Heeres der Philister werde ich noch heute den Vögeln des Himmels und den wilden Tieren (zum Fraß) geben. Alle Welt soll erkennen, dass Israel einen Gott hat. 47 Auch alle, die hier versammelt sind, sollen erkennen, dass der Herr nicht durch Schwert und Speer Rettung verschafft; denn es ist ein Krieg des Herrn und er wird euch in unsere Gewalt geben. 48 Als der Philister weiter vorrückte und immer näher an David herankam, lief auch David von der Schlachtreihe (der Israeliten) aus schnell dem Philister entgegen.

49 Er griff in seine Hirtentasche, nahm einen Stein
heraus, schleuderte ihn ab und traf den Philister
an der Stirn. Der Stein drang in die Stirn ein und
der Philister fiel mit dem Gesicht zu Boden. 50 So
besiegte David den Philister mit einer Schleuder
und einem Stein; er traf den Philister und tötete
ihn, ohne ein Schwert in der Hand zu haben.
51 Dann lief David hin und trat neben den Philis-
ter. Er ergriff sein Schwert, zog es aus der Scheide,
schlug ihm den Kopf ab und tötete ihn. Als die Phi-
lister sahen, dass ihr starker Mann tot war, flohen
sie. 52 Die Männer von Israel und Juda aber griffen
an, erhoben das Kriegsgeschrei und verfolgten die
Philister bis nach Gat und bis vor die Tore von
Ekron. Von Schaarajim bis nach Gat und Ekron la-
gen die erschlagenen Philister am Weg. 53 Nach der
Verfolgung kehrten die Israeliten zurück und
plünderten das Lager der Philister. 54 David nahm
den Kopf des Philisters und brachte ihn nach Je-
rusalem. Goliats Waffen aber legte er in sein Zelt.
55 Als Saul David dem Philister entgegengehen sah,
sagte er zu Abner, seinem Heerführer: Abner, wes-
sen Sohn ist der junge Mann? Abner antwortete:
So wahr du lebst, König, ich weiß es nicht. 56 Der
König sagte: Dann erkundige dich, wessen Sohn
der Knabe ist. 57 Als David zurückkehrte, nachdem
er den Philister erschlagen hatte, nahm ihn Abner
mit und führte ihn zu Saul. David hatte den Kopf
des Philisters noch in der Hand. 58 Saul fragte ihn:
Wessen Sohn bist du, junger Mann? David ant-
wortete: Der Sohn deines Knechtes Isai aus Betle-
hem.

12: 16,10 • 15: 18,2 • 42: 16,12 • 54: 21,10

Jonatans Freundschaft mit David

18 Nach dem Gespräch Davids mit Saul
schloss Jonatan David in sein Herz. Und
Jonatan liebte David wie sein eigenes Leben. 2 Saul
behielt David von jenem Tag an bei sich und ließ
ihn nicht mehr in das Haus seines Vaters zurück-
kehren. 3 Jonatan schloss mit David einen Bund,
weil er ihn wie sein eigenes Leben liebte. 4 Er zog
den Mantel, den er anhatte, aus und gab ihn Da-
vid, ebenso seine Rüstung, sein Schwert, seinen
Bogen und seinen Gürtel. 5 David zog ins Feld und
überall, wohin Saul ihn schickte, hatte er Erfolg,
sodass Saul ihn an die Spitze seiner Krieger stellte.
David war beim ganzen Volk und bei den Dienern
Sauls beliebt. 6 Als sie nach Davids Sieg über den
Philister heimkehrten, zogen die Frauen aus allen
Städten Israels König Saul singend und tanzend
mit Handpauken, Freudenrufen und Zimbeln ent-
gegen. 7 Die Frauen spielten und riefen voll Freude:
Saul hat Tausend erschlagen, / David aber Zehn-
tausend.
8 Saul wurde darüber sehr zornig. Das Lied missfiel
ihm und er sagte: David geben sie Zehntausend,
mir aber geben sie nur Tausend. Jetzt fehlt ihm nur
noch die Königswürde. 9 Von diesem Tag an war
Saul gegen David voll Argwohn.

2: 16,22; 17,15 • 3: 19,1; 20,8.17; 23,18; 2 Sam 1,26; 21,7 •
6–7: 21,12; 29,5

Sauls Feindschaft gegen David

10 Am folgenden Tag kam über Saul wieder ein
böser Gottesgeist, sodass er in seinem Haus in Ra-
serei geriet. David aber spielte wie jeden Tag. Saul
hatte den Speer in der Hand. 11 Saul dachte: Ich will
David an die Wand spießen!, und schleuderte den
Speer, aber David wich ihm zweimal aus. 12 Und
Saul begann sich vor David zu fürchten, weil der
Herr mit David war, Saul aber verlassen hatte.
13 Darum entfernte Saul David aus seiner Umge-
bung und machte ihn zum Obersten einer Tau-
sendschaft. So zog David an der Spitze der Leute
hinaus (in den Krieg) und wieder heim. 14 David
hatte Erfolg, wohin ihn auch sein Weg führte, und
der Herr war mit ihm. 15 Als Saul sah, dass David
sehr erfolgreich war, bekam er noch mehr Angst
vor ihm. 16 Ganz Israel und Juda aber liebte David,
weil er an ihrer Spitze hinaus (in den Krieg) und
wieder heimzog.
17 Saul sagte zu David: Hier ist meine älteste Toch-
ter Merab. Ich will sie dir zur Frau geben, wenn du
dich mir als tapfer erweist und die Kriege des
Herrn führst. Saul dachte nämlich: Ich will nicht
meine Hand gegen ihn erheben; das sollen die Phi-
lister tun. 18 David antwortete Saul: Wer bin ich
denn und was ist schon meine Sippe und die Ver-
wandtschaft meines Vaters in Israel, dass ich der
Schwiegersohn des Königs werden sollte? 19 Als
aber dann die Zeit kam, in der Sauls Tochter Me-
rab David zur Frau gegeben werden sollte, wurde
sie Adriël aus Mehola zur Frau gegeben. 20 Sauls

Tochter Michal liebte David; dies teilte man Saul
mit. Es war ihm recht; 21 denn er sagte sich: Ich will
sie ihm geben; sie soll ihm zum Verhängnis wer-
den, sodass er den Philistern in die Hände fällt.
Saul sagte zu David: Heute in zwei Jahren kannst
du mein Schwiegersohn werden. 22 Seinen Dienern
aber befahl Saul: Redet heimlich mit David und
sagt: Du siehst, dass der König Gefallen an dir
hat und dass alle seine Diener dich gern haben;
du könntest sofort der Schwiegersohn des Kö-
nigs werden. 23 Sauls Diener redeten also in dieser
Weise mit David. David aber erwiderte: Scheint es
euch so leicht zu sein, der Schwiegersohn des Kö-
nigs zu werden? Ich bin doch ein armer und ge-
ringer Mann. 24 Die Diener berichteten Saul: Das
und das hat David gesagt. 25 Saul antwortete: So
sollt ihr David sagen: Der König möchte keine an-
dere Brautgabe als die Vorhäute von hundert Phi-
listern, um an den Feinden des Königs Rache zu
nehmen. Saul plante nämlich, David den Philis-
tern in die Hände fallen zu lassen. 26 Seine Diener
berichteten David, was Saul gesagt hatte, und es
war David recht, dass er so der Schwiegersohn des
Königs werden sollte. Die gesetzte Frist war noch
nicht um, 27 als David sich auf den Weg machte
und mit seinen Leuten zog; er erschlug zweihun-
dert von den Philistern, brachte ihre Vorhäute
zum König und legte sie vollzählig vor ihn hin, um
sein Schwiegersohn zu werden. Und Saul gab ihm
seine Tochter Michal zur Frau. 28 Als Saul immer
deutlicher erkannte, dass der Herr mit David war
und dass seine Tochter Michal ihn liebte, 29 fürch-
tete er sich noch mehr vor David. So wurde Saul
für alle Zeit zum Feind Davids.
30 Die Fürsten der Philister zogen (immer wieder)
in den Kampf; sooft sie aber ausrückten, hatte Da-
vid mehr Erfolg als alle anderen Diener Sauls, so-
dass sein Name immer mehr galt.

10: 16,14 • 11: 20,33 • 19: 2 Sam 21,8 • 27: 2 Sam 3,14

Jonatans Vermittlung

19 Saul redete vor seinem Sohn Jonatan und
vor allen seinen Dienern davon, dass er Da-
vid töten wolle. Sauls Sohn Jonatan aber hatte Da-
vid sehr gern; 2 deshalb berichtete er David davon
und sagte: Mein Vater Saul will dich töten. Nimm
dich also morgen früh in Acht, verbirg dich in ei-
nem Versteck! 3 Ich aber will zusammen mit mei-
nem Vater auf das Feld hinausgehen; dort, wo du
dich versteckt hältst, werde ich stehen bleiben und
mit meinem Vater über dich reden, und wenn ich
etwas erfahre, werde ich dir Bescheid geben. 4 Jo-
natan redete also zugunsten Davids mit seinem
Vater und sagte zu ihm: Der König möge sich doch
nicht an seinem Knecht David versündigen; denn
er hat sich ja auch nicht an dir versündigt und
seine Taten sind für dich sehr nützlich gewesen.
5 Er hat sein Leben aufs Spiel gesetzt und den Phi-
lister erschlagen. Der Herr hat (durch ihn) ganz
Israel viel Hilfe gebracht. Du hast es selbst gesehen
und dich darüber gefreut. Warum willst du dich
nun versündigen und unschuldiges Blut vergie-
ßen, indem du David ohne jeden Grund tötest?
6 Saul hörte auf Jonatan und schwor: So wahr der
Herr lebt: David soll nicht umgebracht werden.
7 Jonatan rief David und berichtete ihm alles.
Dann führte Jonatan David zu Saul und David war
wieder in Sauls Dienst wie vorher.

1: 18,3 • 5: 17,50

Davids Flucht

8 Der Krieg ging weiter und David zog wieder ge-
gen die Philister in den Kampf. Er brachte ihnen
eine schwere Niederlage bei und sie ergriffen die
Flucht.
9 Doch wieder kam vom Herrn ein böser Geist
über Saul, während er in seinem Haus saß und den
Speer in der Hand hielt und David auf der Zither
spielte. 10 Da versuchte Saul, David mit dem Speer
an die Wand zu spießen; aber er wich Saul aus, so-
dass der Speer in die Wand fuhr. David floh und
brachte sich in Sicherheit. Noch in derselben
Nacht 11 schickte Saul Boten zum Haus Davids, die
ihm auflauern und ihn am nächsten Morgen tö-
ten sollten. Doch Michal, Davids Frau, warnte ihn
und sagte: Wenn du dich nicht noch in dieser
Nacht in Sicherheit bringst, wirst du morgen früh
umgebracht. 12 Michal ließ David durch das Fens-
ter hinab, sodass er fliehen und sich in Sicherheit
bringen konnte. 13 Dann nahm Michal das Götter-
bild, legte es in Davids Bett, umgab seinen Kopf
mit einem Geflecht von Ziegenhaaren und deckte
es mit einem Kleidungsstück zu. 14 Als nun Saul die
Boten schickte, die David holen sollten, sagte sie:

Er ist krank. 15 Saul schickte die Boten (zurück), um nach David zu sehen, und befahl: Bringt ihn im Bett zu mir her; er soll umgebracht werden. 16 Als die Boten kamen, entdeckten sie im Bett ein Götterbild mit einem Geflecht von Ziegenhaaren um den Kopf. 17 Da sagte Saul zu Michal: Warum hast du mich so betrogen und meinen Feind entkommen lassen, sodass er sich in Sicherheit bringen konnte? Michal antwortete Saul: Er hat zu mir gesagt: Lass mich weggehen, sonst bringe ich dich um. 18 David floh also und brachte sich in Sicherheit. Er kam zu Samuel nach Rama und erzählte ihm alles, was Saul ihm angetan hatte. Dann ging er zusammen mit Samuel ins Prophetenhaus und beide blieben dort. 19 Als man nun Saul berichtete: David ist in Rama, und zwar im Prophetenhaus!, 20 da schickte Saul Boten, um David holen zu lassen. Sobald sie die Schar der Propheten mit Samuel an ihrer Spitze in prophetischer Verzückung sahen, kam der Geist Gottes auch über die Boten Sauls und auch sie gerieten in Verzückung. 21 Als man Saul das meldete, schickte er andere Boten; aber auch sie gerieten in Verzückung. Da schickte er zum dritten Mal Boten; doch auch sie gerieten in Verzückung. 22 Darauf ging er selbst nach Rama. Als er zu der großen Zisterne in Sechu kam, fragte er: Wo sind Samuel und David? Man antwortete ihm: Sie sind gerade im Prophetenhaus in Rama. 23 Als er von dort zum Prophetenhaus in Rama weiterging, kam auch über ihn der Geist Gottes, und er ging in prophetischer Verzückung weiter, bis er zum Prophetenhaus in Rama kam. 24 Er zog sogar seine Kleider aus und blieb auch in Samuels Gegenwart in Verzückung. Den ganzen Tag und die ganze Nacht über lag er nackt da. Deshalb sagt man: Ist denn auch Saul unter den Propheten?

9: 16,14 • 20–24: 10,10–12 • 24: 10,12

Jonatans Beistand für David

20 David floh aus dem Prophetenhaus in Rama, ging zu Jonatan und hielt ihm vor: Was habe ich denn getan? Was ist meine Schuld? Was habe ich gegen deinen Vater verbrochen, dass er mir nach dem Leben trachtet? 2 Jonatan antwortete ihm: Das ist undenkbar. Du wirst nicht sterben. Du weißt doch: Mein Vater tut nichts Wichtiges oder Unwichtiges, ohne es mir zu offenbaren. Warum sollte mein Vater gerade das vor mir verheimlichen? Nein, das kann nicht sein. 3 David aber beteuerte nochmals: Dein Vater weiß genau, dass ich dein Wohlwollen gefunden habe, und sagt sich: Jonatan soll das nicht wissen, sonst wird er betrübt. Aber, so wahr der Herr lebt und so wahr du selbst lebst: Zwischen mir und dem Tod liegt nur ein Schritt. 4 Jonatan fragte David: Was meinst du? Was könnte ich für dich tun? 5 David antwortete Jonatan: Du weißt doch, morgen ist Neumond. Da müsste ich unbedingt am Mahl des Königs teilnehmen. Lass mich fortgehen, damit ich mich bis übermorgen Abend auf dem Feld versteckt halte. 6 Wenn dein Vater mich vermisst, dann sag: David hat mich dringend gebeten, in seine Heimatstadt Betlehem gehen zu dürfen, weil dort das jährliche Opfer für die ganze Sippe stattfindet. 7 Wenn er dann sagt: Gut!, dann steht es günstig für deinen Knecht. Wenn er aber in heftigen Zorn gerät, dann kannst du daran erkennen, dass das Unheil von ihm beschlossen ist. 8 Zeig deinem Knecht also deine Freundschaft; denn du hast mit deinem Knecht einen Bund vor dem Herrn geschlossen. Wenn ich Schuld auf mich geladen habe, dann töte mich gleich! Warum willst du mich erst zu deinem Vater bringen? 9 Jonatan antwortete: Das darf nicht mit dir geschehen. Sobald ich sicher weiß, dass mein Vater beschlossen hat, Unheil über dich zu bringen, werde ich es dir auf jeden Fall mitteilen. 10 David aber fragte Jonatan: Wer wird mir die Nachricht bringen, wenn dir dein Vater etwa eine schroffe Antwort gibt? 11 Jonatan sagte zu David: Komm, wir wollen aufs Feld hinausgehen. Beide gingen aufs Feld hinaus. 12 Und Jonatan sagte zu David: Beim Herrn, dem Gott Israels: Wenn ich morgen oder übermorgen um diese Zeit bei meinem Vater in Erfahrung bringe, dass es gut für David steht, dann werde ich jemand schicken und es dir sagen lassen. 13 Der Herr möge Jonatan dies und das antun: Wenn mein Vater Böses gegen dich im Sinn hat, werde ich es dir sagen und werde dich in Frieden gehen lassen. Der Herr möge mit dir sein, wie er mit meinem Vater gewesen ist. 14 Nicht wahr, wenn ich dann noch am Leben bin, wirst du entsprechend der Huld des Herrn an mir handeln. Wenn ich aber umkomme, 15 dann entzieh meinem Haus niemals deine Gunst, selbst wenn der

Herr jeden der Feinde Davids auf dem Erdboden ausrottet. 16 So schloss Jonatan einen Bund mit dem Haus David. – Der Herr halte sich schadlos an Davids Feinden. – 17 Und Jonatan ließ auch David bei seiner Liebe zu ihm schwören; denn er liebte ihn wie sein eigenes Leben. 18 Dann sagte Jonatan zu ihm: Morgen ist Neumond. Du wirst vermisst werden; denn man wird deinen Platz beobachten. 19 Übermorgen aber geh weit hinab, an den Ort, wo du dich am Tag der Tat versteckt hattest, und setz dich neben den Stein dort. 20 Ich werde dann drei Pfeile in seine Nähe schießen, als ob ich ein Ziel treffen wollte. 21 Dann gib Acht: Ich schicke meinen Diener (und sage zu ihm): Geh, such nach den Pfeilen! Wenn ich dem Diener ausdrücklich sage: Pass auf, die Pfeile liegen von dir aus herwärts, hol sie!, dann komm, denn es steht günstig für dich und es liegt nichts vor, so wahr der Herr lebt. 22 Wenn ich aber zu dem jungen Mann sage: Pass auf, die Pfeile liegen von dir aus weiter draußen!, dann geh weg, denn der Herr schickt dich fort. 23 Für diese Vereinbarung, die wir, ich und du, getroffen haben, soll der Herr auf ewig mein und dein Zeuge sein. 24 Daraufhin versteckte sich David auf dem Feld.

So kam der Neumond und der König setzte sich zu Tisch, um das Mahl zu halten. 25 Er setzte sich wie jedes Mal auf seinen gewohnten Platz an der Wand; Jonatan saß ihm gegenüber und Abner saß an Sauls Seite. Davids Platz aber blieb leer. 26 Saul sagte an diesem Tag nichts, denn er dachte: Es ist ihm etwas zugestoßen, was ihn unrein sein lässt; sicher ist er nicht rein. 27 Als aber am zweiten Tag, dem Tag nach dem Neumond, der Platz Davids wieder leer blieb, sagte Saul zu seinem Sohn Jonatan: Warum ist der Sohn Isais gestern und heute nicht zum Essen gekommen? 28 Jonatan antwortete Saul: David hat mich dringend gebeten, nach Betlehem gehen zu dürfen. 29 Er sagte: Lass mich gehen; denn in der Stadt findet ein Opfer unserer Sippe statt. Mein Bruder selbst hat mich aufgefordert (zu kommen). Wenn ich dein Wohlwollen gefunden habe, dann möchte ich jetzt gehen und meine Brüder wieder sehen. Deswegen ist David nicht an den Tisch des Königs gekommen. 30 Da wurde Saul zornig über Jonatan und sagte: Du Sohn eines entarteten und aufsässigen Weibes! Ich weiß sehr gut, dass du dich zu deiner eigenen Schande und zur Schande des Schoßes deiner Mutter für den Sohn Isais entschieden hast. 31 Doch solange der Sohn Isais auf Erden lebt, wirst weder du noch dein Königtum Bestand haben. Schick also sofort jemand hin und lass ihn holen; denn er ist ein Kind des Todes. 32 Jonatan antwortete seinem Vater Saul: Warum soll er umgebracht werden? Was hat er getan? 33 Da schleuderte Saul den Speer gegen ihn, um ihn zu töten. Nun wusste Jonatan, dass sein Vater beschlossen hatte, David umzubringen. 34 Voll Zorn stand er vom Tisch auf und aß an diesem zweiten Neumondtag nichts; denn er war bekümmert wegen David, weil sein Vater ihn beschimpft hatte.

35 Am nächsten Morgen ging Jonatan, wie er mit David verabredet hatte, aufs Feld hinaus und ein junger Diener war bei ihm. 36 Er sagte zu dem Diener: Lauf, such die Pfeile, die ich abschieße. Der Diener lief und er schoss einen Pfeil über ihn hinaus. 37 Als der Diener an die Stelle kam, wohin Jonatan den Pfeil geschossen hatte, rief Jonatan dem Diener nach: Liegt der Pfeil von dir aus nicht noch weiter draußen? 38 Und er rief dem Diener nach: Beeil dich, schnell, bleib nicht stehen! Der Diener Jonatans hob den Pfeil auf und kam zu seinem Herrn zurück. 39 Der Diener aber ahnte nichts; nur Jonatan und David wussten von der Vereinbarung. 40 Jonatan gab dem Diener, den er bei sich hatte, seine Waffen und sagte zu ihm: Geh, bring sie in die Stadt! 41 Als der Diener heimgegangen war, verließ David sein Versteck neben dem Stein, warf sich mit dem Gesicht zur Erde nieder und verneigte sich dreimal tief (vor Jonatan). Dann küssten sie einander und beide weinten. David hörte nicht auf zu weinen 42 und Jonatan sagte zu ihm: Geh in Frieden! Für das, was wir beide uns im Namen des Herrn geschworen haben, sei der Herr zwischen mir und dir, zwischen meinen und deinen Nachkommen auf ewig Zeuge.

8: 18,3 • 30: 23,17 • 33: 18,11

David bei Ahimelech

21 Dann brach David auf und ging weg, Jonatan aber begab sich in die Stadt zurück. 2 David gelangte nach Nob zu dem Priester Ahimelech. Ahimelech kam David aufgeregt ent-

gegen und fragte ihn: Warum bist du allein und
hast niemand bei dir? 3 David antwortete dem
Priester Ahimelech: Der König hat mir einen Auf-
trag gegeben und zu mir gesagt: Niemand darf et-
was von der Angelegenheit erfahren, in der ich
dich sende und mit der ich dich beauftrage.
Darum habe ich meine Leute an einen bestimm-
ten Ort bestellt. 4 Hast du vielleicht etwas zur Hand
für mich? Fünf Brote vielleicht? Dann gib sie mir,
oder gib mir, was du sonst finden kannst. 5 Der
Priester gab David Antwort und sagte: Gewöhn-
liches Brot habe ich nicht zur Hand, nur heiliges
Brot ist da; aber dann müssen sich die jungen
Männer von Frauen ferngehalten haben. 6 David
antwortete dem Priester: Wir haben uns schon
gestern und vorgestern von Frauen ferngehalten.
Als ich auszog, waren die Waffen der jungen Män-
ner geheiligt; wenn dies auch ein gewöhnlicher
Marsch ist, so wird er doch durch die Waffen ge-
heiligt. 7 Da gab ihm der Priester heiliges Brot,
denn es gab dort nur die Schaubrote, die man von
(dem Tisch) vor dem Angesicht des Herrn ent-
fernt, um an dem Tag, an dem sie weggenommen
werden, frisches Brot aufzulegen. 8 Damals hielt
sich dort im Heiligtum des Herrn gerade einer von
den Knechten Sauls auf, ein Edomiter namens
Doëg; er war der Oberste von Sauls Hirten. 9 Da-
vid fragte Ahimelech: Hast du einen Speer oder ein
Schwert zur Hand? Denn ich konnte weder mein
Schwert noch andere Waffen mitnehmen, weil der
Auftrag des Königs so dringend war. 10 Der Pries-
ter antwortete: Das Schwert des Philisters Goliat,
den du im Terebinthental erschlagen hast, liegt
hier, in einem Mantel eingewickelt, hinter dem
Efod. Wenn du es nehmen willst, nimm es! Außer
diesem gibt es keines hier. David sagte: Kein ande-
res kommt ihm gleich; gib es mir!

2: 22,9–19 • 5: Lev 24,5–9; Ex 19,15 • 7: Mt 12,3f • 10: 17,50f.54

David in Gat, Adullam und Mizpe

11 David brach noch am gleichen Tag auf und floh
vor Saul. Er kam zu Achisch, dem König von Gat.
12 Doch die Diener des Achisch sagten zu ihrem
Herrn: Ist das nicht David, der König des Landes?
Ist das nicht der, von dem man beim Reigentanz
gesungen hat: Saul hat Tausend erschlagen, David
aber Zehntausend?
13 David nahm sich diese Worte zu Herzen und er
fürchtete sich sehr vor Achisch, dem König von
Gat. 14 Darum verstellte er sich vor ihnen und tat
in ihrer Gegenwart so, als sei er wahnsinnig; er
kritzelte auf die Flügel des Tores und ließ sich den
Speichel in den Bart laufen. 15 Achisch sagte zu sei-
nen Dienern: Seht ihr nicht, dass der Mann ver-
rückt ist? Warum bringt ihr ihn zu mir? 16 Gibt es
bei mir nicht schon genug Verrückte, sodass ihr
auch noch diesen Mann zu mir herbringt, damit
er bei mir verrückt spielt? Soll der etwa auch noch
in mein Haus kommen?

22 Darum ging David von dort weg und
brachte sich in der Höhle von Adullam in
Sicherheit. Als seine Brüder und seine Familie da-
von hörten, kamen sie zu ihm hinab. 2 Auch
schlossen sich ihm viele Männer an, die unter
Druck standen, sowie alle möglichen Leute, die
Schulden hatten oder verbittert waren, und er
wurde ihr Anführer. So waren etwa vierhundert
Mann um ihn. 3 Von dort zog David nach Mizpe-
Moab und sagte zum König von Moab: Mein Va-
ter und meine Mutter möchten (von zu Hause)
wegziehen und bei euch bleiben, bis ich weiß, was
Gott mit mir vorhat. 4 So brachte er seine Eltern
zum König von Moab und sie blieben bei ihm, so-
lange David sich in den unzugänglichen Bergen
aufhielt. 5 Der Prophet Gad aber sagte zu David:
Bleib nicht in den Bergen, sondern zieh weg und
geh wieder ins Land Juda! Und David zog weg und
kam nach Jaar-Heret.

21,11: 27,2; Ps 56,1 • 12: 18,7 • 14: Ps 34,1 • 22,5: 2 Sam 24,11;
1 Chr 29,29

Sauls Rache an den Priestern von Nob

6 Saul hörte, David und die Männer, die er bei sich
hatte, seien entdeckt worden. Er saß gerade in Gi-
bea unter der Tamariske auf der Höhe. Er hatte
den Speer in der Hand und alle seine Diener stan-
den um ihn herum. 7 Da sagte Saul zu seinen Die-
nern, die um ihn standen: Hört her, ihr Benjami-
niter! Euch allen wird wohl der Sohn Isais Felder
und Weinberge geben und euch zu Obersten von
Tausendschaften und Hundertschaften machen,
8 weil ihr euch alle gegen mich verschworen habt.
Keiner hat mir etwas davon gesagt, als mein Sohn
einen Bund mit dem Sohn Isais schloss, und kei-

nem tat es Leid um mich, sodass er mir mitgeteilt
hätte, dass mein Sohn meinen Knecht dazu ange-
stiftet hat, mir aufzulauern, wie es jetzt der Fall ist.
9 Da antwortete der Edomiter Doëg, der bei den
Dienern Sauls stand: Ich habe den Sohn Isais ge-
sehen, wie er gerade nach Nob zu Ahimelech, dem
Sohn Ahitubs, kam. 10 Ahimelech befragte für ihn
den Herrn und gab ihm Verpflegung; auch das
Schwert des Philisters Goliat gab er ihm.
11 Darauf schickte der König jemand hin und ließ
den Priester Ahimelech, den Sohn Ahitubs, rufen
sowie alle vom Haus seines Vaters, die Priester von
Nob. Als sie alle zum König gekommen waren,
12 sagte Saul: Hör her, Sohn Ahitubs! Er antwor-
tete: Hier bin ich, mein Herr. 13 Saul sagte zu ihm:
Warum habt ihr euch gegen mich verschworen, du
und der Sohn Isais? Du hast ihm doch Brot und
ein Schwert gegeben und für ihn Gott befragt, so-
dass er sich gegen mich erheben und mir auflau-
ern kann, wie es heute der Fall ist. 14 Ahimelech er-
widerte dem König: Wer hat sich denn von allen
deinen Dienern so sehr bewährt wie David, der
Schwiegersohn des Königs, der Anführer deiner
Leibwache, der in deinem Haus hoch geehrt ist?
15 Habe ich denn erst heute begonnen, für ihn Gott
zu befragen? Keineswegs! Der König möge sei-
nem Knecht und dem ganzen Haus meines Vaters
nichts unterstellen; denn dein Knecht hat von all
dem nichts gewusst, weder Wichtiges noch Un-
wichtiges. 16 Doch der König sagte: Du bist dem
Tod verfallen, Ahimelech, du und das ganze Haus
deines Vaters. 17 Und der König sagte den Läufern,
die bei ihm standen: Umzingelt die Priester des
Herrn und tötet sie! Denn auch sie haben David
die Hand gereicht; sie haben gewusst, dass er auf
der Flucht war, und mir nichts davon berichtet.
Aber die Diener des Königs wollten ihre Hand
nicht erheben, um die Priester des Herrn nieder-
zustoßen. 18 Da sagte der König zu Doëg: Komm
her, stoß du die Priester nieder! Der Edomiter
Doëg ging zu den Priestern hin und stieß sie
nieder. Er brachte an jenem Tag fünfundachtzig
Männer um, die das leinene Efod trugen. 19 Auch
die Priesterstadt Nob schlug er mit scharfem
Schwert: Die Männer und Frauen, die Kinder und
Säuglinge, die Rinder, Esel und Schafe (erschlug
er) mit scharfem Schwert. 20 Nur ein einziger Sohn
Ahimelechs, des Sohnes Ahitubs, namens Abjatar
konnte sich in Sicherheit bringen und zu David
fliehen. 21 Abjatar berichtete David, dass Saul die
Priester des Herrn umgebracht hatte. 22 Da sagte
David zu Abjatar: Ich wusste schon an jenem Tag,
als der Edomiter Doëg dort war, dass er Saul be-
stimmt alles berichten werde. Ich selbst bin schuld
am Tod all der Leute aus dem Haus deines Vaters.
23 Bleib bei mir, fürchte dich nicht; denn der, der
mir nach dem Leben trachtet, trachtet auch dir
nach dem Leben; bei mir bist du in Sicherheit.

9: 21,8; Ps 52,2 • 20: 23,6; Mk 2,26 • 23: 1 Kön 2,26

David in Keïla und in der Steppe Sif

23 Man berichtete David: Die Philister
kämpfen gerade gegen Keïla und plün-
dern die Scheunen. 2 Da befragte David den Herrn:
Soll ich hinziehen und diese Philister schlagen?
Der Herr antwortete David: Geh, schlag die Philis-
ter und rette Keïla! 3 Aber die Männer Davids sag-
ten: Schau, wir müssen schon hier in Juda Angst
haben, wie viel mehr erst dann, wenn wir nach
Keïla gegen die Truppen der Philister ziehen sol-
len. 4 David befragte daher noch einmal den Herrn
und der Herr gab zur Antwort: Brich auf, zieh nach
Keïla hinab; denn ich werde die Philister in deine
Hand geben. 5 Darauf zog David mit seinen Män-
nern gegen Keïla und kämpfte gegen die Philister.
Er trieb ihre Herden weg und brachte den Philis-
tern eine schwere Niederlage bei. So rettete David
die Einwohner von Keïla.
6 Als Abjatar, der Sohn Ahimelechs, zu David nach
Keïla floh, nahm er auch das Efod mit. 7 Saul aber
wurde berichtet, dass David in Keïla war. Und Saul
sagte: Gott hat ihn mir ausgeliefert; er hat sich
selbst gefangen, indem er in eine Stadt mit Tor und
Riegel gegangen ist. 8 Saul bot das ganze Volk zum
Kampf auf, um nach Keïla hinabzuziehen und
David und seine Männer zu belagern. 9 Als David
merkte, dass Saul Böses gegen ihn im Schild
führte, sagte er zu dem Priester Abjatar: Bring das
Efod her! 10 Dann sprach David: Herr, Gott Israels,
dein Knecht hat gehört, dass Saul beabsichtigt,
nach Keïla zu kommen, um die Stadt meinetwe-
gen zu vernichten. 11 Werden die Bürger von Keïla
mich ihm ausliefern? Wird Saul herabkommen,
wie dein Knecht gehört hat? Herr, Gott Israels,

teile es deinem Knecht mit! Der Herr antwortete:
Er wird herabkommen. 12 David fragte weiter:
Werden die Bürger von Keïla mich und meine
Männer an Saul ausliefern? Der Herr antwortete:
Sie werden euch ausliefern. 13 Da brach David mit
seinen Männern auf, etwa sechshundert Mann. Sie
verließen Keïla und streiften umher, wie es sich ge-
rade ergab. Als Saul berichtet wurde, dass David
aus Keïla entkommen war, ließ er von seinem Plan
ab und rückte nicht aus.
14 David setzte sich in der Steppe auf Bergfestun-
gen fest; er ließ sich in den Bergen der Steppe Sif
nieder. Saul suchte ihn die ganze Zeit, aber Gott
gab ihn nicht in seine Hand. 15 David aber wusste,
dass Saul ausgezogen war, weil er ihm nach dem
Leben trachtete.
Als David in Horescha in der Steppe Sif war,
16 brach Jonatan, der Sohn Sauls, auf und ging zu
David nach Horescha; er stärkte Davids Vertrauen
auf Gott. 17 Er sagte zu ihm: Fürchte dich nicht; die
Hand meines Vaters Saul wird dich nicht errei-
chen. Du wirst König über Israel sein und ich
werde der Zweite nach dir sein. Auch mein Vater
Saul weiß das. 18 Und die beiden schlossen vor dem
Herrn (erneut) einen Bund. David blieb in Hore-
scha und Jonatan ging wieder nach Hause.
19 Einige Sifiter gingen zu Saul nach Gibea hinauf
und berichteten ihm: David hat sich bei uns auf
den Bergfestungen bei Horescha versteckt, und
zwar auf der Anhöhe von Hachila südlich von Je-
schimon. 20 Wenn es dir, König, beliebt, herabzu-
kommen, dann komm! Es wird dann unsere Sache
sein, ihn dem König auszuliefern. 21 Saul erwider-
te: Gesegnet seid ihr vom Herrn, weil ihr Mitleid
mit mir habt. 22 Geht, haltet euch bereit, forscht
nach und merkt euch den Ort, wo er sich aufhält
und wer ihn dort gesehen hat; denn man hat mir
gesagt, er sei schlau. 23 Beobachtet und erkundet
alle Schlupfwinkel, in denen er sich verstecken
könnte. Wenn ihr sichere Angaben habt, kehrt zu
mir zurück; dann werde ich mit euch gehen. Wenn
er wirklich im Land ist, werde ich ihn unter allen
Tausendschaften Judas aufspüren. 24 Sie brachen
auf und zogen vor Saul her nach Sif. David aber
und seine Männer waren in der Steppe Maon, in
der Araba südlich von Jeschimon. 25 Saul und seine
Männer machten sich auf die Suche. Als man das
David meldete, zog er weiter hinunter zu den Fel-
sen in der Steppe Maon und blieb dort. Saul hörte
davon und folgte ihm in die Steppe Maon. 26 Saul
zog auf der einen Seite des Berges dahin, David
und seine Männer auf der anderen Seite des Ber-
ges. David versuchte, rasch von Saul wegzukom-
men, während Saul und seine Männer schon da-
bei waren, ihn und seine Leute zu umzingeln, um
sie gefangen zu nehmen. 27 Doch da kam ein Bote
zu Saul und sagte: Komm schnell, die Philister sind
in das Land eingefallen. 28 Saul ließ von der Ver-
folgung Davids ab und zog den Philistern entge-
gen. Deshalb nennt man diesen Ort Sela-Machle-
kot (Fels der Trennung).

6: 22,18–20 • 17: 20,30f; 24,21 • 18: 18,3 • 19: 26,1; Ps 54,2 • 23: 27,1

Davids Achtung vor Sauls Leben

24 Von dort zog David hinauf und setzte sich
in den schwer zugänglichen Bergen bei
En-Gedi fest. 2 Als Saul von der Verfolgung der
Philister zurückkehrte, berichtete man ihm: Gib
Acht, David ist in der Steppe von En-Gedi. 3 Da
nahm Saul dreitausend Mann, ausgesuchte Leute
aus ganz Israel, und zog aus, um David und seine
Männer bei den Steinbock-Felsen zu suchen. 4 Auf
seinem Weg kam er zu einigen Schafhürden. Dort
war eine Höhle. Saul ging hinein, um seine Not-
durft zu verrichten. David aber und seine Männer
saßen hinten in der Höhle. 5 Da sagten die Männer
zu David: Das ist der Tag, von dem der Herr zu dir
gesagt hat: Sieh her, ich gebe deinen Feind in deine
Gewalt und du kannst mit ihm machen, was dir
richtig erscheint. Da stand David auf und schnitt
heimlich einen Zipfel von Sauls Mantel ab. 6 Hin-
terher aber schlug David das Gewissen, weil er ei-
nen Zipfel vom Mantel Sauls abgeschnitten hatte.
7 Er sagte zu seinen Männern: Der Herr bewahre
mich davor, meinem Gebieter, dem Gesalbten des
Herrn, so etwas anzutun und Hand an ihn zu le-
gen; denn er ist der Gesalbte des Herrn. 8 Und Da-
vid fuhr seine Leute mit scharfen Worten an und
ließ nicht zu, dass sie sich an Saul vergriffen. Als
Saul die Höhle verlassen hatte und seinen Weg
fortsetzte, 9 stand auch David auf, verließ die
Höhle und rief Saul nach: Mein Herr und König!
Als Saul sich umblickte, verneigte sich David bis
zur Erde und warf sich (vor ihm) nieder. 10 Dann

sagte David zu Saul: Warum hörst du auf die
Worte von Leuten, die sagen: Gib acht, David will
dein Verderben. 11 Doch heute kannst du mit eige-
nen Augen sehen, dass der Herr dich heute in der
Höhle in meine Gewalt gegeben hat. Man hat mir
gesagt, ich solle dich töten; aber ich habe dich ge-
schont. Ich sagte: Ich will nicht die Hand an mei-
nen Herrn legen; denn er ist der Gesalbte des
Herrn. 12 Sieh her, mein Vater! Hier, der Zipfel dei-
nes Mantels ist in meiner Hand. Wenn ich einen
Zipfel deines Mantels abgeschnitten und dich
nicht getötet habe, dann kannst du erkennen und
einsehen, dass ich weder Bosheit noch Aufruhr im
Sinn habe und dass ich mich nicht gegen dich ver-
sündigt habe; du aber stellst mir nach, um mir das
Leben zu nehmen. 13 Der Herr soll zwischen mir
und dir entscheiden. Der Herr soll mich an dir
rächen; aber meine Hand wird dich nicht an-
rühren, 14 wie das alte Sprichwort sagt: Von den
Frevlern geht Frevel aus; aber meine Hand soll
dich nicht anrühren. 15 Hinter wem zieht der Kö-
nig von Israel her? Wem jagst du nach? Einem to-
ten Hund, einem einzigen Floh! 16 Der Herr soll
unser Richter sein und zwischen mir und dir ent-
scheiden. Er blicke her, er soll meinen Rechtsstreit
führen und mir dir gegenüber Recht verschaffen.
17 Als David das zu Saul gesagt hatte, antwortete
Saul: Ist das nicht deine Stimme, mein Sohn Da-
vid? Und Saul begann laut zu weinen 18 und sagte
zu David: Du bist gerechter als ich; denn du hast
mir Gutes erwiesen, während ich böse an dir ge-
handelt habe. 19 Du hast heute bewiesen, dass du
gut an mir gehandelt hast; obwohl der Herr mich
in deine Gewalt gegeben hatte, hast du mich nicht
getötet. 20 Wenn jemand auf seinen Feind trifft,
lässt er ihn dann im Guten seinen Weg weiterzie-
hen? Der Herr möge dir mit Gutem vergelten, was
du mir heute getan hast. 21 Jetzt weiß ich, dass du
König werden wirst und dass das Königtum in dei-
ner Hand Bestand haben wird. 22 Darum schwöre
mir nun beim Herrn, dass du meine Nachkom-
men nicht ausrotten und meinen Namen nicht aus
dem Haus meines Vaters austilgen wirst. 23 Und
David schwor es Saul. Saul zog nach Hause, David
aber und seine Männer stiegen wieder in die un-
zugänglichen Berge hinauf.

7: 26,9; 2 Sam 1,14 • 15: 26,20

David und Abigajil

25 Samuel starb und ganz Israel versammelte
sich und hielt für ihn die Totenklage. Man
begrub ihn in seinem Haus in Rama.
Danach brach David auf und zog in die Steppe Pa-
ran hinab. 2 Damals lebte in Maon ein Mann, der
sein Gut in Karmel hatte. Der Mann war sehr
reich; er besaß dreitausend Schafe und tausend
Ziegen. Er war eben dabei, in Karmel seine Schafe
zu scheren. 3 Der Mann hieß Nabal und seine Frau
Abigajil. Die Frau war klug und von schöner Ge-
stalt, aber der Mann war roh und bösartig; er war
ein Kalebiter. 4 David hörte in der Steppe, dass Na-
bal dabei war, seine Schafe zu scheren. 5 Er schickte
zehn junge Männer hin und sagte zu ihnen: Geht
hinauf nach Karmel, und wenn ihr zu Nabal
kommt, entbietet ihm in meinem Namen den
Friedensgruß 6 und sagt so zu meinem Bruder:
Friede sei mit dir, Friede mit deinem Haus, Friede
mit allem, was dir gehört. 7 Ich habe soeben gehört,
dass du bei der Schafschur bist. Nun sind deine
Hirten mit ihren Schafen bei uns gewesen; wir
haben ihnen nichts zuleide getan und sie haben
nichts vermisst, solange sie in Karmel waren. 8 Frag
deine jungen Leute, sie werden es dir bestätigen.
Mögen also meine jungen Männer dein Wohlwol-
len finden; wir sind ja an deinem Festtag gekom-
men. Darum gib deinen Knechten und deinem
Sohn David, was du gerade zur Hand hast. 9 Da-
vids junge Leute kamen zu Nabal und redeten im
Auftrag Davids, wie er es gesagt hatte, mit ihm; da-
nach warteten sie ruhig ab. 10 Nabal aber gab den
Knechten Davids zur Antwort: Wer ist denn Da-
vid, wer ist der Sohn Isais? Heute gibt es viele
Knechte, die ihren Herren davongelaufen sind.
11 Soll ich etwa mein Brot und mein Wasser und
was ich für meine Schafscherer geschlachtet habe,
nehmen und es Männern geben, von denen ich
nicht einmal weiß, woher sie sind? 12 Die Leute Da-
vids kehrten um und kamen (zu David zurück).
Als sie angekommen waren, berichteten sie ihm al-
les, was Nabal gesagt hatte. 13 Da sagte David zu sei-
nen Männern: Jeder hänge sein Schwert um. Alle
hängten ihr Schwert um; auch David hängte sein
Schwert um. Und sie zogen mit David hinauf, etwa
vierhundert Mann, während zweihundert beim
Gepäck blieben.

14 Inzwischen hatte einer der jungen Männer Abi-
gajil, der Frau Nabals, berichtet: David hat aus der
Steppe Boten geschickt, um unserem Herrn seine
Segenswünsche entbieten zu lassen, aber er hat sie
schroff abgewiesen. 15 Dabei waren die Männer
sehr freundlich zu uns. Wir wurden nicht be-
schimpft und wir haben nie etwas vermisst in der
ganzen Zeit, in der wir mit ihnen umherzogen, als
wir auf der Weide waren. 16 Sie haben bei Tag und
bei Nacht eine Mauer um uns gebildet, die ganze
Zeit hindurch, da wir mit ihnen zusammen waren
und unsere Schafe hüteten. 17 Nun aber überleg dir
genau, was du tun kannst; denn unserem Herrn
und seinem ganzen Haus droht Unheil. Er ist ein
so übler Mensch, dass man nicht mit ihm reden
kann. 18 Da nahm Abigajil in aller Eile zweihundert
Brote und zwei Schläuche Wein, fünf schon zu-
rechtgemachte Schafe, fünf Sea geröstetes Korn,
hundert Rosinenkuchen und zweihundert Fei-
genkuchen, lud alles auf Esel 19 und sagte zu ihren
Knechten: Geht mir schon voraus, ich komme
euch gleich nach. Ihrem Mann Nabal aber teilte sie
nichts davon mit.
20 Als sie auf ihrem Esel im Schutz eines Berges hi-
nabritt, kamen ihr plötzlich David und seine Män-
ner entgegen, sodass sie mit ihnen zusammentraf.
21 David hatte eben gesagt: Wahrhaftig, ich habe all
das, was diesem Mann gehört, ganz umsonst in der
Steppe beschützt; von all seinem Besitz wurde
nichts vermisst, doch er hat mir Gutes mit Bösem
vergolten. 22 Gott möge mir dies und das antun,
wenn ich von allem, was ihm gehört, bis zum Mor-
gen auch nur einen Mann übriglasse. 23 Als Abiga-
jil David sah, stieg sie schnell von ihrem Esel, warf
sich vor David nieder und verneigte sich bis zur
Erde. 24 Sie fiel ihm zu Füßen und sagte: Mich al-
lein, Herr, trifft die Schuld. Möge deine Magd mit
dir reden dürfen; höre, was deine Magd zu sagen
hat. 25 Mein Herr achte nicht auf diesen üblen
Mann Nabal; denn wie sein Name sagt, so ist er:
Nabal (Tor) heißt er und voll Torheit ist er. Ich,
deine Magd, habe die jungen Leute, die du, mein
Herr, geschickt hast, nicht gesehen. 26 Doch nun,
so wahr der Herr lebt und so wahr du selbst lebst,
hat dich der Herr davor bewahrt, Blutschuld auf
dich zu laden und dir selbst zu helfen. Möge es dei-
nen Feinden und allen, die gegen meinen Herrn
Böses planen, ebenso ergehen wie Nabal. 27 Dieses
Geschenk aber, das deine Magd meinem Herrn
mitgebracht hat, möge jetzt den jungen Leuten ge-
geben werden, die meinem Herrn folgen. 28 Ver-
zeih deiner Magd ihr Vergehen! Denn der Herr
wird meinem Herrn sicher ein Haus errichten, das
Bestand hat, weil mein Herr die Kriege des Herrn
führt, und man wird dir nichts Böses vorwerfen
können, solange du lebst. 29 Wenn sich aber ein
Mensch erhebt, um dich zu verfolgen und dir nach
dem Leben zu trachten, dann sei das Leben mei-
nes Herrn beim Herrn, deinem Gott, eingebunden
in den Beutel des Lebens; das Leben deiner Feinde
aber möge der Herr mit einer Schleuder fort-
schleudern. 30 Wenn dann der Herr meinem Herrn
all das Gute erweist, das er dir versprochen hat,
und dich zum Fürsten über Israel macht, 31 dann
sollst du nicht darüber stolpern und dein Gewis-
sen soll meinem Herrn nicht vorwerfen können,
dass du ohne Grund Blut vergossen hast und dass
sich mein Herr selbst geholfen hat. Wenn der Herr
aber meinem Herrn Gutes erweist, dann denk an
deine Magd! 32 Da sagte David zu Abigajil: Geprie-
sen sei der Herr, der Gott Israels, der dich mir
heute entgegengeschickt hat. 33 Gepriesen sei deine
Klugheit und gepriesen seist du, weil du mich
heute daran gehindert hast, Blutschuld auf mich
zu laden und mir selbst zu helfen. 34 Aber so wahr
der Herr, der Gott Israels, lebt, der mich davon ab-
gehalten hat, dir etwas Böses zu tun: Wärest du mir
nicht so schnell entgegengekommen, dann wäre
von Nabals Männern am anderen Morgen keiner
mehr übrig gewesen. 35 Und David nahm von ihr
entgegen, was sie ihm gebracht hatte, und sagte zu
ihr: Geh in Frieden hinauf in dein Haus! Denk aber
daran: Ich habe auf dich gehört und dich gnädig
aufgenommen. 36 Als Abigajil zu Nabal kam, ver-
anstaltete er in seinem Haus gerade ein Trinkge-
lage wie ein König. Nabal war in fröhlicher Stim-
mung, aber völlig betrunken. Darum erzählte sie
ihm mit keinem Wort, was geschehen war, bis zum
anderen Morgen. 37 Als dann am Morgen der Rausch
Nabals vorüber war, berichtete ihm seine Frau, was
sich zugetragen hatte. Da versagte das Herz in sei-
ner Brust und er war wie versteinert. 38 Nach etwa
zehn Tagen schlug der Herr den Nabal, sodass er
starb. 39 Als David hörte, dass Nabal tot sei, sagte

er: Gepriesen sei der Herr, der meinen Rechtsstreit
gegen Nabal wegen der Schmach, die mir angetan
wurde, geführt hat und der seinen Knecht von ei-
ner bösen Tat zurückgehalten hat; die Bosheit Na-
bals aber hat der Herr auf ihn selbst zurückfallen
lassen. Darauf schickte David (Boten) zu Abigajil
(mit dem Angebot), er wolle sie zur Frau nehmen.
40 Die Diener Davids kamen zu Abigajil nach Kar-
mel, redeten mit ihr und sagten: David schickt uns
zu dir, weil er dich zur Frau nehmen will. 41 Sie stand
auf, verneigte sich bis zur Erde und sagte: Deine
Magd steht als Dienerin bereit, um den Dienern
meines Herrn die Füße zu waschen. 42 Dann mach-
te sich Abigajil in aller Eile auf, setzte sich auf ihren
Esel und ihre fünf Mägde folgten ihr. Sie zog den
Boten Davids nach und wurde seine Frau. 43 Aus
Jesreel hatte sich David zuvor schon Ahinoam zur
Frau genommen. So hatte er zwei Frauen. 44 Saul
aber hatte seine Tochter Michal, die Frau Davids,
Palti, dem Sohn des Lajisch aus Gallim, gegeben.

30: 2 Sam 5,2 • 42: 2 Sam 2,2 • 44: 2 Sam 3,14f

Erneute Schonung von Sauls Leben

26 Die Sifiter kamen zu Saul nach Gibea und
sagten: David hält sich auf der Anhöhe
von Hachila gegenüber von Jeschimon auf. 2 Saul
machte sich mit dreitausend Mann, ausgesuchten
Kriegern aus Israel, auf den Weg und zog in die
Wüste von Sif hinab, um dort nach David zu su-
chen. 3 Er schlug sein Lager auf der Anhöhe von
Hachila am Weg gegenüber von Jeschimon auf,
David aber blieb in der Wüste. Als er sah, dass Saul
ihm in die Wüste folgte, 4 schickte er Kundschafter
aus und erfuhr, an welchem Ort sich Saul aufhielt.
5 Er brach auf und kam zu dem Ort, wo Saul sein
Lager hatte. Und David konnte die Stelle sehen, wo
Saul sich mit seinem Heerführer Abner, dem Sohn
Ners, zur Ruhe hingelegt hatte: Saul schlief mitten
im Lager, während seine Leute rings um ihn
herum lagen. 6 Da wandte sich David an den Heti-
ter Ahimelech und an Abischai, den Sohn der Ze-
ruja, den Bruder Joabs, und sagte: Wer geht mit
mir zu Saul ins Lager hinab? Abischai antwortete:
Ich gehe mit. 7 So kamen David und Abischai in der
Nacht zu den Leuten (Sauls) und fanden Saul mit-
ten im Lager schlafend; sein Speer steckte neben
seinem Kopf in der Erde und rings um ihn schlie-
fen Abner und seine Leute. 8 Da sagte Abischai zu
David: Heute hat Gott deinen Feind in deine Hand
gegeben. Jetzt werde ich ihn mit einem einzigen
Speerstoß auf den Boden spießen, einen zweiten
brauche ich nicht dafür. 9 David aber erwiderte
Abischai: Bring ihn nicht um! Denn wer hat je
seine Hand gegen den Gesalbten des Herrn erho-
ben und ist ungestraft geblieben? 10 Und er fügte
hinzu: So wahr der Herr lebt: Der Herr möge ihn
schlagen, ob nun der Tag kommt, an dem er ster-
ben muss, oder ob er in den Krieg zieht und dort
umkommt. 11 Mich aber bewahre der Herr davor,
dass ich meine Hand gegen den Gesalbten des
Herrn erhebe. Nimm jetzt den Speer neben sei-
nem Kopf und den Wasserkrug und lass uns ge-
hen! 12 David nahm den Speer und den Wasser-
krug, die neben Sauls Kopf waren, und sie gingen
weg. Niemand sah und niemand bemerkte etwas,
und keiner wachte auf; alle schliefen, denn der Herr
hatte sie in einen tiefen Schlaf fallen lassen.
13 David ging auf die andere Seite (des Tals) hinü-
ber und stellte sich in größerer Entfernung auf den
Gipfel des Berges, sodass ein weiter Zwischenraum
zwischen ihnen war. 14 Dann rief er dem Volk und
Abner, dem Sohn Ners, zu: Abner, willst du ant-
worten? Abner antwortete und sagte: Wer bist du,
warum rufst du nach dem König? 15 David ant-
wortete Abner: Bist du nicht ein Mann, dem kei-
ner in Israel gleicht? Warum hast du deinen Herrn,
den König, nicht bewacht? Es ist nämlich einer aus
dem Volk ins Lager eingedrungen, um den König,
deinen Herrn, umzubringen. 16 Das war nicht gut,
was du da gemacht hast. So wahr der Herr lebt: Ihr
habt den Tod verdient, weil ihr euren Herrn, den
Gesalbten des Herrn, nicht bewacht habt. Sieh doch
nach, wo der Speer des Königs und der Wasserkrug
sind, die neben dem Kopf des Königs standen. 17 Saul
erkannte die Stimme Davids und sagte: Ist das
deine Stimme, mein Sohn David? David antwor-
tete: Es ist meine Stimme, mein Herr und König.
18 Dann fragte er: Warum verfolgt eigentlich mein
Herr seinen Knecht? Was habe ich denn getan?
Welches Unrecht habe ich begangen? 19 Möge doch
mein Herr, der König, jetzt auf die Worte seines
Knechtes hören: Wenn der Herr dich gegen mich
aufgereizt hat, möge er ein wohlriechendes Opfer
erhalten. Wenn es aber Menschen waren, dann sol-

len sie verflucht sein vor dem Herrn; denn sie ha-
ben mich vertrieben, sodass ich jetzt nicht mehr
am Erbbesitz des Herrn teilhaben kann. Sie sagen:
Geh fort, diene anderen Göttern! 20 Doch mein
Blut soll nicht fern vom Herrn zur Erde fließen.
Der König von Israel ist ausgezogen, um einen ein-
zigen Floh zu suchen, wie man in den Bergen ein
Rebhuhn jagt. 21 Darauf sagte Saul: Ich habe ge-
sündigt. Komm zurück, mein Sohn David! Ja, ich
werde dir nichts zuleide tun, weil dir heute mein
Leben so kostbar war. Ich sehe ein, ich habe törich
gehandelt und schwere Fehler gemacht. 22 David
erwiderte: Seht her, hier ist der Speer des Königs.
Einer von den jungen Männern soll herüberkom-
men und ihn holen. 23 Der Herr wird jedem seine
Gerechtigkeit und Treue vergelten. Obwohl dich
der Herr heute in meine Hand gegeben hatte,
wollte ich meine Hand nicht an den Gesalbten des
Herrn legen. 24 Doch denk daran: Wie dein Leben
heute in meinen Augen wertvoll war, so wird auch
mein Leben in den Augen des Herrn wertvoll sein;
er wird mich aus aller Bedrängnis erretten. 25 Saul
sagte zu David: Gesegnet seist du, mein Sohn Da-
vid. Du wirst es sicher vollbringen, dir wird es auch
bestimmt gelingen. Und David zog weiter, Saul
aber kehrte an seinen Ort zurück.

1: 23,19; Ps 54,2 • 19: Gen 8,21; 4,14.16 • 20: 24,15 • 21: 2 Kön 1,13f

David bei den Philistern

27 David überlegte: Eines Tages werde ich
doch noch durch Saul umgebracht. Es
bleibt nichts anderes übrig, als mich im Land der
Philister in Sicherheit zu bringen. Dann wird Saul
mich in Ruhe lassen und aufhören, mich weiter im
ganzen Gebiet Israels zu suchen, und ich bin sei-
ner Hand entkommen. 2 David machte sich also
auf den Weg und ging mit den sechshundert Män-
nern, die bei ihm waren, zu Achisch hinüber, dem
Sohn Maochs, dem König von Gat. 3 Und er blieb
mit seinen Leuten bei Achisch in Gat; alle hatten
ihre Familien bei sich, David seine beiden Frauen:
Ahinoam, die Jesreeliterin, und Abigajil aus Kar-
mel, die (frühere) Frau Nabals. 4 Als man Saul mel-
dete, dass David nach Gat geflohen war, suchte
er nicht mehr weiter nach ihm. 5 David sagte zu
Achisch: Wenn ich dein Wohlwollen gefunden
habe, dann weise mir einen Platz in einer der
Städte des flachen Landes zu, wo ich mich nieder-
lassen kann. Warum soll dein Knecht bei dir in der
Königsstadt wohnen? 6 Da gab ihm Achisch noch
am gleichen Tag Ziklag. Deshalb gehört Ziklag den
Königen von Juda bis zum heutigen Tag. 7 Die Zeit,
die David im Land der Philister verbrachte, betrug
ein Jahr und vier Monate.
8 David zog mit seinen Männern aus und sie un-
ternahmen Raubzüge bei den Geschuritern, den
Geresitern und den Amalekitern; diese bewohnen
von jeher das Gebiet in Richtung Schur und nach
Ägypten zu. 9 David verheerte das Land und ließ
weder Männer noch Frauen am Leben; Schafe und
Rinder, Esel, Kamele und Kleider aber nahm er
mit. Wenn er dann zurückkehrte und zu Achisch
kam 10 und Achisch ihn fragte: Wohin habt ihr
heute euren Raubzug gemacht?, antwortete David:
Ins Südland von Juda, oder: Ins Südland der Je-
rachmeeliter, oder: Ins Südland der Keniter. 11 We-
der Männer noch Frauen ließ er am Leben und er
brachte niemand nach Gat; denn er sagte sich:
Niemand soll etwas über uns berichten und sagen
können: Das und das hat David gemacht. So hielt
er es die ganze Zeit über, solange er sich im Land
der Philister aufhielt. 12 Achisch aber schenkte Da-
vid Vertrauen, denn er sagte sich: Er hat sich bei sei-
nem Volk, bei den Israeliten, so verhasst gemacht,
dass er für immer mein Knecht bleiben muss.
28 In jenen Tagen sammelten die Philister
ihre Truppen, um gegen Israel in den
Kampf zu ziehen. Da sagte Achisch zu David: Du
weißt sehr wohl, dass du samt deinen Männern
mit mir ins Feldlager ziehen musst. 2 David ant-
wortete Achisch: Auf diese Weise wirst du selbst er-
fahren, was dein Knecht tun wird. Achisch sagte zu
David: Gut, ich mache dich für diese ganze Zeit zu
meinem Leibwächter.

27,1: 23,23 • 2: 21,11–16 • 6: 30,1 • 10: 30,29

Saul bei der Totenbeschwörerin von En-Dor

3 Samuel war gestorben und ganz Israel hatte die
Totenklage für ihn gehalten und ihn in seiner Stadt
Rama begraben. Saul aber hatte die Totenbe-
schwörer und die Wahrsager aus dem Land ver-
trieben. 4 Als sich die Philister gesammelt hatten,
rückten sie heran und schlugen bei Schunem ihr
Lager auf. Saul versammelte ganz Israel und sie

schlugen ihr Lager im (Bergland von) Gilboa auf.
5 Als Saul das Lager der Philister sah, bekam er
große Angst und sein Herz begann zu zittern. 6 Da
befragte Saul den Herrn, aber der Herr gab ihm
keine Antwort, weder durch Träume, noch durch
die Losorakel, noch durch die Propheten. 7 Daher
sagte Saul zu seinen Dienern: Sucht mir eine Frau,
die Gewalt über einen Totengeist hat; ich will zu
ihr gehen und sie befragen. Seine Diener antwor-
teten ihm: In En-Dor gibt es eine Frau, die über ei-
nen Totengeist Gewalt hat. 8 Da machte sich Saul
unkenntlich, zog andere Kleider an und ging mit
zwei Männern zu der Frau. Sie kamen in der Nacht
bei der Frau an und er sagte zu ihr: Wahrsage mir
durch den Totengeist! Lass für mich den herauf-
steigen, den ich dir nenne. 9 Die Frau antwortete
ihm: Du weißt doch selbst, was Saul getan hat: Er
hat die Totenbeschwörer und die Wahrsager im
Land ausgerottet. Warum stellst du mir eine Falle,
um mich zu töten? 10 Saul aber schwor ihr beim
Herrn und sagte: So wahr der Herr lebt: Es soll
dich in dieser Sache keine Schuld treffen. 11 Die
Frau sagte: Wen soll ich für dich heraufsteigen las-
sen? Er antwortete: Lass Samuel für mich herauf-
steigen! 12 Als die Frau Samuel erblickte, schrie sie
laut auf und sagte zu Saul: Warum hast du mich
getäuscht? Du bist ja Saul! 13 Der König sagte zu
ihr: Hab keine Angst! Was siehst du denn? Die Frau
antwortete Saul: Ich sehe einen Geist aus der Erde
heraufsteigen. 14 Er fragte sie: Wie sieht er aus? Sie
antwortete: Ein alter Mann steigt herauf; er ist in
einen Mantel gehüllt. Da erkannte Saul, dass es Sa-
muel war. Er verneigte sich mit dem Gesicht zur
Erde und warf sich zu Boden. 15 Und Samuel sagte
zu Saul: Warum hast du mich aufgestört und mich
heraufsteigen lassen? Saul antwortete: Ich bin in
großer Bedrängnis. Die Philister führen Krieg ge-
gen mich und Gott ist von mir gewichen und hat
mir keine Antwort mehr gegeben, weder durch die
Propheten noch durch die Träume. Darum habe
ich dich gerufen, damit du mir sagst, was ich tun
soll. 16 Samuel erwiderte: Warum fragst du mich?
Der Herr ist doch von dir gewichen und ist dein
Feind geworden. 17 Er hat getan, was er durch mich
angekündigt hatte: Der Herr hat dir das Königtum
aus der Hand gerissen und hat es einem anderen,
nämlich David, gegeben. 18 Weil du nicht auf die
Stimme des Herrn gehört und seinen glühenden
Zorn an Amalek nicht vollstreckt hast, darum hat
dir der Herr heute das getan. 19 Der Herr wird auch
Israel zusammen mit dir in die Gewalt der Philis-
ter geben und morgen wirst du samt deinen Söh-
nen bei mir sein; auch das Heerlager Israels wird
der Herr in die Gewalt der Philister geben. 20 Da
fiel Saul der Länge nach jäh zu Boden; so sehr war
er über die Worte Samuels erschrocken. Es war
auch keine Kraft mehr in ihm, weil er den ganzen
Tag und die ganze Nacht keinen Bissen gegessen
hatte. 21 Die Frau ging zu Saul hin und sah, dass er
ganz verstört war; sie sagte zu ihm: Deine Magd
hat auf deine Stimme gehört; ich habe mein Leben
aufs Spiel gesetzt, als ich auf das hörte, was du zu
mir gesagt hast. 22 Jetzt aber höre auch du auf die
Stimme deiner Magd! Ich will dir ein Stück Brot
zum Essen geben. Dann wirst du wieder zu Kräf-
ten kommen und kannst deines Weges gehen. 23 Er
aber weigerte sich und sagte: Ich esse nichts. Doch
seine Diener und die Frau drängten ihn, bis er auf
ihre Stimme hörte. Er erhob sich vom Boden und
setzte sich aufs Bett. 24 Die Frau hatte ein Mastkalb
im Haus. Sie schlachtete es in aller Eile, nahm
Mehl, knetete Teig und backte ungesäuerte Brote.
25 Das alles setzte sie Saul und seinen Knechten vor;
sie aßen, standen auf und gingen noch in der glei-
chen Nacht zurück.

3: 25,1 • 8: 1 Chr 10,13 • 17: 15,28 • 18: 15,18f; Ex 17,14–16 • 19: 31,6

Davids Entlassung aus dem Heer der Philister

29 Die Philister versammelten ihr ganzes
Heer bei Afek, während die Israeliten ihr
Lager an der Quelle bei Jesreel aufgeschlagen hat-
ten. 2 Als nun die Fürsten der Philister mit ihren
Hundertschaften und Tausendschaften auf dem
Marsch waren – David und seine Männer zogen
mit Achisch am Schluss –, 3 fragten die Obersten
der Philister: Was sollen diese Hebräer hier?
Achisch antwortete den Obersten der Philister:
Das ist doch David, der Knecht Sauls, des Königs
von Israel, der seit Jahr und Tag bei mir ist. Seit
dem Tag, da er übergelaufen ist, bis heute fand ich
bei ihm nichts Nachteiliges. 4 Die Obersten der
Philister aber wurden zornig auf ihn und sagten zu
ihm: Schick den Mann zurück! Er soll an den Ort
zurückkehren, den du ihm zugewiesen hast, und

nicht mit uns in den Kampf ziehen. Dann kann er
sich in der Schlacht nicht gegen uns wenden. Wo-
mit könnte er sich die Gunst seines Herrn besser
erwerben als mit den Köpfen unserer Leute hier?
5 Ist das nicht der gleiche David, von dem man
beim Reigentanz gesungen hat: Saul hat Tausend
erschlagen, David aber Zehntausend?
6 Da rief Achisch David zu sich und sagte zu ihm:
So wahr Jahwe lebt, du bist ein aufrechter Mann
und es wäre in meinen Augen gut, wenn du mit
mir ins Feld ziehen und wieder zurückkommen
würdest; denn ich habe an dir nichts Unrechtes
entdeckt seit dem Tag, an dem du zu mir gekom-
men bist, bis heute. Aber den Fürsten bist du nicht
genehm. 7 Darum kehr jetzt um und zieh in Frie-
den; so wirst du nichts tun, was den Fürsten der
Philister missfällt. 8 David sagte zu Achisch: Was
habe ich denn getan? Was hast du an deinem
Knecht auszusetzen gehabt von dem Tag an, an
dem ich in deinen Dienst getreten bin, bis heute?
Warum darf ich nicht mitkommen und gegen die
Feinde meines Herrn, des Königs, kämpfen?
9 Achisch antwortete David: Gewiss, mir bist du
teuer wie ein Engel Gottes; aber die Obersten der
Philister haben gesagt: Er soll nicht mit uns in den
Kampf ziehen. 10 Darum brich morgen früh auf,
samt den Knechten deines Herrn, die mit dir ge-
kommen sind. Brecht morgen früh auf, sobald es
hell wird, und geht (nach Hause)! 11 David machte
sich also mit seinen Männern in aller Frühe auf
den Weg; er zog noch am Morgen weg und kehrte
ins Land der Philister zurück; die Philister aber
zogen nach Jesreel hinauf.

5: 18,7

Davids Feldzug gegen die Amalekiter

30 Als David und seine Männer am dritten
Tag nach Ziklag kamen, waren die Amale-
kiter in den Negeb und in Ziklag eingefallen und
hatten Ziklag erobert und niedergebrannt. 2 Die
Frauen und was sonst in der Stadt war, Jung und
Alt, hatten sie, ohne jemand zu töten, gefangen ge-
nommen und bei ihrem Abzug mit sich wegge-
führt. 3 Als David mit seinen Männern zur Stadt
kam, sah er, dass sie niedergebrannt und die Frau-
en, Söhne und Töchter gefangen genommen wor-
den waren. 4 Da brachen David und die Leute, die
bei ihm waren, in lautes Weinen aus und sie wein-
ten, bis sie keine Kraft mehr zum Weinen hatten.
5 Auch die beiden Frauen Davids, die Jesreeliterin
Ahinoam und Abigajil, die (frühere) Frau Nabals
aus Karmel, waren gefangen genommen worden.
6 David geriet in große Bedrängnis, denn das Volk
drohte ihn zu steinigen; alle im Volk waren gegen
ihn erbittert wegen (des Verlustes) ihrer Söhne und
Töchter. Aber David fühlte, dass der Herr, sein Gott,
ihm Kraft gab. 7 Er sagte zu dem Priester Abjatar,
dem Sohn Ahimelechs: Bring das Efod zu mir!
Abjatar brachte das Efod zu David. 8 Und David
befragte den Herrn: Soll ich diese Räuberbande
verfolgen? Werde ich sie einholen? Der Herr ant-
wortete: Verfolg sie! Denn du wirst sie mit Sicher-
heit einholen und deine Leute befreien. 9 David
brach also mit den sechshundert Mann, die bei ihm
waren, auf und sie kamen bis zum Bach Besor. Die
Nachzügler machten dort Rast. 10 David nahm mit
vierhundert Mann die Verfolgung auf; die zwei-
hundert Mann machten Rast, weil sie zu erschöpft
waren, um den Bach Besor zu überschreiten.
11 Man griff dort im Gelände einen Ägypter auf
und brachte ihn zu David. Sie gaben ihm Brot zu
essen und Wasser zu trinken, 12 außerdem gepress-
te Feigen und zwei Rosinenkuchen. Als er neges-
sen hatte, kehrten seine Lebensgeister zurück; er
hatte nämlich schon drei Tage und drei Nächte
keinen Bissen Brot mehr gegessen und keinen
Schluck Wasser getrunken. 13 David fragte ihn: Zu
wem gehörst du und woher bist du? Er sagte: Ich
bin ein junger Ägypter, der Sklave eines Amaleki-
ters. Mein Herr hat mich zurückgelassen, als ich
heute vor drei Tagen krank wurde. 14 Wir waren in
das Südland der Kereter und in das Gebiet von
Juda und in das Südland von Kaleb eingefallen
und hatten Ziklag niedergebrannt. 15 David sagte
zu ihm: Kannst du mich zu dieser Räuberbande
hinführen? Er antwortete: Schwöre mir bei Gott,
dass du mich nicht tötest und mich nicht an mei-
nen Herrn ausliefern wirst; dann will ich dich zu
dieser Räuberbande hinführen. 16 Als er David
hinführte, sah man die Amalekiter über die ganze
Gegend verstreut; sie aßen und tranken und feier-
ten, weil sie im Land der Philister und im Land
Juda so reiche Beute gemacht hatten. 17 David fiel
im Morgengrauen über sie her (und der Kampf

dauerte) bis zum Abend des folgenden Tages; kei-
ner von ihnen entkam, außer vierhundert jungen
Männern, die sich auf ihre Kamele setzen und flie-
hen konnten. 18 David entriss den Amalekitern al-
les wieder, was sie erbeutet hatten; auch seine bei-
den Frauen befreite er. 19 Nichts fehlte, weder Jung
noch Alt, weder Söhne noch Töchter, weder von
der Beute noch sonst etwas, was die Amalekiter ih-
nen weggenommen hatten. Alles brachte David
zurück. 20 David nahm auch alle Schafe und Rin-
der mit. Man trieb sie vor David her und sagte: Das
ist Davids Beute. 21 David kam zu den zweihundert
Mann zurück, die zu erschöpft gewesen waren, um
ihm zu folgen, und die man am Bach Besor
zurückgelassen hatte. Sie kamen David und seinen
Leuten entgegen, und als David mit seinen Leuten
herankam, entbot er ihnen den Friedensgruß.
22 Doch einige boshafte und nichtsnutzige Män-
ner, die mit David gezogen waren, sagten: Sie sind
nicht mit uns gezogen; darum wollen wir ihnen
auch nichts von der Beute geben, die wir zurück-
geholt haben, ausgenommen ihre Frauen und ihre
Kinder. Diese sollen sie mitnehmen und (nach
Hause) gehen. 23 David aber erwiderte: So dürft ihr
es mit dem, was der Herr uns gegeben hat, nicht
machen, meine Brüder. Er hat uns behütet und die
Räuberbande, die uns überfallen hatte, in unsere
Hand gegeben. 24 Wer würde in dieser Sache auf
euch hören? Nein, der Anteil dessen, der beim
Tross geblieben ist, soll genau so groß sein wie der
Anteil dessen, der in den Kampf gezogen ist. Man
soll die Beute gleichmäßig verteilen. 25 So geschah
es an jenem Tag und auch weiterhin; denn David
machte es zu Brauch und Recht in Israel und so ist
es bis auf den heutigen Tag geblieben.
26 Als David dann nach Ziklag heimgekehrt war,
schickte er einen Teil von der Beute an die Ältesten
von Juda, die ihm nahestanden, und ließ ihnen sa-
gen: Hier ist ein Geschenk für euch aus der Beute
von den Feinden des Herrn 27 – an die Ältesten in
Bet-El, in Ramat-Negeb, in Jattir, 28 in Aroër, in Sif-
mot, in Eschtemoa, 29 in Karmel, in den Städten
der Jerachmeeliter, in den Städten der Keniter, 30 in
Horma, in Bor-Aschan, in Atach, 31 und in Hebron,
ferner an all die Orte, wo David auf seinen Streif-
zügen mit seinen Männern gewesen war.

1: 27,6 • 24: Num 31,27 • 29: 27,10

Sauls Ende

31 Als die Philister gegen Israel kämpften, flo-
hen die Israeliten vor ihnen; viele waren
gefallen und lagen erschlagen auf dem Gebirge
von Gilboa. 2 Die Philister verfolgten Saul und seine
Söhne und erschlugen Sauls Söhne Jonatan, Abi-
nadab und Malkischua. 3 Um Saul selbst entstand
ein schwerer Kampf. Die Bogenschützen hatten
ihn getroffen und er war sehr schwer verwundet.
4 Da sagte Saul zu seinem Waffenträger: Zieh dein
Schwert und durchbohre mich damit! Sonst kom-
men diese Unbeschnittenen, durchbohren mich
und treiben ihren Mutwillen mit mir. Der Waf-
fenträger wollte es nicht tun; denn er hatte große
Angst. Da nahm Saul selbst das Schwert und
stürzte sich hinein.
5 Als der Waffenträger sah, dass Saul tot war, stürz-
te auch er sich in sein Schwert und starb zusam-
men mit Saul. 6 So kamen Saul, seine drei Söhne,
sein Waffenträger und alle seine Männer an jenem
Tag gemeinsam ums Leben. 7 Als die Israeliten auf
der anderen Seite der Ebene und jenseits des Jor-
dan sahen, dass die Israeliten geflohen und dass
Saul und seine Söhne tot waren, verließen sie ihre
Städte und flohen. Dann kamen die Philister und
besetzten die Städte.
8 Als am nächsten Tag die Philister kamen, um die
Erschlagenen auszuplündern, fanden sie Saul und
seine drei Söhne, die auf dem Gebirge von Gilboa
gefallen waren. 9 Sie schlugen ihm den Kopf ab, zo-
gen ihm die Rüstung aus und schickten beides im
Land der Philister umher, um ihrem Götzentem-
pel und dem Volk die Siegesnachricht zu übermit-
teln. 10 Die Rüstung Sauls legten sie im Astarte-
tempel nieder; seinen Leichnam aber hefteten sie
an die Mauer von Bet-Schean.
11 Als die Einwohner von Jabesch-Gilead hörten,
was die Philister mit Saul gemacht hatten, 12 bra-
chen alle kriegstüchtigen Männer auf, marschier-
ten die ganze Nacht hindurch und nahmen die
Leiche Sauls und die Leichen seiner Söhne von der
Mauer von Bet-Schean ab; sie brachten sie nach
Jabesch und verbrannten sie dort.
13 Dann nahmen sie die Gebeine, begruben sie un-
ter der Tamariske von Jabesch und fasteten sieben
Tage lang.

1–13 ‖ 1 Chr 10,1–12 • 5–6: 28,19 • 11f: 11,1–11; 2 Sam 21,12

DAS ZWEITE BUCH SAMUEL

KÖNIG DAVID: 1,1 – 9,13

Sauls Tod und Davids Klage

1 Als David nach dem Tod Sauls von seinem Sieg
über die Amalekiter zurückgekehrt war und
sich zwei Tage lang in Ziklag aufgehalten hatte,
2 kam am dritten Tag ein Mann aus dem Lager
Sauls, mit zerrissenen Kleidern und Staub auf dem
Haupt. Als er bei David angelangt war, warf er sich
(vor ihm) auf den Boden nieder und huldigte ihm.
3 David fragte ihn: Woher kommst du? Er antwor-
tete ihm: Ich habe mich aus dem Lager Israels ge-
rettet. 4 David sagte zu ihm: Wie stehen die Dinge?
Berichte mir! Er erwiderte: Das Volk ist aus dem
Kampf geflohen, viele von den Männern sind ge-
fallen und umgekommen; auch Saul und sein
Sohn Jonatan sind tot. 5 David fragte den jungen
Mann, der ihm die Nachricht brachte: Woher
weißt du, dass Saul und sein Sohn Jonatan tot
sind? 6 Der junge Mann, der ihm die Nachricht
brachte, sagte: Ich kam zufällig auf das Gebirge
von Gilboa; da sah ich, wie sich Saul auf seinen
Speer stützte und Kriegswagen und Reiter auf ihn
eindrangen. 7 Er wandte sich um, und als er mich
sah, rief er mich. Ich antwortete: Hier bin ich. 8 Er
fragte mich: Wer bist du? Ich gab ihm zur Antwort:
Ich bin ein Amalekiter. 9 Da sagte er zu mir: Komm
her zu mir und töte mich! Denn mich hat ein
Schwächeanfall erfasst, aber noch ist alles Leben in
mir.
10 Ich ging also zu ihm hin und tötete ihn; denn ich
wusste, dass er seine Niederlage nicht überleben
würde. Dann nahm ich den Stirnreif, den er auf
dem Kopf trug, und die Spange, die er am Arm
hatte, und bringe sie nun hierher zu meinem
Herrn. 11 Da fasste David sein Gewand und zerriss
es und ebenso (machten es) alle Männer, die bei
ihm waren. 12 Sie klagten, weinten und fasteten bis
zum Abend wegen Saul, seines Sohnes Jonatan, des
Volkes des Herrn und des Hauses Israel, die unter
dem Schwert gefallen waren. 13 Und David fragte
den jungen Mann, der ihm die Nachricht gebracht
hatte: Woher bist du? Er antwortete: Ich bin der
Sohn eines Einwanderers aus Amalek. 14 David
fragte ihn: Wie kommt es, dass du dich nicht da-
vor gefürchtet hast, deine Hand auszustrecken,
um den Gesalbten des Herrn umzubringen?
15 Darauf rief David einen von seinen jungen Män-
nern zu sich und sagte: Komm her, stoß ihn nie-
der! Und er schlug ihn tot. 16 David aber sagte zu
ihm: Dein Blut über dein Haupt; denn dein Mund
hat dich verurteilt, als du sagtest: Ich habe den Ge-
salbten des Herrn getötet.
17 Und David sang die folgende Totenklage auf Saul
und seinen Sohn Jonatan; 18 er sagte, man solle es
die Söhne Judas als Bogenlied lehren; es steht im
»Buch des Aufrechten«:
19 Israel, dein Stolz liegt erschlagen auf deinen
Höhen. / Ach, die Helden sind gefallen!
20 Meldet es nicht in Gat, / verkündet es nicht auf
Aschkelons Straßen, / damit die Töchter der Phi-
lister sich nicht freuen, / damit die Töchter der Un-
beschnittenen nicht jauchzen.
21 Ihr Berge in Gilboa, kein Tau und kein Regen /
falle auf euch, ihr trügerischen Gefilde. / Denn
dort wurde der Schild der Helden befleckt, / der
Schild des Saul, als wäre er nicht mit Öl gesalbt.
22 Ohne das Blut von Erschlagenen, / ohne das
Mark der Helden / kam der Bogen Jonatans nie
zurück; / auch das Schwert Sauls / kehrte niemals
erfolglos zurück.
23 Saul und Jonatan, die Geliebten und Teuren, / im
Leben und Tod sind sie nicht getrennt. / Sie waren
schneller als Adler, / waren stärker als Löwen.
24 Ihr Töchter Israels, um Saul müsst ihr weinen; /
er hat euch in köstlichen Purpur gekleidet, / hat
goldenen Schmuck auf eure Gewänder geheftet.
25 Ach, die Helden sind gefallen mitten im Kampf. /
Jonatan liegt erschlagen auf deinen Höhen.
26 Weh ist mir um dich, mein Bruder Jonatan. / Du
warst mir sehr lieb. / Wunderbarer war deine Liebe
für mich / als die Liebe der Frauen.
27 Ach, die Helden sind gefallen, / die Waffen des
Kampfes verloren.

4: 1 Sam 31,1–4 • 14: 1 Sam 24,7; 26,9 • 15–16: 4,10.22 •
18: Jos 10,13 • 26: 1 Sam 18,3

David wird König von Juda

2 Danach befragte David den Herrn: Soll ich in eine der Städte Judas hinaufziehen? Der Herr antwortete ihm: Zieh hinauf! David fragte: Wohin soll ich ziehen? Er antwortete: Nach Hebron. 2 David zog also nach Hebron mit seinen beiden Frauen, Ahinoam aus Jesreel und Abigajil, der (früheren) Frau Nabals aus Karmel. 3 Auch die Männer, die bei ihm waren, führte David hinauf, jeden mit seiner Familie, und sie ließen sich in den Städten um Hebron nieder. 4 Dann kamen die Männer Judas (nach Hebron) und salbten David dort zum König über das Haus Juda.

Als man David berichtete, dass die Einwohner von Jabesch-Gilead Saul begraben hatten, 5 schickte er Boten zu den Männern von Jabesch-Gilead und ließ ihnen sagen: Ihr sollt vom Herrn gesegnet sein, weil ihr Saul, eurem Herrn, dieses Wohlwollen erwiesen und ihn begraben habt. 6 Möge der Herr euch jetzt auch sein Wohlwollen und seine Treue erweisen; auch ich will euch dafür Gutes tun, dass ihr das getan habt. 7 Nun aber zeigt euren Mut und seid tapfer; denn Saul, euer Herr, ist tot, mich aber hat das Haus Juda zu seinem König gesalbt. 8 Doch Abner, der Sohn Ners, der Heerführer Sauls, hatte Ischbaal, den Sohn Sauls, mit sich nach Mahanajim genommen 9 und ihn (dort) zum König über Gilead, Ascher, Jesreel, Efraim und Benjamin und über ganz Israel gemacht. 10 Sauls Sohn Ischbaal war vierzig Jahre alt, als er König von Israel wurde, und er war zwei Jahre König; nur das Haus Juda stand hinter David. 11 Die Zeit, die David in Hebron König über das Haus Juda war, betrug sieben Jahre und sechs Monate.

2: 1 Sam 25,42f • 4: 5,3; 1 Sam 16,13; 31,12f • 8: 1 Sam 14,50 • 10: 4,5

Der Krieg zwischen David und Ischbaal

12 Abner, der Sohn Ners, zog mit den Knechten Ischbaals, des Sohnes Sauls, von Mahanajim nach Gibeon. 13 Auch Joab, der Sohn der Zeruja, und die Knechte Davids waren ausgezogen; sie trafen mit ihnen am Teich von Gibeon zusammen. Die einen blieben diesseits, die anderen jenseits des Teiches. 14 Da sagte Abner zu Joab: Die jungen Männer könnten doch zu einem Kampfspiel vor uns antreten. Joab erwiderte: Sie sollen antreten. 15 Sie stellten sich also auf und es wurde abgezählt: zwölf für Benjamin und Ischbaal, den Sohn Sauls, und zwölf von den Leuten Davids. 16 Jeder fasste seinen Gegner am Kopf und stieß ihm das Schwert in die Seite, sodass alle miteinander fielen. Deshalb nannte man diesen Ort bei Gibeon: Helkat-Hazzurim (Feld der Steinmesser). 17 Der Kampf wurde an jenem Tag sehr hart. Abner und die Israeliten wurden von den Leuten Davids geschlagen. 18 Auch die drei Söhne der Zeruja waren dabei: Joab, Abischai und Asaël. Asaël war so flink auf den Beinen wie eine Gazelle im Gelände. 19 Asaël jagte Abner nach, ohne nach rechts oder links abzuweichen. 20 Da wandte sich Abner um und sagte: Bist du es, Asaël? Asaël antwortete: Ja, ich bin es. 21 Abner sagte zu ihm: Bieg doch nach rechts oder links ab, greif dir einen von den jungen Männern und nimm dir seine Rüstung! Asaël aber wollte nicht von ihm ablassen. 22 Abner sagte noch einmal zu Asaël: Lass von mir ab! Warum soll ich dich zu Boden schlagen? Wie könnte ich dann noch deinem Bruder Joab in die Augen blicken? 23 Als Asaël sich weigerte, von ihm abzulassen, stieß ihm Abner das (stumpfe) Ende des Speers in den Bauch, sodass der Speer hinten wieder herauskam. Asaël stürzte zu Boden und starb auf der Stelle. Alle aber, die an den Ort kamen, wo Asaël niedergestürzt und gestorben war, blieben stehen. 24 Joab und Abischai jedoch jagten Abner nach. Als die Sonne unterging, waren sie bis Gibeat-Amma gelangt, das Giach gegenüber am Weg in die Steppe von Gibeon liegt. 25 Die Benjaminiter in der Gefolgschaft Abners sammelten sich, bildeten eine geschlossene Gruppe und stellten sich auf dem Gipfel eines Hügels auf. 26 Abner rief Joab zu: Soll denn das Schwert unaufhörlich um sich fressen? Weißt du nicht, dass das zu einem bitteren Ende führen wird? Wann endlich wirst du deinen Leuten befehlen, die Verfolgung ihrer Brüder aufzugeben? 27 Joab antwortete: So wahr Gott lebt: Wenn du nichts gesagt hättest, dann hätten die Leute erst am Morgen den Rückzug angetreten und aufgehört, ihre Brüder zu verfolgen. 28 Dann ließ Joab das Widderhorn blasen und alle (seine) Leute machten Halt; sie setzten den Kampf nicht mehr fort und verfolgten die Israeliten nicht mehr. 29 Abner und seine Männer durchzogen während jener Nacht die Araba, überschritten den Jordan, gingen durch die Schlucht

und kamen nach Mahanajim zurück. 30 Als Joab aufhörte, Abner zu verfolgen, und seine Leute wieder sammelte, fehlten außer Asaël von den Leuten Davids neunzehn Mann. 31 Davids Leute aber hatten von den Benjaminitern und von den Männern Abners dreihundertsechzig Mann erschlagen [die waren tot]. 32 Sie nahmen Asaël mit und begruben ihn im Grab seines Vaters in Betlehem. Dann marschierte Joab mit seinen Männern die ganze Nacht hindurch in Richtung Hebron, das sie bei Tagesanbruch erreichten.

3 Der Krieg zwischen dem Haus Saul und dem Haus David zog sich lange hin. David wurde immer stärker, während das Haus Saul immer schwächer wurde.

3,1: 5,10

Die in Hebron geborenen Söhne Davids

2 In Hebron wurden David folgende Söhne geboren: Sein Erstgeborener Amnon stammte von Ahinoam aus Jesreel, 3 sein zweiter, Kilab, von Abigajil, der (früheren) Frau Nabals aus Karmel; der dritte war Abschalom, der Sohn der Maacha, der Tochter des Königs Talmai von Geschur, 4 der vierte Adonija, der Sohn der Haggit, der fünfte Schefatja, der Sohn der Abital, 5 der sechste Jitream von Davids Frau Egla. Diese Söhne wurden David in Hebron geboren.

2–5: 5,13–16; 1 Chr 3,1–4

David und Abner

6 Solange zwischen dem Haus Saul und dem Haus David Krieg herrschte, hielt Abner entschieden zum Haus Saul. 7 Saul hatte eine Nebenfrau namens Rizpa gehabt; sie war eine Tochter Ajas. Da sagte Ischbaal zu Abner: Warum bist du zu der Nebenfrau meines Vaters gegangen? 8 Da wurde Abner sehr zornig über die Frage Ischbaals und sagte: Bin ich denn ein Hundskopf aus Juda? Ich erweise dem Haus Sauls, deines Vaters, und seinen Brüdern und Verwandten auch heute mein Wohlwollen und habe dich nicht in die Hände Davids fallen lassen. Und du willst mich jetzt wegen eines Vergehens mit dieser Frau zur Rechenschaft ziehen? 9 Gott soll Abner dies und das antun, wenn ich nicht gegenüber David so handle, wie der Herr es ihm geschworen hat: 10 das Königtum dem Haus Saul zu nehmen und den Thron Davids aufzustellen in Israel und Juda, von Dan bis Beerscheba. 11 Darauf konnte Ischbaal Abner nichts erwidern; denn er hatte Angst vor ihm. 12 Abner schickte in eigener Sache Boten zu David und ließ ihm sagen: Wem gehört das Land? Schließ also einen Vertrag mit mir; dann werde ich dir helfen, um ganz Israel auf deine Seite zu bringen. 13 David antwortete: Gut, ich will einen Vertrag mit dir schließen; nur das eine verlange ich von dir: Du darfst mir nicht unter die Augen treten, falls du nicht Michal, die Tochter Sauls, mitbringst, wenn du kommst und vor mir erscheinst. 14 Dann schickte David Boten zu Ischbaal, dem Sohn Sauls, und ließ ihm sagen: Gib meine Frau Michal heraus, für die ich die hundert Vorhäute der Philister als Brautpreis bezahlt habe. 15 Ischbaal schickte (einen Boten) zu ihrem Mann Paltiël, dem Sohn des Lajisch, und ließ sie ihm wegnehmen. 16 Ihr Mann lief bis nach Bahurim weinend hinter ihr her. Erst als Abner zu ihm sagte: Geh, kehr um!, kehrte er um. 17 Darauf verhandelte Abner mit den Ältesten Israels und sagte: Schon seit langer Zeit wollt ihr David zu eurem König haben. 18 Jetzt müsst ihr handeln. Denn der Herr hat zu David gesagt: Durch meinen Knecht David will ich mein Volk Israel aus der Gewalt der Philister und all seiner Feinde retten. 19 Auch mit den Benjaminitern redete Abner (in dieser Weise). Dann ging Abner nach Hebron, um David alles zu berichten, was Israel und das ganze Haus Benjamin für gut befunden hatten. 20 So kam Abner mit zwanzig Männern zu David nach Hebron. David veranstaltete für Abner und seine Begleiter ein Mahl. 21 Abner sagte zu David: Ich will mich auf den Weg machen und ganz Israel um meinen Herrn, den König, sammeln. Sie sollen mit dir einen Vertrag schließen und du sollst überall König sein, wo du es wünschst. Damit ließ David Abner in Frieden ziehen.

7: 21,8 • 14–15: 1 Sam 18,27; 25,44

Abners Tod

22 Inzwischen kamen die Leute Davids und Joab von einem Streifzug; sie brachten reiche Beute mit. Abner war nicht mehr bei David in Hebron; denn David hatte ihn in Frieden ziehen lassen. 23 Als Joab mit seiner ganzen Mannschaft ankam, mel-

dete man ihm: Abner, der Sohn Ners, ist zum König gekommen und der König hat ihn wieder in Frieden ziehen lassen. 24 Joab ging zum König und sagte zu ihm: Was hast du getan? Abner ist zu dir gekommen. Warum hast du ihn wieder weggehen lassen? 25 Du kennst doch Abner, den Sohn Ners. Er ist nur gekommen, um dich zu täuschen und zu erkunden, wann du kommst und wann du gehst, und so zu erfahren, was du alles vorhast. 26 Als Joab David verlassen hatte, schickte er Boten hinter Abner her, die ihn von Bor-Sira zurückholten. David aber wusste nichts davon. 27 Als Abner nach Hebron zurückkehrte, führte ihn Joab beiseite in das Innere des Tores, als wolle er ungestört mit ihm reden. Dort stach er ihn, um Blutrache für seinen Bruder Asaël zu nehmen, in den Bauch, sodass er starb. 28 Als David später davon hörte, sagte er: Ich und mein Königtum sind vor dem Herrn für alle Zeit ohne Schuld am Blut Abners, des Sohnes Ners. 29 Sie falle auf Joab und seine ganze Familie zurück. Immer soll es in Joabs Familie Menschen geben, die an Blutungen und Aussatz leiden, die an Krücken gehen, durch das Schwert umkommen und denen es an Brot mangelt.

30 Joab und sein Bruder Abischai brachten Abner um, weil er ihren Bruder Asaël bei Gibeon im Kampf getötet hatte. 31 David aber sagte zu Joab und allen Leuten, die bei ihm waren: Zerreißt eure Kleider, legt Trauergewänder an und geht klagend vor Abner her! König David selbst aber ging hinter der Bahre her. 32 Man begrub Abner in Hebron. Und der König begann am Grab Abners laut zu weinen und auch das ganze Volk weinte.

33 Der König stimmte die Totenklage für Abner an und sang: Musste Abner sterben, / wie ein schlechter Mensch stirbt?

34 Deine Hände waren nicht gefesselt / und deine Füße lagen nicht in Ketten. / Du bist gefallen, / wie man unter der Hand von Verbrechern fällt.

Da weinten alle noch mehr um ihn. 35 Als nun die Leute kamen, um David zum Essen zu bewegen, während es noch Tag war, schwor David: Gott soll mir dies und das antun, wenn ich Brot oder sonst etwas zu mir nehme, bevor die Sonne untergeht. 36 Als das Volk das erfuhr, gefiel es ihm sehr, wie überhaupt alles, was der König tat, dem ganzen Volk gefiel. 37 Alle Leute, auch ganz Israel, erkannten an jenem Tag, dass die Ermordung Abners, des Sohnes Ners, nicht vom König ausgegangen war. 38 Und der König sagte zu seinen Dienern: Wisst ihr nicht, dass heute ein Fürst gefallen ist und ein großer Mann in Israel? 39 Obwohl ich zum König gesalbt worden bin, bin ich heute noch zu schwach und diese Männer, die Söhne der Zeruja, sind stärker als ich. Dem, der das Verbrechen begangen hat, vergelte der Herr so, wie es seiner bösen Tat entspricht.

27: 2,23 • 28: 1 Kön 2,5 • 30: 2,23 • 39: 2,18

Ischbaals Tod

4 Als Ischbaal, der Sohn Sauls, hörte, dass Abner in Hebron ums Leben gekommen war, verlor er allen Mut und ganz Israel war bestürzt. 2 Der Sohn Sauls hatte zwei Männer als Truppenführer; der eine hieß Baana, der andere Rechab; sie waren Söhne Rimmons aus Beerot, Benjaminiter; denn auch Beerot wird zu Benjamin gerechnet. 3 Die Beerotiter sind nämlich einst nach Gittajim geflohen und leben dort bis zum heutigen Tag als Fremde. 4 Jonatan, der Sohn Sauls, hatte einen Sohn, der an beiden Füßen gelähmt war. Er war fünf Jahre alt gewesen, als die Nachricht vom Tod Sauls und Jonatans aus Jesreel eintraf; seine Amme hatte ihn aufgehoben, um mit ihm zu fliehen, aber in der Eile der Flucht war er ihr vom Arm gefallen; seitdem war er gelähmt. Sein Name war Merib-Baal. 5 Rechab und Baana, die Söhne Rimmons aus Beerot, machten sich auf den Weg und kamen um die heißeste Zeit des Tages zum Haus Ischbaals, der eben seine Mittagsruhe hielt. 6 Die Türhüterin des Hauses war beim Weizenreinigen schläfrig geworden und eingeschlafen; 7 so konnten Rechab und sein Bruder Baana unbemerkt in das Haus eindringen. Ischbaal lag in seinem Schlafzimmer auf dem Bett. Sie schlugen ihn tot, hieben ihm den Kopf ab und nahmen den Kopf mit. Sie gingen die ganze Nacht hindurch auf dem Weg durch die Araba, 8 brachten den Kopf Ischbaals zu David nach Hebron und sagten zum König: Da ist der Kopf deines Feindes Ischbaal, des Sohnes Sauls, der dir nach dem Leben trachtete. Aber der Herr hat heute unserem Herrn, dem König, Rache an Saul und seinen Nachkommen verschafft. 9 David erwiderte Rechab und seinem Bruder Baana, den

Söhnen Rimmons aus Beerot: So wahr der Herr lebt, der mich aus aller Not befreit hat: [10] Den, der mir die Nachricht gebracht hat: Saul ist tot!, und der gemeint hat, ein Freudenbote zu sein, den habe ich in Ziklag ergreifen und umbringen lassen; so gab ich ihm den verdienten Botenlohn. [11] Und wenn nun ruchlose Männer einen rechtschaffenen Mann in seinem Haus auf seinem Bett erschlagen haben, sollte ich dann nicht sein Blut von euch zurückfordern und euch von der Erde austilgen? [12] Und David gab seinen Leuten den Befehl, sie zu töten; sie taten es. Sie schlugen ihnen Hände und Füße ab und hängten die Leichen am Teich von Hebron auf. Den Kopf Ischbaals aber nahmen sie und begruben ihn im Grab Abners in Hebron.

1: 3,27 • 4: 9,3 • 5: 2,8 • 10: 1,15

Die Anerkennung Davids als König von ganz Israel

5 Alle Stämme Israels kamen zu David nach Hebron und sagten: Wir sind doch dein Fleisch und Bein. [2] Schon früher, als noch Saul unser König war, bist du es gewesen, der Israel in den Kampf und wieder nach Hause geführt hat. Der Herr hat zu dir gesagt: Du sollst der Hirt meines Volkes Israel sein, du sollst Israels Fürst werden. [3] Alle Ältesten Israels kamen zum König nach Hebron; der König David schloss mit ihnen in Hebron einen Vertrag vor dem Herrn und sie salbten David zum König von Israel.

[4] David war dreißig Jahre alt, als er König wurde, und er regierte vierzig Jahre lang. [5] In Hebron war er sieben Jahre und sechs Monate König von Juda und in Jerusalem war er dreiunddreißig Jahre König von ganz Israel und Juda.

[6] Der König zog mit seinen Männern nach Jerusalem gegen die Jebusiter, die in dieser Gegend wohnten. Die Jebusiter aber sagten zu David: Du kommst hier nicht herein; die Blinden und Lahmen werden dich vertreiben. Das sollte besagen: David wird hier nicht eindringen. [7] Dennoch eroberte David die Burg Zion; sie wurde die Stadt Davids. [8] David sagte an jenem Tag: Jeder, der den Schacht erreicht, soll die Jebusiter erschlagen, auch die Lahmen und Blinden, die David in der Seele verhasst sind. Daher sagt man: Ein Blinder und ein Lahmer kommt nicht ins Haus.

[9] David ließ sich in der Burg nieder und nannte sie die Stadt Davids. Und David begann ringsum zu bauen, und zwar vom Millo an bis zur Burg. [10] David wurde immer mächtiger und der Herr, der Gott der Heere, war mit ihm. [11] Hiram, der König von Tyrus, schickte eine Gesandtschaft zu David und ließ ihm Zedernholz überbringen; auch Zimmerleute und Steinmetzen schickte er und sie bauten für David einen Palast. [12] So erkannte David, dass der Herr ihn als König von Israel bestätigt hatte und dass der Herr sein Königtum wegen seines Volkes Israel zu hohem Ansehen gebracht hatte.

1–12 ‖ 1 Chr 11, 1–10; 14,1f • 1: 19,13; Gen 2,23 • 2: 1 Sam 13,14; 18,13.16; 25,30; 2 Sam 6,21; 7,8 • 3: 2,4; 1 Sam 16,13 • 4–5: 1 Kön 2,11; 1 Chr 3,4; 29,27 • 6: Jos 15,63; Ri 1,21 • 10: 3,1

Die in Jerusalem geborenen Söhne Davids

[13] Als David von Hebron gekommen war, nahm er sich noch Nebenfrauen, auch Frauen aus Jerusalem. So wurden ihm noch mehr Söhne und Töchter geboren. [14] Das sind die Namen der Söhne, die ihm in Jerusalem geboren wurden: Schima, Schobab, Natan, Salomo, [15] Jibhar, Elischua, Nefeg, Jafia, [16] Elischama, Eljada und Elifelet.

13–16 ‖ 1 Chr 14,3–7 • 13: 3,2–5; 1 Chr 3,5–9

Der Krieg mit den Philistern

[17] Die Philister hörten, dass man David zum König von Israel gesalbt hatte. Da zogen alle herauf, um David gefangen zu nehmen. David erfuhr davon und zog sich in eine Bergfestung zurück. [18] Als die Philister herankamen und in der Rafaïterebene umherstreiften, [19] befragte David den Herrn; er sagte: Soll ich die Philister angreifen? Wirst du sie in meine Hand geben? Der Herr antwortete David: Greif sie an; denn ich werde die Philister bestimmt in deine Hand geben. [20] Da zog David nach Baal-Perazim. Dort schlug er die Philister und sagte: Der Herr hat die Reihen meiner Feinde vor meinen Augen durchbrochen, wie Wasser (einen Damm) durchbricht. Deshalb nennt man jenen Ort Baal-Perazim (Herr der Durchbrüche).

[21] Die Philister ließen dort ihre Götterbilder zurück, sodass David und seine Männer sie mitnehmen konnten.

[22] Doch die Philister zogen noch einmal herauf

und streiften in der Rafaïterebene umher. [23] David befragte wieder den Herrn und der Herr antwortete ihm: Zieh nicht hinauf, umgeh sie in ihrem Rücken und komm von den Baka-Bäumen her an sie heran! [24] Wenn du dann in den Wipfeln der Baka-Bäume ein Geräusch wie von Schritten hörst, dann beeil dich; denn dann geht der Herr vor dir her, um das Heer der Philister zu schlagen. [25] David tat, was der Herr ihm befohlen hatte, und er schlug die Philister (im ganzen Gebiet) zwischen Geba und der Gegend von Geser.

17–25 || 1 Chr 14,8–17 • 18: 23,13; 1 Sam 22,1

Die Überführung der Bundeslade nach Jerusalem

6 David versammelte wiederum alle jungen Krieger aus Israel, dreißigtausend Mann, [2] brach auf und zog mit seinem ganzen Heer nach Baala in Juda, um von dort die Lade Gottes heraufzuholen, über der der Name des Herrn der Heere, der über den Kerubim thront, ausgerufen worden ist. [3] Sie stellten die Lade Gottes auf einen neuen Wagen und holten sie so vom Haus Abinadabs, das auf einem Hügel stand; Usa und Achjo, die Söhne Abinadabs, lenkten den neuen Wagen [4] [sie holten sie also aus dem Haus Abinadabs, das auf dem Hügel stand,] mit der Lade Gottes und Achjo ging vor der Lade her. [5] David und das ganze Haus Israel tanzten und sangen vor dem Herrn mit ganzer Hingabe und spielten auf Zithern, Harfen und Pauken, mit Rasseln und Zimbeln. [6] Als sie zur Tenne Nachons kamen, brachen die Rinder aus und Usa streckte seine Hand nach der Lade Gottes aus und fasste sie an. [7] Da entbrannte der Zorn des Herrn gegen Usa und Gott erschlug ihn auf der Stelle wegen dieser Vermessenheit, sodass er neben der Lade Gottes starb. [8] David war sehr erregt darüber, dass der Herr den Usa so plötzlich dahingerafft hatte, und man nennt den Ort bis heute darum Perez-Usa (Wegraffung Usas). [9] An jenem Tag bekam David Angst vor dem Herrn und er sagte: Wie soll die Lade des Herrn jemals zu mir kommen? [10] Darum wollte David die Lade des Herrn nicht zu sich in die Davidstadt bringen lassen, sondern stellte sie in das Haus des Obed-Edom aus Gat. [11] Drei Monate lang blieb die Lade des Herrn im Haus Obed-Edoms aus Gat, und der Herr segnete Obed-Edom und sein ganzes Haus. [12] Als man König David berichtete: Der Herr hat das Haus Obed-Edoms und alles, was ihm gehört, um der Lade Gottes willen gesegnet, da ging David hin und brachte die Lade Gottes voll Freude aus dem Haus Obed-Edoms in die Davidstadt hinauf. [13] Sobald die Träger der Lade des Herrn sechs Schritte gegangen waren, opferte er einen Stier und ein Mastkalb. [14] Und David tanzte mit ganzer Hingabe vor dem Herrn her und trug dabei das leinene Efod. [15] So brachten David und das ganze Haus Israel die Lade des Herrn unter Jubelgeschrei und unter dem Klang des Widderhorns hinauf. [16] Als die Lade des Herrn in die Davidstadt kam, schaute Michal, Sauls Tochter, aus dem Fenster, und als sie sah, wie der König David vor dem Herrn hüpfte und tanzte, verachtete sie ihn in ihrem Herzen. [17] Man trug die Lade des Herrn in das Zelt, das David für sie aufgestellt hatte, und setzte sie an ihren Platz in der Mitte des Zeltes und David brachte dem Herrn Brandopfer und Heilsopfer dar. [18] Als David mit dem Darbringen der Brandopfer und Heilsopfer fertig war, segnete er das Volk im Namen des Herrn der Heere [19] und ließ an das ganze Volk, an alle Israeliten, Männer und Frauen, je einen Laib Brot, einen Dattelkuchen und einen Traubenkuchen austeilen. Dann gingen alle wieder nach Hause.

[20] Als David zurückkehrte, um seine Familie zu begrüßen, kam ihm Michal, die Tochter Sauls, entgegen und sagte: Wie würdevoll hat sich heute der König von Israel benommen, als er sich vor den Augen der Mägde seiner Untertanen bloßgestellt hat, wie sich nur einer vom Gesindel bloßstellen kann. [21] David erwiderte Michal: Vor dem Herrn, der mich statt deines Vaters und seines ganzen Hauses erwählt hat, um mich zum Fürsten über das Volk des Herrn, über Israel, zu bestellen, vor dem Herrn habe ich getanzt; [22] für ihn will ich mich gern noch geringer machen als diesmal und in meinen eigenen Augen niedrig erscheinen. Bei den Mägden jedenfalls, von denen du gesprochen hast, stehe ich in Ehren. [23] Michal aber, die Tochter Sauls, bekam bis zu ihrem Tod kein Kind.

12–23 || 1 Chr 13, 1–14 • 2: 1 Sam 6,21; 1 Chr 13,6; Ps 132,3–6 • 7: Num 4,20; 1 Sam 6,19 • 14–19: 1 Chr 15,27f • 19–20: 1 Chr 16,43 • 21: 5,2

Die Verheißung an David

7 Als nun der König in seinem Haus wohnte und der Herr ihm Ruhe vor allen seinen Feinden ringsum verschafft hatte, 2 sagte er zu dem Propheten Natan: Ich wohne in einem Haus aus Zedernholz, die Lade Gottes aber wohnt in einem Zelt. 3 Natan antwortete dem König: Geh nur und tu alles, was du im Sinn hast; denn der Herr ist mit dir. 4 Aber in jener Nacht erging das Wort des Herrn an Natan: 5 Geh zu meinem Knecht David und sag zu ihm: So spricht der Herr: Du willst mir ein Haus bauen, damit ich darin wohne? 6 Seit dem Tag, als ich die Israeliten aus Ägypten heraufgeführt habe, habe ich bis heute nie in einem Haus gewohnt, sondern bin in einer Zeltwohnung umhergezogen. 7 Habe ich in der Zeit, als ich bei den Israeliten von Ort zu Ort zog, jemals zu einem der Richter Israels, die ich als Hirten über mein Volk Israel eingesetzt hatte, ein Wort gesagt und sie gefragt: Warum habt ihr mir kein Haus aus Zedernholz gebaut? 8 Sag also jetzt meinem Knecht David: So spricht der Herr der Heere: Ich habe dich von der Weide und von der Herde weggeholt, damit du Fürst über mein Volk Israel wirst, 9 und ich bin überall mit dir gewesen, wohin du auch gegangen bist. Ich habe alle deine Feinde vor deinen Augen vernichtet und ich will dir einen großen Namen machen, der dem Namen der Großen auf der Erde gleich ist. 10 Ich will meinem Volk Israel einen Platz zuweisen und es einpflanzen, damit es an seinem Ort (sicher) wohnen kann und sich nicht mehr ängstigen muss und schlechte Menschen es nicht mehr unterdrücken wie früher 11 und auch von dem Tag an, an dem ich Richter in meinem Volk Israel eingesetzt habe. Ich verschaffe dir Ruhe vor allen deinen Feinden. Nun verkündet dir der Herr, dass der Herr dir ein Haus bauen wird. 12 Wenn deine Tage erfüllt sind und du dich zu deinen Vätern legst, werde ich deinen leiblichen Sohn als deinen Nachfolger einsetzen und seinem Königtum Bestand verleihen. 13 Er wird für meinen Namen ein Haus bauen und ich werde seinem Königsthron ewigen Bestand verleihen. 14 Ich will für ihn Vater sein und er wird für mich Sohn sein. Wenn er sich verfehlt, werde ich ihn nach Menschenart mit Ruten und mit Schlägen züchtigen. 15 Meine Huld aber soll nicht von ihm weichen, wie sie von Saul gewichen ist, den ich vor deinen Augen verstoßen habe. 16 Dein Haus und dein Königtum sollen durch mich auf ewig bestehen bleiben; dein Thron soll auf ewig Bestand haben. 17 Natan sprach zu David genauso, wie es (ihm) gesagt und offenbart worden war.

18 Da ging König David hin und setzte sich vor dem Herrn nieder und sagte: Wer bin ich, mein Herr und Gott, und was ist mein Haus, dass du mich bis hierher geführt hast? 19 Weil das in deinen Augen noch zu wenig war, mein Herr und Gott, hast du dem Haus deines Knechtes sogar Zusagen für die ferne Zukunft gemacht. Ist das eine Weisung, wie sie einem (schwachen) Menschen zukommt, mein Herr und Gott? 20 Was soll David noch weiter zu dir sagen? Du kennst deinen Knecht, mein Herr und Gott. 21 Um deines Wortes willen und nach der Absicht deines Herzens hast du alle diese großen Taten getan und deinem Knecht offenbart. 22 Darum bist du groß, mein Herr und Gott. Ja, keiner ist dir gleich, und außer dir gibt es keinen Gott nach allem, was wir mit unseren Ohren gehört haben. 23 Welches andere Volk auf der Erde ist wie dein Volk Israel? Wo wäre ein Gott hingegangen, um ein Volk für sich als sein Volk freizukaufen und ihm einen Namen zu machen und für dieses Volk große und erstaunliche Taten zu vollbringen, so wie du ganze Völker und ihre Götter vertrieben hast vor den Augen deines Volkes, das du dir von den Ägyptern freigekauft hast? 24 Du hast Israel auf ewig zu deinem Volk bestimmt und du, Herr, bist sein Gott geworden.

25 Doch nun, Herr und Gott, verleih dem Wort, das du über deinen Knecht und über sein Haus gesprochen hast, für immer Geltung und tu, was du gesagt hast. 26 Dann wird dein Name groß sein für ewige Zeiten und man wird sagen: Der Herr der Heere ist Israels Gott!, und das Haus deines Knechtes David wird vor deinen Augen Bestand haben. 27 Denn du, Herr der Heere, Gott Israels, hast deinem Knecht offenbart: Ich will dir ein Haus bauen. Darum fand dein Knecht den Mut, so zu dir zu beten: 28 Ja, mein Herr und Gott, du bist der einzige Gott und deine Worte sind wahr. Du hast deinem Knecht ein solches Glück zugesagt. 29 So segne jetzt gnädig das Haus deines Knechtes, damit es ewig vor deinen Augen Bestand hat. Denn

du, mein Herr und Gott, hast es versprochen und
mit deinem Segen wird das Haus deines Knechtes
für immer gesegnet sein.

1–29 || 1 Chr 17,1–27 • 2: Ps 132,1–5 • 5–6: 1 Kön 5,17; 8,16.27;
1 Chr 22,8; Jes 66,1 • 8: 5,2; 1 Sam 16,11–13 • 9: Gen 12,2 •
12: 1 Kön 8,20 • 13: 1 Kön 5,19; 6,12; Ps 89,4f; Jes 9,6 • 14: Ps 89,27;
2,7; Hebr 1,5; Lk 1,32 • 15: 1 Sam 15,23.26

Die Siege Davids

8 Hernach schlug David die Philister. Er un-
terwarf sie und nahm ihnen die Zügel der
Herrschaft aus der Hand. 2 Auch die Moabiter
schlug er. Sie mussten sich nebeneinander auf die
Erde legen und er maß die Reihe mit einer Mess-
schnur ab: jeweils zwei Schnurlängen wurden
getötet und jeweils eine volle Schnurlänge ließ er
am Leben. So wurden die Moabiter David unter-
tan und tributpflichtig. 3 David schlug auch Ha-
dad-Eser, den Sohn Rehobs, den König von Zoba,
als dieser ausgezogen war, um seine Macht am
Eufrat wiederzugewinnen. 4 David nahm von ihm
siebzehnhundert Wagenkämpfer und zwanzigtau-
send Fußsoldaten gefangen; er ließ alle Wagen-
pferde lähmen und behielt nur hundert (für sich)
zurück.
5 Als die Aramäer von Damaskus Hadad-Eser, dem
König von Zoba, zu Hilfe kamen, erschlug David
22000 von den Aramäern 6 und besetzte das Ara-
mäerreich von Damaskus. So wurden die Aramäer
David untertan und tributpflichtig. Der Herr half
David bei allem, was er unternahm.
7 David erbeutete die goldenen Schilde, die die
Krieger Hadad-Esers trugen, und brachte sie nach
Jerusalem. 8 In Tebach und Berotai, den Städten
Hadad-Esers, erbeutete der König David eine
große Menge Bronze. 9 Als Toï, der König von Ha-
mat, hörte, dass David das ganze Heer Hadad-
Esers geschlagen hatte, 10 schickte er seinen Sohn
Hadoram mit Gefäßen aus Gold, Silber und
Bronze zu König David. Er ließ ihm den Friedens-
gruß entbieten und ihn dazu beglückwünschen,
dass er Hadad-Eser im Krieg geschlagen hatte; Toï
lebte nämlich im Krieg mit Hadad-Eser. 11 König
David weihte auch diese Gefäße dem Herrn, zu-
sammen mit dem Gold und Silber, das er von all
den Völkern, die er unterwarf, erbeutet hatte:
12 von Aram und Moab, von den Ammonitern, den
Philistern, von Amalek, sowie die Beute von Ha-
dad-Eser, dem Sohn Rehobs, dem König von
Zoba.
13 So machte sich David einen Namen. Als er nach
dem Sieg über Aram zurückkehrte, schlug er
Edom im Salztal, achtzehntausend Mann, 14 und
setzte in Edom Vögte ein. [In ganz Edom setzte er
Vögte ein.] So wurde ganz Edom von David un-
terworfen. Der Herr half David bei allem, was er
unternahm.

1–14 || 1 Chr 18,1–13 • 13: Ps 60,2 • 14: Num 24,18

Die Beamten Davids

15 David war König von ganz Israel und sorgte für
Recht und Gerechtigkeit in seinem ganzen Volk.
16 Joab, der Sohn der Zeruja, war Heerführer und
Joschafat, der Sohn Ahiluds, war Sprecher des Kö-
nigs. 17 Zadok, der Sohn Ahitubs, und Abjatar, der
Sohn Ahimelechs, waren Priester, Seraja war
Staatsschreiber. 18 Benaja, der Sohn Jojadas, war
der Befehlshaber der Kereter und Peleter. Auch die
Söhne Davids waren Priester.

15–18 || 20,23–26; 1 Chr 18,14–17 • 17: 1 Sam 22,20; 1 Kön 2,27

Jonatans Sohn

9 David sagte: Gibt es noch jemand, der vom
Haus Saul übrig geblieben ist? Ich will ihm
um Jonatans willen eine Huld erweisen. 2 Zum
Haus Sauls gehörte ein Knecht namens Ziba; man
rief ihn zu David und der König fragte ihn: Bist du
Ziba? Er antwortete: Ja, dein Knecht. 3 Der König
fragte ihn: Ist vom Haus Sauls niemand mehr am
Leben, dass ich ihm göttliche Huld erweisen
könnte? Ziba antwortete dem König: Es gibt einen
Sohn Jonatans, der an beiden Füßen gelähmt ist.
4 Der König sagte zu ihm: Wo ist er? Ziba antwor-
tete dem König: Er lebt jetzt im Haus Machirs, des
Sohnes Ammiëls, in Lo-Dabar. 5 Da schickte der
König David hin und ließ ihn aus dem Haus Ma-
chirs, des Sohnes Ammiëls, in Lo-Dabar holen.
6 Als Merib-Baal, der Sohn Jonatans, des Sohnes
Sauls, zu David kam, warf er sich (vor ihm) auf
sein Gesicht nieder und huldigte ihm. David sagte:
Merib-Baal! Er antwortete: Hier ist dein Knecht.
7 David sagte zu ihm: Fürchte dich nicht; denn ich
will dir um deines Vaters Jonatan willen eine Huld
erweisen: Ich gebe dir alle Felder deines Großva-
ters Saul zurück und du sollst immer an meinem

Tisch essen. [8] Da warf sich Merib-Baal (vor ihm)
nieder und sagte: Was ist dein Knecht, dass du dich
einem toten Hund zuwendest, wie ich es bin? [9] Der
König David rief Ziba, den Diener Sauls, und sagte
zu ihm: Alles, was Saul und seiner ganzen Familie
gehört hat, gebe ich dem Sohn deines Herrn. [10] Du
sollst mit deinen Söhnen und Knechten für ihn das
Land bebauen und ihm den Ertrag bringen, damit
der Sohn deines Herrn zu essen hat. Merib-Baal
selbst aber, der Sohn deines Herrn, soll immer an
meinem Tisch essen. Ziba hatte fünfzehn Söhne
und zwanzig Knechte. [11] Ziba sagte zum König:
Genauso, wie es mein Herr, der König, seinem
Knecht befohlen hat, wird es dein Knecht tun. Und
Merib-Baal aß am Tisch Davids wie einer von den
Söhnen des Königs. [12] Merib-Baal hatte einen klei-
nen Sohn namens Micha und alle, die im Haus Zi-
bas wohnten, waren Merib-Baals Knechte. [13] Me-
rib-Baal blieb also in Jerusalem; denn er aß immer
am Tisch des Königs; er war aber an beiden Füßen
gelähmt.

2: 16,1 • 3: 4,4 • 5: 17,27 • 6: 19,25 • 7: 19,29 • 9–11: 19,29f

DIE GESCHICHTE VON DAVIDS THRONFOLGE: 10,1 – 20,26; 1 Kön 1,1 – 2,46

Der Krieg mit den Ammonitern und den Aramäern

10 Als darauf der König der Ammoniter starb
und sein Sohn Hanun an seiner Stelle Kö-
nig wurde, [2] sagte David: Ich will Hanun, dem
Sohn des Nahasch, mein Wohlwollen zeigen, so
wie sein Vater mir sein Wohlwollen gezeigt hat.
Und David schickte eine Gesandtschaft zu ihm
und ließ ihm durch seine Diener sein Beileid zum
Tod seines Vaters aussprechen. Als die Diener in
das Land der Ammoniter kamen, [3] sagten die Fürs-
ten der Ammoniter zu Hanun, ihrem Herrn: Will
David wirklich deinen Vater vor deinen Augen eh-
ren, weil er Leute schickt, die dir sein Beileid aus-
sprechen sollen? Hat David seine Diener nicht viel
eher zu dir geschickt, um die Stadt zu durchfor-
schen und auszukundschaften und sie dann ver-
wüsten zu lassen? [4] Darauf ließ Hanun die Diener
Davids festnehmen, ihnen die Hälfte des Bartes
abscheren und ihnen die Kleider zur Hälfte ab-
schneiden, bis zum Gesäß herauf. So schickte er sie
weg. [5] Als man David das meldete, schickte er ih-
nen jemand entgegen und ließ ihnen, weil sie so
schwer geschändet waren, sagen: Bleibt in Jericho
und kehrt erst zurück, wenn euer Bart wieder ge-
wachsen ist. [6] Als die Ammoniter merkten, dass sie
sich bei David verhasst gemacht hatten, schickten
sie (Boten) und warben die Aramäer von Bet-Re-
hob und von Zoba an, zwanzigtausend Mann
Fußvolk, außerdem den König von Maacha mit
tausend Mann und die Leute von Tob mit zwölf-
tausend Mann. [7] David erfuhr davon und schickte
Joab mit dem ganzen Heer, allen kriegstüchtigen
Männern, hin. [8] Die Ammoniter rückten aus und
stellten sich vor dem Stadttor zum Kampf auf,
während die Aramäer von Zoba und Rehob und
die Leute von Tob und Maacha jeweils für sich
draußen auf dem freien Feld standen. [9] Als Joab
sah, dass ihm ein Angriff von vorn und von hin-
ten drohte, traf er eine Auswahl aus den Kern-
truppen Israels und stellte sie gegen die Aramäer
auf. [10] Den Rest des Heeres unterstellte er seinem
Bruder Abischai, damit er sie den Ammonitern ge-
genüber aufstelle. [11] Joab sagte: Wenn die Aramäer
stärker sind als ich, dann komm du mir zu Hilfe!
Wenn die Ammoniter stärker sind als du, dann
werde ich dir zu Hilfe kommen. [12] Sei tapfer! Wir
wollen mutig für unser Volk und für die Städte un-
seres Gottes kämpfen. Der Herr aber möge tun,
was er für recht hält. [13] Da griff Joab mit seinen
Leuten die Aramäer an und diese ergriffen die
Flucht vor ihm. [14] Als die Ammoniter sahen, dass
die Aramäer flohen, ergriffen auch sie die Flucht
vor Abischai und zogen sich in die Stadt zurück.
Joab kehrte nach dem Kampf gegen die Ammoni-
ter nach Jerusalem zurück.
[15] Die Aramäer sahen, dass sie von Israel geschla-
gen waren, aber sie sammelten sich wieder. [16] Ha-
dad-Eser schickte Boten und ließ die Aramäer,
die diesseits des Stroms wohnten, ausrücken. Sie
kamen nach Helam, an ihrer Spitze Schobach,
der Oberbefehlshaber Hadad-Esers. [17] Als man das
David meldete, versammelte er ganz Israel, über-
schritt den Jordan und kam nach Helam. Die

Aramäer nahmen David gegenüber Aufstellung
und eröffneten den Kampf gegen ihn. 18 Doch sie
mussten vor den Israeliten fliehen. David vernich-
tete siebenhundert aramäische Kriegswagen und
tötete vierzigtausend Reiter. Auch Schobach, den
Oberbefehlshaber des Heeres, schlug er nieder, so-
dass er an Ort und Stelle starb. 19 Die Könige, die
Hadad-Esers Vasallen waren, sahen nun ein, dass
sie von den Israeliten besiegt waren. Sie schlossen
Frieden mit den Israeliten und unterwarfen sich
ihnen. Von da an fürchteten sich die Aramäer, den
Ammonitern noch weiter zu helfen.

1–19 || 1 Chr 19,1–19 • 2: 1 Sam 11,1

David und Batseba

11 Um die Jahreswende, zu der Zeit, in der die
Könige in den Krieg ziehen, schickte David
den Joab mit seinen Männern und ganz Israel aus
und sie verwüsteten das Land der Ammoniter und
belagerten Rabba. David selbst aber blieb in Jeru-
salem.
2 Als David einmal zur Abendzeit von seinem La-
ger aufstand und auf dem Flachdach des Königs-
palastes hin- und herging, sah er von dort aus eine
Frau, die badete. Die Frau war sehr schön anzuse-
hen. 3 David schickte jemand hin und erkundigte
sich nach ihr. Man sagte ihm: Das ist Batseba, die
Tochter Ammiëls, die Frau des Hetiters Urija.
4 Darauf schickte David Boten zu ihr und ließ sie
holen; sie kam zu ihm, und er schlief mit ihr – sie
hatte sich gerade von ihrer Unreinheit gereinigt.
Dann kehrte sie in ihr Haus zurück. 5 Die Frau war
aber schwanger geworden und schickte deshalb zu
David und ließ ihm mitteilen: Ich bin schwanger.
6 Darauf sandte David einen Boten zu Joab (und
ließ ihm sagen): Schick den Hetiter Urija zu mir!
Und Joab schickte Urija zu David. 7 Als Urija zu
ihm kam, fragte David, ob es Joab und dem Volk
gut gehe und wie es mit dem Kampf stehe. 8 Dann
sagte er zu Urija: Geh in dein Haus hinab und
wasch dir die Füße! Urija verließ das Haus des Kö-
nigs und es wurde ihm ein Geschenk des Königs
nachgetragen. 9 Urija aber legte sich am Tor des
Königshauses bei den Knechten seines Herrn nie-
der und ging nicht in sein Haus hinab. 10 Man be-
richtete David: Urija ist nicht in sein Haus hinab-
gegangen. Darauf sagte David zu Urija: Bist du
nicht gerade von einer Reise gekommen? Warum
bist du nicht in dein Haus hinuntergegangen?
11 Urija antwortete David: Die Lade und Israel und
Juda wohnen in Hütten und mein Herr Joab und
die Knechte meines Herrn lagern auf freiem Feld;
da soll ich in mein Haus gehen, um zu essen und
zu trinken und bei meiner Frau zu liegen? So wahr
du lebst und so wahr deine Seele lebt, das werde
ich nicht tun. 12 Darauf sagte David zu Urija: Bleib
auch heute noch hier; morgen werde ich dich weg-
schicken. So blieb Urija an jenem Tag in Jerusalem.
Am folgenden Tag 13 lud David ihn ein, bei ihm zu
essen und zu trinken, und machte ihn betrunken.
Am Abend aber ging Urija weg, um sich wieder auf
seinem Lager bei den Knechten seines Herrn nie-
derzulegen; er ging nicht in sein Haus hinab.
14 Am anderen Morgen schrieb David einen Brief
an Joab und ließ ihn durch Urija überbringen. 15 Er
schrieb in dem Brief: Stellt Urija nach vorn, wo der
Kampf am heftigsten ist, dann zieht euch von ihm
zurück, sodass er getroffen wird und den Tod fin-
det. 16 Joab hatte die Stadt beobachtet und er stellte
Urija an einen Platz, von dem er wusste, dass dort
besonders tüchtige Krieger standen. 17 Als dann die
Leute aus der Stadt einen Ausfall machten und ge-
gen Joab kämpften, fielen einige vom Volk, das
heißt von den Kriegern Davids; auch der Hetiter
Urija fand den Tod. 18 Joab schickte (einen Boten)
zu David und ließ ihm den Verlauf des Kampfes
berichten. 19 Und er befahl dem Boten: Wenn du
dem König alles über den Verlauf des Kampfes bis
zu Ende berichtet hast 20 und wenn dann der Kö-
nig in Zorn gerät und zu dir sagt: Warum seid ihr
beim Kampf so nahe an die Stadt herangegangen?
Habt ihr nicht gewusst, dass sie von der Mauer
herabschießen? 21 Wer hat Abimelech, den Sohn
Jerubbaals, erschlagen? Hat nicht eine Frau in Te-
bez einen Mühlstein von der Mauer auf ihn he-
rabgeworfen, sodass er starb? Warum seid ihr so
nahe an die Mauer herangegangen?, dann sollst du
sagen: Auch dein Knecht, der Hetiter Urija, ist tot.
22 Der Bote ging fort, kam zu David und berichtete
ihm alles, was Joab ihm aufgetragen hatte. 23 Der
Bote sagte zu David: Die Männer waren stärker als
wir und waren gegen uns bis aufs freie Feld vorge-
drungen; wir aber drängten sie bis zum Eingang
des Tores zurück. 24 Da schossen die Schützen von

der Mauer herab auf deine Knechte, sodass einige von den Knechten des Königs starben; auch dein Knecht, der Hetiter Urija, ist tot. 25 Da sagte David zu dem Boten: So sollst du zu Joab sagen: Betrachte die Sache nicht als so schlimm; denn das Schwert frisst bald hier, bald dort. Setz den Kampf gegen die Stadt mutig fort und zerstöre sie! So sollst du ihm Mut machen. 26 Als die Frau Urijas hörte, dass ihr Mann Urija tot war, hielt sie für ihren Gemahl die Totenklage. 27 Sobald die Trauerzeit vorüber war, ließ David sie zu sich in sein Haus holen. Sie wurde seine Frau und gebar ihm einen Sohn. Dem Herrn aber missfiel, was David getan hatte.

1: 12,26 • 4: Ex 20,14.17; Dtn 5,18.21 • 21: Ri 9,53f

Gottes Strafe für David

12 Darum schickte der Herr den Natan zu David; dieser ging zu David und sagte zu ihm: In einer Stadt lebten einst zwei Männer; der eine war reich, der andere arm. 2 Der Reiche besaß sehr viele Schafe und Rinder, 3 der Arme aber besaß nichts außer einem einzigen kleinen Lamm, das er gekauft hatte. Er zog es auf und es wurde bei ihm zusammen mit seinen Kindern groß. Es aß von seinem Stück Brot und es trank aus seinem Becher, in seinem Schoß lag es und war für ihn wie eine Tochter. 4 Da kam ein Besucher zu dem reichen Mann und er brachte es nicht über sich, eines von seinen Schafen oder Rindern zu nehmen, um es für den zuzubereiten, der zu ihm gekommen war. Darum nahm er dem Armen das Lamm weg und bereitete es für den Mann zu, der zu ihm gekommen war.

5 Da geriet David in heftigen Zorn über den Mann und sagte zu Natan: So wahr der Herr lebt: Der Mann, der das getan hat, verdient den Tod. 6 Das Lamm soll er vierfach ersetzen, weil er das getan und kein Mitleid gehabt hat. 7 Da sagte Natan zu David: Du selbst bist der Mann. So spricht der Herr, der Gott Israels: Ich habe dich zum König von Israel gesalbt und ich habe dich aus der Hand Sauls gerettet. 8 Ich habe dir das Haus deines Herrn und die Frauen deines Herrn in den Schoß gegeben und ich habe dir das Haus Israel und Juda gegeben, und wenn das zu wenig ist, gebe ich dir noch manches andere dazu. 9 Aber warum hast du das Wort des Herrn verachtet und etwas getan, was ihm missfällt? Du hast den Hetiter Urija mit dem Schwert erschlagen und hast dir seine Frau zur Frau genommen; durch das Schwert der Ammoniter hast du ihn umgebracht. 10 Darum soll jetzt das Schwert auf ewig nicht mehr von deinem Haus weichen; denn du hast mich verachtet und dir die Frau des Hetiters genommen, damit sie deine Frau werde. 11 So spricht der Herr: Ich werde dafür sorgen, dass sich aus deinem eigenen Haus das Unheil gegen dich erhebt, und ich werde dir vor deinen Augen deine Frauen wegnehmen und sie einem andern geben; er wird am hellen Tag bei deinen Frauen liegen. 12 Ja, du hast es heimlich getan, ich aber werde es vor ganz Israel und am hellen Tag tun. 13 Darauf sagte David zu Natan: Ich habe gegen den Herrn gesündigt. Natan antwortete David: Der Herr hat dir deine Sünde vergeben; du wirst nicht sterben. 14 Weil du aber die Feinde des Herrn durch diese Sache zum Lästern veranlasst hast, muss der Sohn, der dir geboren wird, sterben.

15 Dann ging Natan nach Hause. Der Herr aber ließ das Kind, das die Frau des Urija dem David geboren hatte, schwer krank werden. 16 David suchte Gott wegen des Knaben auf und fastete streng; und wenn er heimkam, legte er sich bei Nacht auf die bloße Erde. 17 Die Ältesten seines Hauses kamen zu ihm, um ihn dazu zu bewegen, von der Erde aufzustehen. Er aber wollte nicht und aß auch nicht mit ihnen. 18 Am siebten Tag aber starb das Kind. Davids Diener fürchteten sich, ihm mitzuteilen, dass das Kind tot war; denn sie sagten: Wir haben ihm zugeredet, als das Kind noch am Leben war; er aber hat nicht auf uns gehört. Wie können wir ihm jetzt sagen: Das Kind ist tot? Er würde ein Unheil anrichten. 19 David jedoch sah, dass seine Diener miteinander flüsterten, und merkte daran, dass das Kind tot war. Er fragte seine Diener: Ist das Kind tot? Sie antworteten: Ja, es ist tot. 20 Da erhob sich David von der Erde, wusch sich, salbte sich, wechselte seine Kleider, ging zum Haus des Herrn und warf sich (davor) nieder. Als er dann nach Hause zurückkehrte, verlangte er (zu essen). Man setzte ihm etwas vor und er aß. 21 Da fragten ihn seine Diener: Was soll das bedeuten, was du getan hast? Als das Kind noch am Leben war, hast

du seinetwegen gefastet und geweint. Nachdem
aber das Kind tot ist, stehst du auf und isst. [22] Er
antwortete: Als das Kind noch am Leben war, habe
ich gefastet und geweint; denn ich dachte: Wer
weiß, vielleicht ist der Herr mir gnädig und das
Kind bleibt am Leben. [23] Jetzt aber, da es tot ist,
warum soll ich da noch fasten? Kann ich es
zurückholen? Ich werde einmal zu ihm gehen, aber
es kommt nicht zu mir zurück. [24] Und David trös-
tete seine Frau Batseba; er ging zu ihr hinein und
schlief mit ihr. Und sie gebar einen Sohn und er
gab ihm den Namen Salomo. Der Herr liebte Sa-
lomo [25] und sandte den Propheten Natan, damit er
ihm um des Herrn willen den Namen Jedidja
(Liebling des Herrn) gebe.

6: Ex 21,37 • 9: 1 Kön 15,5 • 10: 13,28f; 18,14; 1 Kön 2,24f •
11: 16,22; 20,3 • 13: Ps 51,2

Die Eroberung von Rabba

[26] Joab kämpfte gegen Rabba, (die Stadt) der Am-
moniter, und er eroberte die Königsstadt. [27] Da-
rauf schickte Joab Boten zu David und ließ ihm
sagen: Ich habe gegen Rabba gekämpft und da-
bei auch die Wasserstadt eingenommen. [28] Darum
versammle jetzt den Rest des Heeres, belagere die
Stadt und nimm sie selbst ein, damit nicht ich sie
einnehme und mein Name über ihr ausgerufen
wird. [29] David sammelte also das ganze Heer, zog
nach Rabba, kämpfte gegen die Stadt und nahm
sie ein. [30] Dann nahm er ihrem König die Krone
vom Haupt, deren Gewicht ein Talent Gold betrug
und an der ein kostbarer Stein war; sie wurde nun
Davids Krone. Und er schaffte eine sehr große
Beute aus der Stadt fort. [31] Auch ihre Einwohner
führte er fort und stellte sie an die Steinsägen, an
die eisernen Spitzhacken und an die eisernen Äxte
und ließ sie in den Ziegeleien arbeiten. So machte
er es mit allen Städten der Ammoniter. Dann
kehrte David mit dem ganzen Heer nach Jerusa-
lem zurück.

26: 11,1 • 30–31: 1 Chr 20,2f

Amnon und Tamar

13 Danach geschah folgendes: Abschalom, der
Sohn Davids, hatte eine schöne Schwester
namens Tamar und Amnon, der Sohn Davids, ver-
liebte sich in sie. [2] Amnon war sehr bedrückt und
wurde fast krank wegen seiner Schwester Tamar;
denn sie war Jungfrau und es schien Amnon un-
möglich, ihr etwas anzutun. [3] Nun hatte Amnon
einen Freund namens Jonadab, einen Sohn des
Schima, des Bruders Davids. Jonadab war ein sehr
kluger Mann. [4] Er sagte zu Amnon: Warum bist du
jeden Morgen so bedrückt, Sohn des Königs?
Willst du es mir nicht erzählen? Amnon antwor-
tete ihm: Ich liebe Tamar, die Schwester meines
Bruders Abschalom. [5] Da sagte Jonadab zu ihm:
Leg dich ins Bett und stell dich krank! Wenn dann
dein Vater kommt, um nach dir zu sehen, sag zu
ihm: Lass doch meine Schwester Tamar zu mir
kommen und mir etwas zu essen machen; sie soll
die Krankenkost vor meinen Augen zubereiten,
sodass ich zusehen und aus ihrer Hand essen kann.
[6] Amnon legte sich also hin und stellte sich krank.
Als der König kam, um nach ihm zu sehen, sagte
Amnon zum König: Meine Schwester Tamar möge
doch zu mir kommen; sie soll mir vor meinen Au-
gen zwei Kuchen backen und ich will die Kran-
kenkost aus ihrer Hand essen. [7] David schickte je-
mand ins Haus der Tamar und ließ ihr sagen: Geh
doch in das Haus deines Bruders Amnon und
mach ihm etwas zu essen! [8] Tamar ging in das Haus
ihres Bruders Amnon, der im Bett lag. Sie nahm
Teig, knetete vor seinen Augen die Kuchen und
backte sie. [9] Dann nahm sie die Pfanne und legte
ihm (das Gericht) vor. Amnon aber wollte nichts
essen, sondern sagte: Schickt alle hinaus! Als alle
aus dem Zimmer hinausgegangen waren, [10] sagte
Amnon zu Tamar: Bring das Essen in die (innere)
Kammer, ich möchte sie aus deiner Hand essen.
Tamar nahm die Kuchen, die sie zubereitet hatte,
und brachte sie ihrem Bruder Amnon in die Kam-
mer. [11] Als sie ihm aber die Kuchen zum Essen
reichte, griff er nach ihr und sagte zu ihr: Komm,
leg dich zu mir, Schwester! [12] Sie antwortete ihm:
Nein, mein Bruder, entehre mich nicht! So etwas
tut man in Israel nicht. Begeh keine solche Schand-
tat! [13] Wohin sollte ich denn in meiner Schande ge-
hen? Du würdest als einer der niederträchtigsten
Menschen in Israel dastehen. Rede doch mit dem
König, er wird mich dir nicht verweigern. [14] Doch
Amnon wollte nicht auf sie hören, sondern packte
sie und zwang sie, mit ihm zu schlafen. [15] Hinter-
her aber empfand Amnon eine sehr große Abnei-

gung gegen sie; ja, der Hass, mit dem er sie nun
hasste, war größer als die Liebe, mit der er sie ge-
liebt hatte. Amnon sagte zu ihr: Steh auf, geh weg!
16 Sie erwiderte ihm: Nicht doch! Wenn du mich
wegschickst, wäre das ein noch größeres Unrecht
als das, das du mir schon angetan hast. Er aber
wollte nicht auf sie hören, 17 sondern rief den jun-
gen Mann, der in seinen Diensten stand, und sagte:
Bringt dieses Mädchen da von mir weg auf die
Straße hinaus und schließt die Tür hinter ihr ab!
18 Sein Diener brachte sie hinaus und schloss die
Tür hinter ihr zu. Sie hatte ein Ärmelkleid an;
denn solche Obergewänder trugen die Königs-
töchter, solange sie Jungfrauen waren. 19 Tamar
aber streute sich Asche auf das Haupt und zerriss
das Ärmelkleid, das sie anhatte, sie legte ihre Hand
auf den Kopf und ging schreiend weg. 20 Ihr Bru-
der Abschalom fragte sie: War dein Bruder Amnon
mit dir zusammen? Sprich nicht darüber, meine
Schwester, er ist ja dein Bruder. Nimm dir die Sa-
che nicht so zu Herzen! Von da an lebte Tamar ein-
sam im Haus ihres Bruders Abschalom. 21 Doch
der König David erfuhr von der ganzen Sache und
wurde darüber sehr zornig. 22 Abschalom aber re-
dete nicht mehr mit Amnon, weder im Guten
noch im Bösen; er hasste Amnon, weil dieser seine
Schwester Tamar vergewaltigt hatte.

Abschaloms Rache an Amnon

23 Zwei Jahre später ließ Abschalom in Baal-Hazor,
das bei Efraim liegt, seine Schafe scheren und lud
alle Söhne des Königs ein. 24 Er ging zum König
und sagte: Dein Knecht lässt gerade seine Schafe
scheren. Der König möge doch samt seinen Die-
nern seinen Knecht dorthin begleiten. 25 Der Kö-
nig antwortete Abschalom: Nein, mein Sohn, wir
können doch nicht alle kommen; wir wollen dir
nicht zur Last fallen. Obwohl Abschalom ihn drin-
gend bat, wollte er nicht mitgehen, sondern wollte
ihn mit dem Segensgruß verabschieden. 26 Da sag-
te Abschalom: Kann nicht wenigstens mein Bru-
der Amnon mit uns gehen? Der König fragte ihn:
Warum soll er mit dir gehen? 27 Abschalom aber
drängte ihn (noch mehr) und der König ließ Am-
non und seine anderen Söhne mit ihm gehen.
28 Abschalom befahl seinen jungen Leuten: Gebt
Acht: Wenn Amnon vom Wein guter Laune ist,
werde ich zu euch sagen: Schlagt Amnon tot! Dann
tötet ihn! Habt keine Angst! Ich selbst habe es euch
ja befohlen. Seid mutig und tapfer! 29 Die jungen
Leute Abschaloms machten mit Amnon, was ih-
nen Abschalom befohlen hatte. Da sprangen alle
Söhne des Königs auf, stiegen auf ihre Maultiere
und flohen. 30 Sie waren noch auf dem Weg, als zu
David das Gerücht gelangte: Abschalom hat alle
Söhne des Königs erschlagen; nicht einer von ih-
nen ist übrig geblieben. 31 Da stand der König auf,
zerriss seine Kleider und warf sich zu Boden. Auch
alle seine Diener, die um ihn herumstanden, zer-
rissen ihre Kleider. 32 Jonadab aber, der Sohn Schi-
mas, des Bruders Davids, sagte: Mein Herr soll
nicht glauben, dass alle jungen Männer, alle Söhne
des Königs, tot sind. Nur Amnon ist tot; denn Ab-
schalom war verbittert seit dem Tag, an dem Am-
non seine Schwester vergewaltigte. 33 Mein Herr,
der König, nehme sich die Sache nicht so zu Her-
zen und denke nicht: Alle Söhne des Königs sind
tot. Nur Amnon ist tot.
34 Abschalom aber war geflohen. Der junge Mann
jedoch, der Wache hielt, schaute aus und sah plötz-
lich, dass eine Menge Leute auf dem hinter ihm lie-
genden Weg von der Seite des Berges herabkamen.
35 Da sagte Jonadab zum König: Sieh, da kommen
die Söhne des Königs. Es ist so, wie dein Knecht
gesagt hat. 36 Kaum hatte er das gesagt, da kamen
die Söhne des Königs. Sie begannen laut zu wei-
nen und auch der König und alle seine Diener bra-
chen in heftiges Weinen aus. 37 Abschalom aber
floh und ging zu Talmai, dem Sohn des Königs
Ammihud von Geschur und David trauerte lange
Zeit um seinen Sohn.

37: 14,23

Abschaloms Rückkehr

38 Abschalom war also geflohen und nach Geschur
gegangen; dort blieb er drei Jahre. 39 Dann aber
hörte der König allmählich auf, gegen Abschalom
zu hadern; denn er hatte sich damit abgefunden,
dass Amnon tot war.

14 Als Joab, der Sohn der Zeruja, merkte, dass
das Herz des Königs sich wieder Abscha-
lom zuwandte, 2 schickte er (einen Boten) nach Te-
koa und ließ von dort eine kluge Frau holen. Er
sagte zu ihr: Tu so, als ob du trauerst, zieh Trauer-

gewänder an und salbe dich nicht mit Öl! Stell dich
wie eine Frau, die schon lange Zeit um einen To-
ten trauert. 3 Dann geh zum König und sprich Fol-
gendes zu ihm – und Joab sagte ihr, was sie sagen
sollte. 4 Die Frau aus Tekoa ging zum König, warf
sich mit dem Gesicht auf die Erde nieder, um ihm
zu huldigen und sagte: Hilf mir, mein König! 5 Der
König fragte sie: Was hast du? Sie antwortete: Ach,
ich bin eine Witwe; mein Mann ist tot. 6 Deine
Magd hatte zwei Söhne. Die beiden bekamen auf
dem Feld Streit miteinander, und weil niemand da
war, der sich zwischen die beiden gestellt hätte,
schlug der eine den anderen tot. 7 Da erhob sich die
ganze Verwandtschaft gegen deine Magd. Sie sag-
ten: Gib den, der seinen Bruder erschlagen hat,
heraus, damit wir ihn töten, weil er seinen Bruder
ums Leben gebracht hat. So wollten sie sogar den
Erben vernichten. Sie wollten die Kohle, die mir
geblieben ist, auslöschen, um meinem Mann we-
der Namen noch Nachkommen auf dem Erdbo-
den zu lassen. 8 Da sagte der König zu der Frau:
Geh nach Hause! Ich werde deine Sache in Ord-
nung bringen. 9 Die Frau aus Tekoa erwiderte dem
König: Mein Herr und König, dann lastet die
Schuld auf mir und dem Haus meines Vaters. Der
König aber und sein Thron werden schuldlos sein.
10 Der König antwortete: Wenn jemand gegen dich
spricht, bring ihn zu mir; er wird dir nicht wieder
zu nahe treten. 11 Sie aber sagte: Der König rufe
doch den Herrn, deinen Gott, dafür an, dass der
Bluträcher nicht noch mehr Unheil anrichtet und
meinen Sohn umbringt. Der König antwortete: So
wahr der Herr lebt, deinem Sohn soll kein Haar ge-
krümmt werden.

12 Darauf sagte die Frau: Deine Magd möchte mei-
nem Herrn, dem König, noch ein Wort sagen. Er
antwortete: Sprich! 13 Da fragte die Frau: Warum
planst du genau das Gleiche gegen das Volk
Gottes? Wenn der König ein solches Urteil gefällt
hat, spricht er sich selbst schuldig, da er seinen ver-
stoßenen (Sohn) nicht zurückkehren lässt. 14 Wir
müssen alle sterben und sind wie das Wasser, das
man auf die Erde schüttet und nicht wieder ein-
sammeln kann. Aber Gott wird dem das Leben
nicht nehmen, der darauf aus ist, dass ein von
ihm Verstoßener nicht verstoßen bleibt. 15 Dass ich
aber hergekommen bin, um dem König, meinem
Herrn, das zu sagen, geschah, weil die Leute mir
Angst machten. Darum sagte sich deine Magd: Ich
will mit dem König reden; vielleicht wird der Kö-
nig tun, was seine Magd sagt. 16 Ja, der König wird
(auf mich) hören und seine Magd aus der Hand
des Mannes retten, der mich zusammen mit mei-
nem Sohn aus dem Erbbesitz austilgen will.
17 Deine Magd hat sich gesagt: Das Wort meines
Herrn, des Königs, wird mich beruhigen; denn
mein Herr, der König, ist gerade so wie der Engel
Gottes: Er hört Gutes und Böses. Der Herr, dein
Gott, sei mit dir.

18 Der König erwiderte der Frau: Verhehl mir
nichts von dem, was ich dich jetzt frage. Die Frau
sagte: Mein Herr und König, rede! 19 Da fragte der
König: Hat etwa Joab bei all dem die Hand im
Spiel? Die Frau antwortete: So wahr du lebst, mein
Herr und König, an all dem, was mein Herr, der
König, sagt, kann man sich unmöglich rechts oder
links vorbeidrücken. Ja, dein Knecht Joab war es,
der mir das befohlen hat; er hat all diese Worte dei-
ner Magd in den Mund gelegt. 20 Das hat dein
Knecht Joab getan, um der Sache ein anderes Ge-
sicht zu geben. Mein Herr ist weise wie der Engel
Gottes, der alles weiß, was im Land geschieht.

21 Darauf sagte der König zu Joab: Gut, ich erfülle
dir diese deine Bitte. Geh, bring den jungen Ab-
schalom zurück! 22 Joab warf sich mit dem Gesicht
auf die Erde nieder und huldigte (dem König). Er
segnete den König und sagte: Heute hat dein
Knecht erkannt, dass ich dein Wohlwollen gefun-
den habe, mein Herr und König, weil der König
die Bitte seines Knechtes erfüllt hat. 23 Dann brach
Joab auf, ging nach Geschur und brachte Abscha-
lom nach Jerusalem zurück. 24 Der König aber
sagte: Er soll in sein Haus gehen, aber er soll mir
nicht unter die Augen treten. Abschalom ging in
sein Haus, aber dem König durfte er nicht unter
die Augen treten.

25 In ganz Israel gab es keinen schöneren und lo-
benswerteren Mann als Abschalom. Vom Scheitel
bis zur Sohle war kein Makel an ihm. 26 Und wenn
er sein Haar schneiden ließ – das geschah von Zeit
zu Zeit, weil es so schwer wurde, dass er es schnei-
den lassen musste – und man wog sein Haar, dann
wog es zweihundert Schekel nach königlichem
Gewicht. 27 Drei Söhne wurden Abschalom gebo-

ren und eine Tochter namens Tamar; sie wurde
eine Frau von großer Schönheit.
28 Abschalom wohnte zwei Jahre lang in Jerusalem,
ohne dem König unter die Augen zu treten. 29 Da
schickte Abschalom jemand zu Joab, weil er ihn
zum König senden wollte; aber Joab wollte nicht
kommen. Er schickte noch ein zweites Mal jemand
hin, aber er wollte wieder nicht kommen. 30 Da
sagte Abschalom zu seinen Knechten: Seht, das
Feld Joabs, das neben meinem liegt; er hat dort
Gerste (angebaut). Geht hin, steckt es in Brand!
Die Diener Abschaloms steckten das Feld in
Brand. 31 Darauf machte sich Joab auf den Weg,
suchte Abschalom in seinem Haus auf und fragte
ihn: Warum haben deine Knechte das Feld in
Brand gesteckt, das mir gehört? 32 Abschalom ant-
wortete: Ich hatte doch jemand zu dir geschickt
und dir sagen lassen: Komm her, ich möchte dich
zum König senden. Du sollst ihn fragen: Wozu bin
ich eigentlich von Geschur hergekommen? Es
wäre für mich besser gewesen, ich wäre dort ge-
blieben. Jetzt aber möchte ich dem König vor die
Augen treten. Wenn eine Schuld auf mir liegt, soll
er mich töten. 33 Joab ging zum König und berich-
tete ihm alles und der König ließ Abschalom ru-
fen. Er kam zum König und fiel vor ihm mit dem
Gesicht zur Erde nieder. Und der König küsste Ab-
schalom.

14,7: Dtn 19,11–13 • 23: 13,37 • 27: 18,18

Abschaloms Aufstand gegen David

15 Einige Zeit danach schaffte sich Abschalom
einen Wagen und Pferde an sowie fünfzig
Mann, die immer vor ihm herliefen. 2 Früh am
Morgen stellte er sich neben den Weg zum Stadt-
tor, und sooft jemand mit einer Streitsache zum
König vor Gericht gehen wollte, sprach er ihn an
und sagte: Aus welcher Stadt bist du? Wenn der
dann antwortete: Dein Knecht ist aus einem der
Stämme Israels!, 3 sagte Abschalom zu ihm: Was du
sagst, ist ja gut und recht, aber beim König gibt es
niemand, der dich anhört. 4 Und Abschalom fügte
hinzu: Würde mich doch jemand zum Richter im
Land machen, damit jeder, der einen Streit oder
eine Rechtssache hat, zu mir kommt; ich würde
ihm Recht verschaffen. 5 Ging dann einer auf ihn
zu, um vor ihm niederzufallen, dann streckte er die
Hand aus, hielt ihn fest und küsste ihn. 6 So machte
es Abschalom bei allen Israeliten, die zum König
vor Gericht gehen wollten, und so stahl er sich in
das Herz der Israeliten.
7 Nach vier Jahren sagte Abschalom zum König:
Ich möchte nach Hebron gehen, um ein Gelübde
zu erfüllen, das ich dem Herrn abgelegt habe.
8 Denn dein Knecht hat bei seinem Aufenthalt in
Geschur in Aram das Gelübde gemacht: Wenn der
Herr mich wirklich nach Jerusalem zurückkehren
lässt, dann will ich für den Herrn einen Gottes-
dienst feiern. 9 Der König antwortete ihm: Geh in
Frieden! Da brach Abschalom auf und ging nach
Hebron. 10 Doch (von dort) schickte er Boten an
alle Stämme Israels und ließ ihnen sagen: Wenn
ihr den Klang des Widderhorns hört, dann sollt ihr
rufen: Abschalom ist König in Hebron. 11 Zwei-
hundert Männer aus Jerusalem waren mit Ab-
schalom gegangen; er hatte sie eingeladen und sie
waren mit ihm gezogen, ohne von der ganzen Sa-
che etwas zu ahnen. 12 Als er seine Opfer dar-
brachte, ließ Abschalom auch den Giloniter Ahi-
tofel, den Berater Davids, aus seiner Heimatstadt
Gilo kommen. So wurde die Verschwörung immer
größer und immer mehr Leute schlossen sich Ab-
schalom an.

1: 1 Kön 1,5 • 8: 13,37f

Davids Flucht aus Jerusalem

13 Als ein Bote kam und David meldete: Das Herz
der Israeliten hat sich Abschalom zugewandt!,
14 sagte David zu allen seinen Dienern, die noch bei
ihm in Jerusalem waren: Auf, wir müssen fliehen,
denn für uns gibt es keine Rettung vor Abschalom.
Beeilt euch mit dem Aufbruch, sonst kommt er
und holt uns ein, bringt Unglück über uns und
schlägt die Stadt mit scharfem Schwert. 15 Die Die-
ner des Königs sagten zu ihm: Ganz wie der Herr
und König sich entscheidet. Hier sind deine
Knechte. 16 So zog der König fort und sein ganzes
Haus folgte ihm. Nur die zehn Nebenfrauen ließ
der König zurück; sie sollten das Haus bewachen.
17 Als der König mit den Leuten, die ihm folgten,
fortzog, blieben sie beim letzten Haus stehen
18 und alle seine Diener zogen an ihm vorüber,
dazu alle Kereter und Peleter und alle Gatiter, jene
sechshundert Mann, die ihm aus Gat gefolgt wa-

ren; sie alle zogen vor dem König vorüber. 19 Da
sagte der König zu Ittai aus Gat: Warum willst
auch du mit uns gehen? Kehr um und bleib beim
(neuen) König! Denn du bist ein Ausländer und
aus deiner Heimat verbannt. 20 Erst gestern bist du
gekommen – und schon heute sollte ich dich auf-
jagen, um mit uns zu gehen? Ich gehe, wohin ich
eben gehe. Du aber kehr um und bring deine Brü-
der in Liebe und Treue zurück! 21 Doch Ittai erwi-
derte dem König: So wahr der Herr lebt und so
wahr mein Herr, der König, lebt: Nur an dem Ort,
wo mein Herr, der König, ist, dort wird auch dein
Diener sein, sei es um zu leben oder um zu ster-
ben. 22 Da sagte David zu Ittai: Dann geh und zieh
(mit deinen Leuten) vorüber! Und der Gatiter zog
mit allen seinen Männern und dem ganzen Tross,
den er bei sich hatte, vorüber. 23 Alle weinten laut,
als die Leute (an David) vorüberzogen. Dann
überschritt der König den Bach Kidron und alle
zogen weiter auf dem Weg zur Steppe.
24 Auch Zadok und all die Leviten um ihn, die die
Bundeslade Gottes trugen, waren dabei. Sie stell-
ten die Lade Gottes nieder und Abjatar brachte
Opfer dar, bis alle Leute aus der Stadt vollzählig
(an David) vorübergezogen waren. 25 Der König
sagte zu Zadok: Bring die Lade Gottes in die Stadt
zurück! Wenn ich vor den Augen des Herrn Gnade
finde, dann wird er mich zurückführen und mich
die Lade und ihre Stätte wieder sehen lassen.
26 Wenn er aber sagt: Ich habe an dir keinen Gefal-
len!, gut, dann mag er mit mir machen, was ihm
gefällt. 27 Und (weiter) sagte der König zu dem
Priester Zadok: Siehst du das ein? Kehr in Frieden
in die Stadt zurück, ebenso dein Sohn Ahimaaz
und Abjatars Sohn Jonatan, eure beiden Söhne.
28 Merkt euch: Ich werde an den Furten zur Steppe
warten, bis von euch eine Nachricht kommt, die
mir Bescheid gibt. 29 Darauf brachten Zadok und
Abjatar die Lade Gottes nach Jerusalem zurück
und blieben dort.
30 David stieg weinend und mit verhülltem Haupte
den Ölberg hinauf; er ging barfuß und alle Leute,
die bei ihm waren, verhüllten ihr Haupt und zo-
gen weinend hinauf. 31 Man hatte David die Nach-
richt gebracht, dass auch Ahitofel unter den Ver-
schwörern aufseiten Abschaloms war. Da sagte
David: Herr, vereitle den Rat Ahitofels!
32 Als David auf den Gipfel des Berges kam, auf
dem man sich vor Gott niederwirft, kam ihm
plötzlich der Arkiter Huschai entgegen, mit zer-
rissenen Kleidern und Erde auf dem Haupt. 33 Da-
vid sagte zu ihm: Wenn du mit mir ziehst, wärest
du mir nur eine Last. 34 Wenn du aber in die Stadt
zurückkehrst und zu Abschalom sagst: Ich bin
dein Knecht, mein König, ich war früher der
Knecht deines Vaters, jetzt aber will ich dein
Knecht sein!, dann kannst du für mich den Rat
Ahitofels durchkreuzen. 35 Die Priester Zadok und
Abjatar werden auch dort bei dir sein und du
kannst alles, was du aus dem Haus des Königs
hörst, den Priestern Zadok und Abjatar berichten.
36 Sie haben dort auch ihre beiden Söhne bei sich,
Zadok den Ahimaaz und Abjatar den Jonatan;
durch sie könnt ihr mir alles übermitteln, was ihr
hört. 37 So kam Huschai, der Freund Davids, in die
Stadt zurück, als Abschalom gerade in Jerusalem
ankam.

16 Als David vom Gipfel des Berges aus ein
Stück weiterzog, da kam ihm Ziba, der Die-
ner Merib-Baals, mit einem Paar gesattelter Esel
entgegen. Sie waren mit zweihundert Broten, hun-
dert Traubenkuchen, hundert frischen Früchten
und einem Schlauch Wein beladen. 2 Der König
fragte Ziba: Was hast du damit vor? Ziba antwor-
tete: Die Esel sind für die königliche Familie als
Reittiere bestimmt, das Brot und die Früchte zur
Verpflegung deiner Diener, der Wein ist zum Trin-
ken für die, die in der Steppe müde werden. 3 Der
König fragte: Wo ist der Sohn deines Herrn? Ziba
antwortete dem König: Er ist in Jerusalem geblie-
ben; denn er hat gesagt: Heute wird mir das Haus
Israel das Königtum meines Vaters wiedergeben.
4 Da sagte der König zu Ziba: Jetzt soll alles, was
Merib-Baal gehört, dir gehören. Ziba antwortete:
Ich habe mich (vor dir) niedergeworfen; möge ich
Gnade finden vor deinen Augen, mein Herr und
König.
5 Als König David nach Bahurim kam, da kam
plötzlich aus der Stadt ein Mann namens Schimi,
ein Sohn Geras aus der Sippe des Hauses Saul. Er
kam David mit Flüchen entgegen, 6 und warf mit
Steinen nach ihm und allen Dienern des Königs
David, obwohl das ganze Volk und alle Krieger
rechts und links um ihn standen. 7 Schimi schrie

und fluchte: Verschwinde, verschwinde, du Mörder, du Niederträchtiger! 8 Der Herr hat all deine Blutschuld am Haus Sauls, an dessen Stelle du König geworden bist, auf dich zurückfallen lassen. Der Herr hat das Königtum in die Hand deines Sohnes Abschalom gegeben. Nun bist du ins Unglück geraten; denn du bist ein Mörder. 9 Da sagte Abischai, der Sohn der Zeruja, zum König: Warum flucht dieser tote Hund meinem Herrn, dem König? Ich will hinübergehen und ihm den Kopf abschlagen. 10 Doch der König antwortete: Was habe ich mit euch zu schaffen, ihr Söhne der Zeruja? Wenn er flucht und wenn der Herr ihm gesagt hat: Verfluch David!, wer darf dann fragen: Warum tust du das? 11 Und weiter sagte David zu Abischai und all seinen Dienern: Seht, mein leiblicher Sohn trachtet mir nach dem Leben, wie viel mehr muss es dann dieser Benjaminiter tun. Lasst ihn fluchen! Sicherlich hat es ihm der Herr geboten. 12 Vielleicht sieht der Herr mein Elend an und erweist mir Gutes für den Fluch, der mich heute trifft. 13 David und seine Männer setzten ihren Weg fort; Schimi ging am Berghang neben ihnen her und fluchte ununterbrochen, warf mit Steinen nach ihm und bewarf ihn mit Erde. 14 Erschöpft kam der König mit allen Leuten, die er bei sich hatte, an den Jordan; dort konnte er wieder Atem schöpfen.

15,16: 16,21; 20,3 • 31: 17,14 • 32: 1 Kön 3,2 • 34: 17,7 • 37: 16,15; 1 Chr 27,33 • 16,3–4: 19,25–31 • 5–12: 19,17–24; 1 Kön 2,8f

Abschalom in Jerusalem

15 Abschalom war mit dem ganzen Heer der Israeliten nach Jerusalem gekommen; auch Ahitofel war bei ihm. 16 Als der Arkiter Huschai, der Freund Davids, zu Abschalom kam, sagte er zu Abschalom: Es lebe der König, es lebe der König! 17 Abschalom fragte Huschai: So sieht die Liebe zu deinem Freund aus? Warum bist du nicht mit deinem Freund gegangen? 18 Huschai sagte zu Abschalom: Nein, ich gehöre vielmehr zu dem, den der Herr und dieses Volk und alle Israeliten erwählt haben; bei ihm will ich bleiben. 19 Und außerdem: Wem diene ich denn? Doch nur seinem Sohn. Wie ich vor den Augen deines Vaters Dienst getan habe, so will ich auch dir zur Verfügung stehen.

20 Abschalom sagte zu Ahitofel: Gebt einen Rat, was wir tun sollen. 21 Ahitofel sagte zu Abschalom: Geh zu den Nebenfrauen deines Vaters, die er hiergelassen hat, um das Haus zu bewachen. So wird ganz Israel erfahren, dass du dich bei deinem Vater verhasst gemacht hast, und alle, die zu dir halten, werden ermutigt. 22 Man errichtete für Abschalom ein Zelt auf dem Dach, und Abschalom ging vor den Augen ganz Israels zu den Nebenfrauen seines Vaters. 23 Ein Rat, den Ahitofel gab, galt in jenen Tagen so viel, als hätte man ein Gotteswort erbeten. So viel galt jeder Rat Ahitofels, bei David wie bei Abschalom.

17 Und Ahitofel sagte weiter zu Abschalom: Ich möchte zwölftausend Mann auswählen, mit ihnen noch heute Nacht aufbrechen und David nachsetzen. 2 Ich will ihn überfallen, wenn er noch müde und ermattet ist, und ihm einen Schrecken einjagen. Alle Leute, die bei ihm sind, werden fliehen und ich kann den König, wenn er allein ist, erschlagen. 3 Dann werde ich das ganze Volk zu dir zurückführen, wie eine Neuvermählte zu ihrem Mann heimgeholt wird. Du trachtest ja nur dem einen Mann nach dem Leben; das ganze übrige Volk aber soll Frieden haben. 4 Der Plan erschien Abschalom und allen Ältesten Israels gut.

5 Abschalom aber sagte: Ruft auch den Arkiter Huschai! Wir wollen hören, was er zu sagen hat.

6 Als Huschai kam, sagte Abschalom zu ihm: Das und das hat Ahitofel gesagt. Sollen wir seinen Vorschlag ausführen? Wenn nicht, dann rede du! 7 Da sagte Huschai zu Abschalom: Diesmal ist der Rat, den Ahitofel gegeben hat, nicht gut. 8 Und er fuhr fort: Du kennst deinen Vater und seine Männer; sie sind Krieger und von wildem Mut erfüllt, wie eine Bärin im freien Gelände, der man die Jungen geraubt hat. Dein Vater ist ein Krieger, der mit seinen Leuten keine Nachtruhe hält. 9 Sicher hält er sich jetzt in einer Höhle oder an einem anderen Ort versteckt. Wenn nun gleich zu Anfang einige von deinen Leuten fallen und man hört davon, wird man sagen: Die Anhänger Abschaloms haben eine Niederlage erlitten. 10 Dann wird auch der Tapferste – und habe er ein Herz wie ein Löwe – völlig den Mut verlieren; denn ganz Israel weiß, dass dein Vater ein Held ist und tapfere Männer bei sich hat. 11 Darum rate ich: Alle Israeliten zwischen Dan und Beerscheba sollen sich bei dir versammeln, (ein Heer) so zahlreich wie der Sand am

Ufer des Meeres. Du selbst musst (mit ihnen) in den Kampf ziehen. 12 Wenn wir ihn dann in einem der Orte, wo er sich aufhält, finden, überfallen wir ihn, wie der Tau auf die Erde fällt; dann wird von ihm und allen Männern, die bei ihm sind, auch nicht einer übrig bleiben. 13 Und wenn er sich in eine Stadt zurückzieht, so wird ganz Israel Seile an (den Mauern) jener Stadt befestigen und wir schleifen sie ins Tal hinab, sodass dort, wo sie sind, kein Stein mehr zu finden ist. 14 Da sagten Abschalom und alle Israeliten: Der Rat des Arkiters Huschai ist besser als der Rat Ahitofels. Der Herr hatte es nämlich so bestimmt; der gute Rat Ahitofels sollte durchkreuzt werden, weil der Herr Unheil über Abschalom bringen wollte.

15 Darauf sagte Huschai zu den Priestern Zadok und Abjatar: Das und das hat Ahitofel Abschalom und den Ältesten Israels geraten und das und das habe ich geraten. 16 Schickt jetzt schnell jemand zu David und lasst ihm sagen: Bleib heute Nacht nicht bei den Furten, (die) zur Steppe (hinüberführen), sondern zieh sofort hinüber, damit nicht der König samt allen Leuten, die er bei sich hat, vernichtet wird. 17 Jonatan und Ahimaaz aber hielten sich an der Rogel-Quelle auf; eine Magd ging zu ihnen und brachte ihnen die Nachricht, sie aber gingen zu König David und machten ihm Meldung. Sie durften sich nämlich nicht sehen lassen und konnten deshalb die Stadt nicht betreten. 18 Doch ein junger Mann sah sie trotzdem und meldete es Abschalom. Die beiden aber gingen schnell weiter und kamen zum Haus eines Mannes in Bahurim, der in seinem Hof einen Brunnen hatte. Sie stiegen hinein 19 und die Frau nahm eine Decke, breitete sie über die Öffnung des Brunnens und streute Körner darauf, sodass man nichts merken konnte.

20 Als Abschaloms Knechte zu der Frau ins Haus kamen, fragten sie: Wo sind Ahimaaz und Jonatan? Die Frau antwortete ihnen: Sie sind von hier zum Wasser weitergegangen. Die Knechte machten sich auf die Suche, als sie sie aber nicht fanden, kehrten sie nach Jerusalem zurück. 21 Nachdem sie weggegangen waren, stiegen die beiden aus dem Brunnen heraus, gingen zu König David und brachten ihm die Nachricht. Sie sagten zu David: Brecht auf und geht schnell über den Fluss hinüber; denn Ahitofel hat gegen euch den und den Rat erteilt.

22 Da brach David mit allen Leuten, die noch bei ihm waren, auf, und zog über den Jordan. Als es Morgen wurde, war auch nicht mehr einer da, der den Jordan nicht überschritten hätte.

23 Als Ahitofel sah, dass sein Rat nicht ausgeführt wurde, sattelte er seinen Esel, brach auf und kehrte in seine Heimatstadt zurück. Dann bestellte er sein Haus und erhängte sich. So starb er und man begrub ihn im Grab seines Vaters.

16,15: 15,37 • 21: 15,16 • 22: 12,11 • 17,7: 15,34 • 14: 15,31 • 15–21: 15,36

Davids Vorbereitungen zum Kampf

24 Als David nach Mahanajim gekommen war, überschritt Abschalom mit allen Israeliten den Jordan. 25 Abschalom hatte Amasa anstelle Joabs an die Spitze des Heeres gestellt. Amasa war der Sohn eines Ismaeliters namens Jeter und der Abigal, die eine Tochter des Nahasch und eine Schwester von Joabs Mutter Zeruja war. 26 Die Israeliten unter Abschalom schlugen ihr Lager im Gebiet von Gilead auf.

27 Als nun David nach Mahanajim gekommen war, brachten ihm Schobi, der Sohn des Nahasch aus der Ammoniterstadt Rabba, und Machir, der Sohn Ammiëls aus Lo-Dabar, sowie der Gileaditer Barsillai aus Roglim 28 Matten und Decken, irdene Gefäße, Weizen, Gerste, Mehl und geröstetes Korn, Bohnen und Linsen [und geröstetes Korn]; 29 außerdem brachten sie David und seinen Leuten Honig und Butter, Schafe und Käse als Nahrung. Denn sie sagten: Das Volk in der Steppe ist hungrig, durstig und erschöpft.

18 Dann musterte David die Leute, die bei ihm waren, und setzte Anführer ein über die einzelnen Tausendschaften und Hundertschaften. 2 Dann ließ er seine Leute ausrücken, ein Drittel (von ihnen) unter Joab, ein Drittel unter Abischai, dem Sohn der Zeruja und Bruder Joabs, und ein Drittel unter dem Gatiter Ittai. Der König sagte zu seinen Leuten: Auch ich will mit euch in den Kampf ziehen. 3 Doch sie erwiderten: Du sollst nicht mit uns in den Kampf ziehen; denn wenn wir fliehen, wird man sich um uns nicht kümmern; und wenn die Hälfte von uns stirbt, wird man sich um uns nicht kümmern. Doch du giltst so viel wie zehntausend von uns und außerdem wäre es bes-

ser, wenn du uns von der Stadt aus zu Hilfe kommen könntest. [4] Der König antwortete ihnen: Ich will tun, was ihr für richtig haltet. Darauf stellte sich der König neben das Tor (der Stadt) und die Leute zogen nach Hundertschaften und Tausendschaften geordnet hinaus. [5] Und der König befahl Joab, Abischai und Ittai: Geht mir mit dem Jungen, mit Abschalom, schonend um! Alle Leute hörten, wie der König seinen Anführern wegen Abschalom diese Anweisung gab.

17,27: 9,4; 19,32; 1 Kön 2,7 • 18,2f: 15,19 • 5: 18,12

Abschaloms Tod

[6] Die Leute zogen ins Feld, den Israeliten entgegen, und im Wald Efraim kam es zur Schlacht. [7] Die Israeliten wurden von den Leuten Davids geschlagen und erlitten eine schwere Niederlage; an jenem Tag fielen zwanzigtausend von ihnen. [8] Der Kampf breitete sich über die ganze dortige Gegend aus und der Wald verschlang an jenem Tag mehr Krieger als das Schwert. [9] Plötzlich kam Abschalom in das Blickfeld der Krieger Davids; er ritt auf einem Maultier. Als das Maultier unter den Ästen einer großen Eiche hindurchlief, blieb Abschalom mit dem Kopf fest an der Eiche hängen, sodass er zwischen Himmel und Erde schwebte und das Maultier unter ihm weglief. [10] Jemand sah es und meldete Joab: Ich habe gerade Abschalom an einer Eiche hängen sehen. [11] Joab sagte zu dem Mann, der ihm das meldete: Wenn du es gesehen hast, warum hast du ihn nicht sofort an Ort und Stelle niedergestoßen? Ich hätte dir dann gern zehn Silberstücke und einen Gürtel gegeben. [12] Der Mann antwortete Joab: Auch wenn ich tausend Silberstücke auf die Hand ausgezahlt erhielte, würde ich meine Hand nicht gegen den Sohn des Königs erheben; denn der König hat dir, Abischai und Ittai vor unseren Ohren befohlen: Gebt mir auf den Jungen, auf Abschalom, Acht! [13] Hätte ich heimtückisch gehandelt und ihm etwas getan – dem König bleibt ohnehin nichts verborgen –, dann würdest du dich (aus der Sache) heraushalten. [14] Joab erwiderte: Ich kann mich nicht noch länger mit dir aufhalten. Und er nahm drei Spieße in die Hand und stieß sie Abschalom, der noch lebend an der Eiche hing, ins Herz. [15] Die zehn Waffenträger Joabs umringten Abschalom und schlugen ihn tot. [16] Dann ließ Joab das Widderhorn blasen und die Krieger hörten auf, die Israeliten zu verfolgen, weil Joab ihnen Einhalt gebot. [17] Sie nahmen Abschalom und warfen ihn im Wald in eine tiefe Grube und errichteten über ihm einen riesigen Steinhaufen. Alle Israeliten aber flohen, jeder in sein Zelt. – [18] Abschalom hatte sich schon zu Lebzeiten den Gedenkstein, der jetzt im Königstal steht, herbeischaffen und für sich aufstellen lassen; denn er sagte sich: Ich habe keinen Sohn, der meinen Namen im Gedächtnis (der Menschen) halten würde. Er benannte den Stein nach seinem Namen; deshalb heißt er bis zum heutigen Tag »Abschaloms Hand«.

[19] Ahimaaz, der Sohn Zadoks, sagte: Ich will zum König eilen und ihm die freudige Nachricht bringen, dass der Herr ihm Recht gegenüber seinen Feinden verschafft hat. [20] Joab sagte zu ihm: Du würdest heute kein Freudenbote sein. An einem anderen Tag kannst du eine gute Nachricht überbringen; heute würdest du nichts Erfreuliches melden; denn der Sohn des Königs ist tot. [21] Und Joab befahl einem Kuschiter: Geh, melde dem König, was du gesehen hast. Der Kuschiter warf sich vor Joab nieder, dann eilte er davon. [22] Ahimaaz, der Sohn Zadoks, sagte noch einmal zu Joab: Mag kommen, was will, ich möchte auch hineilen, hinter dem Kuschiter her. Joab antwortete: Warum willst du denn hinlaufen, mein Sohn? Du bekommst keinen Botenlohn. [23] Doch Ahimaaz sagte: Mag kommen, was will; ich laufe hin. Joab erwiderte: Dann lauf! Ahimaaz lief los, nahm den Weg durch die Jordansenke und überholte den Kuschiter. [24] David saß zwischen den beiden Toren. Der Späher aber war auf das Dach des Tores, auf die Mauer, gestiegen, und als er Ausschau hielt, sah er einen einzelnen Mann herbeilaufen. [25] Der Späher rief dem König die Meldung zu. Der König sagte: Wenn er allein ist, dann bringt er eine gute Nachricht. Während der Mann herankam, [26] sah der Späher noch einen anderen herbeieilen und rief zum Tor hinab: Da läuft noch ein einzelner Mann herbei. Der König sagte: Auch er bringt eine gute Nachricht. [27] Darauf sagte der Späher: Ich sehe, der erste läuft in der Art des Ahimaaz, des Sohnes Zadoks. Und der König sagte: Das ist ein guter Mann, er kommt mit einer guten Nachricht.

28 Ahimaaz rief dem König den Friedensgruß zu, warf sich vor ihm mit dem Gesicht zur Erde nieder und sagte: Gepriesen sei der Herr, dein Gott, der (dir) die Männer ausgeliefert hat, die ihre Hand gegen meinen Herrn, den König, erhoben haben. 29 Der König fragte: Geht es dem Jungen, Abschalom, gut? Ahimaaz antwortete: Ich sah ein großes Getümmel, als Joab den Knecht des Königs, deinen Knecht, wegschickte; darum weiß ich nicht, was da geschah. 30 Der König befahl: Tritt zur Seite und stell dich hierher! Ahimaaz trat zur Seite und blieb dort stehen. 31 Da kam auch der Kuschiter und sagte: Mein Herr, der König, lasse sich die gute Nachricht bringen, dass der Herr dir heute Recht verschafft hat gegenüber allen, die sich gegen dich erhoben hatten. 32 Der König fragte den Kuschiter: Geht es dem Jungen, Abschalom, gut? Der Kuschiter antwortete: Wie dem jungen Mann möge es allen Feinden meines Herrn, des Königs, ergehen, allen, die sich in böser Absicht gegen dich erhoben haben.

12: 18,5 • 18: 14,27

Davids Klage um Abschalom

19 Da zuckte der König zusammen, stieg in den oberen Raum des Tores hinauf und weinte. Während er hinaufging, rief er (immer wieder): Mein Sohn Abschalom, mein Sohn, mein Sohn Abschalom! Wäre ich doch an deiner Stelle gestorben, Abschalom, mein Sohn, mein Sohn! 2 Man meldete Joab: Der König weint und trauert um Abschalom. 3 So wurde der Tag der Rettung für das ganze Volk zu einem Trauertag; denn die Leute hörten an diesem Tag: Der König ist voll Schmerz wegen seines Sohnes. 4 Die Leute schlichen sich an jenem Tag in die Stadt, wie sich Leute davonschleichen, die Schande auf sich geladen haben, weil sie im Kampf geflohen sind. 5 Der König aber hatte sein Gesicht verhüllt und rief laut: Mein Sohn Abschalom! Abschalom, mein Sohn, mein Sohn! 6 Da ging Joab zum König ins Haus hinein und sagte: Du hast heute alle deine Diener offen beschimpft, die dir, deinen Söhnen und Töchtern, deinen Frauen und Nebenfrauen das Leben gerettet haben. 7 Du zeigst ja denen deine Liebe, die dich hassen, und deinen Hass denen, die dich lieben; denn du gabst uns heute zu verstehen, dass dir die Anführer und die Krieger nichts bedeuten. Jetzt weiß ich, dass es in deinen Augen ganz richtig wäre, wenn Abschalom noch am Leben wäre, wir alle aber heute gestorben wären. 8 Doch nun steh auf, geh hinaus und sag deinen Leuten einige anerkennende Worte! Denn ich schwöre dir beim Herrn: Wenn du nicht (zu ihnen) hinausgehst, dann wird bis zur kommenden Nacht keiner mehr bei dir sein und das wird für dich schlimmer sein als alles Unheil, das dir von deiner Jugend an bis jetzt zugestoßen ist. 9 Da stand der König auf und setzte sich in das Tor. Und im Volk wurde bekannt: Der König sitzt im Tor. Da kamen alle Leute zum König.

Davids Rückkehr nach Jerusalem

10 Nachdem die Israeliten geflohen und in ihre Zelte zurückgekehrt waren, stritten sich alle Leute in allen Stämmen Israels und sagten: Der König hat uns aus der Gewalt unserer Feinde befreit, er hat uns aus der Gewalt der Philister gerettet und jetzt hat er vor Abschalom aus dem Land fliehen müssen. 11 Abschalom aber, den wir zu unserem König gesalbt haben, ist im Kampf gefallen. Warum zögert ihr jetzt, den König zurückzuholen? 12 So redete man in ganz Israel. Und die Nachricht davon drang bis zum König vor [in sein Haus]. Da schickte König David (einen Boten) zu den Priestern Zadok und Abjatar und ließ ihnen sagen: Sagt zu den Ältesten Judas: Warum wollt ihr die letzten sein, die den König in sein Haus zurückholen? 13 Ihr seid meine Brüder, ihr seid mein Fleisch und Bein. Warum wollt ihr die letzten sein, die den König zurückholen? 14 Und zu Amasa sollt ihr sagen: Bist du nicht mein Fleisch und Bein? Gott soll mir dies und das antun, wenn du nicht bei mir für alle Zeit anstelle Joabs der Befehlshaber des Heeres sein wirst. 15 So machte David sich das Herz aller Männer in Juda geneigt, sodass sie wie ein Mann zu ihm hielten. Sie sandten dem König die Aufforderung: Kehr zurück, du selbst und alle deine Diener! 16 Da machte sich der König auf den Rückweg und kam an den Jordan, die Judäer aber, die dem König entgegengezogen waren, um ihn über den Jordan zu geleiten, waren bis nach Gilgal gekommen.

17 Auch der Benjaminiter Schimi aus Bahurim, der

Sohn Geras, eilte herbei und zog mit den Männern
von Juda dem König David entgegen. 18 Bei ihm
waren tausend Mann aus Benjamin, darunter
Ziba, der Diener des Hauses Saul, mit seinen fünf-
zehn Söhnen und seinen zwanzig Knechten. Sie
waren schon vor dem König an den Jordan gelangt
19 und durchschritten die Furt, um die Familie des
Königs hinüberzugeleiten und alles zu tun, was
dem König gut erschien. Als der König gerade den
Jordan überschreiten wollte, fiel Schimi, der Sohn
Geras, vor ihm nieder 20 und sagte zu ihm: Mein
Herr möge mir meine Schuld nicht anrechnen;
mögest du nicht an das denken, was dein Knecht
sich an dem Tag zu Schulden kommen ließ, als
mein Herr, der König, Jerusalem verließ; der Kö-
nig nehme es sich nicht so zu Herzen; 21 denn dein
Knecht weiß, dass er gesündigt hat. Sieh her, ich
bin heute als Erster vom ganzen Haus Josef herge-
kommen, um meinem Herrn, dem König, entge-
genzugehen. 22 Da fragte Abischai, der Sohn der
Zeruja: Müsste nicht Schimi dafür mit dem Tod
bestraft werden, dass er den Gesalbten des Herrn
verflucht hat? 23 David aber sagte: Was habe ich mit
euch zu schaffen, ihr Söhne der Zeruja? Warum
benehmt ihr euch plötzlich wie Feinde von mir?
Soll heute jemand in Israel getötet werden, wo ich
doch weiß, dass ich ab heute wieder König von Is-
rael bin? 24 Und der König sagte zu Schimi: Du
sollst nicht sterben. Der König bekräftigte es ihm
mit einem Schwur.
25 Auch Merib-Baal, der Sohn Sauls, kam dem Kö-
nig entgegen. Er hatte seine Füße und seinen Bart
nicht mehr gepflegt und seine Kleider nicht gewa-
schen seit dem Tag, an dem der König weggegan-
gen war, bis zu dem Tag, an dem er wohlbehalten
zurückkam. 26 Als er von Jerusalem aus dem König
entgegenkam, fragte ihn der König: Warum bist du
damals nicht mit mir weggegangen, Merib-Baal?
27 Er antwortete: Mein Herr und König, mein Die-
ner hat mich hintergangen. Dein Knecht sagte zu
ihm: Ich will mir die Eselin satteln und mit dem
König zusammen wegreiten; dein Knecht ist ja
lahm. 28 Man hat deinen Knecht bei meinem Herrn,
dem König, verleumdet. Aber mein Herr, der Kö-
nig, ist wie der Engel Gottes; darum tu, was dir ge-
fällt. 29 Obwohl das ganze Haus meines Vaters von
meinem Herrn, dem König, nichts anderes als den
Tod zu erwarten hatte, hast du deinen Knecht un-
ter die aufgenommen, die an deinem Tisch essen.
Was habe ich noch für ein Recht, den König wei-
terhin anzurufen? 30 Der König antwortete ihm:
Warum machst du so (viele) Worte? Ich habe be-
stimmt: Du und Ziba, ihr sollt euch das Land tei-
len. 31 Darauf sagte Merib-Baal: Er kann auch das
ganze nehmen, nachdem mein Herr, der König,
wohlbehalten in sein Haus zurückgekehrt ist.
32 Der Gileaditer Barsillai war aus Roglim herab-
gekommen und mit dem König an den Jordan ge-
zogen, um ihn am Jordan zu verabschieden. 33 Bar-
sillai war sehr alt, ein Mann von achtzig Jahren. Er
hatte den König versorgt, als dieser sich in Ma-
hanajim aufhielt; er war nämlich sehr reich. 34 Der
König sagte zu Barsillai: Zieh mit mir hinüber, ich
will für dich bei mir in Jerusalem sorgen. 35 Doch
Barsillai antwortete dem König: Wie viele Jahre
habe ich denn noch zu leben, dass ich mit dem Kö-
nig nach Jerusalem hinaufziehen sollte? 36 Ich bin
jetzt achtzig Jahre alt. Kann ich denn noch Gutes
und Böses unterscheiden? Kann dein Knecht noch
Geschmack finden an dem, was er isst und trinkt?
Höre ich denn noch die Stimme der Sänger und
Sängerinnen? Warum soll denn dein Knecht noch
meinem Herrn, dem König, zur Last fallen? 37 Nur
eine kleine Strecke wollte dein Knecht den König
zum Jordan begleiten. Warum will sich der König
bei mir in dieser Weise erkenntlich zeigen? 38 Dein
Knecht möchte umkehren und in seiner Heimat-
stadt beim Grab seines Vaters und seiner Mutter
sterben. Aber hier ist dein Knecht Kimham; er mag
mit meinem Herrn, dem König, hinüberziehen.
Tu für ihn, was dir gefällt. 39 Der König erwiderte:
Kimham soll mit mir hinüberziehen; ich werde für
ihn tun, was du für gut hältst. Alles aber, was du
von mir begehrst, will ich für dich tun. 40 Darauf
zog das ganze Volk über den Jordan und auch der
König ging hinüber. Der König küsste Barsillai
und segnete ihn und Barsillai kehrte in seinen Hei-
matort zurück. 41 Der König aber zog weiter nach
Gilgal und Kimham ging mit ihm. Das ganze Volk
von Juda zog mit dem König, dazu halb Israel.
42 Da kamen alle Israeliten zum König und sagten
zu ihm: Warum haben unsere Brüder, die Männer
von Juda, dich uns geraubt und den König, seine
Familie und alle seine Männer über den Jordan ge-

führt? 43 Alle Judäer antworteten den Israeliten: Weil der König uns näher steht. Warum bist du darüber erzürnt? Haben wir denn ein Stück vom König gegessen oder ist er etwa von uns weggetragen worden? 44 Die Israeliten antworteten den Judäern: Ich habe zehn Anteile am König, außerdem bin ich dir gegenüber der Erstgeborene. Warum hast du mich also gering geachtet? War es nicht zuerst mein Wunsch, meinen König zurückzuholen? Die Antwort der Judäer hierauf war noch schärfer als die Rede der Israeliten.

13: Gen 2,23 • 17–24: 16,5–12; 1 Kön 2,8 • 25–31: 9,6; 16,3f • 29–30: 9,7.9–11 • 32: 17,27

Schebas Aufstand gegen David

20 Damals lebte ein niederträchtiger Mensch namens Scheba, ein Sohn des Bichri, ein Benjaminiter. Er ließ das Widderhorn blasen und rief: Welchen Anteil haben wir an David? / Wir haben keinen Erbbesitz beim Sohn Isais. / In deine Zelte, Israel!

2 Da verließen alle Israeliten Davids Gefolgschaft und folgten Scheba, dem Sohn Bichris. Die Männer aus Juda aber hielten weiter zu ihrem König, vom Jordan bis nach Jerusalem.

3 Als David in sein Haus nach Jerusalem zurückkehrte, nahm der König die zehn Nebenfrauen, die er zurückgelassen hatte, um das Haus zu bewachen, und ließ sie in Gewahrsam bringen. Er versorgte sie, ging aber nicht mehr zu ihnen und sie blieben bis zu ihrem Tod eingesperrt – schon zu Lebzeiten des Mannes im Witwenstand. 4 Der König befahl Amasa: Ruf mir in drei Tagen die Männer Judas zusammen; dann sei auch du selbst wieder hier! 5 Amasa ging, um die Judäer zusammenzurufen. Aber er versäumte die Frist, die der König ihm gesetzt hatte. 6 Da sagte David zu Abischai: Nun wird uns Scheba, der Sohn Bichris, gefährlicher als Abschalom. Nimm darum die Knechte deines Herrn mit und verfolg Scheba, damit er nicht die befestigten Städte einnimmt und uns die Augen ausreißt.

7 Da zog Abischai mit Joab und den Keretern und Peletern und allen Helden in den Kampf. Sie zogen von Jerusalem aus, um Scheba, den Sohn Bichris, zu verfolgen.

8 Als sie bei dem großen Stein von Gibeon waren, war Amasa gerade vor ihnen angekommen. Joab trug sein Gewand [seine Kleidung] und darüber einen Gurt für das Schwert. Dieses hing so in einer Scheide an seiner Hüfte, dass es herausglitt, wenn die Scheide hervorkam. 9 Joab sagte zu Amasa: Geht es dir gut, mein Bruder? und griff mit der rechten Hand nach dem Bart Amasas, um ihn zu küssen. 10 Amasa aber achtete nicht auf das Schwert, das Joab in der (linken) Hand hatte, und Joab stieß es ihm in den Bauch, sodass seine Eingeweide zu Boden quollen. Amasa starb, ohne dass Joab ein zweites Mal zustieß. Dann setzten Joab und sein Bruder Abischai die Verfolgung Schebas, des Sohnes Bichris, fort. 11 Einer von den Leuten Joabs aber blieb bei Amasa stehen und rief: Wer zu Joab hält und wer zu David gehört, der folge Joab nach. 12 Amasa aber hatte sich in seinem Blut mitten auf der Straße gewälzt. Als der Mann sah, dass alle Leute stehen blieben, schaffte er Amasa von der Straße weg auf das Feld und warf ein Kleidungsstück über ihn, weil jeder, der vorbeikam und ihn sah, stehen blieb. 13 Erst nachdem er ihn von der Straße weggeschafft hatte, zogen alle Männer vorüber und Joab nach, um Scheba, den Sohn Bichris, zu verfolgen.

14 Scheba zog in allen Stämmen Israels umher, bis nach Abel-Bet-Maacha. Alle Bichriter sammelten sich um ihn und folgten ihm. 15 Als aber die Leute Joabs angekommen waren, schlossen sie ihn in Abel-Bet-Maacha ein; sie schütteten einen Damm gegen die Stadt auf, der bis an die Mauer heranreichte, und alle Leute, die bei Joab geblieben waren, bemühten sich, die Mauer zu zerstören und zum Einsturz zu bringen. 16 Da rief eine kluge Frau aus der Stadt: Hört her! Hört her! Sagt Joab: Komm hierher, ich will mit dir reden. 17 Er trat zu ihr heran. Die Frau fragte: Bist du Joab? Er antwortete: Ja, ich bin es. Da sagte sie zu ihm: Hör auf die Worte deiner Magd! Er antwortete: Ich höre. 18 Sie sagte: Früher pflegte man zu sagen: Man frage doch in Abel an, dann kann man die Sache zu einem (guten) Ende führen. 19 Wir sind die friedlichsten, treuesten Menschen in Israel. Du aber bist darauf aus, eine Stadt, die für Israel (wie) eine Mutter ist, zu vernichten. Warum zerstörst du das Erbe des Herrn? 20 Joab antwortete: Das liegt mir ganz und gar fern: Ich will die Stadt nicht vernichten und zerstören. 21 So ist es nicht. Vielmehr hat

ein Mann aus dem Gebirge Efraim namens Scheba, ein Sohn Bichris, seine Hand gegen den König, gegen David, erhoben. Ihn allein gebt heraus! Dann werde ich von der Stadt abziehen. Die Frau sagte zu Joab: Gib Acht, sein Kopf wird dir über die Mauer zugeworfen werden. 22 Dann redete die kluge Frau mit allen Leuten (in der Stadt), und sie schlugen Scheba, dem Sohn Bichris, den Kopf ab und warfen ihn Joab zu. Da ließ Joab das Widderhorn blasen und alle zogen von der Stadt ab und gingen wieder zu ihren Zelten; Joab aber kehrte nach Jerusalem zum König zurück.

1: 1 Kön 12,16 • 3: 12,11; 16,21f • 10: 1 Kön 2,5

Die Beamten Davids

23 Joab war Befehlshaber des ganzen Heeres der Israeliten und Benaja, der Sohn Jojadas, war der Befehlshaber der Kereter und Peleter. 24 Adoniram beaufsichtigte die Fronarbeiten und Joschafat, der Sohn Ahiluds, war der Sprecher des Königs. 25 Schewa war Staatsschreiber und Zadok und Abjatar waren Priester. 26 Auch der Jaïriter Ira war Davids Priester.

23–26 ‖ 8,16–18; 1 Chr 18,14–17 • 23: 1 Kön 4,4.6

NACHTRÄGE: 21,1 – 24,25

Die Rache der Gibeoniter und die Treue der Rizpa

21 Zur Zeit Davids herrschte drei Jahre hintereinander eine Hungersnot. Da suchte David den Herrn auf (um ihn zu befragen). Der Herr sagte: Auf Saul und seinem Haus lastet eine Blutschuld, weil er die Gibeoniter getötet hat. 2 Da rief der König die Gibeoniter zu sich und redete mit ihnen. Die Gibeoniter stammten nicht von den Söhnen Israels ab, sondern von einem Rest der Amoriter. Obwohl die Israeliten sich ihnen gegenüber mit einem Eid (zum Wohlwollen) verpflichtet hatten, versuchte Saul in seinem Eifer für die Söhne Israels und Judas, sie zu vernichten. 3 David sagte also zu den Gibeonitern: Was soll ich für euch tun? Womit kann ich Sühne leisten, damit ihr dem Erbe des Herrn wieder Segen bringt? 4 Die Gibeoniter antworteten ihm: Wir wollen weder Silber noch Gold von Saul und seinem Haus; auch steht es uns nicht zu, jemand in Israel zu töten. David sagte: Was meint ihr, was soll ich für euch tun? 5 Sie sagten zum König: Der Mann, der uns vernichten wollte und der darauf aus war, uns auszurotten, sodass wir uns in keinem Gebiet Israels mehr hätten halten können, 6 von dessen Söhnen soll man uns sieben Männer geben. Wir wollen sie vor dem Herrn im Gibea Sauls, des vom Herrn Erwählten, hinrichten. Der König antwortete: Ich will sie euch geben. 7 Merib-Baal, den Sohn Jonatans, des Sohnes Sauls, aber verschonte der König wegen der Abmachung zwischen David und Jonatan, dem Sohn Sauls, die sie mit einem Eid beim Herrn bekräftigt hatten. 8 Der König nahm Armoni und Mefi-Boschet, die beiden Söhne, die Rizpa, die Tochter Ajas, dem Saul geboren hatte, und die fünf Söhne, die Michal, die Tochter Sauls, dem Adriël, dem Sohn Barsillais aus Mehola, geboren hatte. 9 Er lieferte sie den Gibeonitern aus, die sie auf dem Berg vor dem Angesicht des Herrn hinrichteten; so kamen alle sieben auf einmal um. Sie wurden in den ersten Tagen der Ernte getötet, zu Beginn der Gerstenernte. 10 Rizpa, die Tochter Ajas, aber nahm Sackleinen und legte es für sich auf den Felsen und (sie blieb dort) bei den Toten vom Beginn der Ernte, bis sich Wasser vom Himmel über die Toten ergoss. Sie ließ nicht zu, dass bei Tag die Vögel des Himmels und bei Nacht die Tiere des Feldes an sie herankamen. 11 Als David erzählt wurde, was Rizpa, die Tochter Ajas und Nebenfrau Sauls, getan hatte, 12 holte er die Gebeine Sauls und die Gebeine seines Sohnes Jonatan von den Bürgern von Jabesch-Gilead, die sie heimlich vom Marktplatz in Bet-Schean weggenommen hatten, wo die Philister sie aufgehängt hatten, als sie Israel am Gilboa schlugen. 13 Er ließ also von dort die Gebeine Sauls und die Gebeine seines Sohnes Jonatan heraufbringen.

Dann sammelte man die Gebeine der Hingerichteten ein 14 und begrub sie zusammen mit den Gebeinen Sauls und seines Sohnes Jonatan in Zela im

Land Benjamin, im Grab von Sauls Vater Kisch.
Man tat alles, was der König befohlen hatte, und
Gott ließ sich daraufhin für das Land gnädig stim-
men.

2: Jos 9,3.15.19 • 7: 1 Sam 18,3 • 8: 3,7; 1 Sam 18,19 • 12: 1 Sam 31,12f

Die Helden Davids und ihre Taten

15 Wieder einmal kam es zum Krieg zwischen den
Philistern und Israel. David zog mit seinen Leuten
hinab. Als sie gegen die Philister kämpften, wurde
David müde. 16 Jischbi aus Nob, ein Rafaïter, des-
sen Bronze-Speer dreihundert Schekel wog und
der mit einem neuen Schwert umgürtet war, sagte,
er werde David erschlagen. 17 Aber Abischai, der
Sohn der Zeruja, kam David zu Hilfe und schlug
den Philister tot. Damals leisteten die Männer Da-
vids ihm folgenden Schwur: Du wirst nicht mehr
mit uns in den Kampf ziehen, damit du nicht die
Leuchte Israels auslöschst.
18 Danach kam es bei Gob wieder zum Kampf mit
den Philistern. Damals erschlug Sibbechai aus
Huscha den Sippai, der zu den Rafaïtern gehörte.
19 Als es wieder einmal bei Gob zum Kampf gegen
die Philister kam, erschlug Elhanan, der Sohn Jaïrs
aus Betlehem, den Goliat aus Gat, dessen Speer ei-
nem Weberbaum glich. 20 Dann kam es noch ein-
mal bei Gat zum Kampf. Da trat ein Mann von rie-
senhafter Größe auf; er hatte an jeder Hand sechs
Finger und an jedem Fuß sechs Zehen, zusammen
vierundzwanzig; auch er stammte von Rafa ab.
21 Als er Israel verhöhnte, erschlug ihn Jonatan, der
Sohn von Davids Bruder Schima.
22 Diese vier stammten von Rafa aus Gat ab; sie fie-
len durch die Hand Davids und seiner Krieger.

18–22: 1 Chr 20,4–8

Davids Dankgebet

22 David sang dem Herrn an dem Tag, als
ihn der Herr aus der Gewalt all seiner
Feinde und aus der Gewalt Sauls errettet hatte, fol-
gendes Lied:
2 Herr, du mein Fels, meine Burg, mein Retter,
3 mein Gott, mein Fels, bei dem ich mich berge, /
mein Schild und sicheres Heil, meine Feste, /
meine Zuflucht, mein Helfer, / der mich vor der
Gewalttat rettet.
4 Ich rufe: Der Herr sei gepriesen!, / und ich werde
vor meinen Feinden gerettet.
5 Denn mich umfingen die Wellen des Todes, /
mich erschreckten die Fluten des Verderbens.
6 Die Bande der Unterwelt umstrickten mich, /
über mich fielen die Schlingen des Todes.
7 In meiner Not rief ich zum Herrn / und rief zu
meinem Gott. / Aus seinem Heiligtum hörte er
mein Rufen, / mein Hilfeschrei (drang) zu seinen
Ohren.
8 Da wankte und schwankte die Erde, / die Grund-
festen des Himmels erbebten. / Sie wankten, denn
sein Zorn war entbrannt.
9 Rauch stieg aus seiner Nase auf, / aus seinem
Mund kam verzehrendes Feuer, / glühende Koh-
len sprühten aus von ihm.
10 Er neigte den Himmel und fuhr herab, / zu sei-
nen Füßen dunkle Wolken.
11 Er fuhr auf dem Kerub und flog daher; / er
schwebte auf den Flügeln des Windes.
12 Er hüllte sich in Finsternis, / in dunkles Wasser
und dichtes Gewölk wie in ein Zelt.
13 Von seinem Glanz flammten glühende Kohlen
auf.
14 Da ließ der Herr den Donner vom Himmel her
dröhnen, / der Höchste ließ seine Stimme erschal-
len.
15 Er schoss seine Pfeile und streute sie, / er schleu-
derte Blitze und jagte sie dahin.
16 Da wurden sichtbar die Tiefen des Meeres, / die
Grundfesten der Erde wurden entblößt / durch das
Drohen des Herrn, / vor dem Schnauben seines
zornigen Atems.
17 Er griff aus der Höhe herab und fasste mich, /
zog mich heraus aus gewaltigen Wassern.
18 Er entriss mich meinen mächtigen Feinden, / die
stärker waren als ich und mich hassten.
19 Sie überfielen mich am Tag meines Unheils, /
doch der Herr wurde mein Halt.
20 Er führte mich hinaus ins Weite, / er befreite
mich, denn er hatte an mir Gefallen.
21 Der Herr hat mir vergolten, / weil ich gerecht bin
und meine Hände rein sind.
22 Denn ich hielt mich an die Wege des Herrn / und
fiel nicht ruchlos ab von meinem Gott.
23 Ja, ich habe alle seine Gebote vor Augen, / wei-
che von seinen Gesetzen niemals ab.

24 Ich war vor ihm ohne Makel, / ich nahm mich in
Acht vor der Sünde.
25 Darum hat der Herr mir vergolten, / weil ich ge-
recht bin / und weil ich rein bin vor seinen Augen.
26 Gegen den Treuen zeigst du dich treu, / an dem
Aufrichtigen handelst du recht.
27 Gegen den Reinen zeigst du dich rein, / doch
falsch gegen den Falschen.
28 Dem bedrückten Volk bringst du Heil, / doch die
Blicke der Stolzen zwingst du nieder.
29 Ja, du bist meine Leuchte, Herr. / Der Herr macht
meine Finsternis hell.
30 Mit dir erstürme ich Wälle, / mit meinem Gott
überspringe ich Mauern.
31 Vollkommen ist Gottes Weg, / das Wort des
Herrn ist im Feuer geläutert. / Ein Schild ist er für
alle, die sich bei ihm bergen.
32 Denn wer ist Gott als allein der Herr, / wer ist ein
Fels, wenn nicht unser Gott?
33 Gott ist meine starke Burg, / er gab mir meinen
Weg ohne Hindernis frei.
34 Er ließ mich springen schnell wie Hirsche, / auf
hohem Weg ließ er mich gehen.
35 Er lehrte meine Hände kämpfen, / meine Arme,
den ehernen Bogen zu spannen.
36 Du gabst mir deine Hilfe zum Schild, / dein Zu-
spruch machte mich groß.
37 Du schaffst meinen Schritten weiten Raum, /
meine Knöchel wanken nicht.
38 Ich verfolge meine Feinde und vertilge sie, / ich
kehre nicht um, bis sie vernichtet sind.
39 Ich vernichte sie, ich schlage sie nieder; / sie kön-
nen sich nicht mehr erheben, / sie fallen und lie-
gen unter meinen Füßen.
40 Du hast mich zum Kampf mit Kraft umgürtet, /
hast (alle) in die Knie gezwungen, / die sich gegen
mich erhoben.
41 Meine Feinde hast du zur Flucht gezwungen; /
ich konnte die vernichten, die mich hassen.
42 Sie schreien, doch hilft ihnen niemand, / sie
schreien zum Herrn, doch er gibt keine Antwort.
43 Ich zermalme sie wie Staub auf der Erde, / wie
Unrat auf der Straße zertrete, zermalme ich sie.
44 Du rettest mich aus dem Streit meines Volkes, /
bewahrst mich als Haupt ganzer Völker. / Stämme,
die ich früher nicht kannte, / sind mir nun unter-
tan.
45 Mir huldigen die Söhne der Fremde; / sobald sie
mich nur hören, gehorchen sie mir.
46 Die Söhne der Fremde schwinden dahin, / sie
kommen zitternd aus ihren Burgen hervor.
47 Es lebt der Herr! Mein Fels sei gepriesen! / Der
Gott, der Fels meines Heils, sei hoch erhoben;
48 denn Gott verschaffte mir Vergeltung / und un-
terwarf mir die Völker.
49 Du hast mich meinen Feinden entführt, / mich
über meine Gegner erhoben, / dem Mann der Ge-
walt mich entrissen.
50 Darum will ich dir danken, Herr, vor den Völ-
kern, / ich will deinem Namen singen und spielen.
51 Seinem König verlieh er große Hilfe, / Huld er-
wies er seinem Gesalbten, / David und seinem
Stamm auf ewig.

1–51 || Ps 18,1–51

Davids letzte Worte

23 Das sind die letzten Worte Davids: Spruch
Davids, des Sohnes Isais, / Spruch des
hochgestellten Mannes, / des Gesalbten des Gottes
Jakobs, / des Lieblingshelden der Lieder Israels:
2 Der Geist des Herrn sprach durch mich, / sein
Wort war auf meiner Zunge.
3 Der Gott Israels sprach, / zu mir sagte der Fels Is-
raels: / Wer gerecht über die Menschen herrscht, /
wer voll Gottesfurcht herrscht,
4 der ist wie das Licht am Morgen, / wenn die
Sonne aufstrahlt / an einem Morgen ohne Wolken,
/ der nach dem Regen grünes Gras / aus der Erde
hervorsprießen lässt.
5 Ist nicht mein Haus durch Gott gesichert? / Weil
er mir einen ewigen Bund gewährt hat, ist es in al-
lem wohlgeordnet und gut gesichert. / All mein
Heil und alles, was ich begehrte, / ließ er es nicht
aufsprießen?
6 All die Übeltäter aber sind wie verwehte Dornen;
/ man fasst sie nicht mit der Hand an.
7 Wenn jemand sie anrühren will, / rüstet er sich
mit Eisen und einer Lanze; / sie werden im Feuer
verbrannt.

Davids Helden

8 Das sind die Namen der Helden Davids: Jisch-
baal, der Hachmoniter, das Haupt der Drei; er
schwang seine Streitaxt über achthundert Männer

und erschlug sie alle auf einmal. 9 Nach ihm kommt (als Zweiter) der Ahoachiter Eleasar, der Sohn Dodos, unter den drei Helden. Er war bei David in Pas-Dammim, als die Philister sich zum Kampf sammelten. Als sich die Israeliten zurückzogen, 10 hielt er (allein) stand und schlug auf die Philister ein, bis seine Hand erlahmte und am Schwert erstarrte. So verschaffte der Herr an jenem Tag (Israel) einen großen Sieg. Das Volk kehrte wieder um und folgte Eleasar, aber nur noch, um zu plündern. 11 Nach ihm kommt (als dritter) der Harariter Schamma, der Sohn Ages. Einst versammelten sich die Philister bei Lehi. Dort war ein Linsenfeld. Als das Volk vor den Philistern floh, 12 stellte sich Schamma mitten in das Feld, behauptete es und schlug die Philister. So verlieh ihm der Herr einen großen Sieg.

13 Als sich einst das Lager der Philister in der Rafaïterebene befand, kamen drei von den Dreißig zu Beginn der Ernte hinab zur Höhle Adullam. 14 David hielt sich damals in der Bergfestung auf und ein Posten der Philister lag in Betlehem. 15 Da bekam David großen Durst und er sagte: Wer bringt mir Wasser aus der Zisterne am Tor von Betlehem? 16 Da drangen die drei Helden in das Lager der Philister ein, schöpften Wasser aus der Zisterne am Tor von Betlehem, nahmen es mit und brachten es David. Doch er wollte es nicht trinken, sondern goss es für den Herrn als Trankopfer aus 17 und sagte: Das sei fern von mir, Herr, dass ich so etwas tue. Ist es nicht sozusagen das Blut der Männer, die unter Lebensgefahr hingegangen sind? Darum wollte er es nicht trinken. Eine solche Tat vollbrachten die drei Helden.

18 Joabs Bruder Abischai, der Sohn der Zeruja, war der Anführer der Dreißig. Er schwang seinen Speer über dreihundert Männer und erschlug sie; bei den drei Helden hatte er einen großen Namen. 19 Unter den Dreißig war er hoch geehrt und er wurde ihr Anführer, aber an die Drei reichte er nicht heran. 20 Benaja aus Kabzeel, der Sohn Jojadas, war ein tapferer Mann, der große Taten vollbrachte. Er erschlug die beiden Söhne Ariëls aus Moab. Als einmal Schnee gefallen war, kam er zu einer Zisterne und erlegte darin einen Löwen. 21 Auch erschlug er einen Ägypter, einen Furcht erregenden Mann. Der Ägypter hatte einen Speer in der Hand. Benaja aber ging nur mit einem Stock auf ihn los, riss ihm den Speer aus der Hand und tötete ihn mit diesem Speer. 22 Solche Taten vollbrachte Benaja, der Sohn Jojadas. Er hatte bei den drei Helden einen großen Namen. 23 Unter den Dreißig war er hoch geehrt, aber an die Drei reichte er nicht heran. David stellte ihn an die Spitze seiner Leibwache.

24 Zu den Dreißig gehörte Joabs Bruder Asaël, ferner Elhanan aus Betlehem, der Sohn Dodos, 25 Schamma und Elika aus Harod, 26 Helez aus Pelet, Ira aus Tekoa, der Sohn des Ikkesch, 27 Abiëser aus Anatot, Sibbechai aus Huscha, 28 Zalmon, der Ahoachiter, Machrai aus Netofa, 29 Heled aus Netofa, der Sohn Baanas, Ittai aus Gibea in Benjamin, der Sohn Ribais, 30 Benaja aus Piraton, Hiddai aus Nahale-Gaasch, 31 Abialbon aus Bet-Araba, Asmawet aus Bahurim, 32 Eljachba aus Schaalbon, Jaschen aus Nun, 33 Schamma aus Harar, Ahiam aus Harar, der Sohn Scharars, 34 Elifelet aus Maacha, der Sohn Ahasbais, Eliam aus Gilo, der Sohn Ahitofels, 35 Hezro aus Karmel, Paarai aus Arab, 36 Jigal aus Zoba, der Sohn Natans, Mibhar aus Gad, 37 Zelek, der Ammoniter, Nachrai aus Beerot, der Waffenträger Joabs, des Sohnes der Zeruja, 38 Ira aus Jattir, Gareb aus Jattir 39 sowie Urija, der Hetiter. Im Ganzen (waren es) siebenunddreißig.

8–39 || 1 Chr 11,10–47

Davids Volkszählung

24 Der Zorn des Herrn entbrannte noch einmal gegen Israel und er reizte David gegen das Volk auf und sagte: Geh, zähl Israel und Juda! 2 Der König befahl Joab, dem Obersten des Heeres, der bei ihm war: Durchstreift alle Stämme Israels von Dan bis Beerscheba, und mustert das Volk, damit ich weiß, wie viele es sind. 3 Joab aber sagte zum König: Der Herr, dein Gott, möge das Volk vermehren, hundertmal mehr, als es jetzt ist, und mein Herr, der König, möge es mit eigenen Augen sehen. Warum aber hat mein Herr, der König, Gefallen an einer solchen Sache? 4 Doch der König beharrte gegenüber Joab und den Anführern des Heeres auf seinem Befehl und Joab und die Anführer des Heeres verließen den König, um das Volk Israel zu mustern. 5 Sie überschritten den Jordan und begannen bei Aroër, rechts von der Stadt,

die mitten im Tal liegt. Dann gingen sie auf Gad und Jaser zu 6 und weiter nach Gilead und ins Land der Hetiter nach Kadesch. Von dort aus zogen sie nach Dan und von Dan wandten sie sich nach Sidon. 7 Dann kamen sie zur Festung Tyrus und zu all den Städten der Hiwiter und der Kanaaniter. Darauf zogen sie in den Negeb von Juda hinab nach Beerscheba. 8 So durchstreiften sie das ganze Land und kamen nach neun Monaten und zwanzig Tagen wieder nach Jerusalem zurück. 9 Und Joab gab dem König das Ergebnis der Volkszählung bekannt: Israel zählte achthunderttausend Krieger, die mit dem Schwert kämpfen konnten, und Juda fünfhunderttausend.

10 Dann aber schlug David das Gewissen, weil er das Volk gezählt hatte, und er sagte zum Herrn: Ich habe schwer gesündigt, weil ich das getan habe. Doch vergib deinem Knecht seine Schuld, Herr; denn ich habe sehr unvernünftig gehandelt. 11 Als David am Morgen aufstand, war bereits folgendes Wort des Herrn an den Propheten Gad, den Seher Davids, ergangen: 12 Geh und sag zu David: So spricht der Herr: Dreierlei lege ich dir vor. Wähl dir eines davon! Das werde ich dir antun. 13 Gad kam zu David, teilte ihm das Wort mit und sagte: Was soll über dich kommen? Sieben Jahre Hungersnot in deinem Land? Oder drei Monate, in denen dich deine Feinde verfolgen und du vor ihnen fliehen musst? Oder soll drei Tage lang die Pest in deinem Land wüten? Überleg dir sehr genau, was ich dem, der mich gesandt hat, als Antwort überbringen soll. 14 Da sagte David zu Gad: Ich habe große Angst. Wir wollen lieber dem Herrn in die Hände fallen, denn seine Barmherzigkeit ist groß; den Menschen aber möchte ich nicht in die Hände fallen. 15 Da ließ der Herr über Israel eine Pest kommen; sie dauerte von jenem Morgen an bis zu dem festgesetzten Zeitpunkt und es starben zwischen Dan und Beerscheba siebzigtausend Menschen im Volk. 16 Als der Engel seine Hand gegen Jerusalem ausstreckte, um es ins Verderben zu stürzen, reute den Herrn das Unheil und er sagte zu dem Engel, der das Volk ins Verderben stürzte: Es ist jetzt genug, lass deine Hand sinken! Der Engel war gerade bei der Tenne des Jebusiters Arauna. 17 Als David den Engel sah, der das Volk schlug, sagte er zum Herrn: Ich bin es doch, der gesündigt hat; ich bin es, der sich vergangen hat. Aber diese, die Herde, was haben denn sie getan? Erheb deine Hand gegen mich und gegen das Haus meines Vaters!

18 Am gleichen Tag kam Gad zu David und sagte zu ihm: Geh hinauf und errichte dem Herrn auf der Tenne des Jebusiters Arauna einen Altar! 19 David ging hinauf, wie es Gad gesagt und der Herr befohlen hatte. 20 Arauna hielt gerade Ausschau und sah den König mit seinen Dienern kommen. Er ging hinaus, warf sich vor dem König mit dem Gesicht zur Erde nieder 21 und sagte: Warum kommt mein Herr, der König, zu seinem Knecht? David antwortete: Um von dir die Tenne zu kaufen und dem Herrn einen Altar zu errichten, damit die Plage im Volk aufhört. 22 Arauna antwortete David: Mein Herr, der König, möge alles nehmen, was er für gut findet, und es (als Opfer) darbringen. Sieh her, hier sind die Rinder für das Brandopfer und die Dreschschlitten und das Geschirr der Rinder als Brennholz. 23 Das alles gab [der König] Arauna dem König und sagte zu ihm: Der Herr, dein Gott, sei dir gnädig. 24 Der König erwiderte Arauna: Nein, ich will es dir gegen Bezahlung abkaufen; ich will dem Herrn, meinem Gott, keine unbezahlten Brandopfer darbringen. David kaufte also die Tenne und die Rinder für fünfzig Silberschekel. 25 Und er baute dort einen Altar für den Herrn und brachte Brandopfer und Heilsopfer dar; der Herr aber ließ sich um des Landes willen erweichen und die Plage hörte auf in Israel.

1–25 || 1 Chr 21,1–26

DIE BÜCHER DER KÖNIGE

Die beiden ersten Kapitel von 1 Könige bilden den Abschluss der Geschichte Davids und gehören inhaltlich noch zu den Samuelbüchern. Deshalb wurden die Samuel- und Königsbücher vielfach als Einheit verstanden, für die man die gemeinsame Bezeichnung »Bücher der Könige« (in der griechischen Bibel »Bücher der Königsherrschaften«) gebrauchte. Doch sprechen die Verschiedenheit des Stils, der Sprache, der Darstellungsweise und des Urteils über die Könige Israels für die Selbstständigkeit der Königsbücher.

Die beiden Bücher enthalten die Geschichte der Könige bis zum Babylonischen Exil. Sie sind in folgende Abschnitte gegliedert: 1. die Geschichte Salomos (1 Kön 1 – 11); 2. die Geschichte der getrennten Reiche (1 Kön 12 – 2 Kön 17); 3. die weitere Geschichte des Südreiches Juda (2 Kön 18 – 25). Umfangreiche Abschnitte über das Wirken der Propheten Elija, Elischa und anderer Gottesmänner sind vor allem in 1 Kön 17 – 19 und 2 Kön 1 – 10 eingeschoben. Die Geschichte der einzelnen Könige ist in einen bestimmten Rahmen eingebaut mit Alters- und Datumsangaben, Urteilen über das religiöse Verhalten, Bemerkungen über Tod, Begräbnis und Nachfolger, mit Hinweisen auf Quellenwerke. Die besonderen Aussagen über die einzelnen Könige sind nach Inhalt und Umfang sehr verschieden und werden der Bedeutung der Herrscher nicht immer gerecht. Als besonders wichtig werden ihre Leistungen für Tempel und Gottesdienst und ihr Verhalten zum Bund Gottes mit Israel gewertet. Als Richtlinien gelten dabei die im Deuteronomium festgelegten Normen der Gottesverehrung. Die Könige des Nordreichs werden daher insgesamt wegen des Kultes in Bet-El getadelt, der im Widerspruch zum Gottesdienst in Jerusalem steht. Erfolge und Unglück werden als Lohn und Strafe für Gehorsam oder Abfall gedeutet.

Die Zuverlässigkeit eines Geschichtswerkes beruht auf den Quellen, die bei seiner Abfassung zur Verfügung standen. Die Königsbücher selbst erwähnen eine »Chronik Salomos«, eine »Chronik der Könige von Juda« und eine »Chronik der Könige von Israel« als Werke, in denen der Leser weitere Mitteilungen finden konnte. Viele Anzeichen sprechen dafür, dass noch andere Quellen, z. B. Urkunden, Listen, Prophetengeschichten, Volkserzählungen vorlagen, aus denen einzelne Abschnitte ganz oder in Auszügen übernommen wurden. Oft wurden solche Texte der Absicht des Verfassers entsprechend überarbeitet oder ergänzt; sein persönlicher Beitrag ist vor allem in eingestreuten Ermahnungen oder Betrachtungen zu erkennen (z. B. 2 Kön 17 und 21).

Das letzte Ereignis, das in den Königsbüchern erwähnt wird, ist die Begnadigung des Königs Jojachin um 560 v. Chr. Es wurde offensichtlich erwähnt, um mit einem Lichtblick auf die Zukunft schließen zu können. Das Ende des Babylonischen Exils war demnach noch nicht eingetreten, sodass die Zeit zwischen 560 und 538 als Entstehungszeit der Bücher anzunehmen ist. Ihr Verfasser ist unbekannt. Heute werden die beiden Bücher gewöhnlich dem Deuteronomistischen Geschichtswerk zugerechnet (vgl. die Einleitung zum Buch Deuteronomium).

DAS ERSTE BUCH DER KÖNIGE

DIE GESCHICHTE SALOMOS: 1,1 – 11,43

Der Kampf um die Nachfolge Davids

1 König David war alt und hochbetagt; auch wenn man ihn in Decken hüllte, wurde ihm nicht mehr warm. 2 Da sagten seine Diener zu ihm: Man suche für unseren Herrn, den König, ein unberührtes Mädchen, das ihn bedient und pflegt. Wenn es an seiner Seite schläft, wird es unserem Herrn, dem König, warm werden. 3 Man suchte nun im ganzen Land Israel nach einem schönen Mädchen, fand Abischag aus Schunem und brachte sie zum König. 4 Das Mädchen war überaus schön. Sie pflegte den König und diente ihm; doch der König erkannte sie nicht.

5 Adonija, der Sohn der Haggit, trat anmaßend auf und sagte: Ich werde König sein. Er beschaffte sich Wagen und Besatzung dazu sowie fünfzig Mann, die vor ihm herliefen. 6 Sein Vater David hatte ihn nie in seinem Leben getadelt und nie zu ihm gesagt: Warum tust du das? Auch war Adonija ein sehr stattlicher Mann; seine Mutter hatte ihn nach Abschalom geboren. 7 Er verhandelte mit Joab, dem Sohn der Zeruja, und mit dem Priester Abjatar. Beide stellten sich hinter Adonija. 8 Der Priester Zadok aber und Benaja, der Sohn Jojadas, und der Prophet Natan, auch Schimi, Reï und die Helden Davids schlossen sich ihm nicht an. 9 Adonija schlachtete nun am Stein Sohelet bei der Rogel-Quelle Schafe, Rinder und Mastkälber zum Opfermahl. Er lud dazu alle seine Brüder, die Königssöhne, sowie alle Männer von Juda ein, die im Dienst des Königs standen. 10 Den Propheten Natan jedoch und Benaja sowie die Helden und seinen Bruder Salomo lud er nicht ein.

11 Da sagte Natan zu Batseba, der Mutter Salomos: Hast du nicht gehört, dass Adonija, der Sohn der Haggit, König geworden ist, ohne dass David, unser Herr, davon weiß? 12 Komm nun, ich will dir einen Rat geben, wie du dir und deinem Sohn Salomo das Leben retten kannst. 13 Geh zum König David und sag zu ihm: Mein Herr und König, du hast doch deiner Magd geschworen: Dein Sohn Salomo soll nach mir König sein und er soll auf meinem Thron sitzen. Warum ist nun Adonija König geworden? 14 Noch während du dort mit dem König redest, will auch ich kommen und deine Worte bestätigen. 15 Batseba ging zum König in das Gemach. Er war sehr gealtert und Abischag aus Schunem bediente ihn. 16 Batseba verneigte sich und warf sich vor dem König nieder, und der König fragte sie: Was willst du? 17 Sie sagte: Mein Herr, du selbst hast doch deiner Magd beim Herrn, deinem Gott, geschworen: Dein Sohn Salomo soll nach mir König sein und er soll auf meinem Thron sitzen. 18 Nun aber ist Adonija König geworden und du, mein Herr und König, weißt nichts davon. 19 Er hat eine Menge Rinder, Mastkälber und Schafe geschlachtet und alle Söhne des Königs, den Priester Abjatar und den Feldherrn Joab dazu eingeladen. Doch deinen Knecht Salomo hat er nicht eingeladen. 20 Auf dich, mein Herr und König, sind nun die Augen ganz Israels gerichtet. Du sollst ihnen bekannt geben, wer nach meinem Herrn und König auf dem Thron sitzen wird. 21 Sonst müssen ich und mein Sohn Salomo es büßen, wenn mein Herr und König zu seinen Vätern entschlafen ist.

22 Während sie noch mit dem König redete, kam der Prophet Natan. 23 Man meldete dem König: Der Prophet Natan ist da. Er trat vor den König, warf sich vor ihm nieder, mit dem Gesicht zur Erde, 24 und sagte: Mein Herr und König, du hast wohl verfügt: Adonija soll nach mir König sein und er soll auf meinem Thron sitzen. 25 Denn er ist heute hinabgezogen, hat eine Menge Rinder, Mastkälber und Schafe geschlachtet und hat dazu alle Söhne des Königs, die Obersten des Heeres und den Priester Abjatar eingeladen. Sie essen und trinken mit ihm und rufen: Es lebe der König Adonija! 26 Mich aber, deinen Knecht, sowie den Priester Zadok und Benaja, den Sohn Jojadas, und deinen Knecht Salomo hat er nicht eingeladen. 27 Wenn nun diese Verfügung wirklich von meinem Herrn und König ergangen ist, warum hast du dann deinen Knecht nicht wissen lassen, wer nach meinem Herrn und König auf dem Thron sitzen wird?

Die Bestellung Salomos zum Thronfolger

28 Darauf befahl König David: Ruft mir Batseba! Sie kam zum König herein, trat vor den König hin 29 und der König schwor ihr: So wahr der Herr lebt, der mein Leben aus jeder Gefahr gerettet hat: 30 Ich habe dir beim Herrn, dem Gott Israels, geschworen, dass dein Sohn Salomo nach mir König sein und an meiner Stelle auf meinem Thron sitzen soll, und so will ich es heute wahr machen. 31 Da verneigte sich Batseba bis zur Erde, warf sich vor dem König nieder und rief: Ewig lebe mein Herr, der König David!

32 Hierauf befahl König David: Ruft mir den Priester Zadok, den Propheten Natan und Benaja, den Sohn Jojadas! Sie erschienen vor dem König 33 und dieser trug ihnen auf: Nehmt das Gefolge eures Herrn mit euch, setzt meinen Sohn Salomo auf mein eigenes Maultier und führt ihn zum Gihon hinab! 34 Dort sollen ihn der Priester Zadok und der Prophet Natan zum König von Israel salben und ihr sollt in das Horn stoßen und rufen: Es lebe König Salomo! 35 Dann zieht mit ihm herauf! Er soll kommen, sich auf meinen Thron setzen und König werden an meiner Stelle; denn ihn habe ich zum Fürsten von Israel und Juda bestimmt. 36 Benaja, der Sohn Jojadas, antwortete dem König: So sei es, so füge es der Herr, der Gott meines Herrn und Königs. 37 Wie der Herr mit meinem Herrn und König war, so möge er auch mit Salomo sein. Er mache seinen Thron noch erhabener als den Thron meines Herrn, des Königs David.

Die Thronbesteigung Salomos

38 Der Priester Zadok, der Prophet Natan und Benaja, der Sohn Jojadas, zogen mit den Keretern und Peletern hinab. Sie setzten Salomo auf das Maultier des Königs David und führten ihn zum Gihon. 39 Der Priester Zadok hatte das Salbhorn aus dem Zelt mitgenommen und salbte Salomo. Hierauf blies man das Widderhorn und alles Volk rief: Es lebe König Salomo! 40 Nun zog das ganze Volk mit ihm hinauf. Dabei spielten sie auf Flöten und waren voller Freude, sodass bei ihrem Geschrei die Erde zu bersten drohte.

41 Das hörten Adonija und alle Geladenen, die bei ihm waren. Sie hatten eben das Mahl beendet. Als Joab den Schall des Hornes hörte, rief er: Was soll das laute Lärmen in der Stadt? 42 Während er noch redete, kam Jonatan, der Sohn des Priesters Abjatar. Adonija rief ihm zu: Komm, du bist ein tüchtiger Mann. Du bringst sicher eine gute Nachricht. 43 Doch Jonatan erwiderte Adonija: Im Gegenteil. Unser Herr, der König David, hat Salomo als König eingesetzt. 44 Er hat mit ihm den Priester Zadok ausgeschickt sowie den Propheten Natan und Benaja, den Sohn Jojadas, samt den Keretern und Peletern und diese haben ihn auf das Maultier des Königs gesetzt. 45 Der Priester Zadok und der Prophet Natan haben ihn am Gihon zum König gesalbt. Von dort sind sie voller Freude hinaufgezogen und die Stadt ist in großer Aufregung. Das war der Lärm, den ihr gehört habt. 46 Salomo hat sich bereits auf den königlichen Thron gesetzt. 47 Auch sind die Diener des Königs gekommen, um unseren Herrn, den König David, zu beglückwünschen und zu rufen: Gott lasse Salomos Ruhm noch größer werden als deinen und er mache seinen Thron noch erhabener als deinen Thron. Dabei hat sich der König auf seinem Lager tief verneigt. 48 Auch hat der König gesagt: Gepriesen sei der Herr, der Gott Israels, der mir heute gewährt hat, dass mein Nachkomme auf meinem Thron sitzt und dass meine Augen das noch sehen dürfen. 49 Da erschraken alle Geladenen, die bei Adonija waren, und brachen auf; jeder ging seines Weges. 50 Adonija fürchtete sich vor Salomo. Er stand auf, eilte zum Altar und ergriff dessen Hörner. 51 Man meldete Salomo: Adonija hat aus Furcht vor König Salomo die Hörner des Altars ergriffen und gesagt: König Salomo schwöre mir zuerst, dass er seinen Knecht nicht mit dem Schwert hinrichten lässt.

52 Salomo versprach: Wenn er sich wie ein rechtschaffener Mann verhält, soll ihm kein Haar gekrümmt werden. Stellt es sich aber heraus, dass er unrecht handelt, muss er sterben. 53 Darauf ließ ihn König Salomo vom Altar wegholen. Als er kam und vor König Salomo niederfiel, befahl ihm dieser: Geh in dein Haus!

Davids letzte Anordnungen und sein Tod

2 Als die Zeit herankam, da David sterben sollte, ermahnte er seinen Sohn Salomo: 2 Ich gehe nun den Weg alles Irdischen. Sei also stark

und mannhaft! [3] Erfüll deine Pflicht gegen den
Herrn, deinen Gott: Geh auf seinen Wegen und
befolg alle Gebote, Befehle, Satzungen und An-
ordnungen, die im Gesetz des Mose niederge-
schrieben sind. Dann wirst du Erfolg haben bei
allem, was du tust, und in allem, was du unter-
nimmst. [4] Und der Herr wird sein Wort wahr ma-
chen, das er mir gegeben hat, als er sagte: Wenn
deine Söhne auf ihren Weg achten und aufrichtig
mit ganzem Herzen und ganzer Seele vor mir
leben, wird es dir nie an Nachkommen auf dem
Thron Israels fehlen.
[5] Du weißt selbst, was Joab, der Sohn der Zeruja,
mir angetan hat: was er den beiden Heerführern
Israels, Abner, dem Sohn Ners, und Amasa, dem
Sohn Jeters, angetan hat. Er hat sie ermordet, hat
mit Blut, das im Krieg vergossen wurde, den Frie-
den belastet und mit unschuldigem Blut den Gür-
tel an seinen Hüften und die Schuhe an seinen
Füßen befleckt. [6] Lass dich von deiner Weisheit lei-
ten und sorge dafür, dass sein graues Haupt nicht
unbehelligt in die Unterwelt kommt. [7] Doch die
Söhne Barsillais aus Gilead sollst du freundlich
behandeln. Sie sollen zu denen gehören, die von
deinem Tisch essen; denn sie sind mir ebenso ent-
gegengekommen, als ich vor deinem Bruder Ab-
schalom fliehen musste.
[8] Da ist auch Schimi, der Sohn Geras, vom Stamm
Benjamin, aus Bahurim. Er hat einen bösen Fluch
gegen mich ausgesprochen, als ich nach Mahana-
jim floh. Doch ist er mir an den Jordan entgegen-
gekommen und ich habe ihm beim Herrn ge-
schworen, dass ich ihn nicht mit dem Schwert
hinrichten werde. [9] Jetzt aber lass ihn nicht unge-
straft! Du bist ein kluger Mann und weißt, was du
mit ihm tun sollst. Schick sein graues Haupt blu-
tig in die Unterwelt!
[10] David entschlief zu seinen Vätern und wurde in
der Davidstadt begraben. [11] Die Zeit, in der David
über Israel König war, betrug vierzig Jahre. In Heb-
ron regierte er sieben und in Jerusalem dreiund-
dreißig Jahre. [12] Salomo saß nun auf dem Thron
seines Vaters David und seine Herrschaft festigte
sich mehr und mehr.

5: 2 Sam 3,27; 20,10 • 7: 2 Sam 17,27–29 • 8: 2 Sam 16,5; 19,19–24

Das Ende der Gegner Salomos

[13] Adonija, der Sohn der Haggit, begab sich zu
Batseba, der Mutter Salomos. Sie fragte ihn:
Kommst du in friedlicher Absicht? Er antwortete:
Ja. [14] Dann fuhr er fort: Ich möchte mit dir reden.
Sie erwiderte: Rede nur! [15] Da sagte er: Du weißt,
dass mir das Königtum zustand und dass ganz Is-
rael mich als König haben wollte. Doch ist mir die
Königswürde entgangen; sie ist meinem Bruder
zugefallen, weil sie ihm vom Herrn bestimmt war.
[16] Jetzt aber möchte ich eine einzige Bitte an dich
richten. Weise mich nicht ab! Sie antwortete:
Sprich sie nur aus! [17] Da begann er: Rede doch mit
König Salomo; dich wird er nicht abweisen. Bitte
ihn, dass er mir Abischag aus Schunem zur Frau
gibt. [18] Batseba erwiderte: Gut, ich werde in deiner
Angelegenheit mit dem König reden.
[19] Als nun Batseba zu König Salomo kam, um mit
ihm wegen Adonija zu sprechen, erhob sich der
König, ging ihr entgegen und verneigte sich vor
ihr. Dann setzte er sich auf seinen Thron und ließ
auch für die Königinmutter einen Thron hinstellen.
Sie setzte sich an seine rechte Seite [20] und begann:
Eine einzige kleine Bitte hätte ich an dich. Weise
mich nicht ab! Der König antwortete ihr: Sprich
sie nur aus, Mutter! Ich werde dich nicht abwei-
sen. [21] Da bat sie: Man gebe doch Abischag aus
Schunem deinem Bruder Adonija zur Frau. [22] Der
König Salomo entgegnete seiner Mutter: Warum
bittest du für Adonija um Abischag aus Schunem?
Fordere doch gleich das Königtum für ihn! Er ist
ja mein älterer Bruder und auf seiner Seite stehen
der Priester Abjatar und Joab, der Sohn der Zeruja.
[23] Und König Salomo schwor beim Herrn: Gott
soll mir dies und das antun, wenn dieses Ansinnen
Adonija nicht das Leben kostet. [24] So wahr der Herr
lebt, der mich eingesetzt und auf den Thron mei-
nes Vaters David erhoben hat und der mir, wie er
versprochen hat, ein Haus gebaut hat: Noch heute
muss Adonija sterben. [25] Darauf schickte König
Salomo Benaja, den Sohn Jojadas, hinauf und die-
ser versetzte Adonija den Todesstoß.
[26] Zum Priester Abjatar sagte der König: Geh auf
dein Landgut nach Anatot! Zwar hast du den Tod
verdient; doch will ich dich heute nicht töten, weil
du die Lade Gottes, des Herrn, vor meinem Vater
David getragen und alle Demütigungen mit mei-

nem Vater geteilt hast. 27 So setzte Salomo Abjatar
als Priester des Herrn ab und erfüllte das Wort, das
der Herr über das Haus Eli in Schilo gesprochen
hatte.
28 Die Kunde davon erreichte Joab. Er hatte zu
Adonija gehalten, sich aber nicht an Abschalom
angeschlossen. Er floh in das Zelt des Herrn und
ergriff die Hörner des Altars. 29 Man meldete dem
König Salomo: Joab ist in das Zelt des Herrn ge-
flohen und steht neben dem Altar. Salomo sandte
Benaja, den Sohn Jojadas, mit dem Auftrag: Geh
hin und stoß ihn nieder! 30 Benaja kam in das Zelt
des Herrn und rief Joab zu: Der König befiehlt dir
herauszukommen. Doch Joab antwortete: Nein,
hier will ich sterben. Benaja berichtete dem König:
Das hat Joab gesagt, so hat er mir geantwortet.
31 Da gebot ihm der König: Tu, was er gesagt hat!
Stoß ihn nieder und begrab ihn! Nimm so von mir
und vom Haus meines Vaters das Blut, das Joab
ohne Grund vergossen hat. 32 Der Herr lasse sein
Blut auf sein Haupt kommen, weil er ohne Wissen
meines Vaters zwei Männer, die gerechter und bes-
ser waren als er, niedergestoßen und mit dem
Schwert getötet hat: Abner, den Sohn Ners, den
Heerführer Israels, und Amasa, den Sohn Jeters,
den Heerführer Judas. 33 Ihr Blut komme für im-
mer auf das Haupt Joabs und seiner Nachkom-
men. David aber, seinen Nachkommen, seinem
Haus und seinem Thron sei vom Herrn immerfort
Heil beschieden. 34 Nun ging Benaja, der Sohn Jo-
jadas, hinauf, stieß Joab nieder und tötete ihn. Er
wurde auf seinem Besitz in der Steppe begraben.
35 Der König setzte dann Benaja, den Sohn Jojadas,
an seiner Stelle über das Heer und dem Priester
Zadok verlieh er die Stelle Abjatars.
36 Hierauf ließ der König Schimi rufen und befahl
ihm: Bau dir ein Haus in Jerusalem, bleib hier und
geh nicht weg, weder dahin noch dorthin! 37 Du
sollst wissen, dass du sterben musst, sobald du
hinausgehst und das Kidrontal überschreitest. Du
wirst dann selbst schuld sein an deinem Tod.
38 Schimi antwortete dem König: Gut, dein Knecht
wird tun, was mein Herr, der König, bestimmt hat.
So blieb Schimi viele Tage in Jerusalem. 39 Nach
Verlauf von drei Jahren entflohen zwei Sklaven
Schimis zu Achisch, dem Sohn Maachas, dem Kö-
nig von Gat. Man meldete Schimi: Deine Sklaven
sind in Gat. 40 Da machte er sich auf, sattelte sei-
nen Esel und begab sich zu Achisch nach Gat, um
seine Sklaven zu suchen. Er ging hin und holte sie
aus Gat zurück. 41 Es wurde aber Salomo hinter-
bracht, dass Schimi von Jerusalem nach Gat ge-
gangen und wieder zurückgekehrt sei. 42 Er ließ da-
her Schimi rufen und hielt ihm vor: Habe ich dich
nicht beim Herrn schwören lassen und dich ge-
warnt: Sobald du weggehst und dich dahin oder
dorthin begibst, so weißt du, dass du sterben
musst? Und du hast geantwortet: Gut, ich habe es
gehört. 43 Warum hast du den Eid beim Herrn und
den Befehl, den ich dir gegeben habe, nicht be-
achtet? 44 Und weiter sagte der König zu Schimi:
Du weißt, wie viel Böses du meinem Vater David
angetan hast; jetzt lässt es der Herr auf dich selbst
zurückfallen. 45 Der König Salomo aber sei geseg-
net und der Thron Davids stehe fest vor dem
Herrn in Ewigkeit. 46 Hierauf erteilte der König
dem Benaja, dem Sohn Jojadas, Befehl und dieser
ging hinaus und versetzte Schimi den Todesstoß.
Die Herrschaft war nun fest in der Hand Salomos.

26: 1 Sam 22,20–23 • 27: 1 Sam 2,30–36

Salomos Heirat

3 Salomo verschwägerte sich mit dem Pharao,
dem König von Ägypten. Er nahm eine Toch-
ter des Pharao zur Frau und brachte sie in die Da-
vidstadt, bis er sein Haus, das Haus des Herrn und
die Mauern rings um Jerusalem vollendet hatte.

Salomos Bitte um Weisheit

2 Das Volk opferte zu jener Zeit auf den Kulthöhen,
weil dem Namen des Herrn noch kein Haus ge-
baut war. 3 Salomo aber liebte den Herrn und
befolgte die Gebote seines Vaters David; nur
brachte er auf den Kulthöhen Schlachtopfer und
Rauchopfer dar.
4 So ging der König nach Gibeon, um dort zu op-
fern; denn hier war die angesehenste Kulthöhe.
Tausend Brandopfer legte Salomo auf ihren Altar.
5 In Gibeon erschien der Herr dem Salomo nachts
im Traum und forderte ihn auf: Sprich eine Bitte
aus, die ich dir gewähren soll. 6 Salomo antwortete:
Du hast deinem Knecht David, meinem Vater,
große Huld erwiesen; denn er lebte vor dir in
Treue, in Gerechtigkeit und mit aufrichtigem Her-

zen. Du hast ihm diese große Huld bewahrt und
ihm einen Sohn geschenkt, der heute auf seinem
Thron sitzt. 7 So hast du jetzt, Herr, mein Gott, dei-
nen Knecht anstelle meines Vaters David zum Kö-
nig gemacht. Doch ich bin noch sehr jung und
weiß nicht, wie ich mich als König verhalten soll.
8 Dein Knecht steht aber mitten in deinem Volk,
das du erwählt hast: einem großen Volk, das man
wegen seiner Menge nicht zählen und nicht schät-
zen kann. 9 Verleih daher deinem Knecht ein hö-
rendes Herz, damit er dein Volk zu regieren und
das Gute vom Bösen zu unterscheiden versteht.
Wer könnte sonst dieses mächtige Volk regieren?
10 Es gefiel dem Herrn, dass Salomo diese Bitte aus-
sprach. 11 Daher antwortete ihm Gott: Weil du ge-
rade diese Bitte ausgesprochen hast und nicht um
langes Leben, Reichtum oder um den Tod deiner
Feinde, sondern um Einsicht gebeten hast, um auf
das Recht zu hören, 12 werde ich deine Bitte erfül-
len. Sieh, ich gebe dir ein so weises und verständi-
ges Herz, dass keiner vor dir war und keiner nach
dir kommen wird, der dir gleicht. 13 Aber auch das,
was du nicht erbeten hast, will ich dir geben:
Reichtum und Ehre, sodass zu deinen Lebzeiten
keiner unter den Königen dir gleicht. 14 Wenn du
auf meinen Wegen gehst, meine Gesetze und Ge-
bote befolgst wie dein Vater David, dann schenke
ich dir ein langes Leben. 15 Da erwachte Salomo
und merkte, dass es ein Traum war. Als er nach
Jerusalem kam, trat er vor die Bundeslade des
Herrn, brachte Brand- und Heilsopfer dar und gab
ein Festmahl für alle seine Diener.

4–15 || 2 Chr 1,3–13

Das salomonische Urteil

16 Damals kamen zwei Dirnen und traten vor den
König. 17 Die eine sagte: Bitte, Herr, ich und diese
Frau wohnen im gleichen Haus, und ich habe dort
in ihrem Beisein geboren. 18 Am dritten Tag nach
meiner Niederkunft gebar auch diese Frau. Wir
waren beisammen; kein Fremder war bei uns im
Haus, nur wir beide waren dort. 19 Nun starb der
Sohn dieser Frau während der Nacht; denn sie
hatte ihn im Schlaf erdrückt. 20 Sie stand mitten in
der Nacht auf, nahm mir mein Kind weg, während
deine Magd schlief, und legte es an ihre Seite. Ihr
totes Kind aber legte sie an meine Seite. 21 Als ich
am Morgen aufstand, um mein Kind zu stillen,
war es tot. Als ich es aber am Morgen genau ansah,
war es nicht mein Kind, das ich geboren hatte.
22 Da rief die andere Frau: Nein, mein Kind lebt
und dein Kind ist tot. Doch die erste entgegnete:
Nein, dein Kind ist tot und mein Kind lebt. So
stritten sie vor dem König. 23 Da begann der Kö-
nig: Diese sagt: Mein Kind lebt und dein Kind ist
tot! und jene sagt: Nein, dein Kind ist tot und mein
Kind lebt. 24 Und der König fuhr fort: Holt mir ein
Schwert! Man brachte es vor den König. 25 Nun
entschied er: Schneidet das lebende Kind entzwei
und gebt eine Hälfte der einen und eine Hälfte der
anderen! 26 Doch nun bat die Mutter des lebenden
Kindes den König – es regte sich nämlich in ihr die
mütterliche Liebe zu ihrem Kind: Bitte, Herr, gebt
ihr das lebende Kind und tötet es nicht! Doch die
andere rief: Es soll weder mir noch dir gehören.
Zerteilt es! 27 Da befahl der König: Gebt jener das
lebende Kind und tötet es nicht; denn sie ist seine
Mutter. 28 Ganz Israel hörte von dem Urteil, das der
König gefällt hatte, und sie schauten mit Ehrfurcht
zu ihm auf; denn sie erkannten, dass die Weisheit
Gottes in ihm war, wenn er Recht sprach.

Die Verwaltung des Reiches

4 König Salomo war König von ganz Israel.
2 Dies waren seine obersten Beamten: Asarja,
der Enkel Zadoks, war Priester. 3 Elihoref und
Ahija, die Söhne Schischas, waren Staatsschreiber,
Joschafat, der Sohn Ahiluds, war Sprecher des
Königs. 4 Benaja, der Sohn Jojadas, war Heerführer
[Zadok und Abjatar waren Priester]. 5 Asarja, der
Sohn Natans, war Vorgesetzter der Statthalter. Sa-
bud, der Sohn Natans, war der Freund des Königs,
6 Ahischar war Palastvorsteher und Adoniram, der
Sohn Abdas, war Aufseher über die Fronarbeiten.
7 Salomo hatte zwölf Statthalter für ganz Israel, die
den König und sein Haus versorgten. Je einen
Monat im Jahr hatte ihn jeder zu versorgen. 8 Das
sind ihre Namen: Der Sohn Hurs (war Statthalter)
im Gebirge Efraim, 9 der Sohn Dekers in Makaz,
Schaalbim, Bet-Schemesch, Elon und Bet-Hanan,
10 der Sohn Heseds in Arubbot. Ihm unterstanden
Socho und das ganze Gebiet von Hefer. 11 Dem
Sohn Abinadabs unterstand der ganze Höhen-
rücken von Dor. Er hatte Tafat, eine Tochter Salo-

mos, zur Frau. 12 Baana, der Sohn Ahiluds, verwal-
tete Taanach, Megiddo und ganz Bet-Schean, das
an der Seite von Zaretan unterhalb von Jesreel
liegt, (das ist das ganze Gebiet) von Bet-Schean bis
Abel-Mehola und bis über Jokneam hinaus. 13 Der
Sohn Gebers (war Statthalter) in Ramot-Gilead.
Ihm unterstanden die Zeltdörfer Jaïrs, des Sohnes
des Manasse, in Gilead und der Kreis Argob im
Baschan, sechzig große Städte mit Mauern und
bronzenen Torriegeln. 14 Ahinadab, der Sohn Id-
dos, (war Statthalter) in Mahanajim, 15 Ahimaaz in
Naftali. Auch er hatte eine Tochter Salomos, näm-
lich Basemat, zur Frau. 16 Baana, der Sohn Huscha-
is, (war Statthalter) in Ascher und Bealot, 17 Joscha-
fat, der Sohn Paruachs, in Issachar, 18 Schimi, der
Sohn Elas, in Benjamin. 19 Geber, der Sohn Uris,
(verwaltete) in Gilead das Land Sihons, des Königs
der Amoriter, und Ogs, des Königs des Baschan.
Dazu kam ein Vogt im Land Juda.
20 Das Volk von Juda und Israel war zahlreich wie
der Sand am Meer. Es hatte zu essen und zu trin-
ken und war glücklich.

5 Salomo war Herrscher über alle Reiche vom
Eufrat bis zum Land der Philister und bis an
die Grenze Ägyptens. Sie entrichteten Abgaben
und waren Salomo untertan, solange er lebte.
2 Der tägliche Unterhalt Salomos belief sich auf
dreißig Kor Feinmehl, sechzig Kor gewöhnliches
Mehl, 3 zehn Mastrinder, zwanzig Weiderinder,
hundert Schafe, nicht gerechnet die Hirsche, Ga-
zellen, Rehe und das gemästete Geflügel. 4 Denn er
herrschte über das ganze Gebiet diesseits des Stro-
mes, von Tifsach bis Gaza, über alle Könige dies-
seits des Stromes. Er hatte Frieden ringsum nach
allen Seiten. 5 Juda und Israel lebten in Sicherheit
von Dan bis Beerscheba; ein jeder saß unter sei-
nem Weinstock und seinem Feigenbaum, solange
Salomo lebte. 6 Salomo hatte viertausend Stall-
plätze für seine Wagenpferde und zwölftausend
Mann als Besatzung für die Wagen.
7 Jene Statthalter, jeder in seinem Monat, versorg-
ten den König Salomo und alle, die zu seinem
Tisch Zutritt hatten. Sie ließen es an nichts fehlen.
8 Die Gerste und das Stroh für die Pferde und Zug-
tiere brachten sie jeweils an den Ort, für den jeder
zuständig war.

5,6: 10,26; 2 Chr 9,25

Die Weisheit Salomos

9 Gott gab Salomo Weisheit und Einsicht in hohem
Maß und Weite des Herzens – wie Sand am Strand
des Meeres. 10 Die Weisheit Salomos war größer als
die Weisheit aller Söhne des Ostens und alle Weis-
heit Ägyptens. 11 Er war weiser als alle Menschen,
weiser als Etan, der Esrachiter, als Heman, Kalkol
und Darda, die Söhne Mahols. Sein Name war be-
kannt bei allen Völkern ringsum. 12 Er verfasste
dreitausend Sprichwörter und die Zahl seiner Lie-
der betrug tausendundfünf. 13 Er redete über die
Bäume, von der Zeder auf dem Libanon bis zum
Ysop, der an der Mauer wächst. Er redete über das
Vieh, die Vögel, das Gewürm und die Fische.
14 Von allen Völkern kamen Leute, um die Weisheit
Salomos zu hören, Abgesandte von allen Königen
der Erde, die von seiner Weisheit vernommen hat-
ten.

9: Ps 139,18 • 11: 1 Chr 2,6; Ps 89,1

Die Vorbereitungen zum Tempelbau

15 Hiram, der König von Tyrus, sandte seine Die-
ner zu Salomo; denn er hatte gehört, dass man ihn
anstelle seines Vaters zum König gesalbt habe.
Hiram war nämlich zeitlebens ein Freund Davids
gewesen. 16 Und Salomo ließ Hiram sagen: 17 Du
weißt selbst, dass mein Vater David durch Kriege
verhindert war, dem Namen des Herrn, seines
Gottes, ein Haus zu bauen, da seine Feinde ihn be-
drängten, bis der Herr sie ihm unter die Füße legte.
18 Jetzt aber hat mir der Herr, mein Gott, ringsum
Ruhe verschafft. Es gibt keinen Widersacher mehr
und keine Gefahr. 19 Darum gedenke ich, dem Na-
men des Herrn, meines Gottes, ein Haus zu bauen;
denn er hat meinem Vater David zugesagt: Dein
Sohn, den ich an deiner Stelle auf deinen Thron
setzen werde, wird meinem Namen das Haus
bauen. 20 Befiehl nun, dass man auf dem Libanon
Zedern für mich fällt. Meine Knechte sollen mit
deinen Knechten arbeiten. Den Lohn für deine
Knechte werde ich dir geben, ganz wie du be-
stimmst. Du weißt ja selbst, dass wir niemand ha-
ben, der so gut Holz fällen kann wie die Leute von
Sidon.
21 Als Hiram die Botschaft Salomos vernahm,
freute er sich sehr und rief aus: Gepriesen sei heute
Jahwe, der David einen weisen Sohn als Herrscher

über dieses große Volk gegeben hat. 22 Er ließ Sa-
lomo sagen: Ich habe die Botschaft vernommen,
die du an mich gesandt hast, und werde deinen
Wunsch nach Zedern- und Zypressenholz erfül-
len. 23 Meine Leute werden es vom Libanon an das
Meer schaffen. Ich lasse es dann auf dem Meer an
den Ort flößen, den du mir nennen wirst. Dort
lasse ich es wieder auseinander nehmen, sodass
du es abholen kannst. Du aber erfülle meinen
Wunsch und sende Lebensmittel für mein Haus!
24 Also lieferte Hiram so viel Zedern- und Zypres-
senholz, wie Salomo wollte, 25 und Salomo gab Hi-
ram zwanzigtausend Kor Weizen zum Unterhalt
seines Hofes und zwanzig Kor feinstes Öl. Diese
Menge lieferte Salomo Jahr für Jahr an Hiram.
26 Der Herr schenkte Salomo Weisheit, wie er es
ihm versprochen hatte. Zwischen Salomo und Hi-
ram herrschte Friede und sie schlossen miteinan-
der ein Bündnis.
27 König Salomo ließ Leute aus ganz Israel zum
Frondienst ausheben. Dieser umfasste 30 000 Fron-
pflichtige. 28 Von ihnen schickte er abwechselnd je-
den Monat 10 000 Mann auf den Libanon. Einen
Monat waren sie auf dem Libanon und zwei
Monate zu Hause. Adoniram leitete den Fron-
dienst. 29 Ferner hatte Salomo 70 000 Lastträger
und 80 000 Steinhauer im Gebirge, 30 nicht einge-
rechnet die 3600 Werkführer unter dem Befehl der
Statthalter, denen die Leitung der Arbeit oblag.
Sie führten die Aufsicht über die Arbeiter. 31 Der
König ließ mächtige, kostbare Steine brechen, um
mit Quadern das Fundament des Tempels zu le-
gen. 32 Die Bauleute Salomos bearbeiteten mit den
Bauleuten Hirams und den Gebalitern das Holz
und die Steine und richteten sie her für den Bau
des Tempels.

15–32 ‖ 2 Chr 2,2–17 • 19: 2 Sam 7,12f

Der Tempelbau

6 Im vierhundertachtzigsten Jahr nach dem
Auszug der Israeliten aus Ägypten, im vier-
ten Jahr der Regierung Salomos über Israel, im
Monat Siw, das ist der zweite Monat, begann er das
Haus des Herrn zu bauen.
2 Das Haus, das König Salomo für den Herrn
baute, war sechzig Ellen lang, zwanzig Ellen breit
und dreißig Ellen hoch. 3 Die Vorhalle vor dem
Hauptraum des Hauses war zwanzig Ellen breit,
entsprechend der Breite des Hauses, und zehn El-
len tief in der Längsrichtung des Hauses. 4 Er
machte für das Haus Fenster mit Rahmen und
Gittern. 5 An die Wände des Hauses, und zwar an
die Wände des Hauptraums und des hinteren
Raumes, legte er ringsum einen Anbau mit Kam-
mern. 6 Dieser war im Untergeschoss fünf Ellen,
im mittleren sechs und im dritten sieben Ellen
breit; die Außenwand des Hauses hatte er abge-
stuft, um sie nachher nicht beschädigen zu müs-
sen. 7 Beim Bau des Hauses wurden Steine ver-
wendet, die man schon im Steinbruch fertig
behauen hatte; Hämmer, Meißel und sonstige ei-
serne Werkzeuge waren beim Bau des Hauses
nicht zu hören. 8 Die Türe zu den unteren Kam-
mern war an der Südseite des Hauses. Über Trep-
pen stieg man zum mittleren und vom mittleren
zum dritten Stockwerk hinauf. 9 Als er den Bau des
Hauses vollendet hatte, überdeckte er es mit Bal-
ken und Brettern aus Zedernholz. 10 Den Anbau
führte er um das ganze Haus. Seine Höhe betrug
(in jedem Stockwerk) fünf Ellen und Zedernbal-
ken verbanden ihn mit dem Haus.
11 Das Wort des Herrn erging an Salomo: 12 Dieses
Haus, das du baust, – wenn du meinen Geboten
gehorchst und auf meine Vorschriften achtest und
alle meine Befehle ausführst und befolgst, dann
werde ich an dir das Wort wahr machen, das ich
zu deinem Vater David gesprochen habe. 13 Und
ich werde inmitten der Israeliten wohnen und
mein Volk Israel nicht verlassen.
14 So vollendete Salomo den Bau des Hauses. 15 Er
täfelte seine Innenwände mit Zedernholz aus; vom
Fußboden bis zu den Balken der Decke ließ er eine
Holzvertäfelung anbringen. Den Fußboden be-
legte er mit Zypressenholz. 16 Zwanzig Ellen vor
der Rückseite des Hauses errichtete er vom Fuß-
boden bis zum Gebälk eine Wand aus Zedernholz
und schuf so die Gotteswohnung, das Allerhei-
ligste. 17 Vierzig Ellen lang war der davorliegende
Hauptraum. 18 Im Innern hatte das Haus Zedern-
verkleidung mit eingeschnitzten Blumengewin-
den und Blütenranken. Alles war aus Zedernholz,
kein Stein war zu sehen. 19 Im Innern des Hauses
richtete er die Gotteswohnung ein, um die Bun-
deslade des Herrn aufstellen zu können. 20 Die

Wohnung war zwanzig Ellen lang, zwanzig Ellen breit und zwanzig Ellen hoch; er überzog sie mit bestem Gold. Auch ließ er einen Altar aus Zedernholz herstellen. 21 Das Innere des Hauses ließ Salomo mit bestem Gold auskleiden und vor der Gotteswohnung ließ er goldene Ketten anbringen. 22 So überzog er das ganze Haus vollständig mit Gold; auch den Altar vor der Gotteswohnung überzog er ganz mit Gold.

23 In der Gotteswohnung ließ er zwei Kerubim aus Olivenholz anfertigen. Ihre Höhe betrug zehn Ellen. 24 Fünf Ellen maß der eine Flügel des Kerubs und fünf Ellen sein anderer Flügel. Von einem Flügelende bis zum anderen waren es zehn Ellen. 25 Auch der zweite Kerub war zehn Ellen hoch. Beide hatten gleiches Maß und gleiche Gestalt. 26 Der eine Kerub war zehn Ellen hoch und ebenso hoch war der andere. 27 Er stellte die Kerubim mitten in den innersten Raum. Ihre Flügel waren so ausgespannt, dass der Flügel des einen Kerubs die eine Wand, der Flügel des zweiten Kerubs die andere Wand, die Flügel in der Mitte des Raumes aber einander berührten. 28 Er ließ die Kerubim mit Gold überziehen.

29 An allen Wänden des Hauses, im inneren wie im äußeren Raum, ließ er ringsum Kerubim, Palmen und Blütenranken einschnitzen. 30 Auch die Fußböden des hinteren und des vorderen Raumes ließ er mit Gold belegen.

31 Für den Eingang zur Gotteswohnung ließ er Türflügel aus Olivenholz anfertigen. Die Giebelbalken und die Seitenpfosten bildeten ein Fünfeck. 32 An den beiden Türflügeln aus Olivenholz ließ er Kerubim, Palmen und Blütenranken einschnitzen und sie mit Gold überziehen, indem er auf die Kerubim und die Palmen Gold auftragen ließ. 33 Ebenso ließ er für den Eingang zum Hauptraum Türpfosten aus Olivenholz anfertigen, die ein Viereck bildeten, 34 dazu zwei Türflügel aus Zypressenholz. Zwei drehbare Teile hatte der eine Türflügel und zwei drehbare Teile der andere. 35 Er ließ auf ihnen Kerubim, Palmen und Blütenranken einschnitzen und auf das Schnitzwerk dünnes Blattgold legen.

36 Er legte den inneren Hof an (und umgab ihn mit einer Mauer) aus drei Lagen Quadern und einer Lage Zedernbalken.

37 Im vierten Jahr, im Monat Siw, war das Fundament für das Haus des Herrn gelegt worden 38 und im elften Jahr, im Monat Bul, das ist der achte Monat, wurde das Haus mit all seinem Zubehör vollendet, ganz so, wie es geplant war. Sieben Jahre hatte man an ihm gebaut.

1–38 ‖ 2 Chr 3,1–14 • 12: 2 Sam 7,8–16

Die Palastgebäude

7 An seinem Palast baute Salomo dreizehn Jahre, bis er ihn ganz vollendet hatte.

2 Er baute das Libanonwaldhaus, hundert Ellen lang, fünfzig Ellen breit und dreißig Ellen hoch, mit drei Reihen von Zedernsäulen und mit Zedernbalken über den Säulen. 3 Eine Decke aus Zedernholz war über den Kammern, die über den Säulen lagen; es waren fünfundvierzig Säulen, fünfzehn in jeder Reihe. 4 In drei Reihen waren Fenster so angebracht, dass dreimal eine Fensterreihe einer anderen gegenüberstand. 5 Alle Türen und Fenster waren viereckig gerahmt. Dreimal stand eine Fensterreihe der anderen gegenüber.

6 Salomo baute die Säulenhalle, fünfzig Ellen lang und dreißig Ellen breit, davor eine Halle mit Säulen und einem Vordach.

7 Er schuf die Thronhalle, das ist die Gerichtshalle, um darin Recht zu sprechen. Sie war vom Fußboden bis zum Gebälk mit Zedernholz ausgetäfelt.

8 Sein eigenes Wohnhaus stand im anderen Hof, von der Halle aus nach innen zu. Es hatte die gleiche Bauart. Auch baute Salomo für die Tochter des Pharao, die er geheiratet hatte, ein Haus, das dieser Halle glich.

9 Alle diese Bauten waren vom Grund bis zu den Gesimsen aus wertvollen Steinen aufgeführt, die in der Größe von Quadern an der Innen- wie Außenseite mit der Säge zugeschnitten waren … 10 Die Fundamente bestanden aus wertvollen, mächtigen Steinblöcken, aus Steinen von zehn und Steinen von acht Ellen. 11 Darüber lagen wertvolle Steine in der Größe von Quadern sowie Zedernbalken. 12 Der große Hof war rings von einer Mauer aus drei Lagen Quadern und einer Lage Zedernbalken umgeben; ebenso der innere Hof um das Haus des Herrn und der Hof um die Palasthalle.

Die Ausstattung des Tempels
13 König Salomo ließ Hiram aus Tyrus kommen.
14 Dieser war der Sohn einer Witwe aus dem
Stamm Naftali. Sein Vater war ein Bronzeschmied
aus Tyrus. Er war mit Weisheit, Verstand und Ge-
schick begabt, um jede Bronze-Arbeit auszu-
führen. Er kam zum König Salomo und führte alle
Arbeiten für ihn aus.
15 Er formte die zwei bronzenen Säulen. Achtzehn
Ellen betrug die Höhe der einen Säule und ein Band
von zwölf Ellen umspannte sie. Ihre Wandstärke
betrug vier Finger; innen war sie hohl. Ebenso war
die zweite Säule. 16 Dazu machte er zwei Kapitelle,
um sie oben auf die Säulen zu setzen; sie waren aus
Bronze gegossen. Fünf Ellen betrug die Höhe des
einen Kapitells und fünf Ellen die Höhe des ande-
ren. 17 Auch machte er Geflechte [Flechtwerksar-
beit, kettenförmige Bänder] für die Kapitelle oben
auf den Säulen, und zwar ein Geflecht für das eine
Kapitell und ein Geflecht für das andere. 18 Ferner
machte er Granatäpfel und legte sie in zwei Reihen
ringsum über die Geflechte, sodass sie die Kapi-
telle oben auf den Säulen bedeckten. Ebenso ver-
fuhr er mit dem zweiten Kapitell. 19 Die Kapitelle
oben auf den Säulen hatten die Form einer Lilien-
blüte … 20 … 21 Er stellte die Säulen an der Vorhalle
des Tempels auf. Die eine Säule stellte er auf die
rechte Seite und nannte sie Jachin, die andere stell-
te er auf die linke Seite und nannte sie Boas. 22 Oben
auf den Säulen waren lilienförmige Gebilde. So
wurde die Arbeit an den Säulen zu Ende geführt.
23 Dann machte er das »Meer«. Es wurde aus
Bronze gegossen und maß zehn Ellen von einem
Rand zum andern; es war völlig rund und fünf El-
len hoch. Eine Schnur von dreißig Ellen konnte es
rings umspannen. 24 Unterhalb seines Randes wa-
ren rundum Rankengebilde. In einer Länge von
dreißig Ellen umsäumten sie das Meer ringsum in
zwei Reihen. Sie wurden beim Guss mitgegossen.
25 Das Meer stand auf zwölf Rindern. Von ihnen
schauten drei nach Norden, drei nach Westen, drei
nach Süden und drei nach Osten. Das Meer ruhte
oben auf den Rindern. Ihre Hinterteile waren nach
innen gekehrt. 26 Die Wand des Meeres war eine
Handbreit dick. Sein Rand war wie der Rand eines
Bechers geformt, einer Lilienblüte gleich. Es fasste
zweitausend Bat.
27 Er machte die zehn fahrbaren Gestelle aus
Bronze. Jedes war vier Ellen lang, vier Ellen breit
und drei Ellen hoch. 28 Und so waren die Gestelle
beschaffen: Sie hatten Querleisten, und zwar
Querleisten zwischen den Eckleisten. 29 Auf den
Querleisten zwischen den Eckleisten waren Bilder
von Löwen, Rindern und Kerubim, und ebenso
auf den Eckleisten. Über den Löwen und Rindern
sowie unter ihnen waren Kranzgewinde einge-
hämmert. 30 Jedes Gestell hatte vier bronzene Rä-
der und bronzene Achsen. An den vier Füßen wa-
ren Ansätze, die unterhalb des Kessels angegossen
waren … 31 … (Der Kasten des Gestells) war ein-
einhalb Ellen hoch. Auch an seiner Öffnung waren
Verzierungen. Die Querleisten waren nicht rund,
sondern viereckig. 32 Die vier Räder waren unter
den Querleisten. Ihre Halter waren am Gestell be-
festigt. Jedes Rad war eineinhalb Ellen hoch. 33 Sie
waren gearbeitet wie Wagenräder. Ihre Halter, Fel-
gen, Speichen und Naben waren alle gegossen.
34 Die vier Ansätze waren an den vier Ecken eines
jeden Gestells angebracht und bildeten mit ihm
ein Ganzes. 35 Der Aufsatz des Gestells war eine
halbe Elle hoch und völlig rund. An ihm waren
seine Halter und Leisten angesetzt. 36 Auf die
Wandflächen, Halter und Querleisten ließ Salomo
Bilder von Kerubim, Löwen und Palmen eingra-
vieren … 37 In dieser Weise fertigte Hiram die zehn
Gestelle an. Sie hatten alle gleichen Guss, gleiches
Maß und gleiche Gestalt. 38 Dazu machte er zehn
bronzene Kessel. Jeder fasste vierzig Bat und hatte
eine Weite von vier Ellen. Für jedes der zehn Ge-
stelle war ein Kessel bestimmt. 39 Fünf von den Ge-
stellen brachte er an die Südseite des Hauses und
fünf an die Nordseite. Das »Meer« stellte er an die
Südseite des Hauses, gegen Südosten. 40 Auch
machte Hiram die Töpfe, Schaufeln und Schalen.
So führte Hiram alle Arbeiten zu Ende, die er dem
König Salomo für das Haus des Herrn anzuferti-
gen hatte: 41 zwei Säulen, zwei beckenförmige Ka-
pitelle oben auf den Säulen, die zwei Flechtwerke,
mit denen man die beiden beckenförmigen Kapi-
telle oben auf den Säulen bedeckte, 42 die vierhun-
dert Granatäpfel für die beiden Flechtwerke, die in
zwei Reihen an jedem Flechtwerk angebracht wa-
ren und die beiden beckenförmigen Kapitelle auf
den Säulen bedeckten, 43 die zehn fahrbaren Ge-

stelle, die zehn Kessel für die Gestelle, 44 das eine
Meer, die zwölf Rinder unter dem Meer, 45 die
Töpfe, Schaufeln und Schalen. Alle diese Geräte,
die Hiram dem König Salomo für das Haus des
Herrn anfertigte, waren aus glatter Bronze. 46 In
der Jordanau zwischen Sukkot und Zaretan ließ sie
der König in Formen aus festem Lehm gießen.
47 Und Salomo gab allen Geräten ihren Platz. We-
gen ihrer überaus großen Menge war das Gewicht
der Bronze nicht festzustellen.
48 Salomo ließ alle Geräte, die zum Haus des Herrn
gehörten, anfertigen: den goldenen Altar, den gol-
denen Tisch, auf den man die Schaubrote legte,
49 die fünf Leuchter auf der rechten und die fünf
Leuchter auf der linken Seite vor der Gotteswoh-
nung, aus bestem Gold, dazu die goldenen Blüten,
Lampen und Dochtscheren, 50 ferner die Becken,
Messer, Schalen, Schüsseln und Pfannen aus bes-
tem Gold. Auch die Stirnseiten der Türen des in-
neren Raumes zum Allerheiligsten und die Stirn-
seiten der beiden Türflügel, die zum Hauptraum
führten, waren mit Gold verkleidet.
51 So wurden alle Arbeiten, die König Salomo für
das Haus des Herrn ausführen ließ, vollendet.
Dann brachte er die Weihegaben seines Vaters Da-
vid hinein und legte das Silber, das Gold und die
Geräte in die Schatzkammern des Hauses des
Herrn.

13–51 ‖ 2 Chr 3,15 – 5,1 • 15: 2 Kön 25,17; Jer 52,21

Die Übertragung der Bundeslade

8 Damals versammelte Salomo die Ältesten Is-
raels, alle Stammesführer und die Häupter
der israelitischen Großfamilien bei sich in Jerusa-
lem, um die Bundeslade des Herrn aus der Stadt
Davids, das ist Zion, heraufzuholen. 2 Am Fest im
Monat Etanim, das ist der siebte Monat, kamen
alle Männer Israels bei König Salomo zusammen.
3 In Gegenwart aller Ältesten Israels nahmen die
Priester die Lade 4 und brachten sie zugleich mit
dem Offenbarungszelt und den heiligen Geräten,
die im Zelt waren, hinauf. Die Priester und die Le-
viten übernahmen den Trägerdienst. 5 König Sa-
lomo aber und die ganze Gemeinde Israels, die bei
ihm vor der Lade versammelt war, schlachteten
Schafe und Rinder, die man wegen ihrer Menge
nicht zählen und nicht berechnen konnte. 6 Darauf
stellten die Priester die Bundeslade des Herrn an
ihren Platz, in die Gotteswohnung des Hauses, in
das Allerheiligste, unter die Flügel der Kerubim.
7 Denn die Kerubim breiteten ihre Flügel über den
Ort, wo die Lade stand, und bedeckten sie und ihre
Stangen von oben her. 8 Die Stangen waren so lang,
dass man ihre Spitzen im Heiligtum vor der Got-
teswohnung sehen konnte; draußen aber waren sie
nicht zu sehen. Sie blieben dort bis zum heutigen
Tag. 9 In der Lade befanden sich nur die zwei stei-
nernen Tafeln, die Mose am Horeb hineingelegt
hatte, die Tafeln des Bundes, den der Herr mit den
Israeliten beim Auszug aus Ägypten geschlossen
hatte. 10 Als dann die Priester aus dem Heiligtum
traten, erfüllte die Wolke das Haus des Herrn. 11 Sie
konnten wegen der Wolke ihren Dienst nicht ver-
richten; denn die Herrlichkeit des Herrn erfüllte
das Haus des Herrn. 12 Damals sagte Salomo:
Der Herr hat die Sonne an den Himmel gesetzt; /
er selbst wollte im Dunkel wohnen.
13 Ich habe ein fürstliches Haus für dich gebaut, /
eine Wohnstätte für ewige Zeiten.

1–13 ‖ 2 Chr 5,2–11; 6,1f

Die Ansprache des Königs

14 Dann wandte sich der König um und segnete die
ganze Versammlung Israels. Alle standen 15 und er
betete: Gepriesen sei der Herr, der Gott Israels.
Seine Hand hat ausgeführt, was sein Mund mei-
nem Vater David verheißen hat, als er sprach:
16 Seit dem Tag, da ich mein Volk Israel aus Ägyp-
ten führte, habe ich aus keinem der Stämme Isra-
els eine Stadt für den Bau eines Hauses erwählt,
um meinen Namen dort wohnen zu lassen. David
aber habe ich zum Herrscher über mein Volk Is-
rael erwählt. 17 Mein Vater David wollte dem Na-
men des Herrn, des Gottes Israels, ein Haus bauen.
18 Doch der Herr sprach zu ihm: Wenn du dir vor-
genommen hast, meinem Namen ein Haus zu
bauen, hast du einen guten Entschluss gefasst.
19 Doch sollst nicht du das Haus bauen; sondern
erst dein leiblicher Sohn soll meinem Namen das
Haus bauen. 20 Der Herr hat jetzt sein Versprechen,
das er gegeben hat, wahr gemacht: Ich bin an die
Stelle meines Vaters David getreten und habe den
Thron Israels bestiegen, wie es der Herr zugesagt
hatte. Ich habe dem Namen des Herrn, des Gottes

Israels, das Haus gebaut [21] und darin einen Raum
für die Lade geschaffen. Sie enthält die Tafeln des
Bundes, den der Herr mit unseren Vätern geschlossen hat, als er sie aus Ägypten führte.

14–21 || 2 Chr 6,3–11 • 17–19: 2 Sam 7,1–13

Das Weihegebet

[22] Dann trat Salomo in Gegenwart der ganzen Versammlung Israels vor den Altar des Herrn, breitete
seine Hände zum Himmel aus [23] und betete: Herr,
Gott Israels, im Himmel oben und auf der Erde unten gibt es keinen Gott, der so wie du Bund und Huld seinen Knechten bewahrt, die mit ungeteiltem Herzen vor ihm leben. [24] Du hast das Verspre-
chen gehalten, das du deinem Knecht, meinem Vater David, gegeben hast. Deine Hand hat heute erfüllt, was dein Mund versprochen hat. [25] Und
nun, Herr, Gott Israels, halte auch das andere Versprechen, das du deinem Knecht David, meinem Vater, gegeben hast, als du sagtest: Es soll dir nie an einem Nachkommen fehlen, der vor mir auf dem Thron Israels sitzt, wenn nur deine Söhne darauf achten, ihren Weg so vor mir zu gehen, wie
du es getan hast. [26] Gott Israels, möge sich jetzt
dein Wort, das du deinem Knecht David, meinem Vater, gegeben hast, als wahr erweisen.
[27] Wohnt denn Gott wirklich auf der Erde? Siehe,
selbst der Himmel und die Himmel der Himmel fassen dich nicht, wie viel weniger dieses Haus, das
ich gebaut habe. [28] Wende dich, Herr, mein Gott,
dem Beten und Flehen deines Knechtes zu! Höre auf das Rufen und auf das Gebet, das dein Knecht
heute vor dir verrichtet. [29] Halte deine Augen offen
über diesem Haus bei Nacht und bei Tag, über der Stätte, von der du gesagt hast, dass dein Name hier wohnen soll. Höre auf das Gebet, das dein Knecht
an dieser Stätte verrichtet. [30] Achte auf das Flehen
deines Knechtes und deines Volkes Israel, wenn sie an dieser Stätte beten. Höre sie im Himmel, dem Ort, wo du wohnst. Höre sie und verzeih!
[31] Wenn sich jemand gegen seinen Nächsten ver-
fehlt und dieser ihm einen Eid abverlangt, den er schwören muss, und er dann kommt und vor deinem Altar in diesem Haus schwört, [32] so höre du
es im Himmel und greif ein! Verschaff deinen Knechten Recht; verurteile den Schuldigen und lass sein Tun auf ihn selbst zurückfallen! Den Schuldlosen aber sprich frei und vergilt ihm, wie es seiner Gerechtigkeit entspricht.
[33] Wenn dein Volk Israel von einem Feind geschla-
gen wird, weil es gegen dich gesündigt hat, und dann wieder zu dir umkehrt, deinen Namen preist und in diesem Haus zu dir betet und fleht, [34] so
höre du es im Himmel! Vergib deinem Volk Israel seine Sünde; lass sie in das Land zurückkommen, das du ihren Vätern gegeben hast.
[35] Wenn der Himmel verschlossen ist und kein Re-
gen fällt, weil sie gegen dich gesündigt haben, und wenn sie dann an diesem Ort beten, deinen Namen preisen und von ihrer Sünde lassen, weil du
sie demütigst, [36] so höre du sie im Himmel! Vergib
deinen Knechten und deinem Volk Israel ihre Sünden; denn du führst sie den guten Weg, den sie gehen sollen. Spende Regen deinem Land, das du deinem Volk zum Erbbesitz gegeben hast.
[37] Wenn im Land Hungersnot herrscht, wenn Pest
ausbricht, wenn Getreidebrand, Rost, Heuschrecken und Ungeziefer auftreten, wenn Feinde sie im eigenen Land bedrängen, wenn irgendeine Plage
oder Krankheit sie trifft, [38] (so höre du) jedes Ge-
bet und Flehen eines jeden einzelnen und deines ganzen Volkes Israel; denn sie alle kennen die Not ihres Herzens und erheben ihre Hände zu diesem
Haus. [39] Höre sie dann im Himmel, dem Ort, wo
du wohnst, und verzeih! Greif ein, und vergilt jedem, wie es sein Tun verdient. Du kennst ja ihre Herzen; denn du allein kennst die Herzen aller
Menschen. [40] So werden sie dich fürchten, solange
sie in dem Land leben, das du unseren Vätern gegeben hast.
[41] Auch Fremde, die nicht zu deinem Volk Israel
gehören, werden wegen deines Namens aus fernen
Ländern kommen; [42] denn sie werden von deinem
großen Namen, deiner starken Hand und deinem hoch erhobenen Arm hören. Sie werden kommen
und in diesem Haus beten. [43] Höre sie dann im
Himmel, dem Ort, wo du wohnst, und tu alles, weswegen der Fremde zu dir ruft. Dann werden alle Völker der Erde deinen Namen erkennen. Sie werden dich fürchten, wie dein Volk Israel dich fürchtet, und erfahren, dass dein Name ausgerufen ist über diesem Haus, das ich gebaut habe.
[44] Wenn dein Volk auf dem Weg, den du es führst,
gegen seine Feinde in den Krieg zieht und wenn es

dann zu dir betet, zur Stadt hingewendet, die du erwählt hast, und zu dem Haus hin, das ich deinem Namen gebaut habe, [45] so höre du im Himmel sein Beten und Flehen und verschaff ihm Recht.
[46] Wenn sie gegen dich sündigen – es gibt ja niemand, der nicht sündigt – und du ihnen zürnst, sie ihren Bedrängern preisgibst und ihre Feinde sie gefangen fortführen in ein fernes oder nahes Land, [47] so werden sie im Land ihrer Gefangenschaft in sich gehen. Sie werden im Land ihrer Gefangenschaft umkehren, zu dir flehen und rufen: Wir haben gesündigt, Unrecht getan und gefrevelt. [48] Mit ganzem Herzen und ganzer Seele werden sie im Land ihrer Feinde, von denen sie als Gefangene weggeführt wurden, zu dir umkehren und zu dir beten, zum Land hingewendet, das du ihren Vätern gegeben hast, zur Stadt hin, die du erwählt hast, und zum Haus hin, das ich deinem Namen gebaut habe. [49] Höre dann im Himmel, dem Ort, wo du wohnst, ihr Beten und Flehen! Verschaff ihnen Recht [50] und verzeih deinem Volk, was es gegen dich gesündigt hat; verzeih ihm alle Frevel, die es gegen dich begangen hat. Lass sie bei ihren Unterdrückern Mitleid und Erbarmen finden! [51] Sie sind ja dein Volk und dein Eigentum, das du aus dem Schmelzofen, aus Ägypten, herausgeführt hast.
[52] Halte deine Augen offen für das Flehen deines Knechtes und für das Flehen deines Volkes Israel! Erhöre sie, sooft sie zu dir rufen. [53] Du hast dir Israel unter allen Völkern der Erde als Eigentum ausgewählt, wie du es durch deinen Knecht Mose verkündet hast, als du unsere Väter aus Ägypten geführt hast, Herr und Gott.

22–52 || 2 Chr 6,12–40

Salomos Segen

[54] Als Salomo dieses flehentliche Gebet zum Herrn beendet hatte, erhob er sich auf dem Platz vor dem Altar des Herrn, wo er niedergekniet war und die Hände zum Himmel ausgebreitet hatte. [55] Er trat vor die ganze Versammlung Israels, segnete sie und rief mit lauter Stimme: [56] Gepriesen sei der Herr, der seinem Volk Israel Ruhe geschenkt hat, wie er es versprochen hat. Von all den herrlichen Verheißungen, die er durch seinen Knecht Mose verkündet hat, ist nicht eine hinfällig geworden.
[57] Der Herr, unser Gott, sei mit uns, wie er mit unseren Vätern war. Er verlasse uns nicht und verstoße uns nicht. [58] Er lenke unsere Herzen zu sich hin, damit wir auf seinen Wegen gehen und die Gebote, Befehle und Anordnungen befolgen, die er unseren Vätern gegeben hat. [59] Mögen diese Worte, die ich flehend vor dem Herrn, unserem Gott, gesprochen habe, ihm Tag und Nacht gegenwärtig bleiben. Möge er seinem Knecht und seinem Volk Israel Recht verschaffen, wie es jeder Tag verlangt, [60] damit alle Völker der Erde erkennen, dass niemand Gott ist als der Herr allein.
[61] Euer Herz aber bleibe ungeteilt beim Herrn, unserem Gott, sodass ihr seinen Gesetzen folgt und auf seine Gebote achtet, wie es heute geschieht.

Der Abschluss der Feier

[62] Dann brachten der König und mit ihm ganz Israel vor dem Herrn Opfer dar. [63] Zweiundzwanzigtausend Rinder und hundertzwanzigtausend Schafe ließ Salomo als Heilsopfer für den Herrn schlachten. So vollzogen der König und alle Israeliten die Weihe des Hauses des Herrn. [64] An jenem Tag weihte der König auch die Mitte des Hofes, der vor dem Haus des Herrn war, als er dort das Brandopfer, das Speiseopfer und die Fettstücke der Heilsopfer darbrachte. Der bronzene Altar, der vor dem (Tempel des) Herrn stand, war nämlich zu klein, um das Brandopfer, das Speiseopfer und die Fettstücke der Heilsopfer fassen zu können.
[65] Salomo feierte damals mit ganz Israel, das von Lebo-Hamat bis zum Grenzbach Ägyptens zu einer großen Versammlung vor dem Herrn, unserem Gott, erschienen war, das (Laubhütten-)Fest sieben Tage lang [und nochmals sieben Tage, zusammen vierzehn Tage]. [66] Am achten Tag entließ er das Volk. Sie priesen den König und gingen zu ihren Zelten, frohen Mutes und voll Freude über all das Gute, das der Herr an seinem Knecht David und seinem Volk Israel getan hatte.

62–66 || 2 Chr 7,4–10

Die Verheißung für den Tempel

9 Nachdem Salomo den Bau des Tempels und des königlichen Palastes vollendet und alle Pläne, die er auszuführen wünschte, verwirklicht hatte, [2] erschien ihm der Herr zum zweiten Mal, wie er ihm in Gibeon erschienen war. [3] Er sprach

zu ihm: Ich habe dein flehentliches Gebet, das du
an mich gerichtet hast, gehört und dieses Haus,
das du gebaut hast, geheiligt. Meinen Namen wer-
de ich für immer hierher legen, meine Augen und
mein Herz werden allezeit hier weilen. 4 Wenn du
mit ungeteiltem und aufrichtigem Herzen vor mir
den Weg gehst, den dein Vater David gegangen ist,
und wenn du alles tust, was ich dir befohlen habe,
wenn du auf meine Gebote und Rechtsvorschrif-
ten achtest, 5 dann werde ich deinen Königsthron
auf ewig in Israel bestehen lassen, wie ich es dei-
nem Vater David zugesichert habe, zu dem ich ge-
sagt habe: Es soll dir nie an einem Nachkommen
auf dem Thron Israels fehlen. 6 Doch wenn ihr und
eure Söhne euch von mir abwendet und die Ge-
bote und Gesetze, die ich euch gegeben habe, über-
tretet, wenn ihr euch anschickt, andere Götter zu
verehren und anzubeten, 7 dann werde ich Israel in
dem Land ausrotten, das ich ihm gegeben habe.
Das Haus, das ich meinem Namen geweiht habe,
werde ich aus meinem Angesicht wegschaffen und
Israel soll zum Gespött und zum Hohn unter al-
len Völkern werden. 8 Dieses Haus wird zu einem
Trümmerhaufen werden und jeder, der vorüber-
geht, wird sich entsetzen und zischen. Man wird
fragen: Warum hat der Herr diesem Land und die-
sem Haus das angetan? 9 Und man wird antwor-
ten: Weil sie den Herrn, ihren Gott, der ihre Väter
aus Ägypten geführt hat, verlassen, sich an andere
Götter gehängt, sich vor ihnen niedergeworfen
und sie verehrt haben, darum hat der Herr all die-
ses Unglück über sie gebracht.

1–9 ‖ 2 Chr 7,11–22 • 2–3: 3,4f • 5: 2 Sam 7,16

Verschiedene Nachrichten über Salomo

10 Zwanzig Jahre hatte Salomo an den beiden Häu-
sern, dem Tempel des Herrn und dem königlichen
Palast, gebaut. 11 Der König Hiram von Tyrus hatte
ihn dabei mit Zedern- und Zypressenholz sowie
mit Gold in der gewünschten Menge unterstützt.
Damals trat König Salomo zwanzig Städte in der
Landschaft Galiläa an Hiram ab. 12 Als aber Hiram
aus Tyrus herüberkam, um die Städte anzusehen,
die Salomo ihm gegeben hatte, gefielen sie ihm
nicht. 13 Er meinte: Was sind das für Städte, die du
mir gegeben hast, mein Bruder? – Man nennt sie
Land Kabul bis zum heutigen Tag. 14 Hiram hatte
dem König hundertzwanzig Talente Gold gesandt.
15 So verhielt es sich mit dem Frondienst: König
Salomo hatte Fronarbeiter ausgehoben zum Bau
des Tempels, seines Palastes, des Millo und der
Mauern von Jerusalem, Hazor, Megiddo und Ge-
ser. 16 Der Pharao, der König von Ägypten, war
nämlich heraufgezogen, hatte Geser erobert und
eingeäschert, die Kanaaniter, die darin wohnten,
getötet und die Stadt als Brautgeschenk seiner
Tochter, der Frau Salomos, gegeben. 17 Salomo
baute nun Geser wieder auf. Ferner baute er das
untere Bet-Horon aus 18 sowie Baala und Tamar in
der Steppe im Land (Juda), 19 dazu alle Vorrats-
städte, die ihm gehörten, die Städte für die Wagen
und ihre Mannschaft und was er sonst in Jerusa-
lem, auf dem Libanon und im ganzen Bereich sei-
ner Herrschaft zu bauen wünschte. 20 Die Reste der
Amoriter, Hetiter, Perisiter, Hiwiter und Jebusiter,
die nicht zu den Israeliten gehörten 21 und von de-
nen noch Nachkommen im Land lebten – die
Israeliten hatten sie nicht ausrotten können –, hob
Salomo als Fronarbeiter aus und sie blieben es
bis zum heutigen Tag. 22 Von den Israeliten aber
machte Salomo niemand zum Sklaven; sie waren
seine Krieger und Beamten, seine Obersten und
Hauptleute, die Befehlshaber über seine Wagen
und deren Mannschaft. 23 Die Leitung der Arbei-
ten Salomos oblag den fünfhundertfünfzig Werk-
führern unter dem Befehl der Statthalter. Sie hat-
ten die Aufsicht über die Leute, die bei den
Arbeiten beschäftigt waren.
24 Als die Tochter des Pharao aus der Davidstadt in
ihr Haus hinaufgezogen war, das Salomo für sie
gebaut hatte, baute er den Millo aus.
25 Dreimal im Jahr brachte Salomo auf dem Altar,
den er für den Herrn erbaut hatte, Brand- und
Heilsopfer dar und ließ seine Opfergaben vor dem
Herrn in Rauch aufgehen. Und er vollendete das
Haus.
26 König Salomo baute auch eine Flotte in Ezjon-
Geber, das bei Elat an der Küste des Schilfmeers in
Edom liegt. 27 Hiram schickte seine Leute, geübte
Seefahrer, mit den Leuten Salomos zu Schiff aus.
28 Sie fuhren nach Ofir, holten von dort vierhun-
dertzwanzig Talente Gold und brachten es dem
König Salomo.

10–28 ‖ 2 Chr 8,1–18 • 15: 2 Sam 5,9

Die Königin von Saba

10 Die Königin von Saba hörte vom Ruf Sa-
lomos und kam, um ihn mit Rätselfragen
auf die Probe zu stellen. 2 Sie kam nach Jerusalem
mit sehr großem Gefolge, mit Kamelen, die Bal-
sam, eine gewaltige Menge Gold und Edelsteine
trugen, trat bei Salomo ein und redete mit ihm
über alles, was sie sich vorgenommen hatte.
3 Salomo gab ihr Antwort auf alle Fragen. Es gab
nichts, was dem König verborgen war und was
er ihr nicht hätte sagen können. 4 Als nun die Kö-
nigin von Saba die ganze Weisheit Salomos er-
kannte, als sie den Palast sah, den er gebaut hatte,
5 die Speisen auf seiner Tafel, die Sitzplätze seiner
Beamten, das Aufwarten der Diener und ihre
Gewänder, seine Getränke und sein Opfer, das er
im Haus des Herrn darbrachte, da stockte ihr der
Atem. 6 Sie sagte zum König: Was ich in meinem
Land über dich und deine Weisheit gehört habe,
ist wirklich wahr. 7 Ich wollte es nicht glauben,
bis ich nun selbst gekommen bin und es mit ei-
genen Augen gesehen habe. Und wahrlich, nicht
einmal die Hälfte hat man mir berichtet; deine
Weisheit und deine Vorzüge übertreffen alles,
was ich gehört habe. 8 Glücklich sind deine Män-
ner, glücklich diese deine Diener, die allezeit vor
dir stehen und deine Weisheit hören. 9 Gepriesen
sei Jahwe, dein Gott, der an dir Gefallen fand
und dich auf den Thron Israels setzte. Weil Jahwe
Israel ewig liebt, hat er dich zum König bestellt,
damit du Recht und Gerechtigkeit übst. 10 Sie gab
dem König hundertzwanzig Talente Gold, dazu
eine sehr große Menge Balsam und Edelsteine.
Niemals mehr kam so viel Balsam in das Land,
wie die Königin von Saba dem König Salomo
schenkte.
11 Auch die Flotte Hirams, die Gold aus Ofir holte,
brachte von dort große Mengen Almuggimholz
und Edelsteine. 12 Der König ließ aus dem Almug-
gimholz Schnitzarbeiten für das Haus des Herrn
und den königlichen Palast sowie Zithern und
Harfen für die Sänger anfertigen. Solches Almug-
gimholz ist nie wieder in das Land gekommen und
bis zum heutigen Tag nicht mehr gesehen worden.
13 König Salomo gewährte der Königin von Saba
alles, was sie wünschte und begehrte. Dazu be-
schenkte er sie reichlich, wie es nur der König Sa-
lomo vermochte. Schließlich kehrte sie mit ihrem
Gefolge in ihr Land zurück.

1–13 ‖ 2 Chr 9,1–12

Salomos Reichtum

14 Das Gewicht des Goldes, das alljährlich bei Sa-
lomo einging, betrug sechshundertsechsundsech-
zig Goldtalente. 15 Dabei sind nicht eingerechnet
die Abgaben der Kaufleute und die Einnahmen,
die von den Händlern, von allen Königen Arabi-
ens und von den Statthaltern des Landes kamen.
16 König Salomo ließ zweihundert Schilde aus
gehämmertem Gold herstellen; sechshundert
Goldschekel verwandte er für jeden Schild. 17 Dazu
machte er dreihundert kleinere Schilde aus ge-
hämmertem Gold; drei Minen Gold verwandte er
für jeden. Er brachte sie in das Libanonwaldhaus.
18 Ferner ließ der König einen großen Thron aus
Elfenbein anfertigen und mit bestem Gold über-
ziehen. 19 Sechs Stufen führten zum Thron hinauf.
An seiner Rückseite war der Kopf eines Jungstiers
und zu beiden Seiten des Sitzes befanden sich
Armlehnen. Zwei Löwen standen neben den Leh-
nen 20 und zwölf zu beiden Seiten der sechs Stufen.
Dergleichen ist noch für kein Königreich geschaf-
fen worden.
21 Alle Trinkgefäße des Königs Salomo waren aus
Gold; ebenso waren alle Geräte des Libanonwald-
hauses aus bestem Gold. Silber galt in den Tagen
Salomos als wertlos; 22 denn der König hatte eine
Tarschischflotte auf dem Meer, zusammen mit den
Schiffen Hirams. Einmal in drei Jahren kam die
Tarschischflotte und brachte Gold, Silber, Elfen-
bein, Affen und Perlhühner.
23 So übertraf König Salomo alle Könige der Erde
an Reichtum und Weisheit. 24 Alle Welt begehrte
ihn zu sehen und die Weisheit zu hören, die Gott
in sein Herz gelegt hatte. 25 Alle brachten ihm Jahr
für Jahr ihre Gaben: silberne und goldene Gefäße,
Gewänder, Waffen, Balsam, Pferde und Maultiere.
26 Salomo beschaffte sich Wagen und Besatzung
dazu. Er hatte vierzehnhundert Wagen und zwölf-
tausend Mann als Besatzung und brachte sie in die
Wagenstädte sowie in die Umgebung des Königs
nach Jerusalem. 27 Der König machte das Silber in
Jerusalem so häufig wie die Steine und die Zedern
so zahlreich wie die Maulbeerfeigenbäume in der

Schefela. 28 Man bezog die Pferde für Salomo aus Ägypten und Koë; die Händler des Königs kauften sie in Koë. 29 Ein Wagen, der aus Ägypten kam, kostete sechshundert und ein Pferd hundertfünfzig Silberschekel. Ebenso trieb man Handel mit allen hetitischen und aramäischen Königen.

14–28 ॥ 2 Chr 9,13–28 • 26–29 ॥ 2 Chr 1,14–17

Salomos Bundesbruch

11 König Salomo liebte neben der Tochter des Pharao noch viele andere ausländische Frauen: Moabiterinnen, Ammoniterinnen, Edomiterinnen, Sidonierinnen, Hetiterinnen. 2 Es waren Frauen aus den Völkern, von denen der Herr den Israeliten gesagt hatte: Ihr dürft nicht zu ihnen gehen und sie dürfen nicht zu euch kommen; denn sie würden euer Herz ihren Göttern zuwenden. An diesen hing Salomo mit Liebe. 3 Er hatte siebenhundert fürstliche Frauen und dreihundert Nebenfrauen. Sie machten sein Herz abtrünnig. 4 Als Salomo älter wurde, verführten ihn seine Frauen zur Verehrung anderer Götter, sodass er dem Herrn, seinem Gott, nicht mehr ungeteilt ergeben war wie sein Vater David. 5 Er verehrte Astarte, die Göttin der Sidonier, und Milkom, den Götzen der Ammoniter. 6 Er tat, was dem Herrn missfiel, und war ihm nicht so vollkommen ergeben wie sein Vater David. 7 Damals baute Salomo auf dem Berg östlich von Jerusalem eine Kulthöhe für Kemosch, den Götzen der Moabiter, und für Milkom, den Götzen der Ammoniter. 8 Dasselbe tat er für alle seine ausländischen Frauen, die ihren Göttern Rauch- und Schlachtopfer darbrachten.

2: Ex 34,16; Dtn 7,3

Ankündigung des Gerichts

9 Der Herr aber wurde zornig über Salomo, weil sich sein Herz von ihm, dem Gott Israels, abgewandt hatte, der ihm zweimal erschienen war 10 und ihm verboten hatte, fremden Göttern zu dienen. Doch Salomo hielt sich nicht an das, was der Herr von ihm verlangt hatte. 11 Daher sprach der Herr zu ihm: Weil es so mit dir steht, weil du meinen Bund gebrochen und die Gebote nicht befolgt hast, die ich dir gegeben habe, werde ich dir das Königreich entreißen und es deinem Knecht geben. 12 Nur deines Vaters David wegen werde ich es nicht schon zu deinen Lebzeiten tun; erst deinem Sohn werde ich es entreißen. 13 Doch werde ich ihm das Königtum nicht ganz entreißen; ich lasse deinem Sohn noch einen Stamm wegen meines Knechtes David und wegen Jerusalem, der Stadt, die ich erwählt habe.

9: 3,4–15; 9,1–9

Salomos Gegner

14 Der Herr ließ Salomo einen Widersacher erstehen, den Edomiter Hadad aus der königlichen Familie von Edom. 15 Als David die Edomiter geschlagen hatte und sein Heerführer Joab hinaufzog, um die Gefallenen zu begraben, tötete er in Edom alles, was männlich war. 16 Sechs Monate hielt sich Joab mit ganz Israel in Edom auf, bis er alles, was männlich war, ausgerottet hatte. 17 Hadad aber konnte mit einigen Edomitern, die im Dienst seines Vaters standen, entfliehen und nach Ägypten entkommen. Er war noch sehr jung. 18 Sie waren von Midian aufgebrochen und nach Paran gelangt. Dort nahmen sie noch andere Männer mit und kamen nach Ägypten zum Pharao, dem König von Ägypten. Dieser gab Hadad ein Haus, sorgte für seinen Unterhalt und schenkte ihm ein Grundstück. 19 Hadad fand solche Gnade beim Pharao, dass dieser ihm die Schwester seiner Gemahlin, der Königin Tachpenes, zur Frau gab. 20 Die Schwester der Tachpenes gebar ihm den Sohn Genubat und Tachpenes zog ihn im Haus des Pharao auf. So lebte Genubat im Haus des Pharao unter dessen Söhnen. 21 Als nun Hadad in Ägypten hörte, dass David zu seinen Vätern entschlafen und der Heerführer Joab tot war, bat er den Pharao: Lass mich in mein Land zurückkehren! 22 Der Pharao entgegnete ihm: Was fehlt dir denn bei mir, dass du in dein Land zurückkehren willst? Doch Hadad antwortete: Lass mich ziehen!

23 Gott ließ Salomo noch einen anderen Widersacher erstehen, Reson, den Sohn Eljadas, der vor seinem Herrn, dem König Hadad-Eser von Zoba, geflohen war. 24 Als David viele Aramäer niedermachen ließ, sammelte Reson Männer um sich und wurde Anführer einer Freischar. Später zog er nach Damaskus, ließ sich dort nieder und wurde König in Damaskus. 25 Er war ein Widersacher Israels, solange Salomo lebte, und vermehrte das

Unglück, das von Hadad ausging; er hasste Israel
und herrschte über Aram. 26 Auch Jerobeam, der
Sohn Nebats, ein Beamter Salomos, erhob sich ge-
gen den König. Er war ein Efratiter aus Zereda;
seine Mutter hieß Zerua und war Witwe. 27 Mit der
Erhebung hatte es folgende Bewandtnis: Salomo
baute den Millo und schloss die Lücke in der Stadt
Davids, seines Vaters. 28 Jerobeam war ein tüchti-
ger Mann, und als Salomo sah, wie der junge Mann
arbeitete, machte er ihn zum Aufseher über alle
Fronarbeiten des Hauses Josef. 29 Als in jener Zeit
Jerobeam einmal aus Jerusalem herauskam, be-
gegnete ihm auf dem Weg der Prophet Ahija aus
Schilo. Dieser war mit einem neuen Mantel be-
kleidet. Während nun beide allein auf freiem Feld
waren, 30 fasste Ahija den neuen Mantel, den er an-
hatte, zerriss ihn in zwölf Stücke 31 und sagte zu
Jerobeam: Nimm dir zehn Stücke; denn so spricht
der Herr, der Gott Israels: Ich nehme Salomo das
Königtum weg und gebe dir zehn Stämme. 32 Nur
ein Stamm soll ihm verbleiben wegen meines
Knechtes David und wegen Jerusalem, der Stadt,
die ich aus allen Stämmen Israels erwählt habe.
33 Denn er hat mich verlassen und Astarte, die Göt-
tin der Sidonier, Kemosch, den Gott der Moabiter,
und Milkom, den Gott der Ammoniter, angebetet.
Er ist von meinen Wegen abgewichen und hat
nicht wie sein Vater David das getan, was mir ge-
fällt; er hat meine Gebote und Satzungen übertre-
ten. 34 Doch werde ich ihm das Königtum nicht
ganz wegnehmen. Wegen meines Knechtes David,
den ich erwählt habe und der meine Befehle und
Gebote befolgt hat, lasse ich ihm die Herrschaft,
solange er lebt. 35 Erst seinem Sohn werde ich das
Königreich nehmen und dir zehn Stämme geben.
36 Seinem Sohn werde ich einen einzigen Stamm
geben, damit meinem Knecht David für immer
eine Leuchte vor mir bleibe in Jerusalem, der
Stadt, die ich erwählt habe, um auf sie meinen Na-
men zu legen. 37 Dich aber will ich nehmen, damit
du ganz nach deinem Begehren herrschen kannst;
du sollst König von Israel sein. 38 Wenn du nun auf
alles hörst, was ich dir gebiete, auf meinen Wegen
gehst und das tust, was mir gefällt, wenn du meine
Gebote und Befehle befolgst wie mein Knecht Da-
vid, dann werde ich mit dir sein. Ich werde dir ein
Haus bauen, das Bestand hat, wie ich es für David
gebaut habe, und dir Israel übergeben. 39 Die
Nachkommen Davids werde ich für den Abfall be-
strafen, doch nicht für alle Zeiten. 40 Salomo suchte
nun Jerobeam zu töten. Doch dieser machte sich
auf und floh nach Ägypten zu Schischak, dem
König von Ägypten. Dort blieb er bis zum Tod
Salomos.

38: 2 Sam 7,16

Salomos Tod

41 Die übrige Geschichte Salomos, alle seine Taten
und die Beweise seiner Weisheit, sind aufgezeich-
net in der Chronik Salomos. 42 Die Zeit, in der Sa-
lomo in Jerusalem über ganz Israel König war, be-
trug vierzig Jahre. 43 Er entschlief zu seinen Vätern
und wurde in der Stadt seines Vaters David begra-
ben. Sein Sohn Rehabeam wurde König an seiner
Stelle.

41–43 || 2 Chr 9,29–31

DIE GESCHICHTE DER GETRENNTEN REICHE
ERSTER TEIL: 12,1–22,54

Der Abfall der zehn Nordstämme

12 Rehabeam begab sich nach Sichem; denn
dorthin war ganz Israel gekommen, um
ihn zum König zu machen. 2 Jerobeam, der Sohn
Nebats, hörte davon, während er noch in Ägypten
war, wohin er vor dem König Salomo hatte fliehen
müssen; er kehrte jetzt aus Ägypten zurück. 3 Man
sandte zu ihm und ließ ihn rufen. So kamen also
Jerobeam und die ganze Versammlung Israels
(nach Sichem) und sie sagten zu Rehabeam: 4 Dein
Vater hat uns ein hartes Joch auferlegt. Erleichtere
du jetzt den harten Dienst deines Vaters und das
schwere Joch, das er uns auferlegt hat. Dann wol-
len wir dir dienen. 5 Er antwortete ihnen: Geht weg
und kommt nach drei Tagen wieder zu mir! Als
sich das Volk entfernt hatte, 6 beriet sich König
Rehabeam mit den älteren Männern, die zu Leb-
zeiten seines Vaters Salomo in dessen Dienst ge-

standen hatten. Er fragte sie: Welchen Rat gebt ihr mir? Was soll ich diesem Volk antworten? 7 Sie sagten zu ihm: Wenn du dich heute zum Diener dieses Volkes machst, ihnen zu Willen bist, auf sie hörst und freundlich mit ihnen redest, dann werden sie immer deine Diener sein. 8 Doch er verwarf den Rat, den die Älteren ihm gegeben hatten, und beriet sich mit den jungen Leuten, die mit ihm groß geworden waren und jetzt in seinem Dienst standen. 9 Er fragte sie: Welchen Rat gebt ihr mir? Was sollen wir diesem Volk antworten, das zu mir sagt: Erleichtere das Joch, das dein Vater uns auferlegt hat? 10 Die jungen Leute, die mit ihm groß geworden waren, sagten zu ihm: So sollst du diesem Volk antworten, das zu dir sagt: Dein Vater hat uns ein schweres Joch auferlegt; erleichtere es uns! So sollst du zu ihnen sagen: Mein kleiner Finger ist stärker als die Lenden meines Vaters. 11 Hat mein Vater euch ein schweres Joch aufgebürdet, so werde ich es noch schwerer machen. Mein Vater hat euch mit Peitschen gezüchtigt, ich werde euch mit Skorpionen züchtigen.

12 Am dritten Tag kamen Jerobeam und das ganze Volk zu Rehabeam; denn der König hatte ihnen gesagt: Kommt am dritten Tag wieder zu mir! 13 Der König gab nun dem Volk eine harte Antwort. Er verwarf den Rat, den die Älteren ihm erteilt hatten, 14 und antwortete ihnen nach dem Rat der jungen Leute: Mein Vater hat euer Joch schwer gemacht. Ich werde es noch schwerer machen. Mein Vater hat euch mit Peitschen gezüchtigt, ich werde euch mit Skorpionen züchtigen. 15 Der König hörte also nicht auf das Volk; denn der Herr hatte es so bestimmt, um das Wort wahr zu machen, das er durch Ahija von Schilo zu Jerobeam, dem Sohn Nebats, gesprochen hatte.

16 Als die Israeliten sahen, dass der König nicht auf sie hörte, gaben sie ihm zur Antwort:

Welchen Anteil haben wir an David? / Wir haben keinen Erbbesitz beim Sohn Isais. / In deine Zelte, Israel! / Nun kümmere dich um dein Haus, David!

So begab sich Israel zu seinen Zelten. 17 Nur über die Israeliten, die in den Städten Judas wohnten, blieb Rehabeam König. 18 Und als er den Fronaufseher Adoniram hinschickte, steinigte ihn ganz Israel zu Tode. Dem König Rehabeam gelang es, den Wagen zu besteigen und nach Jerusalem zu entkommen. 19 So fiel Israel vom Haus David ab und ist abtrünnig bis zum heutigen Tag.

1–19 || 2 Chr 10,1–19 • 15: 11,29–39 • 16: 2 Sam 20,1

Jerobeam I. von Israel

20 Als die Israeliten erfuhren, dass Jerobeam zurückgekehrt war, ließen sie ihn zur Versammlung rufen und machten ihn zum König über ganz Israel. Der Stamm Juda allein hielt noch zum Haus David.

21 Rehabeam kam nach Jerusalem und versammelte das ganze Haus Juda und den Stamm Benjamin, hundertachtzigtausend auserlesene Krieger, um gegen das Haus Israel zu kämpfen und das Königtum für Rehabeam, den Sohn Salomos, zurückzugewinnen. 22 Doch das Wort Gottes erging an Schemaja, den Mann Gottes: 23 Sag zu Rehabeam, dem Sohn Salomos, dem König von Juda, und zum ganzen Haus Juda und Benjamin und zum übrigen Volk: 24 So spricht der Herr: Zieht nicht in den Krieg gegen eure Brüder, die Israeliten! Jeder kehre in sein Haus zurück; denn ich habe es so verfügt. Sie hörten auf das Wort des Herrn und kehrten heim, wie der Herr es befohlen hatte.

25 Jerobeam baute Sichem im Gebirge Efraim aus und ließ sich dort nieder. Von Sichem zog er nach Penuël und baute auch diese Stadt aus.

21–24 || 2 Chr 11,1–5

Die religiöse Trennung

26 Jerobeam dachte bei sich: Das Königtum könnte wieder an das Haus David fallen. 27 Wenn dieses Volk hinaufgeht, um im Haus des Herrn in Jerusalem Opfer darzubringen, wird sich sein Herz wieder seinem Herrn, dem König Rehabeam von Juda, zuwenden. Mich werden sie töten und zu Rehabeam, dem König von Juda, zurückkehren. 28 So ging er mit sich zu Rate, ließ zwei goldene Kälber anfertigen und sagte zum Volk: Ihr seid schon zu viel nach Jerusalem hinaufgezogen. Hier ist dein Gott, Israel, der dich aus Ägypten heraufgeführt hat. 29 Er stellte das eine Kalb in Bet-El auf, das andere brachte er nach Dan. 30 Dies wurde Anlass zur Sünde. Das Volk zog sogar bis nach Dan, vor das eine Kalb. 31 Auch errichtete er Kulthöhen und setzte Priester ein, die aus allen Teilen des Volkes

stammten und nicht zu den Söhnen Levis gehörten. [32] Für den fünfzehnten Tag des achten Monats stiftete Jerobeam ein Fest, das dem Fest in Juda entsprach. Er stieg in Bet-El zum Altar hinauf, um den Kälbern zu opfern, die er hatte anfertigen lassen. In Bet-El ließ er auch die Priester, die er für die Kulthöhen bestellt hatte, Dienst tun. [33] Am fünfzehnten Tag des achten Monats stieg er zum Altar hinauf, den er in Bet-El errichtet hatte. Er hatte sich diesen Monat eigens ausgedacht und diesen Tag zu einem Fest für die Israeliten bestimmt. An ihm stieg er zum Altar hinauf, um zu opfern.

28: Ex 32,4

Der ungehorsame Gottesmann

13 Während Jerobeam am Altar stand, um zu opfern, kam ein Gottesmann aus Juda im Auftrag des Herrn nach Bet-El. [2] Er rief im Auftrag des Herrn gegen den Altar: Altar, Altar! So spricht der Herr: Dem Haus David wird ein Sohn geboren mit Namen Joschija. Dieser wird auf dir die Höhenpriester hinschlachten, die auf dir opfern, und die Gebeine von Menschen wird man auf dir verbrennen. [3] Er gab an jenem Tag auch ein Zeichen und sprach: Das ist das Zeichen dafür, dass der Herr gesprochen hat: Der Altar wird zerbersten und die Asche auf ihm wird zerstreut werden. [4] Als der König die Worte hörte, die der Gottesmann gegen den Altar in Bet-El ausrief, streckte er am Altar seine Hand aus und befahl: Nehmt ihn fest! Doch die Hand, die er gegen ihn ausgestreckt hatte, erstarrte; er konnte sie nicht mehr zurückziehen. [5] Der Altar aber zerbarst und die Asche auf ihm wurde zerstreut, wie es der Gottesmann im Auftrag des Herrn als Zeichen verkündet hatte. [6] Nun ergriff der König das Wort und sagte zu dem Gottesmann: Besänftige doch den Herrn, deinen Gott, und bete für mich, dass ich meine Hand wieder an mich ziehen kann. Da besänftigte der Gottesmann den Herrn und der König konnte seine Hand wieder an sich ziehen; sie war wie zuvor. [7] Darauf sagte der König zum Gottesmann: Komm in mein Haus und stärke dich! Auch möchte ich dir ein Geschenk geben. [8] Der Gottesmann aber erwiderte dem König: Ich werde nicht mit dir gehen, auch wenn du mir die Hälfte deines Hauses gibst. Ich werde an diesem Ort weder essen noch trinken. [9] Denn so wurde mir durch das Wort des Herrn befohlen: Du darfst dort weder essen noch trinken; und auf dem Weg, den du gekommen bist, darfst du nicht zurückkehren. [10] Daher schlug er einen anderen Weg ein und kehrte nicht auf dem Weg zurück, auf dem er nach Bet-El gekommen war.

[11] In Bet-El aber wohnte ein alter Prophet. Als dessen Söhne heimkamen, erzählten sie ihm alles, was der Gottesmann an diesem Tag in Bet-El getan und was er zum König gesagt hatte. [12] Darauf fragte sie der Vater: Auf welchem Weg ist er fortgezogen? Die Söhne hatten gesehen, welchen Weg der Gottesmann, der aus Juda gekommen war, eingeschlagen hatte. [13] Da befahl er ihnen: Sattelt mir den Esel! Sie taten es und er stieg auf, [14] ritt dem Gottesmann nach und traf ihn unter einer Eiche sitzend an. Er fragte ihn: Bist du der Gottesmann, der aus Juda gekommen ist? Jener antwortete: Ich bin es. [15] Da bat er ihn: Komm in mein Haus und iss Brot mit mir! [16] Doch jener entgegnete: Ich kann nicht mit dir zurückkehren und werde an diesem Ort mit dir weder essen noch trinken. [17] Denn im Auftrag des Herrn ist das Wort an mich ergangen: Du darfst dort weder essen noch trinken und auf dem Weg, den du gekommen bist, darfst du nicht zurückkehren. [18] Der andere aber sagte: Auch ich bin ein Prophet wie du und ein Engel hat mir im Auftrag des Herrn befohlen: Hol ihn zurück! Er soll in dein Haus kommen, um zu essen und zu trinken. So belog er ihn. [19] Nun kehrte er um und aß und trank im Haus des Propheten.

[20] Während sie bei Tisch saßen, erging das Wort des Herrn an den Propheten, der ihn zurückgeholt hatte, [21] und er rief es dem Gottesmann aus Juda zu: So spricht der Herr: Weil du gegen den Befehl des Herrn gehandelt und das Verbot übertreten hast, das dir der Herr, dein Gott, auferlegt hat, [22] weil du zurückgekehrt bist und an dem Ort gegessen und getrunken hast, an dem zu essen und zu trinken er dir verboten hatte, darum soll deine Leiche nicht in das Grab deiner Väter kommen. [23] Nachdem der Gottesmann gegessen und getrunken hatte, sattelte der Prophet, der ihn zurückgeholt hatte, für ihn den Esel. [24] Er zog fort; doch unterwegs fiel ihn ein Löwe an und tötete

ihn. Seine Leiche lag hingestreckt am Weg und der
Esel stand neben ihr. Auch der Löwe blieb neben
der Leiche stehen. 25 Die Leute, die vorübergingen,
sahen die Leiche am Weg liegen und den Löwen
neben ihr stehen. Sie kamen und erzählten es in
der Stadt, in der der alte Prophet wohnte. 26 Als der
Prophet, der ihn vom Weg zurückgeholt hatte,
davon hörte, sagte er: Das ist der Gottesmann, der
gegen den Befehl des Herrn gehandelt hat. Darum
hat ihn der Herr dem Löwen preisgegeben und
dieser hat ihn zerrissen und getötet, wie es der
Herr ihm angekündigt hatte. 27 Dann befahl er sei-
nen Söhnen: Sattelt mir den Esel! Sie taten es 28 und
er machte sich auf und fand die Leiche am Weg
hingestreckt; der Esel und der Löwe standen ne-
ben ihr. Der Löwe hatte die Leiche nicht gefressen
und den Esel nicht zerrissen. 29 Der Prophet hob
nun die Leiche auf, legte sie auf den Esel und kam
mit ihr in die Stadt zurück, um dem Gottesmann
die Totenklage zu halten und ihn zu begraben. 30 Er
bestattete ihn in seinem eigenen Grab und man
klagte um ihn: Ach, mein Bruder! 31 Nachdem er
ihn begraben hatte, sagte er zu seinen Söhnen:
Wenn ich gestorben bin, bringt mich in das Grab,
in dem der Gottesmann beigesetzt ist, und legt
meine Gebeine neben die seinen! 32 Denn das
Wort, das er im Auftrag des Herrn gegen den Al-
tar in Bet-El und gegen alle Höhentempel in den
Städten Samariens gesprochen hat, wird in Erfül-
lung gehen.
33 Jerobeam kehrte auch nach diesem Ereignis von
seinem bösen Weg nicht um. Er bestellte weiterhin
aus allen Teilen des Volkes Priester für die Kult-
höhen; jeden, der es wünschte, setzte er als Höhen-
priester ein. 34 Das aber wurde dem Haus Jerobeam
als Sünde angerechnet, sodass es vernichtet und
vom Erdboden vertilgt wurde.

Das kranke Kind Jerobeams

14 In jener Zeit erkrankte Jerobeams Sohn
Abija. 2 Jerobeam befahl daher seiner Frau:
Mach dich auf, verkleide dich, damit man nicht er-
kennt, dass du Jerobeams Frau bist, und geh nach
Schilo! Dort wohnt der Prophet Ahija, der mir ver-
kündet hat, dass ich König dieses Volkes sein
werde. 3 Nimm zehn Brote, Kuchen und einen
Krug Honig mit und geh zu ihm! Er wird dir sa-
gen, was mit dem Kind geschehen wird. 4 Die Frau
Jerobeams tat so; sie machte sich auf, ging nach
Schilo und kam in das Haus Ahijas. Dieser aber
konnte nicht mehr sehen; denn seine Augen wa-
ren im Alter starr geworden. 5 Doch der Herr hatte
ihm gesagt: Die Frau Jerobeams kommt, um von
dir Auskunft über ihren kranken Sohn zu erhal-
ten. Das und das sollst du zu ihr sagen. Wenn sie
kommt, wird sie sich verstellen. 6 Sobald sie sich
nun der Türe näherte und Ahija das Geräusch ih-
rer Schritte hörte, rief er: Komm herein, Frau Je-
robeams! Warum verstellst du dich? Ich habe dir
eine harte Botschaft zu verkünden. 7 Geh heim
und sag zu Jerobeam: So spricht der Herr, der Gott
Israels: Ich habe dich mitten aus dem Volk em-
porgehoben und zum Fürsten meines Volkes Israel
gemacht. 8 Ich habe das Königtum dem Haus Da-
vid entrissen und dir gegeben. Du aber bist nicht
wie mein Knecht David gewesen, der meine Ge-
bote hielt, mir mit ganzem Herzen folgte und nur
das tat, was mir gefällt. 9 Du hast es schlimmer ge-
trieben als alle, die vor dir waren, du bist hinge-
gangen, hast dir andere Götter und Gussbilder ge-
macht und mich dadurch erzürnt. Mir hast du den
Rücken gekehrt. 10 Darum bringe ich Unglück über
das Haus Jerobeam und rotte von ihm alles, was
männlich ist, bis zum letzten Mann in Israel aus.
Ich fege das Haus Jerobeam hinweg, wie man Kot
hinwegfegt, bis nichts mehr vorhanden ist. 11 Wer
vom Haus Jerobeam in der Stadt stirbt, den wer-
den die Hunde fressen; und wer auf dem freien
Feld stirbt, den werden die Vögel des Himmels
fressen. Ja, der Herr hat gesprochen. 12 Du aber
mach dich auf und geh in dein Haus! Sobald deine
Füße die Stadt betreten, wird der Knabe sterben.
13 Ganz Israel wird ihm die Totenklage halten und
ihn begraben; denn er allein wird vom Haus Jero-
beam ein Grab erhalten, weil im Haus Jerobeam
nur an ihm sich etwas fand, was dem Herrn, dem
Gott Israels, gefiel. 14 Der Herr aber wird sich einen
König von Israel bestellen, der das Haus Jerobeam
ausrottet … 15 Der Herr wird Israel schlagen, dass
es schwankt wie das Rohr im Wasser, und er wird
Israel aus diesem guten Land, das er den Vätern
gegeben hat, ausreißen und es jenseits des Stromes
zerstreuen, weil sie sich Kultpfähle gemacht und
ihn dadurch erzürnt haben. 16 Er wird Israel preis-

geben wegen der Sünden, die Jerobeam begangen
und zu denen er Israel verführt hat. 17 Da stand die
Frau Jerobeams auf und ging. Als sie nach Tirza
kam und über die Schwelle des Hauses trat, starb
der Knabe. 18 Ganz Israel begrub ihn und hielt ihm
die Totenklage, wie der Herr durch seinen Knecht,
den Propheten Ahija, vorausgesagt hatte.

2: 11,29–39 • 10: 16,4; 21,21–24; 2 Kön 9,8

Jerobeams Tod

19 Die übrige Geschichte Jerobeams, welche Kriege
er führte und wie er regierte, ist aufgezeichnet in
der Chronik der Könige von Israel. 20 Die Regie-
rungszeit Jerobeams betrug zweiundzwanzig Jah-
re. Er entschlief zu seinen Vätern und sein Sohn
Nadab wurde König an seiner Stelle.

Rehabeam von Juda

21 Rehabeam, der Sohn Salomos, war König in
Juda. Er war einundvierzig Jahre alt, als er König
wurde, und regierte siebzehn Jahre in Jerusalem,
der Stadt, die der Herr aus allen Stämmen Israels
erwählt hatte, um seinen Namen auf sie zu legen.
Seine Mutter hieß Naama und war eine Ammoni-
terin. 22 Juda aber tat, was dem Herrn missfiel. Die
Sünden, die sie begingen, reizten ihn mehr als al-
les, was ihre Väter getan hatten. 23 Denn auch sie
errichteten Kulthöhen, Steinmale und Kultpfähle
auf allen hohen Hügeln und unter jedem üppigen
Baum. 24 Sogar Hierodulen gab es im Land. Die Is-
raeliten ahmten alle Gräuel der Völker nach, die
der Herr vor ihnen vertrieben hatte.
25 Im fünften Jahr des Königs Rehabeam zog
Schischak, der König von Ägypten, gegen Jerusa-
lem. 26 Er raubte die Schätze des Tempels und die
Schätze des königlichen Palastes und nahm alles
weg, auch alle goldenen Schilde, die Salomo hatte
anfertigen lassen. 27 An deren Stelle ließ König Re-
habeam bronzene anfertigen und übergab sie den
Befehlshabern der Läufer, die den Eingang zum
Haus des Königs bewachten. 28 Sooft nun der Kö-
nig in das Haus des Herrn ging, trugen die Läufer
die Schilde und brachten sie dann wieder in ihre
Wachstube zurück.
29 Die übrige Geschichte Rehabeams und alle seine
Taten sind aufgezeichnet in der Chronik der Kö-
nige von Juda. 30 Es war aber dauernd Krieg zwi-
schen Rehabeam und Jerobeam. 31 Rehabeam ent-
schlief zu seinen Vätern und wurde bei seinen Vä-
tern in der Davidstadt begraben. Seine Mutter
hieß Naama und war eine Ammoniterin. Sein
Sohn Abija wurde König an seiner Stelle.

21–31 ‖ 2 Chr 12,9–16

Abija von Juda

15 Im achtzehnten Jahr des Königs Jerobeam,
des Sohnes Nebats, wurde Abija König von
Juda. 2 Er regierte drei Jahre in Jerusalem. Seine
Mutter hieß Maacha und war eine Enkelin Ab-
schaloms. 3 Er verfiel allen Sünden, die sein Vater
vor ihm begangen hatte, und sein Herz war nicht
ungeteilt beim Herrn, seinem Gott, wie das Herz
seines Vaters David. 4 Nur Davids wegen ließ ihm
der Herr, sein Gott, eine Leuchte in Jerusalem, in-
dem er seinen Sohn als Nachfolger einsetzte und
Jerusalem bestehen ließ. 5 Denn David hatte getan,
was dem Herrn gefiel. Er war sein Leben lang von
keinem Gebot abgewichen, außer in der Sache
Urijas, des Hetiters. 6 Es war aber Krieg zwischen
Rehabeam und Jerobeam, solange er lebte.
7 Die übrige Geschichte Abijas und alle seine Taten
sind aufgezeichnet in der Chronik der Könige von
Juda. Zwischen Abija und Jerobeam herrschte
Krieg. 8 Abija entschlief zu seinen Vätern; man be-
grub ihn in der Davidstadt. Sein Sohn Asa wurde
König an seiner Stelle.

1–8 ‖ 2 Chr 13,1–2.22–23 • 5: 2 Sam 11,2–25

Asa von Juda

9 Im zwanzigsten Jahr Jerobeams, des Königs von
Israel, wurde Asa König von Juda. 10 Er regierte ein-
undvierzig Jahre in Jerusalem. Seine Großmutter
hieß Maacha und war eine Enkelin Abschaloms.
11 Asa tat, was dem Herrn gefiel, wie sein Vater Da-
vid. 12 Er entfernte die Hierodulen aus dem Land
und beseitigte alle Götzenbilder, die seine Väter
gemacht hatten. 13 Auch seine Großmutter Maacha
enthob er ihrer Stellung als Herrin, weil sie der
Aschera ein Schandbild errichtet hatte. Er ließ ihr
Schandbild umhauen und im Kidrontal verbren-
nen. 14 Nur die Kulthöhen verschwanden nicht.
Doch das Herz Asas war ungeteilt beim Herrn, so-
lange er lebte. 15 Er brachte auch die Weihegaben
seines Vaters und seine eigenen Weihegaben in das

Haus des Herrn: Silber, Gold und allerlei Geräte.
16 Zwischen Asa und Bascha, dem König von Israel,
herrschte Krieg, solange sie lebten. 17 Bascha, der
König von Israel, zog gegen Juda und baute Rama
aus, um Asa, den König von Juda, daran zu hin-
dern, in den Krieg zu ziehen. 18 Da nahm Asa alles
Silber und Gold, das in den Schatzkammern des
Tempels noch vorhanden war, dazu alle Schätze
des königlichen Palastes, und ließ sie durch seine
Abgesandten zu Ben-Hadad bringen, dem Sohn
Tabrimmons und Enkel Hesjons, dem König von
Aram, der in Damaskus seinen Sitz hatte. Dabei
ließ er ihm sagen: 19 Zwischen mir und dir, zwi-
schen meinem Vater und deinem Vater, soll ein
Bündnis sein. Ich schicke dir Silber und Gold als
Geschenk. Löse also dein Bündnis mit Bascha,
dem König von Israel, damit er von mir abzieht.
20 Ben-Hadad hörte auf König Asa. Er sandte seine
Heerführer gegen die Städte Israels und verwüs-
tete Ijon, Dan, Abel-Bet-Maacha, ganz Kinneret
sowie das ganze Land Naftali. 21 Als Bascha dies er-
fuhr, hörte er auf, Rama auszubauen, und zog sich
nach Tirza zurück. 22 König Asa aber bot ganz Juda
bis zum letzten Mann auf und ließ die Steine und
Balken wegnehmen, mit denen Bascha Rama aus-
gebaut hatte. Mit ihnen baute König Asa Geba in
Benjamin und Mizpa aus.
23 Die ganze übrige Geschichte Asas, alle seine Er-
folge und Taten sowie die Städte, die er baute, sind
aufgezeichnet in der Chronik der Könige von Juda.
In seinem Alter erkrankte er an den Füßen. 24 Asa
entschlief zu seinen Vätern und wurde bei seinen
Vätern in der Stadt seines Vaters David begraben.
Sein Sohn Joschafat wurde König an seiner Stelle.

9–12 ‖ 2 Chr 14,1–4 • 13–15 ‖ 2 Chr 15,16–18 • 16–22 ‖ 2 Chr 16,1–6

Nadab von Israel

25 Nadab, der Sohn Jerobeams, wurde König von
Israel im zweiten Jahr des Königs Asa von Juda. Er
regierte zwei Jahre über Israel 26 und tat, was dem
Herrn missfiel. Er folgte den Wegen seines Vaters
und hielt an der Sünde fest, zu der dieser Israel ver-
führt hatte. 27 Bascha, der Sohn Ahijas, aus dem
Stamm Issachar, zettelte eine Verschwörung gegen
ihn an und erschlug ihn bei Gibbeton, das den Phi-
listern gehörte. Nadab belagerte nämlich damals
Gibbeton mit ganz Israel. 28 Im dritten Jahr des
Königs Asa von Juda tötete ihn Bascha und wurde
König an seiner Stelle. 29 Als er aber König gewor-
den war, beseitigte er das ganze Haus Jerobeam. Er
ließ keinen am Leben, sondern rottete es völlig aus,
wie der Herr durch seinen Knecht Ahija von Schilo
vorausgesagt hatte. 30 Das geschah wegen der Sün-
den, die Jerobeam begangen und zu denen er Is-
rael verführt hatte, und wegen des Ärgers, den er
dem Herrn, dem Gott Israels, bereitet hatte.
31 Die übrige Geschichte Nadabs und alle seine Ta-
ten sind aufgezeichnet in der Chronik der Könige
von Israel. 32 Zwischen Asa und Bascha, dem Kö-
nig von Israel, herrschte Krieg, solange sie lebten.

29: 14,10f

Bascha von Israel

33 Im dritten Jahr des Königs Asa von Juda wurde
Bascha, der Sohn Ahijas, König über ganz Israel.
Er regierte in Tirza vierundzwanzig Jahre 34 und
tat, was dem Herrn missfiel. Er folgte den Wegen
Jerobeams und hielt an der Sünde fest, zu der die-
ser Israel verführt hatte.

16 Da erging das Wort des Herrn an Jehu, den
Sohn Hananis, gegen Bascha: 2 Ich habe
dich aus dem Staub emporgehoben und zum
Fürsten meines Volkes Israel gemacht. Du aber bist
den Wegen Jerobeams gefolgt und hast mein Volk
Israel zur Sünde verleitet, sodass sie mich durch
ihre Sünden erzürnten. 3 Darum werde ich Bascha
und sein Haus wegfegen und sein Haus dem Haus
Jerobeams, des Sohnes Nebats, gleichmachen.
4 Wer vom Haus Bascha in der Stadt stirbt, den
werden die Hunde fressen; und wer auf dem freien
Feld stirbt, den werden die Vögel des Himmels
fressen.
5 Die übrige Geschichte Baschas, seine Taten und
Erfolge, sind aufgezeichnet in der Chronik der Kö-
nige von Israel. 6 Bascha entschlief zu seinen Vä-
tern und wurde in Tirza begraben. Sein Sohn Ela
wurde König an seiner Stelle. 7 Das Wort des Herrn
war durch den Propheten Jehu, den Sohn Hana-
nis, an Bascha und sein Haus ergangen, weil er tat,
was dem Herrn missfiel, weil er ihn durch das
Werk seiner Hände erzürnte und es dem Haus Je-
robeam gleichtat, aber auch weil er dieses ausge-
rottet hatte.

16,4: 14,10f; 21,21–24; 2 Kön 9,8

Ela von Israel
[8] Im sechsundzwanzigsten Jahr des Königs Asa von
Juda wurde Ela, der Sohn Baschas, König von Is-
rael. Er regierte in Tirza zwei Jahre. [9] Gegen ihn
zettelte sein Knecht Simri, der Befehlshaber der ei-
nen Hälfte der Kriegswagen, eine Verschwörung
an. Ela war in Tirza und hatte sich im Haus Arzas,
des Palastvorstehers in Tirza, völlig betrunken.
[10] Simri drang ein und erschlug ihn im siebenund-
zwanzigsten Jahr des Königs Asa von Juda und
wurde König an seiner Stelle. [11] Als er aber König
geworden war und den Thron bestiegen hatte, be-
seitigte er das ganze Haus Bascha. Er ließ nichts am
Leben, was männlich war, keinen Verwandten und
keinen Freund. [12] So rottete Simri das ganze Haus
Bascha aus, wie es der Herr durch den Propheten
Jehu über Bascha vorausgesagt hatte. [13] Dies ge-
schah wegen aller Sünden, die Bascha und sein
Sohn Ela begangen und zu denen sie Israel ver-
führt hatten. Durch ihre Götzen erzürnten sie den
Herrn, den Gott Israels. [14] Die übrige Geschichte
Elas und alle seine Taten sind aufgezeichnet in der
Chronik der Könige von Israel.

Simri von Israel
[15] Im siebenundzwanzigsten Jahr des Königs Asa
von Juda war Simri sieben Tage König in Tirza.
Das Volk belagerte damals Gibbeton, das den Phi-
listern gehörte. [16] Als das Kriegsvolk während der
Belagerung hörte, dass Simri eine Verschwörung
angezettelt und den König erschlagen hatte, rief
ganz Israel Omri, den Befehlshaber des Heeres,
noch am gleichen Tag im Lager zum König von Is-
rael aus. [17] Omri zog nun mit ganz Israel von Gib-
beton hinauf und schloss Tirza ein. [18] Als Simri
sah, dass die Stadt genommen war, zog er sich in
den Wohnturm des königlichen Palastes zurück,
steckte den Palast über sich in Brand und fand den
Tod. [19] Dies traf ihn zur Strafe für die Sünden, die
er begangen hatte; denn er hatte getan, was dem
Herrn missfiel. Er war den Wegen Jerobeams ge-
folgt und hatte an der Sünde festgehalten, die die-
ser begangen und zu der er Israel verführt hatte.
[20] Die übrige Geschichte Simris und die Ver-
schwörung, die er angezettelt hat, sind aufge-
zeichnet in der Chronik der Könige von Israel.

15: 15,27

Omri von Israel
[21] Damals spaltete sich das Volk Israel in zwei Par-
teien. Die eine Hälfte des Volkes stand hinter
Tibni, dem Sohn Ginats, und machte ihn zum Kö-
nig; die andere Hälfte schloss sich Omri an.
[22] Doch die Anhänger Omris waren stärker als die
Gefolgschaft Tibnis, des Sohnes Ginats, und als
Tibni starb, wurde Omri König. [23] Im einunddrei-
ßigsten Jahr des Königs Asa von Juda wurde Omri
König von Israel. Er regierte zwölf Jahre, davon
sechs in Tirza. [24] Dann kaufte er von Schemer für
zwei Talente Silber den Berg Samaria, errichtete
Bauten auf ihm und nannte die Stadt, die er baute,
Samaria, nach dem Namen Schemers, des Besitzers
des Berges. [25] Omri tat, was dem Herrn missfiel, und
trieb es noch schlimmer als alle seine Vorgänger.
[26] Er folgte ganz den Wegen Jerobeams, des Sohnes
Nebats, und hielt an der Sünde fest, zu der dieser
die Israeliten verführt hatte, sodass sie den Herrn,
den Gott Israels, durch ihre Götzen erzürnten.
[27] Die übrige Geschichte Omris, seine Taten und
die Erfolge, die er errang, sind aufgezeichnet in der
Chronik der Könige von Israel. [28] Omri entschlief
zu seinen Vätern und wurde in Samaria begraben.
Sein Sohn Ahab wurde König an seiner Stelle.

Ahab von Israel
[29] Ahab, der Sohn Omris, wurde König von Israel
im achtunddreißigsten Jahr des Königs Asa von
Juda. Er regierte in Samaria zweiundzwanzig Jahre
über Israel [30] und tat, was dem Herrn missfiel,
mehr als alle seine Vorgänger. [31] Es war noch das
wenigste, dass er an den Sünden Jerobeams, des
Sohnes Nebats, festhielt. Er nahm Isebel, die Toch-
ter Etbaals, des Königs der Sidonier, zur Frau, ging
hin, diente dem Baal und betete ihn an. [32] Im Baals-
tempel, den er in Samaria baute, errichtete er ei-
nen Altar für den Baal. [33] Auch stellte er einen Kult-
pfahl auf und tat noch vieles andere, womit er den
Herrn, den Gott Israels, mehr erzürnte als alle Kö-
nige Israels vor ihm. [34] In seinen Tagen baute Hiël
aus Bet-El Jericho wieder auf. Um den Preis seines
Erstgeborenen Abiram legte er die Fundamente
und um den Preis seines jüngsten Sohnes Segub
setzte er die Tore ein, wie es der Herr durch Josua,
den Sohn Nuns, vorausgesagt hatte.

34: Jos 6,26

Elija am Bach Kerit

17 Der Prophet Elija aus Tischbe in Gilead
sprach zu Ahab: So wahr der Herr, der Gott
Israels, lebt, in dessen Dienst ich stehe: in diesen
Jahren sollen weder Tau noch Regen fallen, es sei
denn auf mein Wort hin.
2 Danach erging das Wort des Herrn an Elija: 3 Geh
weg von hier, wende dich nach Osten und verbirg
dich am Bach Kerit östlich des Jordan! 4 Aus dem
Bach sollst du trinken und den Raben habe ich be-
fohlen, dass sie dich dort ernähren. 5 Elija ging weg
und tat, was der Herr befohlen hatte; er begab sich
zum Bach Kerit östlich des Jordan und ließ sich
dort nieder. 6 Die Raben brachten ihm Brot und
Fleisch am Morgen und ebenso Brot und Fleisch
am Abend und er trank aus dem Bach. 7 Nach ei-
niger Zeit aber vertrocknete der Bach; denn es fiel
kein Regen im Land.

Elija in Sarepta

8 Da erging das Wort des Herrn an Elija: 9 Mach
dich auf und geh nach Sarepta, das zu Sidon
gehört, und bleib dort! Ich habe dort einer Witwe
befohlen, dich zu versorgen. 10 Er machte sich
auf und ging nach Sarepta. Als er an das Stadt-
tor kam, traf er dort eine Witwe, die Holz auf-
las. Er bat sie: Bring mir in einem Gefäß ein wenig
Wasser zum Trinken! 11 Als sie wegging, um es zu
holen, rief er ihr nach: Bring mir auch einen
Bissen Brot mit! 12 Doch sie sagte: So wahr der
Herr, dein Gott, lebt: Ich habe nichts mehr vor-
rätig als eine Hand voll Mehl im Topf und ein
wenig Öl im Krug. Ich lese hier ein paar Stücke
Holz auf und gehe dann heim, um für mich und
meinen Sohn etwas zuzubereiten. Das wollen wir
noch essen und dann sterben. 13 Elija entgegnete
ihr: Fürchte dich nicht! Geh heim und tu, was du
gesagt hast. Nur mache zuerst für mich ein kleines
Gebäck und bring es zu mir heraus! Danach
kannst du für dich und deinen Sohn etwas zube-
reiten; 14 denn so spricht der Herr, der Gott Israels:
Der Mehltopf wird nicht leer werden und der Öl-
krug nicht versiegen bis zu dem Tag, an dem der
Herr wieder Regen auf den Erdboden sendet. 15 Sie
ging und tat, was Elija gesagt hatte. So hatte sie
mit ihm und ihrem Sohn viele Tage zu essen.
16 Der Mehltopf wurde nicht leer und der Ölkrug
versiegte nicht, wie der Herr durch Elija verspro-
chen hatte.
17 Nach einiger Zeit erkrankte der Sohn der Witwe,
der das Haus gehörte. Die Krankheit verschlim-
merte sich so, dass zuletzt kein Atem mehr in ihm
war. 18 Da sagte sie zu Elija: Was habe ich mit dir
zu schaffen, Mann Gottes? Du bist nur zu mir ge-
kommen, um an meine Sünde zu erinnern und
meinem Sohn den Tod zu bringen. 19 Er antwor-
tete ihr: Gib mir deinen Sohn! Und er nahm ihn
von ihrem Schoß, trug ihn in das Obergemach
hinauf, in dem er wohnte, und legte ihn auf sein
Bett. 20 Dann rief er zum Herrn und sagte: Herr,
mein Gott, willst du denn auch über die Witwe, in
deren Haus ich wohne, Unheil bringen und ihren
Sohn sterben lassen? 21 Hierauf streckte er sich
dreimal über den Knaben hin, rief zum Herrn und
flehte: Herr, mein Gott, lass doch das Leben in die-
sen Knaben zurückkehren! 22 Der Herr erhörte das
Gebet Elijas. Das Leben kehrte in den Knaben
zurück und er lebte wieder auf. 23 Elija nahm ihn,
brachte ihn vom Obergemach in das Haus hinab
und gab ihn seiner Mutter zurück mit den Wor-
ten: Sieh, dein Sohn lebt. 24 Da sagte die Frau zu
Elija: Jetzt weiß ich, dass du ein Mann Gottes bist
und dass das Wort des Herrn wirklich in deinem
Mund ist.

Das Gottesurteil auf dem Karmel

18 Nach langer Zeit – es war im dritten Jahr –
erging das Wort des Herrn an Elija: Geh
und zeig dich dem Ahab! Ich will Regen auf die
Erde senden. 2 Da ging Elija hin, um sich Ahab zu
zeigen.
Die Hungersnot war groß in Samaria. 3 Daher rief
Ahab den Palastvorsteher Obadja. Dieser war
sehr gottesfürchtig. 4 Als Isebel die Propheten des
Herrn ausrottete, hatte Obadja hundert von ihnen
beiseite genommen, sie zu je fünfzig in einer
Höhle verborgen und mit Brot und Wasser ver-
sorgt. 5 Ahab befahl nun Obadja: Geh an alle Was-
serquellen und Bäche im Land! Vielleicht finden
wir Gras, damit wir Pferde und Maultiere am Le-
ben erhalten können und nicht einen Teil des
Viehs töten müssen. 6 Sie teilten sich das Land, um
es zu durchstreifen. Ahab ging in die eine und
Obadja in die andere Richtung.

7 Als nun Obadja unterwegs war, kam ihm Elija
entgegen. Obadja erkannte ihn, warf sich vor ihm
nieder und rief: Bist du es, mein Herr Elija? 8 Die-
ser antwortete: Ich bin es. Geh und melde deinem
Herrn: Elija ist da. 9 Obadja entgegnete: Was habe
ich mir zu Schulden kommen lassen, dass du dei-
nen Knecht an Ahab ausliefern und dem Tod
preisgeben willst? 10 So wahr der Herr, dein Gott,
lebt: Es gibt kein Volk und kein Reich, wo mein
Herr dich nicht hätte suchen lassen. Und wenn
man sagte: Er ist nicht hier, dann ließ er dieses
Reich oder Volk schwören, dass man dich nicht ge-
funden habe. 11 Und jetzt befiehlst du: Geh und
melde deinem Herrn: Elija ist da. 12 Wenn ich nun
von dir weggehe, könnte ja der Geist des Herrn
dich an einen Ort tragen, den ich nicht kenne.
Käme ich dann zu Ahab, um dich zu melden, und
könnte er dich nicht finden, so würde er mich tö-
ten. Dabei hat dein Knecht doch von Jugend auf
den Herrn gefürchtet. 13 Hat man dir denn nicht
berichtet, was ich getan habe, als Isebel die Pro-
pheten des Herrn umbrachte? Ich habe doch hun-
dert von ihnen, je fünfzig in einer Höhle, verbor-
gen und mit Brot und Wasser versorgt. 14 Und nun
befiehlst du: Geh und melde deinem Herrn: Elija
ist da. Ahab würde mich töten. 15 Doch Elija ant-
wortete: So wahr der Herr der Heere lebt, in des-
sen Dienst ich stehe: Heute noch werde ich ihm
vor die Augen treten.

16 Obadja kam zu Ahab und brachte ihm die Nach-
richt. Ahab ging Elija entgegen. 17 Sobald er ihn
sah, rief er aus: Bist du es, Verderber Israels? 18 Elija
entgegnete: Nicht ich habe Israel ins Verderben ge-
stürzt, sondern du und das Haus deines Vaters,
weil ihr die Gebote des Herrn übertreten habt und
den Baalen nachgelaufen seid. 19 Doch schick jetzt
Boten aus und versammle mir ganz Israel auf dem
Karmel, auch die vierhundertfünfzig Propheten
des Baal und die vierhundert Propheten der
Aschera, die vom Tisch Isebels essen.

20 Ahab schickte in ganz Israel umher und ließ die
Propheten auf dem Karmel zusammenkommen.
21 Und Elija trat vor das ganze Volk und rief: Wie
lange noch schwankt ihr nach zwei Seiten? Wenn
Jahwe der wahre Gott ist, dann folgt ihm! Wenn
aber Baal es ist, dann folgt diesem! Doch das Volk
gab ihm keine Antwort. 22 Da sagte Elija zum Volk:
Ich allein bin als Prophet des Herrn übrig geblie-
ben; die Propheten des Baal aber sind vierhun-
dertfünfzig. 23 Man gebe uns zwei Stiere. Sie sollen
sich einen auswählen, ihn zerteilen und auf das
Holz legen, aber kein Feuer anzünden. Ich werde
den andern zubereiten, auf das Holz legen und
kein Feuer anzünden. 24 Dann sollt ihr den Namen
eures Gottes anrufen und ich werde den Namen
des Herrn anrufen. Der Gott, der mit Feuer ant-
wortet, ist der wahre Gott. Da rief das ganze Volk:
Der Vorschlag ist gut.

25 Nun sagte Elija zu den Propheten des Baal:
Wählt ihr zuerst den einen Stier aus und bereitet
ihn zu; denn ihr seid die Mehrheit. Ruft dann den
Namen eures Gottes an, entzündet aber kein
Feuer! 26 Sie nahmen den Stier, den er ihnen über-
ließ, und bereiteten ihn zu. Dann riefen sie vom
Morgen bis zum Mittag den Namen des Baal an
und schrien: Baal, erhöre uns! Doch es kam kein
Laut und niemand gab Antwort. Sie tanzten hüp-
fend um den Altar, den sie gebaut hatten. 27 Um die
Mittagszeit verspottete sie Elija und sagte: Ruft
lauter! Er ist doch Gott. Er könnte beschäftigt sein,
könnte beiseite gegangen oder verreist sein. Viel-
leicht schläft er und wacht dann auf. 28 Sie schrien
nun mit lauter Stimme. Nach ihrem Brauch ritz-
ten sie sich mit Schwertern und Lanzen wund, bis
das Blut an ihnen herabfloß. 29 Als der Mittag
vorüber war, verfielen sie in Raserei und das dau-
erte bis zu der Zeit, da man das Speiseopfer dar-
zubringen pflegt. Doch es kam kein Laut, keine
Antwort, keine Erhörung.

30 Nun forderte Elija das ganze Volk auf: Tretet her
zu mir! Sie kamen und Elija baute den zerstörten
Altar Jahwes wieder auf. 31 Er nahm zwölf Steine,
nach der Zahl der Stämme der Söhne Jakobs, zu
dem der Herr gesagt hatte: Israel soll dein Name
sein. 32 Er fügte die Steine zu einem Altar für den
Namen des Herrn, zog rings um den Altar einen
Graben und grenzte eine Fläche ab, die zwei Sea
Saat hätte aufnehmen können. 33 Sodann schich-
tete er das Holz auf, zerteilte den Stier und legte
ihn auf das Holz. 34 Nun befahl er: Füllt vier Krüge
mit Wasser und gießt es über das Brandopfer und
das Holz! Hierauf sagte er: Tut es noch einmal!
Und sie wiederholten es. Dann sagte er: Tut es zum
dritten Mal! Und sie taten es zum dritten Mal.

35 Das Wasser lief rings um den Altar. Auch den
Graben füllte er mit Wasser. 36 Zu der Zeit nun, da
man das Speiseopfer darzubringen pflegt, trat der
Prophet Elija an den Altar und rief: Herr, Gott Ab-
rahams, Isaaks und Israels, heute soll man erken-
nen, dass du Gott bist in Israel, dass ich dein
Knecht bin und all das in deinem Auftrag tue. 37 Er-
höre mich, Herr, erhöre mich! Dieses Volk soll er-
kennen, dass du, Herr, der wahre Gott bist und
dass du sein Herz zur Umkehr wendest. 38 Da kam
das Feuer des Herrn herab und verzehrte das
Brandopfer, das Holz, die Steine und die Erde.
Auch das Wasser im Graben leckte es auf. 39 Das
ganze Volk sah es, warf sich auf das Angesicht nie-
der und rief: Jahwe ist Gott, Jahwe ist Gott! 40 Elija
aber befahl ihnen: Ergreift die Propheten des Baal!
Keiner von ihnen soll entkommen. Man ergriff sie
und Elija ließ sie zum Bach Kischon hinabführen
und dort töten.
41 Dann sagte Elija zu Ahab: Geh hinauf, iss und
trink; denn ich höre das Rauschen des Regens.
42 Während Ahab wegging, um zu essen und zu
trinken, stieg Elija zur Höhe des Karmel empor,
kauerte sich auf den Boden nieder und legte sei-
nen Kopf zwischen die Knie. 43 Dann befahl er sei-
nem Diener: Geh hinauf und schau auf das Meer
hinaus! Dieser ging hinauf, schaute hinaus und
meldete: Es ist nichts zu sehen. Elija befahl: Geh
noch einmal hinauf! So geschah es siebenmal.
44 Beim siebten Mal meldete der Diener: Eine
Wolke, klein wie eine Menschenhand, steigt aus
dem Meer herauf. Darauf sagte Elija: Geh hinauf
und sag zu Ahab: Spanne an und fahr hinab,
damit der Regen dich nicht aufhält. 45 Es dauerte
nicht lange, da verfinsterte sich der Himmel durch
Sturm und Wolken und es fiel ein starker Regen.
Ahab bestieg den Wagen und fuhr nach Jesreel.
46 Über Elija aber kam die Hand des Herrn. Er gür-
tete sich und lief vor Ahab her bis dorthin, wo der
Weg nach Jesreel abzweigt.

31: Gen 32,29; 35,10

Elija am Horeb

19 Ahab erzählte Isebel alles, was Elija getan,
auch dass er alle Propheten mit dem
Schwert getötet habe. 2 Sie schickte einen Boten zu
Elija und ließ ihm sagen: Die Götter sollen mir dies
und das antun, wenn ich morgen um diese Zeit
dein Leben nicht dem Leben eines jeden von ih-
nen gleich mache. 3 Elija geriet in Angst, machte
sich auf und ging weg, um sein Leben zu retten. Er
kam nach Beerscheba in Juda und ließ dort seinen
Diener zurück. 4 Er selbst ging eine Tagereise weit
in die Wüste hinein. Dort setzte er sich unter ei-
nen Ginsterstrauch und wünschte sich den Tod. Er
sagte: Nun ist es genug, Herr. Nimm mein Leben;
denn ich bin nicht besser als meine Väter. 5 Dann
legte er sich unter den Ginsterstrauch und schlief
ein. Doch ein Engel rührte ihn an und sprach: Steh
auf und iss! 6 Als er um sich blickte, sah er neben
seinem Kopf Brot, das in glühender Asche geba-
cken war, und einen Krug mit Wasser. Er aß und
trank und legte sich wieder hin. 7 Doch der Engel
des Herrn kam zum zweiten Mal, rührte ihn an
und sprach: Steh auf und iss! Sonst ist der Weg zu
weit für dich. 8 Da stand er auf, aß und trank und
wanderte, durch diese Speise gestärkt, vierzig Tage
und vierzig Nächte bis zum Gottesberg Horeb.
9 Dort ging er in eine Höhle, um darin zu über-
nachten. Doch das Wort des Herrn erging an ihn:
Was willst du hier, Elija? 10 Er sagte: Mit leiden-
schaftlichem Eifer bin ich für den Herrn, den Gott
der Heere, eingetreten, weil die Israeliten deinen
Bund verlassen, deine Altäre zerstört und deine
Propheten mit dem Schwert getötet haben. Ich al-
lein bin übrig geblieben und nun trachten sie auch
mir nach dem Leben. 11 Der Herr antwortete:
Komm heraus und stell dich auf den Berg vor den
Herrn! Da zog der Herr vorüber: Ein starker, hef-
tiger Sturm, der die Berge zerriss und die Felsen
zerbrach, ging dem Herrn voraus. Doch der Herr
war nicht im Sturm. Nach dem Sturm kam ein
Erdbeben. Doch der Herr war nicht im Erdbeben.
12 Nach dem Beben kam ein Feuer. Doch der Herr
war nicht im Feuer. Nach dem Feuer kam ein sanf-
tes, leises Säuseln. 13 Als Elija es hörte, hüllte er sein
Gesicht in den Mantel, trat hinaus und stellte sich
an den Eingang der Höhle.

Neue Aufträge

14 Da vernahm er eine Stimme, die ihm zurief: Was
willst du hier, Elija? Er antwortete: Mit Leiden-
schaft bin ich für den Herrn, den Gott der Heere,
eingetreten, weil die Israeliten deinen Bund ver-

lassen, deine Altäre zerstört und deine Propheten mit dem Schwert getötet haben. Ich allein bin übrig geblieben und nun trachten sie auch mir nach dem Leben. 15 Der Herr antwortete ihm: Geh deinen Weg durch die Wüste zurück und begib dich nach Damaskus! Bist du dort angekommen, salbe Hasaël zum König über Aram! 16 Jehu, den Sohn Nimschis, sollst du zum König von Israel salben und Elischa, den Sohn Schafats aus Abel-Mehola, salbe zum Propheten an deiner Stelle. 17 So wird es geschehen: Wer dem Schwert Hasaëls entrinnt, den wird Jehu töten. Und wer dem Schwert Jehus entrinnt, den wird Elischa töten. 18 Ich werde in Israel siebentausend übrig lassen, alle, deren Knie sich vor dem Baal nicht gebeugt und deren Mund ihn nicht geküsst hat.

15: 2 Kön 8,7–15 • 16: 2 Kön 9,1–10

Die Berufung Elischas

19 Als Elija von dort weggegangen war, traf er Elischa, den Sohn Schafats. Er war gerade mit zwölf Gespannen am Pflügen und er selbst pflügte mit dem zwölften. Im Vorbeigehen warf Elija seinen Mantel über ihn. 20 Sogleich verließ Elischa die Rinder, eilte Elija nach und bat ihn: Lass mich noch meinem Vater und meiner Mutter den Abschiedskuss geben; dann werde ich dir folgen. Elija antwortete: Geh, aber komm dann zurück! Bedenke, was ich an dir getan habe. 21 Elischa ging von ihm weg, nahm seine zwei Rinder und schlachtete sie. Mit dem Joch der Rinder kochte er das Fleisch und setzte es den Leuten zum Essen vor. Dann stand er auf, folgte Elija und trat in seinen Dienst.

Aramäerkriege

20 Ben-Hadad, der König von Aram, sammelte sein ganzes Heer. In seinem Gefolge waren zweiunddreißig Könige mit Pferden und Wagen. Er zog herauf, belagerte Samaria und bestürmte es. 2 Dann schickte er Boten in die Stadt zu Ahab, dem König von Israel, 3 und ließ ihm sagen: So spricht Ben-Hadad: Dein Silber und dein Gold gehören mir. Auch deine Frauen und deine edlen Söhne gehören mir. 4 Der König von Israel antwortete: Ganz wie du sagst, mein Herr und König, soll es geschehen. Ich gehöre dir mit allem, was ich besitze. 5 Aber die Boten kamen ein zweites Mal und meldeten: So spricht Ben-Hadad: Ich habe dir sagen lassen, dass du mir dein Silber und Gold, deine Frauen und Söhne ausliefern sollst. 6 Doch morgen um diese Zeit werde ich meine Leute zu dir schicken, damit sie dein Haus und auch die Häuser deiner Diener durchsuchen und alles, was wertvoll ist, nehmen und forttragen. 7 Da rief der König von Israel alle Ältesten des Landes zu sich und sagte: Seht und erkennt, dass dieser Mann Böses im Sinn hat. Er hat von mir meine Frauen und Söhne, mein Silber und Gold gefordert, und ich habe ihm nichts verweigert. 8 Da antworteten ihm alle Ältesten und das ganze Volk: Gehorch ihm nicht und willige nicht ein! 9 Er gab daher den Abgesandten Ben-Hadads den Bescheid: Sagt zu meinem Herrn, dem König: Alles, was du zuerst von deinem Knecht verlangt hast, will ich tun; doch diese Forderung kann ich nicht erfüllen. Die Boten zogen ab und meldeten es ihrem Herrn. 10 Darauf sandte Ben-Hadad abermals Boten (zu Ahab) und ließ ihm sagen: Die Götter sollen mir dies und das antun, wenn der Staub Samarias ausreicht, um allen Leuten in meinem Gefolge die Hand zu füllen. 11 Doch der König von Israel antwortete: Sagt zu ihm: Wer den Gürtel anlegt, soll sich nicht rühmen wie einer, der ihn bereits ablegt. 12 Als Ben-Hadad diese Meldung empfing, hielt er gerade in den Zelten ein Gelage mit den Königen. Er befahl seinen Leuten anzugreifen und diese begannen den Sturm auf die Stadt.

13 Doch ein Prophet kam zu Ahab, dem König von Israel, und sagte: So spricht der Herr: Siehst du diese gewaltige Menge? Ich gebe sie heute in deine Hand und du wirst erkennen, dass ich der Herr bin. 14 Ahab fragte: Durch wen? Er erwiderte: So spricht der Herr: Durch die Truppe der Provinzstatthalter. Als dann der König weiter wissen wollte, wer den Kampf eröffnen solle, sprach er: Du selbst. 15 Daraufhin musterte er die Truppe der Provinzstatthalter; es waren zweihundertzweiunddreißig Mann. Nach ihnen musterte er das ganze Kriegsvolk, die Gesamtheit der Israeliten; es waren siebentausend Mann. 16 Als sie um die Mittagszeit ausrückten, zechte Ben-Hadad mit den zweiunddreißig Königen, seinen Bundesgenossen, in den Zelten. 17 Die Truppe der Provinzstatthalter

rückte zuerst aus. Ben-Hadad hatte Beobachter
ausgesandt und sie meldeten ihm, dass Leute aus
Samaria herauskommen. 18 Er befahl: Wenn sie in
friedlicher Absicht kommen, ergreift sie lebendig!
Wenn sie zum Kampf ausrücken, ergreift sie eben-
falls lebendig! 19 Sobald nun die Truppe der Statt-
halter und das Heer, das ihr folgte, aus der Stadt
ausgerückt waren, 20 gelang es jedem einzelnen,
seinen Gegner zu überwinden. Die Aramäer muss-
ten fliehen und die Israeliten setzten ihnen nach.
Ben-Hadad, der König von Aram, konnte zu Pferd
entkommen, ebenso einige Wagenkämpfer. 21 Als
dann auch der König von Israel ausrückte, ver-
nichtete er die Pferde und Kriegswagen und be-
reitete den Aramäern eine schwere Niederlage.
22 Da erschien der Prophet wieder beim König von
Israel und sagte zu ihm: Sammle deine Kräfte und
überleg dir gut, was du zu tun hast; denn um die
Jahreswende wird der König von Aram abermals
gegen dich ziehen. 23 Zum König von Aram hatten
nämlich seine Ratgeber gesagt: Ihr Gott ist ein
Gott der Berge; darum waren sie uns überlegen.
Wenn wir aber in der Ebene mit ihnen kämpfen,
dann werden wir sie bestimmt besiegen. 24 Tu also
folgendes: Entfern die Könige aus ihrer Stellung
und ersetze sie durch Statthalter! 25 Dann sammle
ein ebenso großes Heer, wie du es verloren hast,
und ebenso viele Pferde und Kriegswagen, wie du
zuvor hattest. Wir werden in der Ebene mit ihnen
kämpfen und sie gewiss besiegen.
Ben-Hadad befolgte ihren Rat. 26 Um die Jahres-
wende musterte er die Aramäer und rückte zum
Krieg gegen Israel bis Afek vor. 27 Auch die Israeli-
ten wurden gemustert und mit Lebensmitteln ver-
sehen. Sie zogen den Aramäern entgegen und la-
gerten ihnen gegenüber wie ein paar kleine
Ziegenherden; die Aramäer aber füllten die ganze
Gegend. 28 Nun trat der Gottesmann zum König
von Israel hin und sagte: So spricht der Herr: Weil
die Aramäer sagen, dass der Herr ein Gott der
Berge und nicht ein Gott der Ebenen sei, gebe ich
diese ganze gewaltige Menge in deine Hand; und
ihr werdet erkennen, dass ich der Herr bin. 29 Sie
lagen dann sieben Tage einander gegenüber. Am
siebten Tag kam es zur Schlacht und die Israeliten
töteten vom aramäischen Fußvolk hunderttau-
send Mann an einem Tag. 30 Der Rest floh in die
Stadt Afek; doch die Mauer stürzte über den sie-
benundzwanzigtausend Mann, die übrig geblie-
ben waren, zusammen.
Auch Ben-Hadad war in die Stadt geflohen und
irrte von einem Gemach in das andere. 31 Da sag-
ten seine Ratgeber zu ihm: Wir haben gehört, dass
die Könige des Hauses Israel milde Könige sind.
Wir wollen daher Trauergewänder anlegen und
mit Stricken um den Hals zum König von Israel
hinausgehen. Vielleicht schenkt er dir das Leben.
32 Sie legten also Trauergewänder an und mit
Stricken um den Hals kamen sie zum König von
Israel. Sie flehten ihn an: Dein Knecht Ben-Hadad
bittet dich, ihm das Leben zu schenken. Er ant-
wortete: Lebt er noch? Er ist mein Bruder. 33 Die
Männer nahmen das Wort als gutes Zeichen, gin-
gen sogleich darauf ein und sagten: Ben-Hadad
ist dein Bruder. Dann befahl der König von Israel:
Geht, bringt ihn zu mir! Als Ben-Hadad kam,
nahm er ihn zu sich auf seinen Wagen. 34 Da er-
klärte Ben-Hadad: Die Städte, die mein Vater
deinem Vater weggenommen hat, werde ich zu-
rückgeben und in Damaskus magst du dir Han-
delsniederlassungen errichten, wie mein Vater es
in Samaria getan hat. Der König von Israel erwi-
derte: Auf diese Abmachung hin werde ich dich
freilassen. So schloss er mit ihm einen Vertrag und
ließ ihn frei.
35 Einer von den Prophetenjüngern sprach im Auf-
trag des Herrn zu seinem Gefährten: Schlag mich!
Als dieser sich weigerte, ihn zu schlagen, 36 sagte er
zu ihm: Weil du der Stimme des Herrn nicht ge-
horcht hast, wird dich ein Löwe töten, sobald du
von mir weggegangen bist. Der Mann hatte sich
kaum von ihm entfernt, als ihn ein Löwe anfiel
und tötete. 37 Hierauf traf der Prophet einen an-
dern und befahl ihm: Schlag mich! Dieser schlug
auf ihn ein und verwundete ihn. 38 Sogleich begab
sich der Prophet zum König und stellte sich ihm
in den Weg. Durch eine Binde über den Augen
hatte er sich unkenntlich gemacht. 39 Als der Kö-
nig vorbeikam, rief er ihn und sagte: Dein Knecht
ist in den Kampf gezogen. Da kam jemand herbei,
brachte mir einen Gefangenen und befahl: Bewach
diesen Mann! Wenn er entkommt, dann musst du
es mit deinem Leben büßen, oder du musst ein Ta-
lent Silber bezahlen. 40 Während nun dein Knecht

da und dort zu tun hatte, konnte der Gefangene
entkommen. Da sagte der König von Israel: Du
hast dir dein Urteil selbst gesprochen. 41 Sogleich
nahm der Prophet die Binde von den Augen und
der König von Israel erkannte ihn als einen von
den Propheten. 42 Dieser aber sagte zu ihm: So
spricht der Herr: Weil du den Mann, dessen Ver-
derben ich wollte, aus deiner Hand entlassen hast,
muss dein Leben für sein Leben, dein Volk für sein
Volk einstehen. 43 Missmutig und verdrossen ging
der König von Israel nach Hause und kam nach
Samaria.

36: 13,24

Nabots Weinberg

21 Danach trug sich Folgendes zu. Nabot aus
Jesreel hatte einen Weinberg in Jesreel ne-
ben dem Palast Ahabs, des Königs von Samarien.
2 Ahab verhandelte mit Nabot und schlug ihm vor:
Gib mir deinen Weinberg! Er soll mir als Gemü-
segarten dienen; denn er liegt nahe bei meinem
Haus. Ich will dir dafür einen besseren Weinberg
geben. Wenn es dir aber lieber ist, bezahle ich dir
den Kaufpreis in Geld. 3 Doch Nabot erwiderte:
Der Herr bewahre mich davor, dass ich dir das
Erbe meiner Väter überlasse. 4 Darauf kehrte Ahab
in sein Haus zurück. Er war missmutig und ver-
drossen, weil Nabot aus Jesreel zu ihm gesagt hatte:
Ich werde dir das Erbe meiner Väter nicht über-
lassen. Er legte sich auf sein Bett, wandte das Ge-
sicht zur Wand und wollte nicht essen. 5 Seine Frau
Isebel kam zu ihm herein und fragte: Warum bist
du missmutig und willst nicht essen? 6 Er erzählte
ihr: Ich habe mit Nabot aus Jesreel verhandelt und
ihm gesagt: Verkauf mir deinen Weinberg für
Geld, oder wenn es dir lieber ist, gebe ich dir einen
anderen dafür. Doch er hat geantwortet: Ich werde
dir meinen Weinberg nicht geben. 7 Da sagte seine
Frau Isebel zu ihm: Du bist doch jetzt König in Is-
rael. Steh auf, iss und sei guter Dinge! Ich werde
dir den Weinberg Nabots aus Jesreel verschaffen.
8 Sie schrieb Briefe im Namen Ahabs, versah sie mit
seinem Siegel und schickte sie an die Ältesten und
Vornehmen, die mit Nabot zusammen in der Stadt
wohnten. 9 In den Briefen schrieb sie: Ruft ein Fas-
ten aus und lasst Nabot oben vor allem Volk Platz
nehmen! 10 Setzt ihm aber zwei nichtswürdige
Männer gegenüber! Sie sollen gegen ihn als Zeu-
gen auftreten und sagen: Du hast Gott und den
König gelästert. Führt ihn dann hinaus und stei-
nigt ihn zu Tode! 11 Die Männer der Stadt, die Äl-
testen und Vornehmen, die mit ihm zusammen in
der Stadt wohnten, taten, was Isebel ihnen gebo-
ten hatte, was in den Briefen stand, die sie ihnen
gesandt hatte. 12 Sie riefen ein Fasten aus und
ließen Nabot oben vor allem Volk Platz nehmen.
13 Es kamen aber auch die beiden nichtswürdigen
Männer und setzten sich ihm gegenüber. Sie stan-
den vor dem Volk als Zeugen gegen Nabot auf und
sagten: Nabot hat Gott und den König gelästert.
Sogleich führte man ihn aus der Stadt hinaus und
steinigte ihn zu Tode.
14 Darauf ließen sie Isebel melden: Nabot wurde
gesteinigt und ist tot. 15 Sobald sie hörte, dass Na-
bot gesteinigt wurde und tot war, sagte sie zu Ahab:
Auf, nimm den Weinberg Nabots aus Jesreel in Be-
sitz, den er dir für Geld nicht verkaufen wollte;
denn Nabot lebt nicht mehr; er ist tot. 16 Als Ahab
hörte, dass Nabot tot war, stand er auf und ging
zum Weinberg Nabots aus Jesreel hinab, um von
ihm Besitz zu ergreifen.
17 Da erging das Wort des Herrn an Elija aus
Tischbe: 18 Mach dich auf und geh Ahab, dem Kö-
nig von Israel, entgegen, der in Samaria seinen
Wohnsitz hat. Er ist zum Weinberg Nabots hinab-
gegangen, um von ihm Besitz zu ergreifen. 19 Sag
ihm: So spricht der Herr: Durch einen Mord bist
du Erbe geworden? Weiter sag ihm: So spricht der
Herr: An der Stelle, wo die Hunde das Blut Nabots
geleckt haben, werden Hunde auch dein Blut
lecken. 20 Ahab sagte zu Elija: Hast du mich gefun-
den, mein Feind? Er erwiderte: Ich habe dich ge-
funden. Weil du dich hergabst, das zu tun, was dem
Herrn missfällt, 21 werde ich Unheil über dich
bringen. Ich werde dein Geschlecht hinwegfegen
und von Ahabs Geschlecht alles, was männlich ist,
bis zum letzten Mann in Israel ausrotten. 22 Weil
du mich zum Zorn gereizt und Israel zur Sünde
verführt hast, werde ich mit deinem Haus verfah-
ren wie mit dem Haus Jerobeams, des Sohnes Ne-
bats, und mit dem Haus Baschas, des Sohnes Ahi-
jas. 23 Und über Isebel verkündet der Herr: Die
Hunde werden Isebel an der Mauer von Jesreel
auffressen. 24 Wer von der Familie Ahabs in der

Stadt stirbt, den werden die Hunde fressen, und
wer auf dem freien Feld stirbt, den werden die Vö-
gel des Himmels fressen.
25 Es gab in der Tat niemand, der sich wie Ahab her-
gab zu tun, was dem Herrn missfiel, da seine Frau
Isebel ihn verführte. 26 Sein Tun war überaus ver-
werflich; er lief den Götzen nach und folgte den
Gebräuchen der Amoriter, die der Herr vor den
Israeliten vertrieben hatte.
27 Als Ahab diese Drohungen hörte, zerriss er seine
Kleider, trug ein Bußgewand auf dem bloßen Leib,
fastete, schlief im Bußgewand und ging bedrückt
umher. 28 Da erging das Wort des Herrn an Elija aus
Tischbe: 29 Hast du gesehen, wie Ahab sich vor mir
gedemütigt hat? Weil er sich vor mir gedemütigt
hat, will ich das Unglück nicht schon in seinen Ta-
gen kommen lassen. Erst in den Tagen seines Soh-
nes werde ich das Unheil über sein Haus bringen.

10: Lev 24,16 • 21: 14,10; 16,4; 2 Kön 9,8 • 23: 2 Kön 9,36

Der Krieg mit den Aramäern, Ahabs Tod

22 Drei Jahre hatte das Land Ruhe und gab
es keinen Krieg zwischen Aram und Is-
rael. 2 Als im dritten Jahr Joschafat, der König von
Juda, zum König von Israel kam, 3 sagte der König
von Israel zu seinen Beamten: Ihr wisst doch, dass
Ramot-Gilead uns gehört. Wir aber zögern, es
dem König von Aram zu entreißen. 4 Und er fragte
Joschafat: Würdest du mit mir gegen Ramot-
Gilead in den Krieg ziehen? Dieser antwortete dem
König von Israel: Ich ziehe mit dir, mein Volk mit
deinem Volk, meine Pferde mit deinen Pferden.
5 Joschafat bat aber den König von Israel: Befrag
doch zuvor den Herrn! 6 Da versammelte der Kö-
nig von Israel die Propheten, gegen vierhundert
Mann, und fragte sie: Soll ich gegen Ramot-Gilead
zu Felde ziehen, oder soll ich es lassen? Sie gaben
den Bescheid: Zieh hinauf! Der Herr gibt die Stadt
in die Hand des Königs. 7 Doch Joschafat sagte: Ist
hier sonst kein Prophet des Herrn, den wir befra-
gen könnten? 8 Der König von Israel antwortete
Joschafat: Es ist noch einer da, durch den wir den
Herrn befragen könnten. Doch ich hasse ihn; denn
er weissagt mir nie Gutes, sondern immer nur
Schlimmes. Es ist Micha, der Sohn Jimlas. Joscha-
fat erwiderte: Der König sage das nicht. 9 Da rief
der König von Israel einen Hofbeamten herbei
und befahl ihm, unverzüglich Micha, den Sohn
Jimlas, zu holen. 10 Der König von Israel und Jo-
schafat, der König von Juda, saßen in königlichen
Gewändern auf ihren Thronen. Sie befanden sich
auf der Tenne beim Tor Samarias und alle Pro-
pheten weissagten vor ihnen. 11 Zidkija, der Sohn
Kenaanas, hatte sich eiserne Hörner gemacht und
rief: So spricht der Herr: Mit diesen wirst du die
Aramäer niederstoßen, bis du sie vernichtet hast.
12 Alle Propheten weissagten in gleicher Weise und
riefen: Zieh nach Ramot-Gilead und sei erfolgreich;
der Herr gibt die Stadt in die Hand des Königs.
13 Der Bote aber, der Micha holen sollte, redete
ihm zu: Die Worte der Propheten waren ohne
Ausnahme günstig für den König. Mögen deine
Worte ihren Worten gleichen. Sag daher Gutes an!
14 Doch Micha erwiderte: So wahr der Herr lebt:
Nur was der Herr mir sagt, werde ich sagen. 15 Als
er zum König kam, fragte ihn dieser: Micha, sol-
len wir gegen Ramot-Gilead zu Felde ziehen, oder
sollen wir es lassen? Micha antwortete: Zieh hi-
nauf und sei erfolgreich! Der Herr gibt die Stadt
in die Hand des Königs. 16 Doch der König ent-
gegnete: Wie oft muss ich dich beschwören, mir im
Namen des Herrn nur die Wahrheit zu sagen? 17 Da
sagte Micha: Ich sah ganz Israel über die Berge zer-
streut wie Schafe, die keinen Hirten haben. Und
der Herr sagte: Sie haben keine Herren mehr. So
gehe jeder in Frieden nach Hause. 18 Da wandte
sich der König von Israel an Joschafat: Habe ich
es dir nicht gesagt? Er weissagt mir nie Gutes, son-
dern immer nur Schlimmes. 19 Micha aber fuhr
fort: Darum – höre das Wort des Herrn: Ich sah
den Herrn auf seinem Thron sitzen; das gan-
ze Heer des Himmels stand zu seiner Rechten
und seiner Linken. 20 Und der Herr fragte: Wer will
Ahab betören, sodass er nach Ramot-Gilead hi-
naufzieht und dort fällt? Da hatte der eine diesen,
der andere jenen Vorschlag. 21 Zuletzt trat der Geist
vor, stellte sich vor den Herrn und sagte: Ich werde
ihn betören. Der Herr fragte ihn: Auf welche
Weise? 22 Er gab zur Antwort: Ich werde mich auf-
machen und zu einem Lügengeist im Mund all sei-
ner Propheten werden. Da sagte der Herr: Du wirst
ihn betören; du vermagst es. Geh und tu es! 23 So
hat der Herr jetzt einen Geist der Lüge in den
Mund all deiner Propheten gelegt; denn er hat

über dich Unheil beschlossen. 24 Da trat Zidkija, der Sohn Kenaanas, zu Micha, schlug ihn ins Gesicht und rief: Wie, sollte denn der Geist des Herrn von mir gewichen sein, um mit dir zu reden? 25 Micha erwiderte: Du wirst es an jenem Tag erfahren, an dem du von einem Gemach in das andere eilst, um dich zu verstecken. 26 Der König von Israel aber gab den Befehl: Nehmt Micha fest, führt ihn zum Stadtobersten Amon und zum Prinzen Joasch 27 und meldet: So spricht der König: Werft diesen Mann ins Gefängnis, und haltet ihn streng bei Brot und Wasser, bis ich wohlbehalten zurückkomme. 28 Doch Micha erwiderte: Wenn du wohlbehalten zurückkommst, dann hat der Herr nicht durch mich geredet. [Und er sagte: Hört, alle ihr Völker!] 29 Darauf zog der König von Israel mit Joschafat, dem König von Juda, gegen Ramot-Gilead. 30 Der König von Israel sagte zu Joschafat: Ich will mich verkleiden und so in den Kampf ziehen. Du aber behalte deine Gewänder an! So ging der König von Israel verkleidet in den Kampf. 31 Der König von Aram hatte aber den zweiunddreißig Obersten seiner Kriegswagen befohlen: Greift niemanden an, er sei hohen oder niederen Ranges, außer den König von Israel! 32 Als daher die Obersten der Kriegswagen Joschafat erblickten und ihn für den König von Israel hielten, stürmten sie auf ihn ein, sodass er um Hilfe schrie. 33 Doch als sie sahen, dass er nicht der König von Israel war, ließen sie von ihm ab. 34 Ein Mann aber spannte aufs Geratewohl seinen Bogen und traf den König von Israel zwischen Panzer und Leibgurt. Dieser befahl daher seinem Wagenlenker: Wende um und bring mich aus der Schlacht; denn ich bin verwundet. 35 Da aber die Schlacht an jenem Tag heftig wurde, blieb der König im Kampf gegen die Aramäer aufrecht im Wagen stehen. Am Abend starb er. Das Blut der Wunde war in das Innere des Wagens geflossen. 36 Bei Sonnenuntergang ließ man im Lager ausrufen: Jeder kehre in seine Stadt, in sein Land zurück! 37 So starb der König; man brachte ihn nach Samaria und begrub ihn dort. 38 Als man im Teich von Samaria den Wagen ausspülte, leckten Hunde sein Blut, und Dirnen wuschen sich darin, nach dem Wort, das der Herr gesprochen hatte.
39 Die übrige Geschichte Ahabs und alle seine Taten, der Bericht über das Elfenbeinhaus, das er gebaut, und die Städte, die er ausgebaut hat, sind aufgezeichnet in der Chronik der Könige von Israel. 40 Ahab entschlief zu seinen Vätern und sein Sohn Ahasja wurde König an seiner Stelle.

4–35 ‖ 2 Chr 18,1–34 • 4: 2 Kön 3,7 • 19: Jes 6,1–3 • 38: 21,19

Joschafat von Juda

41 Im vierten Jahr des Königs Ahab von Israel wurde Joschafat, der Sohn Asas, König von Juda. 42 Er war fünfunddreißig Jahre alt, als er König wurde, und regierte fünfundzwanzig Jahre in Jerusalem. Seine Mutter hieß Asuba und war eine Tochter Schilhis. 43 Er folgte ganz den Wegen seines Vaters Asa, ohne von ihnen abzuweichen, und tat, was dem Herrn gefiel. 44 Nur die Kulthöhen verschwanden nicht. Das Volk brachte noch Schlacht- und Rauchopfer auf ihnen dar. 45 Joschafat hatte auch Frieden mit dem König von Israel.
46 Die übrige Geschichte Joschafats, die Erfolge, die er errang, und die Kriege, die er führte, sind aufgezeichnet in der Chronik der Könige von Juda. 47 Er entfernte die letzten Hierodulen, die in den Tagen seines Vaters Asa übrig geblieben waren, aus dem Land. 48 In Edom gab es damals keinen König; ein Statthalter vertrat den König. 49 Auch baute Joschafat eine Tarschischflotte, die nach Ofir fahren sollte, um Gold zu holen. Doch kam es nicht zur Fahrt, da die Schiffe in Ezjon-Geber zerschellten. 50 Damals sagte Ahasja, der Sohn Ahabs, zu Joschafat: Meine Leute sollen mit deinen Leuten auf den Schiffen fahren. Doch Joschafat lehnte es ab. – 51 Joschafat entschlief zu seinen Vätern und wurde bei seinen Vätern in der Stadt seines Vaters David begraben. Sein Sohn Joram wurde König an seiner Stelle.

41–51 ‖ 2 Chr 20,31 – 21,1 • 47: 15,12

Ahasja von Israel

52 Im siebzehnten Jahr des Königs Joschafat von Juda wurde Ahasja, der Sohn Ahabs, in Samaria König von Israel. Er regierte zwei Jahre über Israel 53 und tat, was dem Herrn missfiel. Er folgte den Wegen seines Vaters und seiner Mutter und den Wegen Jerobeams, des Sohnes Nebats, der Israel zur Sünde verführt hatte. 54 Auch diente er Baal und betete ihn an. So erzürnte er den Herrn, den Gott Israels, ganz so, wie es sein Vater getan hatte.

DAS ZWEITE BUCH DER KÖNIGE

DIE GESCHICHTE DER GETRENNTEN REICHE
ZWEITER TEIL: 1,1 – 17,41

Elija und Ahasja

1 Nach dem Tod Ahabs fiel Moab von Israel ab.
2 Ahasja war in Samaria durch das Gitter sei-
nes Obergemachs gefallen und hatte sich verletzt.
Er sandte Boten ab mit dem Auftrag: Geht, befragt
Beelzebul, den Gott von Ekron, ob ich von diesem
Leiden genesen werde. 3 Doch der Engel des Herrn
sprach zu Elija aus Tischbe: Mach dich auf, geh
den Boten des Königs von Samaria entgegen und
sag zu ihnen: Gibt es denn keinen Gott in Israel,
sodass ihr fortgehen müsst, um Beelzebul, den
Gott von Ekron, zu befragen? 4 Darum: So spricht
der Herr: Vom Lager, auf das du dich gelegt hast,
wirst du nicht mehr aufstehen; denn du musst
sterben. Elija ging weiter. 5 Die Boten aber kehrten
zum König zurück und er fragte sie: Wie kommt
es, dass ihr schon zurück seid? 6 Sie antworteten
ihm: Ein Mann kam uns entgegen und trug uns
auf: Kehrt zum König zurück, der euch gesandt
hat, und sagt zu ihm: So spricht der Herr: Gibt es
denn keinen Gott in Israel, sodass du Boten aus-
senden musst, die Beelzebul, den Gott von Ekron,
befragen sollen? Darum wirst du von dem Lager,
auf das du dich gelegt hast, nicht mehr aufstehen;
denn du musst sterben. 7 Da fragte er sie: Wie sah
der Mann aus, der euch entgegenkam und diese
Worte zu euch sprach? 8 Sie erwiderten: Er trug ei-
nen Mantel aus Ziegenhaaren und hatte einen le-
dernen Gurt um die Hüften. Da sagte er: Das war
Elija aus Tischbe.
9 Er sandte nun den Hauptmann über Fünfzig und
seine Leute zu ihm. Dieser stieg zu Elija hinauf, der
auf dem Gipfel des Berges saß, und rief ihm zu:
Mann Gottes, der König befiehlt dir herabzukom-
men. 10 Doch Elija antwortete dem Hauptmann
der Fünfzig: Wenn ich ein Mann Gottes bin, so
falle Feuer vom Himmel und verzehre dich und
deine Fünfzig. Sogleich fiel Feuer vom Himmel
und verzehrte ihn und seine Leute. 11 Darauf
sandte der König einen anderen Hauptmann über
Fünfzig und seine Leute zu ihm. Auch dieser er-
griff das Wort und rief Elija zu: Mann Gottes, so
spricht der König: Komm sofort herab! 12 Doch
Elija antwortete ihnen: Wenn ich ein Mann Gottes
bin, so falle Feuer vom Himmel und verzehre dich
und deine Fünfzig. Sogleich fiel das Feuer Gottes
vom Himmel und verzehrte ihn und seine Leute.
13 Nun schickte der König einen dritten Haupt-
mann über Fünfzig und seine Leute. Dieser kam
hinauf, kniete vor Elija nieder und flehte ihn an:
Mann Gottes, möchte doch mein Leben und das
Leben deiner fünfzig Knechte kostbar sein in dei-
nen Augen. 14 Feuer ist vom Himmel gefallen und
hat die ersten zwei Hauptleute und ihre fünfzig
Mann verzehrt. Möchte nun mein Leben kostbar
sein in deinen Augen. 15 Da sagte der Engel des
Herrn zu Elija: Geh mit ihm hinab und fürchte
dich nicht vor ihm! Elija stand also auf, ging mit
ihm zum König hinab 16 und hielt ihm vor: So
spricht der Herr: Du hast Boten ausgesandt, um
Beelzebul, den Gott von Ekron, zu befragen, als
gäbe es in Israel keinen Gott, dessen Wort man ein-
holen könnte. Darum wirst du von dem Lager, auf
das du dich gelegt hast, nicht mehr aufstehen;
denn du musst sterben. 17 So starb Ahasja nach
dem Wort des Herrn, das Elija verkündet hatte.
(Sein Bruder) Joram wurde König an seiner Stelle
im zweiten Jahr Jorams, des Sohnes Joschafats, des
Königs von Juda; denn er hatte keinen Sohn. 18 Die
übrige Geschichte Ahasjas und seine Taten sind
aufgezeichnet in der Chronik der Könige von Is-
rael.

Die Entrückung Elijas

2 An dem Tag, da der Herr Elija im Wirbel-
sturm in den Himmel aufnehmen wollte,
ging Elija mit Elischa von Gilgal weg. 2 Er sagte zu
Elischa: Bleib hier; denn der Herr hat mich nach
Bet-El gesandt. Doch Elischa erwiderte: So wahr
der Herr lebt und so wahr du lebst: Ich verlasse
dich nicht. So gingen sie nach Bet-El. 3 Dort kamen
die Prophetenjünger, die in Bet-El waren, zu
Elischa heraus und sagten zu ihm: Weißt du, dass
der Herr heute deinen Meister über dein Haupt

hinweg aufnehmen wird? Er antwortete: Auch ich weiß es. Seid still! 4 Elija aber sagte zu ihm: Bleib hier, Elischa; denn der Herr hat mich nach Jericho gesandt. Elischa erwiderte: So wahr der Herr lebt und so wahr du lebst: Ich verlasse dich nicht. So kamen sie nach Jericho. 5 Dort traten die Prophetenjünger, die in Jericho waren, an Elischa heran und sagten zu ihm: Weißt du, dass der Herr heute deinen Meister über dein Haupt hinweg aufnehmen wird? Er antwortete ihnen: Auch ich weiß es. Seid still! 6 Elija aber bat ihn: Bleib hier; denn der Herr hat mich an den Jordan gesandt. Elischa erwiderte: So wahr der Herr lebt und so wahr du lebst: Ich verlasse dich nicht. So gingen beide miteinander. 7 Fünfzig Prophetenjünger folgten ihnen und blieben dann seitwärts in einiger Entfernung stehen. Die beiden traten an den Jordan. 8 Hier nahm Elija seinen Mantel, rollte ihn zusammen und schlug mit ihm auf das Wasser. Dieses teilte sich nach beiden Seiten und sie schritten trockenen Fußes hindurch. 9 Als sie drüben angekommen waren, sagte Elija zu Elischa: Sprich eine Bitte aus, die ich dir erfüllen soll, bevor ich von dir weggenommen werde. Elischa antwortete: Möchten mir doch zwei Anteile deines Geistes zufallen. 10 Elija entgegnete: Du hast etwas Schweres erbeten. Wenn du siehst, wie ich von dir weggenommen werde, wird es dir zuteil werden. Sonst aber wird es nicht geschehen. 11 Während sie miteinander gingen und redeten, erschien ein feuriger Wagen mit feurigen Pferden und trennte beide voneinander. Elija fuhr im Wirbelsturm zum Himmel empor. 12 Elischa sah es und rief laut: Mein Vater, mein Vater! Wagen Israels und sein Lenker! Als er ihn nicht mehr sah, fasste er sein Gewand und riss es mitten entzwei. 13 Dann hob er den Mantel auf, der Elija entfallen war, kehrte um und trat an das Ufer des Jordan. 14 Er nahm den Mantel, der Elija entfallen war, schlug mit ihm auf das Wasser und rief: Wo ist der Herr, der Gott des Elija? Als er auf das Wasser schlug, teilte es sich nach beiden Seiten und Elischa ging hinüber.

15 Die Prophetenjünger von Jericho, die in der Nähe standen, sahen ihn und sagten: Der Geist des Elija ruht auf Elischa. Sie kamen ihm entgegen und warfen sich vor ihm zur Erde nieder. 16 Dann sagten sie zu ihm: Unter deinen Knechten sind fünfzig starke Männer. Sie sollen auf die Suche nach deinem Meister gehen. Der Geist des Herrn könnte ihn fortgetragen und auf einem der Berge oder in einem der Täler niedergesetzt haben. Doch Elischa entgegnete: Schickt niemand! 17 Als sie aber heftig darauf bestanden, sagte er: Schickt sie also hin! Sie schickten fünfzig Mann aus und diese suchten drei Tage lang. Da sie ihn nicht fanden, 18 kehrten sie zu Elischa zurück. Er hielt sich noch in Jericho auf und sagte zu ihnen: Habe ich euch nicht gesagt: Ihr sollt nicht hingehen?

Die ersten Taten Elischas

19 Die Männer der Stadt sagten zu Elischa: Unser Herr sieht, dass man in dieser Stadt gut wohnen kann; nur das Wasser ist ungesund und in der Gegend gibt es viele Fehlgeburten. 20 Elischa befahl: Bringt mir eine neue Schüssel und schüttet Salz hinein! Man brachte sie ihm 21 und er ging zur Wasserquelle und warf das Salz hinein mit den Worten: So spricht der Herr: Ich mache dieses Wasser gesund. Es wird keinen Tod und keine Fehlgeburt mehr verursachen. 22 Daher ist das Wasser bis zum heutigen Tag gesund, wie es Elischa vorausgesagt hatte.

23 Von dort ging er nach Bet-El. Während er den Weg hinaufstieg, kamen junge Burschen aus der Stadt und verspotteten ihn: Sie riefen ihm zu: Kahlkopf, komm herauf! Kahlkopf, komm herauf! 24 Er wandte sich um, sah sie an und verfluchte sie im Namen des Herrn. Da kamen zwei Bären aus dem Wald und zerrissen zweiundvierzig junge Leute. 25 Von dort ging er zum Berg Karmel und kehrte dann nach Samaria zurück.

Joram von Israel

3 Im achtzehnten Jahr Joschafats, des Königs von Juda, wurde Joram, der Sohn Ahabs, in Samaria König von Israel. Er regierte zwölf Jahre 2 und tat, was dem Herrn missfiel. Doch trieb er es nicht so schlimm wie sein Vater und seine Mutter; denn er entfernte das Steinmal des Baal, das sein Vater errichtet hatte. 3 Nur an der Sünde, zu der Jerobeam, der Sohn Nebats, Israel verführt hatte, hielt er fest und ließ nicht von ihr ab.

4 Mescha, der König von Moab, betrieb Schafzucht und musste dem König von Israel hunderttausend

Lämmer und die Wolle von hunderttausend Widdern liefern. 5 Nach dem Tod Ahabs aber fiel der König von Moab vom König von Israel ab. 6 König Joram rückte daher zu dieser Zeit von Samaria aus und musterte ganz Israel. 7 Auch ließ er Joschafat, dem König von Juda, sagen: Der König von Moab ist von mir abgefallen. Willst du mit mir gegen Moab in den Krieg ziehen? Joschafat antwortete: Ich ziehe mit dir, mein Volk mit deinem Volk, meine Pferde mit deinen Pferden. 8 Dann fragte Joram: Auf welchem Weg sollen wir hinaufziehen? Joschafat entschied: Durch die Wüste von Edom.

9 Der König von Israel, der König von Juda und der König von Edom rückten nun aus. Als sie bereits einen Weg von sieben Tagen zurückgelegt hatten, fehlte es dem Heer und dem Vieh, das sie mitführten, an Wasser. 10 Der König von Israel sagte: Weh uns, der Herr hat diese drei Könige hierher gerufen, um sie in die Gewalt der Moabiter zu geben. 11 Joschafat aber fragte: Ist hier kein Prophet des Herrn, durch den wir den Herrn befragen könnten? Einer von den Dienern des Königs von Israel antwortete: Hier ist Elischa, der Sohn Schafats, der Elija Wasser über die Hände gegossen hat. 12 Joschafat sagte: Bei ihm ist das Wort des Herrn.

Da ging der König von Israel mit Joschafat und dem König von Edom zu ihm hinab. 13 Doch Elischa sagte zum König von Israel: Was habe ich mit dir zu schaffen? Geh zu den Propheten deines Vaters und zu den Propheten deiner Mutter! Der König von Israel entgegnete: Darum geht es jetzt nicht. Der Herr hat diese drei Könige hierher gerufen, um sie in die Gewalt der Moabiter zu geben.

14 Elischa antwortete: So wahr der Herr der Heere lebt, in dessen Dienst ich stehe: Wenn ich nicht auf Joschafat, den König von Juda, Rücksicht nähme, dich würde ich nicht beachten und keines Blickes würdigen. 15 Aber nun holt mir einen Harfenspieler! Als der Spieler über die Saiten fuhr, kam die Hand des Herrn über Elischa 16 und er rief: So spricht der Herr: Macht in diesem Tal Grube neben Grube! 17 Denn so spricht der Herr: Ihr werdet weder Wind noch Regen sehen. Doch dieses Tal wird sich mit Wasser füllen und ihr werdet trinken, wie auch eure Herden und euer Vieh. 18 Aber das ist dem Herrn noch zu wenig. Er wird die Moabiter in eure Gewalt geben. 19 Ihr werdet alle Festungen und ihre besten Städte erobern, alle wertvollen Bäume fällen, alle Wasserquellen zuschütten und alle guten Äcker mit Steinen verderben. 20 Und wirklich, am nächsten Morgen, zur Zeit, da man das Speiseopfer darzubringen pflegt, kam Wasser von Edom her und die ganze Gegend wurde vom Wasser überflutet.

21 Als ganz Moab erfuhr, dass die Könige zum Krieg gegen das Land anrückten, wurden alle aufgeboten, die Waffen tragen konnten; sie stellten sich an der Grenze auf. 22 Frühmorgens aber, als die Sonne über dem Wasser aufging, erschien ihnen das Wasser drüben rot wie Blut. 23 Sie sagten: Das ist Blut. Die Könige haben sich selbst umgebracht; einer hat den andern erschlagen. Auf jetzt, zur Beute, ihr Moabiter! 24 Doch als sie sich dem Lager der Israeliten näherten, erhoben sich diese und schlugen die Moabiter in die Flucht. Unaufhörlich drängten die Israeliten nach und machten sie nieder. 25 Sie zerstörten die Städte und auf alle guten Äcker warf jeder seinen Stein, bis sie ganz bedeckt waren. Auch schütteten sie alle Wasserquellen zu und fällten alle wertvollen Bäume. Zuletzt blieb nur noch Kir-Heres übrig; diese Stadt umstellten und beschossen die Schleuderer. 26 Als der König von Moab sah, dass er dem Angriff nicht mehr standhalten konnte, sammelte er siebenhundert mit dem Schwert bewaffnete Männer um sich und versuchte beim König von Edom durchzubrechen. Doch es gelang ihnen nicht. 27 Nun nahm er seinen erstgeborenen Sohn, der nach ihm König werden sollte, und brachte ihn auf der Mauer als Brandopfer dar. Da kam ein gewaltiger Zorn über Israel. Sie zogen von Moab ab und kehrten in ihr Land zurück.

2: 1 Kön 16,32 • 7: 1 Kön 22,4

Das Öl der Witwe

4 Eine von den Frauen der Prophetenjünger wandte sich laut rufend an Elischa: Mein Mann, dein Knecht, ist gestorben. Du weißt, dass dein Knecht gottesfürchtig war. Nun kommt der Gläubiger, um sich meine beiden Söhne als Sklaven zu nehmen. 2 Elischa fragte sie: Was kann ich für dich tun? Sag mir: Was hast du im Haus? Sie antwortete: Deine Magd hat nichts im Haus als ei-

nen Krug Öl. 3 Da sagte er: Geh und erbitte dir auf
der Gasse von allen deinen Nachbarn leere Gefäße,
aber nicht zu wenige! 4 Dann geh heim, verschließ
die Tür hinter dir und deinen Söhnen, gieß Öl in
alle diese Gefäße und stell die gefüllten beiseite!
5 Sie ging von ihm weg und verschloss die Tür hin-
ter sich und ihren Söhnen. Diese reichten ihr die
Gefäße hin und sie füllte ein. 6 Als alle Gefäße voll
waren, sagte sie zu ihrem Sohn: Bring mir noch ein
Gefäß! Er antwortete: Es ist keines mehr da. Da
floß das Öl nicht mehr weiter. 7 Sie aber kam und
erzählte es dem Gottesmann. Dieser befahl ihr:
Geh, verkauf das Öl und bezahl deine Schuld! Von
dem, was übrig bleibt, magst du mit deinen Söh-
nen leben.

Die Totenerweckung

8 Eines Tages ging Elischa nach Schunem. Dort
lebte eine vornehme Frau, die ihn dringend bat,
bei ihr zu essen. Seither kehrte er zum Essen bei
ihr ein, sooft er vorbeikam. 9 Sie aber sagte zu
ihrem Mann: Ich weiß, dass dieser Mann, der stän-
dig bei uns vorbeikommt, ein heiliger Gottesmann
ist. 10 Wir wollen ein kleines, gemauertes Ober-
gemach herrichten und dort ein Bett, einen Tisch,
einen Stuhl und einen Leuchter für ihn bereit-
stellen. Wenn er dann zu uns kommt, kann er sich
dorthin zurückziehen.
11 Als Elischa eines Tages wieder hinkam, ging er in
das Obergemach, um dort zu schlafen. 12 Dann be-
fahl er seinem Diener Gehasi: Ruf diese Schune-
miterin! Er rief sie, und als sie vor ihm stand, 13 be-
fahl er dem Diener: Sag zu ihr: Du hast dir so viel
Mühe um uns gemacht. Was können wir für dich
tun? Sollen wir beim König oder beim Obersten
des Heeres ein Wort für dich einlegen? Doch sie
entgegnete: Ich wohne inmitten meiner Verwand-
ten. 14 Und als er weiter fragte, was man für sie tun
könne, sagte Gehasi: Nun, sie hat keinen Sohn und
ihr Mann ist alt. 15 Da befahl er: Ruf sie herein! Er
rief sie und sie blieb in der Tür stehen. 16 Darauf
versicherte ihr Elischa: Im nächsten Jahr um diese
Zeit wirst du einen Sohn liebkosen. Sie aber entgeg-
nete: Ach nein, Herr, Mann Gottes, täusche doch
deiner Magd nichts vor! 17 Doch die Frau wurde
schwanger und im nächsten Jahr, um die Zeit, die
Elischa genannt hatte, gebar sie einen Sohn.

18 Als das Kind herangewachsen war, ging es eines
Tages zu seinem Vater hinaus zu den Schnittern.
19 Dort klagte es ihm: Mein Kopf, mein Kopf! Der
Vater befahl seinem Knecht: Trag das Kind heim
zu seiner Mutter! 20 Der Knecht nahm es und
brachte es zu ihr. Es saß noch bis zum Mittag auf
ihren Knien; dann starb es. 21 Sie stieg nun in das
obere Gemach hinauf, legte das Kind auf das Bett
des Gottesmannes und schloss die Tür hinter ihm
ab. Dann verließ sie das Haus, 22 rief ihren Mann
und bat ihn: Schick mir einen von den Knechten
und einen Esel! Ich will zum Gottesmann eilen
und komme bald zurück. 23 Er wandte ein: Warum
gehst du heute zu ihm? Es ist doch nicht Neumond
und nicht Sabbat. Doch sie sagte nur: Friede mit
dir!, 24 sattelte den Esel und befahl dem Knecht:
Treib tüchtig an und halte mich beim Reiten nicht
auf, es sei denn, dass ich es dir sage.
25 So reiste sie ab und kam zum Gottesmann auf
den Karmel. Als er sie von ferne sah, sagte er zu sei-
nem Diener Gehasi: Da kommt die Schunemite-
rin. 26 Lauf ihr entgegen und frag sie: Geht es dir
gut? Geht es auch deinem Mann und dem Kind
gut? Sie antwortete: Es geht gut. 27 Sobald sie aber
zum Gottesmann auf den Berg kam, umfasste sie
seine Füße. Gehasi trat hinzu, um sie wegzudrän-
gen; aber der Gottesmann wehrte ab: Lass sie;
denn ihre Seele ist betrübt. Doch der Herr hat mir
den Grund verborgen und mir nicht mitgeteilt.
28 Darauf sagte sie: Habe ich denn meinen Herrn
um einen Sohn gebeten? Habe ich nicht gesagt:
Mach mir keine falschen Hoffnungen? 29 Elischa
befahl nun Gehasi: Gürte dich, nimm meinen Stab
in die Hand und mach dich auf den Weg! Wenn du
jemand begegnest, so grüß ihn nicht; und wenn
dich jemand grüßt, so antworte ihm nicht! Leg
meinen Stab auf das Gesicht des Kindes! 30 Aber
die Mutter des Kindes sagte: So wahr der Herr lebt
und so wahr du lebst: Ich lasse nicht von dir ab. Da
stand er auf und folgte ihr. 31 Gehasi war voraus-
geeilt und hatte den Stab auf das Gesicht des Kin-
des gelegt; doch es kam kein Laut und kein Lebens-
zeichen. Daher lief er zum Gottesmann zurück
und berichtete: Das Kind ist nicht aufgewacht.
32 Als Elischa in das Haus kam, lag das Kind tot auf
seinem Bett. 33 Er ging in das Gemach, schloss die
Tür hinter sich und dem Kind und betete zum

Herrn. 34 Dann trat er an das Bett und warf sich
über das Kind; er legte seinen Mund auf dessen
Mund, seine Augen auf dessen Augen, seine Hände
auf dessen Hände. Als er sich so über das Kind hin-
streckte, kam Wärme in dessen Leib. 35 Dann stand
er auf, ging im Haus einmal hin und her, trat wie-
der an das Bett und warf sich über das Kind. Da
nieste es siebenmal und öffnete die Augen. 36 Nun
rief Elischa seinen Diener Gehasi und befahl ihm,
die Schunemiterin zu rufen. Er rief sie, und als sie
kam, sagte der Gottesmann zu ihr: Nimm deinen
Sohn! 37 Sie trat hinzu, fiel Elischa zu Füßen und
verneigte sich bis zur Erde. Dann nahm sie ihren
Sohn und ging hinaus.

18–37: 1 Kön 17,17–24 • 34: 1 Kön 17,21; Apg 20,10

Die ungenießbare Speise

38 Elischa kehrte nach Gilgal zurück. Im Land
herrschte damals eine Hungersnot. Als die Pro-
phetenjünger vor ihm saßen, befahl er seinem Die-
ner: Setz den großen Topf auf und koch ein Ge-
richt für die Prophetenjünger! 39 Einer von ihnen
ging auf das Feld hinaus, um Malven zu holen.
Dabei fand er ein wildes Rankengewächs und
pflückte davon so viele Früchte, wie sein Gewand
fassen konnte. Dann kam er zurück und schnitt sie
in den Kochtopf hinein, da man sie nicht kannte.
40 Als man sie aber den Männern zum Essen vor-
setzte und sie von der Speise kosteten, schrien sie
laut und riefen: Der Tod ist im Topf, Mann Gottes.
Sie konnten nichts essen. 41 Doch er befahl: Bringt
mir etwas Mehl! Er streute das Mehl in den Topf
und sagte: Setzt es nun den Leuten zum Essen vor!
Jetzt war nichts Schädliches mehr im Topf.

Die Brotvermehrung

42 Einmal kam ein Mann von Baal-Schalischa und
brachte dem Gottesmann Brot von Erstlings-
früchten, zwanzig Gerstenbrote, und frische Kör-
ner in einem Beutel. Elischa befahl seinem Diener:
Gib es den Leuten zu essen! 43 Doch dieser sagte:
Wie soll ich das hundert Männern vorsetzen?
Elischa aber sagte: Gib es den Leuten zu essen!
Denn so spricht der Herr: Man wird essen und
noch übrig lassen. 44 Nun setzte er es ihnen vor;
und sie aßen und ließen noch übrig, wie der Herr
gesagt hatte.

Die Heilung des Aramäers Naaman

5 Naaman, der Feldherr des Königs von Aram,
galt viel bei seinem Herrn und war angese-
hen; denn durch ihn hatte der Herr den Aramäern
den Sieg verliehen. Der Mann war tapfer, aber an
Aussatz erkrankt. 2 Nun hatten die Aramäer bei ei-
nem Streifzug ein junges Mädchen aus dem Land
Israel verschleppt. Es war in den Dienst der Frau
Naamans gekommen. 3 Es sagte zu seiner Herrin:
Wäre mein Herr doch bei dem Propheten in Sa-
maria! Er würde seinen Aussatz heilen. 4 Naaman
ging zu seinem Herrn und meldete ihm: Das und
das hat das Mädchen aus Israel gesagt. 5 Der König
von Aram antwortete: So geh doch hin; ich werde
dir ein Schreiben an den König von Israel mitge-
ben. Naaman machte sich auf den Weg. Er nahm
zehn Talente Silber, sechstausend Schekel Gold
und zehn Festkleider mit 6 und überbrachte dem
König von Israel das Schreiben. Es hatte folgenden
Inhalt: Wenn jetzt dieser Brief zu dir gelangt, so
wisse: Ich habe meinen Knecht Naaman zu dir ge-
schickt, damit du seinen Aussatz heilst. 7 Als der
König von Israel den Brief gelesen hatte, zerriss er
seine Kleider und rief: Bin ich denn ein Gott, der
töten und zum Leben erwecken kann? Er schickt
einen Mann zu mir, damit ich ihn von seinem Aus-
satz heile. Merkt doch und seht, dass er nur Streit
mit mir sucht.
8 Als der Gottesmann Elischa hörte, der König von
Israel habe seine Kleider zerrissen, ließ er ihm sa-
gen: Warum hast du deine Kleider zerrissen? Naa-
man soll zu mir kommen; dann wird er erfahren,
dass es in Israel einen Propheten gibt. 9 So kam
Naaman mit seinen Pferden und Wagen und hielt
vor dem Haus Elischas. 10 Dieser schickte einen
Boten zu ihm hinaus und ließ ihm sagen: Geh und
wasch dich siebenmal im Jordan! Dann wird dein
Leib wieder gesund, und du wirst rein. 11 Doch
Naaman wurde zornig. Er ging weg und sagte: Ich
dachte, er würde herauskommen, vor mich hin-
treten, den Namen Jahwes, seines Gottes, anrufen,
seine Hand über die kranke Stelle bewegen und so
den Aussatz heilen. 12 Sind nicht der Abana und der
Parpar, die Flüsse von Damaskus, besser als alle
Gewässer Israels? Kann ich nicht dort mich wa-
schen, um rein zu werden? Voll Zorn wandte er
sich ab und ging weg. 13 Doch seine Diener traten

an ihn heran und redeten ihm zu: Wenn der Pro-
phet etwas Schweres von dir verlangt hätte, wür-
dest du es tun; wie viel mehr jetzt, da er zu dir nur
gesagt hat: Wasch dich und du wirst rein. [14] So ging
er also zum Jordan hinab und tauchte siebenmal
unter, wie ihm der Gottesmann befohlen hatte. Da
wurde sein Leib gesund wie der Leib eines Kindes
und er war rein.
[15] Nun kehrte er mit seinem ganzen Gefolge zum
Gottesmann zurück, trat vor ihn hin und sagte:
Jetzt weiß ich, dass es nirgends auf der Erde einen
Gott gibt außer in Israel. So nimm jetzt von dei-
nem Knecht ein Dankgeschenk an! [16] Elischa ant-
wortete: So wahr der Herr lebt, in dessen Dienst
ich stehe: Ich nehme nichts an. Auch als Naaman
ihn dringend bat, es zu nehmen, lehnte er ab.
[17] Darauf sagte Naaman: Wenn es also nicht sein
kann, dann gebe man deinem Knecht so viel
Erde, wie zwei Maultiere tragen können; denn dein
Knecht wird keinem andern Gott mehr Brand-
und Schlachtopfer darbringen als Jahwe allein.
[18] Nur dies möge Jahwe deinem Knecht verzeihen:
Wenn mein Herr zur Anbetung in den Tempel
Rimmons geht, stützt er sich dort auf meinen
Arm. Ich muss mich dann im Tempel Rimmons
niederwerfen, wenn er sich dort niederwirft.
Dann möge das Jahwe deinem Knecht verzeihen.
[19] Elischa antwortete: Geh in Frieden!
Als Naaman schon eine Strecke Weges von ihm
entfernt war, [20] sagte sich Gehasi, der Diener
Elischas, des Gottesmannes: Mein Herr hat diesen
Aramäer Naaman geschont und nichts von dem
angenommen, was er mitgebracht hatte. So wahr
der Herr lebt: Ich werde ihm nachlaufen und mir
etwas von ihm holen. [21] Gehasi eilte ihm also nach.
Als ihn Naaman hinter sich herankommen sah,
beugte er sich ihm vom Wagen aus zu und fragte:
Steht alles gut? [22] Er antwortete: Ja; nur lässt mein
Herr sagen: Soeben sind vom Gebirge Efraim zwei
junge Männer, zwei Prophetenjünger, zu mir ge-
kommen. Gib ihnen doch ein Talent Silber und
zwei Festkleider! [23] Naaman erwiderte: Tu mir den
Gefallen und nimm zwei Talente! Er bat ihn drin-
gend darum und tat zwei Talente Silber in zwei
Beutel, legte zwei Festkleider dazu und ließ sie
durch zwei Diener vor ihm hertragen. [24] Als Gehasi
auf der Höhe angekommen war, nahm er ihnen
die Geschenke ab und brachte sie in das Haus. Die
Männer schickte er weg und sie kehrten zurück.
[25] Er selbst ging hinein und trat vor seinen Herrn.
Elischa fragte ihn: Woher kommst du, Gehasi? Er
antwortete: Dein Knecht ist nirgendwohin gegan-
gen. [26] Da sagte Elischa zu ihm: War nicht mein
Geist zugegen, als sich jemand von seinem Wagen
aus dir zuwandte? Ist es denn Zeit, Geld anzuneh-
men und Kleider, Ölgärten, Weinberge, Schafe
und Rinder, Knechte und Mägde zu erwerben?
[27] Der Aussatz Naamans aber soll für immer an dir
und deinen Nachkommen haften. Gehasi ging
hinaus und war vom Aussatz weiß wie Schnee.

Das verlorene Beil

6 Die Prophetenjünger klagten bei Elischa: Der
Raum, in dem wir vor dir sitzen, ist zu eng
für uns. [2] Wir wollen an den Jordan gehen und dort
soll jeder von uns einen Balken holen, damit wir
uns hier einen Raum errichten, in dem wir woh-
nen können. Er antwortete: Geht! [3] Einer aber bat
ihn: Erweis uns den Gefallen und geh mit deinen
Knechten! Er erwiderte: Ich gehe mit. [4] Er ging also
mit ihnen und sie kamen an den Jordan und fäll-
ten Bäume. [5] Einem aber fiel beim Fällen seines
Stammes die eiserne Klinge des Beils in das Was-
ser. Er rief laut: Wehe, mein Herr, das Beil ist auch
noch geliehen! [6] Der Gottesmann fragte: Wohin ist
es gefallen? Er zeigte ihm die Stelle; Elischa schnitt
ein Stück Holz ab, warf es dorthin und brachte das
Eisen zum Schwimmen. [7] Dann befahl er: Hol es
herauf! Der Mann streckte die Hand aus und er-
griff es.

Die Gefangenen des Propheten

[8] Der König von Aram führte Krieg mit Israel. Er
verabredete mit seinen Untergebenen, an einer be-
stimmten Stelle einen Hinterhalt zu legen. [9] Aber
der Gottesmann ließ dem König von Israel sagen:
Hüte dich, an jener Stelle vorbeizugehen; denn die
Aramäer liegen dort im Hinterhalt. [10] Der König
von Israel schickte nun Späher an die Stelle, die
ihm der Gottesmann genannt und vor der er ihn
gewarnt hatte, und nahm sich dort in Acht. Als das
nicht nur einmal oder zweimal geschah, [11] wurde
der König von Aram beunruhigt. Er rief seine Un-
tergebenen und fragte sie: Könnt ihr mir nicht an-

geben, wer von den Unsrigen zum König von Is-
rael hält? 12 Da sagte einer von seinen Leuten: Nie-
mand, mein Herr und König, sondern Elischa, der
Prophet in Israel, verrät dem König von Israel, was
du in deinem Schlafzimmer sprichst. 13 Da befahl
er: Geht und erkundet, wo er sich aufhält, damit
ich ihn festnehmen lasse. Man meldete ihm: Er ist
in Dotan. 14 Er schickte also Pferde und Wagen und
eine starke Truppe dorthin. Sie erreichten die
Stadt in der Nacht und umstellten sie. 15 Als der
Diener des Gottesmannes am nächsten Morgen
aufstand und hinaustrat, hatte die Truppe die
Stadt mit Pferden und Wagen umstellt. Da sagte
der Diener zu seinem Herrn: Wehe, mein Herr,
was sollen wir tun? 16 Doch dieser sagte: Fürchte
dich nicht! Bei uns sind mehr als bei ihnen. 17 Dann
betete Elischa: Herr, öffne ihm die Augen, damit er
sieht. Und der Herr öffnete dem Diener die Augen:
Er sah den Berg rings um Elischa voll von feurigen
Pferden und Wagen.
18 Als dann die Aramäer anrückten, betete Elischa
zum Herrn und rief: Schlag doch diese Leute mit
Verblendung! Und der Herr schlug sie auf das
Wort Elischas hin mit Verblendung. 19 Daraufhin
sagte Elischa zu ihnen: Das ist nicht der richtige
Weg und nicht die richtige Stadt. Folgt mir! Ich
werde euch zu dem Mann führen, den ihr sucht.
Er führte sie aber nach Samaria. 20 Als sie dort an-
gekommen waren, betete Elischa: Herr, öffne ih-
nen die Augen, damit sie sehen. Der Herr öffnete
ihnen die Augen und sie sahen, dass sie mitten in
Samaria waren.
21 Sobald nun der König von Israel sie erblickte,
rief er Elischa zu: Soll ich sie totschlagen, mein
Vater? 22 Doch dieser erwiderte: Töte sie nicht! Er-
schlägst du denn jene, die du mit deinem Schwert
und Bogen gefangen nimmst? Setz ihnen Brot und
Wasser vor, damit sie essen und trinken und dann
zu ihrem Herrn zurückkehren. 23 Der König gab
ihnen reichlich zu essen und zu trinken und ent-
ließ sie zu ihrem Herrn. Seitdem kamen keine ara-
mäischen Streifscharen mehr in das Land Israel.

Die Rettung aus Hungersnot

24 Danach sammelte Ben-Hadad, der König von
Aram, seine ganze Streitmacht, zog gegen Samaria
und belagerte es. 25 In der eingeschlossenen Stadt
entstand eine große Hungersnot, sodass der Kopf
eines Esels achtzig Silberschekel kostete und ein
Viertelkab Milchsterne fünf Silberschekel. 26 Als
der König von Israel einmal auf der Mauer vor-
beischritt, rief ihm eine Frau zu: Hilf mir, mein
Herr und König! 27 Er antwortete: Wenn dir der
Herr nicht hilft, wie soll ich dir helfen? Soll es et-
was von der Tenne oder von der Kelter sein?
28 Dann fragte er sie: Was fehlt dir? Sie sagte: Diese
Frau hat von mir verlangt: Gib deinen Sohn her,
damit wir ihn heute aufessen. Meinen Sohn wer-
den wir dann morgen verzehren. 29 So haben wir
meinen Sohn gekocht und aufgegessen. Als ich
aber am nächsten Tag zu ihr sagte: Gib jetzt dei-
nen Sohn her, damit wir ihn verzehren, hatte sie
ihren Sohn versteckt. 30 Als der König die Worte
der Frau hörte, zerriss er seine Kleider, und da er
auf der Mauer entlangging, sah das Volk, dass er
ein Bußgewand auf dem bloßen Leib trug. 31 Er
rief: Gott soll mir dies und das antun, wenn
Elischa, der Sohn Schafats, bis heute Abend seinen
Kopf behält.
32 Elischa hielt sich in seinem Haus auf und die Äl-
testen saßen bei ihm. Der König hatte einen Mann
vor sich her gesandt; aber noch vor der Ankunft
des Boten sagte Elischa zu den Ältesten: Merkt ihr,
dass dieser Sohn eines Mörders (seinen Henker)
schickt, der mir den Kopf abschlagen soll? Gebt
nun Acht! Wenn der Bote kommt, verschließt die
Tür und haltet ihn an der Tür zurück! Sind nicht
schon die Schritte seines Herrn hinter ihm zu
hören? 33 Noch während er mit ihnen redete, kam
der König und sagte: Dieses Elend kommt vom
Herrn. Was soll ich noch vom Herrn erwarten?

7 Doch Elischa entgegnete: Hört das Wort des
Herrn! So spricht der Herr: Morgen um diese
Zeit kostet am Tor von Samaria ein Sea Feinmehl
nur noch einen Schekel und auch zwei Sea Gerste
kosten nur noch einen Schekel. 2 Doch der Adju-
tant, auf dessen Arm sich der König stützte, ant-
wortete dem Gottesmann: Selbst wenn der Herr
Schleusen am Himmel anbrächte, könnte das nicht
geschehen. Elischa erwiderte: Du wirst es mit dei-
nen eigenen Augen sehen, aber nicht davon essen.
3 Vor dem Eingang des Stadttors saßen vier aus-
sätzige Männer. Sie sagten zueinander: Warum sit-
zen wir hier, bis wir sterben? 4 Wollten wir in die

Stadt gehen, in der Hungersnot herrscht, dann sterben wir in ihr. Bleiben wir draußen, dann sterben wir auch. Kommt, wir gehen in das Lager der Aramäer hinüber! Wenn sie uns am Leben lassen, bleiben wir am Leben. Wenn sie uns töten, so sterben wir. [5] Sie machten sich daher in der Abenddämmerung auf, um in das Lager der Aramäer zu gehen. Doch als sie in den Bereich des aramäischen Lagers kamen, war dort niemand zu sehen. [6] Der Herr hatte nämlich das Rollen von Wagen, das Getrampel von Pferden und das Lärmen eines großen Heeres im Lager vernehmen lassen, sodass einer zum andern sagte: Der König von Israel hat die Könige der Hetiter und die Könige von Ägypten gegen uns angeworben, um uns überfallen zu lassen. [7] Sie waren daher in der Dämmerung aufgebrochen und geflohen. Dabei hatten sie ihre Zelte, Pferde und Esel und das ganze Lager, so wie es war, zurückgelassen, um durch die Flucht ihr Leben zu retten. [8] Als nun die Aussätzigen in den Bereich des Lagers kamen, gingen sie in ein Zelt, aßen und tranken, nahmen Silber, Gold und Kleider und entfernten sich, um die Beute zu verstecken. Dann kamen sie zurück, gingen in ein anderes Zelt, machten auch hier ihre Beute und entfernten sich wieder, um sie zu verstecken. [9] Dann aber sagten sie zueinander: Wir handeln nicht recht. Heute ist ein Tag froher Botschaft. Wenn wir schweigen und bis zum Morgengrauen warten, trifft uns Schuld. Kommt also; wir gehen und melden es im Palast des Königs. [10] Sie machten sich auf, riefen die Wächter der Stadt und erzählten ihnen: Wir sind in das Lager der Aramäer gekommen. Aber dort war niemand zu sehen und kein menschlicher Laut zu hören. Die Pferde und Esel waren angebunden und die Zelte standen so da, wie sie waren. [11] Da schlugen die Wächter Lärm und man meldete es drinnen im Palast des Königs. [12] Noch in der Nacht stand der König auf und sagte zu seinen Leuten: Ich will euch erklären, was die Aramäer gegen uns planen. Sie wissen, dass wir Hunger leiden, und haben das Lager nur verlassen, um sich auf dem freien Feld zu verstecken mit dem Hintergedanken: Wenn sie die Stadt verlassen, nehmen wir sie lebendig gefangen und dringen in die Stadt ein. [13] Doch einer von den Leuten schlug vor: Man nehme doch fünf von den noch vorhandenen Pferden. Ihnen mag es ergehen wie den vielen Israeliten, die schon zugrunde gegangen sind. Wir wollen Männer mit den Pferden hinschicken und dann weiter sehen. [14] Man nahm also zwei Wagen mit den Pferden. Der König schickte sie der Streitmacht der Aramäer nach und befahl ihnen: Brecht auf und seht nach! [15] Sie fuhren hinter ihnen her bis an den Jordan und fanden den ganzen Weg mit Kleidern und Waffen übersät, die die Aramäer auf ihrer überstürzten Flucht weggeworfen hatten. Als sie zurückkamen und dem König Meldung erstatteten, [16] strömte das Volk hinaus und plünderte das Lager der Aramäer. Jetzt kostete ein Sea Feinmehl nur noch einen Schekel und auch zwei Sea Gerste kosteten nur noch einen Schekel, wie es der Herr vorausgesagt hatte.

[17] Der König hatte die Aufsicht über das Tor dem Adjutanten übertragen, auf dessen Arm er sich zu stützen pflegte. Ihn trat das Volk im Stadttor nieder und so starb er, wie es ihm der Gottesmann vorausgesagt hatte, als der König gekommen war, um mit ihm zu reden. [18] Als nämlich der Gottesmann zum König sagte: Morgen um diese Zeit kosten am Tor von Samaria zwei Sea Gerste nur noch einen Schekel und ein Sea Feinmehl kostet nur noch einen Schekel, [19] hatte der Adjutant dem Gottesmann geantwortet: Selbst wenn der Herr Schleusen am Himmel anbrächte, könnte dies nicht geschehen. Und Elischa hatte ihm erwidert: Du wirst es mit deinen Augen sehen, aber nicht davon essen. [20] So geschah es ihm nun: Das Volk trat ihn im Tor nieder, sodass er starb.

Die Sorge für die Frau aus Schunem

8 Elischa sagte zu der Frau, deren Sohn er zum Leben erweckt hatte: Mach dich auf, zieh mit deiner Familie fort und halte dich irgendwo in der Fremde auf; denn der Herr hat eine Hungersnot verhängt. Schon kommt sie über das Land und sie wird sieben Jahre dauern. [2] Da machte sich die Frau auf den Weg und tat, was ihr der Gottesmann geraten hatte. Sie zog mit ihren Angehörigen fort und hielt sich sieben Jahre im Land der Philister auf. [3] Nach Ablauf von sieben Jahren kehrte sie aus dem Land der Philister zurück und ging zum König, um wegen ihres Hauses und ihrer Felder seine Hilfe zu erbitten. [4] Der König war gerade im Ge-

sprach mit Gehasi, dem Diener des Gottesmannes, und hatte ihn aufgefordert: Erzähl mir alles Große, das Elischa vollbracht hat. 5 Während dieser dem König erzählte, wie Elischa den Toten zum Leben erweckt hatte, kam die Frau, deren Sohn er zum Leben erweckt hatte, um wegen ihres Hauses und ihrer Felder die Hilfe des Königs zu erbitten. Da sagte Gehasi: Das, mein Herr und König, ist die Frau und das ist ihr Sohn, den Elischa zum Leben erweckt hat. 6 Nun fragte der König die Frau selbst und sie erzählte ihm alles. Darauf gab ihr der König einen Beamten mit und trug ihm auf: Verschaff ihr alles wieder, was ihr gehört, auch den ganzen Ertrag ihrer Felder von dem Tag an, da sie das Land verlassen hat, bis heute.

1: 4,32–37

Elischa in Damaskus

7 Elischa kam nach Damaskus, wo Ben-Hadad, der König von Damaskus, krank daniederlag. Man meldete ihm, dass der Gottesmann gekommen sei. 8 Darauf befahl der König dem Hasaël: Nimm ein Geschenk, geh dem Gottesmann entgegen und befrag durch ihn Jahwe, ob ich von dieser Krankheit wieder genesen werde. 9 Hasaël ging Elischa entgegen; als Geschenk nahm er allerlei Kostbarkeiten von Damaskus mit, so viel, wie vierzig Kamele tragen konnten. Er kam zu Elischa, trat vor ihn hin und sagte: Dein Sohn Ben-Hadad, der König von Aram, hat mich zu dir gesandt und lässt fragen: Werde ich von dieser Krankheit wieder genesen? 10 Elischa antwortete ihm: Geh und sag ihm: Du wirst genesen. – Doch der Herr hat mir gezeigt, dass er sterben muss. 11 Hasaël verzog keine Miene und blickte ihn scharf an. Der Gottesmann aber weinte. 12 Als Hasaël dann fragte: Warum weint mein Herr?, gab er zur Antwort: Weil ich weiß, wie viel Leid du den Israeliten bringen wirst. Du wirst ihre Festungen in Brand stecken, ihre jungen Männer mit dem Schwert töten, ihre Kinder zerschmettern, ihren schwangeren Frauen den Leib aufschlitzen. 13 Hasaël entgegnete: Was ist denn dein Knecht, dieser Hund, dass er so gewaltige Dinge tun könnte? Elischa antwortete: Der Herr hat dich mir als König von Aram gezeigt. 14 Hasaël verließ Elischa und kehrte zu seinem Herrn zurück. Dieser fragte ihn: Was hat Elischa zu dir gesagt? Und er gab zur Antwort: Er hat zu mir gesagt, dass du genesen wirst. 15 Am folgenden Tag aber nahm er eine Decke, tauchte sie ins Wasser und legte sie ihm über das Gesicht, sodass er starb. Hasaël wurde König an seiner Stelle.

12: 10,32f; Am 1,3

Joram von Juda

16 Im fünften Jahr Jorams, des Sohnes Ahabs, des Königs von Israel, während Joschafat noch König von Juda war, wurde Joram, der Sohn Joschafats, König von Juda. 17 Er war zweiunddreißig Jahre alt, als er König wurde, und regierte acht Jahre in Jerusalem. 18 Er folgte den Wegen der Könige von Israel, wie es das Haus Ahab getan hatte; denn er hatte eine Tochter Ahabs zur Frau und er tat, was dem Herrn missfiel. 19 Doch der Herr wollte Juda nicht verderben wegen seines Knechtes David, dem er versprochen hatte, er werde ihm für immer eine Leuchte vor seinen Augen geben.

20 In den Tagen Jorams fiel Edom von Juda ab und setzte einen eigenen König ein. 21 Joram zog daher mit all seinen Kriegswagen nach Zaïr. Während der Nacht griff er an und schlug die Edomiter, die ihn und die Obersten der Kriegswagen umzingelt hatten; seine Leute aber waren in die Zelte geflohen. 22 Doch Edom fiel von Juda ab und ist abtrünnig bis zum heutigen Tag. Damals, zur gleichen Zeit, fiel auch Libna ab.

23 Die übrige Geschichte Jorams und alle seine Taten sind aufgezeichnet in der Chronik der Könige von Juda. 24 Joram entschlief zu seinen Vätern und wurde bei seinen Vätern in der Davidstadt begraben. Sein Sohn Ahasja wurde König an seiner Stelle.

16–24 || 2 Chr 21,5–10 • 19: 1 Kön 11,36

Ahasja von Juda

25 Im zwölften Jahr Jorams, des Sohnes Ahabs, des Königs von Israel, wurde Ahasja, der Sohn Jorams, König von Juda. 26 Er war zweiundzwanzig Jahre alt, als er König wurde, und regierte ein Jahr in Jerusalem. Seine Mutter hieß Atalja; sie war eine Enkelin Omris, des Königs von Israel. 27 Er folgte den Wegen des Hauses Ahab und tat, was dem Herrn missfiel, wie das Haus Ahab; denn er war mit dem Haus Ahab verschwägert. 28 Er zog auch mit Joram,

dem Sohn Ahabs, gegen Hasaël, den König von Aram, nach Ramot-Gilead in den Krieg. Dabei verwundeten die Aramäer Joram. [29] König Joram musste heimkehren, um in Jesreel von den Wunden Heilung zu suchen, die ihm die Aramäer geschlagen hatten, als er in Ramot gegen ihren König Hasaël kämpfte. Ahasja, der Sohn Jorams, der König von Juda, kam hinab, um Joram, den Sohn Ahabs, in Jesreel zu besuchen, als er krank daniederlag.

25–29 || 2 Chr 22,2–6

Der Aufstand Jehus

9 Der Prophet Elischa rief einen von den Prophetenjüngern und trug ihm auf: Gürte dich, nimm diesen Ölkrug und geh nach Ramot-Gilead! [2] Wenn du dorthin kommst, such Jehu, den Sohn Joschafats, des Sohnes Nimschis! Geh zu ihm, ruf ihn aus dem Kreis seiner Brüder und begib dich mit ihm in das innerste Gemach! [3] Dann nimm den Ölkrug, gieß ihn über seinem Haupt aus und sag: So spricht der Herr: Ich salbe dich zum König über Israel. Dann öffne die Tür und eile unverzüglich fort! [4] Der Prophetenjünger ging nach Ramot-Gilead. [5] Als er hinkam, saßen die Obersten des Heeres gerade beisammen. Er sagte: Ich habe einen Auftrag an dich, Oberst. Jehu fragte: An wen von uns? Der junge Mann antwortete: An dich, Oberst. [6] Da stand Jehu auf und ging in das Haus. Der Prophetenjünger goss ihm das Öl über das Haupt mit den Worten: So spricht der Herr, der Gott Israels: Ich salbe dich zum König über das Volk des Herrn, über Israel. [7] Du wirst dem Haus Ahabs, deines Herrn, schwere Schläge versetzen und ich werde Rache nehmen für das Blut meiner Knechte, der Propheten, und für das Blut aller Diener des Herrn, das Isebel vergossen hat. [8] Das ganze Haus Ahab wird zugrunde gehen. Ich werde vom Haus Ahab alles, was männlich ist, bis zum letzten Mann in Israel ausrotten [9] und es dem Haus Ahab ergehen lassen wie dem Haus Jerobeams, des Sohnes Nebats, und dem Haus Baschas, des Sohnes Ahijas. [10] Isebel werden auf der Flur von Jesreel die Hunde fressen und niemand wird sie begraben. Dann öffnete er die Tür und eilte davon.

[11] Als Jehu zu den Leuten seines Herrn herauskam, fragten sie ihn: Steht es gut? Warum ist denn dieser Verrückte zu dir gekommen? Er antwortete: Ihr kennt doch den Mann und sein Gerede. [12] Doch sie sagten: Das sind Ausflüchte. Teil uns nur alles mit! Da gab er zu: So und so hat er zu mir gesagt: So spricht der Herr: Ich salbe dich zum König über Israel. [13] Sogleich nahmen alle ihre Kleider, legten sie ihm zu Füßen auf die bloßen Stufen, stießen in das Horn und riefen: Jehu ist König. [14] So verschwor sich Jehu, der Sohn Joschafats, des Sohnes Nimschis, gegen Joram. – Joram hatte mit ganz Israel vor Ramot-Gilead im Abwehrkampf gegen Hasaël, den König von Aram, gestanden. [15] Er war dann heimgekehrt, um in Jesreel Heilung von den Wunden zu suchen, die ihm die Aramäer geschlagen hatten, als er gegen ihren König Hasaël kämpfte.

8: 1 Kön 14,10f; 16,4; 21,21–24

Das Ende der beiden Könige

[16] Jehu sagte nun: Wenn ihr einverstanden seid, lassen wir keinen aus der Stadt entkommen, der nach Jesreel gehen und dort Meldung machen könnte. Dann bestieg er seinen Wagen, um selbst nach Jesreel zu fahren; denn dort lag Joram danieder. Auch Ahasja, der König von Juda, war dorthin gekommen, um Joram zu besuchen. [17] Der Wächter, der in Jesreel auf dem Turm stand, sah die Schar Jehus herankommen und meldete: Ich sehe eine Schar. Da befahl Joram: Hol einen Reiter und schick ihn der Schar entgegen! Er soll fragen, ob er in friedlicher Absicht kommt. [18] Als der Reiter sie erreichte, sagte er: Der König lässt fragen, ob ihr in friedlicher Absicht kommt. Doch Jehu antwortete: Was geht es dich an, ob wir in friedlicher Absicht kommen? Reih dich hinter mir ein! Der Wächter meldete: Der Bote hat sie erreicht, kehrt aber nicht mehr zurück. [19] Nun schickte der König einen zweiten Reiter. Dieser kam zu ihnen und sagte: Der König lässt fragen, ob ihr in friedlicher Absicht kommt. Doch Jehu antwortete: Was geht es dich an, ob wir in friedlicher Absicht kommen? Reih dich hinter mir ein! [20] Der Wächter meldete wieder: Er hat sie erreicht, kehrt aber nicht mehr zurück. Die Art, wie ihr Anführer fährt, ist die Art Jehus, des Enkels Nimschis; denn er fährt wie ein Rasender. [21] Da ließ Joram selbst anspannen. Man machte seinen Wagen bereit, und Joram, der König von Israel, und Ahasja, der König von Juda, fuhren, jeder auf seinem Wagen, Jehu entgegen. Sie

trafen ihn beim Acker Nabots aus Jesreel. 22 Als Joram Jehu sah, fragte er: Kommst du in friedlicher Absicht, Jehu? Doch dieser erwiderte: Wie sollte ich in friedlicher Absicht kommen, solange die Unzucht deiner Mutter Isebel und ihre vielen Zaubereien andauern? 23 Da lenkte Joram um und wollte fliehen, während er Ahasja zurief: Verrat, Ahasja! 24 Doch Jehu ergriff den Bogen und traf Joram zwischen die Schultern, sodass der Pfeil sein Herz durchbohrte und er in seinem Wagen niedersank. 25 Dann befahl Jehu seinem Adjutanten Bidkar: Nimm ihn, und wirf ihn auf den Acker Nabots aus Jesreel. Denk daran: Ich und du fuhren auf unseren Gespannen hinter seinem Vater Ahab her, als der Herr dieses Wort über ihn verkünden ließ: 26 Fürwahr, ich habe gestern das Blut Nabots und seiner Söhne gesehen – Spruch des Herrn. Ich werde an dir auf diesem Acker Vergeltung üben – Spruch des Herrn. Nimm ihn also und wirf ihn auf den Acker, wie es der Herr gesagt hat.

27 Als Ahasja, der König von Juda, dies sah, floh er in Richtung Bet-Gan. Doch Jehu verfolgte ihn und rief: Schlagt auch diesen nieder! Man schlug ihn beim Anstieg nach Gur, das bei Jibleam liegt, im Wagen nieder. Er kam noch bis Megiddo, wo er starb. 28 Seine Diener brachten ihn nach Jerusalem und begruben ihn bei seinen Vätern in seinem Grab in der Davidstadt. 29 Im elften Jahr Jorams, des Sohnes Ahabs, war Ahasja König von Juda geworden.

26: 1 Kön 21,19

Das Ende Isebels

30 Als Jehu nach Jesreel kam und Isebel dies erfuhr, legte sie Schminke auf ihre Augen, schmückte ihr Haupt und schaute durch das Fenster hinab. 31 Während dann Jehu an das Tor trat, rief sie ihm zu: Geht es Simri, dem Mörder seines Herrn, gut? 32 Jehu schaute zum Fenster empor und fragte: Ist jemand da, der zu mir hält? Zwei oder drei Hofleute sahen zu ihm herab 33 und er befahl ihnen: Werft sie herunter! Sie warfen sie herunter und Isebels Blut bespritzte die Wand und die Pferde, die sie zertraten. 34 Dann ging Jehu hinein, um zu essen und zu trinken. Schließlich befahl er: Seht nach dieser Verfluchten und begrabt sie; denn sie ist eine Königstochter. 35 Doch als sie hinkamen, um sie zu begraben, fanden sie von ihr nur noch den Schädel, die Füße und die Hände. 36 Und sie kamen zurück, um es ihm zu melden. Er aber sagte: Das ist das Wort, das der Herr durch seinen Knecht Elija aus Tischbe verkündet hat: Auf der Flur von Jesreel werden die Hunde das Fleisch Isebels fressen. 37 Die Leiche Isebels soll wie Mist auf dem Feld in der Flur Jesreels liegen, sodass man nicht mehr sagen kann: Das ist Isebel.

31: 1 Kön 16,10 • 36: 1 Kön 21,23

Der Untergang des Hauses Ahab

10 Ahab hatte siebzig Söhne in Samaria. Jehu sandte nun Briefe nach Samaria an die Fürsten der Stadt, an die Ältesten und die Erzieher der Söhne Ahabs. Darin schrieb er: 2 Wenn jetzt dieses Schreiben zu euch kommt, bedenkt: Bei euch sind die Söhne eures Herrn. Ihr habt die Wagen und die Pferde, eine befestigte Stadt und die Waffen. 3 Seht euch nach dem besten und tüchtigsten unter den Söhnen eures Herrn um, setzt ihn auf den Thron seines Vaters und kämpft für das Haus eures Herrn! 4 Doch sie bekamen große Angst und sagten: Die beiden Könige konnten ihm nicht standhalten. Wie sollten wir es können? 5 Daher ließen der Palastvorsteher, der Stadtoberste, die Ältesten und die Erzieher dem Jehu melden: Wir sind deine Knechte und wollen alles tun, was du uns befiehlst; wir werden keinen König aufstellen. Tu, was du für richtig hältst.

6 Darauf schrieb er einen zweiten Brief an sie mit folgendem Inhalt: Wenn ihr auf meiner Seite steht und meinen Befehlen gehorchen wollt, dann nehmt die Köpfe der Söhne eures Herrn und kommt morgen um diese Zeit zu mir nach Jesreel! Die siebzig Söhne des Königs waren bei den Großen der Stadt, die sie erzogen. 7 Sobald der Brief angekommen war, ergriff man die Söhne des Königs, machte alle siebzig nieder, legte ihre Köpfe in Körbe und schickte sie zu Jehu nach Jesreel. 8 Als der Bote mit der Meldung eintraf, dass man die Köpfe der Königssöhne gebracht habe, befahl Jehu: Schichtet sie bis zum Morgen in zwei Haufen vor dem Tor auf! 9 Am nächsten Morgen ging er hinaus, trat vor das Volk und sagte: Ihr seid ohne Schuld. Ich bin es, der die Verschwörung gegen meinen Herrn angezettelt und ihn getötet hat.

Doch wer hat diese alle erschlagen? 10 Erkennt also,
dass keine der Drohungen unerfüllt bleibt, die der
Herr gegen das Haus Ahab ausgesprochen hat. Der
Herr hat das getan, was er durch seinen Knecht
Elija verkündet hat. 11 Hierauf ließ Jehu alle vom
Haus Ahab erschlagen, die noch in Jesreel übrig
geblieben waren, alle Großen und Vertrauten
Ahabs, auch alle seine Priester; keinen von ihnen
ließ er entkommen.
12 Dann brach er auf, um nach Samaria zu ziehen.
Als er unterwegs bei Bet-Eked-Roïm war, 13 traf er
die Brüder Ahasjas, des Königs von Juda. Er fragte
sie: Wer seid ihr? Sie antworteten: Wir sind die
Brüder Ahasjas und sind gekommen, um die
Söhne des Königs und die Söhne der Herrin zu begrüßen.
14 Da befahl er: Ergreift sie lebendig! Man
ergriff sie lebendig und machte sie am Brunnen
von Bet-Eked nieder. Es waren zweiundvierzig
Mann; keinen von ihnen ließ er am Leben.
15 Von da zog er weiter und traf Jonadab, den Sohn
Rechabs, der ihm entgegenkam. Er grüßte ihn und
fragte: Ist dein Herz aufrichtig gegen mich wie
mein Herz gegen dich? Jonadab antwortete: So ist
es. (Da sagte Jehu:) Wenn es so ist, dann reich mir
deine Hand! Da reichte er ihm die Hand und Jehu
nahm ihn zu sich auf den Wagen 16 und sagte:
Komm mit mir und sieh meinen Eifer für den
Herrn! So ließ er ihn bei sich im Wagen fahren.
17 Als er nach Samaria kam, ließ er alle erschlagen,
die vom Haus Ahab dort noch übrig geblieben waren.
Sie wurden ausgerottet, wie es der Herr zu
Elija gesagt hatte.

10: 1 Kön 21,18–24 • 15: Jer 35,1–11

Die Beseitigung der Baalspriester

18 Jehu versammelte das ganze Volk und trug ihm
vor: Ahab hat Baal nur wenig gedient; Jehu wird
ihm eifriger dienen. 19 Ruft jetzt alle Propheten
Baals, alle seine Diener und Priester zu mir! Keiner
darf fernbleiben; denn ich will ein großes
Schlachtopfer für Baal darbringen. Wer nicht erscheint,
soll sein Leben verlieren. Jehu tat dies aus
Hinterlist, weil er die Baalsdiener vernichten
wollte. 20 Darauf befahl Jehu: Bereitet eine Festversammlung
zur Ehre Baals vor! Und um sie einzuberufen,
21 sandte Jehu Boten durch ganz Israel. Alle
Baalsdiener kamen; es gab keinen, der fernblieb.
Sie betraten den Baalstempel, der sich von einem
Ende zum andern füllte. 22 Nun befahl Jehu dem
Verwalter der Kleiderkammer, jedem Baalsdiener
ein Kleid zu reichen. Nachdem dieser die Gewänder
überreicht hatte, 23 betrat Jehu mit Jonadab,
dem Sohn Rechabs, den Baalstempel und forderte
die Baalsdiener auf: Vergewissert euch, dass nur
Baalsdiener hier sind und dass kein Diener Jahwes
sich unter euch befindet. 24 Darauf begannen sie,
Schlacht- und Brandopfer darzubringen.
Jehu hatte aber draußen achtzig Mann aufgestellt
und ihnen gesagt: Wer einen von den Männern,
die ich in eure Hand gebe, entkommen lässt, wird
mit seinem Leben dafür büßen. 25 Nach Beendigung
des Brandopfers befahl er den Läufern und
ihren Hauptleuten: Kommt her und macht sie nieder!
Keiner darf entrinnen. Die Läufer und ihre
Hauptleute erschlugen sie mit scharfem Schwert
und warfen die Leichen hinaus. Dann machten sie
sich über den Tempel des Baal her, 26 schafften das
Steinmal des Baalstempels weg und verbrannten
es. 27 Sie zerschlugen das Steinmal des Baal, rissen
den Baalstempel nieder und machten ihn zu einer
Stätte des Unrats; das blieb er bis zum heutigen
Tag. 28 So beseitigte Jehu den Baal aus Israel.
29 Doch von den Sünden, zu denen Jerobeam, der
Sohn Nebats, Israel verführt hatte, den goldenen
Kälbern in Bet-El und Dan, ließ Jehu nicht ab.

Verschiedene Angaben über Jehu

30 Der Herr sprach zu Jehu: Weil du mein Vorhaben
genau vollstreckt und am Haus Ahab alles ausgeführt
hast, was ich ihm zugedacht hatte, sollen
Nachkommen von dir bis in das vierte Geschlecht
auf dem Thron Israels sitzen. 31 Doch Jehu war
nicht darauf bedacht, mit ganzem Herzen das Gesetz
des Herrn, des Gottes Israels, zu befolgen. Er
ließ nicht von den Sünden ab, zu denen Jerobeam
die Israeliten verführt hatte.
32 In jenen Tagen begann der Herr, Israel zu verkleinern.
Hasaël schlug sie in allen Gebieten Israels
33 östlich des Jordan: Er verwüstete das ganze
Land Gilead, das Gebiet der Stämme Gad, Ruben
und Manasse bis nach Aroër am Arnon, Gilead
und den Baschan.
34 Die übrige Geschichte Jehus, alle seine Taten und
Erfolge, sind aufgezeichnet in der Chronik der Kö-

nige von Israel. [35] Jehu entschlief zu seinen Vätern; man begrub ihn in Samaria. Sein Sohn Joahas wurde König an seiner Stelle. [36] Die Zeit, die Jehu in Samaria König von Israel war, betrug achtundzwanzig Jahre.

Atalja

11 Als Atalja, die Mutter Ahasjas, sah, dass ihr Sohn tot war, ging sie daran, die ganze Nachkommenschaft der königlichen Familie auszurotten. [2] Doch Joscheba, die Tochter des Königs Joram und Schwester Ahasjas, nahm Joasch, den Sohn Ahasjas, aus dem Kreis der Königssöhne, die ermordet werden sollten, weg und brachte ihn heimlich mit seiner Amme in die Bettenkammer. Dort versteckte sie ihn vor Atalja, sodass er nicht getötet wurde. [3] Er blieb sechs Jahre bei ihr im Haus des Herrn verborgen, während Atalja das Land regierte.

[4] Im siebten Jahr bestellte der Priester Jojada die Hundertschaftsführer der Karer und Läufer zu sich. Er führte sie in das Haus des Herrn, schloss mit ihnen ein Abkommen, ließ sie im Haus des Herrn schwören und zeigte ihnen den Sohn des Königs. [5] Dann ordnete er an: Das ist es, was ihr tun sollt: Ein Drittel von der Wache, die am Sabbat aufzieht, soll den Königspalast bewachen, [6] ein Drittel soll am Tor Sur und ein Drittel am Tor hinter den Läufern stehen. Auf diese Weise sollt ihr abwechselnd die Bewachung des Tempels übernehmen. [7] Die zwei Abteilungen aber, die am Sabbat abziehen, sollen im Haus des Herrn beim König als Wache stehen. [8] Schart euch mit der Waffe in der Hand um den König! Wer in die Reihen einzudringen versucht, soll getötet werden. Seid beim König, wenn er auszieht und wenn er einzieht. [9] Die Führer der Hundertschaften befolgten alle Weisungen des Priesters Jojada. Jeder holte seine Leute, sowohl jene, die am Sabbat aufzogen, als auch jene, die am Sabbat abzogen. Sie kamen zum Priester Jojada [10] und dieser gab den Anführern der Hundertschaften die Lanzen und Schilde, die dem König David gehört hatten und sich jetzt im Haus des Herrn befanden. [11] Die Läufer stellten sich mit der Waffe in der Hand von der Südseite des Tempels bis zur Nordseite vor dem Altar und dem Tempel rings um den König auf. [12] Dann führte Jojada den Königssohn heraus und überreichte ihm den Stirnreif und das Königsgesetz. So machten sie ihn zum König, salbten ihn, klatschten in die Hände und riefen: Es lebe der König!

[13] Als Atalja das Geschrei des Volkes hörte, kam sie zu den Leuten in das Haus des Herrn. [14] Da sah sie den König am gewohnten Platz bei der Säule stehen; die Obersten und die Trompeter waren bei ihm und alle Bürger des Landes waren voller Freude und bliesen die Trompeten. Atalja zerriss ihre Kleider und schrie: Verrat, Verrat! [15] Doch der Priester Jojada befahl den Hundertschaftsführern, die das Kommando über die Truppen hatten: Führt sie durch die Reihen hinaus und schlagt jeden mit dem Schwert nieder, der ihr folgen will; denn – so sagte der Priester – sie soll nicht im Haus des Herrn getötet werden. [16] Da legte man Hand an sie, und als sie an den Weg kam, auf dem man die Pferde zum Palast des Königs führt, wurde sie dort getötet.

[17] Jojada schloss nun den Bund des Herrn mit König und Volk. Sie versprachen, dass sie das Volk des Herrn sein wollten. Auch König und Volk ließ er einen Bund schließen. [18] Darauf zogen alle Bürger des Landes zum Baalstempel und rissen ihn nieder. Sie zertrümmerten seine Altäre und Bilder vollständig und erschlugen den Baalspriester Mattan vor den Altären. Auch stellte Jojada Posten vor das Haus des Herrn [19] und rief die Hundertschaftsführer, die Karer und Läufer sowie alle Bürger des Landes herbei. Sie führten den König aus dem Haus des Herrn durch das Tor der Läufer hinab in den königlichen Palast. Dort setzte er sich auf den Thron der Könige. [20] Alle Bürger des Landes waren voll Freude und die Stadt blieb ruhig. Atalja aber hatte man vor dem Palast des Königs mit dem Schwert umgebracht.

1–20 || 2 Chr 22,10 – 23,21 • 12: Dtn 17,18

Joasch von Juda

12 Joasch war sieben Jahre alt, als er König wurde. [2] Im siebten Jahr Jehus wurde er König und vierzig Jahre regierte er in Jerusalem. Seine Mutter hieß Zibja und stammte aus Beerscheba. [3] Er tat, was dem Herrn gefiel, solange der Priester Jojada ihn unterwies. [4] Nur die Kulthöhen verschwanden nicht. Das Volk brachte noch Schlacht- und Rauchopfer auf ihnen dar.

5 Joasch gab den Priestern die Weisung: Alles Geld,
das als Weihegabe in das Haus des Herrn gebracht
wird, ferner das Geld, das jemandem durch Schät-
zung auferlegt wird oder das er nach der Schät-
zung für andere zu entrichten hat, endlich das
Geld, das jemand freiwillig in das Haus des Herrn
bringt, 6 das alles sollen die Priester an sich neh-
men, jeder von seinen Bekannten. Sie sollen damit
die Schäden ausbessern, die man am Tempel fest-
stellt. 7 Als aber die Priester im dreiundzwanzigs-
ten Jahr des Königs Joasch die Schäden des Hau-
ses noch nicht beseitigt hatten, 8 ließ König Joasch
den Priester Jojada und die übrigen Priester kom-
men und hielt ihnen vor: Warum bessert ihr die
Schäden am Tempel nicht aus? Von jetzt an dürft
ihr das Geld, das von euren Bekannten kommt,
nicht mehr an euch nehmen, sondern müsst es un-
verzüglich zur Ausbesserung der Schäden des
Hauses abliefern. 9 Die Priester waren damit ein-
verstanden, dass sie vom Volk kein Geld mehr an-
nehmen durften, aber auch für die Schäden des
Hauses nicht mehr aufkommen mussten.
10 Der Priester Jojada nahm nun einen Kasten,
bohrte ein Loch in seinen Deckel und stellte ihn
neben dem Altar rechts vom Eingang zum Tempel
des Herrn auf. Dahinein legten die Priester, die an
der Schwelle Wache hielten, alles Geld, das in den
Tempel des Herrn gebracht wurde. 11 Wenn sie
dann sahen, dass viel Geld im Kasten war, kam der
Schreiber des Königs mit dem Hohenpriester. Sie
leerten den Kasten, zählten das Geld, das sich im
Haus des Herrn befand, 12 und übergaben es abge-
wogen den Werkmeistern, die die Arbeiten im
Haus des Herrn beaufsichtigten. Diese verwende-
ten es für die Zimmerleute und Bauarbeiter, die im
Haus des Herrn beschäftigt waren, 13 für die Mau-
rer und Steinmetzen, ebenso zum Ankauf von
Holz und Bruchsteinen, die man zur Beseitigung
der Schäden am Haus des Herrn benötigte, und
zur Bestreitung aller Unkosten, die bei der Aus-
besserung des Hauses entstanden. 14 Man ließ je-
doch von dem Geld, das in den Tempel kam, keine
silbernen Becken, Lichtscheren, Schalen, Trompe-
ten, auch keinerlei Gold- und Silbergeräte für das
Haus des Herrn anfertigen, 15 sondern gab alles
den Werkmeistern, die damit das Haus des Herrn
instand setzten. 16 Man rechnete mit den Män-
nern, denen man das Geld zur Ausbezahlung an
die Arbeiter übergab, nicht ab; denn sie waren zu-
verlässige Leute. 17 Geld für Schuld- und Sündop-
fer dagegen wurde nicht an den Tempel abgeführt,
sondern gehörte den Priestern.
18 Damals zog Hasaël, der König von Aram, herauf,
griff Gat an und eroberte es. Als er sich anschickte,
auch gegen Jerusalem zu ziehen, 19 nahm Joasch,
der König von Juda, alle Weihegaben, die Joscha-
fat, Joram und Ahasja, seine Vorgänger, die Könige
von Juda, gespendet hatten, dazu seine eigenen
Weihegaben und alles Gold, das in den Schatz-
kammern des Tempels und des königlichen Pa-
lastes war, und sandte alles an Hasaël, den König
von Aram, der daraufhin von Jerusalem abzog.
20 Die übrige Geschichte des Joasch und alle seine
Taten sind aufgezeichnet in der Chronik der Kö-
nige von Juda. 21 Seine Diener erhoben sich gegen
ihn; sie zettelten eine Verschwörung an und er-
schlugen ihn im Haus am Millo beim Abstieg nach
Silla. 22 Sabad, der Sohn Schimats, und Josabad,
der Sohn Schomers, seine Diener, waren es, die ihn
erschlugen. So starb er und man begrub ihn bei
seinen Vätern in der Davidstadt. Sein Sohn Amaz-
ja wurde König an seiner Stelle.

1–22 ‖ 2 Chr 24,1–27 • 5: Lev 27,1–8

Joahas von Israel

13 Im dreiundzwanzigsten Jahr des Joasch,
des Sohnes Ahasjas, des Königs von Juda,
wurde Joahas, der Sohn Jehus, König von Israel. Er
regierte siebzehn Jahre in Samaria 2 und tat, was
dem Herrn missfiel; er hielt an der Sünde fest, zu
der Jerobeam, der Sohn Nebats, Israel verführt hat-
te, und ließ nicht von ihr ab. 3 Deswegen entbrann-
te der Zorn des Herrn gegen Israel. Er gab sie in
die Gewalt Hasaëls, des Königs von Aram, und sei-
nes Sohnes Ben-Hadad, die ganze Zeit hindurch.
4 Als aber Joahas den Herrn besänftigte, erhörte
ihn der Herr; denn er sah die Bedrängnis, die der
König von Aram über Israel brachte. 5 Er gab Israel
einen Helfer, sodass es sich aus der Gewalt Arams
befreien konnte und die Israeliten wieder in ihren
Zelten wohnten wie früher. 6 Doch ließen sie nicht
von der Sünde ab, zu der das Haus Jerobeam Israel
verführt hatte, sondern hielten an ihr fest. Auch
der Kultpfahl blieb in Samaria stehen.

7 Der Herr ließ vom Heer des Joahas nur fünfzig
Wagenkämpfer, zehn Wagen und zehntausend
Mann Fußtruppen übrig. Alles andere hatte der
König von Aram vernichtet und dem Staub gleich-
gemacht, auf den man tritt.
8 Die übrige Geschichte des Joahas, alle seine Taten
und Erfolge, sind aufgezeichnet in der Chronik der
Könige von Israel. 9 Er entschlief zu seinen Vätern;
man begrub ihn in Samaria. Sein Sohn Joasch
wurde König an seiner Stelle.

Joasch von Israel

10 Im siebenunddreißigsten Jahr des Königs Joasch
von Juda wurde Joasch, der Sohn des Joahas, Kö-
nig von Israel. Er regierte sechzehn Jahre in Sama-
ria 11 und tat, was dem Herrn missfiel; er ließ nicht
von der Sünde ab, zu der Jerobeam, der Sohn Ne-
bats, Israel verführt hatte.
12 Die übrige Geschichte des Joasch, alle seine Ta-
ten und Erfolge, wie er mit Amazja, dem König
von Juda, Krieg führte, all das ist aufgezeichnet in
der Chronik der Könige von Israel. 13 Joasch ent-
schlief zu seinen Vätern und Jerobeam bestieg
seinen Thron. Joasch wurde in Samaria bei den
Königen von Israel begraben.

12–13: 14,15f

Die Krankheit und der Tod Elischas

14 Als Elischa von der Krankheit befallen wurde, an
der er sterben sollte, ging Joasch, der König von Is-
rael, zu ihm hinab. Er weinte vor ihm und rief:
Mein Vater, mein Vater! Wagen Israels und sein
Lenker! 15 Doch Elischa befahl ihm: Hol einen Bo-
gen und Pfeile! Er holte sie herbei. 16 Dann sagte
Elischa zum König von Israel: Leg deine Hand auf
den Bogen! Da legte er die Hand auf den Bogen,
Elischa aber legte seine Hände auf die Hände des
Königs. 17 Hierauf sagte er: Öffne das Fenster nach
Osten! Der König öffnete es und Elischa forderte
ihn auf zu schießen. Als er abschoss, rief Elischa:
Ein Siegespfeil vom Herrn, ein Siegespfeil gegen
Aram. Du wirst Aram bei Afek vernichtend schla-
gen. 18 Weiter sagte er: Nimm die Pfeile! Als der
König von Israel sie genommen hatte, befahl ihm
Elischa, auf den Boden zu schlagen. Der König tat
drei Schläge und hielt dann inne. 19 Da wurde der
Gottesmann unwillig über ihn und sagte: Du hät-
test fünf- oder sechsmal schlagen sollen; dann hät-
test du die Aramäer vernichtend geschlagen. Jetzt
aber wirst du sie nur dreimal schlagen.
20 Elischa starb und man begrub ihn. In jenem Jahr
fielen moabitische Räuberscharen in das Land ein.
21 Als man einmal einen Toten begrub und eine
dieser Scharen erblickte, warf man den Toten in
das Grab Elischas und floh. Sobald aber der Tote
die Gebeine Elischas berührte, wurde er wieder
lebendig und richtete sich auf.

14: 2,12 • 19: 13,25

Die Erfolge gegen Aram

22 Hasaël, der König von Aram, bedrängte Israel,
solange Joahas lebte. 23 Doch der Herr war seinem
Volk gnädig und hatte Erbarmen mit ihm. Wegen
seines Bundes mit Abraham, Isaak und Jakob
wandte er sich ihm wieder zu. Er wollte es nicht
verderben und hatte es bis dahin nicht von seinem
Angesicht verstoßen. 24 Als daher Hasaël, der Kö-
nig von Aram, starb und sein Sohn Ben-Hadad an
seiner Stelle König wurde, 25 konnte Joasch, der
Sohn des Joahas, Ben-Hadad, dem Sohn Hasaëls,
die Städte wieder entreißen, die dieser seinem Va-
ter Joahas im Krieg weggenommen hatte. Dreimal
schlug ihn Joasch und gewann die israelitischen
Städte zurück.

25: 1 Kön 20,34

Amazja von Juda

14 Im zweiten Jahr des Joasch, des Sohnes des
Joahas, des Königs von Israel, wurde Amaz-
ja, der Sohn des Joasch, König von Juda. 2 Er war
fünfundzwanzig Jahre alt, als er König wurde, und
regierte neunundzwanzig Jahre in Jerusalem.
Seine Mutter hieß Joaddan und stammte aus Je-
rusalem. 3 Er tat, was dem Herrn gefiel, wenn auch
nicht in der Weise seines Ahnherrn David; sein
Verhalten glich dem seines Vaters Joasch. 4 Die
Kulthöhen verschwanden nicht; das Volk brachte
noch Schlacht- und Rauchopfer auf ihnen dar.
5 Sobald die Herrschaft fest in seiner Hand war,
ließ er die Diener hinrichten, die seinen Vater, den
König, erschlagen hatten. 6 Die Söhne der Mörder
aber verschonte er, wie der Herr es geboten hatte
und wie es im Gesetzbuch des Mose niederge-
schrieben ist: Die Väter sollen nicht für ihre Söhne

und die Söhne nicht für ihre Väter mit dem Tod
bestraft werden, sondern jeder soll nur für sein ei-
genes Verbrechen sterben.
7 Er besiegte die Edomiter, zehntausend Mann, im
Salztal, nahm Sela im Kampf und nannte es Jok-
teel, wie es bis heute genannt wird.
8 Damals sandte Amazja Boten an Joasch, den
Sohn des Joahas, des Sohnes Jehus, den König von
Israel, und ließ ihm sagen: Komm, wir wollen (im
Kampf) einander gegenübertreten. 9 Doch Joasch,
der König von Israel ließ dem König Amazja von
Juda sagen: Der Dornstrauch auf dem Libanon
ließ der Zeder auf dem Libanon sagen: Gib deine
Tochter meinem Sohn zur Frau! Aber die Tiere des
Libanon liefen über den Dornstrauch und zertra-
ten ihn. 10 Du hast Edom besiegt und bist über-
mütig geworden. Wahre doch deinen Ruhm und
bleib zu Hause! Wozu willst du das Unglück he-
rausfordern und zu Fall kommen, du und Juda mit
dir? 11 Doch Amazja wollte nicht hören. Daraufhin
rückte Joasch, der König von Israel, aus. Er und
Amazja, der König von Juda, traten bei Bet-Sche-
mesch, das zu Juda gehört, einander gegenüber.
12 Die Judäer wurden von den Israeliten geschlagen
und flohen zu ihren Zelten. 13 Den König Amazja
von Juda, den Sohn des Joasch, des Sohnes Ahas-
jas, nahm König Joasch von Israel bei Bet-Sche-
mesch gefangen und brachte ihn nach Jerusalem.
Dort riss er die Mauer der Stadt vom Efraimtor bis
zum Ecktor auf einer Strecke von vierhundert El-
len nieder, 14 nahm alles Gold und Silber sowie alle
Geräte, die sich im Haus des Herrn und in den
Schatzkammern des königlichen Palastes befan-
den, ließ sich Geiseln stellen und kehrte nach Sa-
maria zurück.
15 Die übrige Geschichte des Joasch, seine Taten
und Erfolge, auch wie er mit Amazja, dem König
von Juda, Krieg führte, all das ist aufgezeichnet in
der Chronik der Könige von Israel. 16 Joasch ent-
schlief zu seinen Vätern und wurde in Samaria bei
den Königen von Israel begraben. Sein Sohn Jero-
beam wurde König an seiner Stelle.
17 Amazja, der Sohn des Joasch, der König von
Juda, lebte nach dem Tod des Joasch, des Sohnes
des Joahas, des Königs von Israel, noch fünfzehn
Jahre. 18 Die übrige Geschichte Amazjas ist aufge-
zeichnet in der Chronik der Könige von Juda.
19 Gegen ihn zettelte man in Jerusalem eine Ver-
schwörung an. Er floh nach Lachisch; aber man
sandte Verfolger hinter ihm her nach Lachisch, die
ihn dort erschlugen. 20 Man brachte ihn auf Pfer-
den nach Jerusalem; dort wurde er bei seinen Vä-
tern in der Davidstadt begraben. 21 Das ganze Volk
von Juda nahm nun Asarja, der damals sechzehn
Jahre alt war, und machte ihn zum König anstelle
seines Vaters Amazja. 22 Er baute Elat aus, das er für
Juda zurückgewonnen hatte, nachdem der König
zu seinen Vätern entschlafen war.

1–20 || 2 Chr 25,1–4.17–28 • 6: Dtn 24,16; Ez 18,10–23 • 15–16: 13,12f • 21–22: 2 Chr 26,1f

Jerobeam II. von Israel

23 Im fünfzehnten Jahr Amazjas, des Sohnes des
Joasch, des Königs von Juda, wurde Jerobeam, der
Sohn des Joasch, König von Israel. Er regierte
einundvierzig Jahre in Samaria 24 und tat, was dem
Herrn missfiel; er ließ nicht von all den Sünden ab,
zu denen Jerobeam, der Sohn Nebats, Israel ver-
führt hatte. 25 Er stellte die Grenzen Israels wieder
her von Lebo-Hamat bis zum Meer der Araba, wie
es der Herr, der Gott Israels, durch seinen Knecht,
den Propheten Jona, den Sohn Amittais aus Gat-
Hefer, vorhergesagt hatte. 26 Denn der Herr sah die
bittere Not Israels: dass bis zum letzten Mann alle
dahinschwanden und dass es für Israel keinen Ret-
ter gab. 27 Er hatte nicht im Sinn, den Namen Isra-
els unter dem Himmel auszutilgen. Darum half er
ihnen durch Jerobeam, den Sohn des Joasch.
28 Die übrige Geschichte Jerobeams, alle seine Ta-
ten und Erfolge, wie er Krieg führte, … all das ist
aufgezeichnet in der Chronik der Könige von Is-
rael. 29 Jerobeam entschlief zu seinen Vätern, den
Königen von Israel, und sein Sohn Secharja wurde
König an seiner Stelle.

Asarja (Usija) von Juda

15 Im siebenundzwanzigsten Jahr Jerobeams,
des Königs von Israel, wurde Asarja, der
Sohn Amazjas, König von Juda. 2 Er war sechzehn
Jahre alt, als er König wurde, und regierte zwei-
undfünfzig Jahre in Jerusalem. Seine Mutter hieß
Jecholja und stammte aus Jerusalem. 3 Genau wie
sein Vater Amazja tat er, was dem Herrn gefiel.
4 Nur die Kulthöhen verschwanden nicht; das Volk

brachte noch Schlacht- und Rauchopfer auf ihnen dar. 5 Doch der Herr schlug den König mit Aussatz. Er musste bis zu seinem Tod in einem abgesonderten Haus wohnen, während Jotam, der Sohn des Königs, Vorsteher des Palastes war und die Bürger des Landes regierte.
6 Die übrige Geschichte Asarjas und alle seine Taten sind aufgezeichnet in der Chronik der Könige von Juda. 7 Asarja entschlief zu seinen Vätern; man begrub ihn bei seinen Vätern in der Davidstadt. Sein Sohn Jotam wurde König an seiner Stelle.

1–7 ‖ 2 Chr 26,3–4.16–23 • 5: 2 Chr 26,21

Secharja von Israel

8 Im achtunddreißigsten Jahr des Königs Asarja von Juda wurde Secharja, der Sohn Jerobeams, König von Israel. Er regierte sechs Monate in Samaria. 9 Wie seine Väter tat er, was dem Herrn missfiel. Er ließ nicht von den Sünden ab, zu denen Jerobeam, der Sohn Nebats, Israel verführt hatte.
10 Gegen ihn zettelte Schallum, der Sohn des Jabesch, eine Verschwörung an; er erschlug ihn in Jibleam und wurde König an seiner Stelle.
11 Die übrige Geschichte Secharjas ist aufgezeichnet in der Chronik der Könige von Israel. 12 So erfüllte sich das Wort, das der Herr zu Jehu gesprochen hatte: Nachkommen von dir sollen bis in das vierte Geschlecht auf dem Thron Israels sitzen. So ist es geschehen.

12: 10,30

Schallum von Israel

13 Im neununddreißigsten Jahr Usijas, des Königs von Juda, wurde Schallum, der Sohn des Jabesch, König und regierte einen Monat in Samaria. 14 Gegen ihn zog Menahem, der Sohn Gadis, von Tirza heran, kam nach Samaria, erschlug Schallum, den Sohn des Jabesch, in Samaria und wurde König an seiner Stelle.
15 Die übrige Geschichte Schallums und die Verschwörung, die er angezettelt hat, sind aufgezeichnet in der Chronik der Könige von Israel. 16 Damals eroberte Menahem von Tirza aus die Stadt Tifsach und tötete alle Bewohner der Stadt und ihrer Umgebung, weil sie ihm die Tore nicht geöffnet hatten. Er eroberte sie und ließ ihren schwangeren Frauen den Leib aufschlitzen.

Menahem von Israel

17 Im neununddreißigsten Jahr Asarjas, des Königs von Juda, wurde Menahem, der Sohn Gadis, König von Israel. Er regierte zehn Jahre in Samaria 18 und tat, was dem Herrn missfiel; er ließ nicht von den Sünden ab, zu denen Jerobeam, der Sohn Nebats, Israel verführt hatte. 19 In seinen Tagen kam Pul, der König von Assur, in das Land. Menahem gab ihm tausend Talente Silber, damit er ihm helfe, seine Herrschaft zu festigen. 20 Um das Geld dem König von Assur abliefern zu können, musste er den wohlhabenden Männern in Israel eine Steuer auferlegen; fünfzig Silberschekel kamen auf jeden. Daraufhin zog der König von Assur ab und blieb nicht länger im Land.
21 Die übrige Geschichte Menahems und alle seine Taten sind aufgezeichnet in der Chronik der Könige von Israel. 22 Er entschlief zu seinen Vätern und sein Sohn Pekachja wurde König an seiner Stelle.

Pekachja von Israel

23 Im fünfzigsten Jahr Asarjas, des Königs von Juda, wurde Pekachja, der Sohn Menahems, König von Israel. Er regierte zwei Jahre in Samaria 24 und tat, was dem Herrn missfiel; er ließ nicht von den Sünden ab, zu denen Jerobeam, der Sohn Nebats, Israel verführt hatte. 25 Gegen ihn zettelte sein Adjutant Pekach, der Sohn Remaljas, eine Verschwörung an und erschlug ihn im Wohnturm des königlichen Palastes in Samaria … Er hatte fünfzig Mann aus Gilead bei sich, tötete Pekachja und wurde König an seiner Stelle.
26 Die übrige Geschichte Pekachjas und alle seine Taten sind aufgezeichnet in der Chronik der Könige von Israel.

Pekach von Israel

27 Im zweiundfünfzigsten Jahr des Königs Asarja von Juda wurde Pekach, der Sohn Remaljas, König von Israel. Er regierte zwanzig Jahre in Samaria 28 und tat, was dem Herrn missfiel; er ließ nicht von den Sünden ab, zu denen Jerobeam, der Sohn Nebats, Israel verführt hatte. 29 In den Tagen Pekachs, des Königs von Israel, zog Tiglat-Pileser, der König von Assur, heran. Er eroberte Ijon, Abel-Bet-Maacha, Janoach, Kedesch, Hazor, Gilead, Galiläa, das ganze Land Naftali, und verschleppte

ihre Bewohner nach Assur. 30 Hoschea aber, der
Sohn Elas, zettelte eine Verschwörung gegen Pe-
kach, den Sohn Remaljas, an. Er erschlug ihn und
wurde König an seiner Stelle im zwanzigsten Jahr
Jotams, des Sohnes Usijas.
31 Die übrige Geschichte Pekachs und alle seine Ta-
ten sind aufgezeichnet in der Chronik der Könige
von Israel.

Jotam von Juda

32 Im zweiten Jahr Pekachs, des Sohnes Remaljas,
des Königs von Israel, wurde Jotam, der Sohn
Usijas, König von Juda. 33 Er war fünfundzwanzig
Jahre alt, als er König wurde, und regierte sech-
zehn Jahre in Jerusalem. Seine Mutter hieß Jeru-
scha und war eine Tochter Zadoks. 34 Er tat, was
dem Herrn gefiel, genau wie sein Vater Usija. 35 Nur
die Kulthöhen verschwanden nicht. Das Volk
brachte noch Schlacht- und Rauchopfer auf ihnen
dar. Er baute das obere Tor am Haus des Herrn.
36 Die übrige Geschichte Jotams und seine Taten
sind aufgezeichnet in der Chronik der Könige von
Juda. 37 In jenen Tagen begann der Herr, Rezin, den
König von Aram, und Pekach, den Sohn Remaljas,
gegen Juda ziehen zu lassen. 38 Jotam aber ent-
schlief zu seinen Vätern und wurde bei seinen Vä-
tern in der Stadt seines Vaters David begraben.
Sein Sohn Ahas wurde König an seiner Stelle.

32–38 || 2 Chr 27,1–9

Ahas von Juda

16 Im siebzehnten Jahr Pekachs, des Sohnes
Remaljas, wurde Ahas, der Sohn Jotams,
König von Juda. 2 Er war zwanzig Jahre alt, als er
König wurde, und regierte sechzehn Jahre in Jeru-
salem. Er tat nicht wie sein Vater David, was dem
Herrn, seinem Gott, gefiel, 3 sondern er folgte den
Wegen der Könige von Israel. Er ließ sogar seinen
Sohn durch das Feuer gehen und ahmte so die
Gräuel der Völker nach, die der Herr vor den Is-
raeliten vertrieben hatte. 4 Auf den Kulthöhen und
Hügeln und unter jedem üppigen Baum brachte
er Schlacht- und Rauchopfer dar.
5 Damals unternahmen Rezin, der König von
Aram, und Pekach, der Sohn Remaljas, der König
von Israel, einen Kriegszug gegen Jerusalem. Sie
schlossen Ahas ein, konnten ihn aber nicht zum
Kampf zwingen. 6 Zur gleichen Zeit gewann Rezin,
der König von Aram, Elat für Edom zurück. Er ver-
trieb die Judäer aus Elat, und die Edomiter kamen
und blieben dort ansässig bis zum heutigen Tag.
7 Ahas aber sandte Boten an Tiglat-Pileser, den
König von Assur, und ließ ihm sagen: Ich bin dein
Knecht und dein Sohn; zieh herauf und rette mich
aus der Hand des Königs von Aram und des Kö-
nigs von Israel, die mich bedrohen. 8 Zugleich
nahm Ahas das Silber und Gold, das sich im Haus
des Herrn und in den Schatzkammern des könig-
lichen Palastes befand, und sandte es als Huldi-
gungsgeschenk an den König von Assur. 9 Dieser
hörte auf ihn, zog gegen Damaskus, nahm es ein
und verschleppte seine Bewohner nach Kir; Rezin
aber ließ er hinrichten.
10 Als König Ahas zu Tiglat-Pileser, dem König von
Assur, nach Damaskus kam und den Altar in Da-
maskus sah, schickte er dem Priester Urija ein Ab-
bild und eine genaue Beschreibung des Altars.
11 Daraufhin baute der Priester Urija einen Altar;
genau nach dem Auftrag, den König Ahas von Da-
maskus aus erteilt hatte, ließ er ihn anfertigen, be-
vor der König aus Damaskus zurückkehrte. 12 Als
dann Ahas nach seiner Rückkehr aus Damaskus
den Altar sah, ging er zu ihm hin, stieg hinauf
13 und verbrannte auf ihm sein Brand- und Spei-
seopfer, goss sein Trankopfer aus und besprengte
den Altar mit dem Blut seiner Heilsopfer. 14 Den
bronzenen Altar aber, der zwischen dem neuen Al-
tar und dem Tempel vor dem Herrn stand, ließ er
von seinem Platz vor dem Tempel wegrücken und
nördlich vom neuen Altar aufstellen. 15 Zugleich
gab er dem Priester Urija die Anweisung: Auf dem
neuen großen Altar sollst du das Brandopfer am
Morgen und das Speiseopfer am Abend, das Brand-
opfer des Königs und sein Speiseopfer sowie das
Brandopfer aller Bürger des Landes, ihr Speise-
opfer und ihre Trankopfer darbringen. Auf ihn
sollst du auch das Blut aller Brand- und Schlacht-
opfer sprengen. Was aber mit dem bronzenen Al-
tar geschehen soll, will ich noch überlegen. 16 Der
Priester Urija tat alles, was König Ahas angeordnet
hatte.
17 König Ahas ließ die Leisten an den fahrbaren
Gestellen abtrennen und die Kessel aus ihnen
nehmen, auch das »Meer« von den bronzenen

Rindern, auf denen es ruhte, wegnehmen und auf das Steinpflaster setzen. 18 Ferner ließ er den überdachten Sabbatgang, den man an den Tempel angebaut hatte, und den äußeren Zugang für den König vom Haus des Herrn entfernen. Er tat dies mit Rücksicht auf den König von Assur.

19 Die übrige Geschichte des Ahas und seine Taten sind aufgezeichnet in der Chronik der Könige von Juda. 20 Ahas entschlief zu seinen Vätern und wurde bei seinen Vätern in der Davidstadt begraben. Sein Sohn Hiskija wurde König an seiner Stelle.

1–20 || 2 Chr 28,1–27

Die Eroberung Samarias

17 Im zwölften Jahr des Königs Ahas von Juda wurde Hoschea, der Sohn Elas, in Samaria König von Israel. Er regierte neun Jahre 2 und tat, was dem Herrn missfiel, jedoch nicht in dem Maß wie die Könige von Israel, die vor ihm herrschten. 3 Gegen ihn zog Salmanassar, der König von Assur. Hoschea musste sich ihm unterwerfen und Abgaben entrichten. 4 Dann aber erfuhr der König von Assur, dass Hoschea an einer Verschwörung beteiligt war. Er hatte nämlich Boten nach So zum König von Ägypten gesandt und die jährliche Abgabe an den König von Assur nicht mehr geleistet. Daher ließ ihn dieser festnehmen und ins Gefängnis werfen. 5 Der König von Assur fiel über das ganze Land her, rückte gegen Samaria vor und belagerte es drei Jahre lang. 6 Im neunten Jahr Hoscheas eroberte er die Stadt, verschleppte die Israeliten nach Assur und siedelte sie in Halach, am Habor, einem Fluss von Gosan, und in den Städten der Meder an. 7 Das geschah, weil die Israeliten sich gegen den Herrn, ihren Gott, versündigten, der sie aus Ägypten, aus der Gewalt des Pharao, des Königs von Ägypten, heraufgeführt hatte. Sie verehrten fremde Götter, 8 ahmten die Bräuche der Völker nach, die der Herr vor den Israeliten vertrieben hatte, und folgten dem Beispiel, das die Könige von Israel gaben. 9 Gegen den Herrn, ihren Gott, ersannen die Israeliten Dinge, die nicht recht waren. Sie bauten sich Kulthöhen in allen ihren Städten, vom Wachtturm angefangen bis zur befestigten Stadt, 10 errichteten Steinmale und Kultpfähle auf jedem hohen Hügel und unter jedem üppigen Baum. 11 Auf allen Kulthöhen brachten sie Opfer dar wie die Völker, die der Herr vor ihnen vertrieben hatte, taten böse Dinge und erzürnten dadurch den Herrn. 12 Sie dienten den Götzen, obwohl der Herr es ihnen verboten hatte. 13 Der Herr warnte Israel und Juda durch alle seine Propheten, durch alle Seher: Kehrt um von euren bösen Wegen, achtet auf meine Befehle und meine Gebote genau nach dem Gesetz, das ich euren Vätern gegeben und euch durch meine Knechte, die Propheten, verkündet habe. 14 Doch sie wollten nicht hören, sondern versteiften ihre Nacken wie ihre Väter, die nicht auf den Herrn, ihren Gott, vertrauten. 15 Sie verwarfen seine Gebote und den Bund, den er mit ihren Vätern geschlossen hatte, und verschmähten die Warnungen, die er an sie richtete. Sie liefen nichtigen Göttern nach und wurden selbst zunichte; sie ahmten die Völker ihrer Umgebung nach, obwohl der Herr verboten hatte, ihrem Beispiel zu folgen. 16 Sie übertraten alle Gebote des Herrn, ihres Gottes, schufen sich Gussbilder, zwei Kälber, stellten einen Kultpfahl auf, beteten das ganze Heer des Himmels an und dienten dem Baal. 17 Ihre Söhne und Töchter ließen sie durch das Feuer gehen, trieben Wahrsagerei und Zauberei und gaben sich dazu her zu tun, was dem Herrn missfiel, und ihn zu erzürnen. 18 Darum wurde der Herr über Israel sehr zornig. Er verstieß es von seinem Angesicht, sodass der Stamm Juda allein übrig blieb.

19 Doch auch Juda befolgte nicht die Befehle des Herrn, seines Gottes, sondern ahmte die Bräuche nach, die Israel eingeführt hatte. 20 Darum verwarf der Herr das ganze Geschlecht Israels. Er demütigte sie und gab sie Räubern preis; schließlich verstieß er sie von seinem Angesicht. 21 Er hatte Israel vom Haus David losgerissen und sie hatten Jerobeam, den Sohn Nebats, als König eingesetzt. Jerobeam aber machte Israel vom Herrn abtrünnig und verführte es zu schwerer Sünde. 22 Die Israeliten begingen all die Sünden, die Jerobeam begangen hatte, und ließen nicht von ihnen ab. 23 Schließlich verstieß der Herr Israel von sich, wie er es durch seine Knechte, die Propheten, angedroht hatte. So wanderte Israel aus seinem Land weg in die Verbannung nach Assur und blieb dort bis zum heutigen Tag.

15: Jer 2,5 • 21: 1 Kön 11,31

Die Umsiedlung der Bevölkerung

24 Der König von Assur brachte Leute aus Babel,
Kuta, Awa, Hamat und Sefarwajim in das Land
und siedelte sie anstelle der Israeliten in den Städ-
ten Samariens an. Sie nahmen Samarien in Besitz
und ließen sich in seinen Städten nieder. 25 In der
ersten Zeit, in der sie dort wohnten, erwiesen sie
dem Herrn keine Verehrung. Er schickte deshalb
Löwen unter sie, die manche von ihnen töteten.
26 Da meldete man dem König von Assur: Die Völ-
ker, die du weggeführt und in den Städten Sama-
riens angesiedelt hast, wissen nicht, wie man den
Landesgott verehren soll. Er hat daher Löwen un-
ter sie gesandt, von denen sie getötet werden, weil
sie nicht wissen, wie man den Landesgott vereh-
ren soll. 27 Da befahl der König von Assur: Bringt
einen von den Priestern zurück, die ihr von dort
weggeführt habt. Er soll zu ihnen gehen, bei ihnen
wohnen und sie belehren, wie man den Landesgott
verehren soll. 28 So kam einer von den Priestern
zurück, die man aus Samarien weggeführt hatte.
Er ließ sich in Bet-El nieder und belehrte sie, wie
man den Herrn verehren müsse.

Die Religion der neuen Bevölkerung

29 Jedes Volk aber schuf sich seine eigenen Götter
und stellte sie in den Höhentempeln auf, die von
den Bewohnern Samariens erbaut worden waren.
Jedes Volk tat dies in der Stadt, in der es wohnte.
30 Die Leute aus Babel machten sich Bilder Sukkot-
Benots. Die Ansiedler aus Kuta stellten Bilder Ner-
gals her. Jene aus Hamat schufen Bilder Aschimas.
31 Die Awiter fertigten Bilder des Nibhas und des
Tartak an. Die, die aus Sefarwajim gekommen wa-
ren, verbrannten ihre Kinder zur Ehre Adramme-
lechs und Anammelechs, der Götter von Sefarwa-
jim. 32 Gleichzeitig verehrten sie aber auch den
Herrn. Auch setzten sie aus ihren eigenen Reihen
Priester für die Kulthöhen ein, die für sie in den
Höhentempeln Dienst taten. 33 So verehrten sie
den Herrn und dienten daneben ihren Göttern
nach den Bräuchen der Völker, aus denen man sie
weggeführt hatte.
34 Bis zum heutigen Tag handeln sie nach ihren
früheren Bräuchen. Sie fürchten den Herrn nicht
und halten sich nicht an die Satzungen und Bräu-
che, an das Gesetz und die Gebote, auf die der Herr
die Nachkommen Jakobs, dem er den Namen Is-
rael gegeben hatte, verpflichtet hat. 35 Der Herr hat
nämlich mit ihnen einen Bund geschlossen und
ihnen befohlen: Ihr dürft keine fremden Götter
verehren, sie nicht anbeten, ihnen nicht dienen
und ihnen keine Opfer darbringen. 36 Den Herrn
allein, der euch mit großer Kraft und hoch erho-
benem Arm aus Ägypten heraufgeführt hat, sollt
ihr fürchten und anbeten und ihm eure Opfer dar-
bringen. 37 Die Satzungen und Bräuche, das Gesetz
und die Gebote, die er für euch niedergeschrieben
hat, sollt ihr befolgen und alle Tage erfüllen.
Fremde Götter aber dürft ihr nicht verehren. 38 Ihr
sollt den Bund, den er mit euch geschlossen hat,
nicht vergessen und fremde Götter nicht verehren.
39 Den Herrn allein, euren Gott, sollt ihr fürchten.
Er wird euch aus der Gewalt all eurer Feinde er-
retten. 40 Doch sie wollten nicht hören, sondern sie
handelten, wie sie es immer schon gewohnt waren.
41 Sie verehren den Herrn und dienen zugleich
ihren Götzen. Was ihre Väter getan haben, das tun
auch ihre Kinder und Kindeskinder bis zum heu-
tigen Tag.

DIE WEITERE GESCHICHTE DES REICHES JUDA: 18,1 – 25,30

Hiskija

18 Im dritten Jahr Hoscheas, des Sohnes Elas,
des Königs von Israel, wurde Hiskija, der
Sohn des Ahas, König von Juda. 2 Er war fünfund-
zwanzig Jahre alt, als er König wurde, und regierte
neunundzwanzig Jahre in Jerusalem. Seine Mutter
hieß Abi und war eine Tochter Secharjas. 3 Genau
wie sein Vater David tat er, was dem Herrn gefiel.
4 Er schaffte die Kulthöhen ab, zerbrach die Stein-
male, zerstörte den Kultpfahl und zerschlug die
Kupferschlange, die Mose angefertigt hatte und
der die Israeliten bis zu jener Zeit Rauchopfer dar-
brachten – man nannte sie Nehuschtan (Kupfer-
bild). 5 Er setzte sein Vertrauen auf den Herrn, den
Gott Israels. Unter allen Königen Judas, die nach
ihm kamen oder vor ihm lebten, war keiner wie er.

6 Er hing dem Herrn an, ohne von ihm abzuwei-
chen, und hielt die Gebote, die der Herr dem Mose
gegeben hatte. 7 Daher war der Herr mit ihm; in al-
lem, was er unternahm, hatte er Erfolg. So fiel er
vom König von Assur ab und war ihm nicht län-
ger untertan. 8 Auch schlug er die Philister bis Gaza
und den Umkreis dieser Stadt, vom Wachtturm bis
zur befestigten Stadt.
9 Im vierten Jahr des Königs Hiskija, das ist im
siebten Jahr Hoscheas, des Sohnes Elas, des Kö-
nigs von Israel, zog Salmanassar, der König von
Assur, gegen Samaria und belagerte es. 10 Nach drei
Jahren, das ist im sechsten Jahr Hiskijas und im
neunten Jahr Hoscheas, des Königs von Israel,
wurde Samaria erobert. 11 Der König von Assur
verschleppte die Israeliten nach Assur und brachte
sie nach Halach, an den Habor, einen Fluss von
Gosan, und in die Städte der Meder. 12 Denn sie
hatten auf die Stimme des Herrn, ihres Gottes,
nicht gehört, seinen Bund gebrochen und die
Gebote, die Mose, der Knecht des Herrn, verkün-
det hatte, übertreten und sie nicht befolgt.

1–3: 2 Chr 29,1f • 9–11: 17,5f

Sanheribs Feldzug gegen Jerusalem: 18,13 – 19,37

Erste Gesandtschaft Sanheribs

13 Im vierzehnten Jahr des Königs Hiskija zog San-
herib, der König von Assur, gegen alle befestigten
Städte Judas und nahm sie ein. 14 Hiskija aber, der
König von Juda, schickte Boten an den König von
Assur nach Lachisch und ließ ihm sagen: Ich habe
gefehlt. Lass ab von mir! Alles, was du mir aufer-
legst, will ich tragen. Der König von Assur ver-
langte von Hiskija, dem König von Juda, dreihun-
dert Talente Silber und dreißig Talente Gold.
15 Hiskija musste alles Geld abliefern, das sich im
Haus des Herrn und in den Schatzkammern des
königlichen Palastes befand. 16 Damals ließ His-
kija, der König von Juda, die Türen am Tempel des
Herrn und die Pfosten, die er mit Gold und Silber
überzogen hatte, zerschlagen und lieferte das Me-
tall an den König von Assur.
17 Doch der König von Assur sandte den Tartan,
den Rabsaris und den Rabschake mit einer großen
Streitmacht von Lachisch aus gegen König Hiskija.
Sie zogen nach Jerusalem hinauf, stellten sich an
der Wasserleitung des oberen Teiches auf, der an
der Walkerfeldstraße liegt, 18 und ließen den König
rufen. Der Palastvorsteher Eljakim, der Sohn Hil-
kijas, der Staatsschreiber Schebna und Joach, der
Sohn Asafs, der Sprecher des Königs, gingen zu ih-
nen hinaus.
19 Der Rabschake sagte zu ihnen: Sagt zu Hiskija:
So spricht der Großkönig, der König von Assur:
Worauf vertraust du denn, dass du dich so sicher
fühlst? 20 Du glaubst wohl, bloßes Gerede sei im
Krieg schon Rat und Stärke? Auf wen vertraust du
also, dass du von mir abgefallen bist? 21 Du ver-
traust gewiss auf Ägypten, dieses geknickte Schilf-
rohr, das jeden, der sich darauf stützt, in die Hand
sticht und sie durchbohrt. Denn so macht es der
Pharao, der König von Ägypten, mit allen, die ihm
vertrauen. 22 Wenn ihr aber zu mir sagt: Wir ver-
trauen auf Jahwe, unseren Gott!, dann bedenkt: Ist
nicht gerade er der Gott, dessen Kulthöhen und
Altäre Hiskija beseitigt hat? Hat nicht Hiskija in
Juda und Jerusalem angeordnet: Nur vor diesem
Altar in Jerusalem dürft ihr euch niederwerfen?
23 Geh doch mit meinem Herrn, dem König von
Assur, eine Wette ein! Ich gebe dir zweitausend
Pferde: Kannst du die Reiter für sie stellen? 24 Wie
willst du auch nur einen einzigen Statthalter mei-
nes Herrn in die Flucht schlagen, und wäre es der
unbedeutendste seiner Knechte? Du vertraust ja
nur auf Ägypten, auf seine Wagen und deren Be-
satzung. 25 Außerdem: Bin ich denn gegen den Wil-
len Jahwes heraufgezogen, um dieses Land zu ver-
wüsten? Jahwe selbst hat mir befohlen: Zieh gegen
dieses Land, und verwüste es!
26 Da sagten Eljakim, der Sohn Hilkijas, sowie
Schebna und Joach zu dem Rabschake: Sprich
doch aramäisch mit deinen Knechten; wir verste-
hen es. Sprich vor den Ohren des Volkes, das auf
der Mauer steht, nicht judäisch mit uns! 27 Der
Rabschake antwortete ihnen: Hat mich mein Herr
etwa beauftragt, das alles nur zu deinem Herrn
und zu dir zu sagen und nicht vielmehr zu all den
Männern, die auf der Mauer sitzen und ihren ei-
genen Kot essen und ihren Harn trinken wie ihr?
28 Dann trat der Rabschake vor und rief laut auf Ju-
däisch: Hört die Worte des Großkönigs, des Kö-

nigs von Assur! 29 So spricht der König: Lasst euch nicht von Hiskija betören; denn er kann euch nicht aus meiner Hand retten. 30 Er soll euch nicht verleiten, auf Jahwe zu vertrauen, und sagen: Jahwe wird uns sicher retten und diese Stadt wird dem König von Assur nicht in die Hände fallen. 31 Hört nicht auf Hiskija! Denn so spricht der König von Assur: Trefft mit mir ein Abkommen und ergebt euch! Dann kann jeder von euch von seinem Weinstock und von seinem Feigenbaum essen und Wasser aus seiner Zisterne trinken, 32 bis ich komme und euch in ein Land bringe, das eurem Land gleicht: in ein Land voll Getreide und Most, ein Land voll Brot und Wein, ein Land mit Ölbäumen und Honig. So werdet ihr am Leben bleiben und nicht umkommen. Hört nicht auf Hiskija; denn er führt euch in die Irre, wenn er sagt: Jahwe wird uns retten. 33 Hat denn einer von den Göttern der anderen Völker sein Land vor dem König von Assur gerettet? 34 Wo sind die Götter von Hamat und Arpad? Wo sind die Götter von Sefarwajim, Hena und Awa? Haben sie etwa Samaria vor mir gerettet? 35 Wer von all den Göttern der anderen Länder hat sein Land vor mir gerettet? Wie sollte dann Jahwe Jerusalem vor mir retten? 36 Das Volk aber schwieg und gab ihm keine Antwort; denn der König hatte befohlen: Ihr dürft ihm nicht antworten.

37 Der Palastvorsteher Eljakim, der Sohn Hilkijas, der Staatsschreiber Schebna und Joach, der Sohn Asafs, der Sprecher des Königs, zerrissen ihre Kleider, gingen zu Hiskija und berichteten ihm, was der Rabschake gesagt hatte.

13–37 || Jes 36,1–22; 2 Chr 32,1–19 • 17: Jes 7,3

Die Reaktion des Königs Hiskija

19 Als König Hiskija das hörte, zerriss er seine Kleider, legte ein Trauergewand an und ging in das Haus des Herrn. 2 Dann sandte er den Palastvorsteher Eljakim, den Staatsschreiber Schebna und die Ältesten der Priester in Trauergewändern zu dem Propheten Jesaja, dem Sohn des Amoz. 3 Sie sagten zu ihm: So spricht Hiskija: Heute ist ein Tag der Not, der Strafe und der Schande. Die Kinder sind bis an die Öffnung des Mutterschoßes gelangt, doch den Frauen fehlt die Kraft zum Gebären. 4 Aber vielleicht hört der Herr, dein Gott, alle Worte des Rabschake, den sein Herr, der König von Assur, hergesandt hat, damit er den lebendigen Gott beschimpft, und vielleicht schickt der Herr, dein Gott, eine Strafe für die Worte, die er gehört hat. Darum bete für den Rest, der noch übrig ist. 5 Jesaja antwortete den Abgesandten des Königs Hiskija, die zu ihm gekommen waren: 6 Sagt zu eurem Herrn Folgendes: So spricht der Herr: Fürchte dich nicht wegen der Worte, die du gehört hast und mit denen die Knechte des Königs von Assur mich verhöhnt haben. 7 Seht, ich lege einen Geist in ihn, sodass er ein Gerücht hört und in sein Land zurückkehrt; dort bringe ich ihn durch das Schwert zu Fall.

1–7 || Jes 37,1–7 • 3: Hos 13,13

Die zweite Gesandtschaft Sanheribs

8 Der Rabschake trat den Rückweg an und fand den König von Assur im Kampf gegen die Stadt Libna. Sanherib war inzwischen, wie der Rabschake gehört hatte, von Lachisch abgezogen. 9 Dann erfuhr Sanherib, dass Tirhaka, der König von Kusch, zum Kampf gegen ihn heranzog. Er schickte wiederum Boten zu Hiskija mit dem Auftrag: 10 So sollt ihr zu Hiskija, dem König von Juda, sagen: Lass dir nicht von deinem Gott, auf den du vertraust, einreden, Jerusalem werde dem König von Assur nicht in die Hände fallen. 11 Du hast doch gehört, was die Könige von Assur mit allen anderen Ländern gemacht haben. Sie haben sie dem Untergang geweiht. Und du meinst, du wirst gerettet? 12 Sind denn die Völker, die von meinen Vätern vernichtet wurden, von ihren Göttern gerettet worden, die Völker von Gosan, Haran und Rezef, die Söhne von Eden, die in Telassar wohnten? 13 Wo ist der König von Hamat, der König von Arpad, der König der Stadt Sefarwajim, wo sind die Könige von Hena und Awa?

8–13 || Jes 37,8–13

Das Gebet des Königs

14 Hiskija nahm das Schreiben von den Boten in Empfang und las es. Dann ging er zum Haus des Herrn hinauf, breitete das Schreiben vor dem Herrn aus 15 und betete vor dem Herrn; er sagte: Herr, Gott Israels, der über den Kerubim thront, du allein bist der Gott aller Reiche der Erde. Du

hast den Himmel und die Erde gemacht. 16 Wende mir dein Ohr zu, Herr, und höre! Öffne, Herr, deine Augen und sieh her! Hör alles, was Sanherib sagt, der seinen Boten hergesandt hat, um den lebendigen Gott zu verhöhnen. 17 Es ist wahr, Herr, die Könige von Assur haben die Völker vernichtet, ihre Länder verwüstet 18 und ihre Götter ins Feuer geworfen. Aber das waren keine Götter, sondern Werke von Menschenhand, aus Holz und Stein; darum konnte man sie vernichten. 19 Nun aber, Herr, unser Gott, rette uns aus seiner Hand, damit alle Reiche der Erde erkennen, dass du, Jahwe, Gott bist, du allein.

14–19 || Jes 37,14–20

Die Verheißung der göttlichen Hilfe durch Jesaja

20 Jesaja, der Sohn des Amoz, schickte zu Hiskija (einen Boten) und ließ ihm sagen:
So spricht der Herr, der Gott Israels: Ich habe gehört, wie du wegen des Königs Sanherib von Assur zu mir gebetet hast. 21 Das ist das Wort des Herrn gegen ihn:
Dich verachtet, dich verspottet / die Jungfrau, die Tochter Zion.
Die Tochter Jerusalem / schüttelt spöttisch den Kopf über dich.
22 Wen hast du beschimpft und verhöhnt, / gegen wen die Stimme erhoben, / auf wen voll Hochmut herabgeblickt? / Auf den Heiligen Israels.
23 Durch deine Gesandten hast du den Herrn verhöhnt; / du hast gesagt: / Mit meinen zahlreichen Wagen fuhr ich / auf die Höhen der Berge, / in die fernsten Winkel des Libanon. / Ich fällte seine hohen Zedern, / seine schönsten Zypressen, / kam bis zu seinen entlegensten Hütten, / in das Dickicht seiner Wälder.
24 Ich habe Brunnen gegraben / und fremdes Wasser getrunken.
Ich ließ unter dem Schritt meiner Füße / alle Ströme Ägyptens vertrocknen.
25 Hast du nicht gehört: / Schon vor langer Zeit habe ich es so gefügt, / seit den Tagen der Vorzeit habe ich es so geplant; / jetzt ließ ich es kommen. / So konntest du befestigte Städte zerstören / und in Trümmer verwandeln.
26 Ihre Bewohner waren machtlos, / in Schrecken und Schande gestoßen. / Sie glichen den Pflanzen auf dem Feld / und dem frischen Grün, / dem Gras auf den Dächern, / das im Ostwind verdorrt.
27 Ich weiß, ob du ruhst, ob du gehst oder kommst, / ob du dich gegen mich auflehnst.
28 Weil du gegen mich wütest / und dein Lärm meine Ohren erreicht hat, / ziehe ich dir einen Ring durch die Nase / und lege dir einen Zaum in das Maul. / Auf dem Weg, auf dem du herankamst, / treibe ich dich wieder zurück.
29 Und das soll für dich (Hiskija) ein Vorzeichen sein: In diesem Jahr isst man, was von selbst nachwächst, im nächsten Jahr, was wild wächst; im dritten Jahr aber sollt ihr wieder säen und ernten, die Weinberge bepflanzen und ihre Früchte genießen.
30 Wer vom Haus Juda entronnen und übrig geblieben ist, wird wieder unten Wurzeln treiben und oben Frucht tragen. 31 Denn von Jerusalem wird ein Rest ausziehen, vom Berg Zion ziehen die Geretteten hinaus. Der leidenschaftliche Eifer des Herrn wird das vollbringen.
32 Darum – so spricht der Herr über den König von Assur: Er wird nicht in diese Stadt eindringen; er wird keinen einzigen Pfeil hineinschießen, er wird nicht unter dem Schutz seines Schildes gegen sie anrennen und keinen Damm gegen sie aufschütten. 33 Auf dem Weg, auf dem er gekommen ist, wird er wieder zurückkehren. Aber in diese Stadt wird er nicht eindringen – Spruch des Herrn. 34 Ich werde diese Stadt beschützen und retten, um meinetwillen und um meines Knechtes David willen.

20–34 || Jes 37,21–35 • 26: Ps 129,6 • 28: Ez 38,4 • 30: Ps 80,10

Die Rettung der Stadt

35 In jener Nacht zog der Engel des Herrn aus und erschlug im Lager der Assyrer hundertfünfundachtzigtausend Mann. Als man am nächsten Morgen aufstand, fand man sie alle als Leichen. 36 Da brach Sanherib, der König von Assur, auf und kehrte in sein Land zurück. Er blieb in Ninive. 37 Als er eines Tages im Tempel seines Gottes Nisroch betete, erschlugen ihn seine Söhne Adrammelech und Sarezer mit dem Schwert. Darauf mussten sie in das Land Ararat fliehen und Sanheribs Sohn Asarhaddon wurde König an seiner Stelle.

35–37 || Jes 37,36–38

Die Krankheit Hiskijas

20 In jenen Tagen wurde Hiskija schwer
krank und war dem Tod nahe. Der Pro-
phet Jesaja, der Sohn des Amoz, kam zu ihm und
sagte: So spricht der Herr: Bestell dein Haus; denn
du wirst sterben, du wirst nicht am Leben bleiben.
2 Da drehte sich Hiskija mit dem Gesicht zur Wand
und betete zum Herrn: 3 Ach, Herr, denk daran,
dass ich mein Leben lang treu und mit aufrichti-
gem Herzen meinen Weg vor deinen Augen ge-
gangen bin und dass ich immer getan habe, was
dir gefällt. Und Hiskija begann laut zu weinen. 4 Je-
saja hatte aber die innere Stadt noch nicht verlas-
sen, als das Wort des Herrn an ihn erging: 5 Kehr
um und sag zu Hiskija, dem Fürsten meines
Volkes: So spricht der Herr, der Gott deines Vaters
David: Ich habe dein Gebet gehört und deine
Tränen gesehen. Nun heile ich dich. Übermorgen
wirst du zum Haus des Herrn hinaufgehen; 6 zu
deiner Lebenszeit will ich noch fünfzehn Jahre
hinzufügen. Und ich will dich und diese Stadt aus
der Hand des Königs von Assur retten und diese
Stadt beschützen, um meinetwillen und um mei-
nes Knechtes David willen.
8 Hiskija aber fragte Jesaja: Was ist das Zeichen
dafür, dass der Herr mich heilen wird und ich
übermorgen zum Haus des Herrn hinaufgehen
werde? 9 Jesaja antwortete: Das soll für dich das
Zeichen des Herrn sein, dass der Herr sein Ver-
sprechen halten wird: Soll der Schatten zehn Stu-
fen weiter abwärts oder zehn Stufen rückwärts ge-
hen? 10 Hiskija erwiderte: Für den Schatten ist es
ein Leichtes, zehn Stufen weiter abwärts zu gehen.
Nein, er soll zehn Stufen rückwärts gehen. 11 Da
rief der Prophet Jesaja zum Herrn und dieser ließ
den Schatten die zehn Stufen zurückgehen, die er
auf den Stufen des Ahas bereits herabgestiegen
war. 7 Darauf sagte Jesaja: Holt einen Feigenbrei!
Man holte ihn, strich ihn auf das Geschwür und
der König wurde gesund.

1–11 || Jes 38,1–8; 2 Chr 32,24–26

Die Gesandtschaft aus Babel

12 Damals sandte Merodach-Baladan, der Sohn
Baladans, der König von Babel, einen Brief und
Geschenke an Hiskija; denn er hatte von seiner
Krankheit gehört. 13 Hiskija freute sich darüber
und zeigte den Gesandten sein ganzes Schatzhaus,
das Silber und das Gold, die Vorräte an Balsam
und feinem Öl, sein Waffenlager und alle anderen
Schätze, die er besaß. Es gab nichts in seinem Haus
und in seinem Herrschaftsbereich, das er ihnen
nicht gezeigt hätte. 14 Danach kam der Prophet Je-
saja zu König Hiskija und fragte ihn: Was haben
diese Männer gesagt? Woher sind sie gekommen?
Hiskija antwortete: Sie sind aus einem fernen
Land, aus Babel, gekommen. 15 Er fragte weiter:
Was haben sie in deinem Haus gesehen? Hiskija
antwortete: Sie haben alles gesehen, was in mei-
nem Haus ist. Es gibt nichts in meinen Schatz-
kammern, das ich ihnen nicht gezeigt hätte. 16 Da
sagte Jesaja zu Hiskija: Höre das Wort des Herrn:
17 Es werden Tage kommen, an denen man alles,
was in deinem Haus ist, alles, was deine Väter bis
zum heutigen Tag angesammelt haben, nach Ba-
bel bringt. Nichts wird übrig bleiben, spricht der
Herr. 18 Auch von deinen eigenen Söhnen, die du
noch bekommen wirst, wird man einige mitneh-
men und sie werden als Kämmerer im Palast des
Königs von Babel dienen müssen. 19 Hiskija sagte
zu Jesaja: Das Wort des Herrn, das du mir gesagt
hast, ist gut. Und er dachte: Wenn nur zu meinen
Lebzeiten noch Friede und Sicherheit herrschen.
20 Die übrige Geschichte Hiskijas und alle seine Er-
folge, wie er den Teich und die Wasserleitung an-
gelegt und das Wasser in die Stadt geleitet hat, das
alles ist aufgezeichnet in der Chronik der Könige
von Juda. 21 Hiskija entschlief zu seinen Vätern
und sein Sohn Manasse wurde König an seiner
Stelle.

12–19 || Jes 39,1–8

Manasse

21 Manasse war zwölf Jahre alt, als er König
wurde, und regierte fünfundfünfzig Jahre
in Jerusalem. Seine Mutter hieß Hefzi-Bah. 2 Er tat,
was dem Herrn missfiel, und ahmte die Gräuel der
Völker nach, die der Herr vor den Israeliten ver-
trieben hatte. 3 Er baute die Kulthöhen wieder auf,
die sein Vater Hiskija zerstört hatte, errichtete Al-
täre für den Baal, ließ einen Kultpfahl anfertigen,
wie es schon Ahab, der König von Israel, getan
hatte, warf sich vor dem ganzen Heer des Himmels
nieder und diente ihm. 4 Auch baute er Altäre im

Haus des Herrn, obwohl der Herr gesagt hatte: Auf Jerusalem will ich meinen Namen legen. 5 In den beiden Höfen des Tempels baute er Altäre für das ganze Heer des Himmels. 6 Er ließ seinen Sohn durch das Feuer gehen, trieb Zauberei und Wahrsagerei, bestellte Totenbeschwörer und Zeichendeuter. So tat er vieles, was dem Herrn missfiel und ihn erzürnte. 7 Er brachte auch den Kultpfahl, den er hatte anfertigen lassen, in das Haus, von dem der Herr zu David und dessen Sohn Salomo gesagt hatte: Auf dieses Haus und auf Jerusalem, das ich aus allen Stämmen Israels auserwählt habe, will ich meinen Namen auf ewig legen. 8 Ich werde Israels Fuß nicht mehr unstet außerhalb des Landes wandern lassen, das ich ihren Vätern gegeben habe, wenn sie nur alles befolgen, was ich ihnen geboten habe, und mein ganzes Gesetz einhalten, das ihnen mein Knecht Mose gegeben hat. 9 Doch sie wollten nicht hören und Manasse verführte sie, noch Schlimmeres zu tun als die Völker, die der Herr vor den Augen der Israeliten vernichtet hatte.

10 Da ließ der Herr durch seine Knechte, die Propheten, sagen: 11 Weil Manasse, der König von Juda, diese Gräuel verübt und noch Schlimmeres getrieben hat als die Amoriter vor ihm, weil er auch Juda durch seine Götzen zur Sünde verführt hat, 12 darum – so spricht der Herr, der Gott Israels: Ich bringe Unheil über Jerusalem und Juda, sodass jedem, der davon hört, beide Ohren gellen werden. 13 Ich will an Jerusalem die Messschnur Samarias und die Waage des Hauses Ahab anlegen und Jerusalem auswischen, wie man eine Schüssel auswischt und dann umdreht. 14 Den Rest meines Erbbesitzes will ich preisgeben und den Feinden ausliefern. So wird mein Volk ein Raub und eine Beute all seiner Feinde werden; 15 denn es hat getan, was mir missfällt, und mich erzürnt seit dem Tag, da seine Väter aus Ägypten zogen, bis zum heutigen Tag. 16 Manasse vergoss unschuldiges Blut in Strömen, bis er Jerusalem von einem Ende zum andern damit anfüllte; er verführte Juda zur Sünde, sodass es tat, was dem Herrn missfiel.

17 Die übrige Geschichte Manasses, alle seine Taten und die Sünden, die er beging, sind aufgezeichnet in der Chronik der Könige von Juda. 18 Manasse entschlief zu seinen Vätern und wurde im Garten seines Hauses, im Garten Usas, begraben. Sein Sohn Amon wurde König an seiner Stelle.

1–18 ‖ 2 Chr 33,1–20 • 3: 1 Kön 16,33 • 4: 1 Kön 8,16 • 8: 2 Sam 7,10 • 18: 2 Chr 33,20

Amon

19 Amon war zweiundzwanzig Jahre alt, als er König wurde, und regierte zwei Jahre in Jerusalem. Seine Mutter hieß Meschullemet und war eine Tochter des Haruz aus Jotba. 20 Wie sein Vater Manasse tat er, was dem Herrn missfiel, 21 und folgte ganz den Wegen, die sein Vater gegangen war. Er diente den Götzen, die sein Vater verehrt hatte, und warf sich vor ihnen nieder. 22 Er verließ den Herrn, den Gott seiner Väter, und hielt sich nicht an die Wege des Herrn. 23 Gegen ihn zettelten seine Diener eine Verschwörung an und töteten ihn in seinem Haus. 24 Doch die Bürger des Landes erschlugen alle, die sich gegen den König Amon verschworen hatten, und machten seinen Sohn Joschija zum König an seiner Stelle.

25 Die übrige Geschichte Amons, seine Taten, sind aufgezeichnet in der Chronik der Könige von Juda. 26 Man begrub ihn in seinem Grab im Garten Usas und sein Sohn Joschija wurde König an seiner Stelle.

19–24 ‖ 2 Chr 33,21–25

Joschija, Einleitung

22 Joschija war acht Jahre alt, als er König wurde, und regierte einunddreißig Jahre in Jerusalem. Seine Mutter hieß Jedida und war eine Tochter Adajas aus Bozkat. 2 Er tat, was dem Herrn gefiel, und folgte ganz den Wegen seines Vaters David, ohne nach rechts oder links abzuweichen.

1–2 ‖ 2 Chr 34,1–2

Die Auffindung des Gesetzbuches

3 Im achtzehnten Jahr seiner Regierung sandte König Joschija den Staatsschreiber Schafan, den Sohn Azaljas, des Sohnes Meschullams, in das Haus des Herrn mit dem Auftrag: 4 Geh zum Hohenpriester Hilkija! Er soll das Geld ausschütten, das in das Haus des Herrn gebracht worden ist und das die Wächter an den Schwellen vom Volk gesammelt

haben. 5 Man soll es den Werkmeistern geben, die
im Haus des Herrn angestellt sind, und diese sol-
len es für die Arbeiter verwenden, die im Tempel
die Schäden des Hauses zu beseitigen haben, 6 für
die Zimmerleute, Bauarbeiter, Maurer, sowie zum
Ankauf von Holz und Bruchsteinen, die man zur
Beseitigung der Schäden am Haus des Herrn
benötigt. 7 Doch soll man über das Geld, das ihnen
übergeben wird, nicht abrechnen. Sie sollen auf
Treu und Glauben handeln.
8 Damals teilte der Hohepriester Hilkija dem
Staatsschreiber Schafan mit: Ich habe im Haus des
Herrn das Gesetzbuch gefunden. Hilkija übergab
Schafan das Buch und dieser las es. 9 Darauf begab
sich der Staatsschreiber Schafan zum König und
meldete ihm: Deine Knechte haben das Geld aus-
geschüttet, das sich im Haus vorfand, und es den
Werkmeistern übergeben, die im Haus des Herrn
angestellt sind. 10 Dann sagte der Staatsschreiber
Schafan zum König: Der Priester Hilkija hat mir
ein Buch gegeben. Schafan las es dem König vor.
11 Als der König die Worte des Gesetzbuches hörte,
zerriss er seine Kleider 12 und befahl dem Priester
Hilkija sowie Ahikam, dem Sohn Schafans, Ach-
bor, dem Sohn Michas, dem Staatsschreiber Scha-
fan und Asaja, dem Diener des Königs: 13 Geht und
befragt den Herrn für mich, für das Volk und für
ganz Juda wegen dieses Buches, das aufgefunden
wurde. Der Zorn des Herrn muss heftig gegen uns
entbrannt sein, weil unsere Väter auf die Worte
dieses Buches nicht gehört und weil sie nicht ge-
tan haben, was in ihm niedergeschrieben ist.
14 Da gingen der Priester Hilkija, Ahikam, Achbor,
Schafan und Asaja zur Prophetin Hulda. Sie war
die Frau Schallums, des Sohnes Tikwas, des Soh-
nes des Harhas, des Verwalters der Kleiderkam-
mer, und wohnte in Jerusalem in der Neustadt. Die
Abgesandten trugen ihr alles vor 15 und sie gab ih-
nen diese Antwort: So spricht der Herr, der Gott
Israels: Sagt zu dem Mann, der euch zu mir ge-
schickt hat: 16 So spricht der Herr: Ich bringe Un-
heil über diesen Ort und seine Bewohner, alle
Drohungen des Buches, das der König von Juda
gelesen hat. 17 Denn sie haben mich verlassen, an-
deren Göttern geopfert und mich durch alle Werke
ihrer Hände erzürnt. Darum ist mein Zorn gegen
diesen Ort entbrannt und er wird nicht erlöschen.
18 Sagt aber zum König von Juda, der euch herge-
sandt hat, um den Herrn zu befragen: So spricht
der Herr, der Gott Israels: Durch die Worte, die du
gehört hast, 19 wurde dein Herz erweicht. Du hast
dich vor dem Herrn gedemütigt, als du vernahmst,
was ich über diesen Ort und seine Bewohner ge-
sprochen habe: dass sie zu einem Bild des Entset-
zens und zum Fluch werden sollen. Du hast deine
Kleider zerrissen und vor mir geweint. Darum
habe ich dich erhört – Spruch des Herrn. 20 Ich
werde dich mit deinen Vätern vereinen und du
sollst in Frieden in deinem Grab beigesetzt wer-
den. Deine Augen sollen all das Unheil nicht mehr
sehen, das ich über diesen Ort bringen werde. – Sie
berichteten dies dem König.

3–20 || 2 Chr 34,8–28

Die Beseitigung von Missständen

23 Der König ließ alle Ältesten Judas und Je-
rusalems bei sich zusammenkommen. 2 Er
ging zum Haus des Herrn hinauf mit allen Män-
nern Judas und allen Einwohnern Jerusalems, den
Priestern und Propheten und allem Volk, Jung und
Alt. Er ließ ihnen alle Worte des Bundesbuches
vorlesen, das im Haus des Herrn gefunden worden
war. 3 Dann trat der König an die Säule und schloss
vor dem Herrn diesen Bund: Er wolle dem Herrn
folgen, auf seine Gebote, Satzungen und Gesetze
von ganzem Herzen und ganzer Seele achten und
die Vorschriften des Bundes einhalten, die in die-
sem Buch niedergeschrieben sind. Das ganze Volk
trat dem Bund bei. 4 Hierauf befahl der König dem
Hohenpriester Hilkija, den Priestern des zweiten
Ranges und den Wächtern an den Schwellen, alle
Gegenstände aus dem Tempel des Herrn hinaus-
zuschaffen, die für den Baal, die Aschera und das
ganze Heer des Himmels angefertigt worden wa-
ren. Er ließ sie außerhalb Jerusalems bei den Ter-
rassen des Kidrontals verbrennen und die Asche
nach Bet-El bringen. 5 Auch setzte er die Götzen-
priester ab, die von den Königen von Juda bestellt
worden waren und die auf den Kulthöhen, in den
Städten Judas und in der Umgebung Jerusalems
Opfer verbrannt sowie dem Baal, der Sonne, dem
Mond, den Bildern des Tierkreises und dem
ganzen Heer des Himmels geopfert hatten. 6 Den
Kultpfahl schaffte er aus dem Haus des Herrn und

aus Jerusalem hinaus in das Kidrontal und ver-
brannte ihn dort; er zermalmte ihn zu Staub und
streute diesen auf die Gräber des einfachen Volkes.
7 Ferner riss er die Gemächer der Hierodulen am
Tempel nieder, in denen die Frauen Schleier für die
Aschera webten. 8 Er holte alle Priester aus den
Städten Judas weg und machte die Kulthöhen von
Geba bis Beerscheba, auf denen die Priester geop-
fert hatten, unrein. Er zerstörte die Torhöhen, die
am Eingang zum Tor des Stadtobersten Josua auf
der linken Seite dessen waren, der das Stadttor be-
trat. 9 Doch durften die Höhenpriester nicht an
den Altar des Herrn in Jerusalem treten, sondern
nur von den ungesäuerten Broten inmitten ihrer
Brüder essen. 10 Ebenso machte er das Tofet im Tal
der Söhne Hinnoms unrein, damit niemand mehr
seinen Sohn oder seine Tochter für den Moloch
durch das Feuer gehen ließ. 11 Er entfernte die
Pferde, die die Könige von Juda zu Ehren der
Sonne am Eingang zum Haus des Herrn bei der
Zelle des Kämmerers Netan-Melech am Parwar
aufgestellt hatten, und verbrannte die Sonnenwa-
gen im Feuer. 12 Auch die Altäre, die die Könige von
Juda auf dem Dach über dem Obergemach des
Ahas errichtet hatten, sowie die Altäre, die
Manasse in den beiden Höfen des Tempels aufge-
stellt hatte, ließ der König abbrechen. Er schlug sie
dort in Trümmer und warf ihren Schutt in das Ki-
drontal. 13 Desgleichen entweihte der König die
Kulthöhen östlich von Jerusalem, südlich vom
Berg des Verderbens, die Salomo, der König von
Israel, für Astarte, die Göttin der Sidonier, für Ke-
mosch, den Götzen der Moabiter, und für Milkom,
den Gräuel der Ammoniter, erbaut hatte. 14 Er zer-
brach die Steinmale, hieb die Kultpfähle um und
füllte ihre Stätten mit Menschenknochen.
15 Auch den Altar von Bet-El, die Kulthöhe, die Je-
robeam, der Sohn Nebats, der Verführer Israels, er-
richtet hatte, auch diesen Altar zerstörte er samt
der Kulthöhe. Er steckte das Höhenheiligtum in
Brand, zermalmte die Steine zu Staub und ver-
brannte den Kultpfahl. 16 Als Joschija sich um-
wandte und die Gräber sah, die dort auf dem Berg
waren, ließ er die Gebeine aus ihnen nehmen und
auf dem Altar verbrennen. So machte er ihn un-
rein gemäß dem Wort des Herrn, das der Gottes-
mann ausgerufen hatte, der diese Drohung aus-
sprach. 17 Und als dann der König fragte: Was ist
das für ein Denkmal, das ich hier sehe?, antworte-
ten ihm die Männer der Stadt: Das ist das Grab des
Gottesmannes, der aus Juda gekommen war und
vorausgesagt hatte, was du am Altar von Bet-El ge-
tan hast. 18 Da befahl er: Lasst ihn ruhen! Niemand
soll seine Gebeine berühren. So ließ man seine Ge-
beine samt den Gebeinen des Propheten, der aus
Samaria stammte, ungestört. 19 Auch beseitigte Jo-
schija alle Höhentempel in den Städten Samari-
ens, die die Könige von Israel errichtet und durch
die sie den Herrn erzürnt hatten. Er verfuhr mit
ihnen so, wie er es in Bet-El getan hatte. 20 Alle
Höhenpriester, die dort waren, ließ er auf den Al-
tären niedermachen und Menschengebeine auf
den Altären verbrennen. Darauf kehrte er nach Je-
rusalem zurück.
21 Nun befahl der König dem ganzen Volk: Feiert
das Paschafest zur Ehre des Herrn, eures Gottes,
wie es in diesem Bundesbuch vorgeschrieben ist.
22 Ein solches Pascha war nämlich nicht gefeiert
worden seit den Tagen der Richter, die Israel re-
gierten, auch nicht in der ganzen Zeit der Könige
von Israel und Juda. 23 Erst im achtzehnten Jahr des
Königs Joschija wurde dieses Pascha zur Ehre des
Herrn in Jerusalem begangen. 24 Auch die Toten-
beschwörer und Zeichendeuter, die Hausgötter,
Götzen und alle Gräuel, die im Land Juda und in
Jerusalem zu sehen waren, fegte Joschija hinweg.
So führte er die Worte des Gesetzes aus, die in dem
Buch niedergeschrieben waren, das der Priester Hil-
kija im Haus des Herrn gefunden hatte. 25 Es gab
vor ihm keinen König, der so mit ganzem Herzen,
mit ganzer Seele und mit all seinen Kräften zum
Herrn umkehrte und so getreu das Gesetz des Mose
befolgte, und auch nach ihm war keiner wie er.
26 Doch der Herr ließ von der gewaltigen Glut sei-
nes Zornes nicht ab. Sein Zorn war über Juda ent-
brannt wegen all der Kränkungen, die Manasse
ihm zugefügt hatte. 27 Darum sprach der Herr:
Auch Juda will ich von meinem Angesicht entfer-
nen, wie ich Israel entfernt habe. Ich verwerfe diese
Stadt Jerusalem, die ich erwählt habe, und das
Haus, von dem ich gesagt habe: Hier wird mein
Name sein.

1–3 ‖ 2 Chr 34,29–33 • 13: 1 Kön 11,7 • 16: 1 Kön 13,2 • 21: 2 Chr 35,1–19 • 25: Dtn 6,5

Das Ende Joschijas

28 Die übrige Geschichte Joschijas und alle seine
Taten sind aufgezeichnet in der Chronik der Kö-
nige von Juda. 29 In seinen Tagen unternahm der
Pharao Necho, der König von Ägypten, einen
Kriegszug gegen den König von Assur an den
Eufrat. König Joschija stellte sich ihm entgegen.
Doch der Pharao tötete ihn bei Megiddo, sobald
er ihn sah. 30 Die Diener Joschijas hoben den To-
ten auf einen Wagen, brachten ihn von Megiddo
weg nach Jerusalem und begruben ihn in seinem
Grab. Dann nahmen die Bürger des Landes Joa-
has, den Sohn Joschijas, salbten ihn und machten
ihn zum König an seines Vaters Stelle.

28–30 ‖ 2 Chr 35,20–24; 36,1

Joahas

31 Joahas war dreiundzwanzig Jahre alt, als er Kö-
nig wurde, und regierte drei Monate in Jerusalem.
Seine Mutter hieß Hamutal und war eine Tochter
Jirmejas aus Libna. 32 Genau wie seine Väter tat er,
was dem Herrn missfiel. 33 Doch der Pharao Ne-
cho setzte ihn zu Ribla im Land Hamat als König
von Jerusalem ab und legte dem Land eine Geld-
buße von hundert Talenten Silber und einem Ta-
lent Gold auf. 34 Dann machte der Pharao Necho
Eljakim, den Sohn Joschijas, anstelle seines Vaters
Joschija zum König und änderte seinen Namen in
Jojakim. Joahas aber nahm er fest und brachte ihn
nach Ägypten, wo er starb. 35 Jojakim lieferte dem
Pharao das Silber und das Gold ab. Doch musste
er das Land besteuern, um das Geld aufbringen zu
können, das der Pharao forderte. Nach dem Ver-
mögen eines jeden Bürgers trieb er von den Bür-
gern des Landes das Silber und das Gold ein, um
es an den Pharao Necho abzuliefern.

32–35 ‖ 2 Chr 36,2–4

Jojakim

36 Jojakim war fünfundzwanzig Jahre alt, als er
König wurde, und regierte elf Jahre in Jerusalem.
Seine Mutter hieß Sebuda und war eine Tochter
Pedajas aus Ruma. 37 Wie seine Väter tat er, was
dem Herrn missfiel.

24 In seinen Tagen zog Nebukadnezzar, der
König von Babel, herauf. Jojakim war ihm
drei Jahre untertan; dann aber fiel er von ihm ab.
2 Der Herr sandte nun die Räuberscharen der
Chaldäer, Aramäer, Moabiter und Ammoniter ge-
gen ihn. Er ließ sie über Juda herfallen und es ver-
wüsten, wie er durch seine Diener, die Propheten,
angedroht hatte. 3 Nur weil der Herr zürnte, kam
dieses Unglück über Juda, sodass er es von seinem
Angesicht verstieß. Es geschah wegen der Sünde
Manasses, für alles, was dieser getan hatte, 4 auch
wegen des unschuldigen Blutes, das Manasse ver-
gossen und mit dem er Jerusalem angefüllt hatte.
Das wollte der Herr nicht mehr verzeihen.
5 Die übrige Geschichte Jojakims und alle seine Ta-
ten sind aufgezeichnet in der Chronik der Könige
von Juda. 6 Jojakim entschlief zu seinen Vätern
und sein Sohn Jojachin wurde König an seiner
Stelle. 7 Der König von Ägypten unternahm keinen
Kriegszug mehr aus seinem Land; denn der König
von Babel hatte ihm alles genommen, was vom
Grenzbach Ägyptens bis zum Eufrat den Königen
von Ägypten gehört hatte.

23,36–24,6 ‖ 2 Chr 36,5–8

Jojachin

8 Jojachin war achtzehn Jahre alt, als er König
wurde, und regierte drei Monate in Jerusalem.
Seine Mutter hieß Nehuschta und war eine Toch-
ter Elnatans aus Jerusalem. 9 Wie sein Vater tat er,
was dem Herrn missfiel. 10 In jener Zeit zogen die
Truppen Nebukadnezzars, des Königs von Babel,
gegen Jerusalem und belagerten die Stadt. 11 Als
dann König Nebukadnezzar von Babel selbst vor
der Stadt erschien, während seine Krieger sie be-
lagerten, 12 ging Jojachin, der König von Juda, mit
seiner Mutter, seinen Dienern, Fürsten und Käm-
merern zum König von Babel hinaus, und dieser
nahm ihn im achten Jahr seiner Regierung fest.
13 Wie der Herr angedroht hatte, nahm Nebukad-
nezzar auch alle Schätze des Hauses des Herrn und
die Schätze des königlichen Palastes weg und zer-
brach alle goldenen Geräte, die Salomo, der König
von Israel, im Haus des Herrn hatte anfertigen las-
sen. 14 Von ganz Jerusalem verschleppte er alle Vor-
nehmen und alle wehrfähigen Männer, insgesamt
zehntausend Mann, auch alle Schmiede und
Schlosser. Von den Bürgern des Landes blieben
nur die geringen Leute zurück. 15 Jojachin ver-
schleppte er nach Babel. Auch die Mutter des

Königs, die königlichen Frauen und Kämmerer sowie die einflussreichen Männer des Landes verschleppte er von Jerusalem nach Babel, [16] dazu alle Wehrfähigen, siebentausend Mann, die Schmiede und Schlosser, tausend an der Zahl, lauter kriegstüchtige Männer. Sie alle verschleppte der babylonische König nach Babel. [17] Dann machte der König von Babel den Mattanja, den Onkel Jojachins, an dessen Stelle zum König und änderte seinen Namen in Zidkija.

8–17 ‖ 2 Chr 36,9–10

Zidkija

[18] Zidkija war einundzwanzig Jahre alt, als er König wurde, und regierte elf Jahre in Jerusalem. Seine Mutter hieß Hamutal und war eine Tochter Jirmejas aus Libna. [19] Er tat, was dem Herrn missfiel, genauso wie es Jojakim getan hatte. [20] Weil der Herr über Juda und Jerusalem erzürnt war, kam es so weit, dass er sie von seinem Angesicht verstieß.

25 Zidkija hatte sich gegen den König von Babel empört. Im neunten Regierungsjahr, am zehnten Tag des zehnten Monats, rückte Nebukadnezzar, der König von Babel, mit seiner ganzen Streitmacht vor Jerusalem und belagerte es. Man errichtete ringsherum einen Belagerungswall. [2] Bis zum elften Jahr des Königs Zidkija wurde die Stadt belagert. [3] Am neunten Tag des vierten Monats war in der Stadt die Hungersnot groß geworden, und die Bürger des Landes hatten kein Brot mehr. [4] Damals wurden Breschen in die Stadtmauer geschlagen. Der König und alle Krieger verließen die Stadt bei Nacht auf dem Weg durch das Tor zwischen den beiden Mauern, das zum königlichen Garten hinausführt, obwohl die Chaldäer rings um die Stadt lagen. Sie schlugen die Richtung nach der Araba ein. [5] Aber die chaldäischen Truppen setzten dem König nach und holten ihn in den Niederungen von Jericho ein, nachdem alle seine Truppen ihn verlassen und sich zerstreut hatten. [6] Man ergriff den König und brachte ihn nach Ribla, zum König von Babel, und dieser sprach über ihn das Urteil. [7] Die Söhne Zidkijas machte man vor dessen Augen nieder. Zidkija ließ er blenden, in Fesseln legen und nach Babel bringen.

24,18–25,7 ‖ 2 Chr 36,11–12; Jer 52,1–11

Das Ende des Reiches Juda

[8] Am siebten Tag des fünften Monats – das ist im neunzehnten Jahr des Königs Nebukadnezzar, des Königs von Babel – rückte Nebusaradan, der Kommandant der Leibwache und Diener des Königs von Babel, in Jerusalem ein [9] und steckte das Haus des Herrn, den königlichen Palast und alle Häuser Jerusalems in Brand. Jedes große Haus ließ er in Flammen aufgehen. [10] Auch die Umfassungsmauern Jerusalems rissen die chaldäischen Truppen, die dem Kommandanten der Leibwache unterstanden, nieder. [11] Den Rest der Bevölkerung, der noch in der Stadt geblieben war, sowie alle, die zum König von Babel übergelaufen waren, und den Rest der Handwerker schleppte Nebusaradan, der Kommandant der Leibwache, in die Verbannung. [12] Nur von den armen Leuten im Land ließ der Kommandant der Leibwache einen Teil als Wein- und Ackerbauern zurück.

[13] Die bronzenen Säulen am Haus des Herrn, die fahrbaren Gestelle und das Eherne Meer beim Haus des Herrn zerschlugen die Chaldäer und nahmen alle Gegenstände aus Bronze mit nach Babel. [14] Auch die Töpfe, Schaufeln, Messer und Becher sowie alle bronzenen Geräte, die man beim Tempeldienst verwendete, nahmen sie weg. [15] Ebenso nahm der Kommandant der Leibwache die Kohlenpfannen und die Schalen weg, die sämtlich aus Gold oder aus Silber waren, [16] ferner die zwei Säulen, das eine »Meer«, die Gestelle, die Salomo für das Haus des Herrn hatte anfertigen lassen – die Bronze von all diesen Geräten war nicht zu wägen. [17] Achtzehn Ellen betrug die Höhe der einen Säule, und oben hatte sie ein Kapitell aus Bronze. Die Höhe des einen Kapitells betrug fünf Ellen; das Kapitell umgaben Flechtwerk und Granatäpfel, alles aus Bronze. Ebenso war es bei der zweiten Säule auf dem Flechtwerk.

[18] Der Kommandant der Leibwache nahm ferner den Oberpriester Seraja, den zweiten Priester Zefanja und die drei Schwellenwächter mit. [19] Aus der Stadt nahm er einen Hofbeamten, der Kommandant der Soldaten war, und fünf Leute vom persönlichen Dienst des Königs mit, die sich noch in der Stadt befanden, sowie den Schreiber des Heerführers, der die Bürger des Landes auszuheben hatte, schließlich sechzig Mann von der Bürger-

schaft, die sich noch in der Stadt befanden.
20 Neusaradan, der Kommandant der Leibwache
nahm sie fest und schickte sie zum König von
Babel nach Ribla. 21 Der König von Babel ließ sie
in Ribla in der Landschaft Hamat hinrichten. So
wurde Juda von seiner Heimat weggeführt.
22 Über das Volk, das im Land Juda geblieben war
und das Nebukadnezzar, der König von Babel,
zurückgelassen hatte, setzte er Gedalja, den Sohn
Ahikams und Enkel Schafans, als Statthalter ein.
23 Als nun alle Truppenführer und ihre Mann-
schaften hörten, dass der König von Babel Gedalja
als Statthalter eingesetzt habe, kamen sie zu ihm
nach Mizpa. Es waren Jischmael, der Sohn Netan-
jas, Johanan, der Sohn Kareachs, Seraja, der Sohn
Tanhumets aus Netofa, und Jaasanja, der Sohn des
Maachatiters, mit ihren Leuten. 24 Gedalja schwor
ihnen und ihren Mannschaften und sagte ihnen:
Fürchtet euch nicht vor den chaldäischen Beam-
ten! Bleibt im Land und dient dem König von Ba-
bel; dann wird es euch gut gehen. 25 Aber im sieb-
ten Monat kam Jischmael, der Sohn Netanjas, des
Sohnes Elischamas, ein Mann aus königlichem
Geschlecht, mit zehn Mann. Sie erschlugen Ge-
dalja samt den Judäern und Chaldäern, die bei
ihm in Mizpa waren. 26 Dann machte sich das
ganze Volk vom Kleinsten bis zum Größten mit
den Truppenführern auf und zog nach Ägypten.
Sie fürchteten sich nämlich vor den Chaldäern.

8–21 || 2 Chr 36,17–21; Jer 52,12–27 • 22: Jer 40,7 – 41,18

Die Begnadigung Jojachins

27 Im siebenunddreißigsten Jahr nach der Weg-
führung Jojachins, des Königs von Juda, am sieben-
undzwanzigsten Tag des zwölften Monats, begna-
digte Ewil-Merodach, der König von Babel, im Jahr
seines Regierungsantritts Jojachin, den König von
Juda, und entließ ihn aus dem Kerker. 28 Er söhnte
sich mit ihm aus und wies ihm seinen Sitz ober-
halb des Sitzes der anderen Könige an, die bei ihm
in Babel waren. 29 Er durfte seine Gefängisklei-
dung ablegen und ständig bei ihm speisen, solange
er lebte. 30 Sein Unterhalt – ein dauernder Unter-
halt – wurde ihm vom König von Babel in der be-
stimmten Menge täglich geliefert, solange er lebte.

27–30 || Jer 52, 31–34

DIE BÜCHER DER CHRONIK

Die Chronik-Bücher tragen in der hebräischen Bibel die Überschrift »Ereignisse der Tage«. Der Name »Chronik« stammt vom Kirchenlehrer Hieronymus, der die Bücher als »Chronik der gesamten göttlichen Geschichte« bezeichnete. Sie behandeln die Geschichte von Adam bis zum Ende des Babylonischen Exils.

Der erste Teil (Kap. 1 – 9) besteht überwiegend aus Namenslisten, die zumeist genealogisch geordnet sind, die Gliederung des Volkes in Stämme berücksichtigen, eingehender aber nur die königliche und die priesterlich-levitische Linie aufführen. Gelegentlich sind geschichtliche Notizen eingestreut. Erst in 1 Chr 10 beginnt die Darstellung der Geschichte Davids, die bis zum Ende des ersten Buches reicht. Es folgt die Geschichte Salomos (2 Chr 1 – 9) und die Geschichte Judas bis zum Untergang des Reichs (2 Chr 10 – 36). Die in 1 Chr 10 beginnende Geschichte umfasst den gleichen Zeitraum, der auch in 2 Sam und in den Büchern der Könige behandelt wird; größere Abschnitte sind von dort wörtlich übernommen.

Eine umfassende Darstellung der Ereignisse ist nicht angestrebt. Im Mittelpunkt des Interesses stehen das von Gott auserwählte Herrscherhaus David und das auf Gottes Weisung hin gestiftete Heiligtum in Jerusalem. Auf die Geschichte des Nordreichs, das sich von der Dynastie David losgelöst hatte, wird nur selten Bezug genommen und selbst in der Geschichte Davids bleibt unerwähnt, was nicht dem beabsichtigten Ziel dient, nämlich der Verherrlichung des davidischen Königtums und des Kultes in Jerusalem. Ausführlich werden die Leistungen der einzelnen Könige für den Bau und für die Erhaltung des Tempels und ihre Sorge für den Gottesdienst beschrieben. Der Bericht über den Bau des Tempels, der von David vorbereitet und von Salomo ausgeführt wurde, zeigt durch seinen größeren Umfang und seine Stellung in der Mitte des Werkes die Bedeutung des Heiligtums im Glauben Israels an.

Der Verfasser ist unbekannt. Aus der Vorliebe, mit der er von den Tempelsängern berichtet, hat man geschlossen, dass er aus ihrem Kreis stammt. In 1 Chr 3,19–24 werden fünf Generationen nach Serubbabel, der seit 537 v. Chr. in Jerusalem tätig war, gezählt. Wenn der Verfasser damit die Vertreter der davidischen Linie bis zu seiner Zeit mitgeteilt hat, ergibt sich die Zeit um 400 v. Chr. als Abfassungszeit der Bücher. Doch ist eine spätere Abfassung nicht auszuschließen.

Die Zuverlässigkeit des Chronisten wurde vielfach bestritten. Man warf ihm vor, dass er die geschichtlichen Vorgänge nach seinem rigorosen Vergeltungsglauben einseitig darstelle und Verhältnisse der späteren Zeit in frühere Jahre verlege. Diese Fragen bedürfen in jedem einzelnen Fall einer besonderen Prüfung. Größere Abschnitte der Chronik sind jedenfalls geschichtlich zuverlässigen Berichten der Königsbücher entnommen; an der Geschichtlichkeit zahlreicher Mitteilungen, die der Verfasser anderen Quellen entnimmt, zu zweifeln, besteht kein Grund. Man muss die Arbeitsweise des Verfassers berücksichtigen: Er war von der mosaischen Herkunft der gottesdienstlichen Vorschriften des Pentateuch und ihrer dauernden Geltung überzeugt und hielt es daher für angebracht, mit Urkunden und Ordnungen einer späteren Zeit Vorgänge und Verhältnisse früherer Zeiten zu beschreiben. Daher sind die Bücher der Chronik vor allem für das Verständnis der Zeit des Verfassers bedeutsam. Er selbst will in erster Linie der religiösen Belehrung seiner Zeitgenossen dienen.

DAS ERSTE BUCH DER CHRONIK

GESCHLECHTSREGISTER UND FAMILIENLISTEN: 1,1 – 9,44

Die Nachkommen Adams bis Abraham

1 Adam, Set, Enosch, 2 Kenan, Mahalalel, Jered, 3 Henoch, Metuschelach, Lamech, 4 Noach, Sem, Ham und Jafet. 5 Die Söhne Jafets waren: Gomer, Magog, Madai, Jawan, Tubal, Meschech und Tiras. 6 Die Söhne Gomers waren: Aschkenas, Rifat und Togarma. 7 Die Söhne Jawans waren: Elischa, Tarschisch, die Kittäer und die Rodaniter.

8 Die Söhne Hams waren: Kusch, Ägypten, Put und Kanaan. 9 Die Söhne des Kusch waren: Seba, Hawila, Sabta, Ragma und Sabtecha; und die Söhne Ragmas waren: Saba und Dedan. 10 Kusch zeugte Nimrod. Dieser wurde der erste Held auf der Erde. 11 Ägypten zeugte die Luditer, die Anamiter, die Lehabiter, die Naftuhiter, 12 die Patrositer und die Kasluhiter, von denen die Philister abstammen, ferner die Kaftoriter. 13 Kanaan zeugte Sidon, seinen Erstgeborenen, und Het, 14 ferner die Jebusiter, die Amoriter, die Girgaschiter, 15 die Hiwiter, die Arkiter, die Siniter, 16 die Arwaditer, die Zemariter und die Hamatiter.

17 Die Söhne Sems waren: Elam, Assur, Arpachschad, Lud, Aram, Uz, Hul, Geter und Meschech. 18 Arpachschad zeugte Schelach, Schelach zeugte Eber. 19 Eber wurden zwei Söhne geboren; der eine hieß Peleg (Teilung), denn zu seiner Zeit wurde das Land geteilt; sein Bruder hieß Joktan. 20 Joktan zeugte Almodad, Schelef, Hazarmawet, Jerach, 21 Hadoram, Usal, Dikla, 22 Obal, Abimaël, Saba, 23 Ofir, Hawila und Jobab. Das alles waren Söhne Joktans.

24 Sem, Arpachschad, Schelach, 25 Eber, Peleg, Regu, 26 Serug, Nahor, Terach, 27 Abram, das ist Abraham.

1–27 || Gen 5,1–32; 10,2–29; 11,10–27

Die Nachkommen Abrahams

28 Die Söhne Abrahams waren Isaak und Ismael. 29 Das ist die Geschlechterfolge nach ihnen: Der Erstgeborene Ismaels war Nebajot; dann kamen Kedar, Adbeel, Mibsam, 30 Mischma, Duma, Massa, Hadad, Tema, 31 Jetur, Nafisch und Kedma. Das waren die Söhne Ismaels.

32 Die Söhne Keturas, der Nebenfrau Abrahams: Sie gebar Simran, Jokschan, Medan, Midian, Jischbak und Schuach. Die Söhne Jokschans waren Saba und Dedan. 33 Die Söhne Midians waren: Efa, Efer, Henoch, Abida und Eldaa. Sie alle waren Söhne Keturas.

34 Abraham zeugte Isaak. Die Söhne Isaaks waren Esau und Israel.

35 Die Söhne Esaus waren: Elifas, Reguël, Jëusch, Jalam und Korach. 36 Die Söhne des Elifas waren: Teman, Omar, Zefo, Gatam, Kenas, Timna und Amalek. 37 Die Söhne Reguëls waren: Nahat, Serach, Schamma und Misa.

38 Die Söhne Seïrs waren: Lotan, Schobal, Zibon, Ana, Dischon, Ezer und Dischan. 39 Die Söhne Lotans waren Hori und Hemam. Die Schwester Lotans war Timna. 40 Die Söhne Schobals waren: Alwan, Manahat, Ebal, Schefi und Onam. Die Söhne Zibons waren Aja und Ana. 41 Der Sohn Anas war Dischon. Die Söhne Dischons waren: Hemdan, Eschban, Jitran und Keran. 42 Die Söhne Ezers waren Bilhan, Saawan und Akan. Die Söhne Dischons waren Uz und Aran.

28–42 || Gen 25,1–4.12–16; 36,4–28

Die Herrscher in Edom

43 Die Könige, die in Edom regierten, bevor über die Israeliten ein König regierte, waren folgende: Bela, der Sohn Beors; seine Stadt hieß Dinhaba. 44 Als Bela starb, wurde König an seiner Stelle Jobab, der Sohn Serachs, aus Bozra. 45 Als Jobab starb, wurde König an seiner Stelle Huscham aus dem Land der Temaniter. 46 Als Huscham starb, wurde König an seiner Stelle Hadad, der Sohn Bedads, der Midian im Grünland von Moab schlug; seine Stadt hieß Awit. 47 Als Hadad starb, wurde König an seiner Stelle Samla aus Masreka. 48 Als Samla starb, wurde König an seiner Stelle Schaul aus Rehobot am Strom (Eufrat). 49 Als Schaul starb, wurde König an seiner Stelle Baal-Hanan, der Sohn Achbors. 50 Als Baal-Hanan starb, wurde König an seiner Stelle Hadad; seine Stadt hieß Pagu. Seine Frau hieß Mehetabel; sie war die Tochter Matreds und die Enkelin Me-Sahabs.

51 Als Hadad starb, regierten Häuptlinge in Edom: Häuptling Timna, Häuptling Alwa, Häuptling Jetet, 52 Häuptling Oholibama, Häuptling Ela, Häuptling Pinon, 53 Häuptling Kenas, Häuptling Teman, Häuptling Mibzar, 54 Häuptling Magdiël, Häuptling Iram. Das waren die Häuptlinge Edoms.

43–54 || Gen 36,31–43

Die Söhne Jakobs

2 Das waren die Söhne Israels: Ruben, Simeon, Levi, Juda, Issachar, Sebulon, 2 Dan, Josef, Benjamin, Naftali, Gad und Ascher.

1–2 || Gen 35,23–26

Der Stamm Juda: 2,3 – 4,23

Die Nachkommen Judas

3 Die Söhne Judas waren: Er, Onan und Schela. Diese drei wurden ihm von der Tochter Schuas, der Kanaaniterin, geboren. Aber Er, der Erstgeborene Judas, missfiel dem Herrn und so ließ ihn der Herr sterben. 4 Judas Schwiegertochter Tamar gebar Perez und Serach. Juda hatte insgesamt fünf Söhne. 5 Die Söhne des Perez waren Hezron und Hamul, 6 und die Söhne Serachs: Simri, Etan, Heman, Kalkol und Darda, insgesamt fünf. 7 Der Sohn Simris war Karmi und der Sohn Karmis Achan. Dieser brachte Unglück über Israel, da er sich an der geweihten Beute vergriff. 8 Der Sohn Etans war Asarja. 9 Dem Hezron wurden die Söhne Jerachmeel, Ram und Kaleb geboren.

3–9 || Gen 38,3–7.27–30 • 5: Gen 46,12 • 7: Jos 7

Die Nachkommen Rams

10 Ram zeugte Amminadab, Amminadab zeugte Nachschon, den Anführer der Söhne Judas, 11 Nachschon zeugte Salmon, Salmon zeugte Boas, 12 Boas zeugte Obed, Obed zeugte Isai, 13 Isai zeugte Eliab als Erstgeborenen, als zweiten Abinadab, als dritten Schima, 14 als vierten Netanel, als fünften Raddai, 15 als sechsten Ozem, als siebten David. 16 Ihre Schwestern waren Zeruja und Abigajil. Die Söhne der Zeruja waren Abischai, Joab und Asaël, diese drei. 17 Abigajil gebar Amasa. Der Vater Amasas war der Ismaeliter Jeter.

10–15 || Rut 4,19–22

Die Nachkommen Kalebs

18 Kaleb, der Sohn Hezrons, zeugte mit seiner Frau Asuba die Jeriot. Deren Söhne waren Jescher, Schobab und Ardon. 19 Als Asuba starb, heiratete Kaleb Efrata, die ihm den Hur gebar. 20 Hur zeugte Uri und Uri zeugte Bezalel.

21 Danach ging Hezron zur Tochter Machirs, des Vaters Gileads. Er war sechzig Jahre alt, als er sie nahm, und sie gebar ihm Segub. 22 Segub zeugte Jaïr. Dieser besaß dreiundzwanzig Städte im Land Gilead. 23 Doch die Geschuriter und Aramäer nahmen die Zeltdörfer Jaïrs sowie Kenat und seine Tochterstädte weg, insgesamt sechzig Städte. Sie alle hatten den Nachkommen Machirs, des Vaters Gileads, gehört.

24 Nach dem Tod Hezrons kam Kaleb zu Efrata. Eine Frau Hezrons war Abija; sie gebar ihm Aschhur, den Vater Tekoas.

22: Ri 10,3

Die Nachkommen Jerachmeels

25 Die Söhne Jerachmeels, des Erstgeborenen Hezrons, waren: Ram, der Erstgeborene, ferner Buna, Oren, Ozem und Ahija. 26 Jerachmeel hatte noch eine andere Frau namens Atara. Sie war die Mutter Onams. 27 Die Söhne Rams, des Erstgeborenen Jerachmeels, waren: Maaz, Jamin und Eker. 28 Die Söhne Onams waren Schammai und Jada und die Söhne Schammais Nadab und Abischur. 29 Die Frau Abischurs hieß Abihajil. Sie gebar ihm Achban und Molid. 30 Die Söhne Nadabs waren Seled und Appajim. Seled starb ohne Nachkommen. 31 Der Sohn Appajims war Jischi, der Sohn Jischis Scheschan und die Tochter Scheschans Achlai. 32 Die Söhne Jadas, des Bruders von Schammai, waren Jeter und Jonatan. Jeter starb ohne Nachkommen. 33 Die Söhne Jonatans waren Pelet und Sasa. Das waren die Nachkommen Jerachmeels. 34 Scheschan hatte keine Söhne, sondern nur Töchter. Scheschan hatte einen ägyptischen Sklaven namens Jarha. 35 Diesem gab Scheschan seine Tochter zur Frau und sie gebar ihm Attai. 36 Attai zeugte Natan, Natan zeugte Sabad, 37 Sabad zeugte Eflal, Eflal zeugte Obed, 38 Obed zeugte Jehu, Jehu zeugte Asarja, 39 Asarja zeugte Helez, Helez zeugte Elasa, 40 Elasa zeugte Sismai, Sismai zeugte Schallum, 41 Schallum zeugte Jekamja und Jekamja zeugte Elischama.

Die zweite Liste der Nachkommen Kalebs

42 Die Söhne Kalebs, des Bruders Jerachmeels, wa-
ren: Mescha, sein Erstgeborener – er war der Vater
Sifs –, und sein zweiter Sohn Marescha, der Vater
Hebrons. 43 Die Söhne Hebrons waren: Korach,
Tappuach, Rekem und Schema. 44 Schema zeugte
Raham, den Vater Jorkoams, und Rekem zeugte
Schammai. 45 Der Sohn Schammais war Maon und
Maon war der Vater von Bet-Zur.
46 Efa, die Nebenfrau Kalebs, gebar Haran, Moza
und Gases. Haran zeugte Jahdai. 47 Die Söhne Jah-
dais waren: Regem, Jotam, Geschan, Pelet, Efa und
Schaaf. 48 Kalebs Nebenfrau Maacha gebar Scheber
und Tirhana. 49 Sie gebar auch Schaaf, den Vater
Madmannas, sowie Schewa, den Vater Machbenas
und Gibeas. Die Tochter Kalebs war Achsa. 50 Das
waren die Nachkommen Kalebs.
Die Söhne Hurs, des Erstgeborenen der Efrata, wa-
ren: Schobal, der Vater von Kirjat-Jearim, 51 Salmon,
der Vater von Betlehem, und Haref, der Vater von
Bet-Gader. 52 Schobal, der Vater von Kirjat-Jearim,
hatte als Söhne: Reaja und Hazi, den Manahatiter.
53 Die Sippenverbände von Kirjat-Jearim waren
die Jeteriter, die Putiter, die Schumatiter und die
Mischraïter. Von ihnen zweigten ab die Zoraïter
und die Eschtaoliter. 54 Die Söhne Salmons waren:
Betlehem, die Netofatiter, Atrot-Bet-Joab, die
Hälfte der Manahatiter und der Zoraïter.
55 Die Sippenverbände von Sofer, die Einwohner
von Jabez, die Tiratiter, Schimatiter und Suchati-
ter waren Keniter, die von Hammat, dem Vater von
Bet-Rechab, stammten.

49: Jos 15,16

Die Nachkommen Davids

3 Das waren die Söhne Davids, die ihm in Heb-
ron geboren wurden: Sein Erstgeborener war
Amnon von Ahinoam aus Jesreel, der zweite Da-
niel von Abigajil aus Karmel, 2 der dritte Abscha-
lom, der Sohn der Maacha, der Tochter des Königs
Talmai von Geschur, der vierte Adonija, der Sohn
der Haggit, 3 der fünfte Schefatja von Abital, der
sechste Jitream von seiner Frau Egla. 4 Sechs wur-
den ihm in Hebron geboren. Er regierte dort sie-
ben Jahre und sechs Monate. Dreiunddreißig
Jahre regierte er in Jerusalem.
5 Und diese wurden ihm in Jerusalem geboren:
Schima, Schobab, Natan, Salomo – diese vier
waren Söhne der Batseba, der Tochter Ammiëls –,
6 ferner Jibhar, Elischua, Elifelet, 7 Nogah, Nefeg,
Jafia, 8 Elischama, Eljada und Elifelet, insgesamt
neun. 9 Das ist die Gesamtheit der Söhne Davids,
ohne die Söhne der Nebenfrauen. Ihre Schwester
war Tamar.
10 Der Sohn Salomos war Rehabeam, dessen Sohn
war Abija, dessen Sohn Asa, dessen Sohn Joschafat,
11 dessen Sohn Joram, dessen Sohn Ahasja, dessen
Sohn Joasch, 12 dessen Sohn Amazja, dessen Sohn
Asarja, dessen Sohn Jotam, 13 dessen Sohn Ahas,
dessen Sohn Hiskija, dessen Sohn Manasse, 14 des-
sen Sohn Amon, dessen Sohn Joschija. 15 Die
Söhne Joschijas waren: der Erstgeborene Johanan,
der zweite Jojakim, der dritte Zidkija, der vierte
Schallum. 16 Jojakims Söhne waren: Jojachin und
Zidkija. 17 Die Söhne Jojachins, des Gefangenen,
waren: Schealtiël, 18 Malkiram, Pedaja, Schenazzar,
Jekamja, Hoschama und Nedabja. 19 Die Söhne Pe-
dajas waren Serubbabel und Schimi. Die Söhne
Serubbabels waren Meschullam und Hananja.
Ihre Schwester war Schelomit. 20 Meschullams
Söhne waren: Haschuba, Ohel, Berechja, Hasadja
und Juschab-Hesed, insgesamt fünf. 21 Die Söhne
Hananjas waren: Pelatja, Jeschaja, Refaja, Arnan,
Obadja und Schechanja. 22 Die Söhne Schechanjas
waren Schemaja, Hattusch, Jigal, Bariach, Nearja
und Schafat, insgesamt sechs. 23 Die Söhne Near-
jas waren: Eljoënai, Hiskija und Asrikam, insge-
samt drei. 24 Die Söhne Eljoënais waren: Hodawja,
Eljaschib, Pelaja, Akkub, Johanan, Delaja und
Anani, insgesamt sieben.

1–4: 2 Sam 3,2–5 • 5–8: 2 Sam 5,14–16 • 9: 2 Sam 13,1–22 • 10–19: Mt 1,7–12

Einzelne Familien des Stammes Juda:

4 Die Söhne Judas waren: Perez, Hezron, Kaleb,
Hur und Schobal. 2 Reaja, der Sohn Schobals,
zeugte Jahat und Jahat zeugte Ahumai und Lahad.
Das waren die Sippen der Zoraïter.
3 Und das waren die Söhne Etams: Jesreel, Jischma
und Jidbasch. Der Name ihrer Schwester war Haz-
lelponi.
4 Penuel war der Vater Gedors und Eser der Vater
Huschas. Das waren die Nachkommen Hurs, des
Erstgeborenen der Efrata, des Vaters von Betlehem.

5 Aschhur, der Vater Tekoas, hatte zwei Frauen,
Hela und Naara. 6 Naara gebar ihm Ahusam, He-
fer, Temni und Ahaschtari. Das waren die Söhne
der Naara. 7 Die Söhne der Hela waren: Zeret, Zo-
har und Etnan.
8 Koz zeugte Anub, Zobeba, ferner die Sippen
Aharhels, des Sohnes Harums. 9 Jabez war angese-
hener als seine Brüder. Seine Mutter hatte ihn Ja-
bez genannt, denn sie sagte: Ich habe ihn unter Be-
schwerden geboren. 10 Doch Jabez rief zum Gott
Israels und sprach: Möchtest du mich segnen und
mein Gebiet erweitern. Möchte deine Hand mit
mir sein, dass du mich freimachst von Unheil und
ich ohne Beschwerden bleibe. Und Gott erfüllte
seine Bitte.
11 Kelub, der Bruder Schuhas, zeugte Mehir, den
Vater Eschtons. 12 Eschton zeugte Bet-Rafa, Pase-
ach und Tehinna, den Vater von Ir-Nahasch. Das
sind die Männer von Recha.
13 Die Söhne des Kenas waren Otniël und Seraja,
die Söhne Otniëls Hatat und Meonotai. 14 Meo-
notai zeugte Ofra. Seraja zeugte Joab, den Vater
von Ge-Haraschim (Tal der Handwerker); denn
sie waren Handwerker.
15 Die Söhne Kalebs, des Sohnes Jefunnes, waren:
Iru, Ela und Naam. Der Sohn Elas war Kenas.
16 Die Söhne Jehallelels waren: Sif, Sifa, Tirja und
Asarel.
17 Die Söhne Esras waren: Jeter, Mered, Efer und Ja-
lon. (Bitja, die ägyptische Frau Mereds,) gebar
Mirjam, Schammai und Jischbach, den Vater von
Eschtemoa. 18 Seine judäische Frau gebar: Jered,
den Vater von Gedor, Heber, den Vater von Socho,
und Jekutiël, den Vater von Sanoach. Das waren
die Söhne der Bitja, der Tochter des Pharao, die
Mered geheiratet hatte, 19 und die Söhne seiner ju-
däischen Frau, der Schwester Nahams, des Vaters
von Keïla, dem Garmiter, und von Eschtemoa,
dem Maachatiter.
20 Die Söhne Schimons waren: Amnon, Rinna,
Ben-Hanan und Tilon. Die Söhne Jischis waren
Sohet und Ben-Sohet.
21 Die Söhne Schelas, des Sohnes Judas, waren: Er,
der Vater Lechas, Lada, der Vater Mareschas, sowie
die Sippen des Hauses der Byssusbearbeiter von
Bet-Aschbea, 22 ferner Jokim und die Männer von
Koseba, sowie Joasch und Saraf, die Moab in Be-
sitz genommen hatten, aber wieder nach Betlehem
zurückgekehrt waren – die Berichte sind altüber-
liefert. 23 Sie sind die Töpfer und Einwohner von
Netaïm und Gedera und wohnen dort im Dienst
des Königs.

Der Stamm Simeon

24 Die Söhne Simeons waren: Jemuël, Jamin, Jarib,
Serach und Schaul. 25 Dessen Sohn war Schallum,
dessen Sohn Mibsam und dessen Sohn Mischma.
26 Der Sohn Mischmas war Hammuël, dessen Sohn
Sakkur und dessen Sohn Schimi. 27 Schimi hatte
sechzehn Söhne und sechs Töchter. Doch seine
Brüder waren nicht kinderreich und alle ihre Sip-
pen erreichten nicht die Zahl der Söhne Judas.
28 Sie wohnten in Beerscheba, Molada, Hazar-
Schual, 29 Baala, Ezem, Eltolad, 30 Betuël, Horma,
Ziklag, 31 Bet-Markabot, Hazar-Susim, Bet-Biri
und Schaarajim. Das waren ihre Städte mit den da-
zugehörenden Gehöften, bis David König wurde,
32 dazu noch Etam, Ajin, Rimmon, Tochen und
Aschan, fünf Städte 33 mit all ihren Gehöften im
Umkreis dieser Städte bis nach Baal hin. Das wa-
ren ihre Wohnsitze und sie hatten ihre eigenen
Stammeslisten.
34 Meschobab, Jamlech, Joscha, der Sohn Amazjas,
35 Joël, Jehu, der Sohn Joschibjas, des Sohnes Sera-
jas, des Sohnes Asiëls, 36 Eljoënai, Jaakoba, Jescho-
haja, Asaja, Adiël, Jesimiël, Benaja, 37 Sisa, der Sohn
Schifis, des Sohnes Allons, des Sohnes Jedajas, des
Sohnes Schimris, des Sohnes Schemajas: 38 Diese
namentlich Genannten waren führende Männer in
ihren Sippenverbänden. Ihre Großfamilien hatten
sich stark vermehrt. 39 Daher zogen sie, um Weide-
plätze für ihre Schafe und Ziegen zu suchen, zum
Osten des Tals, wo der Weg nach Gedor abzweigt.
40 Sie fanden fette und gute Weideplätze. Das Land
war nach allen Seiten hin ausgedehnt, ruhig und
friedlich; denn die früheren Bewohner gehörten
zu den Hamiten. 41 So kamen diese mit Namen
Aufgezeichneten in den Tagen des Königs Hiskija
von Juda, zerstörten ihre Zelte und erschlugen die
Mëuniter, die sich dort fanden. Sie weihten sie für
immer dem Untergang und ließen sich an ihrer
Stelle nieder; denn es gab dort Weideplätze für ihre
Schafe und Ziegen.
42 Von den Nachkommen Simeons zogen fünf-

hundert Mann in das Gebirge Seïr. Pelatja, Nearja,
Refaja und Usiël, die Söhne Jischis, standen an ih-
rer Spitze. 43 Sie schlugen die Restbevölkerung, die
von den Amalekitern noch vorhanden war, und
wohnen dort bis zum heutigen Tag.

24: Gen 46,10; Num 26,12–14 • 28: Jos 19,2–8

Der Stamm Ruben

5 Die Söhne Rubens, des Erstgeborenen Israels:
Ruben war der Erstgeborene. Da er aber das
Bett seines Vaters entweiht hatte, wurde sein Erst-
geburtsrecht den Söhnen Josefs, des Sohnes Isra-
els, gegeben. Doch richten sich die Stammeslisten
nicht nach dem Erstgeburtsrecht; 2 Juda erlangte
nämlich die Herrschaft über seine Brüder und ei-
ner aus ihm wurde der Fürst, obwohl das Erstge-
burtsrecht bei Josef war. 3 Die Söhne Rubens, des
Erstgeborenen Israels, waren: Henoch, Pallu, Hez-
ron und Karmi.
4 Der Sohn Joëls war Schemaja, dessen Sohn Gog,
dessen Sohn Schimi, 5 dessen Sohn Micha, dessen
Sohn Reaja, dessen Sohn Baal, 6 dessen Sohn Beera,
den Tiglat-Pileser, der König von Assur, ver-
schleppte. Er war der Anführer der Rubeniter.
7 Seine Brüder wurden, als sie sich nach ihren Ge-
schlechterfolgen in die Stammeslisten eintragen
ließen, seinen Familien zugezählt. Der erste war
Jëiël, ihm folgte Secharja.
8 Bela war der Sohn des Asas, des Sohnes Schemas,
des Sohnes Joëls.
Die Rubeniter wohnten in Aroër bis Nebo und
Baal-Meon. 9 Ostwärts wohnten sie bis an den
Rand der Steppe, die sich vom Eufrat her erstreckt;
denn sie besaßen große Herden im Land Gilead.
10 In den Tagen Sauls führten sie Krieg mit den Ha-
garitern. Diese fielen in ihre Hand und sie besetz-
ten ihre Zelte auf der ganzen Ostseite von Gilead.

1: Gen 35,22; 49,3f • 3: Gen 46,9

Der Stamm Gad

11 Die Nachkommen Gads wohnten ihnen ge-
genüber im Gebiet des Baschan bis Salcha. 12 Ihr
Oberhaupt war Joël; Schafam war der Zweite, dazu
kamen Janai und Schafat; sie wohnten im Baschan.
13 Ihre Brüder mit ihren Großfamilien waren
Michael, Meschullam, Scheba, Jorai, Jakan, Sia
und Eber, insgesamt sieben.
14 Das waren die Söhne Abihajils, des Sohnes Hu-
ris, des Sohnes Jaroachs, des Sohnes Gileads, des
Sohnes Michaels, des Sohnes Jeschischais, des
Sohnes Jachdos, des Sohnes des Bus: … 15 Ahi, der
Sohn Abdiëls, des Sohnes Gunis, war Haupt ihrer
Großfamilien. 16 Sie wohnten in Gilead, im Baschan
und seinen Tochterstädten und an allen Weide-
flächen Scharons bis zu ihren Ausläufern. 17 In den
Tagen Jotams, des Königs von Juda, und in den
Tagen Jerobeams, des Königs von Israel, wurden
alle in die Stammeslisten eingetragen.

Der Krieg mit Nachbarstämmen

18 Die Krieger von Ruben, Gad und dem halben
Stamm Manasse, Männer, die Schild und Schwert
trugen, den Bogen spannten und im Kampf geübt
waren, vierundvierzigtausendsiebenhundertsech-
zig Mann, die im Heer ausrückten, 19 führten Krieg
gegen die Hagariter und gegen Jetur, Nafisch und
Nodab.
20 Sie waren siegreich und konnten die Hagariter
und deren Verbündete in ihre Gewalt bringen;
denn sie schrien im Kampf zu Gott und dieser ließ
sich erbitten, da sie auf ihn vertrauten. 21 So führ-
ten sie deren Besitz weg: 50 000 Kamele, 250 000
Schafe und 2000 Esel, dazu 100 000 Personen.
22 Viele Feinde wurden erschlagen und fielen, denn
es war ein Krieg Gottes. Die Israeliten siedelten
sich an ihrer Stelle an und blieben dort bis zur Ver-
schleppung.

Der Stamm Ost-Manasse

23 Die Angehörigen des halben Stammes Manasse
wohnten in dem Land, das vom Baschan bis Baal-
Hermon, zum Senir und zum Hermongebirge
reicht. Sie waren sehr zahlreich. 24 Und das waren
die Häupter ihrer Großfamilien: Efer, Jischi, Eliël,
Asriël, Jirmeja, Hodawja und Jachdiël. Sie waren
tapfere Krieger, Männer von Namen, Häupter
ihrer Großfamilien. 25 Doch wurden sie dem Gott
ihrer Väter untreu und gaben sich den Göttern
der Landesbevölkerung hin, die Gott vor ihnen
vertrieben hatte.
26 Darum erweckte der Gott Israels den Geist Puls,
des Königs von Assur, das heißt den Geist Tiglat-
Pilesers, des Königs von Assur. Dieser führte die
Rubeniter, die Gaditer und den halben Stamm

Manasse in die Verbannung und brachte sie nach
Halach, an den Habor, nach Hara und an den Fluss
von Gosan. Dort sind sie bis zum heutigen Tag.

26: 2 Kön 17,6

Der Stamm Levi

27 Die Söhne Levis waren: Gerschon, Kehat und
Merari. 28 Die Söhne Kehats waren: Amram, Jizhar,
Hebron und Usiël. 29 Die Kinder Amrams waren:
Aaron, Mose und Mirjam. Die Söhne Aarons wa-
ren: Nadab, Abihu, Eleasar und Itamar. 30 Eleasar
zeugte Pinhas, Pinhas zeugte Abischua, 31 Abischua
zeugte Bukki, Bukki zeugte Usi, 32 Usi zeugte Ser-
achja, Serachja zeugte Merajot, 33 Merajot zeugte
Amarja, Amarja zeugte Ahitub, 34 Ahitub zeugte
Zadok, Zadok zeugte Ahimaaz, 35 Ahimaaz zeugte
Asarja, Asarja zeugte Johanan, 36 Johanan zeugte
Asarja – dieser war es, der im Tempel, den Salomo
in Jerusalem erbaute, das Priesteramt verwaltete –,
37 Asarja zeugte Amarja, Amarja zeugte Ahitub,
38 Ahitub zeugte Zadok, Zadok zeugte Schallum,
39 Schallum zeugte Hilkija, Hilkija zeugte Asarja,
40 Asarja zeugte Seraja, Seraja zeugte Jozadak. 41 Jo-
zadak zog fort, als der Herr Juda und Jerusalem
durch Nebukadnezzar in die Verbannung führte.

27–30 || Ex 6,16–25

Die Nachkommen der drei Söhne Levis

6 Die Söhne Levis waren: Gerschon, Kehat und
Merari. 2 Die Söhne Gerschons hießen Libni
und Schimi. 3 Kehats Söhne waren: Amram, Jizhar,
Hebron und Usiël. 4 Die Söhne Meraris waren:
Machli und Muschi.
Das sind die Sippen der Leviten nach ihren
Stammvätern: 5 Der Sohn Gerschons war Libni,
dessen Sohn Jahat, dessen Sohn Simma, 6 dessen
Sohn Joach, dessen Sohn Iddo, dessen Sohn Serach
und dessen Sohn Etni. 7 Der Sohn Kehats war Am-
minadab, dessen Sohn Korach, dessen Sohn Assir,
8 dessen Sohn Elkana, dessen Sohn Abiasaf, dessen
Sohn Assir, 9 dessen Sohn Tahat, dessen Sohn Uri-
ël, dessen Sohn Usija und dessen Sohn Schaul.
10 Die Söhne Elkanas waren Amasai und Ahimot.
11 Der Sohn Elkanas war Elkana, dessen Sohn Zuf,
dessen Sohn Tohu, 12 dessen Sohn Eliab, dessen
Sohn Jeroham, dessen Sohn Elkana, dessen Sohn
Samuel. 13 Die Söhne Samuels waren: Joël, der Erst-
geborene, und der zweite war Abija. 14 Der Sohn
Meraris war Machli, dessen Sohn Libni, dessen
Sohn Schimi, dessen Sohn Usa, 15 dessen Sohn Schi-
ma, dessen Sohn Haggija und dessen Sohn Asaja.

11: 1 Sam 1,1 • 13: 1 Sam 8,2

Abstammung der Sänger

16 Diese sind es, die David zur Pflege des Gesangs
im Haus des Herrn bestellte, nachdem die Lade
eine bleibende Stätte gefunden hatte. 17 Sie versa-
hen ihren Dienst als Sänger vor der Wohnstätte des
Offenbarungszeltes, bis Salomo das Haus des
Herrn in Jerusalem baute. Gemäß ihren Satzun-
gen standen sie in ihrem Dienst.
18 Diese sind es, die mit ihren Söhnen den Dienst
besorgten:
Von den Nachkommen der Kehatiter: Heman, der
Sänger, der Sohn Joëls, des Sohnes Samuels, 19 des
Sohnes Elkanas, des Sohnes Jerohams, des Sohnes
Eliëls, des Sohnes Tohus, 20 des Sohnes Zufs, des
Sohnes Elkanas, des Sohnes Mahats, des Sohnes
Amasais, 21 des Sohnes Elkanas, des Sohnes Joëls,
des Sohnes Asarjas, des Sohnes Zefanjas, 22 des
Sohnes Tahats, des Sohnes Assirs, des Sohnes Abia-
safs, des Sohnes Korachs, 23 des Sohnes Jizhars, des
Sohnes Kehats, des Sohnes Levis, des Sohnes Is-
raels.
24 Sein Bruder war Asaf, der zu seiner Rechten
stand: Er war der Sohn Berechjas, des Sohnes Schi-
mas, 25 des Sohnes Michaels, des Sohnes Maasejas,
des Sohnes Malkijas, 26 des Sohnes Etnis, des Soh-
nes Serachs, des Sohnes Adajas, 27 des Sohnes
Etans, des Sohnes Simmas, des Sohnes Schimis,
28 des Sohnes Jahats, des Sohnes Gerschoms, des
Sohnes Levis.
29 Die Söhne Meraris, ihre Brüder, standen zur Lin-
ken: Etan, der Sohn Kischis, des Sohnes Abdis, des
Sohnes Malluchs, 30 des Sohnes Haschabjas, des
Sohnes Amazjas, des Sohnes Hilkijas, 31 des Sohnes
Amzis, des Sohnes Banis, des Sohnes Schemers,
32 des Sohnes Machlis, des Sohnes Muschis, des
Sohnes Meraris, des Sohnes Levis.

19: 1 Sam 1,1

Die Aufgaben der Leviten und Priester

33 Ihre Brüder, die Leviten, waren für den gesam-
ten Dienst an der Wohnstätte des Hauses Gottes

bestimmt. [34] Aaron aber und seine Söhne verbrannten die Opfer auf dem Brandopferaltar und dem Rauchopferaltar. Sie besorgten jeden Dienst am Allerheiligsten und vollzogen die Sühne für Israel, genau wie Mose, der Knecht Gottes, angeordnet hatte.

Die Nachkommen Aarons

[35] Das sind die Nachkommen Aarons: Sein Sohn war Eleasar, dessen Sohn Pinhas, dessen Sohn Abischua, [36] dessen Sohn Bukki, dessen Sohn Usi, dessen Sohn Serachja, [37] dessen Sohn Merajot, dessen Sohn Amarja, dessen Sohn Ahitub, [38] dessen Sohn Zadok, dessen Sohn Ahimaaz.

35–38: 5,29–34

Die Wohnsitze der Leviten

[39] Das sind ihre Wohnsitze mit ihren Zeltlagern auf ihrem Gebiet: Den Nachkommen Aarons von der Sippe der Kehatiter, auf die das erste Los gefallen war, [40] gaben sie Hebron im Land Juda mit seinen Weideflächen ringsum. [41] Das Ackerland der Stadt aber und ihre Gehöfte gaben sie Kaleb, dem Sohn Jefunnes. [42] Sie gaben den Nachkommen Aarons die Asylstadt Hebron, ferner Libna mit seinen Weideflächen, Jattir und Eschtemoa mit seinen Weideflächen, [43] Holon mit seinen Weideflächen, Debir mit seinen Weideflächen, [44] Aschan mit seinen Weideflächen, (Jutta mit seinen Weideflächen,) Bet-Schemesch mit seinen Weideflächen. [45] Vom Stamm Benjamin gaben sie ihnen: (Gibeon mit seinen Weideflächen,) Geba mit seinen Weideflächen, Alemet mit seinen Weideflächen, Anatot mit seinen Weideflächen. Insgesamt gehörten ihnen dreizehn Städte mit ihren Weideflächen. [46] Den übrigen Sippen von den Nachkommen Kehats gaben sie durch das Los zehn Städte vom halben Stamm Manasse.

[47] Den Nachkommen Gerschoms gaben die Israeliten entsprechend ihren Sippen aus dem Stamm Issachar, aus dem Stamm Ascher, aus dem Stamm Naftali und aus dem Stamm Manasse im Baschan dreizehn Städte.

[48] Den Nachkommen Meraris gaben sie entsprechend ihren Sippen aus dem Stamm Ruben, aus dem Stamm Gad und aus dem Stamm Sebulon durch das Los zwölf Städte.

[49] Die Israeliten gaben den Leviten die Städte samt ihren Weideflächen. [50] Durch das Los gaben sie ihnen aus dem Stamm Juda, aus dem Stamm Simeon und aus dem Stamm Benjamin diese Städte, die sie namentlich bezeichneten.

[51] Die Angehörigen der kehatitischen Sippen erhielten durch das Los vom Stamm Efraim folgende Städte: [52] Man gab ihnen die Asylstadt Sichem mit ihren Weideflächen auf dem Gebirge Efraim, ferner Geser mit seinen Weideflächen, [53] Kibzajim mit seinen Weideflächen, Bet-Horon mit seinen Weideflächen; [54] (vom Stamm Dan: Elteke mit seinen Weideflächen, Gibbeton mit seinen Weideflächen,) Ajalon mit seinen Weideflächen, Gat-Rimmon mit seinen Weideflächen; [55] vom halben Stamm Manasse: Taanach mit seinen Weideflächen und Jibleam mit seinen Weideflächen. Diese gaben sie den Sippen der übrigen Kehatiter.

[56] Den Nachkommen Gerschoms gaben sie von den Sippen des halben Stamms Manasse: Golan im Baschan mit seinen Weideflächen, Aschtarot mit seinen Weideflächen; [57] vom Stamm Issachar: Kischjon mit seinen Weideflächen, Daberat mit seinen Weideflächen, [58] Ramot mit seinen Weideflächen, En-Gannim mit seinen Weideflächen; [59] vom Stamm Ascher: Mischal mit seinen Weideflächen, Abdon mit seinen Weideflächen, [60] Helkat mit seinen Weideflächen, Rehob mit seinen Weideflächen; [61] vom Stamm Naftali: Kedesch in Galiläa mit seinen Weideflächen, Hammon mit seinen Weideflächen, Kirjatajim mit seinen Weideflächen.

[62] Den übrigen Nachkommen Meraris gaben sie vom Stamm Sebulon: (Jokneam mit seinen Weideflächen, Karta mit seinen Weideflächen,) Rimmon mit seinen Weideflächen, Tabor mit seinen Weideflächen; [63] im Land jenseits des Jordan bei Jericho, östlich des Jordan, vom Stamm Ruben: Bezer in der Steppe mit seinen Weideflächen, Jahaz mit seinen Weideflächen, [64] Kedemot mit seinen Weideflächen, Mefaat mit seinen Weideflächen; [65] vom Stamm Gad: Ramot in Gilead mit seinen Weideflächen, Mahanajim mit seinen Weideflächen, [66] Heschbon mit seinen Weideflächen und Jaser mit seinen Weideflächen.

39–66 || Jos 21,3–39

Der Stamm Issachar

7 Die Söhne Issachars waren: Tola, Puwa, Ja-
schub und Schimron, zusammen vier. 2 Die
Söhne Tolas waren: Usi, Refaja, Jeriël, Jachmai,
Jibsam und Schemuël. Sie waren Häupter der
Großfamilien Tolas, tapfere Krieger, jeder entspre-
chend seiner Geschlechterfolge. Zur Zeit Davids
zählten sie 22 600 Mann. 3 Die Söhne Usis waren:
Serachja, Michael, Obadja, Joël und Jischija, ins-
gesamt fünf. Sie alle waren Oberhäupter. 4 Sie
hatten, geordnet nach ihrer Geschlechterfolge und
nach ihren Großfamilien, ein Kriegsheer von
36 000 Mann zu stellen; denn sie hatten viele
Frauen und Kinder. 5 Ihre Brüder aus allen Sippen
Issachars waren tapfere Krieger. Ihre Aufzeich-
nung ergab insgesamt 87 000 Mann.

Der Stamm Benjamin

6 Die Söhne Benjamins waren: Bela, Becher und
Jediaël, insgesamt drei. 7 Die Söhne Belas waren:
Ezbon, Usi, Usiël, Jerimot und Ir, insgesamt fünf.
Sie waren Häupter ihrer Großfamilien und tapfere
Krieger. Ihre Aufzeichnung ergab 22 034 Mann.
8 Die Söhne Bechers waren: Semira, Joasch, Eliëser,
Eljoënai, Omri, Jeremot, Abija, Anatot und Ale-
met. Sie alle waren Söhne Bechers. 9 Die Aufzeich-
nung entsprechend ihrer Geschlechterfolge nach
den Häuptern ihrer Großfamilien und nach den
tapferen Kriegern ergab 20 200 Mann. 10 Der Sohn
Jediaëls war Bilhan und die Söhne Bilhans waren:
Jëusch, Benjamin, Ehud, Kenaana, Setan, Tar-
schisch und Ahischahar. 11 Sie alle waren Söhne Je-
diaëls, Häupter ihrer Großfamilien, tapfere Krieger,
17 200 Mann, die im Heer zum Krieg ausrückten.
12 Schuppim und Huppim waren Söhne Irs, Hu-
schim der Sohn Ahers.

6: Gen 46,21

Der Stamm Naftali

13 Die Söhne Naftalis waren: Jachzeel, Guni, Jezer
und Schallum, die Nachkommen der Bilha.

13: Gen 46,24

Der Stamm Manasse

14 Der Sohn Manasses war Asriël. Seine aramäische
Nebenfrau gebar Machir, den Vater Gileads. 15 Ma-
chir nahm eine Frau für Huppim und Schuppim.
Der Name seiner Schwester war Maacha. Der
Name des zweiten (Sohnes Hefers) war Zelofhad.
Dieser hatte nur Töchter. 16 Maacha, die Frau Ma-
chirs, gebar einen Sohn und nannte ihn Peresch;
sein Bruder hieß Scheresch. Dessen Söhne waren
Ulam und Rekem. 17 Der Sohn Ulams war Bedan.
Das waren die Söhne Gileads, des Sohnes Machirs,
des Sohnes Manasses. 18 Seine Schwester Molechet
gebar Ischhod, Abiëser und Machla. 19 Die Söhne
Schemidas waren Achjan, Schechem, Likhi und
Aniam.

Der Stamm Efraim

20 Der Sohn Efraims war Schutelach. Dessen Sohn
war Bered, dessen Sohn Tahat, dessen Sohn Elada,
dessen Sohn Tahat, 21 dessen Sohn Sabad und dessen
Sohn Schutelach sowie Eser und Elad. Diese er-
schlug die einheimische Bevölkerung von Gat, weil
sie hinabgezogen waren, um deren Vieh wegzuneh-
men. 22 Darüber trauerte ihr Vater Efraim lange Zeit
und seine Brüder kamen, ihn zu trösten. 23 Dann
ging er zu seiner Frau; sie wurde schwanger und ge-
bar einen Sohn. Er nannte ihn Beria, da er zur Zeit
des Unglücks in seinem Haus geboren wurde. 24 Sei-
ne Tochter war Scheera. Sie erbaute das untere und
das obere Bet-Horon sowie Usen-Scheera.
25 Weitere Söhne (Efraims) waren Refach und Re-
schef. Dessen Sohn war Telach, dessen Sohn Ta-
han, 26 dessen Sohn Ladan, dessen Sohn Ammi-
hud, dessen Sohn Elischama, 27 dessen Sohn Nun
und dessen Sohn Josua.
28 Ihr Besitz und ihre Wohnplätze waren Bet-El mit
seinen Tochterstädten, gegen Osten Naara, gegen
Westen Geser mit seinen Tochterstädten, Sichem
mit seinen Tochterstädten bis nach Aja und sei-
nen Tochterstädten. 29 In der Hand der Nachkom-
men Manasses waren Bet-Schean mit seinen Toch-
terstädten, Taanach mit seinen Tochterstädten,
Megiddo mit seinen Tochterstädten und Dor mit
seinen Tochterstädten. In ihnen wohnten die
Nachkommen Josefs, des Sohnes Israels.

20: Num 26,35–37

Der Stamm Ascher

30 Die Söhne Aschers waren: Jimna, Jischwa, Jisch-
wi und Beria. Ihre Schwester war Serach. 31 Die Söh-
ne Berias waren Heber und Malkiël. Dieser war der

Vater von Birsajit. 32 Heber zeugte Jaflet, Schemer,
Hotam und deren Schwester Schua. 33 Die Söhne
Jaflets waren Pasach, Bimhal und Aschwat. Das
waren die Söhne Jaflets. 34 Die Söhne Schemers wa-
ren: Ahi, Rohga, Hubba und Aram. 35 Die Söhne
seines Bruders Hotam waren: Zofach, Jimna,
Schelesch und Amal. 36 Die Söhne Zofachs waren:
Suach, Harnefer, Schual, Beri, Jimra, 37 Bezer, Hod,
Schamma, Schilscha, Jitran und Beera. 38 Die
Söhne Jitrans waren: Jefunne, Pispa und Ara. 39 Die
Söhne Ullas waren: Arach, Hanniël und Rizja.
40 Alle diese waren Nachkommen Aschers, auserle-
sene Häupter von Großfamilien, tapfere Krieger,
Häupter unter den führenden Männern. Ihre Auf-
zeichnung für das Kriegsheer ergab 26 000 Mann.

30: Gen 46,17

Das zweite Verzeichnis des Stammes Benjamin

8 Benjamin zeugte Bela als seinen Erstgebore-
nen, Aschbel als zweiten, Achrach als dritten,
2 Noha als vierten und Rafa als fünften. 3 Bela hatte
folgende Söhne: Ard, Gera, Abihud, 4 Abischua,
Naaman, Ahoach, 5 Gera, Schefufan und Huram.
6 Und das waren die Söhne Ehuds ... Sie waren die
Familienhäupter der Bewohner von Geba ... Man
führte sie in die Verbannung nach Manahat. 7 Naa-
man, Ahija und Gera ... Dieser führte sie gefan-
gen fort. Er zeugte Usa und Ahihud.
8 Schaharajim zeugte im Grünland von Moab
Söhne, nachdem er seine Frauen Huschim und
Baara entlassen hatte. 9 Mit seiner Frau Hodesch
zeugte er Jobab, Zibja, Mescha, Malkam, 10 Jëuz,
Sacheja und Mirma. Das waren seine Söhne,
die Häupter ihrer Großfamilien. 11 Mit Huschim
zeugte er Abitub und Elpaal. 12 Die Söhne Elpaals
waren: Eber, Mischam und Schemed. Dieser baute
Ono und Lod mit seinen Tochterstädten.
13 Beria und Schema waren die Häupter der
Großfamilien der Einwohner von Ajalon. Sie ver-
trieben die Einwohner von Gat. 14 Ihre Brüder wa-
ren Elpaal, Schaschak und Jeroham. 15 Sebadja,
Arad, Eder, 16 Michael, Jischpa und Joha waren
Söhne Berias. 17 Sebadja, Meschullam, Hiski, He-
ber, 18 Jischmerai, Jislia und Jobab waren Söhne El-
paals. 19 Jakim, Sichri, Sabdi, 20 Eliënai, Zilletai,
Eliël, 21 Adaja, Beraja und Schimrat waren Söhne
Schimis. 22 Jischpan, Eber, Eliël, 23 Abdon, Sichri,
Hanan, 24 Hananja, Elam, Antotija, 25 Jifdeja und
Penuël waren Söhne Schaschaks. 26 Schamscherai,
Scheharja, Atalja, 27 Jaareschja, Elija und Sichri wa-
ren Söhne Jerohams. 28 Sie waren Häupter der Groß-
familien entsprechend ihrer Geschlechterfolge,
ihre Oberhäupter, und wohnten in Jerusalem.

1: Gen 46,21

Die Familie Sauls

29 In Gibeon wohnte Jëiël, der Vater Gibeons. Seine
Frau war Maacha 30 und sein erstgeborener Sohn
war Abdon. Ihm folgten Zur, Kisch, Baal, Ner, Na-
dab, 31 Gedor, Achjo, Secher und Miklot. 32 Miklot
zeugte Schima. Auch sie wohnten in Jerusalem bei
ihren Brüdern, ihnen gegenüber. 33 Ner zeugte Ab-
ner und Kisch zeugte Saul. Saul zeugte Jonatan,
Malkischua, Abinadab und Eschbaal. 34 Der Sohn
Jonatans war Merib-Baal. Merib-Baal zeugte
Micha. 35 Die Söhne Michas waren: Piton, Melech,
Tachrea und Ahas. 36 Ahas zeugte Joadda und Jo-
adda zeugte Alemet, Asmawet und Simri. Simri
zeugte Moza, 37 Moza zeugte Bina; dessen Sohn
war Rafa, dessen Sohn Elasa und dessen Sohn Azel.
38 Azel hatte sechs Söhne und das sind ihre Namen:
Asrikam, Bochru, Jischmael, Schearja, Obadja und
Hanan. Alle diese waren Söhne Azels. 39 Die Söhne
seines Bruders Eschek waren: Ulam, sein Erstge-
borener; der zweite war Jëusch und der dritte Eli-
felet. 40 Die Söhne Ulams waren tapfere Krieger, die
den Bogen spannten. Sie hatten viele Söhne und
Enkel, insgesamt hundertfünfzig. Alle diese gehör-
ten zu den Nachkommen Benjamins.
9 So ließ sich ganz Israel in die Stammeslisten
eintragen. Sie wurden in das Buch der Kö-
nige von Israel und Juda aufgenommen.

8,29–38 ǁ 9,35–44 • 33: 1 Sam 31,2 • 34: 2 Sam 9,6

Jerusalemer Familien nach dem Exil

2 Juda wurde wegen seiner Treulosigkeit nach Ba-
bel weggeführt. Die ersten Ansiedler, die sich wie-
der auf ihrem Besitz in ihren Städten niederließen,
waren Israeliten, Priester, Leviten und Tempeldie-
ner. 3 In Jerusalem wohnten von den Angehörigen
Judas, Benjamins, Efraims und Manasses folgende:
4 Utai, der Sohn Ammihuds, des Sohnes Omris,
des Sohnes Imris, des Sohnes Banis, ein Nachkom-
me des Perez, des Sohnes Judas. 5 Von den Nach-

kommen Schelas: Asaja, der Erstgeborene, und dessen Söhne. 6 Von den Nachkommen Serachs: Jëuël. Die Zahl ihrer Brüder betrug 690 Mann.

7 Von den Nachkommen Benjamins: Sallu, der Sohn Meschullams, des Sohnes Hodawjas, des Sohnes Senuas; 8 ferner Jibneja, der Sohn Jerohams, und Ela, der Sohn Usis, des Sohnes Michris, sowie Meschullam, der Sohn Schefatjas, des Sohnes Reguëls, des Sohnes Jibnijas; 9 dazu ihre Brüder nach ihrer Geschlechterfolge, insgesamt 956 Mann. Sie alle waren Oberhäupter ihrer Großfamilien.

10 Von den Priestern: Jedaja, Jojarib, Jachin, 11 Asarja, der Sohn Hilkijas, des Sohnes Meschullams, des Sohnes Zadoks, des Sohnes Merajots, des Sohnes Ahitubs, der Fürst des Hauses Gottes; 12 ferner Adaja, der Sohn Jerohams, des Sohnes Paschhurs, des Sohnes Malkijas, und Masai, der Sohn Adiëls, des Sohnes Jachseras, des Sohnes Meschullams, des Sohnes Meschillemots, des Sohnes Immers, 13 sowie ihre Brüder, die Häupter ihrer Großfamilien, insgesamt 1760 Mann. Sie waren tüchtige Männer in der Besorgung des Dienstes im Haus Gottes.

14 Von den Leviten: Schemaja, der Sohn Haschubs, des Sohnes Asrikams, des Sohnes Haschabjas, von den Nachkommen Meraris; 15 ferner Bakbakar, Heresch, Galal, Mattanja, der Sohn Michas, des Sohnes Sichris, des Sohnes Asafs, 16 sowie Abda, der Sohn Schammuas, des Sohnes Galals, des Sohnes Jedutuns, und Berechja, der Sohn Asas, des Sohnes Elkanas, der in den Dörfern der Netofatiter wohnte.

17 Die Torwächter waren: Schallum, Akkub, Talmon und Ahiman. Ihr Bruder Schallum war das Oberhaupt. 18 Er hat bis heute die Wache am Königstor im Osten. Das sind die Torwächter in den Lagern der Leviten.

1–18 || Neh 11,3–19

Levitische Dienste

19 Schallum, der Sohn Kores, des Sohnes Abiasafs, des Sohnes Korachs, und seine Brüder aus seiner Großfamilie, die Korachiter, hatten als Wächter den Dienst an den Schwellen des Zeltes zu besorgen. Ihre Väter waren im Lager des Herrn Wächter am Eingang gewesen. 20 Pinhas, der Sohn Eleasars, war einst ihr Anführer – der Herr sei mit ihm. 21 Secharja, der Sohn Meschelemjas, war Torwächter am Eingang des Offenbarungszeltes. 22 Die als Torwächter an den Schwellen ausersehen waren, zählten insgesamt 212 Mann. Sie hatten sich in ihren Dörfern in die Stammeslisten eingetragen und waren von David und dem Seher Samuel in ihr Amt eingesetzt worden. 23 Mit ihren Söhnen standen sie nach der Dienstordnung als Wächter an den Toren zum Haus des Herrn, zum Haus des Zeltes. 24 Sie waren nach den vier Himmelsrichtungen aufgestellt, nach Osten, Westen, Norden und Süden. 25 Ihre Brüder wohnten in ihren Dörfern und mussten jeweils sieben Tage, von einem Zeitpunkt zum andern, mit ihnen zum Dienst erscheinen. 26 Ständig im Dienst waren nur die vier obersten Torwächter.

Einige Leviten hatten die Aufsicht über die Kammern und die Schätze im Haus Gottes. 27 Sie blieben auch während der Nacht in der Nähe des Hauses Gottes; denn ihnen war die Wache übertragen und sie hatten den Schlüssel, um jeden Morgen zu öffnen. 28 Einige von ihnen überwachten die Geräte für den Dienst. Sie trugen sie abgezählt hinein und brachten sie abgezählt wieder heraus. 29 Andere waren zur Aufsicht über die sonstigen Geräte und alle Geräte des Heiligtums bestellt. Sie hatten das Feinmehl, den Wein und das Öl, den Weihrauch und verschiedenartigen Balsam zu besorgen. 30 Einige von den Söhnen der Priester bereiteten die Salben für den Balsam. 31 Mattitja, einer der Leviten, der Erstgeborene des Korachiters Schallum, war amtlich mit der Zubereitung des Backwerks beauftragt. 32 Ein Teil der Kehatiter, ihrer Amtsbrüder, hatte für die Schaubrote zu sorgen, die sie jeden Sabbat aufzulegen hatten.

33 Das waren die Sänger, Häupter der Großfamilien bei den Leviten, die, von anderen Arbeiten befreit, in den Kammern wohnten, da sie Tag und Nacht im Dienst sein mussten ...

34 Das waren die Häupter der Großfamilien der Leviten nach ihrer Geschlechterfolge, die Häupter. Sie wohnten in Jerusalem.

Die Familie Sauls

35 In Gibeon wohnte Jëiël, der Vater Gibeons. Seine Frau war Maacha 36 und sein erstgeborener Sohn war Abdon. Ihm folgten Zur, Kisch, Baal, Ner, Nadab, 37 Gedor, Achjo, Secher und Miklot. 38 Miklot

zeugte Schima. Auch sie wohnten in Jerusalem bei
ihren Brüdern, ihnen gegenüber. 39 Ner zeugte Ab-
ner und Kisch zeugte Saul. Saul zeugte Jonatan,
Malkischua, Abinadab und Eschbaal. 40 Der Sohn
Jonatans war Merib-Baal. Merib-Baal zeugte
Micha. 41 Die Söhne Michas waren: Piton, Melech,
Tachrea und Ahas. 42 Ahas zeugte Joadda und Jo-
adda zeugte Alemet, Asmawet und Simri. Simri
zeugte Moza, 43 Moza zeugte Bina; dessen Sohn
war Refaja, dessen Sohn Elasa und dessen Sohn
Azel. 44 Azel hatte sechs Söhne und das sind ihre
Namen: Asrikam, Bochru, Jischmael, Schearja,
Obadja und Hanan. Das waren die Söhne Azels.

35–44 || 8,29–38

DIE GESCHICHTE DAVIDS: 10,1 – 29,30

Das Ende Sauls

10 Als die Philister gegen Israel kämpften,
flohen die Israeliten vor ihnen. Viele waren
gefallen und lagen erschlagen auf dem Gebirge
Gilboa. 2 Die Philister verfolgten Saul und seine
Söhne und erschlugen Sauls Söhne Jonatan,
Abinadab und Malkischua. 3 Um Saul selbst ent-
stand ein schwerer Kampf. Die Bogenschützen
hatten ihn getroffen und er war schwer verwun-
det. 4 Da sagte Saul zu seinem Waffenträger: Zieh
dein Schwert und durchbohre mich damit! Sonst
kommen diese Unbeschnittenen und treiben mit
mir ihren Mutwillen. Der Waffenträger wollte es
nicht tun, denn er hatte große Angst. Da nahm
Saul selbst das Schwert und stürzte sich hinein.
5 Als der Waffenträger sah, dass Saul tot war,
stürzte auch er sich in sein Schwert und starb. 6 So
kamen Saul und seine drei Söhne ums Leben; sein
ganzes Haus starb mit ihm.
7 Als die Israeliten in der Ebene (Jesreel) sahen,
dass die Krieger Israels geflohen und dass Saul und
seine Söhne tot waren, verließen sie ihre Städte
und flohen. Dann kamen die Philister und besetz-
ten die Städte.
8 Als am nächsten Tag die Philister kamen, um die
Erschlagenen auszuplündern, fanden sie Saul und
seine Söhne, die auf dem Gebirge Gilboa gefallen
waren. 9 Sie zogen ihn aus, nahmen seinen Kopf
und seine Rüstung und schickten beides im Land
der Philister umher, um ihren Götzen und dem
Volk die Siegesnachricht zu übermitteln. 10 Die
Rüstung Sauls legten sie im Tempel ihrer Götter
nieder. Seinen Kopf aber hefteten sie an den Tem-
pel des Dagon.
11 Als die Einwohner von Jabesch-Gilead hörten,
was die Philister mit Saul gemacht hatten, 12 bra-
chen alle kriegstüchtigen Männer auf, nahmen die
Leiche Sauls und die Leichen seiner Söhne und
brachten sie nach Jabesch. Sie begruben ihre Ge-
beine unter der Terebinthe in Jabesch und fasteten
sieben Tage lang.
13 So starb Saul wegen der Treulosigkeit, die er ge-
gen den Herrn begangen hatte. Er hatte das Wort
des Herrn nicht befolgt und den Totengeist be-
fragt, um Auskunft zu suchen; 14 an den Herrn aber
hatte er sich nicht gewandt. Darum ließ er ihn ster-
ben und übergab das Königtum David, dem Sohn
Isais.

1–12 || 1 Sam 31,1–13 • 11: 1 Sam 11 • 13: 1 Sam 15,19; 28,8–19

Die Anerkennung Davids als König

11 Ganz Israel versammelte sich bei David in
Hebron und sagte: Wir sind doch dein
Fleisch und Bein. 2 Schon früher, als Saul noch Kö-
nig war, hast du Israel in den Kampf und wieder
nach Hause geführt. Und der Herr, dein Gott, hat
zu dir gesagt: Du sollst der Hirt meines Volkes Is-
rael sein, du sollst der Fürst meines Volkes Israel
werden. 3 Alle Ältesten Israels kamen zum König
nach Hebron; David schloss mit ihnen in Hebron
einen Vertrag vor dem Herrn und sie salbten Da-
vid zum König von Israel gemäß dem Wort, das
der Herr durch Samuel verkündet hatte.

1–3 || 2 Sam 5,1–3 • 3: 1 Sam 16

Die Eroberung Jerusalems

4 David zog mit ganz Israel nach Jerusalem, das ist
Jebus. Dort saßen noch die Jebusiter, die damals
im Land wohnten. 5 Die Jebusiter aber sagten zu
David: Du wirst nicht in die Stadt hereinkommen.
Doch David eroberte die Burg Zion; sie wurde die
Stadt Davids. 6 Damals sagte David: Wer als erster

die Jebusiter schlägt, soll Hauptmann und Anführer werden. Da stieg Joab, der Sohn der Zeruja, als
Erster hinauf und wurde Hauptmann. 7 David ließ
sich in der Burg nieder und daher nannte man sie
Davidstadt. 8 Er baute an der Stadt ringsum vom
Millo an und im Umkreis, während Joab die
übrige Stadt wiederherstellte. 9 David wurde immer mächtiger und der Herr der Heere war mit
ihm.

4–9 ‖ 2 Sam 5,6–10

Davids Helden

10 Das sind die Obersten der Helden Davids, die
mit ganz Israel in der Sache des Königtums fest zu
ihm hielten, um ihn nach dem Wort des Herrn
zum König von Israel zu machen. 11 Das ist das Verzeichnis der Helden Davids: Jaschobam, der Sohn
Hachmonis, war das Haupt der Drei; er schwang
seine Lanze über dreihundert Männer und erschlug sie alle auf einmal. 12 Nach ihm kommt der
Ahoachiter Eleasar, der Sohn Dodos. 13 Er war bei
David, als die Philister sich bei Pas-Dammim zum
Kampf sammelten. Dort war ein Gerstenfeld. Als
das Volk vor den Philistern floh, 14 stellte er sich
mitten in das Feld, behauptete es und schlug die
Philister. So verlieh ihm der Herr einen großen
Sieg.

15 Als sich einst das Lager der Philister in der Rafaïterebene befand, kamen drei von den dreißig
Helden zu David in das Felsennest, in die Höhle
Adullam. 16 David hielt sich damals in seiner Bergfestung auf und ein Posten der Philister lag in
Betlehem. 17 Da bekam David großen Durst und er
sagte: Wer bringt mir Wasser aus der Zisterne am
Tor von Betlehem?

18 Da drangen die drei Helden in das Lager der Philister ein, schöpften Wasser aus der Zisterne am
Tor von Betlehem, nahmen es mit und brachten es
David. Doch er wollte es nicht trinken, sondern
goss es als Trankopfer für den Herrn aus 19 und
sagte: Das sei fern von mir, Gott, dass ich so etwas tue. Soll ich das Blut dieser Männer trinken, die unter Lebensgefahr hingegangen sind? Denn unter Lebensgefahr haben sie es geholt. Darum wollte er es nicht trinken. Eine solche Tat vollbrachten die drei Helden.

10–19 ‖ 2 Sam 23,8–17

Weitere Helden Davids

20 Joabs Bruder Abischai war der Anführer der
Dreißig. Er schwang seinen Speer über dreihundert Männer und erschlug sie; er hatte bei den drei
Helden einen großen Namen. 21 Unter den Dreißig
war er hoch geehrt und er wurde ihr Anführer,
aber an die Drei reichte er nicht heran.

22 Benaja aus Kabzeel, der Sohn Jojadas, war ein
tapferer Mann, der große Taten vollbrachte. Er erschlug die beiden Söhne Ariëls aus Moab. Als einmal Schnee gefallen war, kam er zu einer Zisterne
und erlegte darin einen Löwen. 23 Auch erschlug er
einen riesenhaften Ägypter, der fünf Ellen groß
war. Der Ägypter hatte einen Speer gleich einem
Weberbaum in der Hand. Benaja aber ging nur mit
einem Stock auf ihn los, riss ihm den Speer aus der
Hand und tötete ihn mit diesem Speer. 24 Solche
Taten vollbrachte Benaja, der Sohn Jojadas. Er
hatte bei den drei Helden einen großen Namen.
25 Unter den Dreißig war er hoch geehrt, aber an
die Drei reichte er nicht heran. David stellte ihn an
die Spitze seiner Leibwache.

26 Tapfere Helden waren Joabs Bruder Asaël, Elhanan aus Betlehem, der Sohn Dodos, 27 Schammot aus Harod, Helez aus Bet-Pelet, 28 Ira aus Tekoa, der Sohn des Ikkesch, Abiëser aus Anatot,
29 Sibbechai aus Huscha, Ilai der Ahoachiter,
30 Mahrai aus Netofa, Heled aus Netofa, der Sohn
Baanas, 31 Ittai aus Gibea in Benjamin, der Sohn
Ribais, Benaja aus Piraton, 32 Hiddai aus Nahale-Gaasch, Abiël aus Bet-Araba, 33 Asmawet aus
Bahurim, Eljachba aus Schaalbim, 34 Jaschen der
Guniter, Jonatan aus Harar, der Sohn Schages,
35 Ahiam aus Harar, der Sohn Sachars, Elifal, der
Sohn Urs, 36 Hefer aus Mechera, Ahija aus Gilo,
37 Hezro aus Karmel, Naarai, der Sohn Esbais,
38 Joël, der Bruder Natans, Mibhar, der Sohn
Hagris, 39 Zelek, der Ammoniter, Nachrai aus Beerot, der Waffenträger Joabs, des Sohnes der Zeruja,
40 Ira aus Jattir, Gareb aus Jattir, 41 Urija, der Hetiter, Sabad, der Sohn Achlais, 42 Adina, der Sohn
Schisas, aus dem Stamm Ruben, Haupt der Rubeniter und Anführer von dreißig Mann, 43 Hanan,
der Sohn Maachas, Joschafat aus Meten, 44 Usija
aus Aschtarot, Schama und Jëiël, die Söhne Hotams, aus Aroër, 45 Jediaël, der Sohn Schimris, und
sein Bruder Joha aus Tiz, 46 Eliël aus Mahanajim,

Jeribai und Joschawja, die Söhne Elnaams, Jitma, der Moabiter, 47 Eliël, Obed und Jaasiël aus Zoba.

20–47 ‖ 2 Sam 23,18–39

Das dritte Verzeichnis von Anhängern Davids

12 Diese sind es, die zu David nach Ziklag kamen, als er sich noch von Saul, dem Sohn des Kisch, fernhalten musste. Sie gehörten zu den Helden, die ihn im Kampf unterstützten. 2 Sie waren mit dem Bogen ausgerüstet und konnten mit der rechten und mit der linken Hand Steine schleudern und Pfeile mit dem Bogen abschießen. Von den Stammesbrüdern Sauls, von Benjamin, kamen: 3 Ahiëser, ihr Anführer, ferner Joasch, der Sohn Schemaas, aus Gibea, Jesiël und Pelet, die Söhne Asmawets, Beracha und Jehu aus Anatot, 4 Jischmaja aus Gibeon, ein Held unter den Dreißig und ihr Anführer, 5 Jirmeja, Jahasiël, Johanan und Josabad aus Gedera, 6 Elusai, Jerimot, Bealja, Schemarja und Schefatja aus Haruf, 7 Elkana, Jischija, Asarel, Joëser und Jaschobam, die Korachiter, 8 Joëla und Sebadja, die Söhne Jerohams, aus Gedor.

9 Auch Gaditer traten zu David über und kamen in die Bergfestung in der Wüste. Sie waren tapfere Helden, kampfgeübte Krieger mit Schild und Lanze, waren wie Löwen anzusehen und flink wie Gazellen auf den Bergen. 10 Eser war der erste, Obadja der zweite, Eliab der dritte, 11 Mischmanna der vierte, Jirmeja der fünfte, 12 Attai der sechste, Eliël der siebte, 13 Johanan der achte, Elsabad der neunte, 14 Jirmeja der zehnte, Machbannai der elfte. 15 Diese waren von den Gaditern gekommen. Sie waren Hauptleute im Heer. Der kleinste von ihnen nahm es mit hundert, der stärkste mit tausend auf. 16 Sie waren es, die im ersten Monat den Jordan überquerten, als er über die Ufer getreten war und die Täler im Osten und Westen abgeschnitten waren.

17 Auch Angehörige Benjamins und Judas kamen zu David in die Bergfestung. 18 David trat zu ihnen heraus, sprach sie an und sagte: Wenn ihr in friedlicher Absicht zu mir kommt, um mir zu helfen, so bin ich zur Gemeinschaft mit euch bereit. Wenn ihr aber kommt, um mich den Feinden zu verraten, obwohl ich kein Unrecht begangen habe, dann soll der Gott unserer Väter es sehen und euch strafen. 19 Da ergriff ein Geist Amasai, das Haupt der Dreißig, sodass er ausrief: Dir, David, gehören wir. Zu dir, Sohn Isais, stehen wir. Heil, Heil sei dir, Heil deinem Helfer; denn dir hilft dein Gott. Da nahm sie David auf und reihte sie ein unter die Anführer seiner Schar.

20 Auch von Manasse gingen einige zu David über. David zog damals im Heer der Philister gegen Saul in den Krieg, brachte ihnen aber keine Hilfe, da ihn die Fürsten der Philister nach einer Beratung wegschickten. Sie sagten nämlich: Er könnte um den Preis unserer Köpfe zu seinem Herrn, zu Saul, übergehen. 21 David kehrte daher nach Ziklag zurück. Zu dieser Zeit stießen von Manasse zu ihm: Adnach, Josabad, Jediaël, Michael, Josabad, Elihu und Zilletai, die Häupter der Tausendschaften Manasses. 22 Sie halfen David im Kampf gegen die Räuberscharen (der Amalekiter); denn sie alle waren tapfere Krieger und wurden Oberste im Heer. 23 Tag für Tag kamen Leute zu David, um ihm zu helfen; und so entstand ein großes Heerlager gleich einem Heerlager Gottes.

20: 1 Sam 29

Die Gefolgschaft bei der Thronerhebung in Hebron

24 Das sind die Zahlen aller wehrfähigen Männer, die zu David nach Hebron kamen, um ihm nach dem Wort des Herrn das Königtum Sauls zu übertragen: 25 Aus Juda kamen 6800 wehrfähige Männer, die Schild und Lanze trugen. 26 Aus Simeon kamen 7100 tapfere Krieger, 27 aus Levi 4600 Mann, 28 dazu Jojada, der Fürst der Nachkommen Aarons, mit 3700 Mann 29 und Zadok, ein junger, tapferer Krieger, dessen Großfamilie 22 Führer stellte. 30 Aus Benjamin, den Stammesbrüdern Sauls, kamen 3000 Mann. Ihre Mehrheit war bis dahin in der Gefolgschaft des Hauses Saul geblieben.

31 Aus Efraim kamen 20 800 in ihren Großfamilien hoch angesehene Krieger, 32 aus dem halben Stamm Manasse 18 000 Mann, die namentlich dazu bestimmt waren, zu kommen und David zum König zu machen. 33 Von den Angehörigen Issachars, die die Zeiten verstanden und wussten, was Israel zu tun hatte, kamen 200 Oberste mit allen Stammesbrüdern, die ihrem Befehl unter-

standen. 34 Aus Sebulon kamen 50 000 wehrfähige Männer, die mit allen Kriegswaffen zu kämpfen verstanden und sich ohne Vorbehalt einordneten. 35 Aus Naftali kamen 1000 Anführer und mit ihnen 37000 Mann mit Schild und Lanze, 36 aus Dan 28600 kampfbereite Männer, 37 aus Ascher 40 000 wehrfähige, kampfbereite Männer. 38 Von jenseits des Jordan, aus Ruben, Gad und dem halben Stamm Manasse kamen 120 000 Mann mit allen Waffen eines Kriegsheeres. 39 Alle diese waren Krieger, die sich willig einordneten. Sie kamen in ehrlicher Gesinnung nach Hebron, um David zum König von ganz Israel zu machen; aber auch alle übrigen Israeliten waren einig im Wunsch, David zum König zu machen. 40 Sie blieben drei Tage dort bei David; sie aßen und tranken, denn ihre Stammesbrüder hatten für sie gesorgt. 41 Auch jene, die bis nach Issachar, Sebulon und Naftali hin in ihrer Nähe wohnten, brachten auf Eseln, Kamelen, Maultieren und Rindern Lebensmittel zum Unterhalt herbei: Mehl, Feigen- und Traubenkuchen, Wein, Öl und eine große Menge Rinder und Schafe; denn es herrschte Freude in Israel.

Die Überführung der Bundeslade nach Jerusalem

13 David besprach sich mit den Obersten der Tausend- und Hundertschaften und mit allen führenden Leuten. 2 Dann sagte er zur ganzen Versammlung Israels: Wenn ihr einverstanden seid und wenn es dem Herrn, unserem Gott, gefällt, schicken wir überallhin Boten zu unseren Brüdern, die in allen Gegenden Israels geblieben sind, sowie zu den Priestern und Leviten, die in ihren Städten und auf ihren Weideflächen wohnen. Sie sollen sich bei uns versammeln 3 und wir wollen die Lade unseres Gottes zu uns heraufholen; denn in den Tagen Sauls haben wir uns nicht um sie gekümmert. 4 Die ganze Versammlung stimmte dem Vorhaben zu, denn der Plan gefiel dem ganzen Volk.

5 David versammelte nun ganz Israel vom Schihor in Ägypten bis Lebo-Hamat, um die Lade Gottes von Kirjat-Jearim heraufzuholen. 6 Er zog mit ganz Israel nach Baala bei Kirjat-Jearim, das zu Juda gehörte, um von dort die Lade Gottes heraufzuholen, über der der Name des Herrn, der über den Kerubim thront, ausgerufen worden ist. 7 Sie holten die Lade Gottes auf einem neuen Wagen vom Haus Abinadabs ab; Usa und Achjo lenkten den Wagen. 8 David und ganz Israel tanzten und sangen vor Gott mit ganzer Hingabe und spielten auf Zithern, Harfen und Pauken, mit Zimbeln und Trompeten. 9 Als sie zur Tenne Kidons kamen, brachen die Rinder aus und Usa streckte seine Hand aus, um die Lade festzuhalten. 10 Da entbrannte der Zorn des Herrn gegen Usa und er erschlug ihn, weil er seine Hand nach der Lade ausgestreckt hatte, sodass er dort vor Gott starb. 11 David war sehr erregt darüber, dass der Herr den Usa so plötzlich dahingerafft hatte, und man nennt den Ort bis heute darum Perez-Usa (Wegraffung Usas). 12 An jenem Tag bekam David Angst vor Gott, sodass er sagte: Wie soll ich die Lade Gottes zu mir bringen? 13 Er ließ sie darum nicht zu sich in die Davidstadt bringen, sondern stellte sie in das Haus Obed-Edoms aus Gat. 14 Drei Monate lang blieb die Lade Gottes im Haus Obed-Edoms und der Herr segnete das Haus Obed-Edoms und alles, was ihm gehörte.

1–14 ‖ 2 Sam 6,12–23

Das Erstarken des Königtums

14 Hiram, der König von Tyrus, schickte eine Gesandtschaft zu David und ließ ihm Zedernholz überbringen; auch Maurer und Zimmerleute schickte er, die ihm einen Palast bauen sollten. 2 So erkannte David, dass ihn der Herr als König von Israel bestätigt hatte; denn wegen seines Volkes Israel war Davids Königtum zu hohem Ansehen gelangt.

3 David nahm sich noch weitere Frauen in Jerusalem und zeugte noch Söhne und Töchter. 4 Das sind die Namen der Söhne, die ihm in Jerusalem geboren wurden: Schima, Schobab, Natan, Salomo, 5 Jibhar, Elischua, Elpelet, 6 Nogah, Nefeg, Jafia, 7 Elischama, Beeljada und Elifelet.

1–7 ‖ 2 Sam 5,11–16 • 4–7: 3,5–8

Krieg mit den Philistern

8 Die Philister hörten, dass David zum König von ganz Israel gesalbt worden war. Da zogen alle herauf, um David gefangen zu nehmen. David erfuhr davon und zog ihnen entgegen. 9 Als die Philister

herankamen und in der Rafaïterebene umherstreiften, [10] befragte David Gott: Soll ich die Philister angreifen? Wirst du sie in meine Hand geben? Der Herr antwortete ihm: Greif sie an, ich will sie in deine Hand geben. [11] Da zog David nach Baal-Perazim. Dort schlug er die Philister und sagte: Gott hat durch meine Hand die Reihen meiner Feinde durchbrochen, wie Wasser (einen Damm) durchbricht. Deshalb nennt man jenen Ort Baal-Perazim (Herr der Durchbrüche). [12] Die Philister ließen dort ihre Götter zurück und David befahl, sie im Feuer zu verbrennen.

[13] Doch die Philister streiften noch einmal im Tal der Rafaïter umher. [14] David befragte Gott wieder und Gott antwortete ihm: Zieh nicht hinter ihnen her, sondern umgeh sie und komm von den Baka-Bäumen her an sie heran! [15] Wenn du dann in den Wipfeln der Baka-Bäume ein Geräusch wie von Schritten hörst, dann rück zum Kampf aus; denn Gott geht vor dir her, um das Heer der Philister zu schlagen. [16] David tat, was Gott ihm befohlen hatte, und er schlug das Heer der Philister (im ganzen Gebiet) von Gibeon bis Geser. [17] So drang der Ruhm Davids in alle Länder und der Herr legte Furcht vor ihm auf alle Völker.

8–17 ‖ 2 Sam 5,17–25

Die Überführung der Lade in die Davidstadt
Die Vorbereitungen

15 David baute sich Häuser in der Davidstadt; er richtete auch eine Stätte für die Lade Gottes her und stellte ein Zelt für sie auf. [2] Damals ordnete er an, dass nur die Leviten die Lade tragen dürfen; denn sie hat der Herr erwählt, seine Lade zu tragen und immerfort bei ihr Dienst zu tun.

[3] Hierauf berief David ganz Israel nach Jerusalem, um die Lade des Herrn an den Ort zu bringen, den er für sie hergerichtet hatte. [4] Er ließ die Nachkommen Aarons und die Leviten kommen: [5] von den Nachkommen Kehats den Vorsteher Uriël und seine Brüder, 120 Mann, [6] von den Nachkommen Meraris den Vorsteher Asaja und seine Brüder, 220 Mann, [7] von den Nachkommen Gerschoms den Vorsteher Joël und seine Brüder, 130 Mann, [8] von den Nachkommen Elizafans den Vorsteher Schemaja und seine Brüder, 200 Mann, [9] von den Nachkommen Hebrons den Vorsteher Eliël und seine Brüder, 80 Mann, [10] von den Nachkommen Usiëls den Vorsteher Amminadab und seine Brüder, 112 Mann.

[11] David rief die Priester Zadok und Abjatar sowie die Leviten Uriël, Asaja, Joël, Schemaja, Eliël und Amminadab zu sich [12] und befahl ihnen: Ihr seid die Familienhäupter der Leviten. Ihr und eure Brüder, heiligt euch und bringt die Lade des Herrn, des Gottes Israels, herauf an den Ort, den ich für sie hergerichtet habe. [13] Weil ihr beim ersten Mal nicht beteiligt wart, hat der Herr, unser Gott, Unglück über uns gebracht; denn wir sind nicht auf ihn bedacht gewesen, wie es sich gehört hätte.

[14] Da heiligten sich die Priester und die Leviten, um die Lade des Herrn, des Gottes Israels, heraufzubringen. [15] Die Leviten hoben die Lade Gottes mit den Tragstangen auf ihre Schultern, wie es Mose auf Befehl des Herrn angeordnet hatte.

[16] Den Vorstehern der Leviten befahl David, sie sollten ihre Stammesbrüder, die Sänger, mit ihren Instrumenten, mit Harfen, Zithern und Zimbeln, aufstellen, damit sie zum Freudenjubel laut ihr Spiel ertönen ließen. [17] Sie stellten daher die Leviten Heman, den Sohn Joëls, und seinen Stammesbruder Asaf, den Sohn Berechjas, auf, ferner von den Nachkommen Meraris ihren Stammesbruder Etan, den Sohn Kuschajas. [18] Zu ihnen kamen von ihren Brüdern im zweiten Dienstrang: Secharja, Jaasiël, Schemiramot, Jehiël, Unni, Eliab, Benaja, Maaseja, Mattitja, Elifelehu, Mikneja, Obed-Edom und Jëiël, [die Torwächter]. [19] Die Sänger Heman, Asaf und Etan schlugen die bronzenen Zimbeln. [20] Secharja, Jaasiël, Schemiramot, Jehiël, Unni, Eliab, Maaseja und Benaja spielten nach elamitischer Weise auf Harfen [21] und Mattitja, Elifelehu, Mikneja, Obed-Edom, Jëiël und Asasja in der achten Stufe auf Zithern, um den Gesang zu führen. [22] Kenanja, der Vorsteher der Leviten, leitete den Vortrag. Er gab dazu Anweisungen, da er sich darauf verstand. [23] Berechja und Elkana waren Torwächter für die Lade. [24] Die Priester Schebanja, Joschafat, Netanel, Amasai, Secharja, Benaja und Eliëser bliesen die Trompeten vor der Lade Gottes. Obed-Edom und Jehija waren Torwächter für die Lade.

15: Num 7,9

Der Einzug der Lade

25 David, die Ältesten Israels und die Führer der
Tausendschaften, die gegangen waren, um die
Bundeslade des Herrn aus dem Haus Obed-
Edoms heraufzuholen, waren voller Freude. 26 Da-
mit Gott den Leviten, die die Bundeslade des
Herrn trugen, beistand, opferte man sieben
Stiere und sieben Widder. 27 David war mit einem
Mantel aus Byssus bekleidet, ebenso alle Levi-
ten, die die Lade trugen, sowie die Sänger und
Kenanja, der den Vortrag der Sänger leitete. Da-
bei trug David das leinene Efod. 28 So brachte ganz
Israel die Bundeslade des Herrn hinauf unter
großem Jubelgeschrei und unter dem Klang des
Widderhorns, unter dem Lärm der Trompeten
und Zimbeln, beim Spiel der Harfen und Zi-
thern. 29 Als die Bundeslade des Herrn in die Da-
vidstadt kam, schaute Michal, Sauls Tochter, aus
dem Fenster, und als sie sah, wie König David
hüpfte und tanzte, verachtete sie ihn in ihrem
Herzen.

16 Man trug die Lade Gottes in das Zelt, das
David für sie aufgestellt hatte, setzte sie an
ihren Platz in der Mitte des Zeltes und brachte
Brand- und Heilsopfer vor Gott dar. 2 Als David
mit dem Darbringen der Brand- und Heilsopfer
fertig war, segnete er das Volk im Namen des Herrn
3 und ließ an alle Israeliten, Männer und Frauen,
je einen Laib Brot, einen Dattelkuchen und einen
Traubenkuchen austeilen.

15,25–16,3 || 2 Sam 6,12–19

Das Loblied Davids

4 David bestellte für den Dienst vor der Lade des
Herrn Leviten, die den Herrn, den Gott Israels,
rühmen, loben und preisen sollten. 5 Er bestellte
Asaf als ersten, Secharja als zweiten, ferner Jaasiël,
Schemiramot, Jehiël, Mattitja, Eliab, Benaja,
Obed-Edom und Jëiël. Sie sollten die Harfen und
Zithern spielen, Asaf die Zimbeln schlagen 6 und
die Priester Benaja und Jahasiël ständig die Trom-
peten blasen vor der Bundeslade Gottes.

7 An jenem Tag ließ David Asaf und seine Amts-
brüder zum ersten Mal diesen Lobpreis zur Ehre
des Herrn vortragen:

8 Dankt dem Herrn! Ruft seinen Namen an! /
Macht unter den Völkern seine Taten bekannt!

9 Singt ihm und spielt ihm, / sinnt nach über all
seine Wunder!

10 Rühmt euch seines heiligen Namens! / Alle, die
den Herrn suchen, / sollen sich von Herzen freuen.

11 Fragt nach dem Herrn und seiner Macht, / sucht
sein Antlitz allezeit!

12 Denkt an die Wunder, die er getan hat, / an
seine Zeichen und die Beschlüsse aus seinem
Mund!

13 Bedenkt es, ihr Nachkommen seines Knechtes
Abraham, / ihr Kinder Jakobs, die er erwählt hat!

14 Er, der Herr, ist unser Gott. / Seine Herrschaft
umgreift die Erde.

15 Ewig denkt er an seinen Bund, / an das Wort, das
er gegeben hat für tausend Geschlechter,

16 an den Bund, den er mit Abraham geschlossen, /
an den Eid, den er Isaak geschworen hat.

17 Er bestimmte ihn als Satzung für Jakob, / als ewi-
gen Bund für Israel.

18 Er sprach: Dir will ich Kanaan geben, / das Land,
das dir als Erbe bestimmt ist.

19 Als sie noch gering waren an Zahl, / nur wenige
und fremd im Land,

20 und noch zogen von Volk zu Volk, / von einem
Reich zum andern,

21 da ließ er sie von niemand bedrücken, / wies
ihretwegen Könige zurecht:

22 Tastet meine Gesalbten nicht an, / tut meinen
Propheten nichts zuleide!

23 Singt dem Herrn, alle Länder der Erde! / Ver-
kündet sein Heil von Tag zu Tag!

24 Erzählt bei den Völkern von seiner Herrlich-
keit, / bei allen Nationen von seinen Wundern!

25 Denn groß ist der Herr und hoch zu preisen, /
mehr zu fürchten als alle Götter.

26 Alle Götter der Heiden sind nichtig, / der Herr
aber hat den Himmel geschaffen.

27 Hoheit und Pracht sind vor seinem Angesicht, /
Macht und Glanz in seinem Heiligtum.

28 Bringt dar dem Herrn, ihr Stämme der Völker, /
bringt dar dem Herrn Lob und Ehre!

29 Bringt dar dem Herrn die Ehre seines Namens, /
spendet Opfergaben und tretet vor ihn hin! / In
heiligem Schmuck werft euch nieder vor dem
Herrn,

30 erbebt vor ihm, alle Länder der Erde! / Den Erd-
kreis hat er gegründet, sodass er nicht wankt.

31 Der Himmel freue sich, die Erde frohlocke. / Ver-
kündet bei den Völkern: Der Herr ist König.
32 Es brause das Meer und alles, was es erfüllt, / es
jauchze die Flur und was auf ihr wächst.
33 Jubeln sollen alle Bäume des Waldes vor dem
Herrn, / wenn er kommt, um die Erde zu richten.
34 Danket dem Herrn, denn er ist gütig, / denn
seine Huld währt ewig.
35 Sagt: Hilf uns, du Gott unsres Heils, / führe uns
zusammen, rette uns vor den Völkern!
Wir wollen deinen heiligen Namen preisen, / uns
rühmen, weil wir dich loben dürfen.
36 Gepriesen sei der Herr, der Gott Israels, / vom
Anfang bis ans Ende der Zeiten.
Und das ganze Volk rief: Amen, und: Lob sei dem
Herrn.

8–22 || Ps 105,1–15 • 23–33 || Ps 96,1–13 • 34 || Ps 106,1 • 35–36 || Ps 106,47f

Der Gottesdienst in Jerusalem und in Gibeon

37 Auf Befehl Davids blieben Asaf und seine Brü-
der vor der Bundeslade des Herrn, um dauernd
den täglichen Dienst bei ihr zu verrichten. 38 Bei
ihnen waren Obed-Edom und seine Brüder,
achtundsechzig Mann. Obed-Edom, der Sohn
Jedutuns, und Hosa waren Torwächter.
39 Dem Priester Zadok aber und seinen Amtsbrü-
dern, den Priestern, übertrug er den Dienst vor der
Wohnstätte des Herrn auf der Kulthöhe in Gi-
beon. 40 Sie sollten täglich am Morgen und am
Abend auf dem Brandopferaltar dem Herrn Op-
fer darbringen und alles ausführen, was im Gesetz
geschrieben steht, auf das der Herr die Israeliten
verpflichtet hat.
41 Bei ihnen waren Heman und Jedutun sowie die
anderen, die ausgewählt und namentlich dazu be-
stimmt waren, den Herrn zu loben: »Denn seine
Huld währt ewig.« 42 Heman und Jedutun hatten
Trompeten und Zimbeln für die Spieler und In-
strumente für die Gotteslieder. Die Söhne Jedu-
tuns waren für das Tor bestellt.
43 Dann ging das ganze Volk wieder nach Hause.
Auch David ging heim, um seine Familie zu be-
grüßen.

43: 2 Sam 6,19f

Die Verheißung an David

17 Als nun David in seinem Haus wohnte,
sagte er zu dem Propheten Natan: Ich
wohne in einem Haus aus Zedernholz, die Bun-
deslade des Herrn aber steht in einem Zelt.
2 Natan antwortete David: Tu alles, was du im
Sinn hast; denn Gott ist mit dir. 3 Aber in jener
Nacht erging das Wort Gottes an Natan: 4 Geh
zu meinem Knecht David und sag zu ihm: So
spricht der Herr: Nicht du sollst mir das Haus
bauen, damit ich darin wohne. 5 Seit dem Tag, als
ich Israel aus Ägypten herausgeführt habe, habe
ich bis zum heutigen Tag nie in einem Haus ge-
wohnt, sondern bin von Zelt zu Zelt, von Wohn-
stätte zu Wohnstätte mitgewandert. 6 Habe ich
in der Zeit, als ich bei den Israeliten von Ort zu
Ort zog, jemals zu einem der Richter Israels, die
ich als Hirten über mein Volk eingesetzt hatte,
ein Wort gesagt und sie gefragt: Warum habt ihr
mir kein Haus aus Zedernholz gebaut? 7 Sag also
jetzt meinem Knecht David: So spricht der Herr
der Heere: Ich habe dich von der Weide und von
der Herde weggeholt, damit du Fürst meines
Volkes Israel wirst, 8 und bin überall mit dir ge-
wesen, wohin du auch gegangen bist. Ich habe alle
deine Feinde vor deinen Augen vernichtet und
ich will dir einen Namen machen, der dem Na-
men der Großen auf der Erde gleich ist. 9 Ich will
meinem Volk Israel einen Platz zuweisen und
will es einpflanzen, damit es an seinem Ort (si-
cher) wohnen kann und sich nicht mehr ängstigen
muss und schlechte Menschen es nicht zugrunde
richten wie am Anfang, 10 seit den Tagen, als ich
Richter in meinem Volk Israel eingesetzt habe. Ich
werfe alle deine Feinde nieder und mache dich
groß. Der Herr aber wird dir ein Haus bauen.
11 Wenn deine Tage erfüllt sind und du zu deinen
Vätern gehst, dann werde ich einen von deinen
Nachkommen, einen von deinen Söhnen, als dei-
nen Nachfolger einsetzen und seinem Königtum
Bestand verleihen. 12 Er wird für mich ein Haus
bauen und ich werde seinem Thron ewigen Be-
stand verleihen. 13 Ich will für ihn Vater sein und
er wird für mich Sohn sein. Meine Huld will ich
ihm nicht entziehen, wie ich sie dem entzogen
habe, der vor dir König war. 14 In meinem Haus
und in meinem Königtum werde ich ihm ewigen

Bestand verleihen; sein Thron wird für immer be-
stehen bleiben.
15 Natan sprach zu David genau so, wie es (ihm)
gesagt und offenbart worden war.

1–15 || 2 Sam 7,1–17

Das Gebet Davids

16 Da ging König David hin, setzte sich vor dem
Herrn nieder und sagte: Wer bin ich, mein Herr
und Gott, und was ist mein Haus, dass du mich bis
hierher geführt hast? 17 Weil das in deinen Augen
noch zu wenig war, o Gott, hast du dem Haus dei-
nes Knechtes Zusagen für eine ferne Zukunft ge-
macht und mich angeschaut ..., mein Herr und
Gott. 18 Was soll David noch weiter zu dir sagen?
Du kennst deinen Knecht. 19 Herr, um deines
Knechtes willen und nach der Absicht deines Her-
zens hast du alle diese großen Taten getan und alle
diese großen Dinge offenbart. 20 Herr, keiner ist dir
gleich und außer dir gibt es keinen Gott nach al-
lem, was wir mit unseren Ohren gehört haben.
21 Welches andere Volk auf der Erde ist wie dein
Volk Israel? Wo wäre ein Gott hingegangen, um
ein Volk für sich freizukaufen und sich den Ruhm
großer und erstaunlicher Taten zu verschaffen? Du
hast vor den Augen deines Volkes, das du von den
Ägyptern freigekauft hast, ganze Völker vertrie-
ben.
22 Du hast Israel für immer zu deinem Volk be-
stimmt und du, Herr, bist sein Gott geworden.
23 Möge doch jetzt auch das Wort, Herr, das du
über deinen Knecht und über sein Haus gespro-
chen hast, sich für immer als wahr erweisen. Tu,
was du gesagt hast. 24 Dann wird dein Name sich
als wahr erweisen und groß sein für ewige Zeiten
und man wird sagen: Der Herr der Heere ist Isra-
els Gott!, und das Haus deines Knechtes David
wird vor deinen Augen Bestand haben. 25 Denn du,
mein Gott, hast deinem Knecht offenbart: Ich will
dir ein Haus bauen. Darum fand dein Knecht den
Mut, zu dir zu beten. 26 Ja, Herr, du bist der einzige
Gott; du hast deinem Knecht ein solches Glück zu-
gesagt. 27 Du hast jetzt gnädig das Haus deines
Knechtes gesegnet, damit es ewig vor deinen Au-
gen Bestand hat. Denn du, Herr, hast es gesegnet
und es bleibt für immer gesegnet.

16–27 || 2 Sam 7,18–29 • 24: Ex 3,13–15

Die Siege Davids

18 Hernach schlug David die Philister. Er un-
terwarf sie und nahm ihnen Gat und seine
Tochterstädte weg.
2 Auch die Moabiter schlug er; sie wurden David
untertan und tributpflichtig.
3 David schlug auch Hadad-Eser, den König von
Zoba, das in Richtung Hamat liegt, als dieser aus-
gezogen war, um seine Macht am Eufrat zu fes-
tigen. 4 David erbeutete von ihm tausend Wagen
und nahm siebentausend Wagenkämpfer und
zwanzigtausend Fußsoldaten gefangen; er ließ alle
Wagenpferde lähmen und behielt nur hundert von
ihnen für sich zurück.
5 Als die Aramäer von Damaskus Hadad-Eser, dem
König von Zoba, zu Hilfe kamen, erschlug David
zweiundzwanzigtausend von ihnen 6 und besetzte
das Aramäerreich von Damaskus. So wurden die
Aramäer David untertan und tributpflichtig. Der
Herr half David bei allem, was er unternahm. 7 Da-
vid erbeutete die goldenen Schilde, die die Krieger
Hadad-Esers trugen, und brachte sie nach Jeru-
salem. 8 In Tibhat und Kun, den Städten Hadad-
Esers, erbeutete David eine sehr große Menge
Bronze, aus der Salomo später das »Eherne Meer«,
die Säulen und die bronzenen Geräte anfertigen
ließ.
9 Als Toï, der König von Hamat, hörte, dass David
das ganze Heer Hadad-Esers, des Königs von
Zoba, geschlagen hatte, 10 schickte er seinen Sohn
Hadoram mit Gefäßen aus Gold, Silber und
Bronze zu König David. Er ließ ihm den Friedens-
gruß entbieten und ihn dazu beglückwünschen,
dass er Hadad-Eser im Krieg geschlagen hatte. Toë
lebte nämlich im Krieg mit Hadad-Eser. 11 König
David weihte auch diese Gefäße dem Herrn, zu-
sammen mit dem Silber und Gold, das er von al-
len Völkern, von Edom und Moab, von den Am-
monitern, Philistern und Amalekitern erbeutet
hatte.
12 Abischai, der Sohn der Zeruja, schlug von Edom
im Salztal achtzehntausend Mann 13 und David
setzte in Edom Vögte ein. So wurde ganz Edom
von David unterworfen. Der Herr half David bei
allem, was er unternahm.

1–13 || 2 Sam 8,1–14 • 8: 2 Chr 4

Die Beamten Davids

14 David war König von ganz Israel und sorgte für Recht und Gerechtigkeit in seinem ganzen Volk. 15 Joab, der Sohn der Zeruja, war Heerführer. Joschafat, der Sohn Ahiluds, war Sprecher des Königs. 16 Zadok, der Sohn Ahitubs, und Abjatar, der Sohn Ahimelechs, waren Priester. Schawscha war Staatsschreiber. 17 Benaja, der Sohn Jojadas, war Befehlshaber der Kereter und Peleter. Die Söhne Davids waren die Ersten an der Seite des Königs.

14–17 || 2 Sam 8,15–18; 20,23–26

Der Krieg mit den Ammonitern und Aramäern

19 Als darauf Nahasch, der König der Ammoniter, starb und sein Sohn an seiner Stelle König wurde, 2 sagte David: Ich will Hanun, dem Sohn des Nahasch, mein Wohlwollen zeigen, weil sein Vater auch mir sein Wohlwollen gezeigt hat. Und David schickte eine Gesandtschaft zu Hanun und ließ ihm sein Beileid zum Tod seines Vaters aussprechen. Als die Diener Davids in das Land der Ammoniter kamen, um Hanun das Beileid auszusprechen, 3 sagten die Fürsten der Ammoniter zu Hanun: Will David wirklich deinen Vater vor deinen Augen ehren, weil er Leute schickt, die dir sein Beileid aussprechen sollen? Sind seine Diener nicht viel eher zu dir gekommen, um das Land auszukundschaften und zu durchforschen und es dann zu verwüsten? 4 Darauf ließ Hanun die Diener Davids festnehmen, ihnen den Bart scheren und ihnen die Kleider zur Hälfte abschneiden, bis zum Gesäß herauf. So schickte er sie weg. 5 Sie zogen fort, und als man David meldete, was mit den Männern geschehen war, schickte er ihnen jemand entgegen und ließ ihnen, weil sie so schwer geschändet waren, sagen: Bleibt in Jericho und kehrt erst zurück, wenn euer Bart wieder gewachsen ist.
6 Als die Ammoniter merkten, dass sie sich bei David verhasst gemacht hatten, schickten Hanun und die Ammoniter tausend Talente Silber, um in Mesopotamien, Aram-Maacha und Zoba Wagenkämpfer samt Wagen anzuwerben. 7 Sie warben zweiunddreißigtausend Kriegswagen an und gewannen den König von Maacha mit seinen Kriegsleuten. Diese zogen heran und lagerten vor Medeba. Auch die Ammoniter sammelten sich aus ihren Städten und zogen in den Kampf. 8 David erfuhr davon und schickte Joab mit dem ganzen Heer, allen kriegstüchtigen Männern, hin. 9 Die Ammoniter rückten aus und stellten sich vor der Stadt zum Kampf auf, während die Könige, die gekommen waren, jeweils für sich draußen auf dem freien Feld standen. 10 Als Joab sah, dass ihm ein Angriff von vorn und von hinten drohte, traf er eine Auswahl aus der Kerntruppe Israels und stellte sie gegen die Aramäer auf. 11 Den Rest des Heeres unterstellte er seinem Bruder Abischai, damit sie sich den Ammonitern gegenüber aufstellten. 12 Joab sagte: Wenn die Aramäer stärker sind als ich, dann komm du mir zu Hilfe! Wenn die Ammoniter stärker sind als du, dann werde ich dir zu Hilfe kommen. 13 Sei tapfer! Wir wollen mutig für unser Volk und für die Städte unseres Gottes kämpfen. Der Herr aber möge tun, was er für recht hält. 14 Dann griff Joab mit seinen Leuten die Aramäer an und diese ergriffen die Flucht vor ihm. 15 Als die Ammoniter sahen, dass die Aramäer flohen, ergriffen sie die Flucht vor seinem Bruder Abischai und zogen sich in die Stadt zurück. Joab kehrte heim nach Jerusalem.
16 Die Aramäer sahen, dass sie von Israel geschlagen waren. Sie schickten Boten und ließen die Aramäer, die diesseits des Stromes wohnten, ausrücken; an ihrer Spitze stand Schobach, der Oberbefehlshaber Hadad-Esers. 17 Als man das David meldete, versammelte er ganz Israel, überschritt den Jordan, zog gegen sie und nahm ihnen gegenüber Aufstellung. Während er sich den Aramäern gegenüber zum Kampf aufstellte, eröffneten sie den Kampf. 18 Doch sie mussten vor den Israeliten fliehen. David vernichtete siebentausend aramäische Kriegswagen und tötete vierzigtausend Mann von ihren Fußtruppen. Auch Schobach, den Oberbefehlshaber des Heeres, tötete er. 19 Die Vasallen Hadad-Esers sahen nun ein, dass sie von den Israeliten besiegt waren. Sie schlossen Frieden mit David und unterwarfen sich ihm. Von da an hatten die Aramäer kein Verlangen mehr, den Ammonitern zu helfen.

20 Um die Jahreswende, zu der Zeit, in der die Könige in den Krieg ziehen, führte Joab die Streitmacht in das Feld und verwüstete das Land der Ammoniter. Er rückte bis Rabba vor und belagerte es. David selbst blieb in Jerusalem.

Joab eroberte Rabba und zerstörte es. [2] David nahm ihrem König die Krone vom Haupt. Er stellte fest, dass ihr Gewicht ein Talent Gold betrug; an ihr war ein kostbarer Stein. Sie wurde nun Davids Krone. Und er schaffte eine sehr große Beute aus der Stadt fort. [3] Auch ihre Einwohner führte er fort und stellte sie an die Steinsägen, an die eisernen Spitzhacken und an die eisernen Äxte. So machte er es mit allen Städten der Ammoniter. Dann kehrte David mit dem ganzen Heer nach Jerusalem zurück.

19,1–20,3 || 2 Sam 10,1 – 11,1; 12,30–31

Einzelne Heldentaten

[4] Danach kam es bei Geser wieder zum Kampf mit den Philistern. Damals erschlug Sibbechai aus Huscha den Sippai, der zu den Rafaïtern gehörte. Die Philister wurden niedergeworfen.

[5] Als es wieder einmal zum Kampf gegen die Philister kam, erschlug Elhanan, der Sohn Jaïrs, den Lachmi, den Bruder Goljats aus Gat, dessen Speer einem Weberbaum glich. [6] Dann kam es noch einmal bei Gat zum Kampf. Da trat ein Mann von riesenhafter Größe auf; er hatte je sechs Finger und sechs Zehen, zusammen vierundzwanzig; auch er stammte von Rafa ab. [7] Als er Israel verhöhnte, erschlug ihn Jonatan, der Sohn von Davids Bruder Schima. [8] Diese stammten von Rafa aus Gat ab; sie fielen durch die Hand Davids und seiner Krieger.

4–8 || 2 Sam 21,18–22

Davids Volkszählung

21 Der Satan trat gegen Israel auf und reizte David, Israel zu zählen. [2] David befahl Joab und den Anführern des Volkes: Geht, zählt Israel von Beerscheba bis Dan und bringt mir Bescheid, damit ich weiß, wie viele es sind. [3] Joab aber sagte zum König: Der Herr möge sein Volk vermehren, hundertmal mehr, als es jetzt ist. Sind denn nicht alle, mein Herr und König, Untertanen meines Herrn? Warum hat mein Herr diesen Wunsch? Warum soll Israel in Schuld geraten? [4] Doch der König beharrte gegenüber Joab auf seinem Befehl. So ging Joab weg und durchzog ganz Israel. Als er nach Jerusalem zurückkam, [5] gab er David das Ergebnis der Volkszählung bekannt. Ganz Israel zählte 1 100 000 Krieger, die mit dem Schwert kämpfen konnten, und Juda zählte 470 000 Mann, die mit dem Schwert kämpfen konnten. [6] Levi und Benjamin hatte Joab nicht zusammen mit ihnen gezählt, denn der Befehl des Königs war ihm ein Gräuel.

[7] Doch das missfiel Gott; darum schlug er Israel. [8] Nun sagte David zu Gott: Ich habe schwer gesündigt, weil ich das getan habe. Doch vergib deinem Knecht seine Schuld, denn ich habe sehr unvernünftig gehandelt. [9] Der Herr aber sprach zu Gad, dem Seher Davids: [10] Geh und sag zu David: So spricht der Herr: Dreierlei lege ich dir vor. Wähl dir eines davon! Das werde ich dir antun. [11] Gad kam zu David und sagte zu ihm: So spricht der Herr: Wähle dir: [12] drei Jahre Hungersnot, oder drei Monate, in denen du vor deinen Feinden fliehen musst und das Schwert deiner Gegner dich verfolgt, oder drei Tage, in denen das Schwert des Herrn, die Pest, im Land wütet und der Engel des Herrn über alle Gebiete Israels Verderben bringt. Überleg nun, was ich dem, der mich gesandt hat, als Antwort überbringen soll. [13] Da sagte David zu Gad: Ich habe große Angst. Ich will lieber dem Herrn in die Hände fallen, denn seine Barmherzigkeit ist groß. Den Menschen aber möchte ich nicht in die Hände fallen. [14] Da ließ der Herr über Israel eine Pest kommen und es kamen in Israel siebzigtausend Menschen um.

[15] Gott sandte einen Engel nach Jerusalem, um es ins Verderben zu stürzen. Doch als er mit der Vernichtung begann, sah es der Herr und das Unheil reute ihn. Er sagte zu dem Engel des Verderbens: Es ist jetzt genug, lass deine Hand sinken! Der Engel des Herrn stand gerade bei der Tenne des Jebusiters Arauna. [16] Als David aufblickte, sah er den Engel des Herrn zwischen Erde und Himmel stehen. Er hielt das gezückte Schwert in der Hand gegen Jerusalem gerichtet. Da fielen David und die Ältesten, die in Trauergewänder gehüllt waren, auf ihr Angesicht nieder [17] und David rief zu Gott: Habe nicht ich befohlen, das Volk zu zählen? Ich bin es doch, der gesündigt und Böses getan hat. Aber diese, die Herde, was haben denn sie getan? Herr, mein Gott, erheb deine Hand zum Schlag gegen mich und gegen das Haus meines Vaters, nicht aber gegen dein Volk!

1–17 || 2 Sam 24,1–17

Die Bestimmung des Tempelplatzes

18 Der Engel des Herrn befahl Gad, zu David zu sagen, er solle hinaufgehen und dem Herrn auf der Tenne des Jebusiters Arauna einen Altar errichten. 19 David ging hinauf, wie ihm Gad im Namen des Herrn befohlen hatte. 20 Arauna hatte sich umgewandt und den Engel erblickt. Seine vier Söhne, die bei ihm waren, versteckten sich. Er drosch gerade Weizen. 21 Als nun David zu Arauna kam und dieser aufschaute und David sah, kam er aus der Tenne heraus und warf sich vor David mit dem Gesicht zur Erde nieder. 22 Da sagte David zu Arauna: Überlass mir den Platz der Tenne! Ich möchte auf ihm einen Altar für den Herrn errichten. Um den vollen Kaufpreis sollst du ihn mir geben, damit die Plage im Volk aufhört. 23 Arauna antwortete David: Du magst ihn nehmen; mein Herr und König tue, was er für gut findet. Ich gebe dir die Rinder für die Brandopfer, die Dreschschlitten als Brennholz und den Weizen zum Speiseopfer; ich will dir alles geben. 24 Doch König David sagte zu Arauna: Nein, ich will dir den Platz zum vollen Preis abkaufen. Ich will nicht dein Eigentum wegnehmen und dem Herrn unbezahlte Brandopfer darbringen. 25 So gab David dem Arauna für den Platz sechshundert abgewogene Goldschekel. 26 Er baute dort einen Altar für den Herrn, brachte Brand- und Heilsopfer dar und rief den Herrn an. Dieser antwortete ihm durch Feuer, das vom Himmel auf den Altar des Brandopfers niederfiel. 27 Dem Engel aber gebot der Herr, das Schwert in die Scheide zu stecken.

28 Damals merkte David, dass ihn der Herr auf der Tenne des Jebusiters Arauna erhörte, und brachte dort Opfer dar. 29 Die Wohnstätte des Herrn aber, die Mose in der Wüste angefertigt hatte, und der Brandopferaltar waren zu jener Zeit auf der Kulthöhe von Gibeon. 30 Doch David konnte sich nicht mehr dorthin begeben, um Gott aufzusuchen; denn ihn hatte vor dem Schwert des Engels des Herrn Schrecken erfasst.

18–26 || 2 Sam 24,18–25 • 29: Ex 36,8–38; 2 Chr 1,3–5

Die Vorbereitungen für den Tempelbau

22 Damals sagte David: Hier soll das Haus Gottes, des Herrn, stehen und hier der Altar für die Brandopfer Israels. 2 Er ließ daher die Fremden im Land Israel zusammenholen und bestellte sie als Steinmetzen, die Quadern für den Bau des Hauses Gottes behauen sollten. 3 Auch ließ er eine Menge Eisen für die Nägel, für die Torflügel und für die Klammern bereitstellen, dazu Bronze in einer Menge, dass sie nicht mehr gewogen werden konnte, 4 und ungezählte Zedernstämme. Die Bewohner von Sidon und Tyrus lieferten David Zedernholz in Menge. 5 David dachte nämlich: Mein Sohn Salomo ist noch jung und unerfahren; das Haus aber, das dem Herrn gebaut werden soll, muss groß werden und in aller Welt Lob und Bewunderung finden. Ich will daher Vorbereitungen dazu treffen. So stellte David vor seinem Tod vieles bereit.

6 Dann rief er seinen Sohn Salomo und trug ihm auf, dem Herrn, dem Gott Israels, ein Haus zu bauen. 7 Er sagte zu ihm: Ich selbst hatte vor, dem Namen des Herrn, meines Gottes, ein Haus zu bauen. 8 Da erging das Wort des Herrn an mich: Du hast viel Blut vergossen und schwere Kriege geführt. Du sollst meinem Namen kein Haus bauen, denn du hast vor meinen Augen viel Blut zur Erde fließen lassen. 9 Doch wurde dir ein Sohn geboren. Dieser wird ein Mann der Ruhe sein: Ich will ihm Ruhe vor allen seinen Feinden ringsum verschaffen. Salomo ist sein Name und in seinen Tagen werde ich Israel Frieden und Ruhe gewähren. 10 Er wird meinem Namen ein Haus bauen; er wird für mich Sohn sein und ich werde für ihn Vater sein. Seinen Königsthron werde ich in Israel festigen für immer. 11 Möge jetzt der Herr mit dir sein, mein Sohn, damit du Erfolg hast und das Haus des Herrn, deines Gottes, baust, wie er es von dir vorausgesagt hat. 12 Nur gebe dir der Herr Klugheit und Einsicht. Er mache dich zum Gebieter in Israel und helfe dir, das Gesetz des Herrn, deines Gottes, zu erfüllen. 13 Du wirst Erfolg haben, wenn du die Gesetze und Rechtsvorschriften gewissenhaft befolgst, die der Herr dem Mose für Israel aufgetragen hat. Sei mutig und stark! Fürchte dich nicht und verzag nicht! 14 Sieh her, trotz aller Not konnte ich für das Haus des Herrn hunderttausend Talente Gold und eine Million Talente Silber bereitstellen. Bronze und Eisen sind in solchen Mengen vorhanden, dass sie nicht gewogen werden können. Auch Holz und Steine habe ich her-

beigeschafft und du wirst noch mehr dazutun.
15 Du hast Handwerker in großer Anzahl, Stein-
metzen, Maurer, Zimmerleute und zahllose
Künstler, die jede Arbeit 16 in Gold, Silber, Bronze
und Eisen ausführen können. Auf denn, geh ans
Werk und der Herr sei mit dir.
17 Darauf befahl David allen führenden Männern
Israels, seinem Sohn Salomo zu helfen: 18 Ist nicht
der Herr, euer Gott, mit euch gewesen und hat
euch ringsum Ruhe verschafft? Er hat die Bewoh-
ner des Landes in meine Gewalt gegeben, sodass
nun das Land dem Herrn und seinem Volk unter-
worfen ist. 19 Richtet daher euer Herz und euren
Sinn darauf, den Herrn, euren Gott, zu suchen. Auf
denn, baut das Heiligtum Gottes, des Herrn, um
dann die Bundeslade des Herrn und die heiligen
Geräte Gottes in das Haus zu bringen, das man sei-
nem Namen errichtet.

7: 2 Sam 7 • 8: 1 Kön 5,17 • 10: 17,12

Die Dienstklassen der Leviten

23 David war alt und hochbetagt und be-
stellte seinen Sohn Salomo zum König
von Israel. 2 Er versammelte dazu alle führenden
Männer Israels, die Priester und Leviten.
3 Die Leviten waren von dreißig Jahren an aufwärts
gezählt worden. Ihre Zahl betrug 38000 Mann.
4 Von diesen hatten 24000 den Dienst im Haus des
Herrn zu leiten, 6000 waren Listenführer und
Richter, 5 4000 Torwächter und 4000 sollten den
Herrn mit den Instrumenten preisen, die David
zum Lobpreis anfertigen ließ.
6 David teilte die Leviten in Klassen ein nach den
Söhnen Levis: Gerschon, Kehat und Merari.
7 Zu den Nachkommen Gerschons gehörten La-
dan und Schimi. 8 Von den Söhnen Ladans war Je-
hiël der erste; ihm folgten Setam und Joël; insge-
samt waren es drei. 9 Die Söhne Jehiëls waren
Schelomit, Hasiël und Haran, insgesamt drei. Sie
waren die Familienhäupter Ladans. 10 Die Söhne
Schimis waren Jahat, Sisa, Jëusch und Beria. Das
waren die vier Söhne Schimis. 11 Jahat war der ers-
te, Sisa der zweite. Jëusch und Beria hatten nur
wenige Söhne; sie bildeten daher nur eine Großfa-
milie und eine Dienstklasse.
12 Die Söhne Kehats waren: Amram, Jizhar, Heb-
ron und Usiël, insgesamt vier. 13 Die Söhne Am-
rams waren Aaron und Mose. Aaron und seine
Söhne wurden für immer dazu bestimmt, Hoch-
heiliges zu betreuen, Rauchopfer vor dem Herrn
zu verbrennen, ihm zu dienen und allezeit in sei-
nem Namen zu segnen. 14 Die Söhne des Mose
aber, des Mannes Gottes, wurden dem Stamm der
Leviten zugerechnet. 15 Die Söhne des Mose waren
Gerschom und Eliëser. 16 Von den Söhnen Ger-
schoms war Schubaël der erste. 17 Der Erstgebo-
rene Eliësers war Rehabja. Andere Söhne hatte er
nicht. Die Söhne Rehabjas dagegen waren sehr
zahlreich. 18 Von den Söhnen Jizhars war Schelo-
mit der erste. 19 Die Söhne Hebrons waren: der ers-
te Jerija, der zweite Amarja, der dritte Jahasiël, der
vierte Jekamam. 20 Von den Söhnen Usiëls war
Micha der erste und Jischija der zweite.
21 Die Söhne Meraris waren Machli und Muschi.
Die Söhne Machlis waren Eleasar und Kisch.
22 Eleasar hinterließ keine Söhne, als er starb; er
hatte nur Töchter und diese heirateten die Söhne
des Kisch, ihre Vettern. 23 Die Söhne Muschis wa-
ren: Machli, Eder und Jeremot, insgesamt drei.

12: 5,28f; 6,3 • 15: Ex 18,3f • 21: 6,4

Die Aufgaben der Leviten

24 Das waren die Leviten nach ihren Großfamilien
mit deren Häuptern, wie sie Kopf für Kopf gezählt
und bestellt worden waren. Sie besorgten, von
zwanzig Jahren an aufwärts, den Dienst am Haus
des Herrn. 27 Nach den letzten Anordnungen Da-
vids zählte man die Leviten von zwanzig Jahren an
aufwärts. 25 David sagte nämlich: Der Herr, der
Gott Israels, hat seinem Volk Israel Ruhe verliehen
und für immer in Jerusalem Wohnung genom-
men. 26 Die Leviten brauchen das Zelt und all seine
Geräte für den Dienst nicht mehr zu tragen. 28 Ihre
Stellung im Dienst des Hauses des Herrn an der
Seite der Söhne Aarons verpflichtet sie vielmehr
zur Aufsicht über die Höfe und Kammern, zur Rei-
nigung alles Heiligen, zum Dienst im Haus Gottes,
29 zur Besorgung der Schaubrote, des Feinmehls
für die Speiseopfer und die ungesäuerten Brote,
der Bratpfannen und des Backwerks sowie zur
Überwachung der Hohl- und Längenmaße. 30 Sie
müssen auch jeden Morgen und Abend bereitste-
hen, um den Herrn zu loben und zu preisen.
31 Desgleichen sollen sie bei allen Brandopfern, die

an den Sabbaten, Neumonden und Festen dem Herrn dargebracht werden, vollzählig, wie es ihre Pflicht ist, immer vor ihm erscheinen. [32] So sollen sie den Dienst im Offenbarungszelt, den Dienst am Heiligtum und die Bedienung der Söhne Aarons, ihrer Amtsbrüder, bei ihren Verrichtungen im Haus des Herrn übernehmen.

26: Num 3,5–9

Die Dienstklassen der Priester

24 Auch die Nachkommen Aarons waren in Abteilungen gegliedert. Die Söhne Aarons waren: Nadab, Abihu, Eleasar und Itamar. [2] Nadab und Abihu starben vor ihrem Vater. Da sie keine Söhne hatten, übernahmen Eleasar und Itamar das Priestertum. [3] David teilte sie gemeinsam mit Zadok, einem Nachkommen Eleasars, und mit Ahimelech, einem Nachkommen Itamars, in ihre Dienstklassen ein. [4] Dabei ergab sich, dass bei den Nachkommen Eleasars mehr führende Männer waren als bei den Nachkommen Itamars. Man teilte daher den Nachkommen Eleasars sechzehn Oberhäupter von Großfamilien zu und den Nachkommen Itamars nur acht für ihre Großfamilien. [5] Doch teilte man diese wie jene durch das Los ein; denn Fürsten des Heiligtums, Fürsten Gottes, waren sowohl unter den Nachkommen Eleasars wie auch unter den Nachkommen Itamars. [6] Der Schreiber Schemaja, der Sohn Netanels, ein Levit, schrieb sie auf im Beisein des Königs, der führenden Männer, des Priesters Zadok, Abjatars, des Sohnes Ahimelechs, sowie der Familienhäupter der Priester und Leviten. Jeweils zwei Großfamilien wurden aus der Linie Eleasars und eine aus der Linie Itamars ausgelost.

[7] Das erste Los fiel auf Jojarib, das zweite auf Jedaja, [8] das dritte auf Harim, das vierte auf Seorim, [9] das fünfte auf Malkija, das sechste auf Mijamin, [10] das siebte auf Koz, das achte auf Abija, [11] das neunte auf Jeschua, das zehnte auf Schechanja, [12] das elfte auf Eljaschib, das zwölfte auf Jakim, [13] das dreizehnte auf Huppa, das vierzehnte auf Jeschebab, [14] das fünfzehnte auf Bilga, das sechzehnte auf Immer, [15] das siebzehnte auf Hesir, das achtzehnte auf Pizzez, [16] das neunzehnte auf Petachja, das zwanzigste auf Jeheskel, [17] das einundzwanzigste auf Jachin, das zweiundzwanzigste auf Gamul, [18] das dreiundzwanzigste auf Delaja, das vierundzwanzigste auf Maasja. [19] Das waren ihre Dienstklassen, nach denen sie in das Haus des Herrn kommen mussten, wie es ihre Pflicht war, die sie von ihrem Vater Aaron übernommen hatten; so hatte es ihm der Herr, der Gott Israels, befohlen.

1: 5,29 • 2: Lev 10,1f

Die Levitenordnung

[20] Zu den übrigen Leviten, und zwar zu den Söhnen Amrams, gehörte Schubaël, zu den Söhnen Schubaëls Jechdeja. [21] Von Rehabja, und zwar von den Söhnen Rehabjas, war Jischija der erste. [22] Zu den Nachkommen Jizhars gehörte Schelomit, zu den Söhnen Schelomits Jahat. [23] Von den Söhnen Hebrons war Jerija der erste, Amarja der zweite, Jahasiël der dritte, Jekamam der vierte. [24] Der Sohn Usiëls war Micha. Zu den Söhnen Michas gehörte Schamir. [25] Der Bruder Michas war Jischija. Zu den Söhnen Jischijas gehörte Secharja. [26] Die Söhne Meraris waren Machli und Muschi. Der Sohn Jaasijas war Bani. [27] Meraris Nachkommen über Jaasija waren: Bani, Schoham, Sakkur und Ibri. [28] Zu Machli gehörten Eleasar, der keine Kinder hatte, und Kisch. [29] Der Sohn des Kisch war Jerachmeel. [30] Die Söhne Muschis waren: Machli, Eder und Jerimot. – Das waren die Leviten nach ihren Großfamilien. [31] Auch sie warfen das Los wie ihre Brüder, die Söhne Aarons, im Beisein des Königs David, Zadoks und Ahimelechs sowie der Familienhäupter der Priester und Leviten, und zwar die Familien des Oberhauptes wie die seines jüngsten Bruders.

20–31 || 23,17–23

Die Dienstklassen der Sänger

25 David und die Obersten des Heeres sonderten die Söhne Asafs, Hemans und Jedutuns, die auf Zithern, Harfen und Zimbeln spielten, für ihren Dienst aus. Und das ist das Verzeichnis der Männer, die den Dienst versahen: [2] Von den Söhnen Asafs: Sakkur, Josef, Netanja und Asarela. Die Söhne Asafs standen unter der Leitung Asafs, der nach der Anweisung des Königs spielte. [3] Von Jedutun: die Söhne Jedutuns: Gedalja, Zeri, Schimi, Jeschaja, Haschabja und Mat-

titja, insgesamt sechs. Sie standen unter der Lei-
tung ihres Vaters Jedutun, der zum Lob und Preis
des Herrn die Zither spielte. 4 Von Heman: die
Söhne Hemans: Bukkija, Mattanja, Usiël, Schu-
baël, Jerimot, Hananja, Hanani, Eliata, Giddalti,
Romamti-Eser, Joschbekascha, Malloti, Hotir,
Mahasiot. 5 Sie alle waren Söhne Hemans, des Se-
hers des Königs, gemäß der Verheißung Gottes,
der ihm Erhöhung der Macht versprach. So
schenkte Gott dem Heman vierzehn Söhne und
drei Töchter. 6 Alle diese spielten unter der Leitung
ihrer Väter, nämlich Asafs, Jedutuns und Hemans,
beim Gesang im Haus des Herrn auf Zimbeln,
Harfen und Zithern. Sie hatten den Dienst im
Haus Gottes nach der Weisung des Königs zu be-
sorgen. 7 Sie zählten zusammen mit ihren Amts-
brüdern, die im Gesang zu Ehren des Herrn un-
terrichtet waren, 288 Mann, lauter geübte Leute.
8 Sie warfen das Los zur Feststellung des Dienstes,
und zwar der Geringste wie der Größte, der Meis-
ter wie der Schüler.
9 Das erste Los traf auf Josef, das zweite auf Ge-
dalja, seine Brüder und Söhne: 12;
10 das dritte auf Sakkur, seine Söhne und Brü-
der: 12;
11 das vierte auf Zeri, seine Söhne und Brüder: 12;
12 das fünfte auf Netanja, seine Söhne und Brü-
der: 12;
13 das sechste auf Bukkija, seine Söhne und Brü-
der: 12;
14 das siebte auf Asarela, seine Söhne und Brü-
der: 12;
15 das achte auf Jeschaja, seine Söhne und Brü-
der: 12;
16 das neunte auf Mattanja, seine Söhne und Brü-
der: 12;
17 das zehnte auf Schimi, seine Söhne und Brü-
der: 12;
18 das elfte auf Usiël, seine Söhne und Brüder: 12;
19 das zwölfte auf Haschabja, seine Söhne und Brü-
der: 12;
20 das dreizehnte auf Schubael, seine Söhne und
Brüder: 12;
21 das vierzehnte auf Mattitja, seine Söhne und
Brüder: 12;
22 das fünfzehnte auf Jerimot, seine Söhne und
Brüder: 12;
23 das sechzehnte auf Hananja, seine Söhne und
Brüder: 12;
24 das siebzehnte auf Joschbekascha, seine Söhne
und Brüder: 12;
25 das achtzehnte auf Hanani, seine Söhne und
Brüder: 12;
26 das neunzehnte auf Malloti, seine Söhne und
Brüder: 12;
27 das zwanzigste auf Eliata, seine Söhne und Brü-
der: 12;
28 das einundzwanzigste auf Hotir, seine Söhne
und Brüder: 12;
29 das zweiundzwanzigste auf Giddalti, seine
Söhne und Brüder: 12;
30 das dreiundzwanzigste auf Mahasiot, seine
Söhne und Brüder: 12;
31 das vierundzwanzigste auf Romamti-Eser, seine
Söhne und Brüder: 12.

Die Torwächter

26 Bei den Abteilungen der Torwächter
gehörte Meschelemja, der Sohn Kores, ein
Nachkomme Abiasafs, zu den Korachitern. 2 Von
den Söhnen Meschelemjas war Secharja der Erst-
geborene, Jediaël der zweite, Sebadja der dritte,
Jatniël der vierte, 3 Elam der fünfte, Johanan der
sechste, Eljoënai der siebte.
4 Von den Söhnen Obed-Edoms war Schemaja der
Erstgeborene, Josabad der zweite, Joach der dritte,
Sachar der vierte, Netanel der fünfte, 5 Ammiël der
sechste, Issachar der siebte, Pëulletai der achte.
Gott hatte ihn nämlich gesegnet. 6 Auch seinem
Sohn Schemaja wurden Söhne geboren. Sie wur-
den Oberhäupter in ihren Großfamilien, denn sie
waren tüchtige Männer. 7 Die Söhne Schemajas
waren Otni, Refaël und Obed. Die Söhne seines
Bruders Elsabad waren Elihu und Semachja, eben-
falls tüchtige Männer. 8 Diese alle waren Nach-
kommen Obed-Edoms. Sie selbst, ihre Söhne und
Brüder, waren tüchtige Leute und zu ihrem Dienst
befähigt: zweiundsechzig Angehörige Obed-
Edoms.
9 Auch Meschelemja hatte Söhne und Brüder,
achtzehn tüchtige Männer.
10 Ebenso wurden Hosa, einem Nachkommen
Meraris, Söhne geboren. Schimri war ihr Ober-
haupt. Sein Vater hatte ihn dazu gemacht, obwohl

er nicht der Erstgeborene war. [11] Sein zweiter Sohn war Hilkija, der dritte Tebalja, der vierte Secharja. Insgesamt hatte Hosa dreizehn Söhne und Brüder. [12] Diese Abteilungen der Torwächter besorgten die Wache mit der Gesamtheit ihrer Männer. Wie ihre Brüder taten sie Dienst im Haus des Herrn. [13] Sie warfen für jedes einzelne Tor das Los in ihren Großfamilien, der Geringste wie der Größte. [14] Das Los für das Osttor fiel auf Meschelemja; für seinen Sohn Secharja, einen klugen Berater, warf man das Los und es traf auf das Nordtor. [15] Obed-Edom fiel das Südtor zu und seinen Söhnen das Vorratshaus. [16] Auf Hosa traf das Westtor mit dem Schallechettor an der aufsteigenden Straße. Eine Wache entsprach der andern.

[17] Im Osten standen täglich sechs Posten, im Norden täglich vier, im Süden täglich vier, an den Vorratskammern je zwei. [18] Am Parbar im Westen waren vier für die Straße und zwei für den Parbar bestimmt. [19] Das waren die Abteilungen der Torwächter aus den Nachkommen der Korachiter und den Nachkommen Meraris.

Die Aufseher über die Schatzkammern

[20] Einige von den Leviten, ihren Stammesbrüdern, wachten über die Schätze des Hauses Gottes und über die Schätze aus den Weihegaben. [21a] Es waren dies die Söhne Ladans, eines Nachkommen Gerschons, nämlich Jehiël [22a] mit seinen Söhnen sowie Setam und sein Bruder Joël. [21b] Sie waren die Familienhäupter Ladans, des Sohnes Gerschons, [22b] und wachten über die Schätze im Haus des Herrn. [23] Zu ihnen kamen Nachkommen Amrams, Jizhars, Hebrons und Usiëls. [24] Schubaël, der Sohn Gerschoms und Enkel des Mose, war Oberaufseher über die Schätze gewesen. [25] Sein Stammesbruder aus der Linie Eliësers war dessen Sohn Rehabja; dessen Sohn war Jeschaja, dessen Sohn Joram, dessen Sohn Sichri und dessen Sohn Schelomit. [26] Schelomit und seine Brüder hatten die Aufsicht über alle Schätze aus den Weihegaben, die König David, die Häupter der Großfamilien, die Obersten der Tausend- und Hundertschaften und die Obersten des Heeres gespendet hatten. [27] Diese hatten aus der Kriegsbeute Weihegaben gestiftet, um das Haus des Herrn gut auszustatten. [28] Sie überwachten auch alles, was der Seher Samuel, Saul, der Sohn des Kisch, Abner, der Sohn Ners, und Joab, der Sohn der Zeruja, gespendet hatten. Jeder, der eine Weihegabe darbrachte, legte sie in die Hand Schelomits und seiner Brüder.

21a: 23,8 • 23: 23,12f • 24: 23,15–17

Die Verwaltungsdienste

[29] Von den Nachkommen Jizhars waren Kenanja und seine Söhne als Beamte und Richter für die äußeren Angelegenheiten in Israel bestellt. [30] Von den Nachkommen Hebrons hatten Haschabja und seine Brüder, siebzehnhundert tüchtige Männer, die Aufsicht über Israel westlich des Jordan in allen Angelegenheiten des Herrn und im Dienst des Königs. [31] Haupt der Hebroniter war Jerija. Im vierzigsten Jahr der Regierung Davids suchte man anhand der Geschlechterlisten die Großfamilien der Hebroniter ab und fand unter ihnen tüchtige Männer in Jaser in Gilead. [32] König David setzte Jerija und seine Stammesbrüder, zweitausendsiebenhundert tüchtige Männer, Häupter ihrer Familien, über die Rubeniter, Gaditer und den halben Stamm Manasse in allen Angelegenheiten Gottes und des Königs.

Die Heerführer Davids

27 Die Israeliten nach ihrer Anzahl, die Familienhäupter, die Obersten der Tausend- und Hundertschaften und ihre Beamten dienten dem König in allen Angelegenheiten der Abteilungen, die Monat für Monat das ganze Jahr hindurch antraten und abzogen. Jede Abteilung war 24 000 Mann stark.

[2] Die erste Abteilung für den ersten Monat befehligte Jaschobam, der Sohn Sabdiëls. Zu seiner Abteilung gehörten 24 000 Mann. [3] Er war ein Nachkomme des Perez und Haupt aller Obersten des Heeres im ersten Monat. [4] Die Abteilung des zweiten Monats befehligte der Ahoachiter Dodai, ein Fürst. Zu seiner Abteilung gehörten 24 000 Mann. [5] Der dritte Heerführer, für den dritten Monat, war Benaja, der Sohn des Priesters Jojada, ein Oberhaupt. Zu seiner Abteilung gehörten 24 000 Mann. [6] Dieser Benaja war ein Held unter den Dreißig und Anführer der Dreißig sowie seiner eigenen Abteilung. Sein Sohn war Ammisabad. [7] Der vierte Befehlshaber, für den vierten Monat, war Asaël,

der Bruder Joabs. Nach ihm war es sein Sohn Sebadja. Zu seiner Abteilung gehörten 24 000 Mann. 8 Der fünfte, für den fünften Monat, war der Oberst Schamhut, ein Nachkomme Serachs. Zu seiner Abteilung gehörten 24 000 Mann. 9 Der sechste, für den sechsten Monat, war Ira, der Sohn des Ikkesch, aus Tekoa. Zu seiner Abteilung gehörten 24 000 Mann. 10 Der siebte, für den siebten Monat, war Helez aus Pelet, ein Efraimiter. Zu seiner Abteilung gehörten 24 000 Mann. 11 Der achte, für den achten Monat, war der Huschatiter Sibbechai, ein Nachkomme Serachs. Zu seiner Abteilung gehörten 24 000 Mann. 12 Der neunte, für den neunten Monat, war Abiëser aus Anatot vom Stamm Benjamin. Zu seiner Abteilung gehörten 24 000 Mann. 13 Der zehnte, für den zehnten Monat, war Mahrai aus Netofa, ein Nachkomme Serachs. Zu seiner Abteilung gehörten 24 000 Mann. 14 Der elfte, für den elften Monat, war Benaja aus Piraton, ein Efraimiter. Zu seiner Abteilung gehörten 24 000 Mann. 15 Der zwölfte, für den zwölften Monat, war Heldai aus Netofa vom Geschlecht Otniël. Zu seiner Abteilung gehörten 24 000 Mann.

4: 11,12; 2 Sam 23,9 • 5: 11,22–25

Die Oberhäupter der Stämme

16 Diese standen an der Spitze der Stämme Israels: Fürst bei den Rubenitern war Eliëser, der Sohn Sichris; bei Simeon war es Schefatja, der Sohn Maachas; 17 bei Levi Haschabja, der Sohn Kemuëls; bei Aaron Zadok; 18 bei Juda Elihu, ein Bruder Davids; bei Issachar Omri, der Sohn Michaels; 19 bei Sebulon Jischmaja, der Sohn Obadjas; bei Naftali Jerimot, der Sohn Asriëls; 20 bei den Efraimitern Hoschea, der Sohn Asasjas; bei der einen Hälfte des Stammes Manasse Joël, der Sohn Pedajas; 21 bei der anderen Hälfte des Stammes Manasse in Gilead war es Jiddo, der Sohn Secharjas; bei Benjamin Jaasiël, der Sohn Abners; 22 bei Dan Asarel, der Sohn Jerohams. Das waren die Anführer der Stämme Israels.

23 Die Zahl derer, die noch nicht zwanzig Jahre alt waren, hatte David nicht aufnehmen lassen; denn der Herr hatte versprochen, dass er Israel zahlreich werden lasse wie die Sterne des Himmels. 24 Joab, der Sohn der Zeruja, hatte die Zählung begonnen, aber nicht zu Ende geführt, da ihretwegen ein Zorngericht über Israel gekommen war. So wurde ihre Zahl nicht in die Chronik des Königs David aufgenommen.

23: 21,1–6 • 24: 21,1–15; 2 Sam 24,1–15

Die Verwalter des königlichen Besitzes

25 Asmawet, der Sohn Adiëls, hatte die Aufsicht über die Schätze des Königs, Jonatan, der Sohn Usijas, über die Vorräte auf dem Land, in den Städten, Dörfern und Türmen, 26 Esri, der Sohn Kelubs, über die Feldarbeiter, die den Boden zu bestellen hatten, 27 Schimi aus Rama über die Weinberge, Sabdi aus Schefam über die Weinvorräte in den Weinbergen, 28 Baal-Hanan aus Bet-Gader über die Öl- und Maulbeerfeigenbäume in der Schefela, Joasch über die Ölvorräte, 29 Schitrai, der Scharoniter, über die Rinder, die in der Scharonebene weideten, Schafat, der Sohn Adlais, über die Rinder in den Tälern, 30 der Ismaeliter Obil über die Kamele, Jechdeja aus Meronot über die Esel, 31 der Hagariter Jasis über die Schafe und Ziegen. Sie alle waren Verwalter des Eigentums, das dem König David gehörte.

Die höchsten Beamten

32 Jonatan, der Onkel Davids, war sein Berater. Er war ein kluger, schriftkundiger Mann. Jehiël, der Sohn Hachmonis, war bei den Söhnen des Königs. 33 Ahitofel war Berater des Königs, der Arkiter Huschai war Freund des Königs. 34 Nach Ahitofel war Jojada, der Sohn Benajas (Berater des Königs). Abjatar war Priester und Joab Heerführer des Königs.

33: 2 Sam 16,23

Der Auftrag zum Tempelbau

28 David versammelte in Jerusalem alle führenden Männer Israels, die Vorsteher der Stämme und der Abteilungen, die im Dienst des Königs standen, die Obersten der Tausend- und der Hundertschaften, die Verwalter des ganzen Eigentums und des Viehbesitzes des Königs und seiner Söhne, dazu die Hofbeamten, die Helden und alle tapferen Krieger. 2 Dabei erhob sich König David und sagte: Hört mich an, meine Brüder und mein Volk! Ich selbst hatte vor, für die Bundeslade des Herrn, den Fußschemel unseres

Gottes, eine Ruhestätte zu errichten, und traf Vor-
bereitungen für den Bau. 3 Doch Gott sprach zu
mir: Du sollst meinem Namen kein Haus bauen;
denn du hast Kriege geführt und Blut vergossen.
4 Der Herr, der Gott Israels, hat mich aus dem
ganzen Haus meines Vaters für immer zum König
von Israel auserwählt. Er hat Juda zur Herrschaft
bestimmt und im Haus Juda das Haus meines Va-
ters. Unter den Söhnen meines Vaters hat er an mir
Gefallen gefunden, sodass er mich zum König
über Israel machte. 5 Unter allen meinen Söhnen
aber – der Herr hat mir ja viele Söhne geschenkt –
hat er meinen Sohn Salomo erwählt, dass er auf
dem Königsthron des Herrn über Israel herrscht.
6 Er sprach zu mir: Dein Sohn Salomo soll mein
Haus und meine Höfe bauen; denn ihn habe ich
mir zum Sohn erwählt und ich werde ihm Vater
sein. 7 Ich will seinem Königtum ewigen Bestand
verleihen, wenn er mannhaft meine Gebote und
Anordnungen befolgt, wie es heute der Fall ist.
8 Und nun ermahne ich euch vor den Augen ganz
Israels, der Versammlung des Herrn, und vor den
Ohren unseres Gottes: Achtet auf alle Gebote des
Herrn, eures Gottes, und befolgt sie, damit ihr im
Besitz des prächtigen Landes bleibt und es für im-
mer auf eure Söhne nach euch vererben könnt.
9 Du aber, mein Sohn Salomo, erkenne den Gott
deines Vaters; diene ihm mit ungeteiltem Herzen
und williger Seele; denn der Herr erforscht alle
Herzen und kennt jedes Sinnen der Gedanken.
Wenn du ihn suchst, lässt er sich von dir finden.
Wenn du ihn aber verlässt, verwirft er dich auf
ewig. 10 Sieh nun zu: Der Herr hat dich erwählt,
dass du ihm ein Haus als Heiligtum erbaust. Sei
mutig und geh ans Werk!

11 Darauf übergab David seinem Sohn Salomo den
Plan der Vorhalle, des Hauptraums mit seinen
Schatzkammern, Obergemächern und Innenräu-
men und des Raums der Deckplatte 12 sowie den
Plan von allem, was er sich für die Höfe des Tem-
pels und für alle Kammern ringsum vorgenom-
men hatte. Er gab Anweisungen über die Schätze
des Gotteshauses und die Schätze aus den Weihe-
gaben, 13 über die Abteilungen der Priester und Le-
viten, über den Vollzug des gesamten Dienstes am
Haus des Herrn und über alle Geräte, die man zum
Dienst im Haus des Herrn benötigte. 14 Dazu über-
gab er ihm seine Berechnungen über das Gold, mit
Angabe des Gewichtes des Goldes für jedes ein-
zelne Dienstgerät, und über alle silbernen Geräte,
mit Angabe des Gewichtes eines jeden Dienst-
gerätes. 15 Er nannte ihm das Gewicht der golde-
nen Leuchter mit ihren goldenen Lampen, mit An-
gabe des Gewichtes eines jeden Leuchters und
seiner Lampen, sowie der silbernen Leuchter, mit
Angabe des Gewichtes eines jeden Leuchters und
seiner Lampen, entsprechend der Verwendung ei-
nes jeden Leuchters. 16 Er bestimmte das Gold mit
Angabe des Gewichtes für die einzelnen Schau-
brotetische und des Silbers für die silbernen Ti-
sche. 17 Ebenso gab er ihm Auskunft über die Ga-
beln, Schalen und Kannen aus purem Gold, über
die goldenen Becher, mit Angabe des Gewichtes ei-
nes jeden Bechers, auch über die silbernen Becher,
mit Angabe des Gewichtes eines jeden Bechers.
18 Er verordnete geläutertes Gold für den Räu-
cheraltar, mit Angabe des Gewichtes, und Gold für
den Aufbau des Thronwagens, die Kerubim, die
ihre Flügel ausbreiteten und die Bundeslade des
Herrn bedeckten. 19 All das legte er dar in einer
Schrift aus der Hand des Herrn, die über ihm
ruhte, und erörterte alle Arbeiten, die der Plan
vorsah.

20 Dann sagte David zu seinem Sohn Salomo: Sei
mutig und stark! Geh ans Werk! Fürchte dich nicht
und verzage nicht! Denn der Herr, mein Gott, wird
mit dir sein. Er wird dich nicht erlahmen lassen
und dich nicht im Stich lassen, bis alle Arbeiten für
den Dienst des Hauses des Herrn zu Ende geführt
sind. 21 Sieh, die Abteilungen der Priester und Le-
viten stehen da, zu jeder Dienstleistung im Haus
Gottes bereit. Bei jeder Arbeit und zu jedem Dienst
werden dir alle willig nach ihren Fähigkeiten bei-
stehen; ebenso werden dir die führenden Männer
und das ganze Volk in jeder Angelegenheit zur
Seite stehen.

2: 2 Sam 7,2–17 • 3: 22,8

Die Spenden für den Tempelbau

29 Darauf wandte sich König David an die
ganze Versammlung: Mein Sohn Salomo,
den allein Gott erwählt hat, ist noch jung und un-
erfahren. Das Werk aber ist groß; denn wir bauen
nicht für Menschen, sondern für Gott, den Herrn.

2 Nach meinen besten Kräften habe ich nun für das
Haus meines Gottes Gold beschafft für die golde-
nen, Silber für die silbernen, Bronze für die bron-
zenen, Eisen für die eisernen und Holz für die höl-
zernen Gegenstände, dazu Schohamsteine mit
Einfassungen, Malachit und buntfarbige Steine
sowie allerlei Edelsteine und Alabaster in Menge.
3 Aus Liebe zum Haus meines Gottes spende ich
aus meinem Besitz, meinem Gold und Silber, über
all das hinaus, was ich für das Haus des Heiligtums
schon bereitgestellt habe, 4 noch weitere 3000 Ta-
lente Gold vom Ofirgold und 7000 Talente geläu-
tertes Silber. Man soll damit die Wände der Räume
verkleiden 5 und Gold zur Verfügung haben für die
goldenen und Silber für die silbernen Gegen-
stände und für jede Arbeit von Künstlerhand. Wer
ist nun bereit, seine Hand ebenso für den Herrn
zu füllen?
6 Da zeigten die Häupter der Großfamilien, die
Vorsteher der israelitischen Stämme, die Obersten
der Tausend- und Hundertschaften und die obers-
ten Beamten des königlichen Dienstes ihre Freige-
bigkeit. 7 Sie spendeten für den Bau des Hauses
Gottes 5000 Talente Gold, 10 000 Golddariken,
10 000 Talente Silber, 18 000 Talente Bronze,
100 000 Talente Eisen. 8 Wer Edelsteine besaß, gab
sie zum Schatz des Hauses des Herrn in die Hände
Jehiëls, eines Nachkommen Gerschons. 9 Das Volk
freute sich über diese Freigebigkeit, denn sie hat-
ten mit ungeteiltem Herzen willig für den Herrn
gespendet. Auch König David hatte eine große
Freude.

1: 22,5 • 3: 22,14

Das Dankgebet Davids

10 Da pries David den Herrn vor der ganzen Ver-
sammlung und rief: Gepriesen bist du, Herr, Gott
unseres Vaters Israel, von Ewigkeit zu Ewigkeit.
11 Dein, Herr, sind Größe und Kraft, Ruhm und
Glanz und Hoheit; dein ist alles im Himmel und
auf Erden. Herr, dein ist das Königtum. Du erhebst
dich als Haupt über alles. 12 Reichtum und Ehre
kommen von dir; du bist der Herrscher über das
All. In deiner Hand liegen Kraft und Stärke; von
deiner Hand kommt alle Größe und Macht.
13 Darum danken wir dir, unser Gott, und rühmen
deinen herrlichen Namen. 14 Doch wer bin ich und
was ist mein Volk, dass wir die Kraft besaßen, diese
Gaben zu spenden? Von dir kommt ja alles; und
was wir dir gegeben haben, stammt aus deiner
Hand. 15 Denn wir sind nur Gäste bei dir, Fremd-
linge, wie alle unsere Väter. Wie ein Schatten sind
unsere Tage auf Erden und ohne Hoffnung.
16 Herr, unser Gott, diese ganze Fülle, die wir be-
reitgestellt haben, um dir, deinem heiligen Namen,
ein Haus zu bauen, kam aus deiner Hand; dir
gehört alles. 17 Ich weiß, mein Gott, dass du die
Herzen prüfst und an Aufrichtigkeit Gefallen hast.
Mit aufrichtigem Herzen habe ich dies alles gege-
ben und ich habe mit Freuden gesehen, wie auch
dein Volk, das sich hier eingefunden hat, dir willig
spendet. 18 Herr, Gott unserer Väter Abraham,
Isaak und Israel, erhalte diese Gesinnung für im-
mer im Herzen deines Volkes! Lenke sein Herz auf
dich! 19 Gib auch meinem Sohn Salomo ein unge-
teiltes Herz, damit er auf deine Gebote, Anord-
nungen und Gesetze achtet und alles tut, um den
Bau zu errichten, den ich vorbereitet habe.
20 Dann befahl David der ganzen Versammlung:
Preist den Herrn, euren Gott! Und die ganze Ver-
sammlung lobte den Herrn, den Gott ihrer Väter.
Sie verneigten sich und warfen sich nieder vor dem
Herrn und dem König.

15: Ps 39,13 • 17: Ps 7,10

Salomos Thronbesteigung

21 Am folgenden Tag brachten sie dem Herrn Op-
fer dar. Sie spendeten zu Brandopfern tausend
Stiere, tausend Widder, tausend Lämmer sowie
die dazugehörenden Trankopfer. Dazu kam eine
Menge Schlachtopfer für ganz Israel. 22 Voller
Freude aßen und tranken sie an jenem Tag vor
dem Herrn und machten Salomo, den Sohn Da-
vids, zum zweiten Mal zum König. Sie salbten ihn
zum Fürsten des Herrn und Zadok salbten sie zum
Priester. 23 Salomo setzte sich nun anstelle seines
Vaters David als König auf den Thron des Herrn.
Er hatte Glück und ganz Israel leistete ihm Ge-
horsam. 24 Alle hohen Beamten und Helden, auch
alle Söhne des Königs David, unterwarfen sich
Salomo. 25 Der Herr ließ Salomo überaus mächtig
werden vor den Augen Israels. Er verlieh seinem
Königtum einen Glanz, wie ihn kein König in Is-
rael vor ihm besessen hatte.

Der Abschluss der Geschichte Davids

26 David, der Sohn Isais, war König von ganz Israel.
27 Die Zeit, die er in Israel regierte, betrug vierzig
Jahre. In Hebron regierte er sieben und in Jerusa-
lem dreiunddreißig Jahre. 28 Er starb in hohem
Alter, satt an Tagen, Reichtum und Ehre. Sein Sohn
Salomo wurde König an seiner Stelle. 29 Die
frühere und die spätere Geschichte des Königs
David ist aufgezeichnet in der Geschichte des
Sehers Samuel, in der Geschichte des Propheten
Natan und in der Geschichte des Sehers Gad. 30 Sie
berichten von seiner ganzen Regierung, seiner
Machtentfaltung und von den Zeiten, die über
ihn, über Israel und alle Reiche der Länder hin-
weggegangen sind.

DAS ZWEITE BUCH DER CHRONIK

DIE GESCHICHTE SALOMOS: 1,1 – 9,31

Salomos Bitte um Weisheit

1 Salomo, der Sohn Davids, gewann Macht in
seinem Königtum, der Herr, sein Gott, war mit
ihm und ließ ihn überaus stark werden.
2 Er sprach mit ganz Israel, den Obersten der Tau-
send- und Hundertschaften, den Richtern, mit
allen Fürsten aus ganz Israel und mit den Häup-
tern der Großfamilien. 3 Dann ging er mit der
ganzen Versammlung, die bei ihm war, zur
Kulthöhe von Gibeon; denn hier war das Offen-
barungszelt Gottes, das Mose, der Knecht des
Herrn, in der Wüste angefertigt hatte. 4 Die Lade
Gottes jedoch hatte David aus Kirjat-Jearim an
den Ort bringen lassen, den er für sie hergerichtet
hatte. Er hatte nämlich in Jerusalem ein Zelt für sie
aufgestellt. 5 Der bronzene Altar, den Bezalel, der
Sohn Uris und Enkel Hurs, gemacht hatte, stand
in Gibeon vor der Wohnstätte des Herrn. Ihn
suchten Salomo und die ganze Versammlung Isra-
els auf. 6 Salomo stieg dort auf den bronzenen
Altar vor dem Herrn beim Offenbarungszelt und
brachte auf ihm tausend Brandopfer dar.
7 In jener Nacht erschien Gott dem Salomo und
forderte ihn auf: Sprich eine Bitte aus, die ich dir
gewähren soll. 8 Salomo antwortete Gott: Du hast
meinem Vater David große Huld erwiesen und
mich an seiner Stelle zum König gemacht. 9 So
möge sich nun, mein Herr und Gott, dein Wort an
meinen Vater David als wahr erweisen; denn du
hast mich zum König gemacht über ein Volk, das
zahlreich ist wie der Staub der Erde. 10 Verleih mir
daher Weisheit und Einsicht, damit ich weiß, wie
ich mich vor diesem Volk verhalten soll. Denn
wer könnte sonst dieses mächtige Volk regieren?
11 Gott antwortete Salomo: Weil dir das am Herzen
liegt, weil du nicht um Reichtum, Vermögen, Ehre
oder um den Tod deiner Feinde, auch nicht um
langes Leben gebeten hast, sondern weil du um
Weisheit und Einsicht gebeten hast, um mein Volk
zu regieren, zu dessen König ich dich bestellt habe,
12 sollen dir Weisheit und Einsicht zuteil werden.
Aber auch Reichtum, Vermögen und Ehre will
ich dir geben, wie sie kein König vor dir erlangt
hat und auch nach dir keiner haben wird. 13 Da-
rauf ging Salomo von der Kulthöhe in Gibeon,
vom Offenbarungszelt, weg nach Jerusalem und
herrschte über Israel.

1–13 || 1 Kön 3,4–15 • 4: 1 Chr 15 • 5: Ex 38,1–7 • 8: 1 Chr 17 • 9: Gen 13,16

Salomos Reichtum

14 Salomo beschaffte sich Wagen und die Besat-
zung dazu. Er hatte vierzehnhundert Wagen und
zwölftausend Mann als Besatzung und brachte sie

in die Wagenstädte sowie in die Umgebung des
Königs nach Jerusalem. 15 Der König machte das
Silber und das Gold in Jerusalem so häufig wie die
Steine und die Zedern so zahlreich wie die Maul-
beerfeigenbäume in der Schefela. 16 Man bezog die
Pferde für Salomo aus Ägypten und Koë. Die
Händler des Königs kauften sie in Koë. 17 Einen
Wagen brachten sie aus Ägypten für sechshundert
und ein Pferd für hundertfünfzig Silberschekel.
Ebenso trieb man Handel mit allen hetitischen
und aramäischen Königen.

14–17 ‖ 1 Kön 10,26–29

Die Vorbereitungen zum Tempelbau

18 Salomo beschloss, einen Tempel für den Namen
des Herrn und eine königliche Residenz für sich
zu bauen.

2 Er ließ 70 000 Lastträger und 80 000 Stein-
hauer im Gebirge auszählen und setzte 3600
Aufseher über sie. 2 Dann sandte er Boten zu
Hiram, dem König von Tyrus, und ließ ihm sagen:
Du hast meinem Vater David geholfen und ihm
Zedern geliefert, damit er sich ein Haus als Woh-
nung bauen konnte. 3 Ich möchte jetzt dem Namen
des Herrn, meines Gottes, ein Haus bauen und es
ihm weihen. Man soll wohlriechendes Räucher-
werk vor ihm anzünden, ständig die Brote aufle-
gen und jeden Morgen und jeden Abend, an den
Sabbaten, Neumondtagen und Festen des Herrn,
unseres Gottes, Brandopfer darbringen. So ist es
Israel für ewige Zeiten zur Pflicht gemacht wor-
den. 4 Das Haus, das ich bauen will, soll groß wer-
den, denn unser Gott ist größer als alle Götter.
5 Wer aber besitzt die Kraft, ihm ein Haus zu
bauen? Der Himmel und die Himmel der Himmel
fassen ihn nicht. Und wer bin ich, dass ich ihm ein
Haus baue, wenn auch nur, um Rauchopfer vor
ihm darzubringen?

6 Schick mir nun einen fähigen Mann, der Arbei-
ten in Gold, Silber, Bronze, Eisen, rotem Purpur,
Karmesin und blauem Purpur ausführen kann
und sich aufs Gravieren versteht. Er soll mit den
Künstlern zusammenarbeiten, die bei mir in Juda
und Jerusalem sind und die mein Vater David
bestellt hat.

7 Liefere mir auch Zedern, Zypressen und Algum-
mimholz vom Libanon! Ich weiß, dass deine Leute
die Bäume des Libanon zu fällen verstehen. Meine
Leute sollen deinen Leuten dabei helfen. 8 Sie sol-
len eine Menge Holz herrichten; denn das Haus,
das ich bauen will, soll groß und wunderbar wer-
den. 9 Den Arbeitern, die das Holz fällen, gebe ich
zum Unterhalt für deine Knechte 20 000 Kor Wei-
zen, 20 000 Kor Gerste, 20 000 Bat Wein und 20 000
Bat Öl.

10 Hiram, der König von Tyrus, antwortete Salomo
in einem Schreiben, das er ihm sandte: Weil der
Herr sein Volk liebt, hat er dich ihm als König
gegeben.

11 Ferner schrieb Hiram: Gepriesen sei der Herr,
der Gott Israels, der Himmel und Erde gemacht
hat. Er hat dem König David einen weisen Sohn
gegeben, der Einsicht und Verstand besitzt, um ein
Haus für den Herrn und eine königliche Residenz
für sich selbst zu bauen. 12 Ich schicke dir einen
fähigen, klugen Mann, Hiram-Abi, 13 den Sohn
einer danitischen Frau. Sein Vater stammt aus
Tyrus. Er versteht es, Arbeiten in Gold, Silber,
Bronze, Eisen, Stein, Holz, rotem und blauem Pur-
pur, Byssus und Karmesin auszuführen, alle Gra-
vierungen zu besorgen und jeden Plan zu entwer-
fen, der ihm aufgetragen wird. Er wird mit deinen
Künstlern und den Künstlern meines Herrn, dei-
nes Vaters David, zusammenarbeiten. 14 Den Wei-
zen, die Gerste, das Öl und den Wein, von denen
mein Herr gesprochen hat, möge er seinen Knech-
ten liefern. 15 Wir aber werden die Bäume auf dem
Libanon fällen, so viele du nötig hast, und sie dir
in Flößen auf dem Meer nach Jafo schaffen. Du
magst sie dann nach Jerusalem hinaufbringen.

16 Salomo ließ nun alle Fremden zählen, die im
Land Israel wohnten, nachdem schon sein Vater
David eine Zählung unter ihnen vorgenommen
hatte. Es fanden sich 153 600 Mann. 17 Von diesen
machte er 70 000 zu Lastträgern, 80 000 zu Stein-
hauern im Gebirge und 3600 zu Aufsehern, die das
Volk zur Arbeit anhalten sollten.

2,2–17 ‖ 1 Kön 5,15–32 • 5: 1 Kön 8,27 • 12–13: 1 Kön 7,13f

Der Tempelbau

3 Salomo begann, das Haus des Herrn in Jeru-
salem auf dem Berg Morija zu bauen, wo der
Herr seinem Vater David erschienen war, an der
Stätte, die David bestimmt hatte, auf der Tenne des

Jebusiters Arauna. 2 Er begann den Bau im zweiten Monat, im vierten Jahr seiner Regierung.

3 Dies sind die Grundmaße, die Salomo für den Bau des Hauses Gottes festlegte: Die Länge betrug sechzig Ellen – die Elle nach dem früheren Maß gerechnet – und die Breite zwanzig Ellen. 4 Die Halle vor dem Hauptraum war zwanzig Ellen breit, entsprechend der Breite des Hauses, und zwanzig Ellen hoch. Er überzog sie innen mit purem Gold.

5 Den Hauptraum vertäfelte er mit Zypressenholz, überzog dieses mit echtem Gold und brachte Palmen und kettenförmige Bänder darauf an. 6 Auch schmückte er das Haus mit kostbaren Steinen. Das Gold war Parwajimgold. 7 So überzog er das Haus, die Balken, die Schwellen, seine Wände und Türen mit Gold und ließ in die Wände Kerubim einschnitzen.

1–7 ‖ 1 Kön 6,1–22.29

Das Allerheiligste

8 Er schuf den Raum des Allerheiligsten. Seine Länge betrug zwanzig Ellen, der Breite des Hauses entsprechend, und seine Breite zwanzig Ellen. Er überzog es mit echtem Gold im Gewicht von sechshundert Talenten. 9 Für die Nägel verwendete er Gold im Gewicht von fünfzig Schekeln. Auch die Obergemächer ließ er mit Gold verkleiden.

10 Im Raum des Allerheiligsten ließ er zwei Kerubim anfertigen … und mit Gold überziehen. 11 Die Flügel der Kerubim hatten zusammen eine Spannweite von zwanzig Ellen. Der Flügel des einen war fünf Ellen lang und berührte die Wand des Hauses Der zweite Flügel war fünf Ellen lang und berührte den Flügel des anderen Kerubs. 12 Der Flügel des zweiten Kerubs war fünf Ellen lang und berührte die Wand des Hauses und auch der andere Flügel war fünf Ellen lang und stieß an den Flügel des ersten Kerubs. 13 Die Flügel dieser Kerubim hatten eine Spannweite von zwanzig Ellen. Sie selbst standen auf ihren Füßen und ihre Gesichter waren dem Innenraum zugewandt. 14 Er verfertigte auch den Vorhang aus blauem und rotem Purpur, aus Karmesin und Byssus und brachte darauf Kerubim an.

8: 1 Kön 6,19f • 10–13 ‖ 1 Kön 6,23–28

Die Ausstattung des Tempels

15 Für die Vorderseite des Hauses machte er zwei Säulen von achtzehn Ellen Höhe. Das Kapitell auf ihnen maß fünf Ellen. 16 Dazu schuf er kettenförmige Bänder und brachte sie oben auf den Säulen an. Auch machte er hundert Granatäpfel und befestigte sie an den kettenförmigen Bändern. 17 Die Säulen stellte er vor dem Tempel auf, die eine auf der rechten, die andere auf der linken Seite. Die rechte nannte er Jachin, die linke Boas.

4 Er ließ einen bronzenen Altar herstellen, zwanzig Ellen lang, zwanzig Ellen breit und zehn Ellen hoch.

2 Dann machte er das »Meer«. Es wurde aus Bronze gegossen, maß zehn Ellen von einem Rand zum andern, war völlig rund und fünf Ellen hoch. Eine Schnur von dreißig Ellen konnte es rings umspannen. 3 Unterhalb seines Rands waren rundum Bilder von Rindern. In einem Band von dreißig Ellen Länge umsäumten sie das Meer ringsum in zwei Reihen. Sie wurden bei seinem Guss mitgegossen. 4 Das Meer stand auf zwölf Rindern. Von ihnen schauten drei nach Norden, drei nach Westen, drei nach Süden und drei nach Osten. Das Meer ruhte oben auf den Rindern. Ihre Hinterteile waren nach innen gekehrt. 5 Die Wand des Meeres war eine Handbreit dick. Sein Rand war wie der Rand eines Bechers geformt, einer Lilienblüte gleich. Es fasste dreitausend Bat. 6 Auch machte er zehn Kessel, von denen er fünf an die Südseite und fünf an die Nordseite brachte. Sie dienten für die Waschungen; was zum Brandopfer gehörte, sollte man in ihnen abspülen. Das Meer war für die Waschungen der Priester bestimmt.

7 Er machte die zehn goldenen Leuchter der Vorschrift gemäß und stellte sie im Tempel auf, fünf auf der rechten und fünf auf der linken Seite. 8 Ferner machte er zehn Tische und brachte sie in den Tempel, fünf auf die rechte und fünf auf die linke Seite. Desgleichen verfertigte er hundert goldene Schalen.

9 Auch schuf er den Vorhof der Priester und den großen Hof mit seinen Toren. Die Torflügel überzog er mit Bronze. 10 Das Meer stellte er an die Südseite des Hauses gegen Südosten. 11 Endlich machte Hiram die Töpfe, Schaufeln und Schalen. So führte Hiram die Arbeiten zu Ende, die er dem

König Salomo für das Haus Gottes anzufertigen hatte: [12] zwei Säulen, zwei beckenförmige Kapitelle oben auf den Säulen, die zwei Flechtwerke, mit denen man die beiden beckenförmigen Kapitelle oben auf den Säulen bedeckte, [13] die vierhundert Granatäpfel für die beiden Flechtwerke, die in zwei Reihen an jedem Flechtwerk angebracht waren und die die beiden beckenförmigen Kapitelle auf den Säulen bedeckten, [14] die zehn fahrbaren Gestelle, die zehn Kessel für die Gestelle, [15] das eine Meer, die zwölf Rinder unter ihm, [16] die Töpfe, Schaufeln und Gabeln. Alle diese Geräte machte Hiram-Abi dem König Salomo für das Haus des Herrn aus glatter Bronze. [17] In der Jordanau zwischen Sukkot und Zereda ließ sie der König in Formen aus festem Lehm gießen. [18] Salomo ließ alle diese Geräte in überaus großer Menge anfertigen; das Gewicht der Bronze war darum nicht festzustellen.

[19] Salomo ließ alle Geräte, die zum Haus Gottes gehörten, anfertigen: den goldenen Altar, die Tische, auf die man die Schaubrote legte, [20] die Leuchter mit ihren Lampen aus bestem Gold, um sie der Vorschrift gemäß vor der Gotteswohnung anzuzünden, [21] die goldenen Blüten, Lampen und Dochtscheren aus bestem Gold, [22] ferner die Messer, Schalen, Schüsseln und Pfannen aus bestem Gold. An den Türen des Hauses waren die Flügel im inneren Raum gegen das Allerheiligste und die beiden Türflügel, die zum Hauptraum führten, mit Gold verkleidet.

5 So wurden alle Arbeiten, die Salomo für das Haus des Herrn ausführen ließ, vollendet. Dann brachte er die Weihegaben seines Vaters David hinein und legte das Silber, das Gold und alle Geräte in die Schatzkammern des Hauses Gottes.

3,15–5,1 ‖ 1 Kön 7,13–51

Die Übertragung der Bundeslade

[2] Damals versammelte Salomo die Ältesten Israels, alle Stammesführer und die Anführer der israelitischen Großfamilien in Jerusalem, um die Bundeslade des Herrn aus der Stadt Davids, das ist Zion, heraufzuholen. [3] Am Fest, das ist im siebten Monat, kamen alle Männer Israels beim König zusammen. [4] In Gegenwart aller Ältesten Israels nahmen die Leviten die Lade [5] und brachten sie zugleich mit dem Offenbarungszelt und den heiligen Geräten, die im Zelt waren, hinauf. Die Priester und die Leviten übernahmen den Trägerdienst. [6] König Salomo aber und die ganze Gemeinde Israels, die bei ihm vor der Lade versammelt war, schlachteten Schafe und Rinder, die man wegen ihrer Menge nicht zählen und nicht berechnen konnte.

[7] Darauf stellten die Priester die Bundeslade des Herrn an ihren Platz, in die Gotteswohnung des Hauses, in das Allerheiligste, unter die Flügel der Kerubim. [8] Denn die Kerubim breiteten ihre Flügel über den Ort, wo die Lade stand, und bedeckten sie und ihre Stangen von oben her. [9] Die Stangen waren so lang, dass man ihre Spitzen an der Lade vor der Gotteswohnung sehen konnte; draußen aber waren sie nicht zu sehen. Sie blieben dort bis zum heutigen Tag. [10] In der Lade befanden sich nur die zwei Tafeln, die Mose am Horeb hineingelegt hatte, die Tafeln des Bundes, den der Herr mit den Israeliten beim Auszug aus Ägypten geschlossen hatte.

[11] Darauf traten die Priester aus dem Heiligtum. Alle, die gekommen waren, unabhängig davon, zu welcher Abteilung sie gehörten, hatten sich geheiligt. [12] Die levitischen Sänger, Asaf, Heman, Jedutun, ihre Söhne und Brüder, standen alle, in Byssus gekleidet, mit Zimbeln, Harfen und Zithern an der Ostseite des Altars. Bei ihnen waren hundertzwanzig Priester, die auf Trompeten bliesen. [13] Es kam wie aus einem Mund, wenn die Trompeter und Sänger gleichzeitig zum Lob und Preis des Herrn sich vernehmen ließen. Als sie mit ihren Trompeten, Zimbeln und Musikinstrumenten einsetzten und den Herrn priesen, »Denn er ist gütig, denn seine Huld währt ewig«, erfüllte eine Wolke den Tempel, das Haus des Herrn. [14] Die Priester konnten wegen der Wolke ihren Dienst nicht verrichten; denn die Herrlichkeit des Herrn erfüllte das Haus Gottes.

6 Damals sagte Salomo: Der Herr sprach, er wolle im Dunkel wohnen. [2] Ich habe ein fürstliches Haus für dich gebaut, eine Wohnstätte für ewige Zeiten.

5,2–6,2 ‖ 1 Kön 8,1–13 • 5,13: Ps 106,1; 107,1; 118,1; 136

Die Ansprache des Königs

3 Dann wandte sich der König um und segnete die ganze Versammlung Israels. Alle standen 4 und er betete: Gepriesen sei der Herr, der Gott Israels. Seine Hand hat ausgeführt, was sein Mund meinem Vater David verheißen hat, als er sprach: 5 Seit dem Tag, da ich mein Volk aus dem Land Ägypten führte, habe ich aus keinem der Stämme Israels eine Stadt für den Bau eines Hauses erwählt, um meinen Namen dort wohnen zu lassen. Auch habe ich keinen Mann zum Fürsten meines Volkes Israel erwählt. 6 Nur Jerusalem habe ich zur Wohnung für meinen Namen und David zum Herrscher über mein Volk Israel erwählt. 7 Mein Vater David wollte dem Namen des Herrn, des Gottes Israels, ein Haus bauen. 8 Doch der Herr sprach zu ihm: Wenn du dir vorgenommen hast, meinem Namen ein Haus zu bauen, hast du einen guten Entschluss gefasst. 9 Doch sollst nicht du das Haus bauen, sondern erst dein leiblicher Sohn soll meinem Namen das Haus bauen. 10 Der Herr hat jetzt sein Versprechen, das er gegeben hat, wahr gemacht: Ich bin an die Stelle meines Vaters David getreten und habe den Thron Israels bestiegen, wie es der Herr zugesagt hat. Ich habe dem Namen des Herrn, des Gottes Israels, das Haus gebaut 11 und die Lade darin aufgestellt. Sie enthält die Tafeln des Bundes, den der Herr mit den Israeliten geschlossen hat.

3–11 || 1 Kön 8,14–21

Das Weihegebet

12 Dann trat er in Gegenwart der ganzen Versammlung Israels vor den Altar des Herrn und breitete seine Hände aus. 13 Salomo hatte nämlich eine bronzene Tribüne anfertigen lassen und sie in der Mitte des Hofes aufgestellt. Sie war fünf Ellen lang, fünf Ellen breit und drei Ellen hoch. Er trat auf sie, ließ sich im Angesicht der ganzen Versammlung Israels auf die Knie nieder, breitete seine Hände zum Himmel aus 14 und betete: Herr, Gott Israels, im Himmel und auf der Erde gibt es keinen Gott, der so wie du Bund und Huld seinen Knechten bewahrt, die mit ungeteiltem Herzen vor ihm leben. 15 Du hast das Versprechen gehalten, das du deinem Knecht, meinem Vater David, gegeben hast. Deine Hand hat heute erfüllt, was dein Mund versprochen hat. 16 Und nun, Herr, Gott Israels, halte auch das andere Versprechen, das du deinem Knecht David, meinem Vater, gegeben hast, als du sagtest: Es soll dir nie an einem Nachkommen fehlen, der vor mir auf dem Thron Israels sitzt, wenn nur deine Söhne darauf achten, ihren Weg so nach meinem Gesetz zu gehen, wie du es getan hast. 17 Herr, Gott Israels, möge sich jetzt dein Wort, das du deinem Knecht David gegeben hast, als wahr erweisen.

18 Wohnt denn Gott wirklich bei den Menschen auf der Erde? Siehe, selbst der Himmel und die Himmel der Himmel fassen dich nicht, wie viel weniger dieses Haus, das ich gebaut habe. 19 Wende dich, Herr, mein Gott, dem Beten und Flehen deines Knechtes zu! Hör auf das Rufen und auf das Gebet, das dein Knecht vor dir verrichtet. 20 Halte deine Augen offen über diesem Haus bei Tag und bei Nacht, über der Stätte, von der du gesagt hast, dass du deinen Namen hierher legen willst. Höre auf das Gebet, das dein Knecht an dieser Stätte verrichtet. 21 Achte auf das Flehen deines Knechtes und deines Volkes Israel, wenn sie an dieser Stätte beten. Höre sie im Himmel, dem Ort, wo du wohnst. Höre sie und verzeih!

22 Wenn sich jemand gegen seinen Nächsten verfehlt und dieser ihm einen Eid abverlangt, den er schwören muss, und er dann kommt und vor deinem Altar in diesem Haus schwört, 23 so höre du es im Himmel und greif ein! Verschaff deinen Knechten Recht! Vergilt dem Schuldigen und lass sein Tun auf ihn selbst zurückfallen! Den Schuldlosen aber sprich frei und vergilt ihm, wie es seiner Gerechtigkeit entspricht.

24 Wenn dein Volk Israel von einem Feind geschlagen wird, weil es gegen dich gesündigt hat, und dann wieder umkehrt, deinen Namen preist und in diesem Haus zu dir betet und fleht, 25 so höre du es im Himmel! Vergib deinem Volk Israel seine Sünde; lass sie in das Land zurückkommen, das du ihnen und ihren Vätern gegeben hast.

26 Wenn der Himmel verschlossen ist und kein Regen fällt, weil sie gegen dich gesündigt haben, und wenn sie dann an diesem Ort beten, deinen Namen preisen und von ihrer Sünde lassen, weil du sie demütigst, 27 so höre du sie im Himmel! Vergib deinen Knechten und deinem Volk Israel ihre Sünden; denn du führst sie den guten Weg, den sie

gehen sollen. Spende Regen deinem Land, das du
deinem Volk zum Erbbesitz gegeben hast.
28 Wenn im Land Hungersnot herrscht, wenn Pest
ausbricht, wenn Getreidebrand, Rost, Heuschre-
cken und Ungeziefer auftreten, wenn Feinde sie im
eigenen Land bedrängen, wenn irgendeine Plage
oder Krankheit sie trifft, 29 (so höre du) jedes Ge-
bet und Flehen eines jeden einzelnen und deines
ganzen Volkes Israel; denn sie alle kennen ihre Not
und ihr Leid und erheben ihre Hände zu diesem
Haus. 30 Höre sie dann im Himmel, dem Ort, wo
du wohnst, und verzeih! Vergilt jedem, was sein
Tun verdient. Du kennst ja ihre Herzen, denn du
allein kennst die Herzen der Menschen. 31 So wer-
den sie dich fürchten und auf deinen Wegen
gehen, solange sie in dem Land leben, das du unse-
ren Vätern gegeben hast.
32 Auch Fremde, die nicht zu deinem Volk Israel
gehören, werden wegen deines großen Namens,
deiner starken Hand und deines hoch erhobenen
Armes aus fernem Land kommen. Sie werden
kommen und in diesem Haus beten. 33 Höre sie
dann im Himmel, dem Ort, wo du wohnst, und tu
alles, weswegen der Fremde zu dir ruft. Dann wer-
den alle Völker der Erde deinen Namen erkennen.
Sie werden dich fürchten, wie dein Volk Israel dich
fürchtet, und erfahren, dass dein Name ausgeru-
fen ist über diesem Haus, das ich gebaut habe.
34 Wenn dein Volk gegen seine Feinde in den Krieg
zieht, auf dem Weg, den du es sendest, und wenn
es dann zu dir betet, zu dieser Stadt hingewendet,
die du erwählt hast, und zu dem Haus hin, das ich
deinem Namen gebaut habe, 35 so höre du im Him-
mel sein Beten und Flehen und verschaff ihm
Recht!
36 Wenn sie gegen dich sündigen – es gibt ja nie-
mand, der nicht sündigte – und du ihnen zürnst,
sie ihren Bedrängern preisgibst und ihre Feinde sie
gefangen fortführen in ein fernes oder nahes Land,
37 so werden sie im Land ihrer Gefangenschaft in
sich gehen. Sie werden im Land ihrer Gefangen-
schaft umkehren, zu dir flehen und rufen: Wir
haben gesündigt, Unrecht getan und gefrevelt.
38 Mit ganzem Herzen und ganzer Seele werden sie
im Land ihrer Feinde, von denen sie als Gefangene
weggeführt wurden, zu dir umkehren und beten,
zu dem Land hingewendet, das du ihren Vätern
gegeben hast, zu der Stadt hin, die du erwählt hast,
und zu dem Haus hin, das ich deinem Namen
gebaut habe. 39 Höre dann im Himmel, dem Ort,
wo du wohnst, ihr Beten und Flehen. Verschaff
ihnen Recht und verzeih deinem Volk, was es
gegen dich gesündigt hat.
40 Lass jetzt, mein Gott, deine Augen für das Gebet
an diesem Ort offen sein und deine Ohren darauf
Acht haben! 41 Herr und Gott, mach dich nun auf
zum Ort deiner Ruhe, du und deine machtvolle
Lade! Deine Priester, Herr und Gott, sollen sich in
Heil kleiden und deine Frommen sich des Glückes
freuen. 42 Herr und Gott, weise deinen Gesalbten
nicht ab! Sei eingedenk der Hulderweise an David,
deinen Knecht!

12–40 || 1 Kön 8,22–52 • 41: Ps 132,8–10 • 42: Jes 55,3

Der Abschluss der Feier

7 Als Salomo sein Gebet beendet hatte, fiel
Feuer vom Himmel und verzehrte das Brand-
opfer und die Schlachtopfer. Die Herrlichkeit des
Herrn erfüllte den Tempel. 2 Die Priester konnten
das Haus des Herrn nicht betreten, da die Herr-
lichkeit des Herrn es erfüllte. 3 Alle Israeliten sa-
hen, wie das Feuer herabfiel und wie die Herrlich-
keit des Herrn über dem Tempel erschien. Sie
warfen sich mit dem Gesicht zur Erde auf das
Steinpflaster nieder, beteten den Herrn an und
priesen ihn: »Denn er ist gütig, denn seine Huld
währt ewig.«
4 Dann brachten der König und das ganze Volk vor
dem Herrn Opfer dar. 5 Zweiundzwanzigtausend
Rinder und hundertzwanzigtausend Schafe ließ
König Salomo zum Opfer schlachten. So vollzo-
gen der König und das ganze Volk die Weihe des
Hauses Gottes. 6 Die Priester taten ihren Dienst
und die Leviten spielten die Instrumente für die
Lieder des Herrn. König David hatte diese Gerä-
te anfertigen lassen, um den Herrn zu preisen:
»Denn seine Huld währt ewig.« Während die Levi-
ten den Lobpreis Davids vortrugen, bliesen die
Priester ihnen gegenüber die Trompeten und ganz
Israel nahm daran teil. 7 Salomo weihte auch die
Mitte des Hofes, der vor dem Haus des Herrn war,
als er dort die Brandopfer und die Fettstücke der
Heilsopfer darbrachte. Der bronzene Altar, den
Salomo hatte anfertigen lassen, konnte nämlich

das Brandopfer, das Speiseopfer und die Fett-
stücke nicht fassen.
8 Salomo feierte damals mit ganz Israel, das von
Lebo-Hamat bis zum Grenzbach Ägyptens zu
einer sehr großen Versammlung erschienen war,
auch das (Laubhütten-)Fest sieben Tage lang. 9 Am
achten Tag hielten sie eine Festversammlung. Die
Weihe des Altars hatten sie nämlich sieben Tage
lang gefeiert und auch das Fest dauerte sieben
Tage. 10 Am dreiundzwanzigsten Tag des siebten
Monats entließ der König das Volk zu seinen Zel-
ten. Sie waren voll Freude und frohen Mutes über
das Gute, das der Herr an David, an Salomo und
an seinem Volk Israel getan hatte.

3: 5,13 • 4–10 ‖ 1 Kön 8,62–66

Die göttliche Verheißung für den Tempel

11 Nachdem Salomo das Haus des Herrn und den
königlichen Palast vollendet und alle seine Pläne
für das Haus des Herrn und für seinen Palast ver-
wirklicht hatte, 12 erschien ihm der Herr in der
Nacht und sprach zu ihm: Ich habe dein Gebet
gehört und diesen Ort als Opferstätte für mich
erwählt. 13 Wenn ich den Himmel verschließe und
kein Regen fällt oder wenn ich der Heuschrecke
gebiete, das Land kahl zu fressen, wenn ich die Pest
in mein Volk sende 14 und mein Volk, über das
mein Name ausgerufen ist, sich demütigt und
betet, mich sucht und von seinen schlechten
Wegen umkehrt, dann höre ich es im Himmel. Ich
verzeihe seine Sünde und bringe seinem Land Hei-
lung. 15 Meine Augen sollen jetzt für das Gebet an
diesem Ort offen sein und meine Ohren sollen
darauf achten. 16 Ich habe jetzt dieses Haus erwählt
und geheiligt, damit mein Name ewig hier sei.
Meine Augen und mein Herz werden allezeit hier
weilen. 17 Wenn du deinen Weg vor mir gehst, wie
ihn dein Vater David gegangen ist, und wenn du
alles tust, was ich dir befohlen habe, wenn du auf
meine Gesetze und Rechtsvorschriften achtest,
18 dann werde ich deinen Königsthron bestehen
lassen, wie ich es deinem Vater David zugesichert
habe, zu dem ich gesagt habe: Es soll dir nie an
einem Herrscher über Israel fehlen. 19 Doch wenn
ihr euch von mir abwendet und meine Gesetze
und Gebote, die ich euch gegeben habe, übertre-
tet, wenn ihr euch anschickt, andere Götter zu ver-
ehren und euch vor ihnen niederzuwerfen, 20 dann
werde ich euch aus meinem Land vertreiben, das
ich euch gegeben habe. Dieses Haus, das ich mei-
nem Namen geweiht habe, werde ich aus meinem
Angesicht wegschaffen und zum Gespött und zum
Hohn unter allen Völkern machen. 21 Jeder, der an
diesem Haus, das so erhaben war, vorübergeht,
wird sich entsetzen und fragen: Warum hat der
Herr diesem Land und diesem Haus das angetan?
22 Und man wird antworten: Weil sie den Herrn,
den Gott ihrer Väter, der sie aus Ägypten geführt
hat, verlassen und sich an andere Götter gehängt,
sich vor ihnen niedergeworfen und sie verehrt
haben, darum hat er all dieses Unglück über sie
gebracht.

11–22 ‖ 1 Kön 9,1–9 • 13–14: 6,26–28

Verschiedene Nachrichten über Salomo

8 Nach Ablauf von zwanzig Jahren, in denen
Salomo das Haus des Herrn und seinen
Palast gebaut hatte, 2 baute er auch die Städte aus,
die Hiram ihm (zurück) gegeben hatte, und sie-
delte Israeliten darin an. 3 Salomo zog nach Ha-
mat-Zoba und eroberte es. 4 Er baute Tadmor in
der Steppe aus und alle Vorratsstädte, die er in
Hamat anlegte. 5 Er baute auch das obere und das
untere Bet-Horon zu Festungen mit Mauern,
Toren und Riegeln aus, 6 ebenso Baala und alle
Vorratsstädte, die ihm gehörten, die Städte für die
Wagen und ihre Mannschaft und was er sonst in
Jerusalem, auf dem Libanon und im ganzen Be-
reich seiner Herrschaft zu bauen wünschte.
7 Die Reste der Hetiter, Amoriter, Perisiter, Hiwiter
und Jebusiter, die nicht zu den Israeliten gehörten
8 und von denen noch Nachkommen im Land leb-
ten – die Israeliten hatten sie nicht ausgerottet –
hob Salomo als Fronarbeiter aus und sie blieben
es bis zum heutigen Tag. 9 Von den Israeliten aber
machte Salomo niemand zum Sklaven für seine
Arbeit; sie waren seine Krieger, seine Obersten und
Hauptleute, die Befehlshaber über seine Wagen
und deren Mannschaft. 10 Zweihundertfünfzig
Werkführer, die unter dem Befehl der Statthalter
Salomos standen, hatten die Aufsicht über die
Arbeiter.
11 Salomo brachte die Tochter des Pharao aus der
Davidstadt in das Haus, das er für sie gebaut hatte;

denn er sagte: Eine Frau soll nicht im Haus Davids,
des Königs von Israel, wohnen; denn die Räume,
in die die Lade des Herrn gekommen ist, sind hei-
lig.
12 Damals brachte Salomo auf dem Altar, den er
vor der Halle für den Herrn erbaut hatte, Brand-
opfer dar. 13 Auch an den Sabbaten und Neumond-
tagen ließ er die Opfer darbringen, die nach dem
Befehl des Mose für diese Tage angeordnet waren.
Das Gleiche tat er dreimal im Jahr, jeweils an
den Festen, am Fest der Ungesäuerten Brote, am
Wochenfest und am Laubhüttenfest. 14 Dem Auf-
trag seines Vaters David folgend, bestellte er die
Abteilungen der Priester für ihren Dienst und die
Leviten für ihre Aufgabe, Loblieder zu singen und
an der Seite der Priester Dienst zu tun, wie es für
jeden Tag vorgeschrieben war. Auch bestellte er die
Torwächter nach ihren Abteilungen für die einzel-
nen Tore; denn so lautete der Befehl Davids, des
Mannes Gottes. 15 Man wich in keinem Punkt von
den Befehlen ab, die der König für die Priester und
für die Leviten erlassen hatte. 16 So wurde das
ganze Werk Salomos planmäßig ausgeführt, vom
Tag der Grundlegung des Hauses des Herrn bis zu
seiner Fertigstellung, bis zur Vollendung des Hau-
ses des Herrn.
17 Damals begab sich Salomo nach Ezjon-Geber
und Elat an der Küste des Meeres in Edom. 18 Hi-
ram schickte ihm durch seine Knechte Schiffe und
geübte Seefahrer. Sie fuhren mit den Leuten Salo-
mos nach Ofir, holten von dort vierhundertfünf-
zig Talente Gold und brachten es dem König
Salomo.

1–18 || 1 Kön 9,10–28

Die Königin von Saba

9 Die Königin von Saba hörte vom Ruf Salo-
mos und kam mit sehr großem Gefolge, mit
Kamelen, die Balsam, eine Menge Gold und Edel-
steine trugen, nach Jerusalem, um ihn mit Rätsel-
fragen auf die Probe zu stellen. Sie trat bei Salomo
ein und redete mit ihm über alles, was sie sich vor-
genommen hatte. 2 Salomo gab ihr Antwort auf
alle Fragen. Es gab nichts, was ihm verborgen war
und was er ihr nicht hätte sagen können. 3 Als nun
die Königin von Saba die Weisheit Salomos er-
kannte, als sie den Palast sah, den er gebaut hatte,
4 die Speisen auf seiner Tafel, die Sitzplätze seiner
Beamten, das Aufwarten seiner Diener und ihre
Gewänder, seine Mundschenken und ihre Gewän-
der, sein Opfer, das er im Haus des Herrn dar-
brachte, da stockte ihr der Atem. 5 Sie sagte zum
König: Was ich in meinem Land über dich und
deine Weisheit gehört habe, ist wirklich wahr. 6 Ich
wollte es nicht glauben, bis ich nun selbst gekom-
men bin und es mit eigenen Augen gesehen habe.
Und wahrhaftig, nicht einmal die Hälfte hat man
mir berichtet von der Größe deiner Weisheit. Du
übertriffst alles, was ich gehört habe. 7 Glücklich
sind deine Männer und glücklich diese deine Die-
ner, die allezeit vor dir stehen und deine Weisheit
hören. 8 Gepriesen sei Jahwe, dein Gott, der an dir
Gefallen gefunden und dich auf seinen Thron
gesetzt hat, damit du König bist für Jahwe, deinen
Gott. Weil dein Gott Israel liebt und ihm ewigen
Bestand verleihen will, hat er dich zum König be-
stellt, damit du Recht und Gerechtigkeit übst. 9 Sie
gab dem König hundertzwanzig Talente Gold,
dazu eine sehr große Menge Balsam und Edelstei-
ne. Balsam, wie ihn die Königin von Saba dem
König Salomo schenkte, gab es nicht wieder.
10 Auch die Leute Hirams und die Leute Salomos,
die Gold aus Ofir holten, brachten Algummim-
holz und Edelsteine. 11 Der König ließ aus dem
Algummimholz Schnitzarbeiten für das Haus des
Herrn und den königlichen Palast sowie Zithern
und Harfen für die Sänger anfertigen. Dergleichen
hatte man vordem im Land Juda nicht gesehen.
12 König Salomo gewährte der Königin von Saba
alles, was sie wünschte und begehrte, ausgenom-
men das, was sie dem König geschenkt hatte.
Schließlich kehrte sie mit ihrem Gefolge in ihr
Land zurück.

1–12 || 1 Kön 10,1–13

Salomos Reichtum

13 Das Gewicht des Goldes, das alljährlich bei
Salomo einging, betrug sechshundertsechsund-
sechzig Goldtalente. 14 Dabei sind nicht eingerech-
net die Abgaben, die von den Kaufleuten und
Händlern kamen. Auch alle Könige von Arabien
und die Statthalter des Landes brachten Salomo
Gold und Silber.
15 König Salomo ließ zweihundert Schilde aus

gehämmertem Gold herstellen. Sechshundert
Schekel gehämmertes Gold verwandte er für jeden
Schild. 16 Dazu machte er dreihundert kleinere
Schilde aus gehämmertem Gold. Dreihundert
Schekel Gold verwendete er für jeden. Er brachte
sie in das Libanonwaldhaus.
17 Ferner ließ der König einen großen Thron aus
Elfenbein anfertigen und mit purem Gold über-
ziehen. 18 Sechs Stufen führten zum Thron hinauf.
An seiner Rückseite war ein goldenes Lamm und
zu beiden Seiten des Sitzes befanden sich Armleh-
nen. Zwei Löwen standen neben den Lehnen
19 und zwölf zu beiden Seiten der sechs Stufen.
Dergleichen ist noch für kein Königreich geschaf-
fen worden.
20 Alle Trinkgefäße des Königs Salomo waren aus
Gold; ebenso waren alle Geräte des Libanonwald-
hauses aus bestem Gold. Silber galt in den Tagen
Salomos als wertlos; 21 denn der König hatte eine
Flotte, die mit den Leuten Hirams nach Tarschisch
fuhr. Einmal in drei Jahren kam die Tarschisch-
flotte und brachte Gold, Silber, Elfenbein, Affen
und Perlhühner.
22 So übertraf König Salomo alle Könige der Erde
an Reichtum und Weisheit. 23 Alle Könige der Erde
begehrten, ihn zu sehen und die Weisheit zu
hören, die Gott in sein Herz gelegt hatte. 24 Alle
brachten ihm Jahr für Jahr ihre Gaben: silberne
und goldene Gefäße, Gewänder, Waffen, Balsam,
Pferde und Maultiere.
25 Salomo hatte viertausend Stallplätze für seine
Pferde sowie Wagen und zwölftausend Mann als
Besatzung.
Er brachte sie in die Wagenstädte sowie in die
Umgebung des Königs nach Jerusalem. 26 Er war
Herrscher über alle Könige vom Eufrat bis zum
Land der Philister und bis an die Grenze Ägyptens.
27 Salomo machte das Silber in Jerusalem so häu-
fig wie die Steine und die Zedern so zahlreich wie
die Maulbeerfeigenbäume in der Schefela. 28 Man
bezog die Pferde für Salomo aus Ägypten und aus
allen Ländern.

13–28 ‖ 1 Kön 10,14–28 • 25: 1 Kön 5,6; 10,26 • 26: 1 Kön 5,1 • 27–28: 1 Kön 10,27f

Salomos Tod

29 Die übrige Geschichte Salomos, die frühere und
die spätere, ist aufgezeichnet in der Geschichte des
Propheten Natan, in der Weissagung Ahijas aus
Schilo und in der Vision des Sehers Jedo über Je-
robeam, den Sohn Nebats. 30 Salomo war vierzig
Jahre in Jerusalem König über ganz Israel. 31 Er
entschlief zu seinen Vätern und man begrub ihn
in der Stadt seines Vaters David. Sein Sohn Reha-
beam wurde König an seiner Stelle.

29–31 ‖ 1 Kön 11,41–43

DIE GESCHICHTE JUDAS BIS ZUM UNTERGANG: 10,1 – 36,23

Der Abfall der zehn Nordstämme

10 Rehabeam begab sich nach Sichem; denn
dorthin war ganz Israel gekommen, um ihn
zum König zu machen. 2 Jerobeam, der Sohn
Nebats, hörte davon, während er in Ägypten war,
wohin er vor dem König Salomo hatte fliehen
müssen; er kehrte jetzt aus Ägypten zurück. 3 Man
sandte zu ihm und ließ ihn rufen. So kamen also
Jerobeam und ganz Israel (nach Sichem) und sie
sagten zu Rehabeam: 4 Dein Vater hat uns ein har-
tes Joch auferlegt. Erleichtere jetzt den harten
Dienst deines Vaters und das schwere Joch, das er
uns auferlegt hat. Dann wollen wir dir dienen. 5 Er
antwortete ihnen: Kommt nach drei Tagen wieder
zu mir! Als sich das Volk entfernt hatte, 6 beriet sich
König Rehabeam mit den älteren Männern, die zu
Lebzeiten seines Vaters Salomo in dessen Dienst
gestanden hatten. Er fragte sie: Welchen Rat gebt
ihr mir? Was soll ich diesem Volk antworten? 7 Sie
sagten zu ihm: Wenn du gut gegen dieses Volk bist,
ihnen zu Willen bist und freundlich mit ihnen
redest, dann werden sie immer deine Diener sein.
8 Doch er verwarf den Rat, den die Älteren ihm
gegeben hatten, und beriet sich mit den jungen
Leuten, die mit ihm groß geworden waren und
jetzt in seinem Dienst standen. 9 Er fragte sie: Wel-
chen Rat gebt ihr mir? Was sollen wir diesem Volk
antworten, das zu mir sagt: Erleichtere das Joch,
das dein Vater uns auferlegt hat. 10 Die jungen
Leute, die mit ihm groß geworden waren, sagten

zu ihm: So sollst du dem Volk antworten, das zu
dir sagt: Dein Vater hat uns ein schweres Joch auf-
erlegt. Erleichtere es uns! So sollst du zu ihnen
sagen: Mein kleiner Finger ist stärker als die Len-
den meines Vaters. 11 Hat mein Vater euch ein
schweres Joch aufgebürdet, so werde ich es noch
schwerer machen. Mein Vater hat euch mit Peit-
schen gezüchtigt, ich werde euch mit Skorpionen
züchtigen.
12 Am dritten Tag kamen Jerobeam und das ganze
Volk zu Rehabeam; denn der König hatte ihnen
gesagt: Kommt am dritten Tag wieder zu mir!
13 Der König gab ihnen nun eine harte Antwort. Er
verwarf den Rat der Älteren 14 und antwortete
ihnen nach dem Rat der jungen Leute: Mein Vater
hat euer Joch schwer gemacht. Ich werde es noch
schwerer machen. Mein Vater hat euch mit Peit-
schen gezüchtigt, ich werde euch mit Skorpionen
züchtigen. 15 Der König hörte also nicht auf das
Volk; denn Gott hatte es so bestimmt, um das Wort
wahr zu machen, das er durch Ahija von Schilo zu
Jerobeam, dem Sohn Nebats, gesprochen hatte.
16 Als alle Israeliten sahen, dass der König nicht auf
sie hörte, gaben sie ihm zur Antwort:
Welchen Anteil haben wir an David? / Wir haben
keinen Erbbesitz beim Sohn Isais. / In deine Zelte,
Israel! / Nun kümmere dich um dein Haus, David!
So begab sich ganz Israel zu seinen Zelten. 17 Nur
über die Israeliten, die in den Städten Judas wohn-
ten, blieb Rehabeam König. 18 Und als er den
Fronaufseher Hadoram hinschickte, steinigten
ihn die Israeliten zu Tode. Dem König Rehabeam
gelang es, den Wagen zu besteigen und nach Jeru-
salem zu entkommen. 19 So fiel Israel vom Haus
David ab und ist abtrünnig bis zum heutigen Tag.
11 Rehabeam kam nach Jerusalem und ver-
sammelte das Haus Juda und Benjamin,
hundertachtzigtausend auserlesene Krieger, um
gegen die Israeliten zu kämpfen und das König-
tum für Rehabeam zurückzugewinnen. 2 Doch das
Wort des Herrn erging an Schemaja, den Mann
Gottes: 3 Sag zu Rehabeam, dem Sohn Salomos,
dem König von Juda, und zu allen Israeliten in
Juda und Benjamin: 4 So spricht der Herr: Zieht
nicht in den Krieg gegen eure Brüder! Jeder kehre
in sein Haus zurück, denn ich habe es so verfügt.
Sie hörten auf die Worte des Herrn und sahen
davon ab, gegen Jerobeam zu ziehen. 5 Rehabeam
blieb in Jerusalem.

10,1 – 11,5 || 1 Kön 12,1–24 • 10,2: 1 Kön 11,26–40 •
15: 1 Kön 11,30–39

Rehabeam

6 Rehabeam baute Städte in Juda zu Festungen aus.
Er baute aus: Betlehem, Etam, Tekoa, 7 Bet-Zur,
Socho, Adullam, 8 Gat, Marescha, Sif, 9 Adorajim,
Lachisch, Aseka, 10 Zora, Ajalon und Hebron, die
alle in Juda und Benjamin lagen, lauter Festungen.
11 Er machte die Festungen stark, setzte Befehlsha-
ber über sie ein und legte Vorräte an Nahrungs-
mitteln, Öl und Wein in ihnen an. 12 In jede ein-
zelne Stadt brachte er Schilde und Lanzen. So
machte er sie sehr stark.
Rehabeam herrschte über Juda und Benjamin.
13 Auch die Priester und Leviten, die (zerstreut) in
ganz Israel lebten, stellten sich aus all ihren Gebie-
ten bei ihm ein. 14 Denn die Leviten verließen ihre
Weideflächen und ihren Besitz und zogen nach
Juda und Jerusalem, weil Jerobeam und seine
Söhne ihnen den Priesterdienst für den Herrn ver-
wehrten. 15 Jerobeam bestellte sich eigene Priester
für die Kulthöhen, für die Bocksgeister und für die
Kälber, die er gemacht hatte. 16 Den Leviten folg-
ten aus allen Stämmen Israels auch andere, die
darauf bedacht waren, den Herrn, den Gott Isra-
els, zu suchen. Sie kamen nach Jerusalem, um dem
Herrn, dem Gott ihrer Väter, Opfer darzubringen.
17 Sie stärkten das Reich Juda und waren drei Jahre
lang eine Stütze für Rehabeam, den Sohn Salomos;
denn drei Jahre folgten sie den Wegen Davids und
Salomos.
18 Rehabeam nahm sich Mahalat, die Tochter Jeri-
mots, des Sohnes Davids, und der Abihajil, der
Tochter Eliabs, des Sohnes Isais, zur Frau. 19 Sie
gebar ihm die Söhne Jëusch, Schemarja und
Saham. 20 Nach ihr nahm er Maacha, die Enkelin
Abschaloms. Sie gebar ihm Abija, Attai, Sisa und
Schelomit. 21 Rehabeam aber liebte Maacha, die
Enkelin Abschaloms, mehr als seine anderen
Frauen und Nebenfrauen. Er hatte nämlich acht-
zehn Frauen und sechzig Nebenfrauen genom-
men und achtundzwanzig Söhne und sechzig
Töchter gezeugt. 22 Abija, den Sohn der Maacha,
bestellte Rehabeam zum Oberhaupt und Fürsten

unter seinen Brüdern; denn er hatte vor, ihn zum König zu machen. 23 In kluger Weise verteilte er alle Gegenden Judas und Benjamins und alle festen Städte an seine Söhne. Auch verschaffte er ihnen reichlichen Unterhalt und warb viele Frauen für sie.

12 Als aber seine Herrschaft gefestigt und er stark geworden war, fiel er mit ganz Israel vom Gesetz des Herrn ab. 2 Im fünften Jahr des Königs Rehabeam zog Schischak, der König von Ägypten, gegen Jerusalem, da sie dem Herrn untreu geworden waren. 3 Er kam mit zwölfhundert Wagen und sechzigtausend Wagenkämpfern. Zahllos war das Kriegsvolk, das mit ihm aus Ägypten kam: Libyer, Sukkijiter und Kuschiter. 4 Er eroberte die Festungen in Juda und rückte vor Jerusalem. 5 Damals kam der Prophet Schemaja zu Rehabeam und zu den führenden Leuten Judas, die sich vor Schischak nach Jerusalem zurückgezogen hatten, und sagte zu ihnen: So spricht der Herr: Ihr habt mich verlassen; darum verlasse auch ich euch und übergebe euch der Hand Schischaks. 6 Doch nun demütigten sich die führenden Leute Israels und der König und sagten: Der Herr ist gerecht. 7 Als der Herr sah, dass sie sich demütigten, erging das Wort des Herrn an Schemaja: Sie haben sich gedemütigt; darum werde ich sie nicht verderben. Bald werde ich ihnen Rettung bringen und mein Zorn soll sich nicht durch Schischak über Jerusalem ergießen. 8 Doch sollen sie ihm untertan werden, damit sie den Unterschied zwischen meinem Dienst und dem Dienst der irdischen Reiche erfahren. 9 Schischak, der König von Ägypten, zog also gegen Jerusalem. Er raubte die Schätze des Tempels und die Schätze des königlichen Palastes und nahm alles weg, auch die goldenen Schilde, die Salomo hatte anfertigen lassen. 10 An deren Stelle ließ König Rehabeam bronzene anfertigen und übergab sie den Befehlshabern der Läufer, die den Eingang zum Haus des Königs bewachten. 11 Sooft nun der König in das Haus des Herrn ging, kamen die Läufer, trugen die Schilde und brachten sie dann wieder in ihre Wachstube zurück. 12 Da der König sich demütigte, ließ der Zorn des Herrn von ihm ab, sodass er ihn nicht ganz zugrunde richtete. Es gab ja in Juda noch manches Gute. 13 So gewann König Rehabeam wieder festen Halt in Jerusalem und herrschte weiter als König.
Er war einundvierzig Jahre alt, als er König wurde, und regierte siebzehn Jahre in Jerusalem, der Stadt, die der Herr aus allen Stämmen Israels erwählt hatte, um seinen Namen dorthin zu legen. Seine Mutter hieß Naama und war eine Ammoniterin. 14 Er tat Böses und war nicht darauf bedacht, den Herrn zu suchen.
15 Die frühere und die spätere Geschichte Rehabeams ist aufgezeichnet in der Geschichte des Propheten Schemaja und des Sehers Iddo. Sie enthalten auch seinen Stammbaum. Der Krieg zwischen Rehabeam und Jerobeam dauerte die ganze Zeit an. 16 Rehabeam entschlief zu seinen Vätern und wurde in der Davidstadt begraben. Sein Sohn Abija wurde König an seiner Stelle.

11,15: 1 Kön 12,28 • 12,9–16 || 1 Kön 14,21–31

Abija

13 Im achtzehnten Jahr des Königs Jerobeam wurde Abija König von Juda. 2 Er regierte drei Jahre in Jerusalem. Seine Mutter hieß Michaja und war eine Tochter Uriëls aus Gibea.
Es war aber Krieg zwischen Abija und Jerobeam. 3 Abija begann den Kampf mit einem Heer von vierhunderttausend auserlesenen Kriegern. Jerobeam stellte ihm achthunderttausend auserlesene, tapfere Krieger entgegen. 4 Da stieg Abija auf die Höhe des Berges Zemarajim im Gebirge Efraim und rief: Hört mich an, Jerobeam und ganz Israel! 5 Wisst ihr denn nicht, dass der Herr, der Gott Israels, David und seinen Söhnen das Königtum von Israel in einem Salzbund auf ewige Zeiten verliehen hat? 6 Doch Jerobeam, der Sohn Nebats, der Knecht Salomos, des Sohnes Davids, erhob sich und empörte sich gegen seinen Herrn. 7 Um ihn sammelten sich haltlose, nichtswürdige Leute, die Rehabeam, dem Sohn Salomos, überlegen waren. Rehabeam war eben noch jung und zaghaft und konnte gegen sie nicht aufkommen. 8 Ihr glaubt nun, euch gegen das Königtum des Herrn, das in der Hand der Söhne Davids liegt, behaupten zu können, weil ihr ein großer Haufen seid und die goldenen Kälber bei euch habt, die Jerobeam zu euren Göttern gemacht hat. 9 Habt ihr nicht die Priester des Herrn, die Nachkommen Aarons, und die Leviten ver-

stoßen und euch Priester bestellt wie die Völker
anderer Länder? Jeder, der mit einem jungen Stier
und sieben Widdern zu euch kam, um sich in das
Priesteramt einsetzen zu lassen, wurde Priester der
Nichtgötter. 10 Doch unser Gott ist der Herr. Wir ha-
ben ihn nicht verlassen. Die Nachkommen Aarons
dienen ihm als Priester und die Leviten versehen
ihren Dienst. 11 Jeden Morgen und jeden Abend
bringen sie dem Herrn Brandopfer und wohlrie-
chendes Räucherwerk dar, schichten Brote auf den
reinen Tisch und bedienen den goldenen Leuch-
ter mit seinen Lampen, um sie jeden Abend anzu-
zünden; denn wir achten auf die Anordnung des
Herrn, unseres Gottes. Doch ihr habt ihn verlassen.
12 Seht: Gott ist mit uns, er steht an unserer Spitze.
Bei uns sind auch seine Priester mit den Lärm-
trompeten, um gegen euch Kriegslärm zu blasen.
Israeliten, kämpft nicht gegen den Herrn, den Gott
eurer Väter; denn ihr werdet keinen Erfolg haben.
13 Doch Jerobeam ließ die Leute im Hinterhalt eine
Umgehung ausführen, um den Judäern in den
Rücken zu fallen. So stand seine Abteilung vor den
Judäern, der Hinterhalt aber in ihrem Rücken.
14 Als daher die Judäer sich umwandten, sahen sie,
dass ihnen der Angriff von vorne und von hinten
drohte. Sie schrien zum Herrn und die Priester
bliesen die Trompeten. 15 Dann erhoben die Judäer
das Kriegsgeschrei, und während sie lärmten,
schlug Gott den Jerobeam und ganz Israel durch
Abija und Juda. 16 Die Israeliten mussten vor den
Judäern fliehen. Gott gab sie in ihre Gewalt 17 und
Abija und seine Leute versetzten ihnen harte
Schläge, sodass fünfhunderttausend auserlesene
Krieger von ihnen fielen. 18 So wurden die Israeli-
ten damals gedemütigt, die Judäer aber gewannen
die Oberhand; denn sie stützten sich auf den
Herrn, den Gott ihrer Väter. 19 Abija verfolgte Je-
robeam und nahm ihm folgende Städte weg: Bet-
El mit seinen Tochterstädten, Jeschana mit seinen
Tochterstädten und Efron mit seinen Tochterstäd-
ten. 20 Jerobeam kam in den Tagen Abijas nicht
wieder zu Macht. Schließlich schlug ihn der Herr
und er starb. 21 Abija aber wurde mächtig. Er nahm
sich vierzehn Frauen und zeugte zweiundzwanzig
Söhne und sechzehn Töchter.
22 Die übrige Geschichte Abijas, sein Leben und
seine Reden sind aufgezeichnet in den Erläute-
rungen des Propheten Iddo. 23 Abija entschlief zu
seinen Vätern; man begrub ihn in der Davidstadt.
Sein Sohn Asa wurde König an seiner Stelle. In sei-
nen Tagen hatte das Land zehn Jahre Ruhe.

1–23 || 1 Kön 15,1–8

Asas Erfolge

14 Asa tat, was gut und recht war in den Augen
des Herrn, seines Gottes. 2 Er entfernte die
fremden Altäre und die Kulthöhen, zerbrach die
Steinmale, hieb die Kultpfähle um 3 und befahl den
Judäern, den Herrn, den Gott ihrer Väter, zu
suchen und das Gesetz und die Gebote zu halten.
4 Er beseitigte die Kulthöhen und die Rauchop-
feraltäre aus allen Städten Judas. Das Reich hatte
Ruhe unter ihm.
5 Weil das Land Ruhe hatte und weil er in jenen
Jahren keinen Krieg führen musste, konnte Asa
Festungen in Juda ausbauen. Der Herr hatte ihm
nämlich Ruhe verschafft. 6 Er sagte daher zu den
Männern Judas: Wir wollen diese Städte ausbauen
und sie mit Mauern, Türmen, Toren und Riegeln
versehen; denn noch liegt das Land frei vor uns.
Weil wir den Herrn, unseren Gott, eifrig gesucht
haben, hat er uns ringsum Ruhe verschafft. So
konnten sie bauen und hatten Erfolg.
7 Asa hatte ein Heer von dreihunderttausend
Mann aus Juda, die Schild und Lanze führten, und
zweihundertachtzigtausend Mann aus Benjamin,
die den Rundschild trugen und den Bogen spann-
ten. Sie alle waren tapfere Krieger. 8 Gegen sie zog
der Kuschiter Serach mit einem Heer von einer
Million Mann und dreihundert Wagen. Er kam bis
Marescha. 9 Asa zog ihm entgegen und sie stellten
sich im Tal nördlich von Marescha zum Kampf
auf. 10 Doch Asa rief zum Herrn, seinem Gott, und
sagte: Herr, im Streit zwischen einem Mächtigen
und einem Schwachen kann niemand so helfen
wie du. Hilf uns, Herr, unser Gott; denn du bist
unsere Stütze und in deinem Namen sind wir
gegen diese Übermacht gezogen. Herr, du bist
unser Gott und kein Mensch soll etwas gegen dich
vermögen. 11 Da schlug der Herr die Kuschiter vor
Asa und Juda und die Kuschiter mussten fliehen;
12 Asa und seine Leute verfolgten sie bis Gerar. Von
den Kuschitern fielen so viele, dass sie sich nicht
mehr erholten. Sie zerbrachen vor dem Herrn und

seinem Heerlager. Die Judäer aber machten reiche
Beute. 13 Sie schlugen alle Städte im Umkreis von
Gerar, denn der Schrecken des Herrn war über sie
gekommen. Die Judäer plünderten sie aus, denn es
gab in ihnen viel zu erbeuten. 14 Auch die Zeltlager
bei den Herden überwältigten sie, führten eine
Menge Schafe und Ziegen und Kamele fort und
kehrten dann nach Jerusalem zurück.

1–4 || 1 Kön 15,9–12

Die Bundeserneuerung unter Asa

15 Über Asarja, den Sohn Odeds, kam der
Geist Gottes. 2 Er ging zu Asa hinaus und
sagte zu ihm: Hört mich an, Asa und ihr alle von
Juda und Benjamin! Der Herr ist mit euch, wenn
ihr zu ihm haltet. Wenn ihr ihn sucht, lässt er sich
von euch finden; wenn ihr ihn aber verlasst, ver-
lässt er euch. 3 Lange Zeit lebte Israel ohne den
wahren Gott, ohne einen belehrenden Priester,
ohne Gesetz. 4 In ihrer Not bekehrten sie sich zum
Herrn, dem Gott Israels, und da sie ihn suchten,
ließ er sich von ihnen finden. 5 In jenen Zeiten
konnte niemand sicher aus- und eingehen, denn
große Unruhe lag über allen Bewohnern der Län-
der. 6 Ein Volk wurde vom andern bedrängt, eine
Stadt von der andern, denn Gott beunruhigte sie
durch allerlei Not. 7 Ihr aber, seid stark! Eure
Hände sollen nicht erschlaffen, denn euer Tun
wird seinen Lohn finden.
8 Als Asa diese Worte und Weissagungen des Pro-
pheten Asarja, des Sohnes Odeds, hörte, entfernte
er mutig die Götzenbilder aus dem ganzen Gebiet
von Juda und Benjamin sowie aus den Städten, die
er im Gebirge Efraim erobert hatte. Auch erneu-
erte er den Altar des Herrn, der vor dem Tempel
des Herrn stand. 9 Dann versammelte er ganz Juda
und Benjamin sowie die Leute von Efraim,
Manasse und Simeon, die sich bei ihnen aufhiel-
ten. Sehr viele waren nämlich aus Israel zu ihm
übergegangen, als sie sahen, dass der Herr, sein
Gott, mit ihm war. 10 Im dritten Monat des fünf-
zehnten Jahres der Regierung Asas kamen sie in
Jerusalem zusammen 11 und opferten an jenem
Tag dem Herrn siebenhundert Rinder und sie-
bentausend Schafe von der Beute, die sie gemacht
hatten. 12 Sie gingen die Verpflichtung ein, mit
ganzem Herzen und ganzer Seele den Herrn, den
Gott ihrer Väter, zu suchen. 13 Wer aber nicht den
Herrn, den Gott Israels, suchen würde, sollte getö-
tet werden, sei er klein oder groß, Mann oder Frau.
14 Das schworen sie dem Herrn mit lauter Stimme,
unter Freudenrufen, beim Schall der Trompeten
und Hörner. 15 Ganz Juda freute sich über den
Schwur, denn sie hatten ihn mit ganzem Herzen
geleistet. Und da sie mit bestem Willen den Herrn
suchten, ließ er sich von ihnen finden und ver-
schaffte ihnen ringsum Ruhe.
16 König Asa enthob auch seine Großmutter
Maacha ihrer Stellung als Herrin, weil sie der
Aschera ein Schandbild errichtet hatte. Er ließ das
Schandbild umhauen, es zertrümmern und im
Kidrontal verbrennen. 17 Nur die Kulthöhen ver-
schwanden nicht aus Israel. Doch das Herz Asas
war ungeteilt (beim Herrn), solange er lebte. 18 Er
brachte auch die Weihegaben seines Vaters und
seine eigenen Weihegaben in das Haus Gottes: Sil-
ber, Gold und allerlei Geräte.

16–18 || 1 Kön 15,13–15

Der Krieg Asas mit dem Nordreich

19 Es gab keinen Krieg bis zum fünfunddreißigsten
Jahr der Regierung Asas.
16 Im sechsunddreißigsten Regierungsjahr
Asas zog Bascha, der König von Israel,
gegen Juda und baute Rama aus, um Asa, den
König von Juda, daran zu hindern, in den Krieg zu
ziehen. 2 Da nahm Asa Silber und Gold aus den
Schatzkammern des Tempels und des königlichen
Palastes und sandte es an Ben-Hadad, den König
von Aram, der in Damaskus seinen Sitz hatte.
Dabei ließ er ihm sagen: 3 Zwischen mir und dir,
zwischen meinem Vater und deinem Vater soll ein
Bündnis sein. Ich schicke dir Silber und Gold. Löse
also dein Bündnis mit Bascha, dem König von
Israel, damit er von mir abzieht. 4 Ben-Hadad
hörte auf König Asa. Er sandte seine Heerführer
gegen die Städte Israels und diese verwüsteten
Ijon, Dan und Abel-Majim sowie alle Vorratshäu-
ser in den Städten Naftalis. 5 Als Bascha das erfuhr,
hörte er auf, Rama auszubauen, und stellte die
Arbeit ein. 6 König Asa aber holte ganz Juda herbei
und ließ die Steine und Balken wegnehmen, mit
denen Bascha Rama ausgebaut hatte. Mit ihnen
baute er Geba und Mizpa aus.

7 Damals kam der Seher Hanani zu Asa, dem König
von Juda, und hielt ihm vor: Weil du dich auf den
König von Aram gestützt hast und nicht auf den
Herrn, deinen Gott, darum ist das Heer des Königs
von Aram deiner Hand entkommen. 8 Hatten
nicht auch die Kuschiter und Libyer ein gewaltiges
Heer mit sehr vielen Wagen und Wagenkämpfern?
Weil du dich aber auf den Herrn stütztest, gab er
es in deine Gewalt. 9 Denn die Augen des Herrn
schweifen über die ganze Erde, um denen ein starker Helfer zu sein, die mit ungeteiltem Herzen zu
ihm halten. Hierin hast du töricht gehandelt, denn
von nun an wirst du Krieg haben. 10 Asa aber
wurde zornig über den Seher. Er ließ ihn im
Gefängnis in den Block legen, denn er war über
ihn sehr aufgebracht. Auch einige aus dem Volk
ließ Asa damals misshandeln.

15,19–16,6 || 1 Kön 15,17–22 • 16,8: 14,7–14

Der Tod Asas

11 Die frühere und die spätere Geschichte Asas ist
aufgezeichnet im Buch der Könige von Juda und
Israel. 12 Im neununddreißigsten Jahr seiner Regierung erkrankte Asa an den Füßen. Die Krankheit
war sehr heftig. Aber auch in der Krankheit suchte
er nicht den Herrn, sondern die Ärzte. 13 Asa entschlief zu seinen Vätern; er starb im einundvierzigsten Jahr seiner Regierung. 14 Man setzte ihn bei
in seiner Grabstätte, die er sich in der Davidstadt
angelegt hatte. Man legte ihn auf ein Lager, das mit
Balsam und allerlei kunstvoll zubereiteten Salben
ausgestattet war, und zündete zu seiner Ehre ein
gewaltiges Feuer an.

11–14 || 1 Kön 15,23f

Joschafats glückliche Regierung

17 Joschafat, der Sohn Asas, wurde König
anstelle seines Vaters. Er wurde mächtig in
Israel, 2 brachte Truppen in alle befestigten Städte
Judas und legte eine Besatzung in das Land Juda
und in die Städte Efraims, die sein Vater Asa
erobert hatte. 3 Der Herr war mit Joschafat; denn
er folgte den früheren Wegen seines Vaters und
suchte nicht die Baale auf, 4 sondern den Gott seines Vaters. Er befolgte seine Gebote und machte
es nicht wie Israel. 5 Darum festigte der Herr
die Königsherrschaft in seiner Hand. Ganz Juda
brachte Joschafat Geschenke, sodass ihm Reichtum und Ehre in hohem Maß zuteil wurden. 6 Da
sein Herz den Wegen des Herrn folgte, erstarkte
sein Mut und so entfernte er auch die Kulthöhen
und die Kultpfähle aus Juda.
7 Im dritten Jahr seiner Regierung sandte er seine
Beamten Ben-Hajil, Obadja, Secharja, Netanel
und Michaja zur Belehrung des Volkes in die
Städte Judas. 8 Bei ihnen waren die Leviten Schemaja, Netanja, Sebadja, Asaël, Schemiramot, Jonatan, Adonija, Tobija und Tob-Adonija sowie die
Priester Elischama und Joram. 9 Sie lehrten in
Juda; mit dem Gesetzbuch des Herrn durchzogen
sie alle Städte Judas und belehrten das Volk.
10 Über alle Königreiche der Länder rings um Juda
kam der Schrecken des Herrn, sodass sie mit
Joschafat keinen Krieg anfingen. 11 Die Philister
brachten ihm Geschenke und zahlten Tribut.
Auch die Araber lieferten ihm Kleinvieh: siebentausendsiebenhundert Widder und siebentausendsiebenhundert Ziegenböcke. 12 So wurde
Joschafat immer mächtiger. Er baute in Juda Burgen und Vorratsstädte 13 und unternahm viel in
den Städten Judas. In Jerusalem standen tapfere
Krieger zu seiner Verfügung. 14 Und das war ihre
Dienstordnung nach ihren Großfamilien: Für
Juda waren als Tausendschaftsführer bestellt der
Oberst Adna mit 300 000 tapferen Kriegern 15 und
ihm zur Seite der Oberst Johanan mit 280 000
Mann 16 sowie Amasja, der Sohn Sichris, der sich
freiwillig (zum Kriegsdienst) für den Herrn gestellt hatte, mit 200 000 tapferen Kriegern. 17 Aus
Benjamin kam Eljada, ein tapferer Krieger, mit
200 000 Mann, die Bogen und Schild trugen.
18 Ihm zur Seite stand Josabad mit 180 000 zum
Heeresdienst gerüsteten Männern. 19 Sie dienten
dem König zusätzlich zu jenen, die er in die Festungen in ganz Juda gebracht hatte.

18 So wurden Joschafat Reichtum und Ehre in
hohem Maß zuteil.

Joschafats Teilnahme am Feldzug Ahabs

Joschafat verschwägerte sich mit Ahab. 2 Als er
nach einigen Jahren zu Ahab nach Samaria kam,
ließ Ahab für ihn und seine Leute eine Menge
Schafe und Rinder schlachten und überredete
ihn, gegen Ramot-Gilead in den Krieg zu ziehen.

3 Ahab, der König von Israel, fragte Joschafat, den
König von Juda: Würdest du mit mir gegen
Ramot-Gilead ziehen? Er antwortete: Ich ziehe mit
dir, mein Volk mit deinem Volk. Ich nehme mit dir
am Krieg teil.
4 Joschafat bat aber den König von Israel: Befrag
doch zuvor den Herrn! 5 Da versammelte der Kö-
nig von Israel die Propheten, vierhundert Mann,
und fragte sie: Soll ich gegen Ramot-Gilead
zu Felde ziehen oder soll ich es lassen? Sie gaben
den Bescheid: Zieh hinauf! Gott gibt die Stadt in
die Hand des Königs. 6 Doch Joschafat sagte: Ist
hier sonst kein Prophet des Herrn, den wir befra-
gen könnten? 7 Der König von Israel antwortete
Joschafat: Es ist noch einer da, durch den wir den
Herrn befragen könnten. Doch ich hasse ihn; denn
er weissagt mir nie Gutes, sondern immer nur
Schlimmes. Es ist Micha, der Sohn Jimlas. Joscha-
fat erwiderte: Der König sage das nicht. 8 Da rief
der König von Israel einen Hofbeamten herbei
und befahl ihm, unverzüglich Micha, den Sohn
Jimlas, zu holen. 9 Der König von Israel und
Joschafat, der König von Juda, saßen in königli-
chen Gewändern auf ihren Thronen. Sie befanden
sich auf der Tenne beim Tor Samarias und alle Pro-
pheten weissagten vor ihnen. 10 Zidkija, der Sohn
Kenaanas, hatte sich eiserne Hörner gemacht und
rief: So spricht der Herr: Mit diesen wirst du die
Aramäer niederstoßen, bis du sie vernichtet hast.
11 Alle Propheten weissagten in gleicher Weise und
riefen: Zieh nach Ramot-Gilead und sei erfolg-
reich; der Herr gibt die Stadt in die Hand des
Königs.
12 Der Bote aber, der Micha holen sollte, redete ihm
zu: Die Worte der Propheten waren ohne Aus-
nahme günstig für den König. Mögen deine Worte
ihren Worten gleichen. Sag daher Gutes an!
13 Doch Micha erwiderte: So wahr der Herr lebt:
Nur was Gott mir sagt, werde ich sagen. 14 Als er
zum König kam, fragte ihn dieser: Micha, sollen
wir gegen Ramot-Gilead zu Felde ziehen oder sol-
len wir es lassen? Micha antwortete: Zieht hinauf
und seid erfolgreich! Sie werden eurer Gewalt
übergeben werden. 15 Doch der König entgegnete:
Wie oft muss ich dich beschwören, mir im Namen
des Herrn nur die Wahrheit zu sagen? 16 Da sagte
Micha: Ich sah ganz Israel über die Berge zerstreut
wie Schafe, die keinen Hirten haben. Und der Herr
sagte: Sie haben keine Herren mehr. So gehe jeder
in Frieden nach Hause. 17 Da wandte sich der
König von Israel an Joschafat: Habe ich es dir nicht
gesagt? Er weissagt mir nie Gutes, sondern immer
nur Schlimmes. 18 Micha aber fuhr fort: Darum
hört das Wort des Herrn: Ich sah den Herrn auf
seinem Thron sitzen; das ganze Heer des Himmels
stand zu seiner Rechten und seiner Linken. 19 Und
der Herr fragte: Wer will Ahab, den König von
Israel, betören, sodass er nach Ramot-Gilead hi-
naufzieht und dort fällt? Da hatte der eine diesen,
der andere jenen Vorschlag. 20 Zuletzt trat der Geist
vor, stellte sich vor den Herrn und sagte: Ich werde
ihn betören. Der Herr fragte ihn: Auf welche
Weise? 21 Er gab zur Antwort: Ich werde mich auf-
machen und zu einem Lügengeist im Mund all sei-
ner Propheten werden. Da sagte der Herr: Du wirst
ihn betören; du vermagst es. Geh und tu es! 22 So
hat der Herr jetzt einen Geist der Lüge in den
Mund deiner Propheten gelegt; denn er hat über
dich Unheil beschlossen. 23 Da trat Zidkija, der
Sohn Kenaanas, zu Micha, schlug ihn ins Gesicht
und rief: Wie, sollte denn der Geist des Herrn von
mir gewichen sein, um mit dir zu reden? 24 Micha
erwiderte: Du wirst es an jenem Tag erfahren, an
dem du von einem Gemach in das andere eilst, um
dich zu verstecken. 25 Der König von Israel aber
gab den Befehl: Nehmt Micha fest, führt ihn zum
Stadtobersten Amon und zum Prinzen Joasch
26 und meldet: So spricht der König: Werft diesen
Mann ins Gefängnis, und haltet ihn streng bei Brot
und Wasser, bis ich wohlbehalten zurückkomme.
27 Doch Micha erwiderte: Wenn du wohlbehalten
zurückkommst, dann hat der Herr nicht durch
mich geredet. [Und er sagte: Hört, alle ihr Völker!]
28 Darauf zog der König von Israel mit Joschafat,
dem König von Juda, gegen Ramot-Gilead. 29 Der
König von Israel sagte zu Joschafat: Ich will mich
verkleiden und so in den Kampf ziehen. Du aber
behalte deine Gewänder an! So ging der König von
Israel verkleidet in den Kampf. 30 Der König von
Aram hatte aber den Obersten seiner Kriegswagen
befohlen: Greift niemanden an, er sei hohen oder
niederen Ranges, außer den König von Israel. 31 Als
daher die Obersten der Kriegswagen Joschafat
erblickten und ihn für den König von Israel hiel-

ten, stürmten sie auf ihn ein, sodass er um Hilfe
schrie. Doch der Herr half ihm und lenkte sie von
ihm weg. 32 Als sie nämlich sahen, dass er nicht der
König von Israel war, ließen sie von ihm ab. 33 Ein
Mann aber spannte aufs Geratewohl seinen Bogen
und traf den König von Israel zwischen Panzer
und Leibgurt. Dieser befahl daher dem Wagenlen-
ker: Wende um und bring mich aus der Schlacht;
denn ich bin verwundet. 34 Da aber die Schlacht an
jenem Tag heftig wurde, hielt der König von Israel
den Aramäern gegenüber im Wagen stand bis zum
Abend. Zur Zeit des Sonnenuntergangs starb er.

19 Joschafat aber, der König von Juda, kehrte
wohlbehalten nach Jerusalem in sein Haus
zurück. 2 Da trat ihm der Seher Jehu, der Sohn
Hananis, entgegen und hielt ihm vor: Musstest du
dem Frevler helfen und liebst du jene, die den
Herrn hassen? So lastet nun der Zorn des Herrn
auf dir. 3 Doch fand sich auch Gutes an dir. Du hast
die Kultpfähle aus dem Land beseitigt und deinen
Sinn darauf gerichtet, den wahren Gott zu suchen.

18,1–34 || 1 Kön 22,4–35 • 18: Jes 6,1–3 • 27: Mi 1,2

Joschafats Sorge für das Recht

4 Joschafat blieb in Jerusalem. Dann zog er wieder
von Beerscheba bis zum Gebirge Efraim unter
dem Volk umher und führte es zum Herrn, dem
Gott ihrer Väter, zurück. 5 Er bestellte Richter im
Land für jede einzelne feste Stadt Judas 6 und gab
ihnen die Weisung: Seht zu, was ihr tut; denn nicht
im Auftrag von Menschen haltet ihr Gericht, son-
dern im Auftrag des Herrn. Er steht euch in der
Rechtsprechung zur Seite. 7 Lasst euch also von der
Furcht des Herrn leiten und handelt gewissenhaft;
denn beim Herrn, unserem Gott, gibt es keine
Ungerechtigkeit, kein Ansehen der Person, keine
Bestechlichkeit. 8 Außerdem bestellte Joschafat in
Jerusalem Leviten, Priester und Familienhäupter
für das Gericht des Herrn und für Streitigkeiten
unter den Einwohnern Jerusalems. 9 Er trug ihnen
auf: Mit Furcht vor dem Herrn, mit Festigkeit und
ehrlichem Herzen verfahrt folgendermaßen: 10 Bei
jedem Streitfall, den eure Brüder in ihren Städten
euch vorlegen, mag es sich nun um Blutschuld
oder um eine Weisung, um ein Gebot oder um
Gesetze und Rechte handeln, sollt ihr die Beteilig-
ten warnen, damit sie nicht vor dem Herrn schul-
dig werden und ein Zorngericht über euch und
eure Brüder kommt. Das sollt ihr tun, damit ihr
euch nicht versündigt. 11 Seht, der Oberpriester
Amarja ist euer Vorgesetzter in allen Angelegen-
heiten des Herrn und Sebadja, der Sohn Jischma-
els, der Fürst des Hauses Juda, in allen Angelegen-
heiten des Königs. Als Beamte stehen euch die
Leviten zur Verfügung. Geht mutig an die Arbeit
und der Herr sei mit dem, der seine Pflicht erfüllt.

Joschafats Sieg über die Feinde

20 Danach zogen die Moabiter und Ammo-
niter mit einer Anzahl von Mëunitern
zum Krieg gegen Joschafat heran. 2 Boten kamen
und meldeten Joschafat: Ein großer Heerhaufen
zieht von jenseits des Meeres, von Edom, gegen
dich. Sie stehen schon in Hazezon-Tamar, das ist
En-Gedi. 3 Joschafat geriet in Furcht; er beschloss,
den Herrn zu befragen, und ließ in ganz Juda ein
Fasten ausrufen. 4 Die Judäer versammelten sich,
um vom Herrn (Hilfe) zu erbitten. Auch aus allen
Städten Judas kamen sie herbei, um den Herrn zu
bitten. 5 Joschafat aber trat im Haus des Herrn, im
neuen Vorhof, vor die Versammlung Judas und
Jerusalems 6 und betete: Herr, Gott unserer Väter,
bist nicht du Gott im Himmel und Herrscher über
alle Reiche der Völker? In deiner Hand liegen Kraft
und Stärke; niemand kann dir widerstehen. 7 Hast
nicht du, unser Gott, die Bewohner dieses Landes
vor deinem Volk Israel vertrieben und für alle Zei-
ten ihr Gebiet den Nachkommen Abrahams, dei-
nes Freundes, gegeben? 8 Sie ließen sich darin nie-
der, bauten deinem Namen ein Heiligtum und
sagten: 9 Wenn Unglück, Schwert, Überschwem-
mung, Pest oder Hunger über uns kommen, wol-
len wir vor dieses Haus und vor dein Angesicht
hintreten; denn dein Name ist gegenwärtig in die-
sem Haus. Wir wollen in unserer Not zu dir rufen
und du wirst uns dann hören und wirst helfen.
10 Da stehen nun die Ammoniter, Moabiter und die
Bewohner des Berglands Seïr (an unseren Gren-
zen). Du hast den Israeliten bei ihrem Auszug aus
Ägypten nicht erlaubt, ihr Gebiet zu betreten. Sie
haben sich von ihnen ferngehalten und sie nicht
ausgerottet. 11 Dafür erweisen sie uns nun Böses;
sie kommen, um uns aus deinem Besitz zu ver-
treiben, den du uns verliehen hast. 12 Wirst du,

unser Gott, nicht über sie Gericht halten? Wir sind
machtlos vor dieser gewaltigen Menge, die gegen
uns zieht, und wissen nicht, was wir tun sollen.
Nur auf dich sind unsere Augen gerichtet.
[13] Während ganz Juda, mit Kindern, Frauen und
Söhnen, vor dem Herrn stand, [14] kam mitten in der
Versammlung der Geist des Herrn über Jahasiël,
den Sohn Secharjas, des Sohnes Benajas, des Soh-
nes Jëiëls, des Sohnes Mattanjas, einen Leviten von
den Söhnen Asafs. [15] Er rief: Ihr Judäer alle, ihr Ein-
wohner Jerusalems und du, König Joschafat,
merkt auf! So spricht der Herr zu euch: Fürchtet
euch nicht und erschreckt nicht vor diesem
großen Heerhaufen; denn nicht eure, sondern
Gottes Sache ist der Krieg. [16] Zieht morgen gegen
sie hinab! Sie werden die Steige von Ziz herauf-
kommen und ihr werdet am Ausgang des Tals vor
der Wüste Jeruël auf sie stoßen. [17] Doch werdet ihr
nicht kämpfen müssen. Tretet an, bleibt aber ste-
hen und seht zu, wie der Herr euch Rettung ver-
schafft. Juda und Jerusalem, fürchtet euch nicht
und habt keine Angst! Morgen sollt ihr vor ihren
Augen ausrücken und der Herr wird mit euch sein.
[18] Da verneigte sich Joschafat mit dem Gesicht zur
Erde. Auch alle Judäer und die Einwohner Jerusa-
lems fielen vor dem Herrn nieder und beteten ihn
an. [19] Darauf erhoben sich von den Leviten die
Nachkommen Kehats, und zwar die Nachkom-
men Korachs, um den Herrn, den Gott Israels, mit
lauter und mächtiger Stimme zu preisen.
[20] Früh am nächsten Morgen zogen sie in die
Wüste von Tekoa. Beim Aufbruch trat Joschafat
hin und rief: Hört mir zu, Juda und ihr Einwoh-
ner Jerusalems! Vertraut auf den Herrn, euren
Gott, dann werdet ihr bestehen. Vertraut auf seine
Propheten, dann werdet ihr Erfolg haben. [21] Nach-
dem er sich mit dem Volk beraten hatte, stellte er
Sänger für den Herrn auf, die in heiligem Schmuck
dem kampfbereiten Heer voranzogen, Loblieder
sangen und riefen: Dankt dem Herrn; denn seine
Huld währt ewig. [22] Während sie den Jubelruf und
Lobpreis anstimmten, führte der Herr Feinde aus
dem Hinterhalt gegen die Ammoniter, Moabiter
und die Bewohner des Berglands Seïr, die gegen
Juda gezogen waren, sodass sie geschlagen wur-
den. [23] Darauf stellten sich die Ammoniter und
Moabiter gegen die Bewohner des Berglands Seïr,
weihten sie dem Untergang und vernichteten sie.
Nachdem sie die Bewohner Seïrs vollends aufge-
rieben hatten, gerieten sie selbst gegeneinander zu
ihrem eigenen Verderben. [24] Als daher die Judäer
an die Stelle kamen, von der aus man die Wüste
überschauen konnte, und ihren Blick auf die
feindlichen Scharen richteten, sahen sie nur Lei-
chen am Boden liegen; keiner war entkommen.
[25] Da rückte Joschafat mit seinen Leuten an, um die
Beute zu sammeln. Sie fanden bei ihnen eine
Menge Waren, Kleider, kostbare Geräte und nah-
men so viel an sich, dass sie es nicht mehr tragen
konnten. Drei Tage plünderten sie, denn die Beute
war reichlich. [26] Am vierten Tag sammelten sie sich
im Tal Beracha und priesen dort den Herrn.
Darum nennt man diese Gegend Tal Beracha
(Preistal) bis zum heutigen Tag. [27] Darauf wandten
sich alle Männer Judas und Jerusalems mit Jo-
schafat an ihrer Spitze voller Freude zur Heimkehr
nach Jerusalem; denn der Herr hatte ihnen Freude
über ihre Feinde verliehen. [28] Unter dem Spiel der
Harfen, Zithern und Trompeten kamen sie nach
Jerusalem zum Haus des Herrn. [29] Der Schrecken
Gottes aber erfasste alle Reiche der Länder, als sie
hörten, dass der Herr gegen die Feinde Israels
gekämpft habe. [30] So hatte das Reich Joschafats
Frieden und sein Gott verschaffte ihm ringsum
Ruhe.

6: 1 Chr 29,12 • 9: 6,28 • 10: Dtn 2,4–19 • 20: Jes 7,9 • 21: Ps 136,1

Weitere Nachrichten über Joschafat

[31] Joschafat war König von Juda. Er war fünfund-
dreißig Jahre alt, als er König wurde, und regierte
fünfundzwanzig Jahre in Jerusalem. Seine Mutter
hieß Asuba und war eine Tochter Schilhis. [32] Er
folgte den Wegen seines Vaters Asa, ohne von
ihnen abzuweichen, und tat, was dem Herrn gefiel.
[33] Nur die Kulthöhen verschwanden nicht. Das
Volk hatte seinen Sinn noch nicht auf den Gott sei-
ner Väter gerichtet.
[34] Die übrige Geschichte Joschafats, die frühere
und die spätere, ist aufgezeichnet in der Geschich-
te Jehus, des Sohnes Hananis, die in das Buch der
Könige von Israel aufgenommen wurde.
[35] Zuletzt verbündete sich Joschafat, der König von
Juda, mit Ahasja, dem König von Israel, dessen
Tun frevelhaft war. [36] Joschafat schloss mit ihm ein

Abkommen, um Schiffe zu bauen, die nach Tar-
schisch fahren sollten. Sie bauten die Schiffe in
Ezjon-Geber. 37 Doch Eliëser, der Sohn Dodawas
aus Marescha, weissagte gegen Joschafat: Weil du
dich mit Ahasja verbündet hast, wird der Herr
dein Werk zerstören. So zerschellten denn die
Schiffe und konnten nicht nach Tarschisch fahren.

31–37 ‖ 1 Kön 22,41–50

Joram

21 Joschafat entschlief zu seinen Vätern und
wurde bei seinen Vätern in der Davidstadt
begraben. Sein Sohn Joram wurde König an seiner
Stelle. 2 Seine Brüder, die Söhne Joschafats, wa-
ren: Asarja, Jehiël, Secharja, Asarja, Michael und
Schefatja; sie alle waren Söhne Joschafats, des
Königs von Juda. 3 Ihr Vater gab ihnen reiche
Geschenke an Silber, Gold und anderen Kostbar-
keiten, dazu befestigte Städte in Juda. Das König-
tum aber verlieh er Joram; denn dieser war der
Erstgeborene. 4 Doch Joram erhob sich gegen das
Königtum seines Vaters, gewann die Oberhand
und ließ alle seine Brüder und auch einige
führende Männer Israels mit dem Schwert hin-
richten.
5 Joram war zweiunddreißig Jahre alt, als er König
wurde, und regierte acht Jahre in Jerusalem. 6 Er
folgte den Wegen der Könige von Israel, wie es das
Haus Ahab getan hatte; denn er hatte eine Tochter
Ahabs zur Frau und er tat, was dem Herrn miss-
fiel. 7 Doch der Herr wollte das Haus David nicht
verderben wegen des Bundes, den er mit David
geschlossen hatte, und weil er ihm versprochen
hatte, er werde ihm und seinen Söhnen für immer
eine Leuchte geben.
8 In den Tagen Jorams fiel Edom von Juda ab und
setzte einen eigenen König ein. 9 Joram zog daher
mit seinen Obersten und allen Kriegswagen gegen
sie. Während der Nacht griff er an und schlug die
Edomiter, die ihn und die Obersten der Kriegswa-
gen umzingelt hatten. 10 Doch Edom fiel von Juda
ab und ist abtrünnig bis zum heutigen Tag.
Damals, zur gleichen Zeit, fiel auch Libna von Juda
ab; denn Joram hatte den Herrn, den Gott seiner
Väter, verlassen. 11 Auch errichtete er Kulthöhen
auf den Bergen Judas und verführte die Einwoh-
ner Jerusalems zur Untreue und Juda zum Abfall.
12 Damals traf ein Schreiben des Propheten Elija
bei ihm ein. Es hatte folgenden Inhalt: So spricht
der Herr, der Gott deines Vaters David: Weil du
nicht auf den Wegen deines Vaters Joschafat und
auf den Wegen Asas, des Königs von Juda, 13 son-
dern auf den Wegen der Könige von Israel gegan-
gen bist, weil du Juda und die Einwohner Jerusa-
lems zur Untreue verführt hast, wie es das Haus
Ahab getan hat, und weil du deine eigenen Brüder
aus der Familie deines Vaters, die besser waren als
du, getötet hast, 14 darum wird der Herr dein Volk,
deine Söhne und Frauen und deinen ganzen Besitz
mit harten Schlägen treffen. 15 Du selbst wirst in
schweres Siechtum verfallen und an deinen Einge-
weiden erkranken, sodass sie nach Jahr und Tag
infolge der Krankheit herausfallen werden.
16 Der Herr reizte nun den Wagemut der Philister
und der Araber, die neben den Kuschitern woh-
nen, gegen Joram auf. 17 Sie zogen gegen Juda,
überfielen das Land und nahmen den ganzen
Besitz weg, der sich im Palast des Königs fand;
auch seine Söhne und Frauen führten sie weg. Es
blieb ihm kein Sohn außer Joahas, dem jüngsten
von ihnen. 18 Nach all dem schlug der Herr den
Joram mit einer unheilbaren Krankheit in den
Eingeweiden. 19 Nach Jahr und Tag, zwei Tage vor
seinem Ende, fielen infolge der Krankheit seine
Eingeweide heraus und er starb unter großen
Schmerzen. Das Volk zündete zu seiner Ehre kein
Feuer an, wie das bei seinen Vätern geschehen war.
20 Er war zweiunddreißig Jahre alt, als er König
wurde, und regierte acht Jahre in Jerusalem. Er
ging dahin, von niemand bedauert. Man begrub
ihn in der Davidstadt, aber nicht in den Gräbern
der Könige.

1 ‖ 1 Kön 22,51 • 5–10 ‖ 2 Kön 8,16–24 • 7: 1 Kön 11,36

Ahasja

22 Die Einwohner Jerusalems machten nun
seinen jüngsten Sohn Ahasja zum König
an seiner Stelle. Alle älteren Brüder hatte die Räu-
berbande getötet, die mit den Arabern in das Lager
eingedrungen war. So kam Ahasja, der Sohn
Jorams, des Königs von Juda, zur Herrschaft.
2 Ahasja war zweiundzwanzig Jahre alt, als er
König wurde, und regierte ein Jahr in Jerusalem.
Seine Mutter hieß Atalja; sie war eine Enkelin

Omris. 3 Auch er folgte den Wegen des Hauses
Ahab, denn seine Mutter verführte ihn durch
ihren Rat zum Bösen. 4 Wie die Angehörigen des
Hauses Ahab tat er, was dem Herrn missfiel; denn
diese stürzten ihn nach dem Tod seines Vaters
durch ihren Rat ins Verderben.
5 Ihrem Rat folgend, zog er mit Joram, dem Sohn
Ahabs, dem König von Israel, gegen Hasaël, den
König von Aram, nach Ramot-Gilead in den
Krieg. Dabei verwundeten die Aramäer Joram
6 und er musste heimkehren, um in Jesreel von den
Wunden Heilung zu suchen, die ihm die Aramäer
geschlagen hatten, als er in Ramot gegen ihren
König Hasaël kämpfte. Ahasja, der Sohn Jorams,
der König von Juda, kam hinab, um Joram, den
Sohn Ahabs, in Jesreel zu besuchen, als er krank
daniederlag. 7 Von Gott aber war es zum Verder-
ben Ahasjas bestimmt, dass er sich zu Joram
begab. Mit Joram fuhr er nach seiner Ankunft
Jehu, dem Enkel Nimschis, entgegen, den der Herr
gesalbt hatte, damit er das Haus Ahab ausrotte.
8 Als Jehu seinen Streit mit dem Haus Ahab aus-
trug, stieß er auf die Hofleute Judas und die Ver-
wandten Ahasjas, die im Dienst Ahasjas standen,
und machte sie nieder. 9 Dann ließ er Ahasja
suchen. Man nahm ihn fest, während er sich in
Samaria verborgen hielt, brachte ihn vor Jehu und
tötete ihn. Doch gab man ihm ein Grab; denn sie
sagten: Er ist ein Enkel Joschafats, der den Herrn
mit ganzem Herzen gesucht hat. Im Haus Ahasjas
war nun niemand mehr, der fähig gewesen wäre,
die Königsherrschaft zu übernehmen.

2–9 || 2 Kön 8,25–29; 9,27f • 7: 2 Kön 9,21 • 8: 2 Kön 10,12–14

Atalja

10 Als Atalja, die Mutter Ahasjas sah, dass ihr Sohn
tot war, ging sie daran, die ganze Nachkommen-
schaft der königlichen Familie des Hauses Juda
auszurotten. 11 Doch Joscheba, die Tochter des
Königs, nahm Joasch, den Sohn Ahasjas, aus dem
Kreis der Königssöhne, die ermordet werden soll-
ten, weg und brachte ihn heimlich mit seiner
Amme in die Bettenkammer. Dort versteckte
sie ihn vor Atalja, sodass diese ihn nicht töten
konnte. Joscheba, die Tochter des Königs Joram
und Frau des Priesters Jojada, war die Schwester
Ahasjas. 12 Joasch blieb sechs Jahre bei ihr im
Haus Gottes verborgen, während Atalja das Land
regierte.

23 Doch im siebten Jahr fasste Jojada Mut
und verbündete sich mit den Hundert-
schaftsführern, mit Asarja, dem Sohn Jerohams,
Jischmaël, dem Sohn Johanans, Asarja, dem Sohn
Obeds, Maaseja, dem Sohn Adajas, und Elischafat,
dem Sohn Sichris. 2 Sie durchzogen Juda und ver-
sammelten die Leviten aus allen Städten Judas
sowie die Häupter der israelitischen Großfamilien
in Jerusalem. 3 Dort schloss die Versammlung im
Haus Gottes einen Bund mit dem König. Jojada
legte ihnen dar: Seht da den Sohn des Königs! Er
soll herrschen, wie der Herr den Nachkommen
Davids versprochen hat. 4 Das ist es, was ihr tun
sollt: Ein Drittel von der Wache, die am Sabbat
aufzieht, soll bei den Priestern und Leviten sein,
die an den Schwellen wachen. 5 Ein Drittel soll am
Königspalast und ein Drittel am Jesodtor stehen.
Das ganze Volk aber soll in den Höfen des Hauses
des Herrn bleiben. 6 Niemand darf in das Haus des
Herrn kommen als nur die Priester und die dienst-
tuenden Leviten; diese können eintreten, denn sie
sind heilig. Das ganze Volk aber soll die Anord-
nungen des Herrn befolgen. 7 Die Leviten sollen
sich mit der Waffe in der Hand um den König
scharen. Wer in das Haus einzudringen versucht,
soll getötet werden. Seid beim König, wenn er ein-
zieht und wenn er auszieht. 8 Die Leviten und
Judäer befolgten alle Weisungen des Priesters
Jojada. Jeder holte seine Leute, sowohl jene, die am
Sabbat aufzogen, als auch jene, die am Sabbat
abzogen; denn der Priester Jojada hatte die Abtei-
lungen nicht entlassen. 9 Er gab den Anführern der
Hundertschaften die Lanzen sowie die großen und
kleinen Schilde, die dem König David gehört hat-
ten und sich jetzt im Haus Gottes befanden. 10 Die
ganze Mannschaft stellte er mit der Waffe in der
Hand von der Südseite des Tempels bis zur Nord-
seite vor dem Altar und dem Tempel rings um den
König auf. 11 Dann führte man den Königssohn
heraus. Man überreichte ihm den Stirnreif und
das Königsgesetz und machte ihn so zum König.
Jojada und seine Söhne salbten ihn und riefen: Es
lebe der König!
12 Als Atalja das Geschrei des Volkes hörte, das her-
beilief und dem König zujubelte, kam sie zu den

Leuten in das Haus des Herrn. 13 Da sah sie den
König am Eingang bei seiner Säule stehen; die
Obersten und die Trompeter waren bei ihm und
alle Bürger des Landes waren voller Freude und
bliesen die Trompeten, während die Sänger mit
ihren Instrumenten dastanden und das Zeichen
zum Lobpreis gaben. Atalja zerriss ihre Kleider
und schrie: Verrat, Verrat! 14 Doch der Priester
Jojada befahl den Hundertschaftsführern, die das
Kommando über die Truppen hatten: Führt sie
durch die Reihen hinaus und jeder, der ihr folgen
will, soll mit dem Schwert niedergeschlagen wer-
den. Er sagte: Tötet sie nicht im Haus des Herrn!
15 Da legte man Hand an sie, und als sie zum Ein-
gang des Rosstores am königlichen Palast kam,
machte man sie dort nieder.
16 Jojada schloss nun den Bund des Herrn mit dem
ganzen Volk und mit dem König. Sie versprachen,
dass sie das Volk des Herrn sein wollten. 17 Darauf
zog das ganze Volk zum Baalstempel und riss ihn
nieder. Sie zertrümmerten seine Altäre und Bilder
und erschlugen den Baalspriester Mattan vor den
Altären.
18 Dann betraute Jojada die Priester und Leviten
mit der Aufsicht über das Haus des Herrn. David
hatte sie für das Haus des Herrn in Klassen einge-
teilt; nach seiner Anweisung sollten sie unter Freu-
dengesängen und Liedern die Brandopfer für den
Herrn darbringen, wie sie im Gesetz des Mose vor-
geschrieben sind. 19 Auch stellte er Wächter an die
Tore des Hauses des Herrn, damit niemand he-
reinkäme, der mit einer Unreinheit behaftet wäre.
20 Hierauf nahm Jojada die Hundertschaftsführer,
die Vornehmen und Großen des Volkes sowie alle
Bürger des Landes und führte den König vom
Haus des Herrn hinab. Sie kamen durch das obere
Tor in den königlichen Palast und setzten Joasch
auf den Königsthron. 21 Alle Bürger des Landes wa-
ren voller Freude und die Stadt blieb ruhig. Atalja
aber hatte man mit dem Schwert umgebracht.

22,10–23,21 || 2 Kön 11,1–20 • 23,11: Dtn 17,18

Joasch

24 Joasch war sieben Jahre alt, als er König
wurde, und regierte vierzig Jahre in Jeru-
salem. Seine Mutter hieß Zibja und stammte aus
Beerscheba. 2 Joasch tat, was dem Herrn gefiel, so-
lange der Priester Jojada lebte. 3 Jojada warb für ihn
zwei Frauen und er zeugte Söhne und Töchter.
4 Danach fasste Joasch den Entschluss, das Haus
des Herrn zu erneuern. 5 Er ließ die Priester und
die Leviten zusammenkommen und sagte zu
ihnen: Geht in die Städte Judas und sammelt Geld
von ganz Israel, um Jahr für Jahr Ausbesserungen
am Haus eures Gottes vornehmen zu können.
Beeilt euch dabei! Als sich aber die Leviten nicht
beeilten, 6 rief Joasch den Oberpriester Jojada zu
sich und hielt ihm vor: Warum hast du die Levi-
ten nicht angehalten, von Juda und Jerusalem die
Abgabe zu erheben, die Mose, der Knecht des
Herrn, und die Versammlung Israels für das Zelt
der Bundesurkunde vorgeschrieben haben? 7 Die
ruchlose Atalja und ihre Bauleute haben das Haus
Gottes verfallen lassen und sogar die Weihegaben
des Hauses des Herrn für die Baale verwendet.
8 Der König ließ nun einen Kasten anfertigen und
außen am Tor des Hauses des Herrn aufstellen.
9 Dann rief man in Juda und Jerusalem aus, man
solle die Abgabe für den Herrn entrichten, die
Mose, der Knecht Gottes, den Israeliten in der
Wüste befohlen hat. 10 Alle führenden Männer
und das ganze Volk waren darüber erfreut. Sie
brachten ihre Beiträge und warfen sie in den
Kasten, bis er voll war. 11 Zu bestimmten Zeiten
ließ man den Kasten durch Leviten zur Überprü-
fung zum König bringen. Wenn man sah, dass viel
Geld darin war, kamen der Schreiber des Königs
und der Beauftragte des Oberpriesters, leerten den
Kasten und trugen ihn wieder an seinen Platz
zurück. Das taten sie Tag für Tag und brachten viel
Geld zusammen. 12 Der König und Jojada überga-
ben es den Werkmeistern, die am Haus des Herrn
tätig waren, und diese bestellten Maurer und Zim-
merleute sowie Eisen- und Bronzeschmiede, die
das Haus des Herrn erneuern und seine Schäden
beseitigen sollten. 13 Die Werkmeister griffen zu
und unter ihrer Leitung gingen die Ausbesse-
rungsarbeiten gut voran. Sie stellten das Haus
Gottes nach seinen Plänen wieder her und erhöh-
ten seine Festigkeit. 14 Als sie fertig waren, brach-
ten sie den Rest des Geldes vor den König und vor
Jojada und dieser ließ dafür Geräte für das Haus
des Herrn, Kult- und Opfergeräte, Schalen und
sonstige Gefäße aus Gold und Silber anfertigen.

Solange Jojada lebte, wurden ständig im Haus des
Herrn Opfer dargebracht. 15 Jojada aber wurde alt
und satt an Lebenstagen; er war hundertdreißig
Jahre alt, als er starb. 16 Man begrub ihn bei den
Königen in der Davidstadt; denn er hatte an Israel,
für Gott und sein Haus, Gutes getan.
17 Nach dem Tod Jojadas kamen die führenden
Männer Judas zum König und warfen sich vor ihm
nieder. Dieser hörte damals auf sie, 18 sodass sie
den Bund des Herrn, des Gottes ihrer Väter,
verließen und die Kultpfähle und Götzenbilder
verehrten. Wegen dieser Schuld kam ein Zorngericht über Juda und Jerusalem. 19 Der Herr schickte
Propheten zu ihnen, um sie zur Umkehr zum
Herrn zu bewegen, aber man hörte nicht auf ihre
Warnung. 20 Da kam der Geist Gottes über Secharja, den Sohn des Priesters Jojada. Er trat vor
das Volk und hielt ihm vor: So spricht Gott:
Warum übertretet ihr die Gebote des Herrn? So
könnt ihr kein Glück mehr haben. Weil ihr den
Herrn verlassen habt, wird er euch verlassen. 21 Sie
aber taten sich gegen ihn zusammen und steinigten ihn auf Befehl des Königs im Hof des Hauses
des Herrn. 22 König Joasch dachte nicht mehr an
die Treue, mit der ihm Jojada, der Vater Secharjas,
gedient hatte, sondern ließ dessen Sohn töten.
Dieser aber rief sterbend aus: Der Herr möge es
sehen und vergelten.
23 Um die Jahreswende zog das Heer der Aramäer
gegen Joasch. Sie drangen nach Juda und Jerusalem vor und machten alle führenden Männer des
Volkes nieder. Ihre gesamte Beute brachte man
zum König von Damaskus. 24 Mit nur wenig Kriegern war das Heer der Aramäer gekommen; aber
der Herr gab ein sehr großes Heer in ihre Gewalt,
weil die Israeliten den Herrn, den Gott ihrer Väter,
verlassen hatten. So vollzogen die Aramäer an
Joasch das Strafgericht. 25 Als sie abzogen und ihn
schwer krank zurückließen, verschworen sich
seine Diener gegen ihn wegen der Blutschuld am
Sohn des Priesters Jojada und erschlugen ihn auf
seinem Bett. Man begrub ihn in der Davidstadt,
aber nicht in den Gräbern der Könige. 26 Die Verschwörer waren Sabad, der Sohn der Ammoniterin Schimat, und Josabad, der Sohn der Moabiterin Schomer. 27 Weitere Nachrichten über seine
Söhne, über die vielen Prophetensprüche gegen
ihn und über die Wiederherstellung des Hauses
Gottes sind aufgezeichnet in den Erläuterungen
zum Buch der Könige. Sein Sohn Amazja wurde
König an seiner Stelle.

1–27 ∥ 2 Kön 12,1–22 • 6: Ex 30,12–16; 38,24–26 • 20: 15,2

Amazja

25 Amazja war fünfundzwanzig Jahre alt, als
er König wurde, und regierte neunundzwanzig Jahre in Jerusalem. Seine Mutter hieß
Joaddan und stammte aus Jerusalem. 2 Er tat, was
dem Herrn gefiel, wenn auch nicht mit ungeteiltem Herzen. 3 Sobald die Herrschaft fest in seiner
Hand war, ließ er die Diener hinrichten, die seinen
Vater, den König, erschlagen hatten. 4 Ihre Söhne
aber verschonte er, wie es im Gesetz, im Buch des
Mose, geschrieben steht, wo der Herr geboten hat:
Die Väter sollen nicht für ihre Söhne und die
Söhne nicht für ihre Väter mit dem Tod bestraft
werden, sondern jeder soll nur für sein eigenes
Verbrechen sterben.
5 Amazja versammelte die Judäer aus ganz Juda
und Benjamin und stellte sie nach Großfamilien
unter den Führern der Tausend- und Hundertschaften auf. Er ließ alle, die zwanzig Jahre und
darüber waren, mustern. Ihre Zählung ergab dreihunderttausend auserlesene, wehrfähige Männer,
die Lanze und Schild trugen. 6 Dazu ließ er in Israel
hunderttausend tapfere Krieger um hundert Silbertalente anwerben. 7 Doch ein Gottesmann kam
zu ihm und sagte: Das Heer Israels, o König, soll
nicht mit dir ziehen; denn der Herr ist nicht mit
Israel, er hilft keinem Efraimiter. 8 Rück vielmehr
allein aus und nimm mutig und entschlossen den
Kampf auf! Gott könnte dich sonst vor dem Feind
zu Fall bringen; denn Gott hat die Macht, zu helfen oder zu stürzen. 9 Amazja erwiderte dem Gottesmann: Wozu habe ich dann den israelitischen
Söldnerscharen hundert Talente gegeben? Der
Gottesmann antwortete: Der Herr kann dir viel
mehr als diese geben. 10 Da schied Amazja die
Truppe, die aus Efraim zu ihm gekommen war, aus
und ließ sie in ihre Heimat zurückkehren. Sie
geriet deswegen in heftigen Zorn über Juda und
zog grollend in ihr Land zurück. 11 Amazja aber
fasste Mut und führte sein Volk in den Krieg. Er
zog in das Salztal und erschlug von den Seïritern

zehntausend Mann. 12 Zehntausend nahmen die
Judäer lebend gefangen, führten sie auf die Höhe
eines Felsens und stürzten sie hinab, sodass alle
zerschmettert wurden. 13 Die Angehörigen der
Söldnertruppe aber, die Amazja zurückgeschickt
und am Kriegszug nicht hatte teilnehmen lassen,
überfielen die Städte Judas zwischen Samaria und
Bet-Horon, erschlugen dort dreitausend Mann
und machten reiche Beute.

1–4 ‖ 2 Kön 14,1–6 • 4: Dtn 24,16; Ez 18,10–20 • 7: 19,2; 20,37

Amazjas Übermut und Tod

14 Nach der Rückkehr vom Sieg über die Edomiter
stellte Amazja die Götter der Seïriter, die er mitge-
bracht hatte, als Götter für sich auf, fiel vor ihnen
nieder und brachte ihnen Opfer dar. 15 Da ent-
brannte der Zorn des Herrn gegen Amazja. Er
sandte einen Propheten zu ihm und ließ ihm
sagen: Warum suchst du die Götter des Volkes, die
ihr Volk aus deiner Hand nicht retten konnten?
16 Amazja fiel ihm ins Wort und rief: Haben wir
dich zum Berater des Königs bestellt? Halt ein!
Warum soll man dich schlagen? Da hielt der Pro-
phet inne und sagte: Ich weiß, dass Gott dein Ver-
derben plant, weil du das getan und auf meinen
Rat nicht gehört hast.
17 Nach einer Beratung sandte Amazja, der König
von Juda, Boten an Joasch, den Sohn des Joahas,
des Sohnes Jehus, den König von Israel, und ließ
ihm sagen: Komm, wir wollen (im Kampf) einan-
der gegenübertreten. 18 Doch Joasch, der König
von Israel, ließ dem König Amazja von Juda sa-
gen: Der Dornstrauch auf dem Libanon ließ der
Zeder auf dem Libanon sagen: Gib deine Tochter
meinem Sohn zur Frau! Aber die Tiere des Li-
banon liefen über den Dornstrauch und zertraten
ihn. 19 Du denkst: Ich habe Edom besiegt!, und bist
übermütig geworden. Wahre jetzt deinen Ruhm
und bleib zu Hause! Wozu willst du das Unglück
herausfordern und zu Fall kommen, du und Juda
mit dir? 20 Doch Amazja wollte nicht hören; denn
Gott hatte es so bestimmt, um sie ihren Feinden
preiszugeben, weil sie die Götter der Edomiter
suchten. 21 Joasch, der König von Israel, rückte
daraufhin aus. Er und Amazja, der König von
Juda, traten bei Bet-Schemesch, das zu Juda ge-
hört, einander gegenüber. 22 Die Judäer wurden
von den Israeliten geschlagen und flohen zu
ihren Zelten. 23 Den König Amazja von Juda, den
Sohn des Joasch, des Sohnes des Joahas, nahm
König Joasch von Israel bei Bet-Schemesch gefan-
gen und brachte ihn nach Jerusalem. Dort riss er
die Mauer der Stadt vom Efraimtor bis zum Eck-
tor auf einer Strecke von vierhundert Ellen nieder,
24 nahm alles Gold und Silber sowie alle Geräte, die
sich im Haus Gottes bei Obed-Edom befanden,
samt den Schätzen des königlichen Palastes, ließ
sich Geiseln stellen und kehrte nach Samaria
zurück.
25 Amazja, der Sohn des Joasch, der König von
Juda, lebte nach dem Tod des Joasch, des Sohnes
des Joahas, des Königs von Israel, noch fünfzehn
Jahre. 26 Die übrige Geschichte Amazjas, die frü-
here und die spätere, ist aufgezeichnet im Buch der
Könige von Juda und Israel. 27 Zur Zeit, da Amazja
sich vom Herrn abwandte, bildete sich in Jerusa-
lem gegen ihn eine Verschwörung. Er floh nach
Lachisch; aber man sandte Verfolger hinter ihm
her nach Lachisch, die ihn dort erschlugen. 28 Man
brachte ihn auf Pferden nach Jerusalem und
begrub ihn bei seinen Vätern in der Davidstadt.

17–28 ‖ 2 Kön 14,8–20 • 24: 1 Chr 26,15

Usija (Asarja)

26 Das ganze Volk von Juda nahm Usija, der
damals sechzehn Jahre alt war, und
machte ihn zum König anstelle seines Vaters Amaz-
ja. 2 Er baute Elat aus, das er für Juda zurückge-
wonnen hatte, nachdem Amazja zu seinen Vätern
entschlafen war. 3 Usija war sechzehn Jahre alt, als
er König wurde, und regierte zweiundfünfzig Jahre
in Jerusalem. Seine Mutter hieß Jecholja und
stammte aus Jerusalem. 4 Genau wie sein Vater
Amazja tat er, was dem Herrn gefiel. 5 Er war
bestrebt, Gott zu suchen, solange Secharja lebte,
der ihn in der Furcht Gottes unterwies, und so-
lange er den Herrn suchte, ließ ihn Gott erfolgreich
sein. 6 Er unternahm einen Kriegszug gegen die
Philister, riss die Mauern von Gat, Jabne und Asch-
dod nieder und baute Städte bei Aschdod und im
übrigen Gebiet der Philister aus. 7 Gott stand ihm
bei gegen die Philister, gegen die Araber, die in
Gur-Baal wohnten, und gegen die Mëuniter. 8 Die
Ammoniter zahlten ihm Tribut und sein Ruhm

reichte bis an die Grenze Ägyptens, denn er war
überaus mächtig geworden. 9 In Jerusalem baute
Usija Türme am Ecktor und am Taltor sowie im
Winkel und befestigte sie. 10 Auch in der Steppe
baute er Türme und grub viele Zisternen. Er besaß
nämlich große Herden in der Schefela und in der
Ebene und beschäftigte Acker- und Weinbauern in
den Bergen und im Fruchtland, denn er liebte den
Ackerbau.
11 Usija hatte ein kriegstüchtiges Heer, das, nach
Abteilungen gegliedert, in der Stärke ausrückte,
die der Staatsschreiber Jëiël und der Amtmann
Maaseja unter Aufsicht Hananjas, eines der Obers-
ten des Königs, bei der Musterung festgestellt hat-
ten. 12 Unter den Kriegern waren insgesamt zwei-
tausendsechshundert Häupter von Großfamilien.
13 Sie befehligten ein Heer von dreihundertsieben-
tausendfünfhundert kampffähigen Männern, die
stark genug waren, um dem König gegen seine
Feinde zu helfen. 14 Für das ganze Heer stellte Usija
Schilde, Lanzen, Helme, Panzer, Bogen und Schleu-
dersteine bereit. 15 In Jerusalem ließ er kunstvolle
Wurfmaschinen bauen und auf den Türmen und
Mauerecken aufstellen, um Pfeile und große Steine
abschießen zu können. So wurde er weithin be-
rühmt; denn ihm wurde außergewöhnliche Hilfe
zuteil, sodass er an Macht gewann.
16 Doch als er mächtig geworden war, wurde sein
Herz übermütig und er handelte verkehrt. Er
wurde dem Herrn, seinem Gott, untreu und drang
in den Tempel des Herrn ein, um auf dem Rauch-
opferaltar zu opfern. 17 Aber der Priester Asarja
folgte ihm mit achtzig mutigen Priestern des
Herrn. 18 Sie traten dem König Usija entgegen
und sagten zu ihm: Nicht dir, Usija, steht es zu,
dem Herrn Rauchopfer darzubringen, sondern
den Priestern, den Söhnen Aarons, die geweiht
sind, das Rauchopfer darzubringen. Verlass das
Heiligtum; denn du bist untreu geworden und es
gereicht dir nicht zur Ehre vor Gott, dem Herrn.
19 Usija wurde zornig; er hielt schon die Räucher-
pfanne in der Hand, um das Rauchopfer darzu-
bringen. Als er sich aber zornig gegen die Priester
wandte, brach an seiner Stirn der Aussatz hervor.
Es geschah vor den Augen der Priester, während er
im Tempel neben dem Rauchopferaltar stand.
20 Als daher der Oberpriester Asarja und alle an-
deren Priester sich ihm zuwandten, zeigte sich
der Aussatz an seiner Stirn. Sie drängten ihn eiligst
von dort weg und auch er selbst beeilte sich hin-
auszukommen, da der Herr ihn geschlagen hatte.
21 So war König Usija aussätzig bis zu seinem Tod.
Da er vom Haus des Herrn ausgeschlossen war,
musste er als Aussätziger in einem abgesonderten
Haus wohnen, während sein Sohn Jotam Vorste-
her des königlichen Palastes war und die Bürger
des Landes regierte.
22 Die übrige Geschichte Usijas, die frühere und die
spätere, schrieb der Prophet Jesaja, der Sohn des
Amoz. 23 Usija entschlief zu seinen Vätern und man
begrub ihn bei seinen Vätern auf dem Feld bei der
Grabstätte der Könige; denn man sagte: Er war aus-
sätzig. Sein Sohn Jotam wurde König an seiner Stelle.

1–23 ‖ 2 Kön 14,21–22; 15,1–7

Jotam

27 Jotam war fünfundzwanzig Jahre alt, als er
König wurde, und regierte sechzehn Jahre
in Jerusalem. Seine Mutter hieß Jeruscha und war
eine Tochter Zadoks. 2 Er tat, was dem Herrn gefiel,
genau wie sein Vater Usija, aber er drang nicht in
den Tempel des Herrn ein. Das Volk jedoch han-
delte immer noch verkehrt. 3 Er baute das obere
Tor am Haus des Herrn. Auch an der Mauer des
Ofel baute er viel. 4 Ebenso baute er Städte im
Gebirge Juda aus, errichtete Burgen und Türme in
den Waldgebieten, 5 führte Krieg mit dem König
der Ammoniter und besiegte ihn. Die Ammoniter
mussten ihm in jenem Jahr hundert Talente Silber,
zehntausend Kor Weizen und zehntausend Kor
Gerste abliefern. Die gleiche Abgabe leisteten sie
auch im zweiten und dritten Jahr. 6 So wurde
Jotam mächtig; denn er achtete in seinem Verhal-
ten auf den Herrn, seinen Gott.
7 Die übrige Geschichte Jotams, alle seine Kriege
und Unternehmungen, sind aufgezeichnet im
Buch der Könige von Israel und Juda. 8 Er war fünf-
undzwanzig Jahre alt, als er König wurde, und
regierte sechzehn Jahre in Jerusalem. 9 Jotam ent-
schlief zu seinen Vätern und man begrub ihn in
der Davidstadt. Sein Sohn Ahas wurde König an
seiner Stelle.

1–9 ‖ 2 Kön 15,32–38 • 2: 26,16

Ahas

28 Ahas war zwanzig Jahre alt, als er König
wurde, und regierte sechzehn Jahre in
Jerusalem. Er tat nicht wie sein Vater David, was
dem Herrn gefiel, 2 sondern er folgte den Wegen
der Könige von Israel. Auch ließ er Gussbilder für
die Baale anfertigen, 3 opferte im Tal Ben-Hin-
nom, verbrannte seine Söhne im Feuer und ahmte
so die Gräuel der Völker nach, die der Herr vor den
Augen der Israeliten vertrieben hatte. 4 Auf den
Kulthöhen und Hügeln und unter jedem üppigen
Baum brachte er Schlacht- und Rauchopfer dar.
5 Darum gab ihn der Herr, sein Gott, in die Hand
des Königs der Aramäer. Sie schlugen ihn, führten
ihm viele Gefangene weg und brachten sie nach
Damaskus. Ebenso geriet er in die Hand des
Königs von Israel. Pekach, der Sohn Remaljas, be-
reitete ihm eine schwere Niederlage. 6 Er erschlug
an einem Tag in Juda hundertzwanzigtausend
Mann, lauter tapfere Krieger, da sie den Herrn, den
Gott ihrer Väter, verlassen hatten. 7 Sichri, ein
efraimitischer Kriegsheld, tötete den Königssohn
Maaseja, den Hausvorsteher Asrikam und Elkana,
den Zweiten nach dem König. 8 Die Israeliten
führten von ihren Stammesbrüdern zweihundert-
tausend Frauen, Söhne und Töchter als Gefangene
weg, machten bei ihnen auch reiche Beute und
brachten sie nach Samaria.
9 Dort lebte ein Prophet des Herrn namens Oded.
Dieser ging dem Heer entgegen, das nach Samaria
zurückkehrte, und hielt ihm vor: Seht, weil der
Herr, der Gott eurer Väter, über Juda erzürnt war,
hat er sie in eure Hand gegeben. Ihr habt unter
ihnen mit einer Wut gemordet, die zum Himmel
schreit. 10 Jetzt wollt ihr euch Leute aus Juda und
Jerusalem als Knechte und Mägde untertan
machen. Steht denn nicht ihr gerade in Schuld vor
dem Herrn, eurem Gott? 11 Hört daher jetzt auf
mich! Gebt die Gefangenen zurück, die ihr von
euren Stammesbrüdern weggeführt habt. Es
würde sonst der glühende Zorn des Herrn euch
treffen. 12 Darauf traten einige von den Häuptern
der Efraimiter, nämlich Asarja, der Sohn Johanans,
Berechja, der Sohn Meschillemots, Jehiskija, der
Sohn Schallums, und Amasa, der Sohn Hadlais, zu
den Heimkehrern vom Feldzug hin, 13 redeten mit
ihnen und sagten: Bringt die Gefangenen nicht
hierher! Schon liegt eine Schuld vor dem Herrn
auf uns und ihr wollt unsere Sünde und Schuld
noch vermehren. Ist doch unsere Schuld schon
groß genug und der glühende Zorn des Herrn
lastet auf Israel. 14 Daraufhin gaben die bewaffneten
Krieger in Gegenwart der Obersten und der ganzen
Versammlung die Gefangenen und die Beute frei.
15 Männer, die namentlich dazu bestimmt waren,
gingen hin und nahmen sich der Gefangenen an.
Sie bekleideten alle, die nackt waren, aus der Beute
und versahen sie mit Gewändern und Schuhen. Sie
gaben ihnen zu essen und zu trinken, salbten die
Schwachen unter ihnen und setzten sie auf Esel. So
brachten sie die Gefangenen in die Palmenstadt
Jericho in die Nähe ihrer Stammesbrüder. Sie
selbst kehrten nach Samaria zurück.

1–8 || 2 Kön 16,1–5

Die Bedrängnis durch Assur

16 In jener Zeit sandte König Ahas einen Hilferuf
an den König von Assur; 17 denn auch die Edomiter
waren eingedrungen, hatten Juda besiegt und
Gefangene weggeführt. 18 Zugleich überfielen die
Philister die Städte der Schefela und des judäi-
schen Negeb, eroberten Bet-Schemesch, Ajalon,
Gederot, Socho mit seinen Tochterstädten, Timna
mit seinen Tochterstädten und Gimso mit seinen
Tochterstädten und setzten sich darin fest; 19 denn
der Herr demütigte Juda wegen Ahas', des Königs
von Juda, der die Zügellosigkeit in Juda förderte
und gegen den Herrn treulos war. 20 Tiglat-Pileser,
der König von Assur, kam zu ihm; doch brachte er
ihm nur Bedrängnis, aber keine Stärkung. 21 Ahas
musste den Tempel, den königlichen Palast und
die führenden Männer berauben und alles dem
König von Assur geben, fand jedoch keine Hilfe.
22 Selbst in der Zeit der Bedrängnis setzte König
Ahas seine Treulosigkeit gegen den Herrn fort. 23 Er
brachte den Göttern von Damaskus, die ihn ge-
schlagen hatten, Opfer dar und sagte: Die Götter
der aramäischen Könige haben ihren Verehrern
geholfen. Ihnen will ich opfern und sie werden mir
helfen. Doch sie dienten nur dazu, ihn und ganz
Israel zu Fall zu bringen. 24 Ahas ließ die Geräte des
Hauses Gottes zusammenholen und zerschlagen,
schloss die Tore des Hauses des Herrn und errich-
tete Altäre an allen Ecken Jerusalems. 25 In jeder

einzelnen Stadt Judas baute er Kulthöhen, um anderen Göttern zu opfern. So erzürnte er den Herrn, den Gott seiner Väter.
26 Seine übrige Geschichte und alle seine Unternehmungen, die früheren und die späteren, sind aufgezeichnet im Buch der Könige von Juda und Israel. 27 Ahas entschlief zu seinen Vätern und man begrub ihn in Jerusalem, innerhalb der Stadt, legte ihn also nicht in die Gräber der Könige von Israel. Sein Sohn Hiskija wurde König an seiner Stelle.

16–27 || 2 Kön 16,7–19

Einleitung zur Geschichte Hiskijas

29 Hiskija war fünfundzwanzig Jahre alt, als er König wurde, und regierte neunundzwanzig Jahre in Jerusalem. Seine Mutter hieß Abi und war eine Tochter Secharjas. 2 Genau wie sein Vater David tat er, was dem Herrn gefiel.

1–2 || 2 Kön 18,1–3

Die Wiederherstellung des Kultes

3 Im ersten Jahr seiner Regierung, im ersten Monat, öffnete er die Tore des Hauses des Herrn und setzte sie wieder instand. 4 Darauf ließ er die Priester und die Leviten kommen, versammelte sie auf dem Platz im Osten 5 und sagte zu ihnen: Leviten, hört mich an! Heiligt euch jetzt und heiligt das Haus des Herrn, des Gottes eurer Väter! Schafft alles Unreine aus dem Heiligtum! 6 Unsere Väter haben treulos gehandelt und getan, was dem Herrn, unserem Gott, missfällt. Sie haben ihn verlassen und ihre Blicke von der Wohnstätte des Herrn abgewandt und ihr den Rücken gekehrt. 7 Sogar die Tore der Vorhalle (des Tempels) haben sie geschlossen, die Lampen ausgelöscht, kein Rauchopfer angezündet und dem Gott Israels im Heiligtum kein Brandopfer dargebracht. 8 Darum kam der Zorn des Herrn über Juda und Jerusalem. Er machte sie zum Schreckbild, zum Gegenstand des Entsetzens und zum Gespött, wie ihr es mit eigenen Augen seht. 9 Deswegen sind unsere Väter unter dem Schwert gefallen und sind unsere Söhne, Töchter und Frauen in Gefangenschaft. 10 Ich habe nun vor, einen Bund mit dem Herrn, dem Gott Israels, zu schließen, damit sein glühender Zorn von uns ablässt. 11 Meine Söhne, seid jetzt nicht nachlässig! Euch hat ja der Herr dazu erwählt, dass ihr vor ihm steht und ihm dient. Ihr sollt seine Diener sein und ihm Opfer darbringen.
12 Da standen folgende Leviten auf: Mahat, der Sohn Amasais, und Joël, der Sohn Asarjas, von den Nachkommen der Kehatiter; Kisch, der Sohn Abdis, und Asarja, der Sohn Jehallelels, von den Nachkommen Meraris; Joach, der Sohn Simmas, und Eden, der Sohn Joachs, von den Gerschonitern; 13 Schimri und Jëiël von den Nachkommen Elizafans; Secharja und Mattanja von den Nachkommen Asafs; 14 Jehiël und Schimi von den Nachkommen Hemans; Schemaja und Usiël von den Nachkommen Jedutuns. 15 Sie versammelten ihre Stammesbrüder und heiligten sich. Dann gingen sie auf Befehl des Königs, der sich auf die Worte des Herrn stützte, daran, das Haus des Herrn zu reinigen. 16 Die Priester betraten das Innere des Hauses des Herrn, um es zu reinigen. Sie schafften alles Unreine, das sie im Tempel des Herrn fanden, in den Hof des Hauses des Herrn. Dort übernahmen es die Leviten und trugen es in das Kidrontal hinaus. 17 Am ersten Tag des ersten Monats begannen sie mit der Reinigung; am achten Tag des Monats kamen sie zur Vorhalle des Herrn; dann heiligten sie das Haus des Herrn innerhalb von acht Tagen. Am sechzehnten Tag des ersten Monats hatten sie die Arbeit vollendet.
18 Darauf gingen sie zum König Hiskija hinein und meldeten: Wir haben das ganze Haus des Herrn gesäubert. Den Brandopferaltar mit all seinen Geräten, den Tisch für die Schaubrote mit all seinen Geräten, 19 alle Geräte, die König Ahas während seiner Regierung durch seine Treulosigkeit entweiht hat, haben wir instand gesetzt und geheiligt. Sie stehen nun vor dem Altar des Herrn.
20 Am nächsten Morgen versammelte König Hiskija die führenden Männer der Stadt und ging mit ihnen in das Haus des Herrn hinauf. 21 Man führte sieben Stiere, sieben Widder, sieben Lämmer und sieben Ziegenböcke als Sündopfer für das Königshaus, für das Heiligtum und für Juda herbei und der König befahl den Priestern, den Nachkommen Aarons, sie auf dem Altar des Herrn darzubringen.
22 Man schlachtete die Rinder; die Priester fingen das Blut auf und sprengten es an den Altar. Dann schlachteten sie die Widder und sprengten das Blut an den Altar. Dann schlachteten sie die Läm-

mer und sprengten das Blut an den Altar. [23] Zuletzt
brachte man die Böcke für das Sündopfer vor den
König und die Versammlung, damit sie die Hände
auf sie legten. [24] Dann schlachteten die Priester die
Böcke und sprengten das Blut als Sündopfer an
den Altar, um für ganz Israel Sühne zu erwirken;
denn der König hatte das Brandopfer und das
Sündopfer für ganz Israel bestimmt. [25] Er stellte die
Leviten mit Zimbeln, Harfen und Zithern im Haus
des Herrn auf, wie es der Anordnung Davids, des
königlichen Sehers Gad und des Propheten Natan
entsprach. Diese Weisungen waren vom Herrn
durch seine Propheten ergangen. [26] Die Leviten tra-
ten mit den Instrumenten Davids und die Pries-
ter mit ihren Trompeten an. [27] Dann ließ Hiskija
das Brandopfer auf dem Altar darbringen. Als
das Opfer begann, setzten gleichzeitig auch der
Gesang zur Ehre des Herrn und die Trompeten
ein, begleitet von den Instrumenten Davids, des
Königs von Israel. [28] Die ganze Versammlung warf
sich nieder, während der Gesang ertönte und die
Trompeten schmetterten. Dies alles dauerte bis
zum Abschluss des Opfers. [29] Nach der Darbrin-
gung des Brandopfers verneigten sich der König
und alle, die sich bei ihm eingefunden hatten,
und warfen sich nieder. [30] König Hiskija und die
führenden Männer befahlen den Leviten, den
Herrn mit den Worten Davids und des Sehers Asaf
zu preisen. Diese sangen den Lobpreis mit Freu-
den, verneigten sich und warfen sich nieder.
[31] Hierauf nahm Hiskija das Wort und sagte: Ihr
steht jetzt mit vollen Händen vor dem Herrn. Tre-
tet heran und bringt Schlacht- und Dankopfer
zum Haus des Herrn! Da brachte die Versamm-
lung Schlacht- und Dankopfer herbei; manche
gaben freiwillig noch Brandopfer hinzu. [32] Die An-
zahl der Brandopfer, die die Versammlung spen-
dete, betrug siebzig Rinder, hundert Widder und
zweihundert Lämmer. Sie wurden alle als Brand-
opfer dem Herrn dargebracht. [33] Die Weihegaben
beliefen sich auf sechshundert Rinder und drei-
tausend Schafe. [34] Es waren aber zu wenig Priester
vorhanden, um alle Brandopfer enthäuten zu
können. Daher halfen ihnen ihre Amtsbrüder,
die Leviten, bis die Arbeit geschehen war und die
Priester sich geheiligt hatten; denn die Leviten hat-
ten sich eifriger um ihre Heiligung bemüht als die
Priester. [35] Es war aber auch die Anzahl der Brand-
opfer sehr groß, die neben den Fettstücken der
Heilsopfer und den zum Brandopfer gehören-
den Trankopfern dargebracht werden mussten. So
wurde der Dienst im Haus des Herrn wiederher-
gestellt. [36] Hiskija und das ganze Volk freuten sich,
dass Gott dies dem Volk gewährt hatte; denn es war
wider Erwarten schnell geschehen.

3–36: 2 Kön 18,4–8 • 25: 1 Chr 16,4–6

Die Feier des Paschafestes

30 Hiskija sandte Boten zu ganz Israel und
Juda, schrieb auch Briefe an Efraim und
Manasse und forderte sie auf, zum Haus des Herrn
nach Jerusalem zu kommen und zur Ehre des
Herrn, des Gottes Israels, das Pascha zu feiern.
[2] Dann beriet er sich mit seinen Hofleuten und der
ganzen Versammlung in Jerusalem, ob sie das
Pascha nicht erst im zweiten Monat begehen soll-
ten; [3] denn sie konnten es damals nicht abhalten,
da sich nicht genügend Priester geheiligt hatten
und das Volk nicht in Jerusalem versammelt war.
[4] Der Plan gefiel dem König und der ganzen Ver-
sammlung. [5] Sie beschlossen, man solle in ganz
Israel von Dan bis Beerscheba ausrufen, dass sie
kommen und in Jerusalem zur Ehre des Herrn, des
Gottes Israels, das Pascha feiern sollten; denn man
hatte es bisher nicht vollzählig so gehalten, wie es
vorgeschrieben war.
[6] Die Eilboten durchzogen nun mit den Briefen aus
der Hand des Königs und seiner Hofleute ganz
Israel und Juda und verkündeten im Auftrag des
Königs: Israeliten, kehrt um zum Herrn, dem Gott
Abrahams, Isaaks und Israels, damit er sich dem
Rest zuwendet, der von der Hand der Könige von
Assur verschont geblieben ist. [7] Seid nicht wie eure
Väter und Brüder, die dem Herrn, dem Gott ihrer
Väter, untreu geworden sind, sodass er sie zu
einem Bild des Entsetzens machte, wie ihr es vor
Augen habt. [8] Seid jetzt nicht hartnäckig wie eure
Väter! Reicht dem Herrn die Hand und kommt in
sein Heiligtum, das er für immer geheiligt hat.
Dient dem Herrn, eurem Gott, damit sein Zorn
von euch ablässt. [9] Wenn ihr zum Herrn zurück-
kehrt, werden eure Brüder und Söhne Erbarmen
finden bei denen, die sie als Gefangene weggeführt
haben. Sie werden in dieses Land zurückkehren

dürfen; denn der Herr, euer Gott, ist gnädig und
barmherzig. Er wird sein Angesicht nicht von euch
abwenden, wenn ihr zu ihm umkehrt.
10 Die Eilboten zogen von Stadt zu Stadt durch das
Gebiet von Efraim und Manasse bis nach Sebulon.
Doch man lachte und spottete über sie. 11 Nur
einige Männer von Ascher, Manasse und Sebulon
beugten sich und kamen nach Jerusalem. 12 Auch
in Juda waltete die Hand Gottes und bewirkte, dass
sie einmütig den Befehl des Königs und der füh-
renden Männer befolgten, wie es dem Wort des
Herrn entsprach. 13 So versammelte sich viel Volk
in Jerusalem, um im zweiten Monat das Fest der
Ungesäuerten Brote zu begehen. Es war eine sehr
große Versammlung. 14 Sie machten sich auf, ent-
fernten die Altäre in Jerusalem, beseitigten alle
Rauchopferaltäre und warfen sie in das Kidron-
tal. 15 Am vierzehnten Tag des zweiten Monats
schlachteten sie das Pascha. Die Priester und Levi-
ten aber fühlten sich beschämt. Sie heiligten sich,
brachten Brandopfer zum Haus des Herrn 16 und
begaben sich pflichtgemäß an ihren Platz, nach
dem Gesetz des Mose, des Mannes Gottes. Die
Priester sprengten das Blut (an den Altar), das sie
von den Leviten entgegennahmen. 17 Weil viele in
der Versammlung sich nicht geheiligt hatten,
schlachteten die Leviten die Paschalämmer für
alle, denen die Reinheit fehlte, die man für die
Weihe an den Herrn brauchte. 18 Denn ein großer
Teil des Volkes, viele nämlich aus Efraim, Manasse,
Issachar und Sebulon, hatten sich nicht gereinigt.
Sie aßen das Pascha nicht in der vorgeschriebenen
Weise. Doch Hiskija betete für sie und sagte: Der
Herr, der Gütige, entsühne 19 jeden, der seinen
Sinn darauf richtet, den Herrn, den Gott seiner
Väter, zu suchen, auch wenn er nicht die Reinheit
besitzt, die dem Heiligtum gebührt. 20 Der Herr
hörte auf Hiskija und ließ das Volk unversehrt.
21 So feierten die Israeliten, die sich in Jerusalem
eingefunden hatten, das Fest der Ungesäuerten
Brote sieben Tage hindurch mit großer Freude. Tag
für Tag priesen die Leviten und Priester den Herrn
mit lauten Instrumenten. 22 Die Leviten zeigten
großes Verständnis für den Dienst des Herrn und
Hiskija ermunterte sie zu ihrer Arbeit. Als dann die
sieben Tage der Festzeit zu Ende waren, an denen
sie Heilsopfer darbrachten und den Herrn, den
Gott ihrer Väter, priesen, 23 beschloss die ganze
Versammlung, weitere sieben Tage zu feiern, und
so machten sie auch diese sieben Tage zu einem
Freudenfest. 24 Hiskija, der König von Juda, hatte
nämlich tausend Stiere und siebentausend Schafe
für die Versammlung gestiftet und die führen-
den Männer hatten tausend Stiere und zehntau-
send Schafe für die Versammlung gestiftet; von
den Priestern aber hatten sich sehr viele geheiligt.
25 So freute sich die ganze Versammlung Judas, die
Priester und die Leviten und alle, die aus Israel
gekommen waren, auch die Fremden, die sich aus
dem Gebiet Israels eingefunden hatten oder in
Juda wohnten. 26 Die Freude war groß in Jerusa-
lem; denn seit den Tagen Salomos, des Sohnes
Davids, des Königs von Israel, hatte es dergleichen
in Jerusalem nicht mehr gegeben. 27 Zuletzt stan-
den die levitischen Priester auf und segneten das
Volk. Gott hörte ihr Rufen und ihr Gebet drang zu
seiner heiligen Wohnung, zum Himmel, empor.

31 Nachdem sie dies alles beendet hatten,
zogen die anwesenden Israeliten insgesamt
in die Städte Judas, zertrümmerten die Steinmale,
hieben die Kultpfähle um und zerstörten die
Kulthöhen und Altäre in ganz Juda, Benjamin,
Efraim und Manasse vollständig. Darauf kehrten
alle in ihre Städte auf ihren Besitz zurück.

31,1: 2 Kön 18,4

Die Neuordnung des Tempeldienstes

2 Hiskija stellte die Abteilungen der Priester und
Leviten nach ihren Dienstklassen auf. Er wies alle
Priester und Leviten einzeln in ihren Dienst ein und
bestellte sie zum Vollzug der Brand- und Heilsop-
fer, zu Dienstleistungen und zum Vortrag der Dank-
und Lobgesänge an den Toren des Lagers des Herrn.
3 Der Beitrag, den der König aus seinem Vermögen
für die Brandopfer leistete, betraf die Opfer am
Morgen und am Abend sowie die Brandopfer an
den Sabbaten, Neumondtagen und Festen, die
durch das Gesetz des Herrn vorgeschrieben waren.
4 Hiskija befahl dem Volk, das heißt, den Einwoh-
nern Jerusalems, die den Priestern und den Levi-
ten zustehenden Anteile abzuliefern, damit sie sich
ganz dem Gesetz des Herrn widmen könnten.
5 Sobald der Befehl bekannt wurde, brachten die
Israeliten die Ersterträge von Getreide, Most, Öl,

Honig und allen Früchten des Feldes reichlich herbei und lieferten den Zehnten von allem vollzählig ab. 6 Ebenso brachten die Israeliten und die Judäer, die in den Städten Judas wohnten, den Zehnten von den Rindern und Schafen sowie den Zehnten von den Weihegaben, die dem Herrn, ihrem Gott, übergeben wurden. Sie reihten Stapel an Stapel. 7 Im dritten Monat fingen sie an, die unterste Schicht zu legen, und im siebten Monat waren sie damit fertig. 8 Als dann Hiskija und die führenden Männer kamen und die aufgestapelten Mengen sahen, priesen sie den Herrn und sein Volk Israel. 9 Hiskija erkundigte sich bei den Priestern und den Leviten wegen der aufgestapelten Mengen 10 und der Oberpriester Asarja aus dem Haus Zadok gab zur Antwort: Seitdem man begonnen hat, die Abgaben in das Haus des Herrn zu bringen, haben wir zu essen, werden satt und lassen noch reichlich übrig; denn der Herr hat sein Volk gesegnet. Diese Menge ist übrig geblieben.

11 Hiskija ließ nun Kammern im Haus des Herrn herrichten, und als man sie hergerichtet hatte, 12 brachte man die Abgaben, die Zehnten und die Weihegaben gewissenhaft dorthin. Der Levit Konanja war Aufseher über sie und sein Bruder Schimi sein Stellvertreter. 13 Ihnen standen auf Anordnung des Königs Hiskija und Asarjas, des Fürsten des Hauses Gottes, Jehiël, Asasja, Nahat, Asaël, Jerimot, Josabad, Eliël, Jismachja, Mahat und Benaja als Beamte zur Seite. 14 Der Levit Kore, der Sohn Jimnas, der Wächter am Osttor, wachte über die freiwilligen Spenden an Gott, damit die für den Herrn bestimmte Abgabe und das Hochheilige abgeliefert würden. 15 Ihm standen Eden, Minjamin, Jeschua, Schemaja, Amarja und Schechanja in den Priesterstädten gewissenhaft zur Seite, damit ihre Amtsbrüder, die Vornehmen wie die Geringen, abteilungsweise ihre Anteile erhielten.

16 Außerdem hatte man für alle, die abteilungsweise in das Haus des Herrn kamen, um aufgrund ihrer Obliegenheiten und entsprechend den Erfordernissen eines jeden Tages ihren Dienst zu verrichten, Verzeichnisse angelegt. Sie erfassten alle männlichen Personen, die drei Jahre und darüber waren. 17 Dabei war die Eintragung der Priester nach Großfamilien geschehen; die Leviten wurden, von zwanzig Jahren an aufwärts, nach ihren Obliegenheiten und nach ihren Abteilungen aufgeschrieben. 18 Die Eintragung erfasste bei jeder Gemeinschaft alle Kinder, Frauen, Söhne und Töchter; denn auch diese wurden durch deren ständigen Dienst geheiligt. 19 Für die Söhne Aarons, die Priester, die auf den Weideflächen ihrer Städte wohnten, wurden in jeder einzelnen Stadt Männer bestellt, die namentlich bestimmt waren, um allen männlichen Angehörigen der Priester und allen im Verzeichnis stehenden Leviten ihre Anteile zu geben.

20 So verfuhr Hiskija in ganz Juda. Er tat, was gut, recht und getreu war vor dem Herrn, seinem Gott. 21 Bei jedem Unternehmen, das er im Dienst des Hauses Gottes oder für das Gesetz und die Gebote begann, um seinen Gott zu suchen, handelte er mit Hingabe seines ganzen Herzens und hatte Erfolg.

6: Num 18,8–32

Sanheribs Feldzug gegen Jerusalem

32 Nach diesen Maßnahmen und diesen Beweisen der Treue Hiskijas zog Sanherib, der König von Assur, heran. Er fiel in Juda ein, belagerte die festen Städte und gedachte, sie für sich zu erobern. 2 Als Hiskija sah, dass Sanherib herankam und sich zum Krieg gegen Jerusalem anschickte, 3 überlegte er mit seinen Obersten und Helden, ob man nicht die Wasserquellen außerhalb der Stadt verstopfen solle. Sie unterstützten sein Vorhaben. 4 Man holte viel Volk zusammen und verstopfte alle Quellen und den Bach, der mitten durch das Tal fließt; denn man sagte sich: Wozu sollen die Könige von Assur bei ihrer Ankunft reichlich Wasser finden? 5 Auch unternahm der König Anstrengungen, um die ganze Mauer auszubessern, in der Risse entstanden waren. Er erhöhte die Türme, baute draußen die andere Mauer, befestigte den Millo in der Davidstadt und ließ viele Wurfspieße und Schilde anfertigen. 6 Dann setzte er Kriegsoberste über das Volk und versammelte sie vor sich am Platz vor dem Stadttor. Dort sprach er ihnen Mut zu und sagte: 7 Seid mutig und tapfer! Fürchtet euch nicht und erschreckt nicht vor dem König von Assur und dem großen Heer, das bei ihm ist; denn bei uns ist mehr als bei ihm. 8 Bei ihm sind Arme aus Fleisch,

bei uns aber ist der Herr, unser Gott, der uns hilft
und unsere Kriege führt. Das Volk wurde durch die
Worte Hiskijas, des Königs von Juda, ermutigt.
9 Als dann Sanherib, der König von Assur, später
mit seiner ganzen Streitmacht vor Lachisch stand,
sandte er seine Diener nach Jerusalem zu Hiskija,
dem König von Juda, und zu allen Judäern, die in
Jerusalem wohnten. Er ließ ihnen sagen: 10 So
spricht Sanherib, der König von Assur: Worauf
vertraut ihr denn, dass ihr im belagerten Jerusa-
lem bleibt? 11 Hiskija führt euch nur irre, um euch
durch Hunger und Durst umkommen zu lassen,
wenn er sagt: Der Herr, unser Gott, wird uns aus
der Hand des Königs von Assur retten. 12 Hat nicht
gerade Hiskija seine Kulthöhen und Altäre besei-
tigt und in Juda und Jerusalem angeordnet: Nur
vor einem einzigen Altar dürft ihr euch nieder-
werfen und auf ihm Opfer anzünden? 13 Wisst ihr
denn nicht, was ich und meine Väter mit allen Völ-
kern in anderen Ländern gemacht haben? Konn-
ten denn die Götter der Völker in diesen Ländern
ihr Land aus meiner Hand retten? 14 Wer von all
den Göttern dieser Völker, die meine Väter dem
Untergang geweiht haben, konnte sein Volk aus
meiner Hand retten? Wie sollte dann euer Gott
euch aus meiner Hand retten? 15 Lasst euch jetzt
nicht von Hiskija betören und euch nicht auf diese
Weise irreführen! Glaubt ihm nicht! Denn kein
Gott irgendeines anderen Volkes oder Reiches
konnte sein Volk aus meiner Hand und aus der
Hand meiner Väter retten. Wie viel weniger wird
euer Gott euch aus meiner Hand retten! 16 Noch
vieles andere redeten die Abgesandten Sanheribs
gegen Gott, den Herrn, und seinen Knecht Hiskija.
17 Sanherib schrieb auch einen Brief, in dem er den
Herrn, den Gott Israels, verhöhnte. Er schrieb
darin über ihn: Wie die Götter der Völker in ande-
ren Ländern ihr Volk nicht aus meiner Hand geret-
tet haben, so wird auch der Gott Hiskijas sein Volk
nicht aus meiner Hand retten. 18 Der Bevölkerung
Jerusalems, die auf der Mauer stand, riefen die
Abgesandten ihren Auftrag mit lauter Stimme auf
Judäisch zu, um sie in Furcht und Schrecken zu
versetzen und so die Stadt erobern zu können.
19 Sie redeten vom Gott Jerusalems wie von den
Göttern der anderen Völker auf der Erde, die nur
ein Werk von Menschen sind. 20 Doch König His-
kija und der Prophet Jesaja, der Sohn des Amoz,
beteten in dieser Angelegenheit zum Herrn und
riefen zum Himmel. 21 Da sandte der Herr einen
Engel, der alle Kriegshelden, Fürsten und Haupt-
leute im Lager des Königs von Assur vernichtete.
Sanherib musste, mit Schande bedeckt, in sein
Land zurückkehren. Als er in den Tempel seines
Gottes kam, machten ihn dort seine eigenen
Söhne mit dem Schwert nieder. 22 So befreite der
Herr den Hiskija und die Einwohner Jerusalems
aus der Hand Sanheribs, des Königs von Assur,
und aus der Hand aller Feinde. Er verlieh ihnen
ringsum Ruhe. 23 Viele brachten Gaben für den
Herrn nach Jerusalem und kostbare Geschenke für
Hiskija, den König von Juda. Er war seitdem hoch-
geehrt in den Augen aller Völker.

1–23 || 2 Kön 18,13 – 19,37; Jes 36 und 37

Weitere Nachrichten über Hiskija

24 In jenen Tagen wurde Hiskija schwer krank und
war dem Tod nahe. Er betete zum Herrn und die-
ser erhörte ihn und gab ihm ein Wunderzeichen.
25 Doch Hiskija zeigte keine Dankbarkeit für die
empfangene Wohltat und wurde hochmütig. Da
kam ein Zorngericht über ihn und über Juda und
Jerusalem. 26 Nun aber demütigte sich Hiskija mit
den Einwohnern Jerusalems in seinem Stolz und
so kam das Zorngericht des Herrn nicht schon in
den Tagen Hiskijas über sie.
27 Hiskija wurden Reichtum und Ehre in hohem
Maß zuteil. Er erwarb Schätze an Silber, Gold,
Edelsteinen, Balsam, Schilden und allerlei kostba-
ren Geräten. 28 Auch hatte er Speicher für Getreide,
Most und Öl, dazu Ställe für jede Art von Vieh und
Hürden für die Herden. 29 Er hatte sich nämlich
Esel und einen reichen Besitz an Schafen und Rin-
dern verschafft, denn Gott hatte ihm ein sehr
großes Vermögen verliehen. 30 Hiskija war es auch,
der den oberen Abfluss des Gihonwassers ver-
stopfte und es nach Westen in die Davidstadt hi-
nableitete. Bei allem, was er unternahm, hatte er
Erfolg. 31 So war es auch, als die babylonischen
Obersten ihre Unterhändler zu ihm sandten, um
Auskunft über das Zeichen zu erlangen, das im
Land erschienen war. Da überließ ihn Gott sich
selbst, um zu erproben, wie er wirklich gesinnt
war.

32 Die übrige Geschichte Hiskijas und seine from-
men Taten sind aufgezeichnet in der Vision des
Propheten Jesaja, des Sohnes des Amoz, und im
Buch der Könige von Juda und Israel. 33 Hiskija
entschlief zu seinen Vätern und man begrub ihn
beim Aufgang zu den Gräbern der Nachkommen
Davids. Bei seinem Tod erwiesen ihm ganz Juda
und die Einwohner Jerusalems die Ehre. Sein Sohn
Manasse wurde König an seiner Stelle.

24–26 || 2 Kön 20,1–11 • 31: 2 Kön 20,10–19

Manasse

33 Manasse war zwölf Jahre alt, als er König
wurde, und regierte fünfundfünfzig Jahre
in Jerusalem. 2 Er tat, was dem Herrn missfiel, und
ahmte die Gräuel der Völker nach, die der Herr vor
den Augen der Israeliten vertrieben hatte. 3 Er
baute die Kulthöhen wieder auf, die sein Vater His-
kija zerstört hatte, errichtete Altäre für die Baale,
ließ Kultpfähle anfertigen, warf sich vor dem
ganzen Heer des Himmels nieder und diente ihm.
4 Auch baute er solche Altäre im Haus des Herrn,
obwohl der Herr gesagt hatte: In Jerusalem soll
mein Name auf ewig bleiben. 5 In den beiden
Höfen des Tempels baute er Altäre für das ganze
Heer des Himmels. 6 Er ließ im Tal Ben-Hinnom
seine Söhne durch das Feuer gehen, trieb Zaube-
rei, Wahrsagerei und andere geheime Künste,
bestellte Totenbeschwörer und Zeichendeuter. So
tat er vieles, was dem Herrn missfiel und ihn
erzürnte. 7 Er brachte auch das Götterbild, das er
hatte anfertigen lassen, in das Haus Gottes, von
dem Gott zu David und dessen Sohn Salomo
gesagt hatte: Auf dieses Haus und auf Jerusalem,
das ich aus allen Stämmen Israels auserwählt habe,
will ich meinen Namen auf ewig legen. 8 Ich werde
Israels Fuß nicht mehr außerhalb des Landes zie-
hen lassen, das ich für eure Väter bestimmt habe,
wenn sie nur alles befolgen, was ich ihnen im
ganzen Gesetz, in den Geboten und Rechtsvor-
schriften des Mose befohlen habe. 9 Doch Manasse
verführte Juda und die Einwohner Jerusalems,
noch Schlimmeres zu tun als die Völker, die der
Herr vor den Augen der Israeliten vernichtet hatte.
10 Der Herr redete zu Manasse und zu seinem Volk.
Doch sie achteten nicht darauf.
11 Da ließ der Herr die Heerführer des Königs von
Assur gegen sie anrücken. Sie ergriffen Manasse in
seinem Versteck, fesselten ihn mit bronzenen Ket-
ten und führten ihn nach Babel. 12 Als man ihn so
bedrängte, suchte er den Herrn, seinen Gott, zu
besänftigen. Er beugte sich tief vor dem Gott sei-
ner Väter 13 und betete zu ihm. Gott erbarmte sich
seiner; er hörte sein Flehen und ließ ihn als König
nach Jerusalem zurückkehren. So musste Manasse
erfahren, dass der Herr der wahre Gott ist.
14 Danach baute er draußen an der Davidstadt eine
Mauer, die im Tal westlich vom Gihon gegen das
Fischtor lief, sodass er den Ofel umschloss; er
machte sie sehr hoch. Auch bestellte er Kriegs-
oberste für alle befestigten Städte Judas. 15 Sodann
entfernte er die fremden Götter und das Götzen-
bild aus dem Haus des Herrn, auch alle Altäre, die
er auf dem Berg des Hauses des Herrn und in Jeru-
salem errichtet hatte, und warf sie vor die Stadt
hinaus. 16 Den Altar des Herrn aber stellte er wie-
der her, brachte auf ihm Heils- und Dankopfer dar
und befahl Juda, dem Herrn, dem Gott Israels, zu
dienen. 17 Doch opferte das Volk immer noch auf
den Kulthöhen, wenn auch nur dem Herrn, sei-
nem Gott.
18 Die übrige Geschichte Manasses, sein Gebet zu
seinem Gott und die Worte der Seher, die im
Namen des Herrn, des Gottes Israels, zu ihm re-
deten, sind aufgezeichnet in der Geschichte der
Könige von Israel. 19 Sein Gebet und dessen Er-
hörung, alle seine Sünden und treulosen Taten,
die Orte, an denen er Kulthöhen errichtete und
Kultpfähle und Götzenbilder aufstellte, bevor er
sich demütigte, sind aufgezeichnet in der Ge-
schichte seiner Seher. 20 Manasse entschlief zu sei-
nen Vätern und man begrub ihn im Garten seines
Hauses. Sein Sohn Amon wurde König an seiner
Stelle.

1–20 || 2 Kön 21,1–18 • 3: 31,1 • 4: 1 Kön 9,3 • 7: 1 Kön 9,3 •
8: 2 Sam 7,10

Amon

21 Amon war zweiundzwanzig Jahre alt, als er
König wurde, und regierte zwei Jahre in Jerusalem.
22 Wie sein Vater Manasse tat er, was dem Herrn
missfiel; er opferte allen Götzenbildern, die sein
Vater Manasse hatte machen lassen, und verehrte
sie. 23 Doch demütigte er sich nicht vor dem Herrn

wie sein Vater Manasse, sondern vermehrte die Schuld. 24 Gegen ihn zettelten seine Diener eine Verschwörung an und töteten ihn in seinem Haus. 25 Doch die Bürger des Landes erschlugen alle, die sich gegen König Amon verschworen hatten, und machten seinen Sohn Joschija zum König an seiner Stelle.

21–25 || 2 Kön 21,19–24

Joschijas Kampf gegen den Götzendienst

34 Joschija war acht Jahre alt, als er König wurde, und regierte einunddreißig Jahre in Jerusalem. 2 Er tat, was dem Herrn gefiel, und folgte den Wegen seines Vaters David, ohne nach rechts oder links abzuweichen.

3 Im achten Jahr seiner Regierung, als er noch jung war, begann er, den Gott seines Vaters David zu suchen. Im zwölften Jahr fing er an, Juda und Jerusalem von den Kulthöhen, den Kultpfählen, den Schnitz- und Gussbildern zu reinigen. 4 Vor seinen Augen riss man die Altäre der Baale nieder. Er ließ die Rauchopferaltäre, die auf ihnen standen, zerschlagen, die Kultpfähle zerstören, die Schnitz- und Gussbilder zermalmen, ihren Staub auf die Gräber derer streuen, die ihnen geopfert hatten, 5 und Gebeine von Priestern auf ihren Altären verbrennen. So reinigte er Juda und Jerusalem. 6 Auch in den Städten von Manasse, Efraim, Simeon bis nach Naftali 7 riss er überall auf ihren Plätzen die Altäre nieder, zerstörte die Kultpfähle, zermalmte die Götzenbilder und zertrümmerte die Rauchopferaltäre im ganzen Land Israel. Dann kehrte er nach Jerusalem zurück.

1–2 || 2 Kön 22,1–2

Die Auffindung des Gesetzbuchs

8 Im achtzehnten Jahr seiner Regierung, während der Säuberung des Landes und des Tempels, sandte König Joschija Schafan, den Sohn Azaljas, den Stadtobersten Maaseja und den Sprecher des Königs, Joach, den Sohn des Joahas, in das Haus des Herrn, seines Gottes, um es instand setzen zu lassen. 9 Sie kamen zum Hohenpriester Hilkija und man gab das Geld heraus, das in das Haus Gottes gebracht worden war und das die Leviten, die Wächter an den Schwellen, von Manasse, Efraim und dem ganzen übrigen Israel, von ganz Juda, Benjamin und den Einwohnern Jerusalems gesammelt hatten. 10 Sie gaben es den Werkmeistern, die im Haus des Herrn angestellt waren, und diese verwendeten es für die Arbeiter, die im Haus des Herrn tätig waren, um seine Schäden auszubessern und das Haus instand zu setzen. 11 Sie gaben es den Zimmerleuten und Bauarbeitern zum Ankauf von Bruchsteinen und Holz zur Beschaffung der Klammern und zur Erneuerung des Gebälks in den Gebäuden, die von den Königen von Juda vernachlässigt worden waren. 12 Die Männer handelten bei ihrer Arbeit auf Treu und Glauben. Zu ihrer Leitung waren die Leviten Jahat und Obadja von den Nachkommen Meraris sowie Secharja und Meschullam von den Nachkommen Kehats bestellt. Die Leviten, die sich auf die Musikinstrumente verstanden, 13 befehligten die Lastträger und hatten die Aufsicht über alle Arbeiter bei verschiedenen Dienstleistungen. Einzelne Leviten waren Schreiber, Listenführer und Torwächter.

14 Als man das Geld herausnahm, das in das Haus des Herrn gebracht worden war, fand der Priester Hilkija das Buch des Gesetzes des Herrn, das durch Mose verkündet worden war. 15 Hilkija berichtete darüber dem Staatsschreiber Schafan und sagte: Ich habe im Haus des Herrn das Gesetzbuch gefunden. Hilkija übergab Schafan das Buch 16 und dieser brachte es zum König mit der Meldung: Deine Knechte haben alles ausgeführt, was ihnen aufgetragen wurde. 17 Sie haben das Geld ausgeschüttet, das sich im Haus des Herrn vorfand, und es den Aufsehern und Arbeitern gegeben. 18 Dann sagte der Staatsschreiber zum König: Der Priester Hilkija hat mir ein Buch gegeben. Schafan las dem König daraus vor.

19 Als der König die Worte des Gesetzes hörte, zerriss er seine Kleider 20 und befahl dem Priester Hilkija sowie Ahikam, dem Sohn Schafans, Abdon, dem Sohn Michas, dem Staatsschreiber Schafan und Asaja, dem Diener des Königs: 21 Geht und befragt den Herrn für mich und den Rest Israels und Judas wegen des Buches, das aufgefunden wurde. Denn der Zorn des Herrn, der sich über uns ergossen hat, muss groß sein, weil unsere Väter auf das Wort des Herrn nicht geachtet und weil sie nicht getan haben, was in diesem Buch niedergeschrieben ist.

22 Da ging Hilkija mit den Männern, die der König
bestimmt hatte, zur Prophetin Hulda. Sie war die
Frau Schallums, des Sohnes Tokhats, des Sohnes
Hasras, des Verwalters der Kleiderkammer, und
wohnte in Jerusalem in der Neustadt. Die Abge-
sandten trugen ihr die Angelegenheit vor 23 und sie
gab ihnen diese Antwort: So spricht der Herr, der
Gott Israels: Sagt zu dem Mann, der euch zu mir
geschickt hat: 24 So spricht der Herr: Ich bringe
Unheil über diesen Ort und seine Bewohner, alle
Flüche, die im Buch geschrieben stehen, das man
dem König von Juda vorgelesen hat. 25 Denn sie
haben mich verlassen, anderen Göttern geopfert
und mich durch alle Werke ihrer Hände erzürnt.
Darum hat sich mein Zorn über diesen Ort ergos-
sen und er wird nicht erlöschen. 26 Sagt aber zum
König von Juda, der euch hergesandt hat, um den
Herrn zu befragen: So spricht der Herr, der Gott
Israels: Durch die Worte, die du gehört hast,
27 wurde dein Herz erweicht. Du hast dich vor Gott
gedemütigt, als du seine Drohungen gegen diesen
Ort und seine Bewohner vernommen hast. Du
hast dich vor mir gedemütigt, deine Kleider zer-
rissen und hast vor mir geweint. Darum habe ich
dich erhört – Spruch des Herrn. 28 Ich werde dich
mit deinen Vätern vereinen und du sollst in Frie-
den in deinem Grab beigesetzt werden. Deine
Augen sollen all das Unheil nicht mehr sehen, das
ich über diesen Ort und seine Bewohner bringen
werde. – Sie berichteten das dem König.

8–28 || 2 Kön 22,3–20

Die Erneuerung des Bundes

29 Der König ließ alle Ältesten Judas und Jerusa-
lems bei sich zusammenkommen. 30 Er ging zum
Haus des Herrn hinauf mit allen Männern Judas
und den Einwohnern Jerusalems, den Priestern
und Leviten und allem Volk, alt und jung. Er ließ
ihnen alle Worte des Bundesbuches vorlesen, das
im Haus des Herrn gefunden worden war. 31 Dann
trat der König an seinen Platz und schloss vor dem
Herrn diesen Bund: Er wolle dem Herrn folgen,
auf seine Gebote, Satzungen und Gesetze von
ganzem Herzen und ganzer Seele achten und die
Vorschriften des Bundes durchführen, die in die-
sem Buch niedergeschrieben sind. 32 Er ließ auch
alle, die sich in Jerusalem und Benjamin befanden,
dem Bund beitreten und die Einwohner Jerusa-
lems hielten sich an den Bund Gottes, des Gottes
ihrer Väter. 33 Joschija entfernte alle Gräuel aus
allen Gebieten der Israeliten und veranlasste alle,
die in Israel lebten, dem Herrn, ihrem Gott, zu die-
nen. Solange er lebte, fielen sie nicht mehr vom
Herrn, dem Gott ihrer Väter, ab.

29–33 || 2 Kön 23,1–3

Die Feier des Paschafestes

35 Joschija feierte in Jerusalem ein Pascha
zur Ehre des Herrn. Man schlachtete das
Pascha am vierzehnten Tag des ersten Monats. 2 Er
ließ die Priester zu ihrem Dienst antreten und
ermunterte sie zu ihrer Tätigkeit im Haus des
Herrn. 3 Zu den Leviten, die ganz Israel zu unter-
weisen hatten und dem Herrn heilig waren, sagte
er: Die heilige Lade hat man in das Haus gebracht,
das Salomo, der Sohn Davids, der König von Is-
rael, gebaut hat. Ihr braucht sie nicht mehr auf
euren Schultern zu tragen. Dient nun dem Herrn,
eurem Gott, und seinem Volk Israel! 4 Haltet euch
bereit nach euren Großfamilien und euren Abtei-
lungen gemäß der Vorschrift Davids, des Königs
von Israel, und der Weisung seines Sohnes Salo-
mo. 5 Seid den Familiengruppen eurer Brüder, den
Leuten des Volkes, im Heiligtum zu Diensten;
ein Teil einer levitischen Großfamilie (soll jeweils
bereitstehen). 6 Schlachtet das Pascha und heiligt
euch! Bereitet es auch für eure Brüder, damit alles
geschieht, was der Herr durch Mose gesagt hat.
7 Joschija spendete den Leuten aus dem Volk, die
sich eingefunden hatten, 30 000 Stück Kleinvieh,
Lämmer und junge Ziegen zu Paschaopfern und
3000 Rinder. Sie stammten aus dem Besitz des
Königs. 8 Auch seine hohen Beamten gaben frei-
willige Spenden für das Volk, die Priester und die
Leviten. Hilkija, Secharja und Jehiël, die Vorsteher
des Gotteshauses, gaben den Priestern 2600 Stück
Kleinvieh zu Paschaopfern und 300 Rinder. 9 Ko-
nanja und seine Brüder Schemaja und Netanel,
ferner Haschabja, Jëiël und Josabad, die Vorsteher
der Leviten, spendeten für die Leviten 5000 Tiere
zu Paschaopfern und 500 Rinder. 10 Als man so
zum Dienst gerüstet war, traten die Priester an
ihren Platz und die Leviten zu ihren Abteilun-
gen gemäß dem Befehl des Königs. 11 Die Leviten

schlachteten die Paschaopfer und die Priester
sprengten das Blut aus, das sie aus ihrer Hand
empfingen. Darauf enthäuteten die Leviten die
Tiere. 12 Die zum Brandopfer bestimmten Stücke
legten sie beiseite und gaben sie den Familien-
gruppen des Volkes, damit sie dem Herrn darge-
bracht würden, wie es im Buch des Mose vorge-
schrieben war. Ebenso machten sie es mit den
Rindern. 13 Dann brieten sie das Pascha der Vor-
schrift gemäß am Feuer. Die heiligen Gaben koch-
ten sie in Kesseln, Töpfen und Schüsseln und
brachten sie eilends zu allen Angehörigen des
Volkes.
14 Hierauf besorgten sie das Pascha für sich selbst
und für die Priester; denn die Priester, die Nach-
kommen Aarons, waren mit der Darbringung der
Brandopfer und der Fettstücke bis in die Nacht
hinein beschäftigt. Darum bereiteten es die Levi-
ten für sich und die Priester, die Nachkommen
Aarons. 15 Die Sänger, die Nachkommen Asafs,
waren an ihrem Platz gemäß der Vorschrift Da-
vids, Asafs, Hemans und Jedutuns, des könig-
lichen Sehers. Ebenso standen die Torwächter an
den einzelnen Toren. Sie brauchten ihren Dienst
nicht zu verlassen; denn ihre Amtsbrüder, die
Leviten, bereiteten für sie das Pascha.
16 So war der gesamte Dienst für den Herrn an
jenem Tag gut geordnet. Man feierte das Pascha
und brachte auf dem Altar des Herrn Brandopfer
dar, wie es König Joschija befohlen hatte. 17 Sieben
Tage lang begingen damals die Israeliten, die sich
eingefunden hatten, das Pascha und das Fest der
Ungesäuerten Brote. 18 Ein Pascha wie dieses war
seit den Tagen des Propheten Samuel in Israel
nicht mehr gefeiert worden. Keiner von den Köni-
gen Israels hat ein Pascha veranstaltet, wie es
Joschija mit den Priestern und Leviten, mit ganz
Juda und den anwesenden Israeliten und den Ein-
wohnern Jerusalems feierte. 19 Im achtzehnten
Jahr der Regierung Joschijas wurde dieses Pascha
begangen.

1–19: 2 Kön 23,21–23 • 12: Lev 3,8–11 • 13: Ex 12,8

Das Ende Joschijas

20 Nachdem Joschija all dies zur Instandsetzung
des Hauses getan hatte, zog Necho, der König von
Ägypten, herauf, um bei Karkemisch am Eufrat
zu kämpfen. Joschija stellte sich ihm entgegen.
21 Necho aber sandte Boten zu ihm und ließ ihm
sagen: Was habe ich mit dir zu tun, König von
Juda? Nicht gegen dich ziehe ich heute, sondern
gegen das Herrscherhaus, das mit mir im Krieg
steht. Gott hat mir Eile geboten; lass daher ab von
Gott, der auf meiner Seite steht; sonst wird er dich
verderben. 22 Doch Joschija zog sich nicht vor
Necho zurück, sondern wagte es, ihn anzugreifen.
Er hörte nicht auf die Worte Nechos, die aus dem
Mund Gottes kamen, sondern trat in der Ebene
von Megiddo zum Kampf gegen ihn an. 23 Aber die
Bogenschützen trafen den König Joschija, der
nun seinen Dienern zurief: Bringt mich weg, denn
ich bin schwer verwundet. 24 Sie hoben ihn vom
Kriegswagen, setzten ihn auf seinen zweiten
Wagen und brachten ihn nach Jerusalem. Dort
starb er und wurde in den Gräbern seiner Väter
beigesetzt. Ganz Juda und Jerusalem trauerten um
Joschija.
25 Jeremia aber hielt Klage über Joschija und alle
Sänger und Sängerinnen singen auf ihn Klagelie-
der bis zum heutigen Tag. Es wurde dies zu einem
festen Brauch in Israel. Sie sind aufgezeichnet in
den Klageliedern.
26 Die übrige Geschichte Joschijas und seine from-
men Taten, die ganz dem entsprachen, was im
Gesetz des Herrn vorgeschrieben ist, 27 seine
frühere und spätere Geschichte, all das ist aufge-
zeichnet im Buch der Könige von Israel und Juda.

20–24 || 2 Kön 23,28–30

Joahas

36 Die Bürger des Landes nahmen nun Joa-
has, den Sohn Joschijas, und machten ihn
anstelle seines Vaters zum König in Jerusalem.
2 Joahas war dreiundzwanzig Jahre alt, als er König
wurde. Er regierte drei Monate in Jerusalem;
3 dann setzte ihn der König von Ägypten als König
in Jerusalem ab und legte dem Land eine Geld-
buße von hundert Talenten Silber und einem
Talent Gold auf. 4 Er machte Eljakim, den Bruder
des Joahas, zum König von Juda und Jerusalem
und änderte seinen Namen in Jojakim. Seinen
Bruder Joahas aber nahm Necho fest und brachte
ihn nach Ägypten.

1–4 || 2 Kön 23,30–35

Jojakim

5 Jojakim war fünfundzwanzig Jahre alt, als er
König wurde. Er regierte elf Jahre in Jerusalem
und tat, was dem Herrn, seinem Gott, missfiel.
6 Gegen ihn zog Nebukadnezzar, der König von
Babel, herauf und legte ihn in Ketten, um ihn nach
Babel wegzuführen. 7 Auch einen Teil der Geräte
des Hauses des Herrn brachte Nebukadnezzar
nach Babel und stellte sie in seinem Palast in Babel
auf.
8 Die übrige Geschichte Jojakims, die Gräueltaten,
die er verübte, und was sich sonst über ihn findet,
das alles ist aufgezeichnet im Buch der Könige von
Israel und Juda. Sein Sohn Jojachin wurde König
an seiner Stelle.

5–8 ‖ 2 Kön 23,36f; 24,5f

Jojachin

9 Jojachin war achtzehn Jahre alt, als er König
wurde. Er regierte drei Monate und zehn Tage in
Jerusalem und tat, was dem Herrn missfiel. 10 Um
die Jahreswende ließ König Nebukadnezzar ihn
samt den kostbaren Geräten des Hauses des Herrn
nach Babel bringen. Er machte Zidkija, den Bru-
der Jojakims, zum König von Juda und Jerusalem.

9–10 ‖ 2 Kön 24,8–17

Zidkija

11 Zidkija war einundzwanzig Jahre alt, als er König
wurde. Er regierte elf Jahre in Jerusalem 12 und tat,
was dem Herrn, seinem Gott, missfiel; er beugte
sich nicht vor dem Propheten Jeremia, der im Auf-
trag des Herrn zu ihm sprach. 13 Auch fiel er vom
König Nebukadnezzar ab, der ihn bei Gott einen
Eid hatte schwören lassen. Er versteifte seinen
Nacken, verhärtete sein Herz und kehrte nicht um
zum Herrn, dem Gott Israels. 14 Auch alle führen-
den Männer Judas und die Priester und das Volk
begingen viel Untreue. Sie ahmten die Gräueltaten
der Völker nach und entweihten das Haus, das der
Herr in Jerusalem zu seinem Heiligtum gemacht
hatte. 15 Immer wieder hatte der Herr, der Gott
ihrer Väter, sie durch seine Boten gewarnt; denn er
hatte Mitleid mit seinem Volk und seiner Woh-
nung. 16 Sie aber verhöhnten die Boten Gottes, ver-
achteten sein Wort und verspotteten seine Pro-
pheten, bis der Zorn des Herrn gegen sein Volk so
groß wurde, dass es keine Heilung mehr gab.

11–16 ‖ 2 Kön 24,18–20

Das Ende des Reiches Juda

17 Der Herr ließ nun den König der Chaldäer gegen
sie heranziehen. Dieser tötete ihre jungen Krieger
in ihrem Heiligtum mit dem Schwert und ver-
schonte keinen jungen Mann und keine junge
Frau, keinen Greis und Betagten; alle gab Gott in
seine Hand. 18 Nebukadnezzar ließ die großen und
kleinen Geräte des Hauses Gottes, die Tempel-
schätze und die Schätze des Königs und seiner
hohen Beamten insgesamt nach Babel bringen.
19 Die Chaldäer verbrannten das Haus Gottes, ris-
sen die Mauern Jerusalems nieder, legten Feuer an
alle seine Paläste und zerstörten alle wertvollen
Geräte. 20 Alle, die dem Schwert entgangen waren,
führte Nebukadnezzar in die Verbannung nach
Babel. Dort mussten sie ihm und seinen Söhnen
als Sklaven dienen, bis das Reich der Perser zur
Herrschaft kam. 21 Da ging das Wort in Erfüllung,
das der Herr durch den Mund Jeremias verkündet
hatte. Das Land bekam seine Sabbate ersetzt, es lag
brach während der ganzen Zeit der Verwüstung,
bis siebzig Jahre voll waren.

17–21 ‖ 2 Kön 25,8–21 • 21: Jer 27,7

Der Beginn der Wiederherstellung Israels

22 Im ersten Jahr des Königs Kyrus von Persien
sollte sich erfüllen, was der Herr durch Jeremia
gesprochen hatte. Darum erweckte der Herr den
Geist des Königs Kyrus von Persien und Kyrus ließ
in seinem ganzen Reich mündlich und schriftlich
den Befehl verkünden: 23 So spricht Kyrus, der
König von Persien: Der Herr, der Gott des Him-
mels, hat mir alle Reiche der Erde verliehen. Er
selbst hat mir aufgetragen, ihm in Jerusalem in
Juda ein Haus zu bauen. Jeder unter euch, der zu
seinem Volk gehört – der Herr, sein Gott, sei mit
ihm –, der soll hinaufziehen.

22–23 ‖ Esra 1,1–3

DIE BÜCHER ESRA UND NEHEMIA

Die Bücher Esra und Nehemia bilden nach weit verbreiteter Meinung zusammen mit den Büchern der Chronik das Chronistische Geschichtswerk. Im Rahmen dieser Geschichtsdarstellung, die mit der Begründung der Gottesherrschaft in Israel unter David und Salomo anhebt, um anschließend am Beispiel der Königszeit die Treulosigkeit des Gottesvolkes, aber auch die dem Sünder stets gewährte Möglichkeit der Umkehr zu verdeutlichen, berichten die Bücher Esra und Nehemia von der heilvollen Wende in der Geschichte des Gottesvolkes nach dem Babylonischen Exil.

Die verbannten Judäer erhalten durch den Erlass des Perserkönigs Kyrus die Erlaubnis, nach Jerusalem heimzukehren und den Tempel wieder aufzubauen (Esra 1 – 6). Als aber nach der Einweihung des neu errichteten Tempels die Festigung des jungen Gemeinwesens ins Stocken gerät, kommt im Auftrag des persischen Königs der Priester und Schriftgelehrte Esra nach Jerusalem, um in der Heimat die Verhältnisse nach dem Gesetz des Mose zu ordnen (Esra 7 – 10). In Verbindung mit ihm bemüht sich auch Nehemia, der bis dahin am persischen Hof eine hohe Beamtenstelle innegehabt hat, um den Wiederaufbau der Mauern Jerusalems (Neh 1 – 6) sowie um die Reform des religiösen Lebens und um die Beseitigung ärgerniserregender Missstände (Neh 7 – 13).

Im Rahmen des Chronistischen Geschichtswerkes stellt der Verfasser der Bücher Esra und Nehemia die Zeit nach dem Babylonischen Exil in Jerusalem und Juda so dar, dass sie deutlich an die Begründung der Gottesherrschaft in Israel nach dem Scheitern des Königtums Sauls erinnert. Der Wiederaufbau Jerusalems, die Einweihung des Tempels und die Neubegründung des religiösen Lebens im Land nach dem Gesetz des Mose bezeichnen darum nach der Meinung des Verfassers die Wende vom Unheil zum Heil, von einer Zeit des Gerichts und des Zorns zu einer Zeit der neuen Zuwendung Gottes zu Israel und Israels zu seinem Gott. Und wie nach chronistischer Darstellung die Zeit Davids nur als Vorstufe zu der als Ideal der Gottesherrschaft geschilderten Zeit Salomos erscheint, so wird auch bei der Neuordnung der Gemeinde unter Esra und Nehemia der Abstand deutlich, der diese Zeit von der noch ausstehenden endgültigen Offenbarung der Herrlichkeit Gottes über Israel trennt.

Die von Esra und Nehemia wiederholt ausgesprochene Mahnung, Gott und seinem Gesetz die Treue zu halten und sich auf seine Führung zu verlassen, gilt daher einer Gemeinde, die sich zwar als »heiliger Same« (Esra 9,2) und als »geretteter Rest« (Esra 9,15) begreift, die aber noch ein endgültiges Heilshandeln Gottes erwartet.

Die Bücher Esra und Nehemia, die auch aramäisch geschriebene Urkunden aus der Perserzeit verwenden (Esra 4,8 – 6,18; 7,12–26), sind zusammen mit den Büchern der Chronik um 400 v. Chr. oder etwas später in Jerusalem verfasst worden.

DAS BUCH ESRA

DIE HEIMKEHR DER JUDEN UND DER WIEDERAUFBAU DES TEMPELS: 1,1 – 6,22

Die Erlaubnis zur Heimkehr und zum Tempelbau

1 Im ersten Jahr des Königs Kyrus von Persien
sollte sich erfüllen, was der Herr durch Jere-
mia gesprochen hatte. Darum erweckte der Herr
den Geist des Königs Kyrus von Persien und Kyrus
ließ in seinem ganzen Reich mündlich und schrift-
lich den Befehl verkünden:
2 So spricht der König Kyrus von Persien: Der Herr,
der Gott des Himmels, hat mir alle Reiche der
Erde verliehen. Er selbst hat mir aufgetragen, ihm
in Jerusalem in Juda ein Haus zu bauen. 3 Jeder
unter euch, der zu seinem Volk gehört – sein Gott
sei mit ihm –, der soll nach Jerusalem in Juda
hinaufziehen und das Haus des Herrn, des Gottes
Israels, aufbauen; denn er ist der Gott, der in Je-
rusalem wohnt. 4 Und jeden, der irgendwo übrig
geblieben ist, sollen die Leute des Ortes, in dem
er ansässig war, unterstützen mit Silber und
Gold, mit beweglicher Habe und Vieh, neben den
freiwilligen Gaben für das Haus Gottes in Jeru-
salem.
5 Die Familienoberhäupter von Juda und Benja-
min sowie die Priester und Leviten, kurz alle,
deren Geist Gott erweckte, machten sich auf den
Weg, um nach Jerusalem zu ziehen und dort das
Haus des Herrn zu bauen. 6 Alle ihre Nachbarn
unterstützten sie in jeder Weise mit Silber und
Gold, mit beweglicher Habe und mit Vieh sowie
mit wertvollen Dingen, abgesehen von dem, was
jeder für den Tempel spendete. 7 König Kyrus gab
auch die Geräte des Hauses des Herrn zurück, die
Nebukadnezzar aus Jerusalem weggeschleppt und
in das Haus seines Gottes gebracht hatte. 8 König
Kyrus von Persien übergab sie dem Schatzmeister
Mitredat und dieser zählte sie Scheschbazzar, dem
Oberen von Juda, vor. 9 Das war ihre Zahl: 30 gol-
dene Opferschalen, 1000 silberne Opferschalen,
29 Räucherpfannen, 10 30 goldene Becher, 410 sil-
berne Becher, 1000 sonstige Geräte. 11 Insgesamt
waren es 5400 Geräte aus Gold und Silber. All das
brachte Scheschbazzar mit, als er mit den Ver-
schleppten von Babel nach Jerusalem zurück-
kehrte.

1–3 ‖ 2 Chr 36,22f; Jer 25,11f; 29,10 • 2: Jes 44,28; 45,1–4

Das Verzeichnis der heimkehrenden Laien

2 Hier folgt eine Liste der Einwohner der Pro-
vinz Juda, die aus der Gefangenschaft und
der Verschleppung heimzogen. Nebukadnezzar,
der König von Babel, hatte sie nach Babel ge-
bracht; nun kehrten sie nach Jerusalem und Juda
zurück, jeder in seine Stadt. 2 Sie kamen zusam-
men mit Serubbabel, Jeschua, Nehemja, Seraja,
Reelaja, Mordochai, Bilschan, Misperet, Bigwai,
Rehum und Baana.
Das ist die Zahl der Männer des Volkes Israel:
3 Nachkommen des Parosch: 2172. 4 Nachkommen
Schefatjas: 372. 5 Nachkommen Arachs: 775.
6 Nachkommen des Pahat-Moab, und zwar Nach-
kommen Jeschuas und Joabs: 2812. 7 Nachkom-
men Elams: 1254. 8 Nachkommen Sattus: 945.
9 Nachkommen Sakkais: 760. 10 Nachkommen
Banis: 642. 11 Nachkommen Bebais: 623. 12 Nach-
kommen Asgads: 1222. 13 Nachkommen Adoni-
kams: 666. 14 Nachkommen Bigwais: 2056. 15 Nach-
kommen Adins: 454. 16 Nachkommen Aters aus
der Linie Hiskijas: 98. 17 Nachkommen Bezais: 323.
18 Nachkommen Joras: 112. 19 Nachkommen Ha-
schums: 223. 20 Nachkommen Gibbars: 95. 21 Män-
ner aus Betlehem: 123. 22 Männer aus Netofa: 56.
23 Männer aus Anatot: 128. 24 Männer aus Asma-
wet: 42. 25 Männer aus Kirjat-Jearim, Kefira und
Beerot: 743. 26 Männer aus Rama und Geba: 621.
27 Männer aus Michmas: 122. 28 Männer aus Bet-El
und Ai: 223. 29 Männer aus Nebo: 52. 30 Nachkom-
men des Magbisch: 156. 31 Nachkommen eines
anderen Elam: 1254. 32 Nachkommen Harims:
320. 33 Männer aus Lod, Hadid und Ono: 725.
34 Männer aus Jericho: 345. 35 Nachkommen Se-
naas: 3630.

1–35 ‖ Neh 7,6–38

Das Verzeichnis der heimkehrenden Priester und Leviten

36 Von den Priestern: Nachkommen Jedajas vom Haus Jeschua: 973. 37 Nachkommen Immers: 1052. 38 Nachkommen Paschhurs: 1247. 39 Nachkommen Harims: 1017.

40 Von den Leviten: Nachkommen Jeschuas, und zwar Nachkommen Kadmiëls, Binnuis und Hodawjas: 74.

41 Von den Sängern: Nachkommen Asafs: 128.

42 Von den Torwächtern: Nachkommen Schallums, Nachkommen Aters, Nachkommen Talmons, Nachkommen Akkubs, Nachkommen Hatitas, Nachkommen Schobais, im Ganzen: 139.

43 Von den Tempeldienern: Nachkommen Zihas, Nachkommen Hasufas, Nachkommen Tabbaots, 44 Nachkommen des Keros, Nachkommen Sias, Nachkommen Padons, 45 Nachkommen Lebanas, Nachkommen Hagabas, Nachkommen Akkubs, 46 Nachkommen Hagabs, Nachkommen Salmais, Nachkommen Hanans, 47 Nachkommen Giddels, Nachkommen Gahars, Nachkommen Reajas, 48 Nachkommen Rezins, Nachkommen Nekodas, Nachkommen Gasams, 49 Nachkommen Usas, Nachkommen Paseachs, Nachkommen Besais, 50 Nachkommen Asnas, Nachkommen der Mëuniter, Nachkommen der Nefusiter, 51 Nachkommen Bakbuks, Nachkommen Hakufas, Nachkommen Harhurs, 52 Nachkommen Bazluts, Nachkommen Mehidas, Nachkommen Harschas, 53 Nachkommen des Barkos, Nachkommen Siseras, Nachkommen Temachs, 54 Nachkommen Neziachs, Nachkommen Hatifas.

55 Von den Nachkommen der Knechte Salomos: Nachkommen Sotais, Nachkommen Soferets, Nachkommen Perudas, 56 Nachkommen Jaalas, Nachkommen Darkons, Nachkommen Giddels, 57 Nachkommen Schefatjas, Nachkommen Hattils, Nachkommen des Pocheret-Zebajim und Nachkommen des Ami. 58 Die Gesamtzahl der Tempeldiener und der Nachkommen der Knechte Salomos betrug 392.

59 Die Folgenden kamen aus Tel-Melach, Tel-Harscha, Kerub-Addon und Immer, konnten aber nicht angeben, ob sie ihrer Familie und Herkunft nach aus Israel stammten: 60 Nachkommen Delajas, Nachkommen Tobijas und Nachkommen Nekodas, im Ganzen 652; 61 dazu bei den Priestern die Nachkommen Habajas, die Nachkommen des Koz und die Nachkommen Barsillais; dieser hatte eine von den Töchtern Barsillais aus Gilead geheiratet und dessen Namen angenommen. 62 Die Genannten suchten ihre Eintragung im Geschlechterverzeichnis, aber man fand sie nicht; deshalb wurden sie aus dem Priesterstand ausgeschlossen. 63 Der Statthalter untersagte ihnen, vom Hochheiligen zu essen, bis ein Priester für den Losentscheid mit Urim und Tummim zur Verfügung stehe.

36–63 || Neh 7,39–65 • 43: 8,20 • 55: 1 Kön 9,20f • 61: 2 Sam 17,27; 19,32 • 63: Lev 2,3; 6,9–11; 7,6–10.33–35; Ex 28,30

Die Volkszählung

64 Die ganze Volksgemeinde zählte insgesamt 42360 Personen. 65 Dabei waren ihre Knechte und Mägde nicht mitgerechnet; das waren im Ganzen 7337 Personen; dazu kamen noch 200 Sänger und Sängerinnen. 66 Pferde hatten sie 736, Maultiere 245, 67 Kamele 435, Esel 6720.

68 Als sie zum Haus des Herrn in Jerusalem kamen, machten einige von den Familienoberhäuptern großzügige Spenden, damit man das Gotteshaus an seiner alten Stelle wieder errichten könne. 69 Ihrem Vermögen entsprechend gaben sie für den Bauschatz 61000 Golddariken, 5000 Minen Silber und 100 Priestergewänder.

70 Die Priester, die Leviten, ein Teil des Volkes, die Sänger, die Torwächter und die Tempeldiener ließen sich in ihren Städten nieder, ebenso alle übrigen Israeliten.

64–70 || Neh 7,66–72

Der Beginn des Kults und des Tempelbaus

3 Als der siebte Monat herankam und die Israeliten bereits in ihren Heimatstädten waren, versammelte sich das ganze Volk geschlossen in Jerusalem. 2 Jeschua, der Sohn des Jozadak, mit seinen Brüdern, den Priestern, und Serubbabel, der Sohn Schealtiëls, mit seinen Brüdern gingen daran, den Altar des Gottes Israels wieder aufzubauen, um auf ihm Brandopfer darzubringen, wie es im Gesetz des Gottesmannes Mose vorgeschrieben ist. 3 Sie errichteten den Altar an seiner alten Stelle, obwohl die Völker der Nachbarländer sie davon abzuschrecken suchten, und brachten auf

ihm dem Herrn Brandopfer dar, je ein Brandopfer am Morgen und am Abend. 4 Dann feierten sie der Vorschrift entsprechend das Laubhüttenfest und brachten Tag für Tag so viele Opfer dar, wie es für die einzelnen Tage festgesetzt ist. 5 Von da an brachten sie auch das ständige Brandopfer wieder dar, ferner die Opfer an den Neumondtagen und an allen dem Herrn geheiligten Festzeiten sowie alle freiwilligen Opfer, die jemand dem Herrn spendete. 6 Am ersten Tag des siebten Monats hatten sie begonnen, dem Herrn Brandopfer darzubringen; aber die Fundamente für den Tempel des Herrn waren noch nicht gelegt. 7 Darum nahmen sie Steinhauer und Zimmerleute in Dienst; den Sidoniern und Tyrern lieferten sie Nahrungsmittel, Getränke und Öl, damit sie Zedernstämme vom Libanon über das Meer nach Jafo brachten; das hatte ihnen der König Kyrus von Persien erlaubt.

8 Im zweiten Monat des zweiten Jahres nach ihrer Ankunft beim Gotteshaus in Jerusalem machten sich ans Werk Serubbabel, der Sohn Schealtiëls, und Jeschua, der Sohn des Jozadak, mit ihren übrigen Brüdern, nämlich den Priestern, Leviten und allen, die aus der Gefangenschaft nach Jerusalem zurückgekommen waren. Sie bestimmten die Leviten, die zwanzig Jahre und älter waren, dazu, die Arbeiten am Haus des Herrn zu leiten.

9 Jeschua, seine Söhne und Brüder, Kadmiël und seine Söhne sowie die Söhne Hodawjas traten gemeinsam an, um die anzuleiten, die die Arbeiten am Gotteshaus ausführten; dazu kamen noch die Söhne Henadads sowie ihre Söhne und Brüder, ebenfalls Leviten. 10 Als die Bauleute das Fundament für den Tempel des Herrn gelegt hatten, kamen die Priester in ihren Gewändern und mit den Trompeten, außerdem die Leviten, die Nachkommen Asafs, mit den Zimbeln, um den Herrn zu preisen nach der Ordnung Davids, des Königs von Israel. 11 Sie begannen, den Herrn zu loben und zu preisen: »Denn er ist gütig und seine Huld gegenüber Israel währt ewig«. Und das ganze Volk erhob ein lautes Jubelgeschrei zum Preis des Herrn, weil das Fundament für das Haus des Herrn gelegt war. 12 Viele betagte Priester, Leviten und Familienoberhäupter hatten noch den ersten Tempel gesehen. Als nun vor ihren Augen das Fundament für den neuen Tempel gelegt wurde, weinten sie laut. Viele andere aber schrien vor Jubel und Freude. 13 Man konnte im lauten Freudenjubel das Weinen der anderen kaum hören, so laut war das Geschrei des Volkes und der Lärm war weithin zu hören.

2: Ex 27,1–8; Lev 6,2 • 3: Ex 29,38–42 • 4: Num 29,12–38 • 7: 1 Kön 5,20–29 • 10: 1 Chr 25 • 11: 2 Chr 5,13; Jer 33,11 • 12: Hag 2,3

Die Störung beim Tempelbau

4 Die Feinde von Juda und Benjamin erfuhren, dass die Heimkehrer für den Herrn, den Gott Israels, einen Tempel bauten. 2 Da kamen sie zu Serubbabel und den Familienoberhäuptern und sagten: Wir wollen zusammen mit euch bauen. Denn wie ihr verehren auch wir euren Gott und opfern ihm seit der Zeit des Königs Asarhaddon von Assur, der uns hierher gebracht hat. 3 Aber Serubbabel, Jeschua und die übrigen Oberhäupter der Großfamilien Israels erwiderten ihnen: Es geht nicht, dass wir mit euch zusammen unserem Gott ein Haus bauen, sondern wir allein wollen für den Herrn, den Gott Israels, bauen, wie es uns König Kyrus von Persien aufgetragen hat. 4 Da machte das Volk des Landes die Leute von Juda mutlos und schreckte sie vom Bauen ab. 5 Man bestach sogar königliche Räte gegen sie, um ihr Vorhaben zu vereiteln; das dauerte die ganze Regierungszeit des Perserkönigs Kyrus bis zur Regierung des Königs Darius von Persien. 6 Als dann Xerxes König wurde, setzten sie zu Beginn seiner Herrschaft eine Anklage gegen die Bewohner von Juda und Jerusalem auf.

7 In der Zeit des Artaxerxes schrieb Bischlam zusammen mit Mitredat, Tabeel und seinen übrigen Amtsgenossen an den König Artaxerxes von Persien. Der Brief war ins Aramäische übersetzt und in aramäischer Schrift geschrieben. 8 Der Befehlshaber Rehum und der Schreiber Schimschai schrieben an den König Artaxerxes folgenden Brief gegen Jerusalem: 9 Die Absender: Der Befehlshaber Rehum und der Schreiber Schimschai sowie ihre übrigen Amtsgenossen, die Richter, Gesandten, Aufseher und Verwalter, die Leute aus Erech, Babel und Susa – das sind Elamiter – 10 und die übrigen Volksgruppen, die der große und berühmte Asenappar weggeführt und in den Städten von

Samaria und im übrigen Gebiet jenseits des Stroms angesiedelt hat. 11 Dies ist nun eine Abschrift des Briefes, den sie an Artaxerxes schickten: An den König Artaxerxes, von deinen Knechten, den Leuten jenseits des Stroms. 12 Dem König sei gemeldet: Die Juden, die aus deiner Nähe weggezogen, sind zu uns nach Jerusalem gekommen. Sie bauen die aufrührerische und böse Stadt wieder auf; sie stellen die Mauern wieder her und sichern die Fundamente. 13 Dem König sei nun gemeldet: Wenn diese Stadt wieder aufgebaut ist und ihre Mauern vollendet sind, dann entrichten die Juden keine Steuern, Abgaben und Zölle mehr. So bringt sie den Königen schließlich nur Schaden. 14 Nun ist aber das Salz des Palastes unser Salz; darum ist es nicht recht, wenn wir mit ansehen, wie der König erniedrigt wird. Deshalb senden wir dem König Nachricht: 15 Man möge in der Chronik deiner Väter nachforschen; du wirst dann in der Chronik finden und feststellen: Diese Stadt ist eine aufrührerische Stadt; sie hat Königen und Provinzen Schaden gebracht und von jeher hat man in ihr Empörung angestiftet. Deshalb ist diese Stadt ja auch zerstört worden. 16 Wir machen also den König darauf aufmerksam: Wird diese Stadt wieder aufgebaut und werden ihre Mauern vollendet, dann hast du keinen Anteil mehr am Gebiet jenseits des Stroms.

2: 2 Kön 17,24–41

Das Verbot der Fortsetzung des Baus

17 Der König schickte folgende Erwiderung: An den Befehlshaber Rehum und den Schreiber Schimschai sowie ihre übrigen Genossen, die in Samaria und dem übrigen Gebiet jenseits des Stroms wohnen, meinen Gruß. 18 Das Schriftstück, das ihr an uns gesandt habt, ist mir in Übersetzung vorgelesen worden. 19 Daraufhin befahl ich nachzuforschen, und man fand: Diese Stadt hat sich von jeher gegen die Könige erhoben und in ihr gab es immer wieder Aufruhr und Empörung. 20 Mächtige Könige geboten über Jerusalem und herrschten über das ganze Gebiet jenseits des Stroms und ihnen entrichtete man Steuern, Abgaben und Zölle. 21 Gebt also Befehl, dass man jenen Männern ihr Tun verwehrt. Diese Stadt darf nicht wieder aufgebaut werden, bis weitere Anordnungen von mir ergehen. 22 Hütet euch, in dieser Sache nachlässig zu sein; sonst könnte großer Schaden zum Nachteil der Könige entstehen.

23 Sobald das Schreiben des Königs Artaxerxes vor Rehum und dem Schreiber Schimschai sowie ihren Amtsgenossen verlesen worden war, gingen diese eilends nach Jerusalem zu den Juden und hinderten sie mit Waffengewalt an ihrer Arbeit.

24 So kam die Arbeit am Gotteshaus in Jerusalem zum Stillstand und ruhte bis zum zweiten Jahr der Herrschaft des Perserkönigs Darius.

Die Wiederaufnahme der Bauarbeiten

5 Damals traten Haggai, der Prophet, und Sacharja, der Sohn Iddos, auf und sprachen als Propheten zu den Juden in Juda und Jerusalem im Namen des Gottes Israels, der über ihnen wachte.

2 Daraufhin machten sich Serubbabel, der Sohn Schealtiëls, und Jeschua, der Sohn des Jozadak, an die Arbeit und nahmen den Bau des Gotteshauses in Jerusalem wieder auf. Die Propheten Gottes standen ihnen bei und unterstützten sie.

3 In dieser Zeit kamen Tattenai, der Statthalter des Gebiets jenseits des Stroms, und Schetar-Bosnai sowie ihre Amtsgenossen zu den Juden und fragten sie: Wer hat euch die Erlaubnis erteilt, dieses Haus wieder aufzubauen und das Holzwerk innen zu vollenden? 4 Und sie fragten weiter: Wie heißen die Männer, die diesen Bau aufführen? 5 Aber über die Ältesten der Juden wachte das Auge ihres Gottes; so ließ man sie weiterarbeiten, bis ein Bericht an Darius abgegangen und die Antwort darauf zurückgekommen sei.

6 Das ist eine Abschrift des Briefes, den Tattenai, der Statthalter des Gebiets jenseits des Stroms, und Schetar-Bosnai mit seinen Amtsgenossen, den Beamten im Gebiet jenseits des Stroms, an den König Darius sandten. 7 Sie schickten ihm einen Bericht folgenden Inhalts: Dem König Darius alles Gute! 8 Dem König sei gemeldet, dass wir in der Provinz Juda das Haus des großen Gottes besichtigt haben. Die Leute bauen es mit Quadersteinen und belegen die Wände mit Holz. Sie betreiben diese Arbeit mit Eifer und sie geht unter ihren Händen gut voran. 9 Wir befragten die Ältesten: Wer hat euch die Erlaubnis erteilt, dieses Haus wieder aufzubauen und das Holzwerk innen zu

vollenden? 10 Wir fragten sie auch nach ihren
Namen, um sie dir zu melden. Was wir schreiben,
sind die Namen der Männer, die an ihrer Spitze
stehen. 11 Sie gaben uns folgende Antwort: Wir ver-
ehren den Gott des Himmels und der Erde und
bauen das Gotteshaus wieder auf, das einst viele
Jahre lang hier stand; ein großer König von Israel
hat es erbaut und vollendet. 12 Unsere Väter aber
erzürnten den Gott des Himmels; darum gab er sie
in die Hand des Chaldäers Nebukadnezzar, des
Königs von Babel. Er zerstörte dieses Haus und
verschleppte das Volk nach Babel. 13 Doch im
ersten Jahr, als Kyrus König von Babel war, gab
König Kyrus den Befehl, dieses Gotteshaus wieder
aufzubauen. 14 Nebukadnezzar hatte auch die gol-
denen und silbernen Geräte des Gotteshauses aus
dem Tempel von Jerusalem weggenommen und in
den Tempel von Babel gebracht. König Kyrus ließ
sie nun wieder aus dem Tempel von Babel holen
und einem Mann namens Scheschbazzar überge-
ben, den er als Statthalter einsetzte. 15 Er sagte zu
ihm: Nimm diese Geräte, zieh heim und bring sie
in den Tempel zu Jerusalem! Das Gotteshaus soll
an seiner alten Stelle wieder aufgebaut werden.
16 Darauf kam jener Scheschbazzar und legte die
Fundamente für das Gotteshaus in Jerusalem.
Seitdem baut man daran, bis jetzt; aber es ist noch
nicht fertig.
17 Wenn es dem König nun recht ist, so forsche
man dort in Babel in den königlichen Schatzhäu-
sern nach, ob wirklich von König Kyrus ein Befehl
vorliegt, jenes Gotteshaus in Jerusalem wieder auf-
zubauen. Seinen Entscheid in der Sache sende
dann der König uns zu.

1: Hag 1,1–11; Sach 4,9 • 5: 1 Kön 8,29 • 11: 1 Kön 6 – 8

Der Weiterbau mit königlicher Unterstützung

6 Auf Befehl des Königs Darius forschte man
nun in den Schatzhäusern nach, dort, wo in
Babel die Urkunden aufbewahrt wurden. 2 In der
Festung Ekbatana in der Provinz Medien fand
man eine Schriftrolle, in der geschrieben war:
Beurkundung: 3 Im ersten Jahr des Königs Kyrus
hat König Kyrus einen Befehl erlassen, der das
Gotteshaus in Jerusalem betrifft: Das Haus soll
wieder aufgebaut werden als Ort, an dem man
Opfer darbringt. Seine Fundamente sollen erhal-
ten bleiben. Seine Höhe soll sechzig Ellen betragen
und seine Breite zwanzig Ellen. 4 Auf drei Lagen
Quadersteinen soll eine Lage Holz kommen. Die
Kosten bestreitet der königliche Hof. 5 Auch soll
man die goldenen und silbernen Geräte des Got-
teshauses zurückgeben, die Nebukadnezzar aus
dem Tempel von Jerusalem weggenommen und
nach Babel gebracht hat. Alles soll wieder an sei-
nen alten Platz in den Tempel von Jerusalem kom-
men und in das Gotteshaus gebracht werden.
6 Darum, Tattenai, Statthalter des Gebiets jenseits
des Stroms, Schetar-Bosnai und eure Amtsgenos-
sen, die Beamten des Gebiets jenseits des Stroms:
Haltet euch aus der Sache dort heraus! 7 Lasst die
Arbeit an jenem Gotteshaus weitergehen! Der
Statthalter der Juden und ihre Ältesten mögen das
Gotteshaus an seiner früheren Stelle wieder auf-
bauen. 8 Auch ordne ich an, wie ihr die Ältesten der
Juden dort beim Bau jenes Gotteshauses unter-
stützen sollt: Aus den königlichen Einkünften, die
das Gebiet jenseits des Stroms aufbringt, sollen
jenen Männern pünktlich die Kosten bezahlt wer-
den, damit sie nicht aufgehalten werden. 9 Auch ist
ihnen jeden Tag ohne Versäumnis zu liefern, was
nach den Angaben der Priester von Jerusalem an
Stieren, Widdern und Lämmern als Brandopfer
für den Gott des Himmels benötigt wird, auch
Weizen und Salz, Wein und Öl. 10 So mögen sie
dem Gott des Himmels wohlgefällige Opfer dar-
bringen und auch für das Leben des Königs und
seiner Söhne beten. 11 Schließlich befehle ich: Je-
dem, der diesen Erlass missachtet, reiße man einen
Balken aus seinem Haus und pfähle ihn auf die-
sem Balken; sein Haus soll wegen seines Vergehens
zu einem Trümmerhaufen gemacht werden. 12 Der
Gott aber, der seinen Namen dort wohnen lässt,
vernichte jeden König und jedes Volk, die sich
unterfangen, den Erlass zu missachten und jenes
Gotteshaus in Jerusalem zu zerstören. Ich, Darius,
habe den Befehl gegeben; man befolge ihn genau.

Die Vollendung des Baus und die Tempelweihe

13 Tattenai, der Statthalter des Gebiets jenseits des
Stroms, Schetar-Bosnai und ihre Amtsgenossen
befolgten genau den Befehl, den der König Darius
gesandt hatte, 14 und die Ältesten der Juden bauten
weiter. Dank der Wirksamkeit Haggais, des Pro-

pheten, und Sacharjas, des Sohnes Iddos, kamen
sie gut voran. Sie konnten den Bau vollenden, wie
der Gott Israels es geboten und wie Kyrus und
Darius sowie der Perserkönig Artaxerxes es befoh-
len hatten. 15 Das Gotteshaus war fertig am dritten
Tag des Monats Adar, im sechsten Jahr der Regie-
rung des Königs Darius. 16 Die Israeliten, die Pries-
ter, die Leviten und die übrigen, die heimgekehrt
waren, feierten voll Freude die Einweihung dieses
Gotteshauses. 17 Bei der Einweihung des Gottes-
hauses brachten sie als Opfer dar: hundert Stiere,
zweihundert Widder und vierhundert Lämmer,
dazu als Sündopfer für ganz Israel zwölf Ziegen-
böcke, entsprechend der Zahl der Stämme Israels.
18 Für den Gottesdienst in Jerusalem bestellten sie
die Priester nach ihren Klassen und die Leviten
nach ihren Abteilungen, wie es das Buch des Mose
vorschreibt.
19 Am vierzehnten Tag des ersten Monats feierten
die Heimkehrer das Pascha-Fest. 20 Jeder der Pries-
ter und Leviten hatte sich gereinigt, sodass sie alle
rein waren. Die Leviten schlachteten das Pascha-
lamm für alle Heimkehrer und für ihre Brüder, die
Priester, und für sich selbst. 21 Dieses Paschalamm
aßen die Israeliten, die aus der Verbannung heim-
gekehrt waren, sowie alle, die sich von der Unrein-
heit der Völker des Landes abgesondert hatten, um
mit ihnen zusammen den Herrn, den Gott Israels,
zu suchen. 22 Sieben Tage lang feierten sie voll
Freude das Fest der Ungesäuerten Brote. Denn der
Herr hatte sie froh gemacht und ihnen das Herz
des Königs von Assur zugewandt, sodass er sie bei
der Arbeit am Haus Gottes, des Gottes Israels,
unterstützte.

14: 5,1; 1,2; 7,19–24 • 16–17: 1 Kön 8,1f.62–65 • 17: 2 Chr 29,20–32 • 18: 1 Chr 24,19 • 20: 2 Chr 35,10–15

ESRA UND DIE NEUORDNUNG DER GEMEINDE IN JERUSALEM: 7,1 – 10,44

Esra, der Gesetzeslehrer

7 Nach diesen Ereignissen unter der Herr-
schaft des Perserkönigs Artaxerxes kam Esra,
der Sohn Serajas, des Sohnes Asarjas, des Sohnes
Hilkijas, 2 des Sohnes Schallums, des Sohnes
Zadoks, des Sohnes Ahitubs, 3 des Sohnes Amar-
jas, des Sohnes Asarjas, des Sohnes Merajots, 4 des
Sohnes Serachjas, des Sohnes Usis, des Sohnes
Bukkis, 5 des Sohnes Abischuas, des Sohnes des
Pinhas, des Sohnes Eleasars, des Sohnes des
Hohenpriesters Aaron. 6 Dieser Esra kam also von
Babel herauf. Er war ein Schriftgelehrter, kundig
im Gesetz des Mose, das der Herr, der Gott Israels,
gegeben hatte. Weil die Hand des Herrn, seines
Gottes, über ihm war, gewährte der König ihm
alles, was er wünschte. 7 Mit ihm zog im siebten
Jahr des Königs Artaxerxes auch eine Anzahl von
Israeliten sowie von Priestern, Leviten, Sängern,
Torwächtern und Tempeldienern nach Jerusalem.
8 Im fünften Monat dieses siebten Regierungsjahrs
des Königs kam Esra in Jerusalem an. 9 Den Auf-
bruch von Babel hatte er auf den Ersten des ersten
Monats festgesetzt und am Ersten des fünften
Monats kam er in Jerusalem an, da die gütige Hand
seines Gottes über ihm war. 10 Denn Esra war von
ganzem Herzen darauf aus, das Gesetz des Herrn
zu erforschen und danach zu handeln und es als
Satzung und Recht in Israel zu lehren.

1: 1 Chr 5,29–40

Der zweite Befehl zur Rückführung

11 Das ist eine Abschrift des Erlasses, den der König
Artaxerxes dem Priester und Schriftgelehrten Esra
mitgab, dem Schriftkundigen in den Geboten und
Satzungen, die der Herr Israel gegeben hatte:
12 Artaxerxes, der König der Könige, wünscht dem
Priester Esra, dem Schriftkundigen im Gesetz des
Gottes des Himmels, alles Gute. 13 Das ist es, was
ich befehle: Jeder in meinem Reich, der zum Volk
Israel oder seinen Priestern und Leviten gehört
und gewillt ist, nach Jerusalem zu gehen, darf mit
dir ziehen. 14 Denn du bist von dem König und sei-
nen sieben Räten ausgesandt und sollst nach dem
Gesetz deines Gottes, das in deiner Hand ist,
untersuchen, wie es in Juda und Jerusalem steht.
15 Auch sollst du das Silber und Gold hinbringen,
das der König und seine Räte dem Gott Israels
gespendet haben, der in Jerusalem seine Wohn-
stätte hat. 16 Bring auch alles Silber und Gold dort-
hin, das du in der ganzen Provinz Babel be-

kommst, samt den Spenden, die das Volk Israel und die Priester für das Haus ihres Gottes in Jerusalem geben. [17] Von diesem Geld sollst du dann gewissenhaft Stiere, Widder und Lämmer sowie die dazugehörenden Speiseopfer und Trankopfer kaufen und sie auf dem Altar des Hauses eures Gottes in Jerusalem darbringen. [18] Das übrige Silber und Gold dürft ihr nach dem Willen eures Gottes verwenden, wie es dir und deinen Amtsbrüdern gut scheint. [19] Auch die Geräte, die man dir für den Dienst im Haus deines Gottes übergibt, sollst du dem Gott in Jerusalem abliefern. [20] Den restlichen Bedarf für das Haus deines Gottes, den du aufzubringen hast, bekommst du aus den königlichen Schatzhäusern. [21] Ich, der König Artaxerxes, befehle allen Schatzmeistern im Gebiet jenseits des Stroms: Alles, was der Priester Esra, der Schriftkundige im Gesetz des Gottes des Himmels, von euch fordert, soll man pünktlich liefern, [22] und zwar bis zu hundert Talenten Silber, bis zu hundert Kor Weizen, bis zu hundert Bat Wein, bis zu hundert Bat Öl, dazu Salz in jeder Menge. [23] Alles, was der Gott des Himmels befiehlt, soll man mit frommem Eifer liefern für das Haus des Gottes des Himmels, damit nicht ein Strafgericht das Reich des Königs und seiner Söhne trifft.

14: Est 1,14 • 15: 2 Makk 3,2 • 20: 6,9

Neue Anordnungen

[24] Auch wird euch Folgendes bekannt gemacht: Niemand ist befugt, irgendeinem Priester, Leviten, Sänger, Torwächter, Tempeldiener oder Arbeiter dieses Gotteshauses Steuern, Abgaben oder Zölle aufzuerlegen.

[25] Du aber, Esra, bestelle Rechtskundige und Richter nach dem weisen Gesetz deines Gottes, das in deiner Hand ist; sie sollen dem ganzen Volk im Gebiet jenseits des Stroms Recht sprechen, allen, die das Gesetz deines Gottes kennen; wer es aber nicht kennt, den sollt ihr es lehren. [26] Doch über jeden, der das Gesetz deines Gottes und das Gesetz des Königs nicht befolgt, halte man streng Gericht und verurteile ihn je nachdem zum Tod, zum Ausschluss (aus der Gemeinde), zu einer Geldstrafe oder zu Gefängnis!

[27] Gepriesen sei der Herr, der Gott unserer Väter! Denn er hat dem König das alles ins Herz gelegt, um das Haus des Herrn in Jerusalem so herrlich auszustatten. [28] Mir hat er die Gunst des Königs und seiner Räte sowie all der mächtigen Großen des Königs zugewandt. Ich aber fasste Mut, da die Hand des Herrn, meines Gottes, über mir war, und sammelte Familienoberhäupter aus Israel, die bereit waren, mit mir hinaufzuziehen.

Das Verzeichnis der Heimkehrer

8 Das sind die Familienoberhäupter und die bei ihnen Eingetragenen, die unter der Herrschaft des Königs Artaxerxes mit mir aus Babel hinaufgezogen sind: [2] Von den Nachkommen des Pinhas: Gerschom; von den Nachkommen Itamars: Daniel; von den Nachkommen Davids: Hattusch, [3] der Sohn Schechanjas. Von den Nachkommen des Parosch: Secharja und mit ihm 150 eingetragene Männer. [4] Von den Nachkommen des Pahat-Moab: Eljoënai, der Sohn Serachjas, und mit ihm 200 Männer. [5] Von den Nachkommen Sattus: Schechanja, der Sohn Jahasiëls, und mit ihm 300 Männer. [6] Von den Nachkommen Adins: Ebed, der Sohn Jonatans, und mit ihm 50 Männer. [7] Von den Nachkommen Elams: Jeschaja, der Sohn Ataljas, und mit ihm 70 Männer. [8] Von den Nachkommen Schefatjas: Sebadja, der Sohn Michaels, und mit ihm 80 Männer. [9] Von den Nachkommen Joabs: Obadja, der Sohn Jehiëls, und mit ihm 218 Männer. [10] Von den Nachkommen Banis: Schelomit, der Sohn Josifjas, und mit ihm 160 Männer. [11] Von den Nachkommen Bebais: Secharja, der Sohn Bebais, und mit ihm 28 Männer. [12] Von den Nachkommen Asgads: Johanan, der Sohn Katans, und mit ihm 110 Männer. [13] Von den Nachkommen Adonikams: die letzten; sie heißen: Elifelet, Jëiël und Schemaja und mit ihnen 60 Männer. [14] Und von den Nachkommen Bigwais: Utai, der Sohn Sabbuds, und mit ihm 70 Männer.

[15] Ich ließ alle an dem Fluss zusammenkommen, der an Ahawa vorbeifließt. Dort blieben wir drei Tage. Ich stellte fest, dass zwar Laienvolk und Priester da waren; doch fand ich dort keine Leviten. [16] Da schickte ich einige verständige Männer, nämlich Eliëser, Ariël, Schemaja, Elnatan, Jarib, Elnatan, Natan, Secharja und Meschullam [17] zu Iddo, dem Vorsteher der Ortschaft Kasifja; ich sagte ihnen, was sie zu Iddo und zu seinen Brüdern, die

in der Ortschaft Kasifja ansässig waren, sagen sollten, damit sie uns Diener für das Haus unseres Gottes überließen. 18 Da die gütige Hand unseres Gottes über uns war, schickten sie uns einen einsichtigen Mann, einen von den Nachkommen Machlis, des Sohnes Levis, des Sohnes Israels, nämlich Scherebja, mit seinen Söhnen und Brüdern, zusammen 18 Männer; 19 ferner von den Nachkommen Meraris den Haschabja und mit ihm Jeschaja samt ihren Söhnen und Brüdern, 20 Männer; 20 dazu eine Anzahl von Tempeldienern, die David und die Obersten dem Tempel geschenkt hatten, damit sie den Leviten dienten, im ganzen 220 Tempeldiener. Sie alle sind namentlich aufgezeichnet.

2: Num 25,7–13; 1 Chr 5,29f; 24,1–4 • 20: 2,43–54; 1 Chr 9,2

Der Bericht über die Reise

21 Dann rief ich dort am Fluss bei Ahawa ein Fasten aus; so wollten wir uns vor unserem Gott beugen und von ihm eine glückliche Reise erbitten für uns, unsere Familien und die ganze Habe. 22 Denn ich schämte mich, vom König Soldaten und Reiter zu fordern, die uns gegen Feinde auf dem Weg schützen sollten. Vielmehr hatten wir dem König gesagt: Die Hand unseres Gottes ist schützend über allen, die ihn suchen; doch seine Macht und sein Zorn kommen über alle, die ihn verlassen. 23 Wir fasteten also und suchten in dieser Sache Hilfe bei unserem Gott und er erhörte uns.

24 Dann wählte ich von den Obersten der Priester zwölf aus, dazu Scherebja und Haschabja und mit ihnen noch zehn ihrer Brüder. 25 Ich wog vor ihnen das Silber, das Gold und die Geräte, die Weihegaben, die der König, seine Räte und Großen sowie alle Israeliten, die dort lebten, für das Haus unseres Gottes gestiftet hatten. 26 Ich wog alles und legte es in ihre Hände: sechshundertfünfzig Talente Silber und hundert silberne Geräte, die zwei Talente wogen; ferner hundert Talente Gold 27 und zwanzig goldene Becher im Wert von tausend Golddariken sowie zwei Geräte aus feinster, glänzender Bronze, kostbar wie Gold. 28 Und ich sagte zu ihnen: Ihr seid dem Herrn heilig, auch die Geräte sind heilig; das Silber und das Gold sind Weihegaben für den Herrn, den Gott eurer Väter. 29 Bewacht und behütet das alles, bis ihr es vor den Obersten der Priester und Leviten sowie den Oberhäuptern der Familien Israels in Jerusalem wägt und darbringt, in den Räumen des Hauses des Herrn. 30 Die Priester und Leviten nahmen das Silber, das Gold und die Geräte abgewogen in Empfang, um sie nach Jerusalem in das Haus unseres Gottes zu bringen.

31 Am zwölften Tag des ersten Monats brachen wir von dem Fluss bei Ahawa auf, um nach Jerusalem zu ziehen. Die Hand unseres Gottes war über uns und er beschützte uns unterwegs vor Feinden und Räubern. 32 Als wir nach Jerusalem kamen, ruhten wir dort drei Tage aus. 33 Am vierten Tag wog man im Haus unseres Gottes das Silber und das Gold sowie die Geräte und übergab sie dem Priester Meremot, dem Sohn Urijas; bei ihm waren Eleasar, der Sohn des Pinhas, sowie die Leviten Josabad, der Sohn Jeschuas, und Noadja, der Sohn Binnuis. 34 Man übergab alles, gezählt und gewogen, und verzeichnete gleichzeitig das genaue Gewicht.

35 Die Verschleppten, die jetzt aus der Gefangenschaft heimgekehrt waren, brachten dem Gott Israels Brandopfer dar: zwölf Stiere für ganz Israel, sechsundneunzig Widder und siebenundsiebzig Lämmer, ferner zwölf Ziegenböcke für ein Sündopfer – all das als Brandopfer für den Herrn.

36 Man übergab die Anordnungen des Königs den königlichen Satrapen und den Statthaltern im Gebiet jenseits des Stroms. Sie unterstützten von nun an das Volk und das Haus Gottes.

22: Neh 2,9 • 36: 5,17; 7,11–26

Das Verbot von Mischehen

9 Als das vollbracht war, kamen die Obersten zu mir und sagten: Das Volk Israel und die Priester und die Leviten haben sich nicht fern gehalten von der Bevölkerung des Landes und ihren Gräueltaten, von den Kanaanitern, Hetitern, Perisitern, Jebusitern, Ammonitern, Moabitern, Ägyptern und Amoritern. 2 Sie haben von deren Töchtern Frauen genommen für sich und ihre Söhne. So hat sich der heilige Same mit den Völkern des Landes vermischt und die Obersten und Beamten waren bei diesem Treubruch die Ersten. 3 Als ich das hörte, zerriss ich mein Gewand und meinen Mantel; ich raufte mir die Haare und den Bart und setzte mich erschüttert nieder. 4 Da ver-

sammelten sich alle um mich, die wegen des Treubruchs der Heimkehrer die Drohungen des Gottes Israels fürchteten. Bis zum Abendopfer saß ich erschüttert da.

1: Dtn 7,1–4; 23,3f • 2: Mal 2,10–12; Neh 13,23–28; Jes 6,13

Esras Bußgebet

5 Zur Zeit des Abendopfers erhob ich mich aus meiner Bußübung, mit zerrissenem Gewand und Mantel. Dann warf ich mich auf die Knie, breitete die Hände aus und betete zum Herrn, meinem Gott: 6 Mein Gott, ich schäme mich und wage nicht, die Augen zu dir, mein Gott, zu erheben. Denn unsere Vergehen sind uns über den Kopf gewachsen; unsere Schuld reicht bis zum Himmel. 7 Seit den Tagen unserer Väter bis heute sind wir in großer Schuld. Wegen unserer Vergehen wurden wir, unsere Könige und Priester, den Königen der Länder ausgeliefert, dem Schwert, der Gefangenschaft, der Plünderung und der Schande, wie es noch heute der Fall ist. 8 Jetzt, für einen kurzen Augenblick, hat der Herr, unser Gott, uns Erbarmen gezeigt; er hat einen Rest gerettet und übrig gelassen und uns einen Ruheplatz an seinem heiligen Ort gewährt. So ließ unser Gott unsere Augen aufleuchten, er ließ uns ein wenig aufleben in unserer Knechtschaft. 9 Ja, wir sind Knechte. Aber auch in unserer Knechtschaft hat unser Gott uns nicht verlassen. Er wandte uns die Gunst der Könige von Persien zu. Er ließ uns aufleben, sodass wir das Haus unseres Gottes wieder aufbauen und es aus den Trümmern wieder aufrichten konnten. Er gewährte uns ein geschütztes Gebiet in Juda und Jerusalem.

10 Aber jetzt, unser Gott, was sollen wir nach all dem sagen? Wir haben ja deine Gebote verlassen. 11 Du hast durch deine Diener, die Propheten, geboten: Das Land, in das ihr kommt, um es in Besitz zu nehmen, ist ein beflecktes Land; denn die Völker im Land haben es befleckt; in ihrer Unreinheit haben sie es mit ihren Gräueltaten erfüllt, vom einen Ende bis zum andern. 12 Darum dürft ihr eure Töchter nicht ihren Söhnen als Frauen geben, noch dürft ihr ihre Töchter für eure Söhne nehmen. Ihr Glück und ihren Wohlstand sollt ihr nicht begehren. Dann werdet ihr stark sein und die Güter des Landes genießen und sie euren Kindern vererben für alle Zeit.

13 Was ist alles über uns gekommen wegen unserer bösen Taten und unserer großen Schuld! Dabei hast du, unser Gott, unsere Schuld mit Nachsicht behandelt und uns diese Schar von Geretteten gelassen. 14 Können wir nach alledem von neuem deine Gebote brechen und uns mit diesen gräuelbeladenen Völkern verschwägern? Musst du uns dann nicht zürnen, bis wir ganz vernichtet sind, sodass kein Rest von Geretteten mehr übrig bleibt? 15 Herr, Gott Israels, du bist gerecht; darum hast du uns als geretteten Rest übrig gelassen, wie es heute der Fall ist. Nun stehen wir vor dir mit unserer Schuld. Nein, so kann niemand vor dir bestehen.

11: Lev 18,24–27; Dtn 7,1.3; Ez 36,17; 37,25

Die Auflösung der Mischehen

10 Während Esra vor dem Haus Gottes auf den Knien lag und weinend sein Gebet und sein Bekenntnis sprach, versammelte sich um ihn eine sehr große Gemeinde von Männern, Frauen und Kindern aus Israel. Auch das Volk vergoss viele Tränen. 2 Schechanja, der Sohn Jehiëls, einer der Nachkommen Elams, nahm das Wort und sagte zu Esra: Ja, wir haben unserem Gott die Treue gebrochen; wir haben fremde Frauen aus der Bevölkerung des Landes geheiratet. Doch auch jetzt gibt es noch Hoffnung für Israel: 3 Wir wollen jetzt mit unserem Gott einen Bund schließen und uns verpflichten, dass wir alle fremden Frauen samt ihren Kindern wegschicken nach dem Rat meines Herrn und aller, die das Gebot unseres Gottes fürchten. Man handle nach dem Gesetz. 4 Steh auf! Denn dir obliegt die Sache. Wir aber stehen dir bei. Fass Mut und handle!

5 Da stand Esra auf; er ließ die Obersten der Priester, der Leviten und ganz Israels schwören, nach diesem Vorschlag zu handeln, und sie leisteten den Eid. 6 Dann verließ Esra den Platz vor dem Haus Gottes und ging in die Kammer Johanans, des Sohnes Eljaschibs. Dort verbrachte er die Nacht, aß aber kein Brot und trank kein Wasser; denn er trauerte über den Treubruch der Heimkehrer.

7 Dann machte man in Juda und Jerusalem allen Heimkehrern bekannt, sie sollten sich in Jerusalem versammeln. 8 Jeder, der nicht binnen drei Tagen komme, wie es die Vorsteher und Ältesten

beschlossen hätten, dessen ganzer Besitz solle der Vernichtung anheim fallen und er selbst solle aus der Gemeinde der Heimkehrer ausgeschlossen werden.

9 Da versammelten sich nach drei Tagen alle Männer von Juda und Benjamin in Jerusalem; es war am zwanzigsten Tag des neunten Monats. Das ganze Volk ließ sich auf dem Platz vor dem Haus Gottes nieder. Alle zitterten wegen der Sache, um die es ging, aber auch wegen des Regens, der niederging. 10 Der Priester Esra stand auf und sagte zu ihnen: Ihr habt dem Herrn die Treue gebrochen; ihr habt fremde Frauen genommen und so die Schuld Israels noch größer gemacht. 11 So legt nun vor dem Herrn, dem Gott eurer Väter, ein Bekenntnis ab und tut, was er wünscht: Trennt euch von der Bevölkerung des Landes, insbesondere von den fremden Frauen! 12 Darauf antwortete die ganze Gemeinde laut: Alles, was du uns gesagt hast, müssen wir tun. 13 Aber es sind viele Menschen und es ist Regenzeit; da kann man nicht im Freien bleiben und die Angelegenheit ist nicht an einem oder zwei Tagen abzumachen. Denn viele von uns haben sich in dieser Sache verfehlt. 14 Unsere Vorsteher sollen darum die ganze Gemeinde vertreten. Alle, die in unseren Städten fremde Frauen geheiratet haben, sollen dann zu festgesetzten Zeiten herkommen, dazu die Ältesten und Richter jeder einzelnen Stadt, bis wir den Zorn unseres Gottes, der wegen dieser Sache entbrannt ist, von uns abgewendet haben.

15 Nur Jonatan, der Sohn Asaëls, und Jachseja, der Sohn Tikwas, sprachen gegen diesen Vorschlag; Meschullam und der Levit Schabbetai unterstützten sie.

16 Die Heimkehrer machten es aber so, wie vorgeschlagen worden war. Der Priester Esra wählte Männer aus, für jede Großfamilie ein Familienoberhaupt; alle wurden mit Namen aufgerufen. Am ersten Tag des zehnten Monats traten sie zusammen, um die Sache zu untersuchen, 17 und am ersten Tag des ersten Monats waren sie fertig mit den Fällen aller Männer, die fremde Frauen geheiratet hatten.

6: Neh 13,4 • 8: 7,26

Die Liste der Betroffenen

18 Unter den Priestern fand man folgende, die fremde Frauen geheiratet hatten: Von den Nachkommen Jeschuas, des Sohnes des Jozadak, und seinen Brüdern: Maaseja, Eliëser, Jarib und Gedalja. 19 Sie gaben die Hand darauf, ihre Frauen wegzuschicken, und brachten für ihre Schuld einen Widder als Schuldopfer dar. 20 Von den Nachkommen Immers fand man schuldig: Hanani und Sebadja; 21 von den Nachkommen Harims: Maaseja, Elija, Schemaja, Jehiël und Usija; 22 von den Nachkommen Paschhurs: Eljoënai, Maaseja, Jischmael, Netanel, Josabad und Elasa. 23 Von den Leviten: Josabad, Schimi, Kelaja, das ist Kelita, Petachja, Juda und Eliëser. 24 Von den Sängern: Eljaschib. Von den Torwächtern: Schallum, Telem und Uri. 25 Unter den Israeliten von den Nachkommen des Parosch: Ramja, Jisija, Malkija, Mijamin, Eleasar, Malkija und Benaja; 26 von den Nachkommen Elams: Mattanja, Secharja, Jehiël, Abdi, Jeremot und Elija; 27 von den Nachkommen Sattus: Eljoënai, Eljaschib, Mattanja, Jeremot, Sabad und Asisa; 28 von den Nachkommen Bebais: Johanan, Hananja, Sabbai und Atlai; 29 von den Nachkommen Banis: Meschullam, Malluch, Adaja, Jaschub, Scheal und Jeremot; 30 von den Nachkommen des Pahat-Moab: Adna, Kelal, Benaja, Maaseja, Mattanja, Bezalel, Binnui und Manasse; 31 von den Nachkommen Harims: Eliëser, Jischija, Malkija, Schemaja, Simeon, 32 Benjamin, Malluch und Schemarja; 33 von den Nachkommen Haschums: Mattenai, Mattatta, Sabad, Elifelet, Jeremai, Manasse und Schimi; 34 von den Nachkommen Bigwais: Maadai, Amram, Uël, 35 Benaja, Bedja, Keluhi, 36 Wanja, Meremot, Eljaschib, 37 Mattanja, Mattenai und Jaasai; 38 von den Nachkommen Binnuis: Schimi, 39 Schelemja, Natan und Adaja; 40 von den Nachkommen Sakkais: Schaschai, Scharai, 41 Asarel, Schelemja, Schemarja, 42 Schallum, Amarja und Josef; 43 von den Nachkommen Nebos: Jëiël, Mattitja, Sabad, Sebina, Jaddai, Joël und Benaja. 44 Alle diese hatten fremde Frauen geheiratet; sie trennten sich nun von ihren Frauen, auch wenn sie von ihnen Kinder hatten.

18: 2,36–39 • 19: Lev 5,14–19 • 25–43: 2,3–35

DAS BUCH NEHEMIA

DER WIEDERAUFBAU DURCH NEHEMIA: 1,1 – 6,19

Das Gebet Nehemias

1 Bericht des Nehemia, des Sohnes Hachaljas. Im Monat Kislew, im zwanzigsten Jahr des Artaxerxes, war ich in der Festung Susa; 2 da kam Hanani, einer meiner Brüder, mit einigen Männern aus Juda. Ich fragte sie, wie es den Juden gehe, den Geretteten, die von den Gefangenen übrig geblieben waren, und wie es um Jerusalem stehe. 3 Sie sagten zu mir: Der Rest, der von den Gefangenen übrig geblieben ist, lebt dort in der Provinz in großer Not und Schmach. Die Stadtmauer von Jerusalem ist niedergelegt und die Tore sind abgebrannt. 4 Als ich das hörte, setzte ich mich nieder und weinte. Ich trauerte tagelang, fastete und betete zu dem Gott des Himmels.
5 Ich sagte:
Ach, Herr, Gott des Himmels, du großer und furchtgebietender Gott! Du hältst deinen Bund und bewahrst deine Gnade denen, die dich lieben und deine Gebote halten. 6 Hab ein aufmerksames Ohr und ein offenes Auge und hör das Gebet deines Knechtes! Ich bete jetzt Tag und Nacht vor dir für die Söhne Israels, deine Diener. Ich lege ein Bekenntnis ab wegen der Sünden der Söhne Israels. Wir haben gegen dich gesündigt; auch ich und meine Familie haben gesündigt. 7 Wir haben sehr schlecht gegen dich gehandelt: Wir haben die Gebote, Gesetze und Anordnungen missachtet, die du deinem Diener Mose gegeben hast. 8 Aber denk an das Wort, das du deinem Diener Mose aufgetragen hast: Wenn ihr mir die Treue brecht, dann werde ich euch unter die Völker zerstreuen; 9 wenn ihr aber zu mir umkehrt, meine Gebote befolgt und sie ausführt, dann sammle ich euch wieder, selbst die, die bis ans Ende des Himmels verschlagen wurden; ich bringe sie an den Ort, den ich erwählt habe, um dort meinen Namen wohnen zu lassen.
10 Sie sind ja deine Knechte, dein Volk, das du erlöst hast mit deiner großen Kraft und deiner starken Hand. 11 Ach, Herr, dein Ohr höre aufmerksam auf das Gebet deines Knechtes und das Gebet deiner Knechte, die von Herzen deinen Namen fürchten: Gewähre deinem Knecht heute Erfolg und lass ihn Erbarmen finden bei diesem Mann!
Ich war nämlich Mundschenk beim König.

1: Est 1,2f; Dan 8,2 • 3: Esra 4,21–24 • 4: Esra 9,3 • 5: Dan 9,4 • 8–9: Dtn 30,1–4 • 10: Dtn 9,29

Die Rückkehr Nehemias

2 Im Monat Nisan, im zwanzigsten Jahr des Königs Artaxerxes, nahm ich den Wein und reichte ihn dem König – mein Amt war es nämlich, für den Wein zu sorgen. Nie zuvor hatte der König mein Aussehen schlecht gefunden; 2 jetzt aber fragte er mich: Warum siehst du so schlecht aus? Du bist doch nicht etwa krank? Nein, du hast gewiss Kummer. Ich erschrak sehr; 3 dann sagte ich zum König: Der König möge ewig leben. Wie sollte ich nicht schlecht aussehen? Die Stadt, in der die Gräber meiner Väter sind, liegt in Trümmern und ihre Tore sind vom Feuer verzehrt. 4 Der König erwiderte: Was möchtest du also? Da betete ich zum Gott des Himmels; 5 dann sagte ich zum König: Wenn du, König, es für gut findest und wenn du deinem Knecht vertraust, so sende mich nach Juda, damit ich die Stadt wieder aufbaue, in der die Gräber meiner Väter sind.
6 Darauf fragte mich der König, während die Königin neben ihm saß: Wie lang soll deine Reise dauern? Wann kommst du zurück? Ich nannte ihm eine bestimmte Zeit; der König war einverstanden und ließ mich ziehen. 7 Ich sagte dem König noch: Wenn der König es für gut findet, dann gebe man mir Briefe mit an die Statthalter des Gebiets jenseits des Stroms, damit sie mich bis nach Juda durchreisen lassen; 8 ferner einen Brief an Asaf, den Verwalter der königlichen Wälder: Er soll mir Bauholz liefern für die Tore der Tempelburg, für die Stadtmauer und für das Haus, in das ich ziehen will. Der König bewilligte es mir, weil die gütige Hand meines Gottes über mir war.
9 So kam ich zu den Statthaltern im Gebiet jenseits des Stroms und ich übergab ihnen die Briefe des

Königs. Der König hatte mir auch Hauptleute und
Reiter als Geleit gegeben. [10] Sanballat, der Horoni-
ter, und Tobija, der Knecht von Ammon, hörten
davon. Es verdross sie sehr, dass da ein Mann kam,
der sich für das Wohl der Israeliten einsetzte.

7: Esra 4,10f; 7,11 • 9: Esra 8,22

Der Entschluss zum Mauerbau

[11] So kam ich nach Jerusalem. Dort blieb ich drei
Tage. [12] Dann machte ich mich bei Nacht auf,
nahm aber nur einige wenige Männer mit. Noch
hatte ich keinem Menschen mitgeteilt, was mein
Gott mir eingegeben hatte, für Jerusalem zu tun.
Ich nahm keine Tiere mit außer dem einen, auf
dem ich ritt. [13] So ritt ich bei Nacht zum Taltor hi-
naus. An der Drachenquelle vorbei gelangte ich
zum Aschentor. Dabei besichtigte ich die Mauern
Jerusalems: Sie waren niedergerissen und die Tore
vom Feuer verzehrt. [14] Ich ritt zum Quelltor und
zum Königsteich hinüber. Hier konnte ich mit
dem Reittier nicht mehr vorwärts kommen. [15] So
ging ich bei Nacht das Bachtal hinauf und besich-
tigte die Mauer. Dann kehrte ich um und kam
durch das Taltor wieder zurück. [16] Die Vorsteher
wussten nicht, wohin ich gegangen war und was
ich vorhatte. Denn ich hatte bis dahin den Juden
nichts mitgeteilt, weder den Priestern noch den
Vornehmen, noch den Beamten und den übrigen,
die an dem Werk mitwirken sollten. [17] Jetzt aber
sagte ich zu ihnen: Ihr seht selbst, in welchem
Elend wir leben: Jerusalem liegt in Trümmern und
seine Tore sind abgebrannt. Gehen wir daran und
bauen wir die Mauern Jerusalems wieder auf! So
machen wir unserer Schande ein Ende. [18] Dann
berichtete ich ihnen, wie die Hand meines Gottes
so gütig über mir gewesen war und was der König
mir zugesagt hatte. Da sagten sie: Wir wollen ans
Werk gehen und bauen. Und sie nahmen die gute
Sache in die Hand.

[19] Als aber Sanballat, der Horoniter, Tobija, der
Knecht von Ammon, und der Araber Geschem
davon hörten, verspotteten sie uns und sagten
verächtlich: Was soll das, was ihr da macht? Wollt
ihr euch etwa gegen den König auflehnen? [20] Ich
ließ ihnen antworten: Der Gott des Himmels wird
uns Erfolg verleihen. Wir, seine Knechte, wollen
ans Werk gehen und bauen. Ihr hingegen habt
weder einen Anteil (an der Stadt) noch Anrecht
(auf sie); es gibt keine Erinnerung an euch in Jeru-
salem.

11: Esra 8,32 • 13: 3,13–15; 12,31–34.37 • 19: Esra 4,23

Der Bericht über den Bau

3 Der Hohepriester Eljaschib und seine Brüder,
die Priester, machten sich ans Werk und bau-
ten das Schaftor auf. Sie setzten die Balken ein und
brachten die Torflügel an. Sie bauten weiter bis
zum Turm der Hundert, setzten die Balken ein
und kamen bis zum Turm Hananel. [2] Anschlie-
ßend bauten die Männer von Jericho und daneben
baute Sakkur, der Sohn Imris. [3] Das Fischtor bau-
ten die Söhne des Senaa; sie setzten die Balken ein
und brachten die Torflügel, Riegel und Sperrbal-
ken an. [4] Neben ihnen arbeitete an der Instandset-
zung Meremot, der Sohn Urijas, des Sohnes des
Koz. Daneben arbeitete Meschullam, der Sohn Be-
rechjas, des Sohnes Meschesabels. Daneben arbei-
tete Zadok, der Sohn Baanas. [5] Daneben arbeiteten
die Leute aus Tekoa. Die Vornehmen unter ihnen
freilich beugten den Nacken nicht zum Dienst für
ihre Herren. [6] Jojada, der Sohn Paseachs, und Me-
schullam, der Sohn Besodjas, arbeiteten an der
Instandsetzung des Jeschanators; sie setzten die
Balken ein und brachten die Torflügel, Riegel und
Sperrbalken an. [7] Daneben arbeitete Melatja aus
Gibeon und Jadon aus Meronot sowie die Leute
aus Gibeon und Mizpa, dort wo der Statthalter des
Gebiets jenseits des Stroms seinen Sitz hatte.
[8] Daneben arbeitete Usiël, der Sohn Harhajas, ei-
ner von den Goldschmieden; und daneben arbei-
tete Hananja, ein Salbenhersteller. Sie befestigten
Jerusalem bis zur Breiten Mauer. [9] Daneben arbei-
tete Refaja, der Sohn Hurs, der Vorsteher der einen
Hälfte des Bezirks von Jerusalem. [10] Daneben ar-
beitete Jedaja, der Sohn Harumafs, gegenüber sei-
nem Haus; und daneben arbeitete Hattusch, der
Sohn Haschabnejas. [11] Malkija, der Sohn Harims,
und Haschub, der Sohn des Pahat-Moab, arbeite-
ten an der Instandsetzung des folgenden Stückes
und des Ofenturms. [12] Daneben arbeitete Schal-
lum, der Sohn des Lohesch, der Vorsteher der an-
deren Hälfte des Bezirks von Jerusalem. Ihm hal-
fen seine Töchter. [13] Hanun und die Einwohner
von Sanoach arbeiteten an der Instandsetzung des

Taltors; sie bauten es auf und brachten die Torflügel, Riegel und Sperrbalken an; sie setzten auch weitere tausend Ellen der Mauer instand, bis zum Aschentor. [14] Malkija, der Sohn Rechabs, der Vorsteher des Bezirks von Bet-Kerem, arbeitete an der Instandsetzung des Aschentors; er baute es auf und brachte die Torflügel, Riegel und Sperrbalken an. [15] Schallun, der Sohn Kolhoses, der Vorsteher des Bezirks von Mizpa, arbeitete an der Instandsetzung des Quelltors; er baute es auf, versah es mit einem Dach und brachte die Torflügel, Riegel und Sperrbalken an. Weiter setzte er die Mauer am Teich der Wasserleitung beim Königsgarten instand, bis zu den Stufen, die von der Davidstadt herabführen. [16] Hinter ihm arbeitete Nehemja, der Sohn des Asbuk, der Vorsteher der einen Hälfte des Bezirks von Bet-Zur; er arbeitete bis zu der Stelle gegenüber den Gräbern Davids und weiter bis zum künstlichen Teich und zur Kaserne der Leibwache. [17] Hinter ihm arbeiteten die Leviten, nämlich Rehum, der Sohn Banis, und daneben Haschabja, der Vorsteher der einen Hälfte des Bezirks von Keïla; er arbeitete für seinen Bezirk. [18] Hinter ihm arbeiteten die Brüder dieser Leviten unter Binnui, dem Sohn des Henadad, dem Vorsteher der anderen Hälfte des Bezirks von Keïla. [19] Neben ihm arbeitete Eser, der Sohn Jeschuas, der Vorsteher von Mizpa, an der Instandsetzung des folgenden Stückes, gegenüber dem Aufstieg zum Zeughaus am Winkel. [20] Hinter ihm arbeitete Baruch, der Sohn Sabbais, an der Instandsetzung des anschließenden Stückes, vom Winkel bis an den Eingang zum Haus des Hohenpriesters Eljaschib. [21] Hinter ihm arbeitete Meremot, der Sohn Urijas, des Sohnes des Koz, am anschließenden Stück, vom Eingang bis zum Ende des Hauses von Eljaschib. [22] Hinter ihm arbeiteten die Priester, die im Umkreis wohnten. [23] Dahinter arbeiteten Benjamin und Haschub gegenüber ihrem Haus und hinter ihnen arbeitete Asarja, der Sohn Maasejas, des Sohnes Ananejas, neben seinem Haus. [24] Dahinter arbeitete Binnui, der Sohn Henadads, an der Instandsetzung des anschließenden Stückes, vom Haus des Asarja bis zum Winkel und weiter bis zur Ecke. [25] Palal, der Sohn Usais, arbeitete gegenüber dem Winkel und dem oberen Turm, der vom königlichen Palast am Wachthof vorspringt. Hinter ihm arbeiteten Pedaja, der Sohn des Parosch, [26] und die Tempeldiener, die auf dem Ofel wohnten, bis zu der Stelle gegenüber dem Wassertor im Osten und dem vorspringenden Turm. [27] Dahinter arbeiteten die Leute von Tekoa an der Instandsetzung des anschließenden Stückes, von der Stelle, die dem großen, vorspringenden Turm gegenüberliegt, bis zur Mauer des Ofel. [28] Oberhalb des Rosstors arbeiteten die Priester, jeder seinem Haus gegenüber. [29] Dahinter arbeitete Zadok, der Sohn Immers, seinem Haus gegenüber, und hinter ihm arbeitete Schemaja, der Sohn Schechanjas, der Wächter des Osttors. [30] Dahinter arbeiteten Hananja, der Sohn Schelemjas, und Hanun, der sechste Sohn Zalafs, an der Instandsetzung eines weiteren Stückes. Dahinter arbeitete Meschullam, der Sohn Berechjas, gegenüber seiner Zelle. [31] Hinter ihm arbeitete Malkija, einer von den Goldschmieden, bis zum Haus der Tempeldiener und der Händler, gegenüber dem Wachttor, und bis zum Obergemach an der Ecke. [32] Und zwischen dem Obergemach an der Ecke und dem Schaftor arbeiteten die Goldschmiede und die Händler.

1: Jer 31,38–40; Neh 12,31–39 • 15: 2 Kön 20,20; Joh 9,7 • 25: Jer 32,2 • 29: Ez 40,6

Der Spott der Feinde

[33] Als Sanballat hörte, dass wir die Mauer aufbauten, wurde er zornig und ärgerte sich sehr. Er spottete über die Juden [34] und sagte vor seinen Brüdern und dem Heer von Samarien: Was machen diese elenden Juden da? Wollen sie Jerusalem wieder für sich befestigen? Wollen sie Opfer darbringen? Wollen sie es an einem Tag vollenden? Können sie die Steine, die doch ausgeglüht sind, aus den Schutthaufen zu neuem Leben aufrichten? [35] Und Tobija von Ammon, der neben ihm stand, sagte: Lasst sie nur bauen! Springt ein Fuchs hinauf, dann reißt er ihre Steinmauer nieder.

[36] Hör, unser Gott, wie wir zum Gespött geworden sind. Lass ihren Hohn auf sie selbst zurückfallen! Gib sie der Plünderung und der Gefangenschaft preis! [37] Deck ihr Vergehen nicht zu! Ihre Sünde soll bei dir nicht ausgelöscht sein, denn sie haben die Bauenden beleidigt.

[38] Wir bauten an der Mauer weiter und bald hatte

sich die Mauer ringsum bis zur Hälfte geschlossen. Das ermutigte das Volk zur weiteren Arbeit.

33: 2,10.19 • 37: Jer 18,23

Störaktionen von außen

4 Als aber Sanballat und Tobija sowie die Araber, die Ammoniter und die Leute von Aschdod hörten, dass der Wiederaufbau der Mauer von Jerusalem voranging – denn die Breschen schlossen sich allmählich –, wurden sie wütend 2 und alle zusammen verschworen sich, gegen Jerusalem in den Krieg zu ziehen und dort Unruhe zu stiften. 3 Wir aber beteten zu unserem Gott und stellten Tag und Nacht eine Wache auf, um uns vor ihnen zu schützen. 4 Doch dann sagten die Juden: Den Trägern geht die Kraft aus, denn es liegt zu viel Schutt da; es wird uns nie gelingen, die Mauer aufzubauen. 5 Unsere Feinde aber sagten: Sie sollen nichts merken und nichts von uns sehen, bis wir mitten unter ihnen stehen; dann metzeln wir sie nieder und machen dem Unternehmen ein Ende. 6 Doch die Juden, die bei ihnen lebten, kamen und sagten uns mindestens zehnmal: Aus allen Orten ringsum, wo sie wohnen, ziehen sie gegen uns heran. 7 Da stellte ich unterhalb der Mauer auf dem freien Gelände das Volk nach Sippen geordnet auf, mit Schwertern, Lanzen und Bogen bewaffnet. 8 Ich musterte sie, dann erhob ich mich und sagte zu den Vornehmen, den Beamten und den übrigen Männern: Fürchtet euch nicht vor ihnen! Denkt an den Herrn; er ist groß und furchtgebietend. Kämpft für eure Brüder und Söhne, für eure Töchter und Frauen und für eure Häuser!
9 Unsere Feinde erfuhren, dass uns ihr Vorhaben bekannt geworden war. So vereitelte Gott ihren Plan und wir alle kehrten zu der Mauer zurück, jeder zu seiner Arbeit. 10 Seit jenem Tag arbeitete nur die Hälfte meiner Leute am Bau; die andere Hälfte hielt Lanzen, Schilde, Bogen und Panzer bereit und die Obersten standen hinter dem ganzen Volk Juda, 11 das an der Mauer baute. Die Lastträger arbeiteten so: Mit der einen Hand taten sie ihre Arbeit, in der andern hielten sie den Wurfspieß. 12 Von den Bauleuten hatte jeder sein Schwert um die Hüften gegürtet und so bauten sie. Ständig hatte ich den Hornbläser bei mir 13 und ich sagte zu den Vornehmen, den Beamten und den übrigen: Die Arbeit ist vielfältig und weit ausgedehnt. Wir stehen auf der Mauer zerstreut und weit voneinander entfernt. 14 Wo ihr also das Horn ertönen hört, dort sammelt euch um uns! Unser Gott wird für uns streiten. 15 So arbeiteten wir am Bau, während die Hälfte die Lanzen bereit- hielt, vom Anbruch der Morgenröte bis zum Aufgang der Sterne. 16 Damals sagte ich dem Volk noch: Jeder soll mit seinen Leuten auch nachts in Jerusalem bleiben; dann stehen sie uns in der Nacht als Wache zur Verfügung und am Tag zur Arbeit. 17 Weder ich noch meine Brüder, weder meine Leute noch die Wachmannschaft, die mich begleitete, keiner von uns zog seine Kleider aus; jeder hatte seine Waffe an der Seite.

14: Ex 14,14

Unfriede in den eigenen Reihen

5 Die Männer des einfachen Volkes und ihre Frauen erhoben aber laute Klage gegen ihre jüdischen Stammesbrüder. 2 Die einen sagten: Wir müssen unsere Söhne und Töchter verpfänden, um Getreide zu bekommen, damit wir zu essen haben und leben können. 3 Andere sagten: Wir müssen unsere Felder, Weinberge und Häuser verpfänden, um in der Hungerzeit Getreide zu bekommen. 4 Wieder andere sagten: Auf unsere Felder und Weinberge mussten wir Geld aufnehmen für die Steuern des Königs. 5 Wir sind doch vom selben Fleisch wie unsere Stammesbrüder; unsere Kinder sind ihren Kindern gleich und doch müssen wir unsere Söhne und Töchter zu Sklaven erniedrigen. Einige von unseren Töchtern sind schon erniedrigt worden. Wir sind machtlos und unsere Felder und Weinberge gehören anderen.
6 Als ich ihre Klage und diese Worte hörte, wurde ich sehr zornig. 7 Ich überlegte mir die Sache; dann stellte ich die Vornehmen und die Beamten zur Rede und sagte zu ihnen: Die eigenen Stammesbrüder bedrückt ihr mit Schuldforderungen. Und ich berief ihretwegen eine große Versammlung ein 8 und sagte zu ihnen: Wir haben von unseren jüdischen Stammesbrüdern, die an andere Völker verkauft worden waren, so viele wie möglich losgekauft. Ihr aber, ihr wollt eure eigenen Stammesbrüder verkaufen, damit sie dann wieder an uns verkauft werden. Da schwiegen sie und wussten

nichts zu erwidern. [9] Darauf sagte ich: Was ihr tut,
ist nicht recht. Wollt ihr nicht das Gebot unseres
Gottes gewissenhaft einhalten, um so dem Hohn
der uns feindlichen Völker zu entgehen? [10] Auch
ich und meine Brüder und meine Leute haben
Stammesbrüdern Geld und Getreide geliehen.
Erlassen wir ihnen doch diese Schuldforderungen.
[11] Gebt ihnen unverzüglich ihre Äcker und Weinberge, ihre Ölgärten und Häuser zurück und
erlasst ihnen die Schuld an Geld und Getreide,
Wein und Öl, die sie bei euch haben. [12] Da erklärten sie: Wir wollen alles zurückgeben und nichts
mehr von ihnen fordern. Wir wollen tun, was du
gesagt hast. Darauf rief ich die Priester herbei und
ließ die Leute schwören, dass sie ihre Zusage halten würden. [13] Dann schüttelte ich den Bausch
meines Gewandes aus und sagte: Genauso schüttle
Gott jeden, der diese Zusage nicht hält, aus seinem
Haus und seinem Eigentum; er sei ebenso ausgeschüttelt und leer. Die ganze Versammlung antwortete: Amen, so sei es!, und pries den Herrn und
das Volk erfüllte die Zusage.

1: Jer 34,8–16 • 2: 2 Kön 4,1; Mt 18,25 • 5: Lev 25,39.43 • 8: Lev 25,47f • 9: Lev 25,35–37 • 11: Dtn 15,1f

Nehemia als Statthalter

[14] Außerdem verzichtete ich mit meinen Brüdern
auf den Unterhalt, den ich als Statthalter hätte
beanspruchen können, und zwar von dem Tag an,
an dem mich der König zum Statthalter in Juda
bestellt hatte, vom zwanzigsten bis zum zweiunddreißigsten Jahr des Artaxerxes, also zwölf Jahre
lang. [15] Die Statthalter, die mir vorangingen, hatten das Volk schwer belastet; sie hatten von ihm
täglich vierzig Silberschekel für ihren Unterhalt
erhoben; auch ihre Leute hatten das Volk unterdrückt. Ich hingegen tat das aus Gottesfurcht
nicht. [16] Auch beim Bau der Mauer habe ich selbst
Hand angelegt. Wir haben kein Feld gekauft. Alle
meine Leute halfen dort gemeinsam bei der Bauarbeit. [17] An meinem Tisch speisten die führenden
Juden und die Beamten, hundertfünfzig an der
Zahl, sowie die, die von den Völkern ringsumher
zu uns kamen. [18] Täglich wurden ein Ochse, sechs
auserlesene Schafe und auch Geflügel zubereitet
und all das ging auf meine Kosten. Dazu kam alle
zehn Tage eine Menge von verschiedenen Weinen.
Trotzdem habe ich den Unterhalt eines Statthalters nicht eingefordert, denn der Frondienst lag
schon schwer genug auf diesem Volk. [19] Denk
daran, mein Gott, und lass mir all das zugute kommen, was ich für dieses Volk getan habe.

19: 6,14; 13,14.31; Ps 132,1

Die Abwehr der Feinde

6 Sanballat, Tobija, der Araber Geschem und
unsere übrigen Feinde erfuhren, dass ich die
Mauer fertig gebaut hatte und dass in ihr keine
Lücke mehr war. Allerdings hatte ich damals die
Torflügel noch nicht in die Tore eingesetzt. [2] Da
ließen Sanballat und Geschem mir sagen: Komm,
wir wollen uns in Kefirim in der Ebene von Ono
treffen. Sie hatten aber Böses gegen mich im Sinn.
[3] Ich schickte Boten an sie mit der Antwort: Ich
arbeite gerade an einem großen Werk; darum
kann ich nicht kommen. Die Arbeit würde stocken, wenn ich sie verließe und zu euch käme.
[4] Viermal schickten sie mir die gleiche Einladung
und jedes Mal gab ich ihnen die gleiche Antwort.
[5] Da schickte mir Sanballat in gleicher Weise zum
fünften Mal seinen Diener; er brachte einen
unverschlossenen Brief, [6] in dem stand: Unter den
Völkern geht das Gerücht um – und Geschem
bestätigt es –, dass du mit den Juden einen Aufstand planst. Deshalb baust du die Mauer auf. Und
du willst, wie man sagt, König der Juden werden.
[7] Du hast auch, so hört man, Propheten bestellt,
die in Jerusalem von dir sagen und ausrufen sollen: Juda hat einen König. Solche Gerüchte werden aber dem König zu Ohren kommen. Darum
komm jetzt, wir wollen zusammen beraten. [8] Ich
ließ ihm antworten: Nichts von dem, was du behauptest, ist geschehen. Das hast du alles selbst erfunden. [9] Sie alle wollten uns nämlich einschüchtern; sie dachten: Dann lassen sie die Hände von
dem Werk und es kommt nicht zustande. Nun
aber rührte ich die Hände erst recht.
[10] Eines Tages ging ich in das Haus Schemajas, des
Sohnes Delajas, des Sohnes Mehetabels; er war
nämlich dort festgehalten. Er sagte: Gehen wir
zusammen in das Haus Gottes, ins Innere des
Tempels, und verschließen wir die Türen des Tempels! Denn man wird kommen, um dich zu töten.
In der Nacht wird man kommen, um dich zu

töten. 11 Ich erwiderte: Sollte ein Mann wie ich flie-
hen? Wer von meinesgleichen würde am Leben
bleiben, wenn er den Tempel beträte? Ich gehe
nicht hin. 12 Ich erkannte deutlich, dass nicht Gott
ihn geschickt hatte; er hatte vielmehr diese Pro-
phezeiung über mich nur gesprochen, weil Tobija
und Sanballat ihn gedungen hatten. 13 Er war
gedungen, damit ich aus Furcht so handeln und
mich versündigen sollte. Damit wollten sie mich
in üblen Ruf bringen, um mich verächtlich zu
machen. 14 Mein Gott, vergiss dem Tobija und dem
Sanballat nicht, was sie getan haben, auch nicht
der Prophetin Noadja und den übrigen Prophe-
ten, die mir Angst machen wollten.
15 Nach zweiundfünfzig Tagen, am Fünfundzwan-
zigsten des Monats Elul, war die Mauer vollendet.
16 Als alle unsere Feinde es hörten, fürchteten sich
alle Völker rings um uns her. Ihr Hochmut verging
ihnen und sie mussten einsehen, dass unser Gott
es war, der dieses Werk vollbracht hatte.
17 In jener Zeit sandten die Vornehmen von Juda
auch viele Briefe an Tobija und Briefe von Tobija
gelangten an sie. 18 Denn viele Menschen in Juda
waren ihm durch einen Eid verpflichtet. Er war
nämlich der Schwiegersohn Schechanjas, des Soh-
nes Arachs, und sein Sohn Johanan hatte die Toch-
ter Meschullams, des Sohnes Berechjas, geheiratet.
19 Auch rühmten sie vor mir seine Verdienste und
trugen ihm zu, was ich sagte. Tobija schickte auch
Briefe, um mir Furcht zu machen.

2: Esra 2,33 • 6: Esra 4,11–16 • 11: Num 18,7; 2 Chr 26,16–20 •
12: Jer 23,15–17

ORDNUNGEN UND REFORMEN: 7,1 – 13,31

Die Fertigstellung der Mauer

7 Als die Mauer gebaut war und ich die Tor-
flügel hatte einsetzen lassen, wurden die Tor-
wächter bestellt. 2 Zu Befehlshabern über Jerusa-
lem ernannte ich meinen Bruder Hanani und den
Burghauptmann Hananja; denn dieser war ein
zuverlässiger und gottesfürchtiger Mann, wie es
nicht viele gab. 3 Ich sagte zu ihnen: Die Tore Jeru-
salems dürfen erst geöffnet werden, wenn die
Sonne heiß scheint; und noch während sie am
Himmel steht, soll man die Tore schließen und
verriegeln. Auch soll man Wachen aus den Ein-
wohnern Jerusalems bilden; jeder soll eine
bestimmte Zeit des Wachdienstes haben, und zwar
jeweils vor seinem Haus.

Das Verzeichnis der Laienbevölkerung

4 Nun war die Stadt weit ausgedehnt und groß; es
war aber wenig Volk darin und es gab nicht viele
Häuser, die wieder aufgebaut waren. 5 Da gab mir
mein Gott in den Sinn, die Vornehmen, die Beam-
ten und das Volk zusammenzurufen, um sie nach
Familien in Listen einzutragen. Ich fand das Fa-
milienverzeichnis derer, die zuerst heimgekehrt
waren; darin fand ich geschrieben:
6 Hier folgt eine Liste der Einwohner der Provinz
Juda, der Verschleppten, die aus dem Exil heimge-
kehrt sind. Nebukadnezzar, der König von Babel,
hatte sie verschleppt; nun kehrten sie nach Jerusa-
lem und Juda zurück, jeder in seine Stadt. 7 Sie
kamen mit Serubbabel, Jeschua, Nehemja, Asarja,
Raamja, Nahamani, Mordochai, Bilschan, Mispe-
ret, Bigwai, Rehum und Baana.
Das ist die Zahl der Männer des Volkes Israel:
8 Nachkommen des Parosch 2172. 9 Nachkommen
Schefatjas 372. 10 Nachkommen Arachs 652.
11 Nachkommen Pahat-Moabs, und zwar Nach-
kommen Jeschuas und Joabs, 2818. 12 Nachkom-
men Elams 1254. 13 Nachkommen Sattus 845.
14 Nachkommen Sakkais 760. 15 Nachkommen
Binnuis 648. 16 Nachkommen Bebais 628. 17 Nach-
kommen Asgads 2322. 18 Nachkommen Adoni-
kams 667. 19 Nachkommen Bigwais 2067. 20 Nach-
kommen Adins 655. 21 Nachkommen Aters der
Linie Hiskija 98. 22 Nachkommen Haschums 328.
23 Nachkommen Bezais 324. 24 Nachkommen
Harifs 112. 25 Nachkommen Gibeons 95. 26 Männer
von Betlehem und Netofa 188. 27 Männer von Ana-
tot 128. 28 Männer von Bet-Asmawet 42. 29 Männer
von Kirjat-Jearim, Kefira und Beerot 743. 30 Män-
ner von Rama und Geba 621. 31 Männer von Mich-
mas 122. 32 Männer von Bet-El und Ai 123. 33 Män-
ner von dem andern Nebo 52. 34 Nachkommen des
andern Elam 1254. 35 Nachkommen Harims 320.

36 Männer von Jericho 345. 37 Männer von Lod,
Hadid und Ono 721. 38 Nachkommen Senaas 3930.

6–38 ‖ Esra 2,1–35

Das Verzeichnis der Priester und Leviten

39 Von den Priestern: Nachkommen Jedajas vom
Haus Jeschua 973. 40 Nachkommen Immers 1052.
41 Nachkommen Paschhurs 1247. 42 Nachkommen
Harims 1017.
43 Von den Leviten: Nachkommen Jeschuas, näm-
lich Kadmiël, Binnui und Hodawja, 74.
44 Von den Sängern: Nachkommen Asafs 148.
45 Von den Torwächtern: Nachkommen Schal-
lums, Nachkommen Aters, Nachkommen Tal-
mons, Nachkommen Akkubs, Nachkommen Ha-
titas, Nachkommen Schobais, zusammen 138.
46 Von den Tempeldienern: Nachkommen Zi-
has, Nachkommen Hasufas, Nachkommen Tab-
baots, 47 Nachkommen Keros', Nachkommen Sias,
Nachkommen Padons, 48 Nachkommen Lebanas,
Nachkommen Hagabas, Nachkommen Salmais,
49 Nachkommen Hanans, Nachkommen Giddels,
Nachkommen Gahars, 50 Nachkommen Reajas,
Nachkommen Rezins, Nachkommen Nekodas,
51 Nachkommen Gasams, Nachkommen Usas,
Nachkommen Paseachs, 52 Nachkommen Besais,
Nachkommen der Mëuniter, Nachkommen der
Nefusiter, 53 Nachkommen Bakbuks, Nachkom-
men Hakufas, Nachkommen Harhurs, 54 Nach-
kommen Bazluts, Nachkommen Mehidas, Nach-
kommen Harschas, 55 Nachkommen Barkos',
Nachkommen Siseras, Nachkommen Temachs,
56 Nachkommen Neziachs und Nachkommen
Hatifas. 57 Von den Nachkommen der Knechte
Salomos: Nachkommen Sotais, Nachkommen
Soferets, Nachkommen Perudas, 58 Nachkommen
Jaalas, Nachkommen Darkons, Nachkommen
Giddels, 59 Nachkommen Schefatjas, Nachkom-
men Hat-tils, Nachkommen Pocheret-Zebajims
und Nachkommen Amons. 60 Zusammen waren es
392 Tempeldiener und Nachkommen der Knechte
Salomos.
61 Die Folgenden sind aus Tel-Melach, Tel-Har-
scha, Kerub-Addon und Immer gekommen, konn-
ten aber nicht angeben, ob sie nach Großfamilie
und Abkunft überhaupt aus Israel stammten:
62 Nachkommen Delajas, Nachkommen Tobijas
und Nachkommen Nekodas, insgesamt 642;
63 dazu bei den Priestern die Nachkommen Haba-
jas, die Nachkommen des Koz und die Nachkom-
men Barsillais; dieser hatte eine von den Töchtern
Barsillais aus Gilead geheiratet und dessen Namen
angenommen.
64 Die Genannten suchten ihre Eintragung im
Geschlechterverzeichnis; aber man fand sie nicht;
deshalb wurden sie aus dem Priesterstand ausge-
schlossen; 65 der Statthalter untersagte ihnen, vom
Hochheiligen zu essen, bis der Priester mit den
Urim und Tummim auftrete.

39–65 ‖ Esra 2,36–63 • 65: Lev 6,9–11; Ex 28,30

Die Volkszählung

66 Die ganze Volksgemeinde zählte insgesamt
42 360 Personen. 67 Dabei waren ihre Knechte und
Mägde nicht mitgerechnet; es waren 7337 Perso-
nen. Dazu kamen 245 Sänger und Sängerinnen;
und sie hatten 736 Pferde und 245 Maultiere
68 sowie 435 Kamele und 6720 Esel.
69 Einige von den Familienoberhäuptern brachten
Spenden für das Werk. Der Statthalter spendete
für den Bauschatz 1000 Golddariken, 50 Schalen,
30 Priesterkleider und 500 (Minen Silber). 70 Von
den Familienoberhäuptern spendeten einige für
den Bauschatz 20 000 Golddariken und 2200
Minen Silber.
71 Was das übrige Volk spendete, betrug 20 000
Golddariken, 2000 Minen Silber und 67 Priester-
kleider.
72 Die Priester, Leviten, Torwächter und Sänger,
auch ein Teil des Volkes und die Tempeldiener,
ließen sich in ihren Städten nieder, und ebenso alle
übrigen Israeliten in ihren Städten. Als der siebte
Monat herankam, waren die Israeliten bereits in
ihren Städten.

66–72 ‖ Esra 2,64–70

Die Unterweisung im Gesetz

8 Das ganze Volk versammelte sich geschlossen
auf dem Platz vor dem Wassertor und bat
den Schriftgelehrten Esra, das Buch mit dem
Gesetz des Mose zu holen, das der Herr den Isra-
eliten vorgeschrieben hat. 2 Am ersten Tag des
siebten Monats brachte der Priester Esra das
Gesetz vor die Versammlung; zu ihr gehörten die

Männer und die Frauen und alle, die das Gesetz verstehen konnten. [3] Vom frühen Morgen bis zum Mittag las Esra auf dem Platz vor dem Wassertor den Männern und Frauen und denen, die es verstehen konnten, das Gesetz vor. Das ganze Volk lauschte auf das Buch des Gesetzes. [4] Der Schriftgelehrte Esra stand auf einer Kanzel aus Holz, die man eigens dafür errichtet hatte. Neben ihm standen rechts Mattitja, Schema, Anaja, Urija, Hilkija und Maaseja und links Pedaja, Mischaël, Malkija, Haschum, Haschbaddana, Secharja und Meschullam.

[5] Esra öffnete das Buch vor aller Augen, denn er stand höher als das versammelte Volk. Als er das Buch aufschlug, erhoben sich alle. [6] Dann pries Esra den Herrn, den großen Gott; darauf antworteten alle mit erhobenen Händen: Amen, amen! Sie verneigten sich, warfen sich vor dem Herrn nieder, mit dem Gesicht zur Erde. [7] Die Leviten Jeschua, Bani, Scherebja, Jamin, Akkub, Schabbetai, Hodija, Maaseja, Kelita, Asarja, Josabad, Hanan und Pelaja erklärten dem Volk das Gesetz; die Leute blieben auf ihrem Platz. [8] Man las aus dem Buch, dem Gesetz Gottes, in Abschnitten vor und gab dazu Erklärungen, sodass die Leute das Vorgelesene verstehen konnten.

[9] Der Statthalter Nehemia, der Priester und Schriftgelehrte Esra und die Leviten, die das Volk unterwiesen, sagten dann zum ganzen Volk: Heute ist ein heiliger Tag zu Ehren des Herrn, eures Gottes. Seid nicht traurig und weint nicht! Alle Leute weinten nämlich, als sie die Worte des Gesetzes hörten. [10] Dann sagte Esra zu ihnen: Nun geht, haltet ein festliches Mahl und trinkt süßen Wein! Schickt auch denen etwas, die selbst nichts haben; denn heute ist ein heiliger Tag zur Ehre des Herrn. Macht euch keine Sorgen; denn die Freude am Herrn ist eure Stärke. [11] Auch die Leviten beruhigten das ganze Volk und sagten: Seid still, denn dieser Tag ist heilig. Macht euch keine Sorgen! [12] Da gingen alle Leute nach Hause, um zu essen und zu trinken und auch andern davon zu geben und um ein großes Freudenfest zu begehen; denn sie hatten die Worte verstanden, die man ihnen verkündet hatte.

1: Esra 3,1; 7,6 • 6: 5,13; 1 Chr 16,36 • 10: Dtn 14,29; 26,12

Die Feier des Laubhüttenfestes

[13] Am zweiten Tag versammelten sich die Familienoberhäupter des ganzen Volkes sowie die Priester und Leviten bei dem Schriftgelehrten Esra, um die Worte des Gesetzes weiter kennen zu lernen. [14] Da fanden sie im Gesetz, das der Herr durch Mose geboten hat, die Stelle, an der es heißt: Die Israeliten sollen während des Festes im siebten Monat in Laubhütten wohnen. [15] Wie man sie unterrichtet hatte, ließen sie nun in all ihren Städten und in Jerusalem ausrufen: Geht in die Berge und holt Zweige von veredelten und von wilden Ölbäumen, Zweige von Myrten, Palmen und Laubbäumen zum Bau von Laubhütten, wie es vorgeschrieben ist. [16] Da ging das Volk hinaus; man holte Zweige und baute sich Laubhütten, der eine auf seinem flachen Dach, andere in ihren Höfen, in den Vorhöfen des Gotteshauses, auf dem Platz am Wassertor und auf dem Platz am Efraimtor. [17] Die ganze Gemeinde, alle, die aus der Gefangenschaft heimgekehrt waren, bauten Laubhütten und wohnten darin. So hatten die Israeliten es nicht mehr gehalten seit den Tagen Josuas, des Sohnes Nuns, bis zu diesem Tag, und die Freude war überaus groß. [18] Jeden Tag las Esra aus dem Buch des Gesetzes Gottes vor, vom ersten Tag bis zum letzten. So feierte man das Fest sieben Tage lang; am achten Tag war, wie vorgeschrieben, die Festversammlung.

14: Lev 23,40–42 • 18: Lev 23,36

Der Bußgottesdienst

9 Am vierundzwanzigsten Tag dieses Monats kamen die Israeliten zu einem Fasten zusammen, in Bußgewänder gehüllt und das Haupt mit Staub bedeckt. [2] Die, die ihrer Abstammung nach Israeliten waren, sonderten sich von allen Fremden ab; sie traten vor und bekannten ihre Sünden und die Vergehen ihrer Väter. [3] Sie erhoben sich von ihren Plätzen und man las drei Stunden lang aus dem Buch des Gesetzes des Herrn, ihres Gottes, vor. Dann bekannten sie drei Stunden lang ihre Schuld und warfen sich vor dem Herrn, ihrem Gott, nieder. [4] Auf der Tribüne der Leviten erhoben sich Jeschua, Bani, Kadmiël, Schebanja, Bunni, Scherebja, Bani und Kenani und riefen laut zum Herrn, ihrem Gott. [5] Die Leviten Jeschua,

Kadmiël, Bani, Haschabneja, Scherebja, Hodija,
Schebanja und Petachja sagten: Erhebt euch und
preist den Herrn, euren Gott, von Ewigkeit zu
Ewigkeit! Man preise deinen herrlichen Namen,
obwohl er erhaben ist über allen Preis und Ruhm.

2: Esra 10,11f • 5: Dan 3,26

Das Bußgebet

6 Du, Herr, bist der Einzige. Du hast den Himmel
geschaffen und den Himmel der Himmel und sein
ganzes Heer, die Erde und alles, was auf ihr ist, die
Meere und alles, was darin lebt. Ihnen allen gibst
du das Leben. Das Heer des Himmels betet dich
an. 7 Du, Herr, bist der Gott, der Abraham auser-
wählt hat. Du hast ihn aus Ur in Chaldäa heraus-
geführt und ihm den Namen Abraham verliehen.
8 Du hast sein Herz getreu befunden; deshalb hast
du mit ihm den Bund geschlossen (und ihm ver-
sprochen), seinen Nachkommen das Land der
Kanaaniter, Hetiter, Amoriter, Perisiter, Jebusiter
und Girgaschiter zu geben, und du hast dein Wort
gehalten, denn du bist gerecht. 9 Du hast das Elend
unserer Väter in Ägypten gesehen und du hast
ihren Notschrei am Schilfmeer gehört. 10 Du hast
Zeichen und Wunder getan am Pharao, an all sei-
nen Dienern und am ganzen Volk in seinem Land;
denn du wusstest, dass sie mit Israel ihren Über-
mut getrieben hatten. So hast du dir einen Namen
gemacht, der gerühmt wird bis zum heutigen Tag.
11 Du hast das Meer vor ihnen zerteilt und sie
schritten auf trockenem Boden mitten durchs
Meer; doch ihre Verfolger hast du in die Tiefe
gestürzt wie einen Stein, der in reißendem Wasser
versinkt. 12 Durch eine Wolkensäule hast du sie bei
Tag geleitet und durch eine Feuersäule bei Nacht,
um ihnen den Weg zu erhellen, den sie gehen soll-
ten. 13 Du bist auf den Berg Sinai herabgestiegen
und hast vom Himmel her mit ihnen gesprochen;
du hast ihnen klare Ordnungen und zuverlässige
Gesetze gegeben, gute Satzungen und Gebote.
14 Deinen heiligen Sabbat hast du ihnen bekannt
gemacht und hast ihnen durch deinen Diener
Mose Gebote, Satzungen und Anweisungen gege-
ben. 15 Du hast ihnen Brot vom Himmel gegeben,
als sie Hunger hatten, und hast Wasser aus dem
Felsen sprudeln lassen, als sie Durst litten. Endlich
hast du ihnen befohlen, in das Land, das du ihnen
unter einem Eid zugesagt hattest, hineinzuziehen
und es in Besitz zu nehmen.
16 Unsere Väter aber wurden hochmütig; sie waren
trotzig und hörten nicht auf seine Gebote. 17 Sie
weigerten sich zu gehorchen und dachten nicht
mehr an die Wunder, die du an ihnen getan hat-
test. Hartnäckig setzten sie sich in den Kopf, als
Sklaven nach Ägypten zurückzukehren. Doch du
bist ein Gott, der verzeiht, du bist gnädig und
barmherzig, langmütig und reich an Huld; darum
hast du sie nicht verlassen. 18 Sie machten sich
sogar ein gegossenes Kalb und sagten: Das ist dein
Gott, der dich aus Ägypten herausgeführt hat!,
und sie verübten schwere Frevel. 19 Du aber hast sie
in deinem großen Erbarmen nicht in der Wüste
verlassen. Die Wolkensäule wich nicht von ihnen
bei Tag, sondern führte sie auf ihrem Weg; ebenso
erhellte die Feuersäule bei Nacht den Weg, den sie
gehen sollten. 20 Du gabst ihnen deinen guten
Geist, um sie zur Einsicht zu bringen. Du entzogst
ihnen dein Manna nicht und gabst ihnen Wasser
für ihren Durst. 21 Vierzig Jahre lang hast du für sie
in der Wüste gesorgt. Sie litten keinen Mangel; ihre
Kleider zerfielen nicht, ihre Füße schwollen nicht
an. 22 Du hast ihnen ganze Reiche und Völker aus-
geliefert und als Randgebiet zugeteilt. So nahmen
sie das Land des Königs Sihon von Heschbon in
Besitz und das Land des Königs Og des Baschan.
23 Du hast ihre Nachkommen so zahlreich gemacht
wie die Sterne am Himmel und hast sie in das Land
geführt, von dem du ihren Vätern versprochen
hattest, sie würden dort hineinziehen und es in
Besitz nehmen. 24 Und die Nachkommen zogen in
das Land und nahmen es in Besitz. Du hast ihnen
die Kanaaniter, die Bewohner des Landes, unter-
worfen. Du gabst sie in ihre Gewalt, die Völker des
Landes samt ihren Königen, und sie durften mit
ihnen machen, was sie wollten. 25 Sie eroberten
befestigte Städte und fruchtbares Ackerland. Häu-
ser mit all ihrem Reichtum nahmen sie in Besitz,
ausgehauene Zisternen, Weinberge, Ölbäume und
Obstbäume in Menge. Sie aßen sich satt, wurden
fett und lebten gut von deinen reichen Gaben.
26 Dann aber wurden sie trotzig; sie empörten
sich gegen dich und kehrten deinem Gesetz den
Rücken. Deine Propheten warnten sie zwar und
wollten sie zu dir zurückführen; doch man tötete

sie und verübte schwere Frevel. [27] Da gabst du
unsere Väter in die Gewalt ihrer Feinde, die sie hart
bedrängten. Wenn sie dann bedrängt wurden,
schrien sie zu dir und du erhörtest sie im Himmel.
In deinem großen Erbarmen schicktest du ihnen
Retter, die sie aus der Gewalt ihrer Feinde befrei-
ten. [28] Doch sobald sie Ruhe hatten, taten sie wie-
der Dinge, die dir missfielen. Da liefertest du sie
wieder der Gewalt ihrer Feinde aus, die sie unter-
drückten. Nun schrien sie wieder zu dir und du
erhörtest sie im Himmel; oft hast du sie befreit in
deinem großen Erbarmen. [29] Du warntest sie, um
sie zu deinem Gesetz zurückzuführen. Sie aber
waren stolz; sie hörten nicht auf deine Gebote und
versündigten sich gegen deine Vorschriften; und
doch lebt durch sie der Mensch, der sie befolgt. Sie
kehrten dir trotzig den Rücken zu, waren starrsin-
nig und gehorchten dir nicht. [30] Viele Jahre hast du
mit ihnen Geduld gehabt, hast sie gewarnt durch
deinen Geist, durch deine Propheten; doch sie
hörten nicht. Da gabst du sie in die Gewalt der
benachbarten Völker. [31] In deinem großen Erbar-
men hast du sie aber nicht ausgerottet; du hast sie
nicht verlassen, denn du bist ein gnädiger und
barmherziger Gott.
[32] Und jetzt, unser Gott, du großer, starker, furcht-
gebietender Gott, der den Bund hält und uns seine
Gnade bewahrt: Achte nicht gering all die Mühsal,
die uns getroffen hat, unsere Könige und Vorste-
her, unsere Priester und Propheten, unsere Väter
und dein ganzes Volk seit den Tagen der Könige
von Assur bis heute. [33] Du warst gerecht bei allem,
was über uns gekommen ist. Du hast uns deine
Treue bewiesen; wir aber haben gesündigt. [34] Un-
sere Könige, Vorsteher und Priester und unsere
Väter befolgten dein Gesetz nicht; sie missachte-
ten deine Gebote und die Warnungen, die du an
sie gerichtet hast. [35] Sie lebten in ihrem eigenen
Königreich, in der Fülle des Reichtums, den du
ihnen gewährt hast, in dem weiten, fruchtbaren
Land, das du vor sie hingebreitet hast; sie aber
haben dir trotzdem nicht gedient und sich nicht
von ihrem bösen Treiben abgewandt. [36] Darum
sind wir heute Knechte. Du hast unseren Vätern
dieses Land gegeben, damit sie seine Früchte und
seinen Reichtum genießen; wir aber leben darin
als Knechte. [37] Sein reicher Ertrag geht an die
Könige, die du wegen unserer Sünden über uns
gesetzt hast. Sie verfügen über uns selbst und unser
Vieh nach ihrem Belieben. Darum sind wir in
großer Not.

6: Dtn 6,4; 10,14 • 7: Gen 11,31; 12,1–3 • 8: Gen 15,18–21 • 9: Ex 3,7 • 10: Ex 18,11; Dtn 6,22 • 11: Ex 14f • 12: Ex 13,21f • 13: Ex 19,18 • 14: Ex 20,8–11 • 15: Ex 16,4; 17,6 • 16–17: Num 14,1–4 • 17: Ex 34,6 • 18: Ex 32,4 • 21: Dtn 8,4 • 22: Num 21,21–35 • 23: Dtn 1,10; Jos 12 • 25: Dtn 6,10f; 32,15 • 27: Ri 2,14–19; 3,9 • 28: Ps 106,43 • 29: Sach 7,11f; Lev 18,5 • 30: Jer 7,25f; 44,4–6 • 32: 2 Makk 1,24; Bar 2,11; Dan 9,4 • 37: Dtn 28,31; Jes 1,7; Klgl 5,4.13–15

Die Verpflichtung auf das Gesetz

10 Wegen all dem schließen wir nun einen
Vertrag und schreiben ihn nieder. Auf der
gesiegelten Urkunde stehen die Namen unserer
Obersten, Leviten und Priester. [2] Auf der gesiegel-
ten Urkunde stehen: der Statthalter Nehemia, der
Sohn Hachaljas, und Zidkija, [3] Seraja, Asarja, Jir-
meja, [4] Paschhur, Armarja, Malkija, [5] Hattusch,
Schebanja, Malluch, [6] Harim, Meremot, Obadja,
[7] Daniel, Ginneton, Baruch, [8] Meschullam, Abija,
Mijamin, [9] Maasja, Bilga und Schemaja; das sind
die Priester.
[10] Dann die Leviten: Jeschua, der Sohn Asanjas,
Binnui, der Nachkomme Henadads, und Kadmiël,
[11] sodann ihre Brüder Schebanja, Hodija, Kelita,
Pelaja, Hanan, [12] Micha, Rehob, Haschabja, [13] Sak-
kur, Scherebja, Schebanja, [14] Hodija, Bani und
Beninu.
[15] Dann folgen die Oberhäupter des Volkes:
Parosch, Pahat-Moab, Elam, Sattu, Bani, [16] Bunni,
Asgad, Bebai, [17] Adonija, Bigwai, Adin, [18] Ater,
Hiskija, Asur, [19] Hodija, Haschum, Bezai, [20] Harif,
Anatot, Nebai, [21] Magpiasch, Meschullam, Hesir,
[22] Meschesabel, Zadok, Jaddua, [23] Pelatja, Hanan,
Anaja, [24] Hoschea, Hananja, Haschub, [25] Lohesch,
Pilha, Schobek, [26] Rehum, Haschabna, Maaseja,
[27] Ahija, Hanan, Anan, [28] Malluch, Harim und
Baana.
[29] Die übrigen vom Volk, von den Priestern und
Leviten, die Torwächter, Sänger und Tempeldie-
ner, alle, die sich von den Völkern der anderen
Länder abgesondert und dem Gesetz Gottes zuge-
wandt haben, ihre Frauen, Söhne und Töchter,
alle, die das nötige Verständnis besitzen: [30] Sie
schließen sich ihren führenden Brüdern an; sie
verpflichten sich unter Eid und Schwur, das Gesetz
Gottes zu befolgen, das durch Mose, den Diener

Gottes, gegeben wurde, und alle Gebote des Herrn,
unseres Gottes, seine Vorschriften und Satzungen
zu beachten und zu erfüllen.
31 Wir werden unsere Töchter nicht den Völkern
im Land zu Frauen geben, noch ihre Töchter für
unsere Söhne nehmen. 32 Wenn die Völker des
Landes Waren, besonders Getreide jeder Art, am
Sabbat zum Verkauf anbieten, werden wir ihnen
am Sabbat oder an einem anderen heiligen Tag
nichts abnehmen. Wir verzichten in jedem siebten
Jahr auf den Ertrag des Bodens und auf jede
Schuldforderung. 33 Ferner übernehmen wir die
Pflicht, jährlich ein Drittelschekel für den Dienst
im Haus unseres Gottes zu geben, 34 für die Schau-
brote, das tägliche Speiseopfer und das tägliche
Brandopfer, für die Opfer an den Sabbaten, Neu-
mondtagen und Festen, für die Weiheopfer und
die Sündopfer, durch die man Israel Sühne ver-
schafft, und für alle Arbeiten im Haus unseres
Gottes. 35 Die Lieferung des Brennholzes haben wir
ausgelost unter den Priestern, den Leviten und
dem Volk. Jede Familie soll es jährlich zu der für
sie bestimmten Zeit zum Haus unseres Gottes
bringen. Es soll auf dem Altar des Herrn, unseres
Gottes, brennen, wie es im Gesetz vorgeschrieben
ist. 36 Ferner bringen wir jährlich zum Haus des
Herrn die ersten Erträge unserer Felder und die
ersten Erträge aller Baumfrüchte, 37 unsere erstge-
borenen Söhne und die ersten Jungen unseres
Viehs, wie es im Gesetz vorgeschrieben ist. Die
ersten Jungen unserer Rinder und Schafe bringen
wir zum Haus unseres Gottes für die Priester, die
im Haus unseres Gottes Dienst tun. 38 Den Erstan-
teil von unserem Brotteig und von den Früchten
aller Bäume sowie von Wein und Öl bringen wir
für die Priester in die Kammern des Hauses unse-
res Gottes. Den Leviten geben wir den Zehnten
vom Ertrag unseres Bodens. Die Leviten selbst
erheben den Zehnten an allen Orten, wo wir das
Feld bebauen. 39 Wenn die Leviten den Zehnten
erheben, soll ein Priester, ein Nachkomme Aarons,
die Leviten begleiten. Die Leviten bringen dann
den Zehnten vom Zehnten zum Haus unseres
Gottes in die Vorratskammern. – 40 In diese Kam-
mern nämlich bringen die Israeliten und die Levi-
ten die Abgaben an Getreide, Wein und Öl. Dort
sind die Vorratsbehälter des Heiligtums, der Pries-
ter, die Dienst tun, der Torwächter und Sänger. –
So werden wir das Haus unseres Gottes nicht im
Stich lassen.

29: Esra 6,21; Neh 8,2f • 31: Esra 9,1f; 10,2–11; Ex 34,16; Dtn 7,1–3 • 32: Jer 17,19–22; Neh 13,15–22; Ex 23,10f; Dtn 15,1–3 • 33: Ex 30,13; Mt 17,24 • 35: 13,31; Lev 6,5 • 36: Num 18,12–32 • 37: Ex 13,2.13 • 38: Num 15,20f; Dtn 14,22; Num 18,26–32 • 40: Jer 40,10

Die Liste der Einwohner Jerusalems

11 Die Obersten des Volkes ließen sich in Jeru-
salem nieder. Die übrigen Männer warfen
das Los und veranlassten so jeden Zehnten, sich in
der heiligen Stadt Jerusalem niederzulassen. Neun
Zehntel blieben in den Landstädten. 2 Das Volk
aber segnete alle Männer, die sich bereit erklärten,
in Jerusalem zu wohnen.
3 Das sind die Oberhäupter des Bezirks, die in Jeru-
salem und in den Städten Judas wohnten. Alle
wohnten in ihren Städten, jeder auf seinem Besitz:
die Israeliten, die Priester, die Leviten, die Tem-
peldiener und die Nachkommen der Knechte Sa-
lomos. 4 In Jerusalem wohnten von den Angehöri-
gen der Stämme Juda und Benjamin folgende
Männer: von den Angehörigen des Stammes Juda:
Ataja, der Sohn Usijas, des Sohnes Secharjas, des
Sohnes Amarjas, des Sohnes Schefatjas, des Soh-
nes Mahalels, von den Nachkommen des Perez;
5 ferner Maaseja, der Sohn Baruchs, des Sohnes
Kolhoses, des Sohnes Hasajas, des Sohnes Adajas,
des Sohnes Jojaribs, des Sohnes Secharjas, von
den Nachkommen Schelas. 6 Die Gesamtzahl der
Nachkommen des Perez, die in Jerusalem wohn-
ten, betrug 468 kriegstüchtige Männer. 7 Von den
Angehörigen des Stammes Benjamin waren es fol-
gende Männer: Sallu, der Sohn Mechullams, des
Sohnes Joëds, des Sohnes Pedajas, des Sohnes
Kolajas, des Sohnes Maasejas, des Sohnes Itiëls, des
Sohnes Jeschajas, 8 und seine Brüder, insgesamt
928 kriegstüchtige Männer. 9 Ihr Vorsteher war
Joël, der Sohn Sichris; Juda, der Sohn Senuas,
stand der Stadt als zweiter vor.
10 Von den Priestern: Jedaja, Jojarib, Jachin;
11 Seraja, der Sohn Hilkijas, des Sohnes Meschul-
lams, des Sohnes Zadoks, des Sohnes Merajots, des
Sohnes Ahitubs, der Fürst des Hauses Gottes;
12 dazu ihre Brüder, die den Dienst im Tempel ver-
sahen, insgesamt 822 Männer; ferner Adaja, der

Sohn Jerohams, des Sohnes Pelaljas, des Sohnes Amzis, des Sohnes Secharjas, des Sohnes Paschhurs, des Sohnes Malkijas, 13 und seine Brüder, 242 Familienoberhäupter; weiter Amaschsai, der Sohn Asarels, des Sohnes Achsais, des Sohnes Meschillemots, des Sohnes Immers, 14 und seine Brüder, 128 kriegstüchtige Männer. Ihr Vorsteher war Sabdiël, der Sohn Haggedolims. 15 Von den Leviten: Schemaja, der Sohn Haschubs, des Sohnes Asrikams, des Sohnes Haschabjas, des Sohnes Bunnis. 16 Von den Oberhäuptern der Leviten: Schabbetai und Josabad, die dem äußeren Dienst des Hauses Gottes vorstanden. 17 Mattanja, der Sohn Michas, des Sohnes Sabdis, des Sohnes Asafs, der den Lobgesang leitete und beim Gebet das Danklied anstimmte; Bakbukja als zweiter unter seinen Brüdern; ferner Abda, der Sohn Schammuas, des Sohnes Galals, des Sohnes Jedutuns. 18 Insgesamt wohnten 284 Leviten in der Heiligen Stadt.

19 Dazu die Torwächter: Akkub, Talmon und ihre Brüder, die an den Toren Wache hielten, insgesamt 172 Männer.

1: 7,4 • 3–19 ‖ 1 Chr 9,2–17 • 10–11: 1 Chr 9,10f

Die Ansiedlungsbestimmungen

21 Die Tempeldiener wohnten auf dem Ofel. Ziha und Gischpa standen ihnen vor. 22 Vorsteher der Leviten in Jerusalem war Usi, der Sohn Banis, des Sohnes Haschabjas, des Sohnes Mattanjas, des Sohnes Michas, einer der Nachkommen Asafs, die nach der Dienstordnung des Hauses Gottes zu singen hatten. 23 Für sie galt nämlich eine königliche Vorschrift, die bestimmte, was die Sänger an den einzelnen Tagen zu singen hatten. 24 Petachja, der Sohn Meschesabels, einer der Nachkommen Serachs, des Sohnes Judas, stand dem König in allem, was das Volk betraf, zur Seite.

20 Die übrigen Israeliten, Priester und Leviten wohnten in den anderen Städten Judas, jeder auf seinem Besitztum, 25 und in den Gehöften auf ihren Fluren. Angehörige des Stammes Juda wohnten in Kirjat-Arba und seinen Tochterstädten, in Dibon und seinen Tochterstädten, in Kabzeel und den dazugehörenden Gehöften, 26 in Jeschua, Molada und Bet-Pelet, 27 in Hazar-Schual sowie in Beerscheba und seinen Tochterstädten, 28 in Ziklag sowie in Mechona und seinen Tochterstädten, 29 in En-Rimmon, Zora, Jarmut, 30 Sanoach, Adullam und den zu ihnen gehörenden Gehöften, in Lachisch und seiner Gemarkung sowie in Aseka und seinen Tochterstädten. Sie siedelten also von Beerscheba bis zum Hinnomtal.

31 Angehörige des Sammes Benjamin wohnten in Geba, Michmas und Aja sowie in Bet-El und seinen Tochterstädten, 32 ferner in Anatot, Nob, Ananeja, 33 Hazor, Rama, Gittajim, 34 Hadid, Zeboim, Neballat, 35 Lod und Ono und im Tal der Werkleute. 36 Von den Leviten kamen einige Abteilungen Judas zu Benjamin.

Die Listen von Priester- und Levitenfamilien

12 Folgende Priester und Leviten kamen herauf, zusammen mit Serubbabel, dem Sohn Schealtiëls, und Jeschua: Seraja, Jirmeja, Esra, 2 Amarja, Malluch, Hattusch, 3 Schechanja, Harim, Meremot, 4 Iddo, Ginneton, Abija, 5 Mijamin, Maadja, Bilga, 6 Schemaja, Jojarib, Jedaja, 7 Sallu, Amok, Hilkija und Jedaja. Das waren die Oberhäupter der Priester zur Zeit Jeschuas. Ferner ihre Brüder, 8 die Leviten: Jeschua, Binnui, Kadmiël, Scherebja, Juda und Mattanja; ihm und seinen Brüdern oblag der Lobgesang. 9 Ihnen gegenüber standen Bakbukja und Unni und ihre Brüder, so wie sie für den Dienst eingeteilt waren.

10 Jeschua zeugte Jojakim, Jojakim zeugte Eljaschib und Eljaschib Jojada; 11 Jojada zeugte Jonatan und Jonatan zeugte Jaddua.

12 In der Zeit Jojakims waren folgende Priester die Oberhäupter ihrer Familien: Meraja in der Familie Seraja, Hananja in der Familie Jirmeja, 13 Meschullam in der Familie Esra, Johanan in der Familie Amarja, 14 Jonatan in der Familie Malluch, Josef in der Familie Schebanja, 15 Adna in der Familie Harim, Helkai in der Familie Meremot, 16 Secharja in der Familie Iddo, Meschullam in der Familie Ginneton, 17 Sichri in der Familie Abija, … in der Familie Mijamin, Piltai in der Familie Maadja, 18 Schammua in der Familie Bilga, Jonatan in der Familie Schemaja, 19 Mattenai in der Familie Jojarib, Usi in der Familie Jedaja, 20 Kallai in der Familie Sallu, Eber in der Familie Amok, 21 Haschabja in der Familie Hilkija, Netanel in der Familie Jedaja.

22 Die Oberhäupter der levitischen Priesterfamilien in der Zeit Eljaschibs, Jojadas, Johanans und

Jadduas sind in der Chronik verzeichnet bis zur
Regierung des Persers Darius. 23 Von den Leviten
sind die Oberhäupter der Familien in der Chronik
verzeichnet bis zur Zeit Johanans, des Sohnes Elja-
schibs.
24 Die Oberhäupter der Leviten waren: Haschabja,
Scherebja, Jeschua, Binnui, Kadmiël und ihre Brü-
der, die ihnen beim Lob- und Dankgesang gegen-
überstanden, Abteilung für Abteilung, nach der
Vorschrift des Gottesmannes David, 25 nämlich
Mattanja, Bakbukja und Obadja. Meschullam,
Talmon und Akkub hielten als Torwächter die
Wache an den Vorratskammern der Tore. 26 Diese
Leviten waren im Amt zur Zeit Jojakims, des Soh-
nes Jeschuas, des Sohnes Jozadaks, und zur Zeit
des Statthalters Nehemia und des Priesters und
Schriftgelehrten Esra.

Die Einweihung der Mauer

27 Bei der Einweihung der Mauer Jerusalems holte
man die Leviten aus allen ihren Wohnsitzen nach
Jerusalem, um mit frohen Lobgesängen und mit
der Musik von Zimbeln, Harfen und Zithern die
Einweihung zu vollziehen. 28 Da fanden sich die
Sänger aus dem Umkreis von Jerusalem ein und
aus den Gehöften der Leute von Netofa, 29 aus Bet-
Gilgal und den Gemarkungen von Geba und
Asmawet; die Sänger hatten sich nämlich rings um
Jerusalem Gehöfte gebaut. 30 Die Priester und
Leviten reinigten sich selbst; sie reinigten auch das
Volk, die Tore und die Mauer.
31 Dann ließ ich die Vorsteher von Juda auf die
Mauer steigen und stellte zwei große Festchöre
auf. Der eine zog oben auf der Mauer nach rechts
dem Aschentor zu. 32 Ihm folgte Hoschaja mit der
einen Hälfte der Vorsteher von Juda. 33 Dann
kamen Asarja, Esra, Meschullam, 34 Juda, Benja-
min, Schemaja und Jirmeja; 35 sie waren Priester
und bliesen die Trompeten. Dann kamen Secharja,
der Sohn Jonatans, des Sohnes Schemajas, des
Sohnes Mattanjas, des Sohnes Michajas, des Soh-
nes Sakkurs, des Sohnes Asafs, 36 und seine Brüder
Schemaja, Asarel, Milalai, Gilalai, Maai, Netanel,
Juda und Hanani mit den Musikinstrumenten des
Gottesmannes David. Vor ihnen her schritt Esra,
der Schriftgelehrte. 37 Sie zogen zum Quelltor, stie-
gen dann geradeaus die Stufen zur Davidstadt und
den Aufgang zur Mauer hinauf und kamen am
Palast Davids entlang zum Wassertor im Osten.
38 Der zweite Festchor ging nach links – ihm folgte
ich mit der andern Hälfte des Volkes –, oben auf
der Mauer am Ofenturm vorbei zur Breiten
Mauer, 39 dann über das Efraimtor, das Jeschana-
tor und das Fischtor, am Turm Hananel und am
Tor der Hundert vorbei zum Schaftor; er machte
Halt am Wachtor. 40 Dann stellten sich die beiden
Festchöre im Hof des Hauses Gottes auf, auch ich
und die Hälfte der Beamten, die bei mir waren,
41 sowie die Priester Eljakim, Maaseja, Mijamin,
Michaja, Eljoënai, Secharja und Hananja mit den
Trompeten 42 und (die Leviten) Maaseja, Sche-
maja, Eleasar, Usi, Johanan, Malkija, Elam und
Eser. Nun ließen sich die Sänger hören; ihr Leiter
war Jisrachja. 43 An diesem Tag brachte man große
Schlachtopfer dar und alle freuten sich; denn Gott
hatte ihnen eine große Freude bereitet. Auch die
Frauen und Kinder waren fröhlich und der Jubel
in Jerusalem war weithin zu hören.

27: Esra 3,10 • 30: Esra 6,20 • 31: 2,13–15; 3,1–3 •
36: 2 Chr 29,25–27 • 43: Esra 6,17

Die Ordnung der heiligen Abgaben

44 In jener Zeit wurden Männer bestellt zur Auf-
sicht über die Kammern, die für die Vorräte, Ab-
gaben, Erstlingsfrüchte und Zehnten bestimmt
waren. In diesen Kammern sammelte man von
den Feldern der einzelnen Städte die Anteile, die
den Priestern und Leviten gesetzlich zukamen.
Denn die Juden waren den Priestern und Leviten,
die im Dienst standen, wohlgesinnt. 45 Sie versahen
den Dienst (im Haus) ihres Gottes und vollzogen
die Reinigungsriten; auch die Sänger und Tor-
wächter taten Dienst nach den Vorschriften Da-
vids und seines Sohnes Salomo. 46 Denn schon
früher, in der Zeit Davids und Asafs, gab es Vor-
steher der Sänger, die zur Ehre Gottes Lob- und
Danklieder vortrugen.
47 Zur Zeit Serubbabels und zur Zeit Nehemias lie-
ferte ganz Israel die Anteile für die Sänger und Tor-
wächter ab, je nachdem es der tägliche Bedarf
erforderte. Man gab den Leviten einen heiligen
Anteil und die Leviten gaben davon den Söhnen
Aarons einen heiligen Anteil.

44: 10,39f; 13,10–18 • 45: 1 Chr 16,4f

Weitere Reformen Nehemias

13 Zu jener Zeit las man dem Volk aus dem
Buch des Mose vor; da fand man die Stelle,
an der steht: Ammoniter und Moabiter dürfen
niemals in die Gemeinde Gottes eintreten; 2 denn
sie sind den Israeliten einst nicht mit Brot und
Wasser entgegengekommen. Moab hat gegen sie
Bileam gedungen, der sie verfluchen sollte. Doch
unser Gott verwandelte den Fluch in einen Segen.
3 Als man dieses Gesetz gehört hatte, sonderte man
aus Israel alle Mischvölker aus.
4 Früher hatte der Priester Eljaschib die Kammern
des Hauses unseres Gottes betreut; er war ver-
wandt mit Tobija 5 und hatte darum für ihn eine
große Kammer einrichten lassen. Dort bewahrte
man früher das Opfermehl und den Weihrauch
auf sowie die Behälter und den Zehnten von
Getreide, Wein und Öl, der den Leviten, Sängern
und Torwächtern gesetzlich zukam, außerdem die
Abgaben für die Priester. 6 Bei all dem war ich aber
nicht in Jerusalem gewesen; denn im zweiund-
dreißigsten Jahr des Artaxerxes, des Königs von
Babel, war ich zum König gereist. Nach einiger
Zeit erbat ich aber vom König (die Erlaubnis zur
Abreise) 7 und kam wieder nach Jerusalem. Nun
bemerkte ich die Untat, die Eljaschib zugunsten
Tobijas begangen hatte, indem er ihm in den Vor-
höfen des Hauses Gottes eine Kammer eingerich-
tet hatte. 8 Das missfiel mir sehr und ich warf den
ganzen Hausrat Tobijas aus der Kammer hinaus.
9 Dann ließ ich die Kammer reinigen und brachte
die Behälter des Hauses Gottes, das Opfermehl
und den Weihrauch wieder dorthin.
10 Ich erfuhr auch, dass die Anteile der Leviten
nicht abgeliefert wurden; darum waren die Levi-
ten und die Sänger, die den Dienst zu versehen hat-
ten, weggegangen, jeder auf seinen Landbesitz.
11 Da machte ich den Beamten Vorwürfe und sagte:
Warum wird das Haus Gottes vernachlässigt? Und
ich holte die Leviten wieder zusammen und stellte
sie auf ihren Posten. 12 Nun brachte ganz Juda wie-
der den Zehnten von Getreide, Wein und Öl zu
den Vorratskammern. 13 Zur Aufsicht über die
Vorratskammern bestimmte ich den Priester
Schelemja, den Schreiber Zadok und den Leviten
Pedaja. Ihnen stellte ich Hanan, den Sohn Sakkurs,
des Sohnes Mattanjas, an die Seite, denn sie galten
als zuverlässig. Ihnen oblag es nun, den Zehnten
an ihre Brüder zu verteilen.
14 Denk dafür an mich, mein Gott, und lösch die
guten Taten nicht aus, die ich für das Haus meines
Gottes und seine Ordnung vollbracht habe.

1: Dtn 23,4–6 • 4: 2,19; 12,44 • 7: Mt 21,12 • 9: 12,30 • 10: 12,47 •
12: 10,38 • 14: 5,19

Die Sabbatordnung

15 Damals sah ich in Juda Leute, die am Sabbat die
Kelter traten. Andere brachten Getreide ein und
luden es auf Esel; auch Wein, Trauben, Feigen und
Lasten aller Art brachten sie am Sabbattag nach
Jerusalem. Ich verwarnte sie, weil sie an diesem Tag
Lebensmittel verkauften. 16 Die Leute von Tyrus,
die in Juda wohnten, brachten Fische und allerlei
Waren und verkauften sie am Sabbat an die Juden,
sogar in Jerusalem. 17 Da machte ich den Vorneh-
men von Juda Vorwürfe und sagte zu ihnen: Wie
könnt ihr eine solche Untat begehen und den Sab-
bat entweihen? 18 Haben das nicht schon eure
Väter getan? Dafür ließ unser Gott all dieses
Unheil über uns und diese Stadt kommen. Wollt
ihr neuen Zorn über Israel bringen, indem ihr den
Sabbat entweiht? 19 Ich ließ von da an vor dem
Anbruch des Sabbats, wenn es in den Toren Jeru-
salems dunkel wurde, die Tore schließen und
befahl, sie erst nach dem Sabbat wieder zu öffnen.
Auch stellte ich einige meiner Leute an die Tore,
damit am Sabbattag keine Lasten hereingebracht
wurden. 20 Einmal und ein zweites Mal übernach-
teten die Händler und die Verkäufer von allerlei
Waren draußen vor Jerusalem. 21 Da warnte ich sie
und sagte zu ihnen: Wozu übernachtet ihr gerade
vor der Mauer? Wenn ihr es noch einmal tut, lasse
ich euch festnehmen. Von da an kamen sie nicht
mehr am Sabbat. 22 Den Leviten aber befahl ich, sie
sollten sich reinigen und sich als Wächter an die
Tore stellen, damit man den Sabbattag heilig halte.
Auch dafür denk an mich, mein Gott, und sei mir
gnädig in deiner großen Huld!

15–16: 10,32; Jer 17,19–27 • 22: 12,30

Das Verbot der Mischehen

23 Damals sah ich auch Juden, die Frauen von
Aschdod, Ammon und Moab geheiratet hatten.
24 Die Hälfte ihrer Kinder redete in der Sprache

von Aschdod oder in der Sprache eines der anderen Völker, konnten aber nicht mehr Jüdisch.
25 Ich machte ihnen Vorwürfe und verfluchte sie. Einige von ihnen schlug ich und packte sie bei den Haaren. Ich beschwor sie bei Gott: Ihr dürft eure Töchter nicht ihren Söhnen geben noch ihre Töchter zu Frauen für eure Söhne oder für euch selbst nehmen.
26 Hat sich nicht wegen solcher Frauen Salomo, der König Israels, versündigt? Unter den vielen Völkern gab es keinen König wie ihn. Er wurde von seinem Gott geliebt; darum hatte ihn Gott zum König über ganz Israel gemacht. Aber selbst ihn haben die fremden Frauen zur Sünde verführt.
27 Und jetzt hört man von euch, dass ihr genau dieselbe Untat begeht und unserem Gott die Treue brecht, indem ihr fremde Frauen heiratet.
28 Einer der Söhne des Hohenpriesters Jojada, des Sohnes Eljaschibs, war der Schwiegersohn des Sanballat von Horon; ihn verwies ich aus meinem Gebiet.
29 Vergiss es ihnen nicht, mein Gott, dass sie das Priestertum und den Bund der Priester und Leviten befleckt haben.
30 So habe ich das Volk von allem gereinigt, was fremd war. Für die Priester und Leviten habe ich Ordnungen aufgestellt, die jedem seinen Dienst zuteilen.
31 Auch habe ich angeordnet, wie man an den festgesetzten Zeiten das Brennholz liefern und die ersten Erträge bringen soll. Denk daran, mein Gott, und halt es mir zugute!

23: Esra 9,1f • 25: Dtn 7,3 • 26: 1 Kön 11,1–8; 10,23; 2 Sam 12,24f • 28: Lev 21,14 • 29: Num 25,12f; Mal 2,8 • 31: 10,35; 13,14; 5,19

DAS BUCH TOBIT

Das Buch erzählt von einem frommen Israeliten namens Tobit, der nach dem Untergang des Nordreichs Israel in Assyrien lebt und während einer schweren Glaubensprüfung die Hilfe seines Gottes erfährt. Tobit, der seinen Stammesbrüdern in der Fremde nach besten Kräften und selbst unter Lebensgefahr jede Art von Barmherzigkeit erweist, wird vom Unglück verfolgt. Auf der Flucht vor dem Zugriff der staatlichen Behörden büßt er seine Habe ein und verliert durch ein Missgeschick auch noch sein Augenlicht. Statt Mitleid und Liebe erfährt er von seiner Frau nur Vorwürfe und bittere Verkennung (Kap. 1 – 3). In dieser Not schickt Gott seinen Engel Rafael zu Hilfe. Dieser begleitet Tobias, den Sohn Tobits, auf einer gefahrvollen Reise nach Medien, gewinnt ihm dort Sara, die einzige Tochter des reichen Raguël, zur Frau und heilt schließlich Tobit von seiner Blindheit (Kap. 4 – 12). Ein Lobpreis des Rettergottes und Ermahnungen Tobits an seinen Sohn schließen das Buch ab (Kap. 13 und 14).

Das Buch hat nicht die Mitteilung wirklich geschehener Ereignisse, sondern religiöse und sittliche Unterweisung zum Ziel. Der Erzähler versetzt Tobit zwar in das Exil Israels nach Assyrien, doch hat er deutlich das Exil Israels zu einer viel späteren Zeit im Auge: Er denkt an die Weltdiaspora, in der sich Israel nach dem Untergang des davidischen Reichs und nach dem Verlust seiner politischen Selbständigkeit befindet. In dieser Diaspora steht der Angehörige des Gottesvolkes oft allein; er lebt dort ohne den Schutz eines eigenen Staatswesens, ist der Willkür fremder Herrscher ausgeliefert und durch die Berührung mit einer heidnischen Umwelt gefährdet. Auf die Frage, wie sich in dieser Lage der einzelne Gläubige verhalten soll, um die Hilfe seines Gottes zu erlangen, antwortet das Buch Tobit, indem es am Beispiel eines frommen Israeliten die entscheidenden Voraussetzungen für das Eingreifen Gottes darstellt. Die literarische Art des Buches ist daher als Lehrschrift im Gewand einer geschichtlichen Erzählung zu bestimmen.

Die theologische Bedeutung des Buches ist in der Glaubensüberzeugung zu sehen, dass jeder Israelit in den Nöten der Weltdiaspora die rettende Hilfe seines Gottes erfahren kann, wenn er in Treue zu diesem Gott und seinem Gesetz, aber auch zum Gottesvolk und den Überlieferungen der Väter steht. Das Buch ist auch bedeutsam geworden für die Lehre von den Schutzengeln.

Das Buch Tobit ist uns in griechischer Sprache überliefert und wahrscheinlich im 2. Jahrhundert v. Chr. in Palästina verfasst worden. Die in Qumran gefundenen hebräischen und aramäischen Fragmente sind noch nicht endgültig ediert.

EINLEITUNG: 1,1–2

1 Buch der Geschichte Tobits.
Tobit war der Sohn Tobiëls, des Sohnes Hana-
nels, des Sohnes Aduëls, des Sohnes Gabaëls. Er
gehörte zum Geschlecht Asiëls und zum Stamm
Naftali. 2 Zur Zeit des assyrischen Königs Sal-
manassar wurde er als Gefangener aus Tisbe ver-
schleppt, einem Ort südlich von Kedesch-Naftali
in Galiläa, oberhalb Hazor.

2: 2 Kön 17,1–23; 18,9–11

DIE ANFECHTUNG UND NOT TOBITS: 1,3 – 3,17

Tobit in der Heimat

3 Ich, Tobit, habe mich mein ganzes Leben lang an
den Weg der Wahrheit und Gerechtigkeit gehalten
und ich habe den Brüdern aus meinem Stamm
und meinem Volk, die mit mir zusammen in das
Land der Assyrer nach Ninive gekommen waren,
aus Barmherzigkeit viel geholfen. 4 Als ich noch in
meiner Heimat im Land Israel lebte – ich war
damals ein junger Mann –, sagte sich das ganze
Geschlecht meines Stammvaters Naftali vom Tem-
pel in Jerusalem los. Jerusalem war die Stadt, die
aus dem ganzen Stammesgebiet Israels auserwählt
worden war, damit alle Stämme dort ihre Opfer
darbrachten; dort war der Tempel, die Wohnung
des Allerhöchsten, für alle Geschlechter und für
alle Zeiten geweiht und gebaut worden. 5 Alle
Stämme, die sich losgesagt hatten, opferten dem
Stierbild des Baal, auch das Geschlecht meines
Stammvaters Naftali. 6 Nur ich zog immer wieder
zu den Festen nach Jerusalem, wie es ganz Israel
durch ewige Satzung vorgeschrieben ist. Ich
brachte die Erstlinge, die Zehnten der Feldfrüchte
und die Wolle von der ersten Schafschur mit 7 und
gab sie den Priestern, den Söhnen Aarons, für den
Altar. Den ersten Zehnten aller Feldfrüchte gab ich
den Leviten, die in Jerusalem Dienst taten. Den
zweiten Zehnten verkaufte ich und verwendete
den Erlös alljährlich für meine Wallfahrt nach
Jerusalem. 8 Den dritten Zehnten gab ich denen,
für die er bestimmt war, wie es Debora, die Mut-
ter meines Vaters, geboten hatte; denn ich war
nach dem Tod meines Vaters völlig verwaist. 9 Als
ich ein Mann geworden war, heiratete ich Hanna,
die aus dem Geschlecht unseres Vaters stammte,
und wir bekamen einen Sohn, den wir Tobias
nannten.

6: Ex 23,17; 34,23 • 6–7: Num 18,24–32; Dtn 14,22; 18,4 •
8: Dtn 14,28f; 26,12

Tobit in der Verbannung

10 In der Gefangenschaft in Ninive aßen die Brüder
meines Stammes und alle Leute meines Volkes von
den Speisen, die auch die Heiden aßen. 11 Ich aber
hütete mich, davon zu essen, 12 denn ich dachte mit
ganzem Herzen an Gott. 13 Der Höchste schenkte
mir Gunst und Ansehen bei Salmanassar und ich
wurde Einkäufer am Hof. 14 Dabei kam ich auf
einer Reise auch nach Medien und vertraute
Gabaël, dem Bruder des Gabrija, in der Stadt
Rages in Medien zehn Talente Silber zur Aufbe-

wahrung an. 15 Als Salmanassar starb, wurde sein
Sohn Sanherib an seiner Stelle König. Seine Regie-
rungszeit war von Unruhen erfüllt und ich konnte
nicht mehr nach Medien reisen.
16 Schon zur Zeit Salmanassars hatte ich den Brü-
dern meines Stammes aus Barmherzigkeit viel
geholfen: 17 Ich gab den Hungernden mein Brot
und den Nackten meine Kleider; wenn ich sah,
dass einer aus meinem Volk gestorben war und
dass man seinen Leichnam hinter die Stadtmauer
von Ninive geworfen hatte, begrub ich ihn. 18 Ich
begrub heimlich auch alle, die der König Sanherib
hinrichten ließ, nachdem er wie ein Flüchtling aus
Judäa heimgekehrt war. Denn viele ließ er in sei-
ner Wut hinrichten. Wenn aber der König die Lei-
chen suchen ließ, waren sie nicht mehr zu finden.
19 Ein Einwohner von Ninive ging jedoch zum
König und erstattete Anzeige; er sagte, ich sei es,
der sie begrabe. Deshalb musste ich mich ver-
stecken. Als ich erfuhr, dass man mich suchte, um
mich zu töten, bekam ich Angst und floh. 20 Da-
mals wurde mir meine ganze Habe geraubt und es
blieb mir nichts mehr als nur meine Frau Hanna
und mein Sohn Tobias. 21 Doch es dauerte nicht
einmal fünfzig Tage, da wurde Sanherib von sei-
nen beiden Söhnen ermordet. Sie mussten in das
Gebirge Ararat fliehen, aber dann wurde sein Sohn
Asarhaddon an seiner Stelle König. Er machte
Achikar, den Sohn meines Bruders Hanaël, zum
Herrn über das ganze Rechnungswesen und die
ganze Verwaltung seines Reiches. 22 Weil Achikar
ein gutes Wort für mich einlegte, durfte ich nach
Ninive zurückkehren. Achikar war Mundschenk
und Siegelbewahrer sowie Bevollmächtigter für
die Verwaltung des Reiches und das Rechnungs-
wesen. Asarhaddon hatte ihm, meinem Neffen, die
zweithöchste Stelle in seinem Reich verliehen.

Tobits Erblindung

2 Als ich heimkehrte und meine Frau Hanna
und mein Sohn Tobias mir wiedergeschenkt
waren, veranstaltete man mir zu Ehren am Pfingst-
tag – dem Fest der Sieben Wochen – ein Festmahl.
2 Ich setzte mich zu Tisch; als ich aber die vielen
Speisen sah, sagte ich zu meinem Sohn: Geh zu
unseren Brüdern, und wenn du einen Armen fin-
dest, der dem Herrn treu geblieben ist, bring ihn
her; ich warte auf dich. 3 Er kam zurück und sagte:
Auf dem Marktplatz liegt einer von unserem Volk,
den man erdrosselt hat. 4 Ich sprang auf, noch ehe
ich etwas gegessen hatte, und verbarg den Toten
bis zum Sonnenuntergang in einer Hütte. 5 Nach
meiner Rückkehr wusch ich mich und aß voll
Trauer mein Mahl. 6 Ich erinnerte mich an das
Wort des Propheten Amos: Eure Feste sollen sich
in Trauer verwandeln und alle eure Freudenlieder
in Totenklage. Und ich begann zu weinen. 7 Nach
Sonnenuntergang ging ich hinaus, um ein Grab zu
schaufeln, und begrub den Toten. 8 Meine Nach-
barn aber sagten hämisch: Er hat schon gar keine
Angst mehr, wegen dieser Tat hingerichtet zu wer-
den. Eben erst hat er fliehen müssen und schon
begräbt er wieder die Toten.
9 Als ich ihn begraben hatte und in der Nacht nach
Hause kam, legte ich mich an der Hofmauer zum
Schlafen nieder, weil ich unrein geworden war.
Mein Gesicht ließ ich unbedeckt, 10 ohne auf die
Sperlinge zu achten, die in der Mauer nisteten. Da
ließen die Sperlinge ihren warmen Kot in meine
offenen Augen fallen, und es bildeten sich weiße
Flecke in meinen Augen. Ich ging zu den Ärzten,
doch sie konnten mir nicht helfen. Achikar sorgte
für meinen Unterhalt, bis er in die Provinz Elymaïs
zog.

6: Am 8,10

Tobits Verhöhnung durch seine Frau

11 Meine Frau Hanna fertigte zu Hause Webarbei-
ten an, wie sie Frauen zu machen pflegen, 12 und
lieferte sie dann bei den Bestellern ab. Einmal ge-
schah es, dass sie ihr nicht nur den Lohn zahlten,
sondern auch noch ein Ziegenböckchen dazu-
schenkten. 13 Als sie heimkam, fing das Tier an zu
meckern. Ich fragte sie: Wo hast du das Böckchen
her? Es ist doch nicht etwa gestohlen? Dann gib es
seinen Eigentümern zurück! Denn was gestohlen
ist, darf man nicht essen. 14 Sie erwiderte: Es wurde
mir zusätzlich zu meinem Lohn geschenkt. Aber
ich glaubte ihr nicht und verlangte, dass sie es sei-
nen Eigentümern zurückbrachte, und ich schämte
mich ihretwegen. Doch sie antwortete: Wo ist denn
der Lohn für deine Barmherzigkeit und Gerech-
tigkeit? Jeder weiß, was sie dir eingebracht haben.

14: Ijob 2,9

Tobits Gebet

3 Da wurde ich traurig und begann zu weinen.
In meinem Schmerz betete ich: 2 Herr, du bist
gerecht, alle deine Wege und Taten zeugen von dei-
ner Barmherzigkeit und Wahrheit; wahr und
gerecht ist dein Gericht in Ewigkeit. 3 Denk an
mich und blick auf mich herab! Straf mich nicht
für die Sünden und Fehler, die ich und meine
Väter dir gegenüber begangen haben. 4 Sie haben
nicht auf deine Gebote gehört. Darum hast du uns
der Plünderung, der Gefangenschaft und dem Tod
preisgegeben; bei allen Völkern, unter die wir zer-
streut worden sind, hast du uns zum Gespött
gemacht. 5 Auch jetzt treffen mich zu Recht deine
harten Strafen, die du über mich kommen lässt
wegen meiner und meiner Väter Sünden. Denn
wir haben deine Gebote nicht gehalten und haben
den Weg deiner Wahrheit verlassen. 6 Tu also mit
mir, was dir gefällt. Lass meinen Geist von mir
scheiden; lass mich sterben und zu Staub werden!
Es ist besser für mich, tot zu sein als zu leben. Denn
ungerechte Vorwürfe musste ich anhören und ich
bin sehr betrübt. Lass mich jetzt aus meiner Not
zur ewigen Ruhestatt gelangen! Wende deine
Augen nicht von mir ab!

6: 1 Kön 19,4

Saras Verhöhnung durch ihre Mägde

7 Am gleichen Tag geschah es, dass in Ekbatana in
Medien Sara, die Tochter Raguëls, von den Mäg-
den ihres Vaters ebenfalls beschimpft wurde. 8 Sie
war mit sieben Männern verheiratet gewesen;
doch der böse Dämon Aschmodai hatte sie alle
getötet, bevor sie mit ihr geschlafen hatten. Die
Mägde sagten zu ihr: Begreifst du denn nicht, dass
du deine eigenen Männer erwürgst? Sieben hast
du gehabt, doch kein einziger ist dir geblieben.
9 Mit welchem Recht also behandelst du uns so
hart? Wenn sie schon sterben mussten, dann ver-
schwinde du doch mit ihnen! Hoffentlich bekom-
men wir nie einen Sohn oder eine Tochter von dir
zu sehen.

Saras Gebet

10 Als Sara das hörte, wurde sie so traurig, dass sie
sich erhängen wollte. Aber sie dachte: Ich bin die
einzige Tochter meines Vaters. Wenn ich das täte,
wäre es eine große Schande für ihn und ich wäre
schuld daran, dass der alte Mann vor Kummer ins
Grab sinkt. 11 Darum trat sie ans Fenster und
betete: Gepriesen seist du, Herr, mein Gott. Ge-
priesen sei dein heiliger und ehrwürdiger Name in
Ewigkeit. Alle deine Werke sollen dich ewig prei-
sen. 12 Nun aber, Herr, habe ich meine Augen und
mein Gesicht dir zugewandt. 13 Lass mich von die-
ser Erde scheiden, damit ich nicht länger solche
Beschimpfungen hören muss. 14 Du weißt, Herr,
dass ich frei bin von jeder Sünde mit einem Mann.
15 Weder meinen eigenen Namen noch den meines
Vaters habe ich befleckt in dem Land, wo ich
gefangen bin. Ich bin die einzige Tochter meines
Vaters; er hat kein anderes Kind, das ihn beerben
könnte. Auch ist kein naher Verwandter da und
kein Sohn eines Verwandten, dessen Frau ich wer-
den müsste. Schon sieben Männer habe ich verlo-
ren. Was nützt mir da noch das Leben? Doch wenn
es dir nicht gefällt, mich sterben zu lassen, dann
blick auf mich herab und hab Erbarmen mit mir,
damit ich nicht länger solche Beschimpfungen
hören muss.

11: Dan 6,11

Gottes Hilfe in Aussicht

16 Das Gebet beider, Tobits und Saras, fand Gehör
bei der Majestät des großen Rafael. 17 Er wurde
gesandt, um beide zu heilen: um Tobit von den
weißen Flecken auf seinen Augen zu befreien und
um Sara, die Tochter Raguëls, mit Tobits Sohn
Tobias zu vermählen und den bösen Dämon
Aschmodai zu fesseln. Denn Tobias sollte Sara zur
Frau haben. Und Tobit kehrte zur gleichen Zeit in
sein Haus zurück, als Sara, die Tochter Raguëls, aus
ihrem Zimmer herabkam.

DIE RETTUNG DURCH GOTTES GÜTIGE FÜHRUNG: 4,1 – 12,22

Belehrungen für Tobias

4 An diesem Tag erinnerte sich Tobit an das Geld, das er in der Stadt Rages in Medien bei Gabaël hinterlegt hatte. 2 Er dachte: Ich habe mir den Tod gewünscht. Warum soll ich nicht meinen Sohn Tobias rufen und ihm von dem Geld erzählen, bevor ich sterbe? 3 Er rief ihn also und sagte: Mein Sohn, wenn ich gestorben bin, begrab mich! Lass deine Mutter nicht im Stich, sondern halte sie in Ehren, solange sie lebt. Tu, was sie erfreut, und mach ihr keinen Kummer! 4 Denk daran, mein Sohn, dass sie deinetwegen viel Beschwerden hatte, als sie dich in ihrem Schoß trug. Wenn sie gestorben ist, begrab sie an meiner Seite im selben Grab! 5 Denk alle Tage an den Herrn, unseren Gott, mein Sohn, und hüte dich davor, zu sündigen und seine Gebote zu übertreten. Handle gerecht, solange du lebst; geh nicht auf den Wegen des Unrechts! 6 Denn wenn du dich an die Wahrheit hältst, wirst du bei allem, was du tust, erfolgreich sein. 7 Allen, die gerecht handeln, hilf aus Barmherzigkeit mit dem, was du hast. Sei nicht kleinlich, wenn du Gutes tust. Wende deinen Blick niemals ab, wenn du einen Armen siehst, dann wird auch Gott seinen Blick nicht von dir abwenden. 8 Hast du viel, so gib reichlich von dem, was du besitzt; hast du wenig, dann zögere nicht, auch mit dem Wenigen Gutes zu tun. 9 Auf diese Weise wirst du dir einen kostbaren Schatz für die Zeit der Not ansammeln. 10 Denn Gutes zu tun rettet vor dem Tod und bewahrt vor dem Weg in die Finsternis. 11 Wer aus Barmherzigkeit hilft, der bringt dem Höchsten eine Gabe dar, die ihm gefällt.

12 Mein Sohn, hüte dich vor jeder Art von Unzucht! Vor allem: nimm eine Frau aus dem Stamm deiner Väter! Nimm keine fremde Frau, die nicht zum Volk deines Vaters gehört; denn wir stammen von Propheten ab. Mein Sohn, denk an Noach, Abraham, Isaak und Jakob, unsere ersten Vorfahren! Sie alle haben Frauen aus ihrem Stamm geheiratet und sind mit Kindern gesegnet worden; ihre Nachkommen werden das Land besitzen. 13 Darum liebe die Brüder aus deinem Stamm, mein Sohn, fühle dich nicht erhaben über deine Verwandten und die Söhne und Töchter deines Volkes und sei nicht zu stolz, dir aus ihrer Mitte eine Frau zu nehmen. Denn Stolz führt ins Verderben und bringt Zerrüttung mit sich. Auch Charakterlosigkeit führt zu Erniedrigung und großer Not; die Charakterlosigkeit ist nämlich die Mutter des Hungers.

14 Wenn einer für dich gearbeitet hat, dann enthalt ihm seinen Lohn nicht vor bis zum nächsten Tag, sondern zahl ihn sofort aus! Wenn du Gott auf diese Weise dienst, wird man auch dir deinen Lohn auszahlen. Gib Acht auf dich bei allem, was du tust, mein Sohn, und zeig durch dein Benehmen, dass du gut erzogen bist. 15 Was dir selbst verhasst ist, das mute auch einem anderen nicht zu! Betrink dich nicht; der Rausch soll nicht dein Begleiter sein. 16 Gib dem Hungrigen von deinem Brot und dem Nackten von deinen Kleidern! Wenn du Überfluss hast, dann tu damit Gutes und sei nicht kleinlich, wenn du Gutes tust. 17 Spende dein Brot beim Begräbnis der Gerechten, gib es nicht den Sündern! 18 Such nur bei Verständigen Rat; einen brauchbaren Ratschlag verachte nicht! 19 Preise Gott, den Herrn, zu jeder Zeit; bitte ihn, dass dein Weg geradeaus führt und dass alles, was du tust und planst, ein gutes Ende nimmt. Denn kein Volk ist Herr seiner Pläne, sondern der Herr selbst gibt alles Gute und er erniedrigt, wen er will, wie es ihm gefällt. Denk also an meine Lehren, mein Sohn! Lass sie dir nie aus dem Herzen reißen!

20 Und jetzt will ich dir noch etwas sagen: Ich habe Gabaël, dem Bruder des Gabrija, in der Stadt Rages in Medien zehn Talente Silber zur Aufbewahrung anvertraut. 21 Hab also keine Angst, mein Sohn, weil wir verarmt sind. Du hast ein großes Vermögen, wenn du nur Gott fürchtest, alle Sünde meidest und das tust, was ihm gefällt.

12: Ps 105,15 • 15: Mt 7,12 • 16: Jes 58,7

Ein Reisegefährte

5 Tobias antwortete ihm: Ich will alles tun, Vater, was du mir aufgetragen hast. 2 Aber wie soll ich das Geld holen? Ich kenne Gabaël doch nicht. 3 Da gab ihm der Vater den Schuldschein und sagte: Such jemand, der mit dir auf die Reise geht. Ich will ihn entlohnen, solange ich noch am

Leben bin. Mach dich also auf den Weg und hol
das Geld ab! 4 Tobias ging auf die Suche nach
einem Begleiter und traf dabei Rafael; Rafael war
ein Engel, aber Tobias wusste es nicht. 5 Er fragte
ihn: Könnte ich mit dir nach Rages in Medien rei-
sen? Bist du mit der Gegend dort vertraut? 6 Der
Engel antwortete: Ich will mit dir reisen; ich kenne
den Weg und war schon bei unserem Bruder
Gabaël zu Gast. 7 Tobias bat ihn: Wart auf mich, ich
will es meinem Vater sagen. 8 Der Engel antwortete
ihm: Geh, aber halte dich nicht auf! 9 Tobias ging
nach Hause und sagte zu seinem Vater: Ich habe
einen Mann gefunden, der mit mir reisen will. Da
sagte der Vater: Ruf ihn her zu mir! Ich möchte
wissen, aus welchem Stamm er kommt und ob er
auch zuverlässig genug ist, um dich zu begleiten.
10 Tobias holte den Engel; Rafael kam und sie
begrüßten einander. 11 Tobit fragte ihn: Bruder, aus
welchem Stamm und aus welcher Familie kommst
du? Sag es mir! 12 Da erwiderte Rafael: Geht es dir
um den Stamm und die Familie oder um einen
Mann, der gegen eine Entlohnung mit deinem
Sohn auf die Reise geht? Tobit sagte: Bruder, ich
möchte nur deine Herkunft und deinen Namen
wissen.

13 Da antwortete Rafael: Ich bin Asarja, der Sohn
des großen Hananja, einer von den Brüdern dei-
nes Stammes. 14 Darauf sagte Tobit: Sei willkom-
men, mein Bruder! Sei mir nicht böse, dass ich
nach deinem Stamm und deiner Familie gefragt
habe. Ich sehe, mein Bruder, dass du aus einem
guten und edlen Geschlecht stammst. Denn ich
habe Hananja und Natan, die Söhne des großen
Schimi, kennen gelernt, als wir zusammen nach
Jerusalem pilgerten, um dort den Herrn anzube-
ten und das Erstlingsopfer und den Zehnten unse-
rer Ernte darzubringen. Auch diese beiden hatten
sich nicht beirren lassen, als unsere Brüder von
Gott abfielen. Bruder, du stammst von guten Vor-
fahren. 15 Aber sag mir: Welchen Lohn soll ich dir
geben? Eine Drachme täglich und dazu den
Lebensunterhalt, wie ihn auch mein Sohn erhält?
16 Ich will dir aber noch etwas zu deinem Lohn
hinzugeben, wenn ihr gesund zurückkehrt. 17 So
einigten sie sich.

Darauf sagte Tobit zu Tobias: Mach dich fertig zur
Reise! Ich wünsche euch alles Gute auf den Weg.
Als der Sohn alles für die Reise vorbereitet hatte,
sagte sein Vater zu ihm: Mach dich mit dem Mann
auf den Weg! Gott, der im Himmel wohnt, wird
euch auf eurer Reise behüten; sein Engel möge
euch begleiten. Da brachen die beiden auf und der
Hund des jungen Tobias lief mit.

Tobits Zuversicht

18 Hanna aber, die Mutter des Tobias, weinte und
sagte zu Tobit: Warum hast du unseren Sohn weg-
geschickt? War er nicht die Stütze unseres Alters,
als er noch bei uns ein- und ausging? 19 Wir hätten
dieses Geld gar nicht gebraucht; denn es ist nichts,
verglichen mit dem Leben unseres Sohnes. 20 Was
uns der Herr zum Leben gegeben hat, reicht für
uns.

21 Tobit antwortete: Mach dir keine Sorgen,
Schwester, er wird gesund zurückkommen und
du wirst ihn wieder sehen. 22 Denn ein guter Engel
begleitet ihn und seine Reise wird ein gutes Ende
nehmen; er wird sicherlich gesund heimkehren.
23 Da hörte sie auf zu weinen.

Wunderbare Heilmittel

6 Die beiden kamen auf ihrer Reise abends an
den Tigris, wo sie übernachteten. 2 Als der
junge Tobias im Fluss baden wollte, schoss ein
Fisch aus dem Wasser hoch und wollte ihn ver-
schlingen. 3 Der Engel rief Tobias zu: Pack ihn! Da
packte der junge Mann zu und warf den Fisch ans
Ufer. 4 Und der Engel sagte zu Tobias: Schneide den
Fisch auf, nimm Herz, Leber und Galle heraus und
bewahre sie gut auf! 5 Der junge Tobias tat, was ihm
der Engel sagte. Dann brieten sie den Fisch und
aßen ihn.

6 Als sie weiterreisten und in die Gegend von Ekba-
tana kamen, 7 fragte der junge Tobias den Engel:
Asarja, lieber Bruder, wozu sollen die Leber, das
Herz und die Galle des Fisches gut sein? 8 Rafael
antwortete: Wenn ein Mann oder eine Frau von
einem Dämon oder einem bösen Geist gequält
wird, soll man das Herz und die Leber des Fisches
in Gegenwart dieses Menschen verbrennen; dann
wird er von der Plage befreit. 9 Und wenn jemand
weiße Flecken in den Augen hat, soll man die
Augen mit der Galle bestreichen; so wird er
geheilt.

Der Heiratsplan

10 Als sie in der Nähe der Stadt Ekbatana waren,
11 sagte der Engel zu dem jungen Tobias: Bruder,
heute werden wir bei Raguël übernachten. Es ist
ein Verwandter von dir. Er hat nur ein einziges
Kind, eine Tochter namens Sara. 12 Ich will mit ihm
reden, dass er sie dir zur Frau geben soll. Denn dir
steht ihr Erbe zu, weil du ihr einziger Verwandter
bist. Das Mädchen ist schön und klug. 13 Darum
hör mir zu! Ich will mit ihrem Vater sprechen, und
wenn wir aus Rages zurückkommen, feiern wir die
Hochzeit. Denn ich weiß, dass Raguël sie nach dem
Gesetz des Mose keinem anderen Mann geben
darf, sonst wird er mit dem Tod bestraft; denn du
hast vor allen anderen Anspruch auf ihr Erbe. 14 Der
junge Tobias antwortete: Asarja, Bruder, ich habe
gehört, dass das Mädchen schon mit sieben Män-
nern verheiratet war, dass aber alle im Brautge-
mach gestorben sind. 15 Ich bin der einzige Sohn
meines Vaters und habe Angst, dass ich ebenso ster-
ben muss wie die anderen Männer, wenn ich das
Brautgemach betrete. Ein Dämon liebt sie und
bringt alle um, die ihr nahekommen. Darum habe
ich Angst, dass ich sterben muss und dass ich dann
meinen Vater und meine Mutter aus Kummer um
mich ins Grab bringe. Sie haben keinen zweiten
Sohn, der sie dann begraben könnte. 16 Da sagte der
Engel zu ihm: Erinnerst du dich nicht mehr, wie dein
Vater dir aufgetragen hat, nur eine Frau aus dei-
nem Volk zu heiraten? Darum hör jetzt auf mich,
Bruder! Sie wird deine Frau werden. Und mach dir
keine Sorgen wegen des Dämons! Noch in dieser
Nacht wird sie deine Frau. 17 Wenn du in das Braut-
gemach gehst, nimm etwas Glut aus dem Räucher-
becken, leg ein Stück vom Herz und von der Leber
des Fisches darauf und lass es verbrennen! Sobald
der Dämon den Geruch spürt, wird er fliehen und
in alle Ewigkeit nicht mehr zurückkommen. 18 Wenn
du dann zu ihr gehst, steht beide auf und ruft den
barmherzigen Gott an; er wird euch helfen und
Erbarmen mit euch haben. Hab also keine Angst;
das Mädchen ist schon immer für dich bestimmt
gewesen. Du wirst sie aus ihrer Not befreien; sie
wird mit dir ziehen und wird dir gewiss Kinder
schenken. 19 Als Tobias das hörte, fasste er Zunei-
gung zu dem Mädchen und sein Herz gehörte ihr.

15: Gen 44,29.31

Die Ankunft bei den Verwandten

7 Als sie in Ekbatana beim Haus Raguëls ange-
langt waren, kam ihnen Sara entgegen und
hieß sie willkommen. Sie erwiderten ihren Gruß
und Sara führte sie ins Haus. 2 Da sagte Raguël zu
seiner Frau Edna: Wie sieht doch dieser junge
Mann meinem Vetter Tobit ähnlich! 3 Raguël
fragte die beiden: Woher seid ihr, liebe Brüder? Sie
antworteten: Wir gehören zu den Leuten vom
Stamm Naftali, die in Ninive in der Gefangen-
schaft leben. 4 Da fragte er sie: Kennt ihr unseren
Bruder Tobit? Sie sagten: Wir kennen ihn. 5 Er
fragte weiter: Geht es ihm gut? Sie antworteten: Er
lebt und ist gesund. Tobias fügte hinzu: Er ist mein
Vater. 6 Da sprang Raguël auf und umarmte ihn
unter Tränen; er segnete ihn und sagte: Du bist der
Sohn eines guten und edlen Mannes. Als er dann
hörte, dass Tobit das Augenlicht verloren hatte,
wurde er traurig und weinte; 7 auch seine Frau Ed-
na und seine Tochter Sara brachen in Tränen aus.
Man nahm die beiden Gäste herzlich auf. 8 Man
schlachtete einen Widder und setzte ihnen ein rei-
ches Mahl vor.

Tobias und Sara

9 Da bat Tobias den Rafael: Asarja, mein Bruder,
bring doch zur Sprache, worüber du unterwegs
mit mir geredet hast, damit die Sache zu einem
glücklichen Ende kommt. 10 Rafael teilte Raguël
alles mit. Darauf sagte Raguël zu Tobias: Iss und
trink und lass es dir gut gehen! Du hast einen
Anspruch darauf, mein Kind zu heiraten. Ich muss
dir aber die Wahrheit sagen: 11 Ich habe meine
Tochter schon sieben Männern zur Frau gegeben;
doch jeder, der zu ihr ins Brautgemach ging, ist
noch in derselben Nacht gestorben. Aber lass es dir
jetzt trotzdem gut gehen! 12 Tobias erwiderte: Ich
will nichts essen, ehe ihr sie mir nicht feierlich zur
Frau gegeben habt. Da sagte Raguël: Du sollst sie
bekommen, sie ist von jetzt an nach Recht und
Gesetz deine Frau. Du bist mit ihr verwandt; sie
gehört dir. Der barmherzige Gott schenke euch
viel Glück. 13 Und er ließ seine Tochter Sara rufen,
nahm sie bei der Hand und gab sie Tobias zur Frau;
er sagte: Hier, sie ist dein nach dem Gesetz des
Mose. Führ sie zu deinem Vater! Und er segnete
sie. 14 Dann rief er seine Frau Edna herbei, nahm

ein Blatt Papier, schrieb den Ehevertrag und man setzte das Siegel darunter. Darauf begannen sie mit dem Mahl.
15 Raguël rief seine Frau Edna und sagte zu ihr: Schwester, richte das andere Zimmer her und führ Sara hinein. 16 Sie tat, was er sagte, und führte sie hinein. Sara aber begann zu weinen. Ihre Mutter trocknete ihr die Tränen und tröstete sie: 17 Hab Vertrauen, mein Kind! Nach so viel Leid schenke dir der Herr des Himmels und der Erde endlich Freude. Hab nur Vertrauen, meine Tochter!

Die glücklichen Brautleute

8 Nach der Mahlzeit führten sie Tobias zu Sara. 2 Als er hineinging, erinnerte er sich an die Worte Rafaels; er nahm etwas Glut aus dem Räucherbecken, legte das Herz und die Leber des Fisches darauf und ließ sie verbrennen. 3 Sobald der Dämon den Geruch spürte, floh er in den hintersten Winkel Ägyptens; dort wurde er von dem Engel gefesselt. 4 Als Tobias und Sara in der Kammer allein waren, erhob sich Tobias vom Lager und sagte: Steh auf, Schwester, wir wollen beten, damit der Herr Erbarmen mit uns hat. 5 Und er begann zu beten: Sei gepriesen, Gott unserer Väter; gepriesen sei dein heiliger und ruhmreicher Name in alle Ewigkeit. Die Himmel und alle deine Geschöpfe müssen dich preisen. 6 Du hast Adam erschaffen und hast ihm Eva zur Frau gegeben, damit sie ihm hilft und ihn ergänzt. Von ihnen stammen alle Menschen ab. Du sagtest: Es ist nicht gut, dass der Mensch allein ist; wir wollen für ihn einen Menschen machen, der ihm hilft und zu ihm passt. 7 Darum, Herr, nehme ich diese meine Schwester auch nicht aus reiner Lust zur Frau, sondern aus wahrer Liebe. Hab Erbarmen mit mir und lass mich gemeinsam mit ihr ein hohes Alter erreichen! 8 Und Sara sagte zusammen mit ihm: Amen. 9 Und beide schliefen die Nacht über miteinander.

6: Gen 2,18

Raguëls Freude

10 Morgens stand Raguël auf, ging hinaus und hob ein Grab aus. Er dachte: Sicher ist auch dieser Mann gestorben. 11 Als er wieder ins Haus kam, 12 sagte er zu seiner Frau Edna: Schick eine Magd hinauf; sie soll nachsehen, ob er noch lebt. Wenn er nicht mehr lebt, wollen wir ihn begraben, ohne dass es jemand merkt. 13 Die Magd öffnete die Tür, ging hinein und sah, dass die beiden schliefen. 14 Sie ging wieder hinaus und berichtete ihnen, Tobias sei noch am Leben. 15 Da pries Raguël Gott und betete: Sei gepriesen, Gott, mit reinem und heiligem Lobpreis. Deine Heiligen und alle deine Geschöpfe sollen dich preisen. Alle deine Engel und alle deine Auserwählten sollen dich preisen in alle Ewigkeit. 16 Sei gepriesen, weil du mir diese Freude bereitet hast und weil nicht eingetroffen ist, was ich befürchtet habe. Du hast uns in deiner großen Barmherzigkeit geholfen. 17 Sei gepriesen, weil du mit diesen beiden Menschen Erbarmen hattest, die die einzigen Kinder ihrer Eltern sind. Herr, hab Erbarmen mit ihnen und lass sie ihr Leben in Gesundheit und Freude verbringen, geschützt von deinem Erbarmen! 18 Dann befahl er seinen Knechten, das Grab wieder zuzuschütten. 19 Er veranstaltete für das Paar ein Hochzeitsfest, das vierzehn Tage dauerte, 20 und noch vor Beendigung der Hochzeitsfeier beschwor er Tobias, nicht abzureisen, ehe die vierzehn Tage des Festes zu Ende seien. 21 Dann solle er die Hälfte seines Vermögens in Empfang nehmen und wohlbehalten zu seinem Vater zurückkehren. Das übrige, sagte er, wirst du erhalten, wenn ich und meine Frau tot sind.

Rafaels Freundesdienst

9 Tobias rief Rafael und sagte zu ihm: 2 Asarja, mein Bruder, nimm einen Knecht und zwei Kamele und reise nach Rages in Medien zu Gabaël. Hol mir das Geld und bring Gabaël zur Hochzeit mit! 3 Denn Raguël hat mich beschworen, noch nicht wegzugehen. 4 Mein Vater zählt die Tage, und wenn ich zu lange fortbleibe, wird er sich große Sorgen machen. 5 Rafael reiste ab, blieb die Nacht über bei Gabaël und legte ihm den Schuldschein vor. Gabaël holte die versiegelten Beutel und gab sie ihm. 6 Am frühen Morgen brachen sie gemeinsam auf und kamen zur Hochzeit. Und Tobias pries seine Frau.

Tobit und Hanna in Sorge

10 Inzwischen zählte sein Vater Tobit die Tage. Als die Zeit um war, die für die Reise vorgesehen war, und die beiden nicht zurückkamen,

2 dachte er: Vielleicht hat man sie abgewiesen oder
Gabaël ist gestorben und niemand ist da, der
Tobias das Geld gibt. 3 Und er machte sich große
Sorgen. 4 Seine Frau sagte zu ihm: Unserem Sohn
ist etwas zugestoßen; deshalb kommt er nicht. Sie
begann schon, ihn zu beweinen, und klagte: 5 Alles
ist mir gleichgültig geworden, mein Kind, seit ich
dich, das Licht meiner Augen, weggehen ließ.
6 Tobit sagte zu ihr: Sei ruhig, mach dir keine Sor-
gen; es geht ihm gut. 7 Sie aber antwortete: Schweig,
du kannst mich nicht täuschen. Meinem Sohn ist
etwas zugestoßen. Und sie lief jeden Tag hinaus auf
den Weg, auf dem er fortgezogen war. Tagsüber aß
sie nichts und in der Nacht hörte sie nicht auf, um
ihren Sohn Tobias zu klagen, bis schließlich die
vierzehn Tage der Hochzeitsfeierlichkeiten um
waren, die Tobias auf die beschwörenden Bitten
Raguëls hin in Ekbatana verbrachte.

Tobias auf der Heimreise

8 Nun aber bat Tobias den Raguël: Lass mich heim-
reisen, sonst geben mein Vater und meine Mutter
die Hoffnung auf, mich je wieder zu sehen. 9 Sein
Schwiegervater bat ihn: Bleib bei mir; ich will
jemand zu deinem Vater schicken und ihm sagen
lassen, wie es dir geht. Doch Tobias erwiderte:
Nein, lass mich zu meinem Vater zurückkehren!
10 Da stand Raguël auf, vertraute ihm Sara als seine
Frau an und gab ihm die Hälfte seines Vermögens:
Sklaven, Vieh und Geld. 11 Zum Abschied segnete
er sie und sagte: Meine Kinder, der Gott des Him-
mels möge euch mit Kindern segnen, ehe ich
sterbe.
12 Und zu seiner Tochter sagte er: Halte deine
Schwiegereltern in Ehren; von jetzt an sind sie
deine Eltern. Ich möchte immer nur Gutes von dir
hören. Und er küsste sie. 13 Edna sagte zu Tobias:
Lieber Bruder, der Herr des Himmels geleite dich
nach Hause. Er schenke mir das Glück, dass ich
von dir und meiner Tochter Sara noch Kinder
sehe; dann will ich mich freuen und dem Herrn
danken. Ich vertraue dir meine Tochter an. Mach
ihr keinen Kummer! 14 Dann reiste Tobias ab. Er
dankte Gott, dass er seiner Reise so viel Erfolg
beschieden hatte, und segnete Raguël und seine
Frau Edna.

8–9: Gen 24,54f

Tobits Heilung

11 Als sie auf ihrer Heimreise in die Nähe
von Ninive kamen, sagte Rafael zu Tobias:
2 Weißt du noch, Bruder, wie es deinem Vater ging,
als du ihn verlassen hast? 3 Wir wollen deshalb dei-
ner Frau vorausgehen und das Haus für ihren
Empfang vorbereiten. 4 Nimm auch die Galle des
Fisches mit! Sie machten sich auf den Weg und der
Hund lief hinter ihnen her.
5 Hanna saß am Weg und hielt nach ihrem Sohn
Ausschau. 6 Als sie ihn kommen sah, rief sie seinem
Vater zu: Dein Sohn kommt zurück und mit ihm
der Mann, der ihn begleitet hat. 7 Rafael aber sagte
zu Tobias: Ich weiß, dein Vater wird wieder sehen
können. 8 Streich ihm die Galle auf die Augen! Sie
wird zwar brennen; aber wenn er sich die Augen
reibt, wird er die weißen Flecken wegwischen und
wird dich wieder sehen können.
9 Hanna war inzwischen herbeigeeilt, fiel ihrem
Sohn um den Hals und rief: Ich habe dich wieder
gesehen, mein Sohn, jetzt kann ich ruhig sterben.
Und beide brachen in Tränen aus. 10 Auch Tobit
versuchte, ihm entgegenzugehen, stolperte aber an
der Tür. Da lief ihm sein Sohn entgegen 11 und fing
ihn auf. Und er strich seinem Vater die Galle auf
die Augen und sagte: Hab keine Angst, mein Vater!
12 Tobit rieb sich die Augen, weil sie brannten;
da begannen die weißen Flecken, sich von den
Augenwinkeln aus abzulösen. 13 Und er konnte sei-
nen Sohn sehen, fiel ihm um den Hals und sagte
unter Tränen: 14 Sei gepriesen, Gott, gepriesen sei
dein heiliger Name in Ewigkeit. Gepriesen seien
alle deine heiligen Engel. Du hast mich gezüchtigt
und hast wieder Erbarmen mit mir gehabt. Denn
ich darf meinen Sohn Tobias wieder sehen. 15 Voll
Freude ging der Sohn mit seinem Vater ins Haus
und erzählte ihm, was für wunderbare Dinge er in
Medien erlebt hatte.

9: Gen 46,29f

Saras Ankunft

16 Dann ging Tobit seiner Schwiegertochter bis an
das Tor von Ninive entgegen. Er war voll Freude
und pries Gott und alle, die ihn sahen, staunten,
dass er wieder sehen konnte. Tobit aber bezeugte
ihnen, dass Gott Erbarmen mit ihm gehabt hatte.
17 Als Tobit seiner Schwiegertochter begegnete,

segnete er sie und sagte: Sei willkommen, meine
Tochter! Gepriesen sei Gott, der dich zu uns
geführt hat, und gesegnet seien dein Vater und
deine Mutter. 18 Bei allen Brüdern aus seinem
Stamm in Ninive herrschte große Freude. 19 Auch
Achikar und sein Neffe Nadab kamen und sieben
Tage lang wurde die Hochzeit des Tobias mit
einem fröhlichen Fest gefeiert.

Rafaels Selbstoffenbarung

12 Danach rief Tobit seinen Sohn Tobias zu
sich und sagte: Mein Sohn, vergiss nicht
den Lohn für den Mann, der dich begleitet hat. Du
musst ihm aber mehr geben, als wir ihm verspro-
chen haben. 2 Tobias antwortete: Vater, ich werde
keinen Schaden erleiden, wenn ich ihm die Hälfte
von all dem gebe, was ich mitgebracht habe.
3 Denn er hat mich gesund zu dir zurückgebracht,
er hat meine Frau geheilt, er hat mein Geld abge-
holt und auch dich hat er geheilt. 4 Da sagte der alte
Tobit: Ja, er hat es verdient. 5 Dann rief er den Engel
zu sich und sagte: Nimm die Hälfte von allem, was
ihr mitgebracht habt. 6 Der Engel aber nahm die
beiden beiseite und sagte zu ihnen: Preist Gott und
lobt ihn! Gebt ihm die Ehre und bezeugt vor allen
Menschen, was er für euch getan hat. Es ist gut,
Gott zu preisen und seinen Namen zu verherrli-
chen und voll Ehrfurcht seine Taten zu verkünden.
Hört nie auf, ihn zu preisen. 7 Es ist gut, das
Geheimnis eines Königs zu wahren; die Taten
Gottes aber soll man offen rühmen. Tut Gutes,
dann wird euch kein Unglück treffen. 8 Es ist gut,
zu beten und zu fasten, barmherzig und gerecht zu
sein. Lieber wenig, aber gerecht, als viel und unge-
recht. Besser barmherzig sein als Gold aufhäufen.
9 Denn Barmherzigkeit rettet vor dem Tod und rei-
nigt von jeder Sünde. Wer barmherzig und gerecht
ist, wird lange leben. 10 Wer aber sündigt, ist der
Feind seines eigenen Lebens. 11 Ich will euch nichts
verheimlichen; ich habe gesagt: Es ist gut, das
Geheimnis eines Königs zu wahren; die Taten
Gottes aber soll man offen rühmen. 12 Darum sollt
ihr wissen: Als ihr zu Gott flehtet, du und deine
Schwiegertochter Sara, da habe ich euer Gebet vor
den heiligen Gott gebracht. Und ebenso bin ich in
deiner Nähe gewesen, als du die Toten begraben
hast. 13 Auch als du ohne zu zögern vom Tisch auf-
gestanden bist und dein Essen stehen gelassen
hast, um einem Toten den letzten Dienst zu erwei-
sen, blieb mir deine gute Tat nicht verborgen, son-
dern ich war bei dir. 14 Nun hat mich Gott auch
gesandt, um dich und deine Schwiegertochter Sara
zu heilen. 15 Ich bin Rafael, einer von den sieben
heiligen Engeln, die das Gebet der Heiligen
emportragen und mit ihm vor die Majestät des
heiligen Gottes treten.
16 Da erschraken die beiden und fielen voller
Furcht vor ihm nieder. 17 Er aber sagte zu ihnen:
Fürchtet euch nicht! Friede sei mit euch. Preist
Gott in Ewigkeit! 18 Nicht weil ich euch eine Gunst
erweisen wollte, sondern weil unser Gott es wollte,
bin ich zu euch gekommen. Darum preist ihn in
Ewigkeit! 19 Während der ganzen Zeit, in der ihr
mich gesehen habt, habe ich nichts gegessen und
getrunken; ihr habt nur eine Erscheinung gesehen.
20 Jetzt aber dankt Gott! Ich steige wieder auf zu
dem, der mich gesandt hat. Doch ihr sollt alles, was
geschehen ist, in einem Buch aufschreiben.
21 Als sie wieder aufstanden, sahen sie ihn nicht
mehr. 22 Und sie verkündeten überall, welch große
und wunderbare Dinge Gott getan hatte und dass
ihnen der Engel des Herrn erschienen war.

9: Dan 4,24 • 13: 2,4f

DER LOBPREIS DES RETTERGOTTES UND LETZTE MAHNUNGEN: 13,1 – 14,15

Tobits Lobgesang

13 Und Tobit schrieb zum Lobpreis Gottes ein
Gebet nieder:
2 Gepriesen sei Gott, der in Ewigkeit lebt, / sein
Königtum sei gepriesen. / Er züchtigt und hat auch
wieder Erbarmen; / er führt hinab in die Unter-
welt / und führt auch wieder zum Leben. / Nie-
mand kann seiner Macht entfliehen.
3 Bekennt euch zu ihm vor allen Völkern, / ihr Kin-
der Israels; / denn er selbst hat uns unter die Völ-
ker zerstreut.
4 Verkündet dort seine erhabene Größe, / preist

ihn laut vor allem, was lebt. / Denn er ist unser
Herr und Gott, / er ist unser Vater in alle Ewigkeit.
5 Er züchtigt uns wegen unserer Sünden, / doch hat
er auch wieder Erbarmen. / Er führt uns aus allen
Völkern zusammen, / von überall her, wohin ihr
verschleppt worden seid.
6 Wenn ihr zu ihm umkehrt, / von ganzem Herzen
und aus ganzer Seele, / und euch an seine Wahr-
heit haltet, / dann kehrt er sich euch zu / und ver-
birgt sein Angesicht nicht mehr vor euch.
7 Wenn ihr dann seht, was er für euch tut, / bekennt
euch laut und offen zu ihm! / Preist den Herrn der
Gerechtigkeit, / rühmt den ewigen König!
8 Ich bekenne mich zum Herrn / im Land der Ver-
bannung, / ich bezeuge den Sündern seine Macht /
und erhabene Größe. / Kehrt um, ihr Sünder, / tut,
was recht ist in seinen Augen. / Vielleicht ist er gnä-
dig und hat mit euch Erbarmen.
9 Ich will meinen Gott rühmen, / den König des
Himmels, / meine Seele freut sich / über die erha-
bene Größe meines Gottes.
10 Alle, die in Jerusalem wohnen, / sollen sich zu
ihm bekennen und sagen: / Jerusalem, du heilige
Stadt! / Der Herr bestraft die Taten deiner Kinder, /
doch er hat wieder Erbarmen / mit den Söhnen der
Gerechten.
11 Bekenne dich zum Herrn in rechter Weise, /
preise den ewigen König, / damit sein Zelt von
neuem errichtet wird, / dir zur großen Freude.
12 Er mache in dir die Gefangenen wieder froh /
und schenke denen, die im Elend leben, seine
Liebe, / für alle Zeiten bis in Ewigkeit.
13 Von weither werden die Völker kommen, / um
den Namen des Herrn, unseres Gottes, zu prei-
sen. / Sie tragen Geschenke herbei, / Geschenke für
den himmlischen König. / Alle Menschen jubeln
dir zu.
14 Verflucht sind alle, die dich hassen, / auf ewig
gesegnet alle, die dich lieben.
15 Freu dich und juble / über alle Gerechten! / Sie
werden vereint sein / und den Herrn der Gerech-
ten preisen. / Wohl denen, die dich lieben; / sie
werden sich freuen / über den Frieden, den du
schenkst.
16 Wohl denen, die betrübt waren / über deine har-
ten Strafen; / denn sie werden sich über dich
freuen, / wenn sie all deine Herrlichkeit sehen. / Sie
werden sich freuen in Ewigkeit. / Meine Seele
preise Gott, den großen König.
17 Denn Jerusalem wird wieder aufgebaut / aus
Saphir und Smaragd; / seine Mauern macht man
aus Edelstein, / seine Türme und Wälle aus reinem
Gold; / Jerusalems Plätze werden ausgelegt / mit
Beryll und Rubinen und mit Steinen aus Ofir.
18 Halleluja ruft man in all seinen Gassen / und
stimmt in den Lobpreis ein: / Gepriesen sei Gott; /
er hat uns groß gemacht für alle Zeiten.

2: Dtn 32,39; 1 Sam 2,6; Hos 6,1 • 6: Sach 1,3; Mal 3,7 • 8: Am 5,15; Jona 3,9 • 13: Jes 60,5–9 • 14: Gen 12,3 • 17: Jes 54,11f; Offb 21,18–21

Letzte Ermahnungen

14 So beendete Tobit seinen Lobpreis. 2 Er war
achtundfünfzig Jahre alt, als er sein Augen-
licht verlor; acht Jahre später konnte er wieder
sehen. Er blieb immer wohltätig und hörte nie auf,
Gott, den Herrn, zu fürchten und sich zu ihm zu
bekennen. 3 Er wurde sehr alt. Eines Tages rief er
seinen Sohn und dessen Kinder zu sich und sagte:
Mein Sohn, ich bin alt und werde bald aus dem
Leben scheiden. 4 Zieh mit deinen Kindern nach
Medien, mein Sohn; denn ich bin überzeugt, dass
der Prophet Jona recht hatte, als er sagte, dass
Ninive ganz zerstört werden wird; in Medien aber
wird vorläufig noch Frieden herrschen, bis auch
für dieses Land die Zeit gekommen ist. Ich bin
auch überzeugt davon, dass unsere Brüder, die
noch in der Heimat leben, aus dem gesegneten
Land verjagt werden; Jerusalem wird verlassen
sein und das Haus Gottes wird niedergebrannt
werden und verwüstet daliegen, bis eine bestimm-
te Zeit vergangen ist. 5 Dann wird Gott Erbarmen
mit ihnen haben und sie wieder in die Heimat
zurückführen. Sie werden den Tempel wieder auf-
bauen, doch nicht so schön, wie der frühere war;
er wird stehen, bis die Zeit dieser Welt abgelaufen
ist. Dann werden alle aus der Gefangenschaft
zurückkehren und Jerusalem in seiner ganzen
Pracht wieder aufbauen. In seiner Mitte wird das
Haus Gottes errichtet, ein herrlicher Bau, der für
alle Zeiten Bestand hat bis in Ewigkeit. Das haben
die Propheten über Jerusalem geweissagt. 6 Und
alle Völker werden sich dem Herrn, unserem Gott,
zuwenden und ihm wahre Ehrfurcht entgegen-

bringen. Man wird die Götterbilder vergraben und alle Völker werden den Herrn preisen. 7 Sein Volk wird sich zu Gott bekennen und der Herr wird sein Volk groß machen. Alle, die den Weg der Wahrheit und Gerechtigkeit gehen, werden sich freuen; sie werden Gott, den Herrn, lieben und ihren Brüdern Gutes tun. 8 Zieh also fort aus Ninive, mein Sohn; denn es wird alles eintreffen, was der Prophet Jona gesagt hat. 9 Befolge das Gesetz und die Gebote; sei immer barmherzig und gerecht, dann wird es dir gut gehen. Begrab mich und deine Mutter in Ehren; gib ihr ein Grab an meiner Seite! Doch bleibt nicht länger in Ninive! 10 Mein Sohn, denk daran, wie Nadab an Achikar gehandelt hat, der ihn aufgezogen hatte; er hat ihn aus dem Licht in die Finsternis gestoßen und ihm seine Fürsorge übel vergolten. Achikar wurde gerettet; dem Nadab aber wurde sein übles Verhalten vergolten und er stürzte selbst in die Finsternis. Achikar war barmherzig und wurde aus der tödlichen Falle gerettet, die Nadab ihm gestellt hatte. Nadab aber geriet selber in die Falle und ging zugrunde. 11 Daran könnt ihr sehen, meine Kinder, dass die Barmherzigkeit viel vermag und dass die Gerechtigkeit rettet. Als Tobit das gesagt hatte, verstarb er auf seinem Lager. Er war hundertachtundfünfzig Jahre alt geworden und Tobias begrub ihn in Ehren.

4: Jona 3,4 • 5: Esra 6,14; Ez 40 – 48 • 6: Jes 2,2–4

Abschluss

12 Als Hanna gestorben war, begrub er sie an der Seite seines Vaters. Dann zog er mit seiner Frau und seinen Kindern nach Ekbatana zu seinem Schwiegervater Raguël. 13 Er war von allen geachtet und erreichte ein hohes Alter. Er begrub seine Schwiegereltern in Ehren und erbte ihren Besitz ebenso wie zuvor den Besitz seines Vaters Tobit. 14 Im Alter von hundertsiebenundzwanzig Jahren starb er in Ekbatana in Medien. 15 Vor seinem Tod hörte er noch vom Untergang Ninives, das von Nebukadnezzar und Xerxes erobert wurde. So konnte er sich noch vor seinem Tod über den Fall Ninives freuen.

DAS BUCH JUDIT

Das Buch Judit schildert am Beispiel der Bedrohung Israels durch die Macht eines Königs Nebukadnezzar die Gefährdung des Gottesvolkes durch das entartete und gottfeindliche Heidentum aller Zeiten (Kap. 1 – 3). An der durch den Druck der heidnischen Weltmacht hervorgerufenen Glaubenskrise bei den Einwohnern von Betulia (Kap. 4 – 7) und ihrer Überwindung durch die fromme Witwe Judit (Kap. 8 – 16) wird jedoch deutlich, wie sich das Gottesvolk verhalten muss, wenn es in der Bedrängnis die Hilfe Gottes erfahren will. Vorbedingung für das rettende Eingreifen Gottes ist die Umkehr Israels zu seinem göttlichen Herrn und das Vertrauen auf die im göttlichen Heilsplan beschlossene Offenbarung seiner universalen Königsherrschaft. Judit, die als gesetzestreue und gottergebene Frau diese Vorbedingung erfüllt und zur Befreiung Betulias mutig ihr Leben einsetzt, erfährt beispielhaft für ihr Volk die rettende Hilfe Gottes.

Das Buch will nicht von einem bestimmten geschichtlichen Ereignis berichten, sondern zieht gleichsam die Summe aus den Auseinandersetzungen zwischen Israel und seinen heidnischen Widersachern. Man kann deshalb die literarische Art des Buches als Lehrschrift im Gewand einer Geschichtserzählung bezeichnen. Dem Verfasser geht es nicht darum, den wirklichen Verlauf der Geschichte nachzuzeichnen, sondern in freier Darstellung die Mächte und Kräfte sichtbar zu machen, die den Verlauf der Geschichte bestimmen.

Die Bedeutung des Buches besteht darin, dass sowohl die entartete heidnische Weltmacht als eine übergeschichtliche Wirklichkeit wie auch die Glaubenshaltung des bedrängten Gottesvolkes in Anfechtung und Bewährung deutlich vor Augen gestellt werden. Das Hauptgewicht liegt dabei auf der Darstellung der rettenden Hilfe Gottes, der seine universale Königsherrschaft nicht erst am Ende der Zeiten, sondern schon vorher durch das Gericht über seine Feinde und die Feinde seines Volkes offenbart.

Das Buch ist in griechischer Sprache überliefert und wahrscheinlich an der Wende vom 2. zum 1. Jahrhundert v. Chr. in Palästina verfasst worden.

DIE BEDROHUNG: 1,1 – 3,10

Der Krieg zwischen Nebukadnezzar und Arphaxad

1 Es war im zwölften Jahr des Nebukadnezzar, der in der großen Stadt Ninive als König der Assyrer regierte. Zur gleichen Zeit regierte damals in Ekbatana Arphaxad als König der Meder.
2 Arphaxad hatte aus behauenen Steinen von drei Ellen Breite und sechs Ellen Länge rings um Ekbatana Mauern errichten lassen, die siebzig Ellen
hoch und fünfzig Ellen breit waren. 3 Die Türme
der Mauern hatte er über den Stadttoren hundert Ellen hoch aufgeführt; ihre Grundfläche war sechzig Ellen breit. 4 Die Stadttore selber hatte er siebzig Ellen hoch und vierzig Ellen breit machen lassen, damit die Abteilungen seiner Helden und die Regimenter seiner Fußtruppen genügend Raum zum Ausrücken hatten.
5 Zu jener Zeit führte König Nebukadnezzar Krieg gegen König Arphaxad in der großen Ebene, das
heißt in der Ebene im Gebiet von Regu. 6 Arphaxad schlossen sich alle Bewohner des Berglandes an sowie alle, die am Eufrat und Tigris, am Hydaspes und im Flachland des Elamiterkönigs Arjoch wohnten; es waren viele Völker, die zum Aufgebot der Söhne Cheleüds zusammenströmten.

Der vergebliche Hilferuf an die Nachbarvölker

7 Der Assyrerkönig Nebukadnezzar schickte Boten zu allen Bewohnern Persiens und zu allen, die ihre Wohnsitze im Westen hatten, nämlich zu den Bewohnern von Zilizien und von Damaskus, zu allen Bewohnern des Libanon, des Antilibanon
und der Küstengebiete, 8 zu den Völkerschaften am Karmel und in Gilead, zu den Bewohnern des oberen Galiläa und der großen Ebene Jesreel, 9 zu
allen, die in Samaria und in seinen Städten und jenseits des Jordan wohnten bis nach Jerusalem, Batane, Chelus, Kadesch und zum Grenzbach Ägyptens, zu den Bewohnern von Tachpanhes und Ramesse und den Bewohnern des ganzen
Landes Goschen, 10 ja, über Zoan und Memfis hinaus zu allen Bewohnern Ägyptens bis zu den Grenzen Äthiopiens.
11 Doch alle Bewohner der ganzen Erde missachteten den Befehl des Assyrerkönigs Nebukadnezzar und leisteten ihm keine Heeresfolge, denn sie hatten keine Angst vor ihm; er war in ihren Augen nicht mehr als ein gewöhnlicher Mensch. Darum beschimpften sie seine Boten und ließen sie mit
leeren Händen wieder abziehen. 12 Da entbrannte
Nebukadnezzars Zorn über all diese Länder und er schwor bei seinem Thron und seinem Reich, an dem ganzen Gebiet von Zilizien, Damaskus und Syrien Rache zu nehmen und alle Bewohner Moabs, die Ammoniter, ganz Judäa und alle Bewohner Ägyptens bis zum Gebiet der beiden Meere mit seinem Schwert auszurotten.

Der Sieg über Arphaxad

13 Im siebzehnten Jahr seiner Regierung griff er König Arphaxad mit seinem Heer an und konnte den Kampf für sich entscheiden; das gesamte Heer des Arphaxad, seine ganze Reiterei und all seine
Wagen jagte er in die Flucht. 14 Er eroberte seine
Städte und drang bis nach Ekbatana vor; er besetzte die Türme der Stadt, gab ihre Häuser der Plünderung preis und machte so ihre Pracht
zuschanden. 15 Arphaxad nahm er im Bergland

von Regu gefangen, durchbohrte ihn mit seinen
Speeren und setzte seiner Macht für immer ein
Ende. 16 Darauf kehrte er mit seinem ganzen
Gefolge, einer fast unübersehbaren Menge von
Soldaten, nach Ninive zurück. Im Hochgefühl seines Erfolges feierte er dort mit dem Heer ein Freudenfest, das hundertzwanzig Tage lang dauerte.

Der Plan Nebukadnezzars

2 Im achtzehnten Jahr seiner Regierung erging am zweiundzwanzigsten Tag des ersten Monats im Palast Nebukadnezzars, des Königs der Assyrer, der Befehl, an der ganzen Erde das Strafgericht zu vollstrecken, das der König angedroht
hatte. 2 Er rief alle seine Minister und Generäle zusammen, hielt mit ihnen eine geheime Beratung ab und verfügte mit seinem Wort alles Unheil über
die Erde. 3 Auch seine Berater waren der Meinung, dass alle zu vernichten seien, die dem Wort des Königs nicht gehorcht hätten.

Der Auftrag des Holofernes

4 Als Nebukadnezzar, der König der Assyrer, die Beratung beendet hatte, bestellte er Holofernes zu sich, den Oberbefehlshaber seiner Truppen, der nach ihm den höchsten Rang einnahm, und sagte zu ihm:
5 So spricht der Großkönig, der Herr der ganzen Erde: Du sollst von hier ausziehen und Männer mit dir nehmen, die auf ihren Mut vertrauen: hundertzwanzigtausend Mann Fußtruppen und ein Aufgebot von zwölftausend Pferden und Reitern.
6 Du sollst gegen alle Länder im Westen zu Feld ziehen, weil sie meinem Wort nicht gehorcht haben.
7 Befiehl ihnen, schon Erde und Wasser bereitzuhalten. Denn ich will in meinem Zorn gegen sie zu Felde ziehen; die ganze Erde werde ich mit den Füßen meiner Truppen bedecken und den Besitz der Menschen meinen Männern zur Plünderung
preisgeben. 8 Ihre Täler sollen sich mit Gefallenen füllen; jeder Bach und Fluss soll übervoll werden
von Toten. 9 Ihre Gefangenen will ich bis an die
Grenzen der Erde verschleppen. 10 Zieh also aus und erobere mir ihr ganzes Gebiet! Alle, die sich dir ergeben, sollst du mir aufbewahren für den Tag
ihrer Bestrafung. 11 Alle aber, die Widerstand leisten, sollst du schonungslos dem Tod und der Plünderung preisgeben in deinem ganzen Machtbe-
reich. 12 Bei meinem Leben und bei der Macht meines Königtums – ich habe gesprochen und ich
werde meinen Entschluss ausführen. 13 Du aber
wag es nicht, auch nur einen einzigen Befehl deines Herrn zu übertreten. Erfülle, was ich dir befohlen habe; führ es unverzüglich aus!

Die Aufstellung des Heeres

14 Holofernes ging von seinem Herrn weg und rief alle Befehlshaber, Feldherren und Hauptleute der
assyrischen Truppen zusammen. 15 Er hob für das
Heer die besten Leute aus, wie ihm sein Herr befohlen hatte: hundertzwanzigtausend Mann Fußvolk und zwölftausend berittene Bogenschüt-
zen, 16 und teilte sie in Kampftruppen ein. 17 Für
den Transport der Kriegsgeräte beschaffte er sich eine gewaltige Menge von Kamelen, Eseln und Maultieren; außerdem brachte er eine unübersehbare Herde von Schafen, Rindern und Ziegen für
ihre Verpflegung zusammen, 18 dazu reichlich Proviant für alle und sehr viel Gold und Silber aus dem Palast des Königs.
19 Darauf setzte er sich mit seinem ganzen Heer in Marsch, um dem König Nebukadnezzar voranzuziehen und alle Länder im Westen mit seinen Wagen, Reitern und Elitetruppen zu überfluten.
20 Eine Masse von Hilfsvölkern schloss sich ihnen an, unübersehbar wie ein Heuschreckenschwarm und wie der Sand der Erde; man konnte ihre Menge nicht zählen.

Der Kriegszug des Holofernes

21 Von Ninive zogen sie drei Tagesmärsche weit bis zur Ebene von Bektilet und schlugen jenseits von Bektilet in der Nähe des Gebirges, das im Norden
von Ober-Zilizien liegt, ihr Lager auf. 22 Von dort
rückte Holofernes mit seiner ganzen Streitmacht, seinen Fußtruppen, Reitern und Wagen, gegen das
Bergland vor. 23 Er eroberte Put und Lud und plünderte die Rassiter und Ismaeliter aus, die am Rand der Wüste südlich des Cheleërlandes wohnten.
24 Dann überschritt er den Eufrat und zog durch Mesopotamien; er zerstörte alle befestigten Städte
am Fluss Habor bis hin zum Meer. 25 Er eroberte
das Gebiet von Zilizien und machte alle nieder, die ihm Widerstand leisteten. So kam er in das Gebiet

von Jafet, das im Süden liegt und Arabien vorge-
lagert ist. 26 Er kreiste alle Midianiter ein, steckte
ihre Zeltlager in Brand und raubte ihr Vieh. 27 Zur
Zeit der Weizenernte stieg er in die Ebene von
Damaskus hinab, brannte die Felder nieder, ver-
nichtete die Herden, das Klein- und Großvieh,
plünderte die Städte, verheerte die Ebenen und er-
schlug alle jungen Männer mit scharfem Schwert.

Die Besetzung der Reiche an der Meeresküste

28 Furcht und Zittern befiel alle Bewohner der
Küstengebiete, in Sidon und Tyrus, in Sur und
Okina sowie alle Einwohner von Jamnia; auch die
Einwohner von Aschdod und Aschkelon bekamen
große Angst vor ihm.

3 Sie schickten Boten zu ihm mit einem Frie-
densangebot und ließen ihm sagen: 2 Wir, die
Sklaven des großen Königs Nebukadnezzar, liegen
dir zu Füßen. Tu mit uns, wie du willst. 3 Unsere
Gehöfte, alle unsere Ortschaften und Weizenfel-
der, die Herden, das Klein- und Großvieh in allen
Hürden an unseren Lagerplätzen stehen dir zur
Verfügung. Verfahr damit nach deinem Belieben!
4 Auch unsere Städte mit ihren Einwohnern sind
dir untertan. Komm und verfahr mit ihnen nach
deinem Willen! 5 Mit dieser Botschaft kamen die
Männer zu Holofernes.
6 Da stieg er mit seinen Truppen zur Küste hinab,
besetzte die befestigten Städte und hob dort die
tüchtigsten Männer aus zur Verstärkung seines
Heeres. 7 Die Einwohner der Städte und des Lan-
des empfingen ihn mit Kränzen und unter Tanz
und Paukenschlag. 8 Doch er ließ alle ihre Kult-
höhen zerstören und ihre Götterhaine umhauen.
Ihm war die Macht gegeben, alle Götter der Erde
zu vernichten. Alle Völker sollten nur Nebukad-
nezzar verehren und alle Stämme und Nationen
ihn als Gott anrufen.

Die Bedrohung des Gottesvolkes

9 So kam er in das Gebiet von Jesreel nahe bei
Dotan, das vor dem großen Gebirgszug von Judäa
liegt. 10 Er schlug zwischen Gabbai und Skythopo-
lis sein Lager auf und blieb dort einen Monat, um
den ganzen Tross seines Heeres zusammenzuzie-
hen.

DAS GOTTESVOLK IN GROSSER BEDRÄNGNIS: 4,1 – 7,32

Die Gefahr

4 Die Israeliten, die in Judäa wohnten, hörten
von allem, was Holofernes, der oberste Feld-
herr des Assyrerkönigs Nebukadnezzar, den Völ-
kern angetan und wie er alle ihre Heiligtümer ge-
plündert und vernichtet hatte.
2 Da befiel sie Furcht und Schrecken vor ihm und
sie hatten Angst um Jerusalem und den Tempel des
Herrn, ihres Gottes. 3 Denn sie waren noch nicht
lange aus der Gefangenschaft heimgekehrt; erst
kürzlich hatte sich das ganze Volk von Judäa wie-
der gesammelt und waren die heiligen Geräte, der
Altar und der Tempel nach der Entweihung neu
geweiht worden.

Die Vorbereitung des Widerstandes

4 Sie schickten Boten in das ganze Gebiet von
Samarien und Kona, nach Bet-Horon, Abel-
Majim und Jericho sowie nach Choba, Hazor und
in das Tal von Salim. 5 Sie besetzten alle hohen
Bergkuppen, befestigten die Ortschaften und ver-
sahen sie mit Lebensmitteln für den Krieg, denn
ihre Felder waren eben abgeerntet worden. 6 Jo-
jakim, der zu jener Zeit Hoherpriester in Jeru-
salem war, schrieb an die Einwohner von Betu-
lia und Betomestajim, das Jesreel gegenüber vor
der Ebene nahe bei Dotan liegt, 7 sie sollten die
Gebirgspässe besetzt halten. Durch sie konnte
man nach Judäa vordringen. Es war aber auch
leicht, den Vormarsch der Heranrückenden dort
aufzuhalten; die Gebirgswege waren nämlich so
schmal, dass jeweils nur zwei Mann nebeneinan-
der hindurchgehen konnten. 8 Die Israeliten taten,
was ihnen der Hohepriester Jojakim und die Ältes-
ten des ganzen Volkes Israel in Jerusalem befohlen
hatten.

Das Flehen zu Gott um Rettung

9 Alle Männer Israels aber flehten Gott inständig
an und taten Buße unter strengem Fasten. 10 Sie

selbst, ihre Frauen, ihre Kinder und ihr Vieh, aber
auch alle Fremden, die bei ihnen wohnten, die
Tagelöhner und Sklaven, legten Bußgewänder an.
11 Alle Israeliten in Jerusalem, ihre Frauen und
Kinder warfen sich vor dem Tempel nieder, streu-
ten sich vor dem Herrn Asche auf das Haupt und
legten Bußgewänder an. 12 Selbst den Altar um-
hüllten sie mit einem Bußgewand. Sie schrien alle
einmütig in stürmischen Gebeten zu dem Gott
Israels, er möge doch nicht zulassen, dass man ihre
Kinder raube, ihre Frauen als Beute verteile, die
Städte ihres Erbbesitzes zerstöre und das Heilig-
tum entweihe und verwüste, zum Gespött für die
Heiden.
13 Und der Herr hörte ihr Rufen und sah auf ihre
Not. Das Volk fastete mehrere Tage lang in ganz
Judäa und in Jerusalem vor dem Heiligtum des
Herrn, des Allmächtigen. 14 Auch der Hohepriester
Jojakim mit der ganzen Priesterschaft im Tempel
und den Dienern des Herrn legten Bußgewänder
an; so brachten sie das tägliche Brandopfer dar
und dazu die gelobten und die freiwilligen Opfer-
gaben des Volkes. 15 Auf ihren Kopfbund hatten sie
Asche gestreut und sie riefen mit aller Macht zum
Herrn, er möge doch gnädig auf das ganze Haus
Israel herabschauen.

10f: Jona 3,7f

Der Kriegsrat bei Holofernes

5 Holofernes, dem Oberbefehlshaber des assy-
rischen Heeres, wurde gemeldet, dass die
Israeliten sich zum Krieg gerüstet, die Gebirgs-
pässe gesperrt, alle hohen Bergkuppen befestigt
und in der Ebene Hindernisse angelegt hatten.
2 Da entbrannte sein Zorn. Er berief alle Fürsten
von Moab, die Heerführer von Ammon und alle
Statthalter der Küstengebiete zu sich 3 und sagte zu
ihnen: Sagt mir, ihr Söhne Kanaans, was ist das für
ein Volk, das da im Bergland haust? Wie heißen die
Städte, die es bewohnt? Wie groß ist die Streit-
macht dieser Leute und worin liegt ihre Kraft und
Stärke? Wer gebietet über sie als König und Anfüh-
rer ihres Heeres? 4 Und warum haben sie allein von
allen Bewohnern des Westens es abgelehnt, mir zu
huldigen?

Die Rede des Ammoniters Achior

5 Da antwortete ihm Achior, der Anführer aller
Ammoniter: Möge mein Herr anhören, was sein
Knecht ihm zu sagen hat. Ich will dir die Wahrheit
sagen über dieses Volk, das in dem Bergland hier
in deiner Nähe wohnt; kein falsches Wort soll aus
dem Mund deines Knechtes kommen. 6 Diese
Leute stammen von den Chaldäern ab. 7 Sie hatten
sich zuerst in Mesopotamien niedergelassen, weil
sie den Göttern ihrer Väter im Land der Chaldäer
nicht mehr dienen wollten. 8 Sie waren nämlich
von dem Glauben ihrer Vorfahren abgewichen
und hatten ihre Verehrung dem Gott des Himmels
zugewandt, zu dessen Erkenntnis sie gelangt
waren. Deshalb hatten die Chaldäer sie aus dem
Bereich ihrer Götter vertrieben und sie waren
nach Mesopotamien geflohen, wo sie sich einige
Zeit aufhielten. 9 Doch ihr Gott gebot ihnen, ihren
Wohnsitz zu verlassen und in das Land Kanaan
weiterzuziehen. Hier ließen sie sich nieder und
wurden reich an Gold, Silber und an riesigen Her-
den. 10 Weil aber eine Hungersnot über das Land
Kanaan hereinbrach, zogen sie nach Ägypten und
blieben dort, solange sie Nahrung fanden. Dort
wuchsen sie zu einer gewaltigen Menge heran und
ihr Volk war nicht mehr zu zählen. 11 Da schritt der
König von Ägypten gegen sie ein. Arglistig befahl
er ihnen, in mühseliger Arbeit Ziegel herzustellen.
Man unterdrückte sie und machte sie zu Sklaven.
12 Sie aber schrien zu ihrem Gott und dieser schlug
das ganze Land Ägypten mit Plagen, gegen die es
keine Abhilfe gab. Darauf jagten die Ägypter sie
aus ihrem Land fort. 13 Gott aber trocknete das
Rote Meer vor ihnen aus. 14 Er führte sie den Weg
zum Sinai und nach Kadesch-Barnea und sie ver-
trieben alle Bewohner der Wüste. 15 Dann ließen
sie sich im Land der Amoriter nieder und ver-
nichteten mit ihrem Heer alle Einwohner von
Heschbon. Danach überschritten sie den Jordan,
nahmen das ganze Bergland in Besitz, 16 verjagten
die Kanaaniter, die Perisiter, Jebusiter, Sichemiter
und alle Girgaschiter und ließen sich dort für
lange Zeit nieder. 17 Solange sie sich nicht gegen
ihren Gott versündigten, blieb das Glück ihnen
treu; denn ihnen steht ein Gott bei, der das
Unrecht hasst. 18 Als sie aber von dem Weg abwi-
chen, den er ihnen gewiesen hatte, wurden sie in

vielen Kriegen mehr und mehr aufgerieben und
schließlich als Gefangene in ein fremdes Land ver-
schleppt. Der Tempel ihres Gottes wurde dem Erd-
boden gleichgemacht und ihre Städte fielen ihren
Feinden in die Hand. [19] Jetzt aber haben sie sich
wieder ihrem Gott zugewandt und sind aus den
Ländern heimgekehrt, in die sie verstreut worden
waren. Sie haben Jerusalem, wo ihr Heiligtum
steht, wieder in Besitz genommen und das verlas-
sene Bergland von neuem besiedelt. [20] Wenn nun,
mein Herr und Gebieter, auf diesem Volk eine
Schuld lastet und sie sich gegen ihren Gott versün-
digt haben und wenn wir uns vergewissert haben,
dass dieser Anlass zum Unheil bei ihnen vorliegt,
dann können wir hinaufziehen und sie vernich-
tend schlagen. [21] Wenn aber ihr Volk sich nichts zu
Schulden kommen ließ, dann möge mein Herr nur
ja davon Abstand nehmen. Sonst würde ihnen
nämlich ihr Herr und Gott Hilfe leisten und wir
müssten uns dann vor aller Welt schämen.

6: Gen 11,28.31 • 9: Gen 12,1 • 10: Gen 46,5–7; Ex 1,7 • 11: Ex 1,11–14 • 12: Ex 5,4–19; 7 – 12 • 13: Ex 14 • 14: Dtn 1,2 • 15: Num 21,21–31 • 16: Jos 11,1–12 • 18: Ri 2,11–15; 2 Kön 17,6–23; 25,1–21

Die feindliche Reaktion des Heeres

[22] Diese Rede des Achior rief bei allen Soldaten, die
im Umkreis des Zeltes standen, Empörung hervor.
Die Offiziere des Holofernes sowie alle Bewohner
der Küstengebiete und von Moab forderten, man
solle ihn niederhauen. [23] Sie sagten: Wir haben
doch keine Angst vor den Israeliten. Sie sind doch
ein Volk, das weder die Macht noch die Kraft
hat für einen harten Feldzug. [24] Darum, Gebieter
Holofernes, wollen wir hinaufziehen; sie sollen
deinem ganzen Heer zum Fraß dienen.

Die Rede des Holofernes an Achior

6 Als sich der Lärm bei den Männern, die um
den Kriegsrat herumstanden, gelegt hatte,
sagte Holofernes, der Oberbefehlshaber der assy-
rischen Streitmacht, in Gegenwart des ganzen
Söldnerheeres zu Achior und zu allen Moabitern:
[2] Wer bist du denn, Achior, und was bedeuten
schon diese Söldner Efraims, dass du dich heute in
unserer Mitte als Prophet aufspielst und erklärst,
man dürfe das Volk Israel nicht bekriegen, weil
sein Gott ihm Hilfe leiste? Gibt es denn überhaupt
einen Gott außer Nebukadnezzar? Er wird seine
Macht aufbieten und sie vom Erdboden vertilgen,
ohne dass ihr Gott sie rettet. [3] Wir aber, seine
Knechte, werden sie schlagen wie einen einzigen
Mann. Sie werden dem Ansturm unserer Reiterei
nicht widerstehen können; [4] mit ihr werden wir sie
vernichten, sodass die Berge von ihrem Blut
getränkt und die Felder mit ihren Leichen übersät
sein werden. Sie werden uns nicht standhalten,
sondern restlos untergehen. Das sagt der König
Nebukadnezzar, der Herr der ganzen Erde; er hat
es so bestimmt und seine Worte können nicht
zurückgenommen werden.
[5] Aber du, Achior, Söldner aus Ammon, hast diese
Worte an deinem Unglückstag gesprochen. Du
sollst mir von heute an nicht mehr unter die Augen
treten, bis ich die Rache an diesem Volk aus Ägyp-
ten vollstreckt habe. [6] Wenn ich dann zurück-
komme, soll das Schwert meines Heeres und die
Lanze meiner Gefolgsleute auch deine Rippen
durchbohren und du wirst zusammen mit ihren
Toten dahinsinken. [7] Meine Diener werden dich
auf das Bergland schaffen und dich in einen der
Orte an den Gebirgspässen bringen. [8] Dort sollst
du gemeinsam mit ihnen umkommen. [9] Wenn du
aber in deinem Herzen die Hoffnung hegst, dass
sie nicht überwältigt werden, dann brauchst du
nicht vor Angst zu zittern. Ich habe gesprochen
und keines meiner Worte wird unerfüllt bleiben.

2: 2 Kön 18,28–35

Die Auslieferung Achiors

[10] Darauf befahl Holofernes den Dienern, die in
seinem Zelt bereitstanden, Achior festzunehmen,
ihn nach Betulia zu bringen und an die Israeliten
auszuliefern. [11] Seine Diener ergriffen ihn, führten
ihn aus dem Lager in die Ebene hinaus und brach-
ten ihn in das Bergland hinauf. So gelangten sie zu
den Quellen unterhalb von Betulia. [12] Als die Män-
ner in der Stadt sie erblickten, griffen sie zu den
Waffen und liefen aus der Stadt hinaus auf den
Gipfel des Berges; die mit Schleudern bewaffneten
Männer versperrten den Gegnern den Aufstieg,
indem sie Steine hinabschleuderten. [13] Die Feinde
suchten Deckung im Schutz der Bergwand; dann
fesselten sie Achior, ließen ihn am Fuß des Ab-
hangs liegen und kehrten zu ihrem Herrn zurück.

Achior in Betulia

14 Die Israeliten kamen aus ihrer Stadt herunter zu
Achior und banden ihn los; sie führten ihn nach
Betulia und brachten ihn vor die leitenden Män-
ner ihrer Stadt. 15 Das waren in jenen Tagen Usija,
der Sohn Michas, aus dem Stamm Simeon, Kabri,
der Sohn Otniëls, und Karmi, der Sohn Malkiëls.
16 Sie beriefen alle Ältesten der Stadt zu einer Ver-
sammlung; auch alle jungen Männer und die
Frauen liefen herbei. Sie stellten Achior in die
Mitte der versammelten Menge und Usija fragte
ihn, was vorgefallen sei. 17 Achior berichtete ihnen
über die Verhandlungen im Kriegsrat des Holo-
fernes und teilte ihnen alles mit, was er im Kreis
der assyrischen Heerführer gesagt hatte, aber
auch, was Holofernes prahlerisch gegen das Haus
Israel geäußert hatte. 18 Da warf sich das Volk nie-
der, betete zu Gott und rief: 19 Herr, Gott des Him-
mels, blick herab und sieh ihre Überheblichkeit,
hab Erbarmen mit unserem gedemütigten Volk
und schau heute gnädig auf die Schar derer, die dir
geweiht sind. 20 Dann sprachen sie Achior Mut zu
und lobten ihn sehr. 21 Usija nahm ihn aus der Ver-
sammlung mit nach Hause und gab ein Gastmahl
für die Ältesten. Während der ganzen Nacht aber
riefen sie den Gott Israels um Hilfe an.

Der Anfang der Belagerung von Betulia

7 Am folgenden Tag befahl Holofernes seinem
ganzen Heer und allen seinen Hilfsvölkern,
gegen Betulia vorzurücken, die Gebirgspässe zu
besetzen und den Kampf gegen die Israeliten zu
eröffnen. 2 So begann an jenem Tag der Aufbruch
des ganzen Heeres. Die einsatzfähige Streitmacht
zählte zusammen hundertsiebzigtausend Mann
Fußtruppen und zwölftausend Berittene, nicht
eingerechnet den Tross und die dazugehörigen
Mannschaften; es war eine gewaltige Menge. 3 Sie
schlugen in der Ebene bei Betulia an der Quelle ihr
Lager auf und besetzten ein Gebiet, das sich in der
Breite von Dotan bis Jibleam und in der Länge von
Betulia bis Kyamon gegenüber Jesreel erstreckte.
4 Als die Israeliten ihre große Zahl sahen, waren sie
tief bestürzt, und einer sagte zum andern: Diese
Leute werden das ganze Land auffressen; weder die
hohen Berge noch die Täler und Hügel werden
ihre Last tragen können. 5 Dennoch griffen alle zu
den Waffen; sie zündeten auf ihren Stadttürmen
Feuer an und hielten die ganze Nacht hindurch
Wache. 6 Am nächsten Tag rückte Holofernes mit
seiner ganzen Reiterei an, vor den Augen der Isra-
eliten in Betulia. 7 Er ließ die Pässe erkunden, die
zu ihrer Stadt hinaufführten, spürte ihre Wasser-
quellen auf und nahm sie in Besitz. Er stellte dort
bewaffnete Posten auf und kehrte zu seinem Heer
zurück.

Die Rede der Heerführer an Holofernes

8 Da kamen zu ihm alle Heerführer der Edomiter,
alle Hauptleute der Moabiter und die Befehlsha-
ber der Küstengebiete. Sie sagten: 9 Möge doch
unser Gebieter einen Rat anhören, damit deinem
Heer kein Schaden entsteht. 10 Dieses Volk der Isra-
eliten vertraut nämlich weniger auf seine Speere
als vielmehr auf die Höhe der Berge, die es be-
wohnt; denn es ist gar nicht so leicht, zu den Gip-
feln ihrer Berge vorzudringen. 11 Darum, Gebieter,
tritt gegen sie nicht in einer geordneten Feld-
schlacht an; dann wird kein einziger Mann von
deinen Leuten fallen. 12 Bleib in deinem Lager und
spar jeden Mann deines Heeres! Es genügt, wenn
deine Knechte die Wasserquelle in ihren Besitz
bringen, die am Fuß des Berges entspringt. 13 Denn
dort holen die Bewohner Betulias ihr Wasser.
Dann wird der Durst sie umbringen und sie müs-
sen ihre Stadt ausliefern. Wir aber wollen mit
unseren Leuten auf die benachbarten Berggipfel
steigen und dort Wache stehen, damit niemand die
Stadt verlassen kann. 14 Dann werden sie mit ihren
Frauen und Kindern vor Hunger verschmachten,
und bevor noch das Schwert über sie kommt,
werden sie hingestreckt auf den Gassen vor ihren
Häusern liegen. 15 So wirst du sie schwer dafür
büßen lassen, dass sie dir Widerstand geleistet
haben und dir nicht mit der Bitte um Frieden ent-
gegengekommen sind.

Die Verzögerungstaktik des Holofernes

16 Diese Worte gefielen dem Holofernes und all sei-
nen Offizieren und er befahl, den Rat zu befolgen.
17 Darauf machten sich eine Abteilung der Ammo-
niter und mit ihnen fünftausend Assyrer auf den
Weg; sie schlugen in der Ebene ein Lager auf und
besetzten die Brunnen und Quellen der Israeliten.

18 Die Edomiter und die Ammoniter aber schlugen
im Bergland gegenüber von Dotan ein Lager auf.
Außerdem schickten sie Abteilungen nach Süden
und Osten gegen die Stadt Egrebel, die in der Nähe
von Chus am Bach Mochmur liegt. Das übrige
Heer der Assyrer hatte sein Lager in der Ebene und
bedeckte das ganze Land; ihre Zelte und ihr Tross
bildeten ein riesiges Heerlager; es war eine gewal-
tige Menge.

Der Wassermangel in Betulia

19 Die Israeliten aber schrien zum Herrn, ihrem
Gott. Sie hatten allen Mut verloren, da sie ringsum
von ihren Feinden eingeschlossen waren und es
kein Entrinnen mehr gab. 20 Nachdem die Belage-
rung durch das ganze Heer der Assyrer mit ihrem
Fußvolk, ihren Wagen und Reitern vierunddreißig
Tage gedauert hatte, ging in sämtlichen Behältern
der Einwohner von Betulia das Wasser zur Neige.
21 Auch die Zisternen wurden leer. Die Belagerten
konnten sich an keinem einzigen Tag mehr satt
trinken, weil sie nur ein bestimmtes Maß an Was-
ser zugeteilt bekamen. 22 Ihre Kinder verschmach-
teten; die Frauen und jungen Männer wurden
ohnmächtig vor Durst, sie fielen auf den Straßen
der Stadt und in den Torwegen um, denn sie hat-
ten keine Kraft mehr.

Die Verzweiflung der Bewohner von Betulia

23 Da versammelte sich das ganze Volk, die jungen
Männer, die Frauen und Kinder, bei Usija und den
leitenden Männern der Stadt, erhoben ein lautes
Geschrei und riefen den Ältesten zu: 24 Gott sei
Richter zwischen uns und euch. Ihr habt ein
schweres Unrecht an uns begangen, weil ihr mit
den Assyrern nicht friedlich verhandeln wolltet.
25 Jetzt gibt es für uns keine Rettung mehr; denn
Gott hat uns an sie verkauft. Darum müssen wir
verdursten und vor ihren Augen elend zugrunde
gehen. 26 Ruft sie also jetzt herbei und liefert die
ganze Stadt den Soldaten des Holofernes und sei-
nem Heer zur Plünderung aus! 27 Es ist besser für
uns, ihnen als Beute in die Hände zu fallen. Wenn
wir auch zu Sklaven gemacht werden, so bleiben
wir doch wenigstens am Leben und brauchen
nicht mit eigenen Augen den Tod unserer Säug-
linge und das Dahinsterben unserer Frauen und
Kinder mit anzusehen. 28 Wir beschwören euch
beim Himmel und bei der Erde, bei unserem Gott,
dem Herrn unserer Väter, der uns für unsere Sün-
den und die Vergehen unserer Väter bestraft, Gott
möge nicht am heutigen Tag diese Drohung an uns
wahr machen. 29 Und in der Versammlung erhob
sich ein allgemeines heftiges Klagen; alle schrien
mit lauter Stimme zu Gott, dem Herrn.

Usijas ermutigende Antwort

30 Doch Usija sagte zu ihnen: Fasst Mut, Brüder!
Wir wollen noch fünf Tage aushalten. In dieser
Zeit wird der Herr, unser Gott, uns sein Erbarmen
wieder zuwenden; er wird uns nicht für immer
verlassen. 31 Sollten aber diese Tage vergehen, ohne
dass uns geholfen wird, dann will ich tun, was ihr
gefordert habt. 32 Dann ließ er das Volk auseinan-
der gehen, jeden auf seinen Posten, und sie bega-
ben sich wieder auf die Mauern und Türme der
Stadt. Die Frauen und Kinder aber schickte er in
ihre Häuser zurück. In der Stadt herrschte tiefe
Niedergeschlagenheit.

31: 1 Sam 11,3

DIE RETTUNG DES GOTTESVOLKES: 8,1 – 16,25

Herkunft und Leben der Judit

8 Davon hörte in jenen Tagen Judit, die Toch-
ter Meraris, des Sohnes des Uz, des Sohnes
Josefs, des Sohnes Usiëls, des Sohnes Hilkijas, des
Sohnes Hananjas, des Sohnes Gideons, des Sohnes
Rafains, des Sohnes Ahitubs, des Sohnes Elijas, des
Sohnes Hilkijas, des Sohnes Eliabs, des Sohnes
Natanaels, des Sohnes Schelumiëls, des Sohnes
Zurischaddais, des Sohnes Simeons, des Sohnes
Israels. 2 Ihr Mann Manasse, der aus ihrem Stamm
und ihrer Sippe war, hatte zur Zeit der Gersten-
ernte den Tod gefunden. 3 Als er nämlich bei den
Garbenbindern auf dem Feld stand, traf ihn ein
Hitzschlag; er musste sich zu Bett legen und starb
in seiner Heimatstadt Betulia. Man begrub ihn bei
seinen Vätern auf dem Feld zwischen Dotan und

Jibleam. [4] Nun lebte Judit schon drei Jahre und vier Monate als Witwe in ihrem Haus. [5] Sie hatte für sich auf dem flachen Dach ihres Hauses ein Zelt aufstellen lassen, hatte ein Trauergewand angelegt und trug die Kleider einer Witwe. [6] Sie fastete, seit sie Witwe war, alle Tage, außer am Sabbat und am Vortag des Sabbats, am Neumond und am Vortag des Neumonds und an den Festen und Freudentagen des Hauses Israel. [7] Sie hatte eine schöne Gestalt und ein blühendes Aussehen. Ihr Gatte Manasse hatte ihr Gold und Silber, Knechte und Mägde, Vieh und Felder hinterlassen, die sie in ihrem Besitz hielt. [8] Niemand konnte ihr etwas Böses nachsagen, denn sie war sehr gottesfürchtig.

1: Num 1,6; 2,12

Judits Stellung zur Verzweiflung der Bewohner

[9] Judit hörte von den Vorwürfen des Volkes gegen das Stadtoberhaupt, als es wegen des Wassermangels den Mut verlor. Ebenso erfuhr sie, was Usija den Leuten geantwortet hatte und dass er ihnen unter Eid versprochen hatte, nach Ablauf von fünf Tagen die Stadt an die Assyrer auszuliefern. [10] Da ließ sie durch ihre Dienerin, die ihrem ganzen Hauswesen vorstand, die Ältesten ihrer Heimatstadt, Kabri und Karmi, herbeiholen.

Judits Gespräch mit den Ältesten der Stadt

[11] Als sie zu ihr kamen, sagte sie zu ihnen: Hört mich an, ihr Vorsteher der Einwohner von Betulia! Es war nicht recht, was ihr heute vor dem Volk gesagt habt. Durch diesen Eid, den ihr geschworen habt, habt ihr Gott und euch selbst festgelegt; denn ihr habt erklärt, dass ihr die Stadt unseren Feinden ausliefern wollt, wenn der Herr euch nicht inzwischen Hilfe schickt. [12] Wer seid ihr denn, dass ihr am heutigen Tag Gott auf die Probe stellt und euch vor allen Leuten an die Stelle Gottes setzt? [13] Ihr wollt den Herrn, den Allmächtigen, auf die Probe stellen und kommt doch ewig zu keiner Erkenntnis. [14] Nicht einmal die Tiefe des Menschenherzens könnt ihr ergründen und die Gedanken seines Geistes erfassen. Wie wollt ihr dann Gott erforschen, der das alles geschaffen hat? Wie wollt ihr seine Gedanken erkennen und seine Absichten verstehen? Nein, meine Brüder, reizt den Herrn, unseren Gott, nicht zum Zorn! [15] Auch wenn er nicht gewillt ist, uns in diesen fünf Tagen Hilfe zu schaffen, so hat doch er zu bestimmen, zu welcher Zeit er uns helfen oder uns vor den Augen unserer Feinde vernichten will. [16] Versucht nicht, die Entscheidungen des Herrn, unseres Gottes, zu erzwingen; denn Gott ist nicht wie ein Mensch, dem man drohen kann, und wie ein Menschenkind, das man beeinflussen kann. [17] Darum wollen wir die Rettung von ihm erwarten und ihn um Hilfe anrufen. Er wird unser Flehen erhören, wenn es seinem Willen entspricht. [18] Denn eines gab es bei uns nicht und gibt es auch heute nicht: Es gibt weder einen Stamm noch eine Familie, weder einen Gau noch eine Stadt, die von Menschen gemachte Götter anbeten, wie es in früherer Zeit geschah. [19] Damals wurden unsere Väter dem Schwert und der Plünderung preisgegeben und mussten vor den Augen unserer Feinde schwere Niederlagen erleiden. [20] Wir aber kennen keinen anderen Gott als ihn allein. Daher dürfen wir hoffen, dass er uns und unser Volk nicht im Stich lassen wird. [21] Wenn wir nämlich überwältigt werden, dann wird auch ganz Judäa erobert und unser Heiligtum geplündert werden. Von uns aber wird Gott für die Entweihung des Heiligtums blutige Rechenschaft fordern. [22] Uns wird er die Ermordung unserer Brüder, die Entvölkerung des Landes, die Verwüstung unseres Erbbesitzes zur Last legen, inmitten der Heiden, bei denen wir als Sklaven dienen und unseren Herren Anlass zu Spott und Verachtung sein werden. [23] Unsere Knechtschaft wird dann nicht mehr zum Guten gewendet werden, sondern der Herr, unser Gott, wird sie für uns zur Schande werden lassen. [24] Daher, liebe Brüder, wollen wir jetzt unseren Stammesbrüdern beweisen, dass wir für ihr Leben einstehen und dass das Heiligtum, der Tempel und der Altar, sich auf uns verlassen können. [25] Bei alldem aber lasst uns dem Herrn, unserem Gott, danken, dass er uns ebenso prüft wie schon unsere Väter. [26] Denkt daran, was er mit Abraham machte, wie er Isaak prüfte und was Jakob im syrischen Mesopotamien erlebte, als er die Schafe Labans, des Bruders seiner Mutter, hütete. [27] Denn wie er diese Männer im Feuer geläutert hat, um ihr Herz zu prüfen, so hat er auch mit uns kein Strafgericht vor, sondern der Herr

züchtigt seine Freunde, um sie zur Einsicht zu
führen.
28 Da sagte Usija zu ihr: Alles, was du gesagt hast,
kam aus einem edlen Herzen und es gibt niemand,
der deinen Worten widersprechen kann. 29 Deine
Weisheit wird ja nicht erst heute offenbar, sondern
schon von deiner frühesten Jugend an kennt das
ganze Volk deine Einsicht und weiß, wie edel die
Gedanken deines Herzens sind. 30 Aber das Volk
leidet furchtbaren Durst; sie zwangen uns zu tun,
was wir ihnen versprochen haben, und einen Eid
auf uns zu laden, den wir nicht brechen dürfen.
31 Doch bete du jetzt für uns, denn du bist eine
gottesfürchtige Frau. Dann wird der Herr Regen
schicken, um unsere Zisternen zu füllen, und wir
brauchen nicht zu verschmachten.
32 Da sagte Judit zu ihnen: Hört mich an! Ich will
eine Tat vollbringen, von der man noch in fernsten
Zeiten den Kindern unseres Volkes erzählen wird.
33 Kommt diese Nacht an das Tor, wenn ich mit
meiner Dienerin hinausgehe. Bevor die Frist abge-
laufen ist, die ihr für die Übergabe der Stadt an
unsere Feinde gesetzt habt, wird der Herr durch
meine Hand Israel gnädig Hilfe bringen. 34 Fragt
nicht nach meinem Vorhaben; denn ich werde
euch nichts mitteilen, bevor das vollendet ist, was
ich tun will.
35 Da sagten Usija und die Stadtältesten zu ihr: Geh
in Frieden! Gott, der Herr, sei dein Führer bei dem
Strafgericht an unseren Feinden. 36 Dann verließen
sie das Zelt und kehrten auf ihre Posten zurück.

16: Num 23,19 • 27: Dtn 8,16; Jer 10,24; Weish 3,1–10

Judits Gebet

9 Judit warf sich auf ihr Gesicht nieder, streute
sich Asche auf das Haupt und öffnete das
Bußgewand, das sie trug. Es war gerade die Zeit,
zu der man an jenem Abend in Jerusalem im Haus
Gottes das Rauchopfer darbrachte. Und Judit rief
laut zum Herrn; sie sagte: 2 Herr, du Gott meines
Stammvaters Simeon! Du hast ihm das Schwert in
die Hand gegeben zur Bestrafung der Fremden,
die den Gürtel der Jungfrau lösten, um sie zu
beflecken, die ihre Schenkel entblößten, um sie zu
schänden, und ihren Schoß entweihten zu ihrer
Schande. Du hattest nämlich geboten: Das darf
nicht geschehen. Und dennoch taten sie es. 3 Des-
wegen gabst du ihre Fürsten Mördern preis und
tauchtest zur Vergeltung das Lager, das ihrer Arg-
list gedient hatte, in Blut; du erschlugst die
Knechte samt ihren Herren, ja auch die Herren auf
ihren Thronen. 4 Du gabst ihre Frauen dem Raub
und ihre Töchter der Gefangenschaft preis und
ihren ganzen Besitz gabst du deinen geliebten Söh-
nen; denn sie glühten vor Eifer für dich, hatten
Abscheu vor der Befleckung ihres Blutes und rie-
fen zu dir um Hilfe. Gott, mein Gott, erhöre auch
mich, die Witwe! 5 Du hast bewirkt, was damals
war und auch was vorher und später geschah.
Doch auch was jetzt geschieht und noch kommen
wird, hast du erdacht und es ist eingetroffen, was
du geplant hast. 6 Deine Beschlüsse standen da und
sagten: Hier sind wir! Denn alle deine Wege sind
schon gebahnt und dein Gericht ist eine beschlos-
sene Sache. 7 Sieh doch auf die Assyrer! Sie verfü-
gen über ein gewaltiges Heer, brüsten sich mit
ihren Rossen und Reitern, sind stolz auf die
Schlagkraft ihres Fußvolkes, vertrauen auf ihre
Schilde und Speere, ihre Bogen und Schleudern
und wollen nicht einsehen, dass du der Herr bist,
der den Kriegen ein Ende setzt. 8 »Herr« ist dein
Name. Brich ihre Stärke mit deiner Macht und
vernichte ihre Kraft in deinem Zorn! Denn sie
haben beschlossen, dein Heiligtum zu entweihen,
das Zelt, in dem dein herrlicher Name wohnt, zu
beflecken und die Hörner deines Altars mit dem
Schwert abzuschlagen. 9 Schau dir ihren Übermut
an und lass deinen Zorn auf ihr Haupt herabfah-
ren! Schenke mir, der Witwe, die Kraft zu der Tat,
die ich plane. 10 Schlag den Knecht wie den Herrn
und den Herrn wie den Diener durch meine listi-
gen Worte; brich ihren Trotz durch die Hand einer
Frau! 11 Denn deine Macht stützt sich nicht auf die
große Zahl, deine Herrschaft braucht keine star-
ken Männer, sondern du bist der Gott der Schwa-
chen und der Helfer der Geringen; du bist der Bei-
stand der Armen, der Beschützer der Verachteten
und der Retter der Hoffnungslosen. 12 Ja, du Gott
meines Vaters und Gott deines Erbbesitzes Israel,
du Herr des Himmels und der Erde, Schöpfer der
Meere und König deiner ganzen Schöpfung,
erhöre mein Gebet! 13 Lass meine listigen Worte
Wunden und Striemen schlagen bei denen, die
gegen deinen Bund und dein heiliges Haus, gegen

den Berg Zion und den Wohnsitz deiner Söhne Böses beschlossen haben. 14 Lass dein ganzes Volk und alle Stämme erkennen und wissen, dass du der wahre Gott bist, der Gott aller Macht und Stärke, und dass es für dein Volk Israel keinen anderen Beschützer gibt als dich allein.

1: Ex 30,8 • 2: Gen 34,25f • 6: Ps 33,9 • 7: Ps 46,10; 83,19 • 14: Jes 37,20

Judits Gang ins feindliche Lager

10 Als sie ihr flehentliches Gebet zu dem Gott Israels beendet und alles gesagt hatte, 2 stand sie auf, rief ihre Dienerin und stieg in das Haus hinab, wo sie sich am Sabbat und an den Festtagen aufzuhalten pflegte. 3 Dort legte sie das Bußgewand ab, das sie trug, zog ihre Witwenkleider aus, wusch ihren Körper mit Wasser und salbte sich mit einer wohlriechenden Salbe. Hierauf ordnete sie ihre Haare, setzte ein Diadem auf und zog die Festkleider an, die sie zu Lebzeiten ihres Gatten Manasse getragen hatte. 4 Auch zog sie Sandalen an, legte ihre Fußspangen, Armbänder, Fingerringe, Ohrgehänge und all ihren Schmuck an und machte sich schön, um die Blicke aller Männer, die sie sähen, auf sich zu ziehen. 5 Ihrer Dienerin gab sie einen Schlauch Wein und ein Gefäß mit Öl; sie füllte einen Sack mit Gerstenmehl, getrockneten Feigen und reinen Broten, verpackte all diese Dinge sorgfältig und lud sie ihrer Dienerin auf. 6 Darauf gingen sie zum Stadttor von Betulia hinaus. Dort trafen sie Usija sowie Kabri und Karmi, die Ältesten der Stadt, auf ihrem Posten. 7 Als sie Judits verwandeltes Aussehen sahen und die Kleider, die sie angelegt hatte, kamen sie aus dem Staunen über ihre Schönheit nicht mehr heraus und sagten zu ihr: 8 Der Gott unserer Väter mache dich zu einem Werkzeug seiner Gnade und lasse dein Vorhaben gelingen, zum Ruhm Israels und zur Verherrlichung Jerusalems. 9 Sie aber neigte sich vor Gott im Gebet und sagte dann zu ihnen: Gebt Befehl, dass mir das Stadttor geöffnet wird; ich will hinausgehen und tun, was ihr mit mir besprochen habt. Da befahlen sie den jungen Männern, das Tor für sie zu öffnen, wie sie es gewünscht hatte. 10 Man öffnete das Tor und Judit ging mit ihrer Dienerin hinaus. Die Männer in der Stadt aber sahen ihr nach, bis sie den Berg hinabgestiegen und durch das Tal gegangen war und man sie nicht mehr sehen konnte.

11 Als sie im Tal weitergingen, begegneten ihr assyrische Vorposten. 12 Sie hielten sie fest und fragten: Zu welchem Volk gehörst du? Woher kommst du und wohin gehst du? Sie antwortete: Ich gehöre zum Volk der Hebräer und laufe von ihnen fort, weil sie euch doch bald zum Fraß vorgeworfen werden. 13 Ich will zu Holofernes, dem Oberbefehlshaber eures Heeres, gehen und ihm eine zuverlässige Nachricht bringen; ich will ihm zeigen, welchen Weg er einschlagen muss, um das ganze Bergland in seinen Besitz zu bringen, ohne dass dabei einer von seinen Leuten Leib und Leben verliert. 14 Als die Männer ihre Worte hörten und ihr Gesicht betrachteten, dessen Schönheit sie bezauberte, sagten sie: 15 Du hast dein Leben gerettet, weil du dich beeilt hast, von dort oben unserem Herrn entgegenzugehen. Komm jetzt zu seinem Zelt! Einige von uns werden dich begleiten und dich ihm übergeben. 16 Hab keine Angst, wenn du vor ihm stehst. Sag ihm, was du zu sagen hast, dann wird er dich gnädig behandeln. 17 Darauf wählten sie von ihren Leuten hundert Männer zum Geleit für Judit und ihre Dienerin aus; diese führten sie zum Zelt des Holofernes.

18 Im ganzen Lager entstand eine große Unruhe; denn die Nachricht von Judits Ankunft hatte sich schon in den Zelten herumgesprochen. Die Leute eilten herbei und umringten sie, als sie vor dem Zelt des Holofernes stand, bis man sie ihm angemeldet hatte. 19 Sie bewunderten ihre Schönheit und übertrugen ihre Bewunderung auch auf die Israeliten. Einer sagte zum andern: Wer kann dieses Volk verachten, das solche Frauen in seiner Mitte hat? Es wäre nicht klug, auch nur einen einzigen Mann von ihnen übrig zu lassen; wenn man sie laufen lässt, sind sie imstande, noch die ganze Welt zu überlisten.

Die Begegnung mit Holofernes

20 Schließlich kamen die Leibwächter des Holofernes und sein ganzes Gefolge heraus und führten sie in das Zelt. 21 Holofernes lag auf seinem Lager unter einem Mückennetz aus Purpur und Gold, in das Smaragde und andere Edelsteine eingewebt waren. 22 Als man ihm Judit anmeldete, trat er in

den Vorraum des Zeltes hinaus, wobei ihm sil-
berne Leuchter vorangetragen wurden. 23 Sobald
er und sein Gefolge Judit erblickten, gerieten sie
alle in Erstaunen über die Schönheit ihres Ge-
sichts. Sie warf sich vor ihm nieder und huldigte
ihm, doch seine Diener richteten sie wieder auf.

Das Gespräch des Holofernes mit Judit

11 Holofernes sagte zu ihr: Nur Mut, Frau,
fürchte dich nicht! Ich habe noch keinem
Menschen etwas zuleid getan, der sich für den
Dienst Nebukadnezzars, des Königs der ganzen
Erde, entschieden hat. 2 Ich hätte auch jetzt gegen
dein Volk, das im Bergland wohnt, nie meinen
Speer erhoben, wenn es mir nicht seine Verach-
tung gezeigt hätte; das haben sie sich selbst zu ver-
danken. 3 Sag mir jetzt, warum du von ihnen ent-
flohen und zu uns übergelaufen bist. Es war deine
Rettung, dass du hergekommen bist. Sei unbe-
sorgt, du wirst heute Nacht und auch weiterhin am
Leben bleiben. 4 Niemand wird dir ein Leid antun.
Im Gegenteil, man wird dich gut behandeln, wie
es die Diener meines Herrn, des Königs Nebukad-
nezzar, gewohnt sind.
5 Judit sagte zu ihm: Nimm die Worte deiner Skla-
vin gnädig auf und erlaube deiner Magd, vor dir
zu reden. Ich erzähle meinem Herrn in dieser
Nacht keine Lüge. 6 Wenn du dem Rat deiner Magd
folgst, dann wird Gott dein Unternehmen zu
einem guten Ende führen, und mein Herr wird
sein Ziel nicht verfehlen. 7 Denn so wahr Nebu-
kadnezzar lebt, der König der ganzen Erde, und so
wahr die Macht dessen gilt, der dich aussandte, um
alle Welt zur Ordnung zu rufen: Du machst ihm
nicht nur die Menschen untertan; auch die wilden
Tiere, das Vieh und die Vögel werden dank deiner
Tatkraft unter der Herrschaft Nebukadnezzars
und seines ganzen Hauses leben. 8 Wir haben näm-
lich von deiner Weisheit und von den großartigen
Fähigkeiten deines Geistes gehört; aller Welt ist
bekannt, dass du allein im ganzen Reich tüchtig
bist, erfolgreich durch dein Wissen und bewun-
dernswert in der Kriegführung. 9 Was die Rede
betrifft, die Achior in deinem Kriegsrat gehalten
hat, so sind uns seine Ausführungen zu Ohren
gekommen; denn die Männer von Betulia haben
ihn am Leben gelassen und er hat ihnen alles
berichtet, was er bei dir gesprochen hat. 10 Darum
sage ich dir, mein Herr und Gebieter, verachte
seine Rede nicht, sondern nimm sie dir zu Herzen!
Sie entspricht nämlich der Wahrheit: Unser Volk
kann tatsächlich nur dann bestraft werden und
das Schwert hat nur dann Gewalt über sie, wenn
sie sich gegen ihren Gott versündigt haben.
11 Jetzt aber ist es so, dass mein Herr nicht unver-
richteter Dinge wieder abziehen muss. Der Tod
wird über sie kommen; denn eine Sünde hat von
ihnen Besitz ergriffen und sie werden ihren Gott
zum Zorn reizen, sobald sie das Unerlaubte wirk-
lich tun. 12 Als ihnen nämlich die Lebensmittel
ausgingen und der Wasservorrat immer knapper
wurde, beschlossen sie, sich über ihr Vieh herzu-
machen, und sie sind gewillt, all das zu verzehren,
was Gott ihnen in seinem Gesetz als Nahrung ver-
boten hat. 13 Auch die Ersterträge des Getreides
und den Zehnten von Wein und Öl, die sie als Wei-
hegaben für die Dienst tuenden Priester unseres
Gottes in Jerusalem aufbewahrt haben, beschlos-
sen sie, restlos zu verzehren; dabei darf keiner aus
dem Volk die Weihegaben auch nur mit den Hän-
den anrühren. 14 Sie haben Boten nach Jerusalem
geschickt, weil die dortige Bevölkerung ebenso
gehandelt hat; nun sollen die Boten ihnen den
Schulderlass des Ältestenrates besorgen. 15 Doch
folgendes wird geschehen: Sobald ihnen der
Schulderlass mitgeteilt ist und sie zur Tat schrei-
ten, werden sie dir noch am gleichen Tag zu ihrem
Verderben ausgeliefert. 16 Daher bin ich, deine
Sklavin, von ihnen weggelaufen, nachdem ich das
alles durchschaut hatte. Ja, Gott hat mich gesandt,
damit ich mit dir die Dinge vollbringe, über die
alle Welt, wenn sie davon erfährt, in Staunen gerät.
17 Deine Sklavin ist eine gottesfürchtige Frau und
dient Tag und Nacht dem Gott des Himmels. Jetzt
will ich bei dir bleiben, mein Herr; doch in der
Nacht wird deine Sklavin in die Schlucht hinaus-
gehen. Ich will zu Gott beten und er wird mir
sagen, wann sie ihre Sünden begangen haben.
18 Dann will ich kommen und es dir mitteilen. Du
aber wirst mit deinen Truppen ausziehen und kei-
ner von ihnen wird dir Widerstand leisten. 19 Ich
werde dich quer durch Judäa bis nach Jerusalem
führen und dort mitten in der Stadt deinen Feld-
herrnstuhl aufrichten. Du wirst sie wegführen wie

Schafe, die keinen Hirten haben, und kein Hund
wird gegen dich bellen. Das wurde mir kraft mei-
ner Sehergabe offenbart und ich bin hergesandt
worden, um es dir kundzutun.
20 Ihre Worte gefielen Holofernes und seinem
ganzen Gefolge. Sie staunten über die Weisheit
und sagten: 21 Es gibt von einem Ende der Erde bis
zum andern keine zweite Frau, die so bezaubernd
aussieht und so verständig reden kann. 22 Holofer-
nes sagte zu ihr: Dein Gott hat wohl daran getan,
dass er dich aus deinem Volk hersandte; so wird
uns der Sieg zuteil, aber jene, die meinen Herrn
verachtet haben, wird das Verderben treffen.
23 Wahrhaftig, du bist wunderschön und verstehst
ausgezeichnet zu reden. Wenn du tust, was du ver-
sprochen hast, dann soll dein Gott auch mein Gott
sein; du sollst im Palast des Königs Nebukadnez-
zar wohnen und in aller Welt berühmt sein.

7: Jer 27,6 • 13: Dtn 14,22; 18,4

Judits Sorge um die rituelle Reinheit

12 Dann ließ er sie in den Raum führen, wo
sein silbernes Tafelgerät aufgestellt war,
und befahl, ihr von den feinen Speisen auf seinem
Tisch vorzusetzen und von seinem Wein zu trin-
ken zu geben. 2 Doch Judit sagte: Ich werde nichts
davon nehmen, damit ich keinen Anstoß errege.
Man soll mir statt dessen von meinem Vorrat zu
essen geben, den ich mitgebracht habe. 3 Da fragte
Holofernes: Wenn aber dein Vorrat erschöpft ist,
woher sollen wir dann solche Nahrungsmittel
beschaffen? Wir haben ja niemand aus deinem
Volk bei uns.
4 Judit erwiderte: Bei deinem Leben, mein Herr,
noch bevor deine Magd ihren Vorrat aufgebraucht
hat, wird der Herr durch meine Hand vollbringen,
was er beschlossen hat. 5 Darauf führten die Die-
ner des Holofernes sie in das Zelt, wo sie bis Mit-
ternacht schlief. Um die Zeit der Morgenwache
stand sie auf, 6 schickte einen Boten zu Holofernes
und ließ ihm sagen: Möge mein Herr Anweisung
geben, dass man deine Sklavin zum Gebet hinaus-
gehen lässt. 7 Da befahl Holofernes seinen Leib-
wächtern, sie nicht daran zu hindern. So ver-
brachte sie drei Tage im Lager und ging jede Nacht
in die Schlucht von Betulia hinaus, um sich im
Lager an der Wasserquelle zu baden. 8 Wenn sie aus
dem Bad herausstieg, flehte sie zu dem Herrn, dem
Gott Israels, er möge ihr Vorhaben gelingen lassen
und ihrem Volk wieder aufhelfen. 9 Dann kehrte
sie im Zustand der Reinheit zurück und blieb in
dem Zelt, bis sie gegen Abend ihr Essen zu sich
nahm.

2: Dan 1,8

Judit beim Gastmahl des Holofernes

10 Am vierten Tag gab Holofernes ein Gastmahl
nur für seine Dienerschaft; von den Männern, die
sonst um ihn waren, lud er keinen ein. 11 Dem
Eunuchen Bagoas, der sein ganzes Eigentum zu
verwalten hatte, gab er den Auftrag: Geh und rede
der Hebräerin zu, die deiner Obhut anvertraut ist,
dass sie zu uns kommt und mit uns isst und trinkt.
12 Es wäre wahrhaftig eine Schande für uns, wenn
wir eine solche Frau gehen ließen, ohne mit ihr
zusammen gewesen zu sein. Sie selber würde uns
auslachen, wenn wir sie nicht an uns rissen.
13 Bagoas ging weg, trat bei Judit ein und sagte:
Möge das schöne Mädchen nicht zögern, zu mei-
nem Herrn zu kommen; sie soll ihm gegenüber
den Ehrenplatz einnehmen, mit uns Wein trinken
und fröhlich sein und heute den assyrischen
Mädchen gleich werden, die im Palast Nebukad-
nezzars ihren Dienst tun. 14 Judit entgegnete: Wer
bin ich, dass ich meinem Herrn widersprechen
dürfte? Ich will unverzüglich alles tun, was er
wünscht; das soll mir eine Freude sein bis zum Tag
meines Todes.
15 Judit stand auf, legte ihr bestes Kleid und ihren
ganzen Schmuck an. Ihre Dienerin eilte voraus
und legte für sie gegenüber von Holofernes die
Teppiche auf den Boden, die sie von Bagoas als
Lager für ihre täglichen Mahlzeiten erhalten hatte.
16 Darauf trat Judit ein und nahm Platz. Holofer-
nes aber war über sie ganz außer sich vor Ent-
zücken. Seine Leidenschaft entbrannte und er war
begierig danach, mit ihr zusammen zu sein. Denn
seit er sie gesehen hatte, lauerte er auf eine güns-
tige Gelegenheit, um sie zu verführen. 17 Als Holo-
fernes sie aufforderte: Trink doch und sei vergnügt
mit uns!, 18 erwiderte Judit: Gern will ich trinken,
Herr, denn ich habe in meinem ganzen Leben
noch keine solche Ehre erfahren wie heute. 19 Sie
griff zu, aß und trank vor seinen Augen, was ihre

Dienerin zubereitet hatte. 20 Holofernes wurde
ihretwegen immer fröhlicher und trank so viel
Wein, wie er noch nie zuvor in seinem Leben an
einem einzigen Tag getrunken hatte.

Judits Rettungstat

13 Als es dann Nacht geworden war, brachen
seine Diener eilig auf. Bagoas schloss von
außen das Zelt und trennte so die Diener von sei-
nem Herrn. Sie suchten ihr Nachtlager auf, denn
sie waren alle von dem ausgedehnten Mahl ermü-
det. 2 Judit allein blieb in dem Zelt zurück, wo
Holofernes, vom Wein übermannt, vornüber auf
sein Lager gesunken war. 3 Judit hatte ihrer Diene-
rin befohlen, draußen vor ihrem Schlafgemach
stehen zu bleiben und wie alle Tage zu warten, bis
sie herauskäme; sie werde nämlich zum Gebet hin-
ausgehen. Im gleichen Sinne hatte sie auch mit
Bagoas gesprochen. 4 Inzwischen hatte sich die
ganze Gesellschaft entfernt und es befand sich kein
Mensch mehr im Schlafgemach des Holofernes.
Judit trat an das Lager des Holofernes und betete
still: Herr, du Gott aller Macht, sieh in dieser
Stunde gnädig auf das, was meine Hände zur Ver-
herrlichung Jerusalems tun werden. 5 Jetzt ist der
Augenblick gekommen, dass du dich deines Erb-
besitzes annimmst und dass ich mein Vorhaben
ausführe, zum Verderben der Feinde, die sich
gegen uns erhoben haben. 6 Dann ging sie zum
Bettpfosten am Kopf des Holofernes und nahm
von dort sein Schwert herab. 7 Sie ging ganz nahe
zu seinem Lager hin, ergriff sein Haar und sagte:
Mach mich stark, Herr, du Gott Israels, am heuti-
gen Tag! 8 Und sie schlug zweimal mit ihrer ganzen
Kraft auf seinen Nacken und hieb ihm den Kopf
ab. 9 Dann wälzte sie seinen Rumpf von dem Lager
und riss das Mückennetz von den Tragstangen
herunter.
10 Kurz danach ging sie hinaus und übergab den
Kopf des Holofernes ihrer Dienerin, die ihn in
einen Sack steckte. Sie machten sich dann beide
wie gewöhnlich auf den Weg, als wollten sie zum
Beten gehen. Sie gingen jedoch, nachdem sie das
Lager durchquert hatten, um die Schlucht herum,
stiegen den Berg nach Betulia hinauf und gelang-
ten vor das Stadttor.

Judits Rückkehr nach Betulia und der Jubel des Volkes

11 Schon von weitem rief Judit den Wächtern am
Tor zu: Öffnet, öffnet schnell das Tor! Gott ist mit
uns, ja, unser Gott ist mit uns. Er offenbart in Israel
seine segensreiche Macht, an unseren Feinden
aber seine strafende Gewalt. Das hat er auch heute
bewiesen. 12 Als die Männer in der Stadt ihre
Stimme hörten, eilten sie zum Stadttor hinunter
und riefen die Ältesten der Stadt zusammen. 13 Alle
liefen herbei, vom Kleinsten bis zum Größten,
denn sie konnten es nicht fassen, dass Judit
zurückgekommen war. Sie öffneten das Tor und
ließen die beiden Frauen herein. Dann zündeten
sie ein Feuer an, um den Platz zu beleuchten, und
umringten sie. 14 Judit aber rief ihnen laut zu: Lobt
Gott, ja, lobt ihn! Lobt Gott! Er hat dem Haus
Israel sein Erbarmen nicht entzogen, sondern er
hat in dieser Nacht unsere Feinde durch meine
Hand vernichtend getroffen. 15 Dann zog sie den
Kopf aus dem Sack und zeigte ihn den Männern
mit den Worten: Seht, das ist der Kopf des Holo-
fernes, des Oberbefehlshabers der assyrischen
Truppen, und hier ist das Mückennetz, unter dem
er in seinem Rausch lag. Der Herr hat ihn durch
die Hand einer Frau erschlagen. 16 So wahr der
Herr lebt, der mich auf dem Weg beschützt hat,
den ich gegangen bin: Zwar hat ihn mein Anblick
verführt und in das Verderben gestürzt, aber er hat
mich durch keine Sünde befleckt oder geschändet.
17 Das Volk war zutiefst ergriffen; sie verneigten
sich, warfen sich vor Gott nieder und riefen ein-
mütig: Gepriesen seist du, unser Gott, der du am
heutigen Tag die Feinde deines Volkes vernichtet
hast.

Usijas Lob für Judit

18 Usija aber sagte: Meine Tochter, du bist von Gott,
dem Allerhöchsten, mehr gesegnet als alle anderen
Frauen auf der Erde. Gepriesen sei der Herr, unser
Gott, der Himmel und Erde geschaffen hat. Durch
seine Hilfe ist es dir gelungen, dem Anführer unse-
rer Feinde den Kopf abzuschlagen. 19 Die Erinne-
rung an dein Vertrauen soll in Ewigkeit nicht aus
den Herzen der Menschen entschwinden, die sich
an die Macht Gottes erinnern. 20 Gott möge dir
ewigen Ruhm schenken und dich reich mit seinem

Segen belohnen. Denn in der Not unseres Volkes
hast du dein Leben nicht geschont; nein, du hast
entschlossen unseren Untergang von uns abge-
wehrt, du bist vor unserem Gott auf geradem Weg
gegangen. Und alles Volk rief: Amen, amen.

Judits Anweisungen

14 Da sagte Judit zu ihnen: Hört mich an,
meine Brüder! Nehmt diesen Kopf und
hängt ihn an der Zinne eurer Stadtmauer auf!
2 Wenn dann der Morgen anbricht und die Sonne
über der Erde aufgeht, greift alle zu den Waffen
und rückt mit allen wehrfähigen Männern zum
Stadttor hinaus! Ihr müsst einen Anführer an ihre
Spitze stellen und dann so tun, als ob ihr hinab-
steigen und die assyrischen Vorposten in der
Ebene angreifen wollt; in Wirklichkeit aber dürft
ihr nicht hinabgehen. 3 Dann werden die feindli-
chen Vorposten sich kampfbereit machen, in ihr
Lager eilen und die Anführer der assyrischen
Truppen wecken. Wenn sie vor dem Zelt des Holo-
fernes zusammenströmen, ihn aber nicht finden,
werden sie, von Schrecken gepackt, vor euch flüch-
ten. 4 Ihr aber und die Bewohner des ganzen Lan-
des Israel setzt ihnen nach und macht sie auf der
Flucht nieder! 5 Doch zuvor ruft mir noch den
Ammoniter Achior, damit er sich den Mann an-
sieht und ihn wiedererkennt, der das Haus Israel
verachtet und der ihn als einen Todgeweihten zu
uns geschickt hat.

1: 2 Makk 15,35

Achiors Lob für Judit und seine Bekehrung

6 Da rief man Achior aus dem Haus des Usija her-
bei. Als er kam und in der Hand eines Mannes aus
der Volksmenge den Kopf des Holofernes erblick-
te, fiel er ohnmächtig zu Boden. 7 Nachdem man
ihn wieder aufgerichtet hatte, warf er sich Judit zu
Füßen, verneigte sich vor ihr und sagte: Gepriesen
seist du in allen Zelten Judas und bei allen Völkern.
Wer immer deinen Namen hört, wird vor Schre-
cken erzittern. 8 Doch jetzt erzähl mir, was du in
diesen Tagen getan hast. Judit berichtete ihm vor
dem ganzen Volk alles, was sie getan hatte, ange-
fangen von dem Tag ihres Weggangs bis zu dem
Augenblick ihres jetzigen Gesprächs. 9 Als sie mit
ihrem Bericht fertig war, brach das Volk in lauten
Jubel aus und erhob in der Stadt ein Freudenge-
schrei. 10 Achior aber, der begriff, dass der Gott Is-
raels diese Tat vollbracht hatte, glaubte aus gan-
zem Herzen an Gott; er ließ sich beschneiden und
wurde von da an dem Haus Israel zugerechnet und
so ist es bis auf den heutigen Tag geblieben.

Die Verwirrung der Assyrer

11 Sobald der Morgen anbrach, hängte man den
Kopf des Holofernes an der Mauer auf. Alle Män-
ner griffen zu den Waffen und zogen in Scharen zu
den Wegen, die in das Gebirge hinaufführten.
12 Als die Assyrer sie sahen, meldeten sie es ihren
Anführern; diese eilten zu den Feldherren, Obers-
ten und allen Offizieren. 13 Sie trafen sich beim Zelt
des Holofernes und sagten zu dem Verwalter sei-
nes gesamten Eigentums: Weck doch unseren
Herrn! Diese Sklaven wagen es herabzukommen
und bieten uns den Kampf an, um vollends in ihr
Verderben zu rennen. 14 Da ging Bagoas hinein
und klatschte vor dem Zeltvorhang; denn er war
der Meinung, Holofernes schlafe mit Judit. 15 Als
niemand Gehör gab, schlug er den Vorhang zurück
und trat in das Schlafgemach ein. Da fand er Holo-
fernes tot ausgestreckt auf der Schwelle liegen und
sah, dass ihm der Kopf abgeschlagen worden war.
16 Er stieß einen lauten Schrei aus und zerriss unter
Weinen, Stöhnen und lautem Klagen seine Klei-
der. 17 Dann eilte er in das Zelt, wo Judit unterge-
bracht war; als er sie nicht mehr vorfand, stürzte
er unter die Soldaten hinaus und schrie: 18 Diese
Sklaven haben Verrat geübt! Ein einzelnes Weib
der Hebräer hat Schande über das ganze Haus des
Königs Nebukadnezzar gebracht. Seht her: Holo-
fernes liegt am Boden und er hat keinen Kopf
mehr. 19 Als sie das hörten, zerrissen die Führer des
assyrischen Heeres ihre Kleider; tiefe Bestürzung
ergriff sie und ihr Klagegeschrei schallte laut
durch das Lager.

Die Flucht der Assyrer

15 Als die Männer in den Zelten hörten, was
geschehen war, packte sie das Entsetzen.
2 Furcht und Schrecken überfiel sie und keiner
wollte mehr bei dem andern bleiben. Sie stoben
auseinander und liefen auf allen Wegen in der
Ebene und im Gebirge davon. 3 Auch die, die auf

den Berghöhen rings um Betulia ihr Lager hatten,
wandten sich zur Flucht. Nun aber machten sich
die wehrfähigen Israeliten über sie her. 4 Usija
schickte Boten nach Betomestajim, Bebai, Choba
und Kola sowie in das ganze übrige Land Israel. Sie
berichteten, was sich zugetragen hatte, und for-
derten die Bevölkerung auf, sich ebenfalls auf die
Feinde zu stürzen und sie zu vernichten. 5 Sobald
die Israeliten das hörten, fielen sie einmütig über
die Feinde her, verfolgten sie bis nach Choba und
schlugen sie nieder. Auch die Bewohner Jerusa-
lems und des ganzen Berglandes fanden sich ein;
denn man hatte ihnen gemeldet, was mit dem
Heer ihrer Feinde geschehen war. Die Bewohner
von Gilead und Galiläa fielen den Assyrern in die
Flanke. Sie fügten ihnen schwere Verluste zu, bis
sie über das Gebiet von Damaskus hinaus waren.
6 Die zurückgebliebenen Einwohner von Betulia
machten sich über das Lager der Assyrer her, plün-
derten es und verschafften sich großen Reichtum.
7 Was übrig blieb, nahmen die Israeliten an sich, als
sie von der Verfolgung zurückkehrten. Auch die
Dörfer und Gehöfte im Bergland und in der Ebene
machten große Beute; denn es gab davon eine
unermessliche Menge.

Der Jubel über Judit

8 Der Hohepriester Jojakim und der Ältestenrat
von Israel, die in Jerusalem wohnten, kamen her-
bei, um die rettende Tat zu sehen, die der Herr für
Israel getan hatte, aber auch um Judit aufzusuchen
und sie zu beglückwünschen. 9 Sie traten bei ihr
ein, lobten sie wie aus einem Mund und sagten zu
ihr: Du bist der Ruhm Jerusalems, du bist die
große Freude Israels und der Stolz unseres Volkes.
10 Mit deiner Hand hast du das alles getan, du hast
segensreiche Taten für Israel vollbracht und Gott
hat daran Gefallen gehabt. Sei gesegnet vom
Herrn, dem Allmächtigen, für ewige Zeiten. Und
alles Volk rief: Amen.
11 Dreißig Tage lang plünderte die Menge das
feindliche Lager. Man schenkte Judit das Zelt des
Holofernes, alle seine silbernen Geräte, die Ruhe-
betten, die Gefäße und alle übrigen Einrichtungs-
gegenstände. Sie nahm ihren Anteil an der Beute
und packte ihn auf ihr Maultier; auch ihre Wagen
ließ sie anspannen und verstaute die Beute darauf.
12 Alle Frauen in Israel eilten herbei, um Judit zu
sehen, und sangen ihr Lob. Als sie sich ihr zu Ehren
zu einem Festreigen aufstellten, nahm Judit be-
laubte Zweige in die Hand und gab auch den
umstehenden Frauen davon. 13 Sie und ihre Beglei-
terinnen setzten sich Kränze von Ölzweigen auf,
und so ging sie vor dem ganzen Volk her und
führte den Festreigen der Frauen an. Ihr folgten
alle Männer von Israel in Waffen und mit Kränzen
geschmückt. Von allen Lippen ertönten Loblieder.
14 Judit aber stimmte im Beisein von ganz Israel das
folgende Danklied an und alles Volk sang den Lob-
preis mit, im Wechsel mit ihr.

Judits Lobgesang

16 Judit sang:
Stimmt ein Lied an für meinen Gott unter
Paukenschall, / singt für den Herrn unter Zimbel-
klang! / Preist ihn und singt sein Lob, / rühmt sei-
nen Namen und ruft ihn an!
2 Denn der Herr ist ein Gott, / der den Kriegen ein
Ende setzt; / er führte mich heim in sein Lager
inmitten des Volkes / und rettete mich aus der
Gewalt der Feinde.
3 Assur kam von den Bergen des Nordens / mit
seiner unzählbaren Streitmacht; / die Masse der
Truppen verstopfte die Täler, / sein Reiterheer be-
deckte die Hügel.
4 Brandschatzen wollten sie mein Gebiet, / die
Jugend morden mit scharfem Schwert, / den zar-
ten Säugling am Boden zerschmettern, / die Kin-
der als Beute verschleppen, / als billigen Raub die
Mädchen entführen.
5 Doch der Herr, der Allmächtige, gab sie preis, / er
gab sie der Vernichtung preis / durch die Hand
einer Frau.
6 Ihr Held fiel nicht durch die Kraft junger Män-
ner, / nicht Söhne von Riesen erschlugen ihn, /
noch traten ihm hohe Recken entgegen. / Nein,
Judit, Meraris Tochter, / bannte seine Macht mit
dem Reiz ihrer Schönheit.
7 Sie legte ihr Witwengewand ab, / um den Be-
drängten in Israel zu helfen. / Sie salbte ihr Gesicht
mit duftendem Öl,
8 sie schmückte ihre Haare mit einem Diadem /
und zog ein Leinenkleid an, um ihn zu verführen.
9 Ihre Sandalen bezauberten sein Auge. / So schlug

ihre Schönheit sein Herz in Bann. / Das Schwert
traf seinen Nacken mit Wucht.
10 Die Perser erschraken vor ihrer Kühnheit, / die
Meder erstarrten vor ihrem Mut.
11 Jubel erfüllte mein armes Volk – / sie aber gerie-
ten in Schrecken. / Die Meinen waren schwach – /
sie aber packte Entsetzen. / Die einen stimmten
den Schlachtruf an – / die anderen ergriffen die
Flucht.
12 Erbärmliches Volk! Man stieß sie nieder / und
schlug sie nieder wie Kinder von Ehebrecherin-
nen; / sie kamen um durch das Heer meines Herrn.
13 Ich singe meinem Gott ein neues Lied; / Herr, du
bist groß und voll Herrlichkeit. / Wunderbar bist
du in deiner Stärke, / keiner kann dich übertref-
fen.
14 Dienen muss dir deine ganze Schöpfung. / Denn
du hast gesprochen und alles entstand. / Du sand-
test deinen Geist, um den Bau zu vollenden. / Kein
Mensch kann deinem Wort widerstehen.
15 Meere und Berge erbeben in ihrem Grund, / vor
dir zerschmelzen die Felsen wie Wachs. / Doch wer
dich fürchtet, der erfährt deine Gnade.
16 Zu gering ist jedes Opfer, um dich zu erfreuen, /
alle Fettstücke sind nichts beim Opfer für dich. /
Wer den Herrn fürchtet, der ist groß für immer.
17 Doch weh den Völkern, die mein Volk bekämp-
fen. / Am Tag des Gerichts straft sie der allmäch-
tige Herr, / er schickt Feuer und Würmer in ihr
Gebein; / in Ewigkeit sollen sie heulen vor
Schmerz.

1: Ps 150,4 • 2: Ps 46,10 • 13: Ps 33,3; 96,1; 144,9; Jes 42,10 •
17: Jes 66,24

Das Siegesfest in Jerusalem

18 Als sie nach Jerusalem gekommen waren, war-
fen sie sich vor Gott zum Gebet nieder. Die Leute
reinigten sich und brachten ihre Brandopfer, ihre
freiwilligen Opfer und ihre sonstigen Gaben dar.
19 Judit stiftete dem Heiligtum alles, was ihr das
Volk aus der Beute des Holofernes überlassen
hatte. Auch das Mückennetz, das sie aus seinem
Schlafgemach mitgenommen hatte, schenkte sie
Gott als Weihegabe. 20 Drei Monate lang feierte das
Volk vor dem Heiligtum in Jerusalem ein Freu-
denfest und Judit blieb bei ihnen.

Die letzten Jahre Judits

21 Nach Ablauf dieser Zeit kehrte jeder in seinen
Erbbesitz zurück. Judit ging nach Betulia und
blieb auf ihrem Anwesen. Solange sie lebte, war sie
im ganzen Land hochgerühmt. 22 Viele hätten sie
gern zur Frau gehabt; aber seit ihr Gatte Manasse
gestorben und zu seinen Vätern gerufen war,
durfte kein Mann sie mehr berühren ihr Leben
lang. 23 Sie erlebte ein sehr hohes Alter und wurde
im Haus ihres Mannes hundertfünf Jahre alt. Ihrer
Dienerin schenkte sie die Freiheit. Sie starb in
Betulia und man bestattete sie in der Grabhöhle
ihres Gatten Manasse. 24 Das Haus Israel betrau-
erte sie sieben Tage lang. Vor ihrem Tod hatte sie
noch ihren Besitz an alle Verwandten ihres Gatten
Manasse und an die Angehörigen ihrer eigenen
Familie verteilt. 25 Niemand aber wagte mehr, die
Israeliten zu beunruhigen, solange Judit lebte und
auch noch lange Zeit nach ihrem Tod.

DAS BUCH ESTER

Die Jüdin Ester und ihr Onkel Mordechai auf der einen, König Artaxerxes und Haman auf der anderen Seite sind die Hauptpersonen des Buches, in dem es um die Abwendung einer drohenden Judenverfolgung im Perserreich geht. Das Buch hat einen geschichtlichen Hintergrund, weil es schon in alter Zeit Judenverfolgungen gab. Es erzählt, wie Ester, die Pflegetochter Mordechais, anstelle der verstoßenen Waschti von Artaxerxes zur Königin erhoben wird. Mordechai hat durch die Aufdeckung einer Verschwörung dem König das Leben gerettet (Kap. 1 und 2). Haman, der zweite Mann im Reich, hasst aus Missgunst gegen Mordechai die Juden und erwirkt einen königlichen Erlass zu ihrer Ausrottung; sie wird durch das Los (pûr) auf den 13. Adar (Februar – März) festgesetzt (Kap. 3). Auf Veranlassung Mordechais geht Ester unter Lebensgefahr zum König, erlangt sein Wohlwollen und erreicht den Sturz Hamans (Kap. 4 – 7). Mordechai tritt an Hamans Stelle, Ester erhält Hamans Besitz und erwirkt gegen den ersten Erlass des Königs einen zweiten, der den Juden erlaubt, sich ihrer Feinde zu erwehren (Kap. 8). Das geschieht am 13. Adar im Perserreich und am 14. Adar in der Hauptstadt Susa, worauf der 14. Adar für die Juden in den Provinzen und der 15. für die in Susa lebenden Juden zum Festtag erklärt wird (Purimfest, abgeleitet von pûr); Mordechai und Ester rufen in Briefen zur Feier dieses Festes auf (Kap. 9). Ein Bericht über die Taten des Königs und über die Amtsführung Mordechais schließen das Buch ab (Kap. 10).

Der Verfasser ist über die Zustände am persischen Hof und in Susa gut informiert, verfährt aber recht frei und ungenau mit geschichtlichen Tatsachen, was sich besonders daran zeigt, dass er den Perserkönig Artaxerxes unmittelbar auf den Babylonier Nebukadnezzar folgen lässt (2,6). Die novellenartige Erzählung ist mit märchenhaften Zügen ausgeschmückt. Das Buch, dessen Abfassung vermutlich nach der Perserzeit, etwa um 300 v. Chr., anzusetzen ist, erklärt die Entstehung des jüdischen Purimfestes.

Das Buch Ester steht im dritten Teil der hebräischen Bibel unter den »Fünf Festrollen« (vgl. die Einleitung zu Rut). Seine Aufnahme in die Bibel fand es erst nach längeren Diskussionen unter den Schriftgelehrten. Das hängt damit zusammen, dass das Buch recht profan anmutet, wie auch das Purimfest ein weltliches Fest ist. Gott wird im hebräischen Esterbuch nicht erwähnt. Dem suchte die griechische Fassung abzuhelfen, indem sie außer anderen Erweiterungen die Gebete Mordechais und Esters (nach 4,17), den Traum Mordechais (vor 1,1) und seine Deutung (nach 10,3) einfügte. Hier wird ausdrücklich von Gott gesprochen. Diese Erweiterungen, die auch den judenfeindlichen Erlass (nach 3,13), eine Schilderung der Audienz Esters (in 5,1 und 2) und den Gegenerlass des Königs (nach 8,12) bringen, stehen in der griechischen Bibel an der jeweils passenden Stelle. In der lateinischen Bibel sind sie gesammelt als Anhang an den Schluss gestellt. Stil, Sprachcharakter und Denkweise zeigen, dass die Zusätze von Anfang an griechisch geschrieben waren.

Das spannend geschriebene Buch bringt, auch wenn es in der hebräischen Fassung Gott nicht nennt, den Glauben an Gott als Retter und Befreier zum Ausdruck; dazu genügt dem gläubigen Leser bereits eine Andeutung (4,14; 6,13). Das Beispiel Esters und Mordechais zeigt auch, was der Einzelne im Vertrauen auf Gott zum Besten seines Volkes zu tun vermag.

Die folgende Übersetzung hält sich in der Textanordnung an die griechische Bibel und zählt in den deuterokanonischen Zusätzen die Verse nach Buchstaben.

MORDECHAI UND DIE VERSCHWÖRUNG GEGEN KÖNIG ARTAXERXES: 1,1a–r

Der Traum Mordechais

1 [1a] Im zweiten Jahr der Regierung des Großkö-
nigs Artaxerxes, am ersten Tag des Monats
Nisan, hatte Mordechai, der Sohn Jaïrs, des Soh-
nes Schimis, des Sohnes des Kisch, aus dem Stamm
Benjamin, einen Traum. [1b] Der Jude Mordechai
wohnte in der Stadt Susa; er war ein angesehener
Mann, der am Hof des Königs diente. [1c] Er gehörte
zu denen, die der babylonische König Nebukad-
nezzar mit Jojachin, dem König von Juda, aus
Jerusalem verschleppt hatte. [1d] Er hatte folgenden
Traum: Es gab Geschrei und Lärm, Donner und
Erdbeben und ein Tumult entstand auf der Erde.
[1e] Plötzlich kamen zwei große Drachen, beide be-
reit zu kämpfen. Sie brüllten laut [1f] und durch ihr
Brüllen wurden alle Völker zum Kampf aufgereizt,
sodass sie gegen das Volk der Gerechten Krieg führ-
ten. [1g] Es war ein Tag des Dunkels und der Fins-
ternis; Bedrängnis und Not, Unheil und großer
Tumult waren auf der Erde. [1h] Das ganze Volk der
Gerechten geriet in Bestürzung. Sie fürchteten
Unheil und rechneten mit ihrem Untergang. Da
schrien sie zu Gott. [1i] Auf ihr Rufen hin wurde aus
einer kleinen Quelle ein großer Strom mit viel
Wasser. [1k] Licht und Sonne schienen wieder; die
Niedrigen wurden erhöht und sie vernichteten die
Angesehenen. [1l] Als Mordechai diesen Traum ge-
habt hatte, erwachte er. Den ganzen Tag überlegte
er, was Gott wohl beschlossen habe, und versuchte,
auf jede nur mögliche Weise den Traum zu ver-
stehen.

1c: 2 Kön 24,8.15 • 1d: 10,3a-k • 1k: 8,16

Die Aufdeckung der Verschwörung

[1m] Mordechai schlief im Palast in der Nähe der
zwei Hofbeamten Gabata und Teresch, die den
Palast bewachten. [1n] Dabei hörte er, was sie mit-
einander überlegten; er versuchte, über ihre Pläne
Genaueres zu erfahren, und entdeckte, dass sie
einen Anschlag gegen König Artaxerxes vorberei-
teten. Er zeigte sie beim König an [1o] und der König
verhörte die beiden Beamten. Sie gestanden und
wurden hingerichtet. [1p] Zur Erinnerung ließ der
König diese Begebenheit aufzeichnen; auch Mor-
dechai machte Aufzeichnungen darüber. [1q] Und
der König beauftragte Mordechai, im Palast zu
dienen, und belohnte ihn für seine Tat mit reichen
Geschenken. [1r] Aber der Bugäer Haman, der Sohn
Hammedatas, ein angesehener Mann beim König,
suchte wegen der beiden Hofbeamten des Königs
Unheil über Mordechai und sein Volk zu bringen.

1m–p: 2,21–23; 6,2f • 1p: 6,1; 10,2 • 1q: 6,3 • 1r: 3,1f.5f

DIE ERHEBUNG ESTERS ZUR KÖNIGIN: 1,1 – 2,23

Das Mahl im Königspalast

1 Es war zur Zeit des Artaxerxes, jenes Artaxer-
xes, der von Indien bis Kusch über hundert-
siebenundzwanzig Provinzen herrschte. [2] Drei
Jahre, nachdem König Artaxerxes in der Burg Susa
den Thron seines Reiches bestiegen hatte, [3] gab er
ein Festmahl für alle seine Fürsten und Beamten.
Die Obersten des Heeres von Persien und Medien,
die Vornehmen und die Statthalter der Provinzen
waren erschienen [4] und er stellte viele Tage lang
seinen ganzen Reichtum und seine königliche
Pracht, seine Herrlichkeit und seinen ungeheue-
ren Prunk zur Schau, hundertachtzig Tage lang.
[5] Am Ende dieser Tage gab der König allen, die in
der Burg Susa waren, vom Größten bis zum
Geringsten, sieben Tage lang im Hofgarten des
Palastes ein Festmahl. [6] Weißes Leinen, violetter
Purpurstoff und andere feine Gewebe waren mit
weißen und roten Schnüren in silbernen Ringen
an Alabastersäulen aufgehängt. Auf dem Mosaik-
boden aus Alabaster, weißem und buntem Mar-
mor und Perlmuttsteinen standen goldene und
silberne Ruhelager. [7] Man trank aus goldenen
Gefäßen, von denen keines den andern gleich war.
Großzügig ließ der König seinen Wein ausschen-
ken. [8] Bei dem Gelage sollte keinerlei Zwang herr-
schen. Denn der König hatte seinen Palastbeam-
ten befohlen: Jeder kann tun, was ihm beliebt.
[9] Auch Königin Waschti gab ein Festmahl für die
Frauen, die im Palast des Königs Artaxerxes lebten.

Die Verstoßung der Königin Waschti

10 Als König Artaxerxes am siebten Tag vom Wein
angeheitert war, befahl er Mehuman, Biseta, Har-
bona, Bigta, Abagta, Setar und Karkas, den sieben
Hofbeamten, die ihn persönlich bedienten, 11 die
Königin Waschti im königlichen Diadem vor ihn
zu bringen, damit das Volk und die Fürsten ihre
Schönheit bewunderten; denn sie war sehr schön.
12 Aber die Königin Waschti weigerte sich, dem
Befehl des Königs, den die Hofbeamten über-
bracht hatten, zu folgen und zu kommen. Da
wurde der König erbost und es packte ihn großer
Zorn.
13 Er besprach sich mit den Weisen, die sich in der
Geschichte auskennen; denn er pflegte seine An-
gelegenheiten vor den Kreis der Gesetzes- und
Rechtskundigen zu bringen, 14 die zu ihm Zutritt
hatten, nämlich Karschena, Schetar, Admata, Tar-
schisch, Meres, Marsena, Memuchan, die sieben
Fürsten Persiens und Mediens. Sie hatten freien
Zugang zum König und nahmen den ersten Rang
im Königreich ein. 15 Er fragte: Was soll man nach
dem Gesetz mit der Königin Waschti tun, nach-
dem sie dem Befehl des Königs Artaxerxes, den ihr
die Hofbeamten überbracht haben, nicht gefolgt
ist? 16 Da sagte Memuchan zum König und zu den
Fürsten: Nicht nur gegen den König, sondern auch
gegen alle Fürsten und alle Völker, die in all den
Provinzen des Königs Artaxerxes leben, hat sich
Königin Waschti verfehlt. 17 Denn das Verhalten
der Königin wird allen Frauen bekannt werden,
und sie werden die Achtung vor ihren Ehemän-
nern verlieren und sagen: König Artaxerxes befahl
der Königin Waschti, vor ihm zu erscheinen; aber
sie kam nicht. 18 Von heute an werden alle Fürs-
tinnen Persiens und Mediens, die vom Verhalten
der Königin hören, dies allen Fürsten des Königs
vorhalten und es gibt viel Ärger und Verdruss.
19 Wenn es dem König recht ist, möge ein unwi-
derruflicher königlicher Erlass ergehen, der in den
Gesetzen der Perser und Meder aufgezeichnet
wird: Waschti darf dem König Artaxerxes nicht
mehr unter die Augen treten. Der König aber ver-
leihe den Rang der Königin einer anderen, die
würdiger ist als sie. 20 Wenn die Anordnung, die der
König erlässt, in seinem ganzen großen Reich be-
kannt wird, dann werden alle Frauen ihren Ehe-
männern, den vornehmsten wie den geringsten,
die gebührende Achtung erweisen. 21 Der Vor-
schlag gefiel dem König und den Fürsten und der
König handelte nach Memuchans Worten. 22 Er
sandte Schreiben an alle königlichen Provinzen,
an jede Provinz in ihrer eigenen Schrift und an
jedes Volk in seiner Sprache, damit alle Männer
Herr in ihrem Haus blieben [redend in der Spra-
che seines Volkes].

22: 3,12; 8,9

Der Entschluss des Königs

2 Als sich nach einiger Zeit der Zorn des
Königs gelegt hatte, erinnerte er sich wieder
an Waschti und an das, was sie getan und was man
über sie beschlossen hatte. 2 Da sagten die Pagen
des Königs: Man sollte für den König schöne junge
Mädchen suchen. 3 Der König soll in jeder Provinz
seines Reiches Männer beauftragen, alle schönen
jungen Mädchen in den Frauenpalast auf der Burg
Susa zu bringen und dem königlichen Kämmerer
Hegai, dem Aufseher der Frauen, zu übergeben.
Dort sollen sie der nötigen Schönheitspflege un-
terzogen werden. 4 Und das Mädchen, das dem
König gefällt, soll anstelle Waschtis Königin wer-
den. Der König fand den Vorschlag gut und han-
delte nach ihm.

Ester am königlichen Hof

5 In der Burg Susa lebte ein Jude namens Morde-
chai. Er war der Sohn Jaïrs, des Sohnes Schimis,
des Sohnes des Kisch, aus dem Stamm Benjamin.
6 Er war mit den Verschleppten aus Jerusalem
gekommen, die der babylonische König Nebu-
kadnezzar zusammen mit König Jojachin depor-
tiert hatte. 7 Er war der Vormund von Hadassa, der
Tochter seines Onkels, die auch Ester hieß. Sie
hatte keinen Vater und keine Mutter mehr. Das
Mädchen war von schöner Gestalt und großer
Anmut. Nach dem Tod ihres Vaters und ihrer Mut-
ter hatte Mordechai sie als seine Tochter ange-
nommen. 8 Als der Befehl und Erlass des Königs
bekannt wurde, brachte man viele Mädchen zur
Burg Susa und gab sie in die Obhut Hegais. Auch
Ester wurde in den Königspalast geholt und He-
gai, dem Aufseher der Frauen, übergeben. 9 Das
Mädchen fand sein Gefallen und seine Gunst. Er

war sehr darauf bedacht, dass sie die nötige Pflege
und die richtige Kost erhielt; außerdem gab er ihr
sieben auserlesene Dienerinnen aus dem Königs-
haus. Später ließ er sie mit ihren Dienerinnen in
die schönsten Räume des Frauenpalastes umzie-
hen. [10] Ester hatte nichts von ihrem Volk und ihrer
Abstammung erzählt; denn Mordechai hatte sie
angewiesen, nichts davon zu sagen. [11] Jeden Tag
ging Mordechai zum Hof des Frauenpalastes, um
zu erfahren, wie es Ester ging und was mit ihr
geschah. [12] Der Reihe nach wurden alle Mädchen
zu König Artaxerxes geholt. Zuvor waren sie, wie
es für die Frauen Vorschrift war, zwölf Monate
lang gepflegt worden; denn so lange dauerte ihre
Schönheitspflege: sechs Monate Myrrhenöl und
sechs Monate Balsam und andere Schönheitsmit-
tel der Frauen. [13] Dann gingen die Mädchen zum
König und alles, was sie sich aus dem Haus der
Frauen wünschten, gab man ihnen in den Königs-
palast mit. [14] Am Abend gingen sie hinein und am
Morgen kamen sie zurück und wurden in den
zweiten Frauenpalast gebracht und dem könig-
lichen Kämmerer Schaaschgas anvertraut, dem
Aufseher der Nebenfrauen. Sie durften nicht mehr
zum König gehen, außer wenn der König Gefallen
an ihnen gefunden hatte und sie ausdrücklich
rufen ließ.

5–6: 1,1 a–c • 7: 8,1 • 14: 4,11

Esters Erhebung zur Königin

[15] Eines Tages war Ester, die Tochter Abihajils, des
Onkels Mordechais, der sie als seine Tochter ange-
nommen hatte, an der Reihe, zum König zu gehen.
Sie wollte nichts mitnehmen, außer was der könig-
liche Kämmerer Hegai, der Aufseher der Frauen,
ihr nahelegte. Ester aber gefiel allen, die sie sahen.
[16] Es war im zehnten Monat, dem Monat Tebet, im
siebten Jahr der Regierung des Königs, als Ester
zu Artaxerxes in den königlichen Palast geholt
wurde.
[17] Und der König liebte Ester mehr als alle Frauen
zuvor und sie gewann seine Gunst und Zuneigung
mehr als alle anderen Mädchen. Er setzte ihr das
königliche Diadem auf und machte sie anstelle
Waschtis zur Königin. [18] Der König veranstaltete
zu Ehren Esters ein großes Festmahl für alle seine
Fürsten und Diener. Den Provinzen gewährte er
einen Steuererlass und mit königlicher Freigebig-
keit teilte er Geschenke aus. [19] Damals, als man die
Mädchen [zum zweiten Mal] zusammenholte,
hatte Mordechai einen Posten am Tor des königli-
chen Palastes. [20] Ester aber erzählte nichts von ihrer
Abstammung und ihrem Volk, wie Mordechai ihr
aufgetragen hatte. Ester hielt sich an die Worte
Mordechais, wie früher, als sie noch seine Pflege-
tochter war.

Die Aufdeckung einer Verschwörung

[21] In jenen Tagen, als Mordechai einen Posten am
Tor des königlichen Palastes hatte, planten Bigtan
und Teresch, zwei unzufriedene königliche Käm-
merer, die zu den Türhütern gehörten, einen
Anschlag auf König Artaxerxes. [22] Mordechai er-
fuhr davon und berichtete es der Königin Ester.
Ester sagte es im Auftrag Mordechais dem König
weiter. [23] Die Sache wurde untersucht und aufge-
deckt. Man hängte die beiden auf und hielt das
Ereignis in der Chronik fest, die für den König
geführt wurde.

21–23: 1,1m–p • 21: 6,1f

HAMANS ANSCHLAG GEGEN DIE JUDEN: 3,1–15

Der Racheplan

3 Nach diesen Ereignissen zeichnete König
Artaxerxes den Agagiter Haman, den Sohn
Hammedatas, in besonderer Weise aus und gab
ihm einen höheren Rang als allen anderen Fürsten
seiner Umgebung. [2] Alle königlichen Diener am
Tor des Palastes fielen vor Haman nieder und hul-
digten ihm; denn so hatte es der König ihm zu
Ehren befohlen. Mordechai aber fiel nicht nieder
und huldigte ihm nicht. [3] Da sagten die könig-
lichen Diener am Tor des Palastes zu Mordechai:
Warum setzt du dich über das Gebot des Königs
hinweg? [4] Das sagten sie jeden Tag zu ihm, doch er
hörte nicht auf sie. Sie meldeten es Haman, weil
sie sehen wollten, ob Mordechai mit seiner Be-
gründung Erfolg haben werde; er hatte ihnen

nämlich gesagt, er sei Jude. [5] Als Haman merkte,
dass Mordechai nicht vor ihm niederfiel und ihm
nicht huldigte, wurde er sehr zornig. [6] Aber es
schien ihm nicht genug, nur Mordechai zu beseitigen. Da man ihm gesagt hatte, welchem Volk Mordechai angehörte, wollte Haman alle Juden im Reich des Artaxerxes vernichten – das ganze Volk Mordechais.

Der Ausrottungsplan

[7] Im ersten Monat, dem Monat Nisan, im zwölften Jahr des Königs Artaxerxes, warf man in Gegenwart Hamans das Pur, das ist das Los, über die einzelnen Tage und Monate und das Los fiel auf den dreizehnten Tag des zwölften Monats, des Monats
Adar. [8] Darauf sagte Haman zu König Artaxerxes:
Es gibt ein Volk, das über alle Provinzen deines Reiches verstreut lebt, aber sich von den anderen Völkern absondert. Seine Gesetze sind von denen aller anderen Völker verschieden; auch die Gesetze des Königs befolgen sie nicht. Es ist nicht richtig,
dass der König ihnen das durchgehen lässt. [9] Wenn
der König einverstanden ist, soll ein schriftlicher Erlass herausgegeben werden, sie auszurotten. Dann kann ich den Schatzmeistern zehntausend Talente Silber übergeben und in die königlichen
Schatzkammern bringen lassen. [10] Da zog der
König seinen Siegelring vom Finger und gab ihn dem Agagiter Haman, dem Sohn Hammedatas,
dem Feind der Juden, [11] und er sagte zu Haman:
Das Silber lasse ich dir; mach mit dem Volk, was dir richtig erscheint.

7: 9,24 • 8: Num 23,9; Dtn 4,5–8 • 10: 8,2; Gen 41,42

Der Erlass

[12] Am dreizehnten Tag des ersten Monats wurden
die Schreiber des Königs gerufen. Man schrieb an die Satrapen des Königs, die Statthalter der einzelnen Provinzen und die Fürsten aller Völker der einzelnen Provinzen in ihrer eigenen Schrift und Sprache alles genau so, wie es Haman befohlen hatte. Der Erlass war im Namen des Königs Artaxerxes geschrieben und mit dem Siegelring des
Königs gesiegelt. [13] Durch Eilboten sandte man das
Schreiben an alle königlichen Provinzen (mit dem Befehl): Man solle alle Juden, Jung und Alt, auch Kinder und Frauen, am gleichen Tag, dem dreizehnten Tag im zwölften Monat, dem Monat Adar, erschlagen, ermorden und ausrotten und ihren Besitz plündern.

[13a] Hier ist eine Abschrift des Briefes: Der Großkönig Artaxerxes schreibt den Statthaltern der hundertsiebenundzwanzig Provinzen von Indien bis
Kusch und den untergeordneten Behörden: [13b] Als
Herrscher über viele Völker und Gebieter über die ganze Welt habe ich beschlossen – nicht aus überheblicher Willkür, sondern in meinem allzeit bewiesenen Streben nach Milde und Güte –, meinen Untertanen in jeder Hinsicht ein ruhiges Leben zu sichern, die Entwicklung des Reiches zu fördern, es bis an die Grenzen mit guten Straßen zu versehen und allen Menschen wieder den ersehnten
Frieden zu schenken. [13c] Als ich meine Ratgeber
fragte, wie das erreicht werden könnte, hat Haman, der sich bei uns durch seine Besonnenheit hervorgetan und seine unwandelbare edle Gesinnung und feste Treue unter Beweis gestellt hat und der im Reich den zweithöchsten Rang innehat,
[13d] uns darauf hingewiesen, dass sich ein bestimm-
tes heimtückisches Volk unter alle Nationen der Erde gemischt habe, das durch seine Gesetze zu jedem anderen Volk in Gegensatz stehe. Es missachte ununterbrochen die Anordnungen unserer Könige, sodass die Verwaltung des ganzen Reiches beeinträchtigt ist, obwohl sie von uns ausgezeich-
net geleitet wird. [13e] So sind wir zu der Ansicht ge-
langt, dass dieses Volk als einziges sich gegen alle Menschen ohne Ausnahme feindselig verhält, nach absonderlichen und befremdlichen Gesetzen lebt und sich gegen die Interessen unseres Landes stellt und die schlimmsten Verbrechen begeht, sodass im Reich keine geordneten Verhältnisse
eintreten können. [13f] Darum ordnen wir an: Alle,
die euch Haman, der Leiter der Staatskanzlei, unser zweiter Vater, in seinem Brief näher beschrieben hat, sollen am vierzehnten Tag des Monats Adar des laufenden Jahres samt ihren Frauen und Kindern ohne Gnade und Erbarmen durch das Schwert ihrer Feinde radikal ausgerottet wer-
den. [13g] So werden diese seit jeher feindseligen
Menschen an einem einzigen Tag eines gewaltsamen Todes sterben und in die Unterwelt hinabfahren, unser Land aber wird sich in Zukunft einer beständigen und ungestörten Ruhe erfreuen.

14 In jede einzelne Provinz wurde eine Abschrift
des Erlasses geschickt, und dieser wurde als Gesetz
veröffentlicht, damit alle Völker für diesen Tag
bereit seien. 15 Die Boten ritten hinaus, durch
königlichen Befehl zur Eile gedrängt. Während
das Gesetz in der Burg Susa veröffentlicht wurde,
saßen der König und Haman beisammen und
tranken; die Stadt Susa aber war in großer Aufre-
gung.

13f: Gen 45,8

DIE ABWENDUNG DER GEFAHR: 4,1 – 7,10

Esters Vermittlung

4 Als Mordechai von allem, was geschehen war,
erfuhr, zerriss er seine Kleider, hüllte sich in
Sack und Asche, ging in die Stadt und erhob ein
lautes Klagegeschrei. 2 So kam er bis vor das Tor des
Königspalastes; aber es war nicht erlaubt, im Trau-
ergewand durch das Tor des Palastes zu gehen.
3 Auch in allen Provinzen herrschte bei den Juden
überall große Trauer, sobald der Erlass und das
Gesetz des Königs eintrafen. Man fastete, weinte
und klagte. Viele schliefen in Sack und Asche. 4 Als
die Dienerinnen und Kämmerer zu Ester kamen
und ihr berichteten, erschrak die Königin sehr. Sie
schickte Mordechai Gewänder, damit er sich be-
kleiden und das Trauergewand ablegen könne.
Doch er nahm sie nicht an. 5 Da rief Ester den
königlichen Kämmerer Hatach, den der König zu
ihrem Diener bestimmt hatte, und schickte ihn zu
Mordechai, um zu erfahren, was vorgefallen sei
und warum er sich so seltsam verhalte. 6 Hatach
ging zu Mordechai auf den Marktplatz vor das Tor
des Palastes hinaus. 7 Und Mordechai erzählte ihm
alles, was geschehen war, und sagte ihm sogar, wie
viel Silber Haman in die königlichen Schatzkam-
mern liefern wollte, sobald er die Juden ausgerot-
tet hätte. 8 Er gab ihm auch eine Abschrift des
Erlasses über die Ausrottung der Juden, der in Susa
veröffentlicht worden war; ihn sollte Hatach Ester
zeigen, ihr alles erzählen und sie dringend bitten,
zum König zu gehen und ihn inständig um Gnade
für ihr Volk anzuflehen. 9 Hatach kam und berich-
tete Ester, was Mordechai gesagt hatte. 10 Ester
schickte Hatach wieder zu Mordechai und ließ
ihm sagen: 11 Alle Diener des Königs und alle Ein-
wohner der königlichen Provinzen wissen, dass
für jeden, Mann oder Frau, der zum König in den
inneren Hof geht, ohne gerufen worden zu sein,
das gleiche Gesetz gilt: Man tötet ihn. Nur wenn
der König ihm das goldene Zepter entgegen-
streckt, bleibt er am Leben. Ich bin schon dreißig
Tage nicht mehr zum König gerufen worden.
12 Hatach teilte Mordechai mit, was Ester gesagt
hatte. 13 Mordechai ließ Ester erwidern: Glaub ja
nicht, weil du im Königspalast lebst, könntest du
dich als Einzige von allen Juden retten. 14 Wenn du
in diesen Tagen schweigst, dann wird den Juden
anderswoher Hilfe und Rettung kommen. Du aber
und das Haus deines Vaters werden untergehen.
Wer weiß, ob du nicht gerade dafür in dieser Zeit
Königin geworden bist? 15 Ester ließ Mordechai
antworten: 16 Geh und ruf alle Juden zusammen,
die in Susa leben. Fastet für mich! Esst und trinkt
drei Tage und Nächte lang nichts! Auch ich und
meine Dienerinnen wollen ebenso fasten. Dann
will ich zum König gehen, obwohl es gegen das
Gesetz verstößt. Wenn ich umkomme, komme ich
eben um. 17 Mordechai ging weg und tat alles
genau so, wie es Ester ihm befohlen hatte.

11: 5,2; 8,4

Das Gebet Mordechais

17a Mordechai dachte an alle die Taten des Herrn
und er betete zum Herrn: 17b Herr, Herr, König, du
Herrscher über alles! Deiner Macht ist das All
unterworfen und niemand kann sich dir wider-
setzen, wenn du Israel retten willst; 17c denn du hast
Himmel und Erde gemacht und alles, was wir
unter dem Himmel bestaunen. Du bist der Herr
über alles und niemand kann es wagen, sich dir,
dem Herrn, entgegenzustellen. 17d Du kennst alles.
Du weißt, Herr, dass es weder aus Hochmut, noch
aus Überheblichkeit, noch aus Ruhmsucht ge-
schah, wenn ich mich vor dem überheblichen
Haman nicht niedergeworfen habe. Denn ich
würde gern seine Fußsohlen küssen, wenn es für
die Rettung Israels von Nutzen wäre. 17e Ich habe

so gehandelt, weil ich nicht die Ehre eines Men-
schen über die Ehre Gottes stellen wollte. Ich
werde mich vor niemand niederwerfen, außer vor
dir, meinem Gott, und ich handle nicht aus Über-
heblichkeit so. 17f Und nun, Herr und Gott, König,
Gott Abrahams, verschone dein Volk! Denn sie
blicken voll Hass auf uns und wollen uns ins Ver-
derben stürzen; sie sind darauf aus zu vernichten,
was von Anfang an dein Erbbesitz war. 17g Übersieh
dein Erbteil nicht, das du dir von den Ägyptern
losgekauft hast. 17h Hör auf mein Flehen, hab
Erbarmen mit deinem Erbbesitz und verwandle
unsere Trauer in Freude, damit wir am Leben blei-
ben und deinen Namen preisen Herr; lass den
Mund derer, die dich loben, nicht verstummen!
17i Auch ganz Israel schrie mit aller Kraft (zum
Herrn); denn der Tod stand ihnen vor Augen.

17b: 2 Chr 20,6f

Das Gebet der Ester

17k Auch die Königin Ester wurde von Todesangst
ergriffen und suchte Zuflucht beim Herrn. Sie
legte ihre prächtigen Gewänder ab und zog die
Kleider der Notzeit und Trauer an. Statt der kost-
baren Salben tat sie Asche und Staub auf ihr
Haupt, vernachlässigte ihren Körper, und wo sie
sonst ihren prunkvollen Schmuck trug, hingen
jetzt ihre Haare in Strähnen herab. Und sie betete
zum Herrn, dem Gott Israels: 17l Herr, unser König,
du bist der Einzige. Hilf mir! Denn ich bin allein
und habe keinen Helfer außer dir; die Gefahr steht
greifbar vor mir. 17m Von Kindheit an habe ich in
meiner Familie und meinem Stamm gehört, dass
du, Herr, Israel aus allen Völkern erwählt hast; du
hast dir unsere Väter aus allen ihren Vorfahren als
deinen ewigen Erbbesitz ausgesucht und hast an
ihnen gehandelt, wie du es versprochen hattest.
17n Wir aber haben uns gegen dich verfehlt und du
hast uns unseren Feinden ausgeliefert, weil wir
ihre Götter verehrt haben. Du bist gerecht, Herr.
17o Jetzt aber ist es unseren Feinden nicht mehr
genug, uns grausam zu unterjochen, sondern sie
haben ihren Götzen geschworen, dein Verspre-
chen zu vereiteln, deinen Erbbesitz zu vernichten,
den Mund derer, die dich loben, verstummen zu
lassen und das Licht deines Tempels und das Feuer
auf deinem Altar auszulöschen. 17p Stattdessen wol-
len sie den Heiden den Mund öffnen, damit sie
ihre nichtigen Götzen preisen und auf ewige Zei-
ten einen sterblichen König verherrlichen. 17q Über-
lass dein Zepter, Herr, nicht den nichtigen Götzen!
Man soll nicht höhnisch über unseren Sturz
lachen. Lass ihre Pläne sich gegen sie selbst kehren;
den aber, der all das gegen uns veranlasst hat, mach
zum warnenden Beispiel! 17r Denk an uns, Herr!
Offenbare dich in der Zeit unserer Not und gib mir
Mut, König der Götter und Herrscher über alle
Mächte! 17s Leg mir in Gegenwart des Löwen die
passenden Worte in den Mund und stimm sein
Herz um, damit er unseren Feind hasst und ihn
und seine Gesinnungsgenossen vernichtet. 17t Uns
aber rette mit deiner Hand! Hilf mir, denn ich bin
allein und habe niemand außer dir, o Herr! 17u Du
kennst alles. Du weißt auch, dass ich den Prunk der
Heiden hasse und das Bett eines Unbeschnittenen
und Fremden verabscheue. 17v Du weißt, dass ich
das Zeichen meiner Würde verabscheue und es
an den Tagen meines öffentlichen Auftretens nur
unter Zwang auf dem Kopf trage. 17w Ich verab-
scheue es wie die blutigen Stofffetzen zur Zeit mei-
ner Unreinheit und trage es nicht an den Tagen, an
denen ich meine Ruhe habe. 17x Deine Magd hat
nicht am Tisch Hamans gegessen, ich habe keinem
königlichen Gelage durch meine Anwesenheit
Glanz verliehen und habe keinen Opferwein ge-
trunken. 17y Seit deine Magd hierher kam, bist du
für sie der einzige Grund, sich zu freuen, Herr, du
Gott Abrahams. 17z Gott, du hast Macht über alle:
Erhöre das Flehen der Verzweifelten und befrei
uns aus der Hand der Bösen! Befrei mich von mei-
nen Ängsten!

17m: Dtn 6,20–25; Ps 78,3–7; Dtn 7,6; Ri 2,6; Ps 105,6–15 •
17w: Lev 15,19

Die Audienz beim König

5 Am dritten Tag legte Ester ihre königlichen
Gewänder an und ging in den inneren Palast-
hof, der vor dem Haus des Königs lag. Der König
saß im Königshaus auf seinem Königsthron, dem
Eingang gegenüber. 2 Als der König die Königin
Ester im Hof stehen sah, fand sie Gnade vor seinen
Augen. Der König streckte ihr das goldene Zepter
entgegen, das er in der Hand hielt. Ester trat näher
und berührte die Spitze des Zepters.

5,1 [Am dritten Tag legte Ester, als sie ihr Gebet beendet hatte, ihr Bußgewand ab und zog ihre Prunkgewänder an. 1a Nachdem sie ihre strahlende Schönheit wiedergewonnen hatte, betete sie zu dem allsehenden Gott und Retter. Dann nahm sie zwei Dienerinnen mit; auf die eine stützte sie sich nach der Art der vornehmen Frauen, die andere ging hinter ihr und trug ihr die Schleppe. 1b Sie selbst strahlte in blühender Schönheit, ihr Gesicht war bezaubernd und heiter, ihr Herz aber war beklommen vor Furcht. 1c Sie durchschritt alle Türen und blieb vor dem König stehen. Er saß auf seinem königlichen Thron, angetan mit seinen Prunkgewändern voll Gold und Edelsteinen. Der Anblick war Furcht erregend. 1d Als er aufblickte und die Königin in wildem Zorn mit feuerrotem Gesicht ansah, wurde sie bleich, fiel in Ohnmacht und sank auf die Schulter der Dienerin, die vorausging. 1e Da erweichte Gott das Herz des Königs. Besorgt sprang er vom Thron auf und nahm sie in seine Arme, bis sie wieder zu sich kam. Dann redete er ihr mit freundlichen Worten zu und sagte: 1f Was hast du, Ester? Ich bin dein Bruder, sei unbesorgt! Du sollst nicht sterben; denn unser Befehl gilt nur für die anderen. Komm her! 2 Dann nahm er das goldene Zepter, legte es ihr auf den Nacken, küsste sie und sagte: Nun rede mit mir! 2a Da sagte sie zu ihm: Ich sah dich, Herr, wie einen Engel Gottes und mein Herz erschrak aus Furcht vor deinem majestätischen Anblick; denn du bist herrlich, Herr, und dein Gesicht ist voll Wohlwollen. 2b Während sie mit ihm redete, fiel sie wieder in Ohnmacht. Der König war sehr bestürzt und sein ganzes Gefolge suchte ihr Mut zu machen.] 3 Der König sagte zu ihr: Was willst du, Königin Ester? Was hast du für einen Wunsch? Auch wenn es die Hälfte meines Reiches wäre, du sollst es erhalten. 4 Ester antwortete: Wenn es dem König gefällt, möge er heute mit Haman zu dem Festmahl kommen, das ich für ihn vorbereitet habe.

1f: 4,11 • 3: 5,6; 7,2; 9,12; Mk 6,23

Die Einladung zum Festmahl bei Ester

5 Der König sagte: Holt in aller Eile Haman her, damit wir Esters Wunsch erfüllen können. Und der König kam mit Haman zu dem Festmahl, das Ester vorbereitet hatte. 6 Als sie beim Wein saßen, sagte der König zu Ester: Was hast du für eine Bitte? Sie wird dir erfüllt. Was hast du für einen Wunsch? Selbst wenn es die Hälfte des Reiches wäre, man wird es dir geben. 7 Ester antwortete: Das ist meine Bitte und mein Wunsch: 8 Wenn ich beim König Gnade gefunden habe und es ihm gefällt, mir zu geben, worum ich bitte, und meinen Wunsch zu erfüllen, dann möge der König auch morgen mit Haman zu dem Festmahl kommen, das ich für sie veranstalte. Morgen will ich dann die Frage des Königs beantworten.

Hamans Racheplan gegen Mordechai

9 Haman ging an diesem Tag fröhlich und gut gelaunt nach Hause. Als er aber am Tor des Königspalastes Mordechai sah, der sich nicht erhob und keinerlei Ehrfurcht vor ihm zeigte, geriet er in Zorn über Mordechai. 10 Doch er ließ sich nichts anmerken. Er ging nach Hause und rief seine Freunde und seine Frau Seresch zu sich. 11 Und er erzählte ihnen von seinem gewaltigen Reichtum und von seinen vielen Söhnen, von all der Macht, die ihm der König verliehen habe, und wie er ihn hoch über alle anderen Fürsten und königlichen Diener gestellt habe. 12 Haman sagte: Auch Königin Ester hat an dem Festmahl, das sie veranstaltete, nur den König und mich teilnehmen lassen. Und auch morgen bin ich von ihr zusammen mit dem König eingeladen. 13 Aber mein Glück ist noch nicht vollkommen, solange ich den Juden Mordechai am Tor des Palastes sitzen sehe. 14 Da sagten seine Frau Seresch und alle seine Freunde zu ihm: Man könnte doch einen Galgen errichten, fünfzig Ellen hoch. Du aber sag morgen früh dem König, man solle Mordechai daran aufhängen. Dann kannst du mit dem König frohen Herzens zu dem Mahl gehen. Der Vorschlag gefiel Haman sehr und er ließ den Galgen aufstellen.

Die Erhöhung Mordechais

6 In jener Nacht konnte der König nicht einschlafen. Darum ließ er sich das Buch der Denkwürdigkeiten, die Chronik, bringen und man las ihm daraus vor. 2 Da fand man den Bericht, wie Mordechai Bigtan und Teresch anzeigte, die beiden königlichen Kämmerer, die zu den Türhütern gehörten und einen Anschlag auf den

König Artaxerxes geplant hatten. 3 Der König
fragte: Welche Belohnung und Auszeichnung hat
Mordechai dafür erhalten? Die Diener des Königs,
die um ihn waren, antworteten: Er hat nichts
erhalten. 4 Da fragte der König: Wer steht draußen
im Hof? Haman aber war gerade in den äußeren
Hof des Königspalastes gekommen, um dem
König zu sagen, man solle Mordechai an dem Gal-
gen aufhängen, den er für ihn hatte aufstellen las-
sen. 5 Die Diener antworteten dem König: Haman
steht im Hof. Der König sagte: Er soll hereinkom-
men. 6 Haman trat ein. Der König fragte ihn: Was
soll mit einem Mann geschehen, den der König
besonders ehren will? Haman dachte: Wen könnte
der König wohl mehr ehren wollen als mich? 7 Des-
halb sagte Haman zum König: Wenn der König
einen Mann besonders ehren will, 8 lasse er ein kö-
nigliches Gewand holen, das sonst der König selbst
trägt, und ein Pferd, auf dem sonst der König rei-
tet und dessen Kopf königlich geschmückt ist.
9 Das Gewand und das Pferd soll man einem der
vornehmsten Fürsten des Königs geben und er soll
den Mann, den der König besonders ehren will,
bekleiden, ihn auf dem Pferd über den Platz der
Stadt führen und vor ihm ausrufen: So geht es
einem Mann, den der König besonders ehren will.
10 Darauf sagte der König zu Haman: Hol in aller
Eile das Gewand und das Pferd und tu alles, was
du gesagt hast, mit dem Juden Mordechai, der am
Tor des Palastes sitzt. Und lass nichts von dem aus,
was du vorgeschlagen hast. 11 Haman nahm das Ge-
wand und das Pferd, kleidete Mordechai ein, führ-
te ihn auf dem Pferd über den Platz der Stadt und
rief vor ihm aus: So geht es einem Mann, den der
König besonders ehren will. 12 Dann kehrte Morde-
chai zum Tor des Palastes zurück. Haman aber eilte
nach Haus, traurig und mit verhülltem Kopf. 13 Und
er erzählte seiner Frau Seresch und seinen Freunden
alles, was ihm zugestoßen war. Seine weisen [Rat-
geber] und seine Frau Seresch sagten: Wenn Mor-
dechai, der dich schon zu stürzen begonnen hat,
zum Volk der Juden gehört, wirst du nichts gegen
ihn ausrichten, sondern du wirst gewiss durch ihn
zu Fall kommen. 14 Als sie noch redeten, trafen die
königlichen Kämmerer ein, um Haman in Eile zu
dem Festmahl zu holen, das Ester vorbereitet hatte.

2: 2,21–23

Hamans Ende

7 Der König und Haman kamen zu dem Mahl,
das die Königin Ester gab, 2 und der König
sagte auch am zweiten Tag zu Ester, als sie beim
Wein saßen: Was hast du für eine Bitte, Königin
Ester? Sie wird dir erfüllt. Was hast du für einen
Wunsch? Selbst wenn es die Hälfte des Reiches
wäre – man wird es dir geben. 3 Die Königin Ester
antwortete: Wenn ich beim König Wohlwollen
gefunden habe und wenn es ihm gefällt, dann
möge mir und meinem Volk das Leben geschenkt
werden. Das ist meine Bitte und mein Wunsch.
4 Man hat mich und mein Volk verkauft, um uns
zu erschlagen, zu ermorden und auszurotten.
Wenn man uns als Sklaven und Sklavinnen ver-
kaufen würde, hätte ich nichts gesagt; denn dann
gäbe es keinen Feind, der es wert wäre, dass man
seinetwegen den König belästigt. 5 Da sagte der
König Artaxerxes zu Königin Ester: Wer ist der
Mann? Wo ist der Mensch, der es wagt, so etwas zu
tun? 6 Ester antwortete: Dieser gefährliche Feind
ist der verbrecherische Haman hier. Da erschrak
Haman vor dem König und der Königin. 7 Der
König aber stand auf, verließ voll Zorn das Trink-
gelage und ging in den Garten des Palastes. Haman
trat zu Ester und flehte sie um sein Leben an; denn
er sah, dass sein Untergang beim König besiegelt
war.
8 Als der König aus dem Garten wieder in den
Raum zurückkam, in dem das Trinkgelage statt-
fand, hatte sich Haman über das Polster geworfen,
auf dem Ester lag. Der König sagte: Tut man jetzt
sogar hier in meiner Gegenwart der Königin
Gewalt an? Kaum hatte der König das gesagt, da
verhüllte man schon das Gesicht Hamans. 9 Har-
bona, einer der Hofbeamten, sagte zum König: Vor
dem Haus Hamans steht schon ein fünfzig Ellen
hoher Galgen; ihn hat Haman für Mordechai auf-
gestellt, der dem König durch seine Anzeige einen
guten Dienst erwiesen hat. Der König befahl:
Hängt ihn daran auf! 10 Da hängten sie Haman an
den Galgen, den er für Mordechai errichtet hatte,
und der Zorn des Königs legte sich.

2: 5,6

DIE RETTUNG DER JUDEN: 8,1 – 10,3

Mordechais Erhöhung und Esters erneute Bitte

8 Noch am gleichen Tag schenkte König Arta-
xerxes der Königin Ester das Haus des Juden-
feindes Haman. Mordechai aber erhielt Zutritt
zum König; denn Ester hatte dem König gesagt,
wie nahe Mordechai mit ihr verwandt war. 2 Der
König zog seinen Siegelring, den er Haman hatte
abnehmen lassen, vom Finger und gab ihn Mor-
dechai. Ester machte Mordechai zum Verwalter
von Hamans Haus. 3 Ester redete noch einmal mit
dem König; sie fiel ihm weinend zu Füßen und
flehte ihn an, das drohende Unheil, das der Agagi-
ter Haman gegen die Juden geplant hatte, von
ihnen abzuwenden. 4 Der König streckte Ester sein
goldenes Zepter entgegen und Ester stand auf und
trat vor den König. 5 Sie sagte: Wenn es dem König
gefällt und ich sein Wohlwollen gefunden habe,
wenn ihm mein Vorschlag richtig erscheint und
ich seine Gunst genieße, dann soll durch einen
schriftlichen Erlass die Anordnung widerrufen
werden, die der Agagiter Haman, der Sohn Ham-
medatas, in der Absicht getroffen hat, die Juden in
allen königlichen Provinzen auszurotten. 6 Denn
wie könnte ich das Unglück mit ansehen, das mein
Volk trifft, wie könnte ich den Untergang meines
Stammes mit ansehen?

Der Erlass zum Schutz der Juden

7 Da sagte König Artaxerxes zu Königin Ester und
zu dem Juden Mordechai: Ich habe Ester das Haus
Hamans übergeben, den man am Galgen aufge-
hängt hat, weil er seine Hand gegen die Juden
erhob. 8 Jetzt aber sollt ihr im Namen des Königs
einen schriftlichen Erlass zugunsten der Juden
herausgeben, wie er euch richtig erscheint. Siegelt
ihn mit dem königlichen Siegelring; denn ein
Schreiben, das im Namen des Königs verfasst und
mit dem königlichen Siegelring gesiegelt ist, kann
nicht mehr rückgängig gemacht werden. 9 Da rief
man die königlichen Schreiber; es war der drei-
undzwanzigste Tag im dritten Monat, dem Monat
Siwan. Und so, wie es Mordechai befahl, wurde
zugunsten der Juden ein schriftlicher Erlass he-
rausgegeben und an die Satrapen, Statthalter und
Fürsten der hundertsiebenundzwanzig Provinzen
von Indien bis Kusch geschickt, für jede einzelne
Provinz in ihrer eigenen Schrift und für jedes ein-
zelne Volk in seiner eigenen Sprache. 10 Man ver-
fasste die Schreiben im Namen des Königs Arta-
xerxes, siegelte mit dem königlichen Siegelring
und verschickte sie mit Eilboten auf Postpferden,
die aus den königlichen Gestüten stammten. 11 Mit
diesem Erlass gestattete der König den Juden in
allen Städten, sich zusammenzutun, um für ihr
Leben einzutreten, um in jedem Volk und in jeder
Provinz alle ihre Gegner samt ihren Frauen und
Kindern zu erschlagen, zu ermorden und auszu-
rotten und ihren Besitz zu plündern; 12 das sollte
in allen Provinzen des Königs Artaxerxes am glei-
chen Tag geschehen, am dreizehnten Tag im zwölf-
ten Monat, dem Monat Adar.

12a Dies ist eine Abschrift des Briefes: 12b Der
Großkönig Artaxerxes entbietet den Statthaltern
der hundertsiebenundzwanzig Provinzen von In-
dien bis Kusch und allen, denen unsere Angele-
genheiten am Herzen liegen, seinen Gruß. 12c Viele,
die aufgrund der überreichen Güte ihrer Wohltä-
ter hoch geehrt waren, waren damit noch nicht
zufrieden; sie versuchten nicht nur, unseren Un-
tertanen zu schaden, sondern sie konnten auch
den Überfluss nicht ertragen und planen sogar
Anschläge gegen ihre eigenen Wohltäter. 12d Sie
wollen nicht nur die Dankbarkeit unter den Men-
schen beseitigen, sondern sie sind durch die Prah-
lerei derer, die vom Guten nichts wissen wollen,
überheblich geworden und meinen, dem Gericht
des alles durchschauenden Gottes, der das Böse
hasst, entfliehen zu können. 12e Schon viele, die als
Herrscher eingesetzt waren, hat der schlechte Ein-
fluss von Freunden, die mit den Staatsgeschäften
betraut waren, mitschuldig am Tod Unschuldiger
gemacht und sie in schreckliches Unglück ge-
stürzt. 12f Das lautere Wohlwollen der Herrschen-
den wurde durch ihre böswilligen und verlogenen
Ratschläge getäuscht. 12g Das ersieht man schon
aus den altüberlieferten Geschichten; noch viel
deutlicher aber wird es, wenn ihr all das unter-
sucht, was vor euren Augen geschehen ist: Die Nie-
derträchtigkeit derer, die ihr hohes Amt miss-
brauchten, hat zu großem Unrecht geführt. 12h In

Anbetracht der veränderten Lage nehmen wir uns
vor, in Zukunft darauf zu achten, dass alle Men-
schen im Reich ungestört und in Frieden leben
können; 12i alles, was uns zur Kenntnis gebracht
wird, werden wir erst nach genauerem Zusehen
entscheiden.
12k So ging es auch mit dem Mazedonier Haman,
dem Sohn Hammedatas. Obwohl er in Wahrheit
dem persischen Volk und unserer Güte sehr fern
stand, wurde er bei uns gastlich aufgenommen.
12l Er erfuhr unsere Liebe zu den Menschen, die wir
allen Völkern erweisen, in so reichem Maß, dass er
sogar als unser Vater ausgerufen wurde und als der
zweite Mann neben dem König bei allen immer
höchste Verehrung genoss. 12m Doch er ertrug seine
hohe Würde nicht, sondern er wollte uns die Herr-
schaft und das Leben rauben. 12n Er versuchte,
Mordechai, unseren Retter und steten Wohltä-
ter, und Ester, die untadelige Mitinhaberin der
Königswürde, durch hinterhältige Intrigen mit
ihrem ganzen Volk ins Verderben zu stürzen.
12o Auf diese Weise glaubte er, uns aller Freunde zu
berauben und die Herrschaft über die Perser den
Mazedoniern verschaffen zu können. 12p Wir aber
finden, dass die Juden, die dieser Erzschurke aus-
rotten wollte, keine Aufrührer sind, sondern dass
sie als Bürger nach sehr gerechten Gesetzen leben,
12q als Kinder des höchsten, größten und lebendi-
gen Gottes, der unser Reich, wie schon zu Zeiten
unserer Vorfahren, in der schönsten Ordnung
erhält. 12r Es wird daher gut sein, wenn ihr euch
nicht nach den Schreiben richtet, die euch Haman,
der Sohn Hammedatas, geschickt hat. Denn ihr
Verfasser ist mit seiner ganzen Familie vor den
Toren Susas gekreuzigt worden; der über alles
herrschende Gott hat ihm nämlich sehr bald die
wohlverdiente Strafe geschickt.
12s Ihr sollt überall eine Abschrift dieses Briefes
öffentlich aushängen, damit man die Juden nach
ihren eigenen Gesetzen leben lässt. Man soll ihnen
helfen, sich an dem einen Tag, der für ihre Verfol-
gung festgesetzt war, gegen alle zu verteidigen, von
denen sie angegriffen werden; es ist der dreizehnte
Tag im zwölften Monat, dem Monat Adar. 12t Die-
sen Tag hat der alles beherrschende Gott statt zu
einem Tag der Vernichtung für das auserwählte
Volk zu einem Tag der Freude gemacht. 12u Daher
sollt ihr neben euren großen Gedenktagen einen
weiteren besonderen Festtag mit aller Freude fei-
ern, damit er von jetzt an uns und allen uns treu
ergebenen Persern Heil bringt; für die aber, die uns
bedrohen, soll er ein Mahnmal des Untergangs
sein. 12x Jede Stadt und jede Provinz, die nicht
danach handelt, wird ohne Erbarmen mit Feuer
und Schwert verwüstet. Kein Mensch wird sie
mehr betreten, selbst den Tieren und Vögeln soll
sie für immer verhasst sein.
13 In jeder einzelnen Provinz wurde eine Abschrift
des Erlasses als Gesetz für alle Völker veröffent-
licht; die Juden sollten bereit sein, sich an diesem
Tag an ihren Feinden zu rächen. 14 Die Boten rit-
ten auf Postpferden, die aus den (königlichen)
Gestüten stammten, hinaus, durch königlichen
Befehl zu großer Eile gedrängt. Auch in der Burg
Susa wurde das Gesetz veröffentlicht. 15 Als Mor-
dechai den König verließ, trug er ein königliches
Gewand aus violettem Purpur und weißem Lei-
nen, eine große goldene Krone und einen Mantel
aus kostbarem Leinen und rotem Purpur und die
Stadt Susa war voll Jubel und Freude. 16 Die Juden
waren glücklich, sie jauchzten vor Freude und
waren wieder angesehen. 17 In jeder Provinz und in
jeder Stadt, überall, wo der Erlass des Königs und
sein Befehl bekannt wurde, jauchzten die Juden
vor Freude, sie aßen und tranken und ließen es
sich an diesem Tag gut gehen. In allen Völkern der
Erde bekannten sich viele zum Judentum; denn
ein Schrecken vor den Juden hatte sie befallen.

17: Ps 105,38

Der Siegestag der Juden

9 Am dreizehnten Tag im zwölften Monat,
dem Monat Adar, sollte der Erlass des Königs
und sein Befehl ausgeführt werden. Es war der Tag,
an dem die Gegner der Juden gehofft hatten, sie zu
überwältigen. Doch nun überwältigten umge-
kehrt die Juden ihre Feinde. 2 In allen Provinzen
des Königs Artaxerxes taten sich die Juden in den
Städten zusammen und überfielen die, die den
Untergang der Juden geplant hatten. Niemand
konnte ihnen standhalten; denn alle Völker hatte
Schrecken vor ihnen befallen; 3 auch alle Fürsten
der Provinzen, die Satrapen, Statthalter und kö-
niglichen Beamten, waren aufseiten der Juden;

denn Schrecken vor Mordechai hatte sie befallen. [4] Mordechai war nämlich im Königspalast hoch angesehen und es war in allen Provinzen bekannt geworden, dass er immer einflussreicher wurde. [5] So metzelten die Juden alle ihre Feinde mit dem Schwert nieder; es gab ein großes Blutbad. Sie machten mit ihren Gegnern, was sie wollten. [6] In der Burg Susa brachten die Juden fünfhundert Männer um [7] und auch Parschandata, Dalfon, Aspata, [8] Porata, Adalja, Aridata, [9] Parmaschta, Arisai, Aridai und Wajesata, [10] die zehn Söhne des Judenfeindes Haman, des Sohnes Hammedatas, töteten sie, aber sie vergriffen sich nicht an ihrem Besitz. [11] Als man an jenem Tag dem König meldete, wie viele Menschen in der Burg Susa erschlagen worden waren, [12] sagte er zur Königin Ester: In der Burg Susa haben die Juden ein Blutbad angerichtet; man hat fünfhundert Männer, auch die zehn Söhne Hamans, umgebracht. Was haben sie dann wohl in den übrigen königlichen Provinzen getan? Hast du einen Wunsch? Er wird dir erfüllt werden. Hast du eine Bitte? Sie soll erfüllt werden. [13] Ester antwortete: Wenn es dem König gefällt, soll den Juden in Susa erlaubt werden, auch morgen nach dem Gesetz von heute zu handeln. Außerdem soll man die zehn Söhne Hamans an den Galgen hängen. [14] Der König befahl, es solle so geschehen. Man gab also in Susa noch einen Erlass heraus und hängte die zehn Söhne Hamans auf. [15] Auch am vierzehnten Tag des Monats Adar taten sich die Juden in Susa zusammen und töteten dort dreihundert Männer; aber an ihrem Besitz vergriffen sie sich nicht. [16] Die übrigen Juden in den königlichen Provinzen versammelten sich, um für ihr Leben einzutreten; sie verschafften sich Ruhe vor ihren Feinden und töteten fünfundsiebzigtausend ihrer Gegner; aber an ihrem Besitz vergriffen sie sich nicht. [17] Das geschah am dreizehnten Tag des Monats Adar, am vierzehnten Tag des Monats jedoch war Ruhe. Sie feierten ihn als Festtag mit Essen und Trinken. [18] Die Juden in Susa aber versammelten sich am Dreizehnten und Vierzehnten des Monats; bei ihnen war am Fünfzehnten wieder Ruhe, und sie feierten ihn als Festtag mit Essen und Trinken. [19] Deswegen begehen die Juden in den unbefestigten Orten auf dem Land den vierzehnten Tag des Monats Adar als Festtag, den sie mit Essen und Trinken feiern und an dem sie sich gegenseitig beschenken.

Die Einführung des Purimfestes

[20] Mordechai schrieb alles auf, was geschehen war. Er schickte Schreiben an alle Juden in allen Provinzen des Königs Artaxerxes nah und fern [21] und machte ihnen zur Pflicht, den vierzehnten und den fünfzehnten Tag des Monats Adar in jedem Jahr als Festtag zu begehen. [22] Das sind die Tage, an denen die Juden wieder Ruhe hatten vor ihren Feinden; es ist der Monat, in dem sich ihr Kummer in Freude verwandelte und ihre Trauer in Glück. Sie sollten sie als Festtage mit Essen und Trinken begehen und sich gegenseitig beschenken und auch den Armen sollten sie Geschenke geben. [23] So wurde bei den Juden das, was sie damals zum ersten Mal taten und was Mordechai ihnen vorschrieb, zu einem festen Brauch. [24] Denn der Agagiter Haman, der Sohn Hammedatas, der Feind aller Juden, hatten den Plan gefasst, die Juden auszurotten, und hatte das Pur, das heißt das Los geworfen, um sie in Schrecken zu versetzen und auszurotten. [25] Als das dem König bekannt wurde, ordnete er in einem Schreiben an: Sein böser Plan gegen die Juden solle auf ihn selbst zurückfallen; man hänge ihn und seine Söhne an den Galgen. [26] Darum nennt man diese Tage das Purimfest, nach dem Wort Pur. Wegen all dem, was in diesem Schreiben stand und was sie selbst gesehen und erlebt hatten, [27] machten es sich die Juden zur Pflicht und erklärten es zur unverbrüchlichen Satzung für sich, für ihre Nachkommen und für alle, die sich ihnen anschließen würden, diese beiden Tage alljährlich, wie vorgeschrieben, zur festgesetzten Zeit zu begehen. [28] Diese Tage sollten in Erinnerung bleiben und in jeder Generation, in jeder Familie, in jeder Provinz und in jeder Stadt begangen werden. Die Juden sollten nie aufhören, das Purimfest zu feiern, diese Tage sollten bei ihren Nachkommen nie vergessen werden. [29] Um den Purim-Erlass mit allem Nachdruck zu bestätigen, verfassten die Königin Ester, die Tochter Abihajils, und der Jude Mordechai ein zweites Schreiben. [30] Sie schickten es mit Glück- und Segenswünschen an alle Juden in den hundertsiebenundzwanzig Provinzen des Reiches des Artaxerxes,

[31] um das Datum der Purimtage festzulegen, wie es der Jude Mordechai und Königin Ester angeordnet und wie sie es selbst sich und ihren Nachkommen zur Pflicht gemacht hatten. Das Schreiben enthielt die Vorschriften für das Fasten und die Wehklage. [32] Esters Worte bestätigten die Anordnungen für das Purimfest, und alles wurde in einer Urkunde aufgezeichnet.

Der Bericht über die Taten des Artaxerxes und die Stellung Mordechais

10 König Artaxerxes verpflichtete das Land und die Inseln zum Frondienst. [2] Alle großen und eindrucksvollen Taten und der genaue Bericht über die hohe Stellung Mordechais, die ihm der König verliehen hatte, sind in der Chronik der Könige von Medien und Persien aufgezeichnet. [3] Denn der Jude Mordechai war der zweite Mann nach König Artaxerxes, er war bei den Juden hoch angesehen und beliebt bei allen seinen Stammesbrüdern. Er suchte das Wohl seines Volkes und war auf das Wohlergehen all seiner Nachkommen bedacht.

Die Deutung des Traumes Mordechais

[3a] Da sagte Mordechai: Durch Gott ist das alles geschehen. [3b] Ich erinnere mich an den Traum, den ich darüber hatte. Nichts davon ist unerfüllt geblieben. [3c] Die kleine Quelle, die zum großen Strom mit viel Wasser wurde, als das Licht und die Sonne wieder schienen, dieser Strom ist Ester; der König heiratete sie und machte sie zur Königin. [3d] Die beiden Drachen sind ich und Haman. [3e] Die Völker sind die, die gemeinsam das Andenken an die Juden auslöschen wollten. [3f] Mein Volk aber, das sind die Israeliten; sie haben zu Gott geschrien und sind gerettet worden. Der Herr hat sein Volk gerettet, der Herr hat uns von allen diesen Leiden erlöst, Gott hat große Zeichen und Wunder getan, wie sie unter den Völkern noch nie geschehen sind. [3g] Deshalb machte er zwei Lose, eines für das Volk Gottes und eines für alle anderen Völker. [3h] Die beiden Lose fielen auf die Zeit und die Stunde und den Tag, an dem vor den Augen Gottes und mitten unter allen Völkern die Entscheidung fiel. [3i] Gott hat sich an sein Volk, das sein Erbbesitz ist, erinnert und ihm zu seinem Recht verholfen.

[3k] Diese Tage im Monat Adar, der vierzehnte und der fünfzehnte, sollen zu allen Zeiten und in allen Generationen unter den Augen Gottes in seinem Volk Israel mit ausgelassener Freude gemeinsam gefeiert werden.

3b: 1,1 a-l

Die Unterschrift zum griechischen Esterbuch

[31] Im vierten Jahr der Regierung des Ptolemäus und der Kleopatra überbrachten Dositheus, der, wie er sagte, Priester und Levit war, und sein Sohn Ptolemäus den vorliegenden Purimbericht. Sie sagten, er sei echt; Lysimachus, der Sohn des Ptolemäus, ein Mann aus Jerusalem, habe ihn übersetzt.

DIE BÜCHER DER MAKKABÄER

Die beiden Makkabäer-Bücher gehören nicht zum hebräischen Alten Testament, sondern zu den sog. deuterokanonischen, nur griechisch überlieferten Büchern der Bibel. Den Hauptinhalt der beiden Bücher bilden die Kämpfe der Juden gegen die Seleuziden im 2. Jahrhundert v. Chr. Sie werden unternommen, um die religiöse und politische Freiheit des jüdischen Volkes wiederzugewinnen. Benannt sind die Bücher nach dem Ehrennamen Makkaba (= Hämmerer), der Judas, dem Helden dieser Kämpfe, und später auch seinen Brüdern beigelegt wurde.

Das 1. Buch der Makkabäer berichtet über die Zeit von 175 bis 134 v. Chr., vor allem über das Vorhaben des Seleuziden Antiochus Epiphanes, der mit Hilfe jüdischer Parteigänger den Tempel entweiht und dem jüdischen Volk griechische Lebensweise aufzwingen will (Kap. 1). Dagegen erhebt sich Mattatias, der zum Heiligen Krieg aufruft (Kap. 2). Den Hauptteil des Buches nimmt die Schilderung der militärischen Unternehmungen der drei Söhne des Mattatias, Judas, Jonatan und Simeon, ein. Judas gelingt es, 165 v. Chr. den Tempel wieder einzuweihen und den Opferdienst erneut in Gang zu setzen. Er sucht ein Bündnis mit den Römern (3,1 – 9,22). Jonatan (161–143) wird zum Hohenpriester ernannt und bemüht sich um die Verbindung mit Rom und Sparta (9,23 – 12,52). Simeon (143–135), von den Seleuziden Demetrius II. und Antiochus VII. anerkannt, erhält das Doppelamt des Hohenpriesters und Fürsten in Israel; unter ihm lebt das Volk in Frieden und Wohlstand (Kap. 13 – 16).

Das 1. Buch der Makkabäer war ursprünglich hebräisch abgefasst; erhalten ist es nur in griechischer Übersetzung. Sein Verfasser ist ein palästinensischer Jude, der wohl gegen 100 v. Chr., sicher vor der Eroberung Jerusalems durch Pompeius (63 v. Chr.), sein Werk geschaffen hat. Er steht in der Glaubensüberlieferung seines Volkes und schreibt religiös gedeutete Geschichte. Im Unglück des Volkes sieht er die Strafe für Schuld und Vergehen; nur im Einklang mit der Offenbarung und in Treue zu ihr vermag das jüdische Volk die Feinde zu besiegen, die nationale Selbständigkeit zu erlangen und so der Gottesherrschaft den Weg zu bereiten. Dabei ist der Verfasser ein entschiedener Gegner jeder Anpassung; er lehnt alle Hellenisierungsbestrebungen ab. Voll Bewunderung blickt er auf den Kampf seines Volkes für Gesetz und Tempel in seiner ruhmreichen Geschichte zurück.

Das 2. Buch der Makkabäer ist nicht, wie man erwarten könnte, die Fortsetzung von 1 Makk, vielmehr eine ausgestaltende Parallele (Kap. 1 – 8 und 11 – 13) zu den Berichten von 1 Makk 1 – 7. Auch in der literarischen Gattung ist ein beachtlicher Unterschied festzustellen. Ursprünglich griechisch abgefasst, stellt 2 Makk sich selbst als Auszug aus einem größeren Werk des Jason von Zyrene dar (2,19–32). Der Verfasser schreibt in einem belehrenden Stil und zeigt sich mit griechischen Persönlichkeiten und Einrichtungen bestens vertraut. Viel betonter als in 1 Makk ist der Rückbezug der Geschichte auf Gott geschildert. Die ganze Sympathie des Verfassers gilt Judas dem Makkabäer. Selbst die Verfolgung ist ihm ein Zeichen der göttlichen Barmherzigkeit, die das Volk auf den rechten Weg zurückführen will.

Das Buch richtet sich an die Juden in Alexandria, um sie für das Geschick ihres Volkes in der Heimat, vor allem für den Tempel und die heiligen Schriften zu interessieren. Dieser Absicht dient der Aufbau des Buches: Nach dem schrecklichen Tod des Antiochus folgt die Einsetzung des Tempelweihfestes (9,1 – 10,8). Der zweite Teil ist vergleichbar gestaltet: Nach dem Tod Nikanors, der den Tempel bedroht, wird ein Einweihungsfest beschlossen (Kap. 14 und 15). Das 2. Makkabäerbuch dürfte nach 160 v. Chr. entstanden sein. Wenn auch die Herkunft und Zuverlässigkeit mancher Berichte nicht nachprüfbar ist und der Verfasser seine Darstellung ausgeschmückt hat (vgl. 2,29), so ist die historische Treue nicht zu gering einzuschätzen; sie wird weithin durch Parallelen in 1 Makk bestätigt. Das Buch ist vor allem wegen seiner fortgeschrittenen Lehre über die Auferstehung der Toten, über das Gebet für die Verstorbenen, über die Verdienste der Märtyrer und die Fürbitte der Heiligen bedeutsam. Diese theologischen Aussagen begründen und rechtfertigen die Stellung des Buches im alttestamentlichen Kanon.

DAS ERSTE BUCH DER MAKKABÄER

DIE VERFOLGUNG DES VOLKES ISRAEL: 1,1–64

Der Beginn der griechischen Herrschaft

1 Der Mazedonier Alexander, Sohn des Philippus, zog damals vom Land der Kittäer aus. Er besiegte Darius, den König der Perser und Meder, und wurde als erster König von Griechenland sein Nachfolger.
2 Er führte viele Kriege, eroberte zahlreiche Festungen und ließ die Könige der Erde erschlagen;
3 er kam bis an das Ende der Welt, plünderte viele Völker aus und die ganze Erde lag ihm wehrlos zu Füßen. Da wurde sein Herz stolz und überheblich.
4 Er stellte ein sehr großes Heer auf, herrschte über Länder, Völker und Fürsten und machte sie sich
tributpflichtig. 5 Doch dann sank er aufs Kranken-
lager und fühlte seinen Tod nahen. 6 Er rief seine höchsten Offiziere zusammen, die mit ihm aufgewachsen waren, und verteilte sein Reich unter sie,
solange er noch lebte. 7 Zwölf Jahre hatte Alexander regiert, als er starb.
8 Seine Offiziere übernahmen die Regierung, jeder
in seinem Bereich. 9 Nach seinem Tod setzten sich alle die Königskrone auf; ebenso hielten es ihre Nachkommen lange Zeit hindurch. Sie brachten großes Unglück über die Erde.
10 Aus ihnen ging ein besonders gottloser Spross hervor, Antiochus Epiphanes, der Sohn des Königs Antiochus. Er war als Geisel in Rom gewesen und trat im Jahr 137 der griechischen Herrschaft die Regierung an.

10: Dan 7,24f; 8,23–25; 11,21–45; 2 Makk 4,7

Das Aufkommen der Verräter

11 Zu dieser Zeit traten Verräter am Gesetz in Israel auf, die viele (zum Abfall) überredeten. Sie sagten: Wir wollen einen Bund mit den fremden Völkern schließen, die rings um uns herum leben; denn seit wir uns von ihnen abgesondert haben, geht es uns
schlecht. 12 Dieser Vorschlag gefiel ihnen 13 und einige aus dem Volk fanden sich bereit, zum König zu gehen. Der König gab ihnen die Erlaubnis, nach den
Gesetzen der fremden Völker zu leben. 14 Sie errichteten in Jerusalem eine Sportschule, wie es bei den
fremden Völkern Brauch ist, 15 und ließen bei sich die Beschneidung rückgängig machen. So fielen sie vom heiligen Bund ab, vermischten sich mit den fremden Völkern und gaben sich dazu her, Böses zu tun.

11–15 || 2 Makk 4,9–13

Der Angriff der Heiden auf den Tempel

16 Als Antiochus sah, dass sich seine Herrschaft gefestigt hatte, fasste er den Plan, auch König von Ägypten zu werden und so über zwei Reiche zu
herrschen. 17 Er drang mit vielen Soldaten in Ägypten ein, mit Streitwagen und Kriegselefanten, mit
Reitern und einer großen Flotte, 18 und führte Krieg gegen Ptolemäus, den König von Ägypten. Ptolemäus wurde von ihm geschlagen und musste fliehen, nachdem viele seiner Leute im Kampf
gefallen waren. 19 Die befestigten Städte Ägyptens wurden erobert und das Land geplündert.
20 Antiochus wandte sich nach seinem Sieg über Ägypten im Jahr 143 gegen Israel und rückte mit
zahlreichen Truppen hinauf vor Jerusalem. 21 In seiner Vermessenheit betrat er sogar das Heiligtum; er raubte den goldenen Rauchopferaltar, den
Leuchter samt seinem Zubehör, 22 den Tisch für die Schaubrote, die Opfer- und Trinkschalen, die goldenen Rauchfässer, den Vorhang, die Kronen und den goldenen Schmuck von der Vorderseite des Tempels. Von allem ließ er das Gold abschla-
gen. 23 Dann nahm er das Silber, das Gold, die kostbaren Geräte, und was er von den versteckten
Schätzen finden konnte, 24 und ließ alles in sein Land schleppen. Er richtete ein Blutbad an und führte ganz vermessene Reden.
25 Da kam große Trauer über das ganze Land Israel.
26 Die Vornehmen und Alten stöhnten; / die Mädchen und jungen Männer verloren ihre Kraft / und die Schönheit der Frauen verfiel.
27 Jeder Bräutigam stimmte die Totenklage an, / die Braut saß trauernd in ihrem Gemach.
28 Das Land zitterte um seine Bewohner. / Das ganze Haus Jakob war mit Schande bedeckt.

16–24 || 2 Makk 5,1.11–21 • 16–24: Dan 11,25–28

Die Verwüstung der Stadt Jerusalem

29 Zwei Jahre später schickte der König einen Beamten in die Städte von Judäa mit dem Auftrag, die Steuern einzutreiben. Er kam mit zahlreichen Truppen nach Jerusalem. 30 Hinterlistig bot er den Einwohnern zunächst Frieden an. Als man ihm Glauben schenkte, fiel er plötzlich über die Stadt her, richtete großen Schaden in ihr an und brachte viele Israeliten um. 31 Er ließ die Stadt plündern und in Brand stecken und die Häuser und Stadtmauern ringsum niederreißen. 32 Frauen und Kinder schleppte man in die Sklaverei und ihren Besitz nahm man als Beute mit. 33 Um die Davidstadt bauten sie eine hohe und feste Mauer mit mächtigen Türmen, damit sie ihnen als Burg dienen konnte. 34 Sie legten eine heidnische Besatzung hinein, Männer, die sich nicht an das Gesetz hielten. Diese setzten sich dort fest, 35 versahen sich mit Waffen und Proviant und brachten auch die Beute, die sie in Jerusalem gemacht hatten, dort unter. So wurden sie zu einer großen Gefahr.

36 Aus dem Hinterhalt bedrohten sie das Heiligtum; / immer waren sie für Israel ein schlimmer Feind.

37 Rings um den Tempel vergossen sie unschuldiges Blut / und entweihten die heilige Stätte.

38 Jerusalems Einwohner flohen vor ihnen / und Ausländer zogen in die Stadt ein. / Ihren eigenen Kindern wurde die Stadt fremd / und ihre Söhne verließen sie. 39 Ihr Heiligtum wurde leer wie die Wüste, / ihre Feste verwandelten sich in Trauer. / Ihre Sabbate wurden verhöhnt; / statt geehrt zu sein, war sie verachtet. 40 So groß ihre Herrlichkeit gewesen war, / so groß war nun ihre Schande./ Von ihrer Höhe ist sie herabgestürzt, / jetzt liegt sie in Trauer.

29–30: 2 Makk 5,24–26

Die Verfolgung der treuen Israeliten

41 Damals schrieb der König seinem ganzen Reich vor, alle sollen zu einem einzigen Volk werden 42 und jeder solle seine Eigenart aufgeben. Alle Völker fügten sich dem Erlass des Königs. 43 Auch vielen Männern aus Israel gefiel der Gottesdienst, den er angeordnet hatte; sie opferten den Götterbildern und entweihten den Sabbat. 44 Der König schickte Boten nach Jerusalem und in die Städte Judäas mit der schriftlichen Anordnung, man solle eine Lebensform übernehmen, die dem Land fremd war. 45 Brand-, Schlacht- und Trankopfer im Heiligtum seien einzustellen, Sabbate und Feste zu entweihen, 46 das Heiligtum und die Heiligen zu schänden. 47 Man solle statt dessen Altäre, Heiligtümer und Tempel für die fremden Götter errichten sowie Schweine und andere unreine Tiere opfern. 48 Ihre Söhne dürften sie nicht mehr beschneiden, vielmehr sollten sie sich mit jeder denkbaren Unreinheit und Schande beflecken. 49 So sollte das Gesetz in Vergessenheit geraten und alle seine Vorschriften sollten hinfällig werden. 50 Wer aber des Königs Anordnung nicht befolge, müsse sterben. 51 Ähnliche Anweisungen erließ er für sein ganzes Reich. Er setzte Beamte ein, die die Durchführung im ganzen Volk überwachen sollten; auch gab er den Befehl, der Reihe nach in allen Städten Judäas einen Opfergottesdienst zu halten. 52 Viele aus dem Volk schlossen sich ihnen an; sie alle fielen vom Gesetz ab und trieben es schlimm im Land. 53 Die Israeliten mussten sich vor ihnen verstecken, wo immer sie Zuflucht fanden. 54 Am fünfzehnten Kislew des Jahres 145 ließ der König auf dem Brandopferaltar den unheilvollen Gräuel aufstellen; auch in den Städten Judäas ringsum baute man Altäre. 55 Vor den Haustüren und auf den Plätzen opferte man Weihrauch. 56 Alle Buchrollen des Gesetzes, die man fand, wurden zerrissen und verbrannt. 57 Wer im Besitz einer Bundesrolle angetroffen wurde oder zum Gesetz hielt, wurde aufgrund der königlichen Anordnung zum Tod verurteilt. 58 Sie ließen Israel ihre Macht fühlen und gingen mit Gewalt gegen alle vor, die sie Monat für Monat in den Städten aufspürten. 59 Am fünfundzwanzigsten des Monats (Kislew) brachten sie auf dem Altar, den sie über dem Brandopferaltar errichtet hatten, ein Opfer dar. 60 Frauen, die ihre Kinder hatten beschneiden lassen, wurden auf Befehl (des Königs) hingerichtet; 61 dabei hängte man die Säuglinge an den Hals ihrer Mütter. Auch ihre Familien brachte man um samt denen, die die Beschneidung vorgenommen hatten. 62 Dennoch blieben viele aus Israel fest und stark; sie aßen nichts, was unrein war. 63 Lieber wollten sie sterben, als sich durch die Speisen unrein machen und den heiligen Bund entweihen. So starben sie. 64 Ein gewaltiger Zorn lag auf Israel.

41–64: 2 Makk 6f • 45–46: Dan 9,27; 11,31 • 54: Dan 9,27; 11,31 • 60–61: 2 Makk 6,10

DER AUFSTAND GEGEN DIE VERFOLGER: 2,1–70

Mattatias und seine Söhne

2 Damals trat ein Priester auf aus dem Ge-
schlecht des Jojarib namens Mattatias; sein
Vater war Johanan, der Sohn Simeons. Er stammte
aus Jerusalem, hatte sich aber in Modeïn nieder-
gelassen. [2] Er hatte fünf Söhne: Johanan, den man
auch Gaddi nannte, [3] Simeon mit dem Beinamen
Tassi, [4] Judas, der als der Makkabäer bekannt
wurde, [5] Eleasar, dem man den Namen Awaran
gab, und Jonatan, der auch Apphus hieß.
[6] Als er das gotteslästerliche Treiben in Judäa und
in Jerusalem sah, sagte er:
[7] Ach, warum bin ich geboren, dass ich erleben
muss, / wie man mein Volk vernichtet / und die
heilige Stadt zerstört? / Ohnmächtig musste man
zusehen, / wie sie in die Gewalt ihrer Feinde ge-
riet, / wie die heilige Stätte Fremden in die Hände
fiel.
[8] Ihr Tempel wurde wie ein ehrloser Mann,
[9] ihre Kostbarkeiten schleppte man als Beute fort. /
Auf den Plätzen erschlug man ihre kleinen Kinder; /
ihre jungen Männer fielen unter dem Schwert des
Feindes.
[10] Welches Volk hat nicht ein Stück des Reiches
erhalten, / hat sich nicht seinen Anteil an der Beute
errafft?
[11] Ihren ganzen Schmuck nahm man ihr weg. / Die
Freie wurde zur Sklavin.
[12] Seht, unser Heiligtum, / unsere Zierde und unser
Ruhm, liegt verödet; / fremde Völker haben es ent-
weiht.
[13] Wozu leben wir noch?
[14] Und Mattatias und seine Söhne zerrissen ihre
Gewänder, zogen Bußkleider an und gaben sich
tiefer Trauer hin.

1: 1 Chr 24,7

Der Aufstand des Mattatias

[15] Da kamen die Beamten, die vom König den Auf-
trag hatten, die Einwohner zum Abfall von Gott zu
zwingen, in die Stadt Modeïn, um die Opfer
durchzuführen. [16] Viele Männer aus Israel kamen
zu ihnen; auch Mattatias und seine Söhne mussten
erscheinen.
[17] Da wandten sich die Leute des Königs an Matta-
tias und sagten: Du besitzt in dieser Stadt Macht,
Ansehen und Einfluss und hast die Unterstützung
deiner Söhne und Verwandten. [18] Tritt also als
erster vor und tu, was der König angeordnet hat.
So haben es alle Völker getan, auch die Männer in
Judäa und alle, die in Jerusalem geblieben sind.
Dann wirst du mit deinen Söhnen zu den Freun-
den des Königs gehören; auch wird man dich und
deine Söhne mit Silber, Gold und vielen Geschen-
ken überhäufen.
[19] Mattatias aber antwortete mit lauter Stimme:
Auch wenn alle Völker im Reich des Königs ihm
gehorchen und jedes von der Religion seiner Väter
abfällt und sich für seine Anordnungen entschei-
det – [20] ich, meine Söhne und meine Verwandten
bleiben beim Bund unserer Väter. [21] Der Himmel
bewahre uns davor, das Gesetz und seine Vor-
schriften zu verlassen. [22] Wir gehorchen den Be-
fehlen des Königs nicht und wir weichen weder
nach rechts noch nach links von unserer Religion
ab.
[23] Kaum hatte er das gesagt, da trat vor aller Augen
ein Jude vor und wollte auf dem Altar von Modeïn
opfern, wie es der König angeordnet hatte. [24] Als
Mattatias das sah, packte ihn leidenschaftlicher
Eifer; er bebte vor Erregung und ließ seinem
gerechten Zorn freien Lauf: Er sprang vor und
erstach den Abtrünnigen über dem Altar. [25] Zu-
sammen mit ihm erschlug er auch den königlichen
Beamten, der sie zum Opfer zwingen wollte, und
riss den Altar nieder; [26] der leidenschaftliche Eifer
für das Gesetz hatte ihn gepackt und er tat, was
einst Pinhas mit Simri, dem Sohn des Salu, ge-
macht hatte. [27] Dann ging Mattatias durch die
Stadt und rief laut: Wer sich für das Gesetz ereifert
und zum Bund steht, der soll mir folgen. [28] Und er
floh mit seinen Söhnen in die Berge; ihren ganzen
Besitz ließen sie in der Stadt zurück.

17–22: Dan 11,32 • 26: Num 25,6–15

Der Kampf am Sabbat

[29] Damals gingen viele, die Recht und Gerechtig-
keit suchten, in die Wüste hinunter, um dort zu
leben. [30] Ihre Kinder und ihre Frauen und auch ihr
Vieh nahmen sie mit; denn ihre Lage zu Hause war

unerträglich geworden. 31 Aber man meldete den
Beauftragten des Königs und der Besatzung, die in
der Davidstadt von Jerusalem war: Die Leute, die
die Anordnung des Königs missachtet haben, sind
in die Wüste zu den Höhlen hinabgezogen. 32 Da
setzte ihnen eine starke Truppe nach; als sie die
Juden eingeholt hatte, stellte sie sich ihnen gegen-
über auf und machte sich zum Kampf bereit. An
jenem Tag war gerade Sabbat. 33 Die Soldaten rie-
fen ihnen zu: Jetzt ist noch Zeit. Kommt heraus
und tut, was der König sagt; dann bleibt ihr am
Leben. 34 Die Juden antworteten: Wir gehen nicht
hinaus und tun nicht, was der König sagt; wir wer-
den den Sabbat nicht entweihen. 35 Da gingen die
Soldaten sofort zum Angriff über. 36 Die Juden ga-
ben keine Antwort mehr; sie warfen nicht einmal
Steine auf sie, noch versperrten sie die Eingänge
der Höhlen. 37 Denn sie sagten: Wir wollen lieber
alle sterben, als schuldig werden. Himmel und Erde
sind unsere Zeugen, dass ihr uns gegen jedes Recht
umbringt. 38 Am Sabbat begannen die Soldaten
den Kampf; so starben die Juden mit ihren Frauen
und Kindern, etwa tausend Menschen, und auch
ihr Vieh kam zusammen mit ihnen um.
39 Als Mattatias und seine Anhänger das erfuhren,
hielten sie für die Toten eine große Trauerfeier ab.
40 Sie sagten zueinander: Wenn wir alle so handeln,
wie unsere Brüder gehandelt haben, und nicht ge-
gen die fremden Völker für unser Leben und unse-
re Gesetze kämpfen, dann vertilgen sie uns bald
von der Erde. 41 Und sie beschlossen noch am glei-
chen Tag: Wenn uns jemand am Sabbat angreift,
werden wir gegen ihn kämpfen, damit wir nicht alle
umkommen wie unsere Brüder in den Höhlen.

29: 2 Makk 6,11

Erste Erfolge der Aufständischen

42 Damals schloss sich ihnen auch die Gemein-
schaft der Hasidäer an; das waren tapfere Männer
aus Israel, die alle dem Gesetz treu ergeben waren.
43 Auch alle anderen, die vor dem Unheil flohen,
kamen zu ihnen und verstärkten ihre Reihen. 44 Sie
stellten eine bewaffnete Streitmacht auf
und sie erschlugen die Sünder in ihrem Zorn, / die
Frevler in ihrem Grimm.
Wer übrig blieb, musste zu den Nachbarvölkern
fliehen, um sein Leben zu retten. 45 Mattatias und
seine Anhänger zogen durch das ganze Land und
rissen die Altäre nieder. 46 Alle unbeschnittenen
Kinder, die sie in dem Gebiet Israels fanden,
beschnitten sie gewaltsam.
47 Sie verfolgten die frechen Frevler; / in allem, was
sie taten, hatten sie Glück.
48 Sie entrissen das Gesetz der Gewalt fremder Völ-
ker / und der Hand der Könige. / Dem Sünder
ließen sie keine Macht.

Vermächtnis und Tod des Mattatias

49 Schließlich kam für Mattatias die Zeit, dass er
sterben musste. Da sagte er zu seinen Söhnen:
Nun sind über uns Hochmut und Strafe gekom-
men, / die Zeit des Zusammenbruchs und lodern-
der Zorn.
50 Jetzt ereifert euch für das Gesetz, meine Söhne, /
setzt euer Leben ein für den Bund unserer Väter!
51 Denkt an die Taten, / die unsere Väter zu ihren
Zeiten vollbrachten; / erwerbt euch großen Ruhm /
und einen ewigen Namen!
52 Wurde Abraham nicht für treu befunden in der
Erprobung / und wurde ihm das nicht als Gerech-
tigkeit angerechnet?
53 Josef hielt das Gebot, als man ihn bedrängte, /
und wurde Herr über Ägypten.
54 Pinhas, unser Ahnherr, ereiferte sich für Gottes
Sache / und empfing den Bund ewigen Priester-
tums.
55 Weil Josua seinen Auftrag erfüllte, / wurde er
Richter in Israel.
56 Kaleb sprach als Zeuge vor dem Volk die Wahr-
heit; / darum bekam er ein Erbteil im Land.
57 David hielt die Treue; / darum erhielt er den
Königsthron als ewiges Erbe.
58 Elija kämpfte mit leidenschaftlichem Eifer für
das Gesetz / und wurde in den Himmel aufge-
nommen.
59 Hananja, Asarja und Mischaël hatten Vertrauen; /
darum wurden sie aus den Flammen gerettet.
60 Weil Daniel unschuldig war, / wurde er dem
Rachen der Löwen entrissen.
61 Überdenkt unsere ganze Vergangenheit: / Kei-
ner, der ihm vertraut, kommt zu Fall.
62 Habt keine Angst vor den Worten eines bösen
Menschen! / Seine Herrlichkeit verfällt der Fäul-
nis und den Würmern.

63 Heute noch reckt er sich hoch empor, / morgen
schon ist er verschwunden; / denn er ist wieder zu
Staub geworden / und mit seinen Plänen ist's aus.
64 Meine Söhne, seid stark und mutig im Kampf für
das Gesetz; / denn durch das Gesetz werdet ihr
euch Ruhm erwerben.
65 Da ist Simeon, euer Bruder. Ich weiß, dass er ein
kluger Mann ist. Hört immer auf ihn! Er soll euer
Vater sein. 66 Judas, der Makkabäer, ist seit seiner
Jugend ein tapferer Krieger. Er soll an der Spitze
eures Heeres stehen und den Kampf für sein Volk
führen. 67 Schart alle um euch, die das Gesetz hal-
ten. Nehmt Rache für euer Volk! 68 Zahlt es den
fremden Völkern heim! Achtet auf das, was das
Gesetz befiehlt.
69 Und nachdem er sie gesegnet hatte, wurde er mit
seinen Vätern vereint. 70 Er starb im Jahr 146. Man
setzte ihn im Grab seiner Väter in Modeïn bei und
ganz Israel hielt feierlich die Totenklage um ihn.

52: Gen 22; 15,6 • 53: Gen 39,7–15; 41,38–44 • 54: Num 25,6–13 • 55: Ex 17,9–13; Num 27,15–23 • 56: Num 13,30; 14,6f.24; Jos 14,6–14 • 57: 1 Sam 24; 26; 2 Sam 7 • 58: 1 Kön 18,40; 19,10; 2 Kön 2,1–13 • 59: Dan 3 • 60: Dan 6 • 63: Ps 37,35f; 146,3f

DIE TATEN DES JUDAS: 3,1 – 9,22

Das Loblied auf Judas

3 An die Stelle des Mattatias trat sein Sohn
Judas mit dem Beinamen der Makkabäer.
2 Alle seine Brüder unterstützten ihn, wie auch alle,
die sich seinem Vater angeschlossen hatten. Freu-
dig kämpften sie für Israel.
3 Er machte sein Volk weithin berühmt. / Als
Kriegsheld zog er seinen Panzer an, / legte seine
Waffen um und führte Krieg; / sein Schwert war
der Schutz seines Heeres.
4 Er glich im Kampf einem Löwen, / einem jungen
Löwen, der sich brüllend auf die Beute stürzt.
5 Er verfolgte die Sünder und spürte sie auf; / er
vertilgte alle, die sein Volk verwirrten.
6 Aus Furcht vor ihm verloren die Sünder den
Mut, / alle Übeltäter vergingen vor Angst. / Seiner
Hand gelang die Befreiung.
7 Vielen Königen schaffte er großen Verdruss, /
doch Jakob erfreute er mit seinen Taten. / Sein
Andenken sei ewig gepriesen.
8 Er zog durch die Städte Judäas, / vernichtete die
Frevler im Land / und wandte Gottes Zorn von
Israel ab.
9 Man sprach von ihm bis ans Ende der Welt; / er
sammelte wieder, was verloren war.

1–9: 2 Makk 8,1–7

Abwehr heidnischer Angriffe

10 Apollonius sammelte Truppen aus den fremden
Völkern und dazu ein großes Heer aus Samarien,
um gegen Israel Krieg zu führen. 11 Als Judas davon
erfuhr, zog er ihm entgegen und besiegte und
erschlug ihn. Viele kamen in diesem Kampf um;
die Übrigen flohen. 12 Danach holte man sich die
Beute. Judas nahm das Schwert des Apollonius an
sich; er gebrauchte es in jedem Kampf, solange er
lebte.
13 Seron, der Befehlshaber der Streitkräfte in Sy-
rien, hörte, dass Judas eine Gemeinschaft von Ge-
treuen um sich geschart hatte, die mit ihm in den
Kampf auszogen. 14 Da dachte er: Ich will mir
einen Namen machen und im Reich berühmt wer-
den: Ich werde einen Feldzug unternehmen gegen
Judas und seine Leute, die das Wort des Königs
verachten. 15 Ein großes Heer ruchloser Männer
schloss sich ihm an und zog zu seiner Unterstüt-
zung mit ihm hinauf, um an den Israeliten Rache
zu nehmen. 16 Er kam bis zur Steige von Bet-
Horon. Judas zog ihm mit ganz wenigen Männern
entgegen. 17 Als diese das Heer sahen, das gegen sie
ausgerückt war, sagten sie zu Judas: Wie können
wir mit so wenigen Leuten gegen eine solche Über-
macht kämpfen? Außerdem sind wir ganz er-
schöpft; denn wir haben heute noch nichts veges-
sen.
18 Judas antwortete: Es kann leicht sein, dass viele
wenigen in die Hände fallen; für den Himmel
macht es keinen Unterschied, ob er durch viele
oder wenige Rettung bringt. 19 Denn der Sieg im
Kampf liegt nicht an der Größe des Heeres, son-
dern an der Kraft, die vom Himmel kommt.
20 Diese Leute da ziehen voll Hochmut und Bos-
heit gegen uns in den Kampf, um uns mit unse-
ren Frauen und Kindern auszurotten und unsere

Habe zu plündern. 21 Wir aber kämpfen für unser Leben und für unsere Gesetze. 22 Der Himmel wird sie vor unseren Augen vernichtend schlagen. Darum habt keine Angst vor ihnen! 23 Kaum hatte er das gesagt, da stürzte er sich überraschend auf die Feinde und Seron und sein Heer wurden vor seinen Augen aufgerieben. 24 Sie verfolgten ihn von der Steige von Bet-Horon bis in die Ebene hinab und es fielen gegen achthundert Mann von ihnen; die Übrigen flohen ins Land der Philister.

25 Da begann man, sich vor Judas und seinen Brüdern zu fürchten, / Schrecken befiel die Völker ringsum.

26 Selbst der König hörte seinen Namen; / die ganze Welt erzählte von den Kämpfen des Judas.

18: 1 Sam 14,6

Die Kriegsvorbereitungen des Antiochus Epiphanes

27 Als König Antiochus von diesen Ereignissen hörte, wurde er sehr zornig. Er schickte Boten aus und zog alle Streitkräfte seines Reiches zusammen: ein gewaltig großes Heer. 28 Dann öffnete er seine Schatzkammer, gab seinen Truppen Sold für ein Jahr und befahl ihnen, sich für jeden Fall bereitzuhalten. 29 Doch merkte er, dass das Geld im Staatsschatz ausging. Auch kamen nur noch wenig Steuern aus dem Land ein, weil er Streit und Unglück über das Land gebracht hatte, als er die uralten Bräuche aufhob. 30 Er war also besorgt, dass er, wie es schon einige Male vorgekommen war, nicht mehr so aufwendig wie früher leben und keine Geschenke mehr verteilen könnte. Er war nämlich bisher besonders freigebig gewesen, mehr als die Könige vor ihm. 31 In seiner großen Verlegenheit beschloss er, nach Persien zu ziehen, um in jenen Provinzen die Steuern einzutreiben und auf diese Weise viel Geld zusammenzubringen.

32 Als seinen Statthalter über das Gebiet zwischen dem Eufrat und der Grenze Ägyptens ließ er Lysias zurück, einen Mann, der sehr angesehen war und aus königlicher Familie stammte. 33 Ihm übertrug er auch bis zu seiner Rückkehr die Erziehung seines Sohnes Antiochus. 34 Ferner überließ er ihm die Hälfte der Truppen und die Kriegselefanten und gab ihm Anweisungen über alle anstehenden Maßnahmen, auch gegen die Bewohner von Judäa und Jerusalem. 35 Er sagte, er solle ein Heer gegen Israel schicken, um seine Macht zu brechen, um alles zu vernichten, was von Jerusalem noch übrig sei, und sogar die Erinnerung an die Juden auslöschen. 36 Er solle Menschen aus fremden Völkern in ihrem ganzen Gebiet ansiedeln und das Land an sie verlosen. 37 Die andere Hälfte der Truppen nahm der König mit sich; er brach im Jahr 147 von seiner Hauptstadt Antiochia auf, überquerte den Eufrat und marschierte in die östlichen Provinzen.

Der Angriff des Gorgias und des Nikanor

38 Lysias aber wählte Ptolemäus aus, den Sohn des Dorymenes, außerdem Nikanor und Gorgias, tapfere Männer, die zu den Freunden des Königs gehörten, 39 und schickte sie mit vierzigtausend Mann und siebentausend Reitern auf den Weg. Sie sollten in Judäa einmarschieren und das Land verwüsten, wie es der König befohlen hatte. 40 Sie brachen also mit ihrem ganzen Heer auf, zogen bis Emmaus und schlugen dort in der Ebene ihr Lager auf. 41 Als die Händler in jener Gegend von ihnen hörten, kamen sie mit viel Silber und Gold und mit Fußfesseln zum Lager, um die Israeliten als Sklaven aufzukaufen. Dem Heer schlossen sich auch noch Truppen aus Syrien und aus dem Land der Philister an.

42 Als Judas und seine Brüder sahen, dass großes Unheil drohte und die feindlichen Truppen schon auf ihrem Gebiet ihr Lager aufschlugen, und als sie erfuhren, welche Befehle der König gegeben hatte, um das Volk völlig zu vernichten, 43 sagten sie zueinander: Wir wollen die Trümmer unseres Volkes wiederaufbauen und für unser Volk und das Heiligtum kämpfen. 44 Und sie kamen zusammen, um sich zum Kampf zu rüsten, aber auch, um zu beten und Gnade und Mitleid zu erflehen.

45 Jerusalem war menschenleer wie eine Wüste, / von den Kindern der Stadt / ging keines mehr ein oder aus. / Die heilige Stätte war entweiht. / Ausländer hausten in der Burg, / sie war ein Gasthaus für fremde Völker. / Die Freude war aus Jakob verschwunden, / Flöte und Harfe waren verstummt.

38–45 || 2 Makk 8,8–15 • 38: 2 Makk 4,45; 1 Makk 7,26; 2 Makk 10,14

Der Bittgottesdienst in Mizpa

46 Sie versammelten sich also und gingen nach
Mizpa. Das ist ein Ort, der Jerusalem gegenüber
liegt und an dem die Israeliten früher eine Gebets-
stätte hatten. 47 Sie fasteten an jenem Tag, zogen
Bußkleider an, streuten sich Staub auf das Haupt
und zerrissen ihre Gewänder. 48 Sie breiteten die
Gesetzesrolle aus, um eine Entscheidung zu erhal-
ten, so wie die fremden Völker ihre Götterbilder
befragen. 49 Auch brachten sie die priesterlichen
Gewänder, die Erstlingsfrüchte und den Zehnten
herbei, befahlen den Nasiräern, deren Zeit abge-
laufen war, sich zu versammeln, 50 und schrien laut
zum Himmel: Was sollen wir mit diesen Dingen
und diesen Menschen tun, wo sollen wir sie hin-
bringen? 51 Man entweiht und schändet dein Hei-
ligtum; deine Priester leben in Trauer und Elend.
52 Sieh her: Man führt fremde Völker zusammen,
um uns auszurotten. Du weißt, was sie mit uns
vorhaben. 53 Wie können wir ihrem Angriff stand-
halten, wenn du uns nicht hilfst? 54 Dabei ließen sie
die Trompeten blasen und schrien laut.
55 Danach setzte Judas Heerführer ein, jeweils über
tausend, hundert, fünfzig und zehn. 56 Alle, die
(kurz zuvor) ein Haus gebaut, eine Frau geheira-
tet oder Weinberge angelegt hatten oder die Angst
hatten, ließ er nach Hause zurückkehren, wie es
das Gesetz vorschreibt. 57 Danach brach das Heer
auf und schlug südlich von Emmaus sein Lager
auf. 58 Judas sagte: Legt eure Waffen an und seid
tapfer! Macht euch bereit, morgen früh mit diesen
fremden Völkern zu kämpfen, die man zusam-
mengeführt hat, um uns und unser Heiligtum zu
vernichten. 59 Denn wir wollen lieber im Kampf
fallen, als zusehen, wie Unglück über unser Volk
und über das Heiligtum kommt. 60 Doch wie der
Himmel will, so soll es geschehen.

46–60 || 2 Makk 8,16–23 • 46: Ri 20,1–3; 1 Sam 7,5f • 49: Dtn 26; Num 6 • 56: Dtn 20,5–9

Der Sieg über Gorgias

4 Gorgias aber nahm eine Abteilung von
fünftausend Mann und tausend ausgesuch-
ten Reitern und brach mit ihnen in der Nacht auf.
2 Er wollte nämlich das jüdische Heer überfallen
und überraschend schlagen; Leute aus der Burg
zeigten ihm den Weg. 3 Doch Judas erfuhr davon
und brach selbst mit seinen Männern auf, um das
Lager der königlichen Streitkräfte vor Emmaus
anzugreifen, 4 solange die anderen Truppen vom
Lager getrennt waren. 5 Gorgias erreichte noch in
der Nacht das Lager der Juden, fand aber niemand.
Daher suchte er sie in den Bergen, denn er dachte:
Sie sind vor uns geflohen.
6 Bei Tagesanbruch erschien Judas mit dreitausend
Mann in der Ebene. Doch sie waren nicht so aus-
gerüstet und bewaffnet, wie sie es wünschten. 7 Als
sie das Kriegslager der fremden Völker sahen, das
stark, fest gebaut und ringsum von Reiterei umge-
ben war – lauter gut ausgebildete Soldaten –, 8 da
sagte Judas zu seinen Männern: Habt keine Angst
vor ihrer Übermacht und fürchtet euch nicht vor
ihrer Kampfkraft! 9 Denkt daran, wie unsere Väter
im Roten Meer gerettet wurden, als der Pharao sie
mit seinem Heer verfolgte. 10 Lasst uns den Him-
mel anrufen, dass er uns gewogen ist und des Bun-
des mit unseren Vätern gedenkt und dass er die-
ses Heer heute vor unseren Augen vernichtend
schlägt. 11 Dann werden alle Völker erkennen, dass
es einen gibt, der Israel loskauft und rettet.
12 Als die fremden Soldaten aufblickten, sahen sie
die Juden heranrücken. 13 Da kamen sie aus ihrem
Lager heraus, um zu kämpfen; die Männer des
Judas aber bliesen die Widderhörner. 14 Die beiden
Heere stießen aufeinander und die fremden Völ-
ker wurden vernichtend geschlagen und flohen in
die Ebene. 15 Alle, die nicht schnell genug waren,
fielen unter dem Schwert. Die Juden verfolgten sie
bis nach Geser und in die Ebene von Idumäa,
Aschdod und Jamnia und erschlugen ungefähr
dreitausend von ihnen. 16 Dann hörte Judas mit
seinen Leuten auf, sie zu verfolgen, und kehrte um.
17 Er sagte zu seinen Männern: Fallt noch nicht
über die Beute her; denn uns steht noch ein Kampf
bevor. 18 Gorgias steht mit seinen Truppen dicht
vor uns in den Bergen. Stellt euch also zum Kampf
gegen eure Feinde auf und greift sie an; nach-
her könnt ihr in aller Ruhe eure Beute holen.
19 Während Judas noch sprach, sah man eine Ab-
teilung der Feinde hinter dem Berg auftauchen.
20 Als sie merkten, dass ihre Leute geschlagen
waren und die Juden das Lager angezündet hat-
ten – der weithin sichtbare Rauch zeigte an, was
geschehen war –, 21 bekamen sie bei diesem An-

blick große Angst. Als sie außerdem sahen, dass
das Heer des Judas kampfbereit in der Ebene
stand, [22] flohen sie alle ins Land der Philister.
[23] Jetzt erst machte sich Judas an die Plünderung
des Lagers. Sie erbeuteten viel Gold und Silber,
violette und rote Purpurstoffe und andere reiche
Schätze. [24] Auf dem Rückmarsch priesen und lob-
ten sie den Himmel: »Denn er ist gütig, denn seine
Huld währt ewig«. [25] So wurde Israel an jenem Tag
wunderbar gerettet.

1–25 || 2 Makk 8,23–29 • 2: 1,33 • 24: Ps 118,1

Der erste Angriff des königlichen Heeres unter Lysias

[26] Die Philister, die sich hatten retten können,
kamen zu Lysias und meldeten ihm, was gesche-
hen war. [27] Auf diese Nachricht hin war er bestürzt
und in großer Sorge. Denn der Feldzug gegen
Israel war nicht so verlaufen, wie er es gewollt
hatte; der Auftrag des Königs war nicht ausgeführt
worden. [28] Darum warb er im nächsten Jahr sech-
zigtausend Söldner an, ausgesuchte Männer, dazu
fünftausend Reiter, um wieder gegen die Juden zu
Felde zu ziehen. [29] Sie zogen nach Idumäa und
schlugen in Bet-Zur ihr Lager auf. Judas aber kam
ihnen mit zehntausend Mann entgegen. [30] Als Ju-
das das gewaltige Heerlager der Feinde erblickte,
sprach er folgendes Gebet: Gepriesen seist du, Ret-
ter Israels. Du hast den wütenden Riesen durch
deinen Knecht David erschlagen; du hast das
Kriegslager der Philister Jonatan, dem Sohn Sauls,
und seinem Waffenträger in die Hand gegeben.
[31] Gib dieses Heer deinem Volk Israel preis! Sie sol-
len beschämt werden samt ihrem Fußvolk und
ihrer Reiterei. [32] Jag ihnen einen Schrecken ein und
lass ihren kühnen Mut schwinden! Ihr Untergang
soll sie erschüttern. [33] Schlag sie nieder durch das
Schwert derer, die dich lieben. Dann werden alle,
die deinen Namen kennen, dein Lob singen. [34] Als
nun die Heere aufeinanderstießen, fielen etwa fünf-
tausend von den Soldaten des Lysias. [35] Als Lysias
sah, welche Niederlage sein Heer erlitten hatte und
wie kühn die Leute des Judas waren, bereit tapfer
zu leben oder zu sterben, kehrte er nach Antiochia
zurück. Dort warb er Söldner an, um mit noch
stärkerer Macht noch einmal gegen Judäa zu ziehen.

26–35: 2 Makk 11,1–12 • 30: 1 Sam 17; 14,1–23

Die Reinigung und Weihe des Tempels

[36] Judas und seine Brüder aber sagten: Unsere
Feinde sind nun vernichtend geschlagen. Wir wol-
len nach Jerusalem hinaufziehen, den Tempel rei-
nigen und ihn neu weihen. [37] Das ganze Heer ver-
sammelte sich also und zog zum Berg Zion hinauf.
[38] Da sahen sie das Heiligtum verödet daliegen.
Der Brandopferaltar war entweiht; die Tore hatte
man verbrannt. In den Vorhöfen wuchs Unkraut
wie in einem Wald oder auf einem Berg und die
Nebengebäude waren verfallen. [39] Da zerrissen
sie ihre Gewänder, begannen laut zu klagen und
streuten sich Staub auf das Haupt. [40] Sie warfen
sich nieder, mit dem Gesicht zur Erde. Sie bliesen
die Signaltrompeten und schrien zum Himmel.
[41] Dann befahl Judas einer Schar seiner Männer,
die Besatzung der Burg zu belagern, bis das Hei-
ligtum gereinigt sei. [42] Er wählte untadelige und
gesetzestreue Priester aus, [43] damit sie das Heilig-
tum reinigten und die entweihten Steine an einen
unreinen Ort trugen. [44] Sie berieten, was sie mit
dem entweihten Brandopferaltar tun sollten. [45] Es
kam ihnen der gute Gedanke, ihn niederzureißen;
denn er hätte ihnen Schande gebracht, da die
fremden Völker ihn entweiht hatten. So rissen sie
den Altar nieder [46] und legten die Steine an einen
passenden Ort auf dem Tempelberg nieder, bis ein
Prophet komme und entscheide, was damit ge-
schehen solle. [47] Dann nahmen sie unbehauene
Steine, wie es das Gesetz vorschreibt, und errich-
teten einen neuen Altar, der genauso aussah wie
der alte. [48] Auch das Heiligtum und die Innen-
räume des Tempels bauten sie wieder auf und
reinigten die Vorhöfe. [49] Sie fertigten neue heilige
Geräte an und stellten den Leuchter, den Rauch-
opferaltar und den Tisch in den Tempel. [50] Dann
brachten sie auf dem Altar ein Rauchopfer dar,
zündeten die Lichter an dem Leuchter an, sodass
der Tempel hell wurde, [51] legten Schaubrote auf
den Tisch und hängten den Vorhang auf. So been-
deten sie alle Arbeiten, die sie sich vorgenommen
hatten.
[52] Am Fünfundzwanzigsten des neunten Monats –
das ist der Monat Kislew – im Jahr 148 standen sie
früh am Morgen auf [53] und brachten auf dem
neuen Brandopferaltar, den sie errichtet hatten,
Opfer dar, so wie sie das Gesetz vorschreibt. [54] Zur

gleichen Zeit und am selben Tag, an dem ihn die fremden Völker entweiht hatten, wurde er neu geweiht, unter Liedern, Zither- und Harfenspiel und dem Klang der Zimbeln. 55 Das ganze Volk warf sich nieder auf das Gesicht, sie beteten an und priesen den Himmel, der ihnen Erfolg geschenkt hatte. 56 Acht Tage lang feierten sie die Altarweihe, brachten mit Freuden Brandopfer dar und schlachteten Heils- und Dankopfer. 57 Sie schmückten die Vorderseite des Tempels mit Kränzen und kleinen Schilden aus Gold; sie erneuerten die Tore und auch die Nebengebäude, die sie wieder mit Türen versahen. 58 Im Volk herrschte sehr große Freude; denn die Schande, die ihnen die fremden Völker zugefügt hatten, war beseitigt. 59 Judas fasste mit seinen Brüdern und mit der ganzen Gemeinde Israels den Beschluss, Jahr für Jahr zur selben Zeit mit festlichem Jubel die Tage der Altarweihe zu begehen, und zwar acht Tage lang, vom fünfundzwanzigsten Kislew an.

60 In jener Zeit errichteten sie rund um den Zionsberg auch hohe Mauern mit festen Türmen, damit die fremden Völker nicht mehr in dieses Gebiet eindringen und es entweihen konnten, wie sie es vorher getan hatten. 61 Und Judas ordnete Truppen ab, um ihn zu bewachen. Auch Bet-Zur ließ er befestigen und legte eine Besatzung hinein, um das Volk gegen Idumäa abzusichern.

36–61: 2 Makk 10,1–8 • 38: Ps 74,2–7 • 44: 1,54 • 46: 14,41 • 47: Ex 20,25 • 49: Ex 37,10–29

Die Feldzüge gegen die Idumäer und Ammoniter

5 Als aber die Völker ringsum hörten, dass die Juden den Altar neu errichtet und das Heiligtum wieder geweiht hatten, sodass alles war wie früher, gerieten sie in heftigen Zorn. 2 Sie beschlossen, alle aus dem Stamm Jakobs, die bei ihnen wohnten, auszurotten, und begannen, im Volk Tod und Verderben zu verbreiten.

3 Da griff Judas die Nachkommen Esaus an, die jenen Teil Idumäas bewohnten, der Akrabattene heißt; sie hatten nämlich die Grenze nach Israel abgeriegelt. Er brachte ihnen eine schwere Niederlage bei, ließ sie seine Macht fühlen und ihren Besitz plündern. 4 Auch dachte er daran, welche Untaten die Beoniter begangen hatten; sie hatten nämlich den Juden an den Wegen aufgelauert und waren für das Volk wie ein Netz und eine Falle gewesen. 5 Daher schloss er sie jetzt in ihre Fliehtürme ein und belagerte sie; er weihte sie dem Untergang und verbrannte die Türme mit allen, die darin waren. 6 Dann zog er hinüber gegen die Ammoniter. Er traf auf eine starke Streitmacht mit vielen Kriegern; ihr Anführer war Timotheus. 7 Judas verwickelte sie in zahlreiche Gefechte und sie wurden von ihm vernichtend geschlagen und besiegt. 8 Er eroberte auch die Stadt Jaser und ihre Tochterstädte. Dann kehrte er nach Judäa zurück.

1–2: 12,53 • 3–8: 2 Makk 10,15–23 • 5: Jos 6,17 • 6: Dtn 2,18f • 8: Num 21,31f

Die Vorbereitungen zur Rettung der Juden in Galiläa und in Gilead

9 Da rotteten sich die Völker des Landes Gilead gegen die Israeliten, die in ihrem Gebiet lebten, zusammen, um sie zu töten. Doch diese konnten sich in die Festung Datema flüchten. 10 Sie schrieben an Judas und seine Brüder einen Brief mit folgendem Inhalt: Die Völker ringsum haben sich gegen uns zusammengerottet, um uns zu vernichten. 11 Sie stehen bereit, um zu kommen und die Festung zu erobern, in die wir geflohen sind. Timotheus führt ihre Streitkräfte an. 12 Darum komm her und rette uns aus ihrer Gewalt, denn viele von uns sind schon gefallen. 13 Auch unsere Brüder, die unter den Leuten von Tubi lebten, hat man umgebracht, ihre Frauen gefangen genommen, ihre Kinder und ihren Besitz geraubt. Etwa tausend Männer sind dort umgekommen.

14 Judas und seine Brüder hatten den Brief noch nicht zu Ende gelesen, da kamen andere Boten aus Galiläa in zerrissenen Kleidern und brachten ihnen die Nachricht: 15 Die Einwohner von Ptolemaïs, Tyrus und Sidon und dem ganzen oberen Galiläa, soweit es Fremdstämmige bewohnen, haben sich zusammengetan, um uns auszurotten.

16 Als Judas und das Volk das hörten, beriefen sie eine große Versammlung ein, um zu beraten, was sie für ihre bedrängten Brüder tun sollten, die von den Feinden angegriffen wurden. 17 Judas sagte zu seinem Bruder Simeon: Such dir geeignete Männer aus, mach dich auf den Weg und befrei deine Brüder in Galiläa; ich und mein Bruder Jonatan

wollen nach Gilead ziehen. 18 Als Anführer des
Volkes ließ er Josef, den Sohn Secharjas, und
Asarja mit dem Rest des Heeres zur Bewachung
Judäas zurück.
19 Er gab ihnen den Befehl: Übernehmt die
Führung dieser Leute, aber lasst euch in keinen
Kampf mit fremden Völkern ein, bevor wir zu-
rückgekehrt sind. 20 Simeon erhielt dreitausend
Mann zugeteilt, mit denen er nach Galiläa zie-
hen sollte, Judas dagegen achttausend Mann für
Gilead.

Die Feldzüge nach Galiläa und Gilead

21 Simeon zog also nach Galiläa. Dort lieferte er
den fremden Völkern zahlreiche Gefechte und sie
wurden vor seinen Augen vernichtend geschlagen.
22 Er verfolgte sie bis an die Tore von Ptolemaïs.
Von den fremden Völkern fielen ungefähr drei-
tausend Mann und Simeon machte reiche Beute
bei ihnen. 23 Dann führte er die Juden aus Galiläa
und Arbatta mit ihren Frauen und Kindern und
ihrem ganzen Besitz unter großem Jubel nach
Judäa zurück.
24 Judas, der Makkabäer, und sein Bruder Jonatan
hatten indessen den Jordan überschritten und
waren drei Tagesmärsche durch die Steppe gezo-
gen. 25 Dort trafen sie auf die Nabatäer, die ihnen
freundlich begegneten und ihnen alles erzählten,
was ihren Brüdern in Gilead zugestoßen war.
26 Viele von ihnen würden in Bosora, Bosor, Ale-
ma, Kaspin, Maked und Karnajim festgehalten,
lauter großen, befestigten Städten. 27 Auch in den
übrigen Städten Gileads halte man sie fest und
morgen wolle man sich anschicken, die Festungen
zu belagern und zu erstürmen. Alle sollten an
einem einzigen Tag umgebracht werden.
28 Da kehrte Judas mit seinem Heer überraschend
um. Er nahm den Weg durch die Steppe von
Bosora, eroberte die Stadt, erschlug mit scharfem
Schwert die gesamte männliche Bevölkerung,
plünderte die Stadt völlig aus und brannte sie nie-
der.
29 Noch in der gleichen Nacht brach er wieder auf
und sie zogen bis vor die Festung Datema. 30 Als sie
gegen Morgen Ausschau hielten, da sahen sie ein
unzählbar großes Heer; die Soldaten schleppten
Sturmleitern und Belagerungsmaschinen heran,
um die Festung zu erstürmen und gingen schon
zum Angriff gegen die Juden über. 31 Judas sah,
dass der Kampf bereits begonnen hatte: Der Lärm
aus der Stadt, Trompetengeschmetter und lautes
Geschrei drangen bis zum Himmel. 32 Da rief er
den Männern in seinem Heer zu: Kämpft heute für
unsere Brüder! 33 Dann griff er die Feinde mit drei
Abteilungen von hinten an; seine Leute bliesen die
Trompeten und beteten laut. 34 Sobald das Heer
des Timotheus merkte, dass es der Makkabäer war,
liefen sie vor ihm davon. Er brachte ihnen eine
schwere Niederlage bei; etwa achttausend Mann
von ihnen fielen an diesem Tag.
35 Danach wandte sich Judas gegen Alema. Er griff
die Stadt an und eroberte sie, erschlug die gesamte
männliche Bevölkerung, ließ die Stadt plündern
und brannte sie nieder. 36 Von dort brach er auf
und eroberte Kaspin, Maked, Bosor und die übri-
gen Städte Gileads.
37 Nach diesen Ereignissen sammelte Timotheus
ein neues Heer und schlug gegenüber von Rafon,
jenseits der Schlucht, sein Lager auf. 38 Judas
schickte Späher aus, die das Lager erkunden soll-
ten. Sie meldeten ihm: Alle Völker, die rings um
uns wohnen, sind zu ihm gestoßen; es ist ein
gewaltiges Heer. 39 Auch arabische Hilfstruppen
hat er angeworben. Sie haben auf der anderen
Seite der Schlucht ihr Lager bezogen und stehen
bereit, gegen dich zum Kampf auszurücken. Da
zog Judas ihnen entgegen. 40 Als er sich mit seinem
Heer dem Bach, der durch die Schlucht führte,
näherte, sagte Timotheus zu seinen Heerführern:
Wenn er zuerst über den Bach zu uns herüber-
kommt, können wir ihm nicht standhalten; dann
wird er uns sicherlich überwältigen. 41 Wenn er
aber Angst hat und sein Lager jenseits des Baches
aufschlägt, dann gehen wir zu ihm hinüber und
werden ihn überwältigen. 42 Als Judas sich dem
Gebirgsbach genähert hatte, ließ er Heeresschrei-
ber in der Schlucht antreten und gab ihnen den
Befehl: Niemand darf hier Halt machen, sondern
alle sollen zum Kampf vorrücken. 43 Er selbst ging
als erster über den Bach, den Feinden entgegen,
und alle seine Krieger folgten ihm. Und die frem-
den Völker wurden von ihm vernichtend geschla-
gen; sie warfen ihre Waffen weg und flüchteten
sich in das Heiligtum von Karnajim. 44 Aber die

Juden eroberten die Stadt und verbrannten das Heiligtum mit allen, die darin waren. So wurde Karnajim gedemütigt und niemand konnte Judas mehr Widerstand leisten.

45 Nun sammelte Judas alle Israeliten, die in Gilead lebten, jung und alt, mit ihren Frauen und Kindern und ihrem Besitz, eine gewaltige Menschenmenge, um mit ihnen nach Judäa zu ziehen. 46 Sie kamen bis Efron. Diese große und stark befestigte Stadt lag auf ihrem Weg. Man konnte sie weder links noch rechts umgehen, sondern musste mitten durch sie hindurchziehen. 47 Aber die Einwohner der Stadt schlossen vor ihnen die Tore und versperrten sie außerdem mit Steinen. 48 Da schickte Judas Unterhändler zu ihnen mit dem friedlichen Vorschlag: Wir wollen durch euer Land ziehen, um in unser Land zu kommen. Keiner wird euch etwas Böses tun; wir wollen nur durchmarschieren. Aber die Einwohner wollten ihnen die Tore nicht öffnen. 49 Nun ließ Judas im Heer den Befehl ausrufen, jeder solle dort Stellung beziehen, wo er gerade sei. 50 Da stellten sich die Krieger auf und Judas ließ die Stadt den ganzen Tag und die ganze Nacht hindurch angreifen, bis sie fiel. 51 Er erschlug ihre gesamte männliche Bevölkerung mit scharfem Schwert, zerstörte die Stadt völlig und ließ sie plündern. Dann marschierte er über die Leichen der Erschlagenen hinweg durch die Stadt. 52 Sie überquerten den Jordan in der großen Ebene gegenüber von Bet-Schean. 53 Judas sorgte dafür, dass die Nachzügler zusammenblieben, und auf dem ganzen Weg sprach er den Leuten Mut zu, bis sie Judäa erreichten. 54 Dann zogen sie mit Jubel und Freude zum Berg Zion hinauf und brachten dort Brandopfer dar; denn keiner von ihnen war gefallen, alle waren wohlbehalten heimgekehrt.

24–54: 2 Makk 12,10–31 • 33: 1 Sam 11,11 • 40: 1 Sam 14,9f • 45: Jer 31,8 • 48: Num 20,14.17f • 51: Jos 6,17 • 54: Jer 31,12

Die wahren Führer Israels

55 Zu der Zeit, als Judas und Jonatan in Gilead waren und als sein Bruder Simeon in Galiläa vor Ptolemaïs lag, 56 hörten die Heerführer Josef, der Sohn Secharjas, und Asarja von den kühnen Taten, die jene vollbracht hatten. 57 Da sagten sie: Auch wir wollen uns einen Namen machen und einen Feldzug gegen die fremden Völker ringsum führen. 58 Sie gaben also den Soldaten, die sie bei sich hatten, den Befehl, gegen Jamnia zu ziehen. 59 Aber Gorgias und seine Männer rückten ihnen aus der Stadt zum Kampf entgegen. 60 Josef und Asarja wurden geschlagen und bis an die Grenze von Judäa verfolgt. An jenem Tag fielen fast zweitausend aus dem Volk Israel. 61 Das Volk hatte eine schwere Niederlage erlitten, weil sie nicht auf Judas und seine Brüder gehört hatten, sondern sich einbildeten, auch sie könnten große Taten vollbringen. 62 Doch sie waren nicht aus dem Geschlecht derer, die mit der Rettung Israels beauftragt waren.

63 Der große Judas und seine Brüder dagegen erwarben sich hohen Ruhm bei ganz Israel und bei allen Völkern, überall wo ihr Name bekannt wurde. 64 Die Leute kamen herbei, um sie zu beglückwünschen. 65 Judas und seine Brüder zogen auch zum Kampf gegen die Nachkommen Esaus im Süden. Er schlug Hebron und seine Tochterstädte, eroberte ihre Festungen und brannte ihre Türme ringsum nieder.

66 Dann zog er gegen das Philisterland. Als das Heer dabei durch Marescha kam, 67 fielen einige Priester im Kampf. Sie waren schlecht beraten gewesen, in den Krieg zu ziehen, um Heldentaten zu vollbringen. 68 Dann machte Judas eine Ausweichbewegung und zog nach Aschdod im Land der Philister. Dort zerstörte er die Altäre der Philister, verbrannte ihre Götterbilder, plünderte die Städte und kehrte dann nach Judäa zurück.

56: 5,18f • 68: Dtn 7,5

Das Ende des Antiochus Epiphanes und die Thronbesteigung des Antiochus V.

6 König Antiochus durchzog unterdessen die östlichen Provinzen. Er hörte von einer Stadt in Persien namens Elymaïs, die berühmt war wegen ihres Reichtums an Silber und Gold. 2 Auch gibt es in ihr einen sehr reichen Tempel; der mazedonische König Alexander, der Sohn des Philippus, der als erster Grieche König geworden war, hatte dort goldene Schilde, Rüstungen und Waffen hinterlassen. 3 Antiochus marschierte also hin und versuchte, die Stadt zu erobern und zu plündern. Doch er blieb ohne Erfolg; denn die Einwohner der Stadt hatten von seinem Plan erfahren 4 und leisteten ihm bewaffneten Widerstand. Er

musste fluchtartig abziehen und machte sich sehr
niedergeschlagen auf den Rückweg nach Babylon.
5 Noch in Persien erreichte ihn ein Bote mit der
Nachricht, dass die Heere, die in Judäa einmar-
schiert waren, geschlagen worden waren. 6 Auch Ly-
sias, der an der Spitze einer starken Streitmacht in
den Kampf gezogen war, habe gegen die Juden eine
schwere Niederlage erlitten. Deren Bewaffnung
und Kampfkraft habe sich durch die große Beute,
die sie bei den geschlagenen Armeen machten, ver-
stärkt. 7 Den Gräuel, den er auf dem Altar in Jeru-
salem hatte aufstellen lassen, hätten sie wieder ent-
fernt und den Tempelbezirk wie früher mit hohen
Mauern umgeben, ebenso seine Stadt Bet-Zur.
8 Als der König das hörte, war er bestürzt und sehr
beunruhigt. Er musste sich niederlegen, da ihn
eine Schwäche befiel; so niedergeschlagen war er,
weil seine Pläne gescheitert waren. 9 So ging es
mehrere Tage. Er bekam immer neue Anfälle tie-
fer Schwermut und rechnete schon damit, dass er
sterben müsse. 10 Er rief seine Freunde zusammen
und sagte zu ihnen: Der Schlaf flieht meine Augen
und ich bin vor Sorgen zusammengebrochen.
11 Ich habe mich gefragt: Wie bin ich nur in diese
große Not und Bedrängnis geraten, in der ich mich
jetzt befinde? Ich war während meiner Regierung
doch immer leutselig und beliebt. 12 Jetzt fallen mir
die bösen Dinge ein, die ich in Jerusalem getan
habe. Ich habe dort alle Geräte aus Silber und Gold
mitgenommen, ja, ich habe ohne Grund den Auf-
trag gegeben, die Bewohner Judäas auszurotten.
13 Deswegen ist dieses Unglück über mich gekom-
men, das weiß ich jetzt. Und nun sterbe ich ganz
verzweifelt in einem fremden Land.
14 Er rief Philippus, einen seiner Freunde, zu sich
und setzte ihn als Herrscher über sein ganzes
Königreich ein. 15 Er überreichte ihm das königli-
che Diadem, sein Gewand und seinen Siegelring
und gab ihm den Auftrag, seinen Sohn Antiochus
anzuleiten und zu erziehen, bis er die Regierung
übernehmen könne. 16 Dann starb König Antio-
chus dort im Jahr 149.
17 Als Lysias erfuhr, dass der König tot war, setzte
er als dessen Nachfolger seinen Sohn Antiochus ein,
dessen Erziehung ihm während seiner Minderjäh-
rigkeit oblag, und gab ihm den Beinamen Eupator.

1–17: 2 Makk 9; 1,11–17 • 7: 4,45 • 17: 3,32f

Der zweite Angriff des königlichen Heeres unter Lysias

18 Die Besatzung der Burg in Jerusalem schloss die
Israeliten, die im Tempel waren, von allen Seiten
ein. Sie versuchte unaufhörlich, Unheil anzurich-
ten, und die Fremden hatten an ihnen einen star-
ken Rückhalt. 19 Judas fasste daher den Plan, sie zu
vernichten, und berief alle wehrfähigen Männer
zur Belagerung zusammen. 20 Sie kamen und man
begann im Jahr 150 mit der Belagerung; dabei
baute man sogar Wurf- und Belagerungsmaschi-
nen. 21 Einige von der Besatzung konnten den
Belagerungsring durchbrechen; zu ihnen stießen
mehrere Ruchlose aus Israel. 22 Sie begaben sich
zum König und sagten: Wie lange zögerst du, uns
unser Recht zu verschaffen und für unsere Brüder
Rache zu nehmen? 23 Wir haben deinem Vater
bereitwillig gedient; wir haben so gelebt, wie er
es sagte, und haben seine Anordnungen befolgt.
24 Deswegen sind uns unsere eigenen Landsleute
fremd geworden; ja, sie haben jeden von uns, den
sie fanden, umgebracht und haben unseren Besitz
geraubt. 25 Doch nicht allein gegen uns haben sie
die Hand erhoben, sondern auch gegen alle ihre
Nachbarn. 26 Jetzt sind sie sogar vor die Burg von
Jerusalem gezogen, um sie zu erobern; außerdem
haben sie den Tempel und Bet-Zur befestigt.
27 Wenn du ihnen nicht bald zuvorkommst, wer-
den sie noch mehr unternehmen und du wirst sie
nicht mehr aufhalten können.
28 Als der König das hörte, wurde er zornig. Er ließ
alle seine Freunde zu sich kommen, sowohl die
Anführer des Fußvolks als auch die der Reiterei.
29 Auch aus anderen Reichen und von den Inseln
kamen Söldnertruppen zu ihm. 30 Im Ganzen be-
stand sein Heer aus hunderttausend Mann Fuß-
volk, zwanzigtausend Reitern und zweiunddreißig
Kriegselefanten.
31 Sie zogen durch Idumäa und belagerten Bet-Zur.
Der Kampf zog sich lange hin. Sie bauten auch
Belagerungsmaschinen; die Belagerten machten
jedoch einen Ausfall, verbrannten sie und schlu-
gen sich tapfer. 32 Da zog Judas von der Burg in
Jerusalem ab und schlug dem königlichen Heer
gegenüber bei Bet-Sacharja sein Lager auf. 33 Am
nächsten Morgen ließ der König das Heer in aller
Frühe aufbrechen und in einem Eilmarsch nach

Bet-Sacharja marschieren. Die Truppen schwärmten aus und man stieß in die Trompeten. [34] Den Elefanten hielt man den Saft von Trauben und Maulbeeren vor, um sie zum Kampf zu reizen. [35] Darauf verteilte man die Tiere auf die einzelnen Abteilungen. Zu jedem Elefanten stellten sie tausend Mann; diese hatten Kettenpanzer an und auf dem Kopf bronzene Helme. Außerdem waren jedem Tier fünfhundert ausgesuchte Reiter zugeordnet; [36] sie hatten sich schon vorher immer bei den Tieren aufgehalten und waren ihnen überall gefolgt, wohin sie auch gingen. [37] Jedes Tier trug einen befestigten, gut gesicherten Turm aus Holz, der kunstfertig angeschnallt war, dazu vier Soldaten, die von dem Turm aus kämpften, sowie seinen indischen Lenker. [38] Die übrige Reiterei stellte der König außen an die beiden Flügel des Heeres, um die Gegner zu beunruhigen und die eigenen Reihen zu decken. [39] Als die Sonne sich in den goldenen und ehernen Schilden brach, da strahlten die Berge wider und leuchteten auf wie brennende Fackeln. [40] Ein Teil des königlichen Heeres stellte sich oben auf den Bergen, ein anderer unten in der Ebene auf. Dann begannen sie, sicher und geordnet vorzurücken. [41] Da zitterten alle, die das Getöse der Menge hörten und sahen, wie die Massen aufmarschierten und die Waffen aneinanderschlugen; denn es war ein gewaltig großes und starkes Heer.

[42] Judas rückte mit seinen Truppen ebenfalls vor und es kam zum Kampf; dabei fielen vom Heer des Königs sechshundert Mann. [43] Eleasar Awaran sah einen Elefanten, dessen Panzer königlichen Schmuck trug und der alle anderen Tiere überragte. Da er glaubte, darauf sitze der König, [44] opferte er sich, um sein Volk zu retten und sich ewigen Ruhm zu erwerben. [45] Er lief mutig auf ihn zu, mitten in die feindliche Schlachtreihe hinein, teilte nach links und rechts tödliche Hiebe aus und schlug sich eine Bresche durch die Reihen. [46] So drang er bis zu dem Elefanten vor, stellte sich unter ihn und durchbohrte ihn. Das Tier brach zusammen und fiel auf ihn, sodass er erdrückt wurde. [47] Als die Juden die Stärke und das Ungestüm der königlichen Truppen sahen, wichen sie ihnen aus. [48] Die Truppen des königlichen Heeres rückten daraufhin nach Jerusalem hinauf, um die Juden dort zum Kampf zu stellen. Der König schlug in Judäa und am Berg Zion ein Lager auf.

[49] Mit der Besatzung von Bet-Zur schloss er Frieden und sie verließ die Stadt. Dort waren nämlich während der Belagerung die Nahrungsmittel ausgegangen; denn man beging im Land ein Sabbatjahr. [50] Der König ließ Bet-Zur besetzen und legte eine Garnison hinein, um es zu sichern.

[51] Dann belagerte er viele Tage lang den Tempel. Er ließ Wurf- und Belagerungsmaschinen, auch Brand- und Steinschleudern aufstellen, dazu Armbrüste für Pfeile und kleinere Schleudermaschinen. [52] Aber die Juden bauten ebenfalls Maschinen und der Kampf zog sich lange hin. [53] Doch die Vorratsräume waren leer, weil das Jahr ein siebtes Jahr war; zudem hatten die, die man bei den fremden Völkern gerettet und nach Judäa gebracht hatte, den Rest der Vorräte aufgebraucht. [54] Die Besatzung litt daher Hunger und die Truppen liefen auseinander, jeder ging nach Hause; nur wenige Männer blieben beim Tempel zurück.

18–54 ‖ 2 Makk 13,1f.9–26 • 18: 1,33–36 • 49: Lev 25,2–7

Der Religionsfriede des Lysias

[55] Da hörte Lysias, Philippus, den König Antiochus noch zu seinen Lebzeiten zum Erzieher seines Sohnes Antiochus bestimmt hatte, bis dieser die Regierung antreten könne, [56] sei aus Persien und Medien zurückgekehrt, zusammen mit den Truppen, die den (verstorbenen) König begleitet hatten; er versuche, die Regierung an sich zu bringen. [57] Daher entschloss sich Lysias, möglichst rasch abzuziehen; er sagte zum König, zu den Offizieren und den Soldaten: Unsere Lage wird von Tag zu Tag schwieriger. Es gibt wenig zu essen und der Ort, den wir belagern, ist stark befestigt. Überdies ruht auf uns die Sorge um das Reich. [58] Reichen wir darum diesen Leuten die Hand und schließen wir Frieden mit ihnen und ihrem ganzen Volk! [59] Wir wollen ihnen zugestehen, dass sie wie früher nach ihren Gesetzen leben können. Denn weil wir ihre Gesetze abschaffen wollten, haben sie sich gegen uns aufgelehnt und all das getan. [60] Der König und die Heerführer waren mit diesem Vorschlag einverstanden; er ließ den Juden Frieden anbieten und sie nahmen ihn an. [61] Der König und die Heerführer leisteten ihnen einen Eid; darauf verließen

die Juden die Festung. 62 Aber als der König den Berg Zion betrat und sah, wie stark der Ort befestigt war, brach er den Eid, den er geschworen hatte, und gab den Befehl, die Mauer ringsum einzureißen. 63 Dann zog er in Eilmärschen ab und kehrte nach Antiochia zurück. Er fand die Stadt im Besitz des Philippus, eröffnete den Kampf gegen ihn und nahm die Stadt mit Gewalt.

55–63 ‖ 2 Makk 11,13–15 (38) • 55: 6,14f

Neue Angriffe auf Israel nach der Thronbesteigung des Demetrius I.

7 Im Jahr 151 floh Demetrius, der Sohn des Seleukus, aus Rom, landete mit nur wenigen Männern in einer Stadt am Meer und rief sich dort zum König aus. 2 Als er in den Palast seiner Väter einzog, nahmen die Truppen Antiochus und Lysias fest, um sie ihm auszuliefern. 3 Das wurde ihm mitgeteilt; er aber sagte: Ich will ihr Gesicht nicht sehen. 4 Da brachten die Truppen die beiden um und Demetrius setzte sich auf den Thron seines Reiches.

5 Alle Gesetzlosen und Frevler aus Israel kamen zu ihm. Ihr Anführer war Alkimus, der Hoherpriester werden wollte. 6 Sie verklagten das Volk beim König und sagten: Judas und seine Brüder haben alle deine Freunde umgebracht und uns aus unserer Heimat vertrieben. 7 Schick darum einen Mann, dem du vertraust, er soll kommen und sich das ganze Unheil ansehen, das sie uns und dem Land des Königs zugefügt haben. Dann soll er sie und alle, die sie unterstützen, bestrafen.

8 Der König wählte Bakchides, einen der Freunde des Königs; er hatte den Befehl jenseits des Stroms, galt viel im Reich und war dem König treu ergeben. 9 Mit ihm schickte er den ruchlosen Alkimus, den er als Hohenpriester einsetzte, und gab ihm den Auftrag, an den Israeliten Vergeltung zu üben. 10 Sie brachen mit einem großen Heer auf und zogen nach Judäa. Er schickte Boten an Judas und seine Brüder und bot ihnen mit hinterlistigen Worten Frieden. 11 Doch diese glaubten ihnen nicht; denn sie sahen, dass sie mit einem großen Heer gekommen waren.

12 Eine Gruppe von Schriftgelehrten ging indessen gemeinsam zu Alkimus und Bakchides, um eine gerechte Lösung zu suchen. 13 Auch bemühten sich die Hasidäer, als erste von den Israeliten, bei ihnen um Frieden. 14 Sie sagten sich nämlich: Ein Priester aus der Familie des Aaron ist zusammen mit den Truppen hergekommen; er wird uns nichts Böses tun. 15 Alkimus unterhielt sich auch friedlich mit ihnen, ja, er schwor ihnen: Wir werden euch und euren Freunden kein Leid zufügen. 16 Sie glaubten ihm; er aber ließ sechzig von ihnen festnehmen und noch am selben Tag hinrichten, genau wie geschrieben steht: 17 Die Leichen deiner Frommen haben sie rings um Jerusalem zerstreut und ihr Blut haben sie vergossen und keiner hat sie begraben. 18 Da begann das ganze Volk, sich vor ihnen zu fürchten und zu zittern. Man sagte: Bei ihnen gibt es weder Treue noch Recht; denn sie haben den Vertrag gebrochen trotz des Eides, den sie geschworen haben.

19 Bakchides marschierte von Jerusalem nach Bet-Sajit und schlug dort sein Lager auf. Er ließ viele von den Männern, die zu ihm übergelaufen waren, festnehmen, dazu auch einige Männer aus dem Volk, und befahl, sie an der großen Zisterne niederzumetzeln. 20 Er übergab das Land dem Alkimus und ließ zu seiner Unterstützung einen Teil der Truppen zurück. Dann kehrte Bakchides zum König zurück.

21 Alkimus aber kämpfte um das Hohepriesteramt. 22 Alle Unruhestifter im Volk sammelten sich um ihn; sie rissen die Macht über Judäa an sich und stürzten Israel tief ins Unglück. 23 Judas sah all das Unheil, das Alkimus und seine Anhänger bei den Israeliten anrichteten; sie waren schlimmer als die Ausländer. 24 Da brach er auf, zog durch das Gebiet von ganz Judäa und übte an den Überläufern Vergeltung, sodass sie sich nicht mehr frei im Land bewegen konnten. 25 Alkimus merkte, dass Judas und seine Leute an Macht gewannen, und da er einsah, dass er ihnen nicht gewachsen war, wandte er sich wieder an den König und brachte schwere Anklagen gegen sie vor.

1–25 ‖ 2 Makk 14,1–10 • 13: 2,42 • 17: Ps 79,2f

Der Angriff und die Niederlage des Nikanor

26 Da schickte der König einen seiner bedeutendsten Anführer, Nikanor, der ein erbitterter Gegner Israels war; er trug ihm auf, das Volk zu vernichten. 27 Nikanor kam mit einem großen Heer nach

Jerusalem. Er schickte Boten zu Judas und seinen
Brüdern und sprach hinterlistig von Frieden. Er
sagte: [28] Ich will keinen Krieg mit euch. Darum will
ich mich in Begleitung von nur ein paar Leuten in
aller Freundschaft mit euch treffen, um über den
Frieden zu reden. [29] Er kam auch zu Judas und sie
begrüßten einander freundschaftlich. Seine Solda-
ten hielten sich indessen bereit, den Judas zu ver-
schleppen. [30] Judas aber erfuhr, dass er in böser Ab-
sicht gekommen war. Da wurde er vorsichtig und
wollte nicht mehr mit ihm zusammenkommen.
[31] Nun merkte Nikanor, dass sein Plan entdeckt
worden war, und er zog aus, um Judas bei Kafar-
Salama zum Kampf zu stellen. [32] Aber fast fünfhun-
dert von den Leuten des Nikanor fielen und seine
Soldaten mussten sich in die Davidstadt flüchten.
[33] Nach diesen Ereignissen ging Nikanor zum Berg
Zion hinauf. Aus dem Tempelbezirk kamen ihm
Priester und Älteste des Volkes entgegen, um ihn
friedlich zu begrüßen und ihm das Opfer zu zei-
gen, das man für den König darbrachte. [34] Er aber
verhöhnte und verspottete sie und machte sie
unrein. Er prahlte [35] und schwor voller Zorn: Wenn
Judas und sein Heer mir nicht sofort ausgeliefert
werden, dann stecke ich dieses Haus in Brand,
sobald ich heil zurück bin. Dann ging er wütend
weg. [36] Die Priester gingen wieder hinein, stellten
sich vor den Altar und den Tempel, weinten und
sagten: [37] Du hast dieses Haus erwählt, damit dein
Name darüber ausgerufen werde; es sollte für dein
Volk ein Haus des Betens und Flehens sein. [38] Übe
Vergeltung an diesem Menschen und an seinem
Heer! Sie sollen unter dem Schwert fallen. Denk an
ihre Lästerungen und lass sie nicht weiterleben!
[39] Nikanor verließ Jerusalem und schlug in Bet-
Horon sein Lager auf; dort stieß eine Abteilung
Soldaten aus Syrien zu ihm. [40] Judas dagegen hatte
mit dreitausend Mann sein Lager bei Hadascha
und er betete: [41] Damals, als die Leute des Königs
von Assur über dich gelästert hatten, kam dein
Engel und erschlug hundertfünfundachtzigtau-
send von ihnen. [42] Schlag heute dieses Heer vor
unseren Augen genauso, damit die, die von ihnen
übrig bleiben, erkennen, dass Nikanor schlimme
Worte gegen dein Heiligtum ausgestoßen hat.
Richte ihn, wie es sein Verbrechen verdient.
[43] Am Dreizehnten des Monats Adar stießen die
Heere aufeinander und das Heer des Nikanor
wurde vernichtend geschlagen; er selbst fiel als
erster im Kampf. [44] Als sein Heer sah, dass Nikanor
gefallen war, warfen sie die Waffen weg und flo-
hen. [45] Die Juden verfolgten sie einen Tagesmarsch
weit, von Hadascha bis nach Geser, und bliesen
mit den Signaltrompeten hinter ihnen her. [46] Aus
allen umliegenden Dörfern Judäas kamen die
Männer heraus und umzingelten die Flüchtenden.
Da wandten sich die Feinde gegeneinander und
alle fielen unter dem Schwert; nicht einer von
ihnen blieb übrig.
[47] Die Juden nahmen ihnen ihre Ausrüstungen weg
und machten reiche Beute. Dem Nikanor schlugen
sie den Kopf ab und ebenso die rechte Hand, die
er so vermessen ausgestreckt hatte; sie brachten
beides nach Jerusalem und hängten es dort öffent-
lich auf. [48] Im Volk herrschte große Freude; sie be-
gingen diesen Tag als einen großen Festtag [49] und
beschlossen, den dreizehnten Adar künftig jedes
Jahr zu feiern.
[50] Danach hatte Judäa für kurze Zeit Ruhe.

26–50 || 2 Makk 14,11 – 15,36 • 26: 3,38 • 36: Joël 2,17 •
41: 2 Kön 18,17–35; 19,35

Das Bündnis des Judas mit Rom

8 Judas hörte, wie man von den Römern
erzählte, sie seien geübt im Kriegführen,
erwiesen allen, die zu ihnen hielten, Wohlwollen
und schlössen Freundschaft mit jedem, der sie
darum bitte. Sie seien in der Tat kriegstüchtige
Männer. [2] Man berichtete ihm auch von ihren
Feldzügen und von ihren kühnen Unternehmun-
gen gegen die Galater, die sie unterworfen und tri-
butpflichtig gemacht hatten, [3] ebenso von ihren
Taten in Spanien: Dort hatten sie die Silber- und
Goldbergwerke erobert [4] und durch ihre Klugheit
und Ausdauer das ganze Land an sich gebracht,
obgleich es von ihnen weit entfernt liegt. Die
Könige, die vom Ende der Welt gegen sie herange-
zogen waren, hatten sie besiegt und ihnen eine ver-
nichtende Niederlage beigebracht; die Übrigen
mussten ihnen jährlich Tribut zahlen. [5] Philippus
und Perseus, die Könige der Kittäer, und alle ande-
ren, die sich gegen sie auflehnten, hatten sie im
Krieg vernichtend geschlagen und unterworfen.
[6] Als Antiochus, der Großkönig von Asien, mit

hundertzwanzig Elefanten, mit Reiterei, Streitwa-
gen und einem gewaltigen Heer gegen sie zum
Kampf auszog, wurde er von ihnen vernichtend
geschlagen. 7 Sie nahmen ihn lebendig gefangen
und erlegten ihm und seinen Nachfolgern einen
hohen Tribut auf; er musste Geiseln stellen und
einen Teil seines Gebietes abtreten. 8 Sie nahmen
ihm die Provinzen Indien, Medien und Lydien ab,
einige der besten Länder, die er besaß, und schenk-
ten sie dem König Eumenes. 9 Als die Bewohner
von Griechenland den Plan fassten, in den Krieg
zu ziehen, um die Römer zu vernichten, 10 wurde
diesen die Sache bekannt. Sie schickten nur einen
einzigen Befehlshaber aus, um gegen sie Krieg zu
führen. Von den Griechen wurden viele verwun-
det und kamen um. Die Römer führten ihre
Frauen und Kinder gefangen weg, plünderten ihre
Habe und nahmen das Land in Besitz; sie schleif-
ten ihre Festungen und machten sich die Griechen
untertan; so ist es geblieben bis auf den heutigen
Tag. 11 Auch alle anderen Reiche und die Inseln, die
sich irgendwann gegen sie erhoben, hatten sie
besiegt und sich untertan gemacht. 12 Ihren Freun-
den aber und allen, die sich auf sie verließen, hiel-
ten sie die Freundschaft. Sie unterwarfen die
Könige nah und fern, und wer ihren Namen hörte,
hatte Angst vor ihnen. 13 Wem sie aber zur Herr-
schaft verhelfen wollen, der wird König und
ebenso setzen sie ab, wen sie wollen. Auf diese
Weise sind sie sehr groß geworden.
14 Bei all dem setzt sich keiner von ihnen eine
Krone auf oder legt Purpurgewänder an, um da-
mit zu prunken. 15 Vielmehr haben sie sich eine
Ratsversammlung (den Senat) geschaffen und
jeden Tag halten dreihundertundzwanzig Rats-
herren darüber Rat, wie das Volk gut zu regieren
sei. 16 Einem einzigen Mann übertragen sie ver-
trauensvoll für ein Jahr die Regierung über sich
und die Herrschaft über ihr ganzes Land. Alle
gehorchen dem einen, ohne dass es Neid oder
Eifersucht unter ihnen gibt.
17 Judas wählte Eupolemus, den Sohn Johanans
und Enkel des Koz, aus, sowie Jason, den Sohn
Eleasars, und schickte sie nach Rom, um mit den
Römern ein Freundschafts- und Waffenbündnis
zu schließen, 18 damit das Joch von Judäa genom-
men werde; denn die Römer sahen ja, wie die
Könige der Griechen Israel in Knechtschaft hiel-
ten. 19 Sie reisten also nach Rom – es war ein sehr
weiter Weg –, traten vor den Senat und sagten:
20 Judas, der Makkabäer, seine Brüder und das
jüdische Volk haben uns zu euch geschickt. Wir
wollen mit euch ein Friedensbündnis schließen
und als eure Bundesgenossen und Freunde einge-
schrieben werden.
21 Der Senat war mit dem Vorschlag einverstanden.
22 Dies ist eine Abschrift der Urkunde, die sie auf
Bronzetafeln aufzeichnen und nach Jerusalem
schicken ließen, damit die Erinnerung an das Frie-
densbündnis ständig gegenwärtig bleibe:
23 Den Römern und dem jüdischen Volk soll es zu
Wasser und zu Land immer wohl ergehen; Schwert
und Feind mögen ihnen fern bleiben. 24 Wenn Rom
oder irgendeinem seiner Bundesgenossen in sei-
nem ganzen Machtbereich zuerst ein Krieg droht,
25 wird das jüdische Volk, je nachdem es die Lage
erfordert, bereitwillig mit in den Kampf ziehen.
26 Den Kriegführenden brauchen keine Nahrungs-
mittel, keine Waffen, kein Geld und auch keine
Schiffe geliefert zu werden, wenn Rom es so für
richtig hält. Sie werden ihren Verpflichtungen ohne
Gegenleistung nachkommen. 27 Ebenso werden
die Römer, wenn das jüdische Volk zuerst in einen
Krieg verwickelt wird, bereitwillig mitkämpfen,
je nach den Umständen. 28 Den Bundesgenossen
brauchen keine Nahrungsmittel, Waffen, kein
Geld und auch keine Schiffe geliefert zu werden,
wenn Rom es so für richtig hält; sie werden ihren
Verpflichtungen ohne Hinterlist nachkommen.
29 Das ist der Wortlaut des Vertrags, den die Römer
mit dem Volk der Juden geschlossen haben.
30 Wenn später die beiden Parteien etwas hinzufü-
gen oder streichen wollen, können sie es nach
ihrem Belieben tun. Die Zusätze oder Streichun-
gen werden gültig sein.
31 Dem König Demetrius aber haben wir geschrie-
ben wegen des Unrechts, das er den Juden zuge-
fügt hat: Warum lastet dein Joch so schwer auf
unseren Freunden und Bundesgenossen, den Ju-
den? 32 Wenn sie jetzt noch einmal deinetwegen
vorstellig werden, verhelfen wir ihnen zu ihrem
Recht und führen gegen dich Krieg zu Wasser und
zu Land.

17: 12,1f; 15,15; 2 Makk 4,11

Judits Gespräch mit den Ältesten der Stadt: „Versucht nicht, die Entscheidungen des Herrn, unseres Gottes, zu erzwingen; denn Gott ist nicht wie ein Mensch, dem man drohen kann, und wie ein Menschenkind, das man beeinflussen kann. Darum wollen wir die Rettung von ihm erwarten und ihn um Hilfe anrufen. Er wird unser Flehen erhören, wenn es seinem Willen entspricht." (Judit 8,16f)

Die Frau

Ausschnitt aus „Christi Auferstehung", 1924
Öl auf Leinwand, 197 x 247 cm
bezeichnet links unten: Egger Lienz 1924; rechts unten: Christi Auferstehung
Innsbruck, Tiroler Landesmuseum Ferdinandeum, Inv.Nr. Gem 1297
(Leihgabe des Landes Tirol)

Die Charakterisierung des Menschenbildes gehört zum zentralen Anliegen von Albin Egger-Lienz. Dazu zählen die „späten Gedankenbilder" (Heinrich Hammer), in denen es um die Menschenwürde, aber auch um das Werden und Vergehen des Menschen geht. In „Christi Auferstehung" nimmt der Mensch unmittelbar teil am Heilsgeschehen. Das „innere Gesicht" der Frau ist vielleicht schon dem Tode nahe, doch die Auferstehung Christi führt sie zum Leben. Albin Egger-Lienz hat kaum das frohgemute Agieren, die Daseinsfreude des Menschen vermittelt, stets waren ihm die Nöte und Erschwernisse des Alltags wichtig.

„Judit sang: Stimmt ein Lied an für meinen Gott unter Paukenschall, singt für den Herrn unter Zimbelklang! Preist ihn und singt sein Lob, rühmt seinen Namen und ruft ihn an. Denn der Herr ist ein Gott, der den Kriegen ein Ende setzt; er führte mich heim in sein Lager inmitten des Volkes und rettete mich aus der Gewalt der Feinde.“ (Judit 16,1–2)

Ein Abschied in Tirol im Jahre 1809, 1894/97

Öl auf Leinwand, 95 x 78,5 cm
bezeichnet rechts unten: A. Egger Lienz
Lienz, Museum der Stadt Lienz Schloss Bruck, Inv.Nr. AEL 12

Ein Mann kniet mit gesenktem Haupt, mit wie zum Gebet ineinander geschobenen Fingern, auf sein Gewehr gestützt, auf einem Friedhof mit Grabkreuzen. Vor ihm steht eine Vase mit Wiesenblumen. Das Motiv ist eine Wiederholung eines Details aus dem in den Jahren 1894–1896 von Albin Egger-Lienz gemalten großformatigen Historienbild „Das Ave Maria nach der Schlacht am Bergisel“ (Innsbruck, Tiroler Landesmuseum Ferdinandeum, Inv.Nr. Gem 457). Egger-Lienz hat sich auch in den Historienbildern mit dem Alltag des Menschen, mit deren Glauben, aber auch mit dem Tod auseinander gesetzt. Das Bild wirkt wie eine Idylle, es hallt aber der Schrecken des Kampfes nach.

Die letzte Schlacht und der Tod des Judas

9 Demetrius erfuhr, dass Nikanor und sein
Heer im Kampf gefallen waren. Da schickte
er Bakchides und Alkimus zum zweiten Mal nach
Judäa und gab ihnen die im Süden stehende
Armee mit. 2 Sie nahmen den Weg nach Gilgal,
schlugen vor Mesalot in der Gegend von Arbela ihr
Lager auf, eroberten die Stadt und brachten viele
Menschen um. 3 Im ersten Monat des Jahres 152
schlugen sie ihr Lager bei Jerusalem auf. 4 Von dort
zogen sie mit zwanzigtausend Mann und zweitau-
send Reitern nach Berea. 5 Judas aber hatte mit
dreitausend ausgewählten Soldaten sein Lager bei
Elasa.

6 Als die Juden die Übermacht der feindlichen
Truppen sahen, bekamen sie große Angst. Viele
liefen aus dem Lager fort, sodass am Ende nur
noch achthundert Mann übrig waren. 7 Judas sah,
dass sich sein Heer auflöste, während der Kampf
unmittelbar bevorstand. Er wurde sehr bestürzt,
denn er hatte keine Zeit mehr, seine Leute wieder
zusammenzubringen. 8 Niedergeschlagen sagte er
zu denen, die noch da waren: Auf! Wir wollen
gegen unsere Feinde hinaufziehen. Vielleicht kön-
nen wir doch gegen sie kämpfen. 9 Sie aber wider-
sprachen ihm und sagten: Es ist unmöglich. Wir
wollen lieber jetzt unser Leben retten und dann
mit unseren Brüdern zurückkommen und gegen
sie kämpfen. Wir sind zu wenige. 10 Judas antwor-
tete: Auf keinen Fall werde ich vor ihnen fliehen.
Wenn unsere Zeit gekommen ist, dann wollen wir
für unsere Brüder tapfer in den Tod gehen; auf
unsere Ehre soll kein Schatten fallen.
11 Da rückte das feindliche Heer aus seinem Lager
aus und bezog ihnen gegenüber Stellung; die Rei-
terei wurde in zwei Gruppen geteilt, die Schleude-
rer und Bogenschützen gingen vor der Streitmacht
her, ebenso die Reihe der tapferen Vorkämpfer.
12 Bakchides war auf dem rechten Flügel. Die bei-
den Flügel der Schlachtreihe näherten sich und
man blies die Trompeten. Auch die Leute des Judas
stießen in die Trompeten. 13 Die Erde bebte vor
dem Getöse, das die Heere machten, und vom
Morgen bis zum Abend dauerte der Kampf Mann
gegen Mann. 14 Als Judas bemerkte, dass Bakchides
mit dem Kern seiner Truppe rechts stand, schar-
ten sich alle tapferen Männer um ihn 15 und der
rechte Flügel der Feinde wurde von ihnen ver-
nichtend geschlagen; sie verfolgten sie bis zum Ge-
birge von Aschdod. 16 Als die Truppen auf dem lin-
ken Flügel sahen, dass der rechte geschlagen war,
schwenkten sie um und folgten den Spuren des Ju-
das und seiner Leute. 17 Es entwickelte sich ein er-
bitterter Kampf, in dem beide Seiten schwere Ver-
luste erlitten. 18 Auch Judas fiel; die Übrigen flohen.
19 Jonatan und Simeon holten ihren Bruder und
bestatteten ihn im Grab seiner Väter in Modeïn.
20 Ganz Israel beweinte ihn und hielt um ihn eine
große Totenklage ab. Sie trauerten viele Tage lang
und sagten: 21 Ach, der Held ist gefallen, Israels
Retter.

22 Die übrige Geschichte des Judas, seine anderen
Feldzüge und kühnen Unternehmungen, die er
durchführte, und seine sonstigen großen Taten –
all das ist hier nicht erwähnt worden; es wäre zu
viel geworden.

21: 2 Sam 1,27

DIE TATEN JONATANS: 9,23 – 12,52

Die Wahl Jonatans zum Anführer Israels

23 Nach dem Tod des Judas erhoben die Abtrünni-
gen in allen Teilen Israels wiederum ihr Haupt und
alle Übeltäter wagten sich wieder ans Licht. 24 In
jenen Tagen gab es eine furchtbare Hungersnot;
wie die Verräter, so wurde auch das Land untreu.
25 Bakchides wählte die abtrünnigen Männer aus
und machte sie zu Herren des Landes. 26 Diese
spürten die Anhänger des Judas auf, verhörten sie
und brachten sie zu Bakchides. Er nahm Rache an
ihnen und ließ sie misshandeln. 27 Große Bedräng-
nis herrschte in Israel, wie seit den Tagen der Pro-
pheten nicht mehr.

28 Da kamen alle Anhänger des Judas zusammen
und sagten zu Jonatan: 29 Seit dein Bruder Judas tot
ist, gibt es keinen mehr, der gegen die Feinde,
gegen Bakchides und gegen die Gegner unseres
Volkes in den Krieg zieht, wie er es getan hat.

30 Darum haben wir dich heute gewählt. So wie er
sollst du uns anführen und leiten in unserem
Kampf. 31 Jonatan übernahm also die Führung
und trat die Nachfolge seines Bruders Judas an.

Kleinkrieg an den Grenzen Judäas

32 Bakchides erfuhr davon und trachtete ihm nach
dem Leben. 33 Als Jonatan und sein Bruder Simeon
mit ihrer ganzen Gefolgschaft das hörten, flohen
sie in die Wüste von Tekoa und hielten sich bei
der mit Wasser gefüllten Zisterne von Asfar auf.
34 [Aber Bakchides erfuhr davon, und zwar am
Sabbat; er ging mit all seinen Leuten auf die andere
Seite des Jordan.] 35 Er schickte seinen Bruder
Johanan an der Spitze seiner Truppe zu den mit
ihm befreundeten Nabatäern und ließ sie bitten,
ihr zahlreiches Gepäck bei ihnen aufbewahren zu
dürfen. 36 Doch die Söhne Jambris aus Medeba
zogen aus, ergriffen Johanan mit allem, was er bei
sich hatte, und nahmen ihn mit.
37 Darauf meldete man Jonatan und seinem Bru-
der Simeon: Die Söhne Jambris wollen eine große
Hochzeit veranstalten und die Braut, die Tochter
eines der vornehmen Herren Kanaans, in einem
großen Festzug aus Nadabat heimführen. 38 Da
dachten sie daran, dass die Söhne Jambris das Blut
ihres Bruders Johanan vergossen hatten; sie zogen
hinauf und versteckten sich im Gebirge. 39 Plötz-
lich sahen sie einen lärmenden Zug mit viel Ge-
päck daherziehen. Der Bräutigam, seine Freunde
und seine Brüder kamen ihnen mit Pauken, Lie-
dern und in starker Bewaffnung entgegen. 40 Sie
fielen aus dem Hinterhalt über sie her und richte-
ten unter ihnen ein Blutbad an; viele wurden
erschlagen, die Übrigen flohen ins Gebirge. Ihre
ganze Habe nahmen sie als Beute mit.
41 Da wurde die Hochzeit zur Trauerfeier und der
Klang ihrer Lieder zur Totenklage.
42 Auf diese Weise rächten sie das Blut ihres Bru-
ders; dann kehrten sie in das Dickicht am Jordan
zurück.
43 Als Bakchides davon erfuhr, kam er am Sabbat
mit einem großen Heer an das Ufer des Jordan.
44 Jonatan sagte zu seinen Leuten: Kommt, wir
müssen um unser Leben kämpfen. Noch nie waren
wir in einer solchen Lage. 45 Die Feinde haben uns
eingeschlossen; auf beiden Seiten ist das Wasser
des Jordan mit seinen Sümpfen und seinem
Dickicht. Wir können nicht ausweichen. 46 Darum
schreit laut zum Himmel, damit ihr aus der Hand
eurer Feinde gerettet werdet.
47 Darauf begann der Kampf Mann gegen Mann.
Jonatan holte aus, um Bakchides zu erschlagen,
der aber konnte ihm ausweichen. 48 Dann spran-
gen Jonatan und seine Leute in den Jordan und
schwammen ans andere Ufer. Die Feinde aber
setzten ihnen nicht über den Jordan nach. 49 Vom
Heer des Bakchides fielen an jenem Tag ungefähr
tausend Mann.

35: 5,25

Die Festigung der königlichen Herrschaft in Judäa

50 Bakchides kehrte nach Jerusalem zurück. Er
legte in Judäa befestigte Städte an: die Festungen
bei Jericho, Emmaus, Bet-Horon, Bet-El, Timna,
Faraton und Tefon. Er versah sie mit hohen Mau-
ern und Toren; an den Toren brachte er Querbal-
ken zum Verriegeln an. 51 Dann legte er Besatzun-
gen hinein, die das Volk Israel im Zaum halten
sollten. 52 Auch in den Städten Bet-Zur und Geser
und an der Burg von Jerusalem ließ er Befesti-
gungsarbeiten ausführen und Truppen und Provi-
ant hineinbringen. 53 Von den Männern, die eine
führende Stellung im Land innehatten, nahm er
die Söhne als Geiseln und hielt sie in der Burg von
Jerusalem gefangen.
54 Im zweiten Monat des Jahres 153 befahl Alki-
mus, die Mauer des inneren Tempelvorhofs ein-
zureißen. Er ließ mit den Abbrucharbeiten begin-
nen, um zu zerstören, was die Propheten erbaut
hatten. 55 Doch dann wurde Alkimus vom Schlag
getroffen und sein Plan wurde nicht ausgeführt. Er
konnte den Mund nicht mehr öffnen; er war
gelähmt und konnte kein Wort mehr sagen, nicht
einmal mehr sein Testament machen. 56 Wenig spä-
ter starb Alkimus unter großen Qualen.
57 Als Bakchides sah, dass Alkimus tot war, kehrte
er zum König zurück und Judäa hatte zwei Jahre
lang Ruhe.

Neuer Kleinkrieg und Erfolge Jonatans

58 Danach kamen alle Verräter zu einer Beratung
zusammen. Sie sagten: Jonatan und seine Anhän-

ger leben sorglos in ihren Häusern und fühlen sich
sicher. Wenn wir jetzt Bakchides kommen lassen,
kann er alle in einer einzigen Nacht festnehmen.
[59] Sie gingen also zu ihm und besprachen sich mit
ihm. [60] Bakchides machte sich mit einem großen
Heer auf den Weg. Er schickte heimlich Briefe an
alle seine Verbündeten in Judäa mit der Aufforde-
rung, Jonatan und seine Anhänger gefangen zu
nehmen. Aber es gelang ihnen nicht; denn ihr Vor-
haben war bekannt geworden. [61] Stattdessen ließ
Jonatan von den im Land wohnenden Männern,
die für den verbrecherischen Anschlag verant-
wortlich waren, fünfzig ergreifen und töten.
[62] Dann setzten sich Jonatan und Simeon mit ihren
Anhängern in die Wüste nach Bet-Basi ab. Jonatan
ließ dort alles wieder aufbauen, was in Trümmern
lag, und befestigte den Ort. [63] Als Bakchides davon
erfuhr, zog er alle seine Truppen zusammen und
erteilte den Leuten von Judäa entsprechende An-
weisungen. [64] Er rückte gegen Bet-Basi vor und
schlug dort sein Lager auf. Er ließ Belagerungs-
maschinen aufstellen und berannte den Ort viele
Tage lang.
[65] Da ließ Jonatan seinen Bruder Simeon in der
Stadt zurück; er selbst ging mit einer Hand voll
Leute in die Dörfer der Umgebung. [66] Dabei schlug
er den Odomera und seine Sippe; auch überfiel er
ein Zeltlager des Stammes Fasiron. Sie begannen
zu siegen und rückten verstärkt wieder hinauf. [67] Si-
meon aber machte mit seinen Leuten einen Ausfall
aus der Stadt und steckte die Belagerungsma-
schinen in Brand. [68] Bakchides wurde von ihnen
angegriffen und vernichtend geschlagen. Sie berei-
teten ihm großen Verdruss, weil das von ihm ge-
plante Unternehmen zu einem völligen Fehlschlag
wurde.
[69] Da wurde Bakchides sehr wütend über die Ver-
räter, die ihm den Rat gegeben hatten, in das Land
zu kommen. Er brachte viele von ihnen um und
beschloss, in sein Land zurückzukehren. [70] Sobald
Jonatan davon hörte, schickte er Gesandte zu ihm,
um einen Friedensvertrag mit ihm abzuschließen
und die Gefangenen freizubekommen. [71] Bakchi-
des nahm die Vorschläge Jonatans an und schwor
ihm, nie wieder in seinem Leben etwas gegen ihn
zu unternehmen. [72] Auch ließ er die Gefangenen
frei, die er vorher in Judäa gemacht hatte. Dann
zog er ab und kehrte nach Hause zurück. Judäa
betrat er nie wieder.
[73] Darauf ruhten in Israel die Waffen. Jonatan ließ
sich in Michmas nieder und begann, als Richter
über das Volk zu herrschen. Die Frevler in Israel
aber rottete er aus.

73: Ri 2,16

Das Bündnisangebot des Demetrius I.

10 Im Jahr 160 zog Alexander Epiphanes, der
Sohn des Antiochus, gegen Ptolemaïs und
besetzte es. Die Einwohner nahmen ihn auf und er
trat dort die Herrschaft an. [2] Als König Demetrius
das hörte, sammelte er viele Truppen und zog
gegen ihn in den Kampf.
[3] An Jonatan schickte Demetrius einen Brief mit
Friedensbeteuerungen und versprach ihm hohe
Würden. [4] Denn er dachte: Wir wollen schnell mit
ihm Frieden schließen, bevor er sich mit Alexan-
der gegen uns verbündet. [5] Sonst erinnert er sich
nämlich an all das Unheil, das wir ihm, seinen Brü-
dern und seinem Volk angetan haben. [6] Er gab Jo-
natan die Vollmacht, Truppen auszuheben und als
seine Verbündeten auszurüsten. Auch versprach er,
die in der Burg von Jerusalem festgehaltenen Gei-
seln freizulassen.
[7] Jonatan kam nach Jerusalem und las den Brief
der ganzen Bevölkerung und der Besatzung der
Burg laut vor. [8] Als sie hörten, dass er vom König
die Vollmacht erhalten hatte, Truppen auszuhe-
ben, bekamen sie große Angst. [9] Die Besatzung der
Burg lieferte dem Jonatan die Geiseln aus und er
gab sie ihren Eltern zurück. [10] Jonatan ließ sich in
Jerusalem nieder und begann in der Stadt mit
Bauarbeiten und Ausbesserungen. [11] Er gab den
Handwerkern den Auftrag, den Berg Zion und die
Stadtmauern mit Quadersteinen zu befestigen.
Das führten sie auch aus.
[12] Darauf flohen die Fremden aus den Festungen,
die Bakchides erbaut hatte. [13] Sie machten sich alle
davon und kehrten nach Hause zurück. [14] Nur in
Bet-Zur blieben von denen, die vom Gesetz und
von den Geboten abgefallen waren, einige zurück;
dort fanden sie nämlich Zuflucht.

11: 2 Sam 5,9

Die Einsetzung Jonatans zum Hohenpriester durch Alexander

15 König Alexander erfuhr, was Demetrius Jonatan alles zugesichert hatte. Man berichtete ihm auch von den Kriegen und den Heldentaten Jonatans und seiner Brüder und von den zahlreichen Mühen, die sie auf sich genommen hatten. 16 Da sagte er: Können wir noch einmal solch einen Mann finden wie ihn? Wir wollen ihn zu unserem Freund und Verbündeten machen. 17 Er schrieb also einen Brief und schickte ihn an Jonatan. Der Brief hatte folgenden Inhalt: 18 König Alexander grüßt seinen Bruder Jonatan. 19 Wir haben gehört, dass du ein tapferer Mann bist; du bist es wert, unser Freund zu sein. 20 Darum ernennen wir dich heute zum Hohenpriester über dein Volk; du darfst den Titel Freund des Königs führen. Halte zu uns und bewahre uns die Freundschaft! Zugleich übersandte er ihm den Purpurmantel und einen goldenen Kranz.

21 Im siebten Monat des Jahres 160 legte Jonatan am Laubhüttenfest das heilige Gewand an. Er hob Truppen aus und verschaffte sich eine Menge Waffen.

Die Zugeständnisse des Demetrius I. an Jonatan

22 Als Demetrius davon hörte, war er bestürzt. Er sagte: Was haben wir da gemacht! 23 Alexander ist uns zuvorgekommen. Er hat die Freundschaft der Juden gewonnen, sodass sie ihn unterstützen. 24 Doch ich will ihnen auch schreiben. Ich will ihnen gut zureden und versprechen, sie auszuzeichnen und zu beschenken. Vielleicht werden sie mich dann unterstützen.

25 Er schrieb ihnen also folgenden Brief: König Demetrius grüßt das jüdische Volk. 26 Ihr habt die Verträge, die ihr mit uns geschlossen habt, gehalten, habt uns die Freundschaft bewahrt und euch nicht unseren Feinden angeschlossen. Wir haben es vernommen und uns darüber gefreut. 27 Bleibt uns auch weiterhin treu! Wir werden euch das Gute vergelten, das ihr uns erweist. 28 Wir werden euch viele Verpflichtungen erlassen und euch Geschenke machen. 29 Von heute an erkläre ich euch für frei und erlasse allen Juden die Kopfsteuer, die Salzsteuer und die Lieferung der Kränze. 30 Von heute an verzichte ich für immer auf den dritten Teil der Erträge der Felder und auf die Hälfte der Erträge der Bäume, die mir aus Judäa zustehen sowie aus den drei Bezirken Samariens und Galiläas, die an Judäa angeschlossen worden sind. 31 Jerusalem sei heilig und unantastbar und soll mit seiner Umgebung vom Zehnten und von der Steuer befreit sein. 32 Ich verzichte auch auf die Befehlsgewalt über die Burg von Jerusalem. Ich gestatte dem Hohenpriester, selbst die Männer auszuwählen, die er als Wache in die Burg legen will. 33 In meinem ganzen Reich lasse ich alle Juden, die als Gefangene aus Judäa verschleppt worden sind, ohne Lösegeld frei. Auch ihre Tiere darf niemand zum Frondienst heranziehen. 34 An allen Festen, Sabbaten, Neumonden und Feiertagen sowie drei Tage vor und nach einem Fest braucht kein Jude in meinem Reich Steuern oder Schulden zu bezahlen. 35 Niemand soll einen von ihnen in irgendeiner Sache belangen oder belästigen dürfen. 36 Bis zu dreißigtausend Juden sollen in das königliche Heer aufgenommen werden und den gleichen Sold erhalten wie alle anderen Soldaten des Königs. 37 Sie sollen auch in den großen Festungen des Königs Dienst tun und Vertrauensstellungen im Reich einnehmen. Ihre Offiziere und Befehlshaber sind aus ihren eigenen Reihen zu wählen. Sie dürfen nach ihren eigenen Gesetzen leben, ganz so, wie es der König für Judäa angeordnet hat. 38 Die drei Bezirke, die von der Provinz Samarien abgetrennt und Judäa angeschlossen worden sind, sollen unter gemeinsamer Verwaltung zu Judäa gehören und nur dem Hohenpriester unterstellt sein. 39 Ptolemaïs und das angrenzende Gebiet vermache ich als Geschenk dem Tempel von Jerusalem; daraus soll der nötige Aufwand für den Tempeldienst bestritten werden.

40 Auf eigene Rechnung will ich aus geeigneten Orten jährlich fünfzehntausend Silberschekel aufbringen. 41 Alles, was die Behörden von den in den früheren Jahren üblichen Zuwendungen noch nicht bezahlt haben, sollen sie von nun an für die Arbeiten am Tempel zur Verfügung stellen. 42 Auch die fünftausend Silberschekel, die bisher vom Jahresaufkommen des Tempels als Steuer erhoben wurden, werden erlassen und sollen den diensttuenden Priestern zukommen. 43 Jeder, der sich in das Heiligtum von Jerusalem flüchtet oder in das zum Tempel gehörende Gebiet, wird mit seinem

ganzen Besitz, den er in meinem Reich hat, von
jeder Schuld dem König gegenüber und von jeder
anderen geschäftlichen Verpflichtung frei sein.
44 Die Kosten für die Arbeiten am Heiligtum,
sowohl für Neubauten wie für Ausbesserungen,
gehen zu Lasten des Königs, 45 ebenso gehen die
Kosten für den Bau der Mauern in Jerusalem und
für die Stadtmauern, die es umgeben, auf die
Rechnung des Königs, schließlich auch die Mau-
erbauten in Judäa.

38: 10,31; 11,28–34

Das Bündnis zwischen Jonatan und Alexander

46 Als Jonatan und das Volk diese Versprechungen
hörten, glaubten sie ihnen nicht und gingen nicht
darauf ein; denn sie dachten an das große Unheil,
das er in Israel angerichtet, und in welche Not er
sie gebracht hatte. 47 Sie hielten zu Alexander, weil
er ihnen zuerst Frieden angeboten hatte, und sie
kämpften die ganze Zeit auf seiner Seite.
48 König Alexander zog große Truppenmassen
zusammen und schlug Demetrius gegenüber sein
Lager auf. 49 Die beiden Könige eröffneten den
Kampf gegeneinander. Das Heer des Demetrius
floh; Alexander setzte ihm nach und gewann die
Oberhand. 50 Er kämpfte hartnäckig, bis die Sonne
unterging. An jenem Tag fiel Demetrius in der
Schlacht.
51 Alexander schickte Gesandte zu Ptolemäus, dem
König von Ägypten, und ließ ihm folgendes sagen:
52 Ich bin in mein Reich zurückgekehrt, habe mich
auf den Thron meiner Väter gesetzt und die Herr-
schaft angetreten. Ich habe Demetrius besiegt und
unser Land in meine Gewalt gebracht. 53 Ich habe
mit ihm gekämpft; er wurde mit seinem Heer von
uns vernichtend geschlagen. So haben wir uns
auf den Thron seines Reiches gesetzt. 54 Lasst uns
nun miteinander Freundschaft schließen. Gib mir
deine Tochter zur Frau, damit wir uns durch diese
Heirat miteinander verschwägern. Ich werde dir
und ihr Geschenke machen, die deiner würdig
sind.
55 König Ptolemäus antwortete: Welch glücklicher
Tag, an dem du in das Land deiner Väter zurück-
gekehrt bist und dich auf den Thron ihres Reiches
gesetzt hast. 56 Ich will auf deinen Vorschlag einge-
hen. Doch komm mir bis Ptolemaïs entgegen,
damit wir uns kennen lernen. Dann werde ich
mich mit dir verschwägern, wie du geschrieben
hast.
57 Ptolemäus verließ Ägypten und nahm seine
Tochter Kleopatra mit sich. Im Jahr 162 kam er
nach Ptolemaïs. 58 Als König Alexander mit ihm
zusammenkam, gab er ihm seine Tochter zur Frau.
Er veranstaltete in Ptolemaïs eine glänzende
Hochzeit für sie, wie es bei Königen üblich ist.
59 König Alexander schrieb an Jonatan, er möge
doch zu ihm kommen und sich mit ihm treffen.
60 Da begab sich Jonatan mit glänzendem Gefolge
nach Ptolemaïs und traf dort die beiden Könige.
Er brachte ihnen und ihren Freunden Silber, Gold
und viele Geschenke mit. So gewann er sie für sich.
61 Aber ehrlose Männer aus Israel, Verräter, traten
gemeinsam auf und klagten ihn an. Doch der
König schenkte ihnen keine Beachtung. 62 Viel-
mehr gab er die Anweisung, Jonatan anstelle der
Gewänder, die er trug, mit Purpur zu bekleiden.
Das geschah 63 und der König ließ ihn neben sich
Platz nehmen. Dann sagte er zu seinen höchsten
Beamten: Nehmt ihn mit in die Stadt und gebt
bekannt, dass niemand ihn in irgendeiner Sache
anklagen darf; keiner darf ihm aus irgendeinem
Grund Ungelegenheiten bereiten. 64 Als die Anklä-
ger sahen, dass er öffentlich geehrt wurde und mit
Purpur bekleidet war, machten sie sich alle davon.
65 Der König ließ Jonatan noch weitere Ehrungen
zukommen: Er ließ ihn in das Verzeichnis seiner
ersten Freunde aufnehmen und ernannte ihn zum
Befehlshaber und Statthalter. 66 Darauf kehrte
Jonatan in Frieden und voll Freude nach Jerusa-
lem zurück.

Sieg Jonatans über ein Heer des Demetrius II.

67 Im Jahr 165 kam Demetrius, der Sohn des
Demetrius, aus Kreta in das Land seiner Väter.
68 Als König Alexander das hörte, war er sehr be-
stürzt und kehrte nach Antiochia zurück. 69 Deme-
trius ernannte Apollonius zum Statthalter von
Zölesyrien. Dieser brachte ein großes Heer zusam-
men und schlug sein Lager bei Jamnia auf. Von
dort schickte er dem Hohenpriester Jonatan diese
Botschaft:
70 Nur du allein stellst dich gegen uns. Deinetwe-
gen verlacht und verhöhnt man mich. Was maßt

du dir uns gegenüber an in deinen Bergen? [71] Wenn
du dich auf deine Truppen verlassen kannst, dann
komm doch herunter zu uns in die Ebene; dort
wollen wir unsere Kräfte messen. Denn bei mir
befinden sich die Truppen aus den Städten. [72] Frag
doch nach und erkundige dich, wer ich bin und
wer die Leute sind, die auf meiner Seite stehen.
Man wird dir sagen, dass ihr uns nicht standhal-
ten könnt. Schon zweimal wurden deine Vorfah-
ren in ihrem Land in die Flucht geschlagen. [73] In
der Ebene wirst du dich auch diesmal gegen die
Reiterei und gegen eine solche Streitmacht nicht
halten können; da gibt es nämlich keinen Stein
und keinen Kiesel und auch keinen Schlupfwinkel,
in den man fliehen kann.
[74] Als Jonatan die Worte des Apollonius vernahm,
war er empört und rückte mit zehntausend Mann
aus Jerusalem aus. Sein Bruder Simeon ging zu sei-
ner Unterstützung mit. [75] Vor Jafo schlug er sein
Lager auf. Die Einwohner der Stadt verschlossen
die Tore vor ihm; denn Apollonius hatte eine
Besatzung nach Jafo gelegt. Als die Juden aber
angriffen, [76] bekamen die Einwohner Angst und
übergaben die Stadt und Jonatan nahm Jafo in
Besitz. [77] Das erfuhr Apollonius, der mit dreitau-
send Reitern und einem großen Heer ein Lager
bezogen hatte. Er zog auf Aschdod zu, als wolle er
durch die Stadt ziehen. Zugleich rückte er in die
Ebene vor, weil er sich auf seine starke Reiterei ver-
ließ. [78] Jonatan aber setzte ihm nach bis vor Asch-
dod. Dort gerieten die Heere aneinander. [79] Apol-
lonius hatte tausend Reiter in einem Hinterhalt
zurückgelassen. [80] Jonatan bemerkte den Hinter-
halt, aber die Reiter umzingelten sein Heer und
schossen vom frühen Morgen bis zum Abend mit
Pfeilen auf seine Leute. [81] Aber die Männer hielten
stand, wie Jonatan befohlen hatte, und die Pferde
der Feinde wurden müde. [82] Dann ließ Simeon
seine Streitkräfte ausschwärmen und griff die
feindlichen Fußtruppen an. Da die Reiterei er-
schöpft war, wurde das Heer von ihm in die Flucht
geschlagen. [83] Die Reiterei wurde über die ganze
Ebene hin zersprengt und floh nach Aschdod; sie
gingen in den Tempel Dagons, ihres Götzenbildes,
um sich zu retten. [84] Jonatan steckte Aschdod und
die Nachbarorte in Brand und plünderte sie; er
brannte auch den Tempel des Dagon nieder mit
allen, die sich dorthin geflüchtet hatten. [85] Es
waren etwa achttausend Mann, die durch das
Schwert oder im Feuer umkamen.
[86] Von dort brach Jonatan auf und schlug sein
Lager bei Aschkelon auf. Die Einwohner kamen
ihm in einem festlichen Zug aus der Stadt entge-
gen. [87] Dann kehrten Jonatan und seine Leute mit
großer Beute nach Jerusalem zurück.
[88] Als König Alexander davon hörte, erwies er ihm
noch weitere Ehren. [89] Er übersandte ihm eine gol-
dene Spange, wie man sie Angehörigen der könig-
lichen Familie verleiht; auch übergab er ihm die
Stadt Ekron mit ihrem ganzen Gebiet zum Besitz.

72: 1 Sam 4,1–11 • 83: 1 Sam 5,1–5

Der Untergang Alexanders

11 Damals zog der König von Ägypten Trup-
pen zusammen, so zahlreich wie der Sand
am Ufer des Meeres, dazu viele Schiffe; denn er
wollte mit List die Herrschaft über das Reich Ale-
xanders gewinnen, um es seinem Reich anzuglie-
dern. [2] Er rückte in Syrien ein, aber so, als komme
er in friedlicher Absicht. Die Einwohner der Städte
öffneten ihm die Tore und gingen ihm entgegen.
König Alexander hatte es so angeordnet, weil Pto-
lemäus sein Schwiegervater war. [3] Jedes Mal, wenn
Ptolemäus eine Stadt betreten hatte, ließ er eine
Abteilung seiner Truppen als Besatzung dort. [4] Als
er nach Aschdod zog, zeigte man ihm den nieder-
gebrannten Tempel Dagons und die durch das
Feuer verwüstete Stadt und Umgebung von Asch-
dod. Dazu häufte man an seinem Weg die Leichen
der Erschlagenen und Verbrannten aus dem Krieg
mit Jonatan auf. [5] Man erzählte dem König, was
Jonatan getan hatte, um ihn in ein schlechtes Licht
zu setzen, aber der König schwieg dazu. [6] Jonatan
kam dem König in Jafo mit einem glänzenden
Gefolge entgegen. Sie begrüßten einander und
blieben die Nacht über dort. [7] Anschließend be-
gleitete Jonatan den König bis zum Fluss Eleuthe-
rus; dann kehrte er nach Jerusalem zurück.
[8] König Ptolemäus aber brachte alle Küstenstädte
bis nach Seleuzia am Meer in seine Gewalt; denn
er führte gegen Alexander Böses im Schild. [9] Dem
König Demetrius ließ er durch Gesandte mittei-
len: Wir wollen einen Bund miteinander schlie-
ßen. Ich will dir meine Tochter geben, die Alexan-

der jetzt zur Frau hat. Du sollst im Reich deines
Vaters als König herrschen. 10 Ich bereue, dass ich
ihm meine Tochter gegeben habe; denn er hat
versucht, mich zu ermorden. 11 Ptolemäus aber
machte Alexander deswegen so schlecht, weil er
sein Reich haben wollte. 12 Er nahm ihm seine
Tochter weg und gab sie Demetrius zur Frau. So
brach er mit Alexander und es wurde überall
bekannt, dass sie zu Feinden geworden waren.
13 Ptolemäus zog in Antiochia ein und setzte sich
die Krone von Asien auf; zwei Kronen trug er nun:
die von Ägypten und die von Asien. 14 König Ale-
xander war zu dieser Zeit gerade in Zilizien, weil
die Bevölkerung jenes Gebietes von ihm abzufal-
len drohte. 15 Sobald er von den Vorfällen hörte,
zog er zum Kampf gegen Ptolemäus aus. Dieser
rückte ihm mit einem starken Heer entgegen und
schlug ihn in die Flucht. 16 Alexander floh nach
Arabien, weil er glaubte, dort einen Zufluchtsort
zu finden; nun stand König Ptolemäus auf der
Höhe seiner Macht. 17 Der Araber Sabdiël ließ
Alexander den Kopf abschlagen und an Ptolemäus
schicken. 18 Doch drei Tage später starb auch
König Ptolemäus. Seine Besatzungstruppen wur-
den von den Einwohnern der befestigten Städte
niedergemacht. 19 So kam im Jahr 167 Demetrius
an die Herrschaft.

4: 10,84f

Das Bündnis zwischen Jonatan und Demetrius II.

20 Zur selben Zeit rief Jonatan die Männer von
Judäa zusammen, um die Burg von Jerusalem zu
belagern. Sie stellten viele Belagerungsmaschinen
gegen sie auf. 21 Da gingen einige Verräter, Feinde
ihres eigenen Volkes, zum König und berichteten
ihm, Jonatan belagere die Burg. 22 Als der König
das hörte, wurde er sehr wütend. Kaum hatte er die
Nachricht erhalten, da begab er sich sofort nach
Ptolemaïs. Er erteilte Jonatan schriftlich den
Befehl, die Belagerung abzubrechen und sofort
zu einer Unterredung zu ihm nach Ptolemaïs zu
kommen. 23 Als Jonatan die Nachricht erhielt, be-
fahl er, die Belagerung fortzusetzen; dann wählte
er sich einige Begleiter aus den Ältesten Israels und
den Priestern aus und wagte die Reise. 24 Mit Sil-
ber, Gold, Gewändern und mit vielen anderen
Geschenken fuhr er zum König nach Ptolemaïs.
Es gelang ihm, den König umzustimmen. 25 Einige
Verräter aus dem Volk brachten zwar Beschul-
digungen gegen ihn vor, 26 aber der König verhielt
sich ihm gegenüber wie seine Vorgänger und er-
wies ihm Ehre in Gegenwart all seiner Freunde.
27 Er bestätigte ihn im Hohenpriesteramt und in
allen anderen Würden, die man ihm bis dahin
übertragen hatte, und verlieh ihm den Titel
Freund ersten Ranges. 28 Jonatan bat den König,
Judäa, die drei Bezirke und Samarien steuerfrei zu
machen, und versprach, ihm dafür dreihundert
Talente zu geben. 29 Der König war einverstanden
und stellte Jonatan über alle diese Punkte folgende
Urkunde aus:
30 König Demetrius grüßt seinen Bruder Jonatan
und das jüdische Volk. 31 Wir haben euretwegen
unserem Verwandten Lasthenes einen Brief ge-
schrieben, dessen Abschrift wir auch euch zu eurer
Unterrichtung zukommen lassen: 32 König Deme-
trius grüßt Vater Lasthenes. 33 Das mit uns be-
freundete jüdische Volk ist seinen Verpflichtungen
uns gegenüber nachgekommen. Darum haben wir
beschlossen, ihnen ihre Freundschaft zu vergelten.
34 Wir bestätigen ihnen den Besitz von Judäa und
den drei Bezirken Efraim, Lod und Ramatajim.
Diese sind mit allem, was zu ihnen gehört, von
Samarien abgetrennt und zu Judäa geschlagen
worden. Für alle, die in Jerusalem opfern, gelte das
als Ersatz für die königlichen Steuern, die der
König bei ihnen bisher jährlich von den Erträgen
der Felder und Bäume erhoben hat. 35 Wir über-
lassen ihnen auch alle unsere anderen Einkünfte,
den Zehnten und die Steuern, die uns von jetzt an
zustehen, ferner die Abgaben aus den Salzteichen
und die Kränze, auf die wir Anspruch haben.
36 Nichts davon soll je rückgängig gemacht wer-
den. 37 Lasst euch nun eine Abschrift machen; sie
soll Jonatan übergeben und auf dem Heiligen Berg
an einem Ort, der allen zugänglich ist, aufgestellt
werden.

34: 10,38

Jonatans Hilfe für Demetrius II.

38 Als König Demetrius feststellte, dass unter sei-
ner Herrschaft im Land Ruhe herrschte und dass
niemand sich ihm widersetzte, schickte er alle

seine Soldaten nach Hause, außer den Söldner-
truppen, die er bei den Völkern auf den Inseln
angeworben hatte. Das nahmen ihm die Soldaten,
die schon unter seinen Vorgängern gedient hatten,
sehr übel. 39 Tryphon, der früher zur Umgebung
Alexanders gehört hatte, merkte, wie unzufrieden
alle Soldaten über Demetrius waren. Er reiste
daher zu dem Araber Jamliku, der Antiochus, den
kleinen Sohn Alexanders, aufzog, 40 und drängte
ihn, ihm den Jungen mitzugeben, damit er seinem
Vater als König nachfolgen könne. Er unterrich-
tete ihn auch über das Vorgehen des Demetrius
und wie dieser sich die Feindschaft seiner Truppen
zugezogen hatte. Tryphon blieb längere Zeit dort.
41 Jonatan hatte inzwischen König Demetrius ge-
beten, die Besatzungstruppen aus der Burg von
Jerusalem und aus den anderen Festungen abzu-
ziehen; sie verhielten sich nämlich feindlich gegen
Israel. 42 Demetrius ließ Jonatan sagen: Nicht nur
das will ich für dich und dein Volk tun; ich werde
dich und dein Volk hoch zu Ehren bringen, sobald
ich Gelegenheit dazu habe. 43 Im Augenblick wäre
es aber gut, wenn du mir Männer schicktest, die
mir im Kampf helfen können. Alle meine Truppen
sind nämlich von mir abgefallen.
44 Jonatan sandte ihm dreitausend kampferfah-
rene Männer nach Antiochia. Als sie beim König
eintrafen, freute er sich sehr über ihre Ankunft.
45 Da rotteten sich etwa hundertzwanzigtausend
Einwohner mitten in der Stadt zusammen, um den
König umzubringen. 46 Der König flüchtete sich
in den Palast, aber die Einwohner besetzten die
Durchgangsstraßen der Stadt und begannen den
Kampf. 47 Da rief der König die Juden zu Hilfe.
Sie fanden sich sofort vollzählig bei ihm ein,
schwärmten in die Stadt aus und erschlugen an
jenem Tag fast hunderttausend Menschen. 48 Sie
steckten auch die Stadt in Brand und machten
große Beute. So retteten sie den König. 49 Als nun
die Einwohner bemerkten, dass die Stadt der Will-
kür der Juden ausgeliefert war, verloren sie jeden
Mut; sie schrien zum König und flehten: 50 Schließ
Frieden mit uns! Wenn nur die Juden aufhören,
gegen uns und die Stadt zu kämpfen! 51 Sie warfen
die Waffen weg und schlossen Frieden. Die Juden
aber wurden vom König und von allen seinen
Untertanen geehrt. Man sprach von ihnen in sei-
nem ganzen Reich und sie kehrten mit reicher
Beute nach Jerusalem zurück.

Jonatans Parteinahme für Antiochus VI.

52 König Demetrius hatte die Macht wieder fest in
seiner Hand und das Land war ruhig unter seiner
Herrschaft. 53 Da hielt er nichts von dem, was er
versprochen hatte. Er brach mit Jonatan und ver-
galt ihm die erwiesene Freundschaft nicht, son-
dern setzte ihm hart zu. 54 Danach kehrte Tryphon
mit dem kleinen Antiochus zurück. Der Knabe
trat die Herrschaft an und setzte sich die Krone
auf. 55 Alle Truppen, die Demetrius davongejagt
hatte, schlossen sich ihm an. Sie kämpften gegen
Demetrius und schlugen ihn in die Flucht. 56 Try-
phon erbeutete die Elefanten und nahm Antiochia
ein.
57 Danach schrieb Antiochus der Jüngere an Jona-
tan: Ich bestätige dich im Hohenpriesteramt und
unterstelle dir die vier Bezirke. Du darfst auch den
Titel »Freund des Königs« führen. 58 Und er ließ
Jonatan goldenes Tafelgerät überbringen und
gewährte ihm das Vorrecht, aus goldenen Bechern
zu trinken, sich in Purpur zu kleiden und eine gol-
dene Spange zu tragen. 59 Jonatans Bruder Simeon
machte er zum Befehlshaber über alle Truppen,
die zwischen der Tyrischen Steige und der ägypti-
schen Grenze ihren Standort hatten. 60 Darauf
brach Jonatan auf, zog durch das Gebiet jenseits
des Stroms und wandte sich dann gegen die Städte
in der Küstenebene. Alle Truppen in Syrien schlos-
sen sich ihm als Verbündete an. Als er vor Asch-
kelon erschien, bereiteten ihm die Bürger vor der
Stadt einen glänzenden Empfang. 61 Von dort zog
er nach Gaza. Doch die Einwohner von Gaza
schlossen die Tore. Jonatan belagerte die Stadt,
brannte die Häuser in der Umgebung nieder und
plünderte sie aus. 62 Daraufhin baten die Einwoh-
ner Gazas Jonatan um Frieden. Er schloss mit
ihnen einen Vertrag, nahm die Söhne der führen-
den Familien als Geiseln und ließ sie nach Jerusa-
lem bringen. Dann zog er durch das Land bis nach
Damaskus.
63 Dabei erfuhr Jonatan, dass die Feldherren des
Demetrius mit einem großen Heer nach Kedesch
in Galiläa gezogen seien, um seine Maßnahmen zu
durchkreuzen. 64 Daher rückte er gegen sie vor. Sei-

nen Bruder Simeon aber hatte er im Land zurück-
gelassen. 65 Simeon schlug sein Lager vor Bet-Zur
auf, belagerte die Stadt lange Zeit und schloss sie
ein. 66 Schließlich baten sie ihn um Frieden. Er ging
darauf ein, vertrieb die Feinde von dort, besetzte
die Stadt und legte Truppen hinein.
67 Jonatan bezog mit seinem Heer ein Lager am See
Gennesaret. Morgens brachen sie früh auf und
zogen in die Ebene von Hazor. 68 Dort stießen sie
auf fremde Truppen. Diese hatten einen Teil ihrer
Männer in den Bergen als Hinterhalt gegen Jona-
tan zurückgelassen und griffen ihn nun von vorn
an. 69 Dann brachen die Truppen, die im Hinter-
halt lagen, aus ihrer Stellung hervor und griffen in
den Kampf ein. 70 Da liefen alle Soldaten Jonatans
davon. Keiner blieb zurück, außer den Truppen-
führern Mattatias, dem Sohn Abschaloms, und
Judas, dem Sohn Halfis. 71 Jonatan aber zerriss sein
Gewand, streute sich Staub auf das Haupt und
betete. 72 Dann nahm er den Kampf gegen die
Feinde auf und schlug sie in die Flucht. 73 Als seine
Leute, die davongelaufen waren, das sahen, kehr-
ten sie zu ihm zurück und machten sich mit ihm
an die Verfolgung, bis sie das Lager der Feinde bei
Kedesch erreichten. Dort machten sie Halt. 74 An
jenem Tag fielen von den fremden Truppen etwa
dreitausend Mann. Darauf kehrte Jonatan nach
Jerusalem zurück.

Jonatans Bündnisse mit Rom und Sparta

12 Als Jonatan sah, dass die Zeit für ihn güns-
tig war, wählte er einige Männer aus und
sandte sie nach Rom, um den Freundschaftsver-
trag mit den Römern zu bestätigen und zu erneu-
ern. 2 Auch nach Sparta und nach anderen Orten
schickte er Briefe gleicher Art. 3 Die Abgesandten
reisten nach Rom, traten vor den Senat und sag-
ten: Uns schicken der Hohepriester Jonatan und
das jüdische Volk, um das frühere Freundschafts-
bündnis mit den Römern zu erneuern. 4 Man gab
ihnen Briefe mit an die Behörden der Orte unter-
wegs mit der Anweisung, sie sicher nach Judäa
weiterzuleiten.
5 Hier ist eine Abschrift des Briefes, den Jonatan an
die Spartaner schrieb: 6 Der Hohepriester Jonatan,
der Ältestenrat des Volkes, die Priester und das
ganze jüdische Volk grüßen ihre Brüder, die Spar-
taner. 7 Schon vor längerer Zeit hat euer König
Arëus an den Hohenpriester Onias einen Brief
gerichtet, in dem steht, dass ihr unsere Brüder seid,
wie aus der Abschrift hervorgeht. 8 Onias empfing
den Abgesandten ehrenvoll und nahm den Brief
entgegen, in dem ausdrücklich vom Freund-
schaftsbündnis die Rede war. 9 So etwas haben wir
zwar nicht nötig; denn unser Trost sind die heili-
gen Bücher, die wir besitzen. 10 Dennoch wollten
wir diese Botschaft an euch senden und die brü-
derliche Gemeinschaft und Freundschaft mit euch
erneuern, damit wir euch nicht fremd werden. Viel
Zeit ist nämlich verflossen, seit ihr eure Gesandt-
schaft zu uns geschickt hattet. 11 Wir haben seither
an allen Festen und an allen Tagen, die dafür vor-
gesehen sind, bei unseren Opfern und Gebeten
ständig an euch gedacht. Denn so gehört es sich
und es entspricht ja auch der Sitte, an die Brüder
zu denken. 12 Wir freuen uns über euren Ruhm.
13 Wir selbst waren in großer Not und sind in viele
Kämpfe verwickelt worden; denn die Könige rings-
um führten Krieg gegen uns. 14 Dennoch wollten
wir wegen dieser Kriege weder euch noch den
anderen Verbündeten und Freunden zur Last fal-
len. 15 Denn wir haben den Himmel selbst als Hel-
fer und Beistand. Darum sind wir vor unseren
Feinden gerettet worden und unsere Feinde liegen
gedemütigt am Boden.
16 Jetzt haben wir Numenius, den Sohn des Antio-
chus, und Antipater, den Sohn Jasons, als Gesandte
zu den Römern geschickt, um das alte Freund-
schaftsbündnis mit ihnen zu erneuern. 17 Wir
haben ihnen aufgetragen, auf ihrer Reise auch
euch zu besuchen, euch Grüße zu bestellen und
unseren Brief zu überreichen, in dem wir euch
anbieten, die brüderliche Gemeinschaft mit uns zu
erneuern. 18 Es wäre freundlich von euch, uns da-
rauf Antwort zu geben.
19 Und hier ist die Abschrift des Briefes, den die
Spartaner an Onias gesandt hatten: 20 Arëus, König
der Spartaner, grüßt den Hohenpriester Onias.
21 In einer Schrift über die Spartaner und Juden
fand sich die Nachricht, dass sie Brüder sind und
beide von Abraham abstammen. 22 Da wir dies
erfahren haben, wäre es freundlich von euch, uns
zu schreiben, wie es euch geht. 23 Wir schreiben
euch wieder. Eure Herden und eure Habe gehören

uns und unsere euch. Wir geben den Auftrag, dass
man euch darüber Auskunft gibt.

1–2: 8,17–32 • 7: 2 Makk 5,9

Der Feldzug gegen die Truppen des Demetrius II.

24 Jonatan erfuhr, dass die Feldherren des Deme-
trius mit einem noch größeren Heer als zuvor
zurückgekehrt waren, um gegen ihn zu kämpfen.
25 Er brach von Jerusalem auf und traf in der
Gegend von Hamat auf sie. Er wollte ihnen näm-
lich keine Zeit lassen, in sein Land einzudringen.
26 Späher, die er in ihr Lager geschickt hatte, mel-
deten ihm bei ihrer Rückkehr, dass die Feinde sich
zu einem nächtlichen Überfall vorbereitet hatten.
27 Bei Sonnenuntergang befahl daher Jonatan sei-
nen Leuten, wach zu bleiben und die ganze Nacht
kampfbereit unter Waffen zu stehen. Rings um das
Lager stellte er Posten auf. 28 Als die Gegner merk-
ten, dass Jonatan mit seinen Leuten kampfbereit
war, packte sie Furcht und Schrecken. Sie zünde-
ten in ihrem Lager Wachfeuer an und zogen ab.
29 Jonatan und seine Leute bemerkten bis zum
Morgen nichts; denn sie sahen die Feuer brennen.
30 Jonatan nahm zwar die Verfolgung auf, konnte
die Feinde aber nicht mehr einholen; denn sie hat-
ten den Eleutherus bereits überschritten.
31 Jonatan wandte sich nun gegen die sabadäischen
Araber, schlug sie und plünderte sie aus. 32 Dann
brach er nach Damaskus auf und zog durch das
ganze dazwischen liegende Gebiet.
33 Auch Simeon war aufgebrochen. Er marschierte
auf Aschkelon und auf die Festungen in jenem
Gebiet zu; dann wandte er sich überraschend
gegen Jafo und besetzte es. 34 Er hatte nämlich
gehört, dass die Einwohner vorhatten, die Festung
den Leuten des Demetrius zu übergeben. Daher
legte er eine Besatzung hinein, um die Stadt zu
bewachen.

Die Belagerung der Burg von Jerusalem durch Jonatan

35 Als Jonatan zurückgekehrt war, ließ er die Ältes-
ten des Volkes zusammenkommen und beriet mit
ihnen über die Anlage von Festungen in Judäa.
36 Auch sollten die Mauern von Jerusalem erhöht
werden; ferner sei zwischen der Burg und der Stadt
eine hohe Mauer zu errichten, um die Burg völlig
von der Stadt abzuschneiden, damit die Besatzung
weder etwas kaufen noch verkaufen könne. 37 So
kam man zum Ausbau der Stadt zusammen. Als
ein Teil der Mauer oberhalb des Tales im Osten
einstürzte, besserte man sie wieder aus und gab ihr
den Namen Kafnata. 38 Simeon baute Hadid in der
Schefela aus, befestigte es und versah es mit Toren
und die Tore mit Querbalken zum Verriegeln.

Der Verrat des Tryphon an Jonatan

39 Tryphon strebte nach der Herrschaft über Asien
und wollte sich selbst die Königskrone aufsetzen;
deshalb trachtete er König Antiochus nach dem
Leben. 40 Doch er fürchtete, dass Jonatan das nicht
zulassen und Krieg gegen ihn führen werde. So
suchte er nach Mitteln und Wegen, ihn in seine
Gewalt zu bekommen und umzubringen. Darum
zog er nach Bet-Schean.
41 Jonatan rückte ihm mit vierzigtausend kampf-
erprobten Männern nach Bet-Schean entgegen.
42 Als Tryphon sah, dass Jonatan ein großes Heer
bei sich hatte, fürchtete er sich, etwas gegen ihn zu
unternehmen. 43 Er bereitete ihm einen glänzen-
den Empfang, stellte ihn all seinen Freunden vor,
machte ihm Geschenke und befahl seinen Freun-
den und Soldaten: Gehorcht ihm wie mir selbst!
44 Dann sagte er zu Jonatan: Warum hast du dieses
ganze Heer bemüht? Es droht doch kein Krieg.
45 Lass sie nach Hause gehen, wähl dir einige Män-
ner als Begleitung aus und geh mit mir nach Pto-
lemaïs! Ich werde dir die Stadt und die übrigen
Festungen übergeben und auch alle anderen Trup-
pen und alle Behörden. Nur deswegen bin ich
gekommen, dann ziehe ich wieder ab. 46 Jonatan
vertraute ihm und tat, was Tryphon ihm vorge-
schlagen hatte. Er entließ seine Truppen und sie
zogen nach Judäa ab. 47 Dreitausend Mann behielt
er bei sich, von denen er zweitausend in Galiläa
ließ; nur tausend begleiteten ihn. 48 Sobald Jona-
tan Ptolemaïs betreten hatte, schlossen die Ein-
wohner die Tore, nahmen ihn fest und erschlugen
alle, die mit ihm gekommen waren, mit dem
Schwert. 49 Tryphon entsandte außerdem Fußvolk
und Reiterei nach Galiläa und in die Große Ebene,
um alle Truppen Jonatans niederzumachen. 50 Als
diese merkten, dass Jonatan mit seinen Begleitern

den Feinden in die Hände gefallen und umgekommen war, machten sie einander Mut und marschierten kampfbereit in bester Ordnung weiter. 51 Als die Verfolger sahen, dass Jonatans Männer um ihr Leben kämpfen würden, kehrten sie um.

52 Die jüdischen Truppen kamen unversehrt in Judäa an. Sie trauerten um Jonatan und seine Begleiter und waren voller Angst; auch ganz Israel war in großer Trauer.

39: 11,39f

DIE TATEN SIMEONS: 12,53 – 16,24

Die Wahl Simeons zum Anführer Israels

53 Alle Völker ringsum versuchten, Israel zu vernichten. Denn sie sagten sich: Sie haben keinen Führer und Helfer mehr. Nun wollen wir gegen sie kämpfen und die Erinnerung an sie austilgen.

13 Simeon erfuhr, dass Tryphon ein großes Heer zusammengebracht hatte, um in Judäa einzufallen und es zu vernichten. 2 Auch merkte er, wie das Volk voller Angst und Furcht war. Darum ging er nach Jerusalem hinauf und rief das Volk zusammen. 3 Er sprach ihnen Mut zu und sagte: Ihr wisst selbst, wie ich, meine Brüder und meine Familie sich für unsere Gesetze und für das Heiligtum eingesetzt und welche Kämpfe und Gefahren wir dafür auf uns genommen haben. 4 Alle meine Brüder sind nun für Israel gestorben; ich allein bin übrig geblieben. 5 Ich denke nicht daran, im Augenblick der Not mein Leben zu schonen. Denn ich bin nicht mehr wert als meine Brüder. 6 Vielmehr will ich mein Volk, das Heiligtum, unsere Frauen und Kinder rächen. Denn alle Völker haben sich zusammengetan, um uns auszurotten, weil sie uns hassen. 7 Sobald das Volk seine Worte hörte, fasste es neuen Mut 8 und rief laut: Sei du unser Führer anstelle deiner Brüder Judas und Jonatan! 9 Nimm unseren Kampf in deine Hand! Alles, was du befiehlst, wollen wir tun.

10 Simeon rief alle kampffähigen Männer zusammen, ließ den Bau der Mauern von Jerusalem so schnell wie möglich zu Ende führen und sicherte die Stadt nach allen Seiten. 11 Jonatan, den Sohn des Abschalom, schickte er mit einem ansehnlichen Heer nach Jafo. Dieser vertrieb die Einwohner und blieb in der Stadt.

12,53: 5,1f

Tryphons Feldzug gegen Jerusalem und Jonatans Tod

12 Tryphon brach mit einem großen Heer von Ptolemaïs auf, um in Judäa einzufallen. Jonatan nahm er als Gefangenen mit sich. 13 Simeon schlug sein Lager bei Hadid am Rand der Ebene auf. 14 Da erfuhr Tryphon, Simeon habe anstelle seines Bruders Jonatan die Führung übernommen und werde den Kampf gegen ihn fortsetzen. Er schickte zu ihm Unterhändler mit der Botschaft: 15 Wir halten deinen Bruder Jonatan nur fest, weil er der königlichen Schatzkammer Geld schuldet für die Ämter, die er innehat. 16 Schick uns also hundert Talente Silber und zwei seiner Söhne als Geiseln, damit er nicht von uns abfällt, sobald er wieder frei ist; dann werden wir ihn freilassen.

17 Simeon merkte wohl, dass ihr Vorschlag nicht ehrlich gemeint war. Dennoch ließ er das Geld und die Kinder holen, um sich beim Volk nicht verhasst zu machen. 18 Sonst hätte man nämlich gesagt: Jonatan musste sterben, weil Simeon das Geld und die Kinder für ihn nicht ausgeliefert hat. 19 So lieferte er die Kinder und die hundert Talente aus; aber es zeigte sich, dass Tryphon ein Lügner war; denn er ließ Jonatan nicht frei.

20 Danach rückte Tryphon heran, um in Judäa einzufallen und es zu verwüsten. Er machte dabei einen Umweg über Adora; aber Simeon trat ihm mit seinem Heer überall entgegen, wo er ins Land eindringen wollte. 21 Die Besatzung der Burg von Jerusalem schickte Boten zu Tryphon, die ihn zur Eile drängten und ihn aufforderten, von der Wüste her einen Durchbruch zu versuchen und Nahrungsmittel für sie heranzuschaffen. 22 Daraufhin stellte Tryphon die gesamte Reiterei bereit, um durchzubrechen; aber in jener Nacht fiel sehr viel Schnee und er konnte wegen des Schnees nicht durchkommen. Da zog er ab nach Gilead. 23 In der

Nähe von Baskama ließ er Jonatan umbringen und begraben. 24 Dann zog Tryphon ab und kehrte in sein Land zurück.

25 Simeon schickte einige Männer, um die Gebeine seines Bruders Jonatan holen und in Modeïn, der Stadt seiner Väter, bestatten zu lassen. 26 Ganz Israel hielt eine große Totenklage für ihn ab und trauerte viele Tage um ihn. 27 Simeon ließ ein hohes, weithin sichtbares Denkmal über dem Grab seines Vaters und seiner Brüder errichten. Für die Vorder- und Rückseite verwendete er behauene Steine. 28 Auch ließ er sieben Pyramiden bauen, von denen jeweils zwei einander gegenüberstanden: für den Vater, die Mutter und die vier Brüder. 29 Um die Pyramiden ließ er eine kunstvolle Anlage errichten, indem er sie mit hohen Säulen umgab. An den Säulen ließ er zum ewigen Gedenken Rüstungen anbringen und neben den Rüstungen Schiffe einmeißeln. Das Denkmal sollte für alle sichtbar sein, die auf dem Meer vorüberfahren. 30 Dieses Grabmal, das er in Modeïn errichtete, steht noch heute dort.

Das Bündnis zwischen Simeon und Demetrius II.

31 Tryphon ließ den jungen König Antiochus heimtückisch ermorden, 32 trat seine Nachfolge an und setzte sich die Krone von Asien auf. Er richtete im Land großes Unheil an.

33 Simeon legte in Judäa Festungen an, umgab sie mit hohen Türmen und gewaltigen Mauern, versah sie mit Toren und Riegeln und ließ Proviant in die Festungen bringen. 34 Dann wählte Simeon einige Männer aus, die er zu König Demetrius sandte, um einen Steuernachlass für das Land zu erwirken. Denn Tryphon war nur auf Ausbeutung aus. 35 König Demetrius antwortete ihm mit folgendem Brief:

36 König Demetrius grüßt Simeon, den Hohenpriester und Freund der Könige, sowie die Ältesten und das jüdische Volk. 37 Den goldenen Kranz und den Palmzweig, den ihr gesandt habt, haben wir erhalten. Wir sind bereit, ein für alle Mal Frieden mit euch zu schließen und die Behörden anzuweisen, euch Nachlass zu gewähren. 38 Alles, was wir euch bestätigt haben, bleibt in Kraft; auch die Festungen, die ihr angelegt habt, dürfen bestehen bleiben. 39 Wir vergeben euch alle Nachlässigkeiten und Verfehlungen, die ihr bis auf den heutigen Tag begangen habt, und erlassen euch den Kranz, den ihr noch schuldet. Sollten noch andere Abgaben von Jerusalem erhoben worden sein, sollen sie künftig wegfallen. 40 Wenn ihr Leute habt, die geeignet sind, in unserer Leibgarde Dienst zu tun, sollen sie angenommen werden. Zwischen uns soll Friede herrschen.

41 Im Jahr 170 wurde das Joch der fremden Völker von Israel genommen. 42 Das Volk begann, Urkunden und Verträge mit der Formel einzuleiten: Im Jahr 1 der Regierung Simeons, des Hohenpriesters, Befehlshabers und Führers der Juden.

31: 12,39 • 41: Jer 30,8

Die endgültige Befreiung Israels

43 Damals zog Simeon nach Geser, schloss die Stadt mit seinen Truppen ein, errichtete einen Belagerungsturm und ließ ihn an die Stadt heranschieben. Man schlug eine Bresche in einen Turm der Stadtmauer und besetzte ihn. 44 Dann sprang die Mannschaft des Belagerungsturms in die Stadt hinein. Es entstand ein großes Durcheinander in der Stadt. 45 Ihre Bürger stiegen mit Frauen und Kindern auf die Mauern, zerrissen ihre Gewänder, schrien laut und baten Simeon, mit ihnen Frieden zu schließen. 46 Sie sagten: Vergilt uns nicht nach unserer Schuld, sondern nach deiner Güte! 47 Simeon ließ sich erweichen und stellte den Kampf ein. Er vertrieb sie jedoch aus der Stadt und ließ die Häuser, in denen Götterbilder waren, entsühnen; dann zog er feierlich mit Lobliedern und Preisgesängen in die Stadt ein. 48 Er entfernte alles Unreine und siedelte gesetzestreue Männer an. Dann ließ er die Stadt noch stärker befestigen und baute auch für sich ein Haus in der Stadt.

49 Die Besatzung der Burg von Jerusalem war von jeder Verbindung mit dem Land abgeschnitten; sie konnten weder etwas kaufen noch etwas verkaufen und hatten fast nichts mehr zu essen; eine beträchtliche Anzahl von ihnen kam durch den Hunger um. 50 Da baten sie Simeon um Frieden. Er gewährte ihn, vertrieb sie aber von dort und entsühnte die Burg von jeder Befleckung. 51 Am dreiundzwanzigsten Tag des zweiten Monats im Jahr 171 zogen die Israeliten unter der Musik von Har-

fen, Zimbeln und Zithern mit Hymnen und Ge-
sängen in die Burg ein; sie trugen Palmzweige in
den Händen und sangen Freudenlieder. Denn Is-
rael war von einem gefährlichen Feind befreit.
52 Simeon setzte fest, dass dieser Tag jährlich feier-
lich begangen werden solle. Er ließ die zur Burg
hin gelegene Seite des Tempelbergs noch stärker
befestigen und nahm mit seinem Gefolge Woh-
nung in der Burg. 53 Als Simeon sah, dass sein Sohn
Johanan zu einem Mann herangewachsen war,
machte er ihn zum Befehlshaber aller Streitkräfte
und Johanan ließ sich in Geser nieder.

14 Im Jahr 172 zog König Demetrius seine
Truppen zusammen und brach nach Me-
dien auf, um Hilfstruppen für den Kampf gegen
Tryphon zu gewinnen. 2 Als Arsakes, der König
von Persien und Medien, erfuhr, dass Demetrius
in sein Gebiet eingedrungen war, sandte er einen
seiner Feldherren mit dem Auftrag aus, Demetri-
us lebendig gefangen zu nehmen. 3 Der Feldherr
machte sich auf den Weg, schlug das Heer des
Demetrius, nahm ihn gefangen und brachte ihn zu
Arsakes, der ihn ins Gefängnis warf.

13,43 – 14,3 || 2 Makk 10,32–38 • 13,49: 12,36 • 50: 1,33–36

Das Loblied auf Simeon

4 Das Land Judäa hatte Ruhe, solange Simeon
lebte. / Er sorgte für das Wohl seines Volkes. / Sie
freuten sich jeden Tag über seine Macht / und sei-
nen Ruhm.
5 Sein Ruhm wuchs, als er den Hafen von Jafo
gewann; / so öffnete er einen Weg zu den Inseln.
6 Er erweiterte das Gebiet seines Volkes / und ge-
wann die Herrschaft über das ganze Land.
7 Viele Verbannte führte er wieder zurück. / Er
eroberte Geser, Bet-Zur und die Burg / und ver-
nichtete darin alles, was unrein war. / Niemand
widersetzte sich ihm.
8 Sie bebauten in Frieden ihr Land; / der Boden gab
seinen Ertrag, / die Bäume auf dem Feld ihre
Frucht.
9 Auf den Plätzen saßen die Alten; / alle sprachen
über ihr Glück. / Die jungen Männer / gingen im
Schmuck ihrer Waffen umher.
10 Er versorgte die Städte mit Nahrung / und baute
sie zu Festungen aus. / Sein Name wurde berühmt
bis an das Ende der Welt.
11 Er brachte dem Land den Frieden, / in Israel
herrschte Jubel und Freude.
12 Jeder saß unter seinem Weinstock und seinem
Feigenbaum / und niemand schreckte sie auf.
13 Der Feind verschwand aus dem Land; / in jenen
Tagen wurden die Könige besiegt.
14 Er stärkte alle Schwachen im Land / und setzte
sich ein für das Gesetz. / Alle Verräter und Sünder
aber rottete er aus.
15 Das Heiligtum baute er prachtvoll aus, / viele
Geräte für den Tempel schaffte er an.

4: Ri 2,18; 3,11 • 6: Ex 34,24; Jes 54,2f • 8: Sach 8,12 • 9: Sach 8,4f •
12: Mi 4,4 • 14: Ps 72,4

Die Erneuerung der Bündnisse mit Sparta und Rom

16 Als man in Rom – und auch in Sparta – erfuhr,
dass Jonatan tot war, war man sehr bestürzt. 17 Als
man aber hörte, sein Bruder Simeon habe seine
Nachfolge als Hoherpriester angetreten und das
Land mit seinen Städten sei fest in seiner Hand,
18 schrieben sie ihm auf Bronzetafeln einen Brief
und boten ihm an, das Freundschaftsbündnis mit
ihm zu erneuern, das sie mit seinen Brüdern Judas
und Jonatan geschlossen hatten. 19 Diese Botschaft
wurde vor der Volksversammlung in Jerusalem
verlesen.

20 Hier ist eine Abschrift des Briefes, den die Spar-
taner schickten: Die Regierung und die Stadt der
Spartaner grüßen den Hohenpriester Simeon, die
Ältesten, die Priester und das ganze übrige jüdi-
sche Volk, ihre Brüder. 21 Die Gesandten, die ihr
zu unserem Volk geschickt habt, haben uns von
eurem Ruhm und eurem Ansehen berichtet und
wir haben uns über ihren Besuch sehr gefreut.
22 Was sie vor dem Rat des Volkes gesagt haben,
haben wir, wie folgt, schriftlich festgehalten:
Numenius, der Sohn des Antiochus, und Antipa-
ter, der Sohn Jasons, sind als Gesandte der Juden
zu uns gekommen, um die Freundschaft mit uns
zu erneuern. 23 Das Volk hat beschlossen, ihnen
einen glänzenden Empfang zu bereiten und die
Niederschrift ihrer Rede im Staatsarchiv zu hin-
terlegen, damit das Volk von Sparta sie nicht ver-
gisst. – Eine Abschrift davon schickten sie an den
Hohenpriester Simeon.
24 Danach sandte Simeon den Numenius mit ei-

nem großen goldenen Schild, der tausend Minen
wog, nach Rom, um das Bündnis mit den Römern
zu bekräftigen.

18: 8,17–32; 12,3 • 24: 15,15

Die Bestätigung Simeons
durch das jüdische Volk

25 Als man im Volk davon erfuhr, sagte man: Wie
können wir Simeon und seinen Söhnen danken?
26 Denn er, seine Brüder und seine ganze Familie
waren uns Halt und Stütze. Er hat den Kampf
gegen Israels Feinde geführt und sie vertrieben
und mit seinen Brüdern dem Volk die Freiheit
errungen. Man fertigte Bronzetafeln an, die man
auf dem Berg Zion an Säulen befestigte 27 und auf
denen folgendes stand:
Am achtzehnten Tag des Monats Elul im Jahr 172
– das ist im dritten Jahr der Regierung des großen
Hohenpriesters Simeon in Asaramel – 28 wurde auf
der großen Versammlung der Priester, des Volkes,
der Führer des Volkes und der Ältesten des Landes
uns Folgendes bekanntgegeben: 29 Als wiederholt
im Land Krieg ausbrach, scheuten Simeon, der
Sohn des Mattatias, aus der Familie Jojaribs, und
seine Brüder keine Gefahr. Sie stellten sich den
Feinden ihres Volkes entgegen, um ihr Heiligtum
und das Gesetz zu erhalten, und verschafften
ihrem Volk großen Ruhm. 30 Jonatan führte sein
Volk zusammen; er wurde ihr Hoherpriester, bis
er mit seinen Vätern vereint wurde. 31 Als darauf
ihre Feinde den Plan fassten, in das Land einzu-
fallen, um es zu vernichten und ihr Heiligtum
anzutasten, 32 erhob sich Simeon und kämpfte für
sein Volk. Aus eigenen Mitteln brachte er viel Geld
auf und versorgte die Krieger seines Volkes mit
Waffen und Verpflegung. 33 Er ließ die Städte
Judäas befestigen, besonders Bet-Zur, das an der
Grenze von Judäa liegt; er legte eine jüdische
Besatzung dorthin, wo zuvor ein Waffenlager der
Feinde gewesen war. 34 Auch die Städte Jafo am
Meer und Geser bei Aschdod ließ er befestigen.
Früher wohnten dort die Feinde, er aber siedelte
Juden an und ließ ihnen alles zukommen, was sie
zu ihrem Unterhalt brauchten.
35 Als das Volk sah, wie treu Simeon war und wel-
chen Ruhm er seinem Volk zu verschaffen suchte,
machten sie ihn zu ihrem Führer und Hohenpries-
ter zum Dank für all diese Taten, für die Gerech-
tigkeit und Treue, die er seinem Volk bewies, und
für sein Bestreben, auf jede Weise sein Volk zu för-
dern. 36 Es ist ihm zu seiner Zeit gelungen, die
Fremden aus dem Land zu vertreiben, vor allem
die, die in der Davidstadt in Jerusalem wohnten
und sich eine Burg gebaut hatten, aus der sie Aus-
fälle machten, die Umgebung des Tempels ent-
weihten und seiner Heiligkeit großen Schaden
zufügten. 37 Er siedelte in der Davidstadt Juden an
und ließ sie befestigen, um Land und Stadt zu
sichern. Auch ließ er die Mauern von Jerusalem
höher machen. 38 Demgemäß bestätigte ihn König
Demetrius im Hohenpriesteramt. 39 Er ernannte
ihn zu seinem Freund und zeichnete ihn durch
hohe Ehren aus. 40 Denn er hatte gehört, dass Rom
die Juden Freunde, Verbündete und Brüder
genannt und den Gesandten Simeons einen glän-
zenden Empfang bereitet hatte.
41 Darum beschlossen die Juden und ihre Priester,
Simeon solle für immer ihr Anführer und Hoher-
priester sein, bis ein wahrer Prophet auftrete.
42 Auch solle er ihr Befehlshaber sein und für das
Heiligtum Sorge tragen; durch ihn seien die Beam-
ten zu ernennen für die Arbeiten am Tempel, für
das Land, das Heer und die Festungen. 43 [Er solle
für das Heiligtum Sorge tragen.] Alle hätten ihm
zu gehorchen. Jede Urkunde im Land müsse in sei-
nem Namen ausgestellt werden. Auch dürfe er sich
in Gold und Purpur kleiden. 44 Keinem aus dem
Volk oder aus der Priesterschaft sei es erlaubt, eine
dieser Bestimmungen außer Kraft zu setzen, ge-
gen seine Anordnungen zu verstoßen, ohne seine
Erlaubnis im Land eine Versammlung einzuberu-
fen, Purpur zu tragen oder eine goldene Spange
anzulegen. 45 Jeder, der dem zuwiderhandle oder
sich nicht daran halte, mache sich strafbar.
46 Das ganze Volk beschloss, diese Verfügungen
zugunsten Simeons zu erlassen. 47 Simeon nahm
an; er willigte ein, Hoherpriester, Befehlshaber
und Fürst der Juden und ihrer Priester zu sein und
in allem den Vorsitz zu führen. 48 Sie ließen diese
Urkunde auf Bronzetafeln schreiben und im Vor-
hof des Tempels für alle sichtbar aufstellen. 49 Eine
Abschrift davon sei in der Schatzkammer für
Simeon und seine Söhne zu hinterlegen.

41: 4,46

Das Bündnis zwischen Simeon und Antiochus VII.

15 Antiochus, der Sohn des Königs Deme-
trius, schickte von den Inseln ein Schreiben
an Simeon, den Priester und Fürsten der Juden,
und an das ganze Volk. 2 Es hatte folgenden Inhalt:
König Antiochus grüßt Simeon, den Hohenpries-
ter und Fürsten, und das jüdische Volk. 3 Ein paar
Verbrecher haben die Herrschaft über das Reich
unserer Väter an sich gerissen. Ich will nun das
Reich wieder übernehmen und in ihm die alte
Ordnung wiederherstellen. Ich habe zahlreiche
Streitkräfte angeworben, mehrere Kriegsschiffe
ausgerüstet 4 und will mit ihnen landen, um alle
zur Rechenschaft zu ziehen, die unser Land ver-
wüstet und so viele Städte in meinem Reich ent-
völkert haben.
5 Ich bestätige dir den Erlass aller Steuern, auf die
die Könige vor mir verzichtet haben, und aller
sonstigen Geschenke, die sie dir erlassen haben.
6 Hiermit gestatte ich dir, eigene Münzen für dein
Land zu prägen. 7 Jerusalem und das Heiligtum
sollen frei sein. Du darfst alle Waffen behalten, die
du dir beschafft hast, dazu alle Festungen, die du
angelegt hast und die in deiner Hand sind. 8 Alle
Schulden an die königliche Kasse, auch die künf-
tigen Forderungen der Krone, seien dir von jetzt
an für immer erlassen. 9 Sobald wir die Herrschaft
angetreten haben, werden wir dich, dein Volk und
den Tempel mit hohen Ehren auszeichnen, sodass
sich euer Ruhm über die ganze Welt verbreitet.
10 Im Jahr 174 kam Antiochus in das Land seiner
Väter. Alle Truppen schlossen sich ihm an; nur
wenige blieben bei Tryphon. 11 Antiochus verfolgte
ihn und Tryphon flüchtete nach Dor am Meer.
12 Er hatte gemerkt, dass für ihn schlimme Zeiten
angebrochen waren; denn seine Truppen hatten
ihn verlassen. 13 Antiochus belagerte Dor mit hun-
dertzwanzigtausend Soldaten und achttausend
Reitern. 14 Er schloss die Stadt ein und ließ sie mit
den Schiffen vom Meer her angreifen. So setzte er
ihr zu Wasser und zu Land hart zu und ließ nie-
mand hinein oder heraus.

Nachträge zum Vertrag mit Rom

15 Zu dieser Zeit kam Numenius mit seinen Beglei-
tern aus Rom zurück; er hatte Briefe mit folgendem
Inhalt an verschiedene Könige und Länder bei sich:
16 Der römische Konsul Luzius grüßt König Pto-
lemäus. 17 Die jüdischen Gesandten sind als Freun-
de und Verbündete zu uns gekommen, um das
alte Freundschaftsbündnis zu erneuern; der Hohe-
priester Simeon und das jüdische Volk hatten sie
geschickt. 18 Sie brachten auch einen goldenen
Schild im Wert von tausend Minen mit. 19 Wir
haben nun beschlossen, Könige und Länder
schriftlich anzuweisen, nichts gegen die Juden zu
unternehmen, gegen sie, ihre Städte und ihr Land
keinen Krieg zu führen und ihre Gegner nicht zu
unterstützen. 20 Auch beschlossen wir, den Schild
von ihnen anzunehmen. 21 Wenn nun irgendwel-
che Verbrecher aus ihrem Land zu euch geflohen
sind, so liefert sie dem Hohenpriester Simeon aus,
damit er sie nach dem jüdischen Gesetz bestrafen
kann.
22 Im gleichen Sinn schrieb Luzius an die Köni-
ge Demetrius, Attalus, Ariarathes und Arsakes
23 sowie an alle folgenden Länder: nach Samp-
same, Sparta, Delos, Myndos, Sikyon, Karien,
Samos, Pamphylien, Lyzien, Halikarnass, Rhodos,
Phaselis, Kos, Side, Arwad, Gortyna, Knidos,
Zypern und Zyrene. 24 Eine Abschrift schickten die
Römer an den Hohenpriester Simeon.

15: 14,24

Die Entfremdung zwischen Simeon und Antiochus VII.

25 König Antiochus belagerte Dor von der Vorstadt
aus. Er ließ seine Truppen ununterbrochen gegen
die Stadt anrennen, stellte Belagerungsmaschinen
auf und hielt Tryphon eingeschlossen, sodass nie-
mand hinein oder heraus konnte. 26 Simeon sandte
dem König zu seiner Unterstützung zweitausend
ausgesuchte Krieger, dazu Silber und Gold und
viel Kriegsausrüstung. 27 Aber der König wollte es
nicht annehmen; er brach vielmehr mit ihm und
machte alles rückgängig, was er vorher mit ihm
vertraglich vereinbart hatte. 28 Er schickte einen
seiner Freunde namens Athenobius als Unter-
händler zu ihm und ließ ihm sagen: Ihr habt Jafo,
Geser und die Burg von Jerusalem besetzt, Städte
meines Königreiches. 29 Ihr Gebiet habt ihr ver-
wüstet und großen Schaden im Land angerichtet
und viele Orte in meinem Reich habt ihr an euch

gerissen. 30 Nun gebt die Städte wieder heraus, die
ihr besetzt habt; ebenso entrichtet die Steuern für
die Orte außerhalb Judäas, die ihr euch angeeig-
net habt. 31 Andernfalls gebt als Ersatz fünfhundert
Talente Silber, weitere fünfhundert Talente für den
Schaden, den ihr angerichtet habt, und für die
Steuern der Städte. Sonst kommen wir und führen
Krieg gegen euch. 32 Athenobius, der Freund des
Königs, kam nach Jerusalem. Als er die Prachtent-
faltung Simeons, den Schrank mit den goldenen
und silbernen Geräten und den großen Hofstaat
sah, war er sehr erstaunt. Er meldete Simeon die
Worte des Königs; 33 doch der gab zur Antwort:
Wir haben kein fremdes Land besetzt und uns
nichts angeeignet, was uns nicht gehörte, sondern
wir haben nur das Erbe unserer Väter zurückge-
holt, das unsere Feinde zu Unrecht vorübergehend
an sich gerissen hatten. 34 Wir nutzen nur die Gele-
genheit und halten das Erbe unserer Väter fest.
35 Was aber Jafo und Geser betrifft, auf die du
Anspruch erhebst, so ist zu sagen: Diese Städte
haben unserem Volk und Land großen Schaden zu-
gefügt. Wir wollen für sie hundert Talente zahlen.
Athenobius gab ihm keine Antwort, 36 sondern
ging wütend zum König zurück. Er unterrichtete
ihn über die Antwort Simeons, über seine Pracht-
entfaltung und über alles, was er gesehen hatte. Da
geriet der König in heftigen Zorn.

32: 1 Kön 10,4f

Der Sieg der Söhne Simeons über Kendebäus

37 Tryphon entkam auf einem Schiff nach Ortho-
sia. 38 Der König ernannte Kendebäus zum Be-
fehlshaber über die Küste und teilte ihm Fußtrup-
pen und Reiterei zu. 39 Er gab ihm den Auftrag, an
der Grenze Judäas ein Lager aufzuschlagen, den
Ort Kidron auszubauen und mit festen Toren zu
versehen, um gegen die Juden Krieg zu führen,
während er selbst die Verfolgung des Tryphon auf-
nahm.

40 Kendebäus zog nach Jamnia und begann, das
jüdische Volk zu reizen, Überfälle auf Judäa zu
machen, Juden gefangen zu nehmen und zu
ermorden. 41 Er baute Kidron aus und legte Reiter
und Fußtruppen hinein. Diese unternahmen
Streifzüge auf den Straßen Judäas, wie ihnen der
König befohlen hatte.

16 Da kam Johanan von Geser herauf und
berichtete seinem Vater Simeon von den
Unternehmungen des Kendebäus. 2 Simeon rief
seine beiden ältesten Söhne, Judas und Johanan,
zu sich und sagte zu ihnen: Ich, meine Brüder und
meine Familie haben von Jugend an bis auf den
heutigen Tag die Kriege Israels geführt. Oft gelang
es uns, Israel zu retten. 3 Nun bin ich alt geworden;
ihr aber seid durch des Himmels Gnade herange-
wachsen. Tretet an meine und meines Bruders
Stelle, zieht aus und kämpft für unser Volk! Der
Himmel möge euch helfen. 4 Er hob im Land
zwanzigtausend besonders kampferprobte Män-
ner aus, dazu Reiter. Sie zogen gegen Kendebäus
und blieben über Nacht in Modeïn. 5 Früh am
nächsten Morgen rückten sie aus in die Ebene.
Plötzlich trafen sie auf ein großes Heer, Fußvolk
und Reiterei. Es lag aber eine Schlucht zwischen
ihnen. 6 Johanan machte mit seinen Leuten dem
Feind gegenüber Halt. Als er merkte, dass sie Angst
hatten, die Schlucht zu durchqueren, ging er als
erster hinüber. Das sahen seine Männer und folg-
ten ihm auf die andere Seite. 7 Dann zog er das
Heer auseinander und ließ die Reiterei sich mitten
zwischen dem Fußvolk aufstellen; die Reiterei des
Feindes war nämlich sehr stark. 8 Man stieß in die
Trompeten und Kendebäus wurde samt seinem
Heer geschlagen und hatte viele Gefallene zu
beklagen. Der Rest floh in die Festung. 9 Bei dieser
Gelegenheit wurde Judas, der Bruder des Johanan,
verwundet. Johanan aber nahm die Verfolgung
auf, bis er nach Kidron kam, das Kendebäus aus-
gebaut hatte. 10 Da flohen sie weiter in die Türme bei
Aschdod. Johanan ließ die Stadt in Brand stecken;
dabei kamen etwa zweitausend Feinde um. Joha-
nan aber kehrte wohlbehalten nach Judäa zurück.

16,10: 10,84

Die Ermordung Simeons und der Regierungsantritt Johanans

11 Ptolemäus, der Sohn Abubs, war Befehlshaber in
der Ebene von Jericho. Er besaß viel Silber und
Gold; 12 denn er war der Schwiegersohn des Ho-
henpriesters. 13 Da wurde er stolz; er wollte die
Herrschaft über das Land an sich reißen und
plante einen heimtückischen Anschlag, um Sime-
on und seine Söhne aus dem Weg zu räumen. 14 Als

Simeon die Städte in jener Gegend besuchte, um
dort nach dem Rechten zu sehen, kam er mit sei-
nen Söhnen Judas und Mattatias im elften Monat,
das ist der Schebat, des Jahres 177 nach Jericho.
[15] Der Sohn Abubs hatte eine kleine Festung na-
mens Dok erbaut. Dort nahm er sie voll Hinterlist
auf. Er veranstaltete für sie ein großes Gelage, hielt
aber im Hintergrund einige Männer versteckt.
[16] Als Simeon und seine Söhne betrunken waren,
sprangen Ptolemäus und seine Leute auf, griffen
zu ihren Waffen, drangen zu Simeon in den Spei-
sesaal ein und erschlugen ihn und seine beiden
Söhne und einige aus seinem Gefolge. [17] So beging
Ptolemäus einen gemeinen Verrat und vergalt
Gutes mit Bösem.
[18] Ptolemäus berichtete darüber dem König in
einem Brief und bat ihn, ihm Truppen zu Hilfe zu
schicken und ihm das Land und die Städte zu
übergeben. [19] Auch schickte er einige Männer nach
Geser, um Johanan ermorden zu lassen. Die
Hauptleute forderte er schriftlich auf, zu ihm zu
kommen; er wolle ihnen Silber und Gold und
andere Geschenke geben. [20] Wieder andere schick-
te er aus, damit sie Jerusalem und den Tempelberg
besetzten. [21] Aber jemand lief voraus und meldete
Johanan in Geser, sein Vater und seine Brüder
seien tot; er sagte: Er hat bereits Leute ausge-
schickt, um auch dich umbringen zu lassen.
[22] Als Johanan das hörte, erschrak er sehr. Die
Männer aber, die kamen, um ihn zu ermorden,
ließ er ergreifen und niedermachen; denn er wuss-
te, dass sie ihn umbringen wollten.
[23] Die weitere Geschichte Johanans, die Kriege, die
er führte, die Taten, die er vollbrachte, auch wie
er die Mauern bauen ließ und was er sonst un-
ternahm – [24] all das steht in der Chronik seines
Hohenpriestertums geschrieben, von dem Tag
an, da er anstelle seines Vaters Hoherpriester
wurde.

23: 1 Kön 11,41; 14,29

DAS ZWEITE BUCH DER MAKKABÄER

BRIEFE DER JUDEN JERUSALEMS AN DIE JUDEN IN ÄGYPTEN: 1,1 – 2,18

Der erste Brief zum Tempelweihfest

1 Wir, eure Brüder, die Juden aus Jerusalem und
aus dem Land Judäa, grüßen euch, unsere
Brüder, die Juden, die in Ägypten wohnen, und
wünschen euch Frieden. [2] Gott möge euch Gutes
erweisen und seines Bundes gedenken, den er mit
seinen treuen Dienern Abraham, Isaak und Jakob
geschlossen hat. [3] Er gebe euch allen ein Herz, das
euch fähig macht, ihn zu fürchten und seiner
Lehre mutig und bereitwillig zu folgen. [4] Er öffne
euer Herz für sein Gesetz und für die Gebote und
schenke euch Frieden. [5] Er erhöre eure Gebete,
schenke euch Versöhnung und verlasse euch nicht
in der Not. [6] So beten wir hier für euch.
[7] Unter der Regierung des Demetrius, im Jahr 169,
haben wir Juden euch geschrieben: In der höchs-
ten Not, die in diesen Jahren über uns kam, als
Jason und sein Anhang vom Heiligen Land und
vom Königreich abfielen, [8] verbrannten sie das
Tempeltor und vergossen unschuldiges Blut. Wir
aber beteten zum Herrn und er hat uns erhört. So
konnten wir wieder Brand- und Speiseopfer dar-
bringen; wir zündeten die Leuchter an und legten
die Schaubrote aus. [9] Und nun begeht die Tage des
Laubhüttenfestes im Monat Kislew! Geschrieben
im Jahr 188.

7: 1 Makk 10,67; 2 Makk 4,7–22 • 8: 1 Makk 4,38

Der zweite Brief zum Tempelweihfest

[10] Die Bewohner Jerusalems und Judäas, der Hohe
Rat und Judas wünschen dem Aristobul, dem Leh-
rer des Königs Ptolemäus, aus dem Geschlecht der
gesalbten Priester, und den Juden Ägyptens Glück
und Heil. [11] Wir danken Gott von Herzen, der uns
aus großen Gefahren errettet hat. So sind wir
bereit, selbst mit einem König zu streiten. [12] Gott

selbst nämlich hat alle verjagt, die gegen die Heilige Stadt gekämpft haben. 13 Denn als der Fürst mit seinem Heer, das als unüberwindlich galt, nach Persien zog, fanden sie im Tempel der Nanäa den Tod. Die Priester der Nanäa hatten sie nämlich überlistet. 14 Unter dem Vorwand, sich mit der Göttin zu vermählen, war Antiochus mit seinen Freunden, die ihn begleiteten, zum Tempel gekommen; sozusagen als Mitgift wollte er sich dabei die großen Reichtümer aneignen. 15 Die Priester der Nanäa legten die Schätze für sie auch bereit und Antiochus ging mit einigen wenigen Männern in den heiligen Bezirk. Sobald er aber das Heiligtum betreten hatte, schlossen sie das Tor. 16 Sie öffneten eine geheime Tür an der Decke, warfen schwere Steine herab, zerschmetterten den Fürsten (und seine Begleiter), zerstückelten sie, schnitten ihnen die Köpfe ab und warfen sie hinaus zu denen, die draußen stehen geblieben waren. 17 Für all das sei unser Gott gepriesen: Er hat die Sünder dem Untergang preisgegeben.

18 Wir wollen nun am fünfundzwanzigsten Kislew die Reinigung des Tempels feiern. Darum hielten wir es für unsere Pflicht, euch davon zu benachrichtigen, damit auch ihr sie wie die Tage des Laubhüttenfestes feiern könnt und wie die Tage des Feuers. (Letztere erinnern an den Tag,) an dem Nehemia nach dem Aufbau von Tempel und Altar erstmals wieder Opfer darbrachte. 19 Denn als unsere Väter nach Persien in die Verbannung geführt wurden, nahmen die Priester, die fromm geblieben waren, etwas von dem Feuer des Altars mit und verbargen es heimlich im Schacht eines leeren Brunnens. Sie versteckten es so, dass die Stelle allen unbekannt blieb. 20 Darüber vergingen viele Jahre. Doch als es Gott gefiel, sandte der König von Persien den Nehemia her. Der schickte die Nachkommen jener Priester aus, um das Feuer holen zu lassen, das ihre Väter einst versteckt hatten. 21 Als sie uns erklärten, kein Feuer gefunden zu haben, sondern nur eine dicke Flüssigkeit, befahl er ihnen, etwas davon zu schöpfen und zu ihm zu bringen. Das Opfer wurde hergerichtet. Dann ließ Nehemia von den Priestern das Brennholz, und was darauf lag, mit diesem zähflüssigen Wasser begießen. 22 So geschah es. Nach einiger Zeit brach die Sonne hervor, die von Wolken verdeckt gewesen war. Da flammte ein großes Feuer auf und alle staunten. 23 Während das Opfer verbrannte, beteten die Priester und alle Anderen, die bei ihnen waren; Jonatan stimmte an und die Übrigen, darunter auch Nehemia, beteten laut mit. 24 Das Gebet aber lautete so: Herr, o Herr, du Gott und Schöpfer aller Dinge, furchtbarer, starker, gerechter und barmherziger Gott! Du allein bist König und du bist gütig. 25 Du allein gibst alle Gaben. Nur du bist gerecht, allmächtig und ewig. Du rettest Israel aus aller Not. Du hast unsere Väter erwählt und sie heilig gemacht. 26 Nimm dieses Opfer an für dein ganzes Volk Israel! Behüte dein Erbteil und mach es heilig! 27 Sammle uns aus der Zerstreuung, befrei alle, die bei den Heiden in Knechtschaft leben, schau auf die Verachteten und Verabscheuten! Dadurch sollen die Heiden erkennen, dass du unser Gott bist. 28 Strafe die stolzen und frechen Unterdrücker! 29 Pflanz dein Volk an deinem heiligen Ort ein! Denn so hat es Mose zugesagt.

30 Die Priester begleiteten die Loblieder, die man sang, mit Musik. 31 Als das Opfer verbrannt war, ließ Nehemia das übrig gebliebene Wasser auf große Steine schütten. 32 Da entzündete sich eine lodernde Flamme. Sie verzehrte sich im Schein des Feuers, das vom Altar her leuchtete. 33 Dieses Ereignis wurde überall bekannt und man meldete dem persischen König, an der Stelle, an der die Priester, die in die Verbannung gingen, das Feuer versteckt hätten, sei das Wasser zum Vorschein gekommen, das die Leute des Nehemia dann über das Opfer gossen. 34 Nachdem der König die Sache geprüft hatte, ließ er den Ort umfrieden und für heilig erklären. 35 Auch nahm der König viele kostbare Geschenke und verteilte sie unter die, denen er wohlgesinnt war. 36 Die Leute um Nehemia nannten das Wasser Neftar, das heißt: Reinigung. Bei den meisten aber heißt es Neftai.

2 In den Schriften steht, Jeremia, der Prophet sei es gewesen, der befohlen habe, etwas von dem Feuer – wie schon gesagt – zu nehmen, als sie in die Verbannung geführt wurden. 2 Der Prophet habe ferner den Verbannten das Gesetz übergeben und ihnen eingeschärft, die Gebote des Herrn nicht zu vergessen noch im Herzen irre zu werden, wenn sie die goldenen und silbernen Götzen und

ihren Prunk sähen. 3 Mit manchen Reden solcher
Art ermahnte er sie, das Gesetz nicht aus ihrem
Herzen schwinden zu lassen. 4 In dem Buch stand
weiter zu lesen, dass der Prophet einen Gottes-
spruch empfangen habe und daraufhin das Zelt
und die Lade hinter sich hertragen ließ. Er sei hi-
nausgegangen zu dem Berg, auf den Mose gestie-
gen war, um das von Gott verheißene Erbteil zu
sehen. 5 Dort fand Jeremia eine Höhle wie ein
Haus. Er trug das Zelt, die Lade und den Rauchop-
feraltar hinein; dann verschloss er den Eingang.
6 Einige von seinen Begleitern gingen hin, um sich
den Weg zu markieren; aber sie konnten ihn nicht
finden. 7 Als Jeremia davon hörte, schalt er sie und
sagte: Die Stelle soll unbekannt bleiben, bis Gott
sein Volk wieder sammelt und ihm wieder gnädig
ist. 8 Dann aber bringt der Herr dies alles wieder
ans Licht und die Herrlichkeit des Herrn wird
erscheinen und auch die Wolke, genauso wie sie
sich in den Tagen des Mose gezeigt hat und in der
Zeit, als Salomo betete, dass der Ort hochheilig
werden möge.

9 Es wurde ferner erzählt, wie jener Weise bei der
Einweihung und bei der Vollendung des Tempels
opferte. 10 So wie Mose zum Herrn gebetet hatte –
und dann war Feuer vom Himmel gefallen und
hatte die Opferstücke verzehrt –, so betete auch
Salomo und das Feuer fiel herab und verzehrte die
Brandopfer. 11 Mose sagte: Weil man das Sünd-
opfer nicht gegessen hat, wurde es verbrannt.
12 Ebenso hat auch Salomo acht Tage lang gefeiert.
13 Das gleiche wird auch in den Schriften und in
den Erinnerungen Nehemias erzählt; dort steht
auch, wie er eine Bücherei anlegte und die Bücher
der Könige und der Propheten und die (Lieder)
Davids sammelte, auch königliche Urkunden über
Weihegaben.

14 Genauso hat auch Judas alle Bücher wieder
gesammelt, die in dem Krieg, den wir führen
mussten, zerstreut worden waren. Sie befinden
sich heute bei uns. 15 Sollten euch einige davon
fehlen, so lasst sie durch Boten holen!

16 Wir haben euch geschrieben, weil wir nun die
Tempelreinigung begehen wollen. Ihr werdet gut
daran tun, diese Tage mitzufeiern. 17 Gott hat sein
ganzes Volk gerettet und allen das Erbe und die
Königsherrschaft und das Priestertum und die
Heiligung verliehen, 18 wie er es durch das Gesetz
verheißen hat. Darum hoffen wir nun, dass Gott
bald mit uns Erbarmen hat und uns aus der
ganzen Welt an seinen heiligen Ort zusammen-
führt. Denn er hat uns schon aus großen Gefahren
gerettet und hat den heiligen Ort gereinigt.

1,12f: 9,1–29 • 19: Lev 6,5 • 29: Dtn 30,3–5 • 2,2: Bar 6 • 4: Dtn 34 •
7: Jer 3,16 • 8: Ex 24,16; 40,34–38; 1 Kön 8,10f • 10: Lev 9,23f;
2 Chr 7,1 • 11: Lev 10,16f • 12: 1 Kön 8,65f • 14: 1 Makk 1,56 •
16: 1 Makk 4,59 • 17: Ex 19,5f

DAS VORWORT DES VERFASSERS: 2,19–32

19 Die Ereignisse um den Makkabäer Judas und
seine Brüder – wie sie den erhabenen Tempel rei-
nigten und den Altar wieder einweihten; 20 ferner
die Kriege, die sie gegen Antiochus Epiphanes und
seinen Sohn Eupator führten; 21 die himmlischen
Erscheinungen, die den ruhmreichen und tapfe-
ren Verteidigern des Judentums halfen, sodass es
ihnen, obschon sie nur wenige waren, gelang, das
ganze Land zurückzuerobern, die Massen der Bar-
baren zu verjagen, 22 auch das auf der ganzen Welt
hochberühmte Heiligtum wiederzugewinnen, die
Stadt zu befreien, die Gesetze, die abgeschafft wer-
den sollten, wieder in Kraft zu setzen – denn der
Herr war ihnen in seiner großen Güte gnädig –,
23 all das hat Jason aus Zyrene in fünf Büchern
genau beschrieben. Wir nun wollen versuchen, es
hier in einem einzigen Buch kurz zusammenzu-
fassen. 24 Wir bemerkten nämlich die Flut der Zah-
len und wie schwierig es wegen der Menge des
Stoffes ist, sich in die geschichtliche Darstellung
einzuarbeiten. 25 So nahmen wir uns vor, die, die
gern lesen, zu unterhalten, denen, die mit Eifer
auswendig lernen, zu helfen, allen aber, die das Buch
auf irgendeine Weise in die Hand bekommen, zu
nützen. 26 Uns ist es allerdings nicht leicht gefallen,
in mühseliger Arbeit diesen Auszug anzufertigen;
es hat vielmehr Schweiß und durchwachte Nächte
gekostet. 27 Wer ein Gastmahl anordnet und den
Nutzen anderer sucht, hat es ja auch nicht leicht.
Dennoch haben wir die Mühe gern auf uns ge-

nommen, um uns viele zu Dank zu verpflichten.
28 Die Einzelheiten genau zu untersuchen, über-
ließen wir dem Geschichtsschreiber. Wir haben uns
nur darum bemüht, einen ordentlichen Auszug an-
zufertigen. 29 Wenn man ein neues Haus baut, muss
sich der Architekt um das ganze Gebäude küm-
mern; Dekorateur und Maler dagegen müssen nur
das prüfen, was zur Ausschmückung nötig ist. Ähn-
lich beurteile ich auch unsere Aufgabe. 30 Sich daran
zu machen, die überlieferten Nachrichten kritisch
zu beurteilen und bis ins einzelne genau zu unter-
suchen, ist Sache des Historikers. 31 Wer aber nur
nacherzählen will, darf die Darstellung straffen, auch
wenn die genaue Ausarbeitung nach den Regeln
der Geschichtsschreibung dabei zu kurz kommt.
32 Nun aber wollen wir sofort mit unserer Erzäh-
lung beginnen; wir haben uns schon allzu lang mit
dem Vorwort aufgehalten und es wäre ja unsinnig,
vor der Erzählung viele Worte zu machen, die
Erzählung selbst aber zu kürzen.

JERUSALEM UNTER GOTTES SCHUTZ: 3,1–40

Die Heilige Stadt

3 Die Bewohner der Heiligen Stadt lebten in
tiefem Frieden und hielten die Gesetze aufs
treueste; denn der Hohepriester Onias war ein
frommer Mann und hasste alles Böse. 2 Darum
ehrten sogar die Könige den Ort und schmückten
das Heiligtum mit den kostbarsten Weihegaben.
3 So bestritt Seleukus, der König Asiens, aus seinen
eigenen Einkünften alle Kosten, die durch den
Opferdienst entstanden.

Der Verrat Simeons am Tempel

4 Ein gewisser Simeon aus dem Stamm Benjamin
war als Tempelvorsteher eingesetzt worden. Er
entzweite sich jedoch mit dem Hohenpriester
wegen der Marktordnung in der Stadt. 5 Weil er
sich gegen Onias nicht durchsetzen konnte, ging
er zu Apollonius, dem Sohn des Tharseas, der
damals Befehlshaber in Zölesyrien und Phönizien
war.
6 Er erzählte ihm, der Tempelschatz in Jerusalem
sei voll von unvorstellbaren Reichtümern; unzähl-
bar sei die Menge des Geldes. Sie stehe in keinem
Verhältnis zu dem, was man für die Opfer auf-
wenden müsse, und lasse sich leicht für den König
beschlagnahmen. 7 Als Apollonius mit dem König
zusammentraf, berichtete er, was man ihm über
die Gelder hinterbracht hatte. Der aber bestimmte
seinen Kanzler Heliodor und schickte ihn auf den
Weg mit dem Auftrag, sich die erwähnten Gelder
ausliefern zu lassen.

Der Anschlag auf den Tempelschatz

8 Heliodor machte sich sofort auf die Reise, angeb-
lich um die Städte in Zölesyrien und Phönizien zu
besuchen, in Wirklichkeit jedoch, um das Vorha-
ben des Königs auszuführen. 9 Als er nach Jerusa-
lem kam, wurde er vom Hohenpriester der Stadt
freundlich empfangen. Da gab er bekannt, welche
Anzeige gemacht worden sei, und teilte den wah-
ren Grund seiner Anwesenheit mit. Er fragte, ob
sich die Sache wirklich so verhalte. 10 Der Hohe-
priester erklärte ihm, es handele sich um hinter-
legtes Gut von Witwen und Waisen; 11 ein Teil
gehöre auch Hyrkanus, dem Sohn des Tobija,
einem sehr einflussreichen Mann. – So hatte der
ruchlose Simeon gelogen. – Alles zusammen
belaufe sich nur auf vierhundert Talente Silber
und zweihundert Talente Gold. 12 Man dürfe aber
doch denen nicht Unrecht tun, die ihr Vertrauen
auf die Heiligkeit des Ortes und auf die Würde
und Unantastbarkeit des weltberühmten Heilig-
tums gesetzt hätten. 13 Heliodor berief sich jedoch
auf die Befehle, die er vom König erhalten hatte,
und bestand darauf, alles für die königliche
Schatzkammer zu beschlagnahmen. 14 Am festge-
setzten Tag schickte er sich an hineinzugehen, um
eine Untersuchung der Schätze anzustellen.

Der Bittgottesdienst um die Rettung des Tempels

15 Da geriet die ganze Stadt in nicht geringe Bestür-
zung. Die Priester warfen sich in ihren heiligen
Gewändern vor dem Altar nieder und riefen den
Himmel an: Er habe die Hinterlegung von Geld
durch Gesetze geordnet; so solle er es jetzt denen,

die es hinterlegt hatten, unversehrt bewahren.
16 Wer aber die Gestalt des Hohenpriesters sah,
dem blutete das Herz. Wie er aussah und wie sein
Gesicht sich verfärbt hatte, verriet seine innere
Qual. 17 Furcht und Zittern nämlich hatten den
Mann befallen und er bebte am ganzen Leib. Allen,
die ihn sahen, wurde der Schmerz seines Herzens
offenbar. 18 Die Leute stürzten in Scharen aus den
Häusern heraus zum öffentlichen Gebet; denn
dem Tempel drohte Schande. 19 Die Frauen zogen
Trauerkleider an, die die Brüste freiließen, und
drängten sich auf die Straßen. Von den jungen
Mädchen aber, die man sonst eingeschlossen hielt,
liefen die einen an die Türen, die andern auf die
Mauern; einige beugten sich aus den Fenstern he-
raus. 20 Sie alle streckten die Hände zum Himmel
empor und beteten flehentlich. 21 Es war zum Er-
barmen, wie die Menge sich in heillosem Durch-
einander zu Boden warf und wie der Hohepriester
sich in seinem Kummer so schrecklich ängstigte.
22 So riefen sie zum Herrn, dem Allherrscher, er
möge das anvertraute Gut denen, die es hinterlegt
hatten, unversehrt und ganz sicher bewahren.

Die Bestrafung des Tempelräubers

23 Heliodor jedoch machte sich daran, seinen Ent-
schluss auszuführen. 24 Schon stand er mit der
Leibwache an der Schatzkammer. Da ließ der Herr
der Geister und aller Macht eine gewaltige Er-
scheinung sichtbar werden. Alle, die ihn frech
begleitet hatten, erschraken vor Gottes Macht; ihre
Kräfte verließen sie und sie bekamen große Angst.
25 Denn es erschien ihnen ein Pferd mit einem
schrecklichen Reiter darauf; das Pferd war mit
prächtigem Geschirr geschmückt. Es stürmte wild
auf Heliodor ein und traf ihn heftig mit den
Vorderhufen. Sein Reiter aber trug eine goldene
Rüstung. 26 Noch zwei andere junge Männer
erschienen, voll gewaltiger Kraft, in strahlender
Schönheit und herrlich gekleidet. Sie traten auf
Heliodor zu und peitschten von beiden Seiten auf
ihn ein; pausenlos schlugen sie ihn mit vielen Hie-
ben. 27 Da stürzte er zu Boden und es wurde ihm
schwarz vor den Augen. Man hob ihn schnell auf
und legte ihn auf eine Bahre. 28 Eben noch war er
mit großem Gefolge und der ganzen Leibwache zu
der genannten Schatzkammer gekommen; nun
trug man ihn hilflos hinaus. Deutlich hatte man
die Herrschermacht Gottes erkannt. 29 So lag er da,
durch Gottes Macht gestürzt, der Sprache beraubt,
ohne jede Hoffnung auf Rettung. 30 Die Juden aber
priesen den Herrn, der an seinem Ort so herrlich
seine Macht gezeigt hatte; und das Heiligtum, das
eben noch voll war von Angst und Verwirrung,
war erfüllt von Freude und Jubel; denn der all-
mächtige Herr hatte sich offenbart.

Die Bekehrung des Tempelräubers

31 Sehr bald kamen ein paar Vertraute Heliodors zu
Onias und baten ihn, er möge doch den Höchsten
anrufen und so dem das Leben schenken, der in
den letzten Zügen lag. 32 Aus Sorge, der König
könne der Meinung verfallen, Heliodor sei einem
hinterhältigen Anschlag der Juden zum Opfer
gefallen, brachte der Hohepriester ein Opfer dar,
damit der Mann wieder gesund würde. 33 Während
der Hohepriester noch mit dem Versöhnungsop-
fer beschäftigt war, erschienen dem Heliodor die-
selben jungen Männer wie zuvor, in der gleichen
Kleidung. Sie traten zu ihm und sagten: Danke
dem Hohenpriester Onias vielmals; denn seinet-
wegen schenkt der Herr dir gnädig das Leben.
34 Der Himmel hat dich gezüchtigt. Nun verkünde
du allen die gewaltige Kraft Gottes! Nach diesen
Worten entschwanden sie.
35 Da ließ Heliodor dem Herrn ein Opfer darbrin-
gen und machte ihm große Gelübde, weil er ihn
am Leben gelassen hatte. Er nahm Abschied von
Onias und zog mit seinen Truppen zum König
zurück. 36 Vor allen Menschen bezeugte er die
Taten des größten Gottes, die er mit eigenen Augen
gesehen hatte. 37 Als der König ihn fragte, wer ge-
eignet sei, noch einmal nach Jerusalem geschickt
zu werden, gab er zur Antwort: 38 Wenn du einen
Feind oder einen Hochverräter weißt, dann schick
ihn dorthin! Du kannst sicher sein, dass er geprü-
gelt zurückkommt, wenn er überhaupt am Leben
bleibt; denn an jenem Ort wirkt wahrhaftig eine
göttliche Kraft. 39 Er, der im Himmel wohnt, ist
selbst der Wächter und Schützer jenes Ortes; und
wer in böser Absicht dorthin kommt, den schlägt
er nieder.
40 Das waren die Ereignisse um Heliodor und um
die Rettung des Tempels.

DER EINBRUCH DER SÜNDE: 4,1–50

Neue Umtriebe Simeons

4 Der oben genannte Simeon, der den Tempelschatz und das Vaterland verraten hatte, verleumdete Onias, er sei es gewesen, der Heliodor habe schlagen lassen und der das Unheil ins Werk gesetzt habe. 2 Den Wohltäter der Stadt, den fürsorglichen Beschützer seiner Mitbürger und Eiferer für die Gesetze, wagte er einen Hochverräter zu nennen. 3 Die Feindschaft verschärfte sich derart, dass einer von den Vertrauten Simeons mehrere Morde verübte. 4 Onias erkannte, dass der Streit unerträglich wurde und dass außerdem Apollonius, der Sohn des Menestheus, Befehlshaber von Zölesyrien und Phönizien, die Bosheit Simeons noch unterstützte. 5 Darum begab er sich zum König, nicht um die Mitbürger zu verklagen, sondern weil er das allgemeine und das besondere Wohl des ganzen Volkes im Auge hatte. 6 Er erkannte nämlich, dass ohne Einschreiten des Königs der öffentliche Friede nicht wiederherzustellen sei; denn Simeon würde nicht von seiner Raserei ablassen.

Die Einführung heidnischer Sitten in Jerusalem

7 Seleukus starb und Antiochus mit dem Beinamen Epiphanes übernahm die Herrschaft. Da erschlich sich Jason, der Bruder des Onias, das Hohepriesteramt. 8 Bei einer Unterredung versprach er dem König nämlich dreihundertsechzig Talente Silber, dazu noch aus anderen Einkünften achtzig Talente. 9 Außerdem wolle er sich schriftlich verpflichten, weitere hundertfünfzig Talente zu zahlen, wenn er die Vollmacht erhalte, eine Sportschule und einen Übungsplatz für junge Leute zu errichten – denn daran sei ihm sehr gelegen – sowie den Einwohnern Jerusalems das antiochenische Bürgerrecht zu verleihen. 10 Der König war einverstanden.

Sobald Jason das Amt an sich gebracht hatte, führte er unter seinen Landsleuten die griechische Lebensart ein. 11 Er schaffte die günstigen Privilegien ab, die die Juden durch Vermittlung des Johanan vom König erhalten hatten. Dieser Johanan war der Vater des Eupolemus, der als Gesandter nach Rom gegangen war, um dort ein Freundschaftsbündnis zu schließen. Jason hob die althergebrachte Verfassung auf und führte neue, widerrechtliche Gebräuche ein. 12 Absichtlich ließ er unmittelbar unterhalb der Burg eine Sportschule errichten und die Söhne der besten Familien brachte er dazu, den griechischen Hut aufzusetzen. 13 So kam das Griechentum in Mode; man fiel ab zu der fremden Art. Schuld daran war die maßlose Schlechtigkeit des ruchlosen Jason, der den Namen des Hohenpriesters zu Unrecht trug. 14 Schließlich kümmerten sich die Priester nicht mehr um den Dienst am Altar; der Tempel galt in ihren Augen nichts und für die Opfer hatten sie kaum mehr Zeit. Dafür gingen sie eilig auf den Sportplatz, sobald die Aufforderung zum Diskuswerfen erging, um an dem Spiel, das vom Gesetz verboten war, teilzunehmen. 15 Die Ehren ihres Vaterlandes achteten sie gering, auf griechische Auszeichnungen dagegen waren sie ganz versessen. 16 Darum sollten sie auch in große Not geraten. Gerade die, denen sie alles nachmachten und denen sie ganz gleich werden wollten, wurden ihre Feinde und Peiniger. 17 Man kann sich nämlich nicht leichthin über die göttlichen Gesetze hinwegsetzen. Aber das wird die Folgezeit deutlich zeigen.

18 Als der König die Wettkämpfe besuchte, die alle fünf Jahre in Tyrus ausgetragen werden, 19 sandte der nichtswürdige Jason Männer aus Jerusalem, die das antiochenische Bürgerrecht erworben hatten, als Zuschauer dorthin und gab ihnen dreihundert Silberdrachmen mit für das Opfer an Herakles. Doch baten die Überbringer, das Geld nicht zum Opfer zu verwenden, weil sich das nicht zieme, sondern es für einen anderen Zweck zurückzulegen. 20 Nach der Absicht des Auftraggebers wäre es also für das Heraklesopfer bestimmt gewesen; es lag allein an den Überbringern, dass man es zur Ausrüstung der Galeeren verwendete.

21 Zur Thronbesteigung des Königs Philometor entsandte Antiochus den Apollonius, den Sohn des Menestheus, nach Ägypten. Dabei brachte er in Erfahrung, dass der ägyptische König seiner Politik feindlich gegenüberstehe, und sorgte sich um seine Sicherheit. Er zog deshalb nach Jafo und

von dort nach Jerusalem. 22 Jason und die Stadt bereiteten ihm einen großartigen Empfang; unter Fackelschein und Freudengeschrei hielt er seinen Einzug. Dann brachte er seine Truppen wieder nach Phönizien ins Quartier.

7: 1 Makk 1,10 • 10: 1 Makk 1,11–15 • 11: 1 Makk 8,17

Das Hohepriesteramt in der Hand der Sünder

23 Drei Jahre darauf schickte Jason den Menelaus, den Bruder des vorhin erwähnten Simeon, zum König; er sollte ihm das Geld überbringen und schwebende Verhandlungen über wichtige Staatsgeschäfte zum Abschluss bringen. 24 Menelaus verschaffte sich jedoch Empfehlungen an den König, trat als bedeutender Mann auf und schmeichelte ihm, überbot Jason um dreihundert Talente Silber und brachte so das Amt des Hohenpriesters an sich. 25 Mit der königlichen Ernennungsurkunde kam er zurück. Sonst hatte er nichts an sich, was des hohenpriesterlichen Amtes würdig gewesen wäre. Statt dessen besaß er die Leidenschaft eines rohen Tyrannen und die Wut eines wilden Tieres. 26 Jason, der seinen eigenen Bruder hinterlistig verdrängt hatte, wurde nun selbst durch einen anderen hinterlistig verdrängt und als Flüchtling ins Ammoniterland vertrieben.

27 Menelaus hatte sich zwar der Herrschaft bemächtigt, machte jedoch keine Anstalten, das Geld aufzubringen, das er dem König versprochen hatte, 28 obschon Sostratus, der Befehlshaber der Burg, ihn wiederholt mahnte; dieser hatte nämlich die Gelder einzutreiben. Deswegen bestellte der König beide vor sich. 29 Menelaus ließ als Stellvertreter im Hohenpriesteramt seinen Bruder Lysimachus zurück, Sostratus aber Krates, den Befehlshaber der zyprischen Truppen.

23: 3,4; 4,1

Die Ermordung des rechtmäßigen Hohenpriesters

30 In diesem Augenblick brach in den Städten Tarsus und Mallus ein Aufstand aus, weil sie Antiochis, der Nebenfrau des Königs, als Geschenk vermacht worden waren. 31 In großer Eile begab sich der König dorthin, um die Sache beizulegen, und ließ als seinen Stellvertreter einen hohen Beamten, Andronikus, zurück. 32 Da glaubte Menelaus, eine günstige Gelegenheit gefunden zu haben: Er entwendete aus dem Tempel einige goldene Geräte und schenkte sie Andronikus; andere hatte er nach Tyrus und in die benachbarten Städte verkaufen können. 33 Onias, der davon sichere Kenntnis erhalten hatte, tadelte ihn scharf; er hatte sich in einen Asylort bei Daphne, einem Vorort Antiochias, zurückgezogen. 34 Menelaus ging deswegen zu Andronikus, sprach mit ihm unter vier Augen und redete ihm zu, Onias aus dem Weg zu schaffen. Andronikus suchte Onias auf. Da er sich zur Hinterlist hatte verleiten lassen, erhob er die rechte Hand zum Schwur, reichte sie dann Onias und überredete ihn, trotz seines Argwohns den Ort zu verlassen. Dann ließ ihn Andronikus, ohne das Recht zu scheuen, auf der Stelle umbringen. 35 Nicht nur die Juden, sondern auch viele aus anderen Völkern entsetzten sich über dieses Unrecht und waren empört über die Ermordung des Mannes.

36 Als der König aus den Orten Ziliziens zurückkam, gingen die Juden der Stadt zu ihm und beschwerten sich. Wie sie, waren auch die Griechen sehr entrüstet, weil man Onias gegen alle Ordnung ermordet hatte. 37 Antiochus wurde von Herzen betrübt; es ergriff ihn Mitleid und er vergoss Tränen, weil der Verstorbene ein so besonnener und edler Mann gewesen war. 38 Dann entbrannte sein Zorn; er ließ Andronikus sofort den Purpur abnehmen, die Kleider vom Leib reißen und ihn so durch die ganze Stadt führen, bis zu der Stelle, an der er das Verbrechen gegen Onias begangen hatte. Dort ließ er den Mörder hinrichten. So hat ihm der Herr mit der verdienten Strafe vergolten.

34: Dan 9,26

Der Raub am Tempelschatz

39 In der Stadt aber verging sich Lysimachus mit Wissen des Menelaus mehrmals am Tempelschatz. Als sich das Gerücht davon weit verbreitete, rottete sich das Volk gegen Lysimachus zusammen. Viele goldene Geräte waren schon verschleppt worden. 40 Als nun die Menge sich erhob und in heftigen Zorn geriet, bewaffnete Lysimachus fast dreitausend Mann und begann gewaltsam gegen die Leute vorzugehen. Ein gewisser Auranus führ-

te sie an, der ebenso alt wie wahnsinnig war. 41 Als die Leute merkten, dass Lysimachus angreifen ließ, rafften sie Steine zusammen oder dicke Stöcke – ein paar füllten ihre Hände sogar mit der Asche, die dort lag – und schleuderten alles durcheinander gegen die Männer des Lysimachus. 42 So verwundeten sie viele von ihnen, einige streckten sie nieder, alle aber jagten sie in die Flucht. Den Tempelräuber selbst aber schlugen sie beim Schatzhaus tot.

43 Wegen dieser Sache wurde gegen Menelaus ein gerichtliches Verfahren eingeleitet. 44 Als der König nach Tyrus kam, erhoben drei Männer, die vom Hohen Rat geschickt waren, vor ihm die Anklage. 45 Menelaus war schon verloren; da versprach er Ptolemäus, dem Sohn des Dorymenes, viel Geld, damit er den König zu seinen Gunsten überrede. 46 Ptolemäus nahm also den König in einen Säulengang beiseite, als wolle er ihn etwas ausruhen lassen, und stimmte ihn um. 47 Darauf sprach der König den Menelaus, der an dem ganzen Unheil schuld war, von den Anklagepunkten frei; die Unglücklichen aber, die, selbst wenn sie vor Skythen gesprochen hätten, wegen erwiesener Unschuld freigesprochen worden wären, verurteilte er zum Tod. 48 Unverzüglich mussten sie die ungerechte Strafe erleiden, sie, die doch nur für ihre Stadt, ihr Volk und die heiligen Geräte eingetreten waren. 49 Sogar Einwohner von Tyrus entrüsteten sich darüber und gaben ihnen ein prunkvolles Begräbnis.

50 Menelaus aber blieb aufgrund der Habgier der Mächtigen im Amt. Seine Bosheit nahm immer mehr zu und er wurde zu einem großen Feind seiner Mitbürger.

45: 8,8; 1 Makk 3,38

DER EINBRUCH DES UNHEILS: 5,1 – 7,42

Ein Vorzeichen

5 Um diese Zeit unternahm Antiochus seinen zweiten Feldzug gegen Ägypten. 2 Da erschienen fast vierzig Tage lang über der ganzen Stadt Reiter, die durch die Lüfte jagten, in golddurchwirkten Gewändern; Lanzenträger rückten in Abteilungen zum Kampf aus, Schwerter zuckten. 3 Reiterscharen ordneten sich zur Schlacht, Angriffe wurden gemacht, von beiden Seiten rannte man gegeneinander an, Schilde bewegten sich, Speere gab es in Menge, Wurfgeschosse flogen, goldener Waffenschmuck blitzte auf und man sah Rüstungen aller Art.

4 Alle beteten deshalb, die Erscheinung möge etwas Gutes bedeuten.

1: 1 Makk 1,17

Der Bürgerkrieg in Jerusalem

5 Es kam aber das falsche Gerücht auf, Antiochus sei gestorben. Da unternahm Jason mit nicht weniger als tausend Mann einen überraschenden Angriff auf die Stadt. Er drängte die Verteidiger auf der Mauer rasch in die Enge; als er die Stadt ganz besetzt hatte, flüchtete sich Menelaus in die Burg. 6 Jason aber richtete unter seinen Mitbürgern ein schonungsloses Blutbad an, ohne zu bedenken, dass Glück gegenüber den eigenen Leuten das größte Unglück ist. Es sah aus, als habe er Feinde und nicht Landsleute besiegt und ausgeplündert. 7 Dennoch konnte er die Herrschaft nicht an sich reißen. Sein Anschlag brachte ihm am Schluss nur Schande und er musste zum zweiten Mal in das Ammoniterland fliehen.

8 Er nahm schließlich ein böses Ende. Aretas, der Fürst der Araber, ließ ihn gefangen setzen; er aber entkam und floh von Stadt zu Stadt. Von allen gehetzt, als Verräter der Gesetze verhasst, verwünscht als Henker des Vaterlandes und seiner Mitbürger, verschlug es ihn nach Ägypten. 9 Und wie er viele Menschen aus ihrem Vaterland in die Fremde getrieben hatte, so kam er selbst in der Fremde um, nämlich bei den Spartanern, zu denen er übers Meer gefahren war, um bei ihnen Schutz zu finden; die Spartaner waren ja mit den Juden verwandt. 10 So wie er viele ohne Grab hatte daliegen lassen, so trauerte jetzt auch niemand um ihn; auch er erhielt keinerlei Begräbnis und kein Grab bei seinen Vätern.

9: 1 Makk 12,7

Der Überfall des heidnischen Königs

11 Als dem König zu Ohren kam, was geschehen
war, glaubte er, Judäa wolle von ihm abfallen.
Wütend wie ein wildes Tier brach er daher mit sei-
nem Heer von Ägypten auf und nahm die Stadt
mit Waffengewalt ein.
12 Er befahl seinen Soldaten, alle, die ihnen begeg-
neten, rücksichtslos niederzuhauen und auch die
zu erschlagen, die sich auf das Dach ihrer Häuser
geflüchtet hätten. 13 Sie richteten unter Jung und
Alt ein großes Blutbad an; junge Männer, Frauen
und Kinder kamen um, man erstach Mädchen und
Säuglinge. 14 In nur drei Tagen verlor die Stadt
achtzigtausend Einwohner; vierzigtausend fanden
im Kampf den Tod, ebenso viele, wie man ermor-
det hatte, wurden in die Sklaverei verkauft.
15 Doch das genügte dem König noch nicht; in sei-
ner Frechheit betrat er den heiligsten Tempel der
ganzen Erde unter der Führung des Menelaus, der
die Gesetze und sein Vaterland verraten hatte.
16 Seine blutbefleckten Hände griffen nach den
heiligen Geräten, und was andere Könige gestiftet
hatten, um Glanz und Würde des Ortes zu er-
höhen, raffte er mit unreinen Händen zusammen.
17 In seinem Übermut erkannte Antiochus nicht,
dass der Herr nur für eine kurze Zeit zornig war,
weil die Einwohner der Stadt gesündigt hatten,
und deswegen nicht auf den Ort achtete. 18 Hätten
sich die Juden damals nicht in viele Sünden ver-
strickt, dann wäre ihm, sobald er sich vorwagte,
seine Frechheit durch Peitschenhiebe ausgetrie-
ben worden, ähnlich wie dem Heliodor, der von
König Seleukus zur Durchsuchung der Schatz-
kammer ausgeschickt worden war. 19 Aber der Herr
hat nicht das Volk erwählt wegen des Ortes, son-
dern den Ort wegen des Volkes. 20 Deswegen litt
auch der Ort mit unter den Unglücksschlägen, die
das Volk trafen, wie er später Anteil hatte an sei-
nem Glück. Als der Allherrscher zürnte, lag der
Ort verlassen da; als aber der große Herr sich wie-
der versöhnen ließ, wurde er in aller Pracht wie-
derhergestellt.

11–16 || 1 Makk 1,20–24 • 17: 6,12–17

Jerusalem in der Hand der Heiden

21 Antiochus also ließ tausendachthundert Talente
aus dem Tempel schaffen und zog eilig ab nach
Antiochia. In seiner Vermessenheit glaubte er, das
Land schiffbar und das Meer gangbar machen zu
können – so überheblich war er. 22 Er ließ bei sei-
nem Abzug mehrere Befehlshaber zurück, die das
Volk unterdrücken sollten. In Jerusalem war es
Philippus, seiner Herkunft nach ein Phrygier, sei-
ner Gesinnung nach ein Barbar, noch wilder als
der, der ihn eingesetzt hatte; 23 auf dem Berg Gari-
zim war es Andronikus. Dazu kam Menelaus, der
sich seinen Mitbürgern gegenüber noch herri-
scher aufführte als die anderen; denn er hasste die
jüdischen Bürger.
24 Außerdem schickte der König den Anführer der
Mysier, Apollonius, mit einem Heer von zweiund-
zwanzigtausend Mann; er hatte ihm befohlen, alle
wehrfähigen Männer umzubringen, die Frauen
und Kinder aber in die Sklaverei zu verkaufen.
25 Als Apollonius in Jerusalem ankam, spielte er
zunächst den Friedfertigen. Er wartete bis zum
heiligen Sabbattag. Als er nun bemerkte, dass die
Juden sich jeder Arbeit enthielten, gab er seinen
Leuten Befehl, zu den Waffen zu greifen und aus-
zurücken. 26 Alle, die zum festlichen Gottesdienst
gegangen waren, ließ er niederstechen. Dann fie-
len sie mit der blanken Waffe in die Stadt ein und
erschlugen viele Menschen.
27 Judas aber, mit dem Beinamen der Makkabäer,
schloss sich mit neun Gefährten zusammen und
zog sich in die Wüste zurück. Er lebte mit seinen
Leuten in den Bergen wie die Tiere. Sie ernährten
sich die ganze Zeit nur von Pflanzen, um nicht
ebenfalls unrein zu werden.

24–26: 1 Makk 1,29f • 27: 1 Makk 2,28; Hebr 11,38

Die Verfolgung der jüdischen Religion

6 Nicht lange darauf schickte der König einen
alten Athener; der sollte die Juden zwingen,
die Gesetze ihrer Väter aufzugeben und ihr Leben
nicht mehr durch Gottes Gesetze lenken zu lassen.
2 Auch sollte er den Tempel zu Jerusalem schänden
und ihn Zeus, dem Herrscher des Olymp, weihen;
ähnlich sollte er den Tempel auf dem Berg Gari-
zim nach Zeus, dem Hüter des Gastrechts, benen-
nen, was der (gastfreundlichen) Art der Einwoh-

ner jenes Ortes entgegenkam. 3 Der Ansturm der
Bosheit war kaum zu ertragen und allen zuwider.
4 Denn die Heiden erfüllten das Heiligtum mit
wüstem Treiben und mit Gelagen. Sie gaben sich
mit Dirnen ab und ließen sich in den heiligen Vor-
höfen mit Frauen ein. Auch brachten sie vieles hi-
nein, was nicht hineingehörte. 5 Auf den Brandop-
feraltar häuften sie unerlaubte und vom Gesetz
verbotene Dinge. 6 Man konnte weder den Sabbat
halten noch die alten Feste begehen, ja, man durfte
sich überhaupt nicht mehr als Jude bekennen. 7 Zu
ihrer Erbitterung mussten die Einwohner sich je-
den Monat am Geburtstag des Königs zum Opfer-
mahl führen lassen und am Fest der Dionysien
zwang man sie, zu Ehren des Dionysos mit Efeu
bekränzt in der Prozession mitzugehen. 8 Auf Vor-
schlag der Einwohner von Ptolemaïs wurde in den
benachbarten griechischen Städten ein Beschluss
bekannt gegeben, sie sollten mit den Juden ebenso
verfahren und Opfermahlzeiten veranstalten. 9 Wer
sich aber nicht entschließen wolle, zur griechi-
schen Lebensweise überzugehen, sei hinzurichten.
Da konnte man nun das Elend sehen, das herein-
brach. 10 Man führte nämlich zwei Frauen vor, die
ihre Kinder beschnitten hatten. Darauf hängte
man ihnen die Säuglinge an die Brüste, führte sie
öffentlich in der Stadt umher und stürzte sie dann
von der Mauer. 11 Andere waren in der Nähe
zusammengekommen, um heimlich in Höhlen
den Sabbat zu begehen. Sie wurden an Philippus
verraten, und da sie sich wegen der Würde des hei-
ligen Tages scheuten, sich zu wehren, wurden sie
alle zusammen verbrannt.

1–11 ǁ 1 Makk 1,45–59 • 10: 1 Makk 1,60 • 11: 1 Makk 2,29–38

Eine Geschichtsbetrachtung des Verfassers

12 An dieser Stelle möchte ich die Leser des Buches
ermahnen, sich durch die schlimmen Ereignisse
nicht entmutigen zu lassen. Sie mögen bedenken,
dass die Strafen unser Volk nicht vernichten, son-
dern erziehen sollen. 13 Denn wenn die Sünder
nicht lange geschont, sondern sofort bestraft wer-
den, ist das ein Zeichen großer Güte. 14 Bei den
anderen Völkern wartet der Herr geduldig, bis das
Maß ihrer Sünden voll ist; dann erst schlägt er zu.
Mit uns aber beschloss er, anders zu verfahren,
15 damit er uns nicht am Ende verurteilen müsse,
wenn wir es mit unseren Sünden bis zum Äußers-
ten getrieben hätten. 16 Daher entzieht er uns nie
sein Erbarmen, sondern er erzieht sein Volk durch
Unglück und lässt es nicht im Stich. 17 Das soll uns
zur Beherzigung gesagt sein. Nach dieser kurzen
Abschweifung aber wollen wir mit der Erzählung
fortfahren.

12–16: 5,17–20; 7,18f.32f.38 • 13: Weish 11,9f; 12,2.22

Das Martyrium des Eleasar

18 Unter den angesehensten Schriftgelehrten war
Eleasar, ein Mann von hohem Alter und edlen
Gesichtszügen. Man sperrte ihm den Mund auf
und wollte ihn zwingen, Schweinefleisch zu essen.
19 Er aber zog den ehrenvollen Tod einem Leben
voll Schande vor, ging freiwillig auf die Folterbank
zu 20 und spuckte das Fleisch wieder aus. In solcher
Haltung mussten alle herantreten, die sich stand-
haft wehrten zu essen, was man nicht essen darf –
nicht einmal um des geliebten Lebens willen. 21 Die
Leute, die bei dem gesetzwidrigen Opfermahl
Dienst taten und die den Mann von früher her
kannten, nahmen ihn heimlich beiseite und rede-
ten ihm zu, er solle sich doch Fleisch holen lassen,
das er essen dürfe, und es selbst zubereiten. Dann
solle er tun, als ob er von dem Opferfleisch esse,
wie es der König befohlen habe. 22 Wenn er es so
mache, entgehe er dem Tod; weil sie alte Freunde
seien, würden sie ihn mit Nachsicht behandeln.
23 Er aber fasste einen edlen Entschluss, wie es sich
gehörte für einen Mann, der so alt und wegen sei-
nes Alters angesehen war, in Würde ergraut, der
von Jugend an vorbildlich gelebt und – was noch
wichtiger ist – den heiligen, von Gott gegebenen
Gesetzen gehorcht hatte. So erklärte er ohne
Umschweife, man solle ihn ruhig zur Unterwelt
schicken. 24 Wer so alt ist wie ich, soll sich nicht ver-
stellen. Viele jungen Leute könnten sonst glauben,
Eleasar sei mit seinen neunzig Jahren noch zu der
fremden Lebensart übergegangen. 25 Wenn ich
jetzt heucheln würde, um eine geringe, kurze Zeit
länger zu leben, würde ich sie irreleiten, meinem
Alter aber Schimpf und Schande bringen. 26 Viel-
leicht könnte ich mich für den Augenblick der
Bestrafung durch die Menschen entziehen; doch
nie, weder lebendig noch tot, werde ich den Hän-
den des Allherrschers entfliehen. 27 Darum will ich

jetzt wie ein Mann sterben und mich so meines Alters würdig zeigen. 28 Der Jugend aber hinterlasse ich ein leuchtendes Beispiel, wie man mutig und mit Haltung für die ehrwürdigen und heiligen Gesetze eines schönen Todes stirbt. Nach diesen Worten ging er geradewegs zur Folterbank.

29 Da schlug die Freundlichkeit, die ihm seine Begleiter eben noch erwiesen hatten, in Feindschaft um; denn was er gesagt hatte, hielten sie für Wahnsinn. 30 Als man ihn zu Tod prügelte, sagte er stöhnend: Der Herr mit seiner heiligen Erkenntnis weiß, dass ich dem Tod hätte entrinnen können. Mein Körper leidet qualvoll unter den Schlägen, meine Seele aber erträgt sie mit Freuden, weil ich ihn fürchte. 31 So starb er; durch seinen Tod hinterließ er nicht nur der Jugend, sondern den meisten aus dem Volk ein Beispiel für edle Gesinnung und ein Denkmal der Tugend.

18: 1 Makk 1,62–64; Hebr 11,35; Lev 11,7f

Das Martyrium der sieben Brüder und ihrer Mutter

7 Ein andermal geschah es, dass man sieben Brüder mit ihrer Mutter festnahm. Der König wollte sie zwingen, entgegen dem göttlichen Gesetz Schweinefleisch zu essen, und ließ sie darum mit Geißeln und Riemen peitschen. 2 Einer von ihnen ergriff für die andern das Wort und sagte: Was willst du uns fragen und von uns wissen? Eher sterben wir, als dass wir die Gesetze unserer Väter übertreten. 3 Da wurde der König zornig und befahl, Pfannen und Kessel heiß zu machen. 4 Kaum waren sie heiß geworden, ließ er ihrem Sprecher die Zunge abschneiden, ihm nach Skythenart die Kopfhaut abziehen und Nase, Ohren, Hände und Füße stückweise abhacken. Dabei mussten die anderen Brüder und die Mutter zuschauen. 5 Den grässlich Verstümmelten, der noch atmete, ließ er ans Feuer bringen und in der Pfanne braten. Während sich der Dunst aus der Pfanne nach allen Seiten verbreitete, sprachen sie und ihre Mutter einander Mut zu, in edler Haltung zu sterben. Sie sagten: 6 Gott der Herr schaut auf uns und gewiss hat er Erbarmen mit uns. Denn so hat es Mose klar gesagt in dem Lied, in dem er öffentlich das Volk anklagte: Und er wird mit seinen Dienern Erbarmen haben.

7 Als der erste der Brüder auf diese Weise gestorben war, führten sie den zweiten zur Folterung. Sie zogen ihm die Kopfhaut samt den Haaren ab und fragten ihn: Willst du essen, bevor wir dich Glied für Glied foltern? 8 Er antwortete in seiner Muttersprache: Nein! Deshalb wurde er genauso wie der erste gefoltert. 9 Als er in den letzten Zügen lag, sagte er: Du Unmensch! Du nimmst uns dieses Leben; aber der König der Welt wird uns zu einem neuen, ewigen Leben auferwecken, weil wir für seine Gesetze gestorben sind.

10 Nach ihm folterten sie den dritten. Als sie seine Zunge forderten, streckte er sie sofort heraus und hielt mutig die Hände hin. 11 Dabei sagte er gefasst: Vom Himmel habe ich sie bekommen und wegen seiner Gesetze achte ich nicht auf sie. Von ihm hoffe ich sie wiederzuerlangen. 12 Sogar der König und seine Leute staunten über den Mut des jungen Mannes, dem die Schmerzen nichts bedeuteten.

13 Als er tot war, quälten und misshandelten sie den vierten genauso. 14 Dieser sagte, als er dem Ende nahe war: Gott hat uns die Hoffnung gegeben, dass er uns wieder auferweckt. Darauf warten wir gern, wenn wir von Menschenhand sterben. Für dich aber gibt es keine Auferstehung zum Leben.

15 Anschließend nahmen sie sich den fünften vor und misshandelten ihn. 16 Der sah den König an und sagte: Du bist ein vergänglicher Mensch und doch hast du die Macht unter den Menschen zu tun, was du willst. Aber glaub nicht, unser Volk sei von Gott verlassen. 17 Mach nur so weiter! Du wirst seine gewaltige Kraft spüren, wenn er dich und deine Nachkommen züchtigt.

18 Nach ihm holten sie den sechsten. Sterbend sagte er: Lass dich nicht täuschen! Du wirst nichts ausrichten. Denn wir sind selbst schuld an unserem Leid, weil wir gegen unseren Gott gesündigt haben. Darum konnte so Unfassbares geschehen. 19 Glaub aber ja nicht, dass du heil davonkommst; denn du hast es gewagt, mit Gott zu kämpfen.

20 Auch die Mutter war überaus bewundernswert und sie hat es verdient, dass man sich an sie mit Hochachtung erinnert. An einem einzigen Tag sah sie nacheinander ihre sieben Söhne sterben und ertrug es tapfer, weil sie dem Herrn vertraute. 21 In edler Gesinnung stärkte sie ihr weibliches Gemüt

mit männlichem Mut, redete jedem von ihnen in
ihrer Muttersprache zu und sagte: 22 Ich weiß
nicht, wie ihr in meinem Leib entstanden seid,
noch habe ich euch Atem und Leben geschenkt;
auch habe ich keinen von euch aus den Grund-
stoffen zusammengefügt. 23 Nein, der Schöpfer der
Welt hat den werdenden Menschen geformt, als er
entstand; er kennt die Entstehung aller Dinge. Er
gibt euch gnädig Atem und Leben wieder, weil ihr
jetzt um seiner Gesetze willen nicht auf euch ach-
tet. 24 Antiochus aber glaubte, sie verachte ihn, und
er hatte den Verdacht, sie wolle ihn beschimpfen.
Nun war nur noch der Jüngste übrig. Auf ihn
redete der König nicht nur mit guten Worten ein,
sondern versprach ihm unter vielen Eiden, ihn
reich und sehr glücklich zu machen, wenn er von
der Lebensart seiner Väter abfalle; auch wolle er
ihn zu seinem Freund machen und ihn mit hohen
Staatsämtern betrauen. 25 Als der Junge nicht da-
rauf einging, rief der König die Mutter und redete
ihr zu, sie solle dem Knaben doch raten, sich zu
retten. 26 Erst nach langem Zureden willigte sie ein,
ihren Sohn zu überreden. 27 Sie beugte sich zu ihm
nieder, und den grausamen Tyrannen verspot-
tend, sagte sie in ihrer Muttersprache: Mein Sohn,
hab Mitleid mit mir! Neun Monate habe ich dich
in meinem Leib getragen, ich habe dich drei Jahre
gestillt, dich ernährt, erzogen und für dich gesorgt,
bis du nun so groß geworden bist. 28 Ich bitte dich,
mein Kind, schau dir den Himmel und die Erde
an; sieh alles, was es da gibt, und erkenne: Gott hat
das aus dem Nichts erschaffen und so entstehen
auch die Menschen. 29 Hab keine Angst vor diesem
Henker, sei deiner Brüder würdig und nimm den
Tod an! Dann werde ich dich zur Zeit der Gnade
mit deinen Brüdern wiederbekommen.
30 Kaum hatte sie aufgehört, da sagte der Junge:
Auf wen wartet ihr? Dem Befehl des Königs gehor-
che ich nicht; ich höre auf den Befehl des Geset-
zes, das unseren Vätern durch Mose gegeben
wurde. 31 Du aber, der sich alle diese Bosheiten
gegen die Hebräer ausgedacht hat, du wirst Gottes
Händen nicht entkommen. 32 Denn wir leiden nur,
weil wir gesündigt haben. 33 Wenn auch der leben-
dige Herr eine kurze Zeit lang zornig auf uns
ist, um uns durch Strafen zu erziehen, so wird er
sich doch mit seinen Dienern wieder versöhnen.
34 Du Ruchloser aber, du größter Verbrecher der
Menschheit, überheb dich nicht und werde nicht
durch falsche Hoffnungen übermütig, wenn du
deine Hand gegen die Kinder des Himmels er-
hebst. 35 Denn noch bist du dem Gericht des all-
mächtigen Gottes, der alles sieht, nicht entronnen.
36 Unsere Brüder sind nach kurzem Leiden mit der
göttlichen Zusicherung ewigen Lebens gestorben;
du jedoch wirst beim Gericht Gottes die gerechte
Strafe für deinen Übermut zahlen. 37 Ich gebe wie
meine Brüder Leib und Leben hin für die Gesetze
unserer Väter und rufe zu Gott, er möge seinem
Volk bald wieder gnädig sein; du aber sollst unter
Qualen und Schlägen bekennen müssen, dass nur
er Gott ist. 38 Bei mir und meinen Brüdern möge
der Zorn des Allherrschers aufhören, der sich zu
Recht über unser ganzes Volk ergossen hat.
39 Da wurde der König zornig und verfuhr mit ihm
noch schlimmer als mit den anderen – so sehr
hatte ihn der Hohn verletzt. 40 Auch der Jüngste
starb also mit reinem Herzen und vollendetem
Gottvertrauen. 41 Zuletzt starb nach ihren Söhnen
die Mutter.
42 Soviel sei über die Opfergelage und die schlim-
men Misshandlungen berichtet.

1: Lev 11,7f • 6: Dtn 32,36 • 9: 7,11.14.23.29.36; 12,43f; 14,46;
Dan 12,2 • 22: Ijob 10,8–12; Ps 139,13–15 • 28: Ijob 26,7

DIE WIEDERHERSTELLUNG JERUSALEMS: 8,1 – 10,8

Der Aufstand des Makkabäers Judas

8 Judas aber, den man auch Makkabäer nennt,
und seine Leute schlichen sich heimlich in
die Dörfer und holten ihre Verwandten zu sich;
auch gewannen sie die treu gebliebenen Juden,
sodass sie etwa sechstausend Mann zusammen-
brachten. 2 Sie riefen zum Herrn, er möge auf das
von allen geschundene Volk schauen und Mitleid
haben mit dem Tempel, den ruchlose Menschen
entweiht hätten, 3 er möge auch der Stadt gnädig
sein, die zerstört werde und bald dem Erdboden
gleichgemacht sei, und auf das unschuldig vergos-

sene Blut hören, das (anklagend) zu ihm auf-
schreie. 4 Er solle daran denken, dass man entge-
gen jedem Recht unschuldige Kinder ermordet
und seinen Namen gelästert habe, und zeigen, dass
er das Böse hasse.
5 Sobald der Makkabäer eine Streitmacht aufge-
stellt hatte, konnten ihn die Heiden nicht mehr
aufhalten; denn der Herr hatte seinem Zorn
Gnade folgen lassen. 6 Er überfiel Städte und Dör-
fer und steckte sie in Brand. Da er günstige Stel-
lungen bezog, jagte er nicht wenige Feinde in die
Flucht. 7 Meist nutzte er die Nächte zu solchen
Unternehmungen und der Ruf seiner Kühnheit
verbreitete sich überall.

1–7 || 1 Makk 2,42–48 • 1: 5,27

Der Sieg des Judas über Nikanor und andere Feinde

8 Philippus merkte, dass der Mann rasch an Macht
gewann und von Tag zu Tag erfolgreicher wurde;
er schrieb daher an Ptolemäus, den Befehlshaber
von Zölesyrien und Phönizien, er solle der Sache
des Königs zu Hilfe kommen. 9 Dieser benannte
sofort Nikanor, den Sohn des Patroklus, der zu den
ersten Freunden des Königs gehörte, und ließ ihn
an der Spitze eines Heeres von mindestens zwan-
zigtausend Mann aus aller Herren Länder ausrü-
cken, mit dem Auftrag, die gesamte Bevölkerung
Judäas auszurotten. Er gab ihm auch Gorgias mit,
einen im Kriegswesen erfahrenen Befehlshaber.
10 Der König musste den Römern noch zweitau-
send Talente Kriegsschulden auszahlen; Nikanor
beschloss, diese Summe aus dem Verkauf gefange-
ner Juden aufzubringen. 11 Unverzüglich ließ er
durch Boten in den Hafenstädten bekannt geben,
man könne zu ihm kommen und jüdische Sklaven
kaufen; für ein Talent versprach er neunzig Perso-
nen zu liefern. Er ahnte nicht, dass ihn bald die
Strafe des Allherrschers ereilen würde.
12 Judas hörte vom Anmarsch Nikanors und ließ
seinen Leuten bekannt geben, dass jener mit sei-
nem Heer in der Nähe ein Lager aufgeschlagen
habe. 13 Die Feiglinge und die, die dem Urteil
Gottes misstrauten, liefen weg und machten sich
davon. 14 Die anderen aber verkauften alles, was sie
noch hatten; zugleich baten sie den Herrn, sie zu
retten; denn der verruchte Nikanor habe sie schon
verkauft, bevor er ihnen überhaupt begegnet sei,
15 und wenn er es schon nicht ihretwegen tun
wolle, dann doch wegen der Bündnisse, die er mit
ihren Vätern geschlossen habe, und weil über
ihnen selbst sein heiliger und herrlicher Name
ausgerufen worden sei.
16 Der Makkabäer ließ seine Leute zusammen-
kommen, sechstausend an der Zahl. Er redete
ihnen zu, sich von den Feinden nicht aus der Fas-
sung bringen zu lassen und nicht ängstlich zu wer-
den, weil die Heiden in solchen Massen ohne jeden
Grund gegen sie heranrückten. Sie sollten tapfer
kämpfen 17 und sich stets vor Augen halten, mit
welch frechem Übermut man entgegen allem
Recht den heiligen Ort behandelt habe, wie übel
man der Stadt mitgespielt und wie schlimm man
sie zugerichtet habe und dass die von den Vorfah-
ren ererbte Verfassung aufgelöst worden sei. 18 Er
sagte: Sie verlassen sich auf ihre Waffen und auf
die Kühnheit, mit der sie angreifen; wir aber ver-
lassen uns auf den allmächtigen Gott, der unsere
Angreifer und die ganze Welt mit einem einzigen
Wink vernichten kann. 19 Weiter zählte er ihnen
auf, wie oft Gott ihren Vorfahren geholfen habe,
etwa gegen Sanherib, als hundertfünfundachtzig-
tausend Mann den Tod fanden. 20 Er erwähnte auch
die Schlacht mit den Galatern in Babylon: Da wa-
ren sie, zusammen mit viertausend Mazedoniern
nur achttausend Mann stark, zum Kampf ange-
treten, und als die Mazedonier in eine verzweifelte
Lage gerieten, schlugen sie, weil der Himmel ihnen
half, mit sechstausend Mann hundertzwanzigtau-
send vernichtend und machten reiche Beute.
21 So machte er ihnen Mut, damit sie bereit wären,
für die Gesetze und das Vaterland zu sterben.
Dann teilte er sein Heer in vier Abteilungen ein.
22 An die Spitze der einzelnen Gruppen stellte er
seine Brüder Simeon, Josef und Jonatan, denen er
je fünfzehnhundert Mann zuwies, 23 und außer-
dem den Eleasar. Er selbst las aus der Heiligen
Schrift vor und gab die Losung aus: Mit Gottes
Hilfe! Dann trat er vor die erste Reihe und griff
Nikanor an.
24 Da ihnen der Allherrscher im Kampf half, mach-
ten sie mehr als neuntausend Feinde nieder, ver-
wundeten und verstümmelten den größten Teil
des Heeres Nikanors und zwangen alle Übrigen

zur Flucht. 25 Dabei erbeuteten sie auch das Geld der Leute, die gekommen waren, um sie zu kaufen. Sie verfolgten sie eine Strecke weit, kehrten dann aber um, weil sie keine Zeit mehr hatten. 26 Es war nämlich am Tag vor dem Sabbat; darum setzten sie ihnen nicht länger nach. 27 Sie nahmen den Feinden die Waffen weg und zogen ihnen die Rüstungen aus. Dann feierten sie den Sabbat; begeistert priesen sie den Herrn und lobten seine Taten. Durch seinen Schutz hatten sie diesen Tag erleben können, an dem er ihnen von neuem seine Gnade zugewandt hatte.

28 Nach dem Sabbat verteilten sie die Beute. Zuerst gaben sie davon den Misshandelten und den Witwen und Waisen; den Rest verteilten sie unter sich selbst und ihre Kinder. 29 Danach hielten sie einen Bittgottesdienst ab und baten den barmherzigen Herrn, er möge sich mit seinen Dienern wieder völlig aussöhnen.

30 Sie kämpften auch gegen die Truppen des Timotheus und des Bakchides, töteten von ihnen über zwanzigtausend Mann und eroberten einige hoch in den Bergen gelegene Festungen. Die reiche Beute verteilten sie zu gleichen Teilen unter sich und unter die Misshandelten, die Waisen und Witwen und unter die alten Leute. 31 Sie sammelten die Waffen der Erschlagenen ein und bewahrten sie sorgfältig an geeigneten Orten auf. Die übrige Beute schafften sie nach Jerusalem.

32 Auch Phylarches, einen ganz ruchlosen Mann aus der Umgebung des Timotheus, töteten sie; er hatte den Juden viel Böses getan. 33 Bei der Siegesfeier in der Vaterstadt verbrannten sie die Männer, die die heiligen Tore angezündet hatten, sowie den Kallisthenes; er hatte sich in ein kleines Haus geflüchtet. So erhielt er den verdienten Lohn für seine Verruchtheit.

34 Der dreimal verfluchte Nikanor aber, der die tausend Händler mitgebracht hatte, um die Juden zu verkaufen, 35 wurde von denen, die er verachtet hatte, mit Hilfe des Herrn gedemütigt. Er musste sein Prachtgewand ausziehen und sich wie ein entlaufener Sklave mitten durch das Land allein nach Antiochia durchschlagen, wo er völlig niedergeschlagen über den Verlust seines Heeres ankam.

36 Er, der sich unterfangen hatte, den Tribut für die Römer aus den Gefangenen Jerusalems aufzubringen, musste nun verkünden, dass die Juden jemanden hätten, der für sie kämpfe, und dass sie deshalb unverwundbar seien; denn sie achteten auf die Gesetze, die jener erlassen hatte.

8–36 ‖ 1 Makk 3,38 – 4,25 • 8: 5,22; 4,45 • 15: Jer 14,9 • 19: 2 Kön 19,35 • 30: 1 Makk 5,6; 7,8 • 33: 1,8

Das Gottesgericht über den heidnischen König

9 Etwa zur selben Zeit musste Antiochus mit Schimpf und Schande aus Persien abziehen. 2 Er war in die Stadt, die man Persepolis nennt, einmarschiert. Bei dem Versuch, den Tempel auszurauben und eine Besatzung in die Stadt zu legen, erhob sich die Bevölkerung in Massen und griff zu den Waffen. Die Truppen wurden geschlagen und Antiochus von den Einwohnern verjagt; er musste schmählich den Rückzug antreten.

3 In der Gegend von Ekbatana erhielt er die Nachricht von der Niederlage Nikanors und der Truppen des Timotheus. 4 Da geriet er in heftigen Zorn und glaubte, seine Wut über die unglückliche Flucht an den Juden auslassen zu können. Darum befahl er dem Wagenlenker, ohne Unterbrechung bis zum Ziel durchzufahren. Aber schon drohte ihm das Gericht des Himmels; denn in seiner Vermessenheit sagte er: Sobald ich in Jerusalem bin, mache ich die Stadt zu einem Friedhof für alle Juden.

5 Doch der Herr, der alles sieht, Israels Gott, traf ihn, ohne dass es jemand sehen konnte, mit einem Schlag, für den es keine Heilung gab. Kaum hatte er zu reden aufgehört, da spürte er in seinen Eingeweiden quälende Schmerzen, die kein Arzt lindern konnte. 6 Damit geschah ihm ganz recht, hatte er doch die Eingeweide anderer durch zahllose ausgefallene Foltern gequält. 7 Dennoch blieb sein Stolz ungebrochen; die Vermessenheit hatte ihn ganz und gar in Besitz genommen. Glühende Wut gegen die Juden verzehrte ihn und er befahl dem Wagenlenker, noch schneller zu fahren. Doch dann geschah es: In voller Fahrt fiel er aus dem dahinrasenden Wagen und stürzte so schwer, dass er sich alle Glieder verrenkte. 8 Eben noch hatte er in maßloser Aufgeblasenheit geglaubt, er könne den Wogen des Meeres gebieten und die Gipfel der Berge auf einer Waage wiegen. Nun lag er auf der Erde und man musste ihn auf eine Bahre legen. So

zeigte sich an ihm sichtbar Gottes Macht. 9 Aus den
Augen des Verruchten krochen Würmer; während
er noch lebte, verfaulte sein Fleisch unter Schmer-
zen und Qualen und der Verwesungsgeruch, der
von ihm ausging, verpestete das ganze Lager.
10 Kurz zuvor hatte er noch geglaubt, er könne
nach den Sternen des Himmels greifen; jetzt
konnte es niemand mehr bei ihm aushalten, so
unerträglich war der Gestank.
11 Da endlich begann der Gepeinigte, von seinem
maßlosen Hochmut abzulassen und unter Gottes
Schlägen zur Einsicht zu kommen; denn seine
Schmerzen wurden immer schlimmer. 12 Als er sei-
nen Geruch selbst nicht mehr ertragen konnte,
sagte er: Wenn man nur ein sterblicher Mensch
ist, soll man sich Gott unterordnen und nicht
überheblich sein. 13 Der Verbrecher rief sogar den
Herrn an, fand aber bei ihm kein Erbarmen mehr.
Er gelobte, 14 die Heilige Stadt, die er kurzerhand
hatte dem Erdboden gleichmachen und in einen
Friedhof umwandeln wollen, in den Rang einer
freien Stadt zu erheben. 15 Hatte er zuerst beschlos-
sen, die Juden nicht einmal eines Grabes zu
würdigen, sondern sie samt den Säuglingen den
Raubvögeln und den wilden Tieren zum Fraß vor-
zuwerfen, so wollte er sie nun alle den Bürgern von
Athen gleichstellen. 16 Er versprach, den heiligen
Tempel, den er zuvor geplündert hatte, mit den
schönsten Weihegeschenken auszuschmücken, die
heiligen Geräte um ein Vielfaches zu ersetzen und
die nötigen Aufwendungen für die Opfer aus eige-
nen Mitteln aufbringen. 17 Ja, er wollte sogar selbst
Jude werden und überall hingehen, wo Menschen
wohnen, um Gottes Macht zu verkünden.
18 Trotzdem ließen seine Schmerzen nicht nach;
denn das gerechte Gericht Gottes war über ihn
gekommen. Da gab er alle Hoffnung auf und
schrieb den Juden einen Brief, der eigentlich eine
Bittschrift war. Der Brief hatte diesen Inhalt:
19 Seinen guten jüdischen Bürgern wünscht Antio-
chus, König und Befehlshaber, viel Freude, Ge-
sundheit und Wohlergehen. 20 Ich danke Gott sehr,
wenn ihr gesund seid und wenn es auch euren Kin-
dern und eurem Besitz nach Wunsch ergeht. Da-
für setze ich meine Hoffnung auf den Himmel.
21 Ich erinnere mich in Liebe an die Achtung und
freundliche Hochschätzung, die ihr mir entgegen-
gebracht habt. Bei meiner Rückkehr aus Persien
zog ich mir eine Krankheit zu, die mich sehr belas-
tet. Darum hielt ich es für nötig, für die öffentli-
che Sicherheit aller Bürger zu sorgen. 22 Nicht dass
ich mich schon aufgegeben hätte – ich habe viel-
mehr gute Hoffnung, wieder gesund zu werden.
23 Aber ich dachte daran, dass schon mein Vater
jedes Mal einen Nachfolger bestimmte, wenn er
sich mit seinem Heer im Osten aufhielt. 24 Falls
dann etwas Unvorhergesehenes eintrat oder ein
Missgeschick gemeldet wurde, wussten die Be-
wohner des Reiches, wem die Regierung übertra-
gen worden war, und sie brauchten sich nicht zu
beunruhigen. 25 Auch sehe ich, wie die Machtha-
ber an den Grenzen unseres Landes, unsere Nach-
barn, nur auf eine günstige Gelegenheit lauern
und die kommende Entwicklung abwarten. Da-
rum habe ich in aller Form meinen Sohn Antio-
chus zum Nachfolger bestimmt; ihn habe ich den
meisten von euch ja schon oft anvertraut und
empfohlen, wenn ich plötzlich in die östlichen
Provinzen hinaufziehen musste. An ihn habe ich
einen Brief geschrieben, den ich beilege. 26 Ich bitte
euch eindringlich: Denkt daran, wie viel Gutes ich
eurer Gemeinschaft und jedem einzelnen von
euch erwiesen habe, und bewahrt mir und mei-
nem Sohn euer Wohlwollen! 27 Ich bin überzeugt,
dass er meine Politik der Güte und Freundschaft
weiterführen und in gutem Einvernehmen mit
euch bleiben wird.
28 Der Menschenmörder und Gotteslästerer endete
also fern seiner Heimat im Gebirge auf jämmerli-
che Weise, unter entsetzlichen Schmerzen, ganz
wie er sie anderen zugefügt hatte. 29 Sein Jugend-
freund Philippus ließ den Leichnam überführen;
dann begab er sich nach Ägypten zu Ptolemäus
Philometor, weil er dem Sohn des Antiochus nicht
traute.

1–29 || 1 Makk 6,1–16; 2 Makk 1,11–17 • 5: Apg 12,20–23 •
8: Ps 65,7f; Jes 40,12 • 9: Apg 12,23; Sir 7,17

Die Reinigung des entweihten Tempels

10 Der Makkabäer aber und seine Leute konn-
ten unter der Führung des Herrn das Hei-
ligtum und die Stadt wieder in Besitz nehmen. 2 Sie
rissen die Altäre ein, die die Heiden auf dem Tem-
pelplatz errichtet hatten, und legten die Umfrie-

dungsmauern nieder. 3 Den Tempel selbst reinig-
ten sie und bauten einen neuen Brandopferaltar.
Sie schlugen Feuer aus Steinen und zündeten so
die Opfer an, die sie nach zweijähriger Unterbre-
chung wieder darbringen konnten. Auch bemüh-
ten sie sich um Räucherwerk, Leuchter und
Schaubrote.
4 Dann warfen sie sich auf die Erde nieder und
flehten zum Herrn, dass sie nie wieder in solches
Unglück gerieten. Für den Fall, dass sie noch ein-
mal sündigen sollten, wollten sie lieber von ihm
selbst in Güte gezüchtigt werden als in die Hände
frecher und barbarischer Heiden fallen.
5 Es traf sich, dass die Reinigung des Tempels auf
den gleichen Tag fiel, an dem ihn die Fremden ent-
weiht hatten, nämlich auf den fünfundzwanzigs-
ten Kislew. 6 Sie feierten acht Tage lang ein fröhli-
ches Fest nach Art des Laubhüttenfestes; dabei
dachten sie daran, dass sie noch vor kurzem das
Laubhüttenfest wie wilde Tiere in den Höhlen der
Berge verbracht hatten. 7 Sie nahmen Stäbe, die sie
mit grünen Blättern umwunden hatten, in die
Hand und Laubzweige – auch Palmzweige – und
brachten dem Loblieder dar, der den Weg zur Rei-
nigung des Ortes bereitet hatte, der sein Eigentum
ist. 8 Sie setzten durch eine öffentliche Entschlie-
ßung und Abstimmung fest, dass das ganze jüdi-
sche Volk jedes Jahr diese Tage festlich zu begehen
habe.

1–8 || 1 Makk 4,36–61 • 4: 2 Sam 24,14; 1 Chr 21,13 • 6: 5,27

DIE EREIGNISSE UNTER ANTIOCHUS EUPATOR: 10,9 – 13,26

Der Regierungsantritt des Antiochus Eupator

9 So starb Antiochus, den man Epiphanes nannte.
10 Jetzt wollen wir noch berichten, was unter
Antiochus Eupator geschah, dem Sohn dieses
ruchlosen Menschen. Dabei fassen wir kurz
zusammen, welches Unheil aus den kriegerischen
Verwicklungen entstand.
11 Als Eupator seine Herrschaft antrat, ernannte er
einen Mann namens Lysias zum Reichsverweser;
außerdem machte er ihn zum Befehlshaber über
Zölesyrien und Phönizien und zum Oberkom-
mandierenden über die dort liegenden Truppen.
12 Ptolemäus, mit dem Zunamen Makron, hatte als
erster den Juden Gerechtigkeit widerfahren lassen,
weil ihnen so viel Unrecht geschehen war; er hatte
versucht, den Streit mit ihnen friedlich beizulegen.
13 Seine Vertrauten verklagten ihn deswegen bei
Eupator. Schon vorher hatte er allerorten als Ver-
räter gegolten; denn er hatte Zypern, das ihm von
Philometor anvertraut worden war, verlassen und
war zu Antiochus Epiphanes übergelaufen. Da er
seine ehrenvolle Stellung nicht mehr in Ehren ver-
walten konnte, machte er seinem Leben durch Gift
ein Ende.

11: 1 Makk 3,32f; 6,17 • 12: 4,45

Die Kämpfe mit den Idumäern und mit Timotheus

14 Gorgias wurde Befehlshaber in dieser Gegend; er
warb Söldner an und führte Krieg gegen die Juden,
wo er nur konnte. 15 Außer ihm machten auch die
Idumäer, die eine Reihe gut gelegener Festungen
besaßen, den Juden zu schaffen. Sie hatten Flücht-
linge aus Jerusalem bei sich aufgenommen und
begannen, Krieg zu führen.
16 Die Männer um den Makkabäer hielten einen
Bittgottesdienst ab und baten Gott, ihr Bundesge-
nosse zu sein. Dann berannten sie die Festungen
der Idumäer. 17 Sie eroberten sie im Sturm, schlu-
gen die Verteidiger auf den Mauern in die Flucht
und machten jeden nieder, der ihnen in die Hände
fiel. Dabei töteten sie mindestens zwanzigtausend
Mann. 18 Nicht weniger als neuntausend Mann
konnten sich in zwei stark befestigte Burgen flüch-
ten, die für eine Belagerung mit allem aufs Beste
ausgerüstet waren. 19 Der Makkabäer zog ab, da
seine Anwesenheit an einem anderen Ort dringend
notwendig war. Doch ließ er Simeon und Josef zu-
rück, ferner Zachäus mit seinen Leuten; sie reich-
ten aus, um die Burgen zu belagern. 20 Simeons
Soldaten nahmen jedoch aus Habgier Beste-
chungsgelder an und ließen für siebzigtausend
Drachmen einige Leute aus den Burgen entwei-
chen. 21 Sobald der Makkabäer davon erfuhr, rief

Aus Ijobs Schlussrede: „Jetzt aber bin ich ihr Spottlied, bin zum Klatsch für sie geworden. Sie verabscheuen mich, rücken weit von mir weg, scheuen sich nicht, mir ins Gesicht zu speien. Denn Gott löste mein Seil und beugte mich nieder, sie aber ließen die Zügel vor mir schießen. Zur rechten Seite erhebt sich eine Schar, treibt meine Füße weg, wirft gegen mich ihre Unheilsdämme auf. Meinen Pfad reißen sie auf, helfen zu meinem Verderben und niemand wehrt ihnen. Wie durch eine breite Bresche kommen sie heran, wälzen sich unter Trümmern her. Schrecken stürzen auf mich ein, verjagt wie vom Wind ist mein Adel, wie eine Wolke entschwand mein Heil.“ (Ijob 30,9–15)

Totentanz 1809, 1921

Öl auf Holz, 129,5 x 151 cm
bezeichnet Mitte unten: Egger Lienz 1921
Lienz, Museum der Stadt Lienz Schloss Bruck, Inv.Nr. AEL 58

Wiederum in Anspielung auf den Tiroler Freiheitskampf im Jahre 1809 greift Egger-Lienz das Thema des Todes auf: Vier Männer werden vom Tod angeführt. Der Weg geht ins Jenseits. Mit Wehmut blickt der junge Mann links in seine Heimat, in sein Leben zurück. Die Markierung des Zeitraumes von Geburt und Tod hat Egger-Lienz in einigen seiner Werke aufgegriffen, eindrucksvoll aber in dieser monumental wirkenden Männergruppe vor Augen geführt.

„Es schwindet sein Fleisch, man sieht's nicht mehr. Abgemagert bis auf die Knochen, die man sonst nicht sieht. Dem Grabe nähert sich seine Seele, sein Leben den Todesboten. Wenn dann ein Engel ihm zur Seite steht, ein Mittler, einer von den Tausenden, dem Menschen zu verkünden, was recht ist, wenn dieser sich erbarmt und spricht: Erlös ihn, dass er nicht ins Grab absteige …" (Ijob 33, 21–24)

Die Alten oder Das Altmännerhaus, 1914

Kasein auf Leinwand, 205 x 258 cm
bezeichnet links unten: A. EGGER LIENZ
Lienz, Museum der Stadt Lienz Schloss Bruck, Inv.Nr. AEL 42

Das Thema ist Teil des Zyklus „Die Schöpfung" (1912–1914). Die Männer im Greisenasyl sind in sich gekehrt und in ihrer Trostlosigkeit – jeder für sich – allein. Die Veränderungen des Körperlichen bis hin zum Knochengerüst werden evident. Die fahle Tonmalerei unterstützt die Wirkung der Situation. Albin Egger-Lienz schreibt in einem Brief an Heinrich Hammer am 5. November 1915: „… ‚Das Sterben' oder ‚Absterben': Motiv Siechenhaus. Winter. Aller Zusammenhang mit der Welt ist aufgelöst, daher die Abkehr jedes Einzelnen von den anderen. Jeder fällt in sich zusammen. Modergeruch, Totenkammergeruch. Das Bild ist gelblich, bläulich fahl in der Farbe. Der Tod wartet …"

er die Führer des Volkes zusammen und erhob Anklage: Man habe die Brüder um Geld verkauft, da man zu deren Schaden die Feinde freigelassen habe. 22 Er ließ die Verräter hinrichten und eroberte die beiden Burgen auf der Stelle. 23 Mit seinen Waffen hatte er überall Erfolg und so vernichtete er in den beiden Festungen über zwanzigtausend Mann.

24 Timotheus – derselbe, den die Juden schon einmal geschlagen hatten – sammelte ein großes Söldnerheer und brachte auch ziemlich viel Reiterei aus der Provinz Asien zusammen. Damit rückte er an, um Judäa zu erobern. 25 Als er schon in der Nähe war, riefen die Männer des Makkabäers Gott um Hilfe an, streuten sich Erde auf das Haupt und zogen Bußgewänder an. 26 Sie warfen sich vor den Stufen des Brandopferaltars nieder und baten den, der ihnen wieder gnädig war, ihren Feinden feindlich gesinnt zu sein und ihren Widersachern zu widerstehen, wie das Gesetz sagt. 27 Nach diesem Gebet nahmen sie ihre Waffen, verließen die Stadt und rückten Timotheus entgegen. Als sie sich den Feinden näherten, hielten sie sich zunächst zurück. 28 Sobald aber die Sonne aufging und es hell wurde, stießen die beiden Heere aufeinander. Die einen hatten als Bürgschaft für einen glücklichen Sieg neben ihrer Tapferkeit nur ihr Gottvertrauen; die anderen ließen sich im Kampf durch ihre wilde Wut treiben. 29 Schon war die Schlacht heftig entbrannt, da erschienen den Kämpfenden vom Himmel her fünf herrliche Reiter auf goldgezäumten Pferden und stellten sich an die Spitze der Juden. 30 Zwei von ihnen nahmen den Makkabäer in ihre Mitte, deckten ihn mit ihren Rüstungen und schützten ihn vor jeder Verwundung; auf die Feinde aber schossen sie Pfeile und Blitze. Diese wurden geblendet und flohen verwirrt nach allen Seiten. 31 So kamen zwanzigtausendfünfhundert Mann und sechshundert Reiter um.

32 Timotheus selbst flüchtete sich mit anderen in eine Festung namens Geser, die sehr stark befestigt war; ihr Kommandant war Chäreas. 33 Die Truppen des Makkabäers belagerten vier Tage lang voll Begeisterung die Festung. 34 Die Verteidiger, die sich in ihren Befestigungen sicher fühlten, führten lästerliche Reden und schrien freche Worte herunter. 35 Am Morgen des fünften Tages packte zwanzig junge Männer aus dem Heer des Makkabäers der Zorn, als sie die Lästerreden hörten. Sie stürmten mutig auf die Mauer los und schlugen in wilder Wut jeden nieder, der sich ihnen in den Weg stellte. 36 Andere umgingen die Stadt und erzwangen sich mit demselben Mut den Zugang zu den Verteidigern; sie legten Feuer an die Türme und steckten sie in Brand und verbrannten so die Lästerer bei lebendigem Leib. Wieder andere brachen die Tore auf, ließen die übrigen Truppen ein und eroberten die Stadt im Handstreich. 37 Timotheus, der sich in einer Zisterne versteckt hatte, stachen sie nieder, ebenso seinen Bruder Chäreas und den Apollophanes. 38 Darauf priesen sie mit Lob- und Dankliedern den Herrn, der so Großes für Israel getan und ihnen den Sieg geschenkt hatte.

14: 1 Makk 3,38 • 15: 1 Makk 5,3 • 18: 1 Makk 5,4f • 24: 1 Makk 5,6f; 2 Makk 8,30; 12,10.21–25 • 26: Ex 23,22

Der Sieg des Judas über Lysias

11 Der Reichsverweser Lysias, des Königs Vormund und Verwandter, war über diese Ereignisse sehr verärgert. 2 Er zog daher in kürzester Zeit an die achtzigtausend Mann zusammen, dazu seine ganze Reiterei, und marschierte gegen die Juden. Er hatte vor, aus der Stadt Jerusalem eine griechische Siedlung zu machen, 3 das Heiligtum ebenso wie die heidnischen Kultstätten zu besteuern und das Amt des Hohenpriesters jedes Jahr für Geld auszuschreiben. 4 Doch rechnete er überhaupt nicht mit der Macht Gottes, sondern stützte seine Überlegungen allein auf die Zehntausende von Fußtruppen, die Tausende von Reitern und seine achtzig Elefanten. 5 Er drang in Judäa ein, rückte vor die Festung Bet-Zur, die hundertfünfzig Stadien von Jerusalem entfernt liegt, und bestürmte sie.

6 Als die Leute des Makkabäers von der Belagerung der Festung erfuhren, flehten sie mit dem ganzen Volk unter Klagen und Weinen den Herrn an, er möge doch einen guten Engel schicken, um Israel zu retten. 7 Der Makkabäer griff als erster nach den Waffen und hielt eine anfeuernde Rede an die anderen: Sie sollten, zusammen mit ihm, die Gefahr auf sich nehmen und ihren Brüdern zu Hilfe eilen. Geschlossen und voll Kampfesmut brachen sie auf.

[8] Sie waren noch in der Nähe von Jerusalem, da
erschien ihnen ein Reiter und zog in einem weißen
Gewand und einer blinkenden goldenen Waffen-
rüstung vor ihnen her. [9] Gemeinsam priesen sie
den barmherzigen Gott und ihr Mut wurde so
groß, dass sie bereit gewesen wären, nicht nur
Menschen, sondern auch die wildesten Tiere und
eiserne Mauern zusammenzuschlagen. [10] Sie rück-
ten mit ihrem himmlischen Bundesgenossen, zum
Kampf bereit, vor; denn der Herr hatte Erbarmen
mit ihnen. [11] Sie stürzten sich wie Löwen auf die
Feinde und erschlugen elftausend von ihnen, dazu
sechzehnhundert Reiter. Alle Übrigen jagten sie in
die Flucht; [12] die meisten davon waren verwundet
und konnten nur das nackte Leben retten. Auch
Lysias selbst konnte sich nur durch eine schimpf-
liche Flucht retten.

1–12 || 1 Makk 4,26–35 • 6: Ex 23,20

Der Friedensschluss des Lysias mit den Juden

[13] Da Lysias jedoch nicht ohne Verstand war und
über die erlittene Niederlage nachdachte, begriff
er, dass die Hebräer unbesiegbar waren, weil der
starke Gott auf ihrer Seite kämpfte. [14] Darum
schickte er Unterhändler, die auf einen Friedens-
vertrag drängen und jeder annehmbaren Bedin-
gung zustimmen sollten; er ließ sagen, er wolle
auch dem König sehr zureden, mit ihnen Freund-
schaft zu schließen. [15] Der Makkabäer ging auf alle
Vorschläge des Lysias ein, ohne indes seinen Vor-
teil zu vernachlässigen. Alle Forderungen, die er
für die Juden stellte und dem Lysias schriftlich vor-
legte, nahm der König an.

[16] Lysias schrieb an die Juden einen Brief, der
folgenden Inhalt hatte: Lysias grüßt das jüdische
Volk. [17] Eure Abgesandten Johanan und Ab-
schalom haben euer Antwortschreiben vorgelegt,
das unten beigefügt ist, und mich gebeten, die
darin geäußerten Forderungen zu genehmigen.
[18] Was in die Zuständigkeit des Königs fällt, habe
ich ihm dargelegt; er ist auf jede annehmbare
Bedingung eingegangen. [19] Wenn ihr weiterhin
die Politik der Regierung wohlwollend aufnehmt,
werde ich mich bemühen, euch Vorteile zu ver-
schaffen. [20] Was die Einzelheiten betrifft, habe
ich euren und meinen Unterhändlern aufge-
tragen, mit euch zu verhandeln. [21] Lebt wohl!
Im Jahr 148, am Vierundzwanzigsten des Monats
Dioskorus.

[22] Im Brief des Königs stand dies:
König Antiochus grüßt seinen Bruder Lysias.
[23] Nachdem unser Vater zu den Göttern hinüber-
gegangen ist, wollen wir, dass die Untertanen des
Reichs ungestört ihren Beschäftigungen nachge-
hen können. [24] Andererseits haben wir erfahren,
dass die Juden mit der von meinem Vater ge-
wünschten Übernahme griechischer Sitten nicht
einverstanden sind, es vielmehr vorziehen, auf
ihre eigene Art zu leben, und verlangen, dass man
ihnen wieder gestattet, ihren Gewohnheiten zu
folgen. [25] Wir beschließen darum, dass auch dieses
Volk ungestört bleibt, und verfügen, dass man
ihnen ihr Heiligtum zurückgibt und dass sie ihr
Leben so einrichten können, wie es schon zur Zeit
ihrer Vorfahren Brauch war. [26] Du wirst nun am
besten zu ihnen Gesandte schicken und ihnen die
Hand zum Frieden reichen, damit sie die Grund-
linien unserer Politik erkennen, Vertrauen fassen
und ihre Angelegenheiten zu ihrer Zufriedenheit
regeln können.

[27] Der Brief des Königs an das Volk lautete so:
König Antiochus grüßt den Rat und alle übrigen
Juden. [28] Wir hoffen, dass es euch gut geht; auch
wir erfreuen uns guter Gesundheit.

[29] Menelaus hat uns wissen lassen, dass ihr nach
Hause zu eurer Arbeit zurückkehren wollt. [30] Je-
dem also, der bis zum dreißigsten Tag des Monats
Xanthikus heimkehrt, wird Friede angeboten mit
der Zusicherung, [31] dass die Juden ihre gewohnten
Speisevorschriften und Gesetze befolgen dürfen;
keiner von ihnen darf dabei irgendwie belangt
werden für Vergehen, die er in Unkenntnis der Ver-
hältnisse begangen hat. [32] Ich habe Menelaus zu
eurer Beruhigung zu euch geschickt.

[33] Lebt wohl! Im Jahr 148, am Fünfzehnten des
Monats Xanthikus.

[34] Auch die Römer schickten ihnen einen Brief; er
hatte folgenden Inhalt:
Die römischen Gesandten Quintus Memmius und
Titus Manius grüßen das jüdische Volk. [35] Auch
wir sind einverstanden mit den Bedingungen, die
Lysias, der Verwandte des Königs, mit euch ausge-
handelt hat. [36] Lasst uns die Vorschläge, die er dem
König unterbreiten will, zukommen, sobald ihr sie

geprüft habt, damit wir eure Sache vortragen können, wie es für euch am günstigsten ist; wir sind nämlich auf dem Weg nach Antiochia. [37] Teilt uns deswegen auch umgehend durch Boten eure Meinung darüber mit.

[38] Lebt wohl! Im Jahr 148, am Fünfzehnten des Monats Xanthikus.

13–38 || 1 Makk 6,55–63

Die Rache an den Judenverfolgern in Jafo und Jamnia

12 Nach dem Abschluss der Verträge kehrte Lysias zum König zurück. Die Juden begannen, wieder ihre Felder zu bestellen. [2] Die Befehlshaber in jener Gegend aber, Timotheus, Apollonius, der Sohn des Gennäus, ferner Hieronymus, Demophon und auch Nikanor, der Statthalter von Zypern, ließen die Juden nicht in Ruhe und Frieden leben.

[3] Die Einwohner von Jafo begingen folgendes entsetzliche Verbrechen: Sie luden die Juden, die unter ihnen wohnten, ein, mit ihren Frauen und Kindern in Schiffe, die sie zur Verfügung stellten, einzusteigen. Sie taten, als ob sie nichts Böses gegen sie im Schild führten, [4] sondern aufgrund eines öffentlichen Beschlusses der Stadt handelten. Die Juden nahmen das Angebot an, da sie den Frieden wollten und keinen bösen Verdacht hegten. Aber als sie auf dem offenen Meer waren, wurden die Boote versenkt; mindestens zweihundert Menschen ertranken.

[5] Als Judas von der schrecklichen Tat gegen die Angehörigen seines Volkes erfuhr, gab er sie seinen Männern bekannt, [6] rief Gott, den gerechten Richter, an und überfiel die Mörder, die sich mit dem Blut seiner Brüder befleckt hatten. In der Nacht zündete er den Hafen an, verbrannte die Schiffe und stach alle nieder, die sich dorthin geflüchtet hatten. [7] Die Stadt selbst hatte ihre Tore verrammelt. So musste er abziehen, aber er nahm sich vor, wiederzukommen und die ganze Stadt Jafo zu vernichten. [8] Als er erfuhr, dass die Bürger von Jamnia mit den Juden, die bei ihnen lebten, dasselbe tun wollten, [9] überfiel er auch die Leute von Jamnia bei Nacht und steckte den Hafen samt der Flotte in Brand. Der Feuerschein war zweihundertvierzig Stadien weit bis nach Jerusalem zu sehen.

Die erfolgreichen Feldzüge des Judas jenseits des Jordan

[10] Von dort zogen sie weiter gegen Timotheus. Sie waren gerade neun Stadien weit marschiert, da griffen fünftausend Araber mit fünfhundert Reitern Judas an. [11] Nach hitzigem Kampf gewannen die Männer des Judas die Oberhand; denn Gott half ihnen. Die bedrängten Nomaden baten Judas um Frieden, versprachen, ihm und seinen Leuten Vieh zu liefern und ihnen auch sonst gute Dienste zu erweisen. [12] Da Judas der Ansicht war, ihre Hilfe könne ihnen tatsächlich bei vielen Gelegenheiten von Nutzen sein, war er damit einverstanden, mit ihnen Frieden zu schließen. Die Araber verpflichteten sich durch Handschlag und zogen sich zu ihren Zelten zurück.

[13] Judas griff auch eine Stadt namens Kaspin an; sie war ringsum mit Wällen und Mauern befestigt. Ihre Bevölkerung setzte sich aus Menschen verschiedenster Völker zusammen. [14] Weil sie sich auf ihre hohen Mauern und auf ihre Vorräte verließen, wurden sie immer unverschämter gegen die Leute des Judas, beschimpften sie, lästerten Gott und schrien unflätige Worte. [15] Die Männer des Judas riefen den großen Herrn der Welt an, der Jericho zur Zeit Josuas ohne Rammböcke und Belagerungsmaschinen zu Boden geschmettert hatte. Dann stürmten sie mit dem Mut von Löwen gegen die Mauern an, [16] und weil Gott es so wollte, konnten sie die Stadt einnehmen. Sie richteten in ihr ein unbeschreibliches Blutbad an, sodass ein zwei Stadien breiter See, der neben der Stadt lag, von dem Blut, das in ihn geflossen war, angefüllt zu sein schien.

[17] Dann marschierten sie siebenhundertfünfzig Stadien weiter, bis sie zum Charax kamen, wo die sogenannten Tubianer-Juden wohnten. [18] Timotheus trafen sie dort nicht an; denn er war, ohne etwas unternommen zu haben, von dort abgezogen. Aber er hatte in einem stark befestigten Ort eine Garnison zurückgelassen. [19] Dositheus und Sosipater, zwei Offiziere aus dem Stab des Makkabäers, rückten aus und töteten die über zehntausend Mann starke Besatzung, die Timotheus in der Festung zurückgelassen hatte. [20] Dann teilte der Makkabäer sein Heer in mehrere Gruppen auf, übertrug jeweils einem seiner Offiziere den Befehl

über eine Gruppe und zog in Eilmärschen gegen
Timotheus, der über hundertzwanzigtausend
Mann an Fußtruppen und zweitausendfünfhun-
dert Reiter verfügte.
21 Als Timotheus vom Anmarsch des Judas erfuhr,
schickte er Frauen, Kinder und den übrigen Tross
in eine Stadt namens Karnajim voraus. Diesen Ort
konnte man kaum belagern, da er wegen zahlrei-
cher Engpässe fast unzugänglich war. 22 Kaum
zeigte sich die erste Abteilung des Judas, da gerie-
ten die Feinde in Furcht und Schrecken, denn der,
der alles überschaut, ließ eine Erscheinung sicht-
bar werden. Sie rannten in wilder Flucht davon,
jeder in eine andere Richtung. Dabei fügten sie
vielfach einander selbst Schaden zu, ja, sie durch-
bohrten sich gegenseitig mit den Spitzen ihrer
Schwerter. 23 Doch Judas setzte ihnen stürmisch
nach und erschlug von den Verruchten gegen
dreißigtausend Mann. 24 Timotheus selbst fiel den
Leuten des Dositheus und des Sosipater in die
Hände. Er flehte mit schönen, doch falschen Wor-
ten, ihn unbehelligt freizulassen; die Eltern und
Brüder sehr vieler Juden seien in der Gewalt sei-
ner Leute und es könne sein, dass man auf sie keine
Rücksicht nehme. 25 Mit vielen Worten brachte er
sie dazu, seinen Versprechungen, er werde diese
Menschen unversehrt zurückgeben, zu glauben.
Um die Brüder zu retten, ließen sie ihn laufen.
26 Darauf zog Judas gegen Karnajim und das Hei-
ligtum der Atargatis und erschlug fünfundzwan-
zigtausend Menschen. 27 Als sie geschlagen und
vernichtet waren, rückte Judas vor das stark befes-
tigte Efron, dessen große Einwohnerschaft sich aus
vielen Völkern zusammensetzte. Junge und kräf-
tige Männer standen vor den Mauern und wehr-
ten sich tapfer. In der Stadt selbst war eine große
Anzahl von Wurfmaschinen mit Geschossen auf-
gestellt. 28 Da riefen die Juden zum Herrn, der den
Ansturm der Feinde mit Macht zermalmt; sie
brachten die Stadt in ihre Gewalt und töteten in
ihr etwa fünfundzwanzigtausend Menschen.
29 Dann brachen sie auf und zogen in Eilmärschen
von dort nach Skythopolis, das sechshundert Sta-
dien von Jerusalem entfernt liegt. 30 Die Juden, die
dort wohnten, stellten jedoch den Einwohnern
von Skythopolis das Zeugnis aus, sie seien freund-
lich zu ihnen und hätten ihnen in der bösen Zeit
ihr Mitgefühl bewiesen. 31 Da bedankten sie sich
und forderten sie auf, auch in Zukunft dem jüdi-
schen Volk wohlgesinnt zu bleiben. Darauf bega-
ben sie sich nach Jerusalem, da das Wochenfest
unmittelbar bevorstand.

10–31 || 1 Makk 5,24–54 • 15: Jos 6,20

Die bestrafte Untreue einiger Juden und das Sühnopfer für die Toten

32 Nach dem sogenannten Pfingstfest zogen sie in
Eilmärschen gegen Gorgias, den Befehlshaber der
Idumäer. 33 Er rückte mit dreitausend Fußsoldaten
und vierhundert Reitern aus. 34 Als sie zum Kampf
antraten, fielen einige von den Juden. 35 Dositheus,
ein Reiter von den Leuten Bakenors, ein sehr star-
ker Mann, packte Gorgias fest am Mantel und zog
mit allen Kräften an ihm. Aber als er den Verfluch-
ten lebendig gefangen nehmen wollte, preschte ein
thrakischer Reiter heran und schlug ihm den Arm
ab. Gorgias konnte sich nach Marescha flüchten.
36 Die Leute Esris kämpften weiter bis zur Erschöp-
fung. Da rief Judas zum Herrn, er solle als ihr Bun-
desgenosse und Bahnbrecher im Kampf erschei-
nen. 37 In der Sprache seiner Väter erhob er das
Kriegsgeschrei und stimmte Preislieder an, drang
unversehens auf die Leute des Gorgias ein und
schlug sie in die Flucht.
38 Daraufhin führte Judas das Heer in die Stadt
Adullam. Als der siebte Tag der Woche anbrach,
reinigten sie sich, wie es bei ihnen Brauch war, und
begingen dort den Sabbat. 39 Am nächsten Tag
kamen die Leute des Judas, um die Leichen der
Gefallenen zu überführen – es war inzwischen
höchste Zeit geworden – und sie inmitten ihrer
Angehörigen in den Familiengräbern zu bestatten.
40 Da entdeckten sie, dass alle Toten unter ihren
Kleidern Amulette der Götter von Jamnia trugen,
obwohl das den Juden vom Gesetz her verboten
ist. Da wurde allen klar, dass die Männer deswe-
gen gefallen waren, 41 und sie priesen nun alle das
Wirken des Herrn, des gerechten Richters, der das
Verborgene ans Licht bringt. 42 Anschließend hiel-
ten sie einen Bittgottesdienst ab und beteten, dass
die begangene Sünde wieder völlig ausgelöscht
werde. Der edle Judas aber ermahnte die Leute,
sich von Sünden rein zu halten; sie hätten ja mit
eigenen Augen gesehen, welche Folgen das Verge-

hen der Gefallenen gehabt habe. 43 Er veranstaltete eine Sammlung, an der sich alle beteiligten, und schickte etwa zweitausend Silberdrachmen nach Jerusalem, damit man dort ein Sündopfer darbringe. Damit handelte er sehr schön und edel; denn er dachte an die Auferstehung. 44 Hätte er nicht erwartet, dass die Gefallenen auferstehen werden, wäre es nämlich überflüssig und sinnlos gewesen, für die Toten zu beten. 45 Auch hielt er sich den herrlichen Lohn vor Augen, der für die hinterlegt ist, die in Frömmigkeit sterben. Ein heiliger und frommer Gedanke! Darum ließ er die Toten entsühnen, damit sie von der Sünde befreit werden.

32: 10,14 • 40: Dtn 7,25

Ein erfolgloser Angriff auf Jerusalem

13 Im Jahr 149 erfuhren die Leute des Judas, dass Antiochus Eupator mit einem großen Heer gegen Judäa marschierte. 2 Er wurde begleitet von dem Reichsverweser Lysias, seinem Vormund. Jeder führte ein Heer von hundertzehntausend griechischen Fußsoldaten, fünftausenddreihundert Reitern, zweiundzwanzig Elefanten und dreihundert Sichelwagen. 3 Ihnen schloss sich auch Menelaus an; er redete heuchlerisch auf den König ein, nicht um das Vaterland zu retten, sondern weil er glaubte, er habe Aussicht, wieder in sein Amt (als Hoherpriester) eingesetzt zu werden. 4 Der höchste König über allen Königen aber ließ Antiochus zornig werden auf den Verruchten, und als Lysias andeutete, dieser sei an allem Unglück schuld, befahl er, ihn nach Beröa zu schaffen und dort umzubringen. So ist es Brauch in jener Gegend. 5 Es gibt dort nämlich einen fünfzig Ellen hohen Turm, der mit glühender Asche gefüllt ist. In ihm ist eine drehbare Maschine angebracht, die sich nach allen Seiten schräg zur Asche neigt. 6 Wer des Tempelraubes schuldig ist oder ein anderes schweres Verbrechen begangen hat, den stoßen dort alle in den Tod. 7 Auf diese Weise fand der Gesetzesbrecher Menelaus den Tod. Nicht einmal Erde zum Begräbnis wurde ihm zuteil. 8 Damit geschah ihm nur recht; denn er hatte viele Verbrechen gegen den Altar begangen, dessen Feuer und Asche heilig sind. Nun fand er in Asche den Tod.
9 Der König aber hatte das Herz eines Barbaren; er begann, den Juden noch weit Schlimmeres in Aussicht zu stellen als das, was zur Zeit seines Vaters geschehen war. 10 Judas hörte davon und ließ dem Volk bekannt geben, man solle Tag und Nacht zum Herrn beten. Wenn je zu einer Zeit, dann müsse er ihnen jetzt helfen. Man wolle ihnen das Gesetz, das Vaterland und den heiligen Tempel rauben. 11 Gerade erst habe das Volk ein wenig aufatmen können; Gott möge doch nicht zulassen, dass sie den ruchlosen Heiden in die Hände fielen. 12 Drei Tage lang lagen sie ohne Unterbrechung auf den Knien und flehten unter Tränen und Fasten gemeinsam den barmherzigen Herrn an. Judas sprach ihnen Mut zu; dann gab er ihnen den Befehl, sich bereitzuhalten. 13 Auf einer geheimen Sitzung der Ältesten ließ er den Beschluss fassen, man solle, bevor der König in Judäa eindringen und die Stadt in seine Gewalt bringen könne, ausrücken und die Sache mit Gottes Hilfe entscheiden. 14 Er stellte den Ausgang dem Schöpfer der Welt anheim und feuerte seine Männer an, bis zum Tod tapfer für Gesetze, Heiligtum, Stadt, Vaterland und Verfassung zu kämpfen. Dann schlug er bei Modeïn ein Lager auf. 15 Er gab seinen Truppen als Losung die Worte: Gottes Sieg. Mit den besten seiner jungen Krieger, die er eigens ausgewählt hatte, überfiel er nachts das Zelt des Königs, erschlug etwa zweitausend Mann und erstach den Leitelefanten des Königs mitsamt seinem Treiber. 16 Als sie schließlich das ganze Lager in Furcht und Verwirrung gebracht hatten, zogen sie sich siegreich wieder zurück. 17 Bei Tagesanbruch war alles vorbei; der Herr hatte ihnen mit seiner schützenden Macht beigestanden.
18 Nachdem der König diese Kostprobe jüdischer Tapferkeit erhalten hatte, versuchte er, das Land mit Hilfe von List zu besetzen. 19 Er rückte gegen die starke jüdische Festung Bet-Zur vor, wurde aber zurückgeschlagen; dann stieß er wieder vor und wurde wieder geschlagen. 20 Judas ließ die Besatzung mit allem versorgen, was sie brauchte. 21 Ein jüdischer Soldat namens Rhodokus aber verriet den Feinden die militärischen Geheimnisse. Er wurde verhört, festgenommen und eingekerkert. 22 Dann verhandelte der König zum zweiten Mal mit der Besatzung von Bet-Zur, schloss mit ihnen einen Vertrag und zog ab. Dabei stieß er auf das Heer des Judas und erlitt eine Schlappe.

23 Da erfuhr er, dass Philippus in Antiochia abge-
fallen sei; er hatte ihn dort zurückgelassen, um die
Regierungsgeschäfte zu führen. Der König war
sehr niedergeschlagen. Er sprach freundlich mit
den Juden, gab ihnen nach, sicherte ihnen eidlich
die Erfüllung aller gerechten Ansprüche zu, ver-
söhnte sich mit ihnen und brachte ein Opfer dar,
ehrte den Tempel und bewies dem Ort sein Wohl-
wollen. 24 Für den Makkabäer gab er einen Emp-
fang. Als Befehlshaber über das ganze Gebiet
Ptolemaïs bis zu den Gerrenern ließ er den Hege-
monides zurück 25 und begab sich dann nach Pto-
lemaïs. Die Einwohner dieser Stadt waren nämlich
über die Verträge sehr verärgert; sie hatten sich
heftig beschwert und wollten die Abmachungen
rückgängig machen. 26 Lysias trat auf die Redner-
bühne, gab Rechenschaft, so gut er konnte, über-
redete, beschwichtigte, stimmte die Leute um und
brach dann nach Antiochia auf.
So verliefen der Anmarsch und der Abzug des
Königs.

1–26 || 1 Makk 6,28–63

DER FELDZUG NIKANORS: 14,1 – 15,36

Die Intrige des Hohenpriesters Alkimus gegen Judas

14 Drei Jahre später erfuhren die Leute des
Judas, dass Demetrius, der Sohn des Seleu-
kus, mit starken Truppen und einer Flotte im
Hafen von Tripolis gelandet sei. 2 Antiochus und
dessen Vormund Lysias habe er aus dem Weg räu-
men lassen und das Land in seine Gewalt gebracht.
3 Damals lebte ein Mensch namens Alkimus; er
war früher einmal Hoherpriester gewesen, hatte
sich aber schon vor der Zeit der Religionsvermi-
schung freiwillig unrein gemacht. Wie er wohl
wusste, hatte er sich dadurch in eine ausweglose
Lage gebracht, sodass er nie wieder an den heili-
gen Altar treten konnte. 4 Darum kam er um das
Jahr 151 zu König Demetrius und überreichte ihm
einen goldenen Kranz mit einem Palmzweig, dazu
Ölzweige, wie sie am Heiligtum gebräuchlich sind.
An diesem Tag unternahm er weiter nichts. 5 Als
aber Demetrius ihn vor seinen Rat rufen ließ und
ihn fragte, wie die Stimmung unter den Juden sei
und welche Pläne sie hätten, ergriff er die Gele-
genheit, um sie für sein eigenes wahnwitziges Vor-
haben zu nutzen. Er antwortete: 6 Es gibt unter den
Juden Leute, die sich Hasidäer nennen; sie stehen
unter der Führung des Makkabäers Judas. Sie het-
zen zu Krieg und Aufruhr und lassen das Reich
nicht zur Ruhe kommen. 7 Dadurch wurde mir
meine ehrenvolle Stellung geraubt, die mir auf-
grund meiner Abstammung zukommt, nämlich
das Amt des Hohenpriesters. Nun bin ich hierher
gekommen, 8 einmal weil ich der königlichen
Sache aufrichtig ergeben bin, dann aber auch aus
Sorge für meine Mitbürger. Denn der Unverstand
der eben genannten Leute hat unser ganzes Volk in
nicht geringes Elend gestürzt. 9 Wenn du, mein
König, dir einen genauen Überblick über die Lage
verschafft hast, dann sorge für das Land und für
unser bedrängtes Volk; du bist ja gegen jedermann
freundlich und wohlgesinnt. 10 Solange aber Judas
noch lebt, kann es im Reich keinen Frieden geben.
11 Kaum hatte er das vorgebracht, da hetzten die
anderen Vertrauten des Königs, die den Bestre-
bungen des Judas feindlich gegenüberstanden,
Demetrius noch mehr auf. 12 Dieser berief sofort
Nikanor, dem er das Kommando über die Elefan-
ten gegeben hatte, und setzte ihn zum Befehlsha-
ber über Judäa ein. Er schickte ihn weg 13 mit dem
schriftlichen Auftrag, Judas zu beseitigen, seine
Anhänger zu zerstreuen, Alkimus aber als Hohen-
priester über den allerhöchsten Tempel einzuset-
zen. 14 Dem Nikanor schlossen sich in Scharen die
Heiden an, die vor Judas aus Judäa geflohen waren;
denn sie glaubten, das Unglück und Missgeschick
der Juden werde ihnen Glück bringen.

1–14 || 1 Makk 7,1–26

Die Freundschaft zwischen Nikanor und Judas

15 Als die Juden vom Anmarsch Nikanors erfuhren
und hörten, dass zusammen mit ihm die Heiden
anrückten, streuten sie sich Erde auf das Haupt
und flehten Gott an, der sein Volk für ewige Zei-
ten geschaffen hat und sich immer vor aller Welt
sichtbar seines Erbteils annimmt. 16 Auf Beschluss

ihres Anführers brachen sie sofort auf und trafen bei dem Dorf Dessau auf die Feinde. [17] Simeon, der Bruder des Judas, war zwar schon mit Nikanor zusammengestoßen und hatte sich langsam zurückziehen müssen, weil sein Gegner ihn völlig unvermutet überrascht hatte. [18] Aber Nikanor kam zu Ohren, wie tapfer die Männer des Judas seien und wie mutig sie für ihr Vaterland kämpften; darum wich er der Entscheidung in offener Schlacht aus. [19] Er schickte statt dessen Posidonius, Theodotus und Mattatias, um Friedensverhandlungen aufzunehmen. [20] Nach langen Überlegungen legte der Anführer den Leuten seine Ansicht dar. Es zeigte sich, dass man einer Meinung war, und so billigte man die Verträge. [21] Man verabredete einen Termin, um sich unter Ausschluss der Öffentlichkeit an einem bestimmten Ort zu treffen. Von jeder Seite fuhr ein Wagen vor und man stellte Stühle auf. [22] Auf Anordnung des Judas hielten sich Bewaffnete in günstiger Stellung bereit, damit die Feinde nicht heimtückisch überraschend einen Anschlag verüben konnten. Doch die Unterredung verlief ohne Zwischenfälle.

[23] Nikanor hielt sich in Jerusalem auf, ohne irgendwelchen Anstoß zu erregen; er entließ die Anhänger, die ihm massenweise zugeströmt waren. [24] Auch hatte er Judas ständig um sich und war ihm herzlich zugetan. [25] Er redete ihm zu, er solle heiraten und eine Familie gründen. So heiratete Juda und es ging ihm gut und er freute sich seines Lebens.

15–25 ‖ 1 Makk 7,27–29 • 16: 1 Makk 7,31f

Die Entzweiung zwischen Judas und Nikanor

[26] Dem Alkimus blieb nicht verborgen, dass die beiden einander wohlgesinnt waren. Er verschaffte sich die abgeschlossenen Verträge, begab sich zu Demetrius und hinterbrachte ihm, Nikanor handle dem Staatswohl zuwider: Er habe Judas, den Feind seines Reiches, zum Nachfolger bestimmt. [27] Der König war sehr aufgebracht und gereizt durch die Verleumdungen dieses Schurken. Er schrieb an Nikanor, dass er die Verträge für untragbar halte, und befahl ihm, den Makkabäer auf der Stelle gefesselt nach Antiochia zu schaffen. [28] Nikanor geriet beim Empfang dieser Nachricht in große Bestürzung. Es war ihm sehr zuwider, die Vereinbarungen zu brechen; denn Judas hatte ja kein Unrecht getan. [29] Da er sich aber dem König nicht widersetzen konnte, wartete er auf eine günstige Gelegenheit, um seinen Auftrag mit Hilfe einer List ausführen zu können. [30] Doch der Makkabäer merkte, dass Nikanor ihm gegenüber immer abweisender wurde und dass seine gewohnte Freundlichkeit sich abkühlte. Er wusste, dass diese Schroffheit nichts Gutes bedeuten könne. Darum rief er eine Anzahl von seinen Leuten zusammen und versteckte sich mit ihnen vor Nikanor.

[31] Als Nikanor dahinter kam, dass ihn der Mann geschickt überlistet hatte, begab er sich zum allerhöchsten, heiligen Tempel, gerade als die Priester die vorgeschriebenen Opfer darbrachten, und befahl ihnen, Judas auszuliefern. [32] Als diese unter Eid versicherten, sie wüssten nicht, wo sich der Gesuchte zur Zeit aufhalte, [33] erhob er die rechte Hand gegen den Tempel und schwor: Wenn ihr mir Judas nicht gefesselt herausgebt, werde ich dieses Gotteshaus dem Erdboden gleichmachen, den Brandopferaltar niederreißen und an seiner Stelle dem Dionysos einen herrlichen Tempel errichten. [34] Nach diesen Worten ging er weg.

Die Priester erhoben ihre Hände zum Himmel und riefen zu dem, der immer unser Volk beschützt. Sie beteten: [35] Herr, du bist auf nichts angewiesen; dennoch hat es dir gefallen, einen Tempel bauen zu lassen, in dem du unter uns wohnst. [36] Nun, heiliger Herr, von dem alle Heiligung ausgeht, bewahre dieses Haus, das vor kurzem erst entsühnt wurde, unbefleckt in Ewigkeit.

26–36 ‖ 1 Makk 7,30–38

Der Tod Rasis

[37] Unter den Ältesten der Stadt Jerusalem gab es einen Mann namens Rasi. Er war seinen Mitbürgern freundlich zugetan, stand in hohem Ansehen und hieß wegen seiner Güte Vater der Juden. Dieser Mann wurde bei Nikanor angezeigt. [38] Er hatte sich nämlich schon vor der Zeit der Religionsvermischung offen für das Judentum entschieden und sich dafür bis zum Äußersten mit Leib und Leben eingesetzt. [39] Nikanor beschloss, seine Abneigung gegen die Juden sichtbar zu bekunden, und schickte über fünfhundert Soldaten aus, um ihn verhaften zu lassen. [40] Er glaubte nämlich, durch seine Festnahme den Juden einen schweren

Schlag zu versetzen. 41 Schon waren die Truppen
dabei, den Turm zu besetzen; sie versuchten, sich
den Eingang durch das Hoftor mit Gewalt zu
erzwingen, und riefen nach Feuer, um die Türen
in Brand zu setzen. Rasi war von allen Seiten
umzingelt. Da stürzte er sich in das Schwert;
42 denn er wollte lieber in Ehren sterben als den
Verruchten in die Hände fallen und eine schimpf-
liche Behandlung erfahren, die seiner edlen Her-
kunft unwürdig war. 43 In der Hast aber hatte er
sich nicht sofort tödlich getroffen; die Männer
stürmten bereits durch die Türen herein. Da lief er
mutig hinauf auf die Mauer und stürzte sich ent-
schlossen auf die Menge hinab. 44 Weil diese sofort
zurückwich, entstand ein freier Raum und er fiel
mitten auf den leeren Platz. 45 Doch er lebte immer
noch; in höchster Erregung erhob er sich, während
das Blut in Strömen aus seinen schrecklichen
Wunden schoss, durchbrach im Laufschritt die
Menge und stellte sich auf einen steil abfallenden
Felsen. 46 Fast schon verblutet, riss er sich die Ein-
geweide aus dem Leib, packte sie mit beiden Hän-
den und schleuderte sie auf die Leute hinunter;
dabei rief er den Herrn über Leben und Tod an, er
möge sie ihm wiedergeben. So starb er.

41: 1 Sam 31,4 • 46: 7,11.14.23.29.36

Nikanors Lästerungen

15 Nikanor erfuhr, dass Judas sich mit seinen
Männern in der Gegend von Samaria auf-
hielt; da beschloss er, sie ohne jede Gefahr am
Ruhetag anzugreifen. 2 Aber die Juden, die ge-
zwungen waren, ihn zu begleiten, sagten: Bring sie
doch nicht um, als seist du ein wildes Tier oder ein
Barbar. Halte den Tag in Ehren, der von dem, der
die ganze Welt überblickt, in besonderer Weise mit
Heiligkeit ausgezeichnet wurde. 3 Der dreimal Ver-
fluchte fragte, ob es im Himmel wirklich einen
Herrscher gebe, der befohlen habe, den Sabbat zu
begehen. 4 Sie bekannten: Der lebendige Herr
selbst, der Herrscher im Himmel, hat angeordnet,
den Sabbat zu halten. 5 Da erwiderte er: Und ich
bin der Herrscher auf der Erde; ich befehle, die
Waffen zu ergreifen und zu tun, was das Staats-
wohl verlangt. Dennoch gelang es ihm nicht, sei-
nen verbrecherischen Plan auszuführen.

4: Ex 20,8–11; Dtn 5,12–15

Die Ermutigung der Kämpfer durch Judas

6 Nikanor, der in seinem Stolz seinen Kopf hoch
trug, hatte beschlossen, öffentlich ein Denkmal
seines Sieges über die Männer des Judas zu errich-
ten. 7 Der Makkabäer aber hörte nicht auf, sein
Vertrauen und all seine Hoffnung auf die Hilfe des
Herrn zu setzen. 8 Er ermahnte seine Männer, sich
vor den anrückenden Heiden nicht zu fürchten.
Sie sollten daran denken, wie der Himmel ihnen
in der Vergangenheit geholfen habe; auch jetzt
dürften sie vom Allherrscher den Sieg erwarten.
9 Mit Worten aus dem Gesetz und aus den Pro-
pheten flößte er ihnen Mut ein, erinnerte sie auch
an die Kämpfe, die sie schon bestanden hatten,
und stärkte so ihren Kampfesmut.
10 Nachdem er ihre Begeisterung geweckt hatte,
spornte er sie noch weiter an, indem er sie daran
erinnerte, wie die Heiden die Verträge nicht gehal-
ten und ihre Schwüre gebrochen hatten. 11 So
wappnete er jeden von ihnen, nicht mit der Sicher-
heit, die Schild und Lanze verleihen, sondern mit
dem Mut, den rechte Worte entfachen. Auch
erzählte er ihnen einen überaus glaubwürdigen
Traum, der alle sehr erfreute. 12 Er hatte folgendes
gesehen: Ihm war der frühere Hohepriester Onias
erschienen, ein edler und gerechter Mann, be-
scheiden im Umgang, von gütigem Wesen und
besonnen im Reden, von Kindheit an in allem aufs
Gute bedacht; dieser breitete seine Hände aus und
betete für das ganze jüdische Volk. 13 In gleicher
Haltung erschien dann ein Mann mit grauem
Haar, von herrlicher Gestalt; der Glanz einer wun-
derbaren, überwältigenden Hoheit ging von ihm
aus. 14 Onias begann zu reden und sagte: Das ist der
Freund seiner Brüder, der viel für das Volk und die
heilige Stadt betet, Jeremia, der Prophet Gottes.
15 Dann streckte Jeremia die rechte Hand aus und
übergab ihm ein goldenes Schwert; dabei sagte er:
16 Nimm das heilige Schwert, das Gott dir schenkt.
Mit ihm wirst du die Feinde schlagen.
17 Die Worte des Judas gaben ihnen Zuversicht;
denn sie waren sehr schön und hatten die Kraft,
zur Tapferkeit anzuspornen und die Jugend mit
männlichem Mut zu erfüllen. Man beschloss, kein
Lager zu beziehen, sondern kühn anzugreifen und
mit allem Mut im Kampf Mann gegen Mann die
Entscheidung herbeizuführen; denn die Stadt, die

Religion und das Heiligtum seien in Gefahr. 18 Sie
fürchteten weniger um Frauen und Kinder, um
Brüder und Verwandte als um die Heiligkeit des
Tempels. 19 Die in der Stadt Zurückgebliebenen
waren hauptsächlich in Angst wegen des Angriffs
draußen auf offenem Feld. 20 Alle warteten, dass
die Entscheidung falle. Schon hatten die Feinde
sich vereinigt und ihr Heer rückte geordnet vor;
die Elefanten wurden aufgestellt, wo es am güns-
tigsten war; die Reiterei verteilte sich auf die Flü-
gel. 21 Der Makkabäer sah, wie die Massen der
Feinde dastanden, die verschiedenen Waffengat-
tungen, die zur Wildheit gereizten Tiere. Da erhob
er seine Hände zum Himmel und rief zum Herrn,
der Wunder vollbringt. Denn er wusste, dass es
nicht auf die Waffen ankommt, sondern dass
denen der Sieg zufällt, die Gott für würdig erach-
tet. 22 Dabei sprach er dieses Gebet: Unser Herr-
scher, du hast zu Hiskija, dem König von Juda, dei-
nen Engel gesandt und er erschlug im Heer
Sanheribs hundertfünfundachtzigtausend Mann.
23 Herrscher im Himmel, sende auch jetzt einen
guten Engel vor uns her, damit er Furcht und
Schrecken verbreitet. 24 Vor deinem gewaltigen
Arm sollen alle erschrecken, die lästernd gegen
dein heiliges Volk heranziehen. So sprach er.

12: 3,1 • 22: 2 Kön 19,35

Die Niederlage und der Tod Nikanors

25 Die Truppen Nikanors rückten mit Trompeten-
geschmetter und Kampfliedern vor. 26 Die Leute
des Judas dagegen griffen die Feinde unter Beten
und Flehen an. 27 Mit den Händen kämpften sie,
im Herzen beteten sie zu Gott. Mindestens fünf-
unddreißigtausend Mann streckten sie zu Boden,
hocherfreut, dass Gott sich so sichtbar offenbarte.
28 Schon war der Kampf beendet und sie wollten
voller Freude aufbrechen, da entdeckten sie Nika-
nor, der in seiner Rüstung erschlagen dalag. 29 Es
gab ein großes Geschrei und Getümmel und sie
priesen den Herrn in der Sprache ihrer Väter.
30 Judas, der immer mit Leib und Seele für seine
Mitbürger gestritten hatte, der von Jugend an sei-
nen Landsleuten herzlich zugetan war, gab den
Befehl, ihm den Kopf und eine Hand mitsamt dem
Arm abzuschlagen und nach Jerusalem zu bringen.
31 Sobald er dort angekommen war, rief er seine
Landsleute zusammen und befahl den Priestern,
sich vor dem Altar aufzustellen; auch schickte er
Boten zu der Besatzung der Burg. 32 Dann zeigte er
den Kopf des Verbrechers Nikanor und die Hand
des Lästerers, die dieser prahlend gegen das heilige
Haus des Allherrschers ausgestreckt hatte. 33 Die
Zunge des ruchlosen Nikanor ließ er heraus-
schneiden, zerstückeln und den Vögeln zum Fraß
vorwerfen; den Arm ließ er vor dem Tempel auf-
hängen als Zeichen des bestraften Wahnsinns.
34 Alle priesen den Herrn im Himmel, der seine
Macht so sichtbar gezeigt hatte, und riefen:
Gepriesen sei der, der seinen Ort vor der Entwei-
hung bewahrt hat. 35 Den Kopf Nikanors hängte
Judas an die Burg als ein für alle sichtbares und
offenkundiges Zeichen der Hilfe des Herrn. 36 In
einer öffentlichen Abstimmung beschlossen alle
einstimmig, diesen Tag nicht ohne Feier vergehen
zu lassen, sondern ihm einen besonderen Rang zu
verleihen; es ist der dreizehnte Tag des zwölften
Monats, der auf aramäisch Adar heißt, der Tag vor
dem Mordechai-Tag.

25–36 || 1 Makk 7,39–49 • 36: Est 9,19.31; 10,3k

NACHWORT

37 Das waren die Ereignisse, die mit Nikanor
zusammenhingen. Seit jener Zeit blieb die Stadt
im Besitz der Hebräer. Darum höre ich hier mit
der Erzählung auf. 38 Ist sie gut und geschickt
erzählt, habe ich mein Ziel erreicht; ist sie aber
schlecht oder mittelmäßig – ich habe mein Bestes
getan. 39 Es ist gleich ungesund, unvermischten
Wein oder pures Wasser zu trinken. Wein mit
Wasser vermischt hingegen schmeckt vorzüglich.
Ähnlich hängt es auch vom Aufbau der Erzählung
ab, ob sie den Geist des Lesers erfreut, dem dieses
Buch in die Hände kommt. Damit will ich schlie-
ßen.

37: 1 Makk 7,27–50

DIE BÜCHER DER LEHRWEISHEIT UND DIE PSALMEN

DAS BUCH IJOB

Das Buch Ijob, eines der Hauptwerke der Weltliteratur, ist nach seiner zentralen Gestalt benannt, da uns sein Verfasser unbekannt ist. Die uns heute vorliegende Form hat das Buch in nachexilischer Zeit gefunden. Man hatte sich aber mit der Thematik des Buches schon früher in Israel beschäftigt (vgl. Ez 14,14.20). Um 200 v. Chr. liegt es jedenfalls vor (vgl. Sir 49,9).

Die in Prosa gehaltene Rahmenerzählung (1,1 – 2,10 und 42,7–17) geht auf eine alte Volksüberlieferung von einem vorbildlichen, frommen und gerechten Mann zurück. In diese Rahmenerzählung ist der Hauptteil in dichterischer Form eingefügt (3,1 – 42,6): Nach einer einleitenden Klage Ijobs (3,1–26) folgen drei Redegänge aus je einer Rede der drei Freunde und einer Entgegnung Ijobs (4,1 – 27,23) – der letzte Redegang ist allerdings nur bruchstückhaft erhalten –, ein Lied über die Weisheit (Kap. 28), eine Schlussrede Ijobs (29,1 – 31,40), die das Eingreifen Gottes herbeiführen will, vier Reden des sonst nicht bekannten Weisheitslehrers Elihu (32,1 – 37,24) und schließlich zwei Gottesreden mit je einer Antwort Ijobs (38,1 – 42,6).

Als Erweiterungen des ursprünglichen Textes werden vielfach das Lied über die Weisheit (Kap. 28) und die Reden Elihus angesehen. Der Verfasser erweist sich als mit dem Bildungsgut der Weisheitslehre vertraut, er verarbeitet naturkundliches Wissen seiner Zeit und kennt alte Mythen. Auch das biblische Überlieferungsgut hat er stets lebendig vor Augen.

Ob der Verfasser außerbiblische Quellen bei der Abfassung seines Werkes benutzt hat, bleibt umstritten. Zwar besitzen Form und Inhalt des Buches eine außerbiblische Vorgeschichte: Die Form des Dialogs findet sich z. B. in Weisheitsschriften Ägyptens; für den Inhalt wird auf Parallelen in der sog. mesopotamischen Ijobliteratur verwiesen, die sich mit der Ungerechtigkeit und dem Leiden eines Unschuldigen beschäftigt. Doch verbieten es Gesamtkomposition und Aussageabsicht des Buches, von literarischer Abhängigkeit zu sprechen.

Gattungsmäßig gehört das Buch zur Weisheitsliteratur. Es verwendet Redeformen aus den Bereichen der Weisheit, des Rechts und der Psalmen: längere, erörternde Reden mit überwiegend polemischem Charakter, die für »Streitgespräche« unter Weisheitslehrern und »Parteireden« im Gerichtsverfahren charakteristisch sind; Klagen (an Gott gerichtete Klagen, Sich-Beklagen, Verklagen der Gegner); auch fehlen nicht hymnische Elemente. Alle Einzelformen sind der Aussageabsicht des Buches dienstbar gemacht.

Der Hauptteil besteht in einer Auseinandersetzung mit dem im alten Israel verbreiteten Vergeltungsglauben, nach welchem es dem wirklich guten Menschen in seinem Leben gut, dem Sünder dagegen schlecht ergeht. Leid ist dann nur Strafe für begangene Sünden. Ijobs Freunde vertreten diese Ansicht; doch Ijob wehrt sich entschieden gegen ihre Annahme, auch er habe sich verfehlt und deshalb treffe ihn jetzt Gottes Strafe.

Schließlich wendet sich Ijob angesichts des Rätsels seines für ihn unverständlichen und ungerechtfertigten Leids an Gott selber als den Helfer, auf den allein er in seiner Not seine ganze Hoffnung setzt. Gott führt das Rätsel des Leidens des Gerechten keiner eigentlichen Lösung zu, vielmehr weist er Ijob auf sein Unvermögen hin, die Pläne Gottes zu durchschauen. Der Einblick in Gottes Absicht bei der Weltlenkung und in seinen Ratschluss, nach dem er Glück und Unglück, Freud und Leid zuteilt, bleibt dem Menschen versagt. So ergibt sich dann Ijob demütig in Gottes Willen. Er überwindet jeden Gedanken an einen ihm feindlich gesinnten und ihn ungerecht quälenden Gott zugunsten eines immer stärker werdenden Vertrau-

ens auf den immer gerechten Gott, der nicht wie Ijobs Freunde den Menschen verurteilt, sondern ihn jenseits einer engherzigen Vergeltungsvorstellung annimmt und nach dem Leid (vgl. Kap. 19) zu sich führt.

Das Buch Ijob zeigt einen Menschen im Leid, der Gott immer größer als den Menschen sein lässt und sich ganz dieser Größe Gottes anheimgibt. Das Leid bleibt ein ungelöstes Rätsel, das sich aller vernunftgemäßen Erklärung entzieht. Aber durch das Leid stößt Gott neu zur Glaubensentscheidung an.

DIE RAHMENERZÄHLUNG: 1,1 – 2,10

Ijobs Rechtlichkeit

1 Im Lande Uz lebte ein Mann mit Namen Ijob.
Dieser Mann war untadelig und rechtschaf-
fen; er fürchtete Gott und mied das Böse. 2 Sieben
Söhne und drei Töchter wurden ihm geboren. 3 Er
besaß siebentausend Stück Kleinvieh, dreitausend
Kamele, fünfhundert Joch Rinder und fünfhun-
dert Esel, dazu zahlreiches Gesinde. An Ansehen
übertraf dieser Mann alle Bewohner des Ostens.
4 Reihum hielten seine Söhne ein Gastmahl, ein
jeder an seinem Tag in seinem Haus. Dann schick-
ten sie hin und luden auch ihre Schwestern ein, mit
ihnen zu essen und zu trinken. 5 Wenn die Tage des
Gastmahls vorbei waren, schickte Ijob hin und
entsühnte sie. Früh am Morgen stand er auf und
brachte so viele Brandopfer dar, wie er Kinder
hatte. Denn Ijob sagte: Vielleicht haben meine
Kinder gesündigt und Gott gelästert in ihrem Her-
zen. So tat Ijob jedes Mal.

1: Ez 14,14.20; Gen 22,12

Zwei Bewährungsproben: 1,6 – 2,10

Der Verlust des Reichtums

6 Nun geschah es eines Tages, da kamen die Gottes-
söhne, um vor den Herrn hinzutreten; unter ihnen
kam auch der Satan. 7 Der Herr sprach zum Satan:
Woher kommst du? Der Satan antwortete dem
Herrn und sprach: Die Erde habe ich durchstreift,
hin und her. 8 Der Herr sprach zum Satan: Hast du
auf meinen Knecht Ijob geachtet? Seinesgleichen
gibt es nicht auf der Erde, so untadelig und recht-
schaffen, er fürchtet Gott und meidet das Böse.
9 Der Satan antwortete dem Herrn und sagte:
Geschieht es ohne Grund, dass Ijob Gott fürchtet?
10 Bist du es nicht, der ihn, sein Haus und all das
Seine ringsum beschützt? Das Tun seiner Hände
hast du gesegnet; sein Besitz hat sich weit ausge-
breitet im Land. 11 Aber streck nur deine Hand
gegen ihn aus und rühr an all das, was sein ist;
wahrhaftig, er wird dir ins Angesicht fluchen.
12 Der Herr sprach zum Satan: Gut, all sein Besitz
ist in deiner Hand, nur gegen ihn selbst streck
deine Hand nicht aus! Darauf ging der Satan weg
vom Angesicht des Herrn.
13 Nun geschah es eines Tages, dass seine Söhne
und Töchter im Haus ihres erstgeborenen Bruders
aßen und Wein tranken. 14 Da kam ein Bote zu Ijob
und meldete: Die Rinder waren beim Pflügen und
die Esel weideten daneben. 15 Da fielen Sabäer ein,
nahmen sie weg und erschlugen die Knechte mit
scharfem Schwert. Ich ganz allein bin entronnen,
um es dir zu berichten. 16 Noch ist dieser am Reden,
da kommt schon ein anderer und sagt: Feuer Got-
tes fiel vom Himmel, schlug brennend ein in die
Schafe und Knechte und verzehrte sie. Ich ganz
allein bin entronnen, um es dir zu berichten. 17 Noch
ist dieser am Reden, da kommt schon ein anderer
und sagt: Die Chaldäer stellten drei Rotten auf, fie-
len über die Kamele her, nahmen sie weg und er-
schlugen die Knechte mit scharfem Schwert. Ich
ganz allein bin entronnen, um es dir zu berichten.
18 Noch ist dieser am Reden, da kommt schon ein
anderer und sagt: Deine Söhne und Töchter aßen
und tranken Wein im Haus ihres erstgeborenen
Bruders. 19 Da kam ein gewaltiger Wind über die
Wüste und packte das Haus an allen vier Ecken; es
stürzte über die jungen Leute und sie starben. Ich
ganz allein bin entronnen, um es dir zu berichten.
20 Nun stand Ijob auf, zerriss sein Gewand, schor
sich das Haupt, fiel auf die Erde und betete an.

21 Dann sagte er:
Nackt kam ich hervor aus dem Schoß meiner Mut-
ter; / nackt kehre ich dahin zurück. / Der Herr hat
gegeben, der Herr hat genommen; / gelobt sei der
Name des Herrn.
22 Bei alldem sündigte Ijob nicht und äußerte
nichts Ungehöriges gegen Gott.

6: Sach 3,1f • 21: Ps 22,10; Jes 44,2

Der Verlust der Gesundheit

2 Nun geschah es eines Tages, da kamen die
Gottessöhne, um vor den Herrn hinzutreten;
unter ihnen kam auch der Satan, um vor den
Herrn hinzutreten. 2 Da sprach der Herr zum
Satan: Woher kommst du? Der Satan antwortete
dem Herrn: Die Erde habe ich durchstreift, hin
und her. 3 Der Herr sprach zum Satan: Hast du auf
meinen Knecht Ijob geachtet? Seinesgleichen gibt
es nicht auf der Erde, so untadelig und recht-
schaffen; er fürchtet Gott und meidet das Böse.
Noch immer hält er fest an seiner Frömmigkeit,
obwohl du mich gegen ihn aufgereizt hast, ihn
ohne Grund zu verderben. 4 Der Satan antwortete
dem Herrn und sagte: Haut um Haut! Alles, was
der Mensch besitzt, gibt er hin für sein Leben.
5 Doch streck deine Hand aus und rühr an sein
Gebein und Fleisch; wahrhaftig, er wird dir ins
Angesicht fluchen. 6 Da sprach der Herr zum
Satan: Gut, er ist in deiner Hand. Nur schone sein
Leben! 7 Der Satan ging weg vom Angesicht Gottes
und schlug Ijob mit bösartigem Geschwür von der
Fußsohle bis zum Scheitel. 8 Ijob setzte sich mitten
in die Asche und nahm eine Scherbe, um sich
damit zu schaben. 9 Da sagte seine Frau zu ihm:
Hältst du immer noch fest an deiner Frömmig-
keit? Lästere Gott und stirb! 10 Er aber sprach zu
ihr: Wie eine Törin redet, so redest du. Nehmen
wir das Gute an von Gott, sollen wir dann nicht
auch das Böse annehmen? Bei all dem sündigte
Ijob nicht mit seinen Lippen.

DIE STREITREDEN: 2,11 – 31,40

Der Besuch der Freunde

11 Die drei Freunde Ijobs hörten von all dem Bö-
sen, das über ihn gekommen war. Und sie kamen,
jeder aus seiner Heimat: Elifas aus Teman, Bildad
aus Schuach und Zofar aus Naama. Sie vereinbar-
ten hinzugehen, um ihm ihre Teilnahme zu bezei-
gen und um ihn zu trösten.
12 Als sie von fern aufblickten, erkannten sie ihn
nicht; sie schrien auf und weinten. Jeder zerriss
sein Gewand; sie streuten Asche über ihr Haupt
gegen den Himmel. 13 Sie saßen bei ihm auf der
Erde sieben Tage und sieben Nächte; keiner sprach
ein Wort zu ihm. Denn sie sahen, dass sein
Schmerz sehr groß war.

11: Bar 3,23

Ijobs Klage

Die Last des Lebens

3 Danach tat Ijob seinen Mund auf und ver-
fluchte seinen Tag. 2 Ijob ergriff das Wort und
sprach:
3 Ausgelöscht sei der Tag, an dem ich geboren
bin, / die Nacht, die sprach: Ein Mann ist empfan-
gen.
4 Jener Tag werde Finsternis, / nie frage Gott von
oben nach ihm, / nicht leuchte über ihm des Tages
Licht.
5 Einfordern sollen ihn Dunkel und Finsternis, /
Gewölk über ihn sich lagern, / Verfinsterung am
Tag mache ihn schrecklich.
6 Jene Nacht, das Dunkel raffe sie hinweg, / sie reihe
sich nicht in die Tage des Jahres, / sie füge sich
nicht zur Zahl der Monde.
7 Ja, diese Nacht sei unfruchtbar, / kein Jubel kom-
me auf in ihr.
8 Verwünschen sollen sie die Verflucher der Tage, /
die es verstehen, den Levíatan zu wecken.
9 Verfinstert seien ihrer Dämmerung Sterne; / sie
harre auf das Licht, jedoch umsonst; / die Wim-
pern der Morgenröte schaue sie nicht.
10 Denn sie hat die Pforten / an meiner Mutter Leib
nicht verschlossen, / nicht das Leid verborgen vor
meinen Augen.
11 Warum starb ich nicht vom Mutterschoß weg, /

kam ich aus dem Mutterleib und verschied nicht
gleich?
12 Weshalb nur kamen Knie mir entgegen, / wozu
Brüste, dass ich daran trank?
13 Still läge ich jetzt und könnte rasten, / entschla-
fen wäre ich und hätte Ruhe
14 bei Königen, bei Ratsherren im Land, / die Grab-
kammern für sich erbauten,
15 oder bei Fürsten, reich an Gold, / die ihre Häu-
ser mit Silber gefüllt.
16 Wie die verscharrte Fehlgeburt wäre ich nicht
mehr, / Kindern gleich, die das Licht nie geschaut.
17 Dort hören Frevler auf zu toben, / dort ruhen
aus, deren Kraft erschöpft ist.
18 Auch Gefangene sind frei von Sorgen, / hören
nicht mehr die Stimme des Treibers.
19 Klein und Groß ist dort beisammen, / der Sklave
ist frei von seinem Herrn.
20 Warum schenkt er dem Elenden Licht / und
Leben denen, die verbittert sind?
21 Sie warten auf den Tod, der nicht kommt, / sie
suchen ihn mehr als verborgene Schätze.
22 Sie würden sich freuen über einen Hügel; / fän-
den sie ein Grab, sie würden frohlocken.
23 Wozu Licht für den Mann auf verborgenem
Weg, / den Gott von allen Seiten einschließt?
24 Bevor ich noch esse, kommt mir das Seufzen, /
wie Wasser strömen meine Klagen hin.
25 Was mich erschreckte, das kam über mich, /
wovor mir bangte, das traf mich auch.
26 Noch hatte ich nicht Frieden, nicht Rast, nicht
Ruhe, / fiel neues Ungemach mich an.

1–12: Jer 20,14–18 • 11: 10,18f; Koh 4,2; 6,3 • 14: Jes 14,9–11;
Ez 32,18–32 • 16: Ps 58,9 • 23: Klgl 3,2 • 24: Ps 42,4 • 25: Spr 10,24

Die erste Rede des Elifas: 4,1–5,27

Die Vergeltung

4 Da antwortete Elifas von Teman
und sprach:
2 Versucht man ein Wort an dich, ist es dir lästig? /
Doch die Rede aufzuhalten, wer vermag es?
3 Sieh, viele hast du unterwiesen / und erschlaffte
Hände stark gemacht.
4 Dem Strauchelnden halfen deine Worte auf, /
wankenden Knien gabst du Halt.
5 Nun kommt es über dich, da gibst du auf, / nun
fasst es dich an, da bist du verstört.
6 Ist deine Gottesfurcht nicht deine Zuversicht, /
dein lauterer Lebensweg nicht deine Hoffnung?
7 Bedenk doch! Wer geht ohne Schuld zugrunde? /
Wo werden Redliche im Stich gelassen?
8 Wohin ich schaue: Wer Unrecht pflügt, / wer
Unheil sät, der erntet es auch.
9 Durch Gottes Atem gehen sie zugrunde, / sie
schwinden hin im Hauch seines Zornes.
10 Des Löwen Brüllen, des Leuen Knurren, / des
Junglöwen Zähne werden enttäuscht.
11 Der Löwe verendet aus Mangel an Beute, / die
Jungen der Löwin zerstreuen sich.

7: Spr 12,21 • 10: Spr 28,15

Ein Traum

12 Zu mir hat sich ein Wort gestohlen, / geflüstert
hat es mein Ohr erreicht.
13 Im Grübeln und bei Nachtgesichten, / wenn tie-
fer Schlaf die Menschen überfällt,
14 kam Furcht und Zittern über mich / und ließ
erschaudern alle meine Glieder.
15 Ein Geist schwebt an meinem Gesicht vorüber, /
die Haare meines Leibes sträuben sich.
16 Er steht, ich kann sein Aussehen nicht erken-
nen, / eine Gestalt nur vor meinen Augen, / ich
höre eine Stimme flüstern:
17 Ist wohl ein Mensch vor Gott gerecht, / ein Mann
vor seinem Schöpfer rein?
18 Selbst seinen Dienern traut er nicht, / zeiht seine
Engel noch des Irrtums.
19 Wie erst jene, die im Lehmhaus wohnen, / die
auf den Staub gegründet sind; / schneller als eine
Motte werden sie zerdrückt.
20 Vom Morgen bis zum Abend werden sie zer-
schlagen, / für immer gehen sie zugrunde, unbe-
achtet.
21 Wird nicht das Zelt über ihnen abgebrochen, /
sodass sie sterben ohne Einsicht?

13: 33,15 • 16: 1 Kön 19,12 • 17: 15,14; Ps 143,2

Die Verantwortlichkeit des Menschen

5 Ruf doch! Ist einer, der dir Antwort gibt? / An
wen von den Heiligen willst du dich wenden?
2 Den Toren bringt der Ärger um, / Leidenschaft
tötet den Narren.

3 Wohl sah ich einen Toren Wurzel fassen, / doch
plötzlich musste ich seine Wohnstatt verwün-
schen.
4 Weit weg vom Heil sind seine Kinder, / werden
zertreten im Tor, sind ohne Helfer.
5 Seine Ernte verzehrt der Hungernde, / selbst aus
Dornen holt er sie heraus, / Durstige lechzen nach
seinem Gut.
6 Denn nicht aus dem Staub geht Unheil hervor, /
nicht aus dem Ackerboden sprosst die Mühsal,
7 sondern der Mensch ist zur Mühsal geboren, /
wie Feuerfunken, die hochfliegen.

1: Ps 89,6 • 4: Ps 109,10 • 7: Gen 3,17–19

Die Unterwerfung unter Gott

8 Ich aber, ich würde Gott befragen / und Gott
meine Sache vorlegen,
9 der Großes und Unergründliches tut, / Wunder,
die niemand zählen kann.
10 Er spendet Regen über die Erde hin / und sendet
Wasser auf die weiten Fluren,
11 um Niedere hoch zu erheben, / damit Trauernde
glücklich werden.
12 Er zerbricht die Ränke der Listigen, / damit ihre
Hände nichts Rechtes vollbringen.
13 Weise fängt er in ihrer List, / damit der Schlauen
Plan sich überstürzt.
14 Am hellen Tag stoßen sie auf Finsternis, / am
Mittag tappen sie umher wie in der Nacht.
15 Er rettet vor dem Schwert ihres Mundes, / aus der
Hand des Starken den Armen.
16 Hoffnung wird den Geringen zuteil, / die Bos-
heit muss ihr Maul verschließen.
17 Ja, wohl dem Mann, den Gott zurechtweist. / Die
Zucht des Allmächtigen verschmähe nicht!
18 Denn er verwundet und er verbindet, / er
schlägt, doch seine Hände heilen auch.
19 In sechs Drangsalen wird er dich retten, / in sie-
ben rührt kein Leid dich an.
20 In Hungerzeiten rettet er dich vom Tod, / im
Krieg aus der Gewalt des Schwertes.
21 Du bist geborgen vor der Geißel der Zunge, /
brauchst nicht zu bangen, dass Verwüstung
kommt.
22 Über Verwüstung und Hunger kannst du la-
chen, / von wilden Tieren hast du nichts zu fürch-
ten.
23 Mit den Steinen des Feldes bist du verbündet, /
die Tiere des Feldes werden Frieden mit dir halten.
24 Du wirst erfahren, dass dein Zelt in Frieden
bleibt; / prüfst du dein Heim, so fehlt dir nichts.
25 Du wirst erfahren, dass deine Nachkommen
zahlreich sind, / deine Sprösslinge wie das Gras der
Erde.
26 Bei voller Kraft steigst du ins Grab, / wie man
Garben einbringt zu ihrer Zeit.
27 Ja, das haben wir erforscht, so ist es. / Wir haben
es gehört. Nimm auch du es an!

9: 9,10 • 11: 1 Sam 2,7f • 14: Joh 12,35 • 16: Ps 107,42 • 17: Ps 94,12 • 18: Dtn 32,39 • 20: Ps 33,19 • 21: Ps 12,3–5 • 23: Jes 11,6–8; Hos 2,20 • 25: Dtn 28,4.11

Ijobs Gegenrede: 6,1 – 7,21

Das unerträgliche Los

6 Da antwortete Ijob und sprach:
2 Ach, würde doch mein Gram gewogen, /
legte man auf die Waage auch mein Leid!
3 Denn nun ist es schwerer als der Sand des Mee-
res, / darum reden meine Worte irr.
4 Die Pfeile des Allmächtigen stecken in mir, / mein
Geist hat ihr Gift getrunken, / Gottes Schrecken
stellen sich gegen mich.
5 Schreit denn der Wildesel beim Gras / oder brüllt
der Stier bei seinem Futter?
6 Isst man denn ungesalzene Speise? / Wer hat
Geschmack an fadem Schleim?
7 Ich sträube mich, daran zu rühren, / das alles ist
mir wie verdorbenes Brot.
8 Käme doch, was ich begehre, / und gäbe Gott, was
ich erhoffe.
9 Und wollte Gott mich doch zermalmen, / seine
Hand erheben, um mich abzuschneiden.
10 Das wäre noch ein Trost für mich; / ich hüpfte
auf im Leid, mit dem er mich nicht schont. / Denn
ich habe die Worte des Heiligen nicht verleugnet.
11 Was ist meine Kraft, dass ich aushalten könnte, /
wann kommt mein Ende, dass ich mich gedulde?
12 Ist meine Kraft denn Felsenkraft, / ist mein
Fleisch denn aus Erz?
13 Gibt es keine Hilfe mehr für mich, / ist mir jede
Rettung entschwunden?

4: Ps 38,3; 88,16

Die Enttäuschung über die Freunde

14 Des Freundes Liebe gehört dem Verzagten, / auch
wenn er den Allmächtigen nicht mehr fürchtet.
15 Meine Brüder sind trügerisch wie ein Bach, / wie
Wasserläufe, die verrinnen; / 16 trüb sind sie vom
Eis, / wenn über ihnen der Schnee schmilzt.
17 Zur Zeit der Hitze versiegen sie; / wenn es heiß
wird, verdunsten sie in ihrem Bett.
18 Karawanen biegen ab vom Weg, / folgen ihnen
in die Wüste und kommen um.
19 Nach ihnen spähen Karawanen aus Tema, / auf
sie vertrauen Handelszüge aus Saba.
20 In ihrer Hoffnung werden sie betrogen, / kom-
men hin und sind enttäuscht.
21 So seid ihr jetzt ein Nein geworden: / Ihr schaut
das Entsetzliche und schaudert.
22 Habe ich denn gesagt: Gebt mir etwas, / von
eurem Vermögen zahlt für mich?
23 Rettet mich aus dem Griff des Bedrängers, /
kauft mich los aus der Hand der Tyrannen!
24 Belehrt mich, so werde ich schweigen; / worin
ich fehlte, macht mir klar!
25 Wie wurden redliche Worte verhöhnt, / was kann
euer Tadel rügen?
26 Gedenkt ihr, Worte zu tadeln? / Spricht der Ver-
zweifelte in den Wind?
27 Selbst um ein Waisenkind würdet ihr würfeln, /
sogar euren Freund verschachern.
28 Habt endlich die Güte, wendet euch mir zu, / ich
lüge euch nicht ins Gesicht.
29 Kehrt um, kein Unrecht soll geschehen, / kehrt
um, noch bin ich im Recht.
30 Ist denn Unrecht auf meiner Zunge / oder
schmeckt mein Gaumen das Schlechte nicht?

15: Jer 15,18 • 19: Jes 21,14

Die Not des Lebens

7 Ist nicht Kriegsdienst des Menschen Leben
auf der Erde? / Sind nicht seine Tage die eines
Tagelöhners?
2 Wie ein Knecht ist er, der nach Schatten lechzt, /
wie ein Tagelöhner, der auf den Lohn wartet.
3 So wurden Monde voll Enttäuschung mein Erbe /
und Nächte voller Mühsal teilte man mir zu.
4 Lege ich mich nieder, sage ich: / Wann darf ich
aufstehn? / Wird es Abend, bin ich gesättigt mit
Unrast, bis es dämmert.
5 Mein Leib ist gekleidet in Maden und Schorf, /
meine Haut schrumpft und eitert.
6 Schneller als das Weberschiffchen eilen meine
Tage, / der Faden geht aus, sie schwinden dahin.
7 Denk daran, dass mein Leben nur ein Hauch ist. /
Nie mehr schaut mein Auge Glück.
8 Kein Auge gewahrt mich, das nach mir sieht, /
suchen mich deine Augen, dann bin ich nicht mehr
da.
9 Die Wolke schwindet, vergeht, / so steigt nie mehr
auf, wer zur Unterwelt fuhr.
10 Nie kehrt er zurück in sein Haus, / nie mehr
erblickt ihn sein Ort.

1: 14,14 • 4: Koh 2,23; Sir 40,5 • 6: Ps 39,6; Jes 38,12 • 7: Ps 78,39 •
9: Weish 2,4

Die unbegreifliche Heimsuchung

11 So wehre ich nicht meinem Mund, / mit be-
drängtem Geist will ich reden, / mit betrübter
Seele will ich klagen.
12 Bin ich das Meer, der Meeresdrache, / dass du
gegen mich eine Wache stellst?
13 Sagte ich: Mein Lager soll mich trösten, / mein
Bett trage das Leid mit mir!,
14 so quältest du mich mit Träumen / und mit
Gesichten jagtest du mich in Angst.
15 Erwürgt zu werden, zöge ich vor, / den Tod die-
sem Totengerippe.
16 Ich mag nicht mehr. Ich will nicht ewig leben. /
Lass ab von mir; denn nur ein Hauch sind meine
Tage.
17 Was ist der Mensch, dass du groß ihn achtest /
und deinen Sinn auf ihn richtest,
18 dass du ihn musterst jeden Morgen / und jeden
Augenblick ihn prüfst?
19 Wie lange schon schaust du nicht weg von mir, /
lässt mich nicht los, sodass ich den Speichel
schlucke?
20 Hab ich gefehlt? / Was tat ich dir, du Menschen-
wächter? / Warum stellst du mich vor dich als Ziel-
scheibe hin? / Bin ich dir denn zur Last geworden?
21 Warum nimmst du mein Vergehen nicht weg, /
lässt du meine Schuld nicht nach? / Dann könnte
ich im Staub mich betten; / suchtest du mich, wäre
ich nicht mehr da.

15: Tob 3,6 • 16: Ps 144,4 • 17: Ps 144,3 • 18: Ps 17,3; 139 •
19: Ps 39,14

Die erste Rede Bildads: 8,1–22

Das Gesetz der Vergeltung

8 Da antwortete Bildad von Schuach und
sprach:
2 Wie lange noch willst du derlei reden? / Nur hef-
tiger Wind sind die Worte deines Mundes.
3 Beugt etwa Gott das Recht / oder beugt der All-
mächtige die Gerechtigkeit?
4 Haben deine Kinder gefehlt gegen ihn, / gab er sie
der Gewalt ihres Frevels preis.
5 Wenn du mit Eifer Gott suchst, / an den All-
mächtigen dich flehend wendest,
6 wenn du rein bist und recht, / dann wird er über
dich wachen, / dein Heim herstellen, wie es dir
zusteht.
7 Und war dein Anfang auch gering, / dein Ende
wird gewaltig groß.

3: 34,10–12; Dtn 32,4

Das Zeugnis der Erfahrung

8 Ja, frag nur das frühere Geschlecht / und merk
dir, was die Väter erforschten.
9 Wir sind von gestern nur und wissen nichts, / wie
Schatten sind auf Erden unsre Tage.
10 Unterweisen sie dich nicht, sprechen sie nicht zu
dir, / geben sie dir nicht Worte aus ihrem Herzen:
11 Wächst ohne Sumpf das Schilfrohr hoch, / wird
Riedgras ohne Wasser groß?
12 In Blüte und noch nicht gemäht, / verwelkt es
schon vor allem Gras.
13 So enden alle, die Gott vergessen, / des Ruchlo-
sen Hoffen wird zunichte.
14 Ein Spinngewebe ist seine Zuversicht, / ein Spin-
nennetz sein Verlass.
15 Stützt er sich auf sein Haus, es hält nicht stand, /
klammert er sich daran, es bleibt nicht stehen.
16 Er steht im Saft vor der Sonne, / seine Zweige
überwuchern den Garten,
17 im Geröll verflechten sich seine Wurzeln, / zwi-
schen Steinen halten sie sich fest.
18 Doch Gott tilgt ihn aus an seiner Stätte, / sie
leugnet ihn: Nie habe ich dich gesehen.
19 Siehe, das ist die Freude seines Weges / und ein
anderer sprießt aus dem Staub.
20 Ja, Gott verschmäht den Schuldlosen nicht, / die
Hand der Boshaften aber hält er nicht fest.
21 Mit Lachen wird er deinen Mund noch füllen, /
deine Lippen mit Jubel.
22 Deine Hasser werden sich kleiden in Schmach, /
das Zelt der Frevler besteht nicht mehr.

8: 15,18; Ps 78,3f • 13: Spr 10,28 • 22: Ps 6,11; Spr 14,11

Ijobs Gegenrede: 9,1 – 10,22

Gottes Macht

9 Da antwortete Ijob und sprach:
2 Wahrhaftig weiß ich, dass es so ist: / Wie
wäre ein Mensch bei Gott im Recht!
3 Wenn er mit ihm rechten wollte, / nicht auf eins
von tausend könnt er ihm Rede stehen.
4 Weisen Sinnes und stark an Macht – / wer böte
ihm Trotz und bliebe heil?
5 Er versetzt Berge; sie merken es nicht, / dass er in
seinem Zorn sie umstürzt.
6 Er erschüttert die Erde an ihrem Ort, / sodass ihre
Säulen erzittern.
7 Er spricht zur Sonne, sodass sie nicht strahlt, / er
versiegelt die Sterne.
8 Er spannt allein den Himmel aus / und schreitet
einher auf den Höhen des Meeres.
9 Er schuf das Sternbild des Bären, den Orion, / das
Siebengestirn, die Kammern des Südens.
10 Er schuf so Großes, es ist nicht zu erforschen, /
Wunderdinge, sie sind nicht zu zählen.
11 Zieht er an mir vorüber, ich seh ihn nicht, / fährt
er daher, ich merk ihn nicht.
12 Rafft er hinweg, wer hält ihn zurück? / Wer darf
zu ihm sagen: Was tust du da?
13 Gott hält seinen Zorn nicht zurück, / unter ihm
mussten selbst Rahabs Helfer sich beugen.

2: Ps 143,2 • 5: Ps 46,3; Jes 13,13 • 7: Bar 3,34f • 9: Am 5,8 • 10: 5,9 •
11: 23,8f • 12: Weish 12,12 • 13: 26,12; Ps 89,11

Die Ohnmacht des Menschen

14 Wie sollte denn ich ihm entgegnen, / wie meine
Worte gegen ihn wählen?
15 Und wär ich im Recht, ich könnte nichts entgeg-
nen, / um Gnade müsste ich bei meinem Richter
flehen.
16 Wollte ich rufen, würde er mir Antwort geben? /
Ich glaube nicht, dass er auf meine Stimme hört.
17 Er, der im Sturm mich niedertritt, / ohne Grund
meine Wunden mehrt,

18 er lässt mich nicht zu Atem kommen, / er sättigt
mich mit Bitternis.
19 Geht es um Kraft, er ist der Starke, / geht es um
Recht, wer lädt mich vor?
20 Wär ich im Recht, mein eigener Mund spräche
mich schuldig, / wäre ich gerade, er machte mich
krumm.
21 Schuldlos bin ich, doch achte ich nicht auf
mich, / mein Leben werfe ich hin.
22 Einerlei; so sag ich es denn: / Schuldlos wie
schuldig bringt er um.
23 Wenn die Geißel plötzlich tötet, / spottet er über
der Schuldlosen Angst.
24 Die Erde ist in Frevlerhand gegeben, / das Gesicht ihrer Richter deckt er zu. / Ist er es nicht, wer
ist es dann?
25 Schneller als ein Läufer eilen meine Tage, / sie
fliehen dahin und schauen kein Glück.
26 Sie gleiten vorbei wie Kähne aus Schilf, / dem
Adler gleich, der auf Beute stößt.
27 Sage ich: Ich will meine Klage vergessen, / meine
Miene ändern und heiter blicken!,
28 so graut mir vor all meinen Schmerzen; / ich
weiß, du sprichst mich nicht frei.
29 Ich muss nun einmal schuldig sein, / wozu müh
ich mich umsonst?
30 Wollte ich auch mit Schnee mich waschen, /
meine Hände mit Lauge reinigen,
31 du würdest mich doch in die Grube tauchen, /
sodass meinen Kleidern vor mir ekelt.
32 Denn du bist kein Mensch wie ich, / dem ich entgegnen könnte: / Lasst uns zusammen zum Gericht gehen!
33 Gäbe es doch einen Schiedsmann zwischen uns! /
Er soll seine Hand auf uns beide legen.
34 Er nehme von mir seine Rute, / sein Schrecken
soll mich weiter nicht ängstigen;
35 dann will ich reden, ohne ihn zu fürchten. / Doch
so ist es nicht um mich bestellt.

22: Koh 9,2 • 25: Weish 5,9 • 30: Ps 51,9; Jes 1,18; Jer 2,22 •
32: Koh 6,10 • 34: 13,21

Ijobs Klage

10 Zum Ekel ist mein Leben mir geworden, /
ich lasse meiner Klage freien Lauf, / reden
will ich in meiner Seele Bitternis.
2 Ich sage zu Gott: Sprich mich nicht schuldig, / lass
mich wissen, warum du mich befehdest.
3 Nützt es dir, dass du Gewalt verübst, / dass du das
Werk deiner Hände verwirfst, / doch über dem
Plan der Frevler aufstrahlst?
4 Hast du die Augen eines Sterblichen, / siehst du,
wie Menschen sehen?
5 Sind Menschentagen deine Tage gleich / und
deine Jahre wie des Mannes Tage,
6 dass du Schuld an mir suchst, / nach meiner
Sünde fahndest,
7 obwohl du weißt, dass ich nicht schuldig bin /
und keiner mich deiner Hand entreißt?
8 Deine Hände haben mich gebildet, mich gemacht; / dann hast du dich umgedreht und mich
vernichtet.
9 Denk daran, dass du wie Ton mich geschaffen
hast. / Zum Staub willst du mich zurückkehren
lassen.
10 Hast du mich nicht ausgegossen wie Milch, / wie
Käse mich gerinnen lassen?
11 Mit Haut und Fleisch hast du mich umkleidet, /
mit Knochen und Sehnen mich durchflochten.
12 Leben und Huld hast du mir verliehen, / deine
Obhut schützte meinen Geist.
13 Doch verbirgst du dies in deinem Herzen; / ich
weiß, das hattest du im Sinn.
14 Sündige ich, wirst du mich bewachen, / mich
nicht freisprechen von meiner Schuld.
15 Wenn ich schuldig werde, dann wehe mir! / Bin
ich aber im Recht, darf ich das Haupt nicht erheben, / bin gesättigt mit Schmach und geplagt mit
Kummer.
16 Erhebe ich es doch, jagst du mich wie ein Löwe /
und verhältst dich wieder wunderbar gegen mich.
17 Neue Zeugen stellst du gegen mich, / häufst deinen Unwillen gegen mich, / immer neue Heere
führst du gegen mich.
18 Warum ließest du mich aus dem Mutterschoß
kommen, / warum verschied ich nicht, ehe mich
ein Auge sah?
19 Wie nie gewesen wäre ich dann, / vom Mutterleib zum Grab getragen.
20 Sind wenig nicht die Tage meines Lebens? / Lass
ab von mir, damit ich ein wenig heiter blicken
kann,

21 bevor ich fortgehe ohne Wiederkehr / ins Land
des Dunkels und des Todesschattens,
22 ins Land, so finster wie die Nacht, / wo Todes-
schatten herrscht und keine Ordnung, / und wenn
es leuchtet, ist es wie tiefe Nacht.

4: 1 Sam 16,7 • 7: 33,9 • 8: Gen 2,7 • 10: Ps 139,13.15 • 16: Jes 38,13 • 18: 3,11–16; Koh 4,2 • 20: 7,7; 14,1; Ps 39,14 • 21: 16,22; Ps 49,20

Die erste Rede Zofars: 11,1–20

Die Größe Gottes

11 Da antwortete Zofar von Naama und sprach:
2 Soll dieser Wortschwall ohne Antwort
bleiben / und soll der Maulheld Recht behalten?
3 Dein Geschwätz lässt Männer schweigen, / du
darfst spotten, ohne dass einer dich beschämt.
4 Du sagtest: Rein ist meine Lehre / und lauter war
ich stets in deinen Augen.
5 O, dass Gott doch selber spräche, / seine Lippen
öffnete gegen dich.
6 Er würde dich der Weisheit Tiefen lehren, / dass
sie wie Wunder sind für den klugen Verstand. /
Wisse, dass Gott dich zur Rechenschaft zieht in
deiner Schuld.
7 Die Tiefen Gottes willst du finden, / bis zur Voll-
kommenheit des Allmächtigen vordringen?
8 Höher als der Himmel ist sie, was machst du da? /
Tiefer als die Unterwelt, was kannst du wissen?
9 Länger als die Erde ist ihr Maß, / breiter ist sie als
das Meer.
10 Wenn er daherfährt und gefangen nimmt, /
wenn er zusammentreibt, wer hält ihn ab?
11 Denn er kennt die falschen Leute, / sieht das Un-
recht und nimmt es wahr.
12 Kommt denn ein Hohlkopf zur Besinnung, /
wird ein Wildesel als ein Mensch geboren?

6: 32,13; Sir 4,18; Röm 11,33 • 7: Ps 139,17 • 8: Ps 139,8 • 12: 39,5–8

Die Aufgabe des Menschen

13 Wenn du selbst dein Herz in Ordnung bringst /
und deine Hände zu ihm ausbreitest – 14 wenn
Unrecht klebt an deiner Hand, entfern es / und lass
nicht Schlechtigkeit in deinem Zelte wohnen! –,
15 dann kannst du makellos deine Augen erheben, /
fest stehst du da und brauchst dich nicht zu fürch-
ten.
16 Dann wirst du auch das Ungemach vergessen, /
du denkst daran wie an Wasser, das verlief.
17 Heller als der Mittag erhebt sich dann dein
Leben, / die Dunkelheit wird wie der Morgen
sein. 18 Du fühlst dich sicher, weil noch Hoffnung
ist; / geborgen bist du, du kannst in Ruhe schla-
fen.
19 Du kannst dich lagern, ohne dass jemand dich
schreckt, / und viele mühen sich um deine Gunst.
20 Doch der Frevler Augen verschmachten, / jede
Zuflucht schwindet ihnen; / ihr Hoffen ist, das
Leben auszuhauchen.

16: Ps 58,8 • 17: 17,12

Ijobs Gegenrede: 12,1 – 14,22

Das Schweigen Gottes

12 Da antwortete Ijob und sprach:
2 Wahrhaftig, ihr seid besondere Leute /
und mit euch stirbt die Weisheit aus.
3 Ich habe auch Verstand wie ihr, / ich falle nicht ab
im Vergleich mit euch. / Wer wüsste wohl dergle-
chen nicht?
4 Zum Spott für die eigenen Freunde soll ich sein, /
ich, der Gott anruft, dass er mich hört, / ein Spott
der Fromme, der Gerechte.
5 Dem Unglück Hohn! So denkt, wer ohne Sorge
ist, / wer fest sich weiß, wenn Füße wanken.
6 In Ruhe sind der Gewaltmenschen Zelte, / voll
Sicherheit sind sie, die Gott erzürnen, / die wäh-
nen, Gott mit ihrer Hand zu greifen.

3: 13,2 • 5: Ps 123,4

Das unbegreifliche Walten Gottes

7 Doch frag nur die Tiere, sie lehren es dich, / die
Vögel des Himmels, sie künden es dir.
8 Rede zur Erde, sie wird dich lehren, / die Fische
des Meeres erzählen es dir.
9 Wer wüsste nicht bei alledem, / dass die Hand des
Herrn dies gemacht hat?
10 In seiner Hand ruht die Seele allen Lebens / und
jeden Menschenleibes Geist.
11 Darf nicht das Ohr die Worte prüfen, / wie mit
dem Gaumen man die Speisen schmeckt?
12 Findet sich bei Greisen wirklich Weisheit / und
ist langes Leben schon Einsicht?

13 Bei ihm allein ist Weisheit und Heldenkraft, / bei
ihm sind Rat und Einsicht.
14 Wenn er einreißt, baut keiner wieder auf; / wen
er einschließt, dem wird nicht mehr geöffnet.
15 Wenn er die Wasser dämmt, versiegen sie, / lässt
er sie frei, zerwühlen sie das Land.
16 Bei ihm ist Macht und Klugheit, / sein ist, wer
irrt und wer irreführt.
17 Er lässt Ratsherren barfuß gehen, / Richter
macht er zu Toren.
18 Fesseln von Königen löst er auf / und bindet
einen Gurt um ihre Hüften.
19 Er lässt Priester barfuß gehen, / alte Geschlech-
ter bringt er zu Fall.
20 Das Wort entzieht er den Bewährten, / den Ältes-
ten nimmt er die Urteilskraft.
21 Verachtung gießt er auf die Edlen, / den Starken
lockert er den Gurt.
22 Verborgenes enthüllt er aus dem Dunkel, / Fins-
ternis führt er ans Licht.
23 Völker lässt er wachsen und tilgt sie aus; / er brei-
tet Völker aus und rafft sie dann hinweg.
24 Den Häuptern des Landes nimmt er den Ver-
stand, / lässt sie irren in wegloser Wüste.
25 Sie tappen umher im Dunkel ohne Licht, / er
lässt sie irren wie Trunkene.

10: Weish 7,16 • 11: 34,3 • 13: Spr 8,14; Dan 2,20 • 14: Ps 127,1; Jes 22,22 • 19: Lk 1,52 • 21: Ps 107,40

Das leere Gerede der Freunde

13 Seht, all das hat mein Auge gesehen, / mein
Ohr gehört und wohl gemerkt.
2 Was ihr wisst, weiß ich auch; / ich falle nicht ab
im Vergleich mit euch.
3 Doch ich will zum Allmächtigen reden, / mit Gott
zu rechten ist mein Wunsch.
4 Ihr aber seid nur Lügentüncher, / untaugliche
Ärzte alle.
5 Dass ihr endlich schweigen wolltet; / das würde
Weisheit für euch sein.
6 Hört doch meinen Rechtsbeweis, / merkt auf die
Streitreden meiner Lippen!
7 Wollt ihr für Gott Verkehrtes reden / und seinet-
wegen Lügen sprechen?
8 Wollt ihr für ihn Partei ergreifen, / für Gott den
Rechtsstreit führen?
9 Ginge es gut, wenn er euch durchforschte, /
könnt ihr ihn täuschen, wie man Menschen
täuscht?
10 In harte Zucht wird er euch nehmen, / wenn ihr
heimlich Partei ergreift.
11 Wird seine Hoheit euch nicht schrecken, / nicht
Schrecken vor ihm euch überfallen?
12 Eure Merksätze sind Sprüche aus Staub, / eure
Schilde Schilde aus Lehm.

2: 12,3

Die Verteidigung der eigenen Unschuld

13 Schweigt vor mir, damit ich reden kann. / Dann
komme auf mich, was mag.
14 Meinen Leib nehme ich zwischen die Zähne, / in
meine Hand leg ich mein Leben.
15 Er mag mich töten, ich harre auf ihn; / doch
meine Wege verteidige ich vor ihm.
16 Schon das wird mir zum Heile dienen, / kein
Ruchloser kommt ja vor sein Angesicht.
17 Hört nun genau auf meine Rede, / was ich
erkläre vor euren Ohren.
18 Seht, ich bringe den Rechtsfall vor; / ich weiß, ich
bin im Recht.
19 Wer ist es, der mit mir streitet? / Gut, dann will
ich schweigen und verscheiden.
20 Zwei Dinge nur tu mir nicht an, / dann verberge
ich mich nicht vor dir:
21 Zieh deine Hand von mir zurück; / nicht soll die
Angst vor dir mich schrecken.
22 Dann rufe und ich will Rede stehen / oder ich
rede und du antworte mir!
23 Wie viel habe ich an Sünden und Vergehen? /
Meine Schuld und mein Vergehen sag mir an!
24 Warum verbirgst du dein Angesicht / und siehst
mich an als deinen Feind?
25 Verwehtes Laub willst du noch scheuchen, /
dürre Spreu noch forttreiben?
26 Denn Bitterkeit verschreibst du mir, / teilst mir
die Sünden meiner Jugend zu.
27 In den Block legst du meine Füße, / du über-
wachst auch alle meine Pfade / und zeichnest
einen Strich um meiner Füße Sohlen.
28 Er selbst zerfällt wie Verfaultes, / dem Kleide
gleich, das die Motte fraß.

24: Ps 44,25; 88,15; Ijob 33,10 • 25: Ps 83,14 • 26: Ps 25,7 • 27: 33,11 • 28: Ps 39,12; Jes 50,9; 51,8

Ijobs Hoffnungslosigkeit

14 Der Mensch, vom Weib geboren, / knapp
an Tagen, unruhvoll,
2 er geht wie die Blume auf und welkt, / flieht wie
ein Schatten und bleibt nicht bestehen.
3 Doch über ihm hältst du dein Auge offen / und
ihn bringst du ins Gericht mit dir.
4 Kann denn ein Reiner von Unreinem kommen? /
Nicht ein Einziger.
5 Wenn seine Tage fest bestimmt sind / und die
Zahl seiner Monde bei dir, / wenn du gesetzt hast
seine Grenzen, / sodass er sie nicht überschreitet,
6 schau weg von ihm! Lass ab, / damit er seines Tags
sich freue wie ein Tagelöhner.
7 Denn für den Baum besteht noch Hoffnung, / ist
er gefällt, so treibt er wieder, / sein Sprössling
bleibt nicht aus.
8 Wenn in der Erde seine Wurzel altert / und sein
Stumpf im Boden stirbt,
9 vom Dunst des Wassers sprosst er wieder / und
wie ein Setzling treibt er Zweige.
10 Doch stirbt ein Mann, so bleibt er kraftlos, / ver-
scheidet ein Mensch, wo ist er dann?
11 Die Wasser schwinden aus dem Meer, / der
Strom vertrocknet und versiegt.
12 So legt der Mensch sich hin, steht nie mehr auf; /
die Himmel werden vergehen, eh er erwacht, / eh
er aus seinem Schlaf geweckt wird.
13 Dass du mich in der Unterwelt verstecktest, /
mich bergen wolltest, bis dein Zorn sich wendet, /
ein Ziel mir setztest und dann an mich dächtest!
14 Wenn einer stirbt, lebt er dann wieder auf? / Alle
Tage meines Kriegsdienstes harrte ich, / bis einer
käme, um mich abzulösen.
15 Du riefest und ich gäbe Antwort, / du sehntest
dich nach deiner Hände Werk.
16 Dann würdest du meine Schritte zählen, / auf
meinen Fehltritt nicht mehr achten.
17 Versiegelt im Beutel wäre mein Vergehen, / du
würdest meinen Frevel übertünchen.
18 Jedoch der Berg, der fällt, zergeht, / von seiner
Stätte rückt der Fels.
19 Das Wasser zerreibt Steine, / Platzregen spült das
Erdreich fort; / so machst du das Hoffen des Men-
schen zunichte.
20 Du bezwingst ihn für immer, so geht er dahin, /
du entstellst sein Gesicht und schickst ihn fort.
21 Sind seine Kinder in Ehren, er weiß es nicht; /
sind sie verachtet, er merkt es nicht.
22 Sein Leib fühlt nur die eigenen Schmerzen, /
seine Seele trauert nur um sich selbst.

1: 10,20; Ps 39,5 • 2: Ps 90,5f; Koh 6,12 • 4: 4,17; 15,14; 25,4; Ps 51,7 •
5: Ps 39,6; 139,16 • 6: Ps 39,14 • 7: 19,10; Jes 6,13 • 10: Koh 3,21 •
11: Jes 19,5 • 13: Jes 26,20 • 14: 7,1 • 16: 10,6 • 20: 21,21

Die zweite Rede des Elifas: 15,1–35

Die Sündigkeit aller Menschen

15 Da antwortete Elifas von Teman und
sprach:
2 Gibt ein Weiser windige Kunde zur Antwort, /
füllt er sein Inneres mit Ostwind an,
3 um zu rechten mit Gerede, das nichts taugt, / mit
Worten, in denen kein Nutzen liegt?
4 Du brichst sogar die Gottesfurcht, / zerstörst das
Besinnen vor Gott.
5 Denn deine Schuld belehrt deinen Mund, / die
Sprache der Listigen hast du gewählt.
6 Dein eigener Mund verurteilt dich, nicht ich, /
deine Lippen zeugen gegen dich.
7 Bist du als erster Mensch geboren, / kamst du zur
Welt noch vor den Hügeln?
8 Hast du gelauscht im Rate Gottes / und die Weis-
heit an dich gerissen?
9 Was weißt du, das wir nicht wissen, / verstehst du,
was uns nicht bekannt ist?
10 Auch unter uns sind Alte, sind Ergraute, / die
älter sind an Tagen als dein Vater.
11 Ist zu gering dir Gottes Tröstung, / ein Wort, das
sanft mit dir verfährt?
12 Wie reißt doch dein Herz dich fort, / wie über-
heben sich deine Augen,
13 dass gegen Gott deinen Zorn du wendest / und
Worte (gegen ihn) aus deinem Mund stößt?
14 Was ist der Mensch, dass rein er wäre, / der vom
Weib Geborene, dass er im Recht sein könnte?
15 Sieh doch, selbst seinen Heiligen traut er nicht /
und der Himmel ist nicht rein vor ihm.
16 Geschweige denn ein Unreiner und Verderbter, /
ein Mensch, der Verkehrtes trinkt wie Wasser.

7: Sir 49,16; Spr 8,25 • 8: Jes 40,13; Jer 23,18 • 9: Röm 11,34 •
10: 32,7 • 14: 4,17; 14,4 • 16: 34,7

Die Hoffnungslosigkeit des Frevlers

[17] Verkünden will ich dir, hör mir zu! / Was ich
geschaut, will ich erzählen,
[18] was Weise zu berichten wissen, / was ihre Väter
ihnen nicht verhehlten.
[19] Ihnen allein war das Land gegeben, / kein Frem-
der ging unter ihnen einher.
[20] Der Frevler bebt in Ängsten all seine Tage, / die
Zahl der Jahre ist dem Tyrannen verborgen.
[21] In seinen Ohren hallen Schreckensrufe, / mitten
im Frieden kommt der Verwüster über ihn.
[22] Er kann nicht hoffen, dem Dunkel zu entflie-
hen, / aufgespart ist er für das Schwert.
[23] Er irrt umher nach Brot, wo (er es finde), / er
weiß, dass ihn ein schwarzer Tag bedroht.
[24] Not und Drangsal erschrecken ihn, / sie packen
ihn wie ein kampfbereiter König.
[25] Denn gegen Gott erhebt er seine Hand, / gegen
den Allmächtigen erkühnt er sich.
[26] Halsstarrig rennt er gegen ihn an / mit den
dicken Buckeln seiner Schilde.
[27] Mit Fett bedeckt er sein Gesicht, / tut Fett um
seine Hüfte.
[28] Er wohnt in zerstörten Städten, / in Häusern,
darin niemand wohnt, / die man zu Trümmer-
stätten bestimmt.
[29] Er wird nicht reich; sein Besitz hat nicht Be-
stand; / zur Erde neigt sich seine Ähre nicht.
[30] Der Finsternis entrinnt er nicht, / die Flam-
menglut dörrt seinen Schößling aus, / er schwin-
det dahin beim Hauch seines Mundes.
[31] Er baue nicht auf eitlen Trug; / denn sein Erwerb
wird nur Enttäuschung sein.
[32] Bevor sein Tag kommt, welkt er hin / und sein
Palmzweig grünt nicht mehr.
[33] Er stößt ihn ab wie der Weinstock saure Trau-
ben, / wie der Ölbaum wirft er seine Blüten fort.
[34] Unfruchtbar ist der Ruchlosen Rotte / und Feuer
verzehrt die Zelte der Bestechung.
[35] Von Mühsal schwanger, gebären sie nur Unheil; /
nur Trug ist, was ihr Schoß hervorbringt.

18: 8,8; Dtn 32,7 • 21: 18,11 • 25: Ps 75,6 • 27: Ps 73,7 • 31: 20,6f •
34: 20,26 • 35: Ps 7,15; Jes 59,4; Gal 6,8

Ijobs Gegenrede: 16,1 – 17,16

Die leidigen Tröster

16 Da antwortete Ijob und sprach:
[2] Ähnliches habe ich schon viel gehört; /
leidige Tröster seid ihr alle.
[3] Sind nun zu Ende die windigen Worte, / oder was
sonst reizt dich zum Widerspruch?
[4] Auch ich könnte reden wie ihr, / wenn ihr an mei-
ner Stelle wäret, / schöne Worte über euch ma-
chen / und meinen Kopf über euch schütteln.
[5] Ich könnte euch stärken mit meinem Mund, /
nicht sparen das Beileid meiner Lippen.

Gottes ungerechter Angriff

[6] Rede ich, hört doch mein Schmerz nicht auf; /
schweige ich, so weicht er nicht vor mir.
[7] Jetzt aber hat er mich erschöpft. / Den Kreis der
Freunde hast du mir verstört
[8] und mich gepackt. / Mein Verfall erhebt sich /
und tritt als Zeuge gegen mich auf; / er wider-
spricht mir ins Gesicht.
[9] Sein Zorn zerreißt, befehdet mich, / knirscht ge-
gen mich mit den Zähnen, / mein Gegner schärft
die Augen gegen mich.
[10] Sie sperren ihr Maul gegen mich auf, / schlagen
voll Hohn mich auf die Wangen, / scharen sich
gegen mich zusammen.
[11] Gott gibt mich dem Bösen preis, / in die Hand
der Frevler stößt er mich.
[12] In Ruhe lebte ich, da hat er mich erschüttert, /
mich im Nacken gepackt, mich zerschmettert, /
mich als Zielscheibe für sich aufgestellt.
[13] Seine Pfeile umschwirren mich, / schonungslos
durchbohrt er mir die Nieren, / schüttet meine
Galle zur Erde.
[14] Bresche über Bresche bricht er mir, / stürmt wie
ein Krieger gegen mich an.
[15] Ein Trauergewand hab ich meiner Haut genäht, /
mein Horn in den Staub gesenkt.
[16] Mein Gesicht ist vom Weinen rot / und Dunkel
liegt auf meinen Wimpern.
[17] Doch kein Unrecht klebt an meinen Händen /
und mein Gebet ist lauter.

9: 18,4 • 12: Klgl 3,11 • 13: 6,4 • 17: 33,9

Der Zeuge im Himmel

18 O Erde, deck mein Blut nicht zu / und ohne Ruh-
statt sei mein Hilfeschrei!
19 Nun aber, seht, im Himmel ist mein Zeuge, /
mein Bürge in den Höhen.
20 Da meine Freunde mich verspotten, / tränt zu
Gott hin mein Auge.
21 Recht schaffe er dem Mann bei Gott / und zwi-
schen Mensch und Mensch.
22 Denn nur noch wenig Jahre werden kommen, /
dann muss ich den Pfad beschreiten, / auf dem
man nicht wiederkehrt.

18: Ps 9,13; Offb 6,10 • 19: 19,25 • 22: 10,21

Die Klage des Verhöhnten

17 Mein Geist ist verwirrt, / meine Tage sind
ausgelöscht, / nur Gräber bleiben mir.
2 Wahrhaftig, nur Spott begleitet mich. / In Bitter-
keit verbringt mein Auge die Nacht.
3 Hinterleg die Bürgschaft für mich bei dir! / Wer
würde sonst den Handschlag für mich leisten?
4 Ihr Herz hast du der Einsicht verschlossen, /
darum lässt du sie nicht triumphieren.
5 Zum Teilen lädt einer die Freunde ein, / während
die Augen seiner Kinder verschmachten.
6 Zum Spott für die Leute stellte er mich hin, / ich
wurde einer, dem man ins Gesicht spuckt.
7 Vor Kummer ist mein Auge matt, / all meine Glie-
der schwinden wie Schatten dahin.
8 Darüber entsetzen sich die Redlichen, / der Reine
empört sich über den Ruchlosen.
9 Doch der Gerechte hält fest an seinem Weg, / wer
reine Hände hat, gewinnt an Kraft.
10 Ihr alle, kehrt um, kommt wieder her, / ich finde
ja noch keinen Weisen bei euch.

1: Ps 143,4 • 6: 30,9 • 8: Jes 52,15

Die Not des Verzweifelten

11 Dahin sind meine Tage, / zunichte meine Pläne,
meine Herzenswünsche.
12 Sie machen mir die Nacht zum Tag, / das Licht
nähert sich dem Dunkel.
13 Ich habe keine Hoffnung. / Die Unterwelt wird
mein Haus, / in der Finsternis breite ich mein
Lager aus.
14 Zur Grube rufe ich: Mein Vater bist du!, / Meine
Mutter, meine Schwester!, zum Wurm.
15 Wo ist dann meine Hoffnung / und wo mein
Glück? Wer kann es schauen?
16 Fahren sie zur Unterwelt mit mir hinab, / sinken
wir vereint in den Staub?

12: 11,17; Joh 8,12 • 13: Ps 88,19 • 14: Sir 10,11 • 15: 19,10

Die zweite Rede Bildads: 18,1–21

Die Selbstverteidigung Bildads

18 Da antwortete Bildad von Schuach und
sprach:
2 Wann endlich macht ihr Schluss mit den Reden? /
Nehmt Einsicht an, dann reden wir.
3 Warum sind wir wie Vieh geachtet, / gelten als
unrein in euren Augen?
4 Du, der sich selbst zerfleischt in seinem Zorn, /
soll deinetwegen die Erde sich entvölkern, / der
Fels von seiner Stelle rücken?

Das Schicksal des Frevlers

5 Ja, der Frevler Licht erlischt, / die Flamme seines
Feuers strahlt nicht auf.
6 Das Licht in seinem Zelte dunkelt, / seine Leuchte
über ihm erlischt.
7 Eng wird sein gewaltiger Schritt, / sein eigner
Plan bringt ihn zu Fall.
8 Denn mit seinen Füßen gerät er ins Netz / und
über Flechtwerk schreitet er dahin.
9 Das Klappnetz packt ihn an der Ferse, / die
Schlinge hält ihn fest.
10 Versteckt am Boden liegt sein Fangstrick, / die
Falle für ihn auf dem Pfad.
11 Ringsum ängstigen ihn Schrecken / und scheu-
chen ihn auf Schritt und Tritt.
12 Hungrig nach ihm ist sein Unheil, / das Verder-
ben steht bereit zu seinem Sturz.
13 Es frisst die Glieder seines Leibes, / seine Glieder
frisst des Todes Erstgeborener.
14 Ausgerissen wird aus seinem Zelt die Zuversicht, /
du treibst ihn fort zum König der Schrecken.
15 Ihm Fremdes wohnt in seinem Zelt, / Schwefel
wird auf seinen Hof gestreut.
16 Von unten her verdorren seine Wurzeln, / von
oben welken seine Zweige.
17 Sein Andenken schwindet von der Erde, / kein
Name bleibt ihm weit und breit.

[18] Sie stoßen ihn vom Licht ins Dunkel / und jagen ihn vom Erdkreis fort.
[19] Kein Spross, kein Stamm bleibt ihm in seinem Volk, / am Ort seines Aufenthaltes keiner, der ihn überlebt.
[20] Über seinen Tag schaudern die im Westen, / die im Osten packt das Grauen.
[21] Ja, so geht es mit der Wohnung des Frevlers, / mit dem Ort des Menschen, der Gott nicht kennt.

5: 21,17 • 7: Ps 18,37; Spr 4,12 • 8: 22,10; Ps 35,7f; 140,6 • 11: 15,21; Weish 17,10–14 • 14: Ps 52,7 • 15: Dtn 29,22; Ps 11,6; Jes 34,9 • 17: Ps 9,6; 34,17; Spr 10,7 • 19: Ps 37,28; 109,13

Ijobs Gegenrede: 19,1–29

Die Zurückweisung der Schmähung

19 Da antwortete Ijob und sprach:
[2] Wie lange noch wollt ihr mich quälen / und mich mit Worten niedertreten?
[3] Zum zehnten Mal schon schmäht ihr mich / und schämt euch nicht, mich zu beleidigen.
[4] Ging ich wirklich unwissend fehl, / mein Fehltritt weilt doch allein bei mir.
[5] Wollt ihr wirklich großtun gegen mich / und mir meine Schmach beweisen?

Das unbegreifliche Verhalten Gottes

[6] Erkennt doch, dass Gott mich niederdrückt, / da er sein Netz rings um mich warf.
[7] Schrei ich: Gewalt!, wird mir keine Antwort, / rufe ich um Hilfe, gibt es kein Recht.
[8] Meinen Pfad hat er versperrt; ich kann nicht weiter, / Finsternis legt er auf meine Wege.
[9] Meiner Ehre hat er mich entkleidet, / die Krone mir vom Haupt genommen.
[10] Er brach mich ringsum nieder, ich muss dahin; / er riss mein Hoffen aus wie einen Baum.
[11] Sein Zorn ist gegen mich entbrannt, / gleich seinen Gegnern gelte ich ihm.
[12] Vereint rückten seine Scharen an, / bahnten gegen mich den Weg, / lagerten sich rings um mein Zelt.

7: Klgl 3,7–9; Hab 1,2 • 9: 29,14 • 10: 14,7f • 11: 33,10

Die Entfremdung der Verwandten und Freunde

[13] Meine Brüder hat er von mir entfernt, / meine Bekannten sind mir entfremdet.
[14] Meine Verwandten, Bekannten blieben aus, / die Gäste meines Hauses haben mich vergessen.
[15] Als Fremder gelte ich meinen Mägden, / von anderem Stamm bin ich in ihren Augen.
[16] Rufe ich meinen Knecht, so antwortet er nicht; / mit eigenem Mund muss ich ihn anflehen.
[17] Mein Atem ist meiner Frau zuwider; / die Söhne meiner Mutter ekelt es vor mir.
[18] Buben selbst verachten mich, / stehe ich auf, verhöhnen sie mich.
[19] Alle meine Gefährten verabscheuen mich, / die ich liebe, lehnen sich gegen mich auf.
[20] An Haut und Fleisch klebt mein Gebein, / nur das Fleisch an meinen Zähnen blieb.
[21] Erbarmt, erbarmt euch meiner, ihr, meine Freunde! / Denn Gottes Hand hat mich getroffen.
[22] Warum verfolgt ihr mich wie Gott, / warum werdet ihr an meinem Fleisch nicht satt?

13: Ps 31,12; 38,12; 69,9; 88,19 • 19: Ps 41,10; Sir 6,8

Ijobs Hoffnung und Vertrauen

[23] Dass doch meine Worte geschrieben würden, / in einer Inschrift eingegraben
[24] mit eisernem Griffel und mit Blei, / für immer gehauen in den Fels.
[25] Doch ich, ich weiß: mein Erlöser lebt, / als Letzter erhebt er sich über dem Staub.
[26] Ohne meine Haut, die so zerfetzte, / und ohne mein Fleisch werde ich Gott schauen.
[27] Ihn selber werde ich dann für mich schauen; / meine Augen werden ihn sehen, nicht mehr fremd. / Danach sehnt sich mein Herz in meiner Brust.
[28] Wenn ihr sagt: Wie wollen wir ihn verfolgen / und den Grund der Sache an ihm finden!,
[29] dann bangt für euch selber vor dem Schwert; / denn heftiger Zorn verdient das Schwert, / damit ihr wißt: Es gibt ein Gericht.

25: 16,19 • 29: Ps 58,12

Die zweite Rede Zofars: 20,1–29

Ijobs unbegründeter Vorwurf

20 Da antwortete Zofar von Naama und
sprach:
2 Darum drängt mich meine Erregung zur Ant-
wort / und deswegen stürmt es in mir.
3 Schmähende Rüge muss ich hören, / doch der
Geist meiner Einsicht lässt mich entgegnen.

Das Schicksal des Frevlers

4 Weißt du das nicht von Urzeit her, / seit Gott
Menschen auf die Erde gesetzt hat:
5 dass kurz nur währt der Frevler Jubel, / einen
Augenblick nur des Ruchlosen Freude?
6 Steigt auch sein Übermut zum Himmel / und
rührt sein Kopf bis ans Gewölk,
7 wie sein Kot vergeht er doch für immer; / die ihn
gesehen haben, werden fragen: Wo ist er?
8 Wie ein Traum verfliegt er / und ist nicht mehr
zu finden, / wird weggescheucht wie ein Gesicht
der Nacht.
9 Das Auge, das ihn sah, erblickt ihn nicht wieder, /
seine Stätte schaut ihn nie mehr.
10 Seine Söhne müssen bei Armen betteln, / ihre
Hände geben seine Habe zurück.
11 Strotzen von Jugendkraft auch seine Glieder, / sie
betten sich doch mit ihm in den Staub.
12 Schmeckt süß das Böse in seinem Mund, / birgt
er es unter seiner Zunge,
13 spart er es auf und will nicht von ihm lassen, /
hält er es auch tief in seinem Gaumen fest,
14 in seinem Innern verwandelt sich die Speise, / sie
wird in seinem Leib ihm zu Natterngift.
15 Das Gut, das er verschlungen hat, speit er aus; /
aus seinem Leib treibt Gott es heraus.
16 Das Gift von Nattern saugt er ein, / es tötet ihn
der Viper Zunge.
17 Nicht darf er Bäche von Öl schauen, / nicht
Flüsse, die von Milch und Honig fließen.
18 Zurückgeben muss er seinen Gewinn, / genießen
darf er ihn nicht, / darf sich nicht freuen am er-
tauschten Gut.
19 Denn Arme schlug er nieder, ließ sie liegen, /
raubte das Haus, das er nicht gebaut.
20 Denn kein Genug kennt er in seinem Bauch, /
drum entkommt er nicht mit seinen Schätzen.
21 Nichts entgeht seinem Fraß, / darum hält sein
Glück auch nicht stand.
22 Trotz vollen Überflusses kommt er in Not, / die
ganze Wucht des Elends fällt ihn an.
23 Und so geschieht es: Um des Frevlers Bauch zu
füllen, / lässt Gott auf ihn die Gluten seines Zor-
nes los, / lässt auf ihn regnen seine Schläge.
24 Flieht er vor dem Eisenpanzer, / durchbohrt ihn
der Bogen aus Bronze.
25 In den Rücken fährt ihm Gottes Geschoss, / ein
Blitz in seine Galle. / Schrecken gehen über ihn hin.
26 Nur finsteres Unheil ist für ihn aufbewahrt, /
Feuer, von niemand entfacht, verzehrt ihn, / frisst
noch den letzten Mann in seinem Zelt.
27 Der Himmel enthüllt seine Schuld, / die Erde
bäumt sich gegen ihn auf.
28 Die Flut wälzt sein Haus hinweg, / Wasserströme
am Tag seines Zorns.
29 Das ist des Frevlers Anteil von Gott, / das Erbe,
das Gott ihm zuspricht.

6: Ps 37,35 • 8: Ps 73,20 • 12: Spr 20,17; Sir 40,30 • 16: Dtn 32,33 •
18: Ps 109,11 • 19: Ps 109,16 • 22: 21,17 • 26: 15,23.34 • 29: 27,13

Ijobs Gegenrede: 21,1–34

Die Bitte um Geduld

21 Da antwortete Ijob und sprach:
2 Hört, hört doch auf mein Wort, / das wäre
mir schon Trost von euch.
3 Ertragt mich, sodass ich reden kann. / Habe ich
geredet, dann könnt ihr spotten.
4 Richt ich an Menschen meine Klage, / hab ich
nicht Grund zur Ungeduld?
5 Wendet euch mir zu und erstarrt / und legt die
Hand auf den Mund!
6 Denk ich daran, bin ich erschreckt / und Schau-
der packt meinen Leib.

4: 6,26 • 5: 29,9; 40,4

Das Glück des Frevlers

7 Warum bleiben Frevler am Leben, / werden alt
und stark an Kraft?
8 Ihre Nachkommen stehen fest vor ihnen, / ihre
Sprösslinge vor ihren Augen.
9 Ihre Häuser sind in Frieden, ohne Schreck, / die
Rute Gottes trifft sie nicht.

[10] Ihr Stier bespringt und fehlt nicht, / die Kühe
kalben und verwerfen nicht.
[11] Wie Schafe treiben sie ihre Kinder aus, / ihre
Kleinen tanzen und springen.
[12] Sie singen zu Pauke und Harfe, / erfreuen sich
am Klang der Flöte,
[13] verbrauchen ihre Tage im Glück / und fahren
voll Ruhe ins Totenreich.
[14] Und doch sagten sie zu Gott: Weiche von uns! /
Deine Wege wollen wir nicht kennen.
[15] Was ist der Allmächtige, dass wir ihm dienen, /
was nützt es uns, wenn wir ihn angehen?
[16] Doch in ihrer Hand liegt nicht das Glück; / der
Frevler Denkart ist mir fern.
[17] Wie oft erlischt der Frevler Lampe, / kommt
Unheil über sie, / teilt er Verderben zu in seinem
Zorn?
[18] Wie oft werden sie wie Stroh vor dem Wind, /
wie Spreu, die der Sturm entführt?
[19] Nicht dessen Kindern spare Gott sein Unheil
auf, / ihm selbst vergelte er, sodass er es spürt.
[20] Mit eigenen Augen soll er sein Unglück schau-
en, / vom Grimm des Allmächtigen soll er trinken.
[21] Denn was kümmert ihn sein Haus, wenn er
dahin ist, / wenn abgeschnitten seiner Monde
Zahl?

7: Ps 73,3–12; Jer 12,1f; Mal 3,15.18 • 12: Jes 5,12; Am 6,5 • 13: Ps 73,3 • 14: 22,17; Ps 95,10 • 15: Mal 3,14f • 17: 18,5 • 18: Ps 1,4 • 20: Ps 75,9 • 21: 14,21f; Koh 9,5f

Der trügerische Trost

[22] Darf man Gott Erkenntnis lehren, / ihn, der die
Erhabenen richtet?
[23] Der eine stirbt in vollem Glück, / ist ganz in Frie-
den, sorgenfrei.
[24] Seine Schenkel sind voll von Fett, / getränkt mit
Mark sind seine Knochen.
[25] Der andere stirbt mit bitterer Seele / und hat kein
Glück genossen.
[26] Zusammen liegen sie im Staub / und Gewürm
deckt beide zu.
[27] Ja, euer Denken kenn ich wohl, / die Ränke, die
ihr sinnt gegen mich.
[28] Ihr sagt: Wo ist das Haus des Edlen / und wo das
Zelt, in dem Frevler wohnen?
[29] Habt ihr nie die fahrenden Leute befragt / und
ihre Zeichen genau beachtet?
[30] Dass am Unglückstag der Böse verschont wird, /
weggebracht am Tag des Zorns.
[31] Wer hält ihm seinen Lebenswandel vor, / was er
getan hat, wer vergilt es ihm?
[32] Er aber wird zur Gruft geleitet, / bei seinem Grab
hält man die Wacht.
[33] Ein Labsal sind für ihn die Schollen des Schachts, /
hinter ihm her zieht alle Welt, / vor ihm die Menge
ohne Zahl.
[34] Wie wollt ihr mich mit Nichtigem trösten? / Eure
Antworten bleiben Betrug.

22: Jes 40,13 • 26: Koh 9,2f • 30: Röm 2,3–6

Die dritte Rede des Elifas: 22,1–30

Ijobs angebliche Freveltaten

22 Da antwortete Elifas von Teman und
sprach:
[2] Kann denn der Mensch Gott nützen? / Nein, sich
selber nützt der Kluge.
[3] Ist es dem Allmächtigen von Wert, / dass du
gerecht bist, / ist es für ihn Gewinn, wenn du
unsträfliche Wege gehst?
[4] Wegen deiner Gottesfurcht sollte er dich strafen, /
vor Gericht mit dir gehen?
[5] Ist nicht groß deine Bosheit, / ohne Ende dein
Verschulden?
[6] Du pfändest ohne Grund deine Brüder, / ziehst
Nackten ihre Kleider aus.
[7] Den Durstigen tränkst du nicht mit Wasser, / dem
Hungernden versagst du das Brot.
[8] Dem Mann der Faust gehört das Land, / der
Günstling darf darin wohnen.
[9] Witwen hast du weggeschickt mit leeren Hän-
den, / der Verwaisten Arme zerschlagen.
[10] Deswegen liegen Fallstricke rings um dich her /
und jäher Schrecken ängstigt dich
[11] oder Dunkel, worin du nicht siehst, / und Was-
serflut, die dich bedeckt.

3: 35,7; Lk 17,7–10 • 6: Ex 22,25f; Dtn 24,12f • 7: Jes 58,7; Ez 18,7; Mt 25,42 • 9: Ex 22,21f • 10: 18,8–11; 19,6 • 11: Ps 69,2f

Der allwissende Gott

[12] Ist Gott nicht wie der Himmel hoch? / Schau, wie
die höchsten Sterne ragen.
[13] Und da sagst du: Was weiß denn Gott? / Richtet
er denn durch das dunkle Gewölk?
[14] Wolken umhüllen ihn, sodass er nicht sieht, / am
Himmelskreis geht er einher.
[15] Willst du dem Pfad der Vorzeit folgen, / den die
Männer des Unheils zogen,
[16] die vor der Zeit dahingerafft wurden, / über
deren Grund sich ein Strom ergoss?
[17] Die sagten zu Gott: Weiche von uns!, / und: Was
tut uns der Allmächtige an?
[18] Und doch, er hat ihre Häuser mit Gütern gefüllt /
und das Planen der Bösen blieb ihm fern.
[19] Sehen werden, sich freuen die Gerechten, / der
Reine wird sie verspotten:
[20] Wahrhaftig, vernichtet sind unsere Gegner, /
ihren Rest hat das Feuer verzehrt.

12: Jes 40,26 • 13: 35,13; Ps 73,11; Jes 29,15 • 14: Sir 24,5; Jer 23,23f • 17: 21,14 • 19: Ps 58,11

Die Mahnung zu Umkehr und Demut

[21] Werde sein Freund und halte Frieden! / Nur
dadurch kommt das Gute dir zu.
[22] Nimm doch Weisung an aus seinem Mund, / leg
dir seine Worte ins Herz:
[23] Kehrst du zum Allmächtigen um, / so wirst du
aufgerichtet. Hältst Unrecht deinem Zelt du fern,
[24] wirfst in den Staub das Edelgold, / zum Flussge-
stein das Feingold,
[25] dann wird der Allmächtige dein Edelgold / und
erlesenes Silber für dich sein.
[26] Dann wirst du am Allmächtigen dich erfreuen /
und zu Gott dein Angesicht heben.
[27] Flehst du ihn an, so hört er dich / und du wirst
deine Gelübde erfüllen.
[28] Beschließt du etwas, dann trifft es ein / und Licht
überstrahlt deine Wege.
[29] Wer hochmütig redet, den duckt er, / doch hilft
er dem, der die Augen senkt.
[30] Er rettet den, der schuldlos ist; / durch deiner
Hände Reinheit wird er gerettet.

26: 27,10 • 29: Ps 18,28; Jes 2,11–17; Lk 1,52f; 1 Petr 5,5

Ijobs Gegenrede: 23,1 – 24,25

Der Ruf nach Gott, dem Richter

23 Da antwortete Ijob und sprach:
[2] Auch heute ist meine Klage Wider-
spruch; / schwer lastet seine Hand auf meinem
Seufzen.
[3] Wüßte ich doch, wie ich ihn finden könnte, /
gelangen könnte zu seiner Stätte.
[4] Ich wollte vor ihm das Recht ausbreiten, / meinen
Mund mit Beweisen füllen.
[5] Wissen möchte ich die Worte, die er mir entgeg-
net, / erfahren, was er zu mir sagt.
[6] Würde er in der Fülle der Macht mit mir strei-
ten? / Nein, gerade er wird auf mich achten.
[7] Dort würde ein Redlicher mit ihm rechten /
und ich käme für immer frei von meinem Rich-
ter.
[8] Geh ich nach Osten, so ist er nicht da, / nach
Westen, so merke ich ihn nicht,
[9] nach Norden, sein Tun erblicke ich nicht; / bieg
ich nach Süden, sehe ich ihn nicht.
[10] Doch er kennt den Weg, den ich gehe; / prüfte er
mich, ich ginge wie Gold hervor.
[11] Mein Fuß hielt fest an seiner Spur, / seinen Weg
hielt ich ein und bog nicht ab.
[12] Das Gebot seiner Lippen gab ich nicht auf; / sei-
nes Mundes Worte barg ich im Herzen.
[13] Doch er bleibt sich gleich. Wer stimmt ihn um? /
Wonach ihn gelüstet, das führt er aus.
[14] Ja, er vollendet, was er mir bestimmt hat; / und
Ähnliches hat er noch viel im Sinn.
[15] Darum erschrecke ich vor seinem Angesicht; /
denk ich daran, gerate ich in Angst vor ihm.
[16] Gott macht mein Herz verzagt, / der Allmächtige
versetzt mich in Schrecken.
[17] Denn bin ich nicht von Finsternis umschlossen, /
bedeckt nicht Dunkel mein Angesicht?

4: 9,14 • 8: 9,11; Ps 139,7–10 • 10: Ps 17,3; 139,1–6; Weish 3,6 • 11: Ps 17,5 • 13: Jes 55,10f; Ps 115,3 • 15: Ps 119,120

Der Übermut der Sünder

24 Warum hat der Allmächtige keine Fristen
bestimmt? / Warum schauen, die ihn ken-
nen, seine Gerichtstage nicht?
[2] Jene verrücken die Grenzen, / rauben Herden
und führen sie zur Weide.

3 Den Esel der Waisen treiben sie fort, / pfänden das Rind der Witwe.
4 Vom Weg drängen sie die Armen, / es verbergen sich alle Gebeugten des Landes.
5 Sieh, wie Wildesel in der Steppe / ziehen sie zu ihrer Arbeit aus; die Steppe suchen sie nach Nahrung ab, / nach Brot für ihre Kinder.
6 Auf dem Feld schneiden sie des Nachts, / halten im Weinberg des Frevlers Nachlese.
7 Nackt verbringen sie die Nacht, ohne Kleider, / haben keine Decke in der Kälte.
8 Vom Regen der Berge sind sie durchnässt, / klammern sich ohne Schutz an den Fels.
9 Von der Mutterbrust reißen sie die Waisen, / den Säugling des Armen nehmen sie zum Pfand.
10 Nackt müssen sie gehen, ohne Kleid, / hungernd tragen sie Garben.
11 Zwischen Mauern pressen sie Öl, / treten die Kelter und müssen doch dürsten.
12 Aus der Stadt stöhnen Sterbende, / der Erschlagenen Leben schreit laut. / Doch Gott achtet nicht auf ihr Flehen.
13 Sie sind die Rebellen gegen das Licht; / sie nehmen seine Wege nicht wahr, / bleiben nicht auf seinen Pfaden.
14 Ist kein Licht, erhebt sich der Mörder, / tötet Elende und Arme; / in der Nacht gleicht er dem Dieb.
15 Auch des Ehebrechers Auge achtet auf Dämmerung. / Kein Auge, sagt er, soll mich erspähen!, / eine Hülle legt er aufs Gesicht.
16 Im Finstern bricht er ein in die Häuser; / tagsüber verstecken sie sich; / sie wollen nichts wissen vom Licht.
17 Denn Finsternis ist für sie der Morgen zugleich, / denn mit ihren Schrecken sind sie wohl vertraut.

2: Dtn 27,17 • 3: Dtn 24,17 • 4: Dtn 15,11 • 7: Dtn 24,12f • 12: Offb 6,10f • 13: 38,15; Joh 3,20; Eph 5,8–14 • 14: Ps 10,8f • 15: Spr 7,9f

Das Ende der Frevler

18 Schnell reißt ihn das Wasser fort; / verflucht ist ihr Anteil auf Erden; / nicht wendet er den Weg den Weinbergen zu.
19 Dürre und Hitze raffen das Schneewasser weg, / die Unterwelt den Sünder.
20 Der Mutterschoß vergisst ihn, / Gewürm labt sich an ihm; nie mehr wird an ihn gedacht; / ja, wie Holz wird Frevel zerschmettert.
21 Er tut Böses der Unfruchtbaren, der Kinderlosen, / keiner Witwe erweist er Gutes.
22 Gott reißt die Starken hinweg in seiner Macht; / steht er auf, ist niemand seines Lebens sicher.
23 Sicherheit gibt er ihm, er traue darauf; / aber seine Augen überwachen ihren Weg.
24 Sie kommen hoch für kurze Zeit, dann ist es aus. / Sie werden umgebogen, alle mit der Faust gepackt / und wie Ährenspitzen abgeschnitten.
25 Ist es nicht so? Wer straft mich Lügen / und bringt meine Rede zum Schweigen?

24: 30,4

Die dritte Rede Bildads

Die Sündhaftigkeit aller Menschen

25 Da antwortete Bildad von Schuach und sprach:
2 Herrschaft und Schrecken sind bei ihm, / der Frieden schafft in seinen Höhen.
3 Kann man seine Scharen zählen / und über wem erhebt sich nicht sein Licht?
4 Wie wäre ein Mensch gerecht vor Gott, / wie wäre rein der vom Weib Geborene?
5 Siehe, selbst der Mond glänzt nicht hell, / die Sterne sind nicht rein in seinen Augen,
6 geschweige denn der Mensch, die Made, / der Menschensohn, der Wurm.

4: 4,17; 15,14

Ijobs Gegenrede: 26,1 – 27,23

Leere Worte ohne Wahrheit

26 Da antwortete Ijob und sprach:
2 Wie hilfst du doch dem Schwachen auf, /
stehst du bei dem kraftlosen Arm!
3 Wie gut rätst du dem, der nicht weise ist, / tust ihm Wissen in Fülle kund!
4 Wem trägst du die Reden vor / und wessen Atem geht von dir aus?

Die Größe der Allmacht Gottes

5 Die Totengeister zittern drunten, / die Wasser mit
ihren Bewohnern.
6 Nackt liegt die Unterwelt vor ihm, / keine Hülle
deckt den Abgrund.
7 Er spannt über dem Leeren den Norden, / hängt
die Erde auf am Nichts.
8 Er bindet das Wasser in sein Gewölk; / doch birst
darunter die Wolke nicht.
9 Er verschließt den Anblick seines Throns / und
breitet darüber sein Gewölk.
10 Eine Grenze zieht er rund um die Wasser / bis an
den Rand von Licht und Finsternis.
11 Die Säulen des Himmels erzittern, / sie erschre-
cken vor seinem Drohen.
12 Durch seine Kraft stellt still er das Meer, / durch
seine Klugheit zerschmettert er Rahab.
13 Durch seinen Hauch wird heiter der Himmel, /
seine Hand durchbohrt die flüchtige Schlange.
14 Siehe, das sind nur die Säume seines Waltens; /
wie ein Flüstern ist das Wort, / das wir von ihm
vernehmen.
Doch das Donnern seiner Macht, / wer kann es
begreifen?

6: Ps 139,8.11f; Spr 15,11 • 10: Gen 1,7.14 • 12: 7,12; 9,13; Jes 51,9f •
13: Jes 27,1 • 14: Sir 43,32

Die Unschuldsbeteuerung vor den Freunden

27 Dann setzte Ijob seine Rede fort und
sprach:
2 So wahr Gott lebt, der mir mein Recht entzog, /
der Allmächtige, der meine Seele quälte:
3 Solange noch Atem in mir ist / und Gottes Hauch
in meiner Nase,
4 soll Unrecht nicht von meinen Lippen kommen, /
noch meine Zunge Falsches reden.
5 Fern sei es mir, euch Recht zu geben, / ich gebe,
bis ich sterbe, meine Unschuld nicht preis.
6 An meinem Rechtsein halt ich fest und lass es
nicht; / mein Herz schilt keinen meiner Tage.

2: 34,5f • 3: 33,4; Gen 2,7 • 5: 33,9

Der Untergang der Frevler

7 Mein Feind sei wie ein Frevler, / mein Gegner wie
ein Bösewicht.
8 Denn was ist des Ruchlosen Hoffen, / wenn er da-
hingeht, / wenn Gott das Leben von ihm nimmt?
9 Wird Gott sein Schreien hören, / wenn über ihn
die Drangsal kommt?
10 Kann er sich des Allmächtigen erfreuen / und
Gott anrufen zu jeder Zeit?
11 Ich will euch belehren über Gottes Tun, / nicht
verhehlen, was der Allmächtige plant.
12 Ihr habt es ja alle selbst gesehen. / Warum führt
ihr nichtige Reden?
13 Das ist des Frevlers Anteil bei Gott, / der Gewalt-
tätigen Erbe, / das sie vom Allmächtigen empfangen:
14 Werden zahlreich seine Söhne, / fürs Schwert sind
sie bestimmt; / nie werden seine Kinder satt an Brot.
15 Was übrig bleibt, wird durch den Tod begraben /
und seine Witwen weinen nicht.
16 Häuft er auch Silber auf wie Staub / und be-
schafft er sich Kleider wie Lehm:
17 er schafft sie zwar an; / doch anziehen wird sie
der Gerechte, / das Silber wird der Schuldlose erben.
18 Er baut wie die Spinne sein Haus / und wie die
Hütte, die der Wächter aufstellt.
19 Reich legt er sich schlafen, nichts ist ihm genom-
men. / Macht er die Augen auf, ist nichts mehr da.
20 Schrecken holt ihn ein wie eine Wasserflut, / der
Sturmwind trägt ihn fort bei Nacht.
21 Der Ostwind hebt ihn hoch, er muss dahin, / er
weht ihn weg von seinem Ort.
22 Er stürzt sich auf ihn schonungslos, / seiner
Gewalt will er entfliehen.
23 Man klatscht über ihn in die Hände / und zischt
ihn fort von seiner Stätte.

10: 22,26 • 13: 20,29 • 15: Ps 78,64 • 17: Koh 2,26; Sir 11,18; 14,4 •
18: 8,14

Das Lied über die Weisheit: 28,1–28

Die Erhabenheit der Weisheit

28 Wohl gibt es einen Fundort für das Silber, /
eine Stätte für das Gold, wo man es läutert.
2 Eisen holt man aus der Erde, / Gestein wird zu
Kupfer geschmolzen.
3 Es setzt der Mensch dem Finstern eine Grenze; /
er forscht hinein bis in das Letzte, ins düstere,
dunkle Gestein.
4 Stollen gräbt ein fremdes Volk; / vergessen, ohne
Halt für den Fuß, / hängt es, schwebt es, den Men-
schen fern.

[5] Die Erde, daraus das Brotkorn kommt, / wird in
den Tiefen wie mit Feuer zerstört.
[6] Fundort des Saphirs ist ihr Gestein / und Gold-
staub findet sich darin.
[7] Kein Raubvogel kennt den Weg dahin; / kein Fal-
kenauge hat ihn erspäht.
[8] Das stolze Wild betritt ihn nicht, / kein Löwe
schreitet über ihn.
[9] An harte Kiesel legt er die Hand, / von Grund auf
wühlt er Berge um.
[10] In Felsen haut er Stollen ein / und lauter Kost-
barkeiten erblickt sein Auge.
[11] Sickerbäche dämmt er ein, / Verborgenes bringt
er ans Licht.
[12] Die Weisheit aber, wo ist sie zu finden / und wo
ist der Ort der Einsicht?
[13] Kein Mensch kennt die Schicht, in der sie liegt; /
sie findet sich nicht in der Lebenden Land.
[14] Die Urflut sagt: Bei mir ist sie nicht. / Der Ozean
sagt: Bei mir weilt sie nicht.
[15] Man kann nicht Feingold für sie geben, / nicht
Silber als Preis für sie wägen.
[16] Nicht wiegt sie Gold aus Ofir auf, / kein kostba-
rer Karneol, kein Saphir.
[17] Gold und Glas stehen ihr nicht gleich, / kein
Tausch für sie ist Goldgerät,
[18] nicht zu reden von Korallen und Kristall; / weit
über Perlen geht der Weisheit Besitz.
[19] Der Topas von Kusch kommt ihr nicht gleich /
und reinstes Gold wiegt sie nicht auf.

1: Weish 6,22; Sir 24 • 12: Sir 1,6; Bar 3,15 • 13: Bar 3,29–31 • 17: Weish 7,9

Gottes Weg

[20] Die Weisheit aber, wo kommt sie her / und wo
ist der Ort der Einsicht?
[21] Verhüllt ist sie vor aller Lebenden Auge, / ver-
borgen vor den Vögeln des Himmels.
[22] Abgrund und Tod sagen: / Unser Ohr vernahm
von ihr nur ein Raunen.
[23] Gott ist es, der den Weg zu ihr weiß, / und nur er
kennt ihren Ort.
[24] Denn er blickt bis hin zu den Enden der Erde; /
was unter dem All des Himmels ist, sieht er.
[25] Als er dem Wind sein Gewicht schuf / und die
Wasser nach Maß bestimmte,
[26] als er dem Regen das Gesetz schuf / und einen
Weg dem Donnergewölk,
[27] damals hat er sie gesehen und gezählt, / sie fest-
gestellt und erforscht.
[28] Doch zum Menschen sprach er: / Seht, die
Furcht vor dem Herrn, das ist Weisheit, / das Mei-
den des Bösen ist Einsicht.

23: Spr 2,6; 8,27–30; Bar 3,37 • 25–26: 36,27–33; Weish 11,20; Jes 40,12–14 • 26: Ps 135,7 • 27: Sir 1,8f • 28: Spr 1,7; 8,13; Sir 1,11.21

Ijobs Schlussrede: 29,1- 31,40

Die gesegnete Vergangenheit

29 Dann setzte Ijob seine Rede fort und
sprach: [2] Dass ich doch wäre / wie in längst
vergangenen Monden, / wie in den Tagen, da mich
Gott beschirmte,
[3] als seine Leuchte über meinem Haupt erstrahlte, /
in seinem Licht ich durch das Dunkel ging.
[4] So, wie ich in den Tagen meiner Frühzeit war, /
als Gottes Freundschaft über meinem Zelte stand,
[5] als der Allmächtige noch mit mir war, / meine
Kinder mich umgaben,
[6] als meine Schritte sich in Milch gebadet, / Bäche
von Öl der Fels mir ergoss.
[7] Ging ich durchs Tor zur Stadt hinauf, / ließ ich
auf dem Platz meinen Sitz aufstellen;
[8] sahen mich die Jungen, so traten sie scheu bei-
seite, / die Alten standen auf und blieben stehen.
[9] Fürsten hielten mit Reden sich zurück / und leg-
ten ihre Hand auf ihren Mund.
[10] Der Edlen Stimme blieb stumm, / am Gaumen
klebte ihre Zunge.
[11] Hörte mich ein Ohr, pries es mich glücklich, /
das Auge, das mich sah, stimmte mir zu.
[12] Denn ich rettete den Armen, der schrie, / die
Waise, die ohne Hilfe war.
[13] Der Segen des Verlorenen kam über mich / und
jubeln ließ ich der Witwe Herz.
[14] Ich bekleidete mich mit Gerechtigkeit, / wie Man-
tel und Kopfbund umhüllte mich mein Recht.
[15] Auge war ich für den Blinden, / dem Lahmen
wurde ich zum Fuß.
[16] Vater war ich für die Armen, / des Unbekannten
Rechtsstreit prüfte ich.

[17] Ich zerschmetterte des Bösen Kiefer, / entriss die
Beute seinen Zähnen.
[18] So dachte ich: Mit meinem Nest werde ich ver-
scheiden / und gleich dem Phönix meine Tage
mehren.
[19] Meine Wurzel reiche bis an das Wasser, / auf mei-
nen Zweigen nächtige Tau.
[20] Neu bleibe mir meine Ehre, / mein Bogen ver-
jünge sich in meiner Hand.
[21] Auf mich horchten und warteten sie, / lauschten
schweigend meinem Rat.
[22] Wenn ich sprach, nahm keiner das Wort; / es
träufelte nieder auf sie meine Rede.
[23] Sie harrten auf mich wie auf Regen, / sperrten
den Mund wie nach Spätregen auf.
[24] Lächelte ich denen zu, die ohne Vertrauen, / sie
wiesen das Leuchten meines Gesichts nicht ab.
[25] Ich bestimmte ihr Tun, ich saß als Haupt, /
thronte wie ein König inmitten der Schar, wie
einer, der Trauernde tröstet.

3: Ps 18,29 • 4: 1,10 • 5: Ps 127,3–5; 128,3 • 6: 20,17 • 8: Lev 19,32 • 9: 21,5; Weish 8,12 • 12: 6,14; Ps 72,12f; Jes 11,4 • 14: 19,9; Ps 132,9; Jes 59,17 • 16: Spr 29,7 • 23: Dtn 32,2 • 24: Spr 16,15

Die schreckliche Gegenwart

30 Jetzt aber lachen über mich, / die jünger
sind als ich an Tagen, / deren Väter ich
nicht für wert geachtet, / sie bei den Hunden mei-
ner Herde anzustellen.
[2] Was sollte mir auch ihrer Hände Kraft? / Ge-
schwunden war ihre Rüstigkeit
[3] durch Mangel und durch harten Hunger; / Leute,
die das dürre Land abnagen, / das Gras der Wüste
und der Wüstenei.
[4] Sie pflücken Salzmelde im Gesträuch / und Gins-
terwurzeln sind ihr Brot.
[5] Aus der Gemeinschaft wurden sie verjagt; / man
schreit ihnen nach wie einem Dieb.
[6] Am Hang der Täler müssen sie wohnen, / in Erd-
höhlen und in Felsgeklüft.
[7] Zwischen Sträuchern schreien sie kläglich, /
drängen sich zusammen unter wildem Gestrüpp.
[8] Blödes Gesindel, Volk ohne Namen, / wurden sie
aus dem Land hinausgepeitscht.
[9] Jetzt aber bin ich ihr Spottlied, / bin zum Klatsch
für sie geworden.
[10] Sie verabscheuen mich, rücken weit von mir
weg, / scheuen sich nicht, mir ins Gesicht zu speien.
[11] Denn Gott löste mein Seil und beugte mich nie-
der, / sie aber ließen die Zügel vor mir schießen.
[12] Zur rechten Seite erhebt sich eine Schar, / treibt
meine Füße weg, / wirft gegen mich ihre Unheils-
dämme auf.
[13] Meinen Pfad reißen sie auf, helfen zu meinem
Verderben / und niemand wehrt ihnen.
[14] Wie durch eine breite Bresche kommen sie he-
ran, / wälzen sich unter Trümmern her.
[15] Schrecken stürzen auf mich ein, / verjagt wie
vom Wind ist mein Adel, / wie eine Wolke ent-
schwand mein Heil.
[16] Und nun zerfließt die Seele in mir, / des Elends
Tage packen mich an.
[17] Des Nachts durchbohrt es mir die Knochen, /
mein nagender Schmerz kommt nicht zur Ruh.
[18] Mit Allgewalt packt er mich am Kleid, / schnürt
wie der Gürtel des Rocks mich ein.
[19] Er warf mich in den Lehm, / sodass ich Staub
und Asche gleiche.
[20] Ich schreie zu dir und du erwiderst mir nicht; /
ich stehe da, doch du achtest nicht auf mich.
[21] Du wandelst dich zum grausamen Feind gegen
mich, / mit deiner starken Hand befehdest du mich.
[22] Du hebst mich in den Wind, fährst mich dahin, /
lässt mich zergehen im Sturmgebraus.
[23] Ja, ich weiß, du führst mich zum Tod, / zur Sam-
melstätte aller Lebenden.
[24] Doch nicht an Trümmer legt er die Hand. – /
Schreit man nicht um Hilfe beim Untergang?
[25] Weinte ich nicht um den, der harte Tage hatte, /
grämte sich nicht meine Seele über den Armen?
[26] Ja, ich hoffte auf Gutes, doch Böses kam, / ich
harrte auf Licht, doch Finsternis kam.
[27] Mein Inneres kocht und kommt nicht zur
Ruhe, / mich haben die Tage des Elends erreicht.
[28] Geschwärzt, doch nicht von der Sonne gebrannt, /
stehe ich auf in der Gemeinde, schreie laut.
[29] Den Schakalen wurde ich zum Bruder, / den
Straußenhennen zum Freund.
[30] Die Haut an mir ist schwarz, / von Fieberglut
brennen meine Knochen.
[31] Zur Trauer wurde mein Harfenspiel, / mein Flö-
tenspiel zum Klagelied.

9: Ps 69,13; Klgl 3,14 • 12: Ps 109,6 • 21: 34,6 • 22: Ps 109,23 • 30: Ps 119,83; Klgl 3,4

Erneute Unschuldsbeteuerung vor Gott

31 Einen Bund schloss ich mit meinen Augen,
/ nie eine Jungfrau lüstern anzusehen.
2 Was wäre sonst mein Teil von Gott dort oben, /
mein Erbe vom Allmächtigen in der Höhe?
3 Ist nicht Verderben dem Frevler bestimmt / und
Missgeschick den Übeltätern?
4 Sieht er denn meine Wege nicht, / zählt er nicht
alle meine Schritte?
5 Wenn ich in Falschheit einherging, / wenn zum
Betrug mein Fuß eilte,
6 dann wäge Gott mich auf gerechter Waage, / so
wird er meine Unschuld anerkennen.
7 Wenn mein Schritt vom Wege wich, / mein Herz
meinen Augen folgte, / an meinen Händen Makel
klebte,
8 dann esse ein anderer, was ich säe, / entwurzelt
werde, was mir sprosst.
9 Wenn sich mein Herz von einer Frau betören
ließ / und ich an der Tür meines Nachbarn lauerte,
10 dann mahle meine Frau einem andern / und
andere sollen sich beugen über sie.
11 Denn das wäre eine Schandtat / und ein Verbre-
chen, von Richtern zu strafen.
12 Denn das wäre Feuer, das zum Abgrund frisst /
und meine ganze Habe entwurzelt.
13 Wenn ich das Recht meines Knechts missachtet /
und das meiner Magd im Streit mit mir,
14 was könnt ich tun, wenn Gott sich erhöbe, / was
ihm entgegnen, wenn er mich prüfte?
15 Hat nicht mein Schöpfer auch ihn im Mutterleib
geschaffen, / hat nicht der Eine uns im Mutter-
schoß gebildet?
16 Wenn ich der Armen Wunsch versagte, / ver-
schmachten ließ der Witwe Augen,
17 wenn ganz allein ich meinen Bissen aß, / das
Waisenkind aber nicht davon aß –
18 von Jugend an hat wie ein Vater er mich großge-
zogen, / vom Mutterschoß an mich geleitet –,
19 wenn ich den Verlorenen sah ohne Kleid / und
ohne Decke den Verarmten,
20 wenn nicht seine Lenden mir dankten, / er nicht
von der Schur meiner Lämmer sich wärmte,
21 wenn meine Hand der Waise drohte, / weil ich
am Tor Helfer für mich sah,
22 dann falle die Schulter mir vom Nacken, / bre-
che der Arm mir aus dem Gelenk.
23 Ja, Schrecken träfe mich, Gottes Verderben, / vor
seiner Hoheit hielte ich nicht stand.
24 Wenn ich auf Gold meine Hoffnung setzte, / zum
Feingold sprach: Du meine Zuversicht!,
25 wenn ich mich freute, dass groß mein Vermö-
gen, / dass viel erreicht hat meine Hand,
26 wenn ich die leuchtende Sonne sah, wie sie
strahlte, / den Mond, wie er herrlich dahinzog,
27 wenn heimlich sich mein Herz betören ließ / und
meine Hand dem Mund zum Kuss sich bot,
28 auch das wäre ein Verbrechen, vom Richter zu
strafen, / denn Gott da droben hätte ich verleugnet.
29 Wenn ich am Unglück meines Feinds mich
freute / und triumphierte, dass Unheil ihn traf –
30 habe ich doch meinem Mund zu sündigen ver-
boten, / sein Leben mit Fluch zu verwünschen.
31 Wenn meine Zeltgenossen nicht gestanden: /
Wer wurde von seinem Fleisch nicht gesättigt?
32 Kein Fremder musste draußen übernachten, /
dem Wanderer tat meine Tür ich auf.
33 Wenn ich nach Menschenart meine Frevel ver-
hehlte, / meine Schuld verbarg in meiner Brust,
34 weil ich die große Menge scheute / und die Ver-
achtung der Sippen mich schreckte, / so schwiege
ich still und ginge nicht zur Tür hinaus.

1–34: Ps 26 • 1: Sir 9,5; Mt 5,27–29 • 4: Ps 139,2 • 9: Spr 7 • 11: Dtn 22,22–24; Spr 6,32–35 • 13: Ex 21,2f; Lev 25,39f; Jer 34,8f • 15: Spr 17,5 • 16: 22,9; Tob 4,7–11; Jes 58,7; Mt 25,35f • 24: Ps 49,7; 52,9; Spr 11,28; Sir 31,5–10 • 26: Dtn 4,19; Jer 8,2; Ez 8,16 • 29: Spr 24,17f; Mt 5,43–48 • 33: Ps 32,5

Ijobs Warten auf Gottes Antwort

35 Gäbe es doch einen, der mich hört. / Das ist mein
Begehr, dass der Allmächtige mir Antwort gibt: /
Hier ist das Schriftstück, das mein Gegner ge-
schrieben.
36 Auf meine Schulter wollte ich es heben, / als
Kranz es um den Kopf mir winden.
37 Ich täte die Zahl meiner Schritte ihm kund, / ich
nahte mich ihm wie ein Fürst.
38 Wenn über mich mein Acker schrie, / seine Fur-
chen miteinander weinten,
39 wenn seinen Ertrag ich verzehrte, ohne zu bezah-
len, / das Verlangen seines Herrn ich unerfüllt ließ,
40 sollen Dornen wachsen statt Weizen, / statt
Gerste stinkendes Kraut.
Zu Ende sind die Worte Ijobs.

DIE REDEN ELIHUS: 32,1 – 37,24

Die erste Rede Elihus: 32,1 – 33,33

Die Selbstvorstellung

32 Nun hörten jene drei Männer auf, Ijob zu
entgegnen, weil er gerecht war in seinen
Augen. 2 Da entbrannte der Zorn Elihus, des Sohnes
Barachels, des Busiters aus dem Geschlecht Ram.
Gegen Ijob entbrannte sein Zorn, weil er sich vor
Gott für gerecht hielt. 3 Auch gegen seine drei
Freunde entbrannte sein Zorn, weil sie keine Ant-
wort mehr fanden, um Ijob schuldig zu sprechen.
4 Elihu aber hatte Ijob gegenüber mit Worten gezö-
gert, weil jene älter waren als er. 5 Doch als Elihu
sah, dass die drei Männer keine Antwort mehr wuss-
ten, entbrannte sein Zorn. 6 Da ergriff Elihu, der
Sohn Barachels, der Busiter, das Wort und sprach:
Noch bin ich jung an Jahren, / doch ihr seid hoch-
betagt; / deshalb hielt ich mich zurück und scheute
mich, / euch mein Wissen zu beweisen.
7 Ich dachte: Mag erst das Alter reden, / der Jahre
Fülle Weisheit künden.
8 Jedoch, es ist der Geist im Menschen, / des All-
mächtigen Hauch, der ihn verständig macht.
9 Die alt an Jahren sind, nicht immer sind sie
weise / noch Greise stets des Rechten kundig.
10 Darum sage ich: Hört mich an! / Beweisen will
auch ich mein Wissen.
11 Seht, gewartet habe ich auf eure Worte, / ge-
lauscht auf eure klugen Sprüche, / bis ihr die rech-
ten Worte fändet.
12 Ich bin euch aufmerksam gefolgt, / doch seht,
keiner hat Ijob widerlegt, / keiner von euch ihm zu
entgegnen vermocht.
13 Sagt nicht: Wir haben die Weisheit gefunden: /
Gott wird ihn verstoßen, nicht ein Mensch.
14 Nicht gegen mich richten sich seine Reden, /
nicht mit euren Worten werd ich ihm entgegnen.
15 Besiegt sind sie, geben keine Antwort mehr, / die
Worte sind ihnen ausgegangen.
16 Soll ich nun warten, wenn sie nicht reden, / wenn
sie dastehen, nichts mehr zu sagen wissen?
17 So will auch ich nun meinen Teil erwidern, /
beweisen will auch ich mein Wissen.
18 Denn angefüllt bin ich mit Worten, / mich
drängt der Geist in meiner Brust.
19 Mein Inneres ist wie Wein, der keine Luft hat, /
wie neue Schläuche muss es bersten.
20 Reden will ich, dann wird mir leichter, / ich öffne
meine Lippen und entgegne.
21 Ich ergreife für niemand Partei / und sage kei-
nem Schmeichelworte.
22 Denn ich versteh mich nicht aufs Schmeicheln, /
sonst raffte mich mein Schöpfer bald hinweg.

6: Ps 119,100 • 7: 15,10; Sir 25,4–6 • 8: Spr 2,6 • 9: Weish 4,8 •
13: 11,6 • 19: Jer 20,9; Mt 9,17

Die Zusammenfassung der Argumente Ijobs

33 Du aber, Ijob, hör doch auf meine Rede, /
all meinen Worten leih dein Ohr!
2 Siehe, ich habe meinen Mund geöffnet, / schon
spricht am Gaumen meine Zunge.
3 Gerade sind die Worte meines Herzens, / lautere
Weisheit reden meine Lippen.
4 Gottes Geist hat mich erschaffen, / der Atem des
Allmächtigen mir das Leben gegeben.
5 Wenn du kannst, so gib mir Antwort! / Leg es mir
vor und stell dich!
6 Schau, ich bin wie du vor Gott, / auch ich bin nur
aus Lehm geformt.
7 Furcht vor mir braucht dich nicht zu erschre-
cken, / Druck von mir nicht auf dir lasten.
8 Jedoch, du sprachst vor meinen Ohren / und ich
vernahm der Worte Laut:
9 Rein bin ich und ohne Sünde, / makellos und
ohne Schuld.
10 Vorwürfe sucht Gott gegen mich zu finden, / er
sieht mich an als seinen Feind.
11 Meine Füße legt er in den Block, / er überwacht
alle meine Pfade.
12 Da bist du nicht im Recht, sage ich dir, / denn
Gott ist größer als der Mensch.
13 Weshalb hast du mit ihm gehadert, / weil er all
deinen Worten nicht erwidert?

4: Gen 2,7 • 6: 10,8 • 9: 10,7; 16,17; 23,10; 27,5 • 10: 13,24; 19,11 •
11: 13,27

Gottes vielfältige Zeichen

14 Denn einmal redet Gott / und zweimal, man
achtet nicht darauf.
15 Im Traum, im Nachtgesicht, / wenn tiefer Schlaf

auf die Menschen fällt, / im Schlummer auf dem
Lager,
16 da öffnet er der Menschen Ohr / und schreckt sie
auf durch Warnung,
17 um von seinem Tun den Menschen abzubrin-
gen, / den Hochmut aus dem Manne auszutreiben,
18 seine Seele vor dem Grab zu retten, / sein Leben
davor, in den Todesschacht hinabzusteigen.
19 Er wird gemahnt durch Schmerz auf seinem
Lager / und ständig ist Kampf in seinen Gliedern.
20 Am Brot verspürt sein Leben Ekel / und seine
Seele an der Lieblingsspeise.
21 Es schwindet sein Fleisch, man sieht's nicht
mehr. / Abgemagert bis auf die Knochen, / die man
sonst nicht sieht.
22 Dem Grabe nähert sich seine Seele, / sein Leben
den Todesboten.
23 Wenn dann ein Engel ihm zur Seite steht, / ein
Mittler, einer von den Tausenden, / dem Menschen
zu verkünden, was recht ist,
24 wenn dieser sich erbarmt und spricht: / Erlös
ihn, dass er nicht ins Grab absteige, / Lösegeld hab
ich für ihn gefunden!,
25 dann blüht sein Fleisch in Jugendfrische, / zu
Jugendtagen kehrt er zurück.
26 Betet er zu Gott, so ist er ihm gnädig, / er darf
sein Angesicht schauen in festlichem Jubel. / Dem
Menschen gibt er die Gerechtigkeit wieder.
27 Er singt bei den Menschen und spricht: / Gesün-
digt hatte ich und das Recht verkehrt; / doch hat
er mir nicht mit Gleichem vergolten,
28 meine Seele erlöst vor dem Abstieg ins Grab, /
mein Leben darf schauen das Licht.
29 Sieh, alles das pflegt Gott zu tun, / zweimal, ja
dreimal mit den Menschen,
30 um fern zu halten seine Seele von dem Grab, /
um ihm zu leuchten mit dem Licht des Lebens.
31 Merk auf, Ijob, hör mich an, / schweig still, dass
ich rede!
32 Hast Worte du bereit, entgegne mir! / Sprich nur;
denn gern gebe ich dir Recht.
33 Wenn aber nicht, hör du mich an! / Schweig still,
damit ich dich Weisheit lehre.

15: 4,12–16 • 19: Spr 3,12 • 20: Ps 107,18 • 21: 19,20 • 25: Ps 103,5 •
30: Ps 56,14

Die zweite Rede Elihus: 34,1–37

Die Verwegenheit Ijobs

34 Dann ergriff Elihu das Wort und sprach:
2 Ihr Weisen, hört meine Worte, / ihr Kun-
digen, leiht mir Gehör!
3 Denn das Ohr prüft die Worte / und der Gaumen
schmeckt die Speise.
4 Lasst das Recht uns untersuchen, / erkennen
unter uns, was gut ist.
5 Denn Ijob sagt: Ich bin im Recht, / doch Gott hat
mir mein Recht entzogen.
6 Meinem Recht zuwider soll ich lügen? / Unheil-
bar traf mich ohne Schuld der Pfeil.
7 Wo ist ein Mann wie Ijob, / der Lästerung wie
Wasser trinkt,
8 der hingeht, um sich den Übeltätern zuzugesel-
len, / und mit den Frevlern Umgang pflegt?
9 Er sagte ja: Es nützt dem Menschen nichts, / dass
er in Freundschaft lebt mit Gott.

3: 12,11 • 6: 9,15 • 7: 15,16

Das gerechte Handeln des Allmächtigen

10 Darum hört mir zu, ihr Männer mit Verstand! /
Fern ist es Gott, Unrecht zu tun, / und dem All-
mächtigen, Frevel zu üben.
11 Nein, was der Mensch tut, das vergilt er ihm, /
nach eines jeden Verhalten lässt er es ihn treffen.
12 Nein, wahrhaftig, nie tut Gott unrecht / und der
Allmächtige beugt nicht das Recht.
13 Wer hat ihm seine Erde anvertraut / und wer den
ganzen Erdkreis hingestellt?
14 Wenn er auf ihn den Sinn nur richtet, / seinen
Geist und Atem zu sich holt,
15 muss alles Fleisch zusammen sterben, / der
Mensch zum Staube wiederkehren.

11: Ps 62,13; Spr 24,12; Sir 16,14 • 12: Gen 18,25 • 14–15: Ps 104,29f;
Gen 2,7; Koh 3,20; Gen 3,19

Gottes Macht

16 Hast du Verstand, so höre dies, / lausche dem
Laut meiner Worte!
17 Kann, wer das Recht hasst, Herrschaft führen? /
Und willst du den Gerechten, / den Erhabenen ver-
klagen,
18 ihn, der zum König sagt: Du Nichtsnutz!, / zu
Edelmännern: Bösewicht!,

19 der nicht auf Fürsten Rücksicht nimmt, / vor-
nehm nicht vor arm begünstigt; / denn alle sind sie
seiner Hände Werk.
20 Sie sterben plötzlich, mitten in der Nacht; / das
Volk gerät in Aufruhr und sie müssen fort. / Starke
müssen weichen, / ohne dass eine Hand sich rührt.
21 Denn seine Augen schauen auf des Menschen
Wege, / alle seine Schritte sieht er wohl.
22 Kein Dunkel gibt es, keine Finsternis, / wo sich
die Übeltäter bergen könnten.
23 Denn dem Menschen setzt er keine Frist, / zu
Gott ins Gericht zu gehen.
24 Gewaltige knickt er ohne Verhör / und stellt
andere an ihren Platz.

17: Röm 3,5 • 18: Jes 40,23f • 19: Sir 35,16 • 21: Jer 32,19; Hebr 4,13 • 22: Ps 139,12 • 24: Dan 2,21

Gottes Recht

25 Wahrhaftig, Gott kennt ja ihre Taten, / er stürzt
sie bei Nacht und sie sind zermalmt.
26 Wie Frevler schlägt er sie / an einem Ort, wo man
es sieht, 27 deshalb, weil sie von ihm wichen, / nicht
achteten auf alle seine Wege.
28 So lässt er der Armen Geschrei zu sich kom-
men, / er hört das Geschrei der Gebeugten.
29 Hält er sich still, wer spricht ihn schuldig? / Ver-
birgt er sein Gesicht, wer nimmt ihn wahr? / Über
Volk und Menschen aber wacht er,
30 damit nicht ruchlose Menschen herrschen, / die
dem Volk zum Fallstrick werden.
31 Denn nicht ist's an Gott, zu sagen: / Geirrt habe
ich, ich mach's nicht wieder falsch.
32 Was ich nicht sehe, lehre du mich! / Tat ich
Unrecht, ich will es nicht mehr tun.
33 Soll er nach deinem Sinn vergelten, / weil du ver-
wirfst? So musst ja du entscheiden, nicht ich, / und
was du weißt, das sage an!
34 Verständige Männer werden zu mir sagen, / ein
jeder Weise, der mich hört:
35 Bar des Wissens redet Ijob / und unbedacht sind
seine Worte.
36 Wohlan, weiter werde Ijob geprüft, / weil er nach
der Frevler Art erwidert.
37 Denn Frevel fügt er noch zu seiner Sünde, / in
unserer Mitte höhnt er laut, / mehrt seine Worte
gegen Gott.

29: Weish 12,2

Die dritte Rede Elihus: 35,1–16

Gottes Überlegenheit

35 Dann ergriff Elihu das Wort und sprach:
2 Hältst du das für ein Rechtsverfah-
ren? / Du behauptest bloß: Gerecht bin ich vor
Gott.
3 Du sagst: Was nützt es mir, / was habe ich davon,
dass ich nicht sündige?
4 Ich will mit Worten dir erwidern / und deinen
Freunden auch mit dir.
5 Schau den Himmel an und sieh, / blick zu den
Wolken auf hoch über dir!
6 Wenn du gesündigt hast, was tust du ihm, / sind
zahlreich deine Frevel, was schadest du ihm?
7 Tust du recht, was gibst du ihm / oder was emp-
fängt er aus deiner Hand?
8 Menschen wie dich trifft dein Frevel, / dein Ge-
rechtsein nur die Menschenkinder.

3: 7,20 • 7: 22,3; Lk 17,10

Gottes Langmut

9 Sie schreien über der Bedrücker Menge, / rufen
um Hilfe unter dem Arm der Großen.
10 Doch keiner fragt: Wo ist Gott, mein Schöpfer, /
der Loblieder schenkt bei Nacht,
11 der uns mehr lehrt als die Tiere der Erde / und
uns weiser macht als die Vögel des Himmels?
12 Dort schreien sie und doch antwortet er nicht /
wegen des Übermuts der Bösen.
13 Wahrhaftig umsonst, Gott hört es nicht / und
der Allmächtige sieht es nicht an.
14 Gar wenn du sagst, du sähest ihn nicht – / das
Gericht steht bei ihm, du aber harre auf ihn!
15 Jetzt aber, da sein Zorn nicht straft / und er nicht
groß des Frevels achtet,
16 reißt Ijob sinnlos auf den Mund, / macht große
Worte im Unverstand.

13: 22,13

Die vierte Rede Elihus: 36,1 – 37,24

Über die Vergeltung Gottes

36 Dann fuhr Elihu fort und sprach:
2 Wart ein wenig, ich will es dir künden, /
ich hab für Gott noch mehr zu sagen.

3 Ich rufe mein Wissen weit hinaus, / meinem
Schöpfer verschaff ich Recht.
4 Denn wahrhaftig, meine Worte sind kein Trug, /
ein Mann vollkommenen Wissens steht vor dir.
5 Denn Gott ist gewaltig, doch verwirft er nicht, /
gewaltig an Kraft und an Weisheit.
6 Den Frevler lässt er nicht am Leben, / doch den
Gebeugten schafft er Recht.
7 Er wendet seine Augen nicht von dem Gerech-
ten; / Könige auf dem Thron: / für immer setzt er
sie ein, sie werden groß.
8 Doch sind in Fesseln sie geschlagen, / gefangen in
des Elends Stricken,
9 so hält er ihnen ihr Tun vor / und ihr Vergehen,
weil sie stolz geworden.
10 Er öffnet ihr Ohr zur Warnung, / fordert sie auf,
vom Bösen zu lassen.
11 Wenn sie gehorchen und ihm dienen, / vollen-
den sie im Glück ihre Tage, / in Wonnen ihre Jahre.
12 Hören sie nicht, so fahren sie zum Todesschacht
hinab, / verscheiden im Unverstand.
13 Ruchlos Gesinnte hegen Groll, / schreien nicht
um Hilfe, wenn er sie fesselt.
14 Jung schon muss ihre Seele sterben, / wie das
Leben der Lustknaben ist ihr Leben.

7: Dan 4,14 • 8: 2 Chr 33,11–13; Ps 107,10

Über das Leid

15 Den Geplagten rettet Gott durch seine Plage /
und öffnet durch Bedrängnis sein Ohr.
16 Auch dich entreißt er dem Rachen der Bedräng-
nis, / in Weite stehst du, nicht in Enge, / voll ist
deine Tafel von fetten Speisen.
17 Doch wenn du wie ein Frevler richtest, / wird
Recht und Gericht dich treffen.
18 Zornglut verleite dich nicht beim Schicksals-
schlag / und reiches Lösegeld verführe dich nicht.
19 Wird dein Schreien aus der Not dich führen /
und alle Anstrengungen voll Kraft?
20 Sehne nicht die Nacht herbei, / die Völker von
ihrer Stätte vertreibt.
21 Hüte dich und wende dich nicht zum Bösen! /
Denn darum wirst du durch Leid geprüft.

Über Gottes Größe

22 Sieh, groß ist Gott in seiner Macht. / Wer ist ein
Lehrer wie er?
23 Wer will ihm weisen seinen Weg? / Wer kann ihm
sagen: Du tust Unrecht?
24 Denk daran, hoch sein Werk zu preisen, / von
dem die Menschen Lieder singen.
25 Alle Welt schaut es voll Staunen, / von ferne nur
erblickt es der Mensch.
26 Sieh, Gott ist groß, nicht zu begreifen, / uner-
forschlich ist die Zahl seiner Jahre.
27 Denn er zieht die Wassertropfen herauf, / als
Regen ergießen sie sich aus der Flut.
28 Durch ihn rieseln die Wolken, / träufeln nieder
auf die vielen Menschen.
29 Wer gar versteht der Wolke Schweben, / den
Donnerhall aus seinem Zelt?
30 Sieh, darüber breitet er sein Licht / und deckt des
Meeres Wurzeln zu.
31 Denn damit richtet er die Völker, / gibt Speise in
reicher Fülle.
32 Mit leuchtenden Blitzen füllt er beide Hände, /
bietet sie auf gegen den, der angreift.
33 Ihn kündigt an sein Donnerhall, / wenn er im
Zorn gegen den Frevel eifert.

22: Ps 95,3; Dan 2,47 • 23: Jes 40,13; Röm 11,33f • 26: Ps 145,3 •
27: 28,25f • 29: Ps 18,10–15 • 31: Ps 104,13f

Über Gottes Macht

37 Darum erbebt mein Herz sehr heftig, /
pocht erregt an seiner Stelle.
2 Hört, hört das Toben der Stimme Gottes, / welch
ein Grollen seinem Mund entfährt.
3 Unter dem ganzen Himmel lässt er es los / und
seinen Blitz über die Säume der Erde.
4 Hinter ihm brüllt der Donner drein, / er dröhnt
mit erhabener Stimme. Nicht hält er (die Blitze)
zurück, / wenn sein Donner gehört wird.
5 Gott dröhnt mit seiner Stimme, wunderbar, / er
schafft große Dinge, wir verstehen sie nicht:
6 Dem Schnee befiehlt er: Fall zur Erde!, / dem
Regenschwall, seinen mächtigen Güssen.
7 Er versiegelt die Hand aller Menschen, / sodass
alle Welt sein Tun erkennt.
8 Die Tiere verkriechen sich in ihr Versteck, / sie
lagern in ihren Höhlen.

9 Aus seiner Kammer kommt der Sturm, / von den
Winden des Nordens die Kälte.
10 Durch Gottes Hauch entsteht das Eis, / liegt starr
des Wassers Fläche.
11 Auch belädt er die Wolken mit Nass, / streut
umher die leuchtenden Wolken.
12 Sie ziehen hin und her, wie er sie lenkt, / um alles,
was er gebietet, / zu wirken auf dem Kreis der Erde.
13 Sei es als Zuchtrute, sei es auch für seine Erde, /
sei es als Erweis seiner Huld, / so lässt er es sie treffen.

2: Ps 29 • 4: Ps 29,3f • 5: 5,9 • 7–8: Ps 104,19–23 • 10: Ps 147,17

Über die Furcht vor Gott

14 Hör dir dies an, Ijob! Steh still, / um die Wunder
Gottes zu betrachten.
15 Weißt du, wie Gott ihnen Auftrag gibt, / wie das
Licht seiner Wolke aufstrahlt?
16 Weißt du um der Wolke Schweben, / um die
Wunderwerke des Allwissenden?
17 Du, dem die Kleider vor Hitze glühen, / wenn die
Erde unter dem Südwind liegt,
18 wölbst du gleich ihm das Wolkenfirmament, /
das fest ist wie ein gegossener Spiegel?
19 Lehre du uns, was wir ihm sagen sollen. / Wir
können wegen des Dunkels nichts vorbringen.
20 Muß man ihm erst erzählen, wenn ich rede? /
Muß es erst einer sagen, / damit es ihm mitgeteilt
wird?
21 Und nun, wenn man das Sonnenlicht nicht
sieht, / ist es verdunkelt durch die Wolken, / ein
Windhauch bläst und fegt sie weg.
22 Vom Norden naht ein Lichtglanz, / um Gott her
ist schreckliche Herrlichkeit.
23 Den Allmächtigen ergründen wir nicht, / er ist
erhaben an Macht und Recht, / er ist reich an
Gerechtigkeit; Recht beugt er nicht.
24 Darum sollen die Menschen ihn fürchten. / Keinen sieht er an, wie weise sie auch sind.

16: Spr 8,28 • 18: Gen 1,6 • 22: Ex 24,16

DIE ANTWORT GOTTES: 38,1 – 41,26

Die erste Rede Gottes

Fragen zum Geheimnis der Schöpfung

38 Da antwortete der Herr dem Ijob aus dem
Wettersturm und sprach:
2 Wer ist es, der den Ratschluss verdunkelt / mit
Gerede ohne Einsicht?
3 Auf, gürte deine Lenden wie ein Mann: / Ich will
dich fragen, du belehre mich!
4 Wo warst du, als ich die Erde gegründet? / Sag es
denn, wenn du Bescheid weißt.
5 Wer setzte ihre Maße? Du weißt es ja. / Wer hat
die Messschnur über ihr gespannt?
6 Wohin sind ihre Pfeiler eingesenkt? / Oder wer
hat ihren Eckstein gelegt,
7 als alle Morgensterne jauchzten, / als jubelten alle
Gottessöhne?
8 Wer verschloss das Meer mit Toren, / als schäumend es dem Mutterschoß entquoll,
9 als Wolken ich zum Kleid ihm machte, / ihm zur
Windel dunklen Dunst,
10 als ich ihm ausbrach meine Grenze, / ihm Tor
und Riegel setzte
11 und sprach: Bis hierher darfst du und nicht weiter, / hier muss sich legen deiner Wogen Stolz?
12 Hast du je in deinem Leben dem Morgen geboten, / dem Frührot seinen Ort bestimmt,
13 dass es der Erde Säume fasse / und dass die Frevler von ihr abgeschüttelt werden?
14 Sie wandelt sich wie Siegelton, / (die Dinge) stehen da wie ein Gewand.
15 Den Frevlern wird ihr Licht entzogen, / zerschmettert der erhobene Arm.
16 Bist du zu den Quellen des Meeres gekommen, /
hast du des Urgrunds Tiefe durchwandert?
17 Haben dir sich die Tore des Todes geöffnet, / hast
du der Finsternis Tore geschaut?
18 Hast du der Erde Breiten überblickt? / Sag es,
wenn du das alles weißt.
19 Wo ist der Weg zur Wohnstatt des Lichts? / Die
Finsternis, wo hat sie ihren Ort,
20 dass du sie einführst in ihren Bereich, / die Pfade
zu ihrem Haus sie führst?
21 Du weißt es ja; du wurdest damals ja geboren /
und deiner Tage Zahl ist groß.
22 Bist du zu den Kammern des Schnees gekom-

men, / hast du die Kammern des Hagels gese-
hen,
23 den ich für Zeiten der Drangsal aufgespart, / für
den Tag des Kampfes und der Schlacht?
24 Wo ist der Weg dorthin, wo das Licht sich ver-
teilt, / der Ostwind sich über die Erde zerstreut?
25 Wer grub der Regenflut eine Rinne, / einen Weg
für das Donnergewölk,
26 um Regen zu senden auf unbewohntes Land, /
auf die Steppe, darin niemand wohnt,
27 um zu sättigen die Wildnis und Öde / und fri-
sches Gras sprossen zu lassen?
28 Hat der Regen einen Vater / oder wer zeugte die
Tropfen des Taus?
29 Aus wessen Schoß ging das Eis hervor, / des Him-
mels Reif, wer hat ihn geboren?
30 Wie Stein erstarren die Wasser / und wird fest die
Fläche der Flut.
31 Knüpfst du die Bande des Siebengestirns / oder
löst du des Orions Fesseln?
32 Führst du heraus des Tierkreises Sterne zur richti-
gen Zeit, / lenkst du die Löwin samt ihren Jungen?
33 Kennst du die Gesetze des Himmels, / legst du
auf die Erde seine Urkunde nieder?
34 Erhebst du zu den Wolken deine Stimme, / dass
dich die Woge des Wassers bedeckt?
35 Entsendest du die Blitze, dass sie eilen / und dir
sagen: Wir sind da?
36 Wer verlieh dem Ibis Weisheit / oder wer gab
Einsicht dem Hahn?
37 Wer zählt in Weisheit die Wolken, / und die
Schläuche des Himmels, wer schüttet sie aus,
38 wenn der Erdboden hart wird, als sei er gegos-
sen, / und Erdschollen zusammenkleben?
39 Erjagst du Beute für die Löwin, / stillst du den
Hunger der jungen Löwen,
40 wenn sie sich ducken in den Verstecken, / im
Dickicht auf der Lauer liegen?
41 Wer bereitet dem Raben seine Nahrung, / wenn
seine Jungen schreien zu Gott und umherirren
ohne Futter?

39 Kennst du der Steinböcke Wurfzeit, /
überwachst du das Werfen der Hirsche?
2 Zählst du die Monde, die tragend sie füllen, /
kennst du die Zeit ihres Wurfs?
3 Sie kauern sich, werfen ihre Jungen, / werden los
ihre Wehen.
4 Ihre Jungen erstarken, wachsen im Freien, / lau-
fen hinaus und kehren nicht zu ihnen zurück.
5 Wer hat das Maultier freigelassen, / des Wildesels
Fesseln, wer schloss sie auf?
6 Ich gab ihm zur Behausung die Steppe, / zu sei-
ner Wohnung die salzige Trift.
7 Er verlacht das Lärmen der Stadt, / hört nicht des
Treibers Geschrei.
8 Die Berge sucht er nach Weide ab, / jeglichem
Grün spürt er nach.
9 Wird dir der Wildstier dienen wollen, / bleibt er
an deiner Krippe zur Nacht?
10 Hältst du am Seil ihn in der Furche, / pflügt er
die Täler hinter dir her?
11 Traust du ihm, weil er so stark ist? / Überlässt du
ihm deine Arbeit?
12 Glaubst du ihm, dass er wiederkommt / und
deine Saat auf die Tenne bringt?
13 Lustig schlägt die Straußenhenne die Flügel. / Ist
ihre Schwinge darum so / wie die des Storches und
Falken?
14 Nein, sie gibt der Erde ihre Eier preis, / lässt sie
erwärmen im Sand,
15 vergisst, dass sie ein Fuß zerdrücken, / das Wild
des Feldes sie zertreten kann;
16 sie behandelt ihre Jungen hart wie Fremde; / war
umsonst ihre Mühe, es erschreckt sie nicht.
17 Denn Gott ließ sie Weisheit vergessen, / gab ihr
an Verstand keinen Teil.
18 Im Augenblick aber, wenn sie hochschnellt, /
verlacht sie das Ross und seinen Reiter.
19 Gabst du dem Ross die Heldenstärke, / kleidest
du mit einer Mähne seinen Hals?
20 Läßt du wie Heuschrecken es springen? / Furcht-
bar ist sein stolzes Wiehern.
21 Es scharrt im Tal und freut sich, / zieht mit
Macht dem Kampf entgegen.
22 Es spottet der Furcht und kennt keine Angst /
und kehrt nicht um vor dem Schwert.
23 Über ihm klirrt der Köcher, / Speer und Sichel-
schwert blitzen.
24 Mit Donnerbeben wirbelt es den Staub auf, /
steht nicht still beim Klang des Horns.
25 Sooft das Horn hallt, wiehert es »hui« / und wit-
tert den Kampf schon von weitem, / der Anführer
Lärm und das Schlachtgeschrei.
26 Kommt es von deiner Einsicht, / dass der Falke

sich aufschwingt / und nach Süden seine Flügel
ausbreitet?
27 Fliegt auf dein Geheiß der Adler so hoch / und
baut seinen Horst in der Höhe?
28 Auf Felsen wohnt und nächtigt er, / auf der Fel-
senzacke und an steiler Wand.
29 Von dort erspäht er die Beute, / seine Augen
schauen ins Weite.
30 Nach Blut schon gieren seine Jungen; / wo Er-
schlagene sind, ist er zur Stelle.

40 Da antwortete der Herr dem Ijob und
sprach:
2 Mit dem Allmächtigen will der Tadler rechten? /
Der Gott anklagt, antworte drauf!

38,2: 42,3; Jdt 8,12; Jes 40,13 • 4: Jes 40,12 • 5: Sach 1,16 • 6: Ps 118,22 • 7: Ps 19,2; 148,2f; Bar 3,34f • 8: 2 Makk 9,8; Ps 33,7 • 11: Ps 65,8; 104,6–9; Spr 8,29 • 22: Ps 147,17; Sir 43,14f • 23: Ex 9,18–26 • 25: Jes 30,30 • 31: 9,9; Am 5,8 • 35: Bar 3,35 • 39: Ps 104,21f • 41: Ps 147,9 • 39,13–16: Klgl 4,3 • 26: Jer 8,7 • 30: Mt 24,28 • 40,2: Jdt 8,12

Ijobs Antwort: 40,3–5

3 Da antwortete Ijob dem Herrn und sprach:
4 Siehe, ich bin zu gering. Was kann ich dir erwi-
dern? / Ich lege meine Hand auf meinen Mund.
5 Einmal habe ich geredet, ich tu es nicht wieder; /
ein zweites Mal, doch nun nicht mehr!

5: Ps 62,12

Die zweite Rede Gottes

Gottes Weisheit und Macht

6 Da antwortete der Herr dem Ijob aus dem Wet-
tersturm und sprach:
7 Auf, gürte deine Lenden wie ein Mann! / Ich will
dich fragen, du belehre mich!
8 Willst du wirklich mein Recht zerbrechen, / mich
schuldig sprechen, damit du Recht behältst?
9 Hast du denn einen Arm wie Gott, / dröhnst du
wie er mit Donnerstimme?
10 So schmücke dich mit Hoheit und mit Majestät /
und kleide dich in Prunk und Pracht!
11 Lass die Fluten deines Zornes sich ergießen, /
schau an jeden Stolzen, demütige ihn!
12 Schau an jeden Stolzen, zwing ihn nieder! / Zer-
tritt die Frevler auf der Stelle!
13 Verbirg sie insgesamt im Staub, / schließ sie leib-
haftig im Erdinnern ein!
14 Dann werde auch ich dich preisen, / weil deine
Rechte den Sieg dir verschaffte.
15 Sieh doch das Nilpferd, das ich wie dich er-
schuf. / Gras frisst es wie ein Rind.
16 Sieh doch die Kraft in seinen Lenden / und die
Stärke in den Muskeln seines Leibs!
17 Wie eine Zeder lässt es hängen seinen Schwanz; /
straff sind verflochten seiner Schenkel Sehnen.
18 Seine Knochen sind Röhren von Erz, / wie Eisen-
stangen sein Gebein.
19 Es ist der Anfang der Wege Gottes; / der es
gemacht hat, gab ihm sein Schwert.
20 Doch die Berge tragen ihm Futter zu / und alle
Tiere des Feldes spielen dort.
21 Es lagert unter Kreuzdornbüschen, / in dem Ver-
steck von Schilf und Sumpf.
22 Kreuzdornbüsche decken es mit Schatten, / die
Pappeln am Fluss umgeben es.
23 Schwillt auch der Fluss, es zittert nicht, / bleibt
ruhig, wenn auch die Flut ihm ins Maul dringt.
24 Kann man an den Augen es fassen, / mit Haken
ihm die Nase durchbohren?
25 Kannst du das Krokodil am Angelhaken ziehen, /
mit der Leine seine Zunge niederdrücken?
26 Legst du ein Binsenseil ihm in die Nase, / durch-
bohrst du mit einem Haken seine Backe?
27 Fleht es dich groß um Gnade an? / Richtet es
zärtliche Worte an dich?
28 Schließt es einen Pakt mit dir, / sodass du es dau-
ernd nehmen kannst zum Knecht?
29 Kannst du mit ihm wie mit einem Vogel spielen, /
bindest du es für deine Mädchen an?
30 Feilschen darum die Jagdgenossen, / verteilen sie
es stückweise unter die Händler?
31 Kannst du seine Haut mit Spießen spicken, / mit
einer Fischharpune seinen Kopf?
32 Leg nur einmal deine Hand daran! / Denk an den
Kampf! Du tust es nie mehr.

41 Sieh, das Hoffen darauf wird enttäuscht; /
sein bloßer Anblick bringt zu Fall.
2 So kühn ist keiner, es zu reizen; / wer könnte ihm
wohl trotzen?

3 Wer begegnete ihm und bliebe heil? / Unter dem
ganzen Himmel gibt es so einen nicht.
4 Ich will nicht schweigen von seinen Gliedern, /
wie groß und mächtig, wie wohlgeschaffen es ist.
5 Wer öffnet die Hülle seines Kleides, / wer dringt
in seinen Doppelpanzer ein?
6 Wer öffnet die Tore seines Mauls? / Rings um
seine Zähne lagert Schrecken.
7 Reihen von Schilden sind sein Rücken, / ver-
schlossen mit Siegel aus Kieselstein.
8 Einer reiht sich an den andern, / kein Lufthauch
dringt zwischen ihnen durch.
9 Fest haftet jeder an dem andern, / sie sind ver-
klammert, lösen sich nicht.
10 Sein Niesen lässt Licht aufleuchten; / seine
Augen sind wie des Frührots Wimpern.
11 Aus seinem Maul fahren brennende Fackeln, /
feurige Funken schießen hervor.
12 Rauch dampft aus seinen Nüstern / wie aus
kochendem, heißem Topf.
13 Sein Atem entflammt glühende Kohlen, / eine
Flamme schlägt aus seinem Maul hervor.
14 Stärke wohnt in seinem Nacken, / vor ihm her
hüpft bange Furcht.
15 Straff liegt seines Wanstes Fleisch, / wie ange-
gossen, unbewegt.
16 Sein Herz ist fest wie Stein, / fest wie der untere
Mühlstein.
17 Erhebt es sich, erschrecken selbst die Starken; /
vor Schrecken wissen sie nicht aus noch ein.
18 Trifft man es, kein Schwert hält stand, / nicht
Lanze noch Geschoss und Pfeil.
19 Eisen achtet es wie Stroh, / Bronze wie morsch
gewordenes Holz.
20 Kein Bogenpfeil wird es verjagen, / in Stoppeln
verwandeln sich ihm / die Steine der Schleuder.
21 Wie Stoppeln dünkt ihm die Keule, / es lacht nur
über Schwertergerassel.
22 Sein Unteres sind Scherbenspitzen; / ein Dresch-
brett breitet es über den Schlamm.
23 Die Tiefe lässt es brodeln wie den Kessel, / macht
das Meer zu einem Salbentopf.
24 Es hinterlässt eine leuchtende Spur; / man
meint, die Flut sei Greisenhaar.
25 Auf Erden gibt es seinesgleichen nicht, / dazu
geschaffen, um sich nie zu fürchten.
26 Alles Hohe blickt es an; / König ist es über alle
stolzen Tiere.

40,13: Num 16,31–34 • 25: Jes 27,1; Ez 32,2 • 26: Ez 29,4 •
41,12: Offb 9,17

Ijobs Um4kehr und Unterwerfung: 42,1–6

42 Da antwortete Ijob dem Herrn und
sprach:
2 Ich hab erkannt, dass du alles vermagst; / kein
Vorhaben ist dir verwehrt.
3 Wer ist es, der ohne Einsicht den Rat verdunkelt? /
So habe ich denn im Unverstand geredet über
Dinge, / die zu wunderbar für mich und unbe-
greiflich sind.
4 Hör doch, ich will nun reden, / ich will dich fra-
gen, du belehre mich!
5 Vom Hörensagen nur hatte ich von dir vernom-
men; / jetzt aber hat mein Auge dich geschaut.
6 Darum widerrufe ich und atme auf, / in Staub
und Asche.

3: 38,2

DIE RAHMENERZÄHLUNG: 42,7–17

Ijobs Rechtfertigung

7 Als der Herr diese Worte zu Ijob gesprochen hatte,
sagte der Herr zu Elifas von Teman: Mein Zorn ist
entbrannt gegen dich und deine beiden Gefährten;
denn ihr habt nicht recht von mir geredet wie
mein Knecht Ijob. 8 So nehmt nun sieben Jungstie-
re und sieben Widder, geht hin zu meinem Knecht
Ijob und bringt ein Brandopfer für euch dar! Mein
Knecht Ijob aber soll für euch Fürbitte einlegen;
nur auf ihn nehme ich Rücksicht, dass ich euch
nichts Schlimmeres antue. Denn ihr habt nicht recht
von mir geredet wie mein Knecht Ijob. 9 Da gingen
Elifas von Teman, Bildad von Schuach und Zofar
von Naama hin und taten, was der Herr ihnen
gesagt hatte. Und der Herr nahm Rücksicht auf
Ijob.

Ijobs neues Glück
10 Der Herr wendete das Geschick Ijobs, als er für seinen Nächsten Fürbitte einlegte; und der Herr mehrte den Besitz Ijobs auf das Doppelte.
11 Da kamen zu ihm alle seine Brüder, alle seine Schwestern und alle seine früheren Bekannten und speisten mit ihm in seinem Haus. Sie bezeigten ihm ihr Mitleid und trösteten ihn wegen all des Unglücks, das der Herr über ihn gebracht hatte. Ein jeder schenkte ihm eine Kesita und einen goldenen Ring.
12 Der Herr aber segnete die spätere Lebenszeit Ijobs mehr als seine frühere. Er besaß vierzehntausend Schafe, sechstausend Kamele, tausend Joch Rinder und tausend Esel.
13 Auch bekam er sieben Söhne und drei Töchter.
14 Die erste nannte er Jemima, die zweite Kezia und die dritte Keren-Happuch.
15 Man fand im ganzen Land keine schöneren Frauen als die Töchter Ijobs; ihr Vater gab ihnen Erbbesitz unter ihren Brüdern.
16 Ijob lebte danach noch hundertvierzig Jahre; er sah seine Kinder und Kindeskinder, vier Geschlechter.
17 Dann starb Ijob, hochbetagt und satt an Lebenstagen.

DIE PSALMEN

Ähnlich wie die Bücher des Mose ist diese Sammlung von 150 Einzelliedern, die eines der bedeutendsten Bücher der Heiligen Schrift und auch der gesamten Weltliteratur darstellen, in fünf Bücher eingeteilt: Ps 1 – 41; 42 – 72; 73 – 89; 90 – 106; 107 – 150. Die griechische und die lateinische Bibel haben eine leicht abweichende Zählweise der Psalmen (vgl. Anhang dieser Bibelausgabe). Die heutige Reihenfolge und Anordnung der Psalmen in der hebräischen Bibel, die eine gewisse Korrespondenz zu den Büchern des Mose aufweist, ist höchstwahrscheinlich von ihrem Gebrauch im Synagogengottesdienst her zu verstehen. Thematisch berühren die Psalmen fast alle Fragen und Probleme der alttestamentlichen Theologie. Die neuere Forschung befasst sich besonders mit den verschiedenen Psalmengattungen und ihrem »Sitz im Leben« sowie mit der Überlieferung der einzelnen Psalmen bis zu ihrer jetzigen Gestalt. Man unterscheidet heute vor allem folgende Gattungen: Hymnen, Danklieder, Klagelieder eines Einzelnen und des Volkes, Bittpsalmen, Wallfahrtslieder, Königslieder, Weisheitslieder, »messianische Psalmen«.

Dass der Psalter eine Sonderstellung unter den Schriften des Alten Testaments einnimmt, wird kaum bezweifelt. Denn die Psalmen lassen einen einzigartigen Einblick in die innere Struktur der Offenbarung tun. Der Psalter gibt nämlich davon Kunde, dass die Offenbarung sich nicht nur als monologes Sprechen und Handeln Gottes ereignet, sondern dass Gott sich im auserwählten Volk einen Partner bereitet hat, der mit in das Offenbarungsgeschehen einbezogen wird. Die Offenbarung ist demnach ein dialogischer Vorgang: Gott handelt und spricht nicht nur auf das Volk hin, sondern Israel spricht und handelt mit (vgl. Ex 19,8, wo das Volk sich einmütig bereit erklärt, Gottes Auserwählung anzunehmen). Von der Aufnahme des Dialogs durch das auserwählte Volk künden wie kein anderes biblisches Buch die Psalmen: Sie sind die in der Offenbarung und aus ihr erfolgte Antwort auf Gottes offenbartes Wort. Das sollen einige Entsprechungen der Psalmen zu wichtigen alttestamentlichen Texten zeigen:
Schöpfungstat und -werk Gottes: Gen 1 – Ps 104.
Gottes Heiligkeit: Jes 6 – Ps 99.
Lobpreis des Bundesgottes: Ex 19 – 24 – Ps 97.
Der Mensch: Gen 1,26–28 – Ps 8.
Das Meerwunder: Ex 13 – 15 – Ps 66.
Von Ägypten ins Gelobte Land: Ps 114.

Von der Patriarchenzeit bis zur Landverleihung: Ps 105.
Der Messias als Leidensmann: Jes 53 – Ps 22.
Gottes Heilswerk an Zion: 2 Sam 6 – Ps 48.
Der Neue Bund: Jer 31,31–34; König: Jes 9,1–6; 11,1–5; Mi 5,1–3 – Ps 2; 72; 110.

Natürlich decken sich die Inhalte der angeführten einander entsprechenden Texte nicht vollauf; aber Hauptmotive werden vom lobpreisenden Gottesvolk aufgegriffen, neu interpretiert, um andere Offenbarungsgehalte vermehrt und weiter entfaltet.

Noch etwas anderes geht aus den Psalmen hervor, nämlich dass Israels wichtigste und vornehmste Aufgabe, ja der Grund seiner Sonderexistenz im Gotteslob, im Gott gemäßen Kult besteht. Vom Kult her dürfte auch Licht auf die heutige Anordnung der Psalmen fallen. In Neh 8,1–6 ist ein Muster für den Synagogengottesdienst enthalten, der im Exil oder in der nachexilischen Zeit neben dem Tempelgottesdienst aufkommt. Weil der Opferdienst auf den Tempel beschränkt bleibt, handelt es sich im Synagogengottesdienst um den Typus eines reinen Lesegottesdienstes, der in etwa unserem Wortgottesdienst vergleichbar ist. Er enthält als wesentliche Bestandteile:

1. Nach Einleitungsgebeten folgt die Lesung des fälligen Abschnitts aus dem Pentateuch. Die fünf Bücher des Mose sind in einer einjährigen oder dreijährigen Leseordnung auf die Sabbate des Jahres verteilt (für die Feste sind besondere Texte ausgesucht).
2. Dann antwortet das Volk mit dem zugeordneten, vielleicht gesungenen Psalm.
3. An den Psalm schließt eine zweite Lesung aus den Propheten und eine Homilie an.
4. Segensgebete beschließen den Gottesdienst.

Mit ziemlicher Sicherheit lässt sich also sagen, dass zur Zeit der Wiederherstellung der nachexilischen Gemeinde unter Esra und Nehemia der Psalter seine heutige Gestalt erhalten hat. Für die einzelnen Psalmen wird man insgesamt eine Entstehungszeit von mehreren Jahrhunderten, von David bis Esra, anzunehmen haben. Weiter deutet ihre Verwendung im Synagogengottesdienst auch eine vom Kult her bestimmte Anordnung und Reihung verschiedener Texteinheiten im Pentateuch an und legt sie nahe. So hat man also für das Verständnis der einzelnen Psalmen und des gesamten Psalters viel mehr als bisher deren Verwendung im Gottesdienst zu berücksichtigen.

Der Psalter hat seinen hohen Rang als Gebetbuch des alten Bundesvolkes auch für Christus und die junge Kirche behalten. Die Kirche hat mit den Psalmen auf die in Christus erfüllte Offenbarung geantwortet. Bis heute verwendet sie daher in der Nachfolge des Herrn den Psalter vor allen anderen Gebetstexten für den Gottesdienst in seiner vielfältigen Gestalt.

DAS ERSTE BUCH

Die beiden Wege

1 Wohl dem Mann, der nicht dem Rat der Frevler folgt, / nicht auf dem Weg der Sünder
geht, / nicht im Kreis der Spötter sitzt, / 2 sondern
Freude hat an der Weisung des Herrn, / über seine
Weisung nachsinnt bei Tag und bei Nacht.
3 Er ist wie ein Baum, / der an Wasserbächen gepflanzt ist, / der zur rechten Zeit seine Frucht
bringt / und dessen Blätter nicht welken. Alles,
was er tut, / wird ihm gut gelingen.
4 Nicht so die Frevler: / Sie sind wie Spreu, die der
Wind verweht.
5 Darum werden die Frevler im Gericht nicht
bestehen / noch die Sünder in der Gemeinde der
Gerechten.
6 Denn der Herr kennt den Weg der Gerechten, /
der Weg der Frevler aber führt in den Abgrund.

1: 26,4f; Spr 4,14 • 2: 112,1; Jos 1,8 • 3: 92,13; Jer 17,8 • 4: 35,5; Ijob 21,18 • 6: 119,1; Spr 10,28

Der Herr und sein Gesalbter

2 Warum toben die Völker, / warum machen
die Nationen vergebliche Pläne?
2 Die Könige der Erde stehen auf, / die Großen
haben sich verbündet gegen den Herrn und seinen
Gesalbten.
3 »Lasst uns ihre Fesseln zerreißen / und von uns
werfen ihre Stricke!«
4 Doch er, der im Himmel thront, lacht, / der Herr
verspottet sie.
5 Dann aber spricht er zu ihnen im Zorn, / in sei-
nem Grimm wird er sie erschrecken:
6 »Ich selber habe meinen König eingesetzt / auf
Zion, meinem heiligen Berg.«
7 Den Beschluss des Herrn will ich kundtun. / Er
sprach zu mir: »Mein Sohn bist du. / Heute habe
ich dich gezeugt.
8 Fordre von mir und ich gebe dir die Völker zum
Erbe, / die Enden der Erde zum Eigentum.
9 Du wirst sie zerschlagen mit eiserner Keule, / wie
Krüge aus Ton wirst du sie zertrümmern.«
10 Nun denn, ihr Könige, kommt zur Einsicht, /
lasst euch warnen, ihr Gebieter der Erde!
11 Dient dem Herrn in Furcht / und küsst ihm mit
Beben die Füße,
12 damit er nicht zürnt / und euer Weg nicht in den
Abgrund führt.
Denn wenig nur und sein Zorn ist entbrannt. /
Wohl allen, die ihm vertrauen!

1: Offb 11,18; Apg 4,25f • 2: Offb 19,19 • 4: 59,9 • 7: 89,27f;
Apg 13,33; Hebr 1,5; 5,5 • 8–9: 72,8; Offb 2,26f • 9: 110,5f;
Offb 12,5; 19,15

Hilferuf in Feindesnot

3 [Ein Psalm Davids, als er vor seinem Sohn
Abschalom floh.]
2 Herr, wie zahlreich sind meine Bedränger; / so
viele stehen gegen mich auf.
3 Viele gibt es, die von mir sagen: / »Er findet keine
Hilfe bei Gott.« [Sela]
4 Du aber, Herr, bist ein Schild für mich, / du bist
meine Ehre und richtest mich auf.
5 Ich habe laut zum Herrn gerufen; / da erhörte er
mich von seinem heiligen Berg. [Sela]
6 Ich lege mich nieder und schlafe ein, / ich wache
wieder auf, denn der Herr beschützt mich.
7 Viele Tausende von Kriegern fürchte ich nicht, /
wenn sie mich ringsum belagern.
8 Herr, erhebe dich, / mein Gott, bring mir Hilfe!
Denn all meinen Feinden hast du den Kiefer zer-
schmettert, / hast den Frevlern die Zähne zerbro-
chen.
9 Beim Herrn findet man Hilfe. / Auf dein Volk
komme dein Segen! [Sela]

1: 2 Sam 15 • 2: 25,19 • 4: 7,11; 18,3; 33,20; 84,12; 115,9–11;
Gen 15,1; Dtn 33,29; Spr 30,5; Sir 34,16 • 6: 4,9 • 7: 27,3 • 9: Jona 2,10

Gottes Schutz in der Nacht

4 [Für den Chormeister. Mit Saitenspiel. Ein
Psalm Davids.]
2 Wenn ich rufe, erhöre mich, /
Gott, du mein Retter!
Du hast mir Raum geschaffen, als mir angst war. /
Sei mir gnädig und hör auf mein Flehen!
3 Ihr Mächtigen, wie lange noch schmäht ihr
meine Ehre, / warum liebt ihr den Schein und
sinnt auf Lügen? [Sela]
4 Erkennt doch: Wunderbar handelt der Herr an
den Frommen; / der Herr erhört mich, wenn ich
zu ihm rufe.
5 Ereifert ihr euch, so sündigt nicht! / Bedenkt es
auf eurem Lager und werdet still! [Sela]
6 Bringt rechte Opfer dar / und vertraut auf den
Herrn!
7 Viele sagen: »Wer lässt uns Gutes erleben?« /
Herr, lass dein Angesicht über uns leuchten!
8 Du legst mir größere Freude ins Herz, / als andere
haben bei Korn und Wein in Fülle.
9 In Frieden leg ich mich nieder und schlafe ein; /
denn du allein, Herr, lässt mich sorglos ruhen.

5: Eph 4,26 • 6: 51,19.21; 1 Petr 2,5 • 7: 31,17; 44,4; 67,2; 80,4;
Num 6,25f • 9: 3,6

Ein Gebet zum Morgenopfer

5 [Für den Chormeister. Zum Flötenspiel. Ein
Psalm Davids.]
2 Höre meine Worte, Herr, / achte auf mein Seuf-
zen!
3 Vernimm mein lautes Schreien, mein König und
mein Gott, / denn ich flehe zu dir.
4 Herr, am Morgen hörst du mein Rufen, / am
Morgen rüst ich das Opfer zu, halte Ausschau nach
dir.

5 Denn du bist kein Gott, dem das Unrecht gefällt; /
der Frevler darf nicht bei dir weilen.
6 Wer sich brüstet, besteht nicht vor deinen
Augen; / denn dein Hass trifft alle, die Böses tun.
7 Du lässt die Lügner zugrunde gehn, / Mörder und
Betrüger sind dem Herrn ein Gräuel.
8 Ich aber darf dein Haus betreten / dank deiner
großen Güte, ich werfe mich nieder in Ehrfurcht /
vor deinem heiligen Tempel.
9 Leite mich, Herr, in deiner Gerechtigkeit, / meinen Feinden zum Trotz; / ebne deinen Weg vor
mir!
10 Aus ihrem Mund kommt kein wahres Wort, / ihr
Inneres ist voll Verderben. Ihre Kehle ist ein offenes Grab, / aalglatt ist ihre Zunge.
11 Gott, lass sie dafür büßen; / sie sollen fallen
durch ihre eigenen Ränke. Verstoße sie wegen ihrer
vielen Verbrechen; / denn sie empören sich gegen
dich.
12 Doch alle sollen sich freuen, die auf dich vertrauen, / und sollen immerfort jubeln. Beschütze
alle, die deinen Namen lieben, / damit sie dich rühmen.
13 Denn du, Herr, segnest den Gerechten. / Wie mit
einem Schild deckst du ihn mit deiner Gnade.

3: 44,5; 84,4 • 4: 88,14; Weish 16,28 • 5: 34,17 • 6–7: Spr 6,16–19 • 8: 26,8; 138,2 • 9: 25,4 • 10: Röm 3,13

Ein Bußgebet in Todesnot

6 [Für den Chormeister. Mit Saitenspiel nach der Achten. Ein Psalm Davids.]
2 Herr, strafe mich nicht in deinem Zorn / und
züchtige mich nicht in deinem Grimm!
3 Sei mir gnädig, Herr, ich sieche dahin; / heile
mich, Herr, denn meine Glieder zerfallen!
4 Meine Seele ist tief verstört. / Du aber, Herr, wie
lange säumst du noch?
5 Herr, wende dich mir zu und errette mich, / in
deiner Huld bring mir Hilfe!
6 Denn bei den Toten denkt niemand mehr an
dich. / Wer wird dich in der Unterwelt noch preisen?
7 Ich bin erschöpft vom Seufzen, / jede Nacht benetzen Ströme von Tränen mein Bett, / ich überschwemme mein Lager mit Tränen.
8 Mein Auge ist getrübt vor Kummer, / ich bin gealtert wegen all meiner Gegner.
9 Weicht zurück von mir, all ihr Frevler; / denn der
Herr hat mein lautes Weinen gehört.
10 Gehört hat der Herr mein Flehen, / der Herr
nimmt mein Beten an.
11 In Schmach und Verstörung geraten all meine
Feinde, / sie müssen weichen und gehen plötzlich
zugrunde.

2: 38,2; Jer 10,24 • 3: Jer 17,14 • 4: 13,2f; 42,6 • 6: 30,10; 88,11–13; 115,17; Sir 17,27; Jes 38,18; Bar 2,17 • 9: 119,115; Mt 7,23 • 11: 35,4; 40,15

Gebet in Verfolgung

7 [Ein Klagelied Davids, das er dem Herrn sang wegen des Benjaminiters Kusch.]
2 Herr, mein Gott, ich flüchte mich zu dir; / hilf mir
vor allen Verfolgern und rette mich,
3 damit mir niemand wie ein Löwe das Leben
raubt, / mich zerreißt, und keiner ist da, der mich
rettet.
4 Wenn ich das getan habe, Herr, mein Gott, / wenn
an meinen Händen Unrecht klebt,
5 wenn ich meinem Freunde Böses tat, / wenn ich
den quälte, der mich grundlos bedrängt hat,
6 dann soll mich der Feind verfolgen und ergreifen; / er richte mein Leben zugrunde und trete
meine Ehre mit Füßen. [Sela]
7 Herr, steh auf in deinem Zorn, / erheb dich gegen
meine wütenden Feinde! Wach auf, du mein
Gott! / Du hast zum Gericht gerufen. / Der Herr
richtet die Völker.
8 Um dich stehe die Schar der Völker im Kreis; /
über ihnen throne du in der Höhe!
9 Herr, weil ich gerecht bin, verschaff mir Recht /
(und tu an mir Gutes), weil ich schuldlos bin!
10 Die Bosheit der Frevler finde ein Ende, / doch gib
dem Gerechten Bestand, / gerechter Gott, der du
auf Herz und Nieren prüfst.
11 Ein Schild über mir ist Gott, / er rettet die Menschen mit redlichem Herzen.
12 Gott ist ein gerechter Richter, / ein Gott, der täglich strafen kann.
13 Wenn der Frevler sein Schwert wieder schärft, /
seinen Bogen spannt und zielt,
14 dann rüstet er tödliche Waffen gegen sich
selbst, / bereitet sich glühende Pfeile.
15 Er hat Böses im Sinn; / er geht schwanger mit
Unheil und Tücke gebiert er.

16 Er gräbt ein Loch, er schaufelt es aus, / doch er
stürzt in die Grube, die er selber gemacht hat.
17 Seine Untat kommt auf sein eigenes Haupt, /
seine Gewalttat fällt auf seinen Scheitel zurück.
18 Ich will dem Herrn danken, denn er ist gerecht; /
dem Namen des Herrn, des Höchsten, will ich sin-
gen und spielen.

3: 17,12 • 4–5: Ijob 31,7–34 • 6: 143,3 • 7: 9,20 • 9: 18,21–27 •
10: 26,2; Jer 11,20; 17,10; 20,12; Offb 2,23 • 11: 3,4 • 13: 11,2 •
14: Jes 50,11 • 15: Ijob 15,35; Jes 59,4 • 16: 9,16; 35,7f; 57,7;
Spr 26,27; Koh 10,8 • 18: 9,12; 18,50; 30,5; 57,8f; 68,5.33; 71,23;
92,2; 104,33; 135,3; 138,2; 146,2

Die Herrlichkeit des Schöpfers – die Würde des Menschen

8 [Für den Chormeister. Nach dem Kelterlied.
Ein Psalm Davids.] 2 Herr, unser Herrscher, /
wie gewaltig ist dein Name auf der ganzen Erde; /
über den Himmel breitest du deine Hoheit aus.
3 Aus dem Mund der Kinder und Säuglinge
schaffst du dir Lob, / deinen Gegnern zum Trotz; /
deine Feinde und Widersacher müssen verstum-
men.
4 Seh ich den Himmel, das Werk deiner Finger, /
Mond und Sterne, die du befestigt:
5 Was ist der Mensch, dass du an ihn denkst, / des
Menschen Kind, dass du dich seiner annimmst?
6 Du hast ihn nur wenig geringer gemacht als
Gott, / hast ihn mit Herrlichkeit und Ehre gekrönt.
7 Du hast ihn als Herrscher eingesetzt über das
Werk deiner Hände, / hast ihm alles zu Füßen
gelegt:
8 All die Schafe, Ziegen und Rinder / und auch die
wilden Tiere,
9 die Vögel des Himmels und die Fische im Meer, /
alles, was auf den Pfaden der Meere dahinzieht.
10 Herr, unser Herrscher, / wie gewaltig ist dein
Name auf der ganzen Erde!

3: Mt 21,16• 5–7: Gen 1,26–28; Hebr 2,6–8; 1 Kor 15,27; Eph 1,22 •
5: 144,3

Gott, der Retter der Armen und Bedrängten

9 [Für den Chormeister. Nach der Weise »Stirb
für den Sohn!« Ein Psalm Davids.]
2 Ich will dir danken, Herr, aus ganzem Herzen, /
verkünden will ich all deine Wunder.
3 Ich will jauchzen und an dir mich freuen, / für
dich, du Höchster, will ich singen und spielen.
4 Denn zurückgewichen sind meine Feinde, / ge-
stürzt und vergangen vor deinem Angesicht.
5 Du hast mir Recht verschafft und für mich ent-
schieden, / dich auf den Thron gesetzt als ein ge-
rechter Richter.
6 Du hast die Völker bedroht, die Frevler vernich-
tet, / ihren Namen gelöscht für immer und ewig.
7 Die Feinde sind dahin, zerschlagen für immer. /
Du hast Städte entvölkert, ihr Ruhm ist versunken.
8 Der Herr aber thront für ewig; / er stellt seinen
Thron auf zum Gericht.
9 Er richtet den Erdkreis gerecht, / er spricht den
Völkern das Urteil, das sie verdienen.
10 So wird der Herr für den Bedrückten zur Burg, /
zur Burg in Zeiten der Not.
11 Darum vertraut dir, wer deinen Namen kennt; /
denn du, Herr, verlässt keinen, der dich sucht.
12 Singt dem Herrn, der thront auf dem Zion, / ver-
kündet unter den Völkern seine Taten!
13 Denn er, der jede Blutschuld rächt, denkt an die
Armen / und ihren Notschrei vergisst er nicht.
14 Sei mir gnädig in meiner Not; / Herr, sieh doch,
wie sie mich hassen!
Führ mich herauf von den Pforten des Todes, /
15 damit ich all deinen Ruhm verkünde in den
Toren von Zion / und frohlocke, weil du mir hilfst.
16 Völker versanken in der Grube, die sie selber
gegraben; / im Netz, das sie heimlich gelegt, hat ihr
Fuß sich verfangen.
17 Kundgetan hat sich der Herr: Er hielt sein
Gericht; / im eigenen Werk hat sich der Frevler ver-
strickt. [Zwischenspiel. Sela]
18 Hinabfahren müssen die Frevler zum Toten-
reich, / alle Heiden, die Gott vergessen.
19 Doch der Arme ist nicht auf ewig vergessen, /
des Elenden Hoffnung ist nicht für immer ver-
loren.
20 Erheb dich, Herr, damit nicht der Mensch tri-
umphiert, / damit die Völker gerichtet werden vor
deinem Angesicht.
21 Wirf Schrecken auf sie, o Herr! / Erkennen sol-
len die Völker: Sie sind nur Menschen. [Sela]

2: 138,1 • 9: 96,13 • 12: 108,4 • 13: Ijob 34,28 • 14: 30,4; 49,16; 56,14;
68,21; 71,20; 86,13; 116,8; Weish 16,13; Jona 2,7 • 16: 7,16 • 20: 7,7

Ein Hilferuf gegen gewalttätige Menschen

10 Herr, warum bleibst du so fern, / verbirgst
dich in Zeiten der Not?
2 In seinem Hochmut quält der Frevler die
Armen. / Er soll sich fangen in den Ränken, die er
selbst ersonnen hat.
3 Denn der Frevler rühmt sich nach Herzenslust, /
er raubt, er lästert und verachtet den Herrn.
4 Überheblich sagt der Frevler: / »Gott straft nicht.
Es gibt keinen Gott.« / So ist sein ganzes Denken.
5 Zu jeder Zeit glückt ihm sein Tun. / Hoch dro-
ben und fern von sich wähnt er deine Gerichte.
6 Er sagt in seinem Herzen: »Ich werde niemals
wanken. / Von Geschlecht zu Geschlecht trifft mich
kein Unglück.«
7 Sein Mund ist voll Fluch und Trug und Gewalt-
tat; / auf seiner Zunge sind Verderben und Unheil.
8 Er liegt auf der Lauer in den Gehöften / und will
den Schuldlosen heimlich ermorden; / seine Au-
gen spähen aus nach dem Armen.
9 Er lauert im Versteck wie ein Löwe im Dickicht, /
er lauert darauf, den Armen zu fangen; / er fängt
den Armen und zieht ihn in sein Netz.
10 Er duckt sich und kauert sich nieder, / seine
Übermacht bringt die Schwachen zu Fall.
11 Er sagt in seinem Herzen: »Gott vergisst es, / er
verbirgt sein Gesicht, er sieht es niemals.«
12 Herr, steh auf, Gott, erheb deine Hand, / vergiss
die Gebeugten nicht!
13 Warum darf der Frevler Gott verachten / und in
seinem Herzen sagen: »Du strafst nicht«?
14 Du siehst es ja selbst; / denn du schaust auf
Unheil und Kummer. Der Schwache vertraut sich
dir an; / du bist den Verwaisten ein Helfer.
15 Zerbrich den Arm des Frevlers und des Bösen, /
bestraf seine Frevel, / sodass man von ihm nichts
mehr findet.
16 Der Herr ist König für immer und ewig, / in sei-
nem Land gehen die Heiden zugrunde.
17 Herr, du hast die Sehnsucht der Armen gestillt, /
du stärkst ihr Herz, du hörst auf sie:
18 Du verschaffst den Verwaisten und Bedrückten
ihr Recht. / Kein Mensch mehr verbreite Schrecken
im Land.

4: 14,1 • 7: Röm 3,14 • 8: 11,2 • 9: 17,12 • 11: 64,6; 73,11; 94,7; Ijob 22,13f; Jes 29,15; Ez 8,12; 9,9 • 16: 24,7–10 • 18: 68,6; 146,9; Ex 22,21; Dtn 10,18

Gottes Blick auf den Menschen

11 [Für den Chormeister. Von David.]
Beim Herrn finde ich Zuflucht. / Wie könnt
ihr mir sagen: »In die Berge flieh wie ein Vogel«?
2 Schon spannen die Frevler den Bogen, / sie legen
den Pfeil auf die Sehne, um aus dem Dunkel zu
treffen / die Menschen mit redlichem Herzen.
3 Gerät alles ins Wanken, / was kann da der
Gerechte noch tun?
4 Der Herr weilt in seinem heiligen Tempel, / der
Thron des Herrn ist im Himmel. Seine Augen
schauen herab, / seine Blicke prüfen die Men-
schen.
5 Der Herr prüft Gerechte und Frevler; / wer Ge-
walttat liebt, den hasst er aus tiefster Seele.
6 Auf die Frevler lasse er Feuer und Schwefel reg-
nen; / sengender Wind sei ihr Anteil.
7 Denn der Herr ist gerecht, er liebt gerechte Ta-
ten; / wer rechtschaffen ist, darf sein Angesicht
schauen.

2: 7,13; 10,8; 37,14.32; 64,4f; 119,95 • 4: Hab 2,20 • 6: 140,11; Gen 19,24; Ijob 18,15

Die Falschheit der Menschen – die Treue Gottes

12 [Für den Chormeister. Nach der Achten.
Ein Psalm Davids.]
2 Hilf doch, o Herr, die Frommen schwinden da-
hin, / unter den Menschen gibt es keine Treue mehr.
3 Sie lügen einander an, einer den andern, / mit fal-
scher Zunge und zwiespältigem Herzen reden sie.
4 Der Herr vertilge alle falschen Zungen, / jede
Zunge, die vermessen redet.
5 Sie sagen: »Durch unsre Zunge sind wir mäch-
tig; / unsre Lippen sind unsre Stärke. Wer ist uns
überlegen?«
6 Die Schwachen werden unterdrückt, die Armen
seufzen. / Darum spricht der Herr: »Jetzt stehe ich
auf, / dem Verachteten bringe ich Heil.«
7 Die Worte des Herrn sind lautere Worte, / Silber,
geschmolzen im Ofen, / von Schlacken geschie-
den, geläutert siebenfach.
8 Du, Herr, wirst uns behüten / und uns vor diesen
Leuten für immer erretten,
9 auch wenn die Frevler frei umhergehen / und
unter den Menschen die Gemeinheit groß wird.

2: 14,3; Mi 7,2 • 3–5: 15,2f; 28,3; 52,4–6; 55,22; 116,11; 120,2f; Ijob 5,21; Jes 59,3f; Jer 9,7 • 7: 18,31; 19,8f; 119,140; Spr 30,5

Klage und Vertrauen in großer Not

13 [Für den Chormeister.
Ein Psalm Davids.]
2 Wie lange noch, Herr, vergisst du mich ganz? /
Wie lange noch verbirgst du dein Gesicht vor mir?
3 Wie lange noch muss ich Schmerzen ertragen in
meiner Seele, / in meinem Herzen Kummer Tag
für Tag? / Wie lange noch darf mein Feind über
mich triumphieren?
4 Blick doch her, erhöre mich, Herr, mein Gott, /
erleuchte meine Augen, damit ich nicht entschlafe
und sterbe,
5 damit mein Feind nicht sagen kann: / »Ich habe
ihn überwältigt«,
damit meine Gegner nicht jubeln, / weil ich ihnen
erlegen bin.
6 Ich aber baue auf deine Huld, / mein Herz soll
über deine Hilfe frohlocken.
Singen will ich dem Herrn, / weil er mir Gutes
getan hat.

2: 6,4; 42,10; 89,47; Klgl 5,20; Hab 1,2

Die Torheit der Gottesleugner

14 [Für den Chormeister. Von David.]
Die Toren sagen in ihrem Herzen: / »Es gibt
keinen Gott.«
Sie handeln verwerflich und schnöde; / da ist kei-
ner, der Gutes tut.
2 Der Herr blickt vom Himmel herab auf die Men-
schen, / ob noch ein Verständiger da ist, der Gott
sucht.
3 Alle sind sie abtrünnig und verdorben, / keiner
tut Gutes, auch nicht ein Einziger.
4 Haben denn all die Übeltäter keine Einsicht? / Sie
verschlingen mein Volk.
Sie essen das Brot des Herrn, / doch seinen Namen
rufen sie nicht an.
5 Es trifft sie Furcht und Schrecken; / denn Gott
steht auf der Seite der Gerechten.
6 Die Pläne der Armen wollt ihr vereiteln, / doch
ihre Zuflucht ist der Herr.
7 Ach, käme doch vom Zion Hilfe für Israel! / Wenn
einst der Herr das Geschick seines Volkes wendet, /
dann jubelt Jakob, dann freut sich Israel.

1–7 || Ps 53,1–7 • 1–3: Röm 3,10–12 • 1: 10,4; Jes 32,6; Mi 7,2 •
2: 33,13–15 • 3: 12,2; Gen 6,12 • 4: Mi 3,3 • 7: 126,1f; Jes 35,10

Die Bedingungen für den Eintritt ins Heiligtum

15 [Ein Psalm Davids.]
Herr, wer darf Gast sein in deinem Zelt, /
wer darf weilen auf deinem heiligen Berg?
2 Der makellos lebt und das Rechte tut; / der von
Herzen die Wahrheit sagt / 3 und mit seiner Zunge
nicht verleumdet;
der seinem Freund nichts Böses antut / und seinen
Nächsten nicht schmäht;
4 der den Verworfenen verachtet, / doch alle, die
den Herrn fürchten, in Ehren hält;
der sein Versprechen nicht ändert, / das er seinem
Nächsten geschworen hat;
5 der sein Geld nicht auf Wucher ausleiht / und
nicht zum Nachteil des Schuldlosen Bestechung
annimmt.
Wer sich danach richtet, / der wird niemals wan-
ken.

2–3: 12,3–5 • 5: Ex 22,24; 23,8

Gott, der Anteil seiner Getreuen

16 [Ein Lied Davids.]
Behüte mich, Gott, denn ich vertraue dir. /
2 Ich sage zum Herrn: »Du bist mein Herr; / mein
ganzes Glück bist du allein.«
3 An den Heiligen im Lande, den Herrlichen, / an
ihnen nur hab ich mein Gefallen.
4 Viele Schmerzen leidet, wer fremden Göttern
folgt. / Ich will ihnen nicht opfern, / ich nehme ihre
Namen nicht auf meine Lippen.
5 Du, Herr, gibst mir das Erbe und reichst mir den
Becher; / du hältst mein Los in deinen Händen.
6 Auf schönem Land fiel mir mein Anteil zu. / Ja,
mein Erbe gefällt mir gut.
7 Ich preise den Herrn, der mich beraten hat. /
Auch mahnt mich mein Herz in der Nacht.
8 Ich habe den Herrn beständig vor Augen. / Er
steht mir zur Rechten, ich wanke nicht.
9 Darum freut sich mein Herz und frohlockt meine
Seele; / auch mein Leib wird wohnen in Sicherheit.
10 Denn du gibst mich nicht der Unterwelt preis; /
du lässt deinen Frommen das Grab nicht schauen.
11 Du zeigst mir den Pfad zum Leben. / Vor deinem
Angesicht herrscht Freude in Fülle, / zu deiner
Rechten Wonne für alle Zeit.

2: 73,25 • 5: 23,5 • 6: 73,26 • 8–11: Apg 2,25–28 • 10: Apg 2,31; 13,35 •
11: 25,4

Das Gebet eines Verfolgten

17 [Ein Gebet Davids.]
Höre, Herr, die gerechte Sache, / achte auf
mein Flehen, / vernimm mein Gebet von Lippen
ohne Falsch!
2 Von deinem Angesicht ergehe mein Urteil; / denn
deine Augen sehen, was recht ist.
3 Prüfst du mein Herz, / suchst du mich heim in
der Nacht und erprobst mich, / dann findest du an
mir kein Unrecht.
Mein Mund verging sich nicht, / 4 trotz allem, was
die Menschen auch treiben; / ich halte mich an das
Wort deiner Lippen.
5 Auf dem Weg deiner Gebote gehn meine Schrit-
te, / meine Füße wanken nicht auf deinen Pfaden.
6 Ich rufe dich an, denn du, Gott, erhörst mich. /
Wende dein Ohr mir zu, vernimm meine Rede!
7 Wunderbar erweise deine Huld! / Du rettest alle,
die sich an deiner Rechten vor den Feinden ber-
gen.
8 Behüte mich wie den Augapfel, den Stern des
Auges, / birg mich im Schatten deiner Flügel
9 vor den Frevlern, die mich hart bedrängen, / vor
den Feinden, die mich wütend umringen.
10 Sie haben ihr hartes Herz verschlossen, / sie
führen stolze Worte im Mund,
11 sie lauern mir auf, jetzt kreisen sie mich ein; / sie
trachten danach, mich zu Boden zu strecken,
12 so wie der Löwe voll Gier ist zu zerreißen, / wie
der junge Löwe, der im Hinterhalt lauert.
13 Erheb dich, Herr, tritt dem Frevler entgegen! /
Wirf ihn zu Boden, mit deinem Schwert entreiß
mich ihm!
14 Rette mich, Herr, mit deiner Hand vor diesen
Leuten, / vor denen, die im Leben schon alles
haben.
Du füllst ihren Leib mit Gütern, / auch ihre Söhne
werden noch satt / und hinterlassen den Enkeln,
was übrig bleibt.
15 Ich aber will in Gerechtigkeit dein Angesicht
schauen, / mich satt sehen an deiner Gestalt, wenn
ich erwache.

3: 139,1; Ijob 7,18; 23,10 • 4–5: Ijob 23,11f • 7–8: 36,8; 57,2; 61,5; 63,8; 91,4; Ex 37,9; Mt 23,37 • 8: Dtn 32,10; Sach 2,12 • 12: 7,3; 10,9; 22,14.22; 35,17; 57,5; 58,7 • 14: 73,12 • 15: Num 12,8; Offb 22,4

Ein Danklied des Königs für Rettung und Sieg

18 [Für den Chormeister. Von David, dem
Knecht des Herrn, der dem Herrn die
Worte dieses Liedes sang an dem Tag, als ihn der
Herr aus der Gewalt all seiner Feinde und aus der
Hand Sauls errettet hatte.
2 Er sprach:]
Ich will dich rühmen, Herr, meine Stärke, / 3 Herr,
du mein Fels, meine Burg, mein Retter,
mein Gott, meine Feste, in der ich mich berge, /
mein Schild und sicheres Heil, meine Zuflucht.
4 Ich rufe: Der Herr sei gepriesen!, / und ich werde
vor meinen Feinden gerettet.
5 Mich umfingen die Fesseln des Todes, / mich er-
schreckten die Fluten des Verderbens.
6 Die Bande der Unterwelt umstrickten mich, /
über mich fielen die Schlingen des Todes.
7 In meiner Not rief ich zum Herrn / und schrie zu
meinem Gott.
Aus seinem Heiligtum hörte er mein Rufen, / mein
Hilfeschrei drang an sein Ohr.
8 Da wankte und schwankte die Erde, / die Grund-
festen der Berge erbebten. / Sie wankten, denn sein
Zorn war entbrannt.
9 Rauch stieg aus seiner Nase auf, / aus seinem
Mund kam verzehrendes Feuer, / glühende Koh-
len sprühten aus von ihm.
10 Er neigte den Himmel und fuhr herab, / zu sei-
nen Füßen dunkle Wolken.
11 Er fuhr auf dem Kerub und flog daher; / er
schwebte auf den Flügeln des Windes.
12 Er hüllte sich in Finsternis, / in dunkles Wasser
und dichtes Gewölk wie in ein Zelt.
13 Von seinem Glanz erstrahlten die Wolken, /
Hagel fiel nieder und glühende Kohlen.
14 Da ließ der Herr den Donner im Himmel er-
dröhnen, / der Höchste ließ seine Stimme erschal-
len.
15 Er schoss seine Pfeile und streute sie, / er schleu-
derte Blitze und jagte sie dahin.
16 Da wurden sichtbar die Tiefen des Meeres, / die
Grundfesten der Erde wurden entblößt
vor deinem Drohen, Herr, / vor dem Schnauben
deines zornigen Atems.
17 Er griff aus der Höhe herab und fasste mich, /
zog mich heraus aus gewaltigen Wassern.

18 Er entriss mich meinen mächtigen Feinden, / die
stärker waren als ich und mich hassten.
19 Sie überfielen mich am Tag meines Unheils, /
doch der Herr wurde mein Halt.
20 Er führte mich hinaus ins Weite, / er befreite
mich, denn er hatte an mir Gefallen.
21 Der Herr hat gut an mir gehandelt und mir ver-
golten, / weil ich gerecht bin und meine Hände
rein sind.
22 Denn ich hielt mich an die Wege des Herrn / und
fiel nicht ruchlos ab von meinem Gott.
23 Ja, ich habe alle seine Gebote vor Augen, / weise
seine Gesetze niemals ab.
24 Ich war vor ihm ohne Makel, / ich nahm mich in
Acht vor der Sünde.
25 Darum hat der Herr mir vergolten, weil ich
gerecht bin / und meine Hände rein sind vor sei-
nen Augen.
26 Gegen den Treuen zeigst du dich treu, / an dem
Aufrichtigen handelst du recht.
27 Gegen den Reinen zeigst du dich rein, / doch
falsch gegen den Falschen.
28 Dem bedrückten Volk bringst du Heil, / doch die
Blicke der Stolzen zwingst du nieder.
29 Du, Herr, lässt meine Leuchte erstrahlen, / mein
Gott macht meine Finsternis hell.
30 Mit dir erstürme ich Wälle, / mit meinem Gott
überspringe ich Mauern.
31 Vollkommen ist Gottes Weg, / das Wort des
Herrn ist im Feuer geläutert. / Ein Schild ist er für
alle, die sich bei ihm bergen.
32 Denn wer ist Gott als allein der Herr, / wer ist ein
Fels, wenn nicht unser Gott?
33 Gott hat mich mit Kraft umgürtet, / er führte
mich auf einen Weg ohne Hindernis.
34 Er ließ mich springen schnell wie Hirsche, / auf
hohem Weg ließ er mich gehen.
35 Er lehrte meine Hände zu kämpfen, / meine
Arme, den ehernen Bogen zu spannen.
36 Du gabst mir deine Hilfe zum Schild, / deine
Rechte stützt mich; / du neigst dich mir zu und
machst mich groß.
37 Du schaffst meinen Schritten weiten Raum, /
meine Knöchel wanken nicht.
38 Ich verfolge meine Feinde und hole sie ein, / ich
kehre nicht um, bis sie vernichtet sind.
39 Ich schlage sie nieder; / sie können sich nicht
mehr erheben, sie fallen und liegen unter meinen
Füßen.
40 Du hast mich zum Kampf mit Kraft umgürtet, /
hast alle in die Knie gezwungen, die sich gegen
mich erhoben.
41 Meine Feinde hast du zur Flucht gezwungen; /
ich konnte die vernichten, die mich hassen.
42 Sie schreien, doch hilft ihnen niemand, / sie
schreien zum Herrn, doch er gibt keine Antwort.
43 Ich zermalme sie zu Staub vor dem Wind, /
schütte sie auf die Straße wie Unrat.
44 Du rettest mich vor zahllosem Kriegsvolk, / du
machst mich zum Haupt über ganze Völker.
Stämme, die ich früher nicht kannte, sind mir nun
untertan. / 45 Sobald sie mich nur hören, gehor-
chen sie.
Mir huldigen die Söhne der Fremde, / 46 sie kom-
men zitternd aus ihren Burgen hervor.
47 Es lebt der Herr! Mein Fels sei gepriesen. / Der
Gott meines Heils sei hoch erhoben;
48 denn Gott verschaffte mir Vergeltung / und
unterwarf mir die Völker.
49 Du hast mich von meinen Feinden befreit, /
mich über meine Gegner erhoben, / dem Mann
der Gewalt mich entrissen.
50 Darum will ich dir danken, Herr, vor den Völ-
kern, / ich will deinem Namen singen und spielen.
51 Seinem König verlieh er große Hilfe, / Huld
erwies er seinem Gesalbten, / David und seinem
Stamm auf ewig.

18,1–51 || 2 Sam 22,1–51 • 3: 92,16; 27,5; 31,3; 3,4 • 5: 42,8; 5–7: 116,3f • 8: 68,9 • 9: 97,3; Ex 19,18 • 10–17: 144,5–7 • 11: 99,1; 104,3 • 14–15: 77,18f • 16: 77,17; Ex 15,8 • 17: 32,6; 144,7 • 20: 31,9 • 28: Ijob 22,29 • 29: Ijob 29,3 • 31: 25,4; 12,7; 3,4; Spr 30,5 • 32: Jes 44,8; Ps 92,16 • 34: Hab 3,19; Jes 58,14 • 35: 144,1 • 37: Ijob 18,7 • 41: 21,13 • 44: 2,8 • 46: Mi 7,17 • 47: 92,16 • 48: 144,2 • 50: 108,4; 7,18; Röm 15,9 • 51: 20,7; 89,29f; 144,10

Lob der Schöpfung – Lob des Gesetzes

19 [Für den Chormeister. Ein Psalm Davids.]
2 Die Himmel rühmen die Herrlichkeit
Gottes, / vom Werk seiner Hände kündet das Fir-
mament.
3 Ein Tag sagt es dem andern, / eine Nacht tut es
der andern kund,
4 ohne Worte und ohne Reden, / unhörbar bleibt
ihre Stimme.
5 Doch ihre Botschaft geht in die ganze Welt hi-
naus, / ihre Kunde bis zu den Enden der Erde.

Dort hat er der Sonne ein Zelt gebaut. / 6 Sie tritt
aus ihrem Gemach hervor wie ein Bräutigam;
sie frohlockt wie ein Held / und läuft ihre Bahn.
7 Am einen Ende des Himmels geht sie auf / und
läuft bis ans andere Ende; / nichts kann sich vor
ihrer Glut verbergen.
8 Die Weisung des Herrn ist vollkommen, / sie
erquickt den Menschen.
Das Gesetz des Herrn ist verlässlich, / den Unwis-
senden macht es weise.
9 Die Befehle des Herrn sind richtig, / sie erfreuen
das Herz;
das Gebot des Herrn ist lauter, / es erleuchtet die
Augen.
10 Die Furcht des Herrn ist rein, / sie besteht für
immer.
Die Urteile des Herrn sind wahr, / gerecht sind sie
alle.
11 Sie sind kostbarer als Gold, als Feingold in
Menge. / Sie sind süßer als Honig, als Honig aus
Waben.
12 Auch dein Knecht lässt sich von ihnen warnen; /
wer sie beachtet, hat reichen Lohn.
13 Wer bemerkt seine eigenen Fehler? / Sprich mich
frei von Schuld, die mir nicht bewusst ist!
14 Behüte deinen Knecht auch vor vermessenen
Menschen; / sie sollen nicht über mich herrschen.
Dann bin ich ohne Makel / und rein von schwerer
Schuld.
15 Die Worte meines Mundes mögen dir gefallen; /
was ich im Herzen erwäge, stehe dir vor Augen, /
Herr, mein Fels und mein Erlöser.

2: 50,6; Sir 43,1f • 5: Röm 10,18 • 8–9: 12,7 • 11: 119,72 • 15: 92,16

Bitte für den König

20 [Für den Chormeister. Ein Psalm Davids.]
2 Der Herr erhöre dich am Tag der Not, /
der Name von Jakobs Gott möge dich schützen.
3 Er sende dir Hilfe vom Heiligtum / und stehe dir
bei vom Zion her.
4 An all deine Speiseopfer denke er, / nehme dein
Brandopfer gnädig an. [Sela]
5 Er schenke dir, was dein Herz begehrt, / und lasse
all deine Pläne gelingen.
6 Dann wollen wir jubeln über deinen Sieg, / im
Namen unsres Gottes das Banner erheben. / All
deine Bitten erfülle der Herr.
7 Nun bin ich gewiss: / der Herr schenkt seinem
Gesalbten den Sieg;
er erhört ihn von seinem heiligen Himmel her /
und hilft ihm mit der Macht seiner Rechten.
8 Die einen sind stark durch Wagen, die andern
durch Rosse, / wir aber sind stark im Namen des
Herrn, unsres Gottes.
9 Sie sind gestürzt und gefallen; / wir bleiben auf-
recht und stehen.
10 Herr, verleihe dem König den Sieg! / Erhör uns
am Tag, da wir rufen!

2: Spr 18,10 • 5: 21,3; 37,4 • 7: 18,51 • 8: 33,16f; 147,10f; Dtn 20,1;
Jdt 9,7; Spr 21,31; Jes 31,1; Hos 1,7

Dank für den Sieg des Königs

21 [Für den Chormeister. Ein Psalm Davids.]
2 An deiner Macht, Herr, freut sich der
König; / über deine Hilfe, wie jubelt er laut!
3 Du hast ihm den Wunsch seines Herzens erfüllt, /
ihm nicht versagt, was seine Lippen begehrten.
[Sela]
4 Du kamst ihm entgegen mit Segen und Glück, /
du kröntest ihn mit einer goldenen Krone.
5 Leben erbat er von dir, du gabst es ihm, / viele
Tage, für immer und ewig.
6 Groß ist sein Ruhm durch deine Hilfe, / du hast
ihn bekleidet mit Hoheit und Pracht.
7 Du machst ihn zum Segen für immer; / wenn du
ihn anblickst, schenkst du ihm große Freude.
8 Denn der König vertraut auf den Herrn, / die
Huld des Höchsten lässt ihn niemals wanken.
9 Deine Hand wird all deine Feinde finden; / wer
dich hasst, den trifft deine Rechte.
10 Du lässt sie glühen wie einen feurigen Ofen, /
sobald du erscheinst. / Der Herr verschlingt sie im
Zorn, / das Feuer verzehrt sie.
11 Du wirst ihre Brut von der Erde vertilgen; / ihr
Geschlecht (verschwindet) aus der Mitte der Men-
schen.
12 Schmieden sie auch böse und listige Pläne, /
richten sie doch nichts aus gegen dich.
13 Du schlägst sie alle in die Flucht, / wenn du mit
deinem Bogen auf sie zielst.
14 Erhebe dich, Herr, in deiner Macht! / Deiner
siegreichen Kraft wollen wir singen und spielen.

3: 20,5 • 4: 132,18 • 5: 61,7; 1 Kön 3,14 • 7: Gen 12,2; 48,20;
1 Chr 17,27 • 11: 109,13

Gottverlassenheit und Heilsgewissheit

22 [Für den Chormeister. Nach der Weise
»Hinde der Morgenröte«. Ein Psalm Da-
vids.]
2 Mein Gott, mein Gott, warum hast du mich ver-
lassen, / bist fern meinem Schreien, den Worten
meiner Klage?
3 Mein Gott, ich rufe bei Tag, doch du gibst keine
Antwort; / ich rufe bei Nacht und finde doch keine
Ruhe.
4 Aber du bist heilig, / du thronst über dem Lob-
preis Israels.
5 Dir haben unsre Väter vertraut, / sie haben ver-
traut und du hast sie gerettet.
6 Zu dir riefen sie und wurden befreit, / dir ver-
trauten sie und wurden nicht zuschanden.
7 Ich aber bin ein Wurm und kein Mensch, / der
Leute Spott, vom Volk verachtet.
8 Alle, die mich sehen, verlachen mich, / verziehen
die Lippen, schütteln den Kopf:
9 »Er wälze die Last auf den Herrn, / der soll ihn
befreien!
Der reiße ihn heraus, / wenn er an ihm Gefallen
hat.«
10 Du bist es, der mich aus dem Schoß meiner Mut-
ter zog, / mich barg an der Brust der Mutter.
11 Von Geburt an bin ich geworfen auf dich, / vom
Mutterleib an bist du mein Gott.
12 Sei mir nicht fern, denn die Not ist nahe / und
niemand ist da, der hilft.
13 Viele Stiere umgeben mich, / Büffel von Baschan
umringen mich.
14 Sie sperren gegen mich ihren Rachen auf, /
reißende, brüllende Löwen.
15 Ich bin hingeschüttet wie Wasser, / gelöst haben
sich all meine Glieder. / Mein Herz ist in meinem
Leib wie Wachs zerflossen.
16 Meine Kehle ist trocken wie eine Scherbe, / die
Zunge klebt mir am Gaumen, / du legst mich in
den Staub des Todes.
17 Viele Hunde umlagern mich, / eine Rotte von
Bösen umkreist mich. / Sie durchbohren mir
Hände und Füße.
18 Man kann all meine Knochen zählen; / sie gaf-
fen und weiden sich an mir.
19 Sie verteilen unter sich meine Kleider / und wer-
fen das Los um mein Gewand.
20 Du aber, Herr, halte dich nicht fern! / Du, meine
Stärke, eil mir zu Hilfe!
21 Entreiße mein Leben dem Schwert, / mein ein-
ziges Gut aus der Gewalt der Hunde!
22 Rette mich vor dem Rachen des Löwen, / vor den
Hörnern der Büffel rette mich Armen!
23 Ich will deinen Namen meinen Brüdern ver-
künden, / inmitten der Gemeinde dich preisen.
24 Die ihr den Herrn fürchtet, preist ihn, / ihr alle
vom Stamm Jakobs, rühmt ihn; / erschauert alle
vor ihm, ihr Nachkommen Israels!
25 Denn er hat nicht verachtet, / nicht verabscheut
das Elend des Armen.
Er verbirgt sein Gesicht nicht vor ihm; / er hat auf
sein Schreien gehört.
26 Deine Treue preise ich in großer Gemeinde; /
ich erfülle meine Gelübde vor denen, die Gott fürch-
ten.
27 Die Armen sollen essen und sich sättigen; / den
Herrn sollen preisen, die ihn suchen. / Aufleben
soll euer Herz für immer.
28 Alle Enden der Erde sollen daran denken / und
werden umkehren zum Herrn: / Vor ihm werfen
sich alle Stämme der Völker nieder.
29 Denn der Herr regiert als König; / er herrscht
über die Völker.
30 Vor ihm allein sollen niederfallen die Mächtigen
der Erde, / vor ihm sich alle niederwerfen, die in
der Erde ruhen.
[Meine Seele, sie lebt für ihn; / 31 mein Stamm wird
ihm dienen.]
Vom Herrn wird man dem künftigen Geschlecht
erzählen, /
32 seine Heilstat verkündet man dem kommenden
Volk; / denn er hat das Werk getan.

2: Mt 27,46 • 4: Jes 6,3 • 5–6: 25,2f • 7: Ijob 25,6; Jes 41,14; 53,3 • 8: 109,25; Mt 27,39 • 9: Weish 2,18–20; Mt 27,43 • 10: Jes 44,2.24 • 11: 71,6 • 12: 22,20; 35,22; 38,22f; 40,14; 71,12 • 14: 17,12; 1 Petr 5,8 • 16: Joh 19,28 • 19: Mt 27,35; Joh 19,23f • 20: 22,12 • 22: 17,12; 2 Tim 4,17 • 23: 22,26; 9,15; 26,12; 35,18; 40,10f; 107,32; 109,30; 111,1; Hebr 2,12 • 26: 66,13 • 27: 69,33 • 28: Jes 45,22; Tob 13,13 • 29: 24,7–10 • 31–32: 48,14; 71,18; 78,3–6; 102,19; 145,4

Der gute Hirt

23 [Ein Psalm Davids.]
Der Herr ist mein Hirte, / nichts wird mir
fehlen.
2 Er lässt mich lagern auf grünen Auen / und führt
mich zum Ruheplatz am Wasser.

3 Er stillt mein Verlangen; / er leitet mich auf rech-
ten Pfaden, treu seinem Namen.
4 Muss ich auch wandern in finsterer Schlucht, /
ich fürchte kein Unheil;
denn du bist bei mir, / dein Stock und dein Stab
geben mir Zuversicht.
5 Du deckst mir den Tisch / vor den Augen meiner
Feinde.
Du salbst mein Haupt mit Öl, / du füllst mir reich-
lich den Becher.
6 Lauter Güte und Huld werden mir folgen mein
Leben lang /
und im Haus des Herrn darf ich wohnen für lange
Zeit.

1: 80,2; 95,7; Gen 48,15; Jes 40,11; Ez 34,2; Mi 7,14; Joh 10,11 • 2: Ez 34,13–15; Offb 7,17 • 3: 25,4; Spr 4,11 • 4: Jes 50,10 • 5: 36,9; 92,11; 16,5 • 6: 27,4; 42,3; 63,3; 65,5; 84,3–5.11

Der Einzug des Herrn in sein Heiligtum

24 [Ein Psalm Davids.]
Dem Herrn gehört die Erde und was sie
erfüllt, / der Erdkreis und seine Bewohner.
2 Denn er hat ihn auf Meere gegründet, / ihn über
Strömen befestigt.
3 Wer darf hinaufziehn zum Berg des Herrn, / wer
darf stehn an seiner heiligen Stätte?
4 Der reine Hände hat und ein lauteres Herz, / der
nicht betrügt und keinen Meineid schwört.
5 Er wird Segen empfangen vom Herrn / und Heil
von Gott, seinem Helfer.
6 Das sind die Menschen, die nach ihm fragen, / die
dein Antlitz suchen, Gott Jakobs. [Sela]
7 Ihr Tore, hebt euch nach oben, / hebt euch, ihr
uralten Pforten; / denn es kommt der König der
Herrlichkeit.
8 Wer ist der König der Herrlichkeit? / Der Herr,
stark und gewaltig, / der Herr, mächtig im Kampf.
9 Ihr Tore, hebt euch nach oben, / hebt euch, ihr
uralten Pforten; / denn es kommt der König der
Herrlichkeit.
10 Wer ist der König der Herrlichkeit? / Der Herr
der Heerscharen, / er ist der König der Herrlich-
keit. [Sela]

1: 50,12; 89,12; 95,5; 136,6; Ex 9,29; Dtn 10,14; Jes 42,5; 1 Kor 10,26 • 3–6: 118,19f • 6: 27,8 • 7–10: 10,16; 22,29; 29,10; 47,8f; 93,1; 96,10; 97,1; 98,6; 99,1; 145,11; 146,10; Ex 15,18; Jes 52,7

Die Bitte um Vergebung und Leitung

25 [Von David.]
Zu dir, Herr, erhebe ich meine Seele. /
2 Mein Gott, auf dich vertraue ich.
Lass mich nicht scheitern, / lass meine Feinde
nicht triumphieren!
3 Denn niemand, der auf dich hofft, wird zuschan-
den; / zuschanden wird, wer dir schnöde die Treue
bricht.
4 Zeige mir, Herr, deine Wege, / lehre mich deine
Pfade! Ijob 21,14
5 Führe mich in deiner Treue und lehre mich; /
denn du bist der Gott meines Heiles. / Auf dich
hoffe ich allezeit.
6 Denk an dein Erbarmen, Herr, / und an die Taten
deiner Huld; / denn sie bestehen seit Ewigkeit.
7 Denk nicht an meine Jugendsünden und meine
Frevel! / In deiner Huld denk an mich, Herr, denn
du bist gütig.
8 Gut und gerecht ist der Herr, / darum weist er die
Irrenden auf den rechten Weg.
9 Die Demütigen leitet er nach seinem Recht, / die
Gebeugten lehrt er seinen Weg.
10 Alle Pfade des Herrn sind Huld und Treue /
denen, die seinen Bund und seine Gebote bewah-
ren.
11 Um deines Namens willen, Herr, verzeih mir; /
denn meine Schuld ist groß.
12 Wer ist der Mann, der Gott fürchtet? / Ihm zeigt
er den Weg, den er wählen soll.
13 Dann wird er wohnen im Glück, / seine Kinder
werden das Land besitzen.
14 Die sind Vertraute des Herrn, die ihn fürchten; /
er weiht sie ein in seinen Bund.
15 Meine Augen schauen stets auf den Herrn; /
denn er befreit meine Füße aus dem Netz.
16 Wende dich mir zu und sei mir gnädig; / denn
ich bin einsam und gebeugt.
17 Befrei mein Herz von der Angst, / führe mich
heraus aus der Bedrängnis!
18 Sieh meine Not und Plage an/ und vergib mir all
meine Sünden!
19 Sieh doch, wie zahlreich meine Feinde sind, / mit
welch tödlichem Hass sie mich hassen!
20 Erhalte mein Leben und rette mich, / lass mich
nicht scheitern! / Denn ich nehme zu dir meine
Zuflucht.

[21] Unschuld und Redlichkeit mögen mich schützen, / denn ich hoffe auf dich, o Herr.
[22] O Gott, erlöse Israel / aus all seinen Nöten!

1: 86,4; 143,8 • 3: Jes 49,23 • 4: 5,9; 16,11; 27,11; 86,11; 119,30.35; 128,1; 139,24; 143,8; Ijob 21,14 • 7: Ijob 13,26 • 10: Tob 3,2 • 12: 32,8 • 13: 37,9.29 • 15: 123,1f; 141,8f • 16: 86,16; 119,132 • 19: 3,2 • 20: 86,2 • 22: 130,8

Die Bitte eines unschuldig Verfolgten

26 [Von David.]
Verschaff mir Recht, o Herr; denn ich habe ohne Schuld gelebt. / Dem Herrn habe ich vertraut, ohne zu wanken.
[2] Erprobe mich, Herr, und durchforsche mich, / prüfe mich auf Herz und Nieren!
[3] Denn mir stand deine Huld vor Augen, / ich ging meinen Weg in Treue zu dir.
[4] Ich saß nicht bei falschen Menschen, / mit Heuchlern hatte ich keinen Umgang.
[5] Verhasst ist mir die Schar derer, die Unrecht tun; / ich sitze nicht bei den Frevlern.
[6] Ich wasche meine Hände in Unschuld; / ich umschreite, Herr, deinen Altar,
[7] um laut dein Lob zu verkünden / und all deine Wunder zu erzählen.
[8] Herr, ich liebe den Ort, wo dein Tempel steht, / die Stätte, wo deine Herrlichkeit wohnt.
[9] Raff mich nicht hinweg mit den Sündern, / nimm mir nicht das Leben zusammen mit dem der Mörder!
[10] An ihren Händen klebt Schandtat, / ihre Rechte ist voll von Bestechung.
[11] Ich aber gehe meinen Weg ohne Schuld. / Erlöse mich und sei mir gnädig!
[12] Mein Fuß steht auf festem Grund. / Den Herrn will ich preisen in der Gemeinde.

1: 59,4f • 2: 7,10; 17,3; 139,23 • 3: 119,1; 86,11 • 4–5: 1,1 • 6: 73,13; Dtn 21,6f; Mt 27,24 • 8: 27,4 • 9: 28,3 • 10: Ex 23,8 • 12: 22,23

Die Gemeinschaft mit Gott

27 [Von David.]
Der Herr ist mein Licht und mein Heil: / Vor wem sollte ich mich fürchten?
Der Herr ist die Kraft meines Lebens: / Vor wem sollte mir bangen?
[2] Dringen Frevler auf mich ein, / um mich zu verschlingen,
meine Bedränger und Feinde, / sie müssen straucheln und fallen.
[3] Mag ein Heer mich belagern: / Mein Herz wird nicht verzagen.
Mag Krieg gegen mich toben: / Ich bleibe dennoch voll Zuversicht.
[4] Nur eines erbitte ich vom Herrn, / danach verlangt mich:
Im Haus des Herrn zu wohnen / alle Tage meines Lebens,
die Freundlichkeit des Herrn zu schauen / und nachzusinnen in seinem Tempel.
[5] Denn er birgt mich in seinem Haus / am Tag des Unheils;
er beschirmt mich im Schutz seines Zeltes, / er hebt mich auf einen Felsen empor.
[6] Nun kann ich mein Haupt erheben / über die Feinde, die mich umringen.
Ich will Opfer darbringen in seinem Zelt, Opfer mit Jubel; / dem Herrn will ich singen und spielen.
[7] Vernimm, o Herr, mein lautes Rufen; / sei mir gnädig und erhöre mich!
[8] Mein Herz denkt an dein Wort: »Sucht mein Angesicht!« / Dein Angesicht, Herr, will ich suchen.
[9] Verbirg nicht dein Gesicht vor mir; / weise deinen Knecht im Zorn nicht ab! / Du wurdest meine Hilfe.
Verstoß mich nicht, verlass mich nicht, / du Gott meines Heiles!
[10] Wenn mich auch Vater und Mutter verlassen, / der Herr nimmt mich auf.
[11] Zeige mir, Herr, deinen Weg, / leite mich auf ebener Bahn trotz meiner Feinde!
[12] Gib mich nicht meinen gierigen Gegnern preis; / denn falsche Zeugen stehen gegen mich auf und wüten.
[13] Ich aber bin gewiss, zu schauen / die Güte des Herrn im Land der Lebenden.
[14] Hoffe auf den Herrn und sei stark! / Hab festen Mut und hoffe auf den Herrn!

1: 97,11; 56,5; Mi 7,8 • 2: Ijob 19,22 • 3: 3,7 • 4: 23,6 • 5: 31,21 • 8: 24,6; 105,4; Dtn 4,29 • 10: Jes 49,15 • 11: 25,4 • 12: 35,11 • 13: 52,7; 56,14; 116,9; 142,6; Jes 38,11 • 14: 31,25

Hilferuf in Todesgefahr und Dank für Erhörung

28 [Von David.]
Zu dir rufe ich, Herr, mein Fels. / Wende dich nicht schweigend ab von mir!

Denn wolltest du schweigen, / würde ich denen
gleich, die längst begraben sind.
2 Höre mein lautes Flehen, wenn ich zu dir schreie, /
wenn ich die Hände zu deinem Allerheiligsten
erhebe.
3 Raff mich nicht weg mit den Übeltätern und
Frevlern, / die ihren Nächsten freundlich grüßen, /
doch Böses hegen in ihrem Herzen.
4 Vergilt ihnen, wie es ihrem Treiben entspricht /
und ihren bösen Taten.
Vergilt ihnen, wie es das Werk ihrer Hände verdient. / Wende ihr Tun auf sie selbst zurück!
5 Denn sie achten nicht auf das Walten des Herrn /
und auf das Werk seiner Hände.
Darum reißt er sie nieder / und richtet sie nicht wieder auf.
6 Der Herr sei gepriesen. / Denn er hat mein lautes
Flehen erhört.
7 Der Herr ist meine Kraft und mein Schild, / mein
Herz vertraut ihm.
Mir wurde geholfen. Da jubelte mein Herz; / ich will ihm danken mit meinem Lied.
8 Der Herr ist die Stärke seines Volkes, / er ist
Schutz und Heil für seinen Gesalbten.
9 Hilf deinem Volk und segne dein Erbe, / führe
und trage es in Ewigkeit!

1: 92,16; 143,7 • 2: 134,2; Dan 6,11 • 3: 26,9; 62,5; Spr 26,24–28 • 4: 62,13 • 5: Jes 5,12f • 9: 29,11; Dtn 9,29

Gottes Herrlichkeit im Gewitter

29 [Ein Psalm Davids.]
Bringt dar dem Herrn, ihr Himmlischen, /
bringt dar dem Herrn Lob und Ehre!
2 Bringt dar dem Herrn die Ehre seines Namens, /
werft euch nieder vor dem Herrn in heiligem
Schmuck!
3 Die Stimme des Herrn erschallt über den Wassern. / Der Gott der Herrlichkeit donnert, / der
Herr über gewaltigen Wassern.
4 Die Stimme des Herrn ertönt mit Macht, / die
Stimme des Herrn voll Majestät.
5 Die Stimme des Herrn zerbricht die Zedern, / der
Herr zerschmettert die Zedern des Libanon.
6 Er lässt den Libanon hüpfen wie ein Kalb, / wie
einen Wildstier den Sirjon.
7 Die Stimme des Herrn sprüht flammendes Feuer, /
8 die Stimme des Herrn lässt die Wüste beben, /
beben lässt der Herr die Wüste von Kadesch.
9 Die Stimme des Herrn wirbelt Eichen empor, / sie
reißt ganze Wälder kahl. / In seinem Palast rufen
alle: O herrlicher Gott!
10 Der Herr thront über der Flut, / der Herr thront
als König in Ewigkeit.
11 Der Herr gebe Kraft seinem Volk. / Der Herr
segne sein Volk mit Frieden.

1: 103,20f • 2: 96,8f • 3–4: Ijob 37,4 • 6: 114,4; Dtn 3,8f • 10: 24,7–10; Bar 3,3 • 11: 28,9

Dank für die Rettung aus Todesnot

30 [Ein Psalm. Ein Lied zur Tempelweihe.
Von David.]
2 Ich will dich rühmen, Herr, / denn du hast mich
aus der Tiefe gezogen / und lässt meine Feinde
nicht über mich triumphieren.
3 Herr, mein Gott, ich habe zu dir geschrien / und
du hast mich geheilt.
4 Herr, du hast mich herausgeholt aus dem Reich
des Todes, / aus der Schar der Todgeweihten mich
zum Leben gerufen.
5 Singt und spielt dem Herrn, ihr seine Frommen, /
preist seinen heiligen Namen!
6 Denn sein Zorn dauert nur einen Augenblick, /
doch seine Güte ein Leben lang.
Wenn man am Abend auch weint, / am Morgen herrscht wieder Jubel.
7 Im sicheren Glück dachte ich einst: / Ich werde
niemals wanken.
8 Herr, in deiner Güte / stelltest du mich auf den
schützenden Berg.
Doch dann hast du dein Gesicht verborgen. / Da bin ich erschrocken.
9 Zu dir, Herr, rief ich um Hilfe, / ich flehte meinen
Herrn um Gnade an.
10 (Ich sagte:) / Was nützt dir mein Blut, wenn ich
begraben bin? / Kann der Staub dich preisen, deine
Treue verkünden?
11 Höre mich, Herr, sei mir gnädig! / Herr, sei du
mein Helfer!
12 Da hast du mein Klagen in Tanzen verwandelt, /
hast mir das Trauergewand ausgezogen und mich
mit Freude umgürtet.
13 Darum singt dir mein Herz und will nicht ver-

stummen. / Herr, mein Gott, ich will dir danken
in Ewigkeit.

1: Esra 6,16; 1 Makk 4,36–54 • 3: Ex 15,26 • 4: 9,14 • 5: 7,18; 97,12 •
6: Jes 54,7f • 10: 6,6 • 12: 126; Jes 61,3

Gott, die sichere Zuflucht

31 [Für den Chormeister. Ein Psalm Davids.]
2 Herr, ich suche Zuflucht bei dir. / Lass
mich doch niemals scheitern; / rette mich in dei-
ner Gerechtigkeit!
3 Wende dein Ohr mir zu, / erlöse mich bald!
Sei mir ein schützender Fels, / eine feste Burg, die
mich rettet.
4 Denn du bist mein Fels und meine Burg; / um
deines Namens willen wirst du mich führen und
leiten.
5 Du wirst mich befreien aus dem Netz, das sie mir
heimlich legten; / denn du bist meine Zuflucht.
6 In deine Hände lege ich voll Vertrauen meinen
Geist; / du hast mich erlöst, Herr, du treuer Gott.
7 Dir sind alle verhasst, die nichtige Götzen vereh-
ren, / ich aber verlasse mich auf den Herrn.
8 Ich will jubeln und über deine Huld mich freuen; /
denn du hast mein Elend angesehn, / du bist mit
meiner Not vertraut.
9 Du hast mich nicht preisgegeben der Gewalt mei-
nes Feindes, / hast meinen Füßen freien Raum
geschenkt.
10 Herr, sei mir gnädig, denn mir ist angst; / vor
Gram zerfallen mir Auge, Seele und Leib.
11 In Kummer schwindet mein Leben dahin, /
meine Jahre verrinnen im Seufzen.
Meine Kraft ist ermattet im Elend, / meine Glieder
sind zerfallen.
12 Zum Spott geworden bin ich all meinen Fein-
den, / ein Hohn den Nachbarn, ein Schrecken den
Freunden; / wer mich auf der Straße sieht, der
flieht vor mir.
13 Ich bin dem Gedächtnis entschwunden wie ein
Toter, / bin geworden wie ein zerbrochenes Gefäß.
14 Ich höre das Zischeln der Menge – Grauen
ringsum. / Sie tun sich gegen mich zusammen; /
sie sinnen darauf, mir das Leben zu rauben.
15 Ich aber, Herr, ich vertraue dir, / ich sage: »Du
bist mein Gott.«
16 In deiner Hand liegt mein Geschick; / entreiß
mich der Hand meiner Feinde und Verfolger!
17 Lass dein Angesicht leuchten über deinem
Knecht, / hilf mir in deiner Güte!
18 Herr, lass mich nicht scheitern, / denn ich rufe
zu dir.
Scheitern sollen die Frevler, / verstummen und
hinabfahren ins Reich der Toten.
19 Jeder Mund, der lügt, soll sich schließen, / der
Mund, der frech gegen den Gerechten redet, /
hochmütig und verächtlich.
20 Wie groß ist deine Güte, Herr, / die du bereit-
hältst für alle, die dich fürchten und ehren;
du erweist sie allen, / die sich vor den Menschen
zu dir flüchten.
21 Du beschirmst sie im Schutz deines Angesichts /
vor dem Toben der Menschen.
Wie unter einem Dach bewahrst du sie / vor dem
Gezänk der Zungen.
22 Gepriesen sei der Herr, der wunderbar an mir
gehandelt / und mir seine Güte erwiesen hat zur
Zeit der Bedrängnis.
23 Ich aber dachte in meiner Angst: / Ich bin aus
deiner Nähe verstoßen.
Doch du hast mein lautes Flehen gehört, / als ich
zu dir um Hilfe rief.
24 Liebt den Herrn, all seine Frommen! / Seine
Getreuen behütet der Herr, / doch den Hochmüti-
gen vergilt er ihr Tun mit vollem Maß.
25 Euer Herz sei stark und unverzagt, / ihr alle, die
ihr wartet auf den Herrn.

2–4: 71,1–3 • 3: 102,3 • 4: 92,16; 23,3 • 5: 25,15; 140,6 • 6: Lk 23,46;
Apg 7,59 • 8: 9,3 • 9: 18,20 • 10: 6,8; 10–11: 38,11 • 11: 6,3 •
12: 38,12; 41,10; 44,14f; 55,13f; 69,9.12f; 79,4; 88,9.19; 89,42;
Ijob 19,13–19 • 14: 41,6; Jer 20,10 • 15: 140,7 • 16: 139,16 • 17: 4,7 •
21: 27,5; Ijob 5,21 • 23: Jona 2,5 • 24: 62,13 • 25: 27,14

Freude über die Vergebung

32 [Von David. Ein Weisheitslied.]
Wohl dem, dessen Frevel vergeben / und
dessen Sünde bedeckt ist.
2 Wohl dem Menschen, dem der Herr die Schuld
nicht zur Last legt / und dessen Herz keine Falsch-
heit kennt.
3 Solang ich es verschwieg, waren meine Glieder
matt, / den ganzen Tag musste ich stöhnen.
4 Denn deine Hand lag schwer auf mir bei Tag und
bei Nacht;
meine Lebenskraft war verdorrt wie durch die
Glut des Sommers. [Sela]

5 Da bekannte ich dir meine Sünde / und verbarg
nicht länger meine Schuld vor dir.
Ich sagte: Ich will dem Herrn meine Frevel beken-
nen. / Und du hast mir die Schuld vergeben. [Sela]
6 Darum soll jeder Fromme in der Not zu dir be-
ten; / fluten hohe Wasser heran, ihn werden sie
nicht erreichen.
7 Du bist mein Schutz, bewahrst mich vor Not; / du
rettest mich und hüllst mich in Jubel. [Sela]
8 »Ich unterweise dich und zeige dir den Weg, den
du gehen sollst. / Ich will dir raten; über dir wacht
mein Auge.«
9 Werdet nicht wie Ross und Maultier, / die ohne
Verstand sind.
Mit Zaum und Zügel muss man ihr Ungestüm
bändigen, / sonst folgen sie dir nicht.
10 Der Frevler leidet viele Schmerzen, / doch wer
dem Herrn vertraut, den wird er mit seiner Huld
umgeben.
11 Freut euch am Herrn und jauchzt, ihr Gerechten, /
jubelt alle, ihr Menschen mit redlichem Herzen!

1: 65,4; 78,38; 85,3; 103,3; Jes 1,18; 38,17; Jer 31,34; 1 Joh 1,9 • 1–2: Röm 4,7 f • 4: 38,3; 102,5f • 5: 38,19 • 6: 66,12 • 8: 25,12; 119,1; 33,18 • 11: 33,1

Ein Loblied auf den mächtigen und gütigen Gott

33 Ihr Gerechten, jubelt vor dem Herrn; / für
die Frommen ziemt es sich, Gott zu loben.
2 Preist den Herrn mit der Zither, / spielt für ihn
auf der zehnsaitigen Harfe!
3 Singt ihm ein neues Lied, / greift voll in die Sai-
ten und jubelt laut! 14,3
4 Denn das Wort des Herrn ist wahrhaftig, / all sein
Tun ist verlässlich.
5 Er liebt Gerechtigkeit und Recht, / die Erde ist
erfüllt von der Huld des Herrn.
6 Durch das Wort des Herrn wurden die Himmel
geschaffen, / ihr ganzes Heer durch den Hauch sei-
nes Mundes.
7 Wie in einem Schlauch fasst er das Wasser des
Meeres, / verschließt die Urflut in Kammern.
8 Alle Welt fürchte den Herrn; / vor ihm sollen alle
beben, die den Erdkreis bewohnen.
9 Denn der Herr sprach und sogleich geschah es; /
er gebot und alles war da.
10 Der Herr vereitelt die Beschlüsse der Heiden, / er
macht die Pläne der Völker zunichte.
11 Der Ratschluss des Herrn bleibt ewig bestehen, /
die Pläne seines Herzens überdauern die Zeiten.
12 Wohl dem Volk, dessen Gott der Herr ist, / der
Nation, die er sich zum Erbteil erwählt hat.
13 Der Herr blickt herab vom Himmel, / er sieht auf
alle Menschen.
14 Von seinem Thronsitz schaut er nieder / auf alle
Bewohner der Erde.
15 Der ihre Herzen gebildet hat, / er achtet auf all
ihre Taten.
16 Dem König hilft nicht sein starkes Heer, / der
Held rettet sich nicht durch große Stärke.
17 Nichts nützen die Rosse zum Sieg, / mit all ihrer
Kraft können sie niemand retten.
18 Doch das Auge des Herrn ruht auf allen, die ihn
fürchten und ehren, / die nach seiner Güte aus-
schaun;
19 denn er will sie dem Tod entreißen / und in der
Hungersnot ihr Leben erhalten.
20 Unsre Seele hofft auf den Herrn; / er ist für uns
Schild und Hilfe.
21 Ja, an ihm freut sich unser Herz, / wir vertrauen
auf seinen heiligen Namen.
22 Lass deine Güte über uns walten, o Herr, / denn
wir schauen aus nach dir.

1: 32,11; 92,2 • 2: 92,4 • 3: 40,4; 96,1; 98,1; 144,9; 149,1; Jdt 16,1.13; Jes 42,10; Offb 5,9; 14,3 • 5: 119,64 • 6: Gen 1,6–8.14–18; Joh 1,3 • 7: Ijob 38,8–11 • 8: 67,8 • 9: 148,5; Gen 1,3–26; Sir 39,16; Jes 48,13 • 10–11: Spr 19,21 • 11: Jes 40,8; 46,10 • 12: 144,15; Ex 19,6; Dtn 7,6 • 13–15: 14,2; 102,20; 2 Chr 16,9; Ijob 34,21; Sir 15,18f • 15: 94,9–11 • 16–17: 20,8; 1 Sam 14,6; 17,45–47 • 18: 32,8; 34,16; Sir 34,19 • 19: 37,19; Ijob 5,20 • 20: 3,4; 115,9–11 • 22: 90,17

Unter Gottes Schutz

34 [Von David, als er sich vor Abimelech
wahnsinnig stellte und dieser ihn fortjagte
und er ging.]
2 Ich will den Herrn allezeit preisen; / immer sei
sein Lob in meinem Mund.
3 Meine Seele rühme sich des Herrn; / die Armen
sollen es hören und sich freuen.
4 Verherrlicht mit mir den Herrn, / lasst uns ge-
meinsam seinen Namen rühmen.
5 Ich suchte den Herrn und er hat mich erhört, / er
hat mich all meinen Ängsten entrissen.
6 Blickt auf zu ihm, so wird euer Gesicht leuchten /
und ihr braucht nicht zu erröten.
7 Da ist ein Armer; er rief und der Herr erhörte
ihn. / Er half ihm aus all seinen Nöten.

[8] Der Engel des Herrn umschirmt alle, die ihn
fürchten und ehren, / und er befreit sie.
[9] Kostet und seht, wie gütig der Herr ist; / wohl
dem, der zu ihm sich flüchtet!
[10] Fürchtet den Herrn, ihr seine Heiligen; / denn
wer ihn fürchtet, leidet keinen Mangel.
[11] Reiche müssen darben und hungern; / wer aber
den Herrn sucht, braucht kein Gut zu entbeh-
ren.
[12] Kommt, ihr Kinder, hört mir zu! / Ich will euch
in der Furcht des Herrn unterweisen.
[13] Wer ist der Mensch, der das Leben liebt / und
gute Tage zu sehen wünscht?
[14] Bewahre deine Zunge vor Bösem / und deine
Lippen vor falscher Rede!
[15] Meide das Böse und tu das Gute; / suche Frieden
und jage ihm nach!
[16] Die Augen des Herrn blicken auf die Gerechten, /
seine Ohren hören ihr Schreien.
[17] Das Antlitz des Herrn richtet sich gegen die
Bösen, / um ihr Andenken von der Erde zu tilgen.
[18] Schreien die Gerechten, so hört sie der Herr; / er
entreißt sie all ihren Ängsten.
[19] Nahe ist der Herr den zerbrochenen Herzen, / er
hilft denen auf, die zerknirscht sind.
[20] Der Gerechte muss viel leiden, / doch allem wird
der Herr ihn entreißen.
[21] Er behütet all seine Glieder, / nicht eines von
ihnen wird zerbrochen.
[22] Den Frevler wird seine Bosheit töten; / wer den
Gerechten hasst, muss es büßen.
[23] Der Herr erlöst seine Knechte; / straflos bleibt,
wer zu ihm sich flüchtet.

1: 1 Sam 21,11–16 • 2: 145,2 • 7: 91,15 • 8: 35,5f; 91,11; Gen 32,2f; Ex 14,19 • 9: 1 Petr 2,3 • 11: Lk 1,53 • 13–17: 1 Petr 3,10–12 • 15: 37,27; Spr 3,7; Hebr 12,14 • 16: 33,18 • 17: 109,15; Ijob 18,17 • 19: 51,19; 145,18 • 20: 2 Kor 1,5

Bitte um Rettung vor falschen Anklägern

35 [Von David.]
Streite, Herr, gegen alle, die gegen mich
streiten, / bekämpfe alle, die mich bekämpfen!
[2] Ergreife Schild und Waffen; / steh auf, um mir zu
helfen!
[3] Schwing den Speer und die Lanze gegen meine
Verfolger! / Sag zu mir: »Ich bin deine Hilfe.«
[4] In Schmach und Schande sollen alle fallen, / die
mir nach dem Leben trachten.
Zurückweichen sollen sie und vor Scham errö-
ten, / die auf mein Unglück sinnen.
[5] Sie sollen werden wie Spreu vor dem Wind; / der
Engel des Herrn stoße sie fort.
[6] Ihr Weg soll finster und schlüpfrig sein; / der
Engel des Herrn verfolge sie.
[7] Denn sie haben mir ohne Grund ein Netz gelegt, /
mir ohne Grund eine Grube gegraben.
[8] Unvermutet ereile ihn das Verderben; / er fange
sich selbst in seinem Netz, / er falle in die eigene
Grube.
[9] Meine Seele aber wird jubeln über den Herrn /
und sich über seine Hilfe freuen.
[10] Mit Leib und Seele will ich sagen: / Herr, wer ist
wie du? Du entreißt den Schwachen dem, der stär-
ker ist, / den Schwachen und Armen dem, der ihn
ausraubt.
[11] Da treten ruchlose Zeugen auf. / Man wirft mir
Dinge vor, von denen ich nichts weiß.
[12] Sie vergelten mir Gutes mit Bösem; / ich bin ver-
lassen und einsam.
[13] Ich aber zog ein Bußkleid an, als sie erkrankten, /
und quälte mich ab mit Fasten. / Nun kehre mein
Gebet zurück in meine Brust.
[14] Als wäre es ein Freund oder ein Bruder, / so ging
ich betrübt umher,
wie man Leid trägt um die Mutter, / trauernd und
tief gebeugt.
[15] Doch als ich stürzte, lachten sie / und taten sich
zusammen.
Sie taten sich gegen mich zusammen / wie Fremde,
die ich nicht kenne.
Sie hören nicht auf, mich zu schmähen; /
[16] sie verhöhnen und verspotten mich, / knirschen
gegen mich mit den Zähnen.
[17] Herr, wie lange noch wirst du das ansehn? / Rette
mein Leben vor den wilden Tieren, / mein einzi-
ges Gut vor den Löwen!
[18] Ich will dir danken in großer Gemeinde, / vor
zahlreichem Volk dich preisen.
[19] Über mich sollen die sich nicht freuen, / die mich
ohne Grund befeinden.
Sie sollen nicht mit den Augen zwinkern, / die
mich grundlos hassen.
[20] Denn was sie reden, dient nicht dem Frieden; /
gegen die Stillen im Land ersinnen sie listige Pläne.
[21] Sie reißen den Mund gegen mich auf und sagen: /

»Dir geschieht recht. Jetzt sehen wir's mit eigenen
Augen.«
22 Du hast es gesehen, Herr. So schweig doch nicht! /
Herr, bleib mir nicht fern!
23 Wach auf, tritt ein für mein Recht, / verteidige
mich, mein Gott und mein Herr!
24 Verschaff mir Recht nach deiner Gerechtigkeit,
Herr, mein Gott! / Sie sollen sich über mich nicht
freuen.
25 Lass sie nicht denken: »Recht so! Das freut
uns.« / Sie sollen nicht sagen: »Wir haben ihn ver-
schlungen.«
26 In Schmach und Schande sollen alle fallen, / die
sich über mein Unglück freuen,
in Schimpf und Schande sich kleiden, / die gegen
mich prahlen.
27 Alle sollen sich freuen und jubeln, / die wün-
schen, dass ich im Recht bin.
Sie sollen jederzeit sagen: »Groß ist der Herr, / er
will das Heil seines Knechtes.«
28 Meine Zunge soll deine Gerechtigkeit verkün-
den, / dein Lob alle Tage.

4: 40,15 • 5: 1,4; 83,14; 34,8 • 6: 73,18; Jer 23,12 • 7: Jer 18,20 •
7–8: 7,16; Ijob 18,8f • 10: 71,19; 77,14; 89,7f; 113,5; Ex 15,11 •
11: 27,12; Mt 26,59f • 12: 38,21; 109,5; Jer 18,20 • 13: 109,4 •
17: 17,12 • 18: 22,23 • 19: 25,19; 69,5; Joh 15,25 • 21: 40,16; Klgl 2,16 •
22: 38,22; Hab 1,13; Ps 22,12 • 26: 40,15 • 27: 40,17 • 28: 71,15

Gott, die Quelle des Lebens

36 [Für den Chormeister. Von David, dem
Knecht des Herrn.]
2 Der Frevler spricht: »Ich bin entschlossen zum
Bösen.« / In seinen Augen gibt es kein Erschrecken
vor Gott.
3 Er gefällt sich darin, / sich schuldig zu machen
und zu hassen.
4 Die Worte seines Mundes sind Trug und Un-
heil; / er hat es aufgegeben, weise und gut zu han-
deln.
5 Unheil plant er auf seinem Lager, / er betritt
schlimme Wege und scheut nicht das Böse.
6 Herr, deine Güte reicht, so weit der Himmel ist, /
deine Treue, so weit die Wolken ziehn.
7 Deine Gerechtigkeit steht wie die Berge Gottes, /
deine Urteile sind tief wie das Meer.
Herr, du hilfst Menschen und Tieren. /
8 Gott, wie köstlich ist deine Huld!
Die Menschen bergen sich im Schatten deiner Flü-
gel, /
9 sie laben sich am Reichtum deines Hauses; /
du tränkst sie mit dem Strom deiner Wonnen.
10 Denn bei dir ist die Quelle des Lebens, / in dei-
nem Licht schauen wir das Licht.
11 Erhalte denen, die dich kennen, deine Huld / und
deine Gerechtigkeit den Menschen mit redlichem
Herzen!
12 Lass mich nicht kommen unter den Fuß der Stol-
zen; / die Hand der Frevler soll mich nicht vertrei-
ben.
13 Dann brechen die Bösen zusammen, / sie werden
niedergestoßen und können nie wieder aufstehn.

2: 14,1; Röm 3,18 • 5: Mi 2,1 • 6: 57,11; 108,5 • 8: 17,7f • 9: 65,5; 46,5 •
10: 16,11; 97,11; Jer 2,13; Joh 4,14

Gott, der Anwalt der Guten

37 [Von David.]
Errege dich nicht über die Bösen, / wegen
der Übeltäter ereifere dich nicht!
2 Denn sie verwelken schnell wie das Gras, / wie
grünes Kraut verdorren sie.
3 Vertrau auf den Herrn und tu das Gute, / bleib
wohnen im Land und bewahre Treue!
4 Freu dich innig am Herrn! / Dann gibt er dir, was
dein Herz begehrt.
5 Befiehl dem Herrn deinen Weg und vertrau
ihm; / er wird es fügen.
6 Er bringt deine Gerechtigkeit heraus wie das
Licht / und dein Recht so hell wie den Mittag.
7 Sei still vor dem Herrn und harre auf ihn! / Er-
hitze dich nicht über den Mann, dem alles ge-
lingt, / den Mann, der auf Ränke sinnt.
8 Steh ab vom Zorn und lass den Grimm; / erhitze
dich nicht, es führt nur zu Bösem.
9 Denn die Bösen werden ausgetilgt; / die aber auf
den Herrn hoffen, werden das Land besitzen.
10 Eine Weile noch und der Frevler ist nicht mehr
da; / schaust du nach seiner Wohnung – sie ist
nicht mehr zu finden.
11 Doch die Armen werden das Land bekommen, /
sie werden Glück in Fülle genießen.
12 Der Frevler sinnt auf Ränke gegen den Gerech-
ten / und knirscht gegen ihn mit den Zähnen.
13 Der Herr verlacht ihn, / denn er sieht, dass sein
Tag kommt.
14 Die Frevler zücken das Schwert / und spannen
ihren Bogen;

sie wollen den Schwachen und Armen fällen / und
alle hinschlachten, die den rechten Weg gehn.
15 Ihr Schwert dringe in ihr eigenes Herz / und ihre
Bogen sollen zerbrechen.
16 Besser das wenige, das der Gerechte besitzt, / als
der Überfluss vieler Frevler.
17 Denn die Arme der Frevler werden zerschmet-
tert, / doch die Gerechten stützt der Herr.
18 Der Herr kennt die Tage der Bewährten, / ihr
Erbe hat ewig Bestand.
19 In bösen Zeiten werden sie nicht zuschanden, /
sie werden satt in den Tagen des Hungers.
20 Doch die Frevler gehen zugrunde, / die Feinde
des Herrn sind wie die Pracht der Auen: / Sie
schwinden dahin, wie Rauch schwinden sie hin.
21 Der Frevler muss borgen und kann nicht bezah-
len, / doch freigebig schenkt der Gerechte.
22 Denn wen der Herr segnet, der wird das Land
besitzen, / aber wen er verflucht, der wird ausgetilgt.
23 Der Herr festigt die Schritte des Mannes, / er hat
Gefallen an seinem Weg.
24 Auch wenn er strauchelt, stürzt er nicht hin; /
denn der Herr hält ihn fest an der Hand.
25 Einst war ich jung, nun bin ich alt, / nie sah ich
einen Gerechten verlassen / noch seine Kinder bet-
teln um Brot.
26 Allzeit ist er mildtätig, gern leiht er aus, / seine
Kinder werden zum Segen.
27 Meide das Böse und tu das Gute, / so bleibst du
wohnen für immer.
28 Denn der Herr liebt das Recht / und verlässt
seine Frommen nicht.
Doch das Geschlecht der Frevler wird ausgetilgt, /
sie werden für immer vernichtet.
29 Die Gerechten werden das Land besitzen / und
darin wohnen für alle Zeiten.
30 Der Mund des Gerechten bewegt Worte der
Weisheit / und seine Zunge redet, was recht ist.
31 Er hat die Weisung seines Gottes im Herzen, /
seine Schritte wanken nicht.
32 Der Frevler belauert den Gerechten / und sucht
ihn zu töten.
33 Der Herr überlässt ihn nicht seiner Hand, / lässt
nicht zu, dass man ihn vor Gericht verurteilt.
34 Hoffe auf den Herrn / und bleib auf seinem Weg!
Er wird dich erhöhen zum Erben des Landes; / du
wirst sehen, wie der Frevler vernichtet wird.
35 Ich sah einen Frevler, bereit zu Gewalttat; / er
reckte sich hoch wie eine grünende Zeder.
36 Wieder ging ich vorüber und er war nicht mehr
da; / ich suchte ihn, doch er war nicht zu finden.
37 Achte auf den Frommen und schau auf den Red-
lichen! / Denn Zukunft hat der Mann des Friedens.
38 Die Sünder aber werden alle zusammen ver-
nichtet; / die Zukunft der Frevler ist Untergang.
39 Die Rettung der Gerechten kommt vom Herrn, /
er ist ihre Zuflucht in Zeiten der Not.
40 Der Herr hilft ihnen und rettet sie, / er rettet sie
vor den Frevlern;
er schenkt ihnen Heil, / denn sie suchen Zuflucht
bei ihm.

1: Spr 23,17; 24,19 • 2: 90,5f • 4: 20,5 • 5: 119,1; 55,23; Spr 3,5; 16,3 • 6: Ijob 11,17; Spr 4,18 • 8: Eph 4,26 • 9: 25,13 • 10: Ijob 20,8f • 11: Mt 5,5 • 13: 59,9; Ijob 18,20 • 14: 11,2 • 16: Spr 15,16; 16,8 • 17: 10,15 • 19: 33,19 • 20: 68,3 • 22: Spr 2,21f • 24: 145,14; Spr 24,16 • 27: 34,15; Am 5,14 • 29: 25,13; Jes 60,21 • 30: Spr 10,31 • 31: 40,9 • 32: 11,2 • 35: 92,8; 35–36: Ijob 20,6f • 39: 46,2

Die Klage eines Kranken

38 [Ein Psalm Davids. Zum Weihrauchopfer.]
2 Herr, strafe mich nicht in deinem Zorn /
und züchtige mich nicht in deinem Grimm!
3 Denn deine Pfeile haben mich getroffen, / deine
Hand lastet schwer auf mir.
4 Nichts blieb gesund an meinem Leib, weil du mir
grollst; / weil ich gesündigt, blieb an meinen Glie-
dern nichts heil.
5 Denn meine Sünden schlagen mir über dem Kopf
zusammen, / sie erdrücken mich wie eine schwere
Last.
6 Mir schwären, mir eitern die Wunden / wegen
meiner Torheit.
7 Ich bin gekrümmt und tief gebeugt, / den ganzen
Tag geh ich traurig einher.
8 Denn meine Lenden sind voller Brand, / nichts
blieb gesund an meinem Leib.
9 Kraftlos bin ich und ganz zerschlagen, / ich
schreie in der Qual meines Herzens.
10 All mein Sehnen, Herr, liegt offen vor dir, / mein
Seufzen ist dir nicht verborgen.
11 Mein Herz pocht heftig, mich hat die Kraft ver-
lassen, / geschwunden ist mir das Licht der Augen.
12 Freunde und Gefährten bleiben mir fern in
meinem Unglück / und meine Nächsten meiden
mich.

[13] Die mir nach dem Leben trachten, legen mir
Schlingen; / die mein Unheil suchen, planen Verderben, / den ganzen Tag haben sie Arglist im Sinn.
[14] Ich bin wie ein Tauber, der nicht hört, / wie ein
Stummer, der den Mund nicht auftut.
[15] Ich bin wie einer, der nicht mehr hören kann, /
aus dessen Mund keine Entgegnung kommt.
[16] Doch auf dich, Herr, harre ich; / du wirst mich
erhören, Herr, mein Gott.
[17] Denn ich sage: Über mich sollen die sich nicht
freuen, / die gegen mich prahlen, wenn meine
Füße straucheln.
[18] Ich bin dem Fallen nahe, / mein Leid steht mir
immer vor Augen.
[19] Ja, ich bekenne meine Schuld, / ich bin wegen
meiner Sünde in Angst.
[20] Die mich ohne Grund befehden, sind stark; /
viele hassen mich wegen nichts.
[21] Sie vergelten mir Gutes mit Bösem, / sie sind mir
Feind; denn ich trachte nach dem Guten.
[22] Herr, verlass mich nicht, bleib mir nicht fern,
mein Gott! /
[23] Eile mir zu Hilfe, Herr, du mein Heil!

2: 6,2 • 3: 32,4; Ijob 6,4 • 5: 40,13; Esra 9,6 • 11: 31,10 • 12: 31,12 • 13: 35,20 • 17: 13,5; 35,19 • 19: 32,5; 51,5; 2 Sam 12,13; Ijob 31,33; Spr 28,13; Hos 14,3; Jak 5,16 • 21: 35,12 • 22–23: 22,12

Die Not des vergänglichen Menschen

39 [Für den Chormeister. Von Jedutun. Ein Psalm Davids.]
[2] Ich sagte: Ich will auf meine Wege achten, / damit
ich nicht sündige mit meiner Zunge.
Ich lege meinem Mund einen Zaum an, / solange
der Frevler vor mir steht.
[3] So blieb ich stumm und still; / ich schwieg, vom
Glück verlassen, / doch mein Schmerz war aufgerührt.
[4] Heiß wurde mir das Herz in der Brust, / bei meinem Grübeln entbrannte ein Feuer; / da musste
ich reden:
[5] Herr, tu mir mein Ende kund und die Zahl meiner Tage! / Lass mich erkennen, wie sehr ich vergänglich bin!
[6] Du machtest meine Tage nur eine Spanne lang, /
meine Lebenszeit ist vor dir wie ein Nichts. / Ein
Hauch nur ist jeder Mensch. [Sela]
[7] Nur wie ein Schatten geht der Mensch einher, /
um ein Nichts macht er Lärm. / Er rafft zusammen
und weiß nicht, wer es einheimst.
[8] Und nun, Herr, worauf soll ich hoffen? / Auf dich
allein will ich harren.
[9] Entreiß mich allen, die mir Unrecht tun, / und
überlass mich nicht dem Spott der Toren!
[10] Ich bin verstummt, ich tue den Mund nicht
mehr auf. / Denn so hast du es gefügt.
[11] Nimm deine Plage weg von mir! / Unter der
Wucht deiner Hand vergehe ich.
[12] Du strafst und züchtigst den Mann wegen seiner
Schuld, / du zerstörst seine Anmut wie Motten das
Kleid, / ein Hauch nur ist jeder Mensch. [Sela]
[13] Hör mein Gebet, Herr, vernimm mein Schreien, / schweig nicht zu meinen Tränen!
Denn ich bin nur ein Gast bei dir, / ein Fremdling
wie all meine Väter.
[14] Wende dein strafendes Auge ab von mir, / sodass
ich heiter blicken kann, / bevor ich dahinfahre und
nicht mehr da bin.

5: 90,12 • 6–7: 90,9f; 109,23; 144,4; Ijob 7,6f; 14,2; Jak 4,14 • 7: 49,18 • 12: Ijob 13,28 • 13: 119,19; Lev 25,23; Hebr 11,13; 1 Petr 2,11 • 14: Ijob 7,19; 10,21; 14,6

Dank, Hingabe und Bitte

40 [Für den Chormeister. Ein Psalm Davids.]
[2] Ich hoffte, ja ich hoffte auf den Herrn. / Da neigte
er sich mir zu und hörte mein Schreien.
[3] Er zog mich herauf aus der Grube des Grauens, /
aus Schlamm und Morast.
Er stellte meine Füße auf den Fels, / machte fest
meine Schritte.
[4] Er legte mir ein neues Lied in den Mund, / einen
Lobgesang auf ihn, unsern Gott.
Viele werden es sehen, sich in Ehrfurcht neigen /
und auf den Herrn vertrauen.
[5] Wohl dem Mann, der auf den Herrn sein Vertrauen setzt, / sich nicht zu den Stolzen hält / noch
zu treulosen Lügnern.
[6] Zahlreich sind die Wunder, die du getan hast, /
und deine Pläne mit uns; / Herr, mein Gott, nichts
kommt dir gleich.
Wollte ich von ihnen künden und reden, / es wären
mehr, als man zählen kann.
[7] An Schlacht- und Speiseopfern hast du kein Gefallen, / Brand- und Sündopfer forderst du nicht.

Doch das Gehör hast du mir eingepflanzt; /
8 darum sage ich: Ja, ich komme. / In dieser Schrift-
rolle steht, was an mir geschehen ist.
9 Deinen Willen zu tun, mein Gott, macht mir
Freude, / deine Weisung trag ich im Herzen.
10 Gerechtigkeit verkünde ich in großer Gemein-
de, / meine Lippen verschließe ich nicht; Herr, du
weißt es.
11 Deine Gerechtigkeit verberge ich nicht im Her-
zen, / ich spreche von deiner Treue und Hilfe,
ich schweige nicht über deine Huld und Wahrheit /
vor der großen Gemeinde.
12 Du, Herr, verschließ mir nicht dein Erbarmen, /
deine Huld und Wahrheit mögen mich immer
behüten!
13 Denn Leiden ohne Zahl umfangen mich, / meine
Sünden holen mich ein, / ich vermag nicht mehr
aufzusehn.
Zahlreicher sind sie als die Haare auf meinem
Kopf, / der Mut hat mich ganz verlassen.
14 Gewähre mir die Gunst, Herr, und reiß mich
heraus; / Herr, eile mir zu Hilfe!
15 In Schmach und Schande sollen alle fallen, / die
mir nach dem Leben trachten.
Zurückweichen sollen sie und vor Scham errö-
ten, / die sich über mein Unglück freuen.
16 Vor Schande sollen alle schaudern, / die zu mir
sagen: »Dir geschieht recht.«
17 Alle, die dich suchen, frohlocken; / sie mögen
sich freuen in dir.
Die dein Heil lieben, sollen immer sagen: / Groß
ist Gott, der Herr.
18 Ich bin arm und gebeugt; / der Herr aber sorgt
für mich. Meine Hilfe und mein Retter bist du. /
Mein Gott, säume doch nicht!

3: 69,15f • 4: 33,3 • 5: 1,1; Jer 17,7 • 6: 139,17f • 7–9: Hebr 10,5–7 • 7: 50,7–15; 51,18f; 69,31f; 1 Sam 15,22; Jes 1,11; Jer 6,20; Am 5,22 • 9: 37,31; Joh 4,34 • 10: 22,23 • 13: 38,5 • 14: 22,12 • 14–18 || Ps 70,1–6 • 15: 35,4 • 16: 35,21 • 17: 35,27

Das Gebet eines Kranken und Verfolgten

41 [Für den Chormeister. Ein Psalm Davids.]
2 Wohl dem, der sich des Schwachen an-
nimmt; / zur Zeit des Unheils wird der Herr ihn
retten.
3 Ihn wird der Herr behüten / und am Leben erhal-
ten.
Man preist ihn glücklich im Land. / Gib ihn nicht
seinen gierigen Feinden preis!
4 Auf dem Krankenbett wird der Herr ihn stär-
ken; / seine Krankheit verwandelst du in Kraft.
5 Ich sagte: Herr, sei mir gnädig, / heile mich; denn
ich habe gegen dich gesündigt.
6 Meine Feinde reden böse über mich: / »Wann
stirbt er endlich und wann vergeht sein Na-
me?«
7 Besucht mich jemand, / so kommen seine Worte
aus falschem Herzen.
Er häuft in sich Bosheit an, / dann geht er hinaus
und redet.
8 Im Hass gegen mich sind sich alle einig; / sie tu-
scheln über mich und sinnen auf Unheil:
9 »Verderben hat sich über ihn ergossen; / wer ein-
mal daliegt, steht nicht mehr auf.«
10 Auch mein Freund, dem ich vertraute, / der mein
Brot aß, hat gegen mich geprahlt.
11 Du aber, Herr, sei mir gnädig; / richte mich auf,
damit ich ihnen vergelten kann.
12 Daran erkenne ich, dass du an mir Gefallen
hast: / wenn mein Feind nicht über mich trium-
phieren darf.
13 Weil ich aufrichtig bin, hältst du mich fest / und
stellst mich vor dein Antlitz für immer.
14 Gepriesen sei der Herr, der Gott Israels, / von
Ewigkeit zu Ewigkeit. Amen, ja amen.

2: Spr 14,21; Mt 5,7 • 5: 6,3 • 6: 22,7f; 44,14f; 71,7; 89,51; 102,9; 109,25; 123,3f • 10: 31,12; Obd 7; Joh 13,18 • 14: Neh 9,5

DAS ZWEITE BUCH

Sehnsucht nach dem lebendigen Gott

42 [Für den Chormeister. Ein Weisheitslied
der Korachiter.]
2 Wie der Hirsch lechzt nach frischem Wasser, / so
lechzt meine Seele, Gott, nach dir.
3 Meine Seele dürstet nach Gott, / nach dem leben-
digen Gott.
Wann darf ich kommen / und Gottes Antlitz
schauen?
4 Tränen waren mein Brot bei Tag und bei Nacht; /

denn man sagt zu mir den ganzen Tag: / »Wo ist
nun dein Gott?«
5 Das Herz geht mir über, wenn ich daran denke: /
wie ich zum Haus Gottes zog in festlicher Schar, /
mit Jubel und Dank in feiernder Menge.
6 Meine Seele, warum bist du betrübt / und bist so
unruhig in mir?
Harre auf Gott; denn ich werde ihm noch dan-
ken, / meinem Gott und Retter, auf den ich schaue.
7 Betrübt ist meine Seele in mir, darum denke ich
an dich / im Jordanland, am Hermon, am Mizar-
Berg.
8 Flut ruft der Flut zu beim Tosen deiner Wasser, /
all deine Wellen und Wogen gehen über mich hin.
9 Bei Tag schenke der Herr seine Huld; / ich singe
ihm nachts und flehe zum Gott meines Lebens.
10 Ich sage zu Gott, meinem Fels: / »Warum hast du
mich vergessen?
Warum muss ich trauernd umhergehen, / von
meinem Feind bedrängt?«
11 Wie ein Stechen in meinen Gliedern / ist für
mich der Hohn der Bedränger;
denn sie rufen mir ständig zu: / »Wo ist nun dein
Gott?«
12 Meine Seele, warum bist du betrübt / und bist so
unruhig in mir?
Harre auf Gott; denn ich werde ihm noch dan-
ken, / meinem Gott und Retter, auf den ich schaue.

2–3: 63,2; 84,3; 143,6 • 3: 27,4 • 4: 80,6; 102,10; Ijob 3,24 • 5: 122,1 • 6: 62,6 • 8: 18,5; 32,6; 69,2f.16; 88,8.18; 124,4f; Ijob 22,11; Jona 2,4.6 • 10: 92,16 • 11: 42,4; 79,10; 115,2; Joël 2,17; Mi 7,10

43 Verschaff mir Recht, o Gott, / und führe
meine Sache gegen ein treuloses Volk! /
Rette mich vor bösen und tückischen Menschen!
2 Denn du bist mein starker Gott. / Warum hast du
mich verstoßen?
Warum muss ich trauernd umhergehen, / von
meinem Feind bedrängt?
3 Sende dein Licht und deine Wahrheit, / damit sie
mich leiten;
sie sollen mich führen zu deinem heiligen Berg /
und zu deiner Wohnung.
4 So will ich zum Altar Gottes treten, zum Gott
meiner Freude. / Jauchzend will ich dich auf der
Harfe loben, / Gott, mein Gott.
5 Meine Seele, warum bist du betrübt / und bist so
unruhig in mir?
Harre auf Gott; denn ich werde ihm noch dan-
ken, / meinem Gott und Retter, auf den ich schaue.

3: 97,11

Klage in Kriegsnot

44 [Für den Chormeister. Ein Weisheitslied
der Korachiter.]
2 Gott, wir hörten es mit eigenen Ohren, / unsere
Väter erzählten uns
von dem Werk, das du in ihren Tagen vollbracht
hast, / in den Tagen der Vorzeit.
3 Mit eigener Hand hast du Völker vertrieben, / sie
aber eingepflanzt.
Du hast Nationen zerschlagen, / sie aber ausgesät.
4 Denn sie gewannen das Land nicht mit ihrem
Schwert, / noch verschaffte ihr Arm ihnen den
Sieg;
nein, deine Rechte war es, dein Arm und dein
leuchtendes Angesicht; / denn du hattest an ihnen
Gefallen.
5 Du, mein König und mein Gott, / du bist es, der
Jakob den Sieg verleiht.
6 Mit dir stoßen wir unsere Bedränger nieder, / in
deinem Namen zertreten wir unsere Gegner.
7 Denn ich verlasse mich nicht auf meinen Bogen, /
noch kann mein Schwert mir helfen;
8 nein, du hast uns vor unsern Bedrängern geret-
tet; / alle, die uns hassen, bedeckst du mit Schande.
9 Wir rühmen uns Gottes den ganzen Tag / und
preisen deinen Namen auf ewig. [Sela]
10 Doch nun hast du uns verstoßen und mit
Schmach bedeckt, / du ziehst nicht mit unserm
Heer in den Kampf.
11 Du lässt uns vor unsern Bedrängern fliehen /
und Menschen, die uns hassen, plündern uns
aus.
12 Du gibst uns preis wie Schlachtvieh, / unter die
Völker zerstreust du uns.
13 Du verkaufst dein Volk um ein Spottgeld / und
hast an dem Erlös keinen Gewinn.
14 Du machst uns zum Schimpf für die Nachbarn, /
zu Spott und Hohn bei allen, die rings um uns
wohnen.
15 Du machst uns zum Spottlied der Völker, / die
Heiden zeigen uns nichts als Verachtung.

16 Meine Schmach steht mir allzeit vor Augen / und
Scham bedeckt mein Gesicht
17 wegen der Worte des lästernden Spötters, /
wegen der rachgierigen Blicke des Feindes.
18 Das alles ist über uns gekommen / und doch
haben wir dich nicht vergessen, / uns von deinem
Bund nicht treulos abgewandt.
19 Unser Herz ist nicht von dir gewichen, / noch hat
unser Schritt deinen Pfad verlassen.
20 Doch du hast uns verstoßen an den Ort der
Schakale / und uns bedeckt mit Finsternis.
21 Hätten wir den Namen unseres Gottes verges-
sen / und zu einem fremden Gott die Hände erho-
ben,
22 würde Gott das nicht ergründen? / Denn er
kennt die heimlichen Gedanken des Herzens.
23 Nein, um deinetwillen werden wir getötet Tag
für Tag, / behandelt wie Schafe, / die man zum
Schlachten bestimmt hat.
24 Wach auf! Warum schläfst du, Herr? / Erwache,
verstoß nicht für immer!
25 Warum verbirgst du dein Gesicht, / vergisst un-
sere Not und Bedrängnis?
26 Unsere Seele ist in den Staub hinabgebeugt, /
unser Leib liegt am Boden.
27 Steh auf und hilf uns! / In deiner Huld erlöse
uns!

2: 78,3; Dtn 4,9; 2 Sam 7,22f • 3: 78,55; 80,9 • 4: Dtn 8,17f; Jos 24,12; 4,7 • 5: 5,3 • 6: 60,14 • 10: 60,12 • 11: Dtn 28,25 • 12: Dtn 28,64 • 13: Jes 52,3 • 14: 79,4; 80,7 • 23: Röm 8,36 • 24: 74,1; 83,2 • 25: 89,47; Ijob 13,24 • 26: 7,6; 119,25

Ein Lied zur Hochzeit des Königs

45 [Für den Chormeister. Nach der Weise
»Lilien«. Ein Weisheitslied der Korachiter.
Ein Liebeslied.]
2 Mein Herz fließt über von froher Kunde, / ich
weihe mein Lied dem König. / Meine Zunge
gleicht dem Griffel des flinken Schreibers.
3 Du bist der Schönste von allen Menschen, / An-
mut ist ausgegossen über deine Lippen; / darum
hat Gott dich für immer gesegnet.
4 Gürte, du Held, dein Schwert um die Hüfte, / klei-
de dich in Hoheit und Herrlichkeit!
5 Zieh aus mit Glück, kämpfe für Wahrheit und
Recht! / Furcht gebietende Taten / soll dein rech-
ter Arm dich lehren.
6 Deine Pfeile sind scharf, dir unterliegen die Völ-
ker, / die Feinde des Königs verlieren den Mut.
7 Dein Thron, du Göttlicher, steht für immer und
ewig; / das Zepter deiner Herrschaft ist ein gerech-
tes Zepter.
8 Du liebst das Recht und hasst das Unrecht, /
darum hat Gott, dein Gott, dich gesalbt mit dem
Öl der Freude / wie keinen deiner Gefährten.
9 Von Myrrhe, Aloe und Kassia duften all deine
Gewänder, / aus Elfenbeinhallen erfreut dich Sai-
tenspiel.
10 Königstöchter gehen dir entgegen, / die Braut
steht dir zur Rechten / im Schmuck von Ofirgold.
11 Höre, Tochter, sieh her und neige dein Ohr, / ver-
giss dein Volk und dein Vaterhaus!
12 Der König verlangt nach deiner Schönheit; / er
ist ja dein Herr, verneig dich vor ihm!
13 Die Töchter von Tyrus kommen mit Gaben, /
deine Gunst begehren die Edlen des Volkes.
14 Die Königstochter ist herrlich geschmückt, / ihr
Gewand ist durchwirkt mit Gold und Perlen.
15 Man geleitet sie in bunt gestickten Kleidern zum
König, / Jungfrauen sind ihr Gefolge, / ihre Freun-
dinnen führt man zu dir.
16 Man geleitet sie mit Freude und Jubel, / sie zie-
hen ein in den Palast des Königs.
17 An die Stelle deiner Väter treten einst deine
Söhne; / du bestellst sie zu Fürsten im ganzen Land.
18 Ich will deinen Namen rühmen von Geschlecht
zu Geschlecht; / darum werden die Völker dich
preisen immer und ewig.

7–8: Hebr 1,8f • 11: Gen 12,1 • 15: Ez 16,10–13 • 17: 2 Chr 21,3

Gott, unsre Burg

46 [Für den Chormeister. Von den Korachi-
tern. Nach der Weise »Mädchen«. Ein
Lied.]
2 Gott ist uns Zuflucht und Stärke, / ein bewährter
Helfer in allen Nöten.
3 Darum fürchten wir uns nicht, wenn die Erde
auch wankt, / wenn Berge stürzen in die Tiefe des
Meeres,
4 wenn seine Wasserwogen tosen und schäumen /
und vor seinem Ungestüm die Berge erzittern.
Der Herr der Heerscharen ist mit uns, / der Gott
Jakobs ist unsre Burg. [Sela]

5 Die Wasser eines Stromes erquicken die Gottes-
stadt, / des Höchsten heilige Wohnung.
6 Gott ist in ihrer Mitte, darum wird sie niemals
wanken; / Gott hilft ihr, wenn der Morgen anbricht.
7 Völker toben, Reiche wanken, / es dröhnt sein
Donner, da zerschmilzt die Erde.
8 Der Herr der Heerscharen ist mit uns, / der Gott
Jakobs ist unsre Burg. [Sela]
9 Kommt und schaut die Taten des Herrn, / der
Furchtbares vollbringt auf der Erde.
10 Er setzt den Kriegen ein Ende / bis an die Gren-
zen der Erde; er zerbricht die Bogen, zerschlägt die
Lanzen, / im Feuer verbrennt er die Schilde.
11 »Lasst ab und erkennt, dass ich Gott bin, / erha-
ben über die Völker, erhaben auf Erden.«
12 Der Herr der Heerscharen ist mit uns, / der Gott
Jakobs ist unsre Burg. [Sela]

2: 37,39; 61,4 • 3: 75,4; Ijob 9,5f • 6: 90,14; 2 Kön 19,35 • 9: 66,5 • 10: 76,4; Jes 2,4; Ez 39,9f • 11: 83,19

Gott, der König aller Völker

47 [Für den Chormeister. Ein Psalm der
Korachiter.]
2 Ihr Völker alle, klatscht in die Hände; / jauchzt
Gott zu mit lautem Jubel!
3 Denn Furcht gebietend ist der Herr, der Höchs-
te, / ein großer König über die ganze Erde.
4 Er unterwirft uns Völker / und zwingt Nationen
unter unsre Füße.
5 Er wählt unser Erbland für uns aus, / den Stolz
Jakobs, den er liebt. [Sela]
6 Gott stieg empor unter Jubel, / der Herr beim
Schall der Hörner.
7 Singt unserm Gott, ja singt ihm! / Spielt unserm
König, spielt ihm!
8 Denn Gott ist König der ganzen Erde. / Spielt ihm
ein Psalmenlied!
9 Gott wurde König über alle Völker, / Gott sitzt auf
seinem heiligen Thron.
10 Die Fürsten der Völker sind versammelt / als
Volk des Gottes Abrahams.
Denn Gott gehören die Mächte der Erde; / er ist
hoch erhaben.

3: 95,3 • 4: 2,8 • 5: Dtn 32,9 • 6: 68,19; 98,6 • 8–9: 24,7–10 • 9: Jer 10,7 • 10: 87,4–6

Die Stadt des großen Königs

48 [Ein Lied. Ein Psalm der Korachiter.]
2 Groß ist der Herr und hoch zu preisen /
in der Stadt unsres Gottes.
3 Sein heiliger Berg ragt herrlich empor; / er ist die
Freude der ganzen Welt.
Der Berg Zion liegt weit im Norden; / er ist die
Stadt des großen Königs.
4 Gott ist in ihren Häusern bekannt / als ein siche-
rer Schutz.
5 Denn seht: Die Könige vereinten sich / und zogen
gemeinsam heran;
6 doch als sie aufsahen, erstarrten sie vor Schreck, /
sie waren bestürzt und liefen davon.
7 Dort packte sie das Zittern, / wie die Wehen eine
gebärende Frau,
8 wie der Sturm vom Osten, / der die Schiffe von
Tarschisch zerschmettert.
9 Wie wir's gehört hatten, so erlebten wir's jetzt /
in der Stadt des Herrn der Heere,
in der Stadt unsres Gottes; / Gott lässt sie ewig
bestehen. [Sela]
10 Über deine Huld, o Gott, denken wir nach / in
deinem heiligen Tempel.
11 Wie dein Name, Gott, so reicht dein Ruhm bis
an die Enden der Erde; / deine rechte Hand ist voll
von Gerechtigkeit.
12 Der Berg Zion freue sich, / die Töchter Judas sol-
len über deine gerechten Urteile jubeln.
13 Umkreist den Zion, / umschreitet ihn, zählt seine
Türme!
14 Betrachtet seine Wälle, / geht in seinen Palästen
umher, / damit ihr dem kommenden Geschlecht
erzählen könnt:
15 »Das ist Gott, unser Gott für immer und ewig. /
Er wird uns führen in Ewigkeit.«

2: 95,3; 96,4; 145,3 • 3: 50,2; 78,68f; Jes 14,13; Klgl 2,15 • 4: 46,6 • 5: Ri 5,19 • 7: Ex 15,14 • 8: Jes 2,16 • 11: 113,3; Mal 1,11 • 12: 97,8 • 13: 122,3; Jes 26,1 • 14: 22,31f • 15: 102,28

Die Vergänglichkeit des Menschen

49 [Für den Chormeister. Ein Psalm der
Korachiter.]
2 Hört dies an, ihr Völker alle, / vernehmt es, alle
Bewohner der Erde,
3 ihr Leute aus dem Volk und vom Adel, / Reiche
und Arme zusammen!

4 Mein Mund spreche weise Worte; / was mein
Herz ersinnt, sei voller Einsicht.
5 Ich wende mein Ohr einem Weisheitsspruch zu, /
ich enthülle mein Geheimnis beim Harfenspiel.
6 Warum soll ich mich in bösen Tagen fürchten, /
wenn mich der Frevel tückischer Feinde umgibt?
7 Sie verlassen sich ganz auf ihren Besitz / und rüh-
men sich ihres großen Reichtums.
8 Loskaufen kann doch keiner den andern / noch
an Gott für ihn ein Sühnegeld zahlen
9 – für das Leben ist jeder Kaufpreis zu hoch, / für
immer muss man davon abstehn –,
10 damit er auf ewig weiterlebt / und niemals das
Grab schaut.
11 Denn man sieht: Weise sterben; / genauso gehen
Tor und Narr zugrunde, / sie müssen andern ihren
Reichtum lassen.
12 Das Grab ist ihr Haus auf ewig, / ist ihre Woh-
nung für immer, / ob sie auch Länder nach ihren
Namen benannten.
13 Der Mensch bleibt nicht in seiner Pracht; / er
gleicht dem Vieh, das verstummt.
14 So geht es denen, die auf sich selbst vertrauen, /
und so ist das Ende derer, die sich in großen Wor-
ten gefallen. [Sela]
15 Der Tod führt sie auf seine Weide wie Schafe, /
sie stürzen hinab zur Unterwelt.
Geradewegs sinken sie hinab in das Grab; / ihre
Gestalt zerfällt, die Unterwelt wird ihre Wohnstatt.
16 Doch Gott wird mich loskaufen aus dem Reich
des Todes, / ja, er nimmt mich auf. [Sela]
17 Lass dich nicht beirren, wenn einer reich wird /
und die Pracht seines Hauses sich mehrt;
18 denn im Tod nimmt er das alles nicht mit, / seine
Pracht steigt nicht mit ihm hinab.
19 Preist er sich im Leben auch glücklich / und sagt
zu sich: / »Man lobt dich, weil du dir's wohl sein
lässt«,
20 so muss er doch zur Schar seiner Väter hinab, /
die das Licht nie mehr erblicken.
21 Der Mensch in Pracht, doch ohne Einsicht, / er
gleicht dem Vieh, das verstummt.

2–3: Spr 8,4 • 5: 78,2 • 7: 52,9; Ijob 31,24f; Jer 9,22 • 8–9: Spr 11,4; Mt 16,26 • 11: Koh 2,16; Ps 49,18 • 12: Koh 12,5 • 13: Koh 3,19 • 15: 55,16 • 16: 9,14; 16,10; 73,24; Hos 13,14; Gen 5,24 • 17–18: Sir 11,18f • 18: 49,11; 39,7; Koh 2,18.21f; 5,14; 6,2; Sir 11,18; Lk 12,20; 1 Tim 6,7 • 20: Ijob 10,21f

Der rechte Gottesdienst

50 [Ein Psalm Asafs.] Der Gott der Götter,
der Herr, spricht, / er ruft der Erde zu /
vom Aufgang der Sonne bis zum Untergang.
2 Vom Zion her, der Krone der Schönheit, / geht
Gott strahlend auf.
3 Unser Gott kommt und schweigt nicht; / Feuer
frisst vor ihm her; um ihn stürmt es gewaltig.
4 Dem Himmel droben und der Erde ruft er zu, /
er werde sein Volk nun richten:
5 »Versammelt mir all meine Frommen, / die den
Bund mit mir schlossen beim Opfer.«
6 Die Himmel sollen seine Gerechtigkeit künden; /
Gott selbst wird Richter sein. [Sela]
7 »Höre, mein Volk, ich rede. / Israel, ich klage dich
an, / ich, der ich dein Gott bin.
8 Nicht wegen deiner Opfer rüg ich dich, / deine
Brandopfer sind mir immer vor Augen.
9 Doch nehme ich von dir Stiere nicht an / noch
Böcke aus deinen Hürden.
10 Denn mir gehört alles Getier des Waldes, / das
Wild auf den Bergen zu Tausenden.
11 Ich kenne alle Vögel des Himmels, / was sich regt
auf dem Feld, ist mein Eigen.
12 Hätte ich Hunger, ich brauchte es dir nicht zu
sagen, / denn mein ist die Welt und was sie erfüllt.
13 Soll ich denn das Fleisch von Stieren essen / und
das Blut von Böcken trinken?
14 Bring Gott als Opfer dein Lob / und erfülle dem
Höchsten deine Gelübde!
15 Rufe mich an am Tag der Not; / dann rette ich
dich und du wirst mich ehren.«
16 Zum Frevler aber spricht Gott: / »Was zählst du
meine Gebote auf / und nimmst meinen Bund in
deinen Mund?
17 Dabei ist Zucht dir verhasst, / meine Worte
wirfst du hinter dich.
18 Siehst du einen Dieb, so läufst du mit, / du
machst dich mit Ehebrechern gemein.
19 Dein Mund redet böse Worte / und deine Zunge
stiftet Betrug an.
20 Von deinem Bruder redest du schändlich, / auf
den Sohn deiner Mutter häufst du Verleumdung.
21 Das hast du getan und ich soll schweigen? /
Meinst du, ich bin wie du? / Ich halte es dir vor
Augen und rüge dich.
22 Begreift es doch, ihr, die ihr Gott vergesst! / Sonst

zerreiße ich euch und niemand kann euch retten.
23 Wer Opfer des Lobes bringt, ehrt mich; / wer rechtschaffen lebt, dem zeig ich mein Heil.«

1: Dtn 10,17 • 2: 48,3 • 3: 97,3f; Jes 63,19; Dan 7,10 • 4: Dtn 32,1; Jes 1,2 • 5: Ex 24,4–11 • 6: 19,2; 97,6 • 7: Ex 20,2 • 7–15: 40,7 • 12: 24,1 • 14: 119,108; 66,13; Hebr 13,15 • 15: 91,15 • 16: Röm 2,17–24 • 23: 50,14; 91,16

Bitte um Vergebung und Neuschaffung

51 [Für den Chormeister. Ein Psalm Davids,
2 als der Prophet Natan zu ihm kam, nachdem sich David mit Batseba vergangen hatte.]
3 Gott, sei mir gnädig nach deiner Huld, / tilge meine Frevel nach deinem reichen Erbarmen!
4 Wasch meine Schuld von mir ab / und mach mich rein von meiner Sünde!
5 Denn ich erkenne meine bösen Taten, / meine Sünde steht mir immer vor Augen.
6 Gegen dich allein habe ich gesündigt, / ich habe getan, was dir missfällt.
So behältst du recht mit deinem Urteil, / rein stehst du da als Richter.
7 Denn ich bin in Schuld geboren; / in Sünde hat mich meine Mutter empfangen.
8 Lauterer Sinn im Verborgenen gefällt dir, / im Geheimen lehrst du mich Weisheit.
9 Entsündige mich mit Ysop, dann werde ich rein; / wasche mich, dann werde ich weißer als Schnee.
10 Sättige mich mit Entzücken und Freude! / Jubeln sollen die Glieder, die du zerschlagen hast.
11 Verbirg dein Gesicht vor meinen Sünden, / tilge all meine Frevel!
12 Erschaffe mir, Gott, ein reines Herz / und gib mir einen neuen, beständigen Geist!
13 Verwirf mich nicht von deinem Angesicht / und nimm deinen heiligen Geist nicht von mir!
14 Mach mich wieder froh mit deinem Heil / mit einem willigen Geist rüste mich aus!
15 Dann lehre ich Abtrünnige deine Wege / und die Sünder kehren um zu dir.
16 Befrei mich von Blutschuld, Herr, du Gott meines Heiles, / dann wird meine Zunge jubeln über deine Gerechtigkeit.
17 Herr, öffne mir die Lippen / und mein Mund wird deinen Ruhm verkünden.
18 Schlachtopfer willst du nicht, ich würde sie dir geben; / an Brandopfern hast du kein Gefallen.
19 Das Opfer, das Gott gefällt, ist ein zerknirschter Geist, / ein zerbrochenes und zerschlagenes Herz wirst du, Gott, nicht verschmähen.
20 In deiner Huld tu Gutes an Zion; / bau die Mauern Jerusalems wieder auf!
21 Dann hast du Freude an rechten Opfern, / an Brandopfern und Ganzopfern, / dann opfert man Stiere auf deinem Altar.

2: 2 Sam 12 • 3: Lk 18,13 • 5: Jes 59,12 • 6: Röm 3,4 • 7: Ijob 14,4; Joh 3,6 • 9: Num 19,18; Jes 1,18 • 10: 6,3 • 12: Ez 36,26f • 13–14: Röm 8,9.14–16 • 18: 40,7 • 19: 34,19; Jes 57,15; 66,2; Dan 3,39 • 20: 147,2 • 21: 4,6

Die Überheblichkeit des Bösen – das Vertrauen des Frommen

52 [Für den Chormeister. Ein Weisheitslied
Davids, 2 als der Edomiter Doëg zu Saul
kam und ihm meldete: David ist in das Haus des
Ahimelech gegangen.]
3 Was rühmst du dich deiner Bosheit, du Mann der Gewalt, / was prahlst du allzeit vor dem Frommen?
4 Du Ränkeschmied, du planst Verderben; / deine Zunge gleicht einem scharfen Messer.
5 Du liebst das Böse mehr als das Gute / und Lüge mehr als wahrhaftige Rede. [Sela]
6 Du liebst lauter verderbliche Worte, / du tückische Zunge.
7 Darum wird Gott dich verderben für immer, / dich packen und herausreißen aus deinem Zelt, / dich entwurzeln aus dem Land der Lebenden. [Sela]
8 Gerechte werden es sehen und sich fürchten; / sie werden über ihn lachen und sagen:
9 »Seht, das ist der Mann, / der nicht zu Gott seine Zuflucht nahm;
auf seinen großen Reichtum hat er sich verlassen / und auf seinen Frevel gebaut.«
10 Ich aber bin im Haus Gottes wie ein grünender Ölbaum; / auf Gottes Huld vertraue ich immer und ewig.
11 Ich danke dir, Herr, in Ewigkeit; / denn du hast das alles vollbracht.
Ich hoffe auf deinen Namen im Kreis der Frommen; / denn du bist gütig.

2: 1 Sam 22,9f • 4: 59,8 • 4–6: 12,3–5 • 5: Jer 9,4; Joh 3,19f • 7: 27,13; Ijob 18,14 • 8: 58,11; 91,8; Ijob 22,19 • 9: 49,7 • 10: 92,13–16 • 11: 54,8

Die Torheit der Gottesleugner

53 [Für den Chormeister. Nach der Weise »Krankheit«. Ein Weisheitslied Davids.]
[2] Die Toren sagen in ihrem Herzen: / »Es gibt keinen Gott.« / Sie handeln verwerflich und schnöde; / da ist keiner, der Gutes tut.
[3] Gott blickt vom Himmel herab auf die Menschen, / ob noch ein Verständiger da ist, der Gott sucht.
[4] Alle sind sie abtrünnig und verdorben, / keiner tut Gutes, auch nicht ein Einziger.
[5] Haben denn die Übeltäter keine Einsicht? / Sie verschlingen mein Volk.
Sie essen Gottes Brot, / doch seinen Namen rufen sie nicht an.
[6] Es trifft sie Furcht und Schrecken, / obwohl doch nichts zu fürchten ist.
Deinen Bedrängern hat Gott die Glieder zerschlagen. / Gott lässt sie scheitern, denn er hat sie verworfen.
[7] Ach käme doch vom Zion Hilfe für Israel! / Wenn Gott einst das Geschick seines Volkes wendet, / dann jubelt Jakob, dann freut sich Israel.

1–7 || Ps 14

Hilferuf eines Bedrängten

54 [Für den Chormeister. Mit Saitenspiel. Ein Weisheitslied Davids, [2] als die Sifiter kamen und Saul meldeten: David hält sich bei uns verborgen.]
[3] Hilf mir, Gott, durch deinen Namen, / verschaff mir Recht mit deiner Kraft!
[4] Gott, höre mein Flehen, / vernimm die Worte meines Mundes!
[5] Denn es erheben sich gegen mich stolze Menschen, / freche Leute trachten mir nach dem Leben; / sie haben Gott nicht vor Augen. [Sela]
[6] Doch Gott ist mein Helfer, / der Herr beschützt mein Leben.
[7] Auf meine Gegner falle das Unheil zurück. / Weil du treu bist, vernichte sie!
[8] Freudig bringe ich dir dann mein Opfer dar / und lobe deinen Namen, Herr; denn du bist gütig.
[9] Der Herr hat mich herausgerissen aus all meiner Not / und mein Auge kann auf meine Feinde herabsehn.

2: 1 Sam 23,19; 26,1 • 5: 86,14 • 6: 118,7 • 7: 143,12 • 8: 52,11 • 9: 59,11; 91,8; 92,12; 112,8; 118,7

Klage und Vertrauen eines Alleingelassenen

55 [Für den Chormeister. Mit Saitenspiel. Ein Weisheitslied Davids.]
[2] Vernimm, o Gott, mein Beten; / verbirg dich nicht vor meinem Flehen!
[3] Achte auf mich und erhöre mich! / Unstet schweife ich umher und klage.
[4] Das Geschrei der Feinde macht mich verstört; / mir ist angst, weil mich die Frevler bedrängen.
Sie überhäufen mich mit Unheil / und befehden mich voller Grimm.
[5] Mir bebt das Herz in der Brust; / mich überfielen die Schrecken des Todes.
[6] Furcht und Zittern erfassten mich; / ich schauderte vor Entsetzen.
[7] Da dachte ich: »Hätte ich doch Flügel wie eine Taube, / dann flöge ich davon und käme zur Ruhe.«
[8] Weit fort möchte ich fliehen, / die Nacht verbringen in der Wüste. [Sela]
[9] An einen sicheren Ort möchte ich eilen / vor dem Wetter, vor dem tobenden Sturm.
[10] Entzweie sie, Herr, verwirr ihre Sprache! / Denn in der Stadt sehe ich Gewalttat und Hader.
[11] Auf ihren Mauern umschleicht man sie bei Tag und bei Nacht; / sie ist voll Unheil und Mühsal.
[12] In ihr herrscht Verderben; / Betrug und Unterdrückung weichen nicht von ihren Märkten.
[13] Denn nicht mein Feind beschimpft mich, / das würde ich ertragen;
nicht ein Mann, der mich hasst, tritt frech gegen mich auf, / vor ihm könnte ich mich verbergen.
[14] Nein, du bist es, ein Mensch aus meiner Umgebung, / mein Freund, mein Vertrauter,
[15] mit dem ich, in Freundschaft verbunden, / zum Haus Gottes gepilgert bin inmitten der Menge.
[16] Der Tod soll sie überfallen, / lebend sollen sie hinabfahren ins Totenreich. / Denn ihre Häuser und Herzen sind voller Bosheit.
[17] Ich aber, zu Gott will ich rufen, / der Herr wird mir helfen.
[18] Am Abend, am Morgen, am Mittag seufze ich und stöhne; / er hört mein Klagen.
[19] Er befreit mich, bringt mein Leben in Sicherheit / vor denen, die gegen mich kämpfen, / wenn es auch viele sind, die gegen mich angehen.
[20] Gott hört mich und beugt sie nieder, / er, der als König thront seit Ewigkeit. [Sela]

Denn sie kehren nicht um / und fürchten Gott
nicht.
21 Der Feind legt Hand an Gottes Freunde, / er ent-
weiht Gottes Bund.
22 Glatt wie Butter sind seine Reden, / doch in sei-
nem Herzen sinnt er auf Streit;
seine Worte sind linder als Öl / und sind doch
gezückte Schwerter.
24 Du aber, Gott, wirst sie hinabstürzen in die
tiefste Grube. / Gewalttätige und Betrüger errei-
chen nicht die Mitte ihres Lebens. / Ich aber setze
mein Vertrauen auf dich.
23 Wirf deine Sorge auf den Herrn, er hält dich auf-
recht! / Er lässt den Gerechten niemals wanken.

8: Jer 9,1 • 10: Jer 5,1; 6,6; Zef 3,1 • 13–14: 31,12 • 14: Jer 9,3.7; Mt 26,21–24 • 16: 49,15; Num 16,33; Jes 5,14 • 20: 93,2 • 22: 57,5; 62,5; 64,4 • 24: 102,25 • 23: 37,5; 1 Petr 5,7

Das Vertrauensbekenntnis eines Angefeindeten

56 [Für den Chormeister. Nach der Weise
»Stumme Taube der Ferne«. Ein Lied
Davids. Aus der Zeit, als die Philister ihn in Gat
ergriffen.]
2 Sei mir gnädig, Gott, denn Menschen stellen mir
nach; / meine Feinde bedrängen mich Tag für Tag.
3 Täglich stellen meine Gegner mir nach; / ja, es
sind viele, die mich voll Hochmut bekämpfen.
4 An dem Tag, da ich mich fürchten muss, / setze
ich auf dich mein Vertrauen.
5 Ich preise Gottes Wort. / Ich vertraue auf Gott
und fürchte mich nicht. / Was können Menschen
mir antun?
6 Sie verdrehen meine Worte den ganzen Tag; / auf
mein Verderben geht ihr ganzes Sinnen.
7 Sie lauern und spähen und beobachten genau
meine Schritte; / denn sie trachten mir nach dem
Leben.
8 Sie haben gefrevelt; es gibt für sie kein Entrin-
nen. / In deinem Zorn, o Gott, wirf die Völker zu
Boden!
9 Mein Elend ist aufgezeichnet bei dir. / Sammle
meine Tränen in einem Krug, / zeichne sie auf in
deinem Buch!
10 Dann weichen die Feinde zurück an dem Tag, da
ich rufe. / Ich habe erkannt: Mir steht Gott zur Seite.
11 Ich preise Gottes Wort, / ich preise das Wort des
Herrn.
12 Ich vertraue auf Gott und fürchte mich nicht. /
Was können Menschen mir antun?
13 Ich schulde dir die Erfüllung meiner Gelübde, o
Gott; / ich will dir Dankopfer weihen.
14 Denn du hast mein Leben dem Tod entrissen, /
meine Füße bewahrt vor dem Fall.
So gehe ich vor Gott meinen Weg / im Licht der
Lebenden.

1: 1 Sam 21,11f • 5: 27,1; 118,6; Jes 51,12; Mt 10,28; Röm 8,31 • 9: 2 Kön 20,5 • 10: 124,1f; Röm 8,31 • 13: 66,13 • 14: 9,14; 116,8f; Ijob 33,30

Geborgenheit im Schutz Gottes

57 [Für den Chormeister. Nach der Weise
»Zerstöre nicht!«. Ein Lied Davids, als er
vor Saul in die Höhle floh.]
2 Sei mir gnädig, o Gott, sei mir gnädig; / denn ich
flüchte mich zu dir.
Im Schatten deiner Flügel finde ich Zuflucht, / bis
das Unheil vorübergeht.
3 Ich rufe zu Gott, dem Höchsten, / zu Gott, der
mir beisteht.
4 Er sende mir Hilfe vom Himmel; / meine Feinde
schmähen mich. [Sela] / Gott sende seine Huld
und Treue.
5 Ich muss mich mitten unter Löwen lagern, / die
gierig auf Menschen sind.
Ihre Zähne sind Spieße und Pfeile, / ein scharfes
Schwert ihre Zunge.
7 Sie haben meinen Schritten ein Netz gelegt / und
meine Seele gebeugt.
Sie haben mir eine Grube gegraben; / doch fielen
sie selbst hinein. [Sela]
6 Erheb dich über die Himmel, o Gott! / Deine
Herrlichkeit erscheine über der ganzen Erde.
8 Mein Herz ist bereit, o Gott, / mein Herz ist
bereit, / ich will dir singen und spielen.
9 Wach auf, meine Seele! / Wacht auf, Harfe und
Saitenspiel! / Ich will das Morgenrot wecken.
10 Ich will dich vor den Völkern preisen, Herr, / dir
vor den Nationen lobsingen.
11 Denn deine Güte reicht, so weit der Himmel ist, /
deine Treue, so weit die Wolken ziehn.
12 Erheb dich über die Himmel, o Gott; / deine
Herrlichkeit erscheine über der ganzen Erde.

1: 1 Sam 22,1; 24,4 • 2: 17,7f • 5: 17,12; 55,22; 59,8 • 7: 140,6; 7,16 • 8–12 || 108,2–6 • 8: 7,18 • 9: Ijob 38,12 • 10: 7,18; 108,4 • 11: 36,6

Gott, der gerechte Richter

58 [Für den Chormeister. Nach der Weise
»Zerstöre nicht!«. Ein Lied Davids.]
2 Sprecht ihr wirklich Recht, ihr Mächtigen? /
Richtet ihr die Menschen gerecht?
3 Nein, ihr schaltet im Land nach Willkür, / euer
Herz ist voll Bosheit; / eure Hände bahnen dem
Unrecht den Weg.
4 Vom Mutterschoß an sind die Frevler treulos, /
von Geburt an irren sie vom Weg ab und lügen.
5 Ihr Gift ist wie das Gift der Schlange, / wie das
Gift der tauben Natter, die ihr Ohr verschließt,
6 die nicht auf die Stimme des Beschwörers hört, /
der sich auf Zaubersprüche versteht.
7 O Gott, zerbrich ihnen die Zähne im Mund! /
Zerschlage, Herr, das Gebiss der Löwen!
8 Sie sollen vergehen wie verrinnendes Wasser, /
wie Gras, das verwelkt auf dem Weg,
9 wie die Schnecke, die sich auflöst in Schleim; /
wie eine Fehlgeburt sollen sie die Sonne nicht
schauen.
10 Ehe eure Töpfe das Feuer des Dornstrauchs
spüren, / fege Gott die Feinde hinweg, ob frisch, ob
verdorrt.
11 Wenn er die Vergeltung sieht, freut sich der
Gerechte; / er badet seine Füße im Blut des Frev-
lers.
12 Dann sagen die Menschen: »Der Gerechte erhält
seinen Lohn; / es gibt einen Gott, der auf Erden
Gericht hält.«

3: Mi 2,1 • 5: 140,4; Dtn 32,33 • 7: 3,8; 17,12 • 8: Ijob 11,16; Weish 16,29; Ps 90,5f • 9: Ijob 3,16 • 10: Ijob 27,21; Nah 1,10 • 11: 52,8; 68,24 • 12: Ijob 19,29; Mal 3,18

Klage und Zuversicht eines Verfolgten

59 [Für den Chormeister. Nach der Weise
»Zerstöre nicht!«. Ein Lied Davids, als
Saul hinschickte und man das Haus bewachte, um
ihn zu töten.]
2 Entreiß mich den Feinden, mein Gott, / beschüt-
ze mich vor meinen Gegnern!
3 Entreiß mich denen, die Unrecht tun, / rette mich
vor den Mördern!
4 Sieh her: Sie lauern mir auf, / Mächtige stellen
mir nach.
Ich aber habe keinen Frevel begangen und keine
Sünde; / 5 Herr, ich bin ohne Schuld.
Sie stürmen vor und stellen sich auf. / Wach auf,
komm mir entgegen, sieh her!
6 Herr, du Gott der Heerscharen, Gott Israels, /
werde wach, suche alle Völker heim! / Sei keinem
treulosen Frevler gnädig! [Sela]
7 Abend für Abend kommen sie wieder, / sie kläf-
fen wie Hunde, durchstreifen die Stadt.
8 Ja, sie geifern mit ihrem Maul. / Die Schwerter
zwischen ihren Lippen, wer nimmt sie wahr?
9 Du aber, Herr, verlachst sie; / du spottest über alle
Völker.
10 Meine Stärke, an dich will ich mich halten, /
denn du, Gott, bist meine Burg.
11 Mein huldreicher Gott kommt mir entgegen; /
Gott lässt mich herabsehen auf meine Gegner.
12 Töte sie nicht, / damit mein Volk nicht vergisst.
In deiner Kraft zerstreue sie, / wirf sie nieder, Herr,
unser Schild!
13 Wegen der Sünde ihres Mundes, wegen all ih-
rer Reden / sollen sie sich in ihrem Hochmut ver-
fangen; / denn sie fluchen und verbreiten nur
Lügen.
14 Vernichte sie im Zorn, / vernichte sie; sie sollen
zugrunde gehen.
Sie sollen erkennen, dass Gott der Herrscher in
Jakob ist / und bis an das Ende der Erde. [Sela]
15 Abend für Abend kommen sie wieder, / sie kläf-
fen wie Hunde, durchstreifen die Stadt.
16 Sie streunen umher, gierig nach Fraß; / werden
sie nicht satt, dann knurren sie.
17 Ich aber will deine Macht besingen, / will über
deine Huld jubeln am Morgen.
Denn du bist eine Burg für mich, / bist meine
Zuflucht am Tag der Not.
18 Meine Stärke, dir will ich singen und spielen; /
denn du, Gott, bist meine Burg, mein huldreicher
Gott.

1: 1 Sam 19,11 • 4–5: 26,1 • 8: 52,4; 55,22 • 9: 2,4; 37,13; Weish 4,18 • 10: 9,10f • 11: 54,9 • 13: Spr 12,13; 18,7 • 14: 83,19 • 17: 90,14

Bitte um Hilfe nach einer Niederlage

60 [Für den Chormeister. Nach der Weise
»Lilie des Zeugnisses«. Ein Lied Davids
zum Lehren, 2 als er mit den Aramäern Mesopota-
miens und den Aramäern von Zoba kämpfte und
als Joab umkehrte und die Edomiter im Salztal
schlug, zwölftausend Mann.]

3 Du hast uns verworfen, o Gott, und zerschlagen. /
Du hast uns gezürnt. Richte uns wieder auf!
4 Erschüttert hast du das Land und gespalten. /
Heile seine Risse! Denn es kam ins Wanken.
5 Du hast dein Volk hart geprüft, / du gabst uns be-
täubenden Wein zu trinken.
6 Für alle, die dich fürchten, hast du ein Zeichen
aufgestellt, / zu dem sie fliehen können vor dem
Bogen. [Sela]
7 Hilf mit deiner Rechten, erhöre uns, / damit die
gerettet werden, die du so sehr liebst.
8 Gott hat in seinem Heiligtum gesprochen: / »Ich
will triumphieren, will Sichem verteilen / und das
Tal von Sukkot vermessen.
9 Mein ist Gilead, mein auch Manasse, / Efraim ist
der Helm auf meinem Haupt, / Juda mein Herr-
scherstab.
10 Doch Moab ist mein Waschbecken, / auf Edom
werfe ich meinen Schuh, / ich triumphiere über
das Land der Philister.«
11 Wer führt mich hin zu der befestigten Stadt, /
wer wird mich nach Edom geleiten?
12 Gott, hast denn du uns verworfen? / Du ziehst ja
nicht aus, o Gott, mit unseren Heeren.
13 Bring uns doch Hilfe im Kampf mit dem Feind! /
Denn die Hilfe von Menschen ist nutzlos.
14 Mit Gott werden wir Großes vollbringen; / er
selbst wird unsere Feinde zertreten.

2: 2 Sam 8,3.13 • 5: 75,9; Jes 51,17 • 7–14 ‖ 108,7–14 • 9: Gen 49,10 •
10: Jes 11,14 • 12: 44,10 • 14: 44,6

Fürbitte für den König

61 [Für den Chormeister. Mit Saitenspiel.
Von David.]
2 Gott, höre mein Flehen, / achte auf mein Beten!
3 Vom Ende der Erde rufe ich zu dir; / denn mein
Herz ist verzagt. / Führe mich auf den Felsen, der
mir zu hoch ist!
4 Du bist meine Zuflucht, / ein fester Turm gegen
die Feinde.
5 In deinem Zelt möchte ich Gast sein auf ewig, /
mich bergen im Schutz deiner Flügel. [Sela]
6 Denn du, o Gott, hast meine Gelübde gehört /
und denen das Erbe gegeben, / die deinen Namen
fürchten. 7 Füge den Tagen des Königs noch viele
hinzu! / Seine Jahre mögen dauern / von Ge-
schlecht zu Geschlecht.
8 Er throne ewig vor Gottes Angesicht. / Huld und
Treue mögen ihn behüten.
9 Dann will ich allzeit deinem Namen singen und
spielen / und Tag für Tag meine Gelübde erfüllen.

3: 27,4f • 4: 71,3; Spr 18,10 • 5: 17,7f • 7: 21,5; 72,5 • 8: 89,5.30.34.37 •
9: 7,18; 66,13

Vertrauen auf Gottes Macht und Huld

62 [Für den Chormeister. Nach Jedutun. Ein
Psalm Davids.]
2 Bei Gott allein kommt meine Seele zur Ruhe, /
von ihm kommt mir Hilfe.
3 Nur er ist mein Fels, meine Hilfe, meine Burg; /
darum werde ich nicht wanken.
4 Wie lange rennt ihr an gegen einen Einzigen, /
stürmt alle heran wie gegen eine fallende Wand, /
wie gegen eine Mauer, die einstürzt?
5 Ja, sie planen, ihn von seiner Höhe zu stürzen; /
Lügen ist ihre Lust.
Sie segnen mit ihrem Mund, / doch in ihrem Her-
zen fluchen sie. [Sela]
6 Bei Gott allein kommt meine Seele zur Ruhe; /
denn von ihm kommt meine Hoffnung.
7 Nur er ist mein Fels, meine Hilfe, meine Burg; /
darum werde ich nicht wanken.
8 Bei Gott ist mein Heil, meine Ehre; / Gott ist mein
schützender Fels, meine Zuflucht.
9 Vertrau ihm, Volk (Gottes), zu jeder Zeit! / Schüt-
tet euer Herz vor ihm aus! / Denn Gott ist unsere
Zuflucht. [Sela]
10 Nur ein Hauch sind die Menschen, / die Leute
nur Lug und Trug.
Auf der Waage schnellen sie empor, / leichter als
ein Hauch sind sie alle.
11 Vertraut nicht auf Gewalt, / verlasst euch nicht
auf Raub!
Wenn der Reichtum auch wächst, / so verliert doch
nicht euer Herz an ihn!
12 Eines hat Gott gesagt, / zweierlei habe ich gehört:
Bei Gott ist die Macht; / 13 Herr, bei dir ist die Huld.
Denn du wirst jedem vergelten, / wie es seine Taten
verdienen.

2: 37,7; Jes 30,15 • 5: 28,3 • 6: 42,6; Mi 7,7 • 8: 3,4; 92,16 • 9: Jes 26,4 •
10: 39,6f; Jes 40,15 • 11: Mt 19,22; Lk 12,15–21; 1 Tim 6,17 •
12: Ijob 40,5 • 13: 28,4; 31,24; 91,8; 94,2.23; 2 Sam 3,39; Ijob 34,11;
Klgl 3,64; Jer 50,29; Röm 2,6; 2 Tim 4,14

Sehnsucht nach Gott

63 [Ein Psalm Davids, als er in der Wüste Juda war.]
2 Gott, du mein Gott, dich suche ich, / meine Seele dürstet nach dir.
Nach dir schmachtet mein Leib / wie dürres, lechzendes Land ohne Wasser.
3 Darum halte ich Ausschau nach dir im Heiligtum, / um deine Macht und Herrlichkeit zu sehen.
4 Denn deine Huld ist besser als das Leben; / darum preisen dich meine Lippen.
5 Ich will dich rühmen mein Leben lang, / in deinem Namen die Hände erheben.
6 Wie an Fett und Mark wird satt meine Seele, / mit jubelnden Lippen soll mein Mund dich preisen.
7 Ich denke an dich auf nächtlichem Lager / und sinne über dich nach, wenn ich wache.
8 Ja, du wurdest meine Hilfe; / jubeln kann ich im Schatten deiner Flügel.
9 Meine Seele hängt an dir, / deine rechte Hand hält mich fest.
10 Viele trachten mir ohne Grund nach dem Leben, / aber sie müssen hinabfahren in die Tiefen der Erde.
11 Man gibt sie der Gewalt des Schwertes preis, / sie werden eine Beute der Schakale.
12 Der König aber freue sich an Gott. / Wer bei ihm schwört, darf sich rühmen. / Doch allen Lügnern wird der Mund verschlossen.

1: 1 Sam 23,14 • 2: 42,2f • 3: 26,8 • 6: 23,5; 43,4 • 7: 119,148; Jes 26,9 • 8: 17,7f • 12: 21,2; 107,42

Bitte um Schutz vor den Feinden

64 [Für den Chormeister. Ein Psalm Davids.]
2 Höre, o Gott, mein lautes Klagen, / schütze mein Leben vor dem Schrecken des Feindes!
3 Verbirg mich vor der Schar der Bösen, / vor dem Toben derer, die Unrecht tun.
4 Sie schärfen ihre Zunge wie ein Schwert, / schießen giftige Worte wie Pfeile,
5 um den Schuldlosen von ihrem Versteck aus zu treffen. / Sie schießen auf ihn, plötzlich und ohne Scheu.
6 Sie sind fest entschlossen zu bösem Tun. / Sie planen, Fallen zu stellen, / und sagen: »Wer sieht uns schon?«
7 Sie haben Bosheit im Sinn, / doch halten sie ihre Pläne geheim.
Ihr Inneres ist heillos verdorben, / ihr Herz ist ein Abgrund.
8 Da trifft sie Gott mit seinem Pfeil; / sie werden jählings verwundet.
9 Ihre eigene Zunge bringt sie zu Fall./ Alle, die es sehen, schütteln den Kopf.
10 Dann fürchten sich alle Menschen; / sie verkünden Gottes Taten / und bedenken sein Wirken.
11 Der Gerechte freut sich am Herrn und sucht bei ihm Zuflucht. / Und es rühmen sich alle Menschen mit redlichem Herzen.

4: 55,22 • 5: 11,2 • 6: Spr 1,11f; Ps 10,11

Dank für Gottes Gaben

65 [Für den Chormeister. Ein Psalm Davids. Ein Lied.]
2 Dir gebührt Lobgesang, Gott, auf dem Zion, / dir erfüllt man Gelübde.
3 Du erhörst die Gebete. / Alle Menschen kommen zu dir 4 unter der Last ihrer Sünden.
Unsere Schuld ist zu groß für uns, / du wirst sie vergeben.
5 Wohl denen, die du erwählst und in deine Nähe holst, / die in den Vorhöfen deines Heiligtums wohnen.
Wir wollen uns am Gut deines Hauses sättigen, / am Gut deines Tempels.
6 Du vollbringst erstaunliche Taten, / erhörst uns in Treue, du Gott unsres Heiles,
du Zuversicht aller Enden der Erde / und der fernsten Gestade.
7 Du gründest die Berge in deiner Kraft, / du gürtest dich mit Stärke.
8 Du stillst das Brausen der Meere, / das Brausen ihrer Wogen, das Tosen der Völker.
9 Alle, die an den Enden der Erde wohnen, / erschauern vor deinen Zeichen; / Ost und West erfüllst du mit Jubel.
10 Du sorgst für das Land und tränkst es; / du überschüttest es mit Reichtum.
Der Bach Gottes ist reichlich gefüllt, / du schaffst ihnen Korn; so ordnest du alles.
11 Du tränkst die Furchen, ebnest die Schollen, / machst sie weich durch Regen, segnest ihre Gewächse.
12 Du krönst das Jahr mit deiner Güte, / deinen Spuren folgt Überfluss.

13 In der Steppe prangen die Auen, / die Höhen
umgürten sich mit Jubel.
14 Die Weiden schmücken sich mit Herden, / die
Täler hüllen sich in Korn. / Sie jauchzen und sin-
gen.

4: 32,1 • 5: 23,6; 36,9 • 8: 89,10; Ijob 38,11; Jes 17,12 • 10–11: 104,10–15; Joël 2,22–24 • 13: 96,12

Aufruf zum Lobpreis

66 [Für den Chormeister. Ein Lied. Ein Psalm.]
Jauchzt vor Gott, alle Länder der Erde! / 2 Spielt
zum Ruhm seines Namens! / Verherrlicht ihn mit
Lobpreis!
3 Sagt zu Gott: »Wie Ehrfurcht gebietend sind
deine Taten; / vor deiner gewaltigen Macht müs-
sen die Feinde sich beugen.«
4 Alle Welt bete dich an und singe dein Lob, / sie
lobsinge deinem Namen! [Sela]
5 Kommt und seht die Taten Gottes! / Staunens-
wert ist sein Tun an den Menschen:
6 Er verwandelte das Meer in trockenes Land, / sie
schritten zu Fuß durch den Strom; / dort waren
wir über ihn voll Freude.
7 In seiner Kraft ist er Herrscher auf ewig; / seine
Augen prüfen die Völker. / Die Trotzigen können
sich gegen ihn nicht erheben. [Sela]
8 Preist unsern Gott, ihr Völker; / lasst laut sein Lob
erschallen!
9 Er erhielt uns am Leben / und ließ unseren Fuß
nicht wanken.
10 Du hast, o Gott, uns geprüft / und uns geläutert,
wie man Silber läutert.
11 Du brachtest uns in schwere Bedrängnis / und
legtest uns eine drückende Last auf die Schulter.
12 Du ließest Menschen über unsere Köpfe schrei-
ten. / Wir gingen durch Feuer und Wasser. / Doch
du hast uns in die Freiheit hinausgeführt.
13 Ich komme mit Opfern in dein Haus; / ich erfülle
dir meine Gelübde,
14 die ich einst dir versprach, / die dir mein Mund
in der Not gelobte.
15 Fette Tiere bringe ich dir als Brandopfer dar, /
zusammen mit dem Rauch von Widdern; / ich
richte dir Rinder und Böcke zu. [Sela]
16 Ihr alle, die ihr Gott fürchtet, kommt und hört; /
ich will euch erzählen, was er mir Gutes getan hat.
17 Zu ihm hatte ich mit lauter Stimme gerufen /
und schon konnte mein Mund ihn preisen.
18 Hätte ich Böses im Sinn gehabt, / dann hätte der
Herr mich nicht erhört.
19 Gott aber hat mich erhört, / hat auf mein drän-
gendes Beten geachtet.
20 Gepriesen sei Gott; denn er hat mein Gebet
nicht verworfen / und mir seine Huld nicht ent-
zogen.

1: 98,4; 100,1 • 5: 46,9 • 6: Ex 14,21f; Jos 3,16f • 9: 121,3 • 10: Jes 48,10; Spr 17,3 • 12: Jes 43,2 • 13–14: 22,26; 50,14; 61,9; 76,12; 116,14.18; Num 30,3; Jona 2,10 • 18–19: Spr 28,9; Joh 9,31

Dank für den Segen Gottes

67 [Für den Chormeister. Mit Saitenspiel. Ein Psalm. Ein Lied.]
2 Gott sei uns gnädig und segne uns. / Er lasse über
uns sein Angesicht leuchten, [Sela]
3 damit auf Erden sein Weg erkannt wird / und
unter allen Völkern sein Heil.
4 Die Völker sollen dir danken, o Gott, / danken
sollen dir die Völker alle.
5 Die Nationen sollen sich freuen und jubeln. /
Denn du richtest den Erdkreis gerecht.
Du richtest die Völker nach Recht / und regierst
die Nationen auf Erden. [Sela]
6 Die Völker sollen dir danken, o Gott, / danken
sollen dir die Völker alle.
7 Das Land gab seinen Ertrag. / Es segne uns Gott,
unser Gott.
8 Es segne uns Gott. / Alle Welt fürchte und ehre ihn.

2: 4,7 • 5: 98,9 • 7: 85,13

Ein Lied auf Gottes Sieg und Herrschaft

68 [Für den Chormeister. Ein Psalm Davids. Ein Lied.]
2 Gott steht auf, seine Feinde zerstieben; / die ihn
hassen, fliehen vor seinem Angesicht.
3 Sie verfliegen, wie Rauch verfliegt; / wie Wachs
am Feuer zerfließt, / so vergehen die Frevler vor
Gottes Angesicht.
4 Die Gerechten aber freuen sich und jubeln vor
Gott; / sie jauchzen in heller Freude.
5 Singt für Gott, spielt seinem Namen; / jubelt ihm
zu, ihm, der auf den Wolken einherfährt!
Preist seinen Namen! / Freut euch vor seinem
Angesicht!

6 Ein Vater der Waisen, ein Anwalt der Witwen / ist
Gott in seiner heiligen Wohnung.
7 Gott bringt die Verlassenen heim, / führt die Ge-
fangenen hinaus in das Glück; / doch die Empörer
müssen wohnen im dürren Land.
8 Gott, als du deinem Volk voranzogst, / als du die
Wüste durchschrittest, [Sela] / 9 da bebte die Erde,
da ergossen sich die Himmel vor Gott, / vor Gott,
dem Herrn vom Sinai, vor Israels Gott.
10 Gott, du ließest Regen strömen in Fülle / und
erquicktest dein verschmachtendes Erbland.
11 Deine Geschöpfe finden dort Wohnung; / Gott,
in deiner Güte versorgst du den Armen.
12 Der Herr entsendet sein Wort; / groß ist der Sie-
gesbotinnen Schar.
13 Die Könige der Heere fliehen, sie fliehen. / Im
Haus verteilt man die Beute.
14 Was bleibt ihr zurück in den Hürden? / Du Taube
mit silbernen Schwingen, mit goldenem Flügel!
15 Als der Allmächtige die Könige vertrieb, / fiel
Schnee auf dem Zalmon.
16 Ein Gottesberg ist der Baschanberg, / ein Gebir-
ge, an Gipfeln reich, ist der Baschan.
17 Warum blickt ihr voll Neid, ihr hohen Gipfel, /
auf den Berg, den Gott sich zum Wohnsitz erwählt
hat? / Dort wird der Herr wohnen in Ewigkeit.
18 Die Wagen Gottes sind zahllos, tausendmal tau-
send. / Vom Sinai zieht der Herr zu seinem Hei-
ligtum.
19 Du zogst hinauf zur Höhe, / führtest Gefangene
mit;
du nahmst Gaben entgegen von den Menschen. /
Auch Empörer müssen wohnen bei Gott, dem
Herrn.
20 Gepriesen sei der Herr, Tag für Tag! / Gott trägt
uns, er ist unsre Hilfe. [Sela]
21 Gott ist ein Gott, der uns Rettung bringt, / Gott,
der Herr, führt uns heraus aus dem Tod.
22 Denn Gott zerschmettert das Haupt seiner
Feinde, / den Kopf des Frevlers, der in Sünde
dahinlebt.
23 Der Herr hat gesprochen: »Ich bringe (sie) vom
Baschan zurück, / ich bringe (sie) zurück aus den
Tiefen des Meeres.
24 Dein Fuß wird baden im Blut, / die Zunge dei-
ner Hunde ihren Anteil bekommen an den Fein-
den.«
25 Gott, sie sahen deinen Einzug, / den Einzug mei-
nes Gottes und Königs ins Heiligtum:
26 voraus die Sänger, die Saitenspieler danach, /
dazwischen Mädchen mit kleinen Pauken.
27 Versammelt euch und preist unsern Gott, / den
Herrn in der Gemeinde Israels:
28 voran der kleine Stamm Benjamin, / im Zug die
Fürsten von Juda, / die Fürsten von Sebulon, die
Fürsten von Naftali.
29 Biete auf, o Gott, deine Macht, / die Gottes-
macht, die du an uns erwiesen hast /
30a von deinem Tempel aus, hoch über Jerusalem.
31 Wehr ab das Untier im Schilf, die Rotte der Star-
ken, / wehr ab die Herrscher der Völker!
Sie sind gierig nach Silber, tritt sie nieder; / zer-
streue die Völker, die Lust haben am Krieg.
30b Könige kommen mit Gaben, /
32 aus Ägypten bringt man Geräte von Erz, / Kusch
erhebt zu Gott seine Hände.
33 Ihr Königreiche der Erde, singt für Gott, / singt
und spielt für den Herrn, [Sela]
34 der dahinfährt über den Himmel, den uralten
Himmel, / der seine Stimme erhebt, seine macht-
volle Stimme.
35 Preist Gottes Macht! / Über Israel ragt seine
Hoheit empor, / seine Macht ragt bis zu den Wol-
ken.
36 Gott in seinem Heiligtum ist voll Majestät, Isra-
els Gott; / seinem Volk verleiht er Stärke und Kraft.
Gepriesen sei Gott.

2: Num 10,35; Jes 33,3 • 3: 92,10 • 5: 7,18; 18,11; Dtn 33,26; Jes 19,1 • 6: 10,18 • 7: 146,7 • 8: Ex 13,21; Dtn 33,2 • 9: 18,8; 77,19; 97,4; 99,1; 104,32; 114,6f; Ex 19,18; Ri 5,4f; Sir 16,18f; Jes 63,19; Hab 3,6 • 12: Jes 52,7 • 14: Ri 5,16.23 • 15: Ri 9,48 • 17: 132,13; Ez 43,7 • 18: 2 Kön 6,17 • 19: 47,6; Eph 4,8–10 • 20: 145,2; Jes 46,3f; 63,9 • 21: 9,14 • 24: 58,11; 1 Kön 21,19; 22,38 • 25: 24,7; 2 Sam 6,13–15 • 26: 149,3; 2 Sam 6,5 • 28: Ri 20,43–48; Jes 8,23 • 29: 80,3 • 31: Ez 29,2f • 32: 72,10; Jes 18,7; 45,14; Apg 8,27 • 33: 7,18

Der Hilferuf eines unschuldig Verfolgten

69 [Für den Chormeister. Nach der Weise
»Lilien«. Von David.]
2 Hilf mir, o Gott! / Schon reicht mir das Wasser bis
an die Kehle.
3 Ich bin in tiefem Schlamm versunken / und habe
keinen Halt mehr;
ich geriet in tiefes Wasser, / die Strömung reißt
mich fort.
4 Ich bin müde vom Rufen, / meine Kehle ist heiser,

mir versagen die Augen, / während ich warte auf
meinen Gott.
5 Zahlreicher als die Haare auf meinem Kopf / sind
die, die mich grundlos hassen.
Zahlreich sind meine Verderber, meine verlogenen
Feinde. / Was ich nicht geraubt habe, soll ich
erstatten.
6 Gott, du kennst meine Torheit, / meine Verfeh-
lungen sind dir nicht verborgen.
7 Wer auf dich hofft, Herr, du Herr der Heere, / soll
durch mich nicht scheitern;
wer dich sucht, Gott Israels, / gerate durch mich
nicht in Schande.
8 Denn deinetwegen erleide ich Schmach / und
Schande bedeckt mein Gesicht.
9 Entfremdet bin ich den eigenen Brüdern, / den
Söhnen meiner Mutter wurde ich fremd.
10 Denn der Eifer für dein Haus hat mich verzehrt; /
die Schmähungen derer, die dich schmähen, ha-
ben mich getroffen.
11 Ich nahm mich durch Fasten in Zucht, / doch es
brachte mir Schmach und Schande.
12 Ich ging in Sack und Asche, / doch sie riefen
Spottverse hinter mir her.
13 Man redet über mich in der Versammlung am
Tor, / von mir singen die Zecher beim Wein.
14 Ich aber bete zu dir, / Herr, zur Zeit der Gnade.
Erhöre mich in deiner großen Huld, / Gott, hilf
mir in deiner Treue!
15 Entreiß mich dem Sumpf, / damit ich nicht ver-
sinke.
Zieh mich heraus aus dem Verderben, / aus dem
tiefen Wasser!
16 Lass nicht zu, dass die Flut mich überschwemmt, /
die Tiefe mich verschlingt, / der Brunnenschacht
über mir seinen Rachen schließt.
17 Erhöre mich, Herr, in deiner Huld und Güte, /
wende dich mir zu in deinem großen Erbar-
men!
18 Verbirg nicht dein Gesicht vor deinem Knecht; /
denn mir ist angst. Erhöre mich bald!
19 Sei mir nah und erlöse mich! / Befrei mich mei-
nen Feinden zum Trotz!
20 Du kennst meine Schmach und meine Schande. /
Dir stehen meine Widersacher alle vor Augen.
21 Die Schande bricht mir das Herz, / ganz krank
bin ich vor Schmach;
umsonst habe ich auf Mitleid gewartet, / auf einen
Tröster, doch ich habe keinen gefunden.
22 Sie gaben mir Gift zu essen, / für den Durst reich-
ten sie mir Essig.
23 Der Opfertisch werde für sie zur Falle, / das
Opfermahl zum Fangnetz.
24 Blende ihre Augen, sodass sie nicht mehr sehen; /
lähme ihre Hüften für immer!
25 Gieß über sie deinen Grimm aus, / dein glühen-
der Zorn soll sie treffen!
26 Ihr Lagerplatz soll veröden, / in ihren Zelten soll
niemand mehr wohnen.
27 Denn sie verfolgen den Mann, den du schon
geschlagen hast, / und mehren den Schmerz des-
sen, der von dir getroffen ist.
28 Rechne ihnen Schuld über Schuld an, / damit sie
nicht teilhaben an deiner Gerechtigkeit.
29 Sie seien aus dem Buch des Lebens getilgt / und
nicht bei den Gerechten verzeichnet.
30 Ich aber bin elend und voller Schmerzen; / doch
deine Hilfe, o Gott, wird mich erhöhen.
31 Ich will den Namen Gottes rühmen im Lied, / in
meinem Danklied ihn preisen.
32 Das gefällt dem Herrn mehr als ein Opferstier, /
mehr als Rinder mit Hörnern und Klauen.
33 Schaut her, ihr Gebeugten, und freut euch; / ihr,
die ihr Gott sucht: euer Herz lebe auf!
34 Denn der Herr hört auf die Armen, / er verach-
tet die Gefangenen nicht.
35 Himmel und Erde sollen ihn rühmen, / die
Meere und was sich in ihnen regt.
36 Denn Gott wird Zion retten, / wird Judas Städte
neu erbauen.
Seine Knechte werden dort wohnen und das Land
besitzen, / 37 ihre Nachkommen sollen es erben; /
wer seinen Namen liebt, soll darin wohnen.

2–3: 42,8 • 3: 40,3 • 4: Jes 38,14 • 5: 35,19; Joh 15,25 • 8: 44,23; Jer 15,15 • 9: 31,12 • 10: 119,139; Joh 2,17; Röm 15,3 • 12: Klgl 3,14 • 13: Ijob 30,9 • 14: 102,14; Jes 49,8 • 15: 40,3 • 16: 42,8; Gen 29,3 • 18: 102,3; 143,7 • 21: Klgl 1,2 • 22: Klgl 3,15; Mt 27,34.48 • 23–24: Röm 11,9f • 26: Apg 1,20 • 27: 71,11; Jes 53,4 • 29: 139,16; Ex 32,32; Jes 4,3; Dan 7,10; 12,1; Mal 3,16; Lk 10,20; Phil 4,3; Offb 3,5; 20,12 • 32: 40,7 • 33: 22,27 • 36: 51,20; Jes 44,26; Ez 36,10 • 37: Jes 65,9

Bitte um Gottes Hilfe

70 [Für den Chormeister. Von David. Zum
Weihrauchopfer.]
2 Gott, komm herbei, um mich zu retten, / Herr, eil
mir zu Hilfe!

3 In Schmach und Schande sollen alle fallen, / die
mir nach dem Leben trachten. Zurückweichen
sollen sie und vor Scham erröten, / die sich über
mein Unglück freuen.
4 Beschämt sollen sich alle abwenden, die lachen
und höhnen / und sagen: »Dir geschieht recht.«
5 Alle, die dich suchen, frohlocken; / sie mögen sich
freuen in dir.
Die dein Heil lieben, sollen immer sagen: / »Groß
ist Gott, der Herr.«
6 Ich aber bin arm und gebeugt. / Eile, o Gott, mir
zu Hilfe!
Meine Hilfe und mein Retter bist du. / Herr, säume
doch nicht!

1–6 || 40,14–18

Gott, die Zuflucht bis ins Alter

71 Herr, ich suche Zuflucht bei dir. / Lass mich
doch niemals scheitern!
2 Reiß mich heraus und rette mich in deiner
Gerechtigkeit, / wende dein Ohr mir zu und hilf
mir!
3 Sei mir ein sicherer Hort, / zu dem ich allzeit
kommen darf.
Du hast mir versprochen zu helfen; / denn du bist
mein Fels und meine Burg.
4 Mein Gott, rette mich aus der Hand des Frevlers, /
aus der Faust des Bedrückers und Schurken!
5 Herr, mein Gott, du bist ja meine Zuversicht, /
meine Hoffnung von Jugend auf.
6 Vom Mutterleib an stütze ich mich auf dich, /
vom Mutterschoß an bist du mein Beschützer; /
dir gilt mein Lobpreis allezeit.
7 Für viele bin ich wie ein Gezeichneter, / du aber
bist meine starke Zuflucht.
8 Mein Mund ist erfüllt von deinem Lob, / von dei-
nem Ruhm den ganzen Tag.
9 Verwirf mich nicht, wenn ich alt bin, / verlass
mich nicht, wenn meine Kräfte schwinden.
10 Denn meine Feinde reden schlecht von mir, / die
auf mich lauern, beraten gemeinsam;
11 sie sagen: »Gott hat ihn verlassen. / Verfolgt und
ergreift ihn! / Für ihn gibt es keinen Retter.«
12 Gott, bleib doch nicht fern von mir! / Mein Gott,
eil mir zu Hilfe!
13 Alle, die mich bekämpfen, / sollen scheitern und
untergehn;
über sie komme Schmach und Schande, / weil sie
mein Unglück suchen.
14 Ich aber will jederzeit hoffen, / all deinen Ruhm
noch mehren.
15 Mein Mund soll von deiner Gerechtigkeit kün-
den / und von deinen Wohltaten sprechen den
ganzen Tag; / denn ich kann sie nicht zählen.
16 Ich will kommen in den Tempel Gottes, des
Herrn, / deine großen und gerechten Taten allein
will ich rühmen.
17 Gott, du hast mich gelehrt von Jugend auf / und
noch heute verkünde ich dein wunderbares Wal-
ten.
18 Auch wenn ich alt und grau bin, / o Gott, verlass
mich nicht,
damit ich von deinem machtvollen Arm der Nach-
welt künde, / den kommenden Geschlechtern von
deiner Stärke /
19 und von deiner Gerechtigkeit,
Gott, die größer ist als alles.
Du hast Großes vollbracht. / Mein Gott, wer ist wie
du?
20 Du ließest mich viel Angst und Not erfahren. /
Belebe mich neu, / führe mich herauf aus den Tie-
fen der Erde!
21 Bring mich wieder zu Ehren! / Du wirst mich
wiederum trösten.
22 Dann will ich dir danken mit Saitenspiel / und
deine Treue preisen;
mein Gott, du Heiliger Israels, / ich will dir auf der
Harfe spielen.
23 Meine Lippen sollen jubeln, / denn dir will ich
singen und spielen, / meine Seele, die du erlöst
hast, soll jubeln.
24 Auch meine Zunge soll von deiner Gerechtigkeit
reden den ganzen Tag. / Denn alle, die mein Un-
glück suchen, müssen vor Scham erröten und
scheitern.

1–2: 31,2f • 3: 92,16 • 4: 140,2 • 6: 22,11 • 7: 31,12; Jes 52,14 • 9: Jes 46,4 • 11: 3,3; 22,9; 69,27 • 12: 22,12 • 13: 35,4 • 15: 35,28 • 18: 22,31f • 19: 40,6; 72,18; 86,8 • 20: 9,14 • 22: Jes 6,3; 43,3 • 23: 7,18 • 24: 40,15

Der Friedenskönig und sein Reich

72 [Von Salomo.]
Verleih dein Richteramt, o Gott, dem Kö-
nig, / dem Königssohn gib dein gerechtes Walten!
2 Er regiere dein Volk in Gerechtigkeit / und deine
Armen durch rechtes Urteil.

[3] Dann tragen die Berge Frieden für das Volk / und
die Höhen Gerechtigkeit.
[4] Er wird Recht verschaffen den Gebeugten im
Volk, / Hilfe bringen den Kindern der Armen, / er
wird die Unterdrücker zermalmen.
[5] Er soll leben, solange die Sonne bleibt und der
Mond, / bis zu den fernsten Geschlechtern.
[6] Er ströme wie Regen herab auf die Felder, / wie
Regenschauer, die die Erde benetzen.
[7] Die Gerechtigkeit blühe auf in seinen Tagen / und
großer Friede, bis der Mond nicht mehr da ist.
[8] Er herrsche von Meer zu Meer, / vom Strom bis
an die Enden der Erde.
[9] Vor ihm sollen seine Gegner sich beugen, / Staub
sollen lecken all seine Feinde.
[10] Die Könige von Tarschisch und von den Inseln
bringen Geschenke, / die Könige von Saba und
Seba kommen mit Gaben.
[11] Alle Könige müssen ihm huldigen, / alle Völker
ihm dienen.
[12] Denn er rettet den Gebeugten, der um Hilfe
schreit, / den Armen und den, der keinen Helfer hat.
[13] Er erbarmt sich des Gebeugten und Schwachen, /
er rettet das Leben der Armen.
[14] Von Unterdrückung und Gewalttat befreit er
sie, / ihr Blut ist in seinen Augen kostbar.
[15] Er lebe und Gold von Saba soll man ihm geben! /
Man soll für ihn allezeit beten, / stets für ihn Segen
erflehen.
[16] Im Land gebe es Korn in Fülle. / Es rausche auf
dem Gipfel der Berge.
Seine Frucht wird sein wie die Bäume des Libanon. / Menschen blühn in der Stadt wie das Gras
der Erde.
[17] Sein Name soll ewig bestehen; / solange die
Sonne bleibt, sprosse sein Name.
Glücklich preisen sollen ihn alle Völker / und in
ihm sich segnen.
[18] Gepriesen sei der Herr, der Gott Israels! / Er
allein tut Wunder.
[19] Gepriesen sei sein herrlicher Name in Ewigkeit! /
Seine Herrlichkeit erfülle die ganze Erde. / Amen,
ja amen.
[Ende der Gebete Davids, des Sohnes Isais.]

2: 2 Sam 23,3; Spr 31,8f • 4: 10,18 • 5: 61,7; 89,37f • 8: Sach 9,10 • 9: Jes 49,23; Mi 7,17 • 10: 68,32; 1 Kön 10,1–13; Jes 60,9 • 11: 2,8; 47,9 • 12–13: Ijob 29,12 • 14: 9,13; 116,15 • 15: 61,7f • 16: Jes 27,6; Am 9,13 • 17: 21,7; Gen 12,3; 22,18 • 18: 41,14; 136,4 • 19: Jes 6,3; Num 14,21

DAS DRITTE BUCH

Das scheinbare Glück der Frevler

73 [Ein Psalm Asafs.]
Lauter Güte ist Gott für Israel, / für alle
Menschen mit reinem Herzen.
[2] Ich aber – fast wären meine Füße gestrauchelt, /
beinahe wäre ich gefallen.
[3] Denn ich habe mich über die Prahler ereifert, / als ich sah, dass es diesen Frevlern so gut
ging.
[4] Sie leiden ja keine Qualen, / ihr Leib ist gesund
und wohlgenährt.
[5] Sie kennen nicht die Mühsal der Sterblichen, /
sind nicht geplagt wie andere Menschen.
[6] Darum ist Hochmut ihr Halsschmuck, / wie ein
Gewand umhüllt sie Gewalttat.
[7] Sie sehen kaum aus den Augen vor Fett, / ihr Herz
läuft über von bösen Plänen.
[8] Sie höhnen, und was sie sagen, ist schlecht; / sie
sind falsch und reden von oben herab.
[9] Sie reißen ihr Maul bis zum Himmel auf / und
lassen auf Erden ihrer Zunge freien Lauf.
[10] Darum wendet sich das Volk ihnen zu /und
schlürft ihre Worte in vollen Zügen.
[11] Sie sagen: »Wie sollte Gott das merken? / Wie
kann der Höchste das wissen?«
[12] Wahrhaftig, so sind die Frevler: / Immer im
Glück, häufen sie Reichtum auf Reichtum.
[13] Also hielt ich umsonst mein Herz rein / und
wusch meine Hände in Unschuld.
[14] Und doch war ich alle Tage geplagt / und wurde
jeden Morgen gezüchtigt.
[21] Mein Herz war verbittert, / mir bohrte der
Schmerz in den Nieren;
[22] ich war töricht und ohne Verstand, / war wie ein
Stück Vieh vor dir.
[15] Hätte ich gesagt: »Ich will reden wie sie«, /
dann hätte ich an deinen Kindern Verrat geübt.

16 Da sann ich nach, um das zu begreifen; / es war
eine Qual für mich,
17 bis ich dann eintrat ins Heiligtum Gottes / und
begriff, wie sie enden.
18 Ja, du stellst sie auf schlüpfrigen Grund, / du
stürzt sie in Täuschung und Trug.
19 Sie werden plötzlich zunichte, / werden dahin-
gerafft und nehmen ein schreckliches Ende,
20 wie ein Traum, der beim Erwachen verblasst, /
dessen Bild man vergisst, wenn man aufsteht.
23 Ich aber bleibe immer bei dir, / du hältst mich an
meiner Rechten.
24 Du leitest mich nach deinem Ratschluss / und
nimmst mich am Ende auf in Herrlichkeit.
25 Was habe ich im Himmel außer dir? / Neben dir
erfreut mich nichts auf der Erde.
26 Auch wenn mein Leib und mein Herz ver-
schmachten, / Gott ist der Fels meines Herzens /
und mein Anteil auf ewig.
27 Ja, wer dir fern ist, geht zugrunde; / du vernich-
test alle, die dich treulos verlassen.
28 Ich aber – Gott nahe zu sein ist mein Glück. / Ich
setze auf Gott, den Herrn, mein Vertrauen. / Ich
will all deine Taten verkünden.

2: 37,1; Jer 12,1 • 3–12: Ijob 21,7–13 • 6: 17,10 • 7: Ijob 15,27; Jer 5,28 • 11: 10,11 • 12: 17,14 • 13: 26,6; Mal 3,14 • 14: Ijob 7,18 • 19: 49,15 • 20: Ijob 20,8 • 23: 121,5; Röm 8,35–39 • 24: 16,10; 49,16 • 26: 142,6; Num 18,20; Dtn 10,9; Klgl 3,24

Klage über die Verwüstung des Heiligtums

74 [Ein Weisheitslied Asafs.]
Warum, Gott, hast du uns für immer ver-
stoßen? / Warum ist dein Zorn gegen die Herde
deiner Weide entbrannt?
2 Denk an deine Gemeinde, die du vorzeiten er-
worben, / als Stamm dir zu Eigen erkauft, / an den
Berg Zion, den du zur Wohnung erwählt hast.
3 Erheb deine Schritte zu den uralten Trümmern! /
Der Feind hat im Heiligtum alles verwüstet.
4 Deine Widersacher lärmten an deiner heiligen
Stätte, / stellten ihre Banner auf als Zeichen des
Sieges.
5 Wie einer die Axt schwingt im Dickicht des Wal-
des, / 6 so zerschlugen sie all das Schnitzwerk mit
Beil und Hammer.
7 Sie legten an dein Heiligtum Feuer, / entweihten
die Wohnung deines Namens bis auf den Grund.
8 Sie sagten in ihrem Herzen: »Wir zerstören alles.« /
Und sie verbrannten alle Gottesstätten ringsum
im Land.
9 Zeichen für uns sehen wir nicht, / es ist kein Pro-
phet mehr da, / niemand von uns weiß, wie lange
noch.
10 Wie lange, Gott, darf der Bedränger noch schmä-
hen, / darf der Feind ewig deinen Namen lästern?
11 Warum ziehst du die Hand von uns ab, / hältst
deine Rechte im Gewand verborgen?
12 Doch Gott ist mein König von alters her, / Taten
des Heils vollbringt er auf Erden.
13 Mit deiner Macht hast du das Meer zerspalten, /
die Häupter der Drachen über den Wassern zer-
schmettert.
14 Du hast die Köpfe des Levíatan zermalmt, / ihn
zum Fraß gegeben den Ungeheuern der See.
15 Hervorbrechen ließest du Quellen und Bäche, /
austrocknen Ströme, die sonst nie versiegen.
16 Dein ist der Tag, dein auch die Nacht, / hinge-
stellt hast du Sonne und Mond.
17 Du hast die Grenzen der Erde festgesetzt, / hast
Sommer und Winter geschaffen.
18 Denk daran: Der Feind schmäht den Herrn, / ein
Volk ohne Einsicht lästert deinen Namen.
19 Gib dem Raubtier das Leben deiner Taube nicht
preis; / das Leben deiner Armen vergiss nicht für
immer!
20 Blick hin auf deinen Bund! / Denn voll von
Schlupfwinkeln der Gewalt ist unser Land.
21 Lass den Bedrückten nicht beschämt von dir
weggehn! / Arme und Gebeugte sollen deinen Na-
men rühmen.
22 Erheb dich, Gott, und führe deine Sache! / Be-
denke, wie die Toren dich täglich schmähen.
23 Vergiss nicht das Geschrei deiner Gegner, / das
Toben deiner Widersacher, das ständig emporsteigt.

1: 77,8; 80,5 • 2: Ex 15,17; Dtn 7,6; Ps 76,3 • 7: 2 Kön 25,9; Jes 64,10 • 8: Klgl 2,9 • 11: Jes 52,10 • 13: Ex 14,21f; Ps 89,11; Jes 51,9f • 15: Ex 17,6; Jos 3,16 • 16: 104,19

Gott, der gerechte Richter

75 [Für den Chormeister. Nach der Weise »Zer-
störe nicht!«. Ein Psalm Asafs. Ein Lied.]
2 Wir preisen dich, Gott, wir preisen dich; / dein
Name ist denen nahe, die deine Wunder erzählen.
3 »Ja, zu der Zeit, die ich selbst bestimme, / halte
ich Gericht nach meinem Recht.

4 Die Erde mit allen, die auf ihr wohnen, mag wan-
ken; / doch ich selbst habe ihre Säulen auf festen
Grund gestellt.« [Sela]
5 Ich sage zu den Stolzen: Seid nicht so vermes-
sen!, / und zu den Frevlern: Brüstet euch nicht mit
eurer Macht!
6 Brüstet euch nicht stolz mit eurer Macht, / redet
nicht so überheblich daher!
7 Denn weder vom Osten noch vom Westen / noch
aus der Wüste kommt die Erhöhung.
8 Nein, der Richter ist Gott; / den einen erniedrigt
er, den andern erhöht er.
9 Ja, in der Hand des Herrn ist ein Becher, / herben,
gärenden Wein reicht er dar;
ihn müssen alle Frevler der Erde trinken, / müssen
ihn samt der Hefe schlürfen.
10 Ich aber werde jubeln für immer; / dem Gott
Jakobs will ich singen und spielen.
11 »Ich schlage die ganze Macht der Frevler nie-
der; / doch das Haupt des Gerechten wird hoch
erhoben.«

4: 24,2; 104,5; 1 Sam 2,8 • 5: 1 Sam 2,3 • 6: 94,4 • 7: Jer 3,23; Mt 24,23–28 • 8: 1 Sam 2,7; Dan 2,21 • 9: 60,5; Ijob 21,20; Jer 25,15f; Hab 2,16

Der Weltenrichter auf dem Zion

76 [Für den Chormeister. Mit Saitenspiel. Ein Psalm Asafs. Ein Lied.]
2 Gott gab sich zu erkennen in Juda, / sein Name
ist groß in Israel.
3 Sein Zelt erstand in Salem, / seine Wohnung auf
dem Zion.
4 Dort zerbrach er die blitzenden Pfeile des Bo-
gens, / Schild und Schwert, die Waffen des Krieges.
[Sela]
5 Du bist furchtbar und herrlich, / mehr als die ewi-
gen Berge.
6 Ausgeplündert sind die tapferen Streiter, / sie sin-
ken hin in den Schlaf; / allen Helden versagen die
Hände.
7 Wenn du drohst, Gott Jakobs, / erstarren Rosse
und Wagen.
8 Furchtbar bist du. Wer kann bestehen vor dir, /
vor der Gewalt deines Zornes?
9 Vom Himmel her machst du das Urteil bekannt; /
Furcht packt die Erde, und sie verstummt,
10 wenn Gott sich erhebt zum Gericht, / um allen
Gebeugten auf der Erde zu helfen. [Sela]
11 Denn auch der Mensch voll Trotz muss dich
preisen / und der Rest der Völker dich feiern.
12 Legt Gelübde ab und erfüllt sie dem Herrn,
eurem Gott! / Ihr alle ringsum, bringt Gaben ihm,
den ihr fürchtet.
13 Er nimmt den Fürsten den Mut; / Furcht erre-
gend ist er für die Könige der Erde.

3: 87,2; 132,13 • 4: 46,10; Jdt 9,7 • 6: 2 Kön 19,35; Jer 51,39.57 • 8: Dtn 7,21; Nah 1,6 • 12: 66,13

Gottes Weg mit seinem Volk

77 [Für den Chormeister. Nach Jedutun. Ein Psalm Asafs.]
2 Ich rufe zu Gott, ich schreie, / ich rufe zu Gott,
bis er mich hört.
3 Am Tag meiner Not suche ich den Herrn; / un-
ablässig erhebe ich nachts meine Hände, / meine
Seele lässt sich nicht trösten.
4 Denke ich an Gott, muss ich seufzen; / sinne ich
nach, dann will mein Geist verzagen. [Sela]
5 Du lässt mich nicht mehr schlafen; / ich bin voll
Unruhe und kann nicht reden.
6 Ich sinne nach über die Tage von einst, / ich will
denken an längst vergangene Jahre.
7 Mein Herz grübelt bei Nacht, / ich sinne nach, es
forscht mein Geist.
8 Wird der Herr mich denn auf ewig verstoßen /
und mir niemals mehr gnädig sein?
9 Hat seine Huld für immer ein Ende, / ist seine
Verheißung aufgehoben für alle Zeiten?
10 Hat Gott seine Gnade vergessen, / im Zorn sein
Erbarmen verschlossen? [Sela]
11 Da sagte ich mir: »Das ist mein Schmerz, / dass
die Rechte des Höchsten so anders handelt.«
12 Ich denke an die Taten des Herrn, / ich will den-
ken an deine früheren Wunder.
13 Ich erwäge all deine Werke / und will nachsin-
nen über deine Taten.
14 Gott, dein Weg ist heilig. / Wo ist ein Gott, so
groß wie unser Gott?
15 Du allein bist der Gott, der Wunder tut, / du hast
deine Macht den Völkern kundgetan.
16 Du hast mit starkem Arm dein Volk erlöst, / die
Kinder Jakobs und Josefs. [Sela]

[17] Die Wasser sahen dich, Gott, / die Wasser sahen
dich und bebten. / Die Tiefen des Meeres tob-
ten.
[18] Die Wolken gossen ihr Wasser aus, / das Gewölk
ließ die Stimme dröhnen, / auch deine Pfeile flo-
gen dahin.
[19] Dröhnend rollte dein Donner, / Blitze erhellten
den Erdkreis, / die Erde bebte und wankte.
[20] Durch das Meer ging dein Weg, / dein Pfad durch
gewaltige Wasser, / doch niemand sah deine Spu-
ren.
[21] Du führtest dein Volk wie eine Herde / durch die
Hand von Mose und Aaron.

3: 50,15; 88,2 • 5: 119,148 • 6: 143,5 • 8: 13,2; 74,1; 85,6; 89,47; Klgl 3,31 • 10: Jes 49,14f • 11: Mal 3,6 • 13: 143,5 • 14: 18,31f; 35,10 • 15: 98,1 • 16: Neh 1,10 • 17: 18,16; 114,3; Nah 1,4 • 18: 18,15 • 18–19: Hab 3,9–11 • 19: 68,9; 97,4 • 20: Neh 9,11; Jes 43,16; 51,10 • 20–21: Ex 14,21–31 • 21: 78,52; Jes 63,11–14; Mi 6,4

Die Geschichte Israels als Mahnung und Warnung

78 [Ein Weisheitslied Asafs.]
Mein Volk, vernimm meine Weisung! /
Wendet euer Ohr zu den Worten meines Mundes!
[2] Ich öffne meinen Mund zu einem Spruch; / ich
will die Geheimnisse der Vorzeit verkünden.
[3] Was wir hörten und erfuhren, / was uns die Väter
erzählten,
[4] das wollen wir unseren Kindern nicht verber-
gen, / sondern dem kommenden Geschlecht er-
zählen:
die ruhmreichen Taten und die Stärke des Herrn, /
die Wunder, die er getan hat.
[5] Er stellte sein Gesetz auf in Jakob, / gab in Israel
Weisung / und gebot unseren Vätern, ihre Kinder
das alles zu lehren,
[6] damit das kommende Geschlecht davon erfahre, /
die Kinder späterer Zeiten; / sie sollten aufstehen
und es weitergeben an ihre Kinder,
[7] damit sie ihr Vertrauen auf Gott setzen, / die
Taten Gottes nicht vergessen / und seine Gebote
bewahren
[8] und nicht werden wie ihre Väter, / jenes Ge-
schlecht voll Trotz und Empörung, / das wankel-
mütige Geschlecht, dessen Geist nicht treu zu Gott
hielt.
[9] Die Söhne Efraims, Kämpfer mit Pfeil und Bo-
gen, / wandten den Rücken am Tag der Schlacht;
[10] Gottes Bund hielten sie nicht, / sie weigerten
sich, seiner Weisung zu folgen.
[11] Sie vergaßen die Taten des Herrn, / die Wunder,
die er sie sehen ließ.
[12] Vor den Augen ihrer Väter vollbrachte er Wun-
der / im Land Ägypten, im Gefilde von Zoan.
[13] Er spaltete das Meer und führte sie hindurch, /
er ließ das Wasser fest stehen wie einen Damm.
[14] Er leitete sie bei Tag mit der Wolke / und die
ganze Nacht mit leuchtendem Feuer.
[15] Er spaltete Felsen in der Wüste / und gab dem
Volk reichlich zu trinken wie mit Wassern der
Urflut.
[16] Er ließ Bäche aus dem Gestein entspringen, / ließ
Wasser fließen gleich Strömen.
[17] Doch sie sündigten weiter gegen ihn, / sie trotz-
ten in der Wüste dem Höchsten.
[18] In ihrem Herzen versuchten sie Gott, / forderten
Nahrung für den Hunger.
[19] Sie redeten gegen Gott; sie fragten: / »Kann uns
denn Gott den Tisch decken in der Wüste?
[20] Zwar hat er an den Felsen geschlagen, / sodass
Wasser floss und Bäche strömten.
Kann er uns auch Brot verschaffen / und sein Volk
mit Fleisch versorgen?«
[21] Das hörte der Herr und war voll Grimm; / Feuer
flammte auf gegen Jakob, / Zorn erhob sich gegen
Israel,
[22] weil sie Gott nicht glaubten / und nicht auf seine
Hilfe vertrauten.
[23] Dennoch gebot er den Wolken droben / und öff-
nete die Tore des Himmels.
[24] Er ließ Manna auf sie regnen als Speise, / er gab
ihnen Brot vom Himmel.
[25] Da aßen die Menschen Wunderbrot; / Gott gab
ihnen Nahrung in Fülle.
[26] Er ließ den Ostwind losbrechen droben am
Himmel, / führte in seiner Macht den Südwind
herbei,
[27] ließ Fleisch auf sie regnen wie Staub, / gefiederte
Vögel wie Sand am Meer.
[28] Er ließ sie mitten ins Lager fallen, / rings um Isra-
els Zelte.
[29] Da aßen alle und wurden satt; / er hatte ihnen
gebracht, was sie begehrten.
[30] Noch aber hatten sie ihre Gier nicht gestillt, /
noch war die Speise in ihrem Mund,

31 da erhob sich gegen sie Gottes Zorn; / er erschlug
ihre Führer / und streckte die jungen Männer Isra-
els nieder.
32 Doch sie sündigten trotz allem weiter / und ver-
trauten nicht seinen Wundern.
33 Darum ließ er ihre Tage schwinden wie ei-
nen Hauch / und ihre Jahre voll Schrecken ver-
gehen.
34 Wenn er dreinschlug, fragten sie nach Gott, /
kehrten um und suchten ihn.
35 Sie dachten daran, dass Gott ihr Fels ist, / Gott,
der Höchste, ihr Erlöser.
36 Doch sie täuschten ihn mit falschen Worten /
und ihre Zunge belog ihn.
37 Ihr Herz hielt nicht fest zu ihm, / sie hielten sei-
nem Bund nicht die Treue.
38 Er aber vergab ihnen voll Erbarmen die Schuld /
und tilgte sein Volk nicht aus.
Oftmals ließ er ab von seinem Zorn / und unter-
drückte seinen Groll.
39 Denn er dachte daran, dass sie nichts sind als
Fleisch, / nur ein Hauch, der vergeht und nicht
wiederkehrt.
40 Wie oft haben sie ihm in der Wüste getrotzt, /
ihn gekränkt in der Steppe!
41 Immer wieder stellten sie ihn auf die Probe, / sie
reizten den heiligen Gott Israels.
42 Sie dachten nicht mehr an seine mächtige Hand, /
an den Tag, als er sie vom Unterdrücker befreite,
43 als er in Ägypten Zeichen tat / und Wunder im
Gefilde von Zoan:
44 Er verwandelte ihre Flüsse und Bäche in Blut; /
sie konnten daraus nicht mehr trinken.
45 Er schickte einen Schwarm von Fliegen, der fraß
sie auf, / ein Heer von Fröschen, das vertilgte sie.
46 Ihre Ernte überließ er den Grillen / und den
Heuschrecken den Ertrag ihrer Mühen.
47 Ihre Reben zerschlug er mit Hagel, / ihre Maul-
beerbäume mit Körnern aus Eis.
48 Ihr Vieh überließ er der Pest / und ihre Herden
den Seuchen.
49 Er ließ die Glut seines Zorns auf sie los: / Grimm
und Wut und Bedrängnis, / Boten des Unheils in
Scharen.
50 Er ließ seinem Zorn freien Lauf; / er bewahrte sie
nicht vor dem Tod / und lieferte ihr Leben der Pest
aus.
51 Er schlug in Ägypten alle Erstgeburt, / in den
Zelten Hams die Blüte der Jugend.
52 Dann führte er sein Volk hinaus wie Schafe, / lei-
tete sie wie eine Herde durch die Wüste.
53 Er führte sie sicher, sie mussten nichts fürchten, /
doch ihre Feinde bedeckte das Meer.
54 Er brachte sie in sein heiliges Land, / in die Berge,
die er erwarb mit mächtiger Hand.
55 Er vertrieb die Völker vor ihnen, / ließ in ihren
Zelten die Stämme Israels wohnen / und teilte
ihnen ihr Erbteil zu.
56 Doch sie versuchten Gott und trotzten dem
Höchsten; / sie hielten seine Satzungen nicht.
57 Wie ihre Väter fielen sie treulos von ihm ab, / sie
wandten sich ab wie ein Bogen, der versagt.
58 Sie erbitterten ihn mit ihrem Kult auf den
Höhen / und reizten seine Eifersucht mit ihren
Götzen.
59 Als Gott es sah, war er voll Grimm / und sagte
sich los von Israel.
60 Er verwarf seine Wohnung in Schilo, / das Zelt,
wo er unter den Menschen wohnte.
61 Er gab seine Macht in Gefangenschaft, / seine
heilige Lade fiel in die Hand des Feindes.
62 Er lieferte sein Volk dem Schwert aus; / er war
voll Grimm über sein Eigentum.
63 Die jungen Männer fraß das Feuer; / den jungen
Mädchen sang man kein Brautlied.
64 Die Priester wurden mit dem Schwert erschla-
gen; / die Witwen konnten die Toten nicht bewei-
nen.
65 Da erwachte der Herr wie aus dem Schlaf, / wie
ein Held, der betäubt war vom Wein.
66 Er schlug seine Feinde zurück / und gab sie ewi-
ger Schande preis.
67 Das Zelt Josefs verwarf er, / dem Stamm Efraim
entzog er die Erwählung.
68 Doch den Stamm Juda erwählte er, / den Berg
Zion, den er liebt.
69 Dort baute er sein hoch aufragendes Heiligtum, /
so fest wie die Erde, / die er für immer gegründet
hat.
70 Und er erwählte seinen Knecht David; / er holte
ihn weg von den Hürden der Schafe, / 71 von den
Muttertieren nahm er ihn fort,
damit er sein Volk Jakob weide / und sein Erbe
Israel.

72 Er sorgte als Hirt für sie mit lauterem Herzen / und führte sie mit klugen Händen.

2: 49,5; Mt 13,35 • 3: 44,2 • 3–6: 22,31f • 5: 147,19 • 8: Dtn 32,5f.20 • 12: Num 13,22 • 13: Ex 14,21f • 14: Ex 13,21 • 15f: Ex 17,6; Num 20,11 • 17: Ez 20,13 • 18: 106,14; Ex 16,3 • 21: Num 11,1 • 23: Mal 3,10 • 24: Ex 16,4.14f; Joh 6,31 • 25: 105,40 • 30: Num 11,33 • 32: Num 14,11 • 33: Num 14,22f • 34: Num 21,7; Jes 26,16 • 35: 92,16 • 36f: Jes 29,13 • 37: 95,10 • 38: Ex 32,14; Num 14,20; Jes 48,9; Hos 11,8f • 39: 103,14–16; Ijob 7,7 • 40: Dtn 9,22 • 41: 71,22 • 42: 106,21 • 43: 135,9; 78,12 • 44: Ex 7,17–21 • 45: Ex 8,17–20 • 46: Ex 10,4–15 • 47: Ex 9,18–25 • 48: Ex 9,3–7 • 50: Ex 9,8–10 • 51: 105,36; 135,8; 136,10; Ex 12,29f • 52: 77,21 • 53: Ex 14,19–31 • 54: 114,2; Ex 15,17 • 55: 44,3; Jos 24,8–13 • 57: Hos 7,16 • 58: Dtn 32,16.21 • 60: 1 Sam 1,3; Jer 7,12 • 61: 1 Sam 4,11.22 • 63: Jer 7,34 • 64: 1 Sam 4,11; Ijob 27,15 • 66: 1 Sam 5,6–12 • 68: 2 Chr 6,6 • 69: 48,3 • 70–71: 89,21; 1 Sam 16,11–13; 2 Sam 7,8

Die Klage über die Zerstörung Jerusalems

79 [Ein Psalm Asafs.]
Gott, die Heiden sind eingedrungen in
dein Erbe, / sie haben deinen heiligen Tempel ent-
weiht / und Jerusalem in Trümmer gelegt.
2 Die Leichen deiner Knechte haben sie zum Fraß
gegeben den Vögeln des Himmels, / die Leiber dei-
ner Frommen den Tieren des Feldes.
3 Ihr Blut haben sie wie Wasser vergossen / rings
um Jerusalem, / und keiner hat sie begraben.
4 Zum Schimpf sind wir geworden / in den Augen
der Nachbarn, / zu Spott und Hohn bei allen, die
rings um uns wohnen.
5 Wie lange noch, Herr? Willst du auf ewig zür-
nen? / Wie lange noch wird dein Eifer lodern wie
Feuer?
6 Gieß deinen Zorn aus über die Heiden, / die dich
nicht kennen, / über jedes Reich, das deinen Na-
men nicht anruft.
7 Denn sie haben Jakob aufgezehrt / und seine Fel-
der verwüstet.
8 Rechne uns die Schuld der Vorfahren nicht an! /
Mit deinem Erbarmen komm uns eilends entge-
gen! / Denn wir sind sehr erniedrigt.
9 Um der Ehre deines Namens willen / hilf uns, du
Gott unsres Heils! / Um deines Namens willen reiß
uns heraus und vergib uns die Sünden!
10 Warum dürfen die Heiden sagen: / »Wo ist nun
ihr Gott?«
Lass kund werden an den Heiden vor unsern
Augen, / wie du das vergossene Blut deiner Knech-
te vergiltst.
11 Das Stöhnen der Gefangenen dringe zu dir. / Be-
frei die Todgeweihten durch die Kraft deines Ar-
mes!
12 Zahl unsern Nachbarn siebenfach heim / die
Schmach, die sie dir, Herr, angetan.
13 Wir aber, dein Volk, die Schafe deiner Weide, /
wollen dir ewig danken, / deinen Ruhm verkün-
den von Geschlecht zu Geschlecht.

1: 2 Kön 25,8–10; Klgl 1,10 • 2: Jer 7,33 • 2–3: 1 Makk 7,17 • 3: Jer 14,16 • 4: 31,12; Zef 2,8 • 5: 89,47 • 6: Sir 36,1–6; Ps 14,4 • 6–7: Jer 10,25 • 9: Ez 20,44; 36,22 • 10: 42,11; Joël 4,21 • 11: 102,21 • 12: 137,7–9 • 13: 95,7

Bitte für Israel, den Weinstock Gottes

80 [Für den Chormeister. Nach der Weise
»Lilien«. Ein Zeugnis. Ein Psalm Asafs.]
2 Du Hirte Israels, höre, / der du Josef weidest wie
eine Herde!
Der du auf den Kerubim thronst, erscheine / 3 vor
Efraim, Benjamin und Manasse! Biete deine ge-
waltige Macht auf / und komm uns zu Hilfe!
4 Gott, richte uns wieder auf! / Lass dein Angesicht
leuchten, dann ist uns geholfen.
5 Herr, Gott der Heerscharen, wie lange noch
zürnst du, / während dein Volk zu dir betet?
6 Du hast sie gespeist mit Tränenbrot, / sie über-
reich getränkt mit Tränen.
7 Du machst uns zum Spielball der Nachbarn / und
unsere Feinde verspotten uns.
8 Gott der Heerscharen, richte uns wieder auf! /
Lass dein Angesicht leuchten, dann ist uns geholfen.
9 Du hobst in Ägypten einen Weinstock aus, / du
hast Völker vertrieben, ihn aber eingepflanzt.
10 Du schufst ihm weiten Raum; / er hat Wurzeln
geschlagen / und das ganze Land erfüllt.
11 Sein Schatten bedeckte die Berge, / seine Zweige
die Zedern Gottes.
12 Seine Ranken trieb er bis hin zum Meer / und
seine Schößlinge bis zum Eufrat.
13 Warum rissest du seine Mauern ein? / Alle, die
des Weges kommen, plündern ihn aus.
14 Der Eber aus dem Wald wühlt ihn um, / die Tiere
des Feldes fressen ihn ab.
15 Gott der Heerscharen, wende dich uns wieder
zu! / Blick vom Himmel herab, und sieh auf uns!
Sorge für diesen Weinstock / 16 und für den Gar-
ten, den deine Rechte gepflanzt hat.
17 Die ihn im Feuer verbrannten wie Kehricht, / sie
sollen vergehen vor deinem drohenden Angesicht.

18 Deine Hand schütze den Mann zu deiner Rech-
ten, / den Menschensohn, den du für dich groß
und stark gemacht.
19 Erhalt uns am Leben! / Dann wollen wir deinen
Namen anrufen und nicht von dir weichen.
20 Herr, Gott der Heerscharen, richte uns wieder
auf! / Lass dein Angesicht leuchten, dann ist uns
geholfen.

2: 23,1; 95,7 • 4: 85,5; 4,7 • 6: 42,4 • 7: 44,14 • 9: Jer 2,21 • 11–12: Dtn 11,24 • 13: 89,41f • 17: Ez 15,2–4

Aufruf zur Treue gegen Gott

81 [Für den Chormeister. Nach dem Kelter-
lied. Von Asaf.]
2 Jubelt Gott zu, er ist unsre Zuflucht; / jauchzt
dem Gott Jakobs zu!
3 Stimmt an den Gesang, schlagt die Pauke, / die
liebliche Laute, dazu die Harfe!
4 Stoßt in die Posaune am Neumond / und zum
Vollmond, am Tag unsres Festes!
5 Denn das ist Satzung für Israel, / Entscheid des
Gottes Jakobs.
6 Das hat er als Gesetz für Josef erlassen, / als Gott
gegen Ägypten auszog.
Eine Stimme höre ich, die ich noch nie vernahm: /
7 Seine Schulter hab ich von der Bürde befreit, /
seine Hände kamen los vom Lastkorb.
8 Du riefst in der Not / und ich riss dich heraus;
ich habe dich aus dem Gewölk des Donners
erhört, / an den Wassern von Meríba geprüft.
[Sela]
9 Höre, mein Volk, ich will dich mahnen! / Israel,
wolltest du doch auf mich hören!
10 Für dich gibt es keinen andern Gott. / Du sollst
keinen fremden Gott anbeten.
11 Ich bin der Herr, dein Gott, / der dich heraufge-
führt hat aus Ägypten. / Tu deinen Mund auf! Ich
will ihn füllen.
12 Doch mein Volk hat nicht auf meine Stimme
gehört; / Israel hat mich nicht gewollt.
13 Da überließ ich sie ihrem verstockten Herzen /
und sie handelten nach ihren eigenen Plänen.
14 Ach dass doch mein Volk auf mich hörte, / dass
Israel gehen wollte auf meinen Wegen!
15 Wie bald würde ich seine Feinde beugen, / meine
Hand gegen seine Bedränger wenden.
16 Alle, die den Herrn hassen, müssten Israel
schmeicheln / und das sollte für immer so blei-
ben.
17 Ich würde es nähren mit bestem Weizen / und
mit Honig aus dem Felsen sättigen.

4: Lev 23,24; Num 10,10 • 7: Ex 1,14; 6,6 • 8: Ex 17,1–7; Num 20,13; Ps 95,8 • 10–11: Ex 20,2f • 12: 95,7 • 13: Jer 7,24 • 15: 66,3 • 17: 147,14; Dtn 32,13

Bitte um Gottes Eingreifen als Richter

82 [Ein Psalm Asafs.]
Gott steht auf in der Versammlung der
Götter, / im Kreis der Götter hält er Gericht.
2 »Wie lange noch wollt ihr ungerecht richten /
und die Frevler begünstigen? [Sela]
3 Verschafft Recht den Unterdrückten und Wai-
sen, / verhelft den Gebeugten und Bedürftigen
zum Recht!
4 Befreit die Geringen und Armen, / entreißt sie der
Hand der Frevler!«
5 Sie aber haben weder Einsicht noch Verstand, /
sie tappen dahin im Finstern. / Alle Grundfesten
der Erde wanken.
6 »Wohl habe ich gesagt: Ihr seid Götter, / ihr alle
seid Söhne des Höchsten.
7 Doch nun sollt ihr sterben wie Menschen, / sollt
stürzen wie jeder der Fürsten.«
8 Erheb dich, Gott, und richte die Erde! / Denn alle
Völker werden dein Erbteil sein.

1: 136,2f; 1 Kön 22,19 • 2: 58,3 • 3: Ex 23,6; Dtn 1,17; Jes 1,17 • 6: Joh 10,34 • 8: 67,5

Eine Bitte um Hilfe gegen Feinde des Volkes

83 [Ein Lied. Ein Psalm Asafs.]
2 Schweig doch nicht, o Gott, bleib nicht
still, / o Gott, bleib nicht stumm!
3 Sieh doch, deine Feinde toben; / die dich hassen,
erheben das Haupt.
4 Gegen dein Volk ersinnen sie listige Pläne / und
halten Rat gegen die, die sich bei dir bergen.
5 Sie sagen: »Wir wollen sie ausrotten als Volk; / an
den Namen Israel soll niemand mehr denken.«
6 Ja, sie halten einmütig Rat / und schließen ein
Bündnis gegen dich:
7 Edoms Zelte und die Ismaeliter, / Moab und die
Hagariter,
8 Gebal, Ammon und Amalek, / das Philisterland
und die Bewohner von Tyrus.

9 Zu ihnen gesellt sich auch Assur / und leiht sei-
nen Arm den Söhnen Lots. [Sela]
10 Mach es mit ihnen wie mit Midian und Sisera, /
wie mit Jabin am Bach Kischon,
11 die du bei En-Dór vernichtet hast. / Sie wurden
zum Dung für die Äcker.
12 Mach ihre Fürsten wie Oreb und Seeb, / wie
Sebach und Zalmunna mach all ihre Führer! / 13 Sie
sagten: »Wir wollen Gottes Land erobern.«
14 Mein Gott, lass sie dahinwirbeln wie Staub, / wie
Spreu vor dem Wind!
15 Wie das Feuer, das ganze Wälder verbrennt, / wie
die Flamme, die Berge versengt,
16 so jage sie davon mit deinem Sturm / und
schrecke sie mit deinem Wetter!
17 Bedecke mit Schmach ihr Gesicht, / damit sie,
Herr, nach deinem Namen fragen.
18 Beschämt sollen sie sein und verstört für im-
mer, / sollen vor Schande zugrunde gehn.
19 Sie sollen erkennen, dass du es bist. Herr ist dein
Name. / Du allein bist der Höchste über der gan-
zen Erde.

3: 35,20 • 6: 2,2 • 10: Ri 7,23–25; Jes 9,3; 10,26; Ri 4,15f • 12: Ri 7,25; 8,21 • 14: 35,5 • 19: 46,11; 59,14; 100,3; Dtn 4,39; Jes 43,10; Dan 3,45

Die Freude am Heiligtum

84 [Für den Chormeister. Nach dem Kelter-
lied. Ein Psalm der Korachiter.]
2 Wie liebenswert ist deine Wohnung, Herr der
Heerscharen! / 3 Meine Seele verzehrt sich in Sehn-
sucht / nach dem Tempel des Herrn.
Mein Herz und mein Leib jauchzen ihm zu, / ihm,
dem lebendigen Gott.
4 Auch der Sperling findet ein Haus / und die
Schwalbe ein Nest für ihre Jungen – / deine Altäre,
Herr der Heerscharen, mein Gott und mein
König.
5 Wohl denen, die wohnen in deinem Haus, / die
dich allezeit loben. [Sela]
6 Wohl den Menschen, die Kraft finden in dir, /
wenn sie sich zur Wallfahrt rüsten.
7 Ziehen sie durch das trostlose Tal, / wird es für sie
zum Quellgrund / und Frühregen hüllt es in Se-
gen.
8 Sie schreiten dahin mit wachsender Kraft; / dann
schauen sie Gott auf dem Zion.
9 Herr der Heerscharen, höre mein Beten, / ver-
nimm es, Gott Jakobs! [Sela]
10 Gott, sieh her auf unsern Schild, / schau auf das
Antlitz deines Gesalbten!
11 Denn ein einziger Tag in den Vorhöfen deines
Heiligtums / ist besser als tausend andere.
Lieber an der Schwelle stehen im Haus meines
Gottes / als wohnen in den Zelten der Frevler.
12 Denn Gott der Herr ist Sonne und Schild. / Er
schenkt Gnade und Herrlichkeit;
der Herr versagt denen, die rechtschaffen sind,
keine Gabe. / 13 Herr der Heerscharen, wohl dem,
der dir vertraut!

3: 27,4 • 4: 5,3 • 5: 23,6 • 10: 89,19 • 11: 27,4 • 12: 3,4

Bitte um das verheißene Heil

85 [Für den Chormeister. Ein Psalm der
Korachiter.]
2 Einst hast du, Herr, dein Land begnadet / und
Jakobs Unglück gewendet,
3 hast deinem Volk die Schuld vergeben, / all seine
Sünden zugedeckt, [Sela]
4 hast zurückgezogen deinen ganzen Grimm / und
deinen glühenden Zorn gedämpft.
5 Gott, unser Retter, richte uns wieder auf, / lass
von deinem Unmut gegen uns ab!
6 Willst du uns ewig zürnen, / soll dein Zorn dau-
ern von Geschlecht zu Geschlecht?
7 Willst du uns nicht wieder beleben, / sodass dein
Volk sich an dir freuen kann?
8 Erweise uns, Herr, deine Huld / und gewähre uns
dein Heil!
9 Ich will hören, was Gott redet: / Frieden verkün-
det der Herr seinem Volk und seinen Frommen, /
den Menschen mit redlichem Herzen. [Sela]
10 Sein Heil ist denen nahe, die ihn fürchten. / Seine
Herrlichkeit wohne in unserm Land.
11 Es begegnen einander Huld und Treue; / Gerech-
tigkeit und Friede küssen sich.
12 Treue sprosst aus der Erde hervor; / Gerechtig-
keit blickt vom Himmel hernieder.
13 Auch spendet der Herr dann Segen / und unser
Land gibt seinen Ertrag.
14 Gerechtigkeit geht vor ihm her / und Heil folgt
der Spur seiner Schritte.

2: Jer 31,23 • 3: 32,1 • 5: 80,4 • 6: 77,8; 79,5 • 9: Jer 29,11 • 11: 61,8; 89,15 • 12: Jes 45,8 • 13: 67,7 • 14: Jes 58,8

Der Hilferuf eines Armen zu Gott

86 [Ein Gebet Davids.]
Wende dein Ohr mir zu, erhöre mich,
Herr! / Denn ich bin arm und gebeugt.
2 Beschütze mich, denn ich bin dir ergeben! / Hilf
deinem Knecht, der dir vertraut!
3 Du bist mein Gott. Sei mir gnädig, o Herr! / Den
ganzen Tag rufe ich zu dir.
4 Herr, erfreue deinen Knecht; / denn ich erhebe
meine Seele zu dir.
5 Herr, du bist gütig und bereit zu verzeihen, / für
alle, die zu dir rufen, reich an Gnade.
6 Herr, vernimm mein Beten, / achte auf mein lau-
tes Flehen!
7 Am Tag meiner Not rufe ich zu dir; / denn du
wirst mich erhören.
8 Herr, unter den Göttern ist keiner wie du / und
nichts gleicht den Werken, die du geschaffen hast.
9 Alle Völker kommen und beten dich an, / sie
geben, Herr, deinem Namen die Ehre.
10 Denn du bist groß und tust Wunder; / du allein
bist Gott.
11 Weise mir, Herr, deinen Weg; / ich will ihn gehen
in Treue zu dir.
Richte mein Herz darauf hin, / allein deinen Na-
men zu fürchten!
12 Ich will dir danken, Herr, mein Gott, / aus gan-
zem Herzen, / will deinen Namen ehren immer
und ewig.
13 Du hast mich den Tiefen des Totenreichs entris-
sen. / Denn groß ist über mir deine Huld.
14 Gott, freche Menschen haben sich gegen mich
erhoben, / die Rotte der Gewalttäter trachtet mir
nach dem Leben; / doch dich haben sie nicht vor
Augen.
15 Du aber, Herr, bist ein barmherziger und gnädi-
ger Gott, / du bist langmütig, reich an Huld und
Treue.
16 Wende dich mir zu und sei mir gnädig, / gib dei-
nem Knecht wieder Kraft / und hilf dem Sohn dei-
ner Magd!
17 Tu ein Zeichen und schenke mir Glück! / Alle,
die mich hassen, sollen es sehen und sich schä-
men, / weil du, Herr, mich gerettet und getröstet
hast.

4: 25,1; 143,8 • 7: 50,15 • 9: 22,28; Offb 15,4 • 11: 25,4; 26,3; Joh 14,6 • 13: 9,14 • 14: 54,5 • 15: 116,5 • 16: 25,16

Ein Loblied auf Zion, die Mutter aller Völker

87 [Ein Psalm der Korachiter.
Ein Lied.]
2 Der Herr liebt (Zion), seine Gründung auf heili-
gen Bergen; / mehr als all seine Stätten in Jakob
liebt er die Tore Zions.
3 Herrliches sagt man von dir, / du Stadt unseres
Gottes. [Sela]
4 Leute aus Ägypten und Babel / zähle ich zu
denen, die mich kennen;
auch von Leuten aus dem Philisterland, / aus Tyrus
und Kusch / sagt man: Er ist dort geboren.
5 Doch von Zion wird man sagen: / Jeder ist dort
geboren. / Er, der Höchste, hat Zion gegründet.
6 Der Herr schreibt, wenn er die Völker verzeich-
net: / Er ist dort geboren. [Sela]
7 Und sie werden beim Reigentanz singen: / All
meine Quellen entspringen in dir.

2: 76,3; 78,68 • 4–5: Jes 19,24f • 6: Jes 4,3 • 7: 149,3; Jes 12,3

Die Klage eines Kranken und Einsamen

88 [Ein Lied. Ein Psalm der Korachiter. Für
den Chormeister. Nach der Weise »Krank-
heit« zu singen. Ein Weisheitslied Hemans, des
Esrachiters.] 2 Herr, du Gott meines Heils, / zu dir
schreie ich am Tag und bei Nacht.
3 Lass mein Gebet zu dir dringen, / wende dein Ohr
meinem Flehen zu!
4 Denn meine Seele ist gesättigt mit Leid, / mein
Leben ist dem Totenreich nahe.
5 Schon zähle ich zu denen, die hinabsinken ins
Grab, / bin wie ein Mann, dem alle Kraft genom-
men ist.
6 Ich bin zu den Toten hinweggerafft / wie Erschla-
gene, die im Grabe ruhen;
an sie denkst du nicht mehr, / denn sie sind deiner
Hand entzogen.
7 Du hast mich ins tiefste Grab gebracht, / tief
hinab in finstere Nacht.
8 Schwer lastet dein Grimm auf mir, / all deine
Wogen stürzen über mir zusammen. [Sela]
9 Die Freunde hast du mir entfremdet, / mich
ihrem Abscheu ausgesetzt; / ich bin gefangen und
kann nicht heraus.
10 Mein Auge wird trübe vor Elend. / Jeden Tag,
Herr, ruf ich zu dir; / ich strecke nach dir meine
Hände aus.

11 Wirst du an den Toten Wunder tun, / werden
Schatten aufstehn, um dich zu preisen? [Sela]
12 Erzählt man im Grab von deiner Huld, / von dei-
ner Treue im Totenreich?
13 Werden deine Wunder in der Finsternis be-
kannt, / deine Gerechtigkeit im Land des Verges-
sens?
14 Herr, darum schreie ich zu dir, / früh am Mor-
gen tritt mein Gebet vor dich hin.
15 Warum, o Herr, verwirfst du mich, / warum ver-
birgst du dein Gesicht vor mir?
16 Gebeugt bin ich und todkrank von früher
Jugend an, / deine Schrecken lasten auf mir und
ich bin zerquält.
17 Über mich fuhr die Glut deines Zorns dahin, /
deine Schrecken vernichten mich.
18 Sie umfluten mich allzeit wie Wasser / und drin-
gen auf mich ein von allen Seiten.
19 Du hast mir die Freunde und Gefährten ent-
fremdet; / mein Vertrauter ist nur noch die Fins-
ternis.

2: 77,3 • 3: 17,6; 119,170 • 4: Ijob 17,1; 33,22 • 5: 143,7 • 8: 42,8 •
9: 31,12 • 11–13: 6,6 • 14: 5,4 • 15: Ijob 13,24 • 16: Ijob 6,4; 20,25 •
18: 42,8 • 19: 31,12; Ijob 17,13

Das Klagelied über die Verwerfung des Hauses David

89 [Ein Weisheitslied Etans,
des Esrachiters.]
2 Von den Taten deiner Huld, Herr, will ich ewig
singen, / bis zum fernsten Geschlecht laut deine
Treue verkünden.
3 Denn ich bekenne: Deine Huld besteht für immer
und ewig; / deine Treue steht fest im Himmel.
4 »Ich habe einen Bund geschlossen mit meinem
Erwählten / und David, meinem Knecht, geschwo-
ren:
5 Deinem Haus gebe ich auf ewig Bestand / und
von Geschlecht zu Geschlecht richte ich deinen
Thron auf.« [Sela]
6 Die Himmel preisen, Herr, deine Wunder / und
die Gemeinde der Heiligen deine Treue.
7 Denn wer über den Wolken ist wie der Herr, / wer
von den Göttern ist dem Herrn gleich?
8 Gewaltig ist Gott im Rat der Heiligen, / für alle
rings um ihn her ist er groß und furchtbar.
9 Herr, Gott der Heerscharen, wer ist wie du? /
Mächtig bist du, Herr, und von Treue umge-
ben.
10 Du beherrschst die Empörung des Meeres; /
wenn seine Wogen toben – du glättest sie.
11 Rahab hast du durchbohrt und zertreten, / deine
Feinde zerstreut mit starkem Arm.
12 Dein ist der Himmel, dein auch die Erde; / den
Erdkreis und was ihn erfüllt hast du gegründet.
13 Nord und Süd hast du geschaffen, / Tabor und
Hermon jauchzen bei deinem Namen.
14 Dein Arm ist voll Kraft, / deine Hand ist stark,
deine Rechte hoch erhoben.
15 Recht und Gerechtigkeit sind die Stützen deines
Thrones, / Huld und Treue schreiten vor deinem
Antlitz her.
16 Wohl dem Volk, das dich als König zu feiern
weiß! / Herr, sie gehen im Licht deines Angesichts.
17 Sie freuen sich über deinen Namen zu jeder
Zeit, / über deine Gerechtigkeit jubeln sie.
18 Denn du bist ihre Schönheit und Stärke, / du
erhöhst unsre Kraft in deiner Güte.
19 Ja, unser Schild gehört dem Herrn, / unser König
dem heiligen Gott Israels.
20 Einst hast du in einer Vision zu deinen Frommen
gesprochen: / »Einen Helden habe ich zum König
gekrönt, / einen jungen Mann aus dem Volk er-
höht.
21 Ich habe David, meinen Knecht, gefunden / und
ihn mit meinem heiligen Öl gesalbt.
22 Beständig wird meine Hand ihn halten / und
mein Arm ihn stärken.
23 Kein Feind soll ihn täuschen, / kein ruchloser
Mensch kann ihn bezwingen.
24 Vor ihm will ich die Feinde zerschmettern / und
alle, die ihn hassen, schlage ich nieder.
25 Meine Treue und meine Huld begleiten ihn / und
in meinem Namen erhebt er sein Haupt.
26 Ich lege seine Hand auf das Meer, / über die
Ströme herrscht seine Rechte.
27 Er wird zu mir rufen: Mein Vater bist du, / mein
Gott, der Fels meines Heiles.
28 Ich mache ihn zum erstgeborenen Sohn, / zum
Höchsten unter den Herrschern der Erde.
29 Auf ewig werde ich ihm meine Huld bewahren, /
mein Bund mit ihm bleibt allzeit bestehen.
30 Sein Geschlecht lasse ich dauern für immer / und
seinen Thron, solange der Himmel währt.

31 Wenn seine Söhne meine Weisung verlassen, /
nicht mehr leben nach meiner Ordnung,
32 wenn sie meine Gesetze entweihen, / meine
Gebote nicht mehr halten,
33 dann werde ich ihr Vergehen mit der Rute stra-
fen / und ihre Sünde mit Schlägen.
34 Doch ich entziehe ihm nicht meine Huld, / bre-
che ihm nicht die Treue.
35 Meinen Bund werde ich nicht entweihen; / was
meine Lippen gesprochen haben, / will ich nicht
ändern.
36 Eines hab ich geschworen, so wahr ich heilig
bin, / und niemals werde ich David belügen:
37 Sein Geschlecht soll bleiben auf ewig, / sein
Thron habe Bestand vor mir wie die Sonne;
38 er soll ewig bestehen wie der Mond, / der verläss-
liche Zeuge über den Wolken.« [Sela]
39 Nun aber hast du deinen Gesalbten verstoßen, /
ihn verworfen und mit Zorn überschüttet,
40 hast den Bund mit deinem Knecht zerbrochen, /
zu Boden getreten seine Krone.
41 Eingerissen hast du all seine Mauern,/ in Trüm-
mer gelegt seine Burgen.
42 Alle, die des Weges kommen, plündern ihn aus, /
er wird zum Gespött seiner Nachbarn.
43 Du hast die Hand seiner Bedränger hoch erho-
ben, / hast all seine Feinde erfreut.
44 Du hast die Spitze seines Schwertes umgekehrt, /
hast im Kampf ihm den Sieg verweigert.
45 Du hast ein Ende gemacht seinem Glanz / und
seinen Thron zu Boden geworfen.
46 Du hast ihm die Tage der Jugend verkürzt / und
ihn bedeckt mit Schande. [Sela]
47 Wie lange noch, Herr? Verbirgst du dich ewig? /
Soll dein Zorn wie Feuer brennen?
48 Bedenke, Herr: Was ist unser Leben, / wie ver-
gänglich hast du alle Menschen erschaffen!
49 Wo ist der Mann, der ewig lebt und den Tod
nicht schaut, / der sich retten kann vor dem Zugriff
der Unterwelt? [Sela]
50 Herr, wo sind die Taten deiner Huld geblieben, /
die du David in deiner Treue geschworen hast?
51 Herr, denk an die Schmach deines Knechtes! / Im
Herzen brennt mir der Hohn der Völker,
52 mit dem deine Feinde mich schmähen, Herr, /
und die Schritte deines Gesalbten verhöhnen.
53 Gepriesen sei der Herr in Ewigkeit. / Amen, ja
amen.

2: Jes 63,7 • 4: 132,11; 2 Sam 7,8–16 • 5: Apg 2,30 • 7: 29,1 • 7–9: 35,10; 136,2f • 8: Ijob 1,6 • 10: 65,8; Mt 8,26 • 11: 74,13f; Ijob 26,12 • 12: 24,1 • 15: 97,2; 85,11 • 16: 47,2 • 19: 84,10 • 20–21: 1 Sam 13,14; 16,13 • 21: 78,70; Apg 13,22 • 22: Jes 42,1 • 25: 1 Sam 2,10 • 26: 72,8 • 27–28: 2,7; 2 Sam 7,14 • 28: Kol 1,15.18; Offb 1,5 • 29: 18,51; Jes 55,3 • 30: 61,8; 2 Sam 7,16 • 33: 2 Sam 7,14 • 34: Jer 31,36f • 38: 72,7; Sir 43,6 • 41–42: 80,13 • 42: 31,12 • 47: 77,8; 79,5 • 47–48: 90,9f • 51: 41,6 • 52: Hebr 11,26

DAS VIERTE BUCH

Der ewige Gott – der vergängliche Mensch

90 [Ein Gebet des Mose, des Mannes Gottes.]
Herr, du warst unsere Zuflucht / von Ge-
schlecht zu Geschlecht.
2 Ehe die Berge geboren wurden, / die Erde ent-
stand und das Weltall, / bist du, o Gott, von Ewig-
keit zu Ewigkeit.
3 Du lässt die Menschen zurückkehren zum Staub /
und sprichst: »Kommt wieder, ihr Menschen!«
4 Denn tausend Jahre sind für dich / wie der Tag,
der gestern vergangen ist, / wie eine Wache in der
Nacht.
5 Von Jahr zu Jahr säst du die Menschen aus; / sie
gleichen dem sprossenden Gras.
6 Am Morgen grünt es und blüht, / am Abend wird
es geschnitten und welkt.
7 Denn wir vergehen durch deinen Zorn, / werden
vernichtet durch deinen Grimm.
8 Du hast unsre Sünden vor dich hingestellt, / unse-
re geheime Schuld in das Licht deines Angesichts.
9 Denn all unsre Tage gehn hin unter deinem
Zorn, / wir beenden unsere Jahre wie einen Seufzer.
10 Unser Leben währt siebzig Jahre, / und wenn es
hoch kommt, sind es achtzig.
Das Beste daran ist nur Mühsal und Beschwer, /
rasch geht es vorbei, wir fliegen dahin.
11 Wer kennt die Gewalt deines Zornes / und fürch-
tet sich vor deinem Grimm?
12 Unsre Tage zu zählen, lehre uns! / Dann gewin-
nen wir ein weises Herz.
13 Herr, wende dich uns doch endlich zu! / Hab
Mitleid mit deinen Knechten!

14 Sättige uns am Morgen mit deiner Huld! / Dann
wollen wir jubeln und uns freuen all unsre Tage.
15 Erfreue uns so viele Tage, wie du uns gebeugt
hast, / so viele Jahre, wie wir Unglück erlitten.
16 Zeig deinen Knechten deine Taten / und ihren
Kindern deine erhabene Macht!
17 Es komme über uns die Güte des Herrn, unsres
Gottes.
Lass das Werk unsrer Hände gedeihen,
ja, lass gedeihen das Werk unsrer Hände!

3: 146,4 • 4: 2 Petr 3,8 • 5–6: 37,2; 58,8; 102,12; 103,15; Ijob 14,2; Jes 40,6f • 8: 109,15; Hos 7,2 • 9–10: 39,6; 89,48; 102,12; 109,23; 144,4; Ijob 7,6.16; 14,1f; Koh 6,12; Weish 2,5 • 10: Gen 6,3; Sir 18,9 • 12: 39,5f • 14: 46,6; 143,8; Klgl 3,23 • 16: Jes 5,12

Unter dem Schutz des Höchsten

91 Wer im Schutz des Höchsten wohnt / und
ruht im Schatten des Allmächtigen,
2 der sagt zum Herrn: »Du bist für mich Zuflucht
und Burg, / mein Gott, dem ich vertraue.«
3 Er rettet dich aus der Schlinge des Jägers / und aus
allem Verderben.
4 Er beschirmt dich mit seinen Flügeln, / unter sei-
nen Schwingen findest du Zuflucht, / Schild und
Schutz ist dir seine Treue.
5 Du brauchst dich vor dem Schrecken der Nacht
nicht zu fürchten, / noch vor dem Pfeil, der am Tag
dahinfliegt,
6 nicht vor der Pest, die im Finstern schleicht, / vor
der Seuche, die wütet am Mittag.
7 Fallen auch tausend zu deiner Seite, / dir zur
Rechten zehnmal tausend, / so wird es doch dich
nicht treffen.
8 Ja, du wirst es sehen mit eigenen Augen, / wirst
zuschauen, wie den Frevlern vergolten wird.
9 Denn der Herr ist deine Zuflucht, / du hast dir
den Höchsten als Schutz erwählt.
10 Dir begegnet kein Unheil, / kein Unglück naht
deinem Zelt.
11 Denn er befiehlt seinen Engeln, / dich zu behü-
ten auf all deinen Wegen.
12 Sie tragen dich auf ihren Händen, / damit dein
Fuß nicht an einen Stein stößt;
13 du schreitest über Löwen und Nattern, / trittst
auf Löwen und Drachen.
14 »Weil er an mir hängt, will ich ihn retten; / ich
will ihn schützen, denn er kennt meinen Na-
men.
15 Wenn er mich anruft, dann will ich ihn erhören. /
Ich bin bei ihm in der Not, / befreie ihn und bringe
ihn zu Ehren.
16 Ich sättige ihn mit langem Leben / und lasse ihn
schauen mein Heil.«

2: 18,3 • 3: 124,7 • 4: 17,7f • 5: Spr 3,25 • 6: Jer 15,8 • 7: Dtn 7,15 • 8: 54,9; 62,13 • 10: Ijob 5,19.24 • 11: 34,8; Hebr 1,14 • 11–12: Mt 4,6 • 12: Spr 3,23 • 13: Lk 10,19 • 14: 9,11; 119,132 • 15: 50,15; Sach 13,9 • 16: 50,23

Ein Loblied auf die Treue Gottes

92 [Ein Psalm. Ein Lied für den Sabbattag.]
2 Wie schön ist es, dem Herrn zu danken, /
deinem Namen, du Höchster, zu singen,
3 am Morgen deine Huld zu verkünden / und in
den Nächten deine Treue
4 zur zehnsaitigen Laute, zur Harfe, / zum Klang
der Zither.
5 Denn du hast mich durch deine Taten froh ge-
macht; / Herr, ich will jubeln über die Werke dei-
ner Hände.
6 Wie groß sind deine Werke, o Herr, / wie tief
deine Gedanken!
7 Ein Mensch ohne Einsicht erkennt das nicht, / ein
Tor kann es nicht verstehen.
8 Wenn auch die Frevler gedeihen / und alle, die
Unrecht tun, wachsen, / so nur, damit du sie für
immer vernichtest.
9 Herr, du bist der Höchste, / du bleibst auf ewig.
10 Doch deine Feinde, Herr, wahrhaftig, deine
Feinde vergehen; / auseinander getrieben werden
alle, die Unrecht tun.
11 Du machtest mich stark wie einen Stier, / du
salbtest mich mit frischem Öl.
12 Mein Auge blickt herab auf meine Verfolger, / auf
alle, die sich gegen mich erheben; / mein Ohr hört
vom Geschick der Bösen.
13 Der Gerechte gedeiht wie die Palme, / er wächst
wie die Zedern des Libanon.
14 Gepflanzt im Haus des Herrn, / gedeihen sie in
den Vorhöfen unseres Gottes.
15 Sie tragen Frucht noch im Alter / und bleiben
voll Saft und Frische;
16 sie verkünden: Gerecht ist der Herr; / mein Fels
ist er, an ihm ist kein Unrecht.

2: 33,1–3 • 6: 104,24; 139,17f • 7: Weish 13,1 • 8: 37,35f • 10: 68,2f; 125,5 • 11: 23,5 • 12: 54,9 • 13: 1,3 • 14: 52,10 • 16: 18,3; 18,47; 19,15; 28,1; 42,10; 62,8; 78,35; 94,22; 95,1; 144,1; Gen 49,24; Dtn 32,4.15.18.37

Das Königtum Gottes

93 Der Herr ist König, bekleidet mit Hoheit;
/ der Herr hat sich bekleidet und mit
Macht umgürtet.
Der Erdkreis ist fest gegründet, / nie wird er wan-
ken.
2 Dein Thron steht fest von Anbeginn, / du bist seit
Ewigkeit.
3 Fluten erheben sich, Herr, / Fluten erheben ihr
Brausen, / Fluten erheben ihr Tosen.
4 Gewaltiger als das Tosen vieler Wasser, / gewalti-
ger als die Brandung des Meeres / ist der Herr in
der Höhe.
5 Deine Gesetze sind fest und verlässlich; / Herr,
deinem Haus gebührt Heiligkeit / für alle Zeiten.

1: 24,7–10; 75,4; 104,5 • 2: 9,8; 90,2 • 3–4: 29,10 • 5: 19,8

Gott, der Anwalt der Gerechten

94 Gott der Vergeltung, o Herr, / du Gott der
Vergeltung, erscheine!
2 Erhebe dich, Richter der Erde, / vergilt den Stol-
zen ihr Tun!
3 Wie lange noch dürfen die Frevler, o Herr, / wie
lange noch dürfen die Frevler frohlocken?
4 Sie führen freche Reden, / alle, die Unrecht tun,
brüsten sich.
5 Herr, sie zertreten dein Volk, / sie unterdrücken
dein Erbteil.
6 Sie bringen die Witwen und Waisen um / und
morden die Fremden.
7 Sie denken: Der Herr sieht es ja nicht, / der Gott
Jakobs merkt es nicht.
8 Begreift doch, ihr Toren im Volk! / Ihr Unver-
nünftigen, wann werdet ihr klug?
9 Sollte der nicht hören, der das Ohr gepflanzt hat, /
sollte der nicht sehen, der das Auge geformt hat?
10 Sollte der nicht strafen, der die Völker erzieht, /
er, der die Menschen Erkenntnis lehrt?
11 Der Herr kennt die Gedanken der Menschen: /
Sie sind nichts als ein Hauch.
12 Wohl dem Mann, den du, Herr, erziehst, / den du
mit deiner Weisung belehrst.
13 Du bewahrst ihn vor bösen Tagen, / bis man dem
Frevler die Grube gräbt.
14 Ja, der Herr wird sein Volk nicht verstoßen / und
niemals sein Erbe verlassen.
15 Nun spricht man wieder Recht nach Gerechtig-
keit; / ihr folgen alle Menschen mit redlichem Her-
zen.
16 Wer wird sich für mich gegen die Frevler erhe-
ben, / wer steht für mich ein gegen den, der Un-
recht tut?
17 Wäre nicht der Herr meine Hilfe, / bald würde
ich im Land des Schweigens wohnen.
18 Wenn ich sage: »Mein Fuß gleitet aus«, / dann
stützt mich, Herr, deine Huld.
19 Mehren sich die Sorgen des Herzens, / so er-
quickt dein Trost meine Seele.
20 Kann sich mit dir der bestechliche Richter ver-
bünden, / der willkürlich straft, gegen das Gesetz?
21 Sie wollen das Leben des Gerechten vernichten /
und verurteilen schuldlose Menschen.
22 Doch meine Burg ist der Herr, / mein Gott ist der
Fels meiner Zuflucht.
23 Er wird ihnen ihr Unrecht vergelten / und sie
wegen ihrer Bosheit vernichten; / vernichten wird
sie der Herr, unser Gott.

1: Dtn 32,35; Nah 1,2 • 2: Jer 51,56; Ps 62,13 • 4: 75,6 • 6: Ex 22,21f; Ez 22,7 • 7: 10,11 • 8: Spr 1,22; 8,5 • 9: 33,15; Ex 4,11; Spr 20,12 • 11: 1 Kor 3,20 • 12: 119,71; Ijob 5,17 • 14: 1 Sam 12,22 • 17: 115,17 • 18: 145,14 • 19: 2 Kor 1,4f • 22: 92,16 • 23: 7,17; Spr 5,22; Ps 62,13

Aufruf zur Treue gegen Gott

95 Kommt, lasst uns jubeln vor dem Herrn /
und zujauchzen dem Fels unsres Heiles!
2 Lasst uns mit Lob seinem Angesicht nahen, / vor
ihm jauchzen mit Liedern!
3 Denn der Herr ist ein großer Gott, / ein großer
König über allen Göttern.
4 In seiner Hand sind die Tiefen der Erde, / sein
sind die Gipfel der Berge.
5 Sein ist das Meer, das er gemacht hat, / das tro-
ckene Land, das seine Hände gebildet.
6 Kommt, lasst uns niederfallen, uns vor ihm ver-
neigen, / lasst uns niederknien vor dem Herrn,
unserm Schöpfer!
7 Denn er ist unser Gott, / wir sind das Volk seiner
Weide, / die Herde, von seiner Hand geführt.
Ach, würdet ihr doch heute auf seine Stimme
hören! /
8 »Verhärtet euer Herz nicht wie in
Meríba, / wie in der Wüste am Tag von Massa!
9 Dort haben eure Väter mich versucht, / sie haben
mich auf die Probe gestellt und hatten doch mein
Tun gesehen.
10 Vierzig Jahre war mir dies Geschlecht zuwider /

und ich sagte: Sie sind ein Volk, dessen Herz in die Irre geht; / denn meine Wege kennen sie nicht.
11 Darum habe ich in meinem Zorn geschworen: / Sie sollen nicht kommen in das Land meiner Ruhe.«

1: 92,16 • 2: 100,2 • 3: 47,3; 48,2; 96,4; 99,2; 113,4; 136,2f; 145,3; Ijob 36,22 • 5: 24,1 • 7: 100,3 • 7–11: Hebr 3,7–11.15; 4,1–10 • 8: 81,8 • 9: Num 14,22; Dtn 6,16 • 10: Num 14,30.34; Dtn 32,5.20; Ijob 21,14 • 11: Num 14,22f; Ps 132,14; Ez 20,15

Der Herr, König und Richter aller Welt

96 Singt dem Herrn ein neues Lied, / singt dem Herrn, alle Länder der Erde!
2 Singt dem Herrn und preist seinen Namen, / verkündet sein Heil von Tag zu Tag!
3 Erzählt bei den Völkern von seiner Herrlichkeit, / bei allen Nationen von seinen Wundern!
4 Denn groß ist der Herr und hoch zu preisen, / mehr zu fürchten als alle Götter.
5 Alle Götter der Heiden sind nichtig, / der Herr aber hat den Himmel geschaffen.
6 Hoheit und Pracht sind vor seinem Angesicht, / Macht und Glanz in seinem Heiligtum.
7 Bringt dar dem Herrn, ihr Stämme der Völker, / bringt dar dem Herrn Lob und Ehre!
8 Bringt dar dem Herrn die Ehre seines Namens, / spendet Opfergaben und tretet ein in sein Heiligtum!
9 In heiligem Schmuck werft euch nieder vor dem Herrn, / erbebt vor ihm, alle Länder der Erde!
10 Verkündet bei den Völkern: / Der Herr ist König. Den Erdkreis hat er gegründet, sodass er nicht wankt. / Er richtet die Nationen so, wie es recht ist.
11 Der Himmel freue sich, die Erde frohlocke, / es brause das Meer und alles, was es erfüllt.
12 Es jauchze die Flur und was auf ihr wächst. / Jubeln sollen alle Bäume des Waldes
13 vor dem Herrn, wenn er kommt, / wenn er kommt, um die Erde zu richten. Er richtet den Erdkreis gerecht / und die Nationen nach seiner Treue.

1–13: 1 Chr 16,23–33 • 1: 33,3 • 3: 108,4 • 4: 48,2; 95,3 • 7–9: 29,1f • 10: 24,7–10; 75,3f • 11: 98,7 • 12: Jes 55,12 • 13: 98,9; 9,9; Apg 17,31

Aufruf zur Freude über den Herrscher der Welt

97 Der Herr ist König. Die Erde frohlocke. / Freuen sollen sich die vielen Inseln.
2 Rings um ihn her sind Wolken und Dunkel, / Gerechtigkeit und Recht sind die Stützen seines Throns.
3 Verzehrendes Feuer läuft vor ihm her / und frisst seine Gegner ringsum.
4 Seine Blitze erhellen den Erdkreis; / die Erde sieht es und bebt.
5 Berge schmelzen wie Wachs vor dem Herrn, / vor dem Antlitz des Herrschers aller Welt.
6 Seine Gerechtigkeit verkünden die Himmel, / seine Herrlichkeit schauen alle Völker.
7 Alle, die Bildern dienen, werden zuschanden, / alle, die sich der Götzen rühmen. / Vor ihm werfen sich alle Götter nieder.
8 Zion hört es und freut sich, / Judas Töchter jubeln, Herr, über deine Gerichte.
9 Denn du, Herr, bist der Höchste über der ganzen Erde, / hoch erhaben über alle Götter.
10 Ihr, die ihr den Herrn liebt, hasst das Böse! / Er behütet das Leben seiner Frommen, / er entreißt sie der Hand der Frevler.
11 Ein Licht erstrahlt den Gerechten / und Freude den Menschen mit redlichem Herzen.
12 Ihr Gerechten, freut euch am Herrn / und lobt seinen heiligen Namen!

1: 24,7–10 • 2: 89,15 • 3: 18,9 • 4: 77,19 • 5: 68,3; Mi 1,4 • 6: 50,6 • 8: 48,12 • 9: 83,19; 95,3; 136,2f • 10: 121,7f • 11: 27,1; 43,3; 112,4; Spr 13,9; Jes 58,10; Joh 8,12 • 12: 30,5

Ein neues Lied auf den Richter und Retter

98 [Ein Psalm.]
Singt dem Herrn ein neues Lied; / denn er hat wunderbare Taten vollbracht.
Er hat mit seiner Rechten geholfen / und mit seinem heiligen Arm.
2 Der Herr hat sein Heil bekannt gemacht / und sein gerechtes Wirken enthüllt vor den Augen der Völker.
3 Er dachte an seine Huld / und an seine Treue zum Hause Israel.
Alle Enden der Erde / sahen das Heil unsres Gottes.
4 Jauchzt vor dem Herrn, alle Länder der Erde,/ freut euch, jubelt und singt!
5 Spielt dem Herrn auf der Harfe, / auf der Harfe zu lautem Gesang!
6 Zum Schall der Trompeten und Hörner / jauchzt vor dem Herrn, dem König!

7 Es brause das Meer und alles, was es erfüllt, / der
Erdkreis und seine Bewohner.
8 In die Hände klatschen sollen die Ströme, / die
Berge sollen jubeln im Chor
9 vor dem Herrn, wenn er kommt, / um die Erde
zu richten.
Er richtet den Erdkreis gerecht, / die Nationen so,
wie es recht ist.

1: 33,3; Jes 59,16; 63,5 • 6: 24,7–10 • 7: 96,11 • 8: 96,12f • 9: 96,13;
67,5

Der heilige Gott auf dem Zion

99 Der Herr ist König: Es zittern die Völker.
/ Er thront auf den Kerubim: Es wankt die
Erde.
2 Groß ist der Herr auf Zion, / über alle Völker
erhaben.
3 Preisen sollen sie deinen großen, majestätischen
Namen. / Denn er ist heilig.
4 Stark ist der König, er liebt das Recht. / Du hast
die Weltordnung fest begründet, / hast Recht und
Gerechtigkeit in Jakob geschaffen.
5 Rühmt den Herrn, unseren Gott; / werft euch am
Schemel seiner Füße nieder! / Denn er ist heilig.
6 Mose und Aaron sind unter seinen Priestern, /
Samuel unter denen, die seinen Namen anrufen; /
sie riefen zum Herrn und er hat sie erhört.
7 Aus der Wolkensäule sprach er zu ihnen; / seine
Gebote hielten sie, / die Satzung, die er ihnen gab.
8 Herr, unser Gott, du hast sie erhört; / du warst
ihnen ein verzeihender Gott, / aber du hast ihre
Frevel vergolten.
9 Rühmt den Herrn, unsern Gott, / werft euch nie-
der an seinem heiligen Berge! / Denn heilig ist der
Herr, unser Gott.

1: 24,7–10; 80,2 • 2: 48,2; 95,3 • 3: 111,9 • 5: 132,7 • 6: Jer 15,1 •
7: Ex 33,9; Num 12,5 • 8: Ex 32,11; 34,7

Lobgesang des Volkes beim Einzug ins Heiligtum

100 [Ein Psalm zum Dankopfer.]
Jauchzt vor dem Herrn, alle Länder der
Erde! / 2 Dient dem Herrn mit Freude! / Kommt
vor sein Antlitz mit Jubel!
3 Erkennt: Der Herr allein ist Gott. / Er hat uns
geschaffen, wir sind sein Eigentum, / sein Volk und
die Herde seiner Weide.
4 Tretet mit Dank durch seine Tore ein! / Kommt
mit Lobgesang in die Vorhöfe seines Tempels! /
Dankt ihm, preist seinen Namen!
5 Denn der Herr ist gütig, / ewig währt seine Huld, /
von Geschlecht zu Geschlecht seine Treue.

2: 95,2 • 3: 83,19; 95,7; Jes 64,7 • 5: 107,1

Die Vorsätze eines Königs

101 [Ein Psalm Davids.]
Von Gnade und Recht will ich singen; /
dir, o Herr, will ich spielen.
2 Ich will auf den Weg der Bewährten achten. /
Wann kommst du zu mir? / Ich lebe in der Stille
meines Hauses mit lauterem Herzen.
3 Ich richte mein Auge nicht auf Schändliches; / ich
hasse es, Unrecht zu tun, es soll nicht an mir haften.
4 Falschheit sei meinem Herzen fern; / ich will das
Böse nicht kennen.
5 Wer den Nächsten heimlich verleumdet, / den
bring ich zum Schweigen. Stolze Augen und
hochmütige Herzen / kann ich nicht ertragen.
6 Meine Augen suchen die Treuen im Land; / sie
sollen bei mir wohnen. / Wer auf rechten Wegen
geht, der darf mir dienen.
7 In meinem Haus soll kein Betrüger wohnen; /
kein Lügner kann vor meinen Augen bestehen.
8 Morgen für Morgen spreche ich das Urteil / über
die Frevler im Land, / um in der Stadt des Herrn
alle auszurotten, die Unrecht tun.

1: 7,18 • 2: 26,11f • 5: Spr 21,4 • 6: Spr 14,35 • 8: Jer 21,12; Zef 3,5;
Spr 20,26

Das Gebet eines Unglücklichen

102 [Gebet eines Unglücklichen, wenn er in
Verzweiflung ist und vor dem Herrn
seine Sorge ausschüttet.]
2 Herr, höre mein Gebet! / Mein Schreien dringe zu
dir.
3 Verbirg dein Antlitz nicht vor mir! / Wenn ich in
Not bin, wende dein Ohr mir zu! / Wenn ich dich
anrufe, erhöre mich bald!
4 Meine Tage sind wie Rauch geschwunden, /
meine Glieder wie von Feuer verbrannt.
5 Versengt wie Gras und verdorrt ist mein Herz, /
sodass ich vergessen habe, mein Brot zu essen.
6 Vor lauter Stöhnen und Schreien / bin ich nur
noch Haut und Knochen.

[7] Ich bin wie eine Dohle in der Wüste, / wie eine
Eule in öden Ruinen.
[8] Ich liege wach und ich klage / wie ein einsamer
Vogel auf dem Dach.
[9] Den ganzen Tag schmähen mich die Feinde; / die
mich verhöhnen, nennen meinen Namen beim
Fluchen.
[10] Staub muss ich essen wie Brot, / mit Tränen
mische ich meinen Trank;
[11] denn auf mir lasten dein Zorn und dein Grimm. /
Du hast mich hochgerissen und zu Boden ge-
schleudert.
[12] Meine Tage schwinden dahin wie Schatten, / ich
verdorre wie Gras.
[13] Du aber, Herr, du thronst für immer und ewig, /
dein Name dauert von Geschlecht zu Geschlecht.
[14] Du wirst dich erheben, dich über Zion erbar-
men; / denn es ist Zeit, ihm gnädig zu sein, die
Stunde ist da.
[15] An Zions Steinen hängt das Herz deiner Knech-
te, / um seine Trümmer tragen sie Leid.
[16] Dann fürchten die Völker den Namen des Herrn /
und alle Könige der Erde deine Herrlichkeit.
[17] Denn der Herr baut Zion wieder auf / und
erscheint in all seiner Herrlichkeit.
[18] Er wendet sich dem Gebet der Verlassenen zu, /
ihre Bitten verschmäht er nicht.
[19] Dies sei aufgeschrieben für das kommende Ge-
schlecht, / damit das Volk, das noch erschaffen
wird, den Herrn lobpreise.
[20] Denn der Herr schaut herab aus heiliger Höhe, /
vom Himmel blickt er auf die Erde nieder;
[21] er will auf das Seufzen der Gefangenen hören /
und alle befreien, die dem Tod geweiht sind,
[22] damit sie den Namen des Herrn auf dem Zion
verkünden / und sein Lob in Jerusalem,
[23] wenn sich dort Königreiche und Völker versam-
meln, / um den Herrn zu verehren.
[24] Er hat meine Kraft auf dem Weg gebrochen, / er
hat meine Tage verkürzt.
[25] Darum sage ich: Raff mich nicht weg in der Mitte
des Lebens, / mein Gott, dessen Jahre Geschlecht
um Geschlecht überdauern!
[26] Vorzeiten hast du der Erde Grund gelegt, / die
Himmel sind das Werk deiner Hände.
[27] Sie werden vergehen, du aber bleibst; / sie alle
zerfallen wie ein Gewand;
du wechselst sie wie ein Kleid / und sie schwinden
dahin.
[28] Du aber bleibst, der du bist, / und deine Jahre
enden nie.
[29] Die Kinder deiner Knechte werden (in Sicher-
heit) wohnen, / ihre Nachkommen vor deinem
Antlitz bestehen.

3: 31,3; 69,18; 143,7 • 4: 38,8f • 6: Ijob 19,20 • 9: 41,6 • 10: 42,4 • 12: 90,9f • 13: 145,13; 135,13; Klgl 5,19 • 14: 69,14 • 17: 51,20; Jes 60,1 • 19: 22,31f • 20: 11,4; 33,13 • 21: 79,11 • 23: Jes 60,3–10; Lk 13,29f • 24: 89,46 • 25: 55,24 • 26–28: Jes 51,6–8; Hebr 1,10–12 • 28: Hebr 13,8 • 29: 69,36f

Ein Loblied auf den gütigen und verzeihenden Gott

103 [Von David.]
Lobe den Herrn, meine Seele, / und alles
in mir seinen heiligen Namen!
[2] Lobe den Herrn, meine Seele, / und vergiss nicht,
was er dir Gutes getan hat:
[3] der dir all deine Schuld vergibt / und all deine
Gebrechen heilt,
[4] der dein Leben vor dem Untergang rettet / und
dich mit Huld und Erbarmen krönt,
[5] der dich dein Leben lang mit seinen Gaben sät-
tigt; / wie dem Adler wird dir die Jugend erneuert.
[6] Der Herr vollbringt Taten des Heiles, / Recht ver-
schafft er allen Bedrängten.
[7] Er hat Mose seine Wege kundgetan, / den Kin-
dern Israels seine Werke.
[8] Der Herr ist barmherzig und gnädig, / langmütig
und reich an Güte.
[9] Er wird nicht immer zürnen, / nicht ewig im
Groll verharren.
[10] Er handelt an uns nicht nach unsern Sünden /
und vergilt uns nicht nach unsrer Schuld.
[11] Denn so hoch der Himmel über der Erde ist, / so
hoch ist seine Huld über denen, die ihn fürchten.
[12] So weit der Aufgang entfernt ist vom Unter-
gang, / so weit entfernt er die Schuld von uns.
[13] Wie ein Vater sich seiner Kinder erbarmt, / so
erbarmt sich der Herr über alle, die ihn fürchten.
[14] Denn er weiß, was wir für Gebilde sind; / er
denkt daran: Wir sind nur Staub.
[15] Des Menschen Tage sind wie Gras, / er blüht wie
die Blume des Feldes.
[16] Fährt der Wind darüber, ist sie dahin; / der Ort,
wo sie stand, weiß von ihr nichts mehr.

17 Doch die Huld des Herrn währt immer und
ewig / für alle, die ihn fürchten und ehren;
sein Heil erfahren noch Kinder und Enkel; / 18 alle,
die seinen Bund bewahren, / an seine Gebote den-
ken und danach handeln.
19 Der Herr hat seinen Thron errichtet im Him-
mel, / seine königliche Macht beherrscht das All.
20 Lobt den Herrn, ihr seine Engel, / ihr starken
Helden, die seine Befehle vollstrecken, / seinen
Worten gehorsam!
21 Lobt den Herrn, all seine Scharen, / seine Diener,
die seinen Willen vollziehen!
22 Lobt den Herrn, all seine Werke, / an jedem Ort
seiner Herrschaft! / Lobe den Herrn, meine Seele!

2: Dtn 4,9 • 3: 32,1; Ex 15,26 • 5: Ijob 33,25; Jes 40,31 • 6: 146,7 •
7: 90,16 • 8: 116,5 • 9: Jes 57,16; Jer 3,12 • 11: 36,6; Jes 55,9 •
13: 145,9; Jdt 16,15; Lk 15,11–24 • 14: 146,4 • 15: 90,5f • 16: Ijob 7,10 •
17: Ex 20,6; Lk 1,50 • 18: 25,10 • 20–22: 29,1; 148,2–4 • 22: 145,10;
Dan 3,57

Ein Loblied auf den Schöpfer

104 Lobe den Herrn, meine Seele! / Herr,
mein Gott, wie groß bist du! / Du bist mit
Hoheit und Pracht bekleidet.
2 Du hüllst dich in Licht wie in ein Kleid, / du
spannst den Himmel aus wie ein Zelt.
3 Du verankerst die Balken deiner Wohnung im
Wasser. / Du nimmst dir die Wolken zum Wagen, /
du fährst einher auf den Flügeln des Sturmes.
4 Du machst dir die Winde zu Boten / und lodern-
de Feuer zu deinen Dienern.
5 Du hast die Erde auf Pfeiler gegründet; / in alle
Ewigkeit wird sie nicht wanken.
6 Einst hat die Urflut sie bedeckt wie ein Kleid, / die
Wasser standen über den Bergen.
7 Sie wichen vor deinem Drohen zurück, / sie flo-
hen vor der Stimme deines Donners.
8 Da erhoben sich Berge und senkten sich Täler /
an den Ort, den du für sie bestimmt hast.
9 Du hast den Wassern eine Grenze gesetzt, / die
dürfen sie nicht überschreiten; / nie wieder sollen
sie die Erde bedecken.
10 Du lässt die Quellen hervorsprudeln in den
Tälern, / sie eilen zwischen den Bergen dahin.
11 Allen Tieren des Feldes spenden sie Trank, / die
Wildesel stillen ihren Durst daraus.
12 An den Ufern wohnen die Vögel des Himmels, /
aus den Zweigen erklingt ihr Gesang.
13 Du tränkst die Berge aus deinen Kammern, / aus
deinen Wolken wird die Erde satt.
14 Du lässt Gras wachsen für das Vieh, / auch Pflan-
zen für den Menschen, die er anbaut,
damit er Brot gewinnt von der Erde / 15 und Wein,
der das Herz des Menschen erfreut,
damit sein Gesicht von Öl erglänzt / und Brot das
Menschenherz stärkt.
16 Die Bäume des Herrn trinken sich satt, / die
Zedern des Libanon, die er gepflanzt hat.
17 In ihnen bauen die Vögel ihr Nest, / auf den
Zypressen nistet der Storch.
18 Die hohen Berge gehören dem Steinbock, / dem
Klippdachs bieten die Felsen Zuflucht.
19 Du hast den Mond gemacht als Maß für die Zei-
ten, / die Sonne weiß, wann sie untergeht.
20 Du sendest Finsternis und es wird Nacht, / dann
regen sich alle Tiere des Waldes.
21 Die jungen Löwen brüllen nach Beute, / sie ver-
langen von Gott ihre Nahrung.
22 Strahlt die Sonne dann auf, so schleichen sie
heim / und lagern sich in ihren Verstecken.
23 Nun geht der Mensch hinaus an sein Tagwerk, /
an seine Arbeit bis zum Abend.
24 Herr, wie zahlreich sind deine Werke! / Mit Weis-
heit hast du sie alle gemacht, / die Erde ist voll von
deinen Geschöpfen.
25 Da ist das Meer, so groß und weit, / darin ein
Gewimmel ohne Zahl: kleine und große Tiere.
26 Dort ziehen die Schiffe dahin, / auch der Le-
viátan, den du geformt hast, um mit ihm zu spie-
len.
27 Sie alle warten auf dich, / dass du ihnen Speise
gibst zur rechten Zeit.
28 Gibst du ihnen, dann sammeln sie ein; / öffnest
du deine Hand, werden sie satt an Gutem.
29 Verbirgst du dein Gesicht, sind sie verstört; /
nimmst du ihnen den Atem, so schwinden sie hin /
und kehren zurück zum Staub der Erde.
30 Sendest du deinen Geist aus, so werden sie alle
erschaffen / und du erneuerst das Antlitz der Erde.
31 Ewig währe die Herrlichkeit des Herrn; / der
Herr freue sich seiner Werke.
32 Er blickt auf die Erde und sie erbebt; / er rührt
die Berge an und sie rauchen.
33 Ich will dem Herrn singen, solange ich lebe, / will
meinem Gott spielen, solange ich da bin.

34 Möge ihm mein Dichten gefallen. / Ich will mich
freuen am Herrn.
35 Doch die Sünder sollen von der Erde verschwin-
den / und es sollen keine Frevler mehr da sein. /
Lobe den Herrn, meine Seele! / Halleluja!

1: 40,17 • 2: Ijob 9,8; Jes 40,22; 44,24 • 3: 18,11; 68,5 • 4: Hebr 1,7 •
5: 75,4 • 7–9: Spr 8,29 • 9: Ijob 38,8–11; Jer 5,22; Gen 9,11–15 •
10: 74,15 • 12: Ez 31,6–9 • 13: 65,10f; Ijob 36,31 • 14: 147,8f •
15: Ri 9,13; Koh 10,19; Sir 31,27 • 19: 74,16; Sir 43,6–8 • 21: 17,12;
Ijob 38,39 • 22: Ijob 37,8 • 24: Spr 8,22–31 • 25: Sir 43,25 •
26: 107,23 • 27–28: 145,15f • 27: 136,25 • 29: 30,8; 146,4 •
30: Gen 2,7 • 32: 144,5 • 33: 7,18; 146,2 • 34: 19,15

Ein Loblied auf den Herrn der Geschichte

105 Dankt dem Herrn! Ruft seinen Namen
an! / Macht unter den Völkern seine
Taten bekannt!
2 Singt ihm und spielt ihm, / sinnt nach über all
seine Wunder!
3 Rühmt euch seines heiligen Namens! / Alle, die
den Herrn suchen, sollen sich von Herzen freuen.
4 Fragt nach dem Herrn und seiner Macht; / sucht
sein Antlitz allezeit!
5 Denkt an die Wunder, die er getan hat, / an seine
Zeichen und die Beschlüsse aus seinem Mund.
6 Bedenkt es, ihr Nachkommen seines Knechtes
Abraham, / ihr Kinder Jakobs, die er erwählt hat.
7 Er, der Herr, ist unser Gott. / Seine Herrschaft
umgreift die Erde.
8 Ewig denkt er an seinen Bund,/ an das Wort, das
er gegeben hat für tausend Geschlechter,
9 an den Bund, den er mit Abraham geschlossen, /
an den Eid, den er Isaak geschworen hat.
10 Er bestimmte ihn als Satzung für Jakob, / als ewi-
gen Bund für Israel.
11 Er sprach: Dir will ich Kanaan geben, / das Land,
das dir als Erbe bestimmt ist.
12 Als sie noch gering waren an Zahl, / nur wenige
und fremd im Land,
13 und noch zogen von Volk zu Volk, / von einem
Reich zum andern,
14 da ließ er sie von niemand bedrücken, / wies
ihretwegen Könige zurecht:
15 »Tastet meine Gesalbten nicht an, / tut meinen
Propheten nichts zuleide!«
16 Dann aber rief er den Hunger ins Land, / entzog
ihnen allen Vorrat an Brot.
17 Doch hatte er ihnen einen Mann vorausge-
sandt: / Josef wurde als Sklave verkauft.
18 Man spannte seine Füße in Fesseln / und
zwängte seinen Hals ins Eisen
19 bis zu der Zeit, als sein Wort sich erfüllte / und
der Spruch des Herrn ihm Recht gab.
20 Da sandte der König einen Boten und ließ
ihn frei, / der Herrscher der Völker ließ ihn he-
raus.
21 Er bestellte ihn zum Herrn über sein Haus, / zum
Gebieter über seinen ganzen Besitz.
22 Er sollte die Fürsten lenken nach seinem Sinn /
und die Ältesten Weisheit lehren.
23 Und Israel kam nach Ägypten, / Jakob wurde
Gast im Lande Hams.
24 Da mehrte Gott sein Volk gewaltig, / machte es
stärker als das Volk der Bedrücker.
25 Er wandelte ihren Sinn zum Hass gegen sein
Volk, / sodass sie an seinen Knechten tückisch han-
delten.
26 Dann sandte er Mose, seinen Knecht, / und
Aaron, den Gott sich erwählte.
27 Sie wirkten unter ihnen seine Zeichen, / im
Lande Hams seine Wunder.
28 Er sandte Finsternis, da wurde es dunkel; / doch
achteten sie nicht auf sein Wort.
29 Er verwandelte ihre Gewässer in Blut / und ließ
ihre Fische sterben.
30 Ihr Land wimmelte von Fröschen / bis hinein in
den Palast des Königs.
31 Er gebot, da kamen Schwärme von Fliegen / und
von Stechmücken über das ganze Gebiet.
32 Er schickte ihnen Hagel statt Regen, / flammen-
des Feuer auf ihr Land.
33 Er zerschlug ihnen Weinstock und Feigen-
baum / und knickte in ihrem Gebiet die Bäume um.
34 Er gebot, da kamen Schwärme von Grillen / und
Wanderheuschrecken in gewaltiger Zahl.
35 Sie fraßen alles Grün in ihrem Land, / sie fraßen
die Frucht ihrer Felder.
36 Er erschlug im Land jede Erstgeburt, / die ganze
Blüte der Jugend.
37 Er führte sein Volk heraus mit Silber und
Gold; / in seinen Stämmen fand sich kein Schwäch-
ling.
38 Bei ihrem Auszug waren die Ägypter froh; / denn
Schrecken vor ihnen hatte sie alle befallen.
39 Eine Wolke breitete er aus, um sie zu decken, /
und Feuer, um die Nacht zu erleuchten.

40 Als sie ihn baten, schickte er Wachteln / und sät-
tigte sie mit Brot vom Himmel.
41 Er öffnete den Felsen und Wasser entquoll ihm, /
wie ein Strom floss es dahin in der Wüste.
42 Denn er dachte an sein heiliges Wort / und an
Abraham, seinen Knecht.
43 Er führte sein Volk heraus in Freude, / seine
Erwählten in Jubel.
44 Er gab ihnen die Länder der Völker / und ließ sie
den Besitz der Nationen gewinnen,
45 damit sie seine Satzungen hielten / und seine
Gebote befolgten. / Halleluja!

1–15: 1 Chr 16,8–22; Ps 108,4 • 3: Dtn 4,29 • 4: 27,8 • 8: 111,5; Dtn 7,9 • 9: Gen 17,1–21; 26,3 • 11: Gen 12,7; 15,18 • 12: Dtn 26,5 • 14: Gen 12,17; 20,3.7 • 16: Gen 41,54 • 17: Gen 37,28; 45,5 • 18: Gen 39,20 • 19–22: Gen 41,38–45 • 23: Gen 46,1–7; 47,11 • 24: Ex 1,7.12 • 25: Ex 1,9–11.15–22 • 26: Ex 3,10; 4,14–16 • 28: Ex 10,21–29 • 29: Ex 7,14–25 • 30: Ex 7,26 – 8,11 • 31: Ex 8,12–28 • 32–33: Ex 9,13–35 • 34–35: Ex 10,1–20 • 36: 78,51 • 37: Ex 12,35f • 38: Ex 12,33 • 39: 78,14 • 40: 78,24; Ex 16,2–36; Weish 16,20 • 41: 78,15; Ex 17,1–7 • 44–45: Dtn 4,37–40

Gottes Güte – Israels Undank

106 Halleluja! Danket dem Herrn; denn er
ist gütig, / denn seine Huld währt ewig.
2 Wer kann die großen Taten des Herrn erzählen, /
all seinen Ruhm verkünden?
3 Wohl denen, die das Recht bewahren / und zu
jeder Zeit tun, was gerecht ist.
4 Denk an mich, Herr, aus Liebe zu deinem Volk, /
such mich auf und bring mir Hilfe!
5 Lass mich das Glück deiner Erwählten schauen, /
an der Freude deines Volkes mich freuen, / damit
ich gemeinsam mit deinem Erbe mich rühmen
kann.
6 Wir haben zusammen mit unsern Vätern gesün-
digt, / wir haben Unrecht getan und gefrevelt.
7 Unsre Väter in Ägypten begriffen deine Wunder
nicht, / dachten nicht an deine reiche Huld / und
trotzten dem Höchsten am Schilfmeer.
8 Er aber hat sie gerettet, um seinen Namen zu
ehren / und seine Macht zu bekunden.
9 Er bedrohte das Schilfmeer, da wurde es trocken; /
wie durch eine Steppe führte er sie durch die Flu-
ten.
10 Er rettete sie aus der Hand derer, die sie hassten, /
erlöste sie aus der Gewalt des Feindes.
11 Ihre Bedränger bedeckte das Wasser, / nicht einer
von ihnen blieb übrig.
12 Nun glaubten sie Gottes Worten / und sangen
laut seinen Lobpreis.
13 Doch sie vergaßen schnell seine Taten, / wollten
auf seinen Ratschluss nicht warten.
14 Sie wurden in der Wüste begehrlich / und ver-
suchten Gott in der Öde.
15 Er gab ihnen, was sie von ihm verlangten; / dann
aber erfasste sie Ekel und Überdruss.
16 Sie wurden im Lager eifersüchtig auf Mose / und
auf Aaron, den Heiligen des Herrn.
17 Die Erde tat sich auf, sie verschlang den Datan /
und bedeckte die Rotte Abírams.
18 Feuer verbrannte die Rotte, / Flammen verzehr-
ten die Frevler.
19 Sie machten am Horeb ein Kalb / und warfen
sich vor dem Gussbild nieder.
20 Die Herrlichkeit Gottes tauschten sie ein / gegen
das Bild eines Stieres, der Gras frisst.
21 Sie vergaßen Gott, ihren Retter, / der einst in
Ägypten Großes vollbrachte,
22 Wunder im Lande Hams, / Furcht erregende Ta-
ten am Schilfmeer.
23 Da fasste er einen Plan und er hätte sie vernich-
tet, / wäre nicht Mose, sein Erwählter, für sie in die
Bresche gesprungen, / sodass Gott sie im Zorn
nicht vertilgte.
24 Sie verschmähten das köstliche Land; / sie glaub-
ten seinen Verheißungen nicht.
25 In ihren Zelten murrten sie, / hörten nicht auf
die Stimme des Herrn.
26 Da erhob er gegen sie die Hand, / um sie nieder-
zustrecken noch in der Wüste,
27 ihre Nachkommen unter die Völker zu zer-
streuen, / sie in alle Welt zu versprengen.
28 Sie hängten sich an den Báal-Pegór / und aßen
die Opfer der toten Götzen.
29 Sie erbitterten Gott mit ihren schändlichen
Taten, / bis über sie eine schwere Plage kam.
30 Pinhas trat auf und hielt Gericht; / so wurde die
Plage abgewandt.
31 Das rechnete Gott ihm als Gerechtigkeit an, /
ihm und seinem Geschlecht für immer und
ewig.
32 An den Wassern von Meríba reizten sie Gottes
Zorn, / ihretwegen erging es Mose übel.
33 Denn sie hatten seinen Geist erbittert, / sein
Mund redete unbedacht.

34 Sie rotteten die Völker nicht aus, / wie ihnen der
Herr einst befahl.
35 Sie vermischten sich mit den Heiden / und lern-
ten von ihren Taten.
36 Sie dienten ihren Götzen; / die wurden ihnen zur
Falle.
37 Sie brachten ihre Söhne und Töchter dar / als
Opfer für die Dämonen.
38 Sie vergossen schuldloses Blut, / das Blut ihrer
Söhne und Töchter,
die sie den Götzen Kanaans opferten; / so wurde
das Land durch Blutschuld entweiht.
39 Sie wurden durch ihre Taten unrein / und bra-
chen Gott mit ihrem Tun die Treue.
40 Der Zorn des Herrn entbrannte gegen sein
Volk, / er empfand Abscheu gegen sein Erbe.
41 Er gab sie in die Hand der Völker / und die sie
hassten, beherrschten sie.
42 Ihre Feinde bedrängten sie, / unter ihre Hand
mussten sie sich beugen.
43 Oft hat er sie befreit; / sie aber trotzten seinem
Beschluss / und versanken in ihrer Schuld.
44 Doch als er ihr Flehen hörte, / sah er auf ihre Not
45 und dachte ihnen zuliebe an seinen Bund; / er
hatte Mitleid in seiner großen Gnade.
46 Bei denen, die sie verschleppten, / ließ er sie
Erbarmen erfahren.
47 Hilf uns, Herr, unser Gott, / führe uns aus den
Völkern zusammen!
Wir wollen deinen heiligen Namen preisen, / uns
rühmen, weil wir dich loben dürfen.
48 Gepriesen sei der Herr, der Gott Israels, / vom
Anfang bis ans Ende der Zeiten. / Alles Volk soll
sprechen: Amen. / Halleluja!

1: 107,1 • 2: Joh 21,25 • 3: Jes 56,1f • 6: Lev 26,40; Dan 9,5 • 7: 78,11–17 • 8: Ez 39,25 • 9: Ex 14,21f; Jes 63,11–14 • 12: Ex 14,31; 15,1–21 • 14: 78,18; Num 11,4–6 • 16: Num 16,1–3 • 17–18: Num 16,31–35 • 19–20: Ex 32,1–6 • 20: Jer 2,11; Röm 1,23 • 21: 78,42 • 23: Ex 32,11–14 • 24: Num 14,2–4 • 26: Num 14,23.29 • 27: Lev 26,33; Ez 20,23 • 28: Num 25,1–3 • 30: Num 25,7–11 • 31: Num 25,12f • 32: Num 20,2–13 • 34–36: Dtn 7,1–5; Ri 1,18 – 2,5 • 36: Ri 2,11–13 • 37–38: Lev 18,21 • 38–39: Num 35,33f • 40–42: Ri 2,14f • 43: Ri 2,16 • 45: Lev 26,42 • 46: Esra 9,9 • 47–48: 1 Chr 16,35f

DAS FÜNFTE BUCH

Ein Danklied der Erlösten

107 Danket dem Herrn, denn er ist gütig, /
denn seine Huld währt ewig.
2 So sollen alle sprechen, die vom Herrn erlöst
sind, / die er von den Feinden befreit hat.
3 Denn er hat sie aus den Ländern gesammelt, /
vom Aufgang und Niedergang, vom Norden und
Süden.
4 Sie, die umherirrten in der Wüste, im Ödland, /
und den Weg zur wohnlichen Stadt nicht fanden,
5 die Hunger litten und Durst, / denen das Leben
dahinschwand,
6 die dann in ihrer Bedrängnis schrien zum Herrn, /
die er ihren Ängsten entriss
7 und die er führte auf geraden Wegen, / sodass sie
zur wohnlichen Stadt gelangten:
8 sie alle sollen dem Herrn danken für seine Huld, /
für sein wunderbares Tun an den Menschen,
9 weil er die lechzende Seele gesättigt, / die hun-
gernde Seele mit seinen Gaben erfüllt hat.
10 Sie, die saßen in Dunkel und Finsternis, / gefan-
gen in Elend und Eisen,
11 die den Worten Gottes getrotzt / und verachtet
hatten den Ratschluss des Höchsten,
12 deren Herz er durch Mühsal beugte, / die stürz-
ten und denen niemand beistand,
13 die dann in ihrer Bedrängnis schrien zum
Herrn, / die er ihren Ängsten entriss,
14 die er herausführte aus Dunkel und Finsternis /
und deren Fesseln er zerbrach:
15 sie alle sollen dem Herrn danken für seine
Huld, / für sein wunderbares Tun an den Men-
schen,
16 weil er die ehernen Tore zerbrochen, / die eiser-
nen Riegel zerschlagen hat.
17 Sie, die dahinsiechten in ihrem sündhaften
Treiben, / niedergebeugt wegen ihrer schweren Ver-
gehen,
18 denen vor jeder Speise ekelte, / die nahe waren
den Pforten des Todes,
19 die dann in ihrer Bedrängnis schrien zum
Herrn, / die er ihren Ängsten entriss,
20 denen er sein Wort sandte, die er heilte / und
vom Verderben befreite:

[21] sie alle sollen dem Herrn danken für seine
Huld, / für sein wunderbares Tun an den Menschen.
[22] Sie sollen ihm Dankopfer weihen, / mit Jubel
seine Taten verkünden.
[23] Sie, die mit Schiffen das Meer befuhren / und
Handel trieben auf den großen Wassern,
[24] die dort die Werke des Herrn bestaunten, / seine
Wunder in der Tiefe des Meeres
[25] – Gott gebot und ließ den Sturmwind aufstehn, /
der hoch die Wogen türmte –,
[26] die zum Himmel emporstiegen / und hinabfuhren in die tiefste Tiefe, / sodass ihre Seele in der
Not verzagte,
[27] die wie Trunkene wankten und schwankten, / am
Ende waren mit all ihrer Weisheit,
[28] die dann in ihrer Bedrängnis schrien zum
Herrn, / die er ihren Ängsten entriss
[29] – er machte aus dem Sturm ein Säuseln, / sodass
die Wogen des Meeres schwiegen –,
[30] die sich freuten, dass die Wogen sich legten / und
er sie zum ersehnten Hafen führte:
[31] sie alle sollen dem Herrn danken für seine
Huld, / für sein wunderbares Tun an den Menschen.
[32] Sie sollen ihn in der Gemeinde des Volkes rühmen, / ihn loben im Kreis der Alten.
[33] Er machte Ströme zur dürren Wüste, / Oasen
zum dürstenden Ödland,
[34] fruchtbares Land zur salzigen Steppe; / denn
seine Bewohner waren böse.
[35] Er machte die Wüste zum Wasserteich, / verdorrtes Land zu Oasen.
[36] Dort siedelte er Hungernde an, / sie gründeten
wohnliche Städte.
[37] Sie bestellten Felder, pflanzten Reben / und erzielten reiche Ernten.
[38] Er segnete sie, sodass sie sich gewaltig vermehrten, / gab ihnen große Mengen an Vieh.
[39] Dann aber wurden sie geringer an Zahl, / gebeugt unter der Last von Leid und Kummer.
[40] Er goss über die Edlen Verachtung aus, / ließ sie
umherirren in wegloser Wüste.
[41] Die Armen hob er aus dem Elend empor / und
vermehrte ihre Sippen, einer Herde gleich.
[42] Die Redlichen sehn es und freuen sich, / doch
alle bösen Menschen verstummen.
[43] Wer ist weise und beachtet das alles, / wer begreift die reiche Huld des Herrn?

1: 106,1; 118,1.29; 136,1f.26 • 3: Jes 43,5f • 4: Dtn 8,15 • 5: Jes 49,10 • 6: 50,15 • 9: Jes 55,1; Lk 1,53 • 10: Ijob 36,8f • 11: 106,43; Spr 1,25 • 14: Jes 42,7.16 • 16: Jes 45,2 • 18: Ijob 6,6f; 33,20 • 20: Weish 16,12; Mt 8,8 • 23–24: Sir 43,24f • 25: Jona 1,4 • 27: Spr 23,34 • 28: Jona 1,14f • 29: 65,8; Mt 8,26 • 32: 22,23 • 33: Jes 42,15; 50,2 • 34: Gen 19,24–26; Dtn 29,22; Sir 39,23 • 35: Jes 41,18 • 36: Ez 36,35 • 37: Jes 65,21 • 38: Dtn 7,13f • 40: Ijob 12,21.24 • 41: 113,7 • 42: Ijob 22,19; 5,16; Ps 63,12

Gott, Hilfe und Schutz seines Volkes

108 [Ein Lied. Ein Psalm Davids.]
[2] Mein Herz ist bereit, o Gott, / mein
Herz ist bereit, / ich will dir singen und spielen.
Wach auf, meine Seele! / [3] Wacht auf, Harfe und
Saitenspiel! / Ich will das Morgenrot wecken.
[4] Ich will dich vor den Völkern preisen, Herr, / dir
vor den Nationen lobsingen.
[5] Denn deine Güte reicht, so weit der Himmel ist, /
deine Treue, so weit die Wolken ziehn.
[6] Erheb dich über die Himmel, o Gott! / Deine
Herrlichkeit erscheine über der ganzen Erde.
[7] Hilf mit deiner Rechten, erhöre uns, / damit die
gerettet werden, die du so sehr liebst.
[8] Gott hat in seinem Heiligtum gesprochen: / »Ich
will triumphieren, will Sichem verteilen / und das
Tal von Sukkot vermessen.
[9] Mein ist Gilead, mein auch Manasse, / Efraim ist
der Helm auf meinem Haupt, / Juda mein Herrscherstab.
[10] Doch Moab ist mein Waschbecken, / auf Edom
werfe ich meinen Schuh, / ich triumphiere über
das Land der Philister.«
[11] Wer führt mich hin zu der befestigten Stadt, /
wer wird mich nach Edom geleiten?
[12] Gott, hast denn du uns verworfen? / Du ziehst ja
nicht aus, o Gott, mit unsern Heeren.
[13] Bring uns doch Hilfe im Kampf mit dem Feind! /
Denn die Hilfe von Menschen ist nutzlos.
[14] Mit Gott werden wir Großes vollbringen; / er
selbst wird unsere Feinde zertreten.

2–6 ∥ 57,8–12 • 4: 9,12; 18,50; 57,10; 96,3; 105,1 • 5: 36,6 • 7–14 ∥ 60,7–14

Bitte um Hilfe gegen erbarmungslose Feinde

109 [Für den Chormeister.
Ein Psalm Davids.]
Gott, den ich lobe, schweig doch nicht! / 2 Denn ein
Mund voll Frevel, ein Lügenmaul hat sich gegen
mich aufgetan.
Sie reden zu mir mit falscher Zunge, / 3 umgeben
mich mit Worten voll Hass / und bekämpfen mich
ohne Grund.
4 Sie befeinden mich, während ich für sie bete, /
5 sie vergelten mir Gutes mit Bösem, / mit Hass
meine Liebe.
6 Sein Frevel stehe gegen ihn auf als Zeuge, / ein
Ankläger trete an seine Seite.
7 Aus dem Gericht gehe er verurteilt hervor, / selbst
sein Gebet werde zur Sünde.
8 Nur gering sei die Zahl seiner Tage, / sein Amt soll
ein andrer erhalten.
9 Seine Kinder sollen zu Waisen werden / und seine
Frau zur Witwe.
10 Unstet sollen seine Kinder umherziehen und
betteln, / aus den Trümmern ihres Hauses vertrie-
ben.
11 Sein Gläubiger reiße all seinen Besitz an sich, /
Fremde sollen plündern, was er erworben hat.
12 Niemand sei da, der ihm die Gunst bewahrt, /
keiner, der sich der Waisen erbarmt.
13 Seine Nachkommen soll man vernichten, / im
nächsten Geschlecht schon erlösche sein Name.
14 Der Herr denke an die Schuld seiner Väter, /
ungetilgt bleibe die Sünde seiner Mutter.
15 Ihre Schuld stehe dem Herrn allzeit vor Augen, /
ihr Andenken lösche er aus auf Erden.
16 Denn dieser Mensch dachte nie daran, Gnade zu
üben; / er verfolgte den Gebeugten und Armen /
und wollte den Verzagten töten.
17 Er liebte den Fluch – der komme über ihn; / er
verschmähte den Segen – der bleibe ihm fern.
18 Er zog den Fluch an wie ein Gewand; / der dringe
wie Wasser in seinen Leib, / wie Öl in seine Glieder.
19 Er werde für ihn wie das Kleid, in das er sich
hüllt, / wie der Gürtel, der ihn allzeit umschließt.
20 So lohne der Herr es denen, die mich verklagen, /
und denen, die Böses gegen mich reden.
21 Du aber, Herr und Gebieter, / handle an mir, wie
es deinem Namen entspricht, / reiß mich heraus
in deiner gütigen Huld!
22 Denn ich bin arm und gebeugt, / mir bebt das
Herz in der Brust.
23 Wie ein flüchtiger Schatten schwinde ich dahin; /
sie schütteln mich wie eine Heuschrecke ab.
24 Mir wanken die Knie vom Fasten, / mein Leib
nimmt ab und wird mager.
25 Ich wurde für sie zum Spott und zum Hohn, / sie
schütteln den Kopf, wenn sie mich sehen.
26 Hilf mir, Herr, mein Gott, / in deiner Huld
errette mich!
27 Sie sollen erkennen, dass deine Hand dies voll-
bracht hat, / dass du, o Herr, es getan hast.
28 Mögen sie fluchen – du wirst segnen. / Meine
Gegner sollen scheitern, dein Knecht aber darf
sich freuen.
29 Meine Ankläger sollen sich bedecken mit
Schmach, / wie in einen Mantel sich in Schande
hüllen.
30 Ich will den Herrn preisen mit lauter Stimme, /
in der Menge ihn loben.
31 Denn er steht dem Armen zur Seite, / um ihn vor
falschen Richtern zu retten.

1: 35,22; 83,2 • 2: 31,19 • 4–5: Spr 17,13; Ps 35,12f • 8: Apg 1,20 • 9: Ex 22,23; Jer 18,21 • 10: Ijob 5,4f • 11: Ijob 20,18 • 12–13: Jes 14,21 • 13: 21,11 • 14: Ex 20,5 • 15: 90,8; 34,17 • 18: Num 5,24 • 23: 39,6f • 25: 41,6 • 27: 64,10 • 28: Jes 65,13f; Lk 6,27f • 29: Jer 20,11 • 30: 22,23

Die Einsetzung des priesterlichen Königs auf dem Zion

110 [Ein Psalm Davids.] So spricht der Herr
zu meinem Herrn: / Setze dich mir zur
Rechten / und ich lege dir deine Feinde als Sche-
mel unter die Füße.
2 Vom Zion strecke der Herr das Zepter deiner
Macht aus: / »Herrsche inmitten deiner Feinde!«
3 Dein ist die Herrschaft am Tage deiner Macht /
(wenn du erscheinst) in heiligem Schmuck; ich
habe dich gezeugt noch vor dem Morgenstern, /
wie den Tau in der Frühe.
4 Der Herr hat geschworen und nie wird's ihn
reuen: / »Du bist Priester auf ewig nach der Ord-
nung Melchisedeks.«
5 Der Herr steht dir zur Seite; / er zerschmettert
Könige am Tage seines Zornes.
6 Er hält Gericht unter den Völkern, er häuft die
Toten, / die Häupter zerschmettert er weithin auf
Erden.

„Mein Herz ist bereit, o Gott, mein Herz ist bereit, ich will dir singen und spielen. Wach auf, meine Seele! Wacht auf, Harfe und Saitenspiel! Ich will das Morgenrot wecken. Ich will dich vor den Völkern preisen, Herr, dir vor den Nationen lobsingen. Denn deine Güte reicht, so weit der Himmel ist, deine Treue, so weit die Wolken ziehn." (Psalm 108,2–5)

Ruhende Hirten, um 1918

Öl auf Leinwand, 68,5 x 98 cm
bezeichnet links unten: Egger Lienz
Lienz, Museum der Stadt Lienz Schloss Bruck, Inv.Nr. AEL 50

Zwei Bauern sitzen behäbig nach getaner Arbeit auf einem Baumstamm. Ihre Gesichter sind durch die Schlapphüte vor dem Sonnenlicht geschützt. Zwischen ihnen, hoch im Blau des Himmels, fliegt ein Schmetterling (in früheren Reproduktionen oft als Malschaden gewertet und retuschiert!). Mit ihm wird Heiterkeit, wird eine Idylle angedeutet. Selten kommt diese Frohmut im Bildmotiv von Egger-Lienz vor, doch auch das ist der Alltag der Bauern.

„Wohl dem Mann, der den Herrn fürchtet und ehrt und sich herzlich freut an seinen Geboten. Seine Nachkommen werden mächtig im Land, das Geschlecht der Redlichen wird gesegnet. Wohlstand und Reichtum füllen sein Haus, sein Heil hat Bestand für immer. Den Redlichen erstrahlt im Finstern ein Licht: der Gnädige, Barmherzige und Gerechte." (Psalm 112,1–4)

Weihbrunn sprengender Bauer, 1907

Öl auf Leinwand, 99 x 90,5 cm
bezeichnet links unten: Egger-Lienz
Innsbruck, Tiroler Landesmuseum Ferdinandeum, Inv.Nr. Gem 1191

Ein Bauer tritt in die Stube, seine rechte Hand taucht er in das Weihwasserbecken, um sich zu bekreuzigen oder die Stube zu besprengen. Albin Egger-Lienz betont hier die starke Wirkung der Figur und der Gestik, alles dekorative Beiwerk ist weggelassen. Die Kraft des geweihten Wassers, der Glaube an die Wirkung wird zentrales Anliegen dieser Komposition. Das Motiv ist dem Alltag des bäuerlichen Lebens entnommen und zur Allgemeingültigkeit einer Lebenshaltung geführt. Es ist der Glaube an das Heil.

7 Er trinkt aus dem Bach am Weg; / so kann er (von neuem) das Haupt erheben.

1: Mt 22,44; Apg 2,34f; Hebr 1,13; 8,1; 10,12f; 12,2 • 3: 2,7 • 4: Gen 14,18; Hebr 5,6 • 5–6: 2,9

Ein Preislied auf die Wundertaten des Herrn

111 Halleluja!
Den Herrn will ich preisen von ganzem Herzen / im Kreis der Frommen, inmitten der Gemeinde.
2 Groß sind die Werke des Herrn, / kostbar allen, die sich an ihnen freuen.
3 Er waltet in Hoheit und Pracht, / seine Gerechtigkeit hat Bestand für immer.
4 Er hat ein Gedächtnis an seine Wunder gestiftet, / der Herr ist gnädig und barmherzig.
5 Er gibt denen Speise, die ihn fürchten, / an seinen Bund denkt er auf ewig.
6 Er hat seinem Volk seine machtvollen Taten kundgetan, / um ihm das Erbe der Völker zu geben.
7 Die Werke seiner Hände sind gerecht und beständig, / all seine Gebote sind verlässlich.
8 Sie stehen fest für immer und ewig, / geschaffen in Treue und Redlichkeit.
9 Er gewährte seinem Volk Erlösung / und bestimmte seinen Bund für ewige Zeiten. / Furcht gebietend ist sein Name und heilig.
10 Die Furcht des Herrn ist der Anfang der Weisheit; / alle, die danach leben, sind klug. / Sein Ruhm hat Bestand für immer.

1: 22,23 • 4: Ex 12,1–28; Ps 116,5 • 5: 105,8; 145,15 • 9: 130,8; Jer 32,40 • 10: Spr 1,7; 9,10

Der Segen der Gottesfurcht

112 Halleluja!
Wohl dem Mann, der den Herrn fürchtet und ehrt / und sich herzlich freut an seinen Geboten.
2 Seine Nachkommen werden mächtig im Land, / das Geschlecht der Redlichen wird gesegnet.
3 Wohlstand und Reichtum füllen sein Haus, / sein Heil hat Bestand für immer.
4 Den Redlichen erstrahlt im Finstern ein Licht: / der Gnädige, Barmherzige und Gerechte.
5 Wohl dem Mann, der gütig und zum Helfen bereit ist, / der das Seine ordnet, wie es recht ist.
6 Niemals gerät er ins Wanken; / ewig denkt man an den Gerechten.
7 Er fürchtet sich nicht vor Verleumdung; / sein Herz ist fest, er vertraut auf den Herrn.
8 Sein Herz ist getrost, er fürchtet sich nie; / denn bald wird er herabschauen auf seine Bedränger.
9 Reichlich gibt er den Armen, / sein Heil hat Bestand für immer; / er ist mächtig und hoch geehrt.
10 Voll Verdruss sieht es der Frevler, / er knirscht mit den Zähnen und geht zugrunde. / Zunichte werden die Wünsche der Frevler.

1: 1,1f; 128,1 • 2: Spr 20,7 • 3: 128,2 • 4: 97,11; 116,5 • 5: Ijob 29,12f • 6: Spr 10,7 • 8: 54,9 • 9: Spr 22,9; 2 Kor 9,9

Ein Loblied auf Gottes Hoheit und Huld

113 Halleluja!
Lobet, ihr Knechte des Herrn, / lobt den Namen des Herrn!
2 Der Name des Herrn sei gepriesen / von nun an bis in Ewigkeit.
3 Vom Aufgang der Sonne bis zum Untergang / sei der Name des Herrn gelobt.
4 Der Herr ist erhaben über alle Völker, / seine Herrlichkeit überragt die Himmel.
5 Wer gleicht dem Herrn, unserm Gott, / im Himmel und auf Erden,
6 ihm, der in der Höhe thront, / der hinabschaut in die Tiefe,
7 der den Schwachen aus dem Staub emporhebt / und den Armen erhöht, der im Schmutz liegt?
8 Er gibt ihm einen Sitz bei den Edlen, / bei den Edlen seines Volkes.
9 Die Frau, die kinderlos war, lässt er im Hause wohnen; / sie wird Mutter und freut sich an ihren Kindern. / Halleluja!

1: 135,1 • 4: 95,3; 148,13 • 5: 35,10 • 6–7: Jes 57,15 • 7–8: 1 Sam 2,8 • 9: 1 Sam 2,5; Jes 54,1; Lk 1,57f

Ein Lobpreis auf die Befreiung Israels

114 Als Israel aus Ägypten auszog, / Jakobs Haus aus dem Volk mit fremder Sprache,
2 da wurde Juda Gottes Heiligtum, / Israel das Gebiet seiner Herrschaft.
3 Das Meer sah es und floh, / der Jordan wich zurück.
4 Die Berge hüpften wie Widder, / die Hügel wie junge Lämmer.

5 Was ist mit dir, Meer, dass du fliehst, / und mit
dir, Jordan, dass du zurückweichst?
6 Ihr Berge, was hüpft ihr wie Widder, / und ihr
Hügel, wie junge Lämmer?
7 Vor dem Herrn erbebe, du Erde, / vor dem Ant-
litz des Gottes Jakobs,
8 der den Fels zur Wasserflut wandelt / und Kiesel-
gestein zu quellendem Wasser.

1: Ex 12,41 • 2: Ex 19,6; Jer 2,3; Dtn 7,6 • 3: 66,6 • 4: 29,6 • 6–7: 68,9 • 8: 78,15f; Jes 48,21

Der Gott Israels und die Götter der anderen Völker

115 Nicht uns, o Herr, bring zu Ehren, / nicht
uns, sondern deinen Namen, / in deiner
Huld und Treue!
2 Warum sollen die Völker sagen: / »Wo ist denn
ihr Gott?«
3 Unser Gott ist im Himmel; / alles, was ihm gefällt,
das vollbringt er.
4 Die Götzen der Völker sind nur Silber und Gold, /
ein Machwerk von Menschenhand.
5 Sie haben einen Mund und reden nicht, / Augen
und sehen nicht;
6 sie haben Ohren und hören nicht, / eine Nase und
riechen nicht;
7 mit ihren Händen können sie nicht greifen, / mit
den Füßen nicht gehen, / sie bringen keinen Laut
hervor aus ihrer Kehle.
8 Die sie gemacht haben, sollen ihrem Machwerk
gleichen, / alle, die den Götzen vertrauen.
9 Israel, vertrau auf den Herrn! / Er ist für euch
Helfer und Schild.
10 Haus Aaron, vertrau auf den Herrn! / Er ist für
euch Helfer und Schild.
11 Alle, die ihr den Herrn fürchtet, vertraut auf den
Herrn! / Er ist für euch Helfer und Schild.
12 Der Herr denkt an uns, er wird uns segnen, / er
wird das Haus Israel segnen, / er wird das Haus
Aaron segnen.
13 Der Herr wird alle segnen, die ihn fürchten, /
segnen Kleine und Große.
14 Es mehre euch der Herr, / euch und eure Kinder.
15 Seid gesegnet vom Herrn, / der Himmel und
Erde gemacht hat.
16 Der Himmel ist der Himmel des Herrn, / die
Erde aber gab er den Menschen.
17 Tote können den Herrn nicht mehr loben, / kei-
ner, der ins Schweigen hinabfuhr.
18 Wir aber preisen den Herrn / von nun an bis in
Ewigkeit.
Halleluja!

1: Ez 36,22f • 2: 42,11 • 3: 135,6; Ijob 23,13; Weish 12,18 • 4–8: 135,15–18; Dtn 4,28; Weish 15,15; Jes 44,9–11; Bar 6,3.7 • 9–11: 33,20; 3,4; 118,2–4 • 14: 127,3; Dtn 1,11 • 15: 134,3 • 16: 8,7; Gen 1,28 • 17: 6,6; 94,17

Der Dank für Rettung aus Todesnot

116 Ich liebe den Herrn; / denn er hat mein
lautes Flehen gehört
2 und sein Ohr mir zugeneigt / an dem Tag, als ich
zu ihm rief.
3 Mich umfingen die Fesseln des Todes, / mich
befielen die Ängste der Unterwelt, / mich trafen
Bedrängnis und Kummer.
4 Da rief ich den Namen des Herrn an: / »Ach Herr,
rette mein Leben!«
5 Der Herr ist gnädig und gerecht, / unser Gott ist
barmherzig.
6 Der Herr behütet die schlichten Herzen; / ich war
in Not und er brachte mir Hilfe.
7 Komm wieder zur Ruhe, mein Herz! / Denn der
Herr hat dir Gutes getan.
8 Ja, du hast mein Leben dem Tod entrissen, / mei-
ne Tränen (getrocknet), / meinen Fuß (bewahrt
vor) dem Gleiten.
9 So gehe ich meinen Weg vor dem Herrn / im Land
der Lebenden.

3–4: 18,5–7; Jona 2,3 • 5: 86,15; 103,8; 111,4; 112,4; 145,8; Ex 34,6; Mi 7,18 • 8: 9,14; 56,14 • 9: 27,13

Ein Lied zum Dankopfer

10 Voll Vertrauen war ich, auch wenn ich sagte: / Ich
bin so tief gebeugt.
11 In meiner Bestürzung sagte ich: / Die Menschen
lügen alle.
12 Wie kann ich dem Herrn all das vergelten, / was
er mir Gutes getan hat?
13 Ich will den Kelch des Heils erheben / und anru-
fen den Namen des Herrn.
14 Ich will dem Herrn meine Gelübde erfüllen /
offen vor seinem ganzen Volk.
15 Kostbar ist in den Augen des Herrn / das Sterben
seiner Frommen.
16 Ach Herr, ich bin doch dein Knecht, / dein

Knecht bin ich, der Sohn deiner Magd. / Du hast
meine Fesseln gelöst.
17 Ich will dir ein Opfer des Dankes bringen / und
anrufen den Namen des Herrn.
18 Ich will dem Herrn meine Gelübde erfüllen /
offen vor seinem ganzen Volk,
19 in den Vorhöfen am Haus des Herrn, / in deiner
Mitte, Jerusalem. / Halleluja!

11: 12,3; Röm 3,4 • 14: 66,13 • 15: 72,14 • 18: 66,13

Aufruf an alle Völker zum Lob Gottes

117 Lobet den Herrn, alle Völker, / preist ihn,
alle Nationen!
2 Denn mächtig waltet über uns seine Huld, / die
Treue des Herrn währt in Ewigkeit. / Halleluja!

1: Röm 15,11

Eine Dankliturgie

118 Danket dem Herrn, denn er ist gütig, /
denn seine Huld währt ewig.
2 So soll Israel sagen: / Denn seine Huld währt
ewig.
3 So soll das Haus Aaron sagen: / Denn seine Huld
währt ewig.
4 So sollen alle sagen, die den Herrn fürchten und
ehren: / Denn seine Huld währt ewig.
5 In der Bedrängnis rief ich zum Herrn; / der Herr
hat mich erhört und mich frei gemacht.
6 Der Herr ist bei mir, ich fürchte mich nicht. / Was
können Menschen mir antun?
7 Der Herr ist bei mir, er ist mein Helfer; / ich aber
schaue auf meine Hasser herab.
8 Besser, sich zu bergen beim Herrn, / als auf Menschen zu bauen.
9 Besser, sich zu bergen beim Herrn, / als auf Fürsten zu bauen.
10 Alle Völker umringen mich; / ich wehre sie ab im
Namen des Herrn.
11 Sie umringen, ja, sie umringen mich; / ich wehre
sie ab im Namen des Herrn.
12 Sie umschwirren mich wie Bienen, / wie ein
Strohfeuer verlöschen sie; / ich wehre sie ab im
Namen des Herrn.
13 Sie stießen mich hart, sie wollten mich stürzen; /
der Herr aber hat mir geholfen.
14 Meine Stärke und mein Lied ist der Herr; / er ist
für mich zum Retter geworden.
15 Frohlocken und Jubel erschallt in den Zelten der
Gerechten: / »Die Rechte des Herrn wirkt mit
Macht!
16 Die Rechte des Herrn ist erhoben, / die Rechte
des Herrn wirkt mit Macht!«
17 Ich werde nicht sterben, sondern leben, / um die
Taten des Herrn zu verkünden.
18 Der Herr hat mich hart gezüchtigt, / doch er hat
mich nicht dem Tod übergeben.
19 Öffnet mir die Tore zur Gerechtigkeit, / damit
ich eintrete, um dem Herrn zu danken.
20 Das ist das Tor zum Herrn, / nur Gerechte treten
hier ein.
21 Ich danke dir, dass du mich erhört hast; / du bist
für mich zum Retter geworden.
22 Der Stein, den die Bauleute verwarfen, / er ist
zum Eckstein geworden.
23 Das hat der Herr vollbracht, / vor unseren Augen
geschah dieses Wunder.
24 Dies ist der Tag, den der Herr gemacht hat; / wir
wollen jubeln und uns an ihm freuen.
25 Ach, Herr, bring doch Hilfe! / Ach, Herr, gib doch
Gelingen!
26 Gesegnet sei er, der kommt im Namen des
Herrn. / Wir segnen euch vom Haus des Herrn
her. / 27 Gott, der Herr, erleuchte uns.
Mit Zweigen in den Händen / schließt euch zusammen zum Reigen / bis zu den Hörnern des
Altars!
28 Du bist mein Gott, dir will ich danken; / mein
Gott, dich will ich rühmen.
29 Dankt dem Herrn, denn er ist gütig, / denn seine
Huld währt ewig.

1: 107,1 • 2–4: 115,9–13; 135,19f • 6: 56,5; Hebr 13,6 • 7: 54,6.9 • 8–9: 62,6; 146,3; Jer 17,5 • 12: Dtn 1,44 • 13: 129,1f • 14: Ex 15,2; Jes 12,2 • 17: 6,6 • 18: 2 Kor 6,9 • 19–20: Jes 26,2 • 22: Jes 28,16; Apg 4,11; 1 Petr 2,7 • 22–23: Neh 6,16; Mt 21,42 • 26: Mt 21,9; 23,39 • 29: 107,1

Ein Lobgesang auf Gottes Wort

119 (Alef)
Wohl denen, deren Weg ohne Tadel ist, /
die leben nach der Weisung des Herrn.
2 Wohl denen, die seine Vorschriften befolgen /
und ihn suchen von ganzem Herzen,
3 die kein Unrecht tun / und auf seinen Wegen gehn.
4 Du hast deine Befehle gegeben, / damit man sie
genau beachtet.

5 Wären doch meine Schritte fest darauf gerich-
tet, / deinen Gesetzen zu folgen!
6 Dann werde ich niemals scheitern, / wenn ich auf
all deine Gebote schaue.
7 Mit lauterem Herzen will ich dir danken, / wenn
ich deine gerechten Urteile lerne.
8 Deinen Gesetzen will ich immer folgen. / Lass
mich doch niemals im Stich!

(Bet)
9 Wie geht ein junger Mann seinen Pfad ohne
Tadel? / Wenn er sich hält an dein Wort.
10 Ich suche dich von ganzem Herzen. / Lass mich
nicht abirren von deinen Geboten!
11 Ich berge deinen Spruch im Herzen, / damit ich
gegen dich nicht sündige.
12 Gepriesen seist du, Herr. / Lehre mich deine
Gesetze!
13 Mit meinen Lippen verkünde ich / alle Urteile
deines Mundes.
14 Nach deinen Vorschriften zu leben / freut mich
mehr als großer Besitz.
15 Ich will nachsinnen über deine Befehle / und auf
deine Pfade schauen.
16 Ich habe meine Freude an deinen Gesetzen, /
dein Wort will ich nicht vergessen.

(Gimel)
17 Tu deinem Knecht Gutes, erhalt mich am Le-
ben! / Dann will ich dein Wort befolgen.
18 Öffne mir die Augen / für das Wunderbare an
deiner Weisung!
19 Ich bin nur Gast auf Erden. / Verbirg mir nicht
deine Gebote!
20 In Sehnsucht nach deinem Urteil / verzehrt sich
allezeit meine Seele.
21 Du drohst den Stolzen. / Verflucht sei, wer abirrt
von deinen Geboten.
22 Nimm von mir Schmach und Verachtung! /
Denn was du vorschreibst, befolge ich.
23 Wenn auch Fürsten gegen mich beraten: / dein
Knecht sinnt nach über deine Gesetze.
24 Deine Vorschriften machen mich froh; / sie sind
meine Berater.

(Dalet)
25 Meine Seele klebt am Boden. / Durch dein Wort
belebe mich!
26 Ich habe dir mein Geschick erzählt und du
erhörtest mich. / Lehre mich deine Gesetze!
27 Lass mich den Weg begreifen, den deine Befehle
mir zeigen, / dann will ich nachsinnen über deine
Wunder.
28 Meine Seele zerfließt vor Kummer. / Richte mich
auf durch dein Wort!
29 Halte mich fern vom Weg der Lüge; / begnade
mich mit deiner Weisung!
30 Ich wählte den Weg der Wahrheit; / nach deinen
Urteilen hab ich Verlangen.
31 Ich halte an deinen Vorschriften fest. / Herr, lass
mich niemals scheitern!
32 Ich eile voran auf dem Weg deiner Gebote, /
denn mein Herz machst du weit.

(He)
33 Herr, weise mir den Weg deiner Gesetze! / Ich
will ihn einhalten bis ans Ende.
34 Gib mir Einsicht, damit ich deiner Weisung
folge / und mich an sie halte aus ganzem Her-
zen.
35 Führe mich auf dem Pfad deiner Gebote! / Ich
habe an ihm Gefallen.
36 Deinen Vorschriften neige mein Herz zu, / doch
nicht der Habgier!
37 Wende meine Augen ab von eitlen Dingen; /
durch dein Wort belebe mich!
38 Erfülle deinem Knecht die Verheißung, / die
allen gilt, die dich fürchten und ehren.
39 Wende die Schande ab, vor der mir graut; / denn
deine Entscheide sind gut.
40 Nach deinen Befehlen hab ich Verlangen. / Gib
mir neue Kraft durch deine Gerechtigkeit!

(Waw)
41 Herr, deine Huld komme auf mich herab / und
deine Hilfe, wie du es verheißen hast.
42 Dann kann ich dem, der mich schmäht, erwi-
dern; / denn ich vertraue auf dein Wort.
43 Entziehe meinem Mund nicht das Wort der
Wahrheit! / Ich hoffe so sehr auf deine Entscheide.
44 Ich will deiner Weisung beständig folgen, / auf
immer und ewig.

45 Dann schreite ich aus auf freier Bahn; / denn ich
frage nach deinen Befehlen.
46 Deine Gebote will ich vor Königen bezeugen /
und mich nicht vor ihnen schämen.
47 An deinen Geboten habe ich meine Freude, / ich
liebe sie von Herzen.
48 Ich erhebe meine Hände zu deinen Geboten; /
nachsinnen will ich über deine Gesetze.

(Sajin)
49 Denk an das Wort für deinen Knecht, / durch das
du mir Hoffnung gabst.
50 Das ist mein Trost im Elend: / Deine Verheißung
spendet mir Leben.
51 Frech verhöhnen mich die Stolzen; / ich aber
weiche nicht ab von deiner Weisung.
52 Denke ich an deine Urteile seit alter Zeit, / Herr,
dann bin ich getröstet.
53 Zorn packt mich wegen der Frevler, / weil sie
deine Weisung missachten.
54 Zum Lobgesang wurden mir deine Gesetze / im
Haus meiner Pilgerschaft.
55 In der Nacht denke ich, Herr, an deinen Namen; /
ich will deine Weisung beachten.
56 Deine Befehle zu befolgen / ist das Glück, das mir
zufiel.

(Chet)
57 Mein Anteil ist der Herr; / ich habe versprochen,
dein Wort zu beachten.
58 Ich suche deine Gunst von ganzem Herzen. / Sei
mir gnädig nach deiner Verheißung!
59 Ich überdenke meine Wege, / zu deinen Vor-
schriften lenke ich meine Schritte.
60 Ich eile und säume nicht, / deine Gebote zu hal-
ten.
61 Auch wenn mich die Stricke der Frevler fesseln, /
vergesse ich deine Weisung nicht.
62 Um Mitternacht stehe ich auf, um dich zu prei-
sen / wegen deiner gerechten Entscheide.
63 Ich bin ein Freund all derer, die dich fürchten
und ehren, / und aller, die deine Befehle befolgen.
64 Von deiner Güte, Herr, ist die Erde erfüllt. / Lehre
mich deine Gesetze!

(Tet)
65 Du hast deinem Knecht Gutes erwiesen, / o Herr,
nach deinem Wort.
66 Lehre mich Erkenntnis und rechtes Urteil! / Ich
vertraue auf deine Gebote.
67 Ehe ich gedemütigt wurde, ging mein Weg in die
Irre; / nun aber halte ich mich an deine Verhei-
ßung.
68 Du bist gut und wirkst Gutes. / Lehre mich deine
Gesetze!
69 Stolze verbreiten über mich Lügen, / ich aber
halte mich von ganzem Herzen an deine Befehle.
70 Abgestumpft und satt ist ihr Herz, / ich aber
ergötze mich an deiner Weisung.
71 Dass ich gedemütigt wurde, war für mich gut; /
denn so lernte ich deine Gesetze.
72 Die Weisung deines Mundes ist mir lieb, / mehr
als große Mengen von Gold und Silber.

(Jod)
73 Deine Hände haben mich gemacht und geformt. /
Gib mir Einsicht, damit ich deine Gebote lerne.
74 Wer dich fürchtet, wird mich sehen und sich
freuen; / denn ich warte auf dein Wort.
75 Herr, ich weiß, dass deine Entscheide gerecht
sind; / du hast mich gebeugt, weil du treu für mich
sorgst.
76 Tröste mich in deiner Huld, / wie du es deinem
Knecht verheißen hast.
77 Dein Erbarmen komme über mich, damit ich
lebe; / denn deine Weisung macht mich froh.
78 Schande über die Stolzen, die mich zu Unrecht
bedrücken! / Ich aber sinne nach über deine Be-
fehle.
79 Mir sollen sich alle zuwenden, die dich fürchten
und ehren / und die deine Vorschriften kennen.
80 Mein Herz richte sich ganz nach deinen Geset-
zen; / dann werde ich nicht zuschanden.

(Kaf)
81 Nach deiner Hilfe sehnt sich meine Seele; / ich
warte auf dein Wort.
82 Meine Augen sehnen sich nach deiner Ver-
heißung, / sie fragen: Wann wirst du mich trös-
ten?
83 Ich bin wie ein Schlauch voller Risse, / doch
deine Gesetze habe ich nicht vergessen.

84 Wie viele Tage noch bleiben deinem Knecht? /
Wann wirst du meine Verfolger richten?
85 Stolze stellen mir Fallen, / sie handeln nicht nach
deiner Weisung.
86 Zuverlässig sind all deine Gebote. / Zu Unrecht
verfolgt man mich. Komm mir zu Hilfe!
87 Fast hätte man mich von der Erde ausgetilgt; /
dennoch halte ich fest an deinen Befehlen.
88 In deiner großen Huld lass mich leben / und ich
will beachten, was dein Mund mir gebietet.

(Lamed)

89 Herr, dein Wort bleibt auf ewig, / es steht fest wie
der Himmel.
90 Deine Treue währt von Geschlecht zu Ge-
schlecht; / du hast die Erde gegründet, sie bleibt
bestehen.
91 Nach deiner Ordnung bestehen sie bis heute /
und dir ist alles dienstbar.
92 Wäre nicht dein Gesetz meine Freude, / ich wäre
zugrunde gegangen in meinem Elend.
93 Nie will ich deine Befehle vergessen; / denn
durch sie schenkst du mir Leben.
94 Ich bin dein, errette mich! / Ich frage nach dei-
nen Befehlen.
95 Frevler lauern mir auf, um mich zu vernichten; /
doch mein Sinn achtet auf das, was du gebietest.
96 Ich sah, dass alles Vollkommene Grenzen hat; /
doch dein Gebot kennt keine Schranken.

(Mem)

97 Wie lieb ist mir deine Weisung; / ich sinne über
sie nach den ganzen Tag.
98 Dein Gebot macht mich weiser als all meine
Feinde; / denn immer ist es mir nahe.
99 Ich wurde klüger als all meine Lehrer; / denn
über deine Vorschriften sinne ich nach.
100 Mehr Einsicht habe ich als die Alten; / denn ich
beachte deine Befehle.
101 Von jedem bösen Weg halte ich meinen Fuß
zurück; / denn ich will dein Wort befolgen.
102 Ich weiche nicht ab von deinen Entscheiden, /
du hast mich ja selbst unterwiesen.
103 Wie köstlich ist für meinen Gaumen deine Ver-
heißung, / süßer als Honig für meinen Mund.
104 Aus deinen Befehlen gewinne ich Einsicht, /
darum hasse ich alle Pfade der Lüge.

(Nun)

105 Dein Wort ist meinem Fuß eine Leuchte, / ein
Licht für meine Pfade.
106 Ich tat einen Schwur und ich will ihn halten: /
Ich will deinen gerechten Entscheidungen folgen.
107 Herr, ganz tief bin ich gebeugt. / Durch dein
Wort belebe mich!
108 Herr, nimm mein Lobopfer gnädig an / und
lehre mich deine Entscheide!
109 Mein Leben ist ständig in Gefahr, / doch ich ver-
gesse nie deine Weisung.
110 Frevler legen mir Schlingen, / aber ich irre nicht
ab von deinen Befehlen.
111 Deine Vorschriften sind auf ewig mein Erbteil; /
denn sie sind die Freude meines Herzens.
112 Mein Herz ist bereit, dein Gesetz zu erfüllen /
bis ans Ende und ewig.

(Samech)

113 Zwiespältige Menschen sind mir von Grund auf
verhasst, / doch dein Gesetz ist mir lieb.
114 Du bist mein Schutz und mein Schild, / ich
warte auf dein Wort.
115 Weicht zurück von mir, ihr Bösen! / Ich will die
Gebote meines Gottes befolgen.
116 Stütze mich, damit ich lebe, wie du es verheißen
hast. / Lass mich in meiner Hoffnung nicht schei-
tern!
117 Gib mir Halt, dann finde ich Rettung; / immer
will ich auf deine Gesetze schauen.
118 Alle, die sich von deinen Gesetzen entfernen,
verwirfst du; / denn ihr Sinnen und Trachten ist
Lüge.
119 Alle Frevler im Land sind für dich wie
Schlacken, / darum liebe ich, was du gebietest.
120 Aus Ehrfurcht vor dir erschauert mein Leib, /
vor deinen Urteilen empfinde ich heilige Scheu.

(Ajin)

121 Ich tue, was recht und gerecht ist. / Gib mich
meinen Bedrückern nicht preis!
122 Verbürg dich für das Wohl deines Knechtes, /
damit die Stolzen mich nicht unterdrücken.
123 Meine Augen sehnen sich nach deiner Hilfe, /
nach deiner gerechten Verheißung.
124 Handle an deinem Knecht nach deiner Huld /
und lehre mich deine Gesetze!

125 Ich bin dein Knecht. Gib mir Einsicht, / damit
ich verstehe, was du gebietest.
126 Herr, es ist Zeit zu handeln; / man hat dein
Gesetz gebrochen.
127 Darum liebe ich deine Gebote / mehr als Rot-
gold und Weißgold.
128 Darum lebe ich genau nach deinen Befehlen; /
ich hasse alle Pfade der Lüge.

(Pe)

129 Deine Vorschriften sind der Bewunderung
wert; / darum bewahrt sie mein Herz.
130 Die Erklärung deiner Worte bringt Erleuch-
tung, / den Unerfahrenen schenkt sie Einsicht.
131 Weit öffne ich meinen Mund / und lechze nach
deinen Geboten; / denn nach ihnen hab ich Ver-
langen.
132 Wende dich mir zu, sei mir gnädig, / wie es
denen gebührt, die deinen Namen lieben.
133 Festige meine Schritte, wie du es verheißen
hast. / Lass kein Unrecht über mich herrschen!
134 Erlöse mich aus der Gewalt der Menschen; /
dann will ich deine Befehle halten.
135 Lass dein Angesicht leuchten über deinem
Knecht / und lehre mich deine Gesetze!
136 Tränenbäche strömen aus meinen Augen, / weil
man dein Gesetz nicht befolgt.

(Zade)

137 Herr, du bist gerecht / und deine Entscheide
sind richtig.
138 Du hast deine Vorschriften erlassen in Gerech-
tigkeit / und in großer Treue.
139 Der Eifer für dich verzehrt mich; / denn meine
Gegner vergessen deine Worte.
140 Deine Worte sind rein und lauter; / dein Knecht
hat sie lieb.
141 Ich bin gering und verachtet, / doch ich vergesse
nie deine Befehle.
142 Deine Gerechtigkeit bleibt ewig Gerechtigkeit, /
deine Weisung ist Wahrheit.
143 Mich trafen Not und Bedrängnis, / doch deine
Gebote machen mich froh.
144 Deine Vorschriften sind auf ewig gerecht. / Gib
mir Einsicht, damit ich lebe.

(Qof)

145 Erhöre mich, Herr, ich rufe von ganzem Her-
zen; / deine Gesetze will ich halten.
146 Ich rufe zu dir; errette mich, / dann will ich dei-
nen Vorschriften folgen.
147 Schon beim Morgengrauen komme ich und
flehe; / ich warte auf dein Wort.
148 Meine Augen eilen den Nachtwachen voraus; /
denn ich sinne nach über deine Verheißung.
149 Höre auf meine Stimme in deiner Huld; / belebe
mich, Herr, durch deine Entscheide!
150 Mir nähern sich tückische Verfolger; / sie haben
sich weit von deiner Weisung entfernt.
151 Doch du bist nahe, Herr, / und alle deine Gebote
sind Wahrheit.
152 Aus deinen Vorschriften weiß ich seit langem, /
dass du sie für ewig bestimmt hast.

(Resch)

153 Sieh mein Elend an und rette mich; / denn ich
habe deine Weisung nicht vergessen.
154 Verschaff mir Recht und erlöse mich; / nach dei-
ner Weisung erhalte mein Leben!
155 Fern bleibt den Frevlern das Heil; / denn sie fra-
gen nicht nach deinen Gesetzen.
156 Herr, groß ist dein Erbarmen; / durch deine
Entscheide belebe mich!
157 Viele verfolgen und quälen mich, / doch von
deinen Vorschriften weich ich nicht ab.
158 Wenn ich Abtrünnige sehe, empfinde ich Ab-
scheu, / weil sie dein Wort nicht befolgen.
159 Sieh an, wie sehr ich deine Vorschriften liebe; /
Herr, in deiner Huld belebe mich!
160 Das Wesen deines Wortes ist Wahrheit, / deine
gerechten Urteile haben alle auf ewig Bestand.

(Schin)

161 Fürsten verfolgen mich ohne Grund, / doch
mein Herz fürchtet nur dein Wort.
162 Ich freue mich über deine Verheißung / wie
einer, der reiche Beute gemacht hat.
163 Ich hasse die Lüge, sie ist mir ein Gräuel, / doch
deine Weisung habe ich lieb.
164 Siebenmal am Tag singe ich dein Lob / wegen
deiner gerechten Entscheide.
165 Alle, die deine Weisung lieben, empfangen Heil
in Fülle; / es trifft sie kein Unheil.

166 Herr, ich hoffe auf deine Hilfe / und befolge
deine Gebote.
167 Meine Seele beachtet, was du gebietest, / und
liebt es von Herzen.
168 Ich folge deinen Vorschriften und Befehlen; /
denn alle meine Wege (liegen offen) vor dir.

(Taw)
169 Herr, zu dir dringe mein Rufen. / Gib mir Einsicht, getreu deinem Wort!
170 Mein Flehen komme vor dein Angesicht. / Reiß
mich heraus getreu deiner Verheißung!
171 Meine Lippen sollen überströmen von Lobpreis; / denn du lehrst mich deine Gesetze.
172 Meine Zunge soll deine Verheißung besingen; /
denn deine Gebote sind alle gerecht.
173 Deine Hand sei bereit, mir zu helfen; / denn ich
habe mir deine Befehle erwählt.
174 Ich sehne mich, Herr, nach deiner Hilfe / und
deine Weisung macht mich froh.
175 Lass meine Seele leben, damit sie dich preisen kann. / Deine Entscheidungen mögen mir helfen.
176 Ich bin verirrt wie ein verlorenes Schaf. / Suche
deinen Knecht! / Denn deine Gebote habe ich
nicht vergessen.

1–3: 1,1f.6; 26,3; 32,8; 37,5; 139,3; 142,4; 143,10; Tob 4,19; Spr 4,11 • 19: 39,13 • 21: Dtn 27,26; Jer 11,3 • 25: 44,26 • 29: 119,104 • 30: 25,4 • 35: 25,4 • 46: Mt 10,18 • 55: 119,62.148; 63,7 • 62: 119,55 • 64: 33,5 • 70: 17,10 • 71: 94,12 • 72: 119,103.127; 19,11 • 73: Ijob 10,8 • 81: 130,5 • 82: 123,2 • 83: Ijob 30,30 • 89: Jes 40,8 • 91: 148,6 • 95: 11,2 • 97: 1,2 • 100: Weish 4,8f • 101: Spr 1,15; 4,27 • 103: 119,72 • 104: 119,29.128 • 105: Spr 6,23; Joh 8,12; 2 Petr 1,19 • 108: 19,15; 50,14.23 • 110: 140,6 • 113: 1 Kön 18,21 • 115: 6,9; 139,19 • 119: Jes 1,25 • 120: Ijob 4,14f; 23,15 • 127: 119,72 • 128: 119,104 • 132: 25,16; 86,16; 91,14 • 134: 125,3 • 135: 4,7 • 136: Esra 9,3f • 139: 69,10 • 140: 12,7 • 148: 119,55 • 158: 139,21 • 160: Joh 17,17 • 166: Gen 49,18 • 168: Spr 5,21 • 170: 88,3; 79,11 • 176: Jes 53,6; Jer 50,6; Lk 15,4–7

Ein Hilferuf gegen Verleumder

120 [Ein Wallfahrtslied.]
Ich rief zum Herrn in meiner Not / und
er hat mich erhört.
2 Herr, rette mein Leben vor Lügnern, / rette es vor
falschen Zungen!
3 Was soll er dir tun, was alles dir antun, / du falsche
Zunge?
4 Scharfe Pfeile von Kriegerhand / und glühende
Ginsterkohlen dazu.
5 Weh mir, dass ich als Fremder in Meschech bin /
und bei den Zelten von Kedar wohnen muss!
6 Ich muss schon allzu lange wohnen / bei Leuten,
die den Frieden hassen.
7 Ich verhalte mich friedlich; / doch ich brauche
nur zu reden, dann suchen sie Hader und
Streit.

1: Jona 2,3 • 2: 12,3–5; Sir 51,2 • 4: 140,11 • 6: 35,20; 140,3 • 7: Röm 12,18

Der Wächter Israels

121 [Ein Wallfahrtslied.]
Ich hebe meine Augen auf zu den Bergen: / Woher kommt mir Hilfe?
2 Meine Hilfe kommt vom Herrn, / der Himmel
und Erde gemacht hat.
3 Er lässt deinen Fuß nicht wanken; / er, der dich
behütet, schläft nicht.
4 Nein, der Hüter Israels / schläft und schlummert
nicht.
5 Der Herr ist dein Hüter, der Herr gibt dir Schatten; / er steht dir zur Seite.
6 Bei Tag wird dir die Sonne nicht schaden / noch
der Mond in der Nacht.
7 Der Herr behüte dich vor allem Bösen, / er behüte
dein Leben.
8 Der Herr behüte dich, wenn du fortgehst und
wiederkommst, / von nun an bis in Ewigkeit.

2: 124,8 • 3: 66,9; 1 Sam 2,9 • 4: 1 Kön 18,27 • 5: 16,8; 73,23 • 6: Jes 25,4; 49,10 • 7–8: Num 6,24–26 • 7: 97,10 • 8: Dtn 28,6; Tob 5,17

Ein Lied zur Wallfahrt nach Jerusalem

122 [Ein Wallfahrtslied Davids.]
Ich freute mich, als man mir sagte: /
»Zum Haus des Herrn wollen wir pilgern.«
2 Schon stehen wir in deinen Toren, Jerusalem: /
3 Jerusalem, du starke Stadt, / dicht gebaut und fest
gefügt.
4 Dorthin ziehen die Stämme hinauf, die Stämme
des Herrn, / wie es Israel geboten ist, / den Namen
des Herrn zu preisen.
5 Denn dort stehen Throne bereit für das Gericht, /
die Throne des Hauses David.
6 Erbittet für Jerusalem Frieden! / Wer dich liebt,
sei in dir geborgen.
7 Friede wohne in deinen Mauern, / in deinen Häusern Geborgenheit.

8 Wegen meiner Brüder und Freunde / will ich
sagen: In dir sei Friede.
9 Wegen des Hauses des Herrn, unseres Gottes, /
will ich dir Glück erflehen.

1: 42,5; Jes 2,3 • 3: 48,13f • 4: Dtn 16,16 • 5: Dtn 17,8f; 1 Kön 7,7; 2 Chr 19,8 • 7: Tob 13,14 • 9: 26,8; 128,5

Aufblick zu Gott

123 [Ein Wallfahrtslied.]
Ich erhebe meine Augen zu dir, / der du
hoch im Himmel thronst.
2 Wie die Augen der Knechte auf die Hand ihres
Herrn, / wie die Augen der Magd auf die Hand
ihrer Herrin,
so schauen unsre Augen auf den Herrn, unsern
Gott, / bis er uns gnädig ist.
3 Sei uns gnädig, Herr, sei uns gnädig! / Denn über-
satt sind wir vom Hohn der Spötter,
4 übersatt ist unsre Seele von ihrem Spott, / von der
Verachtung der Stolzen.

1: 141,8; 1 Kön 8,30 • 2: 25,15; 119,82 • 3: 41,6; Neh 3,36

Israels Dank für die Befreiung

124 [Ein Wallfahrtslied Davids.]
Hätte sich nicht der Herr für uns einge-
setzt / – so soll Israel sagen –,
2 hätte sich nicht der Herr für uns eingesetzt, / als
sich gegen uns Menschen erhoben,
3 dann hätten sie uns lebendig verschlungen, / als
gegen uns ihr Zorn entbrannt war.
4 Dann hätten die Wasser uns weggespült, / hätte
sich über uns ein Wildbach ergossen.
5 Dann hätten sich über uns die Wasser ergossen, /
die wilden und wogenden Wasser.
6 Gelobt sei der Herr, / der uns nicht ihren Zähnen
als Beute überließ.
7 Unsre Seele ist wie ein Vogel dem Netz des Jägers
entkommen; / das Netz ist zerrissen und wir sind
frei.
8 Unsre Hilfe steht im Namen des Herrn, / der
Himmel und Erde gemacht hat.

3: Spr 1,12 • 4: 42,8 • 7: Spr 6,5 • 8: 121,2

Gott, der Beschützer seines Volkes

125 [Ein Wallfahrtslied.]
Wer auf den Herrn vertraut, steht fest wie
der Zionsberg, / der niemals wankt, der ewig bleibt.
2 Wie Berge Jerusalem rings umgeben, / so ist der
Herr um sein Volk von nun an auf ewig.
3 Das Zepter des Frevlers soll nicht auf dem Erb-
land der Gerechten lasten, / damit die Hand der
Gerechten nicht nach Unrecht greift.
4 Herr, tu Gutes den Guten, / den Menschen mit
redlichem Herzen!
5 Doch wer auf krumme Wege abbiegt, / den jage,
Herr, samt den Frevlern davon! / Frieden über
Israel!

1: Spr 10,30 • 2: Dtn 32,10; Mt 28,20 • 3: 119,134 • 4: 18,26f • 5: 92,10

Tränen und Jubel

126 [Ein Wallfahrtslied.]
Als der Herr das Los der Gefangenschaft
Zions wendete, / da waren wir alle wie Träumende.
2 Da war unser Mund voll Lachen / und unsere
Zunge voll Jubel. Da sagte man unter den andern
Völkern: / »Der Herr hat an ihnen Großes getan.«
3 Ja, Großes hat der Herr an uns getan. / Da waren
wir fröhlich.
4 Wende doch, Herr, unser Geschick, / wie du ver-
siegte Bäche wieder füllst im Südland.
5 Die mit Tränen säen, / werden mit Jubel ernten.
6 Sie gehen hin unter Tränen / und tragen den Sa-
men zur Aussaat.
Sie kommen wieder mit Jubel / und bringen ihre
Garben ein.

1: 14,7 • 2: Ijob 8,21; Ez 36,36 • 3: Lk 1,49 • 4: Dtn 30,3 • 5–6: Jes 25,8f; Bar 4,23; Mt 5,4; Joh 16,20; Offb 21,4; Joh 12,24

Die Mühe des Menschen und der Segen Gottes

127 [Ein Wallfahrtslied Salomos.]
Wenn nicht der Herr das Haus baut, /
müht sich jeder umsonst, der daran baut.
Wenn nicht der Herr die Stadt bewacht, / wacht
der Wächter umsonst.
2 Es ist umsonst, dass ihr früh aufsteht / und euch
spät erst niedersetzt,
um das Brot der Mühsal zu essen; / denn der Herr
gibt es den Seinen im Schlaf.
3 Kinder sind eine Gabe des Herrn, / die Frucht des
Leibes ist sein Geschenk.
4 Wie Pfeile in der Hand des Kriegers, / so sind
Söhne aus den Jahren der Jugend.
5 Wohl dem Mann, der mit ihnen den Köcher

gefüllt hat! / Beim Rechtsstreit mit ihren Feinden scheitern sie nicht.

1: Ijob 12,14 • 1f: Mt 6,25–34 • 2: Spr 3,24–26; 10,22; Sir 11,11 • 3: 115,14; 128,3; Gen 33,5 • 5: Ijob 5,4

Haussegen

128 [Ein Wallfahrtslied.]
Wohl dem Mann, der den Herrn fürchtet und ehrt / und der auf seinen Wegen geht!
2 Was deine Hände erwarben, kannst du genießen; / wohl dir, es wird dir gut ergehn.
3 Wie ein fruchtbarer Weinstock ist deine Frau / drinnen in deinem Haus.
Wie junge Ölbäume sind deine Kinder / rings um deinen Tisch.
4 So wird der Mann gesegnet, / der den Herrn fürchtet und ehrt.
5 Es segne dich der Herr vom Zion her. / Du sollst dein Leben lang das Glück Jerusalems schauen
6 und die Kinder deiner Kinder sehn. / Frieden über Israel!

1: 112,1 • 2: 112,3 • 3: 127,3; Ijob 29,5; Ps 144,12 • 5: 134,3 • 5–6: Gal 6,16 • 6: Ijob 42,16

Hoffnung in der Bedrängnis

129 [Ein Wallfahrtslied.]
Sie haben mich oft bedrängt von Jugend auf / – so soll Israel sagen –,
2 sie haben mich oft bedrängt von Jugend auf, / doch sie konnten mich nicht bezwingen.
3 Die Pflüger haben auf meinem Rücken gepflügt, / ihre langen Furchen gezogen.
4 Doch der Herr ist gerecht, / er hat die Stricke der Frevler zerhauen.
5 Beschämt sollen alle weichen, / alle, die Zion hassen.
6 Sie sollen wie das Gras auf den Dächern sein, / das verdorrt, noch bevor man es ausreißt.
7 Kein Schnitter kann seine Hand damit füllen, / kein Garbenbinder den Arm.
8 Keiner, der vorübergeht, wird sagen: / »Der Segen des Herrn sei mit euch.« – / Wir aber segnen euch im Namen des Herrn.

2: 118,13; Joh 16,33 • 3: 66,12; Jes 51,23 • 6: Jes 37,27 • 8: Rut 2,4

Bitte in tiefer Not

130 [Ein Wallfahrtslied.] Aus der Tiefe rufe ich, Herr, zu dir: / 2 Herr, höre meine Stimme!
Wende dein Ohr mir zu, / achte auf mein lautes Flehen!
3 Würdest du, Herr, unsere Sünden beachten, / Herr, wer könnte bestehen?
4 Doch bei dir ist Vergebung, / damit man in Ehrfurcht dir dient.
5 Ich hoffe auf den Herrn, es hofft meine Seele, / ich warte voll Vertrauen auf sein Wort.
6 Meine Seele wartet auf den Herrn / mehr als die Wächter auf den Morgen.
Mehr als die Wächter auf den Morgen / 7 soll Israel harren auf den Herrn.
Denn beim Herrn ist die Huld, / bei ihm ist Erlösung in Fülle.
8 Ja, er wird Israel erlösen / von all seinen Sünden.

1: Jona 2,3 • 2: 5,2f • 3: 143,2; Nah 1,6 • 4: 32,1; Jes 55,7; Mi 7,18 • 5: 119,81 • 6: Jes 21,11 • 7–8: 25,22; Mt 1,21 • 7: Jes 30,18

Der Frieden in Gott

131 [Ein Wallfahrtslied.]
Herr, mein Herz ist nicht stolz, / nicht hochmütig blicken meine Augen.
Ich gehe nicht um mit Dingen, / die mir zu wunderbar und zu hoch sind.
2 Ich ließ meine Seele ruhig werden und still; / wie ein kleines Kind bei der Mutter ist meine Seele still in mir.
3 Israel, harre auf den Herrn / von nun an bis in Ewigkeit!

1: Sir 3,21; 23,4; 1 Petr 5,5 • 2: 62,2 • 3: 130,7

Die Erwählung Davids und des Zion

132 [Ein Wallfahrtslied.]
O Herr, denk an David, / denk an all seine Mühen,
2 wie er dem Herrn geschworen, / dem starken Gott Jakobs gelobt hat:
3 »Nicht will ich mein Zelt betreten / noch mich zur Ruhe betten,
4 nicht Schlaf den Augen gönnen / noch Schlummer den Lidern,
5 bis ich eine Stätte finde für den Herrn, / eine Wohnung für den starken Gott Jakobs.«

6 Wir hörten von seiner Lade in Efrata, / fanden sie
im Gefilde von Jáar.
7 Lasst uns hingehen zu seiner Wohnung / und nie-
derfallen vor dem Schemel seiner Füße!
8 Erheb dich, Herr, komm an den Ort deiner
Ruhe, / du und deine machtvolle Lade!
9 Deine Priester sollen sich bekleiden mit Gerech-
tigkeit / und deine Frommen sollen jubeln.
10 Weil David dein Knecht ist, / weise deinen Ge-
salbten nicht ab!
11 Der Herr hat David geschworen, / einen Eid, den
er niemals brechen wird:
»Einen Spross aus deinem Geschlecht / will ich set-
zen auf deinen Thron.
12 Wenn deine Söhne meinen Bund bewahren, /
mein Zeugnis, das ich sie lehre,
dann sollen auch ihre Söhne / auf deinem Thron
sitzen für immer.«
13 Denn der Herr hat den Zion erwählt, / ihn zu sei-
nem Wohnsitz erkoren:
14 »Das ist für immer der Ort meiner Ruhe; / hier
will ich wohnen, ich hab ihn erkoren.
15 Zions Nahrung will ich reichlich segnen, / mit
Brot seine Armen sättigen.
16 Seine Priester will ich bekleiden mit Heil, / seine
Frommen sollen jauchzen und jubeln.
17 Dort lasse ich Davids Macht erstarken / und
stelle für meinen Gesalbten ein Licht auf.
18 Ich bedecke seine Feinde mit Schande; / doch auf
ihm erglänzt seine Krone.«

3–5: 2 Sam 7,1f; 1 Chr 28,2 • 6: 1 Sam 7,1; 2 Sam 6,2 • 7: 99,5 • 8: Num 10,35f • 8–10: 2 Chr 6,41f • 9: Ijob 29,14 • 11: 89,4f • 13: 68,17; 76,3; 78,68 • 14: 1 Kön 8,13 • 16: 132,9; Jes 61,10 • 17: 1 Kön 11,36; Lk 1,69

Ein Lob der brüderlichen Eintracht

133 [Ein Wallfahrtslied Davids.]
Seht doch, wie gut und schön ist es, /
wenn Brüder miteinander in Eintracht wohnen.
2 Das ist wie köstliches Salböl, / das vom Kopf hi-
nabfließt auf den Bart, auf Aarons Bart, / das auf
sein Gewand hinabfließt.
3 Das ist wie der Tau des Hermon, / der auf den
Berg Zion niederfällt.
Denn dort spendet der Herr Segen und Leben in
Ewigkeit.

1: Gen 13,8 • 2: Ex 29,7; 30,25.30 • 3: Dtn 28,8

Nächtliches Loblied im Tempel

134 [Ein Wallfahrtslied.]
Wohlan, nun preiset den Herrn, / all ihr
Knechte des Herrn,
die ihr steht im Haus des Herrn, / zu nächtlicher
Stunde.
2 Erhebt eure Hände zum Heiligtum / und preist
den Herrn!
3 Es segne dich der Herr vom Zion her, / (der Herr,)
der Himmel und Erde gemacht hat.

1: 135,1f • 2: 28,2 • 3: 128,5; 115,15

Loblied auf Gottes Wirken in Schöpfung und Geschichte

135 Halleluja!
Lobt den Namen des Herrn, / lobt ihn, ihr
Knechte des Herrn,
2 die ihr steht im Haus des Herrn, / in den Vorhö-
fen am Haus unsres Gottes.
3 Lobt den Herrn, denn der Herr ist gütig. / Singt
und spielt seinem Namen, denn er ist freundlich.
4 Der Herr hat sich Jakob erwählt, / Israel wurde
sein Eigentum.
5 Ja, das weiß ich: Groß ist der Herr, / unser Herr
ist größer als alle Götter.
6 Alles, was dem Herrn gefällt, vollbringt er,/ im
Himmel, auf der Erde, in den Meeren, in allen
Tiefen.
7 Er führt Wolken herauf vom Ende der Erde, / er
lässt es blitzen und regnen, / aus seinen Kammern
holt er den Sturmwind hervor.
8 Er erschlug Ägyptens Erstgeburt, / bei Menschen
und beim Vieh.
9 Gegen dich, Ägypten, sandte er Zeichen und
Wunder, / gegen den Pharao und all seine Knechte.
10 Er schlug viele Völker nieder / und tötete mäch-
tige Könige:
11 Sihon, den König der Amoriter, / Og, den König
von Baschan, / und alle Reiche Kanaans.
12 Ihr Land gab er Israel zum Erbe, / zum Erbe
Israel, seinem Volk.
13 Herr, dein Name währt ewig, / das Gedenken an
dich, Herr, dauert von Geschlecht zu Geschlecht.
14 Denn der Herr verschafft Recht seinem Volk; / er
hat mit seinen Knechten Mitleid.
15 Die Götzen der Heiden sind nur Silber und
Gold, / ein Machwerk von Menschenhand.

16 Sie haben einen Mund und reden nicht, / Augen
und sehen nicht;
17 sie haben Ohren und hören nicht; / auch ist kein
Hauch in ihrem Mund.
18 Die sie gemacht haben, sollen ihrem Machwerk
gleichen, / alle, die den Götzen vertrauen.
19 Haus Israel, preise den Herrn! / Haus Aaron,
preise den Herrn!
20 Haus Levi, preise den Herrn! / Alle, die ihr den
Herrn fürchtet, preist den Herrn!
21 Gepriesen sei der Herr auf Zion, / er, der thront
in Jerusalem. / Halleluja!

1: 113,1 • 4: 33,12 • 5: 95,3; 136,2f • 6: 115,3 • 7: Jer 10,13; Ijob 37,9 • 8: 78,51 • 9: 78,42–51 • 10–12: 136,17–22; Num 21,21–24.33–35 • 12: Jos 11,23 • 13: 102,13 • 14: Dtn 32,36 • 15–18: 115,4–6.8 • 19–20: 115,9–11

Danklitanei für Gottes ewige Huld

136 Dankt dem Herrn, denn er ist gütig, /
denn seine Huld währt ewig!
2 Dankt dem Gott aller Götter, / denn seine Huld
währt ewig!
3 Dankt dem Herrn aller Herren, / denn seine Huld
währt ewig!
4 Der allein große Wunder tut, / denn seine Huld
währt ewig,
5 der den Himmel geschaffen hat in Weisheit, /
denn seine Huld währt ewig,
6 der die Erde über den Wassern gegründet hat, /
denn seine Huld währt ewig,
7 der die großen Leuchten gemacht hat, / denn
seine Huld währt ewig,
8 die Sonne zur Herrschaft über den Tag, / denn
seine Huld währt ewig,
9 Mond und Sterne zur Herrschaft über die Nacht, /
denn seine Huld währt ewig.
10 Der die Erstgeburt der Ägypter schlug, / denn
seine Huld währt ewig,
11 und Israel herausführte aus ihrer Mitte, / denn
seine Huld währt ewig,
12 mit starker Hand und erhobenem Arm, / denn
seine Huld währt ewig,
13 der das Schilfmeer zerschnitt in zwei Teile, /
denn seine Huld währt ewig,
14 und Israel hindurchführte zwischen den Was-
sern, / denn seine Huld währt ewig,
15 und den Pharao ins Meer stürzte samt seinem
Heer, / denn seine Huld währt ewig.
16 Der sein Volk durch die Wüste führte, / denn
seine Huld währt ewig,
17 der große Könige schlug, / denn seine Huld
währt ewig,
18 und mächtige Könige tötete, / denn seine Huld
währt ewig,
19 Sihon, den König der Amoriter, / denn seine
Huld währt ewig,
20 und Og, den König von Baschan, / denn seine
Huld währt ewig,
21 und der ihr Land zum Erbe gab, / denn seine
Huld währt ewig,
22 der es Israel gab, seinem Knecht, / denn seine
Huld währt ewig.
23 Der an uns dachte in unsrer Erniedrigung, /
denn seine Huld währt ewig,
24 und uns den Feinden entriss, / denn seine Huld
währt ewig,
25 der allen Geschöpfen Nahrung gibt, / denn seine
Huld währt ewig.
26 Dankt dem Gott des Himmels, / denn seine Huld
währt ewig.

1: 107,1 • 2: 82,1; 86,8; 89,7–9; 95,3; 97,9; 135,5; Ex 18,11; Dtn 10,17; Dan 2,47 • 4: 72,18; Ex 15,11 • 5: Spr 3,19; Jer 10,12 • 6: 24,2 • 7–9: Gen 1,14–18; Jer 31,35 • 10: 78,51 • 11–15: 78,52f • 17–22: 135,10–12 • 21: 44,3 • 23: Lk 1,48 • 24: 106,43f; Lk 1,71 • 25: 145,15f

Heimweh nach dem Zion in der Verbannung

137 An den Strömen von Babel, / da saßen
wir und weinten, / wenn wir an Zion
dachten.
2 Wir hängten unsere Harfen / an die Weiden in
jenem Land.
3 Dort verlangten von uns die Zwingherren Lie-
der, / unsere Peiniger forderten Jubel: / »Singt uns
Lieder vom Zion!«
4 Wie könnten wir singen die Lieder des Herrn, /
fern, auf fremder Erde?
5 Wenn ich dich je vergesse, Jerusalem, / dann soll
mir die rechte Hand verdorren.
6 Die Zunge soll mir am Gaumen kleben, / wenn
ich an dich nicht mehr denke, / wenn ich Je-
rusalem nicht zu meiner höchsten Freude er-
hebe.
7 Herr, vergiss den Söhnen Edoms nicht den Tag
von Jerusalem; / sie sagten: »Reißt nieder, bis auf
den Grund reißt es nieder!«

8 Tochter Babel, du Zerstörerin! / Wohl dem, der
dir heimzahlt, was du uns getan hast!
9 Wohl dem, der deine Kinder packt / und sie am
Felsen zerschmettert!

1: Ez 3,15; Klgl 3,48 • 2: Klgl 5,14 • 5: Jer 51,50 • 6: 22,16 •
7: Klgl 4,21f; Ez 25,12–14; 35; Obd 8–15 • 8: Jes 14,22; Jer 50; 51 •
9: Jes 13,16.18; Hos 14,1; Röm 12,19

Dank für Gottes Hilfe

138 [Von David.]
Ich will dir danken aus ganzem Herzen, /
dir vor den Engeln singen und spielen;
2 ich will mich niederwerfen zu deinem heiligen
Tempel / hin und deinem Namen danken für deine
Huld und Treue.
Denn du hast die Worte meines Mundes gehört, /
deinen Namen und dein Wort über alles verherr-
licht.
3 Du hast mich erhört an dem Tag, als ich rief; / du
gabst meiner Seele große Kraft.
4 Dich sollen preisen, Herr, alle Könige der Welt, /
wenn sie die Worte deines Mundes vernehmen.
5 Sie sollen singen von den Wegen des Herrn; /
denn groß ist die Herrlichkeit des Herrn.
6 Ja, der Herr ist erhaben; / doch er schaut auf
die Niedrigen / und die Stolzen erkennt er von
fern.
7 Gehe ich auch mitten durch große Not: / du er-
hältst mich am Leben.
Du streckst die Hand aus gegen meine wütenden
Feinde / und deine Rechte hilft mir.
8 Der Herr nimmt sich meiner an. / Herr, deine
Huld währt ewig. / Lass nicht ab vom Werk deiner
Hände!

1: 7,18; 9,2; 111,1 • 2: 5,8; Dan 6,11 • 4: 68,33; Jes 2,3 • 6: Jes 57,15;
Lk 1,51f • 7: 23,4

Der Mensch vor dem allwissenden Gott

139 [Für den Chormeister. Ein Psalm
Davids.]
Herr, du hast mich erforscht und du kennst mich. /
2 Ob ich sitze oder stehe, du weißt von mir. / Von
fern erkennst du meine Gedanken.
3 Ob ich gehe oder ruhe, es ist dir bekannt; / du bist
vertraut mit all meinen Wegen.
4 Noch liegt mir das Wort nicht auf der Zunge – /
du, Herr, kennst es bereits.
5 Du umschließt mich von allen Seiten / und legst
deine Hand auf mich.
6 Zu wunderbar ist für mich dieses Wissen, / zu
hoch, ich kann es nicht begreifen.
7 Wohin könnte ich fliehen vor deinem Geist, /
wohin mich vor deinem Angesicht flüchten?
8 Steige ich hinauf in den Himmel, so bist du
dort; / bette ich mich in der Unterwelt, bist du
zugegen.
9 Nehme ich die Flügel des Morgenrots / und lasse
mich nieder am äußersten Meer,
10 auch dort wird deine Hand mich ergreifen / und
deine Rechte mich fassen.
11 Würde ich sagen: »Finsternis soll mich be-
decken, / statt Licht soll Nacht mich umgeben«, /
12 auch die Finsternis wäre für dich nicht fins-
ter,
die Nacht würde leuchten wie der Tag, / die Fins-
ternis wäre wie Licht.
13 Denn du hast mein Inneres geschaffen, / mich
gewoben im Schoß meiner Mutter.
14 Ich danke dir, dass du mich so wunderbar ge-
staltet hast. / Ich weiß: Staunenswert sind deine
Werke.
15 Als ich geformt wurde im Dunkeln, / kunstvoll
gewirkt in den Tiefen der Erde, / waren meine
Glieder dir nicht verborgen.
16 Deine Augen sahen, wie ich entstand, / in dei-
nem Buch war schon alles verzeichnet;
meine Tage waren schon gebildet, / als noch kei-
ner von ihnen da war.
17 Wie schwierig sind für mich, o Gott, deine
Gedanken, / wie gewaltig ist ihre Zahl!
18 Wollte ich sie zählen, es wären mehr als der
Sand. / Käme ich bis zum Ende, wäre ich noch
immer bei dir.
19 Wolltest du, Gott, doch den Frevler töten! / Ihr
blutgierigen Menschen, lasst ab von mir!
20 Sie reden über dich voll Tücke / und missbrau-
chen deinen Namen.
21 Soll ich die nicht hassen, Herr, die dich hassen, /
die nicht verabscheuen, die sich gegen dich erhe-
ben?
22 Ich hasse sie mit glühendem Hass; / auch mir
sind sie zu Feinden geworden.
23 Erforsche mich, Gott, und erkenne mein Herz, /
prüfe mich und erkenne mein Denken!

24 Sieh her, ob ich auf dem Weg bin, der dich kränkt, / und leite mich auf dem altbewährten Weg!

1: 33,15; 44,22; Jer 12,3 • 2: 2 Kön 19,27; Ijob 31,4 • 5: Ijob 1,10 • 6: 92,6; 131,1; Röm 11,33 • 7–10: Ijob 23,8f; Sir 16,17f; Jer 23,23f; Am 9,2f • 8: Ijob 11,8 • 9: Jona 1,3 • 11–12: Ijob 26,6; 34,22; Dan 2,22 • 13–15: Ijob 10,8–11; Weish 7,1f • 15: Ijob 1,21 • 16: 69,29; Ijob 14,5 • 17: 92,6; Ijob 11,7 • 18: 40,6; Sir 18,5–7 • 19: 119,115 • 23: 17,3; 26,2 • 24: 25,4

Hilferuf zu Gott, dem Anwalt des Armen

140 [Für den Chormeister.
Ein Psalm Davids.]
2 Rette mich, Herr, vor bösen Menschen, / vor gewalttätigen Leuten schütze mich!
3 Denn sie sinnen in ihrem Herzen auf Böses, / jeden Tag schüren sie Streit.
4 Wie die Schlangen haben sie scharfe Zungen / und hinter den Lippen Gift wie die Nattern. [Sela]
5 Behüte mich, Herr, vor den Händen der Frevler, / vor gewalttätigen Leuten schütze mich, / die darauf sinnen, mich zu Boden zu stoßen.
6 Hochmütige legen mir heimlich Schlingen, / Böse spannen ein Netz aus, / stellen mir Fallen am Wegrand. [Sela]
7 Ich sage zum Herrn: Du bist mein Gott. / Vernimm, o Herr, mein lautes Flehen!
8 Herr, mein Gebieter, meine starke Hilfe, / du beschirmst mein Haupt am Tag des Kampfes.
9 Herr, erfülle nicht die Wünsche des Frevlers, / lass seine Pläne nicht gelingen! [Sela]
10 Die mich umzingeln, sollen das Haupt nicht erheben; / die Bosheit ihrer Lippen treffe sie selbst.
11 Er lasse glühende Kohlen auf sie regnen, / er stürze sie hinab in den Abgrund, / sodass sie nie wieder aufstehn.
12 Der Verleumder soll nicht bestehen im Land, / den Gewalttätigen treffe das Unglück Schlag auf Schlag.
13 Ich weiß, der Herr führt die Sache des Armen, / er verhilft den Gebeugten zum Recht.
14 Deinen Namen preisen nur die Gerechten; / vor deinem Angesicht dürfen nur die Redlichen bleiben.

2: 71,4 • 4: 55,22; 58,5; Röm 3,13 • 6: 57,7; 141,9; 142,4; Ijob 18,8 • 7: 31,15 • 10: 7,17 • 11: 11,6; 120,4; Num 16,31f • 13: 9,19; 34,7 • 14: 11,7

Bitte um Bewahrung vor Sünde

141 [Ein Psalm Davids.] Herr, ich rufe zu dir.
Eile mir zu Hilfe; / höre auf meine Stimme, wenn ich zu dir rufe.
2 Wie ein Rauchopfer steige mein Gebet vor dir auf; / als Abendopfer gelte vor dir, wenn ich meine Hände erhebe.
3 Herr, stell eine Wache vor meinen Mund, / eine Wehr vor das Tor meiner Lippen!
4 Gib, dass mein Herz sich bösen Worten nicht zuneigt, / dass ich nichts tue, was schändlich ist, zusammen mit Menschen, die Unrecht tun. / Von ihren Leckerbissen will ich nicht kosten.
5 Der Gerechte mag mich schlagen aus Güte: / Wenn er mich bessert, ist es Salböl für mein Haupt;
da wird sich mein Haupt nicht sträuben. / Ist er in Not, will ich stets für ihn beten.
6 Haben ihre Richter sich auch die Felsen hinabgestürzt, / sie sollen hören, dass mein Wort für sie freundlich ist.
7 Wie wenn man Furchen zieht und das Erdreich aufreißt, / so sind unsre Glieder hingestreut an den Rand der Unterwelt.
8 Mein Herr und Gott, meine Augen richten sich auf dich; / bei dir berge ich mich. Gieß mein Leben nicht aus!
9 Vor der Schlinge, die sie mir legten, bewahre mich, / vor den Fallen derer, die Unrecht tun!
10 Die Frevler sollen sich in ihren eigenen Netzen fangen, / während ich heil entkomme.

2: 134,2; Ex 30,7f; Num 28,4; Jdt 9,1 • 3: 39,2; Jak 3,5f • 5: Spr 9,8; 27,5f • 8–9: 25,15 • 9: 140,6 • 10: 7,16

Hilferuf in schwerer Bedrängnis

142 [Ein Weisheitslied Davids, als er in der Höhle war. Ein Gebet.]
2 Mit lauter Stimme schrei ich zum Herrn, / laut flehe ich zum Herrn um Gnade.
3 Ich schütte vor ihm meine Klagen aus, / eröffne ihm meine Not.
4 Wenn auch mein Geist in mir verzagt, / du kennst meinen Pfad.
Auf dem Weg, den ich gehe, / legten sie mir Schlingen.
5 Ich blicke nach rechts und schaue aus, / doch niemand ist da, der mich beachtet.

Mir ist jede Zuflucht genommen, / niemand fragt
nach meinem Leben.
6 Herr, ich schreie zu dir, / ich sage: Meine Zuflucht
bist du, / mein Anteil im Land der Lebenden.
7 Vernimm doch mein Flehen; / denn ich bin arm
und elend.
Meinen Verfolgern entreiß mich; / sie sind viel
stärker als ich.
8 Führe mich heraus aus dem Kerker, / damit ich
deinen Namen preise.
Die Gerechten scharen sich um mich, / weil du mir
Gutes tust.

1: 63,1 • 4: 143,4; 140,6 • 6: 91,2; 73,26; 27,13 • 8: 88,9

Gebet um Kraft und Hilfe gegen Feinde

143 [Ein Psalm Davids.]
Herr, höre mein Gebet, vernimm mein
Flehen; / in deiner Treue erhöre mich, in deiner
Gerechtigkeit!
2 Geh mit deinem Knecht nicht ins Gericht; / denn
keiner, der lebt, ist gerecht vor dir.
3 Der Feind verfolgt mich, tritt mein Leben zu
Boden, / er lässt mich in der Finsternis wohnen wie
längst Verstorbene.
4 Mein Geist verzagt in mir, / mir erstarrt das Herz
in der Brust.
5 Ich denke an die vergangenen Tage, / sinne nach
über all deine Taten, / erwäge das Werk deiner
Hände.
6 Ich breite die Hände aus (und bete) zu dir; / mei-
ne Seele dürstet nach dir wie lechzendes Land. [Sela]
7 Herr, erhöre mich bald, / denn mein Geist wird
müde; verbirg dein Antlitz nicht vor mir, / damit
ich nicht werde wie Menschen, die längst begra-
ben sind.
8 Lass mich deine Huld erfahren am frühen Mor-
gen; / denn ich vertraue auf dich. Zeig mir den
Weg, den ich gehen soll; / denn ich erhebe meine
Seele zu dir.
9 Herr, entreiß mich den Feinden! / Zu dir nehme
ich meine Zuflucht.
10 Lehre mich, deinen Willen zu tun; denn du bist
mein Gott. / Dein guter Geist leite mich auf ebe-
nem Pfad.
11 Um deines Namens willen, Herr, erhalt mich am
Leben, / führe mich heraus aus der Not in deiner
Gerechtigkeit!
12 Vertilge in deiner Huld meine Feinde, / lass all
meine Gegner untergehn! / Denn ich bin dein
Knecht.

2: 130,3; Ijob 4,17; 9,2; 25,4; Koh 7,20 • 3: Klgl 3,6 • 4: 142,4; Ijob 17,1 • 5: 77,6–13 • 6: 42,2 • 7: 69,18; 102,3; 28,1; 88,5 • 8: 90,14; 25,1f • 10: 119,1 • 12: 54,7

Danklied auf das Glück des Gottesvolkes

144 [Von David]
Gelobt sei der Herr, der mein Fels ist, /
der meine Hände den Kampf gelehrt hat, meine
Finger den Krieg.
2 Du bist meine Huld und Burg, / meine Festung,
mein Retter,
mein Schild, dem ich vertraue. / Er macht mir Völ-
ker untertan.
3 Herr, was ist der Mensch, dass du dich um ihn
kümmerst, / des Menschen Kind, dass du es beach-
test?
4 Der Mensch gleicht einem Hauch, / seine Tage
sind wie ein flüchtiger Schatten.
5 Herr, neig deinen Himmel und steig herab, /
rühre die Berge an, sodass sie rauchen.
6 Schleudre Blitze und zerstreue die Feinde, /
schieß deine Pfeile ab und jag sie dahin!
7 Streck deine Hände aus der Höhe herab und
befreie mich; / reiß mich heraus aus gewaltigen
Wassern, / aus der Hand der Fremden!
8 Alles, was ihr Mund sagt, ist Lüge, / Meineide
schwört ihre Rechte.
9 Ein neues Lied will ich, o Gott, dir singen, / auf
der zehnsaitigen Harfe will ich dir spielen,
10 der du den Königen den Sieg verleihst / und
David, deinen Knecht, errettest.
Vor dem bösen Schwert 11 errette mich, / entreiß
mich der Hand der Fremden!
Alles, was ihr Mund sagt, ist Lüge, / Meineide
schwört ihre Rechte.
12 Unsre Söhne seien wie junge Bäume, / hoch
gewachsen in ihrer Jugend,
unsre Töchter wie schlanke Säulen, / die geschnitzt
sind für den Tempel.
13 Unsre Speicher seien gefüllt, / überquellend von
vielerlei Vorrat;
unsre Herden mögen sich tausendfach mehren, /
vieltausendfach auf unsren Fluren.
14 Unsre Kühe mögen tragen, ohne zu verwerfen

und ohne Unfall; / kein Wehgeschrei werde laut
auf unsern Straßen.
15 Wohl dem Volk, dem es so ergeht, / glücklich das
Volk, dessen Gott der Herr ist!

1: 18,35; 92,16 • 2: 3,4; 18,3.48 • 3: 8,5; Ijob 7,17 • 4: 39,6f; 90,9 • 5–7: 18,10–17 • 5: 104,32; Jes 63,19 • 9: 33,3 • 10: 18,51 • 12: 128,3; Ijob 42,15 • 13: 107,37f • 15: 33,12

Lobpreis der Größe und Güte Gottes

145 [Ein Loblied Davids.]
Ich will dich rühmen, mein Gott und Kö-
nig, / und deinen Namen preisen immer und ewig;
2 ich will dich preisen Tag für Tag / und deinen
Namen loben immer und ewig.
3 Groß ist der Herr und hoch zu loben, / seine
Größe ist unerforschlich.
4 Ein Geschlecht verkünde dem andern den Ruhm
deiner Werke / und erzähle von deinen gewaltigen
Taten.
5 Sie sollen vom herrlichen Glanz deiner Hoheit
reden; / ich will deine Wunder besingen.
6 Sie sollen sprechen von der Gewalt deiner er-
schreckenden Taten; / ich will von deinen großen
Taten berichten.
7 Sie sollen die Erinnerung an deine große Güte
wecken / und über deine Gerechtigkeit jubeln.
8 Der Herr ist gnädig und barmherzig, / langmütig
und reich an Gnade.
9 Der Herr ist gütig zu allen, / sein Erbarmen wal-
tet über all seinen Werken.
10 Danken sollen dir, Herr, all deine Werke / und
deine Frommen dich preisen.
11 Sie sollen von der Herrlichkeit deines König-
tums reden, / sollen sprechen von deiner Macht,
12 den Menschen deine machtvollen Taten verkün-
den / und den herrlichen Glanz deines Königtums.
13 Dein Königtum ist ein Königtum für ewige Zei-
ten, / deine Herrschaft währt von Geschlecht zu
Geschlecht.
[Der Herr ist treu in all seinen Worten, / voll Huld
in all seinen Taten]
14 Der Herr stützt alle, die fallen, / und richtet alle
Gebeugten auf.
15 Aller Augen warten auf dich / und du gibst ihnen
Speise zur rechten Zeit.
16 Du öffnest deine Hand / und sättigst alles, was
lebt, nach deinem Gefallen.
17 Gerecht ist der Herr in allem, was er tut, / voll
Huld in all seinen Werken.
18 Der Herr ist allen, die ihn anrufen, nahe, / allen,
die zu ihm aufrichtig rufen.
19 Die Wünsche derer, die ihn fürchten, erfüllt er, /
er hört ihr Schreien und rettet sie.
20 Alle, die ihn lieben, behütet der Herr, / doch alle
Frevler vernichtet er.
21 Mein Mund verkünde das Lob des Herrn. / Alles,
was lebt, preise seinen heiligen Namen immer und
ewig!

2: 34,2; 68,20 • 3: 95,3 • 4: 78,4 • 8: 116,5 • 9: 103,13; Weish 11,24 • 10: 103,22 • 11–13: 24,7–10 • 14: 94,18; 146,8 • 15–16: 104,27f; 136,25 • 16: Mt 6,25f • 17: Dtn 32,4 • 18: Dtn 4,7; Jes 55,6; 58,9; Jer 29,13 • 19: 34,18; Spr 10,24; Joh 9,31 • 20: Ri 5,31 • 21: Sir 39,35

Preislied auf Gott, den Herrn und Helfer Israels

146 Halleluja!
Lobe den Herrn, meine Seele! / 2 Ich will
den Herrn loben, solange ich lebe, / meinem Gott
singen und spielen, solange ich da bin.
3 Verlasst euch nicht auf Fürsten, / auf Menschen,
bei denen es doch keine Hilfe gibt.
4 Haucht der Mensch sein Leben aus / und kehrt er
zurück zur Erde, / dann ist es aus mit all seinen
Plänen.
5 Wohl dem, dessen Halt der Gott Jakobs ist / und der
seine Hoffnung auf den Herrn, seinen Gott, setzt.
6 Der Herr hat Himmel und Erde gemacht, / das
Meer und alle Geschöpfe; / er hält ewig die Treue.
7 Recht verschafft er den Unterdrückten, / den
Hungernden gibt er Brot; / der Herr befreit die
Gefangenen.
8 Der Herr öffnet den Blinden die Augen, / er rich-
tet die Gebeugten auf.
9 Der Herr beschützt die Fremden / und verhilft
den Waisen und Witwen zu ihrem Recht.
Der Herr liebt die Gerechten, / doch die Schritte
der Frevler leitet er in die Irre.
10 Der Herr ist König auf ewig, / dein Gott, Zion,
herrscht von Geschlecht zu Geschlecht.
Halleluja!

2: 7,18; 104,33 • 3: 118,8f • 4: 90,3; 103,14; 104,29; Gen 3,19; Ijob 10,9; Koh 12,7 • 5: Jer 17,7 • 6: Apg 4,24; 14,15 • 7: 103,6; 68,7; Jes 61,1 • 8: 145,14 • 9: 10,18 • 10: 24,7–10

Bekenntnis zu Gott, dem Retter Israels

147 Halleluja!
Gut ist es, unserm Gott zu singen; /
schön ist es, ihn zu loben.
2 Der Herr baut Jerusalem wieder auf, / er sammelt
die Versprengten Israels.
3 Er heilt die gebrochenen Herzen / und verbindet
ihre schmerzenden Wunden.
4 Er bestimmt die Zahl der Sterne / und ruft sie alle
mit Namen.
5 Groß ist unser Herr und gewaltig an Kraft, / uner-
messlich ist seine Weisheit.
6 Der Herr hilft den Gebeugten auf / und ernied-
rigt die Frevler.
7 Stimmt dem Herrn ein Danklied an, / spielt
unserm Gott auf der Harfe!
8 Er bedeckt den Himmel mit Wolken, / spendet
der Erde Regen / und lässt Gras auf den Bergen
sprießen.
9 Er gibt dem Vieh seine Nahrung, / gibt den jun-
gen Raben, wonach sie schreien.
10 Er hat keine Freude an der Kraft des Pferdes, /
kein Gefallen am schnellen Lauf des Mannes.
11 Gefallen hat der Herr an denen, die ihn fürchten
und ehren, / die voll Vertrauen warten auf seine
Huld.

1: 92,2 • 2: 51,20; Jes 11,12; Jer 31,10 • 3: Ijob 5,18; Jes 61,1; Jer 33,6 • 4: Jes 40,26; Bar 3,34f • 5: 145,3; Jes 40,28 • 6: 145,14; 75,8; Lk 1,52 • 8: 104,11–14; Ijob 5,10; Jer 14,22; Joël 2,23 • 9: Ijob 38,41; Lk 12,24 • 10–11: 20,8; 1 Sam 16,7

Dank für Gottes Güte

12 Jerusalem, preise den Herrn, / lobsinge, Zion,
deinem Gott!
13 Denn er hat die Riegel deiner Tore fest gemacht, /
die Kinder in deiner Mitte gesegnet;
14 er verschafft deinen Grenzen Frieden / und sät-
tigt dich mit bestem Weizen.
15 Er sendet sein Wort zur Erde, / rasch eilt sein
Befehl dahin.
16 Er spendet Schnee wie Wolle, / streut den Reif
aus wie Asche.
17 Eis wirft er herab in Brocken, / vor seiner Kälte
erstarren die Wasser.
18 Er sendet sein Wort aus und sie schmelzen, / er
lässt den Wind wehen, dann rieseln die Wasser.
19 Er verkündet Jakob sein Wort, / Israel seine Ge-
setze und Rechte.
20 An keinem andern Volk hat er so gehandelt, / kei-
nem sonst seine Rechte verkündet. Halleluja!

12: Jer 33,10f • 14: 81,17 • 15: 33,9; Weish 18,15 • 15–18: Ijob 38,20–30 • 17: Ijob 37,10 • 19–20: Dtn 4,8 • 19: 78,5

Danklitanei auf Gott, den Schöpfer und Herrn

148 Halleluja!
Lobt den Herrn vom Himmel her, / lobt
ihn in den Höhen:
2 Lobt ihn, all seine Engel, / lobt ihn, all seine Scharen;
3 lobt ihn, Sonne und Mond, / lobt ihn, all ihr
leuchtenden Sterne;
4 lobt ihn, alle Himmel / und ihr Wasser über dem
Himmel!
5 Loben sollen sie den Namen des Herrn; / denn er
gebot, und sie waren erschaffen.
6 Er stellte sie hin für immer und ewig, / er gab
ihnen ein Gesetz, das sie nicht übertreten.
7 Lobt den Herrn, ihr auf der Erde, / ihr Seeunge-
heuer und all ihr Tiefen,
8 Feuer und Hagel, Schnee und Nebel, / du Sturm-
wind, der sein Wort vollzieht,
9 ihr Berge und all ihr Hügel, / ihr Fruchtbäume
und alle Zedern,
10 ihr wilden Tiere und alles Vieh, / Kriechtiere und
gefiederte Vögel,
11 ihr Könige der Erde und alle Völker, / ihr Fürs-
ten und alle Richter auf Erden,
12 ihr jungen Männer und auch ihr Mädchen, / ihr
Alten mit den Jungen!
13 Loben sollen sie den Namen des Herrn; / denn
sein Name allein ist erhaben, / seine Hoheit strahlt
über Erde und Himmel.
14 Seinem Volk verleiht er Macht, / das ist ein Ruhm
für all seine Frommen, / für Israels Kinder, das
Volk, das ihm nahen darf. Halleluja!

1–2: Lk 2,13f • 1–4: 103,20–22; Ijob 38,7 • 5: 33,9 • 6: 119,91; Jer 31,35f • 9: Jes 44,23 • 14: Dtn 4,7

Ein Kampflied des Gottesvolkes

149 Halleluja!
Singt dem Herrn ein neues Lied! / Sein
Lob erschalle in der Gemeinde der Frommen.
2 Israel soll sich über seinen Schöpfer freuen, / die
Kinder Zions über ihren König jauchzen.
3 Seinen Namen sollen sie loben beim Reigentanz, /
ihm spielen auf Pauken und Harfen.

4 Der Herr hat an seinem Volk Gefallen, / die Ge-
beugten krönt er mit Sieg.
5 In festlichem Glanz sollen die Frommen froh-
locken, / auf ihren Lagern jauchzen:
6 Loblieder auf Gott in ihrem Mund, / ein zwei-
schneidiges Schwert in der Hand,
7 um die Vergeltung zu vollziehn an den Völkern, /
an den Nationen das Strafgericht,
8 um ihre Könige mit Fesseln zu binden, / ihre
Fürsten mit eisernen Ketten,
9 um Gericht über sie zu halten, so wie geschrieben
steht. / Herrlich ist das für all seine Frommen.
Halleluja!

1: 33,3 • 2: 100,3; 24,7–10 • 3: 68,26; 81,3 • 4: Jes 62,4 • 6: 2 Makk 15,27

Das große Halleluja

150 Halleluja!
Lobt Gott in seinem Heiligtum, / lobt ihn
in seiner mächtigen Feste!
2 Lobt ihn für seine großen Taten, / lobt ihn in sei-
ner gewaltigen Größe!
3 Lobt ihn mit dem Schall der Hörner, / lobt ihn
mit Harfe und Zither!
4 Lobt ihn mit Pauken und Tanz, / lobt ihn mit Flö-
ten und Saitenspiel!
5 Lobt ihn mit hellen Zimbeln, / lobt ihn mit klin-
genden Zimbeln!
6 Alles, was atmet, / lobe den Herrn! Halleluja!

1: Dan 3,53 • 3–5: 2 Sam 6,5 • 4: 149,3 • 6: Offb 5,13

DAS BUCH DER SPRICHWÖRTER

Sprichwörter sind bei allen Völkern sehr verbreitet und nehmen besonders in den Literaturen des Alten Orients eine bedeutende Stelle ein. Im alten Israel war es vor allem der wegen seiner Weisheit berühmte König Salomo, dem zahlreiche Lieder und gelehrte Aussprüche zugeschrieben wurden (1 Kön 5,12–14). Kein Wunder, dass die spätere Tradition in ihm auch den Verfasser des Buches der Sprichwörter gesehen hat (1,1). Ausdrücklich wird er als Verfasser der beiden Hauptsammlungen 10,1 – 22,16 und 25,1 – 29,27 genannt. Weil in den Sammlungen seiner Sprichwörter schriftlich und mündlich überliefertes Material zusammengetragen und fortlaufend erweitert wurde, ist es nicht möglich, den Anteil Salomos an den beiden Hauptsammlungen herauszuschälen. Von der zweiten salomonischen Sammlung wird erwähnt, dass sie von den »Männern Hiskijas, des Königs von Juda«, zusammengestellt wurde (25,1).

Eine zweite Blütezeit erlebte die Weisheitsliteratur in der nachexilischen Epoche. Damals entstanden die Bücher Ijob und Kohelet und etwas später Sirach und Weisheit. In dieser Spätzeit sind auch die Anhänge an die zwei genannten salomonischen Sammlungen angefügt worden: »Worte von Weisen« (22,17 – 24,34), »Worte Agurs« (30,1–14), die Zahlensprüche (30,15–33), »Worte an Lemuël« (31,1–9) sowie, als Abschluss des Buches, das Loblied auf die tüchtige Frau (31,10–31). Von den Sprichwörtersammlungen hebt sich die lange Einleitung (Kap. 1 – 9) ab. In ihr stehen größtenteils zusammenhängende Mahnungen eines Weisheitslehrers, der vor Torheit warnt und Weisheit empfiehlt. Für die Endfassung des Buchs kommt somit die Nachexilszeit bis hinab zur griechischen Übersetzung in Frage, also etwa 500 bis 200 v. Chr. Herkunft und Alter der einzelnen Teile und erst recht der einzelnen Sprichwörter können sehr verschieden sein.

Die Schlüsselwörter »Weisheit« und »Torheit« sind nicht allein vom Verstand her aufzufassen. »Weisheit« ist vielmehr der Inbegriff einer charaktervollen, religiös und sittlich intakten Verhaltensweise in allen Lebenslagen. Das ganze Buch hat eine erzieherische Tendenz; daher spricht besonders in den ersten neun Kapiteln der Weisheitslehrer wie ein Vater zu seinem Sohn.

Für die nachexilische Entwicklung der Weisheitsliteratur ist typisch, dass die »Weisheit« (in 9,13–18 auch die »Torheit«) personifiziert wird und selbstständig redend und handelnd auftritt (vgl. schon 1,20–33). Im Hymnus 8,22–36 stellt sie sich als Erstling der Schöpfung vor. Da sie in Wirklichkeit die göttliche Weisheit selbst ist, steht sie Gott bei der Weltschöpfung zur Verfügung. Sie kann aber auch den Menschen und dem Volk Israel mitgeteilt werden.

Die eigentlichen Sprichwörter, die den größten Teil des Buches ausfüllen, haben ihre Wurzel im Volksmund. Deshalb sind sie manchmal etwas derb, stellen drastische Vergleiche an und bieten alltägliche und allgemein menschliche Lebenserfahrungen. Gelegentlich formulieren sie, um einprägsame Kürze zu erreichen, einseitig. Der Vorteil und der materielle Nutzen der Weisheit wird im Sprichwort besonders stark betont. Doch steht selbst hinter den profanen Sprichwörtern eine religiöse Grundhaltung und wenigstens ein Siebtel aller Verse nimmt auf den Gottesglauben Bezug. Der Grundsatz »Anfang der Weisheit ist die Gottesfurcht« (vgl. 1,7; 9,10; Ps 111,10; Sir 1,14) rückt alles Streben nach Weisheit, auch das rein innerweltliche, in eine Beziehung zu Gott. Im Neuen Testament wird unser Buch oft wörtlich oder dem Sinn nach angeführt. Einige Sprichwörter sind auch in den deutschen Sprachschatz eingegangen (vgl. 16,18; 24,16; 25,21f; 26,27).

EINLEITUNG: 1,1–7

1 Sprichwörter Salomos, des Sohnes Davids, /
des Königs von Israel:
2 um Weisheit zu lernen und Zucht, / um kundige
Rede zu verstehen,
3 um Zucht und Verständnis zu erlangen, / Gerech-
tigkeit, Rechtssinn und Redlichkeit,
4 um Unerfahrenen Klugheit zu verleihen, / der
Jugend Kenntnis und Umsicht.
5 Der Weise höre und vermehre sein Wissen, / der
Verständige lerne kluge Führung,
6 um Sinnspruch und Gleichnis zu verstehen, / die
Worte und Rätsel der Weisen.
7 Gottesfurcht ist Anfang der Erkenntnis, / nur
Toren verachten Weisheit und Zucht.

5: 9,9 • 7: 9,10; Ps 111,10; Sir 1,14

EINE SAMMLUNG VON WEISHEITSLEHREN: 1,8 – 9,18

Die Warnung vor Verführung und Unerfahrenheit

8 Höre, mein Sohn, auf die Mahnung des Vaters /
und die Lehre deiner Mutter verwirf nicht!
9 Sie sind ein schöner Kranz auf deinem Haupt /
und eine Kette für deinen Hals.
10 Mein Sohn, wenn dich Sünder locken, / dann
folg ihnen nicht,
11 wenn sie sagen: Geh mit uns, / wir wollen darauf
lauern, Blut zu vergießen, / ohne Grund dem Arg-
losen nachzustellen;
12 wie die Unterwelt wollen wir sie lebendig ver-
schlingen, / Männer in ihrer Kraft, als wären sie
dem Grab verfallen.
13 Manch kostbares Stück werden wir finden, / mit
Beute unsere Häuser füllen.
14 Wirf dein Los in unserm Kreis, / gemeinsam sei
uns der Beutel.
15 Mein Sohn, geh nicht mit ihnen, / halte deinen
Fuß fern von ihrem Pfad!
16 Denn ihre Füße laufen dem Bösen nach, / sie
eilen, Blut zu vergießen.
17 Umsonst wird das Netz ausgespannt / vor den
Augen aller Vögel;
18 sie aber lauern auf ihr eigenes Blut, / sie trach-
ten sich selbst nach dem Leben.
19 So enden alle, die sich durch Raub bereichern: /
Wer ihn an sich nimmt, dem raubt er das Leben.

20 Die Weisheit ruft laut auf der Straße, / auf den
Plätzen erhebt sie ihre Stimme.
21 Am Anfang der Mauern predigt sie, / an den
Stadttoren hält sie ihre Reden:
22 Wie lang noch, ihr Törichten, liebt ihr Betö-
rung, / gefällt den Zuchtlosen ihr dreistes Gerede, /
hassen die Toren Erkenntnis?
23 Wendet euch meiner Mahnung zu! / Dann will
ich auf euch meinen Geist ausgießen / und meine
Worte euch kundtun.
24 Als ich rief, habt ihr euch geweigert, / meine dro-
hende Hand hat keiner beachtet;
25 jeden Rat, den ich gab, habt ihr ausgeschlagen, /
meine Mahnung gefiel euch nicht.
26 Darum werde auch ich lachen, / wenn euch
Unglück trifft, / werde spotten, wenn Schrecken
über euch kommt,
27 wenn der Schrecken euch wie ein Unwetter
naht / und wie ein Sturm euer Unglück herein-
bricht, / wenn Not und Drangsal euch über-
fallen.
28 Dann werden sie nach mir rufen, doch ich höre
nicht; / sie werden mich suchen, aber nicht fin-
den.
29 Weil sie die Einsicht hassten / und nicht die Got-
tesfurcht wählten,
30 meinen Rat nicht wollten, / meine ganze Mah-
nung missachteten,
31 sollen sie nun essen von der Frucht ihres Tuns /
und von ihren Plänen sich sättigen.
32 Denn die Abtrünnigkeit der Haltlosen ist ihr
Tod, / die Sorglosigkeit der Toren ist ihr Verder-
ben.
33 Wer aber auf mich hört, wohnt in Sicherheit, /
ihn stört kein böser Schrecken.

8: 6,20; 23,22 • 16: Jes 59,7; Röm 3,15 • 20: 8,1–3; Sir 24,1f

2 Mein Sohn, wenn du meine Worte annimmst
/ und meine Gebote beherzigst,
2 der Weisheit Gehör schenkst, / dein Herz der Ein-
sicht zuneigst,
3 wenn du nach Erkenntnis rufst, / mit lauter
Stimme um Einsicht bittest,
4 wenn du sie suchst wie Silber, / nach ihr forschst
wie nach Schätzen,
5 dann wirst du die Gottesfurcht begreifen / und
Gotteserkenntnis finden.
6 Denn der Herr gibt Weisheit, / aus seinem Mund
kommen Erkenntnis und Einsicht.
7 Für die Redlichen hält er Hilfe bereit, / den Recht-
schaffenen ist er ein Schild.
8 Er hütet die Pfade des Rechts / und bewacht den
Weg seiner Frommen.
9 Dann begreifst du, was Recht und Gerechtigkeit
ist, / Redlichkeit und jedes gute Verhalten;
10 denn Weisheit zieht ein in dein Herz, / Erkennt-
nis beglückt deine Seele.
11 Besonnenheit wacht über dir / und Einsicht be-
hütet dich.
12 Sie bewahrt dich vor dem Weg des Bösen, / vor
Leuten, die Verkehrtes reden,
13 die den rechten Weg verlassen, / um auf dunklen
Pfaden zu gehen,
14 die sich freuen am bösen Tun / und jubeln über
die Verkehrtheit des Schlechten,
15 deren Pfade krumm verlaufen / und deren
Straßen in die Irre führen.
16 Sie bewahrt dich vor der Frau des andern, / vor
der Fremden, die verführerisch redet,
17 die den Gefährten ihrer Jugend verlässt / und
den Bund ihres Gottes vergisst;
18 ihr Haus sinkt hinunter zur Totenwelt, / ihre
Straße führt zu den Totengeistern hinab.
19 Wer zu ihr geht, kehrt nie zurück, / findet nie
wieder die Pfade des Lebens.
20 Darum geh auf dem Weg der Guten, / halte dich
an die Pfade der Gerechten;
21 denn die Redlichen werden das Land be-
wohnen, / wer rechtschaffen ist, wird darin blei-
ben.
22 Die Frevler aber werden aus dem Land ver-
stoßen, / die Verräter aus ihm weggerissen.

7: Ps 3,4 • 16: 6,24–35; 7,5 • 18: 5,5 • 21: Ps 37,11; Mt 5,5

3 Mein Sohn, vergiss meine Lehre nicht, be-
wahre meine Gebote in deinem Herzen!
2 Denn sie vermehren die Tage und Jahre deines
Lebens / und bringen dir Wohlergehen.
3 Nie sollen Liebe und Treue dich verlassen; / binde
sie dir um den Hals, / schreib sie auf die Tafel dei-
nes Herzens!
4 Dann erlangst du Gunst und Beifall / bei Gott
und den Menschen.

5 Mit ganzem Herzen vertrau auf den Herrn, / bau
nicht auf eigene Klugheit;
6 such ihn zu erkennen auf all deinen Wegen, /
dann ebnet er selbst deine Pfade.
7 Halte dich nicht selbst für weise, / fürchte den
Herrn und fliehe das Böse!
8 Das ist heilsam für deine Gesundheit / und er-
frischt deine Glieder.
9 Ehre den Herrn mit deinem Vermögen, / mit dem
Besten von dem, was du erntest.
10 Dann füllen sich deine Scheunen mit Korn, /
deine Fässer laufen über von Wein.
11 Mein Sohn, verachte nicht die Zucht des Herrn, /
widersetz dich nicht, wenn er dich zurechtweist.
12 Wen der Herr liebt, den züchtigt er, / wie ein
Vater seinen Sohn, den er gern hat.
13 Wohl dem Mann, der Weisheit gefunden, / dem
Mann, der Einsicht gewonnen hat.
14 Denn sie zu erwerben ist besser als Silber, / sie zu
gewinnen ist besser als Gold.
15 Sie übertrifft die Perlen an Wert, / keine kostba-
ren Steine kommen ihr gleich.
16 Langes Leben birgt sie in ihrer Rechten, / in ihrer
Linken Reichtum und Ehre;
17 ihre Wege sind Wege der Freude, / all ihre Pfade
führen zum Glück.
18 Wer nach ihr greift, dem ist sie ein Lebensbaum, /
wer sie fest hält, ist glücklich zu preisen.
19 Der Herr hat die Erde mit Weisheit gegründet /
und mit Einsicht den Himmel befestigt.
20 Durch sein Wissen brechen die tiefen Quellen
hervor / und träufeln die Wolken den Tau herab.
21 Mein Sohn, lass beides nicht aus den Augen: /
Bewahre Umsicht und Besonnenheit!
22 Dann werden sie dir ein Lebensquell, / ein
Schmuck für deinen Hals;
23 dann gehst du sicher deinen Weg / und stößt mit
deinem Fuß nicht an.
24 Gehst du zur Ruhe, so schreckt dich nichts auf, /
legst du dich nieder, erquickt dich dein Schlaf.
25 Du brauchst dich vor jähem Erschrecken nicht
zu fürchten / noch vor dem Verderben, das über
die Frevler kommt.
26 Der Herr wird deine Zuversicht sein, / er be-
wahrt deinen Fuß vor der Schlinge.
27 Versag keine Wohltat dem, der sie braucht, /
wenn es in deiner Hand liegt, Gutes zu tun.
28 Wenn du jetzt etwas hast, / sag nicht zu deinem
Nächsten: / Geh, komm wieder, morgen will ich
dir etwas geben.
29 Sinne nichts Böses gegen deinen Nächsten, / der
friedlich neben dir wohnt.
30 Bring niemand ohne Grund vor Gericht, / wenn
er dir nichts Böses getan hat.
31 Beneide den Gewalttätigen nicht, / wähle keinen
seiner Wege;
32 denn ein Gräuel ist dem Herrn der Ränke-
schmied, / die Redlichen sind seine Freunde.
33 Der Fluch des Herrn fällt auf das Haus des Frev-
lers, / die Wohnung der Gerechten segnet er.
34 Die Zuchtlosen verspottet er, / den Gebeugten
erweist er seine Gunst.
35 Die Weisen erlangen Ehre, / die Toren aber häu-
fen Schande auf sich.

2: 4,10 • 3: Ps 85,11 • 4: 1 Sam 2,26; Lk 2,52 • 15: 8,11 •
23: Ps 91,5–12 • 27: Sir 4,1–10 • 28: Jak 2,15f • 34: Jak 4,6; 1 Petr 5,5

Die Mahnung zur Weisheit

4 Ihr Söhne, hört auf die Mahnung des Vaters,
/ merkt auf, damit ihr Einsicht lernt;
2 denn gute Lehre gebe ich euch. / Lasst nicht ab
von meiner Weisung!
3 Als ich noch ein Knabe war bei meinem Vater, /
das zarte und einzige Kind meiner Mutter,
4 da lehrte er mich und sagte zu mir: / Nimm dir
meine Worte zu Herzen, / folge meinen Geboten
und du wirst leben.
5 Erwirb dir Weisheit, erwirb dir Einsicht, / vergiss
sie nicht, weich nicht ab von meinen Worten!
6 Lass nicht von ihr und sie wird dich behüten, /
liebe sie und sie wird dich beschützen.
7 Anfang der Weisheit ist: Erwirb dir Weisheit, /
erwirb dir Einsicht mit deinem ganzen Vermö-
gen!
8 Halte sie hoch, dann wird sie dich erhöhen; / sie
bringt dich zu Ehren, wenn du sie umarmst.
9 Sie setzt dir einen schönen Kranz auf das Haupt, /
eine prächtige Krone wird sie dir schenken.
10 Höre, mein Sohn, und nimm meine Worte an, /
dann mehren sich die Jahre deines Lebens.
11 Den Weg der Weisheit zeige ich dir, / ich leite
dich auf ebener Bahn.
12 Wenn du gehst, ist dein Schritt nicht beengt, /
wenn du läufst, wirst du nicht straucheln.

13 Halt fest an der Zucht und lass davon nicht ab, /
bewahre sie; denn sie ist dein Leben.
14 Betritt nicht den Pfad der Frevler, / beschreite
nicht den Weg der Bösen!
15 Meide ihn, geh nicht auf ihm, / kehr dich von
ihm ab und geh vorbei!
16 Denn sie schlafen nicht, ehe sie Böses tun; / der
Schlaf flieht sie, bis sie Verbrechen begehen.
17 Sie essen das Brot des Unrechts / und trinken den
Wein der Gewalttat.
18 Doch der Pfad der Gerechten / ist wie das Licht
am Morgen; / es wird immer heller bis zum vollen
Tag.
19 Der Weg der Frevler ist wie dunkle Nacht; / sie
merken nicht, worüber sie fallen.
20 Mein Sohn, achte auf meine Worte, / neige dein
Ohr meiner Rede zu!
21 Lass sie nicht aus den Augen, / bewahre sie tief
im Herzen!
22 Denn Leben bringen sie dem, der sie findet, /
und Gesundheit seinem ganzen Leib.
23 Mehr als alles hüte dein Herz; / denn von ihm
geht das Leben aus.
24 Vermeide alle Falschheit des Mundes / und Ver-
kehrtheit der Lippen halt von dir fern!
25 Deine Augen sollen geradeaus schauen / und
deine Blicke richte nach vorn!
26 Ebne die Straße für deinen Fuß / und alle deine
Wege seien geordnet.
27 Bieg nicht ab, weder rechts noch links, / halt dei-
nen Fuß vom Bösen zurück!

5: 23,23

Die Warnung vor der fremden Frau

5 Mein Sohn, merk auf meinen weisen Rat, /
neige meiner Einsicht dein Ohr zu,
2 damit du Besonnenheit bewahrst / und deine
Lippen auf Klugheit achten.
3 Denn die Lippen der fremden Frau triefen von
Honig, / glatter als Öl ist ihr Mund.
4 Doch zuletzt ist sie bitter wie Wermut, / scharf
wie ein zweischneidiges Schwert.
5 Ihre Füße steigen zur Totenwelt hinab, / ihre
Schritte gehen der Unterwelt zu.
6 Den ebenen Pfad zum Leben verfehlt sie, / sie
geht krumme Wege und merkt es nicht.
7 Nun denn, ihr Söhne, hört auf mich, / weicht
nicht ab von den Worten, die mein Mund spricht.
8 Halte deinen Weg von ihr fern, / komm ihrer
Haustür nicht nahe!
9 Sonst schenkst du andern deine Kraft, / deine
Jahre einem Rücksichtslosen;
10 sonst sättigen sich Fremde an deinem Besitz, /
die Frucht deiner Arbeit / kommt in das Haus
eines andern
11 und am Ende wirst du stöhnen, / wenn dein Leib
und dein Fleisch dahinsiechen.
12 Dann wirst du bekennen: / Weh mir, ich habe die
Zucht gehasst, / mein Herz hat die Warnung ver-
schmäht;
13 ich habe nicht auf die Stimme meiner Erzieher
gehört, / mein Ohr nicht meinen Lehrern zuge-
neigt.
14 Fast hätte mich alles Unheil getroffen / in der
Versammlung und in der Gemeinde.
15 Trink Wasser aus deiner eigenen Zisterne, / Was-
ser, das aus deinem Brunnen quillt.
16 Sollen deine Quellen auf die Straße fließen, / auf
die freien Plätze deine Bäche?
17 Dir allein sollen sie gehören, / kein Fremder soll
teilen mit dir.
18 Dein Brunnen sei gesegnet; / freu dich der Frau
deiner Jugendtage,
19 der lieblichen Gazelle, der anmutigen Gämse! /
Ihre Liebkosung mache dich immerfort trunken, /
an ihrer Liebe berausch dich immer wieder!
20 Warum solltest du dich an einer Fremden be-
rauschen, / den Busen einer andern umfangen?
21 Denn der Weg eines jeden liegt offen vor den
Augen des Herrn, / er achtet auf alle seine Pfade.
22 Der Frevler verfängt sich in der eigenen Schuld, /
die Stricke seiner Sünde halten ihn fest.
23 Er stirbt aus Mangel an Zucht, / wegen seiner
großen Torheit stürzt er ins Verderben.

1–23: 7,1–27 • 3: Sir 26,9–27 • 5: 2,18; 7,27

Die Weisheit im täglichen Leben

6 Mein Sohn, hast du deinem Nächsten Bürg-
schaft geleistet, / hast du einem Fremden den
Handschlag gegeben,
2 hast du dich durch deine Worte gebunden, / bist
du gefangen durch deine Worte,
3 dann tu doch dies, mein Sohn: Reiß dich los; /
denn du bist in die Hände deines Nächsten gera-

ten. / Geh eilends hin und bestürm deinen Nächs-
ten!
4 Gönne deinen Augen keinen Schlaf, / keinen
Schlummer deinen Wimpern,
5 entreiß dich seiner Hand wie eine Gazelle, / wie
ein Vogel der Hand des Jägers!
6 Geh zur Ameise, du Fauler, / betrachte ihr Ver-
halten und werde weise!
7 Sie hat keinen Meister, / keinen Aufseher und
Gebieter,
8 und doch sorgt sie im Sommer für Futter, / sam-
melt sich zur Erntezeit Vorrat.
9 Wie lang, du Fauler, willst du noch daliegen, /
wann willst du aufstehen von deinem Schlaf?
10 Noch ein wenig schlafen, / noch ein wenig
schlummern, / noch ein wenig die Arme ver-
schränken, um auszuruhen.
11 Da kommt schon die Armut wie ein Strolch über
dich, / die Not wie ein zudringlicher Bettler.
12 Ein Nichtsnutz, ja ein Gauner, / wer daher-
kommt mit Lügen im Mund,
13 wer mit den Augen zwinkert, mit den Füßen
deutet, / Zeichen gibt mit den Fingern.
14 Tücke im Herzen, stets voll böser Ränke, / zettelt
er jederzeit Händel an.
15 Darum wird plötzlich das Verderben über ihn
kommen, / im Nu, ohne Rettung, wird er zer-
schmettert.
16 Sechs Dinge sind dem Herrn verhasst, / sieben
sind ihm ein Gräuel:
17 Stolze Augen, eine falsche Zunge, / Hände, die
unschuldiges Blut vergießen,
18 ein Herz, das finstere Pläne hegt, / Füße, die
schnell dem Bösen nachlaufen,
19 ein falscher Zeuge, der Lügen zuflüstert, / und
wer Streit entfacht unter Brüdern.

1: 11,15; 17,18; 20,16; Sir 29,14–20 • 6: 30,25 • 10: 24,33f • 13: 10,10

Die eheliche Treue

20 Achte, mein Sohn, auf das Gebot deines Vaters, /
missachte nicht die Lehre deiner Mutter!
21 Binde sie dir für immer aufs Herz / und winde
sie dir um den Hals!
22 Wenn du gehst, geleitet sie dich, / wenn du ruhst,
behütet sie dich, / beim Erwachen redet sie mit
dir.
23 Denn eine Leuchte ist das Gebot / und die Lehre
ein Licht, / ein Weg zum Leben sind Mahnung und
Zucht.
24 Sie bewahren dich vor der Frau des Nächsten, /
vor der glatten Zunge der Fremden.
25 Begehre nicht in deinem Herzen ihre Schön-
heit, / lass dich nicht fangen durch ihre Wim-
pern!
26 Einer Dirne zahlt man bis zu einem Laib Brot, /
die Frau eines andern jagt dir das kostbare Leben
ab.
27 Trägt man denn Feuer in seinem Gewand, / ohne
dass die Kleider in Brand geraten?
28 Kann man über glühende Kohlen schreiten, /
ohne sich die Füße zu verbrennen?
29 So ist es mit dem, der zur Frau seines Nächsten
geht. / Keiner bleibt ungestraft, der sie berührt.
30 Verachtet man nicht den Dieb, / auch wenn er
nur stiehlt, / um sein Verlangen zu stillen, weil er
Hunger hat?
31 Wird er ertappt, so muss er siebenfach zahlen, /
den ganzen Besitz seines Hauses geben.
32 Wer Ehebruch treibt, ist ohne Verstand, / nur wer
sich selbst vernichten will, / lässt sich darauf ein.
33 Schläge und Schande bringt es ihm ein, / unaus-
tilgbar ist seine Schmach.
34 Denn Eifersucht bringt den Ehemann in Wut, /
er kennt keine Schonung am Tag der Rache.
35 Kein Sühnegeld nimmt er an; / magst du auch
Geschenke häufen, er willigt nicht ein.
7 Mein Sohn, achte auf meine Worte, / meine
Gebote verwahre bei dir!
2 Achte auf meine Gebote, damit du am Leben
bleibst, / hüte meine Lehre wie deinen Augapfel!
3 Binde sie dir an die Finger, / schreib sie auf die
Tafel deines Herzens!
4 Sag zur Weisheit: Du bist meine Schwester!, / und
nenne die Klugheit deine Freundin!
5 Sie bewahrt dich vor der Frau eines andern, / vor
der Fremden, die verführerisch redet.
6 Vom Fenster meines Hauses, / durch das Gitter,
habe ich ausgeschaut;
7 da sah ich bei den Unerfahrenen, / da bemerkte
ich bei den Burschen / einen jungen Mann ohne
Verstand:
8 Er ging über die Straße, bog um die Ecke / und
nahm den Weg zu ihrem Haus;
9 als der Tag sich neigte, in der Abenddämme-

rung, / um die Zeit, da es dunkel wird und die
Nacht kommt.
10 Da! Eine Frau kommt auf ihn zu, / im Kleid der
Dirnen, mit listiger Absicht;
11 voll Leidenschaft ist sie und unbändig, / ihre
Füße blieben nicht mehr im Haus;
12 bald auf den Gassen, bald auf den Plätzen, / an
allen Straßenecken lauert sie.
13 Nun packt sie ihn, küsst ihn, / sagt zu ihm mit
keckem Gesicht:
14 Ich war zu Heilsopfern verpflichtet / und heute
erfüllte ich meine Gelübde.
15 Darum bin ich ausgegangen, dir entgegen, / ich
habe dich gesucht und gefunden.
16 Ich habe Decken über mein Bett gebreitet, /
bunte Tücher aus ägyptischem Leinen;
17 ich habe mein Lager besprengt / mit Myrrhe,
Aloe und Zimt.
18 Komm, wir wollen bis zum Morgen in Liebe
schwelgen, / wir wollen die Liebeslust kosten.
19 Denn mein Mann ist nicht zu Hause, / er ist auf
Reisen, weit fort.
20 Den Geldbeutel hat er mitgenommen, / erst am
Vollmondstag kehrt er heim.
21 So macht sie ihn willig mit viel Überredung, /
mit schmeichelnden Lippen verführt sie ihn.
22 Betört folgt er ihr, / wie ein Ochse, den man zum
Schlachten führt, / wie ein Hirsch, den das Fang-
seil umschlingt,
23 bis ein Pfeil ihm die Leber zerreißt; / wie ein
Vogel, der in das Netz fliegt / und nicht merkt, dass
es um sein Leben geht.
24 Darum, ihr Söhne, hört auf mich, / achtet auf
meine Reden!
25 Dein Herz schweife nicht ab auf ihre Wege, / ver-
irre dich nicht auf ihre Pfade!
26 Denn zahlreich sind die Erschlagenen, / die sie
gefällt hat; / viele sind es, die sie ermordet hat;
27 ihr Haus ist ein Weg zur Unterwelt, / er führt zu
den Kammern des Todes.

7,5: 2,16; 6,24 • 24: 1,8; 4,1; 5,7 • 27: 5,5; 9,18

Die Weisheit als Gabe Gottes

8 Ruft nicht die Weisheit, / erhebt nicht die
Klugheit ihre Stimme?
2 Bei der Stadtburg, auf den Straßen, / an der Kreu-
zung der Wege steht sie;
3 neben den Toren, wo die Stadt beginnt, / am
Zugang zu den Häusern ruft sie laut:
4 Euch, ihr Leute, lade ich ein, / meine Stimme
ergeht an alle Menschen:
5 Ihr Unerfahrenen, werdet klug, / ihr Törichten,
nehmt Vernunft an!
6 Hört her! Aufrichtig rede ich. / Redlich ist, was
meine Lippen reden.
7 Die Wahrheit spricht meine Zunge, / Unrechtes
ist meinen Lippen ein Gräuel.
8 Alle meine Worte sind recht, / keines von ihnen
ist hinterhältig und falsch.
9 Für den Verständigen sind sie alle klar / und rich-
tig für den, der Erkenntnis fand.
10 Nehmt lieber Bildung an als Silber, / lieber Ver-
ständnis als erlesenes Gold!
11 Ja, Weisheit übertrifft die Perlen an Wert, / keine
kostbaren Steine kommen ihr gleich.
12 Ich, die Weisheit, verweile bei der Klugheit, / ich
entdecke Erkenntnis und guten Rat.
13 Gottesfurcht verlangt, Böses zu hassen. / Hoch-
mut und Hoffart, schlechte Taten / und einen ver-
logenen Mund hasse ich.
14 Bei mir ist Rat und Hilfe; / ich bin die Einsicht,
bei mir ist Macht.
15 Durch mich regieren die Könige / und entschei-
den die Machthaber, wie es Recht ist;
16 durch mich versehen die Herrscher ihr Amt, / die
Vornehmen und alle Verwalter des Rechts.
17 Ich liebe alle, die mich lieben, / und wer mich
sucht, der wird mich finden.
18 Reichtum und Ehre sind bei mir, / angesehener
Besitz und Glück;
19 meine Frucht ist besser als Gold und Feingold, /
mein Nutzen übertrifft wertvolles Silber.
20 Ich gehe auf dem Weg der Gerechtigkeit, / mit-
ten auf den Pfaden des Rechtes,
21 um denen, die mich lieben, Gaben zu verleihen /
und ihre Scheunen zu füllen.
22 Der Herr hat mich geschaffen im Anfang seiner
Wege, / vor seinen Werken in der Urzeit;
23 in frühester Zeit wurde ich gebildet, / am An-
fang, beim Ursprung der Erde.
24 Als die Urmeere noch nicht waren, / wurde ich
geboren, / als es die Quellen noch nicht gab, die
wasserreichen.

25 Ehe die Berge eingesenkt wurden, / vor den Hü-
geln wurde ich geboren.
26 Noch hatte er die Erde nicht gemacht und die
Fluren / und alle Schollen des Festlands.
27 Als er den Himmel baute, war ich dabei, / als er
den Erdkreis abmaß über den Wassern,
28 als er droben die Wolken befestigte / und Quel-
len strömen ließ aus dem Urmeer,
29 als er dem Meer seine Satzung gab / und die Was-
ser nicht seinen Befehl übertreten durften,
30 als er die Fundamente der Erde abmaß, / da war
ich als geliebtes Kind bei ihm.
Ich war seine Freude Tag für Tag / und spielte vor
ihm allezeit.
31 Ich spielte auf seinem Erdenrund / und meine
Freude war es, bei den Menschen zu sein.
32 Nun, ihr Söhne, hört auf mich! / Wohl dem, der
auf meine Wege achtet.
33 Hört die Mahnung und werdet weise, / lehnt sie
nicht ab!
34 Wohl dem, der auf mich hört, / der Tag für Tag
an meinen Toren wacht / und meine Türpfosten
hütet.
35 Wer mich findet, findet Leben / und erlangt das
Gefallen des Herrn.
36 Doch wer mich verfehlt, der schadet sich selbst; /
alle, die mich hassen, lieben den Tod.
9 Die Weisheit hat ihr Haus gebaut, / ihre sie-
ben Säulen behauen.
2 Sie hat ihr Vieh geschlachtet, ihren Wein ge-
mischt / und schon ihren Tisch gedeckt.
3 Sie hat ihre Mägde ausgesandt / und lädt ein auf
der Höhe der Stadtburg:
4 Wer unerfahren ist, kehre hier ein. / Zum Unwis-
senden sagt sie:
5 Kommt, esst von meinem Mahl / und trinkt vom
Wein, den ich mischte.
6 Lasst ab von der Torheit, dann bleibt ihr am
Leben, / und geht auf dem Weg der Einsicht!
7 Wer den Zuchtlosen tadelt, erntet Schimpf, / wer
den Frevler rügt, erntet Schande.
8 Rüge den Zuchtlosen nicht; sonst hasst er dich. /
Rüge den Weisen, dann liebt er dich.
9 Unterrichte den Weisen, damit er noch weiser
wird; / belehre den Gerechten, damit er dazulernt.
10 Anfang der Weisheit ist die Gottesfurcht, / die
Kenntnis des Heiligen ist Einsicht.
11 Ja, durch mich werden deine Tage zahlreich, /
nehmen die Jahre deines Lebens zu.
12 Bist du weise, so bist du weise zum eigenen Nut-
zen, / bist du aber unbeherrscht, hast du allein es
zu tragen.
13 Frau Torheit fiebert nach Verführung; / das ist
alles, was sie versteht.
14 Sie sitzt vor der Tür ihres Hauses / auf einem Ses-
sel bei der Stadtburg,
15 um die Vorübergehenden einzuladen, / die gera-
deaus ihre Pfade gehen:
16 Wer unerfahren ist, kehre hier ein. / Zum Unwis-
senden sagt sie:
17 Süß ist gestohlenes Wasser, / heimlich entwen-
detes Brot schmeckt lecker.
18 Und er weiß nicht, dass Totengeister dort hau-
sen, / dass ihre Gäste in den Tiefen der Unterwelt
sind.

8,1: Sir 24,1f • 11: 3,15 • 16: Weish 6,20 • 18: Weish 8,5 • 22: Weish 8,2–4 • 27–28: Ijob 28,24–27 • 9,3: 8,2 • 10: 1,7 • 12: 11,17 • 18: 7,27

DIE ERSTE SALOMONISCHE SPRUCHSAMMLUNG: 10,1 – 22,16

10 Sprichwörter Salomos:
Ein kluger Sohn macht dem Vater Freude, /
ein dummer Sohn ist der Kummer seiner Mutter.
2 Unrecht Gut gedeiht nicht, / Gerechtigkeit aber
rettet vor dem Tod.
3 Das Verlangen des Gerechten sättigt der Herr, /
die Gier der Frevler stößt er zurück.
4 Lässige Hand bringt Armut, / fleißige Hand
macht reich.
5 Wer im Sommer sammelt, ist ein kluger Mensch; /
in Schande gerät, wer zur Erntezeit schläft.
6 Segen ruht auf dem Haupt des Gerechten, / im
Mund der Frevler versteckt sich Gewalttat.
7 Das Andenken des Gerechten ist gesegnet, / der
Name der Frevler vermodert.
8 Verständiger Sinn nimmt die Gebote an, / wer
Törichtes redet, kommt zu Fall.

9 Wer aufrichtig seinen Weg geht, geht sicher, / wer krumme Wege geht, wird durchschaut.
10 Wer mit den Augen zwinkert, schafft Leid, / wer offen tadelt, stiftet Frieden.
11 Der Mund des Gerechten ist ein Lebensquell, / im Mund der Frevler versteckt sich Gewalttat.
12 Hass weckt Streit, / Liebe deckt alle Vergehen zu.
13 Auf den Lippen des Einsichtigen findet man Weisheit, / auf den Rücken des Unverständigen passt der Stock.
14 Weise verbergen ihr Wissen, / der Mund des Toren ist drohendes Verderben.
15 Dem Reichen ist seine Habe eine feste Burg, / dem Armen bringt seine Armut Verderben.
16 Der Besitz des Gerechten führt zum Leben, / das Einkommen des Frevlers zur Sünde.
17 Den Weg zum Leben geht, wer Zucht bewahrt; / wer Warnung missachtet, geht in die Irre.
18 Wer Hass verbirgt, heuchelt; / wer Verleumdung ausstreut, ist ein Tor.
19 Bei vielem Reden bleibt die Sünde nicht aus, / wer seine Lippen zügelt, ist klug.
20 Erlesenes Silber ist die Zunge des Gerechten, / das Sinnen des Frevlers ist wenig wert.
21 Die Lippen des Gerechten leiten viele, / die Toren sterben an Unverstand.
22 Der Segen des Herrn macht reich, / eigene Mühe tut nichts hinzu.
23 Des Toren Freude ist es, Böses zu tun, / des Verständigen Freude, weise zu sein.
24 Was der Frevler fürchtet, kommt über ihn, / was die Gerechten ersehnen, wird ihnen zuteil.
25 Wenn der Sturm daherbraust, ist der Frevler verloren, / der Gerechte ist fest gegründet für immer.
26 Wie Essig für die Zähne und Rauch für die Augen / ist der Faule für den, der ihn schickt.
27 Gottesfurcht bringt langes Leben, / doch die Jahre der Frevler sind verkürzt.
28 Die Hoffnung der Gerechten blüht auf, / die Erwartung der Frevler wird zunichte.
29 Dem Schuldlosen ist der Herr eine Zuflucht, / Verderben aber den Übeltätern.
30 Der Gerechte wird niemals wanken, / doch die Frevler bleiben nicht im Land wohnen.
31 Der Mund des Gerechten bringt Weisheit hervor, / eine Zunge voll Falschheit aber wird abgeschnitten.
32 Die Lippen des Gerechten achten auf das, was gefällt, / der Mund der Frevler aber auf das, was verkehrt ist.

10: 6,13; 16,30 • 13: 19,29; 26,3 • 24: Ps 7,4–6; Weish 11,16 • 25: Mt 7,24–27

11 Falsche Waage ist dem Herrn ein Gräuel, / volles Gewicht findet sein Gefallen.
2 Kommt Übermut, kommt auch Schande, / doch bei den Bescheidenen ist die Weisheit zu Hause.
3 Die Redlichen leitet ihre Lauterkeit, / die Verräter richtet ihre Falschheit zugrunde.
4 Reichtum hilft nicht am Tag des Zorns, / Gerechtigkeit aber rettet vor dem Tod.
5 Dem Lauteren ebnet seine Gerechtigkeit den Weg, / der Frevler aber kommt durch seine Bosheit zu Fall.
6 Die Redlichen rettet ihre Gerechtigkeit, / die Verräter schlägt ihre eigene Gier in Fesseln.
7 Beim Tod des Frevlers wird sein Hoffen zunichte, / die falsche Erwartung schwindet dahin.
8 Der Gerechte wird aus der Not gerettet, / an seine Stelle tritt der Böse.
9 Vom Mund des Ruchlosen droht dem Nächsten Verderben, / die Gerechten befreien sich durch ihre Umsicht.
10 Wenn es dem Gerechten gut geht, freut sich die Stadt; / sie jubelt beim Untergang der Frevler.
11 Eine Stadt kommt hoch durch den Segen der Redlichen, / durch den Mund der Frevler wird sie niedergerissen.
12 Wer den Nächsten verächtlich macht, / ist ohne Verstand, / doch ein kluger Mensch schweigt.
13 Wer als Verleumder umhergeht, / gibt Geheimnisse preis, / der Verlässliche behält eine Sache für sich.
14 Fehlt es an Führung, kommt ein Volk zu Fall, / Rettung ist dort, wo viele Ratgeber sind.
15 Wer für einen Fremden bürgt, ist übel daran; / wer den Handschlag ablehnt, geht sicher.
16 Eine liebenswerte Frau kommt zu Ehren, / Sitz der Schande ist ein Weib, das gute Sitten hasst. / Die Faulen bringen es zu nichts, / wer fleißig ist, kommt zu Reichtum.
17 Die Güte eines Menschen kommt ihm selbst zugute, / der Hartherzige schneidet sich ins eigene Fleisch.

18 Der Frevler erzielt trügerischen Gewinn, / wer
Gerechtigkeit sät, hat beständigen Ertrag.
19 Wer in der Gerechtigkeit fest steht, erlangt das
Leben, / wer dem Bösen nachjagt, den Tod.
20 Verkehrte Menschen sind dem Herrn ein Gräu-
el, / er hat Gefallen an denen, die den rechten Weg
gehen.
21 Gewiss, der Böse bleibt nicht ungestraft, / doch
die Söhne der Gerechten werden gerettet.
22 Ein goldener Ring im Rüssel eines Schweins / ist
ein Weib, schön, aber sittenlos.
23 Das Begehren der Gerechten führt zu vollem
Glück, / die Hoffnung der Frevler endet im Zorn-
gericht.
24 Mancher teilt aus und bekommt immer mehr, /
ein anderer kargt übers Maß und wird doch ärmer.
25 Wer wohltätig ist, wird reich gesättigt, / wer
andere labt, wird selbst gelabt.
26 Wer Getreide zurückhält, den verwünschen die
Leute, / wer Korn auf den Markt bringt, auf des-
sen Haupt kommt Segen.
27 Wer Gutes erstrebt, sucht das Gefallen Gottes; /
wer nach dem Bösen trachtet, den trifft es.
28 Wer auf seinen Reichtum vertraut, der fällt, / die
Gerechten aber sprossen wie grünes Laub.
29 Wer sein Haus verkommen lässt, erntet Wind, /
und der Tor wird Sklave des Weisen.
30 Die Frucht der Gerechtigkeit ist ein Lebens-
baum, / Gewalttat raubt die Lebenskraft.
31 Wird dem Gerechten vergolten auf der Erde, /
dann erst recht dem Frevler und Sünder.

1: Dtn 25,13–16 • 13: 20,19; Sir 27,17 • 14: 13,10; Sir 37,7–14 •
15: 6,1–5 • 17: 9,12 • 19: 12,28; Dtn 30,15f • 21: 16,5; Ps 112,2 •
24: Ps 37,21f • 29: Koh 2,11 • 31: 1 Petr 4,18

12 Wer Zucht liebt, liebt Erkenntnis, / wer
Zurechtweisung hasst, ist dumm.
2 Der Gute findet Gefallen beim Herrn, / den
Heimtückischen aber spricht er schuldig.
3 Wer unrecht tut, hat keinen Bestand, / doch die
Wurzel der Gerechten sitzt fest.
4 Eine tüchtige Frau ist die Krone ihres Mannes, /
eine schändliche ist wie Fäulnis in seinen Kno-
chen.
5 Die Gedanken der Gerechten trachten nach
Recht, / die Pläne der Frevler sind auf Betrug aus.
6 Die Reden der Frevler sind ein Lauern auf Blut, /
die Redlichen rettet ihr Mund.
7 Die Frevler werden gestürzt und sind dahin, / das
Haus der Gerechten hat Bestand.
8 Nach dem Maß seiner Klugheit wird ein jeder
gelobt, / verkehrter Sinn fällt der Verachtung an-
heim.
9 Besser unbeachtet bleiben / und seine Arbeit ver-
richten, / als großtun und kein Brot haben.
10 Der Gerechte weiß, was sein Vieh braucht, / doch
das Herz der Frevler ist hart.
11 Wer sein Feld bestellt, wird satt von Brot, / wer
nichtigen Dingen nachjagt, ist ohne Verstand.
12 Schwankender Lehm ist die Burg der Bösen, / die
Wurzel der Gerechten hat festen Grund.
13 Der Böse verfängt sich im Lügengespinst, / der
Gerechte entkommt der Bedrängnis.
14 Von der Frucht seines Mundes wird der Mensch
reichlich gesättigt, / nach dem Tun seiner Hände
wird ihm vergolten.
15 Der Tor hält sein eigenes Urteil für richtig, / der
Weise aber hört auf Rat.
16 Der Tor zeigt sogleich seinen Ärger, / klug ist, wer
Schimpfworte einsteckt.
17 Wer Wahrheit spricht, sagt aus, was recht ist, / der
falsche Zeuge aber betrügt.
18 Mancher Leute Gerede verletzt wie Schwertsti-
che, / die Zunge der Weisen bringt Heilung.
19 Ein Mund, der die Wahrheit sagt, / hat für immer
Bestand, / eine lügnerische Zunge nur einen Au-
genblick.
20 Wer auf Böses sinnt, betrügt sich selbst, / wer
heilsamen Rat gibt, erntet Freude.
21 Kein Unheil trifft den Gerechten, / doch die
Frevler erdrückt das Unglück.
22 Lügnerische Lippen sind dem Herrn ein Gräu-
el, / doch wer zuverlässig ist in seinem Tun, der
gefällt ihm.
23 Ein kluger Mensch verbirgt sein Wissen, / das
Herz der Toren schreit die Narrheit hinaus.
24 Die Hand der Fleißigen erringt die Herrschaft, /
die lässige Hand muss Frondienste leisten.
25 Kummer im Herzen bedrückt den Menschen, /
ein gutes Wort aber heitert ihn auf.
26 Der Gerechte findet fette Weide, / der Weg der
Frevler führt in die Irre.
27 Bequemlichkeit erjagt sich kein Wild, / kostbare
Güter erlangt der Fleißige.

28 Der Pfad der Gerechtigkeit führt zum Leben, /
der Weg der Abtrünnigen führt zum Tod.

4: 31,11f • 10: Dtn 25,4; Sir 7,22 • 11: 28,19 • 18: Ps 57,5

13 Ein weiser Sohn ist die Frucht der Erzie-
hung des Vaters, / der zuchtlose aber hört
nicht auf Mahnung.
2 Von der Frucht seiner Worte zehrt der Gute, /
aber die Verräter begehren Gewalttat.
3 Wer seine Lippen hütet, bewahrt sein Leben, / wer
seinen Mund aufreißt, den trifft Verderben.
4 Das Verlangen des Faulen regt sich vergebens, /
das Verlangen der Fleißigen wird befriedigt.
5 Verlogene Worte hasst der Gerechte, / der Frevler
handelt schändlich und schimpflich.
6 Gerechtigkeit behütet den Schuldlosen auf sei-
nem Weg, / Frevler bringt die Sünde zu Fall.
7 Mancher stellt sich reich und hat doch nichts, /
ein anderer stellt sich arm und hat großen Besitz.
8 Der Reichtum eines Mannes ist das Lösegeld für
sein Leben, / der Arme jedoch hört nichts von
Loskauf.
9 Das Licht der Gerechten strahlt auf, / die Lampe
der Frevler erlischt.
10 Der Leichtsinnige stiftet aus Übermut Zank, /
doch wer sich beraten lässt, der ist klug.
11 Schnell errafftes Gut schwindet schnell, / wer
Stück für Stück sammelt, wird reich.
12 Hingehaltene Hoffnung macht das Herz krank, /
erfülltes Verlangen ist ein Lebensbaum.
13 Wer gute Worte missachtet, erleidet Schaden, /
wer Ehrfurcht hat vor dem Gebot, bleibt unversehrt.
14 Die Lehre des Weisen ist ein Lebensquell, / um
den Schlingen des Todes zu entgehen.
15 Rechte Einsicht bringt Gunst, / aber den Verrä-
tern bringt ihr Verhalten den Untergang.
16 Der Kluge tut alles mit Überlegung, / der Tor ver-
breitet nur Dummheit.
17 Ein gewissenloser Bote richtet Unheil an, / ein
zuverlässiger Bote bringt Heilung.
18 Armut und Schande erntet ein Verächter der
Zucht, / doch wer Tadel beherzigt, wird geehrt.
19 Ein erfüllter Wunsch tut dem Herzen wohl, /
vom Bösen zu lassen ist dem Toren ein Gräuel.
20 Wer mit Weisen unterwegs ist, wird weise, / wer
mit Toren verkehrt, dem geht es übel.
21 Unglück verfolgt die Sünder, / den Gerechten
wird mit Gutem vergolten.
22 Der Gute hinterlässt seinen Enkeln das Erbe, /
der Besitz des Sünders wird für den Gerechten auf-
gespart.
23 In der Hand der Vornehmen ist reichlich Nah-
rung, / der Arme wird zu Unrecht dahingerafft.
24 Wer die Rute spart, hasst seinen Sohn, / wer ihn
liebt, nimmt ihn früh in Zucht.
25 Der Gerechte hat zu essen, bis sein Hunger ge-
stillt ist, / der Bauch der Frevler aber muss darben.

14: 14,27 • 22: Ijob 27,13–17 • 24: 29,17

14 Frau Weisheit hat ihr Haus gebaut, / die
Torheit reißt es nieder mit eigenen Händen.
2 Wer geradeaus seinen Weg geht, fürchtet den
Herrn, / wer krumme Wege geht, verachtet ihn.
3 Im Mund des Toren ist eine Rute für seinen
Rücken, / den Weisen behüten seine Lippen.
4 Wo keine Ochsen sind, bleibt die Krippe leer, /
reicher Ertrag kommt durch die Kraft des Stieres.
5 Ein zuverlässiger Zeuge lügt nicht, / aber ein
falscher Zeuge flüstert Lügen zu.
6 Der Zuchtlose sucht Weisheit, doch vergebens, /
dem Verständigen fällt die Erkenntnis leicht.
7 Tritt einem törichten Mann gegenüber / und du
erfährst keine verständigen Worte.
8 Die Weisheit des Klugen gibt ihm Einsicht in sei-
nen Weg, / aber die Dummheit der Toren führt zu
Täuschung.
9 In den Zelten der Toren wohnt Schuld, / das Haus
der Rechtschaffenen findet Gefallen.
10 Das Herz allein kennt seinen Kummer, / auch in
seine Freude mischt sich kein Fremder.
11 Das Haus der Frevler wird zertrümmert, / das
Zelt der Redlichen gedeiht.
12 Manch einem scheint sein Weg der rechte, / aber
am Ende sind es Wege des Todes.
13 Auch beim Lachen kann ein Herz leiden, / das
Ende der Freude ist Gram.
14 Dem Untreuen werden seine Vergehen vergol-
ten, / dem guten Menschen seine edlen Taten.
15 Der Unerfahrene traut jedem Wort, / der Kluge
achtet auf seinen Schritt.
16 Der Weise hat Scheu und meidet das Böse, / der
Tor lässt sich gehen und ist vermessen.

[17] Der Zornige handelt töricht, / der Ränkeschmied ist verhasst.
[18] Die Unerfahrenen verfallen der Torheit, / die Klugen krönen sich mit Erkenntnis.
[19] Die Bösen müssen sich bücken vor den Guten / und die Frevler an der Tür des Gerechten.
[20] Selbst seinem Nächsten ist der Arme verhasst, / der Reiche aber hat viele Freunde.
[21] Wer seinen Nächsten verachtet, sündigt; / wohl dem, der Erbarmen hat mit den Notleidenden.
[22] Gewiss geht in die Irre, wer Böses plant; / Liebe und Treue erlangt, wer Gutes plant.
[23] Jede Arbeit bringt Erfolg, / leeres Geschwätz führt nur zu Mangel.
[24] Die Krone der Weisen ist ihre Klugheit, / der Kranz der Toren ist ihre Narrheit.
[25] Ein verlässlicher Zeuge rettet Leben, / wer Lügen zuflüstert, der täuscht.
[26] Der Gottesfürchtige hat feste Zuversicht, / noch seine Söhne haben eine Zuflucht.
[27] Die Gottesfurcht ist ein Lebensquell, / um den Schlingen des Todes zu entgehen.
[28] Viel Volk ist der Glanz des Königs, / wenig Leute sind des Fürsten Untergang.
[29] Der Langmütige ist immer der Klügere, / der Jähzornige treibt die Torheit auf die Spitze.
[30] Ein gelassenes Herz bedeutet Leben für den Leib, / doch Knochenfraß ist die Leidenschaft.
[31] Wer den Geringen bedrückt, schmäht dessen Schöpfer, / ihn ehrt, wer Erbarmen hat mit dem Bedürftigen.
[32] Durch seine Bosheit wird der Frevler gestürzt, / der Gerechte findet Zuflucht in seiner Redlichkeit.
[33] Im Herzen des Verständigen ruht Weisheit, / im Innern der Toren ist sie nicht bekannt.
[34] Gerechtigkeit erhöht ein Volk, / der Völker Schmach ist die Sünde.
[35] Die Gunst des Königs ruht auf dem klugen Diener, / den schändlichen aber trifft sein Zorn.

3: 26,3 • 12: 16,25; Sir 21,10; Mt 7,13 • 19: Lk 16,24–31 • 20: 19,4; Sir 13,21–23 • 21: Mt 5,7 • 27: 13,14 • 31: 17,5

15

Eine sanfte Antwort dämpft die Erregung, / eine kränkende Rede reizt zum Zorn.
[2] Die Zunge der Weisen verkündet Erkenntnis, / der Mund der Narren sprudelt Torheit hervor.
[3] An jedem Ort sind die Augen des Herrn, / sie wachen über Gute und Böse.
[4] Eine sanfte Zunge ist ein Lebensbaum, / eine falsche Zunge bricht das Herz.
[5] Der Tor verschmäht die Zucht seines Vaters, / wer auf Zurechtweisung achtet, ist klug.
[6] Im Haus des Gerechten gibt es reichen Vorrat, / was der Frevler erwirbt, wird zerschlagen.
[7] Die Lippen der Weisen streuen Erkenntnis aus, / das Herz der Toren ist verkehrt.
[8] Das Opfer der Frevler ist dem Herrn ein Gräuel, / am Gebet der Rechtschaffenen aber hat er Gefallen.
[9] Ein Gräuel ist dem Herrn der Weg des Frevlers, / wer aber der Gerechtigkeit nachjagt, den liebt er.
[10] Schlimme Strafe trifft den, der den rechten Pfad verlässt, / wer Zurechtweisung hasst, muss sterben.
[11] Totenreich und Unterwelt liegen offen vor dem Herrn, / wie viel mehr die Herzen der Menschen.
[12] Ein Zuchtloser liebt es nicht, dass man ihn rügt, / zu weisen Menschen begibt er sich nicht.
[13] Ein fröhliches Herz macht das Gesicht heiter, / Kummer im Herzen bedrückt das Gemüt.
[14] Das Herz des Verständigen sucht Erkenntnis, / der Mund der Toren ergeht sich in Torheit.
[15] Der Bedrückte hat lauter böse Tage, / der Frohgemute hat ständig Feiertag.
[16] Besser wenig in Gottesfurcht / als reiche Schätze und keine Ruhe.
[17] Besser ein Gericht Gemüse, wo Liebe herrscht, / als ein gemästeter Ochse und Hass dabei.
[18] Ein hitziger Mensch erregt Zank, / ein langmütiger besänftigt den Streit.
[19] Der Weg des Faulen ist wie ein Dornengestrüpp, / der Pfad der Redlichen aber ist gebahnt.
[20] Ein kluger Sohn macht dem Vater Freude, / nur ein törichter Mensch verachtet seine Mutter.
[21] Torheit macht dem Unverständigen Freude, / der einsichtige Mann geht den geraden Weg.
[22] Wo es an Beratung fehlt, da scheitern die Pläne, / wo viele Ratgeber sind, gibt es Erfolg.
[23] Jeden freut es, wenn er (kluge) Antwort geben kann, / und wie gut ist doch ein Wort zur rechten Zeit.
[24] Einen Lebenspfad zur Höhe gibt es für den Klugen, / damit er der Totenwelt drunten entgeht.
[25] Das Haus der Stolzen reißt der Herr nieder, / den Grenzstein der Witwe aber macht er fest.

26 Die Pläne des Bösen sind dem Herrn ein Gräu-
el, / aber freundliche Reden gefallen ihm.
27 Wer sich durch Raub bereichert, zerstört sein
Haus, / wer Bestechung von sich weist, wird lange
leben.
28 Der Gerechte überlegt sich im Herzen jede Ant-
wort, / aber der Mund der Frevler sprudelt Schlech-
tes hervor.
29 Fern ist der Herr den Frevlern, / doch das Gebet
der Gerechten hört er.
30 Strahlende Augen erfreuen das Herz, / frohe
Kunde labt den Leib.
31 Ein Ohr, das auf heilsame Mahnungen hört, /
hält sich unter den Weisen auf.
32 Wer Zucht abweist, verachtet sich selbst; / wer
aber auf Mahnungen hört, erwirbt Verstand.
33 Gottesfurcht erzieht zur Weisheit / und Demut
geht der Ehre voran.

8: 21,27; Sir 7,9 • 11: Ps 139,8; Sir 42,18 • 13: Sir 13,25f • 16: 17,1; Ps 37,16 • 23: 25,11 • 25: Dtn 19,14 • 27: Jes 1,23 • 28: 19,28

16 Der Mensch entwirft die Pläne im Herzen,
/ doch vom Herrn kommt die Antwort auf
der Zunge.
2 Jeder meint, sein Verhalten sei fehlerlos, / doch
der Herr prüft die Geister.
3 Befiehl dem Herrn dein Tun an, / so werden deine
Pläne gelingen.
4 Alles hat der Herr für seinen Zweck erschaffen, /
so auch den Frevler für den Tag des Unheils.
5 Ein Gräuel ist dem Herrn jeder Hochmütige, / er
bleibt gewiss nicht ungestraft.
6 Durch Liebe und Treue wird Schuld gesühnt, /
durch Gottesfurcht weicht man dem Bösen aus.
7 Gefallen dem Herrn die Wege eines Menschen, /
so versöhnt er auch seine Feinde mit ihm.
8 Besser wenig und gerecht / als viel Besitz und
Unrecht.
9 Des Menschen Herz plant seinen Weg, / doch der
Herr lenkt seinen Schritt.
10 Gottesentscheid kommt von den Lippen des
Königs, / sein Mund verfehlt sich nicht, wenn er
ein Urteil fällt.
11 Rechte Waage und Waagschalen sind Sache des
Herrn, / sein Werk sind alle Gewichtssteine im
Beutel.
12 Frevlerisches Tun ist Königen ein Gräuel, / denn
ein Thron steht fest durch Gerechtigkeit.
13 Gerechte Lippen gefallen dem König, / wer auf-
richtig redet, den liebt er.
14 Des Königs Grimm gleicht Todesboten, / aber
ein Weiser kann ihn besänftigen.
15 Im leuchtenden Gesicht des Königs liegt Leben, /
sein Wohlwollen gleicht der Regenwolke im Früh-
jahr.
16 Weisheit erwerben ist besser als Gold, / Einsicht
erwerben vortrefflicher als Silber.
17 Böses zu meiden ist das Ziel der Rechtschaffe-
nen; / wer auf seinen Weg achtet, bewahrt sein
Leben.
18 Hoffart kommt vor dem Sturz / und Hochmut
kommt vor dem Fall.
19 Besser bescheiden sein mit Demütigen, / als
Beute teilen mit Stolzen.
20 Wer auf das Wort des Herrn achtet, findet
Glück; / wohl dem, der auf ihn vertraut.
21 Wer ein weises Herz hat, den nennt man ver-
ständig, / gefällige Rede fördert die Belehrung.
22 Wer Verstand besitzt, dem ist er ein Lebens-
quell, / die Strafe der Toren ist die Torheit selbst.
23 Das Herz des Weisen macht seinen Mund klug, /
es mehrt auf seinen Lippen die Belehrung.
24 Freundliche Worte sind wie Wabenhonig, / süß
für den Gaumen, heilsam für den Leib.
25 Manch einem scheint sein Weg der rechte, / aber
am Ende sind es Wege des Todes.
26 Der Hunger des Arbeiters arbeitet für ihn, / denn
sein Mund treibt ihn an.
27 Ein Taugenichts ist ein Ofen voll Unheil, / auf
seinen Lippen ist es wie sengendes Feuer.
28 Ein tückischer Mensch erregt Streit, / ein Ver-
leumder entzweit Freunde.
29 Der Gewalttätige verführt seinen Nächsten, / er
bringt ihn auf einen Weg, der nicht gut ist.
30 Wer mit den Augen zwinkert, sinnt auf Tücke; /
wer die Lippen verzieht, hat das Böse schon voll-
bracht.
31 Graues Haar ist eine prächtige Krone, / auf dem
Weg der Gerechtigkeit findet man sie.
32 Besser ein Langmütiger als ein Kriegsheld, /
besser, wer sich selbst beherrscht, als wer Städte
erobert.
33 Im Bausch des Gewandes schüttelt man das

Los, / doch jede Entscheidung kommt allein vom
Herrn.

2: 21,2 • 3: Ps 37,5; 1 Petr 5,7 • 5: 11,21 • 8: 15,16 • 10: 25,2 •
11: Mi 6,11 • 12: 25,5 • 14: 19,12 • 21: Sir 6,5 • 25: 14,12 •
26: Koh 6,7 • 30: 6,13; 10,10 • 33: 18,18; 1 Sam 14,41f

17 Besser ein trockenes Stück Brot und Ruhe
dabei / als ein Haus voll Braten und dabei
Streit.
2 Ein kluger Knecht wird Herr über einen missra-
tenen Sohn / und mit den Brüdern teilt er das Erbe.
3 Der Schmelztiegel ist für Silber da, der Ofen für
Gold, / die Herzen aber prüft der Herr.
4 Der Übeltäter achtet auf böse Lippen, / der Lüg-
ner horcht hin auf eine verderbte Zunge.
5 Wer den Armen verspottet, schmäht dessen
Schöpfer, / wer sich über ein Unglück freut, bleibt
nicht ungestraft.
6 Eine Krone der Alten sind Kindeskinder, / der
Kinder Ruhm sind ihre Väter.
7 Dem Toren stehen hochtönende Worte nicht an, /
noch viel weniger dem Edlen die Sprache der Lüge.
8 Bestechungsgeld ist ein Zauberstein in den Augen
des Gebers; / wohin er sich wendet, hat er Erfolg.
9 Wer Fehler zudeckt, sucht Freundschaft; / wer
eine Sache weiterträgt, trennt Freunde.
10 Tadel erschüttert einen Verständigen mehr / als
hundert Schläge einen Toren.
11 Der Böse trachtet nach Aufruhr, / aber ein stren-
ger Gerichtsbote wird gegen ihn ausgesandt.
12 Lieber einer Bärin begegnen, der man die Jun-
gen geraubt hat, / als einem Toren in seinem Un-
verstand.
13 Vergilt einer Gutes mit Bösem, / weicht das Un-
heil nicht von seinem Haus.
14 Wer Streit anfängt, entfesselt eine Wasserflut, /
drum halt ein, ehe der Zank ausbricht.
15 Wer Schuldige freispricht / und wer Unschuldige
verurteilt, / beide sind dem Herrn ein Gräuel.
16 Wozu denn Geld in der Hand des Toren? / Etwa
um Weisheit zu kaufen, da ihm doch der Verstand
fehlt?
17 Der Freund erweist zu jeder Zeit Liebe, / als Bru-
der für die Not ist er geboren.
18 Ohne Verstand ist, wer Handschlag leistet, / wer
Bürgschaft übernimmt für einen andern.
19 Verbrechen liebt, wer Streit liebt; / wer seine Tür
zu hoch macht, will den Einsturz.
20 Wer ein unaufrichtiges Herz hat, findet kein
Glück, / wer sich beim Reden verstellt, stürzt ins
Unheil.
21 Wer einen Toren zeugt, dem bringt es Gram; /
der Vater eines Narren kann sich nicht freuen.
22 Ein fröhliches Herz tut dem Leib wohl, / ein
bedrücktes Gemüt lässt die Glieder verdorren.
23 Bestechung aus dem Gewandbausch nimmt der
Frevler an, / um die Pfade des Rechts zu verkeh-
ren.
24 Vor dem Blick des Verständigen steht Weisheit, /
doch die Augen des Toren schweifen bis ans Ende
der Erde.
25 Ein törichter Sohn bereitet seinem Vater Ver-
druss / und Kummer seiner Mutter, die ihn gebo-
ren hat.
26 Schon eine Geldstrafe für den Unschuldigen ist
nicht gut, / aber Edle schlagen zu lassen ist gegen
das Recht.
27 Wer sich zurückhält beim Reden hat tiefe Ein-
sicht, / wer kühl überlegt, ist ein verständiger Mann.
28 Auch ein Tor kann als weise gelten, wenn er
schweigt, / als einsichtig, wenn er seine Lippen ver-
schließt.

1: 15,16f • 3: 1 Petr 1,7 • 5: 14,31 • 8: 18,16 • 17: 18,24; Sir 37,5 •
18: 6,1–5 • 23: 21,14 • 25: 19,13; Sir 16,1–3 • 27: Sir 20,6–8

18 Der Abtrünnige sucht nach einem Vor-
wand, / um loszubrechen mit aller Gewalt.
2 Der Tor hat kein Gefallen an Einsicht, / vielmehr
daran, sein Herz zur Schau zu stellen.
3 Kommt Frevel, kommt auch Verachtung / und
mit der Schandtat die Schmach.
4 Tiefe Wasser sind die Worte aus dem Mund eines
Menschen, / ein sprudelnder Bach, eine Quelle der
Weisheit.
5 Es ist nicht gut, einen Schuldigen zu begünsti-
gen / und den Unschuldigen abzuweisen vor Ge-
richt.
6 Die Lippen des Toren beginnen Streit, / sein
Mund schreit nach Schlägen.
7 Dem Toren wird sein Mund zum Verderben; /
seine Lippen werden ihm selbst zur Falle.
8 Die Worte des Verleumders sind wie Leckerbis-
sen, / sie gleiten hinab in die Kammern des Leibes.
9 Wer lässig ist bei seiner Arbeit, / ist schon ein Bru-
der des Mörders.

10 Ein fester Turm ist der Name des Herrn, / dort-
hin eilt der Gerechte und ist geborgen.
11 Für den Reichen ist sein Vermögen wie eine feste
Stadt, / wie eine hohe Mauer – in seiner Einbildung.
12 Vor dem Sturz ist das Herz des Menschen über-
heblich, / aber der Ehre geht Demut voran.
13 Gibt einer Antwort, bevor er gehört hat, / ist es
Torheit und Schande für ihn.
14 Der Geist des Menschen überwindet die Krank-
heit, / doch einen zerschlagenen Geist, wer kann
den aufrichten?
15 Das Herz des Verständigen erwirbt sich Erkennt-
nis, / das Ohr der Weisen sucht Erkenntnis.
16 Geschenke schaffen dem Geber Raum / und
geleiten ihn vor die Großen.
17 Recht bekommt in seinem Streitfall der Erste, /
aber dann kommt der andere und geht der Sache
nach.
18 Streitigkeiten beendet das Los, / es entscheidet
zwischen Mächtigen.
19 Ein getäuschter Bruder ist verschlossener als
eine Festung, / Streitigkeiten sind wie der Sperr-
riegel einer Burg.
20 Von der Frucht seines Mundes wird ein jeder
satt, / vom Ertrag seiner Lippen wird er gesät-
tigt.
21 Tod und Leben stehen in der Macht der Zunge; /
wer sie liebevoll gebraucht, genießt ihre Frucht.
22 Wer eine Frau gefunden, hat Glück gefunden /
und das Gefallen des Herrn erlangt.
23 Flehentlich redet der Arme, / der Reiche aber
antwortet mit Härte.
24 Manche Freunde führen ins Verderben, / manch
ein lieber Freund ist anhänglicher als ein Bruder.

8: 26,22 • 9: 28,24 • 10: Ps 61,4 • 11: 10,15 • 12: 16,18; 15,33 •
13: Sir 32,7–9 • 16: 17,8; 21,14 • 18: 16,33

19 Besser ein Armer, der schuldlos seinen Weg
geht,
als einer mit verlogenen Lippen, der ein Tor ist.
2 Schon unvernünftige Begierde ist nicht gut, / und
wer hastig rennt, tritt fehl.
3 Die Torheit verdirbt dem Menschen den Weg /
und dann grollt sein Herz gegen den Herrn.
4 Besitz vermehrt die Zahl der Freunde, / der Arme
aber wird von seinem Freund verlassen.
5 Ein falscher Zeuge bleibt nicht ungestraft, / wer
Lügen flüstert, wird nicht entrinnen.
6 Viele umschmeicheln den Vornehmen / und je-
der will der Freund eines freigebigen Mannes sein.
7 Vom Armen wollen alle seine Brüder nichts wis-
sen, / erst recht bleiben ihm seine Freunde fern. /
[Gute Einsicht ist denen nahe, die sich um sie
kümmern, / ein verständiger Mann findet sie. /
Wer viel redet, versündigt sich.] / Wer Worten
nachjagt, wird nicht entrinnen.
8 Wer Verstand erwirbt, liebt sich selbst, / wer Ein-
sicht bewahrt, findet sein Glück.
9 Ein falscher Zeuge bleibt nicht ungestraft, / wer
Lügen flüstert, geht zugrunde.
10 Wohlleben steht dem Toren nicht an, / noch
weniger einem Knecht, über Fürsten zu herrschen.
11 Einsicht macht den Menschen langmütig, / sein
Ruhm ist es, über Verfehlungen hinwegzugehen.
12 Wie das Knurren des Löwen ist der Zorn des
Königs, / doch wie Tau auf dem Gras ist seine
Gunst.
13 Ein Unglück für den Vater ist ein törichter Sohn /
und wie ein ständig tropfendes Dach das Gezänk
einer Frau.
14 Haus und Habe sind das Erbe der Väter, / doch
eine verständige Frau kommt vom Herrn.
15 Faulheit versenkt in Schlaf, / ein träger Mensch
muss hungern.
16 Wer (Gottes) Gebot bewahrt, bewahrt sein Le-
ben, / wer seine Wege verachtet, muss sterben.
17 Wer Erbarmen hat mit dem Elenden, leiht dem
Herrn; / er wird ihm seine Wohltat vergelten.
18 Züchtige deinen Sohn, solange noch Hoffnung
ist, / doch lass dich nicht hinreißen, ihn zu töten.
19 Der maßlos Jähzornige muss büßen; / denn
willst du schlichten, machst du es noch ärger.
20 Hör auf guten Rat und nimm Zucht an, / damit
du weise wirst für die Zukunft.
21 Viele Pläne fasst das Herz des Menschen, / doch
nur der Ratschluss des Herrn hat Bestand.
22 Die Menschen streben nach Gewinn, / doch bes-
ser ein Armer als ein Betrüger.
23 Die Gottesfurcht führt zum Leben; / gesättigt
geht man zur Ruhe, / von keinem Übel heimge-
sucht.
24 Greift der Faule mit der Hand in die Schüssel, /
bringt er sie nicht einmal zum Mund zurück.

Lob der Weisheit: „Ich fasste Wurzel bei einem ruhmreichen Volk, im Eigentum des Herrn, in seinem Erbbesitz. Wie eine Zeder auf dem Libanon wuchs ich empor, wie ein wilder Ölbaum auf dem Hermongebirge. ... Wie ein Weinstock trieb ich schöne Ranken, meine Blüten wurden zu kräftiger und reicher Frucht. Kommt zu mir, die ihr mich begehrt, sättigt euch an meinen Früchten!“
(Jesus Sirach 24,12–13.17–19)

Der Sämann, 1903

Öl auf Leinwand, 177 x 156 cm
bezeichnet rechts unten: EggerLienz
Lienz, Museum der Stadt Lienz Schloss Bruck. Inv.Nr. AEL 30

Das Motiv erscheint wie eine harmonische Einheit von Mensch und Natur: Der säende Bauer beschreitet den Acker, mit seiner rechten Hand streut er Samen aus, im Hintergrund fliegen Vögel über die Furchen. Hier kündigt sich wiederum die Absicht des Malers an, den arbeitenden Menschen isoliert bei seiner Tätigkeit zu zeigen, ohne viel illustratives Beiwerk: Die Stimmung ist ihm wichtig, vielleicht auch die Erinnerung an das Gleichnis vom guten und bösen Samen.

EGGER-LIENZ
1912

„Drei Dinge gefallen mir, sie sind Gott und den Menschen angenehm: Eintracht unter Brüdern, Liebe zwischen Freunden, Mann und Frau, die einander verstehen. ... Hast du in der Jugend nicht gesammelt, wie wirst du im Alter etwas haben? Wie gut steht Hochbetagten rechtes Urteil an, und den Alten, Rat zu wissen. Wie gut steht Hochbetagten Weisheit an, würdigen Männern Überlegung und Rat. ... Eine gute Frau – wohl ihrem Mann! Die Zahl seiner Jahre verdoppelt sich. Eine tüchtige Frau pflegt ihren Mann; so vollendet er seine Jahre in Frieden.“
(Jesus Sirach 25,1.3–6; 26,1–2)

Das Leben. Die Lebensalter, 1911/12

Kasein auf Leinwand, 249 x 366 cm
bezeichnet links Mitte: EGGER-LIENZ 1912
Wien, Österreichische Galerie Belvedere, Inv.Nr. 3279

Die Motive sind wohl zentrale Themen im Werk von Albin Egger-Lienz. Die Lebensalter, das Werden und Vergehen von der Geburt bis zum Tod, die Generationen: Das alles zu verdeutlichen und bewusst zu machen, das ist ein wichtiges Anliegen des Künstlers. Inmitten eines Holzbalkengerüstes, das ein Lebensgebäude symbolisiert, sind zentral Mann und Frau und – wie in einem Flügelaltar – von Symbolträgern der Jugend bis zum Alter umgeben: ein monumentales Bild, das die Stationen des Menschen betont.

25 Schlägst du den Zuchtlosen, so wird der Uner-
fahrene klug; / weist man den Verständigen zu-
recht, gewinnt er Einsicht.
26 Wer den Vater misshandelt, die Mutter wegjagt, /
ist ein verkommener, schändlicher Sohn.
27 Gibst du es auf, mein Sohn, auf Mahnung zu
hören, / so entziehst du dich den Worten der Ein-
sicht.
28 Ein nichtsnutziger Zeuge verspottet das Recht, /
der Mund der Frevler sprudelt Unheil hervor.
29 Für die Zuchtlosen stehen Ruten bereit / und
Schläge für den Rücken der Toren.

1: 28,6 • 3: Sir 15,11–20 • 4: 14,20; Sir 13,21 • 5: 21,28 • 12: 16,14 •
13: 27,15 • 24: 26,15 • 25: 21,11 • 28: 15,28 • 29: 10,13

20 Ein Zuchtloser ist der Wein, ein Lärmer
das Bier; / wer sich hierin verfehlt, wird
nie weise.
2 Wie das Knurren des Löwen ist der Grimm des
Königs; / wer ihn erzürnt, verwirkt sein Leben.
3 Es ehrt den Menschen, vom Streit abzulassen, /
jeder Tor aber bricht los.
4 Der Faule pflügt nicht im Herbst; / sucht er in der
Erntezeit, so ist nichts da.
5 Ein tiefes Wasser sind die Pläne im Herzen des
Menschen, / doch der Verständige schöpft es he-
rauf.
6 Viele Menschen rühmen sich ihrer Güte, / aber
wer findet einen, auf den Verlass ist?
7 Wer als Gerechter unbescholten seinen Weg
geht: / Wohl den Kindern, die er hinterlässt.
8 Ein König auf dem Richterstuhl / sondert mit sei-
nem Scharfblick alles Böse aus.
9 Wer kann sagen: Ich habe mein Herz geläutert, /
rein bin ich von meiner Sünde?
10 Zweierlei Gewicht und zweierlei Maß, / beide
sind dem Herrn ein Gräuel.
11 An seinem Treiben lässt schon der Knabe erken-
nen, / ob sein Tun lauter und redlich sein wird.
12 Das Ohr, das hört, und das Auge, das sieht, / der
Herr hat sie beide geschaffen.
13 Liebe nicht den Schlaf, damit du nicht arm
wirst; / halte deine Augen offen und du hast Brot
genug.
14 Schlecht, schlecht, sagt der Käufer; / geht er aber
weg, so rühmt er sich.
15 Gold gibt es und viele Perlen, / ein kostbarer
Schmuck aber sind verständige Lippen.
16 Nimm ihm das Kleid, denn er hat für einen
andern gebürgt, / fremder Leute wegen pfände bei
ihm!
17 Süß schmeckt dem Menschen das Brot der
Lüge, / hernach aber füllt sich sein Mund mit Kie-
seln.
18 Pläne kommen durch Beratung zustande. / Da-
rum führe den Kampf mit Überlegung!
19 Geheimnisse verrät, wer als Verleumder umher-
geht. / Darum lass dich nicht ein mit einem
Schwätzer!
20 Wer seinem Vater flucht und seiner Mutter, / des-
sen Lampe erlischt zur Zeit der Finsternis.
21 Ein Besitz, schnell errafft am Anfang, / ist nicht
gesegnet an seinem Ende.
22 Sag nicht: Ich will das Böse vergelten. / Vertrau
auf den Herrn, er wird dir helfen.
23 Ein Gräuel ist dem Herrn zweierlei Gewicht, /
eine falsche Waage ist nicht recht.
24 Der Herr lenkt die Schritte eines jeden. / Wie
könnte der Mensch seinen Weg verstehen?
25 Eine Falle ist es, unbedacht zu rufen: Geweiht!, /
und erst nach dem Gelübde zu überlegen.
26 Ein weiser König sondert die Frevler aus / und
vergilt ihnen ihre Untat.
27 Der Herr wacht über den Atem des Menschen, /
er durchforscht alle Kammern des Leibes.
28 Güte und Treue behüten den König, / er stützt
seinen Thron durch Güte.
29 Der Ruhm der Jungen ist ihre Kraft, / die Zier der
Alten ihr graues Haar.
30 Blutige Striemen läutern den Bösen / und
Schläge die Kammern des Leibes.

1: 23,29–35; Sir 31,25–30 • 2: 16,14; 19,12 • 8: 20,26 • 10: 16,11 •
13: 6,6–11 • 16: 27,13 • 19: 11,13 • 22: Sir 28,1–6; Röm 12,17–21 •
23: 16,11 • 25: Ri 11,29–40 • 28: Ps 61,8

21 Wie ein Wasserbach ist das Herz des
Königs in der Hand des Herrn; / er lenkt
es, wohin er will.
2 Jeder meint, sein Verhalten sei richtig, / doch der
Herr prüft die Herzen.
3 Gerechtigkeit üben und Recht / ist dem Herrn lie-
ber als Schlachtopfer.
4 Hoffart der Augen, Übermut des Herzens – / die
Leuchte der Frevler versagt.
5 Die Pläne des Fleißigen bringen Gewinn, / doch
der hastige Mensch hat nur Mangel.

6 Wer Schätze erwirbt mit verlogener Zunge, / jagt
nach dem Wind, er gerät in die Schlingen des Todes.
7 Gewalttat reißt die Frevler hinweg, / denn sie wei-
gern sich, das Rechte zu tun.
8 Der Weg des Unehrlichen ist gewunden, / aber
das Tun des Lauteren ist gerade.
9 Besser in einer Ecke des Daches wohnen / als eine
zänkische Frau im gemeinsamen Haus.
10 Das Verlangen des Frevlers geht nach dem
Bösen, / sein Nächster findet bei ihm kein Erbar-
men.
11 Muß der Zuchtlose büßen, / so wird der Uner-
fahrene weise, / belehrt man den Weisen, so nimmt
er Einsicht an.
12 Der Gerechte handelt klug am Haus des Frev-
lers, / wenn er die Frevler ins Unheil stürzt.
13 Wer sein Ohr verschließt vor dem Schreien des
Armen, / wird selbst nicht erhört, wenn er um
Hilfe ruft.
14 Eine heimliche Gabe besänftigt den Zorn, / ein
Geschenk aus dem Gewandbausch den heftigen
Grimm.
15 Der Gerechte freut sich, wenn Recht geschieht, /
doch den Übeltäter versetzt das in Schrecken.
16 Wer abirrt vom Weg der Einsicht, / wird bald in
der Versammlung der Totengeister ruhen.
17 Der Not verfällt, wer Vergnügen liebt, / wer Wein
und Salböl liebt, wird nicht reich.
18 Für den Gerechten dient der Frevler als Löse-
geld, / anstelle des Redlichen der Treulose.
19 Besser in der Wüste hausen / als Ärger mit einer
zänkischen Frau.
20 Ein kostbarer Schatz ist in der Wohnung des
Weisen, / aber ein törichter Mensch vergeudet ihn.
21 Wer nach Gerechtigkeit und Güte strebt, / findet
Leben und Ehre.
22 Der Weise ersteigt die Stadt der Mächtigen / und
stürzt das Bollwerk, auf das sie vertraut.
23 Wer seinen Mund und seine Zunge behütet, / der
behütet sein Leben vor Drangsal.
24 Der Freche und Stolze, einen Zuchtlosen nennt
man ihn, / er handelt in maßlosem Übermut.
25 Den Faulen bringt sein Begehren um, / denn zu
arbeiten weigern sich seine Hände;
26 den ganzen Tag begehrt er voll Gier, / der Ge-
rechte aber gibt, ohne zu geizen.
27 Das Opfer der Frevler ist (dem Herrn) ein
Gräuel, / zumal wenn es in schlechter Absicht dar-
gebracht wird.
28 Ein falscher Zeuge geht zugrunde, / wer aber zu
hören versteht, redet erfolgreich.
29 Der Frevler zeigt Trotz in seiner Miene, / der
Redliche ordnet seine Wege.
30 Keine Weisheit gibt es, keine Einsicht, / keinen
Rat gegenüber dem Herrn.
31 Das Ross wird gerüstet für den Tag der Schlacht, /
doch der Sieg steht beim Herrn.

2: 16,2 • 3: Ps 51,18f; Hos 6,6 • 9: 25,24 • 11: 19,25 • 14: 17,23 •
22: 24,5; Koh 9,14–18 • 27: 15,8 • 28: 19,5.9

22 Guter Ruf ist kostbarer als großer Reich-
tum, / hohes Ansehen besser als Silber
und Gold.
2 Reiche und Arme begegnen einander, / doch der
Herr hat sie alle erschaffen.
3 Der Kluge sieht das Unheil und verbirgt sich, / die
Unerfahrenen laufen weiter und müssen es büßen.
4 Der Lohn für Demut und Gottesfurcht / ist
Reichtum, Ehre und Leben.
5 Dornen und Schlingen liegen auf dem Weg des
Falschen; / wer sein Leben behütet, bleibt ihnen
fern.
6 Erzieh den Knaben für seinen Lebensweg, / dann
weicht er auch im Alter nicht davon ab.
7 Der Reiche hat die Armen in seiner Gewalt, / der
Schuldner ist seines Gläubigers Knecht.
8 Wer Unrecht sät, erntet Unheil, / der Stecken sei-
nes Übermuts versagt.
9 Wer ein gütiges Auge hat, wird gesegnet, / weil er
den Armen von seinem Brot gibt.
10 Vertreib den Zuchtlosen, so schwindet der
Zank, / Streiten und Schimpfen hören auf.
11 Wer die Lauterkeit des Herzens liebt – / wegen
seiner gefälligen Rede wird der König sein Freund.
12 Die Augen des Herrn behüten den Einsichtigen, /
das Gerede des Verräters bringt er zu Fall.
13 Der Faule sagt: Ein Löwe ist draußen, / mitten
auf der Straße käme ich ums Leben.
14 Der Mund fremder Frauen ist eine tiefe Grube; /
wem der Herr zürnt, der fällt hinein.
15 Steckt Torheit im Herzen des Knaben, / die Rute
der Zucht vertreibt sie daraus.
16 Wer den Armen bedrückt, macht ihn reich, / wer
dem Reichen gibt, macht ihn arm.

2: 29,13 • 3: 27,12 • 13: 26,13

DIE WORTE VON WEISEN: 22,17 – 24,33

Eine Sprichwörtersammlung
[17] Worte von Weisen:
Neige mir dein Ohr zu und hör auf meine Worte, /
nimm dir meine Lehren zu Herzen!
[18] Schön ist es, wenn du sie in deinem Innern
bewahrst; / sie mögen fest wie ein Zeltpflock auf
deinen Lippen haften.
[19] Damit dein Vertrauen auf dem Herrn steht, /
lehre ich dich heute seinen Weg.
[20] Habe ich nicht dreißig Sätze für dich aufge-
schrieben / als wissenswerte Ratschläge,
[21] um dir verlässliche Worte mitzuteilen, / damit
du deinem Auftraggeber antworten kannst?
[22] Beraube den Schwachen nicht, denn er ist ja so
schwach, / zertritt den Armen nicht am Tor!
[23] Denn der Herr führt den Rechtsstreit für sie /
und raubt denen das Leben, die sie berauben.
[24] Befreunde dich nicht mit dem Jähzornigen, /
verkehre nicht mit einem Hitzkopf,
[25] damit du dich nicht an seine Pfade gewöhnst /
und dir eine Schlinge legst für dein Leben.
[26] Sei nicht unter denen, die sich durch Handschlag
verpflichten, / die Bürgschaft leisten für Schulden;
[27] wenn du nicht zahlen kannst, / nimmt man dein
Bett unter dir weg.
[28] Verschieb nicht die alte Grenze, / die deine Väter
gesetzt haben.
[29] Siehst du einen, der gewandt ist in seinem Be-
ruf: / vor Königen wird er dienen. / [Nicht wird er
vor Niedrigen dienen.]

23 Wenn du zu Tisch sitzt bei einem Herr-
scher, / so achte nur auf das, was vor dir
steht.
[2] Setz ein Messer an deine Kehle, / wenn du ein gie-
riger Mensch bist.
[3] Sei nicht begierig auf seine Leckerbissen, / sie
sind eine trügerische Speise.
[4] Müh dich nicht ab, um Reichtum zu erwerben /
und dabei deine Einsicht aufzugeben.
[5] Flüchtig ist er; schaust du nach ihm, ist er weg; /
plötzlich macht er sich Flügel und fliegt wie ein
Adler zum Himmel.
[6] Iss nicht das Brot des Geizigen, / sei nicht begie-
rig auf seine Leckerbissen!
[7] Denn sie schmecken in der Kehle wie etwas Ekli-
ges. / Er sagt zu dir: Iss und trink!, / doch sein Herz
ist dir nicht zugetan.
[8] Den Bissen, den du gegessen hast, musst du
erbrechen / und deine freundlichen Worte hast du
vergeudet.
[9] Rede nicht vor den Ohren eines Törichten, / denn
er missachtet deine klugen Worte.
[10] Verschieb nicht die alte Grenze, / dring nicht in
die Felder der Waisen vor!
[11] Denn ihr Anwalt ist mächtig, / er wird ihre Sache
gegen dich führen.

22,23: Jes 1,17f • 26: 6,1–5; 20,16 • 28: 23,10 • 23,1–13: Sir 31,12–21 •
10: 22,28

Mahnungen
[12] Öffne dein Herz für die Zucht, / dein Ohr für
verständige Reden!
[13] Erspar dem Knaben die Züchtigung nicht; /
wenn du ihn schlägst mit dem Stock, wird er nicht
sterben.
[14] Du schlägst ihn mit dem Stock, / bewahrst aber
sein Leben vor der Unterwelt.
[15] Mein Sohn, wenn dein Herz weise ist, / so freut
sich auch mein eigenes Herz.
[16] Mein Inneres ist voll Jubel, / wenn deine Lippen
reden, was recht ist.
[17] Dein Herz ereifere sich nicht wegen der Sünder, /
sondern eifere stets nach Gottesfurcht!
[18] Denn sicher gibt es eine Zukunft, / deine Hoff-
nung wird nicht zerschlagen.
[19] Höre, mein Sohn, und sei weise, / lenk dein Herz
auf geraden Weg!
[20] Gesell dich nicht zu den Weinsäufern, / zu sol-
chen, die im Fleischgenuß schlemmen;
[21] denn Säufer und Schlemmer werden arm, /
Schläfrigkeit kleidet in Lumpen.
[22] Hör auf deinen Vater, der dich gezeugt hat, / ver-
achte deine Mutter nicht, wenn sie alt wird.
[23] Erwirb dir Wahrheit und verkauf sie nicht
mehr: / Weisheit, Zucht und Einsicht!
[24] Laut jubelt der Vater des Gerechten; / wer einen
weisen Sohn hat, kann sich über ihn freuen.
[25] Deine Eltern mögen sich freuen; / jubeln möge
die Mutter, die dich gebar.

26 Gib mir dein Herz, mein Sohn, / deine Augen
mögen an meinen Wegen Gefallen finden;
27 denn die Ehebrecherin ist eine tiefe Grube, / die
fremde Frau ein enger Brunnen.
28 Ja, wie ein Räuber lauert sie auf / und mehrt die
Verräter unter den Menschen.
29 Wer hat Ach? Wer hat Weh? / Wer Gezänk? Wer
Klage? / Wer hat Wunden wegen nichts? / Wer trübe
Augen?
30 Jene, die bis in die Nacht beim Wein sitzen, / die
kommen, um den Mischwein zu probieren.
31 Schau nicht nach dem Wein, / wie er rötlich
schimmert, / wie er funkelt im Becher: / Er trinkt
sich so leicht!
32 Zuletzt beißt er wie eine Schlange, / verspritzt
Gift gleich einer Viper.
33 Deine Augen sehen seltsame Dinge, / dein Herz
redet wirres Zeug.
34 Du bist wie einer, der auf hoher See schläft, / der
einschläft über dem Steuer des Schiffes.
35 Man hat mich geschlagen, doch es tat mir nicht
weh, / man hat mich gehauen, aber ich habe nichts
gespürt.
Wann wache ich auf? / Von neuem will ich zum
Wein greifen.

13: 13,24; 19,18; 22,15; 29,15.17; Sir 30,1–13 • 18: 24,14 • 21: Sir 18,33 •
22: 1,8; 30,17; Sir 3,1–16 • 23: 4,7 • 27: 22,14 • 28: 7,12 • 30: 20,1

Lebensregeln

24 Sei nicht neidisch auf böse Menschen, /
such keinen Umgang mit ihnen!
2 Denn ihr Herz sinnt auf Gewalttat, / Unheil reden
ihre Lippen.
3 Durch Weisheit wird ein Haus gebaut, / durch
Umsicht gewinnt es Bestand.
4 Durch Klugheit werden die Kammern gefüllt /
mit allerlei wertvollen, köstlichen Gütern.
5 Der Weise ist dem Starken überlegen, / ein ver-
ständiger Mensch dem robusten.
6 Denn durch Überlegung gewinnst du den
Kampf, / viele Ratgeber verhelfen zum Sieg.
7 Zu hoch hängt dem Toren die Weisheit, / am Tor
tut er den Mund nicht auf.
8 Wer stets darauf aus ist, Böses zu tun, / den nennt
man einen Ränkeschmied.
9 Das Trachten des Toren ist Sünde, / der Zuchtlose
ist den Menschen ein Gräuel.
10 Zeigst du dich lässig am Tag der Bedrängnis, / so
wird auch deine Kraft bedrängt.
11 Befrei jene, die man zum Tod schleppt; / die zur
Hinrichtung wanken, rette sie doch!
12 Wolltest du sagen: Gott weiß von uns nichts; – /
hat er, der die Herzen prüft, keine Kenntnis? / Hat
er, der über dich wacht, kein Wissen?
Ja, er vergilt jedem Menschen, / wie sein Tun es
verdient.
13 Iss Honig, mein Sohn, denn er ist gut, / Waben-
honig ist süß für den Gaumen.
14 Wisse: Genauso ist die Weisheit für dich. / Fin-
dest du sie, dann gibt es eine Zukunft, / deine
Hoffnung wird nicht zerschlagen.
15 Belaure nicht frevlerisch die Wohnung des Ge-
rechten, / zerstöre sein Ruhelager nicht!
16 Denn siebenmal fällt der Gerechte und steht
wieder auf, / doch die Frevler stürzen ins Unglück.
17 Freu dich nicht über den Sturz deines Feindes, /
dein Herz juble nicht, wenn er strauchelt,
18 damit nicht der Herr es sieht und missbilligt /
und seinen Zorn von ihm abwendet.
19 Erhitz dich nicht wegen der Übeltäter, / ereifere
dich nicht wegen der Frevler!
20 Denn für den Bösen gibt es keine Zukunft, / die
Lampe der Frevler erlischt.
21 Fürchte den Herrn, mein Sohn, und den König; /
mit diesen beiden überwirf dich nicht!
22 Denn plötzlich geht von ihnen Verderben aus /
und unvermutet kommt Unheil von beiden.

1: Ps 37,1 • 5: 21,22 • 6: 11,14; 20,18 • 16: Ps 37,24 • 21: 1 Petr 2,17

Weisheitssprüche

23 Auch folgende Sprichwörter stammen von Wei-
sen: / Im Gericht auf die Person sehen ist nicht
recht.
24 Wer zum Schuldigen sagt: Unschuldig bist du!, /
den verfluchen die Menschen, / verwünschen die
Leute.
25 Denen aber, die entscheiden, wie es recht ist, geht
es gut; / über sie kommt Segen und Glück.
26 Einen Kuss auf die Lippen gibt, / wer richtig ant-
wortet.
27 Nimm draußen deine Arbeit auf und bestell dein
Feld, / danach gründe deinen Hausstand!
28 Tritt gegen deinen Nächsten nicht als falscher
Zeuge auf, / betrüge nicht mit deinen Worten!

29 Sag nicht: Wie er mir getan hat, / so will ich auch
ihm tun, / einem jedem will ich vergelten, / wie es
seine Taten verdienen.
30 Am Acker eines Faulen ging ich vorüber, / am
Weinberg eines unverständigen Menschen:
31 Sieh da, er war ganz überwuchert von Disteln, /
seine Fläche mit Unkraut bedeckt, / seine Stein-
mauer eingerissen.
32 Ich sah es und machte mir meine Gedanken, /
ich betrachtete es und zog die Lehre daraus:
33 Noch ein wenig schlafen, noch ein wenig
schlummern, / noch ein wenig die Arme ver-
schränken, um auszuruhen.
34 Da kommt schon die Armut wie ein Strolch über
dich, / die Not wie ein zudringlicher Bettler.

23: 28,21 • 28: Ex 20,16; Dtn 5,20 • 29: 20,22 • 33–34: 6,10f

DIE ZWEITE SALOMONISCHE SPRUCHSAMMLUNG: 25,1 – 29,27

25 Auch das sind Sprichwörter Salomos, die
die Männer Hiskijas, des Königs von Juda,
sammelten.
2 Gottes Ehre ist es, eine Sache zu verhüllen, / des
Königs Ehre ist es, eine Sache zu erforschen.
3 Der Himmel so hoch und die Erde so tief / und
das Herz des Königs: sie sind nicht zu erforschen.
4 Scheidet man die Schlacken vom Silber, / gelingt
dem Feinschmied das Gefäß.
5 Scheidet man den Frevler vom König, / erlangt
dessen Thron Bestand durch Gerechtigkeit.
6 Rühme dich nicht vor dem König / und stell dich
nicht an den Platz der Großen;
7 denn besser, man sagt zu dir: Rück hier herauf, /
als dass man dich nach unten setzt wegen eines
Vornehmen. / Was deine Augen sahen, / 8 bring es
nicht übereilt als Streitfall vor; / denn was willst du
später tun, / wenn dein Nächster dich bloßstellt?
9 Trag deinen Streit mit deinem Nächsten aus, /
doch verrate nicht das Geheimnis eines andern,
10 sonst wird dich schmähen, wer es hört, / und
dein Geschwätz wird auf dich zurückfallen.
11 Wie goldene Äpfel auf silbernen Schalen / ist ein
Wort, gesprochen zur rechten Zeit.
12 Wie ein goldener Ring und Schmuck aus Fein-
gold / ist ein weiser Mahner für ein Ohr, das zu-
hört.
13 Wie kühlender Schnee an einem Sommertag / ist
ein verlässlicher Bote für den, der ihn sendet; / er
erquickt die Seele seines Herrn.
14 Aufziehende Wolken mit Wind, doch kein Re-
gen, / so ist ein Mann, der Versprechungen macht
und nicht hält.
15 Mit Geduld wird ein Vorgesetzter umgestimmt, /
sanfte Zunge bricht Knochen.
16 Findest du Honig, iss nur, so viel dir bekommt, /
sonst wirst du ihn satt und erbrichst ihn.
17 Mach dich rar im Haus deines Nächsten, / sonst
wird er dich satt und verabscheut dich.
18 Keule und Schwert und scharfer Pfeil: / das ist
einer, der falsch aussagt / gegen seinen Nächsten.
19 Schlechter Zahn und stolpernder Fuß: / der Ver-
räter am Tag der Not.
20 Essig auf Laugensalz – / (so ist,) wer Lieder singt
vor einem missmutigen Herzen.
[Wie die Motte am Kleid, der Wurm im Holz, / so
nagt der Kummer am Herzen des Menschen.]
21 Hat dein Feind Hunger, gib ihm zu essen, / hat
er Durst, gib ihm zu trinken;
22 so sammelst du glühende Kohlen auf sein
Haupt / und der Herr wird es dir vergelten.
23 Der Nordwind bringt Regen, / eine heimtücki-
sche Zunge zornige Gesichter.
24 Besser in einer Ecke des Daches wohnen / als eine
zänkische Frau im gemeinsamen Haus.
25 Kühles Wasser für eine durstige Kehle / ist eine
gute Nachricht aus fernem Land.
26 Ein getrübter Brunnen, ein verschütteter Quell /
ist ein Gerechter, der vor dem Frevler wankt.
27 Zu viel Honig essen ist nicht gut: / Ebenso spare
mit ehrenden Worten!
28 Eine Stadt mit eingerissener Mauer / ist ein
Mann, der sich nicht beherrscht.

2: 16,10 • 5: 16,12 • 6: Sir 13,9f • 7: Lk 14,7–11 • 11: 15,23 •
21: Röm 12,20 • 24: 21,9

26 Wie Schnee im Sommer und Regen zur
Erntezeit, / so unpassend ist Ehre für
einen Toren.
2 Wie der Spatz wegflattert und die Schwalbe

davonfliegt, / so ist ein unverdienter Fluch; er trifft
nicht ein.
3 Dem Pferd die Peitsche, dem Esel den Zaum, /
dem Rücken der Toren den Stock.
4 Antworte dem Toren nicht, wie es seine Dumm-
heit verdient, / damit nicht auch du ihm gleich
wirst.
5 Antworte dem Toren, wie es seine Dummheit
verdient, / damit er sich nicht einbildet, ein Wei-
ser zu sein.
6 Die Füße haut sich ab, Schaden muss leiden, / wer
Botschaft sendet durch einen Toren.
7 Schlaff wie die Schenkel des Lahmen / ist ein
Weisheitsspruch im Mund der Toren.
8 Den Stein bindet in der Schleuder fest, / wer
einem Toren Ehre erweist.
9 Ein Dornzweig geriet in die Hand eines Betrun-
kenen: / ein Weisheitsspruch in den Mund der
Toren.
10 Ein Schütze, der alle verwundet – / ein Tor und
ein Betrunkener, wenn sie vorübergehen.
11 Wie ein Hund, der zurückkehrt zu dem, was er
erbrochen hat, / so ist ein Tor, der seine Dumm-
heit wiederholt.
12 Siehst du jemand, der sich selbst für weise hält – /
mehr Hoffnung gibt es für den Toren als für ihn.
13 Der Faule sagt: Ein Löwe ist auf dem Weg, / ein
Raubtier ist auf den Straßen.
14 Die Tür dreht sich in ihrer Angel / und der Faule
in seinem Bett.
15 Greift der Faule mit der Hand in die Schüssel, /
ist er zu träg, sie zum Mund zurückzubringen.
16 Der Faule hält sich selbst für weiser / als sieben,
die klug antworten können.
17 Einen vorbeilaufenden Hund packt bei den
Ohren, / wer sich in einen Streit mischt, der ihn
nichts angeht.
18 Wie ein Verrückter, der Brandpfeile schleudert, /
Pfeile und tödliche Waffen,
19 so ist einer, der seinen Nächsten täuscht / und
dazu sagt: Ich mach doch nur Spaß.
20 Ist kein Holz mehr da, erlischt das Feuer; / wo
kein Verleumder ist, legt sich der Streit.
21 Wie Kohlen die Glut und Holz das Feuer, / so
schürt ein zänkischer Mensch den Streit.
22 Die Worte des Verleumders sind wie Leckerbis-
sen, / sie gleiten hinab in die Kammern des Leibes.
23 Silberglasur über Tongeschirr – / glatte Lippen
und ein böses Herz.
24 Mit seinen Reden verstellt sich der Gehässige, /
doch in seinem Herzen ist er voll Tücke.
25 Klingt seine Stimme auch freundlich, trau ihm
nicht, / denn sieben Gräuel sind in seinem Herzen.
26 Hüllt sich sein Hass auch in Heuchelei, / seine
Schlechtigkeit wird bloßgestellt in der Volksver-
sammlung.
27 Wer eine Grube gräbt, fällt selbst hinein, / wer
einen Stein hochwälzt, auf den rollt er zurück.
28 Eine verlogene Zunge führt zum Zusammen-
bruch, / ein heuchlerischer Mund verursacht den
Sturz.

3: 10,13 • 4: Sir 22,13 • 11: 2 Petr 2,22 • 12: 29,20 • 13: 22,13 •
15: 19,24 • 20: Sir 28,10–12 • 22: 18,8 • 27: Ps 7,16; Sir 27,25f

27 Rühme dich nicht des morgigen Tages, /
denn du weißt nicht, was der Tag gebiert.
2 Rühmen soll dich ein anderer, nicht dein eigener
Mund, / ein Fremder, nicht deine eigenen Lippen.
3 Schwer ist der Stein und eine Last ist der Sand, /
doch der Ärger mit einem Toren ist schwerer als
beide.
4 Mag der Zorn grausam sein / und überschäumend
die Wut, / wer aber besteht vor der Eifersucht?
5 Besser offener Tadel / als Liebe, die sich nicht zeigt.
6 Treu gemeint sind die Schläge eines Freundes, /
doch trügerisch die Küsse eines Feindes.
7 Der Satte tritt Honig mit Füßen, / doch dem
Hungrigen schmeckt alles Bittere süß.
8 Wie ein Vogel, der aus seinem Nest flüchtet, / so
ist ein Mensch, der aus seiner Heimat fliehen muss.
9 Salböl und Weihrauch erfreuen das Herz, / die
Herzlichkeit eines Freundes erfreut mehr als duf-
tendes Holz.
10 Deinen Freund und deines Vaters Freund gib
nicht auf, / geh nicht in das Haus deines Bruders,
wenn du in Not bist.
Besser ein Nachbar in der Nähe / als ein Bruder in
der Ferne.
11 Sei weise, mein Sohn, und erfreue mein Herz, /
damit ich dem antworten kann, der mich be-
schimpft.
12 Der Kluge sieht das Unheil und verbirgt sich, /
die Unerfahrenen laufen weiter und müssen es
büßen.

13 Nimm ihm das Kleid; / denn er hat für einen andern gebürgt, / fremder Leute wegen pfände bei ihm!

14 Wer seinen Nächsten zu laut begrüßt, / dem wird es frühmorgens als Verwünschung ausgelegt.

15 Ein ständig tropfendes Dach in der Regenzeit / und eine zänkische Frau gleichen einander.

16 Wer sie fest hält, hält den Wind fest / und seine Hand greift nach Öl.

17 Eisen wird an Eisen geschliffen; / so schleift einer den Charakter des andern.

18 Wer einen Feigenbaum pflegt, wird seine Frucht essen, / wer auf seinen Herrn Acht gibt, wird geehrt.

19 Wie Wasser ein Spiegel ist für das Gesicht, / so ist das Herz des Menschen ein Spiegel für den Menschen.

20 Unterwelt und Totenreich sind unersättlich / und unersättlich sind die Augen des Menschen.

21 Der Schmelztiegel prüft das Silber, der Ofen das Gold, / der Mensch aber wird geprüft im Urteil dessen, der ihn lobt.

22 Zerstampfst du den Toren auch mit dem Stößel, / [im Mörser zwischen den Körnern,] / seine Torheit weicht nicht von ihm.

23 Kümmere dich um das Aussehen deiner Schafe / und sorge für deine Herden;

24 denn Besitz bleibt nicht für ewig / und Reichtum nicht für alle Zeit.

25 Kommt das Gras hervor, erscheint das Grün, / sammelt man die Kräuter auf den Bergen,

26 dann gibt es Lämmer für deine Kleidung, / Böcke als Kaufpreis für Äcker

27 und genug Ziegenmilch für dich als Nahrung, / als Nahrung für dein Haus / [und Lebensunterhalt für deine Mägde].

1: Lk 12,19f • 3: Sir 22,15 • 11: Ps 119,42 • 12: 22,3 • 13: 20,16 • 15: 19,13 • 20: 30,15f; Jes 5,14

28 Der Frevler flieht, auch wenn ihn keiner verfolgt, / der Gerechte fühlt sich sicher wie ein Löwe.

2 Durch seine Frevel bekommt ein Land viele Herrscher, / durch einen verständigen, einsichtsvollen Mann erhält die Ordnung Bestand.

3 Ein Vornehmer, der die Armen unterdrückt, / ist wie Regen, der alles wegschwemmt und kein Brot bringt.

4 Wer die Lehre preisgibt, rühmt den Frevler, / wer die Lehre beachtet, bekämpft ihn.

5 Böse Menschen verstehen nicht, was recht ist, / die aber, die den Herrn suchen, verstehen alles.

6 Besser ein Armer, der schuldlos seinen Weg geht, / als ein Reicher, der krumme Wege geht.

7 Wer sich an die Lehre hält, ist ein verständiger Sohn, / wer mit Verschwendern umgeht, macht seinem Vater Schande.

8 Wer sein Vermögen durch Zins und Aufschlag vermehrt, / sammelt für den, der Erbarmen hat mit den Armen.

9 Wendet einer sein Ohr ab, um die Lehre nicht zu hören, / dann ist sogar sein Gebet ein Gräuel.

10 Wer Rechtschaffene irreführt auf einen bösen Weg, / der fällt in seine eigene Grube; / die Schuldlosen aber erlangen Gutes.

11 Der Reiche hält sich selbst für klug, / doch ein verständiger Armer durchschaut ihn.

12 Haben Gerechte die Oberhand, gibt es glanzvolle Zeiten, / erheben sich die Frevler, verstecken sich die Menschen.

13 Wer seine Sünden verheimlicht, hat kein Glück, / wer sie bekennt und meidet, findet Erbarmen.

14 Wohl dem Menschen, der stets Gott fürchtet; / wer aber sein Herz verhärtet, fällt ins Unglück.

15 Ein grollender Löwe, ein gieriger Bär – / ein frevelhafter Herrscher über ein schwaches Volk.

16 Mancher Fürst ist klein an Verstand und groß als Unterdrücker; / wer Ausbeutung hasst, hat ein langes Leben.

17 Ein Mensch, auf dem Blutschuld lastet, / ist flüchtig bis zum Grab; man halte ihn nicht.

18 Wer schuldlos seinen Weg geht, dem wird geholfen, / wer krumme Wege geht, fällt in die Grube.

19 Wer sein Feld bestellt, wird satt von Brot, / wer nichtigen Dingen nachjagt, wird satt von Armut.

20 Ein ehrlicher Mensch erntet vielfachen Segen, / wer aber hastet, um sich zu bereichern, bleibt nicht ungestraft.

21 Auf die Person sehen ist nicht recht, / für einen Bissen Brot wird mancher zum Verbrecher.

22 Nach Reichtum giert ein neidischer Mensch / und bedenkt nicht, dass Mangel über ihn kommen wird.

23 Wer einen andern zurechtweist, / findet schließlich Dank, / mehr als der Schmeichler.

24 Wer Vater oder Mutter beraubt / und meint, er tue kein Unrecht, / macht sich zum Genossen des Mörders.
25 Der Habgierige erregt Streit, / wer auf den Herrn vertraut, wird reichlich gelabt.
26 Wer auf seinen eigenen Verstand vertraut, ist ein Tor, / wer in Weisheit seinen Weg geht, wird gerettet.
27 Wer dem Armen gibt, hat keinen Mangel, / wer seine Augen verschließt, wird viel verflucht.
28 Erheben sich die Frevler, dann verbergen sich die Menschen, / gehen sie zugrunde, dann kommen die Gerechten an die Macht.

5: 1 Kor 2,14 • 6: 19,1 • 8: Ex 22,24 • 12: 28,28; 29,2 • 13: Ps 32,2–5 • 17: Gen 4,12 • 19: 12,11 • 20: Sir 11,10f • 21: 24,23 • 24: 18,9 • 28: 28,12

29 Wer bei Tadel halsstarrig bleibt, / wird plötzlich zerschmettert / und es gibt keine Heilung.
2 Kommen die Gerechten an die Macht, dann freut sich das Volk, / herrscht der Frevler, dann stöhnt das Volk.
3 Wer Weisheit liebt, erfreut seinen Vater; / wer mit Dirnen verkehrt, verschleudert das Vermögen.
4 Ein König richtet das Land auf durch Pflege des Rechts, / wer Abgaben erpresst, zerstört es.
5 Wer seinem Nächsten schmeichelt, / breitet ihm ein Netz vor die Füße.
6 In Sünde verstrickt sich der Böse, / doch der Gerechte jubelt und freut sich.
7 Der Gerechte hat Verständnis für den Rechtsstreit der Armen, / der Frevler aber kennt kein Verständnis.
8 Hetzer bringen eine Stadt in Aufruhr, / Weise beschwichtigen die Erregung.
9 Rechtet ein Weiser mit einem Toren, / tobt dieser und lacht und gibt keine Ruhe.
10 Mörder hassen den Schuldlosen, / Rechtschaffene bemühen sich um sein Leben.
11 Ein Tor lässt seiner ganzen Erregung freien Lauf, / aber ein Weiser hält sie zurück.
12 Achtet ein Herrscher auf Lügen, / werden alle seine Beamten zu Schurken.
13 Der Arme und der Ausbeuter begegnen einander, / der Herr gibt beiden das Augenlicht.
14 Spricht ein König den Geringen zuverlässig Recht, / hat sein Thron für immer Bestand.
15 Rute und Rüge verleihen Weisheit, / ein zügelloser Knabe macht seiner Mutter Schande.
16 Herrschen die Frevler, dann herrscht die Sünde, / doch die Gerechten erleben ihren Sturz.
17 Züchtige deinen Sohn, so wird er dir Verdruss ersparen / und deinem Herzen Freude machen.
18 Ohne prophetische Offenbarung verwildert das Volk; / wohl ihm, wenn es die Lehre bewahrt.
19 Durch Worte wird kein Sklave gebessert, / er versteht sie wohl, aber kehrt sich nicht daran.
20 Siehst du einen, der eilfertig ist im Reden, / mehr Hoffnung gibt es für den Toren als für ihn.
21 Ein Sklave, verwöhnt von Jugend an, / wird am Ende widerspenstig.
22 Ein aufbrausender Mensch erregt Streit, / ein Jähzorniger begeht viele Sünden.
23 Hochmut erniedrigt den Menschen, / doch der Demütige kommt zu Ehren.
24 Wer mit dem Dieb teilt, hasst sich selbst, / er hört die Verfluchung, doch er macht keine Anzeige.
25 Die Angst des Menschen führt ihn in die Falle; / wer auf den Herrn vertraut, ist gesichert.
26 Viele suchen die Gunst des Herrschers, / aber das Recht kommt für alle vom Herrn.
27 Der Übeltäter ist den Gerechten ein Gräuel. / Der Rechtschaffene ist für den Frevler ein Gräuel.

2: 28,12.28 • 4: 29,14 • 7: Jes 1,17f • 8: Sir 28,14 • 13: 22,2 • 15: 13,24; 22,15; 23,13; Sir 30,1 • 20: 26,12

DIE WORTE AGURS: 30,1–14

30 Worte Agurs, des Sohnes des Jake aus Massa.
Spruch des Mannes Laïtiël: / Ich mühte mich ab mit Gott und bin am Ende.
2 Denn ich bin zu dumm für einen Menschen, / ich habe keinen Menschenverstand,
3 ich habe keine Weisheit gelernt / und keine Kenntnis des Heiligen erlangt.

4 Wer stieg zum Himmel hinauf und kam wieder
herab? / Wer sammelte den Wind in seine Fäuste? /
Wer band das Wasser in ein Gewand? / Wer setzte
fest alle Enden der Erde? / Wie ist sein Name und
wie der Name seines Sohnes, wenn du es weißt?
5 Jede Rede Gottes ist im Feuer geläutert; / ein
Schild ist er für alle, die bei ihm sich bergen.
6 Füg seinen Worten nichts hinzu, / sonst überführt er dich und du stehst als Lügner da.
7 Um zweierlei bitte ich dich, / versag es mir nicht,
bevor ich sterbe:
8 Falschheit und Lügenwort halt fern von mir; / gib
mir weder Armut noch Reichtum, / nähr mich mit
dem Brot, das mir nötig ist,
9 damit ich nicht, satt geworden, dich verleugne /
und sage: Wer ist denn der Herr?,
damit ich nicht als Armer zum Dieb werde / und
mich am Namen meines Gottes vergreife.
10 Verleumde nicht den Knecht bei seinem Herrn, /
sonst verflucht er dich und du musst es büßen.
11 Ein Geschlecht, das seinem Vater flucht / und
seine Mutter nicht segnet;
12 ein Geschlecht, das rein ist in den eigenen Augen, / doch nicht gewaschen von seinem Schmutz;
13 ein Geschlecht – wie überheblich sind seine
Augen / und wie hochmütig seine Wimpern;
14 ein Geschlecht, dessen Zähne Schwerter / und
dessen Gebiss Messer sind, / um die Notleidenden
aus dem Land wegzufressen / und die Armen weg
aus der Menschheit.

3: 9,10 • 4: Ijob 38,1–35 • 5: Ps 18,31 • 9: Sir 5,1–3

DIE ZAHLENSPRÜCHE: 30,15–33

15 Der Blutegel hat zwei Töchter: Gib! – Gib!
Drei sind es, die nie satt werden, / vier sagen nie:
Genug:
16 Die Unterwelt und der unfruchtbare Mutterschoß, / die Erde, die nicht satt wird an Wasser, /
und das Feuer, das nie sagt: Genug!
17 Ein Auge, das den Vater verspottet / und die alte
Mutter verachtet, / das hacken die Raben am Bach
aus, / die jungen Adler fressen es auf.
18 Drei Dinge sind mir unbegreiflich, / vier vermag
ich nicht zu fassen:
19 den Weg des Adlers am Himmel, / den Weg der
Schlange über den Felsen, / den Weg des Schiffes
auf hoher See, / den Weg des Mannes bei der jungen Frau.
20 So benimmt sich die ehebrecherische Frau: / Sie
isst, wischt sich den Mund / und sagt: Ich habe
nichts Böses getan.
21 Unter dreien erzittert das Land, / unter vieren
wird es ihm unerträglich:
22 unter einem Sklaven, wenn er König wird, / und
einem Toren, wenn er Brot im Überfluss hat,
23 unter einer Verschmähten, wenn sie geheiratet
wird, / und einer Sklavin, wenn sie ihre Herrin verdrängt.
24 Vier sind die Kleinsten auf Erden / und sind
doch die Allerklügsten:
25 Die Ameisen sind kein starkes Volk / und besorgen sich doch im Sommer ihr Futter;
26 Klippdachse sind ein Volk ohne Macht / und
doch bauen sie ihre Wohnung im Fels;
27 die Heuschrecken haben keinen König / und
doch schwärmen sie alle geordnet aus;
28 Eidechsen fängst du mit der Hand / und doch
wohnen sie in Königspalästen.
29 Drei sind es, die stolz einherschreiten, / vier
haben einen stolzen Gang:
30 der Löwe, der Held unter den Tieren, / der vor
keinem umkehrt;
31 der Hahn, der einherstolziert, und der Leitbock /
und der König, wenn er vor seinem Volk auftritt
wie ein Gott.
32 Wenn du dich stolz erhoben und dabei blamiert
hast / oder wenn du nachdenkst – so leg die Hand
auf den Mund!
33 Denn stößt man Milch, so gibt es Butter, / stößt
man die Nase, so gibt es Blut, / stößt man den
Zorn, so gibt es Streit.

25: 6,6–8 • 26: Ps 104,18

DIE WORTE AN LEMUËL: 31,1–9

31 Worte an Lemuël, den König von Massa,
mit denen ihn seine Mutter ermahnt hat:
2 Was soll ich dir sagen, Lemuël, mein Erstgebore-
ner, / du Sohn meines Schoßes, / was, du Sohn
meiner Gelübde?
3 Gib deine Kraft nicht den Frauen hin, / dein Tun
und Treiben nicht denen, die Könige verderben.
4 Könige sollen sich nicht, Lemuël, / Könige sollen
sich nicht mit Wein betrinken, / Fürsten nicht be-
rauschenden Trank begehren.
5 Er könnte beim Trinken seine Pflicht vergessen /
und das Recht aller Notleidenden verdrehen.
6 Gebt berauschenden Trank dem, der zusammen-
bricht, / und Wein denen, die im Herzen verbittert
sind.
7 Ein solcher möge trinken und seine Armut ver-
gessen / und nicht mehr an seine Mühsal denken.
8 Öffne deinen Mund für den Stummen, / für das
Recht aller Schwachen!
9 Öffne deinen Mund, richte gerecht, / verschaff
dem Bedürftigen und Armen Recht!

2: 1 Sam 1,11 • 5: Koh 10,16

DAS LOB DER TÜCHTIGEN FRAU: 31,10–31

10 Eine tüchtige Frau, wer findet sie? / Sie übertrifft
alle Perlen an Wert.
11 Das Herz ihres Mannes vertraut auf sie / und es
fehlt ihm nicht an Gewinn.
12 Sie tut ihm Gutes und nichts Böses / alle Tage
ihres Lebens.
13 Sie sorgt für Wolle und Flachs / und schafft mit
emsigen Händen.
14 Sie gleicht den Schiffen des Kaufmanns: / Aus der
Ferne holt sie ihre Nahrung.
15 Noch bei Nacht steht sie auf, / um ihrem Haus
Speise zu geben / [und den Mägden, was ihnen
zusteht].
16 Sie überlegt es und kauft einen Acker, / vom
Ertrag ihrer Hände pflanzt sie einen Weinberg.
17 Sie gürtet ihre Hüften mit Kraft / und macht ihre
Arme stark.
18 Sie spürt den Erfolg ihrer Arbeit, / auch des
Nachts erlischt ihre Lampe nicht.
19 Nach dem Spinnrocken greift ihre Hand, / ihre
Finger fassen die Spindel.
20 Sie öffnet ihre Hand für den Bedürftigen / und
reicht ihre Hände dem Armen.
21 Ihr bangt nicht für ihr Haus vor dem Schnee; /
denn ihr ganzes Haus hat wollene Kleider.
22 Sie hat sich Decken gefertigt, / Leinen und Pur-
pur sind ihr Gewand.
23 Ihr Mann ist in den Torhallen geachtet, / wenn
er zu Rat sitzt mit den Ältesten des Landes.
24 Sie webt Tücher und verkauft sie, / Gürtel liefert
sie dem Händler.
25 Kraft und Würde sind ihr Gewand, / sie spottet
der drohenden Zukunft.
26 Öffnet sie ihren Mund, dann redet sie klug / und
gütige Lehre ist auf ihrer Zunge.
27 Sie achtet auf das, was vorgeht im Haus, / und
isst nicht träge ihr Brot.
28 Ihre Söhne stehen auf und preisen sie glücklich, /
auch ihr Mann erhebt sich und rühmt sie:
29 Viele Frauen erwiesen sich tüchtig, / doch du
übertriffst sie alle.
30 Trügerisch ist Anmut, vergänglich die Schön-
heit, / nur eine gottesfürchtige Frau verdient Lob.
31 Preist sie für den Ertrag ihrer Hände, / ihre
Werke soll man am Stadttor loben.

15: 27,27

DAS BUCH KOHELET

Das Buch Kohelet wurde um die Mitte des 3. Jahrhunderts v. Chr. geschrieben. Der Verfasser, der sich selbst Kohelet nennt, ist uns nicht bekannt. Palästina gehörte damals zum Ptolemäerreich. Es war die Zeit noch vor den hellenistischen Religionsverfolgungen und vor der nationalen Erhebung der Makkabäer. Die gebildete Oberschicht von Judäa war wohlhabend und weltoffen. Man versuchte, die Traditionen Israels mit der die Welt beherrschenden griechischen Bildung und Lebensform zu einer neuen Einheit zu verschmelzen.

Das Buch Kohelet ist das eindrucksvollste Zeugnis dieses Bemühens. Die Bildungstraditionen Israels, ja des ganzen Orients, besonders auch Ägyptens, sind Kohelet bekannt (zur »Weisheit« vgl. die Einleitung zu Spr). Sein Denken und Fühlen ist von den Schriftstellern, die man in den griechischen Schulen liest, und von der sogenannten Popularphilosophie bestimmt. Seine Sprache ist ein ganz neuartiges Hebräisch, in dem einerseits die aramäische Alltagssprache, andererseits manches griechische Wort- und Satzmuster durchschlägt. Das Buch lehnt sich nur noch teilweise an die poetische Gestalt der alten Lehrschriften an. Es enthält auch schon viele Merkmale der damals aufkommenden Predigt von Wanderphilosophen (»Diatribe«).

Das Buch entwirft zunächst eine Lehre vom Kosmos (1,4–11). Der herrliche, ewig kreisende Kosmos ist die Bühne, auf der die vergänglichen Menschen kommen und gehen. Sprache, Sinne und Gedächtnis der Menschen können die Fülle der Welt nicht erfassen. Es folgt als grundlegender Teil des Buches die Lehre vom Menschen (1,12 – 3,15). Kohelet versetzt sich in die höchste menschliche Möglichkeit: Er sieht sich als gebildeten, weltgestaltenden und das Leben voll auskostenden Herrscher und fragt dann nach dem Sinn. Angesichts des sicher kommenden Todes erweist sich selbst dann alles als »Windhauch«. Jeder Augenblick ist von Gott her bestimmt; der Mensch kann ihn weder berechnen noch in den Griff bekommen. Er kann nur in Furcht das, was ihm jeweils gegeben wird, annehmen. Dieses Daseinsverständnis bestätigt sich dann in einem anschließenden Teil, der die Übel der Welt anhand ausgewählter Beispiele aus dem öffentlichen, wirtschaftlichen und familiären Leben kritisiert (3,16 – 6,10). Im nächsten Teil werden Beispiele traditioneller Spruchweisheit und die weisheitliche Theorie über den Zusammenhang von Tun und Ergehen kritisch überprüft (6,11 – 9,6). Am Ende steht wieder das Thema Tod. Daran schließt sich die Ethik an, die Weisung für die rechte Lebensführung (9,7 – 12,7). Sie ist sehr vielfältig, doch ist sie geleitet von der Mahnung, in Gottesfurcht die Gabe des jeweiligen Augenblicks zu ergreifen: jede Freude zu genießen und überall da, wo es sich anbietet, tatkräftig zu handeln. Denn jedes »Jetzt« ist die dem Menschen gegebene Zeit. Er soll nie vergessen, dass er auf Alter und Tod zugeht. Aus dieser Ethik sind die Anweisungen über das religiöse Verhalten herausgenommen und schon vorher als eine Art Zwischenstück in die Gesellschaftskritik eingesetzt (4,17 – 5,6). So bilden sie im Gesamtaufbau des Buches eine Art Mitte.

Im modernen Denken wird man mit dem Buch Kohelet vor allem die Existenzphilosophie vergleichen können. Doch ist im Buch Kohelet bei aller Neigung zur Erfahrungsweisheit und zur kritischen Auseinandersetzung mit gängigen Meinungen zugleich eine sehr radikale Theorie von der Bindung der Welt an Gott vorausgesetzt. Nach ihr kann nichts, auch nicht dasBöseste und Schlimmste, von der Allursächlichkeit Gottes ausgenommen werden. Und von Gott her ist letztlich alles »schön«. Dies sollte man nicht übersehen, wenn man beim Lesen des Buches von Melancholie überwältigt wird und Kohelet gerade deshalb als modern empfinden möchte. Wer Kohelet als Teil des ganzen Kanons der heiligen Schriften liest, wird das Buch, ohne dabei die Härte seines Fragens und Denkens preiszugeben, mit der Botschaft vom Handeln Gottes in der Geschichte verbinden.

BUCHTITEL:1,1

1 Worte Kohelets, des Davidsohnes, der König in Jerusalem war.
1: 1,12; Spr 1,1; 1 Kön 8,1

VORSPRUCH: 1,2–3

2 Windhauch, Windhauch, sagte Kohelet, Wind-
hauch, Windhauch, das ist alles Windhauch. 3 Wel-
chen Vorteil hat der Mensch von all seinem Besitz,
für den er sich anstrengt unter der Sonne?
2: 12,8; Ijob 7,16; Ps 39,6; 62,10; Röm 8,20 • 3: 2,11.18–22; 3,9; 5,15.17; 9,9

WECHSEL, DAUER UND VERGESSEN: 1,4–11

4 Eine Generation geht, eine andere kommt. / Die
Erde steht in Ewigkeit.
5 Die Sonne, die aufging und wieder unterging, /
atemlos jagt sie zurück an den Ort, wo sie wieder
aufgeht.
6 Er weht nach Süden, dreht nach Norden, dreht,
dreht, weht, der Wind. / Weil er sich immerzu
dreht, kehrt er zurück, der Wind.
7 Alle Flüsse fließen ins Meer, / das Meer wird nicht
voll.
Zu dem Ort, wo die Flüsse entspringen, / kehren
sie zurück, um wieder zu entspringen.
8 Alle Dinge sind rastlos tätig, / kein Mensch kann
alles ausdrücken, nie wird ein Auge satt, wenn es
beobachtet, / nie wird ein Ohr vom Hören voll.
9 Was geschehen ist, wird wieder geschehen, / was
man getan hat, wird man wieder tun: / Es gibt
nichts Neues unter der Sonne. 10 Zwar gibt es bis-
weilen ein Ding, von dem es heißt: / Sieh dir das
an, das ist etwas Neues – / aber auch das gab es
schon in den Zeiten, die vor uns gewesen sind.
11 Nur gibt es keine Erinnerung an die Früheren /
und auch an die Späteren, die erst kommen wer-
den, auch an sie wird es keine Erinnerung geben /
bei denen, die noch später kommen werden.
4–11: 3,11–15 • 4: Sir 14,18 • 8: 5,9; 8,17; Spr 27,20 • 9: 3,15; 6,10; 4,13–16 • 11: 2,16; 9,5

DIE BEDINGTHEIT DES MENSCHEN – DIE UNDURCHSCHAUBARKEIT GOTTES: 1,12 – 3,15

Drei Überblicke

12 Ich, Kohelet, war in Jerusalem König über Israel.
13 Ich hatte mir vorgenommen, das Wissen darauf-
hin zu untersuchen und zu erforschen, ob nicht
alles, was unter dem Himmel getan wurde, ein
schlechtes Geschäft war, für das die einzelnen Men-
schen durch Gottes Auftrag sich abgemüht haben.
14 Ich beobachtete alle Taten, die unter der Sonne
getan wurden. Das Ergebnis: Das ist alles Wind-
hauch und Luftgespinst.
15 Was krumm ist, kann man nicht gerade biegen; /
was nicht da ist, kann man nicht zählen.
16 Ich überlegte mir Folgendes: Ich habe mein Wis-
sen immerzu vergrößert, sodass ich jetzt darin
jeden übertreffe, der vor mir über Jerusalem ge-
herrscht hat. Oft konnte ich Wissen und Können
beobachten. 17 So habe ich mir vorgenommen zu
erkennen, was Wissen wirklich ist, und zu erken-
nen, was Verblendung und Unwissen wirklich sind.
Ich erkannte, dass auch dies ein Luftgespinst ist.
18 Denn:
Viel Wissen, viel Ärger, / wer das Können mehrt,
der mehrt die Sorge.

2 Ich dachte mir: Auf, versuch es mit der
Freude, genieß das Glück! Das Ergebnis:
Auch das ist Windhauch.
2 Über das Lachen sagte ich: Wie verblendet!, / über
die Freude: Was bringt sie schon ein?
1,13: 3,10; 8,9.16f; 5,13 • 14: 2,11; 4,4 • 15: 7,13; Spr 27,22 • 16: 2,9; 1 Kön 5,9f • 17: 2,12; 7,25; 8,16f • 18: 2,23; 5,16; Spr 22,15 • 2,1: 2,3.10.24; 3,12; Weish 2,6 • 2: Spr 14,13; 20,1; 23,29–35

Menschliches Glück durch Weltgestaltung

3 Ich trieb meine Forschung an mir selbst, indem
ich meinen Leib mit Wein lockte, während mein
Verstand das Wissen auf die Weide führte, und in-
dem ich das Unwissen gefangen nahm. Ich wollte
dabei beobachten, wo es vielleicht für die einzelnen
Menschen möglich ist, sich unter dem Himmel
Glück zu verschaffen während der wenigen Tage ih-
res Lebens. 4 Ich vollbrachte meine großen Taten:
Ich baute mir Häuser, / ich pflanzte Weinberge.
5 Ich legte mir Gärten und Parks an, / darin pflanz-
te ich alle Arten von Bäumen.
6 Ich legte Wasserbecken an, / um aus ihnen den
sprossenden Baumbestand zu bewässern.
7 Ich kaufte Sklaven und Sklavinnen, / obwohl ich
schon hausgeborene Sklaven besaß.
Auch Vieh besaß ich in großer Zahl, Rinder,
Schafe, Ziegen, / mehr als alle meine Vorgänger in
Jerusalem.
8 Ich hortete auch Silber und Gold / und, als meinen
persönlichen Schatz, Könige und ihre Provinzen.
Ich besorgte mir Sänger und Sängerinnen / und
die Lust jedes Menschen: einen großen Harem.
9 Ich war schon groß gewesen, doch ich gewann
noch mehr hinzu, sodass ich alle meine Vorgänger
in Jerusalem übertraf. Und noch mehr: Mein Wis-
sen stand mir zur Verfügung 10 und was immer
meine Augen sich wünschten, verwehrte ich ihnen
nicht. Ich musste meinem Herzen keine einzige
Freude versagen. Denn mein Herz konnte immer
durch meinen ganzen Besitz Freude gewinnen.
Und das war mein Anteil, den ich durch meinen
ganzen Besitz gewinnen konnte. 11 Doch dann
dachte ich nach über alle meine Taten, die meine
Hände vollbracht hatten, und über den Besitz, für
den ich mich bei diesem Tun angestrengt hatte.
Das Ergebnis: Das ist alles Windhauch und Luft-
gespinst. Es gibt keinen Vorteil unter der Sonne.

3: 2,1 • 4: 1 Kön 7; Hld 8,11 • 5: Hld 4,13 • 6: Neh 2,14 • 7: 1 Kön 10,5; 5,3; 8,63; 10,23 • 8: 1 Kön 10,21; 5,1–8; 2 Sam 19,36; 1 Kön 11,3 • 9: 1,16; 1 Kön 10,23; 5,9–14 • 10: 2,1.24; 3,12.22; 5,17f; 8,15; 9,6–9; 11,7–10 • 11: 1,3

Bildung und Besitz in ihrer Bedingtheit

12 Ich dachte nach, indem ich beobachtete, was
Wissen wirklich ist und was Verblendung und
Unwissen wirklich sind. Außerdem: Was für ein
Mann wird auf den König folgen, den sie einst ein-
gesetzt haben? 13 Ich beobachtete: Es gibt einen
Vorteil, den das Wissen bietet, aber nicht das
Unwissen, wie es einen Vorteil gibt, den das Licht
bietet, aber nicht die Dunkelheit:
14 Der Gebildete hat Augen im Kopf, der Ungebil-
dete tappt im Dunkeln.
Aber ich erkannte auch: Beide trifft ein und das-
selbe Geschick. 15 Da dachte ich mir: Was den Un-
gebildeten trifft, trifft also auch mich. Warum bin
ich dann über die Maßen gebildet? Und ich über-
legte mir, dass auch das Windhauch ist. 16 Denn an
den Gebildeten gibt es ebenso wenig wie an den
Ungebildeten eine Erinnerung, die ewig währt,
weil man schon in den Tagen, die bald kommen,
beide vergessen wird. Wie ist es möglich, dass der
Gebildete ebenso sterben muss wie der Ungebil-
dete?
17 Da verdross mich das Leben. Denn das Tun, das
unter der Sonne getan wurde, lastete auf mir als
etwas Schlimmes. Denn es ist alles Windhauch
und Luftgespinst.
18 Mich verdross auch mein ganzer Besitz, für den
ich mich unter der Sonne anstrenge und den ich
dem Menschen lassen muss, der nach mir kommt.
19 Wer weiß, ob er ein Wissender ist oder ein Un-
wissender? Jedenfalls wird er über meinen ganzen
Besitz verfügen, für den ich mich unter der Sonne
angestrengt und mein Wissen eingesetzt habe.
Auch das ist Windhauch.
20 Ich stellte mich um und überließ mich der Ver-
zweiflung über meinen ganzen Besitz, für den ich
mich unter der Sonne angestrengt hatte. 21 Denn
es kommt vor, dass ein Mensch, dessen Besitz
durch Wissen, Können und Erfolg erworben
wurde, ihn einem andern, der sich nicht dafür
angestrengt hat, als dessen Anteil überlassen muss.
Auch das ist Windhauch und etwas Schlimmes,
das häufig vorkommt. 22 Was erhält der Mensch
dann durch seinen ganzen Besitz und durch das
Gespinst seines Geistes, für die er sich unter der
Sonne anstrengt?
23 Alle Tage besteht sein Geschäft nur aus Sorge
und Ärger / und selbst in der Nacht kommt sein
Geist nicht zur Ruhe. Auch das ist Windhauch.

12: 1,17; 7,25 • 13: 6,8 • 14: 8,1; 10,2; 3,19; 9,2f; Ijob 9,22 • 15: 7,16 • 16: 1,11; 9,5; Weish 2,4; Ps 49,11 • 17: 5,12; 6,1f • 18–19: 2,12; 6,1–7; Ps 39,7 • 18: 1 Kön 12,1–17 • 21: 6,2; Sir 11,18f • 22: 1,3 • 23: 1,18; 5,16; 8,16f; 11,10; Ijob 7,1–4

Gottes Handeln in seiner Vollkommenheit und Undurchschaubarkeit

24 Nicht im Menschen selbst gründet das Glück,
dass er essen und trinken und durch seinen Besitz
das Glück selbst kennen lernen kann. Ich habe
vielmehr beobachtet, dass dies von Gottes Verfü-
gung abhängt. 25 Denn wer hat zu essen, wer weiß
zu genießen, wenn nicht ich? 26 Aber es gibt Men-
schen, denen Gott wohlwill. Es sind die, denen er
Wissen, Können und Freude geschenkt hat. Und
es gibt Menschen, deren Leben verfehlt ist. Es sind
diejenigen, die er mit dem Geschäft beauftragt hat,
zu sammeln und zu horten und dann alles denen
zu geben, denen er wohl will. Auch das ist Wind-
hauch und Luftgespinst.

3 Alles hat seine Stunde. Für jedes Geschehen
unter dem Himmel gibt es eine bestimmte
Zeit:
2 eine Zeit zum Gebären / und eine Zeit zum Ster-
ben, / eine Zeit zum Pflanzen / und eine Zeit zum
Abernten der Pflanzen,
3 eine Zeit zum Töten / und eine Zeit zum Heilen, /
eine Zeit zum Niederreißen / und eine Zeit zum
Bauen, 4 eine Zeit zum Weinen / und eine Zeit zum
Lachen, / eine Zeit für die Klage / und eine Zeit für
den Tanz;
5 eine Zeit zum Steinewerfen / und eine Zeit zum
Steinesammeln, / eine Zeit zum Umarmen / und
eine Zeit, die Umarmung zu lösen,
6 eine Zeit zum Suchen / und eine Zeit zum Verlie-
ren, / eine Zeit zum Behalten / und eine Zeit zum
Wegwerfen,
7 eine Zeit zum Zerreißen / und eine Zeit zum
Zusammennähen, / eine Zeit zum Schweigen / und
eine Zeit zum Reden,
8 eine Zeit zum Lieben / und eine Zeit zum Has-
sen, / eine Zeit für den Krieg / und eine Zeit für
den Frieden.
9 Wenn jemand etwas tut – welchen Vorteil hat er
davon, dass er sich anstrengt? 10 Ich sah mir das
Geschäft an, für das jeder Mensch durch Gottes
Auftrag sich abmüht. 11 Gott hat das alles zu seiner
Zeit auf vollkommene Weise getan. Überdies hat
er die Ewigkeit in alles hineingelegt, doch ohne
dass der Mensch das Tun, das Gott getan hat, von
seinem Anfang bis zu seinem Ende wieder finden
könnte. 12 Ich hatte erkannt: Es gibt kein in allem
Tun gründendes Glück, es sei denn, ein jeder freut
sich und so verschafft er sich Glück, während er
noch lebt, 13 wobei zugleich immer, wenn ein
Mensch isst und trinkt und durch seinen ganzen
Besitz das Glück kennen lernt, das ein Geschenk
Gottes ist. 14 Jetzt erkannte ich: Alles, was Gott tut,
geschieht in Ewigkeit. Man kann nichts hinzufü-
gen und nichts abschneiden und Gott hat bewirkt,
dass die Menschen ihn fürchten. 15 Was auch
immer geschehen ist, war schon vorher da, und
was geschehen soll, ist schon geschehen und Gott
wird das Verjagte wieder suchen.

2,24: 2,10 • 25: 9,1 • 26: 7,26; Ijob 27,16f; Spr 13,22; 28,8 • 3,1: 3,17; 8,5f; 9,11f; Ps 31,16 • 2: 7,17; Ijob 5,26; Jes 28,23–29 • 7: Spr 15,23 • 8: 9,1 • 9: 1,3 • 10: 1,13 • 11: 11,5; 3,14f; 7,14.23–29; 8,16f; Ps 139,13–18 • 12: 2,10 • 13: 2,24f • 14–15: 1,4–11 • 14: Spr 30,6; Sir 18,6; 42,21 • 15: 1,9; Sir 5,3

DIE ÜBEL DER WELT: 3,16 – 4,16

Unrecht bei Gericht

16 Noch etwas habe ich beobachtet unter der
Sonne: An der Stätte, wo man Urteil spricht, ge-
schieht Unrecht; an der Stätte, wo man gerechtes
Urteil sprechen sollte, geschieht Unrecht. 17 Da
dachte ich mir: Gott ist es, der den Unschuldigen
wie den Schuldigen verurteilt. Denn eine be-
stimmte Zeit für jedes Geschehen und für jedes
Tun gibt es (auch) dort. 18 Was die einzelnen Men-
schen angeht, dachte ich mir, dass Gott sie heraus-
gegriffen hat und dass sie selbst (daraus) erkennen
müssen, dass sie eigentlich Tiere sind. 19 Denn je-
der Mensch unterliegt dem Geschick und auch die
Tiere unterliegen dem Geschick. Sie haben ein und
dasselbe Geschick. Wie diese sterben, so sterben
jene. Beide haben ein und denselben Atem. Einen
Vorteil des Menschen gegenüber dem Tier gibt es
da nicht. Beide sind Windhauch. 20 Beide gehen an
ein und denselben Ort. Beide sind aus Staub ent-
standen, beide kehren zum Staub zurück. 21 Wer
weiß, ob der Atem der einzelnen Menschen wirk-
lich nach oben steigt, während der Atem der Tiere

ins Erdreich hinabsinkt? [22] So habe ich eingesehen: Es gibt kein Glück, es sei denn, der Mensch kann durch sein Tun Freude gewinnen. Das ist sein Anteil. Wer könnte es ihm ermöglichen, etwas zu genießen, das erst nach ihm sein wird?

16–22: 8,12b–15 • 16: 5,7 • 17: 3,1; 11,3 • 19: 2,14; Ps 49,13.21 • 20: 6,6; 12,7; Gen 2,7; 3,19; Ps 103,14; 104,29; 146,4; Ijob 34,14f; Sir 17,1; 40,11; Weish 2,2f • 22: 2,10; 6,12

Ausbeutung und Konkurrenzkampf

4 Dann wieder habe ich alles beobachtet, was unter der Sonne getan wird, um Menschen auszubeuten. Sieh, die Ausgebeuteten weinen und niemand tröstet sie; von der Hand ihrer Ausbeuter geht Gewalt aus und niemand tröstet sie. [2] Da preise ich immer wieder die Toten, die schon gestorben sind, und nicht die Lebenden, die noch leben müssen. [3] Glücklicher aber als beide preise ich den, der noch nicht geworden ist, der noch nicht das schlimme Tun gesehen hat, das unter der Sonne getan wird. [4] Denn ich beobachtete: Jede Arbeit und jedes erfolgreiche Tun bedeutet Konkurrenzkampf zwischen den Menschen. Auch das ist Windhauch und Luftgespinst.

[5] Der Ungebildete legt die Hände in den Schoß / und hat doch sein Fleisch zum Essen.

[6] Besser eine Hand voll und Ruhe, / als beide Hände voll und Arbeit und Luftgespinst.

1: 5,7 • 2: 7,2; Ijob 3,20–23 • 3: 6,3–5; Jer 20,18 • 5: Spr 6,10; 24,33 • 6: 6,5; Spr 15,16; 16,8; 17,1

Der allein stehende Mensch

[7] Und wieder habe ich etwas unter der Sonne beobachtet, das Windhauch ist. [8] Es kommt vor, dass jemand allein steht und niemanden bei sich hat. Ja, er besitzt nicht einmal einen Sohn oder Bruder. Aber sein Besitz ist ohne Grenzen und überdies kann sein Auge vom Reichtum nicht genug bekommen. Doch für wen strenge ich mich dann an und warum gönne ich mir kein Glück? Auch das ist Windhauch und ein schlechtes Geschäft. [9] Zwei sind besser als einer allein, falls sie nur reichen Ertrag aus ihrem Besitz ziehen. [10] Denn wenn sie hinfallen, richtet einer den anderen auf. Doch wehe dem, der allein ist, wenn er hinfällt, ohne dass einer bei ihm ist, der ihn aufrichtet.

[11] Außerdem:

Wenn zwei zusammen schlafen, wärmt einer den andern; / einer allein – wie soll er warm werden?

[12] Und wenn jemand einen Einzelnen auch überwältigt, / zwei sind ihm gewachsen / und eine dreifache Schnur reißt nicht so schnell.

8: 1,8; 5,9; Spr 27,20; Koh 2,18–20 • 11: 1 Kön 1,1–4

Wankelmütige Volksgunst

[13] Besser ein junger Mann, der niedriger Herkunft, aber gebildet ist, / als ein König, der alt, aber ungebildet ist – weil er es nicht mehr verstand, auf Ratschläge zu hören. [14] Der junge Mann wurde aus dem Gefängnis befreit und wurde König, obwohl er, während der andere schon regierte, arm zur Welt gekommen war. [15] Aber ich habe beobachtet, dass alle Lebenden, die unter der Sonne umherlaufen, sich auf die Seite des nächsten jungen Mannes stellten, der statt seiner hochkommt. [16] Die Volksmenge nimmt kein Ende, gleichgültig, wer an ihre Spitze getreten ist. Im Übrigen werden die Späteren auch mit ihm nicht zufrieden sein. Denn auch das ist Windhauch und Luftgespinst.

13–16: Sir 11,1–6 • 13: Spr 17,2 • 16: 1,9–11

RATSCHLÄGE FÜR DAS RELIGIÖSE VERHALTEN: 4,17 – 5,6

Hören, Opfern und Sprechen im Gottesdienst

[17] Zügle deinen Schritt, wenn du zum Gotteshaus gehst.

Tritt ein, um zuzuhören, / und nicht, wie die Ungebildeten, um Opfer abzugeben.

Sie verstehen nicht einmal, Böses zu tun.

5 Sei nicht zu schnell mit dem Mund, ja selbst innerlich fiebere nicht, vor Gott das Wort zu ergreifen. Gott ist im Himmel, du bist auf der Erde, also mach wenig Worte!

[2] Im Traum schließt man viele Geschäfte ab, der Ungebildete macht viele Worte.

4,17–5,2: Jak 1,19 • 4,17: 1 Sam 15,22; Spr 15,7f; Hos 6,6; • 5,2: 10,14; Spr 10,19

Gelübde

3 Wenn du Gott ein Gelübde machst, / dann zögere
nicht, es zu erfüllen.
Die Ungebildeten gefallen Gott nicht: / Was du ge-
lobst, erfülle!
4 Es ist besser, wenn du nichts gelobst, / als wenn
du etwas gelobst und nicht erfüllst.
5 Lass nicht zu, dass dein Mund / dein Fleisch in
Sünde stürzt.
Erkläre nie vor dem Boten: / Es war ein Versehen.
Warum soll Gott zürnen über das, was du redest,
/ und vernichten, was deine Hände tun?
6 Vielmehr, wo Träume sich mehren und Wind-
hauch und viele Worte, / da fürchte du Gott!

3–6: Spr 20,25; Sir 18,22f • 3: Num 30,3; Dtn 23,22 • 5: Lev 4f; Num 15,22–31; 35,9–25

ÜBER ARMUT UND REICHTUM: 5,7 – 6,10

Beamtenherrschaft

7 Wenn du beobachtest, dass in der Provinz die
Armen ausgebeutet und Gericht und Gerechtig-
keit nicht gewährt werden, dann wundere dich
nicht über solche Vorgänge:
Ein Mächtiger deckt den andern, / hinter beiden
stehen noch Mächtigere
8 und es ist auf jeden Fall ein Vorteil für das Land,
wenn das bebaute Feld einem König untersteht.

7: 3,16; 4,1; Ex 23,6–9

Die Nutzlosigkeit des Reichtums

9 Wer das Geld liebt, / bekommt vom Geld nie ge-
nug; wer den Luxus liebt, / hat nie genug Einnah-
men – auch das ist Windhauch.
10 Mehrt sich das Vermögen, / so mehren sich auch
die, die es verzehren. Was für ein Erfolg bleibt dem
Besitzer? / Seine Augen dürfen zusehen.
11 Süß ist der Schlaf des Arbeiters, / ob er wenig
oder viel zu essen hat.
Dem Reichen raubt sein voller Bauch / die Ruhe
des Schlafs.

9: 1,8; 4,8 • 10: Spr 19,6

Verlust des Reichtums

12 Es gibt etwas Schlimmes, etwas wie eine Krank-
heit, das ich unter der Sonne beobachtet habe:
wenn Reichtum, der für seinen Besitzer ängstlich
gehütet wurde, diesem Schlimmes brachte.
13 Durch
ein schlechtes Geschäft ging ihm dieser Reichtum
verloren. Er hatte einen Sohn gezeugt, aber jetzt
hat er nichts mehr, das ihm gehört.
14 Wie er aus
dem Leib seiner Mutter herausgekommen ist –
nackt, wie er kam, muss er wieder gehen. Von sei-
nem Besitz darf er überhaupt nichts forttragen,
nichts, das er als ihm gehörig mitnehmen könnte.
15 So ist auch dies etwas Schlimmes, etwas wie eine
Krankheit. Genau wie er kam, muss er gehen. Wel-
chen Vorteil bringt es ihm, dass er sich anstrengt
für den Wind?
16 Auch wird er während seines
ganzen restlichen Lebens sein Essen im Dunkeln
einnehmen; er wird sich häufig ärgern und Krank-
heit und Unmut werden ihn plagen.

12: 2,17 • 14: Ijob 1,21; Ps 49,17f; 1 Tim 6,7 • 16: 2,23

Unverwerteter Reichtum

17 Dies ist etwas, was ich eingesehen habe: Das voll-
kommene Glück besteht darin, dass jemand isst
und trinkt und das Glück kennen lernt durch sei-
nen eigenen Besitz, für den er sich unter der Sonne
anstrengt während der wenigen Tage seines Le-
bens, die Gott ihm geschenkt hat. Denn das ist
sein Anteil.
18 Außerdem: Immer wenn Gott einem
Menschen Reichtum und Wohlstand geschenkt
und ihn ermächtigt hat, davon zu essen und sei-
nen Anteil fortzutragen und durch seinen Besitz
Freude zu gewinnen, besteht das eigentliche Ge-
schenk Gottes darin,
19 dass dieser Mensch sich
nicht so oft daran erinnern muss, wie wenige Tage
sein Leben zählt, weil Gott ihn sich um die Freude
seines Herzens bemühen lässt.

6 Doch es gibt etwas Schlimmes, das ich unter
der Sonne beobachtet habe; es lastet häufig
auf dem Menschen:
2 Gott schenkt einem Men-
schen so viel Reichtum, Wohlstand und Geltung,
dass ihm nichts fehlt von allem, was er sich wün-
schen könnte; aber Gott ermächtigt ihn nicht,
davon zu essen, sondern ein Fremder isst es auf.
Das ist Windhauch und eine schlimme Krankheit.

5,17: 2,10 • 6,1–9: 2,18–23 • 1: 2,17; 8,6; 2: Lk 12,20

Langes Leben und Reichtum ohne Freude

3 Wenn ein Mann hundert Söhne zeugt und viele
Jahre lebt, sodass seine Lebenszeit wirklich lang
ist, wenn er sich selbst aber seines Vermögens doch
nicht bedienen kann, um sich satt zu essen, auch
wenn niemals ein Grab auf ihn warten würde – ich
sage: Eine Fehlgeburt hat es besser als er. 4 Denn:
Als Windhauch kam sie, ins Dunkel geht sie, / in
Dunkel bleibt ihr Name gehüllt.
5 Sie hat auch die Sonne nicht gesehen und nicht
gekannt. So hat sie Ruhe, er nicht.

3: 4,3; Ijob 3,10–16; Jer 20,17 • 5: 4,6

Langes Leben in Armut und ohne Freude

6 Und wenn er zweimal tausend Jahre lebte, aber
das Glück nicht kennen lernte: Gehen nicht beide
zu ein und demselben Ort? 7 Alles Arbeiten des
Menschen ist für den Rachen des Totenreichs, und
dessen Schlund wird niemals voll. 8 Denn was hat
der Gebildete dem Ungebildeten voraus, was nutzt
es dem Armen, auch wenn er etwas kann, noch
unter den Lebenden zu weilen?
9 Besser, etwas vor Augen zu haben / als ein hung-
riger Rachen.
Aber auch das ist Windhauch und Luftgespinst.
10 Was auch immer jemand war, er hat vorher
schon seinen Namen bekommen; es war erkannt,
dass er nur ein Mensch sein wird, und er kann
nicht mit dem streiten, der mächtiger als er ist.

10: 1,9; 3,14f; Gen 1; Am 3,2; Jer 1,5; Ijob 9; Weish 12,12

ALTE SPRUCHWEISHEITEN – KRITISCH ÜBERPRÜFT: 6,11 – 9,6

Einleitung

11 Es gibt viele Worte, die nur den Windhauch ver-
mehren. Was nützt das dem Menschen? 12 Denn:
Wer kann erkennen, was für den Menschen besser
ist in seinem Leben, während der wenigen Tage
seines Lebens voll Windhauch, die er wie ein
Schatten verbringt? Und wer kann dem Menschen
verkünden, was nach ihm unter der Sonne gesche-
hen wird?

12: 3,22; 7,14f; 8,7.13; 9,9; 10,14; 1 Chr 29,15; Ps 39,7; Ijob 14,1

Zum Thema: Nachruhm

7 Besser ein guter Name als Parfüm – / und der
Tag eines Todes als der Tag einer Geburt;
2 besser der Gang in ein Haus, wo man trauert, / als
der Gang in ein Haus, wo man trinkt.
Weil dies das Ende jedes Menschen ist, / macht,
wer noch lebt, sich Gedanken.
3 Besser sich ärgern als lachen; / denn bei einem
vergrämten Gesicht wird das Herz heiter.
4 Das Herz der Gebildeten ist im Haus, wo man
trauert, / das Herz der Ungebildeten im Haus, wo
man sich freut.

1: Spr 22,1; Sir 41,11–13 • 2: 11,9–12,7; Sir 7,36 • 3: 1 Kor 3,10f

Zum Thema: Bildung

5 Besser die Mahnrede eines Gebildeten anhören, /
als dem Gesang der Ungebildeten lauschen;
6 denn wie das Prasseln der Dornen unter dem
Kessel, / so ist das Lachen des Ungebildeten. – Aber
auch das ist Windhauch, denn:
7 Erpressung verblendet den Gebildeten / und Be-
stechung verdirbt den Verstand.

5: Spr 13,1; 15,32 • 7: Ex 23,8; Dtn 16,19

Zum Thema: Zurückhaltung und Hängen am Hergebrachten

8 Besser der Ausgang einer Sache als ihr Anfang, /
besser der Vorsichtige als der Stürmische.
9 Lass dich nicht aufregen, sodass du dich ärgerst, /
denn Ärger steckt in den Ungebildeten. –
10 Doch frag nicht: Wie kommt es, dass die frühe-
ren Zeiten besser waren als unsere? Denn deine
Frage zeugt nicht von Wissen.

8: Spr 24,20 • 9: Spr 22,24

Zum Thema: Wissen als Mittel zu langem Leben

11 Wissen ist so viel wert wie Erbbesitz, / es ist sogar
mehr wert für die, welche die Sonne sehen;
12 denn wer sich im Schatten des Wissens birgt, der

ist auch im Schatten des Geldes; / aber das ist der
Vorteil des Könnens: Das Wissen erhält seinen
Besitzer am Leben. –
13 Doch sieh ein, dass Gottes Tun noch hinzu-
kommt.
Denn:
Wer kann gerade biegen, was er gekrümmt hat?
14 Am Glückstag erfreue dich deines Glücks und
am Unglückstag sieh ein: Auch diesen hat Gott
geschaffen, genau wie jenen, sodass der Mensch
von dem, was nach ihm kommt, gar nichts he-
rausfinden kann. 15 In meinen Tagen voll Wind-
hauch habe ich beides beobachtet: Es kommt vor,
dass ein gesetzestreuer Mensch trotz seiner Geset-
zestreue elend endet, und es kommt vor, dass einer,
der sich nicht um das Gesetz kümmert, trotz sei-
nes bösen Tuns ein langes Leben hat. 16 Halte dich
nicht zu streng an das Gesetz und sei nicht maß-
los im Erwerb von Wissen! Warum solltest du dich
selbst ruinieren? 17 Entfern dich nicht zu weit vom
Gesetz und verharre nicht im Unwissen: Warum
solltest du vor der Zeit sterben? 18 Es ist am besten,
wenn du an dem einen fest hältst, aber auch das
andere nicht loslässt. Wer Gott fürchtet, wird sich
in jedem Fall richtig verhalten.

11: Spr 16,16 • 12: Spr 3,1f.13–18 • 13: 1,15 • 14: 3,11; Ijob 2,10; Sir 11,14 • 15: 8,14; 9,1f; Ps 73,12–14; Ijob 21,7 • 16: 2,15; Lk 18,9–14 • 17: 3,2 • 18: Spr 10,27

Zum Thema: Wissen als Schutz:

19 Das Wissen ist für den Gebildeten ein stärkerer
Schutz/ als zehn Machthaber zusammen, / die in
der Stadt geherrscht haben. –
20 Doch gibt es auf der Erde keinen einzigen Men-
schen, der so gesetzestreu wäre, dass er stets rich-
tig handelt, ohne je einen Fehler zu begehen. 21 Hör
auch nicht auf all die Worte, die man so sagt. Denn
niemals wirst du einen Untergebenen über dich
schimpfen hören, 22 und doch bist du dir bewusst,
dass auch du sehr oft über andere geschimpft hast.

19: 9,16; Spr 21,22; 24,5 • 20: 1 Kön 8,46; Ps 14,3; Ijob 15,14–16; Röm 1,18–3,20; 5,12; 1 Joh 1,8

Zum Thema: Überliefertes Wissen und Wissen aus Beobachtung

23 Auf allen Wegen habe ich es mit dem Wissen ver-
sucht. Ich habe gesagt: Ich will lernen und dadurch
gebildet werden. Aber das Wissen blieb für mich
in der Ferne.
24 Fern ist alles, was geschehen ist, / und tief, tief
versunken – / wer könnte es wieder finden?
25 So habe ich, genauer: mein Verstand, mich um-
gestellt. Ich wollte forschend und suchend erken-
nen, was dasjenige Wissen wirklich ist, das Einzel-
beobachtungen zusammenrechnet. Ferner wollte
ich erkennen, ob Gesetzesübertretung mit man-
gelnder Bildung und Unwissen mit Verblendung
zusammenhängt. 26 Immer wieder finde ich die
Ansicht, stärker als der Tod sei die Frau.
Denn:
Sie ist ein Ring von Belagerungstürmen / und ihr
Herz ist ein Fangnetz, / Fesseln sind ihre Arme.
Wem Gott wohlwill, der kann sich vor ihr retten, /
wessen Leben verfehlt ist, wird von ihr eingefan-
gen.
27 Aber sieh dir an, was ich, Beobachtung um Beob-
achtung, herausgefunden habe, sagte Kohelet, bis
ich schließlich das Rechenergebnis fand, 28 oder
vielmehr: wie ich immer wieder suchte und nichts
fand:
Von tausend Menschen habe ich nur einen wieder
gefunden, / aber der, den ich von ihnen allen wie-
der gefunden habe, war keine Frau.
29 Sieh dir an, was ich als Einziges herausgefunden
habe: Gott hat die Menschen rechtschaffen
gemacht, / aber sie haben sich in allen möglichen
Berechnungen versucht.
8 Wer ist hier gebildet? Wer versteht es, ein
Wort zu deuten?

7,24: 1,11; 3,11 • 25: 1,17 • 26: Ri 16,4–21; Spr 2,16–19; 5,2–6; Koh 2,26; Spr 22,14 • 27: 1,2; 12,8 • 8,1a: 2,14; Spr 16,13f

Zum Thema: Gebildete und König

Das Wissen eines Menschen macht seine Miene
strahlend / und seine strengen Züge lösen sich. –
2 Ich (dagegen sage): Achte auf die Befehle des
Königs, und zwar im Hinblick auf den vor Gott
geleisteten Eid. 3 Entferne dich nicht hastig aus sei-
ner Gegenwart und versteife dich nicht auf eine
Sache, wenn sie schlimm auszugehen droht. Denn
alles, wozu er sich entscheidet, setzt er auch durch.
4 Hinter dem Wort des Königs steht nun einmal die
Macht. Wer also kann ihm sagen: Was tust du?

3: 10,4; Spr 20,2

Zum Thema: Schicksal des gebildeten Gesetzestreuen und des ungebildeten Gesetzesübertreters

5 Wer auf das Gebot achtet, den trifft nichts
Schlimmes, / der Verstand des Gebildeten weiß die
rechte Zeit. –
6 Allerdings:
Es gibt die rechte Zeit für jedes Geschehen und:
Schlimmes Geschick lastet häufig auf dem Men-
schen und:
7 Er weiß nicht, was geschehen wird. / Wie es ge-
schehen wird – wer verkündet es ihm?
8 Es gibt keinen Menschen, der Macht hat über den
Wind, / sodass er den Wind einschließen könnte.
Es gibt keine Macht über den Sterbetag. / Es gibt
im Krieg keinen Urlaub. / Selbst ein Gesetzesbruch
kann die Gesetzesbrecher nicht retten.
9 All dies habe ich beobachtet, als ich mich zu einer
Zeit, wo ein Mensch seine Macht über den andern
Menschen dazu benutzte, diesem zu schaden, mit
jedem Tun beschäftigte, das unter der Sonne getan
wurde.
10 Dabei habe ich beobachtet, wie Menschen, die
das Gesetz übertreten hatten, ein Begräbnis erhiel-
ten, während andere, die recht getan hatten, anka-
men und vom Ort des Heiligtums wieder wegge-
hen und bald in der Stadt vergessen sein werden.
Auch das ist Windhauch. 11 Denn:
Wo keine Strafe verhängt wird, / ist die Bosheit
schnell am Werk.
Deshalb wächst im Herzen der Menschen die Lust,
Böses zu tun. 12 Denn:
Ein Sünder kann hundertmal Böses tun / und den-
noch lange leben.

5–6: 3,1 • 5: Spr 19,16 • 6: 2,17; 6,1 • 7: 6,12 • 8: Spr 30,4; Koh 9,12 • 9: 1,13 • 10: Ijob 21,27–34

Weiterführung

Freilich kenne ich das Wort:
Denen, die Gott fürchten, wird es gut gehen, / weil
sie sich vor ihm fürchten;
13 dem, der das Gesetz übertritt, wird es nicht gut
gehen / und er wird kein langes Leben haben,
gleich dem Schatten, / weil er sich nicht vor Gott
fürchtet. –
14 Doch es gibt etwas, das auf der Erde getan wurde
und Windhauch ist:
Es gibt gesetzestreue Menschen, denen es so er-
geht, / als hätten sie wie Gesetzesbrecher gehan-
delt;
und es gibt Gesetzesbrecher, / denen es so ergeht, /
als hätten sie wie Gesetzestreue gehandelt.
Ich schloss daraus, dass auch dies Windhauch ist.
15 Da pries ich die Freude; denn es gibt für den
Menschen kein Glück unter der Sonne, es sei denn,
er isst und trinkt und freut sich. Das soll ihn
begleiten bei seiner Arbeit während der Lebens-
tage, die Gott ihm unter der Sonne geschenkt hat.

12b-15: 3,16–22 • 12–13: Ps 37,17–20; Spr 10,27 • 13: 6,12 • 14: 7,15; Ps 73,2–12; Jer 12,1 • 15:2,10

Zum Thema: Grenzen der Erkenntnis

16/17 Als ich mir vorgenommen hatte zu erkennen,
was Wissen wirklich ist, und zu beobachten, wel-
ches Geschäft eigentlich auf der Erde getätigt wird,
da sah ich ein, dass der Mensch, selbst wenn er sei-
nen Augen bei Tag und Nacht keinen Schlaf gönnt,
das Tun Gottes in seiner Ganzheit nicht wieder
finden kann, das Tun, das unter der Sonne getan
wurde. Deshalb strengt der Mensch, danach su-
chend, sich an und findet es doch nicht wieder.
Selbst wenn der Gebildete behauptet, er erkenne –
er kann es doch nicht wieder finden.
9 Denn ich habe über dies alles nachgedacht
und dies alles überprüft, wobei sich ergab:
Die Gesetzestreuen und Gebildeten mit ihrem
Tun stehen unter Gottes Verfügung. Der Mensch
erkennt nicht, ob er geliebt ist oder ob er ver-
schmäht ist. So liegt auch bei ihnen beides offen
vor ihnen. 2 Beides – wie bei allen Menschen. Aber
ein und dasselbe Geschick trifft den Gesetzes-
treuen und den Gesetzesbrecher, den Guten, den
Reinen und den Unreinen, den Opfernden und
den, der nicht opfert. Dem Guten ergeht es wie
dem Sünder, dem Schwörenden ebenso wie dem,
der den Schwur scheut. 3 Das ist das Schlimme an
allem, was unter der Sonne getan wurde, dass alle
dann ein und dasselbe Geschick trifft und dass
in den Menschen überdies die Lust zum Bösen
wächst und Verblendung ihren Geist erfasst,
während sie leben und danach, wenn sie zu den
Toten müssen – 4 ja, wer würde da ausgenommen?
Für jeden Lebenden gibt es noch Zuversicht.
Denn:

Ein lebender Hund ist besser als ein toter Löwe.
5 Und: Die Lebenden erkennen, dass sie sterben
werden; die Toten aber erkennen überhaupt nichts
mehr. Sie erhalten auch keine Belohnung mehr;
denn die Erinnerung an sie ist in Vergessenheit
versunken. 6 Liebe, Hass und Eifersucht gegen sie,
all dies ist längst erloschen. Auf ewig haben sie keinen Anteil mehr an allem, was unter der Sonne
getan wurde.

8,16/17: 1,8.13.17; 2,23; 3,11; 11,5; Sir 18,5 • 9,1: 7,15; 2,24; 3,8 • 2: 2,14; 7,15 • 3: 8,11 • 5: 1,11 • 6: 2,10

RATSCHLÄGE KOHELETS: 9,7 – 12,8

Freude und kraftvolles Handeln

7 Also: Iss freudig dein Brot und trink vergnügt
deinen Wein; denn das, was du tust, hat Gott längst
so festgelegt, wie es ihm gefiel. 8 Trag jederzeit fri-
sche Kleider und nie fehle duftendes Öl auf dei-
nem Haupt. 9 Mit einer Frau, die du liebst, genieß
das Leben alle Tage deines Lebens voll Windhauch,
die er dir unter der Sonne geschenkt hat, alle deine
Tage voll Windhauch. Denn das ist dein Anteil am
Leben und an dem Besitz, für den du dich unter
der Sonne anstrengst. 10 Alles, was deine Hand, so-
lange du Kraft hast, zu tun vorfindet, das tu! Denn
es gibt weder Tun noch Rechnen noch Können
noch Wissen in der Unterwelt, zu der du unterwegs bist.

7: 2,10 • 9: Spr 5,18f

Zufall und Zeit

11 Wiederum habe ich unter der Sonne beobachtet:
Nicht den Schnellen gehört im Wettlauf der Sieg, /
nicht den Tapferen der Sieg im Kampf, / auch nicht
den Gebildeten die Nahrung, / auch nicht den Klugen der Reichtum, / auch nicht den Könnern der
Beifall, / sondern jeden treffen Zufall und Zeit.
12 Außerdem: Der Mensch kennt seine Zeit nicht.
Wie Fische, die ins Unglücksnetz geraten sind, /
wie Vögel, die ins Klappnetz geraten sind, / ebenso
verfangen sich die einzelnen Menschen in ihre
Unglückszeit, / wenn sie plötzlich über sie herabfällt.

11–12: 3,1 • 11: Spr 16,9; Röm 9,6

Wissen und Macht

13 Auch Folgendes habe ich unter der Sonne beob-
achtet, ein Beispiel von Wissen, das ich für bedeut-
sam hielt: 14 Es war eine kleine Stadt. Die hatte
nur wenige Einwohner. Ein mächtiger König zog
gegen sie aus. Er schloss sie ein und baute gegen
sie hohe Belagerungstürme. 15 In der Stadt fand
sich ein armer, aber gebildeter Mann. Der rettete
die Stadt durch sein Wissen. Später aber erinnerte
sich kein Mensch mehr an diesen armen Mann.
16 Da sagte ich:
Wissen ist besser als Macht, / aber das Wissen des
Armen gilt nichts / und niemand will seine Worte
hören.
17 Bedächtige Worte von Gebildeten hört man sich
lieber an / als das Geschrei des Herrschers der Ungebildeten
18 und Wissen ist besser als Waffen – / aber ein Ein-
ziger, der falsch entscheidet, / kann viele Werte zerstören.

16: 7,19; Spr 24,5; Sir 13,22f • 17: Spr 21,22

Dummheit

10 Sterbende Fliegen – da stinkt und gärt so-
gar das (duftende) Öl für die Schönheits-
pflege; / schwerer als Wissen und Geltung wiegt
eine kleine Dummheit.
2 Der Verstand des Gebildeten wählt den rechten
Weg, / der Verstand des Ungebildeten den linken;
3 doch der Dumme – welchen Weg er auch ein-
schlägt, / ihm fehlt der Verstand, / obwohl er von
jedem andern gesagt hat: Er ist dumm.

2: 2,14

Gelassenheit

4 Wenn der Herrscher gegen dich in Zorn gerät,
bewahre die Ruhe; / denn Gelassenheit bewahrt
vor großen Fehlern.

4: 8,2–4

Ungerechte Behandlung bei Hof

5 Es gibt etwas Schlimmes, das ich unter der Sonne
beobachtet habe – solch ein Versehen, wie es vom
Machthaber zu kommen pflegt:

6 Die Dummheit wurde auf höchste Posten gestellt / und Reiche müssen unten sitzen.
7 Ich habe Sklaven hoch zu Pferd gesehen / und Fürsten, die wie Sklaven zu Fuß gehen mussten.

6: Spr 30,22

Lauernde Gefahren

8 Wer eine Grube gräbt, kann hineinfallen, / wer eine Mauer einreißt, den kann die Schlange beißen,
9 wer Steine bricht, kann sich dabei verletzen, / wer Holz spaltet, bringt sich dadurch in Gefahr.

8: Ps 7,16; 9,16; 35,8; 57,7; Spr 26,27; Sir 27,26

Anwendung des Wissens

10 Wenn die Axt stumpf geworden ist / und ihr Benutzer hat sie nicht vorher geschliffen, / dann braucht er mehr Kraft – / Wissen hätte ihm den Vorteil gebracht, dass er sein Werkzeug vorbereitet hätte.
11 Der Schlangenbeschwörer hat keinen Vorteil, / wenn die Schlange beißt, bevor er sie beschworen hat.

11: Sir 12,13

Der Ungebildete

12 Worte aus dem Mund des Gebildeten finden Beifall, / jedes Wort von den Lippen des Ungebildeten bringt ihn selbst in Verwirrung.
13 Wenn er redet, steht Dummheit am Anfang, / am Ende schlimme Verblendung.
14 Und der Dumme redet endlos. Dabei kann doch der Mensch nicht erkennen, was geschehen wird. Und was nach ihm geschieht – wer verkündet
es ihm? 15 Die Arbeit erschöpft die Ungebildeten: Keiner hat es verstanden, in die Stadt zu ziehen.

12: Spr 10,32; 15,2; Sir 21,16 • 14: 5,2; 6,12

Königshof und Schicksal des Volks

16 Weh dir, Land, / dessen König ein Knabe ist / und dessen Fürsten schon früh am Morgen tafeln.
17 Wohl dir, Land, / dessen König von edlem Geschlecht ist
und dessen Fürsten zur richtigen Zeit tafeln, / beherrscht und nicht wie Zecher.

16: Jes 3,4; 5,11; Spr 31,4–7

Faulheit

18 Ist einer träge, so senkt sich das Gebälk, / lässt er die Hände sinken, so dringt der Regen ins Haus.

18: Spr 20,4

Geld

19 Man schlemmt und will dabei lachen, / der Wein erfreut die Lebenden, / das Geld macht alles möglich.

19: Ps 104,15

Vom Reden über Mächtige

20 Nicht einmal in Gedanken / schimpf auf den König, / nicht einmal im Schlafzimmer schimpf auf einen Reichen;
denn die Vögel des Himmels können dein Wort verbreiten, / alles, was Flügel hat, / könnte die Nachricht weitermelden.

Berechenbarkeit und Unberechenbarkeit der Zukunft

11 Leg dein Brot auf die Wasserfläche, / denn noch nach vielen Tagen wirst du es wieder finden –
2 verteil dein Kapital auf sieben oder gar auf acht; / denn du weißt nicht, welches Unglück über das Land kommt.
3 Wenn die Wolken sich mit Regen füllen, / schütten sie ihn auch über das Land aus;
wenn ein Baum nach Süden oder Norden fällt – / wohin der Baum auch fällt, da bleibt er liegen.

3: 3,17

Tatkräftiges Handeln

4 Wer ständig nach dem Wind schaut, kommt nicht zum Säen, / wer ständig die Wolken beobachtet, kommt nicht zum Ernten.
5 Wie du den Weg des Windes ebenso wenig wie das Werden des Kindes im Leib der Schwangeren erkennen kannst, so kannst du auch das Tun
Gottes nicht erkennen, der alles tut. 6 Am Morgen
beginne zu säen, auch gegen Abend lass deine Hand noch nicht ruhen; denn du kannst nicht im Voraus erkennen, was Erfolg haben wird, das eine oder das andere, oder ob sogar beide zugleich zu guten Ergebnissen führen.

7 Dann wird das Licht süß sein / und den Augen
wird es wohl tun, die Sonne zu sehen.
8 Denn selbst wenn ein Mensch viele Jahre zu leben
hat, / freue er sich in dieser ganzen Zeit / und er
denke zugleich an die dunklen Tage: / Auch sie
werden viele sein. / Alles, was kommt, ist Wind-
hauch.

5: 3,11; 8,17; Ps 139,15

Freude in der Jugend im Blick auf Alter und Tod

9 Freu dich, junger Mann, in deiner Jugend, / sei
heiteren Herzens in deinen frühen Jahren!
Geh auf den Wegen, die dein Herz dir sagt, / zu
dem, was deine Augen vor sich sehen.
[Aber sei dir bewusst, dass Gott dich für all das vor
Gericht ziehen wird.]
10 Halte deinen Sinn von Ärger frei / und schütz
deinen Leib vor Krankheit; / denn die Jugend und
das dunkle Haar sind Windhauch.

12 Denk an deinen Schöpfer in deinen frühen
Jahren, / ehe die Tage der Krankheit kom-
men und die Jahre dich erreichen, / von denen du
sagen wirst: Ich mag sie nicht!,
2 ehe Sonne und Licht und Mond und Sterne erlö-
schen / und auch nach dem Regen wieder Wolken
aufziehen:
3 am Tag, da die Wächter des Hauses zittern, / die
starken Männer sich krümmen, / die Müllerinnen
ihre Arbeit einstellen, weil sie zu wenige sind, / es
dunkel wird bei den Frauen, die aus den Fenstern
blicken, 4 und das Tor zur Straße verschlossen
wird; / wenn das Geräusch der Mühle verstummt,
/ steht man auf beim Zwitschern der Vögel, / doch
die Töne des Lieds verklingen;
5 selbst vor der Anhöhe fürchtet man sich und vor
den Schrecken am Weg; / der Mandelbaum blüht, /
die Heuschrecke schleppt sich dahin, / die Frucht
der Kaper platzt, / doch ein Mensch geht zu sei-
nem ewigen Haus / und die Klagenden ziehen
durch die Straßen –
6 ja, ehe die silberne Schnur zerreißt, / die goldene
Schale bricht, / der Krug an der Quelle zerschmet-
tert wird, / das Rad zerbrochen in die Grube fällt,
7 der Staub auf die Erde zurückfällt als das, was er
war, / und der Atem zu Gott zurückkehrt, / der ihn
gegeben hat.

11,9–12,7: 7,1–4 • 11,10: 2,23 • 12,5: Sir 25,20a • 7: 3,20f

Rahmenvers

8 Windhauch, Windhauch, sagte Kohelet, das ist
alles Windhauch.

8: 1,2

ZWEI NACHWORTE VON HERAUSGEBERN: 12,9–14

Das erste Nachwort

9 Kohelet war ein Gelehrter. Außerdem hat er ein-
fachen Leuten Kenntnisse beigebracht. Er hörte zu
und prüfte, er hat viele Sprichwörter selbst in
Form gebracht. 10 Kohelet hat sich bemüht, gut
formulierte Worte zu entdecken, und hier sind
diese wahren Worte sorgfältig aufgeschrieben.
11 Worte von Gelehrten sind wie Ochsenstecken, /
Sprüche aus Sammlungen aber sitzen wie einge-
triebene Nägel – / sie sind die Gabe eines einzigen
Hirten.

9: 1 Kön 5,12

Das zweite Nachwort

12 Im Übrigen, mein Sohn, lass dich warnen! Es
nimmt kein Ende mit dem vielen Bücherschreiben
und viel Studieren ermüdet den Leib. 13 Hast du
alles gehört, so lautet der Schluss:
Fürchte Gott und achte auf seine Gebote!
Das allein hat jeder Mensch nötig. 14 Denn Gott
wird jedes Tun vor das Gericht bringen, das über
alles Verborgene urteilt, es sei gut oder böse.

13: 3,14; 5,6; 7,18; Dtn 10,12; Spr. 1,7; Sir 1,13 • 14: 11,9

DAS HOHELIED

Das Hohelied, wörtlich übersetzt »Das Lied der Lieder«, d. h. »Das schönste Lied«, besingt in einer Folge von Gedichten die Liebe von Mann und Frau, die sich verbinden, sich verlieren, sich suchen und finden. Ähnlich wie das Buch der Sprichwörter und Kohelet gehört es zur Weisheitsliteratur und wird nach der Überlieferung König Salomo zugeschrieben. In der jüdischen Liturgie wurde es die Festrolle für das Paschafest (vgl. die Einleitung zu Rut). Als im 1. Jahrhundert n. Chr. in jüdischen Kreisen Zweifel an seiner kanonischen Geltung erhoben wurden, löste man sie durch die Berufung auf die Tradition. Die Kirche hat das Hohelied immer als Teil der Heiligen Schrift betrachtet.

Bei keinem alttestamentlichen Buch klaffen die Auslegungen so weit auseinander wie hier. Neben der neuen Meinung, das Hohelied entstamme dem Kult der Fruchtbarkeitsgöttin Astarte und übertrage den im Alten Orient weit verbreiteten Ritus der heiligen Hochzeit auf die Jahwe-Verehrung, nimmt die Auffassung zu, es handle sich bei diesem Buch um eine realistische Darstellung und Verherrlichung der ehelichen Liebe (vgl. die Aussage von Gen 2,24). Der »Sitz im Leben« wäre dann eine israelitische Hochzeitsfeier. Dafür sprechen die sogenannten Beschreibungslieder (4,1–7; 5,10–16; 7,2–10), die die Schönheit von Braut und Bräutigam preisen.

Älter ist jedoch die allegorische Auslegung: Die Liebe Gottes zu seinem Volk wird dargestellt unter dem Bild der Liebe zwischen Eheleuten (vgl. Hos 1 – 3). Von den christlichen Schriftstellern wurde später das Hohelied auf die Verbindung Christi mit der Kirche oder auf die mystische Einheit der Seele mit Gott ausgedeutet.

Der Verfasser des Hohelieds verfügt über ursprüngliche dichterische Kraft und ist ein guter Kenner der Heiligen Schrift. Vielleicht ist die Form seiner Lieder von Ägypten her beeinflusst. Ähnlich wie in den ägyptischen Liebesliedern ist kein Aufbauplan festzustellen. Wegen sprachlicher Eigentümlichkeiten (Aramaismen, ein persisches Wort in 4,13, ein griechisches Wort in 3,9) ist wohl an nachexilische Abfassungszeit in Palästina zu denken. Mit Blick auf die biblische Theologie ist neben der Deutung auf die gottgewollte eheliche Gemeinschaft die Auslegung auf die Verbindung Christus und Kirche durchaus zu rechtfertigen. Dafür spricht vor allem das Gewicht der Tradition.

1 Das Hohelied Salomos.
2 Mit Küssen seines Mundes bedecke er mich. / Süßer als Wein ist deine Liebe.
3 Köstlich ist der Duft deiner Salben, / dein Name hingegossenes Salböl; / darum lieben dich die Mädchen.
4 Zieh mich her hinter dir! Lass uns eilen! / Der König führt mich in seine Gemächer.
Jauchzen lasst uns, deiner uns freuen, / deine Liebe höher rühmen als Wein. / Dich liebt man zu Recht.
5 Braun bin ich, doch schön, / ihr Töchter Jerusalems,
wie die Zelte von Kedar, / wie Salomos Decken.
6 Schaut mich nicht so an, / weil ich gebräunt bin. / Die Sonne hat mich verbrannt.
Meiner Mutter Söhne waren mir böse, / ließen mich Weinberge hüten; / den eigenen Weinberg konnte ich nicht hüten.
7 Du, den meine Seele liebt, / sag mir: Wo weidest du die Herde? / Wo lagerst du am Mittag?
Wozu soll ich erst umherirren / bei den Herden deiner Gefährten?
8 Wenn du das nicht weißt, / du schönste der Frauen,
dann folge den Spuren der Schafe, / dann weide deine Zicklein / dort, wo die Hirten lagern.
9 Mit der Stute an Pharaos Wagen / vergleiche ich dich, meine Freundin.
10 Schön sind deine Wangen zwischen den Kettchen, / dein Hals in der Perlenschnur.

[11] Machen wir dir noch goldene Kettchen, / kleine
Silberkugeln daran.
[12] Solange der König an der Tafel liegt, / gibt meine
Narde ihren Duft.
[13] Mein Geliebter ruht wie ein Beutel mit Myrrhe /
an meiner Brust.
[14] Eine Hennablüte ist mein Geliebter mir / aus den
Weinbergen von En-Gedi.
[15] Schön bist du, meine Freundin, / ja, du bist
schön. / Zwei Tauben sind deine Augen.
[16] Schön bist du, mein Geliebter, verlockend. / Frisches Grün ist unser Lager,
[17] Zedern sind die Balken unseres Hauses, / Zypressen die Wände.

2: 4,10 • 4: 4,10 • 12: 1,3

2 Ich bin eine Blume auf den Wiesen des Scharon, / eine Lilie der Täler.
[2] Eine Lilie unter Disteln / ist meine Freundin unter den Mädchen.
[3] Ein Apfelbaum unter Waldbäumen / ist mein
Geliebter unter den Burschen.
In seinem Schatten begehre ich zu sitzen. / Wie süß schmeckt seine Frucht meinem Gaumen!
[4] In das Weinhaus hat er mich geführt. / Sein Zeichen über mir heißt Liebe.
[5] Stärkt mich mit Traubenkuchen, / erquickt mich
mit Äpfeln; / denn ich bin krank vor Liebe.
[6] Seine Linke liegt unter meinem Kopf, / seine
Rechte umfängt mich.
[7] Bei den Gazellen und Hirschen auf der Flur / beschwöre ich euch, Jerusalems Töchter:
Stört die Liebe nicht auf, / weckt sie nicht, / bis es ihr selbst gefällt.
[8] Horch! Mein Geliebter! / Sieh da, er kommt.
Er springt über die Berge, / hüpft über die Hügel.
[9] Der Gazelle gleicht mein Geliebter, / dem jungen
Hirsch.
Ja, draußen steht er / an der Wand unsres Hauses; er blickt durch die Fenster, / späht durch die Gitter.
[10] Der Geliebte spricht zu mir: / Steh auf, meine
Freundin, / meine Schöne, so komm doch!
[11] Denn vorbei ist der Winter, / verrauscht der
Regen.
[12] Auf der Flur erscheinen die Blumen; / die Zeit
zum Singen ist da.
Die Stimme der Turteltaube / ist zu hören in unserem Land.
[13] Am Feigenbaum reifen die ersten Früchte; / die
blühenden Reben duften.
Steh auf, meine Freundin, / meine Schöne, so komm doch!
[14] Meine Taube im Felsennest, / versteckt an der
Steilwand,
dein Gesicht lass mich sehen, / deine Stimme hören!
Denn süß ist deine Stimme, / lieblich dein Gesicht.
[15] Fangt uns die Füchse, / die kleinen Füchse!
Sie verwüsten die Weinberge, / unsre blühenden Reben.
[16] Der Geliebte ist mein / und ich bin sein; / er
weidet in den Lilien.
[17] Wenn der Tag verweht / und die Schatten wachsen,
komm du, mein Geliebter, / der Gazelle gleich,
dem jungen Hirsch / auf den Balsambergen.

6: 8,3 • 7: 3,5; 5,8; 8,4 • 11: 7,13 • 16: 6,3 • 17: 8,14

3 Des Nachts auf meinem Lager suchte ich ihn, / den meine Seele liebt. / Ich suchte ihn und fand ihn nicht.
[2] Aufstehen will ich, die Stadt durchstreifen, / die
Gassen und Plätze, / ihn suchen, den meine Seele liebt. Ich suchte ihn und fand ihn nicht.
[3] Mich fanden die Wächter / bei ihrer Runde durch
die Stadt.
Habt ihr ihn gesehen, / den meine Seele liebt?
[4] Kaum war ich an ihnen vorüber, / fand ich ihn,
den meine Seele liebt.
Ich packte ihn, ließ ihn nicht mehr los, / bis ich ihn ins Haus meiner Mutter brachte, / in die Kammer derer, die mich geboren hat.
[5] Bei den Gazellen und Hirschen der Flur / beschwöre ich euch, Jerusalems Töchter:
Stört die Liebe nicht auf, / weckt sie nicht, / bis es ihr selbst gefällt.
[6] Wer ist sie, / die da aus der Steppe heraufsteigt /
in Säulen von Rauch,
umwölkt von Myrrhe und Weihrauch, / von allen Wohlgerüchen der Händler?
[7] Sieh da, das ist Salomos Sänfte;
sechzig Helden geleiten sie, / Israels Helden,

8 alle vertraut mit dem Schwert, / geschult für den
Kampf;
jeder trägt sein Schwert an der Hüfte / gegen die
Schrecken der Nacht.
9 Einen Tragsessel ließ König Salomo zimmern /
aus Holz vom Libanon,
10 die Pfosten in Silber, / die Lehne in Gold,
der Sitz in Purpur, / das Innere mit Steinen belegt.
11 Ihr Töchter Jerusalems, kommt heraus / und
schaut, ihr Töchter Zions, / König Salomo mit der
Krone!
Damit hat ihn seine Mutter gekrönt / am Tage sei-
ner Hochzeit, / an dem Tag seiner Herzensfreude.

1: 5,6 • 3: 5,7 • 4: 8,2 • 5: 2,7; 5,8; 8,4 • 6: 6,10; 8,5

4 Schön bist du, meine Freundin, / ja, du bist
schön.
Hinter dem Schleier / deine Augen wie Tauben.
Dein Haar gleicht einer Herde von Ziegen, / die
herabzieht von Gileads Bergen.
2 Deine Zähne sind wie eine Herde / frisch gescho-
rener Schafe, / die aus der Schwemme steigen.
Jeder Zahn hat sein Gegenstück, / keinem fehlt es.
3 Rote Bänder sind deine Lippen; / lieblich ist dein
Mund.
Dem Riss eines Granatapfels gleicht deine Schläfe /
hinter dem Schleier.
4 Wie der Turm Davids ist dein Hals, / in Schich-
ten von Steinen erbaut;
tausend Schilde hängen daran, / lauter Waffen von
Helden.
5 Deine Brüste sind wie zwei Kitzlein, / wie die
Zwillinge einer Gazelle, / die in den Lilien weiden.
6 Wenn der Tag verweht und die Schatten wach-
sen, / will ich zum Myrrhenberg gehen, / zum
Weihrauchhügel.
7 Alles an dir ist schön, meine Freundin; / kein
Makel haftet dir an.
8 Komm doch mit mir, meine Braut, vom Liba-
non, / weg vom Libanon komm du mit mir!
Weg vom Gipfel des Amana, / von den Höhen des
Senir und Hermon;
weg von den Lagern der Löwen, / den Bergen der
Panther.
9 Verzaubert hast du mich, / meine Schwester
Braut; / ja verzaubert
mit einem (Blick) deiner Augen, / mit einer Perle
deiner Halskette.
10 Wie schön ist deine Liebe, / meine Schwester
Braut;
wie viel süßer ist deine Liebe als Wein, / der Duft
deiner Salben köstlicher als alle Balsamdüfte.
11 Von deinen Lippen, Braut, tropft Honig; / Milch
und Honig ist unter deiner Zunge.
Der Duft deiner Kleider ist wie des Libanon Duft.
12 Ein verschlossener Garten ist meine Schwester
Braut, / ein verschlossener Garten, / ein versiegel-
ter Quell.
13 Ein Lustgarten sprosst aus dir, / Granatbäume
mit köstlichen Früchten, / Hennadolden, Narden-
blüten,
14 Narde, Krokus, Gewürzrohr und Zimt, / alle
Weihrauchbäume,
Myrrhe und Aloe, / allerbester Balsam.
15 Die Quelle des Gartens bist du, / ein Brunnen
lebendigen Wassers, / Wasser vom Libanon.
16 Nordwind, erwache! Südwind, herbei! / Durch-
weht meinen Garten, / lasst strömen die Balsam-
düfte!
Mein Geliebter komme in seinen Garten / und esse
von den köstlichen Früchten.

1: Gen 24,65; Hld 6,5 • 2: 6,6 • 3: 6,7 • 5: 7,4 • 10: 1,2.4

5 Ich komme in meinen Garten, Schwester
Braut; / ich pflücke meine Myrrhe, den Bal-
sam;
esse meine Wabe samt dem Honig, / trinke mei-
nen Wein und die Milch.
Freunde, esst und trinkt, / berauscht euch an der
Liebe!
2 Ich schlief, doch mein Herz war wach. / Horch,
mein Geliebter klopft:
Mach auf, meine Schwester und Freundin, / meine
Taube, du Makellose!
Mein Kopf ist voll Tau, / aus meinen Locken tropft
die Nacht.
3 Ich habe mein Kleid schon abgelegt – / wie soll
ich es wieder anziehen?
Die Füße habe ich gewaschen – / soll ich sie wie-
der beschmutzen?
4 Mein Geliebter streckte die Hand durch die
Luke; / da bebte mein Herz ihm entgegen.

5 Ich stand auf, dem Geliebten zu öffnen. / Da
tropften meine Hände von Myrrhe am Griff des
Riegels.
6 Ich öffnete meinem Geliebten: / Doch der Gelieb-
te war weg, verschwunden. / Mir stockte der Atem:
Er war weg.
Ich suchte ihn, ich fand ihn nicht. / Ich rief ihn, er
antwortete nicht.
7 Da fanden mich die Wächter bei ihrer Runde
durch die Stadt; / sie schlugen, sie verletzten mich.
Den Mantel entrissen sie mir, / die Wächter der
Mauern.
8 Ich beschwöre euch, Jerusalems Töchter: / Wenn
ihr meinen Geliebten findet, sagt ihm, / ich bin
krank vor Liebe.
9 Was hat dein Geliebter den andern voraus, / du
schönste der Frauen?
Was hat dein Geliebter den andern voraus, / dass
du so uns beschwörst?
10 Mein Geliebter ist weiß und rot, / ist ausgezeich-
net vor Tausenden.
11 Sein Haupt ist reines Gold. / Seine Locken sind
Rispen, rabenschwarz.
12 Seine Augen sind wie Tauben an Wasserbächen; /
(die Zähne,) in Milch gebadet, sitzen fest.
13 Seine Wangen sind wie Balsambeete, / darin Ge-
würzkräuter sprießen,
seine Lippen wie Lilien; / sie tropfen von flüssiger
Myrrhe.
14 Seine Finger sind wie Stäbe aus Gold, / mit Stei-
nen aus Tarschisch besetzt.
Sein Leib ist wie eine Platte aus Elfenbein, / mit Sa-
phiren bedeckt.
15 Seine Schenkel sind Marmorsäulen, / auf So-
ckeln von Feingold.
Seine Gestalt ist wie der Libanon, / erlesen wie
Zedern.
16 Sein Mund ist voll Süße; / alles ist Wonne an ihm.
Das ist mein Geliebter, / ja, das ist mein Freund, /
ihr Töchter Jerusalems.

6: 3,1 • 7: 3,3 • 8: 2,7; 3,5

6

Wohin ist dein Geliebter gegangen, / du
schönste der Frauen?
Wohin wandte sich dein Geliebter? / Wir wollen
ihn suchen mit dir.
2 In seinen Garten ging mein Geliebter / zu den
Balsambeeten,
um in den Gartengründen zu weiden, / um Lilien
zu pflücken.
3 Meinem Geliebten gehöre ich / und mir gehört
der Geliebte, / der in den Lilien weidet.
4 Schön wie Tirza bist du, meine Freundin, / lieb-
lich wie Jerusalem, / prächtig wie Himmelsbilder.
5 Wende deine Augen von mir, / denn sie verwir-
ren mich.
Dein Haar gleicht einer Herde von Ziegen, / die
von Gilead herabziehen.
6 Deine Zähne sind wie eine Herde von Mutter-
schafen, / die aus der Schwemme steigen.
Jeder Zahn hat sein Gegenstück, / keinem fehlt es.
7 Dem Riss eines Granatapfels gleicht deine Schlä-
fe / hinter deinem Schleier.
8 Sechzig Königinnen (hat Salomo), / achtzig Ne-
benfrauen / und Mädchen ohne Zahl.
9 Doch einzig ist meine Taube, die Makellose, / die
Einzige ihrer Mutter, / die Erwählte ihrer Gebäre-
rin.
Erblicken sie die Mädchen, / sie preisen sie; / Köni-
ginnen und Nebenfrauen rühmen sie.
10 Wer ist, die da erscheint wie das Morgenrot, / wie
der Mond so schön,
strahlend rein wie die Sonne, / prächtig wie Him-
melsbilder?
11 In den Nussgarten stieg ich hinab, / um nach
dem Sprossen der Palme zu sehen,
um zu sehen, ob der Weinstock treibt, / die Gra-
natbäume blühen.
12 Da entführte mich meine Seele, / ich weiß nicht
wie, / zu den Wagen meines edlen Volkes.

2: 4,12–16 • 3: 2,16 • 4: 6,10 • 5: 4,1 • 6: 4,2 • 7: 4,3 • 10: 6,4 • 11: 7,13

7

Wende dich, wende dich, Schulammit! /
Wende dich, wende dich, / damit wir dich
betrachten.
Was wollt ihr an Schulammit sehen? / Den Lager-
Tanz!
2 Wie schön sind deine Schritte in den Sandalen, /
du Edelgeborene.
Deiner Hüften Rund ist wie Geschmeide, / gefer-
tigt von Künstlerhand.
3 Dein Schoß ist ein rundes Becken, / Würzwein
mangle ihm nicht.

Dein Leib ist ein Weizenhügel, / mit Lilien umstellt.
4 Deine Brüste sind wie zwei Kitzlein, / wie die
Zwillinge einer Gazelle.
5 Dein Hals ist ein Turm aus Elfenbein. / Deine
Augen sind wie die Teiche zu Heschbon / beim Tor
von Bat-Rabbim.
Deine Nase ist wie der Libanonturm, / der gegen
Damaskus schaut.
6 Dein Haupt gleicht oben dem Karmel; / wie Pur-
pur sind deine Haare; / ein König liegt in den Rin-
geln gefangen.
7 Wie schön bist du und wie reizend, / du Liebe
voller Wonnen!
8 Wie eine Palme ist dein Wuchs; / deine Brüste
sind wie Trauben.
9 Ich sage: Ersteigen will ich die Palme; / ich greife
nach den Rispen.
Trauben am Weinstock seien mir deine Brüste, /
Apfelduft sei der Duft deines Atems,
10 dein Mund köstlicher Wein, / der glatt in mich
eingeht, / der Lippen und Zähne mir netzt.
11 Ich gehöre meinem Geliebten / und ihn verlangt
nach mir.
12 Komm, mein Geliebter, wandern wir auf das
Land, / schlafen wir in den Dörfern.
13 Früh wollen wir dann zu den Weinbergen ge-
hen / und sehen, ob der Weinstock schon treibt,
ob die Rebenblüte sich öffnet, / ob die Granat-
bäume blühen. / Dort schenke ich dir meine Liebe.
14 Die Liebesäpfel duften; / an unsrer Tür warten
alle köstlichen Früchte,
frische und solche vom Vorjahr; / für dich hab ich
sie aufgehoben, Geliebter.

4: 4,5 • 12: 2,10 • 13: 6,11

8 Ach, wärst du doch mein Bruder, / genährt
an der Brust meiner Mutter.
Träfe ich dich dann draußen, / ich würde dich küs-
sen; / niemand dürfte mich deshalb verachten.
2 Führen wollte ich dich, / in das Haus meiner Mut-
ter dich bringen, / die mich erzogen hat.
Würzwein gäbe ich dir zu trinken, / Granatapfel-
most.
3 Seine Linke liegt unter meinem Kopf, / seine
Rechte umfängt mich.
4 Ich beschwöre euch, Jerusalems Töchter: / Was
stört ihr die Liebe auf, / warum weckt ihr sie, / ehe
ihr selbst es gefällt?
5 Wer ist sie, / die aus der Steppe heraufsteigt, / auf
ihren Geliebten gestützt?
Unter dem Apfelbaum hab ich dich geweckt, /
dort, wo deine Mutter dich empfing, / wo deine
Gebärerin in Wehen lag.
6 Leg mich wie ein Siegel auf dein Herz, / wie ein
Siegel an deinen Arm!
Stark wie der Tod ist die Liebe, / die Leidenschaft
ist hart wie die Unterwelt.
Ihre Gluten sind Feuergluten, / gewaltige Flam-
men.
7 Auch mächtige Wasser können die Liebe nicht
löschen; / auch Ströme schwemmen sie nicht weg.
Böte einer für die Liebe den ganzen Reichtum sei-
nes Hauses, / nur verachten würde man ihn.
8 Wir haben eine kleine Schwester, / noch ohne
Brüste.
Was tun wir mit unsrer Schwester, / wenn jemand
um sie wirbt?
9 Ist sie eine Mauer, / bauen wir silberne Zinnen auf
ihr.
Ist sie eine Tür, / versperren wir sie mit einem
Zedernbrett.
10 Ich bin eine Mauer, / meine Brüste gleichen Tür-
men.
Da hab ich in seinen Augen / Gefallen gefunden.
11 Salomo besaß einen Weinberg in Baal-Hamon; /
den Weinberg übergab er Hütern.
Für seine Frucht würde jeder / tausend Silber-
stücke bezahlen.
12 Mein eigener Weinberg liegt vor mir. / Die tau-
send lass ich dir, Salomo, / und zweihundert noch
denen, / die seine Früchte hüten.
13 Die du in den Gärten weilst, / auf deine Stimme
lauschen die Freunde; / lass sie mich hören!
14 Fort, fort, mein Geliebter, / der Gazelle gleich,
dem jungen Hirsch / auf den Balsambergen.

3: 2,6 • 4: 2,7; 3,5; 5,8 • 5: 3,6 • 14: 2,17

DAS BUCH DER WEISHEIT

Den Titel «Buch der Weisheit» trägt dieses Buch in der lateinischen Bibel; in der griechischen Bibel heißt es »Weisheit Salomos«. Das Buch stammt aus der jüdischen Diaspora in Ägypten, wahrscheinlich aus Alexandria, dem berühmten Zentrum hellenistischer Wissenschaft. Es ist das späteste Buch des Alten Testaments. Die Verfolgung gesetzestreuer Juden durch abgefallene Juden (Kap. 2) weist in die Zeit zwischen 80 und 30 v. Chr.; damals hatte auch die Weltmacht Rom den Juden ihre Gunst entzogen.

Der Verfasser ist stolz auf seine jüdische Religion und auf sein Volk; er ist aber auch hellenistisch gebildet und offen für die Schönheit der Natur (Kap. 13). Er versteht es, sich in seiner griechischen Muttersprache klar und genau auszudrücken. Die Bibel las er in der griechischen Übersetzung der Septuaginta. Philosophische Gedankengänge, wie sie die Griechen zu seiner Zeit kannten, waren ihm für seine Darstellung der Offenbarung des Alten Testaments hilfreich. Indem er in der Person des Königs Salomo spricht (vgl. 9,7), stellt er sich, wie der Verfasser von Spr 1 – 9 und wie Kohelet, in die Reihe der Weisheitslehrer Israels. Er nennt Salomo jedoch nicht mit Namen, wie er auch sonst keine Namen nennt, um die allgemein menschliche Geltung dieser Weisheit herauszuheben.

Der Verfasser wendet sich tröstend und mahnend an seine verfolgten Glaubensgenossen, aber auch drohend und warnend an ihre Verfolger, die abgefallenen Juden, und einladend und werbend an seine heidnische Umwelt, indem er die Offenbarungsreligion als Gabe der Weisheit darstellt.

Die herkömmliche Dreiteilung des Buches (Kap. 1 – 5; 6 – 9; 10 – 19) ist zwar inhaltlich berechtigt; der kunstvolle Aufbau ermöglicht aber eine genauere Abgrenzung der Teile:

Der erste Teil gliedert sich in sieben Abschnitte. Er beginnt und schließt mit einer Mahnrede (1,1–15 und 6,1–21); beide Mahnreden richten sich an die Herrscher der Erde, die aufgefordert werden, die Gerechtigkeit zu lieben (1,1–15) und die Weisheit zu suchen (6,1–21). Wie der erste und siebte, so entsprechen sich auch der zweite und sechste Abschnitt (1,16 – 2,24 und 4,20 – 5,23): Dem Triumph der Sünder über die Gerechten wird der Triumph der Gerechten über die Sünder gegenübergestellt. Die drei mittleren Abschnitte (3,1–12; 3,13–4,6; 4,7–19) versuchen mit dem Ausblick auf die Unsterblichkeit eine Lösung der Lebensrätsel, um die sich auch Ijob, Kohelet und Jesus Sirach bemühen.

Im zweiten Teil lassen sich ebenfalls sieben Abschnitte feststellen. Nach einer Einleitung (6,22–25) wird ausgeführt, dass auch der Weise ein sterblicher Mensch ist wie alle anderen (7,1–6). Er hat um Weisheit gebetet und sie als kostbarste Gabe erhalten (7,7–14). Er bittet Gott darum, gemäß der Weisheit denken und lehren zu können (7,15–21). Dann beschreibt er das Wesen der Weisheit in leuchtenden Farben (7,22 – 8,1). Er stellt die Weisheit als Lehrerin der Tugend vor (8,2–8). Die Weisheit wird ihm zur Lebensgefährtin (8,9–18).

Der dritte Teil (8,19 – 19,22) ist ein einziges großes Gebet Salomos. Er bittet Gott um die Weisheit (9,1–19). Dann betrachtet er das rettende Wirken der Weisheit an sieben Beispielen (10,1 – 11,4) und das strafende und rettende Eingreifen Gottes in sieben Gegenüberstellungen (11,5 – 19,22). Eingeschaltet sind zwei Abschnitte über die Art Gottes zu strafen (11,15 – 12,27) und über die Torheit des Götzendienstes (13,1 – 15,19).

Die Auszugserzählungen des Buches Exodus schmückt der Verfasser nach Art der jüdischen Schrifterklärung und der griechischen Redekunst frei aus und übersteigert sie, um das Handeln Gottes eindrucksvoll darzustellen. Da er keinen Namen nennt, bekommen die biblischen Ereignisse, auf die er sich bezieht, eine weit reichende, umfassende Bedeutung.

Die Griechisch sprechenden Juden der Diaspora haben das Buch der Weisheit wie auch andere deuterokanonische Bücher gern gelesen. Von ihnen hat es die Kirche in ihren Kanon übernommen. Durch seine klare Lehre von der Unsterblichkeit, die erhabene Schau des göttlichen Wirkens im Zusammenklang von Allmacht, Gerechtigkeit und Barmherzigkeit und durch die Aussagen über die aus Gottes Wesen hervorge-

hende und mit ihm aufs Innigste verbundene Weisheit (7,22 – 8,1) ist das Buch der krönende Abschluss der alttestamentlichen Weisheitsliteratur und führt bis an die Schwelle des Neuen Testaments heran. Paulus spielt öfter auf Texte dieses Buches an, vgl. besonders Röm 1,23–32; 11,33.

AUFFORDERUNG ZU EINEM LEBEN NACH DER WEISHEIT: 1,1 – 6,21

Die Mahnung zu gerechtem Leben

1 Liebt Gerechtigkeit, ihr Herrscher der Erde, /
denkt in Frömmigkeit an den Herrn, / sucht
ihn mit reinem Herzen!
2 Denn er lässt sich finden von denen, die ihn nicht
versuchen, / und zeigt sich denen, die ihm nicht
misstrauen.
3 Verkehrte Gedanken trennen von Gott; / wird
seine Macht herausgefordert, / dann weist sie die
Toren zurück.
4 In eine Seele, die auf Böses sinnt, / kehrt die Weis-
heit nicht ein, / noch wohnt sie in einem Leib, / der
sich der Sünde hingibt.
5 Denn der heilige Geist, der Lehrmeister, flieht vor
der Falschheit, / er entfernt sich von unverständi-
gen Gedanken / und wird verscheucht, wenn Un-
recht naht.
6 Die Weisheit ist ein menschenfreundlicher
Geist, / doch lässt sie die Reden des Lästerers nicht
straflos; / denn Gott ist Zeuge seiner heimlichen
Gedanken, / untrüglich durchschaut er sein Herz /
und hört seine Worte.
7 Der Geist des Herrn erfüllt den Erdkreis / und er,
der alles zusammenhält, kennt jeden Laut.
8 Darum bleibt keiner verborgen, der Böses redet, /
das Strafurteil geht nicht an ihm vorüber.
9 Die Pläne des Frevlers werden untersucht; / der
Herr erfährt von seinen Reden / und bestraft seine
Vergehen.
10 Denn das eifersüchtige Ohr hört alles, / kein lei-
ses Murren bleibt ihm verborgen.
11 Hütet euch also vor unnützem Murren / und
verwehrt eurer Zunge das Verleumden! / Denn
euer heimliches Reden verhallt nicht ungehört /
und ein Mund, der lügt, tötet die Seele.
12 Jagt nicht dem Tod nach in den Irrungen eures
Lebens / und zieht nicht durch euer Handeln das
Verderben herbei!
13 Denn Gott hat den Tod nicht gemacht / und hat
keine Freude am Untergang der Lebenden. 14 Zum
Dasein hat er alles geschaffen / und heilbringend
sind die Geschöpfe der Welt. / Kein Gift des Ver-
derbens ist in ihnen, / das Reich des Todes hat
keine Macht auf der Erde; / 15 denn die Gerechtig-
keit ist unsterblich.

1: 1 Chr 29,17 • 2: Jer 29,13f • 6: 7,23; 1 Sam 16,7; Jer 17,9f; Sir 42,18 • 7: Jer 23,23–25; Weish 8,1 • 11: Spr 19,5.9 • 13: 2,23f; Ez 18,23.32 • 15: 3,4; 6,18

Vom Treiben der Frevler

16 Die Frevler aber holen winkend und rufend den
Tod herbei / und sehnen sich nach ihm wie nach
einem Freund; / sie schließen einen Bund mit
ihm, / weil sie es verdienen, ihm zu gehören.
2 Sie tauschen ihre verkehrten Gedanken aus
und sagen: Kurz und traurig ist unser Le-
ben; / für das Ende des Menschen gibt es keine Arz-
nei / und man kennt keinen, der aus der Welt des
Todes befreit.
2 Durch Zufall sind wir geworden / und danach
werden wir sein, als wären wir nie gewesen. / Der
Atem in unserer Nase ist Rauch / und das Denken
ist ein Funke, / der vom Schlag des Herzens ent-
facht wird;
3 verlöscht er, dann zerfällt der Leib zu Asche / und
der Geist verweht wie dünne Luft.
4 Unser Name wird bald vergessen, / niemand
denkt mehr an unsere Taten. / Unser Leben geht
vorüber wie die Spur einer Wolke / und löst sich
auf wie ein Nebel, / der von den Strahlen der Son-
ne verscheucht / und von ihrer Wärme zu Boden
gedrückt wird.
5 Unsere Zeit geht vorüber wie ein Schatten, / unser
Ende wiederholt sich nicht; / es ist versiegelt und
keiner kommt zurück.
6 Auf, lasst uns die Güter des Lebens genießen / und
die Schöpfung auskosten, / wie es der Jugend zu-
steht.

7 Erlesener Wein und Salböl sollen uns reichlich
fließen, / keine Blume des Frühlings darf uns ent-
gehen.
8 Bekränzen wir uns mit Rosen, ehe sie verwelken;
9 keine Wiese bleibe unberührt / von unserem aus-
gelassenen Treiben. / Überall wollen wir Zeichen
der Fröhlichkeit zurücklassen; / das ist unser An-
teil, das fällt uns zu.
10 Lasst uns den Gerechten unterdrücken, / der in
Armut lebt, / die Witwe nicht schonen / und das
graue Haar des betagten Greises nicht scheuen!
11 Unsere Stärke soll bestimmen, was Gerechtigkeit
ist; / denn das Schwache erweist sich als unnütz.
12 Lasst uns dem Gerechten auflauern! / Er ist uns
unbequem und steht unserem Tun im Weg. / Er
wirft uns Vergehen gegen das Gesetz vor / und be-
schuldigt uns des Verrats an unserer Erziehung.
13 Er rühmt sich, die Erkenntnis Gottes zu besit-
zen, / und nennt sich einen Knecht des Herrn.
14 Er ist unserer Gesinnung ein lebendiger Vor-
wurf, / schon sein Anblick ist uns lästig;
15 denn er führt ein Leben, / das dem der andern
nicht gleicht, / und seine Wege sind grundver-
schieden.
16 Als falsche Münze gelten wir ihm; / von unseren
Wegen hält er sich fern wie von Unrat. / Das Ende
der Gerechten preist er glücklich / und prahlt, Gott
sei sein Vater.
17 Wir wollen sehen, ob seine Worte wahr sind, /
und prüfen, wie es mit ihm ausgeht.
18 Ist der Gerechte wirklich Sohn Gottes, / dann
nimmt sich Gott seiner an / und entreißt ihn der
Hand seiner Gegner.
19 Roh und grausam wollen wir mit ihm verfahren, /
um seine Sanftmut kennen zu lernen, / seine Ge-
duld zu erproben.
20 Zu einem ehrlosen Tod wollen wir ihn verurtei-
len; / er behauptet ja, es werde ihm Hilfe gewährt.
21 So denken sie, aber sie irren sich; / denn ihre
Schlechtigkeit macht sie blind.
22 Sie verstehen von Gottes Geheimnissen nichts, /
sie hoffen nicht auf Lohn für die Frömmigkeit /
und erwarten keine Auszeichnung für untadelige
Seelen.
23 Gott hat den Menschen zur Unvergänglichkeit
erschaffen / und ihn zum Bild seines eigenen We-
sens gemacht.
24 Doch durch den Neid des Teufels kam der Tod
in die Welt / und ihn erfahren alle, die ihm ange-
hören.

1,16: Jes 28,15.18; Weish 2,24 • 2,4: Koh 9,5 • 5: Ijob 8,9; 7,9 • 6: Koh 9,7–10 • 10: Hab 1,4; Ex 22,21; Lev 19,32 • 18: Ps 22,9; Mt 27,42f • 20: 5,4 • 23: 1,14; 3,4; Gen 1,26f • 24: Gen 3,1–5; Joh 8,44; Weish 1,16

Das jenseitige Los der Guten und der Bösen

3 Die Seelen der Gerechten sind in Gottes
Hand / und keine Qual kann sie berühren.
2 In den Augen der Toren sind sie gestorben, / ihr
Heimgang gilt als Unglück,
3 ihr Scheiden von uns als Vernichtung; / sie aber
sind in Frieden.
4 In den Augen der Menschen wurden sie gestraft; /
doch ihre Hoffnung ist voll Unsterblichkeit.
5 Ein wenig nur werden sie gezüchtigt; / doch sie
empfangen große Wohltat. / Denn Gott hat sie
geprüft / und fand sie seiner würdig.
6 Wie Gold im Schmelzofen hat er sie erprobt / und
sie angenommen als ein vollgültiges Opfer.
7 Beim Endgericht werden sie aufleuchten / wie
Funken, die durch ein Stoppelfeld sprühen.
8 Sie werden Völker richten / und über Nationen
herrschen / und der Herr wird ihr König sein in
Ewigkeit.
9 Alle, die auf ihn vertrauen, / werden die Wahrheit
erkennen / und die Treuen werden bei ihm blei-
ben in Liebe. / Denn Gnade und Erbarmen wird
seinen Erwählten zuteil.
10 Die Frevler aber werden für ihre Pläne bestraft, /
sie, die den Gerechten missachtet haben / und vom
Herrn abgefallen sind.
11 Unglücklich sind alle, / die Weisheit und Beleh-
rung verachten; / leer ist ihre Hoffnung, vergeblich
sind ihre Mühen / und wertlos ihre Taten.
12 Ihre Frauen sind unverständig / und ihre Kinder
böse, / fluchbeladen ist ihr Geschlecht.

3: Jes 57,2 • 7: Dan 12,3; Mt 13,43 • 8: 1 Kor 6,2 • 9: 4,15 • 11: Sir 34,1 • 12: 12,11

Kinderlose Gerechte und kinderreiche Frevler

13 Selig ist die Kinderlose, die unschuldig blieb / und
kein Lager der Sünde kannte; / sie wird gleich einer
Mutter geehrt, / wenn die Seelen ihren Lohn emp-
fangen.
14 Selig ist auch der Kinderlose, / der sich

nicht frevelhaft verging / und gegen den Herrn
nichts Böses plante; / besondere Gnade wird seiner
Treue zuteil / und ein gar köstlicher Anteil am Tem-
pel des Herrn. 15 Denn ruhmreich ist der Lohn gu-
ter Mühe / und unvergänglich die Wurzel der Klug-
heit. 16 Doch die Kinder von Ehebrechern ver-
kümmern / und die Nachkommen einer sündigen
Verbindung schwinden dahin. 17 Auch wenn sie
lange leben, gelten sie nichts / und ehrlos ist am
Ende ihr Alter. 18 Sterben sie früh, so haben sie kei-
ne Hoffnung / und keinen Trost am Tag des Ge-
richts; 19 denn schlimm ist das Ende eines schuld-
haften Geschlechts.

4 Besser ist Kinderlosigkeit mit Tugend; un-
sterblich ist ihr Ruhm, / sie steht in Ehren
bei Gott und bei den Menschen. 2 Ist sie zugegen,
ahmt man sie nach; / ist sie entschwunden, sehnt
man sie herbei. / In der Ewigkeit triumphiert sie, /
geschmückt mit dem Kranz, / Siegerin im Wett-
streit um einen edlen Preis. 3 Doch die große Kin-
derschar der Frevler bringt keinen Nutzen; / sie ist
ein unechtes Gewächs, / treibt keine Wurzeln in
die Tiefe / und fasst keinen sicheren Grund. 4 Brei-
tet es auch eine Zeit lang üppig seine Zweige aus, /
so wird es doch vom Wind hin und her geschüt-
telt / und von der Gewalt der Stürme entwurzelt.
5 Die Äste, die noch schwach sind, werden ge-
knickt; / ihre Frucht ist unbrauchbar, unreif und
ungenießbar, / zu gar nichts geeignet. 6 Denn die
Kinder eines sündigen Beischlafs / treten im Ge-
richt als Zeugen auf / für die Schlechtigkeit ihrer
Eltern.

3,14: Jes 56,3 • 16–19: 4,3–6; Sir 41,5–7 • 4,2: 5,16 • 3: Sir 23,25

Der frühe Heimgang des Gerechten und das lange Leben der Frevler

7 Der Gerechte aber, kommt auch sein Ende früh, /
geht in Gottes Ruhe ein.
8 Denn ehrenvolles Alter besteht nicht in einem
langen Leben / und wird nicht an der Zahl der Jah-
re gemessen.
9 Mehr als graues Haar bedeutet für die Menschen
die Klugheit / und mehr als Greisenalter wiegt ein
Leben ohne Tadel.
10 Er gefiel Gott und wurde von ihm geliebt; / da er
mitten unter Sündern lebte, wurde er entrückt.
11 Er wurde weggenommen, / damit nicht Schlech-
tigkeit seine Einsicht verkehrte / und Arglist seine
Seele täuschte.
12 Denn der Reiz des Bösen verdunkelt das Gute /
und der Taumel der Begierde verdirbt den arglo-
sen Sinn.
13 Früh vollendet, hat der Gerechte doch ein volles
Leben gehabt;
14 da seine Seele dem Herrn gefiel, / enteilte sie aus
der Mitte des Bösen. / Die Leute sahen es, ohne es
zu verstehen; / sie nahmen es sich nicht zu Herzen,
15 dass Gnade und Erbarmen seinen Auserwählten
zuteil wird, / Belohnung seinen Heiligen.
16 Der Gerechte, der entschlafen ist, / verurteilt die
Frevler, die noch leben, / die früh vollendete
Jugend / das hohe Alter des Ungerechten.
17 Die Frevler sehen das Ende des Weisen, / verste-
hen aber nicht, was der Herr mit ihm wollte / und
warum er ihn in Sicherheit brachte.
18 Sie sehen es und gehen darüber hinweg; / doch
der Herr lacht über sie.
19 Dann werden sie verachtete Leichen sein, / ewi-
ger Spott bei den Toten. / Sie werden verstum-
men, / wenn er sie kopfüber hinabstürzt / und aus
ihren Grundfesten reißt. / Sie werden völlig ver-
nichtet und erleiden Qualen; / die Erinnerung an
sie verschwindet.

7: Jes 57,2 • 10: Gen 5,24; Sir 44,16; Hebr 11,5 • 14: Jes 57,1 • 15: 3,9 • 18: Ps 2,4 • 19: Jes 14,16–19; Ijob 18,17

Die Bösen und die Guten im Endgericht

20 Zitternd kommen sie zum Gericht über ihre
Sünden; / ihre Vergehen treten ihnen entgegen
und überführen sie.

5 Dann wird der Gerechte voll Zuversicht da-
stehen vor denen, die ihn bedrängt / und sei-
ne Mühen verachtet haben.
2 Wenn sie ihn sehen, packt sie entsetzliche Furcht /
und sie geraten außer sich / über seine unerwar-
tete Rettung.
3 Jetzt denken sie anders; / seufzend und voll Angst
sagen sie zueinander:
4 Dieser war es, den wir einst verlachten, / verspot-
teten und verhöhnten, wir Toren. / Sein Leben
hielten wir für Wahnsinn / und sein Ende für ehr-
los.
5 Jetzt zählt er zu den Söhnen Gottes, / bei den Hei-
ligen hat er sein Erbteil.

6 Also sind wir vom Weg der Wahrheit abgeirrt; /
das Licht der Gerechtigkeit strahlte uns nicht / und
die Sonne ging nicht für uns auf.
7 Bis zum Überdruss gingen wir die Pfade des Un-
rechts / und des Verderbens / und wanderten
durch weglose Wüsten, / aber den Weg des Herrn
erkannten wir nicht.
8 Was nützte uns der Übermut, / was brachten uns
Reichtum und Prahlerei?
9 All das ist vorbei wie ein Schatten, / wie eine
flüchtige Nachricht.
10 Wie wenn ein Schiff durch die wogende Flut
fährt: / Ist es vorübergezogen, so ist von ihm keine
Spur mehr zu finden, / kein Pfad seines Kiels in
den Wellen.
11 Wie wenn ein Vogel durch die Luft fliegt: / Kein
Zeichen findet sich von seiner Bahn,
er peitscht die leichte Luft mit seinem Flügel-
schlag / und durchschneidet sie mit gewaltig rau-
schenden Schwingen, / doch bleibt kein Zeichen
seines Weges in ihr zurück.
12 Oder wie wenn ein Pfeil auf das Ziel geschossen
wird: / Die geteilte Luft strömt sofort wieder zu-
sammen, / sodass man seine Bahn nicht mehr
erkennt.
13 So sind wir ins Dasein getreten, um hinzu-
schwinden; / wir hatten keinerlei Tugend aufzu-
weisen, / sondern wurden von unserer Schlechtig-
keit verschlungen.
14 Ja, die Hoffnung des Frevlers ist wie die Spreu,
die der Wind verweht, / wie der Gischt, den der
Sturm verjagt, / wie der Rauch, den der Wind zer-
stäubt; / sie schwindet wie die Erinnerung an einen
flüchtigen Gast.
15 Die Gerechten aber leben in Ewigkeit, / der Herr
belohnt sie, der Höchste sorgt für sie.
16 Darum werden sie aus der Hand des Herrn / das
Reich der Herrlichkeit empfangen und die Krone
der Schönheit.
Denn er wird sie mit seiner Rechten behüten / und
mit seinem Arm beschützen.
17 Er rüstet sich mit seinem Eifer / und macht die
Schöpfung zur Waffe, mit der er die Feinde be-
straft.
18 Als Panzer zieht er Gerechtigkeit an / und als
Helm setzt er strenges Gericht auf.
19 Als Schild nimmt er unüberwindliche Heilig-
keit / 20 und grimmigen Zorn schärft er zum
Schwert; / zusammen mit ihm kämpft die ganze
Welt gegen die Toren.
21 Treffsicher fahren die Blitzespfeile dahin; / abge-
schossen aus den Wolken wie von einem wohlge-
rundeten Bogen, / fliegen sie auf ihr Ziel.
22 Eine Steinschleuder entsendet Hagelkörner, / die
voll von göttlichem Zorn sind.
Das Wasser des Meeres wütet gegen die Feinde / und
Ströme schlagen grimmig über ihnen zusammen.
23 Der Atem des Allmächtigen erhebt sich gegen
sie / und trägt sie wie ein Sturm davon.
So bringt die Gesetzlosigkeit Verheerung über die
ganze Erde / und das böse Tun stürzt die Throne
der Mächtigen.

4: 3,2f • 5: 2,18; Kol 1,12 • 6: Ps 119,30.151 • 7: Ps 95,10 • 14: Ps 1,4; Jes 29,5; Ps 68,3 • 16: Jes 62,3; 41,10 • 17–19: Eph 6,13–17 • 18: Jes 59,17 • 21: Hab 3,11 • 22: Jos 10,11; Ex 14,27f; 15,10 • 23: 5,14; Jes 24,3; Sir 10,14; Lk 1,52

Die Mahnung, die Weisheit zu suchen

6 Hört also, ihr Könige, und seid verständig, /
lernt, ihr Gebieter der ganzen Welt!
2 Horcht, ihr Herrscher der Massen, / die ihr stolz
seid auf Völkerscharen!
3 Der Herr hat euch die Gewalt gegeben, / der
Höchste die Herrschaft, / er, der eure Taten prüft
und eure Pläne durchforscht.
4 Ihr seid Diener seines Reichs, / aber ihr habt kein
gerechtes Urteil gefällt, das Gesetz nicht bewahrt /
und die Weisung Gottes nicht befolgt.
5 Schnell und furchtbar wird er kommen und euch
bestrafen; / denn über die Großen ergeht ein stren-
ges Gericht.
6 Der Geringe erfährt Nachsicht und Erbarmen, /
doch die Mächtigen werden gerichtet mit Macht.
7 Denn der Herrscher des Alls scheut niemand /
und weicht vor keiner Größe zurück.
Er hat Klein und Groß erschaffen / und trägt glei-
che Sorge für alle;
8 den Mächtigen aber droht strenge Untersuchung.
9 An euch also, ihr Herrscher, richten sich meine
Worte, / damit ihr Weisheit lernt und nicht sündigt.
10 Wer das Heilige heilig hält, wird geheiligt, / und
wer sich darin unterweisen lässt, findet Schutz.
11 Verlangt also nach meinen Worten; / sehnt euch
danach und ihr werdet gute Belehrung empfan-
gen.

[12] Strahlend und unvergänglich ist die Weisheit; /
wer sie liebt, erblickt sie schnell, / und wer sie
sucht, findet sie.
[13] Denen, die nach ihr verlangen, / gibt sie sich
sogleich zu erkennen.
[14] Wer sie am frühen Morgen sucht, braucht keine
Mühe, / er findet sie vor seiner Türe sitzen.
[15] Über sie nachzusinnen ist vollkommene Klug-
heit; / wer ihretwegen wacht, wird schnell von
Sorge frei.
[16] Sie geht selbst umher, um die zu suchen, die ihrer
würdig sind; / freundlich erscheint sie ihnen auf
allen Wegen / und kommt jenen entgegen, die an
sie denken.
[17] Ihr Anfang ist aufrichtiges Verlangen nach Bil-
dung; / das eifrige Bemühen um Bildung aber ist
Liebe.
[18] Liebe ist Halten ihrer Gebote; / Erfüllen der Ge-
bote sichert Unvergänglichkeit, / [19] und Unver-
gänglichkeit bringt in Gottes Nähe.
[20] So führt das Verlangen nach Weisheit zur Herr-
schaft hinauf.
[21] Ihr Herrscher der Völker, wenn ihr Gefallen an
Thronen und Zeptern habt, / dann ehrt die Weis-
heit, damit ihr ewig herrscht.

1: Ps 2,10 • 3: Röm 13,1; 1 Chr 28,9 • 7: Ijob 34,19; Weish 12,13 •
8: Lk 12,48 • 12: Spr 8,17 • 14: Spr 8,34 • 16: Spr 8,2f • 18: Joh 14,23

DAS WESEN UND WIRKEN DER WEISHEIT: 6,22 – 8,18

Einleitung

[22] Ich will verkünden, was die Weisheit ist und wie
sie wurde, / und will euch kein Geheimnis verber-
gen. / Ich will ihre Spur vom Anfang der Schöp-
fung an verfolgen, / ihre Kenntnis will ich verbrei-
ten / und nicht an der Wahrheit vorbeigehen.
[23] Verzehrender Neid soll mich nicht auf meinem
Weg begleiten; / denn er hat mit der Weisheit
nichts gemein.
[24] Eine große Anzahl von Weisen ist Heil für die
Welt, / ein kluger König ist Wohlstand für das Volk.
[25] Lasst euch also durch meine Worte unterwei-
sen; / es wird euch von Nutzen sein.

22: Spr 8,22–31 • 23: 7,13 • 24: Spr 11,14

Der sterbliche Mensch als Empfänger der Weisheit

7 Auch ich bin ein sterblicher Mensch wie alle
anderen, / Nachkomme des ersten, aus Erde
gebildeten Menschen.
Im Schoß der Mutter wurde ich zu Fleisch ge-
formt, / [2] zu dem das Blut in zehn Monaten gerann
durch den Samen des Mannes / und die Lust, die
im Beischlaf hinzukam.
[3] Geboren atmete auch ich die gemeinsame Luft, /
ich fiel auf die Erde, die Gleiches von allen erdul-
det, / und Weinen war mein erster Laut wie bei allen.
[4] In Windeln und mit Sorgen wurde ich aufgezo-
gen; / [5] kein König trat anders ins Dasein.
[6] Alle haben den einen gleichen Eingang zum Le-
ben; / gleich ist auch der Ausgang.

Die Gottesgabe der Weisheit

[7] Daher betete ich und es wurde mir Klugheit gege-
ben; / ich flehte und der Geist der Weisheit kam zu
mir.
[8] Ich zog sie Zeptern und Thronen vor, / Reichtum
achtete ich für nichts im Vergleich mit ihr.
[9] Keinen Edelstein stellte ich ihr gleich; / denn alles
Gold erscheint neben ihr wie ein wenig Sand / und
Silber gilt ihr gegenüber so viel wie Lehm.
[10] Ich liebte sie mehr als Gesundheit und Schön-
heit / und zog ihren Besitz dem Lichte vor; / denn
niemals erlischt der Glanz, / der von ihr ausstrahlt.
[11] Zugleich mit ihr kam alles Gute zu mir, / unzähl-
bare Reichtümer waren in ihren Händen.
[12] Ich freute mich über sie alle, / weil die Weisheit
lehrt, sie richtig zu gebrauchen, / wusste aber
nicht, dass sie auch deren Ursprung ist.
[13] Uneigennützig lernte ich und neidlos gebe ich
weiter; / ihren Reichtum behalte ich nicht für mich.
[14] Ein unerschöpflicher Schatz ist sie für die
Menschen; / alle, die ihn erwerben, erlangen die
Freundschaft Gottes. / Sie sind empfohlen durch
die Gaben der Unterweisung.

7: 8,21 • 8: Spr 8,11 • 9: Spr 3,14 • 10: 7,29f • 11: 1 Kön 3,13;
Spr 3,16; 8,18 • 13: 6,22 • 14: 7,28

Bitte um die Gabe der Lehre

15 Mir aber gewähre Gott, nach meiner Einsicht zu
sprechen / und zu denken, wie die empfangenen
Gaben es wert sind;
denn er ist der Führer der Weisheit / und hält die
Weisen auf dem rechten Weg.
16 Wir und unsere Worte sind in seiner Hand, /
auch alle Klugheit und praktische Erfahrung.
17 Er verlieh mir untrügliche Kenntnis der Dinge, /
sodass ich den Aufbau der Welt und das Wirken
der Elemente verstehe,
18 Anfang und Ende und Mitte der Zeiten, / die
Abfolge der Sonnenwenden und den Wandel der
Jahreszeiten,
19 den Kreislauf der Jahre und die Stellung der
Sterne,
20 die Natur der Tiere und die Wildheit der Raub-
tiere, / die Gewalt der Geister und die Gedanken
der Menschen, / die Verschiedenheit der Pflanzen
und die Kräfte der Wurzeln.
21 Alles Verborgene und alles Offenbare habe ich
erkannt; / denn es lehrte mich die Weisheit, die
Meisterin aller Dinge.

17: 1 Kön 5,9f • 20: 1 Kön 5,13 • 21: 8,5f; 9,9

Das Wesen der Weisheit

22 In ihr ist ein Geist, / gedankenvoll, heilig, einzig-
artig, mannigfaltig, zart, beweglich, / durchdrin-
gend, unbefleckt, klar, / unverletzlich, das Gute lie-
bend, scharf,
23 nicht zu hemmen, wohltätig, menschenfreund-
lich, / fest, sicher, ohne Sorge, alles vermögend,
alles überwachend / und alle Geister durchdrin-
gend, / die denkenden, reinen und zartesten.
24 Denn die Weisheit ist beweglicher als alle Bewe-
gung; / in ihrer Reinheit durchdringt und erfüllt
sie alles.
25 Sie ist ein Hauch der Kraft Gottes / und reiner
Ausfluss der Herrlichkeit des Allherrschers; / da-
rum fällt kein Schatten auf sie.
26 Sie ist der Widerschein des ewigen Lichts, / der
ungetrübte Spiegel von Gottes Kraft, / das Bild sei-
ner Vollkommenheit.
27 Sie ist nur eine und vermag doch alles; / ohne
sich zu ändern, erneuert sie alles.
Von Geschlecht zu Geschlecht tritt sie in heilige See-
len ein / und schafft Freunde Gottes und Propheten;
28 denn Gott liebt nur den, / der mit der Weisheit
zusammenwohnt.
29 Sie ist schöner als die Sonne / und übertrifft jedes
Sternbild. / Sie ist strahlender als das Licht;
30 denn diesem folgt die Nacht, / doch über die
Weisheit siegt keine Schlechtigkeit.
8 Machtvoll entfaltet sie ihre Kraft von einem
Ende zum andern / und durchwaltet voll
Güte das All.

7,26: Hebr 1,3; Kol 1,15 • 27: Ps 104,30 • 28: Sir 4,14 • 8,1: 1,7; 12,18; 15,1

Die Weisheit als Lehrerin der Tugend

2 Sie habe ich geliebt und gesucht von Jugend auf, /
ich suchte sie als Braut heimzuführen / und fand
Gefallen an ihrer Schönheit.
3 Im Umgang mit Gott beweist sie ihren Adel, / der
Herr über das All gewann sie lieb.
4 Eingeweiht in das Wissen Gottes, / bestimmte sie
seine Werke.
5 Ist Reichtum begehrenswerter Besitz im Leben, /
was ist dann reicher als die Weisheit, die in allem
wirkt?
6 Wenn Klugheit wirksam ist, / wer in aller Welt ist
ein größerer Meister als sie?
7 Wenn jemand Gerechtigkeit liebt, / in ihren
Mühen findet er die Tugenden.
Denn sie lehrt Maß und Klugheit, / Gerechtigkeit
und Tapferkeit, / die Tugenden, die im Leben der
Menschen nützlicher sind als alles andere.
8 Wenn jemand nach reicher Erfahrung strebt: / sie
kennt das Vergangene und errät das Kommende,
sie versteht, die Worte schön zu formen und Rät-
selhaftes zu deuten; / sie weiß im Voraus Zeichen
und Wunder / und kennt den Ausgang von Peri-
oden und Zeiten.

2: Sir 15,2 • 4: 9,4 • 5–7: 7,11–14 • 5: 7,22 • 8: Sir 42,19; Spr 1,6

Die Weisheit als Lebensgefährtin

9 So beschloss ich, sie als Lebensgefährtin heimzu-
führen; / denn ich wusste, dass sie mir guten Rat
gibt / und Trost in Sorge und Leid.
10 Mit ihr werde ich Ruhm beim Volke haben / und
trotz meiner Jugend vom Alter geehrt sein.
11 Ich werde als scharfsinniger Richter gelten / und
in den Augen der Mächtigen Staunen erregen.
12 Schweige ich, so warten sie in Spannung, / spre-

che ich, so merken sie auf, / rede ich länger, so legen
sie die Hand auf den Mund.
13 Mit ihr werde ich Unsterblichkeit erlangen / und
ewigen Ruhm bei der Nachwelt hinterlassen.
14 Völker werde ich sorgsam leiten / und Nationen
werden mir untertan sein.
15 Schreckliche Tyrannen werden mich fürchten,
wenn sie von mir hören; / in der Volksversamm-
lung werde ich mich als tüchtig und im Krieg als
tapfer erweisen.
16 Komme ich nach Hause, / dann werde ich bei ihr
ausruhen;
denn der Umgang mit ihr hat nichts Bitteres, / das
Leben mit ihr kennt keinen Schmerz, / sondern
nur Frohsinn und Freude.
17 Als ich dies bei mir überlegte und in meinem
Herzen erwog, / dass das Leben mit der Weisheit
Unsterblichkeit bringt,
18 die Freundschaft mit ihr reine Freude / und die
Mühen ihrer Hände unerschöpflichen Reichtum,
dass stete Gemeinschaft mit ihr Klugheit bringt /
und das Zwiegespräch mit ihr Ruhm –, / da ging
ich auf die Suche nach ihr, um sie heimzuführen.

9: Spr 8,14 • 12: Ijob 29,21–23; 29,9 • 14: Spr 8,15f • 16: Sir 15,6 •
18: Spr 8,18

SALOMOS GROSSES GEBET:
DAS WALTEN DER WEISHEIT IN DER GESCHICHTE: 8,19 – 19,22

Das Gebet um Weisheit: 8,19 – 9,19

Einleitung

19 Ich war ein begabtes Kind und hatte eine gute
Seele erhalten, 20 oder vielmehr: gut, wie ich war,
kam ich in einen unverdorbenen Leib. 21 Ich
erkannte aber, dass ich die Weisheit nur als
Geschenk Gottes erhalten könne – und schon hier
war es die Klugheit, die mich erkennen ließ, wes-
sen Gnadengeschenk sie ist. Daher wandte ich
mich an den Herrn und sprach zu ihm aus ganzem
Herzen:

21: Spr 2,6; Weish 7,7

Die Bitte um Weisheit

9 Gott der Väter und Herr des Erbarmens, / du
hast das All durch dein Wort gemacht.
2 Den Menschen hast du durch deine Weisheit er-
schaffen, / damit er über deine Geschöpfe herrscht.
3 Er soll die Welt in Heiligkeit und Gerechtigkeit
leiten / und Gericht halten in rechter Gesinnung.
4 Gib mir die Weisheit, die an deiner Seite thront, /
und verstoß mich nicht aus der Schar deiner Kin-
der!
5 Ich bin ja dein Knecht, der Sohn deiner Magd, /
ein schwacher Mensch, dessen Leben nur kurz ist, /
und gering ist meine Einsicht in Recht und Gesetz.
6 Wäre einer auch vollkommen unter den Men-
schen, / er wird kein Ansehen genießen, wenn ihm
deine Weisheit fehlt.
7 Du bist es, der mich zum König deines Volkes /
und zum Richter deiner Söhne und Töchter er-
wählt hat.
8 Du hast befohlen, einen Tempel auf deinem hei-
ligen Berg zu bauen / und einen Altar in der Stadt
deiner Wohnung, / ein Abbild des heiligen Zeltes,
das du von Anfang an entworfen hast.
9 Mit dir ist die Weisheit, die deine Werke
kennt / und die zugegen war, als du die Welt er-
schufst.
Sie weiß, was dir gefällt / und was recht ist nach
deinen Geboten.
10 Sende sie vom heiligen Himmel / und schick sie
vom Thron deiner Herrlichkeit,
damit sie bei mir sei und alle Mühe mit mir teile /
und damit ich erkenne, was dir gefällt.
11 Denn sie weiß und versteht alles; / sie wird mich
in meinem Tun besonnen leiten / und mich in
ihrem Lichtglanz schützen.
12 Dann wird dir mein Handeln gefallen; / ich
werde dein Volk gerecht regieren / und des Throns
meines Vaters würdig sein.
13 Denn welcher Mensch kann Gottes Plan erken-
nen, / oder wer begreift, was der Herr will?
14 Unsicher sind die Berechnungen der Sterbli-
chen / und hinfällig unsere Gedanken;

[15] denn der vergängliche Leib beschwert die Seele /
und das irdische Zelt belastet den um vieles besorgten Geist.
[16] Wir erraten kaum, was auf der Erde vorgeht, /
und finden nur mit Mühe,
was doch auf der Hand liegt; / wer kann dann
ergründen, was im Himmel ist?
[17] Wer hat je deinen Plan erkannt, wenn du ihm
nicht Weisheit gegeben / und deinen heiligen Geist
aus der Höhe gesandt hast?
[18] So wurden die Pfade der Erdenbewohner gerade
gemacht / und die Menschen lernten, was dir gefällt;
[19] durch die Weisheit wurden sie gerettet.

2: Gen 1,26–28 • 3: Lk 1,75 • 4: 2 Chr 1,10 • 5: Ps 116,16; Ijob 14,1 • 8: 1 Kön 5,19; Ps 132,13f; Ex 29,9.40; Hebr 8,2 • 9: 8,4; Spr 8,27–30 • 10: 9,4 • 11: 10,11–14; 11,1 • 13: Jes 40,13 G; Röm 11,34 • 15: 2 Kor 5,1 • 16: Joh 3,12 • 17: Joh 3,13; 1 Kor 2,16; Jes 32,15 • 18: Bar 4,4

Die rettende Macht der Weisheit – sieben Beispiele: 10,1 – 11,4

Adam

10 Sie hat den Urvater der Welt nach seiner
Erschaffung behütet, als er noch allein war;
sie hat ihn aus seiner Sünde befreit [2] und ihm die
Kraft gegeben, über alles zu herrschen. [3] Ein Ungerechter aber, der in seinem Zorn von ihr abfiel,
ging durch seine Leidenschaft zugrunde, die ihn
zum Brudermord trieb.

1: Sir 49,16; Gen 5,1 • 2: 9,2; Gen 1,28 • 3: Gen 4,3–15

Noach

[4] Die Weisheit hat die Erde, die seinetwegen überflutet wurde, wieder gerettet und den Gerechten auf wertlosem Holz durch die Wasser gesteuert.

4: Sir 44,17f; Weish 14,6f

Abraham

[5] Als die Völker, einmütig nur in ihrer Schlechtigkeit, durch die Verwirrung ihrer Sprache getrennt wurden, erwählte sie den Gerechten und behütete ihn, sodass er vor Gott ohne Tadel war und trotz der Liebe zu seinem Kind stark blieb.

5: Gen 11,1–9; 12,1–3; 15,1–6; 22,1–12; Sir 44,19f

Lot

[6] Als die Frevler zugrunde gingen, rettete sie einen
Gerechten, sodass er vor dem Feuer fliehen
konnte, das auf die fünf Städte fiel; [7] von ihrer
Schlechtigkeit zeugen heute noch rauchendes
Ödland und Pflanzen, die zur Unzeit Früchte tragen, und eine Salzsäule ragt als Denkmal einer
ungläubigen Seele empor. [8] Jene, die an der Weisheit achtlos vorübergingen, erlitten nicht nur
Schaden, weil sie das Gute nicht erkannten, sondern sie hinterließen auch den Lebenden ein
Mahnmal ihrer Torheit, damit nicht verborgen
bleibe, worin sie sich verfehlt hatten. [9] Die Weisheit aber rettete ihre Diener aus jeglicher Mühsal.

6: Gen 19,23–25 • 7: Gen 19,26; Lk 17,32

Jakob

[10] Einen Gerechten, der vor dem Zorn des Bruders
floh, geleitete sie auf geraden Wegen, zeigte ihm
das Reich Gottes und enthüllte ihm heilige
Geheimnisse. Sie machte ihn reich bei seiner harten Arbeit und vermehrte den Ertrag seiner
Mühen. [11] Sie half ihm gegen die Habsucht seiner
Unterdrücker und verschaffte ihm Wohlstand.
[12] Sie beschützte ihn vor seinen Feinden und gab
ihm Sicherheit vor seinen Verfolgern. In einem harten Kampf verlieh sie ihm den Siegespreis, damit er erkannte, dass Gottesfurcht stärker als alles andere ist.

10: Gen 27,41–45; 28,10–15; 30,31–43 • 12: Gen 31 – 33; Hos 12,4–7

Josef

[13] Einen Gerechten, der verkauft worden war, ließ
sie nicht im Stich, sondern bewahrte ihn vor der
Sünde. [14] Sie stieg mit ihm in den Kerker hinab und
verließ ihn während seiner Gefangenschaft nicht, bis sie ihm das königliche Zepter brachte und Gewalt über seine Bedrücker. Sie überführte alle, die ihn beschuldigt hatten, als Lügner und verlieh ihm ewigen Ruhm.

13: Gen 39; Ps 105,17f • 14: Gen 41,39–47; Ps 105,19–22

Das Volk Israel

[15] Sie hat ein heiliges Volk, ein untadeliges Geschlecht, aus der Gewalt einer Nation gerettet, die
es unterdrückte. [16] Sie ging in die Seele eines Dieners des Herrn ein und widerstand schrecklichen

Königen durch Zeichen und Wunder. [17] Sie gab den Heiligen den Lohn ihrer Mühen und geleitete sie auf wunderbarem Weg. Sie wurde ihnen am Tag zum Schutz und in der Nacht zum Sternenlicht. [18] Sie führte sie durch das Rote Meer und geleitete sie durch gewaltige Wasser. [19] Ihre Feinde aber ließ sie in der Flut ertrinken und spülte sie aus der Tiefe des Abgrunds ans Land. [20] Darum plünderten die Gerechten die Frevler aus, sie priesen, Herr, deinen heiligen Namen und lobten einmütig deine schützende Hand. [21] Denn die Weisheit hat den Mund der Stummen geöffnet und die Zungen der Unmündigen hat sie beredt gemacht.

11 Sie ließ alles gelingen, was sie unter der Führung des heiligen Propheten unternahmen. [2] Sie zogen durch eine unbewohnte Wüste und schlugen in unwegsamen Gegenden ihre Zelte auf. [3] Sie leisteten ihren Feinden Widerstand und wehrten ihre Gegner ab. [4] Als sie dürsteten und dich anriefen, wurde ihnen Wasser aus schroffem Fels gegeben, sodass sie ihren Durst stillen konnten aus hartem Gestein.

10,15: 18,7; 19,1–9; Ex 12,37–42; Ps 106,10f • 16: Ex 7–12; Ps 78,43–51; 105,27–37 • 17: Ex 13,21f; Ps 78,14; 105,39 • 18: Ex 14,21f; Ps 78,13; 106,9 • 19: 18,5; Ps 106,11 • 20: Ex 15,1–21 • 11,1: Hos 12,14 • 3: Ex 17,8–16 • 4: Ex 17,1–7; Ps 78,15f; 105,41

Das Volk Gottes und seine Feinde – sieben Vergleiche: 11,5–19,22

Das Wasser des Nil – das Wasser aus dem Felsen

[5] Denn was ihren Feinden zur Strafe wurde, das empfingen sie als Wohltat in ihrer Not. [6] Der ständig fließende Strom wurde durch schmutziges Blut getrübt. [7] So wurden jene für den befohlenen Kindermord gestraft. Diesen aber gabst du wider Erwarten reichlich Wasser, [8] nachdem du ihnen vorher durch ihren Durst gezeigt hattest, wie ihre Gegner von dir bestraft wurden. [9] Denn als sie geprüft und, wenn auch nur milde, zurechtgewiesen wurden, da erkannten sie, wie die Frevler im Zorn gerichtet und gepeinigt worden waren. [10] Sie hast du wie ein mahnender Vater auf die Probe gestellt, die Frevler aber wie ein strenger König gerichtet und verurteilt. [11] Fern von den Gerechten wurden sie ebenso geplagt wie damals, als sie ihnen noch nahe waren; [12] denn zweifaches Leid und Seufzen brachte ihnen die Erinnerung an das Vergangene: [13] Als sie nämlich hörten, dass ihre eigene Bestrafung jenen sogar zur Wohltat geworden war, da erkannten sie das Wirken des Herrn. [14] Den sie einst ausgesetzt und weggeworfen, den sie mit Hohn abgewiesen hatten, den mussten sie am Ende von allem bestaunen, nachdem sie einen viel schlimmeren Durst gelitten hatten als die Gerechten.

6: Ps 78,44; 105,29 • 7: Ex 1,15–22 • 8: 11,4; 16,4 • 9: 12,21f • 10: Dtn 8,5; Spr 3,11f • 14: Ex 2,3.15; 5,23; 10,28

Erste Einschaltung: Gottes Art zu strafen

[15] Zur Strafe für ihre frevlerische Torheit, in die sie sich verirrt hatten, als sie vernunftloses Gewürm und armseliges Ungeziefer verehrten, sandtest du ihnen eine Menge vernunftloser Tiere. [16] Sie sollten erkennen: Man wird mit dem gestraft, womit man sündigt.

[17] Für deine allmächtige Hand, die aus ungeformtem Stoff die Welt gestaltet hat, wäre es keine Schwierigkeit gewesen, eine Menge von Bären gegen sie zu senden oder grimmige Löwen [18] oder unbekannte, neu geschaffene, wuterfüllte Tiere, die Feuer sprühenden Atem aushauchen oder zischenden Dampf ausstoßen oder schreckliche Funken aus den Augen sprühen. [19] Nicht nur ihre verderbliche Gewalt hätte sie zermalmen, schon ihr Furcht erregender Anblick hätte sie vernichten können. [20] Aber abgesehen davon hätten sie durch einen einzigen Hauch fallen können, verfolgt von deinem Strafgericht und fortgeweht vom Sturm deiner Macht.

Du aber hast alles nach Maß, Zahl und Gewicht geordnet. [21] Denn du bist immer imstande, deine große Macht zu entfalten. Wer könnte der Kraft deines Arms widerstehen? [22] Die ganze Welt ist ja vor dir wie ein Stäubchen auf der Waage, wie ein Tautropfen, der am Morgen zur Erde fällt.

[23] Du hast mit allen Erbarmen, weil du alles vermagst, und siehst über die Sünden der Menschen hinweg, damit sie sich bekehren. [24] Du liebst alles, was ist, und verabscheust nichts von allem, was du gemacht hast; denn hättest du etwas gehasst, so hättest du es nicht geschaffen. [25] Wie könnte etwas ohne deinen Willen Bestand haben, oder wie könnte etwas erhalten bleiben, das nicht von dir

ins Dasein gerufen wäre? 26 Du schonst alles, weil es dein Eigentum ist, Herr, du Freund des Lebens.

12 Denn in allem ist dein unvergänglicher Geist. 2 Darum bestrafst du die Sünder nur nach und nach; du mahnst sie und erinnerst sie an ihre Sünden, damit sie sich von der Schlechtigkeit abwenden und an dich glauben, Herr.

3 Du hast auch die früheren Bewohner deines heiligen Landes gehasst, 4 weil sie abscheuliche Verbrechen verübten, Zauberkünste und unheilige Festbräuche; 5 sie waren erbarmungslose Kindermörder und verzehrten beim Opfermahl Menschenfleisch und Menschenblut. Darum beschlossest du, mitten im Gelage die Teilnehmer 6 und deren Eltern, die mit eigener Hand hilflose Wesen töteten, durch die Hände unserer Väter zu vernichten; 7 denn das Land, das dir vor allen anderen teuer ist, sollte eine seiner würdige Bevölkerung von Gotteskindern erhalten. 8 Doch selbst mit jenen gingst du schonend um, weil sie Menschen waren; du sandtest deinem Heer Hornissen voraus, um sie nach und nach zu vernichten. 9 Obgleich du die Macht hattest, in einer Schlacht die Frevler den Gerechten in die Hand zu geben oder sie durch wilde Tiere oder ein unerbittliches Wort mit einem Schlag auszurotten, 10 vollzogst du doch erst nach und nach die Strafe und ließest so Zeit für die Umkehr. Dabei wusstest du genau, dass ihr Ursprung böse und ihre Schlechtigkeit angeboren war und dass sich ihr Denken in Ewigkeit nicht ändern werde; 11 sie waren schon von Anfang an ein verfluchter Stamm.

Keine Furcht vor irgendjemand hat dich dazu bestimmt, sie für ihre Sünden ohne Strafe zu lassen. 12 Denn wer darf sagen: Was hast du getan? Wer vermag sich deinem Urteilsspruch zu widersetzen? Wer könnte dich anklagen wegen des Untergangs von Völkern, die du selbst geschaffen hast? Wer wollte gegen dich auftreten als Anwalt schuldiger Menschen? 13 Denn es gibt keinen Gott außer dir, der für alles Sorge trägt; daher brauchst du nicht zu beweisen, dass du gerecht geurteilt hast. 14 Kein König und kein Herrscher kann dich zur Rede stellen wegen der Menschen, die du gestraft hast.

15 Gerecht, wie du bist, verwaltest du das All gerecht und hältst es für unvereinbar mit deiner Macht, den zu verurteilen, der keine Strafe verdient. 16 Deine Stärke ist die Grundlage deiner Gerechtigkeit und deine Herrschaft über alles lässt dich gegen alles Nachsicht üben. 17 Stärke beweist du, wenn man an deine unbeschränkte Macht nicht glaubt, und bei denen, die sie kennen, strafst du die trotzige Auflehnung. 18 Weil du über Stärke verfügst, richtest du in Milde und behandelst uns mit großer Nachsicht; denn die Macht steht dir zur Verfügung, wann immer du willst.

19 Durch solches Handeln hast du dein Volk gelehrt, dass der Gerechte menschenfreundlich sein muss, und hast deinen Söhnen die Hoffnung geschenkt, dass du den Sündern die Umkehr gewährst. 20 Du hast die Feinde deiner Kinder, auch wenn sie den Tod verdienten, sehr nachsichtig und nur nach und nach gestraft und ihnen Zeit und Möglichkeit gegeben, sich von ihrer Schlechtigkeit abzuwenden. 21 Aber wie viel umsichtiger noch hast du deine Söhne bestraft, deren Vätern du Gutes verheißen hast, als du mit ihnen unter Eid den Bund schlossest. 22 Während du uns erziehst, geißelst du unsere Feinde zehntausendfach, damit wir als Richter deine Güte uns zum Vorbild nehmen und auf Erbarmen hoffen, wenn wir selber vor dem Gericht stehen.

23 Du hast jene, die in Torheit und Unrecht dahinlebten, mit ihren eigenen Gräueln gepeinigt. 24 Allzu weit waren sie in die Irre gegangen, als sie die allerhässlichsten und verachtetsten Tiere für Götter hielten und wie unverständige Kinder sich täuschen ließen. 25 Darum hast du ihnen wie unvernünftigen Kindern eine Strafe gesandt, die sie zum Gespött machte. 26 Wer sich aber durch eine Strafe, die ihn zum Gespött macht, nicht warnen lässt, der wird eine Strafe erleiden, die der Macht Gottes entspricht. 27 In ihren Leiden wurden sie zornig über die Tiere, die sie für Götter hielten und mit denen sie jetzt gestraft wurden. So erfuhren sie jenen, von dem sie vorher nichts wissen wollten, und erkannten ihn als den wahren Gott; deshalb war ja auch die äußerste Strafe über sie gekommen.

11,15: 12,23–27; 15,18 – 16,1 • 16: Ri 1,7 • 17: Gen 1,2; Weish 12,9 • 18: Ijob 4,10–14 • 20: Ijob 4,9; Sir 1,9 • 21: 2 Chr 20,6 • 22: Jes 40,15 • 23: 12,18; Ps 145,9 • 26: Jona 4,11 • 12,1: 1,7; Ps 104,30 • 4–5: 14,23–29 • 7: Jos 11,14.20; Dtn 11,12; Ps 47,5; Dtn 14,1 • 8: 11,26 • 9: 11,17f • 10: 12,2; 11,23 • 12: Ijob 9,12; Jes 45,9; Ijob 9,19 • 13: 6,7; 15,1 • 15: Ps 9,9; 11,7 • 16: 11,24; 15,1 • 18: 11,23 • 19: 1,6; 12,2 • 20: 12,10 • 21: 12,18; 11,9f; Gen 15,18; Dtn 7,8 • 23: 11,15 • 25: 15,14 • 27: 16,16; 18,13; Ex 5,2; 14,25

Zweite Einschaltung: Die Torheit des Götzendienstes

13 Töricht waren von Natur alle Menschen,
denen die Gotteserkenntnis fehlte. Sie hat-
ten die Welt in ihrer Vollkommenheit vor Augen,
ohne den wahrhaft Seienden erkennen zu können.
Beim Anblick der Werke erkannten sie den Meis-
ter nicht, [2] sondern hielten das Feuer, den Wind,
die flüchtige Luft, den Kreis der Gestirne, die
gewaltige Flut oder die Himmelsleuchten für welt-
beherrschende Götter. [3] Wenn sie diese, entzückt
über ihre Schönheit, als Götter ansahen, dann hät-
ten sie auch erkennen sollen, wie viel besser ihr
Gebieter ist; denn der Urheber der Schönheit hat
sie geschaffen. [4] Und wenn sie über ihre Macht und
ihre Kraft in Staunen gerieten, dann hätten sie
auch erkennen sollen, wie viel mächtiger jener ist,
der sie geschaffen hat; [5] denn von der Größe und
Schönheit der Geschöpfe lässt sich auf ihren
Schöpfer schließen. [6] Dennoch verdienen jene nur
geringen Tadel. Vielleicht suchen sie Gott und
wollen ihn finden, gehen aber dabei in die Irre.
[7] Sie verweilen bei der Erforschung seiner Werke
und lassen sich durch den Augenschein täuschen;
denn schön ist, was sie schauen. [8] Doch auch sie
sind unentschuldbar: [9] Wenn sie durch ihren Ver-
stand schon fähig waren, die Welt zu erforschen,
warum fanden sie dann nicht eher den Herrn der
Welt?

[10] Unselig aber sind jene, die auf Totes ihre Hoff-
nung setzen und Werke von Menschenhand als
Götter bezeichnen, Gold und Silber, kunstvolle
Gebilde und Tiergestalten oder einen nutzlosen
Stein, ein Werk uralter Herkunft. [11] Da sägte ein
Holzschnitzer einen geeigneten Baum ab, entrin-
dete ihn ringsum geschickt, bearbeitete ihn sorg-
fältig und machte daraus ein nützliches Gerät für
den täglichen Gebrauch. [12] Die Abfälle seiner Ar-
beit verwendete er, um sich die Nahrung zu berei-
ten, und aß sich satt. [13] Was dann noch übrig blieb
und zu nichts brauchbar war, ein krummes, kno-
tiges Stück Holz, das nahm er, schnitzte daran so
eifrig und fachgemäß, wie man es tut, wenn man
am Abend von der Arbeit abgespannt ist, formte
es zum Bild eines Menschen [14] oder machte es ei-
nem armseligen Tier ähnlich, beschmierte es mit
Mennig und roter Schminke, überstrich alle schad-
haften Stellen, [15] machte ihm eine würdige Wohn-
statt, stellte es an der Wand auf und befestigte es
mit Eisen. [16] So sorgte er dafür, dass es nicht he-
runterfiel, wusste er doch, dass es sich nicht helfen
kann; es ist ein Bild und braucht Hilfe.
[17] Aber wenn er um Besitz, Ehe und Kinder betet,
dann schämt er sich nicht, das Leblose anzureden.
Um Gesundheit ruft er das Kraftlose an, [18] Leben
begehrt er vom Toten. Hilfe erfleht er vom ganz
Hilflosen und gute Reise von dem, was nicht ein-
mal den Fuß bewegen kann. [19] Für seine Arbeit, für
Gewinn und Erfolg seines Handwerks bittet er um
Kraft von einem, dessen Hände völlig kraftlos sind.

14 Ein anderer, der sich zu einer Seefahrt
rüstet, auf der er wilde Wogen durchque-
ren wird, ruft ein Holz an, das gebrechlicher ist als
das Fahrzeug, das ihn trägt. [2] Das Fahrzeug hat der
Erwerbstrieb ersonnen und die Weisheit eines
Künstlers hergestellt. [3] Deine Vorsehung, Vater,
steuert es; denn du hast auch im Meer einen Weg
gebahnt und in den Wogen einen sicheren Pfad.
[4] Damit zeigst du, dass du imstande bist, aus jeder
Lage zu retten, so dass auch jemand, der keine
Erfahrung hat, ein Schiff besteigen kann. [5] Du
willst, dass die Werke deiner Weisheit nicht unge-
nutzt bleiben. Darum vertrauen Menschen ihr
Leben sogar einem winzigen Holz an und fahren
wohlbehalten auf einem Floß durch die Bran-
dung. [6] So hat auch in der Urzeit beim Untergang
der übermütigen Riesen die Hoffnung der Welt
sich auf ein Floß geflüchtet und, durch deine Hand
gesteuert, der Welt den Samen eines neuen Ge-
schlechtes hinterlassen. [7] Denn Segen ruht auf
dem Holz, durch das Gerechtigkeit geschieht.
[8] Fluch hingegen trifft das von Händen geformte
Holz und seinen Bildner, ihn, weil er es bearbeitet
hat, jenes, weil es Gott genannt wurde, obwohl es
vergänglich ist. [9] Denn Gott sind in gleicher Weise
Frevler wie Frevel verhasst; [10] mit dem Bildner wird
sein Werk der Strafe verfallen. [11] Darum kommt
auch über die Götzenbilder der Völker das Gericht,
weil sie in Gottes Schöpfung zum Gräuel gewor-
den sind, zum Anstoß für die Seelen der Menschen
und zur Schlinge für die Füße der Toren.
[12] Mit dem Gedanken an Götzenbilder beginnt der
Abfall und ihre Erfindung führt zur Sittenver-
derbnis. [13] Weder waren sie von Anfang an da,

noch werden sie ewig bleiben. 14 Durch die eitle
Ruhmsucht der Menschen sind sie in die Welt
gekommen; darum ist ihnen auch ein jähes Ende
zugedacht. 15 Bedrückt durch allzu frühe Trauer
ließ ein Vater von seinem Kind, das gar schnell hin-
weggerafft wurde, ein Bildnis machen; so ehrte er
einen toten Menschen als Gott und führte bei sei-
nen Leuten geheime Kulte und festliche Bräuche
ein. 16 Im Lauf der Zeit verfestigte sich die frevel-
hafte Sitte und wurde schließlich als Gesetz be-
folgt; 17 die Standbilder erhielten auf Anordnung
der Herrscher göttliche Verehrung. Konnten die
Menschen einen König nicht unmittelbar ehren,
weil er weit weg wohnte, dann vergegenwärtig-
ten sie den Fernen; sie machten von dem verehr-
ten König ein Bildnis, das allen sichtbar war,
um dem Abwesenden, als ob er gegenwärtig wäre,
mit Eifer zu huldigen. 18 Der Ehrgeiz des Künstlers
führte dazu, dass auch jene, die den König gar
nicht kannten, ihm göttliche Verehrung erwiesen.
19 Wohl um dem Herrscher zu gefallen, bot er seine
ganze Kunst auf, um ihn schöner darzustellen, als
er war. 20 Von der Anmut des Bildes hingerissen,
betete die Menge den, der noch kurz zuvor nur als
Mensch geehrt wurde, jetzt wie einen Gott an.
21 Der Welt ist dies zum Verhängnis geworden: Die
Menschen haben, unter dem Druck von Unglück
oder Herrschermacht, Stein und Holz den Namen
beigelegt, der mit niemand geteilt werden kann.
22 Als ob es nicht genug wäre, in der Erkenntnis
Gottes zu irren, nennen sie in dem heftigen Zwie-
spalt, den die Unwissenheit in ihr Leben bringt, so
große Übel auch noch Frieden. 23 Bei kindermör-
derischen Festbräuchen, heimlichen Kulten oder
wilden Gelagen mit fremdartigen Sitten 24 halten
sie weder Leben noch Ehe rein, sondern einer tötet
heimtückisch den andern oder beleidigt ihn durch
Ehebruch. 25 Alles ist ein wirres Gemisch von Blut
und Mord, Diebstahl und Betrug, Verdorbenheit,
Untreue, Aufruhr und Meineid; 26 es herrscht Um-
kehrung der Werte, undankbare Vergesslichkeit,
Befleckung der Seelen, widernatürliche Unzucht,
Zerrüttung der Ehen, Ehebruch und Zügellosig-
keit. 27 Die Verehrung der namenlosen Götzen-
bilder ist aller Übel Anfang, Ursache und Höhe-
punkt. 28 Sie rasen im Freudentaumel, weissagen
Lügen, leben in Ungerechtigkeit oder schwören
leichthin einen Meineid. 29 Im Vertrauen auf leb-
lose Götzen fürchten sie nicht, dass ihre Meineide
ihnen schaden könnten. 30 Jedoch für beides wird
sie die gerechte Strafe treffen: dass sie sich von
Gott eine verkehrte Vorstellung machten, indem
sie Götzenbilder verehrten, und dass sie unter
Missachtung der Heiligkeit des Eides hinterlistig
und ungerecht schworen. 31 Es ist nie die Macht
derer, bei denen sie schworen, sondern immer die
den Sündern gebührende Strafe, die die Vergehen
der Frevler verfolgt.

15 Du aber, unser Gott, bist gütig, wahrhaftig
und langmütig; voll Erbarmen durchwal-
test du das All. 2 Auch wenn wir sündigen, gehören
wir dir, da wir deine Stärke kennen; doch wir wol-
len nicht sündigen, da wir wissen, dass wir dein
Eigentum sind. 3 Denn es ist vollendete Gerechtig-
keit, dich zu verstehen; und deine Stärke zu ken-
nen ist die Wurzel der Unsterblichkeit. 4 Die arg-
listige Erfindung der Menschen hat uns nicht
verführt, die unfruchtbare Arbeit der Maler, eine
mit bunten Farben besudelte Gestalt. 5 Ihr Anblick
erregt die Sehnsucht der Toren und weckt in ih-
nen das Verlangen nach der leblosen Gestalt eines
toten Bildes. 6 Liebhaber des Bösen und solcher
Hoffnungen würdig sind alle, die es anfertigen, die
nach ihm verlangen und die es anbeten.
7 Der Töpfer knetet mühsam den weichen Ton, um
daraus Gefäße zu unserem Gebrauch zu formen.
Aus dem gleichen Lehm bildet er solche, die sau-
beren Zwecken dienen, und solche für das Gegen-
teil, alle in gleicher Weise; über den Gebrauch
eines jeden entscheidet der Töpfer. 8 Aus dem glei-
chen Lehm formt er in verkehrter Mühe auch
einen nichtigen Gott, er, der vor kurzem aus Erde
entstand und bald dorthin zurückkehrt, woher er
genommen ist, wenn seine Seele, das ihm anver-
traute Darlehen, zurückgefordert wird. 9 Doch es
kümmert ihn nicht, dass er dahinschwinden wird
und nur ein kurzes Leben hat. Er wetteifert mit
Goldschmieden und Silbergießern, er ahmt Kup-
ferschmiede nach und sieht seinen Ruhm darin,
Trugbilder zu formen. 10 Asche ist sein Herz, noch
weniger wert als Erdenstaub seine Hoffnung, und
sein Leben ist wertloser als Lehm. 11 Seinen eige-
nen Bildner hat er nämlich nicht erkannt, den, der
ihm eine wirkende Seele eingehaucht und Lebens-

atem eingeblasen hat. [12] Nein, er hält unser Leben
für ein Kinderspiel, das Dasein für einen einträg-
lichen Jahrmarkt; er sagt, man müsse aus allem,
auch aus Schlechtem, Gewinn ziehen. [13] Denn er
weiß besser als alle, dass er sündigt, wenn er aus
dem gleichen Erdenstoff nicht nur zerbrechliche
Gefäße, sondern auch Götzenbilder fertigt.
[14] Ganz unverständig aber und ärmer als eines Kin-
des Seele waren die Feinde, die dein Volk knechte-
ten. [15] Sie hielten alle Götzen der Völker für Göt-
ter, Götter, die weder ihre Augen gebrauchen
können, um zu sehen, noch ihre Nase, um die Luft
zu atmen, noch ihre Ohren, um zu hören, noch die
Finger ihrer Hände, um zu tasten, und deren
Füße nicht gehen können. [16] Ein Mensch hat sie
gemacht, einer, dem der Geist nur geliehen ist, hat
sie gebildet; kein Mensch hat die Kraft, einen Gott
zu bilden, der auch nur ihm selber ähnlich wäre.
[17] Als Sterblicher schafft er mit frevelhaften Hän-
den nur Totes. Er ist besser als seine angebeteten
Gebilde; denn er bekam einmal Leben, diese aber
nie. [18] Sie verehren sogar die widerlichsten Tiere,
die dümmsten im Vergleich mit den anderen,
[19] solche, die nicht einmal schön sind, sodass man
an ihnen Gefallen finden könnte, soweit das beim
Anblick von Tieren möglich ist, die zudem Gottes
Lob und seinen Segen verloren haben.

13,1: Ps 14,1; 92,7; Apg 14,17; 17,27; Röm 1,19f • 3: Dtn 4,19; Ijob 31,26f • 4: Ps 8,4; 104,24 • 10: 15,5.17; Jes 44,9–20; Jer 10,3–9; Ps 135,15–18 • 11: Jes 40,20; 44,9–20 • 18: 15,15 • 14,3: Jes 43,16 • 4: Ps 107,28–30 • 5: Gen 1,28 • 6: Gen 6 – 8; Bar 3,26–28; Weish 10,4f; Sir 44,17f • 8: Dtn 27,15 • 9–10: Dtn 7,25f • 11: Jes 2,18f; Jer 10,15; Weish 14,14; Ps 106,36 • 12: 15,5; Num 25,1f • 14: 14,10f • 15: 12,4 • 21: Jes 42,8 • 22: Röm 1,24–32 • 23: 12,4f • 24: Lev 18,24 • 27: 14,12 • 15,1: 8,1; Ex 34,6; Ps 86,5.15 • 2: 12,16–18 • 3: Hos 6,6; 1 Joh 2,3–6 • 4: 13,14; 14,20 • 6: 14,8–10 • 7: Jer 18,3f; Röm 9,21 • 8: Gen 2,7; 3,19; Koh 12,7; Lk 12,20 • 10: 3,18; 5,14; 14,29; 2 Makk 7,14 • 13: 15,7f • 14: 12,24 • 15: Ps 115,4–7 • 17: 13,10 • 18–19: 11,15; 12,24 • 19: Gen 1,21f.25; 3,14

Frösche – Wachteln

16 Darum wurden sie mit Recht durch ähnli-
che Tiere gezüchtigt und durch eine Menge
von Ungeziefer gequält. [2] Während sie auf solche
Weise gezüchtigt wurden, hast du deinem Volk
eine Wohltat erwiesen und mit den Wachteln sei-
nem heftigen Verlangen eine fremdartige Nahrung
gegeben. [3] Während jenen in ihrem Hunger die
Esslust verging wegen der Hässlichkeit der gegen
sie gesandten Tiere, bekamen diese nach nur kur-
zer Entbehrung sogar eine fremdartige Speise.
[4] Über jene Unterdrücker sollte unabwendbarer
Hunger kommen; diese aber sollten nur kurz
spüren, wie ihre Feinde gequält wurden.

1: 11,15; 12,23–27; Ex 7,26 – 8,11; Ps 78,45; 105,30 • 2: Ex 16,13; Ps 78,26f; 105,40 • 4: 11,8f

Heuschrecken und Stechfliegen – giftige Schlangen

[5] Auch damals, als die schreckliche Wut wilder
Tiere über sie hereinbrach und sie durch die Bisse
tückischer Schlangen umkamen, dauerte dein
Zorn nicht bis ans Ende. [6] Zur Warnung wurden
sie nur kurz in Schrecken versetzt und bekamen
ein Rettungszeichen, damit sie sich an die Vor-
schrift deines Gesetzes erinnerten. [7] Wer sich dort-
hin wandte, wurde nicht durch das gerettet, was er
anschaute, sondern durch dich, den Retter aller.
[8] Dadurch hast du unsere Feinde überzeugt, dass
du es bist, der aus allem Übel erlöst. [9] Denn sie
wurden durch die Bisse der Heuschrecken und der
Stechfliegen getötet, ohne dass es ein Heilmittel
für sie gab; sie verdienten es ja, durch solches
Ungeziefer gezüchtigt zu werden. [10] Deine Söhne
aber wurden nicht einmal durch die Zähne Gift
spritzender Schlangen überwältigt; denn dein
Erbarmen kam ihnen zu Hilfe und heilte sie. [11] Sie
wurden gebissen, aber schnell wieder gerettet, da-
mit sie sich an deine Worte erinnerten; denn sie
sollten nicht in tiefes Vergessen versinken, son-
dern sich ungehindert deiner Wohltaten erfreuen.
[12] Weder Kraut noch Wundpflaster machte sie ge-
sund, sondern dein Wort, Herr, das alles heilt.
[13] Du hast Gewalt über Leben und Tod; du führst
zu den Toren der Unterwelt hinab und wieder he-
rauf. [14] Ein Mensch kann zwar in seiner Schlech-
tigkeit töten; doch den entschwundenen Geist holt
er nicht zurück und die weggenommene Seele
kann er nicht befreien.

5: Num 21,5–9; Weish 18,20 • 6: Joh 3,14f • 7: Jes 45,21 • 9: Ex 8,12–28; 10,1–20; Ps 78,45f; 105,34f • 12: Ps 107,20 • 13: 1 Sam 2,6 • 14: Ps 49,8f; Mt 16,26

Hagel – Manna

[15] Unmöglich ist es, deiner Hand zu entfliehen.
[16] Denn die Frevler, die behaupten, dich nicht zu
kennen, wurden durch die Kraft deines Armes

gezüchtigt: Ungewöhnliche Regengüsse, Hagel-
schauer und schreckliche Wolkenbrüche peitsch-
ten auf sie nieder und Feuer verzehrte sie. 17 Das
Seltsamste war, dass das Wasser, das sonst alles
löscht, die Kraft des Feuers noch verstärkte; denn
die Natur kämpft für die Gerechten. 18 Das eine
Mal wurde die Flamme gezähmt, damit sie nicht
die Tiere verzehrte, die gegen die Ruchlosen ge-
sandt waren; diese sollten sehen und erkennen,
dass sie von Gottes Strafe verfolgt wurden. 19 Das
andere Mal brannte die Flamme mit ungewöhnli-
cher Kraft mitten im Wasser, um die Erzeugnisse
des schuldbeladenen Landes zu vernichten.
20 Dein Volk dagegen nährtest du mit der Speise
der Engel und unermüdlich gabst du ihm fertiges
Brot vom Himmel. Deine Gabe gewährte jeden
Genuss und entsprach jedem Geschmack; 21 sie
offenbarte deine zarte Liebe zu deinen Kindern.
Sie erfüllte das Verlangen eines jeden, der sie ge-
noss, und verwandelte sich in alles, was einer
wollte. 22 Schnee und Eis hielten dem Feuer stand
und schmolzen nicht. Deine Kinder sollten erken-
nen, dass nur die Früchte der Feinde vom Feuer
vernichtet wurden, das im Hagel brannte und in
den Regengüssen blitzte, 23 und dass es umgekehrt
sogar seine eigene Kraft vergaß, damit die Gerech-
ten Nahrung hätten. 24 Denn die Schöpfung, die
dir, ihrem Schöpfer, dient, steigert ihre Kräfte, um
die Schuldigen zu bestrafen, und hält sie zurück,
um denen Gutes zu tun, die auf dich vertrauen.
25 Darum diente sie auch damals deinem Ge-
schenk, das alle ernährte, und verwandelte sich in
alles, was die Bittenden wünschten. 26 Deine
geliebten Söhne, Herr, sollten daraus lernen: Nicht
die verschiedenartigen Früchte ernähren den
Menschen, sondern dein Wort erhält alle, die dir
vertrauen. 27 Denn dasselbe, das vom Feuer nicht
vernichtet wurde, schmolz sogleich, wenn es ein
flüchtiger Sonnenstrahl erwärmte. 28 So sollte man
erkennen, dass man, um dir zu danken, der Sonne
zuvorkommen und sich noch vor dem Aufgang
des Lichtes an dich wenden muss. 29 Denn die
Hoffnung des Undankbaren schmilzt wie winter-
licher Reif und verrinnt wie unnützes Wasser.

15: Tob 13,2 • 16: Ex 9,13–35 • 17: 16,22; Ex 9,24 • 18: 12,27 •
19: 16,17.22 • 20: Ex 16; Num 11,6–9; Ps 78,23–25; 105,40 •
22: 16,19 • 23: 19,21 • 24: 19,18 • 26: Dtn 8,3; Mt 4,4; Lk 4,4 •
27: Ex 16,21; Num 11,8 • 28: Ps 57,9; 92,3 • 29: 15,10

Finsternis – Feuersäule

17 Groß und nicht zu ergründen sind deine
Entscheide; darum verfiel in Irrtum, wer
sich nicht belehren ließ. 2 Denn die Frevler mein-
ten, das heilige Volk knechten zu können; und jetzt
lagen sie da, Gefangene der Finsternis, Gefesselte
einer langen Nacht, eingeschlossen in den Häu-
sern, von der ewigen Vorsehung verbannt. 3 Sie
glaubten, mit ihren geheimen Sünden unter der
dunklen Decke der Vergessenheit verborgen zu
sein; da packte sie furchtbares Entsetzen. Sie wur-
den durch Trugbilder aufgeschreckt und ausei-
nander gejagt. 4 Auch der geheimste Winkel, in den
sie sich flüchteten, konnte sie nicht vor Furcht
bewahren; Schrecken erregendes Getöse umbraus-
te sie, und düstere Gespenster mit finsteren Mie-
nen tauchten auf. 5 Keine Kraft irgendeines Feuers
war stark genug, Licht zu bringen; nicht einmal
der strahlende Glanz der Gestirne vermochte es,
diese entsetzliche Nacht zu erhellen. 6 Nur einen
schaurigen Feuerherd, der sich von selbst entzün-
det hatte, sahen sie aufglühen; verschwand die
Erscheinung, so hielten sie, außer sich vor Entset-
zen, die Dinge, die sie sahen, für noch schlimmer.
7 Da versagten die Gaukeleien der Zauberkunst
und die Probe auf das prahlerische Wissen fiel
schmählich aus. 8 Jene, die immer versprachen,
Furcht und Verwirrung von der kranken Seele zu
bannen, krankten nun selber an einer lächerlichen
Angst. 9 Auch wenn nichts Schreckliches sie ängs-
tigte, wurden sie durch raschelndes Getier und
zischelnde Schlangen aufgescheucht und vergin-
gen vor Furcht. Nicht einmal in die Luft wollten
sie blicken, der man doch nirgends entfliehen
kann. 10 Denn die Schlechtigkeit bezeugt selbst ihr
feiges Wesen, wenn sie gestraft wird. Unter dem
Druck des Gewissens befürchtet sie immer das
Schlimmste. 11 Furcht ist ja nichts anderes als der
Verzicht auf die von der Vernunft angebotene Hil-
fe. 12 Je weniger man solche Hilfe erwartet, umso
schlimmer erscheint es, die Ursache der Qual nicht
zu kennen. 13 In Wahrheit hatte jene Nacht keine
Gewalt; aus den Tiefen der machtlosen Totenwelt
war sie heraufgestiegen. Sie aber, die wie sonst
schlafen wollten, 14 wurden bald durch Schreckge-
spenster aufgescheucht, bald durch Mutlosigkeit
gelähmt; denn plötzliche und unerwartete Furcht

hatte sie befallen. 15 So wurde jeder dort, wo er zu
Boden sank, ein Gefangener, der in einen Kerker
ohne Eisenfesseln eingeschlossen war. 16 Ob Bauer
oder Hirt oder ein Taglöhner, der einsam arbei-
tete, alle wurden überrascht und mussten sich dem
unentrinnbaren Zwang fügen, alle wurden durch
die gleiche Kette der Finsternis gefesselt. 17 Das
Pfeifen des Windes, der wohlklingende Gesang der
Vögel auf den Zweigen der Bäume, das Rauschen
ungestüm strömender Wasser, das wilde Donnern
stürzender Felsen, 18 das Laufen hüpfender Tiere,
die man nicht sehen konnte, das laute Gebrüll wil-
der Raubtiere, das aus den Schluchten der Berge
zurückgeworfene Echo: alles und jedes jagte ihnen
lähmende Furcht ein. 19 Die ganze Welt stand in
strahlendem Licht und alle gingen ungehindert
ihrer Arbeit nach. 20 Nur über jene breitete sich
drückende Nacht aus, Bild der Finsternis, die sie
dereinst aufnehmen sollte. Doch mehr als unter
der Finsternis litten sie unter ihrer eigenen Angst.

18 Deinen Heiligen dagegen strahlte hellstes
Licht. Die anderen hörten ihre Stimme,
ohne sie selbst zu sehen, und priesen sie glücklich,
mochten diese vorher noch so viel erduldet haben.
2 Sie dankten ihnen, dass sie für das früher erlittene
Unrecht keine Rache nahmen, und baten um Ver-
zeihung für ihr feindliches Verhalten. 3 Statt jener
Finsternis gabst du den Deinen eine flammende
Feuersäule als Führerin auf unbekanntem Weg, als
freundliche Sonne auf ihrer ruhmvollen Wande-
rung. 4 Jene hingegen hatten es verdient, des Lich-
tes beraubt und in Finsternis gefangen zu sein, weil
sie einst deine Söhne eingeschlossen und gefangen
hielten, durch die das unvergängliche Licht des
Gesetzes der Welt gegeben werden sollte.

17,1: Röm 11,33; Weish 5,6 • 2: Ex 1,11–14; 10,21–23; Ps 105,28 • 3: Ps 64,6f; Weish 18,17 • 7: 18,13; Ex 8,14f • 9: Ps 53,6; Spr 28,1 • 10: 17,6; Gen 4,14 • 15: 17,2; 18,4 • 18: 17,9 • 20: Ijob 10,21f; Mt 22,13; Jud 13 • 18,1: Ex 10,23 • 3: 10,17; Ex 13,21f; 40,36–38; Ps 78,14; 105,39 • 4: 17,2; Ps 119,105; Spr 6,23

Tod der Erstgeborenen – Tod in der Wüste

5 Sie hatten beschlossen, die Kinder der Heiligen zu
töten, und nur ein einziges Kind wurde ausgesetzt
und gerettet. Zur Strafe hast du ihnen viele ihrer
eigenen Kinder weggenommen und sie alle auf
einmal in gewaltiger Wasserflut vernichtet. 6 Jene
Nacht wurde unseren Vätern vorher angekündigt;
denn sie sollten zuversichtlich sein und sicher
wissen, welchen eidlichen Zusagen sie vertrauen
konnten. 7 So erwartete dein Volk die Rettung
der Gerechten und den Untergang der Feinde.
8 Während du die Gegner straftest, hast du uns zu
dir gerufen und verherrlicht. 9 Denn im Verborge-
nen feierten die frommen Söhne der Guten ihr
Opferfest; sie verpflichteten sich einmütig auf das
göttliche Gesetz, dass die Heiligen in gleicher
Weise Güter wie Gefahren teilen sollten, und san-
gen schon im Voraus die Loblieder der Väter. 10 Da
hallte ihnen das wirre Geschrei der Feinde ent-
gegen und sie hörten die laute Klage über die
toten Kinder. 11 Das gleiche Urteil traf Herrn und
Knecht; der Mann aus dem Volk und der König
hatten das gleiche Leid zu tragen. 12 Durch die
gleiche Todesart hatten alle zusammen unzählige
Tote. Es waren nicht genügend Lebende da, um sie
zu begraben; denn mit einem Schlag waren die
besten Nachkommen vernichtet worden. 13 Bisher
waren sie durch die Künste ihrer Zauberer ungläu-
big geblieben; jetzt aber mussten sie beim Unter-
gang der Erstgeborenen bekennen: Dieses Volk ist
Gottes Sohn. 14 Als tiefes Schweigen das All umfing
und die Nacht bis zur Mitte gelangt war, 15 da
sprang dein allmächtiges Wort vom Himmel, vom
königlichen Thron herab als harter Krieger mitten
in das dem Verderben geweihte Land. 16 Es trug das
scharfe Schwert deines unerbittlichen Befehls,
trat hin und erfüllte alles mit Tod; es berührte
den Himmel und stand auf der Erde. 17 Plötzlich
schreckten sie furchtbare Traumgesichte auf und
ungeahnte Ängste überfielen sie. 18 Einer stürzte
hier, ein anderer dort halb tot zu Boden und be-
kannte, aus welchem Grund er sterben musste.
19 Denn die erschreckenden Träume hatten es ih-
nen vorausgesagt; sie sollten nicht umkommen,
ohne zu wissen, warum sie so Schlimmes erlitten.
20 Auch die Gerechten lernten eine Probe des Todes
kennen: Eine große Anzahl wurde in der Wüste
dahingerafft; doch der Zorn hielt nicht lange an.
21 Ein Mann ohne Tadel sprang als Vorkämpfer ein
mit der Waffe seines heiligen Dienstes, mit Gebet
und sühnendem Räucherwerk. Er trat dem Zorn
entgegen, machte dem Unheil ein Ende und zeigte
so, dass er dein Diener war. 22 Er überwand die Not
nicht durch Körperkraft und nicht durch Waffen-

gewalt, sondern durch das Wort bezwang er den Strafenden, indem er ihn an die eidlich bekräftigten Bündnisse mit den Vätern erinnerte. [23] Denn als die Toten sich schon häuften, trat er dazwischen, hielt seinen Ansturm auf und schnitt ihm den Weg zu den Lebenden ab. [24] Auf seinem langen Gewand war die ganze Welt dargestellt, auf den vier Reihen der Edelsteine waren die ruhmreichen Namen der Väter eingeschnitten und auf seinem Stirnband dein hoheitsvoller Name. [25] Davor wich der Verderber voll Furcht zurück; denn es genügte schon diese Probe des Zornes.

5: 11,7; Ex 1,15–17; 12,29f; Ps 78,51; 105,36; Weish 10,19; Ex 14,27f • 9: 2 Chr 30,21f • 10: Ex 12,29f • 12: Num 33,4 • 13: 17,7; Ex 7,11–13; 8,3; 12,31f; Weish 5,5; Ex 4,22f • 14: Ex 11,4; 12,23.29 • 15: Ps 107,20; 147,15.18 • 16: Jes 55,11; Weish 5,20; Hebr 4,12 • 17: 17,3; Ijob 4,13f • 20: Num 17,6–14 • 21: Ex 28,1; Num 17,16–26 • 23: Num 17,11–13 • 24: Ex 28,17–21; Sir 45,11; Ex 28,36–38; Sir 45,12 • 25: Ex 12,23

Untergang im Meer – Rettung durch das Meer

19 Über die Frevler kam erbarmungsloser Zorn, bis sie vernichtet waren; denn Gott wusste im Voraus, wie sie sich verhalten würden: [2] Sie selbst hatten den Abzug der Gerechten gestattet und sie sogar dazu gedrängt; dann aber änderten sie ihren Sinn und verfolgten sie. [3] Sie waren noch mit der Bestattung der Toten beschäftigt und klagten an ihren Gräbern, als sie in ihrer Torheit einen anderen Entschluss fassten und denen wie Entlaufenen nachsetzten, denen sie flehentlich zugeredet hatten wegzugehen. [4] Das selbst verschuldete Verhängnis trieb sie in diesen Untergang und ließ sie alles vergessen, was geschehen war; denn sie sollten über die bisherigen Plagen hinaus die äußerste Strafe erleiden.

[5] Deinem Volk aber sollte sich ein unerwarteter Weg eröffnen, während jene einen ungewöhnlichen Tod fanden. [6] Das Wesen der ganzen Schöpfung wurde neu gestaltet; sie gehorchte deinen Befehlen, damit deine Kinder unversehrt bewahrt blieben. [7] Man sah die Wolke, die das Lager überschattete, trockenes Land tauchte auf, wo zuvor Wasser war; es zeigte sich ein Weg ohne Hindernisse durch das Rote Meer, eine grüne Ebene stieg aus der gewaltigen Flut. [8] Von deiner Hand behütet, zogen sie vollzählig hindurch und sahen staunenswerte Wunder. [9] Sie weideten wie Rosse, hüpften wie Lämmer und lobten dich, Herr, ihren Retter. [10] Denn sie dachten zudem auch an das, was im fremden Land geschehen war: wie Mücken nicht von Tieren, sondern von der Erde hervorgebracht wurden und wie der Fluss nicht Wassertiere, sondern eine Menge Frösche auswarf. [11] Schließlich sahen sie auch Vögel auf eine neue Weise entstehen, als sie, um ihre Gier zu befriedigen, nach üppigen Speisen verlangten. [12] Zu ihrem Trost entstiegen nämlich Wachteln dem Meer.

[13] Die Strafen kamen über die Sünder nicht ohne Warnung durch wuchtige Blitze. Mit Recht mussten sie für ihre bösen Taten leiden, weil sie einen so schlimmen Fremdenhass gezeigt hatten. [14] Während andere die Unbekannten, die zu ihnen kamen, nicht aufnahmen, machten diese sogar Gäste, die ihre Wohltäter waren, zu Sklaven. [15] Noch mehr: Gewiss wird auch jene eine Strafe treffen, weil sie Fremde feindselig empfangen hatten; [16] diese aber haben Gäste, die sie festlich aufgenommen hatten und die schon die gleichen Bürgerrechte genossen, mit schwerem Frondienst geplagt. [17] Wie jene an der Türe des Gerechten mit Blindheit geschlagen wurden, so auch diese, als sie von dichter Finsternis umgeben waren und jeder versuchte, seine Türe zu finden.

1: Ex 14,13f • 2: Ex 12,31–33; Ex 14,3–31 • 3: 18,12 • 4: 12,27 • 5: 10,18f • 6: 5,20; 16,24; 19,10f.18 • 7: Ex 14,19–22 • 9: Jes 63,13f; Ex 15 • 10: 16,9; Ex 8,12f; Weish 16,1; Ex 7,28 – 8,2 • 11: 16,2; 19,19 • 12: Num 11,31f • 13: Ex 9,18; Weish 12,26 • 14: Ri 19,15–30; Gen 47,25 • 17: Gen 19,10f; Weish 17,2; Ex 10,21–23

Schluss

[18] Die Elemente verändern sich untereinander, wie auf einer Harfe die Töne den Rhythmus ändern und doch den gleichen Klang behalten. Dies lässt sich aus der Betrachtung der Geschehnisse deutlich erkennen. [19] Landtiere verwandelten sich in Wassertiere und schwimmende Tiere stiegen ans Land. [20] Das Feuer steigerte im Wasser die ihm eigene Kraft und das Wasser vergaß seine löschende Wirkung. [21] Flammen verzehrten nicht das Fleisch der hinfälligen Tiere, die hineingerieten, noch schmolz im Feuer die eisartige, leicht schmelzende himmlische Speise. [22] In allem hast du, Herr, dein Volk groß gemacht und verherrlicht; du hast es nicht im Stich gelassen, sondern bist ihm immer und überall beigestanden.

18: 16,25 • 20: 16,17f • 21: 16,22f • 22: Jes 41,10

DAS BUCH JESUS SIRACH

Als Verfasser des Buches wird in 50,27 und 51,30 ein Weisheitslehrer namens »Jesus, Sohn Eleasars, des Sohnes Sirachs« genannt. Die hebräisch-jüdische Bezeichnung des Buches lautet kurz Ben Sira; die griechische Bibel nennt es Siracides, die lateinische Liber Ecclesiasticus. Nach dem Vorwort des griechischen Übersetzers, eines Enkels des Verfassers, kommen als Abfassungszeit die Jahre um 180 v. Chr. in Betracht; Abfassungsort ist Jerusalem (vgl. die Anmerkung zu 50,27b).

Inhaltlich handelt es sich um eine lockere Sammlung von Lebens- und Verhaltensregeln, mit denen sich der Verfasser vor allem an die Jugend wendet, um sie für die Aufgaben und Schwierigkeiten des Lebens zu erziehen. Das Werk ist vom Buch der Sprichwörter abhängig, unterscheidet sich aber von diesem dadurch, dass es die weisheitlichen Themen mehr zusammenhängend und oft in Gegensatzpaaren behandelt: Weisheit und Torheit, Armut und Reichtum, Zucht und Zuchtlosigkeit, Gesundheit, Krankheit und Tod, Sklaven und Herren, Freunde und Frauen. Haupttugend ist immer die Gottesfurcht (Kap. 1). Etwa die Mitte und den Höhepunkt des ganzen Buches bildet der Weisheitshymnus in Kap. 24. Nach der frommen Naturbetrachtung von 42,15 – 43,33 folgt als letztes Thema das »Lob der Väter« (44,1 – 50,24), ein kurzer Überblick über die alttestamentliche Heilsgeschichte.

Der Verfasser verbindet harmonisch die Treue zum althergebrachten Glauben mit der Offenheit für die Probleme seiner Zeit. Den Hellenismus, der auch in jüdischen Kreisen mehr und mehr Eingang findet, bekämpft er nicht, so weit er sich mit der jüdischen Religion vereinbaren lässt. Das mosaische Gesetz weitet sich bei ihm zur göttlichen Schöpfungsordnung, die für alle Zeiten Wert und Gültigkeit besitzt. So bietet das Buch Jesus Sirach über die Zeit des damaligen kulturellen Umbruchs hinaus humane und sittlich-religiöse Leitsätze für den Weg zu echter Weisheit.

Als spätes Werk fand dieses Buch keine Aufnahme mehr in den jüdischen Kanon. Die Kirche übernahm es wie die anderen deuterokanonischen Bücher als Heilige Schrift. Im Neuen Testament, besonders im Jakobusbrief, sowie in den frühchristlichen Schriften stehen zahlreiche Anspielungen oder sogar Zitate aus dem Buch Jesus Sirach. Hieronymus behauptet, er habe den hebräischen Text noch gekannt. Später war das Buch jedoch nur noch in den alten Übersetzungen vorhanden. In diesen lassen sich viele erklärende und erweiternde Zusätze nachweisen. Im Jahr 1896 und in der folgenden Zeit wurden fünf hebräische Handschriftenfragmente aus dem 11. oder 12. Jh. n. Chr., die aus einem Abstellraum (»Genisa«) der Synagoge in Alt-Kairo stammen, entdeckt, sodass seither etwa zwei Drittel des hebräischen Textes bekannt sind. Aber auch diese hebräischen Fragmente enthalten einen Text, der Zusätze und Wiederholungen aufweist. Offenbar hat man schon im ersten vorchristlichen und bis ins zweite nachchristliche Jahrhundert den griechischen wie den hebräischen Text der zeitgenössischen Denk- und Sprechweise angepasst. Nahe an die Zeit des Verfassers reichen einige wertvolle, freilich nur kurze hebräische Fragmente heran, die neuestens in Qumran (6,20–31; 51,12–20) und in Masada (39,27 – 44,17 mit Lücken) ans Licht kamen.

DAS VORWORT ZUR GRIECHISCHEN ÜBERSETZUNG

Vieles und Großes ist uns durch das Gesetz, die Propheten und die anderen Schriften, die ihnen folgen, geschenkt worden. Dafür ist Israel zu loben wegen seiner Bildung und Weisheit. Doch soll jeder, der sie zu lesen versteht, nicht nur sich selbst daran bilden, sondern die Gelehrten sollen auch imstande sein, andere durch Wort und Schrift zu fördern.

So befasste sich mein Großvater Jesus sorgfältig mit dem Gesetz, mit den Propheten und mit den anderen von den Vätern überkommenen Schriften. Er verschaffte sich eine gründliche Kenntnis von ihnen und fühlte sich dann gedrängt, auch selbst etwas zu schreiben, um dadurch Bildung und Weisheit zu fördern. Wer es sich mit Liebe aneignet, wird es in einem gesetzestreuen Leben noch vermehren. Ihr seid nun aufgefordert, mit Wohlwollen und Aufmerksamkeit zu lesen. Doch mögt ihr Nachsicht üben, wenn wir vielleicht einige der schwer zu übersetzenden Ausdrücke unbefriedigend wiedergegeben haben. Es ist ja nicht gleich, ob man etwas in der hebräischen Grundsprache liest oder ob es in eine andere Sprache übertragen wird. Nicht nur dieses Buch, sondern auch das Gesetz, die Propheten und die übrigen Schriften weisen keinen geringen Unterschied auf, wenn man sie in der Grundsprache liest.

Ich kam im achtunddreißigsten Jahr des Königs Euergetes nach Ägypten und hielt mich dort eine Zeit lang auf. Da ich dort eine ähnlich hohe Bildung vorfand, habe ich es für notwendig gehalten, auch selbst Fleiß und Mühe aufzuwenden, um dieses Buch zu übersetzen. Inzwischen habe ich mit rastlosem Eifer und mit Sachkenntnis das Werk abgeschlossen, um es für jene herauszugeben, die sich auch in der Fremde weiterbilden wollen und sich vorgenommen haben, nach dem Gesetz zu leben.

ERZIEHUNG ZUR WEISHEIT: 1,1 – 4,19

Die Quelle der Weisheit

1 Alle Weisheit stammt vom Herrn / und ewig
ist sie bei ihm.
2 Den Sand des Meeres, die Tropfen des Regens /
und die Tage der Vorzeit, wer hat sie gezählt?
3 Die Höhe des Himmels, die Breite der Erde / und
die Tiefe des Meeres, wer hat sie gemessen?
4 Früher als sie alle ist die Weisheit erschaffen, / von
Ewigkeit her die verständige Einsicht.
6 Die Wurzel der Weisheit – wem wurde sie enthüllt, / ihre Pläne – wer hat sie durchschaut?
8 Nur einer ist weise, höchst Ehrfurcht gebietend: /
der auf seinem Thron sitzt, der Herr.
9 Er hat sie geschaffen, geschaut und gezählt, / sie
ausgegossen über all seine Werke.
10 Den Menschen ist sie unterschiedlich zugeteilt; /
er spendet sie denen, die ihn fürchten.

1: Spr 2,6; Weish 7,25

Die Krone der Weisheit

11 Die Gottesfurcht ist Ruhm und Ehre, / Hoheit ist
sie und eine prächtige Krone.
12 Die Gottesfurcht macht das Herz froh, / sie gibt
Freude, Frohsinn und langes Leben.
13 Dem Gottesfürchtigen geht es am Ende gut, / am
Tag seines Todes wird er gepriesen.
14 Anfang der Weisheit ist die Gottesfurcht, / den
Glaubenden ist sie angeboren.
15 Bei den Frommen hat sie einen dauernden
Wohnsitz / und bei ihren Nachkommen wird sie
bleiben.
16 Fülle der Weisheit ist die Gottesfurcht, / sie labt
die Menschen mit ihren Früchten.
17 Ihr ganzes Haus füllt sie mit Schätzen an, / die
Speicher mit ihren Gütern.
18 Krone der Weisheit ist die Gottesfurcht, / sie lässt
Heil und Gesundheit sprossen.
19 Verständnis und weise Einsicht gießt sie aus, / sie
erhöht den Ruhm aller, die an ihr fest halten.
20 Wurzel der Weisheit ist die Gottesfurcht, / ihre
Zweige sind langes Leben.

12: Spr 4,10 • 13: 11,28 • 14: Spr 1,7; Ps 111,10 • 17: Spr 8,18f • 19: Spr 4,8

Der Feind der Weisheit

21 Die Gottesfurcht hält Sünden fern, / wer in ihr
verbleibt, vertreibt allen Zorn.
22 Ungerechter Zorn kann nicht Recht behalten, /
wütender Zorn bringt zu Fall.
23 Der Geduldige hält aus bis zur rechten Zeit, /
doch dann erfährt er Freude.
24 Bis zur rechten Zeit hält er mit seinen Worten
zurück, / dann werden viele seine Klugheit preisen.
25 In den Kammern der Weisheit liegen kluge Sinnsprüche, / doch dem Sünder ist die Gottesfurcht
ein Gräuel.
26 Begehrst du Weisheit, so halte die Gebote / und
der Herr wird dir die Weisheit schenken.
27 Denn die Gottesfurcht ist Weisheit und Bildung, / an Treue und Demut hat Gott Gefallen.
28 Sei nicht misstrauisch gegen die Gottesfurcht /
und nahe ihr nicht mit zwiespältigem Herzen!

29 Sei kein Heuchler vor den Menschen / und hab
Acht auf deine Lippen!
30 Überhebe dich nicht, damit du nicht fällst / und
Schande über dich bringst;
sonst enthüllt der Herr, was du verbirgst, / und
bringt dich zu Fall inmitten der Gemeinde,
weil du dich der Gottesfurcht genaht hast, / obwohl dein Herz voll Trug war.

27: Spr 15,33 • 30: Spr 16,18

Vertrauen und Treue gegen Gott

2 Mein Sohn, wenn du dem Herrn dienen
willst, / dann mach dich auf Prüfung gefasst!
2 Sei tapfer und stark, / zur Zeit der Heimsuchung
überstürze nichts!
3 Hänge am Herrn und weiche nicht ab, / damit du
am Ende erhöht wirst.
4 Nimm alles an, was über dich kommen mag, /
halt aus in vielfacher Bedrängnis!
5 Denn im Feuer wird das Gold geprüft / und jeder,
der Gott gefällt, im Schmelzofen der Bedrängnis.
6 Vertrau auf Gott, er wird dir helfen, / hoffe auf
ihn, er wird deine Wege ebnen.
7 Ihr, die ihr den Herrn fürchtet, / hofft auf sein
Erbarmen, / weicht nicht ab, damit ihr nicht zu
Fall kommt.
8 Ihr, die ihr den Herrn fürchtet, vertraut auf ihn /
und er wird euch den Lohn nicht vorenthalten.
9 Ihr, die ihr den Herrn fürchtet, hofft auf Heil, /
auf immer währende Freude und auf Erbarmen!
10 Schaut auf die früheren Generationen und
seht: / Wer hat auf den Herrn vertraut / und ist
dabei zuschanden geworden?
Wer hoffte auf ihn und wurde verlassen? / Wer rief
ihn an und er erhörte ihn nicht?
11 Denn gnädig und barmherzig ist der Herr; / er
vergibt die Sünden und hilft zur Zeit der Not.
12 Weh den mutlosen Herzen und den schlaffen
Händen, / dem Menschen, der auf zweierlei Wegen geht.
13 Weh dem schlaffen Herzen, weil es nicht glaubt; /
darum wird es keinen Schutz haben.
14 Weh euch, die ihr die Hoffnung verloren habt. /
Was werdet ihr tun, wenn euch der Herr zur
Rechenschaft zieht?
15 Wer den Herrn fürchtet, ist nicht ungehorsam
gegen sein Wort, / wer ihn liebt, hält seine Wege ein.
16 Wer den Herrn fürchtet, sucht ihm zu gefallen, /
wer ihn liebt, ist erfüllt von seinem Gesetz.
17 Wer den Herrn fürchtet, macht sein Herz bereit /
und demütigt sich vor ihm.
18 Besser ist es, in die Hände des Herrn zu fallen /
als in die Hände der Menschen.
Denn wie seine Größe, so ist sein Erbarmen, / und
wie sein Name, so sind auch seine Werke.

6: Spr 3,6 • 8: 16,14; 51,30 • 10: Ps 37,25 • 14: 17,24; 41,2 •
18: 2 Sam 24,14

Ehrfurcht gegen die Eltern

3 Hört, ihr Söhne, was das Recht des Vaters ist, /
und handelt danach, damit es euch gut geht.
2 Denn der Herr hat den Kindern befohlen, ihren
Vater zu ehren, / und die Söhne verpflichtet, das
Recht ihrer Mutter zu achten.
3 Wer den Vater ehrt, erlangt Verzeihung der Sünden, / 4 und wer seine Mutter achtet, / gleicht einem Menschen, der Schätze sammelt.
5 Wer den Vater ehrt, wird Freude haben an den
eigenen Kindern, / und wenn er betet, wird er
Erhörung finden.
6 Wer den Vater achtet, wird lange leben, / und wer
seiner Mutter Ehre erweist, der erweist sie dem
Herrn.
7 Wer den Herrn fürchtet, ehrt seinen Vater / und
dient seinen Eltern wie Vorgesetzten.
8 Mein Sohn, ehre deinen Vater in Wort und Tat, /
damit aller Segen über dich kommt.
9 Der Segen des Vaters festigt die Wurzel, / doch der
Fluch der Mutter reißt die junge Pflanze aus.
10 Such deinen Ruhm nicht darin, den Vater herabzusetzen, / denn das ist keine Ehre für dich.
11 Die Ehre eines Menschen ist die seines Vaters; /
wer seine Mutter verachtet, sündigt schwer.
12 Mein Sohn, wenn dein Vater alt ist, nimm
dich seiner an / und betrübe ihn nicht, solange er
lebt.
13 Wenn sein Verstand abnimmt, sieh es ihm nach /
und beschäme ihn nicht in deiner Vollkraft!
14 Denn die Liebe zum Vater wird nicht vergessen, /
sie wird als Sühne für deine Sünden eingetragen.
15 Zur Zeit der Bedrängnis wird sie dir vergolten
werden; / sie lässt deine Sünden schmelzen wie
Wärme den Reif.
16 Wie ein Gotteslästerer handelt, wer seinen Vater

im Stich lässt, / und von Gott ist verflucht, wer
seine Mutter kränkt.

2: Ex 20,12; Dtn 5,16; Spr 10,1 • 11: Spr 30,17 • 13: Spr 23,22

Bescheidenheit

17 Mein Sohn, bei all deinem Tun bleibe beschei-
den / und du wirst mehr geliebt werden als einer,
der Gaben verteilt.
18 Je größer du bist, umso mehr bescheide dich, /
dann wirst du Gnade finden bei Gott.
20 Denn groß ist die Macht Gottes / und von den
Demütigen wird er verherrlicht.
21 Such nicht zu ergründen, was dir zu wunderbar
ist, / untersuch nicht, was dir verhüllt ist.
22 Was dir zugewiesen ist, magst du durchfor-
schen, / doch das Verborgene hast du nicht nötig.
23 Such nicht hartnäckig zu erfahren, / was deine
Kraft übersteigt. / Es ist schon zu viel, was du sehen
darfst.
24 Vielfältig sind die Gedanken der Menschen, /
schlimmer Wahn führt in die Irre.
25 [Wer kein Auge hat, dem fehlt das Licht, / wer
keine Einsicht hat, dem fehlt die Weisheit.]
26 Ein trotziges Herz nimmt ein böses Ende, / wer
aber das Gute liebt, den wird es geleiten.
27 Ein trotziges Herz schafft sich viel Leid / und der
Frevler häuft Sünde auf Sünde.
28 Für die Wunde des Übermütigen gibt es keine
Heilung, / denn ein giftiges Kraut hat in ihm seine
Wurzeln.
29 Ein weises Herz versteht die Sinnsprüche [der
Weisen], / ein Ohr, das auf die Weisheit hört,
macht Freude.
30 Wie Wasser loderndes Feuer löscht, / so sühnt
Mildtätigkeit Sünde.
31 Wer Gutes tut, dem begegnet es auf seinen We-
gen, / sobald er wankt, findet er eine Stütze.

18: Spr 3,34 • 29: Spr 2,2 • 31: Spr 11,18–20

Mildtätigkeit

4 Mein Sohn, entzieh dem Armen nicht den
Lebensunterhalt / und lass die Augen des Be-
trübten nicht vergebens warten!
2 Enttäusche den Hungrigen nicht / und das Herz
des Unglücklichen errege nicht!
3 Verweigere die Gabe dem Bedürftigen nicht 4 und
missachte nicht die Bitten des Geringen!
5 Verbirg dich nicht vor dem Verzweifelten / und
gib ihm keinen Anlass, dich zu verfluchen.
6 Schreit der Betrübte im Schmerz seiner Seele, / so
wird Gott, sein Fels, auf sein Wehgeschrei hören.
7 Mach dich beliebt in der Gemeinde, / beuge das
Haupt vor dem, der sie führt.
8 Neige dem Armen dein Ohr zu / und erwidere
ihm freundlich den Gruß!
9 Rette den Bedrängten vor seinen Bedrängern; /
ein gerechtes Gericht sei dir nicht widerwärtig.
10 Sei den Waisen wie ein Vater / und den Witwen
wie ein Gatte!
Dann wird Gott dich seinen Sohn nennen, / er
wird Erbarmen mit dir haben / und dich vor dem
Grab bewahren.

6: Dtn 32,3f • 9: Spr 17,15; 31,8f • 10: Ijob 29,12f

Der Weg zum Leben

11 Die Weisheit belehrt ihre Söhne, / sie mahnt ein-
dringlich alle, die auf sie achten.
12 Wer sie liebt, liebt das Leben, / wer sie sucht, wird
Gott gefallen.
13 Wer sie ergreift, findet Ehre beim Herrn / und
wird unter Gottes Segen leben.
14 Der Dienst an ihr ist Dienst am Heiligtum; / wer
sie liebt, den liebt der Herr.
15 Wer auf mich hört, wird gerecht richten, / wer
mir zuhört, wohnt in meinen innersten Kam-
mern.
16 Hat er Vertrauen zu mir, wird er mich erlangen, /
auch seine Nachkommen werden mich besitzen.
17 Denn unerkannt gehe ich mit ihm / und prüfe
ihn durch Versuchungen.
Furcht und Bangen lasse ich über ihn kommen, /
bis sein Herz von mir erfüllt ist.
18 Dann wende ich mich ihm zu, / zeige ihm den
geraden Weg und enthülle ihm meine Geheim-
nisse.
19 Weicht er ab, so verwerfe ich ihn / und überlasse
ihn denen, die ihn vernichten.

12: Spr 8,35; 12,2; 18,22 • 17: 2,1

DIE GOTTESFURCHT IM LEBEN DER GEMEINSCHAFT: 4,20 – 18,14

Die echte und die falsche Scham

20 Mein Sohn, achte auf die rechte Zeit / und scheue
das Unrecht! Deiner selbst sollst du dich nicht
schämen müssen.
21 Es gibt eine Scham, die Sünde bringt, / und eine
Scham, die Ehre und Ruhm einträgt.
22 Sei nicht parteiisch, dir selbst zum Schaden, /
strauchle nicht, dir selbst zum Fall.
23 Halte zur rechten Zeit dein Wort nicht zurück, /
verbirg deine Weisheit nicht!
24 Denn die Weisheit zeigt sich in der Rede / und
die Einsicht in der Antwort der Zunge.
25 Widerstreite der Wahrheit nicht; / deiner Torheit
sollst du dich schämen.
26 Schäme dich nicht, von der Sünde umzukeh-
ren, / leiste nicht trotzig Widerstand!
27 Unterwirf dich nicht dem Toren, / nimm keine
Rücksicht auf den Herrscher!
28 Bis zum Tod setz dich ein für das Recht, / dann
wird der Herr für dich kämpfen.
29 Sei nicht prahlerisch mit deinen Worten / und
schlaff und matt in deinem Tun!
30 Spiel nicht in deinem Haus den Löwen, / vor
dem sich deine Knechte fürchten müssen.

20: Koh 3,1 • 21: 41,16 – 42,8 • 26: 5,7

Das rechte Verhalten gegen den Besitz

31 Deine Hand sei nicht ausgestreckt zum Neh-
men / und verschlossen beim Zurückgeben.
5 Verlass dich nicht auf deinen Reichtum / und
sag nicht: Ich kann es mir leisten.
2 Folg nicht deinem Herzen und deinen Augen, /
um nach dem Begehren deiner Seele zu leben.
3 Sag nicht: Wer vermag etwas gegen meine
Macht? / Denn der Herr rächt die Verfolgten.
4 Sag nicht: Ich habe gesündigt, / doch was ist mir
geschehen? / Denn der Herr hat viel Geduld.
5 Verlass dich nicht auf die Vergebung, / füge nicht
Sünde an Sünde,
6 indem du sagst: Seine Barmherzigkeit ist groß, /
er wird mir viele Sünden verzeihen.
Denn Erbarmen ist bei ihm, aber auch Zorn, / auf
den Frevlern ruht sein Grimm.
7 Zögere nicht, dich zu ihm zu bekehren, / ver-
schieb es nicht Tag um Tag!
Denn sein Zorn bricht plötzlich aus, / zur Zeit der
Vergeltung wirst du dahingerafft.
8 Vertrau nicht auf trügerische Schätze; / sie nüt-
zen nichts am Tag des Zorns.

5,1: Ps 62,11 • 5: 7,8 • 8: Spr 11,4

Die Verantwortung beim Reden

9 Worfle nicht bei jedem Wind / und geh nicht auf
jedem Pfad!
10 Bleib fest bei deiner Überzeugung, / eindeutig sei
deine Rede.
11 Sei schnell bereit zum Hören, / aber bedächtig
bei der Antwort!
12 Nur wenn du imstande bist, antworte deinem
Mitmenschen, / wenn nicht, leg die Hand auf den
Mund!
13 Ehre und Schmach liegen in der Hand des
Schwätzers, / des Menschen Zunge ist sein Unter-
gang.
14 Lass dich nicht doppelzüngig nennen / und ver-
leumde niemand mit deinen Worten!
Denn für den Dieb ist Schande bestimmt, /
schlimme Schmach für den Doppelzüngigen.
15 Im Kleinen wie im Großen handle nicht un-
recht, / sei nicht statt eines Freundes ein Feind!
6 Schlimmen Ruf und Schande erntet die
schmähsüchtige Frau, / ebenso schlecht ist
der doppelzüngige Mann.
2 Verfall nicht der Macht deiner Gier; / sie wird wie
ein Stier deine Kraft abweiden.
3 Dein Laub wird sie fressen, deine Früchte ver-
derben / und dich zurücklassen wie einen dürren
Baum.
4 Freche Gier richtet ihre Opfer zugrunde / und
macht sie zum Gespött des Feindes.

5,11: Jak 1,19 • 12: Spr 30,32 • 13: 23,8; Spr 10,14

Die Freundschaft

5 Sanfte Rede erwirbt viele Freunde, / freundliche
Lippen sind willkommen.
6 Viele seien es, die dich grüßen, / dein Vertrauter
aber sei nur einer aus tausend.
7 Willst du einen Freund gewinnen, / gewinne ihn
durch Erprobung, / schenk ihm nicht zu schnell
dein Vertrauen!

8 Mancher ist Freund je nach der Zeit, / am Tag der
Not hält er nicht stand.
9 Mancher Freund wird zum Feind, / unter
Schmähungen deckt er den Streit mit dir auf.
10 Mancher ist Freund als Gast am Tisch, / am Tag
des Unheils ist er nicht zu finden.
11 In deinem Glück ist er eins mit dir, / in deinem
Unglück trennt er sich von dir.
12 Trifft dich ein Unglück, wendet er sich gegen
dich / und hält sich vor dir verborgen.
13 Von deinen Feinden halte dich fern, / vor deinen
Freunden sei auf der Hut!
14 Ein treuer Freund ist wie ein festes Zelt; / wer
einen solchen findet, hat einen Schatz gefunden.
15 Für einen treuen Freund gibt es keinen Preis, /
nichts wiegt seinen Wert auf.
16 Das Leben ist geborgen bei einem treuen
Freund, / ihn findet, wer Gott fürchtet.
17 Wer den Herrn fürchtet, hält rechte Freund-
schaft, / wie er selbst, so ist auch sein Freund.

5: Spr 15,4 • 7: 19,4 • 10: 37,4; Spr 19,4

Der Weg zur Weisheit

18 Mein Sohn, lerne Zucht von Jugend an / und du
wirst Weisheit gewinnen, bis du ergraut bist.
19 Wie ein Pflüger und Schnitter geh auf sie zu /
und warte auf ihren reichen Ertrag!
Du wirst in ihrem Dienst nur wenig Mühe haben /
und bald ihre Früchte genießen.
20 Rau ist sie für den Toren, / wer ohne Einsicht ist,
erträgt sie nicht.
21 Wie ein schwerer Stein lastet sie auf ihm, / er
zögert nicht, sie abzuwerfen.
22 Denn die Zucht ist wie ihr Name, / vielen ist sie
unbequem.
23 Höre, mein Sohn, nimm meine Lehre an, / ver-
schmäh nicht meinen Rat!
24 Bring deine Füße in ihre Fesseln, / deinen Hals
unter ihr Joch!
25 Beuge deinen Nacken und trage sie, / werde ihrer
Stricke nicht überdrüssig!
26 Mit ganzem Herzen schreite auf sie zu, / mit
voller Kraft halte ihre Wege ein!
27 Frage und forsche, suche und finde! / Hast du sie
erfasst, lass sie nicht wieder los!
28 Denn schließlich wirst du bei ihr Ruhe finden, /
sie wandelt sich dir in Freude.
29 Ihre Fessel wird dir zum sicheren Schutz, / ihre
Stricke werden zu goldenen Gewändern.
30 Ein Goldschmuck ist ihr Joch, / ihre Garne sind
ein Purpurband.
31 Als Prachtgewand kannst du sie anlegen, / sie
aufsetzen als herrliche Krone.
32 Wenn du willst, mein Sohn, kannst du weise wer-
den, / du wirst klug, wenn du dein Herz darauf
richtest.
33 Bist du bereit zu hören, so wirst du belehrt, /
neigst du dein Ohr, erlangst du Bildung.
34 Verweile gern im Kreis der Alten, / wer weise ist,
dem schließ dich an!
35 Lausche gern jeder ernsten Rede, / keinen Weis-
heitsspruch lass dir entgehen!
36 Achte auf den, der Weisheit hat, und suche ihn
auf; / dein Fuß trete seine Türschwelle aus.
37 Achte auf die Furcht vor dem Herrn, / sinn alle-
zeit über seine Gebote nach!
Dann gibt er deinem Herzen Einsicht, / er macht
dich weise, wie du es begehrst.

25: 51,26 • 31: Spr 4,9 • 37: Ps 1,2

Gefahren für den Weisen

7 Tu nichts Böses, so trifft dich nichts Böses. /
2 Bleib der Sünde fern, so meidet sie dich.
3 Säe nicht in Furchen des Unrechts, / damit du es
nicht siebenfach erntest.
4 Begehr von Gott kein Herrscheramt / und vom
König keinen Ehrenplatz!
5 Halte dich nicht für gerecht vor Gott, / nicht für
klug vor dem König!
6 Begehr nicht, Herrscher zu werden, / wenn dir die
Kraft fehlt, dem Übermut zu steuern;
du würdest sonst den Vornehmen fürchten / und
deine Ehre beflecken.
7 Setz dich nicht ins Unrecht bei der Versammlung
am Tor, / bring dich nicht selbst zu Fall vor der
Gemeinde!
8 Sinne nicht darauf, die Sünde zu wiederholen; /
schon bei einer bleibst du nicht straflos.
9 Sag nicht: Auf die Menge meiner Gaben wird
Gott sehen, / und wenn ich dem Höchsten opfere,
nimmt er es an.
10 Sei nicht kleinmütig beim Gebet / und nicht säu-
mig beim Wohltun!
11 Blick nicht geringschätzig auf einen Verbitter-

ten; / bedenk, dass einer da ist, der erhöht und
erniedrigt.
12 Sinne nicht auf Unrecht gegen deinen Bruder, /
auch nicht gegen den Freund und Gefährten.
13 Jede Lüge missfalle dir; / denn sie hat nichts
Gutes zu erhoffen.
14 Rede nicht heimlich in der Versammlung der
Fürsten / und wiederhol nicht die Worte beim
Gebet!
15 Sei nicht leichtfertig bei der schweren Arbeit auf
dem Acker, / denn von Gott ist sie zugewiesen.
16 Überschätz dich nicht vor dem Volk; / bedenk,
dass der Zorn nicht ausbleibt.
17 Demütige deinen Stolz ganz tief, / denn was den
Menschen erwartet, ist die Verwesung.
[Sag nicht vorschnell: Welch ein Widersinn! /
Überlass es Gott und willige ein in seinen Weg!]

3: Spr 22,8; Ijob 4,8 • 8: 5,5f • 14: 11,8 • 16: Spr 16,18 •
17: Weish 15,10

Das rechte Verhalten im häuslichen Kreis

18 Wechsle keinen Freund für Geld, / einen treuen
Bruder nicht für Gold aus Ofir!
19 Verachte nicht eine kluge Frau; / liebenswürdige
Güte ist mehr wert als Perlen.
20 Misshandle einen Sklaven nicht, der dir treu
dient, / auch nicht einen Tagelöhner, der sich wil-
lig einsetzt.
21 Einen klugen Sklaven liebe wie dich selbst, / ver-
weigere ihm die Freilassung nicht!
22 Hast du Vieh, so schau darauf; / ist es brauchbar,
so behalt es!
23 Hast du Söhne, nimm sie in Zucht / und gib
ihnen Frauen in jungen Jahren!
24 Hast du Töchter, so behüte ihren Leib; / zeig dich
ihnen nicht allzu freundlich!
25 Bring die Tochter aus dem Haus, dann zieht die
Sorge aus; / doch verheirate sie nur mit einem ver-
ständigen Mann!
26 Hast du eine Frau, so verstoße sie nicht / und
schenk dein Vertrauen keiner Geschiedenen!
27 Ehre deinen Vater von ganzem Herzen, / vergiss
niemals die Schmerzen deiner Mutter!
28 Denk daran, dass sie dir das Leben gaben. / Wie
kannst du ihnen vergelten, was sie für dich taten?

27–28: Tob 4,3f • 27: 3,1–16

Die Erfüllung heiliger Pflichten

29 Fürchte Gott von ganzem Herzen, / seine Pries-
ter halt in Ehren!
30 Liebe deinen Schöpfer mit aller Kraft / und lass
seine Diener nie im Stich!
31 Ehre Gott und achte den Priester, / entrichte ihm
den Anteil, wie es dir geboten ist:
den Speiseanteil vom Schuldopfer und die freiwil-
lige Abgabe, / die gesetzlichen Schlachtopfer und
die heilige Abgabe.
32 Streck deine Hand auch dem Armen entgegen, /
damit dein Segen vollkommen sei.
33 Schenk jedem Lebenden deine Gaben / und auch
dem Toten versag deine Liebe nicht!
34 Entzieh dich nicht den Weinenden, / vielmehr
trauere mit den Trauernden!
35 Säume nicht, den Kranken zu besuchen, / dann
wirst du von ihm geliebt.
36 Bei allem, was du tust, denk an das Ende, / so
wirst du niemals sündigen.

Takt und Klugheit

8 Streite nicht mit einem Mächtigen, / damit
du ihm nicht in die Hände fällst.
2 Kämpf nicht gegen einen Reichen an, / sonst
wirft er zu deinem Verderben sein Geld ins Ge-
wicht.
Schon viele hat das Geld übermütig gemacht, / die
Herzen der Großen hat es verführt.
3 Zank nicht mit einem Schwätzer / und leg nicht
noch Holz auf das Feuer!
4 Pflege keinen Umgang mit einem Toren; / er wird
die Weisen doch nur verachten.
5 Beschäm keinen, der sich von der Sünde bekehrt
hat; / denk daran, dass wir alle schuldig sind.
6 Beschimpf keinen alten Mann, / denn auch man-
cher von uns wird ein Greis.
7 Freu dich nicht, wenn einer gestorben ist, /
bedenk: Wir alle werden sterben.
8 Verwirf die Rede der Weisen nicht, / wirf dich
vielmehr auf ihre Sinnsprüche!
Denn dadurch wirst du Bildung lernen, / um vor
Fürsten stehen zu können.
9 Verachte nicht die Überlieferung der Alten, / die
sie übernommen haben von ihren Vätern.
Dann wirst du Einsicht lernen, / um antworten zu
können, sobald es notwendig ist.

10 Entzünde nicht die Glut des Frevlers, / damit du
in der Flamme seines Feuers nicht verbrennst.
11 Weich einem Zuchtlosen nicht aus, / sonst lau-
ert er heimlich auf deine Reden.
12 Borge keinem, der mächtiger ist als du. / Hast du
geborgt, so hast du verloren.
13 Bürge für keinen, der höher steht als du. / Hast
du gebürgt, so musst du zahlen.
14 Rechte nicht mit einem Richter; / denn er spricht
Recht, wie es ihm beliebt.
15 Mit einem Gewalttätigen geh nicht des Wegs, /
damit du nicht schweres Unheil über dich bringst.
Denn er läuft rücksichtslos weiter / und du gehst
zugrunde durch seinen Unverstand.
16 Einem Jähzornigen biete nicht die Stirn / und
reite mit ihm nicht durch die Wüste!
Leicht wiegt in seinen Augen die Blutschuld; /
wenn kein Helfer da ist, bringt er dich um.
17 Führe kein vertrauliches Gespräch mit einem
Toren; / er kann dein Geheimnis nicht für sich
behalten.
18 Vor einem Fremden tu nichts, was geheim blei-
ben soll; / du weißt nicht, wie er sich am Ende ver-
hält.
19 Öffne dein Herz nicht jedem Menschen / und
wirf das Glück nicht von dir!

1: Koh 10,20 • 3: 28,10 • 4: 9,15f; Spr 23,9 • 12: 29,1–20 •
13: Spr 6,1–5 • 16: 28,8; Spr 22,24

Der rechte Umgang mit Frauen

9 Sei nicht eifersüchtig gegen die Frau an dei-
ner Brust, / damit sie nicht auf böse Gedan-
ken gegen dich selbst kommt.
2 Liefere dich nicht einer Frau aus, / damit sie nicht
Gewalt bekommt über dich.
3 Nah dich nicht einer fremden Frau, / damit du
nicht in ihre Netze fällst.
4 Verkehr nicht mit einer Saitenspielerin, / damit
du nicht durch ihre Töne gefangen wirst.
5 Denk nicht zu viel an ein Mädchen, / damit du
nicht seinetwegen der Strafe verfällst.
6 Gib dich nicht mit einer Dirne ab, / damit sie dich
nicht um dein Erbe bringt.
7 Schau nicht umher auf den Wegen zur Stadt, /
streif nicht umher in ihren abgelegenen Winkeln!
8 Verhüll dein Auge vor einer reizvollen Frau, /
blick nicht auf eine Schönheit, die dir nicht gehört.
Wegen einer Frau kamen schon viele ins Verder-
ben, / sie versengt ihre Liebhaber wie Feuer.
9 Streck dich nicht mit einer Verheirateten zum
Weingelage hin, / sitz nicht berauscht mit ihr zu-
sammen, / damit du ihr nicht dein Herz zuneigst
und verblutend ins Grab sinkst.

3: Spr 2,16 • 4: Spr 6,25 • 5: Ijob 31,1 • 6: Spr 5,10; 29,3 • 8: Spr 5,5

Der rechte Umgang von Mann zu Mann

10 Gib einen alten Freund nicht auf; / denn ein
neuer hält nicht zu dir.
Neuer Freund, neuer Wein: / Nur alt trinkst du ihn
gern.
11 Sei nicht neidisch auf einen bösen Menschen; /
denn du weißt nicht, wann sein Tag ihn erreicht.
12 Liebäugle nicht mit einem übermütigen Men-
schen, der Erfolg hat, / bedenk, dass er nicht bis
zum Tod straflos bleibt.
13 Bleib dem Menschen fern, der Macht hat zu
töten, / und setz dich nicht Todesängsten aus!
Nahst du dich ihm, so verfehle dich nicht, / sonst
nimmt er dir das Leben.
Wisse, dass du dich zwischen Schlingen bewegst /
und über eine Fanggrube schreitest.
14 Antworte deinem Nächsten, so gut du kannst, /
du selbst aber berate dich mit Weisen!
15 Stell deine Überlegung zusammen mit Verstän-
digen an / und berate alles in ihrem Kreis!
16 Gerechte Männer seien deine Tischgenossen, /
dein Ruhm bestehe in der Gottesfurcht.
17 Die Hände der Weisen fassen das Richtige an, /
ein redegewandter Weiser ist Herrscher in seinem
Volk.
18 Gefürchtet in der Stadt ist der Schwätzer, / ein
prahlerischer Mund ist verhasst.

11: Ps 37,13 • 13: Spr 29,5 • 15: 6,34–37 • 16: 10,22; 25,6 • 17: 20,27

Der weise Herrscher

10 Ein weiser Herrscher festigt sein Volk, / die
Regierung eines Verständigen ist wohl ge-
ordnet.
2 Wie der Herrscher des Volkes, so seine Beamten, /
wie das Haupt der Stadt, so ihre Bewohner.
3 Ein König ohne Zucht richtet die Stadt zugrun-
de, / volkreich wird die Stadt durch kluge Fürs-
ten.
4 In Gottes Hand liegt die Herrschaft über den Erd-

kreis; / er setzt zur rechten Zeit den rechten Mann
über ihn.
5 In Gottes Hand liegt der Erfolg eines Menschen, /
er verleiht dem Gesetzgeber seine Würde.
6 Füg dem Nächsten keinerlei Unrecht zu, / geh nie
den Weg des Übermuts!
7 Dem Herrn und den Menschen ist Übermut
verhasst, / Unterdrückung gilt bei beiden als Un-
tat.
8 Die Herrschaft geht von einem Volk auf das
andere über / wegen Gewalttat und Übermut.
9 Warum überhebt sich der Mensch aus Staub und
Asche, / dessen Leib schon zu Lebzeiten verwest?
10 Ein wenig Krankheit bringt den Arzt in Erre-
gung: / Heute König, morgen tot!
11 Stirbt der Mensch, so wird ihm Moder zuteil, /
Maden, Geschmeiß und Gewürm.
12 Mit dem Trotz des Menschen fängt sein Über-
mut an, / wenn sich sein Herz abkehrt von seinem
Schöpfer.
13 Ein See der Maßlosigkeit ist die Sünde, / aus ihr
quillt Unrecht hervor.
Darum wirkt Gott Wunder und Plagen / und
schlägt den Sünder bis zur Vernichtung.
14 Gott stürzt den Thron der Stolzen / und setzt an
ihre Stelle die Demütigen.
16 Gott verwischt die Spuren der Völker, / ihren
Wurzelstock schlägt er ab bis auf den Grund.
17 Er fegt sie aus dem Land und rottet sie aus, / ihr
Andenken lässt er von der Erde verschwinden.
18 Maßlosigkeit ziemt dem Menschen nicht, / fre-
cher Zorn nicht dem von einer Frau Geborenen.

1: Spr 20,8 • 2: Spr 29,12 • 4: Spr 21,1

Die wahre und die falsche Ehre

19 Welches Geschlecht ist geachtet? Das des Men-
schen. / Welches Geschlecht ist geachtet? Das des
Gottesfürchtigen.
Welches Geschlecht ist verachtet? Das des Men-
schen. / Welches Geschlecht ist verachtet? Das des
Gesetzesübertreters.
20 Unter Brüdern ist ihr Oberhaupt geehrt, / aber
in Gottes Augen der Gottesfürchtige.
22 Gast und Fremder, Ausländer und Armer: / ihr
Ruhm ist die Gottesfurcht.
23 Keinen verständigen Armen soll man verachten /
und keinen Gewalttätigen ehren.
24 Fürsten, Richter und Herrscher sind geehrt, /
doch keiner ist größer als der Gottesfürchtige.
25 Einem verständigen Sklaven müssen Freie die-
nen, / doch ein kluger Mann braucht nicht zu kla-
gen.
26 Spiel nicht den Weisen, wenn du arbeiten sollst, /
tu nicht vornehm, wenn du in Not bist.
27 Besser einer, der arbeitet und großen Reichtum
gewinnt, / als einer, der vornehm tut und nichts zu
essen hat.
28 Mein Sohn, in Demut ehre dich selbst, / beur-
teile dich, wie du es verdienst.
29 Wer wird den rechtfertigen, der sich selbst ins
Unrecht setzt? / Wer wird den ehren, der sich selbst
die Ehre abspricht?
30 Es gibt Arme, die wegen ihrer Klugheit geehrt
sind.
Es gibt Leute, die wegen ihres Reichtums geehrt
sind.
31 Wird einer als Armer geehrt, wie viel mehr, wenn
er reich wird. / Wird einer als Reicher verachtet,
wie viel mehr, wenn er arm wird.
11 Weisheit erhebt das Haupt des Armen / und
lässt ihn unter Fürsten sitzen.
2 Lobe keinen Menschen wegen seiner (schönen)
Gestalt,
verachte keinen Menschen wegen seines (beschei-
denen) Aussehens!
3 Unansehnlich unter den geflügelten Tieren ist die
Biene / und doch bringt sie den besten Ertrag ein.
4 Spotte nicht über das Kleid eines Betrübten, / ver-
höhne keinen, der Trauertag hat.
Denn unbegreiflich sind die Fügungen des
Herrn, / verborgen ist den Menschen sein Tun.
5 Viele, die unterdrückt waren, bestiegen den
Thron, / viele, an die niemand dachte, trugen die
Krone.
6 Viele, die hoch standen, wurden tief verachtet /
und Angesehene wurden den Niedrigen ausgelie-
fert.
7 Tadle nicht, ehe du geprüft hast; / zuerst unter-
suche, dann weise zurecht!
8 Gib keine Antwort, bevor du gehört hast, / sprich
nicht mitten in einer Rede!
9 Wenn du nicht beleidigt wirst, reg dich nicht
auf! / Nimm nicht teil am Streit der Übermütigen!

10,25: Spr 17,2 • 26: Spr 12,9 • 11,8: Spr 18,13

Die rechte Einstellung zum Erwerb

10 Mein Sohn, warum willst du dir so viel Mühe
bereiten? / Es bleibt doch keiner ungestraft, der zu
hastig vorandrängt.
Läufst du zu rasch, erreichst du das Ziel nicht; /
fliehst du zu schnell, entkommst du nicht.
11 Da müht sich einer, plagt sich und hastet, / doch
umso mehr bleibt er zurück.
12 Da ermattet einer und bricht unterwegs zusam-
men, / ist arm an Kraft und reich an Schwäche,
doch das Auge des Herrn schaut ihn gütig an, / er
schüttelt den schmutzigen Staub von ihm ab.
13 Er richtet sein Haupt auf und erhöht ihn, /
sodass viele über ihn staunen.
14 Gutes und Böses, Leben und Tod, / Armut und
Reichtum kommen vom Herrn.
15 [Weisheit, Einsicht und Kenntnis des Gesetzes
sind vom Herrn, / Liebe und Rechtschaffenheit
kommen von ihm.
16 Irrtum und Finsternis sind für die Sünder
erschaffen; / wer sich des Bösen rühmt, mit dem
wird das Böse alt.]
17 Der Lohn des Herrn für den Gerechten steht
fest, / sein Wille setzt sich für immer durch.
18 Mancher wird reich, weil er sich plagt, / doch
verwirkt er seinen Erwerb.
19 Er sagt zwar zu gegebener Zeit: Ich habe Ruhe
gefunden, / nun will ich meine Güter genießen.
Aber er weiß nicht, wie lange es dauert; / er hin-
terlässt sie andern und stirbt.
20 Mein Sohn, steh fest in deiner Pflicht und geh ihr
nach, / bei deinem Tun bleibe bis ins Alter!
21 Wundere dich nicht über die Übeltäter; / früh
morgens mach dich auf zum Herrn und hoffe auf
sein Licht!
Denn leicht ist es in den Augen des Herrn, / den
Armen plötzlich und schnell reich zu machen.
22 Gottes Segen ist der Lohn des Gerechten, / zur
bestimmten Zeit blüht seine Hoffnung auf.
23 Sag nicht: Ich habe meine Wünsche erfüllt, / was
geht mir noch ab?
24 Sag nicht: Ich bin versorgt, / welches Unheil
könnte über mich kommen?
25 Das Glück von heute lässt das Unglück verges-
sen, / das Unglück von heute lässt das Glück ver-
gessen.
26 Denn leicht ist es in den Augen des Herrn, / am
Todestag dem Menschen nach seinen Taten zu ver-
gelten.
27 Schlimme Zeit lässt die Lust vergessen, / das
Ende des Menschen gibt über ihn Auskunft.
28 Preise niemand glücklich vor seinem Tod; / denn
erst an seinem Ende erkennt man den Men-
schen.

12: Jes 52,14f • 19: Lk 12,19f; Sir 14,15 • 22: Spr 10,22

Die rechte Vorsicht

29 Bring nicht jeden Menschen ins Haus; / denn
viele Wunden schlägt der Verleumder.
30 Wie ein im Korb gefangener Vogel ist das Herz
des Übermütigen / oder wie ein Spion, der eine
Bresche erspäht.
31 Der Verleumder verkehrt Gutes in Böses / und
deine besten Absichten bringt er in Verdacht.
32 Einen Funken entfacht er zum Brand, / der Nie-
derträchtige lauert auf Blut.
33 Hüte dich vor einem Bösen, denn er zeugt
Böses. / Warum willst du für immer einen Makel
davontragen?
34 Nimmst du den Fremden auf, entfremdet er
dich deiner Lebensart; / er entzweit dich mit dei-
ner Familie.

12 Wenn du Gutes tust, wisse, wem du es tust,
/ dann wirst du Dank ernten für deine
Wohltat.
2 Tu dem Gerechten Gutes; dann findest du Lohn, /
wenn nicht von ihm, so doch vom Herrn.
3 Ohne Dank bleibt, wer einen Frevler beschenkt, /
auch hat er kein gutes Werk vollbracht.
4 Gib dem Guten, nicht aber dem Bösen, / unter-
stütze den Demütigen, gib nicht dem Hochmüti-
gen!
5 Rüste ihn nicht mit Kampfwaffen aus, / sonst
greift er dich selbst mit ihnen an.
Doppeltes Übel trifft dich [in der Zeit der Not] /
für all das Gute, das du ihm getan hast.
6 Denn auch Gott hasst die Bösen, / den Frevlern
vergilt er mit Strafe.
8 Im Glück erkennt man den Freund nicht, / aber
im Unglück bleibt der Feind nicht verborgen.
9 Im Glück ist auch der Feind ein Freund; / im
Unglück wendet auch der Freund sich ab.
10 Trau niemals einem Feind; / denn seine Bosheit
gleicht dem rostenden Eisen.

[11] Zeigt er sich auch willig und tut unterwürfig, /
nimm dich in Acht und hüte dich vor ihm!
Sei zu ihm wie ein Spiegelputzer / und beachte die
letzten Spuren des Rostes!
[12] Lass ihn nicht an deiner Seite stehen, / sonst
stürzt er dich und tritt an deine Stelle.
Lass ihn nicht zu deiner Rechten sitzen, / sonst
strebt er nach deinem Sitz.
Zu spät begreifst du dann meine Worte / und
stimmst in meine Klage ein.
[13] Wer bedauert den Schlangenbeschwörer, wenn
er gebissen wird, / und den, der sich reißenden
Tieren nähert?
[14] Ihnen gleicht, wer mit einem Schurken ver-
kehrt / und sich in seine Sünden verstrickt.
[15] Solange er neben dir steht, zeigt er sich nicht
offen, / wankst du aber, hält er nicht stand.
[16] Auf seinen Lippen hat der Gegner süße Wor-
te, / doch in seinem Herzen sinnt er auf Verder-
ben.
Mag auch der Feind mit seinen Augen weinen, /
findet er Gelegenheit, wird er an Blut nicht satt.
[17] Trifft dich ein Unglück, findet er sich ein; / als
heuchelnder Helfer sucht er dich zu stürzen.
[18] Er schüttelt den Kopf und schwingt die Hand, /
doch unter viel dunklem Gerede ändert er das
Gesicht.

13 Wer Pech anrührt, dem klebt es an der
Hand; / wer mit einem Zuchtlosen umgeht,
nimmt seine Art an.
[2] Wie willst du tragen, was dir zu schwer ist? / Ist
einer reicher als du, wie kannst du mit ihm zusam-
mengehen?
Wie kann der irdene Topf mit dem Kessel zusam-
mengehen? / Der Kessel stößt an ihn und er zer-
bricht.
[3] Der Reiche tut Unrecht und prahlt noch damit, /
der Arme leidet Unrecht und muss um Gnade bit-
ten.
[4] Bist du ihm nützlich, ist er um dich bemüht, /
brichst du zusammen, lässt er dich im Stich.
[5] Hast du etwas, gibt er dir schöne Worte, / doch er
macht dich arm, ohne dass es ihm Leid tut.
[6] Hat er dich nötig, schmeichelt er dir, / er lächelt
dir zu und macht dir Hoffnung.
[7] Solange es Vorteil bringt, hält er dich zum Bes-
ten, / zweimal, dreimal täuscht er dich.
Sieht er dich dann wieder, geht er an dir vorbei /
und schüttelt den Kopf über dich.
[8] Gib Acht, wag dich nicht zu weit vor / und werde
nicht wie die, denen der Verstand fehlt.
[9] Naht sich ein Vornehmer, halte dich fern, / umso
mehr wird er dich an sich ziehen.
[10] Dräng dich nicht vor, sonst musst du dich wie-
der zurückziehen; / zieh dich aber nicht ganz
zurück, sonst wirst du vergessen.
[11] Sei nicht zu sicher im freien Umgang mit ihm, /
trau nicht seinen vielen Reden!
Mit seinen vielen Reden sucht er dich zu ver-
führen, / er lächelt dir zu und forscht dich aus.
[12] Grausam handelt der Mächtige und kennt kein
Mitleid, / gegen das Leben vieler schmiedet er
heimliche Pläne.
[13] Gib Acht und sei vorsichtig, / geh nicht mit
gewalttätigen Menschen!
[15] Jedes Lebewesen liebt seinesgleichen, / jeder
Mensch den, der ihm ähnlich ist.
[16] Jedes Lebewesen hat seinesgleichen um sich, /
mit seinesgleichen gehe auch der Mensch zusam-
men.
[17] Geht etwa der Wolf mit dem Lamm zusam-
men? / Ebenso wenig der Frevler mit dem Gerech-
ten.
[18] Lebt etwa die Hyäne mit dem Hund in Frieden /
und der Reiche in Frieden mit dem Armen?
[19] Des Löwen Beute sind die Wildesel in der
Wüste; / so sind die Geringen die Weide des Rei-
chen.
[20] Ein Gräuel für den Stolzen ist die Demut, / ein
Gräuel für den Reichen ist der Arme.
[21] Wankt ein Reicher, wird er vom Freund ge-
stützt, / wankt ein Geringer, wird er vom Freund
gestürzt.
[22] Redet ein Reicher, so hat er viele Helfer. / Sein
törichtes Gerede nennen sie schön.
Redet ein Geringer, ruft man: Pfui! / Mag er auch
klug reden, für ihn ist kein Platz.
[23] Redet ein Reicher, dann schweigen alle, / sie
erheben seine Klugheit bis zu den Wolken.
Redet ein Geringer, heißt es: Wer ist denn das? /
Stolpert er, dann stoßen sie ihn noch.

12,8: 6,8–13; 37,1–6; Spr 19,4

Der rechte Genuss

24 Gut ist der Reichtum, wenn keine Schuld an ihm
klebt; / schlimm ist die Armut, die aus Übermut
entstand.
25 Das Herz des Menschen verändert sein Gesicht /
und macht es heiter oder traurig.
26 Zeichen des glücklichen Herzens ist ein frohes
Gesicht; / Sorgen und Kummer sind quälendes
Grübeln.
14 Wohl dem Menschen, dem sein eigener
Mund keine Vorwürfe macht, / der nicht
klagen muss vor Kummer über seine Sünden.
2 Wohl dem Menschen, der sich nicht selbst tadeln
muss / und dessen Hoffnung nicht aufhört.
3 Einem Engherzigen steht Reichtum nicht an. /
Wozu braucht ein Geiziger Gold?
4 Wer gegen sich selbst geizt, sammelt für einen
andern; / in seinen Gütern wird ein Fremder
schwelgen.
5 Wer sich selbst nichts gönnt, wem kann der Gutes
tun? / Er wird seinem eigenen Glück nicht begeg-
nen.
6 Keiner ist schlimmer daran als einer, der sich
selbst nichts gönnt, / ihn selbst trifft die Strafe für
seine Missgunst.
7 Tut er etwas Gutes, dann tut er es aus Versehen /
und am Ende zeigt er seine Schlechtigkeit.
8 Schlimm ist ein Geizhals, / der sein Gesicht ab-
wendet und die Hungernden verachtet.
9 Dem Auge des Toren ist sein Besitz zu klein, / ein
geiziges Auge trocknet die Seele aus.
10 Das Auge des Geizigen hastet nach Speise, / Un-
ruhe herrscht an seinem Tisch.
[Ein gütiges Auge mehrt das Brot, / selbst eine
schwache Quelle spendet Wasser auf den Tisch.]
11 Mein Sohn, wenn du imstande bist, pflege dich
selbst; / so weit du kannst, lass es dir gut gehen!
12 Denk daran, dass der Tod nicht säumt / und die
Frist bis zur Unterwelt dir unbekannt ist.
13 Bevor du stirbst, tu Gutes dem Freund; / be-
schenk ihn, so viel du vermagst.
14 Versag dir nicht das Glück des heutigen Tages; /
an der Lust, die dir zusteht, geh nicht vorbei!
15 Musst du nicht einem andern deinen Besitz hin-
terlassen, / den Erben, die das Los werfen über das,
was du mühsam erworben hast?
16 Beschenk den Bruder und gönn auch dir etwas; /
denn in der Unterwelt ist kein Genuss mehr zu fin-
den.
17 Wir alle werden alt wie ein Kleid; / es ist ein ewi-
ges Gesetz: Alles muss sterben.
18 Wie sprossende Blätter am grünen Baum / – das
eine welkt, das andere wächst nach –,
so sind die Geschlechter von Fleisch und Blut: / das
eine stirbt, das andere reift heran.
19 Alle ihre Werke vermodern, / was ihre Hände
schufen, folgt ihnen nach.

14,6: Spr 11,17 • 14: Koh 7,14

Das rechte Suchen nach Weisheit

20 Wohl dem Menschen, der nachsinnt über die
Weisheit, / der sich bemüht um Einsicht,
21 der seinen Sinn richtet auf ihre Wege / und auf
ihre Pfade achtet,
22 der ihr nachgeht wie ein Späher / und an ihren
Eingängen lauert,
23 der durch ihre Fenster schaut / und an ihren
Türen horcht,
24 der sich bei ihrem Haus niederlässt / und seine
Zeltstricke an ihrer Mauer befestigt,
25 der neben ihr sein Zelt aufstellt / und so eine gute
Wohnung hat,
26 der sein Nest in ihr Laub baut / und in ihren
Zweigen die Nacht verbringt,
27 der sich in ihrem Schatten vor der Hitze verbirgt
/ und im Schutz ihres Hauses wohnt.
15 Wer den Herrn fürchtet, handelt so, / und
wer am Gesetz fest hält, erlangt die Weisheit.
2 Sie geht ihm entgegen wie eine Mutter, / wie eine
junge Gattin nimmt sie ihn auf.
3 Sie nährt ihn mit dem Brot der Klugheit / und
tränkt ihn mit dem Wasser der Einsicht.
4 Er stützt sich auf sie und kommt nicht zu Fall, /
er vertraut auf sie und wird nicht enttäuscht.
5 Sie erhöht ihn über seine Gefährten, / sie öffnet
ihm den Mund in der Versammlung.
6 Sie lässt ihn Jubel und Freude finden, / unver-
gänglichen Ruhm wird sie ihm verleihen.
7 Für schlechte Menschen ist sie unerreichbar, /
Unbeherrschte werden sie nicht schauen.
8 Den Zuchtlosen ist sie fern. / Lügner denken
nicht an sie.
9 Schlecht klingt das Gotteslob im Mund des Frev-
lers, / es ist ihm von Gott nicht zugeteilt.

[10] Im Mund des Weisen erklinge das Gotteslob /
und wer dazu Vollmacht hat, unterrichte darin.

15,2: 51,13–21; Spr 7,4

Die Verantwortung des Menschen

[11] Sag nicht: Meine Sünde kommt von Gott. / Denn
was er hasst, das tut er nicht.
[12] Sag nicht: Er hat mich zu Fall gebracht. / Denn
er hat keine Freude an schlechten Menschen.
[13] Verabscheuungswürdiges hasst der Herr; / alle,
die ihn fürchten, bewahrt er davor.
[14] Er hat am Anfang den Menschen erschaffen /
und ihn der Macht der eigenen Entscheidung
überlassen.
[15] [Er gab ihm seine Gebote und Vorschriften.] /
Wenn du willst, kannst du das Gebot halten; /
Gottes Willen zu tun ist Treue.
[16] Feuer und Wasser sind vor dich hingestellt; /
streck deine Hände aus nach dem, was dir gefällt.
[17] Der Mensch hat Leben und Tod vor sich; / was
er begehrt, wird ihm zuteil.
[18] Überreich ist die Weisheit des Herrn; / stark und
mächtig ist er und sieht alles.
[19] Die Augen Gottes schauen auf das Tun des Men-
schen, / er kennt alle seine Taten.
[20] Keinem gebietet er zu sündigen / und die Betrü-
ger unterstützt er nicht.

17: Dtn 30,15.19; Jer 21,8 • 19: 17,15 • 20: Ps 5,5–7

Die Sünde und ihre Folgen

16 Wünsch dir nicht schöne Kinder, wenn sie
nichts taugen, / und freu dich nicht über
missratene Söhne!
[2] Mögen sie auch zahlreich sein, freu dich nicht
über sie, / wenn sie keine Gottesfurcht besitzen.
[3] Verlass dich nicht auf ihre Lebensdauer, / setz
kein Vertrauen in ihre Zukunft!
Besser als tausend ist einer [der Gottes Willen
tut], / besser kinderlos sterben, als schlimme Nach-
kommen haben.
[4] Durch einen einzigen Verständigen vermehrt
sich die Stadt, / durch die Sippe der Abtrünnigen
verödet sie.
[5] Viel von dem hat mein Auge gesehen, / mehr
noch hat mein Ohr vernommen:
[6] Im Kreis der Frevler flammt Feuer auf; / gegen ein
sündiges Volk entbrennt der Zorn.
[7] Er hat den Fürsten der Vorzeit nicht verziehen, /
als sie sich in ihrer Stärke empörten.
[8] Er hat die Mitbürger Lots nicht geschont, / als sie
zügellos waren in ihrem Übermut.
[9] Er hat das todgeweihte Volk nicht geschont, / das
wegen seiner Sünden das Land verlor,
[10] auch nicht die sechshunderttausend Mann
Fußvolk; / sie wurden dahingerafft wegen ihres
verbrecherischen Herzens.
[11] Wie erst ergeht es dem Einzelnen, der halsstar-
rig ist: / Ein Wunder wäre es, wenn er straflos
bliebe.
Denn bei Gott sind Erbarmen und Zorn, / er ver-
gibt und verzeiht, / doch auch den Zorn schüttet
er aus.
[12] Sein Erbarmen ist so groß wie sein Strafen, /
jeden richtet er nach seinen Taten.
[13] Der Verbrecher entkommt nicht mit seinem
Raub, / doch der Hoffnung des Gerechten setzt
Gott kein Ende.
[14] Jedem Wohltätigen wird sein Lohn zuteil, / jeder
empfängt nach seinen Taten.
[15] [Der Herr verhärtete das Herz des Pharao, / der
ihn nicht erkannte, / obwohl seine Werke unter
dem Himmel offenbar waren.
[16] Sein Erbarmen ist allen seinen Geschöpfen
sichtbar, / sein Licht und sein Dunkel hat er den
Menschen zugeteilt.]
[17] Sag nicht: Ich bin vor Gott verborgen, / wer
denkt an mich in der Höhe?
In der großen Menge bleibe ich unbemerkt, / was
bin ich in der Gesamtzahl der Menschen?
[18] Der Himmel, der höchste Himmel, das Meer
und das Land, / sie wanken, wenn er sie heimsucht.
[19] Der Untergrund der Berge und die Grundfesten
der Erde, / sie erbeben gewaltig, wenn er sie an-
schaut.
[20] Doch an mich denkt er nicht / und wer achtet
auf meine Wege?
[21] Sündige ich, sieht mich kein Auge, / betrüge ich
ganz heimlich, wer weiß es? –
[22] Das gerechte Tun, wer macht es bekannt? / Und
was darf ich hoffen, wenn ich das Gebot halte?
[23] Nur ein Unvernünftiger behauptet solches, / nur
ein törichter Mensch denkt so.

6: Num 16,35 • 7: Gen 6,4 • 8: Gen 19,24 • 9: Ex 23,33; 33,3 • 10: 46,8; Ex 12,37; Num 14,22f.29f • 12: Ijob 34,11 • 21: 23,18 • 23: Ps 14,1

Gottes Wege mit den Menschen

24 Hört auf mich und lernt von meiner Erfah-
rung, / richtet euren Sinn auf meine Worte!
25 Wohl überlegt trage ich meine Gedanken vor /
und bescheiden teile ich mein Wissen mit:
26 Als Gott am Anfang seine Werke erschuf / und
ihnen zu ihrem Dasein Gesetze gab,
27 hat er ihre Aufgabe für immer festgelegt / und
ihren Machtbereich für alle Zeiten. Sie ermatten
nicht und werden nicht müde, / sie lassen nicht
nach in ihrer Kraft.
28 Keines seiner Werke verdrängt das andere / und
bis in Ewigkeit widerstreben sie seinem Befehl nicht.
29 Dann hat der Herr auf die Erde geblickt / und sie
mit seinen Gütern erfüllt.
30 Mit allerlei Lebewesen bedeckte er ihre Fläche /
und sie kehren wieder zu ihr zurück.
17 Der Herr hat die Menschen aus Erde er-
schaffen / und lässt sie wieder zu ihr zu-
rückkehren.
2 Gezählte Tage und eine bestimmte Zeit wies er
ihnen zu / und gab ihnen Macht über alles auf der
Erde.
3 Ihm selbst ähnlich hat er sie mit Kraft bekleidet /
und sie nach seinem Abbild erschaffen.
4 Auf alle Wesen legte er die Furcht vor ihnen, /
über Tiere und Vögel sollten sie herrschen.
6 Er bildete ihnen Mund und Zunge, Auge und
Ohr / und ein Herz zum Denken gab er ihnen.
7 Mit kluger Einsicht erfüllte er sie / und lehrte sie,
Gutes und Böses zu erkennen.
8 Er zeigte ihnen die Größe seiner Werke, / um die
Furcht vor ihm in ihr Herz zu pflanzen.
9 Sie sollten für immer seine Wunder rühmen /
10 und seinen heiligen Namen loben.

17,1: 40,11; Gen 3,19 • 3–4: Gen 1,26; 9,2; Weish 9,2f

Die Erwählung Israels

11 Er hat ihnen Weisheit geschenkt / und ihnen das
Leben spendende Gesetz gegeben.
12 Einen ewigen Bund hat er mit ihnen geschlos-
sen / und ihnen seine Gebote mitgeteilt.
13 Ihre Augen sahen seine machtvolle Herrlich-
keit, / ihr Ohr vernahm seine gewaltige Stimme.
14 Er sprach zu ihnen: Hütet euch vor allem
Unrecht! / Er schrieb ihnen ihr Verhalten gegen-
über dem Nächsten vor.
15 Ihre Wege liegen allezeit offen vor ihm, / sie sind
nicht verborgen vor seinen Augen.
17 Für jedes Volk bestellte er einen Herrscher, /
Israel aber ist der Erbbesitz des Herrn.
19 Alle ihre Taten stehen vor ihm wie die Sonne, /
seine Augen ruhen stets auf ihren Wegen.
20 Ihre Frevel sind vor ihm nicht verborgen, / alle
ihre Sünden stehen dem Herrn vor Augen.
22 Das Almosen eines jeden ist bei ihm wie ein Sie-
gelring, / des Menschen Wohltat behütet er wie
einen Augapfel.
23 Schließlich erhebt er sich und vergilt ihnen, / er
lässt die Vergeltung über ihr Haupt kommen.

11: 45,5 • 12: Ex 24,8

Reue und Umkehr

24 Den Reumütigen aber gewährt er Umkehr / und
tröstet die Hoffnungslosen / [und bestimmte sie
für ein Leben in der Wahrheit].
25 Wende dich zum Herrn, lass ab von der Sünde, /
bete vor ihm und beseitige das Ärgernis!
26 Kehre zum Höchsten zurück und wende dich ab
vom Bösen, / hasse stets das Schlechte!
27 Wer wird in der Unterwelt den Höchsten loben /
anstelle derer, die leben und ihn preisen?
28 Beim Toten, der nicht mehr ist, verstummt der
Lobgesang; / nur der Lebende und Gesunde preist
den Herrn.
29 Wie groß ist das Erbarmen des Herrn / und seine
Nachsicht gegen alle, die umkehren zu ihm.
30 Denn nicht wie Gott ist der Mensch, / Gottes Ge-
danken sind nicht wie die Gedanken der Menschen.
31 Was ist heller als die Sonne? / Und selbst sie ver-
finstert sich; / so ist auch das Begehren von Fleisch
und Blut böse.
32 Das Heer in der Höhe zieht er zur Rechen-
schaft, / erst recht die Menschen, die nur Staub
und Asche sind.

27: Jes 38,18f • 28: Ps 115,17f; Bar 2,17f • 30: Jes 55,8 • 32: Ijob 4,18; 25,5f

Die Größe Gottes

18 Der Herr, der in Ewigkeit lebt, hat alles ins-
gesamt erschaffen, / der Herr allein erweist
sich als gerecht.
4 Keiner vermag seine Werke zu verkünden. / Wer
ergründet seine großen Taten?

5 Wer kann seine gewaltige Größe beschreiben /
und seine großen Taten aufzählen bis zum
Ende?
6 Man kann nichts wegnehmen und nichts hinzu-
tun, / unmöglich ist es, die Wunder des Herrn zu
ergründen.
7 Ist der Mensch am Ende angelangt, / steht er noch
am Anfang, / wenn er es aufgibt, ist er ratlos.
8 Was ist der Mensch und wozu nützt er? / Was ist
gut an ihm und was ist schlecht?
9 Das Leben eines Menschen dauert / höchstens
hundert Jahre.
10 Wie ein Wassertropfen im Meer und wie ein
Körnchen im Sand, / so verhalten sich die wenigen
Jahre zu der Zeit der Ewigkeit.
11 Darum hat der Herr mit ihnen Geduld / und er
gießt über sie sein Erbarmen aus.
12 Er sieht und weiß, dass ihr Ende schlimm ist; /
darum hat er so viel Nachsicht mit ihnen.
13 Das Erbarmen des Menschen gilt nur seinem
Nächsten, / das Erbarmen des Herrn allen Menschen.
Er weist zurecht, erzieht und belehrt / und führt
wie ein Hirt seine Herde zurück.
14 Glücklich alle, die auf sein Erbarmen hoffen /
und seine Gebote annehmen.

6: 42,21 • 7: Ps 139,18

VERSCHIEDENE MAHNUNGEN UND WARNUNGEN: 18,15 – 24,34

Das Verhalten des Weisen

15 Mein Sohn, bring keinen Makel auf deine Wohl-
taten / und füg zu keiner Gabe kränkende Worte!
16 Vertreibt nicht der Tau die Hitze? / So ist das
Wort mehr als die Gabe.
17 Ist das Wort nicht mehr wert als die Gabe? / Dem
Gütigen steht beides wohl an.
18 Der Tor schmäht in liebloser Weise, / die Gabe
des Geizigen macht die Augen traurig.
19 Bevor du redest, unterrichte dich, / und ehe du
krank wirst, sorge für die Gesundheit!
20 Noch vor dem Gericht erforsche dich selbst, /
dann wird dir in der Stunde der Prüfung verziehen.
21 Demütige dich, ehe du zu Fall kommst; / zur Zeit
der Sünde lass Umkehr erkennen!
22 Säume nicht, ein Gelübde rechtzeitig einzulö-
sen, / warte nicht bis zum Tod, um davon frei zu
werden.
23 Ehe du gelobst, überdenk dein Gelübde, / sei
nicht wie einer, der den Herrn versucht.
24 Denk an den Zorn am Ende der Tage, / an die
Zeit der Vergeltung, wenn er sein Gesicht abwen-
det.
25 Denk zur Zeit des Überflusses an die Zeit des
Hungers, / in den Tagen des Reichtums an Armut
und Not!
26 Vom Morgen zum Abend wechselt die Zeit, /
alles eilt dahin vor dem Herrn.
27 Ein Weiser nimmt sich immer in Acht, / in Zei-
ten der Sünde hütet er sich vor Verfehlung.
28 Jeder Verständige soll Weisheit lehren; / wer sie
gefunden hat, soll ihr Lob verkünden.
29 Wer klug zu reden vermag, ist selbst ein Weis-
heitslehrer / und trägt in Bescheidenheit seine
Sinnsprüche vor.

15: 41,22 • 23: Spr 20,25; Koh 5,3f • 29: 16,25; 24,32f

Die Beherrschung der Begierden

30 Folg nicht deinen Begierden, / von deinen Gelüs-
ten halte dich fern!
31 Wenn du erfüllst, was deine Seele begehrt, / er-
füllst du das Begehren deines Feindes.
32 Freu dich nicht über ein wenig Lust; / doppelt so
schwer wird dann die Armut sein.
33 Sei kein Fresser und Säufer; / denn sonst bleibt
nichts im Beutel.
19 1 Wer das tut, wird niemals reich, / wer das
wenige gering schätzt, richtet sich zugrunde.
2 Wein und Weiber machen das Herz zügellos; /
wer sich an Dirnen hängt, wird frech.
3 [Moder und Würmer nehmen ihn in Besitz, /
freche Gier richtet den zugrunde, über den sie
herrscht.]
4 Wer schnell vertraut, ist leichtfertig, / wer sün-
digt, verfehlt sich gegen sich selbst.
5 Wer sich über eine Schlechtigkeit freut, wird
selbst verachtet, / [wer den Lüsten widerstrebt,
krönt sein Leben.
6 Wer seine Zunge beherrscht, lebt ohne Streit;] /
wer Gerede verbreitet, dem fehlt es an Verstand.

7 Verbreite niemals ein Gerede, / dann wird auch
dich niemand schmähen.
8 Rede weder über Freund noch Feind; / wenn du
einen Freund hast, enthülle nichts über ihn!
9 Denn wer dich hört, wird sich vor dir hüten / und
dir zur gegebenen Zeit seinen Groll zeigen.
10 Hast du etwas gehört, so sterbe es in dir; / sei
unbesorgt, es wird dich nicht zerreißen.
11 Um eines Wortes willen kommt der Tor in We-
hen / wie eine Gebärende durch ihre Leibesfrucht.
12 Wie ein Pfeil im Schenkel sitzt, / so steckt das
Wort im Leib des Toren.
13 Stell den Freund zur Rede, ob er etwas getan
hat, / und wenn er es getan hat – damit er es nicht
wieder tut.
14 Stell deinen Nächsten zur Rede, ob er etwas
gesagt hat, / und wenn er es gesagt hat – damit er
es nicht wiederholt.
15 Stell den Freund zur Rede, denn oft gibt es Ver-
leumdung; / trau nicht jedem Wort!
16 Mancher gleitet aus, doch ohne Absicht. / Wer
hätte noch nie mit seiner Zunge gesündigt?
17 Stell deinen Nächsten zur Rede, ehe du ihm Vor-
würfe machst. / Gib dem Gesetz des Höchsten Raum!

19,3: 10,11; 6,4 • 8–9: 22,26 • 17: Lev 19,17

Rechte und falsche Klugheit

20 Alle Weisheit ist Furcht vor dem Herrn; / in jeder
Weisheit liegt Erfüllung des Gesetzes.
22 Schlechtes zu kennen ist keine Weisheit, / der Rat
der Sünder ist keine Klugheit.
23 Es gibt eine Schläue, die ein Gräuel ist, / und es
gibt Einfältige, die nichts Schlechtes tun.
24 Besser ist es, arm an Klugheit und gottesfürchtig
zu sein, / als reich an Einsicht, aber das Gesetz zu
übertreten.
25 Es gibt eine listige Schläue, doch sie ist unge-
recht; / mancher verstellt sich, um Rechtschaffen-
heit vorzutäuschen.
26 Mancher geht gebeugt und traurig einher, / doch
sein Inneres ist voll Tücke.
27 Er schlägt den Blick nieder und stellt sich taub; /
wo er nicht durchschaut wird, tritt er gegen dich auf.
28 Wenn ihm die Kraft fehlt, Unrecht zu tun, / tut
er doch Böses, sobald er Gelegenheit findet.
29 Am Aussehen erkennt man den Menschen, / am
Gesichtsausdruck erkennt ihn der Weise.
30 Die Kleidung des Menschen offenbart sein Ver-
halten, / die Schritte des Menschen zeigen, was an
ihm ist.

Das rechtzeitige Reden und Schweigen

20 Manche Ermahnung geschieht zur Un-
zeit; / mancher schweigt und der ist weise.
2 Keinen Dank erntet, wer den Zornigen zurecht-
weist;
3 wer Lob erteilt, bleibt vor Schimpf bewahrt.
4 Wie ein Entmannter, der bei einem Mädchen
liegt, / ist einer, der mit Gewalt das Recht durch-
setzen will.
5 Mancher schweigt und gilt als weise, / mancher
wird trotz vielen Redens verachtet.
6 Mancher schweigt, weil er keine Antwort weiß, /
mancher schweigt, weil er die rechte Zeit beachtet.
7 Der Weise schweigt bis zur rechten Zeit, / der Tor
aber achtet nicht auf die rechte Zeit.
8 Wer viele Worte macht, wird zum Ekel, / der
Anmaßende wird gehasst.
9 Mancher Erfolg wird dem Menschen zum Scha-
den, / mancher Gewinn wird zum Verlust.
10 Es gibt Geschenke, von denen man nichts hat, /
es gibt Geschenke, die man doppelt vergüten
muss.
11 Es gibt Demütigung um der Ehre willen; / man-
cher erhob sein Haupt aus der Erniedrigung.
12 Mancher kauft vieles billig ein / und muss es
doch siebenfach bezahlen.
13 Wer klug zu reden weiß, macht sich beliebt, / die
Liebenswürdigkeit der Toren ist umsonst.
14 Vom Geschenk eines Toren hast du nichts, / denn
sieben Augen hat er, nicht nur eines.
15 Er gibt wenig und schimpft viel, / er reißt den
Mund auf wie ein Ausrufer.
Heute leiht er, morgen fordert er zurück; / solch
ein Mensch ist verhasst.
16 Der Tor sagt: Ich habe keinen Freund, / meine
Wohltaten finden keinen Dank.
17 Alle, die sein Brot essen, haben böse Zungen: /
Wie oft und wie viel verlachen sie ihn!
18 Besser ein Fehltritt auf dem Boden als ein Fehl-
tritt durch die Zunge; / so schnell wird auch der
Sturz der Bösen kommen.
19 Ein Wort zur Unzeit ist ein Braten ohne Salz, /
im Mund des Ungebildeten findet es sich dauernd.

20 Ein Sinnspruch aus dem Mund des Toren wird
verachtet, / denn er spricht ihn nicht zur rechten
Zeit.
21 Mancher sündigt nicht, obwohl er arm ist; / er
lässt sich in seiner Ruhe nicht stören.
22 Mancher richtet aus Scham sich selbst zugrun-
de; / weil er (seine Not) verbirgt, geht er unter.
23 Mancher gibt aus Scham dem Freund Verspre-
chen / und macht ihn sich ohne Grund zum Feind.
24 Ein schlimmer Schandfleck am Menschen ist die
Lüge; / im Mund des Ungebildeten findet sie sich
dauernd.
25 Besser ein Dieb als einer, der immer nur lügt; /
beide aber werden zugrunde gehen.
26 Das Ende des Lügners ist Schmach, / immerfort
haftet seine Schande an ihm.

5: 37,20; Spr 17,28 • 7: 21,25f; Spr 29,11 • 19: 22,6; Spr 26,7 • 24: 20,19 • 25: 5,14

Verschiedene Sprichwörter

27 Wer weise ist im Reden, kommt voran, / ein klu-
ger Mann ist bei den Machthabern beliebt.
28 Wer das Land bebaut, schichtet hohe Garben-
stöße auf; / wer den Machthabern gefällt, kann
manches Unrecht gutmachen.
29 Geschenke und Gaben blenden die Augen der
Weisen, / wie ein Zügel im Maul lenken sie Vor-
würfe ab.
30 Verborgene Weisheit und versteckter Schatz: /
was nützen sie beide?
31 Besser einer, der seine Torheit verbirgt, / als ei-
ner, der seine Weisheit verbirgt.

29: Dtn 16,19

Die Grundlehre des Weisen

21 Mein Sohn, hast du gesündigt, tu es nicht
wieder / und bete wegen deiner früheren
Sünden!
2 Flieh vor der Sünde wie vor der Schlange; /
kommst du ihr zu nahe, so beißt sie dich.
Löwenzähne sind ihre Zähne, / sie rauben den
Menschen das Leben.
3 Wie ein zweischneidiges Schwert ist jedes Un-
recht; / für die Wunde, die es schlägt, gibt es keine
Heilung.
4 Gewalttat und Hochmut verwüsten den Wohl-
stand, / das Haus des Übermütigen stürzt ein.
5 Das Gebet aus dem Mund des Armen dringt zu
den Ohren Gottes / und rasch kommt Gottes Ge-
richt.
6 Wer Ermahnung hasst, folgt der Spur des Sün-
ders; / wer den Herrn fürchtet, nimmt sie sich zu
Herzen.
7 Von weitem erkennt man den Schwätzer; / der
Erfahrene merkt es, wenn jener entgleist.
8 Baut einer sein Haus mit fremdem Geld, / sam-
melt er Steine für einen Schutthaufen.
9 Ein Bündel Werg ist die Versammlung der Ruch-
losen, / ihr Ende ist die Feuerflamme.
10 Der Weg der Sünder ist frei von Steinen; / doch
sein Ende ist die Tiefe der Unterwelt.

10: Spr 7,27

Der Weise und der Tor

11 Wer das Gesetz befolgt, beherrscht seinen Trieb /
und Gottesfurcht ist vollendete Weisheit.
12 Der Unkluge lässt sich nicht erziehen; / doch es
gibt auch Klugheit, die viel Bitterkeit einträgt.
13 Das Wissen des Weisen schwillt an wie ein Bach, /
wie ein lebendiger Quell ist sein Rat.
14 Das Herz des Toren ist wie eine geborstene
Zisterne: / Es hält keine Weisheit fest.
15 Hört der Verständige ein weises Wort, / lobt er es
und fügt andere hinzu.
Hört es der Leichtfertige, lacht er darüber, / er
wirft es weit hinter sich.
16 Das Gespräch des Toren ist wie eine Last auf der
Reise, / doch auf den Lippen des Verständigen fin-
det sich Anmut.
17 Die Rede des Weisen begehrt man in der Ver-
sammlung / und seine Worte überdenkt man im
Herzen.
18 Wie ein Gefängnis ist dem Toren die Weisheit, /
Erkenntnis ist dem Unverständigen wie eine Fes-
sel.
19 Wie Ketten an den Füßen ist dem Unvernünfti-
gen die Zucht / und wie Handschellen an der rech-
ten Hand.
20 Der Tor lacht mit lauter Stimme, / der Kluge aber
lächelt kaum leise.
21 Wie ein goldener Schmuck ist dem Weisen die
Zucht / und wie eine Spange am rechten Arm.
22 Der Fuß des Toren eilt rasch ins Haus, / der
Besonnene aber wartet bescheiden.

23 Der Tor blickt durch die Tür ins Haus hinein, /
der Wohlerzogene bleibt draußen stehen.
24 Ungezogen ist es, an der Tür zu horchen, / der
Verständige aber verschließt seine Ohren.
25 Die Lippen der Frevler erzählen ihre eigene Tor-
heit, / die Worte der Verständigen sind wohl abge-
wogen.
26 Die Toren haben ihr Herz auf der Zunge, / die
Weisen haben ihre Zunge im Herzen.
27 Verflucht der Ruchlose den Gerechten, / so ver-
flucht er sich selbst.
28 Sich selbst besudelt der Verleumder; / wo er
wohnt, ist er verhasst.
22 Einem beschmutzten Stein gleicht der
Faule, / jeder ruft Pfui, weil er ekelhaft ist.
2 Einem Ballen Kot gleicht der Faule, / jeder, der
ihn berührt hat, schüttelt sich die Hand ab.

21,12: 19,22 • 16: Koh 10,12 • 20: Koh 7,6

Missratene Kinder und unbelehrbare Toren

3 Schande für den Vater ist ein missratener Sohn, /
eine (missratene) Tochter ist ihm zur Schmach
geboren.
4 Eine kluge Tochter bringt ihrem Mann Besitz ein, /
eine schändliche macht ihrem Vater Kummer;
5 die trotzige bereitet dem Vater und dem Gatten
Schande, / von beiden wird sie verachtet.
6 Wie Musik zur Trauer ist eine Rede zur falschen
Zeit, / Schläge und Zucht aber zeugen stets von
Weisheit.
9 Wer einen Toren belehrt, leimt Scherben zusam-
men, / er sucht einen Schlafenden aus tiefem
Schlummer zu wecken.
10 Wer mit einem Toren redet, redet einen Schla-
fenden an; / schließlich fragt dieser: Was ist denn?
11 Über einen Toten weine, / denn das Lebenslicht
erlosch ihm;
über einen Toren weine, / denn die Einsicht er-
losch ihm.
Weniger weine über einen Toten, denn er ruht
aus; / das schlechte Leben des Toren ist schlimmer
als der Tod.
12 Die Trauer um den Toten währt sieben Tage, / die
um den Toren und Ruchlosen alle Tage seines
Lebens.
13 Mit einem Unvernünftigen mach nicht viele
Worte / und geh nicht mit einem Schwein!
Hüte dich vor ihm, damit du dich nicht zu ärgern
brauchst / und nicht besudelt wirst, wenn es sich
schüttelt.
Geh ihm aus dem Weg und du wirst Ruhe finden /
und keinen Verdruss haben mit seinem Unver-
stand.
14 Was ist schwerer als Blei? / Wie könnte es anders
heißen als: der Tor?
15 Sand, Salz und Eisenblöcke / sind leichter zu tra-
gen als ein unvernünftiger Mensch.
16 Holzgebälk, eingelassen ins Mauerwerk, / löst
sich bei keiner Erschütterung:
So ist ein Herz, gestützt auf überlegten Rat; / zu
keiner Zeit verzagt es.
17 Ein Herz, das auf kluge Überlegung gegründet
ist, / ist (fest) wie Sandverputz an glatter Mauer.
18 Steinchen, die obenauf liegen, / halten dem
Wind nicht stand:
So ist ein feiges Herz mit törichter Gesinnung: /
Vor keinem Schrecken hält es stand.

3: Spr 17,21 • 5: Spr 12,4 • 6: 30,1; Spr 23,13f • 14: 21,16; Spr 27,3

Die Treue des Weisen

19 Wer ins Auge stößt, treibt Tränen heraus; / wer
ins Herz stößt, treibt Freundschaft hinaus.
20 Wer mit Steinen nach Vögeln wirft, verscheucht
sie; / wer den Freund beschimpft, vertreibt die
Freundschaft.
21 Hast du gegen den Freund das Schwert gezo-
gen, / verzweifle nicht: Es gibt einen Rückweg.
22 Hast du den Mund aufgetan gegen den Freund, /
verzage nicht: Es gibt eine Versöhnung.
Doch bei Beschimpfung, Geheimnisverrat und
tückischem Schlag / entflieht jeder Freund.
23 Halte dem Nächsten in der Armut die Treue, /
dann kannst du mit ihm auch sein Glück ge-
nießen.
Halte bei ihm aus in der Zeit der Not, / dann hast
du auch Anteil an seinem Besitz.
24 Dem Feuer gehen Rauch und Qualm voraus, /
ebenso dem Blutvergießen Streitereien.
25 Ist dein Freund verarmt, beschäme ihn nicht /
und versteck dich nicht vor ihm!
26 Hast du einen Freund, plaudere von ihm nichts
aus, / sonst wird sich jeder, der dich hört, vor dir
hüten.

23: 6,7–12; 12,8f • 25: 6,12 • 26: 19,8f

Gebet um Selbstbeherrschung

27 Wer setzt eine Wache vor meinen Mund, / vor
meine Lippen ein kunstvolles Siegel,
damit ich durch sie nicht zu Fall komme / und
meine Zunge mich nicht ins Verderben stürzt?

23 Herr, Vater und Gebieter meines Lebens, /
bring mich durch sie nicht zu Fall!
2 Wer hält eine Peitsche bereit für mein Denken /
und eine Zuchtrute für mein Herz,
um ihre Vergehen nicht zu schonen / und ihnen
keine Sünden zu gestatten,
3 damit meine Fehler sich nicht mehren, / meine
Sünden sich nicht häufen / und ich nicht zu Fall
komme vor meinen Feinden, / sodass mein Geg-
ner sich über mich freuen könnte?
4 Herr, Vater und Gott meines Lebens, / überlass
mich nicht ihrem Plan!
5 Übermütige Augen gib mir nicht, / halte fern von
mir die Begierde!
6 Unzucht und Sinnenlust sollen mich nicht er-
greifen, / schamloser Gier gib mich nicht preis!

Eine Unterweisung über das Reden

7 Ihr Söhne, vernehmt die Unterweisung über das
Reden; / wer sie beachtet, verfehlt sich nicht.
8 Durch seine Lippen verstrickt sich der Sünder, /
Lästerer und Stolze stürzen durch sie.
9 Gewöhn deinen Mund nicht ans Schwören, / den
Namen des Heiligen zu nennen, gewöhn dir nicht
an!
10 Wie ein Sklave, der dauernd straffällig wird, /
von Striemen nie frei bleibt, / so bleibt von Sünde
nicht rein, / wer immerfort schwört und Gottes
Namen ausspricht.
11 Ein Mensch, der viel schwört, häuft Schuld auf
sich, / die Strafrute weicht nicht von seinem Haus.
Verfehlt er sich unbedacht, / lastet seine Sünde auf
ihm;
übersieht er den Schwur, sündigt er doppelt, /
schwört er falsch, bleibt er nicht ungestraft; / ja,
sein Haus wird von Leiden erfüllt.
12 Es gibt ein Reden, das der Pest vergleichbar ist; /
möge es sich im Erbland Jakobs nicht finden.
Den Frommen liegt dies alles fern, / sie wälzen sich
nicht in Sünden.
13 Gewöhn deinen Mund nicht an Zuchtlosigkeit; /
denn es kommt dabei zu sündhaften Reden.
14 Denk an Vater und Mutter, wenn du im Kreis der
Großen sitzt, / damit du bei ihnen keinen Anstoß
erregst / und nicht durch dein Benehmen dich
zum Toren machst / und wünschen musst, nicht
geboren zu sein, / und den Tag deiner Geburt ver-
fluchst.
15 Hat sich einer an schändliche Reden gewöhnt, /
nimmt er sein Leben lang keine Zucht mehr an.

9: 27,14

Warnung vor Unzucht

16 Zwei Gruppen von Menschen häufen die Sün-
den, / drei ziehen den Zorn herbei:
Leidenschaftliche Begierde, sie brennt wie Feuer /
und erlischt nicht, bis sie sich verzehrt hat;
der Mensch, der am eigenen Leib Unzucht treibt /
und nicht aufhört, bis das Feuer verglüht;
17 der Wollüstige, dem jedes Brot süß schmeckt, /
der nicht aufhört, bis er tot ist;
18 der Mensch, der Ehebruch treibt auf seinem
Lager, / der bei sich denkt: Wer sieht mich?
Dunkel umgibt mich, Wände verbergen mich, /
keiner sieht mich, warum sollte ich mich fürchten
zu sündigen?
19 Er denkt nicht an den Höchsten, / nur die Augen
der Menschen fürchtet er.
Er bedenkt nicht, dass die Augen des Herrn / zehn-
tausendmal heller sind als die Sonne,
dass sie alle Wege des Menschen sehen / und die
geheimsten Winkel durchdringen.
20 Schon ehe es geschieht, ist ihm alles bekannt, /
ebenso, wenn es vollbracht ist.
21 Jener wird auf den Straßen der Stadt verurteilt; /
wo er es nicht vermutet, da wird er ergriffen.
22 So auch die Frau, die ihren Mann verlässt / und
von einem andern einen Erben zur Welt bringt:
23 Erstens war sie dem Gesetz des Höchsten un-
treu, / zweitens hat sie sich gegen ihren Gatten ver-
gangen,
drittens hat sie in Unzucht die Ehe gebrochen /
und von einem andern Kinder zur Welt gebracht.
24 Sie wird vor die Gemeinde geführt / und ihre
Kinder werden es büßen müssen.
25 Ihre Sprösslinge werden keine Wurzel treiben /
und ihre Zweige keine Frucht bringen.
26 Ihr Andenken hinterlässt sie zum Fluch, / ihre
Schande wird niemals getilgt.

27 Alle Bewohner des Landes werden erkennen, /
alle Nachkommen werden einsehen:
Nichts ist besser als die Furcht vor dem Herrn, /
nichts süßer, als seine Gebote zu halten.

17: 26,12; Spr 7,5–27 • 23: Spr 2,17 • 27: 46,10; Koh 12,13

Lob der Weisheit

24 Die Weisheit lobt sich selbst, / sie rühmt
sich bei ihrem Volk.
2 Sie öffnet ihren Mund in der Versammlung
Gottes / und rühmt sich vor seinen Scharen:
3 Ich ging aus dem Mund des Höchsten hervor /
und wie Nebel umhüllte ich die Erde.
4 Ich wohnte in den Höhen, / auf einer Wolken-
säule stand mein Thron.
5 Den Kreis des Himmels umschritt ich allein, / in
der Tiefe des Abgrunds ging ich umher.
6 Über die Fluten des Meeres und über alles Land, /
über alle Völker und Nationen hatte ich Macht.
7 Bei ihnen allen suchte ich einen Ort der Ruhe, /
ein Volk, in dessen Land ich wohnen könnte.
8 Da gab der Schöpfer des Alls mir Befehl; / er, der
mich schuf, wusste für mein Zelt eine Ruhestätte.
Er sprach: In Jakob sollst du wohnen, / in Israel
sollst du deinen Erbbesitz haben.
9 Vor der Zeit, am Anfang, hat er mich erschaffen /
und bis in Ewigkeit vergehe ich nicht.
10 Ich tat vor ihm Dienst im heiligen Zelt / und
wurde dann auf dem Zion eingesetzt.
11 In der Stadt, die er ebenso liebt wie mich, fand
ich Ruhe, / Jerusalem wurde mein Machtbereich.
12 Ich fasste Wurzel bei einem ruhmreichen Volk, /
im Eigentum des Herrn, in seinem Erbbesitz.
13 Wie eine Zeder auf dem Libanon wuchs ich
empor, / wie ein wilder Ölbaum auf dem Her-
mongebirge.
14 Wie eine Palme in En-Gedi wuchs ich empor, /
wie Oleandersträucher in Jericho,
wie ein prächtiger Ölbaum in der Schefela, / wie
eine Platane am Wasser wuchs ich empor.
15 Wie Zimt und duftendes Gewürzrohr, / wie beste
Myrrhe strömte ich Wohlgeruch aus,
wie Galbanum, Onyx und Stakte, / wie Weih-
rauchwolken im heiligen Zelt.
16 Ich breitete wie eine Terebinthe meine Zweige
aus / und meine Zweige waren voll Pracht und
Anmut.
17 Wie ein Weinstock trieb ich schöne Ranken, /
meine Blüten wurden zu prächtiger und reicher
Frucht.
19 Kommt zu mir, die ihr mich begehrt, / sättigt
euch an meinen Früchten!
20 An mich zu denken ist süßer als Honig, / mich
zu besitzen ist besser als Wabenhonig. / [Mein
Andenken reicht bis zu den fernsten Generatio-
nen.]
21 Wer mich genießt, den hungert noch, / wer mich
trinkt, den dürstet noch.
22 Wer auf mich hört, wird nicht zuschanden, / wer
mir dient, fällt nicht in Sünde. / [Wer mich ans
Licht hebt, hat ewiges Leben.]

3: Spr 2,6 • 4: Weish 9,4 • 9: Spr 8,22–31 • 20: Ps 19,11

Weisheit und Gotteswort

23 Dies alles ist das Bundesbuch des höchsten
Gottes, / das Gesetz, das Mose uns vorschrieb als
Erbe für die Gemeinde Jakobs.
25 Es ist voll von Weisheit, wie der Pischonfluss
(voll Wasser ist), / wie der Tigris in den Tagen der
ersten Ähren;
26 es strömt über von Einsicht, / ähnlich der Flut
des Eufrat, / ähnlich dem Jordan in den Tagen der
Ernte;
27 es fließt von Belehrung über, ähnlich dem Nil, /
ähnlich dem Gihon in den Tagen der Weinlese.
28 Wer als Erster es erforschte, kam nicht ans
Ende, / ebenso wenig ergründet es der Letzte.
29 Übervoll wie das Meer ist sein Sinn, / sein Rat ist
tiefer als der Ozean.
30 Ich selbst war wie ein Bewässerungsgraben, / wie
ein Kanal, der hinabfließt zum Garten.
31 Ich dachte: Ich will meinen Garten tränken, /
meine Beete bewässern.
Da wurde mir der Kanal zum Strom / und mein
Strom wurde zum Meer.
32 So strahle ich weiterhin Belehrung aus wie die
Morgenröte, / ich lasse sie leuchten bis in die
Ferne.
33 Weiterhin gieße ich Lehre aus wie Propheten-
worte / und hinterlasse sie den fernsten Genera-
tionen.
34 Seht, nicht allein für mich habe ich mich ge-
plagt, / sondern für alle, die Weisheit suchen.

23: Dtn 33,4; Bar 4,1

DIE ERFAHRUNGEN DES WEISHEITSLEHRERS: 25,1 – 42,14

Männer und Frauen

25 Drei Dinge gefallen mir, / sie sind Gott
und den Menschen angenehm: Eintracht
unter Brüdern, Liebe zwischen Freunden, / Mann
und Frau, die einander verstehen.
2 Drei Gruppen von Menschen sind mir verhasst, /
ihre Lebensweise verabscheue ich sehr: / den
hochmütigen Armen, / den betrügerischen Rei-
chen, / den ehebrecherischen Greis ohne Vernunft.
3 Hast du in der Jugend nicht gesammelt, / wie
wirst du im Alter etwas haben?
4 Wie gut steht Hochbetagten rechtes Urteil an /
und den Alten, Rat zu wissen.
5 Wie gut steht Hochbetagten Weisheit an, / wür-
digen Männern Überlegung und Rat.
6 Ein Ehrenkranz der Alten ist reiche Erfahrung, /
ihr Ruhm ist die Gottesfurcht.
7 Neun, die ich im Sinn habe, preise ich, / zehn
führe ich rühmend im Mund:
Einen Mann, der Freude hat an seinen Kindern, /
und einen, der den Sturz seiner Feinde erlebt.
8 Wohl dem Gatten einer klugen Frau / und der
nicht gleichsam mit einem Gespann von Ochs und
Esel pflügen muss.
Wohl dem, der nicht durch seine Zunge zu Fall
kommt / und der keinem dienen muss, der unter
ihm steht.
9 Wohl dem, der einen Freund fand / und der zu
Ohren sprechen darf, die hören.
10 Wie groß ist einer, der Weisheit fand; / doch kei-
ner übertrifft den Gottesfürchtigen.
11 Die Furcht vor dem Herrn überragt alles; / wer
an ihr fest hält, ist mit niemand vergleichbar.
13 Jede Wunde, nur keine Herzenswunde; / jede
Bosheit, nur keine Frauenbosheit.
14 Jedes Ungemach, nur kein Ungemach durch die
zurückgesetzte Frau, / jede Rache, nur keine Rache
durch die Nebenfrau.
15 Kein Gift ist schlimmer als Schlangengift, / kein
Zorn schlimmer als Frauenzorn.
16 Lieber mit einem Löwen oder Drachen zusam-
menhausen, / als bei einer bösen Frau wohnen.
17 Die Schlechtigkeit einer Frau macht ihr Ausse-
hen düster / und verfinstert ihr Gesicht wie das
einer Bärin.
18 Sitzt ihr Mann im Freundeskreis, / muss er un-
willkürlich seufzen.
19 Kaum eine Bosheit ist wie Frauenbosheit; / das
Los des Sünders treffe auf sie.
20 Wie ein sandiger Aufstieg für die Füße eines
Greises / ist eine zungenfertige Frau für einen stil-
len Mann.
21 Fall nicht herein auf die Schönheit einer Frau, /
begehre nicht, was sie besitzt.
22 Denn harte Knechtschaft und Schande ist es, /
wenn eine Frau ihren Mann ernährt.
23 Bedrücktes Herz und düsteres Gesicht / und ein
wundes Herz: eine böse Frau; / schlaffe Hände und
zitternde Knie: / eine Frau, die ihren Mann nicht
glücklich macht.
24 Von einer Frau nahm die Sünde ihren Anfang, /
ihretwegen müssen wir alle sterben.
25 Gib dem Wasser keinen Abfluss / und einer
schlechten Frau keine Freiheit!
26 Geht sie dir nicht zur Seite, / trenn sie von dei-
nem Leib!

26 Eine gute Frau – wohl ihrem Mann! / Die
Zahl seiner Jahre verdoppelt sich.
2 Eine tüchtige Frau pflegt ihren Mann; / so voll-
endet er seine Jahre in Frieden.
3 Eine gute Frau ist ein guter Besitz; / er wird dem
zuteil, der Gott fürchtet;
4 ob reich, ob arm, sein Herz ist guter Dinge, / sein
Gesicht jederzeit heiter.
5 Vor drei Dingen bangt mir das Herz, / vor vieren
befällt mich die Furcht: / Gerede in der Stadt, Auf-
lauf der Massen und Verleumdung – / schlimmer
sind sie alle als der Tod.
6 Eine eifersüchtige Frau bringt Kummer und
Betrübnis, / die Geißel der Zunge ist allen (vieren)
gemeinsam.
7 Ein scheuerndes Ochsenjoch ist eine böse Frau; /
wer sie nimmt, fasst einen Skorpion an.
8 Großer Verdruss ist eine trunksüchtige Frau; / sie
kann ihre Schande nicht verbergen.
9 Die lüsterne Frau verrät sich durch ihren Augen-
aufschlag, / an ihren Wimpern wird sie erkannt.
10 Gegen eine Schamlose verstärke die Wache, /
damit sie keine Gelegenheit findet und ausnützt.
11 Auf eine Frau mit frechem Blick gib Acht;

sei nicht überrascht, wenn sie dir untreu wird.
12 Wie ein durstiger Wanderer den Mund auftut
und vom ersten besten Wasser trinkt, / so lässt sie
sich vor jedem Pfahl nieder und öffnet den Köcher
vor dem Pfeil.
13 Die Anmut der Frau entzückt ihren Mann, / ihre
Klugheit erfrischt seine Glieder.
14 Eine Gottesgabe ist eine schweigsame Frau, /
unbezahlbar ist eine Frau mit guter Erziehung.
15 Anmut über Anmut ist eine schamhafte Frau; /
kein Preis wiegt eine auf, die sich selbst beherrscht.
16 Wie die Sonne aufstrahlt in den höchsten Hö-
hen, / so die Schönheit einer guten Frau als
Schmuck ihres Hauses.
17 Wie die Lampe auf dem heiligen Leuchter
scheint, / so ein schönes Gesicht auf einer edlen
Gestalt.
18 Wie goldene Säulen auf silbernem Sockel / sind
schlanke Beine auf wohlgeformten Füßen.
19 [Mein Sohn, bewahre die Blüte deiner Jugend
gesund, / gib deine Kraft nicht Fremden hin!
20 Hast du auf dem ganzen Feld einen fruchtbaren
Acker ausgesucht, / streu getrost deine Saat aus zur
Fortpflanzung deines Geschlechts!
21 Dann werden deine Kinder dich umgeben, / sie
werden groß werden im Vertrauen auf das edle
Geschlecht.
22 Eine käufliche Frau ist dem Auswurf gleichzu-
achten, / eine Verheiratete ist für ihre Liebhaber
wie ein Turm des Todes.
23 Eine ruchlose Frau wird dem Frevler zuteil, /
eine fromme erhält, wer den Herrn fürchtet.
24 Eine schamlose Frau zerstört die Scham, / eine
anständige Frau hat Scheu auch vor dem eigenen
Mann.
25 Eine unverschämte Frau wird wie ein Hund
geachtet, / eine schamhafte fürchtet den Herrn.
26 Eine Frau, die ihren Mann ehrt, erscheint allen
als weise, / eine Frau, die ihn verachtet, wird von
allen als ruchlos erkannt.
27 Eine großsprecherische und zungenfertige
Frau / erscheint wie eine schmetternde Kriegs-
trompete.
Ein jeder Mann, der dazu schweigen muss, muss
sein Leben in Kriegsunruhen verbringen.]

25,2: 42,8 • 4: Spr 16,31; Ijob 32,7 • 11: 40,26f • 19: 26,23 •
24: Gen 3,6 • 26,4: 13,26 • 8: Spr 6,33 • 21: Ps 128,3

Verschiedene Warnungen

28 Über zwei Dinge ist mein Herz betrübt, / über
drei packt mich der Zorn:
Ein vermögender Mann, der arm wird und darben
muss, / und angesehene Männer, wenn sie miss-
achtet werden;
wer von der Gerechtigkeit zur Sünde abweicht, /
den bestimmt der Herr für das Schwert.
29 Schwerlich bleibt ein Kaufmann frei von
Schuld; / ein Händler wird sich nicht rein halten
von Sünde.
27 Des Geldes wegen haben schon viele ge-
sündigt; / wer es anzuhäufen sucht, schaut
nicht genau hin.
2 Zwischen zwei Steine lässt sich ein Pflock ste-
cken; / so drängt sich zwischen Kauf und Verkauf
die Sünde.
3 Hältst du nicht fest an der Gottesfurcht, / stürzt
plötzlich und bald dein Haus zusammen.
4 Im Sieb bleibt, wenn man es schüttelt, der Abfall
zurück; / so entdeckt man die Fehler eines Men-
schen, wenn man über ihn nachdenkt.
5 Töpferware wird nach der Brennhitze des Ofens
eingeschätzt, / ebenso der Mensch nach dem Ur-
teil, das man über ihn fällt.
6 Der Art des Baumes entspricht seine Frucht; / so
wird ein jeder nach seiner Gesinnung beurteilt.
7 Lobe keinen Menschen, ehe du ihn beurteilt
hast; / denn das ist die Prüfung für jeden.
8 Strebst du nach Gerechtigkeit, so erlangst du sie, /
wie ein Prachtgewand kannst du sie anlegen.
9 Vögel lassen sich bei ihresgleichen nieder; / Treue
kommt zu denen, die sie üben.
10 Der Löwe lauert auf Beute; / so auch die Sünde
auf alle, die Unrecht tun.
11 Die Rede des Frommen ist immer klug, / der Tor
aber ändert sich wie der Mond.
12 Im Kreis von Toren schau auf die Zeit, / im Kreis
von Verständigen aber verweile!
13 Die Rede der Toren ist abscheulich, / ihr Lachen
schwelgt in sündhafter Lust.
14 Beim Gerede dessen, der viel schwört, sträuben
sich die Haare, / bei seinem Gezänk hält man sich
die Ohren zu.
15 Zu Blutvergießen führt der Streit der Übermüti-
gen, / ihr Schimpfen ist unerträglich.

27,11: 5,10 • 14: 23,9–11

Die Lauterkeit und die Wahrhaftigkeit
16 Wer Geheimes verrät, zerstört das Vertrauen, / er
findet keinen Freund, der zu ihm steht.
17 Liebe den Freund und sei ihm treu! / Hast du
aber seine Geheimnisse verraten, / brauchst du
ihm nicht mehr nachzugehen.
18 Denn wie ein Mensch, der seinen Besitz vertan
hat, / so hast du die Freundschaft des Gefährten
vertan.
19 Und wie man einen Vogel aus der Hand wegflie-
gen lässt, / so hast du den Freund weggehen lassen
und fängst ihn nie wieder ein.
20 Lauf ihm nicht nach, denn er ist schon zu weit, /
wie eine Gazelle aus der Schlinge ist er entflohen.
21 Eine Wunde lässt sich verbinden, ein Streit bei-
legen, / doch wer ein Geheimnis verrät, hat keine
Hoffnung.
22 Wer mit dem Auge zwinkert, plant Böses, / wer
einen solchen Menschen sieht, / hält sich von ihm
fern.
23 Ins Gesicht hinein macht er dir schöne Worte /
und bewundert deine Reden;
nachher aber dreht er seine Worte um / und bringt
dich durch deine eigenen Worte zu Fall.
24 Vieles ist mir verhasst, aber nichts so wie er; /
auch der Herr wird ihn hassen.
25 Wer einen Stein hochwirft, auf den fällt er zu-
rück, / wer hinterlistig schlägt, verwundet sich selbst.
26 Wer eine Grube gräbt, fällt selbst hinein, / wer
eine Schlinge legt, verfängt sich in ihr.
27 Wer Unrecht tut, auf den rollt es zurück / und er
weiß nicht, woher es ihm kommt.
28 Spott und Schimpf treffen den Übermütigen, /
wie ein Löwe lauert die Rache auf ihn.
29 Schlingen und Netze fangen die, die sie machen, /
und lassen sie nicht los bis zum Tag ihres Todes.
30 Groll und Zorn, auch diese sind abscheulich, /
nur der Sünder hält daran fest.

16: 19,8 • 19: 22,22 • 22: Spr 6,13f • 26: Spr 26,27; Koh 10,8

Zwietracht und Vergebung
28 Wer sich rächt, an dem rächt sich der
Herr; / dessen Sünden behält er im Ge-
dächtnis.
2 Vergib deinem Nächsten das Unrecht, / dann wer-
den dir, wenn du betest, auch deine Sünden ver-
geben.
3 Der Mensch verharrt im Zorn gegen den an-
dern, / vom Herrn aber sucht er Heilung zu erlan-
gen?
4 Mit seinesgleichen hat er kein Erbarmen, / aber
wegen seiner eigenen Sünden bittet er um Gnade?
5 Obwohl er nur ein Wesen aus Fleisch ist, verharrt
er im Groll, / wer wird da seine Sünden vergeben?
6 Denk an das Ende, lass ab von der Feindschaft, /
denk an Untergang und Tod / und bleib den Gebo-
ten treu!
7 Denk an die Gebote und grolle dem Nächsten
nicht, / denk an den Bund des Höchsten und ver-
zeih die Schuld!
8 Bleib fern dem Streit, dann verringerst du die
Zahl der Sünden; / denn ein jähzorniger Mensch
entfacht Streit.
9 Ein sündiger Mensch bringt Freunde durchei-
nander, / zwischen friedliche Leute schleudert er
Zwietracht.
10 Je nach dem Brennstoff flammt das Feuer auf, /
je nach dem Einfluss wächst der Streit.
Je nach der Macht eines Menschen wütet sein
Zorn, / je nach dem Reichtum steigert er seine
Wut.
11 Ein schneller Funke entzündet das Feuer, / ein
schneller Streit führt zu Blutvergießen.
12 Bläst du den Funken an, flammt er auf; / spuckst
du darauf, so erlischt er: / Beides kommt aus dei-
nem Mund.
13 Der Verleumder sei verflucht; / viele, die fried-
lich lebten, hat er zugrunde gerichtet.
14 Der Verleumder hat schon viele zum Wanken
gebracht / und sie von Volk zu Volk getrieben;
feste Städte hat er zerstört, / Paläste von Großen
umgestürzt.
15 Der Verleumder hat tüchtige Frauen weggejagt /
und sie des Ertrags ihrer Mühen beraubt.
16 Wer auf ihn achtet, findet keine Ruhe, / er kann
nicht in Frieden wohnen.
17 Peitschenhieb schlägt Striemen, / Zungenhieb
zerbricht Knochen.
18 Viele sind gefallen durch ein scharfes Schwert, /
noch viel mehr sind gefallen durch die Zunge.
19 Wohl dem, der vor ihr geschützt ist / und ihrer
Wut nicht anheimfällt,
der nicht ihr Joch ziehen muss, / nicht an ihre
Stricke gebunden ist.

[20] Denn ihr Joch ist ein eisernes Joch, / ihre Stricke
sind eherne Stricke.
[21] Der Tod durch sie ist ein schlimmer Tod, / bes-
ser als sie ist die Unterwelt.
[22] Keine Macht hat sie über Fromme, / sie werden
nicht versengt durch ihre Flamme.
[23] Wer den Herrn verlässt, verfällt ihr, / sie flammt
an ihm auf und erlischt nicht mehr.
Sie stürzt sich auf ihn wie ein Löwe, / wie ein
Panther zerreißt sie ihn.
[24] Schau, deinen Weinberg umzäunst du mit Dor-
nen, / mach auch Tür und Riegel an deinen Mund!
[25] Dein Silber und Gold verwahrst du abgewogen, /
mach auch für deine Worte Waage und Gewicht!
[26] Hüte dich, dass du durch sie nicht strauchelst /
und nicht zu Fall kommst vor den Augen dessen,
der darauf lauert.

1: Spr 20,22 • 3: Ps 30,3 • 10: Spr 26,20f • 11: 22,24 • 18: Spr 18,21 • 26: 25,8

Borgen und Bürgen

29 Wer dem Nächsten borgt, erweist Liebe, /
wer ihm unter die Arme greift, erfüllt die
Gebote.
[2] Borge dem Nächsten, wenn er in Not ist, / doch
gib dem Nächsten auch zurück zur rechten Zeit!
[3] Halte dein Wort und sei treu gegen ihn, / dann
bekommst du stets, was du nötig hast.
[4] Viele Schuldner bitten um ein Darlehen, / doch
dann verärgern sie ihre Helfer.
[5] Bis er etwas bekommt, küsst er dem andern die
Hand / und redet mit ihm unterwürfig wegen sei-
nes Geldes.
Am Tag der Rückzahlung aber enttäuscht er ihn, /
weil er erst nach langer Zeit zurückerstattet.
[6] Ist er auch zahlungsfähig, bringt er kaum die
Hälfte / und betrachtet es wie einen Fund;
ist er es nicht, bringt er ihn um sein Geld / und
macht sich ihn leichtfertig zum Feind.
Fluchen und Schimpfen zahlt er ihm zurück, / statt
mit Ehre vergilt er mit Schmach.
[7] Viele sind nicht aus Härte zurückhaltend, / sie
fürchten nur unnötigen Ärger.
[8] Hab dennoch Geduld mit dem Bedürftigen / und
lass ihn nicht auf die Wohltat warten!
[9] Um des Gebotes willen nimm dich des Armen
an, / lass ihn in seiner Not nicht leer weggehen!
[10] Setz dein Geld ein für den Bruder und Freund, /
lass es nicht rosten unter dem Stein, bis es verdirbt.
[11] Leg dir einen Schatz an nach den Geboten des
Höchsten; / der wird dir mehr nützen als Gold.
[12] Wohltaten verschnüre und leg sie in deine Vor-
ratskammer, / sie werden dich retten aus allem
Unheil.
[13] Besser als ein fester Schild und eine schwere
Lanze / werden sie für dich gegen den Feind streiten.
[14] Der gute Mensch bürgt für den Nächsten; / nur
wer die Scham verloren hat, flieht vor seinem Bür-
gen.
[15] Vergiss nie die Gefälligkeit des Bürgen, / gab er
doch sich selbst für dich hin.
[16] Der Sünder missachtet die Gefälligkeit des Bür-
gen, /
[17] doch seinen Schöpfer missachtet, / wer seinen
Helfer missachtet.
[18] Bürgschaft hat schon viele Vermögende zu-
grunde gerichtet, / hat sie umhergeworfen wie eine
Woge im Meer;
reiche Männer hat sie heimatlos gemacht, / sodass
sie umherirrten bei fremden Völkern.
[19] Der Sünder wird in Bürgschaft verwickelt, / wer
trüben Geschäften nachjagt, fällt in Prozesse.
[20] Steh für den Nächsten ein, so gut du kannst, /
doch sei auf der Hut, dass du nicht hereinfällst.

1: Ps 37,26; 112,5 • 12: 3,30; 17,22 • 14: 8,13; Spr 6,1–5 • 17: Spr 17,5

Heimat und Fremde

[21] Das Wichtigste zum Leben sind Brot und Was-
ser, / Kleidung und Wohnung, um die Blöße zu
bedecken.
[22] Besser das Leben eines Armen unter schützen-
dem Dach / als köstliche Leckerbissen in der Frem-
de.
[23] Ob wenig oder viel, sei zufrieden, / dann hörst
du keinen Vorwurf in der Fremde.
[24] Schlimm ist ein Leben von einem Haus zum
andern; / wo du fremd bist, darfst du den Mund
nicht auftun.
[25] Ohne Dank reichst du Trank und Speise / und
musst noch bittere Worte hören:
[26] Komm, Fremder, deck den Tisch, / und wenn du
etwas hast, gib mir zu essen!
[27] Fort, Fremder, ich habe eine Ehrenpflicht: / Ein
Bruder kam zu Gast, ich brauche das Haus.

28 Für einen Mann mit Bildung ist es hart, / geschmäht zu werden, wenn man in der Fremde lebt / oder beschimpft zu werden, wenn man einem geborgt hat.

Die Kinder

30 Wer seinen Sohn liebt, hält den Stock für ihn bereit, / damit er später Freude erleben kann.
2 Wer seinen Sohn in Zucht hält, / wird Freude an ihm haben und kann sich bei Bekannten seiner rühmen.
3 Wer seinen Sohn unterweist, / erweckt den Neid des Feindes, / bei seinen Freunden kann er auf ihn stolz sein.
4 Stirbt der Vater, so ist es, als wäre er nicht tot; / denn er hat sein Abbild hinterlassen.
5 Solange er lebt, sieht er ihn und freut sich, / wenn er stirbt, ist er nicht betrübt:
6 Er hat seinen Feinden einen Rächer hinterlassen / und seinen Freunden einen, der ihnen dankbar ist.
7 Wer den Sohn verzärtelt, muss ihm einst die Wunden verbinden; / dann zittert bei jedem Aufschrei sein Herz.
8 Ein ungebändigtes Pferd wird störrisch, / ein zügelloser Sohn wird unberechenbar.
9 Verzärtle den Sohn und er wird dich enttäuschen; / scherze mit ihm und er wird dich betrüben.
10 Lach nicht mit ihm, sonst bekommst du Kummer / und beißt dir am Ende die Zähne aus.
11 Lass ihn nicht den Herrn spielen in der Jugend; / lass dir seine Bosheiten nicht gefallen!
12 Beug ihm den Kopf in Kindestagen; / schlag ihn aufs Gesäß, solange er noch klein ist,
sonst wird er störrisch und widerspenstig gegen dich / und du hast Kummer mit ihm.
13 Halte deinen Sohn in Zucht und mach ihm das Joch schwer, / sonst überhebt er sich gegen dich in seiner Torheit.

1: Spr 23,13 • 2: Spr 15,20 • 3: Spr 23,24f • 8: Spr 29,15

Gesundheit und Reichtum

14 Besser arm und gesunde Glieder / als reich und mit Krankheit geschlagen.
15 Ein Leben in Gesundheit ist mir lieber als Gold, / ein frohes Herz lieber als Perlen.
16 Kein Reichtum geht über den Reichtum gesunder Glieder, / kein Gut über die Freude des Herzens.
17 Besser sterben als ein unnützes Leben, / besser Ruhe für immer als dauerndes Leid.
18 Leckerbissen, einem verschlossenen Mund dargereicht, / sind wie Opfergaben, die man vor ein Götzenbild hinstellt;
19 was nützen sie den Götzen der Heiden, / die nicht essen und nicht riechen können?
Ihnen gleicht einer, der Reichtum besitzt, / ihn aber nicht genießen kann.
20 Mit den Augen erblickt er ihn und seufzt / wie ein Entmannter, der ein Mädchen umarmt.
21 Überlass dich nicht der Sorge, / schade dir nicht selbst durch dein Grübeln!
22 Herzensfreude ist Leben für den Menschen, / Frohsinn verlängert ihm die Tage.
23 Überrede dich selbst und beschwichtige dein Herz, / halte Verdruss von dir fern!
Denn viele tötet die Sorge / und Verdruss hat keinen Wert.
24 Neid und Ärger verkürzen das Leben, / Kummer macht vorzeitig alt.
25 Der Schlaf des Fröhlichen wirkt wie eine Mahlzeit, / das Essen schlägt gut bei ihm an.
31 Schlaflosigkeit wegen des Reichtums zehrt am Fleisch, / die Sorge um ihn nimmt der Schlummer.
2 Die Sorge um den Lebensunterhalt verscheucht den Schlummer, / mehr als schwere Krankheit vertreibt sie ihn.
3 Der Reiche müht sich ab, um ein Vermögen zu sammeln; / ist er zur Ruhe gekommen, frönt er dem Genuss.
4 Der Arme plagt sich und verbraucht seine Kraft; / wenn er ruht, muss er hungern.
5 Wer das Gold liebt, bleibt nicht ungestraft, / wer dem Geld nachjagt, versündigt sich.
6 Viele sind es, die sich vom Gold fesseln lassen, / die ihr Vertrauen auf Perlen setzen.
7 Eine Falle ist das für den Toren, / jeder Einfältige lässt sich damit fangen.
8 Wohl dem Mann, der schuldlos befunden wird, / der sich nicht aus Habgier versündigt.
9 Wo gibt es den? Wir wollen ihn preisen. / Denn Staunenswertes hat er in seinem Volk vollbracht.

[10] Wo gibt es einen, der sich in solcher Prüfung
bewährt hat? / Das wird ihm zur Ehre gereichen.
Wer konnte sündigen und sündigte nicht, / Böses
tun, tat es aber nicht?
[11] Darum ist sein Glück von Dauer, / die Gemeinde
verkündet sein Lob.

30,17: Koh 4,2 • 31,3: 11,18f • 11: 39,10; 44,15

Das Benehmen bei Tisch

[12] Mein Sohn, sitzt du am Tisch eines Großen, /
dann reiß den Rachen nicht auf!
[13] Sag nicht: Es ist reichlich da. / Denk daran, wie
hässlich ein gieriges Auge ist.
Schlimmeres als das Auge hat Gott nicht erschaffen; / darum muss es bei jeder Gelegenheit weinen.
[14] Wohin schon ein anderer blickt, / dahin streck
deine Hand nicht aus, / sonst triffst du mit ihm in
der Schüssel zusammen.
[15] Sorge für einen Nächsten wie für dich selbst /
und denk an all das, was auch dir zuwider ist.
[16] Iss wie ein gesitteter Mann, was vor dir liegt, /
und sei nicht gierig, sonst verabscheut man dich.
[17] Hör als Erster auf, wie es der Anstand verlangt, /
und schlürfe nicht, sonst erregst du Anstoß.
[18] Auch wenn du unter vielen sitzt, / streck die
Hand nicht vor dem Nachbarn aus!
[19] Hat ein wohlerzogener Mensch nicht mit wenig
genug? / So wird es ihm in seinem Bett nicht übel.
[20] Schmerz, Schlaflosigkeit und Qual / und Magendrücken hat der törichte Mensch.
Gesunden Schlaf hat einer, der den Magen nicht
überlädt; / steht er am Morgen auf, fühlt er sich
wohl.
[21] Hast du dich dennoch von Leckerbissen verführen lassen, / steh auf, erbrich sie und du hast
Ruhe.
[22] Höre, mein Sohn, und verachte mich nicht / und
du wirst schließlich meine Worte begreifen.
Bei all deinem Tun sei bescheiden, / so wird dich
kein Schaden treffen.
[23] Wer bei Tisch anständig ist, wird gelobt, / sein
guter Ruf steht fest.
[24] Wer sich bei Tisch schlecht benimmt, / wird
öffentlich beschimpft, / sein schlechter Ruf steht
fest.
[25] Auch beim Wein spiel nicht den starken Mann! /
Schon viele hat der Rebensaft zu Fall gebracht.
[26] Wie der Ofen das Werk des Schmiedes prüft, / so
ist der Wein eine Probe für die Zuchtlosen.
[27] Wie ein Lebenswasser ist der Wein für den Menschen, / wenn er ihn mäßig trinkt.
Was ist das für ein Leben, wenn man keinen Wein
hat, / der doch von Anfang an zur Freude geschaffen wurde?
[28] Frohsinn, Wonne und Lust bringt Wein, / zur
rechten Zeit und genügsam getrunken.
[29] Kopfweh, Hohn und Schimpf / bringt Wein, getrunken in Erregung und Zorn.
[30] Zu viel Wein ist eine Falle für den Toren, / er
schwächt die Kraft und schlägt viele Wunden.
[31] Beim Weingelage nörgle nicht am Nachbarn
herum, / verspotte ihn nicht, wenn er heiter ist.
Sag zu ihm kein schmähendes Wort / und streite
mit ihm nicht vor den Leuten!

32 Wenn du das Gastmahl leitest, überheb
dich nicht, / sei unter den Gästen wie einer
von ihnen!
Sorg erst für sie, dann setz dich selbst, / trag erst
auf, was sie brauchen, dann lass dich nieder,
[2] damit du dich über sie freuen kannst / und für
dein gutes Benehmen Beifall findest.
[3] Ergreife das Wort, alter Mann, denn dir steht es
an. / Doch schränke die Belehrung ein / und halte
den Gesang nicht auf!
[4] Wo man singt, schenk nicht kluge Reden aus! /
Was willst du zur Unzeit den Weisen spielen?
[5] Ein Rubin an goldenem Geschmeide, / das ist ein
schönes Lied beim Weingelage.
[6] Ein Smaragdsiegel in goldener Fassung, / das ist
ein Gesang bei köstlichem Wein.
[7] Als Jüngerer ergreife das Wort nur, wenn du
musst, / wenn man dich nachdrücklich zwei- oder
dreimal auffordert.
[8] Dräng die Worte zusammen, fasse dich kurz, / sei
wie einer, der etwas weiß, aber auch schweigen
kann.
[9] Im Kreis der Vornehmen überheb dich nicht, /
behellige Ältere nicht durch viele Fragen!
[10] Vor dem Hagel leuchtet der Blitz, / vor dem
Bescheidenen leuchtet die Gunst.
[11] Wenn es Zeit ist, bleib nicht länger, / geh nach
Haus und sei nicht ausgelassen;
[12] dort sei lustig und überlass dich deiner Stimmung, / in Gottesfurcht, nicht in Unverstand.

13 Und für all das preise deinen Schöpfer, / der dich
mit seinen Gaben erfreut hat.

31,16: Spr 23,1f • 25: Spr 20,1 • 27: Ps 104,15; Koh 10,19 •
30: Spr 23,29–35 • 31: 22,22 • 32,2: Spr 3,4 • 5: 49,1

Der Weise und das Gesetz Gottes

14 Wer Gott sucht, nimmt Belehrung an, / wer sich
ihm zuwendet, erhält Antwort.
15 Wer im Gesetz forscht, entdeckt seinen Wert, /
wer aber heuchelt, verfängt sich darin.
16 Wer den Herrn fürchtet, weiß, was recht ist, / aus
dem Dunkel lässt er sicheren Rat aufleuchten.
17 Der Ruchlose lehnt Zurechtweisung ab, / er verdreht das Gesetz, wie er es braucht.
18 Der Weise verbirgt die Einsicht nicht, / der Überhebliche und der Zuchtlose lehnen Belehrung ab.
19 Tu nichts ohne Rat und Überlegung, / dann hast
du dir nach der Tat nichts vorzuwerfen.
20 Geh nicht auf einem Weg voller Fallstricke, / dann
werden deine Füße nicht anstoßen und straucheln.
21 Fühle dich unterwegs nie sicher vor Räubern /
22 und sei vorsichtig auf deinen Pfaden!
23 Bei all deinem Tun achte auf dich selbst; / denn
wer dies tut, beachtet das Gebot.
24 Wer das Gesetz hält, achtet auf sich selbst; / wer
auf den Herrn vertraut, wird nicht zuschanden.
33 Wer den Herrn fürchtet, den trifft kein
Unheil; / fällt er in Versuchung, wird er
wieder befreit.
2 Wer das Gesetz verabscheut, ist nicht weise, / er
schwankt wie ein Schiff im Sturm.
3 Ein verständiger Mann ist redekundig, / seine
Weisung ist zuverlässig wie ein Losentscheid.
4 Richte deine Rede erst zurecht, dann halte sie! /
Zuerst ein Haus zum Wohnen, dann zieh ein!
5 Wie ein Wagenrad ist das Herz des Toren, / wie
ein rollendes Rad sind seine Gedanken.
6 Wie ein geiles Ross ist ein gehässiger Freund, /
unter jedem Reiter wiehert es.

32,16: Spr 28,5 • 23: Spr 16,17 • 24: Spr 19,16; Ps 22,6 •
33,1: Spr 12,21

Die Rangordnung der Dinge

7 Warum unterscheidet sich ein Tag vom andern, /
wo doch alles Licht im Jahr von der Sonne kommt?
8 Durch die Weisheit des Herrn sind sie unterschieden / und es gibt unter ihnen Feiertage.
9 Die einen hat er gesegnet und geheiligt, / die
andern zu gewöhnlichen Tagen gemacht.
10 Alle Menschen sind aus Lehm geformt, / aus
Staub ist der Mensch gemacht.
11 Die Weisheit des Herrn hat sie unterschieden /
und ihre Wege verschieden festgesetzt.
12 Die einen von ihnen segnete und erhöhte er, / die
einen heiligte er und ließ sie sich nahe kommen;
die andern verfluchte und erniedrigte er / und
stieß sie aus ihrem Amt.
13 Wie Ton in der Hand des Töpfers, / geformt nach
seinem Belieben,
so ist der Mensch in der Hand seines Schöpfers, /
von ihm erhält er sein Geschick.
14 Neben dem Bösen das Gute, neben dem Leben
der Tod, / neben dem Guten der Frevler.
15 Schau hin auf alle Werke Gottes: / Alle sind sie
paarweise geschaffen, eins entspricht dem andern.
16 Auch ich bin als Letzter eifrig gewesen, / wie
einer, der Nachlese hält hinter den Winzern.
17 Mit Gottes Segen bin ich vorangekommen, / wie
ein Winzer habe ich die Kelter gefüllt.
18 Seht, nicht für mich allein habe ich mich geplagt, / sondern für alle, die Bildung suchen.
19 Hört auf mich, ihr Großen des Volkes, / ihr Vorsteher der Gemeinde, horcht auf!

10: Ijob 10,9 • 15: 42,24 • 18: 24,34

Die Herrschaft im Haus

20 Sohn und Frau, Bruder und Freund, / lass sie
nicht herrschen über dich, solange du lebst.
21 Solange noch Leben und Atem in dir sind, /
mach dich von niemand abhängig!
Übergib keinem dein Vermögen, / sonst musst du
ihn wieder darum bitten.
22 Besser ist es, dass deine Söhne dich bitten müssen, / als dass du auf die Hände deiner Söhne
schauen musst.
23 In allen deinen Taten behaupte dich als Herr /
und beschmutze deine Ehre nicht!
24 Wenn deine Lebenstage gezählt sind, / an deinem Todestag, verteil das Erbe!
25 Futter, Stock und Last für den Esel, / Brot,
Schläge und Arbeit für den Sklaven!
26 Gib deinem Sklaven Arbeit, sonst sucht er das
Nichtstun. / Trägt er den Kopf hoch, wird er dir
untreu.

27 Joch und Strick beugen den Nacken, / dem
schlechten Sklaven gehören Block und Folter.
28 Gib deinem Sklaven Arbeit, damit er sich nicht
auflehnt; / 29 denn einem Müßigen fällt viel Schlech-
tigkeit ein.
30 Befiehl ihn zur Arbeit, wie es ihm gebührt; /
gehorcht er nicht, leg ihn in schwere Ketten!
Aber gegen keinen sei maßlos / und tu nichts ohne
gutes Recht!
31 Hast du nur einen einzigen Sklaven, / halt ihn
wie dich selbst; / denn wie dich selbst hast du ihn
nötig.
Hast du nur einen einzigen Sklaven, / betrachte
ihn als Bruder, / wüte nicht gegen dein eigenes
Blut!
32 Behandelst du ihn schlecht / und er läuft weg
und ist verschwunden, /
33 wie willst du ihn wieder finden?

22: 40,29; Ps 123,2 • 23: 7,6 • 25: Spr 26,3 • 30: Spr 29,19

Leere Träume und Gottesfurcht

34 Nichtige und trügerische Hoffnung ist
Sache des Toren / und Träume regen nur
Törichte auf.
2 Wie einer, der nach Schatten greift und dem
Wind nachjagt, / so ist einer, der sich auf Träume
verlässt.
3 Das Traumbild ist ein Spiegel, / das Abbild eines
Gesichts gegenüber dem Gesicht selbst.
4 Wie kann Reines vom Unreinen kommen? / Wie
kann Wahres von der Lüge kommen?
5 Wahrsagung, Zeichendeuterei und Träume sind
nichtig: / Was du erhoffst, macht das Herz sich vor.
6 Sind sie nicht vom Höchsten zur Warnung ge-
sandt, / so schenk ihnen keine Beachtung!
7 Träume haben schon viele in die Irre geführt, /
weil sie ihnen vertrauten, sind sie gestrauchelt.
8 Das Gesetz wird zuverlässig in Erfüllung gehen. /
Vollkommen ist Weisheit in einem ehrlichen Mund.
9 Wer viel gereist ist, hat reiches Wissen / und der
Erfahrene redet verständig.
10 Wer nichts erfahren hat, weiß wenig, / 11 der Viel-
gereiste nimmt zu an Klugheit.
12 Vieles habe ich auf meinen Reisen gesehen, /
viele Dinge habe ich durchgestanden.
13 Oft musste ich Todesgefahren bestehen, / aber
ich wurde gerettet und sie gingen vorüber.
14 Der Geist der Gottesfürchtigen wird leben; /
15 denn ihr Hoffen ist auf ihren Retter gerichtet.
16 Wer den Herrn fürchtet, verzagt nicht / und hat
keine Angst, denn der Herr ist seine Hoffnung.
17 Wohl dem, der den Herrn fürchtet. / 18 Auf wen
vertraut er und wer ist seine Stütze?
19 Die Augen des Herrn ruhen auf denen, die ihn
lieben; / er ist ein starker Schild, eine mächtige
Stütze, / Schutz vor dem Glutwind, / Schatten in
der Mittagshitze, / Halt vor dem Straucheln, Hilfe
vor dem Fall,
20 Freude für das Herz, Licht für die Augen, / Hei-
lung, Leben und Segen.

4: Ijob 14,4 • 6: Ijob 33,14–18

Opfer und Gebet

21 Ein Brandopfer von unrechtem Gut ist eine
befleckte Gabe, / 22 Opfer des Bösen gefallen Gott
nicht.
23 Kein Gefallen hat der Höchste an den Gaben der
Sünder, / auch für eine Menge Brandopfer vergibt
er die Sünden nicht.
24 Man schlachtet den Sohn vor den Augen des
Vaters, / wenn man ein Opfer darbringt vom Gut
der Armen.
25 Kärgliches Brot ist der Lebensunterhalt der
Armen, / wer es ihnen vorenthält, ist ein Blutsauger.
26 Den Nächsten mordet, wer ihm den Unterhalt
nimmt, / 27 Blut vergießt, wer dem Arbeiter den
Lohn vorenthält.
28 Einer baut auf, einer reißt nieder – / was haben
sie mehr davon als die Mühe?
29 Einer segnet, einer flucht – / auf wessen Stimme
wird der Herr hören?
30 Reinigt sich einer von einem Toten, berührt ihn
aber wieder, / was nützt ihm dann die Waschung?
31 So ist ein Mensch, der seiner Sünden wegen
fastet, / aber hingeht und dasselbe wieder tut.
Wer wird sein Gebet erhören / und was hat er von
seinem Fasten?

35 Viele Opfer bringt dar, wer das Gesetz
befolgt; / 2 Heilsopfer spendet, wer die Ge-
bote hält;
3 Speiseopfer bringt dar, wer Liebe erweist; / 4 Dank-
opfer spendet, wer Almosen gibt:
5 Abkehr vom Bösen findet das Gefallen des Herrn: /
als Sühne gilt ihm die Abkehr vom Unrecht.

6 Erscheine nicht mit leeren Händen vor dem
Herrn, / 7 denn das alles muss geschehen, weil es
angeordnet ist.
8 Die Opfergabe des Gerechten macht den Altar
glänzend von Fett / und ihr Wohlgeruch steigt zum
Höchsten auf.
9 Das Opfer des Gerechten ist angenehm, / sein
Gedenkopfer wird nicht vergessen werden.
10 Freigebig ehre den Herrn, / nicht gering sei die
Gabe in deinen Händen.
11 Bei all deinen guten Werken zeig ein frohes
Gesicht / und weihe deinen Zehnten mit Freude!
12 Wie Gott dir gegeben hat, so gib auch ihm, / frei-
gebig und so gut, wie du kannst.
13 Denn er ist ein Gott, der vergilt, / siebenfach wird
er es dir erstatten.
14 Versuche nicht, ihn zu bestechen, / denn er
nimmt nichts an;
15 vertrau nicht auf Opfergaben, / die durch Unter-
drückung erworben sind.
Er ist ja der Gott des Rechts, / bei ihm gibt es keine
Begünstigung.
16 Er ist nicht parteiisch gegen den Armen, / das
Flehen des Bedrängten hört er.
17 Er missachtet nicht das Schreien der Waise / und
der Witwe, die viel zu klagen hat.
18 Rinnt nicht die Träne über die Wange / 19 und
klagt nicht Seufzen gegen den, der sie verursacht?
[Denn von der Wange steigt sie zum Himmel
empor; / der Herr achtet darauf und es missfällt
ihm.]
20 Die Nöte des Unterdrückten nehmen ein Ende, /
das Schreien des Elenden verstummt.
21 Das Flehen des Armen dringt durch die Wol-
ken, / es ruht nicht, bis es am Ziel ist.
Es weicht nicht, bis Gott eingreift / 22 und Recht
schafft als gerechter Richter.

34,21: 35,14f • 27: 7,20 • 35,4: Spr 21,3 • 6: Ex 23,15; Dtn 16,16 •
8: Ps 20,4 • 9: Lev 2,2 • 21: 21,5

Gottes Hilfe für das Volk

Auch wird der Herr nicht säumen / und wie ein
Kriegsheld sich nicht aufhalten lassen, / bis er die
Hüften des Gewalttätigen zerschmettert
23 und an den Völkern Vergeltung geübt hat, / bis
er das Zepter des Hochmuts zerschlagen / und den
Stab des Frevels zerbrochen hat,
24 bis er dem Menschen sein Tun vergolten hat /
und seine Taten entsprechend seinen Absichten,
25 bis er den Rechtsstreit für sein Volk entschieden /
und es durch seine Hilfe erfreut hat.
26 Köstlich ist das Erbarmen des Herrn in der Zeit
der Not, / wie die Regenwolke in der Zeit der
Dürre.

24: Spr 24,12

Ein Gebet um Rettung

36 Rette uns, du Gott des Alls, / 2 und wirf
deinen Schrecken auf alle Völker!
3 Schwing deine Hand gegen das fremde Volk, /
damit es deine mächtigen Taten sieht.
4 Wie du dich an uns vor ihren Augen als heilig
bezeugt hast, / so verherrliche dich an ihnen vor
unseren Augen,
5 damit sie erkennen, wie wir es erkannten: / Es gibt
keinen Gott außer dir.
6 Erneuere die Zeichen, wiederhole die Wunder, /
7 zeige die Macht deiner Hand und die Kraft dei-
nes rechten Armes!
8 Weck deinen Zorn, ergieß deinen Groll, / 9 beuge
den Gegner, wirf den Feind zu Boden!
10 Beschleunige das Ende und schau auf die Zeit! /
Denn wer darf zu dir sagen: Was tust du?
11 Wer entkommt, der werde von der Glut deines
Zornes verzehrt, / die Peiniger deines Volkes sol-
len zugrunde gehen.
12 Bring das Haupt der Fürsten Moabs zum Schwei-
gen, / das sagt: Es gibt keinen außer mir.
13 Sammle alle Stämme Jakobs, / 16 verteil den Erb-
besitz wie in den Tagen der Vorzeit!
17 Hab Erbarmen mit dem Volk, das deinen Namen
trägt, / mit Israel, den du deinen Erstgeborenen
nanntest.
18 Hab Erbarmen mit deiner heiligen Stadt, / mit
Jerusalem, dem Ort, wo du wohnst.
19 Erfülle Zion mit deinem Glanz / und deinen
Tempel mit deiner Herrlichkeit!
20 Leg Zeugnis ab für das, was du ehedem verfügt
hast; / erfülle die Weissagung, / die in deinem
Namen ergangen ist.
21 Gib allen ihren Lohn, die auf dich hoffen, / und
bestätige so deine Propheten!
22 Erhöre das Gebet deiner Diener; / du hast doch
Gefallen an deinem Volk.

Alle Enden der Erde sollen erkennen: / Du bist der
ewige Gott.

17: Jer 31,9; Weish 18,13

Die kluge Wahl des Vertrauten

23 Der Hals schluckt jede Speise, / doch die eine
Speise schmeckt besser als die andere.
24 Der Gaumen prüft geschenkte Leckerbissen, /
das kluge Herz die Leckerbissen der Lüge.
25 Ein tückischer Sinn verursacht Leid, / doch ein
kluger Mann gibt es ihm zurück.
26 Eine Frau nimmt jeden beliebigen Mann, / doch
die eine Frau ist schöner als die andere.
27 Eine schöne Frau macht das Gesicht strahlend, /
sie übertrifft alle Lust der Augen.
28 Hat sie dazu noch eine friedfertige Sprache, / so
zählt ihr Gatte nicht zu den gewöhnlichen Men-
schen.
29 Wer eine Frau gewinnt, macht den besten
Gewinn: / eine Hilfe, die ihm entspricht, eine stüt-
zende Säule.
30 Fehlt die Mauer, so wird der Weinberg verwüs-
tet, / fehlt die Frau, ist einer rastlos und ruhelos.
31 Wer traut einer Horde Soldaten, / die dahin-
stürmt von Stadt zu Stadt?
So steht es mit einem Mann, der kein Heim hat: /
Er geht zur Ruhe, wo es gerade Abend wird.

37 Jeder Freund sagt: Ich bin dein Freund. /
Doch mancher Freund ist nur dem Na-
men nach Freund.
2 Ist es nicht ein tödlicher Schmerz, / wenn ein
gleich gesinnter Freund zum Feind wird?
3 Weh, treuloser Freund, wozu bist du geschaffen? /
Um die weite Erde mit Falschheit zu erfüllen?
4 Übel ist ein Freund, der nur nach dem Tisch
sieht; / zur Zeit der Not hält er sich fern.
5 Ein guter Freund kämpft mit dem Feind, / er hält
den Schild gegen den Widersacher.
6 Vergiss nicht den Kampfgefährten! / Hast du
Beute gemacht, lass ihn nicht leer ausgehen!
7 Jeder Ratgeber weist mit der Hand die Richtung, /
doch mancher rät einen Weg zum eigenen Vor-
teil.
8 Hüte dich vor dem Ratgeber! / Erforsche zuerst,
was seine Absicht ist.
Denn auch er denkt an sich selbst. / Doch warum
soll das Los ihm zufallen?
9 Er sagt zu dir: Dein Weg ist der rechte. / Dann
stellt er sich beiseite und schaut zu, wie du arm
wirst.
10 Berate dich nicht mit deinem Neider; / vor dem,
der eifersüchtig ist, verbirg Geheimes!
11 Berate dich nicht mit einer Frau über ihre Ne-
benbuhlerin, / mit einem Feind über den Kampf
gegen ihn, / mit einem Händler über das Ge-
schäft, / mit einem Käufer über die Ware, / mit
einem Geizhals über die Liebestätigkeit, / mit
einem Unbarmherzigen über das Glück des Mit-
menschen, / mit einem Faulen über seine Arbeit, /
mit einem Arbeiter über die Aussaat, / mit einem
trägen Sklaven über die Menge der Arbeit.
Vertraue dich nie diesen Menschen an, / wenn du
Rat einholst.
12 Doch berate dich mit einem stets Besonnenen, /
von dem du weißt, dass er die Gebote hält, / mit
einem, dessen Herz denkt wie dein Herz / und der
dir hilft, wenn du strauchelst.
13 Doch achte auch auf den Rat deines Gewissens. /
Wer ist dir treuer als dieses?
14 Das Gewissen des Menschen gibt ihm bessere
Auskunft / als sieben Wächter auf der Warte.
15 Bei alledem bete zu Gott! / Er wird in Treue deine
Schritte lenken.
16 Der Anfang eines jeden Werkes ist das Wort, / der
Anfang jeder Tat die Überlegung.
17 Die Wurzel der Pläne ist das Herz. / 18 Vier Rei-
ser wachsen daraus hervor:
Gutes und Böses, Leben und Tod. / Doch die
Zunge hat Gewalt über sie alle.
19 Es gibt Weise, die für viele weise sind, / für sich
selber aber sind sie Toren.
20 Es gibt Weise, die trotz ihres Wortes verachtet
sind, / von allen Genüssen sind sie ausgeschlossen.
21 [Denn vom Herrn wurde ihm keine Huld zu-
teil, / weil ihm alle Weisheit fehlt.]
22 Es gibt Weise, die für sich selbst weise sind; / die
Frucht ihres Wissens zeigt sich an ihrem Leib.
23 Es gibt Weise, die für ihr Volk weise sind; / die
Frucht ihres Wissens ist von Dauer.
24 Wer weise ist für sich selbst, sättigt sich an
Genüssen, / alle, die ihn sehen, preisen ihn glück-
lich.
25 [Des Menschen Leben währt zählbare Tage, / das
Leben des Volkes Israel unzählbare Tage.]

26 Wer weise ist für das Volk, erlangt Ehre, / sein
Ruhm wird dauernd weiterleben.

36,27: 26,13–18 • 29: Spr 18,22; Gen 2,18 • 30: Jes 5,5; Gen 4,12 •
31: 29,21–28 • 37,1: 6,5–17; 12,8f; Spr 20,6 • 15: Spr 16,9 •
18: Spr 18,21

Krankheit und Tod

27 Mein Sohn, prüfe dich in deiner Lebensweise, /
beobachte, was dir schlecht bekommt, und meide
es!
28 Denn nicht alles ist für alle gut, / nicht jeder kann
jedes wählen.
29 Giere nicht nach jedem Genuss, / stürz dich
nicht auf alle Leckerbissen!
30 Denn im Übermaß des Essens steckt die Krank-
heit, / der Unmäßige verfällt heftigem Erbrechen.
31 Schon viele sind durch Unmäßigkeit gestorben,
/ wer sich aber beherrscht, verlängert sein Leben.
38 Schätze den Arzt, weil man ihn braucht; /
denn auch ihn hat Gott erschaffen.
2 Von Gott hat der Arzt die Weisheit, / vom König
empfängt er Geschenke.
3 Das Wissen des Arztes erhöht sein Haupt, / bei
Fürsten hat er Zutritt.
4 Gott bringt aus der Erde Heilmittel hervor, / der
Einsichtige verschmähe sie nicht.
5 Wurde nicht durch ein Holz das Wasser süß, /
sodass Gottes Macht sich zeigte?
6 Er gab dem Menschen Einsicht, / um sich durch
seine Wunderkräfte zu verherrlichen.
7 Durch Mittel beruhigt der Arzt den Schmerz, /
ebenso bereitet der Salbenmischer die Arznei,
8 damit Gottes Werke nicht aufhören / und die
Hilfe nicht von der Erde verschwindet.
9 Mein Sohn, bei Krankheit säume nicht, / bete zu
Gott; denn er macht gesund.
10 Lass ab vom Bösen, mach deine Hände recht-
schaffen, / reinige dein Herz von allen Sünden!
11 Bring den beruhigenden Duft eines Gedenk-
opfers dar, / mach die Gabe fett, wenn dein Ver-
mögen es erlaubt.
12 Doch auch dem Arzt gewähre Zutritt! / Er soll
nicht fernbleiben; denn auch er ist notwendig.
13 Zu gegebener Zeit liegt in seiner Hand der
Erfolg; / denn auch er betet zu Gott,
14 er möge ihm die Untersuchung gelingen lassen /
und die Heilung zur Erhaltung des Lebens.
15 Wer gegen seinen Schöpfer sündigt, / muss die
Hilfe des Arztes in Anspruch nehmen.
16 Mein Sohn, um den Toten lass Tränen fließen, /
trauere und stimm das Klagelied an!
Bestatte seinen Leib, wie es ihm zusteht, / verbirg
dich nicht bei seinem Hinscheiden!
17 Sei betrübt, mein Sohn, und überlass dich hefti-
ger Klage, / halte die Trauer ein, wie es ihm ge-
bührt,
einen Tag oder zwei, der Nachrede wegen; / dann
tröste dich über den Kummer hinweg!
18 Aus Kummer entsteht Unheil; / denn ein trauri-
ges Herz bricht die Kraft.
19 Schlimmer als der Tod ist dauernder Kummer, /
ein leidvolles Leben ist ein Fluch für das Herz.
20 Lenke deinen Sinn nicht mehr auf den Toten, /
lass von der Erinnerung an ihn ab / und denk an
die Zukunft!
21 Denk nicht mehr an ihn; / denn es gibt für ihn
keine Hoffnung. / Was kannst du ihm nützen? Dir
aber schadest du.
22 Denk daran, dass seine Bestimmung auch deine
Bestimmung ist: / Gestern er und heute du.
23 Wie der Tote ruht, ruhe auch die Erinnerung an
ihn, / tröste dich, wenn sein Leben erloschen ist.

38,5: Ex 15,23–25 • 19: 30,17

Aufgabe und Stellung des Schriftgelehrten

24 Die Weisheit des Schriftgelehrten vermehrt das
Wissen. / Wer frei ist von Arbeit, kann sich der
Weisheit widmen.
25 Wie kann sich einer der Weisheit widmen, / der
den Pflug hält und mit dem Treiberstachel prahlt,
der Rinder auf die Weide treibt, Ochsen zurück-
holt, / sich mit den Jungstieren unterhält,
26 der seinen Sinn auf das Eggen der Furchen rich-
tet / und darauf bedacht ist, die Mast zu vollen-
den?
27 Arbeiten muss auch der Handwerker und
Künstler, / der Tag und Nacht beschäftigt ist,
der Siegelringe schneidet oder dessen Aufgabe es
ist, / in das bunte Gewebe Abwechslung zu bringen,
der seinen Sinn auf die Wiedergabe des Musters
richtet / und darauf bedacht ist, das Werk schön
zu vollenden.
28 Ebenso der Schmied, der am Amboss sitzt / und
auf die eisernen Geräte achtet,

dem der Hauch des Feuers das Fleisch schmelzen
lässt / und den die Hitze des Ofens durchglüht,
dem der Lärm des Hammers das Ohr betäubt /
und dessen Augen auf das Muster des Gerätes
gebannt sind,
der seinen Sinn auf die Vollendung der Stücke
richtet / und darauf bedacht ist, das fertige Werk
zu verzieren.
29 Ebenso der Töpfer, der vor seiner Arbeit sitzt /
und mit seinen Füßen die Scheibe dreht,
der unaufhörlich um seine Arbeit besorgt ist / und
dessen ganzer Eifer der großen Anzahl gilt,
30 der mit dem Arm den Ton knetet / und ihm mit
den Füßen die Zähigkeit nimmt,
der seinen Sinn auf die Vollendung der Glasur
richtet / und darauf bedacht ist, den Ofen richtig
zu erhitzen.
31 Sie alle verlassen sich auf ihre Hände / und jeder
ist erfahren in seinem Geschäft.
32 Ohne sie wird keine Stadt besiedelt, / und wo sie
sich niederlassen, hungern sie nicht.
33 Aber zur Volksversammlung werden sie nicht
hinzugezogen, / in der Gemeinde ragen sie nicht
hervor.
Sie sitzen auf keinem Richterstuhl / und kennen
sich nicht aus in Recht und Gesetz.
Weise Bildung offenbaren sie nicht, / Sinnsprüche
sind bei ihnen nicht zu finden.
34 Sie kennen sich nur in weltlichen Berufen aus, /
ihr Sinnen richtet sich auf die Ausübung des
Gewerbes.
Anders, wer sich der Gottesfurcht widmet / und
das Gesetz des Höchsten erforscht.
39 Die Weisheit aller Vorfahren ergründet
er / und beschäftigt sich mit den Weis-
sagungen;
2 er achtet auf die Reden berühmter Männer / und
in die Tiefen der Sinnsprüche dringt er ein.
3 Er erforscht den verborgenen Sinn der Gleich-
nisse / und verweilt über den Rätseln der Sinn-
sprüche.
4 Im Kreis der Großen tut er Dienst / und erscheint
vor den Fürsten;
er bereist das Land fremder Völker, / erfährt Gutes
und Böses unter den Menschen;
5 er richtet seinen Sinn darauf, / den Herrn, seinen
Schöpfer, zu suchen, / und betet zum Höchsten;
er öffnet seinen Mund zum Gebet / und fleht we-
gen seiner Sünden.
6 Wenn Gott, der Höchste, es will, / wird er mit dem
Geist der Einsicht erfüllt:
Er bringt eigene Weisheitsworte hervor / und im
Gebet preist er den Herrn.
7 Er versteht sich auf Rat und Erkenntnis / und
erforscht die Geheimnisse;
8 er trägt verständige Lehre vor / und das Gesetz
des Herrn ist sein Ruhm.
9 Viele loben seine Einsicht; / sie wird niemals ver-
gehen.
Sein Andenken wird nicht schwinden, / sein Name
lebt fort bis in ferne Geschlechter.
10 Von seiner Weisheit erzählt die Gemeinde, / sein
Lob verkündet das versammelte Volk.
11 Solange er lebt, wird er mehr gelobt als tausend
andere; / geht er zur Ruhe ein, genügt ihm sein
Nachruhm.

38,34: Ps 1,2 • 39,2: Spr 1,5f; Weish 8,8 • 10: 44,15

Die Einladung zum Gotteslob

12 Weiterhin will ich mit Überlegung reden; / denn
ich bin angefüllt wie der volle Mond.
13 Hört mich, ihr frommen Söhne, und ihr wer-
det gedeihen / wie die Zeder, die am Wasserlauf
wächst.
14 Ihr werdet Duft verströmen wie der Weihrauch, /
ihr werdet Blüten treiben wie die Lilie.
Erhebt die Stimme und singt im Chor, / preist den
Herrn für all seine Werke!
15 Verherrlicht seinen Namen, / feiert ihn mit Lob-
gesang, / mit Liedern zu Harfe und Saitenspiel!
Sprecht unter lautem Jubel: / 16 Alle Werke Gottes
sind gut, / sie genügen zur rechten Zeit für jeden
Bedarf.
17 Durch sein Wort stellt er das Meer hin wie einen
Wall, / durch den Befehl seines Mundes seinen
Wasserspeicher.
18 Was er will, geschieht ohne Verzug, / kein Hin-
dernis gibt es für seine Hilfe.
19 Das Tun aller Menschen liegt vor ihm, / nichts
ist verborgen vor seinen Augen.
20 Von Ewigkeit zu Ewigkeit blickt er hernieder. /
Gibt es eine Grenze für seine Hilfe?
Nichts ist klein und gering bei ihm, / nichts ist für
ihn zu unbegreiflich und zu schwer.

21 Man sage nicht: Wozu dies, wozu das? / Denn
alles ist für seinen besonderen Zweck bestimmt.
Man sage nicht: Dies ist schlechter als das. / Denn
alles ist zu seiner Zeit von Wert.
22 Sein Segen strömt über wie der Nil, / wie der
Eufrat tränkt er den Erdkreis.
23 So hat auch sein Zorn ganze Völker vertrieben, /
er hat wasserreiches Land zur Salzwüste gemacht.
24 Seine Pfade sind für die Rechtschaffenden
eben, / wie sie für die Verbrecher unwegsam sind.
25 Von Anbeginn hat er Gutes den Guten zugeteilt, /
doch den Schlechten Gutes und Schlechtes.
26 Das Nötigste im Leben des Menschen sind: /
Wasser, Feuer, Eisen und Salz, / kräftiger Weizen,
Milch und Honig, / Blut der Trauben, Öl und Kleidung.
27 All dies dient den Guten zum Guten, / doch für
die Schlechten verwandelt es sich in Schlechtes.
28 Es gibt Winde, die für das Gericht geschaffen
sind / und durch ihr Wüten Berge versetzen.
Ihre Kraft schütten sie aus zur Zeit des Verderbens / und stillen den Zorn ihres Schöpfers.
29 Feuer und Hagel, Hunger und Pest, / auch sie
sind für das Gericht erschaffen,
30 reißende Tiere, Skorpion und Natter, / rächendes Schwert zur Vernichtung der Frevler:
Alle diese Dinge sind zu ihrem Zweck erschaffen, / sie sind im Speicher aufbewahrt / und zu ihrer Zeit werden sie losgelassen.
31 Wenn er ihnen befiehlt, jauchzen sie auf, / sie
erfüllen ihren Auftrag, / ohne seinem Wort zu widerstreben.
32 Darum stand es bei mir von Anfang an fest, / ich
bedachte es und lege es schriftlich nieder:
33 Alle Werke Gottes sind gut, / sie genügen zur
rechten Zeit für jeden Bedarf.
34 Man sage nicht: Dies ist schlechter als das. /
Denn alles ist zu seiner Zeit von Wert.
35 Nun jubelt von ganzem Herzen / und preist den
Namen des Heiligen!

16: 39,33 • 19: 15,19; Weish 1,7–10 • 21: Spr 16,4; Koh 3,11; Sir 39,34 • 24: Ps 18,26f • 28–30: 40,10 • 33: 39,16 • 34: 39,21

Das Übel in der Welt

40 Große Mühsal hat Gott den Menschen zugeteilt, / ein schweres Joch ihnen auferlegt von dem Tag, an dem sie aus dem Schoß ihrer Mutter hervorgehen, / bis zum Tag ihrer Rückkehr zur Mutter aller Lebenden:
2 ihr Grübeln und die Angst ihres Herzens, / der
Gedanke an die Zukunft, an den Tag ihres Todes.
3 Von dem, der auf hohem Thron sitzt, / bis zu
dem, der in Staub und Asche sitzt,
4 von dem, der Krone und Stirnreif trägt, / bis zu
dem, der ein Kleid aus Fellen trägt:
5 Zorn, Eifersucht, Sorge und Schrecken, / Todesangst, Zank und Streit.
Noch auf dem Bett zur Ruhezeit / verwirrt der nächtliche Schlaf ihm den Sinn.
6 Bald wird er, nach einem Augenblick der Ruhe, /
von schrecklichen Träumen aufgejagt,
bald in die Irre getrieben durch Vorspiegelungen seiner Seele, / wie ein Flüchtling, der dem Verfolger entrinnt;
7 gerade während er sich rettet, wacht er auf / und
wundert sich über die Angst um nichts.
8 Hinzu kommt über alles Lebende, vom Menschen bis zum Vieh, / und über die Sünder siebenfach:
9 Pest und Blut, Fieber und Schwert, / Untergang
und Verderben, Hunger und Tod.
10 Für den Frevler ist das Übel erschaffen / und seinetwegen kommt die Vernichtung.
11 Alles, was von der Erde stammt, / kehrt zur Erde
zurück, / was aus der Höhe stammt, zur Höhe.

1: Ijob 1,21; Ps 139,15 • 6–7: Ijob 7,13–15 • 10: 39,28–30 • 11: 17,1

Der Wert der Treue

12 Jede Bestechung und Ungerechtigkeit wird ausgerottet, / Treue aber besteht für immer.
13 Der Reichtum des Frevlers ist wie ein reißender
Bach, / wie ein mächtiger Fluss beim Gewitterregen.
14 Schwillt er an, dann werden Felsen bewegt, /
doch plötzlich versiegt er für immer.
15 Der Schössling des Gewalttätigen treibt keinen
Spross; / denn die Wurzel des Ruchlosen liegt auf einem Felsenriff,
16 wie Riedgras am Bachrand, / das schneller als
jedes Gras verdorrt.
17 Liebe aber wird in Ewigkeit nicht ausgetilgt, /
Barmherzigkeit besteht für immer.

17: 3,30

Die höchsten Güter

18 Überfluss und Verdienst machen das Leben
angenehm, / doch mehr als beide, einen Schatz zu
finden.
19 Nachkommenschaft und Städtebau geben dem
Namen Bestand, / doch mehr als beide, Weisheit
zu finden.
Viehzucht und Ackerbau lassen den Leib gedei-
hen, / doch mehr als beide eine treue Frau.
20 Wein und Bier erfreuen das Herz, / doch mehr
als beide die Freundesliebe.
21 Flöte und Harfe verschönern das Lied, / doch
mehr als beide eine reine Stimme.
22 Anmut und Schönheit entzücken das Auge, /
doch mehr als beide die Blumen des Feldes.
23 Freund und Gefährte leiten zur rechten Zeit, /
doch mehr als beide eine verständige Frau.
24 Bruder und Helfer nützen in der Zeit der Not, /
doch mehr als beide eine rettende Liebesgabe.
25 Gold und Silber stützen den Fuß, / doch mehr
als beide ein guter Rat.
26 Reichtum und Macht erheben das Herz, / doch
mehr als beide die Gottesfurcht.
Hat man Gottesfurcht, so gibt es keine Not, /
neben ihr braucht man keine Stütze zu suchen;
27 die Gottesfurcht ist wie ein gesegnetes Paradies, /
über seine ganze Pracht (breitet sich) ihr schir-
mendes Dach.

23: 25,1 • 26: 25,11; Ps 34,10

Das Betteln

28 Mein Sohn, lebe nicht vom Betteln! / Besser ster-
ben, als aufdringlich sein.
29 Wer nach dem Tisch anderer schauen muss, /
dessen Leben ist nicht als Leben zu rechnen.
Geschenkte Leckerbissen beschmutzen die Keh-
le, / dem verständigen Mann bereiten sie Magen-
schmerzen.
30 Im Mund des Frechen ist Betteln süß, / doch in
seinem Innern brennt es wie Feuer.

Der Tod

41 Tod, wie bitter ist es, an dich zu denken, /
für den, der ruhig sein Heim bewohnt,
für den, der ohne Sorge ist und in allem Erfolg hat /
und noch kräftig genug ist, die Lust zu genie-
ßen.
2 Tod, wie gut ist es, dass du auferlegt bist, / für den
betrübten und kraftlosen Menschen,
für den, der strauchelt und überall anstößt, / der
verzweifelt ist und die Hoffnung verloren hat.
3 Fürchte dich nicht vor dem Tod, / weil er dir auf-
erlegt ist.
Denk daran: / Vorfahren und Nachkommen trifft
es wie dich.
4 Er ist das Los, das allen Sterblichen von Gott
bestimmt ist.
Was sträubst du dich gegen das Gesetz des Höch-
sten?
Ob tausend Jahre, ob hundert oder zehn, / im
Totenreich gibt es keine Beschwerde über die
Lebensdauer.
5 Eine verächtliche Brut ist das Geschlecht der
Bösen,
ein törichtes Gezücht haust in der Wohnung des
Frevlers.
6 Dem Sohn des Verbrechers geht die Herrschaft
verloren, / seine Nachkommen leben für immer in
Schande.
7 Einen schlechten Vater verfluchen die Kinder, /
denn seinetwegen werden sie verachtet.
8 Weh euch, ihr ruchlosen Männer, / die ihr das
Gesetz des Höchsten verlassen habt.
9 Wenn ihr euch vermehrt, ist es zum Unglück, /
wenn ihr Kinder zeugt, ist es zur Trauer;
wenn ihr strauchelt, ist es zur dauernden Freude, /
wenn ihr sterbt, ist es zum Fluch.
10 Alles, was aus dem Nichts kommt, / kehrt in das
Nichts zurück; / so auch der Ruchlose aus dem
Leeren ins Leere.
11 Ein Hauch ist der Mensch dem Leibe nach, /
doch der Name des Frommen wird nicht getilgt.
12 Sei besorgt um deinen Namen; denn er begleitet
dich / treuer als tausend kostbare Schätze.
13 Das Gut des Lebens währt zählbare Tage, / das
Gut des Namens unzählige Tage.

2: 30,17 • 6: 23,25f • 10: 40,11 • 11: Spr 10,7; 22,1

Das Verbergen der Weisheit

14 Verborgene Weisheit und versteckter Schatz, /
was nützen sie beide?
15 Besser ist einer, der seine Torheit verbirgt, / als
einer, der seine Weisheit verbirgt.

Die rechte und die falsche Scham
16 Hört, Söhne, die Lehre von der Scham, / lernt,
was Scham ist nach meinem Urteil.
Nicht jede Scham ziemt sich, / nicht jedes Scham-
empfinden ist empfehlenswert.
17 Schäme dich vor Vater und Mutter der Un-
zucht, / vor Fürst und Herrscher der Lüge,
18 vor dem Herrn und der Herrin des Betrugs, / vor
Gemeinde und Volk der Sünde, / vor dem Gefähr-
ten und Freund der Untreue,
19 vor dem Ort, an dem du wohnst, der Unter-
schlagung. / (Schäme dich,) Eid und Vertrag zu
verletzen,
den Ellbogen aufzustemmen beim Mahl, / eine
erbetene Gabe zu verweigern,
21 deinen Bruder abzuweisen, / die Verteilung der
Opferanteile zu unterlassen,
20 einen Gruß nicht zu erwidern, / einer Verheira-
teten nachzuschauen, / den Blick auf eine fremde
Frau zu werfen,
22 mit deiner Magd dich abzugeben / und dich
ihrem Bett zu nähern.
(Schäme dich) der üblen Nachrede gegenüber
dem Freund, / und wenn du geschenkt hast, zu
schimpfen,
42 ein Wort, das du gehört hast, weiterzutra-
gen / und ein vertrauliches Gespräch zu
verraten.
Dann bist du in der Tat schamhaft / und findest
Gunst bei allen Menschen.
Aber nimm keine falsche Rücksicht / und schäme
dich nicht folgender Dinge:
2 des Gesetzes des Höchsten und seiner Satzung, /
des gerechten Urteils, das nicht den Schuldigen
freispricht,
3 der Abrechnung mit dem Geschäftsfreund und
dem Kaufmann, / der Verteilung von Erbe und
Besitz,
4 der Säuberung von Waagschalen und Waage, /
der Reinigung von Maß und Gewicht, / des Ein-
kaufs, ob viel oder wenig,
5 des Handelns um den Kaufpreis mit dem Krämer, /
der häufigen Züchtigung der Kinder / und der
Schläge für einen schlechten und trägen Sklaven.
6 (Schäme dich nicht,) eine schlimme Frau in
Gewahrsam zu halten / und dort abzuschließen,
wo viele Hände sind,
7 ein Verzeichnis aufzustellen, wenn du etwas hin-
terlegt hast, / auch Einnahme und Ausgabe immer
aufzuschreiben,
8 einen Unverständigen und Toren zurechtzu-
weisen / und einen haltlosen Greis, der Unzucht
treibt.
Dann bist du in Wahrheit vorsichtig / und ein be-
hutsamer Mann vor den Augen aller Menschen.

41,16: 4,20–26 • 22: 31,31; 18,15 • 42,1: 19,7f • 5: 30,1; 33,25–33 •
6: 26,10f • 8: Spr 10,13; Sir 25,2

Die Sorgen des Vaters um seine Tochter
9 Eine Tochter ist für den Vater ein Schatz, den er
hütet, / die Sorge um sie nimmt ihm den Schlaf:
in ihrer Jugend, dass sie nicht verschmäht wird, /
nach der Heirat, dass sie nicht verstoßen wird,
10 als Mädchen, dass sie nicht verführt wird, / bei
ihrem Gatten, dass sie nicht untreu wird,
im Haus ihres Vaters, dass sie nicht schwanger
wird, / im Haus ihres Gatten, dass sie nicht kin-
derlos bleibt.
11 Mein Sohn, wache streng über deine Tochter, /
damit sie dich nicht in schlechten Ruf bringt,
kein Stadtgespräch und keinen Volksauflauf
erregt, / dich nicht beschämt in der Versammlung
am Stadttor.
Wo sie sich aufhält, sei kein Fenster, / kein Ausblick
auf die Wege ringsum.
12 Keinem Mann zeige sie ihre Schönheit / und
unter Frauen halte sie sich nicht auf.
13 Denn aus dem Kleid kommt die Motte, / aus der
einen Frau die Schlechtigkeit der andern.
14 Besser ein unfreundlicher Mann als eine freund-
liche Frau / und (besser) eine gewissenhafte Toch-
ter als jede Art von Schmach.

9: 7,24; Dtn 24,1

DER LOBPREIS GOTTES IN NATUR UND GESCHICHTE: 42,15 – 50,24

Das Lob des Schöpfers in der Natur

15 Nun will ich der Werke Gottes gedenken; / was ich gesehen habe, will ich erzählen:
Durch Gottes Wort entstanden seine Werke; / seine Lehre ist ein Ausfluss seiner Liebe.
16 Über allem strahlt die leuchtende Sonne, / die Herrlichkeit des Herrn erfüllt alle seine Werke.
17 Die Heiligen Gottes vermögen nicht, / alle seine Wunder zu erzählen.
Gott gibt seinen Heerscharen die Kraft, / vor seiner Herrlichkeit zu bestehen.
18 Meerestiefe und Menschenherz durchforscht er / und er kennt alle ihre Geheimnisse.
Der Höchste hat Kenntnis von allem, / bis in die fernste Zeit sieht er das Kommende.
19 Vergangenheit und Zukunft macht er kund / und enthüllt die Rätsel des Verborgenen.
20 Es fehlt ihm keine Einsicht, / kein Ding entgeht ihm.
21 Seine machtvolle Weisheit hat er fest gegründet, / er ist der Einzige von Ewigkeit her.
Nichts ist hinzuzufügen, nichts wegzunehmen, / er braucht keinen Lehrmeister.
22 Alle seine Werke sind vortrefflich, / doch sehen wir nur einen Funken und ein Spiegelbild.
23 Alles lebt und besteht für immer, / für jeden Gebrauch ist alles bereit.
24 Jedes Ding ist vom andern verschieden, / keines von ihnen hat er vergeblich gemacht.
25 Eines ergänzt durch seinen Wert das andere. / Wer kann sich satt sehen an ihrer Pracht?

15: Gen 1; Ps 33,6; Weish 9,1 • 18: Spr 15,11 • 20: Ps 139,1–4 • 21: 18,6; Koh 3,14 • 24–25: 33,14f; Koh 3,1–8

Die Größe Gottes in der Schöpfung

43 Die Schönheit der Höhe, das klare Firmament und der gewaltige Himmel / sind ein herrlicher Anblick.
2 Die Sonne geht auf und erglänzt in vollem Licht, / ein staunenswertes Gestirn, das Werk des Höchsten.
3 Steht sie in der Mittagshöhe, / versetzt sie die Welt in Glut, / wer hält es aus in ihrer Hitze?
4 Ein brennender Schmelzofen ist das Kunstwerk des Gießers; / der Pfeil der Sonne setzt Berge in Brand;
ihre Feuerzunge verbrennt das bewohnte Land, / ihr Licht versengt das Auge.
5 Ja, groß ist der Herr, ihr Schöpfer, / sein Wort lässt seinen Helden erstrahlen.
6 Der Mond führt die Zeiten herauf; / er herrscht bis ans Ende und dient für immer als Zeichen.
7 Durch ihn werden Fristen und Festzeiten bestimmt, / ist er erschöpft, freut er sich wieder auf seinen Umlauf.
8 Der Neumond ist so, wie sein Name sagt: / Er erneuert sich selbst. / Wie staunenswert ist er in seinem Wechsel.
Er ist ein Fahrzeug für das Heer der Wolken in der Höhe / und lässt durch seinen Glanz das Himmelsgewölbe erglühen.
9 Des Himmels Schönheit und Pracht sind die Sterne, / ein strahlender Schmuck in den Höhen Gottes.
10 Durch Gottes Wort stehen sie geordnet da / und ermatten nicht bei ihrer Nachtwache.
11 Schau den Regenbogen an und preise seinen Schöpfer; / denn überaus schön und herrlich ist er.
12 Über den Himmelskreis erstreckt er sich in seiner Pracht, / Gottes Hand hat ihn machtvoll ausgespannt.
13 Gottes Machtwort zeichnet den Blitz hin, / lässt die Brandpfeile seines Gerichtes leuchten.
14 Zu seinem Dienst hat er einen Speicher geöffnet, / lässt er Wolken fliegen wie Vögel.
15 Seine Allmacht ballt die Wolken zusammen / und schlägt aus ihnen Hagelsteine.
17a Seines Donners Stimme lässt die Erde beben, /
16 mit seiner Kraft erschüttert er die Berge.
Sein Wort hetzt den Südwind auf, / 17b den tobenden Nordwind, den Sturm und Orkan.
Seinen Schnee streut er aus wie Vogelschwärme; / wie einfallende Heuschrecken wirbelt er herab.
18 Sein weißer Glanz blendet die Augen, / bei seinem Rieseln bebt das Herz.
19 Auch den Reif schüttet er aus wie Salz / und lässt Eisblumen sprießen wie Dornen.
20 Den kalten Nordwind lässt er wehen, / wie Erdschollen lässt er die Quellen erstarren.

Jedes stehende Gewässer überzieht er / und klei-
det den Teich wie mit einem Panzer.
21 Das Grün der Berge versengt er wie durch Hitze, /
die sprossende Flur wie durch Flammenglut.
22 Linderung für alles ist das Träufeln der Wolken,/
der Tau, der sich ergießt, um das Trockene zu erfri-
schen.
23 Sein kluger Plan bändigte das Meer / und
pflanzte Inseln im Ozean ein.
24 Die Seefahrer erzählen von der Weite des Mee-
res; / hören es unsere Ohren, so erschaudern wir.
25 Dort gibt es Wunderwesen, die erstaunlichsten
seiner Werke, / allerlei Getier und die Ungeheuer
des Weltmeers.
26 In seinem Dienst hat sein Bote Erfolg / und
durch sein Wort vollzieht er seinen Willen.
27 Sagten wir noch mal so viel, wir kämen an kein
Ende; / darum sei der Rede Schluss: Er ist alles!
28 Wir können (ihn) nur loben, aber nie erfassen, /
ist er doch größer als alle seine Werke.
29 Überaus Ehrfurcht gebietend ist der Herr, /
unbegreiflich ist seine Stärke.
30 Ihr, die ihr den Herrn lobt, singt laut, so viel ihr
könnt; / denn nie wird es genügen.
Ihr, die ihr ihn preist, schöpft neue Kraft, werdet
nicht müde; / denn fassen könnt ihr es nie.
31 Wer hat ihn gesehen, dass er erzählen könnte, /
und wer kann ihn loben, wie es ihm entspricht?
32 Die Menge des Verborgenen ist größer als das
Genannte, / nur wenige von seinen Werken habe
ich gesehen.
33 Alles hat der Herr gemacht / und den Frommen
hat er Weisheit verliehen.

5: Ps 19,6 • 6–7: Gen 1,14–18; Ps 104,19 • 11: 50,7 • 17a: Ps 29,8 • 19: Ps 147,16–18 • 23–24: Ps 104,5f • 25: Ps 104,25f • 27: Weish 1,7; 7,22 – 8,1 • 28: Ps 96,4; 145,3

Das Lob der Väter Israels

44 Die ehrwürdigen Männer will ich preisen,
/ unsere Väter, wie sie aufeinander folg-
ten.
2 Viel Ehre hat der Höchste ausgeteilt, / viel von
seiner Größe, seit den Tagen der Vorzeit:
3 Männer, die über die Erde als Könige herrschten /
und die berühmt waren durch ihre Macht;
die Rat erteilten durch ihre Einsicht, / die prophe-
tisch alle Dinge erschauten;
4 Fürsten des Volkes wegen ihrer Klugheit, / ange-
sehen wegen ihres Scharfsinns;
redekundig durch ihre Kenntnis der Schriften, /
Lehrer von Sinnsprüchen durch ihre Lebenserfah-
rung;
5 Dichter von Liedern in Versmaß, / Verfasser von
geschriebenen Sinnsprüchen;
6 tüchtige Männer, auf Macht gestützt, / unbehel-
ligt in ihrem Wohnsitz:
7 Sie alle waren geehrt zu ihrer Zeit / und ihr Ruhm
blühte in ihren Tagen.
8 Manche hinterließen einen Namen, / sodass man
ihr Lob weitererzählte.
9 Andere blieben ohne Nachruhm; / sie sind erlo-
schen, sobald sie starben.
Sie sind, als wären sie nie gewesen, / und ebenso
auch ihre Kinder.
10 Jene aber sind die ehrwürdigen Männer, / deren
Hoffnung nicht vergeht.
11 Bei ihren Nachkommen bleibt ihr Gut, / ihr Erbe
bei ihren Enkeln.
12 Ihre Nachkommen halten fest an ihrem Bund /
und ebenso ihre Kinder, um der Väter willen.
13 Ihre Nachkommen haben für immer Bestand, /
ihr Ruhm wird niemals ausgelöscht.
14 Ihr Leib ist in Frieden bestattet, / ihr Name lebt
fort von Geschlecht zu Geschlecht.
15 Von ihrer Weisheit erzählt die Gemeinde, / ihr
Lob verkündet das versammelte Volk.

8–9: Koh 2,16 • 13: 39,9 • 15: 39,10

Das Beispiel Henochs

16 Henoch ging seinen Weg mit dem Herrn und
wurde entrückt: / ein Beispiel der Gotteserkennt-
nis für alle Zeiten.

16: Gen 5,24; Hebr 11,5

Das Vorbild Noachs

17 Der gerechte Noach wurde untadelig befunden, /
zur Zeit des Untergangs war er ein neuer Anfang.
Durch ihn blieb ein Rest erhalten, / der Bund mit
ihm beendete die Sintflut.
18 Ein ewiger Bund wurde mit ihm geschlossen: /
Nie wieder sollte alles Leben vernichtet werden.

17: Gen 6,9 • 18: Gen 8,21; 9,9–11

Die Bedeutung Abrahams

19 Abraham wurde der Vater vieler Völker, / seine
Ehre blieb makellos.
20 Er hielt das Gebot des Höchsten / und trat in
einen Bund mit ihm.
Wie ihm befohlen wurde, hat er sich beschnitten; /
in der Prüfung wurde er treu befunden.
21 Darum hat ihm Gott mit einem Eid zugesi-
chert, / durch seine Nachkommen die Völker zu
segnen,
sie zahlreich zu machen wie den Staub auf der
Erde / und seine Nachkommen zu erhöhen wie die
Sterne,
ihnen Besitz zu geben von Meer zu Meer, / vom
Eufrat bis an die Grenzen der Erde.

19: Gen 17,4f • 20: Gen 15,18; 17,24; 22,1–19; Hebr 11,8 •
21: Gen 12,3; 13,16; 15,5.18

Der Segen Isaaks und Jakobs

22 Das Gleiche sicherte er Isaak zu / um Abrahams,
seines Vaters willen.
23 Den Bund mit allen Vorfahren übertrug er auf
ihn. / Auch auf Israels Haupt ruhte der Segen.
Er bestätigte ihm die Erstgeburt / und übergab
ihm sein Erbe.
Er bestimmte es für die Stämme, / zum Anteil für
die Zwölf.
Er ließ von ihm einen Mann abstammen, / der bei
allen Lebenden in Ansehen stand:

22: Gen 17,19 • 23: Gen 27,27–29; 35,12; Ex 2,1f

Die Größe des Mose

45 Geliebt von Gott und den Menschen: /
Mose, sein Andenken sei zum Segen.
2 Er nannte ihn einen Gott / und stärkte ihn zu
Furcht erregenden Taten.
3 Durch sein Wort ließ er schnell die Zeichen ge-
schehen / und verlieh ihm Macht vor dem Kö-
nig.
Er sandte ihn zum Volk / und zeigte ihm seine
Herrlichkeit.
4 Wegen seiner Treue und Bescheidenheit / er-
wählte er ihn aus allen Sterblichen.
5 Er ließ ihn seine Stimme hören / und zu der
dunklen Wolke herantreten.
In seine Hand legte er die Gebote, / die Lehre voll
Leben und Einsicht,
um Jakob seine Gesetze zu lehren / und Israel seine
Satzungen und Vorschriften.

2: Ex 4,16; 7,1 • 3: Ex 8–11; 6,13; 19,3.7.10 • 4: Num 12,3 •
5: Ex 19,15–21

Die Erwählung Aarons

6 Gleich ihm erhöhte er einen Heiligen: / Aaron aus
dem Stamm Levi.
7 Er hat ihn bestellt für das ewige Priesteramt / und
über ihn seine Hoheit ausgebreitet.
Er beglückte ihn mit seiner Herrlichkeit / und
umhüllte ihn mit dem schönsten Schmuck.
8 Er kleidete ihn ganz in Pracht / und schmückte
ihn mit herrlichen Gewändern: / mit Beinklei-
dern, Leibrock und Obergewand.
9 Dessen Saum verzierte er mit Glöckchen im
Kreis / und mit klingenden Granatäpfeln ringsum.
Sie sollten bei seinen Schritten lieblichen Klang
geben, / damit er im Heiligtum zu hören war und
sein Volk aufmerksam wurde.
10 Auch schmückte er ihn mit den heiligen Gewän-
dern aus Gold, / aus violettem und rotem Purpur
– einer Kunstweberarbeit –, / mit der Lostasche für
den Schiedsspruch, dem Efod,
11 und dem Gürtel aus Karmesin – einer Weberar-
beit –, / mit den Edelsteinen, gestochen wie Siegel /
und eingefasst – einer Steinschneiderarbeit –;
auf ihnen standen in eingeschnittener Schrift / die
Namen der Stämme Israels, / um sie (bei Gott) in
Erinnerung zu bringen;
12 sodann der Goldreif auf dem Kopfbund, / die
Rosette mit der eingravierten Inschrift: Heilig!
Eine herrliche Pracht, eine gewaltige Auszeich-
nung, / eine Augenweide, eine vollendete Schön-
heit.
13 Vorher hat es nichts Ähnliches gegeben / und
niemals darf es ein Unbefugter tragen.
Nur seinen Söhnen hat er dies anvertraut / und so
halten es seine Söhne für alle Zeiten.
14 Sein Speiseopfer wird ganz verbrannt, / zweimal
täglich, als regelmäßiges Opfer.
15 Mose hat ihn in sein Amt eingesetzt / und ihn
mit heiligem Öl gesalbt.
So wurde ihm ein ewiger Bund gewährt und auch
seinen Nachkommen, / solange der Himmel steht:
den Dienst zu tun, für Gott Priester zu sein / und
sein Volk in seinem Namen zu segnen.

16 Er hat ihn erwählt aus allen Lebenden, / damit
er Brandopfer und Fettstücke darbringe,
den beruhigenden Duft des Gedenkopfers aufsteigen lasse / und für die Söhne Israels Sühne erwirke.
17 Er gab ihm seine Gebote / und Vollmacht über
Gesetz und Recht.
So unterwies Aaron sein Volk im Gesetz / und Israels Söhne im Recht.
18 Als sich Unbefugte gegen ihn empörten / und in
der Wüste auf ihn eifersüchtig wurden,
die Leute um Datan und Abiram / sowie Korach
und sein Anhang, in heftiger Wut,
19 da sah es der Herr und wurde zornig, / er vernichtete sie in seinem glühenden Zorn.
Er bewirkte ein Wunder gegen sie / und vertilgte
sie in den Flammen seines Feuers.
20 Das Ansehen Aarons vermehrte er noch / und
gab ihm sein Erbteil:
Die heiligen Erstlinge gab er ihm zur Nahrung, /
21a die Gaben für den Herrn sollten sie essen.
20d Die Schaubrote wurden sein Anteil / 21b und die
Abgaben sollten ihm und seinen Nachkommen
zufallen.
22 Vom Landbesitz des Volkes aber sollte er nichts
erben, / in ihrer Mitte kein Erbteil erhalten;
denn der Herr ist sein Anteil / und sein Erbe inmitten der Söhne Israels.

7: Ex 28,43 • 8: Ex 28,39–42 • 10: Ex 28,4f.30; Lev 8,8 • 11: Ex 28,39; 28,12f • 12: Ex 28,36–38 • 14: Lev 6,12–16 • 15: Lev 8,1–13 • 17: 45,26 • 18: Num 16 • 20: Num 18,12f • 20d: Ex 25,30; Lev 24,5–9 • 22: Num 18,20; Ps 16,5

Die Bestimmung des Pinhas

23 Ferner Pinhas, der Sohn Eleasars: / Er bekam als
Dritter das hohe Amt, / weil er sich einsetzte für den Gott des Alls / und für sein Volk in die Bresche trat, / als er dem Antrieb seines Herzens folgte / und für die Söhne Israels Sühne erwirkte.
24 Darum hat der Herr auch für ihn eine Bestimmung getroffen, / einen Heilsbund gestiftet: / Er sollte das Heiligtum versorgen.
So sollte ihm und seinen Söhnen / das Hohepriesteramt gehören für ewige Zeiten.
25 Sein Bund mit David, dem Sohn Isais aus dem
Stamm Juda, / bestand in der Erbnachfolge eines Herrschers von Gottes Gnaden; / ebenso gehört die Erbnachfolge Aarons Pinhas und seinen Söhnen.
Nun lobt den gütigen Herrn, / der euch mit Ehre
gekrönt hat.
26 Er gebe euch Weisheit ins Herz, / sein Volk in
Gerechtigkeit zu lenken,
damit euer Glück nie endet / noch euer hohes Amt bis in fernste Zeiten.

23: Num 25,7–13; Ez 13,5; 22,30 • 25: 2 Sam 7,16; 1 Kön 8,25 • 26: 50,23

Die Tapferkeit Josuas und Kalebs

46 Ein tapferer Kriegsheld war Josua, der Sohn Nuns, / der Mose im Amt des Propheten zur Seite stand.
Er war dazu geschaffen, seinem Namen entsprechend, / für die Erwählten Gottes eine große Hilfe zu sein,
an den Feinden Rache zu nehmen / und Israel in sein Erbland zu führen.
2 Wie herrlich war er, wenn er die Hand er-
hob / und das Sichelschwert schwang gegen eine Stadt.
3 Wer konnte ihm standhalten, / wenn er die Kriege
des Herrn führte?
4 Blieb nicht auf seinen Befehl die Sonne stehen, /
wurde nicht ein Tag doppelt so lang?
5 Er rief zu Gott, dem Höchsten, / als er in Not war,
umringt von seinen Feinden;
der höchste Gott erhörte ihn / und ließ Hagelsteine und Eis regnen.
6 Er schleuderte sie auf das feindliche Volk, / am
Abhang vernichtete er die Gegner.
So sollten alle dem Untergang geweihten Völker erkennen, / wie genau der Herr ihre Kämpfe beobachtet.
Auch war er dem Herrn in allem ergeben / 7 und
bewies Treue in den Tagen des Mose.
Josua und Kaleb, der Sohn Jefunnes, / sie blieben standhaft beim Aufruhr des Volkes,
wandten das Zorngericht von der Gemeinde ab / und machten dem üblen Gerede ein Ende.
8 Darum wurden sie beide auch verschont, / als
Einzige von den sechshunderttausend Männern des Fußvolks,
und in ihr Erbland geführt, / in das Land, wo Milch und Honig fließen.
9 Gott gab dem Kaleb Kraft, / die ihm bis ins Grei-
senalter erhalten blieb,

damit er die Höhen des Landes besetzen konnte; /
auch seine Nachkommen behielten das Erbe.
10 Dadurch sollten alle Söhne Jakobs erkennen, /
wie gut es ist, dem Herrn in allem ergeben zu sein.

1: Jos 1,1 • 4: Jos 10,12f • 5: 46,16; Jos 10,10f • 7: Num 14,6–10.30 •
8: 16,10 • 9: Jos 14,10–12

Die Treue der Richter

11 Dann die Richter, jeder mit seinem Namen: /
alle, die sich nicht beirren ließen und nicht
abtrünnig wurden von Gott. / Ihr Andenken sei
zum Segen.
12 Ihre Gebeine mögen von ihrer Stätte emporspros-
sen / und ihren Ruhm erneuern an den Söhnen.

12: 49,10

Die Verdienste Samuels

13 Geschätzt von seinem Volk, geliebt von seinem
Schöpfer, / mit Sehnsucht erwartet von Geburt
an, / dem Herrn geweiht im Prophetenamt: / Sa-
muel, der Richter und Priester.
Auf Gottes Wort hin führte er das Königtum ein /
und salbte Fürsten für das Volk.
14 Im Auftrag des Herrn berief er die Versammlung
ein / und wachte über die Zelte Jakobs.
15 Als Seher wurde er befragt wegen seiner Zuver-
lässigkeit / und war in seinem Wort ein verlässli-
cher Prophet. / 16 Auch er rief zu Gott, / als er das
Milchlamm opferte; / 17 da donnerte der Herr vom
Himmel her, / unter gewaltigem Dröhnen ließ er
seine Stimme hören.
18 Er demütigte die feindlichen Heerführer / und
vernichtete alle Fürsten der Philister.
19 Als Samuel sich dann zur Ruhe legte, / rief er den
Herrn und seinen Gesalbten als Zeugen an: / Von
wem nahm ich Geschenke an, / und seien es nur
Sandalen? / Aber niemand brachte etwas gegen
ihn vor. / [Bis zu seinem Ende zeigte sich seine
Weisheit vor Gott und allen Menschen.]
20 Er wurde sogar befragt, nachdem er schon
gestorben war, / und kündigte dem König sein
Schicksal an.
Aus der Erde erhob er seine Stimme und weis-
sagte, / um den Frevel des Volkes zu beenden.

13: 1 Sam 1,11; 8,9; 10,1 • 14: 1 Sam 7,5; 10,17 • 15: 1 Sam 3,19–21 •
16: 46,5; 47,5; 1 Sam 7,9f • 18: 1 Sam 7,13 • 19: 1 Sam 12,3f •
20: 1 Sam 28,6–25

Die Erwählung Davids

47 Nach ihm stand Natan auf, / um vor
David hinzutreten.
2 Wie das Fett herausgehoben ist aus dem Opfer-
fleisch, / so David aus Israel.
3 Er spielte mit Löwen, als wären es Ziegen, / mit
Bären, als wären es Schafe.
4 In seiner Jugend erschlug er den Riesen / und be-
freite das Volk von der Schmach,
indem er mit der Hand die Schleuder schwang /
und Goliats Hochmut zerbrach.
5 Denn er hatte Gott, den Höchsten, angerufen /
und dieser gab seiner rechten Hand Kraft,
um den kampferprobten Mann niederzustrecken /
und die Macht seines Volkes zu mehren.
6 Darum haben ihn die Frauen besungen / und ihm
zugerufen: Zehntausend (erschlug er)!
7 Als er die Krone trug, führte er Krieg / und de-
mütigte ringsum die Feinde.
Er schlug die feindlichen Philister / und zerbrach
ihre Macht bis heute.
8 Bei allen seinen Taten stimmte er Loblieder an /
auf Gott, den Höchsten, mit rühmenden Wor-
ten.
Er liebte seinen Schöpfer von ganzem Herzen, /
alle Tage pries er ihn mit Liedern.
9 Vor dem Altar ließ er Saiteninstrumente aufstel-
len / und schuf Psalmweisen für die Harfenbeglei-
tung.
10 Den Festen verlieh er Glanz / und verschönerte
die Feiertage im Kreislauf des Jahres.
Vom Lobgesang auf Gottes heiligen Namen / hallte
das Heiligtum wider schon vor dem Morgen.
11 Der Herr verzieh ihm seine Sünde / und begrün-
dete seine Macht für immer.
Er übergab ihm das Königsgesetz / und festigte sei-
nen Thron über Israel.

2: Lev 3; 1 Sam 16 • 4: 1 Sam 17 • 6: 1 Sam 18,6–8 • 7: 2 Sam 5,17–25 •
9: 1 Chr 15,16 – 16,43 • 11: 2 Sam 12,1–14; 7,12–16

Die Weisheit und die Torheit Salomos

12 Seinetwegen erstand ihm als Nachfolger / ein
weiser Sohn, der in Sicherheit leben konnte.
13 Salomo war König in friedlichen Tagen, / Gott
verschaffte ihm Ruhe ringsum.
Er baute ein Haus für den Namen des Herrn / und
errichtete ein Heiligtum für immer.

14 Wie weise warst du in deiner Jugend, / von Bil-
dung strömtest du über wie der Nil.
15 Die Erde bedecktest du mit deinem Wissen, / bis
zur Himmelshöhe ließest du Lieder aufsteigen.
16 Bis zu den fernsten Inseln gelangte dein Ruhm /
und man begehrte danach, dich zu hören.
17 Durch Lied und Sinnspruch, Rätsel und Gleich-
nis / hast du die Völker in Staunen versetzt.
18 Du wurdest benannt nach dem Namen des
Hochgeehrten, / der auch über Israel ausgerufen
ist.
Gold hast du angehäuft wie Eisen / und das Silber
vermehrt wie Blei.
19 Doch gabst du dich den Frauen hin / und ließest
sie herrschen über deinen Leib.
20 Du hast deine Ehre befleckt / und dein Ehebett
entweiht.
So hast du Zorn über deine Nachkommen ge-
bracht / und Klage über dein Ehelager,
21 indem das Volk unter zwei Zepter kam / und aus
Efraim ein abtrünniges Reich wurde.
22 Gott aber hat seine Huld nicht aufgegeben / und
keines seiner Worte unerfüllt gelassen.
Er hat seinem Erwählten den Spross und Sohn
nicht ausgerottet, / die Nachkommen seine Freun-
des nicht ausgetilgt.
So hat er Jakob einen Rest gelassen / und David
einen Wurzelspross aus ihm selbst.
23 Salomo entschlief in Verzweiflung / und hinter-
ließ einen starrköpfigen Sohn,
reich an Torheit, arm an Einsicht: / Rehabeam, der
durch seinen Entschluss das Volk entzweite.
Dann stand Jerobeam auf, der Sohn Nebats; / sein
Andenken sei ausgelöscht.
Er sündigte und verführte Israel zur Sünde. / Er
verschuldete Efraims Fall / 24 und die Vertreibung
aus ihrem Land.
Ihre Sünde wurde sehr groß, / 25 allem Bösen gaben
sie sich hin.

12: 1 Kön 5,5 • 13: 1 Kön 6 • 15: 1 Kön 5,12–14 • 18: 2 Sam 12,25; 1 Kön 10,14–29 • 19: 1 Kön 11,1–10 • 21: 1 Kön 11,11; 12,16–20 • 23: 1 Kön 12,13–19.26–33 • 24: 2 Kön 17,21–23

Der Eifer Elijas

48 Da stand ein Prophet auf wie Feuer, /
seine Worte waren wie ein brennender
Ofen.
2 Er entzog ihnen ihren Vorrat an Brot, / durch sein
Eifern verringerte er ihre Zahl.
3 Auf Gottes Wort hin verschloss er den Himmel /
und dreimal ließ er Feuer herniederfallen.
4 Wie Ehrfurcht gebietend warst du, Elija, / wer dir
gleichkommt, kann sich rühmen.
5 Einen Verstorbenen hast du vom Tod erweckt, /
aus der Unterwelt, nach Gottes Willen.
6 Könige hast du ins Grab geschickt, / Vornehme
von ihren Lagern hinweg.
7 Am Sinai hast du Strafbefehle vernommen, / am
Horeb Urteile der Rache.
8 Könige hast du gesalbt für die Vergeltung / und
einen Propheten als deinen Nachfolger.
9 Du wurdest im Wirbelsturm nach oben ent-
rückt, / in Feuermassen himmelwärts.
10 Von dir sagt die Schrift, / du stehst bereit für die
Endzeit,
um den Zorn zu beschwichtigen, bevor er ent-
brennt, / um den Söhnen das Herz der Väter zuzu-
wenden / und Jakobs Stämme wieder aufzurichten.
11 Wohl dem, der dich sieht und stirbt; / denn auch
er wird leben.

1: 1 Kön 17,1 • 3: 1 Kön 18,38; 2 Kön 1,10.12 • 5: 1 Kön 17,17–24 • 6: 1 Kön 21,20–24; 2 Kön 1,4.6.16 • 7: 1 Kön 19,15–17 • 9: 2 Kön 2,1–11 • 10: Mal 3,23

Die Wundermacht Elischas

12 Elija ist im Wirbelsturm entschwunden, / Elischa
wurde mit seinem Geist erfüllt.
Doppelt so viele Zeichen wirkte er, / zu Wundern
wurden alle Worte aus seinem Mund.
Solange er lebte, hat er vor niemand gezittert, /
kein Sterblicher hatte Macht über seinen Geist.
13 Nichts war für ihn unerreichbar, / noch im Grab
zeigte sein Leichnam Prophetenkraft.
14 In seinem Leben vollbrachte er Wunder / und bei
seinem Tod erstaunliche Taten.
15 Trotz allem bekehrte das Volk sich nicht; / sie
ließen nicht ab von ihren Sünden,
bis sie aus ihrem Land verschleppt / und in alle
Welt verstreut wurden.
Aber für Juda ist ein kleiner Rest geblieben / und
dem Haus David noch ein Fürst.
16 Von ihnen taten einige, was recht ist, / andere
verübten unerhörten Frevel.

13: 2 Kön 13,21

Das Werk Hiskijas

17 Hiskija sicherte seine Stadt, / indem er Wasser
hineinleitete.
Mit dem Eisen durchbrach er Felsen / und dämm-
te den Teich zwischen Bergen ein.
18 In seinen Tagen zog Sanherib herauf / und ent-
sandte den Rabschake.
Dieser streckte seine Hand gegen Zion aus / und
übermütig lästerte er Gott.
19 Da zitterten sie trotz allem Übermut ihres Her-
zens / und wanden sich wie eine Gebärende.
20 Sie riefen zu Gott, dem Höchsten, / und streck-
ten nach ihm die Hände aus.
Er hörte auf ihr lautes Flehen / und half ihnen
durch Jesaja.
21 Er schlug die Assyrer in ihrem Lager / und ver-
wirrte sie durch eine Seuche.

17: 2 Kön 20,20; Jes 22,11 • 18: 2 Kön 18,13 – 19,37; Jes 36; 2 Chr 32,1–23

Das Wort Jesajas

22 Denn Hiskija hatte das Rechte getan, / war fest
geblieben auf Davids Wegen,
die der Prophet Jesaja ihm gewiesen hatte, / der
große und zuverlässige Seher.
23 Auf Jesajas Befehl ging die Sonne zurück / und
er verlängerte dem König das Leben.
24 Mit großer Geisteskraft schaute er die Zukunft /
und tröstete die Trauernden in Zion.
25 Für fernste Zeit verkündete er das Kommende /
und das Verborgene, bevor es geschah.

23: 2 Kön 20,4–11; Jes 38,4–8

Die Treue Joschijas

49 Der Name Joschija gleicht duftendem
Weihrauch, / würzig und vom Salbenmi-
scher zubereitet.
Sein Andenken ist süß wie Honig im Mund / und
wie ein Lied beim Weingelage.
2 Denn er litt wegen unserer Treulosigkeit / und
machte den abscheulichen Götzen ein Ende.
3 Er richtete sein Herz ganz auf Gott / und bewies
Treue in Zeiten des Unrechts.

2: 2 Kön 22f

Die Verdienste späterer großer Männer Israels

4 Außer David, Hiskija und Joschija / haben alle
Könige ruchlos gehandelt:
Bis zu ihrem Untergang haben die Könige von
Juda / das Gesetz des Höchsten verlassen.
5 Ihre Macht gaben sie an andere hin, / ihre Ehre
an ein fremdes Volk.
6 Sie zündeten die Heilige Stadt an, / sodass die
Straßen verödeten,
7 zur Strafe dafür, dass sie Jeremia misshandelt
haben, / obwohl er vom Mutterleib an zum Pro-
pheten geschaffen war,
um auszureißen, niederzureißen und zu vernich-
ten, / aber auch um aufzubauen, einzupflanzen
und zu stärken.
8 Ezechiel sah eine Vision / und beschrieb die Ge-
stalten am Thronwagen.
9 Er gedachte auch des Ijob, / der die Wege der
Gerechtigkeit einhielt.
10 Ferner die Zwölf Propheten: / Ihre Gebeine mö-
gen von ihrer Stätte emporsprossen.
Sie brachten Heilung für Jakobs Volk / und halfen
ihm durch zuverlässige Hoffnung.
11 Wie könnten wir Serubbabel gebührend prei-
sen, / war er doch wie ein Siegelring an der rech-
ten Hand,
12 ebenso Jeschua, den Sohn des Jozadak? / Sie
beide erbauten zu ihrer Zeit das Gotteshaus;
sie errichteten den heiligen Tempel, / der zu dau-
ernder Herrlichkeit bestimmt ist.
13 Nehemia, sein Andenken in Ehren! / Er baute
unsere Trümmer wieder auf
und stellte das Zerstörte wieder her, / Tore und
Riegel setzte er ein.

7: Jer 1,5.10 • 8: Ez 1,4–28; 10 • 9: Ez 14,14.20 • 10: 46,12 • 11: Hag 2,23 • 12: Esra 3,8 – 6,18 • 13: Neh 2,17 – 7,1

Rückblick auf die Großen des Anfangs

14 Kaum einer auf Erden kommt Henoch gleich, /
darum wurde er auch lebend entrückt.
15 Gab es je einen Mann wie Josef? / Selbst sein
Leichnam wurde sorgfältig erhalten.
16 Sem, Set und Enosch sind hoch geehrt, / aber
Adam übertrifft alle Menschen an Ruhm.

14: 44,16 • 15: Gen 50,25f; Ex 13,19

Die Größe des Hohenpriesters Simeon

50 Der größte unter seinen Brüdern, der
Ruhm seines Volkes, / ist der Priester
Simeon, der Sohn Johanans.
Zu seiner Zeit wurde das Gotteshaus ausgebes-
sert, / in seinen Tagen der Tempel befestigt.
2 Zu seiner Zeit wurde die Mauer gebaut, / die Zin-
nen der Gotteswohnung beim Königspalast.
3 In seinen Tagen wurde der Teich gegraben, / ein
Becken, groß wie ein Meer.
4 Er hat sein Volk gegen Plünderung gesichert, /
seine Stadt gegen den Feind befestigt.
5 Wie herrlich, wenn er herausschaute aus dem
Zelt, / wenn er heraustrat zwischen dem Vorhang:
6 wie ein leuchtender Stern zwischen den Wolken,
wie der Vollmond in den Tagen des Festes,
7 wie die strahlende Sonne über dem Königspa-
last, / wie ein Regenbogen, der in den Wolken er-
scheint,
8 wie Blütenzweige in den Tagen des Festes, / wie
eine Lilie an Wasserläufen, / wie das Grün des
Libanon an Sommertagen,
9 wie Weihrauchfeuer auf dem Speiseopfer, / wie
ein vergoldetes Gefäß, mit dem Hammer getrie-
ben / und mit Edelsteinen besetzt,
10 wie ein üppiger Ölbaum voll von Früchten, / wie
ein wilder Ölbaum mit saftigen Zweigen.
11 (Wie herrlich,) wenn er die Prachtgewänder an-
gelegt / und sich mit allem Schmuck bekleidet
hatte,
wenn er emporstieg zum erhabenen Altar / und
die Einfassung des heiligen Raumes mit Glanz
erfüllte,
12 wenn er die Opferstücke aus der Hand seiner
Brüder nahm, / während er selbst bei dem aufge-
schichteten Holz stand.
Rings umgab ihn der Kranz seiner Söhne / wie
junge Zedern auf dem Libanon.
Wie Pappeln am Bach umstanden ihn /
13 alle
Söhne Aarons in ihrer Pracht,
die Feueropfer des Herrn in ihrer Hand / vor der
ganzen Versammlung Israels,
14 bis er den Dienst am Altar vollendet / und das
Opferholz für den Höchsten geordnet hatte.
15 Dann streckte er die Hand nach dem Becher
aus / und opferte von dem Blut der Trauben;
er goss es aus an den Fuß des Altars / zum beruhi-
genden Duft für den Höchsten, den König des Alls.
16 Jetzt stießen die Söhne Aarons in die getriebe-
nen Trompeten, / sie bliesen mit gewaltigem Schall
zur Erinnerung vor dem Höchsten.
17 Alle Versammelten beeilten sich / und warfen
sich auf ihr Gesicht zur Erde nieder,
um den Höchsten anzubeten, / den Heiligen Is-
raels.
18 Dann stimmte man die Gesänge an / und ließ zur
Musik süßen Jubel ertönen.
19 Alles Volk jubelte / im Gebet vor dem Barmher-
zigen,
bis der Priester den Dienst des Herrn vollendet /
und ihm die vorgeschriebenen Opfer dargebracht
hatte.
20 Dann stieg er herab und erhob seine Hände /
über die ganze Gemeinde Israels.
Der Segen des Herrn war auf seinen Lippen, / den
Namen des Herrn nennen zu dürfen, war sein
Ruhm.
21 Sie aber fielen zum zweiten Mal nieder, / um den
Segen von ihm zu empfangen.

5: Lev 16 • 16: Num 10,2–10 • 20: Lev 9,22; Num 6,23–27

Aufforderung zum Lobpreis Gottes

22 Nun lobt den Herrn, den Gott des Alls, / der
Wunderbares auf der Erde vollbringt,
der einen Menschen erhöht vom Mutterschoß an /
und an ihm handelt nach seinem Gefallen.
23 Er gebe euch Weisheit ins Herz / und der Friede
sei mit euch.
24 Beständig bleibe seine Huld bei Simeon; / er
erhalte ihm den Bund mit Pinhas,
der weder ihm gebrochen werden soll / noch sei-
nen Nachkommen, solange der Himmel steht.

23: 45,26

DIE ANHÄNGE: 50,25 – 51,30

Die Abgrenzung gegen die Nachbarn Israels

25 Zwei Völker verabscheue ich / und das dritte ist
kein Volk:
26 Die Bewohner von Seïr und vom Philisterland /
und das törichte Volk, das in Sichem wohnt.

26: 2 Kön 17,24

Das Schlusswort des Verfassers

27 Weise Bildung und passende Sinnsprüche / von
Jesus, dem Sohn Eliasars, des Sohnes Sirachs,
dessen Herz von Schriftauslegung überströmte /
und der Einsicht hervorquellen ließ.
28 Wohl dem Mann, der hierüber nachsinnt; / wer
es sich zu Herzen nimmt, wird weise.
29 Wer danach handelt, hat Kraft zu allem; / denn
die Gottesfurcht ist ihr tiefster Inhalt.

Das Danklied

51 Ich will dich preisen, mein Herr und König, / ich will dich loben, Gott meines Heils.
Ich will deinen Namen verkünden, / du Hort meines Lebens,
2 denn du hast mich vom Tod errettet. / Du hast
meinen Leib vor dem Grab bewahrt, / meinen Fuß
dem Griff der Unterwelt entrissen.
Du hast mich befreit von der Geißel böser Zungen, / von den Lippen treuloser Lügner.
Gegen meine Widersacher standest du mir zur
Seite, / 3 in deiner großen Huld hast du mir geholfen
aus der Schlinge derer, die auf meinen Fall lauern, /
aus der Hand jener, die mir nach dem Leben trachten.
Aus vielen Nöten hast du mich erlöst, / 4 aus der
Bedrängnis der Flammen, die mich umringten, /
aus Gluten, die nicht (wirklich) geschürt,
5 aus dem Schoß der Flut, nicht (wirklich) von
Wasser, / (sondern) von schändlichen Lippen und
Erfindern von Lüge, / 6 von den Pfeilen der falschen Zunge.
Schon war ich dem Tod nahe / und mein Leben
den Tiefen der Unterwelt.
7 Ich wandte mich nach allen Seiten und fand keinen Helfer, / ich spähte nach einem Beistand, doch
keiner war da.
8 Da dachte ich an das Erbarmen des Herrn, /
an die Taten seiner Huld, die seit Ewigkeit bestehen.
Er hilft allen, die auf ihn vertrauen, / und erlöst sie
aus jeder Gefahr.
9 So erhob ich von der Erde meine Stimme, / ich
schrie von den Toren der Unterwelt her.
10 Ich rief: Herr, mein Vater bist du, / mein Gott,
mein rettender Held.
Verlass mich nicht am Tag der Not, / am Tag der
Vernichtung und Verwüstung!
11 Deinen Namen will ich allzeit loben, / an dich
denken im Gebet.
Da hörte der Herr meine Stimme / und achtete auf
mein Flehen.
12 Er erlöste mich von allem Unheil / und rettete
mich am Tag der Not.
Darum danke ich dem Herrn / und will seinen
Namen loben und verherrlichen.
Danket dem Herrn, denn er ist gut, / denn seine
Huld währt ewig.
Danket dem Gott der Lobgesänge, / denn seine
Huld währt ewig.
Danket dem Wächter Israels, / denn seine Huld
währt ewig.
Danket dem Schöpfer des Alls, / denn seine Huld
währt ewig.
Danket dem Erlöser Israels, / denn seine Huld
währt ewig.
Danket dem, der Israels Versprengte sammelt, /
denn seine Huld währt ewig.
Danket dem Erbauer seiner Stadt und seines Heiligtums, / denn seine Huld währt ewig.
Danket dem, der dem Haus David Macht verlieh, /
denn seine Huld währt ewig.
Danket dem, der Zadoks Söhne zu Priestern
erwählt hat, / denn seine Huld währt ewig.
Danket dem Schild Abrahams, / denn seine Huld
währt ewig.
Danket dem Fels Isaaks, / denn seine Huld währt
ewig.
Danket dem Starken Jakobs, / denn seine Huld
währt ewig.
Danket dem, der Zion erwählt hat, / denn seine
Huld währt ewig.

Danket dem König der höchsten Könige, / denn seine Huld währt ewig.
Seinem Volk verleiht er Macht – / das ist ein Ruhm für all seine Frommen, / für Israels Söhne, das Volk, das sich ihm nahen darf. Halleluja!

1: Ex 15,2 • 2: Ps 120,2 • 3: Ps 103,8; 35,4 • 4: Ijob 20,26 • 8: Ps 25,6 • 10: Ps 89,27 • 12: 1 Chr 16,34; Ps 106,1; 107,1; 118,1; 136,1; Gen 49,24; Ps 148,14

Nachwort auf die Weisheit

13 Als ich jung und noch nicht unstet war, / suchte
ich eifrig die Weisheit.
14 Sie kam zu mir in ihrer Schönheit / und bis
zuletzt will ich sie erstreben.
15 Und wie nach dem Blühen die Trauben reifen, /
die das Herz erfreuen,
so schritt mein Fuß auf geradem Weg; / denn
schon von Jugend an habe ich sie erkannt.
16 Nur kurz hörte ich hin / und schon fand ich
Belehrung in Menge.
17 Sie ist für mich zur Amme geworden; / meinem
Lehrer will ich danken.
18 Ich hatte im Sinn, Freude zu erleben, / ich strebte
ohne Rast nach Glück.
19 Ich verlangte brennend nach ihr / und wandte
von ihr meinen Blick nicht ab.
20 Ich richtete mein Verlangen auf sie / und auf
ihren Höhen wanke ich nicht.
Meine Hand öffnete ihre Tore / und ich nahm sie
leibhaftig wahr.
Ich habe ihretwegen meine Hände gereinigt / und
ich fand die Weisheit in ihrer Reinheit.
Einsicht erwarb ich durch sie von Anfang an, /
darum lasse ich nicht von ihr.
21 Mein Herz war erregt, sie zu schauen, / darum
erwarb ich sie als kostbares Gut.
22 Der Herr gab meinen Lippen Erfolg, / mit mei-
ner Zunge will ich ihm danken.
23 Kehrt bei mir ein, ihr Unwissenden, / verweilt in
meinem Lehrhaus!
24 Wie lange noch wollt ihr das alles entbehren /
und eure Seele dürsten lassen?
25 Ich öffne meinen Mund und sage von ihr: /
Erwerbt euch Weisheit, es kostet nichts.
26 Beugt euren Nacken unter ihr Joch / und nehmt
ihre Last auf euch!
Denen, die sie suchen, ist sie nahe, / und wer sich
ihr ganz hingibt, findet sie.
27 Seht mit eigenen Augen, dass ich mich nur wenig
bemühte, / aber viel Ruhe gefunden habe.
28 Hört auf meine knapp bemessene Lehre! /
Durch sie werdet ihr viel Silber und Gold erwer-
ben.
29 Eure Seele freue sich an meinem Lehrstuhl, /
meines Liedes sollt ihr euch nicht schämen.
30 Tut eure Werke vor der Zeit (der Vergeltung), /
so wird er euch den Lohn geben zur rechten Zeit.
[Gepriesen sei der Herr auf ewig, / gelobt sei sein Name für alle Zeiten.
Die Weisheit des Jesus, des Sohnes Eleasars, des Sohnes Sirachs.
Der Name des Herrn sei gepriesen / von nun an bis in Ewigkeit.]

DIE BÜCHER DER PROPHETEN

DAS BUCH JESAJA

Der Prophet Jesaja aus Jerusalem (etwa 740–701 v. Chr.) hat mit seiner Verkündigung den Grundstock des Buches geschaffen, das seinen Namen trägt. Aus dem Inhalt der von ihm überlieferten Prophetenworte schließt man, dass er, im Todesjahr des Königs Usija (739 v. Chr.) berufen (Kap. 6), in vier wichtigen Perioden der Geschichte Judas das Wort Jahwes verkündete. Zunächst befasste er sich in Drohworten (Kap. 1 – 3 und 5) mit den Zuständen in Juda und Jerusalem. Im Syrisch- efraimitischen Krieg (734/33 v. Chr.) warnte er vor einem Bündnis mit Assur (7,1 – 9,6). Beim ersten Versuch des Königs Hiskija, sich an einem Aufstand gegen die Assyrer zu beteiligen (716–711 v. Chr.), erhob er warnend seine Stimme (Kap. 18; 20; 28 – 30; auch Teile von Kap. 14). Endlich trat er beim Angriff des assyrischen Königs Sanherib (um 701 v. Chr.) auf, um das rettende Eingreifen Gottes gegen den überheblichen Feind anzusagen (Worte in den Kapiteln 10; 14; 28 – 30).

Vom Leben des Propheten ist uns wenig bekannt. Er dürfte den gebildeten höheren Kreisen entstammen; anscheinend war er mit einer prophetisch begabten Frau verheiratet (8,3) und hatte wohl mehrere Kinder (vgl. 7,3; 8,1–3). Die Worte Jesajas, die in Kap. 1 – 39 überliefert sind, wurden von seinen Schülern (8,16) und anderen vielfach kommentiert und beträchtlich erweitert; so wurden sie später in seinem Geist an jeweils neue Situationen angepasst. Dem Propheten kam es vor allem darauf an, die Menschen zu Glauben und Vertrauen gegenüber dem heiligen und erhabenen Gott aufzurufen, der nach seinem weisen Plan die Weltgeschichte und besonders die Geschicke seines Volkes lenkt. Dieses gläubige Hinschauen auf den Herrn bedeutet zugleich, seinem Willen zu entsprechen im politischen wie im sozialen Handeln, insbesondere den Armen gegenüber. Der Ernst der prophetischen Botschaft Jesajas drückt sich vor allem in den scharfen Gerichtsworten aus.

Verschiedene Überschriften (1,1; 2,1; 13,1) weisen darauf hin, dass der erste Teil des Buches (Kap. 1 – 39) eine lange Entstehungsgeschichte hat. Noch heute ist ihm anzusehen, dass einer ersten Sammlung (Kap. 2 – 5 und 9,6 – 11,16) die sogenannte Denkschrift des Propheten (6,1 – 9,5) eingefügt und schließlich Kap. 1 als eine Art Zusammenfassung seiner Worte vorausgestellt wurde. Jes 24 – 27 sind apokalyptische Texte (die sog. »große Jesaja- Apokalypse«) und tragen das Kolorit einer späten Zeit an sich. Die Jesajaerzählungen (Kap. 36 – 39) sind fast ganz aus dem zweiten Königsbuch übernommen. So entstand ein Prophetenbuch, das wie bei der Denkschrift in großen Zügen das Grundschema erkennen lässt, nach dem die prophetischen Bücher zusammengestellt wurden: Drohungen gegen das eigene Volk (Kap. 1 – 12); Drohungen gegen andere Völker (Kap. 13 – 23); Verheißungen, die hier allerdings Drohreden einschließen, für das eigene Volk (Kap. 24 – 35); ein geschichtlicher Anhang rundet das Ganze ab (Kap. 36 – 39). Für das Neue Testament und die christliche Verkündigung sind in besonderer Weise die messianischen Texte wichtig (Kap. 7; 9,1–6; 11; 28,16f).

In eine ganz andere Welt versetzen uns die Kapitel 40 – 55. Hier befindet sich Juda im Babylonischen Exil; zu ihm spricht ein Prophet, der den Auftrag erhält (40,1–11), das unmittelbar bevorstehende rettende Eingreifen Gottes anzukündigen. Gott erweckt Kyrus (44,28 – 45,8), damit er das Volk aus der Gefangenschaft entlässt. Dann wird Jahwe, der als der alleinige durch Schöpfung und geschichtliches Handeln ausgewiesene Gott über die Völker herrscht, sein Volk in einem neuen, wunderbaren Exodus nach Zion heimführen. Dort wird er als König Israels herrschen, das er wieder aufblühen lässt. In diese überschwängliche Heilsprophetie sind vier Texte über den »Gottesknecht« eingefügt (42,1–9; 49,1–9; 50,4–9; 52,13 – 53,12), der als der Erwählte Jahwes zum »Bund des Volkes und Licht der Heiden« bestimmt, wie ein Prophet gesendet, mit Aufgaben für Israel und die Völker betraut, nach Leiden und Todesnot errettet und schließlich verherrlicht wird. Durch die sogenannten Gottesknechttexte hat dieser Teil des Jesajabuches weit in die Zukunft gewirkt. Die neutestamentliche Urgemeinde nahm sie auf und sah sie im Wirken und im Weg Jesu erfüllt. Der Verfasser von Jes 40 – 55 ist unbekannt. Man nennt ihn Deuterojesaja (Zweiter Jesaja).

In Jes 56 – 66 wechselt die Situation wieder. Hier sind verschiedenartige Texte zusammengestellt, die sich an die Heimgekehrten richten. Sie schöpfen vielfach aus Jes 40 – 55, sprechen aber deutlich die veränderte Lage an. Ein Prophet erhebt seine Stimme (Kap. 60 – 62), der sich durch Gottes Geist zur Verkündigung einer frohen Botschaft gesandt weiß (Kap. 61; vgl. Lk 4,16–19); man nennt ihn Tritojesaja (Dritter Jesaja). Dieser Teil des Jesajabuches enthält in loser Anordnung Heils- und Gerichtsworte. Besonders hervorzuheben sind die Verheißung für die Fremden (56,1–8), die Mahnung zur wahren Frömmigkeit (58,1–14), das leuchtende Bild von der Gottesstadt (Kap. 60 und 62), das Gebet zu Gott, unserem Vater, in Gestalt einer Volksklage (63,7 – 64,11). Mit dem Blick auf den neuen Himmel und die neue Erde (Kap. 66) schließt das Jesajabuch.

Unter den Funden von Qumran befand sich eine vollständig erhaltene Jesaja-Handschrift aus dem 2. Jahrhundert v. Chr. Sie ist damit etwa tausend Jahre älter als die meisten bisher bekannten hebräischen Handschriften des Alten Testaments.

I. TEIL
DER ERSTE JESAJA (PROTOJESAJA): 1,1 – 39,8

WORTE ÜBER JUDA UND JERUSALEM AUS DER FRÜHZEIT DES PROPHETEN: 1,1 – 12,6

Einleitung

1 Vision des Jesaja, des Sohnes des Amoz, über Juda und Jerusalem, die er zu der Zeit hatte, als Usija, Jotam, Ahas und Hiskija Könige von Juda waren.

1: Mi 1,1

Die Untreue des Volkes

2 Hört, ihr Himmel! Erde, horch auf! / Denn der Herr spricht:
Ich habe Söhne großgezogen und emporgebracht, / doch sie sind von mir abgefallen.
3 Der Ochse kennt seinen Besitzer / und der Esel die Krippe seines Herrn;
Israel aber hat keine Erkenntnis, / mein Volk hat keine Einsicht.
4 Weh dem sündigen Volk, der schuldbeladenen Nation, / der Brut von Verbrechern, den verkommenen Söhnen!
Sie haben den Herrn verlassen, / den Heiligen Israels haben sie verschmäht / und ihm den Rücken gekehrt.

2: 23,4 • 3: Lk 2,16 • 4: 30,9

Die Folgen der Sünde

5 Wohin soll man euch noch schlagen? / Ihr bleibt ja doch abtrünnig.
Der ganze Kopf ist wund, / das ganze Herz ist krank:
6 Vom Kopf bis zum Fuß kein heiler Fleck, / nur Beulen, Striemen und frische Wunden,
sie sind nicht ausgedrückt, nicht verbunden, / nicht mit Öl gelindert.
7 Euer Land ist verödet, / eure Städte sind niedergebrannt.
Fremde verzehren vor euren Augen den Ertrag eurer Äcker; / verödet wie das zerstörte Sodom ist euer Land.

8 Die Tochter Zion steht verlassen da / wie eine
Hütte im Weinberg, / wie eine Wächterhütte im
Gurkenfeld / [wie eine belagerte Stadt].
9 Hätte der Herr der Heere nicht einen Rest für uns
übrig gelassen, / wir wären wie Sodom geworden, /
wir glichen Gomorra.

8: 24,20 • 9: Gen 19,1–29

Der falsche und der wahre Gottesdienst

10 Hört das Wort des Herrn, ihr Herrscher von
Sodom! / Vernimm die Weisung unseres Gottes,
du Volk von Gomorra!
11 Was soll ich mit euren vielen Schlachtopfern?, /
spricht der Herr.
Die Widder, die ihr als Opfer verbrennt, / und das
Fett eurer Rinder habe ich satt; / das Blut der
Stiere, der Lämmer und Böcke ist mir zuwider.
12 Wenn ihr kommt, um mein Angesicht zu schauen – / wer hat von euch verlangt, dass ihr meine
Vorhöfe zertrampelt?
13 Bringt mir nicht länger sinnlose Gaben, /
Rauchopfer, die mir ein Gräuel sind.
Neumond und Sabbat und Festversammlung – /
Frevel und Feste – ertrage ich nicht.
14 Eure Neumondfeste und Feiertage / sind mir in
der Seele verhasst,
sie sind mir zur Last geworden, / ich bin es müde,
sie zu ertragen.
15 Wenn ihr eure Hände ausbreitet, / verhülle ich
meine Augen vor euch.
Wenn ihr auch noch so viel betet, / ich höre es
nicht. / Eure Hände sind voller Blut.
16 Wascht euch, reinigt euch! / Lasst ab von eurem
üblen Treiben! / Hört auf, vor meinen Augen Böses
zu tun!
17 Lernt, Gutes zu tun! / Sorgt für das Recht!
Helft den Unterdrückten! / Verschafft den Waisen
Recht, / tretet ein für die Witwen!

11: Am 5,21–23 • 17: Am 5,24

Der Rechtsstreit Gottes mit seinem Volk

18 Kommt her, wir wollen sehen, / wer von uns
Recht hat, / spricht der Herr.
Wären eure Sünden auch rot wie Scharlach, / sie
sollen weiß werden wie Schnee.
Wären sie rot wie Purpur, / sie sollen weiß werden
wie Wolle.
19 Wenn ihr bereit seid zu hören, / sollt ihr den
Ertrag des Landes genießen.
20 Wenn ihr aber trotzig seid und euch weigert, /
werdet ihr vom Schwert gefressen. / Ja, der Mund
des Herrn hat gesprochen.

Das Gericht über Jerusalem

21 Ach, sie ist zur Dirne geworden, die treue Stadt. /
Einst war dort das Recht in voller Geltung,
die Gerechtigkeit war dort zu Hause, / jetzt aber
herrschen die Mörder.
22 Dein Silber wurde zu Schlacke, / dein Wein ist
verwässert.
23 Deine Fürsten sind Aufrührer / und eine Bande
von Dieben,
alle lassen sich gerne bestechen / und jagen Geschenken nach.
Sie verschaffen den Waisen kein Recht, / die Sache
der Witwen gelangt nicht vor sie.
24 Darum – Spruch Gottes, des Herrn der Heere, /
des Starken Israels:
Weh meinen Gegnern, / ich will Rache nehmen an
ihnen, / mich rächen an meinen Feinden.
25 Ich will meine Hand gegen dich wenden, / deine
Schlacken will ich mit Lauge ausschmelzen, / all
dein Blei schmelze ich aus.
26 Ich will dir wieder Richter geben wie am Anfang / und Ratsherrn wie zu Beginn.
Dann wird man dich die Burg der Gerechtigkeit
nennen, / die treue Stadt.
27 Zion wird durch das Recht gerettet, / wer dort
umkehrt, durch die Gerechtigkeit.
28 Doch alle Abtrünnigen und Sünder werden zerschmettert. / Wer den Herrn verlässt, wird vernichtet.
29 Ihr werdet in Schande stürzen / wegen der Eichen, die euch gefallen,
und werdet euch schämen / wegen der (heiligen)
Haine, die ihr so gern habt.
30 Ihr werdet wie eine Eiche, deren Blätter verwelken, / und wie ein Garten, dessen Wasser versiegt
ist.
31 Dann wird der Starke zu Werg / und sein Tun
zum zündenden Funken;
beide verbrennen zusammen / und niemand kann
löschen.

22: Ez 22,18 • 25: Ez 22,18f; Mal 3,3; Spr 25,4 • 29: 65,3

Jerusalem als Mittelpunkt des messianischen Reiches

2 Das Wort, das Jesaja, der Sohn des Amoz, in einer Vision über Juda und Jerusalem gehört hat.
2 Am Ende der Tage wird es geschehen:
Der Berg mit dem Haus des Herrn / steht fest gegründet als höchster der Berge;
er überragt alle Hügel. / Zu ihm strömen alle Völker.
3 Viele Nationen machen sich auf den Weg. / Sie sagen: Kommt,
wir ziehen hinauf zum Berg des Herrn / und zum Haus des Gottes Jakobs.
Er zeige uns seine Wege, / auf seinen Pfaden wollen wir gehen.
Denn von Zion kommt die Weisung des Herrn, / aus Jerusalem sein Wort.
4 Er spricht Recht im Streit der Völker, / er weist viele Nationen zurecht.
Dann schmieden sie Pflugscharen aus ihren Schwertern / und Winzermesser aus ihren Lanzen.
Man zieht nicht mehr das Schwert, Volk gegen Volk, / und übt nicht mehr für den Krieg.
5 Ihr vom Haus Jakob, kommt, / wir wollen unsere Wege gehen im Licht des Herrn.

2 || Mi 4,1–3 • 3: 51,4 • 4: Joël 4,10

Der Tag Jahwes

6 Ja, du hast dein Volk, das Haus Jakob, verstoßen; / denn es ist voll von Zauberern und Wahrsagern wie das Volk der Philister / und überflutet von Fremden.
7 Sein Land ist voll Silber und Gold, / zahllos sind seine Schätze.
Sein Land ist voll von Pferden, / zahllos sind seine Wagen.
8 Sein Land ist voll von Götzen. / Alle beten das Werk ihrer Hände an, / das ihre Finger gemacht haben.
9 Doch die Menschen müssen sich ducken, / jeder Mann muss sich beugen. / Verzeih ihnen nicht!
10 Verkriech dich im Felsen, / verbirg dich im Staub vor dem Schrecken des Herrn / und seiner strahlenden Pracht!
11 Da senken sich die stolzen Augen der Menschen, / die hochmütigen Männer müssen sich ducken, / der Herr allein ist erhaben an jenem Tag.
12 Denn der Tag des Herrn der Heere kommt / über alles Stolze und Erhabene, / über alles Hohe – es wird erniedrigt –,
13 über alle hoch ragenden Zedern des Libanon / und alle Eichen des Baschan,
14 über alle hohen Berge und alle stattlichen Hügel,
15 über jeden hohen Turm und jede steile Mauer,
16 über alle Tarschisch-Schiffe / und die kostbaren Segler.
17 Die stolzen Menschen müssen sich ducken, / die hochmütigen Männer sich beugen, / der Herr allein ist erhaben an jenem Tag.
18 Die Götzen aber schwinden alle dahin.
19 Verkriecht euch in Felshöhlen und Erdlöchern / vor dem Schrecken des Herrn
und vor seiner strahlenden Pracht, / wenn er sich erhebt, um die Erde zu erschrecken.
20 An jenem Tag nimmt jeder seine silbernen und goldenen Götzen, / die er gemacht hat, um sie anzubeten, / und wirft sie den Fledermäusen und Ratten hin;
21 und man wird sich in den Spalten und Höhlen der Felsen verkriechen / vor dem Schrecken des Herrn
und vor seiner strahlenden Pracht, / wenn er sich erhebt, um die Erde zu erschrecken.
22 [Lasst doch ab vom Menschen; / in seiner Nase ist nur ein Lufthauch. / Was bedeutet er schon?]

7: 31,1 • 9: 2,11.17; 5,15 • 10: 2,19.21 • 11: 2,9.17; 5,15 • 13: Sach 11,2 • 14: 30,25 • 16: Ps 48,8 • 17: 2,9.11; 5,15 • 19: 2,10 • 21: 2,10

Die Beseitigung der führenden Schichten

3 Seht, Gott, der Herr der Heere, / nimmt Jerusalem und Juda jede Stütze und Hilfe
[jede Unterstützung mit Brot / und jede Unterstützung mit Wasser]:
2 den Helden und Krieger, / den Richter und den Propheten, / den Wahrsager und den Ältesten,
3 den Hauptmann, den Höfling, den Ratsherrn, / den weisen Zauberer und den klugen Beschwörer.
4 Ich mache junge Burschen zu ihren Fürsten. / Willkür soll über sie herrschen.
5 Dann bedrängt im Volk einer den andern / und jeder bedrängt seinen Nächsten.

Die Jungen sind frech zu den Alten, / die Geringen
zu den geachteten Männern.
6 Dann fasst einer im Haus seines Vaters / den Bru-
der am Arm und sagt:
Du hast noch einen Mantel, / du musst unser
Anführer sein. / Sei der Herr dieser Trümmer!
7 Der aber wird an jenem Tag schreien: / Ich bin
doch kein Arzt
und in meinem Haus gibt es kein Brot / und es gibt
keinen Mantel. / Macht mich nicht zum Führer des
Volkes!
8 Ja, Jerusalem stürzt und Juda fällt; / denn ihre
Worte und ihre Taten richten sich gegen den
Herrn, / sie trotzen den Augen seiner Majestät.
9 Ihre frechen Gesichter klagen sie an, / wie Sodom
reden sie ganz offen von ihren Sünden. / Weh
ihnen, sie bereiten sich selber ihr Unglück.
10 Wohl dem Gerechten, denn ihm geht es gut; / er
wird die Frucht seiner Taten genießen.
11 Weh dem Frevler, ihm geht es schlecht; / denn
was er selber getan hat, das wird man ihm antun.
12 Mein Volk – seine Herrscher sind voller Will-
kür, / Wucherer beherrschen das Volk.
Mein Volk, deine Führer führen dich in die Irre, /
sie bringen dich ab vom richtigen Weg.
13 Der Herr steht bereit, um Recht zu sprechen; / er
steht da, um sein Volk zu richten.
14 Der Herr geht ins Gericht / mit den Ältesten und
den Fürsten seines Volkes:
Ihr, ihr habt den Weinberg geplündert; / eure Häu-
ser sind voll von dem, was ihr den Armen geraubt
habt.
15 Wie kommt ihr dazu, mein Volk zu zerschla-
gen? / Ihr zermalmt das Gesicht der Armen – /
Spruch des Herrn der Heere.

1: Lev 26,26 • 4: Koh 10,16 • 12: 9,15 • 15: Am 2,6–8

Die hochmütigen Frauen von Jerusalem

16 Der Herr sprach: Weil die Töchter Zions
hochmütig sind, ihre Hälse recken und mit ver-
führerischen Blicken daherkommen, immerzu
trippelnd daherstolzieren und mit ihren Fußspan-
gen klirren, 17 darum wird der Herr den Scheitel
der Töchter Zions mit Schorf bedecken und ihre
Schläfen kahl werden lassen. 18 An jenem Tag wird
ihnen der Herr ihren Schmuck wegnehmen: die
Fußspangen, die kleinen Sonnen und Monde,
19 die Ohrgehänge und Armkettchen, die Schleier
20 und Turbane, die Fußkettchen und die Pracht-
gürtel, die Riechfläschchen und die Amulette,
21 die Fingerringe und Nasenreife, 22 die Festkleider
und Umhänge, die Umschlagtücher und Täsch-
chen 23 und die Spiegel, die feinen Schleier, die
Schals und Kopftücher.
24 Dann habt ihr Moder statt Balsam, / Strick statt
Gürtel, Glatze statt kunstvolle Locken,
Trauergewand statt Festkleid, / ja, Schande statt
Schönheit.
25 Deine Männer sterben durchs Schwert, / deine
jungen Krieger fallen im Kampf.
26 Zions Tore ächzen und klagen; / ausgeplündert
sitzt es am Boden.
4 An jenem Tag klammern sich sieben Frauen
an einen einzigen Mann und sagen: Wir wol-
len unser eigenes Brot essen und uns selber klei-
den, nur lass uns deinen Namen tragen, nimm die
Schande von uns!

3,16: 32,9–14

Die Rettung der Übriggebliebenen

2 An jenem Tag wird, was der Herr sprossen lässt,
für alle Israeliten, die entronnen sind, eine Zierde
und Ehre sein; die Früchte des Landes sind ihr
Stolz und Ruhm. 3 Dann wird der Rest von Zion
und wer in Jerusalem noch übrig ist, heilig ge-
nannt werden, jeder, der in Jerusalem in das Ver-
zeichnis derer, die am Leben bleiben sollen, einge-
tragen ist. 4 Wenn der Herr durch den Sturm des
Gerichts und den Sturm der Läuterung von den
Töchtern Zions den Kot abgewaschen und aus
Jerusalems Mitte die Blutschuld weggespült hat,
5 dann kommt er und über dem ganzen Gebiet des
Berges Zion und seinen Festplätzen erscheint bei
Tag eine Wolke und bei Nacht Rauch und eine
strahlende Feuerflamme. Denn über allem liegt als
Schutz und Schirm die Herrlichkeit des Herrn;
6 sie spendet bei Tag Schatten vor der Hitze und ist
Zuflucht und Obdach bei Unwetter und Regen.

5: Ex 13,21f

Das Lied vom Weinberg

5 Ich will ein Lied singen von meinem gelieb-
ten Freund, / ein Lied vom Weinberg meines
Liebsten.

Mein Freund hatte einen Weinberg / auf einer
fruchtbaren Höhe.
2 Er grub ihn um und entfernte die Steine / und
bepflanzte ihn mit den edelsten Reben.
Er baute mitten darin einen Turm / und hieb eine
Kelter darin aus.
Dann hoffte er, / dass der Weinberg süße Trauben
brächte, / doch er brachte nur saure Beeren.
3 Nun sprecht das Urteil, Jerusalems Bürger und
ihr Männer von Juda, / im Streit zwischen mir und
dem Weinberg!
4 Was konnte ich noch für meinen Weinberg tun, /
das ich nicht für ihn tat?
Warum hoffte ich denn auf süße Trauben? /
Warum brachte er nur saure Beeren?
5 Jetzt aber will ich euch kundtun, / was ich mit
meinem Weinberg mache:
Ich entferne seine schützende Hecke; / so wird er
zur Weide.
Seine Mauer reiße ich ein; / dann wird er zertrampelt.
6 Zu Ödland will ich ihn machen. / Man soll seine
Reben nicht schneiden / und soll ihn nicht hacken;
Dornen und Disteln werden dort wuchern. / Ich
verbiete den Wolken, ihm Regen zu spenden.
7 Ja, der Weinberg des Herrn der Heere / ist das
Haus Israel
und die Männer von Juda sind die Reben, / die er
zu seiner Freude gepflanzt hat.
Er hoffte auf Rechtsspruch – / doch siehe da:
Rechtsbruch,
und auf Gerechtigkeit – / doch siehe da: Der
Rechtlose schreit.

1–7: Mt 21,33–43 • 2: 27,2–4; Jer 2,21 • 6: 7,23–25

Sechs Weherufe über das trotzige Israel

8 Weh euch, die ihr Haus an Haus reiht / und Feld
an Feld fügt,
bis kein Platz mehr da ist / und ihr allein im Land
ansässig seid.
9 Meine Ohren hören das Wort des Herrn der Heere: / Wahrhaftig, alle eure Häuser sollen veröden.
So groß und schön sie auch sind: / Sie sollen unbewohnt sein.
10 Ein Weinberg von zehn Morgen bringt nur ein
Bat Wein, / ein Hómer Saatgut bringt nur ein Efa
Korn.
11 Weh euch, die ihr schon früh am Morgen / hinter dem Bier her seid
und sitzen bleibt bis spät in die Nacht, / wenn euch
der Wein erhitzt.
12 Bei ihren Gelagen spielt man Zither und Harfe, /
Pauken und Flöten;
aber was der Herr tut, beachten sie nicht, / was
seine Hände vollbringen, sehen sie nicht.
13 Darum muss mein Volk in die Verbannung; /
denn es hat keine Erkenntnis.
Seine Reichen sterben vor Hunger, / die Masse der
Armen verschmachtet vor Durst.
14 Darum sperrt die Unterwelt ihren Rachen auf, /
maßlos weit reißt sie ihr Maul auf,
sodass des Volkes Pracht und Reichtum hinabfährt, / der ganze lärmende, johlende Haufen.
15 Die Menschen müssen sich ducken, / jeder Mann
muss sich beugen, / die stolzen Augen werden sich
senken.
16 Doch der Herr der Heere ist erhaben, / wenn er
Gericht hält,
durch seine Gerechtigkeit / erweist der heilige Gott
sich als heilig.
17 Dann grasen dort Lämmer wie auf der Weide, /
in den Ruinen weiden fette Schafe.
18 Weh euch, die ihr die Strafe wie mit Ochsenstricken herbeizieht / und die Sünde wie mit
Wagenseilen.
19 Ihr sagt: Was er tun will, das tue er schnell; / er
soll sich beeilen, damit wir es sehen;
was der Heilige Israels plant, treffe bald ein; / wir
wollen es wissen.
20 Weh denen, die das Böse gut und das Gute böse
nennen, / die die Finsternis zum Licht und das
Licht zur Finsternis machen, / die das Bittere süß
und das Süße bitter machen.
21 Weh denen, die in ihren eigenen Augen weise
sind / und sich selbst für klug halten.
22 Weh denen, die Helden sind, / wenn es gilt, Wein
zu trinken, / und tapfer, wenn es gilt, starke Getränke zu brauen,
23 die den Schuldigen für Bestechungsgeld freisprechen / und dem Gerechten sein Recht vorenthalten.
24 Darum: Wie des Feuers Zunge die Stoppeln
frisst / und wie das Heu in der Flamme zusammensinkt,

so soll ihre Wurzel verfaulen / und ihre Blüte wie
Staub aufgewirbelt werden.
Denn sie haben die Weisung des Herrn der Heere
von sich gewiesen / und über das Wort des Heili-
gen Israels gelästert.

9: 6,11 • 12: Ijob 21,12; Am 6,5f • 14: Hab 2,5 • 15: 2,9.11.17 •
21: Spr 3,7; Röm 12,16 • 23: Ex 23,7f; Spr 17,15 • 24: Joël 2,5;
Ijob 18,16

Die Ankündigung der assyrischen Invasion

25 Darum entbrennt der Zorn des Herrn gegen sein
Volk; / er streckt seine Hand aus gegen das Volk
und schlägt zu.
Da erzittern die Berge / und die Leichen liegen auf
den Gassen wie Abfall.
Doch bei all dem lässt sein Zorn nicht nach, / seine
Hand bleibt ausgestreckt.
26 Er stellt ein Feldzeichen auf / für ein Volk in der
Ferne,
er pfeift es herbei vom Ende der Erde / und schon
kommen sie eilig heran.
27 Kein Müder ist unter ihnen, keiner, der stolpert, /
keiner, der einnickt und schläft.
Bei keinem löst sich der Gürtel von den Hüften, /
noch reißt ein Schuhriemen ab.
28 Ihre Pfeile sind scharf, / alle ihre Bogen gespannt.
Die Hufe ihrer Pferde sind hart wie Kiesel, / die
Räder sausen dahin wie der Sturm.
29 Es ist ein Lärm wie das Brüllen des Löwen, / wie
wenn ein Junglöwe brüllt.
Er knurrt und packt seine Beute, / er schleppt sie
fort / und niemand reißt sie ihm weg.
30 Und es dröhnt über ihnen an jenem Tag / wie das
Brausen des Meeres.
Wohin man blickt auf der Erde: / nur Finsternis
voller Angst; / das Licht ist durch Wolken verdun-
kelt.

26: Jer 5,15; Jes 7,18 • 30: 8,22

Die Berufung des Propheten

6 Im Todesjahr des Königs Usija sah ich den
Herrn. Er saß auf einem hohen und erhabe-
nen Thron. Der Saum seines Gewandes füllte den
Tempel aus. 2 Serafim standen über ihm. Jeder
hatte sechs Flügel: Mit zwei Flügeln bedeckten sie
ihr Gesicht, mit zwei bedeckten sie ihre Füße und
mit zwei flogen sie. 3 Sie riefen einander zu:
Heilig, heilig, heilig ist der Herr der Heere. / Von
seiner Herrlichkeit ist die ganze Erde erfüllt.
4 Die Türschwellen bebten bei ihrem lauten Ruf
und der Tempel füllte sich mit Rauch.
5 Da sagte ich: Weh mir, ich bin verloren. Denn ich
bin ein Mann mit unreinen Lippen und lebe mit-
ten in einem Volk mit unreinen Lippen und meine
Augen haben den König, den Herrn der Heere,
gesehen. 6 Da flog einer der Serafim zu mir; er trug
in seiner Hand eine glühende Kohle, die er mit
einer Zange vom Altar genommen hatte. 7 Er be-
rührte damit meinen Mund und sagte:
Das hier hat deine Lippen berührt: Deine Schuld
ist getilgt, / deine Sünde gesühnt.
8 Danach hörte ich die Stimme des Herrn, der
sagte: Wen soll ich senden? Wer wird für uns ge-
hen? Ich antwortete: Hier bin ich, sende mich! 9 Da
sagte er:
Geh und sag diesem Volk: / Hören sollt ihr, hören,
aber nicht verstehen. / Sehen sollt ihr, sehen, aber
nicht erkennen.
10 Verhärte das Herz dieses Volkes, / verstopf ihm
die Ohren, / verkleb ihm die Augen,
damit es mit seinen Augen nicht sieht / und mit
seinen Ohren nicht hört,
damit sein Herz nicht zur Einsicht kommt / und
sich nicht bekehrt und nicht geheilt wird.
11 Ich fragte: Wie lange, Herr? / Er antwortete:
Bis die Städte verödet sind und unbewohnt, / die
Häuser menschenleer, / bis das Ackerland zur
Wüste geworden ist.
12 Der Herr wird / die Menschen weit weg treiben; /
dann ist das Land leer und verlassen.
13 Bleibt darin noch ein Zehntel übrig – / auch sie
werden schließlich vernichtet,
wie bei einer Eiche oder Terebinthe, / von der nur
der Stumpf bleibt, wenn man sie fällt. [Ihr Stumpf
ist heiliger Same.]

9: Mt 13,14f par; Joh 12,39–41; Apg 28,25–27 • 11: 5,9

Die Weissagung über den Immanuel

7 In der Zeit, als Ahas, der Sohn Jotams, des
Sohnes Usijas, König von Juda war, zogen
Rezin, der König von Aram, und Pekach, der Sohn
Remaljas, der König von Israel, gegen Jerusalem in
den Krieg; aber sie konnten die Stadt nicht einneh-
men. 2 Als man dem Haus David meldete: Aram

„Darum wird euch der Herr von sich aus ein Zeichen geben: Seht, die Jungfrau wird ein Kind empfangen, sie wird einen Sohn gebären und sie wird ihm den Namen Immanuel (Gott mit uns) geben.“ (Jesaja 7,14)

Christnacht, 1903–05

Öl auf Leinwand, 95 x 95,5 cm
Lienz, Museum der Stadt Lienz Schloss Bruck, Inv.Nr. AEL 27

Die Anbetung des Jesuskindes durch die Hirten spielt sich im Dunkel des Stalles ab. Maria beugt sich über das Wickelkind, rechts drängen sich Hirten in hockender und gebeugter Haltung zusammen. Die Laterne mit dem Kerzenlicht taucht die Szene in eine „magische“ Lichterscheinung. Die Klangfarbe einer fast monochromen, nur durch die Lichtreflexe belebten Raumbühne ist wohl eine Erinnerung an Rembrandts „Die Anbetung der Hirten“ in der Alten Pinakothek in München, die Albin Egger-Lienz während seiner Münchenzeit gesehen hat. „Die Christnacht ist so zart bewegt, dass der Betrachter in das Miterleben der hohen Stunde wie in etwas Gegenwärtiges eingehüllt wird“ (Curt H. Weigelt). Für das Jesuskind dient dem Künstler sein am 17. Jänner 1903 geborener Sohn Fred als Modell.

„Das Volk, das im Dunkel lebt, sieht ein helles Licht; über denen, die im Land der Finsternis wohnen, strahlt ein Licht auf. ... Denn wie am Tag von Midian zerbrichst du das drückende Joch, das Tragholz auf unserer Schulter und den Stock des Treibers. Jeder Stiefel, der dröhnend daherstampft, jeder Mantel, der mit Blut befleckt ist, wird verbrannt, wird ein Fraß des Feuers. Denn uns ist ein Kind geboren, ein Sohn ist uns geschenkt. Die Herrschaft liegt auf seiner Schulter; ...“ (Jesaja 9,1.3–5)

Die Mütter, 1922/1923

Öl auf Leinwand, 141 x 201 cm
bezeichnet links unten: EGGER=LIENZ 1922
Innsbruck, Tiroler Landesmuseum Ferdinandeum, Inv.Nr. Gem 1296

Das Gemälde vermittelt die triste Situation nach den Wirren des Krieges. Die Frauen sind allein zurückgelassen, die Männer im Krieg gefallen. Nur im Zeichen des Gekreuzigten ist die Existenz des Lebens gewahrt. Albin Egger-Lienz hat in expressivem Konzept inmitten der drei Frauen das Kreuz überdimensional in den Raum gespannt. Als Symbol der Überwindung des Todes ist es im Gemälde existent. Auch das Wickelkind in den Händen der jungen Frau deutet trotz der Alltagsnot auf das Leben.

hat sich mit Efraim verbündet!, da zitterte das
Herz des Königs und das Herz seines Volkes, wie
die Bäume des Waldes im Wind zittern. [3] Der Herr
aber sagte zu Jesaja: Geh zur Walkerfeldstraße hi-
naus, zusammen mit deinem Sohn Schear-Jaschub
(Ein Rest kehrt um), an das Ende der Wasserlei-
tung des oberen Teiches, um Ahas zu treffen. [4] Sag
zu ihm: Bewahre die Ruhe, fürchte dich nicht!
Dein Herz soll nicht verzagen wegen dieser beiden
Holzscheite, dieser rauchenden Stummel, wegen
des glühenden Zorns Rezins von Aram und des
Sohnes Remaljas. [5] Zwar planen Aram, Efraim und
der Sohn Remaljas Böses gegen dich und sagen:
[6] Wir wollen gegen Juda ziehen, es an uns reißen
und für uns erobern; dann wollen wir den Sohn
Tabeals dort zum König machen. [7] Doch so spricht
Gott, der Herr:
Das kommt nicht zustande, / das wird nicht ge-
schehen.
[8] Denn das Haupt von Aram ist Damaskus / und
das Haupt von Damaskus ist Rezin.
Noch fünfundsechzig Jahre, dann wird Efraim zer-
schlagen, / es wird aufhören, ein Volk zu sein.
[9] Das Haupt von Efraim ist Samaria / und das
Haupt von Samaria ist der Sohn Remaljas. / Glaubt
ihr nicht, so bleibt ihr nicht.
[10] Der Herr sprach noch einmal zu Ahas; er sagte:
[11] Erbitte dir vom Herrn, deinem Gott, ein Zei-
chen, sei es von unten, aus der Unterwelt, oder
von oben, aus der Höhe. [12] Ahas antwortete: Ich
will um nichts bitten und den Herrn nicht auf
die Probe stellen. [13] Da sagte Jesaja: Hört her, ihr
vom Haus David! Genügt es euch nicht, Men-
schen zu belästigen? Müßt ihr auch noch mei-
nen Gott belästigen? [14] Darum wird euch der Herr
von sich aus ein Zeichen geben: Seht, die Jungfrau
wird ein Kind empfangen, sie wird einen Sohn
gebären und sie wird ihm den Namen Immanuel
(Gott mit uns) geben. [15] Er wird Butter und Honig
essen bis zu der Zeit, in der er versteht, das Böse
zu verwerfen und das Gute zu wählen. [16] Denn
noch bevor das Kind versteht, das Böse zu verwer-
fen und das Gute zu wählen, wird das Land ver-
ödet sein, vor dessen beiden Königen dich das
Grauen packt. [17] Der Herr wird Tage kommen
lassen über dich und dein Volk und das Haus
deines Vaters [durch den König von Assur], wie
man sie nicht mehr erlebt hat, seit Efraim von Juda
abgefallen ist.
[18] An jenem Tag wird der Herr den Fliegen an den
Mündungen des Nil in Ägypten pfeifen und den
Bienen im Land Assur, [19] und alle kommen und
lassen sich nieder in den Schluchten und Felsspal-
ten, in allen Hecken und an allen Wasserstellen.
[20] An jenem Tag wird der Herr mit dem Messer, das
er jenseits des Eufrat gekauft hat [mit dem König
von Assur], euch den Kopf kahl scheren und die
Schamhaare abrasieren; auch den Bart schneidet
er ab.
[21] An jenem Tag wird ein Mann nur eine junge Kuh
und ein paar Schafe halten. [22] Aber sie werden so
viel Milch geben, dass man Butter essen kann. Ja,
Butter und Honig essen alle, die im Land übrig
geblieben sind.
[23] An jenem Tag wird jedes Grundstück, auf dem
jetzt tausend Weinstöcke im Wert von tausend Sil-
berstücken stehen, voll von Dornen und Disteln
sein. [24] Nur mit Pfeil und Bogen geht man dorthin;
denn das ganze Land ist voll von Dornen und
Disteln. [25] Aus Angst vor den Dornen und Disteln
geht man auf keinen von all den Bergen mehr, die
man jetzt noch mit der Hacke bearbeitet. Man
treibt die Rinder dorthin und lässt die Schafe dort
weiden.

1: 2 Kön 16,5–9 • 3: 36,2 • 9: 28,16; 30,15; 2 Chr 20,20 • 14: Mt 1,23;
Lk 1,31; Mi 5,2 • 16: 8,4 • 18: 5,26

Die Geburt eines Sohnes des Propheten

8 Der Herr sagte zu mir: Nimm eine große
Tafel und schreib darauf mit einem gewöhn-
lichen Griffel: Maher-Schalal-Hasch-Bas (Schnelle
Beute – Rascher Raub). [2] Und ich nahm mir zuver-
lässige Zeugen, den Priester Urija und Secharja,
den Sohn Jeberechjas. [3] Dann ging ich zu der Pro-
phetin und sie wurde schwanger und gebar einen
Sohn. Da sagte der Herr zu mir: Gib ihm den
Namen Maher-Schalal-Hasch-Bas! [4] Denn noch
bevor der Knabe »Vater« und »Mutter« sagen
lernt, wird man den Reichtum von Damaskus und
die Beute von Samaria dem König von Assur vo-
rantragen.

4: 7,16

Warnung vor Unglauben und Untreue

[5] Weiter sagte der Herr zu mir: [6] Weil dieses Volk die ruhig dahinfließenden Wasser von Schiloach verachtet und vor Rezin und dem Sohn Remaljas verzagt, [7] darum wird der Herr die gewaltigen und großen Wasser des Eufrat [den König von Assur und seine ganze Macht] über sie dahinfluten lassen. Und der Fluss wird alle seine Kanäle überfluten und über alle Ufer treten. [8] Auch auf Juda wird er übergreifen, er wird es überfluten und überschwemmen, bis er den Leuten an den Hals reicht. Die Ausläufer seiner Fluten bedecken weit und breit dein Land, Immanuel.

[9] Tobt, ihr Völker! Ihr werdet doch zerschmettert. / Horcht auf, ihr Enden der Erde!
Rüstet nur! Ihr werdet doch zerschmettert. / Rüstet! Ihr werdet zerschmettert.

[10] Macht nur Pläne! Sie werden vereitelt. / Was ihr auch sagt, es kommt nicht zustande. / Denn »Gott ist mit uns«.

[11] Denn so sprach der Herr, als seine Hand mich packte und er mich davon abhielt, auf dem Weg dieses Volkes zu gehen:

[12] Nennt nicht alles Verschwörung, / was dieses Volk Verschwörung nennt.
Was es fürchtet, sollt ihr nicht fürchten; / wovor es erschrickt, davor sollt ihr nicht erschrecken.

[13] Den Herrn der Heere sollt ihr heilig halten; / vor ihm sollt ihr euch fürchten, / vor ihm sollt ihr erschrecken.

[14] Er wird das Heiligtum sein für die beiden Reiche Israels: / der Stein, an dem man anstößt, / der Felsen, an dem man zu Fall kommt.
Eine Schlinge und Falle wird er sein / für alle, die in Jerusalem wohnen.

[15] Viele stolpern darüber, / sie fallen und zerschellen; / sie verstricken und verfangen sich.

[16] Ich will diese Warnung sorgfältig bewahren / und die Lehre in meinen Jüngern wie mit einem Siegel verschließen.

[17] Ich will auf den Herrn warten, / der jetzt sein Angesicht vor dem Haus Jakob verhüllt, / auf ihn will ich hoffen.

[18] Seht, ich und die Kinder, / die der Herr mir geschenkt hat, wir sind in Israel ein (warnendes) Zeichen, / ein Mahnmal vom Herrn der Heere, / der auf dem Berg Zion wohnt.

[19] Wenn man euch sagt: Befragt die Totengeister und Zauberkundigen, die flüstern und murmeln!, (dann erwidert:) Soll ein Volk nicht lieber seinen Gott befragen? Warum soll man für die Lebenden die Toten befragen? [20] Lehre und Warnung: Wer nicht so denkt, für den gibt es kein Morgenrot. [21] Er wandert umher, verdrossen und hungrig. Und wenn er hungert, dann wird er wütend und er verflucht seinen König und seinen Gott. Er blickt nach oben [22] und blickt zur Erde; aber überall sieht er nur Not, Finsternis und beängstigendes Dunkel. Doch die Finsternis wird verscheucht; [23] denn wer jetzt in Not ist, bleibt nicht im Dunkel.
Einst hat er das Land Sebulon und das Land Naftali verachtet, aber später bringt er die Straße am Meer wieder zu Ehren, das Land jenseits des Jordan, das Gebiet der Heiden.

12: 1 Petr 3,14f • 14: Röm 9,32f • 15: 28,13 • 18: Hebr 2,13 • 22: 5,30 • 23: Mt 4,13–16

Die Verheißung der Geburt des göttlichen Kindes

9 Das Volk, das im Dunkel lebt, / sieht ein helles Licht;
über denen, die im Land der Finsternis wohnen, / strahlt ein Licht auf.

[2] Du erregst lauten Jubel / und schenkst große Freude.
Man freut sich in deiner Nähe, / wie man sich freut bei der Ernte, / wie man jubelt, wenn Beute verteilt wird.

[3] Denn wie am Tag von Midian zerbrichst du das drückende Joch, / das Tragholz auf unserer Schulter und den Stock des Treibers.

[4] Jeder Stiefel, der dröhnend daherstampft, / jeder Mantel, der mit Blut befleckt ist, / wird verbrannt, wird ein Fraß des Feuers.

[5] Denn uns ist ein Kind geboren, / ein Sohn ist uns geschenkt.
Die Herrschaft liegt auf seiner Schulter; / man nennt ihn: Wunderbarer Ratgeber, Starker Gott, / Vater in Ewigkeit, Fürst des Friedens.

[6] Seine Herrschaft ist groß / und der Friede hat kein Ende.
Auf dem Thron Davids herrscht er über sein Reich; / er festigt und stützt es durch Recht und Gerechtigkeit, / jetzt und für alle Zeiten.

Der leidenschaftliche Eifer des Herrn der Heere /
wird das vollbringen.

1: 60,2 • 3: 10,27; 14,25; Ri 7

Die Ankündigung des Strafgerichts über Israel

7 Der Herr hat ein Wort gegen Jakob geschleudert, /
es fiel in Israel nieder.
8 Das ganze Volk sollte zur Einsicht kommen, /
Efraim und wer in Samaria wohnt, / alle, die
hochmütig prahlten:
9 Die Ziegelmauern sind gefallen, / jetzt bauen wir
mit Quadern; / die Maulbeerbäume hat man ge-
fällt, / jetzt pflanzen wir Zedern.
10 Da stachelte der Herr Jakobs Gegner auf / und
hetzte seine Feinde gegen ihn,
11 Aram im Osten, die Philister im Westen, / und
sie fraßen Israel mit gierigem Maul.
Doch bei all dem lässt sein Zorn nicht nach, / seine
Hand bleibt ausgestreckt.
12 Aber das Volk kehrte nicht um zu dem, der es
schlug; / sie suchten den Herrn der Heere nicht.
13 Da schnitt der Herr dem Volk Israel den Kopf
und den Schwanz ab, / Palmzweig und Binse am
selben Tag:
14 Die Ältesten und Vornehmen, sie sind der Kopf; /
der Schwanz sind die Propheten, die Lügen ver-
künden.
15 Die Führer dieses Volks sind Verführer; / wer
sich von ihnen führen lässt, / wird in die Irre gelei-
tet.
16 Deshalb verschont der Herr weder die Männer, /
noch hat er mit den Witwen und Waisen Erbar-
men.
Denn alle sind ruchlos und böse; / aus jedem
Mund kommt verruchtes Geschwätz.
Doch bei all dem lässt sein Zorn nicht nach, / seine
Hand bleibt ausgestreckt.
17 Denn ihre Bosheit loderte auf wie ein Feuer, / das
Dornen und Disteln verzehrt.
Es entzündete das Dickicht des Waldes, / sodass es
in Rauchschwaden aufging.
18 Der Zorn des Herrn der Heere versengte das
Land; / das Volk wurde ein Raub der Flammen. /
Keiner verschonte den andern:
19 Man fraß rechts und blieb hungrig, / man fraß
links und wurde nicht satt. / Jeder fraß seinen
Nachbarn.
20 Manasse fraß Efraim und Efraim Manasse / und
beide zusammen fraßen Juda.
Doch bei all dem lässt sein Zorn nicht nach, / seine
Hand bleibt ausgestreckt.

11: 9,16.20; 5,25 • 13: 19,15 • 15: 3,12

Ein Wehruf über die ungerechten Richter

10 Weh denen, die unheilvolle Gesetze erlas-
sen / und unerträgliche Vorschriften ma-
chen,
2 um die Schwachen vom Gericht fern zu halten /
und den Armen meines Volkes ihr Recht zu rau-
ben,
um die Witwen auszubeuten / und die Waisen aus-
zuplündern.
3 Was wollt ihr tun, wenn die Strafe naht, / wenn
das Unwetter von fern heraufzieht?
Zu wem wollt ihr flüchten, um Hilfe zu finden, /
wo euren Reichtum verstecken?
4 Ihr werdet euch unter Gefangenen (am Boden)
krümmen / und werdet unter Erschlagenen liegen.
Doch bei all dem lässt sein Zorn nicht nach, / seine
Hand bleibt ausgestreckt.

Die Androhung der Vernichtung Assurs

5 Weh Assur, dem Stock meines Zorns! / Es ist der
Knüppel in meiner wütenden Hand.
6 Gegen ein ruchloses Volk schicke ich ihn, / auf die
Nation, der ich zürne, lasse ich ihn los,
damit er Beute erbeutet und raubt wie ein Räu-
ber, / sie zertritt wie den Staub auf den Straßen.
7 Doch Assur stellt es sich nicht so vor, / sein Herz
plant es anders,
es hat nur Vernichtung im Sinn, / die Ausrottung
nicht weniger Völker.
8 Denn es sagt: Ist nicht jeder meiner Fürsten ein
König? / 9 Ging es nicht Kalne genau so wie Kar-
kemisch, / Hamat wie Arpad, Samaria wie Damas-
kus?
10 Wie meine Hand die Königreiche der Götter
erobert hat, / deren Götterbilder die von Jerusa-
lem und Samaria übertrafen,
11 wie ich es mit Samaria und seinen Göttern
gemacht habe, / so mache ich es auch mit Jerusa-
lem und seinen Göttern.
12 Wenn der Herr sein Werk auf dem Berg Zion
und in Jerusalem vollendet hat, dann straft er das

hochmütige Gebaren und die dreiste Überheb-
lichkeit des Königs von Assur; 13 denn er hat gesagt:
Das alles habe ich mit meiner starken Hand / und
mit meiner Weisheit vollbracht; / denn ich bin klug.
Die Grenzen zwischen den Völkern habe ich auf-
gehoben, / ihre Schätze geplündert, / wie ein Held
habe ich die Könige vom Thron gestoßen.
14 Wie man in ein Nest greift, so griff meine Hand /
nach dem Reichtum der Völker.
Wie man verlassene Eier sammelt, / so habe ich alle
Länder der Erde gesammelt.
Da war keiner, der mit den Flügeln schlug, / kei-
ner, der den Schnabel aufriss und piepste.
15 Prahlt denn die Axt gegenüber dem, der mit ihr
hackt, / oder brüstet die Säge sich vor dem, der mit
ihr sägt?
Das wäre, wie wenn der Stock den Mann schwingt,
der ihn hochhebt, / oder wie wenn der Knüppel
den hochhebt, der nicht aus Holz ist.
16 Darum schickt Gott, der Herr der Heere, / den
feisten Männern (von Assur) die Schwindsucht.
Er entfacht ein Feuer unter Assurs Pracht, / ein
loderndes Feuer.
17 Israels Licht wird zum Feuer, / sein Heiliger wird
zur Flamme.
Sie brennt und verzehrt die Dornen und Disteln
von Assur / an einem einzigen Tag.
18 Seinen herrlichen Wald, seinen fruchtbaren Gar-
ten, / mit Stumpf und Stiel vernichtet er ihn; / es
ist, wie wenn ein Kranker dahinsiecht.
19 Von den Bäumen in seinem Wald / bleiben nur
wenige übrig, / selbst ein Kind kann sie zählen.
20 An jenem Tag wird Israels Rest – und wer vom
Haus Jakob entkommen ist – sich nicht mehr auf
den stützen, der ihn schlägt, sondern er stützt sich
in beständiger Treue auf den Herrn, auf den Hei-
ligen Israels.
21 Ein Rest kehrt um zum starken Gott, / ein Rest
von Jakob.
22 Israel, wenn auch dein Volk so zahlreich ist / wie
der Sand am Meer – / nur ein Rest von ihnen kehrt
um.
Die Vernichtung ist beschlossen, / die Gerechtig-
keit flutet heran.
23 Ja, Gott, der Herr der Heere, vollstreckt auf der
ganzen Erde die Vernichtung, die er beschlossen
hat.
24 Darum – so spricht Gott, der Herr der Heere:
Fürchte dich nicht, mein Volk, das auf dem Berg
Zion wohnt, vor Assur, das dich mit dem Stock
schlägt und das seinen Knüppel gegen dich erhebt
wie einst die Ägypter. 25 Nur noch ganz kurze Zeit,
dann wird mein grimmiger Zorn sie völlig ver-
nichten, 26 dann schwingt der Herr der Heere über
sie die Peitsche, wie einst, als er Midian am Raben-
fels schlug. Er erhebt seinen Stab über das Meer
wie einst in Ägypten.
27 An jenem Tag fällt Assurs Last von deiner Schul-
ter, / sein Joch wird von deinem Nacken genom-
men.
28 Assur zieht von Rimmon herauf, / rückt gegen
Aja vor,
marschiert durch Migron / und lässt seinen Tross
in Michmas zurück.
29 Sie passieren den Pass und übernachten in Ge-
ba./ Rama erschrickt und es flieht Gibea-Saul.
30 Lass deine Stimme gellen, Tochter Gallim! / Lau-
sche, Lajescha! Anatot, antworte ihr!
31 Madmena flüchtet, / die Bewohner von Gebim
ergreifen die Flucht.
32 Heute noch wird er in Nob Stellung beziehen /
und seine Hand drohend gegen den Berg der
Tochter Zion erheben, / gegen Jerusalems Hügel.
33 Seht, Gott, der Herr der Heere, / schlägt mit
schrecklicher Gewalt die Zweige ab.
Die mächtigen Bäume werden gefällt / und alles,
was hoch ist, wird niedrig.
34 Das Dickicht des Waldes wird mit dem Eisen
gerodet, / der Libanon fällt durch die Hand eines
Mächtigen.

9: 36,18–20; 2 Kön 18,34f • 15: Röm 9,20f • 21: Röm 9,27f •
26: Ri 7,25; Ex 14,16.26 • 27: 9,3; 14,25

Die Ankündigung des messianischen Reiches

11 Doch aus dem Baumstumpf Isais wächst
ein Reis hervor, / ein junger Trieb aus sei-
nen Wurzeln bringt Frucht.
2 Der Geist des Herrn lässt sich nieder auf ihm: /
der Geist der Weisheit und der Einsicht,
der Geist des Rates und der Stärke, / der Geist der
Erkenntnis und der Gottesfurcht.
3 [Er erfüllt ihn mit dem Geist der Gottesfurcht.] /
Er richtet nicht nach dem Augenschein / und nicht
nur nach dem Hörensagen entscheidet er,

4 sondern er richtet die Hilflosen gerecht / und ent-
scheidet für die Armen des Landes, wie es recht ist.
Er schlägt den Gewalttätigen / mit dem Stock sei-
nes Wortes
und tötet den Schuldigen / mit dem Hauch seines
Mundes.
5 Gerechtigkeit ist der Gürtel um seine Hüften, /
Treue der Gürtel um seinen Leib.
6 Dann wohnt der Wolf beim Lamm, / der Panther
liegt beim Böcklein.
Kalb und Löwe weiden zusammen, / ein kleiner
Knabe kann sie hüten.
7 Kuh und Bärin freunden sich an, / ihre Jungen lie-
gen beieinander. / Der Löwe frisst Stroh wie das
Rind.
8 Der Säugling spielt vor dem Schlupfloch der Nat-
ter, / das Kind streckt seine Hand in die Höhle der
Schlange.
9 Man tut nichts Böses mehr / und begeht kein Ver-
brechen / auf meinem ganzen heiligen Berg;
denn das Land ist erfüllt von der Erkenntnis des
Herrn, / so wie das Meer mit Wasser gefüllt ist.
10 An jenem Tag wird es der Spross aus der Wurzel
Isais sein, / der dasteht als Zeichen für die Natio-
nen;
die Völker suchen ihn auf; / sein Wohnsitz ist
prächtig.
11 An jenem Tag wird der Herr seine Hand von
neuem erheben, / um den übrig gebliebenen Rest
seines Volkes zurückzugewinnen,
von Assur und Ägypten, von Patros und Kusch, /
von Elam, Schinar und Hamat / und von den In-
seln des Meeres.
12 Er stellt für die Völker ein Zeichen auf, / um die
Versprengten Israels wieder zu sammeln, / um die
Zerstreuten Judas zusammenzuführen von den
vier Enden der Erde.
13 Dann hört der Neid Efraims auf, / die Feinde
Judas werden vernichtet.
Efraim ist nicht mehr eifersüchtig auf Juda / und
Juda ist nicht mehr Efraims Feind.
14 Sie stoßen nach Westen vor wie im Flug, / den
Philistern in die Flanke; / vereint plündern sie die
Völker des Ostens aus.
Sie ergreifen Besitz von Edom und Moab, / die
Ammoniter müssen ihnen gehorchen.
15 Der Herr trocknet die Bucht des ägyptischen
Meeres aus; / er schwingt in glühendem Zorn seine
Faust gegen den Eufrat
und zerschlägt ihn in sieben einzelne Bäche, /
sodass man in Sandalen hindurchgehen kann.
16 So entsteht eine Straße für den Rest seines
Volkes, / der übrig gelassen wurde von Assur,
eine Straße, wie es sie für Israel gab, / als es aus
Ägypten heraufzog.

4: Ps 72,4; 2 Thess 2,8 • 6–7: 65,25 • 9: Hab 2,14 • 10: Röm 15,12

Das Danklied der Geretteten

12 An jenem Tag wirst du sagen: / Ich danke
dir, Herr.
Du hast mir gezürnt, / doch dein Zorn hat sich
gewendet / und du hast mich getröstet.
2 Ja, Gott ist meine Rettung; / ihm will ich ver-
trauen und niemals verzagen.
Denn meine Stärke und mein Lied ist der Herr. /
Er ist für mich zum Retter geworden.
3 Ihr werdet Wasser schöpfen voll Freude / aus den
Quellen des Heils.
4 An jenem Tag werdet ihr sagen: / Dankt dem
Herrn! Ruft seinen Namen an!
Macht seine Taten unter den Völkern bekannt, /
verkündet: Sein Name ist groß und erhaben!
5 Preist den Herrn; / denn herrliche Taten hat er
vollbracht; / auf der ganzen Erde soll man es wis-
sen.
6 Jauchzt und jubelt, ihr Bewohner von Zion; /
denn groß ist in eurer Mitte der Heilige Israels.

2: Ex 15,2; Ps 118,14

WORTE ÜBER EINZELNE VÖLKER: 13,1 – 23,18

Das Gericht über Babel: 13,1–14,23

Die Vernichtung Babels

13 Ausspruch über Babel – eine Vision, die
Jesaja, der Sohn des Amoz, hatte:
2 Stellt auf einem kahlen Berg ein Feldzeichen auf, /
erhebt die Stimme und ruft meine Helden her-
bei! Winkt mit der Hand: / Sie sollen einziehen
durch die Tore der Edlen.
3 Ich selbst habe meine heiligen Krieger aufgebo-
ten, / ich habe sie alle zusammengerufen,
meine hochgemuten, jauchzenden Helden, / da-
mit sie meinen Zorn vollstrecken.
4 Horch, es dröhnt im Gebirge / wie der Lärm von
zahllosen Menschen.
Horch, ganze Königreiche brausen heran, / viele
Völker kommen zusammen. / Der Herr der Heere
mustert die Truppen.
5 Sie kommen aus einem fernen Land, vom Ende
des Himmels: / der Herr und die Waffen seines
Zorns, / um das ganze Land zu verwüsten.
6 Schreit auf, denn der Tag des Herrn ist nahe; / er
kommt wie eine zerstörende Macht vom All-
mächtigen.
7 Da sinken alle Hände herab / und das Herz aller
Menschen verzagt.
8 Sie sind bestürzt; sie werden von Krämpfen und
Wehen befallen, / wie eine Gebärende winden sie
sich.
Einer starrt auf den andern, / wie Feuer glüht ihr
Gesicht.
9 Seht, der Tag des Herrn kommt, / voll Grausam-
keit, Grimm und glühendem Zorn;
dann macht er die Erde zur Wüste / und die Sün-
der vertilgt er.
10 Die Sterne und Sternbilder am Himmel / lassen
ihr Licht nicht mehr leuchten.
Die Sonne ist dunkel, schon wenn sie aufgeht, / der
Mond lässt sein Licht nicht mehr scheinen.
11 Dann bestrafe ich den Erdkreis für seine Verbre-
chen / und die Bösen für ihre Vergehen.
Dem Hochmut der Stolzen mache ich ein Ende /
und werfe die hochmütigen Tyrannen zu Boden.
12 Die Menschen mache ich seltener als Feingold, /
die Menschenkinder rarer als Golderz aus Ofir.
13 Dann wird der Himmel erzittern / und die Erde
beginnt an ihrem Ort zu wanken
wegen des Grimms des Herrn der Heere / am Tag
seines glühenden Zorns.
14 Wie aufgescheuchte Gazellen, / wie eine Schaf-
herde, die niemand zusammenhält,
so eilt dann jeder zu seinem Volk, / so flieht jeder
in sein Land.
15 Man sticht jeden nieder, dem man begegnet; /
wen man zu fassen bekommt, der fällt unter dem
Schwert.
16 Vor ihren Augen werden ihre Kinder zerschmet-
tert, / ihre Häuser geplündert, ihre Frauen ge-
schändet.
17 Seht, ich stachle die Meder gegen sie auf, / denen
das Silber nichts gilt / und das Gold nichts bedeu-
tet.
18 Ihre Bogen strecken die jungen Männer nieder; /
mit der Leibesfrucht haben sie kein Erbarmen, /
mit den Kindern kein Mitleid.
19 Wie es Sodom und Gomorra erging, / als Gott
sie zerstörte,
so wird es Babel ergehen, / dem Kleinod unter den
Königreichen, / dem Schmuckstück der stolzen
Chaldäer.
20 Für immer wird es unbewohnt sein, / bis zu den
fernsten Generationen / wird es nicht mehr besie-
delt.
Nicht einmal ein Beduine / schlägt dort sein Zelt
auf, / kein Hirt lässt seine Herde dort lagern.
21 Dort haben nur Wüstenhunde ihr Lager, / die
Häuser sind voller Eulen,
Strauße lassen sich dort nieder / und Böcke sprin-
gen umher.
22 Hyänen heulen in Babels Palästen, / in den Lust-
schlössern heulen Schakale
Die Zeit (seines Endes) steht nahe bevor, / Babels
(letzte) Tage verzögern sich nicht.

1–22: 21,1–10; 47,1–15; Jer 50f; Offb 17f • 5: Jer 50,25 • 6: Joël 1,15 • 10: Mt 24,29 • 15–16: 2 Kön 8,12; Hos 14,1; Ps 137,9 • 19: Jer 49,18 • 20: 34,10–15 • 21: 34,14; Jer 50,39

Das Spottlied auf den König von Babel

14 Der Herr wird mit Jakob Erbarmen haben
und Israel von neuem erwählen. Er wird
ihnen Ruhe gewähren in ihrer Heimat; Fremde
gesellen sich ihnen bei und schließen sich an das
Haus Jakob an. 2 Die Völker werden Israel nehmen
und in seine Heimat zurückführen und im Land
des Herrn wird das Haus Israel sie zu Leibeigenen
machen, zu Knechten und Mägden. Es wird die
gefangen halten, die es gefangen hielten, und wird
die unterdrücken, die es einst unterdrückten.
3 Und wenn der Herr dir dann Ruhe gewährt nach
deinen Leiden, deiner Unruhe und der harten
Knechtschaft, die du erdulden musstest, 4 dann
wirst du auf den König von Babel dieses Spottlied
singen:
Ach, der Unterdrücker fand sein Ende, / ein Ende
nahm die Not.
5 Der Herr hat die Knüppel der Frevler zerbro-
chen, / den Stock der Tyrannen,
6 der in seinem Zorn die Völker erschlug, / sie
schlug ohne Ende,
der die Völker in seiner Wut zertrat / und sie ver-
folgte ohne jedes Erbarmen.
7 Nun hat die ganze Welt Ruhe und Frieden, / man
bricht in Jubel aus.
8 Selbst die Zypressen und die Zedern des Liba-
non / machen sich über dich lustig:
Seit du am Boden liegst, kommt keiner mehr her, /
um uns zu fällen.
9 Das Totenreich drunten gerät in Erregung, /
wenn du hinabkommst.
Deinetwegen weckt es die Totengeister auf, / alle
Fürsten der Erde,
alle Könige der Völker lässt es aufstehen / von
ihren Thronen.
10 Sie alle rufen dir zu: / Auch du bist nun kraftlos
geworden wie wir, / jetzt bist du uns gleich.
11 Hinabgeschleudert zur Unterwelt ist deine
Pracht / samt deinen klingenden Harfen.
Auf Würmer bist du gebettet, / Maden sind deine
Decke.
12 Ach, du bist vom Himmel gefallen, / du strah-
lender Sohn der Morgenröte.
Zu Boden bist du geschmettert, / du Bezwinger der
Völker.
13 Du aber hattest in deinem Herzen gedacht: / Ich
ersteige den Himmel;
dort oben stelle ich meinen Thron auf, / über den
Sternen Gottes;
auf den Berg der (Götter-)versammlung setze ich
mich, / im äußersten Norden.
14 Ich steige weit über die Wolken hinauf, / um dem
Höchsten zu gleichen.
15 Doch in die Unterwelt wirst du hinabgeworfen, /
in die äußerste Tiefe.
16 Jeder, der dich sieht, starrt dich an, / er blickt
genau auf dich hin und denkt:
Ist das der Mann, der die Königreiche in Schrecken
versetzte, / der die Erde erbeben ließ,
17 der die Welt zur Wüste gemacht hat, / ihre Städte
zerstörte, / der die Gefangenen nicht nach Hause
entließ?
18 Alle Könige der Völker ruhen in Ehren, / jeder in
seinem Grab;
19 du aber wurdest hingeworfen ohne Begräbnis, /
wie ein verachteter Bastard.
Mit Erschlagenen bist du bedeckt, / die vom
Schwert durchbohrt sind, / wie ein zertretener
Leichnam.
Mit denen, die in steinerne Grüfte hinabsteigen, /
20 bist du nicht vereint im Grab.
Du hast dein eigenes Land zugrunde gerichtet, /
hingemordet dein eigenes Volk;
darum soll man die Namen der Nachkommen die-
ses Verbrechers / niemals mehr nennen.
21 Richtet eine Schlachtbank her für seine Söhne /
wegen der Sünden des Vaters,
damit sie sich niemals wieder erheben und die
Welt erobern / und den Erdkreis mit Städten erfül-
len.

1: 61,5 • 11: Am 5,23 • 13: Jer 51,53

Die völlige Verwüstung Babels

22 Ich will mich gegen Babel erheben – Spruch des
Herrn der Heere –, mit Stumpf und Stiel will ich
seinen Namen und Samen vernichten – Spruch
des Herrn. 23 Ich mache es zum Platz für die Eulen
und zu einem sumpfigen Teich, mit meinem ver-
nichtenden Besen fege ich es hinweg – Spruch des
Herrn der Heere.

22: Ijob 18,19 • 23: 34,11

Das Gericht über andere Völker:
14,24 – 21,17

Die Ankündigung der Vernichtung des assyrischen Heeres

24 Der Herr der Heere hat geschworen: / Wie ich es
erdacht habe, so wird es geschehen; / wie ich es
plante, so wird es auch kommen.
25 In meinem eigenen Land will ich Assur zer-
schmettern, / ich will es auf meinen Bergen zer-
treten.
Dann wird sein Joch von ihnen genommen / und
seine Last fällt von ihrer Schulter.
26 Das ist der Plan, der für die ganze Erde beschlos-
sen ist, / das ist die Hand, die über alle Völker aus-
gestreckt ist.
27 Denn der Herr der Heere hat es beschlossen. /
Wer kann es vereiteln?
Seine Hand ist ausgestreckt. / Wer will sie zurück-
biegen?

25: 9,3; 10,27

Die Ankündigung des Gerichts über die Philister

28 Im Todesjahr des Königs Ahas erging folgender
Ausspruch:
29 Freu dich nicht, Land der Philister, / weil der
Stock zerbrochen ist, der dich schlug;
denn aus der Schlange geht wie aus einer Wurzel
eine Natter hervor / und ihre Frucht ist ein flie-
gender Drache.
30 Auf meiner Wiese weiden die Schwachen, / dort
leben die Armen in Sicherheit;
deine Wurzeln aber lasse ich verhungern, / den
Rest von dir werde ich erschlagen.
31 Schreit auf, ihr Tore, jammere, o Stadt, / verzage,
Land der Philister!
Denn von Norden kommt Rauch / und keiner ent-
fernt sich aus den Reihen des Heeres.
32 Was gibt man den Gesandten der Völker zur
Antwort?
Der Herr hat Zion gegründet,
die Armen seines Volkes finden dort ihre Zuflucht.

29: 30,6

Ankündigung des Gerichts über Moab

15 Ausspruch über Moab:
Über Nacht wurde Ar verwüstet, / ging
Moab zugrunde.
Über Nacht wurde Kir verwüstet, / ging Moab
zugrunde.
2 Die Tochter Dibon steigt zu den Kulthöhen hi-
nauf, / um dort zu klagen.
Über Nebo und Medeba jammert Moab. / Jeder
Kopf ist kahl geschoren, / alle Bärte hat man abge-
schnitten.
3 Auf den Gassen geht man in Trauergewändern, /
alle weinen auf den Dächern und Plätzen / und
zerfließen in Tränen.
4 Heschbon schreit und Elale, / bis nach Jahaz ist
ihre Stimme zu hören.
Darum zittern die Krieger von Moab, / ihre Seele
verzagt.
5 Mein Herz schreit auf wegen Moab; / bis nach
Zoar fliehen die Menschen [bis Eglat-Scheli-
schija].
Die Steige von Luhit steigt man weinend hinauf. /
Auf dem Weg nach Horonajim schreien die Leute
über das Unglück.
6 Die Quellen von Nimrim versiegen; / das Gras ist
verwelkt;
verdorrt sind die Wiesen; / alles Grün ist ver-
schwunden.
7 Darum schleppen sie ihre letzte Habe / und ihre
Vorräte über den Weidenbach fort.
8 Überallhin dringt das Klagegeschrei, / bis an die
Grenzen von Moab.
Bis nach Eglajim hört man das Jammern, / man
hört es bis Beer-Elim.
9 Voll Blut sind die Bäche von Dibon. / Doch ich
bringe über Dibon noch größeres Unglück:
Löwen über die aus Moab Entronnenen, / über
den Rest von Adama.
16 Schickt Lämmer für den Herrscher des
Landes / von Sela durch die Wüste zum
Berg der Tochter Zion!
2 Wie flüchtende Vögel, aus dem Nest ver-
scheucht, / so sind die Töchter Moabs an den Fur-
ten des Arnon.
3 Mach einen Plan, triff eine Entscheidung! / Wie
die Nacht breite deinen Schatten aus am helllich-
ten Tag,

versteck die Verjagten, / verrate die Flüchtigen nicht!

4 Lass die Flüchtlinge Moabs bei dir verweilen; / versteck sie bei dir vor ihrem Verfolger!

Ist der Unterdrücker beseitigt, / der Verfolger vernichtet / und sind die Eroberer aus dem Land verschwunden,

5 dann wird durch (Gottes) Huld ein Thron errichtet; / darauf sitzt [im Zelt Davids] ein zuverlässiger Richter, / der das Recht sucht und die Gerechtigkeit fördert.

6 Wir haben von Moabs Stolz gehört – / es ist stolz über die Maßen –

von seinem Dünkel (haben wir gehört), / von seinem Stolz und Übermut, / und sein Geschwätz ist nicht wahr.

7 Darum jammert Moab laut um Moab, / alle jammern laut.

Den Traubenkuchen von Kir-Heres weinen sie nach; / sie sind ganz niedergeschlagen.

8 Denn die Pflanzungen von Heschbon sind verwelkt, / verwelkt ist der Weinstock von Sibma.

Die Herren der Völker haben seine Reben zertreten, / die bis Jaser reichten, bis in die Wüste hinaus sich verloren,

seine Ranken breiteten sich aus, / sie zogen sich hin bis zum Meer.

9 Darum weine ich, wie Jaser um dich weint, / Weinstock von Sibma; / ich benetze euch mit meinen Tränen, / Heschbon und Elale. / Es gibt bei euch keinen Jubel mehr / über Weinlese und Ernte;

10 verschwunden sind Freude und Jubelgeschrei / aus dem fruchtbaren Land; / in den Weinbergen jauchzt man nicht mehr / und jubelt nicht mehr.

Niemand stampft mehr in der Kelter die Trauben. / Verstummt ist das Jauchzen.

11 Darum jammert mein Herz um Moab wie eine Zither, / mein Inneres klagt um Kir-Heres.

12 Wenn aber Moab auf seiner Kulthöhe erscheint / und sich abmüht (mit Opfern),

wenn es in sein Heiligtum geht, um zu beten: / Es wird nichts erreichen.

13 Dieses Wort hat der Herr einst über Moab gesprochen.

14 Jetzt aber hat der Herr so gesprochen: In drei Jahren – drei Söldnerjahren – wird Moabs Macht und all seine Pracht ganz gering; was aber übrig bleibt, wird schwach und unansehnlich sein.

15,2: 16,12; Jer 48,37 • 3: Jer 48,38 • 4: Jer 48,34 • 5: Jer 48,4f • 16,1: 2 Kön 3,4 • 4: 29,20 • 5: 9,6; Jer 23,5 • 6: Jer 48,29–39 • 11: Jer 48,36 • 14: 21,16

Die Ankündigung des Gerichts über Damaskus und über das Nordreich Israel

17 Ausspruch über Damaskus. Seht hin: Damaskus verschwindet / und wird keine Stadt mehr sein, / es wird zu einem Haufen von Trümmern.

2 Die Städte um Aroër sind verlassen; / sie gehören den Herden, die dort ungestört lagern.

3 Mit dem Bollwerk von Efraim ist es zu Ende, / mit dem Königreich von Damaskus.

Dem Rest von Aram wird es gehen wie der Macht der Israeliten – / Spruch des Herrn der Heere.

4 An jenem Tag schrumpft Jakobs Macht zusammen, / das Fett seines Leibes schwindet dahin.

5 Dann wird es sein, wie wenn ein Schnitter die Halme packt / und mit seinem Arm die Ähren abmäht.

Dann wird es sein, wie wenn jemand Ähren aufliest / in der Rafaïterebene:

6 Nur ein Rest bleibt für die Nachlese übrig / wie beim Abernten der Ölbäume:

zwei, drei reife Oliven an den oberen Ästen des Baumes, / vier oder fünf an seinen Zweigen – / Spruch des Herrn, des Gottes Israels.

7 An jenem Tag werden die Menschen auf ihren Schöpfer blicken, / ihre Augen werden auf den Heiligen Israels schauen.

8 Sie blicken nicht mehr auf die Altäre, / das Machwerk ihrer Hände,

sie schauen nicht mehr auf das, was ihre Finger gemacht haben, / auf die Kultpfähle und die Räucheraltäre.

9 An jenem Tag sind deine befestigten Städte verlassen / wie die Städte der Hiwiter und Amoriter, die man verlassen hat aus Furcht vor den Israeliten; / es wird eine schaurige Öde entstehen.

10 Denn du hast den Gott, der dich rettet, vergessen; / an den Felsen, auf dem du Zuflucht findest, / hast du nicht mehr gedacht.

Leg nur liebliche Gärten an, / bepflanze sie mit Setzlingen aus der Fremde,

11 pfleg sie an dem Tag, an dem du sie pflanzt, / lass
sie wachsen an dem Morgen, an dem du sie säst:
Dahin ist die Ernte am Tag deiner Krankheit / und
des heillosen Schmerzes.

6: 24,13 • 8: 27,9

Der Wehruf über die Assyrer

12 Weh, welch Getöse von zahlreichen Völkern; /
wie das Tosen des Meeres, so tosen sie.
Man hört das Toben der Nationen; / wie das Toben
gewaltiger Fluten, so toben sie.
13 [Die Nationen toben wie das Toben gewaltiger
Fluten.] / Doch der Herr wird ihnen drohen, /
dann fliehen sie weit in die Ferne,
dahingejagt vom Wind wie die Spreu auf den Bergen, / wie Disteln, die der Sturm vor sich herrollt.
14 Am Abend herrscht plötzlich Schrecken, / doch
ehe es Morgen wird – verschwunden sind sie.
Das ist das Schicksal derer, die uns ausplündern
wollen, / das Los derer, die uns berauben wollen.

13: Ps 83,14

Ankündigung des Gerichts über Kusch

18 Weh dem Land der Heuschreckenschwärme / jenseits der Flüsse von Kusch.
2 Es schickt seine Boten aus auf dem Nil, / in Papy-
ruskähnen über das Wasser.
Geht, ihr schnellen Boten, / zu dem hoch gewachsenen Volk mit der glänzenden Haut,
zu der Nation, die man weit und breit fürchtet, /
zu dem Volk, das kraftvoll alles zertritt, / dessen
Land von den Flüssen durchschnitten wird.
3 Ihr Bewohner der Welt, ihr Bürger der Erde, / seht
alle hin,
wenn man das Zeichen aufstellt auf den Bergen, horcht alle auf, / wenn man das Widderhorn
bläst.
4 Denn so hat der Herr zu mir gesprochen: / Ich
will mir alles betrachten von meinem Platz aus,
unbewegt wie die glühende Hitze am Mittag, / wie
die Dunstwolken in der Hitze des Sommers.
5 Ja, noch vor der Ernte, wenn die Blüte vorbei ist /
und die Frucht zur Traube heranreift,
schneidet er die Reben ab mit dem Messer; / er entfernt die Triebe, er reißt sie ab.
6 Sie alle werden den Raubvögeln der Berge überlassen / und den wilden Tieren im Land.
Den Sommer über sitzen die Raubvögel darauf /
und im Winter sind dort die wilden Tiere.
7 In jener Zeit werden von dem hoch gewachsenen
Volk mit der glänzenden Haut dem Herrn der
Heere Geschenke gebracht, von der Nation, die
man weit und breit fürchtet, von dem Volk, das
kraftvoll alles zertritt, dessen Land von Flüssen
durchschnitten wird. Man bringt die Geschenke
an den Ort, wo der Name des Herrn der Heere
gegenwärtig ist: zum Berg Zion.

1: Dtn 28,42

Ankündigung des Gerichts über Ägypten

19 Ausspruch über Ägypten.
Seht, der Herr fährt auf einer leichten Wolke daher; / er kommt nach Ägypten.
Vor seinem Angesicht zittern die Götter Ägyptens, / den Ägyptern verzagt das Herz in der Brust.
2 Ich hetze Ägypter gegen Ägypter / und sie kämpfen gegeneinander:
Bruder gegen Bruder, Nachbar gegen Nachbar, /
Stadt gegen Stadt, Gau gegen Gau.
3 Der Geist Ägyptens gerät mitten in ihm in Verwirrung, / ich vereitle seine Pläne.
Dann befragen sie die Götter und die Zauberer, /
die Totengeister und die Gelehrten.
4 Doch ich gebe die Ägypter in die Gewalt eines
strengen Herrn, / ein harter König wird über sie
herrschen – / Spruch Gottes, des Herrn der Heere.
5 Das Wasser im Meer versiegt, / der Fluss trocknet
aus.
6 Die Kanäle Ägyptens verbreiten üble Gerüche, /
seicht und trocken sind die Arme des Nil, / Binsen
und Schilfrohr verwelken.
7 Das Riedgras am Nil, an der Mündung des Nil, /
alle Saaten am Nil sind vertrocknet, / sie sind verweht und dahin.
8 Die Fischer klagen und trauern, / alle, die ihre
Angel auswerfen im Nil.
Wer sein Netz im Wasser auslegen will, / ist bekümmert.
9 Wer Flachs anbaut, erntet Enttäuschung. / Die
Hechlerinnen und die Weber erblassen;
10 die Seiler sind niedergeschlagen; / alle Arbeiter
verlieren den Mut.
11 Die Fürsten von Zoan sind Narren; / was die
Weisen dem Pharao raten, ist Unsinn.

Wie könnt ihr zum Pharao sagen: / Ich bin der
Sohn eines Weisen, / der Sohn von königlichen
Ahnen?
12 Wo sind denn deine weisen Berater? / Sie sollen
dir sagen und erklären, / was der Herr der Heere
beschlossen hat über Ägypten.
13 Die Fürsten von Zoan sind dumm / und die
Fürsten von Memfis lassen sich täuschen. / Die
Führer der Stämme führen Ägypten in die Irre.
14 Der Herr hat ihnen einen Geist eingegossen, der
sie schwindlig macht, / sodass sie Ägypten in die
Irre führen bei allem, was es tut, / und es nun wie
ein Betrunkener taumelt, der sich erbricht.
15 So wird in Ägypten niemand mehr etwas voll-
bringen, / niemand, weder Kopf noch Schwanz, /
weder Palme noch Binse.
16 An jenem Tag werden die Ägypter wie die Wei-
ber sein: Sie erschrecken und zittern, wenn der
Herr der Heere seine Faust gegen sie schwingt.
17 Das Land Juda wird für Ägypten zum Schrecken
werden. Sooft man Judas Namen erwähnt, er-
schrickt Ägypten vor dem Plan, den der Herr der
Heere gegen Ägypten gefasst hat.
18 An jenem Tag werden fünf Städte in Ägypten die
Sprache Kanaans sprechen und beim Herrn der
Heere schwören. Eine von ihnen wird Ir-Heres
(Sonnenstadt) heißen. 19 An jenem Tag wird es für
den Herrn mitten in Ägypten einen Altar geben
und an Ägyptens Grenze wird ein Steinmal für den
Herrn aufgestellt. 20 Das wird ein Zeichen und
Zeugnis für den Herrn der Heere in Ägypten sein:
Wenn sie beim Herrn gegen ihre Unterdrücker
Klage erheben, wird er ihnen einen Retter schi-
cken, der für sie kämpft und sie befreit. 21 Der Herr
wird sich den Ägyptern offenbaren und die Ägyp-
ter werden an jenem Tag den Herrn erkennen; sie
werden ihm Schlachtopfer und Speiseopfer dar-
bringen, sie werden dem Herrn Gelübde ablegen
und sie auch erfüllen. 22 Der Herr wird die Ägyp-
ter zwar schlagen, er wird sie aber auch heilen:
Wenn sie zum Herrn umkehren, lässt er sich durch
ihre Bitte erweichen und heilt sie. 23 An jenem Tag
wird eine Straße von Ägypten nach Assur führen,
sodass die Assyrer nach Ägypten und die Ägypter
nach Assur ziehen können. Und Ägypten wird
zusammen mit Assur (dem Herrn) dienen. 24 An
jenem Tag wird Israel als Drittes dem Bund von
Ägypten und Assur beitreten, zum Segen für die
ganze Erde. 25 Denn der Herr der Heere wird sie
segnen und sagen: Gesegnet ist Ägypten, mein
Volk, und Assur, das Werk meiner Hände, und
Israel, mein Erbbesitz.

15: 9,13

Die Verschleppung der Ägypter und der Kuschiter

20 2 Der Herr hatte durch Jesaja, den Sohn
des Amoz gesprochen und gesagt: Geh, leg
dein Bußgewand ab und zieh deine Schuhe aus!
Jesaja hatte es getan und war nackt und barfuß
umhergegangen. In dem Jahr nun, in dem im Auf-
trag des Königs Sargon von Assur ein Feldherr
nach Aschdod kam, es belagerte und eroberte,
3 sagte der Herr: Dass mein Knecht Jesaja drei Jahre
lang nackt und barfuß umherging, ist ein (war-
nendes) Zeichen und Sinnbild für Ägypten und
Kusch: 4 So werden die gefangenen Ägypter und
die aus ihrer Heimat vertriebenen Kuschiter, Jung
und Alt, vom König von Assur nackt und barfuß
weggeführt – mit entblößtem Gesäß, zur Schande
Ägyptens. 5 Dann wird man erschrecken und sich
schämen, weil man nach Kusch Ausschau gehalten
und mit Ägypten geprahlt hat. 6 Und die Bewoh-
ner der Küstenstädte werden an jenem Tag sagen:
Seht, so geht es denen, nach denen wir Ausschau
hielten und zu denen wir flohen, um Hilfe und
Rettung vor dem König von Assur zu finden. Wie
können dann wir noch entkommen?

Erneute Ankündigung des Gerichts über Babel

21 Ausspruch über die Wüste am Meer: Wie
die Stürme im Negeb toben, / so kommt
Unheil aus der Wüste, / aus dem schaurigen Land.
2 Eine schreckliche Vision wurde mir gezeigt: / Der
Empörer empört sich, der Vernichter vernichtet.
Zieh herauf, Elam! / Medien, beginne mit der Bela-
gerung! / Ich mache allem Seufzen ein Ende.
3 Darum zittert mein ganzer Leib, / Krämpfe befal-
len mich / wie die Wehen eine gebärende Frau.
Ich bin betäubt von dem, was ich höre, / bestürzt
von dem, was ich sehe.
4 Mein Herz pocht wild, mich schüttelt ein Schau-
der. / Das ersehnte Dunkel des Abends macht der
Herr für mich zum Schrecken.

[5] Man deckt den Tisch, legt die Polster zurecht / und isst und trinkt. / Steht auf, ihr Fürsten, ölt euren Schild ein!
[6] Denn so hat der Herr zu mir gesagt: / Geh, stell einen Späher auf! / Was er sieht, soll er melden.
[7] Sieht er Wagen und Pferdegespanne, / einen Zug von Eseln, einen Zug von Kamelen, / soll er darauf achten, genau darauf achten.
[8] Der Späher rief: / Herr, den ganzen Tag stehe ich auf meinem Posten, / die ganze Nacht halte ich Wache.
[9] Seht, dort kommt ein Zug von Männern, dazu Pferdegespanne.
Und er begann zu rufen:
Gefallen ist Babel, gefallen, / und all seine Götterbilder hat man zu Boden geschmettert.
[10] Du mein zerschlagenes, zerdroschenes Volk! / Was ich hörte vom Herrn der Heere, / von Israels Gott, das verkünde ich euch.

2: 33,1 • 5: Dan 5 • 9: Jer 51,8; Offb 14,8; 18,2

Der Spruch über Edom

[11] Ausspruch über Edom. Aus Seïr ruft man mir zu: / Wächter, wie lange noch dauert die Nacht? / Wächter, wie lange noch dauert die Nacht?
[12] Der Wächter antwortet: / Es kommt der Morgen, es kommt auch die Nacht. / Wenn ihr fragen wollt, kommt wieder und fragt!

Die Ankündigung des Gerichts über Arabien

[13] Ausspruch über Arabien.
Übernachtet im Gebüsch, in der Steppe, / ihr Karawanen von Dedan!
[14] Bringt den Durstigen Wasser, / ihr Bewohner der Gegend von Tema! / Kommt den Fliehenden entgegen mit Brot!
[15] Denn sie sind vor den Schwertern geflohen, / vor dem gezückten Schwert,
vor dem gespannten Bogen, / vor dem schweren Kampf.
[16] Denn so hat der Herr zu mir gesagt: Noch ein Jahr – ein Söldnerjahr –, dann ist es mit der ganzen Macht Kedars zu Ende.
[17] Von den Bogenschützen in Kedar bleiben nur wenige übrig. Der Herr, der Gott Israels, hat gesprochen.

Das Gericht über Jerusalem: 22,1–25

Die unverbesserlichen Einwohner Jerusalems

22 Ausspruch über das Tal der Vision.
Was ist mit dir? / Warum sind deine Bewohner alle auf die Dächer gestiegen,
[2] du Stadt voll Lärm und Gedränge, / du fröhliche Burg?
Deine Toten wurden nicht vom Schwert getötet, / sie sind nicht im Krieg gefallen.
[3] Alle deine Anführer sind gemeinsam geflohen, / ohne einen einzigen Bogenschuss wurden sie gefangen;
alle, die man von dir noch fand, wurden gefesselt, / wenn sie auch noch so weit flohen.
[4] Darum sage ich: Blickt von mir weg, / ich weine in bitterem Schmerz.
Bemüht euch nicht, mich zu trösten / über die Misshandlung der Tochter, meines Volkes.
[5] Denn einen Tag der Bestürzung, der Verwüstung und Verwirrung / schickt Gott, der Herr der Heere.
Im Tal der Vision macht man gewaltigen Lärm / und stürmt mit Geschrei gegen den Berg an.
[6] Elam hat den Köcher umgehängt, / vor die Wagen Arams sind Pferde gespannt, / Kir hat den Schild aus der Hülle genommen.
[7] Deine herrlichen Täler füllten sich mit Wagen, / vor deinem Tor stellten sich die Reiter auf.
[8] So nahm er Juda jeden Schutz. / Ihr aber habt an jenem Tag nach euren Waffen im »Waldhaus« gesehen;
[9] ihr habt festgestellt, wie rissig die (Mauer der) Davidstadt war; / ihr habt im unteren Teich das Wasser gesammelt
[10] und habt Jerusalems Häuser gezählt; / ihr habt die Häuser abgerissen / und (mit den Steinen) die Mauer befestigt;
[11] ihr habt zwischen den beiden Mauern ein Becken angelegt, / um das Wasser des alten Teiches zu sammeln,
doch ihr habt nicht auf den geblickt, der alles bewirkt; / ihr habt nicht auf den geschaut, der alles aus der Ferne bestimmt.
[12] An jenem Tag befahl Gott, der Herr der Heere, zu weinen und zu klagen, / sich eine Glatze zu scheren und Trauergewänder zu tragen.
[13] Doch was sieht man: Freude und Frohsinn, /

Rindertöten und Schafeschlachten, / Fleischessen
und Weintrinken,
(und ihr sagt:) Lasst uns essen und trinken, / denn
morgen sind wir tot.
14 Der Herr der Heere hat mir offenbart: / Diese
Schuld wird euch bis zu eurem Tod nicht verge-
ben, / spricht Gott, der Herr der Heere.

1: 22,5 • 5: 22,1 • 11: 2 Kön 20,20; Sir 48,17 • 13: 1 Kor 15,32

Die Absetzung Schebnas

15 So spricht Gott, der Herr der Heere: Auf, geh zu
dem Verwalter hier, zu Schebna, dem Palastvorste-
her, 16 und sag: Wie kommst du dazu und wer bist
du denn, dass du dir hier ein Grab aushauen
lässt? – Da lässt er sich hoch oben ein Grab aus-
hauen, im Felsen sich eine Wohnung ausmeißeln! –
17 Gib Acht, der Herr wird dich in hohem Bogen
wegschleudern. 18 Er wird dich zu einem Knäuel
zusammenwickeln und wie einen Ball in ein ge-
räumiges Land rollen. Dort wirst du sterben; dort-
hin kommen dann deine Prunkwagen, du Schand-
fleck im Haus deines Herrn. 19 Ich verjage dich aus
deinem Amt, ich vertreibe dich von deinem Posten.

15: 36,3.11.22

Die Einsetzung Eljakims

20 An jenem Tag werde ich meinen Knecht Eljakim,
den Sohn Hilkijas, berufen. 21 Ich bekleide ihn mit
deinem Gewand und lege ihm deine Schärpe um.
Ich übergebe ihm dein Amt und er wird für die
Einwohner Jerusalems und für das Haus Juda ein
Vater sein. 22 Ich lege ihm den Schlüssel des Hau-
ses David auf die Schulter. Wenn er öffnet, kann
niemand schließen; wenn er schließt, kann nie-
mand öffnen. 23 Ich schlage ihn an einer festen
Stelle als Pflock ein; er wird in seinem Vaterhaus
den Ehrenplatz einnehmen.
24 Wenn sich aber all die vielen Mitglieder seines
Vaterhauses mit Kindern und Kindeskindern an
ihn hängen, alle die Kännchen, die Töpfe und
Krüge, 25 an jenem Tag – Spruch des Herrn der
Heere – wird der Pflock, den man an der festen
Stelle eingeschlagen hat, nachgeben. Er wird he-
rausbrechen und herunterfallen, sodass alles zer-
bricht, was an ihm aufgehängt war. Wahrhaftig,
der Herr hat gesprochen.

22: Mt 16,19; Offb 3,7

Das Gericht über Tyrus und Sidon

23 Ausspruch über Tyrus.
Jammert, ihr Tarschisch-Schiffe; / denn
euer Hafen wurde zerstört.
Bei der Heimfahrt aus dem Land der Kittäer /
wurde es ihnen bekannt.
2 Verstummt, ihr Bewohner der Küste, / ihr Kauf-
leute von Sidon,
die ihr über das Meer fahrt / und deren Boten das
große Wasser überqueren.
3 Die Saaten am Fluss, die Ernten am Nil brachten
reichen Ertrag; / Sidon wurde zum Handelsplatz
für die Völker.
4 Schäme dich, Sidon; / denn zu dir sagt das Meer
[die Festung am Meer]:
Ich lag nicht in Wehen und habe nicht geboren /
und ich zog weder Söhne noch Töchter groß.
5 Wenn das die Ägypter erfahren, / zittern sie wie
einst bei der Nachricht aus Tyrus.
6 Fahrt nach Tarschisch hinüber; / jammert, ihr
Bewohner der Küste!
7 Ist das eure fröhliche Stadt, / in den Tagen der
Vorzeit gegründet, / die Stadt, die ihre Siedler aus-
sandte in weiteste Fernen?
8 Wer hat das über Tyrus beschlossen, / das einst
Kronen verschenkte,
dessen Kaufleute wie Fürsten auftraten / und des-
sen Händler die vornehmsten Herren der Erde
waren?
9 Der Herr der Heere hat beschlossen, / die ganze
Pracht zuschanden zu machen / und den Stolz
aller vornehmen Herren der Erde zu brechen.
10 Bebau dein Land [wie am Nil], Tochter Tar-
schisch, / es gibt keinen Hafen mehr.
11 Der Herr hat seine Hand ausgestreckt über das
Meer, / er hat die Königreiche erschüttert.
Er hat den Befehl erlassen, / Kanaans Burgen in
Trümmer zu legen.
12 Er sagte: Nie mehr sollst du fröhlich sein, / Toch-
ter Sidon, du vergewaltigte Jungfrau.
Steh auf, fahr zu den Kittäern – / auch dort findest
du keine Ruhe.
13 [Denn die Chaldäer waren das Volk – nicht Assur
ist es gewesen –, die Sidon zum Aufenthalt der
Wüstentiere machen wollten. Sie stellten ihre Be-
lagerungstürme auf, zerstörten die Paläste und
machten sie zu einem Trümmerhaufen.]

14 Jammert, ihr Tarschisch-Schiffe, / denn euer Ha-
fen wurde zerstört.
15 Dann wird Tyrus siebzig Jahre lang – solange wie
ein König lebt – vergessen sein. Nach siebzig Jah-
ren aber wird es Tyrus gehen, wie es im Lied von
der Dirne heißt:
16 Nimm die Zither, / durchstreife die Stadt, / ver-
gessene Dirne!
Spiele schön / und singe viel, / damit man an dich
denkt.
17 Nach siebzig Jahren wird sich der Herr wieder
um Tyrus kümmern: Die Stadt wird wieder ihren
Dirnenlohn erhalten und mit allen Königreichen
der Welt, die es auf Erden gibt, Unzucht treiben.
18 Aber ihr Gewinn und ihr Dirnenlohn wird dem
Herrn als heilige Gabe gehören. Er wird nicht
angesammelt und gehortet, sondern wird denen,
die in der Nähe des Herrn wohnen, als reiche Nah-
rung und prächtige Kleidung dienen.

1: 23,14; 2,16 • 4: 1,2 • 8: Offb 18,23 • 14: 23,1; 2,16 • 17: Offb 17,2

DIE JESAJA-APOKALYPSE: 24,1 – 27,13

Die Ankündigung des Weltgerichts

24 Seht her! Der Herr verheert und verwüstet
die Erde; / er verändert ihr Gesicht / und
zerstreut ihre Bewohner.
2 Dann geht es dem Laien wie dem Priester, / dem
Knecht wie dem Herrn,
der Magd wie der Herrin, / dem Käufer wie dem
Verkäufer,
dem Gläubiger wie dem Schuldner, / dem, der aus-
leiht, wie dem, der leiht.
3 Verheert wird die Erde, verheert, / geplündert
wird sie, geplündert. / Ja, der Herr hat es gesagt.
4 Die Erde welkt, sie verwelkt, / die Welt zerfällt, sie
verwelkt, / Himmel und Erde zerfallen.
5 Die Erde ist entweiht durch ihre Bewohner; /
denn sie haben die Weisungen übertreten,
die Gesetze verletzt, / den ewigen Bund gebro-
chen. 6 Darum wird ein Fluch die Erde zerfres-
sen; / ihre Bewohner haben sich schuldig ge-
macht.
Darum schwinden die Bewohner der Erde dahin, /
nur wenige Menschen werden übrig gelassen.
7 Der Wein ist dahin, die Rebe verwelkt; / alle, die
einst so heiter waren, seufzen und stöhnen.
8 Verstummt ist der fröhliche Klang der Trom-
meln, / der Lärm der Übermütigen ist zu Ende, /
verstummt ist der fröhliche Klang der Zither.
9 Man trinkt keinen Wein mehr bei frohem Ge-
sang, / das Bier der Zecher ist bitter geworden.
10 Die öde Stadt liegt in Trümmern, / alle Häuser
sind für den Zutritt verschlossen.
11 Auf den Gassen jammern die Leute: / Es gibt kei-
nen Wein mehr!
Jede Freude ist verschwunden, / aller Jubel hat die
Erde verlassen.
12 Von der Stadt blieben nur noch Ruinen, / auch
das Tor wurde zertrümmert.
13 Dann ist es unter den Völkern auf der Erde, / wie
wenn man Oliven abschlägt, / wie bei der Nach-
lese, wenn die Ernte vorbei ist.
14 Sie beginnen zu jubeln, / sie preisen die Größe
des Herrn.
Jauchzt, ihr im Westen, 15 / ehrt den Herrn, ihr im
Osten!
Und ihr auf den Inseln im Meer, / preist den Na-
men des Herrn, des Gottes Israels!
16 Von den äußersten Enden der Erde hören wir
Lieder: / Preis dem Gerechten!
Ich aber sage: / Weh mir! Elend, Elend kommt über
mich.
Treulose handeln treulos, / ja, die Treulosen bre-
chen die Treue.
17 Grauen, Grube und Garn warten auf euch, / ihr
Bewohner der Erde.
18 Wer dem Lärm des Grauens entflieht, / fällt in
die Grube.
Wer aus der Grube entkommt, / fängt sich im
Garn.
Die Schleusen hoch droben werden geöffnet, / die
Fundamente der Erde werden erschüttert.
19 Die Erde birst und zerbirst, / die Erde bricht und
zerbricht, / die Erde wankt und schwankt.
20 Wie ein Betrunkener taumelt die Erde, / sie
schwankt wie eine wacklige Hütte.
Ihre Sünden lasten auf ihr; / sie fällt und kann sich
nicht mehr erheben.

21 An jenem Tag wird der Herr hoch droben / das
Heer in der Höhe zur Rechenschaft ziehen / und
auf der Erde die Könige der Erde.
22 Sie werden zusammengetrieben / und in eine
Grube gesperrt;
sie werden ins Gefängnis geworfen / und nach
einer langen Zeit wird er sie strafen.
23 Dann muss der Mond sich schämen, / muss die
Sonne erbleichen.
Denn der Herr der Heere ist König auf dem Berg
Zion und in Jerusalem, / er offenbart seinen Ältes-
ten seine strahlende Pracht.

4: 33,9; Jer 12,4; 23,10; Am 1,2 • 5: Jer 3,2.9 • 13: 17,6 • 17: Jer 48,43f • 20: 1,8 • 23: 60,19

Der Dank für den Untergang der feindlichen Stadt

25 Herr, du bist mein Gott, / ich will dich
rühmen und deinen Namen preisen.
Denn du hast wunderbare Pläne verwirklicht, /
von fern her zuverlässig und sicher.
2 Du hast die Stadt zu einem Steinhaufen ge-
macht, / die starke Burg zu einem Trümmerfeld,
die Paläste der Fremden zu einem verwüsteten
Ort, / den man in Ewigkeit nicht mehr aufbaut.
3 Darum ehren dich mächtige Völker; / vor dir
fürchten sich die Städte der gewalttätigen Natio-
nen.
4 Du bist die Zuflucht der Schwachen, / die Zu-
flucht der Armen in ihrer Not;
du bietest ihnen ein Obdach bei Regen und
Sturm / und Schatten bei glühender Hitze.
Denn der Sturm der Gewaltigen ist wie ein Re-
genguss im Winter, / wie die Hitze im trockenen
Land.
5 Du bringst den Lärm der Fremden zum Schwei-
gen, / wie ein Wolkenschatten die Hitze mildert, /
das Lied der Gewaltigen lässt du verstummen.

Das Festmahl auf dem Berg Zion

6 Der Herr der Heere wird auf diesem Berg / für
alle Völker ein Festmahl geben
mit den feinsten Speisen, / ein Gelage mit erlese-
nen Weinen,
mit den besten und feinsten Speisen, / mit besten,
erlesenen Weinen.
7 Er zerreißt auf diesem Berg die Hülle, die alle
Nationen verhüllt, / und die Decke, die alle Völker
bedeckt.
8 Er beseitigt den Tod für immer. / Gott, der Herr,
wischt die Tränen ab von jedem Gesicht.
Auf der ganzen Erde nimmt er von seinem Volk die
Schande hinweg.
Ja, der Herr hat gesprochen.

8: Hos 13,14; 1 Kor 15,26.54; Offb 7,17

Der Dank für die Vernichtung Moabs

9 An jenem Tag wird man sagen: / Seht, das ist
unser Gott,
auf ihn haben wir unsere Hoffnung gesetzt, / er
wird uns retten.
Das ist der Herr, auf ihn setzen wir unsere Hoff-
nung. / Wir wollen jubeln und uns freuen über
seine rettende Tat.
10 Ja, die Hand des Herrn ruht auf diesem Berg. /
Moab aber wird an Ort und Stelle zerstampft, / wie
Stroh in der Jauche zerstampft wird.
11 Wenn Moab darin auch mit den Händen rudert /
wie der Schwimmer beim Schwimmen,
so drückt er den Stolzen doch nieder, / auch wenn
seine Hände sich wehren.
12 Deine festen, schützenden Mauern werden nie-
dergerissen; / der Herr stürzt sie zu Boden; sie lie-
gen im Staub.

Das Siegeslied

26 An jenem Tag singt man in Juda dieses
Lied:
Wir haben eine befestigte Stadt, / zu unserem
Schutz baute der Herr Mauern und Wälle.
2 Öffnet die Tore, / damit ein gerechtes Volk durch
sie einzieht, / ein Volk, das dem Herrn die Treue
bewahrt.
3 Sein Sinn ist fest; / du schenkst ihm Ruhe und
Frieden; / denn es verlässt sich auf dich.
4 Verlasst euch stets auf den Herrn; / denn der Herr
ist ein ewiger Fels.
5 Er hat die Bewohner des hohen Berges hinabge-
stürzt, / die hoch aufragende Stadt;
er hat sie zu Boden geworfen, / in den Staub hat er
sie gestoßen.
6 Sie wird zermalmt von den Füßen der Armen, /
unter den Tritten der Schwachen.

2: Ps 118,19f • 5: 25,12

Das Lied auf die Gerechtigkeit Gottes

7 Der Weg des Gerechten ist gerade, / du ebnest
dem Gerechten die Bahn.
8 Herr, auf das Kommen deines Gerichts / ver-
trauen wir.
Deinen Namen anzurufen und an dich zu denken /
ist unser Verlangen.
9 Meine Seele sehnt sich nach dir in der Nacht, /
auch mein Geist ist voll Sehnsucht nach dir.
Denn dein Gericht ist ein Licht für die Welt, / die
Bewohner der Erde lernen deine Gerechtigkeit
kennen.
10 Aber der Frevler lernt nie, was gerecht ist, / auch
wenn du ihm Gnade erweist.
Selbst im Land der Gerechtigkeit tut er noch
Unrecht, / doch er wird den erhabenen Glanz des
Herrn nicht erblicken.
11 Herr, deine Hand ist erhoben, / doch deine Geg-
ner sehen es nicht;
aber sie werden es sehen / und sie werden be-
schämt sein
von deiner leidenschaftlichen Liebe zu deinem
Volk; / ja, Feuer wird sie verzehren.
12 Herr, du wirst uns Frieden schenken; / denn
auch alles, was wir bisher erreichten, hast du für
uns getan.
13 Herr, unser Gott, es beherrschten uns andere
Herren als du, / doch nur *deinen* Namen werden
wir rühmen.
14 Die Toten werden nicht leben, / die Verstorbe-
nen stehen nie wieder auf;
denn du hast sie bestraft und vernichtet, / jede
Erinnerung an sie hast du getilgt.
15 Du hast dein Volk vermehrt, o Herr, / du hast es
vermehrt;
du hast deine Herrlichkeit erwiesen, / auf allen Sei-
ten hast du die Grenzen des Landes erweitert.
16 Herr, in der Not suchten wir dich; / wir schrien
in unserer Qual, als du uns straftest.
17 Wie eine schwangere Frau, / die nahe daran ist,
ihr Kind zu gebären,
die sich in ihren Wehen windet und schreit, / so
waren wir, Herr, in deinen Augen.
18 Wir waren schwanger und lagen in Wehen; /
doch als wir gebaren, war es ein Wind.
Wir brachten dem Land keine Rettung, / kein
Erdenbewohner wurde geboren.
19 Deine Toten werden leben, / die Leichen stehen
wieder auf; / wer in der Erde liegt, wird erwachen
und jubeln.
Denn der Tau, den du sendest, / ist ein Tau des
Lichts; / die Erde gibt die Toten heraus.

11: Ex 15,6; Hebr 10,27 • 14: 26,19 • 19: 26,14

Das Gericht über die Feinde

20 Auf, mein Volk, geh in deine Kammern / und
verschließ die Tür hinter dir!
Verbirg dich für kurze Zeit, / bis der Zorn vergan-
gen ist.
21 Denn der Herr verlässt den Ort, wo er ist, / um
die Erdenbewohner für ihre Schuld zu bestrafen.
Dann deckt die Erde das Blut, das sie trank, wie-
der auf / und verbirgt die Ermordeten nicht mehr
in sich.
27 An jenem Tag bestraft der Herr mit sei-
nem harten, großen, starken Schwert den
Leviatan, die schnelle Schlange, den Leviatan, die
gewundene Schlange. Den Drachen im Meer wird
er töten.

27,1: Ijob 26,13; Ps 74,14

Das Lied vom Weinberg Israel

2 An jenem Tag gibt es einen prächtigen Wein-
berg. / Besingt ihn in einem Lied!
3 Ich, der Herr, bin sein Wächter, / immer wieder
bewässere ich ihn.
Damit niemand ihm schadet, / bewache ich ihn bei
Tag und bei Nacht.
4 Ich habe jetzt keinen Zorn mehr. / Fände ich Dor-
nen und Disteln darin,
ich würde sie alle bekämpfen, / ich würde sie alle
zusammen verbrennen,
5 es sei denn, man sucht bei mir Schutz / und
schließt mit mir Frieden, ja Frieden mit mir.
6 In künftigen Tagen schlägt Jakob wieder Wurzel, /
Israel blüht und gedeiht / und der Erdkreis füllt
sich mit Früchten.

2–6: 5,1–7

Die Entsühnung Israels

7 Hat er sie geschlagen, / wie er ihre Schläger
schlug?
Hat er sie umgebracht, / wie er ihre Mörder umge-
bracht hat?

8 Du hast sie aufgescheucht und verjagt / und so
gegen sie den Rechtsstreit geführt.
Mit einem heftigen Sturm / jagte er sie am Tag des
Ostwinds davon.
9 Darum sei dadurch Jakobs Schuld wieder ge-
sühnt, / darin bestehe die volle Befreiung von sei-
ner Sünde,
dass er alle Altarsteine vernichtet, wie man Kalk-
steine zerschlägt.
Nie mehr soll man Kultpfähle und Rauchopferal-
täre errichten.

9: 17,8

Die Bestrafung des Gegners

10 Ja, die befestigte Stadt ist einsam geworden, / ein
entvölkerter Ort, verlassen wie die Steppe.
Dort weiden die Rinder und legen sich nieder. / Sie
fressen die Zweige ab.
11 Wenn dann die Äste verdorren, bricht man sie
ab / und die Frauen kommen und machen Feuer
damit.
Es ist ein Volk ohne Einsicht; / deshalb hat sein
Schöpfer kein Erbarmen mit ihm, / er, der es ge-
formt hat, ist ihm nicht gnädig.

Die Sammlung der verstreuten Israeliten

12 An jenem Tag wird der Herr Ähren ausklopfen /
vom Eufrat bis zum Grenzbach Ägyptens;
dann, ihr Söhne Israels, liest man euch auf, / einen
nach dem andern.
13 An jenem Tag wird man das große Widderhorn
blasen, / dann kommen die Verirrten aus Assur
nach Hause / und die in Ägypten Verstreuten keh-
ren zurück;
sie fallen vor dem Herrn in Jerusalem nieder, / auf
dem heiligen Berg.

WORTE ÜBER ISRAEL UND JUDA AUS DER SPÄTEREN ZEIT DES PROPHETEN: 28,1 – 35,10

Der Untergang Samarias

28 Weh der stolzen Krone der betrunkenen
Efraimiter, / ihrem verwelkten Kranz von
prächtigen Blumen,
auf dem Gipfel über dem fruchtbaren Tal / derer,
die der Wein überwältigt hat.
2 Seht, der Herr schickt einen gewaltigen Helden: /
Wie ein Hagelschlag, wie ein verheerender Sturm,
wie ein Wolkenbruch mit seinen mächtigen Flu-
ten / wirft er alles mit Macht zu Boden.
3 Mit seinen Füßen zertritt er die stolze Krone / der
betrunkenen Efraimiter.
4 Dann geht es dem verwelkten Kranz von präch-
tigen Blumen, / auf dem Gipfel über dem frucht-
baren Tal, / wie einer frühreifen Feige vor der Ern-
te:
Wer sie erblickt, der verschlingt sie, / kaum dass er
sie in der Hand hat.

Der heilige Rest

5 An jenem Tag wird der Herr der Heere für den
Rest seines Volkes / zu einer herrlichen Krone und
einem prächtigen Kranz;
6 er verleiht dem, der zu Gericht sitzt, den Geist des
Rechts / und gibt denen Kraft, die den Feind zum
Stadttor hinausdrängen.

Die untreuen Priester und Propheten in Jerusalem

7 Sogar diese hier schwanken, berauscht vom
Wein, / und taumeln, betäubt vom Bier.
Priester und Propheten schwanken vom Bier, /
sind überwältigt vom Wein.
Sie taumeln vom Bier, / sie schwanken bei ihren
Visionen, / sie torkeln, wenn sie ihr Urteil verkün-
den.
8 Alle Tische sind voll von Erbrochenem, / sind voll
von Kot bis auf den letzten Fleck.
9 Wen will der Mann denn Erkenntnis lehren, /
wem das Gehörte erklären?
Kindern, die man eben von der Milch entwöhnte, /
die man gerade von der Brust nahm?
10 Was soll sein Gestammel, sein Papperlapapp, /
sein Geschwätz bald hier, / sein Geschwätz bald
dort?
11 Ja, mit stammelnder Lippe und fremder Zunge /
redet er künftig zu diesem Volk.
12 Er hatte zu ihnen gesagt: So findet ihr Ruhe; /

gönnt doch den Müden die Rast, / hier ist der Ort der Erholung. / Sie aber wollten nicht hören.
13 Darum ergeht das Wort des Herrn an sie / in Form von Gestammel, von Papperlapapp,
von Geschwätz bald hier / und Geschwätz bald dort,
damit sie gehen und hintenüberfallen, / damit sie sich verfangen und verstricken / und schließlich zerschellen.
14 Darum hört das Wort des Herrn, ihr Spötter, / ihr Sprüchemacher bei diesem Volk in Jerusalem.
15 Ihr habt gesagt: Wir haben mit dem Tod ein Bündnis geschlossen, / wir haben mit der Unterwelt einen Vertrag gemacht.
Wenn die Flut heranbraust, / erreicht sie uns nicht; denn wir haben unsere Zuflucht zur Lüge genommen / und uns hinter der Täuschung versteckt.

7: 29,9 • 11: 33,19; 1 Kor 14,21 • 12: 30,15; Jer 6,16 • 13: 8,15 • 15: Am 9,10

Die ungläubigen Spötter

16 Darum – so spricht Gott, der Herr:
Seht her, ich lege einen Grundstein in Zion, / einen harten und kostbaren Eckstein,
ein Fundament, das sicher und fest ist: / Wer glaubt, der braucht nicht zu fliehen.
17 Als Senkblei nehme ich das Recht / und als Wasserwaage die Gerechtigkeit.
Aber der Hagelsturm fegt eure Lügenzuflucht hinweg / und das Wasser schwemmt euer Versteck fort;
18 euer Bündnis mit dem Tod ist dann gelöst, / euer Vertrag mit der Unterwelt hat keinen Bestand.
Wenn die Flut heranbraust, / werdet ihr wie zertrampeltes Weideland.
19 Sooft sie heranbraust, reißt sie euch mit. / Morgen für Morgen braust sie heran, / sie kommt bei Tag und bei Nacht. / Dann wird man nur noch mit Entsetzen das Gehörte erklären.
20 Das Bett ist zu kurz, / man kann sich nicht ausstrecken,
die Decke ist zu schmal, / man kann sich nicht einhüllen.
21 Denn der Herr wird sich erheben wie am Berg Perazim, / wie im Tal bei Gibeon wird er toben
und seine Tat vollbringen, seine seltsame Tat, / sein Werk vollenden, sein befremdliches Werk.
22 Darum lasst jetzt euren Spott, / sonst werden eure Fesseln noch fester.
Denn ich habe es von Gott, dem Herrn der Heere, gehört: / Die Vernichtung der ganzen Welt ist beschlossen.

16: 7,9; Röm 9,33; 10,11; 1 Petr 2,6 • 19: 28,9 • 21: 2 Sam 5,17–25; Jos 10,10–14 • 22: 10,23

Das Gleichnis vom Bauern

23 Horcht auf, hört meine Stimme, / gebt Acht, hört auf mein Wort!
24 Pflügt denn der Bauer jeden Tag, um zu säen, / beackert und eggt er denn jeden Tag seine Felder?
25 Nein, wenn er die Äcker geebnet hat, / streut er Kümmel und Dill aus,
sät Weizen und Gerste / und an den Rändern den Dinkel.
26 So unterweist und belehrt ihn sein Gott, / damit er es recht macht.
27 Auch fährt man nicht mit dem Dreschschlitten über den Dill / und mit den Wagenrädern über den Kümmel,
sondern man klopft den Dill mit dem Stock aus / und den Kümmel mit Stecken.
28 Zermalmt man etwa das Getreide (beim Dreschen)? / Nein, man drischt es nicht endlos,
man lässt die Wagenräder und die Hufe der Tiere / nicht darüber gehen, bis es zermalmt ist.
29 Auch dies lehrt der Herr der Heere; / sein Rat ist wunderbar, er schenkt großen Erfolg.

29: 9,5

Die Belagerung und die Rettung der Stadt

29 Weh dir, Ariël, Ariël, / du Stadt, die David einst belagert hat! / Fügt nur Jahr an Jahr, feiert nur Fest auf Fest!
2 Ich greife Ariël an, / sodass man jammert und stöhnt. / Du wirst für mich wie ein Opferherd sein.
3 Ringsum werde ich dich belagern, / ich ziehe Gräben um dich herum / und schütte Wälle gegen dich auf.
4 Dann wirst du am Boden liegen und winseln, / deine Worte dringen dumpf aus dem Staub.
Wie wenn aus der Erde ein Totengeist spricht, / so tönt deine Stimme; / deine Worte sind nur noch ein Geflüster im Staub.
5 Doch wie feiner Staub wird der Haufen der Bela-

gerer sein, wie dahinfliegende Spreu die Schar der
Unterdrücker. Dann geschieht es – plötzlich, ganz
plötzlich: 6 Vom Herrn der Heere wirst du mit
Donner und Getöse und mit lautem Dröhnen
heimgesucht, mit Wind und Wirbelsturm und mit
Flammen verzehrenden Feuers. 7 Dann wird es
dem Haufen all der Völker, die gegen Ariël kämp-
fen, all denen, die es umzingeln, belagern und
bestürmen, gehen wie in einem Traum, einer
nächtlichen Vision: 8 Wie wenn ein Hungriger
träumt, dass er isst, dann aber aufwacht und
immer noch hungrig ist, und wie wenn ein Durs-
tiger träumt, dass er trinkt, dann aber aufwacht
und immer noch matt ist und Durst hat, so wird
es dem Haufen all der Völker gehen, die gegen den
Berg Zion in den Krieg ziehen.

1: 2 Sam 5,6–8 • 6: 30,30

Drohungen gegen die Verblendeten

9 Starrt einander an und erstarrt, / seid verblendet
und blind!
Seid berauscht, doch nicht vom Wein, / taumelt,
doch nicht vom Bier!
10 Denn der Herr hat über euch einen Geist der
Ohnmacht gebracht; / er hat eure Augen [die Pro-
pheten] verschlossen und euren Kopf [die Seher]
verhüllt.
11 So wurde für euch jede Offenbarung wie die
Worte in einem versiegelten Buch: Wenn man es
einem Menschen gibt, der lesen kann, und zu ihm
sagt: Lies es mir vor!, dann antwortet er: Ich kann
es nicht lesen, denn es ist versiegelt. 12 Und wenn
man das Buch einem Mann gibt, der nicht lesen
kann, und zu ihm sagt: Lies es mir vor!, dann ant-
wortet er: Ich kann nicht lesen.
13 Der Herr sagte:
Weil dieses Volk sich mir nur mit Worten nähert /
und mich bloß mit den Lippen ehrt, / sein Herz
aber fern hält von mir,
weil seine Furcht vor mir / nur auf einem ange-
lernten menschlichen Gebot beruht,
14 darum will auch ich in Zukunft an diesem Volk
seltsam handeln, / so seltsam, wie es niemand
erwartet.
Dann wird die Weisheit seiner Weisen vergehen /
und die Klugheit seiner Klugen verschwinden.
15 Weh denen, die ihre geheimen Pläne vor dem
Herrn verbergen, / damit im Dunkel bleibt, was sie
tun.
Sie sagen: Wer sieht uns schon / und wer kennt
uns?
16 Weh euch, die ihr alles verdreht. / Ist denn der
Ton so viel wie der Töpfer?
Sagt denn das Werk von dem, der es herstellt: / Er
hat mich nicht gemacht?
Oder sagt der Topf von dem Töpfer: / Er versteht
nichts?

9: 28,7 • 10: 19,14 • 14: 1 Kor 1,19 • 16: 45,9; Jer 18,1–6; Röm 9,20f

Friede und Glück für Israel

17 Nur noch kurze Zeit, / dann verwandelt sich der
Libanon in einen Garten / und der Garten wird zu
einem Wald.
18 An jenem Tag hören alle, die taub sind, / sogar
Worte, die nur geschrieben sind, / und die Augen
der Blinden sehen selbst im Dunkeln und Fins-
tern.
19 Die Erniedrigten freuen sich wieder über den
Herrn / und die Armen jubeln über den Heiligen
Israels.
20 Denn der Unterdrücker ist nicht mehr da, / der
Schurke ist erledigt, / ausgerottet sind alle, die
Böses tun wollen,
21 die andere als Verbrecher verleumden, / die dem
Richter, der am Tor sitzt, Fallen stellen / und den
Unschuldigen um sein Recht bringen mit haltlo-
sen Gründen.
22 Darum – so spricht der Herr zum Haus Jakob, /
der Herr, der Abraham losgekauft hat:
Nun braucht sich Jakob nicht mehr zu schämen, /
sein Gesicht muss nicht mehr erbleichen.
23 Wenn das Volk sieht, was meine Hände in seiner
Mitte vollbringen, / wird es meinen Namen heilig
halten.
Es wird den Heiligen Jakobs als heilig verehren /
und erschrecken vor Israels Gott.
24 Dann kommen die Verwirrten zur Einsicht / und
wer aufsässig war, lässt sich belehren.

17: 32,15 • 20: 16,4

Die Nutzlosigkeit des Bündnisses mit Ägypten

30 Weh den trotzigen Söhnen – Spruch des
Herrn –, / die einen Plan ausführen, der
nicht von mir ist,

und ein Bündnis schließen, / das nicht nach mei-
nem Sinn ist; / sie häufen Sünde auf Sünde.
[2] Sie machen sich auf den Weg nach Ägypten, /
ohne meinen Mund zu befragen.
Sie suchen beim Pharao Zuflucht und Schutz / und
flüchten in den Schatten Ägyptens.
[3] Doch der Schutz des Pharao bringt euch nur
Schande, / die Flucht in den Schatten Ägyptens
bringt euch nur Schmach.
[4] Wenn auch Israels Fürsten nach Zoan gingen /
und seine Boten nach Hanes:
[5] Sie werden doch alle enttäuscht von dem Volk, /
das nichts nützt,
das niemand Nutzen und Hilfe verschafft, / son-
dern nur Schande und Schmach bringt.
[6] Ausspruch über die Tiere des Negeb:
Durch ein Land der Ängste und Nöte, / der jungen
Löwen, der knurrenden Löwen, / der Nattern und
fliegenden Schlangen
bringen sie ihren Reichtum / auf dem Rücken der
Esel,
ihre Schätze auf dem Höcker der Kamele / zu dem
Volk, das nichts nützt.
[7] Nichtig und nutzlos ist die Hilfe Ägyptens; / da-
rum nenne ich es: die untätige Rahab.

1: 31,1; 2 Kön 18,21; Jer 2,18

Die Bestrafung des trotzigen Volkes

[8] Nun geh, schreib es vor ihren Augen auf eine
Tafel, / ritz es als Inschrift ein, / damit es für künf-
tige Zeiten auf immer bezeugt ist:
[9] Sie sind ein trotziges Volk, missratene Söhne, /
Söhne, die auf die Weisung des Herrn nicht hören.
[10] Sie sagen zu den Sehern: Seht nichts!, / und zu
den Propheten: Erschaut für uns ja nicht, was wahr
ist,
sondern sagt, was uns schmeichelt, / erschaut für
uns das, was uns täuscht.
[11] Weicht nur ab vom rechten Weg, / verlasst den
richtigen Pfad, / lasst uns in Ruhe mit dem Heili-
gen Israels!
[12] Darum – so spricht der Heilige Israels: / Weil ihr
dieses Wort missachtet,
weil ihr auf Ränke vertraut / und euch auf das
Falsche verlasst,
[13] darum wird eure Schuld für euch sein / wie ein
herabfallendes Bruchstück / von einer hoch aufra-
genden Mauer, / die dann plötzlich, urplötzlich
einstürzt.
[14] Sie zerbricht wie der Krug eines Töpfers, / den
man ohne Erbarmen zerschlägt,
sodass sich unter all den Stücken keine Scherbe
mehr findet, / mit der man Feuer vom Herd holen
kann / oder Wasser schöpfen aus der Zisterne.
[15] Denn so spricht der Herr, der Heilige Israels:
Nur in Umkehr und Ruhe liegt eure Rettung, / nur
Stille und Vertrauen verleihen euch Kraft.
Doch ihr habt nicht gewollt, / [16] sondern gesagt:
Nein, auf Rossen wollen wir dahinfliegen. / Darum
sollt ihr jetzt fliehen.
Ihr habt gesagt: Auf Rennpferden wollen wir rei-
ten. / Darum rennen die Verfolger euch nach.
[17] Tausende werden zittern, wenn ein Einziger
droht, / wenn nur fünf euch drohen, ergreift ihr
alle die Flucht,
bis das, was von euch übrig ist, aussieht, / wie ein
Fahnenmast auf dem Gipfel eines Berges, / wie ein
Feldzeichen auf dem Hügel.

9: 1,4 • 10: Am 2,12; 7,12f • 17: Dtn 32,30

Die Begnadigung des Volkes

[18] Darum wartet der Herr darauf, / euch seine
Gnade zu zeigen,
darum erhebt er sich, / um euch sein Erbarmen zu
schenken.
Denn der Herr ist ein Gott des Rechtes; / wohl
denen, die auf ihn warten.
[19] Ja, du Volk auf dem Berg Zion, / das in Jerusa-
lem wohnt, / du brauchst jetzt nicht mehr zu wei-
nen.
Der Herr ist dir gnädig, wenn du um Hilfe schreist; /
er wird dir antworten, sobald er dich hört.
[20] Auch wenn dir der Herr bisher nur wenig Brot
und nicht genug Wasser gab, / so wird er, dein Leh-
rer, sich nicht mehr verbergen.
Deine Augen werden deinen Lehrer sehen, / [21] dei-
ne Ohren werden es hören, wenn er dir nach-
ruft:
Hier ist der Weg, auf ihm müsst ihr gehen, / auch
wenn ihr selbst rechts oder links gehen wolltet.
[22] Dann wirst du deine Götzen aus Silber / und
deine Götterbilder aus Gold entweihen.
Wie Abfall wirfst du sie weg und sagst: / Hinaus
mit euch!

23 Dann spendet er Regen für die Saat, / die du auf
den Acker gesät hast.
Das Korn, das auf dem Acker heranreift, / wird
üppig und fett sein. / Auf weiten Wiesen weidet
dein Vieh an jenem Tag.
24 Die Rinder und Esel, die dir bei der Feldar-
beit helfen, / bekommen würziges Futter zu fres-
sen, / das man mit Schaufel und Gabel gemischt
hat.
25 Auf allen hohen Bergen und stattlichen Hügeln /
gibt es Bäche voll Wasser
am Tag des großen Mordens, / wenn die Türme
einstürzen.
26 Zu der Zeit, wenn der Herr die Leiden seines
Volkes heilt und seine Wunden verbindet, wird das
Licht des Mondes so hell sein wie das Licht der
Sonne und das Licht der Sonne wird siebenmal so
stark sein wie das Licht von sieben Tagen.

18: Ps 2,12 • 25: 2,14

Das Gericht über Assur

27 Seht her, der Herr [sein Name] kommt aus der
Ferne. / Sein Zorn ist entflammt, / gewaltig dro-
hend, zieht er heran.
Seine Lippen sind voll grollendem Zorn, / seine
Zunge ist wie ein verzehrendes Feuer,
28 sein Atem wie ein reißender Bach, / der bis an
den Hals reicht.
Er spannt die Völker ins Joch / und legt den Natio-
nen den Zaum an, / um sie in die Irre und ins Un-
heil zu führen.
29 Dann singt ihr Lieder wie in der Nacht, / in der
man sich heiligt für das Fest.
Ihr freut euch von Herzen / wie die Pilger, die unter
dem Klang ihrer Flöten / zum Berg des Herrn, zu
Israels Felsen, hinaufziehen.
30 Der Herr lässt seine mächtige Stimme erschal-
len / und man sieht, wie sein Arm herabzuckt
mit zornigem Grollen und verzehrendem Feuer, /
mit Sturm, Gewitter und Hagel.
31 Vor der Stimme des Herrn wird Assur er-
schrecken, / wenn er zuschlägt mit seinem Stock,
32 jedes Mal, wenn die Zuchtrute auf Assur he-
rabsaust, / mit der der Herr auf es einschlägt.
Unter dem Klang von Pauken und Zithern / und
bei schwungvollem Reigentanz kämpft er gegen
Assur.
33 Ja, schon längst ist eine Feuerstelle bereitet, /
auch für den König ist sie bestimmt; / tief ist sie
und weit;
ein Holzstoß ist da, Feuer und Brennholz in
Menge, / der Atem des Herrn brennt darin wie ein
Schwefelstrom.

27: 29,6 • 30: 30,27; 29,6

Erneute Warnung vor Ägypten

31 Weh denen, die nach Ägypten ziehen, / um
Hilfe zu finden, / und sich auf Pferde ver-
lassen,
die auf die Menge ihrer Wagen vertrauen / und auf
ihre zahlreichen Reiter.
Doch auf den Heiligen Israels blicken sie nicht /
und fragen nicht nach dem Herrn.
2 Aber auch er ist klug; er führt das Unheil herbei; /
er nimmt sein Wort nicht zurück.
Er erhebt sich gegen dieses Haus von Verbrechern /
und gegen die Helfer derer, die Böses tun.
3 Auch der Ägypter ist nur ein Mensch und
kein Gott, / seine Pferde sind nur Fleisch, nicht
Geist.
Streckt der Herr seine Hand aus, / dann kommt
der Beschützer zu Fall
und ebenso fällt auch sein Schützling; / sie gehen
alle beide zugrunde.

1–3: 30,1–7

Jahwes Kampf für seine Getreuen

4 So hat der Herr zu mir gesagt:
Wie der Löwe über seiner Beute knurrt, / der junge
Löwe, gegen den man alle Hirten zusammenruft,
wie er vor ihrem Geschrei nicht erschrickt / und
sich bei ihrem Lärm nicht duckt,
so ist der Herr der Heere, wenn er herabsteigt, / um
auf dem Gipfel des Berges Zion, auf seiner An-
höhe, zu kämpfen.
5 Wie ein Vogel mit ausgebreiteten Flügeln / wird
der Herr der Heere Jerusalem schützen, / es be-
schirmen und befreien, verschonen und retten.
6 Kehrt um zu ihm, Israels Söhne, / zu ihm, von
dem ihr euch so weit entfernt habt.
7 An jenem Tag verachtet ihr all die silbernen und
goldenen Götzen, / die ihr mit euren schuldbe-
fleckten Händen gemacht habt.
8 Assur wird fallen durch das Schwert, doch nicht

durch das eines Mannes; / das Schwert wird es vernichten, doch nicht das eines Menschen.
Es wird vor dem Schwert die Flucht ergreifen, / seine jungen Männer werden zur Fron gezwungen.
9 Seine starken Helden vergehen vor Grauen, / seine Fürsten lassen die Feldzeichen im Stich – Spruch des Herrn,
der in Zion einen Feuerherd hat, / in Jerusalem einen glühenden Ofen.

7: 2,20

Das Reich der Gerechtigkeit

32 Seht: Ein König wird kommen, der gerecht regiert, / und Fürsten, die herrschen, wie es recht ist.
2 Jeder von ihnen wird wie ein Zufluchtsort vor dem Sturm sein, / wie ein schützendes Dach beim Gewitter,
wie Wassergräben an einem dürren Ort, / wie der Schatten eines mächtigen Felsens im trockenen Land.
3 Dann sind die Augen der Sehenden nicht mehr verklebt, / die Ohren der Hörenden hören wieder zu.
4 Das Herz der Unbesonnenen gewinnt Erkenntnis und Einsicht, / die Zunge der Stammelnden redet wieder deutlich und klar.
5 Der Dummkopf wird nicht mehr edel genannt / und der Schurke wird nicht mehr für vornehm gehalten.
6 Denn der Dummkopf redet nur Unsinn / und er hat nur Unheil im Sinn,
er handelt ruchlos / und redet lästerlich über den Herrn.
Er lässt den Hungrigen darben, / den Durstigen lässt er nicht trinken.
7 Die Waffen des Schurken bringen Unglück, / er plant nur Verbrechen,
um die Schwachen durch trügerische Worte ins Verderben zu stürzen, / selbst wenn der Arme beweist, dass er im Recht ist.
8 Der Edle aber plant nur Edles / und tritt für das Edle ein.

1: 11,3–5; Jer 23,5 • 3–5: 6,9f

Die leichtsinnigen Frauen

9 Ihr sorglosen Frauen, hört meine Stimme, / ihr selbstsicheren Töchter, hört auf mein Wort!
10 Über Jahr und Tag werdet ihr zittern, / auch wenn ihr jetzt so selbstsicher seid;
denn die Weinernte ist vernichtet, / es gibt keine Obsternte mehr.
11 Zittert, ihr Sorglosen, / erschreckt, ihr selbstsicheren Frauen,
zieht euch aus, entkleidet euch / und legt das Trauerkleid an!
12 Schlagt euch an die Brust / und klagt um die prächtigen Felder, / die fruchtbaren Reben,
13 um die Äcker meines Volkes, / auf denen nur Dornen und Disteln wachsen,
um all die Häuser voll Jubel, / um die fröhliche Stadt.
14 Denn die Paläste sind verlassen, / der Lärm der Stadt ist verstummt.
Der Hügel der Burg mit dem Wachtturm / ist für immer verödet;
dort tummeln sich die Wildesel, / dort weiden die Herden.

9–14: 3,16 – 4,1 • 19: Am 4,1–3; 6,1

Die Wirkung des Geistes aus der Höhe

15 Wenn aber der Geist aus der Höhe über uns ausgegossen wird, / dann wird die Wüste zum Garten / und der Garten wird zu einem Wald.
16 In der Wüste wohnt das Recht, / die Gerechtigkeit weilt in den Gärten.
17 Das Werk der Gerechtigkeit wird der Friede sein, / der Ertrag der Gerechtigkeit sind Ruhe und Sicherheit für immer.
18 Mein Volk wird an einer Stätte des Friedens wohnen, / in sicheren Wohnungen, an stillen und ruhigen Plätzen.
19 Aber der Wald stürzt in jähem Sturz, / die Stadt versinkt in der Tiefe.
20 Wohl euch! Ihr könnt an allen Gewässern säen / und eure Rinder und Esel frei laufen lassen.

15: 29,17 • 17: 30,15 • 18: 33,20

Der Weheruf über den Feind

33 Weh dir, der du immer zerstörst / und
selbst nie zerstört worden bist.
Weh dir, du Empörer, / gegen den sich noch nie-
mand empört hat.
Denn wenn du alles zerstört hast, / wirst du selbst
zerstört.
Wenn du das Ziel deiner Empörung erreicht hast, /
wirst du selbst zum Ziel einer Empörung.

1: 21,2

Ein Gebet in der Not

2 Herr, hab mit uns Erbarmen; / denn wir hoffen
auf dich.
Sei uns ein helfender Arm an jedem Morgen, / sei
in der Not unsere Rettung!
3 Vor dem lauten Getöse fliehen die Nationen; /
wenn du dich erhebst, flüchten die Völker nach
allen Seiten.
4 Man rafft Beute zusammen, / so wie die Heu-
schrecken alles erraffen;
wie die Grashüpfer springen, / so springt man und
raubt.
5 Der Herr ist erhaben, er wohnt in der Höhe; / er
wird Zion mit Recht und Gerechtigkeit erfüllen.
6 Es wird sichere Zeiten erleben. / Weisheit und
Erkenntnis sind der Reichtum, der es rettet; / sein
Schatz ist die Furcht vor dem Herrn.

5: 1,21

Die Verödung des Landes

7 Hört: Draußen schreien die Krieger (vor Angst), /
bitterlich weinen die Boten des Friedens.
8 Die Wege sind verödet, / die Straßen sind leer.
Den Vertrag hat man gebrochen, / man verachtet
die Zeugen (des Bundes) / und schätzt die Men-
schen gering.
9 Das Land welkt in Trauer dahin, / der Libanon ist
beschämt, seine Bäume verdorren.
Die Scharon-Ebene ist zur Steppe geworden, / ent-
laubt sind Baschan und Karmel.

7: 29,1f; 22,4 • 8: Ri 5,6 • 9: 24,4; Am 1,2

Das Gericht über die Sünder

10 Jetzt stehe ich auf, spricht der Herr, / jetzt erhebe
ich mich, jetzt richte ich mich auf.
11 Ihr seid schwanger mit Heu / und bringt Stroh
zur Welt. / Mein Atem ist wie ein Feuer, das euch
verzehrt.
12 Die Völker werden zu Kalk verbrannt. / Sie
lodern wie abgehauene Dornen im Feuer.
13 Ihr in der Ferne, hört, was ich tue; / ihr in der
Nähe, erkennt meine Kraft!
14 Die Sünder in Zion beginnen zu zittern, / ein
Schauder erfasst die ruchlosen Menschen.
Wer von uns hält es aus neben dem verzehrenden
Feuer, / wer von uns hält es aus neben der ewigen
Glut?
15 Wer rechtschaffen lebt und immer die Wahrheit
sagt, / wer es ablehnt, Gewinn zu erpressen,
wer sich weigert, Bestechungsgelder zu nehmen, /
wer sein Ohr verstopft, um keinen Mordplan zu
hören, / und die Augen schließt, um nichts Böses
zu sehen:
16 der wird auf den Bergen wohnen, / Felsenburgen
sind seine Zuflucht;
man reicht ihm sein Brot / und seine Wasserquelle
versiegt nicht.

10: Ps 12,6 • 14: Dtn 4,24; Hebr 12,29 • 15: Ps 15; 24,3–5

Die bessere Zukunft

17 Deine Augen werden den König in seiner Schön-
heit erblicken, / sie sehen ein weites Land.
18 Dein Herz denkt an die (früheren) Schrecken
zurück: / Wo ist der, der damals zählte,
wo ist der, der abwog? / Wo ist der, der die Türme
gezählt hat?
19 Du wirst das freche Volk nicht mehr sehen, / das
Volk mit der dunklen, unverständlichen Sprache, /
mit den gestammelten, sinnlosen Worten.
20 Schau auf Zion, die Stadt unserer Feste! / Deine
Augen werden Jerusalem sehen,
den Ort der Ruhe, / das Zelt, das man nicht ab-
bricht,
dessen Pflöcke man niemals mehr ausreißt, / des-
sen Stricke nie mehr zerreißen.
21 Ja, dort wird der Herr unser mächtiger Gott sein. /
Es ist ein Ort mit breiten Flüssen und Strömen.
Keine Ruderboote fahren auf ihnen; / kein Prunk-
schiff segelt darauf,
23a denn die Taue sind schlaff, / sie halten den Mast-
baum nicht fest, / man kann kein Segel mehr span-
nen.
22 Ja, der Herr ist unser Richter, / der Herr gibt uns

Gesetze; / der Herr ist unser König, er wird uns
retten.
23b Dann verteilen die Blinden große Beute unter-
einander, / die Lahmen machen einen ergiebigen
Raubzug.
24 Kein Mensch in der Stadt wird mehr sagen: / Ich
bin krank.
Dem Volk, das in Zion wohnt, / ist seine Schuld
vergeben.

20: 32,18

Die Ankündigung des Gerichts über Edom

34 Kommt her, ihr Völker, und hört, / horcht
auf, ihr Nationen!
Die Erde und alles, was sie erfüllt, / die Welt und
alles, was auf ihr sprosst, sollen es hören,
2 dass der Herr über alle Völker erzürnt ist, / dass
er zornig ist auf all ihre Heere.
Er hat sie dem Untergang geweiht / und zum
Schlachtopfer bestimmt.
3 Die Erschlagenen wirft man hinaus, / der Gestank
ihrer Leichen steigt auf,
die Berge triefen von ihrem Blut, / 4 alle Hügel zer-
fließen.
Wie eine Buchrolle rollt sich der Himmel zusam-
men, / sein ganzes Heer welkt dahin,
wie Laub am Weinstock verwelkt, / wie Früchte am
Feigenbaum schrumpfen.
5 Am Himmel erscheint das Schwert des Herrn. /
Seht her, es fährt auf Edom herab, / auf das Volk,
das der Herr im Gericht dem Untergang weiht.
6 Das Schwert des Herrn ist voll Blut, / es trieft von
Fett,
vom Blut der Lämmer und Böcke, / vom Nieren-
fett der Widder;
denn der Herr hält in Bozra ein Opferfest ab, / ein
großes Schlachtfest in Edom.
7 Da fallen die Büffel und Kälber, / die Stiere und
Ochsen.
Ihr Land wird betrunken vom Blut, / ihr Erdreich
ist getränkt von Fett.
8 Denn der Herr hat einen Tag der Rache be-
stimmt, / ein Jahr der Vergeltung für den Streit um
Zion.
9 In Edoms Bächen wird das Wasser zu Pech, / sein
Boden verwandelt sich in Schwefel, / sein Land
wird zu brennendem Pech.
10 Es erlischt nicht bei Tag und bei Nacht, / der
Rauch steigt unaufhörlich empor.
Das Land ist für Generationen verödet, / nie mehr
zieht jemand hindurch.
11 Dohlen und Eulen nehmen es in Besitz, / Käuze
und Raben hausen darin.
Der Herr spannt die Messschnur »Öde« darüber, /
er legt das Senkblei »Leere« an.
12 Die Bocksgeister werden dort ihr Unwesen trei-
ben. / Die Edlen Edoms leben nicht mehr.
Man ruft dort keinen König mehr aus, / mit all sei-
nen Fürsten hat es ein Ende.
13 An seinen Palästen ranken sich Dornen empor /
in den Burgen wachsen Nesseln und Disteln.
Das Land wird zu einem Ort für Schakale, / zu
einem Platz für die Strauße.
14 Wüstenhunde und Hyänen treffen sich hier, / die
Bocksgeister begegnen einander.
Auch Lilit (das Nachtgespenst) ruht sich dort aus /
und findet für sich eine Bleibe.
15 Der Kauz hat hier sein sicheres Nest, / er legt
seine Eier und brütet sie aus.
Auch die Geier sammeln sich hier, / einer neben
dem andern.
16 Forscht nach im Buch des Herrn, / dort werdet
ihr lesen:
Keines dieser Tiere ist ausgeblieben, / keines
braucht seinen Gefährten zu suchen;
denn der Mund des Herrn hat es befohlen, / sein
Geist hat sie zusammengeführt.
17 Er selbst hat für sie das Los geworfen, / er hat mit
eigener Hand das Land vermessen und ihnen
zugeteilt:
Für immer sollen sie es besitzen, / von Generation
zu Generation darin wohnen.

3: Joël 2,20 • 10–15: 13,20–22 • 11: 14,23; Zef 2,14 • 13: Hos 9,6;
Jes 35,7 • 14: 13,21

Die Verheißung des messianischen Heils

35 Die Wüste und das trockene Land sollen
sich freuen, / die Steppe soll jubeln und
blühen.
2 Sie soll prächtig blühen wie eine Lilie, / jubeln
soll sie, jubeln und jauchzen.
Die Herrlichkeit des Libanon wird ihr ge-
schenkt, / die Pracht des Karmel und der Ebene
Scharon.

Man wird die Herrlichkeit des Herrn sehen, / die Pracht unseres Gottes.
3 Macht die erschlafften Hände wieder stark / und die wankenden Knie wieder fest!
4 Sagt den Verzagten: / Habt Mut, fürchtet euch nicht!
Seht, hier ist euer Gott! / Die Rache Gottes wird kommen und seine Vergeltung; / er selbst wird kommen und euch erretten.
5 Dann werden die Augen der Blinden geöffnet, / auch die Ohren der Tauben sind wieder offen.
6 Dann springt der Lahme wie ein Hirsch, / die Zunge des Stummen jauchzt auf.
In der Wüste brechen Quellen hervor / und Bäche fließen in der Steppe.
7 Der glühende Sand wird zum Teich / und das durstige Land zu sprudelnden Quellen.
An dem Ort, wo jetzt die Schakale sich lagern, / gibt es dann Gras, Schilfrohr und Binsen.
8 Eine Straße wird es dort geben; / man nennt sie den Heiligen Weg.
Kein Unreiner darf ihn betreten. / Er gehört dem, der auf ihm geht. / Unerfahrene gehen nicht mehr in die Irre.
9 Es wird keinen Löwen dort geben, / kein Raubtier betritt diesen Weg,
keines von ihnen ist hier zu finden. / Dort gehen nur die Erlösten.
10 Die vom Herrn Befreiten kehren zurück / und kommen voll Jubel nach Zion.
Ewige Freude ruht auf ihren Häuptern. / Wonne und Freude stellen sich ein, / Kummer und Seufzen entfliehen.

3: Hebr 12,12 • 10: 51,11

GESCHICHTLICHER ANHANG: 36,1 – 39,8

Sanheribs Feldzug gegen Jerusalem

Die erste Gesandtschaft Sanheribs

36 Im vierzehnten Jahr des Königs Hiskija zog Sanherib, der König von Assur, gegen alle befestigten Städte Judas und nahm sie ein.
2 Der König von Assur sandte den Rabschake mit einer großen Streitmacht von Lachisch aus nach Jerusalem gegen König Hiskija. Er stellte sich an der Wasserleitung des oberen Teiches auf, der an der Walkerfeldstraße liegt.
3 Der Palastvorsteher Eljakim, der Sohn Hilkijas, der Staatsschreiber Schebna und der Sprecher des Königs Joach, der Sohn Asafs, gingen zu ihm hinaus.
4 Da sagte der Rabschake zu ihnen: Sagt zu Hiskija: So spricht der Großkönig, der König von Assur: Worauf vertraust du denn, dass du dich so sicher fühlst?
5 Du glaubst wohl, bloßes Gerede sei im Krieg schon Rat und Stärke? Auf wen vertraust du also, dass du von mir abgefallen bist?
6 Du vertraust gewiss auf Ägypten, dieses geknickte Schilfrohr, das jeden, der sich darauf stützt, in die Hand sticht und sie durchbohrt. Denn so macht es der Pharao, der König von Ägypten, mit allen, die ihm vertrauen.
7 Wenn ihr aber zu mir sagt: Wir vertrauen auf Jahwe, unseren Gott, dann bedenkt: Ist nicht gerade er der Gott, dessen Kulthöhen und Altäre Hiskija beseitigt hat? Hat nicht Hiskija in Juda und Jerusalem angeordnet: Nur vor diesem Altar in Jerusalem dürft ihr euch niederwerfen?
8 Geh doch mit meinem Herrn, dem König von Assur, eine Wette ein! Ich gebe dir zweitausend Pferde. Kannst du die Reiter für sie stellen?
9 Wie willst du auch nur einen einzigen Statthalter meines Herrn in die Flucht schlagen, und wäre es der unbedeutendste seiner Knechte? Du vertraust ja nur auf Ägypten, auf seine Wagen und deren Besatzung.
10 Außerdem: Bin ich denn gegen den Willen Jahwes heraufgezogen, um dieses Land zu verwüsten? Jahwe selbst hat mir befohlen: Zieh gegen dieses Land und verwüste es!
11 Da sagten Eljakim, Schebna und Joach zu dem Rabschake: Sprich doch aramäisch mit deinen Knechten! Wir verstehen es. Sprich vor den Ohren des Volkes, das auf der Mauer steht, nicht judäisch mit uns!
12 Der Rabschake antwortete ihnen: Hat mich mein Herr etwa beauftragt, das alles nur zu deinem Herrn und zu dir zu sagen und nicht vielmehr zu all den Männern, die auf der Mauer sitzen und ihren eigenen Kot essen und ihren Harn trinken wie ihr?
13 Dann trat der Rabschake vor und rief laut auf Judäisch: Hört die Worte des Großkönigs, des

Königs von Assur! 14 So spricht der König: Lasst
euch nicht von Hiskija betören; denn er kann euch
nicht retten. 15 Er soll euch nicht verleiten, auf
Jahwe zu vertrauen, und sagen: Jahwe wird uns
sicher retten, diese Stadt wird dem König von
Assur nicht in die Hände fallen. 16 Hört nicht auf
Hiskija! Denn so spricht der König von Assur:
Trefft mit mir ein Abkommen und ergebt euch!
Dann kann jeder von euch von seinem Weinstock
und von seinem Feigenbaum essen und Wasser aus
seiner Zisterne trinken, 17 bis ich komme und euch
in ein Land bringe, das eurem Land gleicht: in ein
Land voll Getreide und Most, ein Land voll Brot
und Wein. 18 Lasst euch von Hiskija nicht in die
Irre führen, wenn er sagt: Jahwe wird uns retten.
Hat denn einer von den Göttern der anderen Völ-
ker sein Land vor dem König von Assur gerettet?
19 Wo sind die Götter von Hamat und Arpad? Wo
sind die Götter von Sefarwajim? Haben sie etwa
Samaria vor mir gerettet? 20 Wer von all den Göt-
tern der anderen Länder hat sein Land vor mir
gerettet? Wie sollte denn Jahwe Jerusalem vor mir
retten? 21 Die Männer aber schwiegen und gaben
ihm keine Antwort; denn der König hatte befoh-
len: Ihr dürft ihm nicht antworten.
22 Der Palastvorsteher Eljakim, der Sohn Hilkijas,
der Staatsschreiber Schebna und der Sprecher des
Königs Joach, der Sohn Asafs, zerrissen ihre Klei-
der, gingen zu Hiskija und berichteten ihm, was
der Rabschake gesagt hatte.

1–22 ‖ 2 Kön 18,13–37; 2 Chr 32,1–19 • 6: Ez 29,6f

Die Reaktion des Königs Hiskija

37 Als König Hiskija das hörte, zerriss er
seine Kleider, legte ein Trauergewand an
und ging in das Haus des Herrn. 2 Dann sandte er
den Palastvorsteher Eljakim, den Staatsschreiber
Schebna und die Ältesten der Priester in Trauer-
gewändern zum Propheten Jesaja, dem Sohn des
Amoz. 3 Sie sagten zu ihm: So spricht Hiskija:
Heute ist ein Tag der Not, der Strafe und der
Schande. Die Kinder sind bis an die Öffnung des
Mutterschoßes gelangt, doch den Frauen fehlt die
Kraft zum Gebären. 4 Aber vielleicht hört der Herr,
dein Gott, die Worte des Rabschake, den sein Herr,
der König von Assur, hergesandt hat, damit er den
lebendigen Gott beschimpft; und vielleicht schickt
der Herr, dein Gott, eine Strafe für die Worte, die
er gehört hat. Darum bete für den Rest, der noch
übrig ist.
5 Jesaja antwortete den Abgesandten des Königs
Hiskija, die zu ihm gekommen waren: 6 Sagt zu
eurem Herrn Folgendes: So spricht der Herr:
Fürchte dich nicht wegen der Worte, die du gehört
hast und mit denen die Knechte des Königs von
Assur mich verhöhnt haben. 7 Seht, ich lege einen
Geist in ihn, sodass er ein Gerücht hört und in sein
Land zurückkehrt; dort bringe ich ihn durch das
Schwert zu Fall.

1–7 ‖ 2 Kön 19,1–7 • 3: Hos 13,13

Die zweite Gesandtschaft Sanheribs

8 Der Rabschake trat den Rückweg an und fand
den König von Assur im Kampf gegen die Stadt
Libna. Sanherib war inzwischen, wie der Rab-
schake gehört hatte, von Lachisch abgezogen.
9 Dann erfuhr Sanherib, dass Tirhaka, der König
von Kusch, zum Kampf gegen ihn heranzog. Er
schickte wiederum Boten zu Hiskija mit dem Auf-
trag: 10 So sollt ihr zu Hiskija, dem König von Juda,
sagen: Lass dir nicht von deinem Gott, auf den du
vertraust, einreden, Jerusalem werde dem König
von Assur nicht in die Hände fallen. 11 Du hast
doch gehört, was die Könige von Assur mit allen
anderen Ländern gemacht haben: Sie haben sie
dem Untergang geweiht. Und du meinst, du wirst
gerettet? 12 Sind denn die Völker, die von meinen
Vätern vernichtet wurden, von ihren Göttern ge-
rettet worden, die Völker von Gosan, Haran und
Rezef, die Söhne von Eden, die in Telassar wohn-
ten? 13 Wo ist der König von Hamat, der König von
Arpad, der König der Stadt Sefarwajim, wo sind
die Könige von Hena und Awa?

8–13 ‖ 2 Kön 19,8–13

Das Gebet des Königs

14 Hiskija nahm das Schreiben von den Boten in
Empfang und las es. Dann ging er zum Haus des
Herrn hinauf, breitete das Schreiben vor dem
Herrn aus und 15 betete zum Herrn. Er sagte:
16 Herr der Heere, Gott Israels, der über den Keru-
bim thront, du allein bist der Gott aller Reiche der
Erde. Du hast den Himmel und die Erde gemacht.
17 Wende mir dein Ohr zu, Herr, und höre! Öffne,

Herr, deine Augen und sieh her! Hör alles, was
Sanherib sagt, der seinen Boten hergesandt hat,
um den lebendigen Gott zu verhöhnen. [18] Es ist
wahr, Herr, die Könige von Assur haben alle Völ-
ker vernichtet und ihre Länder verwüstet [19] und
ihre Götter ins Feuer geworfen. Aber das waren
keine Götter, sondern Werke von Menschenhand,
aus Holz und Stein; darum konnte man sie ver-
nichten. [20] Nun aber, Herr, unser Gott, rette uns
aus seiner Hand, damit alle Reiche der Erde erken-
nen, dass du, Jahwe, Gott bist, du allein.

14–20 || 2 Kön 19,14–19

Die Verheißung der göttlichen Hilfe

[21] Jesaja, der Sohn des Amoz, schickte zu Hiskija
einen Boten und ließ ihm sagen: So spricht der
Herr, der Gott Israels: Ich habe gehört, wie du
wegen des Königs Sanherib von Assur zu mir ge-
betet hast. [22] Das ist das Wort des Herrn gegen
ihn:
Dich verachtet, dich verspottet / die Jungfrau, die Tochter Zion.
Die Tochter Jerusalem / schüttelt spöttisch den Kopf über dich.
[23] Wen hast du beschimpft und verhöhnt, / gegen wen die Stimme erhoben,
auf wen voll Hochmut herabgeblickt? / Auf den Heiligen Israels.
[24] Durch deine Gesandten hast du den Herrn verhöhnt; / du hast gesagt:
Mit meinen zahlreichen Wagen fuhr ich auf die Höhen der Berge, / in die fernsten Winkel des Libanon.
Ich fällte seine hohen Zedern, / seine schönsten Zypressen,
kam bis zu seinen entlegensten Höhen, / in das Dickicht seiner Wälder.
[25] Ich habe Brunnen gegraben / und fremdes Wasser getrunken.
Ich ließ unter dem Schritt meiner Füße / alle Ströme Ägyptens vertrocknen.
[26] Hast du es nicht gehört? / Schon vor langer Zeit habe ich es so gefügt,
seit den Tagen der Vorzeit habe ich es so geplant, / jetzt ließ ich es kommen.
So konntest du befestigte Städte zerstören / und in Trümmer verwandeln.
[27] Ihre Bewohner waren machtlos, / in Schrecken und Schande gestoßen.
Sie glichen den Pflanzen auf dem Feld, / dem frischen Grün,
dem Gras auf den Dächern, / das im Ostwind verdorrt.
[28] Ich weiß, ob du ruhst, ob du gehst oder kommst, / ob du dich gegen mich auflehnst.
[29] Weil du gegen mich wütest / und dein Lärm meine Ohren erreicht hat,
ziehe ich dir einen Ring durch die Nase / und lege dir einen Zaum in das Maul.
Auf dem Weg, auf dem du herankamst, / treibe ich dich wieder zurück.
[30] Und das soll für dich (Hiskija) ein Vorzeichen
sein: In diesem Jahr isst man, was von selbst nach-
wächst, im nächsten Jahr, was wild wächst; im drit-
ten Jahr aber sollt ihr wieder säen und ernten, die
Weinberge bepflanzen und ihre Früchte genießen.
[31] Wer vom Haus Juda entronnen und übrig geblie-
ben ist, wird unten wieder Wurzeln treiben und
oben Frucht tragen. [32] Denn von Jerusalem wird
ein Rest (in das Land) hinausziehen, vom Berg
Zion ziehen die Geretteten hinaus. Der leiden-
schaftliche Eifer des Herrn der Heere vollbringt
das. [33] Darum – so spricht der Herr über den König
von Assur: Er wird nicht in diese Stadt eindringen;
er wird keinen einzigen Pfeil hineinschießen, er
wird nicht unter dem Schutz seines Schildes gegen
sie anrennen und wird keinen Damm gegen sie
aufschütten. [34] Auf dem Weg, auf dem er gekom-
men ist, wird er wieder zurückkehren. Aber in
diese Stadt wird er nicht eindringen – Spruch des
Herrn. [35] Ich werde diese Stadt beschützen und ret-
ten, um meinetwillen und um meines Knechtes
David willen.

21–35 || 2 Kön 19,20–34 • 27: Ps 129,6

Die Rettung der Stadt

[36] In jener Nacht zog der Engel des Herrn aus und
erschlug im Lager der Assyrer hundertfünfund-
achtzigtausend Mann. Als man am nächsten Mor-
gen aufstand, fand man sie alle als Leichen. [37] Da
brach Sanherib, der König von Assur, auf und
kehrte in sein Land zurück. Er blieb in Ninive.
[38] Als er eines Tages im Tempel seines Gottes Nis-
roch betete, erschlugen ihn seine Söhne Adram-

melech und Sarezer mit dem Schwert. Darauf
mussten sie in das Land Ararat fliehen und San-
heribs Sohn Asarhaddon wurde an seiner Stelle
König.

36–38 || 2 Kön 19,35–37

Weitere Nachrichten über Jesaja und Hiskija: 38,1 – 39,8

Die Krankheit Hiskijas

38 In jenen Tagen wurde Hiskija schwer
krank und war dem Tod nahe. Der Pro-
phet Jesaja, der Sohn des Amoz, kam zu ihm und
sagte: So spricht der Herr: Bestell dein Haus; denn
du wirst sterben, du wirst nicht am Leben bleiben.
2 Da drehte sich Hiskija mit dem Gesicht zur Wand
und betete zum Herrn: 3 Ach Herr, denk daran,
dass ich mein Leben lang treu und mit aufrichti-
gem Herzen meinen Weg vor deinen Augen gegan-
gen bin und dass ich immer getan habe, was dir
gefällt. Und Hiskija begann laut zu weinen. 4 Da
erging das Wort des Herrn an Jesaja: 5 Geh zu
Hiskija und sag zu ihm: So spricht der Herr, der
Gott deines Vaters David: Ich habe dein Gebet
gehört und deine Tränen gesehen. Ich will zu dei-
ner Lebenszeit noch fünfzehn Jahre hinzufügen.
6 [Und ich will dich und diese Stadt aus der Gewalt
des Königs von Assur retten und diese Stadt
beschützen.] 7 Das soll für dich das Zeichen des
Herrn sein, dass der Herr sein Versprechen halten
wird: 8 Siehe, ich lasse den Schatten, der auf den
Stufen des Ahas bereits herabgestiegen ist, wieder
zehn Stufen hinaufsteigen. Da stieg der Schatten
auf den Stufen, die er bereits herabgestiegen war,
wieder zehn Stufen hinauf.

1–8 || 2 Kön 20,1–6

Das Danklied Hiskijas

9 Ein Lied, das König Hiskija von Juda verfasst
hat, als er nach seiner Krankheit wieder genesen
war:
10 Ich sagte: In der Mitte meiner Tage / muss ich
hinab zu den Pforten der Unterwelt, / man raubt
mir den Rest meiner Jahre.
11 Ich sagte: Ich darf den Herrn nicht mehr
schauen / im Land der Lebenden,
keinen Menschen mehr sehen / bei den Bewoh-
nern der Erde.
12 Meine Hütte bricht man über mir ab, / man
schafft sie weg wie das Zelt eines Hirten.
Wie ein Weber hast du mein Leben zu Ende gewo-
ben, / du schneidest mich ab wie ein fertig gewo-
benes Tuch.
Vom Anbruch des Tages bis in die Nacht / gibst du
mich völlig preis;
13 bis zum Morgen schreie ich um Hilfe. / Wie ein
Löwe zermalmt er all meine Knochen.
14 Ich zwitschere wie eine Schwalbe, / ich gurre wie
eine Taube.
Meine Augen blicken ermattet nach oben: / Ich bin
in Not, Herr. Steh mir bei!
15 Was kann ich ihm sagen, was soll ich reden, / da
er es selber getan hat?
Es flieht mich der Schlaf; / denn meine Seele ist
verbittert.
16 Herr, ich vertraue auf dich; / du hast mich ge-
prüft. / Mach mich gesund und lass mich wieder
genesen!
17 Du hast mich aus meiner bitteren Not gerettet, /
du hast mich vor dem tödlichen Abgrund be-
wahrt; / denn all meine Sünden warfst du hinter
deinen Rücken.
18 Ja, in der Unterwelt dankt man dir nicht, / die
Toten loben dich nicht;
wer ins Grab gesunken ist, / kann nichts mehr von
deiner Güte erhoffen.
19 Nur die Lebenden danken dir, / wie ich am heu-
tigen Tag. / Von deiner Treue erzählt der Vater den
Kindern.
20 Der Herr war bereit, mir zu helfen; / wir wollen
singen und spielen im Haus des Herrn, / solange
wir leben.

12: 2 Kor 5,1; 2 Petr 1,13f; Ijob 7,6 • 17: Ps 103,3f; Mi 7,19 •
18: Ps 6,6 • 19: Dtn 4,9

Ein Nachtrag über die Krankheit Hiskijas

21 Darauf sagte Jesaja: Man hole einen Feigenbrei
und streiche ihn auf das Geschwür, damit der
König gesund wird. 22 Hiskija aber fragte Jesaja:
Was ist das Zeichen dafür, dass ich wieder zum
Haus des Herrn hinaufgehen werde?

21: 2 Kön 20,7f

Die Gesandtschaft aus Babel

39 Damals sandte Merodach-Baladan, der
Sohn Baladans, der König von Babel,
einen Brief und Geschenke an Hiskija; denn er
hatte von seiner Krankheit und von seiner Gene-
sung gehört. 2 Hiskija freute sich darüber und
zeigte den Gesandten sein Schatzhaus, das Silber
und das Gold, die Vorräte an Balsam und feinem
Öl, sein ganzes Waffenlager und alle anderen
Schätze, die er besaß. Es gab nichts in seinem Haus
und in seinem ganzen Herrschaftsbereich, das er
ihnen nicht gezeigt hätte. 3 Danach kam der Pro-
phet Jesaja zu König Hiskija und fragte ihn: Was
haben diese Männer gesagt? Woher kamen sie?
Hiskija antwortete: Sie sind aus einem fernen
Land, aus Babel, zu mir gekommen. 4 Er fragte wei-
ter: Was haben sie in deinem Haus gesehen? His-
kija antwortete: Sie haben alles gesehen, was in
meinem Haus ist. Es gibt nichts in meinen Schatz-
kammern, das ich ihnen nicht gezeigt hätte. 5 Da
sagte Jesaja zu Hiskija: Höre das Wort des Herrn
der Heere: 6 Es werden Tage kommen, an denen
man alles, was in deinem Haus ist, alles, was deine
Väter bis zum heutigen Tag angesammelt haben,
nach Babel bringt. Nichts wird übrig bleiben,
spricht der Herr. 7 Auch von deinen eigenen Söh-
nen, die du noch bekommen wirst, wird man
einige mitnehmen und sie werden als Kämmerer
im Palast des Königs von Babel dienen müssen.
8 Hiskija sagte zu Jesaja: Das Wort des Herrn, das
du mir gesagt hast, ist gut. Und er dachte: Zu mei-
nen Lebzeiten herrscht ja noch Friede und Sicher-
heit.

1–8 || 2 Kön 20,12–19

II. TEIL
DER ZWEITE JESAJA (DEUTEROJESAJA) 40,1 – 55,13

EINLEITUNG: DIE VERHEISSUNG DER HEIMKEHR: 40,1–11

40 Tröstet, tröstet mein Volk, / spricht euer
Gott. 2 Redet Jerusalem zu Herzen / und
verkündet der Stadt,
dass ihr Frondienst zu Ende geht, / dass ihre
Schuld beglichen ist;
denn sie hat die volle Strafe erlitten / von der Hand
des Herrn / für all ihre Sünden.
3 Eine Stimme ruft: / Bahnt für den Herrn einen
Weg durch die Wüste!
Baut in der Steppe eine ebene Straße / für unseren
Gott!
4 Jedes Tal soll sich heben, / jeder Berg und Hügel
sich senken.
Was krumm ist, soll gerade werden, / und was hüg-
lig ist, werde eben.
5 Dann offenbart sich die Herrlichkeit des Herrn, /
alle Sterblichen werden sie sehen. / Ja, der Mund
des Herrn hat gesprochen.
6 Eine Stimme sagte: Verkünde! / Ich fragte: Was
soll ich verkünden?
Alles Sterbliche ist wie das Gras / und all seine
Schönheit ist wie die Blume auf dem Feld.
7 Das Gras verdorrt, die Blume verwelkt, / wenn
der Atem des Herrn darüber weht. / Wahrhaftig,
Gras ist das Volk.
8 Das Gras verdorrt, die Blume verwelkt, / doch das
Wort unseres Gottes bleibt in Ewigkeit.
9 Steig auf einen hohen Berg, / Zion, du Botin der
Freude!
Erheb deine Stimme mit Macht, / Jerusalem, du
Botin der Freude!
Erheb deine Stimme, fürchte dich nicht! / Sag den
Städten in Juda: / Seht, da ist euer Gott.
10 Seht, Gott der Herr, kommt mit Macht, / er
herrscht mit starkem Arm.
Seht, er bringt seinen Siegespreis mit: / Alle, die er
gewonnen hat, gehen vor ihm her.
11 Wie ein Hirt führt er seine Herde zur Weide, / er
sammelt sie mit starker Hand.
Die Lämmer trägt er auf dem Arm, / die Mutter-
schafe führt er behutsam.

2: Jer 16,18 • 3: Mt 3,3; Mk 1,3; Lk 3,4–6; Joh 1,23; Jes 62,10 • 6–7: Ps 103,15; Jak 1,10; 1 Petr 1,24f • 8: Ps 119,89 • 10: 62,11; Offb 22,12

PREIS DER ERHABENHEIT GOTTES: 40,12–20; 41,6–7; 40,21–31

12 Wer misst das Meer mit der hohlen Hand? / Wer
kann mit der ausgespannten Hand den Himmel
vermessen? / Wer misst den Staub der Erde mit
einem Scheffel?
Wer wiegt die Berge mit einer Waage / und mit
Gewichten die Hügel?
13 Wer bestimmt den Geist des Herrn? / Wer kann
sein Berater sein und ihn unterrichten?
14 Wen fragt er um Rat / und wer vermittelt ihm
Einsicht?
Wer kann ihn über die Pfade des Rechts belehren? /
Wer lehrt ihn das Wissen / und zeigt ihm den Weg
der Erkenntnis?
15 Seht, die Völker sind wie ein Tropfen am Eimer,
sie gelten so viel wie ein Stäubchen auf der
Waage. / Ganze Inseln wiegen nicht mehr als ein
Sandkorn.
16 Der Libanon reicht nicht aus für das Brennholz, /
sein Wild genügt nicht für die Opfer.
17 Alle Völker sind vor Gott wie ein Nichts, / für ihn
sind sie wertlos und nichtig.
18 Mit wem wollt ihr Gott vergleichen / und welches
Bild an seine Stelle setzen?
19 Der Handwerker gießt ein Götterbild, / der
Goldschmied überzieht es mit Gold / und fertigt
silberne Ketten dazu.
20 Wer arm ist, wählt für ein Weihegeschenk / ein
Holz, das nicht fault;
er sucht einen fähigen Meister, / der ihm das Götterbild
aufstellt, / sodass es nicht wackelt.
41,6 Dabei hilft einer dem andern; / er sagt zu seinem
Bruder: Pack an!
7 So ermuntert der Handwerker den Goldschmied, /
der, der glättet, den Schmied am Amboss;
er sagt: Die Lötung ist gut!, / dann befestigt er das
Ganze mit Nägeln, / damit es nicht wackelt.
40,21 Wisst ihr es nicht, hört ihr es nicht, / war es
euch nicht von Anfang an bekannt?
Habt ihr es nicht immer wieder erfahren / seit der
Grundlegung der Erde?
22 Er ist es, der über dem Erdenrund thront; / wie
Heuschrecken sind ihre Bewohner.
Wie einen Schleier spannt er den Himmel aus, / er
breitet ihn aus wie ein Zelt zum Wohnen.
23 Er macht die Fürsten zunichte, / er nimmt den
Richtern der Erde jeden Einfluss.
24 Kaum sind sie gesät und gepflanzt, / kaum wurzelt
ihr Stamm in der Erde,
da bläst er sie an, sodass sie verdorren; / der Sturm
trägt sie fort wie Spreu.
25 Mit wem wollt ihr mich vergleichen? / Wem
sollte ich ähnlich sein?, spricht der Heilige.
26 Hebt eure Augen in die Höhe und seht: / Wer hat
die (Sterne) dort oben erschaffen?
Er ist es, der ihr Heer täglich zählt und heraufführt,
/ der sie alle beim Namen ruft.
Vor dem Allgewaltigen und Mächtigen / wagt keiner
zu fehlen.
27 Jakob, warum sagst du, / Israel, warum sprichst
du:
Mein Weg ist dem Herrn verborgen, / meinem
Gott entgeht mein Recht?
28 Weißt du es nicht, hörst du es nicht? / Der Herr
ist ein ewiger Gott, / der die weite Erde erschuf.
Er wird nicht müde und matt, / unergründlich ist
seine Einsicht.
29 Er gibt dem Müden Kraft, / dem Kraftlosen verleiht
er große Stärke.
30 Die Jungen werden müde und matt, / junge
Männer stolpern und stürzen.
31 Die aber, die dem Herrn vertrauen, / schöpfen
neue Kraft, / sie bekommen Flügel wie Adler.
Sie laufen und werden nicht müde, / sie gehen und
werden nicht matt.

40,13: Jer 23,18; Röm 11,34 • 18: 40,25; 46,5 • 41,7: Jer 10,4 • 40,21: 40,28 • 25: 40,18 • 26: Ps 147,4 • 28: 40,21 • 31: Ps 103,5

DAS GERICHT ÜBER DIE VÖLKER: 41,1–29

Die Berufung des Kyrus

41 Ihr Inseln, hört schweigend auf mich, / ihr
Völker, wartet auf mich!
Sie sollen kommen und ihre Sache vortragen, / wir
wollen vor Gericht gehen, alle zusammen.
2 Wer hat im Osten den geweckt, / dem Gerechtig-
keit folgt auf Schritt und Tritt?
Wer gibt ihm die Völker preis / und unterwirft ihm
die Könige?
Sein Schwert macht sie zu Staub, / sein Bogen
macht sie zu Spreu, die verweht.
3 Er verfolgt sie, rückt unversehrt vor, / berührt
kaum mit den Füßen den Weg.
4 Wer hat das bewirkt und vollbracht? / Er, der von
Anfang an die Generationen (ins Dasein) rief.
Ich, der Herr, bin der Erste / und noch bei den
Letzten bin ich derselbe.
5 Die Inseln sehen es und geraten in Furcht, / die
Enden der Erde erzittern; / sie nähern sich und
kommen herbei.

2: 41,25; 45,13; 46,11 • 4: 44,6; 48,12; Offb 1,8.17

Trost für Israel

8 Du, mein Knecht Israel, / du, Jakob, den ich er-
wählte, / Nachkomme meines Freundes Abra-
ham:
9 Ich habe dich von den Enden der Erde geholt, /
aus ihrem äußersten Winkel habe ich dich geru-
fen.
Ich habe zu dir gesagt: Du bist mein Knecht, / ich
habe dich erwählt und dich nicht verschmäht.
10 Fürchte dich nicht, denn ich bin mit dir; / hab
keine Angst, denn ich bin dein Gott.
Ich helfe dir, ja, ich mache dich stark, / ja, ich halte
dich mit meiner hilfreichen Rechten.
11 Schmach und Schande kommt über alle, / die
sich über dich erhitzen.
Die Männer, die mit dir streiten, / werden zunichte
und gehen zugrunde.
12 Du wirst sie suchen, aber nicht mehr finden, / die
Männer, die mit dir zanken.
Sie werden zunichte und finden ihr Ende, / die
Männer, die dich bekriegen.
13 Denn ich bin der Herr, dein Gott, / der deine
rechte Hand ergreift
und der zu dir sagt: Fürchte dich nicht, ich werde
dir helfen.
14 Fürchte dich nicht, du armer Wurm Jakob, / du
Würmlein Israel!
Ich selber werde dir helfen – Spruch des Herrn. /
Der Heilige Israels löst dich aus.
15 Zu einem Dreschschlitten mache ich dich, / zu
einem neuen Schlitten mit vielen Schneiden.
Berge wirst du dreschen und sie zermalmen / und
Hügel machst du zu Spreu.
16 Du worfelst sie und es verweht sie der Wind, / es
zerstreut sie der Sturm.
Du aber jubelst über den Herrn, / du rühmst dich
des Heiligen Israels.

8: Jak 2,23 • 10: 43,5 • 13: 42,6; 45,1 • 16: 61,10

Der wunderbare Auszug aus Babel

17 Die Elenden und Armen suchen Wasser, / doch
es ist keines da; / ihre Zunge vertrocknet vor
Durst.
Ich, der Herr, will sie erhören, / ich, der Gott Isra-
els, verlasse sie nicht.
18 Auf den kahlen Hügeln lasse ich Ströme hervor-
brechen / und Quellen inmitten der Täler.
Ich mache die Wüste zum Teich / und das ausge-
trocknete Land zur Oase.
19 In der Wüste pflanze ich Zedern, / Akazien, Öl-
bäume und Myrten.
In der Steppe setze ich Zypressen, / Platanen und
auch Eschen.
20 Dann werden alle sehen und erkennen, / begrei-
fen und verstehen,
dass die Hand des Herrn das alles gemacht hat, /
dass der Heilige Israels es erschaffen hat.

18: Ps 114,8 • 19: 60,13

Die Nichtigkeit der heidnischen Götter

21 Bringt eure Sache vor, spricht der Herr, / schafft
eure Beweise herbei, spricht Jakobs König.
22 Sie sollen vorbringen und uns kundtun, / was
sich ereignen wird.
Was bedeutet das Vergangene? Teilt es uns mit, /
damit auch wir unseren Sinn darauf richten.
Oder lasst uns das Zukünftige hören, / damit wir
das Ende erfahren.

[23] Tut kund, was später noch kommt, / damit wir
erkennen: Ja, ihr seid Götter.
Ja, tut Gutes oder Böses, / damit wir alle zusam-
men es sehen und staunen.
[24] Seht, ihr seid nichts, / euer Tun ist ein Nichts; /
einen Gräuel wählt, wer immer euch wählt.
[25] Ich habe ihn im Norden geweckt und er kam; /
im Osten habe ich ihn beim Namen gerufen.
Er hat die Fürsten wie Lehm zertreten, / wie ein
Töpfer den Ton stampft.
[26] Wer hat es kundgetan von Anfang an, / sodass
wir es wussten?
Wer hat es im Voraus kundgetan, / sodass wir sa-
gen konnten: Es ist richtig?
Niemand hat es kundgetan, / niemand hat es ge-
meldet, / keiner hörte von euch ein einziges
Wort.
[27] Ich habe Zion als Erster (gesagt): / Sieh her, da
ist es!, / und habe Jerusalem einen Freudenboten
geschickt.
[28] Ich blickte umher, doch niemand war da, / kei-
ner von diesen hier konnte mir raten / und Ant-
wort geben auf meine Fragen.
[29] Seht her: Sie alle sind nichts, / ihr Tun ist ein
Nichts; / windig und wesenlos sind die Bilder der
Götter.

23: 44,7 • 25: 41,2; 45,3 • 27: 40,9; 52,7

DAS ERSTE LIED VOM GOTTESKNECHT: 42,1–9

42 Seht, das ist mein Knecht, den ich stütze;
/ das ist mein Erwählter, an ihm finde ich
Gefallen.
Ich habe meinen Geist auf ihn gelegt, / er bringt
den Völkern das Recht.
[2] Er schreit nicht und lärmt nicht / und lässt seine
Stimme nicht auf der Straße erschallen.
[3] Das geknickte Rohr zerbricht er nicht / und den
glimmenden Docht löscht er nicht aus; / ja, er
bringt wirklich das Recht.
[4] Er wird nicht müde und bricht nicht zusam-
men, / bis er auf der Erde das Recht begründet
hat. / Auf sein Gesetz warten die Inseln.
[5] So spricht Gott, der Herr, / der den Himmel er-
schaffen und ausgespannt hat, / der die Erde ge-
macht hat und alles, was auf ihr wächst,
der den Menschen auf der Erde den Atem verleiht /
und allen, die auf ihr leben, den Geist:
[6] Ich, der Herr, habe dich aus Gerechtigkeit geru-
fen, / ich fasse dich an der Hand.
Ich habe dich geschaffen und dazu bestimmt, / der
Bund für mein Volk / und das Licht für die Völker
zu sein:
[7] blinde Augen zu öffnen, / Gefangene aus dem
Kerker zu holen
und alle, die im Dunkel sitzen, / aus ihrer Haft zu
befreien.
[8] Ich bin Jahwe, das ist mein Name; / ich überlasse
die Ehre, die mir gebührt, keinem andern, / mei-
nen Ruhm nicht den Götzen.
[9] Seht, das Frühere ist eingetroffen, / Neues kün-
dige ich an.
Noch ehe es zum Vorschein kommt, / mache ich
es euch bekannt.

1: Mt 12,18–21; 3,17; Jes 51,4 • 4: 51,4 • 6: 41,9; 49,6.8; Lk 2,32 • 8: 48,11 • 9: 48,6

VERHEISSUNG DES AUSZUGS AUS BABEL: 42,10 – 44,23

Der Sieg Gottes

[10] Singt dem Herrn ein neues Lied, / verkündet sei-
nen Ruhm bis ans Ende der Erde!
Es jauchze das Meer und alles, was es erfüllt, / die
Inseln und ihre Bewohner.
[11] Die Wüste und ihre Städte sollen sich freuen, /
die Dörfer, die Kedar bewohnt.
Die Bewohner von Sela sollen singen vor Freude /
und jubeln auf den Gipfeln der Berge.
[12] Sie sollen die Herrlichkeit des Herrn verkün-
den, / seinen Ruhm auf den Inseln verbreiten.
[13] Der Herr zieht in den Kampf wie ein Held, /
er entfacht seine Leidenschaft wie ein Krie-
ger.

18 HASPINGER 09

„Zum Prüfer für mein Volk habe ich dich bestellt; du sollst sein Verhalten erkennen und prüfen. Sie alle sind schlimme Empörer, Verleumder sind sie. Bronze und Eisen sind sie, alle zusammen Verbrecher. Der Blasebalg schnaubt, doch das Blei bleibt unberührt vom Feuer. Umsonst versucht der Schmelzer zu schmelzen; die Bösen lassen sich nicht ausscheiden. ‚Verworfenes Silber' nennt man sie, denn verworfen hat sie der Herr." (Jeremia 6,27–30)

Pater Haspinger, um 1909

Öl auf Leinwand, 116 x 92 cm
bezeichnet rechts unten: Egger Lienz; links oben: 18 HASPINGER 09
Innsbruck, Tiroler Landesmuseum Ferdinandeum, Inv.Nr. Gem 1911
(Leihgabe des Landes Tirol)

In Erinnerung an den Tiroler Freiheitskampf im Jahre 1809 fanden hundert Jahre später viele Gedenkfeiern statt. Albin Egger-Lienz hat die drei „Hauptehelden" Andreas Hofer, Josef Speckbacher und Pater Haspinger in drei großen Bildern in heroischer Geste geprägt. Pater Haspinger war einer der feurigsten Anführer. Seine Entschlossenheit, unter dem Zeichen des Kreuzes für die Freiheit der Tiroler Bevölkerung zu kämpfen, war legendär.

„Verstoßen werde ich euch von meinem Angesicht, wie ich alle eure Brüder, alle Nachkommen Efraims, verstoßen habe. ... Hört auf meine Stimme, dann will ich euer Gott sein und ihr sollt mein Volk sein. Geht in allem den Weg, den ich euch befehle, damit es euch gut geht. Sie aber hörten nicht und neigten mir ihr Ohr nicht zu, sondern folgten den Eingebungen und Trieben ihres bösen Herzens. Sie zeigten mir den Rücken und nicht das Gesicht."
(Jeremia 7,15.23–24)

Nach dem Friedensschluss 1809, 1902

Öl auf Leinwand, 191 x 330 cm
bezeichnet rechts unten: A. Egger Lienz
Wien, Österreichische Galerie Belvedere, Inv.Nr. 567a
(Leihgabe im Museum der Stadt Lienz Schloss Bruck, Inv.Nr. AEL 24)

Die Heimkehr der Kämpfenden aus dem Krieg ist symbolisch in diesem Marsch von Männern festgehalten. Die Tragik der Ereignisse spürt man in der gedrückten Stimmung. Es ist kein Zug der Sieger, die Menschen sind zutiefst enttäuscht über den Misserfolg. Sie wirken wie vom Leben verstoßen, hineingetrieben in eine unbekannte Zukunft. Egger-Lienz will hier nicht nur eine Geschichte aus dem Freiheitskampf andeuten, vielmehr liegt ihm am Herzen, die Not und Depression zu vermitteln.

Er erhebt den Schlachtruf und schreit, / er zeigt
sich als Held gegenüber den Feinden.
14 Ich hatte sehr lange geschwiegen, / ich war still
und hielt mich zurück.
Wie eine Gebärende will ich nun schreien, / ich
schnaube und schnaufe.
15 Die Berge und Hügel dörre ich aus / und lasse
ihr Gras völlig vertrocknen.
Flüsse mache ich zu festem Boden / und Teiche
lege ich trocken.
16 Blinde führe ich auf Wegen, die sie nicht kennen, /
auf unbekannten Pfaden lasse ich sie wandern.
Die Finsternis vor ihren Augen mache ich zu
Licht; / was krumm ist, mache ich gerade.
Das sind die Taten, die ich vollbrachte, / und ich
lasse davon nicht mehr ab.
17 Alle müssen weichen und werden beschämt, /
die auf Götzenbilder vertrauen,
die zu gegossenen Bildern sagen: / Ihr seid unsere
Götter.

10: Ps 33,3 • 16: 40,4 • 17: Ps 97,7

Israel, der blinde und taube Knecht Gottes

18 Ihr, die ihr taub seid, hört, / ihr Blinden, blickt
auf und seht her!
19 Wer ist so blind wie mein Knecht / und so taub
wie der Bote, den ich sende?
Wer ist so blind wie mein Vertrauter / und so taub
wie der Knecht des Herrn?
20 Vieles sieht er, aber er beachtet es nicht; / die
Ohren hat er offen und hört doch nicht.
21 Der Herr hatte um seiner Gerechtigkeit willen
beschlossen, / das Gesetz groß und herrlich zu ma-
chen.
22 Doch jetzt sind sie ein beraubtes, ausgeplünder-
tes Volk; / alle sind in den Kerker geworfen, ins Ge-
fängnis gesperrt.
Sie wurden als Beute verschleppt / und kein Retter
war da;
sie wurden ausgeplündert und niemand sagte: /
Gib es zurück!
23 Wer von euch vernimmt diese Worte, / wer
merkt auf und hört künftig darauf?
24 Wer lieferte Jakob den Plünderern aus / und
Israel den Räubern?
Hat nicht der Herr es getan, / gegen den wir gesün-
digt hatten?
Sie wollten nicht auf seinen Wegen gehen, / sie
hörten nicht auf sein Gesetz.
25 Da goss er über sie seinen glühenden Zorn aus /
und den Schrecken des Krieges:
Ringsum hat er sie umlodert, / doch sie merkten
es nicht;
du hast sie in Brand gesetzt, / doch sie nahmen es
sich nicht zu Herzen.

20: 6,9

Die Heimkehr Israels

43 Jetzt aber – so spricht der Herr, / der dich
geschaffen hat, Jakob, / und der dich ge-
formt hat, Israel:
Fürchte dich nicht, denn ich habe dich ausgelöst, /
ich habe dich beim Namen gerufen, / du gehörst
mir.
2 Wenn du durchs Wasser schreitest, bin ich bei
dir, / wenn durch Ströme, dann reißen sie dich
nicht fort.
Wenn du durchs Feuer gehst, wirst du nicht ver-
sengt, / keine Flamme wird dich verbrennen.
3 Denn ich, der Herr, bin dein Gott, / ich, der Hei-
lige Israels, bin dein Retter.
Ich gebe Ägypten als Kaufpreis für dich, / Kusch
und Seba gebe ich für dich.
4 Weil du in meinen Augen teuer und wertvoll bist /
und weil ich dich liebe,
gebe ich für dich ganze Länder / und für dein
Leben ganze Völker.
5 Fürchte dich nicht, denn ich bin mit dir. / Vom
Osten bringe ich deine Kinder herbei, / vom
Westen her sammle ich euch.
6 Ich sage zum Norden: Gib her!, / und zum Süden:
Halt nicht zurück!
Führe meine Söhne heim aus der Ferne, / meine
Töchter vom Ende der Erde!
7 Denn jeden, der nach meinem Namen benannt
ist, / habe ich zu meiner Ehre erschaffen, / geformt
und gemacht.

5: 41,10 • 7: Jer 14,9

Gott, der einzige Retter

8 Bringt das Volk her, das blind ist, obwohl es
Augen hat, / und taub, obwohl es Ohren hat.
9 Alle Völker sollen sich versammeln, / die Natio-
nen sollen zusammenkommen.

Wer von ihnen kündigt dies an / und wer kann uns
sagen, was früher war?
Sie sollen ihre Zeugen stellen, / damit sie Recht be-
kommen, / damit man (die Zeugen) hört und sagt:
Es ist wahr.
10 Ihr seid meine Zeugen – Spruch des Herrn – /
und auch mein Knecht, den ich erwählte,
damit ihr erkennt und mir glaubt / und einseht,
dass ich es bin.
Vor mir wurde kein Gott erschaffen / und auch
nach mir wird es keinen geben.
11 Ich bin Jahwe, ich, / und außer mir gibt es kei-
nen Retter.
12 Ich habe es selbst angekündet und euch geret-
tet, / ich habe es euch zu Gehör gebracht.
Kein fremder (Gott) ist bei euch gewesen. / Ihr seid
meine Zeugen – Spruch des Herrn.
Ich allein bin Gott; / 13 auch künftig werde ich es sein.
Niemand kann mir etwas entreißen. / Ich handle.
Wer kann es rückgängig machen?
9: 48,3

Der Weg durch die Wüste
14 So spricht der Herr, euer Erlöser, / der Heilige
Israels:
Um euretwillen schicke ich (Boten) nach Babel /
und reiße alle Riegel heraus, / die Chaldäer aber
werden mit Ketten gefesselt.
15 Ich bin der Herr, euer Heiliger, / euer König, Isra-
els Schöpfer.
16 So spricht der Herr, der einen Weg durchs Meer
bahnt, / einen Pfad durch das gewaltige Wasser,
17 der Wagen und Rosse ausziehen lässt, / zusam-
men mit einem mächtigen Heer;
doch sie liegen am Boden und stehen nicht mehr
auf, / sie sind erloschen und verglüht wie ein Docht.
18 Denkt nicht mehr an das, was früher war; / auf
das, was vergangen ist, sollt ihr nicht achten.
19 Seht her, nun mache ich etwas Neues. / Schon
kommt es zum Vorschein, merkt ihr es nicht?
Ja, ich lege einen Weg an durch die Steppe / und
Straßen durch die Wüste.
20 Die wilden Tiere werden mich preisen, / die
Schakale und Strauße,
denn ich lasse in der Steppe Wasser fließen / und
Ströme in der Wüste, / um mein Volk, mein er-
wähltes, zu tränken.
21 Das Volk, das ich mir erschaffen habe, / wird
meinen Ruhm verkünden.
18: 65,17 • 19: Offb 21,5 • 21: 1 Petr 2,9

Die Schuld Israels und die Gnade Gottes
22 Jakob, du hast mich nicht gerufen, / Israel, du
hast dir mit mir keine Mühe gemacht.
23 Du brachtest mir keine Lämmer als Brandopfer
dar / und mit Schlachtopfern hast du mich nicht
geehrt.
Ich habe dich nicht zu Speiseopfern gezwungen /
und von dir keinen Weihrauch gefordert und dich
dadurch geplagt.
24 Du hast mir für dein Geld kein Gewürzrohr
gekauft / und hast mich nicht gelabt mit dem Fett
deiner Opfer.
Nein, du hast mir mit deinen Sünden Arbeit
gemacht, / mit deinen üblen Taten hast du mich
geplagt.
25 Ich, ich bin es, der um meinetwillen deine Ver-
gehen auslöscht, / ich denke nicht mehr an deine
Sünden.
26 Lade mich vor, gehen wir miteinander vor Ge-
richt; / verteidige dich, damit du Recht bekommst.
27 Schon dein Urahn hat gesündigt; / deine Anfüh-
rer sind mir untreu geworden;
28 deine Fürsten haben mein Heiligtum entweiht. /
Darum habe ich Jakob preisgegeben, / damit man
es dem Untergang weiht, / und Israel, damit man
es verspottet.
25: 44,22

Die Ausgießung des Geistes
44 Jetzt aber höre, Jakob, mein Knecht, /
Israel, den ich erwählte.
2 So spricht der Herr, dein Schöpfer, / der dich im
Mutterleib geformt hat, der dir hilft:
Fürchte dich nicht, Jakob, mein Knecht, / du,
Jeschurun, den ich erwählte.
3 Denn ich gieße Wasser auf den dürstenden Bo-
den, / rieselnde Bäche auf das trockene Land.
Ich gieße meinen Geist über deine Nachkommen
aus / und meinen Segen über deine Kinder.
4 Dann sprossen sie auf wie das Schilfgras, / wie
Weidenbäume an Wassergräben.
5 Der eine sagt: Ich gehöre dem Herrn. / Ein ande-
rer benennt sich mit dem Namen Jakobs.

Einer schreibt auf seine Hand: für den Herrn. / Ein anderer wird ehrenvoll mit dem Namen Israel benannt.

Gottes Ewigkeit und Einzigkeit

6 So spricht der Herr, Israels König, / sein Erlöser, der Herr der Heere:
Ich bin der Erste, ich bin der Letzte, / außer mir gibt es keinen Gott.
7 Wer ist mir gleich? Er soll sich melden, / er tue es mir kund und beweise es mir.
Wer hat von Anfang an die Zukunft verkündet? / Sie sollen uns sagen, was alles noch kommt.
8 Erschreckt nicht und fürchtet euch nicht! / Habe ich es euch nicht schon längst zu Gehör gebracht und verkündet?
Ihr seid meine Zeugen: Gibt es einen Gott außer mir? / Es gibt keinen Fels außer mir, ich kenne keinen.

6: 41,4 • 7: 41,23

Die Hilflosigkeit der Götzen

9 Ein Nichts sind alle, die ein Götterbild formen; / ihre geliebten Götzen nützen nichts.
Wer sich zu seinen Göttern bekennt, sieht nichts, / ihm fehlt es an Einsicht; darum wird er beschämt.
10 Wer sich einen Gott macht / und sich ein Götterbild gießt, / hat keinen Nutzen davon.
11 Seht her, alle, die sich ihm anschließen, werden beschämt, / die Schmiede sind nichts als Menschen.
Sie sollen sich alle versammeln und vor mich treten; / dann werden sie alle von Schrecken gepackt und beschämt.
12 Der Schmied facht die Kohlenglut an, / er formt (das Götterbild) mit seinem Hammer / und bearbeitet es mit kräftigem Arm.
Dabei wird er hungrig und hat keine Kraft mehr. / Trinkt er kein Wasser, so wird er ermatten.
13 Der Schnitzer misst das Holz mit der Messschnur, / er entwirft das Bild mit dem Stift / und schnitzt es mit seinem Messer;
er umreißt es mit seinem Zirkel / und formt die Gestalt eines Mannes,
das prächtige Bild eines Menschen; / in einem Haus soll es wohnen.
14 Man fällt eine Zeder, wählt eine Eiche / oder sonst einen mächtigen Baum,
den man stärker werden ließ / als die übrigen Bäume im Wald.
Oder man pflanzt einen Lorbeerbaum, / den der Regen groß werden lässt.
15 Das Holz nehmen die Menschen zum Heizen; / man macht ein Feuer und wärmt sich daran.
Auch schürt man das Feuer und bäckt damit Brot. / Oder man schnitzt daraus einen Gott / und wirft sich nieder vor ihm;
man macht ein Götterbild / und fällt vor ihm auf die Knie.
16 Den einen Teil des Holzes wirft man ins Feuer / und röstet Fleisch in der Glut / und sättigt sich an dem Braten.
Oder man wärmt sich am Feuer und sagt: / Oh, wie ist mir warm! Ich spüre die Glut.
17 Aus dem Rest des Holzes aber macht man sich einen Gott, / ein Götterbild, vor das man sich hinkniet,
zu dem man betet und sagt: / Rette mich, du bist doch mein Gott!
18 Unwissend sind sie und ohne Verstand; / denn ihre Augen sind verklebt,
sie sehen nichts mehr / und ihr Herz wird nicht klug.
19 Sie überlegen nichts, / sie haben keine Erkenntnis und Einsicht, / sodass sie sich sagen würden:
Den einen Teil habe ich ins Feuer geworfen, / habe Brot in der Glut gebacken / und Fleisch gebraten und es gegessen.
Aus dem Rest des Holzes aber habe ich mir / einen abscheulichen Götzen gemacht / und nun knie ich nieder vor einem Holzklotz.
20 Wer Asche hütet, / den hat sein Herz verführt und betrogen.
Er wird sein Leben nicht retten / und wird nicht sagen: / Ich halte ja nur ein Trugbild in meiner rechten Hand.

12–17: Jer 10,3f

Die Erlösung Israels

21 Denk daran, Jakob, und du, Israel, / dass du mein Knecht bist.
Ich habe dich geschaffen, du bist mein Knecht; / Israel, ich vergesse dich nicht.
22 Ich fege deine Vergehen hinweg wie eine Wolke / und deine Sünden wie Nebel. / Kehr um zu mir; denn ich erlöse dich.

23 Jauchzt, ihr Himmel, denn der Herr hat gehan-
delt; / jubelt, ihr Tiefen der Erde!
Brecht in Jubel aus, ihr Berge, / ihr Wälder mit all
euren Bäumen!
Denn der Herr hat Jakob erlöst / und an Israel
bewiesen, wie herrlich er ist.

22: 43,25 • 23: 49,13; 55,12; Ps 96,11–13; Jes 49,3

DIE ANKÜNDIGUNG DER BEFREIUNG DURCH KYRUS: 44,24 – 48,22

Die Berufung und die Aufgabe des Kyrus

24 So spricht der Herr, dein Erlöser, / der dich im
Mutterleib geformt hat:
Ich bin der Herr, der alles bewirkt, / der ganz allein
den Himmel ausgespannt hat, / der die Erde ge-
gründet hat aus eigener Kraft,
25 der das Wirken der Zauberer vereitelt / und die
Wahrsager zu Narren macht,
der die Weisen zum Rückzug zwingt / und ihre
Klugheit als Dummheit entlarvt,
26 der das Wort seiner Knechte erfüllt / und den
Plan ausführt, den seine Boten verkünden,
der zu Jerusalem sagt: Du wirst wieder bewohnt!, /
und zu den Städten Judas: Ihr werdet wieder auf-
gebaut werden, / ich baue eure Ruinen wieder auf!,
27 der zum tiefen Meer sagt: Trockne aus, / ich lasse
deine Fluten versiegen!,
28 der zu Kyrus sagt: Mein Hirt – / alles, was ich will,
wird er vollenden!,
der zu Jerusalem sagt: Du wirst wieder aufgebaut
werden!, / und zum Tempel: Du wirst wieder da-
stehen.

45 So spricht der Herr zu Kyrus, seinem Ge-
salbten, / den er an der rechten Hand
gefasst hat,
um ihm die Völker zu unterwerfen, um die Könige
zu entwaffnen, / um ihm die Türen zu öffnen und
kein Tor verschlossen zu halten:
2 Ich selbst gehe vor dir her / und ebne die Berge
ein.
Ich zertrümmere die bronzenen Tore / und zer-
schlage die eisernen Riegel.
3 Ich gebe dir verborgene Schätze / und Reichtü-
mer, die im Dunkel versteckt sind.
So sollst du erkennen, dass ich der Herr bin, / der
dich bei deinem Namen ruft, ich, Israels Gott.
4 Um meines Knechtes Jakob willen, / um Israels,
meines Erwählten, willen / habe ich dich bei dei-
nem Namen gerufen;
ich habe dir einen Ehrennamen gegeben, / ohne
dass du mich kanntest.
5 Ich bin der Herr und sonst niemand; / außer mir
gibt es keinen Gott.
Ich habe dir den Gürtel angelegt / ohne dass du
mich kanntest,
6 damit man vom Aufgang der Sonne bis zu ihrem
Untergang erkennt, / dass es außer mir keinen
Gott gibt. / Ich bin der Herr und sonst niemand.
7 Ich erschaffe das Licht und mache das Dunkel, /
ich bewirke das Heil und erschaffe das Unheil. / Ich
bin der Herr, der das alles vollbringt.
8 Taut, ihr Himmel, von oben, / ihr Wolken, lasst
Gerechtigkeit regnen!
Die Erde tue sich auf und bringe das Heil hervor, /
sie lasse Gerechtigkeit sprießen. / Ich, der Herr,
will es vollbringen.

44,24: 44,2; Ijob 9,8 • 26: Am 3,7 • 28: 2 Chr 36,23; Esra 1,1–4 •
45,3: 41,25 • 6: 59,19; 45,18 • 7: Am 3,6

Gegen die Unzufriedenen und die Zweifler

9 Weh dem, der mit seinem Schöpfer rechtet, / er,
eine Scherbe unter irdenen Scherben.
Sagt denn der Ton zu dem Töpfer: / Was machst
du mit mir?,
und zu dem, der ihn verarbeitet: / Du hast kein
Geschick?
10 Weh dem, der zum Vater sagt: Warum zeugtest
du mich?, / und zur Mutter: Warum brachtest du
mich zur Welt?
11 So spricht der Herr, / der Heilige Israels und sein
Schöpfer:
Wollt ihr mir etwa Vorwürfe machen wegen mei-
ner Kinder / und Vorschriften über das Werk mei-
ner Hände?
12 Ich habe die Erde gemacht / und die Menschen
auf ihr geschaffen.
Ich habe den Himmel ausgespannt mit meinen
Händen / und ich befehle seinem ganzen Heer.

[13] Ich habe ihn (Kyrus) aus Gerechtigkeit zum
Aufbruch veranlasst. / Alle Wege ebne ich ihm.
Er baut meine Stadt wieder auf, / mein verschlepptes Volk lässt er frei,
aber nicht für Lösegeld oder Geschenke. / Der Herr der Heere hat gesprochen.

9: 29,16; Jer 18,6; Röm 9,20f

Die Huldigung der Heidenvölker

[14] So spricht der Herr:
Die Ägypter mit ihren Erträgen, / die Kuschiter mit ihrem Gewinn
und die groß gewachsenen Sebaiter / werden zu dir kommen und dir gehören; / in Ketten werden sie hinter dir herziehen.
Sie werfen sich nieder vor dir und bekennen: / Nur bei dir gibt es einen Gott / und sonst gibt es keinen.
[15] Wahrhaftig, du bist ein verborgener Gott. / Israels Gott ist der Retter.
[16] Schmach und Schande kommt über sie alle, / die Götzenschmiede geraten in Schande.
[17] Israel aber wird vom Herrn gerettet, / wird für immer errettet.
Über euch kommt keine Schande und Schmach mehr / für immer und ewig.
[18] Denn so spricht der Herr, der den Himmel erschuf, / er ist der Gott, der die Erde geformt und gemacht hat –
er ist es, der sie erhält, / er hat sie nicht als Wüste geschaffen,
er hat sie zum Wohnen gemacht –: / Ich bin der Herr und sonst niemand.
[19] Ich habe nicht im Verborgenen geredet, / irgendwo in einem finsteren Land.
Ich habe nicht zum Geschlecht Jakobs gesagt: / Sucht mich im leeren Raum!
Ich bin der Herr, der die Wahrheit spricht / und der verkündet, was recht ist.
[20] Versammelt euch, kommt alle herbei, / tretet herzu, die ihr aus den Völkern entkommen seid.
Wer hölzerne Götzen umherträgt, hat keine Erkenntnis, / wer einen Gott anbetet, der niemanden rettet.
[21] Macht es bekannt, bringt es vor, / beratet euch untereinander:
Wer hat das alles seit langem verkündet / und längst im Voraus angesagt?
War es nicht ich, der Herr? / Es gibt keinen Gott außer mir; / außer mir gibt es keinen gerechten und rettenden Gott.
[22] Wendet euch mir zu und lasst euch erretten, / ihr Menschen aus den fernsten Ländern der Erde; / denn ich bin Gott und sonst niemand.
[23] Ich habe bei mir selbst geschworen / und mein Mund hat die Wahrheit gesprochen, / es ist ein unwiderrufliches Wort:
Vor mir wird jedes Knie sich beugen / und jede Zunge wird bei mir schwören:
[24] Nur beim Herrn – sagt man von mir – gibt es Rettung und Schutz.
Beschämt kommen alle zu ihm, die sich ihm widersetzten.
[25] Alle Nachkommen Israels bekommen ihr Recht / und erlangen Ruhm durch den Herrn.

16: 41,11 • 18: 45,6 • 19: 48,16 • 23: Röm 14,11; Phil 2,10f

Der Sturz der Götzen Babels und die Allmacht Jahwes

46 Bel bricht zusammen, / Nebo krümmt sich am Boden.
Babels Götter werden auf Tiere geladen. / Eine Last seid ihr, eine aufgebürdete Last für das ermüdete Vieh.
[2] Die Tiere krümmen sich und brechen zusammen, / sie können die Lasten nicht retten; / sie müssen selbst mit in die Gefangenschaft ziehen.
[3] Hört auf mich, ihr vom Haus Jakob, / und ihr alle, die vom Haus Israel noch übrig sind,
die mir aufgebürdet sind vom Mutterleib an, / die von mir getragen wurden, seit sie den Schoß ihrer Mutter verließen.
[4] Ich bleibe derselbe, so alt ihr auch werdet, / bis ihr grau werdet, will ich euch tragen.
Ich habe es getan / und ich werde euch weiterhin tragen, / ich werde euch schleppen und retten.
[5] Mit wem wollt ihr mich vergleichen, / neben wen mich stellen?
An wem wollt ihr mich messen, / um zu sehen, ob wir uns gleichen?
[6] Man schüttet Gold aus dem Beutel / und wiegt Silber ab auf der Waage.
Man bezahlt einen Goldschmied, damit er einen Gott daraus macht. / Man kniet nieder und wirft sich sogar zu Boden.

[7] Man trägt ihn auf der Schulter / und schleppt ihn
umher;
dann stellt man ihn wieder auf seinen Platz / und
dort bleibt er stehen; / er rührt sich nicht von der
Stelle.
Ruft man ihn an, so antwortet er nicht; / wenn man
in Not ist, kann er nicht helfen.

1: Jer 50,2 • 3–4: 63,9 • 4: Ps 71,18 • 5: 40,18

Kyrus, das Werkzeug Jahwes

[8] Denkt daran und achtet darauf, / ihr Treulosen,
nehmt es zu Herzen!
[9] Denkt an das, was früher galt, in uralten Zeiten: /
Ich bin Gott und sonst niemand, / ich bin Gott und
niemand ist wie ich.
[10] Ich habe von Anfang an die Zukunft verkündet /
und lange vorher gesagt, was erst geschehen sollte.
Ich sage: Mein Plan steht fest, / und alles, was ich
will, führe ich aus.
[11] Ich habe aus dem Osten einen Adler gerufen, /
aus einem fernen Land rief ich den Mann, / den
ich brauchte für meinen Plan.
Ich habe es gesagt und ich lasse es kommen. / Ich
habe es geplant und ich führe es aus.
[12] Hört auf mich, ihr Verzagten, / denen das Heil
noch fern ist.
[13] Ich selbst bringe euch das Heil, / es ist nicht mehr
fern; / meine Hilfe verzögert sich nicht.
Ich bringe Hilfe für Zion / und verleihe Israel
meine strahlende Pracht.

9: 43,18 • 10: 41,22f.26; 44,7f; Ps 115,3

Der Sturz Babels

47 Steig herab, Tochter Babel, / Jungfrau,
setz dich in den Staub!
Setz dich auf die Erde; / es gibt keinen Thron mehr
(für dich), Tochter Chaldäas. / Jetzt nennt man
dich nicht mehr die Feine, die Zarte.
[2] Nimm die Mühle und mahle das Mehl! / Weg mit
dem Schleier!
Heb deine Schleppe hoch, entblöße die Beine /
und wate durchs Wasser!
[3] Deine Scham wird entblößt, / man sieht deine
Schande.
Unerbittlich nehme ich Rache, / [4] spricht unser
Erlöser; / »Herr der Heere« heißt er / und »Der
Heilige Israels«.
[5] Setz dich hin und verstumme! / Geh hinaus ins
Dunkel, Tochter Chaldäas!
Denn nun nennt dich niemand mehr / »Herrin der
Reiche«.
[6] Ich war zornig über mein Volk, / ich entweihte
mein Erbe / und gab es in deine Gewalt.
Doch du hast ihm kein Erbarmen geschenkt, / du
hast den Greisen ein zu schweres Joch auferlegt.
[7] Du dachtest: / Ich bleibe für immer und ewig die
Herrin.
Du hast dir das alles nicht zu Herzen genommen, /
hast nie an das Ende gedacht.
[8] Nun aber höre, du üppiges Weib, / die du in
Sicherheit lebst / und in deinem Herzen denkst:
Ich und sonst niemand! / Niemals sitze ich da als
Witwe, / Kinderlosigkeit kenne ich nicht.
[9] Doch beides wird dich ereilen, / plötzlich, am
gleichen Tag:
Kinderlos wirst du und Witwe, / in voller Schwere
trifft dich das Unheil,
trotz all deiner Zauberei / und trotz der Macht deiner beschwörenden Formeln.
[10] Du hast dich auf deine bösen Taten verlassen /
und gedacht: Es sieht mich ja keiner.
Deine Weisheit und dein Wissen verleiteten dich,
in deinem Herzen zu denken: / Ich und sonst niemand!
[11] Doch es wird ein Unheil über dich kommen, /
das du nicht wegzaubern kannst.
Ein Verderben wird dich überfallen, / das du nicht
zu bannen vermagst.
Und plötzlich wird dein Untergang kommen, / an
den du niemals gedacht hast.
[12] Dann stell dich hin / mit deinen beschwörenden
Formeln
und mit deinen vielen Zaubersprüchen, / mit
denen du dich seit deiner Jugend abgemüht hast.
Vielleicht kannst du dir helfen, / vielleicht das Unglück verscheuchen.
[13] Du hast dir große Mühe gemacht / mit deinen
vielen Beratern;
sollen sie doch auftreten und dich retten, / sie, die
den Himmel deuten
und die Sterne betrachten, / die dir an jedem Neumond verkünden, was kommt.
[14] Wie die Spreu werden sie sein, / die das Feuer
verbrennt.

Sie können sich nicht retten / vor der Gewalt der
Flammen.
Das wird keine Glut sein, an der man sich wärmt, /
kein Feuer, um das man herumsitzt.
15 So geht es all deinen Zauberern, / um die du dich
seit deiner Jugend bemüht hast.
Sie machen sich alle davon, / keiner will dir mehr
helfen.

2: Nah 3,5 • 8: Zef 2,15; Offb 18,7 • 9: 47,12 • 12: 47,9; Dan 2,2

Der Erweis der Gottheit des Herrn durch Weissagungen

48 Hört her, ihr vom Haus Jakob, / die ihr
den Namen Israels tragt / und Judas Nach-
kommen seid,
die ihr beim Namen des Herrn schwört / und euch
bekennt zu Israels Gott, / aber nicht offen und ehr-
lich.
2 Sie nennen sich nach der Heiligen Stadt / und ver-
lassen sich auf Israels Gott, / der »Herr der Heere«
genannt wird.
3 Was früher war, hatte ich schon längst im Voraus
verkündet, / es kam aus meinem Mund, ich ließ es
hören; / plötzlich habe ich gehandelt und es traf
ein.
4 Weil ich wusste, dass du halsstarrig bist, / dass
dein Nacken eiserne Sehnen hat / und deine Stirn
aus Bronze ist,
5 hatte ich es dir schon längst im Voraus verkün-
det; / ich ließ es dich hören, bevor es geschah,
damit du nicht sagst:
Mein Götterbild hat das vollbracht, / mein ge-
schnitztes und gegossenes Bild hat es befohlen.
6 Du hast es gehört. Betrachte nun alles! / Willst du
es nicht andern verkünden?
Von jetzt an lasse ich dich etwas Neues hören, /
etwas Verborgenes, von dem du nichts weißt.
7 Eben erst kam es zustande, / nicht schon vor lan-
ger Zeit.
Zuvor hast du nichts erfahren davon, / damit du
nicht sagst: / Das habe ich längst schon gewusst.
8 Du hast davon nichts gehört und gewusst, / dein
Ohr war bisher nicht offen.
Denn ich wusste, dass du treulos sein wirst, / man
nennt dich »abtrünnig vom Mutterleib an«.
9 Doch um meines Namens willen / halte ich mei-
nen Zorn lange zurück,
um meiner Ehre willen bezähme ich mich, / um
dich nicht vernichten zu müssen.
10 Ich habe dich geläutert, doch nicht wie Silber: /
Im Schmelzofen des Elends prüfte ich dich.
11 Nur um meinetwillen handle ich jetzt, / denn
sonst würde mein Name entweiht; / ich überlasse
die Ehre, die mir gebührt, keinem andern.

3: 43,9 • 6: 42,9 • 10: Dtn 4,20 • 11: 42,8

Kyrus, der Beauftragte Jahwes

12 Jakob, höre auf mich, / höre mich, Israel, den ich
berief: / Ich bin es, ich, der Erste und auch der
Letzte.
13 Meine Hand hat die Fundamente der Erde gelegt, /
meine Rechte hat den Himmel ausgespannt; / ich
rief ihnen zu und schon standen sie alle da.
14 Versammelt euch alle und hört – / wer von den
Göttern hat so etwas jemals verkündet? –:
Der, den der Herr liebt, wird meinen Willen an
Babel vollstrecken / und sein Arm wird es an den
Chaldäern bewirken.
15 Ich habe gesprochen und ich habe ihn auch be-
rufen, / ich habe ihn kommen lassen / und er wird
seinen Weg erfolgreich beenden.
16 Kommt her zu mir und hört, was ich sage: / Ich
habe von Anfang an nicht im Verborgenen geredet; /
seit das alles geschieht, bin ich dabei.
[Und jetzt hat Gott, der Herr, mich und seinen
Geist gesandt.]

12: 44,6 • 13: Ps 33,9 • 16: 45,19

Die Lehre aus der Vergangenheit

17 So spricht der Herr, dein Erlöser, / der Heilige
Israels:
Ich bin der Herr, dein Gott, / der dich lehrt, was
Nutzen bringt, und der dich auf den Weg führt, /
den du gehen sollst.
18 Hättest du doch auf meine Gebote geachtet! /
Dein Glück wäre wie ein Strom / und dein Heil wie
die Wogen des Meeres.
19 Deine Nachkommen wären (zahlreich) wie der
Sand / und deine leiblichen Kinder wie seine Kör-
ner.
Ihr Name wäre in meinen Augen nicht getilgt und
gelöscht.

18: Dtn 5,29; Ps 81,14–17 • 19: Gen 22,17

Die glückliche Heimkehr aus Babel
20 Heraus aus Babel, flieht aus Chaldäa! / Verkündet es jauchzend, damit man es hört.
Ruft es hinaus bis ans Ende der Erde! / Ruft: Der Herr hat seinen Knecht Jakob ausgelöst.
21 Sie litten keinen Durst, als er sie durch die Wüste führte; / Wasser ließ er für sie aus dem Felsen sprudeln, / er spaltete den Felsen und es strömte das Wasser.
22 [Die Ruchlosen finden keinen Frieden, spricht der Herr.]

20: 52,11; Jer 51,6; Offb 18,4 • 21: Ex 17,6 • 22: 57,21

DAS ZWEITE LIED VOM GOTTESKNECHT: 49,1–9c

49 Hört auf mich, ihr Inseln, / merkt auf, ihr Völker in der Ferne!
Der Herr hat mich schon im Mutterleib berufen; / als ich noch im Schoß meiner Mutter war, hat er meinen Namen genannt.
2 Er machte meinen Mund zu einem scharfen Schwert, / er verbarg mich im Schatten seiner Hand.
Er machte mich zum spitzen Pfeil / und steckte mich in seinen Köcher.
3 Er sagte zu mir: Du bist mein Knecht, Israel, / an dem ich meine Herrlichkeit zeigen will.
4 Ich aber sagte: Vergeblich habe ich mich bemüht, / habe meine Kraft umsonst und nutzlos vertan.
Aber mein Recht liegt beim Herrn / und mein Lohn bei meinem Gott.
5 Jetzt aber hat der Herr gesprochen, / der mich schon im Mutterleib zu seinem Knecht gemacht hat,
damit ich Jakob zu ihm heimführe / und Israel bei ihm versammle.
So wurde ich in den Augen des Herrn geehrt / und mein Gott war meine Stärke.
6 Und er sagte:
Es ist zu wenig, dass du mein Knecht bist, / nur um die Stämme Jakobs wieder aufzurichten / und die Verschonten Israels heimzuführen.
Ich mache dich zum Licht für die Völker; / damit mein Heil bis an das Ende der Erde reicht.
7 So spricht der Herr, der Befreier Israels, sein Heiliger, / zu dem tief verachteten Mann,
dem Abscheu der Leute, / dem Knecht der Tyrannen:
Könige werden es sehen und sich erheben, / Fürsten werfen sich nieder,
um des Herrn willen, der treu ist, / um des Heiligen Israels willen, der dich erwählt hat.
8 So spricht der Herr:
Zur Zeit der Gnade will ich dich erhören, / am Tag der Rettung dir helfen.
Ich habe dich geschaffen und dazu bestimmt, / der Bund zu sein für das Volk,
aufzuhelfen dem Land / und das verödete Erbe neu zu verteilen,
9 den Gefangenen zu sagen: Kommt heraus!, / und denen, die in der Finsternis sind: Kommt ans Licht!

2: Offb 19,15; Jes 51,16 • 4: 1 Kor 15,58 • 6: 42,6; Apg 13,47 • 8: 2 Kor 6,2

DIE WIEDERHERSTELLUNG DES ZION: 49,9d – 50,3

Die wunderbare Heimkehr
Auf allen Bergen werden sie weiden, / auf allen kahlen Hügeln finden sie Nahrung.
10 Sie leiden weder Hunger noch Durst, / Hitze und Sonnenglut schaden ihnen nicht.
Denn er leitet sie voll Erbarmen / und führt sie zu sprudelnden Quellen.
11 Alle Berge mache ich zu Wegen / und meine Straßen werden gebahnt sein.
12 Seht her: Sie kommen von fern, / die einen von Norden und Westen, / andere aus dem Land der Siniter.
13 Jubelt, ihr Himmel, jauchze, o Erde, / freut euch, ihr Berge!
Denn der Herr hat sein Volk getröstet / und sich seiner Armen erbarmt.

10: Offb 7,16 • 11: 40,4 • 12: Lk 13,29 • 13: 44,23

Gottes Trost für Zion

14 Doch Zion sagt: Der Herr hat mich verlassen, /
Gott hat mich vergessen.
15 Kann denn eine Frau ihr Kindlein vergessen, /
eine Mutter ihren leiblichen Sohn?
Und selbst wenn sie ihn vergessen würde: / ich vergesse dich nicht.
16 Sieh her: Ich habe dich eingezeichnet in meine
Hände, / deine Mauern habe ich immer vor Augen.
17 Deine Erbauer eilen herbei / und alle, die dich
zerstört und verwüstet haben, ziehen davon.
18 Blick auf und schau umher: / Alle versammeln
sich und kommen zu dir.
So wahr ich lebe – Spruch des Herrn: / Du sollst sie alle wie einen Schmuck anlegen, / du sollst dich mit ihnen schmücken wie eine Braut.
19 Denn dein ödes, verheertes, zerstörtes Land /
wird jetzt zu eng für seine Bewohner, / weit weg
sind alle, die dich verschlingen wollten.
20 Bald wirst du, die du kinderlos warst, / mit eige-
nen Ohren hören, wie deine Kinder sagen:
Mir ist der Platz hier zu eng, / rück zur Seite, ich will mich setzen.
21 Dann wirst du dich in deinem Herzen fragen: /
Wer hat mir diese (Kinder) geboren?
Ich war doch kinderlos und unfruchtbar, / war verbannt und verstoßen.
Wer hat mir die Kinder herangezogen? / Ich war doch allein übrig geblieben. / Wo kommen sie her?
22 So spricht Gott, der Herr: / Sieh her, ich hebe die
Hand in Richtung der Völker, / ich errichte für die
Nationen ein Zeichen / und sie bringen auf ihren
Armen deine Söhne herbei / und tragen deine
Töchter auf ihren Schultern.
23 Könige werden deine Kinder pflegen / und Fürs-
tinnen ihre Ammen sein.
Mit dem Gesicht zur Erde werfen sie sich nieder
vor dir / und lecken dir den Staub von den Füßen.
Dann wirst du erkennen, dass ich der Herr bin /
und dass keiner beschämt wird, der auf mich hofft.
24 Kann man einem Starken die Beute entreißen? /
Kann einem Mächtigen der Gefangene entkommen?
25 So spricht der Herr: / Auch einem Starken ent-
reißt man den Gefangenen, / und einem Mächti-
gen entkommt seine Beute.
Ich selbst will mit deinem Gegner streiten, / ich selbst will deine Söhne befreien.
26 Deinen Unterdrückern gebe ich ihr eigenes
Fleisch zu essen, / sie sollen sich an ihrem Blut be-
rauschen wie an Most.
Dann werden alle Sterblichen erkennen, / dass ich, der Herr, dein Retter bin / und ich, der Starke Jakobs, dein Erlöser.

50 So spricht der Herr:
Wo ist denn die Scheidungsurkunde, / mit der ich eure Mutter fortgeschickt habe? / Wo ist mein Gläubiger, / dem ich euch verkauft habe?
Seht, wegen eurer bösen Taten wurdet ihr verkauft, / wegen eurer Vergehen wurde eure Mutter fortgeschickt.
2 Warum war niemand da, als ich kam, / warum
gab niemand Antwort, als ich rief? Ist meine Hand
denn zu schwach, um zu befreien, / fehlt mir die
Kraft, um zu retten?
Durch meine Drohung trockne ich das Meer aus. / Ich mache Flüsse zur Wüste,
sodass die Fische verfaulen aus Mangel an Wasser / und sterben vor Durst.
3 Ich kleide den Himmel in Schwarz / und hülle ihn
in ein Trauergewand.

49,15: 1 Kön 3,26; Jer 31,20 • 18: 60,4 • 20: 54,1 • 22: 62,10; 60,4 • 23: 60,16; Ps 72,9 • 26: 60,16 • 50,1: Dtn 24,1 • 2: 59,1 • 3: Offb 6,12

DAS DRITTE LIED VOM GOTTESKNECHT: 50,4–9

4 Gott, der Herr, gab mir die Zunge eines Jüngers, /
damit ich verstehe, die Müden zu stärken durch ein aufmunterndes Wort.
Jeden Morgen weckt er mein Ohr, / damit ich auf ihn höre wie ein Jünger.
5 Gott, der Herr, hat mir das Ohr geöffnet. / Ich
aber wehrte mich nicht / und wich nicht zurück.
6 Ich hielt meinen Rücken denen hin, / die mich
schlugen,
und denen, die mir den Bart ausrissen, / meine Wangen.
Mein Gesicht verbarg ich nicht / vor Schmähungen und Speichel.

7 Doch Gott, der Herr, wird mir helfen; / darum werde ich nicht in Schande enden.
Deshalb mache ich mein Gesicht hart wie einen Kiesel; / ich weiß, dass ich nicht in Schande gerate.
8 Er, der mich freispricht, ist nahe. / Wer wagt es, mit mir zu streiten?
Lasst uns zusammen vortreten! / Wer ist mein Gegner im Rechtsstreit? / Er trete zu mir heran.
9 Seht her, Gott, der Herr, wird mir helfen. / Wer kann mich für schuldig erklären?
Seht: Sie alle zerfallen / wie ein Gewand, das die Motten zerfressen.

6: Mt 26,67f • 7: Ez 3,8f • 9: 51,8

MAHNUNG ZUM VERTRAUEN: 50,10 – 52,12

Die mächtige Hilfe Gottes

10 Wer von euch den Herrn fürchtet, / der höre auf die Stimme seines Knechtes.
Wer im Dunkel lebt und wem kein Licht leuchtet, / der vertraue auf den Namen des Herrn / und verlasse sich auf seinen Gott.
11 Ihr alle aber, die ihr Feuer legt / und Brandpfeile entzündet,
sollt in die Glut eures eigenen Feuers laufen / und in die Brandpfeile geraten, die ihr entflammt habt.
Durch meine Hand kommt das über euch; / am Ort der Qualen werdet ihr liegen.
51 Hört auf mich, die ihr der Gerechtigkeit nachjagt / und die ihr den Herrn sucht.
Blickt auf den Felsen, aus dem ihr gehauen seid, / auf den Schacht, aus dem ihr herausgebohrt wurdet.
2 Blickt auf Abraham, euren Vater, / und auf Sara, die euch gebar.
Er war allein, als ich ihn rief; / doch ich habe ihn gesegnet / und ihm viele Nachkommen geschenkt.
3 Denn der Herr hat Erbarmen mit Zion, / er hat Erbarmen mit all seinen Ruinen.
Seine Wüste macht er wie Eden, / seine Öde wie den Garten des Herrn.
Freude und Fröhlichkeit findet man dort, / Lobpreis und den Klang von Liedern.
4 Horcht her, ihr Völker, / hört auf mich, ihr Nationen!
Denn von mir kommt die Weisung / und mein Recht wird zum Licht der Völker.
5 Plötzlich ist meine Gerechtigkeit da / und von mir kommt die Hilfe.
Mein Arm verschafft den Völkern ihr Recht; / auf mich hoffen die Inseln, / sie warten auf meinen Arm.
6 Blickt auf zum Himmel, / betrachtet die Erde hier unten!
Der Himmel zerflattert wie Rauch, / die Erde zerfällt wie ein Kleid; / ihre Bewohner sterben wie die Fliegen.
Doch meine hilfreiche Gnade bleibt für immer bestehen, / meine Gerechtigkeit wird niemals erschüttert.
7 Hört auf mich, die ihr das Recht kennt, / du Volk, das mein Gesetz im Herzen trägt.
Fürchtet euch nicht vor der Beschimpfung durch Menschen, / erschreckt nicht vor ihrem Spott!
8 Denn man frisst sie, wie die Motte das Kleid, / man frisst sie, wie die Schabe die Wolle.
Doch meine Gerechtigkeit bleibt für immer bestehen / und von Generation zu Generation meine hilfreiche Gnade.

50,10: 9,1 • 51,1: 51,7 • 4: 2,3; 42,6; 49,6 • 5: 42,4 • 7: 51,1; Mt 5,11 • 8: 50,9

Der starke Arm Jahwes

9 Wach auf, wach auf, bekleide dich mit Macht, / Arm des Herrn!
Wach auf wie in den früheren Tagen, / wie bei den Generationen der Vorzeit!
Warst du es nicht, der die Rahab zerhieb / und den Drachen durchbohrte?
10 Warst du es nicht, der das Meer austrocknen ließ, / die Wasser der großen Flut,
der die Tiefen des Meeres zum Weg gemacht hat, / damit die Erlösten hindurchziehen konnten?
11 Die vom Herrn Befreiten kehren zurück / und kommen voll Jubel nach Zion.
Ewige Freude ruht auf ihren Häuptern. / Wonne und Freude stellen sich ein, / Kummer und Seufzen entfliehen.

12 Ich bin es, ja ich, der euch tröstet. / Was hast du,
dass du dich fürchtest vor sterblichen Menschen, /
vor Menschen, die dahinschwinden wie Gras?
13 Warum vergisst du den Herrn, deinen Schöp-
fer, / der den Himmel ausgespannt und die Fun-
damente der Erde gelegt hat?
Warum zitterst du dauernd vor der Wut dessen,
der dich bedrängt, / der darauf ausgeht, dich zu
vernichten? / Wo ist denn die Wut dessen, der dich
bedrängt?
14 Bald wird der Gefesselte freigelassen; / er wird
nicht im Kerker sterben / und es mangelt ihm
nicht mehr an Brot.
15 Ich bin doch der Herr, dein Gott, / der das Meer
aufwühlt, sodass die Wogen tosen. / Herr der
Heere ist sein Name.
16 Ich habe dir meine Worte in den Mund gelegt, /
im Schatten meiner Hand habe ich dich verbor-
gen,
als ich den Himmel ausspannte und die Funda-
mente der Erde legte / und zu Zion sagte: Du bist
mein Volk.

9: 52,1; Ijob 26,12f; Ps 89,11 • 10: Ex 14,21f • 11: 35,10 • 15: Jer 31,35 • 16: 59,21; 49,2; Hos 2,25

Der Zornbecher Gottes

17 Raff dich auf, raff dich auf, / steh auf, Jerusalem!
Du hast aus dem Becher des Zorns getrunken, /
den der Herr in der Hand hielt.
Du hast aus dem betäubenden Becher getrunken /
und ihn geleert.
18 Da war von all den Söhnen, die sie gebar, / kei-
ner, der sie geführt hat.
Da war von all den Söhnen, die sie aufzog, / kei-
ner, der sie bei der Hand nahm.
19 Beides hat dich getroffen / – doch wer klagt
schon um dich? –:
Verheerung und Zerstörung, Hunger und
Schwert. / Doch wer tröstet dich schon?
20 An allen Straßenecken lagen deine Söhne hilflos
da, / wie Wildschafe im Netz,
überwältigt vom Zorn des Herrn, / vom Schelten
deines Gottes.
21 Darum hör doch her, du Ärmste, / die du betrun-
ken bist, aber nicht vom Wein:
22 So spricht der Herr, dein Gott und Gebieter, / der
für sein Volk kämpft:
Schon nehme ich dir den betäubenden Becher aus
der Hand, / den Kelch meines Zorns; / du sollst
daraus nicht mehr trinken.
23 Ich reiche ihn denen, die dich quälten, / die zu
dir sagten: Wirf dich zu Boden, / wir schreiten über
dich weg.
So musstest du deinen Rücken zum Fußboden
machen, / zum Weg für die, die über dich schrit-
ten.

17: Jer 25,15–19; Ps 60,5; 75,9; Offb 16,19

Das neue Heil für Zion

52 Wach auf, Zion, wach auf, / zieh das Ge-
wand deiner Macht an!
Zieh deine Prunkkleider an, / Jerusalem, du hei-
lige Stadt! / Denn Unbeschnittene und Unreine
werden dich nicht mehr betreten.
2 Schüttle den Staub von dir ab, / steh auf, du ge-
fangenes Jerusalem!
Löse die Fesseln von deinem Hals, / gefangene
Tochter Zion!
3 Denn so spricht der Herr: / Umsonst wurdet ihr
verkauft / und ihr sollt nicht mit Geld losgekauft
werden.
4 Denn so spricht Gott, der Herr: / Nach Ägypten
zog mein Volk einst hinab, / um dort in der Fremde
zu leben. / Auch von Assur wurde es ohne Grund
unterdrückt.
5 Aber was erlebe ich jetzt – Spruch des Herrn –? /
Man nahm mein Volk, ohne zu bezahlen,
und nun prahlen seine Beherrscher – Spruch des
Herrn –; / ständig, jeden Tag wird mein Name
gelästert.
6 Darum soll mein Volk an jenem Tag meinen Na-
men erkennen / und wissen, dass ich es bin, der
sagt: Ich bin da.
7 Wie willkommen sind auf den Bergen / die
Schritte des Freudenboten,
der Frieden ankündigt, / der eine frohe Botschaft
bringt und Rettung verheißt, / der zu Zion sagt:
Dein Gott ist König.
8 Horch, deine Wächter erheben die Stimme, / sie
beginnen alle zu jubeln.
Denn sie sehen mit eigenen Augen, / wie der Herr
nach Zion zurückkehrt.
9 Brecht in Jubel aus, jauchzt alle zusammen, / ihr
Trümmer Jerusalems!

Denn der Herr tröstet sein Volk, / er erlöst Jerusa-
lem.
10 Der Herr macht seinen heiligen Arm frei / vor
den Augen aller Völker.
Alle Enden der Erde / sehen das Heil unseres
Gottes.
11 Fort, fort! Zieht von dort weg! / Fasst nichts
Unreines an!
Zieht von dort weg! / Haltet euch rein; / denn ihr
tragt die Geräte des Herrn.
12 Doch zieht nicht weg in Hast, / geht nicht fort in
Eile;
denn der Herr geht vor euch her / und er, Israels
Gott, beschließt auch euren Zug.

1: 51,9; Offb 21,27 • 3: 45,13; 1 Petr 1,18 • 5: Röm 2,24 •
8: Num 14,14 • 10: Ps 98,1–3 • 11: 48,20; 2 Kor 6,17 • 12: Ex 12,11;
Dtn 16,3; Jes 58,8

DAS VIERTE LIED VOM GOTTESKNECHT: 52,13 – 53,12

13 Seht, mein Knecht hat Erfolg, / er wird groß sein
und hoch erhaben.
14 Viele haben sich über ihn entsetzt, / so entstellt
sah er aus, nicht mehr wie ein Mensch, / seine
Gestalt war nicht mehr die eines Menschen.
15 Jetzt aber setzt er viele Völker in Staunen, / Kö-
nige müssen vor ihm verstummen.
Denn was man ihnen noch nie erzählt hat, / das
sehen sie nun;
was sie niemals hörten, / das erfahren sie jetzt.
53 Wer hat unserer Kunde geglaubt? / Der
Arm des Herrn – wem wurde er offenbar?
2 Vor seinen Augen wuchs er auf wie ein junger
Spross, / wie ein Wurzeltrieb aus trockenem Bo-
den.
Er hatte keine schöne und edle Gestalt, / sodass wir
ihn anschauen mochten.
Er sah nicht so aus, / dass wir Gefallen fanden an
ihm.
3 Er wurde verachtet und von den Menschen ge-
mieden, / ein Mann voller Schmerzen, / mit
Krankheit vertraut.
Wie einer, vor dem man das Gesicht verhüllt, / war
er verachtet; wir schätzten ihn nicht.
4 Aber er hat unsere Krankheit getragen / und un-
sere Schmerzen auf sich geladen.
Wir meinten, er sei von Gott geschlagen, / von ihm
getroffen und gebeugt.
5 Doch er wurde durchbohrt wegen unserer Ver-
brechen, / wegen unserer Sünden zermalmt.
Zu unserem Heil lag die Strafe auf ihm, / durch
seine Wunden sind wir geheilt.
6 Wir hatten uns alle verirrt wie Schafe, / jeder ging
für sich seinen Weg.
Doch der Herr lud auf ihn / die Schuld von uns
allen.
7 Er wurde misshandelt und niedergedrückt, / aber
er tat seinen Mund nicht auf.
Wie ein Lamm, das man zum Schlachten führt, /
und wie ein Schaf angesichts seiner Scherer, / so
tat auch er seinen Mund nicht auf.
8 Durch Haft und Gericht wurde er dahingerafft, /
doch wen kümmerte sein Geschick?
Er wurde vom Land der Lebenden abgeschnitten /
und wegen der Verbrechen seines Volkes zu Tode
getroffen.
9 Bei den Ruchlosen gab man ihm sein Grab, / bei
den Verbrechern seine Ruhestätte,
obwohl er kein Unrecht getan hat / und kein trü-
gerisches Wort in seinem Mund war.
10 Doch der Herr fand Gefallen an seinem zer-
schlagenen (Knecht), / er rettete den, der sein Le-
ben als Sühnopfer hingab.
Er wird Nachkommen sehen und lange leben. /
Der Plan des Herrn wird durch ihn gelingen.
11 Nachdem er so vieles ertrug, erblickt er das
Licht. / Er sättigt sich an Erkenntnis.
Mein Knecht, der gerechte, macht die vielen ge-
recht; / er lädt ihre Schuld auf sich.
12 Deshalb gebe ich ihm seinen Anteil unter den
Großen / und mit den Mächtigen teilt er die Beute,
weil er sein Leben dem Tod preisgab / und sich
unter die Verbrecher rechnen ließ.
Denn er trug die Sünden von vielen / und trat für
die Schuldigen ein.

52,14: Weish 5,2 • 15: Röm 15,21 • 53,1: Joh 12,38; Röm 10,16 •
2: 11,1.10 • 4: Mt 8,17 • 5: 1 Petr 2,24f • 6: 56,11 • 7: Apg 8,32f;
Offb 5,6.12; 13,8 • 9: 1 Petr 2,22 • 11: Dan 12,3; Röm 5,19 •
12: Röm 4,25; Lk 22,37; Hebr 9,28; Joh 1,29; Röm 5,16; 1 Petr 2,24

DIE VERHEISSUNG DES GLÜCKS IM NEUEN ZION: 54,1 – 55,5

Der Segen Gottes für das Volk

54 Freu dich, du Unfruchtbare, die nie gebar,
/ du, die nie in Wehen lag, brich in Jubel
aus und jauchze!
Denn die Einsame hat jetzt viel mehr Söhne / als
die Vermählte, spricht der Herr.
2 Mach den Raum deines Zeltes weit, / spann deine
Zelttücher aus, ohne zu sparen. / Mach die Stricke
lang und die Pflöcke fest!
3 Denn nach rechts und links breitest du dich aus. /
Deine Nachkommen werden Völker beerben / und
verödete Städte besiedeln.
4 Fürchte dich nicht, du wirst nicht beschämt; /
schäme dich nicht, du wirst nicht enttäuscht.
Denn die Schande in deiner Jugend wirst du
vergessen, / an die Schmach deiner Witwenschaft
wirst du nicht mehr denken.
5 Denn dein Schöpfer ist dein Gemahl, / »Herr der
Heere« ist sein Name.
Der Heilige Israels ist dein Erlöser, / »Gott der
ganzen Erde« wird er genannt.
6 Ja, der Herr hat dich gerufen / als verlassene, be-
kümmerte Frau.
Kann man denn die Frau verstoßen, / die man in
der Jugend geliebt hat?, / spricht dein Gott.
7 Nur für eine kleine Weile habe ich dich verlas-
sen, / doch mit großem Erbarmen hole ich dich
heim.
8 Einen Augenblick nur verbarg ich vor dir mein
Gesicht / in aufwallendem Zorn;
aber mit ewiger Huld habe ich Erbarmen mit dir, /
spricht dein Erlöser, der Herr.
9 Wie in den Tagen Noachs soll es für mich sein: /
So wie ich damals schwor,
dass die Flut Noachs die Erde nie mehr über-
schwemmen wird, / so schwöre ich jetzt, dir nie
mehr zu zürnen / und dich nie mehr zu schelten.
10 Auch wenn die Berge von ihrem Platz weichen /
und die Hügel zu wanken beginnen –
meine Huld wird nie von dir weichen / und der
Bund meines Friedens nicht wanken, / spricht der
Herr, der Erbarmen hat mit dir.

1: Gal 4,27; Jes 62,4 • 5: Hos 2,18 • 7: Ps 30,6 • 8: 60,10 •
9: Gen 9,8–17 • 10: Ez 34,25; 37,26

Das neue Jerusalem

11 Du Ärmste, vom Sturm Gepeitschte, / die ohne
Trost ist,
sieh her: Ich selbst lege dir ein Fundament aus
Malachit / und Grundmauern aus Saphir.
12 Aus Rubinen mache ich deine Zinnen, / aus Be-
ryll deine Tore / und alle deine Mauern aus kost-
baren Steinen.
13 Alle deine Söhne werden Jünger des Herrn sein /
und groß ist der Friede deiner Söhne.
14 Du wirst auf Gerechtigkeit gegründet sein. / Du
bist fern von Bedrängnis,
denn du brauchst dich nicht mehr zu fürchten /
und bist fern von Schrecken; / er kommt an dich
nicht heran.
15 Wenn dich jemand angreift, misslingt es, / denn
es geschieht ohne mich; / wer dich angreift, fällt im
Kampf gegen dich.
16 Ich habe den Schmied erschaffen, / der das Koh-
lenfeuer entfacht und Waffen erzeugt, / wie es sei-
nem Handwerk entspricht.
Ich habe auch den, der vernichtet, erschaffen, /
damit er zerstört.
17 Keine Waffe wird etwas ausrichten, die man
gegen dich schmiedet; / jede Zunge, die dich vor
Gericht verklagt, strafst du Lügen.
Das ist das Erbteil der Knechte des Herrn: / Von
mir kommt ihre Rettung – Spruch des Herrn.

11–12: Tob 13,17; Offb 21,18–21 • 13: Joh 6,45 • 14: Ps 91,10

Die Teilnahme des ganzen Volkes am Heil

55 Auf, ihr Durstigen, kommt alle zum Was-
ser! / Auch wer kein Geld hat, soll kom-
men.
Kauft Getreide und esst, kommt und kauft ohne
Geld, / kauft Wein und Milch ohne Bezahlung!
2 Warum bezahlt ihr mit Geld, was euch nicht
nährt, / und mit dem Lohn eurer Mühen, / was
euch nicht satt macht?
Hört auf mich, dann bekommt ihr das Beste zu
essen / und könnt euch laben an fetten Speisen.
3 Neigt euer Ohr mir zu und kommt zu mir, / hört,
dann werdet ihr leben.
Ich will einen ewigen Bund mit euch schließen / ge-
mäß der beständigen Huld, die ich David erwies.

[4] Seht her: Ich habe ihn zum Zeugen für die Völker gemacht, / zum Fürsten und Gebieter der Nationen.
[5] Völker, die du nicht kennst, wirst du rufen; / Völker, die dich nicht kennen, eilen zu dir,
um des Herrn, deines Gottes, des Heiligen Israels willen, / weil er dich herrlich gemacht hat.

1: Joh 7,37; Offb 22,17 • 3: 61,8; 2 Chr 6,42; Apg 13,34

EPILOG: MAHNUNG ZUR UMKEHR UND ZUM VERTRAUEN AUF GOTTES WORT: 55,6–13

[6] Sucht den Herrn, solange er sich finden lässt, / ruft ihn an, solange er nahe ist.
[7] Der Ruchlose soll seinen Weg verlassen, / der Frevler seine Pläne.
Er kehre um zum Herrn, / damit er Erbarmen hat mit ihm,
und zu unserem Gott; / denn er ist groß im Verzeihen.
[8] Meine Gedanken sind nicht eure Gedanken / und eure Wege sind nicht meine Wege – / Spruch des Herrn.
[9] So hoch der Himmel über der Erde ist, / so hoch erhaben sind meine Wege über eure Wege / und meine Gedanken über eure Gedanken.
[10] Denn wie der Regen und der Schnee vom Himmel fällt / und nicht dorthin zurückkehrt,
sondern die Erde tränkt und sie zum Keimen und Sprossen bringt, / wie er dem Sämann Samen gibt und Brot zum Essen,
[11] so ist es auch mit dem Wort, / das meinen Mund verlässt:
Es kehrt nicht leer zu mir zurück, / sondern bewirkt, was ich will, / und erreicht all das, wozu ich es ausgesandt habe.
[12] Voll Freude werdet ihr fortziehen, / wohlbehalten kehrt ihr zurück.
Berge und Hügel brechen bei eurem Anblick in Jubel aus, / alle Bäume auf dem Feld klatschen Beifall.
[13] Statt Dornen wachsen Zypressen, / statt Brennnesseln Myrten.
Das geschieht zum Ruhm des Herrn / als ein ewiges Zeichen, das niemals getilgt wird.

10: 2 Kor 9,10 • 12: 44,23 • 13: 56,5

III. TEIL
DER DRITTE JESAJA (TRITOJESAJA): 56,1 – 66,24

VERHEISSUNG AN DIE FREMDEN UND DIE KINDERLOSEN: 56,1–8

56 So spricht der Herr:
Wahrt das Recht und sorgt für Gerechtigkeit; / denn bald kommt von mir das Heil, / meine Gerechtigkeit wird sich bald offenbaren.
[2] Wohl dem Mann, der so handelt, / wohl dem Menschen, der daran fest hält,
den Sabbat zu halten und nie zu entweihen / und seine Hand vor jeder bösen Tat zu bewahren.
[3] Der Fremde, der sich dem Herrn angeschlossen hat, soll nicht sagen:
Sicher wird der Herr mich ausschließen aus seinem Volk.
Der Verschnittene soll nicht sagen: / Ich bin nur ein dürrer Baum.
[4] Denn so spricht der Herr: / Den Verschnittenen, die meine Sabbate halten,
die gerne tun, was mir gefällt, / und an meinem Bund fest halten,
[5] ihnen allen errichte ich in meinem Haus / und in meinen Mauern ein Denkmal,
ich gebe ihnen einen Namen, / der mehr wert ist als Söhne und Töchter:
Einen ewigen Namen gebe ich ihnen, / der niemals ausgetilgt wird.

6 Die Fremden, die sich dem Herrn angeschlossen
haben, / die ihm dienen und seinen Namen lieben,
um seine Knechte zu sein, / alle, die den Sabbat
halten
und ihn nicht entweihen, / die an meinem Bund
fest halten,
7 sie bringe ich zu meinem heiligen Berg / und erfülle sie in meinem Bethaus mit Freude.
Ihre Brandopfer und Schlachtopfer finden Gefallen auf meinem Altar, / denn mein Haus wird ein
Haus des Gebets für alle Völker genannt.
8 Spruch Gottes, des Herrn, / der die verstoßenen
Israeliten sammelt:
Noch mehr, als ich schon von ihnen gesammelt
habe, / will ich dort versammeln.

2: 58,13 • 5: 55,13 • 7: Mk 11,17 • 8: Ps 147,2

EINE DROHUNG GEGEN DIE FÜHRER DES VOLKES: 56,9 – 57,13

9 Ihr Tiere auf dem Feld, kommt alle und fresst, /
kommt alle, ihr Tiere im Wald!
10 Die Wächter des Volkes sind blind, / sie merken
allesamt nichts.
Es sind lauter stumme Hunde, / sie können nicht
bellen.
Träumend liegen sie da / und haben gern ihre Ruhe.
11 Aber gierig sind diese Hunde, sie sind unersättlich. / So sind die Hirten: Sie verstehen nicht aufzumerken.
Jeder geht seinen eigenen Weg / und ist ausschließlich auf seinen eigenen Vorteil bedacht;
12 (er sagt:) Kommt her, ich hole Wein. / Wir trinken uns voll mit Bier.
Und wie heute, so soll es auch morgen sein; / hoch
soll es hergehen.

57 Der Gerechte kommt um, / doch niemand
nimmt es sich zu Herzen.
Die Frommen werden dahingerafft, / doch es
kümmert sich niemand darum.
Weil das Unrecht herrscht, / wird der Gerechte
dahingerafft.
2 Aber er gelangt zum Frieden; / und wer seinen
Weg geradeaus ging, / ruht aus auf seinem Lager.
3 Ihr aber, ihr Söhne der Zauberin, kommt herbei, /
ihr Kinder eines Ehebrechers und einer Dirne!
4 Über wen macht ihr euch lustig, / gegen wen reißt
ihr das Maul auf, / wem streckt ihr die Zunge heraus?
Ihr seid doch selbst Kinder des Frevels, / eine Lügenbrut.
5 Ihr geratet in Gier unter den Eichen, / unter
jedem üppigen Baum.
Ihr schlachtet Kinder in den Schluchten / und in
den Klüften der Felsen.
6 Zwischen den glatten Wänden der Schlucht erfüllt sich dein Schicksal, / doch gerade sie werden
dir zum Verhängnis;
auch für sie hast du Trankopfer ausgegossen und
Speiseopfer dargebracht. / Und das soll ich ruhig
mit ansehen?
7 Auf hoch aufragenden Bergen / hast du dein
Lager aufgeschlagen.
Auch dorthin stiegst du hinauf, / um Schlachtopfer darzubringen.
8 Hinter Türen und Pfosten / hast du dein Erinnerungszeichen angebracht.
Du hast dich von mir freigemacht und bist hinaufgestiegen / und hast dir dort ein breites Lager
zurechtgemacht.
Dann kauftest du dir Leute, deren Beilager du liebtest; / du hast ihre Kraft bestaunt.
9 Für den Moloch hast du dein Öl verschwendet /
und deine Salben aufgehäuft.
Du hast deine Boten in die Ferne geschickt, / bis
tief hinab in die Unterwelt.
10 Auf dem langen Weg bist du müde geworden, /
aber du hast nie gesagt: Es ist umsonst!
Immer wieder hast du neue Kraft gefunden, /
darum bist du nicht schwach geworden.
11 Wen hast du denn so sehr gescheut und gefürchtet, / dass du mich betrogen hast?
An mich hast du nicht gedacht, / um mich hast du
dich nicht gekümmert.
Nicht wahr, weil ich schwieg und mich verbarg, /
hast du mich nicht gefürchtet?
12 Ich will verraten, wie es um deine Gerechtigkeit
und um dein Tun bestellt ist: / Sie werden dir
nichts mehr nützen.

13 Wenn du um Hilfe schreist, / dann sollen doch
deine vielen Götzen dich retten;
aber sie alle trägt der Wind davon, / ein Hauch
bläst sie weg.
Doch wer mir vertraut, / wird das Land zum Erbe bekommen / und meinen heiligen Berg besitzen.

56,9: Jer 12,9 • 11: 53,6 • 57,1: Mi 7,2 • 13: 60,21; 65,9

EINE VERHEISSUNG FÜR DIE FROMMEN: 57,14–21

14 Bahnt eine Straße, ebnet den Weg, / entfernt die
Hindernisse auf dem Weg meines Volkes!
15 Denn so spricht der Hohe und Erhabene, / der
ewig Thronende, dessen Name »Der Heilige« ist:
Als Heiliger wohne ich in der Höhe, / aber ich bin auch bei den Zerschlagenen und Bedrückten,
um den Geist der Bedrückten wieder aufleben zu lassen / und das Herz der Zerschlagenen neu zu beleben.
16 Denn ich klage nicht für immer an, / noch will
ich für immer zürnen.
Sonst müsste ihr Geist vor mir vergehen / und ihr Atem, den ich erschuf.
17 Kurze Zeit zürnte ich wegen der Sünde (des Vol-
kes), / ich schlug es und verbarg mich voll Zorn.
Treulos ging es seine eigenen Wege. / 18 Ich sah,
welchen Weg es ging.
Aber ich will es heilen und führen und wiederum trösten, /
19 seinen Trauernden schaffe ich Lob auf den Lip-
pen.
Friede, Friede den Fernen und den Nahen, spricht der Herr, / ich werde sie heilen.
20 Aber die Ruchlosen sind wie das aufgewühlte
Meer, / das nie zur Ruhe kommen kann / und dessen Wasser Schmutz aufwühlt und Schlamm.
21 Die Ruchlosen finden keinen Frieden, / spricht
mein Gott.

14: 40,3; 62,10 • 15: Ps 113,5–9; Jes 66,1f; Ps 51,19 • 16: Ps 103,98; Jer 3,12 • 19: Eph 2,17 • 20: Jer 49,23 • 21: 48,22

DIE VORBEREITUNG AUF DAS KOMMENDE HEIL: 58,1 – 59,21

Die wahre Frömmigkeit

58 Rufe aus voller Kehle, halte dich nicht zurück! / Lass deine Stimme ertönen wie eine Posaune!
Halt meinem Volk seine Vergehen vor / und dem Haus Jakob seine Sünden!
2 Sie suchen mich Tag für Tag; / denn sie wollen
meine Wege erkennen.
Wie ein Volk, das Gerechtigkeit übt / und das vom Recht seines Gottes nicht ablässt,
so fordern sie von mir ein gerechtes Urteil / und möchten, dass Gott ihnen nah ist.
3 Warum fasten wir und du siehst es nicht? / Wa-
rum tun wir Buße und du merkst es nicht?
Seht, an euren Fasttagen macht ihr Geschäfte / und treibt alle eure Arbeiter zur Arbeit an.
4 Obwohl ihr fastet, gibt es Streit und Zank / und
ihr schlagt zu mit roher Gewalt.
So wie ihr jetzt fastet, / verschafft ihr eurer Stimme droben kein Gehör.
5 Ist das ein Fasten, wie ich es liebe, / ein Tag, an
dem man sich der Buße unterzieht:
wenn man den Kopf hängen lässt, so wie eine Binse sich neigt, / wenn man sich mit Sack und Asche bedeckt?
Nennst du das ein Fasten / und einen Tag, der dem Herrn gefällt?
6 Nein, das ist ein Fasten, wie ich es liebe: / die Fes-
seln des Unrechts zu lösen, / die Stricke des Jochs zu entfernen,
die Versklavten freizulassen, / jedes Joch zu zerbrechen,
7 an die Hungrigen dein Brot auszuteilen, / die ob-
dachlosen Armen ins Haus aufzunehmen,
wenn du einen Nackten siehst, ihn zu bekleiden / und dich deinen Verwandten nicht zu entziehen.
8 Dann wird dein Licht hervorbrechen wie die
Morgenröte / und deine Wunden werden schnell vernarben.

Deine Gerechtigkeit geht dir voran, / die Herr-
lichkeit des Herrn folgt dir nach.
9 Wenn du dann rufst, / wird der Herr dir Antwort
geben,
und wenn du um Hilfe schreist, wird er sagen: /
Hier bin ich.
Wenn du der Unterdrückung bei dir ein Ende
machst, / auf keinen mit dem Finger zeigst und
niemand verleumdest,
10 dem Hungrigen dein Brot reichst / und den Dar-
benden satt machst,
dann geht im Dunkel dein Licht auf / und deine
Finsternis wird hell wie der Mittag.
11 Der Herr wird dich immer führen, / auch im
dürren Land macht er dich satt / und stärkt deine
Glieder.
Du gleichst einem bewässerten Garten, / einer
Quelle, deren Wasser niemals versiegt.
12 Deine Leute bauen die uralten Trümmerstätten
wieder auf, / die Grundmauern aus der Zeit ver-
gangener Generationen stellst du wieder her.
Man nennt dich den Maurer, / der die Risse aus-
bessert, / den, der die Ruinen wieder bewohnbar
macht.
13 Wenn du am Sabbat nicht aus dem Haus gehst /
und an meinem heiligen Tag keine Geschäfte
machst,
wenn du den Sabbat (den Tag der) Wonne nennst, /
einen Ehrentag den heiligen Tag des Herrn,
wenn du ihn ehrst, indem du keine Gänge
machst, / keine Geschäfte betreibst und keine Ver-
handlungen führst,
14 dann wirst du am Herrn deine Wonne haben, /
dann lasse ich dich über die Höhen der Erde
dahinfahren
und das Erbe deines Vaters Jakob genießen. / Ja,
der Mund des Herrn hat gesprochen.

1: Mi 3,8 • 4: Ex 21,18 • 6: 61,1 • 7: Mt 25,35f • 8: 52,12 • 9: 30,19; 65,24 • 11: Jer 31,12 • 12: 61,4; Am 9,11 • 14: Ijob 22,26; Ps 37,4

Die Hindernisse für das kommende Heil

59 Seht her, die Hand des Herrn ist nicht zu
kurz, / um zu helfen,
sein Ohr ist nicht schwerhörig, / sodass er nicht
hört.
2 Nein, was zwischen euch und eurem Gott steht, /
das sind eure Vergehen;
eure Sünden verdecken sein Gesicht, / sodass er
euch nicht hört.
3 Denn eure Hände sind mit Blut befleckt, / eure
Finger mit Unrecht.
Eure Lippen lügen, / eure Zunge flüstert (Worte
voll) Bosheit.
4 Keiner bringt gerechte Klagen vor, / keiner hält
ehrlich Gericht.
Man stützt sich auf Nichtigkeiten / und stellt halt-
lose Behauptungen auf;
man geht schwanger mit Unheil / und bringt Ver-
derben zur Welt.
5 Schlangeneier brüten sie aus / und weben Spin-
nengewebe.
Wer von ihren Eiern isst, muss sterben; / zerdrückt
man eines, kriecht eine Natter heraus.
6 Die Fäden, die sie spinnen, taugen nicht zu Ge-
wändern, / man kann sich nicht bekleiden mit
dem, was sie erzeugen.
Ihre Taten sind Taten des Unheils, / Gewalttat ist
in ihren Händen.
7 Sie laufen dem Bösen nach, / schnell sind sie da-
bei, / unschuldiges Blut zu vergießen.
Ihre Gedanken sind Gedanken des Unheils, /
Scherben und Verderben sind auf ihren Straßen.
8 Den Weg des Friedens kennen sie nicht, / auf
ihren Spuren gibt es kein Recht.
Sie gehen krumme Pfade; / keiner, der ihnen folgt,
lernt den Frieden kennen.
9 Darum bleibt das Recht von uns fern, / die Ge-
rechtigkeit erreicht uns nicht.
Wir hoffen auf Licht, / doch es bleibt finster;
wir hoffen auf den Anbruch des Tages, / doch wir
gehen im Dunkeln.
10 Wir tasten uns wie Blinde an der Wand entlang /
und tappen dahin, als hätten wir keine Augen.
Wir stolpern am Mittag, als wäre schon Dämme-
rung, / wir leben im Finstern wie die Toten.
11 Wir brummen alle wie Bären / und gurren wie
Tauben.
Wir hoffen auf unser Recht, doch es kommt
nicht, / und auf die Rettung, doch sie bleibt uns
fern.
12 Denn unsere Frevel gegen dich sind zahlreich, /
unsere Sünden klagen uns an.
Wir sind uns unserer Vergehen bewusst, / wir ken-
nen unsere Schuld:

13 Untreue und Verleugnung des Herrn, / Abkehr
von unserem Gott.
Wir reden von Gewalttat und Aufruhr, / wir haben
Lügen im Herzen und sprechen sie aus.
14 So weicht das Recht zurück, / die Gerechtigkeit
bleibt in der Ferne.
Die Redlichkeit kommt auf dem Marktplatz zu
Fall, / die Rechtschaffenheit findet nirgendwo Ein-
lass.
15 Jede Redlichkeit wird vermisst, / wer das Böse
meidet, wird ausgeraubt.
Das hat der Herr gesehen / und ihm missfiel, dass
es kein Recht mehr gab.
16 Er sah, dass keiner sich regte, / und war entsetzt,
dass niemand einschritt.
Da half ihm sein eigener Arm, / seine eigene
Gerechtigkeit war seine Stütze.
17 Er legte die Gerechtigkeit an wie einen Panzer /
und setzte den Helm der Hilfe auf.
Er machte die Rache zu seinem Gewand / und
umhüllte sich mit leidenschaftlichem Eifer wie mit
einem Mantel.
18 Wie es die Taten verdienen, so übt er Vergel-
tung; / er zürnt seinen Gegnern
und vergilt seinen Feinden; / bis hin zu den Inseln
übt er Vergeltung.
19 Dann fürchtet man im Westen den Namen des
Herrn / und im Osten seine Herrlichkeit.
Ja, er kommt wie ein reißender Strom, / den der
Sturm des Herrn vor sich hertreibt.
20 Doch für Zion kommt er als Erlöser / und für alle
in Jakob,
die umkehren von ihrer Sünde – / Spruch des
Herrn.
21 Das ist der Bund, den ich mit ihnen schließe,
spricht der Herr: Mein Geist, der auf dir ruht, soll
nicht von dir weichen und meine Worte, die ich
dir in den Mund gelegt habe, sollen immer in dei-
nem Mund bleiben und im Mund deiner Kinder
und im Mund deiner Enkel, jetzt und in Ewigkeit
– spricht der Herr.

1: 50,2 • 2: 1,15 • 4: Ijob 15,35; Ps 7,15 • 7: Spr 1,16; Röm 3,15–17 • 10: Dtn 28,29 • 12: Jer 14,7 • 16–17: 63,5; Weish 5,16–20 • 18: 66,6 • 19: 45,6; Ps 102,16 • 20: Röm 11,26f • 21: 51,16; Jer 1,9

DIE KÜNFTIGE HERRLICHKEIT ZIONS: 60,1 – 62,12

Die Wallfahrt der Völker zum gesegneten Jerusalem

60 Auf, werde licht denn es kommt dein Licht
/ und die Herrlichkeit des Herrn geht
leuchtend auf über dir.
2 Denn siehe, Finsternis bedeckt die Erde / und
Dunkel die Völker,
doch über dir geht leuchtend der Herr auf, / seine
Herrlichkeit erscheint über dir.
3 Völker wandern zu deinem Licht / und Könige zu
deinem strahlenden Glanz.
4 Blick auf und schau umher: / Sie alle versammeln
sich und kommen zu dir.
Deine Söhne kommen von fern, / deine Töchter
trägt man auf den Armen herbei.
5 Du wirst es sehen und du wirst strahlen, / dein
Herz bebt vor Freude und öffnet sich weit.
Denn der Reichtum des Meeres strömt dir zu, / die
Schätze der Völker kommen zu dir.
6 Zahllose Kamele bedecken dein Land, / Drome-
dare aus Midian und Efa.
Alle kommen von Saba, / bringen Weihrauch und
Gold / und verkünden die ruhmreichen Taten des
Herrn.
7 Alle Schafe von Kedar scharen sich bei dir, / die
Widder von Nebajot stehen in deinem Dienst.
Als willkommene Opfer steigen sie auf meinen
Altar; / so verherrliche ich mein herrliches Haus.
8 Wer sind die, die heranfliegen wie Wolken, / wie
Tauben zu ihrem Schlag?
9 Die Schiffe kommen bei mir zusammen, / voran
die Schiffe von Tarschisch,
um deine Söhne mit ihrem Gold und Silber / aus
der Ferne zu bringen,
zum Ruhm des Herrn, deines Gottes, / des Heili-
gen Israels, / weil er dich herrlich gemacht hat.
10 Fremde bauen deine Mauern, / ihre Könige ste-
hen in deinem Dienst.
Denn in meinem Zorn habe ich dich geschlagen, /
aber in meinem Wohlwollen zeige ich dir mein
Erbarmen.

11 Deine Tore bleiben immer geöffnet, / sie werden
bei Tag und bei Nacht nicht geschlossen,
damit man den Reichtum der Völker zu dir hi-
neintragen kann; / auch ihre Könige führt man
herbei.
12 Denn jedes Volk und jedes Reich, / das dir nicht
dient, geht zugrunde, / die Völker werden völlig
vernichtet.
13 Die Pracht des Libanon kommt zu dir, / Zypres-
sen, Platanen und Eschen zugleich,
um meinen heiligen Ort zu schmücken; / dann
ehre ich den Platz, wo meine Füße ruhen.
14 Gebückt kommen die Söhne deiner Unter-
drücker zu dir, / alle, die dich verachtet haben,
werfen sich dir zu Füßen.
Man nennt dich »Die Stadt des Herrn« / und »Das
Zion des Heiligen Israels«.
15 Dafür, dass du verlassen warst und verhasst / und
niemand dich besucht hat,
mache ich dich zum ewigen Stolz, / zur Freude für
alle Generationen.
16 Du wirst die Milch der Völker saugen / und an
der Brust von Königen trinken.
Dann wirst du erkennen, / dass ich, der Herr, dein
Retter bin / und ich, der Starke Jakobs, dein Er-
löser.
17 Statt Kupfer bringe ich Gold, / statt Eisen bringe
ich Silber, / statt Holz Kupfer und statt Steine Ei-
sen.
Ich setze den Frieden als Aufsicht über dich ein /
und die Gerechtigkeit als deinen Vogt.
18 Man hört nichts mehr von Unrecht in deinem
Land, / von Verheerung und Zerstörung in deinem
Gebiet.
Deine Mauern nennst du »Rettung« / und deine
Tore »Ruhm«.
19 Bei Tag wird nicht mehr die Sonne dein Licht
sein,
und um die Nacht zu erhellen, scheint dir nicht
mehr der Mond,
sondern der Herr ist dein ewiges Licht, / dein Gott
dein strahlender Glanz.
20 Deine Sonne geht nicht mehr unter / und dein
Mond nimmt nicht mehr ab;
denn der Herr ist dein ewiges Licht, / zu Ende sind
deine Tage der Trauer.
21 Dein Volk besteht nur aus Gerechten; / sie wer-
den für immer das Land besitzen / als aufblühende
Pflanzung des Herrn,
als das Werk seiner Hände, / durch das er seine
Herrlichkeit zeigt.
22 Der Kleinste wird zu einer Tausendschaft, / der
Geringste zu einem starken Volk.
Ich, der Herr, führe es schnell herbei, / sobald es
Zeit dafür ist.

1: Offb 21,23 • 3: 2,2–5; Offb 21,24 • 4: 49,18; 66,12 • 5: Offb 21,24 •
6: Ps 72,10; Mt 2,11 • 9: 55,5 • 10: 61,5; 54,8 • 11: Offb 21,25f •
13: 41,19 • 14: Offb 3,9 • 15: 62,4 • 16: 49,23; 66,11; 49,26 •
18: Jer 6,7 • 21: 57,13; 65,9; Mt 5,5; Jes 61,3

Die frohe Botschaft des Gesalbten Jahwes

61 Der Geist Gottes, des Herrn, ruht auf mir;
/ denn der Herr hat mich gesalbt.
Er hat mich gesandt, damit ich den Armen eine
frohe Botschaft bringe / und alle heile, deren Herz
zerbrochen ist,
damit ich den Gefangenen die Entlassung ver-
künde / und den Gefesselten die Befreiung,
2 damit ich ein Gnadenjahr des Herrn ausrufe, /
einen Tag der Vergeltung unseres Gottes, / damit
ich alle Trauernden tröste,
3 die Trauernden Zions erfreue, / ihnen Schmuck
bringe anstelle von Schmutz,
Freudenöl statt Trauergewand, / Jubel statt der
Verzweiflung.
Man wird sie »Die Eichen der Gerechtigkeit« nen-
nen, / »Die Pflanzung, durch die der Herr seine
Herrlichkeit zeigt«.
4 Dann bauen sie die uralten Trümmerstätten wie-
der auf / und richten die Ruinen ihrer Vorfahren
wieder her.
Die verödeten Städte erbauen sie neu, / die Ruinen
vergangener Generationen.
5 Fremde stehen bereit und führen eure Herden auf
die Weide, / Ausländer sind eure Bauern und Win-
zer.
6 Ihr alle aber werdet »Priester des Herrn« ge-
nannt, / man sagt zu euch »Diener unseres
Gottes«.
Was die Völker besitzen, werdet ihr genießen, / mit
ihrem Reichtum könnt ihr euch brüsten.
7 Doppelte Schande mussten sie ertragen, / sie
wurden angespuckt und verhöhnt;
darum erhalten sie doppelten Besitz in ihrem
Land, / ewige Freude wird ihnen zuteil.

8 Denn ich, der Herr, liebe das Recht, / ich hasse
Verbrechen und Raub.
Ich bin treu und gebe ihnen den Lohn, / ich
schließe mit ihnen einen ewigen Bund.
9 Ihre Nachkommen werden bei allen Nationen
bekannt sein / und ihre Kinder in allen Völkern.
Jeder, der sie sieht, wird erkennen: / Das sind die
Nachkommen, die der Herr gesegnet hat.
10 Von Herzen will ich mich freuen über den
Herrn. / Meine Seele soll jubeln über meinen Gott.
Denn er kleidet mich in Gewänder des Heils, / er
hüllt mich in den Mantel der Gerechtigkeit,
wie ein Bräutigam sich festlich schmückt / und wie
eine Braut ihr Geschmeide anlegt.
11 Denn wie die Erde die Saat wachsen lässt / und
der Garten die Pflanzen hervorbringt,
so bringt Gott, der Herr, Gerechtigkeit hervor /
und Ruhm vor allen Völkern.

1: Lk 4,18f; Jes 58,6 • 2: 34,8; 63,4 • 3: 60,21 • 4: 58,12 • 5: 60,10 • 6: Ex 19,6; 1 Petr 2,5.9; Offb 1,6; 20,6 • 8: Ps 37,28; Jes 55,3 • 9: 65,23 • 10: 41,16; Offb 21,2

Die verherrlichte Stadt Gottes

62 Um Zions willen kann ich nicht schwei-
gen, / um Jerusalems willen nicht still sein,
bis das Recht in ihm aufstrahlt wie ein helles
Licht / und sein Heil aufleuchtet wie eine bren-
nende Fackel.
2 Dann sehen die Völker deine Gerechtigkeit / und
alle Könige deine strahlende Pracht.
Man ruft dich mit einem neuen Namen, / den der
Mund des Herrn für dich bestimmt.
3 Du wirst zu einer prächtigen Krone / in der Hand
des Herrn,
zu einem königlichen Diadem / in der Rechten
deines Gottes.
4 Nicht länger nennt man dich »Die Verlassene« /
und dein Land nicht mehr »Das Ödland«,
sondern man nennt dich »Meine Wonne« / und
dein Land »Die Vermählte«.
Denn der Herr hat an dir seine Freude / und dein
Land wird mit ihm vermählt.
5 Wie der junge Mann sich mit der Jungfrau ver-
mählt, / so vermählt sich mit dir dein Erbauer.
Wie der Bräutigam sich freut über die Braut, / so
freut sich dein Gott über dich.
6 Auf deine Mauern, Jerusalem, stellte ich Wäch-
ter. / Weder bei Tag noch bei Nacht dürfen sie
schweigen.
Ihr, die ihr den Herrn (an Zion) erinnern sollt, /
gönnt euch keine Ruhe!
7 Lasst auch ihm keine Ruhe, / bis er Jerusalem
wieder aufbaut, / bis er es auf der ganzen Erde be-
rühmt macht.
8 Der Herr hat geschworen bei seiner rechten
Hand / und bei seinem starken Arm:
Nie mehr gebe ich dein Korn / deinen Feinden zu
essen.
Nie mehr trinken Fremde deinen Wein, / für den
du so hart gearbeitet hast.
9 Nein, wer das Korn geerntet hat, soll es auch
essen / und den Herrn dafür preisen.
Wer den Wein geerntet hat, soll ihn auch trinken /
in den Vorhöfen meines Heiligtums.
10 Zieht durch die Tore ein und aus / und bahnt
dem Volk einen Weg!
Baut, ja baut eine Straße / und räumt die Steine
beiseite! / Stellt ein Zeichen auf für die Völker!
11 Hört, was der Herr bis ans Ende der Erde be-
kannt macht: / Sagt der Tochter Zion:
Sieh her, jetzt kommt deine Rettung. / Siehe, er
bringt seinen Siegespreis mit:
Alle, die er gewonnen hat, / gehen vor ihm her.
12 Dann nennt man sie »Das heilige Volk«, / »Die
Erlösten des Herrn«.
Und dich nennt man / »Die begehrte, die nicht
mehr verlassene Stadt«.

2: Offb 2,17; 3,12 • 4: 54,1; 60,15 • 5: 65,19 • 8–9: 65,21f • 10: 40,3; 57,14; 49,22 • 11: Mt 21,5; Jes 40,10

VÖLKERGERICHT UND ENDZEITLICHES HEIL: 63,1 – 66,24

Die Ankündigung des Gerichts an den Völkern

63 Wer ist jener, der aus Edom kommt, / aus
Bozra in rot gefärbten Gewändern?
Er schreitet in prächtigen Kleidern daher / in sei-
ner gewaltigen Kraft.
Ich bin es, ich verkünde Gerechtigkeit, / ich bin der
mächtige Helfer.
2 Warum aber ist dein Gewand so rot, / ist dein
Kleid wie das eines Mannes, der die Kelter tritt?
3 Ich allein trat die Kelter; / von den Völkern war
niemand dabei.
Da zertrat ich sie voll Zorn, / zerstampfte sie in
meinem Grimm.
Ihr Blut spritzte auf mein Gewand / und befleckte
meine Kleider.
4 Denn ein Tag der Rache lag mir im Sinn / und das
Jahr der Erlösung war gekommen.
5 Ich sah mich um, doch niemand wollte mir hel-
fen; / ich war bestürzt, weil keiner mir beistand.
Da half mir mein eigener Arm, / mein Zorn war
meine Stütze.
6 Ich zertrat die Völker in meinem Zorn, / ich zer-
schmetterte sie in meinem Grimm / und ihr Blut
ließ ich zur Erde rinnen.

3: Offb 14,20; 19,15.13 • 4: 34,8; 61,2 • 5: 59,16

Das Gebet des Volkes um Gottes Erscheinen

7 Die Huld des Herrn will ich preisen, / die ruhm-
reichen Taten des Herrn,
alles, was der Herr für uns tat, / seine große Güte,
die er dem Haus Israel erwies / in seiner Barm-
herzigkeit und seiner großen Huld. 8 Er sagte: Sie
sind doch mein Volk, / meine Söhne, die nicht ent-
täuschen. / Er wurde ihr Retter in jeder Not.
9 Nicht ein Bote oder ein Engel, / sondern sein An-
gesicht hat sie gerettet.
In seiner Liebe und seinem Mitleid / hat er selbst
sie erlöst.
Er hat sie emporgehoben und sie getragen / in all
den Tagen der Vorzeit.
10 Sie aber lehnten sich gegen ihn auf / und betrüb-
ten seinen heiligen Geist.
Da wandelte er sich und wurde ihr Feind, / ja, er
führte Krieg gegen sie.
11 Nun dachten sie an die Tage der Vorzeit, / die Zeit
seines Knechtes Mose:
Wo ist der, der den Hirten seiner Schafe aus dem
Meer herausgeführt hat? / Wo ist der, der seinen
heiligen Geist in ihn gelegt hat,
12 der an der rechten Seite des Mose ging / und ihm
half mit mächtigem Arm,
der das Wasser vor ihnen zerteilte, / um sich ewi-
gen Ruhm zu verschaffen,
13 der sie durch die Fluten führte wie Pferde durch
die Steppe, / ohne dass sie strauchelten?
14 Der Geist des Herrn ließ sie zur Ruhe kommen, /
wie das Vieh, das ins Tal hinabzieht.
So führtest du einst dein Volk, / um dir herrlichen
Ruhm zu verschaffen.
15 Blick vom Himmel herab und sieh her / von dei-
ner heiligen, herrlichen Wohnung!
Wo ist dein leidenschaftlicher Eifer / und deine
Macht,
dein großes Mitleid und dein Erbarmen? / Halte
dich nicht von uns fern!
16 Du bist doch unser Vater; / denn Abraham weiß
nichts von uns,
Israel will uns nicht kennen. / Du, Herr, bist unser
Vater, / »Unser Erlöser von jeher« wirst du ge-
nannt.
17 Warum lässt du uns, Herr, von deinen Wegen
abirren / und machst unser Herz hart, / sodass wir
dich nicht mehr fürchten?
Kehre zurück um deiner Knechte willen, / um der
Stämme willen, die dein Eigentum sind.
18 Erst vor kurzem haben unsere Feinde dein hei-
liges Volk vertrieben; / dein Heiligtum haben sie
zertreten.
19 Uns geht es, als wärest du nie unser Herrscher
gewesen, / als wären wir nicht nach deinem Na-
men benannt.
Reiß doch den Himmel auf und komm herab, /
sodass die Berge zittern vor dir.
64 Komm wie ein Feuer, das Reisig entzün-
det, / wie ein Feuer, das Wasser zum Sie-
den bringt.
Mach deinen Feinden deinen Namen bekannt, /
sodass die Völker zittern vor dir,

[2] wenn du schreckliche und nie erwartete Taten
vollbringst. / [Komm herab, sodass die Berge zit-
tern vor dir.]
[3] Seit Menschengedenken hat man noch nie ver-
nommen, / kein Ohr hat gehört, kein Auge gese-
hen,
dass es einen Gott gibt außer dir, / der denen Gutes
tut, die auf ihn hoffen.
[4] Ach, kämst du doch denen entgegen, / die tun,
was recht ist, / und nachdenken über deine Wege.
Ja, du warst zornig; / denn wir haben gegen dich
gesündigt, / von Urzeit an sind wir treulos gewor-
den.
[5] Wie unreine (Menschen) sind wir alle gewor-
den, / unsere ganze Gerechtigkeit ist wie ein
schmutziges Kleid.
Wie Laub sind wir alle verwelkt, / unsere Schuld
trägt uns fort wie der Wind.
[6] Niemand ruft deinen Namen an, / keiner rafft
sich dazu auf, fest zu halten an dir.
Denn du hast dein Angesicht vor uns verborgen /
und hast uns der Gewalt unserer Schuld überlassen.
[7] Und doch bist du, Herr, unser Vater. / Wir sind
der Ton und du bist unser Töpfer, / wir alle sind
das Werk deiner Hände.
[8] Herr, zürne uns doch nicht allzu sehr, / denk
nicht für immer an unsere Schuld! / Sieh doch her:
Wir alle sind dein Volk.
[9] Deine heiligen Städte sind zur Wüste geworden. /
Zion ist eine Wüste, Jerusalem eine Öde.
[10] Unser heiliger, herrlicher Tempel, / wo unsere
Väter dich priesen,
ist ein Raub der Flammen geworden; / alles, was
uns lieb war, liegt nun in Trümmern.
[11] Kannst du dich bei all dem zurückhalten, Herr, /
kannst du schweigen und uns so sehr erniedrigen?

63,7: Ps 89,2 • 9: 46,3f • 11: Hebr 13,20 • 13: Ps 106,9 • 15: Dtn 26,15; Jes 64,11 • 18: Offb 11,2 • 64,3: 2 Sam 7,22; 1 Kor 2,9 • 11: 63,15

Gegen die Götzendiener

65 Ich wäre zu erreichen gewesen für die, / die
nicht nach mir fragten,
ich wäre zu finden gewesen für die, / die nicht nach
mir suchten.
Ich sagte zu einem Volk, / das meinen Namen nicht
anrief: / Hier bin ich, hier bin ich.
[2] Den ganzen Tag streckte ich meine Hände aus /
nach einem abtrünnigen Volk,
das einen Weg ging, der nicht gut war, / nach sei-
nen eigenen Plänen,
[3] nach einem Volk, / das in seinem Trotz mich stän-
dig ärgert.
Sie bringen Schlachtopfer dar in Gärten / und
Rauchopfer auf Ziegeln;
[4] sie sitzen in Grabkammern / und verbringen die
Nächte in Höhlen;
sie essen das Fleisch von Schweinen / und haben
Brühe von verdorbenem Fleisch in ihren Töpfen;
[5] sie sagen: Bleib, wo du bist, komm mir nicht
nahe, / sonst bist du geweiht.
Diese Menschen sind wie Rauch in meiner Nase, /
wie ein immer brennendes Feuer.
[6] Seht her, alles ist aufgeschrieben bei mir / und
ich werde nicht schweigen, / sondern zahle ihnen
heim, wie sie es verdienen;
[7] ich zahle ihnen den Lohn aus für ihre Schuld /
und die Schuld ihrer Väter, spricht der Herr.
Weil sie auf den Bergen Weihrauch verbrannten /
und mich auf den Hügeln verhöhnten,
messe ich ihnen ihren Lohn zu / und zahle ihnen
heim, wie sie es verdienen.
[8] So spricht der Herr: / Sobald sich Saft in der
Traube findet, / sagt man: Verdirb sie nicht, denn
es ist Segen darin.
Ebenso will ich um meiner Knechte willen han-
deln, / um nicht alle vernichten zu müssen.
[9] Ich lasse aus Jakob Nachkommen hervorgehen /
und aus Juda einen Erben für meine Berge.
Meine Auserwählten sollen das Land besitzen /
und meine Knechte sollen dort wohnen.
[10] Für mein Volk, das nach mir fragt, / wird dann
(die Ebene) Scharon zur Schafweide / und das
Achortal zum Lagerplatz der Rinder.
[11] Euch aber, die ihr den Herrn verlassen, / meinen
heiligen Berg vergessen,
dem Glücksgott den Tisch gedeckt / und dem Gott
des Schicksals den Weinkrug gefüllt habt,
[12] überantworte ich dem Schwert: / Ihr müsst euch
alle ducken und werdet geschlachtet.
Denn ihr gabt keine Antwort, als ich euch rief, / als
ich zu euch redete, hörtet ihr nicht,
sondern ihr habt getan, was mir missfällt, / und
habt euch für das entschieden, / was ich nicht will.

[13] Darum – so spricht Gott, der Herr: / Meine
Knechte sollen essen, / doch ihr leidet Hunger.
Meine Knechte sollen trinken, / doch ihr leidet
Durst.
Meine Knechte sollen sich freuen, / doch ihr müsst
euch schämen.
[14] Meine Knechte sollen aus Herzenslust jubeln, /
doch ihr werdet schreien vor Herzeleid und heu-
len vor Verzweiflung.
[15] Ihr müsst euren Namen dazu hergeben, / dass
meine Auserwählten ihn beim Eid / als Fluchwort
gebrauchen und sagen:
Genauso töte dich Gott, der Herr. / Meinen
Knechten aber wird man einen anderen Namen
geben.
[16] Wer sich segnet im Land, / wird sich Segen wün-
schen von Gott, dem Getreuen,
und wer schwört im Land, / wird schwören bei
Gott, dem Getreuen.

1–2: Röm 10,20f • 9: 57,13; 60,21 • 10: 33,9; 1 Chr 27,29 • 12: 34,2; 66,4; Jer 7,13.27

Das endzeitliche Heil

Ja, vergessen sind die früheren Nöte, / sie sind mei-
nen Augen entschwunden.
[17] Denn schon erschaffe ich einen neuen Himmel /
und eine neue Erde.
Man wird nicht mehr an das Frühere denken, / es
kommt niemand mehr in den Sinn.
[18] Nein, ihr sollt euch ohne Ende freuen und ju-
beln / über das, was ich erschaffe.
Denn ich mache aus Jerusalem Jubel / und aus sei-
nen Einwohnern Freude.
[19] Ich will über Jerusalem jubeln / und mich freuen
über mein Volk.
Nie mehr hört man dort lautes Weinen / und lau-
tes Klagen.
[20] Dort gibt es keinen Säugling mehr, / der nur
wenige Tage lebt,
und keinen Greis, / der nicht das volle Alter er-
reicht;
wer als Hundertjähriger stirbt, / gilt noch als
jung, / und wer nicht hundert Jahre alt wird, / gilt
als verflucht.
[21] Sie werden Häuser bauen / und selbst darin
wohnen, / sie werden Reben pflanzen / und selbst
ihre Früchte genießen.
[22] Sie bauen nicht, / damit ein anderer in ihrem
Haus wohnt,
und sie pflanzen nicht, / damit ein anderer die
Früchte genießt.
In meinem Volk werden die Menschen so alt / wie
die Bäume.
Was meine Auserwählten mit eigenen Händen er-
arbeitet haben, / werden sie selber verbrauchen.
[23] Sie arbeiten nicht mehr vergebens, / sie bringen
nicht Kinder zur Welt für einen jähen Tod.
Denn sie sind die Nachkommen der vom Herrn
Gesegneten / und ihre Sprösslinge zusammen mit
ihnen.
[24] Schon ehe sie rufen, gebe ich Antwort, / während
sie noch reden, erhöre ich sie.
[25] Wolf und Lamm weiden zusammen, / der Löwe
frisst Stroh wie das Rind / [doch die Schlange
nährt sich von Staub].
Man tut nichts Böses mehr / und begeht kein
Verbrechen / auf meinem ganzen heiligen Berg,
spricht der Herr.

16e: 43,18 • 17: 66,22 • 19: 62,5; Offb 21,4 • 20: Sach 8,4 • 21–22: 62,8f; Ps 128,2 • 23: 61,9 • 24: 58,9 • 25: 11,6f; Gen 3,14; Jes 11,9

Die Beschreibung der Endzeit

66 So spricht der Herr:
Der Himmel ist mein Thron / und die
Erde der Schemel für meine Füße.
Was wäre das für ein Haus, / das ihr mir bauen
könntet?
Was wäre das für ein Ort, / an dem ich ausruhen
könnte?
[2] Denn all das hat meine Hand gemacht; / es gehört
mir ja schon – Spruch des Herrn.
Ich blicke auf den Armen und Zerknirschten / und
auf den, der zittert vor meinem Wort.
[3] Man opfert Rinder – und erschlägt Menschen; /
man opfert Schafe – und erwürgt Hunde;
man bringt Speiseopfer dar – / und auch Schwei-
neblut;
man spendet Weihrauch – / und preist einen Götzen.
Wie diese Menschen ihre eigenen Wege wählen /
und an ihren Götterbildern Gefallen haben,
[4] so wähle ich für sie die Strafe aus / und bringe
über sie Schrecken.
Denn sie gaben keine Antwort, als ich sie rief, / als
ich zu ihnen redete, hörten sie nicht;

sondern sie haben getan, was mir missfällt, / und
haben sich für das entschieden, was ich nicht will.
5 Hört das Wort des Herrn, / die ihr zittert vor sei-
nem Wort!
Eure Brüder, die euch hassen, / die euch um mei-
nes Namens willen verstoßen,
sie sagen: Der Herr soll doch seine Herrlichkeit
zeigen, / damit wir eure Freude miterleben. / Aber
sie werden beschämt.
6 Horcht: Getöse dringt aus der Stadt, / Getöse aus
dem Tempel. / Horcht: Der Herr vergilt seinen
Feinden ihr Tun.
7 Noch ehe die Frau ihre Wehen bekommt, / hat sie
schon geboren;
ehe die Wehen über sie kamen, / brachte sie einen
Knaben zur Welt.
8 Wer hat so etwas je gehört, / wer hat je derglei-
chen gesehen?
Wird ein Land an einem einzigen Tag geboren, /
kommt ein Volk auf einmal zur Welt?
Doch Zion, kaum in den Wehen, / hat schon ihre
Kinder geboren.
9 Hätte ich ihr etwa den Schoß öffnen sollen, / ohne
sie gebären zu lassen?, spricht der Herr.
Sollte ich, der die Frauen gebären lässt, / ihnen den
Schoß verschließen?, spricht dein Gott.
10 Freut euch mit Jerusalem! / Jubelt in der Stadt,
alle, die ihr sie liebt.
Seid fröhlich mit ihr, / alle, die ihr über sie traurig
wart.
11 Saugt euch satt an ihrer tröstenden Brust, / trinkt
und labt euch an ihrem mütterlichen Reichtum!
12 Denn so spricht der Herr: / Seht her: Wie einen
Strom / leite ich den Frieden zu ihr
und den Reichtum der Völker / wie einen rau-
schenden Bach.
Ihre Kinder wird man auf den Armen tragen / und
auf den Knien schaukeln.
13 Wie eine Mutter ihren Sohn tröstet, / so tröste
ich euch; / in Jerusalem findet ihr Trost.
14 Wenn ihr das seht, wird euer Herz sich freuen /
und ihr werdet aufblühen wie frisches Gras.
So offenbart sich die Hand des Herrn an seinen
Knechten, / aber seine Feinde wird er bedrohen.
15 Ja, seht, der Herr kommt wie das Feuer heran, /
wie der Sturm sind seine Wagen,
um in glühendem Zorn Vergeltung zu üben, / und
er droht mit feurigen Flammen.
16 Ja, mit Feuer und Schwert hält der Herr Gericht
über alle Sterblichen / und viele sind es, die der
Herr erschlägt.
17 Alle, die sich weihen und reinigen bei den Gär-
ten / für den einen, der in der Mitte steht,
die Schweinefleisch, Würmer und Mäuse verzeh-
ren, / sie alle nehmen ein Ende – Spruch des Herrn.
18 Ich kenne ihre Taten und ihre Gedanken und
komme, um die Völker aller Sprachen zusam-
menzurufen, und sie werden kommen und meine
Herrlichkeit sehen. 19 Ich stelle bei ihnen ein Zei-
chen auf und schicke von ihnen einige, die ent-
ronnen sind, zu den übrigen Völkern: nach Tar-
schisch, Pul und Lud, Meschech und Rosch, Tubal
und Jawan und zu den fernen Inseln, die noch
nichts von mir gehört und meine Herrlichkeit
noch nicht gesehen haben. Sie sollen meine Herr-
lichkeit unter den Völkern verkünden. 20 Sie wer-
den aus allen Völkern eure Brüder als Opfergabe
für den Herrn herbeiholen auf Rossen und Wagen,
in Sänften, auf Maultieren und Dromedaren, her
zu meinem heiligen Berg nach Jerusalem, spricht
der Herr, so wie die Söhne Israels ihr Opfer in rei-
nen Gefäßen zum Haus des Herrn bringen. 21 Und
auch aus ihnen werde ich Männer als Priester und
Leviten auswählen, spricht der Herr.
22 Wie der neue Himmel und die neue Erde, / die
ich erschaffe, / vor mir stehen – Spruch des Herrn
–, / so wird euer Stamm und euer Name dastehen.
23 An jedem Neumond und an jedem Sabbat / wird
alle Welt kommen, um mir zu huldigen, / spricht
der Herr.
24 Dann wird man hinausgehen, / um die Leichen
derer zu sehen, / die sich gegen mich aufgelehnt
haben.
Denn der Wurm in ihnen wird nicht sterben / und
das Feuer in ihnen wird niemals erlöschen; / ein
Ekel sind sie für alle Welt.

1: Apg 7,49f • 4:65,12 • 6: 59,18 • 7: Offb 12,2.5 • 11: 60,16; 49,23 • 12: 30,28; 60,4 • 16: Jer 25,31 • 17: 65,3f; Ez 8,10f • 22: 65,17; Offb 21,1 • 23: Sach 14,16 • 24: Jdt 16,1^7; Mk 9,48

DAS BUCH JEREMIA

Das Buch Jeremia hat eine klare Gliederung, die sich jedoch in der griechischen Bibel von der der hebräischen stark unterscheidet. Der hebräische Text hat folgende Anordnung: Prophetenworte gegen Juda und Jerusalem von der Zeit Joschijas bis Zidkija (1,1 – 25,14); vorwiegend Prosatexte über den Propheten und sein Wirken (Kap. 26 – 45); hier kann man wieder Prosareden über Israel und Juda, zumeist drohenden Inhalts (Kap. 26 – 29), Heilsworte (Kap. 32 – 35) und Berichte Baruchs über Jeremia (Kap. 36 – 45) unterscheiden; eingeschoben sind die sog. Trostschrift (Kap. 30f), Drohreden gegen fremde Völker (Kap. 46 – 51; die Einleitung dazu steht bereits in 25,15–38) und ein geschichtlicher Anhang, der weitgehend mit 2 Kön 24,18 – 25,21 übereinstimmt (Kap. 52). Der griechische Text bringt die Drohreden gegen die fremden Völker in anderer Reihenfolge nach Kap. 25 und ordnet erst danach die Prosaberichte ein, die jetzt Kap. 52 nicht mehr als Anhang erkennen lassen. Der griechische Text ist etwa um ein Achtel kürzer als der hebräische, da einzelne Verse oder Versteile, aber auch einige längere Abschnitte fehlen.

Der Prophet selbst hat im Jahr 605 v. Chr. seinem Sekretär und Jünger Baruch eine erste Sammlung von »Worten über Jerusalem und Juda und alle Völker von den Tagen Joschijas an bis heute« (36,2) diktiert. Baruch hat die Buchrolle im Tempelhof vorgelesen; sie wurde beschlagnahmt und von König Jojakim verbrannt. Darauf diktierte der Prophet den Inhalt der Rolle noch einmal seinem Sekretär und dieser Niederschrift »wurden noch viele ähnliche Worte hinzugefügt« (36,32). Demnach hat Jeremia selbst eine erste Sammlung seiner Verkündigung vorgenommen, die später, teils vielleicht von ihm selbst, teils von Baruch und vielleicht von noch späteren Bearbeitern, ergänzt wurde. Als nachexilische Erweiterungen gelten heute allgemein 10,1–16; 17,19–27; 32,29–35.37–41; 33 sowie die meisten Drohreden gegen fremde Völker (Kap. 46 – 51) und der Anhang (Kap. 52). Ob die sogenannte Trostschrift (Kap. 30f) von Jeremia selbst stammt, ist umstritten; sie dürfte aber einen echten Kern haben.

Jeremia ist der Prophet, über dessen Leben und Gotteserfahrung wir am besten unterrichtet sind. Das verdanken wir seinen von leidenschaftlichem Mitgefühl mit seinem Volk geprägten Klagen, seinen »Konfessionen« (Bekenntnissen: 11,18–23; 12,1–6; 15,10–21; 16,1–9; 17,12–18; 18,18–23; 20,7–18; 23,9–19) und den Aufzeichnungen Baruchs. Jeremia stammt aus einer Priesterfamilie in Anatot unweit von Jerusalem. Seine Berufung erfährt er als junger Mann um 628 v. Chr. unter König Joschija (641–609). Zunächst wendet er sich gegen die aus der Zeit des ruchlosen Königs Manasse noch nachwirkenden religiösen und sittlichen Missstände. Als Joschija sich um 622 v. Chr. von dem zerbrechenden Assyrerreich unabhängig macht und eine tief greifende Reform des Jahweglaubens durchführt, schweigt Jeremia. Joschija fällt 609 v. Chr. in der Schlacht gegen die Ägypter bei Megiddo. Als unter seinem Nachfolger Jojakim (609–597) die Reform teilweise rückgängig gemacht wird und wieder heidnische Sitten eindringen, kämpft der Prophet leidenschaftlich dagegen an; er überwirft sich mit dem König und wird von ihm verfolgt. In tiefer Enttäuschung über den Misserfolg seiner Verkündigung, über die Verfolgung durch Jojakim und über die Nachstellungen durch seine eigenen Verwandten und Landsleute ist er der Verzweiflung nahe und wird an Gott fast irre. Aus dieser qualvollen Not entstehen die »Konfessionen«. Von der Verschleppung Jojachins und eines Teils der Einwohner Jerusalems durch Nebukadnezzar 597 v. Chr. bleibt er verschont. In Briefen warnt und tröstet er die nach Babylonien verschleppten Landsleute und versucht Zidkija (597–586) vergeblich von einer antibabylonischen Politik abzuhalten. Während der Belagerung Jerusalems 587/86 v. Chr. wird der Prophet des Verrates verdächtigt, verhaftet und im Wachhof des Königspalastes gefangen gehalten. Selbst dort schweigt er nicht. Nach dem Fall der Stadt 586 v. Chr. wird er von der Verschleppung ausgenommen. Nun versucht er sein Volk zu trösten. Als aber gegen seinen Rat die Zurückgebliebenen nach der Ermordung des Statthalters Gedalja (vgl. 40,7 – 41,15) nach Ägypten fliehen, zwingt man ihn und Baruch mitzugehen. In Ägypten stirbt der Prophet. Seine Botschaft aber wirkt weiter, nicht zuletzt durch die Verheißung des »neuen Bundes« (31,31–34).

DIE GERICHTSWORTE ÜBER JERUSALEM UND JUDA: 1,1 – 25,14

Überschrift

1 Die Worte Jeremias, des Sohnes Hilkijas, aus der Priesterschaft zu Anatot im Land Benjamin. 2 An ihn erging das Wort des Herrn zur Zeit des Königs Joschija von Juda, des Sohnes Amons, im dreizehnten Jahr seiner Regierung, 3 ebenso zur Zeit des Königs Jojakim von Juda, des Sohnes Joschijas, bis das elfte Jahr des Königs Zidkija von Juda, des Sohnes Joschijas, zu Ende ging, als im fünften Monat Jerusalem in die Verbannung ziehen musste.

Die Berufung Jeremias zum Propheten

4 Das Wort des Herrn erging an mich: 5 Noch ehe ich dich im Mutterleib formte, habe ich dich ausersehen, noch ehe du aus dem Mutterschoß hervorkamst, habe ich dich geheiligt, zum Propheten für die Völker habe ich dich bestimmt. 6 Da sagte ich: Ach, mein Gott und Herr, ich kann doch nicht reden, ich bin ja noch so jung. 7 Aber der Herr erwiderte mir: Sag nicht: Ich bin noch so jung. Wohin ich dich auch sende, dahin sollst du gehen, und was ich dir auftrage, das sollst du verkünden. 8 Fürchte dich nicht vor ihnen; denn ich bin mit dir, um dich zu retten – Spruch des Herrn. 9 Dann streckte der Herr seine Hand aus, berührte meinen Mund und sagte zu mir: Hiermit lege ich meine Worte in deinen Mund. 10 Sieh her! Am heutigen Tag setze ich dich über Völker und Reiche; du sollst ausreißen und niederreißen, vernichten und einreißen, aufbauen und einpflanzen.

5: Jes 49,1; Gal 1,15 • 8: 1,19; 30,11

Zwei Visionen

11 Das Wort des Herrn erging an mich: Was siehst du, Jeremia? Ich antwortete: Einen Mandelzweig sehe ich. 12 Da sprach der Herr zu mir: Du hast richtig gesehen; denn ich wache über mein Wort und führe es aus. 13 Abermals erging an mich das Wort des Herrn: Was siehst du? Ich antwortete: Einen dampfenden Kessel sehe ich; sein Rand neigt sich von Norden her. 14 Da sprach der Herr zu mir: Von Norden her ergießt sich das Unheil über alle Bewohner des Landes. 15 Ja, ich rufe alle Stämme der Nordreiche – Spruch des Herrn –, damit sie kommen und ihre Richterstühle an den Toreingängen Jerusalems aufstellen, gegen all seine Mauern ringsum und gegen alle Städte von Juda. 16 Dann werde ich mein Urteil über sie sprechen und sie strafen für alles Böse, das sie getan haben, weil sie mich verlassen, anderen Göttern geopfert und das Werk ihrer eigenen Hände angebetet haben. 17 Du aber gürte dich, tritt vor sie hin und verkünde ihnen alles, was ich dir auftrage. Erschrick nicht vor ihnen, sonst setze ich dich vor ihren Augen in Schrecken. 18 Ich selbst mache dich heute zur befestigten Stadt, zur eisernen Säule und zur ehernen Mauer gegen das ganze Land, gegen die Könige, Beamten und Priester von Juda und gegen die Bürger des Landes. 19 Mögen sie dich bekämpfen, sie werden dich nicht bezwingen; denn ich bin mit dir, um dich zu retten – Spruch des Herrn.

14: 4,6; 6,1.22; 10,22; 50,41 • 18: 15,20

Das treulose Volk

2 Das Wort des Herrn erging an mich: 2 Auf! Ruf Jerusalem laut ins Ohr: So spricht der Herr: Ich denke an deine Jugendtreue, an die Liebe deiner Brautzeit, wie du mir in der Wüste gefolgt bist, im Land ohne Aussaat. 3 Heiliger Besitz war Israel dem Herrn, Erstlingsfrucht seiner Ernte. Wer davon aß, machte sich schuldig, Unheil kam über ihn – Spruch des Herrn.

4 Hört das Wort des Herrn, ihr vom Haus Jakob und all ihr Geschlechter des Hauses Israel! 5 So spricht der Herr: Was fanden eure Väter Unrechtes an mir, dass sie sich von mir entfernten, nichtigen Göttern nachliefen und so selber zunichte wurden? 6 Sie fragten nicht: Wo ist der Herr, der uns aus Ägypten heraufgeführt, der uns in der Wüste den Weg gewiesen hat, im Land der Steppen und Schluchten, im dürren und düsteren Land, im Land, das keiner durchwandert und niemand bewohnt? 7 Ich brachte euch dann in das Gartenland, um euch seine Früchte und Güter genießen zu lassen. Aber kaum seid ihr dort gewesen, da habt ihr mein Land entweiht und mir mein Eigentum zum Abscheu gemacht. 8 Die Priester fragten nicht: Wo ist der Herr? Die Hüter des Gesetzes kannten mich nicht, die Hirten des Volkes

wurden mir untreu. Die Propheten traten im
Dienst des Baal auf und liefen unnützen Götzen
nach. 9 Darum muss ich euch weiter anklagen –
Spruch des Herrn – und gegen eure Kindeskinder
Klage erheben. 10 Geht doch hinüber zu den Inseln
der Kittäer und seht euch um oder schickt nach
Kedar, forscht genau nach und seht zu, ob irgend-
wo etwas Ähnliches geschah. 11 Hat je ein Volk seine
Götter gewechselt? Dabei sind es gar keine Götter.
Mein Volk aber hat seinen Ruhm gegen unnütze
Götzen vertauscht. 12 Entsetzt euch darüber, ihr
Himmel, erschaudert gewaltig – Spruch des
Herrn. 13 Denn mein Volk hat doppeltes Unrecht
verübt: Mich hat es verlassen, den Quell des leben-
digen Wassers, um sich Zisternen zu graben,
Zisternen mit Rissen, die das Wasser nicht halten.
14 Ist Israel denn ein Knecht oder ein im Haus
geborener Sklave? Warum wurde es zur Beute,
15 über der Löwen brüllten und knurrten? Man hat
sein Land zur Wüste gemacht; seine Städte sind
verbrannt und menschenleer. 16 Sogar die Leute
von Memfis und Tachpanhes zertrümmern dir
den Schädel. 17 Geschieht das nicht deshalb, weil
du den Herrn, deinen Gott, verlassen hast? 18 Was
nützt es dir jetzt, nach Ägypten zu laufen, um Nil-
wasser zu trinken, oder nach Assur zu laufen, um
Eufratwasser zu trinken? 19 Dein böses Tun straft
dich, deine Abtrünnigkeit klagt dich an. So er-
kenne doch und sieh ein, wie schlimm und bitter
es ist, den Herrn, deinen Gott, zu verlassen und
keine Furcht vor mir zu haben – Spruch Gottes,
des Herrn der Heere.

20 Von jeher hast du dein Joch zerbrochen, deine
Stricke zerrissen und gesagt: Ich will nicht dienen.
Auf jedem hohen Hügel und unter jedem üppigen
Baum hast du dich als Dirne hingestreckt. 21 Ich
aber hatte dich als Edelrebe gepflanzt, als gutes,
edles Gewächs. Wie hast du dich gewandelt zum
Wildling, zum entarteten Weinstock! 22 Selbst wenn
du dich mit Lauge waschen und noch so viel Seife
verwenden wolltest, deine Schuld bliebe doch ein
Schmutzfleck vor meinen Augen – Spruch Gottes,
des Herrn. 23 Wie kannst du sagen: Ich bin nicht
unrein geworden, den Baalen bin ich nicht nach-
gelaufen? Schau auf dein Treiben im Tal, erkenne,
was du verübt hast. Eine schnelle Kamelstute bist
du, die kreuz und quer ihre Wege rennt, 24 eine
wilde Eselin, die an die Wüste gewöhnt ist. In ihrer
Brunst schnappt sie nach Luft. Wer vermag ihre
Gier zu hemmen? Jeder, der sie begehrt, findet sie
ohne Mühe zur Zeit ihrer Brunst. 25 Gib Acht, dass
du dir den Fuß nicht wund läufst und dass deine
Kehle nicht durstig wird. Du aber sagst: Nein, lass
mich! Denn ich bin verliebt in die Fremden und
will ihnen nachlaufen. 26 Wie ein ertappter Dieb
sich schämt, so müssen sich die Leute vom Haus
Israel schämen, sie selbst, ihre Könige und Beam-
ten, ihre Priester und Propheten. 27 Sie sagen ja
zum Holz: »Du bist mein Vater«, und zum Stein:
»Du hast mich geboren«. Sie kehren mir den
Rücken zu und nicht das Gesicht; sind sie aber in
Not, dann rufen sie: Erheb dich und hilf uns! 28 Wo
sind nun deine Götter, die du dir gemacht hast? Sie
mögen sich erheben, falls sie dir helfen können,
wenn du in Not bist. Denn so zahlreich wie deine
Städte, Juda, sind auch deine Götter.

29 Warum streitet ihr gegen mich? Ihr alle seid mir
untreu geworden – Spruch des Herrn. 30 Vergeb-
lich schlug ich eure Söhne; sie ließen sich nicht
erziehen. Euer Schwert fraß eure Propheten wie
ein reißender Löwe. 31 Ihr nun, das gegenwärtige
Geschlecht, schaut auf das Wort des Herrn! Bin ich
denn für Israel eine Wüste geworden oder ein fins-
teres Land? Warum sagt mein Volk: Wir wollen frei
umherschweifen, wir kommen nicht mehr zu dir?
32 Vergisst denn ein Mädchen seinen Schmuck, eine
Braut ihre Bänder? Mein Volk aber hat mich ver-
gessen seit ungezählten Tagen. 33 Wie gut findest
du deinen Weg, wenn du Liebe suchst. Sogar an
Verbrechen hast du dein Verhalten gewöhnt.
34 Selbst am Saum deiner Kleider klebt das Blut
von Armen, von Unschuldigen, die du nicht etwa
beim Einbruch ertappt hast. 35 Und trotzdem sagst
du: Ich bin unschuldig; sein Zorn hat sich ja von
mir abgewandt. – Aber ich gehe ins Gericht mit dir,
weil du sagst: Ich habe mich nicht versündigt.
36 Wie kannst du nur so leicht bereit sein, deinen
Weg zu wechseln! Auch von Ägypten wirst du ent-
täuscht, wie du von Assur enttäuscht worden bist.
37 Auch von dort wirst du wegziehen, die Hände
über dem Kopf. Denn der Herr verwirft alle, denen
du vertraust; du hast mit ihnen kein Glück.

2: Hos 2,17 • 13: 17,13 • 15: 4,7 • 21: Jes 5,1–4 • 27: 7,24; 32,33 •
28: Dtn 32,37f; Ps 3,8; Jer 11,12f

Der Bundesbruch als Ehebruch

3 Wenn ein Mann seine Frau entlässt und wenn
sie von ihm weggeht und die Frau eines
andern wird, wendet er sich dann ihr wieder zu?
Würde das Land nicht völlig entweiht? Du aber
hast mit vielen Freunden gebuhlt und da solltest
du zu mir zurückkehren dürfen? – Spruch des
Herrn. 2 Blick hin und schau zu den Höhen hi-
nauf! Wo hast du dich nicht schänden lassen? An
allen Wegen hast du auf sie gewartet wie ein Ara-
ber in der Wüste. Mit deiner Unzucht und Ver-
kommenheit hast du das Land entweiht. 3 Da blieb
der Regen aus und auch der Frühjahrsregen kam
nicht. Doch du hattest die freche Stirn einer Dirne
und wolltest dich nicht schämen. 4 Gewiss, von da
an hast du mir zugerufen: Mein Vater, der Freund
meiner Jugend bist du. 5 Wird er denn ewig zürnen
oder immerfort nachtragen? Ja, so sagtest du und
tatest Böses, so viel du konntest.
6 Der Herr sprach zu mir zur Zeit des Königs
Joschija: Hast du gesehen, was Israel, die Abtrün-
nige, getan hat? Sie begab sich auf jeden hohen
Berg und unter jeden üppigen Baum und trieb
dort Unzucht. 7 Ich dachte: Nachdem sie dies alles
getan hat, wird sie schließlich zu mir zurückkeh-
ren; aber sie kehrte nicht zurück. Das sah ihre
Schwester Juda, die Treulose. 8 Auch sah sie, dass
ich Israel, die Abtrünnige, wegen ihres Ehebruchs
entließ und ihr die Scheidungsurkunde gab. Aber
das schreckte ihre Schwester Juda, die Treulose,
nicht ab; sie ging hin und trieb ebenfalls Unzucht.
9 Durch ihre leichtfertige Unzucht hat sie das Land
entweiht und mit Stein und Holz Ehebruch getrie-
ben. 10 Bei all dem ist auch ihre Schwester Juda, die
Treulose, nicht mit ganzem Herzen zu mir zurück-
gekehrt, sondern nur zum Schein – Spruch des
Herrn.
11 Auch sagte der Herr zu mir: Israel, die Abtrün-
nige, trifft weniger Schuld als Juda, die Treulose.
12 Geh hin, ruf diese Worte gegen Norden und
sprich: Kehr zurück, Israel, du Abtrünnige –
Spruch des Herrn! Ich schaue dich nicht mehr zor-
nig an; denn ich bin gütig – Spruch des Herrn –,
ich trage nicht ewig nach. 13 Doch erkenne deine
Schuld: Dem Herrn, deinem Gott, hast du die
Treue gebrochen, überallhin bist du zu den frem-
den Göttern gelaufen [unter jeden üppigen Baum],
auf meine Stimme aber hast du nicht gehört –
Spruch des Herrn.

1: Dtn 24,1–4 • 2: Hos 4,13 • 6: Ez 23 • 8: Dtn 24,1–3

Die bessere Zukunft

14 Kehrt um, ihr abtrünnigen Söhne – Spruch des
Herrn; denn ich bin euer Gebieter. Ich hole euch,
einen aus jeder Stadt und zwei aus jeder Sippe, und
bringe euch nach Zion. 15 Ich gebe euch Hirten
nach meinem Herzen; mit Einsicht und Klugheit
werden sie euch weiden. 16 In jenen Tagen, wenn
ihr euch im Land vermehrt und fruchtbar seid –
Spruch des Herrn –, wird man nicht mehr rufen:
Die Bundeslade des Herrn! Sie wird niemand in
den Sinn kommen; man denkt nicht mehr an sie,
vermisst sie nicht und stellt auch keine neue her.
17 In jener Zeit wird man Jerusalem »Thron des
Herrn« nennen; dort, beim Namen des Herrn in
Jerusalem, werden sich alle Völker versammeln
und sie werden nicht mehr dem Trieb ihres bösen
Herzens folgen. 18 In jenen Tagen wird das Haus
Juda zum Haus Israel gehen und sie werden ver-
eint aus dem Nordland in das Land kommen, das
ich euren Vätern zum Erbe gegeben habe.

Die Umkehr durch Buße

19 Ich hatte gedacht: / Ja, ich will dich unter die
Söhne aufnehmen
und dir ein liebliches Land geben, / das herrlichs-
te Erbteil unter den Völkern.
Ich dachte, du würdest mich Vater nennen / und
dich nicht abwenden von mir.
20 Doch wie eine Frau ihres Freundes wegen treu-
los wird, / so seid auch ihr mir treulos geworden, /
ihr vom Haus Israel – Spruch des Herrn.
21 Horch, man hört auf den Höhen / das Weinen
und Flehen der Söhne Israels,
weil sie krumme Wege gegangen sind / und den
Herrn, ihren Gott, vergessen haben.
22 Kehrt um, ihr abtrünnigen Söhne, / ich will eure
Abtrünnigkeit heilen.
»Da sind wir, wir kommen zu dir; / denn du bist
der Herr, unser Gott!
23 Fürwahr, Trug sind die Höhen, / der Lärm auf
den Bergen.
Fürwahr, beim Herrn, unserm Gott, / ist Israels
Rettung.

24 Doch der Baal fraß seit unsrer Jugend alles, / was
unsere Väter erwarben, / ihre Schafe und Rinder,
ihre Söhne und Töchter.
25 Wir betten uns in unsere Schmach / und unsere
Schande bedeckt uns.
Denn wir haben gesündigt gegen den Herrn,
unsern Gott, / wir selbst und unsere Väter, / von
Jugend an bis auf den heutigen Tag. / Wir haben
nicht gehört auf die Stimme des Herrn, unseres
Gottes.«

4 Wenn du umkehren willst, Israel – Spruch
des Herrn –, / darfst du zu mir zurückkehren;
wenn du deine Gräuel entfernst, / brauchst du vor
mir nicht zu fliehen.
2 Schwörst du aufrichtig: So wahr der Herr lebt!, /
nach Recht und Gerechtigkeit,
dann werden sich Völker mit ihm segnen / und sei-
ner sich rühmen.
3 Denn so spricht der Herr / zu den Leuten von
Juda und zu Jerusalem:
Nehmt Neuland unter den Pflug / und sät nicht in
die Dornen!
4 Beschneidet euch für den Herrn / und entfernt
die Vorhaut eures Herzens, / ihr Leute von Juda
und ihr Einwohner Jerusalems!
Sonst bricht mein Zorn wie Feuer los / wegen eurer
bösen Taten; / er brennt und niemand kann lö-
schen.

2: 5,2; 12,16 • 3: Hos 10,12 • 4: Dtn 10,16; Jer 21,12

Der Krieg im Land

5 Meldet es in Juda, / verkündet es in Jerusalem,
stoßt überall im Land in die Trompete, / ruft aus
voller Kehle und sagt:
Sammelt euch! / Hinein in die befestigten Städte!
6 Stellt Wegzeichen auf: Nach Zion! / Flüchtet,
bleibt nicht stehen!
Denn Unheil bringe ich von Norden / und großes
Verderben.
7 Der Löwe hat sich aus dem Dickicht erhoben, /
der Völkerwürger ist aufgebrochen;
er hat sein Land verlassen, um dein Land zur
Wüste zu machen. / Deine Städte werden zerstört
und entvölkert.
8 Darum legt Trauerkleider an, / klagt und heult:
Nein, der glühende Zorn des Herrn / hat sich nicht
von uns abgewandt.
9 An jenem Tag wird es geschehen – Spruch des
Herrn: / Vergehen wird der Mut des Königs / und
der Mut der Machthaber.
Die Priester werden starr sein vor Schrecken, / die
Propheten werden sich entsetzen.
10 Sie sagen: Ach, Gebieter und Herr, / wahrhaftig,
schwer hast du getäuscht dieses Volk und Jerusa-
lem.
Du sagtest: Heil werdet ihr finden!, / und nun geht
uns das Schwert an die Kehle.
11 In jener Zeit wird man von diesem Volk / und
von Jerusalem sagen:
Ein Glutwind von den Höhen in der Wüste / ist
losgebrochen gegen die Tochter meines Volkes; /
kein Wind zum Worfeln und Reinigen;
12 ein Wind, der viel heftiger ist, kommt auf mei-
nen Befehl. / Jetzt spreche ich selbst das Urteil über
sie.
13 Seht, wie Wettergewölk zieht er herauf, / seine
Wagen gleichen dem Sturm,
seine Rosse sind schneller als Adler. / Weh uns, wir
sind verloren!
14 Wasche dein Herz vom Bösen rein, Jerusalem, /
damit du gerettet wirst.
Wie lange noch wohnen in dir / deine frevelhaften
Gedanken?
15 Horcht nur, man meldet aus Dan, / aus Efraims
Bergland kündet man Unheil:
16 Berichtet: Die Völker sind da! / Gebt Kunde an
Jerusalem:
Belagerer kommen aus fernem Land, / sie erheben
gegen Judas Städte ihr Kriegsgeschrei.
17 Wie Feldwächter haben sie Juda umstellt; / denn
mir hat es getrotzt – Spruch des Herrn.
18 Dein Verhalten und Tun haben dir das einge-
bracht. / Deine bösen Taten sind schuld, dass es so
bitter steht, / dass es dich bis ins Herz trifft.
19 O mein Leib, mein Leib! / Ich winde mich vor
Schmerz.
O meines Herzens Wände! / Mein Herz tobt in
mir;
ich kann nicht schweigen. / Denn ich höre Trom-
petenschall und Kriegslärm;
20 »Schlag auf Schlag« schreit man, / das ganze
Land wird verwüstet.
Plötzlich sind meine Zelte vernichtet, / im Nu sind
meine Zeltdecken dahin.

21 Wie lange noch muss ich die Kriegsfahne sehen,
Trompetenschall hören?
22 Ach, töricht ist mein Volk; / mich kennen sie
nicht.
Sie sind unverständige Kinder, / ja, sie sind ohne
Einsicht.
Sie wissen, wie man Böses tut, / aber Gutes zu tun
verstehen sie nicht.
23 Ich schaute die Erde an: Sie war wüst und wirr. /
Ich schaute zum Himmel: Er war ohne sein Licht.
24 Ich schaute die Berge an: Sie wankten / und alle
Hügel bebten.
25 Ich schaute hin: Kein Mensch war da, / auch alle
Vögel des Himmels waren verschwunden.
26 Ich schaute hin: Das Gartenland war Wüste /
und all seine Städte waren zerstört,
zerstört durch den Herrn, / durch seinen glühen-
den Zorn.
27 Ja, so spricht der Herr: / Das ganze Land soll zur
Öde werden; / doch völlig vernichten will ich es
nicht.
28 Mag darüber die Erde vertrocknen / und der
Himmel droben sich verfinstern:
Fürwahr, ich habe gesprochen / und es reut mich
nicht;
ich habe meinen Plan gefasst / und nehme ihn
nicht zurück.
29 Vor dem Lärm der Pferde und Bogenschützen /
fliehen alle Bewohner des Landes;
sie kriechen in Höhlen, / verstecken sich im Di-
ckicht / und klettern die Felsen hinauf.
Verlassen steht jede Stadt, / niemand wohnt mehr
darin.
30 Du aber, was tust du? / Wie kannst du in Purpur
dich kleiden,
mit Goldschmuck dich zieren, / dir mit Schminke
die Augen weiten?
Umsonst machst du dich schön. / Die Liebhaber
verschmähen dich; / sie trachten dir nach dem Le-
ben.
31 Ja, ich höre Geschrei wie von einer Frau in We-
hen, / Stöhnen wie von einer Erstgebärenden, / das
Schreien der Tochter Zion,
die nach Atem ringt und die Hände ausstreckt: /
Weh mir, unter Mörderhand endet mein Leben!

5: 8,14 • 23: Gen 1,2 • 27: 5,10.18

Die schwere Schuld

5 Zieht durch Jerusalems Straßen, / schaut ge-
nau hin und forscht nach, sucht auf seinen
Plätzen, ob ihr einen findet, / ob einer da ist, der
Recht übt
und auf Treue bedacht ist: / Dann will ich der Stadt
verzeihen – Spruch des Herrn.
2 Doch selbst wenn sie sagen: / »So wahr der Herr
lebt«, / schwören sie gewiss einen Meineid.
3 Herr, sind deine Augen nicht auf Treue gerich-
tet? / Du hast sie geschlagen, / aber es tut ihnen
nicht weh;
du hast sie beinahe vernichtet, / aber sie wollen
sich nicht erziehen lassen.
Ihre Stirn ist härter als Stein, / sie weigern sich
umzukehren.
4 Ich aber dachte: Nur die geringen Leute, / nur sie
handeln töricht,
weil sie den Weg des Herrn nicht kennen, / das
Recht ihres Gottes.
5 Ich will doch lieber zu den Großen gehen / und
zu ihnen reden;
denn sie kennen den Weg des Herrn, / das Recht
ihres Gottes.
Doch auch sie haben das Joch zerbrochen, / die
Stricke zerrissen.
6 Darum schlägt sie der Löwe des Waldes, / der
Steppenwolf überwältigt sie.
Vor ihren Städten lauert der Panther, / alle, die he-
rauskommen, werden zerfleischt.
Denn zahlreich sind ihre Verbrechen, / schwer
wiegt ihre Abtrünnigkeit.
7 Weshalb sollte ich dir vergeben? / Deine Söhne
haben mich verlassen / und bei Nichtgöttern ge-
schworen.
Ich machte sie satt, doch sie trieben Ehebruch /
und waren zu Gast im Dirnenhaus.
8 Hengste sind sie geworden, feist und geil, / jeder
wiehert nach der Frau seines Nächsten.
9 Sollte ich das nicht bestrafen – Spruch des
Herrn – / und an einem solchen Volk keine Rache
nehmen?
10 Steigt auf ihre Rebenhänge, und verwüstet sie! /
Doch völlig vernichten sollt ihr sie nicht.
Reißt ihre Reben weg; / denn sie gehören nicht
dem Herrn.
11 Sie sind mir ja gänzlich untreu geworden, / das

Haus Israel und das Haus Juda – Spruch des
Herrn.
12 Sie haben den Herrn verleugnet und gesagt: / Er
ist ein Nichts!
Kein Unheil kommt über uns, / weder Schwert
noch Hunger werden wir spüren.
13 Doch diese Propheten werden zunichte; / das
Gotteswort ist nicht bei ihnen. / [So wird es ihnen
ergehen.]
14 Darum – so spricht der Herr, / der Gott der
Heere:
Weil man solche Reden führt, / seht, darum mache
ich meine Worte / in deinem Mund zu Feuersglut
und dieses Volk da zum Brennholz, / das von ihr
verzehrt wird.
15 Seht, ich lasse über euch herfallen, Haus Israel, /
ein Volk aus der Ferne – Spruch des Herrn.
Ein unüberwindliches Volk ist es, / ein uraltes
Volk,
ein Volk, dessen Sprache du nicht kennst / und
dessen Rede du nicht verstehst.
16 Sein Köcher ist wie ein offenes Grab, / sie alle
sind Helden.
17 Es frisst deine Ernte und dein Brot, / es frisst
deine Söhne und Töchter,
es frisst deine Schafe und Rinder, / es frisst deinen
Weinstock und Feigenbaum,
es zerschlägt mit dem Schwert / deine befestigten
Städte, auf die du vertraust.
18 Doch auch in jenen Tagen – Spruch des Herrn –
will ich euch nicht völlig vernichten. 19 Wenn man
dann fragt: Weshalb hat der Herr, unser Gott, uns
das alles angetan?, so sag zu ihnen: Wie ihr mich
verlassen und fremden Göttern in eurem Land
gedient habt, so müsst ihr Fremden dienen in
einem Land, das euch nicht gehört.
20 Verkündet dies im Haus Jakob / und ruft es in
Juda aus:
21 Hör das, du törichtes Volk ohne Verstand: /
Augen haben sie und sehen nicht; / Ohren haben
sie und hören nicht.
22 Fürchtet ihr mich denn nicht – Spruch des
Herrn –, / zittert ihr nicht vor meinem Angesicht?
Ich bin es, der dem Meer die Düne als Grenze
gesetzt hat, / als ewige Schranke, die es nicht über-
schreiten darf.
Mag es auch toben, es richtet nichts aus; / mögen
seine Wogen auch tosen, / sie können die Schranke
nicht überschreiten.
23 Dieses Volk aber hat ein störrisches, trotziges
Herz. / Sie wichen vom Weg ab und gingen davon.
24 Sie sagten nicht bei sich selbst: / Lasst uns den
Herrn fürchten, unseren Gott,
der Regen spendet im Herbst / und im Frühjahr
zur rechten Zeit, / der uns die feste Ordnung der
Erntewochen bewahrt.
25 Eure Frevel haben diese Ordnung gestört, / eure
Sünden haben euch den Regen vorenthalten.
26 Ja, Frevler gibt es in meinem Volk; / sie lauern,
gebückt wie Vogelsteller,
Fallen stellen sie auf, / Menschen wollen sie fangen.
27 Wie ein Korb mit Vögeln gefüllt ist, / so sind ihre
Häuser voll Betrug; dadurch sind sie mächtig und
reich geworden, / 28 fett und feist.
Auch sündigen sie durch ruchloses Tun. / Das
Recht pflegen sie nicht,
das Recht der Waisen, die Erfolg erwarten, / und
die Sache der Armen entscheiden sie nicht.
29 Sollte ich das nicht bestrafen – Spruch des
Herrn – / und an einem solchen Volk keine Rache
nehmen?
30 Wüstes, Grässliches geschieht im Land: / 31 Die
Propheten weissagen Lüge
und die Priester richten ihre Lehre nach ihnen
aus; / mein Volk aber liebt es so.
Doch was werdet ihr tun, / wenn es damit zu Ende
geht?

2: 4,2 • 5: 2,20 • 8: Ez 22,11 • 9: 5,29; 9,8 • 10: 5,18; 4,27 • 15: 6,22 •
19: 16,10–13 • 21: Jes 6,9f • 28: Dtn 32,15 • 29: 5,9

Die Kriegsgefahr als Strafe

6 Flieht, ihr Leute von Benjamin, / hinaus aus
Jerusalem!
Stoßt in Tekoa in die Trompete / und richtet über
Bet-Kerem ein Zeichen auf!
Denn von Norden droht Unheil / und großes Ver-
derben.
2 Die Schöne und Verwöhnte, / die Tochter Zion,
ich vernichte sie.
3 Hirten kommen zu ihr mit ihren Herden; / sie
schlagen rings um sie ihre Zelte auf, / jeder weidet
seinen Bereich ab.
4 Ruft gegen Zion den Heiligen Krieg aus! / Auf!
Greifen wir an am Mittag! –

Weh uns: Schon neigt sich der Tag, / die Abend-
schatten strecken sich.
5 Auf! Greifen wir an in der Nacht, / zerstören wir
ihre Paläste!
6 Denn so spricht der Herr der Heere: Fällt ihre
Bäume / und werft einen Wall auf gegen Jerusalem!
Das ist die Stadt, von der erwiesen ist: / Alles in ihr
ist Unterdrückung.
7 Wie ein Brunnen sein Wasser sprudeln lässt, / so
lässt sie ihre Schlechtigkeit sprudeln.
Von Gewalttat und Unrecht hört man in ihr; /
ständig sind mir vor Augen Leid und Misshand-
lung.
8 Lass dich warnen, Jerusalem, / sonst trenne ich
mich von dir,
sonst mache ich dich zur Wüste, / zum Land ohne
Bewohner.
9 So spricht der Herr der Heere:
Genaue Nachlese wie am Weinstock / soll man hal-
ten am Rest Israels.
Leg deine Hand an / wie ein Winzer an die Reben!
10 Zu wem soll ich reden / und wer wird mich
hören, wenn ich mahne?
Ihr Ohr ist ja unbeschnitten, / sie können nichts
vernehmen.
Das Wort des Herrn dient ihnen zum Spott; / es
gefällt ihnen nicht.
11 Darum bin ich erfüllt vom Zorn des Herrn, / bin
es müde, ihn länger zurückzuhalten. –
Gieß ihn aus über das Kind auf der Straße / und
zugleich über die Schar der jungen Männer!
Ja, alle werden gefangen genommen, / Mann und
Frau, Greis und Hochbetagter.
12 Ihre Häuser gehen an andere über, / die Felder
und auch die Frauen.
Denn ich strecke meine Hand aus / gegen die
Bewohner des Landes – Spruch des Herrn.
13 Sie sind doch alle, vom Kleinsten bis zum Größ-
ten, / nur auf Gewinn aus;
vom Propheten bis zum Priester / betrügen sie alle.
14 Den Schaden meines Volkes möchten sie leicht-
hin heilen, indem sie rufen: / Heil, Heil! Aber kein
Heil ist da.
15 Schämen müssten sie sich, / weil sie Gräuel ver-
üben.
Doch sie schämen sich nicht; / Scham ist ihnen
unbekannt.
Deshalb müssen sie fallen, / wenn die anderen fal-
len.
Sobald ich sie zur Rechenschaft ziehe, / werden sie
stürzen, spricht der Herr.

1: 4,6 • 13: 8,10–12

Jerusalems Trotz

16 So spricht der Herr:
Stellt euch an die Wege und haltet Ausschau, / fragt
nach den Pfaden der Vorzeit,
fragt, wo der Weg zum Guten liegt; / geht auf ihm,
so werdet ihr Ruhe finden für eure Seele. / Sie aber
sagten: Wir gehen nicht.
17 Auch habe ich Wächter für euch aufgestellt: /
Achtet auf den Schall der Trompete! / Sie aber sag-
ten: Wir achten nicht darauf.
18 Darum hört, ihr Völker, und erkennt, / was ich
ihnen antun will.
19 Höre es, Erde! / Schon bringe ich Unheil über
dieses Volk / als die Frucht seiner bösen Gesinnung.
Denn auf meine Worte haben sie nicht geachtet /
und meine Weisung haben sie verschmäht.
20 Was soll mir der Weihrauch aus Saba / und das
gute Gewürzrohr aus fernem Land?
Eure Brandopfer gefallen mir nicht, / eure
Schlachtopfer sind mir nicht angenehm.
21 Darum – so spricht der Herr:
Ich lege diesem Volk Hindernisse in den Weg, /
sodass sie darüber straucheln.
Väter und Söhne zusammen, / einer wie der an-
dere geht zugrunde.
22 So spricht der Herr:
Seht, ein Volk zieht vom Nordland heran, / ein
großes Volk bricht auf / von den Grenzen der Erde.
23 Sie kommen mit Bogen und Sichelschwert, /
grausam sind sie und ohne Erbarmen.
Ihr Lärm gleicht dem Brausen des Meeres / und sie
reiten auf Rossen,
Krieger, zum Kampf gerüstet / gegen dich, Toch-
ter Zion.
24 Kaum hörten wir diese Nachricht, / da erschlaff-
ten uns die Hände,
es packte uns die Angst, / das Zittern wie eine Ge-
bärende.
25 Geht nicht aufs Feld hinaus, / macht euch
nicht auf den Weg; / denn der Feind greift zum
Schwert – Grauen ringsum!

26 Tochter, mein Volk, leg das Trauerkleid an / und
wälz dich im Staub!
Halte Trauer wie um den einzigen Sohn, bitterste
Klage: / »Ach, jählings kam über uns der Verwüs-
ter.«

19: Jes 1,2 • 20: Ps 40,7 • 22: 50,41–43 • 26: Am 8,10

Der Prophet als Prüfer des Volkes

27 Zum Prüfer für mein Volk habe ich dich bestellt
[zum Metallprüfer]; / du sollst sein Verhalten er-
kennen und prüfen.
28 Sie alle sind schlimme Empörer, / Verleumder
sind sie,
Bronze und Eisen sind sie, / alle zusammen Ver-
brecher.
29 Der Blasebalg schnaubt, / doch das Blei bleibt
unberührt vom Feuer.
Umsonst versucht der Schmelzer zu schmelzen; /
die Bösen lassen sich nicht ausscheiden.
30 »Verworfenes Silber« nennt man sie; / denn ver-
worfen hat sie der Herr.

Die Tempelrede

7 Das Wort, das vom Herrn an Jeremia erging:
2 Stell dich an das Tor des Hauses des Herrn!
Dort ruf dieses Wort aus und sprich: Hört das
Wort des Herrn, ganz Juda, alle, die ihr durch diese
Tore kommt, um dem Herrn zu huldigen. 3 So
spricht der Herr der Heere, der Gott Israels: Bes-
sert euer Verhalten und euer Tun, dann will ich bei
euch wohnen hier an diesem Ort. 4 Vertraut nicht
auf die trügerischen Worte: Der Tempel des Herrn,
der Tempel des Herrn, der Tempel des Herrn ist
hier! 5 Denn nur wenn ihr euer Verhalten und euer
Tun von Grund auf bessert, wenn ihr gerecht ent-
scheidet im Rechtsstreit, 6 wenn ihr die Fremden,
die Waisen und Witwen nicht unterdrückt, un-
schuldiges Blut an diesem Ort nicht vergießt und
nicht anderen Göttern nachlauft zu eurem eige-
nen Schaden, 7 dann will ich bei euch wohnen hier
an diesem Ort, in dem Land, das ich euren Vätern
gegeben habe für ewige Zeiten. 8 Freilich, ihr ver-
traut auf die trügerischen Worte, die nichts nüt-
zen. 9 Wie? Stehlen, morden, die Ehe brechen,
falsch schwören, dem Baal opfern und anderen
Göttern nachlaufen, die ihr nicht kennt, 10 und
dabei kommt ihr und tretet vor mein Angesicht in
diesem Haus, über dem mein Name ausgerufen
ist, und sagt: Wir sind geborgen!, um dann weiter
alle jene Gräuel zu treiben. 11 Ist denn in euren
Augen dieses Haus, über dem mein Name ausge-
rufen ist, eine Räuberhöhle geworden? Gut, dann
betrachte auch ich es so – Spruch des Herrn.
12 Geht doch zu meiner Stätte in Schilo, wo ich
früher meinen Namen wohnen ließ, und schaut,
was ich ihr angetan habe wegen des Bösen, das
mein Volk Israel verübt hat. 13 Nun denn, ihr habt
genau das Gleiche getan – Spruch des Herrn. Als
ich immer wieder zu euch redete, habt ihr nicht
gehört; als ich euch rief, habt ihr nicht geantwor-
tet. 14 Deshalb werde ich mit dem Haus, über dem
mein Name ausgerufen ist und auf das ihr euch
verlasst, und mit der Stätte, die ich euch und euren
Vätern gegeben habe, so verfahren, wie ich mit
Schilo verfuhr. 15 Verstoßen werde ich euch von
meinem Angesicht, wie ich alle eure Brüder, alle
Nachkommen Efraims, verstoßen habe.

1–15 ‖ 26,1–19 • 3: 26,13 • 9: Hos 4,2 • 11: Mt 21,13 • 12: 26,6 •
14: 9,10 • 15: 2 Kön 17,18.23

Die Verwerfung der Abtrünnigen

16 Du aber, bete nicht für dieses Volk! Fang nicht
an, für sie zu flehen und zu bitten! Dränge mich
nicht! Denn ich werde dich nicht erhören. 17 Siehst
du nicht, was sie in den Städten Judas und auf den
Straßen Jerusalems treiben? 18 Die Kinder sam-
meln Holz, die Väter zünden das Feuer an, und
die Frauen kneten den Teig, um Opferkuchen für
die Himmelskönigin zu backen. Anderen Göt-
tern spendet man Trankopfer, um mir wehzutun.
19 Aber tun sie wirklich mir weh – Spruch des
Herrn –, und nicht vielmehr sich selbst, zu ihrer
eigenen Schande? 20 Darum – so spricht Gott der
Herr: Seht, mein Zorn und Grimm ergießt sich
über diesen Ort, über Menschen und Vieh, über
die Bäume des Feldes und die Früchte des Ackers;
er brennt und wird nicht erlöschen.

16: 11,14 • 18: 19,13; 44,17

Gehorsam, nicht Opfer

21 So spricht der Herr der Heere, der Gott Is-
raels: Häuft nur Brandopfer auf Schlachtopfer
und esst Opferfleisch! 22 Denn ich habe euren Vä-
tern, als ich sie aus Ägypten herausführte, nichts

gesagt und nichts befohlen, was Brandopfer und
Schlachtopfer betrifft. 23 Vielmehr gab ich ihnen
folgendes Gebot: Hört auf meine Stimme, dann
will ich euer Gott sein und ihr sollt mein Volk sein.
Geht in allem den Weg, den ich euch befehle,
damit es euch gut geht. 24 Sie aber hörten nicht und
neigten mir ihr Ohr nicht zu, sondern folgten den
Eingebungen und Trieben ihres bösen Herzens.
Sie zeigten mir den Rücken und nicht das Gesicht.
25 Von dem Tag an, als eure Väter aus Ägypten aus-
zogen, bis auf den heutigen Tag sandte ich zu euch
immer wieder alle meine Knechte, die Propheten.
26 Aber man hörte nicht auf mich und neigte mir
nicht das Ohr zu, vielmehr blieben sie hartnäckig
und trieben es noch schlimmer als ihre Väter.
27 Auch wenn du ihnen alle diese Worte sagst, wer-
den sie nicht auf dich hören. Wenn du sie rufst,
werden sie dir nicht antworten. 28 Sag ihnen also:
Dies ist das Volk, das nicht auf die Stimme des
Herrn, seines Gottes, hörte und sich nicht erzie-
hen ließ. Die Treue ist dahin, aus ihrem Mund ver-
schwunden.

22: Am 5,25 • 23: Lev 26,12 • 25: 25,4; 44,4

Die Gräuel des Götzendienstes

29 Schneide dein Haar ab und wirf es weg, stimm
Klage an auf den Höhen! Denn der Herr hat das
Geschlecht, dem er grollt, verworfen und ver-
stoßen. 30 Ja, die Söhne Judas taten, was mir miss-
fällt – Spruch des Herrn. Sie haben in dem Haus,
über dem mein Name ausgerufen ist, ihre Scheu-
sale aufgestellt, um es zu entweihen. 31 Auch haben
sie die Kulthöhe des Tofet im Tal Ben-Hinnom ge-
baut, um ihre Söhne und Töchter im Feuer zu ver-
brennen, was ich nie befohlen habe und was mir
niemals in den Sinn gekommen ist. 32 Seht, darum
kommen Tage – Spruch des Herrn –, da wird man
nicht mehr vom Tofet reden oder vom Tal Ben-
Hinnom, sondern vom Mordtal und im Tofet wird
man Tote begraben, weil anderswo kein Platz mehr
ist. 33 Ja, die Leichen dieses Volkes werden den
Vögeln des Himmels und den Tieren des Feldes
zum Fraß dienen und niemand wird sie verscheu-
chen. 34 Verstummen lasse ich in den Städten Judas
und auf den Straßen Jerusalems Jubelruf und
Freudenruf, den Ruf des Bräutigams und den Ruf
der Braut; denn das Land wird zur Wüste werden.

8 In jener Zeit – Spruch des Herrn – wird man
die Gebeine der Könige von Juda, die Ge-
beine seiner Beamten, die Gebeine der Priester,
die Gebeine der Propheten und die Gebeine der
Einwohner Jerusalems aus ihren Gräbern holen.
2 Man wird sie hinstreuen vor die Sonne, den
Mond und das ganze Himmelsheer, denen ihre
Liebe galt, denen sie dienten und nachliefen, die
sie befragten und anbeteten. Sie werden weder
gesammelt noch bestattet werden. Dünger auf
dem Acker sollen sie sein.
3 Besser als das Leben wäre der Tod auch für
den Rest, für alle, die übrig bleiben von diesem
bösen Geschlecht an allen Orten, überall, wohin
immer ich sie verstoße – Spruch des Herrn der
Heere.

7,30: 32,34f • 31: 19,5–7 • 34: 16,9; 25,10; 33,11; Bar 2,23 •
8,1: Bar 2,24 • 2: Dtn 4,19

Abkehr und Strafe

4 Du sollst zu ihnen sagen: So spricht der Herr: /
Wer hinfällt, steht der nicht wieder auf?
Wer vom Weg abkommt, / kehrt der nicht wieder
zurück?
5 Warum wendet dieses Volk sich ab [Jerusalem] /
und beharrt auf der Abkehr?
Warum hält es am Irrtum fest, / weigert sich um-
zukehren?
6 Ich horche hin und höre: / Schlechtes reden sie, /
keiner bereut sein böses Tun und sagt: / Was habe
ich getan?
Jeder wendet sich ab und läuft weg, / schnell wie
ein Ross, das im Kampf dahinstürmt.
7 Selbst der Storch am Himmel kennt seine Zei-
ten; / Turteltaube, Schwalbe und Drossel halten
die Frist ihrer Rückkehr ein; / mein Volk aber
kennt nicht die Rechtsordnung des Herrn.
8 Wie könnt ihr sagen: Weise sind wir / und das
Gesetz des Herrn ist bei uns?
Ja! Aber der Lügengriffel der Schreiber / hat es zur
Lüge gemacht.
9 Zuschanden werden die Weisen, / sie stehen be-
stürzt da und werden gefangen.
Das Wort des Herrn haben sie verworfen / und ihre
eigene Weisheit, was nützt sie ihnen?
10 Darum gebe ich ihre Frauen an Fremde, / ihre
Felder an Eroberer.

Sind sie doch alle, vom Kleinsten bis zum Größ-
ten, nur auf Gewinn aus; / vom Propheten bis zum
Priester betrügen sie alle.
11 Den Schaden der Tochter, meines Volkes, / möch-
ten sie leichthin heilen, indem sie rufen: / Heil,
Heil! Aber kein Heil ist da.
12 Schämen müssten sie sich, weil sie Gräuel ver-
üben. / Doch sie schämen sich nicht; / Scham ist
ihnen unbekannt.
Deshalb müssen sie fallen, / wenn die anderen fal-
len.
Sobald ich sie zur Rechenschaft ziehe, / werden sie
stürzen, spricht der Herr.
13 Will ich bei ihnen ernten – Spruch des Herrn – /
so sind keine Trauben am Weinstock,
keine Feigen am Feigenbaum, / und das Laub ist
verwelkt. / Darum habe ich für sie Verwüster be-
stellt.
14 Warum sitzen wir da? Sammelt euch! / Hinein in
die befestigten Städte!
Dort werden wir umkommen; / denn der Herr,
unser Gott, lässt uns umkommen.
Er lässt uns Giftwasser trinken, / weil wir gesün-
digt haben gegen den Herrn.
15 [Wir hofften auf Heil, / doch kommt nichts Gu-
tes,
auf die Zeit der Heilung, / doch ach, nur Schre-
cken!]
16 Man hört von Dan her das Schnauben der
Rosse, / vom Wiehern seiner Hengste bebt das
ganze Land.
Sie kommen und fressen das Land und seinen
Ertrag, / die Stadt und ihre Bewohner.
17 Denn seht, ich sende giftige Schlangen unter
euch, / gegen die es keine Beschwörung gibt;
sie werden euch beißen / [– Spruch des Herrn –]
und es gibt keine Heilung.
18 Kummer steigt in mir auf, / mein Herz ist krank.
19 Horch! Die Tochter, mein Volk, / schreit aus
einem fernen Land:
Ist denn der Herr nicht in Zion / oder ist sein
König nicht dort? –
[Warum haben sie mich erzürnt / mit ihren Göt-
terbildern, mit den fremden Götzen?]
20 Die Ernte ist vorüber, der Herbst ist vorbei, / uns
aber ist nicht geholfen worden.
21 Der Zusammenbruch der Tochter, meines Vol-
kes, / hat mich gebrochen, / traurig bin ich, Ent-
setzen hat mich gepackt.
22 Gibt es denn keinen Balsam in Gilead, / ist dort
kein Wundarzt?
Warum schließt sich denn nicht / die Wunde der
Tochter, meines Volkes?
23 Ach, wäre mein Haupt doch Wasser, / mein Auge
ein Tränenquell:
Tag und Nacht beweinte ich / die Erschlagenen der
Tochter, meines Volkes.

14: 4,5 • 22: 46,11

Die Klage über Juda

9 Hätte ich doch eine Herberge in der Wüste!
/ Dann könnte ich mein Volk verlassen und
von ihm weggehen.
Denn sie sind alle Ehebrecher, / eine Rotte von
Treulosen.
2 Sie machen ihre Zunge zu einem gespannten
Bogen; / Lüge, nicht Wahrhaftigkeit herrscht im
Land.
Ja, sie schreiten von Verbrechen zu Verbrechen; /
mich aber kennen sie nicht – Spruch des Herrn.
3 Nehmt euch in Acht vor eurem Nächsten, / kei-
ner traue seinem Bruder!
Denn jeder Bruder betrügt / und jeder Nächste
verleumdet.
4 Ein jeder täuscht seinen Nächsten, / die Wahrheit
reden sie nicht.
Sie haben ihre Zunge ans Lügen gewöhnt, / sie
handeln verkehrt, zur Umkehr sind sie zu träge.
5 Überall Unterdrückung, nichts als Betrug! / Sie
weigern sich, mich zu kennen – / Spruch des
Herrn.
6 Darum – so spricht der Herr der Heere: / Ja, ich
werde sie schmelzen und prüfen;
denn wie sollte ich sonst verfahren / mit der Toch-
ter, meinem Volk?
7 Ein tödlicher Pfeil ist ihre Zunge, / trügerisch
redet ihr Mund;
»Friede«, sagt man zum Nächsten, / doch im Her-
zen plant man den Überfall.
8 Sollte ich sie dafür nicht bestrafen – Spruch des
Herrn – / und an einem solchen Volk keine Rache
nehmen?
9 Erhebt über die Berge hin Weinen und Klagen, /
über die Weideplätze der Steppe ein Totenlied!

Denn sie sind verwüstet, niemand zieht hindurch /
und sie hören die Stimme der Herden nicht mehr.
Von den Vögeln des Himmels bis zum Vieh / ist
alles geflohen, auf und davon.
10 Jerusalem mache ich zum Trümmerhaufen, / zur
Behausung für Schakale.
Judas Städte mache ich zum Ödland, / das nie-
mand bewohnt.
11 Wer ist so weise, dass er dies einsieht? Zu wem
hat der Mund des Herrn geredet, dass er verkün-
den kann, warum das Land zugrunde geht, warum
es verwüstet ist gleich der Wüste, die niemand
durchzieht?
12 Der Herr erwiderte: Weil sie meine Weisung auf-
gaben, die ich ihnen vorgelegt habe, nicht auf
meine Stimme hörten und nicht meine Weisung
befolgten, 13 sondern dem Trieb ihres Herzens
folgten und den Baalen nachliefen, an die ihre
Väter sie gewöhnt hatten. 14 Darum – so spricht
der Herr der Heere, der Gott Israels: Ich gebe
ihnen [diesem Volk] Wermut zu essen und Gift-
wasser zu trinken. 15 Ich zerstreue sie unter
die Völker, von denen weder sie noch ihre Väter
wussten, und schicke das Schwert hinter ihnen
her, bis ich sie vernichtet habe.
16 So spricht der Herr der Heere:
Begreift es! Ruft die Klagefrauen herbei! / Schickt
nach den weisen Frauen! Sie sollen kommen.
17 Schnell sollen sie kommen / und Klage über uns
anstimmen,
sodass unsre Augen von Tränen fließen / und
unsre Wimpern von Wasser triefen.
18 Da, horch, ein Klagelied ist aus Zion zu hören: /
Ach, wie sind wir misshandelt, / in große Schande
gestürzt!
Wir müssen die Heimat verlassen, / unsre Woh-
nungen hat man zerstört.
19 Ja, hört, ihr Frauen, das Wort des Herrn, / euer
Ohr vernehme das Wort seines Mundes.
Lehrt eure Töchter die Klage, / eine lehre die
andere das Totenlied:
20 Der Tod ist durch unsre Fenster gestiegen, / ein-
gedrungen in unsre Paläste.
Er rafft das Kind von der Straße weg, / von den
Plätzen die jungen Männer.
21 Die Leichen der Leute / liegen wie Dünger auf
dem Feld,
wie Garben hinter dem Schnitter; / keiner ist da,
der sie sammelt.
22 So spricht der Herr:
Der Weise rühme sich nicht seiner Weisheit, / der
Starke rühme sich nicht seiner Stärke, / der Reiche
rühme sich nicht seines Reichtums.
23 Nein, wer sich rühmen will, rühme sich dessen, /
dass er Einsicht hat und mich erkennt,
dass er weiß: Ich, der Herr, bin es, / der auf der Erde
Gnade, Recht und Gerechtigkeit schafft.
Denn an solchen Menschen habe ich Gefallen – /
Spruch des Herrn.
24 Fürwahr, es werden Tage kommen – Spruch des
Herrn –, da ziehe ich alle Beschnittenen zur
Rechenschaft: 25 Ägypten, Juda, Edom, Ammon,
Moab und alle mit gestutztem Haar, die in der
Wüste wohnen; denn alle Völker gelten mir als
unbeschnitten – auch das ganze Haus Israel hat ein
unbeschnittenes Herz.

3: 12,6; Ps 41,10; Mi 7,5 • 8: 5,9.29 • 10: 26,18 • 14: 8,14; 23,15 •
15: 49,37 • 21: 16,4; 25,33 • 23: 1 Kor 1,31; 2 Kor 10,17

Gott und die Götzenbilder

10 Hört das Wort, das der Herr zu euch
spricht, ihr vom Haus Israel.
2 So spricht der Herr:
Gewöhnt euch nicht an den Weg der Völker, /
erschreckt nicht vor den Zeichen des Himmels, /
wenn auch die Völker vor ihnen erschrecken.
3 Denn die Gebräuche der Völker sind leerer
Wahn. / Ihre Götzen sind nur Holz,
das man im Wald schlägt, / ein Werk aus der Hand
des Schnitzers, / mit dem Messer verfertigt.
4 Er verziert es mit Silber und Gold, / mit Nagel
und Hammer macht er es fest, sodass es nicht
wackelt.
5 Sie sind wie Vogelscheuchen im Gurkenfeld. / Sie
können nicht reden; / man muss sie tragen, weil
sie nicht gehen können.
Fürchtet euch nicht vor ihnen; / denn sie können
weder Schaden zufügen / noch Gutes bewirken.
6 Niemand, Herr, ist wie du: / Groß bist du und
groß an Kraft ist dein Name.
7 Wer sollte dich nicht fürchten, du König der Völ-
ker? / Ja, das steht dir zu.
Denn unter allen Weisen der Völker / und in jedem
ihrer Reiche ist keiner wie du.

8 Sie alle sind töricht und dumm. / Was die nichti-
gen Götzen zu bieten haben – Holz ist es.
9 Sie sind gehämmertes Silber aus Tarschisch und
Gold aus Ofir, / Arbeit des Schnitzers und Gold-
schmieds;
violetter und roter Purpur ist ihr Gewand; / sie alle
sind nur das Werk kunstfertiger Männer.
10 Der Herr aber ist in Wahrheit Gott, / lebendiger
Gott und ewiger König.
Vor seinem Zorn erbebt die Erde, / die Völker hal-
ten seinen Groll nicht aus.
11 Von jenen dagegen sollt ihr sagen: / Die Götter,
die weder Himmel noch Erde erschufen, / sie sol-
len verschwinden von der Erde und unter dem
Himmel.
12 Er aber hat die Erde erschaffen durch seine Kraft, /
den Erdkreis gegründet durch seine Weisheit, /
durch seine Einsicht den Himmel ausgespannt.
13 Lässt er seine Stimme ertönen, / dann rauschen
die Wasser am Himmel.
Wolken führt er herauf vom Rand der Erde; / er
lässt es blitzen und regnen, / aus seinen Kammern
entsendet er den Wind.
14 Töricht steht jeder Mensch da, ohne Erkennt-
nis, / beschämt jeder Goldschmied mit seinem
Götzenbild;
denn seine Bilder sind Trug, / kein Atem ist in
ihnen.
15 Nichtig sind sie, ein Spottgebilde. / Zur Zeit ihrer
Heimsuchung gehen sie zugrunde.
16 Anders der Gott, der Jakobs Anteil ist. / Denn er
ist der Schöpfer des Alls
und Israel der Stamm, der ihm gehört. / Herr der
Heere ist sein Name.

3: Jes 44,12–17 • 4: Bar 6 • 12–16 ‖ 51,15–19 • 13: Ps 135,7 •
14: Jes 45,16

Klage und Bitte

17 Raff dein Bündel zusammen! Fort aus dem
Land, / du schwer bedrängte Stadt!
18 Denn so spricht der Herr:
Fürwahr, diesmal schleudere ich / die Bewohner
des Landes hinweg
und bringe sie in Bedrängnis, / damit sie mich fin-
den.
19 Weh mir ob meines Zusammenbruchs! / Unheil-
bar ist meine Wunde.
Ich aber hatte gedacht: / Das ist doch nur eine
Krankheit, die ich ertragen kann.
20 Nun ist mein Zelt verwüstet, / alle meine Zelt-
stricke sind zerrissen.
Meine Kinder gingen von mir fort / und sind nicht
mehr.
Niemand schlägt mein Zelt wieder auf / und brei-
tet darüber die Zeltdecken aus.
21 Denn töricht waren die Hirten, / den Herrn
suchten sie nicht;
deshalb hatten sie keinen Erfolg / und ihre ganze
Herde wurde zerstreut.
22 Horch, eine Kunde trifft eben ein, / großes Ge-
töse vom Nordland her:
Judas Städte sollen zum Ödland werden, / zur
Behausung für Schakale.
23 Ich weiß, Herr, dass der Mensch seinen Weg
nicht zu bestimmen vermag, / dass keiner beim
Gehen seinen Schritt lenken kann.
24 Herr, züchtige mich, doch mit rechtem Maß, /
nicht in deinem Zorn, / sonst machst du mich
allzu elend. [2]
5 Gieß deinen Zorn aus über die Völker, / die dich
nicht kennen,
und über die Stämme, / die deinen Namen nicht
anrufen.
Denn sie haben Jakob verschlungen und vernich-
tet, / seine Wohnstätte verwüstet.

19: 14,17; 30,12 • 22: 9,10; 26,18 • 24: 30,11

Der gebrochene Bund

11 Das Wort, das vom Herrn an Jeremia
erging: 2 Hört die Worte dieses Bundes! Du
sollst sie den Leuten von Juda und den Einwoh-
nern Jerusalems verkünden. 3 Du sollst ihnen
sagen: So spricht der Herr, der Gott Israels: Ver-
flucht der Mensch, der nicht hört auf die Worte
dieses Bundes, 4 die ich euren Vätern aufgetragen
habe, als ich sie aus Ägypten herausführte, aus
dem Schmelzofen des Eisens: Hört auf meine
Stimme, und handelt in allem nach meinen Gebo-
ten; dann werdet ihr mein Volk sein und ich will
euer Gott sein. 5 Nur so kann ich den Eid halten,
den ich euren Vätern geschworen habe: ihnen ein
Land zu geben, in dem Milch und Honig fließen,
wie ihr es heute habt. Ich antwortete: Ja, Herr.
6 Darauf sprach der Herr zu mir: Verkünde alle

diese Worte laut in den Städten Judas und auf den
Straßen Jerusalems: Hört die Worte dieses Bundes
und handelt danach! 7 Denn ich habe eure Väter,
schon als ich sie aus Ägypten heraufführte und bis
zum heutigen Tag, immer wieder beschworen:
Hört auf meine Stimme! 8 Sie aber haben nicht
gehört und mir ihr Ohr nicht zugeneigt; alle folg-
ten dem Trieb ihres bösen Herzens. So musste ich
an ihnen alle Worte dieses Bundes erfüllen, den zu
halten ich ihnen geboten habe, den sie aber nicht
gehalten haben. 9 Der Herr sagte zu mir: Es gibt
eine Verschwörung unter den Leuten von Juda und
den Einwohnern Jerusalems. 10 Sie sind zurückge-
kehrt zu den Sünden ihrer Väter, die sich weiger-
ten, meinen Worten zu gehorchen. Auch sie sind
fremden Göttern nachgelaufen, um ihnen zu die-
nen. Das Haus Israel und das Haus Juda haben
meinen Bund gebrochen, den ich mit ihren Vätern
geschlossen habe.
11 Darum – so spricht der Herr: Jetzt bringe ich
Unheil über sie, dem sie nicht entgehen können.
Schreien sie dann zu mir, so werde ich nicht auf sie
hören. 12 Wenn aber die Städte Judas und die Ein-
wohner Jerusalems hingehen und zu den Göttern
schreien, denen sie Opfer darbringen, dann wer-
den diese zur Zeit der Not ihnen ganz gewiss nicht
helfen können. 13 Denn so zahlreich wie deine
Städte sind auch deine Götter, Juda, und so zahl-
reich wie die Straßen Jerusalems sind die schänd-
lichen Altäre, die ihr errichtet habt, um dem Baal
zu opfern. 14 Du aber bete nicht für dieses Volk!
Fang nicht an, für sie zu flehen und zu bitten. Denn
ich höre nicht, wenn du zu mir rufst wegen ihrer
Not. 15 Was hat mein Liebling in meinem Haus zu
suchen, wenn er nur Schlimmes verübt? Können
Zehnt und Opferfleisch das Unheil von dir fern-
halten, sodass du dann jubeln könntest? 16 Einen
üppigen Ölbaum von schöner Gestalt hatte der
Herr dich genannt. Wenn der gewaltige (Kriegs-)-
Lärm ertönt, legt er Feuer an ihn, sodass seine
Zweige hässlich werden. 17 Der Herr der Heere,
der dich pflanzte, hat Unheil über dich verhängt
wegen der bösen Taten, die das Haus Israel und
das Haus Juda verübten; dem Baal opferten sie,
um mich zu erzürnen.

4: Lev 26,12; Dtn 26,17f • 7–8: 7,25f • 8: 18,12; 25,4 • 13: 2,28 • 14: 7,16; 14,11

Die Mordpläne gegen Jeremia

18 Der Herr ließ es mich wissen und so wusste ich
es; damals ließest du mich ihr Treiben durch-
schauen. 19 Ich selbst war wie ein zutrauliches
Lamm, das zum Schlachten geführt wird, und
ahnte nicht, dass sie gegen mich Böses planten:
Wir wollen den Baum im Saft verderben; wir wol-
len ihn ausrotten aus dem Land der Lebenden,
sodass man seinen Namen nicht mehr erwähnt.
20 Aber der Herr der Heere richtet gerecht, er prüft
Herz und Nieren. Ich werde sehen, wie du Rache
an ihnen nimmst; denn dir habe ich meine Sache
anvertraut. 21 Darum – so spricht der Herr gegen
die Leute von Anatot, die mir nach dem Leben
trachten und sagen: Du darfst nicht als Prophet im
Namen des Herrn auftreten, wenn du nicht durch
unsere Hand sterben willst. 22 Darum – so spricht
der Herr der Heere: Seht, ich werde sie zur Rechen-
schaft ziehen. Die jungen Männer sterben durchs
Schwert, ihre Söhne und Töchter sterben vor Hun-
ger. 23 So wird den Leuten von Anatot kein Rest
mehr bleiben, wenn ich Unheil über sie bringe, das
Jahr ihrer Bestrafung.

19: Jes 53,7 • 20: 20,12; Ps 7,10

Der Prophet in seelischer Not

12 Du bleibst im Recht, Herr, wenn ich mit dir
streite; / dennoch muss ich mit dir rechten.
Warum haben die Frevler Erfolg, / weshalb kön-
nen alle Abtrünnigen sorglos sein?
2 Du hast sie eingepflanzt und sie schlagen Wur-
zel, / sie wachsen heran und bringen auch Frucht.
Nur ihrem Mund bist du nah, / ihrem Herzen aber
fern.
3 Du jedoch, Herr, kennst und durchschaust
mich; / du hast mein Herz erprobt / und weißt,
dass es an dir hängt.
Raff sie weg wie Schafe zum Schlachten, / sondere
sie aus für den Tag des Mordens!
4 Wie lange noch soll das Land vertrocknen, / das
Grün auf allen Feldern verdorren?
Weil seine Bewohner Böses tun, / schwinden Vieh
und Vögel dahin. / Denn sie denken: Er sieht unsre
Zukunft nicht. –
5 Wenn schon der Wettlauf mit Fußgängern dich
ermüdet, / wie willst du mit Pferden um die Wette
laufen?

Wenn du nur im friedlichen Land dich sicher
fühlst, / wie wirst du dich verhalten im Dickicht
des Jordan?
6 Selbst deine Brüder und das Haus deines Vaters
handeln treulos an dir; / auch sie schreien laut hin-
ter dir her.
Trau ihnen nicht, / selbst wenn sie freundlich mit
dir reden.

1: Ps 73,3–12; Ijob 21,7–13 • 6: 9,3

Die Klage Gottes über sein Land

7 Ich verlasse mein Haus, / ich verstoße mein Erb-
teil.
Meinen Herzensliebling gebe ich preis / in die
Hand seiner Feinde.
8 Mein Erbteil wandte sich gegen mich / wie ein
Löwe im Wald.
Es erhob gegen mich seine Stimme; / deshalb bin
ich ihm Feind.
9 Ist mir mein Erbteil zur Höhle einer Hyäne ge-
worden, / dass Raubvögel es umlagern?
Auf, sammelt euch, alle Tiere des Feldes, / kommt
zum Fraß!
10 Hirten in großer Zahl / haben meinen Weinberg
verwüstet,
mein Feld zertreten, / mein prächtiges Feld zur
öden Wüste gemacht.
11 Man hat es in dürres Ödland verwandelt, / ver-
wüstet liegt es vor mir.
Das ganze Land ist verödet, / doch keiner nimmt
sich das zu Herzen.
12 Über alle Hügel der Steppe drangen Verderber
ein; / denn das Schwert des Herrn frisst von ei-
nem Ende des Landes zum andern. / Kein Mensch
bleibt unversehrt.
13 Sie haben Weizen gesät und Dornen geerntet, /
sie haben sich abgemüht, doch ohne Ertrag.
Enttäuscht sind sie von ihrer Ernte; / (sie ist ver-
nichtet) durch den glühenden Zorn des Herrn.

9: Jes 56,9

Gericht oder Heil für die Nachbarn

14 So spricht der Herr: Alle meine bösen Nachbarn,
die das Erbteil antasten, das ich meinem Volk
Israel zum Erbe gegeben habe, fürwahr, ich reiße
sie von ihrem Boden weg; doch auch das Haus
Juda reiße ich aus ihrer Mitte. 15 Aber nachdem ich
sie weggerissen habe, will ich mich ihrer wieder
erbarmen und sie zurückbringen, einen jeden in
sein Erbteil und in seine Heimat. 16 Lernen sie
dann die rechte Lebensweise meines Volkes, sodass
sie bei meinem Namen schwören: So wahr der
Herr lebt!, wie sie vorher mein Volk gelehrt hat-
ten, beim Baal zu schwören, dann sollen sie in-
mitten meines Volkes wiederhergestellt werden.
17 Gehorchen sie jedoch nicht, so werde ich dieses
Volk völlig ausreißen und vernichten – Spruch
des Herrn.

16: 4,2

Gottes Strafe im Gleichnis

13 So hat der Herr zu mir gesagt: Geh, kauf dir
einen leinenen Gürtel, und leg ihn dir um
die Hüften, aber tauch ihn nicht ins Wasser! 2 Da
kaufte ich, wie der Herr mir aufgetragen hatte, den
Gürtel und legte ihn mir um die Hüften. 3 Nun
erging das Wort des Herrn zum zweiten Mal an
mich; er sagte: 4 Nimm den gekauften Gürtel, den
du um die Hüften trägst, mach dich auf den Weg
an den Eufrat und verbirg ihn dort in einer Fels-
spalte! 5 Ich ging hin und verbarg ihn am Eufrat,
wie mir der Herr befohlen hatte. 6 Nach längerer
Zeit sprach der Herr zu mir: Mach dich auf den
Weg an den Eufrat und hol den Gürtel zurück, den
du dort auf meinen Befehl hin verborgen hast. 7 Da
ging ich zum Eufrat, suchte den Gürtel und holte
ihn von der Stelle, wo ich ihn verborgen hatte.
Doch der Gürtel war verdorben, zu nichts mehr zu
gebrauchen. 8 Nun erging das Wort des Herrn an
mich: 9 So spricht der Herr: Ebenso verderbe ich
die stolze Pracht Judas und Jerusalems, wie groß
sie auch sei. 10 Dieses böse Volk weigert sich, auf
meine Worte zu hören, es folgt dem Trieb seines
Herzens und läuft anderen Göttern nach, um ih-
nen zu dienen und sie anzubeten; es soll daher wie
dieser Gürtel werden, der zu nichts mehr zu ge-
brauchen ist. 11 Denn wie sich der Gürtel den Hüf-
ten des Mannes anschmiegt, so wollte ich, dass sich
das ganze Haus Juda mir anschmiegte – Spruch
des Herrn –, damit es mein Volk und mein Ruhm,
mein Preis und mein Schmuck wäre. Sie aber
haben nicht gehorcht. 12 Du sollst ihnen das fol-
gende Wort ausrichten: So spricht der Herr, der
Gott Israels: Jeden Krug kann man mit Wein fül-

len. Wenn sie dir darauf erwidern: Wissen wir
nicht selbst, dass man jeden Krug mit Wein füllen
kann?, 13 dann sollst du ihnen antworten: So
spricht der Herr: Seht, ich fülle alle Bewohner die-
ses Landes mit Trunkenheit, die Könige, die auf
Davids Thron sitzen, die Priester, die Propheten
und alle Einwohner Jerusalems. 14 Ich zerschmet-
tere sie, den einen am andern, Väter und Söhne
zugleich – Spruch des Herrn. Keine Schonung,
kein Mitleid und kein Erbarmen hält mich ab, sie
zu vernichten.

10: 11,8 • 13: Jes 51,17

Die Warnung vor Hochmut

15 Hört und merkt auf! / Seid nicht hochmütig;
denn der Herr redet.
16 Erweist dem Herrn, eurem Gott, die Ehre, / be-
vor es dunkel wird, / bevor eure Füße straucheln
auf dämmrigen Bergen.
Wartet ihr dann auf das Licht – / er verwandelt es
in Finsternis / und macht es zur Dunkelheit.
17 Wenn ihr aber darauf nicht hört, / so muss ich
im Verborgenen weinen über den Hochmut
und mein Auge muss ohne Unterlass Tränen ver-
gießen, / da die Herde des Herrn weggeführt wird.

17: 14,17

Die drohende Wegführung

18 Sag zum König und zur Herrin: / Setzt euch tief
hinunter;
denn eure prächtige Krone / sinkt euch vom Haupt.
19 Die Städte im Negeb sind verschlossen / und nie-
mand kann sie öffnen. / Weggeführt wird ganz
Juda, vollständig weggeführt.

Die Schändung Jerusalems

20 Blick auf [Jerusalem] / und schau, wie sie kom-
men vom Norden!
Wo bleibt da die Herde, die dir anvertraut war, /
deine prächtigen Schafe?
21 Was wirst du sagen, / wenn man die Freunde,
die du selbst an dich gewöhnt hast, / als Herren
über dich setzt?
Werden dich nicht Wehen ergreifen / wie eine ge-
bärende Frau?
22 Und wenn du dich fragst: / Warum hat mich das
alles getroffen?,
so wisse: Wegen deiner großen Schuld wird deine
Schleppe aufgehoben / und dein Leib vergewaltigt.
23 Ändert wohl ein Neger seine Hautfarbe / oder
ein Leopard seine Flecken?
Dann könntet auch ihr euch noch bessern, / die ihr
ans Böse gewöhnt seid.
24 So aber zerstreue ich euch wie Spreu, / die ver-
fliegt, wenn der Wüstenwind weht.
25 Das ist dein Los, dein Lohn, / von mir dir zuge-
messen – Spruch des Herrn –,
weil du mich vergessen / und dich auf Lügen ver-
lassen hast.
26 Nun hebe auch ich deine Schleppe auf, / bis
über dein Gesicht, / sodass deine Schande offen-
bar wird,
27 deine Ehebrüche, dein geiles Wiehern, / deine
schändliche Unzucht.
Auf den Hügeln und auf dem Feld / habe ich deine
Gräuel gesehen.
Weh dir, Jerusalem, / weil du dich nicht reinigst – /
wie lange noch?

22: Ez 16,37 • 27: 5,8

Die große Dürre

14 Das Wort des Herrn erging an Jeremia
wegen der großen Dürre:
2 Juda ist ausgedörrt; / seine Tore verfallen,
sie sinken trauernd zu Boden / und Jerusalems
Klageschrei steigt empor.
3 Die Vornehmen schicken ihre Diener nach Was-
ser; / sie kommen zu den Brunnen, / finden aber
kein Wasser;
sie kehren mit leeren Krügen zurück. / [Sie sind
bestürzt und enttäuscht / und verhüllen ihr
Haupt.]
4 Die Bauern sind um den Ackerboden besorgt; /
denn es fiel kein Regen im Land.
Sie sind bestürzt / und verhüllen ihr Haupt.
5 Selbst die Hirschkuh im Feld / lässt ihr Junges im
Stich, / weil kein Grün mehr da ist.
6 Die Wildesel stehen auf den kahlen Höhen; / sie
schnappen nach Luft wie Schakale.
Ihre Augen erlöschen; / denn nirgends ist Gras.
7 Unsre Sünden klagen uns an. / Doch um deines
Namens willen handle, o Herr!
Ja, zahlreich sind unsre Vergehen; / gegen dich ha-
ben wir gesündigt.

8 Du, Israels Hoffnung, / sein Retter zur Zeit der
Not,
warum bist du wie ein Fremder im Land / und wie
ein Wanderer, der nur über Nacht einkehrt?
9 Warum bist du wie ein ratloser Mann, / wie ein
Krieger, der nicht zu siegen vermag?
Du bist doch in unsrer Mitte, Herr, / und dein
Name ist über uns ausgerufen. / Verlass uns nicht!

2: Joël 1,10–12

Von Gott verworfen

10 So spricht der Herr von diesem Volk: Haltlos hin
und her zu schweifen, das lieben sie; ihren Füßen
gönnen sie keine Ruhe. Doch der Herr hat kein
Gefallen an ihnen. Jetzt denkt er an ihre Schuld
und straft ihre Sünden. 11 Und der Herr sprach zu
mir: Bete nicht um das Wohlergehen dieses Volkes!
12 Auch wenn sie fasten, höre ich nicht auf ihr Fle-
hen; wenn sie Brandopfer und Speiseopfer dar-
bringen, habe ich kein Gefallen an ihnen. Durch
Schwert, Hunger und Pest mache ich ihnen ein
Ende. 13 Da sagte ich: Ach, Herr und Gott, die
Propheten sagen doch zu ihnen: Ihr werdet das
Schwert nicht sehen, der Hunger wird nicht über
euch kommen, sondern beständiges Heil gewähre
ich euch an diesem Ort. 14 Aber der Herr erwiderte
mir: Lüge ist, was die Propheten in meinem Na-
men verkünden. Ich habe sie weder gesandt noch
beauftragt, ich habe nicht zu ihnen gesprochen.
Erlogene Visionen, leere Wahrsagerei und selbst
erdachten Betrug verkünden sie euch. 15 Darum
spreche ich, der Herr, so gegen die Propheten, die
in meinem Namen weissagen, obwohl ich sie nicht
gesandt habe, und die behaupten, Schwert und
Hunger werde es nicht geben in diesem Land:
Durch Schwert und Hunger werden diese Prophe-
ten enden. 16 Die Leute aber, denen sie weissagen,
werden auf den Straßen Jerusalems liegen, hinge-
streckt durch Hunger und Schwert. Niemand wird
sie begraben, sie, ihre Frauen, Söhne und Töchter.
So gieße ich das verdiente Unheil über sie aus.
17 Du sollst zu ihnen dieses Wort sagen: Meine
Augen fließen über von Tränen / bei Tag und bei
Nacht / und finden keine Ruhe.
Denn großes Verderben brach herein / über die
Jungfrau, die Tochter, mein Volk, / eine unheilbare
Wunde.
18 Gehe ich aufs Feld hinaus – / seht, vom Schwert
Durchbohrte!
Komme ich in die Stadt – / seht, vom Hunger
Gequälte!
Ja, auch Propheten und Priester werden ver-
schleppt / in ein Land, das sie nicht kennen.

11: 7,16; 11,14 • 14: 27,14f; 29,8f • 17: 13,17

Die Klage des Volkes

19 Hast du denn Juda ganz verworfen, / wurde dir
Zion zum Abscheu?
Warum hast du uns so geschlagen, / dass es für uns
keine Heilung mehr gibt?
Wir hofften auf Heil, / doch kommt nichts Gutes,
auf die Zeit der Heilung, / doch ach, nur Schrecken!
20 Wir erkennen, Herr, unser Unrecht, / die Schuld
unsrer Väter: / Ja, wir haben gegen dich gesündigt.
21 Um deines Namens willen verschmäh nicht, /
verstoß nicht den Thron deiner Herrlichkeit!
Gedenke deines Bundes mit uns / und löse ihn nicht!
22 Gibt es etwa Regenspender / unter den Götzen
der Völker?
Oder ist es der Himmel, der von selbst regnen
lässt? / Bist nicht du es, Herr, unser Gott?
Wir setzen unsre Hoffnung auf dich; / denn du
hast dies alles gemacht.

19: 8,15

Das unabänderliche Strafgericht

15 Doch der Herr sprach zu mir: Selbst wenn
Mose und Samuel vor mein Angesicht trä-
ten, würde sich mein Herz diesem Volk nicht mehr
zuneigen. Schaff sie mir aus den Augen, sie sollen
gehen. 2 Fragen sie dich dann: Wohin sollen wir
gehen?, so sag ihnen: So spricht der Herr: Wer der
Pest verfallen ist, zur Pest! Wer dem Schwert, zum
Schwert! Wer dem Hunger, zum Hunger! Wer der
Gefangenschaft, zur Gefangenschaft! 3 Vier Plagen
biete ich gegen sie auf – Spruch des Herrn: Das
Schwert zum Morden, die Hunde zum Fortschlei-
fen, die Vögel des Himmels und die Tiere des Fel-
des zum Fressen und Vertilgen. 4 Ich mache sie zu
einem Bild des Schreckens für alle Reiche der Erde
wegen des Manasse, des Sohnes Hiskijas, des Kö-
nigs von Juda, zur Strafe für das, was er in Jerusa-
lem verübt hat.

2: 43,11 • 3: Ez 14,21 • 4: 2 Kön 21,1–16

Jerusalems Ende

5 Wer wird mit dir, Jerusalem, Mitleid haben / und
wer wird dich bedauern?
Wer wird kommen, / um nach deinem Ergehen zu
fragen?
6 Du selbst hast mich verworfen – Spruch des
Herrn – / du hast mir den Rücken gekehrt.
Deshalb streckte ich meine Hand gegen dich aus /
und zerstörte dich; / ich bin der Nachsicht müde
geworden.
7 Die Bewohner habe ich mit der Schaufel gewor-
felt / auf den freien Plätzen des Landes.
Ich habe mein Volk kinderlos gemacht / und es
dem Untergang geweiht,
weil es von seinen schlimmen Wegen / nicht um-
kehren wollte.
8 Seine Witwen wurden zahlreicher / als der Sand
am Meer;
ich brachte über sie [die Mütter der jungen Män-
ner] / am hellen Mittag den Verwüster,
ließ jählings auf sie fallen / Angst und Schrecken.
9 Die Mutter, die sieben Söhne gebar, / welkte da-
hin, verhauchte ihr Leben.
Ihr sank die Sonne mitten am Tag, / sie fiel in
Schande und Schmach.
Den Rest des Volkes gebe ich dem Schwerte preis /
vor den Augen seiner Feinde – Spruch des Herrn.

7: Mt 3,12

Die Klage des Propheten

10 Weh mir, Mutter, dass du mich geboren hast, /
einen Mann, der mit aller Welt in Zank und Streit
liegt.
Ich bin niemands Gläubiger und niemands Schuld-
ner / und doch fluchen mir alle.
11 Fürwahr, Herr, ich habe dir mit gutem Wil-
len gedient, / ich bin für den Feind bei dir ein-
getreten / zur Zeit des Unheils und der Bedräng-
nis.
12 [Kann man Eisen zertrümmern, / Eisen vom
Norden, und Kupfer?
13 Dein Vermögen und deine Schätze / gebe ich zur
Plünderung preis
als Lohn für all deine Sünden / in deinem ganzen
Gebiet.
14 Ich mache dich zum Sklaven deiner Feinde / in
einem Land, das du nicht kennst.
Denn Feuer lodert auf in meinem Zorn, / gegen
euch ist es entbrannt.]
15 Du weißt es, Herr; denk an mich / und nimm
dich meiner an! / Nimm für mich Rache an mei-
nen Verfolgern!
Raff mich nicht hinweg, / sondern schieb deinen
Zorn hinaus! / Bedenke, dass ich deinetwillen
Schmach erleide.
16 Kamen Worte von dir, / so verschlang ich sie; /
dein Wort war mir Glück und Herzensfreude;
denn dein Name ist über mir ausgerufen, / Herr,
Gott der Heere.
17 Ich sitze nicht heiter im Kreis der Fröhlichen; /
von deiner Hand gepackt, sitze ich einsam; / denn
du hast mich mit Groll angefüllt.
18 Warum dauert mein Leiden ewig / und ist meine
Wunde so bösartig, / dass sie nicht heilen will?
Wie ein versiegender Bach bist du mir geworden, /
ein unzuverlässiges Wasser.
19 Darum – so spricht der Herr:
Wenn du umkehrst, lasse ich dich umkehren, /
dann darfst du wieder vor mir stehen.
Redest du Edles und nicht Gemeines, / dann darfst
du mir wieder Mund sein.
Jene sollen sich dir zuwenden, / du aber wende
dich ihnen nicht zu.
20 Dann mache ich dich für dieses Volk / zur festen,
ehernen Mauer.
Mögen sie dich bekämpfen, / sie werden dich nicht
bezwingen;
denn ich bin mit dir, / um dir zu helfen und dich
zu retten / – Spruch des Herrn.
21 Ja, ich rette dich aus der Hand der Bösen, / ich
befreie dich aus der Faust der Tyrannen.

10: 20,14 • 17: 16,8 • 20: 1,18f

Jeremias Einsamkeit – ein Zeichen für Israel

16 Das Wort des Herrn erging an mich: 2 Du
sollst dir keine Frau nehmen und weder
Söhne noch Töchter haben an diesem Ort. 3 Denn
so spricht der Herr über die Söhne und Töchter,
die an diesem Ort geboren werden, über ihre Müt-
ter, die sie gebären, und über ihre Väter, die sie zeu-
gen in diesem Land: 4 Eines qualvollen Todes müs-
sen sie sterben; man wird sie nicht beklagen und
nicht begraben; sie werden zum Dünger auf dem
Acker. Durch Schwert und Hunger kommen sie

um; ihre Leichen werden zum Fraß für die Vögel
des Himmels und die Tiere des Feldes. 5 Ja, so hat
der Herr gesprochen: Betritt kein Trauerhaus, geh
nicht zur Totenklage und bezeig niemandem Bei-
leid! Denn ich habe diesem Volk mein Heil entzo-
gen – Spruch des Herrn –, die Güte und das Erbar-
men. 6 Groß und Klein muss sterben in diesem
Land; man wird sie nicht begraben und nicht
beklagen. Niemand ritzt sich ihretwegen wund
oder schert sich kahl. 7 Keinem wird man das Trau-
erbrot brechen, um ihn wegen eines Verstorbenen
zu trösten; man wird ihm nicht den Trostbecher
reichen wegen seines Vaters oder seiner Mutter.
8 Auch ein Haus, in dem ein Gastmahl stattfindet,
sollst du nicht betreten, um mit den Leuten bei
Speise und Trank zu sitzen. 9 Denn so spricht der
Herr der Heere, der Gott Israels: Seht, verstum-
men lasse ich an diesem Ort, vor euren Augen und
in euren Tagen, Jubelruf und Freudenruf, den Ruf
des Bräutigams und den Ruf der Braut.

4: 9,21; 25,33 • 6: 47,5 • 9: 7,34

Die Gründe für das Gericht

10 Wenn du nun diesem Volk das alles verkündest
und man dich fragt: Warum droht der Herr uns all
dieses schwere Unheil an? Worin besteht unsre
Schuld und welche Sünde haben wir gegen den
Herrn, unsern Gott, begangen?, 11 so antworte ih-
nen: Eure Väter haben mich verlassen – Spruch des
Herrn; sie liefen anderen Göttern nach, dienten
ihnen und beteten sie an. Mich aber haben sie ver-
lassen und meine Weisung nicht befolgt. 12 Ihr
selbst aber habt es noch schlimmer getrieben als
eure Väter. Seht, jeder von euch folgt dem Trieb
seines bösen Herzens, ohne auf mich zu hören.
13 Darum schleudere ich euch aus diesem Land
hinaus, in das Land, das euch und euren Vätern
unbekannt war. Dort mögt ihr anderen Göttern
dienen Tag und Nacht; ich aber werde euch keine
Gnade mehr schenken. 14 [Darum seht, es werden
Tage kommen – Spruch des Herrn –, da sagt man
nicht mehr: So wahr der Herr lebt, der die Söhne
Israels aus Ägypten heraufgeführt hat!, 15 sondern:
So wahr der Herr lebt, der die Söhne Israels aus
dem Nordland und aus allen Ländern, in die er sie
verstoßen hatte, heraufgeführt hat. Ich bringe sie
zurück in ihr Heimatland, das ich ihren Vätern
gegeben habe.] 16 Seht, ich hole viele Fischer –
Spruch des Herrn –, die sollen sie fangen; dann
hole ich viele Jäger, die sollen sie erlegen auf jedem
Berg und Hügel und in den Felsenklüften. 17 Denn
meine Augen sehen alle ihre Wege; sie können sich
vor mir nicht verstecken und ihre Schuld ist vor
meinen Augen nicht verborgen. 18 So vergelte ich
zunächst nach dem Maß ihrer Schuld und Sünde,
weil sie mein Land durch das Aas ihrer Scheusale
entweiht und mein Erbteil mit ihren abscheuli-
chen Götzen angefüllt haben.

10: 5,19 • 13: Dtn 28,64

Die Bekehrung der Völker

19 Herr, meine Kraft und meine Burg, / meine Zu-
flucht am Tag der Not!
Zu dir kommen Völker von den Enden der Erde /
und sagen: Nur Trug besaßen unsre Väter, / Wahn-
gebilde, die nichts nützen.
20 Kann ein Mensch sich Götter machen? / Das sind
doch keine Götter.
21 Darum seht, ich bringe sie zur Erkenntnis; / ja,
diesmal bringe ich sie zur Erkenntnis meiner
Macht und meiner Gewalt
und sie werden erkennen: / Mein Name ist Jahwe,
der Herr.

Judas Sünde und Strafe

17 Judas Sünde ist aufgeschrieben mit eiser-
nem Griffel, / mit diamantenem Stift ein-
gegraben
in die Tafel ihres Herzens / und in die Hörner ihrer
Altäre,
2 damit auch ihre Söhne noch denken an ihre
Altäre und Kultpfähle / bei den üppigen Bäumen
und auf den hohen Hügeln des Berglands.
3 Dein Vermögen und alle deine Schätze / gebe ich
zur Plünderung preis
als Lohn für all deine Sünden / in deinem ganzen
Gebiet.
4 Du musst von deinem Erbteil lassen, / das ich dir
gegeben habe.
Ich mache dich zum Sklaven deiner Feinde / in
einem Land, das du nicht kennst.
Denn Feuer lodert auf in meinem Zorn, / für
immer ist es entbrannt.

3: 15,13 • 4: 15,14

Fluch oder Segen

5 [So spricht der Herr:]
Verflucht der Mann, der auf Menschen vertraut, /
auf schwaches Fleisch sich stützt / und dessen Herz
sich abwendet vom Herrn.
6 Er ist wie ein kahler Strauch in der Steppe, / der
nie einen Regen kommen sieht;
er bleibt auf dürrem Wüstenboden, / im salzigen
Land, wo niemand wohnt.
7 Gesegnet der Mann, der auf den Herrn sich ver-
lässt / und dessen Hoffnung der Herr ist.
8 Er ist wie ein Baum, der am Wasser gepflanzt ist /
und am Bach seine Wurzeln ausstreckt:
Er hat nichts zu fürchten, wenn Hitze kommt; /
seine Blätter bleiben grün;
auch in einem trockenen Jahr ist er ohne Sorge, /
unablässig bringt er seine Früchte.

8: Ps 1,3

Weisheitssprüche

9 Arglistig ohnegleichen ist das Herz und unver-
besserlich. / Wer kann es ergründen?
10 Ich, der Herr, erforsche das Herz / und prüfe die
Nieren,
um jedem zu vergelten, wie es sein Verhalten ver-
dient, / entsprechend der Frucht seiner Taten.
11 Wie ein Rebhuhn, das ausbrütet, / was es nicht
gelegt hat,
so ist ein Mensch, / der Reichtum durch Unrecht
erwirbt.
In der Mitte seiner Tage muss er ihn verlassen /
und am Ende steht er als Narr da.

10: Ps 7,10; Röm 2,6

Das Gebet des verfolgten Propheten

12 Ein Thron der Herrlichkeit, erhaben von Anbe-
ginn, / ist die Stätte unsres Heiligtums.
13 Du Hoffnung Israels, Herr! / Alle, die dich ver-
lassen, werden zuschanden,
die sich von dir abwenden, / werden in den Staub
geschrieben;
denn sie haben den Herrn verlassen, / den Quell
lebendigen Wassers.
14 Heile mich, Herr, so bin ich heil, / hilf mir, so ist
mir geholfen; / ja, mein Lobpreis bist du.
15 Jene sagen zu mir: / Wo bleibt denn das Wort des
Herrn? / Soll es doch eintreffen!
16 Ich aber habe dich nie gedrängt wegen des Un-
heils / und habe den Unglückstag nicht herbeige-
wünscht.
Du weißt es selbst; / was mir über die Lippen
kam, / liegt dir offen vor Augen.
17 Werde nicht zum Schrecken für mich, / du meine
Zuflucht am Tag des Unheils!
18 Meine Verfolger sollen zuschanden werden, /
nicht aber ich.
Sie sollen erschrecken, / nicht aber ich.
Bring über sie den Tag des Unheils, / zerbrich sie
im verdienten Zusammenbruch!

12: 3,17 • 13: Joh 8,6; Jer 2,13 • 15: Jes 5,19

Die Sabbatheiligung

19 So sprach der Herr zu mir: Geh und stell dich in
das Tor der Söhne des Volkes, durch das die Könige
von Juda aus- und einziehen, und in alle Tore Jeru-
salems. 20 Sag zu ihnen: Hört das Wort des Herrn,
ihr Könige von Juda, ganz Juda und alle Einwoh-
ner Jerusalems, die ihr durch diese Tore kommt.
21 So spricht der Herr: Hütet euch um eures Lebens
willen, am Tag des Sabbats eine Last zu tragen
und durch die Tore Jerusalems hereinzubringen.
22 Auch dürft ihr am Sabbat keine Last aus euren
Häusern hinaustragen und keinerlei Arbeit ver-
richten. Vielmehr sollt ihr den Sabbat heiligen,
wie ich es euren Vätern geboten habe. 23 Doch sie
haben nicht gehört und ihr Ohr mir nicht zuge-
neigt, sondern ihren Nacken versteift, ohne zu
gehorchen und ohne Zucht anzunehmen. 24 Ihr
aber, wenn ihr bereitwillig auf mich hört – Spruch
des Herrn – und am Sabbat keine Last durch die
Tore dieser Stadt bringt, sondern den Sabbat hei-
ligt und an ihm keinerlei Arbeit verrichtet, 25 dann
werden durch die Tore dieser Stadt Könige einzie-
hen, die auf dem Thron Davids sitzen; mit Wagen
und Rossen werden sie fahren, sie und ihre Beam-
ten, die Männer von Juda und die Einwohner Jeru-
salems, und diese Stadt wird für immer bewohnt
sein. 26 Dann kommen von den Städten Judas und
aus der Umgebung Jerusalems, vom Land Benja-
min, von der Schefela, vom Gebirge und vom
Negeb her Wallfahrer, die Brandopfer, Schlacht-
opfer und Speiseopfer samt Weihrauch bringen;
auch Dankopfer bringen sie dar im Haus des
Herrn.

27 Wenn ihr aber nicht auf mein Gebot hört, den
Sabbat zu heiligen, keine Last zu tragen und am
Sabbat durch die Tore Jerusalems zu bringen,
dann lege ich Feuer an seine Tore, das Jerusalems
Paläste verzehrt und nie mehr erlischt.

21: Neh 13,15–22 • 22: Ex 20,8; Dtn 5,12 • 25: 22,4

Das Gleichnis vom Töpfer

18 Das Wort, das vom Herrn an Jeremia
erging: 2 Mach dich auf und geh zum Haus
des Töpfers hinab! Dort will ich dir meine Worte
mitteilen. 3 So ging ich zum Haus des Töpfers
hinab. Er arbeitete gerade mit der Töpferscheibe.
4 Missriet das Gefäß, das er in Arbeit hatte, wie es
beim Ton in der Hand des Töpfers vorkommen
kann, so machte der Töpfer daraus wieder ein
anderes Gefäß, ganz wie es ihm gefiel. 5 Da erging
an mich das Wort des Herrn: 6 Kann ich nicht mit
euch verfahren wie dieser Töpfer, Haus Israel? –
Spruch des Herrn. Seht, wie der Ton in der Hand
des Töpfers, so seid ihr in meiner Hand, Haus
Israel. 7 Bald drohe ich einem Volk oder einem
Reich, es auszureißen, niederzureißen und zu ver-
nichten. 8 Kehrt aber das Volk, dem ich gedroht
habe, um von seinem bösen Tun, so reut mich das
Unheil, das ich ihm zugedacht hatte. 9 Bald sage ich
einem Volk oder einem Reich zu, es aufzubauen
und einzupflanzen. 10 Tut es aber dann, was mir
missfällt, und hört es nicht auf meine Stimme, so
reut mich das Gute, das ich ihm zugesagt habe.
11 Und nun sag zu den Leuten von Juda und zu den
Einwohnern Jerusalems: So spricht der Herr: Seht,
ich bereite Unheil gegen euch vor und fasse einen
Plan gegen euch. Kehrt doch um, ein jeder von sei-
nem bösen Weg, und bessert euer Verhalten und
euer Tun! 12 Aber sie werden sagen: Vergebliche
Mühe! Wir wollen unseren eigenen Plänen folgen
und jeder von uns will nach dem Trieb seines
bösen Herzens handeln.
13 Deshalb spricht der Herr: Fragt unter den Völ-
kern, wer je Ähnliches gehört hat. Ganz Abscheu-
liches hat die Jungfrau Israel getan. 14 Weicht denn
das Felsgestein von der Landschaft, der Schnee
vom Libanon, oder versiegen immer strömende
Wasser, sprudelnde Quellen? 15 Mein Volk aber hat
mich vergessen; nichtigen Götzen bringt es Opfer
dar. Doch ich lasse sie straucheln auf ihren Wegen,
den altgewohnten Bahnen, sodass sie auf unge-
bahnten Pfaden gehen müssen. 16 Ich will ihr Land
zu einem Ort des Entsetzens machen, zum
Gespött für immer. Jeder, der dort vorbeikommt,
wird sich entsetzen und den Kopf schütteln. 17 Wie
der Ostwind zerstreue ich sie vor dem Feind. Ich
zeige ihnen den Rücken und nicht das Gesicht am
Tag ihres Verderbens.

6: Jes 45,9; Röm 9,21 • 7: Ez 33,11–20 • 12: 6,16; 11,8 • 16: 19,8; 49,17; 50,13

Die Bitte um Bestrafung der Gegner

18 Sie aber sagten: / Kommt, lasst uns gegen Jere-
mia Pläne schmieden!
Denn nie wird dem Priester die Weisung ausge-
hen, / dem Weisen der Rat und dem Propheten das
Wort.
Kommt, wir wollen ihn mit seinen eigenen Wor-
ten schlagen / und Acht geben auf alles, was er sagt.
19 Gib du, Herr, Acht auf mich / und höre das Ge-
rede meiner Widersacher!
20 Darf man denn Gutes mit Bösem vergelten? /
[Denn sie haben (mir) eine Grube gegraben.
Denk daran, wie ich vor dir stand, / um zu ihren
Gunsten zu sprechen / und deinen Zorn von ihnen
abzuwenden.
21 Darum gib ihre Kinder dem Hunger preis / und
liefere sie der Gewalt des Schwertes aus!
Ihre Frauen sollen der Kinder beraubt / und zu
Witwen werden,
ihre Männer töte die Pest, / ihre jungen Männer
erschlage das Schwert in der Schlacht.
22 Geschrei soll man hören aus ihren Häusern, /
wenn du plötzlich plündernde Horden über sie
kommen lässt.
Denn sie haben (mir) eine Grube gegraben, um
mich zu fangen; / meinen Füßen haben sie Schlin-
gen gelegt.
23 Du aber, Herr, / du kennst all ihre Mordpläne
gegen mich.
Nimm für ihre Schuld keine Sühne an, / lösch bei
dir ihre Sünde nicht aus!
Lass sie zu Fall kommen vor deinen Augen, /
handle an ihnen zur Zeit deines Zorns!

23: Lk 23,34

Drohreden und ihre Folgen

19 Der Herr sprach zu mir: Geh und kauf
dir einen irdenen Krug, und nimm einige
Älteste des Volkes und der Priester mit dir! 2 Dann
geh hinaus zum Tal Ben-Hinnom am Eingang des
Scherbentors! Dort verkünde die Worte, die ich dir
sage. 3 Du sollst sagen: Hört das Wort des Herrn,
ihr Könige und ihr Einwohner Jerusalems! So
spricht der Herr der Heere, der Gott Israels: Seht,
ich bringe solches Unheil über diesen Ort, dass
jedem, der davon hört, die Ohren gellen. 4 Denn sie
haben mich verlassen, mir diesen Ort entfremdet
und an ihm anderen Göttern geopfert, die ihnen,
ihren Vätern und den Königen von Juda früher
unbekannt waren. Mit dem Blut Unschuldiger
haben sie diesen Ort angefüllt. 5 Sie haben dem
Baal eine Kulthöhe gebaut, um ihre Söhne als
Brandopfer für den Baal im Feuer zu verbrennen,
was ich nie befohlen oder angeordnet habe und
was mir niemals in den Sinn gekommen ist. 6 Seht,
darum werden Tage kommen – Spruch des Herrn
–, da wird man diesen Ort nicht mehr Tofet oder
Tal Ben-Hinnom nennen, sondern Mordtal.
7 Dann vereitle ich die Pläne Judas und Jerusalems
an diesem Ort. Ich bringe sie vor den Augen ihrer
Feinde durch das Schwert zu Fall und durch die
Hand derer, die ihnen nach dem Leben trachten.
Ich gebe ihre Leichen den Vögeln des Himmels
und den Tieren des Feldes zum Fraß. 8 Ich mache
diese Stadt zu einem Ort des Entsetzens und zum
Gespött; jeder, der dort vorbeikommt, wird sich
entsetzen und spotten über alle Schläge, die sie
getroffen haben. 9 Ich gebe ihnen das Fleisch ihrer
Söhne und Töchter zu essen; einer wird das Fleisch
des andern verzehren in der Not und Bedrängnis,
mit der ihre Feinde und alle, die ihnen nach dem
Leben trachten, sie bedrängen.
10 Dann zerbrich den Krug vor den Augen der
Männer, die mit dir gehen. 11 Sag ihnen: So spricht
der Herr der Heere: Ebenso zerbreche ich dieses
Volk und diese Stadt, wie man Töpfergeschirr zer-
bricht, so- dass es nie wieder heil werden kann. Im
Tofet wird man Tote bestatten, weil sonst kein
Platz ist zum Begraben. 12 So werde ich mit diesem
Ort verfahren – Spruch des Herrn – und mit sei-
nen Bewohnern, um diese Stadt dem Tofet gleich-
zumachen. 13 Die Häuser Jerusalems und die Häu-
ser der Könige von Juda sollen unrein werden wie
der Ort des Tofet, alle Häuser, auf deren Dächern
man dem ganzen Heer des Himmels Rauchopfer
und anderen Göttern Trankopfer dargebracht hat.
– 14 Als nun Jeremia vom Tofet zurückkam, wohin
der Herr ihn zum Weissagen gesandt hatte, begab
er sich in den Vorhof beim Haus des Herrn und
sagte zu allem Volk: 15 So spricht der Herr der
Heere, der Gott Israels: Seht, ich bringe über diese
Stadt und über alle ihre Nachbarstädte all das
Unheil, das ich ihr angedroht habe, weil sie ihren
Nacken versteift haben und nicht auf meine Worte
hören wollen.

20 Der Priester Paschhur, der Sohn des Im-
mer, der Oberaufseher im Haus des Herrn,
hörte, wie Jeremia diese prophetischen Worte ver-
kündete. 2 Da ließ Paschhur den Propheten Jere-
mia schlagen und in den Block spannen, der im
oberen Benjamintor beim Haus des Herrn war.
3 Als ihn Paschhur am nächsten Morgen aus dem
Block entließ, sagte Jeremia zu ihm: Nicht mehr
Paschhur nennt dich der Herr, sondern: »Grauen
ringsum«.
4 Denn so spricht der Herr: Ja, ich gebe dich dem
Grauen preis, dich und alle deine Freunde. Sie
werden unter dem Schwert ihrer Feinde fallen und
du musst mit eigenen Augen zusehen. Ganz Juda
aber gebe ich in die Hand des Königs von Babel;
er wird sie nach Babel wegführen und mit dem
Schwert erschlagen. 5 Auch allen Besitz dieser
Stadt, all ihre Habe, alles Kostbare und alle Schätze
der Könige von Juda gebe ich in die Hand ihrer
Feinde; sie werden alles rauben, wegschleppen
und nach Babel bringen. 6 Du aber, Paschhur, und
alle deine Hausgenossen, ihr werdet in die Ver-
bannung ziehen; nach Babel wirst du kommen,
dort wirst du sterben und dort begraben werden,
du und alle deine Freunde, denen du Lügen ge-
weissagt hast.

19,5–6: 7,31–33 • 8: 18,16 • 9: Lev 26,29; Dtn 28,53; Bar 2,3 •
11: 7,32 • 13: 32,29 • 20,3: 20,10; 6,25; 46,5; 49,29; Ps 31,14

Das Prophetenschicksal

7 Du hast mich betört, o Herr, / und ich ließ mich
betören; / du hast mich gepackt und überwältigt.
Zum Gespött bin ich geworden den ganzen Tag, /
ein jeder verhöhnt mich.

8 Ja, sooft ich rede, muss ich schreien, / »Gewalt
und Unterdrückung!«, muss ich rufen.
Denn das Wort des Herrn bringt mir / den ganzen
Tag nur Spott und Hohn.
9 Sagte ich aber: Ich will nicht mehr an ihn den-
ken / und nicht mehr in seinem Namen sprechen!,
so war es mir, als brenne in meinem Herzen ein
Feuer, / eingeschlossen in meinem Innern.
Ich quälte mich es auszuhalten / und konnte nicht;
10 hörte ich doch das Flüstern der Vielen: / Grauen
ringsum! Zeigt ihn an! / Wir wollen ihn anzeigen.
Meine nächsten Bekannten / warten alle darauf,
dass ich stürze:
Vielleicht lässt er sich betören, / dass wir ihm bei-
kommen können und uns an ihm rächen.
11 Doch der Herr steht mir bei wie ein gewaltiger
Held.
Darum straucheln meine Verfolger und kommen
nicht auf.
Sie werden schmählich zuschanden, da sie nichts
erreichen, / in ewiger, unvergesslicher Schmach.
12 Aber der Herr der Heere prüft den Gerechten, /
er sieht Herz und Nieren.
Ich werde deine Rache an ihnen erleben; / denn dir
habe ich meine Sache anvertraut.
13 Singt dem Herrn, rühmt den Herrn; / denn er
rettet das Leben des Armen aus der Hand der
Übeltäter. –
14 Verflucht der Tag, an dem ich geboren wurde; /
der Tag, an dem meine Mutter mich gebar, sei
nicht gesegnet.
15 Verflucht der Mann, / der meinem Vater die fro-
he Kunde brachte:
Ein Kind, ein Knabe ist dir geboren!, / und ihn
damit hoch erfreute.
16 Jener Tag gleiche den Städten, / die der Herr
ohne Erbarmen zerstört hat.
Er höre Wehgeschrei am Morgen / und Kriegslärm
um die Mittagszeit,
17 weil er mich nicht sterben ließ im Mutterleib. /
So wäre meine Mutter mir zum Grab geworden, /
ihr Schoß auf ewig schwanger geblieben.
18 Warum denn kam ich hervor aus dem Mutter-
schoß, / um nur Mühsal und Kummer zu erleben /
und meine Tage in Schande zu beenden?

12: 11,20 • 14: Ijob 3,1–12; Jer 15,10

Der Beginn der Belagerung Jerusalems

21 Das Wort, das vom Herrn an Jeremia
erging, als König Zidkija den Paschhur,
den Sohn Malkijas, und den Priester Zefanja, den
Sohn Maasejas, zu ihm sandte mit dem Auftrag:
2 Befrag doch den Herrn für uns! Denn Nebukad-
nezzar, der König von Babel, führt gegen uns
Krieg; vielleicht handelt der Herr an uns wie bei
all seinen früheren Wundern, sodass Nebukad-
nezzar von uns abziehen muss. 3 Jeremia aber ant-
wortete ihnen: Meldet Zidkija Folgendes: 4 So
spricht der Herr, der Gott Israels: Fürwahr, ich
drehe in eurer Hand die Waffen um, mit denen ihr
vor der Mauer gegen den König von Babel und die
Chaldäer, die euch belagern, kämpft, und hole sie
ins Innere dieser Stadt. 5 Ich selbst kämpfe gegen
euch mit hoch erhobener Hand und starkem Arm,
mit Zorn, Grimm und großem Groll. 6 Ich schlage
die Einwohner dieser Stadt, Mensch und Vieh; an
schwerer Pest sollen sie sterben. 7 Und danach –
Spruch des Herrn – liefere ich Zidkija, den König
von Juda, seine Diener und das Volk, das in dieser
Stadt der Pest, dem Schwert und dem Hunger ent-
ronnen ist, der Hand Nebukadnezzars, des Königs
von Babel, aus, der Hand ihrer Feinde und der
Hand derer, die ihnen nach dem Leben trachten.
Er wird sie mit scharfem Schwert erschlagen, ohne
Mitleid, ohne Schonung, ohne Erbarmen.
8 Zu diesem Volk aber sollst du sagen: So spricht
der Herr: Seht, den Weg des Lebens und den Weg
des Todes stelle ich euch zur Wahl. 9 Wer in dieser
Stadt bleibt, der stirbt durch Schwert, Hunger und
Pest. Wer aber hinausgeht und sich den Chaldäern,
die euch belagern, ergibt, der wird überleben und
sein Leben wie ein Beutestück gewinnen. 10 Denn
ich habe mein Angesicht gegen diese Stadt gerich-
tet zu ihrem Unheil, nicht zu ihrem Heil – Spruch
des Herrn. Der Hand des Königs von Babel wird
sie ausgeliefert und er wird sie mit Feuer verbren-
nen.

9: 38,2

Die Botschaft an die Regierung

11 An das Haus des Königs von Juda: / Hört das
Wort des Herrn, Haus David!
12 So spricht der Herr: / Haltet jeden Morgen ge-
rechtes Gericht!

Rettet den Ausgeplünderten / aus der Hand des Gewalttäters!
Sonst bricht mein Zorn wie Feuer los; / er brennt und niemand kann löschen.
13 Nun gehe ich gegen dich vor, du Stadt, / die du in der Mulde des Felsengebirges / über der Ebene wohnst – Spruch des Herrn.
Ihr freilich sagt: Wer kann über uns kommen / und eindringen in unsere Bauten?
14 Ich zahle euch heim, wie es eure Taten verdienen / – Spruch des Herrn.
Ich lege Feuer an den Wald dieser Stadt, / das ringsum alles verzehrt.

12: 22,3; 4,4 • 14: 50,32

Das Drohwort im Königspalast

22 So hat der Herr gesprochen: Geh hinab in den Palast des Königs von Juda und rede dort folgende Worte! 2 Du sollst sagen: König von Juda, der du auf dem Thron Davids sitzt, höre das Wort des Herrn, du selbst, deine Diener und deine Leute, die durch diese Tore kommen. 3 So spricht der Herr: Sorgt für Recht und Gerechtigkeit und rettet den Ausgeplünderten aus der Hand des Gewalttäters! Fremde, Waisen und Witwen bedrängt und misshandelt nicht; vergießt kein unschuldiges Blut an diesem Ort! 4 Wenn ihr wirklich dieses Wort erfüllt, dann werden durch die Tore dieses Palastes Könige einziehen, die auf dem Thron Davids sitzen; mit Wagen und Rossen werden sie fahren, sie selbst, ihre Beamten und ihre Leute. 5 Hört ihr aber nicht auf diese Worte, so schwöre ich bei mir selbst – Spruch des Herrn: Zum Trümmerhaufen wird dieser Palast. 6 Ja, so spricht der Herr gegen den Palast des Königs von Juda: Giltst du mir auch so viel wie Gilead, wie der Gipfel des Libanon, fürwahr, ich mache dich zur Wüste, zur unbewohnten Stadt. 7 Ich biete Verwüster gegen dich auf, die mit ihren Äxten kommen, deine auserlesenen Zedern umhauen und ins Feuer werfen. 8 Wenn dann Leute aus vielen Völkern an dieser Stadt vorbeikommen und einander fragen: Warum hat der Herr so an dieser großen Stadt gehandelt?, 9 wird man erwidern: Weil sie den Bund mit dem Herrn, ihrem Gott, aufgegeben, andere Götter angebetet und ihnen gedient haben.

3: 21,12 • 4: 17,25

Gegen Schallum

10 Weint nicht um den Toten und beklagt ihn nicht! Weint vielmehr um den, der fortmusste; denn er kehrt nie wieder zurück, nie mehr sieht er sein Heimatland.
11 Denn so spricht der Herr über Schallum, den Sohn Joschijas, den König von Juda, der seinem Vater Joschija in der Regierung gefolgt war und wegziehen musste von diesem Ort: Nie mehr kommt er hierher zurück. 12 An dem Ort, wohin man ihn verschleppt hat, dort wird er sterben und dieses Land nie wieder sehen.

Gegen Jojakim

13 Weh dem, der seinen Palast mit Ungerechtigkeit baut, / seine Gemächer mit Unrecht,
der seinen Nächsten ohne Entgelt arbeiten lässt / und ihm seinen Lohn nicht gibt,
14 der sagt: Ich baue mir einen stattlichen Palast / und weite Gemächer.
Er setzt ihm hohe Fenster ein, / täfelt ihn mit Zedernholz / und bemalt ihn mit Mennigrot.
15 Bist du König geworden, / um mit Zedern zu prunken?
Hat dein Vater nicht auch gegessen und getrunken, / dabei aber für Recht und Gerechtigkeit gesorgt? / Und es ging ihm gut.
16 Dem Schwachen und Armen verhalf er zum Recht.
Heißt nicht das, mich wirklich erkennen? / – Spruch des Herrn.
17 Doch deine Augen und dein Herz / sind nur auf deinen Vorteil gerichtet,
auf das Blut des Unschuldigen, das du vergießt, / auf Bedrückung und Erpressung, die du verübst.
18 Darum – so spricht der Herr über Jojakim, / den Sohn Joschijas, den König von Juda:
Man wird für ihn nicht die Totenklage halten: / »Ach, mein Bruder! Ach, Schwester!«
Man wird für ihn nicht die Totenklage halten: / »Ach, der Herrscher! Ach, seine Majestät!«
19 Ein Eselsbegräbnis wird er bekommen. / Man schleift ihn weg und wirft ihn hin, / draußen vor den Toren Jerusalems.

13: Mi 3,10; Lev 19,13 • 17: 2 Kön 24,1–4 • 18: 34,5 • 19: 36,30

Jerusalems Sturz

20 (Jerusalem,) steig auf den Libanon und schrei, /
im Baschan erheb deine Stimme,
schrei vom Abarimgebirge herab, / dass alle deine
Freunde zerschmettert sind.
21 Ich habe dir zugeredet, als du dich noch sicher
fühltest; / du aber hast gesagt: Ich höre nicht.
So hast du es getrieben von Jugend an: / Du hast
auf meine Stimme nicht gehört.
22 All deine Hirten wird der Wind weiden, / deine
Freunde müssen fort in die Gefangenschaft.
Dann wirst du Schmach und Schande ernten /
wegen all deiner Untaten.
23 Die du auf dem Libanon thronst (Jerusalem), /
in Zedern nistest,
wie wirst du stöhnen, wenn Wehen über dich
kommen, / Schmerzen wie die einer Gebärenden.

Gegen Jojachin

24 So wahr ich lebe – Spruch des Herrn –, selbst
wenn Jojachin, der Sohn Jojakims und König von
Juda, ein Siegelring an meiner Rechten wäre, ich
risse dich weg. 25 Ich gebe dich in die Hand derer,
die dir nach dem Leben trachten, in die Hand de-
rer, vor denen dir graut, in die Hand Nebukadnez-
zars, des Königs von Babel, und in die Hand der
Chaldäer. 26 Ich schleudere dich samt deiner Mut-
ter, die dich gebar, in ein anderes Land, in dem ihr
nicht geboren seid, und dort werdet ihr sterben.
27 In das Land aber, nach dem ihr Herz sehnlich
zurückverlangt, werden sie nie wieder kommen. –
28 Ist denn dieser Mann Jojachin ein verachtetes,
zerschlagenes Gefäß oder ein Gerät, das niemand
mehr mag? Warum wird er fortgeschleudert und
hingeworfen in ein Land, das er nicht kennt?
29 Land, Land, Land, höre das Wort des Herrn! 30 So
spricht der Herr: Schreibt diesen Mann als kin-
derlos ein, als Mann, der in seinem Leben kein
Glück hat. Denn keinem seiner Nachkommen
wird es glücken, sich auf den Thron Davids zu set-
zen und wieder über Juda zu herrschen.

24: 2 Kön 24,8–16

Der Davidspross

23 Weh den Hirten, die die Schafe meiner
Weide zugrunde richten und zerstreuen –
Spruch des Herrn. 2 Darum – so spricht der Herr,
der Gott Israels, über die Hirten, die mein Volk
weiden: Ihr habt meine Schafe zerstreut und ver-
sprengt und habt euch nicht um sie gekümmert.
Jetzt ziehe ich euch zur Rechenschaft wegen eurer
bösen Taten – Spruch des Herrn. 3 Ich selbst aber
sammle den Rest meiner Schafe aus allen Ländern,
wohin ich sie versprengt habe. Ich bringe sie
zurück auf ihre Weide; sie sollen fruchtbar sein
und sich vermehren. 4 Ich werde für sie Hirten
bestellen, die sie weiden, und sie werden sich nicht
mehr fürchten und ängstigen und nicht mehr ver-
loren gehen – Spruch des Herrn.
5 Seht, es kommen Tage – Spruch des Herrn –, da
werde ich für David einen gerechten Spross er-
wecken. Er wird als König herrschen und weise
handeln, für Recht und Gerechtigkeit wird er sor-
gen im Land. 6 In seinen Tagen wird Juda gerettet
werden, Israel kann in Sicherheit wohnen. Man
wird ihm den Namen geben: Der Herr ist unsere
Gerechtigkeit. 7 Darum seht, es werden Tage kom-
men – Spruch des Herrn –, da sagt man nicht
mehr: So wahr der Herr lebt, der die Söhne Israels
aus Ägypten heraufgeführt hat!, 8 sondern: So
wahr der Herr lebt, der das Geschlecht des Hauses
Israel aus dem Nordland und aus allen Ländern,
in die er sie verstoßen hatte, heraufgeführt und
zurückgebracht hat. Dann werden sie wieder in
ihrem Heimatland wohnen.

1: 10,21 • 4: 3,15 • 5–6: 33,15f; Jes 16,5; 32,1; Sach 3,8 • 7–8: 16,14f

Gegen die falschen Propheten

9 Über die Propheten:
Mir bricht das Herz in der Brust, / alle meine Glie-
der zittern.
Wie ein Betrunkener bin ich, / wie ein Mann, der
vom Wein überwältigt ist, / wegen des Herrn und
seiner heiligen Worte:
10 Voll von Ehebrechern ist das Land; / ja, wegen
des Fluches vertrocknet das Land, / sind die Wei-
deplätze der Steppe verdorrt. Schlechtigkeit ist ihr
Ziel, / Unrecht ihre Stärke.
11 Sogar Prophet und Priester sind ruchlose Frev-
ler, / selbst in meinem Haus stoße ich auf ihre
Schlechtigkeit / – Spruch des Herrn.
12 Deshalb wird ihr Weg für sie / wie ein schlüpfri-
ger Pfad; sie stürzen in der Finsternis, / sie kom-
men darin zu Fall.

Denn Unheil bringe ich über sie, / das Jahr ihrer
Bestrafung – Spruch des Herrn.
13 Zwar habe ich auch bei Samarias Propheten /
Hässliches gesehen:
Sie weissagten im Namen des Baal / und verführten mein Volk Israel.
14 Aber bei den Propheten Jerusalems / sah ich
grauenhafte Dinge:
Sie brechen die Ehe, gehen mit Lügen um und
bestärken die Bösen, / sodass keiner umkehrt von
seinem bösen Treiben.
Für mich sind alle wie Sodom, / Jerusalems Einwohner sind für mich wie Gomorra.
15 Darum – so spricht der Herr der Heere gegen die
Propheten:
Ich gebe ihnen Wermut zu essen / und Giftwasser
zu trinken;
denn von den Propheten Jerusalems / ist Frevel
ausgegangen ins ganze Land.
16 So spricht der Herr der Heere: / Hört nicht auf
die Worte der Propheten, / die euch weissagen.
Sie betören euch nur; sie verkünden Visionen, / die
aus dem eigenen Herzen stammen, / nicht aus dem
Mund des Herrn.
17 Immerzu sagen sie denen, die das Wort des
Herrn verachten: / Das Heil ist euch sicher!;
und jedem, der dem Trieb seines Herzens folgt, /
versprechen sie: Kein Unheil kommt über euch.
18 Doch wer hat an der Ratsversammlung des
Herrn teilgenommen, / hat ihn gesehen und sein
Wort gehört?
Wer hat sein Wort vernommen / und kann es verkünden?
19 Hört, der Sturm des Herrn [sein Grimm] bricht
los. / Ein Wirbelsturm braust hinweg über die
Köpfe der Frevler.
20 Der Zorn des Herrn hört nicht auf, / bis er die
Pläne seines Herzens ausgeführt und vollbracht
hat. / Am Ende der Tage werdet ihr es klar erkennen.
21 Ich habe diese Propheten nicht ausgesandt, /
dennoch laufen sie;
ich habe nicht zu ihnen gesprochen, / dennoch
weissagen sie.
22 Hätten sie an meiner Ratsversammlung teilgenommen, /
so könnten sie meinem Volk meine Worte verkünden, / damit es umkehrt von seinem schlechten Weg / und von seinen bösen Taten.
23 Bin ich denn ein Gott aus der Nähe – Spruch des
Herrn – / und nicht vielmehr ein Gott aus der
Ferne?
24 Kann sich einer in Schlupfwinkeln verstecken, /
sodass ich ihn nicht sähe? – Spruch des Herrn.
Bin nicht ich es, / der Himmel und Erde erfüllt? –
Spruch des Herrn.
25 Ich habe gehört, was die Propheten reden, die in
meinem Namen Lügen weissagen und sprechen:
Einen Traum habe ich gehabt, einen Traum.
26 Wie
lange noch? Haben sie denn wirklich etwas in sich,
die Propheten, die Lügen weissagen und selbst
erdachten Betrug?
27 Durch ihre Träume, die sie
einander erzählen, möchten sie meinen Namen in
Vergessenheit bringen bei meinem Volk, wie ihre
Väter meinen Namen wegen des Baal vergessen
haben.
28 Der Prophet, der einen Traum hat, erzählt nur einen Traum; wer aber mein Wort hat,
der verkündet wahrhaftig mein Wort. Was hat das
Stroh mit dem Korn zu tun? – Spruch des Herrn.
29 Ist nicht mein Wort wie Feuer – Spruch des
Herrn – und wie ein Hammer, der Felsen zerschmettert?
30 Darum gehe ich nun gegen die Propheten vor – Spruch des Herrn –, die einander
meine Worte stehlen.
31 Nun gehe ich gegen die
Propheten vor – Spruch des Herrn –, die ihre
Zunge gebrauchen, um Sprüche zu machen.
32 Ja,
nun gehe ich gegen die Propheten mit ihren erlogenen Träumen vor – Spruch des Herrn; sie erzählen die Träume und verführen mein Volk
durch ihre Lügen und ihr freches Geschwätz. Ich
aber habe sie weder gesandt noch beauftragt, und
sie sind diesem Volk ganz unnütz – Spruch des
Herrn.

10: 12,4; Jes 24,6 • 15: 9,14 • 16: 14,14 • 18: Jes 40,13; 1 Kön 22,19–23 • 19–20: 30,23f

Die »Last« des Herrn

33 Fragt dich dieses Volk oder ein Prophet oder ein
Priester: Was ist der »Last-Spruch« des Herrn?, so
antworte ihnen: Ihr selbst seid die Last und ich
werfe euch ab – Spruch des Herrn.
34 Den Propheten aber, den Priester und das Volk, jeden, der sagt:
»Last-Spruch des Herrn«, den ziehe ich samt seinem Haus zur Rechenschaft – Spruch des Herrn.

35 Vielmehr sollt ihr so zueinander und unterei-
nander sagen: Was hat der Herr geantwortet?,
oder: Was hat der Herr gesagt? 36 Aber den Aus-
druck »Last-Spruch des Herrn« sollt ihr nicht
mehr gebrauchen. Denn »die Last« ist für jeden
sein eigenes Wort, weil ihr die Worte des lebendi-
gen Gottes, des Herrn der Heere, unseres Gottes,
verdreht habt. 37 So soll man zum Propheten sagen:
Was hat der Herr dir geantwortet?, oder: Was hat
der Herr gesagt? 38 Wenn ihr aber »Last-Spruch des
Herrn«, sagt, so sagt der Herr darauf: Weil ihr
dieses Wort »Last-Spruch des Herrn« gebraucht,
obwohl ich euch verbieten ließ, »Last-Spruch des
Herrn« zu sagen, 39 darum hebe ich euch empor
und schleudere euch samt der Stadt, die ich euch
und euren Vätern gegeben habe, weg von mei-
nem Angesicht. 40 Ich verhänge über euch ewige
Schande und ewige Schmach, die nie vergessen
werden soll.

40: 20,11

Die beiden Feigenkörbe

24 Der Herr ließ mich schauen: Da standen
zwei Körbe mit Feigen vor dem Tempel
des Herrn. Dies geschah, nachdem Nebukad-
nezzar, der König von Babel, Jojachin, den Sohn
Jojakims, den König von Juda, sowie die Großen
von Juda samt den Schmieden und Schlossern aus
Jerusalem weggeführt und nach Babel gebracht
hatte. 2 In dem einen Korb waren sehr gute Feigen,
wie Frühfeigen, im andern Korb sehr schlechte
Feigen, so schlecht, dass sie ungenießbar waren.
3 Der Herr fragte mich: Was siehst du, Jeremia? Fei-
gen, antwortete ich. Die guten Feigen sind sehr
gut, die schlechten aber sehr schlecht, so schlecht,
dass sie ungenießbar sind. 4 Nun erging an mich
das Wort des Herrn: 5 So spricht der Herr, der Gott
Israels: Wie auf diese guten Feigen, so schaue ich
liebevoll auf die Verschleppten aus Juda, die ich
von diesem Ort vertrieben habe ins Land der
Chaldäer. 6 Ich richte meine Augen liebevoll auf sie
und lasse sie in dieses Land heimkehren. Ich will
sie aufbauen, nicht niederreißen, einpflanzen,
nicht ausreißen. 7 Ich gebe ihnen ein Herz, damit
sie erkennen, dass ich der Herr bin. Sie werden
mein Volk sein und ich werde ihr Gott sein; denn
sie werden mit ganzem Herzen zu mir umkeh-
ren. 8 Aber wie mit den schlechten Feigen, die so
schlecht sind, dass sie ungenießbar sind, [ja, so
spricht der Herr] so verfahre ich mit Zidkija, dem
König von Juda, mit seinen Großen und dem Rest
Jerusalems, mit denen, die in diesem Land übrig
geblieben sind, und denen, die sich in Ägypten
niedergelassen haben. 9 Ich mache sie zu einem
Bild des Schreckens für alle Reiche der Erde, zum
Schimpf und Gespött, zum Hohn und zum Fluch
an allen Orten, an die ich sie verstoße. 10 Ich sende
unter sie Schwert, Hunger und Pest, bis sie ganz
ausgerottet sind aus dem Land, das ich ihnen und
ihren Vätern gegeben habe.

1: 2 Kön 24,14–16 • 6: 1,10; 31,28 • 7: 31,33; 30,22; Lev 26,12; Dtn 26,17f • 8: 29,17f • 9: 15,4

Das drohende Exil

25 Das Wort über das ganze Volk von Juda,
das an Jeremia erging im vierten Jahr Joja-
kims, des Sohnes Joschijas, des Königs von Juda;
es war das erste Jahr Nebukadnezzars, des Königs
von Babel. 2 Der Prophet Jeremia richtete es an das
ganze Volk von Juda und an alle Einwohner Je-
rusalems; er sagte: 3 Seit dem dreizehnten Jahr
Joschijas, des Sohnes Amons, des Königs von Juda,
bis zum heutigen Tag, also dreiundzwanzig Jahre
lang, ist an mich das Wort des Herrn ergangen und
ich habe es euch unermüdlich weitergegeben. [Ihr
aber habt nicht gehört. 4 Der Herr hat immer wie-
der alle seine Knechte, die Propheten, zu euch
gesandt. Ihr aber habt nicht gehört und euer Ohr
nicht geneigt, um zu hören.] 5 Ich sagte: Kehrt
doch alle um von eurem schlechten Weg und von
euren bösen Taten; dann dürft ihr in dem Land
bleiben, das der Herr euch und euren Vätern gege-
ben hat seit jeher und für immer. 6 [Lauft nicht
anderen Göttern nach, um ihnen zu dienen und
sie anzubeten, und erzürnt mich nicht durch das
Werk eurer Hände, damit ich euch nicht Schlim-
mes antun muss.] 7 Aber ihr habt nicht auf mich
gehört [- Spruch des Herrn –, um mich zu erzür-
nen durch das Werk eurer Hände, zu eurem eige-
nen Schaden]. 8 Darum – so spricht der Herr der
Heere: Weil ihr auf meine Worte nicht gehört habt,
9 darum hole ich alle Stämme des Nordens herbei
– Spruch des Herrn –, auch Nebukadnezzar, den
König von Babel, meinen Knecht. Ich lasse sie über

dieses Land und seine Bewohner kommen und
über alle diese Völker ringsum. Ich weihe sie dem
Untergang und mache sie zu einem Bild des
Entsetzens, zum Gespött und zur dauernden
Schmach. 10 Ich lasse bei ihnen aufhören den Ju-
belruf und den Freudenruf, den Ruf des Bräuti-
gams und den Ruf der Braut, das Geräusch der
Handmühle und das Licht der Lampe. 11 Dieses
ganze Land wird zum Trümmerfeld und zu einem
Bild des Entsetzens und diese Völker werden dem
König von Babel siebzig Jahre lang dienen. 12 Sind
aber die siebzig Jahre vorüber, dann ziehe ich den
König von Babel und jenes Volk zur Rechenschaft
für ihre Schuld – Spruch des Herrn – und auch das
Land der Chaldäer, indem ich es für immer zur
schaurigen Wüste mache. 13 Ich lasse über jenes
Land all das kommen, was ich ihm angedroht
habe, alles, was in diesem Buch aufgezeichnet ist
[was Jeremia über alle Völker geweissagt hat].
14 Denn auch sie werden mächtigen Völkern und
großen Königen dienen müssen. So vergelte ich
ihnen entsprechend ihren Taten und dem Tun
ihrer Hände.

1: 36,1 • 4: 11,7; 26,5; 44,4 • 10: 7,34 • 12: 29,10 • 14: 27,7

DIE EINLEITUNG ZU DEN GERICHTSWORTEN ÜBER DIE VÖLKER: 25,15–38

Der Zornbecher für die Völker

15 Ja, so hat der Herr, der Gott Israels, zu mir ge-
sprochen: Nimm diesen Becher voll Zornwein
aus meiner Hand und gib ihn allen Völkern zu
trinken, zu denen ich dich sende. 16 Trinken sollen
sie, taumeln und torkeln vor dem Schwert, das ich
unter sie schicke. 17 Da nahm ich den Becher aus
der Hand des Herrn und ließ alle Völker trinken,
zu denen der Herr mich sandte: 18 Jerusalem und
die Städte Judas – samt seinen Königen und Fürs-
ten –, um sie zu Trümmerhaufen zu machen, zu
einem Bild des Entsetzens, zum Gespött und zum
Fluch [wie es heute ist], 19 den Pharao, den König
von Ägypten, samt seinen Höflingen und Fürsten
und seinem ganzen Volk, 20 das gesamte Völker-
gemisch, alle Könige des Landes Uz, alle Könige
des Philisterlandes, (die Städte) Aschkelon, Gaza,
Ekron und den Rest von Aschdod, 21 Edom, Moab
und die Ammoniter, 22 alle Könige von Tyrus, alle
Könige von Sidon sowie die Könige der Inseln jen-
seits des Meeres, 23 Dedan, Tema, Bus und alle mit
gestutztem Haar, 24 alle Könige Arabiens und alle
Könige des Völkergemisches, die in der Wüste
wohnen, 25 alle Könige von Simri, von Elam und
Medien, 26 auch alle Könige des Nordens, die in der
Nähe und die in der Ferne, einen nach dem
andern, ja, alle Reiche [der Welt], die es auf der
Erde gibt; und zuletzt soll der König von Sche-
schach trinken. 27 Sag zu ihnen: So spricht der Herr
der Heere, der Gott Israels: Trinkt, berauscht euch
und speit, stürzt hin und steht nicht mehr auf vor
dem Schwert, das ich unter euch schicke. 28 Wei-
gern sie sich aber, den Becher aus deiner Hand
anzunehmen und zu trinken, dann sag zu ihnen:
So spricht der Herr der Heere: Trinken müsst ihr.
29 Denn seht, bei der Stadt, über der mein Name
ausgerufen ist, beginne ich mit dem Unheil und da
solltet ihr ungestraft bleiben? Nein, ihr werdet
nicht ungestraft bleiben; denn ich rufe das Schwert
gegen alle Bewohner der Erde – Spruch des Herrn
der Heere.

17: Jes 51,17

Das Gericht über die Völker

30 Du aber sollst ihnen als Prophet alle diese Worte
verkünden und zu ihnen sagen:
Aus der Höhe herab donnert der Herr, / von sei-
ner heiligen Wohnung her lässt er seine Stimme
erschallen.
Mächtig donnert er über seiner Flur / und ruft wie
die Keltertreter.
31 Zu allen Erdbewohnern dringt der Schall, / ja
bis ans Ende der Erde; / denn der Herr hat einen
Rechtsstreit mit den Völkern:
Er hält Gericht über alle Sterblichen / und liefert
die Schuldigen dem Schwert aus / – Spruch des
Herrn. 3
2 So spricht der Herr der Heere:
Seht, Unheil schreitet von Volk zu Volk, / ein gewal-
tiger Sturm bricht los / von den Grenzen der Erde.
33 Die vom Herrn Erschlagenen liegen an jenem
Tag / von einem Ende der Erde bis zum andern.

Man beklagt sie nicht, / man sammelt sie nicht und
begräbt sie nicht; / sie werden zum Dünger auf
dem Acker.
34 Klagt, ihr Hirten, und schreit; / wälzt euch im
Staub, ihr Herren der Herde!
Denn die Zeit ist gekommen, / dass ihr geschlach-
tet werdet;
ich zerschmettere euch, dass ihr berstet / wie ein
Prunkgefäß.
35 Es gibt keine Flucht mehr für die Hirten, / kein
Entrinnen für die Herren der Herde.
36 Horcht, wie die Hirten schreien / und die Her-
ren der Herde wehklagen, / weil der Herr ihre
Weide verwüstet.
37 Verdorrt sind die friedlichen Wiesen / vor dem
glühenden Zorn des Herrn.
38 Er verlässt sein Versteck wie ein Löwe; / ihr Land
ist zu einem Bild des Entsetzens geworden
durch sein rasendes Schwert / und durch die Glut
seines Zorns.

30: Ps 29; Joël 4,16; Am 1,2 • 33: 9,21

DIE GERICHTSWORTE ÜBER ISRAEL UND JUDA: 26,1 – 29,32

Die Tempelrede

26 Im Anfang der Regierung Jojakims, des
Sohnes Joschijas, des Königs von Juda,
erging vom Herrn dieses Wort: 2 So spricht der
Herr: Stell dich in den Vorhof des Hauses des
Herrn und sag zu den Leuten, die aus allen Städ-
ten Judas kommen, um im Haus des Herrn anzu-
beten, alles, was ich dir ihnen zu verkünden auf-
getragen habe; kein Wort sollst du weglassen.
3 Vielleicht hören sie und kehren um, jeder von sei-
nem bösen Weg, sodass mich das Unheil reut, das
ich ihnen wegen ihrer schlechten Taten zugedacht
habe. 4 Sag also zu ihnen: So spricht der Herr:
Wenn ihr nicht auf mein Wort hört und meiner
Weisung nicht folgt, die ich euch gegeben habe,
5 wenn ihr nicht auf die Worte meiner Knechte, der
Propheten, hört, die ich immer wieder zu euch
sende, obwohl ihr nicht hört, 6 dann verfahre ich
mit diesem Haus wie mit Schilo und mache diese
Stadt zu einem Fluch bei allen Völkern der Erde.
7 Die Priester, die Propheten und das ganze Volk
hörten, wie Jeremia diese Worte vor dem Haus des
Herrn vortrug. 8 Als Jeremia alles gesagt hatte, was
er im Auftrag des Herrn vor dem ganzen Volk zu
verkünden hatte, ergriffen ihn die Priester, die
Propheten und alles Volk und schrien: Jetzt musst
du sterben. 9 Warum weissagst du im Namen des
Herrn: Wie Schilo wird es diesem Haus gehen und
diese Stadt wird verwüstet und entvölkert werden?
Das ganze Volk rottete sich beim Haus des Herrn
um Jeremia zusammen. 10 Als die Beamten Judas
von diesen Vorgängen hörten, gingen sie vom
Königspalast zum Haus des Herrn hinauf und
setzten sich am Eingang des Neuen Tempeltors
nieder. 11 Die Priester und Propheten sagten zu den
Beamten und zum ganzen Volk: Dieser Mann hat
den Tod verdient; denn er hat gegen diese Stadt
geweissagt, wie ihr mit eigenen Ohren gehört habt.
12 Jeremia aber erwiderte allen Beamten und dem
ganzen Volk: Der Herr hat mich gesandt, damit ich
als Prophet gegen dieses Haus und diese Stadt alle
Worte verkünde, die ihr gehört habt. 13 Nun also,
bessert euer Verhalten und euer Tun und hört auf
die Stimme des Herrn, eures Gottes! Dann wird
den Herrn das Unheil reuen, das er euch ange-
droht hat. 14 Ich selbst bin in eurer Hand; macht
mit mir, was ihr für gut und recht haltet. 15 Aber
das sollt ihr wissen: Wenn ihr mich tötet, bringt ihr
unschuldiges Blut über euch, über diese Stadt und
ihre Einwohner. Denn der Herr hat mich wirklich
zu euch gesandt, damit ich euch alle diese Worte
in die Ohren rufe. 16 Da sagten die Beamten und
das ganze Volk zu den Priestern und Propheten:
Dieser Mann hat den Tod nicht verdient; denn er
hat zu uns im Namen des Herrn, unseres Got-
tes, geredet. 17 Einige von den Ältesten des Landes
standen auf und sagten zu der ganzen Volksver-
sammlung: 18 Micha von Moreschet, der zur Zeit
Hiskijas, des Königs von Juda, als Prophet wirkte,
hat zum ganzen Volk Juda gesagt: So spricht der
Herr der Heere: Zion wird umgepflügt zu Acker-
land, Jerusalem wird zum Trümmerhaufen, der
Tempelberg zur überwucherten Höhe. 19 Haben
ihn etwa Hiskija, der König von Juda, und ganz

Juda deshalb hingerichtet? Hat er nicht Gott ge-
fürchtet und den Zorn des Herrn besänftigt, so-
dass den Herrn das Unheil reute, das er ihnen
angedroht hatte? Und wir sollten ein so großes
Unrecht tun zu unserem eigenen Schaden?

1–9 || 7,1–15 • 5: 25,4 • 6: 7,12; 9,10 • 13: 7,3 • 18: Mi 3,12

Die Ermordung des Propheten Urija

20 Damals wirkte noch ein anderer Mann als Pro-
phet im Namen des Herrn, Urija, der Sohn Sche-
majas, aus Kirjat-Jearim. Er weissagte gegen diese
Stadt und dieses Land mit ganz ähnlichen Worten
wie Jeremia. 21 Der König Jojakim, alle seine Heer-
führer und alle Beamten hörten von seinen Reden.
Daher suchte der König ihn zu töten. Als Urija
davon erfuhr, bekam er Angst, floh und gelangte
nach Ägypten. 22 Der König Jojakim aber schickte
Leute nach Ägypten, nämlich Elnatan, den Sohn
Achbors, mit einigen Männern. 23 Sie holten Urija
aus Ägypten und brachten ihn zu König Jojakim;
dieser ließ ihn mit dem Schwert erschlagen und
seinen Leichnam zu den Gräbern des niedrigen
Volkes werfen. 24 Ahikam jedoch, der Sohn Scha-
fans, beschützte Jeremia, sodass man ihn nicht
dem Volk auslieferte, das ihn töten wollte.

Das Joch Babels

27 Im Anfang der Regierung Zidkijas, des
Sohnes Joschijas, des Königs von Juda,
erging vom Herrn folgendes Wort an Jeremia. 2 So
sprach der Herr zu mir: Mach dir Stricke und
Jochhölzer, und leg sie dir auf den Nacken! 3 Dann
schick eine Botschaft an den König von Edom, den
König von Moab, den König der Ammoniter, den
König von Tyrus und den König von Sidon, durch
die Gesandten, die zu Zidkija, dem König von
Juda, nach Jerusalem gekommen sind. 4 Gib ihnen
folgenden Auftrag an ihre Gebieter: So spricht der
Herr der Heere, der Gott Israels: Sagt so zu euren
Gebietern: 5 Ich bin es, der die Erde erschaffen hat
samt den Menschen und den Tieren, die auf der
Erde leben, durch meine gewaltige Kraft und mei-
nen hoch erhobenen Arm, und ich gebe sie, wem
ich will. 6 Jetzt gebe ich alle diese Länder in die
Hand meines Knechtes, des Königs Nebukadnez-
zar von Babel; selbst die Tiere des Feldes mache
ich ihm dienstbar. 7 Alle Völker sollen ihm unter-
tan sein, ihm, seinem Sohn und seinem Enkel, bis
auch für sein eigenes Land die Zeit kommt, dass
große Völker und mächtige Könige es knechten.
8 Will aber ein Volk oder Reich dem König Nebu-
kadnezzar von Babel nicht untertan sein und
seinen Nacken nicht unter das Joch des Königs
von Babel beugen, so werde ich dieses Volk mit
Schwert, Hunger und Pest heimsuchen – Spruch
des Herrn –, bis ich es seiner Hand ausgeliefert
habe. 9 Ihr aber, hört nicht auf eure Propheten,
Wahrsager, Träumer, Zeichendeuter und Zaube-
rer, wenn sie zu euch sagen: Ihr werdet dem König
von Babel nicht untertan sein. 10 Denn sie lügen,
wenn sie euch weissagen, und damit vertreiben sie
euch aus eurer Heimat; denn ich verstoße euch,
sodass ihr zugrunde geht. 11 Das Volk aber, das sei-
nen Nacken unter das Joch des Königs von Babel
beugt und ihm untertan ist, lasse ich ungestört auf
seinem heimatlichen Boden – Spruch des Herrn –;
es kann ihn bebauen und auf ihm wohnen. 12 Auch
zu Zidkija, dem König von Juda, redete ich ganz in
diesem Sinn: Beugt euren Nacken unter das Joch
des Königs von Babel und seid ihm und seinem
Volk untertan; dann bleibt ihr am Leben. 13 Wa-
rum sollt ihr, du und dein Volk, durch Schwert,
Hunger und Pest umkommen, wie der Herr dem
Volk, das dem König von Babel nicht untertan sein
will, angedroht hat? 14 Hört nicht auf die Reden der
Propheten, die zu euch sagen: Ihr sollt dem König
von Babel nicht untertan sein. Denn was sie euch
weissagen, ist Lüge. 15 Ich habe sie nicht gesandt –
Spruch des Herrn –; darum ist es Lüge, wenn sie
in meinem Namen weissagen; die Folge wird sein,
dass ich euch verstoße und dass ihr zugrunde geht,
ihr und die Propheten, die euch weissagen.
16 Zu den Priestern und dem ganzen Volk sagte
ich: So spricht der Herr: Hört nicht auf die Reden
eurer Propheten, die euch weissagen: Die Geräte
des Hauses des Herrn werden aus Babel zurück-
gebracht werden, und zwar bald. Denn was sie
euch weissagen, ist Lüge. 17 Hört nicht auf sie! Seid
dem König von Babel untertan; dann bleibt ihr am
Leben. Warum soll diese Stadt ein Trümmerhau-
fen werden? 18 Wenn sie Propheten sind und das
Wort des Herrn wirklich bei ihnen ist, so mögen
sie doch den Herrn der Heere bestürmen, dass die
Geräte, die noch im Haus des Herrn, im Palast des

Königs von Juda und in Jerusalem verblieben sind,
nicht auch nach Babel kommen. 19 Denn so spricht
der Herr der Heere über die Säulen, das Eherne
Meer, die fahrbaren Gestelle und den Rest der in
dieser Stadt noch verbliebenen Geräte, 20 die Ne-
bukadnezzar, der König von Babel, nicht mitge-
nommen hat, als er Jojachin, den Sohn Jojakims,
den König von Juda, aus Jerusalem nach Babel ver-
schleppte samt allen Vornehmen Judas und Jeru-
salems: 21 Ja, so spricht der Herr der Heere, der
Gott Israels, über die Geräte, die im Haus des
Herrn, im Palast des Königs von Juda und in Jeru-
salem verblieben sind: 22 Nach Babel werden sie
gebracht und dort bleiben sie bis zu dem Tag, an
dem ich mich ihrer annehme – Spruch des Herrn
– und sie wieder an diesen Ort heraufbringe.

2: 28,10 • 5: 32,17 • 9: 14,13f • 14: 14,14; 29,8f • 19: 2 Kön 25,13–17 •
22: Esra 1,7–11

Der falsche Prophet Hananja

28 Im selben Jahr, im Anfang der Regierung
Zidkijas, des Königs von Juda, im fünften
Monat des vierten Jahres, sagte der Prophet Ha-
nanja, der Sohn Asurs aus Gibeon, im Haus des
Herrn vor den Priestern und dem ganzen Volk zu
Jeremia: 2 So spricht der Herr der Heere, der Gott
Israels: Ich zerbreche das Joch des Königs von
Babel. 3 Noch zwei Jahre und ich bringe alle Geräte
des Hauses des Herrn, die Nebukadnezzar, der
König von Babel, von diesem Ort weggenommen
und nach Babel gebracht hat, wieder an diesen Ort
zurück. 4 Auch Jojachin, den Sohn Jojakims, den
König von Juda, samt allen Verschleppten aus
Juda, die nach Babel gebracht wurden, führe ich
an diesen Ort zurück – Spruch des Herrn –; denn
ich zerbreche das Joch des Königs von Babel. 5 Der
Prophet Jeremia antwortete dem Propheten Ha-
nanja vor den Priestern und vor dem ganzen Volk,
das im Haus des Herrn stand. 6 Der Prophet Jere-
mia sagte: Ganz recht! Mag der Herr so tun. Der
Herr erfülle deine Worte, die du verkündet hast,
und bringe die Geräte des Hauses des Herrn und
alle Verschleppten aus Babel zurück an diesen Ort.
7 Doch höre das Wort, das ich dir und dem ganzen
Volk in die Ohren rufe: 8 Die Propheten, die vor
mir und vor dir je gelebt haben, weissagten Krieg,
Unheil und Pest gegen viele Länder und mächtige
Reiche. 9 Der Prophet aber, der Heil weissagt – an
der Erfüllung des prophetischen Wortes erkennt
man den Propheten, den der Herr wirklich gesandt
hat.

10 Da nahm der Prophet Hananja das Jochholz
vom Nacken des Propheten Jeremia und brach es
entzwei. 11 Vor dem ganzen Volk erklärte Hananja:
So spricht der Herr: Ebenso nehme ich binnen
zwei Jahren das Joch Nebukadnezzars, des Königs
von Babel, vom Nacken aller Völker und zerbre-
che es. Der Prophet Jeremia ging seines Weges.

12 Nachdem nun der Prophet Hananja das Joch-
holz vom Nacken des Propheten Jeremia genom-
men und zerbrochen hatte, erging das Wort des
Herrn an Jeremia: 13 Geh und sag zu Hananja: So
spricht der Herr: Jochstangen aus Holz hast du
zerbrochen, dafür aber musst du nun Jochstangen
aus Eisen machen. 14 Denn so spricht der Herr der
Heere, der Gott Israels: Ein eisernes Joch habe ich
auf den Nacken aller dieser Völker gelegt; sie müs-
sen Nebukadnezzar, dem König von Babel, unter-
tan sein. [Sie werden ihm untertan sein und auch
die Tiere des Feldes gebe ich ihm.] 15 Der Prophet
Jeremia sagte also zum Propheten Hananja: Höre,
Hananja! Der Herr hat dich nicht gesandt und du
hast dieses Volk dazu verführt, auf Lügen zu ver-
trauen. 16 Darum – so spricht der Herr: Siehe, ich
schaffe dich vom Erdboden fort. Noch in diesem
Jahr bist du tot; denn du hast Auflehnung gegen
den Herrn gepredigt. 17 Im siebten Monat dessel-
ben Jahres starb der Prophet Hananja.

9: Dtn 18,21f • 10: 27,2

Der Brief an die Verbannten

29 Das ist der Wortlaut des Briefes, den der
Prophet Jeremia aus Jerusalem an den
Rest der Ältesten der Gemeinde der Verbannten
sandte, an die Priester, Propheten und das ganze
Volk, das Nebukadnezzar von Jerusalem nach
Babel verschleppt hatte, 2 nachdem der König Jo-
jachin, die Herrin, die Hofbeamten, die Großen
von Juda und Jerusalem sowie die Schmiede und
Schlosser aus Jerusalem fortgezogen waren; 3 er
schickte den Brief durch Elasa, den Sohn Schafans,
und Gemarja, den Sohn Hilkijas, die Zidkija, der
König von Juda, nach Babel zu Nebukadnezzar,
dem König von Babel, sandte: 4 So spricht der Herr

der Heere, der Gott Israels, zur ganzen Gemeinde
der Verbannten, die ich von Jerusalem nach Babel
weggeführt habe: [5] Baut Häuser und wohnt darin,
pflanzt Gärten und esst ihre Früchte! [6] Nehmt
euch Frauen und zeugt Söhne und Töchter, nehmt
für eure Söhne Frauen und gebt eure Töchter
Männern, damit sie Söhne und Töchter gebären.
Ihr sollt euch dort vermehren und nicht vermin-
dern. [7] Bemüht euch um das Wohl der Stadt, in die
ich euch weggeführt habe, und betet für sie zum
Herrn; denn in ihrem Wohl liegt euer Wohl. [8] Denn
so spricht der Herr der Heere, der Gott Israels:
Lasst euch nicht täuschen von den Propheten, die
unter euch sind, und von euren Wahrsagern. Hört
nicht auf die Träume, die sie träumen. [9] Denn Lüge
ist das, was sie euch in meinem Namen weissagen;
ich habe sie nicht gesandt – Spruch des Herrn. [10] Ja,
so spricht der Herr: Wenn siebzig Jahre für Babel
vorüber sind, dann werde ich nach euch sehen,
mein Heilswort an euch erfüllen und euch an
diesen Ort zurückführen. [11] Denn ich, ich kenne
meine Pläne, die ich für euch habe – Spruch des
Herrn –, Pläne des Heils und nicht des Unheils;
denn ich will euch eine Zukunft und eine Hoff-
nung geben. [12] Wenn ihr mich ruft, wenn ihr
kommt und zu mir betet, so erhöre ich euch.
[13] Sucht ihr mich, so findet ihr mich. Wenn ihr von
ganzem Herzen nach mir fragt, [14] lasse ich mich
von euch finden – Spruch des Herrn. Ich wende
euer Geschick und sammle euch aus allen Völkern
und von allen Orten, wohin ich euch versprengt
habe – Spruch des Herrn. Ich bringe euch an den
Ort zurück, von dem ich euch weggeführt habe.
[15] Zwar werdet ihr sagen: Auch in Babel hat der
Herr für uns Propheten auftreten lassen. [16] [Für-
wahr, so spricht der Herr über den König, der auf
dem Thron Davids sitzt, und über das ganze Volk,
das in dieser Stadt wohnt, eure Brüder, die noch
nicht mit euch in die Verbannung fortgezogen
sind, [17] so spricht der Herr der Heere: Seht, ich
schicke unter sie Schwert, Hunger und Pest und
ich behandle sie wie verdorbene Feigen, die so
schlecht sind, dass sie ungenießbar sind. [18] Ich ver-
folge sie mit Schwert, Hunger und Pest und mache
sie zu einem Bild des Schreckens für alle Reiche der
Erde, zum Fluch und zum Entsetzen, zum Hohn
und Gespött aller Völker, zu denen ich sie versto-
ße, [19] weil sie nicht auf meine Worte gehört ha-
ben – Spruch des Herrn –, obwohl ich immer wie-
der meine Knechte, die Propheten, zu ihnen
gesandt habe; ihr aber habt nicht gehört – Spruch
des Herrn. [20] Ihr jedoch, hört jetzt das Wort des
Herrn, all ihr Verschleppten, die ich von Jerusalem
nach Babel wegführen ließ.] [21] So spricht der Herr
der Heere, der Gott Israels, über Ahab, den Sohn
Kolajas, und über Zidkija, den Sohn Maasejas, die
euch in meinem Namen Lüge weissagen: Seht, ich
liefere sie Nebukadnezzar, dem König von Babel,
aus. Er wird sie vor euren Augen niederhauen las-
sen. [22] Dann wird man bei allen Verschleppten Ju-
das, die in Babel sind, von ihnen das Fluchwort
herleiten: Der Herr mache dich Zidkija und Ahab
gleich, die der König von Babel im Feuer rösten
ließ. [23] Sie haben nämlich Schändliches in Israel
getrieben, mit den Frauen ihrer Nächsten Ehe-
bruch begangen und in meinem Namen Worte
verkündet, die ich ihnen nicht aufgetragen hatte.
Ich bin der Wissende und der Zeuge – Spruch des
Herrn.

2: 24,1; 2 Kön 24,14f • 8: 14,14 • 10: 25,11–13 • 13–14: Dtn 4,29 •
17–18: 24,8–10 • 19: 25,4

Das Drohwort gegen Schemaja

[24] Zu Schemaja aus Nehelam sollst du sagen: [25] So
spricht der Herr der Heere, der Gott Israels: Du
hast in deinem eigenen Namen einen Brief [an das
ganze Volk in Jerusalem und] an den Priester
Zefanja, den Sohn Maasejas, [sowie an alle Pries-
ter] geschickt mit diesem Inhalt: [26] Der Herr hat
dich anstelle des Priesters Jojada zum Priester
bestellt, damit du im Haus des Herrn Acht gibst
auf jeden verrückten Propheten und ihn in Block
und Halseisen legst. [27] Warum bist du also nicht
gegen Jeremia aus Anatot eingeschritten, der sich
bei euch wie ein Prophet gebärdet? [28] Deshalb hat
er auch an uns nach Babel die Botschaft geschickt:
Es wird noch lange dauern; baut Häuser und
wohnt darin, pflanzt Gärten und genießt ihre
Früchte!

[29] Der Priester Zefanja aber hatte diesen Brief dem
Propheten Jeremia vorgelesen. [30] Da erging das
Wort des Herrn an Jeremia: [31] Schick eine Bot-
schaft an alle Verschleppten: So spricht der Herr
über Schemaja aus Nehelam: Weil Schemaja euch

geweissagt hat, obwohl ich ihn nicht gesandt hatte,
und weil er euch dazu verführt hat, auf Lügen zu
vertrauen, 32 darum – so spricht der Herr: Seht, ich
ziehe Schemaja aus Nehelam und seine Nach-
kommen zur Rechenschaft. Keiner von den Seinen
soll unter diesem Volk wohnen bleiben und das
Glück schauen, das ich meinem Volk bereite –
Spruch des Herrn –; denn er hat Auflehnung gegen
den Herrn gepredigt.

31: 28,15 • 32: 28,16

DIE TROSTSCHRIFT: 30,1 – 31,40

Die Rettung Israels und Judas

30 Das Wort, das vom Herrn an Jeremia er-
ging: 2 So spricht der Herr, der Gott Isra-
els: Schreib dir alle Worte, die ich dir gesagt habe,
in ein Buch! 3 Denn seht, es werden Tage kommen
– Spruch des Herrn –, da wende ich das Geschick
meines Volkes Israel und Juda, spricht der Herr.
Ich führe sie zurück in das Land, das ich ihren
Vätern zum Besitz gegeben habe. 4 Das sind die
Worte, die der Herr über Israel und Juda gespro-
chen hat:
5 Ja, so spricht der Herr:
Angstgeschrei vernehmen wir: / Schrecken und
kein Friede.
6 Fragt doch und schaut, / ob je ein Mann Kinder
zur Welt bringt.
Warum sehe ich alle Männer / mit den Händen auf
den Hüften wie eine Gebärende? / Jedes Gesicht ist
verstört und leichenblass.
7 Denn groß ist jener Tag, / keiner ist ihm gleich.
Eine Notzeit ist es für Jakob, / doch wird er daraus
gerettet.
8 An jenem Tag wird es geschehen / – Spruch des
Herrn der Heere –, / da zerbreche ich das Joch auf
seinem Nacken;
ich zerreiße seine Stricke / und Fremde sollen ihn
nicht mehr knechten.
9 Vielmehr wird mein Volk dem Herrn, / seinem
Gott, dienen / und David, seinem König, den ich
ihm erstehen lasse.
10 Fürchte dich nicht, du, mein Knecht Jakob / –
Spruch des Herrn –, / verzage nicht, Israel!
Denn ich bin es, der dich aus fernem Land erret-
tet, / deine Kinder aus dem Land ihrer Gefangen-
schaft.
Jakob wird heimkehren und Ruhe haben; / er wird
in Sicherheit leben / und niemand wird ihn er-
schrecken.
11 Denn ich bin mit dir / – Spruch des Herrn –, /
um dich zu retten.
Ja, ich vernichte alle Völker, / unter die ich dich
zerstreut habe.
Nur dich werde ich niemals vernichten; / ich züch-
tige dich mit rechtem Maß, / doch ganz ungestraft
kann ich dich nicht lassen.

3: 29,14 • 7: Zef 1,14f • 9: 23,5 • 10: 46,27f • 11: 1,8.19; 10,24; 46,28

Die Heilung für die Wunden

12 Ja, so spricht der Herr:
Arg ist dein Schaden, / unheilbar deine Wunde.
13 [Niemand verschafft dir Recht.] / Für das Ge-
schwür gibt es keine Heilung, / keine Genesung
gibt es für dich.
14 Alle deine Freunde haben dich vergessen, / sie
kümmern sich nicht mehr um dich.
Denn wie ein Feind schlägt, / so habe ich dich ge-
schlagen mit harter Züchtigung
[wegen deiner vielfachen Schuld / und deiner
zahlreichen Sünden].
15 Was schreist du über deinen Schaden / und dein
arges Leiden?
Wegen deiner vielfachen Schuld / und deiner zahl-
reichen Sünden / habe ich dir das getan.
16 Doch alle, die dich fraßen, werden gefressen, /
alle deine Bedränger ziehen als Gefangene fort;
wer dich ausplünderte, wird ausgeplündert, / wer
dich beraubte, den gebe ich dem Raub preis.
17 Denn ich lasse dich genesen / und heile dich von
deinen Wunden
– Spruch des Herrn –,
weil man dich [das ist Zion] die Verstoßene ge-
nannt hat, / nach der niemand fragt.

12: 10,19; 14,17; 15,18 • 16: 2,3; 8,16; 50,7 • 17: 33,6

Die Wiederherstellung des Volkes

18 So spricht der Herr:
Seht, ich wende das Geschick der Zelte Jakobs, / seiner Wohnstätten erbarme ich mich.
Die Stadt soll auf ihrem Schutthügel aufgebaut werden,
die Burg auf ihrem alten Platz stehen.
19 Lobgesang wird dort erschallen, / die Stimme fröhlicher Menschen.
Ich will ihre Zahl vermehren, / sie sollen nicht weniger werden;
ich will ihnen Ehre verschaffen, / sie sollen nicht verachtet werden.
20 Die Söhne Jakobs werden sein wie ehedem, / seine Gemeinde wird vor mir bestehen bleiben,
doch alle seine Unterdrücker / ziehe ich zur Rechenschaft.
21 Sein Machthaber wird ihm selbst entstammen,
sein Herrscher aus seiner Mitte hervorgehen.
Ich gewähre ihm Zutritt, sodass er mir nahen kann; / denn wer sonst dürfte sein Leben wagen, um mir zu nahen? / – Spruch des Herrn.
22 Ihr werdet mein Volk sein / und ich werde euer Gott sein.
23 Hört, der Sturm des Herrn [sein Grimm] bricht los. / Ein Wirbelsturm braust hinweg über die Köpfe der Frevler.
24 Der glühende Zorn des Herrn hört nicht auf, / bis er die Pläne seines Herzens ausgeführt und vollbracht hat. / Am Ende der Tage werdet ihr es klar erkennen.
31 In jener Zeit – Spruch des Herrn – / werde ich der Gott aller Stämme Israels sein / und sie werden mein Volk sein.

30,22: 24,7; Lev 26,12; Dtn 26,17f • 23: 23,19f • 31,1: 7,23; 11,4; 24,7; 30,22

Die Heimkehr aller Versprengten

2 So spricht der Herr:
Gnade fand in der Wüste das Volk, / das vom Schwert verschont blieb; / Israel zieht zum Ort seiner Ruhe.
3 Aus der Ferne ist ihm der Herr erschienen: / Mit ewiger Liebe habe ich dich geliebt, / darum habe ich dir so lange die Treue bewahrt.
4 Ich baue dich wieder auf, / du sollst neu gebaut werden, Jungfrau Israel.
Du sollst dich wieder schmücken mit deinen Pauken, / sollst ausziehen im Reigen der Fröhlichen.
5 Wieder sollst du Weingärten pflanzen / auf Samarias Bergen.
Wer Pflanzungen anlegt, / darf ihre Früchte genießen.
6 Denn es kommt der Tag, / da rufen die Wächter auf Efraims Bergland:
Auf, lasst uns hinaufpilgern nach Zion / zum Herrn, unserem Gott.
7 Ja, so spricht der Herr:
Jubelt Jakob voll Freude zu / und jauchzt über das Haupt der Völker!
Verkündet, lobsingt und sagt: / Der Herr hat sein Volk gerettet, / den Rest Israels.
8 Seht, ich bringe sie heim aus dem Nordland / und sammle sie von den Enden der Erde,
darunter Blinde und Lahme, / Schwangere und Wöchnerinnen; / als große Gemeinde kehren sie hierher zurück.
9 Weinend kommen sie / und tröstend geleite ich sie.
Ich führe sie an Wasser führende Bäche, / auf einen ebenen Weg, wo sie nicht straucheln.
Denn ich bin Israels Vater / und Efraim ist mein erstgeborener Sohn.
10 Hört, ihr Völker, das Wort des Herrn, / verkündet es auf den fernsten Inseln und sagt:
Er, der Israel zerstreut hat, wird es auch sammeln / und hüten wie ein Hirt seine Herde.
11 Denn der Herr wird Jakob erlösen / und ihn befreien aus der Hand des Stärkeren.
12 Sie kommen und jubeln auf Zions Höhe, / sie strahlen vor Freude über die Gaben des Herrn, / über Korn, Wein und Öl, über Lämmer und Rinder.
Sie werden wie ein bewässerter Garten sein / und nie mehr verschmachten.
13 Dann freut sich das Mädchen beim Reigentanz, / Jung und Alt sind fröhlich.
Ich verwandle ihre Trauer in Jubel, / tröste und erfreue sie nach ihrem Kummer.
14 Ich labe die Priester mit Opferfett / und mein Volk wird satt an meinen Gaben / – Spruch des Herrn.

9: 50,4

Der Trost durch die Heimkehr
15 So spricht der Herr:
Ein Geschrei ist in Rama zu hören, / bitteres Kla-
gen und Weinen.
Rahel weint um ihre Kinder / und will sich nicht
trösten lassen, / um ihre Kinder, denn sie sind dahin.
16 So spricht der Herr:
Verwehre deiner Stimme die Klage / und deinen
Augen die Tränen!
Denn es gibt einen Lohn für deine Mühe – Spruch
des Herrn: / Sie werden zurückkehren aus dem
Feindesland.
17 Es gibt eine Hoffnung für deine Nachkommen –
Spruch des Herrn: / Die Söhne werden zurück-
kehren in ihre Heimat.
18 Ich höre gar wohl, wie Efraim klagt: / Du hast
mich erzogen
und ich ließ mich erziehen / wie ein ungezähmter
Jungstier.
Führ mich zurück, / umkehren will ich; / denn du
bist der Herr, mein Gott.
19 Ja, nach meiner Umkehr fühle ich Reue; / nach-
dem ich zur Einsicht gekommen bin, schlage ich
an meine Brust.
Ich bin beschämt und erröte; / denn ich trage die
Schande meiner Jugend. –
20 Ist mir denn Efraim ein so teurer Sohn / oder
mein Lieblingskind?
Denn sooft ich ihm auch Vorwürfe mache, / muss
ich doch immer wieder an ihn denken.
Deshalb schlägt mein Herz für ihn, / ich muss
mich seiner erbarmen – Spruch des Herrn.
21 Stell dir Wegweiser auf, setz dir Wegmarken, /
achte genau auf die Straße, / auf den Weg, den du
gegangen bist.
Kehr um, Jungfrau Israel, / kehr zurück in diese
deine Städte!
22 Wie lange noch willst du dich sträuben, / du
abtrünnige Tochter?
Denn etwas Neues erschafft der Herr im Land: /
Die Frau wird den Mann umgeben.

15: Mt 2,18 • 20: Hos 11,8

Die Segensverheißung
23 So spricht der Herr der Heere, der Gott Israels:
Man wird im Land Juda und in seinen Städten,
wenn ich ihr Geschick wende, wieder dieses Wort
sprechen: Es segne dich der Herr, du Hort der
Gerechtigkeit, du heiliger Berg.
24 Juda und alle
seine Städte werden zusammen dort wohnen,
Ackerbauern und Wanderhirten.
25 Ja, ich labe den
Ermatteten und sättige den Verschmachtenden.
26 Darum heißt es: Ich erwachte und blickte umher
und mein Schlaf war süß gewesen.
27 Seht, es wer-
den Tage kommen – Spruch des Herrn –, da säe
ich über das Haus Israel und das Haus Juda eine
Saat von Menschen und eine Saat von Vieh.
28 Wie
ich über sie gewacht habe, um auszureißen und
einzureißen, zu zerstören, zu vernichten und zu
schaden, so werde ich über sie wachen, um aufzu-
bauen und einzupflanzen – Spruch des Herrn.
29 In
jenen Tagen sagt man nicht mehr: Die Väter haben
saure Trauben gegessen und den Söhnen werden
die Zähne stumpf.
30 Nein, jeder stirbt nur für seine
eigene Schuld; nur dem, der die sauren Trauben
isst, werden die Zähne stumpf.

28: 1,10; 24,6 • 29: Ez 18,2

Der neue Bund
31 Seht, es werden Tage kommen – Spruch des
Herrn –, in denen ich mit dem Haus Israel und
dem Haus Juda einen neuen Bund schließen
werde,
32 nicht wie der Bund war, den ich mit ihren
Vätern geschlossen habe, als ich sie bei der Hand
nahm, um sie aus Ägypten herauszuführen. Die-
sen meinen Bund haben sie gebrochen, obwohl ich
ihr Gebieter war – Spruch des Herrn.
33 Denn das
wird der Bund sein, den ich nach diesen Tagen mit
dem Haus Israel schließe – Spruch des Herrn: Ich
lege mein Gesetz in sie hinein und schreibe es auf
ihr Herz. Ich werde ihr Gott sein und sie werden
mein Volk sein.
34 Keiner wird mehr den andern
belehren, man wird nicht zueinander sagen: Er-
kennt den Herrn!, sondern sie alle, Klein und
Groß, werden mich erkennen – Spruch des Herrn.
Denn ich verzeihe ihnen die Schuld, an ihre Sünde
denke ich nicht mehr.

31–34: Hebr 8,8–12 • 33: Hebr 10,16f; Jer 31,1 • 34: 33,8; Röm 11,27

Das unvergängliche Heil
35 So spricht der Herr, / der die Sonne bestimmt
zum Licht am Tag,
der den Mond und die Sterne bestellt / zum Licht
in der Nacht,

der das Meer aufwühlt, / dass die Wogen brausen, / –
Herr der Heere ist sein Name:
36 Nur wenn jemals diese Ordnungen / vor meinen
Augen ins Wanken gerieten / – Spruch des Herrn –,
dann hörten auch Israels Nachkommen auf, / für
alle Zeit vor meinen Augen ein Volk zu sein.
37 So spricht der Herr:
Nur wenn die Himmel droben abgemessen / und
unten die Grundfesten der Erde erforscht werden
könnten, dann verwürfe auch ich Israels ganze
Nachkommenschaft / zur Strafe für all das, was sie
getan haben / – Spruch des Herrn.
38 Seht, es werden Tage kommen – Spruch des
Herrn –, da wird die Stadt für den Herrn wieder
aufgebaut, vom Turm Hananels bis zum Eckturm.
39 Weiter läuft die Messschnur geradeaus zum Hü-
gel Gareb und wendet sich nach Goa. 40 Das ganze
Tal der Leichen und der Fett-Asche und die ganzen
Hänge bis zum Kidronbach, bis zur Ecke des Ross-
tors im Osten werden dem Herrn heilig sein. Sie
werden niemals wieder zerstört und eingerissen
werden.

35: Gen 1,14–18 • 36: 33,20.25f

DIE HEILSWORTE: 32,1 – 35,19

Der Ackerkauf in der Notzeit

32 Das Wort, das vom Herrn an Jeremia er-
ging im zehnten Jahr Zidkijas, des Königs
von Juda – das ist das achtzehnte Jahr Nebukad-
nezzars. 2 Damals belagerte das Heer des Königs
von Babel Jerusalem. Der Prophet Jeremia befand
sich im Wachhof am Palast des Königs von Juda in
Haft. 3 Dort hatte ihn Zidkija, der König von Juda,
gefangen gesetzt mit der Begründung: Warum
hast du geweissagt: So spricht der Herr: Ich gebe
diese Stadt in die Hand des Königs von Babel und
er wird sie erobern. 4 Auch Zidkija, der König von
Juda, wird der Hand der Chaldäer nicht entrinnen,
sondern in die Hand des Königs von Babel gege-
ben werden, sodass er von Mund zu Mund mit ihm
reden und ihn Auge in Auge sehen wird. 5 Er wird
Zidkija nach Babel bringen; dort wird er bleiben,
bis ich ihn zur Rechenschaft ziehe – Spruch des
Herrn. Wenn ihr mit den Chaldäern Krieg führt,
werdet ihr kein Glück haben. 6 Jeremia sagte: Das
Wort des Herrn erging an mich: 7 Hanamel, der
Sohn deines Onkels Schallum, wird zu dir kom-
men und sagen: Kauf dir meinen Acker in Anatot;
denn dir steht es nach dem Einlösungsrecht zu, ihn
zu kaufen. 8 Tatsächlich kam Hanamel, der Sohn
meines Onkels, dem Wort des Herrn gemäß zu mir
in den Wachhof und sagte zu mir: Kauf doch mei-
nen Acker in Anatot [im Land Benjamin]; denn du
hast das Erwerbs- und Einlösungsrecht. Kauf ihn
dir! Da erkannte ich, dass es das Wort des Herrn
war. 9 So kaufte ich von Hanamel, dem Sohn mei-
nes Onkels, den Acker in Anatot und wog ihm das
Geld ab; siebzehn Silberschekel betrug die Sum-
me. 10 Ich schrieb die Kaufurkunde, versiegelte sie,
nahm auch Zeugen hinzu und wog das Silber auf
der Waage ab, alles nach Gesetz und Vorschrift.
11 Dann nahm ich die Kaufurkunde, die versiegelte
und die offene. 12 Ich übergab die Urkunde Ba-
ruch, dem Sohn Nerijas, des Sohnes Machsejas, in
Gegenwart Hanamels, des Sohnes meines Onkels,
und vor den Zeugen, die die Kaufurkunde unter-
schrieben hatten, sowie in Gegenwart aller Judäer,
die sich im Wachhof aufhielten. 13 In ihrer Gegen-
wart gab ich Baruch den Auftrag: 14 [So spricht der
Herr der Heere, der Gott Israels:] Nimm diese
Urkunden, die versiegelte Kaufurkunde und auch
die offene, und leg sie in ein Tongefäß, damit sie
lange Zeit erhalten bleiben. 15 Denn so spricht der
Herr der Heere, der Gott Israels: Man wird wieder
Häuser, Äcker und Weinberge kaufen in diesem
Land.
16 Nachdem ich die Kaufurkunde Baruch, dem
Sohn Nerijas, übergeben hatte, betete ich zum
Herrn: 17 Ach, mein Herr und Gott! Du hast Him-
mel und Erde erschaffen durch deine große Kraft
und deinen hoch erhobenen Arm. Nichts ist dir
unmöglich. 18 Du übst Gnade an Tausenden, doch
zahlst du die Schuld der Väter ihren Söhnen heim,
die nach ihnen kommen, du gewaltiger, starker
Gott, dessen Name Herr der Heere ist. 19 Groß bist
du an Rat und mächtig an Tat; deine Augen wa-
chen über alle Wege der Menschen, um jedem ent-

sprechend seinem Verhalten und seinem Verdienst
zu vergelten. [20] Du hast an Israel und an den Men-
schen Zeichen und Wunder getan, in Ägypten und
bis auf den heutigen Tag. So hast du dir einen
Namen gemacht, wie du ihn noch heute hast. [21] Du
hast dein Volk Israel unter Zeichen und Wundern,
mit starker Hand, mit hoch erhobenem Arm und
gewaltigen Schreckenstaten aus Ägypten heraus-
geführt. [22] Du hast ihnen dieses Land gegeben, das
du ihren Vätern eidlich zugesichert hattest, ein
Land, in dem Milch und Honig fließen. [23] Als sie
aber dorthin kamen und es in Besitz nahmen, hör-
ten sie nicht auf deine Stimme und folgten deiner
Weisung nicht. Nichts von alledem, was du ihnen
befohlen hast, haben sie getan; darum hast du über
sie all dies Unheil gebracht.
[24] Schon kommen die Wälle bis an die Stadt heran,
bald wird man sie einnehmen; durch Schwert,
Hunger und Pest ist die Stadt den Chaldäern preis-
gegeben, die gegen sie ankämpfen. Was du ange-
droht hast, ist eingetroffen; du siehst es ja selbst.
[25] Dennoch, mein Herr und Gott, sagst du zu mir:
Kauf dir den Acker für Geld und nimm Zeugen
hinzu! Aber die Stadt ist doch den Chaldäern
preisgegeben.
[26] Nun erging an mich das Wort des Herrn: [27] Siehe,
ich bin der Herr, der Gott aller Sterblichen. Ist
mir denn irgendetwas unmöglich? [28] Darum – so
spricht der Herr: Ich gebe diese Stadt in die Hand
der Chaldäer und in die Hand Nebukadnezzars,
des Königs von Babel, und er wird sie einnehmen.
[29] Die Chaldäer, die gegen diese Stadt ankämpfen,
werden eindringen, die Stadt in Brand stecken und
einäschern samt den Häusern, auf deren Dächern
man dem Baal Rauchopfer und fremden Göttern
Trankopfer dargebracht hat, um mich zu erzür-
nen. [30] Denn die Leute von Israel und Juda haben
von Jugend an immer nur das getan, was mir miss-
fiel, ja, die Leute von Israel haben mich durch ihr
Verhalten stets nur erzürnt – Spruch des Herrn.
[31] In der Tat, diese Stadt hat seit ihrer Gründung
bis zum heutigen Tag meinen Zorn und Grimm
erregt, sodass ich sie von meinem Angesicht ver-
stoßen muss [32] wegen all des Bösen, das die Leute
von Israel und Juda verübt haben, um mich zu
erzürnen, sie, ihre Könige, ihre Beamten, ihre
Priester und ihre Propheten, die Leute von Juda
und die Einwohner Jerusalems. [33] Sie haben mir
den Rücken zugewandt und nicht das Gesicht. Ich
habe sie unermüdlich belehrt, aber sie hörten
nicht darauf und besserten sich nicht. [34] Vielmehr
stellten sie in dem Haus, über dem mein Name
ausgerufen ist, ihre Scheusale auf, um es zu ent-
weihen. [35] Sie errichteten die Kulthöhe des Baal im
Tal Ben-Hinnom, um ihre Söhne und Töchter für
den Moloch durchs Feuer gehen zu lassen. Das
habe ich ihnen nie befohlen und niemals ist mir in
den Sinn gekommen, solchen Gräuel zu verlangen
und Juda in Sünde zu stürzen.
[36] Jetzt aber – so spricht der Herr, der Gott Israels,
über diese Stadt, von der ihr sagt, sie sei durch
Schwert, Hunger und Pest dem König von Babel
preisgegeben: [37] Seht, ich sammle sie aus allen Län-
dern, wohin ich sie in meinem Zorn und Grimm
und in großem Groll versprengt habe. Ich bringe
sie wieder zurück an diesen Ort und lasse sie in
Sicherheit wohnen. [38] Sie werden mein Volk sein
und ich werde ihr Gott sein. [39] Ich bringe sie dazu,
nur eines im Sinn zu haben und nur eines zu
erstreben: mich alle Tage zu fürchten, ihnen und
ihren Nachkommen zum Heil. [40] Ich schließe mit
ihnen einen ewigen Bund, dass ich mich nicht
von ihnen abwenden will, sondern ihnen Gutes
erweise. Ich lege ihnen die Furcht vor mir ins Herz,
damit sie nicht von mir weichen. [41] Ich werde mich
über sie freuen, wenn ich ihnen Gutes erweise. In
meiner Treue pflanze ich sie ein in diesem Land,
aus ganzem Herzen und aus ganzer Seele. [42] Denn
so spricht der Herr: Wie ich über dieses Volk all
das große Unheil gebracht habe, so bringe ich über
sie all das Gute, das ich ihnen verspreche. [43] Man
wird wieder Felder kaufen in diesem Land, von
dem ihr sagt: Es ist eine Wüste, ohne Mensch
und Vieh, der Hand der Chaldäer preisgegeben.
[44] Äcker wird man wieder kaufen für Geld, Kauf-
urkunden ausstellen und versiegeln und Zeugen
hinzunehmen im Land Benjamin, in der Umge-
bung Jerusalems, in den Städten Judas und des
Gebirges, in den Städten der Schefela und des
Negeb. Denn ich wende ihr Geschick – Spruch des
Herrn.

2: 2 Kön 25,1f • 3–4: 34,2f • 5: 52,11 • 17: 27,5 • 18: Ex 20,5f; 34,6f •
23: Dan 9,10–13 • 29: 19,13 • 32–33: 2,26f • 34: 7,30f; 19,5 •
38: 31,1.33 • 43: 33,10; 32,25 • 44: 29,14; 30,3; 33,7

Das neue Heil für Jerusalem und Juda

33 Das Wort des Herrn erging an Jeremia
zum zweiten Mal, während er noch im
Wachhof eingesperrt war: 2 So spricht der Herr,
der die Erde erschaffen, sie geformt und fest ge-
gründet hat, Jahwe ist sein Name: 3 Rufe zu mir, so
will ich dir antworten und dir große, unfassbare
Dinge mitteilen, die du nicht kennst. 4 Denn so
spricht der Herr, der Gott Israels, über die Häuser
dieser Stadt und die Häuser der Könige Judas, die
man eingerissen hat, um sie gegen die Belage-
rungswälle und für Kriegszwecke zu verwenden,
5 und die dazu dienten, mit den Chaldäern Krieg
zu führen und mit den Leichen der Leute angefüllt
zu werden, die ich in meinem Zorn und Grimm
erschlug, weil ich mein Angesicht vor dieser Stadt
wegen all ihrer bösen Taten verborgen hatte: 6 Seht,
ich bringe ihnen Genesung und Heilung; ich
mache sie wieder heil und gewähre ihnen be-
ständiges Wohlergehen. 7 Ich wende das Geschick
Judas und Jerusalems und baue sie auf wie ehe-
dem. 8 Ich reinige sie von all ihrer Schuld, die sie
gegen mich begangen haben, und ich vergebe
ihnen alle ihre Verfehlungen, mit denen sie gesün-
digt und sich gegen mich aufgelehnt haben. 9 Dann
wird Jerusalem meine Freude sein, mein Lobpreis
und Ruhm bei allen Völkern der Erde, wenn sie
von all dem Guten hören, das ich tue; sie werden
zittern und beben wegen all des Guten und des
Heils, das ich ihm erweise. 10 So spricht der Herr:
An diesem Ort, von dem ihr sagt: Verwüstet ist er,
ohne Mensch und Vieh!, in den Städten Judas und
auf den Straßen Jerusalems, die verödet sind, ohne
Menschen, ohne Bewohner und ohne Vieh, 11 hört
man wieder Jubelruf und Freudenruf, den Ruf des
Bräutigams und den Ruf der Braut; sie rufen und
singen: Dankt dem Herrn der Heere; denn der
Herr ist gütig, denn seine Huld währt ewig!, und
bringen Dankopfer zum Tempel des Herrn. Ich
wende das Geschick des Landes: Es soll werden wie
ehedem, spricht der Herr.

12 So spricht der Herr der Heere: An diesem Ort,
der verwüstet ist, ohne Mensch und Vieh, und in
allen seinen Städten wird es eine Weide für Hirten
geben, die ihre Herden lagern lassen. 13 In den
Städten des Gebirges, der Schefela und des Negeb,
im Land Benjamin, in der Umgebung Jerusalems
und in den Städten Judas ziehen wieder die Schafe
an dem vorbei, der sie mit der Hand zählt, spricht
der Herr. 14 Seht, es werden Tage kommen – Spruch
des Herrn –, da erfülle ich das Heilswort, das ich
über das Haus Israel und über das Haus Juda
gesprochen habe. 15 In jenen Tagen und zu jener
Zeit werde ich für David einen gerechten Spross
aufsprießen lassen. Er wird für Recht und Gerech-
tigkeit sorgen im Land. 16 In jenen Tagen wird Juda
gerettet werden, Jerusalem kann in Sicherheit
wohnen. Man wird ihm den Namen geben: Jahwe
ist unsere Gerechtigkeit. 17 Denn so spricht der
Herr: Nie soll es David an einem Nachkommen
fehlen, der auf dem Thron des Hauses Israel sitzt.
18 Auch den levitischen Priestern soll es nie an
einem Nachkommen fehlen, der alle Tage vor mei-
nen Augen Brandopfer darbringt, Speiseopfer ver-
brennt und Schlachtopfer zurichtet.

19 Das Wort des Herrn erging an Jeremia: 20 So
spricht der Herr: Nur wenn mein Bund mit dem
Tag und mein Bund mit der Nacht gebrochen wer-
den könnte, sodass es nicht mehr Tag und Nacht
würde zur rechten Zeit, 21 dann könnte auch mein
Bund mit meinem Knecht David gebrochen wer-
den, sodass er keinen Sohn hätte, der auf seinem
Thron König wäre, und ebenso mein Bund mit
den levitischen Priestern, die mir dienen. 22 So un-
zählbar das Heer des Himmels und so unmessbar
der Sand des Meeres ist, so zahlreich mache ich die
Nachkommen meines Knechtes David und die
Leviten, die mir dienen.

23 Das Wort des Herrn erging an Jeremia: 24 Hast du
nicht bemerkt, was diese Leute reden: Die beiden
Stammesverbände, die der Herr erwählt hatte, hat
er verworfen!, und wie sie mein Volk verachten,
sodass es in ihren Augen kein Volk mehr ist? 25 So
spricht der Herr: So gewiss ich meinen Bund mit
dem Tag und mit der Nacht und die Ordnungen
von Himmel und Erde festgesetzt habe, 26 so sicher
werde ich auch die Nachkommen Jakobs und mei-
nes Knechtes David nicht verwerfen; aus seinen
Nachkommen werde ich die Herrscher über die
Nachkommen Abrahams, Isaaks und Jakobs neh-
men. Denn ich werde ihr Geschick wenden und
mich ihrer erbarmen.

1: 32,1f • 6: 30,17 • 7: 32,44 • 8: 50,20 • 10: 32,43 • 11: 7,34; 25,10; Ps 106,1; 107,1 • 15: 23,5f • 17: 1 Kön 2,4 • 20–21: 31,35f

Zidkijas Ende

34 Das Wort, das vom Herrn an Jeremia
erging, als Nebukadnezzar, der König von
Babel, und sein ganzes Heer, alle Königreiche sei-
nes Herrschaftsgebietes und alle Völkerschaften
gegen Jerusalem und alle seine umliegenden Städ-
te Krieg führten: [2] So spricht der Herr, der Gott
Israels: Mach dich auf, rede mit Zidkija, dem Kö-
nig von Juda, und sag zu ihm: So spricht der Herr:
Ich gebe diese Stadt in die Hand des Königs von
Babel und er wird sie niederbrennen. [3] Auch du
wirst seiner Hand nicht entrinnen, sondern ergrif-
fen und in seine Hand gegeben werden. Auge in
Auge wirst du den König von Babel sehen und von
Mund zu Mund wird er mit dir reden und nach
Babel wirst du kommen. [4] Doch höre das Wort des
Herrn, Zidkija, König von Juda! So spricht der
Herr über dich: Du brauchst nicht durch das
Schwert zu sterben. [5] In Frieden kannst du sterben,
und wie deinen Vätern und Vorgängern, den frü-
heren Königen, so wird man auch dir zu Ehren
Totenfeuer anzünden und dir die Totenklage hal-
ten: »Ach, der Herrscher!« Ich bin es, der dieses
Wort gesprochen hat – Spruch des Herrn. [6] Der
Prophet Jeremia sagte alle diese Worte zu Zidkija,
dem König von Juda, in Jerusalem, [7] als das Heer
des Königs von Babel bereits gegen Jerusalem
und die übrig gebliebenen Städte Judas, nämlich
Lachisch und Aseka, kämpfte; denn nur diese befes-
tigten Städte waren in Juda noch übrig geblieben.

2–3: 32,3f • 5: 2 Chr 16,14; Jer 22,18

Der Widerruf der Sklavenfreilassung

[8] Das Wort, das vom Herrn an Jeremia erging, als
König Zidkija mit dem ganzen Volk in Jerusalem
das Abkommen getroffen hatte, eine Freilassung
auszurufen. [9] Es sollte nämlich jeder seinen heb-
räischen Sklaven und seine hebräische Sklavin
freilassen und keiner sollte mehr seinen hebräi-
schen Stammesbruder als Sklaven halten. [10] Dem
hatten sich alle Großen gefügt, ebenso das ganze
Volk, das dem Abkommen beigetreten war, dass
jeder seinen Sklaven oder seine Sklavin freilassen
und nicht mehr als Sklave halten werde. Sie hatten
gehorcht und die Sklaven freigelassen. [11] Danach
aber holten sie die Sklaven und Sklavinnen, die sie
freigelassen hatten, zurück und machten sie mit
Gewalt wieder zu Sklaven und Sklavinnen. [12] Da er-
ging das Wort des Herrn an Jeremia: [13] So spricht der
Herr, der Gott Israels: Ich habe mit euren Vätern,
als ich sie aus Ägypten, dem Sklavenhaus, heraus-
führte, ein Abkommen getroffen und verlangt:
[14] Alle sieben Jahre soll jeder von euch seinen he-
bräischen Stammesbruder, der sich ihm verkauft
hat, freilassen; sechs Jahre soll er dein Sklave sein,
dann sollst du ihn freilassen. Aber eure Väter haben
mir nicht gehorcht und mir ihr Ohr nicht zuge-
neigt. [15] Da seid ihr jetzt umgekehrt und habt das
getan, was in meinen Augen recht ist, indem jeder
für seinen Nächsten die Freilassung ausrief. Vor
mir hattet ihr ein Abkommen getroffen in dem
Haus, über dem mein Name ausgerufen ist. [16] Aber
ihr seid wieder umgekehrt und habt meinen Na-
men entweiht; denn jeder von euch hat seinen Skla-
ven oder seine Sklavin zurückgeholt, die ihr doch
völlig freigelassen hattet. Ihr habt sie gezwungen,
wieder eure Sklaven und Sklavinnen zu werden.
[17] Darum – so spricht der Herr: Ihr habt mir nicht
gehorcht und keiner hat für seinen Stammesbruder
und seinen Nächsten die Freilassung ausgerufen.
Wohlan, so rufe ich euch eine Freilassung aus –
Spruch des Herrn – für Schwert, Pest und Hunger
und ich mache euch zu einem Bild des Schreckens
für alle Reiche der Erde. [18] Ich mache die Männer, die
mein Abkommen verletzt und die Worte der Ab-
machung, die sie vor mir getroffen hatten, nicht
gehalten haben, dem Kalb gleich, das sie in zwei
Hälften zerschnitten haben und zwischen dessen
Stücken sie hindurchgegangen sind. [19] Die Großen
Judas und Jerusalems, die Höflinge, die Priester und
alle Bürger des Landes, die zwischen den Stücken
des Kalbes hindurchgegangen sind, [20] sie alle gebe
ich in die Hand ihrer Feinde und derer, die ihnen
nach dem Leben trachten. Ihre Leichen sollen den
Vögeln des Himmels und den Tieren des Feldes
zum Fraß dienen. [21] Auch Zidkija, den König von Ju-
da, und seine Großen liefere ich ihren Feinden aus
und denen, die ihnen nach dem Leben trachten,
dem Heer des Königs von Babel, das eben von euch
abgezogen ist. [22] Schon gebe ich den Befehl – Spruch
des Herrn – und hole sie zu dieser Stadt zurück,
damit sie gegen sie kämpfen, sie erobern und nie-
derbrennen. Die Städte Judas mache ich zur men-
schenleeren Wüste.

14: Ex 21,2; Lev 25,41; Dtn 15,12 • 22: 37,8

Das Vorbild der Rechabiter

35 Das Wort, das vom Herrn an Jeremia er-
ging in den Tagen Jojakims, des Sohnes
Joschijas, des Königs von Juda: 2 Geh hin zur
Gemeinschaft der Rechabiter, rede mit ihnen, führ
sie zum Haus des Herrn in eine der Hallen und gib
ihnen Wein zu trinken! 3 Da holte ich Jaasanja, den
Sohn Jirmejas, des Sohnes Habazzinjas, samt sei-
nen Brüdern und allen seinen Söhnen und der
ganzen Gemeinschaft der Rechabiter. 4 Ich führte
sie zum Haus des Herrn in die Halle der Söhne
Hanans, des Sohnes Jigdaljas, des Gottesmannes,
die neben der Halle der Großen oberhalb der Halle
des Schwellenwächters Maaseja, des Sohnes Schal-
lums, gelegen ist. 5 Dann setzte ich den Leuten von
der Gemeinschaft der Rechabiter gefüllte Wein-
krüge und Becher vor und sagte zu ihnen: Trinkt
Wein! 6 Sie aber entgegneten: Wir trinken keinen
Wein; denn unser Ahnherr Jonadab, der Sohn
Rechabs, hat uns geboten: Ihr sollt niemals Wein
trinken, weder ihr selbst noch eure Söhne. 7 Auch
sollt ihr kein Haus bauen, keine Saat bestellen, kei-
nen Weinberg pflanzen oder besitzen. Vielmehr
sollt ihr euer Leben lang in Zelten wohnen, damit
ihr lange lebt in dem Land, in dem ihr euch als
Fremde aufhaltet. 8 Wir gehorchten dem Auftrag
unseres Ahnherrn Jonadab, des Sohnes Rechabs,
in allem, was er uns gebot; wir tranken also zeitle-
bens keinen Wein, weder wir noch unsere Frauen,
Söhne und Töchter. 9 Wir bauten uns keine Wohn-
häuser, wir besaßen keinen Weinberg, keinen
Acker und keine Saat. 10 Wir wohnten in Zelten
und gehorsam handelten wir genau so, wie unser
Ahnherr Jonadab es uns geboten hat. 11 Als jedoch
Nebukadnezzar, der König von Babel, gegen das
Land heranzog, da sagten wir: Kommt, wir wollen
uns vor dem Heer der Chaldäer und dem Heer der
Aramäer nach Jerusalem begeben. So ließen wir
uns in Jerusalem nieder. 12 Nun erging das Wort
des Herrn an Jeremia: 13 So spricht der Herr der
Heere, der Gott Israels: Geh hin und sag zu den
Leuten von Juda und zu den Einwohnern Jerusa-
lems: Wollt ihr euch nicht endlich belehren lassen
und auf meine Worte hören? – Spruch des Herrn.
14 Das Gebot Jonadabs, des Sohnes Rechabs, der
seinen Söhnen das Weintrinken verboten hat, wird
treu erfüllt; sie trinken keinen Wein bis zum heu-
tigen Tag, weil sie dem Befehl ihres Ahnherrn
gehorchen. Ich aber habe immer wieder zu euch
geredet, doch ihr habt mir nicht gehorcht. 15 Und
immer wieder sandte ich zu euch alle meine
Knechte, die Propheten, mit der Mahnung: Kehrt
doch alle um von eurem schlechten Weg! Bessert
euer Tun und lauft nicht anderen Göttern nach,
um ihnen zu dienen. Dann dürft ihr in dem Land
bleiben, das ich euch und euren Vätern gegeben
habe. Ihr aber habt euer Ohr nicht geneigt und
nicht auf mich gehört. 16 Ja, die Söhne Jonadabs,
des Sohnes Rechabs, haben das Gebot, das ihnen
ihr Ahnherr gegeben hat, erfüllt. Dieses Volk aber
hat mir nicht gehorcht. 17 Darum – so spricht der
Herr, der Gott der Heere, der Gott Israels: Seht, ich
bringe über Juda und über alle Einwohner Jerusa-
lems das ganze Unheil, das ich ihnen angedroht
habe, weil sie nicht hörten, sooft ich zu ihnen
redete, und keine Antwort gaben, sooft ich sie rief.
18 Zur Gemeinschaft der Rechabiter aber sagte
Jeremia: So spricht der Herr der Heere, der Gott
Israels: Weil ihr dem Gebot eures Ahnherrn Jona-
dab gehorcht, alle seine Gebote gehalten und
nach allen seinen Anordnungen gehandelt habt,
19 darum – so spricht der Herr der Heere, der Gott
Israels: Niemals soll es Jonadab, dem Sohne Re-
chabs, an einem Nachkommen fehlen, der in mei-
nem Dienst steht.

6: 2 Kön 10,15 • 15: 25,4–7

DIE BERICHTE BARUCHS: 36,1 – 45,5

Die Verbrennung der Buchrolle

36 Im vierten Jahr Jojakims, des Sohnes Jo-
schijas, des Königs von Juda, erging vom
Herrn dieses Wort an Jeremia: 2 Nimm dir eine
Buchrolle und schreib darauf alle Worte, die ich zu
dir über Israel und Juda und über alle Völker
gesprochen habe, seitdem ich zu dir rede, von den
Tagen Joschijas an bis heute. 3 Vielleicht werden
die Leute vom Haus Juda, wenn sie hören, wie viel
Unheil ich ihnen antun will, umkehren von ihrem

bösen Weg und ich kann ihnen Schuld und Sünde
verzeihen. 4 Da rief Jeremia Baruch, den Sohn
Nerijas, und Baruch schrieb nach dem Diktat Jere-
mias alle Worte, die der Herr zu ihm gesprochen
hatte, auf eine Buchrolle. 5 Jeremia gab hierauf
Baruch folgenden Auftrag: Mir ist es verwehrt, das
Haus des Herrn zu betreten. 6 Darum geh du hin
und lies am Fasttag aus der Rolle, die du nach mei-
nem Diktat geschrieben hast, dem Volk im Haus
des Herrn die Worte des Herrn vor. Auch allen
Judäern, die aus ihren Städten herbeiströmen,
sollst du sie vorlesen. 7 Vielleicht flehen sie vor dem
Herrn um Erbarmen und kehren um, jeder von
seinem bösen Weg; denn groß ist der Zorn und
Grimm, den der Herr diesem Volk angedroht hat.
8 Baruch, der Sohn Nerijas, handelte genau nach
dem Auftrag des Propheten Jeremia und las im
Haus des Herrn die Worte des Herrn aus dem
Buch vor.
9 Im fünften Jahr Jojakims, des Sohnes Joschijas,
des Königs von Juda, hatte man im neunten Monat
alles Volk in Jerusalem und alle Leute, die von den
Städten Judas nach Jerusalem kommen sollten, zu
einem Fasten vor dem Herrn aufgerufen. 10 Nun
las Baruch im Haus des Herrn dem ganzen Volk
aus dem Buch die Worte Jeremias vor, und zwar in
der Halle Gemarjas, des Sohnes des Staatsschrei-
bers Schafan, im oberen Vorhof am Eingang des
Neuen Tempeltores. 11 Als Micha, der Sohn Ge-
marjas, des Sohnes Schafans, alle Worte des Herrn
aus dem Buch vernommen hatte, 12 ging er hinab
in den Königspalast zur Halle des Staatsschreibers.
Dort waren gerade alle hohen Beamten zu einer
Sitzung versammelt: der Staatsschreiber Elischa-
ma, Delaja, der Sohn Schemajas, Elnatan, der Sohn
Achbors, Gemarja, der Sohn Schafans, Zidkija, der
Sohn Hananjas, und alle sonstigen Beamten.
13 Micha teilte ihnen alle Worte mit, die er gehört
hatte, als Baruch dem Volk aus dem Buch vorlas.
14 Da schickten die versammelten Beamten Jehudi,
den Sohn Netanjas, des Sohnes Schelemjas, des
Sohnes Kuschis, zu Baruch und ließen ihm sagen:
Nimm die Rolle, aus der du dem Volk vorgelesen
hast, und komm hierher! Sogleich nahm Baruch,
der Sohn Nerijas, die Rolle und ging zu ihnen.
15 Sie sagten zu ihm: Setz dich und lies sie uns vor!
Nun las ihnen Baruch vor. 16 Als sie all die Worte
hörten, schauten sie einander erschrocken an und
sagten [zu Baruch]: Wir müssen das alles dem
König mitteilen. 17 Sie fragten Baruch: Sag uns
doch, wie hast du alle diese Worte niedergeschrie-
ben? 18 Baruch erwiderte ihnen: Jeremia hat mir
alle diese Worte diktiert und ich habe sie mit Tinte
in das Buch geschrieben. 19 Darauf sagten die Be-
amten zu Baruch: Geh und verbirg dich, du und
auch Jeremia! Niemand soll wissen, wo ihr seid.
20 Dann begaben sie sich zum König in den Palast-
hof, nachdem sie die Rolle in der Halle des Staats-
schreibers Elischama verwahrt hatten, und berich-
teten das alles dem König. 21 Da gab der König
dem Jehudi den Auftrag, die Rolle zu holen, und
dieser holte sie aus der Halle des Staatsschreibers
Elischama. Und Jehudi las sie dem König vor und
allen Beamten, die um den König herumstanden.
22 Der König wohnte im Winterhaus, es war ja der
neunte Monat, und vor ihm brannte das Feuer auf
dem Kohlenbecken. 23 Sooft nun Jehudi drei oder
vier Spalten gelesen hatte, schnitt sie der König
mit dem Schreibermesser ab und warf sie in das
Feuer auf dem Kohlenbecken, bis das Feuer auf
dem Kohlenbecken die ganze Rolle verzehrt hatte.
24 Niemand erschrak und niemand zerriss seine
Kleider, weder der König noch irgendeiner seiner
Diener, die all diese Worte gehört hatten. 25 Selbst
als Elnatan, Delaja und Gemarja den König be-
stürmten, die Rolle nicht zu verbrennen, hörte
er nicht auf sie. 26 Vielmehr befahl der König
dem Prinzen Jerachmeël, ferner Seraja, dem Sohn
Asriëls, und Schelemja, dem Sohn Abdeëls, den
Schreiber Baruch und den Propheten Jeremia fest-
zunehmen; aber der Herr hielt sie verborgen.
27 Nachdem der König die Rolle mit den Worten,
die Baruch nach dem Diktat Jeremias niederge-
schrieben hat, verbrannt hatte, erging das Wort
des Herrn an Jeremia: 28 Nimm dir eine andere
Rolle und schreib all die früheren Worte darauf,
die auf der ersten Rolle standen, die Jojakim, der
König von Juda, verbrannt hat. 29 Über Jojakim
aber, den König von Juda, sollst du sagen: So
spricht der Herr: Du hast diese Rolle verbrannt
und gesagt: Warum hast du darin geschrieben, der
König von Babel werde bestimmt kommen, dieses
Land verheeren und Mensch und Vieh darin ver-
nichten? 30 Darum – so spricht der Herr über Joja-

kim, den König von Juda: Er wird keinen Nach-
kommen mehr haben, der auf dem Thron Davids
sitzt, und sein Leichnam soll weggeworfen werden
und der Hitze des Tags und der Kälte der Nacht
ausgesetzt sein. 31 Ich ziehe ihn, seine Nachkom-
men und seine Diener zur Rechenschaft für ihre
Schuld. Ich bringe über sie, über die Einwohner
Jerusalems und die Leute von Juda all das Unheil,
das ich ihnen angedroht habe, ohne dass sie hören
wollten.
32 Da nahm Jeremia eine andere Rolle und übergab
sie dem Schreiber Baruch, dem Sohn Nerijas. Die-
ser schrieb auf sie nach dem Diktat Jeremias alle
Worte des Buches, das Jojakim, der König von
Juda, im Feuer verbrannt hatte. Ihnen wurden
noch viele ähnliche Worte hinzugefügt.

1: 25,1 • 2: 25,3 • 3: 26,3 • 24: 2 Kön 22,11 • 30: 22,19

Die Botschaft an König Zidkija

37 Anstelle Jojachins, des Sohnes Jojakims,
wurde Zidkija, der Sohn Joschijas, König.
Ihn hatte Nebukadnezzar, der König von Babel, als
König über das Land Juda eingesetzt. 2 Weder er
selbst noch seine Diener, noch die Bürger des Lan-
des hörten auf die Worte, die der Herr durch den
Propheten Jeremia sprach.
3 König Zidkija sandte einmal Juchal, den Sohn
Schelemjas, und den Priester Zefanja, den Sohn
Maasejas, zum Propheten Jeremia und ließ ihm
sagen: Bete doch für uns zum Herrn, unserem
Gott! 4 Jeremia konnte sich noch frei unter dem
Volk bewegen; man hatte ihn noch nicht ins
Gefängnis geworfen. 5 Aus Ägypten war damals
das Heer des Pharao aufgebrochen, und als die
Chaldäer, die Jerusalem belagerten, davon Nach-
richt erhielten, rückten sie von Jerusalem ab. 6 Nun
erging das Wort des Herrn an den Propheten Jere-
mia:
7 So spricht der Herr, der Gott Israels: Antwortet
dem König von Juda, der euch zu mir gesandt hat,
um mich zu befragen: Fürwahr, das Heer des Pha-
rao, das aufgebrochen ist, um euch Hilfe zu brin-
gen, wird in sein Land Ägypten zurückkehren.
8 Dann werden die Chaldäer wieder umkehren,
gegen diese Stadt kämpfen, sie erobern und in
Brand stecken. 9 So spricht der Herr: Täuscht euch
nicht selbst mit dem Gedanken: Die Chaldäer zie-
hen endgültig von uns ab. Nein, sie ziehen nicht
ab. 10 Selbst wenn ihr das ganze Heer der Chaldäer,
die gegen euch kämpfen, schlagen könntet und
nur einige Verwundete von ihnen übrig blieben,
sie würden, jeder in seinem Zelt, aufstehen und
diese Stadt in Brand stecken.

1: 2 Kön 24,17 • 8–9: 34,21f

Der Prophet im Gefängnis

11 Damals, als das Heer der Chaldäer vor dem Heer
des Pharao von Jerusalem abgerückt war, 12 wollte
sich Jeremia von Jerusalem ins Land Benjamin
begeben, um dort mit seinen Verwandten ein Erbe
zu teilen. 13 Er war bereits am Benjamintor an-
gelangt. Dort stand ein Wachhabender namens
Jirija, der Sohn Schelemjas, des Sohnes Hananjas.
Er hielt den Propheten Jeremia an und rief: Du
willst zu den Chaldäern überlaufen. 14 Jeremia ent-
gegnete: Das ist nicht wahr; ich laufe nicht zu den
Chaldäern über. Doch Jirija hörte nicht auf ihn; er
nahm Jeremia fest und brachte ihn vor die Beam-
ten. 15 Diese waren über Jeremia wütend, schlugen
ihn und warfen ihn in den Kerker, in das Haus des
Staatsschreibers Jonatan; denn dieses hatte man
als Gefängnis eingerichtet. 16 So kam Jeremia in die
Zisternenhöhle mit den Gewölben. Dort saß Jere-
mia lange Zeit gefangen.
17 Eines Tages ließ ihn König Zidkija holen. Der
König fragte ihn heimlich in seinem Palast: Ist ein
Wort vom Herrn da? Jeremia bejahte es und ant-
wortete: Du wirst in die Hand des Königs von
Babel ausgeliefert werden. 18 Dann sagte Jeremia
zum König Zidkija: Welches Verbrechen habe ich
an dir, an deinen Dienern und an diesem Volk
begangen, dass ihr mich ins Gefängnis geworfen
habt? 19 Und wo sind jetzt eure Propheten, die euch
geweissagt haben: Der König von Babel wird nicht
über euch und dieses Land kommen? 20 Doch nun
höre, mein Herr und König! Möge meine Bitte bei
dir Gehör finden. Lass mich nicht ins Haus des
Staatsschreibers zurückbringen, sonst gehe ich
dort zugrunde. 21 Da gab König Zidkija den Befehl,
Jeremia im Wachhof zu verwahren, und man ver-
sorgte ihn täglich mit einem Laib Brot aus der
Bäckergasse, bis alles Brot in der Stadt zu Ende
ging. So blieb also Jeremia im Wachhof.

12: 32,8f • 17: 34,21 • 21: 32,2

Jeremia in der Zisterne

38 Schefatja, der Sohn Mattans, Gedalja, der
Sohn Paschhurs, Juchal, der Sohn Sche-
lemjas, und Paschhur, der Sohn Malkijas, hörten
von den Worten, die Jeremia zum ganzen Volk re-
dete, indem er sagte: 2 So spricht der Herr: Wer in
dieser Stadt bleibt, der stirbt durch Schwert, Hun-
ger und Pest. Wer aber zu den Chaldäern hinaus-
geht, der wird überleben; er wird sein Leben wie
ein Beutestück gewinnen und davonkommen. 3 So
spricht der Herr: Diese Stadt wird ganz sicher dem
Heer des Königs von Babel in die Hände fallen und
er wird sie erobern. 4 Darauf sagten die Beamten
zum König: Dieser Mann muss mit dem Tod be-
straft werden; denn er lähmt mit solchen Reden
die Hände der Krieger, die in dieser Stadt noch
übrig geblieben sind, und die Hände des ganzen
Volkes. Denn dieser Mensch sucht nicht Heil, son-
dern Unheil für dieses Volk. 5 Der König Zidkija
erwiderte: Nun, er ist in eurer Hand; denn der
König vermag nichts gegen euch. 6 Da ergriffen sie
Jeremia und warfen ihn in die Zisterne des Prin-
zen Malkija, die sich im Wachhof befand; man ließ
ihn an Stricken hinunter. In der Zisterne war kein
Wasser, sondern nur Schlamm und Jeremia sank
in den Schlamm.

2: 21,9

Die Rettung durch den Kuschiter

7 Der Kuschiter Ebed-Melech, ein Höfling, der im
königlichen Palast bedienstet war, hörte, dass man
Jeremia in die Zisterne geworfen hatte. Während
der König sich am Benjamintor aufhielt, 8 verließ
Ebed-Melech den Palast und sagte zum König:
9 Mein Herr und König, schlecht war alles, was
diese Männer dem Propheten Jeremia angetan
haben; sie haben ihn in die Zisterne geworfen,
damit er dort unten verhungert. Denn es gibt in
der Stadt kein Brot mehr. 10 Da befahl der König
dem Kuschiter Ebed-Melech: Nimm dir von hier
drei Männer mit und zieh den Propheten Jeremia
aus der Zisterne herauf, bevor er stirbt. 11 Ebed-
Melech nahm die Männer mit sich und ging zum
Königspalast in die Kleiderkammer des Vorrats-
hauses. Dort holte er Stücke von abgelegten und
zerrissenen Kleidern und ließ sie an Stricken zu
Jeremia in die Zisterne hinunter. 12 Dann rief der
Kuschiter Ebed-Melech Jeremia zu: Leg die Stücke
der abgelegten und zerrissenen Kleider in deine
Achselhöhlen unter die Stricke! Jeremia tat es.
13 Nun zogen sie Jeremia an den Stricken hoch und
brachten ihn aus der Zisterne herauf. Von da an
blieb Jeremia im Wachhof.

7: 39,15–18

Letzte Warnung an den König

14 König Zidkija ließ den Propheten Jeremia zu
sich an den dritten Eingang beim Haus des Herrn
holen. Der König sagte zu Jeremia: Ich möchte
dich nach einem Gotteswort fragen. Verschweig
mir nichts! 15 Jeremia antwortete Zidkija: Wenn
ich es dir verkünde, lässt du mich bestimmt um-
bringen, und wenn ich dir einen Rat gebe, hörst du
nicht auf mich. 16 Da schwor König Zidkija dem
Jeremia heimlich und sagte: So wahr der Herr lebt,
der uns dieses Leben gegeben hat, ich lasse dich
nicht umbringen und gebe dich nicht in die Hand
jener Männer, die dir nach dem Leben trachten.
17 Hierauf sagte Jeremia zu Zidkija: So spricht der
Herr, der Gott der Heere, der Gott Israels: Wenn
du freiwillig hinausgehst zu den Heerführern des
Königs von Babel, dann ist dein Leben gerettet,
diese Stadt wird nicht in Brand gesteckt und du
bleibst am Leben, du und dein Haus. 18 Gehst du
aber nicht hinaus zu den Heerführern des Königs
von Babel, dann wird diese Stadt den Chaldäern
ausgeliefert. Sie werden sie in Brand stecken und
du selbst wirst ihrer Hand nicht entrinnen. 19 Kö-
nig Zidkija entgegnete Jeremia: Ich habe Angst vor
den Judäern, die bereits zu den Chaldäern abge-
fallen sind; man könnte mich ihnen ausliefern und
sie würden mir übel mitspielen. 20 Jeremia versi-
cherte: Man wird dich nicht ausliefern. Hör doch
auf die Stimme des Herrn in meiner Rede! Dann
geht es dir gut und dein Leben bleibt erhalten.
21 Weigerst du dich aber hinauszugehen, so wird
geschehen, was der Herr mich sehen ließ: 22 Ich
sah, wie alle Frauen, die im Palast des Königs von
Juda noch übrig waren, zu den Obersten des Kö-
nigs von Babel hinausgeführt wurden. Sie klagten:
Überlistet, hereingelegt / haben dich deine guten
Freunde;
stecken deine Füße im Sumpf, / so machen sich alle
davon.

[23] Ja, alle deine Frauen und Kinder wird man zu
den Chaldäern hinausführen; auch du wirst ihrer
Hand nicht entrinnen, sondern wirst gefangen
dem König von Babel ausgeliefert werden; diese
Stadt aber wird man in Brand stecken. [24] Zidkija
sagte zu Jeremia: Niemand darf von diesem Ge-
spräch erfahren, sonst musst du sterben. [25] Wenn
aber die Beamten erfahren, dass ich mit dir gere-
det habe, und wenn sie zu dir kommen und dich
auffordern: Teil uns mit, was du zum König gesagt
hast und was der König zu dir gesagt hat, ver-
heimliche uns nichts, sonst bringen wir dich um!,
[26] dann antworte ihnen: Ich habe an den König die
Bitte gerichtet, mich nicht ins Haus Jonatans
zurückbringen zu lassen, weil ich dort zugrunde
gehe. [27] Tatsächlich kamen alle Beamten zu Jeremia
und fragten ihn. Er antwortete ihnen genau so, wie
ihm der König geboten hatte. Da ließen sie von
ihm ab; denn niemand hatte das Gespräch gehört.
[28] So blieb Jeremia im Wachhof bis zu dem Tag, an
dem Jerusalem erobert wurde.

23: 32,4; 34,3 • 28: 37,21

Der Fall Jerusalems

39 [Nach der Eroberung Jerusalems:] [2] Im
elften Jahr Zidkijas, am neunten Tag des
vierten Monats, wurden Breschen in die Stadt-
mauer geschlagen. [3] Da zogen alle Heerführer des
Königs von Babel ein und ließen sich im Mitteltor
nieder: [Nergal-Sarezer, der Fürst von Sin-Magir,
und] Nebuschasban, der Oberkämmerer, Nergal-
Sarezer, der Oberhofmeister, und alle übrigen
Heerführer des Königs von Babel.
[4] Als Zidkija, der König von Juda, und alle Krieger
dies sahen, ergriffen sie die Flucht und verließen
bei Nacht die Stadt auf dem Weg zum königlichen
Garten; sie gingen durch das Tor zwischen den bei-
den Mauern und schlugen die Richtung nach der
Araba ein. [5] Aber die chaldäischen Truppen setz-
ten ihnen nach und holten Zidkija in den Niede-
rungen von Jericho ein. Sie nahmen ihn gefangen,
brachten ihn vor Nebukadnezzar, den König von
Babel, nach Ribla in der Landschaft Hamat, und
dieser sprach das Urteil über ihn. [6] Der König von
Babel ließ in Ribla die Söhne Zidkijas vor dessen
Augen niedermachen; auch alle Vornehmen Judas
ließ der König von Babel niedermachen. [7] Zidkija
ließ er blenden und in Fesseln legen, um ihn nach
Babel zu bringen. [8] Den königlichen Palast und
die Häuser der Bürger steckten die Chaldäer in
Brand und die Mauern Jerusalems rissen sie nie-
der. [9] Den Rest der Bevölkerung, der noch in der
Stadt geblieben war, sowie alle, die zum König von
Babel übergelaufen waren, und den Rest der
Handwerker verschleppte Nebusaradan, der Kom-
mandant der Leibwache, nach Babel. [10] Nur von
den armen Leuten, die nichts hatten, ließ Nebu-
saradan, der Kommandant der Leibwache, einen
Teil im Land Juda zurück und gab ihnen Wein-
berge und Äcker.

Die Befreiung Jeremias

[11] Nebukadnezzar, der König von Babel, hatte
Nebusaradan, dem Kommandanten der Leibwa-
che, über Jeremia folgende Anweisung gegeben:
[12] Lass ihn holen, kümmere dich um ihn und füg
ihm kein Leid zu, sondern richte dich nach sei-
nen Wünschen! [13] Da schickten Nebusaradan, der
Kommandant der Leibwache, Nebuschasban, der
Oberkämmerer, und Nergal-Sarezer, der Ober-
hofmeister, sowie alle Obersten des Königs von
Babel Leute zum Wachhof, [14] ließen Jeremia von
dort holen und übergaben ihn Gedalja, dem Sohn
Ahikams, des Sohnes Schafans, damit er ihn nach
Hause entlasse. So blieb er mitten unter dem Volk.

12: 40,4

Die Verheißung für den Kuschiter

[15] Als Jeremia noch im Wachhof gefangen saß,
war an ihn das Wort des Herrn ergangen: [16] Geh
hin und sag zu dem Kuschiter Ebed-Melech: So
spricht der Herr der Heere, der Gott Israels: Bald
erfülle ich meine Worte, die ich über diese Stadt
gesprochen habe – zu ihrem Unheil und nicht zu
ihrem Heil; sie werden an jenem Tag vor deinen
Augen eintreffen.
[17] Aber dich werde ich retten an jenem Tag –
Spruch des Herrn – und du wirst den Leuten, vor
denen du Angst hast, nicht in die Hände fallen.
[18] Ja, ich werde dich heil entrinnen lassen; du wirst
nicht unter dem Schwert fallen, sondern dein
Leben wie ein Beutestück gewinnen, weil du auf
mich vertraut hast – Spruch des Herrn.

15: 38,7.13 • 16: 21,10; 44,11.27 • 18: 21,9; 38,2; 45,5

Jeremia beim Statthalter Gedalja

40 Das Wort, das vom Herrn an Jeremia er-
ging, nachdem ihn Nebusaradan, der Kom-
mandant der Leibwache, in Rama freigelassen
hatte. Dieser hatte ihn nämlich holen lassen, als er,
mit Handschellen gefesselt, sich mitten unter den
Gefangenen von Jerusalem und Juda befand, die
nach Babel weggeführt werden sollten. 2 Der Kom-
mandant der Leibwache holte Jeremia und sagte
zu ihm: Jahwe, dein Gott, hatte diesem Ort dieses
Unheil angedroht. 3 Jetzt hat Jahwe seine Drohung
eintreffen lassen und vollstreckt; denn ihr habt
gegen Jahwe gesündigt und nicht auf seine Stimme
gehört. So musste euch dieses Schicksal treffen.
4 Nun aber löse ich dir heute die Fesseln an deinen
Händen. Wenn es dir beliebt, mit mir nach Babel
zu kommen, so komm mit und ich will für dich
sorgen. Willst du aber nicht mit mir nach Babel
kommen, so lass es! Siehe, das ganze Land liegt vor
dir; du kannst gehen, wohin du willst. 5 Wenn du
es vorziehst dazubleiben, so kehre um zu Gedalja,
dem Sohn Ahikams, des Sohnes Schafans, den der
König von Babel über das Land Juda gesetzt hat.
Bleib bei ihm mitten unter dem Volk oder geh,
wohin du willst. Der Kommandant der Leibwache
gab ihm Reisevorrat sowie ein Geschenk und ent-
ließ ihn. 6 Jeremia ging zu Gedalja, dem Sohn Ahi-
kams, nach Mizpa und blieb bei ihm mitten unter
dem Volk, das im Land übrig geblieben war.

6: 39,14

Gedalja als Statthalter

7 Alle Truppenführer, die samt ihren Mannschaf-
ten noch über das freie Feld verstreut waren,
erfuhren, dass der König von Babel Gedalja, den
Sohn Ahikams, als Statthalter im Land eingesetzt
und ihm Männer, Frauen und Kinder sowie jenen
Teil der armen Bevölkerung unterstellt habe, der
nicht nach Babel weggeführt worden war. 8 Sie
kamen nun mit ihren Leuten zu Gedalja nach
Mizpa, nämlich Jischmael, der Sohn Netanjas,
Johanan und Jonatan, die Söhne Kareachs, Seraja,
der Sohn Tanhumets, ferner die Söhne Efais aus
Netofa und Jaasanja, der Sohn des Maachatiters.
9 Gedalja, der Sohn Ahikams, des Sohnes Schafans,
schwor ihnen und ihren Mannschaften: Fürchtet
euch nicht davor, den Chaldäern untertan zu
sein. Bleibt im Land und dient dem König von
Babel; dann wird es euch gut gehen. 10 Seht, ich sel-
ber bleibe in Mizpa und vertrete euch vor den
Chaldäern, die zu uns kommen. Ihr aber, erntet
Wein, Obst und Öl, sammelt es in euren Gefäßen
und bleibt in den Ortschaften, die ihr besiedelt.
11 Auch alle jene Judäer, die sich in Moab, bei den
Ammonitern, in Edom oder in irgendeinem ande-
ren Land aufhielten, erfuhren, dass der König von
Babel Juda eine Restbevölkerung gelassen und
über sie Gedalja, den Sohn Ahikams, des Sohnes
Schafans, als Statthalter eingesetzt habe. 12 Daher
kehrten alle Judäer aus sämtlichen Orten, wohin
sie versprengt waren, zurück und kamen ins Land
Juda zu Gedalja nach Mizpa. Man erntete Wein
und Obst in großer Menge.
13 Eines Tages kamen Johanan, der Sohn Kareachs,
und alle Truppenführer, die über das freie Feld
verstreut waren, zu Gedalja nach Mizpa. 14 Sie frag-
ten ihn: Weißt du schon, dass Baalis, der König
der Ammoniter, Jischmael, den Sohn Netanjas, ge-
schickt hat, um dich ermorden zu lassen? Aber
Gedalja, der Sohn Ahikams, glaubte es ihnen
nicht. 15 Nun machte Johanan, der Sohn Kareachs,
dem Gedalja in Mizpa insgeheim den Vorschlag:
Ich will hingehen und Jischmael, den Sohn Ne-
tanjas, erschlagen, ohne dass jemand davon er-
fährt. Warum soll er dich umbringen, sodass alle
Judäer, die sich um dich geschart haben, wieder
zerstreut werden und der Rest von Juda zu-
grunde geht? 16 Doch Gedalja, der Sohn Ahikams,
entgegnete Johanan, dem Sohn Kareachs: Nein, tu
das nicht; denn was du über Jischmael sagst, ist
nicht wahr.

7–16: 2 Kön 25,22–24

Die Ermordung Gedaljas

41 Aber im siebten Monat kam Jischmael,
der Sohn Netanjas, des Sohnes Elischamas,
ein Mann aus königlichem Geschlecht und einer
von den Großen des Königs, mit zehn Mann
zu Gedalja, dem Sohn Ahikams, nach Mizpa.
Während sie dort zusammen aßen, 2 erhob sich
Jischmael, der Sohn Netanjas, samt den zehn
Männern, die bei ihm waren, und sie erschlugen
Gedalja, den Sohn Ahikams, des Sohnes Schafans,
mit dem Schwert. So tötete er den Mann, den der

König von Babel als Statthalter im Land eingesetzt hatte. 3 Auch alle Judäer, die bei ihm [bei Gedalja] in Mizpa waren, und die Chaldäer, die sich dort als militärische Besatzung befanden, erschlug Jischmael.

4 Am zweiten Tag nach Gedaljas Ermordung, als noch niemand etwas erfahren hatte, 5 kamen Männer aus Sichem, Schilo und Samaria, achtzig Mann, mit geschorenen Bärten, zerrissenen Kleidern und eingeritzten Wunden. Sie trugen in ihren Händen Opfergaben und Weihrauch, um sie zumHaus des Herrn zu bringen. 6 Da ging ihnen Jischmael, der Sohn Netanjas, von Mizpa aus entgegen, wobei er laut weinte. Sobald er mit ihnen zusammentraf, lud er sie ein: Kommt mit zu Gedalja, dem Sohn Ahikams! 7 Als sie nun in die Stadtmitte gekommen waren, ermordete sie Jischmael, der Sohn Netanjas, mit Hilfe der Männer, die er bei sich hatte, und warf sie in die Zisterne. 8 Zehn Männer aber, die sich unter jenen befanden, hatten zu Jischmael gesagt: Töte uns nicht; denn wir haben versteckte Vorräte auf dem Feld: Weizen, Gerste, Öl und Honig. Da sah er davon ab, sie zusammen mit ihren Stammesbrüdern zu töten. 9 Die Zisterne, in die Jischmael alle Leichen der Männer warf, die er Gedaljas wegen erschlagen hatte, war jene, die König Asa im Krieg gegen Bascha, den König von Israel, angelegt hatte. Diese füllte nun Jischmael, der Sohn Netanjas, mit Erschlagenen an. 10 Dann führte Jischmael den ganzen Rest des Volkes, der sich in Mizpa befand, gefangen hinweg: die Prinzessinnen und die ganze Bevölkerung, die in Mizpa geblieben war und die Nebusaradan, der Kommandant der Leibwache, Gedalja, dem Sohn Ahikams, unterstellt hatte. Jischmael, der Sohn Netanjas, führte sie gefangen weg und zog ab, um über die Grenze zu den Ammonitern zu gelangen.

11 Johanan, der Sohn Kareachs, und alle Truppenführer, die bei ihm waren, hörten von all dem Bösen, das Jischmael, der Sohn Netanjas, verübt hatte. 12 Sie nahmen ihre gesamte Mannschaft und zogen aus, um gegen Jischmael, den Sohn Netanjas, zu kämpfen. Am großen Wasser bei Gibeon stießen sie auf ihn. 13 Als das ganze Volk, das bei Jischmael war, Johanan, den Sohn Kareachs, und in seiner Begleitung alle Truppenführer erblickte, war es hoch erfreut. 14 Alle Leute, die Jischmael gefangen von Mizpa weggeführt hatte, wandten sich von ihm ab und traten auf die Seite Johanans, des Sohnes Kareachs. 15 Jischmael aber, der Sohn Netanjas, konnte mit acht Mann dem Johanan entkommen und floh zu den Ammonitern.

1: 40,8 • 9: 1 Kön 15,16–24

Die Sammlung des restlichen Volkes

16 Nun übernahm Johanan, der Sohn Kareachs, zusammen mit allen Truppenführern, die bei ihm waren, den ganzen Rest des Volkes, den Jischmael, der Sohn Netanjas, nach der Ermordung Gedaljas, des Sohnes Ahikams, aus Mizpa weggeführt hatte: Männer, [Krieger] Frauen, Kinder und Palastbeamte, die er nun alle von Gibeon wegbrachte. 17 Sie zogen ab und machten in der Herberge des Kimham bei Betlehem Halt, in der Absicht, nach Ägypten weiterzuziehen. 18 So wollten sie den Chaldäern entkommen; denn sie hatten Angst vor ihnen, weil Jischmael, der Sohn Netanjas, Gedalja, den Sohn Ahikams, erschlagen hatte, den der König von Babel als Statthalter im Land eingesetzt hatte.

Die Bitte um ein Gotteswort

42 Da kamen alle Truppenführer und Johanan, der Sohn Kareachs, ferner Asarja, der Sohn Haschajas, sowie das ganze Volk, Klein und Groß, herbei 2 und sagten zum Propheten Jeremia: Möge unsere Bitte bei dir Gehör finden: Bete für uns zum Herrn, deinem Gott, für diesen ganzen Rest; denn von einst so vielen sind nur wir wenige übrig geblieben, wie du mit eigenen Augen siehst. 3 Möge der Herr, dein Gott, uns kundtun, welchen Weg wir einschlagen und was wir tun sollen. 4 Der Prophet Jeremia erwiderte ihnen: Gut, ich will nach eurem Wunsch zum Herrn, eurem Gott, beten und euch dann alles, was der Herr antwortet, mitteilen, ohne euch ein Wort vorzuenthalten. 5 Sie selbst versicherten Jeremia: Der Herr sei ein wahrer und treuer Zeuge gegen uns, wenn wir nicht genau nach dem Wort handeln, mit dem dich der Herr, dein Gott, zu uns sendet. 6 Sei es gut oder schlimm, auf die Stimme des Herrn, unseres Gottes, zu dem wir dich senden, werden wir hören, damit es uns gut gehe, weil wir auf die Stimme des Herrn, unseres Gottes, hören.

Die Warnung vor der Auswanderung nach Ägypten

7 Zehn Tage später erging das Wort des Herrn an Jeremia. 8 Daraufhin rief er Johanan, den Sohn Kareachs, und alle Truppenführer, die bei ihm waren, sowie das ganze Volk, Klein und Groß, zusammen 9 und sagte zu ihnen: So spricht der Herr, der Gott Israels, zu dem ihr mich gesandt habt, um ihm eure Bitte vorzutragen: 10 Wenn ihr in diesem Land wohnen bleibt, so werde ich euch aufbauen und nicht niederreißen, euch einpflanzen und nicht ausreißen; ja, ich bereue das Unheil, das ich euch angetan habe. 11 Fürchtet euch nicht vor dem König von Babel, vor dem ihr Angst habt. Fürchtet euch nicht vor ihm – Spruch des Herrn –; denn ich bin mit euch, um euch zu retten und seiner Hand zu entreißen. 12 Ich bewirke Erbarmen für euch; er wird sich euer erbarmen und euch in eure Heimat zurückkehren lassen. 13 Wenn ihr aber sagt: Wir bleiben nicht in diesem Land!, und auf die Stimme des Herrn, eures Gottes, nicht hört, 14 sondern sagt: Nein, nach Ägypten wollen wir ziehen, wo wir weder Krieg sehen noch Trompetenschall hören, noch nach Brot hungern werden, und dort wollen wir bleiben!, 15 nun, dann hört das Wort des Herrn, ihr, der Rest Judas: So spricht der Herr der Heere, der Gott Israels: Wenn ihr darauf besteht, nach Ägypten zu ziehen, und auswandert, um euch dort niederzulassen, 16 dann wird euch das Schwert, das ihr fürchtet, dort in Ägypten erreichen und der Hunger, vor dem euch bangt, wird euch dort in Ägypten verfolgen und ihr werdet dort umkommen. 17 Ja, alle, die darauf bestehen, nach Ägypten zu ziehen, um sich dort niederzulassen, werden durch Schwert, Hunger und Pest umkommen. Keiner von ihnen wird entkommen, keiner dem Unheil entrinnen, das ich über sie bringe. 18 Denn so spricht der Herr der Heere, der Gott Israels: Wie sich mein Zorn und Grimm über die Einwohner Jerusalems ergossen hat, so wird sich mein Grimm auch über euch ergießen, wenn ihr nach Ägypten zieht. Ihr werdet zum Fluch und zu einem Bild des Entsetzens, zur Verwünschung und zur Schmach werden. Dieses Land aber werdet ihr nie wieder sehen. 10: 1,10 • 18: 25,9

Die Drohung an die Verstockten

19 Der Herr hat zu euch gesprochen, Rest Judas: Zieht nicht nach Ägypten! Ihr sollt genau wissen: Ich warne euch heute. 20 Denn ihr gebt euch einer gefährlichen Täuschung hin. Ihr selbst habt mich ja zum Herrn, eurem Gott, gesandt mit den Worten: Bete für uns zum Herrn, unserem Gott, und ganz wie der Herr, unser Gott, spricht, gib uns Bescheid und wir werden danach handeln. 21 Heute nun habe ich euch den Bescheid gegeben, aber ihr habt auf die Stimme des Herrn, eures Gottes, nicht gehört, auf nichts von dem, womit er mich zu euch gesandt hat. 22 Jetzt aber sollt ihr wissen: Durch Schwert, Hunger und Pest werdet ihr umkommen an dem Ort, wohin ihr ziehen wollt, um euch dort niederzulassen.

Der Zug nach Ägypten

43 Als Jeremia dem ganzen Volk alle Worte des Herrn, ihres Gottes, vollständig mitgeteilt hatte, nämlich all die Worte, mit denen ihn der Herr zu ihnen gesandt hatte, 2 da sagten Asarja, der Sohn Hoschajas, und Johanan, der Sohn Kareachs, sowie alle übermütigen Männer zu Jeremia: Was du sagst, ist erlogen. Nicht der Herr, unser Gott, hat dich gesandt mit dem Auftrag: Ihr sollt nicht nach Ägypten ziehen, um euch dort niederzulassen. 3 Vielmehr hetzt dich Baruch, der Sohn Nerijas, gegen uns auf, um uns den Chaldäern auszuliefern, sodass sie uns töten oder nach Babel verschleppen.

4 Johanan, der Sohn Kareachs, alle Truppenführer und das ganze Volk hörten also nicht auf die Stimme des Herrn, im Land Juda zu bleiben. 5 Johanan, der Sohn Kareachs, und alle Truppenführer nahmen den ganzen Rest Judas, der aus allen Völkern, unter die er versprengt gewesen, zurückgekehrt war, um sich im Land Juda niederzulassen: 6 Männer, Frauen und Kinder, die Prinzessinnen und alle Leute, die Nebusaradan, der Kommandant der Leibwache, bei Gedalja, dem Sohn Ahikams, des Sohnes Schafans, gelassen hatte, auch den Propheten Jeremia und Baruch, den Sohn Nerijas, 7 und sie zogen nach Ägypten, weil sie nicht auf die Stimme des Herrn hörten, und kamen bis Tachpanhes.

Die Heimsuchung auch in Ägypten

8 In Tachpanhes erging das Wort des Herrn an Jere-
mia: 9 Nimm vor den Augen judäischer Männer
große Steine in die Hand und maure sie mit Mör-
tel in das Ziegelpflaster am Eingang zum Haus des
Pharao in Tachpanhes! 10 Dann sag zu ihnen:
So spricht der Herr der Heere, der Gott Israels:
Seht, ich werde meinen Knecht Nebukadnezzar,
den König von Babel, herbeiholen; er wird seinen
Thron über diesen Steinen, die ich hier einge-
mauert habe, aufstellen und sein Prunkzelt darü-
ber ausspannen. 11 Er wird kommen und das Land
Ägypten schlagen; wer für den Tod bestimmt ist,
verfällt dem Tod, wer für die Gefangenschaft, der
Gefangenschaft und wer für das Schwert, dem
Schwert. 12 Er wird an die Tempel der Götter Ägyp-
tens Feuer legen und die Götter verbrennen oder
wegführen. Er wird das Land Ägypten ablausen,
wie ein Hirt sein Gewand ablaust; danach wird er
unbehelligt abziehen. 13 Er wird die spitzen Säulen
des Sonnentempels in Ägypten zertrümmern und
die Tempel der Götter Ägyptens in Brand stecken.

11: 46,26; 15,2

Die Warnung vor Götzendienst

44 Das Wort, das an Jeremia erging für alle
Judäer, die in Ägypten wohnten und sich
in Migdol und Tachpanhes, in Memfis und im
Land Patros angesiedelt hatten: 2 So spricht der
Herr der Heere, der Gott Israels: Ihr selbst habt all
das Unheil miterlebt, das ich über Jerusalem und
alle Städte Judas gebracht habe. Seht, heute sind
sie Trümmerstätten, die niemand mehr bewohnt.
3 Das ist die Folge ihrer bösen Taten; sie erzürnten
mich, indem sie hingingen, um anderen Göttern,
die sie früher nicht kannten, zu opfern und zu die-
nen, sie, ihr und eure Väter. 4 Wohl habe ich immer
wieder all meine Knechte, die Propheten, zu euch
gesandt mit der Mahnung: Verübt doch nicht
einen solchen Gräuel, den ich so hasse. 5 Sie aber
haben nicht gehört und mir ihr Ohr nicht zu-
geneigt, sodass sie sich von ihrer Bosheit bekehrt
und nicht mehr anderen Göttern geopfert hätten.
6 Daher ergoss sich mein Grimm und Zorn und
wütete in den Städten Judas und in den Straßen
Jerusalems, sodass sie zur Trümmerstätte und
Wüste wurden, wie sie es heute noch sind. 7 Nun
aber spricht so der Herr, der Gott der Heere, der
Gott Israels: Warum tut ihr euch selbst so schwe-
res Leid an, indem ihr eure Männer und Frauen,
Kinder und Säuglinge aus Juda ausrottet und kei-
nen Rest mehr übrig lasst? 8 Denn ihr erzürnt mich
durch das Tun eurer Hände, weil ihr anderen Göt-
tern opfert in Ägypten, wohin ihr ausgewandert
seid, um euch dort niederzulassen. So rottet ihr
euch selbst aus und werdet zum Fluch und Ge-
spött bei allen Völkern der Erde. 9 Habt ihr denn
all das Böse vergessen, das eure Väter und die
Könige von Juda und ihre Frauen, dann auch ihr
selbst und eure Frauen im Land Juda und in den
Straßen Jerusalems getan haben? 10 Sie bereuen es
nicht bis zum heutigen Tag, fürchten sich nicht
und leben nicht nach meiner Weisung und nach
meinen Gesetzen, die ich euch und euren Vätern
vorgelegt habe. 11 Darum – so spricht der Herr der
Heere, der Gott Israels: Seht, ich richte mein Ange-
sicht gegen euch zu eurem Unheil, um ganz Juda
auszurotten. 12 Ich raffe den Rest Judas hinweg, der
darauf bestand, nach Ägypten auszuwandern, um
sich dort niederzulassen. Sie alle werden in Ägyp-
ten umkommen; sie werden fallen durch Schwert
und Hunger; Klein und Groß wird umkommen.
Durch Schwert und Hunger werden sie sterben
und zum Fluch und zu einem Bild des Entsetzens
werden, zur Verwünschung und zur Schmach.
13 Wie ich Jerusalem heimgesucht habe, so suche
ich die in Ägypten Angesiedelten heim mit
Schwert, Hunger und Pest. 14 Vom Rest Judas, der
ausgewandert ist, um sich hier in Ägypten nieder-
zulassen, wird niemand entrinnen oder entkom-
men, um ins Land Juda zurückzukehren, obwohl
sie sich danach sehnen, zurückzukehren und dort
zu bleiben. Ja, nur wenige werden entrinnen und
zurückkehren.

4: 7,25; 25,4 • 9: 7,17 • 11: 44,27; 21,10; 39,16 • 12: 42,18 • 14: 42,17

Der offene Abfall

15 Da antworteten alle Männer, die wussten, dass
ihre Frauen anderen Göttern opferten, und alle
Frauen, die dabeistanden, eine große Schar, sowie
alle Leute, die in Ägypten und in Patros wohnten,
dem Jeremia:
16 Was das Wort betrifft, das du im Namen des
Herrn zu uns gesprochen hast, so hören wir nicht

auf dich. 17 Vielmehr werden wir alles, was wir gelobt haben, gewissenhaft ausführen: Wir werden der Himmelskönigin Rauchopfer und Trankopfer darbringen, wie wir, unsere Väter, unsere Könige und unsere Großen in den Städten Judas und in den Straßen Jerusalems es getan haben. Damals hatten wir Brot genug; es ging uns gut und wir litten keine Not. 18 Seit wir aber aufgehört haben, der Himmelskönigin Rauchopfer und Trankopfer darzubringen, fehlt es uns an allem und wir kommen durch Schwert und Hunger um. 19 Die Frauen aber sagten: Geschieht es etwa ohne Wissen und Willen unserer Männer, dass wir der Himmelskönigin Rauchopfer und Trankopfer darbringen, dass wir für sie Opferkuchen bereiten, die ihr Bild wiedergeben, und Trankopfer spenden?

17: 7,18

Das Strafgericht

20 Jeremia entgegnete dem ganzen Volk, den Männern, den Frauen und allen, die ihm so geantwortet hatten: 21 Die Opfer, die ihr in den Städten Judas und auf den Straßen Jerusalems verbrannt habt, ihr und eure Väter, eure Könige und eure Großen und die Bürger des Landes – waren nicht gerade sie es, an die der Herr gedacht und sich erinnert hat? 22 Schließlich konnte es der Herr nicht mehr aushalten wegen eurer Untaten und wegen der Gräuel, die ihr verübt habt. Deshalb wurde euer Land zur Öde, zu einem Bild des Entsetzens und zum Fluch, unbewohnt, wie es heute noch ist. 23 Weil ihr Rauchopfer dargebracht und gegen den Herrn gesündigt habt, weil ihr auf die Stimme des Herrn nicht gehört und euch nicht nach seiner Weisung, seinen Gesetzen und Mahnungen gerichtet habt, darum hat euch dieses Unheil getroffen, wie es heute noch besteht. 24 Zum ganzen Volk und zu allen Frauen sagte Jeremia: Hört das Wort des Herrn, ganz Juda, das in Ägypten weilt. 25 So spricht der Herr der Heere, der Gott Israels: Was ihr und eure Frauen mit dem Mund gelobt, das führt ihr mit den Händen aus. Ihr sagt: Unsere versprochenen Gelübde werden wir gewissenhaft erfüllen und der Himmelskönigin Rauchopfer und Trankopfer darbringen. Haltet nur eure Gelübde genau, ja, eure Gelübde erfüllt gewissenhaft! 26 So höre denn das Wort des Herrn, ganz Juda, das in Ägypten wohnt: Seht, ich schwöre bei meinem großen Namen, spricht der Herr: Nie mehr soll mein Name vom Mund irgendeines Judäers in ganz Ägypten genannt werden; keiner mehr soll sagen: So wahr Gott, der Herr, lebt! 27 Seht, ich wache über sie – zu ihrem Unheil, nicht zu ihrem Heil. Alle Judäer in Ägypten werden durch Schwert und Hunger umkommen und völlig vernichtet werden. 28 Nur wenige werden dem Schwert entrinnen und aus Ägypten ins Land Juda heimkehren und der ganze Rest von Juda, der nach Ägypten ausgezogen ist, um sich dort niederzulassen, wird erkennen, wessen Wort sich erfüllt, das meine oder das ihre. 29 Dies aber soll euch als Zeichen dafür dienen – Spruch des Herrn –, dass ich euch heimsuche an diesem Ort, damit ihr erkennt, dass meine Unheilsworte über euch bestimmt in Erfüllung gehen: 30 So spricht der Herr: Seht, ich liefere den Pharao Hofra, den König von Ägypten, in die Hand seiner Gegner und Todfeinde aus, wie ich Zidkija, den König von Juda, in die Hand Nebukadnezzars, des Königs von Babel, seines Gegners und Todfeindes, ausgeliefert habe.

22: 25,9; 49,13 • 27: 1,11f; 43,11 • 30: Ez 29,19

Ein Gotteswort an Baruch

45 Das Wort, das der Prophet Jeremia zu Baruch, dem Sohn Nerijas, sagte, als dieser im vierten Jahr Jojakims, des Sohnes Joschijas, des Königs von Juda, jene Reden nach dem Diktat Jeremias in ein Buch schrieb: 2 So spricht der Herr, der Gott Israels, über dich, Baruch: 3 Du hast gesagt: Weh mir! Denn der Herr häuft noch Kummer auf mein Leid. Ich bin erschöpft vor Stöhnen und finde keine Ruhe. 4 Sag zu ihm: So spricht der Herr: Was ich gebaut habe, breche ich nieder, und was ich gepflanzt habe, reiße ich aus. [Das betrifft das ganze Land] 5 Du aber begehrst Großes für dich? Begehre es nicht! Denn siehe, ich bringe Unheil über alle Sterblichen – Spruch des Herrn; dir aber gebe ich dein Leben wie ein Beutestück überall, wohin du auch gehst.

1: 36,4 • 5: 21,9; 39,18

DIE DROHREDEN ÜBER DIE VÖLKER: 46,1 – 51,64

Einleitung

46 Das Wort des Herrn gegen die Völker, das an den Propheten Jeremia erging:

Über Ägypten: 46,2–26

Die Niederlage am Eufrat

2 Über Ägypten: Gegen das Heer des Pharao Ne-
cho, des Königs von Ägypten, das bei Karkemisch
am Eufrat stand und das Nebukadnezzar, der
König von Babel, geschlagen hat. Es war im vier-
ten Jahr Jojakims, des Sohnes Joschijas, des Königs
von Juda.
3 Rüstet Rundschild und Langschild, / rückt aus
zum Kampf!
4 Schirrt die Rosse an, besteigt die Pferde! / Tretet
an im Helm, macht die Speere blank, / legt die Pan-
zer an!
5 Was sehe ich? Warum sind sie bestürzt? / Sie wei-
chen zurück. Ihre Helden sind zersprengt,
sie ergreifen die Flucht / und wenden sich nicht
mehr um – / Grauen ringsum! – Spruch des Herrn.
6 Der Schnelle kann nicht entfliehen / und der
Held nicht entrinnen.
Im Norden, am Ufer des Eufrat, / stürzen sie hin
und fallen.
7 Wer ist es, der anschwoll gleich dem Nil, / dessen
Wasser wie Ströme tosen?
8 Ägypten schwoll an gleich dem Nil, / dessen Was-
ser wie Ströme tosen.
Es sagte: Ich schwelle an, überschwemme das
Land, / vernichte die Städte und ihre Einwohner.
9 Bäumt euch, ihr Rosse, stürmt los, ihr Wagen! /
Rückt aus, ihr Helden:
Kusch und Put, ihr Schildbewehrten, / ihr von Lud,
ihr Bogenschützen!
10 Doch jener Tag ist ein Tag der Rache / für den
Herrn, den Gott der Heere; / er rächt sich an sei-
nen Gegnern.
Da frisst das Schwert, / wird satt und trunken von
ihrem Blut.
Denn ein Schlachtfest hält der Herr, der Gott
der Heere, / im Land des Nordens am Eufrat-
strom.
11 Zieh hinauf nach Gilead und hole Balsam, /
Jungfrau, Tochter Ägypten!
Umsonst verbrauchst du viele Arzneien, / du fin-
dest keine Genesung.
12 Von deiner Schande hören die Völker, / dein
Wehgeschrei erfüllt die Erde.
Denn Held an Held ist gestürzt, / miteinander sind
beide gefallen.

2: 2 Kön 23,29 • 5: 20,3 • 9: Ez 27,10; Nah 3,9 • 11: 8,22

Die Eroberung Ägyptens

13 Das Wort, das der Herr zum Propheten Jeremia
sprach, als Nebukadnezzar, der König von Babel,
heranrückte, um Ägypten zu erobern:
14 Meldet es in Ägypten, verkündet es in Migdol, /
verkündet es in Memfis und Tachpanhes!
Sagt: Stell dich auf und mach dich bereit; / denn
schon frisst das Schwert rings um dich her.
15 Warum liegt dein Starker zu Boden gestreckt? /
Er hielt nicht stand, weil der Herr ihn stieß.
16 Viele kamen durch ihn zu Fall, / sie stürzten,
Mann für Mann.
Da sagten sie: / Auf, zurück zu unsrem Volk,
ins Land unsrer Sippe, / vor dem rasenden
Schwert!
17 Gebt dem Pharao, dem König Ägyptens, den
Namen: / Getöse, das die Zeit verpasste.
18 So wahr ich lebe – Spruch des Königs, / Herr der
Heere ist sein Name –,
wie der Tabor unter den Bergen / und wie der Kar-
mel am Meer, / so mächtig rückt er heran.
19 Rüste dein Gepäck für die Verbannung, / du sess-
hafte Tochter Ägypten!
Denn Memfis wird zur Wüste, / wird niederge-
brannt und menschenleer.
20 Eine stattliche Jungkuh ist Ägypten, / die Bremse
von Norden stürzt sich auf sie.
21 Auch seine Söldnertruppen mitten im Land /
sind wie gemästete Kälber.
Aber auch sie machen kehrt, / sie fliehen alle und
halten nicht stand.
Denn der Tag ihres Verderbens kommt über sie, /
die Zeit ihrer Bestrafung.
22 Ägyptens Stimme gleicht dem Zischen der
Schlange, / wenn jene anrücken mit Macht,

wenn sie mit Äxten einfallen, / Holzhackern gleich.
23 Sie fällen seinen Wald – Spruch des Herrn –, /
den undurchdringlichen.
Zahlreicher als Heuschrecken sind sie, / man kann
sie nicht zählen.
24 Zuschanden wird die Tochter Ägypten, / preis-
gegeben dem Volk aus dem Norden.
25 Der Herr der Heere, der Gott Israels, hat gespro-
chen: Seht, ich suche heim den Amon von No [und
den Pharao], Ägypten und seine Götter, seine Kö-
nige und den Pharao samt allen, die sich auf ihn
verlassen. 26 Ich gebe sie in die Hand ihrer Tod-
feinde, in die Hand Nebukadnezzars, des Königs
von Babel, und in die Hand seiner Untertanen.
Aber danach wird das Land wieder bewohnt sein
wie in früheren Zeiten – Spruch des Herrn.

16: 50,16 • 18: 48,15 • 25–26: 43,11–13

Trost für Israel und Drohungen gegen die Philister: 46,27 – 47,7

Ein Trostwort für Jakob-Israel

27 Fürchte dich nicht, du, mein Knecht Jakob, / ver-
zage nicht, Israel!
Denn ich bin es, der dich aus fernem Land erret-
tet, / deine Kinder aus dem Land ihrer Gefangen-
schaft.
Jakob wird heimkehren und Ruhe haben; / er wird
in Sicherheit leben / und niemand wird ihn er-
schrecken.
28 Fürchte dich nicht, / du, mein Knecht Jakob –
Spruch des Herrn –; / denn ich bin mit dir.
Ja, ich vernichte alle Völker, / unter die ich dich
zerstreut habe.
Nur dich werde ich niemals vernichten; / ich züch-
tige dich mit rechtem Maß, / doch ganz ungestraft
kann ich dich nicht lassen.

27: 30,10 • 28: 30,11; 4,27; 10,24; 30,11

Über die Philister

47 Das Wort des Herrn gegen die Philister,
das an den Propheten Jeremia erging, be-
vor der Pharao Gaza eroberte.
2 So spricht der Herr:
Seht, Wasser wogen vom Norden heran / und wer-
den zum flutenden Wildbach.
Sie überfluten das Land und was darin ist, / die
Städte und ihre Bewohner.
Da schreien die Menschen, / laut klagen alle Be-
wohner des Landes
3 vor dem donnernden Hufschlag der Hengste, /
vor dem Dröhnen der Streitwagen, / vor dem Ras-
seln der Räder.
Väter schauen sich nicht um nach den Söhnen; /
denn ihre Hände sind schlaff
4 wegen des Tages, der kommt, / um alle Philister
zu vernichten,
um auszurotten den letzten Helfer / für Tyrus und
Sidon.
Ja, der Herr vernichtet die Philister, / den Rest von
der Insel Kaftor.
5 Kahl scheren wird sich Gaza, / Aschkelon wird
verstummen.
Wie lange noch, du Rest der Anakiter, / musst du
dich wund ritzen?
6 Weh, du Schwert des Herrn, / wie lange noch
willst du nicht rasten?
Fahr zurück in die Scheide, / halt ein und sei still!
7 Wie sollte es rasten, / da doch der Herr ihm Befehl
gab?
Gegen Aschkelon und die Meeresküste, / dorthin
hat er es bestellt.

5: 16,6; 48,37

Über Moab: 48,1–47

Die Zerstörung

48 Über Moab: So spricht der Herr der
Heere, der Gott Israels:
Weh über Nebo, es wird verwüstet, / erobert wird
Kirjatajim. / Zuschanden wird die Hochburg und
geschleift.
2 Moabs Ruhm ist dahin. / In Heschbon plante
man sein Verderben:
Kommt, wir rotten es aus, / sodass es kein Volk
mehr ist.
Auch du, Madmen, wirst verstummen; / das
Schwert verfolgt dich.
3 Horch! Wehgeschrei aus Horonajim: / Verwüs-
tung und große Zerstörung!
4 Zerstört ist Moab! / So gellt der Schrei bis nach
Zoar.

5 Die Steige von Luhit / steigt man weinend hinauf.
Ja, am Abstieg von Horonajim / hört man über die
Zerstörung entsetzliches Schreien.
6 Flieht, rettet euer Leben! / Macht es wie der Wild-
esel in der Wüste!
7 Weil du auf eigene Werke und Schätze vertraut
hast, / wirst auch du erobert werden.
In die Verbannung muss Kemosch ziehen / samt
seinen Priestern und Fürsten.
8 Der Verwüster kommt über jede Stadt, / keine
Stadt kann sich retten.
Verheert wird das Tal, verwüstet die Ebene, / so
spricht der Herr.
9 Setzt ein Grabmal für Moab; / denn es verfällt
ganz und gar.
Seine Städte werden zur Wüste, / niemand wohnt
mehr darin.
10 Verflucht, wer den Auftrag des Herrn lässig be-
treibt, / ja, verflucht, wer sein Schwert abhält vom
Blutvergießen.

4: Jes 15,5

Der Verwüster

11 Ungestört war Moab von Jugend an, / ruhig lag
es auf seiner Hefe.
Es wurde nicht umgeschüttet von Gefäß zu Ge-
fäß: / Nie musste es in die Verbannung ziehen.
Darum blieb ihm sein Wohlgeschmack erhalten, /
sein Duft veränderte sich nicht.
12 Darum kommen Tage – Spruch des Herrn –, / da
schicke ich Kellermeister zu ihm;
sie gießen es um, / entleeren seine Gefäße und zer-
schlagen seine Krüge.
13 Moab wird an Kemosch zuschanden, / wie das
Haus Israel zuschanden wurde / an Bet-El, auf das
es vertraute.
14 Wie könnt ihr sagen: Helden sind wir, / starke
Krieger zum Kampf?
15 Der Verwüster Moabs und seiner Städte steigt
hinauf; / da steigen seine besten jungen Männer
hinab, um geschlachtet zu werden
– Spruch des Königs, / Herr der Heere ist sein
Name.
16 Der Untergang Moabs rückt heran, / schnell eilt
sein Unglück herbei.
17 Beklagt es alle, ihr seine Nachbarn, / und alle, die
ihr seinen Namen kennt.
Sagt: Ach, wie ist zerbrochen der starke Stab, / das
herrliche Zepter!
18 Steig herab von deiner Würde, / setz dich in den
Kot, / du thronende Tochter Dibon!
Denn Moabs Verwüster zieht hinauf zu dir, / zer-
stört deine Burgen.
19 Stellt euch an den Weg und späht aus, / ihr Ein-
wohner von Aroër!
Fragt den Flüchtling und die fliehende Frau, / sagt:
Was ist denn geschehen?
20 Zuschanden ist Moab, ja, ganz zerbrochen. /
Klagt und schreit! / Meldet am Arnon: Moab ist
verwüstet.
21 Ein Gericht kam über das ebene Land, / über
Holon, Jahaz und Mefaat,
22 über Dibon, Nebo und Bet-Diblatajim, / 23 über
Kirjatajim, Bet-Gamul und Bet-Meon,
24 über Kerijot und Bozra / und über alle Städte des
Landes Moab, / die fernen und die nahen.
25 Abgehauen ist Moabs Horn, / zerschmettert sein
Arm [– Spruch des Herrn].
26 Macht es betrunken; / denn es hat geprahlt gegen
den Herrn.
So stürze Moab in sein eigenes Gespei / und ver-
falle nun selbst dem Gespött.
27 Oder diente nicht Israel dir zum Gespött? /
Wurde es etwa beim Diebstahl ertappt,
dass du höhnend den Kopf geschüttelt hast, / sooft
du von ihm sprachst?
28 Verlasst die Städte, wohnt in den Felsen, / ihr
Bewohner von Moab!
Macht es wie die Taube, die nistet / an den Wän-
den der offenen Schlucht.

11: Zef 1,12 • 15: 46,18 • 26: 48,42 • 27: 2,26

Der Hochmut vor dem Fall

29 Wir haben von Moabs Stolz gehört – / es ist stolz
über die Maßen –;
von seinem Hochmut und Stolz haben wir ge-
hört, / von seinem Dünkel und hochfahrenden
Sinn.
30 Ich kenne seinen Übermut – Spruch des
Herrn –, / sein Geschwätz ist nicht wahr, / sein Tun
ist nicht recht.
31 Darum jammere ich laut über Moab, / über ganz
Moab klage ich / und seufze über die Leute von
Kir-Heres.

32 Mehr als um Jaser weine ich um dich, / Weinstock von Sibma;
bis ans Meer zogen sich deine Ranken hin, / sie reichten bis Jaser.
Über deine Weinlese und Ernte / fiel der Verwüster her.
33 Verschwunden sind Freude und Jubelgeschrei / vom Fruchtland und vom Land Moab.
Die Kufen sind leer von Wein, / kein Winzer keltert, / kein Jauchzen ertönt.
34 Das Schreien von Heschbon und Elale dringt
bis Jahaz, laut klagt man von Zoar bis Horonajim
und Eglat-Schelischija; denn selbst das Wasser
von Nimrim versiegt. 35 Ich mache es für Moab
unmöglich – Spruch des Herrn –, dass jemand auf
der Kulthöhe opfert und seinen Göttern Rauch-
opfer darbringt. 36 Darum jammert mein Herz
um Moab wie eine Flöte, ja mein Herz jammert
um die Leute von Kir-Heres wie eine Flöte, weil sie
ihre ganze Habe verloren. 37 Jedes Haupt ist kahl
geschoren und jeder Bart abgeschnitten, an allen
Händen sind Trauermale und um die Hüften
Trauerkleider. 38 Auf allen Dächern und Plätzen
Moabs hört man nichts als Klage. Ja, ich zerschlage
Moab wie ein Gefäß, das niemand mehr will –
Spruch des Herrn. 39 Ach, wie ist es zerbrochen, wie
hat Moab sich schmählich zur Flucht gewandt!
So wird Moab zum Gespött und zu einem Bild
des Entsetzens für all seine Nachbarn.

29: Jes 16,6–12 • 34: Jes 15,4 • 37: 16,6; Jes 15,2f

Das unabwendbare Strafgericht

40 Denn so spricht der Herr:
Seht, wie ein Adler schwebt es heran / und breitet seine Schwingen über Moab aus.
41 Die Städte werden erobert, / die Festungen eingenommen.
Das Herz der Helden Moabs ist an jenem Tag / wie das Herz einer Frau in Wehen.
42 Vernichtet wird Moab, sodass es kein Volk mehr ist; / denn es hat geprahlt gegen den Herrn.
43 Grauen, Grube und Garn warten auf dich, / Bewohner von Moab – Spruch des Herrn.
44 Wer dem Grauen entflieht, fällt in die Grube, / wer aus der Grube steigt, fängt sich im Garn.
Ja, das werde ich über Moab bringen / im Jahr seiner Bestrafung – Spruch des Herrn.
45 Im Schatten von Heschbon bleiben erschöpft Flüchtlinge stehen. / Doch Feuer geht aus von Heschbon, / eine Flamme von Sihons Haus.
Es verzehrt die Schläfe Moabs, / den Scheitel der lärmenden Schreier.
46 Wehe dir, Moab, / verloren bist du, Volk des Kemosch.
Denn deine Söhne schleppt man in die Verbannung, / deine Töchter in die Gefangenschaft.
47 Aber in ferner Zukunft wende ich Moabs Geschick / – Spruch des Herrn. / [Bis hierher geht das Gerichtswort über Moab.]

40: 49,22 • 42: 48,26 • 43: Jes 24,17f • 45–46: Num 21,28f • 47: 49,6.39

Über andere Nachbarvölker: 49,1–39

Über die Ammoniter

49 Über die Ammoniter: So spricht der Herr:
Hat denn Israel keine Söhne / oder besitzt es keinen Erben?
Warum hat Milkom den Stamm Gad beerbt, / warum ließ sich sein Volk in dessen Städten nieder?
2 Darum seht, es kommen Tage – Spruch des Herrn –, / da lasse ich gegen das ammonitische Rabba Kriegslärm ertönen.
Zum wüsten Trümmerhaufen wird es werden, / seine Tochterstädte brennen im Feuer nieder
und Israel wird die beerben, / die ihm sein Erbteil raubten – spricht der Herr.
3 Klage laut, Heschbon, denn die Stadt ist zerstört. / Schreit, ihr Töchter von Rabba!
Legt Trauerkleider an, haltet die Totenklage, / lauft umher mit eingeritzten Wunden!
Denn Milkom muss in die Verbannung gehen / zusammen mit seinen Priestern und Fürsten.
4 Was rühmst du dich deiner Kräfte? / Deine Kraft wird zerrinnen, du abtrünnige Tochter,
die auf ihre Schätze vertraut und sagt: / Wer kommt an mich heran?
5 Schon lasse ich über dich kommen Schrecken von allen Seiten / – Spruch des Herrn, des Gottes der Heere.
Ihr stoßt einander vorwärts (auf der Flucht) / und niemand wird die Flüchtlinge sammeln.

6 Aber danach wende ich das Geschick der Ammo-
niter / – Spruch des Herrn.

6: 48,47

Über Edom

7 Über Edom: So spricht der Herr der Heere:
Gibt es keine Weisheit mehr in Teman? / Ging den
Klugen der Rat verloren, / ist ihre Weisheit ver-
dorben?
8 Flieht, macht kehrt, / tief unten versteckt euch,
Einwohner von Dedan!
Denn ich bringe über Esau Verderben, / die Zeit
seiner Bestrafung.
9 Wenn Winzer zu dir kommen, / lassen sie keine
Nachlese übrig.
Wenn Diebe in der Nacht kommen, / zerstören sie
nach Lust.
10 Ja, ich selbst hole Esau aus dem Versteck, / decke
seine Schlupfwinkel auf, / sodass er sich nicht
mehr verbergen kann.
Seine Brut wird vernichtet, / seine Verwandt-
schaft und seine Nachbarn, / sodass keiner mehr
sagt:
11 Lass deine Waisen! Ich will für sie sorgen, / deine
Witwen können sich verlassen auf mich.
12 Denn so spricht der Herr: Sogar jene, die es nicht
verdient hätten, aus dem Becher zu trinken, müs-
sen daraus trinken und da solltest du verschont
bleiben? Du bleibst nicht verschont, du musst
trinken. 13 Denn ich schwöre bei mir selbst –
Spruch des Herrn: Zu einem Bild des Entsetzens,
zum Hohn, zur Öde und zum Fluch wird Bozra
und alle seine Nachbarstädte werden für immer zu
Trümmerhaufen.
14 Ich habe vom Herrn eine Kunde gehört, / ein
Bote ist zu den Völkern gesandt:
Schart euch zusammen, rückt aus gegen Edom, /
tretet an zum Kampf!
15 Ja, ich mache dich klein unter den Völkern, / ver-
achtet unter den Menschen.
16 Deine Furcht erregende Macht hat dich betört, /
dein vermessener Sinn,
weil du in Felsklüften wohnst, / an Bergeshöhen
dich klammerst.
Baust du dein Nest auch hoch wie der Adler, / ich
stürze dich von dort hinab – Spruch des Herrn.
17 Edom wird zu einem Bild des Entsetzens; / jeder,
der vorbeikommt, ist entsetzt / und spottet über
alle Schläge, die es erlitt.
18 Wie beim Untergang von Sodom und Gomorra /
und ihrer Nachbarstädte, spricht der Herr,
so wird auch dort niemand mehr wohnen, / kein
Mensch darin leben.
19 Wie ein Löwe, der heraufkommt / aus dem
Dickicht des Jordan / zu den immer grünen Auen,
so jage ich sie jählings davon / und setze meinen
Erwählten dort ein.
Denn wer ist mir gleich, / wer zieht mich zur
Rechenschaft / und wo ist der Hirt, der vor mir
standhält?
20 Darum hört den Beschluss, / den der Herr gegen
Edom gefasst hat,
und die Pläne, die er ersann / gegen Temans Be-
wohner:
Wegschleppen wird man die Hirtenknaben, / ihr
Weideplatz wird sich über sie entsetzen.
21 Von Edoms dröhnendem Fall erbebt die Erde, /
bis zum Schilfmeer hört man sein Schreien.
22 Seht, wie ein Adler steigt es empor, / schwebt es
heran / und breitet seine Schwingen über Bozra
aus.
Das Herz der Helden Edoms ist an jenem Tag / wie
das Herz einer Frau in Wehen.

7: Obd 8f • 9: Obd 5 • 10: Obd 6 • 12: 25,15–17 • 13: 44,22 •
14–16: Obd 1–4 • 17: 19,8; 50,13 • 18: 50,40; Jes 13,19f • 22: 48,40f

Über Damaskus

23 Über Damaskus:
Bestürzt sind Hamat und Arpad; / denn böse
Nachricht mussten sie hören.
Sie wanken vor Kummer wie das Meer, / das nicht
zur Ruhe kommen kann.
24 Damaskus wird schwach, es wendet sich zur
Flucht,
Schrecken erfasst es, / Angst und Wehen ergreifen
es wie eine Gebärende.
25 Wie ist doch die ruhmreiche Stadt verlassen, /
die Burg der Freude!
26 Darum fallen ihre jungen Männer auf den Plät-
zen, / alle Krieger kommen um an jenem Tag / –
Spruch des Herrn der Heere.
27 Ich lege Feuer an die Mauer von Damaskus; / es
verzehrt die Paläste Ben-Hadads.

23: Jes 57,20 • 26: 50,30 • 27: 17,27; Am 1,4

Über die arabischen Stämme

28 Über Kedar und die Reiche von Hazor, die Nebu-
kadnezzar, der König von Babel, erobert hat.
So spricht der Herr:
Auf, zieht gegen Kedar, / bezwingt die Söhne des
Ostens!
29 Man raubt ihre Zelte und Herden, / ihre Decken
und ihr ganzes Gerät;
auch ihre Kamele nimmt man mit / und man ruft
über sie: Grauen ringsum!
30 Flieht, macht euch eilends davon, / tief unten
versteckt euch, / ihr Bewohner von Hazor – Spruch
des Herrn.
Denn Nebukadnezzar, der König von Babel, / hat
gegen euch einen Beschluss gefasst / und einen
Plan gegen euch ersonnen.
31 Auf, zieht gegen das sorglose Volk, / das in Si-
cherheit lebt – Spruch des Herrn –,
das keine Tore und Riegel hat; / man haust ja ein-
sam für sich.
32 Ihre Kamele werden erbeutet, / ihre vielen Her-
den geraubt.
In alle Winde zerstreue ich sie, / die Leute mit
gestutztem Haar,
von allen Seiten bringe ich ihnen Verderben / –
Spruch des Herrn.
33 Hazor wird zur Behausung für die Schakale, /
eine Wüste für immer.
Niemand wird mehr dort wohnen, / kein Mensch
darin leben.

29: 6,25; 20,3; 46,5 • 30: 49,8.20 • 32: 25,23 • 33: 9,10; 49,13.18; 50,3

Über Elam

34 Das Wort des Herrn gegen Elam, das zu Beginn
der Regierung Zidkijas, des Königs von Juda, an
den Propheten Jeremia erging.
35 So spricht der Herr der Heere:
Seht, ich zerbreche den Bogen Elams, / seine
stärkste Waffe.
36 Ich bringe über Elam vier Winde / von den vier
Enden des Himmels.
In alle diese Winde zerstreue ich sie, / sodass es
kein Volk gibt, / zu dem nicht Versprengte aus
Elam kommen.
37 Ich jage den Elamitern Schrecken ein vor ihren
Feinden, / vor allen, die ihnen nach dem Leben
trachten.
Unheil lasse ich über sie kommen, / meinen
glühenden Zorn – Spruch des Herrn.
Ich schicke das Schwert hinter ihnen her, / bis ich
sie vernichtet habe.
38 Ich stelle meinen Thron in Elam auf / und ver-
nichte dort König und Fürsten – / Spruch des Herrn.
39 Aber in ferner Zukunft wende ich Elams Ge-
schick / – Spruch des Herrn.

35: Jes 22,6 • 37: 9,15 • 39: 48,47; 49,6

Über Babel

50 Das Wort gegen Babel, das Land der
Chaldäer, das der Herr durch den Pro-
pheten Jeremia gesprochen hat.

Das Ende des Exils

2 Verkündet unter den Völkern und meldet, /
[errichtet ein Wegzeichen und meldet] / verheim-
licht nichts, sondern sagt:
Erobert ist Babel, zuschanden ist Bel, / zerschmet-
tert Merodach
[zuschanden sind seine Götterbilder, / zerschmet-
tert seine Götzen].
3 Denn ein Volk aus dem Norden rückt gegen Babel
heran; / das macht sein Land zur Wüste.
Niemand mehr wohnt darin, / Mensch und Vieh
ergreifen die Flucht / und laufen davon.
4 In jenen Tagen und zu jener Zeit – Spruch des
Herrn – / kommen die Söhne Israels gemeinsam
mit den Söhnen Judas.
Weinend gehen sie ihren Weg / und suchen den
Herrn, ihren Gott.
5 Nach Zion fragen sie, / dorthin ist ihr Blick ge-
richtet.
Sie kommen und verbünden sich mit dem Herrn /
zu einem ewigen, unvergesslichen Bund.
6 Eine verlorene Herde war mein Volk, / ihre Hir-
ten führten sie in die Irre, / trieben sie ziellos in die
Berge.
Von Berg zu Hügel zogen sie weiter / und vergaßen
ihren Lagerplatz.
7 Wer auf sie stieß, fraß sie auf / und ihre Feinde
sagten: / Wir begehen kein Unrecht; / sie haben ja
gegen den Herrn gesündigt, / den Hort der
Gerechtigkeit, die Hoffnung ihrer Väter.

2: 4,6; Jes 46,1 • 3: 49,33; 9,9 • 4: 31,9 • 5: 32,40 • 6: 50,17; 23,1 •
7: 31,23

Der Entscheidungskampf
8 Flieht aus Babel und aus dem Land der Chal-
däer! / Zieht aus und seid wie Leitböcke, die der
Herde vorangehen.
9 Denn seht, ich selbst stachle auf / und führe gegen
Babel / eine Schar großer Völker vom Nordland
her;
sie greifen es an / und von dort wird es erobert.
Ihre Pfeile sind wie die eines siegreichen Helden, /
der nie zurückkehrt ohne Erfolg.
10 Plünderung trifft Chaldäa, / alle, die es plün-
dern, werden satt / – Spruch des Herrn.
11 Freut euch nur und jubelt, / ihr, die ihr mein Erb-
teil geraubt habt.
Ja, hüpft wie Kälber auf der Wiese / und wiehert
wie Hengste!
12 Große Schmach trifft eure Mutter; / sie, die euch
geboren hat, muss sich schämen.
Seht doch, das Letzte unter den Völkern: / Wüste,
Dürre und Steppe.
13 Durch den Zorn des Herrn bleibt Babel unbe-
wohnt / und wird völlig zur Wüste;
jeder, der an Babel vorbeikommt, ist entsetzt / und
spottet über alle Schläge, die es erlitt.
14 Rüstet euch ringsum zum Kampf gegen Babel, /
all ihr Bogenschützen!
Schießt und spart die Pfeile nicht! / [Denn gegen
den Herrn hat es gesündigt.]
15 Schreit ihm von allen Seiten / den Kampfruf ent-
gegen!
Es muss sich ergeben, seine Säulen fallen, / seine
Mauern werden niedergerissen.
Ja, das ist die Rache des Herrn. / Nehmt Rache an
Babel! / Was es selber getan hat, das tut jetzt an
ihm!
16 Rottet in Babel den Sämann aus / und den, der
zur Erntezeit mäht.
Vor dem rasenden Schwert / wendet sich jeder zu
seinem Volk, / jeder flieht in sein Land.
17 Ein versprengtes Schaf war Israel, / von Löwen
gehetzt.
Zuerst hat es der König von Assur gefressen, /
zuletzt hat ihm Nebukadnezzar, der König von
Babel, die Knochen abgenagt.
18 Darum – so spricht der Herr der Heere, der Gott
Israels: / Fürwahr, ich rechne ab mit dem König
von Babel und seinem Land,
wie ich abgerechnet habe / mit dem König von
Assur.
19 Israel aber bringe ich zurück auf seinen Weide-
platz; / es soll auf dem Karmel und im Baschan
weiden, / sich im Bergland Efraim und in Gilead
sättigen.
20 In jenen Tagen und zu jener Zeit / – Spruch des
Herrn – / wird man nach der Schuld Israels su-
chen,
doch sie ist nicht mehr vorhanden, / nach den Sün-
den Judas, / doch man findet sie nicht mehr.
Denn ich verzeihe dem Rest, / den ich übrig lasse.

8: 51,6; Jes 48,20 • 13: 19,8; 49,17; 51,37 • 15: 50,28f • 16: 46,16 • 20: 33,8

Die völlige Zerstörung
21 Zieh gegen Meratajim, / zieh gegen das Land /
und gegen die Bewohner von Pekod!
Erschlag sie und gib sie dem Untergang preis –
Spruch des Herrn; / tu genau, was ich dir befehle!
22 Kriegslärm herrscht im Land / und großer Zu-
sammenbruch.
23 Wie wurde zerschlagen und zerschmettert / der
Hammer der ganzen Welt!
Welch ein Bild des Entsetzens ist Babel geworden /
unter den Völkern!
24 Du, Babel, hast dir selbst eine Falle gestellt / und
bist auch gefangen worden, ehe du es merktest.
Du wurdest erwischt und gepackt; / denn du hat-
test den Herrn herausgefordert.
25 Der Herr hat seine Rüstkammer geöffnet / und
die Waffen seines Zornes hervorgeholt.
Denn das ist ein Werk, / das der Herr, der Gott der
Heere, / im Land der Chaldäer vollbringt.
26 Kommt nach Babel vom Ende der Erde! / Öffnet
seine Speicher,
werft alles auf einen Haufen zusammen, / wie man
Haufen von Korn aufschüttet.
Dann gebt es dem Untergang preis; / kein Rest soll
ihm bleiben.
27 Erschlagt all seine Jungstiere, / hinunter mit
ihnen zum Schlachten!
Weh über sie; denn ihr Tag ist gekommen, / die
Zeit ihrer Bestrafung.
28 Horcht! Entronnene Flüchtlinge aus dem Land
Babel! / Sie verkünden in Zion die Rache des Herrn,
unseres Gottes, / [die Rache für seinen Tempel].

29 Ruft Schützen auf gegen Babel, / alle Bogen-
schützen!
Belagert die Stadt ringsum, / lasst keinen entrinnen!
Vergeltet ihr nach ihrem Tun; / alles, was sie selber getan hat, / das tut auch an ihr!
Denn gegen den Herrn hat sie frech gehandelt, / gegen den Heiligen Israels.
30 Darum fallen ihre jungen Männer auf den Plät-
zen, / all ihre Krieger kommen um an jenem Tag / – Spruch des Herrn.
31 Nun gehe ich gegen dich vor, du Freche / –
Spruch des Herrn, des Gottes der Heere.
Denn dein Tag ist gekommen, / die Zeit deiner Bestrafung.
32 Die Freche strauchelt und fällt, / niemand rich-
tet sie auf.
Ich lege Feuer an ihre Städte, / das ringsum alles verzehrt.

23: 51,20 • 27: 50,31 • 28: 51,11 • 29: 50,15 • 30: 49,26 • 31: 51,25 • 32: 21,14

Die Befreiung Israels

33 So spricht der Herr der Heere:
Unterdrückt sind die Söhne Israels / zusammen mit den Söhnen Judas.
Von allen, die sie in Gefangenschaft führten, / werden sie festgehalten; / man weigert sich, sie zu entlassen.
34 Doch ihr Erlöser ist stark, / Herr der Heere ist
sein Name.
Er führt ihre Sache mit Kraft, / um der Erde Ruhe zu schaffen, / Unruhe aber Babels Bewohnern.
35 Das Schwert über die Chaldäer – Spruch des
Herrn – / und über die Bewohner von Babel, / über seine Fürsten und seine Weisen!
36 Das Schwert über die Wahrsager, / sie werden zu
Narren!
Das Schwert über seine Helden, / sie brechen zusammen!
37 Das Schwert [über seine Rosse und Wagen und] /
über alles Völkergemisch in seinen Reihen, / es wird zu Weibern!
Das Schwert über seine Schätze, / sie werden geraubt!
38 Das Schwert über seine Wasser, / sie vertrocknen!
Denn es ist ein Land voll von Götzenbildern / und durch die Schreckbilder werden sie toll.
39 Darum werden Wüstenhunde und Hyänen dort
hausen / und Strauße werden sich dort niederlassen.
Nie mehr soll es bewohnt sein, / ewig nicht mehr besiedelt werden.
40 Wie Gott einst Sodom und Gomorra / und ihre
Nachbarstädte zerstört hat / – Spruch des Herrn –, so wird auch dort niemand wohnen, / kein Mensch darin leben.
41 Seht, ein Volk zieht von Norden heran, / ein
großes Volk und viele Könige / brechen auf von den Grenzen der Erde.
42 Sie kommen mit Bogen und Sichelschwert; /
grausam sind sie und ohne Erbarmen.
Ihr Lärm gleicht dem Brausen des Meeres / und sie reiten auf Rossen,
Krieger, zum Kampf gerüstet / gegen dich, Tochter Babel.
43 Sobald der König von Babel von ihnen hört, / da
erschlaffen ihm die Hände;
es packt ihn die Angst, / das Zittern, wie eine Gebärende.
44 Wie ein Löwe, der heraufkommt aus dem Di-
ckicht des Jordan/ zu den immer grünen Auen, so jage ich sie jählings davon / und setze meinen Erwählten dort ein.
Denn wer ist mir gleich, / wer zieht mich zur Rechenschaft / und wo ist der Hirt, der vor mir standhält?
45 Darum hört den Beschluss, / den der Herr gegen
Babel gefasst hat,
und die Pläne, die er ersann / gegen das Land der Chaldäer:
Wegschleppen wird man die Hirtenknaben, / ihr Weideplatz wird sich über sie entsetzen.
46 Vom Ruf »Erobert ist Babel« erbebt die Erde, /
unter den Völkern hört man sein Schreien.

39: Jes 13,20 • 40: 49,18 • 41–43: 6,22–24 • 44–46: 4,7; 49,19–21

Gottes Strafgericht

51 So spricht der Herr:
Seht, gegen Babel und die Bewohner Chaldäas / wecke ich den Geist eines Verwüsters.
2 Ich sende Worfler nach Babel; / die werden es
worfeln und sein Land auskehren, / wenn sie es umzingeln am Tag des Unheils.
3 Nicht erschlaffe, wer den Bogen spannt, / der Ge-
panzerte werde nicht müde.

Schont seine jungen Männer nicht, / gebt sein
ganzes Heer dem Untergang preis!
4 Erschlagene liegen herum im Land der Chal-
däer, / Durchbohrte auf seinen Straßen.
5 Denn nicht verwitwet sind Israel und Juda, / nicht
verlassen von ihrem Gott, / dem Herrn der Heere.
Doch das Chaldäerland ist voll von Schuld / gegen
den Heiligen Israels.
6 Flieht aus Babel, jeder rette sein Leben, / damit
ihr nicht umkommt bei seinem Schuldgericht.
Denn es ist die Zeit der Rache für den Herrn; / was
Babel verübt hat, zahlt er ihm heim.
7 Babel war in der Hand des Herrn / ein goldener
Becher, / der die ganze Erde berauschte.
Von seinem Wein haben die Völker getrunken; /
deshalb haben sie den Verstand verloren.
8 Jählings fällt Babel und wird zerschmettert. /
Klagt laut darüber! / Holt Balsam für seine Wunde,
/ vielleicht ist es zu heilen.
9 Wir wollten Babel Heilung bringen, / es war aber
nicht mehr zu heilen.
Verlasst es! Gehen wir, jeder in sein Land! / Denn
sein Gericht reicht bis zum Himmel hinauf, / ragt
bis zu den Wolken empor.
10 Der Herr hat unsre gerechte Sache / ans Licht
gebracht.
Kommt, lasst uns in Zion erzählen, / was der Herr,
unser Gott, getan hat.
11 Schärft die Pfeile, füllt die Köcher! / Der Herr hat
den Geist der Könige von Medien erweckt;
denn er hegt den Plan, / Babel zu vernichten.
Ja, das ist die Rache des Herrn, / die Rache für sei-
nen Tempel.
12 Errichtet ein Feldzeichen gegen Babels Mauern, /
verstärkt die Wache!
Stellt Posten auf, / legt Leute in den Hinterhalt!
Denn der Herr hat seinen Plan gefasst / und er
führt auch aus, / was er Babels Einwohnern ange-
droht hat.
13 Die du an großen Wassern wohnst, so reich an
Schätzen, / dein Ende ist da, dein Maß ist voll.
14 Geschworen hat der Herr der Heere bei sich
selbst: / Wärst du auch mit Menschen angefüllt wie
mit Heuschrecken, / man stimmt doch den Kampf-
ruf gegen dich an.

2: 15,7 • 5: Jes 54,4 • 6: 50,8.15 • 7: 25,15 • 8: Jes 21,9 • 11: Jes 13,17; Jer 50,28 • 12: 50,2

Gottes Größe

15 Er hat die Erde erschaffen durch seine Kraft, /
den Erdkreis gegründet durch seine Weisheit, /
durch seine Einsicht den Himmel ausgespannt.
16 Lässt er seine Stimme ertönen, / dann rauschen
die Wasser am Himmel.
Wolken führt er herauf vom Rand der Erde; / er
lässt es blitzen und regnen, / aus seinen Kammern
entsendet er den Wind.
17 Töricht steht jeder Mensch da, ohne Erkennt-
nis, / beschämt jeder Goldschmied mit seinem
Götzenbild;
denn seine Bilder sind Trug, / kein Atem ist in ihnen.
18 Nichtig sind sie, ein Spottgebilde. / Zur Zeit ihrer
Heimsuchung gehen sie zugrunde.
19 Anders der Gott, der Jakobs Anteil ist. / Denn er
ist der Schöpfer des Alls / und Israel der Stamm,
der ihm gehört. / Herr der Heere ist sein Name.

15–19 || 10,12–16 • 16: 10,13; Ps 135,7

Babel als Hammer Gottes

20 Du warst mein Hammer, meine Waffe für den
Krieg. / Mit dir zerschlug ich Völker, / mit dir
stürzte ich Königreiche,
21 mit dir zerschlug ich Ross und Lenker, / mit dir
zerschlug ich Wagen und Fahrer,
22 mit dir zerschlug ich Mann und Frau, / mit dir
zerschlug ich Greis und Kind, / mit dir zerschlug
ich Knabe und Mädchen,
23 mit dir zerschlug ich Hirt und Herde, / mit dir
zerschlug ich Bauer und Gespann, / mit dir zer-
schlug ich Statthalter und Vorsteher.
24 Aber ich übe Vergeltung an Babel und an allen
Bewohnern Chaldäas / für alles Böse, das sie an
Zion vor euren Augen verübten – Spruch des
Herrn.
25 Nun gehe ich gegen dich vor, / du Berg des Ver-
derbens, / der die ganze Erde verdarb – Spruch des
Herrn.
Ich strecke meine Hand gegen dich aus, / ich wälze
dich weg von den Felsen / und mache dich zum
ausgebrannten Berg.
26 Man wird von dir keinen Eckstein / und keinen
Grundstein mehr holen,
nein, Wüste bleibst du für immer / – Spruch des
Herrn.

20: 50,23 • 24: 50,15.29 • 25: 50,31

Die Strafe für die Schuld
27 Errichtet ein Feldzeichen auf der Erde, / stoßt ins
Horn unter den Völkern!
Bietet Völker zum Heiligen Krieg auf gegen die
Stadt, / ruft Königreiche herbei gegen sie!
Ararat, Minni und Aschkenas, / hebt Truppen aus
gegen sie,
lasst Rosse anrücken, / borstigen Heuschrecken
gleich!
28 Bietet Völker zum Heiligen Krieg auf gegen sie, /
die Könige von Medien,
seine Statthalter und Vorsteher / und das ganze
Land ihrer Herrschaft!
29 Da bebt und zittert die Erde, / wenn sich an Babel
der Plan des Herrn erfüllt,
das Land von Babel zur Wüste zu machen, / die
niemand bewohnt.
30 Die Helden Babels geben den Kampf auf / und
hocken in ihren Burgen.
Ihre Heldenkraft ist versiegt, / Weiber sind sie geworden.
Seine Wohnungen steckt man in Brand, / seine
Riegel zerbricht man.
31 Läufer über Läufer stürmt heran, / Bote über
Bote,
um dem König von Babel zu melden, / seine Stadt
sei von allen Seiten erobert,
32 die Flussübergänge seien besetzt, / die Kähne im
Feuer verbrannt, / die Krieger entmutigt.
33 Denn so spricht der Herr der Heere, / der Gott
Israels:
Die Tochter Babel gleicht der Tenne, / wenn sie
festgestampft wird;
noch eine kurze Frist, / dann ist für sie die Erntezeit da.
34 Nebukadnezzar, der König von Babel, / hat mich
gefressen und weggerafft, / mich beiseite gestellt
wie ein leeres Gefäß.
Er hat mich wie ein Drache verschlungen, / hat
sich den Bauch gefüllt / und mich aus dem Ort
meiner Wonne vertrieben.
35 Was ich an Unrecht und Schaden erlitt, / komme
über Babel!, / so sollen die Bürger Zions sagen.
Mein Blut komme über die Bewohner Chaldäas!, /
so soll Jerusalem sagen.
36 Darum – so spricht der Herr:
Ich selber führe deine Sache / und will dich rächen.
Ich lasse seinen Strom vertrocknen / und seine
Quelle versiegen.
37 Babel wird ein Trümmerhaufen, / eine Behausung für die Schakale,
ein Ort des Entsetzens und des Spottes, / wo niemand wohnt.
38 Alle zusammen brüllen sie wie Löwen, / knurren
wie Junglöwen.
39 Ihrer Gier bereite ich das Gelage, / berausche sie,
dass sie betäubt werden,
in ewigen Schlaf versinken / und nie mehr erwachen – Spruch des Herrn.
40 Ich führe sie hinab wie Lämmer zum Schlachten, / wie Widder und Böcke.

30: 50,37; Jes 19,16; Nah 3,13 • 37: 50,13 • 40: 50,27

Die endgültige Vernichtung
41 Weh, genommen und erobert / ist der Ruhm der
ganzen Erde.
Weh, Babel ist zu einem Bild des Entsetzens geworden / unter den Völkern.
42 Das Meer überflutet Babel, / vom Schwall seiner
Wogen wird es bedeckt.
43 Seine Städte werden zur Wüste, / ein Land der
Dürre und Steppe,
wo niemand wohnt / und wo kein Mensch mehr
hindurchzieht.
44 Den Bel von Babel suche ich heim / und entreiße
seinem Rachen, was er verschlungen hat.
Die Völker strömen nicht mehr zu ihm. / Auch die
Mauer von Babel muss fallen. –
45 Zieh weg aus seiner Mitte, mein Volk! / Jeder
rette sein Leben vor dem glühenden Zorn des
Herrn.
46 Euer Herz soll nicht verzagen. / Fürchtet euch
nicht bei dem Gerücht, das man im Land hört
– man wird im einen Jahr dieses / und im andern
Jahr jenes Gerücht hören –
und wenn Gewalttat im Land regiert / und Herrscher gegen Herrscher steht.
47 Darum seht, es kommen Tage, / da suche ich die
Götzen Babels heim;
sein ganzes Land wird zuschanden / und alle seine
Erschlagenen, seine Gefallenen, liegen in seinem
Gebiet.
48 Dann jubeln über Babel Himmel und Erde / und
alles, was in ihnen ist,

wenn von Norden her die Verwüster einfallen / –
Spruch des Herrn.
49 Babel muss fallen für die Erschlagenen Israels, /
ebenso wie die Erschlagenen der ganzen Welt für
Babel gefallen sind.
50 Ihr, die ihr dem Schwert entronnen seid, / zieht
weg, haltet euch nicht auf!
Denkt in der Ferne an den Herrn / und tragt Jeru-
salem in eurem Herzen!
51 Schämen müssen wir uns; / denn Schmach
mussten wir hören.
Schamröte bedeckt unser Gesicht; / denn Fremde
sind gekommen / über die Heiligtümer des Hau-
ses des Herrn.
52 Darum seht, es kommen Tage / – Spruch des
Herrn –,
da suche ich seine Götzen heim / und in seinem
ganzen Land röcheln Erschlagene.
53 Wenn Babel auch bis zum Himmel emporsteigt /
und sich in unzugänglicher Höhe verschanzt, / so
werden doch auf meinen Wink Verwüster es über-
fallen – Spruch des Herrn.
54 Horch, lautes Schreien von Babel her, / großer
Zusammenbruch im Land der Chaldäer.
55 Denn der Herr verwüstet Babel / und macht sei-
nem lauten Lärmen ein Ende,
mögen seine Wogen brausen wie gewaltige Was-
ser, / mag tosend ihr Lärm erschallen.
56 Ja, der Verwüster kommt über Babel. / Seine Hel-
den werden gefangen genommen, / ihre Bogen
zerbrochen.
Denn der Herr ist ein Gott der Vergeltung; / genau
rechnet er ab.
57 Die Fürsten und Weisen Babels, / seine Statthal-
ter, Vorsteher und Kriegshelden mache ich betrun-
ken,
in ewigen Schlaf sollen sie sinken / und nie mehr
erwachen – Spruch des Königs, / Herr der Heere
ist sein Name.
58 So spricht der Herr der Heere:
Die breite Mauer von Babel wird geschleift bis auf
den Grund, / seine hohen Tore werden niederge-
brannt.
So mühen sich Völker um nichts, / Nationen pla-
gen sich ab für das Feuer.

43: 2,6 • 53: Jes 14,13 • 57: 51,39 • 58: Hab 2,13

Ein geschichtlicher Nachtrag

59 Der Auftrag, den der Prophet Jeremia dem Se-
raja, dem Sohn Nerijas, des Sohnes Machsejas,
erteilt hat, als dieser mit Zidkija, dem König von
Juda, in dessen viertem Regierungsjahr nach Babel
reiste. Seraja war oberster Quartiermeister. 60 Jere-
mia hatte all das Unheil, das über Babel kommen
sollte, in einer einzigen Buchrolle aufgeschrieben,
alle jene Worte, die über Babel aufgezeichnet sind.
61 Jeremia sagte zu Seraja: Wenn du nach Babel
kommst, sieh zu, dass du alle diese Worte laut vor-
liest. 62 Dann sag: Herr, du selbst hast diesem Ort
angedroht, ihn zu vernichten, sodass niemand
mehr darin wohnt, weder Mensch noch Vieh; für
immer soll er zur Wüste werden. 63 Sobald du diese
Buchrolle zu Ende gelesen hast, binde an sie einen
Stein und wirf sie in den Eufrat! 64 Sprich dabei: So
soll Babel versinken und nicht wieder hochkom-
men, wegen des Unheils, das ich über die Stadt
bringe. [So weit reichen die Worte Jeremias.]

60: 50,1 – 51,58 • 62: 51,26

ANHANG: DIE ZERSTÖRUNG JERUSALEMS: 52,1–30

Die Eroberung Jerusalems

52 Zidkija war einundzwanzig Jahre alt, als er
König wurde, und regierte elf Jahre in
Jerusalem. Seine Mutter hieß Hamutal und war
eine Tochter Jirmejas aus Libna. 2 Er tat, was dem
Herrn missfiel, ganz so, wie es Jojakim getan hatte.
3 Weil der Herr zornig war, kam es mit Jerusalem
und Juda so weit, dass er sie von seinem Angesicht
verstieß.
Zidkija hatte sich gegen den König von Babel em-
pört. 4 Im neunten Regierungsjahr Zidkijas, am
zehnten Tag des zehnten Monats, rückte Nebu-
kadnezzar, der König von Babel, mit seiner ganzen
Streitmacht vor Jerusalem und belagerte es. Man
errichtete ringsherum einen Belagerungswall. 5 Bis
zum elften Jahr des Königs Zidkija wurde die Stadt
belagert. 6 Am neunten Tag des vierten Monats war
in der Stadt die Hungersnot groß geworden und

die Bürger des Landes hatten kein Brot mehr.
7 Damals wurden Breschen in die Stadtmauer
geschlagen. Als der König und alle Krieger das
sahen, ergriffen sie die Flucht und verließen die
Stadt bei Nacht auf dem Weg durch das Tor zwischen den beiden Mauern, das zum königlichen
Garten hinausführt, obwohl die Chaldäer rings
um die Stadt lagen. Sie schlugen die Richtung nach
der Araba ein. 8 Aber die chaldäischen Truppen
setzten dem König nach und holten Zidkija in den
Niederungen von Jericho ein, nachdem alle seine
Truppen ihn verlassen und sich zerstreut hatten.
9 Man ergriff den König und brachte ihn nach
Ribla in der Landschaft Hamat zum König von
Babel und dieser sprach über ihn das Urteil. 10 Der
König von Babel ließ die Söhne Zidkijas vor dessen Augen niedermachen; auch alle Großen Judas
ließ er in Ribla niedermachen. 11 Zidkija ließ er
blenden und in Fesseln legen. Der König von Babel
brachte ihn nach Babel und hielt ihn in Haft bis zu
seinem Tod.

1–11 || 2 Kön 24,18–25,7 • 11: 32,5

Die Wegführung in die Verbannung

12 Am zehnten Tag des fünften Monats – das ist im
neunzehnten Jahr des Königs Nebukadnezzar,
des Königs von Babel – rückte Nebusaradan, der
Kommandant der Leibwache, der zum engeren
Dienst des Königs von Babel gehörte, in Jerusalem
ein 13 und steckte das Haus des Herrn, den königlichen Palast und alle Häuser Jerusalems in Brand.
Jedes große Haus ließ er in Flammen aufgehen.
14 Auch alle Umfassungsmauern Jerusalems rissen
die chaldäischen Truppen, die dem Kommandanten der Leibwache unterstanden, nieder. 15 Den
Rest der Bevölkerung, der noch in der Stadt geblieben war, sowie alle, die zum König von Babel
übergelaufen waren, und den Rest der Handwerker schleppte Nebusaradan, der Kommandant
der Leibwache, in die Verbannung. 16 Nur von den
armen Leuten im Land ließ Nebusaradan, der
Kommandant der Leibwache, einen Teil als Wein- und Ackerbauern zurück.
17 Die bronzenen Säulen am Haus des Herrn, die
fahrbaren Gestelle und das Eherne Meer beim
Haus des Herrn zerschlugen die Chaldäer und
nahmen alle Gegenstände aus Bronze mit nach
Babel. 18 Auch die Töpfe, Schaufeln, Messer,
Schalen und Becher sowie alle bronzenen Geräte,
die man beim Tempeldienst verwendete, nahmen
sie weg. 19 Ebenso nahm der Kommandant der
Leibwache die Becken, Kohlenpfannen, Schalen,
Töpfe, Leuchter, Becher und Schüsseln weg, die
sämtlich aus Gold oder aus Silber waren, 20 ferner
die zwei Säulen, das eine »Meer« [die zwölf bronzenen Rinder unter dem Meer], die Gestelle, die
König Salomo für das Haus des Herrn hatte anfertigen lassen – die Bronze von all diesen Geräten
war nicht zu wiegen.
21 Was die Säulen betrifft, so hatte jede Säule eine
Höhe von achtzehn Ellen und ein Band von zwölf
Ellen umschlang sie; ihre Dicke betrug vier Finger;
innen war sie hohl. 22 Oben hatte sie ein Kapitell
aus Bronze. Die Höhe des einen Kapitells betrug
fünf Ellen; das Kapitell umgaben Flechtwerk und
Granatäpfel, alles aus Bronze. Ebenso war es bei
der zweiten Säule [und den Granatäpfeln]. 23 Es
waren sechsundneunzig frei hängende Granatäpfel; im Ganzen waren hundert Granatäpfel rings
um das Flechtwerk.
24 Der Kommandant der Leibwache nahm ferner
den Oberpriester Seraja, den zweiten Priester Zefanja und die drei Schwellenwächter mit. 25 Aus
der Stadt nahm er einen Hofbeamten, der Kommandant der Soldaten war, und sieben Leute vom
persönlichen Dienst des Königs mit, die sich noch
in der Stadt befanden, sowie den Schreiber des
Heerführers, der die Bürger des Landes auszuheben hatte, schließlich sechzig Mann von der Bürgerschaft, die sich noch in der Stadt befanden.
26 Nebusaradan, der Kommandant der Leibwache,
nahm sie fest und schickte sie zum König von
Babel nach Ribla. 27 Der König von Babel ließ sie
in Ribla in der Landschaft Hamat hinrichten. So
wurde Juda von seiner Heimat weggeführt.
28 Das ist die Anzahl der Leute, die Nebukadnezzar
wegführen ließ: in seinem siebten Regierungsjahr
3023 Judäer, 29 im achtzehnten Jahr Nebukadnezzars 832 Personen aus Jerusalem; 30 im dreiundzwanzigsten Jahr Nebukadnezzars führte Nebusaradan, der Kommandant der Leibwache, an
Judäern 745 Personen weg; im Ganzen waren es
4600 Personen.

12–17 || 2 Kön 25,8–21 • 17: 27,19–22

Ausblick: die Begnadigung Jojachins

31 Im siebenunddreißigsten Jahr nach der Weg-
führung Jojachins, des Königs von Juda, am fünf-
undzwanzigsten Tag des zwölften Monats, begna-
digte Ewil-Merodach, der König von Babel, im
Jahr seines Regierungsantritts Jojachin, den König
von Juda, und entließ ihn aus dem Kerker. 32 Er
söhnte sich mit ihm aus und wies ihm seinen Sitz
oberhalb des Sitzes der anderen Könige an, die bei
ihm in Babel waren. 33 Er durfte seine Gefängnis-
kleidung ablegen und ständig bei ihm speisen,
solange er lebte. 34 Sein Unterhalt – ein dauernder
Unterhalt – wurde ihm bis zu seinem Todestag
vom König von Babel in der bestimmten Menge
täglich geliefert, solange er lebte.

31–34 || 2 Kön 25,27–30

DIE KLAGELIEDER

Die hebräische Bibel reiht dieses poetische Buch in den dritten Teil des Kanons, die »Schriften«, ein und zählt es zu den fünf »Festrollen« (vgl. die Einleitung zu Rut). Es wurde am 9. Ab (im Mai) während des Tempelfastens gelesen, zur Erinnerung an die Zerstörung des Tempels durch Titus im Jahr 70 n. Chr. Die griechische und die lateinische Bibel weisen den Klageliedern ihren Platz unmittelbar nach dem Buch Jeremia zu. Die Überschrift deutet auf Jeremia als Verfasser hin. Dabei stützt man sich auf 2 Chr 35,25, wonach das Buch tatsächlich in die Zeit des Propheten zu datieren ist. Doch ist aus inneren Gründen die Verfasserschaft Jeremias abzulehnen (vgl. 2,9; 4,17.20). Auch ist das streng gebundene Versmaß der alphabetischen Lieder, bei denen immer der folgende Vers oder die folgende Strophe mit dem nächsten Buchstaben des hebräischen Alphabets beginnt, dem Propheten fremd.

Die Kapitel 1, 2 und 4 sind der literarischen Form nach Totenlieder; Kap. 3 ist ein individuelles Klagelied, Kap. 5, in der lateinischen Bibel mit der Überschrift »Gebet des Jeremia«, ein Volksklagelied. Die Klagelieder dürften in Juda bald nach dem Untergang des Südreichs und der Zerstörung des Tempels (586 v. Chr.) entstanden sein. Wahrscheinlich sind sie alle dem gleichen Verfasser zuzuschreiben, der vielleicht zu priesterlichen Kreisen gehörte. In packenden Bildern schildert er den übergroßen Schmerz Jerusalems und seiner Einwohner über die Katastrophe des Jahres 586 v. Chr. Dabei ist das Buch getragen von einem unbesiegbaren Vertrauen auf Gott. Es will Reue und Umkehr bei denen wecken, die den Untergang der Stadt und des Tempels erlebt haben. Da Bedeutung und Vorrechte des alttestamentlichen Tempels im Neuen Testament auf Christus übertragen werden (vgl. Joh 2, 19), wendet die Kirche in der Liturgie der Karwoche die Klagelieder auf das Leiden und Sterben Christi an.

DAS ERSTE LIED: 1,1–22

1 Weh, wie einsam sitzt da / die einst so volkrei-
che Stadt.
Einer Witwe wurde gleich / die Große unter den
Völkern.
Die Fürstin über die Länder / ist zur Fron ernied-
rigt.
2 Sie weint und weint des Nachts, / Tränen auf
ihren Wangen.
Keinen hat sie als Tröster / von all ihren Geliebten.
Untreu sind all ihre Freunde, / sie sind ihr zu Fein-
den geworden.
3 Gefangen ist Juda im Elend, / in harter Knecht-
schaft.
Nun weilt sie unter den Völkern / und findet nicht
Ruhe.
All ihre Verfolger holten sie ein / mitten in der
Bedrängnis.
4 Die Wege nach Zion trauern, / niemand pilgert
zum Fest, / verödet sind all ihre Tore.
Ihre Priester seufzen, / ihre Jungfrauen sind voll
Gram, / sie selbst trägt Weh und Kummer.
5 Ihre Bedränger sind an der Macht, / ihre Feinde
im Glück.
Denn Trübsal hat der Herr ihr gesandt / wegen
ihrer vielen Sünden.
Ihre Kinder zogen fort, / gefangen, vor dem Be-
dränger.
6 Gewichen ist von der Tochter Zion / all ihre
Pracht.
Ihre Fürsten sind wie Hirsche geworden, / die kei-
ne Weide finden.
Kraftlos zogen sie dahin / vor ihren Verfolgern.
7 Jerusalem denkt an die Tage / ihres Elends, ihrer
Unrast,
an all ihre Kostbarkeiten, / die sie einst besessen,
als ihr Volk in Feindeshand fiel / und keiner ihr
beistand.
Die Feinde sahen sie an, / lachten über ihre Ver-
nichtung.
8 Schwer gesündigt hatte Jerusalem, / deshalb ist sie
zum Abscheu geworden.
All ihre Verehrer verachten sie, / weil sie ihre Blöße
gesehen.
Sie selbst aber seufzt / und wendet sich ab (von
ihnen).
9 Ihre Unreinheit klebt an ihrer Schleppe, / ihr
Ende bedachte sie nicht.
Entsetzlich ist sie gesunken, / keinen hat sie als
Tröster.
Sieh doch mein Elend, o Herr, / denn die Feinde
prahlen.
10 Der Bedränger streckte die Hand aus / nach all
ihren Schätzen.
Zusehen musste sie, / wie Heiden in ihr Heiligtum
drangen;
ihnen hattest du doch verboten, / sich dir zu nahen
in der Gemeinde.
11 All ihre Bewohner seufzen, / verlangen nach Brot.
Sie geben ihre Schätze für Nahrung, / nur um am
Leben zu bleiben.
Herr, sieh doch und schau, / wie sehr ich verach-
tet bin.
12 Ihr alle, die ihr des Weges zieht, / schaut doch
und seht,
ob ein Schmerz ist wie mein Schmerz, / den man
mir angetan,
mit dem der Herr mich geschlagen hat / am Tag
seines glühenden Zornes.
13 Aus der Höhe sandte er Feuer, / in meine Glie-
der ließ er es fallen.
Er spannte ein Netz meinen Füßen, / rücklings riss
er mich nieder.
Er machte mich zunichte / und siech für alle Zeit.
14 Schwer ist das Joch meiner Sünden, / von seiner
Hand aufgelegt.
Sie stiegen mir über den Hals; / da brach meine
Kraft.
Preisgegeben hat mich der Herr, / ich kann mich
nicht erheben.
15 Verworfen hat all meine Helden / der Herr in
meiner Mitte.
Ein Fest rief er aus gegen mich, / meine Jung-
mannschaft zu zerschlagen.
Die Kelter trat der Herr / gegen die Jungfrau, Toch-
ter Juda.
16 Darüber muss ich weinen, / von Tränen fließt
mein Auge.
Fern sind alle Tröster, / mich zu erquicken.
Verstört sind meine Kinder; / denn der Feind ist
stark.

[17] Zion ringt die Hände, / sie hat keinen Tröster.
Aufgeboten hat der Herr gegen Jakob / seine Nachbarn, ihn zu bedrängen.
Jerusalem ist unter ihnen / zum Schandfleck geworden.
[18] Er, der Herr, ist im Recht. / Ich habe seinem Wort getrotzt.
Hört doch, alle ihr Völker / und seht meinen Schmerz:
Meine Mädchen, meine jungen Männer / zogen in die Gefangenschaft.
[19] Ich rief nach meinen Geliebten; / doch sie betrogen mich.
Meine Priester, meine Ältesten / sind in der Stadt verschmachtet,
als sie Nahrung suchten, / um am Leben zu bleiben.
[20] Herr, sieh an, wie mir angst ist. / Es glüht mir in der Brust;
mir dreht sich das Herz im Leibe, / weil ich so trotzig war.
Draußen raubte die Kinder das Schwert, / drinnen raffte sie die Pest dahin.
[21] Hör, wie ich stöhne; / ich habe keinen Tröster.
All meine Feinde hörten von meinem Unglück, / freuten sich, dass du es bewirkt hast.
Bring deinen angekündigten Tag, / damit es ihnen ergeht wie mir; /
[22] all ihre Bosheit komme vor dich.
Tu dann an ihnen, / wie du an mir getan / wegen all meiner Sünden.
Denn ich stöhne ohne Ende / und mein Herz ist krank.

2: Jer 4,30; 30,14 • 3: Dtn 28,65 • 4: Jes 3,26; Jer 14,2 • 8: Jer 13,22 • 10: Dtn 23,3–5 • 13: Ez 12,13 • 15: Jes 63,3 • 18: Dtn 28,41 • 20: Jer 4,19; Dtn 32,25

DAS ZWEITE LIED: 2,1–22

2 Weh, mit seinem Zorn umwölkt / der Herr die Tochter Zion.
Er schleudert vom Himmel zur Erde / die Pracht Israels.
Nicht dachte er an den Schemel seiner Füße / am Tag seines Zornes.
[2] Schonungslos hat der Herr vernichtet / alle Fluren Jakobs,
niedergerissen in seinem Grimm / die Bollwerke der Tochter Juda,
zu Boden gestreckt, entweiht / das Königtum und seine Fürsten.
[3] Abgehauen hat er in Zornesglut / jedes Horn in Israel.
Er zog seine Rechte zurück / angesichts des Feindes
und brannte in Jakob wie flammendes Feuer, / ringsum alles verzehrend.
[4] Er spannte den Bogen wie ein Feind, / stand da, erhoben die Rechte.
Wie ein Gegner erschlug er alles, / was das Auge erfreut.
Im Zelt der Tochter Zion / goss er seinen Zorn aus wie Feuer.
[5] Wie ein Feind ist geworden der Herr, / Israel hat er vernichtet.
Vernichtet hat er alle Paläste, / zerstört seine Burgen.
Auf die Tochter Juda hat er gehäuft / Jammer über Jammer.
[6] Er zertrat wie einen Garten seine Wohnstatt, / zerstörte seinen Festort.
Vergessen ließ der Herr auf Zion / Festtag und Sabbat.
In glühendem Zorn verwarf er / König und Priester.
[7] Seinen Altar hat der Herr verschmäht, / entweiht sein Heiligtum,
überliefert in die Hand des Feindes / die Mauern von Zions Palästen.
Man lärmte im Haus des Herrn / wie an einem Festtag
[8] Zu schleifen plante der Herr / die Mauer der Tochter Zion.
Er spannte die Messschnur und zog nicht zurück / die Hand vom Vertilgen.
Trauern ließ er Wall und Mauer; / miteinander sanken sie nieder.
[9] In den Boden sanken ihre Tore, / ihre Riegel hat er zerstört und zerbrochen.
Ihr König und ihre Fürsten sind unter den Völkern, / keine Weisung ist da,

auch keine Offenbarung / schenkt der Herr ihren
Propheten.
10 Am Boden sitzen, verstummt, / die Ältesten der
Tochter Zion,
streuen sich Staub aufs Haupt, / legen Trauerkleider an.
Zu Boden senken den Kopf / die Mädchen von Jerusalem.
11 Meine Augen ermatten vor Tränen, / mein Inneres glüht.
Ausgeschüttet auf die Erde ist mein Herz / über den Zusammenbruch der Tochter, meines Volkes.
Kind und Säugling verschmachten / auf den Plätzen der Stadt.
12 Sie sagen zu ihren Müttern: / Wo ist Brot und
Wein?,
da sie erschöpft verschmachten / auf den Plätzen der Stadt,
da sie ihr Leben aushauchen / auf dem Schoß ihrer Mütter.
13 Wie soll ich dir zureden, was dir gleichsetzen, /
du Tochter Jerusalem?
Womit kann ich dich vergleichen, wie dich trösten, / Jungfrau, Tochter Zion?
Dein Zusammenbruch ist groß wie das Meer, / wer kann dich heilen?
14 Deine Propheten schauten dir Lug und Trug. /
Deine Schuld haben sie nicht aufgedeckt, / um dein Schicksal zu wenden.
Sie schauten dir als Prophetenworte / nur Trug und Verführung.
15 Über dich klatschen in die Hände / alle, die des
Weges ziehen.
Sie zischeln und schütteln den Kopf / über die Tochter Jerusalem:
Ist das die Stadt, die man nannte: / Entzücken der ganzen Welt, / Krone der Schönheit?
16 Über dich reißen ihr Maul auf / all deine Feinde.
Sie zischeln und fletschen die Zähne, / sie sprechen: Wir haben sie verschlungen.
Das ist der Tag, auf den wir hofften. / Wir haben ihn erreicht und gesehen.
17 Getan hat der Herr, was er geplant, / seinen
Drohspruch vollzogen, / den er seit alters verkündet hat.
Eingerissen hat er, nicht geschont. / Den Feind ließ er über dich jubeln, / erhöhte die Macht deiner Gegner.
18 Schrei laut zum Herrn, / stöhne, Tochter Zion!
Wie einen Bach lass fließen die Tränen / Tag und Nacht!
Niemals gewähre dir Ruhe, / nie lass dein Auge rasten!
19 Steh auf, klage bei Nacht, / zu jeder Nachtwache
Anfang!
Schütte aus wie Wasser dein Herz / vor dem Angesicht des Herrn!
Erhebe zu ihm die Hände / für deiner Kinder Leben,
die vor Hunger verschmachten / an den Ecken aller Straßen.
20 Herr, sieh doch und schau: / Wem hast du sol-
ches getan?
Dürfen Frauen ihre Leibesfrucht essen, / ihre sorgsam gehegten Kinder?
Darf man erschlagen im Heiligtum des Herrn / Priester und Propheten?
21 Am Boden liegen in den Gassen / Kind und Greis.
Die Mädchen und die jungen Männer / fielen unter dem Schwert.
Du hast sie erschlagen am Tag deines Zorns, / geschlachtet, ohne zu schonen.
22 Wie zum Festtag hast du gerufen, / die Schrecken
ringsum.
Am Zorntag des Herrn gab es keinen, / der entkam und entrann.
Die ich hegte und großzog, / mein Feind hat sie vernichtet.

4: Jer 21,5f • 5: Jes 63,10 • 6: Am 5,21–23 • 8: Jes 34,11 • 9: Ps 74,9; Ez 7,26 • 14: Jer 14,14 • 15: Jer 18,16 • 16: Ps 35,21.25 • 17: Jer 40,3; Sach 1,6 • 20: Dtn 28,53–57; 2 Kön 6,29

DAS DRITTE LIED: 3,1–66

3 Ich bin der Mann, der Leid erlebt hat / durch
die Rute seines Grimms.
2 Er hat mich getrieben und gedrängt / in Finster-
nis, nicht ins Licht.
3 Täglich von neuem kehrt er die Hand / nur gegen
mich.
4 Er zehrte aus mein Fleisch und meine Haut, / zer-
brach meine Glieder,
5 umbaute und umschloss mich / mit Gift und Er-
schöpfung.
6 Im Finstern ließ er mich wohnen / wie längst Ver-
storbene.
7 Er hat mich ummauert, ich kann nicht entrin-
nen.
Er hat mich in schwere Fesseln gelegt.
8 Wenn ich auch schrie und flehte, / er blieb stumm
bei meinem Gebet.
9 Mit Quadern hat er mir den Weg verriegelt, / mei-
ne Pfade irregeleitet.
10 Ein lauernder Bär war er mir, / ein Löwe im Ver-
steck.
11 Er hat mich vom Weg vertrieben, / mich zer-
fleischt und zerrissen.
12 Er spannte den Bogen und stellte mich hin / als
Ziel für den Pfeil.
13 In die Nieren ließ er mir dringen / die Geschosse
seines Köchers.
14 Ein Gelächter war ich all meinem Volk, / ihr
Spottlied den ganzen Tag.
15 Er speiste mich mit bitterer Kost / und tränkte
mich mit Wermut.
16 Meine Zähne ließ er auf Kiesel beißen, / er
drückte mich in den Staub.
17 Du hast mich aus dem Frieden hinausgestoßen; /
ich habe vergessen, was Glück ist.
18 Ich sprach: Dahin ist mein Glanz / und mein Ver-
trauen auf den Herrn.
19 An meine Not und Unrast denken / ist Wermut
und Gift.
20 Immer denkt meine Seele daran / und ist betrübt
in mir.
21 Das will ich mir zu Herzen nehmen, / darauf darf
ich harren:
22 Die Huld des Herrn ist nicht erschöpft, / sein
Erbarmen ist nicht zu Ende.
23 Neu ist es an jedem Morgen; / groß ist deine
Treue.
24 Mein Anteil ist der Herr, sagt meine Seele, / da-
rum harre ich auf ihn.
25 Gut ist der Herr zu dem, der auf ihn hofft, / zur
Seele, die ihn sucht.
26 Gut ist es, schweigend zu harren / auf die Hilfe
des Herrn.
27 Gut ist es für den Mann, / ein Joch zu tragen in
der Jugend.
28 Er sitze einsam und schweige, / wenn der Herr es
ihm auflegt.
29 Er beuge in den Staub seinen Mund; / vielleicht
ist noch Hoffnung.
30 Er biete die Wange dem, der ihn schlägt, / und
lasse sich sättigen mit Schmach.
31 Denn nicht für immer / verwirft der Herr.
32 Hat er betrübt, erbarmt er sich auch wieder /
nach seiner großen Huld.
33 Denn nicht freudigen Herzens / plagt und be-
trübt er die Menschen.
34 Dass man mit Füßen tritt / alle Gefangenen des
Landes,
35 dass man das Recht des Mannes beugt / vor dem
Antlitz des Höchsten,
36 dass man im Rechtsstreit den Menschen be-
drückt, / sollte der Herr das nicht sehen?
37 Wer hat gesprochen und es geschah? / Hat nicht
der Herr es geboten?
38 Geht nicht hervor aus des Höchsten Mund / das
Gute wie auch das Böse?
39 Wie dürfte denn ein Lebender klagen, / ein
Mann über die Folgen seiner Sünden?
40 Prüfen wir unsre Wege, erforschen wir sie / und
kehren wir um zum Herrn.
41 Erheben wir Herz und Hand / zu Gott im Him-
mel.
42 Wir haben gesündigt und getrotzt; / du aber hast
nicht vergeben.
43 Du hast dich in Zorn gehüllt und uns verfolgt, /
getötet und nicht geschont.
44 Du hast dich in Wolken gehüllt, / kein Gebet
kann sie durchstoßen.
45 Zu Unrat und Auswurf hast du uns gemacht /
inmitten der Völker.

46 Ihren Mund rissen gegen uns auf / all unsre Feinde.
47 Grauen und Grube wurde uns zuteil, / Verwüstung und Verderben.
48 Tränenströme vergießt mein Auge / über den Zusammenbruch der Tochter, meines Volkes.
49 Mein Auge ergießt sich und ruht nicht; / es hört nicht auf,
50 bis der Herr vom Himmel her / sieht und schaut.
51 Mein Auge macht mich elend / vor lauter Weinen in meiner Stadt.
52 Wie auf einen Vogel machten sie Jagd auf mich, / die ohne Grund meine Feinde sind.
53 Sie stürzten in die Grube mein Leben / und warfen Steine auf mich.
54 Das Wasser ging mir über den Kopf; / ich sagte: Ich bin verloren.
55 Da rief ich deinen Namen, Herr, / tief unten aus der Grube.
56 Du hörst meine Stimme. / Verschließ nicht dein Ohr / vor meinem Seufzen, meinem Schreien!
57 Du warst nahe am Tag, da ich dich rief; / du sagtest: Fürchte dich nicht!
58 Du, Herr, hast meine Sache geführt, / hast mein Leben erlöst.
59 Du, Herr, hast meine Bedrückung gesehen, / hast mir Recht verschafft.
60 Du hast gesehen ihre ganze Rachgier, / all ihr Planen gegen mich.
61 Du hast ihr Schmähen gehört, o Herr, / all ihr Planen gegen mich.
62 Das Denken und Reden meiner Gegner / ist gegen mich den ganzen Tag.
63 Blick auf ihr Sitzen und Stehen! / Ein Spottlied bin ich für sie.
64 Du wirst ihnen vergelten, Herr, / nach dem Tun ihrer Hände.
65 Du wirst ihren Sinn verblenden. / Dein Fluch über sie!
66 Du wirst sie im Zorn verfolgen und vernichten / unter deinem Himmel, o Herr.

6: Ps 143,3; Jes 59,10 • 8: Ps 22,3 • 10: Hos 13,8 • 13: Ps 38,3 • 14: Jer 20,7 • 15: Rut 1,20; Ijob 9,18 • 20: Ps 42,6 • 24: Mi 7,7 • 31: Ps 94,14 • 32: Jes 54,7 • 38: Jes 45,7 • 48: Jer 14,17 • 54: Ps 69,2f; Jona 2,6 • 59: Ps 9,5 • 60: Ps 56,6 • 62: Ps 38,13

DAS VIERTE LIED: 4,1–22

4 Weh, wie glanzlos ist das Gold, / gedunkelt das köstliche Feingold,
hingeschüttet die heiligen Steine / an den Ecken aller Straßen.
2 Die edlen Kinder Zions, / einst aufgewogen mit reinem Gold,
weh, wie Krüge aus Ton sind sie geachtet, / wie Werk von Töpferhand.
3 Selbst Schakale reichen die Brust, / säugen ihre Jungen.
Die Töchter meines Volkes sind grausam / wie Strauße in der Wüste.
4 Des Säuglings Zunge klebt / an seinem Gaumen vor Durst.
Kinder betteln um Brot; / keiner bricht es ihnen.
5 Die einst Leckerbissen schmausten, / verschmachten auf den Straßen.
Die einst auf Purpur lagen, / wälzen sich jetzt im Unrat.
6 Größer ist die Schuld der Tochter, meines Volkes, / als die Sünde Sodoms,
das plötzlich vernichtet wurde, / ohne dass eine Hand sich rührte.
7 Ihre jungen Männer waren reiner als Schnee, / weißer als Milch,
ihr Leib rosiger als Korallen, / saphirblau ihre Adern.
8 Schwärzer als Ruß sehen sie aus, / man erkennt sie nicht auf den Straßen.
Die Haut schrumpft ihnen am Leib, / trocken wie Holz ist sie geworden.
9 Besser die vom Schwert Getöteten / als die vom Hunger Getöteten;
sie sind verschmachtet, / vom Missertrag der Felder getroffen.
10 Die Hände liebender Mütter / kochten die eigenen Kinder.
Sie dienten ihnen als Speise / beim Zusammenbruch der Tochter, meines Volkes.

11 Randvoll gemacht hat der Herr seinen Grimm, /
ausgegossen seinen glühenden Zorn.
Er entfachte in Zion ein Feuer, / das bis auf den
Grund alles verzehrte.
12 Kein König eines Landes, kein Mensch auf der
Erde / hätte jemals geglaubt,
dass ein Bedränger und Feind / durchschritte die
Tore Jerusalems.
13 Wegen der Sünden ihrer Propheten, / wegen der
Verfehlung ihrer Priester,
die in ihrer Mitte vergossen haben / das Blut von
Gerechten,
14 wankten sie blind durch die Gassen, / besudelt
mit Blut,
sodass man nicht berühren mochte / ihre Kleider.
15 Fort, unrein!, rief man ihnen zu. / Fort, fort!
Rührt mich nicht an!
Da flohen sie, da wankten sie. / Unter den Völkern
sagte man: / Sie durften nicht länger bleiben.
16 Der Herr selbst hat sie zerstreut, / schaut sie
nicht mehr an.
Keine Ehrfurcht zollte man den Priestern, / Greise
fanden keine Gnade.
17 Als wir uns noch die Augen nach Hilfe aus-
schauten, / war es umsonst.
Auf unserer Warte spähten wir nach einem Volk, /
das dann doch keine Hilfe brachte.
18 Man horchte auf unsere Schritte, / wir konnten
nicht auf die Straßen.
Unser Ende war nah, die Tage voll, / ja, unser Ende
kam.
19 Schneller waren unsere Verfolger / als Adler am
Himmel.
Sie jagten uns auf den Bergen, / lauerten uns auf
in der Wüste.
20 Unser Lebensatem, der Gesalbte des Herrn, / ist
gefangen in ihren Gruben.
Wir aber hatten gedacht: / In seinem Schatten wer-
den wir leben unter den Völkern.
21 Juble nur und freue dich, Tochter Edom, / die du
wohnst im Lande Uz.
Auch zu dir wird der Becher kommen, / du wirst
dich betrinken und dich entblößen.
22 Zu Ende ist deine Schuld, Tochter Zion; / nicht
wieder führt er dich in Verbannung.
Deine Schuld bestraft er, Tochter Edom, / deckt
deine Sünden auf.

6: Gen 19; Ez 16,48 • 10: 2,20; Dtn 28,53–57; 2 Kön 6,29 •
11: Jer 7,20; Dtn 32,22 • 20: 2 Kön 25,5f • 21: Gen 36,28

DAS FÜNFTE LIED: 5,1–22

5 Herr, denk daran, was uns geschehen, / blick
her und sieh unsre Schmach!
2 An Ausländer fiel unser Erbe, / unsre Häuser ka-
men an Fremde.
3 Wir wurden Waisen, Kinder ohne Vater, / unsere
Mütter wurden Witwen.
4 Unser Wasser trinken wir für Geld, / unser Holz
müssen wir bezahlen.
5 Wir werden getrieben, das Joch auf dem Nacken, /
wir sind müde, man versagt uns die Ruhe.
6 Nach Ägypten streckten wir die Hand, / nach
Assur, um uns mit Brot zu sättigen.
7 Unsere Väter haben gesündigt; sie sind nicht
mehr. / Wir müssen ihre Sünden tragen.
8 Sklaven herrschen über uns, / niemand entreißt
uns ihren Händen.
9 Unter Lebensgefahr holen wir unser Brot, / be-
droht vom Schwert der Wüste.
10 Unsere Haut glüht wie ein Ofen / von den Glu-
ten des Hungers.
11 Frauen hat man in Zion geschändet, / Jung-
frauen in den Städten von Juda.
12 Fürsten wurden von Feindeshand gehängt, / den
Ältesten nahm man die Ehre.
13 Junge Männer mussten die Handmühlen schlep-
pen,
unter der Holzlast brachen Knaben zusammen.
14 Die Alten blieben fern vom Tor, / die Jungen vom
Saitenspiel.
15 Dahin ist unseres Herzens Freude, / in Trauer ge-
wandelt unser Reigen.
16 Die Krone ist uns vom Haupt gefallen. / Weh
uns, wir haben gesündigt.
17 Darum ist krank unser Herz, / darum sind trüb
unsere Augen

18 über den Zionsberg, der verwüstet liegt; / Füchse
laufen dort umher.
19 Du aber, Herr, bleibst ewig, / dein Thron von Ge-
schlecht zu Geschlecht.
20 Warum willst du uns für immer vergessen, / uns
verlassen fürs ganze Leben?
21 Kehre uns, Herr, dir zu, / dann können wir uns
zu dir bekehren. / Erneuere unsere Tage, damit sie
werden wie früher.
22 Oder hast du uns denn ganz verworfen, / zürnst
du uns über alle Maßen?

6: Hos 7,11 • 15: Ijob 30,31 • 17: Jer 8,18 • 19: Ps 9,8 • 20: Ps 13,2.

DAS BUCH BARUCH

Das Buch Baruch gehört zu den sog. deuterokanonischen Schriften des Alten Testaments. In der griechischen Bibel folgt es unmittelbar auf das Buch Jeremia, die lateinische Bibel hat es hinter die Klagelieder gestellt. Nach eigener Angabe (1,1–14) soll das Buch vom Sekretär des Propheten Jeremia nach der Wegführung in Babel verfasst und dann nach Jerusalem geschickt worden sein, damit es dort während liturgischer Versammlungen gelesen werde (zu Baruch, dem Sekretär Jeremias, vgl. die Einleitung zu Jer). Sein Inhalt besteht in der Hauptsache aus einem Gebet mit einem Schuldbekenntnis, einer Bitte um Vergebung und einer Vertrauensbekundung (1,15 – 3,8), aus einem Lob auf die Weisheit (3,9 – 4,4), aus der Klage Jerusalems mit einer Aufmunterung zur Hoffnung (4,5 – 5,9). Schließlich enthält Kap. 6 (in der griechischen Bibel eine eigene Schrift mit dem Titel »Brief des Jeremia«) eine Abhandlung gegen die Götzen und ihre Verehrer. Teile des Buches gehen vielleicht auf ein hebräisches Original zurück. Die heutige Gestalt dürfte das Buch im ersten vorchristlichen Jahrhundert erhalten haben. In diese Zeit weist auch ein kleines griechisches Fragment des Buches unter den Funden von Qumran.

Die theologische Bedeutung des Buches besteht darin, dass es Einblick gewährt in das Leben des Gottesvolkes in der Diaspora und dass es zeigt, wie das religiöse Leben in Gebet und Liturgie, in der Einstellung zum mosaischen Gesetz und zu den messianischen Erwartungen auch dort mit Jerusalem verbunden blieb. Ähnlich wie die Klagelieder bezeugt das Buch Baruch den nachhaltigen Einfluss, den der Prophet Jeremia über den Untergang Jerusalems hinaus im Volk Israel ausgeübt hat. Dank seines prophetischen Wirkens kommt es nach dem Exil zur Neuerrichtung der Gemeinde Israel, der Hoffnung und Zukunft verheißen wird.

EINLEITUNG: 1,1–14

1 Das ist der Wortlaut des Buches, das Baruch,
der Sohn Nerijas, des Sohnes Machsejas, des
Sohnes Zidkijas, des Sohnes Hasadjas, des Sohnes
Hilkijas, in Babel geschrieben hat.
2 Es war im fünften Jahr, am siebten Tag des fünften Monats, zur
selben Zeit, als die Chaldäer Jerusalem eingenommen und in Brand gesteckt hatten.
3 Baruch verlas
den Wortlaut dieses Buches vor König Jojachin
von Juda, dem Sohn Jojakims, und vor dem ganzen Volk, das zusammengekommen war, um die
Schrift zu hören.
4 Er las vor den königlichen Beamten und Prinzen, vor den Ältesten und dem

ganzen Volk, vom Kleinsten bis zum Größten, vor
allen, die in Babel am Fluss Sud angesiedelt waren.
5 Da weinten, fasteten und flehten sie vor dem
Herrn. 6 Dann legten sie Geld zusammen, so viel
ein jeder vermochte, 7 und sandten es nach Jerusa-
lem an den Priester Jojakim, den Sohn Hilkijas, des
Sohnes Schallums, an die übrigen Priester und an
das ganze Volk, das sich mit ihm in Jerusalem
befand.
8 Baruch selbst hatte bereits am zehnten Siwan die
Geräte des Hauses des Herrn, die aus dem Tempel
verschleppt worden waren, erhalten, um sie in das
Land Juda zurückzubringen. Es waren jene silber-
nen Geräte, die König Zidkija von Juda, der Sohn
Joschijas, hatte anfertigen lassen, 9 nachdem
Nebukadnezzar, der König von Babel, Jojachin aus
Jerusalem verschleppt und nach Babel gebracht
hatte, samt den Beamten, den Schmieden, der
Oberschicht und den Bürgern des Landes. 10 Dazu
ließen (die Spender) sagen: Hier senden wir euch
Geld. Kauft dafür Brandopfer, Sündopfer und
Weihrauch und bereitet Speiseopfer; bringt sie dar
auf dem Altar des Herrn, unseres Gottes, 11 und
betet für das Leben des Königs Nebukadnezzar
von Babel und für das Leben seines Sohnes Bel-
schazzar, dass ihre Tage so zahlreich seien wie die
Tage des Himmels über der Erde. 12 Uns aber ver-
leihe der Herr Kraft und lasse unsere Augen leuch-
ten. So werden wir leben unter dem Schutz des
Königs Nebukadnezzar von Babel und unter dem
Schutz seines Sohnes Belschazzar, wir werden
ihnen lange Zeit dienen und Gunst vor ihnen fin-
den. 13 Betet auch für uns zum Herrn, unserem
Gott; denn wir haben gesündigt gegen den Herrn,
unseren Gott, und bis heute hat der Herr seinen
Grimm und Zorn noch nicht von uns abgewendet.
14 Lest dann dieses Buch vor, das wir euch senden;
es soll am Tag des Festes, und zwar an den Ver-
sammlungstagen, im Haus des Herrn vorgetragen
werden.

1: Jer 32,12; 36,4 • 2: 2 Kön 25,8; Jer 39,8f • 3: Jer 22,24–30 •
9: 2 Kön 24,8–17 • 11: Jer 29,7; Dtn 11,21 • 14: Lev 23,35f

DAS GEBET DER VERBANNTEN: 1,15 – 3,8

Das Bekenntnis der Schuld
15 Sprecht: Der Herr, unser Gott, ist im Recht; uns
aber treibt es bis heute die Schamröte ins Gesicht,
den Leuten von Juda und den Bewohnern Jerusa-
lems, 16 unseren Königen und Beamten, unseren
Priestern und Propheten und unseren Vätern;
17 denn wir haben gegen den Herrn gesündigt
18 und ihm nicht gehorcht. Wir haben auf die
Stimme des Herrn, unseres Gottes, nicht gehört
und die Gebote nicht befolgt, die der Herr uns vor-
gelegt hat. 19 Von dem Tag an, als der Herr unsere
Väter aus Ägypten herausführte, bis auf den heu-
tigen Tag waren wir ungehorsam gegen den Herrn,
unseren Gott. Wir hörten sehr bald nicht mehr auf
seine Stimme. 20 So hefteten sich an uns das Unheil
und der Fluch, den der Herr durch seinen Diener
Mose androhen ließ am Tag, als er unsere Väter aus
Ägypten herausführte, um uns ein Land zu geben,
in dem Milch und Honig fließen, und so ist es noch
heute. 21 Wir haben nicht auf die Stimme des
Herrn, unseres Gottes, gehört und auf alle Reden
der Propheten, die er zu uns gesandt hat. 22 Jeder
von uns folgte der Neigung seines bösen Herzens;
wir dienten anderen Göttern und taten, was dem
Herrn, unserem Gott, missfällt.

2 So hat denn der Herr sein Wort erfüllt, das er
über uns gesprochen hat, über unsere Rich-
ter, die Israel regierten, über unsere Könige und
Beamten und über die Leute von Israel und Juda.
2 Unter dem ganzen Himmel ist noch nie so etwas
geschehen, wie der Herr es jetzt in Jerusalem
geschehen ließ, ganz wie es im Gesetz des Mose
geschrieben steht: 3 dass der eine von uns das
Fleisch des eigenen Sohnes, der andere das Fleisch
der eigenen Tochter essen werde. 4 Der Herr über-
gab sie allen Königreichen rings um uns und
machte sie zum Gespött und zum Fluch bei allen
Völkern im Umkreis, unter die er sie zerstreute.
5 Aus Herrschern wurden Unterdrückte; denn wir
haben gegen den Herrn, unseren Gott, gesündigt
und nicht auf seine Stimme gehört.
6 Der Herr, unser Gott, ist im Recht; uns aber und

unseren Vätern treibt es bis heute die Schamröte ins Gesicht. [7] Alles Unheil, das der Herr uns angedroht hat, ist über uns gekommen. [8] Wir haben den Herrn nicht dadurch besänftigt, dass jeder sich von den Wünschen seines bösen Herzens abgewandt hätte. [9] Der Herr aber wachte und brachte das Unheil über uns; denn der Herr ist gerecht in all seinen Fügungen, die er über uns verhängt hat. [10] Wir aber hörten nicht auf seine Stimme und befolgten nicht die Gebote, die der Herr uns vorgelegt hat.

1,15: Neh 9,32f; Dan 9,7–11 • 19: Jer 7,25f • 19f: Lev 26,14–39; Dtn 28,15–68 • 21: Jer 25,4–6 • 2,3: Lev 26,29; Dtn 28,53–57 • 9: Jer 1,12; Dan 9,14

Die Bitte um Vergebung

[11] Nun aber, Herr, Gott Israels! Du hast dein Volk aus Ägypten geführt mit starker Hand, mit Zeichen und Wundern, mit großer Macht und erhobenem Arm und hast dir einen Namen gemacht bis auf den heutigen Tag. [12] Herr, unser Gott, wir haben gesündigt, gefrevelt, Unrecht getan trotz all deiner Satzungen. [13] Nun wende sich dein Zorn von uns. Denn nur wenige von uns sind noch übrig unter den Völkern, wohin du uns zerstreut hast. [14] Erhöre, Herr, unser Gebet und unsere Bitte! Rette uns um deinetwillen! Lass uns Gnade finden bei denen, die uns aus der Heimat weggeführt haben. [15] So soll die ganze Welt erkennen, dass du der Herr, unser Gott, bist. Dein Name ist ja über Israel und seinem Stamm ausgerufen. [16] Herr, schau herab von deiner heiligen Wohnung und achte auf uns! Neige, Herr, dein Ohr und höre! [17] Öffne, Herr, deine Augen und schau! Denn nicht die Toten in der Unterwelt, aus deren Leib der Atem weggenommen ist, preisen die Ehre und Gerechtigkeit des Herrn, [18] sondern die Menschen, die in großer Bedrängnis leben, gebeugt und kraftlos einhergehen und deren Augen schwach sind, die Menschen, die hungern, sie preisen deine Ehre und Gerechtigkeit, Herr. [19] Denn nicht im Vertrauen auf die Verdienste unserer Väter und unserer Könige tragen wir dir unsere Bitte um Erbarmen vor, Herr, unser Gott. [20] Du hast ja deinen Grimm und Zorn gegen uns gerichtet, wie du durch deine Diener, die Propheten, gesprochen hast: [21] So spricht der Herr: Beugt euren Nacken und seid dem König von Babel untertan; dann dürft ihr in dem Land bleiben, das ich euren Vätern gegeben habe. [22] Hört ihr aber nicht auf die Weisung des Herrn, dem König von Babel untertan zu sein, [23] dann lasse ich in den Städten Judas und in den Straßen Jerusalems Jubelruf und Freudenruf verstummen, den Ruf des Bräutigams und den Ruf der Braut, und das ganze Land wird zur menschenleeren Wüste werden. [24] Doch wir hörten nicht auf deine Weisung, dem König von Babel untertan zu sein. Da hast du deine Worte in Kraft gesetzt, die du durch deine Diener, die Propheten, gesprochen hast, dass man die Gebeine unserer Könige und die Gebeine unserer Väter aus ihrer Grabstätte holen werde. [25] Und wirklich wurden sie herausgeworfen und liegen in der Hitze des Tages und in der Kälte der Nacht. Auch waren sie unter schrecklichen Qualen umgekommen durch Hunger, Schwert und Pest. [26] Wegen der Verruchtheit des Hauses Israel und des Hauses Juda hast du das Haus, über dem dein Name ausgerufen ist, zu dem gemacht, was es heute ist.

15: Jer 7,30; 14,9 • 17: Ps 6,6; Jes 38,18 • 21: Jer 27,12 • 23: Jer 7,34 • 24: Jer 8,1f

Das Vertrauen auf die Verheißung

[27] Doch hast du, Herr, unser Gott, an uns nach deiner ganzen Güte gehandelt und nach all deinem großen Erbarmen, [28] so wie du durch deinen Diener Mose gesprochen hast an dem Tag, als du ihm auftrugst, deine Weisung für die Israeliten aufzuzeichnen:

[29] Hört ihr nicht auf meine Stimme, dann wird diese unzählbar große Volksmenge zu einer kleinen Minderheit werden unter den Völkern, wohin ich sie zerstreue. [30] Denn ich weiß, dass sie nicht auf mich hören werden; sie sind ja ein halsstarriges Volk. Doch im Land ihrer Verbannung werden sie es sich zu Herzen nehmen. [31] Sie werden erkennen, dass ich der Herr, ihr Gott, bin. Dann gebe ich ihnen ein verständiges Herz und Ohren, die hören. [32] Im Land ihrer Verbannung werden sie mich preisen und meines Namens gedenken. [33] Sie werden sich abwenden von ihrer Hartnäckigkeit und von ihren bösen Taten; denn sie werden sich erinnern, wie es ihren Vätern erging, die gegen den Herrn gesündigt haben. [34] Dann werde ich sie in

das Land zurückführen, das ich ihren Vätern
Abraham, Isaak und Jakob unter Eid versprochen
habe, und sie werden (wieder) seine Besitzer sein.
Ich mache sie zahlreich und sie werden nie mehr
vermindert. 35 Dann schließe ich mit ihnen einen
ewigen Bund: Ich will ihr Gott sein und sie sollen
mein Volk sein; und nie wieder werde ich mein
Volk Israel aus dem Land verstoßen, das ich ihnen
gegeben habe.

3 Herr, Allmächtiger, Gott Israels! Eine Seele in
Ängsten, ein Geist voll Kummer schreit zu
dir. 2 Höre, Herr, erbarme dich, da wir gegen dich
gesündigt haben. 3 Du thronst in Ewigkeit; uns
aber droht ewige Vernichtung. 4 Herr, Allmächti-
ger, Gott Israels! Höre doch das Flehen der Tod-
geweihten Israels, der Söhne derer, die gegen dich
gesündigt und auf die Stimme des Herrn, ihres
Gottes, nicht gehört haben; so hat sich das Unheil
an uns geheftet. 5 Denk nicht mehr an die schlech-
ten Taten unserer Väter, sondern denk jetzt an
deine (starke) Hand und an deinen Namen! 6 Du
bist ja der Herr, unser Gott, und wir wollen dich
preisen, Herr. 7 Denn dazu hast du uns die Furcht
vor dir ins Herz gelegt, dass wir deinen Namen
anrufen. Auch in unserer Verbannung wollen wir
dich preisen. Wir haben unser Herz abgekehrt von
aller Bosheit unserer Väter, die gegen dich gesün-
digt haben. 8 Siehe, wir sind noch heute in den
Ländern unserer Verbannung, in die du uns ver-
sprengt hast, zum Schimpf, zum Fluchwort und
zur Verwünschung, entsprechend allen schlechten
Taten unserer Väter, die abtrünnig wurden vom
Herrn, unserem Gott.

2,29: Lev 26,14–44 • 31: Ez 36,26 • 34: Dtn 30,1–5 • 35: Jer 31,31–37

DIE GÖTTLICHE WEISHEIT, ISRAELS VORRECHT: 3,9 – 4,4

Die Empfehlung der Weisheit

9 Höre, Israel, die Gebote des Lebens; merkt auf,
um Einsicht zu erlangen. 10 Warum, Israel, warum
lebst du im Gebiet der Feinde, siechst dahin in
einem fremden Land, 11 bist unrein geworden,
den Toten gleich, wurdest zu den Abgeschiedenen
gezählt? 12 Du hast den Quell der Weisheit verlas-
sen. 13 Wärest du auf Gottes Weg gegangen, du
wohntest in Frieden für immer. 14 Nun lerne, wo
die Einsicht ist, wo Kraft und wo Klugheit, dann
erkennst du zugleich, wo langes Leben und Le-
bensglück, wo Licht für die Augen und Frieden zu
finden sind.

9: Spr 4,20–22 • 11: Num 19,11–19

Der Hymnus auf die Weisheit

15 Wer hat je den Ort (der Weisheit) gefunden? Wer
ist zu ihren Schatzkammern vorgedrungen? 16 Wo
sind die Gebieter der Völker? Sie herrschten sogar
über die Tiere der Erde 17 und spielten mit den
Vögeln des Himmels; sie häuften Silber und Gold,
worauf die Menschen vertrauen, und ihr Besitz
hatte keine Grenzen. 18 Wo sind sie, die das Silber
so kunstvoll schmiedeten, dass ihre Werke unbe-
greiflich sind? 19 Verschwunden sind sie, hinabge-
stiegen zur Unterwelt; andere traten an ihre Stelle.
20 Andere erblickten nach ihnen das Licht und
wohnten auf der Erde; doch auch sie haben den
Weg der Weisheit nicht erkannt, 21 ihre Pfade nicht
verstanden und ihre Spur nicht aufgenommen.
Auch ihre Söhne blieben ihrem Weg fern. 22 Nicht
hörte man die Weisheit in Kanaan, nicht erschien
sie in Teman. 23 Auch die Söhne der Hagar, die
überall auf der Erde nach Einsicht suchen, die
Kaufleute von Midian und Teman, die Fabeldich-
ter und die Forscher nach Einsicht, auch sie haben
den Weg der Weisheit nicht erkannt und ihre Pfade
nicht entdeckt.
24 Israel, wie groß ist das Haus Gottes, wie weit das
Gebiet seiner Herrschaft! 25 Unendlich groß und
unermesslich hoch. 26 Dort wurden die Riesen
geboren, die berühmten Männer der Urzeit, hoch
an Wuchs und Meister im Kampf. 27 Und doch hat
Gott nicht diese erwählt, nicht ihnen den Weg der
Weisheit gezeigt. 28 Sie gingen zugrunde, weil sie
ohne Einsicht waren; ihrer Torheit wegen gingen
sie unter. 29 Wer stieg zum Himmel hinauf, hol-
te die Weisheit und brachte sie aus den Wolken
herab? 30 Wer fuhr über das Meer und entdeckte
sie und brachte sie her gegen lauteres Gold? 31 Kei-
ner weiß ihren Weg, niemand kennt ihren Pfad.
32 Doch der Allwissende kennt sie; er hat sie in sei-

„Höre, Israel, die Gebote des Lebens; merkt auf, um Einsicht zu erlangen. ... Wärest du auf Gottes Weg gegangen, du wohntest in Frieden für immer. Nun lerne, wo die Einsicht ist, wo Kraft und wo Klugheit, dann erkennst du zugleich, wo langes Leben und Lebensglück, wo Licht für die Augen und Frieden zu finden sind.“ (Baruch 3,9.13–14)

Die Kellnerin oder Die Tiroler Kellnerin, wohl 1903

Öl auf Leinwand, 52 x 43 cm
bezeichnet links unten: Egger Lienz
Lienz, Museum der Stadt Lienz Schloss Bruck, Inv.Nr. AEL 29

Eine junge Frau in Tracht mit umgehängter Geldtasche gießt Wein aus einem Tonkrug in eine Glasflasche. Im Hintergrund liegt die Gaststube, hell erleuchtet vom Sonnenschein: Ein anmutiges Sujet, eine liebevolle Momentaufnahme des Alltagslebens. Albin Egger-Lienz hat Motive dieser idyllischen Art bereits während seinem Münchenaufenthalt wahrgenommen, sie entsprechen ganz dem illustrativen Genre des späten 19. Jahrhunderts.

„Sie [die Weisheit] ist das Buch der Gebote Gottes, das Gesetz, das ewig besteht. Alle, die an ihr festhalten, finden das Leben; doch alle, die sie verlassen, verfallen dem Tod.“ (Baruch 4,1)

Inneres der Johanneskirche zu München, 1890

Öl auf Leinwand, 80 x 73,5 cm
bezeichnet rechts unten: Alb. Egger 1890
Wien, Österreichische Galerie Belvedere, Inv.Nr. 5274
(Leihgabe im Museum der Stadt Lienz Schloss Bruck, Inv.Nr. AEL 13)

Der Blick in das Kircheninnere zeigt den Vorraum mit dem Betschemel und einer hockenden betenden Frau vor dem Eisengitter, dahinter der Betraum mit einem in Gold gleißenden Strahlenschein. Das Bild ist eine Studie zum Gemälde „Karfreitag“ und lebt von der Atmosphäre eines Gotteshauses, in das Stille eingekehrt ist. Es ist vielleicht auch eine Mahnung an die Allgegenwart Gottes, an den Tod und an die Auferstehung Christi.

ner Einsicht entdeckt. Er hat ja die Erde für immer
gegründet, er hat sie mit Tieren bevölkert. 33 Er
entsendet das Licht und es eilt dahin; er ruft es
zurück und zitternd gehorcht es ihm. 34 Froh
leuchten die Sterne auf ihren Posten. 35 Ruft er sie,
so antworten sie: Hier sind wir. Sie leuchten mit
Freude für ihren Schöpfer. 36 Das ist unser Gott;
kein anderer gilt neben ihm. 37 Er hat den Weg der
Weisheit ganz erkundet und hat sie Jakob, seinem
Diener, verliehen, Israel, seinem Liebling. 38 Dann
erschien sie auf der Erde und hielt sich unter den
Menschen auf.

15: Ijob 28,12.20 • 16: Jer 27,6 • 17: Ez 28,4f • 23: Gen 16,15 • 26: Gen 6,4 • 29: Sir 24,4 • 33: Ijob 38,35 • 38: Spr 8,31

Das Glück der Weisheit

4 Sie ist das Buch der Gebote Gottes, das Ge-
setz, das ewig besteht. Alle, die an ihr fest hal-
ten, finden das Leben; doch alle, die sie verlassen,
verfallen dem Tod.
2 Kehr um, Jakob, ergreif sie! Geh deinen Weg im
Glanz ihres Lichtes! 3 Überlass deinen Ruhm kei-
nem andern, dein Vorrecht keinem fremden Volk!
4 Glücklich sind wir, das Volk Israel; denn wir wis-
sen, was Gott gefällt.

1: Sir 24,23

JERUSALEMS KLAGE UND HOFFNUNG: 4,5 – 5,9

Jerusalems Klage

5 Hab Vertrauen, mein Volk, du trägst den Namen
Israel. 6 Ihr wurdet verkauft an die Völker, doch
nicht zur Vernichtung. Weil ihr Gott erzürnt habt,
wurdet ihr den Feinden preisgegeben. 7 Denn ihr
habt euren Schöpfer zum Zorn gereizt, da ihr
den Dämonen und nicht Gott Opfer darbrachtet.
8 Euren Ernährer habt ihr vergessen, den ewigen
Gott. Ihr habt auch Jerusalem betrübt, die euch
aufzog. 9 Denn sie hat mit angesehen, wie Gottes
Zorn über euch hereinbrach; da sprach sie: Hört,
ihr Nachbarn Zions! Gott hat großes Leid über
mich gebracht. 10 Denn ich musste sehen, dass
meine Söhne und Töchter verschleppt wurden,
wie es der Ewige über sie verhängt hat. 11 Mit
Freude habe ich sie großgezogen, mit Weinen und
Klagen musste ich sie ziehen lassen. 12 Keiner juble,
dass ich Witwe bin und von so vielen verlassen; der
Sünden meiner Kinder wegen bin ich vereinsamt,
denn sie sind abgewichen vom Gesetz Gottes.
13 Seine Satzungen haben sie nicht anerkannt. Sie
gingen nicht die Wege der Gottesgebote. Die Pfade
der Zucht nach seiner rechten Weisung beschrit-
ten sie nicht.
14 Kommt, ihr Nachbarn Zions! Bedenkt die Ge-
fangenschaft, die der Ewige über meine Söhne und
Töchter verhängt hat. 15 Denn er ließ ein Volk von
weit her über sie kommen, ein rohes Volk mit
fremder Sprache; es hatte keine Scheu vor Greisen,
kein Mitleid mit Kindern. 16 Es führte die Lieblinge
der Witwe weg, raubte der Vereinsamten die Töch-
ter. 17 Ich aber, wie könnte ich euch helfen? 18 Nur
er, der das Unheil über euch brachte, kann euch
der Hand eurer Feinde entreißen. 19 So geht, meine
Kinder, geht fort! Ich bleibe ja einsam zurück.
20 Abgelegt habe ich das Gewand froher Zeiten,
angezogen das Bußkleid meines Elends. Zum Ewi-
gen will ich rufen, solange ich lebe.

12: Klgl 1,1f • 15: Jer 5,15.17; 6,22f

Jerusalems Hoffnung

21 Habt Vertrauen, meine Kinder, schreit zu Gott!
Er wird euch der Gewalt entreißen, den Händen
der Feinde. 22 Denn ich erhoffe vom Ewigen eure
Rettung; schon wurde mir vom Heiligen Freude
zuteil wegen der Erbarmung, die bald zu euch
kommt vom Ewigen, eurem Retter. 23 In Trauer
und in Tränen ließ ich euch ziehen, doch wird mir
Gott euch wiederschenken zur Freude und zum
Jubel für immer. 24 Wie jetzt die Nachbarn Zions
eure Gefangenschaft vor Augen haben, so werden
sie bald die Rettung sehen, die von eurem Gott
kommt; mit großer Herrlichkeit kommt sie zu
euch und mit dem Glanz des Ewigen. 25 Meine Kin-
der, ertragt geduldig den Zorn, der von Gott her
über euch kam. Der Feind hat dich verfolgt, bald
aber wirst du seinen Untergang sehen und den Fuß
auf seinen Nacken setzen.

26 Meine zarten Kinder mussten auf rauen Wegen
ziehen. Sie wurden fortgeschleppt wie eine Herde,
von Feinden geraubt. 27 Habt Vertrauen, meine
Kinder, schreit zu Gott! Denn er, der es verhängt
hat, wird wieder an euch denken. 28 Wie euer Sinn
auf den Abfall von Gott gerichtet war, so zeigt nun
zehnfachen Eifer, umzukehren und ihn zu suchen.
29 Er, der über euch das Unheil gebracht hat, wird
mit eurer Rettung euch ewige Freude bringen.
30 Hab Vertrauen, Jerusalem! Der dir den Namen
gab, er wird dich trösten. 31 Unglück über jene, die
dir Böses taten und über deinen Sturz sich freu-
ten! 32 Unglück über die Städte, zu deren Sklaven
deine Kinder wurden! Unglück über jene Stadt, die
deine Söhne als Sklaven aufgenommen hat! 33 Wie
sie sich freute über deinen Sturz, frohlockte über
deinen Fall, so wird sie ihre eigene Verwüstung
betrauern müssen. 34 Ich nehme ihr den Jubel der
Volksmenge; ihr Prahlen wandelt sich in Jammer.
35 Denn Feuer vom Ewigen wird über sie kommen
für viele Tage und Dämonen werden dort hausen
für lange Zeit. 36 Blick nach Osten, Jerusalem!
Schau die Freude, die von Gott zu dir kommt.
37 Siehe, deine Söhne, die du einst fortziehen lie-
ßest, kehren zurück; sie kommen, vom Aufgang
der Sonne bis zum Untergang, gesammelt durch
das Wort des Heiligen; sie freuen sich über die
Herrlichkeit des Herrn.

5 Leg ab, Jerusalem, das Kleid deiner Trauer
und deines Elends und bekleide dich mit dem
Schmuck der Herrlichkeit, die Gott dir für immer
verleiht. 2 Leg den Mantel der göttlichen Gerech-
tigkeit an; setz dir die Krone der Herrlichkeit des
Ewigen aufs Haupt! 3 Denn Gott will deinen Glanz
dem ganzen Erdkreis unter dem Himmel zeigen.
4 Gott gibt dir für immer den Namen: Friede der
Gerechtigkeit und Herrlichkeit der Gottesfurcht.
5 Steh auf, Jerusalem, und steig auf die Höhe!
Schau nach Osten und sieh deine Kinder: Vom
Untergang der Sonne bis zum Aufgang hat das
Wort des Heiligen sie gesammelt. Sie freuen sich,
dass Gott an sie gedacht hat. 6 Denn zu Fuß zogen
sie fort von dir, weggetrieben von Feinden; Gott
aber bringt sie heim zu dir, ehrenvoll getragen wie
in einer königlichen Sänfte.
7 Denn Gott hat befohlen: Senken sollen sich alle
hohen Berge und die ewigen Hügel und heben sol-
len sich die Täler zu ebenem Land, sodass Israel
unter der Herrlichkeit Gottes sicher dahinziehen
kann. 8 Wälder und duftende Bäume aller Art
spenden Israel Schatten auf Gottes Geheiß. 9 Denn
Gott führt Israel heim in Freude, im Licht seiner
Herrlichkeit; Erbarmen und Gerechtigkeit kom-
men von ihm.

4,23: Jer 31,12f • 24: Jes 60,1f • 32: Jes 13,19–22 • 33: Jer 50,12f • 5,1: Jes 52,1; 61,10 • 6: Jes 66,20 • 7: Jes 40,3f • 8: Jes 41,19

DER BRIEF DES JEREMIA: 6,1–72

Einleitung

6 Abschrift des Briefes, den Jeremia an jene
gesandt hat, die vom König der Babylonier
als Gefangene nach Babel weggeführt werden soll-
ten; darin teilte er ihnen mit, was Gott ihm aufge-
tragen hatte.
1 Wegen der Sünden, die ihr gegen Gott begangen
habt, werdet ihr von Nebukadnezzar, dem König
der Babylonier, als Gefangene nach Babel geführt.
2 Seid ihr dann nach Babel gekommen, so müsst
ihr dort viele Jahre bleiben, für lange Zeit, bis zu
sieben Generationen; danach führe ich euch von
dort in Frieden wieder heraus. 3 Nun werdet ihr in
Babel Götterbilder aus Silber, Gold und Holz
sehen, die man auf den Schultern trägt und die den
Völkern Furcht einflößen. 4 Hütet euch dann, euch
den Fremden anzugleichen und euch von Furcht
vor diesen Göttern erfassen zu lassen, 5 wenn ihr
seht, wie die Menge sich vor und hinter ihnen nie-
derwirft; sprecht vielmehr im Herzen: Herr, dir
allein gebührt Anbetung. 6 Denn mein Engel ist bei
euch; er wird über euer Leben wachen.

1: Jer 29,1 • 3: Jer 10,3f • 6: Ex 23,21f

Die Nichtigkeit der Götzenbilder

7 Ein Handwerker hat ihnen eine glatte Zunge
angefertigt; sie selbst wurden mit Gold und Sil-
ber überzogen; doch sind sie Fälschungen und
können nicht reden. 8 Wie für ein Mädchen, das
Schmuck liebt, nimmt man Gold 9 und fertigt Kro-

nen für die Häupter ihrer Götter. Manchmal neh-
men aber die Priester Gold und Silber heimlich
von ihren Göttern weg und verwenden es für sich
selber; sie geben davon auch den Dirnen in der
Kammer.
10 Man schmückt sie auch, die Götter aus Silber,
Gold und Holz, mit Gewändern wie Menschen.
Diese Götter können sich aber nicht vor Schmutz
und Wurmfraß schützen. 11 Sie sind in Purpurge-
wänder gehüllt 12 und doch muss man ihnen den
Staub aus dem Gesicht wischen, der im Tempel
aufwirbelt und sich dick auf sie legt. 13 Sogar ein
Zepter trägt ein solcher Gott, wie ein Mann, der
das Land regiert; doch kann er niemand töten, der
sich gegen ihn verfehlt. 14 Er hat in der Rechten ein
Schwert oder eine Streitaxt, kann aber nicht ein-
mal sich selbst vor Krieg oder Räubern retten. So
zeigen sie deutlich, dass sie keine Götter sind.
Fürchtet sie also nicht!
15 Wie ein zerbrochenes Tongefäß unbrauchbar
wird, 16 so geht es auch mit ihren Göttern, die in
ihren Tempeln aufgestellt sind: Ihre Augen sind
voll vom Staub, den die Füße der Besucher hi-
neintragen. 17 Und wie die Höfe rings verschlossen
sind, sobald ein Mann, der sich am König vergan-
gen hat, zur Hinrichtung abgeführt werden soll,
so sichern die Priester die Tempel der Götter mit
Türen, Schlössern und Riegeln, damit sie nicht
von Räubern geplündert werden. 18 Die Priester
zünden Lichter an, mehr sogar als für sich selbst,
doch die Götter können keines davon sehen. 19 Es
geht ihnen wie einem Balken am Tempel: Ihr Inne-
res wird, wie man sagt, zerfressen. Sie aber bemer-
ken nicht die Würmer, die aus der Erde kommen
und sie selbst samt ihren Gewändern aufzehren.
20 Ihre Gesichter sind geschwärzt vom Rauch, der
im Tempel aufsteigt. 21 Auf ihrem Körper und auf
ihrem Kopf lassen sich Fledermäuse, Schwalben
und andere Vögel nieder, ebenso auch Katzen.
22 Daran erkennt ihr, dass sie keine Götter sind.
Fürchtet sie also nicht!
23 Sie sind mit Gold überzogen, damit sie schön
aussehen; wenn aber niemand den Schmutz weg-
putzt, glänzen sie nicht. Nicht einmal, als sie ge-
gossen wurden, spürten sie es. 24 Jeden Preis zahlte
man für sie, obwohl sie keinen Lebensatem besit-
zen. 25 Da sie ihre Füße nicht gebrauchen können,
werden sie auf den Schultern getragen und zeigen
so den Menschen ihren eigenen Unwert. Auch ihre
Diener müssen sich schämen; 26 denn (der Götze)
muss von ihnen aufgestellt werden, damit er nicht
zu Boden fällt. Stellt man ihn aufrecht hin, so kann
er sich selbst nicht bewegen; steht er schief, kann
er sich nicht aufrichten. Vielmehr setzt man ihnen
die Gaben vor wie den Toten. 27 Mit ihren Opfern
aber treiben ihre Priester Missbrauch und verkau-
fen sie. Nicht besser handeln ihre Frauen: Sie
pökeln davon ein, aber einem Armen oder Schwa-
chen geben sie nichts. 28 Sogar unreine Frauen und
Wöchnerinnen berühren ihre Opfer. Daran er-
kennt ihr, dass sie keine Götter sind. Fürchtet sie
also nicht!
29 Wie könnte man sie Götter nennen? Sogar
Frauen bringen ihnen Opfer dar, diesen Göttern
aus Silber, Gold und Holz. 30 In ihren Tempeln
hocken die Priester, das Gewand zerrissen, Kopf
und Bart geschoren und das Haupt entblößt. 31 Sie
heulen und schreien vor ihren Göttern wie andere
beim Totenmahl. 32 Von ihren Gewändern nehmen
die Priester und kleiden damit ihre Frauen und
Kinder. 33 Ob jemand diesen Göttern Böses oder
Gutes antut, sie sind nicht imstande, es zu ver-
gelten.
Einen König können sie weder einsetzen noch
absetzen. 34 Ebenso wenig können sie Reichtum
oder auch nur Geld verschaffen. Hat ihnen jemand
ein Gelübde gemacht, erfüllt es aber nicht, so kön-
nen sie keine Rechenschaft fordern. 35 Sie können
keinen Menschen vom Tod erretten noch einen
Schwachen dem Starken entreißen. 36 Einen Blin-
den können sie nicht sehend machen, einen Be-
drängten nicht befreien. 37 Mit der Witwe haben sie
kein Mitleid, dem Waisenkind helfen sie nicht.
38 Den Steinen aus den Bergen gleichen die hölzer-
nen, mit Gold und Silber überzogenen Götter. Wer
sie verehrt, wird zuschanden. 39 Wie kann einer da
glauben oder behaupten, sie seien wirklich Götter?
40 Ihrer Ehre schaden die Chaldäer sogar selbst.
Sehen sie nämlich einen Stummen, der nicht spre-
chen kann, so bringen sie ihn zu Bel und bitten,
dass er die Sprache erhalte, als ob Bel ihn auch nur
wahrnehmen könnte. 41 Und obwohl sie das wis-
sen, bringen sie es doch nicht über sich, die Göt-
ter zu verlassen; sie haben ja keinen Verstand.

[42] Die Frauen aber sitzen, mit Schnüren umwunden, an den Wegen und lassen Kleie in Rauch aufgehen. [43] Sobald nun eine aus ihrer Mitte von einem Vorübergehenden mitgenommen worden ist und sich ihm hingegeben hat, schmäht sie ihre Nachbarin, weil diese nicht gleich ihr für würdig befunden und ihre Schnur noch nicht zerrissen wurde. [44] Was immer bei diesen Göttern geschieht, ist Trug. Wie kann einer da glauben oder behaupten, dass sie wirklich Götter seien?

[45] Von Handwerkern und Goldschmieden sind sie verfertigt. Sie werden nichts anderes, als was sie nach dem Willen der Künstler werden sollten. [46] Ihre Hersteller erreichen selbst kein hohes Alter; [47] wie sollten da ihre Erzeugnisse Götter sein? Nein, nur Trug und Schande hinterlassen sie ihren Nachkommen. [48] Nähern sich nämlich Krieg und Unheil diesen Göttern, dann beraten die Priester miteinander, wo sie sich mit ihnen verstecken können. [49] Wie sollte man da nicht merken, dass sie keine Götter sind, da sie sich selbst weder vor Krieg noch vor Unheil retten können? [50] Sie sind ja nur hölzerne, mit Gold und Silber überzogene Gebilde; man wird nach alldem erkennen, dass sie Trug sind. Allen Völkern und Königen wird es dann offenbar, dass jene keine Götter sind, sondern Werke von Menschenhand, und dass ihnen keine göttliche Wirkkraft innewohnt. [51] Wer sieht da nicht, dass sie keine Götter sind?

[52] Sie können weder einen König im Land einsetzen noch den Menschen Regen spenden. [53] Sie halten nicht Gericht bei ihnen und befreien keinen, dem Unrecht geschah; denn sie sind machtlos [54] wie die Krähen zwischen Himmel und Erde. Ergreift gar Feuer den Tempel der hölzernen, mit Gold und Silber überzogenen Götter, dann fliehen zwar ihre Priester und retten sich, sie selbst aber verbrennen darin wie die Balken. [55] Keinem König und keinem Feind bieten sie Widerstand. [56] Wie kann einer da annehmen oder glauben, dass sie Götter sind?

Weder vor Dieben noch vor Räubern können sie sich retten, diese hölzernen, mit Silber und Gold überzogenen Götter. [57] Jene sind stärker und nehmen ihnen das Gold und Silber ringsum ab, samt den Gewändern, die ihnen umgelegt sind, und machen sich damit fort, ohne dass die Götter auch nur sich selber helfen könnten. [58] Besser ist darum ein König, der seine Stärke zeigt, besser ein nützliches Hausgerät, das der Besitzer brauchen kann, als solche trügerischen Götter; besser im Haus eine Tür, die das, was drinnen ist, schützt, als solche trügerischen Götter; besser im Königspalast eine hölzerne Säule als solche trügerischen Götter. [59] Sonne, Mond und Sterne, die bestellt sind, um als Leuchten zu nützen, gehorchen willig. [60] Ebenso ist auch der Blitz, wenn er aufleuchtet, schön anzusehen. Genauso ist es beim Wind, der über das ganze Land weht. [61] Wenn den Wolken von Gott befohlen wird, über die ganze Erde dahinzuziehen, so vollführen sie den Auftrag. [62] Wird endlich das Feuer von oben ausgesandt, um Berge und Wälder zu verzehren, so tut es, was befohlen war. All dem kommen aber diese Götter weder an Schönheit gleich noch an Kraft. [63] Daher kann man weder glauben noch behaupten, dass sie wirklich Götter sind; sie sind ja nicht imstande, Gericht zu halten oder den Menschen Gutes zu tun. [64] Da ihr nun wisst, dass sie keine Götter sind, so fürchtet sie nicht!

[65] Sie können den Königen weder fluchen noch sie segnen. [66] Sie lassen bei den Völkern keine Zeichen am Himmel erscheinen. Sie können nicht strahlen wie die Sonne noch leuchten wie der Mond. [67] Die Tiere sind besser daran als jene; denn sie können an einen schützenden Ort fliehen und sich selber helfen. [68] So ist uns auf gar keine Weise sichtbar, dass sie Götter sind. Darum fürchtet sie nicht!

[69] Wie im Gurkenfeld eine Vogelscheuche, die nichts behütet, so sind ihre hölzernen, mit Gold und Silber überzogenen Götter. [70] Ebenso gleichen sie einem Dornbusch im Garten, auf den sich Vögel jeder Art niederlassen; oder auch einem Toten, der ins Dunkel geworfen ist, gleichen diese hölzernen, mit Gold und Silber überzogenen Götter. [71] Auch an den Purpur- und Byssusgewändern, die auf ihnen vermodern, erkennt ihr, dass sie keine Götter sind. Zuletzt werden sie selbst zerfressen und zum Gespött im Land. [72] Besser ist also ein gerechter Mann, der keine Götterbilder hat; denn er ist sicher vor dem Gespött.

7: Jes 40,19f; 41,7; 46,6f • 9: 6,42f • 10: Jer 10,9 • 25: Jes 46,7; Jer 10,14 • 26: Weish 13,16 • 28: Lev 12,4 • 37: Ps 68,6f • 40: Dan 2,2 • 42–3: Hos 4,13f • 52: Jer 14,22 • 59: Gen 1,15–17 • 69: Jer 10,5.

DAS BUCH EZECHIEL

Zusammen mit König Jojachin und vielen aus seinem Volk wurde Ezechiel, der einer priesterlichen Familie entstammte, 597 v. Chr. von Nebukadnezzar in die Verbannung nach Babylonien geführt. Dort bei Tel-Abib, an einem Eufratkanal, wurde er von Gott zum Propheten berufen. Er wirkte unter den Verschleppten in Babylonien. Ihnen musste er die falsche Hoffnung, dass sie bald wieder nach Jerusalem zurückkehren könnten, nehmen, indem er Gottes Gericht über die Stadt und den Tempel ansagte. Nachdem die Stadt erobert und zerstört war (586 v. Chr.), verkündete er Gottes rettendes Eingreifen und stellte die Wiederherstellung des Volkes um den neu erbauten Tempel in Aussicht. Für seine Aufgabe brachte Ezechiel eine besondere Begabung mit. Er war ein Visionär, wusste sich von Gottes Geist ergriffen, von seiner Hand gepackt, nach Jerusalem oder in die Ebene hinaus entrückt und wiederholt bis in merkwürdig erscheinende körperliche Zustände hinein von seinem Verkündigungsauftrag beansprucht. Manches, was er über sich sagt oder was andere über ihn berichten, dürfte jedoch Ausgestaltung seiner prophetischen Worte und Berichte durch spätere Bearbeiter sein. Dass seinen Aussagen vieles hinzugefügt wurde, zeigt sich allenthalben, am auffallendsten vielleicht bei der Findelkindgeschichte (Kap. 16) und dem Gleichnis von den beiden Schwestern (Kap. 23). Da er manche seiner Worte mit Datum versehen hat und demnach selbst schriftlich festgehalten haben muss, ergibt sich für seine Wirksamkeit etwa der Zeitraum von 592–571 v. Chr.

Für seine Verkündigung standen dem Propheten eine große Zahl von Ausdrucksmöglichkeiten und Redeformen zur Verfügung. Neben Droh- und Scheltworten stehen Visionsberichte, von denen drei besonders hervorzuheben sind: die Berufung (Kap. 1 – 3); der sündhafte Tempelkult, der die Zerstörung von Tempel und Stadt nach sich zieht (Kap. 8 – 11); die Wiederherstellung des Tempels und die Neuverteilung des Landes an die Stämme Israels (Kap. 40 – 48). Wie kein anderer Prophet führte Ezechiel viele symbolische Handlungen aus (Kap. 3,22–27; 4f; 12; 21; 24; 37). Die Geschichtsdarstellung (Kap. 20) macht er ebenso zum Mittel der Verkündigung wie die Totenklage (z. B. Kap. 19; 27; 32), die Bildrede und das Gleichnis (z. B. Kap. 17; 21; 27; 31). Er beherrscht die Diskussionsrede (Kap. 14; 18), kennt sich in den gesetzlichen Vorschriften aus (Kap. 18; 44) und versteht es, wie ein Architekt einen Bau zu beschreiben (Kap. 40 – 43). Auch Mahnworte und prophetische Belehrung fehlen nicht. Die Verheißung nimmt in der zweiten Periode seiner Verkündigung einen breiten Raum ein.

Das Buch Ezechiel lässt sich in folgende große Teile gliedern: Berufungsvision (Kap. 1 – 3); Drohungen gegen Juda und Jerusalem (Kap. 4 – 24); Drohungen gegen fremde Völker (Kap. 25 – 32); Verheißungen für das eigene Volk (Kap. 33 – 37); endzeitlicher Kampf Jahwes gegen Gog (Kap. 38f); das neue Jerusalem (der sog. Verfassungsentwurf Ezechiels, Kap. 40 – 48). Zunächst werden verschiedene kleinere Sammlungen entstanden sein, wie etwa die Berichte über symbolische Handlungen (Kap. 4f; 12; 24); Worte gegen die Götzen (Kap. 6), über die Nähe des Gerichts (Kap. 7), über die Propheten (12,21 – 13,21), über Sünde, Strafe und Verantwortlichkeit (Kap. 15 – 20), gegen Israels Nachbarn Ammon, Moab, Edom und die Philister (Kap. 25); Visionen über Gottes Strafgericht an Tempel und Stadt (Kap. 8 – 11); Gleichnisreden gegen Ägypten (Kap. 29 – 32) und über Hirten und Schafe (Kap. 34); Verheißungen über das Werden eines neuen Israel (Kap. 36f). Auch in der großen abschließenden Vision vom neuen Israel (Kap. 40 – 48) sind ekstatische Erlebnisse zusammen mit Anweisungen, theologischen Erörterungen und Mahnungen festgehalten. Apokalyptische Züge tragen die Worte über Gog und Magog (Kap. 38 f).

Die prophetische Botschaft des Buches Ezechiel hat eine große Spannweite. Da wird nicht nur von Schuld, Gericht und Umkehr, von Heil, Wiederherstellung und göttlichem Erbarmen gesprochen, sondern auch von menschlicher Verantwortung. Jahwe, der Gott Israels, ist nicht an sein Land gebunden; er ist überall, er ist der Herr über alle Völker. Ihm soll ein innerlich erneuertes, heiliges Volk dienen; er will es als Hirt führen. Auch die messianische Hoffnung klingt an (17,22; 34,23f; 37,22–25).

DIE BERUFUNG EZECHIELS ZUM PROPHETEN: 1,1 – 3,27

Ort und Zeit der Berufung

1 Am fünften Tag des vierten Monats im drei-
ßigsten Jahr, als ich unter den Verschleppten
am Fluss Kebar lebte, öffnete sich der Himmel und
ich sah eine Erscheinung Gottes. 2 Am fünften Tag
des Monats – es war im fünften Jahr nach der Ver-
schleppung des Königs Jojachin – 3 erging das
Wort des Herrn an Ezechiel, den Sohn Busis, den
Priester, im Land der Chaldäer, am Fluss Kebar.
Dort kam die Hand des Herrn über ihn.

1: 3,23; 10,15.20.22; 43,3 • 3: 3,22; 8,1; 33,22; 37,1; 40,1

Die Erscheinung Gottes

4 Ich sah: Ein Sturmwind kam von Norden, eine
große Wolke mit flackerndem Feuer, umgeben von
einem hellen Schein. Aus dem Feuer strahlte es wie
glänzendes Gold. 5 Mitten darin erschien etwas wie
vier Lebewesen. Und das war ihre Gestalt: Sie sa-
hen aus wie Menschen. 6 Jedes der Lebewesen hatte
vier Gesichter und vier Flügel. 7 Ihre Beine waren
gerade und ihre Füße wie die Füße eines Stieres;
sie glänzten wie glatte und blinkende Bronze.
8 Unter den Flügeln an ihren vier Seiten hatten sie
Menschenhände. [Auch Gesichter und Flügel hat-
ten die vier.] 9 Ihre Flügel berührten einander. Die
Lebewesen änderten beim Gehen ihre Richtung
nicht: Jedes ging in die Richtung, in die eines sei-
ner Gesichter wies.
10 Und ihre Gesichter sahen so aus: Ein Menschen-
gesicht (blickte bei allen vier nach vorn), ein
Löwengesicht bei allen vier nach rechts, ein Stier-
gesicht bei allen vier nach links und ein Adlerge-
sicht bei allen vier (nach hinten). 11 Ihre Flügel
waren nach oben ausgespannt. Mit zwei Flügeln
berührten sie einander und mit zwei bedeckten sie
ihren Leib. 12 Jedes Lebewesen ging in die Rich-
tung, in die eines seiner Gesichter wies. Sie gingen,
wohin der Geist sie trieb, und änderten beim
Gehen ihre Richtung nicht. 13 Zwischen den Lebe-
wesen war etwas zu sehen wie glühende Kohlen,
etwas wie Fackeln, die zwischen den Lebewesen
hin- und herzuckten. Das Feuer gab einen hellen
Schein und aus dem Feuer zuckten Blitze. 14 Die
Lebewesen liefen vor und zurück und es sah aus
wie Blitze.
15 Ich schaute auf die Lebewesen: Neben jedem der
vier sah ich ein Rad auf dem Boden. 16 Die Räder
sahen aus, als seien sie aus Chrysolith gemacht.
Alle vier Räder hatten die gleiche Gestalt. Sie
waren so gemacht, dass es aussah, als laufe ein Rad
mitten im andern. 17 Sie konnten nach allen vier
Seiten laufen und änderten beim Laufen ihre
Richtung nicht. 18 Ihre Felgen waren so hoch, dass
ich erschrak; sie waren voll Augen, ringsum bei
allen vier Rädern. 19 Gingen die Lebewesen, dann
liefen die Räder an ihrer Seite mit. Hoben sich die
Lebewesen vom Boden, dann hoben sich auch die
Räder.
20 Sie liefen, wohin der Geist sie trieb. Die Räder
hoben sich zugleich mit ihnen; denn der Geist der
Lebewesen war in den Rädern. 21 Gingen die Lebe-
wesen, dann liefen auch die Räder; blieben jene
stehen, dann standen auch sie still. Hoben sich
jene vom Boden, dann hoben sich die Räder
zugleich mit ihnen; denn der Geist der Lebewesen
war in den Rädern.
22 Über den Köpfen der Lebewesen war etwas wie
eine gehämmerte Platte befestigt, furchtbar an-
zusehen, wie ein strahlender Kristall, oben über
ihren Köpfen. 23 Unter der Platte waren ihre Flügel
ausgespannt, einer zum andern hin. Mit zwei Flü-
geln bedeckte jedes Lebewesen seinen Leib. 24 Ich
hörte das Rauschen ihrer Flügel; es war wie das
Rauschen gewaltiger Wassermassen, wie die Stim-
me des Allmächtigen. Wenn sie gingen, glich das
tosende Rauschen dem Lärm eines Heerlagers.
Wenn sie standen, ließen sie ihre Flügel herab-
hängen. 25 Ein Rauschen war auch oberhalb der
Platte, die über ihren Köpfen war. Wenn sie stan-
den, ließen sie ihre Flügel herabhängen.
26 Oberhalb der Platte über ihren Köpfen war
etwas, das wie Saphir aussah und einem Thron
glich. Auf dem, was einem Thron glich, saß eine
Gestalt, die wie ein Mensch aussah. 27 Oberhalb
von dem, was wie seine Hüften aussah, sah ich
etwas wie glänzendes Gold in einem Feuerkranz.
Unterhalb von dem, was wie seine Hüften aussah,
sah ich etwas wie Feuer und ringsum einen hellen
Schein. 28 Wie der Anblick des Regenbogens, der
sich an einem Regentag in den Wolken zeigt, so

war der helle Schein ringsum. So etwa sah die
Herrlichkeit des Herrn aus. Als ich diese Erschei-
nung sah, fiel ich nieder auf mein Gesicht. Und ich
hörte, wie jemand redete.

4–28: 10,8–17 • 9: Offb 4,7 • 11: Jes 6,2 • 13: Ex 19,18 •
15–17: 10,9–13 • 18: Offb 4,8 • 19: 10,16f • 22: 10,1; Ex 24,10;
Offb 4,6 • 23: Jes 6,2 • 24: 10,5 • 26: Offb 4,2f; Ex 24,10; Ez 8,2;
Offb 1,13 • 28: Gen 9,13–16; Ez 8,4; 10,4.18; 11,23; 43,3; 44,4

Die Sendung Ezechiels

2 Er sagte zu mir: Stell dich auf deine Füße,
Menschensohn; ich will mit dir reden. 2 Als
er das zu mir sagte, kam der Geist in mich und
stellte mich auf die Füße. Und ich hörte den, der
mit mir redete. 3 Er sagte zu mir: Menschensohn,
ich sende dich zu den abtrünnigen Söhnen Israels,
die sich gegen mich aufgelehnt haben. Sie und ihre
Väter sind immer wieder von mir abgefallen, bis
zum heutigen Tag. 4 Es sind Söhne mit trotzigem
Gesicht und hartem Herzen. Zu ihnen sende ich
dich. Du sollst zu ihnen sagen: So spricht Gott, der
Herr. 5 Ob sie dann hören oder nicht – denn sie
sind ein widerspenstiges Volk –, sie werden erken-
nen müssen, dass mitten unter ihnen ein Prophet
war. 6 Du aber, Menschensohn, fürchte dich nicht
vor ihnen, hab keine Angst vor ihren Worten!
Wenn dich auch Dornen umgeben und du auf
Skorpionen sitzt, hab keine Angst vor ihren Wor-
ten und erschrick nicht vor ihrem Blick; denn sie
sind ein widerspenstiges Volk. 7 Du sollst ihnen
meine Worte sagen, ob sie hören oder nicht, denn
sie sind widerspenstig.
8 Du aber, Menschensohn, höre, was ich zu dir
sage. Sei nicht widerspenstig wie dieses wider-
spenstige Volk! Öffne deinen Mund und iss, was
ich dir gebe. 9 Und ich sah: Eine Hand war ausge-
streckt zu mir; sie hielt eine Buchrolle. 10 Er rollte
sie vor mir auf. Sie war innen und außen beschrie-
ben und auf ihr waren Klagen, Seufzer und Wehe-
rufe geschrieben.

3 Er sagte zu mir: Menschensohn, iss, was du
vor dir hast. Iss diese Rolle! Dann geh und
rede zum Haus Israel! 2 Ich öffnete meinen Mund
und er ließ mich die Rolle essen. 3 Er sagte zu mir:
Menschensohn, gib deinem Bauch zu essen, fülle
dein Inneres mit dieser Rolle, die ich dir gebe. Ich
aß sie und sie wurde in meinem Mund süß wie
Honig.
4 Er sagte zu mir: Geh zum Haus Israel, Men-
schensohn, und sprich mit meinen Worten zu
ihnen! 5 Nicht zu einem Volk mit fremder Sprache
und unverständlicher Rede wirst du gesandt, son-
dern zum Haus Israel, 6 auch nicht zu vielen Völ-
kern mit fremder Sprache und unverständlicher
Rede, deren Worte du nicht verstehst. Würde ich
dich zu ihnen senden, sie würden auf dich hören.
7 Doch das Haus Israel will nicht auf dich hören,
es fehlt ihnen der Wille, auf mich zu hören; denn
jeder vom Haus Israel hat eine harte Stirn und
ein trotziges Herz. 8 Ich aber mache dein Gesicht
ebenso hart wie ihr Gesicht und deine Stirn eben-
so hart wie ihre Stirn. 9 Wie Diamant und härter
als Kieselstein mache ich deine Stirn. Fürchte sie
nicht, erschrick nicht vor ihrem Blick; denn sie
sind ein widerspenstiges Volk. 10 Er sagte zu mir:
Menschensohn, nimm alle meine Worte, die ich
dir sage, mit deinem Herzen auf und höre mit dei-
nen Ohren! 11 Geh zu den Verschleppten, zu den
Söhnen deines Volkes, und ob sie hören oder nicht,
sprich zu ihnen und sag zu ihnen: So spricht Gott,
der Herr.
12 Da hob mich der Geist empor und ich hörte hin-
ter mir ein Geräusch, ein gewaltiges Dröhnen, als
sich die Herrlichkeit des Herrn von ihrem Ort
erhob, 13 das Geräusch von den Flügeln der Lebe-
wesen, die einander berührten, und das Geräusch
der Räder neben ihnen, ein lautes, gewaltiges
Dröhnen. 14 Der Geist, der mich emporgehoben
hatte, trug mich fort. Ich ging dahin, mit bitterem
und grollendem Herzen, und die Hand des Herrn
lag schwer auf mir. 15 So kam ich zu den Ver-
schleppten, [die am Fluss Kebar wohnten,] die in
Tel-Abib wohnten, und ich saß dort sieben Tage
lang verstört mitten unter ihnen.

2,1: Dan 8,17; 10,11 • 5: 2,7; 3,11.27; 33,33 • 6: Jer 1,8.17 •
9: Sach 5,2 • 10: Offb 5,1 • 3,1: Jer 15,16; Offb 10,9 • 3: Ps 119,103 •
5: Jes 33,19 • 8–9: Jes 50,7 • 9: Jer 1,17f • 12: 8,3; 11,1.24; 37,1

Ezechiel als Wächter Israels

16 Am Ende der sieben Tage erging das Wort des
Herrn an mich:
17 Menschensohn, ich gebe dich dem Haus Israel
als Wächter. Wenn du ein Wort aus meinem Mund
hörst, musst du sie vor mir warnen. 18 Wenn ich zu
einem, der sich schuldig gemacht hat, sage: Du

musst sterben!, und wenn du ihn nicht warnst und nicht redest, um den Schuldigen von seinem schuldhaften Weg abzubringen, damit er am Leben bleibt, dann wird der Schuldige seiner Sünde wegen sterben; von dir aber fordere ich Rechenschaft für sein Blut. 19 Wenn du aber den Schuldigen warnst und er sich von seiner Schuld und seinem schuldhaften Weg nicht abwendet, dann wird er seiner Sünde wegen sterben; du aber hast dein Leben gerettet. 20 Und wenn ein Gerechter sein rechtschaffenes Leben aufgibt und Unrecht tut, werde ich ihn zu Fall bringen und er wird sterben, weil du ihn nicht gewarnt hast. Seiner Sünde wegen wird er sterben und an seine gerechten Taten von einst wird man nicht mehr denken. Von dir aber fordere ich Rechenschaft für sein Blut. 21 Wenn du aber den Gerechten davor warnst zu sündigen und er sündigt nicht, dann wird er am Leben bleiben, weil er gewarnt wurde, und du hast dein Leben gerettet.

18: Gen 9,5 • 20: 18,24; 33,12f

Das Verstummen Ezechiels

22 Dann legte sich die Hand des Herrn auf mich. Er sagte zu mir: Steh auf und geh hinaus in die Ebene! Ich will dort mit dir reden. 23 Ich stand auf und ging in die Ebene hinaus. Und siehe, dort stand die Herrlichkeit des Herrn, so wie ich sie schon am Fluss Kebar gesehen hatte, und ich fiel nieder auf mein Gesicht. 24 Doch der Geist kam in mich und stellte mich wieder auf die Füße. Er redete mit mir und sagte zu mir: Geh in dein Haus und schließ dich ein! 25 Und du, Menschensohn – sie werden dich fesseln und mit Stricken binden, sodass du nicht mehr zum Volk hinausgehen kannst. 26 Deine Zunge lasse ich dir am Gaumen kleben. Du wirst verstummen und nicht mehr ihr Mahner sein können; denn sie sind ein widerspenstiges Volk. 27 Wenn ich aber mit dir rede, werde ich deinen Mund öffnen. Dann sag zu ihnen: So spricht Gott, der Herr. Wer hören will, der höre, wer nicht hören will, der lasse es; denn sie sind ein widerspenstiges Volk.

22: 1,3; 8,1; 33,22; 37,1; 40,1 • 23: 1,28 • 24: 2,2 • 27: 24,27; 33,22

DIE DROHSPRÜCHE GEGEN JUDA UND JERUSALEM: 4,1 – 24,27

Symbolische Handlungen: 4,1 – 5,17

Die Belagerung Jerusalems

4 Du, Menschensohn, nimm dir einen Lehmziegel, leg ihn vor dich hin und ritze eine Stadt darauf ein [nämlich Jerusalem]! 2 Belagere sie; bau ihr gegenüber einen Belagerungswall; schütte einen Damm gegen sie auf; leg vor ihr ein Truppenlager an und stell gegen sie ringsum Sturmböcke auf! 3 Nimm eine Eisenplatte und stell sie als eiserne Mauer zwischen dich und die Stadt! Richte dein Gesicht auf die Stadt: Nun ist sie belagert und du belagerst sie. Das ist ein (warnendes) Zeichen für das Haus Israel.

2: 21,27; 26,8

Die Dauer der Verbannung

4 Du, leg dich auf deine linke Seite! Dann lege ich die Schuld des Hauses Israel auf dich. So viele Tage, wie du auf dieser Seite liegst, trägst du ihre Schuld. 5 Und ich setze für dich fest: So viele Jahre, wie die Schuld des Hauses Israel dauert, so viele Tage sollst du ihre Schuld tragen: dreihundertneunzig Tage. 6 Wenn du diese Zeit beendet hast, leg dich auf die andere, die rechte Seite und trag vierzig Tage lang die Schuld des Hauses Juda: einen Tag für jedes Jahr; so setze ich es für dich fest. 7 Dann sollst du dein Gesicht unbeweglich auf das belagerte Jerusalem richten und mit erhobenem Arm gegen die Stadt weissagen. 8 Ich aber lege dir Stricke an, sodass du dich nicht von einer Seite auf die andere drehen kannst, so lange, bis du die Tage der Belagerung beendet hast.

6: Num 14,33f • 8: 3,25

Hungersnot und Unreinheit

9 Du, nimm dir Weizen, Gerste, Bohnen, Linsen, Hirse und Dinkel; tu sie zusammen in ein Gefäß und mach dir Brot daraus! Solange du auf der Seite liegst, dreihundertneunzig Tage lang, sollst du davon essen. 10 Das Brot, das du isst, soll genau abgewogen sein, zwanzig Schekel am Tag; davon sollst

du von Zeit zu Zeit essen. 11 Auch das Wasser, das
du trinkst, soll genau abgemessen sein: ein sechs-
tel Hin; davon sollst du von Zeit zu Zeit trinken.
12 Das Brot sollst du wie Gerstenbrot zubereiten
und essen; auf Menschenkot sollst du es vor aller
Augen backen.
13 Und der Herr sprach: Ebenso werden die Israe-
liten unreines Brot essen bei den Völkern, zu de-
nen ich sie verstoße. 14 Ich aber sagte: Ach, Herr
und Gott, ich habe mich noch nie unrein gemacht.
Seit meiner Jugend habe ich noch nie von veren-
deten oder zerrissenen Tieren gegessen. Niemals
ist verdorbenes Fleisch in meinen Mund gekom-
men.
15 Da sagte er zu mir: Gut, ich erlaube dir, dein Brot
auf Rindermist statt auf Menschenkot zu backen.
16 Dann sagte er zu mir: Menschensohn, ich ent-
ziehe Jerusalem seinen Vorrat an Brot. Sie werden
ihr Brot wiegen und es mit Sorgen essen; das Was-
ser werden sie genau abmessen und mit Schaudern
trinken; 17 denn sie sollen an Brot und Wasser
Mangel haben und sich entsetzen, einer wie der
andere, und sollen dahinsiechen wegen ihrer
Schuld.

14: Ex 22,30; Lev 17,15; 22,8; Apg 10,14 • 16: Ps 105,16; Ez 12,18f •
17: Lev 26,39

Die Vernichtung

5 Du, Menschensohn, nimm ein scharfes
Schwert! Benutz es als Schermesser und
schneide dir damit das Haar und den Bart ab!
Dann nimm eine Waage und wiege die Haare! 2 Ein
Drittel verbrenne mitten in der Stadt, wenn die
Tage ihrer Belagerung zu Ende sind. Ein anderes
Drittel zerhau mit dem Schwert in der Umgebung
der Stadt! Das letzte Drittel streu in den Wind! Ich
will hinter ihnen das Schwert zücken. 3 Einige
wenige davon nimm und binde sie in einen Zipfel
deines Mantels! 4 Aber auch von diesen nimm
noch ein paar Haare, wirf sie ins Feuer und ver-
brenn sie! Von dort wird sich das Feuer ausdehnen
auf das ganze Haus Israel.

Die Deutung der symbolischen Handlungen

5 So spricht Gott, der Herr: Das ist Jerusalem. Ich
habe es mitten unter die Völker und die Länder
ringsum gesetzt. 6 Aber es war böse und wider-
setzte sich meinen Rechtsvorschriften mehr als
die Völker und meinen Gesetzen mehr als die
Länder ringsum; meine Rechtsvorschriften haben
sie verachtet und nicht nach meinen Gesetzen
gelebt.
7 Darum – so spricht Gott, der Herr: Weil ihr noch
aufsässiger gewesen seid als die Völker rings um
euch, weil ihr nicht nach meinen Gesetzen gelebt
und meine Rechtsvorschriften nicht befolgt habt,
ja, weil ihr nicht einmal nach den Bräuchen der
Völker ringsum gehandelt habt, 8 darum – so
spricht Gott, der Herr: Nun gehe ich gegen dich
(Jerusalem) vor. Vor den Augen der Völker werde
ich mitten in dir Gericht halten. 9 Wegen all deiner
Gräueltaten werde ich mit dir tun, was ich noch
nie getan habe und auch nie wieder tun werde.
10 Dann werden mitten in dir (Jerusalem) Väter
ihre Kinder essen und Kinder ihre Väter. Ich werde
ein Strafgericht über dich abhalten und werde
die Menschen, die in dir noch übrig sind, in alle
Winde zerstreuen. 11 So wahr ich lebe – Spruch
Gottes, des Herrn –, weil du mein Heiligtum mit
all deinen Götzen und Gräueltaten unrein ge-
macht hast, will ich dich kahlscheren. Mein Auge
wird kein Mitleid zeigen und ich werde keine
Schonung üben. 12 Ein Drittel deiner Einwohner
wird an der Pest sterben und durch den Hunger in
der Stadt zugrunde gehen. Ein anderes Drittel
wird vor deinen Mauern durch das Schwert um-
kommen. Das letzte Drittel werde ich in alle Win-
de zerstreuen und ich werde hinter ihnen das
Schwert zücken.
13 So tobt sich mein Zorn aus und ich stille meinen
Grimm an ihnen und verschaffe mir Genugtuung.
Wenn ich meinen Zorn an ihnen auslasse, dann
erkennen sie, dass ich, der Herr, mit leidenschaft-
lichem Eifer gesprochen habe.
14 Vor den Augen aller, die vorübergehen, mache
ich dich zum Trümmerhaufen, zum Gespött
für die Völker ringsum. 15 Zum Gespött und zum
Hohn, zur Warnung und zum Schreckbild wirst
du für die Völker ringsum, wenn ich an dir voll
Zorn, Grimm und Groll mein Strafgericht voll-
ziehe. Ich, der Herr, habe gesprochen.
16 Ich schieße die quälenden, vernichtenden Pfeile
des Hungers gegen euch ab; ich schicke sie ab, um
euch zu vernichten. Um euren Hunger zu ver-

größern, entziehe ich euch euren Vorrat an Brot.
[17] Hungersnot und wilde Tiere schicke ich gegen
dich, damit sie dir deine Kinder rauben. Pest und
Blutvergießen sollen über dich kommen. Ich brin-
ge das Schwert über dich. Ich, der Herr, habe ge-
sprochen.

10: Dtn 28,53–55; Lev 26,29; Jer 19,9 • 11: 7,4; 8,18; 9,10; 24,14 • 12: Offb 6,8; Lev 26,33 • 13: 16,42 • 14–15: Dtn 28,37; Jer 22,5; 24,9 • 16: 4,16 • 17: 14,21

Gerichtsworte: 6,1 – 7,27

Die Zerstörung der Kultstätten

6 Das Wort des Herrn erging an mich: [2] Men-
schensohn, richte dein Gesicht auf die Berge
Israels; sprich als Prophet zu ihnen [3] und sag: Ihr
Berge Israels, hört das Wort Gottes, des Herrn! So
spricht Gott, der Herr, zu den Bergen und Hügeln,
zu den Schluchten und Tälern: Ich selbst werde das
Schwert über euch bringen und eure Kulthöhen
zerstören. [4] Eure Opferaltäre werden vernichtet und
eure Räuchertische zerbrochen. Eure Erschlage-
nen werfe ich vor eure Götzen hin. [5] Die Leichen
der Israeliten lege ich ihren Götzen zu Füßen. Eure
Gebeine verstreue ich rings um eure Altäre. [6] Über-
all, wo ihr wohnt, werden die Städte verwüstet und
die Kulthöhen veröden; denn eure Altäre sollen
verwüstet und öde sein, eure Götzen zerbrochen
und verschwunden, eure Räuchertische zerschla-
gen, eure Machwerke vernichtet. [7] Mitten unter
euch liegen die Erschlagenen. Dann werdet ihr
erkennen, dass ich der Herr bin.
[8] Wenn ihr in alle Länder vertrieben seid, lasse ich
einen Rest von euch übrig. Bei den Völkern wer-
den einige von euch sein, die dem Schwert ent-
ronnen sind. [9] Doch die von euch, die davonge-
kommen sind, werden bei den Völkern, zu denen
sie verschleppt wurden, an mich denken; denn ich
zerbreche ihr Herz, das mir untreu geworden ist,
und zermalme ihre Augen, die treulos nach den
Götzen schielten. Dann werden sie vor sich selbst
Abscheu empfinden wegen der bösen Gräueltaten,
die sie begangen haben, [10] und sie werden erken-
nen, dass ich der Herr bin und nicht umsonst
gedroht habe, dieses Unheil über sie zu bringen.
[11] So spricht Gott, der Herr: Schlag die Hände
zusammen, stampf mit dem Fuß auf den Boden
und schrei: Weh über all die bösen Gräueltaten
des Hauses Israel! Ihretwegen werden sie durch
Schwert, Hunger und Pest umkommen. [12] Wer in
der Ferne ist, wird an der Pest sterben; wer nahe
ist, wird unter dem Schwert fallen. Wer übrig und
verschont geblieben ist, wird vor Hunger sterben.
So lasse ich meinen Grimm an ihnen aus. [13] Wenn
die Erschlagenen mitten unter ihren Götzenbil-
dern liegen, rings um ihre Altäre, auf allen Hügeln,
auf allen Bergeshöhen, unter jedem üppigen
Baum und jeder schattigen Eiche, an den Stellen,
wo sie all ihren Götzen den beruhigenden Duft
ihrer Opfer spendeten, dann werdet ihr erkennen,
dass ich der Herr bin. [14] Ich strecke meine Hand
gegen sie aus und mache ihr Land zur öden Wüste,
von der Steppe bis nach Ribla, überall, wo sie woh-
nen. Dann werden sie erkennen, dass ich der Herr
bin.

2: 36,1 • 3: Lev 26,30f • 5: 2 Kön 23,14 • 13: 1 Kön 14,23 • 14: 2 Kön 25,21

Die Ankündigung des Gerichts

7 Das Wort des Herrn erging an mich: [2] Du,
Menschensohn, sag: So spricht Gott, der Herr,
zum Land Israel: Das Ende kommt, das Ende
kommt über die vier Ecken der Erde. [3] Jetzt ist das
Ende für dich da; ich lasse meinen Zorn gegen dich
los, ich spreche dir das Urteil, das dein Verhalten
verdient, und strafe dich für alle deine Gräuelta-
ten. [4] Mein Auge zeigt kein Mitleid und ich übe
keine Schonung, sondern dein Verhalten lasse ich
auf dich zurückfallen und deine Gräueltaten sol-
len sich in deiner Mitte auswirken. Dann werdet
ihr erkennen, dass ich der Herr bin.
[5] So spricht Gott, der Herr: Schon kommt Unglück
auf Unglück. [6] Das Ende kommt. Es kommt das
Ende. Das Ende nähert sich dir. Siehe, es kommt.
[7] Jetzt ist die Reihe an dir, Bewohner des Landes.
Die Zeit ist da, der Tag ist nahe: Tumult, kein
Jauchzen mehr auf den Bergen! [8] Bald gieße ich
meinen Zorn über dich aus. Ich stille meinen Zorn
an dir, ich spreche dir das Urteil, das dein Verhal-
ten verdient, und lasse alle deine Gräueltaten auf
dich zurückfallen. [9] Mein Auge zeigt kein Mitleid
und ich übe keine Schonung, nach deinem Ver-
halten vergelte ich dir. Deine Gräueltaten sollen

sich in deiner Mitte auswirken. Dann werdet ihr
erkennen, dass ich der Herr bin und dass ich
zuschlage.
10 Der Tag ist da. Die Reihe ist an dir; es hat schon
begonnen. Der Rechtsbruch gedeiht, die Anma-
ßung wächst. 11 Die Gewalttat erhebt sich und wird
zum Zepter der Bösen. Nichts bleibt von ihnen,
nichts von ihrem Reichtum, nichts von ihrer
Pracht und Herrlichkeit. 12 Die Zeit kommt; der
Tag ist nahe. Der Käufer soll sich nicht freuen, der
Verkäufer nicht traurig sein; denn glühender Zorn
trifft das ganze Volk. 13 Der Verkäufer wird das Ver-
kaufte nicht wiedererlangen, auch wenn sie am
Leben bleiben; denn glühender Zorn trifft das
ganze Volk. Er erlangt es nicht wieder. Und weil
alle schuldig sind, wird keiner sein Leben festhal-
ten können.
14 Blast nur die Trompete und bietet alles auf – es
zieht doch keiner in den Kampf; denn mein glü-
hender Zorn trifft das ganze Volk. 15 Draußen das
Schwert, drinnen die Pest und der Hunger. Wer auf
dem Feld ist, der stirbt durch das Schwert. Wer in
der Stadt ist, den fressen Hunger und Pest. 16 Wer
entrinnt und verschont wird, haust im Gebirge
wie die Tauben in den Felsen; jeder stöhnt wegen
seiner Schuld. 17 Alle Hände sinken kraftlos he-
runter und an allen Knien läuft das Wasser herab.
18 Sie legen Trauergewänder an und Schauder er-
fasst sie. Alle Gesichter sind voll Scham und alle
Köpfe sind kahl geschoren. 19 Sie werfen ihr Silber
auf die Straße und ihr Gold ekelt sie an. Ihr Silber
und Gold kann sie nicht retten am Tag des Zornes
des Herrn. Sie werden damit ihre Gier nicht sätti-
gen und ihren Bauch nicht füllen; denn all das war
für sie der Anlass, in Sünde zu fallen. 20 Ihren kost-
baren Schmuck haben sie in ihrer Anmaßung
genommen und daraus ihre abscheulichen Bilder,
ihre Götzen gemacht. Deshalb verekle ich ihnen
ihren Schmuck. 21 Ich gebe ihn den Fremden zur
Beute, die Bösen der Erde sollen ihn rauben und
entweihen. 22 Ich wende mein Angesicht von ihnen
ab und man wird meinen kostbaren Besitz ent-
weihen. Räuber werden kommen und ihn entwei-
hen. 23 Sie werden ein Blutbad anrichten; denn das
Land ist voll von Todesurteilen und die Stadt ist
voll von Gewalttat.
24 Ich führe die schlimmsten Völker herbei, damit
sie die Häuser besetzen. Ich mache dem Hochmut
der Mächtigen ein Ende, ihre Heiligtümer wer-
den entweiht. 25 Dann bekommen sie Angst und
suchen Frieden; doch es wird keinen geben. 26 Un-
glück kommt über Unglück und eine Schreckens-
nachricht folgt der andern. Sie verlangen vom
Propheten Visionen. Doch der Priester gibt kei-
nen Bescheid, die Ältesten wissen keinen Rat.
27 Der König ist voll Trauer, der Fürst in Entsetzen
gehüllt, den Bürgern des Landes erlahmen die
Hände. Ich will sie behandeln, wie es ihr Verhalten
verdient, und will ihnen das Urteil sprechen, das
ihren Urteilen entspricht. Dann werden sie erken-
nen, dass ich der Herr bin.

2: Offb 7,1 • 4: 5,11; 8,18; 9,10 • 12: Jes 24,2 • 17: Jes 13,7 •
18: Am 8,10; Jer 48,37 • 19: Zef 1,18 • 20: 16,17; Hos 8,4

Visionen: 8,1 – 11,25

Die Entrückung des Propheten nach Jerusalem

8 Am fünften Tag des sechsten Monats im
sechsten Jahr saß ich in meinem Haus und
die Ältesten von Juda saßen vor mir. Da legte sich
die Hand Gottes, des Herrn, auf mich. 2 Und ich
sah eine Gestalt, die wie ein Mann aussah. Unter-
halb von dem, was wie seine Hüften aussah, war
Feuer und oberhalb von seinen Hüften schien
etwas zu leuchten, wie glänzendes Gold. 3 Er streck-
te etwas aus, das wie eine Hand aussah, und packte
mich an meinen Haaren. Und der Geist hob mich
empor zwischen Erde und Himmel und brachte
mich in einer göttlichen Vision nach Jerusalem,
an den Eingang des inneren Nordtors, dorthin,
wo das Bild steht, das die Eifersucht (des Herrn)
erregt. 4 Dort sah ich die Herrlichkeit des Gottes
Israels, wie in der Vision, die ich in der Ebene ge-
sehen hatte.

1: 14,1; 20,1 • 2: 1,26–28 • 3: 3,12; Dan 14,36 • 4: 1,28; 3,22f; 37,1f

Die Entweihung des Tempels

5 Er sagte zu mir: Menschensohn, richte deinen
Blick nach Norden! Ich blickte nach Norden;
da sah ich nördlich des Tores, beim Eingang,
den Altar mit jenem Bild, das die Eifersucht (des
Herrn) erregt. 6 Er sagte zu mir: Menschensohn,
siehst du, was man hier treibt? Es sind große

Gräueltaten, die das Haus Israel hier begeht; sie
bleiben meinem Heiligtum fern. Aber du wirst
noch größere Gräueltaten sehen.
7 Dann brachte er mich zum Eingang des Vorhofs.
Ich sah: Ein Loch war in der Wand. 8 Er sagte zu
mir: Menschensohn, durchbrich die Wand! Ich
durchbrach die Wand – da war ein Eingang. 9 Er
sagte zu mir: Geh hinein, sieh dir die schlimmen
Gräueltaten an, die man dort begeht. 10 Ich ging
hinein und sah: viele Bilder von abscheulichen
kleinen und großen Tieren und allen Götzen des
Hauses Israel; sie waren ringsum in die Wand ein-
geritzt. 11 Siebzig Männer von den Ältesten des
Hauses Israel, darunter auch Jaasanja, der Sohn
Schafans, standen davor. Jeder hatte seine Räu-
cherpfanne in der Hand und der Duft der Weih-
rauchwolken stieg empor.
12 Er sagte zu mir: Hast du gesehen, Menschen-
sohn, was die Ältesten des Hauses Israel im Fins-
tern treiben, jeder in der Kammer seines Götter-
bildes? Sie denken: Der Herr sieht uns nicht; der
Herr hat das Land verlassen. 13 Er sagte zu mir:
Du wirst sehen, dass sie noch größere Gräueltaten
begehen.
14 Dann brachte er mich zum Nordtor am Haus des
Herrn. Dort saßen Frauen, die Tammus bewein-
ten. 15 Er sagte zu mir: Hast du es gesehen, Men-
schensohn? Aber du wirst noch größere Gräuelta-
ten sehen.
16 Dann brachte er mich zum Innenhof des Hau-
ses des Herrn. Am Eingang zum Tempel des Herrn,
zwischen Vorhalle und Altar, standen etwa fünf-
undzwanzig Männer, mit dem Rücken zum Tem-
pel des Herrn, mit dem Gesicht nach Osten. Sie
beteten, nach Osten gewandt, die Sonne an. 17 Er
sagte zu mir: Hast du es gesehen, Menschensohn?
Waren dem Haus Juda die Gräueltaten, die es hier
beging, immer noch nicht genug? Mussten sie
auch noch das Land mit ihrer Gewalttätigkeit
anfüllen, mussten sie mich immer wieder beleidi-
gen und sich den Zweig an die Nase halten?
18 Darum werde auch ich voll Zorn handeln. Mein
Auge wird kein Mitleid zeigen und ich werde keine
Schonung üben. Auch wenn sie mir laut in die
Ohren schreien, werde ich sie nicht hören.

11: Ex 24,1; Num 11,16 • 12: 9,9 • 16: 2 Kön 23,5.11; Jer 8,2;
Dtn 4,19 • 18: 5,11; Jes 1,15

Die Zerstörung der Stadt

9 Und er schrie mir laut in die Ohren: Das
Strafgericht über die Stadt ist nahe. Jeder soll
sein Werkzeug zum Zertrümmern in die Hand
nehmen. 2 Da kamen sechs Männer vom oberen
Tor, das im Norden liegt. Jeder hatte sein Werkzeug
zum Zertrümmern in der Hand. Unter ihnen war
auch ein Mann, der ein leinenes Gewand anhatte;
an seinem Gürtel hing Schreibzeug. Sie kamen
herein und stellten sich neben den Altar aus Bron-
ze. 3 Die Herrlichkeit des Gottes Israels schwebte
von den Kerubim, über denen sie war, hinüber zur
Schwelle des Tempels. Er rief den Mann, der das
leinene Gewand anhatte und an dessen Gürtel das
Schreibzeug hing. 4 Der Herr sagte zu ihm: Geh
mitten durch die Stadt Jerusalem und schreib ein
T auf die Stirn aller Männer, die über die in der
Stadt begangenen Gräueltaten seufzen und stöh-
nen. 5 Und ich hörte, wie er zu den anderen sagte:
Geht hinter ihm her durch die Stadt und schlagt
zu! Euer Auge soll kein Mitleid zeigen, gewährt
keine Schonung! 6 Alt und jung, Mädchen, Kinder
und Frauen sollt ihr erschlagen und umbringen.
Doch von denen, die das T auf der Stirn haben,
dürft ihr keinen anrühren. Beginnt in meinem
Heiligtum! Da begannen sie bei den Ältesten, die
vor dem Tempel standen. 7 Er sagte zu ihnen:
Macht den Tempel unrein, füllt seine Höfe mit
Erschlagenen! Dann geht hinaus und schlagt in
der Stadt zu! 8 Sie schlugen zu und ich allein blieb
übrig; da fiel ich nieder auf mein Gesicht und
schrie: Ach, Herr und Gott, willst du deinen gan-
zen Zorn über Jerusalem ausschütten und auch
noch den letzten Rest Israels vernichten? 9 Er sagte
zu mir: Die Schuld des Hauses Israel und des Hau-
ses Juda ist groß, ja übergroß. Das Land ist voll
Blutschuld, die Stadt ist voll Unrecht. Sie sagen:
Der Herr sieht es nicht; der Herr hat das Land ver-
lassen. 10 Darum zeigt mein Auge kein Mitleid und
ich übe keine Schonung. Ihr Verhalten lasse ich auf
sie selbst zurückfallen. 11 Und der Mann, der das
leinene Gewand anhatte und an dessen Gürtel das
Schreibzeug hing, (kam und) berichtete: Ich habe
getan, was du mir befohlen hast.

10 Ich sah: Oberhalb der gehämmerten Platte
über den Köpfen der Kerubim war etwas,
das wie Saphir aussah und einem Thron glich. 2 Er

sagte zu dem Mann, der das leinene Gewand an-
hatte: Geh zwischen die Räder unter den Kerubim,
nimm zwei Hände voll von den glühenden Koh-
len, die zwischen den Kerubim sind, und streu sie
über die Stadt! Da ging der Mann vor meinen
Augen 3 zu den Kerubim. Sie standen rechts vom
Tempel, als der Mann zu ihnen ging, und die
Wolke erfüllte den Innenhof. 4 Die Herrlichkeit des
Herrn schwebte von den Kerubim hinüber zur
Schwelle des Tempels. Der Tempel wurde von der
Wolke erfüllt und der Vorhof war voll vom Glanz
der Herrlichkeit des Herrn. 5 Das Rauschen der
Flügel der Kerubim war bis zum Vorhof zu hören;
es war wie die Stimme des allmächtigen Gottes,
wenn er spricht. 6 Als er dem Mann, der das leinene
Gewand anhatte, befahl: Nimm von dem Feuer,
das zwischen den Rädern und zwischen den Keru-
bim ist!, ging der Mann und stellte sich neben das
Rad. 7 Und ein Kerub streckte seine Hand aus,
nahm von dem Feuer, das zwischen den Kerubim
war, und legte es in die Hände des Mannes, der das
leinene Gewand anhatte. Der Mann nahm das
Feuer und ging hinaus.

9,2: Offb 1,13 • 3: 1,28 • 4: Offb 7,2f; 9,4 • 8: 11,13; Am 7,2f • 9: 8,12 • 10: 5,11 • 10,1: 1,22 • 2: Offb 8,5 • 4: 1,28; 40,34; 1 Kön 8,10f; Jes 6,4

Der Thronwagen Gottes

8 Unter den Flügeln der Kerubim wurde etwas
sichtbar, das wie eine Menschenhand aussah. 9 Und
ich sah neben den Kerubim vier Räder, ein Rad
neben jedem Kerub. Die Räder waren wie glit-
zernder Chrysolith. 10 Alle vier sahen gleich aus
und es schien so, als laufe ein Rad mitten im
andern. 11 Sie konnten nach allen vier Seiten lau-
fen und änderten beim Laufen ihre Richtung
nicht; denn der Richtung, die das vordere Rad ein-
schlug, folgten die anderen. Sie änderten beim
Laufen ihre Richtung nicht. 12 Ihr ganzer Leib, ihr
Rücken, ihre Hände und Flügel und auch die
Räder waren bei allen vier ringsum voll Augen.
13 Die Räder wurden, wie ich deutlich hörte, »Wir-
bel« genannt. 14 Jedes Lebewesen hatte vier Gesich-
ter. Das erste war ein Kerubgesicht, das zweite ein
Menschengesicht, das dritte ein Löwengesicht und
das vierte ein Adlergesicht. 15 Die Kerubim konn-
ten emporschweben. Es waren die Lebewesen,
die ich am Fluss Kebar gesehen hatte. 16 Wenn die
Kerubim gingen, dann liefen die Räder an ihrer
Seite mit. Auch wenn die Kerubim ihre Flügel
bewegten, um sich von der Erde zu erheben, lösten
sich die Räder nicht von ihrer Seite. 17 Blieben die
Kerubim stehen, dann standen auch die Räder
still. Hoben sich die Kerubim empor, dann hoben
sich die Räder mit ihnen; denn der Geist der Lebe-
wesen war in den Rädern.

8–17: 1,4–28 • 12: Offb 4,8

Der Auszug des Herrn aus dem Tempel

18 Da verließ die Herrlichkeit des Herrn die Schwel-
le des Tempels und nahm wieder ihren Platz über
den Kerubim ein. 19 Die Kerubim bewegten ihre
Flügel und hoben sich vor meinen Augen vom
Boden empor. Sie gingen hinaus und die Räder lie-
fen an ihrer Seite mit. Vor dem östlichen Tor am
Haus des Herrn blieben sie stehen. Und die Herr-
lichkeit des Gottes Israels schwebte über ihnen.
20 Es waren die Lebewesen, die ich unter dem
Thron des Gottes Israels am Fluss Kebar gesehen
hatte, und ich erkannte, dass es Kerubim waren.
21 Jedes dieser Lebewesen hatte vier Gesichter und
vier Flügel. Unter ihren Flügeln hatten sie etwas,
das wie Menschenhände aussah. 22 Ihre Gesichter
glichen den Gesichtern, die ich am Fluss Kebar
gesehen hatte. Jedes Lebewesen ging in die Rich-
tung, in die eines seiner Gesichter wies.

18: 1,28; 43,8

Das Strafgericht über die führenden Männer Jerusalems

11 Da hob mich der Geist empor und brachte
mich zum Osttor am Haus des Herrn, das
nach Osten schaut. Vor dem Tor standen fünf-
undzwanzig Männer. Unter ihnen sah ich Jaasanja,
den Sohn Asurs, und Pelatja, den Sohn Benajas,
führende Männer im Volk. 2 Er sagte zu mir: Men-
schensohn, das sind die Männer, die in der Stadt
Unheil ersinnen und böse Pläne fassen. 3 Sie sagen:
In nächster Zeit braucht man keine Häuser zu
bauen. Die Stadt ist der Topf und wir sind das
Fleisch. 4 Darum tritt als Prophet gegen sie auf,
Menschensohn, tritt als Prophet auf! 5 Da überfiel
mich der Geist des Herrn und er sagte zu mir: Sag:
So spricht der Herr: Das habt ihr gesagt, ihr vom
Haus Israel. Ich weiß sehr gut, was ihr im Sinn

hattet. 6 Ihr habt viele in dieser Stadt erschlagen,
die Straßen der Stadt sind voll von Erschlagenen.
7 Darum – so spricht Gott, der Herr: Das Fleisch,
das sind die Erschlagenen, die ihr mitten in der
Stadt getötet habt. Der Topf, das ist die Stadt. Euch
aber werde ich aus ihr vertreiben. 8 Das Schwert
fürchtet ihr; darum werde ich das Schwert über
euch bringen – Spruch Gottes, des Herrn. 9 Ich ver-
treibe euch aus der Stadt, ich liefere euch den
Fremden aus und halte ein Strafgericht über euch
ab. 10 Unter dem Schwert werdet ihr fallen. An Isra-
els Grenze halte ich Gericht über euch. Dann wer-
det ihr erkennen, dass ich der Herr bin. 11 Die Stadt
wird für euch nicht der Topf sein und ihr nicht das
Fleisch darin. An Israels Grenze halte ich Gericht
über euch. 12 Daran werdet ihr erkennen, dass ich
der Herr bin, dessen Gesetze ihr nicht gehalten
und dessen Rechtsvorschriften ihr nicht befolgt
habt. Stattdessen habt ihr nach den Bräuchen der
Völker ringsum gehandelt.
13 Während ich diese prophetischen Worte sprach,
starb Pelatja, der Sohn Benajas. Da fiel ich nieder
auf mein Gesicht, schrie laut auf und rief: Ach,
Herr und Gott, willst du auch noch den Rest Isra-
els ausrotten?

1: 3,12 • 5: 24,1–14 • 8: 5,17; 6,3; 33,2 • 9: 5,8.10.15 • 12: 5,7 •
13: 9,8

Die Erneuerung Israels

14 Das Wort des Herrn erging an mich: 15 Men-
schensohn, die Einwohner Jerusalems sagen von
deinen Brüdern, deinen Verwandten und dem
ganzen Haus Israel: Sie sind fern vom Herrn; das
Land ist uns zum Besitz gegeben. 16 Darum sag: So
spricht Gott, der Herr: Auch wenn ich sie weit weg
unter die Völker geführt und in alle Länder zer-
streut habe, so bin ich doch in den Ländern, wohin
sie gekommen sind, beinahe zum Heiligtum für
sie geworden.
17 Darum sag: So spricht Gott, der Herr: Ich führe
euch aus allen Völkern zusammen, sammle euch
aus den Ländern, in die ihr zerstreut seid, und gebe
euch das Land Israel. 18 Und sie werden dorthin
kommen und alle ihre abscheulichen Götzen aus
dem Land entfernen. 19 Ich schenke ihnen ein an-
deres Herz und schenke ihnen einen neuen Geist.
Ich nehme das Herz von Stein aus ihrer Brust und
gebe ihnen ein Herz von Fleisch, 20 damit sie nach
meinen Gesetzen leben und auf meine Rechtsvor-
schriften achten und sie erfüllen. Sie werden mein
Volk sein und ich werde ihr Gott sein. 21 Die aber,
deren Herz an ihren Götzen und an ihren Gräuel-
taten hängt – Spruch Gottes, des Herrn: Ihr Ver-
halten lasse ich auf sie selbst zurückfallen.
22 Dann hoben die Kerubim ihre Flügel. Die Räder
bewegten sich zugleich mit den Kerubim und die
Herrlichkeit des Gottes Israels war über ihnen.
23 Die Herrlichkeit des Herrn stieg aus der Mitte
der Stadt empor; auf dem Berg im Osten der Stadt
blieb sie stehen. 24 Der Geist hob mich empor und
brachte mich in dieser göttlichen Vision nach
Chaldäa zur Gemeinde der Verschleppten. Dann
hob sich das, was ich in der Vision gesehen hatte,
empor und verschwand vor meinen Augen. 25 Und
ich erzählte den Verschleppten alles, was der Herr
mich hatte sehen lassen.

16: 6,8–10 • 17: Jer 24,5f; 29,14 • 19: 36,26; Jer 24,7 • 20: 14,11;
Jer 24,7 • 23: 43,3 • 24: 3,12

Weitere symbolische Handlungen: 12,1–20

Die Verschleppung

12 Das Wort des Herrn erging an mich: 2 Men-
schensohn, du wohnst mitten unter einem
widerspenstigen Volk, das Augen hat, um zu sehen,
und doch nicht sieht, das Ohren hat, um zu hören,
und doch nicht hört; denn sie sind ein widerspens-
tiges Volk. 3 Du, Menschensohn, pack deine Sa-
chen, als würdest du verschleppt, und geh am hel-
len Tag vor ihren Augen weg, als ob du vor ihren
Augen von deinem Wohnsitz an einen andern ver-
schleppt würdest. Vielleicht sehen sie es; aber sie
sind ja ein widerspenstiges Volk. 4 Trag dein Ge-
päck bei Tag vor ihren Augen hinaus wie ein Mann,
der verschleppt wird. Am Abend aber geh selbst
vor ihren Augen hinaus wie die Leute, die in die
Verbannung ziehen. 5 Brich dir vor ihren Augen
ein Loch in die Wand und kriech hindurch! 6 Vor
ihren Augen nimm das Gepäck auf die Schulter!
Bring es in der Dunkelheit weg! Verhülle dein
Gesicht, damit du das Land nicht mehr siehst.
Denn ich habe dich zum Mahnzeichen für das

Haus Israel gemacht. 7 Ich tat, was mir befohlen
wurde. Bei Tag trug ich mein Gepäck hinaus wie
ein Mann, der verschleppt wird. Am Abend brach
ich mit den Händen ein Loch durch die Wand; in
der Dunkelheit kroch ich hindurch. Dann nahm
ich vor ihren Augen das Gepäck auf die Schulter.
8 Am nächsten Morgen erging das Wort des Herrn
an mich: 9 Menschensohn, hat nicht das Haus
Israel, das widerspenstige Volk, zu dir gesagt: Was
machst du da? 10 Sag zu ihnen: So spricht Gott, der
Herr: Dieses drohende Wort gilt dem Fürsten von
Jerusalem und dem ganzen Volk Israel, das in Jeru-
salem wohnt. 11 Sag: Ich bin ein Mahnzeichen für
euch: Was ich getan habe, das wird mit ihnen
geschehen; in die Verbannung, in die Gefangen-
schaft werden sie ziehen. 12 Ihr Fürst wird in der
Dunkelheit sein Gepäck auf die Schulter nehmen
und hinausgehen. In die Mauer wird man ein Loch
brechen, um hindurchzugehen. Er wird sein Ge-
sicht verhüllen, um mit seinen Augen das Land
nicht zu sehen. 13 Ich aber werfe mein Netz über
ihn, damit er sich in meinen Schlingen fängt. Dann
bringe ich ihn nach Babel, ins Land der Chaldäer;
doch er wird nichts davon sehen. Dort wird er
sterben. 14 Alle, die bei ihm sind und ihm helfen
wollen, alle seine Truppen zerstreue ich in alle
Winde und ich zücke das Schwert hinter ihnen.
15 Dann werden sie erkennen, dass ich der Herr
bin. Wenn ich sie unter die Völker zerstreue und
in alle Länder vertreibe, 16 lasse ich einige von
ihnen das Schwert, den Hunger und die Pest über-
leben, damit sie bei den Völkern, zu denen sie
kommen, von all ihren Gräueltaten erzählen.
Dann werden sie erkennen, dass ich der Herr bin.

2: 2,5–7; Jer 5,21 • 6: 24,24.27; Jes 8,18; 20,3 • 12: 2 Kön 25,4 • 13: 17,20 • 15: 20,23 • 16: 6,8

Die Not der Belagerten

17 Das Wort des Herrn erging an mich: 18 Men-
schensohn, iss dein Brot mit Zittern und trink
dein Wasser mit Angst und Entsetzen! 19 Dann sag
zum Volk im Land: So spricht Gott, der Herr, zu
den Einwohnern Jerusalems über das Land Is-
rael: Sie werden ihr Brot mit Angst essen und ihr
Wasser mit Schaudern trinken; denn ihr Land
wird verwüstet und ausgeplündert wegen der Ge-
walttaten all seiner Bewohner. 20 Die bewohnten
Städte sollen verheert und das Land verwüstet
werden. Dann werdet ihr erkennen, dass ich der
Herr bin.

19: 4,16; 19,7

Drohungen und Mahnungen:
12,21 – 23,49

Gegen die Verächter des Propheten

21 Das Wort des Herrn erging an mich: 22 Men-
schensohn, was habt ihr da für ein Sprichwort im
Land Israel? Ihr sagt: Die Zeit zieht sich hin, die
Visionen erfüllen sich nie. 23 Darum sag zu ihnen:
So spricht Gott, der Herr: Ich werde mit diesem
Sprichwort Schluss machen und man wird es in
Israel nicht mehr gebrauchen. Sag stattdessen zu
ihnen: Die Zeit und alles, was die Visionen ver-
künden, ist nahe. 24 Denn nichtige Sehersprüche
und trügerische Orakel wird es im Haus Israel
nicht mehr geben. 25 Denn ich, der Herr, sage, was
ich sage, damit es geschieht. Es lässt nicht mehr
lange auf sich warten; denn, du widerspenstiges
Volk, wenn ich in euren Tagen spreche, dann führe
ich auch aus, was ich sage – Spruch Gottes, des
Herrn.
26 Das Wort des Herrn erging an mich: 27 Men-
schensohn, das Haus Israel sagt: Die Vision, die er
hat, handelt von späteren Tagen, er weissagt für
ferne Zeiten. 28 Darum sag zu ihnen: So spricht
Gott, der Herr: Nichts von dem, was ich sage, lässt
lange auf sich warten; was ich sage, geschieht –
Spruch Gottes, des Herrn.

22: 18,2; 2 Petr 3,1–4 • 23: Hab 2,3

Gegen die falschen Propheten

13 Das Wort des Herrn erging an mich: 2 Men-
schensohn, sprich als Prophet gegen die
Propheten Israels und sag zu denen, die aus ihrem
eigenen Herzen heraus prophetisch reden: Hört
das Wort des Herrn! 3 So spricht Gott, der Herr:
Weh den törichten Propheten, die nur ihrem eige-
nen Geist folgen und nichts geschaut haben. 4 Wie
Füchse in Ruinen sind deine Propheten, Israel.
5 Ihr seid nicht in die Bresche gesprungen. Ihr habt
keine Mauer für das Haus Israel errichtet, damit es
am Tag des Herrn im Kampf standhalten kann.
6 Sie haben nichtige Visionen, verkünden falsche

Orakel und sagen: Spruch des Herrn – obwohl der
Herr sie nicht gesandt hat. Trotzdem warten sie
darauf, dass er ihre Worte erfüllt. [7] Ist es nicht so,
dass ihr nichtige Visionen gehabt, falsche Orakel
verkündet und gesagt habt: Spruch des Herrn –
obwohl ich gar nicht gesprochen hatte? [8] Darum –
so spricht Gott, der Herr: Weil ihr leere Worte
gemacht habt und trügerische Visionen hattet, da-
rum gehe ich gegen euch vor – Spruch Gottes,
des Herrn. [9] Ich strecke meine Hand gegen die
Propheten aus, die nichtige Visionen haben und
falsche Orakel verkünden. Sie gehören nicht in die
Gemeinschaft meines Volkes und sollen nicht in
der Liste des Hauses Israel verzeichnet sein; sie
werden nicht in das Land Israel kommen. Dann
werdet ihr erkennen, dass ich Gott, der Herr, bin.
[10] Sie führen mein Volk in die Irre und verkün-
den Heil, wo es kein Heil gibt, und wenn das Volk
eine Mauer aufrichtet, dann übertünchen sie sie.
[11] Deshalb sag denen, die sie übertünchen: Sie wird
einstürzen. Es kommt ein Wolkenbruch, Hagel
fällt wie Steine vom Himmel, ein Sturm bricht los
[12] und schon stürzt die Mauer ein. Wird man dann
nicht zu euch sagen: Wo ist jetzt eure Tünche?
[13] Darum – so spricht Gott, der Herr: Ich lasse in
meinem Zorn einen Sturm losbrechen, in meinem
Groll schicke ich einen Wolkenbruch, in meinem
Zorn einen verheerenden Hagelschlag. [14] Ich reiße
die Wand ein, die ihr übertüncht habt, ich lasse sie
zu Boden stürzen und ihr Fundament wird bloß-
gelegt. Und wenn sie einstürzt, werdet ihr in ihren
Trümmern umkommen. Dann werdet ihr erken-
nen, dass ich der Herr bin. [15] Ich lasse meinen Zorn
an der Mauer aus und an denen, die sie übertüncht
haben, und ich sage euch: Die Mauer ist weg und
weg sind die, die sie übertüncht haben, [16] die Pro-
pheten Israels, die über Jerusalem prophezeien
und der Stadt mit ihren Visionen Heil verspre-
chen, obwohl es kein Heil gibt – Spruch Gottes,
des Herrn.

[17] Du, Menschensohn, richte dein Gesicht auf die
Töchter deines Volkes, die aus ihrem eigenen Her-
zen heraus prophetisch reden. Sprich als Prophet
gegen sie! [18] Sag: So spricht Gott, der Herr: Weh
den Frauen, die Zauberbinden für alle Handge-
lenke nähen und Zaubermützen für Leute jeder
Größe anfertigen, um damit auf Menschenjagd zu
gehen. Meint ihr, ihr könnt in meinem Volk Men-
schen jagen und Menschen verschonen, je nach-
dem, wie es euch passt? [19] Ihr habt mich entweiht
in meinem Volk für ein paar Hände voll Gerste
und für ein paar Bissen Brot: Ihr habt Menschen
getötet, die nicht sterben sollten, und Menschen
verschont, die nicht am Leben bleiben sollten; ihr
habt mein Volk belogen, das so gern auf Lügen
hört. [20] Darum – so spricht Gott, der Herr: Ich gehe
gegen eure Zauberbinden vor, mit denen ihr die
Menschen jagt wie Vögel, und reiße sie von euren
Armen und lasse die Menschen frei, die ihr gefan-
gen habt wie Vögel. [21] Ich reiße die Zaubermützen,
die ihr gemacht habt, herunter und befreie mein
Volk aus eurer Gewalt. Es wird nicht länger in
eurer Gewalt bleiben. Dann werdet ihr erkennen,
dass ich der Herr bin. [22] Ihr habt dem Herzen des
Gerechten durch eure Lügen Kummer bereitet; ich
aber wollte ihm keinen Kummer bereiten. Statt das
Leben des Bösen zu retten, habt ihr ihn ermutigt,
sein verkehrtes Verhalten nicht zu ändern. [23] Da-
rum sollt ihr keine nichtigen Visionen mehr haben
und keine Orakel mehr verkünden. Ich werde
mein Volk aus eurer Gewalt befreien. Dann wer-
det ihr erkennen, dass ich der Herr bin.

3: Jer 14,14 • 5: 22,30 • 6: 22,28 • 9: 14,9 • 10: Jer 6,14 • 19: 1 Sam 9,7 •
22: Jer 23,14

Gegen die Götzendiener

14 Einige von den Ältesten Israels kamen zu
mir und setzten sich vor mir nieder. [2] Da
erging das Wort des Herrn an mich: [3] Menschen-
sohn, diese Männer haben die Götzen in ihr Herz
geschlossen, sie haben sie vor sich aufgestellt; das
wurde für sie der Anlass, in Schuld zu fallen. Und
jetzt soll ich mich von ihnen befragen lassen? [4] Da-
rum sprich mit ihnen und sag zu ihnen: Wenn
jemand aus dem Haus Israel die Götzen in sein
Herz geschlossen und sie vor sich aufgestellt hat –
was für ihn der Anlass geworden ist, in Schuld zu
fallen – und wenn er dann zum Propheten kommt,
dann werde ich, der Herr, dem, der mit seinen vie-
len Götzen zu mir kommt, in eigener Person ant-
worten: [5] Ich werde das Haus Israel hart anfassen,
weil sie alle sich um ihrer Götzen willen von mir
abgewandt haben. [6] Darum sag zum Haus Israel:
So spricht Gott, der Herr: Kehrt um! Verlasst eure

Götzen und wendet eure Augen ab von all euren
abscheulichen Göttern! [7] Wenn jemand aus dem
Haus Israel oder aus den in Israel lebenden Frem-
den sich von mir abwendet, wenn er die Götzen in
sein Herz schließt und sie vor sich aufstellt – was
für ihn der Anlass wird, in Schuld zu fallen – und
wenn er dann zum Propheten kommt, um mich
zu befragen, dann werde ich, der Herr, ihm in eige-
ner Person antworten: [8] Ich richte meinen Blick
gegen diesen Mann und mache ihn zum sprich-
wörtlichen (warnenden) Zeichen, ich merze ihn
aus meinem Volk aus. Dann werdet ihr erkennen,
dass ich der Herr bin. [9] Wenn der Prophet sich
jedoch dazu verleiten lässt, etwas zu sagen, dann
habe ich, der Herr, diesen Propheten verleitet und
ich werde meine Hand gegen ihn ausstrecken und
ihn mitten in meinem Volk Israel vernichten. [10] Sie
werden beide die Folgen ihrer Schuld tragen müs-
sen; denn die Schuld dessen, der mich befragt, und
die Schuld des Propheten sind gleich. [11] Dann wird
sich das Haus Israel nicht mehr davon abbringen
lassen, mir zu folgen, und wird sich nicht länger
durch all seine Sünden unrein machen. Sie werden
mein Volk sein und ich werde ihr Gott sein –
Spruch Gottes, des Herrn.

1: 8,1; 20,1 • 9: 1 Kön 22,20–23; Ez 13,9

Das unerbittliche Gericht Gottes

[12] Das Wort des Herrn erging an mich: [13] Men-
schensohn, wenn sich ein Land gegen mich ver-
sündigt und mir die Treue bricht und wenn ich
dann meine Hand gegen das Land ausstrecke, ihm
seinen Vorrat an Brot entziehe, den Hunger ins
Land schicke und Mensch und Tier ausrotte [14] und
wenn in diesem Land die drei Männer Noach,
Daniel und Ijob leben würden, dann würden nur
diese drei um ihrer Gerechtigkeit willen ihr Leben
retten – Spruch Gottes, des Herrn. [15] Oder wenn
ich wilde Tiere gegen das Land losließe, die es ent-
völkern, sodass es zur Wüste würde und wegen der
wilden Tiere kein Mensch mehr durch das Land
reisen könnte, [16] und wenn diese drei Männer
darin wären – so wahr ich lebe, Spruch Gottes, des
Herrn: sie würden nicht einmal ihre eigenen
Söhne und Töchter retten. Nur sie selbst könnten
sich retten, das Land aber würde zur Wüste wer-
den. [17] Oder wenn ich das Schwert über dieses
Land bringen und sagen würde: Ein Schwert soll
durch das Land fahren, ich will Mensch und Tier
darin ausrotten!, [18] und wenn diese drei Männer
darin wären – so wahr ich lebe, Spruch Gottes, des
Herrn: sie würden nicht einmal ihre eigenen
Söhne und Töchter retten. Nur sie selbst könnten
sich retten. [19] Oder wenn ich die Pest in jenes Land
schicken und meinen Zorn darüber ausgießen
würde, um Mensch und Tier in einem Blutbad zu
vernichten, [20] und wenn Noach, Daniel und Ijob in
dem Land wären – so wahr ich lebe, Spruch Gottes,
des Herrn: nicht einmal ihren Sohn und ihre Toch-
ter würden sie retten. Sie würden nur ihr eigenes
Leben retten, um ihrer Gerechtigkeit willen.
[21] Wahrhaftig, so spricht Gott, der Herr: Selbst
wenn ich die vier schlimmsten Strafen, Schwert,
Hunger, wilde Tiere und Pest, über Jerusalem brin-
ge, um Mensch und Tier auszurotten, [22] werden
einige in der Stadt verschont werden und übrig
bleiben und ihre Söhne und Töchter zu euch
herausführen. Wenn ihr dann ihr Verhalten und
ihre Taten seht, werdet ihr euch über das Unheil
hinwegtrösten, das ich über Jerusalem verhängt
habe, über alles, was ich über die Stadt kommen
ließ. [23] Sie trösten euch darüber hinweg, weil ihr
ihr Verhalten und ihre Taten seht und daran er-
kennt, dass ich all das, was ich mit der Stadt mach-
te, nicht ohne Grund getan habe – Spruch Gottes,
des Herrn.

12–23: 18; 33,10–20 • 13: 4,16 • 15: Lev 26,22 • 21: 5,17;
Lev 26,16–25; Jer 15,3; Offb 6,8

**Gegen Jerusalem, das unnütze Holz
vom Weinstock**

15 Das Wort des Herrn erging an mich: [2] Men-
schensohn, was hat das Holz des Wein-
stocks / vor dem Holz aller anderen Sträucher
voraus, / die zwischen den Bäumen des Waldes
wachsen?
[3] Nimmt man es etwa, um daraus etwas zu ma-
chen? / Oder gebraucht man es als Pflock / und
hängt allerlei Geräte daran auf?
[4] Nein, man wirft es dem Feuer zum Fraß vor. /
Sind dann die beiden Enden des Holzes vom Feuer
verzehrt
und hat die Glut seine Mitte erfasst, / ist es dann
noch geeignet, / um etwas daraus zu machen?

5 Schon als es noch ganz war, / konnte man nichts
daraus machen.
Hat das Feuer es aber gefressen und ist es verglüht, / kann man erst recht nichts daraus machen.
6 Darum – so spricht Gott, der Herr: / Wie ich das
Holz des Weinstocks, / das zwischen den Bäumen des Waldes heranwuchs,
dem Feuer zum Fraß übergab, / so behandle ich auch die, die in Jerusalem wohnen.
7 Wenn ich meinen Blick auf sie richte, / dann wird
sie, auch wenn sie dem Feuer entkommen, das Feuer verzehren.
Ihr werdet erkennen, dass ich der Herr bin, / wenn ich meinen Blick auf sie richte.
8 Ich mache das Land zur Wüste; / denn sie haben
die Treue gebrochen – / Spruch Gottes, des Herrn.

4: Joh 15,6

Gegen Jerusalem, die treulose Frau

16 Das Wort des Herrn erging an mich: 2 Men-
schensohn, mach Jerusalem seine Gräuel-
taten bewusst! 3 Sag: So spricht Gott, der Herr, zu
Jerusalem: Deiner Herkunft und deiner Geburt
nach stammst du aus dem Land der Kanaaniter.
Dein Vater war ein Amoriter, deine Mutter eine
Hetiterin. 4 Bei deiner Geburt, als du geboren
wurdest, hat man deine Nabelschnur nicht abge-
schnitten. Man hat dich nicht mit Wasser abge-
waschen, nicht mit Salz eingerieben, nicht in Win-
deln gewickelt. 5 Nichts von all dem hat man getan,
kein Auge zeigte dir Mitleid, niemand übte Scho-
nung an dir, sondern am Tag deiner Geburt hat
man dich auf freiem Feld ausgesetzt, weil man dich
verabscheute. 6 Da kam ich an dir vorüber und sah
dich in deinem Blut zappeln; und ich sagte zu dir,
als du blutverschmiert dalagst: Bleib am Leben!
7 Wie eine Blume auf der Wiese ließ ich dich wach-
sen. Und du bist herangewachsen, bist groß
geworden und herrlich aufgeblüht. Deine Brüste
wurden fest; dein Haar wurde dicht. Doch du
warst nackt und bloß. 8 Da kam ich an dir vorüber
und sah dich, und siehe, deine Zeit war gekom-
men, die Zeit der Liebe. Ich breitete meinen Man-
tel über dich und bedeckte deine Nacktheit. Ich
leistete dir den Eid und ging mit dir einen Bund
ein – Spruch Gottes, des Herrn – und du wurdest
mein. 9 Dann habe ich dich gebadet, dein Blut von
dir abgewaschen und dich mit Öl gesalbt. 10 Ich
kleidete dich in bunte Gewänder, zog dir Schuhe
aus Tahasch-Leder an und hüllte dich in Leinen
und kostbare Gewänder. 11 Ich legte dir prächtigen
Schmuck an, legte dir Spangen an die Arme und
eine Kette um den Hals. 12 Deine Nase schmück-
te ich mit einem Reif, Ohrringe hängte ich dir
an die Ohren und setzte dir eine herrliche Kro-
ne auf. 3 Mit Gold und Silber konntest du dich
schmücken, in Byssus, Seide und bunte Gewebe
dich kleiden. Feinmehl, Honig und Öl war deine
Nahrung. So wurdest du strahlend schön und
wurdest sogar Königin. 14 Der Ruf deiner Schön-
heit drang zu allen Völkern; denn mein Schmuck,
den ich dir anlegte, hatte deine Schönheit voll-
kommen gemacht – Spruch Gottes, des Herrn.
15 Doch dann hast du dich auf deine Schönheit ver-
lassen, du hast deinen Ruhm missbraucht und
dich zur Dirne gemacht. Jedem, der vorbeiging,
hast du dich angeboten, jedem bist du zu Willen
gewesen. 16 Du hast deine bunten Gewänder ge-
nommen und dir an den Kulthöhen ein Lager
bereitet und darauf Unzucht getrieben. 17 Deinen
prächtigen Schmuck aus meinem Gold und Silber,
den ich dir geschenkt hatte, hast du genommen
und hast dir daraus männliche Figuren gemacht,
um mit ihnen Unzucht zu treiben. 18 Deine bunten
Gewänder hast du genommen und sie damit be-
kleidet. Mein Öl und meinen Weihrauch hast du
vor sie hingestellt. 19 Das Brot, das ich dir gab – mit
Feinmehl, Öl und Honig nährte ich dich –, das hast
du ihnen als beruhigenden Duft dargebracht [ja,
so war es] – Spruch Gottes, des Herrn. 20 Du hast
deine Söhne und Töchter, die du mir geboren hast,
genommen und ihnen als Schlachtopfer zum
Essen vorgesetzt. War dir dein unzüchtiges Trei-
ben noch nicht genug? 21 Musstest du auch noch
meine Söhne schlachten, um sie ihnen darzubrin-
gen und für sie durch das Feuer gehen zu lassen?
22 Bei all deinen Gräueltaten und deiner Unzucht
hast du die Zeit deiner Jugend vergessen, in der du
noch nackt und bloß und zappelnd in deinem Blut
lagst.
23 Nach all diesen schändlichen Taten – wehe, weh
dir! Spruch Gottes, des Herrn – 24 hast du dir auf
jedem freien Platz ein Bett und eine Kulthöhe
errichtet. 25 An jeder Straßenecke hast du dei-

ne Kulthöhen errichtet, du hast deine Schönheit
schändlich missbraucht, hast dich jedem angebo-
ten, der vorbeiging, und hast unaufhörlich Un-
zucht getrieben. 26 Du hast dich den Ägyptern, dei-
nen Nachbarn mit dem großen Glied, hingegeben
und mit ihnen unaufhörlich Unzucht getrieben,
um mich zu erzürnen. 27 Da streckte ich meine
Hand aus und nahm dir weg, was dir zustand. Ich
lieferte dich deinen rachgierigen Feindinnen aus,
den Philisterinnen; sogar sie schämten sich wegen
deines schändlichen Treibens. 28 Dann hast du dich
mit den Assyrern eingelassen, weil du noch nicht
genug hattest. Du hast dich mit ihnen eingelassen,
doch auch dann hattest du noch nicht genug.
29 Immer mehr Unzucht hast du getrieben und bist
sogar den chaldäischen Krämern nachgelaufen;
doch auch dann hattest du noch nicht genug.
30 Wie fiebert dein Herz – Spruch Gottes, des
Herrn –, weil du all das getan hast, du selbstherr-
liche Dirne. 31 Du hast dir an jeder Straßenecke ein
Bett und auf jedem freien Platz eine Kulthöhe
errichtet. Du warst keine gewöhnliche Dirne;
denn du hast es verschmäht, dich bezahlen zu las-
sen. 32 [Die Ehebrecherin nimmt sich statt ihres
Mannes fremde Männer.] 33 Jede Dirne bezahlt
man; du aber hast all deinen Liebhabern Ge-
schenke gegeben und sie bestochen, damit sie von
überall kamen, um mit dir Unzucht zu treiben.
34 Bei deiner Unzucht hast du es gerade umgekehrt
gemacht wie andere Frauen: Dir lief niemand
nach; du hast selbst bezahlt und dich nicht bezah-
len lassen. So hast du es umgekehrt gemacht wie
andere.
35 Darum, du Dirne, höre das Wort des Herrn! 36 So
spricht Gott, der Herr: Weil du deinen Körper
schamlos entblößt hast bei der Unzucht mit dei-
nen Liebhabern, mit all deinen abscheulichen
Götzen, und weil du ihnen das Blut deiner Kinder
hingegeben hast, 37 deshalb will ich alle deine Lieb-
haber zusammenrufen, denen du gefallen hast,
alle, die du geliebt hast, und auch alle, die du ver-
achtet hast. Und wenn ich sie von allen Seiten bei
dir zusammengerufen habe, dann entblöße ich vor
ihren Augen deine Scham, damit sie deine Scham
unverhüllt sehen. 38 Ich spreche dir das Urteil nach
den Rechtsvorschriften für Ehebrecherinnen und
Mörderinnen, voll Zorn zahle ich dir heim mit
Blut, Grimm und Eifersucht. 39 Ich gebe dich in
ihre Hand, damit sie dein Bett zerstören und deine
Kulthöhen einreißen, damit sie dir deine Gewän-
der ausziehen, deinen prächtigen Schmuck weg-
nehmen und dich nackt und bloß daliegen lassen.
40 Sie berufen eine Volksversammlung gegen dich
ein, steinigen dich und hauen dich mit ihren
Schwertern in Stücke. 41 Sie werden deine Häuser
anzünden und vor den Augen vieler Frauen das
Urteil an dir vollstrecken. So mache ich deiner
Unzucht ein Ende. Keinem wirst du mehr Dir-
nenlohn zahlen.
42 Wenn ich meinen Zorn an dir gestillt habe, wird
meine Eifersucht aufhören, gegen dich zu wüten.
Ich werde Ruhe haben und mich nicht mehr
ärgern. 43 Weil du die Tage deiner Jugend verges-
sen und mich durch dein Treiben gereizt hast,
darum lasse ich dein Verhalten auf dich selbst zu-
rückfallen – Spruch Gottes, des Herrn. Hast du
nicht neben all deinen Gräueln auch noch andere
Schandtaten verübt?
44 Wer ein Sprichwort auf dich anwenden will, der
sagt: Wie die Mutter, so die Tochter! 45 Du bist
die Tochter deiner Mutter, die vor ihrem Mann
und ihren Söhnen Abscheu empfand. Du bist
die Schwester deiner Schwestern, die vor ihren
Männern und Söhnen Abscheu empfanden. Eure
Mutter war eine Hetiterin und euer Vater ein Amo-
riter.
46 Deine ältere Schwester ist Samaria mit ihren
Töchtern, die links von dir wohnt; deine jüngere
Schwester ist Sodom mit ihren Töchtern, die
rechts von dir wohnt. 47 Du bist nicht nur ihrem
Beispiel gefolgt und hast nicht nur die gleichen
Gräueltaten begangen, sondern in kurzer Zeit hast
du es in allem noch schlimmer getrieben als sie.
48 So wahr ich lebe – Spruch Gottes, des Herrn:
Deine Schwester Sodom und ihre Töchter haben
es nicht so getrieben wie du und deine Töchter.
49 Die Schuld deiner Schwester Sodom war, dass sie
und ihre Töchter hochmütig waren, dass sie in
Überfluss zu essen hatten und in sorgloser Ruhe
dahinlebten, ohne den Elenden und Armen zu hel-
fen. 50 Sie wurden hochmütig und begingen Gräu-
eltaten vor meinen Augen. Darum habe ich sie ver-
stoßen, wie du selbst gesehen hast. 51 Samaria hat
nicht die Hälfte deiner Sünden begangen. Du hast

mehr Gräueltaten verübt als sie beide zusammen
und du lässt deine Schwestern gerecht erscheinen,
sieht man auf all die Gräueltaten, die du begangen
hast. 52 Darum trag auch du deine Schande, die du
deine Schwestern durch deine Sünden entlastet
und abscheulicher als sie gehandelt hast; deshalb
erscheinen sie gerechter als du. Darum schäme
auch du dich und trag deine Schande, weil du
deine Schwestern gerecht erscheinen lässt.
53 Aber ich werde ihr Schicksal wenden, das Schick-
sal Sodoms und ihrer Töchter, das Schicksal Sama-
rias und ihrer Töchter, und ich werde auch dein
Schicksal wenden zusammen mit ihrem Schicksal;
54 denn du sollst deine Schande tragen und du
sollst dich schämen über all das, was du getan und
wodurch du sie in Sicherheit gewiegt hast.
55 Deine Schwestern werden wieder sein wie frü-
her, Sodom und ihre Töchter, Samaria und ihre
Töchter werden wieder sein wie früher. Auch
deine Töchter werden wieder sein wie früher.
56 Hast du nicht über deine Schwester Sodom ge-
lästert, als du hochmütig warst, 57 bevor deine
Schlechtigkeit offenbar wurde? So lästern jetzt
ringsum über dich all deine Nachbarinnen, die
Edomiterinnen und die Philisterinnen, die dich
verachten. 58 Die Folgen deines schamlosen Trei-
bens und deiner Gräueltaten hast du zu tragen –
Spruch des Herrn.
59 Denn so spricht Gott, der Herr: Ich habe mit dir
gemacht, was du gemacht hast; du hast den Eid
missachtet und den Bund gebrochen. 60 Aber ich
will meines Bundes gedenken, den ich mit dir in
deiner Jugend geschlossen habe, und will einen
ewigen Bund mit dir eingehen. 61 Du sollst dich an
dein Verhalten erinnern und dich schämen, wenn
ich deine älteren und jüngeren Schwestern nehme
und sie dir zu Töchtern gebe, aber nicht deshalb,
weil du den Bund gehalten hättest. 62 Ich selbst
gehe einen Bund mit dir ein, damit du erkennst,
dass ich der Herr bin. 63 Dann sollst du dich erin-
nern, sollst dich schämen und vor Scham nicht
mehr wagen, den Mund zu öffnen, weil ich dir alles
vergebe, was du getan hast – Spruch Gottes, des
Herrn.

3: 16,45 • 8: Rut 3,9 • 17: Hos 8,4 • 20: 20,26; 23,37; 2 Kön 16,3; Jer 7,31; Dtn 12,31 • 28: 23,12 • 38: Lev 20,10 • 41: 2 Kön 25,9 • 43: 9,10 • 45: 16,3 • 51: Jer 3,11 • 60: 36,22; 37,26; Lev 26,45; Jer 31,31–34; Hos 2,17 • 63: 36,31

Das Lied von der Untreue des Königs

17 Das Wort des Herrn erging an mich: 2 Men-
schensohn, trag dem Haus Israel ein Rätsel
vor, erzähl ihm ein Gleichnis! 3 Sag: So spricht
Gott, der Herr:
Ein mächtiger Adler mit gewaltigen Flügeln, / mit weiten Schwingen,
mit dichtem, buntem Gefieder kam zum Libanon / und nahm den Wipfel der Zeder weg.
4 Den obersten Zweig riss er ab./ Ins Land der Krämer brachte er ihn, / in die Stadt der Händler legte er ihn.
5 Dann nahm er vom Samen des Landes / und streute ihn auf ein Saatfeld.
Er setzte ihn an reichlich strömendes Wasser, / als Uferpflanze pflanzte er ihn
6 und er wuchs heran / und wurde zum üppigen Weinstock / von niedrigem Wuchs.
Er sollte seine Ranken dem Adler zuwenden, / seine Wurzeln sollten in die Tiefe wachsen.
Und er wurde zum Weinstock, / bildete Triebe, entfaltete Zweige.
7 Doch es kam noch ein anderer mächtiger Adler / mit gewaltigen Flügeln und dichtem Gefieder.
Da drehte jener Weinstock seine Wurzeln ihm zu, / trieb ihm seine Ranken entgegen:
Der Adler sollte ihn tränken, / mehr als das Beet, in das der Weinstock gepflanzt war.
8 Er war doch auf guten Boden gepflanzt, / an reichlich fließendem Wasser,
um Zweige zu treiben und Früchte zu tragen / und ein herrlicher Weinstock zu werden.
9 Sag: So spricht Gott, der Herr: / Wird das gelingen?
Wird der Adler nicht seine Wurzeln ausreißen / und seine Früchte vernichten, / sodass all seine grünenden Triebe verdorren?
Man braucht keinen starken Arm und nicht viele Menschen, / um ihn von den Wurzeln zu reißen.
10 Wohl ist er gepflanzt, / doch wird er gedeihen?
Wird er nicht völlig verdorren, / wenn der Ostwind ihn trifft? / Auf dem Beet, wo er wuchs, wird er verdorren.
11 Und das Wort des Herrn erging an mich:
12 Sag doch dem widerspenstigen Volk: / Merkt ihr denn nicht, was all das bedeutet?
Sag ihnen: / Seht, nach Jerusalem kam der König von Babel;

er nahm ihren König und ihre Beamten gefangen /
und führte sie mit sich nach Babel.
13 Und er nahm einen Mann aus königlichem
Stamm / und schloss mit ihm einen Bund
und er ließ ihn schwören. / Doch die Mächtigen
des Landes nahm er gefangen,
14 damit das Königreich klein blieb / und keinen
Aufstand begann,
damit es den Bund auch hielt, / sodass er Bestand
haben konnte.
15 Doch jener erhob sich gegen den König von
Babel / und schickte seine Boten ins Land der
Ägypter, / damit man ihm Pferde und viele Krie-
ger entsandte.
Aber wird es gelingen? / Kommt er davon, wenn
er das unternimmt? / Wenn er den Bund bricht,
kommt er dann noch davon?
16 So wahr ich lebe – Spruch Gottes, des Herrn:
In der Residenz des Königs, der ihn zum König
gemacht hat, dessen Eid er missachtet und dessen
Bund er gebrochen hat, in Babel wird er sterben.
17 Denn der Pharao wird ihn nicht mit einer star-
ken Streitmacht und mit einem großen Heer im
Kampf unterstützen, sondern man wird einen
Damm aufschütten, einen Belagerungswall bauen
und viele Menschen umbringen. 18 Er hat den Eid
missachtet und den Bund gebrochen. Obwohl er
sich mit Handschlag verpflichtet hatte, hat er all
das getan. Er kommt nicht davon.
19 Darum – so spricht Gott, der Herr:
So wahr ich lebe – / meinen Eid, den er missach-
tet,
und meinen Bund, den er gebrochen hat, / ich lasse
sie auf ihn selbst zurückfallen.
20 Ich werfe mein Netz über ihn, er gerät in mein
Garn. / Nach Babel führe ich ihn
und gehe dort mit ihm ins Gericht, / denn er hat
mir die Treue gebrochen.
21 Die tapfersten Krieger in all seinen Truppen / fal-
len unter dem Schwert.
Die Übriggebliebenen aber / werden in alle Winde
zerstreut.
Dann werdet ihr erkennen, / dass ich, der Herr,
gesprochen habe.
22 So spricht Gott, der Herr:
Ich selbst nehme ein Stück / vom hohen Wipfel der
Zeder / und pflanze es ein.
Einen zarten Zweig aus den obersten Ästen breche
ich ab, / ich pflanze ihn auf einen hoch aufragen-
den Berg.
23 Auf die Höhe von Israels Bergland pflanze ich
ihn. / Dort treibt er dann Zweige, / er trägt Früchte
und wird zur prächtigen Zeder.
Allerlei Vögel wohnen darin; / alles, was Flügel hat,
wohnt im Schatten ihrer Zweige.
24 Dann werden alle Bäume auf den Feldern erken-
nen, / dass ich der Herr bin.
Ich mache den hohen Baum niedrig, / den niedri-
gen mache ich hoch.
Ich lasse den grünenden Baum verdorren, / den
verdorrten erblühen. / Ich, der Herr, habe gespro-
chen und ich führe es aus.

20: 32,3 • 22: Jes 11,1; Ez 20,40; Dan 4,9; Mt 13,32

Schuld und Gerechtigkeit

18 Das Wort des Herrn erging an mich: 2 Wie
kommt ihr dazu, im Land Israel das Sprich-
wort zu gebrauchen: Die Väter essen saure Trau-
ben und den Söhnen werden die Zähne stumpf?
3 So wahr ich lebe – Spruch Gottes, des Herrn –,
keiner von euch in Israel soll mehr dieses Sprich-
wort gebrauchen. 4 Alle Menschenleben sind mein
Eigentum, das Leben des Vaters ebenso wie das
Leben des Sohnes, sie gehören mir. Nur wer sün-
digt, soll sterben.
5 Ist jemand gerecht, so handelt er nach Recht
und Gerechtigkeit. 6 Er hält auf den Bergen keine
Opfermahlzeiten ab. Er blickt nicht zu den Götzen
des Hauses Israel auf. Er schändet nicht die Frau
seines Nächsten. Einer Frau tritt er nicht nahe
während ihrer Blutung. 7 Er unterdrückt niemand.
Er gibt dem Schuldner das Pfand zurück. Er be-
geht keinen Raub. Dem Hungrigen gibt er von sei-
nem Brot und den Nackten bekleidet er. 8 Er leiht
nicht gegen Zins und treibt keinen Wucher. Er hält
seine Hand vom Unrecht fern. Zwischen Streiten-
den fällt er ein gerechtes Urteil. 9 Er lebt nach mei-
nen Gesetzen, er achtet auf meine Rechtsvor-
schriften und befolgt sie treu. Er ist gerecht und
deshalb wird er am Leben bleiben – Spruch Gottes,
des Herrn.
10 Angenommen aber, er zeugt einen Sohn, der
gewalttätig wird, der Blut vergießt oder eine
andere von diesen Sünden begeht, 11 während er

(der Vater), all das nicht getan hat, (einen Sohn,)
der auf den Bergen Opfermahlzeiten abhält, der
die Frau seines Nächsten schändet, 12 der die Elen-
den und Armen unterdrückt, andere beraubt und
dem Schuldner das Pfand nicht zurückgibt, der
zu den Götzen aufblickt und Gräueltaten verübt,
13 der gegen Zins leiht und Wucher treibt – soll der
dann am Leben bleiben? Er soll nicht am Leben
bleiben. Er hat alle diese Gräueltaten verübt, da-
rum muss er sterben. Er ist selbst schuld an seinem
Tod.
14 Nun hat auch dieser Sohn wieder einen Sohn
gezeugt und der Sohn sieht alle die Sünden, die
sein Vater begeht. Er sieht sie, begeht sie aber nicht.
15 Er hält auf den Bergen keine Opfermahlzeiten
ab. Er blickt nicht zu den Götzen des Hauses Israel
auf. Er schändet nicht die Frau seines Nächsten.
16 Er unterdrückt niemand. Er fordert kein Pfand
und begeht keinen Raub. Dem Hungrigen gibt er
von seinem Brot und den Nackten bekleidet er.
17 Er hält seine Hand vom Unrecht fern. Er nimmt
keinen Zins und treibt keinen Wucher. Er befolgt
meine Rechtsvorschriften und lebt nach meinen
Gesetzen. Dieser Sohn wird nicht wegen der
Schuld seines Vaters sterben; er wird bestimmt am
Leben bleiben. 18 Sein Vater aber musste wegen sei-
ner Schuld sterben; denn er hat andere erpresst
und beraubt und in seiner Familie getan, was nicht
recht ist.
19 Ihr aber fragt: Warum trägt der Sohn nicht mit
an der Schuld seines Vaters? Weil der Sohn nach
Recht und Gerechtigkeit gehandelt hat. Er hat auf
alle meine Gesetze geachtet und sie befolgt. Er
wird bestimmt am Leben bleiben. 20 Nur wer sün-
digt, soll sterben. Ein Sohn soll nicht die Schuld
seines Vaters tragen und ein Vater nicht die Schuld
seines Sohnes. Die Gerechtigkeit kommt nur dem
Gerechten zugute und die Schuld lastet nur auf
dem Schuldigen.
21 Wenn der Schuldige sich von allen Sünden, die
er getan hat, abwendet, auf alle meine Gesetze ach-
tet und nach Recht und Gerechtigkeit handelt,
dann wird er bestimmt am Leben bleiben und
nicht sterben. 22 Keines der Vergehen, deren er
sich schuldig gemacht hat, wird ihm angerech-
net. Wegen seiner Gerechtigkeit wird er am Le-
ben bleiben. 23 Habe ich etwa Gefallen am Tod des
Schuldigen – Spruch Gottes, des Herrn – und
nicht vielmehr daran, dass er seine bösen Wege
verlässt und so am Leben bleibt?
24 Wenn jedoch ein Gerechter sein rechtschaffenes
Leben aufgibt, wenn er Unrecht tut und all die
Gräueltaten begeht, die auch der Böse verübt,
sollte er dann etwa am Leben bleiben? Keine sei-
ner gerechten Taten wird ihm angerechnet. Wegen
seiner Treulosigkeit und wegen der Sünde, die er
begangen hat, ihretwegen muss er sterben. 25 Ihr
aber sagt: Das Verhalten des Herrn ist nicht rich-
tig. Hört doch, ihr vom Haus Israel: Mein Verhal-
ten soll nicht richtig sein? Nein, euer Verhalten ist
nicht richtig.
26 Wenn der Gerechte sein rechtschaffenes Leben
aufgibt und Unrecht tut, muss er dafür sterben.
Wegen des Unrechts, das er getan hat, wird er ster-
ben. 27 Wenn sich der Schuldige von dem Unrecht
abwendet, das er begangen hat, und nach Recht
und Gerechtigkeit handelt, wird er sein Leben be-
wahren. 28 Wenn er alle Vergehen, deren er sich
schuldig gemacht hat, einsieht und umkehrt, wird
er bestimmt am Leben bleiben. Er wird nicht ster-
ben. 29 Das Haus Israel aber sagt: Das Verhalten des
Herrn ist nicht richtig. Mein Verhalten soll nicht
richtig sein, ihr vom Haus Israel? Nein, euer Ver-
halten ist nicht richtig.
30 Darum will ich euch richten, jeden nach seinem
Verhalten, ihr vom Haus Israel – Spruch Gottes,
des Herrn. Kehrt um, wendet euch ab von all euren
Vergehen! Sie sollen für euch nicht länger der An-
lass sein, in Sünde zu fallen. 31 Werft alle Vergehen
von euch, die ihr verübt habt! Schafft euch ein neu-
es Herz und einen neuen Geist! Warum wollt ihr
sterben, ihr vom Haus Israel? 32 Ich habe doch kein
Gefallen am Tod dessen, der sterben muss – Spruch
Gottes, des Herrn. Kehrt um, damit ihr am Leben
bleibt.

2: Jer 31,29 • 6: 22,9; Lev 18,19f • 7: Dtn 24,10–13; Jes 58,7 • 13: 33,4 • 19: Ex 20,5 • 20: 18,4; Dtn 24,16; 2 Kön 14,6 • 22: 33,16 • 23: 18,13; 33,11; Hos 11,9; 1 Tim 2,4 • 24: 3,20 • 25: 33,17 • 30: 33,20; 7,19; 44,12 • 31: 11,19; 36,26 • 32: 33,11

Die Totenklage über den Fürsten von Israel

19 Du aber, stimm die Totenklage an über den
Fürsten von Israel 2 und sag:
Was war doch deine Mutter für eine Löwin / unter
den Löwen!

Bei jungen Löwen hatte sie ihr Lager / und zog
ihren Nachwuchs auf.
3 Eins von ihren Jungen zog sie groß / und es wurde
ein starker Löwe.
Er lernte, zu reißen und zu rauben, / er fraß Men-
schen.
4 Da bot man Völker gegen ihn auf. / In ihrer Grube
fingen sie ihn / und schleppten ihn an Haken ins
Land Ägypten.
5 Als sie sah, dass ihre Hoffnung vereitelt, / dass sie
zunichte war,
nahm sie von ihren Jungen ein anderes / und
machte es zum starken Löwen.
6 Er tummelte sich unter den Löwen / und wurde
ein starker Löwe.
Er lernte zu reißen und zu rauben, / er fraß Men-
schen.
7 Er zerbrach ihre Burgen / und verheerte ihre
Städte;
das Land, und was in ihm lebte, / entsetzte sich bei
seinem lauten Gebrüll.
8 Da setzte man Völker gegen ihn ein / aus den Län-
dern ringsum.
Sie warfen ihr Netz über ihn; / in ihrer Grube fin-
gen sie ihn.
9 Sie zerrten ihn an Haken in einen Käfig / und
brachten ihn zum König von Babel,
[sie brachten ihn in Gewahrsam,] / damit man
seine Stimme nicht mehr hörte / auf Israels Ber-
gen.
10 Deine Mutter war wie ein Weinstock im Garten, /
der am Wasser gepflanzt ist.
Voll von Früchten und Ranken war er / wegen des
Reichtums an Wasser.
11 Er hatte kräftige Zweige, / für Zepter von Herr-
schern geeignet;
sein Wuchs war hoch, / er ragte bis in die Wolken.
Weithin war er sichtbar wegen seiner Höhe / und
wegen seines dichten Laubes.
12 Doch im Zorn riss man ihn aus / und warf ihn
auf die Erde.
Der Ostwind dörrte ihn aus, / seine Früchte riss
man ab.
Sein kräftiger Stamm verdorrte. / Feuer verzehrte
ihn.
13 Nun verpflanzte man ihn in die Wüste, / in
trockenes, dürstendes Land.
14 Und Feuer ging aus von den Zweigen am Stamm /
und fraß seine Früchte.
Kein kräftiger Zweig war mehr an ihm, / kein Zep-
ter für Herrscher. –
Eine Totenklage ist dieses Lied; / zur Totenklage ist
es geworden.

4: 2 Kön 23,31–34 • 9: 2 Kön 24,15 • 10: 17,6 • 12: Joh 15,6

Die zahlreichen Treulosigkeiten Israels

20 Im fünften Monat des siebten Jahres ka-
men am zehnten Tag des Monats einige
von den Ältesten Israels, um den Herrn zu befra-
gen. Sie setzten sich vor mir nieder. 2 Da erging das
Wort des Herrn an mich: 3 Menschensohn, rede
mit den Ältesten Israels und sag zu ihnen: So
spricht Gott, der Herr: Seid ihr gekommen, um
mich zu befragen? So wahr ich lebe, ich lasse mich
von euch nicht befragen – Spruch Gottes, des
Herrn. 4 Willst du nicht über sie Gericht halten,
Menschensohn, willst nicht du Gericht halten?
Mach ihnen die Gräueltaten ihrer Väter bewusst
5 und sag zu ihnen: So spricht Gott, der Herr: An
dem Tag, als ich Israel erwählt habe, erhob ich
meine Hand, (um) den Nachkommen des Hauses
Jakob (einen Eid zu leisten). Ich offenbarte mich
ihnen in Ägypten. Ich erhob meine Hand (zum
Schwur) und sprach: Ich bin der Herr, euer Gott.
6 An jenem Tag erhob ich meine Hand (zum
Schwur), dass ich sie aus Ägypten herausführe in
ein Land, das ich für sie erkundete, in dem Milch
und Honig fließen, ein Schmuckstück unter allen
Ländern. 7 Und ich sagte zu ihnen: Ihr alle, werft
die Götzen weg, an denen eure Augen hängen.
Macht euch nicht unrein durch die Gräueltaten
Ägyptens! Ich bin der Herr, euer Gott. 8 Sie aber
widersetzten sich mir und wollten nicht auf mich
hören. Keiner warf die Götzen weg, an denen seine
Augen hingen, und sie sagten sich nicht los von
den Götzen Ägyptens. Da sagte ich: Ich will mei-
nen Zorn über sie ausgießen und meinen Grimm
an ihnen auslassen, mitten in Ägypten. 9 Aber
dann handelte ich um meines Namens willen an-
ders; ich wollte ihn nicht entweihen vor den Augen
der Völker, in deren Mitte sie lebten und vor deren
Augen ich mich ihnen offenbarte, als ich sie aus
Ägypten herausführte.
10 Ich führte sie aus Ägypten heraus, brachte sie in

die Wüste [11] und gab ihnen meine Gesetze. Ich gab
ihnen meine Rechtsvorschriften bekannt, die der
Mensch befolgen muss, damit er durch sie am
Leben bleibt. [12] Auch meine Sabbat-Tage gab ich
ihnen zum Zeichen (des Bundes) zwischen mir
und ihnen. Daran sollte man erkennen, dass ich,
der Herr, Israel heilige. [13] Aber das Haus Israel
widersetzte sich mir in der Wüste. Sie lebten nicht
nach meinen Gesetzen und wiesen meine Rechts-
vorschriften zurück, die der Mensch befolgen
muss, damit er durch sie am Leben bleibt. Auch
meine Sabbat-Tage entweihten sie völlig. Da sagte
ich: Ich will in der Wüste über sie meinen Zorn
ausgießen und sie vernichten. [14] Aber ich handel-
te anders um meines Namens willen; ich wollte
ihn nicht entweihen vor den Völkern, vor deren
Augen ich sie (aus Ägypten) herausgeführt hatte.
[15] Doch in der Wüste erhob ich meine Hand (zum
Schwur), dass ich sie nicht in das Land bringe, das
ich für sie bestimmt hatte, in das Land, wo Milch
und Honig fließen, das Schmuckstück unter al-
len Ländern. [16] Denn sie wiesen meine Rechtsvor-
schriften zurück, sie lebten nicht nach meinen
Gesetzen und entweihten meine Sabbat-Tage, weil
ihr Herz hinter den Götzen her war. [17] Aber mein
Auge zeigte Mitleid mit ihnen: Ich rottete sie nicht
völlig aus in der Wüste.

[18] Zu ihren Söhnen sagte ich in der Wüste: Lebt
nicht nach den Gesetzen eurer Väter, achtet nicht
auf ihre Rechtsvorschriften und macht euch nicht
unrein an ihren Götzen! [19] Ich bin der Herr, euer
Gott. Lebt nach meinen Gesetzen, achtet auf mei-
ne Rechtsvorschriften und befolgt sie! [20] Haltet
meine Sabbat-Tage heilig; sie sollen das Zeichen
(des Bundes) zwischen mir und euch sein. Daran
wird man erkennen, dass ich, der Herr, euer Gott
bin. [21] Aber die Söhne widersetzten sich mir. Sie
lebten nicht nach meinen Gesetzen und sie be-
achteten und befolgten meine Rechtsvorschriften
nicht, die der Mensch befolgen muss, damit er
durch sie am Leben bleibt. Meine Sabbat-Tage ent-
weihten sie. Da sagte ich: Ich werde in der Wüste
meinen Zorn über sie ausgießen und meinen
Grimm an ihnen auslassen. [22] Aber ich zog meine
Hand zurück und handelte anders, um meines
Namens willen; ich wollte ihn nicht vor all den
Völkern entweihen, vor deren Augen ich sie (aus
Ägypten) herausgeführt hatte. [23] Doch ich erhob
in der Wüste meine Hand (zum Schwur), dass ich
sie unter die Völker zerstreuen und in alle Län-
der vertreiben werde, [24] weil sie meine Rechtsvor-
schriften nicht befolgten, meine Gesetze ablehn-
ten und meine Sabbat-Tage entweihten und
weil ihre Augen hinter den Götzen ihrer Väter
her waren. [25] Auch gab ich ihnen Gesetze, die nicht
gut waren, und Rechtsvorschriften, die es ihnen
unmöglich machten, am Leben zu bleiben. [26] Ich
machte sie unrein durch ihre Opfergaben; sie lie-
ßen nämlich alle Erstgeborenen durch das Feuer
gehen. Ich wollte ihnen Entsetzen einjagen; denn
sie sollten erkennen, dass ich der Herr bin.

[27] Darum sprich zum Haus Israel, Menschensohn,
und sag zu ihnen: So spricht Gott, der Herr: Eure
Väter haben mich auch dadurch verhöhnt, dass sie
mir untreu wurden. [28] Als ich sie in das Land ge-
bracht hatte – ich hatte ja meine Hand erhoben
(und geschworen), es ihnen zu geben –, schlach-
teten sie, sobald sie irgendeinen hohen Hügel und
einen dichtbelaubten Baum sahen, dort ihre Opfer;
dort brachten sie ihre ärgerlichen Gaben dar, leg-
ten ihre duftenden Spenden nieder, um mich zu
beruhigen, und gossen dort ihre Trankopfer aus.
[29] Da sagte ich zu ihnen: Was ist das schon, die Hö-
he, zu der ihr kommt? – Deshalb wird ein solcher
Platz bis zum heutigen Tag Kulthöhe genannt.

[30] Darum sag zum Haus Israel: So spricht Gott, der
Herr: Wie schon eure Väter, so macht auch ihr
euch unrein und lauft in eurer Untreue ihren Göt-
zen nach. [31] Wenn ihr eure Gaben darbringt, eure
Söhne durch das Feuer gehen lasst, wenn ihr euch
bis zum heutigen Tag immer wieder unrein macht
mit all euren Götzen, soll ich mich dann von euch
befragen lassen, ihr vom Haus Israel? So wahr ich
lebe – Spruch Gottes, des Herrn –, ich lasse mich
von euch nicht befragen. [32] Niemals soll gesche-
hen, was euch eingefallen ist, als ihr sagtet: Wir
wollen wie die anderen Völker sein, wie die Völ-
kerstämme in anderen Ländern, und wollen Holz
und Stein verehren. [33] So wahr ich lebe – Spruch
Gottes, des Herrn: Ich will mit starker Hand und
hoch erhobenem Arm über euch als König herr-
schen und dabei meinen Zorn über euch aus-
gießen. [34] Ich will euch mit starker Hand und hoch
erhobenem Arm aus den Völkern herausführen

und aus den Ländern, in die ihr zerstreut seid,
sammeln und dabei meinen Zorn über euch aus-
gießen. [35] Ich bringe euch in die Wüste der Völker;
dort trete ich euch von Angesicht zu Angesicht als
Richter gegenüber. [36] Wie ich mit euren Vätern in
der Wüste Ägyptens ins Gericht gegangen bin, so
will ich auch mit euch ins Gericht gehen – Spruch
Gottes, des Herrn. [37] Ich lasse euch unter dem Hir-
tenstab an mir vorbeiziehen und zähle euch ab.
[38] Die Abtrünnigen und alle, die sich gegen mich
auflehnten, sondere ich von euch ab. Ich führe sie
zwar aus dem Land, in dem sie als Fremde leben,
heraus, in das Land Israel aber werden sie nicht
kommen; dann werdet ihr erkennen, dass ich der
Herr bin.
[39] Ihr aber vom Haus Israel – so spricht Gott, der
Herr –, geht doch alle und dient euren Götzen!
Doch später werdet ihr auf mich hören und mei-
nen heiligen Namen nicht mehr mit euren Opfer-
gaben und mit euren Götzen entweihen. [40] Denn
auf meinem heiligen Berg, auf dem hohen Berg
Israels – Spruch Gottes, des Herrn –, dort im Land
wird mir das ganze Haus Israel dienen. Dort will
ich sie gnädig annehmen und dort fordere ich eure
Abgaben und Erstlingsopfer mit all euren heiligen
Gaben. [41] Beim beruhigenden Duft eurer Opfer
will ich euch gnädig annehmen. Wenn ich euch
aus den Völkern herausführe und aus den Ländern
sammle, in die ihr zerstreut seid, werde ich mich
vor den Augen der Völker an euch als heilig erwei-
sen. [42] Ihr sollt erkennen, dass ich der Herr bin,
wenn ich euch in das Land Israel bringe; denn ich
habe meine Hand erhoben (zum Schwur), dieses
Land euren Vätern zu geben. [43] Dort werdet ihr
euch an euer Verhalten und an all eure Taten erin-
nern, durch die ihr euch unrein gemacht habt, und
es wird euch ekeln vor euch selbst wegen all der
bösen Taten, die ihr begangen habt. [44] Ihr werdet
erkennen, dass ich der Herr bin, wenn ich um mei-
nes Namens willen so an euch handle und nicht
nach eurem verkehrten Verhalten und nach euren
verwerflichen Taten, ihr vom Haus Israel – Spruch
Gottes, des Herrn.

1: 8,1; 14,1.3 • 4: 22,2; 23,36; 16,2 • 5: Dtn 7,6 • 6: Ex 3,8 •
7: Jos 24,14.23 • 9: 20,14; 36,21f • 11: Lev 18,5 • 12: Ex 31,13–17 •
13: Ex 14,11 • 14: 20,9; Ex 32,11f • 15: Num 14,28–30; Ps 95,11 •
22: 20,14 • 26: Lev 18,21 • 28: 6,13; Dtn 12,2 • 32: 1 Sam 8,5 •
33: Jer 21,5 • 35: Hos 2,16; Num 14,22–38 • 37: Lev 27,32; Jer 33,13 •
43: 36,31f • 44: 20,14

Das Gleichnis vom Waldbrand

21 Das Wort des Herrn erging an mich:
[2] Menschensohn, richte dein Gesicht nach
Süden, weissage gegen das Südland, tritt als Pro-
phet auf gegen den Wald im Süden [3] und sag zum
Wald des Südlands: Höre das Wort des Herrn: So
spricht Gott, der Herr: Ich will Feuer an dich legen,
jeden grünen Baum und jeden dürren Baum in dir
wird es verzehren. Seine lodernde Flamme wird
nicht erlöschen. Alle Gesichter sollen von ihr ver-
sengt werden, vom Süden bis zum Norden. [4] Dann
wird jeder Sterbliche sehen, dass ich, der Herr, das
Feuer entfacht habe. Und es wird nicht erlöschen.
[5] Da sagte ich: Ach, Herr und Gott, sie sagen über
mich: Er redet ja immer nur in Gleichnissen.

3: Jer 21,14

Das Lied vom Schwert des Herrn

[6] Das Wort des Herrn erging an mich: [7] Men-
schensohn, richte dein Gesicht gegen Jerusalem,
weissage gegen sein Heiligtum, tritt als Prophet auf
gegen das Land Israel [8] und sag zu ihm: So spricht
Gott, der Herr: Nun gehe ich gegen dich vor. Ich
ziehe mein Schwert aus der Scheide und rotte bei
dir die Gerechten ebenso wie die Schuldigen aus.
[9] Weil ich bei dir die Gerechten und die Schuldi-
gen ausrotten will, deshalb wird mein Schwert
aus seiner Scheide fahren, gegen jeden Sterblichen
vom Süden bis zum Norden. [10] Dann werden alle
Sterblichen erkennen, dass ich, der Herr, mein
Schwert aus der Scheide gezogen habe. Es wird
nicht mehr in die Scheide zurückkehren. [11] Du,
Menschensohn, stöhne: Stöhne mit gebrochenen
Hüften und in bitterem Schmerz vor ihren Augen.
[12] Wenn sie dann zu dir sagen: Warum stöhnst du?,
antworte: Weil eine Nachricht kommt, bei der je-
des Herz verzagt, alle Hände kraftlos heruntersin-
ken, bei der jeder Atem stockt und an allen Knien
das Wasser herabläuft. Seht, es kommt und ge-
schieht – Spruch Gottes, des Herrn.
[13] Das Wort des Herrn erging an mich: [14] Men-
schensohn, tritt als Prophet auf und sag: So spricht
Gott, der Herr: Sag:
Ein Schwert, ein Schwert, / geschärft und poliert.
[15] Zum Schlachten, zum Schlachten ist es ge-
schärft; / um wie ein Blitz zu leuchten, ist es po-
liert.

[Oder sollen wir uns freuen? / Der Stock meines Sohnes verachtet jedes andere Holz.]
[16] Man gab es zum Polieren, dann packt es die Faust, / ein Schwert, geschärft und poliert / für des Henkers Hand.
[17] Schrei und heule, Menschensohn! / Denn es richtet sich gegen mein Volk, / gegen alle Fürsten von Israel.
Dem Schwert sind sie verfallen, / sie und mein Volk. Darum schlag auf die Hüfte! / [18] Denn es wurde erprobt.
[Doch was wird, wenn auch der verachtende Stock nicht mehr ist?] – / Spruch Gottes, des Herrn.
[19] Du, Menschensohn, sprich als Prophet / und schlag die Hände zusammen!
Verdoppelt wird das Schwert, ja verdreifacht. / Ein Schwert zum Morden ist es, zum Morden, / das gewaltige Schwert, das sie durchbohrt.
[20] Das Herz soll verzagen und viele sollen straucheln. / An all ihren Toren habe ich dem Schwert zu schlachten befohlen.
Ja, zum Blitzen bist du gemacht, / zum Schlachten poliert.
[21] Zeig, dass du scharf bist! / Zucke nach rechts und nach links, / wohin deine Schneide gelenkt wird.
[22] Auch ich schlage die Hände zusammen; / meinen Zorn will ich stillen. – / Ich, der Herr, habe gesprochen.

12: 7,17

Eine weitere symbolische Handlung: Das Schwert des Königs von Babel

[23] Das Wort des Herrn erging an mich: [24] Du, Menschensohn, mach dir zwei Wege, auf denen das Schwert des Königs von Babel kommt. Sie sollen beide vom gleichen Land ausgehen. Am Anfang der beiden Wege stell einen Wegweiser zu je einer Stadt auf! [25] Gib die Richtung an, die das Schwert einschlagen kann: entweder Rabbat-Ammon oder Juda mit dem befestigten Jerusalem. [26] Denn der König von Babel steht an der Wegscheide, am Anfang der zwei Wege, und lässt das Orakel entscheiden: Er schüttelt die Pfeile, befragt die Götterbilder und hält Leberschau. [27] In seiner rechten Hand hält er den Entscheid des Orakels: Jerusalem. Jetzt wird er die Sturmböcke aufstellen, das Kampflied anstimmen, das Kriegsgeschrei erheben, die Sturmböcke auf die Tore richten, einen Damm aufschütten und Belagerungstürme bauen. [28] Doch in den Augen der Leute (von Jerusalem) ist das Orakel bedeutungslos. Für sie galten heilige Eide, darum wird er (der König von Babel) sie an ihre Schuld erinnern und sie packen. [29] Darum – so spricht Gott, der Herr: Ihr habt selbst an eure Schuld erinnert – eure Vergehen liegen offen zutage, eure Sünden sind samt all euren Untaten ans Licht gekommen –, und weil ihr überführt seid, wird man euch mit Gewalt packen. [30] Du entweihter, verbrecherischer Fürst von Israel, für den der Tag gekommen ist, die Zeit der endgültigen Abrechnung! [31] So spricht Gott, der Herr: Weg mit dem Turban, herunter mit der Krone! Nichts soll bleiben, wie es ist. Das Niedrige wird hoch, das Hohe wird niedrig. [32] Zu Trümmern, Trümmern, Trümmern mache ich die Stadt. [Auch dies geschieht nicht, bis der kommt, der auf sie ein Anrecht hat und dem ich sie geben will.]
[33] Du aber, Menschensohn, sprich als Prophet und sag: So spricht Gott, der Herr, über die Ammoniter und ihr Hohngelächter. Du sollst sagen: Schwert, Schwert, gezückt zum Schlachten, poliert, um ganze Arbeit zu tun, um wie ein Blitz einzuschlagen. [34] Während sie noch für dich leere Visionen haben und dir falsche Orakel verkünden, ist den todgeweihten Verbrechern das Schwert schon an den Hals gelegt; jetzt ist für sie der Tag gekommen, die Zeit der endgültigen Abrechnung.
[35] Steck das Schwert in die Scheide! An dem Ort, wo du erschaffen wurdest, im Land deiner Herkunft will ich dich richten. [36] Ich gieße meinen Groll über dich aus, das Feuer meines Zorns will ich gegen dich entfachen. Ich liefere dich grausamen Menschen aus, die ihr mörderisches Handwerk verstehen. [37] Das Feuer soll dich verzehren. Mitten im Land soll dein Blut fließen. An dich wird sich niemand erinnern. Denn ich, der Herr, habe gesprochen.

31: Jes 40,4

Anklage gegen Jerusalem

22 Das Wort des Herrn erging an mich: [2] Du, Menschensohn, willst du das Urteil sprechen, willst du das Urteil sprechen über die Stadt voll Blutschuld, willst du ihr alle ihre Gräueltaten

bewusst machen, 3 dann sag zu ihr: So spricht Gott,
der Herr: Du Stadt, die in ihrer Mitte Blut vergießt,
sodass die Zeit (des Gerichts) über sie kommt, und
die sich Götzen macht und dadurch unrein wird:
4 Durch das Blut, das du vergossen hast, bist du
schuldig geworden und durch die Götzen, die du
gemacht hast, bist du unrein geworden. Du hast
dafür gesorgt, dass die Tage (deines Gerichts) nahe
gerückt sind; so bist du ans Ende deiner Jahre
gekommen. Deshalb mache ich dich zu einem Zei-
chen der Schande unter den Völkern und des höh-
nischen Spottes in allen Ländern. 5 Nah und Fern
verhöhnt dich; denn dein Name ist befleckt und
deine Bestürzung ist groß. 6 Jeder der Fürsten Is-
raels strebt mit aller Macht danach, in dir Blut zu
vergießen. 7 In dir verachtet man Vater und Mut-
ter. In deiner Mitte beutet man die Fremden aus.
In dir unterdrückt man Waisen und Witwen. 8 Was
mir heilig ist, verachtest du. Meine Sabbat-Tage
entweihst du. 9 In dir gibt es Verleumder, die Blut
vergießen wollen. Man hält bei dir auf den Bergen
Opfermahlzeiten ab. Schandtaten verübt man bei
dir: 10 Man schändet die Frau des Vaters, man miss-
braucht bei dir Frauen während ihrer Blutung.
11 Der eine treibt abscheuliche Dinge mit der Frau
seines Nächsten; ein anderer begeht die Schand-
tat, seine Schwiegertochter unrein zu machen,
wieder ein anderer missbraucht seine Schwester,
die Tochter seines Vaters. 12 Bei dir lässt man sich
bestechen und vergießt dadurch Blut. Du nimmst
Zins und treibst Wucher und erpresst deinen
Nächsten. Mich aber hast du vergessen – Spruch
Gottes, des Herrn.
13 Ich schlage meine Hände zusammen wegen des
Gewinns, den du gemacht hast, und wegen der
Morde, die in deiner Mitte geschehen sind. 14 Wird
dein Herz standhalten können, werden deine
Hände stark bleiben in den Tagen, in denen ich
gegen dich vorgehe? Ich, der Herr, habe gespro-
chen und ich führe es aus. 15 Ich zerstreue deine
Einwohner unter die Völker und vertreibe sie in
alle Länder, ich mache der Unreinheit bei dir ein
Ende. 16 Durch deine eigene Schuld bist du ent-
weiht vor den Augen der Völker und du wirst
erkennen, dass ich der Herr bin.

2: 20,4; 23,36 • 4: 5,14 • 7: Ex 22,21f • 9: 18,5–9 • 10: Lev 18,20; 20,10 • 11: Lev 18,15; 20,12; 18,9; 20,17 • 12: Ex 22,24; Lev 25,36; Dtn 23,20 • 15: Lev 26,33

Der Schmelzofen des göttlichen Zorns

17 Das Wort des Herrn erging an mich: 18 Men-
schensohn, das Haus Israel ist für mich zu
Schlacke geworden. Sie alle sollten Silber, Kupfer
und Zinn, Eisen und Blei im Schmelzofen sein;
doch sie sind Schlacke. 19 Darum – so spricht Gott,
der Herr: Weil ihr alle zu Schlacke geworden seid,
werde ich euch mitten in Jerusalem sammeln.
20 Wie man Silber, Kupfer, Eisen, Blei und Zinn im
Schmelzofen zusammentut und darunter das
Feuer anzündet, um alles zum Schmelzen zu brin-
gen, so will ich euch in meinem Zorn und Grimm
zusammentun, will euch in den Ofen legen und
euch zum Schmelzen bringen. 21 Ich tue euch alle
zusammen hinein und lasse das Feuer meines
Zorns gegen euch auflodern; darin werdet ihr
dann schmelzen. 22 Wie Silber im Schmelzofen
schmilzt, so werdet ihr darin zum Schmelzen
gebracht. Dann erkennt ihr, dass ich, der Herr,
meinen Zorn über euch ausschütte.

18: Jes 1,22–25; Jer 6,28

Die Verderbtheit aller Schichten des Volkes

23 Das Wort des Herrn erging an mich: 24 Men-
schensohn, sag zu dem Land: Du bist ein Land, das
nicht vom Regen begossen, nicht benetzt wird am
Tag des Zorns. 25 Mitten in ihm sind seine Fürsten
wie brüllende Löwen, die auf Beute aus sind. Sie
fressen Menschen, nehmen Schätze und Kostbar-
keiten an sich und machen viele Frauen im Land
zu Witwen. 26 Seine Priester vergewaltigen mein
Gesetz. Sie entweihen, was mir heilig ist. Zwischen
heilig und nicht heilig machen sie keinen Unter-
schied. Sie belehren niemand mehr über unrein
und rein und vor meinen Sabbat-Tagen verschlie-
ßen sie die Augen. So werde ich mitten unter ihnen
entweiht. 27 Mitten in ihm sind seine Beamten wie
Wölfe, die auf Beute aus sind; sie vergießen Blut
und richten Menschenleben zugrunde, um Ge-
winn zu machen. 28 Seine Propheten aber über-
tünchen ihnen alles. Sie haben nichtige Visionen,
verkünden ihnen falsche Orakel und sagen: So
spricht Gott, der Herr – obwohl der Herr gar nicht
gesprochen hat.
29 Die Bürger des Landes erpressen und rauben. Sie
beuten die Schwachen und Armen aus und erpres-
sen die Fremden gegen jedes Recht. 30 Da suchte

ich unter ihnen einen Mann, der eine Mauer baut
oder für das Land in die Bresche springt und mir
entgegentritt, damit ich es nicht vernichten muss;
aber ich fand keinen. 31 Darum schütte ich meinen
Groll über sie aus. Ich vernichte sie im Feuer mei-
nes Zorns. Ihr Verhalten lasse ich auf sie selbst
zurückfallen – Spruch Gottes, des Herrn.

25: Zef 3,3f • 28: 13,3–10 • 31: 9,10; 11,21; 16,43

Das Gleichnis von den schamlosen Schwestern Israel und Juda

23 Das Wort des Herrn erging an mich:
2 Menschensohn! Es waren einst zwei
Frauen, Töchter der gleichen Mutter. 3 Sie trieben
Unzucht in Ägypten, schon in ihrer Jugend trie-
ben sie Unzucht; dort griff man nach ihren Brüs-
ten, dort streichelte man ihre jugendliche Brust.
4 Die ältere hieß Ohola, ihre Schwester Oholiba.
Sie wurden meine Frauen und gebaren Söhne und
Töchter. Der Name Ohola meint Samaria, Oholiba
Jerusalem. 5 Ohola wurde mir untreu. Sie hatte
Verlangen nach ihren Liebhabern, den kriegeri-
schen Assyrern, 6 den in Purpur gekleideten Statt-
haltern und Herren; alle waren begehrenswerte
junge Männer, Reiter hoch zu Ross. 7 Auf sie rich-
tete sie ihr unzüchtiges Verlangen. Sie alle gehör-
ten zu den Tüchtigsten unter den Assyrern. Mit
allen, nach denen sie Verlangen hatte, und mit all
ihren Götzen machte sie sich unrein. 8 Die Un-
zucht, die sie in Ägypten getrieben hatte, gab sie
nicht auf; denn schon als sie noch jung war, lagen
die Ägypter bei ihr, drückten ihre jugendlichen
Brüste und besudelten sie mit ihrer Unzucht.
9 Darum gab ich sie in die Gewalt ihrer Liebhaber,
in die Gewalt der Assyrer, nach denen sie Verlan-
gen hatte. 10 Sie entblößten ihre Scham, nahmen
ihr die Söhne und Töchter weg und erschlugen sie
selbst mit dem Schwert. So wurde sie zum war-
nenden Beispiel für alle Frauen und man voll-
streckte an ihr das Urteil.
11 All das sah ihre Schwester Oholiba; trotzdem
trieb sie es in ihrer Gier noch toller als sie und war
in ihrer Schamlosigkeit noch schlimmer als sie.
12 Auch sie hatte Verlangen nach den Assyrern,
nach den Statthaltern und Herren, den prächtig
gekleideten Kriegern, den Reitern hoch zu Ross.
Alle waren begehrenswerte junge Männer. 13 Ich
sah, dass sie sich unrein machte. Beide trieben es
gleich. 14 Doch Oholiba ging noch weiter in ihrem
unzüchtigen Treiben: Sie sah mit Mennig gemalte
Wandzeichnungen chaldäischer Männer, 15 die um
die Hüften einen Lendenschurz und auf dem Kopf
einen herabhängenden Kopfbund trugen. Alle
sahen aus wie Helden, wie Babylonier [Chaldäa ist
ihre Heimat]. 16 Als ihre Augen sie sahen, erwachte
in ihr die Gier und sie schickte Boten zu ihnen
nach Chaldäa. 17 Die Söhne Babels kamen zu ih-
rem Liebeslager und machten sie unrein mit ihrer
Unzucht. Als sie aber durch sie unrein geworden
war, wandte sie sich jäh von ihnen ab.
18 Weil sie so offen ihre Unzucht trieb und ihre
Scham entblößte, wandte auch ich mich jäh von
ihr ab, wie ich mich von ihrer Schwester abge-
wandt hatte. 19 Sie jedoch ging noch weiter in ih-
rem unzüchtigen Treiben. Sie dachte an die Tage
ihrer Jugend, als sie in Ägypten Unzucht getrieben
hatte. 20 Und es erwachte in ihr die Gier nach ihren
Liebhabern, deren Glieder wie die Glieder der Esel
und deren Erguss wie der Erguss der Hengste
waren. 21 Du hattest nämlich das schändliche Trei-
ben deiner Jugend vermisst, als die Ägypter nach
deinen Brüsten griffen und deine jugendliche
Brust streichelten.
22 Darum, Oholiba – so spricht Gott, der Herr –,
hetze ich deine Liebhaber, von denen du dich jäh
abgewandt hast, gegen dich auf, von allen Seiten
führe ich sie gegen dich heran: 23 die Söhne Ba-
bels und alle Chaldäer, Männer aus Pekod, Schoa
und Koa, dazu alle Assyrer, begehrenswerte junge
Männer, lauter Statthalter und Herren, Helden
und Krieger, alle hoch zu Ross. 24 In Scharen über-
fallen sie dich mit Reitern und Wagen und einem
Heer aus vielen Völkern. Mit Langschilden, Rund-
schilden und Helmen bewaffnet, umstellen sie
dich. Dann lege ich ihnen den Fall vor, damit sie
nach ihrem Recht über dich richten. 25 Ich lasse
dich meine Eifersucht fühlen, damit sie an dir voll
Grimm die Strafe vollziehen: Nase und Ohren
werden sie dir abschneiden. Was von dir übrig
bleibt, fällt unter dem Schwert. Sie nehmen dir die
Söhne und Töchter weg. Was dann noch übrig ist
von dir, wird vom Feuer verzehrt. 26 Sie ziehen dir
die Kleider aus und nehmen dir deinen Schmuck
weg. 27 So mache ich deinem schändlichen Treiben

und deiner Unzucht, die du schon in Ägypten getrieben hast, ein Ende. Du sollst deine Liebhaber nicht mehr ansehen und nie mehr an Ägypten denken.

[28] Denn – so spricht Gott, der Herr – ich will dich in die Gewalt derer geben, gegen die du jetzt voll Hass bist, in die Gewalt derer, von denen du dich jäh abgewandt hast. [29] Sie werden voll Hass gegen dich vorgehen und dir alles nehmen, was du mühsam erworben hast. Sie werden dich nackt und bloß zurücklassen, deine lüsterne, schändliche und unzüchtige Scham wird entblößt sein. [30] Das tut man dir an, weil du den Völkern so unzüchtig nachgelaufen bist und dich mit ihren Götzen unrein gemacht hast. [31] Auf dem Weg deiner Schwester bist du gegangen, darum gebe ich dir ihren Becher in die Hand.

[32] So spricht Gott, der Herr:

Den Becher deiner Schwester sollst du leeren, / den tiefen und weiten, der viel fasst. / [Zum Gelächter und Gespött sollst du werden.]

[33] Von Trunkenheit und Qual wirst du voll sein. / Ein Becher des Grauens und des Schauderns / ist der Becher deiner Schwester Samaria.

[34] Du sollst ihn leertrinken, ja ausschlürfen, / du sollst seine Scherben zerbeißen / und dir die Brüste zerreißen.

Denn ich habe gesprochen – Spruch Gottes, des Herrn.

[35] Darum – so spricht Gott, der Herr: Weil du mich vergessen und mich gänzlich verworfen hast, sollst auch du die Strafe für deine Unzucht und dein schändliches Treiben erleiden.

[36] Der Herr sagte zu mir: Menschensohn, willst du über Ohola und Oholiba zu Gericht sitzen? Dann halt ihnen ihre Gräueltaten vor: [37] Sie haben die Ehe gebrochen und an ihren Händen klebt Blut. Mit ihren Götzen haben sie Ehebruch begangen, sogar ihre Söhne, die sie mir geboren hatten, ließen sie durch das Feuer gehen, den Götzen zum Fraß. [38] Noch mehr taten sie mir an: Am gleichen Tag haben sie mein Heiligtum unrein gemacht und meine Sabbat-Tage entweiht. [39] Denn noch am selben Tag, an dem sie ihre Söhne den Götzen schlachteten, kamen sie in mein Heiligtum und entweihten es. Ja, so trieben sie es in meinem Haus.

[40] Sogar in weite Ferne hast du Boten geschickt und Männer zu dir eingeladen. Als sie kamen, hast du ihretwegen gebadet, deine Augen geschminkt und deinen Schmuck angelegt. [41] Du hast dich auf ein prunkvolles Lager gesetzt; davor stand ein Tisch bereit, auf den du meinen Weihrauch und mein Öl gestellt hattest. [42] Der Lärm einer sorglosen Menge umgab sie; denn laut zechten die Männer, die Unzahl von Menschen, die man aus der Wüste herbeigeholt hatte. Sie legten den beiden Schwestern Spangen an die Arme und setzten ihnen prächtige Kronen auf. [43] Ich dachte: So haben sie die Ehe gebrochen; wie eine Dirne es treibt, so treiben sie Unzucht. [44] Die Männer gingen zu ihr, wie man zu einer Dirne geht. So gingen sie zu Ohola und Oholiba, den schamlosen Frauen. [45] Doch gerechte Männer werden ihnen das Urteil sprechen nach der Rechtsvorschrift für Ehebrecherinnen und Mörderinnen. Denn sie haben Ehebruch begangen und an ihren Händen klebt Blut.

[46] Ja, so spricht Gott, der Herr: Man berufe eine Volksversammlung gegen sie ein; sie sollen misshandelt und ausgeraubt werden. [47] Die Volksversammlung soll sie steinigen und mit Schwertern in Stücke hauen. Ihre Söhne und Töchter soll man töten und ihre Häuser verbrennen. [48] So mache ich dem schändlichen Treiben im Land ein Ende, damit alle Frauen gewarnt sind und nicht ebenso schamlos handeln wie ihr. [49] Man wird euch für euer schändliches Treiben bestrafen und ihr müsst für die Sünden büßen, die ihr mit euren Götzen begangen habt. Dann werdet ihr erkennen, dass ich Gott, der Herr, bin.

3: 20,7f • 17: 2 Kön 20,12–19 • 32: Jes 51,17 • 35: Jer 2,32 • 36: 20,4 • 37: 16,20; Lev 18,21 • 45: 16,38.40; Lev 20,10

WEITERE SYMBOLISCHE HANDLUNGEN: 24,1–27

Die vergebliche Reinigung der Stadt

24 Am zehnten Tag des zehnten Monats im
neunten Jahr erging das Wort des Herrn
an mich: 2 Menschensohn, schreib dir das Datum
dieses Tages auf, genau den heutigen Tag! Am heu-
tigen Tag begann der König von Babel seinen
Angriff auf Jerusalem. 3 Leg dem widerspenstigen
Volk ein Gleichnis vor und sag zu ihnen: So spricht
Gott, der Herr:
Stell einen Kessel aufs Feuer, / stell ihn auf; auch
Wasser gieß ein!
4 Leg Fleisch hinein, / lauter gute Stücke, Lende
und Schulter! / Gib die besten Knochen dazu!
5 Nimm auserlesene Schafe! / Auch Brennholz leg
ringsum unter den Kessel!
Lass die Fleischstücke kochen! / Auch die Knochen
koch mit!
6 Darum – so spricht Gott, der Herr: Weh der Stadt
voll Blutschuld, / weh dem verrosteten Kessel
und weh dem Rost, der nicht abgeht. / Stück für
Stück nimm wahllos heraus!
7 Denn das Blut, das die Stadt vergoss, / ist noch
mitten in ihr.
An den nackten Felsen hat sie es hingeschüttet. /
Nicht auf die Erde hat sie es vergossen / und nicht
mit Erde bedeckt,
8 sodass mein Zorn entbrannte und ich Rache
nahm: / Auf dem nackten Felsen vergieße ich ihr
Blut; / es wird nicht mit Erde bedeckt.
9 Darum – so spricht Gott, der Herr:
Weh der Stadt voll Blutschuld. / Auch ich schichte
einen großen Holzstoß auf,
10 ich häufe das Holz, / ich entzünde das Feuer,
ich koche das Fleisch, / ich gieße die Brühe ab /
[und die Knochen sollen verbrennen].
11 Dann stelle ich den Kessel leer auf die Glut,
damit das Metall sich erhitzt und glüht, damit
schmilzt, was an ihm unrein ist, und der Rost ver-
schwindet. 12 Doch umsonst die Mühe: Der starke
Rost geht im Feuer nicht ab.
13 Wegen deiner Schandtaten und deiner Unrein-
heit – weil ich dich rein machen wollte, du aber
nicht frei wurdest von deiner Unreinheit – sollst
du nicht mehr rein werden, bis ich meinen Zorn
an dir gestillt habe. 14 Ich, der Herr, habe gespro-
chen. Jetzt ist es soweit, ich führe es aus. Ich sehe
nicht tatenlos zu. Ich habe kein Mitleid, es reut
mich nicht. Nach deinem Verhalten und deinen
Taten will ich dich richten – Spruch Gottes, des
Herrn.

3–14: 11,3–13 • 6: 22,2 • 7: Lev 17,13; Ijob 16,18 • 13: 5,13 • 14: 5,11

Die Zerstörung der Stadt

15 Das Wort des Herrn erging an mich: 16 Men-
schensohn, ich nehme dir die Freude deiner Augen
durch einen jähen Tod. Doch du sollst weder kla-
gen noch weinen. Keine Träne darfst du vergießen,
17 nur leise stöhnen. Keine Trauerfeier sollst du
halten. Binde deinen Kopfbund um und zieh deine
Schuhe an! Verhülle deinen Bart nicht, und iss kein
Trauerbrot!
18 Ich redete am Morgen zum Volk. Meine Frau
starb am Abend und ich tat am Morgen, was mir
befohlen war.
19 Da sagte das Volk zu mir: Willst du uns nicht
erklären, was dein Verhalten für uns zu bedeuten
hat?
20 Ich antwortete ihnen: Das Wort des Herrn ist an
mich ergangen. 21 Sag zum Haus Israel: So spricht
Gott, der Herr:
Ich will mein Heiligtum entweihen, den Zu-
fluchtsort, auf den ihr so stolz seid, die Freude
eurer Augen und die Sehnsucht eurer Seele. Eure
Söhne und Töchter, die ihr zurückgelassen habt,
werden unter dem Schwert fallen. 22 Dann werdet
ihr genauso handeln wie ich: Ihr werdet den
Bart nicht verhüllen und kein Trauerbrot essen.
23 Euren Kopfbund werdet ihr auf dem Kopf behal-
ten und eure Schuhe an den Füßen. Ihr werdet
weder klagen noch weinen, sondern wegen eurer
Sünden dahinsiechen und miteinander stöhnen.
24 Ezechiel wird ein Mahnzeichen für euch sein.
Genauso wie er gehandelt hat, werdet ihr handeln;
wenn das eintrifft, werdet ihr erkennen, dass ich
Gott, der Herr, bin.
25 Du aber, Menschensohn, an jenem Tag, wenn ich
ihnen ihren Zufluchtsort nehme, ihre Pracht und
Wonne, die Freude ihrer Augen und die Sehnsucht
ihrer Seele, ihre Söhne und Töchter, 26 an jenem
Tag wird zu dir ein Flüchtling kommen, um dir die

Nachricht zu bringen. 27 Und an jenem Tag wird in Gegenwart des Flüchtlings dein Mund geöffnet. Du wirst reden und nicht mehr stumm sein. So wirst du zu einem Mahnzeichen für sie und sie werden erkennen, dass ich der Herr bin.

26: 33,21 • 27: 12,6.11

DIE DROHSPRÜCHE GEGEN DIE NACHBARVÖLKER: 25,1 – 32,32

Gegen die unmittelbaren Nachbarn Israels: 25,1 – 28,26

Gegen Ammon, Moab, Edom und die Philister

25 Das Wort des Herrn erging an mich: 2 Menschensohn, richte dein Gesicht gegen die Ammoniter, sprich als Prophet über sie, 3 und sag zu ihnen:
Hört das Wort Gottes, des Herrn: So spricht Gott, der Herr: Weil du gegen mein Heiligtum hin »Ha, ha« geschrien hast, als es entweiht wurde, und gegen das Land Israel, als es verwüstet wurde, und gegen das Haus Juda, als es verschleppt wurde, 4 darum gebe ich dich jetzt den Völkern des Ostens zum Besitz. Sie werden ihre Zelte bei dir aufschlagen und ihre Siedlungen bei dir errichten. Sie werden deine Früchte essen und deine Milch trinken. 5 Rabba mache ich zum Weideplatz der Kamele und die Städte der Ammoniter zum Lager der Schafe und Ziegen. Dann werdet ihr erkennen, dass ich der Herr bin. 6 Denn so spricht Gott, der Herr: Weil du in die Hände geklatscht und mit dem Fuß auf den Boden gestampft hast, voll höhnischer Schadenfreude über das Land Israel, 7 darum strecke ich jetzt meine Hand gegen dich aus, ich überlasse dich den Völkern zur Plünderung, ich rotte dich aus unter den Nationen und sorge dafür, dass du aus der Zahl der Länder verschwindest; ich vernichte dich. Dann wirst du erkennen, dass ich der Herr bin.
8 So spricht Gott, der Herr: Weil Moab und Seïr sagen: Dem Haus Juda geht es wie allen anderen Völkern!, 9 darum will ich die Flanke Moabs aufreißen, sodass es bei ihm keine Stadt mehr gibt von einem Ende zum andern, nicht mehr Bet-Jeschimot, Baal-Meon und Kirjatajim, die Zierde des Landes. 10 Zusammen mit den Ammonitern gebe ich es den Völkern des Ostens zum Besitz, sodass die Ammoniter unter den Nationen nicht mehr erwähnt werden 11 und ich an Moab das Urteil vollstrecke. Dann werden sie erkennen, dass ich der Herr bin.
12 So spricht Gott, der Herr: Weil Edom sich am Haus Juda gerächt hat, weil es Schuld auf sich geladen und Rache an ihm genommen hat, 13 darum – so spricht Gott, der Herr: Ich strecke meine Hand gegen Edom aus, ich vernichte darin Mensch und Tier und mache es zur Wüste. Von Teman bis Dedan sollen sie unter dem Schwert fallen. 14 Ich lege meine Rache an Edom in die Hand meines Volkes Israel. Sie werden an Edom meinem Zorn und Grimm entsprechend handeln. Dann wird Edom meine Rache kennen lernen – Spruch Gottes, des Herrn.
15 So spricht Gott, der Herr: Weil die Philister rachsüchtig waren und voll Verachtung Rache nahmen, um Juda aus uralter Feindschaft zu vernichten, 16 darum – so spricht Gott, der Herr: Ich will jetzt meine Hand gegen die Philister ausstrecken, ich will die Kereter ausrotten und die übrigen Völker an der Küste vernichten. 17 Ich nehme an ihnen gewaltige Rache mit grimmigen Strafen. Dann werden sie erkennen, dass ich der Herr bin, wenn ich mich an ihnen räche.

1–7: 21,33–37; Am 1,13–15; Jer 49,1–6 • 8–11: Jes 15; Jer 48 • 12–14: 35,1–15; Jer 49,7–22; Ps 137,7; Am 1,11f • 15–17: Jer 47; Jes 14,29–32; Am 1,6–8; Zef 2,4–7

Gegen Tyrus

26 Am ersten Tag des (zwölften) Monats im elften Jahr erging das Wort des Herrn an mich:
2 Menschensohn, weil Tyrus über Jerusalem sagte: / Ha, das Tor zu den Völkern ist zerbrochen;
alles fällt mir zu, jetzt kann ich mich mästen; / denn die Stadt ist verwüstet!,
3 darum – so spricht Gott, der Herr: / Jetzt gehe ich gegen dich vor, Tyrus,
und lasse viele Völker gegen dich anbranden, / wie das Meer seine Wogen anbranden lässt.

4 Sie zerstören die Mauern von Tyrus / und seine
Türme reißen sie ein.
Sein Erdreich schwemme ich weg, / zum nackten
Felsen mache ich Tyrus.
5 Ein Platz zum Trocknen der Netze / wird es mit-
ten im Meer;
denn ich habe gesprochen – Spruch Gottes, des
Herrn. / Es wird eine Beute der Völker.
6 Seine Töchter auf dem Festland werden / vom
Schwert erschlagen. / Dann wird man erkennen,
dass ich der Herr bin.
7 Denn so spricht Gott, der Herr: Nebukadnezzar,
den König von Babel, / den König der Könige,
führe ich von Norden gegen Tyrus heran, / mit
Rossen und Wagen und Reitern, / mit einem gro-
ßen Aufgebot, einem gewaltigen Heer.
8 Deine Töchter auf dem Festland / wird er mit
dem Schwert erschlagen.
Er baut dir gegenüber einen Belagerungswall, /
schüttet einen Damm gegen dich auf / und errich-
tet ein Schilddach.
9 Seinen Sturmbock setzt er an / zum Stoß gegen
deine Mauern, / deine Türme reißt er mit Brech-
eisen ein.
10 Eine Staubwolke wird dich bedecken, / so viele
Pferde hat er.
Unter dem Dröhnen der Reiter und Räder und
Wagen / erzittern deine Mauern,
wenn er durch deine Tore eindringt, / wie man ein-
dringt in eine Stadt voller Breschen.
11 Mit den Hufen seiner Pferde / zerstampft er all
deine Straßen.
Mit dem Schwert erschlägt er dein Volk / und deine
mächtigen Säulen stürzt er zu Boden.
12 Sie plündern deinen Besitz / und rauben dir dei-
ne Waren.
Deine Mauern reißen sie ein. / Sie zerstören die
prächtigen Bauten.
Deine Steine, deine Balken, deinen ganzen Schutt /
werfen sie mitten ins Meer.
13 So mache ich deinen lärmenden Liedern ein
Ende, / vom Klang deiner Zithern ist nichts mehr
zu hören.
14 Zum nackten Felsen mache ich dich. / Du wirst
ein Platz zum Trocknen der Netze.
Man baut dich nie wieder auf; / denn ich, der Herr,
habe gesprochen – / Spruch Gottes, des Herrn.
15 So spricht Gott, der Herr, zu Tyrus: Ist es nicht
so, dass die Inseln erzittern beim Getöse deines
Sturzes, beim Gestöhn der zu Tode Getroffenen,
beim mörderischen Blutbad in deiner Mitte?
16 Dann steigen alle Fürsten der Küstenländer von
ihren Thronen herab, sie legen ihre Gewänder ab
und ziehen ihre bunt gewebten Kleider aus. Sie
hüllen sich in Schrecken und setzen sich auf den
Boden; immer wieder erfasst sie ein Zittern und
sie sind entsetzt über dich. 17 Sie stimmen die
Totenklage über dich an und sagen zu dir:
Ach, wie bist du zerstört, / du Bewohnerin der
Meere, ruhmreiche Stadt,
einst eine Macht auf dem Meer, / du und deine
Bewohner, / die alle ihre Nachbarn in Schrecken
versetzten.
18 Nun aber beben die Inseln / seit dem Tag deines
Sturzes. / Bestürzt sind die Inseln des Meeres über
dein Ende.
19 Denn so spricht Gott, der Herr: Ich mache dich
zur verwüsteten Stadt; dann wirst du wie die
Städte sein, die nicht mehr bewohnt sind. Die
Urflut lasse ich steigen, sodass gewaltige Wasser-
massen dich zudecken. 20 Ich stoße dich zu denen
hinab, die ins Grab gesunken sind, zum Volk der
Vorzeit. Ich weise dir einen Wohnsitz zu in den
Tiefen der Erde, in der ewigen Einöde bei denen,
die ins Grab gesunken sind. Denn du sollst nicht
mehr bewohnt sein und dich nicht mehr erheben
im Land der Lebenden. 21 Zu einem Bild des
Schreckens mache ich dich. Du bist nicht mehr da,
und wer dich sucht, wird dich in Ewigkeit nicht
finden – Spruch Gottes, des Herrn.

2: Jes 23; Am 1,9f • 7: 29,17–21; Jer 27,6 • 13: Jes 24,8f; Jer 25,10 • 20: 32,18; Jes 14,11.15

Die Totenklage über Tyrus, das prächtige Schiff

27 Das Wort des Herrn erging an mich: 2 Du,
Menschensohn, stimm die Totenklage
über Tyrus an! 3 Sag zu Tyrus:
Du, die du wohnst am Zugang zum Meer, / die du
Handel treibst mit den Völkern / bis hin zu den
vielen Inseln,
so spricht Gott, der Herr: Tyrus, du sagst: / Ich bin
(ein Schiff) von vollendeter Schönheit.
4 Im Herzen der Meere liegt dein Gebiet. / Vollen-
det schön schufen dich deine Erbauer.

„Wenn dein Leben erlischt, will ich den Himmel bedecken und die Sterne verdüstern. Die Sonne decke ich zu mit Wolken, der Mond lässt sein Licht nicht mehr leuchten. Deinetwegen verdunkle ich alle die strahlenden Lichter am Himmel und lege Finsternis über dein Land – Spruch Gottes, des Herrn." (Ezechiel, 32,7–8)

Der tote Christus, 1926

Öl auf Leinwand, 115 x 130 cm
bezeichnet rechts unten: Egger Lienz
Lienz, Museum der Stadt Lienz Schloss Bruck, Inv.Nr. AEL 70

Albin Egger-Lienz hat im letzten Lebensjahr mit seinem Gemälde „Pietá" ein Schlüsselbild seiner Gedankenwelt geschaffen. Der auf dem Tisch aufgebahrte Leichnam wird zum Mittelpunkt des Gedenkens an den Christusmenschen. Die Detailstudie „Der tote Christus" zur „Pietá" wird zum eigenständigen Werk. Darin gestaltet Egger-Lienz den Leichnam in einer formal abstrahierten, farblich monochronen und dadurch expressiven Art. Durch die optische Verkürzung des Körpers erinnert das Gemälde an Motive von Andrea Mantegna oder Giovanni Segantini: Für Egger-Lienz gilt aber der geistige Bildsinn: Der Mensch ist im Tod zu seinem Ursprung zurückgekehrt.

„So spricht Gott, der Herr: Wenn ich die vom Haus Israel aus all den Ländern zusammenführe, in die sie zerstreut sind, dann erweise ich mich an ihnen vor den Augen der Völker als heilig. Sie werden in ihrem Land wohnen, ... Dort werden sie in Sicherheit leben; sie werden Häuser bauen und Weinberge pflanzen. Sie wohnen in Sicherheit, sobald ich an all ihren Feinden ringsum das Urteil vollstrecke. Dann werden sie erkennen, dass ich, der Herr, ihr Gott bin." (Ezechiel 28,25–26)

Kriegsfrauen, 1918–1922

Öl über Tempera auf Leinwand, 124 x 247 cm
bezeichnet Mitte unten: 1921 Egger Lienz; rechts unten: Kriegsfrauen
Lienz, Museum der Stadt Lienz Schloss Bruck, Inv.Nr. AEL 52

Albin Egger-Lienz führt hier ein großes Thema der menschlichen Existenz vor Augen. Die Frauen sind nach den Kriegswirren auf sich allein gestellt, ihre Männer sind auf dem Schlachtfeld geblieben. Das Motiv wird von Klage über den Tod, Klage über die seelischen Nöte, Klage über die Isolation begleitet. Vier Frauen sitzen in einer Bauernstube, jede für sich introvertiert ohne Sehnsucht nach zwischenmenschlicher Kontaktnahme. Eine Frau schaut zum Fenster in diesen Lebensraum herein und signalisiert die einzige Bindung zur Außenwelt.

5 Aus Zypressenholz vom Senirgebirge / bauten sie
all deine Planken,
eine Zeder vom Libanon nahmen sie, / um auf dir
den Mast zu errichten.
6 Deine Ruder machten sie aus Eichen vom Baschan, / dein Deck aus Elfenbein und Eschenholz /
von den Inseln der Kittäer.
7 Dein Segel war bunt gewebtes ägyptisches Leinen. / Es sollte dein Erkennungszeichen sein.
Deine Planen waren aus violettem und rotem Purpur / von den Küsten Elischas.
8 Deine Ruderer stammten aus Sidon und Arwad. /
Erfahrene Männer, Tyrus, gab es bei dir. / Sie waren deine Matrosen.
9 Die Ältesten von Gebal / und seine erfahrensten
Männer / fuhren auf dir, um deine Risse zu dichten.
Alle Schiffe des Meeres und ihre Matrosen / kamen
zu dir, um mit dir Handel zu treiben.
10 Leute von Paras, Lud und Put / dienten in deiner
Mannschaft als Krieger.
Schilde und Helme hängten sie auf an dir; / diese
verliehen dir prächtigen Glanz.
11 Die Söhne von Arwad und deine Mannschaft
standen ringsum auf deinen Mauern und die
Wächter auf deinen Türmen. Ihre Schilde hängten sie rings an deinen Mauern auf. Sie machten
deine Schönheit vollkommen. 12 Tarschisch kaufte
bei dir wegen der Fülle deiner Güter; Silber, Eisen,
Zinn und Blei gaben sie für deine Waren. 13 Jawan,
Tubal und Meschech waren deine Händler. Menschen und Kupfergeräte gaben sie für deine Handelswaren. 14 Die von Bet-Togarma gaben Zugpferde und Reitpferde und Maultiere für deine
Waren. 15 Die Söhne von Rhodos waren deine
Händler. Viele Inseln standen als Kaufleute in
deinem Dienst; als Abgaben brachten sie dir Elfenbein und Ebenholz. 16 Edom kaufte bei dir wegen der Fülle deiner Erzeugnisse. Karfunkelstein,
Purpur, bunte Stoffe, Byssus, Korallen und Rubine gaben sie für deine Waren. 17 Juda und das
Land Israel waren deine Händler. Weizen, Oliven,
Wachs, Honig, Öl und Mastix gaben sie für deine
Handelswaren. 18 Damaskus kaufte bei dir wegen
der Fülle deiner Erzeugnisse, wegen der Fülle deiner Güter. Wein aus Helbon und Wolle aus Zahar,
19 Wein aus Usal gaben sie für deine Waren. Gehämmertes Eisen, Zimt und Gewürzrohr gehörte zu deinen Handelswaren. 20 Dedan war dein
Händler für Satteldecken. 21 Arabien und alle
Fürsten von Kedar, sie waren Kaufleute in deinen
Diensten. Sie zahlten mit Lämmern, Widdern und
Böcken. 22 Händler von Saba und Ragma trieben
Handel mit dir. Für den besten Balsam, für alle
Arten von Edelsteinen und Gold gaben sie deine
Waren. 23 Haran, Kanne und Eden, die Händler
von Saba, Assur, ganz Medien trieben Handel mit
dir. 24 Sie waren deine Händler. Prunkgewänder
und Mäntel aus violettem Purpur, bunte Stoffe
und mehrfarbige Tücher, feste gedrehte Seile kaufften sie ein für dich.
25 Die Schiffe von Tarschisch dienten dir / als Karawanen für deine Waren.
So fülltest du dich, / wurdest schwer beladen mitten im Meer.
26 Über gewaltige Wasser brachten dich deine
Ruderer. / Da zerbrach dich der Ostwind mitten
im Meer.
27 Dein Reichtum, deine Waren, dein Handelsgut, /
deine Seeleute und deine Matrosen,
die Männer, die deine Risse dichten, / die deine
Waren eintauschen,
alle deine Soldaten auf dir / und das ganze Heer,
das du hast, / fallen mitten ins Meer am Tag deines Sturzes.
28 Beim lauten Geschrei deiner Matrosen / zittern
die Küsten.
29 Alle, die das Ruder führen, verlassen ihr Schiff. /
Alle Seefahrer und alle Matrosen bleiben an Land.
30 Deinetwegen schreien sie laut, / bitterlich jammern sie.
Sie streuen sich Staub auf das Haupt / und wälzen
sich auf dem Boden.
31 Deinetwegen scheren sie sich eine Glatze, / Trauerkleider legen sie an
und weinen über dich mit verbitterter Seele, / mit
bitterer Klage.
32 In ihrem Jammer stimmen sie über dich / ein
Totenlied an
und halten die Totenklage für dich: / Wer war
Tyrus vergleichbar, mitten im Meer?
33 Als deine Waren vom Meer her kamen, / hast du
viele Völker gesättigt.
Die Könige der Erde machtest du reich / mit dei-

nem gewaltigen Reichtum / und deinen Handels-
waren.
34 Jetzt liegst du zerbrochen im Meer, / in den Tie-
fen der Fluten.
Deine Handelswaren, dein ganzes Heer / sind mit
dir versunken.
35 Alle Bewohner der Küsten sind entsetzt über
dich; / ihren Königen sträubt sich das Haar. / Ver-
stört sind ihre Gesichter.
36 Deine Kaufleute unter den Völkern / zischen
(voll Hohn) über dich.
Zu einem Bild des Schreckens bist du geworden, /
für immer dahin.

10: 38,5 • 12: Jes 23,1 • 13: 32,26; 38,2 • 14: 38,6 • 19: Gen 10,27 •
21: Gen 25,13 • 22: Gen 10,7 • 36: 28,19

Gegen den Fürsten von Tyrus

28 Das Wort des Herrn erging an mich:
2 Menschensohn, sag zum Fürsten von
Tyrus: So spricht Gott, der Herr: Dein Herz war
stolz und du sagtest: Ich bin ein Gott, einen Wohn-
sitz für Götter bewohne ich mitten im Meer. Doch
du bist nur ein Mensch und kein Gott, obwohl du
im Herzen geglaubt hast, dass du wie Gott bist.
3 Gewiss, du bist weiser als Daniel. / Kein Geheim-
nis war dir zu dunkel.
4 Durch deine Weisheit und Einsicht schufst du dir
Reichtum. / Mit Gold und Silber fülltest du deine
Kammern.
5 Durch deine gewaltige Weisheit, durch deinen
Handel / hast du deinen Reichtum vermehrt.
Doch dein Herz wurde stolz / wegen all deines
Reichtums.
6 Darum – so spricht Gott, der Herr:
Weil du im Herzen geglaubt hast, / dass du wie
Gott bist,
7 darum schicke ich Fremde gegen dich, / tyranni-
sche Völker.
Sie zücken das Schwert gegen all deine prächtige
Weisheit, / entweihen deinen strahlenden Glanz.
8 Man stößt dich hinab in das Grab; / wie einer
durchbohrt wird und stirbt, / so stirbst du mitten
im Meer.
9 Willst du dann angesichts deiner Mörder noch
sagen: / Ich bin ein Gott?
Du bist nur ein Mensch und kein Gott / in der
Hand deiner Mörder.
10 Wie Unbeschnittene sterben, / so stirbst du
durch Fremde;
denn ich habe gesprochen – / Spruch Gottes, des
Herrn.

2: Gen 3,5; Jes 14,13f • 3: 14,14; Dan 1,17 • 9: Jes 31,3

Die Totenklage über den König von Tyrus

11 Das Wort des Herrn erging an mich: 12 Men-
schensohn, stimm die Totenklage an über den
König von Tyrus und sag zu ihm: So spricht Gott,
der Herr:
Du warst ein vollendet gestaltetes Siegel, / voll
Weisheit und vollkommener Schönheit.
13 Im Garten Gottes, in Eden, bist du gewesen. /
Allerlei kostbare Steine umgaben dich:
Rubin, Topas, dazu Jaspis, / Chrysolith, Karneol
und Onyx, / Saphir, Karfunkelstein und Smaragd.
Aus Gold war alles gemacht, / was an dir erhöht
und vertieft war,
all diese Zierden brachte man an, / als man dich
schuf.
14 Einem Kerub mit ausgebreiteten, schützenden
Flügeln gesellte ich dich bei. / Auf dem heiligen
Berg der Götter bist du gewesen. / Zwischen den
feurigen Steinen gingst du umher.
15 Ohne Tadel war dein Verhalten / seit dem Tag, an
dem man dich schuf, / bis zu dem Tag, an dem du
Böses getan hast.
16 Durch deinen ausgedehnten Handel / warst du
erfüllt von Gewalttat, / in Sünde bist du gefallen.
Darum habe ich dich vom Berg der Götter ver-
stoßen, / aus der Mitte der feurigen Steine / hat
dich der schützende Kerub verjagt.
17 Hochmütig warst du geworden, / weil du so
schön warst.
Du hast deine Weisheit vernichtet, / verblendet
vom strahlenden Glanz.
Ich stieß dich auf die Erde hinab. / Den Blicken der
Könige gab ich dich preis, / damit sie dich alle
begaffen.
18 Du hast durch gewaltige Schuld, / durch unred-
liche Handelsgeschäfte / deine Heiligtümer ent-
weiht.
So ließ ich mitten in dir ein Feuer ausbrechen, /
das dich verzehrt hat.
Vor den Augen all derer, die dich sahen, / machte
ich dich zu Asche auf der Erde.

19 All deine Freunde unter den Völkern / waren
entsetzt über dich.
Zu einem Bild des Schreckens bist du geworden, /
du bist für immer dahin.

12: 27,2 • 13: 31,8f; Gen 2,8 • 14: Gen 3,24; Jes 14,13; Ez 10,2 •
19: 27,36

Gegen Sidon

20 Das Wort des Herrn erging an mich: 21 Men-
schensohn, richte dein Gesicht auf Sidon, tritt als
Prophet gegen die Stadt auf 22 und sag: So spricht
Gott, der Herr:
Jetzt gehe ich gegen dich vor, Sidon, / und ver-
herrliche mich in deiner Mitte.
Dann werden sie erkennen, dass ich der Herr bin, /
wenn ich an der Stadt das Urteil vollstrecke / und
mich so als heilig erweise.
23 Ich schicke Pest und Mord in die Gassen der
Stadt. / Viele fallen in ihr, erschlagen vom Schwert,
das von überall her auf sie einschlägt. / Dann wer-
den sie erkennen, dass ich der Herr bin.

Verheißung für Israel

24 Dann droht dem Haus Israel kein stechender
Dorn und kein verletzender Stachel mehr von all
seinen feindlichen Nachbarn. Daran werden sie
erkennen, dass ich Gott, der Herr, bin.
25 So spricht Gott, der Herr: Wenn ich die vom
Haus Israel aus all den Ländern zusammenführe,
in die sie zerstreut sind, dann erweise ich mich
an ihnen vor den Augen der Völker als heilig. Sie
werden in ihrem Land wohnen, das ich meinem
Knecht Jakob gegeben habe. 26 Dort werden sie in
Sicherheit leben; sie werden Häuser bauen und
Weinberge pflanzen. Sie wohnen in Sicherheit,
sobald ich an all ihren Feinden ringsum das Urteil
vollstrecke. Dann werden sie erkennen, dass ich,
der Herr, ihr Gott bin.

25: 11,17; 20,34.41; 34,13; 36,24; 37,21

GEGEN DEN PHARAO UND ÄGYPTEN: 29,1 – 32,32

Das Gericht über den König und sein Land

29 Am zwölften Tag des zehnten Monats im
zehnten Jahr erging das Wort des Herrn
an mich: 2 Menschensohn, richte dein Gesicht auf
den Pharao, den König von Ägypten, tritt als Pro-
phet auf gegen ihn und gegen ganz Ägypten 3 und
sag: So spricht Gott, der Herr: Jetzt gehe ich gegen
dich vor, Pharao, du König Ägyptens, du großes
Krokodil, das zwischen den Armen des Nil liegt
und sagt:
Mir gehören die Arme des Nil, / ich habe sie selber
erschaffen.
4 Aber ich schlage dir Haken durch die Kinnbacken
und lasse die Fische deines Nil an deinen Schup-
pen kleben. Ich ziehe dich herauf aus deinem Nil
samt all den Fischen deines Nil, die an deinen
Schuppen kleben.
5 Dann werfe ich dich in die Wüste hinaus, / dich
und all die Fische des Nil.
Aufs trockene Land wirst du fallen. / Niemand holt
dich von dort und begräbt dich.
Den wilden Tieren und den Vögeln des Himmels /
werfe ich dich vor zum Fraß.
6 Dann werden alle Ägypter erkennen, / dass ich
der Herr bin.
Eine Stütze aus Schilfrohr bist du / für das Haus
Israel.
7 Nehmen sie dich in die Hand, dann zerbrichst
du / und durchbohrst ihnen die Schulter;
stützen sie sich auf dich, dann zerbrichst du / und
allen beginnen die Hüften zu wanken.
8 Darum – so spricht Gott, der Herr: Ich bringe das
Schwert über dich und rotte Mensch und Vieh bei
dir aus. 9 Ägypten wird zu Wüste und Ödland.
Dann werden sie erkennen, dass ich der Herr bin.
Du hast gesagt:
Mir gehören die Arme des Nil; / ich habe sie sel-
ber erschaffen.
10 Darum gehe ich jetzt gegen dich und deine
Nilarme vor. Ich mache Ägypten zum dürren
Ödland, zur Wüste von Migdol bis Syene und bis
an die Grenzen von Kusch. 11 Weder Mensch noch
Tier geht mehr darüber hin. Vierzig Jahre lang
wird es nicht mehr bewohnt sein. 12 Ich mache
Ägypten zur Wüste inmitten verwüsteter Länder.
Seine Städte sollen vierzig Jahre lang verwüstet

daliegen inmitten verödeter Städte. Ich zerstreue
die Ägypter unter die Völker und vertreibe sie in
alle Länder.
13 Denn so spricht Gott, der Herr: Nach vierzig Jah-
ren führe ich die Ägypter aus den Völkern zusam-
men, unter die sie zerstreut wurden. 14 Ich wende
das Geschick Ägyptens und bringe sie zurück in
das Land Patros, das Land ihrer Herkunft. Dort
werden sie ein unbedeutendes Reich gründen. 15 Es
wird unbedeutend sein im Vergleich zu den ande-
ren Königreichen, und es wird sich nicht mehr
über die anderen Völker erheben. Ich mache sie
ganz klein, damit sie nicht mehr über die Völker
herrschen können. 16 Das Haus Israel wird ihnen
nicht mehr vertrauen und sich ihnen nicht mehr
anschließen; es wird sich hüten, seine alte Schuld
wieder in Erinnerung zu rufen. Sie werden erken-
nen, dass ich Gott, der Herr, bin.

2: Jes 19; Jer 46 • 3: 32,2 • 6: 2 Kön 18,21 • 10: 30,6

Der Sieg Nebukadnezzars

17 Am ersten Tag des ersten Monats im siebenund-
zwanzigsten Jahr erging das Wort des Herrn an
mich: 18 Menschensohn! Nebukadnezzar, der Kö-
nig von Babel, hat sein Heer vor Tyrus schwere
Arbeit verrichten lassen; alle Köpfe wurden kahl
und jede Schulter war zerschunden. Aber Tyrus
hat ihn und sein Heer nicht belohnt für die Arbeit,
die sie geleistet haben.
19 Darum – so spricht Gott, der Herr: Ich gebe
Nebukadnezzar, dem König von Babel, das Land
Ägypten. Er wird seine Schätze wegschleppen; er
wird alles plündern und reiche Beute machen. Das
wird der Lohn seines Heeres sein. 20 Als Belohnung
für seine Arbeit gebe ich ihm Ägypten; denn sie
haben für mich gearbeitet – Spruch Gottes, des
Herrn.
21 An jenem Tag werde ich dem Haus Israel neue
Kraft verleihen und du sollst wieder zu ihnen
reden. Dann werden sie erkennen, dass ich der
Herr bin.

19: 30,10.24 • 21: Ps 132,17

Das Gericht über Ägypten

30 Das Wort des Herrn erging an mich:
2 Menschensohn, tritt als Prophet auf und
sag: So spricht Gott, der Herr:
Jammert und schreit: / Weh über diesen Tag!
3 Denn der Tag ist nahe, / der Tag des Herrn ist nahe,
ein Tag dunkler Wolken. / Die Zeit für die Völker
ist da.
4 Das Schwert dringt ein in Ägypten. / Ein Zittern
überfällt die Kuschiter, / wenn in Ägypten die
Menschen erschlagen werden und fallen.
Man schleppt seine Schätze hinweg / und reißt
seine Grundmauern nieder.
5 (Die Männer aus) Kusch, aus Put und Lud, / das
ganze Völkergemisch,
(die Männer aus) Kub und die Söhne des Landes, /
mit dem ich einst meinen Bund schloss, / fallen
wie sie unter dem Schwert.
6 So spricht der Herr:
Es fallen die Helfer Ägyptens, / seine herrliche
Macht sinkt dahin.
Von Migdol bis hin nach Syene / fallen die Krieger
unter dem Schwert – / Spruch Gottes, des Herrn.
7 Verwüstet liegt es dann da / inmitten verwüste-
ter Länder / und seine Städte inmitten verödeter
Städte.
8 Sie werden erkennen, dass ich der Herr bin, /
wenn ich Ägypten verbrenne, / wenn all seine Hel-
fer zusammenbrechen.
9 An jenem Tag schicke ich meine Boten auf Schif-
fen hinaus, / um Kusch aus seiner Ruhe zu schre-
cken.
Ein Zittern überfällt sie am Gerichtstag Ägyptens; /
schon trifft all das ein.
10 So spricht Gott, der Herr:
Ich mache der Pracht Ägyptens ein Ende / durch
die Hand Nebukadnezzars, / des Königs von Ba-
bel.
11 Er und sein Heer, / die gewalttätigsten unter den
Völkern, / werden herbeigeholt, um das Land zu
vernichten.
Sie zücken ihr Schwert und schlagen Ägypten /
und füllen das Land mit erschlagenen Menschen.
12 Ich lege die Nilarme trocken, / verkaufe das Land
an Verbrecher,
ich verwüste das Land und alles darin / durch die
Hände von Fremden. / Ich, der Herr, habe gespro-
chen.
13 So spricht Gott, der Herr:
Ich will die Götzen vernichten. / Ich führe das
Ende der Götter von Memfis herbei.

Der Fürst von Ägypten wird (bald) nicht mehr
leben. / Ich stürze Ägypten in Angst.
14 Patros will ich verwüsten, / Zoan will ich ver-
brennen, / an No vollstrecke ich das Urteil.
15 Über Sin, die Festung Ägyptens, gieße ich mei-
nen Zorn aus und ich vernichte die Pracht von No.
16 Ägypten will ich verbrennen. Sin wird sich in
Krämpfen winden; No wird man erstürmen und
Memfis wird am hellen Tag von Feinden bedrängt.
17 Die jungen Männer von On und Pi-Beset fallen
unter dem Schwert und die Einwohner dieser
Städte ziehen in die Gefangenschaft. 18 Es wird ein
schwarzer Tag für Tachpanhes, wenn ich dort die
Zepter Ägyptens zerbreche; dann ist es mit sei-
ner herrlichen Macht zu Ende. Finstere Wolken
werden Ägypten bedecken und seine Töchter zie-
hen in die Gefangenschaft. 19 So vollstrecke ich an
Ägypten das Urteil und sie werden erkennen, dass
ich der Herr bin.
20 Am siebten Tag des ersten Monats im elften Jahr
erging das Wort des Herrn an mich: 21 Menschen-
sohn, ich habe dem Pharao, dem König von Ägyp-
ten, den Arm zerbrochen. Man hat ihn nicht
verbunden und nicht geschient und ihm keine
Heilung gegönnt, damit er nicht wieder zu Kräf-
ten kommt und zum Schwert greift.
22 Darum – so spricht Gott, der Herr: Jetzt gehe ich
gegen den Pharao vor, den König von Ägypten:
Ich zerbreche ihm beide Arme, den gesunden und
den bereits zerbrochenen, und schlage ihm das
Schwert aus der Hand. 23 Ich zerstreue die Ägypter
unter die Völker und vertreibe sie in alle Länder.
24 Ich stärke die Arme des Königs von Babel und
gebe ihm mein Schwert in die Hand. Dem Pharao
aber zerbreche ich die Arme, sodass er vor ihm
stöhnt wie ein tödlich Verletzter. 25 Ich stärke die
Arme des Königs von Babel; doch die Arme des
Pharao sinken kraftlos herunter. Wenn ich dem
König von Babel mein Schwert in die Hand gebe
und er es über Ägypten schwingt, dann werden sie
erkennen, dass ich der Herr bin. 26 Ich zerstreue die
Ägypter unter die Völker und vertreibe sie in alle
Länder. Dann werden sie erkennen, dass ich der
Herr bin.

3: Joël 1,15; Am 5,18; Zef 1,14 • 5: Jer 46,9 • 6: 29,10 • 10: 29,10 •
11: 28,7 • 12: Jes 19,5 • 18: Jer 43,9 • 23–24: 29,19f

Das Gleichnis vom Pharao, dem prächtigen Baum

31 Am ersten Tag des dritten Monats im elften
Jahr erging das Wort des Herrn an mich:
2 Menschensohn, sag zum Pharao, dem König von
Ägypten, und zu seinem Gefolge:
Wem war deine Größe vergleichbar?/ 3 Auf dem
Libanon stand eine [Esche] Zeder.
Die Pracht ihrer Äste gab reichlichen Schatten. /
Hoch war ihr Wuchs / und in die Wolken ragte ihr
Wipfel.
4 Das Wasser machte sie groß. / Die Flut in der
Tiefe ließ sie hoch emporwachsen.
Die Tiefe ließ ihre Ströme fließen / rings um den
Ort, wo sie gepflanzt war,
sie leitete (von dort) ihre Kanäle / zu allen ande-
ren Bäumen des Feldes.
5 So war sie höher gewachsen / als alle anderen
Bäume des Feldes.
Ihre Zweige wurden sehr zahlreich / und ihre Äste
breiteten sich aus
wegen des Reichtums an Wasser, / als sie empor-
wuchs.
6 Alle Vögel des Himmels / hatten ihr Nest in den
Zweigen.
Alle wilden Tiere brachten unter den Ästen ihre
Jungen zur Welt. / All die vielen Völker wohnten
in ihrem Schatten.
7 Schön war sie in ihrer Größe mit ihrem breiten
Geäst; / denn ihre Wurzeln hatten viel Wasser.
8 Keine Zeder im Garten Gottes war ihr vergleich-
bar. / Keine Zypresse hatte Zweige wie sie, / keine
Platane so mächtige Äste.
Keiner der Bäume im Garten Gottes / glich ihr an
Schönheit.
9 Ja, ich hatte sie herrlich gemacht / mit ihren zahl-
reichen Zweigen.
Voll Eifersucht auf sie waren im Garten Gottes /
alle Bäume von Eden.
10 Darum – so spricht Gott, der Herr: Weil sie so
hoch emporwuchs und mit ihrem Wipfel in die
Wolken ragte und wegen ihrer Höhe überheblich
wurde, 11 deshalb liefere ich sie dem mächtigsten
Herrscher der Völker aus. Er behandelt sie so, wie
sie es in ihrer Schlechtigkeit verdient hat; ich be-
seitige sie. 12 Fremde, die gewalttätigsten unter den
Völkern, werden sie umhauen und hinwerfen. Ihre

Zweige fallen auf die Berge und in alle Täler, ihre
Äste zerbrechen in allen Schluchten der Erde. Alle
Völker der Erde verlassen den Schatten der Zeder
und lassen sie liegen.
13 Auf ihren gefällten Stamm setzen sich alle Vögel
des Himmels, die wilden Tiere hausen in ihren
Zweigen.
14 Darum soll kein Baum mehr am Wasser empor-
wachsen und mit seinem Wipfel in die Wolken
ragen, keiner der Bäume am Wasser soll mehr so
mächtig und hoch dastehen. Denn alle werden
dem Tod ausgeliefert, sie müssen hinab in die
Unterwelt zu den Menschen, die ins Grab gesun-
ken sind.
15 So spricht Gott, der Herr: Wenn die Zeder in die
Unterwelt stürzt, dann lasse ich die Flut in der
Tiefe versiegen, ich decke sie zu; ich halte ihre
Ströme zurück, sodass der Reichtum an Wasser
versiegt. Ihretwegen hülle ich den Libanon in
Trauer und alle Bäume des Feldes sinken in Ohn-
macht. 16 Durch das Getöse ihres Sturzes lasse
ich die Völker erzittern, wenn ich den Baum in
die Unterwelt stürze, hinab zu denen, die ins
Grab gesunken sind. Dann trösten sich in der
Unterwelt alle Bäume von Eden, die erlesenen
und besten Bäume des Libanon, alle Bäume am
Wasser. 17 Denn auch sie stürzen zusammen mit
ihr in die Unterwelt, hinab zu denen, die vom
Schwert erschlagen wurden. Alle aber, die im
Schatten der Zeder wohnten, werden unter die
Völker zerstreut.
18 Welcher der Bäume von Eden glich dir an Größe
und Pracht? Und doch wirst du zusammen mit
den Bäumen von Eden in die Unterwelt gestürzt.
Dort wirst du mitten unter den Unbeschnittenen
liegen, unter denen, die vom Schwert erschlagen
wurden. So geht es dem Pharao und seinem
ganzen Gefolge – Spruch Gottes, des Herrn.

9: Gen 2,8 • 10: Dan 5,20 • 16: 32,17–32; 28,8

Die Totenklage über den Pharao, das gefangene Krokodil

32 Am ersten Tag des zwölften Monats im
zwölften Jahr erging das Wort des Herrn
an mich: 2 Menschensohn, stimm die Totenklage
an über den Pharao, den König von Ägypten, und
sag zu ihm:
Löwe der Völker, jetzt bist du verstummt. / Und
doch warst du wie ein Krokodil in den Seen,
hast die Flüsse aufgepeitscht, / das Wasser mit dei-
nen Füßen verschmutzt / und die Fluten aufge-
wühlt.
3 So spricht Gott, der Herr: / Ich werfe über dich
mein Netz,
ein Heer von vielen Völkern, / die ziehen dich he-
rauf in meinem Schleppnetz.
4 Dann werfe ich dich aufs Land, / schleudere dich
aufs freie Feld.
Alle Vögel des Himmels sollen sich auf dich set-
zen / und ich sättige mit dir alle Tiere der Erde.
5 Ich lege dein Fleisch auf den Bergen aus / und
fülle die Täler mit deinem Aas.
6 Ich tränke das Land bis hin zu den Bergen / mit
der Flut deines Blutes; / die Schluchten sollen sich
damit füllen.
7 Wenn dein Leben erlischt, / will ich den Himmel
bedecken / und die Sterne verdüstern.
Die Sonne decke ich zu mit Wolken, / der Mond
lässt sein Licht nicht mehr leuchten.
8 Deinetwegen verdunkle ich / alle die strahlenden
Lichter am Himmel
und lege Finsternis über dein Land – / Spruch
Gottes, des Herrn.
9 Ich versetze viele Völker in Kummer, / wenn ich
ihnen und all den Ländern,
die du nicht kanntest, / deinen Zusammenbruch
melde.
10 Über dich werden viele Völker entsetzt sein, /
ihren Königen sträuben sich deinetwegen die
Haare, / wenn ich mein Schwert gegen sie schwin-
ge.
Sie zittern erregt am Tag deines Sturzes, / jeder hat
Angst um sein Leben.
11 Denn so spricht Gott, der Herr: / Das Schwert
des Königs von Babel kommt über dich.
12 Durch das Schwert der Krieger / bringe ich dein
Gefolge zu Fall.
Sie sind die gewalttätigsten unter den Völkern. /
Sie verwüsten den Stolz von Ägypten, / all seine
Pracht wird zerstört.
13 All sein Vieh lasse ich sterben / an den großen
Gewässern.
Keines Menschen Fuß wird das Wasser mehr trü-
ben, / noch werden die Hufe der Tiere es trüben.

14 Dann mache ich die Gewässer klar / und die
Flüsse lasse ich dahingleiten wie Öl – / Spruch
Gottes, des Herrn.
15 Wenn ich Ägypten zum Ödland mache, / wenn
das Land und alles, was darin ist, verödet,
wenn ich alle seine Bewohner erschlage, / dann
werden sie erkennen, dass ich der Herr bin.
16 Das ist eine Totenklage, die man anstimmen soll;
die Töchter der Völker sollen sie anstimmen. Die
Totenklage über Ägypten und all seine Pracht sol-
len sie singen – Spruch Gottes, des Herrn.

2: 29,3–5 • 3: 12,13 • 7: Jes 13,10 • 11: 29,19

Die Totenklage über den Pharao und sein Gefolge

17 Am fünfzehnten Tag des ersten Monats im
zwölften Jahr erging das Wort des Herrn an mich:
18 Menschensohn, jammre über die Pracht Ägyp-
tens und geleite sie hinab in die Unterwelt, sie und
die Töchter mächtiger Völker, bring sie zu denen,
die ins Grab gesunken sind.
19 Wen hast du an Schönheit übertroffen? / Stürz
hinab und lieg bei den unbeschnittenen Män-
nern!
20 Mitten unter die, die das Schwert erschlug, / wer-
den sie fallen …
21 Dann sagen die starken Helden in der Unterwelt
über die Ägypter: / Samt ihren Helfern sind sie
herabgestürzt
und liegen da wie die unbeschnittenen Männer, /
wie die, die das Schwert erschlug.
22 Dort liegt Assur und sein ganzes Heer, / ringsum
sind seine Gräber.
Sie alle hat man erschlagen, / sie fielen unter dem
Schwert.
23 Im tiefsten Grund einer Grube / gab man ihm
sein Grab.
Sein Heer liegt rings um sein Grab. / Sie alle hat
man erschlagen,
sie fielen unter dem Schwert, / sie, die einst im
Land der Lebenden Schrecken verbreitet haben.
24 Dort liegt Elam und all sein Gefolge / rings um
sein Grab.
Sie alle hat man erschlagen, / sie fielen unter dem
Schwert,
in die Unterwelt sind sie hinabgestürzt / wie die
unbeschnittenen Männer,
sie, die einst im Land der Lebenden / ihren Schre-
cken verbreitet haben.
Jetzt aber haben sie ihre Schande zu tragen / zu-
sammen mit denen, die ins Grab gesunken sind.
25 Mitten unter denen, die man erschlug, / hat man
ihm und seinem ganzen Gefolge das Lager berei-
tet.
Rings um ihn her sind die Gräber / von all den
Unbeschnittenen, / die man mit dem Schwert er-
schlug.
Im Land der Lebenden haben sie Schrecken ver-
breitet, / jetzt aber haben sie ihre Schande zu tra-
gen, / zusammen mit denen, die ins Grab gesun-
ken sind.
Mitten unter Erschlagene legte man sie. / 26 Dort
liegen Meschech und Tubal und all ihr Gefolge.
Rings um sie her sind die Gräber / von all den
Unbeschnittenen, / die man mit dem Schwert er-
schlug; / und doch haben sie einst im Land der
Lebenden Schrecken verbreitet.
27 Aber sie liegen nicht bei den gefallenen Kriegern
aus früheren Zeiten, / die mit ihrer Rüstung in die
Unterwelt hinabgestiegen sind,
denen man das Schwert unter den Kopf / und den
Schild auf die Gebeine gelegt hat; / denn die Krie-
ger hatten im Land der Lebenden Schrecken ver-
breitet.
28 Auch du wirst inmitten der Unbeschnittenen
zerbrochen / und liegst bei denen, die das Schwert
erschlug.
29 Dort liegt Edom, mit seinen Königen / und all
seinen Fürsten,
die man trotz ihrer Stärke zu denen gelegt hat, /
die das Schwert erschlug.
Sie liegen da bei den unbeschnittenen Männern, /
bei denen, die ins Grab gesunken sind.
30 Dort liegen alle Fürsten des Nordens / und alle
Männer von Sidon; / sie stürzten hinab wie alle,
die man erschlug.
Trotz ihrer Schrecken erregenden Stärke / sind sie
zuschanden geworden;
bei den Unbeschnittenen liegen sie, / bei denen,
die das Schwert erschlug.
Jetzt haben sie ihre Schande zu tragen / zusammen
mit denen, die ins Grab gesunken sind.
31 Der Pharao wird sie sehen / und er tröstet sich
über den Verlust / seines ganzen Gefolges.

Jetzt sind sie vom Schwert erschlagen, / der Pha-
rao und seine ganze Streitmacht – / Spruch Gottes,
des Herrn.
32 Denn ich habe vor ihm im Land der Lebenden
Schrecken verbreitet. / Doch jetzt liegt der Pharao
da mit seinem ganzen Gefolge / inmitten der un-
beschnittenen Männer,
bei denen, die das Schwert erschlug – / Spruch
Gottes, des Herrn.

18: 31,16; Jes 14,9–11 • 26: 27,13; 38,2; 39,1 • 29: 25,12–14 • 30: 28,21–23

DAS GERICHT UND DAS NEUE HEIL: 33,1 – 37,28

Der Prophet als Wächter

33 Das Wort des Herrn erging an mich:
2 Menschensohn, sprich zu den Söhnen
deines Volkes und sag zu ihnen: Wenn ich über ein
Land das Schwert kommen lasse und das Volk in
dem Land aus seiner Mitte einen Mann wählt und
ihn zu seinem Wächter macht 3 und wenn dieser
Wächter das Schwert über das Land kommen
sieht, in das Widderhorn bläst und das Volk warnt
4 und wenn dann jemand den Schall des Horns
zwar hört, sich aber nicht warnen lässt, sodass das
Schwert kommt und ihn dahinrafft, dann ist er
selbst schuld an seinem Tod. 5 Denn er hat den
Schall des Horns zwar gehört, sich aber nicht war-
nen lassen; deshalb ist er selbst schuld an seinem
Tod. Wenn er sich jedoch warnen lässt, dann hat
er sein Leben gerettet. 6 Wenn aber der Wächter
das Schwert kommen sieht und nicht in das Wid-
derhorn bläst und das Volk nicht gewarnt wird
und wenn das Schwert kommt und irgendeinen
dahinrafft, dann wird dieser zwar wegen seiner
eigenen Schuld dahingerafft, aber ich fordere für
sein Blut Rechenschaft von dem Wächter.
7 Du aber, Menschensohn, ich gebe dich dem Haus
Israel als Wächter; wenn du ein Wort aus meinem
Mund hörst, musst du sie vor mir warnen. 8 Wenn
ich zu einem, der sich schuldig gemacht hat, sage:
Du musst sterben!, und wenn du nicht redest und
den Schuldigen nicht warnst, um ihn von seinem
Weg abzubringen, dann wird der Schuldige seiner
Sünde wegen sterben. Von dir aber fordere ich
Rechenschaft für sein Blut. 9 Wenn du aber den
Schuldigen vor seinem Weg gewarnt hast, damit er
umkehrt, und wenn er dennoch auf seinem Weg
nicht umkehrt, dann wird er seiner Sünde wegen
sterben; du aber hast dein Leben gerettet.

4: 18,13 • 7–9: 3,17–21

Die Freiheit zur Umkehr

10 Du aber, Menschensohn, sag zum Haus Israel:
Ihr behauptet: Unsere Vergehen und unsere Sün-
den lasten auf uns, wir siechen ihretwegen dahin.
Wie sollen wir da am Leben bleiben? 11 Sag zu
ihnen: So wahr ich lebe – Spruch Gottes, des
Herrn –, ich habe kein Gefallen am Tod des Schul-
digen, sondern daran, dass er auf seinem Weg
umkehrt und am Leben bleibt. Kehrt um, kehrt
um auf euren bösen Wegen! Warum wollt ihr ster-
ben, ihr vom Haus Israel?
12 Du aber, Menschensohn, sag zu den Söhnen dei-
nes Volkes: Den Gerechten wird seine Gerechtig-
keit nicht retten, sobald er Böses tut. Und der
Schuldige wird durch seine Schuld nicht zu Fall
kommen, sobald er sein schuldhaftes Leben auf-
gibt. Der Gerechte aber kann trotz seiner Gerech-
tigkeit nicht am Leben bleiben, sobald er sündigt.
13 Wenn ich zu dem Gerechten sage: Du wirst am
Leben bleiben!, er aber im Vertrauen auf seine
Gerechtigkeit Unrecht tut, dann wird ihm seine
ganze (bisherige) Gerechtigkeit nicht angerech-
net. Wegen des Unrechts, das er getan hat, muss er
sterben. 14 Wenn ich aber zu dem Schuldigen sage:
Du musst sterben!, und er gibt sein sündhaftes
Leben auf, handelt nach Recht und Gerechtigkeit,
15 gibt (dem Schuldner) das Pfand zurück, ersetzt,
was er geraubt hat, richtet sich nach den Gesetzen,
die zum Leben führen, und tut kein Unrecht mehr,
dann wird er gewiss am Leben bleiben und nicht
sterben. 16 Keine der Sünden, die er früher began-
gen hat, wird ihm angerechnet. Er hat nach Recht
und Gerechtigkeit gehandelt, darum wird er ge-
wiss am Leben bleiben. 17 Die Söhne deines Volkes
aber sagen: Das Verhalten des Herrn ist nicht rich-
tig. Dabei ist gerade ihr Verhalten nicht richtig.
18 Wenn der Gerechte seine Gerechtigkeit aufgibt

und Unrecht tut, muss er dafür sterben. [19] Und
wenn der Schuldige sein sündhaftes Leben aufgibt
und nach Recht und Gerechtigkeit handelt, so
wird er deswegen am Leben bleiben. [20] Ihr aber
sagt: Das Verhalten des Herrn ist nicht richtig.
Doch ich werde euch richten, ihr vom Haus Israel,
jeden nach seinem Verhalten.

10: 18,21–32 • 11: 18,23.32; Jes 55,7; Joël 2,12f • 12: 3,20 • 15: 18,7; 20,11–13; 18,22 • 17: 18,25.29 • 20: 18,30

Die Nachricht von der Eroberung Jerusalems

[21] Am fünften Tag des zehnten Monats im elften
Jahr nach unserer Verschleppung kam ein Flücht-
ling aus Jerusalem zu mir und sagte: Die Stadt ist
gefallen. [22] Aber am Abend, bevor der Flüchtling
eintraf, hatte sich die Hand des Herrn auf mich
gelegt. Ehe am Morgen der Flüchtling kam, öffnete
der Herr meinen Mund und mein Mund wurde
geöffnet und ich war nicht mehr stumm.

21: 2 Kön 25,2–4 • 22: 3,26f; 24,27

Die Erwartung der nicht Verschleppten

[23] Das Wort des Herrn erging an mich: [24] Men-
schensohn, die Bewohner der Ruinen im Land
Israel sagen: Abraham war nur ein einzelner Mann
und bekam doch das ganze Land; wir aber sind
viele. Um so mehr ist das Land uns zum Besitz
gegeben. [25] Deshalb sag zu ihnen: So spricht Gott,
der Herr: Ihr esst (das Opferfleisch) mitsamt dem
Blut, ihr blickt zu euren Göttern auf und vergießt
Blut. Und *ihr* wollt das Land in Besitz nehmen?
[26] Ihr verlasst euch auf euer Schwert, begeht Gräu-
eltaten und einer schändet die Frau des andern.
Und *ihr* wollt das Land in Besitz nehmen? [27] Da-
rum sag zu ihnen: So spricht Gott, der Herr: So
wahr ich lebe, wer in den Ruinen ist, fällt unter
dem Schwert, wer auf dem freien Feld ist, den
werfe ich den wilden Tieren zum Fraß vor, und wer
sich in den Burgen und Höhlen aufhält, stirbt an
der Pest. [28] Ich mache das Land zur Öde und Wüs-
te; seine stolze Macht hat ein Ende; das Berg-
land Israels verödet, sodass niemand mehr durch-
reist. [29] Dann werden sie erkennen, dass ich der
Herr bin, wenn ich das Land zur Öde und Wüste
mache wegen all der Gräueltaten, die sie begangen
haben.

24: Jes 51,2 • 25: Lev 17,10–14; 1 Sam 14,32–34 • 26: Lev 18,20; Ez 11,15

Die unaufrichtigen Hörer

[30] Du, Menschensohn, die Söhne deines Volkes
reden über dich an den Mauern und Toren der
Häuser. Einer sagt zum andern: Komm doch und
höre, was für ein Wort vom Herrn ausgeht. [31] Dann
kommen sie zu dir wie bei einem Volksauflauf, set-
zen sich vor dich hin [als mein Volk] und hören
deine Worte an, aber sie befolgen sie nicht; denn
ihr Mund ist voller Lügen und so handeln sie auch
und ihr Herz ist nur auf Gewinn aus. [32] Du bist für
sie wie ein Mann, der mit wohlklingender Stimme
von der Liebe singt und dazu schön auf der Harfe
spielt. Sie hören deine Worte an, aber befolgen sie
nicht. [33] Wenn das aber kommt (was du sagst) –
und es kommt –, dann werden sie erkennen, dass
mitten unter ihnen ein Prophet war.

33: 2,5

Die schlechten Hirten

34 Das Wort des Herrn erging an mich:
[2] Menschensohn, sprich als Prophet gegen
die Hirten Israels, sprich als Prophet und sag zu
ihnen: So spricht Gott, der Herr: Weh den Hirten
Israels, die nur sich selbst weiden. Müssen die Hir-
ten nicht die Herde weiden? [3] Ihr trinkt die Milch,
nehmt die Wolle für eure Kleidung und schlachtet
die fetten Tiere; aber die Herde führt ihr nicht auf
die Weide. [4] Die schwachen Tiere stärkt ihr nicht,
die kranken heilt ihr nicht, die verletzten verbin-
det ihr nicht, die verscheuchten holt ihr nicht zu-
rück, die verirrten sucht ihr nicht und die star-
ken misshandelt ihr. [5] Und weil sie keinen Hirten
hatten, zerstreuten sich meine Schafe und wurden
eine Beute der wilden Tiere. [6] Meine Herde irrte
auf allen Bergen und Höhen umher und war über
das ganze Land verstreut. Doch keiner kümmerte
sich um sie; niemand suchte sie. [7] Darum ihr Hir-
ten, hört das Wort des Herrn: [8] So wahr ich lebe –
Spruch Gottes, des Herrn: Weil meine Herde
geraubt wurde und weil meine Schafe eine Beute
der wilden Tiere wurden – denn sie hatten keinen
Hirten – und weil meine Hirten nicht nach mei-
ner Herde fragten, sondern nur sich selbst und
nicht meine Herde weideten, [9] darum, ihr Hirten,
hört das Wort des Herrn: [10] So spricht Gott, der
Herr: Nun gehe ich gegen die Hirten vor und for-
dere meine Schafe von ihnen zurück. Ich setze sie

ab, sie sollen nicht mehr die Hirten meiner Herde
sein. Die Hirten sollen nicht länger nur sich selbst
weiden: Ich reiße meine Schafe aus ihrem Rachen,
sie sollen nicht länger ihr Fraß sein.

2: Jer 23,1–4 • 4: Sach 11,15f; Joh 10,11 • 5: Sach 10,2; Mt 9,36 • 10: Jer 23,2

Der gute Hirt

11 Denn so spricht Gott, der Herr: Jetzt will ich
meine Schafe selber suchen und mich selber um
sie kümmern. 12 Wie ein Hirt sich um die Tiere sei-
ner Herde kümmert an dem Tag, an dem er mit-
ten unter den Schafen ist, die sich verirrt haben, so
kümmere ich mich um meine Schafe und hole sie
zurück von all den Orten, wohin sie sich am dunk-
len, düsteren Tag zerstreut haben. 13 Ich führe sie
aus den Völkern heraus, ich hole sie aus den Län-
dern zusammen und bringe sie in ihr Land. Ich
führe sie in den Bergen Israels auf die Weide, in
den Tälern und an allen bewohnten Orten des
Landes. 14 Auf gute Weide will ich sie führen, im
Bergland Israels werden ihre Weideplätze sein.
Dort sollen sie auf guten Weideplätzen lagern, auf
den Bergen Israels sollen sie fette Weide finden.
15 Ich werde meine Schafe auf die Weide führen, ich
werde sie ruhen lassen – Spruch Gottes, des Herrn.
16 Die verloren gegangenen Tiere will ich suchen,
die vertriebenen zurückbringen, die verletzten
verbinden, die schwachen kräftigen, die fetten und
starken behüten. Ich will ihr Hirt sein und für sie
sorgen, wie es recht ist.
17 Ihr aber, meine Herde – so spricht Gott, der
Herr –, ich sorge für Recht zwischen Schafen und
Schafen, zwischen Widdern und Böcken. 18 War es
euch nicht genug, auf der besten Weide zu weiden?
Musstet ihr auch noch euer übriges Weideland
mit euren Füßen zertrampeln? War es euch nicht
genug, das klare Wasser zu trinken? Musstet ihr
den Rest des Wassers mit euren Füßen verschmut-
zen? 19 Meine Schafe mussten abweiden, was eure
Füße zertrampelt hatten, und trinken, was eure
Füße verschmutzt hatten. 20 Darum – so spricht
Gott, der Herr, zu euch: Ich selbst sorge für Recht
zwischen den fetten und den mageren Schafen.
21 Weil ihr mit eurem breiten Körper und eurer
Schulter alle schwachen Tiere zur Seite gedrängt
und weil ihr sie mit euren Hörnern weggestoßen
habt, bis ihr sie weggetrieben hattet, 22 deshalb will
ich meinen Schafen zu Hilfe kommen. Sie sollen
nicht länger eure Beute sein; denn ich werde für
Recht sorgen zwischen Schafen und Schafen.

11: Jes 40,11; Joh 10,1–18; Lk 15,4 • 14: Ps 23,2 • 17: Mt 25,32

Das messianische Reich

23 Ich setze für sie einen einzigen Hirten ein, der sie
auf die Weide führt, meinen Knecht David. Er wird
sie weiden und er wird ihr Hirt sein. 24 Ich selbst,
der Herr, werde ihr Gott sein und mein Knecht
David wird in ihrer Mitte der Fürst sein. Ich, der
Herr, habe gesprochen.
25 Ich schließe mit ihnen einen Friedensbund: Ich
rotte die wilden Tiere im Land aus. Dann kann
man in der Steppe sicher wohnen und in den Wäl-
dern schlafen. 26 Ich werde sie und die Umgebung
meines Berges segnen. Ich schicke Regen zur rech-
ten Zeit und der Regen wird Segen bringen. 27 Die
Bäume des Feldes werden ihre Früchte tragen und
das Land wird seinen Ertrag geben. Sie werden auf
ihrem Grund und Boden sicher sein. Wenn ich die
Stangen ihres Jochs zerbreche und sie der Gewalt
derer entreiße, von denen sie versklavt wurden,
werden sie erkennen, dass ich der Herr bin. 28 Sie
werden nicht länger eine Beute der Völker sein,
von den wilden Tieren werden sie nicht gefressen.
Sie werden in Sicherheit wohnen und niemand
wird sie erschrecken. 29 Ich pflanze ihnen einen
Garten des Heils. Sie werden in ihrem Land nicht
mehr vom Hunger dahingerafft werden und die
Schmähungen der Völker müssen sie nicht mehr
ertragen. 30 Sie werden erkennen, dass ich, der
Herr, ihr Gott, mit ihnen bin und dass sie, das
Haus Israel, mein Volk sind – Spruch Gottes, des
Herrn. 31 Ihr seid meine Schafe, ihr seid die Herde
meiner Weide. Ich bin euer Gott – Spruch Gottes,
des Herrn.

23–24: 37,24; Ps 78,70; Jer 30,9; Hos 3,5; Joh 10,14–16 • 25: 37,26; Lev 26,6; Hos 2,20 • 26: Lev 26,4; Ps 84,7 • 27: Ps 67,7 • 28: Jer 30,10 • 29: 36,30 • 30: 11,20 • 31: Ps 95,7; 100,3

Der Drohspruch gegen Edom

35 Das Wort des Herrn erging an mich:
2 Menschensohn, richte dein Gesicht auf
die Berge von Seïr, tritt als Prophet gegen sie auf
3 und sag zu ihnen: So spricht Gott, der Herr:

Ich gehe gegen dich vor, Bergland von Seïr. / Ich
strecke meine Hand gegen dich aus / und mache
dich zur Wüste und Öde.
4 Deine Städte lege ich in Trümmer / und du sollst
zur Wüste werden. / Dann wirst du erkennen, dass
ich der Herr bin.
5 Weil du eine ewige Feindschaft mit den Söhnen
Israels hattest und sie zur Zeit ihres Unglücks, zur
Zeit der endgültigen Abrechnung, dem Schwert
ausgeliefert hast, 6 darum lasse ich dich bluten, so
wahr ich lebe – Spruch Gottes, des Herrn; Blut soll
dich verfolgen. Du hast dich nicht gescheut, Blut
zu vergießen; darum soll Blut dich verfolgen. 7 Ich
mache die Berge von Seïr zur Öde und Wüste und
vernichte alles, was sich dort bewegt und regt. 8 Ich
fülle sein Bergland mit Erschlagenen; auf deinen
Hügeln, in deinen Tälern und all deinen Schluch-
ten werden die Menschen vom Schwert erschlagen
und fallen.
9 Für immer mache ich dich zum Ödland, / deine
Städte sollen nicht mehr bewohnt sein. / Dann
wirst du erkennen, dass ich der Herr bin.
10 Weil du sagst: Beide Völker und beide Länder
gehören mir; sie sind mein Besitz!, (weil du das
sagst) obwohl doch der Herr dort ist, 11 darum will
ich gegen dich – so wahr ich lebe, Spruch Gottes,
des Herrn – mit dem gleichen leidenschaftlichen
Zorn vorgehen, mit dem du gegen sie in deinem
Hass vorgegangen bist. Ich werde dir zeigen, wer
ich bin, wenn ich dich richte. 12 Dann wirst du
erkennen, dass ich der Herr bin und dass ich ge-
hört habe, wie oft du die Berge Israels geschmäht
und gesagt hast: Sie sind völlig verödet. Sie sind
uns zum Fraß vorgeworfen. 13 So habt ihr geprahlt
und seid frech gegen mich gewesen; ich habe es
selbst gehört.
14 So spricht Gott, der Herr: Weil du dich darüber
freust, dass das ganze Land verödet daliegt, darum
will ich auch dich (zur Wüste) machen: 15 Weil du
dich darüber freust, dass der Erbbesitz des Hauses
Israel verödet daliegt, darum will ich auch dich
(zur Wüste) machen; das Bergland von Seïr und
ganz Edom sollen veröden. Dann wird man
erkennen, dass ich der Herr bin.

1–15: 25,12–14 • 5: Ps 137,7

Die Weissagung über Israels Berge

36 Du aber, Menschensohn, sprich als Pro-
phet zu den Bergen Israels und sag: Ihr
Berge Israels, hört das Wort des Herrn! 2 So spricht
Gott, der Herr: Die Feinde haben von euch gesagt:
Ha, ihr seid für immer verödet; jetzt gehört ihr
uns. 3 Darum tritt als Prophet auf und sag: So
spricht Gott, der Herr: Weil ihr verödet seid, weil
man von allen Seiten nach euch geschnappt hat,
sodass ihr jetzt Besitz der übrigen Völker seid, weil
ihr ins Gerede gekommen und zum Gespött der
Leute geworden seid, 4 darum, ihr Berge Israels,
hört das Wort Gottes, des Herrn: So spricht Gott,
der Herr, zu den Bergen und Hügeln, den Schluch-
ten und Tälern, zu den verfallenen Ruinen und
den verlassenen Städten: Weil ihr von den übrigen
Völkern ringsum ausgeplündert und verspottet
worden seid, 5 darum – so spricht Gott, der Herr –
werde ich mit glühender Leidenschaft über die
übrigen Völker und über ganz Edom reden. Voll
Frohlocken haben sie sich mein Land angeeignet.
Voll Schadenfreude haben sie das Weideland er-
beutet.
6 Darum sprich als Prophet zum Land Israel und
sag zu den Bergen und Hügeln, zu den Schluchten
und Tälern: So spricht Gott, der Herr: Ich rede voll
Leidenschaft und Grimm, weil ihr von den Völ-
kern so viel Schimpf ertragen müsst. 7 Darum – so
spricht Gott, der Herr: Ich erhebe meine Hand
(zum Schwur) und sage: Die Völker rings um euch
werden den gleichen Schimpf ertragen müssen.
8 Ihr aber, ihr Berge Israels, sollt wieder grün wer-
den und Früchte hervorbringen für mein Volk
Israel; denn es wird bald zurückkommen. 9 Seht,
ich wende mich euch wieder zu und dann ackert
und sät man wieder auf euch 10 und ich lasse viele
Menschen dort leben, das ganze Haus Israel. Die
Städte werden wieder bewohnt sein und die Rui-
nen aufgebaut. 11 Ich lasse viele Menschen und
Tiere auf euch leben und sie werden sich vermeh-
ren und fruchtbar sein. Ich will dafür sorgen, dass
ihr wieder bewohnt seid, wie ihr es früher wart; ich
will euch mehr Gutes erweisen als je zuvor. Dann
werdet ihr erkennen, dass ich der Herr bin. 12 Viele
Menschen, mein ganzes Volk Israel, lasse ich zu
euch kommen und sie werden euch in Besitz neh-
men; ihr werdet für immer ihr Erbbesitz sein und

ihnen nie mehr ihre Kinder wegnehmen. 13 So
spricht Gott, der Herr: Man sagt zu dir: Du bist
eine Menschenfresserin und hast deinem eigenen
Volk die Kinder weggenommen. 14 Aber du sollst
keine Menschen mehr fressen und deinem eigenen
Volk nicht mehr die Kinder wegnehmen – Spruch
Gottes, des Herrn. 15 Du sollst nie mehr anhören
müssen, wie die Völker dich beschimpfen, und nie
mehr ertragen müssen, dass die Nationen dich
verhöhnen. Du wirst deinem eigenen Volk nicht
mehr die Kinder wegnehmen – Spruch Gottes, des
Herrn.

1: 6,2 • 2: 25,3 • 5: 35,15 • 10: Ps 69,36

Die Verheißung eines neuen Lebens

16 Das Wort des Herrn erging an mich: 17 (Hör zu,)
Menschensohn! Als Israel in seinem Land wohnte,
machten sie das Land durch ihr Verhalten und ihre
Taten unrein. Wie die monatliche Unreinheit der
Frau war ihr Verhalten in meinen Augen. 18 Da goss
ich meinen Zorn über sie aus, weil sie Blut ver-
gossen im Land und das Land mit ihren Götzen
befleckten. 19 Ich zerstreute sie unter die Völker; in
alle Länder wurden sie vertrieben. Nach ihrem
Verhalten und nach ihren Taten habe ich sie ge-
richtet. 20 Als sie aber zu den Völkern kamen, ent-
weihten sie überall, wohin sie kamen, meinen hei-
ligen Namen; denn man sagte von ihnen: Das ist
das Volk Jahwes und doch mussten sie sein Land
verlassen. 21 Da tat mir mein heiliger Name leid,
den das Haus Israel bei den Völkern entweihte,
wohin es auch kam.

22 Darum sag zum Haus Israel: So spricht Gott, der
Herr: Nicht euretwegen handle ich, Haus Israel,
sondern um meines heiligen Namens willen, den
ihr bei den Völkern entweiht habt, wohin ihr auch
gekommen seid. 23 Meinen großen, bei den Völ-
kern entweihten Namen, den ihr mitten unter
ihnen entweiht habt, werde ich wieder heiligen.
Und die Völker – Spruch Gottes, des Herrn – wer-
den erkennen, dass ich der Herr bin, wenn ich
mich an euch vor ihren Augen als heilig erweise.
24 Ich hole euch heraus aus den Völkern, ich samm-
le euch aus allen Ländern und bringe euch in euer
Land. 25 Ich gieße reines Wasser über euch aus,
dann werdet ihr rein. Ich reinige euch von aller
Unreinheit und von allen euren Götzen. 26 Ich
schenke euch ein neues Herz und lege einen neuen
Geist in euch. Ich nehme das Herz von Stein aus
eurer Brust und gebe euch ein Herz von Fleisch.
27 Ich lege meinen Geist in euch und bewirke, dass
ihr meinen Gesetzen folgt und auf meine Gebote
achtet und sie erfüllt. 28 Dann werdet ihr in dem
Land wohnen, das ich euren Vätern gab. Ihr wer-
det mein Volk sein und ich werde euer Gott sein.
29 Ich befreie euch von allem, womit ihr euch un-
rein gemacht habt. Ich rufe dem Getreide zu und
befehle ihm zu wachsen. Ich verhänge über euch
keine Hungersnot mehr. 30 Ich vermehre die Früch-
te der Bäume und den Ertrag des Feldes, damit ihr
nicht mehr unter den Völkern die Schande einer
Hungersnot ertragen müsst. 31 Dann werdet ihr an
euer verkehrtes Verhalten und an eure bösen Taten
denken und es wird euch ekeln vor euch selbst
wegen eurer Gräueltaten.

32 Doch nicht euretwegen handle ich so – Spruch
Gottes, des Herrn –, das sollt ihr wissen. Errötet
und vergeht vor Scham wegen eures Treibens, ihr
vom Haus Israel.

33 So spricht Gott, der Herr: Wenn ich euch von all
euren Sünden gereinigt habe, mache ich die Städte
wieder bewohnbar und die Ruinen werden wieder
aufgebaut. 34 Das verödete Land wird bestellt, es
liegt nicht mehr öde vor den Augen all derer, die
vorübergehen. 35 Dann wird man sagen: Dieses
verödete Land ist wie der Garten Eden geworden;
die zerstörten, verödeten, vernichteten Städte sind
wieder befestigt und bewohnt. 36 Dann werden die
Völker, die rings um euch noch übrig sind, erken-
nen, dass ich, der Herr, das Zerstörte wieder auf-
gebaut und das Ödland wieder bepflanzt habe.
Ich, der Herr, habe gesprochen und ich führe es
aus.

37 So spricht Gott, der Herr: Ich lasse mich vom
Haus Israel dazu bewegen, auch noch das zu tun:
Ich werde die Menschen vermehren wie eine
Schafherde. 38 Wie die zum Opfer geweihten Scha-
fe, wie die Schafe an den Festen Jerusalem füllen,
so sollen Herden von Menschen die zerstörten
Städte bevölkern. Dann wird man erkennen, dass
ich der Herr bin.

17: Lev 15,19–27 • 19: 11,16 • 20: 20,39; Jes 52,5 • 21: 20,9 •
22: Jes 48,11; Ps 79,9; 106,8; 115,1; Jer 14,7 • 23: Mt 6,9 • 24: 11,17 •
25: Ps 51,9; Sach 13,1; Jer 33,8 • 26: 11,19f; 39,29 • 27: 11,20; 37,24 •
30: 34,29; Joël 2,19 • 31: 16,61–63; 20,43 • 36: Jer 1,10 • 38: Mi 2,12

Die Vision von der Auferweckung Israels

37 Die Hand des Herrn legte sich auf mich und der Herr brachte mich im Geist hinaus und versetzte mich mitten in die Ebene. Sie war voll von Gebeinen. 2 Er führte mich ringsum an ihnen vorüber und ich sah sehr viele über die Ebene verstreut liegen; sie waren ganz ausgetrocknet. 3 Er fragte mich:
Menschensohn, können diese Gebeine wieder lebendig werden? Ich antwortete: Herr und Gott, das weißt nur du. 4 Da sagte er zu mir:
Sprich als Prophet über diese Gebeine und sag zu ihnen: Ihr ausgetrockneten Gebeine, hört das Wort des Herrn! 5 So spricht Gott, der Herr, zu diesen Gebeinen: Ich selbst bringe Geist in euch, dann werdet ihr lebendig. 6 Ich spanne Sehnen über euch und umgebe euch mit Fleisch; ich überziehe euch mit Haut und bringe Geist in euch, dann werdet ihr lebendig. Dann werdet ihr erkennen, dass ich der Herr bin. 7 Da sprach ich als Prophet, wie mir befohlen war; und noch während ich redete, hörte ich auf einmal ein Geräusch: Die Gebeine rückten zusammen, Bein an Bein. 8 Und als ich hinsah, waren plötzlich Sehnen auf ihnen und Fleisch umgab sie und Haut überzog sie. Aber es war noch kein Geist in ihnen. 9 Da sagte er zu mir:
Rede als Prophet zum Geist, rede, Menschensohn, sag zum Geist: So spricht Gott, der Herr: Geist, komm herbei von den vier Winden! Hauch diese Erschlagenen an, damit sie lebendig werden. 10 Da sprach ich als Prophet, wie er mir befohlen hatte, und es kam Geist in sie. Sie wurden lebendig und standen auf – ein großes, gewaltiges Heer.
11 Er sagte zu mir:
Menschensohn, diese Gebeine sind das ganze Haus Israel. Jetzt sagt Israel: Ausgetrocknet sind unsere Gebeine, unsere Hoffnung ist untergegangen, wir sind verloren. 12 Deshalb tritt als Prophet auf und sag zu ihnen: So spricht Gott, der Herr: Ich öffne eure Gräber und hole euch, mein Volk, aus euren Gräbern herauf. Ich bringe euch zurück in das Land Israel. 13 Wenn ich eure Gräber öffne und euch, mein Volk, aus euren Gräbern heraufhole, dann werdet ihr erkennen, dass ich der Herr bin. 14 Ich hauche euch meinen Geist ein, dann werdet ihr lebendig und ich bringe euch wieder in euer Land. Dann werdet ihr erkennen, dass ich der Herr bin. Ich habe gesprochen und ich führe es aus – Spruch des Herrn.

1: 1,3; 3,22 • 5: Jes 26,19 • 10: Gen 2,7; Ps 104,30 • 14: 39,29

Eine weitere symbolische Handlung: Die Wiedervereinigung Israels und Judas

15 Das Wort des Herrn erging an mich:
16 Du, Menschensohn, nimm dir ein Holz und schreib darauf: Juda und die mit ihm verbündeten Israeliten. Dann nimm dir ein anderes Holz, und schreib darauf: Josef [Holz Efraims] und das ganze mit ihm verbündete Haus Israel. 17 Dann füge beide zu einem einzigen Holz zusammen, sodass sie eins werden in deiner Hand. 18 Und wenn die Söhne deines Volkes dich fragen: Willst du uns nicht erklären, was das bedeuten soll?, 19 dann antworte ihnen: So spricht Gott, der Herr: Ich nehme das Holz Josefs [das in der Hand Efraims ist] und der mit ihm verbündeten Stämme Israels und lege es auf das Holz Judas. Ich mache sie zu einem einzigen Holz und sie werden eins in meiner Hand. 20 Die Hölzer, auf die du geschrieben hast, sollst du vor ihren Augen in deiner Hand halten. 21 Dann sag zu ihnen: So spricht Gott, der Herr: Ich hole die Israeliten aus den Völkern heraus, zu denen sie gehen mussten; ich sammle sie von allen Seiten und bringe sie in ihr Land. 22 Ich mache sie in meinem Land, auf den Bergen Israels, zu einem einzigen Volk. Sie sollen alle einen einzigen König haben. Sie werden nicht länger zwei Völker sein und sich nie mehr in zwei Reiche teilen. 23 Sie werden sich nicht mehr unrein machen durch ihre Götzen und Gräuel und durch all ihre Untaten. Ich befreie sie von aller Sünde, die sie in ihrer Untreue begangen haben, und ich mache sie rein. Dann werden sie mein Volk sein und ich werde ihr Gott sein. 24 Mein Knecht David wird ihr König sein und sie werden alle einen einzigen Hirten haben. Sie werden nach meinen Rechtsvorschriften leben und auf meine Gesetze achten und sie erfüllen. 25 Sie werden in dem Land wohnen, das ich meinem Knecht Jakob gegeben habe und in dem ihre Väter gewohnt haben. Sie und ihre Kinder und Kindeskinder werden für immer darin wohnen und mein Knecht David wird für alle Zeit ihr Fürst sein. 26 Ich schließe mit ihnen einen Friedensbund;

es soll ein ewiger Bund sein. Ich werde sie zahlreich
machen. Ich werde mitten unter ihnen für immer
mein Heiligtum errichten 27 und bei ihnen wird
meine Wohnung sein. Ich werde ihr Gott sein und
sie werden mein Volk sein. 28 Wenn mein Heilig-
tum für alle Zeit in ihrer Mitte ist, dann werden
die Völker erkennen, dass ich der Herr bin, der
Israel heiligt.

21: 34,13; 36,24 • 22: Jes 11,11.13; Ez 34,23 • 23: 11,20 • 25: 28,25 • 26: Jes 54,10 • 27: 43,7; 11,20; Lev 26,11f • 28: 36,23

DER KAMPF GOTTES GEGEN GOG: 38,1 – 39,29

Die Kriegsvorbereitungen Gogs

38 Das Wort des Herrn erging an mich:
2 Menschensohn, richte dein Gesicht auf
Gog im Land Magog, auf den Großfürsten von
Meschech und Tubal, tritt als Prophet gegen ihn
auf 3 und sag: So spricht Gott, der Herr: Ich will
gegen dich vorgehen, Gog, gegen dich, den Groß-
fürsten von Meschech und Tubal. 4 Ich reiße dich
herum und schlage dir Haken durch deine Kinn-
backen und führe dich und deine ganze Streit-
macht heraus: Pferde und Reiter, alle prächtig
gekleidet, ein großes Heer, mit Langschild und
Rundschild; alle haben ihr Schwert in der Hand.
5 Auch Paras, Kusch und Put sind dabei, alle aus-
gerüstet mit Schild und Helm, dazu 6 Gomer und
all seine Truppen, Bet-Togarma aus dem äußers-
ten Norden und all seine Truppen. Viele Völker
ziehen mit dir. 7 Rüste dich, halte dich bereit, du
und dein ganzes Heer, das bei dir versammelt ist;
sei mit ihnen auf dem Posten. 8 Nach langer Zeit
wirst du deinen Auftrag erhalten. Nach vielen Jah-
ren wirst du in ein Land kommen, dessen Volk
dem Schwert entronnen ist und aus vielen Völkern
wieder auf den Bergen Israels zusammengeführt
wurde, die lange verödet waren. Mitten aus den
Völkern wurde es herausgeführt und alle leben in
Sicherheit. 9 Wie ein Unwetter ziehst du herauf;
wie eine Wolke, die das ganze Land bedeckt – du
und all deine Truppen und viele Völker mit dir.
10 So spricht Gott, der Herr: An jenem Tag steigen
(unheilvolle) Gedanken in deinem Herzen auf
und du ersinnst einen bösen Plan. 11 Du sagst: Ich
will gegen das ungeschützte Land hinaufziehen
und die friedlichen Menschen überfallen, die dort
in Sicherheit leben; alle leben sie ohne Mauern
und sie haben keine Riegel und Tore. 12 Ich will
Beute machen und plündern, ich will diese wie-
der bewohnten Trümmer angreifen und das Volk
überfallen, das aus den Völkern zusammengeführt
wurde, das sich wieder Herden und Besitz erwor-
ben hat und jetzt auf dem Nabel der Erde wohnt.
13 Dann werden dich Saba und Dedan und die
Kaufleute und Händler von Tarschisch fragen:
Kommst du, um Beute zu machen? Hast du deine
Heere versammelt, um zu plündern, um Silber
und Gold wegzuschleppen, Herden und Besitz zu
rauben und große Beute zu machen?
14 Darum tritt als Prophet auf, Menschensohn, und
sag zu Gog: So spricht Gott, der Herr: Dann, wenn
mein Volk Israel sich in Sicherheit wähnt, brichst
du auf 15 und ziehst aus deinem Land heran, aus
dem äußersten Norden, du und viele Völker mit
dir, alle zu Pferd, ein großes Heer, eine gewaltige
Streitmacht. 16 Du ziehst gegen mein Volk Israel
heran wie eine Wolke, die das ganze Land bedeckt.
Am Ende der Tage wird es geschehen: Ich lasse
dich gegen mein Land heranziehen; denn die Völ-
ker sollen mich erkennen, wenn ich mich vor ihren
Augen an dir, Gog, als heilig erweise.

2: 39,1; 27,13; 32,26 • 3: 39,1; Gen 10,2 • 4: 29,4 • 6: 27,14 • 13: 25,13 • 16: Ex 14,4

Der Drohspruch gegen Gog

17 So spricht Gott, der Herr: Du bist der, von dem
ich in früherer Zeit durch meine Knechte gespro-
chen habe, durch die Propheten Israels, die in
jenen Tagen und Jahren weissagten, dass ich dich
gegen Israel heranziehen lasse. 18 Und an jenem
Tag, wenn Gog gegen das Land Israel heranzieht –
Spruch Gottes, des Herrn –, wird der Groll in mir
aufsteigen. 19 In meinem leidenschaftlichen Eifer,
im Feuer meines Zorns, schwöre ich: An jenem Tag
wird es im ganzen Land Israel ein gewaltiges Erd-
beben geben. 20 Dann zittern die Fische im Meer
und die Vögel am Himmel vor mir, das Wild auf
dem Feld und alle kleinen Tiere, die auf dem Erd-

boden kriechen, und alle Menschen auf Erden.
Es bersten die Berge, die Felswände stürzen ein
und alle Mauern fallen zu Boden. 21 Dann rufe
ich mein ganzes Bergland zum Krieg gegen Gog
auf – Spruch Gottes, des Herrn. Da wird sich das
Schwert des einen gegen den andern wenden. 22 Ich
richte ihn durch Pest und (Ströme von) Blut; ich
lasse Wolkenbrüche und Hagel, Feuer und Schwe-
fel über ihn und seine Truppen und über die vie-
len Völker, die bei ihm sind, herabregnen. 23 So
werde ich mich als groß und heilig erweisen und
mich vor den Augen vieler Völker zu erkennen
geben. Dann werden sie erkennen, dass ich der
Herr bin.

21: Offb 20,8f

Der Untergang Gogs

39 Du, Menschensohn, tritt als Prophet ge-
gen Gog auf und sag: So spricht Gott, der
Herr: Ich will gegen dich vorgehen, Gog, gegen
dich, den Großfürsten von Meschech und Tubal.
2 Ich führe dich und locke dich herbei, ich lasse
dich aus dem äußersten Norden heranziehen und
führe dich ins Bergland von Israel. 3 Dann schlage
ich dir den Bogen aus der linken Hand und lasse
deiner rechten die Pfeile entfallen. 4 Im Bergland
von Israel wirst du umkommen, du und alle deine
Truppen und die Völker, die bei dir sind. Raubvö-
geln aller Art und den wilden Tieren werfe ich dich
zum Fraß vor. 5 Auf dem freien Feld wirst du fal-
len; denn ich habe gesprochen – Spruch Gottes,
des Herrn.
6 Gegen Magog und die sorglosen Küstenbewoh-
ner sende ich Feuer. Dann werden sie erkennen,
dass ich der Herr bin. 7 Meinen heiligen Namen
offenbare ich in meinem Volk Israel; ich will mei-
nen heiligen Namen nie mehr entweihen. Dann
werden die Völker erkennen, dass ich der Herr bin,
heilig in Israel. 8 Es kommt und geschieht – Spruch
Gottes, des Herrn.
Das ist der Tag, von dem ich gesprochen habe: 9 Die
Einwohner der Städte Israels werden hinausgehen;
mit den Waffen, mit Langschild und Rundschild,
mit Bogen und Pfeilen, mit Keulen und Lanzen
machen sie Feuer und heizen. Sieben Jahre lang
machen sie Feuer damit. 10 Sie sammeln kein Holz
auf den Feldern, sie schlagen kein Holz im Wald,
sondern verbrennen die Waffen. Sie plündern die
Plünderer und berauben die Räuber – Spruch
Gottes, des Herrn.
11 An jenem Tag weise ich Gog einen Platz für sein
Grab in Israel zu: das Tal der Durchreisenden, öst-
lich vom (Toten) Meer. Das Grab versperrt dann
den Durchreisenden den Weg. Dort wird man Gog
und all seine Pracht begraben und den Ort »Tal der
Pracht Gogs« nennen.
12 Sieben Monate wird das Haus Israel brauchen,
um alle zu begraben, um das Land wieder rein zu
machen. 13 Das ganze Volk im Land wird helfen, sie
zu begraben, und das wird ihm großes Ansehen
verschaffen an dem Tag, an dem ich mich als herr-
lich erweise – Spruch Gottes, des Herrn. 14 Man
wird Männer auswählen, die ständig durch das
Land ziehen und alle bestatten sollen, die im Land
verstreut liegen geblieben sind. So soll man das
Land wieder rein machen. Und am Ende der sie-
ben Monate sollen sie das Land gründlich durch-
suchen. 15 Wenn diese Männer durch das Land zie-
hen und einer von ihnen einen Menschenknochen
findet, soll er die Stelle kennzeichnen, bis die To-
tengräber ihn im Tal der Pracht Gogs begraben.
16 [Auch eine Stadt trägt den Namen Hamona,
»Die Pracht«.] So wird man das Land rein ma-
chen.
17 Du aber, Menschensohn – so spricht Gott, der
Herr –, sag zu allen Vögeln und zu allen wilden
Tieren: Versammelt euch und kommt her! Von
überall kommt zu meinem großen Opfer zusam-
men, das ich für euch schlachte, zu meinem gro-
ßen Opfer auf den Bergen Israels, kommt und
fresst Fleisch und trinkt Blut! 18 Das Fleisch der
Helden sollt ihr fressen, das Blut der Fürsten der
Erde sollt ihr trinken. Lauter Widder, Lämmer und
Böcke, Stiere und gemästete Rinder aus dem
Baschan sind es. 19 Fresst euch satt am Fett und
berauscht euch am Blut meines Opfers, das ich für
euch geschlachtet habe. 20 An meinem Tisch könnt
ihr euch sättigen mit Pferden und Reitern, mit
Helden und Kriegern aller Art – Spruch Gottes,
des Herrn.
21 So zeige ich unter den Völkern meine Herrlich-
keit. Alle Völker sehen, wie ich mein Strafgericht
abhalte, sie sehen, wie ich meine Hand auf sie lege.
22 Dann wird das Haus Israel erkennen, dass ich

der Herr, sein Gott, bin, von jenem Tag an und auch weiterhin.

1: 38,2; 32,26; 38,3f • 9: Ps 46,10 • 14: Num 19,16; Dtn 21,23 • 17: Offb 19,17–19 • 21: Ex 14,4

Die Wiederherstellung Israels

23 Die Völker werden erkennen, dass das Haus Israel wegen seiner Schuld verschleppt wurde. Denn sie sind mir untreu geworden; darum habe ich mein Angesicht vor ihnen verborgen und sie ihren Feinden ausgeliefert, sodass alle unter dem Schwert fielen. 24 Wie ihre Unreinheit und ihre Vergehen es verdienten, so habe ich sie behandelt und mein Angesicht vor ihnen verborgen.

25 Darum – so spricht Gott, der Herr: Jetzt werde ich das Geschick Jakobs wenden, ich will Erbarmen haben mit dem ganzen Haus Israel und will mit leidenschaftlichem Eifer für meinen heiligen Namen eintreten. 26 Sie werden ihre Schande vergessen, vergessen, wie oft sie mir untreu waren, wenn sie auf ihrem Grund und Boden in Sicherheit leben, ohne dass sie jemand erschreckt, 27 wenn ich sie aus den Völkern zurückgeholt und aus den Ländern ihrer Feinde gesammelt habe und so mich an ihnen vor den Augen vieler Völker als heilig erweise. 28 Dann werden sie erkennen, dass ich, der Herr, ihr Gott bin; denn nachdem ich sie zu den Völkern weggeführt hatte, habe ich sie wieder in ihrem Land versammelt und keinen von ihnen in der Fremde zurückgelassen. 29 Ich verberge mein Gesicht nicht mehr vor ihnen; denn ich habe meinen Geist über das Haus Israel ausgegossen – Wort Gottes, des Herrn.

25: Ps 106,8 • 29: Jes 54,8; Ez 36,26; Joël 3,1

DIE VISION VOM NEUEN ISRAEL: 40,1 – 48,35

Der neue Tempel: 40,1 – 44,3

Die Entrückung des Propheten

40 Am zehnten Tag des Monats am Jahresanfang im fünfundzwanzigsten Jahr nach unserer Verschleppung und im vierzehnten Jahr nach der Eroberung der Stadt (Jerusalem), genau an diesem Tag legte sich die Hand des Herrn auf mich und er brachte mich dorthin. 2 In göttlichen Visionen brachte er mich ins Land Israel und stellte mich auf einen sehr hohen Berg. In südlicher Richtung war auf dem Berg etwas wie eine Stadt erbaut. 3 Dorthin brachte er mich. Da sah ich einen Mann, der aussah, als sei er aus Bronze. Er hatte eine leinene Schnur und eine Messlatte in der Hand und stand im Tor. 4 Der Mann sagte zu mir: Menschensohn, öffne deine Augen und Ohren, sieh und höre und achte auf alles, was ich dir zeige. Denn du bist hierher gebracht worden, damit ich es dir zeige. Berichte alles, was du siehst, dem Haus Israel.

1: 1,3; 37,1

Der Tempel, seine Tore und Höfe

5 Da stand eine Mauer, die den Tempel ringsum außen umgab. Der Mann hatte in der Hand eine Messlatte von sechs Ellen, die je eine gewöhnliche Elle und eine Handbreit maßen. Und er maß die Dicke der Mauer – eine Latte – und die Höhe – eine Latte. 6 Dann ging er zum Osttor, stieg seine Stufen hinauf und maß die Schwellen des Tores: Sie waren eine Latte breit [jede Schwelle war eine Latte breit]. 7 Dann maß er die Torkammer: Sie war eine Latte lang und eine Latte breit. Der Abstand zwischen den Torkammern betrug fünf Ellen. Und er maß die Schwelle des Tors auf der Tempelseite der Vorhalle des Tors. 8 [Er maß die Vorhalle des Tors auf der Tempelseite – eine Latte.] 9 Dann maß er die Vorhalle des Tors – acht Ellen – sowie die Pfeiler des Tors – zwei Ellen. Die Vorhalle des Tors lag auf der Tempelseite des Tors. 10 Drei Torkammern des Osttors lagen auf der einen Seite, drei auf der andern; alle drei hatten jeweils die gleichen Maße und auch die Pfeiler hüben und drüben hatten die gleichen Maße. 11 Dann maß er die Breite der Toröffnung – zehn Ellen – und die Länge des Torgebäudes – dreizehn Ellen. 12 Vor allen Torkammern war eine Schranke, jeweils eine Elle hoch. Die Torkammern auf beiden Seiten maßen jeweils sechs Ellen. 13 Dann maß er die Breite des Torbaus vom Dachansatz einer Torkammer bis zum Dachansatz der gegenüberliegenden Torkammer von Tür zu Tür – fünfund-

zwanzig Ellen. 14 [Dann maß er die Vorhalle – zwanzig Ellen. An das Tor stieß ringsum der Vorhof.] 15 Von der Vorderseite des Toreingangs bis zur Tempelseite der Vorhalle des Tors innen waren es fünfzig Ellen. 16 Die Torkammern ringsum hatten verschließbare Fenster, ebenso innen die Pfeiler und die Vorhalle. Ringsum befanden sich innen Fenster. Die Pfeiler waren mit Palmen verziert.

17 Dann brachte er mich in den Vorhof. Rings um den Vorhof lagen Räume und davor war ringsum ein Steinpflaster angelegt; dreißig Räume grenzten an das Pflaster. 18 Das Steinpflaster schloss sich seitlich an die Tore an und es war genauso breit wie der Vorsprung der Tore (in den Vorhof). Das war das untere Steinpflaster. 19 Dann maß er den Abstand von der Innenseite der Außentore zur Außenseite der Innentore im Osten und Norden – je hundert Ellen.

20 Auch das Nordtor des Vorhofs maß er der Länge und Breite nach. 21 Es hatte je drei Torkammern auf beiden Seiten. Seine Pfeiler und seine Torkammern hatten die gleichen Maße wie die des ersten Tors. Im Ganzen war es fünfzig Ellen lang und fünfundzwanzig Ellen breit. 22 Seine Fenster, seine Vorhalle und sein Palmenschmuck hatten die gleichen Maße wie die des Osttors. Man musste sieben Stufen zu ihm hinaufsteigen. Auf der Innenseite lag seine Vorhalle. 23 Wie beim Osttor lag auch dem Nordtor ein Tor gegenüber, das zum Innenhof führte, und er maß den Abstand von Tor zu Tor – hundert Ellen.

24 Dann führte er mich nach Süden und auch im Süden war ein Tor. Und er maß seine Pfeiler und seine Vorhalle; sie entsprachen den Maßen der anderen. 25 Auch die Fenster des Tors und seiner Vorhalle ringsum entsprachen den anderen Fenstern. Im Ganzen war es fünfzig Ellen lang und fünfundzwanzig Ellen breit. 26 Sieben Stufen führten zu ihm hinauf. Auf der Innenseite lag seine Vorhalle. Die beiden Pfeiler dieses Tors waren hüben und drüben mit je einer Palme verziert. 27 Auch auf der Südseite war ein Tor zum Innenhof und er maß den Abstand von Tor zu Tor im Süden – hundert Ellen.

28 Dann brachte er mich durch das Südtor in den Innenhof und maß das Südtor. Es hatte die gleichen Maße wie die anderen Tore: 29 Seine Torkammern, seine Pfeiler und seine Vorhalle hatten die gleichen Maße wie dort. Auch dieses Tor und seine Vorhalle hatten ringsum Fenster. Im Ganzen war es fünfzig Ellen lang und fünfundzwanzig Ellen breit.

30 [Ringsherum waren Vorhallen, fünfundzwanzig Ellen lang und fünf Ellen breit.] 31 Seine Vorhalle lag auf der Seite zum Vorhof. Seine Pfeiler waren mit Palmen verziert und acht Stufen führten zu ihm hinauf. 32 Dann brachte er mich zur Ostseite des Innenhofs und maß das Tor ab. Es hatte die gleichen Maße wie die anderen Tore: 33 Seine Torkammern, seine Pfeiler und seine Vorhalle hatten die gleichen Maße wie dort. Auch dieses Tor und seine Vorhalle hatten ringsum Fenster. Im Ganzen war es fünfzig Ellen lang und fünfundzwanzig Ellen breit. 34 Seine Vorhalle lag auf der Seite zum Vorhof. Seine beiden Pfeiler waren hüben und drüben mit je einer Palme verziert und acht Stufen führten zu ihm hinauf.

35/36 Dann brachte er mich zum (inneren) Nordtor und stellte auch bei seinen Torkammern, seinen Pfeilern und seiner Vorhalle die gleichen Maße fest. Auch dieses Tor hatte ringsum Fenster. Im Ganzen war es fünfzig Ellen lang und fünfundzwanzig Ellen breit. 37 Seine Vorhalle lag auf der Seite zum Vorhof, seine beiden Pfeiler waren hüben und drüben mit je einer Palme verziert und acht Stufen führten zu ihm hinauf.

38 An den Pfeilern des Tors war der Eingang zu einem besonderen Raum, in dem man das Brandopfer abspülte. 39 In der Vorhalle des Tors standen an beiden Seiten je zwei Tische, auf denen die Brand-, Sünd- und Schuldopfer geschlachtet wurden. 40 An der Außenwand standen neben dem Toreingang im Norden je zwei Tische und an der gegenüberliegenden Wand der Vorhalle des Tors ebenfalls je zwei Tische; 41 je vier Tische standen also an den beiden Stirnwänden (der Vorhalle) des Tors, zusammen acht Tische. Auf ihnen schlachtete man (die Opfertiere).

42/43 Die vier Tische für das Brandopfer waren aus behauenen Steinen. Sie waren anderthalb Ellen lang, anderthalb Ellen breit und eine Elle hoch. Innen (in der Vorhalle) hatte man ringsum handbreite Randleisten angebracht. Auf sie legte man die Geräte, mit denen man die Brand- und

Schlachtopfer schlachtete, und auf die Tische legte
man das Opferfleisch. 44 Neben dem (nördlichen
und südlichen) Innentor lagen zwei Räume; der
neben dem Nordtor liegende öffnete sich nach
Süden zum Innenhof, der neben dem Südtor lie-
gende öffnete sich nach Norden zum Innenhof.
45 Er sagte zu mir: Der Raum, der sich nach Süden
öffnet, gehört den Priestern, die im Tempel die-
nen. 46 Der Raum aber, der sich nach Norden öff-
net, gehört den Priestern, die am Altar dienen; das
sind die Nachkommen Zadoks, die als einzige aus
dem Stamm Levi vor den Herrn hintreten dürfen,
um ihm zu dienen.
47 Dann maß er den Innenhof – ein Quadrat von
hundert Ellen Länge und hundert Ellen Breite. Vor
dem Tempelgebäude stand der Altar. 48 Darauf
führte er mich zur Vorhalle des Tempels und maß
die Pfeiler der Vorhalle zu beiden Seiten – je fünf
Ellen. Die Breite der Toröffnung betrug vierzehn
Ellen und die Breite der beiden Seitenwände
(neben der Toröffnung) je drei Ellen. 49 Die Vor-
halle war zwanzig Ellen breit und zwölf Ellen lang.
Zehn Stufen musste man zu ihr hinaufsteigen. An
den Pfeilern standen außen Säulen, je eine auf
jeder Seite.

41 Dann brachte er mich zur Tempelhalle
und maß die Pfeiler zu beiden Seiten (des
Eingangs); jeder war sechs Ellen dick. [So dick
waren die Pfeiler.] 2 Die Breite der Türöffnung
betrug zehn Ellen und die der beiden Seitenwände
neben der Türöffnung je fünf Ellen. Darauf maß
er die Länge der Tempelhalle – vierzig Ellen – und
ihre Breite – zwanzig Ellen. 3 Er trat ins Innere und
maß die Pfeiler der Türöffnung (zum Allerheiligs-
ten) – zwei Ellen – und die Türöffnung – sechs
Ellen – sowie die Breite der Seitenwände neben der
Türöffnung – sieben Ellen. 4 Und er maß seine
Länge – zwanzig Ellen – und seine Breite an der
Seite der Tempelhalle – zwanzig Ellen. Und er sagte
zu mir: Das ist das Allerheiligste.

40,5–42,20: 1 Kön 7 • 46: 43,19; 44,15; 48,11; 1 Chr 5,34–41;
1 Kön 1,8.39

Die Nebengebäude des Tempels

5 Dann maß er die Mauer des Tempelgebäudes –
sechs Ellen dick – und die Breite des Anbaus rings
um das Tempelgebäude – vier Ellen. 6 (In dem
Anbau waren) Nebenräume, einer am andern, im
ganzen dreißig in drei Stockwerken. An der Mauer
des Tempelgebäudes waren ringsum Vorsprünge
für die (Deckenbalken der) Nebenräume; die Vor-
sprünge dienten als Auflagen; es brauchten also in
der Wand des Tempelgebäudes keine Auflagen zu
sein. 7 Durch die Nebenräume ergab sich bis zu
einer bestimmten Höhe hinauf eine Verbreite-
rung, denn das Tempelgebäude war ringsum um-
baut; durch diesen Anbau ergab sich eine Ver-
breiterung bis zu einer bestimmten Höhe. Vom
untersten Stockwerk konnte man (im Innern)
über das mittlere zum oberen hinaufsteigen. 8 Das
Tempelgebäude selbst konnte man von allen Sei-
ten (über die Anbauten) herausragen sehen. Die
Fundamente der Nebenräume waren eine ganze
Messlatte dick – sechs Ellen. 9 Die Außenmauer des
Anbaus war fünf Ellen dick. Zwischen den Neben-
räumen des Tempelgebäudes 10 und den (Pries-
ter-)Räumen war ein freier Platz von zwanzig
Ellen Breite, der rings um den Tempel herumlief.
11 Aus dem Anbau führten zwei Türen ins Freie,
eine im Norden und eine im Süden. Die Mauer des
freien Platzes war ringsum fünf Ellen dick. 12 Vor
dem eingefriedeten Platz lag auf der Westseite ein
(großes) Gebäude, das neunzig Ellen breit und
siebzig Ellen lang war. Die Mauer dieses Gebäudes
war ringsum fünf Ellen dick.

Die Maße des Tempels

13 Dann maß er das Tempelgebäude – hundert
Ellen lang – sowie den eingefriedeten Platz, das
andere Gebäude und seine Mauern – auch hun-
dert Ellen lang. 14 Die Breite der Vorderseite des
Tempels und des eingefriedeten Platzes betrug im
Osten zusammen ebenfalls hundert Ellen. 15 Und
er maß die Breite des (großen) Gebäudes, das vor
dem eingefriedeten Platz lag, auf der Rückseite
und (die Länge) der Terrassenbauten auf seinen
beiden Seiten – wieder je hundert Ellen.

Das Innere des Tempels

Das Innere der Tempelhalle und der Vorhalle, die
aus dem Innenhof in den Tempel führt, 16 waren
getäfelt. Die Rahmen der verschließbaren Fenster
und die drei Gesimse, die von der Schwelle an
ringsum liefen, waren aus Holz; ebenso gab es vom

Fußboden bis zu den Fenstern – die Fenster waren verdeckbar – 17 und bis über die Türöffnungen hinauf eine Holztäfelung. Auf allen Wänden ringsum, auch auf den Wänden zum Innenraum und nach draußen, war die Täfelung in Felder eingeteilt, auf denen 18 geschnitzte Kerubim und Palmen zu sehen waren, je eine Palme zwischen zwei Kerubim. Jeder Kerub hatte zwei Gesichter: 19 Ein Menschengesicht (blickte) zur einen Palme und ein Löwengesicht zur andern. So war das ganze Haus ringsum ausgestaltet. 20 Vom Fußboden bis über die Türöffnungen hinauf waren an der Tempelwand Kerubim und Palmen angebracht. 21 Die Tür der Tempelhalle hatte einen vierfach gestuften Türrahmen. Vor dem Allerheiligsten war etwas, das aussah wie 22 ein Altar aus Holz, drei Ellen hoch, zwei Ellen lang und zwei Ellen breit. Seine Ecken, sein Sockel und seine Wände waren aus Holz. Der Mann sagte zu mir: Das ist der Tisch, der vor dem Herrn steht. 23 Die Tempelhalle und das Allerheiligste hatten je eine Doppeltür. 24 Die Türen hatten zwei Türflügel, zwei drehbare Türflügel, zwei die eine Tür und zwei die andere Tür. 25 An den Türen der Tempelhalle waren Kerubim und Palmen angebracht wie an den Wänden. Außen, an der Vorderseite der Vorhalle, war ein Vordach aus Holz. 26 An den beiden Seitenwänden der Vorhalle und an den Nebenräumen des Tempels [und an den Vordächern] waren verschließbare Fenster und Palmen.

22: Ex 25,23–30; 40,22f

Die Räume für die Priester

42 Dann führte er mich in den nördlichen Teil des Vorhofs hinaus und brachte mich zu einem Bau mit Einzelräumen, der gegenüber dem eingefriedeten Platz und im Norden des (großen) Gebäudes lag. 2 An seiner Längsseite gegenüber dem Nordeingang (des großen Gebäudes) maß dieser Bau hundert Ellen; seine Breite betrug fünfzig Ellen. 3 Der Bau lag gegenüber dem freien Platz von zwanzig Ellen, der zum Innenhof gehörte, und gegenüber dem Steinpflaster, das zum Vorhof gehörte. Er war terrassenartig angelegt, mit drei Stockwerken. 4 Vor den Räumen lief ein Gang entlang, zehn Ellen breit und hundert Ellen lang. Die Eingänge der Räume lagen im Norden. 5 Die oberen Räume des Baus waren kürzer als die mittleren und die unteren; denn die Terrassen nahmen ihnen Platz weg. 6 Das Ganze war dreistöckig; die Stockwerke hatten aber keine Säulen wie der Vorhof; deswegen wurden sie von unten nach oben, vom unteren über das mittlere (bis zum oberen) immer kürzer. 7 Außen zog sich an den Räumen zum Vorhof hin eine Mauer entlang. An der Vorderseite der Räume war sie fünfzig Ellen lang; 8 da die Räume, die zum Vorhof gehörten, ebenfalls fünfzig Ellen lang waren, war die ganze Mauer hundert Ellen lang. 9 Der Zugang zu den unteren Räumen (des Terrassenbaus) lag im Osten, dort, wo man vom Vorhof herkam, 10 an der Breitseite der Mauer zum Vorhof.

Im Süden des eingefriedeten Platzes und des (großen) Gebäudes war ebenfalls ein Bau mit Einzelräumen 11 und auch an ihrer Vorderseite lief ein Weg entlang. Sie hatten dasselbe Aussehen, die gleiche Länge und Breite, die gleichen Eingänge, dieselbe Anordnung und ebenso viele Türen wie die Räume im Norden. 12 Der Zugang zu den Türen der Räume im Süden lag am Anfang des nach Osten führenden Weges, der am Kopfende der Schutzmauer begann.

13 Der Mann sagte zu mir: Die Räume im Norden und die Räume im Süden, die vor dem umfriedeten Platz liegen, sind heilige Räume. Dort sollen die Priester, die vor den Herrn hintreten dürfen, die hochheiligen Gaben verzehren und dort sollen sie die hochheiligen Gaben, die Speise-, Sünd- und Schuldopfer niederlegen; denn der Ort ist heilig. 14 Wenn die Priester in das Heiligtum gegangen sind, sollen sie von dort nicht zum Vorhof hinausgehen, sondern ihre Gewänder, in denen sie Dienst getan haben, in diesen Räumen ablegen; denn die Gewänder sind heilig. Sie sollen andere Kleider anziehen und erst dann auf den Platz hinaustreten, der für das Volk vorgesehen ist.

14: 44,19

Die Maße des Tempelbezirks

15 Als er den inneren Tempelbezirk vermessen hatte, führte er mich zum Osttor hinaus und vermaß den ganzen Tempelbezirk ringsum. 16 Er maß mit seiner Messlatte die Ostseite – fünfhundert Ellen [mit der Messlatte]. Dann wandte er sich (der

Nordseite zu) 17 und maß mit der Messlatte die Nordseite – fünfhundert Ellen. Dann wandte er sich 18 der Südseite zu und maß mit der Messlatte wieder fünfhundert Ellen. 19 Dann wandte er sich der Westseite zu und maß mit der Messlatte wieder fünfhundert Ellen. 20 Nach allen vier Windrichtungen vermaß er den Tempelbezirk: Der Tempelbezirk hatte ringsum eine Mauer, fünfhundert Ellen in der Länge und fünfhundert Ellen in der Breite; sie sollte das Heilige vom Unheiligen trennen.

Der Einzug des Herrn in den Tempel

43 Dann führte er mich zu einem der Tore, dem Tor, das im Osten lag. 2 Da sah ich, wie die Herrlichkeit des Gottes Israels aus dem Osten herankam. Ihr Rauschen war wie das Rauschen gewaltiger Wassermassen und die Erde leuchtete auf von seiner Herrlichkeit. 3 Die Erscheinung, die ich sah, war wie die Erscheinung, die ich damals sah, als er kam, um die Stadt zu vernichten, und wie die Erscheinung, die ich am Fluss Kebar gesehen hatte. Da fiel ich nieder auf mein Gesicht.

4 Und die Herrlichkeit des Herrn zog in den Tempel ein durch das Tor, das im Osten lag.

5 Der Geist hob mich empor und brachte mich in den Innenhof. Und die Herrlichkeit des Herrn erfüllte den Tempel. 6 Dann hörte ich vom Tempel her, während der Mann neben mir stand, einen, der mit mir redete; 7 er sagte zu mir: Menschensohn, das ist der Ort, wo mein Thron steht, und der Ort, wo meine Füße ruhen; hier will ich für immer mitten unter den Israeliten wohnen. Das Haus Israel aber und seine Könige sollen meinen heiligen Namen nie mehr beflecken mit ihrer Unzucht und mit den Leichen ihrer Könige [wenn sie tot sind]. 8 Sie legten ihre Schwelle neben meine Schwelle und setzten ihre Türpfosten neben meine Türpfosten, sodass zwischen mir und ihnen nur eine Wand war. So befleckten sie meinen heiligen Namen durch die Gräueltaten, die sie begingen, und ich musste sie in meinem Zorn vernichten.

9 Jetzt aber sollen sie ihre Unzucht und die Leichen ihrer Könige von mir fern halten, sodass ich für immer mitten unter ihnen wohnen kann.

10 Du, Menschensohn, berichte dem Haus Israel über den Tempel, damit sie sich wegen ihrer bösen Taten schämen. Sie sollen den Entwurf des Tempels kennen lernen. 11 Wenn sie sich all dessen schämen, was sie getan haben, dann mach ihnen den Plan des Tempels bekannt, seine Einrichtung, seine Ausgänge und Eingänge und seinen ganzen Plan, alle ihn betreffenden Gesetze [meine ganzen Pläne] und alle ihn betreffenden Anweisungen. Zeichne alles vor ihren Augen auf! Sie sollen darauf achten, dass sie seinen ganzen Plan ausführen und alle ihn betreffenden Gesetze befolgen.

12 Das ist meine Anweisung für den Tempelbezirk. Das ganze Gebiet auf dem Gipfel des Berges ringsum ist hochheiliger Boden. [Siehe, das ist die Anweisung für den Tempelbezirk.]

2: 1,28; Offb 1,15 • 3: 8–11; 1,3 • 4: Ex 40,34; 1 Kön 8,10f • 7: Ps 132,7f; Klgl 2,1; Ez 37,26f

Der Altar im Innenhof und die Altarweihe

13 Das waren die Maße des Altars, gemessen in Ellen, die Elle zu einer gewöhnlichen Elle und einer Handbreit gerechnet: Der Graben (um den Altar) war eine Elle tief und eine Elle breit und die gemauerte Einfassung an seinem Rand war eine Spanne breit. Die Höhe des Altars maß: 14 vom Boden des Grabens bis zur unteren Stufe zwei Ellen; die Stufe war eine Elle breit; auf diese niedrige Stufe folgte eine höhere Stufe von vier Ellen, die oben wieder eine Elle zurücksprang. 15 Der (darauf folgende) Opferherd war vier Ellen hoch und an dem Opferherd ragten vier Hörner empor.

16 Der Opferherd hatte eine Länge von zwölf Ellen und eine Breite von zwölf Ellen; er war quadratisch.

17 Auch die (mittlere) Stufe war quadratisch, vierzehn Ellen lang und vierzehn Ellen breit. Rings um die untere Stufe lief eine gemauerte Einfassung von einer halben Elle (Höhe). Der Graben, der sie umgab, maß ringsum eine Elle. Im Osten führte eine Treppe zum Altar hinauf.

18 Dann sagte er zu mir: Menschensohn, so spricht Gott, der Herr: Das sind die Gesetze für den Tag, an dem der Altar fertig gestellt wird, damit man Brandopfer auf ihm darbringen und Blut auf ihn sprengen kann: 19 Du sollst den levitischen Priestern, den Nachkommen Zadoks, die vor mich hintreten dürfen, um mir zu dienen – Spruch Gottes,

des Herrn –, einen jungen Stier zum Sündopfer
geben. [20] Dann sollst du etwas von seinem Blut
nehmen und es auf die vier Hörner und auf die
vier Ecken der (mittleren) Stufe sowie ringsum auf
die gemauerte Einfassung tun. So sollst du den
Altar entsündigen und entsühnen. [21] Dann sollst
du den Stier des Sündopfers nehmen und man soll
ihn auf dem dafür vorgesehenen Platz beim Tem-
pel außerhalb des Heiligtums verbrennen. [22] Am
zweiten Tag sollst du einen Ziegenbock, der ohne
Fehler ist, als Sündopfer darbringen und man soll
den Altar damit entsündigen, wie man ihn mit
dem Stier entsündigt hat.
[23] Wenn du die Entsündigung vollzogen hast, sollst
du einen jungen Stier, der ohne Fehler ist, sowie
einen Widder aus der Herde, der ohne Fehler ist,
darbringen. [24] Du sollst beide vor den Herrn brin-
gen und die Priester sollen sie mit Salz bestreuen
und dem Herrn als Brandopfer darbringen. [25] Sie-
ben Tage lang sollst du täglich einen Bock als Sünd-
opfer darbringen und man soll (täglich) einen
jungen Stier und einen Widder aus der Herde –
Tiere ohne Fehler – darbringen. [26] Sieben Tage lang
soll man den Altar entsühnen, rein machen und
einweihen. [27] Man soll diese Tage genau einhalten.
Vom achten Tag an sollen dann die Priester auf
dem Altar eure Brand- und Heilsopfer darbringen.
Dann will ich euch gnädig sein – Spruch Gottes,
des Herrn.

13: Ex 27,1–8; 1 Kön 8,64 • 18: Ex 29,36f • 19: 40,46; 44,15

Das verschlossene Tor

44 Dann führte er mich zum äußeren Osttor
des Heiligtums zurück. Es war geschlos-
sen. [2] Da sagte der Herr zu mir: Dieses Tor soll
geschlossen bleiben, es soll nie geöffnet werden,
niemand darf hindurchgehen; denn der Herr, der
Gott Israels, ist durch dieses Tor eingezogen; des-
halb bleibt es geschlossen. [3] Nur der Fürst darf,
weil er der Fürst ist, sich dort niedersetzen, um vor
den Augen des Herrn die Opfermahlzeit abzuhal-
ten. Dabei soll er von der Vorhalle des Tores aus
eintreten und auf dem gleichen Weg wieder hi-
nausgehen.

2: Ps 24,7 • 3: 46,2

Die Vorschriften für den Kult und die Verteilung des Landes: 44,4 – 48,35

Die Leviten und Priester

[4] Dann führte er mich zum Nordtor, zur Vorder-
seite des Tempels. Ich sah: Die Herrlichkeit des
Herrn erfüllte den Tempel des Herrn. Und ich fiel
nieder auf mein Gesicht. [5] Der Herr sagte zu mir:
Menschensohn, gib Acht, öffne deine Augen und
deine Ohren und hör auf alles, was ich zu dir sage,
vernimm alle Gesetze und Anweisungen über den
Tempel des Herrn! Achte an allen Eingängen des
Heiligtums darauf, wer den Tempel betritt. [6] Sag
zu dem widerspenstigen Haus Israel: So spricht
Gott, der Herr: Hört endlich auf mit all euren
Gräueltaten, ihr vom Haus Israel! [7] Fremde, die un-
beschnitten sind am Herzen und unbeschnitten
am Körper, sie habt ihr eintreten lassen, sie waren
in meinem Heiligtum und haben meinen Tempel
entweiht, wenn ihr mir meine Opferspeise, Fett
und Blut, dargebracht habt. So habt ihr mit all
euren Gräueltaten meinen Bund gebrochen. [8] Ihr
wolltet den Dienst in meinem Heiligtum nicht
verrichten, sondern ihr habt sie an eurer Stelle den
Dienst in meinem Heiligtum verrichten lassen.
[9] So spricht Gott, der Herr: Kein Fremder, der
unbeschnitten ist am Herzen und unbeschnitten
am Körper, darf mein Heiligtum betreten, keiner
von all den Fremden, die bei den Israeliten leben,
[10] sondern nur die Leviten. Doch weil sie mich ver-
lassen haben, als Israel in die Irre ging, und weil sie
statt mir ihren Götzen gefolgt sind, müssen sie die
Folgen ihrer Schuld tragen: [11] Sie dürfen in mei-
nem Heiligtum nur Wächter an den Tempeltoren
und Tempeldiener sein; sie dürfen (die Tiere für)
das Brandopfer und das Schlachtopfer des Volkes
schlachten und sollen vor den Leuten bereitste-
hen, um ihnen zu dienen. [12] Weil sie ihnen bei
ihrem Götzendienst geholfen haben und für das
Haus Israel der Anlass wurden, in Schuld zu fal-
len, darum habe ich meine Hand gegen sie erho-
ben – Spruch Gottes, des Herrn –; sie müssen die
Folgen ihrer Schuld tragen. [13] Sie dürfen nicht
mehr vor mich hintreten, um mir als Priester
zu dienen und alle meine heiligen Geräte und
hochheiligen Opfer zu berühren. Sie müssen ihre
Schande und die Folgen der Gräueltaten tragen,

die sie begangen haben. [14] Ich setze sie als Tempeldiener ein, damit sie alles erledigen, was im Tempel zu tun ist. [15] Die levitischen Priester, die Nachkommen Zadoks, die mir in meinem Heiligtum treu gedient haben, als die Israeliten mich verließen und in die Irre gingen, sie sollen vor mich hintreten und mir dienen, sie sollen vor mir stehen, um mir Fett und Blut darzubringen – Spruch Gottes, des Herrn. [16] Sie dürfen in mein Heiligtum kommen und an meinen Tisch herantreten, um mir zu dienen; sie sollen meinen Dienst verrichten.

[17] Wenn sie durch die Tore des Innenhofs hineingehen, sollen sie Leinengewänder tragen. Sie dürfen nichts Wollenes tragen, wenn sie in den Toren des Innenhofs und im Tempel Dienst tun. [18] Sie sollen einen Kopfbund aus Leinen aufsetzen und leinene Hosen anziehen; sie sollen keine Kleider tragen, in denen man schwitzt. [19] Wenn sie in den Vorhof zum Volk hinausgehen, sollen sie die Leinengewänder ausziehen, in denen sie Dienst getan haben; sie sollen sie in die heiligen Räume legen und andere Kleider anziehen, damit sie das Volk nicht durch ihre Leinengewänder heilig machen.

[20] Sie sollen weder ihren Kopf kahl scheren, noch ihre Haare lang herabhängen lassen, sondern sie sollen ihr Haar kurz schneiden. [21] Ein Priester darf keinen Wein trinken, wenn er den Innenhof betreten muss. [22] Die Priester dürfen keine Witwe und keine verstoßene Frau heiraten, sondern nur Jungfrauen aus der Nachkommenschaft des Hauses Israel. Eine Witwe aber, die mit einem Priester verheiratet war, dürfen sie zur Frau nehmen.

[23] Sie sollen mein Volk über den Unterschied zwischen heilig und nicht heilig belehren und ihnen den Unterschied zwischen unrein und rein deutlich machen. [24] Bei einem Rechtsstreit sind sie die Richter; nach meinen Rechtsvorschriften sollen sie ihn entscheiden. An allen meinen Festen sollen sie auf meine Weisungen und meine Gesetze achten und sie sollen meine Sabbat-Tage heilig halten.

[25] Einem Toten sollen sie sich nicht nähern; denn sie werden dadurch unrein. Nur beim Tod von Vater und Mutter, Sohn und Tochter, Bruder und unverheirateter Schwester dürfen sie sich unrein machen; [26] wenn der Priester dann wieder rein geworden ist, soll er noch sieben Tage warten. [27] Wenn er danach wieder in den Innenhof des Heiligtums geht, um dort Dienst zu tun, dann soll er ein Sündopfer für sich darbringen – Spruch Gottes, des Herrn.

[28] Erbbesitz dürfen sie nicht haben; ich bin ihr Erbbesitz. Auch Eigentum sollt ihr ihnen in Israel nicht geben; ich bin ihr Eigentum. [29] Sie dürfen das Speise-, Sünd- und Schuldopfer essen. Jede Gabe, die man in Israel Gott weiht, gehört ihnen. [30] Das Beste von allen Erstlingsopfern, all eure Abgaben, die ihr entrichten müsst, gehören den Priestern; auch das Beste von dem, was ihr backt, sollt ihr dem Priester geben, damit ihr Segen über eure Häuser bringt. [31] Verendete und (von Raubtieren) zerrissene Vögel und Tiere dürfen die Priester nicht essen.

7: Jes 52,1; Jer 9,25 • 15: 40,46 • 18: Lev 6,3f; 16,4 • 19: 46,20 • 20: Lev 21,5; 19,27 • 21: Lev 10,9 • 22: Lev 21,7.13f • 23: 22,26; Lev 10,10 • 24: Dtn 17,8f • 25: Lev 21,1–4 • 28: Num 18,20–24; Dtn 18,1f • 29–30: Ex 25,2; Num 15,20; Neh 10,38 • 31: Lev 22,8

Die Aufteilung des Kerngebietes

45 Wenn ihr das Land durch das Los verteilt, sollt ihr ein Stück von fünfundzwanzigtausend Ellen Länge und zwanzigtausend Ellen Breite als eine Abgabe für den Herrn zurückbehalten. Es soll in seinem ganzen Umfang heilig sein. [2] Davon gehört um den Tempel herum ein Quadrat von fünfhundert mal fünfhundert Ellen dem Heiligtum, dazu ringsum fünfzig Ellen unbestelltes Land. [3] Von diesem abgemessenen Stück Land sollt ihr wiederum ein Stück von fünfundzwanzigtausend Ellen Länge und zehntausend Ellen Breite abmessen, auf dem das hochheilige Heiligtum stehen soll. [4] Das ist das heilige Gebiet des Landes und es soll den Priestern gehören, die den Dienst im Heiligtum verrichten und sich beim Gottesdienst dem Herrn nähern dürfen. Es ist der Platz für ihre Häuser und die Weidefläche für ihre Herden. [5] Das (übrige) Stück von fünfundzwanzigtausend Ellen Länge und zehntausend Ellen Breite soll den Leviten gehören, die den Tempeldienst verrichten. Es ist ihr Eigentum; dort können sie ihre Städte bauen und darin wohnen.

[6] Als Eigentum der Stadt sollt ihr ein (weiteres) Stück von fünftausend Ellen Breite und fünfundzwanzigtausend Ellen Länge abmessen, genauso lang wie die heilige Abgabe. Dieses Stück gehört dem ganzen Haus Israel. [7] Dem Fürsten soll auf

beiden Seiten der heiligen Abgabe und des Eigentums der Stadt, im Westen und Osten, ein Gebiet gehören, das an die heilige Abgabe und das Eigentum der Stadt angrenzt und in der Länge einem der Stammesanteile von der Westgrenze bis zur Ostgrenze [8] des Landes entspricht. Es gehört dem Fürsten als Eigentum in Israel. Meine Fürsten werden mein Volk nicht mehr unterdrücken, sondern das Land dem Haus Israel und seinen Stämmen überlassen.

1–8: 48,8–20

Mahnung an die Fürsten

[9] So spricht Gott, der Herr: Genug, ihr Fürsten Israels! Beseitigt Gewalt und Unterdrückung! Sorgt für Recht und Gerechtigkeit! Hört auf, mein Volk von seinem Grund und Boden zu vertreiben – Spruch Gottes, des Herrn.

[10] Verwendet richtige Waagen, richtiges Efa und richtiges Bat! [11] Das Efa und das Bat sollen das gleiche Maß haben; das Bat soll der zehnte Teil eines Hómer sein und ebenso das Efa der zehnte Teil eines Hómer; nach dem Hómer sollen sich die anderen Maße richten. [12] Ein Schekel soll bei euch zwanzig Gera entsprechen. Zehn Schekel sind ein Fünftel einer Mine, fünf Schekel ein Zehntel; fünfzig Schekel sind eine ganze Mine.

[13] Folgende Abgaben sollt ihr erheben: von jedem Hómer Weizen ein Sechstel Efa und ebenso von jedem Hómer Gerste ein Sechstel Efa; [14] und für das Öl gilt: von jedem Kor ein Zehntel Bat; das Bat ist das Ölmaß; zehn Bat entsprechen einem Hómer und zehn Bat entsprechen auch einem Kor; [15] ferner aus jeder Herde ein Schaf auf je zweihundert Tiere vom Viehbesitz Israels. (Diese Abgabe ist) für die Speise-, Brand- und Heilsopfer (bestimmt), die euch entsühnen sollen – Spruch Gottes, des Herrn. [16] Das ganze Volk im Land hat diese Abgaben an den Fürsten von Israel zu entrichten. [17] Der Fürst aber hat an allen Feiertagen des Hauses Israel, an den Festen und an den Neumond- und Sabbat-Tagen für Brandopfer, Speiseopfer und Trankopfer zu sorgen. Er veranstaltet die Sünd-, Speise-, Brand- und Heilsopfer, die das Haus Israel entsühnen sollen.

9: Jer 21,11f; 22,3f; Mi 3,1–3 • 10–11: Lev 19,35f; Dtn 25,13–15 • 17: Lev 1,3; 2,1; 3,1

Die großen Feste

[18] So spricht Gott, der Herr: Am ersten Tag des ersten Monats sollst du einen jungen Stier nehmen, der ohne Fehler ist, und das Heiligtum entsündigen. [19] Der Priester nimmt etwas Blut von dem Sündopfer und bestreicht damit die Türpfosten des Tempels und die vier Ecken der (mittleren) Stufe des Altars und die Türpfosten des Tors zum Innenhof. [20] Dasselbe sollst du am siebten Tag des Monats tun für die, die sich aus Versehen oder aus Unwissenheit verfehlt haben. So sollt ihr den Tempel entsühnen.

[21] Am vierzehnten Tag des ersten Monats sollt ihr das Pascha feiern, ein Fest von sieben Tagen. Da soll man ungesäuerte Brote essen. [22] Der Fürst soll an diesem Tag für sich und für das ganze Volk im Land einen Stier zum Sündopfer bereitstellen. [23] An den sieben Festtagen soll er als Brandopfer für den Herrn sieben Stiere und sieben Widder, die ohne Fehler sind, bereitstellen, und zwar an jedem der sieben Tage, dazu täglich einen Ziegenbock als Sündopfer. [24] Für das Speiseopfer soll er ein Efa Mehl je Stier und ein Efa Mehl je Widder bereitstellen, dazu je Efa Mehl ein Hin Öl. [25] Genau dasselbe soll er sieben Tage lang mit dem Sünd-, Brand- und Speiseopfer und mit dem Öl an dem Fest machen, das am fünfzehnten Tag des siebten Monats beginnt.

20: Lev 5,17f • 21: Lev 23,5 • 22: Lev 4,22 • 23–24: Num 28,17–23 • 25: Num 15,4–12; Lev 23,34; Ex 23,14

Die Opfer

46 So spricht Gott, der Herr: Das Osttor des Innenhofs soll an den sechs Werktagen geschlossen bleiben, nur am Sabbat und am Neumondtag soll es geöffnet werden.

[2] Der Fürst soll von außen her durch die Vorhalle den Torbau betreten und sich an den Torpfosten stellen. Dann sollen die Priester sein Brand- und Heilsopfer darbringen, er aber soll sich an der Schwelle des Tors niederwerfen und wieder hinausgehen. Das Tor soll erst am Abend geschlossen werden. [3] Die Bürger des Landes sollen sich an den Sabbat- und Neumond-Tagen am Eingang dieses Tors ebenfalls vor dem Herrn niederwerfen.

[4] Das Brandopfer, das der Fürst dem Herrn darbringen lässt, soll am Sabbat-Tag aus sechs Läm-

mern und einem Widder bestehen, die ohne Feh-
ler sind. 5 Zu dem Widder gehört ein Speiseopfer
von einem Efa Mehl, zu den Lämmern ein Spei-
seopfer, dessen Menge er selbst bestimmen kann,
dazu ein Hin Öl je Efa Mehl. 6 Am Neumond-Tag
sollen es ein junger Stier, sechs Lämmer und ein
Widder sein, die alle ohne Fehler sind. 7 Zu dem
Stier und zu dem Widder soll er je ein Efa Mehl als
Speiseopfer besorgen, außerdem zu den Lämmern
so viel, wie er gerade zur Verfügung hat, und dazu
je Efa Mehl ein Hin Öl.
8 Wenn der Fürst den Torbau betritt, soll er ihn
durch die Vorhalle betreten und auf dem gleichen
Weg muss er wieder hinausgehen. 9 Wenn aber das
Volk an den Festen vor den Herrn tritt, dann soll
der, der durch das Nordtor gekommen ist, um
(den Herrn) anzubeten, durch das Südtor hinaus-
gehen, und wer durch das Südtor gekommen ist,
soll durch das Nordtor hinausgehen. Niemand soll
durch das Tor wieder hinausgehen, durch das er
gekommen ist, sondern jeder soll durch das gegen-
überliegende Tor hinausgehen. 10 Der Fürst soll
mitten unter ihnen sein; wenn sie hineingehen,
soll auch er hineingehen, und wenn sie hinausge-
hen, soll auch er hinausgehen.
11 An den Fest- und Feiertagen gehört zu dem Stier
und zu dem Widder ein Speiseopfer von je einem
Efa Mehl und zu den Lämmern ein Speiseopfer,
dessen Menge er selbst bestimmen kann, dazu ein
Hin Öl je Efa Mehl. 12 Wenn der Fürst dem Herrn
von sich aus ein Brandopfer oder ein Heilsopfer
darbringen lassen will, soll man für ihn das Osttor
öffnen. Dann soll er sein Brand- und Heilsopfer
genauso darbringen lassen wie am Sabbat. Da-
raufhin soll er hinausgehen, und wenn er hinaus-
gegangen ist, soll man das Tor schließen.
13 Täglich sollst du dem Herrn ein einjähriges
Lamm, das ohne Fehler ist, als Brandopfer dar-
bringen, und zwar jeden Morgen. 14 Dazu sollst du
als Speiseopfer jeden Morgen ein Sechstel Efa
Mehl und ein Drittel Hin Öl herrichten, mit dem
das Mehl besprengt wird. Das soll das Speiseopfer
für den Herrn sein. Diese Vorschrift über das täg-
liche Opfer soll für immer gelten. 15 Bringt also
jeden Morgen das Lamm, das Speiseopfer und das
Öl als das tägliche Brandopfer dar!

2: 44,3 • 4: Num 28,9f • 9: Ex 23,14–17 • 13: Ex 29,38–42; Num 28,3

Der Besitz des Fürsten

16 So spricht Gott, der Herr: Wenn der Fürst einem
seiner Söhne etwas von seinem Erbbesitz schenkt,
gehört es seinen Söhnen; es ist ihr Eigentum und
sie können es weitervererben. 17 Wenn er aber et-
was von seinem Erbbesitz einem seiner Diener
schenkt, gehört es diesem nur bis zum nächsten
Erlassjahr; dann fällt es an den Fürsten zurück.
Nur seine Söhne dürfen behalten, was er ihnen von
seinem Erbbesitz geschenkt hat. 18 Vom Erbbesitz
des Volkes darf der Fürst nichts nehmen; er darf
sie nicht mit Gewalt von ihrem Eigentum ver-
drängen. Wenn er seinen Söhnen etwas vererben
will, muss er es von seinem Eigentum nehmen,
damit die Angehörigen meines Volkes nicht von
ihrem Eigentum vertrieben werden.

Die Opferküchen des Tempels

19 Dann brachte er mich durch den Eingang auf der
Torseite zu den heiligen Priesterräumen im Nor-
den (des Tempels), und zwar zu einer Stelle am
äußersten Ende (der Räume) im Westen. 20 Dort
sagte er zu mir: Das ist die Stelle, wo die Priester
das Schuld- und das Sündopfer kochen und das
Speiseopfer backen, damit sie es nicht in den Vor-
hof hinausbringen müssen und dadurch das Volk
heiligen. 21 Dann führte er mich in den Vorhof hi-
naus und brachte mich zu den vier Ecken des Vor-
hofs. Und an jeder Ecke des Vorhofs war noch ein
Hof. 22 An allen vier Ecken des Vorhofs waren
kleine Höfe, vierzig Ellen lang und dreißig Ellen
breit. Alle vier Höfe an den Ecken hatten das glei-
che Maß. 23 Und ringsum lief in den vier Höfen
eine Steinmauer und unten an den Steinmauern
waren ringsum Kochstellen angelegt. 24 Da sagte er
zu mir: Das sind die Küchen, wo die Tempeldie-
ner das Schlachtopfer des Volkes kochen.

Die Tempelquelle

47 Dann führte er mich zum Eingang des
Tempels zurück und ich sah, wie unter
der Tempelschwelle Wasser hervorströmte und
nach Osten floss; denn die vordere Seite des Tem-
pels schaute nach Osten. Das Wasser floss unter-
halb der rechten Seite des Tempels herab, südlich
vom Altar. 2 Dann führte er mich durch das Nord-
tor hinaus und ließ mich außen herum zum äuße-

ren Osttor gehen. Und ich sah das Wasser an der Südseite hervorrieseln. 3 Der Mann ging nach Osten hinaus, mit der Messschnur in der Hand, maß tausend Ellen ab und ließ mich durch das Wasser gehen; das Wasser reichte mir bis an die Knöchel. 4 Dann maß er wieder tausend Ellen ab und ließ mich durch das Wasser gehen; das Wasser reichte mir bis zu den Knien. Darauf maß er wieder tausend Ellen ab und ließ mich hindurchgehen; das Wasser ging mir bis an die Hüften. 5 Und er maß noch einmal tausend Ellen ab. Da war es ein Fluss, den ich nicht mehr durchschreiten konnte; denn das Wasser war tief, ein Wasser, durch das man schwimmen musste, ein Fluss, den man nicht mehr durchschreiten konnte. 6 Dann fragte er mich: Hast du es gesehen, Menschensohn? Darauf führte er mich zurück, am Ufer des Flusses entlang. 7 Als ich zurückging, sah ich an beiden Ufern des Flusses sehr viele Bäume. 8 Er sagte zu mir: Dieses Wasser fließt in den östlichen Bezirk, es strömt in die Araba hinab und läuft in das Meer, in das Meer mit dem salzigen Wasser. So wird das salzige Wasser gesund. 9 Wohin der Fluss gelangt, da werden alle Lebewesen, alles, was sich regt, leben können und sehr viele Fische wird es geben. Weil dieses Wasser dort hinkommt, werden (die Fluten) gesund; wohin der Fluss kommt, dort bleibt alles am Leben. 10 Von En-Gedi bis En-Eglajim werden Fischer am Ufer des Meeres stehen und ihre Netze zum Trocknen ausbreiten. Alle Arten von Fischen wird es geben, so zahlreich wie die Fische im großen Meer. 11 Die Lachen und Tümpel aber sollen nicht gesund werden; sie sind für die Salzgewinnung bestimmt. 12 An beiden Ufern des Flusses wachsen alle Arten von Obstbäumen. Ihr Laub wird nicht welken und sie werden nie ohne Frucht sein. Jeden Monat tragen sie frische Früchte; denn das Wasser des Flusses kommt aus dem Heiligtum. Die Früchte werden als Speise und die Blätter als Heilmittel dienen.

1: Sach 14,8; Joël 4,18; Ps 46,5; Offb 22,1

Die Verteilung des Landes

13 So spricht Gott, der Herr: Das ist die Grenze, innerhalb derer ihr das Land als Erbbesitz an die zwölf Stämme Israels verteilen sollt. Josef erhält das Doppelte. 14 Jeder einzelne soll darin seinen Erbbesitz erhalten; denn ich habe meine Hand (zum Schwur) erhoben, es euren Vätern zu geben. Darum soll euch dieses Land als Erbbesitz zufallen. 15 Das ist die Grenze des Landes im Norden: vom großen Meer in Richtung Hetlon bis Lebo-Hamat, Zedad, 16 Berota, Sibrajim, das zwischen dem Gebiet von Damaskus und dem Gebiet von Hamat liegt, und bis Hazar-Enan am Rand des Haurangebirges. 17 Die Grenze läuft also vom Meer nach Hazar-Enan, wobei das Gebiet von Damaskus und Zafon und ebenso das Gebiet von Hamat im Norden liegt. Das ist die Nordgrenze. 18 Im Osten bildet der Jordan die Grenze zwischen Gilead und dem Land Israel (von Hazar-Enan), das zwischen dem Haurangebirge und Damaskus liegt, bis hinab zum östlichen Meer und Tamar: Das ist die Ostgrenze. 19 Die Südgrenze im Negeb: von Tamar bis zu den Quellen von Meribat-Kadesch und dem Bach, der ins große Meer fließt. Das ist die Südgrenze im Negeb. 20 Im Westen bildet das große Meer die Grenze bis zur Höhe von Lebo-Hamat. Das ist die Westgrenze.

21 Dieses Land sollt ihr unter die Stämme Israels aufteilen. 22 Ihr sollt es als Erbbesitz unter euch und unter die Fremden verlosen, die bei euch leben und die bei euch Söhne und Töchter gezeugt haben. Sie sollen für euch wie einheimische Israeliten sein und sollen sich mit euch zusammen ihren Erbbesitz mitten unter den Stämmen Israels erlosen. 23 In dem Stamm, bei dem der Fremde lebt, sollt ihr ihm seinen Erbbesitz zuteilen – Spruch Gottes, des Herrn.

48 Das sind die Namen der Stämme: Im Norden, entlang dem Weg von Hetlon nach Lebo-Hamat und nach Hazar-Enan – das Gebiet von Damaskus liegt dabei nördlich, seitlich von Hamat – gehört von Osten nach Westen Dan ein Anteil. 2 Neben dem Gebiet Dans von Osten nach Westen Ascher – ein Anteil; 3 neben dem Gebiet Aschers von Osten nach Westen Naftali – ein Anteil; 4 neben dem Gebiet Naftalis von Osten nach Westen Manasse – ein Anteil; 5 neben dem Gebiet Manasses von Osten nach Westen Efraim – ein Anteil; 6 neben dem Gebiet Efraims von Osten nach Westen Ruben – ein Anteil; 7 neben dem Gebiet Rubens von Osten nach Westen Juda – ein Anteil. 8 Neben dem Gebiet Judas liegt von Osten

nach Westen das Land, das ihr (dem Herrn) als
Abgabe entrichten sollt, 25 000 Ellen breit und
genauso lang wie jeder andere Anteil von Osten
nach Westen. In der Mitte dieses Stückes liegt das
Heiligtum.
9 Das Land, das ihr dem Herrn als Abgabe entrich-
tet, hat eine Länge von 25 000 Ellen und eine Breite
von 20 000 Ellen. 10 Die heilige Abgabe soll wie
folgt eingeteilt werden: Den Priestern soll ein
Stück gehören, das im Norden 25 000 Ellen lang
ist, im Westen und im Osten 10 000 Ellen breit und
im Süden auch 25 000 Ellen lang. Das Heiligtum
des Herrn soll in der Mitte liegen. 11 Den geweih-
ten Priestern aus den Nachkommen Zadoks, die
ihren Dienst verrichtet und mich nicht verlassen
haben, als die Israeliten ebenso in die Irre gingen
wie die Leviten, 12 ihnen soll als Abgabe ein Stück
von dem Land gehören, das ihr (dem Herrn) als
Abgabe entrichtet habt; dieses Stück ist hochhei-
lig und liegt neben dem Gebiet der Leviten. 13 Den
Leviten soll wie den Priestern ein Gebiet von
25 000 Ellen Länge und 10 000 Ellen Breite ge-
hören. Das Ganze hat also eine Länge von 25 000
Ellen und eine Breite von 20 000 Ellen. 14 Man darf
nichts davon verkaufen oder zum Tausch anbie-
ten, noch darf man dieses beste Stück des Landes
auf andere übertragen; denn es ist dem Herrn heilig.
15 Die 5000 Ellen, die längs der 25 000 Ellen in der
Breite noch übrig bleiben, sind nicht heilig, son-
dern gehören der Stadt als Wohngebiet und Wei-
defläche. Die Stadt soll mitten darin liegen. 16 Ihre
Maße sollen im Norden 4500 Ellen und im Süden
4500 Ellen betragen, ebenso 4500 Ellen im Osten
und 4500 Ellen im Westen. 17 Die Weidefläche der
Stadt erstreckt sich 250 Ellen nach Norden, 250
Ellen nach Süden, 250 Ellen nach Osten und 250
Ellen nach Westen. 18 Was dann der Länge nach
noch übrig ist längs der heiligen Abgabe – 10 000
Ellen nach Osten und 10 000 Ellen nach Westen [es
liegt längs der heiligen Abgabe] –, von dessen
Erträgen sollen sich die Arbeiter der Stadt er-
nähren. 19 Die Arbeiter der Stadt, die dieses Stück
bebauen, sollen aus allen Stämmen Israels sein.
20 Die ganze Abgabe soll 25 000 mal 25 000 Ellen
betragen. Dieses ganze Quadrat einschließlich des
Eigentums der Stadt sollt ihr als heilige Abgabe
entrichten.
21 Was zu beiden Seiten der heiligen Abgabe und
des Besitzes der Stadt übrig bleibt, von den 25000
Ellen der (Ostseite der ganzen) Abgabe bis zur
Ostgrenze (des Landes) und von den 25 000 Ellen
der Westseite (der Abgabe) bis zur Westgrenze (des
Landes), diese (beiden) Stücke entlang den Stam-
mesanteilen sollen dem Fürsten gehören. Die hei-
lige Abgabe und das Tempelheiligtum liegen mit-
ten darin. 22 Der Besitz der Leviten und der Besitz
der Stadt soll mitten in dem Gebiet liegen, das dem
Fürsten gehört, und das Gebiet des Fürsten liegt
zwischen dem Gebiet Judas und dem Gebiet Ben-
jamins.
23 Nun folgen die übrigen Stämme: Von Osten
nach Westen Benjamin – ein Anteil; 24 neben dem
Gebiet Benjamins von Osten nach Westen Simeon
– ein Anteil; 25 neben dem Gebiet Simeons von
Osten nach Westen Issachar – ein Anteil; 26 neben
dem Gebiet Issachars von Osten nach Westen
Sebulon – ein Anteil; 27 neben dem Gebiet Sebu-
lons von Osten nach Westen Gad – ein Anteil.
28 Neben dem Gebiet Gads verläuft im Negeb die
Südgrenze; sie führt von Tamar zu den Quellen
von Meribat-Kadesch und zu dem Bach, der ins
große Meer fließt.
29 Das ist das Land, das ihr als Erbbesitz an die
Stämme Israels verlosen sollt, und das sind ihre
Anteile – Spruch Gottes, des Herrn.

47,15–20: Num 34,1–12 • 19: Num 20,13; 34,5 • 22: Lev 19,33f •
48,8–20: 45,1–8 • 13: Lev 25,32–34 • 15: Offb 21,12–17

Die heilige Stadt

30/31 Das sind die Ausgänge der Stadt. Die Stadttore
sind nach den Stämmen Israels benannt: auf der
Nordseite, die 4500 Ellen misst, drei Tore: ein Tor
ist nach Ruben benannt, ein Tor nach Juda und ein
Tor nach Levi; 32 auf der Ostseite, die 4500 Ellen
misst, drei Tore: ein Tor nach Josef, ein Tor nach
Benjamin und ein Tor nach Dan; 33 auf der Süd-
seite, die 4500 Ellen misst, drei Tore: ein Tor nach
Simeon, ein Tor nach Issachar und ein Tor nach
Sebulon; 34 auf der Westseite, die 4500 Ellen misst,
drei Tore: ein Tor nach Gad, ein Tor nach Ascher
und ein Tor nach Naftali. 35 Der Umfang der Stadt
beträgt 18 000 Ellen. Und der Name der Stadt soll
von heute an sein: Hier ist der Herr.

35: Offb 21,3

DAS BUCH DANIEL

Das Buch Daniel berichtet zunächst, wie im Zusammenhang mit der Verschleppung vornehmer Judäer durch Nebukadnezzar auch Daniel und seine drei Freunde nach Babylonien kommen, wo sie trotz ihrer Erziehung im Geist der heidnischen Weltmacht dem Glauben ihrer Väter treu bleiben. Anschließend erzählt das Buch, wie einerseits Daniel als Empfänger und Deuter göttlicher Offenbarungen Aufschluss über den Gang der Weltgeschichte und ihre Vollendung in der Königsherrschaft Gottes gibt, wobei er sein Augenmerk besonders dem Auftreten und Schicksal der gottwidrigen Vertreter der einzelnen heidnischen Weltmächte zuwendet, und wie andererseits Daniel und seine Freunde in der Verfolgung durch diese heidnischen Weltmächte sich als Anhänger des Gottes Israels beispielhaft bewähren (Kap. 1 – 7). Daniel berichtet danach selbst von drei weiteren Offenbarungen, die ihm den Verlauf der Geschichte Gottes mit seinem Volk vom Babylonischen Exil bis zur Verfolgung der Juden in der Zeit des syrischen Königs Antiochus IV. Epiphanes (175–164 v. Chr.) offen legen (Kap. 8 – 12). Im folgenden Abschnitt, der sich mit dem Wirken Daniels in der babylonischen Diaspora beschäftigt, wird sodann erzählt, wie er eine zu Unrecht angeklagte Frau vor ihren verkommenen Richtern rettet und wie er, nachdem er wegen seiner offenkundigen Missachtung des heidnischen Götzenkultes in Todesgefahr geraten ist, selbst die rettende Macht seines Gottes erfährt (Kap. 13f).

Die Abfassung des Buches in seiner heutigen Gestalt fällt in die Makkabäerzeit. Jedoch ist eine längere Entstehungszeit des Buches anzunehmen, in deren Verlauf ältere Überlieferungen mit jeweils verschiedener Aussageabsicht aufgenommen und überarbeitet worden sind. Dafür spricht der Umstand, dass Teile des Buches in Hebräisch (1,1 – 2,4a; 8–12), andere in Aramäisch (2,4b – 7,28) und wieder andere in Griechisch (3,26–90; Kap. 13 und 14) abgefasst wurden. Die nur griechisch vorhandenen Abschnitte waren ursprünglich selbstständige Texteinheiten. Der Lobgesang der drei jungen Männer im Feuerofen (3,26–90) wurde bereits in die griechische Übersetzung des Danielbuches eingefügt, während die Erzählungen der Kapitel 13 und 14 erst in der lateinischen Bibel mit dem Buch zu einer Einheit verbunden wurden.

Literarisch gehört das Buch Daniel trotz verschiedenartiger Literaturformen in den Einzeldarstellungen als Ganzes zur Apokalyptik. Darunter versteht man eine Geistesströmung der alttestamentlichen Spätzeit, die sich mit der Offenbarung der himmlischen Welt und mit der Erschließung göttlicher Geheimnisse im Hinblick auf das Ende beschäftigt. Mit dieser apokalyptischen Eigenart des Buches hängt es zusammen, dass die Darstellung der Geschichte bewusste Schematisierungen und historische Unrichtigkeiten aufweist, die jedoch im Rahmen der übergeordneten Glaubensaussage eine gleichnishafte Bedeutung erlangen.

Die theologische Bedeutung des Buches ist in der Überzeugung zu sehen, dass Gott den gesamten Verlauf der Weltgeschichte, auch wenn dort das Gottesvolk keine beherrschende Rolle spielt, fest in der Hand hat und dass er in dem Augenblick, in dem seine Getreuen von heidnischen Machthabern aufgerieben zu werden drohen, seine endzeitliche Königsherrschaft offenbart. Als Träger dieser Königsherrschaft Gottes erscheint der »Menschensohn auf den Wolken des Himmels« (Kap. 7). Im Endgericht werden sodann die Gerechten durch die Auferstehung von den Toten der Herrlichkeit Gottes teilhaftig, während die Bösen zu ewiger Schmach verurteilt werden (Kap. 12,1–3).

DANIEL UND SEINE FREUNDE AM BABYLONISCHEN HOF: 1,1–21

1 Im dritten Jahr der Herrschaft des Königs
Jojakim von Juda zog Nebukadnezzar, der
König von Babel, gegen Jerusalem und belagerte
es. 2 Und der Herr gab König Jojakim von Juda
sowie einen Teil der Geräte aus dem Haus Gottes
in Nebukadnezzars Gewalt. Er verschleppte sie in
das Land Schinar, in den Tempel seines Gottes, die
Geräte aber brachte er in das Schatzhaus seines
Gottes.
3 Dann befahl der König seinem Oberkämmerer
Aschpenas, einige junge Israeliten an den Hof zu
bringen, Söhne von königlicher Abkunft oder we-
nigstens aus vornehmer Familie; 4 sie sollten frei
von jedem Fehler sein, schön an Gestalt, in aller
Weisheit unterrichtet und reich an Kenntnissen;
sie sollten einsichtig und verständig sein und ge-
eignet, im Palast des Königs Dienst zu tun; Asch-
penas sollte sie auch in Schrift und Sprache der
Chaldäer unterrichten. 5 Als tägliche Kost wies ih-
nen der König Speisen und Wein von der König-
lichen Tafel zu. Sie sollten drei Jahre lang ausge-
bildet werden und dann in den Dienst des Königs
treten.
6 Unter diesen jungen Männern waren aus dem
Stamm Juda Daniel, Hananja, Mischaël und
Asarja. 7 Der Oberkämmerer gab ihnen andere
Namen: Daniel nannte er Beltschazzar, Hananja
Schadrach, Mischaël Meschach und Asarja Abed-
Nego.
8 Daniel war entschlossen, sich nicht mit den Spei-
sen und dem Wein der königlichen Tafel unrein zu
machen, und er bat den Oberkämmerer darum,
sich nicht unrein machen zu müssen. 9 Gott ließ
ihn beim Oberkämmerer Wohlwollen und Nach-
sicht finden. 10 Der Oberkämmerer sagte aber zu
Daniel: Ich fürchte mich vor meinem Herrn, dem
König, der euch die Speisen und Getränke zuge-
wiesen hat; er könnte finden, dass ihr schlechter
ausseht als die anderen jungen Leute eures Alters;
dann wäre durch eure Schuld mein Kopf beim
König verwirkt. 11 Da sagte Daniel zu dem Mann,
den der Oberkämmerer als Aufseher für ihn selbst
sowie für Hananja, Mischaël und Asarja eingesetzt
hatte: 12 Versuch es doch einmal zehn Tage lang
mit deinen Knechten! Lass uns nur pflanzliche
Nahrung zu essen und Wasser zu trinken geben!
13 Dann vergleiche unser Aussehen mit dem der
jungen Leute, die von den Speisen des Königs es-
sen. Je nachdem, was du dann siehst, verfahr wei-
ter mit deinen Knechten! 14 Der Aufseher nahm
ihren Vorschlag an und machte mit ihnen eine
zehntägige Probe. 15 Am Ende der zehn Tage sahen
sie besser und wohlgenährter aus als all die jungen
Leute, die von den Speisen des Königs aßen. 16 Da
ließ der Aufseher ihre Speisen und auch den Wein,
den sie trinken sollten, beiseite und gab ihnen
Pflanzenkost. 17 Und Gott verlieh diesen vier jun-
gen Leuten Wissen und Verständnis in jeder Art
Schrifttum und Weisheit; Daniel verstand sich
auch auf Visionen und Träume aller Art.
18 Als ihre Zeit zu Ende war und man sie vor den
König bringen musste, wie er es bestimmt hatte,
stellte sie der Oberkämmerer dem Nebukadnezzar
vor. 19 Der König unterhielt sich mit ihnen und
fand Daniel, Hananja, Mischaël und Asarja allen
anderen überlegen. Sie traten also in den Dienst
des Königs. 20 Sooft der König in Fragen, die Weis-
heit und Einsicht erfordern, ihren Rat einholte,
fand er sie allen Zeichendeutern und Wahrsagern
in seinem ganzen Reich zehnmal überlegen.
21 Daniel blieb im königlichen Dienst bis ins erste
Jahr des Königs Kyrus.

1–2: 2 Chr 36,5–7 • 3: 2 Kön 20,18 • 8: Lev 11,4–8; Est 4,17; Jer 35,6 • 9: Gen 39,21 • 17: Am 2,11; Gen 41,12

NEBUKADNEZZARS TRAUM VON DEN WELTREICHEN: 2,1–49

2 Im zweiten Jahr der Herrschaft Nebukadnez-
zars hatte dieser einen Traum. Sein Geist
wurde davon so beunruhigt, dass er nicht mehr
schlafen konnte. 2 Da ließ der König die Zeichen-
deuter und Wahrsager, die Beschwörer und Chal-
däer zusammenrufen; sie sollten ihm Aufschluss
geben über seinen Traum. Sie kamen und traten
vor den König. 3 Der König sagte zu ihnen: Ich

habe einen Traum gehabt; mein Geist ist voll Un-
ruhe und ich möchte den Traum verstehen. 4 Die
Chaldäer sagten zu ihm [aramäisch]: O König,
mögest du ewig leben. Erzähl deinen Knechten
den Traum, dann geben wir dir die Deutung. 5 Der
König antwortete den Chaldäern: Das ist mein
unwiderruflicher Entschluss: Wenn ihr mir nicht
den Traum und seine Deutung sagen könnt, dann
werdet ihr in Stücke gerissen und eure Häuser
werden in Schutthaufen verwandelt. 6 Sagt ihr mir
aber den Traum und seine Deutung, dann emp-
fangt ihr von mir Geschenke, Gaben und hohe
Ehrungen. Gebt mir also den Traum und seine
Deutung an! 7 Sie antworteten zum zweiten Mal:
Der König erzähle seinen Knechten den Traum,
dann geben wir ihm die Deutung. 8 Da erwiderte
der König: Nun bin ich sicher, dass ihr nur Zeit
gewinnen wollt; denn ihr seht, dass mein Ent-
schluss unwiderruflich ist. 9 Wenn ihr mir den
Traum nicht sagen könnt, gibt es nur ein Urteil
über euch, nämlich: Ihr habt euch verabredet, mir
einen erlogenen und verkehrten Spruch vorzutra-
gen, in der Hoffnung, dass sich die Lage ändert.
Erzählt mir also den Traum; daran werde ich
erkennen, dass ihr ihn auch deuten könnt. 10 Die
Chaldäer hielten dem König entgegen: Es gibt kei-
nen Menschen auf der Welt, der sagen könnte, was
der König verlangt. Auch hat noch nie ein König,
mag er noch so groß und mächtig gewesen sein,
ein solches Ansinnen an irgendeinen Zeichendeu-
ter, Wahrsager oder Chaldäer gestellt. 11 Was der
König verlangt, ist zu schwierig. Es gibt auch sonst
niemand, der es dem König sagen könnte, außer
den Göttern; doch diese wohnen nicht bei den
Sterblichen. 12 Darüber wurde der König so wü-
tend und zornig, dass er befahl, alle Weisen in
Babel umzubringen.
13 Als der Befehl erging, die Weisen zu töten, waren
auch Daniel und seine Freunde in Gefahr, getötet
zu werden. 14 Aber Daniel, klug und rechtskundig,
wandte sich an Arjoch, den Obersten der königli-
chen Leibwache, der schon unterwegs war, um die
Weisen Babels zu töten. 15 Daniel fragte den Be-
vollmächtigten des Königs, warum der König ei-
nen so harten Befehl gegeben habe. Da erklärte
ihm Arjoch die Sache. 16 Daniel ging darauf zum
König und bat ihn, er möge ihm eine Frist bewil-
ligen, damit er ihm die Deutung des Traumes ge-
ben könne. 17 Dann eilte Daniel nach Hause, teilte
seinen Gefährten Hananja, Mischaël und Asarja
alles mit 18 und sagte, sie sollten wegen dieses Ge-
heimnisses den Gott des Himmels um Erbarmen
bitten, damit nicht Daniel und seine Gefährten
samt den anderen Weisen Babels umkämen. 19 Da-
rauf wurde ihm das Geheimnis in einer nächt-
lichen Vision enthüllt und Daniel pries den Gott
des Himmels dafür. 20 Er betete: Der Name Gottes
sei gepriesen von Ewigkeit zu Ewigkeit. Denn er
hat die Weisheit und die Macht. 21 Er bestimmt den
Wechsel der Zeiten und Fristen; er setzt Könige ab
und setzt Könige ein. Er gibt den Weisen die Weis-
heit und den Einsichtigen die Erkenntnis. 22 Er ent-
hüllt tief verborgene Dinge; er weiß, was im Dun-
keln ist, und bei ihm wohnt das Licht. 23 Dich, Gott
meiner Väter, preise und rühme ich; denn du hast
mir Weisheit und Macht verliehen und jetzt hast
du mich wissen lassen, was wir von dir erfleht
haben: Du hast uns die Sache des Königs wissen
lassen.
24 Darauf ging Daniel zu Arjoch, dem der König
aufgetragen hatte, die Weisen Babels umzubrin-
gen; er trat ein und sagte zu ihm: Bring die Weisen
Babels nicht um! Führe mich vor den König! Ich
werde dem König die Deutung seines Traumes ge-
ben. 25 In aller Eile brachte Arjoch Daniel vor den
König und meldete ihm: Ich habe unter den ver-
schleppten Juden einen Mann gefunden, der dem
König die Deutung des Traums geben will. 26 Da-
rauf sagte der König zu Daniel, den man auch Belt-
schazzar nannte: Bist du wirklich imstande, mir
das Traumgesicht, das ich hatte, und seine Deu-
tung zu sagen? 27 Daniel antwortete dem König:
Weise und Wahrsager, Zeichendeuter und Astro-
logen vermögen dem König das Geheimnis, nach
dem er fragt, nicht zu enthüllen. 28 Aber es gibt im
Himmel einen Gott, der Geheimnisse offenbart; er
ließ den König Nebukadnezzar wissen, was am
Ende der Tage geschehen wird. Der Traum, den
dein Geist auf deinem Lager hatte, war so:
29 Auf deinem Lager kamen dir, König, Gedanken
darüber, was dereinst geschehen werde; da ließ er,
der die Geheimnisse enthüllt, dich wissen, was
geschehen wird. 30 Dieses Geheimnis wurde mir
enthüllt, nicht durch eine Weisheit, die ich vor al-

len anderen Lebenden voraus hätte, sondern nur,
damit du, König, die Deutung erfährst und die
Gedanken deines Herzens verstehst. 31 Du, König,
hattest eine Vision: Du sahst ein gewaltiges Stand-
bild. Es war groß und von außergewöhnlichem
Glanz; es stand vor dir und war furchtbar anzuse-
hen. 32 An diesem Standbild war das Haupt aus rei-
nem Gold; Brust und Arme waren aus Silber, der
Körper und die Hüften aus Bronze. 33 Die Beine
waren aus Eisen, die Füße aber zum Teil aus Eisen,
zum Teil aus Ton. 34 Du sahst, wie ohne Zutun von
Menschenhand sich ein Stein von einem Berg
löste, gegen die eisernen und tönernen Füße des
Standbildes schlug und sie zermalmte. 35 Da wur-
den Eisen und Ton, Bronze, Silber und Gold mit
einem Mal zu Staub. Sie wurden wie Spreu auf
dem Dreschplatz im Sommer. Der Wind trug sie
fort und keine Spur war mehr von ihnen zu fin-
den. Der Stein aber, der das Standbild getroffen
hatte, wurde zu einem großen Berg und erfüllte die
ganze Erde.
36 Das war der Traum. Nun wollen wir dem König
sagen, was er bedeutet. 37 Du, König, bist der König
der Könige; dir hat der Gott des Himmels Herr-
schaft und Macht, Stärke und Ruhm verliehen.
38 Und in der ganzen bewohnten Welt hat er die
Menschen, die Tiere auf dem Feld und die Vögel
am Himmel in deine Hand gegeben; dich hat er
zum Herrscher über sie alle gemacht: Du bist das
goldene Haupt. 39 Nach dir kommt ein anderes
Reich, geringer als deines; dann ein drittes Reich,
von Bronze, das die ganze Erde beherrschen wird.
40 Ein viertes endlich wird hart wie Eisen sein;
Eisen zerschlägt und zermalmt ja alles; und wie
Eisen alles zerschmettert, so wird dieses Reich alle
anderen zerschlagen und zerschmettern. 41 Die
Füße und Zehen waren, wie du gesehen hast, teils
aus Töpferton, teils aus Eisen; das bedeutet: Das
Reich wird geteilt sein; es wird aber etwas von der
Härte des Eisens haben, darum hast du das Eisen
mit Ton vermischt gesehen. 42 Dass aber die Zehen
teils aus Eisen, teils aus Ton waren, bedeutet: Zum
Teil wird das Reich hart sein, zum Teil brüchig.
43 Wenn du das Eisen mit Ton vermischt gesehen
hast, so heißt das: Sie werden sich zwar durch Hei-
raten miteinander verbinden; doch das eine wird
nicht am anderen haften, wie sich Eisen nicht mit
Ton verbindet. 44 Zur Zeit jener Könige wird aber
der Gott des Himmels ein Reich errichten, das in
Ewigkeit nicht untergeht; dieses Reich wird er kei-
nem anderen Volk überlassen. Es wird alle jene
Reiche zermalmen und endgültig vernichten; es
selbst aber wird in alle Ewigkeit bestehen. 45 Du
hast ja gesehen, dass ohne Zutun von Menschen-
hand ein Stein vom Berg losbrach und Eisen,
Bronze und Ton, Silber und Gold zermalmte. Der
große Gott hat den König wissen lassen, was der-
einst geschehen wird. Der Traum ist sicher und die
Deutung zuverlässig.
46 Da warf sich König Nebukadnezzar auf sein
Gesicht nieder, huldigte Daniel und befahl, man
sollte ihm Opfer und Weihrauch darbringen.
47 Und der König sagte zu Daniel: Es ist wahr: Euer
Gott ist der Gott der Götter und der Herr der Kö-
nige und er kann Geheimnisse offenbaren; nur
deshalb konntest du dieses Geheimnis enthüllen.
48 Dann verlieh der König dem Daniel einen hohen
Rang und gab ihm viele, reiche Geschenke; er
machte ihn zum Gebieter über die ganze Provinz
Babel und zum obersten Präfekten aller Weisen
von Babel.
49 Auf Daniels Bitte betraute der König Schadrach,
Meschach und Abed-Nego mit der Verwaltung der
Provinz Babel; Daniel selbst aber blieb am könig-
lichen Hof.

1: Gen 40,8.16; 41 • 2: Jes 47,12 • 20: Neh 9,5; Ijob 12,13; Spr 2,6 • 22: Ijob 12,22 • 28: Gen 41,16 • 29: Offb 4,1 • 37: Ez 26,7 • 38: Jer 27,6; Jdt 11,7 • 40: 7,7 • 43: 11,6 • 44: 7,14.27; Jes 9,6; 1 Kor 15,24 • 46: Apg 14,13.18 • 47: 3,90; Dtn 10,17; Ps 50,1

DIE DREI JUNGEN MÄNNER IM FEUEROFEN: 3,1–97

Die Standhaftigkeit der drei Freunde

3 König Nebukadnezzar ließ ein goldenes
Standbild machen, sechzig Ellen hoch und
sechs Ellen breit, und ließ es in der Ebene von
Dura in der Provinz Babel aufstellen. 2 Dann berief
König Nebukadnezzar die Satrapen, Präfekten
und Statthalter ein, die Räte, Schatzmeister, Rich-
ter und Polizeiobersten und alle anderen hohen

Beamten der Provinzen; sie sollten zur Einwei-
hung des Standbildes kommen, das König Nebu-
kadnezzar errichtet hatte. [3] Da versammelten sich
die Satrapen, Präfekten und Statthalter, die Räte,
Schatzmeister, Richter und Polizeiobersten und
alle anderen hohen Beamten der Provinzen zur
Einweihung des Standbildes, das König Nebukad-
nezzar errichtet hatte. Sie stellten sich vor dem
Standbild auf, das König Nebukadnezzar errichtet
hatte. [4] Nun verkündete der Herold mit mächtiger
Stimme: Ihr Männer aus allen Völkern, Nationen
und Sprachen, hört den Befehl! [5] Sobald ihr den
Klang der Hörner, Pfeifen und Zithern, der Har-
fen, Lauten und Sackpfeifen und aller anderen
Instrumente hört, sollt ihr niederfallen und das
goldene Standbild anbeten, das König Nebukad-
nezzar errichtet hat. [6] Wer aber nicht niederfällt
und es anbetet, wird noch zur selben Stunde in
den glühenden Feuerofen geworfen. [7] Sobald da-
her alle Völker den Klang der Hörner, Pfeifen und
Zithern, der Harfen, Lauten und Sackpfeifen und
der anderen Instrumente hörten, fielen die Män-
ner aus allen Völkern, Nationen und Sprachen so-
gleich nieder und beteten das goldene Standbild
an, das König Nebukadnezzar errichtet hatte.
[8] Sogleich traten einige Chaldäer auf und verklag-
ten die Juden. [9] Sie sagten zum König Nebukadnez-
zar: O König, mögest du ewig leben. [10] Du, König,
hast doch selbst den Befehl erlassen: Jeder soll
niederfallen und das goldene Standbild anbeten,
wenn er den Klang der Hörner, Pfeifen und Zi-
thern, der Harfen, Lauten und Sackpfeifen und
aller anderen Instrumente hört. [11] Wer aber nicht
niederfällt und es anbetet, wird in den glühenden
Feuerofen geworfen. [12] Nun sind da einige Juden,
denen du die Verwaltung der Provinz Babel anver-
traut hast: Schadrach, Meschach und Abed-Nego.
Diese Männer missachten dich, König. Sie vereh-
ren deine Götter nicht und beten das goldene
Standbild, das du errichtet hast, nicht an. [13] Da be-
fahl Nebukadnezzar voll Zorn und Wut, Schad-
rach, Meschach und Abed-Nego herbeizuholen.
Man führte die Männer also vor den König. [14] Ne-
bukadnezzar sagte zu ihnen: Ist es wahr, Schad-
rach, Meschach und Abed-Nego: Ihr verehrt mei-
ne Götter nicht und betet das goldene Standbild
nicht an, das ich errichtet habe? [15] Nun, wenn ihr
bereit seid, sobald ihr den Klang der Hörner, Pfei-
fen und Zithern, der Harfen, Lauten und Sack-
pfeifen und aller anderen Instrumente hört, sofort
niederzufallen und das Standbild anzubeten, das
ich habe machen lassen, ist es gut; betet ihr es aber
nicht an, dann werdet ihr noch zur selben Stunde
in den glühenden Feuerofen geworfen. Welcher
Gott kann euch dann aus meiner Gewalt erretten?
[16] Schadrach, Meschach und Abed-Nego erwider-
ten dem König Nebukadnezzar: Wir haben es
nicht nötig, dir darauf zu antworten: [17] Wenn
überhaupt jemand, so kann nur unser Gott, den
wir verehren, uns erretten; auch aus dem glühen-
den Feuerofen und aus deiner Hand, König, kann
er uns retten. [18] Tut er es aber nicht, so sollst du,
König, wissen: Auch dann verehren wir deine Göt-
ter nicht und beten das goldene Standbild nicht
an, das du errichtet hast.
[19] Da wurde Nebukadnezzar wütend; sein Gesicht
verzerrte sich vor Zorn über Schadrach, Meschach
und Abed-Nego. Er ließ den Ofen siebenmal stär-
ker heizen, als man ihn gewöhnlich heizte. [20] Dann
befahl er, einige der stärksten Männer aus seinem
Heer sollten Schadrach, Meschach und Abed-
Nego fesseln und in den glühenden Feuerofen
werfen. [21] Da wurden die Männer, wie sie waren –
in ihren Mänteln, Röcken und Mützen und den
übrigen Kleidungsstücken – gefesselt und in den
glühenden Feuerofen geworfen. [22] Nach dem stren-
gen Befehl des Königs war aber der Ofen über-
mäßig geheizt worden und die herausschlagenden
Flammen töteten die Männer, die Schadrach, Me-
schach und Abed-Nego hingebracht hatten. [23] Die
drei Männer aber, Schadrach, Meschach und Abed-
Nego, fielen gefesselt in den glühenden Feuerofen.

4: Offb 7,9; 13,7 • 6: Jer 29,21f • 10: Offb 13,15 • 15: Ex 5,2;
2 Kön 18,35; Jes 36,20 • 17: Dtn 4,20; Ps 66,12; Jes 43,2 •
18: Ex 20,3–5

Das Gebet des Asarja

[24] Doch sie gingen mitten in den Flammen umher,
lobten Gott und priesen den Herrn. [25] Asarja blieb
stehen, öffnete den Mund und sprach mitten im
Feuer folgendes Gebet: [26] Gepriesen und gelobt
bist du, Herr, Gott unserer Väter; herrlich ist dein
Name in alle Ewigkeit. [27] Denn du bist gerecht in
allem, was du getan hast. All deine Taten sind rich-

tig, deine Wege gerade. Alle deine Urteile sind wahr. 28 Du hast gerechte Strafen verhängt, in allem, was du über uns gebracht hast und über Jerusalem, die heilige Stadt unserer Väter. Ja, nach Wahrheit und Recht hast du all dies wegen unserer Sünden herbeigeführt. 29 Denn wir haben gesündigt und durch Treubruch gefrevelt und haben in allem gefehlt. 30 Wir haben deinen Geboten nicht gehorcht, haben weder beachtet noch getan, was du uns zu unserem Wohl befohlen hast. 31 Alles, was du uns geschickt hast, alles, was du uns getan hast, das hast du nach deiner gerechten Entscheidung getan. 32 Du hast uns der Gewalt gesetzloser Feinde und gehässiger Verräter preisgegeben und einem ungerechten König, dem schlimmsten König der ganzen Welt. 33 Und jetzt dürfen wir nicht einmal den Mund auftun. Schande und Schmach kam über deine Diener und Verehrer. 34 Um deines Namens willen verwirf uns nicht für immer; löse deinen Bund nicht auf! 35 Versag uns nicht dein Erbarmen, deinem Freund Abraham zuliebe, deinem Knecht Isaak und Israel, deinem Heiligen, 36 denen du Nachkommen verheißen hast so zahlreich wie die Sterne am Himmel und wie der Sand am Ufer des Meeres. 37 Ach, Herr, wir sind geringer geworden als alle Völker. In aller Welt sind wir heute wegen unserer Sünden erniedrigt. 38 Wir haben in dieser Zeit weder Vorsteher noch Propheten und keinen, der uns anführt, weder Brandopfer noch Schlachtopfer, weder Speiseopfer noch Räucherwerk, noch einen Ort, um dir die Erstlingsgaben darzubringen und um Erbarmen zu finden bei dir. 39 Du aber nimm uns an! Wir kommen mit zerknirschtem Herzen und demütigem Sinn. 40 Wie Brandopfer von Widdern und Stieren, wie Tausende fetter Lämmer, so gelte heute unser Opfer vor dir und verschaffe uns bei dir Sühne. Denn wer dir vertraut, wird nicht beschämt. 41 Wir folgen dir jetzt von ganzem Herzen, fürchten dich und suchen dein Angesicht. 42 Überlass uns nicht der Schande, sondern handle an uns nach deiner Milde, nach deinem überreichen Erbarmen!

43 Errette uns, deinen wunderbaren Taten entsprechend; verschaff deinem Namen Ruhm, Herr! 44 Doch alle, die deinen Dienern Böses tun, sollen beschämt werden. Sie sollen zuschanden werden und ihre Herrschaft verlieren. Ihre Stärke soll zerschlagen werden. 45 Sie sollen erkennen, dass du allein der Herr und Gott bist, ruhmreich auf der ganzen Erde.

46 Die Knechte des Königs, die die drei Männer in den Ofen geworfen hatten, hörten inzwischen nicht auf, den Ofen mit Harz und Werg, Pech und Reisig zu heizen. 47 So schlugen die Flammen bis zu neunundvierzig Ellen hoch aus dem Ofen heraus. 48 Sie griffen um sich und verbrannten jeden Chaldäer, den sie im Umkreis des Ofens erfassen konnten. 49 Aber der Engel des Herrn war zusammen mit Asarja und seinen Gefährten in den Ofen hinabgestiegen. Er trieb die Flammen des Feuers aus dem Ofen hinaus 50 und machte das Innere des Ofens so, als wehte ein taufrischer Wind. Das Feuer berührte sie gar nicht; es tat ihnen nichts zuleide und belästigte sie nicht.

26–45: 9,4–19; Esra 9,6–15 • 27: Neh 9,33 • 29: Bar 1,17f • 30: Neh 1,7 • 31: Dtn 28,15.48; Lev 26,14.39 • 34: Ex 32,11–13 • 35: Jes 41,8 • 36: Gen 15,5; 22,17 • 37: Dtn 28,62 • 38: Hos 3,4; Klgl 2,9; Ps 51,18f • 39: Weish 3,6 • 40: 2 Makk 7,37 • 45: Ps 83,19

Der Lobgesang der drei jungen Männer

51 Da sangen die drei im Ofen wie aus einem Mund, sie rühmten und priesen Gott mit den Worten:

52 Gepriesen bist du, Herr, du Gott unserer Väter, / gelobt und gerühmt in Ewigkeit. Gepriesen ist dein heiliger, herrlicher Name, / hoch gelobt und verherrlicht in Ewigkeit.

53 Gepriesen bist du im Tempel deiner heiligen Herrlichkeit, / hoch gerühmt und verherrlicht in Ewigkeit.

54 Gepriesen bist du, der in die Tiefen schaut und auf Kerubim thront, / gelobt und gerühmt in Ewigkeit.

55 Gepriesen bist du auf dem Thron deiner Herrschaft, / hoch gerühmt und gefeiert in Ewigkeit.

56 Gepriesen bist du am Gewölbe des Himmels, / gerühmt und verherrlicht in Ewigkeit.

57 Preist den Herrn, all ihr Werke des Herrn; / lobt und rühmt ihn in Ewigkeit!

58 Preist den Herrn, ihr Himmel; / lobt und rühmt ihn in Ewigkeit!

9 Preist den Herrn, ihr Engel des Herrn; / lobt und rühmt ihn in Ewigkeit!

60 Preist den Herrn, all ihr Wasser über dem Himmel; / lobt und rühmt ihn in Ewigkeit!

61 Preist den Herrn, all ihr Mächte des Herrn; / lobt
und rühmt ihn in Ewigkeit!
62 Preist den Herrn, Sonne und Mond; / lobt und
rühmt ihn in Ewigkeit!
63 Preist den Herrn, ihr Sterne am Himmel; / lobt
und rühmt ihn in Ewigkeit!
64 Preist den Herrn, aller Regen und Tau; / lobt und
rühmt ihn in Ewigkeit!
65 Preist den Herrn, all ihr Winde; / lobt und rühmt
ihn in Ewigkeit!
66 Preist den Herrn, Feuer und Glut; / lobt und
rühmt ihn in Ewigkeit!
67 Preist den Herrn, Frost und Hitze; / lobt und
rühmt ihn in Ewigkeit!
68 Preist den Herrn, Tau und Schnee; / lobt und
rühmt ihn in Ewigkeit!
69 Preist den Herrn, Eis und Kälte; / lobt und rühmt
ihn in Ewigkeit!
70 Preist den Herrn, Raureif und Schnee; / lobt und
rühmt ihn in Ewigkeit!
71 Preist den Herrn, ihr Nächte und Tage; / lobt und
rühmt ihn in Ewigkeit!
72 Preist den Herrn, Licht und Dunkel; / lobt und
rühmt ihn in Ewigkeit!
73 Preist den Herrn, ihr Blitze und Wolken; / lobt
und rühmt ihn in Ewigkeit!
74 Die Erde preise den Herrn; / sie lobe und rühme
ihn in Ewigkeit.
75 Preist den Herrn, ihr Berge und Hügel; / lobt und
rühmt ihn in Ewigkeit!
76 Preist den Herrn, all ihr Gewächse auf Erden; /
lobt und rühmt ihn in Ewigkeit!
77 Preist den Herrn, ihr Quellen; / lobt und rühmt
ihn in Ewigkeit!
78 Preist den Herrn, ihr Meere und Flüsse; / lobt
und rühmt ihn in Ewigkeit!
79 Preist den Herrn, ihr Tiere des Meeres / und
alles, was sich regt im Wasser; / lobt und rühmt ihn
in Ewigkeit!
80 Preist den Herrn, all ihr Vögel am Himmel; / lobt
und rühmt ihn in Ewigkeit!
81 Preist den Herrn, all ihr Tiere, wilde und zahme; /
lobt und rühmt ihn in Ewigkeit!
82 Preist den Herrn, ihr Menschen; / lobt und
rühmt ihn in Ewigkeit!
83 Preist den Herrn, ihr Israeliten;/ lobt und rühmt
ihn in Ewigkeit!
84 Preist den Herrn, ihr seine Priester; / lobt und
rühmt ihn in Ewigkeit!
85 Preist den Herrn, ihr seine Knechte; / lobt und
rühmt ihn in Ewigkeit!
86 Preist den Herrn, ihr Geister und Seelen der
Gerechten; / lobt und rühmt ihn in Ewigkeit!
87 Preist den Herrn, ihr Demütigen und From-
men; / lobt und rühmt ihn in Ewigkeit!
88 Preist den Herrn, Hananja, Asarja und Mischa-
ël; / lobt und rühmt ihn in Ewigkeit!
Denn er hat uns der Unterwelt entrissen / und aus
der Gewalt des Todes errettet.
Er hat uns aus dem lodernden Ofen befreit, / uns
mitten aus dem Feuer erlöst.
89 Dankt dem Herrn, denn er ist gütig; / denn seine
Huld währt ewig.
90 Preist alle den Herrn, ihr seine Verehrer, / preist
den Gott der Götter;
singt ihm Lob und Dank; / denn ewig währt seine
Güte.

52: 3,26 • 53: Ps 150,1 • 54: Ex 25,18–22 • 57: Ps 103,22 • 59–90: Ps 148,2–12 • 83: Ps 135,19 • 85: Ps 134,1 • 87: Zef 2,3 • 89: Ps 106,1; 136,1 • 90: Ps 50,1

Die Rettung der drei Freunde

91 Da erschrak der König Nebukadnezzar; er sprang
auf und fragte seine Räte: Haben wir nicht drei
Männer gefesselt ins Feuer geworfen? Sie gaben
dem König zur Antwort: Gewiss, König! 92 Er er-
widerte: Ich sehe aber vier Männer frei im Feuer
umhergehen. Sie sind unversehrt und der vierte
sieht aus wie ein Göttersohn. 93 Dann ging Nebu-
kadnezzar zu der Tür des glühenden Ofens und
rief: Schadrach, Meschach und Abed-Nego, ihr
Diener des höchsten Gottes, steigt heraus, kommt
her! Da kamen Schadrach, Meschach und Abed-
Nego aus dem Feuer heraus. 94 Nun drängten auch
die Satrapen, Präfekten, Statthalter und die könig-
lichen Räte herbei. Sie sahen sich die Männer an
und fanden, dass das Feuer keine Macht über ihren
Körper gehabt hatte. Kein Haar auf ihrem Kopf
war versengt. Ihre Mäntel waren unversehrt und
nicht einmal Brandgeruch haftete ihnen an. 95 Da
rief Nebukadnezzar aus: Gepriesen sei der Gott
Schadrachs, Meschachs und Abed-Negos. Denn er
hat seinen Engel gesandt und seine Diener geret-
tet. Im Vertrauen auf ihn haben sie lieber den

Befehl des Königs missachtet und ihr Leben
dahingegeben, als dass sie irgendeinen anderen
als ihren eigenen Gott verehrten und anbeteten.
96 Darum ordne ich an: Jeder, der vom Gott des
Schadrach, Meschach und Abed-Nego verächt-
lich spricht, zu welcher Völkerschaft, Nation oder
Sprache er auch gehört, soll in Stücke gerissen und
sein Haus soll in einen Trümmerhaufen verwan-
delt werden. Denn es gibt keinen anderen Gott, der
auf diese Weise retten kann.
97 Darauf sorgte der König dafür, dass es Scha-
drach, Meschach und Abed-Nego in der Provinz
Babel gut ging.

92: Jes 43,2 • 94: Hebr 11,34 • 95: 2,47; 6,27 • 96: 2,5

NEBUKADNEZZARS TRAUM VOM STOLZEN BAUM: 3,98 – 4,34

98 Der König Nebukadnezzar an alle Völker, Natio-
nen und Sprachen auf der ganzen Erde: Friede sei
mit euch in Fülle. 99 Es ist mir eine Freude, die Zei-
chen und Wunder zu verkünden, die der höchste
Gott an mir getan hat. 100 Wie groß sind seine Zei-
chen, wie gewaltig seine Wunder! Sein Reich ist ein
ewiges Reich; seine Herrschaft überdauert alle
Generationen.
4 Ich, Nebukadnezzar, lebte ohne Sorge in mei-
nem Haus und war glücklich in meinem
Palast. 2 Da hatte ich einen Traum, der mich er-
schreckte. Was ich auf meinem Lager sah, was
meine Augen da erblickten, versetzte mich in
Angst. 3 Darum ließ ich alle Weisen Babels zu mir
rufen, damit sie mir den Traum deuteten. 4 Da
kamen die Zeichendeuter, Wahrsager, Chaldäer
und Astrologen herbei. Ich erzählte ihnen den
Traum; aber sie konnten ihn mir nicht deuten.
5 Zuletzt erschien Daniel vor mir, der nach dem
Namen meines Gottes auch Beltschazzar heißt
und in dem der Geist der heiligen Götter ist. Ihm
erzählte ich nun den Traum und sagte: 6 Beltschaz-
zar, Oberster der Zeichendeuter, von dir weiß ich,
dass der Geist der heiligen Götter in dir ist und
dass dir kein Geheimnis verschlossen bleibt. Hör
also, was ich im Traum gesehen habe, und deute es
mir! 7 Was ich auf meinem Lager vor Augen hatte,
war dies: Da stand ein Baum mitten auf der Erde;
er war sehr hoch. 8 Der Baum wuchs zusehends
und wurde immer mächtiger; seine Höhe reichte
bis an den Himmel; er war bis ans Ende der ganzen
Erde zu sehen. 9 Er hatte prächtiges Laub und trug
so viele Früchte, dass er Nahrung für alle bot.
Unter ihm fanden die wilden Tiere des Feldes
Schatten; die Vögel nisteten in seinen Zweigen;
alle Lebewesen ernährten sich von ihm. 10 Während
ich auf meinem Lager noch das Traumbild sah,
stieg ein Wächter, ein Heiliger, vom Himmel he-
rab. 11 Er befahl mit mächtiger Stimme: Fällt den
Baum und schlagt seine Äste ab! Streift sein Laub-
werk ab und zerstreut seine Früchte! Die Tiere sol-
len aus seinem Schatten fliehen und die Vögel aus
seinen Zweigen. 12 Aber lasst ihm den Wurzelstock
in der Erde, im Gras des Feldes, mit einer Fessel
aus Eisen und Bronze. Der Tau des Himmels soll
ihn benetzen und mit den Tieren soll er teilhaben
am Gras der Erde. 13 Sein Herz sei nicht mehr ein
Menschenherz; ein Tierherz soll ihm gegeben wer-
den und sieben Zeiten sollen über ihn hingehen.
14 Dieser Befehl beruht auf einem Beschluss der
Wächter; ein Spruch der Heiligen fordert es. Die
Lebenden sollen erkennen: Über die Herrschaft
bei den Menschen gebietet der Höchste; er verleiht
sie, wem er will, selbst den Niedrigsten der Men-
schen kann er dazu erheben.
15 Das ist der Traum, den ich, König Nebukadnez-
zar, gehabt habe. Nun deute ihn, Beltschazzar! Von
allen Weisen meines Reiches konnte ihn mir kei-
ner auslegen; du aber kannst es, denn in dir ist der
Geist der heiligen Götter.
16 Da war Daniel, der auch Beltschazzar heißt, eine
Zeit lang ganz verstört; denn seine Gedanken
machten ihm Angst. Doch der König sagte: Belt-
schazzar, lass dich von dem Traum und seiner
Deutung nicht ängstigen! Beltschazzar erwiderte:
Mein Herr, der Traum gelte deinen Feinden; seine
Deutung treffe deine Widersacher. 17 Du hast einen
Baum gesehen; er wuchs zusehends und wurde
immer mächtiger. Seine Höhe reichte bis an den
Himmel und er war auf der ganzen Erde zu sehen.
18 Er hatte prächtiges Laub und trug so viele Früch-
te, dass er Nahrung für alle bot. Unter ihm fanden

die wilden Tiere des Feldes Zuflucht, und in seinen Zweigen wohnten die Vögel des Himmels. [19] Dieser Baum bist du, König; du bist groß und mächtig geworden; deine Größe ist immer mehr gewachsen; sie reicht bis zum Himmel und deine Herrschaft bis ans Ende der Erde. [20] Dann hat der König gesehen, wie ein Wächter, ein Heiliger, vom Himmel herabstieg und befahl: Fällt den Baum und vernichtet ihn! Aber lasst ihm in der Erde, im Gras des Feldes, den Wurzelstock, mit einer Fessel aus Eisen und Bronze. Der Tau des Himmels soll ihn benetzen und mit den Tieren des Feldes soll er teilhaben (am Gras der Erde), bis sieben Zeiten über ihn hingegangen sind. [21] Das, o König, bedeutet – es ist ein Beschluss des Höchsten, der meinen Herrn, den König, betrifft –: [22] Man wird dich aus der Gemeinschaft der Menschen verstoßen und du musst bei den wilden Tieren des Feldes leben. Du wirst dich von Gras ernähren wie die Ochsen und der Tau des Himmels wird dich benetzen. So gehen sieben Zeiten über dich hin, bis du erkennst, dass der Höchste über die Herrschaft bei den Menschen gebietet und sie verleiht, wem er will. [23] Schließlich hieß es, man solle den Wurzelstock des Baumes stehen lassen; das bedeutet: Deine Herrschaft bleibt dir erhalten, sobald du anerkennst, dass der Himmel die Macht hat. [24] Darum, o König, nimm meinen Rat an: Lösch deine Sünden aus durch rechtes Tun, tilge deine Vergehen, indem du Erbarmen hast mit den Armen. Dann mag dein Glück vielleicht von Dauer sein.

[25] All das kam dann über König Nebukadnezzar. [26] Als er nämlich zwölf Monate später auf (der Dachterrasse) des königlichen Palastes zu Babel spazieren ging, [27] sagte der König: Ist das nicht das großartige Babel, das ich durch meine gewaltige Macht als Königsstadt erbaut habe, zum Ruhm meiner Herrlichkeit? [28] Noch hatte der König diese Worte auf den Lippen, da fiel eine Stimme vom Himmel: Dir, König Nebukadnezzar, sei gesagt: Die Herrschaft wird dir genommen. [29] Man wird dich aus der Gemeinschaft der Menschen ausstoßen. Du musst bei den wilden Tieren leben und dich von Gras ernähren wie die Ochsen. So werden sieben Zeiten über dich hingehen, bis du erkennst, dass der Höchste über die Herrschaft bei den Menschen gebietet und sie verleiht, wem er will. [30] Noch in derselben Stunde erfüllte sich dieser Spruch an Nebukadnezzar: Man verstieß ihn aus der Gemeinschaft der Menschen und er musste sich von Gras ernähren wie die Ochsen. Der Tau des Himmels benetzte seinen Körper, bis seine Haare so lang wie Adlerfedern waren und seine Nägel wie Vogelkrallen.

[31] Als die Zeit verstrichen war, erhob ich, Nebukadnezzar, meine Augen zum Himmel und mein Verstand kehrte zurück. Da pries ich den Höchsten; ich lobte und verherrlichte den, der ewig lebt. Ja, seine Herrschaft ist eine ewige Herrschaft; sein Reich überdauert alle Generationen. [32] Alle Bewohner der Erde gelten vor ihm wie nichts. Er macht mit dem Heer des Himmels und mit den Bewohnern der Erde, was er will. Es gibt niemand, der seiner Hand wehren und zu ihm sagen dürfte: Was tust du da? [33] Zu derselben Zeit kehrte mein Verstand zurück und ich erhielt zum Ruhm meines Königtums auch meine Herrlichkeit und meinen königlichen Glanz zurück. Meine Räte und Großen suchten mich auf; man setzte mich wieder in meine Herrschaft ein und meine Macht wurde noch größer. [34] Ich, Nebukadnezzar, lobe, preise und rühme nun den König des Himmels. Denn alle seine Taten sind vortrefflich und seine Wege gerecht. Die Menschen, die in stolzer Höhe dahinschreiten, kann er erniedrigen.

3,100: 2,44; 4,31 • 4,1–5: 2,1–3.10 • 5: 2,28.47; 5,11 • 7: Ez 31,3–14 • 10: 7,9f; 10,13.21 • 14: 2,21; Ijob 36,7–11 • 22: 3,100 • 24: Spr 19,17; Sir 3,30f • 27: Spr 16,18 • 29: 5,21 • 31: 3,100 • 32: Ijob 9,12; Jes 40,17 • 33: Lk 1,52; 18,14

DAS GASTMAHL BELSCHAZZARS: 5,1 – 6,1

5 König Belschazzar gab ein großes Gastmahl für seine Großen; es waren tausend Menschen und zusammen mit den Tausend sprach er dem Wein zu. [2] In seiner Weinlaune nun ließ Belschazzar die goldenen und silbernen Gefäße holen, die sein Vater Nebukadnezzar aus dem Tempel in Jerusalem mitgenommen hatte. Jetzt sollten der König und seine Großen, seine Frauen

und Nebenfrauen daraus trinken. 3 Man holte also
die goldenen Gefäße, die man aus dem Tempel des
Gotteshauses in Jerusalem mitgenommen hatte,
und der König und seine Großen, seine Frauen
und Nebenfrauen tranken daraus. 4 Sie tranken
Wein und lobten die Götter aus Gold und Silber,
aus Bronze, Eisen, Holz und Stein.
5 In derselben Stunde erschienen die Finger einer
Menschenhand und schrieben gegenüber dem
Leuchter etwas auf die weißgetünchte Wand des
königlichen Palastes. Der König sah den Rücken
der Hand, als sie schrieb. 6 Da erbleichte er und
seine Gedanken erschreckten ihn. Seine Glieder
wurden schwach und ihm schlotterten die Knie.
7 Der König schrie laut, man solle die Wahrsager,
Chaldäer und Astrologen holen. Dann sagte er zu
den Weisen von Babel: Wer diese Schrift lesen und
mir deuten kann – was er auch sei: er soll in Pur-
pur gekleidet werden, eine goldene Kette um den
Hals tragen und als der Dritte in meinem Reich
herrschen.
8 Da kamen alle Weisen des Königs herbei; aber sie
waren nicht imstande, die Schrift zu lesen oder
dem König zu sagen, was sie bedeutete. 9 Darüber
erschrak König Belschazzar noch mehr und sein
Gesicht wurde bleich. Auch seine Großen gerieten
in Angst. 10 Da die Rufe des Königs und seiner Gro-
ßen bis zur Königin drangen, kam sie in den Fest-
saal und sagte: O König, mögest du ewig leben.
Lass dich von deinen Gedanken nicht erschrecken;
du brauchst nicht zu erbleichen. 11 In deinem Reich
gibt es einen Mann, in dem der Geist der heiligen
Götter wohnt. Schon zu deines Vaters Zeiten fand
man bei ihm Erleuchtung und Einsicht und Weis-
heit, wie nur die Götter sie haben; deshalb hat
König Nebukadnezzar, dein Vater, ihn zum Obers-
ten der Zeichendeuter, Wahrsager, Chaldäer und
Astrologen ernannt, dein eigener Vater, o König!
12 Bei diesem Daniel also, dem der König den
Namen Beltschazzar gegeben hat, fand man au-
ßergewöhnlichen Geist sowie Erkenntnis und Ein-
sicht und die Gabe, Träume auszulegen, Rätsel zu
erklären und schwierige Fragen zu lösen. Darum
lass jetzt Daniel herrufen; er wird die Deutung
geben.
13 Daniel wurde vor den König gebracht und der
König sagte zu ihm: Du also bist Daniel, einer von
den verschleppten Juden, die mein Vater, der
König, aus Juda hierher gebracht hat. 14 In dir, so
habe ich gehört, ist der Geist der Götter und bei
dir fand man Erleuchtung und Einsicht und
außergewöhnliche Weisheit. 15 Man hat die Weisen
und die Wahrsager vor mich gebracht, damit sie
diese Schrift lesen und mir deuten. Sie konnten
mir aber nicht sagen, was das Geschriebene bedeu-
tet. 16 Doch du, so habe ich gehört, kannst Deu-
tungen geben und schwierige Fragen lösen. Wenn
du nun die Schrift lesen und mir deuten kannst,
sollst du in Purpur gekleidet werden, um den Hals
eine goldene Kette tragen und als der Dritte in
meinem Reich herrschen.
17 Daniel gab dem König zur Antwort: Behalte
deine Gaben oder schenk sie einem andern! Aber
die Schrift will ich für den König lesen und deu-
ten. 18 Mein König! Der höchste Gott hat deinem
Vater Nebukadnezzar Herrschaft und Macht, Herr-
lichkeit und Majestät gegeben. 19 Vor der Macht,
die ihm verliehen war, zitterten und bebten alle
Völker, Nationen und Sprachen. Er tötete, wen er
wollte, und ließ am Leben, wen er wollte. Er er-
höhte, wen er wollte, und stürzte, wen er wollte.
20 Als aber sein Herz überheblich und sein Geist
hochmütig wurde, stürzte man ihn von seinem
königlichen Thron und er verlor die Herrscher-
würde. 21 Man verstieß ihn aus der Gemeinschaft
der Menschen. Sein Herz wurde dem der Tiere
gleichgemacht. Er musste bei den wilden Eseln
hausen und sich von Gras ernähren wie die Och-
sen. Der Tau des Himmels benetzte seinen Körper,
bis er erkannte: Der höchste Gott gebietet über die
Herrschaft bei den Menschen und gibt sie, wem er
will.
22 Obgleich nun du, sein Sohn Belschazzar, das
alles weißt, bist du in deinem Herzen doch nicht
bescheiden geblieben. 23 Du hast dich gegen den
Herrn des Himmels erhoben und dir die Gefäße
aus seinem Tempel herbeischaffen lassen. Du und
deine Großen, deine Frauen und Nebenfrauen, ihr
habt daraus Wein getrunken. Du hast die Götter
aus Gold und Silber, aus Bronze, Eisen, Holz und
Stein gepriesen, die weder sehen noch hören kön-
nen und keinen Verstand haben. Aber den Gott,
der deinen Lebensatem in seiner Hand hat und
dem all deine Wege gehören, den hast du nicht ver-

herrlicht. 24 Darum hat er diese Hand geschickt
und diese Schrift geschrieben. 25 Das Geschriebene
lautet aber: Mene mene tekel u-parsin. 26 Diese
Worte bedeuten: Mene: Gezählt hat Gott die
Tage deiner Herrschaft und macht ihr ein Ende.
27 Tekel: Gewogen wurdest du auf der Waage und
zu leicht befunden. 28 Peres: Geteilt wird dein
Reich und den Medern und Persern gegeben.
29 Da befahl Belschazzar, Daniel in Purpur zu klei-
den und ihm eine goldene Kette um den Hals zu
legen, und er ließ verkünden, dass Daniel als der
Dritte im Reich herrschen sollte. 30 Aber noch in
derselben Nacht wurde Belschazzar, der König der
Chaldäer, getötet

6 und der Meder Darius übernahm die Königs-
herrschaft im Alter von zweiundsechzig Jah-
ren.

5,2: 1,2 • 4: 2,35; Bar 6,3; Offb 9,20 • 7: 2,2.6.48; Gen 41,42f;
Est 8,15 • 12: 1,17 • 18: 2,37 • 21: 4,13.29 • 23: Ijob 12,10; 34,21.

DANIEL IN DER LÖWENGRUBE: 6,2–29

2 Darius fand es für gut, über das Reich hundert-
zwanzig Satrapen einzusetzen, die über das ganze
Reich verteilt sein sollten. 3 Über diese wieder setz-
te er drei oberste Beamte, zu denen auch Daniel
gehörte. Ihnen sollten die Satrapen Rechenschaft
ablegen, damit der König keinen Schaden erleide.
4 Daniel nun zeichnete sich vor den anderen obers-
ten Beamten und den Satrapen aus; denn in ihm
war ein außergewöhnlicher Geist. Der König er-
wog sogar, ihn zum höchsten Beamten des ganzen
Reiches zu machen. 5 Da suchten die obersten
Beamten und die Satrapen einen Grund, um Da-
niel wegen seiner Amtsführung anzuklagen. Sie
konnten aber keinen Grund zur Anklage und kein
Vergehen finden; denn er war zuverlässig; keine
Nachlässigkeit und kein Vergehen konnte man
ihm nachweisen. 6 Da sagten jene Männer: Wir
werden keinen Grund finden, um diesen Daniel
anzuklagen, es sei denn, wir finden gegen ihn et-
was wegen des Gesetzes seines Gottes. 7 Darum be-
stürmten die obersten Beamten und Satrapen den
König und sagten zu ihm: König Darius, mögest
du ewig leben. 8 Alle obersten Beamten des Reiches,
die Präfekten, Satrapen, Räte und Statthalter raten
dem König, ein Dekret zu erlassen und folgendes
Verbot in Kraft zu setzen: Jeder, der innerhalb von
dreißig Tagen an irgendeinen Gott oder Menschen
außer an dich, König, eine Bitte richtet, der soll in
die Löwengrube geworfen werden. 9 Erlass dieses
Verbot, o König, und fertige ein Schreiben darüber
aus! Es soll nach dem unwandelbaren Gesetz der
Meder und Perser unabänderlich sein. 10 König
Darius unterzeichnete das Verbot.
11 Als Daniel erfuhr, dass das Schreiben unter-
zeichnet war, ging er in sein Haus. In seinem Ober-
gemach waren die Fenster nach Jerusalem hin
offen. Dort kniete er dreimal am Tag nieder und
richtete sein Gebet und seinen Lobpreis an seinen
Gott, ganz so, wie er es gewohnt war. 12 Nun schli-
chen sich jene Männer heran und fanden Daniel,
wie er zu seinem Gott betete und flehte. 13 Darauf
gingen sie zum König und erinnerten ihn an sein
Verbot; sie sagten: O König, hast du nicht ein Ver-
bot unterzeichnet, nach dem jeder, der innerhalb
von dreißig Tagen an irgendeinen Gott oder Men-
schen außer an dich, König, eine Bitte richtet, in
die Löwengrube geworfen werden soll? Der König
gab zur Antwort: Die Anordnung steht fest nach
dem unwandelbaren Gesetz der Meder und Perser.
14 Da berichteten sie dem König: Daniel, einer
von den verschleppten Juden, achtet weder dich,
König, noch das Verbot, das du unterschrieben
hast, sondern verrichtet dreimal am Tag sein Ge-
bet. 15 Als der König das hörte, war es ihm sehr
peinlich und er dachte nach, wie er Daniel retten
könne. Bis Sonnenuntergang bemühte er sich, ihn
freizubekommen. 16 Doch jene Männer bestürm-
ten ihn und sagten: Bedenke, König, es ist bei den
Medern und Persern Gesetz, dass jedes Verbot und
Dekret, das der König erlässt, unabänderlich ist.
17 Darauf befahl der König, Daniel herzubringen,
und man warf ihn zu den Löwen in die Grube. Der
König sagte noch zu Daniel: Möge dein Gott, dem
du so unablässig dienst, dich erretten. 18 Und man
nahm einen großen Stein und wälzte ihn auf die
Öffnung der Grube. Der König versiegelte ihn mit

seinem Siegel und den Siegeln seiner Großen, um
zu verhindern, dass an der Lage Daniels etwas ver-
ändert würde.
19 Dann ging der König in seinen Palast; fastend
verbrachte er die Nacht; er ließ sich keine Speisen
bringen und konnte keinen Schlaf finden. 20 Früh
am Morgen, als es gerade hell wurde, stand der
König auf und ging in Eile zur Löwengrube. 21 Als
er sich der Grube näherte, rief er mit schmerzli-
cher Stimme nach Daniel und fragte: Daniel, du
Diener des lebendigen Gottes! Hat dein Gott, dem
du so unablässig dienst, dich vor den Löwen erret-
ten können? 22 Daniel antwortete ihm: O König,
mögest du ewig leben. 23 Mein Gott hat seinen En-
gel gesandt und den Rachen der Löwen verschlos-
sen. Sie taten mir nichts zuleide; denn in seinen
Augen war ich schuldlos und auch dir gegenüber,
König, bin ich ohne Schuld.
24 Darüber war der König hoch erfreut und befahl,
Daniel aus der Grube herauszuholen. So wurde
Daniel aus der Grube herausgeholt; man fand an
ihm nicht die geringste Verletzung, denn er hatte
seinem Gott vertraut. 25 Nun aber ließ der König
die Männer herbeiholen, die Daniel verklagt hat-
ten, und ließ sie mit ihren Kindern und Frauen in
die Löwengrube werfen. Sie waren noch nicht am
Boden der Grube angelangt, da stürzten sich die
Löwen auf sie und zermalmten ihnen alle Kno-
chen.
26 Daraufhin schrieb König Darius an alle Völker,
Nationen und Sprachen auf der ganzen Erde:
Friede sei mit euch in Fülle! 27 Hiermit ordne ich
an: Im ganzen Gebiet meines Reiches soll man vor
dem Gott Daniels zittern und sich vor ihm fürch-
ten. Denn er ist der lebendige Gott; er lebt in Ewig-
keit. Sein Reich geht niemals unter; seine Herr-
schaft hat kein Ende. 28 Er rettet und befreit; er
wirkt Zeichen und Wunder am Himmel und auf
der Erde; er hat Daniel aus den Tatzen der Löwen
errettet.
29 Daniel aber ging es gut unter dem König Darius
und auch unter dem Perserkönig Kyrus.

5,29: 5,7 • 6,4: 1,19f • 9: Est 1,19 • 11: 1 Kön 8,48f • 13: 3,10–12 • 17: 3,15–18 • 21: Ps 22,22 • 23: 3,49.95; Hebr 11,33 • 27: 3,100 • 29: 1,21

DANIELS VISION VON DEN VIER TIEREN UND VOM MENSCHENSOHN: 7,1–28

7 Im ersten Jahr Belschazzars, des Königs von
Babel, hatte Daniel einen Traum; auf seinem
Lager hatte er eine Vision. Er schrieb den Traum
auf und sein Bericht hat folgenden Inhalt: 2 Ich
hatte während der Nacht eine Vision: Die vier
Winde des Himmels wühlten das große Meer auf.
3 Dann stiegen aus dem Meer vier große Tiere he-
rauf; jedes hatte eine andere Gestalt. 4 Das erste war
einem Löwen ähnlich, hatte jedoch Adlerflügel.
Während ich es betrachtete, wurden ihm die Flü-
gel ausgerissen; es wurde vom Boden emporgeho-
ben und wie ein Mensch auf zwei Füße gestellt und
es wurde ihm ein menschliches Herz gegeben.
5 Dann erschien ein zweites Tier; es glich einem
Bären und war nach einer Seite hin aufgerichtet.
Es hielt drei Rippen zwischen den Zähnen in sei-
nem Maul und man ermunterte es: Auf, friss noch
viel mehr Fleisch! 6 Danach sah ich ein anderes
Tier; es glich einem Panther, hatte aber auf dem
Rücken vier Flügel, wie die Flügel eines Vogels;
auch hatte das Tier vier Köpfe; ihm wurde die
Macht eines Herrschers verliehen. 7 Danach sah
ich in meinen nächtlichen Visionen ein viertes
Tier; es war furchtbar und schrecklich anzusehen
und sehr stark; es hatte große Zähne aus Eisen. Es
fraß und zermalmte alles, und was übrig blieb, zer-
trat es mit den Füßen. Von den anderen Tieren war
es völlig verschieden. Auch hatte es zehn Hörner.
8 Als ich die Hörner betrachtete, da wuchs zwi-
schen ihnen ein anderes, kleineres Horn empor
und vor ihm wurden drei von den früheren Hör-
nern ausgerissen; und an diesem Horn waren
Augen wie Menschenaugen und ein Maul, das
anmaßend redete.
9 Ich sah immer noch hin; da wurden Throne auf-
gestellt und ein Hochbetagter nahm Platz. Sein
Gewand war weiß wie Schnee, sein Haar wie reine
Wolle. Feuerflammen waren sein Thron und des-
sen Räder waren loderndes Feuer. 10 Ein Strom von
Feuer ging von ihm aus. Tausendmal Tausende
dienten ihm, zehntausendmal Zehntausende stan-
den vor ihm. Das Gericht nahm Platz und es wur-

den Bücher aufgeschlagen. 11 Ich sah immer noch hin, bis das Tier – wegen der anmaßenden Worte, die das Horn redete – getötet wurde. Sein Körper wurde dem Feuer übergeben und vernichtet. 12 Auch den anderen Tieren wurde die Herrschaft genommen. Doch ließ man ihnen das Leben bis zu einer bestimmten Frist. 13 Immer noch hatte ich die nächtlichen Visionen:

Da kam mit den Wolken des Himmels / einer wie ein Menschensohn.

Er gelangte bis zu dem Hochbetagten / und wurde vor ihn geführt.

14 Ihm wurden Herrschaft, / Würde und Königtum gegeben.

Alle Völker, Nationen und Sprachen / müssen ihm dienen.

Seine Herrschaft ist eine ewige, / unvergängliche Herrschaft. / Sein Reich geht niemals unter.

15 Darüber war ich, Daniel, im Geist bekümmert, und was mir vor Augen stand, erschreckte mich. 16 Ich wandte mich an einen der Umstehenden und bat ihn, mir das alles genau zu erklären. Er deutete mir die Vorgänge und sagte: 17 Diese großen Tiere, vier an der Zahl, bedeuten vier Könige, die sich auf der Erde erheben werden. 18 Das Königtum aber werden die Heiligen des Höchsten erhalten und sie werden es behalten für immer und ewig. 19 Dann wollte ich noch Genaueres über das vierte Tier erfahren, das Tier, das anders war als alle anderen, ganz furchtbar anzusehen, mit Zähnen aus Eisen und mit Klauen aus Bronze, das alles fraß und zermalmte, und was übrig blieb, mit den Füßen zertrat. 20 Auch (wollte ich Genaueres erfahren) über die zehn Hörner an seinem Kopf und über das andere Horn, das emporgewachsen war und vor dem die drei Hörner abgefallen waren, das Horn, das Augen und einen Mund hatte, der anmaßend redete, und das schließlich größer als die anderen zu sein schien. 21 Ich sah dieses Horn gegen die Heiligen kämpfen. Es überwältigte sie, 22 bis der Hochbetagte kam. Da wurde den Heiligen des Höchsten Recht verschafft und es kam die Zeit, in der die Heiligen das Königtum erhielten. 23 Der (Engel) antwortete mir: Das vierte Tier bedeutet: Ein viertes Reich wird sich auf der Erde erheben, ganz anders als alle anderen Reiche. Es wird die ganze Erde verschlingen, sie zertreten und zermalmen. 24 Die zehn Hörner bedeuten: In jenem Reich werden zehn Könige regieren; doch nach ihnen kommt ein anderer. Dieser ist ganz anders als die früheren. Er stürzt drei Könige, 25 er lästert über den Höchsten und unterdrückt die Heiligen des Höchsten. Die Festzeiten und das Gesetz will er ändern. Ihm werden die Heiligen für eine Zeit und zwei Zeiten und eine halbe Zeit ausgeliefert. 26 Dann aber wird Gericht gehalten. Jenem König wird seine Macht genommen; er wird endgültig ausgetilgt und vernichtet. 27 Die Herrschaft und Macht und die Herrlichkeit aller Reiche unter dem ganzen Himmel werden dem Volk der Heiligen des Höchsten gegeben. Sein Reich ist ein ewiges Reich und alle Mächte werden ihm dienen und gehorchen.

28 Hier endet die Mitteilung. Mich, Daniel, erschreckten meine Gedanken sehr und ich erbleichte. Aber ich bewahrte die Mitteilung in meinem Herzen.

1: 5,1 • 2: Jes 17,12f • 3: Offb 13,1f • 4: 4,13 • 6: Ez 1,6 • 9: Ez 1,26; Offb 4,2f • 10: Offb 5,11; Ps 69,29; Offb 20,12 • 11: Offb 19,20 • 12: 2,21 • 13: Offb 1,13; 14,14 • 14: 2,44; Mt 24,30; 26,64 • 18: 4,14 • 21: Offb 13,7 • 24: Offb 17,12 • 25: 11,36; Offb 13,5f • 28: 8,18; 10,8

DANIELS VISION VOM WIDDER UND ZIEGENBOCK: 8,1–27

8 Im dritten Jahr der Herrschaft des Königs Belschazzar hatte ich, Daniel, eine Vision, nach jener anderen, die ich früher gehabt hatte. 2 Ich hatte eine Vision, und während ich sie sah, befand ich mich in der Burg Susa, die in der Provinz Elam liegt, am Ulai-Kanal. 3 Ich blickte auf und sah, wie ein Widder am Kanal stand; er hatte zwei Hörner. Beide Hörner waren sehr hoch; doch das eine war noch höher als das andere und das höhere wuchs ihm zuletzt. 4 Ich sah, wie der Widder nach Westen, Norden und Süden stieß; kein Tier hielt ihm stand und es gab keinen, der sich aus seiner Gewalt retten konnte. Er tat, was er wollte, und machte sich groß. 5 Dann bemerkte ich einen Ziegenbock; er überquerte von Westen her die ganze Erde, ohne aber den Boden zu berühren; der

Bock hatte ein auffallendes Horn zwischen den
Augen. [6] Er lief zu dem Widder mit den zwei Hör-
nern, den ich am Kanal stehen sah, und rannte mit
grimmiger Kraft auf ihn los. [7] Ich sah, wie er auf
den Widder losging und ihm wütend zusetzte. Er
stieß gegen den Widder und brach ihm beide Hör-
ner ab. Der Widder hatte nicht die Kraft, ihm
standzuhalten. Da warf der Ziegenbock ihn zu
Boden und zertrat ihn; und niemand war da, um
den Widder aus seiner Gewalt zu retten. [8] Der Zie-
genbock wurde über die Maßen groß. Als er aber
am stärksten war, brach das große Horn ab. An sei-
ner Stelle wuchsen ihm vier auffallende Hörner,
und zwar nach den vier Himmelsrichtungen. [9] Aus
einem der Hörner ging dann ein anderes Horn
hervor. Anfangs klein, wuchs es gewaltig nach Sü-
den und Osten, nach dem Ort der Zierde hin. [10] Es
wuchs bis zum Sternenheer am Himmel hinauf
und warf einige aus dem Sternenheer auf die Erde
herab und zertrat sie. [11] Ja, bis zum Gebieter des
Himmelsheeres reckte es sich empor; es entzog
ihm das tägliche Opfer und verwüstete sein Hei-
ligtum. [12] Ein Heer wurde verbrecherisch gegen
das tägliche Opfer eingesetzt. Das Horn stürzte die
Wahrheit zu Boden, und was es unternahm, das
gelang ihm.

[13] Da hörte ich einen Heiligen (einen Engel) reden
und ein anderer Heiliger fragte den Redenden:
Wie lange gilt die Vision vom täglichen Opfer, wie
lange bleibt der Gräuel der Verwüstung bestehen
und werden das Heiligtum und der Ort der Zierde
zertreten?

[14] Er sagte zu mir: Zweitausenddreihundert Aben-
de und Morgen wird es dauern; dann erhält das
Heiligtum wieder sein Recht.

[15] Während ich, Daniel, noch diese Vision hatte
und sie zu verstehen suchte, da stand vor mir einer,
der aussah wie ein Mann. [16] Und über dem Ulai-
Kanal hörte ich eine Menschenstimme, die rief:
Gabriel, erkläre ihm die Vision! [17] Da kam er auf
mich zu. Als er näher trat, erschrak ich und fiel mit
dem Gesicht zu Boden. Er sagte zu mir: Mensch,
versteh: Die Vision betrifft die Zeit des Endes.
[18] Während er mit mir redete, lag ich ohnmächtig
da, mit dem Gesicht am Boden. Da berührte er
mich und stellte mich wieder auf die Beine. [19] Dann
sagte er: Siehe, ich kündige dir an, was in der letz-
ten Zeit, der Zeit des Zorns, geschehen wird; denn
die Vision bezieht sich auf die Zeit des Endes.
[20] Der Widder mit den zwei Hörnern, den du gese-
hen hast, bedeutet die Könige von Medien und
Persien. [21] Der Ziegenbock ist der König von Ja-
wan. Das große Horn zwischen seinen Augen ist
der erste König. [22] Das Horn brach ab und vier
andere traten an seine Stelle; das bedeutet: Aus sei-
nem Volk entstehen vier Reiche; sie haben aber
nicht die gleiche Kraft wie er. [23] In der letzten Zeit
ihrer Herrschaft, wenn die Frevler ihr Maß voll
gemacht haben, kommt ein König voll Härte und
Verschlagenheit. [24] Er wird mächtig und stark und
richtet ungeheures Verderben an; alles, was er
unternimmt, gelingt ihm. Mächtige Herrscher
wird er vernichten, auch das Volk der Heiligen.
[25] Dank seiner Schlauheit gelingt ihm sein Betrug.
Er wird überheblich und bringt über viele unver-
sehens Verderben. Selbst gegen den höchsten Ge-
bieter steht er auf; doch ohne Zutun eines Men-
schen wird er zerschmettert. [26] Die Vision von den
Abenden und den Morgen, die dir offenbart wur-
de, ist wahr; doch du sollst sie geheim halten; denn
sie bezieht sich auf eine ferne Zeit.

[27] Darauf war ich, Daniel, erschöpft und lag meh-
rere Tage krank zu Bett. Dann stand ich auf und
versah wieder meinen Dienst beim König. Doch die
Vision bedrückte mich und ich verstand sie nicht.

1: 7,1 • 8: 7,8 • 9: Ez 20,6 • 10: Sach 7,14 • 11: 9,27; 11,31 • 13: 12,6f; Sach 1,9f • 14: 7,25 • 15: 9,21 • 16: Lk 1,19 • 17–18: 10,15–19 • 18: Offb 1,17; Ez 2,1f • 23: 11,21 • 24: 7,18 • 26: 12,4; Offb 22,6

DIE WEISSAGUNG VON DEN SIEBZIG JAHRWOCHEN: 9,1–27

9 Im ersten Jahr, nachdem Darius, der Sohn
des Xerxes, aus dem Stamm der Meder, Kö-
nig über das Reich der Chaldäer geworden war,
[2] in diesem ersten Jahr seiner Herrschaft suchte
ich, Daniel, in den Schriften die Zahl der Jahre
zu ergründen, die Jerusalem nach dem Wort des
Herrn an den Propheten Jeremia verwüstet sein
sollte; es waren siebzig Jahre. [3] Ich richtete mein

Gesicht zu Gott, dem Herrn, um ihn mit Gebet
und Flehen, bei Fasten in Sack und Asche, zu bit-
ten. 4 Ich betete zum Herrn, meinem Gott, legte ein
Bekenntnis ab und sagte: Herr, du großer und
Furcht erregender Gott, du bewahrst denen, die
dich lieben und deine Gebote halten, deinen
Bund und deine Gnade. 5 Wir haben gesündigt
und Unrecht getan, wir sind treulos gewesen und
haben uns gegen dich empört; von deinen Gebo-
ten und Gesetzen sind wir abgewichen. 6 Wir
haben nicht auf deine Diener, die Propheten,
gehört, die in deinem Namen zu unseren Königen
und Vorstehern, zu unseren Vätern und zu allen
Bürgern des Landes geredet haben. 7 Du, Herr, bist
im Recht; uns aber steht bis heute die Schamröte
im Gesicht, den Leuten von Juda, den Einwohnern
Jerusalems und allen Israeliten, seien sie nah oder
fern in all den Ländern, wohin du sie verstoßen
hast; denn sie haben dir die Treue gebrochen. 8 Ja,
Herr, uns steht die Schamröte im Gesicht, unseren
Königen, Oberen und Vätern; denn wir haben uns
gegen dich versündigt. 9 Aber der Herr, unser Gott,
schenkt Erbarmen und Vergebung. Ja, wir haben
uns gegen ihn empört. 10 Wir haben nicht auf die
Stimme des Herrn, unseres Gottes, gehört und
seine Befehle nicht befolgt, die er uns durch seine
Diener, die Propheten, gegeben hat. 11 Ganz Israel
hat dein Gesetz übertreten, ist davon abgewichen
und hat nicht auf deine Stimme gehört. Darum
kamen der Fluch und die Verwünschung über uns,
die im Gesetz des Mose, des Dieners Gottes, ge-
schrieben stehen; denn wir haben uns gegen Gott
versündigt. 12 Gott machte seine Drohung wahr,
die er gegen uns und unsere Richter, die uns re-
gierten, ausgesprochen hatte: Er werde so schwe-
res Unheil über uns bringen, dass unter dem gan-
zen Himmel nie solche Dinge geschehen sein
werden wie in Jerusalem. 13 Wie es im Gesetz des
Mose geschrieben steht, ist all dieses Unheil über
uns gekommen. Und doch haben wir den Herrn,
unseren Gott, nicht begütigt, haben uns nicht von
unserem bösen Tun abgewandt und nicht auf
deine Wahrheit geachtet. 14 Der Herr aber war
wach und ließ dieses Unheil über uns kommen.
Denn der Herr, unser Gott, ist gerecht in allem,
was er tut. Wir aber hörten nicht auf seine Stimme.
15 Jetzt aber, Herr, unser Gott, der du dein Volk mit
starker Hand aus Ägypten geführt und dir damit
einen Namen gemacht hast bis auf den heutigen
Tag! Wir haben gesündigt; wir haben gefrevelt.
16 Herr, wende jetzt deinen grimmigen Zorn von
deiner Stadt Jerusalem und von deinem heiligen
Berg ab, wie es deinen früheren hilfreichen Taten
entspricht. Wegen unserer Sünden und der bösen
Taten unserer Väter sind Jerusalem und dein Volk
zum Gespött für alle geworden, die rings um uns
wohnen. 17 Darum höre jetzt, unser Gott, das Ge-
bet und Flehen deines Knechtes: Herr, lass auch
um deiner selbst willen dein Angesicht über dei-
nem Heiligtum leuchten, das verwüstet daliegt.
18 Mein Gott, neig mir dein Ohr zu und höre mich;
öffne deine Augen und sieh auf die Trümmer, auf
unsere Stadt, über der dein Name ausgerufen ist.
Nicht im Vertrauen auf unsere guten Taten legen
wir dir unsere Bitten vor, sondern im Vertrauen
auf dein großes Erbarmen. 19 Herr, erhöre! Herr,
verzeih! Herr, vernimm das Gebet und handle!
Mein Gott, auch um deiner selbst willen zögere
nicht! Dein Name ist doch über deiner Stadt und
deinem Volk ausgerufen.

20 Während ich noch redete und betete, meine
Sünden und die Sünden meines Volkes Israel
bekannte und meine Bitte für den heiligen Berg
meines Gottes vor den Herrn, meinen Gott, brach-
te, 21 während ich also noch mein Gebet sprach, da
kam im Flug der Mann Gabriel, den ich früher in
der Vision gesehen hatte; er kam um die Zeit des
Abendopfers zu mir, 22 redete mit mir und sagte:
Daniel, ich bin gesandt worden, um dir klare Ein-
sicht zu geben. 23 Schon zu Beginn deines Gebets
erging ein Gotteswort und ich bin gekommen, um
es dir zu verkünden; denn du bist (von Gott) ge-
liebt. Achte also auf das Wort und begreife die
Vision!

24 Siebzig Wochen sind für dein Volk / und deine
heilige Stadt bestimmt,
bis der Frevel beendet ist, / bis die Sünde versiegelt
und die Schuld gesühnt ist,
bis ewige Gerechtigkeit gebracht wird, / bis Visio-
nen und Weissagungen besiegelt werden / und ein
Hochheiliges gesalbt wird.

25 Nun begreif und versteh: Von der Verkündigung
des Wortes über die Rückführung des Volkes und
den Wiederaufbau Jerusalems bis zur Ankunft

eines Gesalbten, eines Fürsten, sind es sieben Wochen; und zweiundsechzig Wochen lang baut man die Stadt wieder auf mit ihren Plätzen und Gräben, obwohl es eine bedrängte Zeit sein wird. 26 Nach den zweiundsechzig Wochen wird ein Gesalbter umgebracht, aber ohne (Richterspruch). Das Volk eines Fürsten, der kommen wird, bringt Verderben über die Stadt und das Heiligtum. Er findet sein Ende in der Flut; bis zum Ende werden Krieg und Verwüstung herrschen, wie es längst beschlossen ist. 27 Vielen macht er den Bund schwer, eine Woche lang. In der Mitte dieser Woche setzt er den Schlachtopfern und Speiseopfern ein Ende. Oben auf dem Heiligtum wird ein unheilvoller Gräuel stehen, bis das Verderben, das beschlossen ist, über den Verwüster kommt.

1: 6,1 • 2: Jer 25,11f; 29,10 • 4–19: 3,25–45; Neh 1,5–11; 9; Bar 1,15 – 2,26 • 6: Jer 7,25f • 7: Esra 9,6–8 • 11: Lev 26,14–39; Dtn 28,15–68 • 14: Jer 1,12 • 15–16: Bar 2,11–19 • 15: Dtn 6,21; Jer 32,20f • 16: Ps 103,6 • 18: 2 Kön 19,16 • 24: Jes 53,11; 1 Chr 23,13; Ez 45,3; Ex 29,37 • 27: 11,31; 12,11; Mt 24,15; Jes 10,22f

DIE LETZTEN OFFENBARUNGEN AN DANIEL: 10,1 – 12,13

10 Im dritten Jahr des Königs Kyrus von Persien empfing Daniel, der auch Beltschazzar heißt, eine Offenbarung. Das Wort ist zuverlässig und kündigt große Not an. Er suchte das Wort zu verstehen und das Verständnis wurde ihm in einer Vision gegeben. 2 In jenen Tagen hielt ich, Daniel, drei Wochen lang Trauer. 3 Nahrung, die mir sonst schmeckte, aß ich nicht; Fleisch und Wein kamen nicht in meinen Mund; auch salbte ich mich nicht, bis drei volle Wochen vorbei waren. 4 Am vierundzwanzigsten Tag des ersten Monats stand ich am Ufer des großen Flusses, des Tigris. 5 Ich blickte auf und sah, wie ein Mann vor mir stand, der in Leinen gekleidet war und einen Gürtel aus feinstem Gold um die Hüften trug. 6 Sein Körper glich einem Chrysolith, sein Gesicht leuchtete wie ein Blitz und die Augen waren wie brennende Fackeln. Seine Arme und Beine glänzten wie polierte Bronze. Seine Worte waren wie das Getöse einer großen Menschenmenge. 7 Nur ich, Daniel, sah diese Erscheinung; die Männer, die bei mir waren, sahen die Erscheinung nicht; doch ein großer Schrecken befiel sie, sodass sie wegliefen und sich versteckten.

8 So blieb ich allein zurück und sah diese gewaltige Erscheinung. Meine Kräfte verließen mich; ich wurde totenbleich und konnte mich nicht mehr aufrecht halten. 9 Ich hörte den Schall seiner Worte; beim Schall seiner Worte fiel ich betäubt zu Boden und blieb, mit dem Gesicht am Boden, liegen. 10 Doch eine Hand fasste mich an und half mir auf Knie und Hände. 11 Dann sagte er zu mir: Daniel, du (von Gott) geliebter Mann, achte auf die Worte, die ich dir zu sagen habe. Stell dich aufrecht hin; denn ich bin jetzt zu dir gesandt. Als er so mit mir redete, erhob ich mich zitternd. 12 Dann sagte er zu mir: Fürchte dich nicht, Daniel! Schon vom ersten Tag an, als du dich um Verständnis bemühtest und dich deswegen vor deinem Gott beugtest, wurden deine Worte gehört und wegen deiner Worte bin ich gekommen. 13 Der Engelfürst des Perserreiches hat sich mir einundzwanzig Tage lang entgegengestellt, aber Michael, einer der ersten unter den Engelfürsten, kam mir zu Hilfe. Darum war ich dort bei den Königen von Persien entbehrlich. 14 Und jetzt bin ich gekommen, um dich verstehen zu lassen, was deinem Volk in den letzten Tagen zustoßen wird. Denn auch diese Vision bezieht sich auf jene fernen Tage.

15 Während er das zu mir sagte, blickte ich zu Boden und blieb stumm. 16 Da berührte eine Gestalt, die aussah wie ein Mensch, meine Lippen. Nun konnte ich den Mund wieder öffnen und sprechen. Ich sagte zu dem, der vor mir stand: Mein Herr, als ich die Vision sah, wand ich mich in Schmerzen und verlor alle Kraft. 17 Wie kann ich, der Knecht meines Herrn, mit meinem Herrn reden? Mir fehlt seitdem jede Kraft, selbst der Atem stockt mir. 18 Da berührte mich die Gestalt, die wie ein Mensch aussah, von neuem, stärkte mich 19 und sagte: Fürchte dich nicht, du (von Gott) geliebter Mann! Friede sei mit dir. Sei stark und hab Vertrauen! Als er so mit mir redete, fühlte ich mich gestärkt und sagte: Nun rede, mein Herr! Du hast mich gestärkt. 20 Er sagte: Weißt du, warum ich zu dir gekommen bin? Ich muss bald

zurückkehren und mit dem Engelfürsten von Persien kämpfen. Wenn ich mit ihm fertig bin, dann wird der Engelfürst von Jawan kommen. 21 Vorher aber will ich dir mitteilen, was im Buch der Wahrheit aufgezeichnet ist. Doch keiner hilft mir tatkräftig gegen sie außer eurem Engelfürsten Michael.

11 Im ersten Jahr des Meders Darius stand ich ihm helfend und schützend zur Seite. 2 Und jetzt will ich dir die Wahrheit mitteilen: Noch drei Könige kommen in Persien; der vierte aber wird größeren Reichtum erwerben als alle anderen vor ihm. Nachdem er reich und mächtig geworden ist, bietet er all seine Macht gegen das Reich von Jawan auf. 3 Dann wird ein kraftvoller König kommen; er herrscht mit großer Macht und tut, was er will. 4 Doch kaum ist er aufgetreten, da bricht sein Reich auseinander und teilt sich nach den vier Himmelsrichtungen. Es fällt aber nicht seinen Nachkommen zu und ist nicht mehr so mächtig wie unter seiner Herrschaft. Denn sein Reich wird vernichtet; es fällt anderen zu, nicht seinen Erben. 5 Dann erstarkt der König des Südens; aber einer von seinen Feldherrn wird mächtiger als er und tritt die Herrschaft an und seine Herrschaft wird noch gewaltiger sein. 6 Nach Jahren schließen sie dann ein Bündnis und um den Frieden zu bekräftigen, kommt die Tochter des Königs des Südens zum König des Nordens. Doch sie verliert die Macht und auch ihr Kind bleibt nicht am Leben; zur (bestimmten) Zeit wird sie dem Untergang preisgegeben, sie, ihre Begleiter, auch der, der sie gezeugt hat, und der, der sie zur Frau genommen hat. 7 Aber an seiner Stelle tritt ein Spross aus ihren Wurzeln auf; er zieht gegen das Heer aus, dringt in die Festung des Königs des Nordens ein und verfährt mit ihnen, wie es ein Sieger tut. 8 Sogar ihre Götter nimmt er als Beute nach Ägypten mit, ebenso ihre Götterbilder und die kostbaren Geräte aus Silber und Gold. Dann lässt er den König des Nordens einige Jahre in Ruhe. 9 Darauf zieht dieser gegen das Reich des Königs des Südens, muss aber in sein Land zurückkehren.

10 Doch seine Söhne rüsten zum Krieg und bringen gewaltige Heere zusammen. Einer (von ihnen) zieht gegen (den König des Südens); er rückt vor und überflutet alles. Dann rüstet er nochmals und dringt bis zu seiner Festung vor. 11 Das erbittert den König des Südens; er zieht gegen den König des Nordens aus und kämpft gegen ihn. Dieser hat zwar ein großes Heer aufgestellt, aber das Heer fällt dem andern in die Hand 12 und wird aufgerieben. Da wird sein Herz stolz; er wirft Zehntausende zu Boden, aber er bleibt nicht stark. 13 Der König des Nordens stellt nochmals ein Heer auf, noch größer als das erste, und nach einigen Jahren zieht er gegen jenen mit einer großen Streitmacht und einem riesigen Tross ins Feld. 14 In jener Zeit erheben sich viele gegen den König des Südens; auch gewalttätige Leute aus deinem Volk stehen auf und so erfüllt sich eine Vision. Aber sie kommen zu Fall. 15 Da zieht der König des Nordens heran, schüttet einen Wall auf und erobert eine stark befestigte Stadt. Die Kräfte des Königs des Südens halten nicht stand; selbst die Truppe seiner auserlesenen Kämpfer ist nicht stark genug, um sich zu halten. 16 Der, der gegen ihn vorrückt, tut (mit ihnen), was er will. Keiner kann ihm widerstehen; so fasst er Fuß im Land der Zierde und seine Hand bringt Vernichtung. 17 Dann fasst er den Plan, das ganze Reich (des Königs des Südens) zu unterjochen. Er schließt einen Vergleich mit ihm und gibt ihm eine seiner Töchter zur Frau, um seine Macht zu zerstören. Doch das kommt nicht zustande, es gelingt ihm nicht. 18 Jetzt wendet er sich gegen die Inseln und erobert viele von ihnen. Aber ein Feldherr macht seiner Herausforderung ein Ende, ja, er vergilt ihm seine Herausforderung. 19 Nun wendet er sich den Festungen des eigenen Landes zu. Er stolpert jedoch, fällt und ist nicht mehr zu finden. 20 An seine Stelle tritt einer, der einen Steuereintreiber durch die Zierde des Reiches ziehen lässt. Doch wird er schon nach kurzer Zeit beseitigt, aber nicht öffentlich und nicht im Kampf.

21 An seine Stelle tritt ein verächtlicher Mensch. Ihm überträgt man die Würde des Königtums nicht; er kommt aber unversehens und reißt die Herrschaft durch List an sich. 22 Ganze Heere werden vor ihm hinweggeschwemmt und vernichtet, auch der Fürst des Bundes. 23 Wer sich mit ihm verbündet, gegen den handelt er heimtückisch. Er kommt empor, und obwohl er nur wenige Anhänger hat, wird er stark. 24 Unversehens dringt er in die reichsten Bezirke einer Provinz ein und tut,

was weder seine Väter noch seine Ahnen getan haben: Er raubt, macht Beute und verteilt den Besitz an seine Leute. Er denkt Anschläge gegen die Festungen aus, aber das dauert nur eine bestimmte Zeit. 25 Er bietet seine ganze Kraft und seinen ganzen Mut auf und zieht mit einem großen Heer gegen den König des Südens. Darauf rüstet auch der König des Südens mit einem großen und sehr starken Heer zum Krieg; er kann aber nicht standhalten; denn man plant Anschläge gegen ihn. 26 Die eigenen Tischgenossen führen seinen Sturz herbei. Sein Heer wird weggeschwemmt, viele werden erschlagen und fallen. 27 Beide Könige sinnen auf Böses; sie sitzen am selben Tisch zusammen und belügen einander. Aber sie erreichen nichts, denn das Ende steht noch aus, bis zur bestimmten Zeit.
28 Mit großem Tross tritt dann der König des Nordens den Rückweg in sein Land an; sein Sinn ist gegen den Heiligen Bund gerichtet. Er handelt auch entsprechend und kehrt schließlich in sein Land zurück. 29 Zu einer bestimmten Zeit fällt er wieder in den Süden ein. Doch das zweite Mal geht es nicht wie das erste Mal. 30 Kittäische Schiffe greifen ihn an und er kehrt eingeschüchtert um. Nun wendet er seine Wut gegen den Heiligen Bund und handelt entsprechend. Dann kehrt er heim und erkennt jene an, die den Heiligen Bund verlassen.
31 Er stellt Streitkräfte auf, die das Heiligtum auf der Burg entweihen, das tägliche Opfer abschaffen und den unheilvollen Gräuel aufstellen. 32 Er verführt mit seinen glatten Worten die Menschen dazu, vom Bund abzufallen; doch die Schar derer, die ihrem Gott treu sind, bleibt fest und handelt entsprechend. 33 Die Verständigen im Volk bringen viele zur Einsicht; aber eine Zeit lang zwingt man sie nieder mit Feuer und Schwert, mit Haft und Plünderung. 34 Doch während man sie niederzwingt, erfahren sie eine kleine Hilfe; viele schließen sich ihnen an, freilich nur zum Schein. 35 Aber auch manche von den Verständigen kommen zu Fall; so sollen sie geprüft, geläutert und gereinigt werden bis zur Zeit des Endes; denn es dauert noch eine Weile bis zu der bestimmten Zeit.

36 Der König tut, was er will. Er wird übermütig und prahlt gegenüber allen Göttern, auch gegenüber dem höchsten Gott führt er unglaubliche Reden. Dabei hat er Erfolg, bis der Zorn (Gottes) zu Ende ist. Denn was beschlossen ist, muss ausgeführt werden. 37 Er missachtet sogar die Götter seiner Väter, auch den Liebling der Frauen achtet er nicht und überhaupt keinen Gott; er prahlt gegenüber allen. 38 Stattdessen verehrt er den Gott der Festungen; einen Gott, den seine Väter nicht gekannt haben, verehrt er mit Gold und Silber, mit Edelsteinen und Kostbarkeiten. 39 Starke Festungen greift er an mit Hilfe des fremden Gottes. Alle, die ihn anerkennen, überhäuft er mit Ehren; er verleiht ihnen die Herrschaft über viele Menschen und teilt ihnen als Belohnung Land zu.

40 Zur Zeit des Endes streitet mit ihm der König des Südens. Da stürmt der König des Nordens gegen ihn heran mit Wagen und Reitern und mit vielen Schiffen. Er dringt in die Länder ein, überschwemmt sie und rückt vor. 41 Auch ins Land der Zierde dringt er ein. Viele werden niedergezwungen; nur Edom und Moab und der Hauptteil der Ammoniter entgehen ihm. 42 Er streckt seine Hand nach den Ländern aus; auch für Ägypten gibt es keine Rettung. 43 Er wird Herr über die Schätze von Gold und Silber und über alle Kostbarkeiten Ägyptens. Libyer und Kuschiter leisten ihm Gefolgschaft. 44 Da erschrecken ihn Gerüchte aus dem Osten und dem Norden. In großem Zorn zieht er aus, um viele zu vernichten und auszurotten.
45 Zwischen dem Meer und dem Berg der heiligen Zierde schlägt er seine Prunkzelte auf. Dann geht er seinem Ende zu und niemand ist da, der ihm hilft.

12 In jener Zeit tritt Michael auf, der große Engelfürst, der für die Söhne deines Volkes eintritt. Dann kommt eine Zeit der Not, wie noch keine da war, seit es Völker gibt, bis zu jener Zeit. Doch dein Volk wird in jener Zeit gerettet, jeder, der im Buch verzeichnet ist. 2 Von denen, die im Land des Staubes schlafen, werden viele erwachen, die einen zum ewigen Leben, die anderen zur Schmach, zu ewigem Abscheu. 3 Die Verständigen werden strahlen, wie der Himmel strahlt; und die Männer, die viele zum rechten Tun geführt haben, werden immer und ewig wie die Sterne leuchten.
4 Du, Daniel, halte diese Worte geheim und versiegle das Buch bis zur Zeit des Endes! Viele werden nachforschen und die Erkenntnis wird groß sein.

5 Als ich, Daniel, aufblickte, standen noch zwei
andere Männer da, der eine diesseits des Fluss-
ufers, der andere jenseits. 6 Einer fragte den Mann,
der in Leinen gekleidet war und über dem Wasser
des Flusses stand: Wie lange dauert es noch bis
zum Ende der unbegreiflichen Geschehnisse? 7 Da-
rauf hörte ich die Stimme des Mannes, der in Lei-
nen gekleidet war und über dem Wasser des Flus-
ses stand; er erhob seine rechte und seine linke
Hand zum Himmel, schwor bei dem, der ewig lebt,
und sagte: Es dauert noch eine Zeit, zwei Zeiten
und eine halbe Zeit. Wenn der am Ende ist, der die
Macht des heiligen Volkes zerschlägt, dann wird
sich das alles vollenden. 8 Ich hörte es, verstand es
aber nicht. Darum fragte ich: Mein Herr, was wird
das letzte von all dem sein? 9 Er erwiderte: Geh,
Daniel! Diese Worte bleiben verschlossen und ver-
siegelt bis zur Zeit des Endes. 10 Viele werden ge-
läutert, gereinigt und geprüft. Doch die ruchlosen
Sünder sündigen weiter. Von den Sündern wird es
keiner verstehen; aber die Verständigen verstehen
es. 11 Von der Zeit an, in der man das tägliche Opfer
abschafft und den unheilvollen Gräuel aufstellt,
sind es zwölfhundertneunzig Tage. 12 Wohl dem,
der aushält und dreizehnhundertfünfunddreißig
Tage erreicht! 13 Du aber geh nun dem Ende zu! Du
wirst ruhen und am Ende der Tage wirst du aufer-
stehen, um dein Erbteil zu empfangen.

10,5: 8,15; Offb 1,13–15; Ez 1,27f • 9: 8,18 • 11: 9,23 • 12: Esra 8,21 • 13: Sach 3,1f; Jud 9; Offb 12,7 • 16: 7,13; Jes 6,7; Jer 1,9 • 18: 8,18 • 19: Offb 1,17 • 11,1: 9,1 • 3: 1 Makk 1,2–6 • 6: 2,43 • 15: 8,23–25 • 16: 8,9 • 17: 2,43 • 21: 8,23f • 31: 8,11f; 9,27; 12,11; Mt 24,15 • 33: 12,3 • 36: 7,8.25; 2 Thess 2,4; Offb 13,5f • 41: 11,16; 8,9 • 12,1: 10,13; Offb 12,7; Mt 24,21 • 2: 2 Makk 7,9; Jes 66,24; Joh 5,29 • 3: 11,33; Spr 4,18; Mt 13,43 • 4: 8,26; Offb 10,4 • 6: Offb 10,5f • 7: 7,25 • 10: 11,35 • 11–12: 8,14

DIE ANHÄNGE ZUM BUCH DANIEL: 13,1 – 14,42

Die Rettung der Susanna durch Daniel

13 In Babylon wohnte ein Mann mit Namen
Jojakim. 2 Er hatte Susanna, die Tochter
Hilkijas, zur Frau; sie war sehr schön und gottes-
fürchtig. 3 Auch ihre Eltern waren gerecht und hat-
ten ihre Tochter nach dem Gesetz des Mose erzo-
gen. 4 Jojakim war sehr reich; er besaß einen Garten
nahe bei seinem Haus. Die Juden pflegten bei ihm
zusammenzukommen, weil er der Angesehenste
von allen war. 5 Als Richter amtierten in jenem Jahr
zwei Älteste aus dem Volk, von denen galt, was der
Herr gesagt hat: Ungerechtigkeit ging von Babylon
aus, von den Ältesten, von den Richtern, die als
Leiter des Volkes galten. 6 Sie hielten sich regel-
mäßig im Haus Jojakims auf und alle, die eine
Rechtssache hatten, kamen zu ihnen. 7 Hatten sich
nun die Leute um die Mittagszeit wieder entfernt,
dann kam Susanna und ging im Garten ihres Man-
nes spazieren. 8 Die beiden Ältesten sahen sie täg-
lich kommen und umhergehen; da regte sich in
ihnen die Begierde nach ihr. 9 Ihre Gedanken ge-
rieten auf Abwege und ihre Augen gingen in die
Irre; sie sahen weder zum Himmel auf, noch dach-
ten sie an die gerechten Strafen Gottes. 10 Beide
hatten wegen Susanna Liebeskummer; doch kei-
ner sagte dem anderen etwas von seinem Schmerz.
11 Denn sie schämten sich darüber, dass sie so be-
gierig waren, mit ihr zusammen zu sein. 12 Unge-
duldig warteten sie jeden Tag darauf, sie zu sehen.
13 Eines Tages sagte der eine zum andern: Gehen
wir nach Hause, es ist Zeit zum Essen. Sie trenn-
ten sich also und gingen weg, 14 dann aber kehrte
jeder um und sie trafen wieder zusammen. Sie
fragten einander nach der Ursache und gestanden
sich ihre Leidenschaft. Daraufhin verabredeten
sie eine Zeit, zu der es ihnen möglich sein sollte,
Susanna allein anzutreffen. 15 Während sie auf ei-
nen günstigen Tag warteten, kam Susanna eines
Tages wie gewöhnlich in den Garten, nur von zwei
Mädchen begleitet, und wollte baden; denn es war
heiß. 16 Niemand war dort außer den beiden Ältes-
ten, die sich versteckt hatten und ihr auflauerten.
17 Sie sagte zu den Mädchen: Holt mir Öl und Sal-
ben und verriegelt das Gartentor, damit ich baden
kann. 18 Die Mädchen taten, wie ihnen befohlen
war. Sie verriegelten das Tor und verließen den
Garten durch die Seitenpforte, um zu holen, was
ihnen aufgetragen war. Von den Ältesten bemerk-
ten sie nichts, denn diese hatten sich versteckt.
19 Als die Mädchen weg waren, standen die beiden
Ältesten auf, liefen zu Susanna hin 20 und sagten:
Das Gartentor ist verschlossen und niemand sieht

uns; wir brennen vor Verlangen nach dir: Sei uns zu Willen und gib dich uns hin! 21 Weigerst du dich, dann bezeugen wir gegen dich, dass ein junger Mann bei dir war und dass du deshalb die Mädchen weggeschickt hast. 22 Da seufzte Susanna und sagte: Ich bin bedrängt von allen Seiten: Wenn ich es tue, so droht mir der Tod; tue ich es aber nicht, so werde ich euch nicht entrinnen. 23 Es ist besser für mich, es nicht zu tun und euch in die Hände zu fallen, als gegen den Herrn zu sündigen. 24 Dann schrie Susanna, so laut sie konnte. Aber zugleich mit ihr schrien auch die beiden Ältesten 25 und einer von ihnen lief zum Gartentor und öffnete es. 26 Als die Leute im Haus das Geschrei im Garten hörten, eilten sie durch die Seitentür herbei, um zu sehen, was ihr zugestoßen sei. 27 Als die Ältesten ihre Erklärung gaben, schämten sich die Diener sehr; denn noch nie war so etwas über Susanna gesagt worden.

28 Als am nächsten Morgen das Volk bei Jojakim, ihrem Mann, zusammenkam, erschienen auch die beiden Ältesten. Sie kamen mit der verbrecherischen Absicht, gegen Susanna die Todesstrafe zu erwirken. Sie sagten vor dem Volk: 29 Schickt nach Susanna, der Tochter Hilkijas, der Frau Jojakims! Man schickte nach ihr. 30 Sie kam, begleitet von ihren Eltern, ihren Kindern und allen Verwandten. 31 Susanna war anmutig und sehr schön. 32 Sie war aber verschleiert. Um sich an ihrer Schönheit zu weiden, befahlen die Gewissenlosen, sie zu entschleiern. 33 Da weinten ihre Angehörigen und alle, die sie sahen, begannen ebenfalls zu weinen. 34 Vor dem ganzen Volk standen nun die beiden Ältesten auf und legten die Hände auf den Kopf Susannas. 35 Sie aber blickte weinend zum Himmel auf; denn ihr Herz vertraute dem Herrn. 36 Die Ältesten sagten: Während wir allein im Garten spazieren gingen, kam diese Frau mit zwei Mägden herein. Sie ließ das Gartentor verriegeln und schickte die Mägde fort. 37 Dann kam ein junger Mann zu ihr, der sich versteckt hatte, und legte sich zu ihr. 38 Wir waren gerade in einer abgelegenen Ecke des Gartens; als wir aber die Sünde sahen, eilten wir zu ihnen hin 39 und sahen, wie sie zusammen waren. Den Mann konnten wir nicht festhalten; denn er war stärker als wir; er öffnete das Tor und entkam. 40 Aber diese da hielten wir fest und fragten sie, wer der junge Mann war. 41 Sie wollte es uns aber nicht verraten. Das alles können wir bezeugen. Die versammelte Gemeinde glaubte ihnen, weil sie Älteste des Volkes und Richter waren, und verurteilte Susanna zum Tod. 42 Da rief sie laut: Ewiger Gott, du kennst auch das Verborgene; du weißt alles, noch bevor es geschieht. 43 Du weißt auch, dass sie eine falsche Aussage gegen mich gemacht haben. Darum muss ich jetzt sterben, obwohl ich nichts von dem getan habe, was diese Menschen mir vorwerfen.

44 Der Herr erhörte ihr Rufen. 45 Als man sie zur Hinrichtung führte, erweckte Gott den heiligen Geist in einem jungen Mann namens Daniel. 46 Dieser rief laut: Ich bin unschuldig am Tod dieser Frau. 47 Da wandten sich alle Leute nach ihm um und fragten ihn: Was soll das heißen, was du da gesagt hast? 48 Er trat mitten unter sie und sagte: Seid ihr so töricht, ihr Söhne Israels? Ohne Verhör und ohne Prüfung der Beweise habt ihr eine Tochter Israels verurteilt. 49 Kehrt zurück zum Ort des Gerichts! Denn diese Ältesten haben eine falsche Aussage gegen Susanna gemacht. 50 Eilig kehrten alle Leute wieder um und die Ältesten sagten zu Daniel: Setz dich hier mitten unter uns und sag uns, was du zu sagen hast. Denn dir hat Gott den Vorsitz verliehen. 51 Daniel sagte zu ihnen: Trennt diese beiden Männer, bringt sie weit auseinander! Ich will sie verhören. 52 Als man sie voneinander getrennt hatte, rief er den einen von ihnen her und sagte zu ihm: In Schlechtigkeit bist du alt geworden; doch jetzt kommt die Strafe für die Sünden, die du bisher begangen hast. 53 Ungerechte Urteile hast du gefällt, Schuldlose verurteilt, aber Schuldige freigesprochen; und doch hat der Herr gesagt: Einen Schuldlosen und Gerechten sollst du nicht töten. 54 Wenn du also diese Frau wirklich gesehen hast, dann sag uns: Was für ein Baum war das, unter dem du die beiden zusammen gesehen hast? Er antwortete: Unter einer Zeder. 55 Da sagte Daniel: Mit deiner Lüge hast du dein eigenes Haupt getroffen. Der Engel Gottes wird dich zerspalten; schon hat er von Gott den Befehl dazu erhalten. 56 Dann ließ er ihn wegbringen und befahl, den andern vorzuführen. Zu ihm sagte er: Du Sohn Kanaans, nicht Judas, dich hat die Schönheit verführt, die Leidenschaft hat dein Herz verdorben.

57 So konntet ihr an den Töchtern Israels handeln,
sie fürchteten sich und waren euch zu Willen. Aber
die Tochter Judas hat eure Gemeinheit nicht ge-
duldet. 58 Nun sag mir: Was für ein Baum war das,
unter dem du die beiden ertappt hast? Er antwor-
tete: Unter einer Eiche. 59 Da sagte Daniel zu ihm:
Mit deiner Lüge hast auch du dein eigenes Haupt
getroffen. Der Engel Gottes wartet schon mit dem
Schwert in der Hand, um dich mitten entzweizu-
hauen. So wird er euch beide vernichten.
60 Da schrie die ganze Gemeinde laut auf und pries
Gott, der alle rettet, die auf ihn hoffen. 61 Dann
erhoben sie sich gegen die beiden Ältesten, die
Daniel durch ihre eigenen Worte als falsche Zeu-
gen entlarvt hatte. Das Böse, das sie ihrem Nächs-
ten hatten antun wollen, tat man 62 nach dem Ge-
setz des Mose ihnen an: Man tötete sie. So wurde
an jenem Tag unschuldiges Blut gerettet. 63 Hilkija
und seine Frau priesen Gott wegen ihrer Tochter
Susanna, ebenso ihr Mann Jojakim und alle Ver-
wandten, weil sich zeigte, dass sie nichts Schänd-
liches getan hatte. 64 Daniel aber gewann seit jenem
Tag und auch weiterhin beim Volk großes An-
sehen.

5: Jer 23,15; 29,22f • 15: Ex 2,5 • 22: Lev 20,10; Dtn 22,22; Joh 8,4f • 34: Num 5,18; Lev 24,14 • 42: 2,20–22; Hebr 4,13 • 45: 4,5; 5,14 • 52: Weish 4,8f • 53: Ex 23,7 • 56: Ez 16,3.44 • 61–62: Dtn 19,16–21

Daniel und die Priester des Bel

14 Der König Astyages ging zu seinen Vätern
heim und sein Reich übernahm der Perser
Kyrus. 2 Daniel war der Vertraute des Königs, der
ihn höher schätzte als alle seine Freunde. 3 Nun
hatten die Babylonier ein Bild des Gottes Bel. Sie
wendeten für ihn täglich zwölf Scheffel Feinmehl
auf, dazu vierzig Schafe und sechs Krüge Wein.
4 Auch der König verehrte ihn und kam jeden Tag,
um ihn anzubeten. Daniel aber betete seinen eige-
nen Gott an. Der König sagte zu ihm: Warum
betest du Bel nicht an? 5 Er erwiderte: Ich verehre
keine Standbilder, die von Menschen gemacht
worden sind, sondern nur den lebendigen Gott,
der den Himmel und die Erde erschaffen hat und
die Herrschaft besitzt über alles, was lebt. 6 Der
König entgegnete ihm: Du meinst also, Bel sei kein
lebendiger Gott? Siehst du nicht, welche Mengen
er Tag für Tag isst und trinkt? 7 Da lachte Daniel
und sagte: Lass dich nicht täuschen, König! Dieser
Bel ist innen von Lehm und außen von Bronze; er
hat niemals gegessen oder getrunken. 8 Da wurde
der König zornig; er rief die Priester des Bel her-
bei und sagte zu ihnen: Wenn ihr mir nicht sagt,
wer all diese Mengen verzehrt, müsst ihr sterben.
9 Beweist ihr aber, dass Bel das alles verzehrt, dann
muss Daniel sterben, weil er über Bel gelästert hat.
Daniel sagte zum König: Es soll geschehen, was du
gesagt hast. 10 Es waren aber siebzig Belpriester,
nicht gerechnet die Frauen und Kinder. Der König
ging nun mit Daniel in den Tempel Bels. 11 Die Bel-
priester sagten: Wir gehen jetzt hinaus. Trag du,
König, selbst die Speisen auf, mische den Wein
und stell ihn hin! Verschließ dann die Tür und ver-
siegle sie mit deinem Ring! 12 Wenn du morgen
früh wiederkommst und dich nicht davon über-
zeugen kannst, dass Bel alles verzehrt hat, dann
wollen wir sterben, andernfalls aber Daniel, der
uns verleumdet hat. 13 Sie waren unbesorgt; denn
sie hatten sich zum Opfertisch einen verborgenen
Zugang gemacht, durch den sie jeweils hereinka-
men, um alles zu verzehren. 14 Als die Priester hi-
nausgegangen waren, trug der König die Speisen
für Bel auf. Daniel aber ließ durch seine Diener
Asche holen und damit den ganzen Boden des
Tempels bestreuen, wobei nur der König zusah.
Dann gingen sie hinaus, verschlossen die Tür, ver-
siegelten sie mit dem Ring des Königs und ent-
fernten sich. 15 In der Nacht kamen wie gewöhn-
lich die Priester mit ihren Frauen und Kindern; sie
aßen alles auf und tranken den Wein. 16 Früh am
Morgen aber ging der König mit Daniel zum Tem-
pel. 17 Der König fragte: Sind die Siegel unversehrt,
Daniel? Er antwortete: Sie sind unversehrt, mein
König. 18 Kaum war das Portal geöffnet, da blickte
der König auf den Opfertisch und rief laut: Groß
bist du, Bel! Bei dir gibt es nie einen Betrug.
19 Doch Daniel lachte; er hinderte den König, das
Innere zu betreten und sagte: Sieh dir doch den
Fußboden an und prüfe, von wem diese Fußspu-
ren sind. 20 Der König sagte: Ich sehe Fußspuren
von Männern, Frauen und Kindern. 21 Und er
wurde zornig und ließ die Priester mit ihren
Frauen und Kindern festnehmen. Sie mussten ihm
die geheime Tür zeigen, durch die sie hereinge-
kommen waren, um das, was auf dem Tisch stand,

zu verzehren. [22] Darauf ließ sie der König töten. Den Bel aber übergab er Daniel, der ihn und sein Heiligtum zerstörte.

1: 6,29 • 5: Gen 14,19 • 7: Jes 44,12; Bar 6,50 • 8: 2,5 • 16: 6,20 • 22: 6,25; Jer 51,44

Daniel und der Drache

[23] Es gab auch einen großen Drachen, den die Babylonier wie einen Gott verehrten. [24] Der König sagte zu Daniel: Von diesem Drachen kannst du nicht sagen, er sei kein lebendiger Gott. Bete ihn also an! [25] Daniel erwiderte: Nur den Herrn, meinen Gott, bete ich an; denn er ist wirklich ein lebendiger Gott. [26] Du aber, König, gib mir die Erlaubnis, den Drachen zu töten, ohne Schwert und Keule! Der König sagte: Ich gebe sie dir. [27] Da nahm Daniel Pech, Talg und Haare, schmolz alles zusammen, formte Kuchen daraus und warf sie dem Drachen ins Maul. Der Drache fraß sie und zerbarst. Da sagte Daniel: Seht, was ihr für Götter verehrt! [28] Als die Babylonier davon hörten, waren sie empört und taten sich gegen den König zusammen. Sie sagten: Der König ist Jude geworden. Den Bel hat er zertrümmert, den Drachen getötet und die Priester hingeschlachtet. [29] Sie gingen zum König und verlangten: Liefere uns Daniel aus! Sonst töten wir dich und deine Familie. [30] Da sich der König aufs Äußerste bedroht sah, lieferte er ihnen Daniel notgedrungen aus. [31] Sie aber warfen ihn in die Löwengrube. Dort blieb er sechs Tage lang. [32] In der Grube waren sieben Löwen; man gab ihnen täglich zwei Menschen und zwei Schafe zu fressen. Jetzt aber gab man ihnen nichts, damit sie Daniel fressen sollten.

[33] In Judäa lebte damals der Prophet Habakuk. Er hatte sich eine Mahlzeit gekocht und Brot in einen Napf gebrockt und ging gerade auf das Feld, um das Essen den Arbeitern zu bringen. [34] Da sagte der Engel des Herrn zu Habakuk: Bring das Essen, das du in der Hand hast, dem Daniel nach Babylon in die Löwengrube! [35] Habakuk antwortete: Herr, ich habe Babylon nie gesehen und die Grube kenne ich nicht. [36] Da fasste ihn der Engel des Herrn am Schopf, trug ihn an seinen Haaren fort und versetzte ihn mit der Gewalt seines Geistes nach Babylon an den Rand der Grube. [37] Habakuk rief: Daniel, Daniel, nimm das Essen, das Gott dir geschickt hat. [38] Da sagte Daniel: Gott, du hast also an mich gedacht; du lässt die nicht im Stich, die dich lieben. [39] Dann stand Daniel auf und aß. Den Habakuk aber versetzte der Engel Gottes sogleich an seinen früheren Ort zurück.

[40] Am siebten Tag kam der König, um Daniel zu betrauern. Er trat an die Grube und schaute hinein. Da sah er Daniel sitzen [41] und er rief laut: Groß bist du, Herr, du Gott Daniels. Außer dir gibt es keinen anderen Gott. [42] Dann ließ er Daniel herausziehen und statt seiner die Männer in die Grube werfen, die ihn hatten vernichten wollen. Und vor seinen Augen wurden sie sofort aufgefressen.

23: Weish 15,18f; Röm 1,23 • 31: 6,17 • 40: 6,21 • 42: 6,25.

EINFÜHRUNG IN DAS ZWÖLFPROPHETENBUCH

Bei der Sammlung und Sichtung der Prophetenschriften haben die jüdischen Autoritäten die kleineren Schriften auf eine einzige Buchrolle schreiben lassen und damit ein Prophetenbuch für die liturgische Vorlesung geschaffen, das dem Umfang nach etwa dem Buch eines der großen Propheten entspricht. Die Zahl Zwölf wird dabei kein Zufall sein. Jedenfalls sind unter den Texten auch solche, die nicht auf den jeweils genannten Autor zurückgehen (vgl. die Einleitung zu Sach). Gleichwohl haben auch diese »anonymen« Prophetentexte als Heilige Schrift zu gelten. Die Reihenfolge der einzelnen Bücher ist wohl hauptsächlich nach der in der Spätzeit herrschenden Auffassung über die geschichtliche Abfolge der »Zwölf« vorgenommen worden, ist aber in der griechischen Bibel eine etwas andere als im jüdischen Kanon. In Wirklichkeit trifft diese Datierungsfolge nur im Groben zu. Die Einzelschriften fügen sich in den Geschichtsbogen vom 8. bis zum 4. Jahrhundert v. Chr. ein. Darum sind ihre Themen außerordentlich vielfältig und nicht auf einen Nenner zu bringen. Die später üblich gewordene Benennung der Zwölf als »Kleine Propheten« darf nicht als Wertung aufgefasst werden; die Bezeichnung bezieht sich ausschließlich auf den Umfang der Bücher. Es finden sich unter ihnen bedeutende Gestalten (z. B. Hosea, Amos, Micha), deren Botschaft nicht weniger ins Gewicht fällt als die von Jesaja, Jeremia und Ezechiel.

DAS BUCH HOSEA

Die vierzehn Kapitel des nach Hosea benannten Buches gliedern sich deutlich in zwei Abschnitte: Kap. 1 – 3 und Kap. 4 – 14. Der erste Abschnitt kreist um das Thema der Ehe des Propheten und damit der »Ehe« Gottes mit seinem Volk; der zweite Abschnitt reiht die übrigen Verkündigungseinheiten, meist in relativ großen Reden und mit reichem Themenwechsel, ohne größere Systematik aneinander. Die Hauptmasse des Textes geht auf Hosea selbst oder seinen unmittelbaren Jüngerkreis zurück. Es gibt allerdings einige spätere Ergänzungen (z. B. 5,5; 6,11; 8,14; 12,1) aus dem Reich Juda. Ein weisheitlicher Zusatz ist in 14,10 greifbar. Wahrscheinlich ist auch 2,1–3 ein im Geist Hoseas eingefügter Einschub.

Aus der Überschrift (1,1) und dem Inhalt ergibt sich, dass Hosea als Angehöriger der Nordstämme, wahrscheinlich des Stammes Efraim, um 750 v. Chr. im Nordreich Israel seine Tätigkeit aufnahm und sie bis gegen Ende des Reichs (722 v. Chr.) weiterführte. Seine Epoche ist gekennzeichnet durch die politische und wirtschaftliche Blüte unter Jerobeam II. (etwa 782–747 v. Chr.), mit der jedoch zugleich eine fortschreitende Kanaanisierung der gesellschaftlichen Verhältnisse (vgl. Amos), aber auch der Offenbarungsreligion einherging. Dazu kam in den letzten Jahrzehnten eine politische Unbeständigkeit (Hinwendung bald zu Ägypten, bald zu Assur; vier Königsmorde innerhalb von fünfzehn Jahren), die Hosea ebenfalls als Abfall von Jahwe brandmarkte.

Hosea muss die Untreue gegenüber Jahwe nicht nur anklagen, sondern auch in einer symbolischen Handlung, nämlich in seiner Ehe, darstellen (vgl. Kap. 1 – 3) und zugleich mit Strafe bedrohen (vgl. die Namen der Kinder in Kap. 1). Doch wird diese Androhung durch die Verheißung der endzeitlichen -»Gottesehe« zwischen Jahwe und Israel (2,18–25) überboten. Hosea hat damit eine theologische Botschaft ersten Ranges geschaffen, die bei Jeremia, Ezechiel und Deuterojesaja ihr Echo findet und tief ins

Neue Testament hineinreicht (vgl. Mk 2,19f und die Paralleltexte; Joh 3,29; Offb 19,7; 21,9). Auch die Vaterschaft Gottes wird von Hosea eindrucksvoll verkündet (Kap. 11). Die von ihm geforderte wahre Gottesverehrung (»Liebe will ich, nicht Schlachtopfer« 6,6) wird von Jesus zweimal bestätigt (Mt 9,13; 12,7). Hosea ist der erste Prophet, der die Zuwendung Gottes zum Menschen mit dem Wort »lieben« kennzeichnet (3,1; 11,1; 14,5), was im Neuen Testament besonders die johanneischen Schriften aufgreifen und ausgestalten.

ÜBERSCHRIFT: 1,1

1 Das Wort des Herrn, das an Hosea, den Sohn
Beeris, in der Zeit erging, als Usija, Jotam,
Ahas und Hiskija Könige von Juda waren und als
Jerobeam, der Sohn des Joasch, König von Israel
war.

DIE EHE HOSEAS: 1,2 – 3,5

Die symbolische Botschaft Gottes

2 So begann der Herr durch Hosea zu reden: Der
Herr sagte zu Hosea: Geh, nimm dir eine Kultdirne
zur Frau und (zeuge) Dirnenkinder! Denn das
Land hat den Herrn verlassen und ist zur Dirne
geworden.
3 Da ging Hosea und nahm Gomer, die Tochter
Diblajims, zur Frau; sie wurde schwanger und
gebar ihm einen Sohn.
4 Der Herr sagte zu Hosea:
Gib ihm den Namen Jesreel! Denn es dauert nicht
mehr lange, dann werde ich das Haus Jehu für die
Blutschuld von Jesreel bestrafen und dem Königtum in Israel ein Ende machen.
5 An jenem Tag
werde ich den Bogen Israels in der Ebene Jesreel
zerbrechen.
6 Als Gomer wieder schwanger wurde und eine
Tochter gebar, sagte der Herr zu Hosea: Gib ihr den
Namen Lo-Ruhama (Kein Erbarmen)! Denn von
jetzt an habe ich kein Erbarmen mehr mit dem
Haus Israel, nein, ich entziehe es ihnen.
7 Mit dem
Haus Juda jedoch will ich Erbarmen haben und
ihnen Hilfe bringen; ich helfe ihnen als der Herr,
ihr Gott, aber nicht mit Bogen, Schwert und Krieg,
nicht mit Rossen und Reitern.
8 Als Gomer Lo-Ruhama entwöhnt hatte, wurde
sie wieder schwanger und gebar einen Sohn.
9 Da
sagte der Herr: Gib ihm den Namen Lo-Ammi
(Nicht mein Volk)! Denn ihr seid nicht mein
Volk und ich bin nicht der »Ich-bin-da« für
euch.

2: 4,12; 9,1 • 4: 2 Kön 9,24–27; 10,11; 17,3–6.20–23; Am 7,9.11 • 6: 2,1.3.6 • 7: 2 Kön 19,34; Ps 20,8; Spr 21,31; Jes 30,16; Mi 5,9 • 9: 2,25; Ex 3,14

Die kommende Rettung

2 Einst werden die Söhne Israels so zahlreich
sein / wie der Sand am Meer, / der nicht zu
messen und nicht zu zählen ist.
Und statt dass man zu ihnen sagt: / Ihr seid »nicht
mein Volk«,
wird man zu ihnen sagen: / Die Söhne des lebendigen Gottes (seid ihr).
2 Die Söhne Judas und die Söhne Israels werden
sich zusammenschließen; / sie werden sich ein gemeinsames Oberhaupt geben / und die Macht im
Land wiedergewinnen.
Wahrhaftig, ein großer Tag / wird der Tag von Jesreel sein.
3 Nennt eure Brüder: Ammi (Mein Volk), / und
eure Schwestern: Ruhama (Erbarmen).

1: Gen 22,17; 32,13; Joh 1,12; Röm 9,26 • 2: Jes 11,12f; 49,22f; 50,4; Ez 37,16–24; Sach 10,6; Jer 3,18 • 3: 1,6.9

Der Prozess gegen das treulose Israel
4 Verklagt eure Mutter, verklagt sie! / Denn sie ist
nicht meine Frau / und ich bin nicht ihr Mann.
Sie soll von ihrem Gesicht das Dirnenzeichen entfernen / und von ihren Brüsten die Male des Ehebruchs.
5 Sonst ziehe ich sie nackt aus / und stelle sie hin
wie am Tag ihrer Geburt;
ich mache sie der Wüste gleich, / wie verdorrtes Land mache ich sie / und lasse sie verdursten.
6 Auch mit ihren Kindern habe ich kein Erbarmen; / denn es sind Dirnenkinder.
7 Ja, ihre Mutter war eine Dirne, / die Frau, die sie
gebar, trieb schändliche Dinge.
Sie sagte: Ich will meinen Liebhabern folgen; / sie geben mir Brot und Wasser, / Wolle und Leinen, Öl und Getränke.
8 Darum versperre ich ihr den Weg / mit Dornen-
gestrüpp
und verbaue ihn mit einer Mauer, / sodass sie ihren Pfad nicht mehr findet.
9 Dann rennt sie ihren Liebhabern nach, holt sie
aber nicht ein. / Sie sucht nach ihnen, findet sie
aber nicht.
Dann wird sie sagen: Ich kehre um / und gehe wieder zu meinem ersten Mann; / denn damals ging es mir besser als jetzt.
10 Aber sie hat nicht erkannt, dass ich es war, / der
ihr das Korn und den Wein und das Öl gab,
der sie mit Silber überhäufte / und mit Gold, aus dem man dann Baalsbilder machte.
11 Darum hole ich mir mein Korn zurück, / wenn
es Zeit dafür ist, / und auch meinen Wein, wenn es
Zeit ist;
ich nehme ihr meine Wolle und mein Leinen, / die ihre Blöße verhüllen sollten.
12 Dann entblöße ich ihre Scham / vor den Augen
ihrer Liebhaber. / Niemand kann sie meiner Ge-
walt entreißen.
13 Ich mache all ihren Freuden ein Ende, / ihren
Feiern und Neumondfesten, / ihren Sabbaten und
den anderen festlichen Tagen.
14 Ich verwüste ihre Reben und Feigenbäume, / von
denen sie sagte: Das ist mein Lohn, / den mir mei-
ne Liebhaber gaben.
Ich mache ihre Weingärten zur Wildnis; / die wilden Tiere fressen sie kahl.
15 Ich bestrafe sie für all die Feste, / an denen sie
den Baalen Rauchopfer dargebracht hat;
sie hat ihre Ringe und ihren Schmuck angelegt / und ist ihren Liebhabern gefolgt, / mich aber hat sie vergessen – Spruch des Herrn.
16 Darum will ich selbst sie verlocken. / Ich will
sie in die Wüste hinausführen / und sie umwer-
ben.
17 Dann gebe ich ihr dort ihre Weinberge wieder /
und das Achor-Tal mache ich für sie zum Tor der
Hoffnung.
Sie wird mir dorthin bereitwillig folgen / wie in den Tagen ihrer Jugend, / wie damals, als sie aus Ägypten heraufzog.

5: Jer 6,8; 9,11; Ez 16,22 • 6: 1,6 • 7: 1,2; Jer 2,25; 3,13 • 12: Ez 16,37; Joh 10,29 • 13: Jes 1,13f; Am 5,21–23; 8,10 • 14: Mi 1,7; Ps 80,13f; Jes 5,5f • 15: 11,2; Ez 23,40–42 • 17: Jes 65,10; Jer 2,2; Ez 16,43.60

Der neue Bund
18 An jenem Tag – Spruch des Herrn – / wirst du zu
mir sagen: Mein Mann!, / und nicht mehr: Mein
Baal!
19 Ich lasse die Namen der Baale aus ihrem Mund
verschwinden, / sodass niemand mehr ihre Namen
anruft.
20 Ich schließe für Israel an jenem Tag einen Bund /
mit den Tieren des Feldes
und den Vögeln des Himmels / und mit allem, was auf dem Erdboden kriecht.
Ich zerbreche Bogen und Schwert, / es gibt keinen Krieg mehr im Land, / ich lasse sie Ruhe und Sicherheit finden.
21 Ich traue dich mir an auf ewig; / ich traue dich
mir an
um den Brautpreis von Gerechtigkeit und Recht, / von Liebe und Erbarmen,
22 ich traue dich mir an / um den Brautpreis mei-
ner Treue: / Dann wirst du den Herrn erkennen.
23 An jenem Tag – Spruch des Herrn – / will ich er-
hören:
Ich will den Himmel erhören / und der Himmel wird die Erde erhören
24 und die Erde erhört das Korn, / den Wein und
das Öl / und diese erhören Jesreel.
25 Ich säe sie aus in meinem Land. / Ich habe Erbar-
men mit Lo-Ruhama (Kein Erbarmen)
und zu Lo-Ammi (Nicht mein Volk) sage ich: / Du

bist mein Volk!, / und er wird sagen: (Du bist) mein Gott!

18: Jes 54,5 • 19: Sach 13,2 • 20: Jes 11,6–8; Ez 34,25; Jes 2,4 • 22: Jer 31,34 • 25: 1,6.9; Röm 9,25; 1 Petr 2,10

Die Wiederannahme der treulosen Frau

3 Der Herr sagte zu mir: / Geh noch einmal hin und liebe die Frau, / die einen Liebhaber hat und Ehebruch treibt.
(Liebe sie) so, / wie der Herr die Söhne Israels liebt, obwohl sie sich anderen Göttern zuwenden / und Opferkuchen aus Rosinen lieben.
2 Da kaufte ich sie für fünfzehn Silberstücke / und anderthalb Hómer Gerste.
3 Ich sagte zu ihr: / Du bleibst jetzt viele Tage bei mir,
ohne als Dirne einem Mann zu gehören. / Und so mache auch ich es mit dir.
4 Denn viele Tage bleiben Israels Söhne / ohne König und Fürst,
ohne Opfer und Steinmal, / ohne Efod und ohne Terafim.
5 Danach werden die Söhne Israels umkehren / und den Herrn, ihren Gott, suchen / und ihren König David.
Zitternd werden sie zum Herrn kommen / und seine Güte suchen am Ende der Tage.

5: Jer 30,9; Ez 34,24

SCHULD UND RETTUNG: 4,1 – 14,9

Das Gericht über die Priester

4 Hört das Wort des Herrn, ihr Söhne Israels! / Denn der Herr erhebt Klage / gegen die Bewohner des Landes:
Es gibt keine Treue und keine Liebe / und keine Gotteserkenntnis im Land.
2 Nein, Fluch und Betrug, / Mord, Diebstahl und Ehebruch machen sich breit, / Bluttat reiht sich an Bluttat.
3 Darum soll das Land verdorren, / jeder, der darin wohnt, soll verwelken,
samt den Tieren des Feldes / und den Vögeln des Himmels; / auch die Fische im Meer sollen zugrunde gehen.
4 Doch nicht irgendeiner wird verklagt, / nicht irgendwer wird gerügt, / sondern dich, Priester, klage ich an.
5 Am helllichten Tag kommst du zu Fall / und ebenso wie du stürzt in der Nacht der Prophet. / Auch deine Mutter lasse ich umkommen.
6 Mein Volk kommt um, weil ihm die Erkenntnis fehlt. / Weil du die Erkenntnis verworfen hast, / darum verwerfe auch ich dich als meinen Priester.
Du hast die Weisung deines Gottes vergessen; / deshalb vergesse auch ich deine Söhne.
7 Je mehr sie wurden, / umso mehr sündigten sie gegen mich. / Ihre Ehre tauschen sie ein gegen Schande.
8 Sie nähren sich von der Sünde meines Volkes / und sind gierig nach seinen ruchlosen Opfern.
9 Darum wird es dem Priester ergehen wie dem Volk:
Ich bestrafe ihn für sein Verhalten, / seine Taten vergelte ich ihm.
10 Sie werden zwar essen, doch sie werden nicht satt, / sie treiben Unzucht, aber sie vermehren sich nicht.
Ja, sie haben den Herrn verlassen / und sich an Unzucht gehalten.

1: Jes 3,13–15; Mi 6,2 • 2: Jer 7,9 • 3: Jer 4,28; Zef 1,3 • 4: Jer 5,4f • 6: Mal 2,8 • 7: Jer 2,11 • 10: Mi 6,14

Die Sünde Israels

11 Der Opferwein raubt meinem Volk den Verstand:
12 Es befragt sein Götzenbild aus Holz, / von seinem Stock erwartet es Auskunft.
Ja, der Geist der Unzucht führt es irre. / Es hat seinen Gott verlassen / und ist zur Dirne geworden.
13 Sie feiern Schlachtopfer auf den Höhen der Berge, / auf den Hügeln bringen sie Rauchopfer dar,
unter Eichen, Storaxbäumen und Terebinthen, / deren Schatten so angenehm ist.
So werden eure Töchter zu Dirnen / und eure Schwiegertöchter brechen die Ehe.

[14] Aber ich strafe nicht eure Töchter dafür, / dass
sie zu Dirnen werden,
und nicht eure Schwiegertöchter dafür, / dass sie
die Ehe brechen;
denn sie (die Priester) selbst / gehen mit den Dir-
nen beiseite,
mit den Weihedirnen feiern sie Schlachtopfer. / So
kommt das unwissende Volk zu Fall.
[15] Auch wenn du, Israel, zur Dirne wirst, / so soll
sich doch Juda nicht schuldig machen.
Kommt nicht nach Gilgal, / zieht nicht nach Bet-
Awen hinauf! / Schwört nicht: So wahr der Herr lebt!
[16] Ja, Israel ist störrisch wie eine störrische Kuh. /
Und da sollte der Herr sie auf die Weide führen /
wie die Lämmer auf der weiten Flur?
[17] Efraim ist im Bund mit den Götzen, / [18] es sitzt
da, ein Haufen von Zechern;
sie treiben es mit den Dirnen, / sie lieben ihre
schändliche Schamlosigkeit.
[19] Doch ein Sturm rafft sie mit seinen Flügeln da-
hin, / sie gehen mit Schande zugrunde wegen ihrer
Altäre.

12: Jer 2,27; Hos 1,2 • 13: Dtn 12,2 • 14: Dtn 23,18f • 15: 12,12; Am 4,4; 8,14 • 16: Jer 31,18 • 17: 6,4–6 • 18: Am 2,8; 4,1 • 19: Jer 4,11–13

Die Abrechnung mit den Führern und dem Volk

5 Hört her, ihr Priester! / Gebt Acht, ihr vom
Haus Israel!
Horcht auf, ihr aus dem Königshaus! / Denn ihr
seid die Hüter des Rechts.
Doch ihr wurdet (für das Volk) zu einer Falle in
Mizpa, / zu einem Netz, das auf dem Tabor ausge-
spannt ist,
[2] zu einer tiefen Grube in Schittim. / Ich aber werde
euch alle bestrafen.
[3] Ich kenne Efraim gut, / Israel kann sich vor mir
nicht verstecken:
Efraim hat es mit den Dirnen getrieben, / Israel hat
sich befleckt.
[4] Ihre Taten verhindern, / dass sie umkehren zu
ihrem Gott.
Denn der Geist der Unzucht steckt in ihnen, /
sodass sie den Herrn nicht erkennen.
[5] Sein eigener Hochmut klagt Israel an, / Efraim
kommt zu Fall durch seine eigene Schuld; / zusam-
men mit ihm stürzt auch Juda zu Boden.
[6] Sie werden ausziehen mit ihren Schafen und
Rindern, / um den Herrn zu suchen,
doch sie werden ihn nicht finden; / er zieht sich vor
ihnen zurück.
[7] Sie haben dem Herrn die Treue gebrochen, / sie
haben Bastarde geboren.
Nun frisst ein glühender Wind ihren ererbten
Besitz.

Die Schuld der Bruderstämme

[8] Blast in Gibea das Widderhorn, / in Rama die
Trompete!
Schlagt Lärm in Bet-Awen, / schreckt Benjamin
auf!
[9] Efraim wird zu einer schauerlichen Wüste, /
wenn der Tag der Züchtigung kommt.
Ich mache bei Israels Stämmen bekannt, / was fest
beschlossen ist.
[10] Die Führer Judas handeln wie Menschen, die
Grenzsteine versetzen. / Ich gieße meinen Groll
wie Wasser über sie aus.
[11] Efraim wird unterdrückt, / das Recht wird zer-
treten.
Denn sie waren darauf aus, / dem »Unflat« zu fol-
gen.
[12] Ich aber bin wie Eiter für Efraim, / wie Fäulnis
für das Haus Juda.
[13] Als Efraim seine Krankheit sah / und Juda sein
Geschwür,
da ging Efraim nach Assur / und (Juda) schickte
zum Großkönig.
Aber der kann euch nicht heilen, / er befreit euch
nicht von eurem Geschwür.
[14] Denn ich bin für Efraim wie ein Löwe, / wie ein
junger Löwe für das Haus Juda.
Ich, ja ich, reiße (die Beute), / dann gehe ich davon;
ich schleppe sie weg / und keiner kann sie mir ent-
reißen.
[15] Ich gehe weg, ich kehre an meinen Ort zurück, /
(und warte,) bis sie mich schuldbewusst suchen,
bis sie in ihrer Not / wieder Ausschau halten nach
mir.

8: Jer 4,5; Joël 2,1 • 10: Dtn 19,14; 27,17 • 12: Hab 3,16 • 13: 7,11; 8,9 • 14: Jes 5,29 • 15: Dtn 4,29; Jer 29,13; Am 5,4

**Das Bußgebet des Volkes
und die Antwort Gottes**

6 Kommt, wir kehren zum Herrn zurück! /
Denn er hat (Wunden) gerissen, er wird uns
auch heilen; / er hat verwundet, er wird auch ver-
binden.
2 Nach zwei Tagen gibt er uns das Leben zurück, /
am dritten Tag richtet er uns wieder auf / und wir
leben vor seinem Angesicht.
3 Lasst uns streben nach Erkenntnis, / nach der
Erkenntnis des Herrn.
Er kommt so sicher wie das Morgenrot; / er
kommt zu uns wie der Regen, / wie der Früh-
jahrsregen, der die Erde tränkt.
4 Was soll ich tun mit dir, Efraim? / Was soll ich tun
mit dir, Juda?
Eure Liebe ist wie eine Wolke am Morgen / und
wie der Tau, der bald vergeht.
5 Darum schlage ich drein durch die Propheten, /
ich töte sie durch die Worte meines Mundes. /
Dann leuchtet mein Recht auf wie das Licht.
6 Liebe will ich, nicht Schlachtopfer, / Gotteser-
kenntnis statt Brandopfer.

3: Dtn 11,14; Ps 72,6 • 4: 13,3 • 5: Jer 1,10 • 6: 4,1–3; Am 5,21; Mi 6,8; Mt 9,13; 12,7

Das treulose Gottesvolk

7 Sie haben bei Adam den Bund übertreten; / dort
haben sie mir die Treue gebrochen.
8 Gilead ist eine Stadt voller Übeltäter, / mit Blut
befleckt.
9 Die Rotte der Priester liegt auf der Lauer / wie
eine Bande von Räubern,
sie morden auf dem Weg, der nach Sichem führt, /
ja, sie treiben schändliche Dinge.
10 In Bet-El habe ich grässliche Dinge gesehen; /
dort treibt es Efraim mit den Dirnen, / dort be-
fleckt sich Israel.
11 Auch dir, Juda, steht die Ernte bevor. / Wenn ich
das Geschick meines Volkes wende,
7 wenn ich Israel heile, / dann wird die Schuld
Efraims sichtbar / und die Bosheit Samarias.
Denn was sie tun, ist Betrug: / Der Dieb bricht in
die Häuser ein, / auf der Straße plündern die Ban-
den.
2 Sie bedenken nicht, / dass ich all ihr böses Tun im
Gedächtnis behalte.
Jetzt werden sie umringt von ihren Taten, / die mir
vor Augen stehen.

6,8: 12,12 • 10: 5,3 • 7,2: Ps 90,8

Die Königsmacher und Königsmörder

3 In ihrer Schlechtigkeit erheitern sie den König, /
in ihrer Falschheit seine Fürsten.
4 Sie alle sind Ehebrecher. / Sie sind wie ein ange-
heizter Backofen,
dessen Feuer der Bäcker nicht mehr schürt, / wenn
er den Teig knetet und ihn aufgehen lässt.
5 Am »Tag unseres Königs« / machen sie die Fürs-
ten schwach
mit der Glut des Weins, / dessen Kraft die Wort-
führer umwirft.
6 Ja, hinterhältig nähern sie sich, / mit einem Her-
zen, das wie ein Backofen glüht:
Die ganze Nacht über schläft ihr Zorn, / am Mor-
gen aber entbrennt er wie ein loderndes Feuer.
7 Sie alle glühen wie ein Backofen; / sie fressen ihre
Regenten.
Alle ihre Könige stürzen; / doch zu mir ruft keiner
von ihnen.

Die verfehlte Politik

8 Efraim lässt sich unter die Völker verrühren, /
Efraim ist ein Brot, das man beim Backen nicht
wendet.
9 Fremde zehren an seiner Kraft, / ohne dass er es
merkt.
Auch werden seine Haare grau, / ohne dass er es
merkt.
10 Sein eigener Hochmut klagt Israel an; / doch es
kehrt nicht um zum Herrn, seinem Gott, / und
sucht ihn trotz alldem nicht.
11 Efraim ist wie eine Taube, / leicht zu betören,
ohne Verstand.
Sie rufen Ägypten zu Hilfe / und laufen nach As-
sur.
12 Während sie laufen, werfe ich mein Netz über
sie, / ich hole sie herunter wie die Vögel des Him-
mels; / sobald ihr Schwarm sich hören lässt, fange
ich sie.
13 Weh ihnen, weil sie mir weggelaufen sind. / Ver-
derben über sie, weil sie mir abtrünnig wurden.
Und da sollte ich sie loskaufen, / ich, über den sie
nur Lügen verbreiten?

14 Wenn sie zu mir schreien, / kommt es nicht aus
dem Herzen; / sie liegen nur da und heulen.
Sie ritzen sich wund, um Korn und Wein zu erfle-
hen; / sie widersetzen sich mir.
15 Ich bin es, der ihre Arme geübt und gestärkt hat, /
aber gegen mich planen sie Böses.
16 Sie wenden sich dem »Nichtsnutz« zu, / sie sind
wie ein Bogen, der versagt.
Ihre Fürsten kommen um durch das Schwert /
wegen ihrer frechen Zunge. / Deshalb wird man in
Ägypten über sie spotten.

10: 5,5 • 12: Ez 17,20 • 16: Ps 78,57

Die Tage der Abrechnung

8 Stoß ins Horn! / Denn wie ein Geier kommt
das Unheil / über das Haus des Herrn,
weil sie meinen Bund nicht halten / und mein
Gesetz missachten.
2 Sie schreien zwar zu mir: Mein Gott! / Wir, Israel,
kennen dich doch.
3 Aber Israel hat das Gute verworfen. / Darum soll
der Feind es verfolgen.
4 Sie setzen Könige ein, aber gegen meinen Wil-
len; / sie wählen Fürsten, doch ich erkenne sie
nicht an.
Sie machen sich Götzen aus ihrem Silber und
Gold – / wohl damit es vernichtet wird.
5 Samaria, dein Kalb ist verworfen. / Mein Zorn ist
entbrannt gegen sie; / wie lange noch sind sie
unfähig, sich zu läutern?
6 Denn wer sind Israel und das Kalb? / Ein Hand-
werker hat das Kalb gemacht / und es ist kein Gott.
Ja, zersplittert soll es am Boden liegen, / das Kalb
von Samaria.
7 Denn sie säen Wind / und sie ernten Sturm.
Halme ohne Ähren bringen kein Mehl. / Und
wenn sie es bringen, / verschlingen es Fremde.
8 Israel ist schon verschlungen. / Jetzt gilt es im
Kreis der Völker / als wertloses Zeug.
9 Denn Israel ist nach Assur gelaufen. / Ein Wild-
esel bleibt für sich allein; / Efraim aber macht Lie-
besgeschenke.
10 Auch wenn sie sich unter den Völkern preisge-
ben, / treibe ich sie jetzt zusammen;
schon bald sollen sie sich krümmen / unter der
Last des Königs der Fürsten.
11 Efraim hat viele Altäre gebaut, / um sich zu ent-
sündigen, / doch die Altäre sind ihm zur Sünde
geworden.
12 Ich kann ihnen noch so viele Gesetze aufschrei-
ben, / sie gelten ihnen so wenig wie die eines Frem-
den.
13 Schlachtopfer lieben sie, / sie opfern Fleisch und
essen davon; / der Herr aber hat kein Gefallen an
ihnen.
Jetzt denkt er an ihre Schuld / und straft sie für ihre
Sünden: / Sie müssen zurück nach Ägypten.
14 Israel hat seinen Schöpfer vergessen / und große
Paläste gebaut, / Juda hat viele Festungen errich-
tet.
Doch ich sende Feuer in seine Städte; / es soll seine
Paläste verzehren.

9 Israel, freue dich nicht, / jauchze nicht wie
die Völker!
Denn eine Dirne bist du, / du hast deinen Gott ver-
lassen; / auf allen Dreschtennen liebst du Dirnen-
lohn.
2 Tenne und Kelter werden ihnen die Freundschaft
entziehen / und der Wein wird sie verleugnen.
3 Im Land des Herrn dürfen sie nicht mehr woh-
nen; / Efraim muss zurück nach Ägypten / und in
Assur müssen sie unreine Speisen essen.
4 Sie können dem Herrn kein Weinopfer mehr
spenden, / ihre Schlachtopfer werden von ihm
nicht angenommen.
Ihr Brot wird Trauerbrot sein, / alle, die davon
essen, werden unrein.
Ja, ihr Brot reicht nur für den eigenen Hunger, /
nichts davon kommt in das Haus des Herrn.
5 Was wollt ihr dann tun für den Feiertag, / für den
Festtag des Herrn?
6 Ja, sie müssen fort, denn ihr Land ist verwüstet; /
Ägypten sammelt sie ein, / Memfis begräbt sie.
So kostbar ihr Silber auch ist, / das Unkraut wird
es von ihnen erben, / in ihren Zelten wachsen die
Dornen.

8,1: 5,8 • 4: 2,10 • 5: 1 Kön 12,28–30 • 6: Jes 40,18–20 • 7: Spr 22,8 •
9: 5,13; 7,11 • 13: 6,6; Am 5,22 • 14: Dtn 32,15.18; Am 2,5 •
9,3: Ez 4,13 • 4: Dtn 26,14 • 6: Jes 34,13

Die Verfolgung des Propheten

7 Die Tage der Abrechnung sind gekommen, / ge-
kommen sind die Tage der Vergeltung; / Israel wird
es erleben.

Der Prophet ist ein Narr, / der Geistesmann ist verrückt.
So große Anfeindung zeigt, / wie groß deine Schuld ist.
8 Efraim, das Volk meines Gottes, / lauert dem Propheten auf:
Fangnetze bedrohen ihn auf all seinen Wegen; / auf Feindschaft stößt er sogar im Haus seines Gottes.
9 Sie haben ihm eine tiefe Grube gegraben / wie in den Tagen von Gibea.
Doch der Herr denkt an ihre Schuld, / er wird sie strafen für ihre Sünden.

7: Am 3,2 • 9: 10,9

Die Verwerfung Efraims

10 Wie man Trauben findet in der Wüste, / so fand ich Israel;
wie die erste Frucht am jungen Feigenbaum, / so sah ich eure Väter.
Sie aber kamen nach Baal-Pegor / und weihten sich dem schändlichen Gott; / sie wurden so abscheulich wie der, den sie liebten.
11 Efraim – wie ein Vogelschwarm / fliegt seine Macht davon:
keine Geburt mehr, / keine Schwangerschaft, keine Empfängnis.
12 Selbst wenn sie ihre Kinder großziehen, / mache ich sie kinderlos und verlassen.
Ja, weh auch ihnen selbst, / wenn ich mich abwende von ihnen.
13 Ich sehe, wie Efraim seine Kinder zur Beute der Jäger macht, / wie Efraim seine Söhne dem Schlächter zuführt.
14 Gib ihnen, Herr, was du ihnen geben willst: / Gib den Müttern einen unfruchtbaren Schoß und vertrocknete Brüste!
15 Ihre ganze Bosheit hat sich in Gilgal enthüllt, / dort habe ich sie hassen gelernt.
Ihrer bösen Taten wegen / vertreibe ich sie aus meinem Haus.
Nie mehr werde ich sie lieben. / Aufrührer sind alle ihre Führer.
16 Efraim ist zerschlagen, seine Wurzeln sind verdorrt, / sie bringen keine Frucht mehr hervor.
Auch wenn sie gebären, / töte ich die geliebte Frucht ihres Schoßes.
17 Mein Gott wird sie verstoßen, / weil sie nicht auf ihn hörten; / unstet müssen sie umherirren unter den Völkern.

10: Dtn 32,10 • 12: Dtn 28,18; 32,25 • 15: 4,15; 12,12; Jes 1,23 • 17: Dtn 28,6f; Gen 4,14

Der Untergang von Kult und Königtum

10 Israel war ein üppiger Weinstock, / der seine Frucht brachte.
Je fruchtbarer er war, / desto mehr opferte man auf den Altären.
Je schöner sein Land wurde, / umso schöner schmückten sie die Steinmale.
2 Ihr Herz ist geteilt, / jetzt müssen sie büßen.
Der Herr selbst zerschlägt ihre Altäre / und zerstört ihre Steinmale.
3 Dann werden sie sagen: / Wir haben keinen König mehr;
denn wir haben den Herrn nicht gefürchtet. / Aber auch ein König – was könnte er für uns tun?
4 Sprüche machen, Meineide schwören, / Bündnisse schließen;
und die Rechtsprechung wuchert / wie in den Ackerfurchen das giftige Unkraut.
5 Um das Kalb von Bet-Awen / müssen die Einwohner von Samaria zittern. / Sein Volk wird darum trauern.
Mögen auch seine Priester jubeln über seine Pracht, / wahrhaftig, sie wird ihm genommen.
6 Das Kalb selbst wird nach Assur geschafft / als Geschenk für den Großkönig.
Efraim erntet Schmach, / Israel geht an seinen eigenen Beschlüssen zugrunde.
7 Samaria wird vernichtet, / sein König gleicht einem abgebrochenen Zweig auf dem Wasser.
8 Verwüstet werden die unheilvollen Kulthöhen, / diese Sünde Israels.
Dornen und Disteln überwuchern ihre Altäre. / Dann wird man zu den Bergen sagen: Deckt uns zu!, / und zu den Hügeln: Fallt auf uns!
9 Seit den Tagen von Gibea dauert Israels Sünde, / sie sind seither nicht anders geworden.
Wird nicht wie in Gibea / der Krieg über sie kommen wegen ihrer Verbrechen?
10 Ich komme, um sie zu züchtigen. / Ich werde Völker versammeln gegen sie, / sie gefangen nehmen wegen ihrer doppelten Schuld.

11 Efraim war ein gelehriges Rind, / willig zum Dre-
schen.
Als ich vorbeiging und seinen kräftigen Nacken
sah, / spannte ich Efraim ein, um zu pflügen; / Ja-
kob sollte mir eggen:
12 Sät als eure Saat Gerechtigkeit aus, / so werdet
ihr ernten, / wie es der (göttlichen) Liebe ent-
spricht.
Nehmt Neuland unter den Pflug! / Es ist Zeit, den
Herrn zu suchen;
dann wird er kommen / und euch mit Heil über-
schütten.
13 Ihr aber habt Schlechtigkeit eingepflügt; / darum
habt ihr Verbrechen geerntet / und die Frucht der
Lüge gegessen.
Du hast auf deine Macht vertraut / und auf die
Menge deiner Krieger;
14 darum erhebt sich Kriegslärm gegen dein Volk /
und alle deine Festungen werden zerstört,
wie Schalman im Krieg Bet-Arbeel zerstörte, am
Tag der Schlacht, / an dem man die Mutter nie-
derstreckte / über ihren Kindern.
15 Das bringt euch Bet-El ein / wegen eurer gren-
zenlosen Bosheit.
Beim Morgengrauen / wird der König von Israel
völlig vernichtet.

1: Jes 5,1; Jer 2,21; Ez 19,10 • 3: 3,4 • 4: Am 6,12 • 5: 4,15; 8,5 • 8: 4,13; 9,6; Jes 2,10; Lk 23,30; Offb 6,16 • 9: 9,9 • 11: 4,16 • 12: Mi 6,8; Jer 4,3

Gottes große Liebe

11 Als Israel jung war, gewann ich ihn lieb, / ich
rief meinen Sohn aus Ägypten.
2 Je mehr ich sie rief, / desto mehr liefen sie von mir
weg.
Sie opferten den Baalen / und brachten den Göt-
terbildern Rauchopfer dar.
3 Ich war es, der Efraim gehen lehrte, / ich nahm
ihn auf meine Arme.
Sie aber haben nicht erkannt, / dass ich sie heilen
wollte.
4 Mit menschlichen Fesseln zog ich sie an mich, /
mit den Ketten der Liebe.
Ich war da für sie wie die (Eltern), / die den Säug-
ling an ihre Wangen heben. / Ich neigte mich ihm
zu und gab ihm zu essen.
5 Doch er muss wieder zurück nach Ägypten, /
Assur wird sein König sein; / denn sie haben sich
geweigert umzukehren.
6 Das Schwert wird in seinen Städten wüten; / es
wird seinen Schwätzern den Garaus machen / und
sie wegen ihrer Pläne vernichten.
7 Mein Volk verharrt in der Treulosigkeit; / sie
rufen zu Baal, / doch er hilft ihnen nicht auf.
8 Wie könnte ich dich preisgeben, Efraim, / wie
dich aufgeben, Israel?
Wie könnte ich dich preisgeben wie Adma, / dich
behandeln wie Zebojim?
Mein Herz wendet sich gegen mich, / mein Mitleid
lodert auf.
9 Ich will meinen glühenden Zorn nicht voll-
strecken / und Efraim nicht noch einmal vernich-
ten.
Denn ich bin Gott, nicht ein Mensch, / der Heilige
in deiner Mitte. / Darum komme ich nicht in der
Hitze des Zorns.
10 Sie werden hinter Jahwe herziehen. / Er brüllt
wie ein Löwe, ja, er brüllt,
dass die Söhne vom Westmeer / zitternd herbei-
kommen.
11 Wie Vögel kommen sie zitternd herbei aus
Ägypten, / wie Tauben aus dem Land Assur.
Ich lasse sie heimkehren in ihre Häuser – / Spruch
des Herrn.

1: Ex 4,22; Dtn 7,8 • 2: Jer 9,13f • 3: Dtn 1,31 • 5: 8,13; 9,3 • 8: Jes 54,8; Jer 31,20 • 9: Ez 18,23.32; Joël 2,27 • 10: Jes 31,4

Das unzuverlässige Volk

12 Mit Lügen umzingelt mich Efraim, / mit
Betrug das Haus Israel.
[Aber Juda hält auch in der Fremde zu Gott / und
bleibt dem Hochheiligen treu.]
2 Efraim weidet den Wind, / immer läuft es dem
Ostwind nach.
Es häuft Lüge auf Lüge, Gewalt auf Gewalt. / Es
schließt mit Assur ein Bündnis / und liefert Öl
nach Ägypten.
3 Darum geht der Herr mit Israel ins Gericht, / er
straft Jakob für sein Verhalten / und zahlt ihm
heim, wie es seine Taten verdienen.
4 Schon im Mutterleib hinterging er seinen Bru-
der, / und als er ein Mann war, rang er mit Gott.
5 [Er wurde Herr über den Engel und siegte.] / Wei-
nend flehte er ihn um Gnade an.

Er fand ihn in Bet-El / und dort sprach er mit
ihm.
6 Der Herr, der Gott der Heere, / dessen Name Jahwe ist, (sagte:)
7 Du wirst mit Hilfe deines Gottes heimkehren; /
bewahre die Liebe und das Recht / und hoffe immer auf deinen Gott!
8 Doch dieser Händler hat eine falsche Waage in
der Hand, / er liebt den Betrug.
9 Efraim sagt: Ich bin reich geworden / und habe
mir ein Vermögen erworben.
Nichts, was ich erwarb, / gilt mir als Unrecht und
Sünde.
10 Aber ich, der Herr, / dein Gott, seit der Zeit in
Ägypten,
ich lasse dich wieder in Zelten wohnen / wie in den
Tagen der (ersten) Begegnung.
11 Ich rede zu den Propheten, / ich lasse sie viele
Visionen sehen / und durch die Propheten sende
ich Vernichtung.
12 Schon in Gilead beging man Verbrechen / und
auch jetzt handeln sie völlig verkehrt.
Sie opfern in Gilgal den Stieren; / darum werden
auch ihre Altäre den Steinhaufen gleichen, / die
man neben den Äckern aufhäuft.
13 Jakob floh in die Gegend von Aram; / wegen
eines Weibes wurde Israel zum Knecht, / wegen
eines Weibes hütete er Schafe.
14 Aber durch einen Propheten führte der Herr
Israel aus Ägypten heraus / und durch einen Propheten wurde es behütet.
15 Efraim hat Gott bitter gekränkt, / darum wird
sein Herr ihn die Blutschuld büßen lassen / und
ihm die Beschimpfung heimzahlen.

2: 7,11; Jes 31,1f • 3: 4,1 • 4: Gen 25,26; 32,25–30 • 5: Gen 28,10–19 • 8: Am 8,5; Mi 6,11 • 9: Lk 12,19; Offb 3,17 • 10: 13,4; Ex 20,2 • 11: 6,5 • 12: 6,8; 4,15; 9,15 • 13: Gen 29 • 14: Ex 3,7–10

Die letzte Abrechnung

13 Wenn Efraim redete, zitterten alle. / Er war
in Israel mächtig.
Dann aber machte er sich schuldig durch Baal /
und er verfiel dem Tod.
2 Nun sündigen sie weiter / und machen sich aus
ihrem Silber gegossene Bilder,
kunstfertig stellen sie Götzen her – / alles nur ein
Machwerk von Schmieden.
Ihnen, so sagen sie, müsst ihr opfern. / Menschen
küssen Kälber.
3 Darum sollen sie werden wie die Wolken am
Morgen / und wie der Tau, der bald vergeht,
wie die Spreu, die aus der Tenne stiebt, / und wie
Rauch, der aus der Luke zieht.
4 Ich aber, ich bin der Herr, dein Gott, / seit der Zeit
in Ägypten;
du sollst keinen anderen Gott kennen als mich. /
Es gibt keinen Retter außer mir.
5 Ich habe dich in der Wüste auf die Weide geführt, / im Land der glühenden Hitze.
6 Als sie ihre Weide hatten, wurden sie satt. / Als sie
satt waren, wurde ihr Herz überheblich, / darum
vergaßen sie mich.
7 Deshalb wurde ich für sie zu einem Löwen, / wie
ein Panther lauere ich am Weg.
8 Ich falle sie an wie eine Bärin, / der man die Jungen geraubt hat, / und zerreiße ihnen die Brust
und das Herz.
Die Hunde fressen sie dann / und die wilden Tiere
zerfleischen sie.
9 Ich vernichte dich, Israel. / Wer kommt dir zu
Hilfe?
10 Wo ist denn dein König, der dich retten könnte, /
dich und all deine Städte?
Wo sind deine Regenten, von denen du sagtest: /
Gib mir einen König und Fürsten!
11 In meinem Zorn gab ich dir einen König, / in
meinem Groll nahm ich ihn weg.
12 Efraims Schuld wird gebündelt verwahrt, / seine
Sünden werden gespeichert.
13 Es kommen die Wehen für seine Geburt; / aber
er ist ein törichtes Kind;
denn wenn die Zeit da ist, / kommt er nicht heraus aus dem Mutterschoß.
14 Aus der Gewalt der Unterwelt / sollte ich sie
befreien?
Vom Tod sollte ich sie erlösen? / Tod, wo sind deine
Seuchen?
Unterwelt, wo ist dein Stachel? / Meine Augen
kennen kein Mitleid.
15 Auch wenn Efraim im Kreis seiner Brüder
prächtig gedeiht, / es kommt ein Ostwind, ein
Sturm des Herrn;
er steigt aus der Wüste auf / und lässt Efraims
Brunnen versiegen / und seine Quellen vertrocknen.

Er plündert die Schatzkammern aus / und raubt
den ganzen kostbaren Besitz.

14 Samaria verfällt seiner Strafe, / weil es sich
empört hat gegen seinen Gott.
Seine Bewohner fallen unter dem Schwert, / ihre
Kinder werden zerschmettert, / die schwangeren
Frauen werden aufgeschlitzt.

13,2: 1 Kön 12,28.32 • 3: 6,4; Jes 17,13; Zef 2,2 • 4: 12,10; Ex 20,3; Dtn 5,7; Jes 43,11; 45,21 • 6: Dtn 32,15 • 7: 5,14 • 8: 2 Sam 17,8 • 10: 1 Sam 8,5.19f • 11: 10,15; 1 Sam 8,7.22 • 12: Dtn 32,34f • 13: Jes 26,17f; 37,3 • 14: 6,2; 1 Kor 15,55 • 15: 12,2 • 14,1: 10,14; 2 Kön 15,16

Die Umkehr als Bedingung für die Rettung

2 Kehr um, Israel, zum Herrn, deinem Gott! / Denn
du bist zu Fall gekommen durch deine Schuld.
3 Kehrt um zum Herrn, / nehmt Worte (der Reue)
mit euch und sagt zu ihm:
Nimm alle Schuld von uns / und lass uns Gutes
erfahren! / Wir danken es dir mit der Frucht unse-
rer Lippen.
4 Assur kann uns nicht retten. / Wir wollen nicht
mehr auf Pferden reiten
und zum Machwerk unserer Hände sagen wir nie
mehr: Unser Gott. / Denn nur bei dir findet der
Verwaiste Erbarmen.
5 Ich will ihre Untreue heilen / und sie aus lauter
Großmut wieder lieben. / Denn mein Zorn hat
sich von Israel abgewandt.
6 Ich werde für Israel da sein wie der Tau, / damit
es aufblüht wie eine Lilie / und Wurzeln schlägt
wie der Libanon.
7 Seine Zweige sollen sich ausbreiten, / seine Pracht
soll der Pracht des Ölbaums gleichen / und sein
Duft dem Duft des Libanon.
8 Sie werden wieder in meinem Schatten wohnen; /
sie bauen Getreide an und gedeihen wie die Re-
ben, / deren Wein so berühmt ist wie der Wein vom
Libanon.
9 Was hat Efraim noch mit den Götzen zu tun? /
Ich, ja ich, erhöre ihn, ich schaue nach ihm.
Ich bin wie der grünende Wacholder, / an mir fin-
dest du reiche Frucht.

2: 5,5 • 4: 7,11; Jes 31,1 • 6: Jes 35,1f • 7: Ps 52,10 • 9: 4,17; 2 Kor 6,16

NACHWORT: 14,10

10 Wer weise ist, begreife dies alles, / wer klug ist,
erkenne es.
Ja, die Wege des Herrn sind gerade; / die Gerech-
ten gehen auf ihnen, / die Treulosen aber kommen
auf ihnen zu Fall.

10: Ps 107,43; Dtn 32,4

DAS BUCH JOËL

Die unter der Überschrift »Wort des Herrn an Joël, den Sohn Petuëls« überlieferte Schrift enthält Teile, die sich stark voneinander unterscheiden. Die beiden ersten Kapitel spiegeln eine Bußfeier wider, die durch eine gewaltige Heuschreckenplage und eine Dürre veranlasst ist, während die Kapitel 3 und 4 vom zukünftigen Heil Israels handeln. Die Klammer zwischen beiden Teilen bildet das Thema vom »Tag des Herrn« (vgl. 1,15 und 2,1–11), auf den die jetzigen Katastrophen hinweisen. Ihre verheißene Abwendung (2,18–27: neuer Segen) ist ein Vorausbild der künftigen Heilszeit, in der, nach dem Gericht über die heidnischen Weltmächte, Juda und Jerusalem einen dauerhaften Frieden erfahren.

Die Frage, ob der jetzige Text von einem einzigen Autor stammt, wird heute von der Forschung zumeist bejaht. Über die Zeit der Abfassung ist man verschiedener Meinung. Gute Gründe sprechen für eine Datierung ins 5. oder 4. Jahrhundert v. Chr. Von der Person des Propheten ist nichts Näheres bekannt. Er zeigt sich sehr vertraut mit dem Kult am Tempel, ohne dass er deswegen als sog. Kultprophet gelten müsste. Öfter zitiert er prophetische Vorgänger, obwohl er sich in der ihm eigenen dichterischen Kraft als Mann von Originalität erweist. Besonders wichtig ist seine Verkündigung der Ausgießung des Gottesgeistes über alle Glieder des endzeitlichen Gottesvolkes (Kap. 3), die in der Predigt des Petrus am ersten christlichen Pfingstfest als erfüllt verkündigt wird (Apg 2,17–21).

ÜBERSCHRIFT

1 Das Wort des Herrn, das an Joël, den Sohn Petuëls, erging.

DIE BUSSFEIER WEGEN DER HEUSCHRECKENPLAGE: 1,2 – 2,27

Die Heuschreckenplage als Anlass zur Buße
2 Hört her, ihr Ältesten, / horcht alle auf, ihr Bewohner des Landes!
Ist so etwas jemals geschehen / in euren Tagen oder in den Tagen eurer Väter?
3 Erzählt euren Kindern davon / und eure Kinder sollen es ihren Kindern erzählen / und deren Kinder dem folgenden Geschlecht.
4 Was der Grashüpfer übrig ließ, / hat die Wanderheuschrecke gefressen;
was die Wanderheuschrecke übrig ließ, / hat die Larve gefressen;
was die Larve übrig ließ, / hat der Nager gefressen.
5 Wacht auf, ihr Betrunkenen, und weint! / Jammert alle, ihr Zecher! / Euer Mund bekommt keinen Wein mehr zu trinken.
6 Denn ein Volk zog heran gegen mein Land, / gewaltig groß und nicht zu zählen;
seine Zähne sind Zähne von Löwen, / sein Gebiss ist das Gebiss einer Löwin.
7 Es hat meinen Weinstock verwüstet, / meinen Feigenbaum völlig verstümmelt.
Abgeschält ließ es ihn liegen, / die Zweige starren bleich in die Luft.
8 Klagt wie eine Jungfrau im Trauergewand, / die den Bräutigam ihrer Jugend beweint.
9 Aus ist es mit dem Speiseopfer, / mit dem Trankopfer im Haus des Herrn. / Es trauern die Priester, die Diener des Herrn.
10 Kahl liegt das Feld, der Acker trauert; / denn das Korn ist vernichtet, vertrocknet der Wein, / das Öl ist versiegt.
11 Die Bauern sind ganz geschlagen, / es jammern die Winzer;
denn Weizen und Gerste, / die Ernte des Feldes ist verloren.

12 Der Weinstock ist dürr, der Feigenbaum welk. /
Granatbaum, Dattelpalme und Apfelbaum,
alle Bäume auf dem Feld sind verdorrt; / ja, ver-
dorrt ist die Freude der Menschen.
13 Legt Trauer an und klagt, ihr Priester! / Jammert,
ihr Diener des Altars!
Kommt, verbringt die Nacht im Trauergewand, /
ihr Diener meines Gottes!
Denn Speiseopfer und Trankopfer / bleiben dem
Haus eures Gottes versagt.
14 Ordnet ein heiliges Fasten an, / ruft einen Gottes-
dienst aus!
Versammelt die Ältesten / und alle Bewohner des
Landes
beim Haus des Herrn, eures Gottes, / und schreit
zum Herrn:
15 Weh, was für ein Tag! / Denn der Tag des Herrn
ist nahe; / er kommt mit der Allgewalt des All-
mächtigen.
16 Vor unseren Augen wurde uns die Nahrung ent-
rissen, / aus dem Haus unseres Gottes sind Freude
und Jubel verschwunden.
17 Die Saat liegt vertrocknet unter den Schollen; /
die Scheunen sind verödet, die Speicher zerfallen; /
denn das Korn ist verdorrt.
18 Wie brüllt das Vieh! / Die Rinderherden irren
umher,
denn sie finden kein Futter; / selbst die Schafher-
den leiden Not.
19 Zu dir rufe ich, Herr; / denn Feuer hat das Gras
der Steppe gefressen, / die Flammen haben alle
Bäume der Felder verbrannt.
20 Auch die wilden Tiere schreien lechzend zu dir; /
denn die Bäche sind vertrocknet / und Feuer hat
das Gras der Steppe gefressen.

4: Dtn 28,38; Am 4,9; 7,1f; Ps 105,34f • 6: Offb 9,8 • 7: Jes 5,1 •
12: Jes 16,10; Jer 25,10; Am 4,7–9 • 14: 2,15f • 15: Jes 13,6; Ez 30,2f

Der Tag des Herrn

2 Auf dem Zion stoßt in das Horn, / schlagt
Lärm auf meinem heiligen Berg!
Alle Bewohner des Landes sollen zittern; / denn es
kommt der Tag des Herrn,
ja, er ist nahe, / 2 der Tag des Dunkels und der Fins-
ternis, / der Tag der Wolken und Wetter.
Wie das Morgenrot, das sich über die Berge hin-
breitet, / kommt ein Volk, groß und gewaltig,
wie es vor ihm noch nie eines gab / und nach ihm
keines mehr geben wird / bis zu den fernsten Ge-
schlechtern.
3 Vor ihm her verzehrendes Feuer, / hinter ihm
lodernde Flammen;
vor ihm ist das Land wie der Garten Eden, / hin-
ter ihm schaurige Wüste – / nichts kann ihm ent-
rinnen.
4 Wie Rosse sehen sie aus, / wie Reiter stürmen sie
dahin.
5 Wie rasselnde Streitwagen / springen sie über die
Kuppen der Berge,
wie eine prasselnde Feuerflamme, die die Stop-
peln frisst, / wie ein mächtiges Heer, gerüstet zur
Schlacht.
6 Bei ihrem Anblick winden sich Völker, / alle Ge-
sichter glühen vor Angst.
7 Wie Helden stürmen sie dahin, / wie Krieger er-
klettern sie die Mauer.
Jeder verfolgt seinen Weg, / keiner verlässt seine
Bahn.
8 Keiner stößt den andern; / Mann für Mann zie-
hen sie ihre Bahn.
Mitten durch die Wurfspeere stürmen sie vor, /
ihre Reihen nehmen kein Ende.
9 Sie überfallen die Stadt, erstürmen die Mauern, /
klettern an den Häusern empor, / steigen durch die
Fenster ein wie ein Dieb.
10 Die Erde zittert vor ihnen, der Himmel erbebt; /
Sonne und Mond verfinstern sich, / die Sterne hal-
ten ihr Licht zurück.
11 Und der Herr lässt vor seinem Heer / seine Stim-
me dröhnen;
sein Heer ist gewaltig, / mächtig ist der Vollstrecker
seines Befehls.
Ja, groß ist der Tag des Herrn und voll Schrecken. /
Wer kann ihn ertragen?

1: Am 5,18.20; Zef 1,14 • 2: Zef 1,15 • 3: 1,19; Gen 2,8 • 4: Offb 9,7.9 •
6: Jes 13,8; Nah 2,11 • 10: 3,4; 4,15f • 11: Nah 1,6; Mal 3,2.23

Der Aufruf zur Buße

12 Auch jetzt noch – Spruch des Herrn: / Kehrt um
zu mir von ganzem Herzen / mit Fasten, Weinen
und Klagen.
13 Zerreißt eure Herzen, nicht eure Kleider, / und
kehrt um zum Herrn, eurem Gott!
Denn er ist gnädig und barmherzig, / langmütig

und reich an Güte / und es reut ihn, dass er das
Unheil verhängt hat.
14 Vielleicht kehrt er um und es reut ihn / und er
lässt Segen zurück,
sodass ihr Speise- und Trankopfer darbringen
könnt / für den Herrn, euren Gott.
15 Auf dem Zion stoßt in das Horn, / ordnet ein heiliges Fasten an, / ruft einen Gottesdienst aus!
16 Versammelt das Volk, / heiligt die Gemeinde!
Versammelt die Alten, / holt die Kinder zusammen, auch die Säuglinge!
Der Bräutigam verlasse seine Kammer / und die
Braut ihr Gemach.
17 Zwischen Vorhalle und Altar / sollen die Priester
klagen, / die Diener des Herrn sollen sprechen:
Hab Mitleid, Herr, mit deinem Volk / und überlass
dein Erbe nicht der Schande, / damit die Völker
nicht über uns spotten.
Warum soll man bei den Völkern sagen: / Wo ist
denn ihr Gott?

12: Dtn 4,29 • 13: Jes 58,5–7; Am 5,14f; Ex 34,6f • 14: Jona 3,9 • 15: 2,1; 1,14 • 17: Ex 32,11f; 1 Makk 7,36–38; Ps 42,4.11; 79,10; Mi 7,10

Die Erhörung durch Gott

18 Da erwachte im Herrn die Leidenschaft für sein
Land / und er hatte Erbarmen mit seinem Volk.
19 Der Herr antwortete seinem Volk und sprach: /
Seht, ich sende euch Korn, Wein und Öl, / damit
ihr euch daran sättigen könnt.
Ich gebe euch nicht mehr der Schande preis / unter
den Völkern.
20 Den Feind aus dem Norden / schicke ich weit
von euch weg,
ich treibe ihn in ein dürres, verödetes Land, / seine
Vorhut treibe ich zum östlichen Meer / und seine
Nachhut zum westlichen Meer.
Dann erhebt sich ein Gestank, / Verwesungsgeruch steigt von ihm auf / [denn er hat sich gebrüstet].
21 Fürchte dich nicht, fruchtbares Land! / Freu dich
und juble; / denn der Herr hat Großes getan.
22 Fürchtet euch nicht, ihr Tiere auf dem Feld! /
Denn das Gras in der Steppe wird wieder grün,
der Baum trägt seine Frucht, / Feigenbaum und
Weinstock bringen ihren Ertrag.
23 Jubelt, ihr Söhne Zions, / und freut euch über
den Herrn, euren Gott!
Denn er gibt euch Nahrung, wie es recht ist. / Er
schickt euch den Regen,
Herbstregen und Frühjahrsregen / wie in früherer
Zeit.
24 Die Tennen sind voll von Getreide, / die Keltern
fließen über von Wein und Öl.
25 Ich ersetze euch die Ernten, / die von der Wanderheuschrecke und der Larve, / vom Nager und
vom Grashüpfer gefressen wurden,
von meinem großen Heer, / das ich gegen euch
sandte.
26 Ihr werdet essen und satt werden / und den Namen des Herrn, eures Gottes, preisen, / der für
euch solche Wunder getan hat. / [Mein Volk
braucht sich nie mehr zu schämen.]
27 Dann werdet ihr erkennen, / dass ich mitten in
Israel bin
und dass ich der Herr, euer Gott, bin, / ich und
sonst niemand. / Mein Volk braucht sich nie mehr
zu schämen.

18: Dtn 4,24 • 19: Dtn 11,14 • 20: Jes 34,3; Am 4,10 • 23: Dtn 11,14 • 25: 1,4 • 27: Jes 42,8

DAS KOMMENDE HEIL: 3,1 – 4,21

Die Ausgießung des Geistes

3 Danach aber wird es geschehen, / dass ich
meinen Geist ausgieße über alles Fleisch.
Eure Söhne und Töchter werden Propheten sein, /
eure Alten werden Träume haben / und eure jungen Männer haben Visionen.
2 Auch über Knechte und Mägde / werde ich meinen Geist ausgießen in jenen Tagen.
3 Ich werde wunderbare Zeichen wirken / am Himmel und auf der Erde: / Blut und Feuer und Rauchsäulen.
4 Die Sonne wird sich in Finsternis verwandeln /
und der Mond in Blut,
ehe der Tag des Herrn kommt, / der große und
schreckliche Tag.

5 Und es wird geschehen: / Wer den Namen des
Herrn anruft, wird gerettet.
Denn auf dem Berg Zion / und in Jerusalem gibt
es Rettung,
wie der Herr gesagt hat, / und wen der Herr ruft,
der wird entrinnen.

1: Apg 2,17–21; Num 11,25–30 • 4: Offb 6,12 • 5: Röm 10,13;
Obd 17; Offb 14,1

Das Gericht über die Völker

4 Denn seht, in jenen Tagen, in jener Zeit, /
wenn ich das Geschick Judas und Jerusalems
wende,
2 versammle ich alle Völker / und führe sie hinab
zum Tal Joschafat;
dort streite ich im Gericht mit ihnen / um Israel,
mein Volk und meinen Erbbesitz.
Denn sie haben es unter die Völker zerstreut / und
mein Land aufgeteilt.
3 Sie haben über mein Volk das Los geworfen, /
einen Knaben haben sie der Dirne als Lohn ge-
geben / und Mädchen für Wein verkauft, um zu
zechen.
4 Und auch ihr, Tyrus und Sidon, und alle ihr Gaue
der Philister, was wollt ihr von mir? Wollt ihr mir
vergelten, was ich euch angetan habe? Oder wollt
ihr mir selbst etwas antun? Leicht und schnell lasse
ich eure Taten auf euch selbst zurückfallen. 5 Denn
ihr habt mein Silber und Gold genommen und
meine kostbaren Schätze in eure Paläste gebracht.
6 Ihr habt Judas und Jerusalems Söhne an die Jawa-
niter verkauft, um sie aus ihrer Heimat zu entfer-
nen. 7 Seht her, ich lasse sie aufbrechen von dem
Ort, wohin ihr sie verkauft habt, und lasse eure
Taten auf euch selbst zurückfallen. 8 Und ich ver-
kaufe eure Söhne und Töchter an die Söhne Judas
und diese verkaufen sie weiter an die Sabäer, ein
Volk in weiter Ferne. Ja, der Herr hat gesprochen.
9 Ruft den Völkern zu: / Ruft den Heiligen Krieg aus!
Bietet eure Kämpfer auf! / Alle Krieger sollen an-
rücken und heraufziehen.
10 Schmiedet Schwerter aus euren Pflugscharen /
und Lanzen aus euren Winzermessern! / Der
Schwache soll sagen: Ich bin ein Kämpfer.
11 Eilt alle herbei, / versammelt euch, ihr Völker
ringsum! / Dorthin führe, Herr, deine Kämpfer
hinab!
12 Die Völker sollen aufbrechen und heraufziehen
zum Tal Joschafat. / Denn dort will ich zu Gericht
sitzen über alle Völker ringsum.
13 Schwingt die Sichel, / denn die Ernte ist reif.
Kommt, tretet die Kelter, / denn sie ist voll, die
Tröge fließen über. / Denn ihre Bosheit ist groß.
14 Getöse und Getümmel herrscht / im Tal der Ent-
scheidung;
denn der Tag des Herrn ist nahe / im Tal der Ent-
scheidung.
15 Sonne und Mond verfinstern sich, / die Sterne
halten ihr Licht zurück.
16 Der Herr brüllt vom Zion her, / aus Jerusalem
dröhnt seine Stimme, / sodass Himmel und Erde
erbeben.
Doch für sein Volk ist der Herr eine Zuflucht, / er
ist eine Burg für Israels Söhne.
17 Dann werdet ihr erkennen, / dass ich der Herr,
euer Gott, bin
und dass ich auf dem Zion wohne, / meinem hei-
ligen Berg.
Jerusalem wird heilig sein, / Fremde werden nie
mehr hindurchziehen.
18 An jenem Tag triefen die Berge von Wein, / die
Hügel fließen über von Milch / und in allen Bä-
chen Judas strömt Wasser.
Eine Quelle entspringt im Haus des Herrn / und
tränkt das Schittim-Tal.
19 Ägypten wird zur Wüste, / Edom wird zur ver-
ödeten Steppe,
wegen der Gewalttat an Judas Söhnen, / in deren
Land sie unschuldiges Blut vergossen.
20 Juda aber bleibt für immer bewohnt / und Jeru-
salem besteht von Geschlecht zu Geschlecht,
21 [ich erkläre ihr Blut für unschuldig, / das ich vor-
her nicht für unschuldig erklärte,] / und der Herr
wohnt auf dem Zion.

1: Jer 29,14; Ez 16,53; Hos 6,11 • 2: Offb 16,16 • 4: Am 1,6–10 •
6: Ez 27,13 • 10: Jes 2,4; Mi 4,3 • 13: Jes 17,5; Offb 14,14–20;
Jes 63,1–6 • 14: Jes 17,12; Joël 4,2 • 15: 2,10 • 16: Jer 25,30; Am 1,2;
Ps 46,2f • 17: Ez 38,23; • 18: Am 9,13; Jes 30,25; Ez 47,1–5 •
20: Jer 17,25; Ez 37,25.

DAS BUCH AMOS

Die neun Kapitel dieses Buches lassen einen klaren Aufbau erkennen. Die beiden ersten Kapitel stellen einen Zyklus von Gerichtsreden über die Völker und Israel dar, dann folgen in Kap. 3 – 6 die konkreten Anklagen und Strafansagen des Propheten gegen führende Kreise des Nordreichs. In Kap. 7 – 9 treffen wir, nur unterbrochen durch den Bericht, in dem von Amos in der dritten Person erzählt wird (7,10–17), auf einen Zyklus von fünf Visionen. Den Abschluss bildet die Heilsverheißung von 9,11–15, die die Wiederaufrichtung der »zerfallenen Hütte Davids« in Aussicht stellt; ob sie auf Amos selbst zurückgeht, ist in der Forschung umstritten und wird häufig verneint. Die Lobpreisungen in 4,13; 5,8f; 9,5f sind sicher erst später eingefügt worden, wahrscheinlich auch der Juda-Spruch in 2,4f.

Amos war von Haus aus ein Viehzüchter und Maulbeerfeigenpflanzer (1,1; 7,14) aus Tekoa, südlich von Betlehem. Er wurde durch göttliche Berufung gegen Ende der Regierungszeit des politisch und wirtschaftlich überaus erfolgreichen Königs Jerobeam II. nach 760 v. Chr. als Prophet ins Nordreich Israel gesandt (3,3–8; 7,15), wo er für kurze Zeit bis zu seiner Ausweisung am Reichsheiligtum von Bet-El wirkte. Die Hauptanklage dieses ältesten Schriftpropheten richtet sich gegen die des Gottesvolkes unwürdigen Zustände im Staat, in der Verwaltung, im Gerichtswesen und in der Wirtschaft. Weil die oberen Schichten die Menschen niederer Herkunft und ungesicherter sozialer Lage zu bloßen Objekten ihres Erwerbs-, Macht- und Genusstriebs herabwürdigen und so das »Gottesrecht« brechen, muss Amos das Todesurteil Gottes für das Reich Israel verkünden. Eine auf den Kult beschränkte Verehrung Gottes wird von Amos verworfen (5,21–26). Jahwe ist nach ihm so sehr ein »Gott für den Menschen«, dass selbst die Völkerwelt wegen Unmenschlichkeit und Zertretung der fundamentalen Menschenrechte seinem Strafgericht verfällt (1,3 – 2,3). Amos kündigt einen »Tag des Herrn« an, der »Finsternis bringen wird und nicht Licht« (5,18–20). Höchstens ein »Rest« wird gerettet werden (5,15).

Im Neuen Testament erfährt die Botschaft des Amos ein Echo vor allem in der Rede des Stephanus in Apg 7,42f (= Am 5,25–27). Das Vermächtnis des Amos bleibt ein fundamentales Anliegen auch für das Gottesvolk des Neuen Bundes. Das mitmenschliche Ethos gehört zum Wesen gelebter Offenbarungsreligion.

ÜBERSCHRIFT: 1,1

1 Die Worte, die Amos, ein Schafzüchter aus Tekoa, in Visionen über Israel gehört hat, in der Zeit, als Usija König von Juda und Jerobeam, der Sohn des Joasch, König von Israel waren, zwei Jahre vor dem Erdbeben.

DAS GERICHT ÜBER DIE VÖLKER: 1,2 – 2,16

Über die Nachbarvölker

2 Er sprach:
Der Herr brüllt vom Zion her, / aus Jerusalem lässt er seine Stimme erschallen.
Da welken die Auen der Hirten / und der Gipfel des Karmel verdorrt.
3 So spricht der Herr:
Wegen der drei Verbrechen, die Damaskus beging, / wegen der vier nehme ich es nicht zurück:
Weil sie Gilead mit eisernen Dreschschlitten zermalmten, /
4 darum schicke ich Feuer gegen Hasaëls Haus; / es frisst Ben-Hadads Paläste.
5 Ich zerbreche die Riegel von Damaskus, / ich ver-

nichte den Herrscher von Bikat-Awen / und den
Zepterträger von Bet-Eden;
das Volk von *Aram* muss in die Verbannung nach
Kir, / spricht der Herr.
6 So spricht der Herr:
Wegen der drei Verbrechen, die Gaza beging, / we-
gen der vier nehme ich es nicht zurück:
Weil sie ganze Gebiete entvölkerten, / um die Ver-
schleppten an Edom auszuliefern,
7 darum schicke ich Feuer in Gazas Mauern; / es
frisst seine Paläste.
8 Ich vernichte den Herrscher von Aschdod / und
den Zepterträger von Aschkelon.
Dann wende ich meine Hand gegen Ekron / und
der Rest der *Philister* wird verschwinden, / spricht
der Herr.
9 So spricht der Herr:
Wegen der drei Verbrechen, die *Tyrus* beging, /
wegen der vier nehme ich es nicht zurück:
Weil sie Verschleppte scharenweise an Edom aus-
lieferten / und nicht mehr an den Bund mit ihren
Brüdern dachten,
10 darum schicke ich Feuer in die Mauern von
Tyrus; / es frisst seine Paläste.
11 So spricht der Herr:
Wegen der drei Verbrechen, die *Edom* beging, /
wegen der vier nehme ich es nicht zurück:
Weil Edom seinen Bruder mit dem Schwert ver-
folgte / und jedes Mitleid unterdrückte,
weil es unversöhnlich festhielt an seinem Zorn /
und nie abließ von seinem Groll,
12 schicke ich Feuer gegen Teman; / es frisst Bozras
Paläste.
13 So spricht der Herr:
Wegen der drei Verbrechen, die die *Ammoniter* be-
gingen, / wegen der vier nehme ich es nicht zurück:
Weil sie in Gilead die schwangeren Frauen auf-
schlitzten, / als sie ihr Gebiet erweitern wollten,
14 darum lege ich Feuer an die Mauern von Rabba; /
es frisst seine Paläste
beim Kriegsgeschrei am Tag der Schlacht, / beim
Getöse am Tag des Sturms.
15 Ihr König muss in die Verbannung, / er und alle
seine Großen, / spricht der Herr.
2 So spricht der Herr:
Wegen der drei Verbrechen, die *Moab* be-
ging, / wegen der vier nehme ich es nicht zurück:
Weil Moab die Gebeine des Königs von Edom / zu
Kalk verbrannte,
2 darum schicke ich Feuer gegen Moab; / es frisst
die Paläste von Kerijot
und Moab geht im Getümmel zugrunde, / beim
Kriegsgeschrei, beim Schall der Hörner.
3 Ich vernichte in Moab den Herrscher / und er-
schlage zusammen mit ihm alle seine Großen, /
spricht der Herr.

1,3–5: Jes 17,1–3; Jer 49,23–27 • 4: 2 Kön 10,32 • 5: 2 Kön 16,9 •
6: 2 Chr 21,16f; Zef 2,4–7 • 9–10: Jes 23; Ez 26 – 28 •
11–12: Jer 49,7–22; Ez 35 • 13–15: Jer 49,1–6 • 13: 2 Kön 5,16; •
2,1–3: Jes 15f; Jer 48

Über Juda und Israel

4 So spricht der Herr:
Wegen der drei Verbrechen, die *Juda* beging, / we-
gen der vier nehme ich es nicht zurück:
Weil sie die Weisung des Herrn missachteten / und
seine Gesetze nicht befolgten,
weil sie sich irreführen ließen von ihren Lügen-
göttern,
denen schon ihre Väter gefolgt sind,
5 darum schicke ich Feuer gegen Juda; / es frisst
Jerusalems Paläste.
6 So spricht der Herr:
Wegen der drei Verbrechen, die *Israel* beging, / we-
gen der vier nehme ich es nicht zurück:
Weil sie den Unschuldigen für Geld verkaufen /
und den Armen für ein Paar Sandalen,
7 weil sie die Kleinen in den Staub treten / und das
Recht der Schwachen beugen.
Sohn und Vater gehen zum selben Mädchen, / um
meinen heiligen Namen zu entweihen.
8 Sie strecken sich auf gepfändeten Kleidern aus /
neben jedem Altar,
von Bußgeldern kaufen sie Wein / und trinken ihn
im Haus ihres Gottes.
9 Dabei bin ich es gewesen, / der vor ihren Augen
die Amoriter vernichtete,
die groß waren wie die Zedern / und stark wie die
Eichen;
ich habe oben ihre Frucht vernichtet / und unten
ihre Wurzeln.
10 Ich bin es gewesen, / der euch aus Ägypten he-
raufgeführt
und euch vierzig Jahre lang / durch die Wüste
geleitet hat,

damit ihr das Land der Amoriter / in Besitz nehmen konntet.
11 Ich habe einige eurer Söhne zu Propheten gemacht / und einige von euren jungen Männern zu Nasiräern.
Ist es nicht so, ihr Söhne Israels? – / Spruch des Herrn.
12 Ihr aber habt den Nasiräern / Wein zu trinken gegeben
und den Propheten habt ihr befohlen: / Ihr dürft nicht mehr als Propheten auftreten.
13 Seht, ich lasse den Boden unter euch schwanken, / wie ein Wagen schwankt, der voll ist von Garben.
14 Dann gibt es auch für den Schnellsten keine Flucht mehr, / dem Starken versagen die Kräfte, / auch der Held kann sein Leben nicht retten.
15 Kein Bogenschütze hält stand, / dem schnellen Läufer helfen seine Beine nichts, / noch rettet den Reiter sein Pferd.
16 Selbst der Tapferste unter den Kämpfern, / nackt muss er fliehen an jenem Tag – / Spruch des Herrn.

4: Jes 5,24 • Hos 8,14 • 6: Jes 3,15 • 7: Dtn 27,20 • 9: Dtn 7,1; Hos 9,16 • 10: Dtn 2,7 • 11: Dtn 18,18 • 12: 7,12; Jes 30,10 • 13: Num 16,30–33 • 14–16: 9,1

DIE ANKLAGEN GEGEN DIE OBERSCHICHT IN ISRAEL: 3,1 – 6,14

Israels Erwählung und Verantwortung

3 Hört dieses Wort, das der Herr gesprochen hat / über euch, ihr Söhne Israels, über den ganzen Stamm, / den ich aus Ägypten heraufgeführt habe.
2 Nur euch habe ich erwählt / aus allen Stämmen der Erde;
darum ziehe ich euch zur Rechenschaft / für alle eure Vergehen.

2: Dtn 7,6

Gott und die Propheten

3 Gehen zwei den gleichen Weg, / ohne dass sie sich verabredet haben?
4 Brüllt der Löwe im Wald / und er hat keine Beute?
Gibt der junge Löwe Laut in seinem Versteck, / ohne dass er einen Fang getan hat?
5 Fällt ein Vogel zur Erde, / wenn niemand nach ihm geworfen hat?
Springt die Klappfalle vom Boden auf, / wenn sie nichts gefangen hat?
6 Bläst in der Stadt jemand ins Horn, / ohne dass das Volk erschrickt?
Geschieht ein Unglück in einer Stadt, / ohne dass der Herr es bewirkt hat?
7 Nichts tut Gott, der Herr, / ohne dass er seinen Knechten, den Propheten, / zuvor seinen Ratschluss offenbart hat.
8 Der Löwe brüllt – wer fürchtet sich nicht? / Gott, der Herr, spricht – / wer wird da nicht zum Propheten?

6: Joël 2,1

Das Gericht über Samaria

9 Ruft es aus über den Palästen von Aschdod / und über den Palästen in Ägypten!
Sagt: Versammelt euch auf den Bergen rings um Samaria, / seht euch das wilde Treiben in der Stadt an / und die Unterdrückung, die dort herrscht.
10 Sie kennen die Rechtschaffenheit nicht – Spruch des Herrn –, / sie sammeln Schätze in ihren Palästen / mit Gewalt und Unterdrückung.
11 Darum – so spricht Gott, der Herr:
Ein Feind wird das Land umzingeln; / er wird deine Macht niederreißen / und deine Paläste werden geplündert.
12 So spricht der Herr:
Wie ein Hirt aus dem Rachen des Löwen / (von einem Schaf) nur zwei Wadenknochen rettet oder den Zipfel eines Ohres,
so werden Israels Söhne gerettet, / die in Samaria auf ihrem Diwan sitzen / und auf ihren Polstern aus Damaskus.
13 Hört und bezeugt es dem Haus Jakob – / Spruch Gottes, des Herrn, des Gottes der Heere:
14 Ja, an dem Tag, an dem ich Israel / für seine Verbrechen zur Rechenschaft ziehe, / werde ich an den Altären von Bet-El die Strafe vollziehen;
die Hörner des Altars werden abgehauen / und fallen zu Boden.
15 Ich zerschlage den Winterpalast und den Sommerpalast, / die Elfenbeinhäuser werden verschwinden

und mit den vielen Häusern ist es zu Ende – /
Spruch des Herrn.

9: Zef 3,8 • 12: 6,4 • 14: 1 Kön 12,32; 2 Kön 23,15 • 15: 1 Kön 22,39

Die Unterdrückung der Armen

4 Hört dieses Wort, / ihr Baschankühe auf dem
Berg von Samaria,
die ihr die Schwachen unterdrückt / und die Ar-
men zermalmt
und zu euren Männern sagt: / Schafft Wein herbei,
wir wollen trinken.
2 Bei seiner Heiligkeit / hat Gott, der Herr, ge-
schworen:
Seht, Tage kommen über euch, / da holt man euch
mit Fleischerhaken weg,
und was dann noch von euch übrig ist, / mit Angel-
haken.
3 Ihr müsst durch die Breschen der Mauern hi-
naus, / eine hinter der andern;
man jagt euch dem Hermon zu – / Spruch des
Herrn.

Umkehr – nicht äußerlicher Kult

4 Kommt nach Bet-El und sündigt, / kommt nach
Gilgal und sündigt noch mehr!
Bringt jeden Morgen eure Schlachtopfer herbei, /
bringt am dritten Tag euren Zehnten!
5 Verbrennt als Dankopfer gesäuertes Brot! / Ruft
zu freiwilligen Opfern auf, / verkündet es laut,
damit man es hört!
Denn so gefällt es euch, ihr Söhne Israels – /
Spruch Gottes, des Herrn.
6 Ich ließ euch hungern in all euren Städten, / ich
gab euch kein Brot mehr in all euren Dörfern
und dennoch seid ihr nicht umgekehrt zu mir – /
Spruch des Herrn.
7 Ich versagte euch den Regen / drei Monate vor der
Ernte.
Über der einen Stadt ließ ich es regnen, / über der
anderen nicht;
das eine Feld bekam Regen, / das andere nicht, so-
dass es verdorrte.
Zwei, drei Städte taumelten zu der einen; / sie
wollten Wasser trinken und blieben doch durstig.
Und dennoch seid ihr nicht umgekehrt zu mir – /
Spruch des Herrn.
9 Ich vernichtete euer Getreide durch Rost und
Mehltau, / ich verwüstete eure Gärten und Wein-
berge;
eure Feigenbäume und eure Ölbäume / fraßen die
Heuschrecken kahl.
Und dennoch seid ihr nicht umgekehrt zu mir – /
Spruch des Herrn.
10 Ich ließ die Pest gegen euch los wie gegen Ägyp-
ten, / eure jungen Männer tötete ich mit dem
Schwert / und gab eure Pferde (den Feinden) zur
Beute;
en Leichengestank von eurem Heerlager / ließ ich
euch in die Nase steigen.
Und dennoch seid ihr nicht umgekehrt zu mir – /
Spruch des Herrn.
11 Ich brachte über euch eine gewaltige Zerstö-
rung / wie die, die Gott einst über Sodom und
Gomorra verhängte;
ihr wart wie ein Holzscheit, / das man aus dem
Feuer herausholt.
Und dennoch seid ihr nicht umgekehrt zu mir – /
Spruch des Herrn.
12 Darum will ich dir all das antun, Israel, / und
weil ich dir all das antun werde, / mach dich bereit,
deinem Gott gegenüberzutreten.
13 Denn siehe, er formt die Berge, / er erschafft den
Wind,
er verkündet den Menschen, was er im Sinn hat; /
er macht das Morgenrot und die Finsternis,
er schreitet über die Höhen der Erde dahin – /
Jahwe, Gott der Heere, ist sein Name.

5 Hört dieses Wort, ihr vom Haus Israel, / hört
die Totenklage, die ich über euch anstimme:
2 Gefallen ist sie und steht nicht mehr auf, / die
Jungfrau Israel;
sie liegt zerschmettert am Boden in ihrem Land /
und niemand richtet sie auf.
3 Denn so spricht Gott, der Herr:
In die Stadt, aus der tausend Männer auszogen, /
kehren nur hundert zurück,
und wo hundert auszogen, / kehren nur zehn zu-
rück.
4 Ja, so spricht der Herr zum Haus Israel: / Sucht
mich, dann werdet ihr leben.
5 Doch sucht nicht Bet-El auf, / geht nicht nach
Gilgal, / zieht nicht nach Beerscheba!
Denn Gilgal droht die Verbannung / und Bet-El
der Untergang.

6 Sucht den Herrn, dann werdet ihr leben. / Sonst
dringt er in das Haus Josef ein
wie ein Feuer, das frisst, / und niemand löscht Bet-
Els Brand.
8 Er hat das Siebengestirn und den Orion erschaf-
fen; / er verwandelt die Finsternis in den hellen
Morgen,
er verdunkelt den Tag zur Nacht, / er ruft das Was-
ser des Meeres
und gießt es aus über die Erde – / Jahwe ist sein
Name.
9 Plötzlich wird er den Starken vernichten / und
über die befestigten Städte bricht die Vernichtung
herein.

4,4: Hos 4,15; 12,12 • 6: Lev 26,14–39 • 9: Hag 2,17; Joël 1,4 • 10: Ex 9,3 • 11: Gen 19,24; Sach 3,2 • 5,5: 4,4; 8,14 • 8: Ijob 9,9; Am 9,6

Die Beugung des Rechts

7 Weh denen, die das Recht in bitteren Wermut ver-
wandeln / und die Gerechtigkeit zu Boden schla-
gen.
10 Bei Gericht hassen sie den, / der zur Gerechtig-
keit mahnt, / und wer Wahres redet, den verab-
scheuen sie.
11 Weil ihr von den Hilflosen Pachtgeld annehmt /
und ihr Getreide mit Steuern belegt,
darum baut ihr Häuser aus behauenen Steinen – /
und wohnt nicht darin,
legt ihr euch prächtige Weinberge an – / und wer-
det den Wein nicht trinken.
12 Denn ich kenne eure vielen Vergehen / und eure
zahlreichen Sünden.
Ihr bringt den Unschuldigen in Not, / ihr lasst
euch bestechen / und weist den Armen ab bei Ge-
richt.
13 Darum schweigt in dieser Zeit, wer klug ist; /
denn es ist eine böse Zeit.
14 Sucht das Gute, nicht das Böse; / dann werdet ihr
leben
und dann wird, wie ihr sagt, / der Herr, der Gott
der Heere, bei euch sein.
15 Hasst das Böse, liebt das Gute / und bringt bei
Gericht das Recht zur Geltung!
Vielleicht ist der Herr, der Gott der Heere, / dem
Rest Josefs dann gnädig.

7: 6,12 • 11: Zef 1,13; Dtn 28,39

Der kommende Tag des Herrn

16 Darum – so spricht der Herr, der Gott der Heere:
Auf allen Plätzen herrscht Trauer / und auf allen
Gassen schreit man: Wehe! Wehe!
Den Ackerknecht holt man zur Totenklage, / den
Kenner der Totenlieder ruft man zum Klagen.
17 In allen Weinbergen herrscht Trauer; / denn ich
schreite durch deine Mitte, / spricht der Herr.
18 Weh denen, die den Tag des Herrn herbeiseh-
nen. / Was nützt euch denn der Tag des Herrn? /
Finsternis ist er, nicht Licht.
19 Es ist, wie wenn jemand einem Löwen entflieht /
und ihn dann ein Bär überfällt;
kommt er nach Hause / und stützt sich mit der
Hand auf die Mauer, / dann beißt ihn eine Schlan-
ge.
20 Ja, Finsternis ist der Tag des Herrn, nicht Licht, /
ohne Helligkeit ist er und dunkel.

18: Joël 2,11

Der wahre Gottesdienst

21 Ich hasse eure Feste, ich verabscheue sie / und
kann eure Feiern nicht riechen.
22 Wenn ihr mir Brandopfer darbringt, / ich habe
kein Gefallen an euren Gaben / und eure fetten
Heilsopfer will ich nicht sehen.
23 Weg mit dem Lärm deiner Lieder! / Dein Har-
fenspiel will ich nicht hören,
24 sondern das Recht ströme wie Wasser, / die
Gerechtigkeit wie ein nie versiegender Bach.
25 Habt ihr mir etwa Schlachtopfer und Gaben dar-
gebracht / während der vierzig Jahre in der Wüs-
te, / ihr vom Haus Israel?
26 Ihr werdet (den Gott) Sakkut als euren König
vor euch hertragen müssen / und den Kewan,
euren Sterngott, / eure Götter, die ihr euch selber
gemacht habt.
27 Ich will euch in die Gebiete jenseits von Damas-
kus verbannen, / spricht der Herr; / Gott der Heere
ist sein Name.

21: Jes 1,11–14; Hos 8,13 • 25: Jer 7,22f; Apg 7,42f • 27: 2 Kön 17,6; Am 4,13

Die leichtlebige Oberschicht

6 Weh den Sorglosen auf dem Zion / und den
Selbstsicheren auf dem Berg von Samaria.
Weh den Vornehmen des Ersten unter den Völ-

kern. / [Weh denen, bei denen sich die Israeliten
versammeln.]
2 Zieht hinüber nach Kalne und seht euch dort
um! Geht von da nach Hamat, in die große Stadt, /
und steigt hinunter nach Gat, ins Land der Philis-
ter!
Seid ihr besser als diese Reiche? / Ist euer Gebiet
größer als ihr Gebiet?
3 Ihr, die ihr den Tag des Unheils hinausschieben
wollt, / führt die Herrschaft der Gewalt herbei.
4 Ihr liegt auf Betten aus Elfenbein / und faulenzt
auf euren Polstern.
Zum Essen holt ihr euch Lämmer aus der Herde /
und Mastkälber aus dem Stall.
5 Ihr grölt zum Klang der Harfe, / ihr wollt Lieder
erfinden wie David.
6 Ihr trinkt den Wein aus großen Humpen, / ihr
salbt euch mit dem feinsten Öl / und sorgt euch
nicht über den Untergang Josefs.
7 Darum müssen sie jetzt in die Verbannung, / allen
Verbannten voran. / Das Fest der Faulenzer ist nun
vorbei.
8 Gott, der Herr, hat bei sich selbst geschworen – /
Spruch des Herrn, des Gottes der Heere:
Ich verabscheue Jakobs Stolz / und hasse seine
Paläste;
die Stadt und alles, was in ihr ist, / gebe ich preis.
9 Wenn dann in einem einzigen Haus noch zehn
Menschen übrig sind, / müssen auch sie sterben.
10 Und hebt ein Verwandter oder der Leichenbe-
statter einen Toten auf, / um die Gebeine aus dem
Haus zu schaffen,
und fragt er den, / der im hintersten Winkel des
Hauses sitzt:
Ist noch jemand bei dir?, / dann antwortet dieser:
Nein!, und sagt: / Still! Sprich ja nicht den Namen
des Herrn aus!
11 Denn der Herr befiehlt / und man schlägt das
große Haus in Trümmer / und das kleine in Stücke.
12 Rennen denn Pferde über die Felsen, / oder
pflügt man mit Ochsen das Meer?
Ihr aber habt das Recht in Gift verwandelt / und
die Frucht der Gerechtigkeit in bitteren Wermut.
13 Ihr jubelt über (die Eroberung von) Lo-Dabar
und sagt: / Haben wir nicht aus eigener Kraft
Karnajim erobert?
14 Doch seht, ihr vom Haus Israel, / ich schicke ein
Volk gegen euch, / das euch quälen wird
von Lebo-Hamat bis zum Bach der Araba-Step-
pe – / Spruch des Herrn, des Gottes der Heere.

1: Lk 6,24 • 3: 9,10; Ez 12,27 • 5: Jes 5,12 • 8: 4,2 • 10: Hab 2,20; Sach 2,17 • 13: Dtn 8,17

DIE VISIONEN UND EIN BIOGRAPHISCHER BERICHT: 7,1 – 9,6

Die erste Vision: Die Heuschreckenplage: 7,1–3

7 Dies zeigte mir Gott, der Herr, in einer
Vision: Er ließ Heuschrecken entstehen, als
gerade die Frühjahrssaat zu wachsen begann [die
Frühjahrssaat folgt auf den Schnitt für den König].
2 Sie machten sich daran, alles Grün im Land zu
vertilgen. Da rief ich: Gott, mein Herr, vergib
doch! Was soll denn aus Jakob werden? Er ist ja so
klein. 3 Da reute es den Herrn und er sagte: Es soll
nicht geschehen.

1: 4,9; Joël 1,4–7; Dtn 28,38

Die zweite Vision: Die Feuersglut: 7,4–6

4 Dies zeigte mir Gott, der Herr, in einer Vision:
Gott, der Herr, rief zur Strafe das Feuer herbei und
das Feuer fraß die große Flut und wollte schon das
Land Jakobs verschlingen. 5 Da rief ich: Gott, mein
Herr, halte doch ein! Was soll denn aus Jakob wer-
den? Er ist ja so klein.
6 Da reute es den Herrn und er sagte: Auch das soll
nicht geschehen.

4: Joël 1,19f

Die dritte Vision: Das Senkblei: 7,7–9

7 Dies zeigte mir Gott, der Herr, in einer Vision: Er
stand auf einer Mauer und hatte ein Senkblei in
der Hand. 8 Und der Herr fragte mich: Was siehst
du, Amos? Ich antwortete: Ein Senkblei. Da sagte
der Herr: Sieh her, mit dem Senkblei prüfe ich
mein Volk Israel. Ich verschone es nicht noch ein-
mal. 9 Isaaks Kulthöhen werden verwüstet und
Israels Heiligtümer zerstört; mit dem Schwert in
der Hand erhebe ich mich gegen das Haus Jero-
beam.

Die Ausweisung des Propheten

10 Amazja, der Priester von Bet-El, ließ Jerobeam,
dem König von Israel, melden: Mitten im Haus
Israel ruft Amos zum Aufruhr gegen dich auf;
seine Worte sind unerträglich für das Land. 11 Denn
so sagt Amos: Jerobeam stirbt durch das Schwert
und Israel muss sein Land verlassen und in die
Verbannung ziehen.
12 Zu Amos aber sagte Amazja: Geh, Seher, flüchte
ins Land Juda! Iss dort dein Brot und tritt dort als
Prophet auf! 13 In Bet-El darfst du nicht mehr als
Prophet reden; denn das hier ist ein Heiligtum des
Königs und ein Reichstempel. 14 Amos antwortete
Amazja: Ich bin kein Prophet und kein Prophe-
tenschüler, sondern ich bin ein Viehzüchter und
ich ziehe Maulbeerfeigen. 15 Aber der Herr hat mich
von meiner Herde weggeholt und zu mir gesagt:
Geh und rede als Prophet zu meinem Volk Israel!
16 Darum höre jetzt das Wort des Herrn! Du sagst:
Tritt nicht als Prophet gegen Israel auf und pro-
phezei nicht gegen das Haus Isaak! 17 Darum – so
spricht der Herr: Deine Frau wird in der Stadt als
Dirne leben, deine Söhne und Töchter fallen unter
dem Schwert, dein Ackerland wird mit der Mess-
schnur verteilt, du selbst aber stirbst in einem
unreinen Land und Israel muss sein Land verlas-
sen und in die Verbannung ziehen.

11: 5,27; 6,7; 9,4 • 12: 1 Sam 9,7 • 13: 2,12 • 14: 2 Kön 2,3; Am 1,1; Ps 78,70f • 16: 2,12; Mi 2,6 • 17: 2 Kön 17,2–6

Die vierte Vision: Der Obstkorb: 8,1–3

8 Dies zeigte mir Gott, der Herr, in einer Vi-
sion: Ich sah einen Korb mit reifem Obst. 2 Er
fragte: Was siehst du, Amos? Ich antwortete: Einen
Korb mit reifem Obst. Da sagte der Herr zu mir:
Mein Volk Israel ist reif für das Ende. Ich ver-
schone es nicht noch einmal. 3 An jenem Tag wer-
den die Sängerinnen des Palastes Klagelieder sin-
gen – Spruch des Herrn. Alles ist voller Leichen,
überall wirft man sie hin. Still!

2: Offb 14,15 –19

Gegen die Ausbeutung

4 Hört dieses Wort, die ihr die Schwachen verfolgt /
und die Armen im Land unterdrückt.
5 Ihr sagt: Wann ist das Neumondfest vorbei? / Wir
wollen Getreide verkaufen.
Und wann ist der Sabbat vorbei? / Wir wollen den
Kornspeicher öffnen,
das Maß kleiner und den Preis größer machen /
und die Gewichte fälschen.
6 Wir wollen mit Geld die Hilflosen kaufen, / für
ein paar Sandalen die Armen.
Sogar den Abfall des Getreides / machen wir zu
Geld.
7 Beim Stolz Jakobs hat der Herr geschworen: /
Keine ihrer Taten werde ich jemals vergessen.
8 Sollte deshalb die Erde nicht beben, / sollten nicht
alle ihre Bewohner voll Trauer sein?
Sollte nicht die ganze Erde sich heben wie der Nil: /
[aufgewühlt sein] und sich wieder senken wie der
Strom von Ägypten?
9 An jenem Tag – Spruch Gottes, des Herrn – / lasse
ich am Mittag die Sonne untergehen
und breite am helllichten Tag / über die Erde Fins-
ternis aus.
10 Ich verwandle eure Feste in Trauer / und all eure
Lieder in Totenklage.
Ich lege allen ein Trauergewand um / und schere
alle Köpfe kahl.
Ich bringe Trauer über das Land / wie die Trauer
um den einzigen Sohn
und das Ende wird sein / wie der bittere Tag (des
Todes).
11 Seht, es kommen Tage – Spruch Gottes, des
Herrn –,
da schicke ich den Hunger ins Land,
nicht den Hunger nach Brot, nicht Durst nach
Wasser, / sondern nach einem Wort des Herrn.
12 Dann wanken die Menschen von Meer zu Meer, /
sie ziehen von Norden nach Osten,
um das Wort des Herrn zu suchen; / doch sie fin-
den es nicht.
13 An jenem Tag werden die schönen jungen Mäd-
chen / und die jungen Männer ohnmächtig vor
Durst,
14 alle, die beim Götzenbild von Samaria schwören
und sagen:
So wahr dein Gott lebt, Dan, / so wahr dein Gelieb-
ter lebt, Beerscheba!,
sie werden zu Boden stürzen / und sich nicht mehr
erheben.

4: 2,6–8 • 5: Dtn 25,13; Mi 6,10f • 8: 9,5 • 10: Hos 2,13; Jes 3,24; Jer 6,26 • 13: Sach 9,17

Die fünfte Vision: Der Untergang des Tempels und des Volkes

9 Ich sah den Herrn beim Altar stehen. / Er
sagte: Zerschlag den Knauf der Säule, / so-
dass die Tragbalken zittern.
Ich zerschmettere allen den Kopf. / Was dann von
ihnen noch übrig ist, / töte ich mit dem Schwert.
Keiner von ihnen kann entfliehen, / keiner ent-
rinnt, keiner entkommt.
2 Wenn sie in die Totenwelt einbrechen: / meine
Hand packt sie auch dort.
Und wenn sie zum Himmel aufsteigen: / ich hole
sie von dort herunter.
3 Wenn sie sich auf dem Gipfel des Karmel
verstecken: / ich spüre sie dort auf und ergreife
sie.
Wenn sie sich vor mir auf dem Grund des Meeres
verbergen, / dann gebiete ich der Seeschlange, sie
zu beißen.
4 Und wenn sie vor ihren Feinden her in die Gefan-
genschaft ziehen, / dann befehle ich dort dem
Schwert, sie zu töten.
Ich habe meine Augen auf sie gerichtet / zu ihrem
Unheil, nicht zu ihrem Glück.
5 Gott, der Herr der Heere, / er berührt die Erde,
sodass sie vergeht / und all ihre Bewohner voll
Trauer sind,
sodass die ganze Erde sich hebt wie der Nil / und
sich senkt wie der Strom von Ägypten.
6 Er erbaut seine Hallen im Himmel / und gründet
sein Gewölbe auf die Erde;
er ruft das Wasser des Meeres / und gießt es aus
über die Erde – / Jahwe ist sein Name.

1: 2,14–16 • 2: Ps 139,7–12; Jer 23,23f • 5: 8,8 • 6: 5,8

GERICHT UND HEIL: 9,7–15

Erwählung und Gericht

7 Seid ihr für mich mehr als die Kuschiter, ihr Isra-
eliten? – / Spruch des Herrn.
Wohl habe ich Israel aus Ägypten heraufgeführt, /
aber ebenso die Philister aus Kaftor / und die Ara-
mäer aus Kir.
8 Die Augen Gottes, des Herrn, / sind auf das sün-
dige Königreich gerichtet.
Ich lasse es vom Erdboden verschwinden; / doch
ich werde das Haus Jakob nicht völlig vernich-
ten – / Spruch des Herrn.
9 Ja, seht, ich selbst gebe den Befehl, / ich schüttle
unter allen Völkern das Haus Israel,
wie man (Korn) schüttelt in einem Sieb, / ohne
dass ein Stein zu Boden fällt.
10 Alle Sünder meines Volkes / sollen durch das
Schwert umkommen,
alle, die sagen: Das Unheil erreicht uns nicht, / es
holt uns nicht ein.

8: 3,12 • 10: 6,1–6; Jes 28,15

Die Verheißung des künftigen Heils

11 An jenem Tag richte ich die zerfallene Hütte
Davids wieder auf / und bessere ihre Risse aus,
ich richte ihre Trümmer auf / und stelle alles wie-
der her / wie in den Tagen der Vorzeit,
12 damit sie den Rest von Edom unterwerfen / und
alle Völker,
über denen mein Name ausgerufen ist – / Spruch
des Herrn, der das alles bewirkt.
13 Seht, es kommen Tage – Spruch des Herrn –, /
da folgt der Pflüger dem Schnitter auf dem Fuß /
und der Keltertreter dem Sämann;
da triefen die Berge von Wein / und alle Hügel flie-
ßen über.
14 Dann wende ich das Geschick meines Volkes
Israel. / Sie bauen die verwüsteten Städte wieder
auf und wohnen darin;
sie pflanzen Weinberge und trinken den Wein, / sie
legen Gärten an und essen die Früchte.
15 Und ich pflanze sie ein in ihrem Land / und nie
mehr werden sie ausgerissen
aus ihrem Land, das ich ihnen gegeben habe,
spricht der Herr, dein Gott.

11: Apg 15,16f • 12: Num 24,18 • 13: Lev 26,5 • 14: 5,11

DAS BUCH OBADJA

Dieser kürzeste Text des Zwölfprophetenbuches, bestehend aus nur 21 Versen, knapp mit »Vision Obadjas« betitelt, handelt in VV. 1–15 vom Gericht über Edom, ein südlich vom Toten Meer zu beiden Seiten der Araba-Senke wohnendes Volk, das die Patriarchenerzählungen mit Esau, dem Bruder Jakobs, in Verbindung bringen (Gen 36). In V. 15 wird der Gerichtstag über Edom ausgeweitet zum »Tag des Herrn«, der die Völker am Berg Zion scheitern lässt. Nach VV. 17–21 übt Israel Vergeltung an Edom, erobert sein Gebiet und nimmt die frühere Region der Nordstämme bis nach Phönizien hinein in Besitz.

Der Text, wie er uns vorliegt, gibt zur häufig geäußerten Vermutung Anlass, dass die Verse 15ab.16–21 eine spätere Erweiterung des Grundbestands von VV. 1–15 sind, der seinerseits mehrfach wörtlich mit Jer 49,7–22 übereinstimmt. In der Tat muss zwischen Obd 1–15 und Jer 49,7–22 ein Abhängigkeitsverhältnis (zumindest über eine gemeinsame Vorlage) bestehen, wobei der Jeremiatext – vielleicht Ausgestaltung eines Edom-Wortes Jeremias durch einen Redaktor – wohl als der zeitlich spätere anzusehen ist. Die Anklage gegen Edom hat die Teilnahme der Edomiter an der Eroberung Jerusalems (586 v. Chr.) und ihr Einrücken in südjudäisches Gebiet zur Voraussetzung. Dabei wird Edom zum Typus der Feinde Israels (vgl. Ez 25,12f; 35,1–15; Mal 1,2f). Das gibt die Basis für den zweiten Teil mit seiner national- apokalyptischen Einfärbung ab, der wohl erst aus dem 4. Jahrhundert v. Chr. stammt. Die Verkündigung des uns sonst unbekannten Obadja bewegt sich auf der Linie der Heilsprophetie, die die Vergewaltigung Israels durch andere Völker unter das göttliche Gericht stellt.

ÜBERSCHRIFT: 1a

1 Vision Obadjas

DAS GERICHT ÜBER EDOM: 1b–15

Als ein Bote zu den Völkern gesandt wurde mit
dem Ruf: Auf zum Kampf gegen Edom!, da haben
wir vom Herrn eine Kunde gehört.
So spricht Gott, der Herr, zu Edom:
2 Siehe, ich mache dich klein unter den Völkern, /
du wirst tief verachtet sein.
3 Dein vermessener Sinn hat dich betört; / du
wohnst in Felsenklüften,
du sitzt auf dem hohen Berg / und denkst: Wer
stürzt mich hinab?
4 Erhebst du dich auch wie der Adler / und baust
dein Nest zwischen den Sternen, ich stürze dich
von dort hinab / – Spruch des Herrn.
5 Wenn in der Nacht Diebe oder Räuber bei dir einbrechen, / ja, dann bist du verloren.
Stehlen sie nicht, was sie wollen? / Und wenn zu dir
Winzer kommen, / lassen sie eine Nachlese übrig?
6 Wie wird man Esau durchsuchen / und seine Verstecke durchstöbern!
7 Man treibt dich fort an die Grenzen; / alle deine
Bundesgenossen betrügen dich, / deine Freunde
überwältigen dich.
Einst aßen sie dein Brot, / jetzt legen sie dir heimlich eine Schlinge.
8 Ja, an jenem Tag – Spruch des Herrn – / vernichte
ich die Weisen in Edom / und die Klugen im Bergland von Esau.
9 Da packt deine Helden der Schrecken, Teman; /
da werden alle vernichtet im Bergland von Esau.
Wegen des Mordens, /
10 wegen der Gewalttat an Jakob, deinem Bruder,
bedeckt dich die Schande, / wirst du ausgerottet
für immer.
11 Als die Fremden sein Heer gefangen nahmen, /

als die Feinde seine Tore besetzten / und das Los
warfen über Jerusalem, / da standest du dabei, / du
wurdest wie einer von ihnen.
12 Sei nicht schadenfroh am Tag deines Bruders, /
am Tag seines Unheils! / Freu dich nicht über Judas
Söhne / am Tag ihres Untergangs!
Reiß deinen Mund nicht so auf / am Tag der Not!
13 Dring nicht ein in das Tor meines Volkes / am
Tag seines Unglücks!
Sei nicht auch du schadenfroh über sein Unheil /
am Tag seines Unglücks!
Streck nicht die Hand aus nach seinem Gut / am
Tag seines Unglücks!
14 Stell dich nicht an der Wegkreuzung auf, / um
die Fliehenden niederzumachen.
Liefere die Flüchtlinge nicht aus / am Tag der Not!
15 Denn er ist nahe, der Tag des Herrn, / für alle
Völker.
Was du getan hast, das tut man dir an; / dein Tun
fällt zurück auf dich selbst.

1b–4: Jer 49,14–16 • 5: Jer 49,9 • 6: Jer 49,10 • 7: Ps 41,10 • 8: Jer 49,7 • 9: Jer 49,22 • 10: Joël 4,19; Am 1,11f • 11: Ps 137,7

DAS GERICHT ÜBER DIE ANDEREN VÖLKER: 16

16 Ja, wie ihr getrunken habt auf meinem heiligen
Berg, / so müssen alle Völker jetzt unaufhörlich
trinken:
Sie trinken und taumeln, / sie werden, als seien sie
niemals gewesen.

16: Klgl 4,21

DIE RETTUNG ISRAELS: 17–21

17 Auf dem Berg Zion aber gibt es Rettung, / er wird
ein Heiligtum sein / und das Haus Jakob nimmt
die in Besitz, / die es besetzten.
18 Dann wird das Haus Jakob zu Feuer / und das
Haus Josef zur Flamme.
Das Haus Esau wird zum Stroh, / das vom Brand
erfasst und verzehrt wird.
Und vom Haus Esau wird keiner entkommen. /
Denn der Herr hat gesprochen.
19 Den Negeb nehmen sie in Besitz, / das Bergland
von Esau, / die Schefela und das Land der Philister.
Sie nehmen Efraims Flur in Besitz / und die Fluren von Samarien, Benjamin und Gilead.
20 Die Verbannten von Halach, Söhne Israels, /
nehmen das Land der Kanaaniter in Besitz bis
nach Sarepta;
die Verbannten Jerusalems, die in Sefarad sind, /
besetzen die Städte des Negeb.
21 Befreier ziehen auf den Berg Zion, / um Gericht
zu halten über das Bergland von Esau. / Und der
Herr wird herrschen als König.

17: Joël 3,5 • 21: Mi 4,7; Ps 22,29

DAS BUCH JONA

Das Buch Jona ist keine Prophetenschrift, sondern eine Lehrerzählung über den in 2 Kön 14,25 erwähnten Propheten Jona. Der Verfasser ist unbekannt, ist aber wegen des Spätcharakters seiner Sprache und wegen der Bezugnahme auf die ihm bereits vorliegende Heilige Schrift unter den Schriftgelehrten des 4. bis 3. Jahrhunderts v. Chr. zu suchen.

Diese theologisch außerordentlich bedeutsame Parabel will nicht historisch ausgelegt werden, weil sie offensichtlich jeden geschichtlichen Rahmen sprengt. Das 612 v. Chr. zerstörte Ninive ist bereits zum Typus der gottfeindlichen Stadt geworden, die aber – anders als Jerusalem – nach einem einzigen Tag prophetischer Predigt sich bekehrt und Buße tut (vgl. 3,4f). Im ganzen Verlauf der Erzählung reiht sich Wunder an Wunder, womit Gott den engstirnigen und widerspenstigen Jona zwingt, dem göttlichen Willen zum universalen Erbarmen zu dienen. Am Ende ist Gott sogar nachsichtig gegenüber seinem eigenartigen Propheten.

Auch Parabeln können, ähnlich wie die Gleichnisse Jesu im Neuen Testament, eine bedeutsame Gottesbotschaft verkünden. Das Buch Jona ist einschließlich des Dankpsalms für die rettende Bergung im Bauch des Fisches (Kap. 2) ein inspiriertes Lehrzeugnis für den alle Schranken durchbrechenden allgemeinen Heilswillen Gottes, den auch seine Berufenen nicht eigenmächtig einschränken dürfen. Wenn Mt 12,41 und Lk 11,29–32 die Bekehrung der Niniviten als nachzuahmendes Beispiel hinstellen und Mt 12,40 die Erzählung von Jona im Bauch des Fisches auf Jesu Begräbnis und Auferstehung hindeuten lässt, folgt daraus nicht die Geschichtlichkeit des Buches Jona, vielmehr seine große theologische Bedeutung.

DIE BERUFUNG JONAS: 1,1–2

1 Das Wort des Herrn erging an Jona, den Sohn
Amittais: 2 Mach dich auf den Weg und geh
nach Ninive, in die große Stadt, und droh ihr
(das Strafgericht) an! Denn die Kunde von ihrer
Schlechtigkeit ist bis zu mir heraufgedrungen.

1: 2 Kön 14,25

JONAS FLUCHT: 1,3–16

3 Jona machte sich auf den Weg; doch er wollte
nach Tarschisch fliehen, weit weg vom Herrn. Er
ging also nach Jafo hinab und fand dort ein Schiff,
das nach Tarschisch fuhr. Er bezahlte das Fahrgeld
und ging an Bord, um nach Tarschisch mitzufahren, weit weg vom Herrn.
4 Aber der Herr ließ auf dem Meer einen heftigen
Wind losbrechen; es entstand ein gewaltiger Seesturm und das Schiff drohte auseinanderzubrechen.
5 Die Seeleute bekamen Angst und jeder
schrie zu seinem Gott um Hilfe. Sie warfen sogar
die Ladung ins Meer, damit das Schiff leichter
wurde.
Jona war in den untersten Raum des Schiffes hinabgestiegen, hatte sich hingelegt und schlief fest.
6 Der Kapitän ging zu ihm und sagte: Wie kannst
du schlafen? Steh auf, ruf deinen Gott an; vielleicht
denkt dieser Gott an uns, sodass wir nicht untergehen.
7 Dann sagten sie zueinander: Kommt, wir
wollen das Los werfen, um zu erfahren, wer an diesem unserem Unheil schuld ist. Sie warfen das Los
und es fiel auf Jona.
8 Da fragten sie ihn: Sag uns,
was treibst du für ein Gewerbe und woher kommst
du, aus welchem Land und aus welchem Volk?
9 Er
antwortete ihnen: Ich bin ein Hebräer und verehre
Jahwe, den Gott des Himmels, der das Meer und

das Festland gemacht hat. 10 Da bekamen die Män-
ner große Angst und sagten zu ihm: Warum hast
du das getan? Denn sie erfuhren, dass er vor Jahwe
auf der Flucht war; er hatte es ihnen erzählt. 11 Und
sie sagten zu ihm: Was sollen wir mit dir machen,
damit das Meer sich beruhigt und uns verschont?
Denn das Meer wurde immer stürmischer. 12 Jona
antwortete ihnen: Nehmt mich und werft mich ins
Meer, damit das Meer sich beruhigt und euch ver-
schont. Denn ich weiß, dass dieser gewaltige
Sturm durch meine Schuld über euch gekommen
ist. 13 Die Männer aber ruderten mit aller Kraft, um
wieder an Land zu kommen; doch sie richteten
nichts aus, denn das Meer stürmte immer heftiger
gegen sie an. 14 Da riefen sie zu Jahwe: Ach Herr,
lass uns nicht untergehen wegen dieses Mannes
und rechne uns, was wir jetzt tun, nicht als Verge-
hen an unschuldigem Blut an. Denn wie du woll-
test, Herr, so hast du gehandelt. 15 Dann nahmen
sie Jona und warfen ihn ins Meer und das Meer
hörte auf zu toben. 16 Da ergriff die Männer große
Furcht vor Jahwe und sie schlachteten für Jahwe
ein Opfer und machten ihm viele Gelübde.

4: Ps 107,23–30; Mk 4,37–41; Apg 27,18 • 16: Mk 4,41

DIE RETTUNG DES PROPHETEN: 2,1–11

2 Der Herr aber schickte einen großen Fisch,
der Jona verschlang. Jona war drei Tage und
drei Nächte im Bauch des Fisches 2 und er betete
im Bauch des Fisches zum Herrn, seinem Gott:
3 In meiner Not rief ich zum Herrn / und er erhörte
mich.
Aus der Tiefe der Unterwelt schrie ich um Hilfe /
und du hörtest mein Rufen.
4 Du hast mich in die Tiefe geworfen, / in das Herz
der Meere;
mich umschlossen die Fluten, / all deine Wellen
und Wogen schlugen über mir zusammen.
5 Ich dachte: Ich bin aus deiner Nähe verstoßen. /
Wie kann ich deinen heiligen Tempel wieder
erblicken?
6 Das Wasser reichte mir bis an die Kehle, / die Ur-
flut umschloss mich; / Schilfgras umschlang mei-
nen Kopf.
7 Bis zu den Wurzeln der Berge, / tief in die Erde
kam ich hinab; / ihre Riegel schlossen mich ein für
immer.
Doch du holtest mich lebendig aus dem Grab he-
rauf, / Herr, mein Gott.
8 Als mir der Atem schwand, dachte ich an den
Herrn / und mein Gebet drang zu dir, / zu deinem
heiligen Tempel.
9 Wer nichtige Götzen verehrt, / der handelt treu-
los.
10 Ich aber will dir opfern / und laut dein Lob ver-
künden.
Was ich gelobt habe, will ich erfüllen. / Vom Herrn
kommt die Rettung.
11 Da befahl der Herr dem Fisch, Jona ans Land zu
speien.

3: Ps 130,1; Klgl 3,55 • 4: Ps 42,8 • 5: Ps 31,23 • 6: Ps 69,2f •
7: Ps 40,3; 30,4 • 8: Ps 18,7 • 9: Ps 31,7 • 10: Ps 22,26; 116,17f

JONA IN NINIVE: 3,1–10

3 Das Wort des Herrn erging zum zweiten Mal
an Jona: 2 Mach dich auf den Weg und geh
nach Ninive, in die große Stadt, und droh ihr all
das an, was ich dir sagen werde. 3 Jona machte sich
auf den Weg und ging nach Ninive, wie der Herr
es ihm befohlen hatte. Ninive war eine große Stadt
vor Gott; man brauchte drei Tage, um sie zu
durchqueren. 4 Jona begann, in die Stadt hinein-
zugehen; er ging einen Tag lang und rief: Noch
vierzig Tage und Ninive ist zerstört! 5 Und die
Leute von Ninive glaubten Gott. Sie riefen ein
Fasten aus und alle, Groß und Klein, zogen Buß-
gewänder an. 6 Als die Nachricht davon den König
von Ninive erreichte, stand er von seinem Thron
auf, legte seinen Königsmantel ab, hüllte sich in
ein Bußgewand und setzte sich in die Asche. 7 Er
ließ in Ninive ausrufen: Befehl des Königs und
seiner Großen: Alle Menschen und Tiere, Rinder,

Schafe und Ziegen, sollen nichts essen, nicht wei-
den und kein Wasser trinken. 8 Sie sollen sich in
Bußgewänder hüllen, Menschen und Tiere. Sie
sollen laut zu Gott rufen und jeder soll umkehren
und sich von seinen bösen Taten abwenden und
von dem Unrecht, das an seinen Händen klebt.
9 Wer weiß, vielleicht reut es Gott wieder und er
lässt ab von seinem glühenden Zorn, sodass wir
nicht zugrunde gehen. 10 Und Gott sah ihr Verhal-
ten; er sah, dass sie umkehrten und sich von ihren
bösen Taten abwandten. Da reute Gott das Unheil,
das er ihnen angedroht hatte, und er führte die
Drohung nicht aus.

5: Mt 12,41; Lk 11,30.32 • 6: Ez 26,16 • 9: Jer 18,8; Joël 2,14; Am 5,15

DIE BELEHRUNG DES PROPHETEN: 4,1–11

4 Das missfiel Jona ganz und gar und er wurde
zornig. 2 Er betete zum Herrn und sagte: Ach
Herr, habe ich das nicht schon gesagt, als ich noch
daheim war? Eben darum wollte ich ja nach Tar-
schisch fliehen; denn ich wusste, dass du ein gnä-
diger und barmherziger Gott bist, langmütig und
reich an Huld und dass deine Drohungen dich
reuen. 3 Darum nimm mir jetzt lieber das Leben,
Herr! Denn es ist für mich besser zu sterben als zu
leben. 4 Da erwiderte der Herr: Ist es recht von dir,
zornig zu sein?

5 Da verließ Jona die Stadt und setzte sich östlich
vor der Stadt nieder. Er machte sich dort ein Laub-
dach und setzte sich in seinen Schatten, um abzu-
warten, was mit der Stadt geschah. 6 Da ließ Gott,
der Herr, einen Rizinusstrauch über Jona empor-
wachsen, der seinem Kopf Schatten geben und sei-
nen Ärger vertreiben sollte. Jona freute sich sehr
über den Rizinusstrauch. 7 Als aber am nächsten
Tag die Morgenröte heraufzog, schickte Gott ei-
nen Wurm, der den Rizinusstrauch annagte, so-
dass er verdorrte. 8 Und als die Sonne aufging,
schickte Gott einen heißen Ostwind. Die Sonne
stach Jona auf den Kopf, sodass er fast ohnmäch-
tig wurde. Da wünschte er sich den Tod und sagte:
Es ist besser für mich zu sterben als zu leben. 9 Gott
aber fragte Jona: Ist es recht von dir, wegen des
Rizinusstrauches zornig zu sein? Er antwortete: Ja,
es ist recht, dass ich zornig bin und mir den Tod
wünsche. 10 Darauf sagte der Herr: Dir ist es leid
um den Rizinusstrauch, für den du nicht gearbei-
tet und den du nicht großgezogen hast. Über
Nacht war er da, über Nacht ist er eingegangen.
11 Mir aber sollte es nicht leid sein um Ninive, die
große Stadt, in der mehr als hundertzwanzigtau-
send Menschen leben, die nicht einmal rechts und
links unterscheiden können – und außerdem so
viel Vieh?

2: Ex 34,6; Joël 2,13 • 3: 1 Kön 19,4.

DAS BUCH MICHA

In seiner jetzigen Gestalt hat das Buch Micha mit seinen sieben Kapiteln insofern einen durchsichtigen Aufbau, als zweimal auf Gerichtsankündigungen (Kap. 1 – 3 und 6,1 – 7,7) Heilsaussagen folgen (4,1 – 5,14 und 7,8–20). Nach heute vorherrschender Auffassung ist diese Gestalt des Buches erst das Ergebnis einer mit Einschüben und Zusätzen arbeitenden Redaktion. In der Bestimmung der echten Michatexte gehen die Meinungen allerdings auseinander. Kap. 1 – 3 sind mit Ausnahme von 2,12f sicher Micha zuzuschreiben. In Kap. 4 – 7 stammen 4,1–5 (= Jes 2,2–5); 5,6–8 und 7,8–20 mit hoher Wahrscheinlichkeit nicht von Micha. Von den übrigen Texten stammt 4,14 – 5,5 (»Der messianische Herrscher«) mit Ausnahme von 4b.5a mit großer Wahrscheinlichkeit von Micha; dasselbe gilt für 5,9–14 und 6,1 – 7,7.

Da 1,2–7 gegen Samaria gesprochen ist, hat Micha seine Tätigkeit vor dem Untergang Samarias im Jahr 722 v. Chr. begonnen. Dafür spricht auch die Überschrift in 1,1. Die Klage über Juda in 1,8–16, deren Text schlecht erhalten ist, hat wohl die Ereignisse von 701 v. Chr., den Einfall des Assyrers Sanherib, zum Hintergrund. Jer 26,17–19 bezeugt, dass Micha unter König Hiskija (etwa 728–699 v. Chr.) den Untergang Jerusalems und des Tempels (vgl. 3,12) angekündigt hat. Micha ist also ein jüngerer Zeitgenosse Jesajas.

Der Prophet stammt aus Moreschet-Gat südwestlich von Jerusalem und gehört augenscheinlich zur dortigen Bauernschaft. Seiner Herkunft nach ist er also mit Amos vergleichbar. Auch in seiner Verkündigung steht er dem Propheten aus Tekoa nahe. Er klagt durchweg die Oberschicht von Jerusalem und Juda an und zeiht sie des Rechtsbruchs (3,1 – 4.9–12) und auch der Besitzgier (2,1–3.6–11). Den Propheten und Priestern wirft er Bestechlichkeit vor (3,5–8). Die beklagten Zustände fordern das Gericht Gottes heraus. Dieses wird selbst den Tempel nicht verschonen (3,12). Aus der Kritik am Jerusalemer Königtum ist wohl der Rückgriff auf die Erwartung eines neuen »David aus Betlehem« (5,1–4) zu begreifen, die im Neuen Testament in Mt 2,6 (vgl. Joh 7,42) als in Jesus erfüllt verkündigt wird. In 6,8 wird in lapidarer Kürze die ideale Partnerschaft mit Gott gekennzeichnet als »Recht tun, Güte und Treue lieben, in Ehrfurcht den Weg gehen mit deinem Gott«. Hier wird die Weisung der Zehn Gebote und der Propheten Amos, Hosea und Jesaja zu einem großartigen Vermächtnis auch an das neue Gottesvolk zusammengefasst.

ÜBERSCHRIFT: 1,1

1 Das Wort des Herrn, das an Micha aus Moreschet erging in der Zeit, als Jotam, Ahas und Hiskija Könige von Juda waren; er hörte es in Visionen über Samaria und Jerusalem.

DIE DROHREDEN: 1,2 – 3,12

Gegen Samaria

2 Hört, alle ihr Völker, / horch auf, Erde, und alles, was sie erfüllt:
Gott, der Herr, tritt als Zeuge gegen euch auf, / der Herr tritt heraus aus seinem heiligen Palast.
3 Seht, der Herr verlässt seinen erhabenen Ort, / er steigt herab und schreitet dahin / über die Höhen der Erde.
4 Die Berge zerschmelzen unter ihm / wie Wachs in der Hitze des Feuers;
die Talgründe werden aufgerissen, / wie wenn Wasser den Abhang herabstürzt.
5 Das alles geschieht wegen Jakobs Vergehen / und wegen der Sünde des Hauses Israel.
Was ist Jakobs Vergehen? / Ist es nicht Samaria?

Und was ist die Sünde Judas? / Ist es nicht Jerusa-
lem?
6 Darum mache ich Samaria zu einem Trümmer-
feld, / zu einem Acker, auf dem man Reben pflanzt.
Ich stürze seine Steine zu Tal / und lege seine
Grundmauern bloß.
7 Alle seine geschnitzten Bilder werden zerschla-
gen, / alle seine Weihegaben im Feuer verbrannt, /
alle seine Götzen zerstöre ich.
Denn mit Dirnenlohn wurden sie zusammenge-
kauft / und zu Dirnenlohn werden sie wieder.

2: Ps 49,2 • 3: Jes 26,21; Am 4,13 • 4: Ps 97,5 • 6: 3,12

Die Klage des Propheten

8 Klagen muss ich und jammern, / barfuß und
nackt gehe ich umher;
ich erhebe ein Geheul wie die Schakale, / ein Kla-
gegeschrei wie die Strauße.
9 Denn unheilbar ist die Wunde meines Volkes; /
sie reicht bis nach Juda,
bis zum Tor meines Volkes, / bis hin nach Jerusa-
lem.
10 Meldet es nicht in Gat! / Weint nicht in Akko! /
Wälzt euch im Staub in Bet-Leafra!
11 Zieht fort, ihr Bewohner von Schafir! / Die Ein-
wohner Zaanans sind schändlich entblößt / und
können ihre Stadt nicht verlassen.
Es klagt Bet-Ezel. / Er nimmt euch jede Stütze weg.
12 Ja, die Einwohner von Marot bangen um ihr
Wohl; / denn vom Herrn kam Unheil herab / auf
Jerusalems Tore.
13 Spannt die Pferde vor die Wagen, / ihr Einwoh-
ner von Lachisch!
Ja, das war der Anfang der Sünde der Tochter
Zion; / denn in dir trat die Gottlosigkeit Israels zu-
tage.
14 Darum musst du dich trennen von Moreschet-
Gat. / Die Häuser von Achsib werden für Israels
Könige eine große Enttäuschung.
15 Wieder soll der Eroberer über euch herfallen, /
ihr Einwohner von Marescha; / bis nach Adullam
bringt man die Herrlichkeit Israels.
16 Scher dich kahl, Tochter Zion, / trauere über
deine geliebten Kinder!
Scher dir eine Glatze, / so kahl wie die eines Gei-
ers; / denn man hat deine Kinder verschleppt.

8: 2 Sam 15,30; Jes 20,2 • 16: Jer 7,29

Gegen die Habsucht der Reichen

2 Weh denen, die auf ihrem Lager Unheil pla-
nen / und Böses ersinnen.
Wenn es Tag wird, führen sie es aus; / denn sie
haben die Macht dazu.
2 Sie wollen Felder haben / und reißen sie an sich, /
sie wollen Häuser haben / und bringen sie in ihren
Besitz.
Sie wenden Gewalt an gegen den Mann und sein
Haus, / gegen den Besitzer und sein Eigentum.
3 Darum – so spricht der Herr: / Seht, ich plane
Unheil gegen diese Sippe.
Dann könnt ihr den Hals / nicht mehr aus der
Schlinge ziehen
und ihr werdet den Kopf nicht mehr so hoch tra-
gen; / denn es wird eine böse Zeit sein.
4 An jenem Tag singt man ein Spottlied auf euch /
und es ertönt die Klage: / Vernichtet sind wir, ver-
nichtet!
Den Besitz seines Volkes veräußert der Herr / und
niemand gibt ihn zurück; / an Treulose verteilt er
unsere Felder.
5 Darum wird in der Gemeinde des Herrn keiner
mehr sein, / der euch einen Acker zuteilt mit der
Messschnur.
6 Sie geifern: Prophezeit nicht!, und sagen: / Man
soll nicht prophezeien: / Diese Schmach wird nicht
enden.
7 Ist etwa das Haus Jakob verflucht? / Hat der Herr
die Geduld verloren? / Sind das seine Taten?
Sind seine Worte nicht voll Güte / gegenüber dem,
der geradeaus geht?
8 Gestern noch war es mein Volk, / jetzt steht es da
als mein Feind.
Friedlichen Menschen reißt ihr den Mantel he-
runter, / arglose Wanderer nehmt ihr gefangen, als
wäre Krieg.
9 Die Frauen meines Volkes vertreibt ihr / aus
ihrem behaglichen Heim,
ihren Kindern nehmt ihr für immer / mein herr-
liches Land.
10 (Ihr sagt:) Auf, fort mit euch! / Hier ist für euch
kein Ort der Ruhe mehr.
Wegen einer Kleinigkeit pflegt ihr zu pfänden; /
diese Pfändung ist grausam.
11 Würde einer sich nach dem Wind drehen / und
dir vorlügen:

Ich prophezeie dir Wein und Bier!, / das wäre ein
Prophet für dieses Volk.

1: Ps 36,5 • 2: Jes 5,8 • 3: Am 5,13 • 6: Jes 30,10 • 8: Dtn 24,12f •
11: Jer 5,31

Die Rettung Israels

12 Ich werde ganz Jakob versammeln, / den Rest
von Israel will ich vereinen.
Ich führe sie zusammen wie die Schafe im Pferch, /
wie die Herde mitten auf der Weide – / eine
wogende Menschenmenge.
13 Ein Vorkämpfer bricht ihnen die Bahn, / sie bre-
chen durch das Tor in die Stadt ein; / dann ziehen
sie weiter.
Ihr König geht vor ihnen her, / der Herr schreitet
an ihrer Spitze.

Gegen die Rechtsbrecher

3 Ich habe gesagt:
Hört doch, ihr Häupter Jakobs / und ihr
Richter aus dem Haus Israel!
Ist es nicht eure Pflicht, das Recht zu kennen? /
2a Sie aber hassen das Gute und lieben das Böse.
3 Sie fressen mein Volk auf, / sie ziehen den Leuten
die Haut ab / und zerbrechen ihnen die Knochen;
sie zerlegen sie wie Fleisch für den Kochtopf, / wie
Braten für die Pfanne.
2b Darum zieht man auch ihnen die Haut ab / und
reißt ihnen das Fleisch von den Knochen.
4 Dann werden sie zum Herrn schreien; / er aber
wird ihnen nicht antworten.
Er wird sein Angesicht vor ihnen verbergen; / denn
ihre Taten sind böse.

1: 3,9 • 2a: Jes 5,20 • 4: Jer 11,11; Dtn 31,17f

Gegen die habgierigen Propheten

5 So spricht der Herr gegen die Propheten: / Sie
verführen mein Volk.
Haben sie etwas zu beißen, / dann rufen sie: Friede!
Wer ihnen aber nichts in den Mund steckt, / dem
sagen sie den Heiligen Krieg an.
6 Darum kommt die Nacht über euch, / in der ihr
keine Visionen mehr habt,
und die Finsternis, / in der ihr nicht mehr wahr-
sagen könnt.
Die Sonne geht unter für diese Propheten / und
der Tag wird schwarz über ihnen.
7 Die Seher werden zuschanden, / die Wahrsager
müssen sich schämen.
Sie müssen alle ihren Bart verhüllen; / denn Gottes
Antwort bleibt aus.
8 Ich aber, ich bin voller Kraft, / ich bin erfüllt vom
Geist des Herrn, / voll Eifer für das Recht und voll
Mut,
Jakob seine Vergehen vorzuhalten / und Israel
seine Sünden.

Gegen die bestechlichen Führer Israels

9 Hört doch, ihr Häupter des Hauses Jakob / und
ihr Richter aus dem Haus Israel!
Ihr verabscheut das Recht / und macht alles
krumm, was gerade ist.
10 Ihr erbaut Zion mit Blut / und Jerusalem mit
lauter Unrecht.
11 Die Häupter dieser Stadt sprechen Recht / und
nehmen dafür Geschenke an, / ihre Priester lehren
gegen Bezahlung.
Ihre Propheten wahrsagen für Geld / und doch
berufen sie sich auf den Herrn und sagen:
Ist nicht der Herr in unserer Mitte? / Kein Unheil
kann über uns kommen.
12 Darum wird Zion euretwegen / zum Acker, den
man umpflügt,
Jerusalem wird zu einem Trümmerhaufen, / der
Tempelberg zur überwucherten Höhe.

9: 3,1; Am 5,7 • 10: Hab 2,12 • 11: Jes 1,23 • 12: Jer 26,18; Mi 1,6

DIE VERHEISSUNGEN: 4,1 – 5,14

Die Völkerwallfahrt zum Zion

4 Am Ende der Tage wird es geschehen: / Der
Berg mit dem Haus des Herrn / steht fest ge-
gründet als höchster der Berge;
er überragt alle Hügel. / Zu ihm strömen die Völ-
ker.
2 Viele Nationen machen sich auf den Weg. / Sie
sagen: Kommt,

wir ziehen hinauf zum Berg des Herrn / und zum
Haus des Gottes Jakobs.
Er zeige uns seine Wege, / auf seinen Pfaden wol-
len wir gehen.
Denn von Zion kommt die Weisung, / aus Jerusa-
lem kommt das Wort des Herrn.
3 Er spricht Recht im Streit vieler Völker, / er weist
mächtige Nationen zurecht [bis in die Ferne].
Dann schmieden sie Pflugscharen aus ihren
Schwertern / und Winzermesser aus ihren Lanzen.
Man zieht nicht mehr das Schwert, Volk gegen
Volk, / und übt nicht mehr für den Krieg.
4 Jeder sitzt unter seinem Weinstock / und unter
seinem Feigenbaum
und niemand schreckt ihn auf. / Ja, der Mund des
Herrn der Heere hat gesprochen.
5 Denn alle Völker gehen ihren Weg, / jedes ruft
den Namen seines Gottes an;
wir aber gehen unseren Weg im Namen Jahwes,
unseres Gottes, / für immer und ewig.

4,1–4 || Jes 2,2–4

Die Bedrohung und Rettung Zions

6 An jenem Tag – Spruch des Herrn – / will ich ver-
sammeln, was hinkt,
und zusammenführen, was versprengt ist, / und
alle, denen ich Böses zugefügt habe.
7 Ich mache die Hinkenden zum (heiligen) Rest /
und die Schwachen zu einem mächtigen Volk.
Und der Herr wird ihr König sein auf dem Berg
Zion / von da an auf ewig.
8 Und du, (schützender) Turm für die Herde, / Fel-
senhöhe der Tochter Zion,
du erhältst wieder die Herrschaft wie früher, / das
Königtum kommt wieder zur Tochter Jerusalem.
9 Jetzt aber, warum schreist du so laut? / Gibt es kei-
nen König bei dir?
Ist kein Berater mehr da, / dass dich Wehen ergrei-
fen wie eine gebärende Frau?
10 Winde dich, stöhne, Tochter Zion, / wie eine ge-
bärende Frau!
Denn jetzt musst du hinaus aus der Stadt, / auf
freiem Feld musst du wohnen.
Du musst fort bis nach Babel. / Dort wirst du ge-
rettet,
dort wird der Herr dich loskaufen / aus der Hand
deiner Feinde.
11 Jetzt versammeln sich viele Völker gegen dich /
und sagen: Zion wird entweiht / und unser Auge
soll sich daran weiden.
12 Aber sie kennen nicht die Gedanken des Herrn /
und verstehen nicht seine Absicht:
dass er sie sammeln wollte / wie Garben auf einer
Tenne.
13 Steh auf, um zu dreschen, Tochter Zion! / Denn
ich gebe dir Hörner aus Eisen / und mache dir
bronzene Hufe,
damit du viele Völker zermalmst / und ihren
Besitz dem Herrn weihst, / ihren Reichtum dem
Herrn der ganzen Erde.

6: Ez 34,12–16; Zef 3,19 • 12: Jes 55,8f

Der messianische Herrscher

14 Jetzt ritze dich wund, Tochter der Trauer! / Wir
werden von Feinden belagert;
sie schlagen dem Richter Israels / mit dem Stock
ins Gesicht.
5 Aber du, Betlehem-Efrata, / so klein unter
den Gauen Judas,
aus dir wird mir einer hervorgehen, / der über
Israel herrschen soll.
Sein Ursprung liegt in ferner Vorzeit, / in längst
vergangenen Tagen.
2 Darum gibt der Herr sie preis, / bis die Gebärende
einen Sohn geboren hat.
Dann wird der Rest seiner Brüder heimkehren / zu
den Söhnen Israels.
3 Er wird auftreten und ihr Hirt sein / in der Kraft
des Herrn, / im hohen Namen Jahwes, seines Got-
tes.
Sie werden in Sicherheit leben; / denn nun reicht
seine Macht / bis an die Grenzen der Erde.
4 Und er wird der Friede sein. / [Wenn Assur in
unser Land einfällt / und in unsere Paläste ein-
dringt,
stellen wir ihm sieben Hirten entgegen / und acht
fürstliche Männer.
5 Sie werden das Land Assur / mit dem Schwert
regieren,
Nimrods Land mit gezückter Waffe.] / Er wird uns
vor Assur retten,
wenn es unser Land überfällt / und in unser Gebiet
eindringt.

5,1: Jes 11,1 • 2: Jes 7,14; 9,5

Der heilige Rest
[6] Dann ist der Rest Jakobs inmitten vieler Völker /
wie der Tau, der vom Herrn kommt, / wie der Re-
gen, der auf die Pflanzen fällt,
der auf niemand angewiesen ist / und auf keinen
Menschen zu warten braucht.
[7] Unter den Nationen, inmitten vieler Völker, / ist
dann der Rest Jakobs
wie der Löwe unter den Tieren im Wald, / wie der
junge Löwe unter den Schafen im Pferch:
Wenn er einbricht, / schlägt er zu und zerreißt sie /
und niemand ist da, der sie rettet.
[8] Du wirst die Hand gegen deine Feinde erheben /
und alle deine Gegner werden ausgerottet.
[9] An jenem Tag – Spruch des Herrn – / werde ich
die Pferde in deiner Mitte vernichten / und deine
Kriegswagen zerstören.
[10] Ich vernichte die Städte in deinem Land / und
reiße alle deine Festungen nieder.
[11] Ich vernichte die Zaubermittel in deiner Hand /
und es wird bei dir keine Zeichendeuter mehr ge-
ben.
[12] Ich vernichte deine Götterbilder / und deine ge-
weihten Steinmale
und du wirst dich nicht mehr niederwerfen / vor
dem Werk deiner Hände.
[13] Die Kultpfähle in deiner Mitte reiße ich aus / und
zerstöre deine Städte.
[14] In meinem glühenden Zorn nehme ich Rache /
an den Völkern, die nicht gehorchen.

6: Hos 14,6 • 9: Sach 9,10 • 13: Ex 23,24

WEITERE DROHREDEN: 6,1 – 7,7

Gottes Forderung an sein Volk
6 Hört doch, was der Herr sagt: / Auf, tritt an
zum Rechtsstreit!
Die Berge sollen Zeugen sein, / die Hügel sollen
deine Worte hören.
[2] Hört zu, ihr Berge, beim Rechtsstreit des Herrn, /
gebt Acht, ihr Fundamente der Erde!
Denn der Herr hat einen Rechtsstreit mit seinem
Volk, / er geht mit Israel ins Gericht:
[3] Mein Volk, was habe ich dir getan, / oder womit
bin ich dir zur Last gefallen? / Antworte mir!
[4] Ich habe dich doch aus Ägypten heraufgeführt /
und dich freigekauft aus dem Sklavenhaus.
Ich habe Mose vor dir hergesandt / und Aaron und
Mirjam.
[5] Mein Volk, denk daran, / was Balak plante, der
König von Moab, / und was ihm Bileam antwor-
tete, der Sohn Beors;
denk an den Zug von Schittim nach Gilgal / und
erkenne die rettenden Taten des Herrn.
[6] Womit soll ich vor den Herrn treten, / wie mich
beugen vor dem Gott in der Höhe?
Soll ich mit Brandopfern vor ihn treten, / mit ein-
jährigen Kälbern?
[7] Hat der Herr Gefallen an Tausenden von Wid-
dern, / an zehntausend Bächen von Öl?
Soll ich meinen Erstgeborenen hingeben für mei-
ne Vergehen, / die Frucht meines Leibes für meine
Sünde?
[8] Es ist dir gesagt worden, Mensch, was gut ist / und
was der Herr von dir erwartet:
Nichts anderes als dies: Recht tun, / Güte und
Treue lieben, / in Ehrfurcht den Weg gehen mit
deinem Gott.

1: Jes 3,13–15; Hos 4,1–3 • 4: Dtn 5,6; 1 Sam 12,6 • 5: Num 22– 4; Mi 7,9 • 7: Lev 18,21 • 8: Am 5,21–26; Hos 2,21; 6,6

Gerichtsrede gegen Jerusalem
[9] Horcht! Der Herr ruft der Stadt zu: / [Klug ist es,
deinen Namen zu fürchten.] / Hört, ihr Bürger
und Räte der Stadt!
[10] Kann ich die ungerecht erworbenen Schätze
vergessen, / du Haus voller Unrecht, / und das ge-
schrumpfte Maß, das verfluchte?
[11] Soll ich die gefälschte Waage ungestraft lassen /
und den Beutel mit den falschen Gewichten?
[12] Ja, die Reichen in der Stadt / kennen nichts als
Gewalttat,
ihre Einwohner belügen einander, / jedes Wort, das
sie sagen, ist Betrug.
[13] Deshalb hole ich aus, um dich zu schlagen / und
dich wegen deiner Sünden in Schrecken zu stürzen.

14 Du wirst essen, doch du wirst nicht satt; /
Schwindel wird dich befallen.
Was du beiseite schaffst, rettest du nicht; / was du
rettest, übergebe ich dem Schwert.
15 Du wirst säen, aber nicht ernten; / du wirst Oli-
ven pressen, / aber dich mit dem Öl nicht salben;
du wirst Trauben keltern, / aber den Wein nicht
trinken.
16 Du hast dich nach Omris Gesetzen gerichtet /
und nach all den bösen Taten des Hauses Ahab; /
nach ihren Ratschlägen habt ihr gelebt.
Darum mache ich dich zur schauerlichen Wüste /
und deine Bewohner zum Gespött. / Ihr müsst es
ertragen, dass euch die Völker verhöhnen.

10: Am 8,5 • 14: Hos 4,10 • 15: Dtn 28,30–33 • 16: Ez 36,15; Hos 5,9; Zef 2,15

Die Klage des Propheten über sein Volk

7 Weh mir! Es geht mir wie nach der Obst-
ernte, / wie bei der Nachlese im Weinberg:
Keine Traube ist mehr da zum Essen, / keine von
den Frühfeigen, die mein Herz begehrt.
2 Verschwunden sind die Treuen im Land, / kein
Redlicher ist mehr unter den Menschen.
Alle lauern auf Blut, / einer macht Jagd auf den
andern.
3 Sie trachten nach bösem Gewinn / und lassen
sich's gut gehen:
Die hohen Beamten fordern Geschenke, / die
Richter sind für Geld zu haben
und die Großen entscheiden nach ihrer Hab-
gier – / so verdrehen sie das Recht.
4 Noch der Beste unter ihnen ist wie eine Distel, /
der Redlichste ist schlimmer als Dornengestrüpp.
Doch der Tag deiner Bestrafung kommt; / dann
werden alle bestürzt sein.
5 Traut eurem Nachbarn nicht, / verlasst euch nicht
auf den Freund! / Hüte deinen Mund vor der Frau
in deinen Armen!
6 Denn der Sohn verachtet den Vater, / die Tochter
stellt sich gegen die Mutter,
die Schwiegertochter gegen die Schwiegermut-
ter; / jeder hat die eigenen Hausgenossen zum
Feind.
7 Ich aber schaue aus nach dem Herrn, / ich warte
voll Vertrauen auf Gott, meinen Retter. / Mein
Gott wird mich erhören.

2: Ps 14,1–3; Jer 5,1 • 3: Jer 4,22 • 6: Mt 10,35f

NEUE VERHEISSUNGEN: 7,8–20

Die Zuversicht Jerusalems

8 Freu dich nicht über mich, meine Feindin! / Zwar
liege ich am Boden, / doch ich stehe wieder auf.
Zwar sitze ich in der Finsternis, / aber der Herr ist
mein Licht.
9 Ich habe mich gegen den Herrn versündigt; / des-
halb muss ich seinen Zorn ertragen,
bis er meine Sache vertritt / und mir Recht ver-
schafft.
Er wird mich hinausführen ins Licht, / ich werde
seine Heilstat erleben.
10 Meine Feindin wird es sehen / und vor Scham
vergehen;
denn sie sagte zu mir:
Wo ist Jahwe, dein Gott? / Und meine Augen wer-
den sich an ihr weiden. / Dann wird sie zertreten
wie Gassenkot.

8: Joh 8,12 • 9: Jes 53,11 • 10: Ps 42,4.11

Der Wiederaufbau der Stadt

11 Es kommt der Tag, / an dem man deine Mauern
wieder aufbaut, / der Tag, an dem deine Grenzen
sich weiten.
12 An jenem Tag kommen alle zu dir, / von Assur
bis Ägypten / und von Ägypten bis zum Eufrat,
von einem Meer zum andern / und von einem
Gebirge zum andern.
13 Die Erde aber wird zur Wüste / wegen (der Sün-
den) ihrer Bewohner; / so ernten sie die Frucht
ihrer Taten.

Das Gebet Jerusalems

14 Führe mit deinem Stab dein Volk auf die Weide, /
die Schafe, die dein Erbbesitz sind,
die einsam lagern in einer Wildnis / mitten im
fruchtbaren Land.
Sie sollen wieder im Baschan und in Gilead wei-
den / wie in den Tagen der Vorzeit.

[15] Wie in den Tagen, als du aus Ägypten auszogst, /
lass uns deine Wunder schauen!
[16] Die Völker mit all ihrer Macht / sollen sich schämen, wenn sie es sehen.
Sie sollen die Hand auf den Mund legen, / ihre Ohren sollen taub werden.
[17] Staub sollen sie fressen wie die Schlange, / wie das Gewürm am Boden.
Zitternd sollen sie herauskommen aus ihren Burgen, / vor den Herrn treten, unseren Gott, / voll Schrecken und Furcht vor dir.
[18] Wer ist ein Gott wie du, / der du Schuld verzeihst und dem Rest deines Erbvolkes / das Unrecht vergibst?
Gott hält nicht für immer fest an seinem Zorn; /
denn er liebt es, gnädig zu sein. [1]
[19] Er wird wieder Erbarmen haben mit uns / und unsere Schuld zertreten.
Ja, du wirfst all unsere Sünden / in die Tiefe des Meeres hinab.
[20] Du wirst Jakob deine Treue beweisen / und Abraham deine Huld,
wie du unseren Vätern geschworen hast / in den Tagen der Vorzeit.

14: Ez 34,11–16; Ps 95,7; 23,1f • 18: Jer 50,20; Ps 105,8 • 20; Gen 22,16–18; 28,13–15; Ps 105,8f; Lk 1,73.

DAS BUCH NAHUM

Nach einem Hymnus auf Gott als den strengen und gerechten Richter des ganzen Weltgeschehens (1,2–8) kündigt der Prophet Nahum die Vernichtung Ninives, der Hauptstadt des assyrischen Weltreichs, an (1,9–14) und schildert in prophetischer Vorausschau den Untergang der Stadt (2,1–14), die für ihr gottwidriges Treiben den verdienten Lohn erhält (3,1–19).

Das Buch Nahum hat die Form einer Drohweissagung gegen Ninive und ist wohl noch zu einer Zeit entstanden, als die Völker Vorderasiens schwer unter dem Druck der Macht Assurs zu leiden hatten. Da einerseits die Eroberung von No-Amon (Theben in Ägypten) vorausgesetzt wird (3,8), die im Jahr 667 v. Chr. erfolgte, und andererseits die Zerstörung Ninives im Jahr 612 v. Chr. noch aussteht, wird man die Abfassung des Buches zu Beginn der zweiten Hälfte des 7. Jahrhunderts v. Chr. ansetzen dürfen.

Der Prophet Nahum verkündet ganz im Sinn prophetischer Geschichtsbetrachtung (vgl. Jes 10,5–15), also ohne religiöse Selbstgerechtigkeit und nationale Engstirnigkeit, den Untergang Assurs, das Jahrhunderte hindurch die Völker Vorderasiens mit Gewalt unterdrückt und grausam misshandelt hat. So ist Nahum der Prophet eines Gottes, dessen Gericht jede Vergewaltigung des Menschen bestraft, die durch entartete politische Mächte geschieht.

ÜBERSCHRIFT: 1,1

1 Ausspruch über Ninive. Das Buch der Visionen Nahums aus Elkosch.

GOTTES MACHT IN GNADE UND GERICHT: 1,2–8

2 Ein eifernder und rächender Gott ist der Herr. /
Der Herr übt Rache und ist voll Zorn. Der Herr
übt Rache an seinen Gegnern / und hält fest am
Zorn gegen seine Feinde.
3 Der Herr ist langmütig und von großer Macht; /
doch lässt der Herr gewiss keinen ungestraft.
In Wirbel und Sturm nimmt er seinen Weg, / die
Wolken sind der Staub seiner Füße.
4 Er droht dem Meer und macht es trocken, / alle
Flüsse lässt er versiegen.
Welk sind Baschan und Karmel, / auch die Blüten
des Libanon sind verwelkt.
5 Berge beben vor ihm / und Hügel geraten ins
Wanken.
Die Welt schreit vor ihm auf, / die Erde und all ihre
Bewohner.
6 Vor seinem Groll – wer kann da bestehen? / Wer
hält stand in der Glut seines Zorns?
Sein Grimm greift um sich wie Feuer / und die Fel-
sen bersten vor ihm.
7 Gut ist der Herr, / eine feste Burg am Tag der
Not. / Er kennt alle, die Schutz suchen bei ihm.
8 Doch in reißender Flut / macht er seinen Geg-
nern ein Ende / und Finsternis verfolgt seine Fein-
de.

2: Dtn 4,24 • 3: Ex 34,6f • 4: Ex 14f; Ps 106,9; Jes 50,2; 51,10 •
5: Ps 68,9; 97,4f; Jer 4,24

DAS GERICHT ÜBER NINIVE: 1,9 – 3,19

Ninives vergebliche Auflehnung gegen Gott
9 Was plant ihr gegen den Herrn? / Er macht doch
ein Ende. / Es soll nicht wieder Not aufkommen.
10 Wie dichtes Dornengestrüpp / und wie wirres
Windengerank werden sie verbrannt, / wie dürre
Spreu; nichts bleibt übrig.
11 Von dir stammt der Mann, / der Böses plant
gegen den Herrn, / der Übles im Schild führt.
12 So spricht der Herr:
Auch wenn sie unversehrt sind und zahlreich, / sie
werden abgeschnitten, sie gehen vorüber.
Habe ich dich auch gedemütigt, / ich werde dich
nicht mehr demütigen.
13 Ja, jetzt zerbreche ich sein Joch, / das auf dir
lastet, / und deine Fesseln werde ich sprengen.
14 Der Herr hat über dich bestimmt: / Von dir soll
es keinen Nachkommen mehr geben.
Aus dem Haus deines Gottes / reiße ich Götze und
Gussbild.
Ich schaufle dein Grab; / denn du bist verächtlich
geworden.
2 Seht auf den Bergen die Schritte des Freu-
denboten! / Er verkündet Frieden! Juda, feie-
re deine Feste, / erfülle deine Gelübde!
Denn der Unheilstifter durchstreift dein Land
nicht mehr; / er ist völlig vernichtet.

1,13: Jes 9,3 • 2,1: Jes 40,9; 52,7–10

Die Zerstörung der Stadt
2 Ein Mann zieht hinauf gegen dich, / der dich zer-
schmettern wird.
Halt Wache! / Beobachte die Wege!
Mach deine Hüften stark! / Rüste dich mit Macht
und Kraft!
3 Wahrhaftig, der Herr / stellt die Pracht Jakobs
wieder her / wie die Pracht Israels;
denn Verwüster haben sie verwüstet / und ihre
jungen Pflanzen vernichtet.
4 Rot leuchtet der Schild seiner Helden. / Seine
Krieger sind in Scharlach gekleidet.
Wie funkelnder Stahl glänzen die Wagen / am Tag,
an dem er sie aufbietet, / und die Speere wiegen
sich.
5 Durch die Gassen rasen die Kriegswagen, / sie
stürmen über die Plätze.
Ihr Anblick gleicht Fackeln, / wie Blitze jagen sie
daher.
6 Er denkt an seine Mächtigen; / sie aber straucheln
beim Ansturm.
Sie eilen zur Stadtmauer; / doch unbeweglich steht
die Sperre.
7 Die Flusstore sind geöffnet, / schon wankt der
Palast.
8 Die Königin wird zur Schau gestellt, / wird ent-
blößt, wird weggeführt;

ihre Mägde jammern wie gurrende Tauben / und
schlagen sich an die Brust.
9 Ninive ist wie ein voller Teich, / dessen Wasser
davonfließt.
Halt! Halt! (ruft man), / doch keiner wendet sich
um.
10 Plündert das Silber, plündert das Gold! / Kost-
barkeiten ohne Ende!
Welche Pracht aller Art / an bezaubernden Schät-
zen!
11 Alles leer, entleert, verheert; / das Herz verzagt.
Es wanken die Knie, / ein Zittern in allen Hüften, /
alle Gesichter glühen rot.
12 Wo ist jetzt das Versteck der Löwen, / der Tum-
melplatz der jungen Löwen,
wohin der Löwe geht, um sich zu verbergen, / wo
der junge Löwe bleibt, / ohne dass jemand ihn auf-
schreckt?
13 Reichen Raub machte der Löwe für seine Jun-
gen. / Er würgte für seine Löwinnen.
Mit Raub füllte er seine Höhlen, / seine Verstecke
mit Raubgut.
14 Nun gehe ich gegen dich vor / – Spruch des
Herrn der Heere.
Ich lasse deine Wagen in Rauch aufgehen, / deine
jungen Löwen frisst das Schwert.
Ich mache deinem Rauben auf der Erde ein Ende, /
nie mehr hört man den Ruf deiner Boten.

14: 3,5

Weheruf und Klage

3 Weh der Stadt voll Blutschuld; / sie ist nichts
als Lüge.
Voll von Raffgier ist sie, / vom Rauben lässt sie
nicht ab.
2 Knallen von Peitschen / und Gedröhn rasselnder
Räder, / rennende Pferde und holpernde Wagen.
3 Hetzende Reiter, flammende Schwerter, / blit-
zende Lanzen,
eine Menge Erschlagener, / eine Masse von Toten,
kein Ende der Leichen, / man stolpert über die Lei-
ber.
4 Und all das wegen der zahllosen Buhlschaften /
der Buhlerin, die von Anmut strahlte, / die in Zau-
berkünsten Meisterin war;
Völker verkaufte sie durch ihr Buhlen, / Stämme
durch ihre Zauberei.
5 Nun gehe ich gegen dich vor / – Spruch des Herrn
der Heere.
Deine Schleppe hebe ich auf / bis über dein Ge-
sicht
und lasse die Völker deine Blöße sehen; / die Kö-
nigreiche sehen deine Schande.
6 Mit Kot bewerfe ich dich, / gebe dich der Verach-
tung preis / und mache dich zum Schaustück.
7 Dann wird es geschehen: Wer immer dich sieht, /
schreckt vor dir zurück und sagt:
Verwüstet ist Ninive. Wer zeigt ihr Teilnahme? /
Wo soll ich dir einen Tröster suchen?

4: Offb 17 • 5: 2,14; Jer 13,22–26

Spott über Ninive

8 Bist du denn besser als No-Amon, / das an Strö-
men lag, / von Wasser rings umgeben,
dessen Schutzwall ein Meer, / dessen Mauern die
Wasser waren?
9 Kusch war mächtig / und Ägypten kannte keine
Grenze. / Put und die Libyer zählten zu seinen Hel-
fern.
10 Doch auch No-Amon musste in die Verban-
nung, / zog in die Gefangenschaft.
Auch seine Kinder wurden zerschmettert an den
Ecken aller Gassen / und über seine Vornehmen
warf man das Los. / Alle seine Großen wurden in
Fesseln gelegt.
11 Auch du wirst betrunken, wirst ohnmächtig
sein. / Auch du wirst Schutz suchen vor dem Feind.
12 All deine Festungen sind Bäume mit frühen Fei-
gen: / Schüttelt man sie, dann fallen sie dem, der
sie essen will, in den Mund.
13 Die Krieger in deiner Mitte – / Weiber sind sie.
Weit stehen deinen Feinden / die Tore deines Lan-
des offen; Feuer frisst deine Riegel.
14 Schöpf dir Wasser für die Belagerung, / mach fest
deine Festungen!
Tritt in den Lehm, stampfe den Ton, / halte die Zie-
gelform fest!
15 Dann wird das Feuer dich fressen, / wird das
Schwert dich vertilgen, / wird dich fressen wie ein
Heuschreckenschwarm.
Werde zahlreich wie die Heuschrecken, / zahlreich
wie die Wanderheuschrecken!
16 Du hast deine Händler zahlreicher gemacht / als
die Sterne am Himmel.

Die Heuschrecken häuten sich / und fliegen davon.
17 Deine Wächter sind wie Wanderheuschrecken, / deine Beamten wie ein Schwarm von Heuschrecken, / die sich an den Mauern lagern an einem kalten Tag.
Geht die Sonne auf, / so fliehen sie eilig davon.
Man kennt ihren Ort nicht – / wo sind sie hin?
18 Deine Hirten schlummern, König von Assur; / deine Mächtigen ruhen.
Dein Volk ist über die Berge zerstreut / und keiner sammelt es.
19 Keine Linderung gibt es für deinen Zusammenbruch, / unheilbar ist deine Wunde.
Jeder, der hört, was man von dir erzählt, / klatscht über dich in die Hände.
Denn wen traf nicht / deine Schlechtigkeit zu jeder Zeit?

8: Jer 46,25 • 9: Jer 46,9; Ez 30,5 • 10: Ps 137,9; Hos 10,14; Joël 4,3 • 13: Jes 19,16; Jer 51,30.

DAS BUCH HABAKUK

Dieses kleine Buch weist eine klare Struktur auf: Auf zwei Klagen des Propheten (1,2–4.12–17) folgen zwei göttliche Antworten (1,5–11; 2,1–5). Die zweite Antwort mündet in fünf Wehe-Rufe aus (2,6–20). Das abschließende »Gebet Habakuks« (Kap. 3) stellt die hymnische Schilderung der Gotteserscheinung dar, auf die der Prophet klagend und hoffend wartet. Dieser Schluss gehört unabdingbar zum Buch, auch wenn er als Gebet der Gemeinde verwendet wurde und in V. 17 einen nachträglichen Einschub erhielt. Der rhetorische Stil mit seiner eindrucksvollen Bildersprache macht das Buch zu einer Perle der prophetischen Literatur.

Die Erwähnung der Chaldäer, d. h. der Träger des Neubabylonischen Reichs (1,6), weist auf den historischen Hintergrund des Buches hin: die heraufkommende Chaldäergefahr vor 598 v. Chr. Der Prophet, von dem sonst nichts bekannt ist – Dan 14,33–39 passt nicht auf ihn –, beklagt zunächst den schlimmen Zustand des Gottesvolkes, wohl unter König Jojakim (609–598 v. Chr.), und erhält zur Antwort, die Chaldäer kämen deshalb als Strafwerkzeug Gottes über Israel (vgl. auch 1,12). Nach der Klage über die Grausamkeit des Feindes deckt Gott das Geheimnis seines Geschichtswaltens auf: Auch durch anscheinend widersprüchliche Geschichtsabläufe hindurch garantiert er den endgültigen Sieg von Recht und Gerechtigkeit über Habsucht, Ausbeutung, Gewalttat und Götzendienst. Das gilt gerade auch auf der Ebene der Völkergeschichte. Die Verkündigung des Propheten gipfelt in der Gottesaussage: »Der Gerechte bleibt wegen seiner Treue am Leben« (2,4); gemeint ist die Treue im tätigen Glauben. Diese Zusage hat durch Paulus (Röm 1,17; Gal 3,11) besondere Bedeutung gewonnen (vgl. auch Hebr 10,38).

ÜBERSCHRIFT: 1,1

1 Ausspruch, den der Prophet Habakuk in einer Vision hörte.

DER DIALOG DES PROPHETEN MIT GOTT: 1,2 – 2,5

Die Klage des Propheten

2 Wie lange, Herr, soll ich noch rufen / und du
hörst nicht?
Ich schreie zu dir: Hilfe, Gewalt! / Aber du hilfst
nicht.
3 Warum lässt du mich die Macht des Bösen erle-
ben / und siehst der Unterdrückung zu?
Wohin ich blicke, sehe ich Gewalt und Misshand-
lung, / erhebt sich Zwietracht und Streit.
4 Darum ist das Gesetz ohne Kraft / und das Recht
setzt sich gar nicht mehr durch.
Die Bösen umstellen den Gerechten / und so wird
das Recht verdreht.

2: Ijob 19,7 • 3: Ps 55,10–12; Am 3,9f

Die Antwort Gottes

5 Seht auf die Völker, schaut hin, / staunt und er-
starrt!
Denn ich vollbringe in euren Tagen eine Tat – /
würde man euch davon erzählen, ihr glaubtet es
nicht.
6 Denn seht, ich stachle die Chaldäer auf, / das
grausame, ungestüme Volk,
das die Weiten der Erde durchzieht, / um Wohn-
plätze zu erobern, die ihm nicht gehören,
7 ein furchtbares und schreckliches Volk, / das
selbst sein Recht und seinen Rang bestimmt.
8 Seine Pferde sind schneller als Panther, / wilder
als die Wölfe der Steppe.
Seine Rosse und Reiter stürmen heran, / sie kom-
men aus der Ferne,
sie fliegen herbei wie ein Geier, / der sich auf sei-
nen Fraß stürzt.
9 Sie rücken an, entschlossen zu roher Gewalt, / alle
Gesichter vorwärts gerichtet. / Gefangene raffen
sie zusammen wie Sand.
10 Sie machen sich sogar über Könige lustig / und
lachen über mächtige Fürsten;
ja, sie spotten über jede Festung, / sie schütten
einen Erdwall auf und nehmen sie ein.
11 Dann ziehen sie weiter, / wie der Sturmwind sau-
sen sie dahin.
Doch sie werden es büßen, / denn sie haben ihre
Kraft zu ihrem Gott gemacht.

8: Zef 3,3 • 11: Jes 10,13

Erneute Klage des Propheten

12 Herr, bist nicht du von Ewigkeit her mein heili-
ger Gott? / Wir wollen nicht sterben.
Herr, du hast sie doch nur dazu gerufen, / an uns
das Gericht zu vollziehen:
Du, unser Fels, du hast sie dazu bestimmt, / uns zu
bestrafen.
13 Deine Augen sind zu rein, um Böses mit anzuse-
hen, / du kannst der Unterdrückung nicht zuse-
hen.
Warum siehst du also den Treulosen zu und
schweigst, / wenn der Ruchlose den Gerechten ver-
schlingt?
14 Warum behandelst du die Menschen / wie die
Fische im Meer, / wie das Gewürm, das keinen
Herrn hat?
15 Mit der Angel holt er sie alle herauf, / er schleppt
sie weg in seinem Netz
und rafft sie fort in seinem Fischgarn; / er freut
sich darüber und jubelt.
16 Deshalb opfert er seinem Netz / und bringt sei-
nem Fischgarn Rauchopfer dar;
denn durch sie hat er reichen Gewinn / und ein
üppiges Mahl.
17 Darum zückt er unablässig sein Schwert, / um
ohne Erbarmen die Völker zu morden.

12: Dtn 33,27; Ps 90,1f • 14: Ez 29,4f

Die Antwort Gottes

2 Ich will auf meinem Wachtturm stehen, / ich
stelle mich auf den Wall
und spähe aus, um zu sehen, was er mir sagt, / was
er auf meine Klage entgegnet.
2 Der Herr gab mir Antwort und sagte: / Schreib
nieder, was du siehst,
schreib es deutlich auf die Tafeln, / damit man es
mühelos lesen kann.
3 Denn erst zu der bestimmten Zeit trifft ein, / was
du siehst;
aber es drängt zum Ende und ist keine Täu-
schung; / wenn es sich verzögert, so warte darauf; /
denn es kommt, es kommt und bleibt nicht aus.
4 Sieh her: Wer nicht rechtschaffen ist, schwindet
dahin, / der Gerechte aber bleibt wegen seiner
Treue am Leben.

5 Wahrhaftig, der Reichtum ist trügerisch, / wer
hochmütig ist, kommt nicht ans Ziel,
wenn er auch seinen Rachen aufsperrt wie die
Unterwelt / und unersättlich ist wie der Tod,
wenn er auch alle Völker zusammentreibt / und
alle Nationen um sich vereinigt.

1: Ez 33,7 • 3: 2 Petr 3,9 • 4: Röm 1,17; Gal 3,11; Hebr 10,38

DIE WEHERUFE: 2,6–20

Über den Habsüchtigen

6 Werden sie nicht alle ein Spottlied auf ihn an-
stimmen? / Ja, sie werden ihn verhöhnen und sa-
gen:
Weh dem, der zusammenrafft, was nicht ihm ge-
hört, / und sich hohe Pfänder geben lässt. / Wie
lange wird er es noch treiben?
7 Plötzlich werden vor dir deine Gläubiger stehen, /
deine Bedränger werden erwachen und du wirst
ihre Beute.
8 Du hast viele Völker ausgeplündert; / deshalb
plündern jetzt die Völker dich aus, die übrig blie-
ben,
wegen des Blutes, das du vergossen hast / unter den
Menschen,
wegen der Gewalttaten, die du verübt hast / an
Ländern und Städten und an all ihren Bewohnern.

8: Jes 33,1; Hab 2,17

Über den Ausbeuter

9 Weh dem, der für sein Haus unrechten Gewinn
sucht / und sich hoch droben sein Nest baut, / um
dem drohenden Unheil zu entgehen.
10 Zur Schande für dein eigenes Haus / hast du be-
schlossen, viele Völker niederzuschlagen; / damit
sündigst du gegen dich selbst.
11 Es schreit der Stein in der Mauer / und der Spar-
ren im Gebälk gibt ihm Antwort.
12 Weh dem, der eine Stadt mit Blut erbaut / und
eine Festung auf Unrecht gründet.
13 Bewirkt es nicht der Herr der Heere, / dass die
Völker sich plagen nur für das Feuer, / Nationen
sich abmühen für nichts?
14 Ja, das Land wird erfüllt sein von der Erkenntnis
der Herrlichkeit des Herrn, / so wie das Meer mit
Wasser gefüllt ist.

9: Obd 4 • 12: Jer 22,13; Mi 3,10 • 14: Jes 11,9

Über den Gewalttätigen

15 Weh dem, der seinen Freund / aus dem Becher
seines Zorns trinken lässt,
ja, ihn betrunken macht, / damit man ihn nackt
sieht.
16 Du sollst dich an Schande sättigen, nicht an
Ehre;
auch du sollst trinken und taumeln.
Der Becher in der Hand des Herrn kommt nun zu
dir;
Schmach und Schande bedecken deine Ehre.
17 Denn dich erdrückt dein Verbrechen / gegen den
Libanonwald
und die Vernichtung des Großwilds lastet auf dir, /
wegen des Blutes, das du vergossen hast unter den
Menschen,
wegen der Gewalttaten, die du verübt hast an Län-
dern und Städten / und an allen ihren Bewohnern.

16: Jes 51,17; Klgl 4,21 • 17: 2,8

Über den Götzendiener

18 Was nützt ein Götterbild, das ein Bildhauer
macht,
ein gegossenes Bild, ein Lügenorakel?
Wie kann der Bildhauer auf den Götzen ver-
trauen, / auf das stumme Gebilde, das er selber ge-
macht hat?
19 Weh dem, der zum Holz sagt: Erwache!, / und
zum stummen Stein: Wach auf!
Gibt der Götze denn Auskunft? / Gewiss, er ist mit
Silber und Gold überzogen, / doch er hat keinen
Geist, keinen Atem.
20 Der Herr aber wohnt in seinem heiligen Tem-
pel.
Alle Welt schweige in seiner Gegenwart.

18–19: Jes 44,9–20 • 20: Ps 11,4; Sach 2,17

DAS GEBET DES HABAKUK: 3,1–19

3 Gebet des Propheten Habakuk, nach der Melodie von Schigjonot.
2 Herr, ich höre die Kunde, / ich sehe, Herr, was du früher getan hast.
Lass es in diesen Jahren wieder geschehen, / offenbare es in diesen Jahren! / Auch wenn du zürnst, denk an dein Erbarmen!
3 Gott kommt von Teman her, / der Heilige kommt vom Gebirge Paran.
Seine Hoheit überstrahlt den Himmel, / sein Ruhm erfüllt die Erde. [Sela]
4 Er leuchtet wie das Licht der Sonne, / ein Kranz von Strahlen umgibt ihn, / in ihnen verbirgt sich seine Macht.
5 Die Seuche zieht vor ihm her, / die Pest folgt seinen Schritten.
6 Wenn er kommt, wird die Erde erschüttert, / wenn er hinblickt, zittern die Völker.
Da zerbersten die ewigen Berge, / versinken die uralten Hügel. / [Das sind von jeher seine Wege.]
7 Die Zelte Kuschans sehe ich voll Unheil; / auch in Midian zittern die Zelte.
8 Herr, ist dein Zorn gegen die Flüsse entbrannt / [gegen die Flüsse dein Zorn]
und dein Groll gegen das Meer, / dass du mit deinen Rossen heranstürmst / und mit deinen siegreichen Wagen?
9 Du hast den Bogen aus der Hülle genommen, / du hast die Pfeile auf die Sehne gelegt. [Sela]
Du spaltest die Erde / und es brechen Ströme hervor;
10 dich sehen die Berge und zittern, / tosender Regen prasselt nieder;
die Urflut brüllt auf / und reckt ihre Hände empor.
11 Sonne und Mond bleiben in ihrer Wohnung; / sie vergehen im grellen Licht deiner Pfeile, / im Glanz deiner blitzenden Lanze.
12 Voll Zorn schreitest du über die Erde, / in deinem Groll zerstampfst du die Völker.
13 Du ziehst aus, um dein Volk zu retten, / um deinem Gesalbten zu helfen.
Vom Haus des Ruchlosen schlägst du das Dach weg / und legst das Fundament frei / bis hinab auf den Felsen. [Sela]
14 Mit deinen Pfeilen durchbohrst du den Kopf seiner Krieger, / die heranstürmen, um uns zu verjagen.
Sie freuen sich schon voll Übermut, / in ihrem Versteck den Armen zu fressen.
15 Du bahnst mit deinen Rossen den Weg durch das Meer,
durch das gewaltig schäumende Wasser.
16 Ich zitterte am ganzen Leib, als ich es hörte, / ich vernahm den Lärm und ich schrie.
Fäulnis befällt meine Glieder / und es wanken meine Schritte.
Doch in Ruhe erwarte ich den Tag der Not, / der dem Volk bevorsteht, das über uns herfällt.
17 Zwar blüht der Feigenbaum nicht, / an den Reben ist nichts zu ernten,
der Ölbaum bringt keinen Ertrag, / die Kornfelder tragen keine Frucht;
im Pferch sind keine Schafe, / im Stall steht kein Rind mehr.
18 Dennoch will ich jubeln über den Herrn / und mich freuen über Gott, meinen Retter.
19 Gott, der Herr, ist meine Kraft. / Er macht meine Füße schnell wie die Füße der Hirsche / und lässt mich schreiten auf den Höhen.
(Dem Chormeister. Zum Saitenspiel.)

3: Ps 18,8–10 • 8: Ps 68,18; Jes 66,15 • 10: Ps 77,17f • 14: Ps 10,8–10 • 15: Jes 43,16 • 17: Jer 5,17 • 19: Ps 18,34; Jes 58,14

DAS BUCH ZEFANJA

Das relativ kleine Buch weist drei Teile auf: Strafankündigung gegen Juda und gegen die anderen Völker (1,2 – 2,15); Strafankündigung gegen Jerusalem (3,1–8); Ankündigung der Bekehrung der Völker und des Heils für Jerusalem (3,9–20). Das Buch lässt eine exilisch-nachexilische Bearbeitung erkennen. Der Schlussabschnitt 3,16–20 ist sicher erst längere Zeit nach dem Exil angefügt worden. Die Annahme einer bereits früheren Überarbeitung legen 1,18; 2,7.9f; 3,8f nahe.

Die Überschrift gibt als Zeit Zefanjas die Epoche des Königs Joschija (641–609 v. Chr.) an. In dessen frühe Regierungsjahre passen auch die als echt geltenden Texte. Während der langen Regierungszeit des Gott untreuen Manasse (699–643 v. Chr.) trat ein religiöser und sozialer Verfall im Südreich ein, der Gegenkräfte auf den Plan rief, die den jungen Joschija zu einem reformwilligen König zu machen vermochten (ab 627 oder 622 v. Chr.). Mit ihnen muss Zefanja um 630 v. Chr. als Prophet zusammengearbeitet haben.

Von Zefanja ist außer den Angaben in 1,1 nichts Weiteres bekannt. Warum seine Abstammung bis zum Urgroßvater zurück angegeben wird, bleibt unklar. Er nimmt die Botschaft vom »Tag des Herrn« von Amos (Am 5,16–20) und Jesaja (Jes 2,6–22) auf und gestaltet jenen »Tag« zu einem universalen Ereignis aus (1,14–18; 2,1–3). Die Sequenz der Totenmesse, das »Dies irae«, ist hauptsächlich von Zef 1,14–18 inspiriert. In seiner Grundforderung nach Gerechtigkeit und Demut stimmt Zefanja ebenfalls mit Amos und Jesaja überein; demgemäß verkündigt er das ideale Israel der Zukunft, den »heiligen Rest«, als »demütiges und armes Volk, das seine Zuflucht sucht beim Namen des Herrn« (3,12). Diese Stelle schlägt eine Brücke zum Neuen Testament.

ÜBERSCHRIFT: 1,1

1 Wort des Herrn, das an Zefanja, den Sohn Kuschis, des Sohnes Gedaljas, des Sohnes Amarjas, des Sohnes Hiskijas, erging in der Zeit, als Joschija, der Sohn Amons, König von Juda war.

DAS GERICHT ÜBER JUDA UND DIE VÖLKER: 1,2 – 3,8

Das Gericht über Juda

2 Ich raffe alles vom Erdboden weg, / ich raffe es weg – Spruch des Herrn.
3 Mensch und Vieh raffe ich weg, / die Vögel des Himmels raffe ich weg
und die Fische im Meer / [nämlich alles, was die Frevler zu Fall gebracht hat,]
und ich rotte die Menschen auf der Erde aus – / Spruch des Herrn.
4 Ich strecke meine Hand gegen Juda aus / und gegen alle Einwohner Jerusalems
und ich rotte an diesem Ort die Reste des Baalsdienstes aus, / samt den Namen der Götzenpriester,
5 alle, die sich auf den Dächern niederwerfen / vor dem Heer des Himmels,
auch alle, die sich vor dem Herrn niederwerfen, / zugleich aber bei ihrem Moloch schwören,
6 und alle, die dem Herrn den Rücken kehren, / die ihn nicht suchen und nicht nach ihm fragen.
7 Schweigt vor Gott, dem Herrn! / Denn der Tag des Herrn ist nahe.
Ja, der Herr hat ein Schlachtopfer vorbereitet, / er hat die eingeladenen Gäste schon (dem Tod) geweiht.
8 Am Tag des Schlachtopfers des Herrn / rechne ich ab mit den großen Herren und den Königssöhnen / und allen, die fremdländische Kleider tragen;

[9] an jenem Tag rechne ich ab mit jedem, / der über
die Schwelle springt,
mit allen, die das Haus ihres Herrn / mit Betrug und Gewalt anfüllen.
[10] An jenem Tag – Spruch des Herrn – / hört man
vom Fischtor her Geschrei
und aus der Neustadt lautes Jammern / und von den Hügeln her großes Getöse.
[11] Jammert, ihr Bewohner der Senke! / Denn das
ganze Krämervolk verstummt, / alle Geldwechsler sind ausgerottet.
[12] In jener Zeit durchsuche ich Jerusalem mit der
Laterne / und rechne ab mit den Herren,
die dick geworden sind auf ihrer Hefe und denken: / Der Herr tut weder Gutes noch Böses.
[13] Darum werden ihre Reichtümer geraubt / und
ihre Häuser verwüstet.
Sie werden Häuser bauen, aber nicht darin wohnen; / sie werden Weinberge anlegen, aber den Wein nicht trinken.

4: 2 Kön 23,4–20 • 5: Dtn 4,19; 2 Kön 21,3–5; 1 Kön 11,7.33 • 7: Hab 2,20; Offb 19,17f • 12: Jer 48,11; Ps 10,4; Jer 5,12 • 13: Dtn 28,30–33; Am 5,11

Der Tag des Herrn

[14] Der Tag des Herrn ist nahe, der gewaltige Tag, /
er ist nahe, schnell kommt er herbei.
Horch, der Tag des Herrn ist bitter, / da schreit sogar der Kriegsheld auf.
[15] Ein Tag des Zorns ist jener Tag, / ein Tag der Not
und Bedrängnis,
ein Tag des Krachens und Berstens, / ein Tag des Dunkels und der Finsternis, / ein Tag der Wolken und der schwarzen Nacht,
[16] ein Tag des Widderhorns und des Kriegsge-
schreis in den befestigten Städten / und auf den hohen Zinnen.
[17] Da jage ich den Menschen Angst ein, / sodass sie
wie blind umherlaufen; / denn sie haben sich gegen den Herrn versündigt.
Ihr Blut wird hingeschüttet wie Schutt / und ihr fettes Mark wie Kot.
[18] Weder ihr Silber noch ihr Gold kann sie retten /
am Tag des Zornes des Herrn.
Vom Feuer seines leidenschaftlichen Eifers / wird die ganze Erde verzehrt.
Denn er bereitet allen Bewohnern der Erde ein Ende, / ein schreckliches Ende.

14–18: Am 5,18–20 • 15: Joël 2,2 • 17: Joël 2,1; Jer 9,21 • 18: Ez 7,19

Hoffnung nach Umkehr

2 Du gleichgültiges Volk, / sammelt euch, tut
euch zusammen,
[2] ehe ihr zerstreut werdet und zerstiebt wie Spreu, /
ehe der glühende Zorn des Herrn über euch kommt, / ehe über euch der Tag des glühenden Zornes des Herrn kommt.
[3] Sucht den Herrn, ihr Gedemütigten im Land, /
die ihr nach dem Recht des Herrn lebt.
Sucht Gerechtigkeit, sucht Demut! / Vielleicht bleibt ihr geborgen / am Tag des Zornes des Herrn.

2: Hos 13,3 • 3: Am 5,4–6

Das Gericht über die Nachbarvölker

[4] Ja, Gaza wird verlassen sein / und Aschkelon wird
eine Wüste,
am hellen Mittag treibt man Aschdods Einwohner fort / und Ekron ackert man um.
[5] Weh euch, die ihr das Gebiet am Meer bewohnt, /
ihr Volk der Kereter.
Das Wort des Herrn richtet sich gegen euch: / Kanaan, Land der Philister,
ich richte dich zugrunde, / keiner deiner Bewohner bleibt übrig.
[6] Das Kereterland wird zum Weideland der Hir-
ten, / es gibt nur noch Pferche für Schafe und Ziegen.
[7] Das Gebiet am Meer / fällt dem Rest des Hauses
Juda zu.
Sie treiben ihre Herden dorthin / und suchen am Abend ein Lager / in Aschkelons Häusern.
Denn der Herr, ihr Gott, kümmert sich um sie / und wendet ihr Geschick.
[8] Ich habe den Hohn Moabs gehört / und die
Schimpfworte der Ammoniter,
die mein Volk verhöhnten / und große Reden führten gegen sein Land.
[9] Darum – Spruch des Herrn der Heere, / des
Gottes Israels:
So wahr ich lebe: Moab wird wie Sodom werden / und die Ammoniter wie Gomorra,
ein Ort des Unkrauts, eine Salzgrube / und eine Wüste für immer.

Der Rest meines Volkes wird sie ausplündern, / der
Überrest meines Volkes wird sie beerben.
10 Das ist die Strafe für ihren Hochmut; / denn sie
höhnten und führten große Reden / gegen das
Volk des Herrn der Heere.
11 Furcht erregend tritt der Herr gegen sie auf. / Ja,
er vernichtet alle Götter der Erde
und alle Völker der Inseln werfen sich nieder vor
ihm, / jedes an seinem Ort.
12 Auch ihr Kuschiter werdet / von meinem Schwert
durchbohrt.
13 Er streckt seine Hand auch nach Norden aus /
und vernichtet Assur
und Ninive macht er zur Öde, / es verdorrt wie die
Wüste.
14 Dort lagern Herden, Tiere aller Art, / auf den
Kapitellen der Säulen nächtigen Eule und Dohle.
Laut schreit es im Fenster, / ein Rabe krächzt auf
der Schwelle. / [Denn das Zederngetäfel ist weg.]
15 Das also ist die fröhliche Stadt, / die sich in Si-
cherheit wiegte, / die dachte: Ich und sonst nie-
mand!
Welch eine Wüste ist sie geworden, / ein Lager für
die wilden Tiere.
Jeder, der dort vorbeikommt, / pfeift und hebt ent-
setzt seine Hand.

4: Am 1,6–8; Jer 47 • 5: Ez 25,15–17 • 8–11: Jes 15f; Jer 48,1–49,6; Ez 25,1–11; Am 1,13–2,3 • 9: Gen 19,24f • 12: Jes 18f • 13: Jer 46 • 15: Jes 47,8.10; Jer 18,16; 19,8

Das Gericht über Jerusalem

3 Weh der trotzigen, der schmutzigen, / der
gewalttätigen Stadt.
2 Sie will nicht hören / und nimmt sich keine War-
nung zu Herzen.
Sie verlässt sich nicht auf den Herrn / und sucht
nicht die Nähe ihres Gottes.
3 Ihre Fürsten sind brüllende Löwen. / Ihre Rich-
ter sind wie Wölfe der Steppe, / die bis zum Mor-
gen keinen Knochen mehr übrig lassen.
4 Ihre Propheten sind freche Betrüger. / Ihre Pries-
ter entweihen das Heilige / und tun Gewalt dem
Gesetz an.
5 Aber der Herr tritt für das Recht ein in ihrer
Mitte, / er tut kein Unrecht.
Morgen für Morgen fällt er das Urteil, / es fehlt nie
beim Aufgang des Lichts. / Doch der Böse kennt
keine Scham.
6 Ich habe ganze Völker ausgerottet, / ihre Zinnen
liegen zertrümmert am Boden.
Ich habe ihre Straßen entvölkert, / keiner geht dort
mehr umher;
ihre Städte sind verwüstet, / ohne Menschen, ohne
Bewohner.
7 Ich dachte: Sicher fürchtest du mich jetzt, /
nimmst dir die Warnung zu Herzen;
und alles, was ich ihnen auftrug, / werden sie
immer vor Augen haben.
Aber nein, sie begingen immer wieder / all ihre
schändlichen Taten.
8 Darum wartet nur – Spruch des Herrn – / auf den
Tag, an dem ich auftreten werde als Kläger.
Denn ich habe beschlossen: / Völker will ich ver-
sammeln / und Königreiche biete ich auf;
dann schütte ich meinen Groll über sie aus, / die
ganze Glut meines Zorns.
Denn vom Feuer meines Eifers / wird die ganze
Erde verzehrt.

3–4: Ez 22,25 • 4: Jer 14,13; 23,11.16 • 5: Dtn 32,4; Ps 101,8

Die Verheißung für Jerusalem und die Völker

9 Dann werde ich die Lippen der Völker / verwan-
deln in reine Lippen,
damit alle den Namen des Herrn anrufen / und
ihm einmütig dienen.
10 Von jenseits der Ströme von Kusch / bringen mir
meine Verehrer dann als Gabe / die Gemeinde
meiner Verstreuten.
11 An jenem Tag / brauchst du dich nicht mehr zu
schämen,
wegen all deiner schändlichen Taten, / die du ge-
gen mich verübt hast.
Ja, dann entferne ich aus deiner Mitte / die über-
heblichen Prahler
und du wirst nicht mehr hochmütig sein / auf mei-
nem heiligen Berg.
12 Und ich lasse in deiner Mitte übrig ein demüti-
ges und armes Volk, / das seine Zuflucht sucht
beim Namen des Herrn.
13 Der Rest von Israel wird kein Unrecht mehr tun /
und wird nicht mehr lügen, / in ihrem Mund fin-
det man kein unwahres Wort mehr.

Ja, sie gehen friedlich auf die Weide / und niemand schreckt sie auf, wenn sie ruhen.
14 Juble, Tochter Zion! Jauchze, Israel! / Freu dich und frohlocke von ganzem Herzen, / Tochter Jerusalem!
15 Der Herr hat das Urteil gegen dich aufgehoben / und deine Feinde zur Umkehr gezwungen.
Der König Israels, der Herr, ist in deiner Mitte; / du hast kein Unheil mehr zu fürchten.
16 An jenem Tag wird man zu Jerusalem sagen: / Fürchte dich nicht, Zion! / Lass die Hände nicht sinken!
17 Der Herr, dein Gott, ist in deiner Mitte, / ein Held, der Rettung bringt.
Er freut sich und jubelt über dich, / er erneuert seine Liebe zu dir,
er jubelt über dich und frohlockt, / wie man frohlockt an einem Festtag.
18 Ich mache deinem Unglück ein Ende, / ich nehme die Schmach von dir.
19 In jener Zeit vernichte ich alle, die dich unterdrücken. / Ich helfe den Hinkenden und sammle die Verstreuten.
Ich verschaffe ihnen Ruhm und Ansehen / überall auf der Erde, wo sie Schmach erlitten.
20 In jener Zeit bringe ich euch heim, / in jener Zeit führe ich euch wieder zusammen.
Ja, ich verleihe euch Ansehen und Ruhm / bei allen Völkern der Erde,
wenn ich euer Geschick wende. / Ihr werdet es sehen, spricht der Herr.

9: Mal 1,11 • 13: Offb 14,5 • 14: Jes 12,6; Sach 2,14 • 17: Jer 32,41 • 19: Ez 34,16; Mi 4,6

DAS BUCH HAGGAI

Das Buch Haggai enthält in seinen zwei Kapiteln fünf prophetische Reden, die schon in der Form von der Verkündigung der vorexilischen Propheten abweichen. Sie beziehen die Zuhörer und ihre Äußerungen stärker in die Prophetenrede mit ein und verbinden mit den Ankündigungen in breiterem Maß Diskussionsworte und Mahnungen. Auch sind die Reden Haggais genau datiert: Sie wurden den Angaben nach (1,1; 2,1.10.20) in der zweiten Hälfte des Jahres 520 v. Chr. in Jerusalem gehalten. Ihr einziges Thema ist der Wiederaufbau des Tempels. Weil man nach der Rückkehr aus dem Babylonischen Exil (ab 538 v. Chr.) nur für das eigene Haus, aber nicht für das in Trümmern liegende Haus Gottes sorgte, so der Prophet, herrscht Dürre und Hungersnot. Ein neuer Tempel, von reinen Händen erbaut (2,10–14), wird, auch wenn er den alten an äußerem Glanz nicht erreicht, Segen bringen und zugleich Unterpfand für die kommende messianische Zeit sein. Haggai rechnet damit, dass Serubbabel, der Nachkomme Davids, sie einleitet (2,20–23).

Über den Propheten ist nichts weiter bekannt, als dass er noch bis zur Einweihung des neuen Tempels (um 515 v. Chr.) gewirkt hat (vgl. Esra 6,14f). Die den Wiederaufbau auslösenden Reden sind offenbar von seinem Jüngerkreis aufgezeichnet und genau datiert worden. Die überarbeitende Hand eines Redaktors ist noch in 1,3.5.13 und vielleicht in 2,4–6 zu erkennen. Die vielfach vorgenommene Umstellung von 2,15–19 hinter 1,15a ist nicht genügend gerechtfertigt. Das unreine Volk von 2,14 bezieht sich nicht in erster Linie auf die Samariter, die am Tempel mitbauen wollten; Haggai wendet sich hier vielmehr gegen alle kultische Unreinheit und hat dabei vor allem Einwohner Jerusalems und Judas vor Augen. Den Tempel, dessen Wiedererrichtung Haggai mit ins Werk setzte und den er in seinem Wort mit messianischem Glanz ausstattete, hat Jesus das »Haus seines Vaters« genannt (Joh 2,16).

DER AUFRUF ZUM TEMPELBAU: 1,1–11

1 Im zweiten Jahr des Königs Darius erging am
ersten Tag des sechsten Monats das Wort des
Herrn durch den Propheten Haggai an den Statt-
halter von Juda, Serubbabel, den Sohn Schealtiëls,
und an den Hohenpriester Jeschua, den Sohn des
Jozadak:
2 So spricht der Herr der Heere: Dieses Volk sagt:
Noch ist die Zeit nicht gekommen, das Haus des
Herrn aufzubauen. 3 Da erging das Wort des Herrn
durch den Propheten Haggai: 4 Ist etwa die Zeit
gekommen, dass ihr in euren getäfelten Häusern
wohnt, während dieses Haus in Trümmern liegt?
5 Nun aber spricht der Herr der Heere: Überlegt
doch, wie es euch geht. 6 Ihr sät viel und erntet
wenig; ihr esst und werdet nicht satt; ihr trinkt,
aber zum Betrinken reicht es euch nicht; ihr zieht
Kleider an, aber sie halten nicht warm und wer
etwas verdient, verdient es für einen löcherigen
Beutel.
7 So spricht der Herr der Heere: Überlegt also, wie
es euch geht. 8 Geht ins Gebirge, schafft Holz her-
bei und baut den Tempel wieder auf! Das würde
mir gefallen und mich ehren, spricht der Herr. 9 Ihr
habt viel erhofft und doch nur wenig geerntet; und
wenn ihr es einbrachtet, blies ich es weg. Warum
wohl? – Spruch des Herrn der Heere. Weil mein
Haus in Trümmern liegt, während jeder von euch
für sein eigenes Haus rennt. 10 Deshalb hält der
Himmel über euch den Tau zurück, und die Erde
hält ihren Ertrag zurück. 11 Ich rief die Dürre über
das Land und über die Berge, über das Getreide,
über den Wein und das Öl, über alles, was der
Boden hervorbringt, über Mensch und Vieh und
über alle Arbeit eurer Hände.

1: Sach 1,1; 3,1–9; 4,6–10 • 4: Jer 22,14 • 6: Hos 4,3 • 10: Lev 26,19f

DER NEUANFANG: 1,12–15

12 Serubbabel, der Sohn Schealtiëls, und der Hohe-
priester Jeschua, der Sohn des Jozadak, und alle,
die vom Volk noch übrig waren, hörten auf die
Stimme des Herrn, ihres Gottes, und auf die Worte
des Propheten Haggai; denn der Herr, ihr Gott,
hatte ihn gesandt und das Volk fürchtete sich vor
dem Herrn. 13 Darum verkündete Haggai, der Bote
des Herrn, dem Volk im Auftrag des Herrn: Ich bin
bei euch – Spruch des Herrn. 14 Und der Herr
weckte den Geist des Statthalters von Juda, Se-
rubbabel, des Sohnes Schealtiëls, und den Geist
des Hohenpriesters Jeschua, des Sohnes des Joza-
dak, und den Geist all derer, die vom Volk noch
übrig waren, sodass sie kamen und die Arbeit am
Tempel ihres Gottes, des Herrn der Heere, auf-
nahmen; 15 das war am vierundzwanzigsten Tag
des sechsten Monats im zweiten Jahr des Königs
Darius.

14: Sach 4,6

DER NEUE TEMPEL: 2,1–9

2 Am einundzwanzigsten Tag des siebten Mo-
nats erging das Wort des Herrn durch den
Propheten Haggai: 2 Sag zu Serubbabel, dem Sohn
Schealtiëls, dem Statthalter von Juda, und zum
Hohenpriester Jeschua, dem Sohn des Jozadak,
und zu denen, die vom Volk übrig sind: 3 Ist unter
euch noch einer übrig, der diesen Tempel in seiner
früheren Herrlichkeit gesehen hat? Und was seht
ihr jetzt? Erscheint er euch nicht wie ein Nichts?
4 Aber nun fasse Mut, Serubbabel – Spruch des
Herrn –, fasse Mut, Hoherpriester Jeschua, Sohn
des Jozadak, fasst alle Mut, ihr Bürger des Landes,
– Spruch des Herrn – und macht euch an die
Arbeit! Denn ich bin bei euch – Spruch des Herrn
der Heere. 5 Der Bund, den ich bei eurem Auszug
aus Ägypten mit euch geschlossen habe, bleibt

bestehen und mein Geist bleibt in eurer Mitte. Fürchtet euch nicht! 6 Denn so spricht der Herr der Heere: Nur noch kurze Zeit, dann lasse ich den Himmel und die Erde, das Meer und das Festland erbeben 7 und ich lasse alle Völker erzittern. Dann strömen die Schätze aller Völker herbei und ich erfülle dieses Haus mit Herrlichkeit, spricht der Herr der Heere. 8 Mir gehört das Silber und mir das Gold – Spruch des Herrn der Heere. 9 Die künftige Herrlichkeit dieses Hauses wird größer sein als die frühere, spricht der Herr der Heere. An diesem Ort schenke ich die Fülle des Friedens – Spruch des Herrn der Heere.

3: Esra 3,12 • 7: Jes 60,5–7

DAS NEUE HEIL: 2,10–19

10 Im zweiten Jahr des Darius erging am vierundzwanzigsten Tag des neunten Monats dieses Wort des Herrn an den Propheten Haggai:

11 So spricht der Herr der Heere: Erbitte von den Priestern eine Weisung in folgender Frage: 12 Wenn jemand heiliges Opferfleisch im Zipfel seines Gewandes trägt und mit dem Zipfel zufällig Brot oder etwas Gekochtes berührt oder Wein oder Öl oder sonst etwas Essbares, wird dieses dadurch geheiligt? Die Priester antworteten: Nein. 13 Da fragte Haggai: Wenn jemand, der durch eine Leiche unrein geworden ist, das alles berührt, wird es dann unrein? Die Priester antworteten: Ja, es wird unrein. 14 Darauf erwiderte Haggai: Ebenso sind in meinen Augen dieses Volk und diese Leute – Spruch des Herrn – und ebenso alles, was sie tun und was sie als Opfer darbringen: unrein ist es.

15 Nun aber gebt Acht, was von heute an geschieht. Bevor man am Tempel des Herrn Stein auf Stein legte, 16 wie ist es euch da ergangen? Kam man zu einem Kornhaufen, der zwanzig Efa haben sollte, so waren es nur zehn; kam man zur Kelter, um fünfzig Bat zu schöpfen, waren es nur zwanzig. 17 Mit Getreidebrand und Mehltau und Hagel schlug ich euch und machte alle eure Arbeit zunichte und doch wandtet ihr euch mir nicht zu – Spruch des Herrn.

18 Gebt Acht, was von heute an geschieht, vom vierundzwanzigsten Tag des neunten Monats an, dem Tag, an dem der Grundstein zum Tempel des Herrn gelegt wurde. Gebt Acht, 19 ob das Saatkorn weiterhin im Speicher bleibt und ob Weinstock und Feigenbaum, Granatbaum und Ölbaum immer noch keine Frucht tragen. Von heute an spende ich Segen.

13: Num 19,11–22 • 15: Sach 8,9.12 • 17: Am 4,6

DIE VERHEISSUNG AN DEN DAVIDSOHN: 2,20–23

20 Am vierundzwanzigsten Tag des Monats erging das Wort des Herrn ein zweites Mal an Haggai:

21 Sag zu Serubbabel, dem Statthalter von Juda: Ich lasse den Himmel und die Erde erbeben. 22 Ich stürze die Throne der Könige und zerschlage die Macht der Königreiche der Völker. Ich stoße die Kriegswagen samt ihren Fahrern um, die Pferde sinken samt ihren Reitern zu Boden, einer vom Schwert des andern getroffen. 23 An jenem Tag – Spruch des Herrn der Heere – nehme ich dich, mein Knecht Serubbabel, Sohn Schealtiëls, – Spruch des Herrn – und mache dich zu meinem Siegelring; denn ich habe dich erwählt – Spruch des Herrn der Heere.

23: Sach 6,12f; Jer 22,24.

DAS BUCH SACHARJA

Das Buch Sacharja zerfällt in zwei deutlich voneinander geschiedene Teile. Den Schwerpunkt des ersten Teils (Kap. 1 – 8) bilden acht Visionen, die den Plan Gottes zur Wiederherstellung des zerstörten Jerusalem und zur Neuordnung des begnadigten Gottesvolkes darlegen. Im Anschluss daran ermahnt der Prophet das Volk von Juda, sich durch ein Leben nach der Weisung Gottes auf die Erfüllung der endzeitlichen Verheißungen vorzubereiten. Der zweite Teil des Buches (Kap. 9 – 14) wendet sich direkt dem Endgeschehen zu. Dementsprechend ist dort die Rede von der Bedrängnis Jerusalems durch die gottwidrige Heidenwelt und von der damit verbundenen Läuterung des Gottesvolkes, aber auch von dem Auftreten des Messias und von der Offenbarung der Gottesherrschaft für die ganze Welt.

Die Abfassung des ersten Teils geht zweifellos auf die Verkündigung des Propheten Sacharja zurück, der nach 1,1.7 und 7,1 in den Jahren 520–518 v. Chr. in Jerusalem aufgetreten ist. Die Entstehung des zweiten Teils dagegen fällt offensichtlich in eine spätere Zeit, wie der andersartige geschichtliche Hintergrund und die weiterentwickelten Vorstellungen über die Endzeit erkennen lassen.

Die Bedeutung der Botschaft Sacharjas erkennt man, wenn man sie auf dem Hintergrund der ersten Zeit nach der Rückkehr der verbannten Judäer aus Babylonien sieht. Angesichts der Hoffnungslosigkeit des Volkes, das nach den Schicksalsschlägen der Vergangenheit und den trostlosen Erfahrungen der Gegenwart in der Versuchung lebt, sich selbst und seine Sendung aufzugeben, entfacht Sacharja im Blick auf das Kommen der endzeitlichen Gottesherrschaft den Eifer seiner Zeitgenossen für ein mutiges und opferbereites Handeln beim Wiederaufbau Jerusalems und bei der Neuordnung des Gottesvolkes.

ERSTER TEIL: DIE VISIONEN UND WORTE SACHARJAS: 1,1 – 8,23

Der Aufruf zur Umkehr

1 Im zweiten Jahr des Darius erging im achten
Monat das Wort des Herrn an den Propheten
Sacharja, den Sohn Berechjas, des Sohnes Iddos:
2 Schwer hat der Herr euren Vätern gezürnt. 3 Deshalb sag zu ihnen: So spricht der Herr der Heere:
Kehrt um zu mir – Spruch des Herrn der Heere –,
dann kehre ich um zu euch, spricht der Herr der
Heere. 4 Seid nicht wie eure Väter, denen die früheren Propheten verkündeten: So spricht der Herr
der Heere: Kehrt doch um von euren heillosen
Wegen und von euren heillosen Taten. Aber sie
hörten nicht und schenkten mir kein Gehör –
Spruch des Herrn. 5 Wo sind nun eure Väter? Und
die Propheten – leben sie ewig? 6 Meine Worte und
meine Entschlüsse, die ich durch meine Knechte,
die Propheten, verkünden ließ, haben sie sich
nicht an euren Vätern erfüllt? Darauf kehrten sie
um und sagten: Wie unsere Wege und unsere Taten
es verdienten, gedachte der Herr der Heere an uns
zu handeln und so hat er gehandelt.

1: Esra 5,1; Hag 1,1 • 3: Mal 3,7; Jak 4,8

Die erste Vision: Das Gericht über die Völker

7 Am vierundzwanzigsten Tag des elften Monats –
das ist der Monat Schebat – im zweiten Jahr des
Darius erging das Wort des Herrn an den Propheten Sacharja, den Sohn Berechjas, des Sohnes
Iddos. 8 In dieser Nacht hatte ich eine Vision: Ich
sah einen Mann auf einem rotbraunen Pferd. Er
stand zwischen den Myrtenbäumen in der Tiefe
und hinter ihm waren rotbraune, blutrote und
weiße Pferde. 9 Ich fragte: Herr, was bedeuten diese
Pferde? Und der Engel, der mit mir redete, sprach:
Ich will dich sehen lassen, was sie bedeuten. 10 Da
ergriff der Mann, der zwischen den Myrtenbäumen stand, das Wort und sagte: Der Herr hat diese

Pferde gesandt, damit sie die Erde durchziehen.
[11] Und sie antworteten dem Engel des Herrn, der
zwischen den Myrtenbäumen stand: Wir haben
die Erde durchzogen – die ganze Erde ruht und
liegt still. [12] Da sagte der Engel des Herrn: Herr der
Heere, wie lange versagst du noch Jerusalem und
den Städten Judas dein Erbarmen, denen du nun
siebzig Jahre grollst? [13] Der Herr antwortete dem
Engel, der mit mir redete, in freundlichen Worten,
Worten voll Trost. [14] Da sagte mir der Engel, der
mit mir redete: Verkünde: So spricht der Herr der
Heere: Mit großem Eifer trete ich für Jerusalem
und Zion ein; [15] aber ich bin voll glühendem Zorn
gegen die Völker, die sich in falscher Sicherheit
wiegen. Ich war nur ein wenig erzürnt; doch sie
wollten vernichten, als sie mir halfen. [16] Darum –
so spricht der Herr: Voll Erbarmen wende ich
mich Jerusalem wieder zu. Man wird mein Haus
dort aufbauen – Spruch des Herrn der Heere – und
die Richtschnur über Jerusalem spannen. [17] Weiter
verkünde: So spricht der Herr der Heere: Meine
Städte werden wieder überfließen von allen
Gütern. Der Herr wird Zion wieder trösten und
er wird Jerusalem wieder auserwählen.

8: 6,1–8 • 14: 8,2 • 16: 2,5–9 • 17: 2,16

Die zweite Vision:
Das Gericht über die Zerstörer Jerusalems

2 Danach blickte ich hin und sah: Da waren
vier Hörner. [2] Ich fragte den Engel, der mit
mir redete: Was bedeuten diese Hörner? Er antwortete mir: Das sind die vier Hörner, die Juda,
Israel und Jerusalem zerstreut haben. [3] Darauf ließ
mich der Herr vier Schmiede sehen. [4] Ich fragte:
Wozu sind sie da? Was sollen sie tun? Und er antwortete: Die Hörner haben Juda zerstreut, sodass kein Mensch mehr sein Haupt erhob; die Schmiede aber sind gekommen, um sie zu erschrecken und die Hörner aller Völker niederzuwerfen, die ihre Macht gegen Juda aufgeboten haben, um es zu zerstreuen.

Die dritte Vision:
Jerusalem unter Gottes Schutz

[5] Danach blickte ich hin und sah: Da war ein Mann
mit einer Messschnur in der Hand. [6] Ich fragte:
Wohin gehst du? Er antwortete mir: Ich gehe, um
Jerusalem auszumessen und zu sehen, wie breit
und wie lang es sein wird. [7] Da trat der Engel, der
mit mir redete, vor und ein anderer Engel kam ihm
entgegen [8] und sagte zu ihm: Lauf und sag dem
jungen Mann dort: Jerusalem wird eine offene
Stadt sein wegen der vielen Menschen und Tiere,
die darin wohnen. [9] Ich selbst – Spruch des Herrn
– werde für die Stadt ringsum eine Mauer von
Feuer sein und in ihrem Innern ihr Ruhm und ihre
Ehre.

5: 1,16; Ez 40,3 • 8: Ez 38,11 • 9: 9,8; Ex 14,20

Der Aufruf an die Verbannten

[10] Auf, auf! Flieht aus dem Land des Nordens –
Spruch des Herrn. Denn wie die vier Winde des
Himmels habe ich euch zerstreut – Spruch des
Herrn. [11] Auf, Zion, die du in Babel wohnst, rette
dich! [12] Denn so spricht der Herr der Heere – er hat
mich mit Herrlichkeit zu den Völkern gesandt, die
euch ausgeplündert haben –: Wer euch antastet,
tastet meinen Augapfel an. [13] Ja, jetzt hole ich mit
meiner Hand zum Schlag gegen sie aus, sodass sie
eine Beute ihrer eigenen Knechte werden. Und ihr
werdet erkennen, dass der Herr der Heere mich
gesandt hat.
[14] Juble und freue dich, Tochter Zion; denn siehe,
ich komme und wohne in deiner Mitte – Spruch
des Herrn. [15] An jenem Tag werden sich viele Völker dem Herrn anschließen und sie werden mein
Volk sein und ich werde in deiner Mitte wohnen.
Dann wirst du erkennen, dass der Herr der Heere
mich zu dir gesandt hat. [16] Der Herr aber wird Juda
in Besitz nehmen; es wird sein Anteil im Heiligen
Land sein. Und er wird Jerusalem wieder auserwählen. [17] Alle Welt schweige in der Gegenwart des
Herrn. Denn er tritt hervor aus seiner heiligen
Wohnung.

16: 1,17

Die vierte Vision:
Der Priesterdienst in der messianischen Zeit

3 Danach ließ er mich den Hohenpriester
Jeschua sehen, der vor dem Engel des Herrn
stand. Der Satan aber stand rechts von Jeschua, um
ihn anzuklagen. [2] Der Engel des Herrn sagte zum
Satan: Der Herr weise dich in die Schranken, Satan; ja, der Herr, der Jerusalem auserwählt hat,

weise dich in die Schranken. Ist dieser Mann nicht ein Holzscheit, das man aus dem Feuer gerissen hat? 3 Jeschua hatte nämlich schmutzige Kleider an, als er vor dem Engel stand. 4 Der Engel wandte sich an seine Diener und befahl: Zieht ihm die schmutzigen Kleider aus! Zu ihm aber sagte er: Hiermit nehme ich deine Schuld von dir und bekleide dich mit festlichen Gewändern. 5 Und ich befehle: Man soll ihm einen reinen Turban aufsetzen. Da setzten sie ihm den reinen Turban auf und bekleideten ihn mit Festgewändern und der Engel des Herrn stand dabei.

6 Der Engel des Herrn versicherte Jeschua: 7 So spricht der Herr der Heere: Wenn du auf meinen Wegen gehst und wenn du meine Ordnung einhältst, dann wirst du es sein, der mein Haus regiert und meine Vorhöfe verwaltet, und ich gebe dir Zutritt zu meinen Dienern hier.

8 Höre, Hoherpriester Jeschua: Du und deine Gefährten, die vor dir sitzen, ihr seid Männer, die Wahrzeichen sind. Denn siehe, ich will meinen Knecht kommen lassen, den Spross. 9 Denn der Stein, den ich vor Jeschua hingelegt habe – auf diesem einen Stein sind sieben Augen. Ich ritze in ihn eine Inschrift ein – Spruch des Herrn der Heere – und ich tilge die Schuld dieses Landes an einem einzigen Tag.

10 An jenem Tag – Spruch des Herrn der Heere – werdet ihr einander einladen unter Weinstock und Feigenbaum.

2: Jud 9 • 8: Jes 8,18; Sach 6,12; Jer 23,5; 33,15 • 9: 4,10; Ex 28,9–11; 39,6f; Offb 2,17

Die fünfte Vision: Der Hohepriester und der Davidsohn

4 Danach kehrte der Engel, der mit mir redete, zurück, weckte mich, wie man jemand vom Schlaf aufweckt, 2 und sagte zu mir: Was hast du gesehen? Ich antwortete: Ich hatte eine Vision: Da stand ein Leuchter, ganz aus Gold, darauf eine Schale und auf ihr sieben Lampen mit je sieben Schnäbeln für die Flammen auf den Lampen. 3 Zwei Ölbäume standen daneben, der eine rechts, der andere links von der Schale. 4 Und ich sprach weiter und fragte den Engel, der mit mir redete: Herr, was bedeuten diese Ölbäume? 5 Der Engel, der mit mir redete, antwortete mir: Weißt du nicht, was sie bedeuten? Ich erwiderte: Nein, Herr. 6 Da erwiderte er und sagte zu mir: So lautet das Wort des Herrn an Serubbabel: Nicht durch Macht, nicht durch Kraft, allein durch meinen Geist! – spricht der Herr der Heere.

7 Wer bist du, großer Berg? Vor Serubbabel wirst du zur Ebene. Er holt den Schlussstein hervor und man ruft: Wie schön ist er, wie schön! 8 Da erging das Wort des Herrn an mich: 9 Serubbabels Hände haben den Grund zu diesem Haus gelegt und seine Hände werden es vollenden, damit man erkennt, dass mich der Herr der Heere zu euch gesandt hat. 10 Denn wer gering dachte von der Zeit der kleinen Anfänge, wird sich freuen, wenn er den auserlesenen Stein in Serubbabels Hand sieht. Das sind die sieben Augen des Herrn, die über die ganze Erde schweifen.

11 Ich fragte ihn weiter: Was bedeuten die zwei Ölbäume auf der rechten und auf der linken Seite des Leuchters? 12 Und weiter fragte ich ihn: Was bedeuten die zwei Büschel von Olivenzweigen bei den beiden goldenen Röhren, durch die das goldene Öl herabfließt?

13 Er sagte zu mir: Weißt du nicht, was sie bedeuten? Ich erwiderte: Nein, Herr. 14 Er sagte: Das sind die beiden Gesalbten, die vor dem Herrn der ganzen Erde stehen.

2: Ex 25,31–40 • 10: 3,9; 2 Chr 16,9 • 14: Offb 11,4

Die sechste Vision: Die Ausrottung der Diebe

5 Wieder blickte ich hin und sah eine fliegende Schriftrolle. 2 Er fragte mich: Was siehst du? Ich antwortete: Ich sehe eine fliegende Schriftrolle, zwanzig Ellen lang und zehn Ellen breit. 3 Da sagte er zu mir: Das ist der Fluch, der über die ganze Erde dahinfliegt. An jedem, der stiehlt, wird Rache genommen, dem Fluch entsprechend; und an jedem, der schwört, wird Rache genommen, dem Fluch entsprechend.

4 Ich habe den Fluch dahinfliegen lassen – Spruch des Herrn der Heere – und er wird eindringen in das Haus des Diebes und in das Haus dessen, der bei meinem Namen einen Meineid schwört. Und der Fluch wird im Innern seines Hauses bleiben und wird es vernichten samt Holz und Steinen.

Die siebte Vision:
Die Befreiung vom Bösen

[5] Der Engel des Herrn, der mit mir redete, kam und
sagte zu mir: Blick hin und sieh, was sich zeigt! [6] Ich
fragte: Was ist das? Er antwortete: Was sich dort
zeigt, ist ein Fass. Und er fuhr fort: Das ist ihre
Schuld auf der ganzen Erde. [7] Und siehe: Ein
Deckel aus Blei wurde (von dem Fass) gehoben
und in dem Fass saß eine Frau. [8] Er sagte: Das ist
die Ruchlosigkeit. Darauf stieß er sie in das Fass
zurück und warf den bleiernen Deckel auf die Öff-
nung.
[9] Als ich aufblickte und hinsah, da traten zwei
Frauen hervor und ein Wind füllte ihre Flügel – sie
hatten nämlich Flügel wie Storchenflügel – und sie
trugen das Fass zwischen Erde und Himmel fort.
[10] Darauf fragte ich den Engel, der mit mir redete:
Wohin bringen sie das Fass? [11] Er antwortete mir:
Im Land Schinar soll für die Frau ein Tempel
gebaut werden. Er wird auf festem Grund stehen
und dort wird sie an ihrem Platz aufgestellt wer-
den.

11: Gen 10,10; 11,2

Die achte Vision:
Das Gericht über die Feinde

6 Wieder blickte ich hin und sah vier Wagen.
Sie fuhren zwischen zwei Bergen hervor und
die Berge waren aus Bronze. [2] Am ersten Wagen
waren rote Pferde, am zweiten Wagen schwarze
Pferde, [3] am dritten Wagen weiße Pferde und
am vierten Wagen gescheckte Pferde, alles starke
Tiere.
[4] Darauf fragte ich den Engel, der mit mir redete:
Was bedeutet das, Herr? [5] Der Engel gab mir zur
Antwort: Das sind die vier Winde des Himmels,
die vor dem Herrn der ganzen Erde standen und
nun losstürmen. [6] Die schwarzen Pferde gehen in
das Land des Nordens, die weißen gehen nach
Westen, die gescheckten gehen in das Land des
Südens. [7] Die starken Tiere stürmen los, begierig,
die Erde zu durchziehen. Darauf sagte er: Auf,
durchzieht die Erde! Und sie durchzogen die Erde.
[8] Und er rief mir zu: Sieh dir die Pferde an, die in
das Land des Nordens ziehen – sie bringen meinen
Geist über das Land des Nordens.

2: 1,8

Die Zeichen der Heilszeit

[9] Danach erging an mich das Wort des Herrn:
[10] Nimm einige der Heimkehrer von den Familien
Heldai, Tobija und Jedaja und komm selbst an die-
sem Tag zum Haus Joschijas, des Sohnes Zefanjas!
Es sind Leute, die aus Babel zurückgekommen
sind. [11] Nimm Silber und Gold, mach eine Krone,
setze sie dem Hohenpriester Jeschua, dem Sohn
des Jozadak, aufs Haupt, [12] und sag zu ihm: So
spricht der Herr der Heere: Da ist ein Mann,
Spross ist sein Name; denn wo er steht, wird es
sprossen und er wird den Tempel des Herrn
bauen. [13] Er ist es, der den Tempel des Herrn baut.
Er ist mit Hoheit bekleidet. Er sitzt auf seinem
Thron und herrscht. Ein Priester steht an seinem
Thron und gemeinsam sorgen sie für den Frieden.
[14] Die Krone wird zur Erinnerung an Heldai,
Tobija, Jedaja und Hen, den Sohn Zefanjas, im
Tempel des Herrn liegen. [15] Aus der Ferne werden
sie kommen und am Tempel des Herrn bauen.
Dann werdet ihr erkennen, dass mich der Herr der
Heere zu euch gesandt hat. Das wird geschehen,
wenn ihr beharrlich auf die Stimme des Herrn,
eures Gottes, hört.

11: 3,1–10 • 12: 3,8

Das wahre Fasten

7 Im vierten Jahr des Königs Darius erging das
Wort des Herrn an Sacharja, am vierten Tag
im neunten Monat, dem Monat Kislew. [2] Bet-El
sandte Sarezer und Regem-Melech mit seinen
Leuten, um den Zorn des Herrn zu besänftigen
[3] und um die Priester im Haus des Herrn der Heere
und die Propheten zu fragen: Soll ich weiterhin im
fünften Monat weinen und enthaltsam sein, wie
ich es so viele Jahre getan habe? [4] Da erging an
mich das Wort des Herrn der Heere: [5] Sag dem
ganzen Volk auf dem Land und den Priestern: Ihr
habt gefastet und Klage abgehalten im fünften und
im siebten Monat, und das siebzig Jahre lang –
aber bin ich es, für den ihr so streng gefastet habt?
[6] Und wenn ihr esst und trinkt, esst ihr dann nicht
für euch und trinkt ihr nicht für euch? [7] Kennt ihr
nicht die Worte, die der Herr durch die früheren
Propheten verkünden ließ, als man Jerusalem und
die Städte ringsum sorglos bewohnte, als der
Negeb und die Schefela noch bewohnt waren?

8 Und das Wort des Herrn erging an Sacharja: 9 So
spricht der Herr der Heere: Haltet gerechtes Ge-
richt, jeder zeige seinem Bruder gegenüber Güte
und Erbarmen; 10 unterdrückt nicht die Witwen
und Waisen, die Fremden und Armen und plant
in eurem Herzen nichts Böses gegeneinander!
11 Doch sie weigerten sich hinzuhören, sie zeigten
sich störrisch und verstopften ihre Ohren, um
nicht zu hören. 12 Sie machten ihr Herz hart wie
Diamant, um die Weisung und die Worte nicht
hören zu müssen, die der Herr der Heere in der
Kraft seines Geistes durch die früheren Propheten
gesandt hat. Deshalb kam der große Zorn des
Herrn der Heere über sie, 13 und es geschah dies:
Wie er einst rief und sie nicht hörten, so riefen nun
sie und ich hörte nicht, spricht der Herr der Heere.
14 Ich habe sie unter alle Völker verweht, die ihnen
unbekannt waren. Nach ihnen verödete das Land,
sodass niemand mehr darin hin- und herzog, und
so haben sie das Land der Freuden zur Wüste ge-
macht.

9: Mi 6,8 • 10: Jer 7,5f • 11: Jes 48,4; Jer 5,3

Die künftige Rettung

8 Es erging das Wort des Herrn der Heere: 2 So
spricht der Herr der Heere: Mit großem Eifer
trete ich ein für Zion, ich setze mich glühend ein
für Jerusalem. 3 So spricht der Herr: Ich kehre
zurück nach Zion und wohne wieder in Jerusalem.
Dann wird Jerusalem »Stadt der Treue« heißen
und der Berg des Herrn der Heere »Heiliger Berg«.
4 So spricht der Herr der Heere: Greise und Grei-
sinnen werden wieder auf den Plätzen Jerusalems
sitzen; jeder hält wegen seines hohen Alters einen
Stock in der Hand. 5 Die Straßen der Stadt werden
voll Knaben und Mädchen sein, die auf den
Straßen Jerusalems spielen. 6 So spricht der Herr
der Heere: Wenn das dem Rest dieses Volkes in
jenen Tagen zu wunderbar erscheint, muss es dann
auch mir zu wunderbar erscheinen? – Spruch des
Herrn der Heere.
7 So spricht der Herr der Heere: Seht, ich werde
mein Volk befreien aus dem Land des Sonnenauf-
gangs und aus dem Land des Sonnenuntergangs.
8 Ich werde sie heimbringen und sie werden in
Jerusalem wohnen. Sie werden mein Volk sein und
ich werde ihr Gott sein, unwandelbar und treu.
9 So spricht der Herr der Heere: Macht eure Hände
stark, wenn ihr in diesen Tagen die Worte aus dem
Mund des Propheten hört. Die Propheten treten
seit dem Tag auf, an dem das Fundament für das
Haus des Herrn der Heere gelegt wurde, damit der
Tempel gebaut werde. 10 Vor diesen Tagen brachte
die Arbeit des Menschen keinen Ertrag und es gab
keine Nahrung für das Vieh. Wer aus dem Haus
ging und heimkehrte, fand keine Sicherheit vor
dem Feind. Alle Menschen ließ ich gegeneinander
los. 11 Jetzt aber bin ich zum Rest des Volkes nicht
mehr so wie in den früheren Tagen – Spruch des
Herrn der Heere; 12 denn ich säe das Heil: Der
Weinstock gibt seine Frucht, das Land gibt seinen
Ertrag, der Himmel gibt seinen Tau. Das alles will
ich dem Rest dieses Volkes zu eigen geben. 13 Und
wie ihr, Haus Juda und Haus Israel, ein Fluch unter
den Völkern gewesen seid, so werde ich euch erret-
ten, damit ihr ein Segen seid. Fürchtet euch nicht!
Macht eure Hände stark! 14 Denn so spricht der
Herr der Heere: Wie ich plante, euch Böses zu tun,
und es mich nicht reute, weil eure Väter mich
erzürnten, spricht der Herr der Heere, 15 so kehre
ich jetzt um und plane in diesen Tagen, Jerusalem
und dem Haus Juda Gutes zu tun. Fürchtet euch
nicht!
16 Das sind die Dinge, die ihr tun sollt: Sagt unter-
einander die Wahrheit! Fällt an euren Stadttoren
Urteile, die der Wahrheit entsprechen und dem
Frieden dienen. 17 Plant in eurem Herzen nichts
Böses gegen euren Nächsten und liebt keine ver-
logenen Schwüre! Denn das alles hasse ich –
Spruch des Herrn.
18 Und es erging an mich das Wort des Herrn der
Heere: 19 So spricht der Herr der Heere: Das Fasten
des vierten, das Fasten des fünften, das Fasten des
siebten und das Fasten des zehnten Monats wer-
den für das Haus Juda Tage des Jubels und der
Freude und froher Feste sein. Darum liebt die
Treue und den Frieden!
20 So spricht der Herr der Heere: Es wird noch
geschehen, dass Völker herbeikommen und die
Einwohner vieler Städte. 21 Die Einwohner der
einen Stadt werden zur andern gehen und sagen:
Wir wollen gehen, um den Zorn des Herrn zu
besänftigen und den Herrn der Heere zu suchen.
– Auch ich will hingehen. – 22 Viele Völker und

mächtige Nationen werden kommen, um in Jerusalem den Herrn der Heere zu suchen und den Zorn des Herrn zu besänftigen.
23 So spricht der Herr der Heere: In jenen Tagen werden zehn Männer aus Völkern aller Sprachen einen Mann aus Juda an seinem Gewand fassen, ihn festhalten und sagen: Wir wollen mit euch gehen; denn wir haben gehört: Gott ist mit euch.

2: 1,14 • 3: Jes 1,21–26 • 4: Jes 65,20; Jer 31,13 • 6: Ps 118,23 • 7: Jes 11,11f; 27,13; Jer 24,5–7 • 10: Hag 2,15–19

ZWEITER TEIL: VERHEISSUNGEN UND GERICHTSWORTE AUS SPÄTERER ZEIT: 9,1 – 14,21

Die Rettung eines Restes der Nachbarvölker

9 Ausspruch. Das Wort des Herrn ruht auf dem Land Hadrach, Damaskus ist seine Ruhestätte. Denn dem Herrn gehören die Hauptstadt von Aram und alle Stämme Israels, 2 auch Hamat, das daran grenzt, selbst Tyrus und Sidon, so klug sie auch sind. 3 Tyrus baute sich eine Festung, häufte Silber auf wie Staub und Gold wie Schlamm in den Gassen. 4 Seht, der Herr lässt es verarmen, er schlägt seine Streitmacht auf dem Meer; die Stadt wird vom Feuer verzehrt. 5 Aschkelon soll es sehen und sich fürchten, auch Gaza, und sie sollen gewaltig zittern, auch Ekron; denn er lässt dahinschwinden, wonach sie Ausschau hielten. Verschwunden ist der König aus Gaza, Aschkelons Thron steht leer. 6 Ein Bastard herrscht in Aschdod, ich zerschlage die Größe der Philister. 7 Ich werde das Blut (das sie trinken) aus ihrem Mund nehmen und das, was ich verabscheue, aus ihren Zähnen. So werden auch sie zu dem Rest gehören, der unserem Gott zu eigen ist. Sie sind wie eine Sippe in Juda, Ekron ist wie das Volk der Jebusiter. 8 Ich selbst werde der Wachtposten sein, der mein Haus vor Feinden schützt, die in den Krieg und wieder nach Hause ziehen. Kein Bedrücker greift sie mehr an; denn jetzt sehe ich auf sie mit meinen eigenen Augen.

4: 1 Sam 2,7 • 5: 10,11

Der kommende Friedenskönig

9 Juble laut, Tochter Zion! Jauchze, Tochter Jerusalem! Sieh, dein König kommt zu dir. Er ist gerecht und hilft; er ist demütig und reitet auf einem Esel, auf einem Fohlen, dem Jungen einer Eselin. 10 Ich vernichte die Streitwagen aus Efraim und die Rosse aus Jerusalem, vernichtet wird der Kriegsbogen. Er verkündet für die Völker den Frieden; seine Herrschaft reicht von Meer zu Meer und vom Eufrat bis an die Enden der Erde.
11 Auch deine Gefangenen werde ich um des Blutes deines Bundes willen freilassen aus ihrem Kerker, der wasserlosen Zisterne. 12 Kehrt in Scharen zurück, ihr Gefangenen voll Hoffnung! Ja, heute verkünde ich: Die doppelte Zahl führe ich zu dir zurück. 13 Denn ich spanne mir Juda als Bogen und lege Efraim als Pfeil darauf. Ich rufe deine Söhne, Zion, zum Kampf gegen die Söhne Jawans, ich mache dich zum Schwert eines Helden. 14 Der Herr selbst wird über ihnen erscheinen. Wie der Blitz schießt sein Pfeil dahin. Gott, der Herr, bläst ins Horn, er kommt in den Stürmen des Südens. 15 Der Herr der Heere beschirmt die Seinen. Die Schleudersteine fressen und zermalmen. (Seine Krieger) trinken und lärmen wie beim Wein; sie sind voll Blut wie eine Opferschale, wie die Ecken eines Altars. 16 Der Herr, ihr Gott, wird sie an jenem Tag retten; er wird sein Volk retten, wie man Schafe rettet. Edelsteine glänzen auf seinem Land. 17 Wie groß sind seine Schätze, wie herrlich ist seine Schönheit! Korn gibt den jungen Männern Kraft und Most den Mädchen.

9: Zef 3,14; Mt 21,5 • 10: Ps 72,8 • 11: Jer 38,6

Gottes Erbarmen nach dem Gericht

10 Bittet den Herrn um Regen zur Regenzeit im Frühjahr! Der Herr lässt Gewitterwolken entstehen, er füllt sie mit Regen und gibt den Menschen das Grün auf dem Feld.
2 Die Hausgötzen redeten Falsches; die Wahrsager schauten Lügen. Sie verkündeten nichtige Träume und spendeten leeren Trost. Darum wurde das Volk weggetrieben wie Schafe und geriet ins Elend; denn es hatte keinen Hirten. 3 Gegen die Hirten ist

mein Zorn entbrannt, die Leithammel ziehe ich zur Rechenschaft. Denn der Herr der Heere sieht nach seiner Herde, nach dem Haus Juda, er macht es zu seinem prächtigen Streitross. [4] Aus dem Haus Juda kommt ein Edelstein, aus ihm ein Zeltpflock, aus ihm ein Kriegsbogen; aus ihm kommt jeder, der Macht hat. [5] Sie alle werden wie Helden sein, die im Krieg den Feind in den Gassenkot treten. Sie werden kämpfen; denn der Herr ist mit ihnen. Dann müssen sich alle schämen, die auf Pferden reiten.

[6] Das Haus Juda will ich stark machen und das Haus Josef retten. Ich führe sie zurück; denn ich habe Erbarmen mit ihnen. Es wird sein, als ob ich sie nicht verstoßen hätte; denn ich bin Jahwe, ihr Gott; ich werde sie erhören. [7] Die Söhne Efraims werden Helden sein. Sie werden sich freuen wie beim Wein. Ihre Kinder werden es sehen und sich freuen und ihr Herz wird jubeln über den Herrn. [8] Ich werde ihnen pfeifen und sie zusammenholen; denn ich habe sie losgekauft. Sie werden so zahlreich sein, wie sie zahlreich waren. [9] Ich habe sie unter die Völker gesät; doch in der Ferne werden sie an mich denken. Sie werden mit ihren Kindern am Leben bleiben und heimkehren. [10] Ja, ich werde sie zurückführen aus Ägypten und aus Assur werde ich sie sammeln. Ich werde sie nach Gilead und zum Libanon bringen und es wird nicht genug Platz für sie da sein. [11] Wenn sie aus dem Land der Not durch das Meer ziehen, wird der Herr die Wellen im Meer schlagen und die Tiefen des Nil werden austrocknen. Dann wird die Größe Assurs in den Staub getreten und das Zepter Ägyptens wird beseitigt. [12] Ich mache sie stark durch den Herrn und sie werden in seinem Namen ihren Weg gehen – Spruch des Herrn.

11 Öffne deine Tore, Libanon, damit das Feuer deine Zedern frisst. [2] Klage, Zypresse! Denn die Zeder ist gefallen; ja, die Mächtigen wurden vernichtet. Klagt, ihr Eichen des Baschan, denn der undurchdringliche Wald ist dahingesunken. [3] Horch, die Hirten klagen; denn ihre prächtige Weide ist vernichtet. Horch, die jungen Löwen brüllen; denn das Dickicht am Jordan ist vernichtet.

10,2: Mt 9,36 • 11: Ex 14; Jes 11,15; 51,10 • 12: Gen 5,24; 6,9; 17,1 • 11,2: Jes 2,11–13

Das Drohwort gegen die schlechten Herrscher

[4] So spricht der Herr, mein Gott: Hüte die Schafe, die geschlachtet werden sollen. [5] Ihre Käufer töten sie, ohne es zu büßen. Ihre Verkäufer sagen: Gepriesen sei der Herr; denn ich bin reich geworden. Ihre Hirten haben kein Mitleid mit ihnen. [6] Wahrhaftig, ich habe kein Mitleid mehr mit den Bewohnern des Landes – Spruch des Herrn. Seht, jeden Menschen liefere ich seinem Nächsten aus und seinem König. Sie zerschlagen das Land und ich rette es nicht aus ihrer Hand.

[7] Ich hütete die Schafe, die geschlachtet werden sollten, für die Schafhändler und ich nahm mir zwei Ruten. Eine nannte ich Noam (Freundlichkeit), die andere nannte ich Hobelim (Verbindung) und ich hütete die Herde.

[8] Nach meinem Willen verschwanden in einem einzigen Monat drei Hirten. Ich war zornig auf sie, auch sie waren meiner überdrüssig. [9] Ich sagte: Ich hüte euch nicht. Was im Sterben liegt, soll sterben; was sich verloren hat, sei verloren; und von den Übriggebliebenen soll einer des andern Fleisch fressen. [10] Dann nahm ich meine Rute Noam und hieb sie in Stücke, um meinen Bund zu zerbrechen, den ich mit allen Völkern geschlossen hatte. [11] So wurde er an diesem Tag zerbrochen. Da erkannten die Schafhändler, die auf mich Acht gaben, dass dies ein Wort des Herrn war. [12] Ich sagte zu ihnen: Wenn es euch recht scheint, so bringt mir meinen Lohn; wenn nicht, so lasst es! Doch sie wogen mir meinen Lohn ab, dreißig Silberstücke. [13] Da sagte der Herr zu mir: Wirf ihn dem Schmelzer hin! Hoch ist der Preis, den ich ihnen wert bin. Und ich nahm die dreißig Silberstücke und warf sie im Haus des Herrn dem Schmelzer hin. [14] Danach hieb ich meine zweite Rute, Hobelim, in Stücke, um den brüderlichen Bund zwischen Juda und Israel zu zerbrechen.

[15] Der Herr sagte zu mir: Nimm nochmals das Gerät des nichtsnutzigen Hirten! [16] Denn ich lasse einen Hirten im Land auftreten. Um das Vermisste kümmert er sich nicht, das Verlorene sucht er nicht, das Gebrochene heilt er nicht, das Gesunde versorgt er nicht. Stattdessen isst er das Fleisch der gemästeten Schafe und reißt ihnen die Klauen ab. [17] Weh meinem nichtsnutzigen Hirten, der die Herde im Stich lässt. Das Schwert über seinen Arm

und über sein rechtes Auge! Sein Arm soll völlig
verdorren, sein rechtes Auge soll gänzlich erblinden.

4–17: Ez 34 • 13: Mt 27,9f

Jerusalems Not und Errettung

12 Ausspruch. Das Wort des Herrn über Is-
rael. Der Spruch des Herrn, der den Him-
mel ausgespannt, die Erde gegründet und den
Geist im Innern des Menschen geformt hat: [2] Seht,
ich mache Jerusalem zur Schale voll berauschen-
dem Getränk für alle Völker ringsum [und auch
für Juda wird dies gelten bei der Belagerung Jeru-
salems]. [3] An jenem Tag mache ich Jerusalem für
alle Völker zum Stein, den man hochstemmen
will: Jeder, der ihn hebt, wird schwer zerschunden.
Alle Völker der Erde werden sich gegen Jerusalem
verbünden. [4] An jenem Tag – Spruch des Herrn –
bringe ich alle Pferde in Verwirrung und ihre Rei-
ter zur Raserei. Über dem Haus Juda aber halte ich
meine Augen offen, während ich alle Pferde der
Völker mit Blindheit schlage. [5] Dann werden die
Anführer Judas denken: Die Einwohner Jerusa-
lems sind stark durch den Herrn der Heere, ihren
Gott. [6] An jenem Tag mache ich Judas Anführer
gleich einem Feuerbecken im Holzhaufen und
gleich brennenden Fackeln in den Garben. Sie
fressen alle Völker ringsum, rechts und links. Jeru-
salem aber wird weiterhin an seinem Ort bleiben,
in Jerusalem. [7] Dann wird der Herr zuerst die Zelte
Judas retten, damit der Stolz des Hauses David
und der Stolz der Einwohner Jerusalems nicht
zu groß wird gegenüber Juda. [8] An jenem Tag be-
schirmt der Herr die Einwohner Jerusalems und
dann wird selbst der von ihnen, der strauchelt, wie
David sein und das Haus David an ihrer Spitze wie
Gott, wie der Engel des Herrn. [9] An jenem Tag
werde ich danach trachten, alle Völker zu vernich-
ten, die gegen Jerusalem anrücken. [10] Doch über
das Haus David und über die Einwohner Jerusa-
lems werde ich den Geist des Mitleids und des
Gebets ausgießen. Und sie werden auf den blicken,
den sie durchbohrt haben. Sie werden um ihn
klagen, wie man um den einzigen Sohn klagt; sie
werden bitter um ihn weinen, wie man um den
Erstgeborenen weint. [11] An jenem Tag wird die To-
tenklage in Jerusalem so laut sein wie die Klage um
Hadad-Rimmon in der Ebene von Megiddo.
[12] Das Land wird trauern, jede Sippe für sich: die
Sippe des Hauses David für sich und ihre Frauen
für sich; die Sippe des Hauses Natan für sich und
ihre Frauen für sich; [13] die Sippe des Hauses Levi
für sich und ihre Frauen für sich; die Sippe des
Hauses Schimi für sich und ihre Frauen für sich;
[14] alle überlebenden Sippen, jede Sippe für sich
und ihre Frauen für sich.
13 An jenem Tag wird für das Haus David und
für die Einwohner Jerusalems eine Quelle
fließen zur Reinigung von Sünde und Unreinheit.

12,2: Jes 51,17–23; Jer 25,15–26 • 3: 14,2 • 4: Dtn 28,28 •
6: Weish 3,7; Obd 18 • 10: Ez 36,25–27; Joël 3,1; Joh 19,37; Offb 1,7 •
11: 2 Kön 5,18

Die Vernichtung der Götter und der falschen Propheten

[2] An jenem Tag – Spruch des Herrn der Heere –
werde ich die Namen der Götzenbilder im Land
ausrotten, sodass man sich nicht mehr an sie er-
innert. Auch die Propheten und den Geist der
Unreinheit werde ich aus dem Land vertreiben.
[3] Wenn dann noch einer als Prophet auftritt, so
werden sein Vater und seine Mutter, die ihn her-
vorgebracht haben, zu ihm sagen: Du sollst nicht
am Leben bleiben; denn du hast im Namen des
Herrn Falsches gesagt. Sein Vater und seine Mut-
ter, die ihn hervorgebracht haben, werden ihn
durchbohren, weil er als Prophet auftrat. [4] An
jenem Tag wird jeder Prophet sich wegen der
Visionen schämen, die er verkündet hat. Um sich
zu verleugnen, wird er seinen härenen Mantel
nicht anziehen. [5] Er wird sagen: Ich bin kein Pro-
phet, ich bin nur ein Mann, der seinen Acker
bebaut; schon von Jugend an besitze ich Acker-
land. [6] Wenn man dann zu ihm sagt: Was sind denn
das für Wunden auf deiner Brust?, wird er ant-
worten: Ich wurde im Haus meiner Freunde ver-
wundet.

2: Mi 5,12; Jer 14,15 • 3: Dtn 13,6 • 5: Am 7,14

Die Läuterung des geheiligten Restes

[7] Schwert, erheb dich gegen meinen Hirten, gegen
den Mann meines Vertrauens – Spruch des Herrn
der Heere. Schlag den Hirten, dann werden sich
die Schafe zerstreuen. Ich richte meine Hand ge-
gen die Kleinen. [8] Im ganzen Land – Spruch des

Herrn – werden zwei Drittel vernichtet, sie werden
umkommen, nur der dritte Teil wird übrig blei-
ben. 9 Dieses Drittel will ich ins Feuer werfen, um
es zu läutern, wie man Silber läutert, um es zu prü-
fen, wie man Gold prüft. Sie werden meinen
Namen anrufen und ich werde sie erhören. Ja, ich
werde sagen: Es ist mein Volk. Und das Volk wird
sagen: Jahwe ist mein Gott.

7: Mt 26,31 • 9: Ps 91,15

Der Tag des Herrn

14 Siehe, es kommt ein Tag für den Herrn, an
dem man in deiner Mitte verteilt, was man
bei dir erbeutet hat. 2 Denn ich versammle alle Völ-
ker zum Krieg gegen Jerusalem. Die Stadt wird
erobert, die Häuser werden geplündert, die Frauen
geschändet. Die Hälfte der Stadt zieht in die Ver-
bannung; aber der Rest des Volkes wird nicht aus
der Stadt vertrieben. 3 Doch dann wird der Herr
hinausziehen und gegen diese Völker Krieg führen
und kämpfen, wie nur er kämpft am Tag der
Schlacht.
4 Seine Füße werden an jenem Tag auf dem Ölberg
stehen, der im Osten gegenüber von Jerusalem
liegt. Der Ölberg wird sich in der Mitte spalten und
es entsteht ein gewaltiges Tal von Osten nach
Westen. Die eine Hälfte des Berges weicht nach
Norden und die andere Hälfte nach Süden. 5 Ihr
aber werdet zum Tal meiner Berge fliehen; denn
das Tal der Berge reicht bis zum Jasol. Ja, ihr wer-
det fliehen, wie ihr vor dem Erdbeben geflohen
seid in den Tagen Usijas, des Königs von Juda.
Dann wird der Herr, mein Gott, kommen und alle
Heiligen mit ihm. 6 An jenem Tag wird es kein
Licht geben, sondern Kälte und Frost. 7 Dann wird
es einen Tag lang – er ist dem Herrn bekannt –
weder Tag noch Nacht werden, sondern am Abend
wird Licht sein. 8 An jenem Tag wird aus Jerusalem
lebendiges Wasser fließen, eine Hälfte zum Meer
im Osten und eine Hälfte zum Meer im Westen;
im Sommer und im Winter wird es fließen. 9 Dann
wird der Herr König sein über die ganze Erde. An
jenem Tag wird der Herr der Einzige sein und sein
Name der Einzige. 10 Das ganze Land von Geba bis
Rimmon im Süden Jerusalems wird sich in eine
Ebene verwandeln, Jerusalem aber wird hoch em-
porragen und an seinem Platz bleiben vom Benja-
mintor bis zum Ort des alten Tores, bis zum Eck-
tor und vom Turm Hananel bis zu den Keltern des
Königs. 11 Man wird darin wohnen. Es wird keine
Vernichtung mehr geben und Jerusalem wird si-
cher sein.
12 Dies aber wird der Schlag sein, den der Herr
gegen alle Völker führt, die gegen Jerusalem in den
Krieg gezogen sind: Er lässt ihren Körper verfau-
len, noch während sie auf den Füßen stehen; die
Augen verfaulen ihnen in den Augenhöhlen und
die Zunge im Mund. 13 An jenem Tag wird die
Verwirrung groß sein, die der Herr unter ihnen
bewirkt. Einer wird den andern bei der Hand
packen, einer seine Hand gegen den andern erhe-
ben.
14 Selbst Juda wird gegen Jerusalem kämpfen und
die Macht aller Völker ringsum wird sich vereinen:
Gold, Silber und Gewänder in großer Menge.
15 Wie der Schlag gegen die Völker wird der Schlag
sein, der die Pferde, Maultiere, Kamele, Esel und
das ganze Vieh in diesen Lagern trifft. 16 Doch wer
dann übrig bleibt von allen Völkern, die gegen
Jerusalem gezogen sind, wird Jahr für Jahr hinauf-
ziehen, um den König, den Herrn der Heere, an-
zubeten und das Laubhüttenfest zu feiern. 17 Wer
aber nicht nach Jerusalem hinaufzieht von allen
Stämmen der Erde, um den König, den Herrn der
Heere, anzubeten, bei dem wird kein Regen fallen.
18 Wenn das Volk Ägyptens nicht hinaufzieht und
nicht zu ihm kommt, so ereilt es der gleiche Schlag,
den der Herr gegen alle Völker führt, die nicht hin-
aufziehen, um das Laubhüttenfest zu feiern. 19 Das
wird die Strafe Ägyptens sein und die Strafe aller
Völker, die nicht hinaufziehen, um das Laubhüt-
tenfest zu feiern.
20 An jenem Tag wird auf den Pferdeschellen ste-
hen: Dem Herrn heilig. Die Kochtöpfe im Haus
des Herrn werden gebraucht wie die Opferschalen
vor dem Altar. 21 Jeder Kochtopf in Jerusalem und
Juda wird dem Herrn der Heere geweiht sein. Alle,
die zum Opfer kommen, nehmen die Töpfe und
kochen in ihnen. Und kein Händler wird an jenem
Tag mehr im Haus des Herrn der Heere sein.

2: 12,3; Lk 19,43; Offb 19,19 • 3: Jes 42,13 • 5: Am 1,1 • 7: Mk 13,32 • 8; 13,1; Ez 47,18; Joël 4,18 • 9: Offb 11,15 • 10: Jes 2,2; Jer 31,38 • 11: Jer 33,16; Offb 22,3 • 16: Jes 66,23.

DAS BUCH MALEACHI

Die drei Kapitel des Buches Maleachi enthalten sechs zumeist größere Reden des Propheten, die in 3,23f durch einen nachträglich angefügten Schluss ergänzt wurden. Die üblichen Gattungen der Prophetenreden sind bei diesem nachexilischen Buch durch die sogenannte Diskussionsrede abgelöst. In ihr werden nicht nur die Zuhörer angesprochen, sondern auch ihre eigenen Worte aufgegriffen. Die literarischen Gattungen Schelte, Drohung, Verheißung, Warn- und Mahnspruch begegnen in den Maleachireden in wechselnder Folge.

Der Prophet beginnt mit einer Drohung gegen Edom und einer grundsätzlichen Verheißung für Israel (1,2–5). Es folgt eine Belehrung über die rechte Gottesverehrung (1,6–14). Dann wird der Bundesbruch der Priester, die ihren Dienst in Kult und Lehre nachlässig und ehrfurchtslos versehen, angeprangert (2,1–9). Eine Schelt- und Mahnrede gegen die Gemeinde wegen Mischehen und wegen Ehescheidung folgt in 2,10–16. Eine Gerichtsrede richtet sich gegen die »Meineidigen und gegen alle, die die Taglöhner, Witwen und Waisen ausbeuten, den Fremden im Land ihr Recht verweigern« (3,5), sowie gegen diejenigen, die bei Abgaben für den Kult Betrug begehen (2,17 – 3,12). Die letzte Rede (3,13–21) ist dem »Tag des Herrn« gewidmet, der den Frevlern das Gericht, den Gerechten aber den großen Triumph bringen wird.

Ob Maleachi Eigenname ist oder ob das Wort, das »mein Bote« bedeutet, nur einen unbekannten Propheten als Boten bezeichnet (vgl. 3,1), ist umstritten. Allen Anzeichen nach hat der Prophet im 5. Jahrhundert v. Chr. gewirkt. Er ist nicht nur ein Eiferer für den rechten Kult, sondern tritt mit Macht für das Recht und Gesetz Gottes ein. Dabei wird die Treue zur ersten Frau, der »Ehebund« (2,14), mit dem Bund Gottes mit seinem Volk in engen Zusammenhang gebracht, was an die Ehelehre des Neuen Testaments heranführt.

Mt 11,10 (vgl. Mk 1,2; Lk 7,17) bezieht das in Mal 3,1 angesagte Kommen des »Boten« auf Johannes den Täufer. Die kirchliche Lehre sieht den Hinweis Maleachis auf ein universales »reines Opfer« (1,11) als Ankündigung des eucharistischen Opfers an.

ÜBERSCHRIFT: 1,1

1 Ausspruch. Wort des Herrn an Israel durch Maleachi.

DAS GERICHT ÜBER EDOM UND HEIL FÜR ISRAEL: 1,2–5

2 Ich liebe euch, spricht der Herr. / Doch ihr sagt: Worin zeigt sich deine Liebe? –
Ist nicht Esau Jakobs Bruder? – Spruch des Herrn – / und doch liebe ich Jakob,
3 Esau aber hasse ich. / Darum mache ich seine Berge zur Öde
und überlasse sein Erbland / den Schakalen der Wüste.
4 Edom sagt: Wir sind zerschmettert – / aber wir bauen die Trümmer wieder auf.
Doch so spricht der Herr der Heere: / Sie sollen nur aufbauen; ich reiße es wieder ein.
Man wird sie das Land des Unrechts nennen / und das Volk, dem der Herr ewig zürnt.
5 Mit eigenen Augen werdet ihr es sehen und werdet sagen: / Groß ist der Herr, weit über Israels Grenzen hinaus.

2: Dtn 4,37; 7,7f; Hos 11,1 • 2–3: Gen 25,23; Röm 9,13

DIE RECHTE GOTTESVEREHRUNG: 1,6–14

6 Der Sohn ehrt seinen Vater / und der Knecht sei-
nen Herrn.
Wenn ich der Vater bin – / wo bleibt dann die
Ehrerbietung?
Wenn ich der Herr bin – / wo bleibt dann die
Furcht vor mir?,
spricht der Herr der Heere zu euch, ihr Priester, /
die ihr meinen Namen verachtet.
Doch ihr sagt: / Wodurch verachten wir denn dei-
nen Namen?
7 Ihr bringt auf meinem Altar eklige Speisen dar. /
Ihr sagt: Wodurch erregen wir deinen Ekel?
Dadurch, dass ihr sagt: / Der Tisch des Herrn ist
nicht so wichtig.
8 Wenn ihr ein blindes Tier als Schlachtopfer dar-
bringt, / ist das nicht schlecht?
Und wenn ihr ein lahmes und krankes Tier dar-
bringt, / ist das nicht schlecht?
Biete das einmal deinem Statthalter an! / Ob er
wohl Gefallen an dir hat
und dich freundlich ansieht?, / spricht der Herr
der Heere.
9 Und nun versucht, Gott damit zu besänftigen /
und gnädig zu stimmen!
Wenn eure Hände ihm solche Dinge anbieten, /
wie kann er euch dann freundlich ansehen?, /
spricht der Herr der Heere.
10 Wäre doch jemand bei euch, / der die Tore (des
Tempels) verschließt, / damit ihr kein nutzloses
Feuer mehr entfacht auf meinem Altar.
Ich habe kein Gefallen an euch, / spricht der Herr
der Heere, / und ich mag kein Opfer aus eurer
Hand.
11 Denn vom Aufgang der Sonne bis zu ihrem Un-
tergang / steht mein Name groß da bei den Völ-
kern
und an jedem Ort wird meinem Namen ein
Rauchopfer dargebracht / und eine reine Opfer-
gabe;
ja, mein Name steht groß da bei den Völkern, /
spricht der Herr der Heere.
12 Ihr aber entweiht ihn, ihr sagt: / Auf dem Tisch
des Herrn darf man eklige Speisen darbringen, / er
ist nicht so wichtig.
13 Ihr sagt: Welch eine Mühsal!, / und facht das
Feuer an – / spricht der Herr der Heere;
ihr bringt von geraubten Tieren / die lahmen und
kranken als Opfer dar.
Soll ich das vielleicht annehmen aus eurer Hand?, /
spricht der Herr.
14 Verflucht ist der Betrüger, der dem Herrn ein
männliches Tier seiner Herde gelobt, / dann aber
ein fehlerhaftes Tier schlachtet.
Denn ein großer König bin ich, / spricht der Herr
der Heere, / und mein Name ist bei den Völkern
gefürchtet.

6: Ex 20,12; Dtn 5,16; 32,6 • 8: Lev 22,18–25 • 10: Jer 6,20; Am 5,21

DROHWORT GEGEN DIE PRIESTER: 2,1–9

2 Jetzt ergeht über euch dieser Beschluss, ihr
Priester:
2 Wenn ihr nicht hört / und nicht von Herzen da-
rauf bedacht seid,
meinen Namen in Ehren zu halten / – spricht der
Herr der Heere –, dann schleudere ich meinen
Fluch gegen euch / und verfluche den Segen, der
auf euch ruht,
ja, ich verfluche ihn, / weil ihr nicht von Herzen
darauf bedacht seid.
3 Seht, ich schlage euch den Arm ab / und werfe
euch Unrat ins Gesicht,
den Unrat eurer Feste, / und man wird euch zu ihm
hinausschaffen.
4 Dann werdet ihr erkennen, dass ich es bin, / der
diesen Beschluss über euch ergehen ließ,
weil ich einen Bund mit Levi habe, / spricht der
Herr der Heere.
5 Mein Bund bedeutete für ihn Leben und Heil; /
beides gab ich ihm, dazu die Furcht:
Er sollte mich fürchten / und vor meinem Namen
erschrecken.
6 Zuverlässige Belehrung kam aus seinem Mund, /
nichts Verkehrtes fand sich auf seinen Lippen,

in Frieden und Aufrichtigkeit ging er mit mir seinen Weg / und viele hielt er davon ab, schuldig zu werden.
7 Denn die Lippen des Priesters bewahren die Erkenntnis / und aus seinem Mund erwartet man Belehrung; / denn er ist der Bote des Herrn der Heere.
8 Ihr aber, ihr seid abgewichen vom Weg / und habt viele zu Fall gebracht durch eure Belehrung; ihr habt den Bund Levis zunichte gemacht, / spricht der Herr der Heere.
9 Darum mache ich euch verächtlich / und erniedrige euch vor dem ganzen Volk,
weil ihr euch nicht an meine Wege haltet / und auf die Person seht bei der Belehrung.

2: Dtn 28,15 • 4: Dtn 18,1–8 • 6: Dtn 21,5 • 7: Hos 4,1–6 • 8: Mt 23,13–15

GEGEN MISCHEHE UND EHESCHEIDUNG: 2,10–16

10 Haben wir nicht alle denselben Vater? / Hat nicht der eine Gott uns alle erschaffen?
Warum handeln wir dann treulos, / einer gegen den andern, / und entweihen den Bund unserer Väter?
11 Treulos hat Juda gehandelt / und Gräueltaten sind [in Israel und] in Jerusalem geschehen:
Juda hat das Heiligtum des Herrn [das er liebt] entweiht / und die Tochter eines fremden Gottes zur Frau genommen.
12 Der Herr versage dem, der so handelt, / einen, der für ihn zeugt und für ihn spricht,
in den Zelten Jakobs einen, / der dem Herrn der Heere Opfer darbringt.
13 Außerdem bedeckt ihr den Altar des Herrn mit Tränen, / ihr weint und klagt,
weil er sich eurem Opfer nicht mehr zuwendet / und es nicht mehr gnädig annimmt aus eurer Hand.
14 Und wenn ihr fragt: Warum?: / Weil der Herr Zeuge war zwischen dir und der Frau deiner Jugend, / an der du treulos handelst,
obwohl sie deine Gefährtin ist, / die Frau, mit der du einen Bund geschlossen hast.
15 Hat er nicht eine Einheit geschaffen, / ein lebendiges Wesen?
Was ist das Ziel dieser Einheit? / Nachkommen von Gott.
Nehmt euch also um eures Lebens willen in Acht! / Handle nicht treulos an der Frau deiner Jugend!
16 Wenn einer seine Frau aus Abneigung verstößt, / [spricht der Herr, Israels Gott,]
dann befleckt er sich mit einer Gewalttat, / spricht der Herr der Heere.
Nehmt euch also um eures Lebens willen in Acht / und handelt nicht treulos!

10: Eph 4,4–6 • 15: Gen 2,24; Mt 5,31f; Eph 5,24–32

GOTTES ERSCHEINEN ZUM GERICHT: 2,17 – 3,12

17 Ihr ermüdet den Herrn mit euren Reden / und ihr fragt: Wodurch ermüden wir ihn?
Dadurch, dass ihr sagt: / Jeder, der Böses tut, / ist gut in den Augen des Herrn, an solchen Leuten hat er Gefallen. / Oder auch: Wo ist denn Gott, der Gericht hält?

3 Seht, ich sende meinen Boten; / er soll den Weg für mich bahnen.
Dann kommt plötzlich zu seinem Tempel / der Herr, den ihr sucht,
und der Bote des Bundes, den ihr herbeiwünscht. / Seht, er kommt!, spricht der Herr der Heere.
2 Doch wer erträgt den Tag, an dem er kommt? / Wer kann bestehen, wenn er erscheint?
Denn er ist wie das Feuer im Schmelzofen / und wie die Lauge im Waschtrog.
3 Er setzt sich, / um das Silber zu schmelzen und zu reinigen:
Er reinigt die Söhne Levis, / er läutert sie wie Gold und Silber.

Dann werden sie dem Herrn / die richtigen Opfer darbringen.
4 Und dem Herrn wird das Opfer Judas und Jerusalems angenehm sein / wie in den Tagen der Vorzeit, wie in längst vergangenen Jahren.
5 Ich komme herbei, um euch zu richten; / schon bald komme ich und trete als Zeuge auf
gegen die Zauberer und die Ehebrecher, / gegen die Meineidigen und gegen alle,
welche die Taglöhner, / Witwen und Waisen ausbeuten,
den Fremden im Land ihr Recht verweigern / und mich nicht fürchten, / spricht der Herr der Heere.
6 Ich, der Herr, habe mich nicht geändert / und ihr habt nicht aufgehört, Söhne Jakobs zu sein.
7 Seit den Tagen eurer Väter seid ihr von meinen Gesetzen abgewichen / und habt auf sie nicht geachtet.
Kehrt um zu mir, dann kehre ich mich euch zu, / spricht der Herr der Heere.
Doch ihr sagt: / Worin soll denn unsere Umkehr bestehen? –
8 Darf der Mensch Gott betrügen? / Denn ihr betrügt mich.
Doch ihr sagt: Womit betrügen wir dich? – / Mit den Zehnten und Abgaben!
9 Dem Fluch seid ihr verfallen, / doch ihr betrügt mich weiter, / ihr, das ganze Volk.
10 Bringt den ganzen Zehnten ins Vorratshaus, / damit in meinem Haus Nahrung vorhanden ist.
Ja, stellt mich auf die Probe damit, / spricht der Herr der Heere,
und wartet, ob ich euch dann nicht / die Schleusen des Himmels öffne / und Segen im Übermaß auf euch herabschütte.
11 Den Fresser wehre ich von euch ab, / damit er nicht die Früchte eurer Äcker vertilgt
und damit der Weinstock auf eurem Feld / nicht ohne Ertrag bleibt,
spricht der Herr der Heere.
12 Dann werden alle Völker euch glücklich preisen;
denn ihr seid ein glückliches Land, / spricht der Herr der Heere.

3,1: Mt 11,10 • 2: Joël 2,11; Am 5,18; Zef 1,14 • 3: Jer 6,29 • 5: Lev 19,13 • 6: Num 23,19 • 7: Sach 1,3 • 9: Dtn 28,15 • 10: Lev 27,30–33; Num 18,21–32; Dtn 14,22–29; 28,8.12 • 12: Jes 61,9

DER TAG DER GÖTTLICHEN GERECHTIGKEIT: 3,13–22

13 Was ihr über mich sagt, ist kühn, spricht der Herr. / Doch ihr fragt: Was sagen wir denn über dich?
14 Ihr sagt: Es hat keinen Sinn, Gott zu dienen. / Was haben wir davon,
wenn wir auf seine Anordnungen achten / und vor dem Herrn der Heere in Trauergewändern umhergehen?
15 Darum preisen wir die Überheblichen glücklich,
denn die Frevler haben Erfolg;
sie stellen Gott auf die Probe / und kommen doch straflos davon. –
16 Darüber redeten die miteinander, / die den Herrn fürchten.
Der Herr horchte auf und hörte hin / und man schrieb vor ihm ein Buch,
das alle in Erinnerung hält, / die den Herrn fürchten und seinen Namen achten.
17 Sie werden an dem Tag, den ich herbeiführe / – spricht der Herr der Heere –, / mein besonderes Eigentum sein.
Ich werde gut zu ihnen sein, / wie ein Mann gut ist zu seinem Sohn, der ihm dient.
18 Dann werdet ihr wieder den Unterschied sehen / zwischen dem Gerechten und dem, der Unrecht tut,
zwischen dem, der Gott dient, / und dem, der ihm nicht dient.
19 Denn seht, der Tag kommt, er brennt wie ein Ofen: / Da werden alle Überheblichen und Frevler zu Spreu
und der Tag, der kommt, wird sie verbrennen, / spricht der Herr der Heere. / Weder Wurzel noch Zweig wird ihnen bleiben.
20 Für euch aber, die ihr meinen Namen fürchtet, / wird die Sonne der Gerechtigkeit aufgehen / und ihre Flügel bringen Heilung.

Ihr werdet hinausgehen und Freudensprünge
machen, / wie Kälber, die aus dem Stall kommen.
21 An dem Tag, den ich herbeiführe, / werdet ihr die
Ruchlosen unter euren Fußsohlen zertreten,
sodass sie zu Asche werden, / spricht der Herr der
Heere.
22 Denkt an das Gesetz meines Knechtes Mose; /
am Horeb habe ich ihm Satzung und Recht über-
geben, / die für ganz Israel gelten.

14: Ijob 21,14f; Jes 58,3 • 16: Ex 32,32; Ps 69,29; Jes 4,3; Dan 7,10; 12,1 • 17: Ps 103,13 • 20: Lk 1,78; Joh 8,12

DER WEGBEREITER: 3,23–24

23 Bevor aber der Tag des Herrn kommt, / der große
und furchtbare Tag, / seht, da sende ich zu euch
den Propheten Elija.
24 Er wird das Herz der Väter wieder den Söhnen
zuwenden / und das Herz der Söhne ihren Vätern,
damit ich nicht kommen / und das Land dem
Untergang weihen muss.

24: Sir 48,10f; Mk 9,11–13; Lk 1,17.

DIE SCHRIFTEN DES NEUEN TESTAMENTS

Jesus Christus erhob den Anspruch, der Retter und Heilbringer zu sein, den Gott im Alten Testament verheißen hatte. So übernahm die christliche Kirche das Alte Testament als Heilige Schrift; daneben überlieferte sie die Worte Jesu und die Berichte über seine Taten und sein Schicksal. Die Worte Jesu wurden schon früh aufgezeichnet, um sie für die Glaubensunterweisung, die Verkündigung im Gottesdienst und für die Missionspredigt verwenden zu können. Bald wurden auch die Berichte über das Leiden Jesu und über die Ereignisse nach seinem Tod niedergeschrieben. Markus verfasste als erster ein Evangelium. Weitere Evangelienbücher folgten. Daneben entstanden auch andere urchristliche Schriften verschiedenster Art: Briefe von Aposteln und führenden Männern der Kirche an christliche Gemeinden und einzelne Persönlichkeiten; eine Geschichte der jungen Kirche bis zum Aufenthalt des Apostels Paulus in Rom; theologische Lehrschriften, seelsorgliche Anweisungen und ein prophetisches Buch über das Schicksal der Kirche in Gegenwart und Zukunft. Alle diese Schriften wurden etwa zwischen 50 und 120 n. Chr. abgefasst.

Die im Neuen Testament, dem Buch des Neuen Bundes, enthaltenen urchristlichen Schriften wurden von der Kirche des 2. Jahrhunderts gesammelt, weil sie den Glauben der apostolischen und nachapostolischen Zeit auf zuverlässige Weise bezeugen. Nach Auffassung der Kirche sind sie unter dem Beistand des Heiligen Geistes abgefasst worden. Sie galten von früh an als für den Glauben und das Leben der Kirche maßgebliche Urkunden (kanonische, das heißt maßgebliche Schriften). Obwohl einige Schriften (Hebr, Jak, 2 Petr, Offb) noch bis ins 4. Jahrhundert umstritten blieben, hat sich der in der Kirche gültige »Kanon« (Maßstab, verbindliches Verzeichnis) im wesentlichen in der 2. Hälfte des 2. Jahrhunderts durchgesetzt. Er weist heute folgende Ordnung auf: die vier Evangelien und die Apostelgeschichte, dreizehn Briefe des Apostels Paulus, der Brief an die Hebräer, die sieben sog. Katholischen Briefe und die Offenbarung des Johannes.

DIE EVANGELIEN

Vier Evangelienbücher fanden Aufnahme in das Neue Testament. Sie bezeugen, jedes auf seine Weise, das eine Evangelium von Jesus Christus. Ihre literarische Form zeigt an, dass die Evangelien sog. Sammelwerke sind; ursprünglich einzeln weitergegebene Überlieferungsstücke über Worte und Taten Jesu sind von den Evangelisten gesammelt und durch redaktionelle Überleitungen zu einem Ganzen zusammengefügt worden. Diese Bücher wurden von der frühen Kirche wahrscheinlich nach der damals angenommenen Abfassungszeit geordnet. Das Wort »Evangelium« stammt aus dem Griechischen (euangélion) und bedeutet »gute Nachricht«, »frohe Botschaft«. Mit diesem Wort benannten die Christen ihre Verkündigung von dem endgültigen Heil, das Gott durch Jesus Christus allen Menschen anbietet. Markus verwendete als erster dieses Wort als Überschrift seines Berichts über die Worte, die Taten und das Schicksal Jesu (1,1). Damit entstand eine neue Form religiöser Schriften, die Evangelien.

Die Überschriften der kanonischen Evangelien lauten seit dem 2. Jahrhundert: Das Evangelium nach Matthäus, nach Markus, nach Lukas, nach Johannes. Die ersten drei Evangelien sind untereinander nach Inhalt, Aufbau und Sprache eng verknüpft; darum werden sie »synoptische« Evangelien genannt (synopsis, das heißt Zusammenschau).

DAS EVANGELIUM NACH MATTHÄUS

Die Überschrift des ersten Evangeliums nennt einen Matthäus als Verfasser und will wohl auf den Zöllner von Kafarnaum verweisen, den Jesus nach Mt 9,9 und 10,3 in den Kreis der Zwölf berief. Matthäus setzt ihn mit dem Levi des Markus- und des Lukasevangeliums gleich (vgl. Mk 2,13–17; Lk 5,27–32). Nach alter kirchlicher Überlieferung soll Matthäus als erster ein Evangelium in hebräischer Sprache verfasst haben. Es sind aber keine Texte von einem solchen hebräischen Evangelium erhalten.

Das uns überlieferte Evangelium wurde in griechischer Sprache abgefasst, und es benutzt das griechisch geschriebene Markusevangelium als Vorlage. Es schöpft außerdem aus einer anderen griechischen Vorlage, die auch Lukas verwertet hat, einer heute verloren gegangenen Sammlung von Worten Jesu (sog. Spruch- oder Redequelle). Daraus sind die Bergpredigt, das Vaterunser und eine Reihe von Gleichnissen genommen, die sich bei Matthäus und Lukas, nicht aber bei Markus finden. Außerdem bietet Matthäus Überlieferungen, die weder bei Markus noch bei Lukas begegnen (sog. Sondergut).

Das Evangelium setzt den Untergang Jerusalems (70 n. Chr.) voraus; es ist wohl um 80 n. Chr. verfasst worden, und zwar vermutlich in Syrien (eher als in Palästina). Seinem Inhalt ist zu entnehmen, dass es in einem Gebiet entstanden sein muss, in dem Christen und Juden zusammenlebten. Als Verfasser nimmt man heute einen uns nicht näher bekannten judenchristlichen Lehrer an, der noch Schüler der Apostel war.

Matthäus sammelt Überlieferungen über Jesus, vor allem Worte Jesu, und ordnet sie zeitlich und thematisch in den dreistufigen Aufbau ein, den das Markusevangelium bietet: Anfang in Galiläa; Unterweisung der Jünger und Zug nach Jerusalem; Leiden und Tod in dieser Stadt. An den Anfang stellt er die Vorgeschichte Jesu, an das Ende einen Bericht von der abschließenden Erscheinung des Auferstandenen in Galiläa.

Im Einzelnen lässt sich folgender Aufbau feststellen: Die Herkunft und Kindheit Jesu (1,1 – 2,23). Das Wirken Jesu in Galiläa (3,1 – 18,35) mit den Abschnitten: Vorbereitung (3,1 – 4,11: Taufe, Versuchung), erstes Auftreten in Galiläa und Berufung der ersten Jünger (4,12–25), die Verkündigung des Messias (5,1 – 7,29) und seine Taten (8,1 – 9,34), Aussendungsrede (9,35 – 11,1), Beginn der Entscheidung (11,2 – 12,50), die Rede über das Himmelreich (13,1–53), Belehrung der Jünger (13,54 – 17,27), die Rede über das Leben in der Gemeinde (18,1–35). Das Wirken Jesu in Judäa und Jerusalem (19,1 – 25,46) mit den Abschnitten: der Weg nach Jerusalem (19,1 – 20,34), die Auseinandersetzung mit den Gegnern (21,1 – 23,39) und die Rede über die Endereignisse (24,1 – 25,46). Darauf folgen das Leiden Jesu (26,1 – 27,66) und die Ostergeschichte (28,1–20).

Der Evangelist wollte offenbar seiner Kirche eine Art Handbuch über Jesus und seine Lehre bieten. Seine Darstellung ist von der Absicht geprägt, Jesus als den Erben Abrahams zu erweisen, den verheißenen Messias Israels, der von Anfang an von den religiösen Führern seines Volkes abgelehnt und verfolgt, von Sündern und Heiden aber anerkannt wurde (vgl. 1,1.17.22f; 8,11f; 23,34–39). Diesem Zweck dienen auch die vielen Zitate aus dem Alten Testament. An die Stelle Israels ist nun die Kirche getreten als das wahre Volk Gottes, bestehend aus Juden und Heiden, aufgebaut auf dem Fels Petrus (22,1–14; 21,43; 27,42; 23,38; 16,13–20). Jesus ist als der Sohn des lebendigen Gottes (16,16; 11,25–27) der endgültige Offenbarer, Gesetzgeber und Lehrer (1,21; 11,25–27; 28,16–20). Das zeigen vor allem die fünf großen Reden: die Bergpredigt (Kap. 5 – 7), die Aussendungsrede (9,35 – 11,1), die Reich-Gottes-Rede (Kap. 13), die Rede über die rechte Ordnung in der Gemeinde (18,1–35), die Gerichtsrede über die Schriftgelehrten und Pharisäer und über die letzten Dinge (Kap. 23 – 25). Die Mitte der Forderungen Gottes bildet das Liebesgebot (22,34–40), das nicht nur dem Nächsten, sondern auch dem Feind gegenüber gilt (5,43–48); als Goldene Regel steht es auch an zentraler Stelle der Bergpredigt (7,12; vgl. 18,23–35 und 19,19). Mit der Auferstehung Jesu ist der Weg des Heils zu allen Menschen offen, alle sollen Jünger Jesu und Kinder des Vaters im Himmel werden (28,18–20).

In der Alten Kirche wurde das erste Evangelium am meisten gelesen und beachtet und wurde so zu dem Evangelium der Kirche.

DIE VORGESCHICHTE: 1,1 – 2,23

Der Stammbaum Jesu

1 Stammbaum Jesu Christi, des Sohnes Davids,
des Sohnes Abrahams:
2 Abraham war der Vater von Isaak, / Isaak von
Jakob, / Jakob von Juda und seinen Brüdern.
3 Juda war der Vater von Perez und Serach; ihre
Mutter war Tamar. / Perez war der Vater von Hez-
ron, / Hezron von Aram,
4 Aram von Amminadab, / Amminadab von Nach-
schon, / Nachschon von Salmon.
5 Salmon war der Vater von Boas; dessen Mutter
war Rahab. / Boas war der Vater von Obed; dessen
Mutter war Rut. / Obed war der Vater von Isai,
6 Isai der Vater des Königs David. / David war der
Vater von Salomo, dessen Mutter die Frau des
Urija war.
7 Salomo war der Vater von Rehabeam, / Reha-
beam von Abija, / Abija von Asa,
8 Asa von Joschafat, / Joschafat von Joram, / Joram
von Usija.
9 Usija war der Vater von Jotam, / Jotam von Ahas, /
Ahas von Hiskija,
10 Hiskija von Manasse, / Manasse von Amos, /
Amos von Joschija.
11 Joschija war der Vater von Jojachin und seinen
Brüdern; das war zur Zeit der Babylonischen Ge-
fangenschaft.
12 Nach der Babylonischen Gefangenschaft war
Jojachin der Vater von Schealtiël, / Schealtiël von
Serubbabel,
13 Serubbabel von Abihud, / Abihud von Eljakim, /
Eljakim von Azor.
14 Azor war der Vater von Zadok, / Zadok von
Achim, / Achim von Eliud,
15 Eliud von Eleasar, / Eleasar von Mattan, / Mat-
tan von Jakob.

16 Jakob war der Vater von Josef, dem Mann Marias; / von ihr wurde Jesus geboren, / der der Christus (der Messias) genannt wird.

17 Im Ganzen sind es also von Abraham bis David vierzehn Generationen, von David bis zur Babylonischen Gefangenschaft vierzehn Generationen und von der Babylonischen Gefangenschaft bis zu Christus vierzehn Generationen.

1–17: Lk 3,23–38 • 2: Gen 21,2f; 25,26; 29,32 – 30,24 • 3: Gen 38,29f • 3–6: Rut 4,18–22 • 6: 2 Sam 12,24 • 7–12: 1 Chr 3,10–19 • 16: Lk 1,27

Die Geburt Jesu

18 Mit der Geburt Jesu Christi war es so: Maria, seine Mutter, war mit Josef verlobt; noch bevor sie zusammengekommen waren, zeigte sich, dass sie ein Kind erwartete – durch das Wirken des Heiligen Geistes. 19 Josef, ihr Mann, der gerecht war und sie nicht bloßstellen wollte, beschloss, sich in aller Stille von ihr zu trennen. 20 Während er noch darüber nachdachte, erschien ihm ein Engel des Herrn im Traum und sagte: Josef, Sohn Davids, fürchte dich nicht, Maria als deine Frau zu dir zu nehmen; denn das Kind, das sie erwartet, ist vom Heiligen Geist. 21 Sie wird einen Sohn gebären; ihm sollst du den Namen Jesus geben; denn er wird sein Volk von seinen Sünden erlösen.

22 Dies alles ist geschehen, damit sich erfüllte, was der Herr durch den Propheten gesagt hat:

23 *Seht, die Jungfrau wird ein Kind empfangen, / einen Sohn wird sie gebären, / und man wird ihm den Namen Immanuel geben,* / das heißt übersetzt: Gott ist mit uns.

24 Als Josef erwachte, tat er, was der Engel des Herrn ihm befohlen hatte, und nahm seine Frau zu sich. 25 Er erkannte sie aber nicht, bis sie ihren Sohn gebar. Und er gab ihm den Namen Jesus.

18–20: Lk 1,35 • 21: Lk 1,31; 2,21 • 23: Jes 7,14 G

Die Huldigung der Sterndeuter

2 Als Jesus zur Zeit des Königs Herodes in Betlehem in Judäa geboren worden war, kamen Sterndeuter aus dem Osten nach Jerusalem 2 und fragten: Wo ist der neugeborene König der Juden? Wir haben seinen Stern aufgehen sehen und sind gekommen, um ihm zu huldigen. 3 Als König Herodes das hörte, erschrak er und mit ihm ganz Jerusalem. 4 Er ließ alle Hohenpriester und Schriftgelehrten des Volkes zusammenkommen und erkundigte sich bei ihnen, wo der Messias geboren werden solle. 5 Sie antworteten ihm: In Betlehem in Judäa; denn so steht es bei dem Propheten: 6 *Du, Betlehem* im Gebiet von Juda, / bist keineswegs *die unbedeutendste / unter den führenden Städten von Juda; / denn aus dir wird ein Fürst hervorgehen, / der Hirt meines Volkes Israel.*

7 Danach rief Herodes die Sterndeuter heimlich zu sich und ließ sich von ihnen genau sagen, wann der Stern erschienen war. 8 Dann schickte er sie nach Betlehem und sagte: Geht und forscht sorgfältig nach, wo das Kind ist; und wenn ihr es gefunden habt, berichtet mir, damit auch ich hingehe und ihm huldige. 9 Nach diesen Worten des Königs machten sie sich auf den Weg. Und der Stern, den sie hatten aufgehen sehen, zog vor ihnen her bis zu dem Ort, wo das Kind war; dort blieb er stehen. 10 Als sie den Stern sahen, wurden sie von sehr großer Freude erfüllt. 11 Sie gingen in das Haus und sahen das Kind und Maria, seine Mutter; da fielen sie nieder und huldigten ihm. Dann holten sie ihre Schätze hervor und brachten ihm Gold, Weihrauch und Myrrhe als Gaben dar. 12 Weil ihnen aber im Traum geboten wurde, nicht zu Herodes zurückzukehren, zogen sie auf einem anderen Weg heim in ihr Land.

1: Lk 2,4–7 • 2: Num 24,17 • 4: Joh 7,42 • 6: Mi 5,1.3; 2 Sam 5,2

Die Flucht nach Ägypten

13 Als die Sterndeuter wieder gegangen waren, erschien dem Josef im Traum ein Engel des Herrn und sagte: Steh auf, nimm das Kind und seine Mutter, und flieh nach Ägypten; dort bleibe, bis ich dir etwas anderes auftrage; denn Herodes wird das Kind suchen, um es zu töten. 14 Da stand Josef in der Nacht auf und floh mit dem Kind und dessen Mutter nach Ägypten. 15 Dort blieb er bis zum Tod des Herodes. Denn es sollte sich erfüllen, was der Herr durch den Propheten gesagt hat: *Aus Ägypten habe ich meinen Sohn gerufen.*

15: Hos 11,1

Der Kindermord in Betlehem

16 Als Herodes merkte, dass ihn die Sterndeuter getäuscht hatten, wurde er sehr zornig und er ließ in Betlehem und der ganzen Umgebung alle Kna-

ben bis zum Alter von zwei Jahren töten, genau der
Zeit entsprechend, die er von den Sterndeutern er-
fahren hatte. [17] Damals erfüllte sich, was durch den
Propheten Jeremia gesagt worden ist:
[18] *Ein Geschrei war in Rama zu hören, /* lautes *Wei-
nen und Klagen: / Rahel weinte um ihre Kinder / und
wollte sich nicht trösten lassen, / denn sie waren dahin.*

18: Jer 31,15

Die Rückkehr aus Ägypten

[19] Als Herodes gestorben war, erschien dem Josef
in Ägypten ein Engel des Herrn im Traum [20] und
sagte: Steh auf, nimm das Kind und seine Mutter
und zieh in das Land Israel; denn die Leute, die
dem Kind nach dem Leben getrachtet haben, sind
tot. [21] Da stand er auf und zog mit dem Kind
und dessen Mutter in das Land Israel. [22] Als er aber
hörte, dass in Judäa Archelaus an Stelle seines
Vaters Herodes regierte, fürchtete er sich, dorthin
zu gehen. Und weil er im Traum einen Befehl
erhalten hatte, zog er in das Gebiet von Galiläa
[23] und ließ sich in einer Stadt namens Nazaret
nieder. Denn es sollte sich erfüllen, was durch
die Propheten gesagt worden ist: Er wird Nazoräer
genannt werden.

23: Lk 1,26; 2,39.51; Joh 1,46; Ri 13,5.7 G

DIE VORBEREITUNG DES WIRKENS JESU: 3,1 – 4,11

Johannes der Täufer

3 In jenen Tagen trat Johannes der Täufer auf
und verkündete in der Wüste von Judäa:
[2] Kehrt um! Denn das Himmelreich ist nahe. [3] Er
war es, von dem der Prophet Jesaja gesagt hat:
*Eine Stimme ruft in der Wüste: / Bereitet dem Herrn
den Weg! / Ebnet* ihm *die Straßen!*
[4] Johannes trug ein Gewand aus Kamelhaaren und
einen ledernen Gürtel um seine Hüften; Heu-
schrecken und wilder Honig waren seine Nah-
rung. [5] Die Leute von Jerusalem und ganz Judäa
und aus der ganzen Jordangegend zogen zu ihm
hinaus; [6] sie bekannten ihre Sünden und ließen
sich im Jordan von ihm taufen.
[7] Als Johannes sah, dass viele Pharisäer und Sad-
duzäer zur Taufe kamen, sagte er zu ihnen: Ihr
Schlangenbrut, wer hat euch denn gelehrt, dass
ihr dem kommenden Gericht entrinnen könnt?
[8] Bringt Frucht hervor, die eure Umkehr zeigt,
[9] und meint nicht, ihr könntet sagen: Wir haben ja
Abraham zum Vater. Denn ich sage euch: Gott
kann aus diesen Steinen Kinder Abrahams ma-
chen. [10] Schon ist die Axt an die Wurzel der Bäume
gelegt; jeder Baum, der keine gute Frucht hervor-
bringt, wird umgehauen und ins Feuer geworfen.
[11] Ich taufe euch nur mit Wasser (zum Zeichen) der
Umkehr. Der aber, der nach mir kommt, ist stär-
ker als ich und ich bin es nicht wert, ihm die Schu-
he auszuziehen. Er wird euch mit dem Heiligen
Geist und mit Feuer taufen. [12] Schon hält er die
Schaufel in der Hand; er wird die Spreu vom Wei-
zen trennen und den Weizen in seine Scheune
bringen; die Spreu aber wird er in nie erlöschen-
dem Feuer verbrennen.

1–6 || Mk 1,2–6; Lk 3,3–6 • 7–10 || Lk 3,7–9 • 11–12 || Mk 1,7f; Lk 3,15–17 • 1–6: Joh 1,19–23 • 2: Apg 13,24; 19,4 • 3: Jes 40,3 G • 4: 2 Kön 1,8 • 7: 12,34; 23,33; • 9: Joh 8,39; Röm 4,12 • 10: 7,19 • 11: Joh 1,15.24.25–28.30f.33; Apg 13,25; 1,5; 11,16 • 12: 13,30

Die Taufe Jesu

[13] Zu dieser Zeit kam Jesus von Galiläa an den Jor-
dan zu Johannes, um sich von ihm taufen zu las-
sen. [14] Johannes aber wollte es nicht zulassen und
sagte zu ihm: Ich müsste von dir getauft werden,
und du kommst zu mir? [15] Jesus antwortete ihm:
Lass es nur zu! Denn nur so können wir die Ge-
rechtigkeit (die Gott fordert) ganz erfüllen. Da gab
Johannes nach. [16] Kaum war Jesus getauft und aus
dem Wasser gestiegen, da öffnete sich der Himmel,
und er sah den Geist Gottes wie eine Taube auf sich
herabkommen. [17] Und eine Stimme aus dem Him-
mel sprach: *Das ist mein geliebter Sohn, an dem ich
Gefallen gefunden habe.*

13–17 || Mk 1,9–11; Lk 3,21f • 13–17: Joh 1,29–34 • 17: Gen 22,2; Ps 2,7; Jes 42,1; Mt 12,18; 17,5; Mk 1,11; 9,7; Lk 3,22; 9,35

Die Versuchung Jesu

4 Dann wurde Jesus vom Geist in die Wüste
geführt; dort sollte er vom Teufel in Versu-
chung geführt werden. [2] Als er vierzig Tage und
vierzig Nächte gefastet hatte, bekam er Hunger.

3 Da trat der Versucher an ihn heran und sagte: Wenn du Gottes Sohn bist, so befiehl, dass aus diesen Steinen Brot wird. 4 Er aber antwortete: In der Schrift heißt es: *Der Mensch lebt nicht nur von Brot, sondern von jedem Wort, das aus Gottes Mund kommt.*

5 Darauf nahm ihn der Teufel mit sich in die Heilige Stadt, stellte ihn oben auf den Tempel 6 und sagte zu ihm: Wenn du Gottes Sohn bist, so stürz dich hinab; denn es heißt in der Schrift:

Seinen Engeln befiehlt er, / dich auf ihren Händen zu tragen, / damit dein Fuß nicht an einen Stein stößt.

7 Jesus antwortete ihm: In der Schrift heißt es auch: *Du sollst den Herrn, deinen Gott, nicht auf die Probe stellen.* 8 Wieder nahm ihn der Teufel mit sich und führte ihn auf einen sehr hohen Berg; er zeigte ihm alle Reiche der Welt mit ihrer Pracht 9 und sagte zu ihm: Das alles will ich dir geben, wenn du dich vor mir niederwirfst und mich anbetest. 10 Da sagte Jesus zu ihm: Weg mit dir, Satan! Denn in der Schrift steht: *Vor dem Herrn, deinem Gott, sollst du dich niederwerfen und ihm* allein *dienen.* 11 Darauf ließ der Teufel von ihm ab und es kamen Engel und dienten ihm.

1–11 || Mk 1,12f; Lk 4,1–13 • 2: Ex 34,28 • 4: Dtn 8,3 • 6: Ps 91,11f • 7: Dtn 6,16 • 10: Dtn 5,9; 6,13

DAS WIRKEN JESU IN GALILÄA: 4,12 – 18,35

Erstes Auftreten in Galiläa

12 Als Jesus hörte, dass man Johannes ins Gefängnis geworfen hatte, zog er sich nach Galiläa zurück. 13 Er verließ Nazaret, um in Kafarnaum zu wohnen, das am See liegt, im Gebiet von Sebulon und Naftali. 14 Denn es sollte sich erfüllen, was durch den Propheten Jesaja gesagt worden ist:

15 *Das Land Sebulon und das Land Naftali, / die Straße am Meer, das Gebiet jenseits des Jordan, / das heidnische Galiläa:*

16 *das Volk, das im Dunkel lebte, / hat ein helles Licht gesehen; / denen, die im Schattenreich des Todes wohnten, / ist ein Licht erschienen.*

17 Von da an begann Jesus zu verkünden: Kehrt um! Denn das Himmelreich ist nahe.

12–17 || Mk 1,14f; Lk 4,14f • 12: 14,3; Mk 6,17; Lk 3,20; Joh 3,24 • 13: Joh 2,12 • 15: Jes 8,23; 9,1 • 16: Lk 1,79 • 17: 10,7; Lk 10,9.11

Die Berufung der ersten Jünger

18 Als Jesus am See von Galiläa entlangging, sah er zwei Brüder, Simon, genannt Petrus, und seinen Bruder Andreas; sie warfen gerade ihr Netz in den See, denn sie waren Fischer. 19 Da sagte er zu ihnen: Kommt her, folgt mir nach! Ich werde euch zu Menschenfischern machen. 20 Sofort ließen sie ihre Netze liegen und folgten ihm. 21 Als er weiterging, sah er zwei andere Brüder, Jakobus, den Sohn des Zebedäus, und seinen Bruder Johannes; sie waren mit ihrem Vater Zebedäus im Boot und richteten ihre Netze her. Er rief sie, 22 und sogleich verließen sie das Boot und ihren Vater und folgten Jesus.

18–22 || Mk 1,16–20; Lk 5,1–11; Joh 1,35–51 • 22: 8,21f

Die Wirkung des ersten Auftretens

23 Er zog in ganz Galiläa umher, lehrte in den Synagogen, verkündete das Evangelium vom Reich und heilte im Volk alle Krankheiten und Leiden. 24 Und sein Ruf verbreitete sich in ganz Syrien. Man brachte Kranke mit den verschiedensten Gebrechen und Leiden zu ihm, Besessene, Mondsüchtige und Gelähmte, und er heilte sie alle. 25 Scharen von Menschen aus Galiläa, der Dekapolis, aus Jerusalem und Judäa und aus dem Gebiet jenseits des Jordan folgten ihm.

23–25 || Mk 3,7–12; Lk 6,17–19 • 23: 9,35; Mk 1,39; Lk 4,14f.44 • 24: Mk 6,55f

Die Bergpredigt: Die Rede von der wahren Gerechtigkeit: 5,1 – 7,29

5 Als Jesus die vielen Menschen sah, stieg er auf einen Berg. Er setzte sich, und seine Jünger traten zu ihm. 2 Dann begann er zu reden und lehrte sie.

5,1–7,29: Lk 6,20–49

Die Seligpreisungen
3 Er sagte:
Selig, die arm sind vor Gott; / denn ihnen gehört
das Himmelreich.
4 Selig die Trauernden; / denn sie werden getröstet
werden.
5 Selig, die keine Gewalt anwenden; / denn sie wer-
den das Land erben.
6 Selig, die hungern und dürsten nach der Gerech-
tigkeit; / denn sie werden satt werden.
7 Selig die Barmherzigen; / denn sie werden Erbar-
men finden.
8 Selig, die ein reines Herz haben; / denn sie wer-
den Gott schauen.
9 Selig, die Frieden stiften; / denn sie werden Söhne
Gottes genannt werden.
10 Selig, die um der Gerechtigkeit willen verfolgt
werden; / denn ihnen gehört das Himmelreich.
11 Selig seid ihr, wenn ihr um meinetwillen be-
schimpft und verfolgt und auf alle mögliche Weise
verleumdet werdet. 12 Freut euch und jubelt: Euer
Lohn im Himmel wird groß sein. Denn so wurden
schon vor euch die Propheten verfolgt.

3–12 || Lk 6,20–26 • 3: Jes 61,1 • 4: Jes 61,2 • 5: Ps 37,11 • 7: 18,33 • 8: Ps 24,3f • 10: 1 Petr 3,14 • 11: 10,22; Apg 5,41; 1 Petr 4,14 • 12: 23,30; Hebr 11,32–38

Vom Salz der Erde und vom Licht der Welt
13 Ihr seid das Salz der Erde. Wenn das Salz seinen
Geschmack verliert, womit kann man es wieder
salzig machen? Es taugt zu nichts mehr; es wird
weggeworfen und von den Leuten zertreten.
14 Ihr seid das Licht der Welt. Eine Stadt, die auf
einem Berg liegt, kann nicht verborgen bleiben.
15 Man zündet auch nicht ein Licht an und stülpt
ein Gefäß darüber, sondern man stellt es auf den
Leuchter; dann leuchtet es allen im Haus. 16 So soll
euer Licht vor den Menschen leuchten, damit sie
eure guten Werke sehen und euren Vater im Him-
mel preisen.

13 || Mk 9,50; Lk 14,34f • 14: Eph 5,8; 1 Thess 5,5 • 15: Mk 4,21; Lk 8,16; 11,33

Vom Gesetz und von den Propheten
17 Denkt nicht, ich sei gekommen, um das Gesetz
und die Propheten aufzuheben. Ich bin nicht ge-
kommen, um aufzuheben, sondern um zu erfül-
len. 18 Amen, das sage ich euch: Bis Himmel und
Erde vergehen, wird auch nicht der kleinste Buch-
stabe des Gesetzes vergehen, bevor nicht alles
geschehen ist. 19 Wer auch nur eines von den kleins-
ten Geboten aufhebt und die Menschen entspre-
chend lehrt, der wird im Himmelreich der Kleins-
te sein. Wer sie aber hält und halten lehrt, der wird
groß sein im Himmelreich.
20 Darum sage ich euch: Wenn eure Gerechtigkeit
nicht weit größer ist als die der Schriftgelehrten
und der Pharisäer, werdet ihr nicht in das Him-
melreich kommen.

18: Lk 16,17

Vom Töten und von der Versöhnung
21 Ihr habt gehört, dass zu den Alten gesagt worden
ist: *Du sollst nicht töten;* wer aber jemand tötet, soll
dem Gericht verfallen sein. 22 Ich aber sage euch:
Jeder, der seinem Bruder auch nur zürnt, soll dem
Gericht verfallen sein; und wer zu seinem Bruder
sagt: Du Dummkopf!, soll dem Spruch des Hohen
Rates verfallen sein; wer aber zu ihm sagt: Du
(gottloser) Narr!, soll dem Feuer der Hölle verfal-
len sein.
23 Wenn du deine Opfergabe zum Altar bringst
und dir dabei einfällt, dass dein Bruder etwas
gegen dich hat, 24 so lass deine Gabe dort vor dem
Altar liegen; geh und versöhne dich zuerst mit dei-
nem Bruder, dann komm und opfere deine Gabe.
25 Schließ ohne Zögern Frieden mit deinem Geg-
ner, solange du mit ihm noch auf dem Weg zum
Gericht bist. Sonst wird dich dein Gegner vor den
Richter bringen und der Richter wird dich dem
Gerichtsdiener übergeben und du wirst ins Ge-
fängnis geworfen. 26 Amen, das sage ich dir: Du
kommst von dort nicht heraus, bis du den letzten
Pfennig bezahlt hast.

25–26 || Lk 12,58f • 21: Ex 20,13; Dtn 5,17 • 22: 1 Joh 3,15 • 24: Mk 11,25 • 26: 18,34

Vom Ehebruch
27 Ihr habt gehört, dass gesagt worden ist: *Du sollst
nicht die Ehe brechen.* 28 Ich aber sage euch: Wer
eine Frau auch nur lüstern ansieht, hat in seinem
Herzen schon Ehebruch mit ihr begangen.
29 Wenn dich dein rechtes Auge zum Bösen ver-
führt, dann reiß es aus und wirf es weg! Denn es

ist besser für dich, dass eines deiner Glieder ver-
loren geht, als dass dein ganzer Leib in die Hölle
geworfen wird. 30 Und wenn dich deine rechte Hand
zum Bösen verführt, dann hau sie ab und wirf sie
weg! Denn es ist besser für dich, dass eines deiner
Glieder verloren geht, als dass dein ganzer Leib in
die Hölle kommt.

27: Ex 20,14; Dtn 5,18 • 29: 18,9; Mk 9,47 • 30: 18,8; Mk 9,43

Von der Ehescheidung

31 Ferner ist gesagt worden: *Wer seine Frau aus der
Ehe entlässt, muss ihr eine Scheidungsurkunde ge-
ben.* 32 Ich aber sage euch: Wer seine Frau entlässt,
obwohl kein Fall von Unzucht vorliegt, liefert sie
dem Ehebruch aus; und wer eine Frau heiratet, die
aus der Ehe entlassen worden ist, begeht Ehebruch.

32 ‖ Lk 16,18 • 31: Dtn 24,1; Mt 19,7; Mk 10,3f • 32: 19,9;
Mk 10,11f; 1 Kor 7,10f

Vom Schwören

33 Ihr habt gehört, dass zu den Alten gesagt worden
ist: *Du sollst keinen Meineid schwören,* und: Du
sollst halten, was du dem Herrn geschworen hast.
34 Ich aber sage euch: Schwört überhaupt nicht, we-
der beim *Himmel,* denn er *ist Gottes Thron,* 35 noch
bei der *Erde,* denn sie *ist der Schemel für seine Füße,*
noch bei Jerusalem, denn *es ist die Stadt des großen
Königs.* 36 Auch bei deinem Haupt sollst du nicht
schwören; denn du kannst kein einziges Haar weiß
oder schwarz machen. 37 Euer Ja sei ein Ja, euer
Nein ein Nein; alles andere stammt vom Bösen.

33: Lev 19,12; Mt 23,16–22 • 34: Num 30,3; Jak 5,12 • 35: Jes 66,1;
Apg 7,49; Ps 48,3 • 37: 2 Kor 1,17; Jak 5,12

Von der Vergeltung

38 Ihr habt gehört, dass gesagt worden ist: *Auge für
Auge* und *Zahn für Zahn.* 39 Ich aber sage euch: Leis-
tet dem, der euch etwas Böses antut, keinen Wider-
stand, sondern wenn dich einer auf die rechte
Wange schlägt, dann halt ihm auch die andere hin.
40 Und wenn dich einer vor Gericht bringen will,
um dir das Hemd wegzunehmen, dann lass ihm
auch den Mantel. 41 Und wenn dich einer zwingen
will, eine Meile mit ihm zu gehen, dann geh zwei
mit ihm. 42 Wer dich bittet, dem gib, und wer von
dir borgen will, den weise nicht ab.

39–42 ‖ Lk 6,29f • 38: Ex 21,24 • 39: Spr 20,22; 24,29; 1 Petr 3,9

Von der Liebe zu den Feinden

43 Ihr habt gehört, dass gesagt worden ist: *Du sollst
deinen Nächsten lieben* und deinen Feind hassen.
44 Ich aber sage euch: Liebt eure Feinde und betet
für die, die euch verfolgen, 45 damit ihr Söhne eures
Vaters im Himmel werdet; denn er lässt seine Son-
ne aufgehen über Bösen und Guten, und er lässt
regnen über Gerechte und Ungerechte. 46 Wenn ihr
nämlich nur die liebt, die euch lieben, welchen
Lohn könnt ihr dafür erwarten? Tun das nicht
auch die Zöllner? 47 Und wenn ihr nur eure Brüder
grüßt, was tut ihr damit Besonderes? Tun das nicht
auch die Heiden?
48 Ihr sollt also vollkommen sein, wie es auch euer
himmlischer Vater ist.

43–48 ‖ Lk 6,27f.32–36 • 43: Lev 19,18; Mt 22,39 •
44: Röm 12,14.20 • 48: Lev 19,2

Vom Almosen

6 Hütet euch, eure Gerechtigkeit vor den Men-
schen zur Schau zu stellen; sonst habt ihr kei-
nen Lohn von eurem Vater im Himmel zu erwar-
ten.
2 Wenn du Almosen gibst, lass es also nicht vor dir
herposaunen, wie es die Heuchler in den Synago-
gen und auf den Gassen tun, um von den Leuten
gelobt zu werden. Amen, das sage ich euch: Sie
haben ihren Lohn bereits erhalten. 3 Wenn du Al-
mosen gibst, soll deine linke Hand nicht wissen,
was deine rechte tut. 4 Dein Almosen soll verbor-
gen bleiben und dein Vater, der auch das Verbor-
gene sieht, wird es dir vergelten.

1: 23,5

Vom Beten – Das Vaterunser

5 Wenn ihr betet, macht es nicht wie die Heuchler.
Sie stellen sich beim Gebet gern in die Synagogen
und an die Straßenecken, damit sie von den Leu-
ten gesehen werden. Amen, das sage ich euch: Sie
haben ihren Lohn bereits erhalten. 6 Du aber geh
in deine Kammer, wenn du betest, und schließ die
Tür zu; dann bete zu deinem Vater, der im Ver-
borgenen ist. Dein Vater, der auch das Verborgene
sieht, wird es dir vergelten.
7 Wenn ihr betet, sollt ihr nicht plappern wie die
Heiden, die meinen, sie werden nur erhört, wenn
sie viele Worte machen. 8 Macht es nicht wie sie;

denn euer Vater weiß, was ihr braucht, noch ehe
ihr ihn bittet. 9 So sollt ihr beten:
Unser Vater im Himmel, / dein Name werde gehei-
ligt,
10 dein Reich komme, / dein Wille geschehe / wie
im Himmel, so auf der Erde.
11 Gib uns heute das Brot, das wir brauchen.
12 Und erlass uns unsere Schulden, / wie auch wir
sie unseren Schuldnern erlassen haben.
13 Und führe uns nicht in Versuchung, / sondern
rette uns vor dem Bösen.
14 Denn wenn ihr den Menschen ihre Verfehlungen
vergebt, dann wird euer himmlischer Vater auch
euch vergeben.
15 Wenn ihr aber den Menschen nicht vergebt,
dann wird euch euer Vater eure Verfehlungen auch
nicht vergeben.

9–13 || Lk 11,2–4 • 14–15 || Mk 11,25f • 6: 2 Kön 4,33 • 8: 6,32; Lk 12,30 • 12: Sir 28,2 • 13: Joh 17,15 • 14f: Lk 6,37

Vom Fasten

16 Wenn ihr fastet, macht kein finsteres Gesicht wie
die Heuchler. Sie geben sich ein trübseliges Aus-
sehen, damit die Leute merken, dass sie fasten.
Amen, das sage ich euch: Sie haben ihren Lohn
bereits erhalten. 17 Du aber salbe dein Haar, wenn
du fastest, und wasche dein Gesicht, 18 damit die
Leute nicht merken, dass du fastest, sondern nur
dein Vater, der auch das Verborgene sieht; und
dein Vater, der das Verborgene sieht, wird es dir
vergelten.

Von der falschen und der rechten Sorge

19 Sammelt euch nicht Schätze hier auf der Erde,
wo Motte und Wurm sie zerstören und wo Diebe
einbrechen und sie stehlen, 20 sondern sammelt
euch Schätze im Himmel, wo weder Motte noch
Wurm sie zerstören und keine Diebe einbrechen
und sie stehlen. 21 Denn wo dein Schatz ist, da ist
auch dein Herz.
22 Das Auge gibt dem Körper Licht. Wenn dein
Auge gesund ist, dann wird dein ganzer Körper
hell sein. 23 Wenn aber dein Auge krank ist, dann
wird dein ganzer Körper finster sein. Wenn nun
das Licht in dir Finsternis ist, wie groß muss dann
die Finsternis sein!
24 Niemand kann zwei Herren dienen; er wird ent-
weder den einen hassen und den andern lieben
oder er wird zu dem einen halten und den andern
verachten. Ihr könnt nicht beiden dienen, Gott
und dem Mammon.
25 Deswegen sage ich euch: Sorgt euch nicht um
euer Leben und darum, dass ihr etwas zu essen
habt, noch um euren Leib und darum, dass ihr
etwas anzuziehen habt. Ist nicht das Leben wich-
tiger als die Nahrung und der Leib wichtiger als die
Kleidung? 26 Seht euch die Vögel des Himmels an:
Sie säen nicht, sie ernten nicht und sammeln keine
Vorräte in Scheunen; euer himmlischer Vater er-
nährt sie. Seid ihr nicht viel mehr wert als sie?
27 Wer von euch kann mit all seiner Sorge sein
Leben auch nur um eine kleine Zeitspanne ver-
längern? 28 Und was sorgt ihr euch um eure Klei-
dung? Lernt von den Lilien, die auf dem Feld
wachsen: Sie arbeiten nicht und spinnen nicht.
29 Doch ich sage euch: Selbst Salomo war in all sei-
ner Pracht nicht gekleidet wie eine von ihnen.
30 Wenn aber Gott schon das Gras so prächtig klei-
det, das heute auf dem Feld steht und morgen ins
Feuer geworfen wird, wie viel mehr dann euch, ihr
Kleingläubigen! 31 Macht euch also keine Sorgen
und fragt nicht: Was sollen wir essen? Was sollen
wir trinken? Was sollen wir anziehen? 32 Denn um
all das geht es den Heiden. Euer himmlischer Vater
weiß, dass ihr das alles braucht. 33 Euch aber muss
es zuerst um sein Reich und um seine Gerechtig-
keit gehen; dann wird euch alles andere dazugege-
ben.
34 Sorgt euch also nicht um morgen; denn der mor-
gige Tag wird für sich selbst sorgen. Jeder Tag hat
genug eigene Plage.

19–21 || Lk 12,33f • 22–23 || Lk 11,3436 • 24 Lk || 16,13 • 25–33 || Lk 12,22–31 • 19: Jak 5,2f • 20: 19,21; Mk 10,21; Lk 18,22 • 26: 10,29–31; Lk 12,6f • 29: 1 Kön 10,5 • 31: Phil 4,6; 1 Petr 5,7 • 32: 6,8

Vom Richten

7 Richtet nicht, damit ihr nicht gerichtet wer-
det! 2 Denn wie ihr richtet, so werdet ihr
gerichtet werden, und nach dem Maß, mit dem
ihr meßt und zuteilt, wird euch zugeteilt werden.
3 Warum siehst du den Splitter im Auge deines
Bruders, aber den Balken in deinem Auge be-
merkst du nicht? 4 Wie kannst du zu deinem Bru-
der sagen: Lass mich den Splitter aus deinem Auge

herausziehen! – und dabei steckt in deinem Auge ein Balken? 5 Du Heuchler! Zieh zuerst den Balken aus deinem Auge, dann kannst du versuchen, den Splitter aus dem Auge deines Bruders herauszuziehen.

1–2 || Mk 4,24f; Lk 6,37f • 3–5 || Lk 6,41f • 1–2 Röm 2,1; 1 Kor 4,5

Von der Entweihung des Heiligen

6 Gebt das Heilige nicht den Hunden und werft eure Perlen nicht den Schweinen vor, denn sie könnten sie mit ihren Füßen zertreten und sich umwenden und euch zerreißen.

Vom Vertrauen beim Beten

7 Bittet, dann wird euch gegeben; sucht, dann werdet ihr finden; klopft an, dann wird euch geöffnet. 8 Denn wer bittet, der empfängt; wer sucht, der findet; und wer anklopft, dem wird geöffnet. 9 Oder ist einer unter euch, der seinem Sohn einen Stein gibt, wenn er um Brot bittet, 10 oder eine Schlange, wenn er um einen Fisch bittet? 11 Wenn nun schon ihr, die ihr böse seid, euren Kindern gebt, was gut ist, wie viel mehr wird euer Vater im Himmel denen Gutes geben, die ihn bitten.

7–11 || Lk 11,9–13 • 7: 18,19; 21,22; Mk 11,24; Joh 14,13f; 15,7; 16,24; 1 Joh 5,14f

Die Goldene Regel

12 Alles, was ihr also von anderen erwartet, das tut auch ihnen! Darin besteht das Gesetz und die Propheten.

12 || Lk 6,31 • 12: 22,40; Röm 13,8–10; Gal 5,14

Von den zwei Wegen

13 Geht durch das enge Tor! Denn das Tor ist weit, das ins Verderben führt, und der Weg dahin ist breit und viele gehen auf ihm.

14 Aber das Tor, das zum Leben führt, ist eng und der Weg dahin ist schmal und nur wenige finden ihn.

13f: Lk 13,24

Von den falschen Propheten

15 Hütet euch vor den falschen Propheten; sie kommen zu euch wie (harmlose) Schafe, in Wirklichkeit aber sind sie reißende Wölfe. 16 An ihren Früchten werdet ihr sie erkennen. Erntet man etwa von Dornen Trauben oder von Disteln Feigen? 17 Jeder gute Baum bringt gute Früchte hervor, ein schlechter Baum aber schlechte. 18 Ein guter Baum kann keine schlechten Früchte hervorbringen und ein schlechter Baum keine guten. 19 Jeder Baum, der keine guten Früchte hervorbringt, wird umgehauen und ins Feuer geworfen. 20 An ihren Früchten also werdet ihr sie erkennen.

21 Nicht jeder, der zu mir sagt: Herr! Herr!, wird in das Himmelreich kommen, sondern nur, wer den Willen meines Vaters im Himmel erfüllt. 22 Viele werden an jenem Tag zu mir sagen: Herr, Herr, sind wir nicht in deinem Namen als Propheten aufgetreten und haben wir nicht mit deinem Namen Dämonen ausgetrieben und mit deinem Namen viele Wunder vollbracht? 23 Dann werde ich ihnen antworten: Ich kenne euch nicht. *Weg von mir, ihr Übertreter des Gesetzes!*

16–20 || Lk 6,43f • 21 || Lk 6,46 • 22–23 || Lk 13,25–27 • 15: 24,11.24; 1 Joh 4,1; Joh 10,12 • 16: Jak 3,12 • 17f: 12,33 • 19: 3,10; Lk 3,9; Mt 12,33 • 21: Jak 1,22; 1 Joh 2,17 • 23: 25,12; Ps 6,9 G

Vom Haus auf dem Felsen

24 Wer diese meine Worte hört und danach handelt, ist wie ein kluger Mann, der sein Haus auf Fels baute.

25 Als nun ein Wolkenbruch kam und die Wassermassen heranfluteten, als die Stürme tobten und an dem Haus rüttelten, da stürzte es nicht ein; denn es war auf Fels gebaut.

26 Wer aber meine Worte hört und nicht danach handelt, ist wie ein unvernünftiger Mann, der sein Haus auf Sand baute.

27 Als nun ein Wolkenbruch kam und die Wassermassen heranfluteten, als die Stürme tobten und an dem Haus rüttelten, da stürzte es ein und wurde völlig zerstört.

24–27 || Lk 6,47–49

Die Wirkung der Bergpredigt

28 Als Jesus diese Rede beendet hatte, war die Menge sehr betroffen von seiner Lehre; 29 denn er lehrte sie wie einer, der (göttliche) Vollmacht hat, und nicht wie ihre Schriftgelehrten.

28: Mk 1,22f; Lk 4,32.

Die Taten des Messias: 8,1 – 9,34

Die Heilung eines Aussätzigen

8 Als Jesus von dem Berg herabstieg, folgten
ihm viele Menschen. 2 Da kam ein Aussätzi-
ger, fiel vor ihm nieder und sagte: Herr, wenn du
willst, kannst du machen, dass ich rein werde.
3 Jesus streckte die Hand aus, berührte ihn und
sagte: Ich will es – werde rein! Im gleichen Augen-
blick wurde der Aussätzige rein.
4 Jesus aber sagte zu ihm: Nimm dich in Acht!
Erzähl niemand davon, sondern geh, *zeig dich
dem Priester* und bring das Opfer dar, das Mose
angeordnet hat. Das soll für sie ein Beweis (deiner
Heilung) sein.

1–4 || Mk 1,40–45; Lk 5,12–14 • 4: 9,30; 12,16; Mk 7,36; Lev 13,49; 14,2–32; Lk 17,14

Der Hauptmann von Kafarnaum

5 Als er nach Kafarnaum kam, trat ein Hauptmann
an ihn heran und bat ihn: 6 Herr, mein Diener liegt
gelähmt zu Hause und hat große Schmerzen.
7 Jesus sagte zu ihm: Ich will kommen und ihn
gesund machen. 8 Da antwortete der Hauptmann:
Herr, ich bin es nicht wert, dass du mein Haus
betrittst; sprich nur ein Wort, dann wird mein
Diener gesund. 9 Auch ich muss Befehlen gehor-
chen und ich habe selber Soldaten unter mir; sage
ich nun zu einem: Geh!, so geht er, und zu einem
andern: Komm!, so kommt er, und zu meinem
Diener: Tu das!, so tut er es. 10 Jesus war erstaunt,
als er das hörte, und sagte zu denen, die ihm nach-
folgten: Amen, das sage ich euch: Einen solchen
Glauben habe ich in Israel noch bei niemand ge-
funden.
11 Ich sage euch: Viele werden von Osten und
Westen kommen und mit Abraham, Isaak und
Jakob im Himmelreich zu Tisch sitzen; 12 die aber,
für die das Reich bestimmt war, werden hinausge-
worfen in die äußerste Finsternis; dort werden sie
heulen und mit den Zähnen knirschen. 13 Und
zum Hauptmann sagte Jesus: Geh! Es soll gesche-
hen, wie du geglaubt hast. Und in derselben Stun-
de wurde der Diener gesund.

5–10.13 || Lk 7,1–10; Joh 4,46b-53 • 11–12 || Lk 13,28f • 12: 13,42.50; 22,13; 24,51; 25,30; Lk 13,28

Die Heilung der Schwiegermutter des Petrus

14 Jesus ging in das Haus des Petrus und sah, dass
dessen Schwiegermutter im Bett lag und Fieber
hatte. 15 Da berührte er ihre Hand, und das Fieber
wich von ihr.
Und sie stand auf und sorgte für ihn.

14–15 || Mk 1,29–31; Lk 4,38f.

Die Heilung von Besessenen und Kranken

16 Am Abend brachte man viele Besessene zu ihm.
Er trieb mit seinem Wort die Geister aus und heilte
alle Kranken. 17 Dadurch sollte sich erfüllen, was
durch den Propheten Jesaja gesagt worden ist: *Er
hat unsere Leiden auf sich genommen und unsere
Krankheiten getragen.*

16–17 || Mk 1,32–34; Lk 4,40f • 17: Jes 53,4

Von der Nachfolge

18 Als Jesus die vielen Menschen sah, die um ihn
waren, befahl er, ans andere Ufer zu fahren. 19 Da
kam ein Schriftgelehrter zu ihm und sagte: Meis-
ter, ich will dir folgen, wohin du auch gehst. 20 Jesus
antwortete ihm: Die Füchse haben ihre Höhlen
und die Vögel ihre Nester; der Menschensohn aber
hat keinen Ort, wo er sein Haupt hinlegen kann.
21 Ein anderer aber, einer seiner Jünger, sagte zu
ihm: Herr, lass mich zuerst heimgehen und mei-
nen Vater begraben! 22 Jesus erwiderte: Folge mir
nach; lass die Toten ihre Toten begraben!

19–22 || Lk 9,57–60 • 22: 4,22; 9,9; 19,21; Mk 2,14; 8,34; 10,21; Lk 5,27; 9,23; 18,22; Joh 1,43; 21,19.22

Der Sturm auf dem See

23 Er stieg in das Boot, und seine Jünger folgten
ihm. 24 Plötzlich brach auf dem See ein gewaltiger
Sturm los, sodass das Boot von den Wellen über-
flutet wurde. Jesus aber schlief. 25 Da traten die
Jünger zu ihm und weckten ihn; sie riefen: Herr,
rette uns, wir gehen zugrunde! 26 Er sagte zu ihnen:
Warum habt ihr solche Angst, ihr Kleingläubigen?
Dann stand er auf, drohte den Winden und dem
See und es trat völlige Stille ein.
27 Die Leute aber staunten und sagten: Was ist das
für ein Mensch, dass ihm sogar die Winde und der
See gehorchen?

23–27 || Mk 4,35–41; Lk 8,22–25 • 25: 14,30 • 26: 14,31f; Mk 6,51

Die Heilung der Besessenen von Gadara

28 Als Jesus an das andere Ufer kam, in das Gebiet von Gadara, liefen ihm aus den Grabhöhlen zwei Besessene entgegen. Sie waren so gefährlich, dass niemand den Weg benutzen konnte, der dort vorbeiführte. 29 Sofort begannen sie zu schreien: Was haben wir mit dir zu tun, Sohn Gottes? Bist du hergekommen, um uns schon vor der Zeit zu quälen? 30 In einiger Entfernung weidete gerade eine große Schweineherde. 31 Da baten ihn die Dämonen: Wenn du uns austreibst, dann schick uns in die Schweineherde! 32 Er sagte zu ihnen: Geht! Da verließen sie die beiden und fuhren in die Schweine. Und die ganze Herde stürzte sich den Abhang hinab in den See und kam in den Fluten um. 33 Die Hirten flohen, liefen in die Stadt und erzählten dort alles, auch das, was mit den Besessenen geschehen war. 34 Und die ganze Stadt zog zu Jesus hinaus; als sie ihn trafen, baten sie ihn, ihr Gebiet zu verlassen.

28–34 ‖ Mk 5,1–17; Lk 8,26–37 • 29: Mk 1,24; 3,11; Lk 4,34.41; Joh 2,4

Die Heilung eines Gelähmten

9 Jesus stieg in das Boot, fuhr über den See und kam in seine Stadt. 2 Da brachte man auf einer Tragbahre einen Gelähmten zu ihm. Als Jesus ihren Glauben sah, sagte er zu dem Gelähmten: Hab Vertrauen, mein Sohn, deine Sünden sind dir vergeben! 3 Da dachten einige Schriftgelehrte: Er lästert Gott. 4 Jesus wusste, was sie dachten, und sagte: Warum habt ihr so böse Gedanken im Herzen? 5 Was ist leichter, zu sagen: Deine Sünden sind dir vergeben!, oder zu sagen: Steh auf und geh umher? 6 Ihr sollt aber erkennen, dass der Menschensohn die Vollmacht hat, hier auf der Erde Sünden zu vergeben. Darauf sagte er zu dem Gelähmten: Steh auf, nimm deine Tragbahre, und geh nach Hause! 7 Und der Mann stand auf und ging heim.

8 Als die Leute das sahen, erschraken sie und priesen Gott, der den Menschen solche Vollmacht gegeben hat.

1–8 ‖ Mk 2,1–12; Lk 5,17–26 • 2: Lk 7,48

Die Berufung des Matthäus und das Mahl mit den Zöllnern

9 Als Jesus weiterging, sah er einen Mann namens Matthäus am Zoll sitzen und sagte zu ihm: Folge mir nach! Da stand Matthäus auf und folgte ihm. 10 Und als Jesus in seinem Haus beim Essen war, kamen viele Zöllner und Sünder und aßen zusammen mit ihm und seinen Jüngern. 11 Als die Pharisäer das sahen, sagten sie zu seinen Jüngern: Wie kann euer Meister zusammen mit Zöllnern und Sündern essen? 12 Er hörte es und sagte: Nicht die Gesunden brauchen den Arzt, sondern die Kranken. 13 Darum lernt, was es heißt: *Barmherzigkeit will ich, nicht Opfer.* Denn ich bin gekommen, um die Sünder zu rufen, nicht die Gerechten.

9–13 ‖ Mk 2,13–17; Lk 5,27–32 • 9: 8,22 •10: 11,19; Lk 15,1f; 19,7 • 13: Hos 6,6; Mt 12,7; Lk 19,10

Die Frage nach dem Fasten

14 Da kamen die Jünger des Johannes zu ihm und sagten: Warum fasten deine Jünger nicht, während wir und die Pharisäer fasten? 15 Jesus antwortete ihnen: Können denn die Hochzeitsgäste trauern, solange der Bräutigam bei ihnen ist? Es werden aber Tage kommen, da wird ihnen der Bräutigam genommen sein; dann werden sie fasten. 16 Niemand setzt ein Stück neuen Stoff auf ein altes Kleid; denn der neue Stoff reißt doch wieder ab und es entsteht ein noch größerer Riss. 17 Auch füllt man nicht neuen Wein in alte Schläuche. Sonst reißen die Schläuche, der Wein läuft aus und die Schläuche sind unbrauchbar. Neuen Wein füllt man in neue Schläuche, dann bleibt beides erhalten.

14–17 ‖ Mk 2,18–22; Lk 5,33–38 • 14: 11,18

Die Auferweckung der Tochter eines Synagogenvorstehers und die Heilung einer kranken Frau

18 Während Jesus so mit ihnen redete, kam ein Synagogenvorsteher, fiel vor ihm nieder und sagte: Meine Tochter ist eben gestorben; komm doch, leg ihr deine Hand auf, dann wird sie wieder lebendig. 19 Jesus stand auf und folgte ihm mit seinen Jüngern. 20 Da trat eine Frau, die schon zwölf Jahre an Blutungen litt, von hinten an ihn heran und berührte den Saum seines Gewandes; 21 denn sie sagte sich: Wenn ich auch nur sein Gewand be-

rühre, werde ich geheilt. 22 Jesus wandte sich um,
und als er sie sah, sagte er: Hab keine Angst, meine
Tochter, dein Glaube hat dir geholfen. Und von
dieser Stunde an war die Frau geheilt. 23 Als Jesus
in das Haus des Synagogenvorstehers kam und die
Flötenspieler und die Menge der klagenden Leute
sah, 24 sagte er: Geht hinaus! Das Mädchen ist nicht
gestorben, es schläft nur. Da lachten sie ihn aus.
25 Als man die Leute hinausgedrängt hatte, trat er
ein und fasste das Mädchen an der Hand; da stand
es auf. 26 Und die Kunde davon verbreitete sich in
der ganzen Gegend.

18–26 ‖ Mk 5,21–43; Lk 8,40–56 • 20f: 14,36; Mk 6,56 • 22: Mk 10,52; Lk 7,50; 17,19; 18,42; Apg 14,9 • 25: Mk 1,31; 9,27

Die Heilung von zwei Blinden

27 Als Jesus weiterging, folgten ihm zwei Blinde
und schrien: Hab Erbarmen mit uns, Sohn Davids!
28 Nachdem er ins Haus gegangen war, kamen die
Blinden zu ihm. Er sagte zu ihnen: Glaubt ihr, dass
ich euch helfen kann? Sie antworteten: Ja, Herr.
29 Darauf berührte er ihre Augen und sagte: Wie
ihr geglaubt habt, so soll es geschehen. 30 Da wur-
den ihre Augen geöffnet. Jesus aber befahl ihnen:
Nehmt euch in Acht! Niemand darf es erfahren.
31 Doch sie gingen weg und erzählten von ihm in
der ganzen Gegend.

27–30: 20,29–34; Mk 10,46–52; Lk 18,35–43 • 27: 15,22

Die Heilung eines Stummen

32 Als sie gegangen waren, brachte man zu Jesus
einen Stummen, der von einem Dämon besessen
war. 33 Er trieb den Dämon aus, und der Stumme
konnte reden. Alle Leute staunten und sagten: So
etwas ist in Israel noch nie geschehen. 34 Die Pha-
risäer aber sagten: Mit Hilfe des Anführers der
Dämonen treibt er die Dämonen aus.

32–34 ‖ Lk 11,14f • 32–34: 12,22–24 • 34: 10,25; Mk 3,22

Die Aussendungsrede: 9,35 – 11,1

Von der Größe der Ernte

35 Jesus zog durch alle Städte und Dörfer, lehrte in
ihren Synagogen, verkündete das Evangelium vom
Reich und heilte alle Krankheiten und Leiden.
36 Als er die vielen Menschen sah, hatte er Mitleid
mit ihnen; denn sie waren müde und erschöpft *wie
Schafe, die keinen Hirten haben.* 37 Da sagte er zu
seinen Jüngern: Die Ernte ist groß, aber es gibt nur
wenig Arbeiter. 38 Bittet also den Herrn der Ernte,
Arbeiter für seine Ernte auszusenden.

35 ‖ Mk 6,6; Lk 8,1 • 36 ‖ Mk 6,34 • 37–38 ‖ Lk 10,2 • 36: 14,14; 15,32; Mk 8,2; Num 27,17; 1 Kön 22,17; Ez 34,5

Die Wahl der Zwölf

10 Dann rief er seine zwölf Jünger zu sich und
gab ihnen die Vollmacht, die unreinen Geis-
ter auszutreiben und alle Krankheiten und Leiden
zu heilen. 2 Die Namen der zwölf Apostel sind: an
erster Stelle Simon, genannt Petrus, und sein Bru-
der Andreas, dann Jakobus, der Sohn des Zebe-
däus, und sein Bruder Johannes, 3 Philippus und
Bartholomäus, Thomas und Matthäus, der Zöll-
ner, Jakobus, der Sohn des Alphäus, und Thad-
däus, 4 Simon Kananäus und Judas Iskariot, der
ihn später verraten hat.

1 ‖ Mk 6,7; Lk 9,1 • 1–4 ‖ Mk 3,13–19; Lk 6,12–16 • 2–4: Joh 1,40–44; Apg 1,13

Anweisung für die Mission

5 Diese Zwölf sandte Jesus aus und gebot ihnen:
Geht nicht zu den Heiden und betretet keine Stadt
der Samariter, 6 sondern geht zu den verlorenen
Schafen des Hauses Israel. 7 Geht und verkündet:
Das Himmelreich ist nahe. 8 Heilt Kranke, weckt
Tote auf, macht Aussätzige rein, treibt Dämonen
aus! Umsonst habt ihr empfangen, umsonst sollt
ihr geben. 9 Steckt nicht Gold, Silber und Kupfer-
münzen in euren Gürtel. 10 Nehmt keine Vorrats-
tasche mit auf den Weg, kein zweites Hemd, keine
Schuhe, keinen Wanderstab; denn wer arbeitet, hat
ein Recht auf seinen Unterhalt. 11 Wenn ihr in eine
Stadt oder in ein Dorf kommt, erkundigt euch,
wer es wert ist, euch aufzunehmen; bei ihm bleibt,
bis ihr den Ort wieder verlasst. 12 Wenn ihr in ein
Haus kommt, dann wünscht ihm Frieden. 13 Wenn
das Haus es wert ist, soll der Friede, den ihr ihm
wünscht, bei ihm einkehren. Ist das Haus es aber
nicht wert, dann soll der Friede zu euch zurück-
kehren. 14 Wenn man euch aber in einem Haus
oder in einer Stadt nicht aufnimmt und eure Wor-
te nicht hören will, dann geht weg und schüttelt
den Staub von euren Füßen. 15 Amen, das sage ich

euch: Dem Gebiet von Sodom und Gomorra wird
es am Tag des Gerichts nicht so schlimm ergehen
wie dieser Stadt.

5–15 ‖ Mk 6,8–11; Lk 9,2–5 • 5–15: Lk 10,4–12 • 6: 15,24 • 7: 4,17 •
10: 1 Kor 9,5–14; 1 Tim 5,18 • 14: Apg 13,51 • 15: Gen 19,23–29;
Mt 11,24

Aufforderung zu furchtlosem Bekenntnis

16 Seht, ich sende euch wie Schafe mitten unter die
Wölfe; seid daher klug wie die Schlangen und arg-
los wie die Tauben!
17 Nehmt euch aber vor den Menschen in Acht!
Denn sie werden euch vor die Gerichte bringen
und in ihren Synagogen auspeitschen. 18 Ihr wer-
det um meinetwillen vor Statthalter und Könige
geführt, damit ihr vor ihnen und den Heiden
Zeugnis ablegt. 19 Wenn man euch vor Gericht
stellt, macht euch keine Sorgen, wie und was ihr
reden sollt; denn es wird euch in jener Stunde ein-
gegeben, was ihr sagen sollt. 20 Nicht ihr werdet
dann reden, sondern der Geist eures Vaters wird
durch euch reden. 21 Brüder werden einander dem
Tod ausliefern und Väter ihre Kinder, und die Kin-
der werden sich gegen ihre Eltern auflehnen und
sie in den Tod schicken. 22 Und ihr werdet um mei-
nes Namens willen von allen gehasst werden; wer
aber bis zum Ende standhaft bleibt, der wird geret-
tet. 23 Wenn man euch in der einen Stadt verfolgt,
so flieht in eine andere. Amen, ich sage euch: Ihr
werdet nicht zu Ende kommen mit den Städten
Israels, bis der Menschensohn kommt. 24 Ein Jün-
ger steht nicht über seinem Meister und ein Skla-
ve nicht über seinem Herrn. 25 Der Jünger muss
sich damit begnügen, dass es ihm geht wie seinem
Meister, und der Sklave, dass es ihm geht wie sei-
nem Herrn. Wenn man schon den Herrn des Hau-
ses Beelzebul nennt, dann erst recht seine Haus-
genossen.
26 Darum fürchtet euch nicht vor ihnen! Denn
nichts ist verhüllt, was nicht enthüllt wird, und
nichts ist verborgen, was nicht bekannt wird.
27 Was ich euch im Dunkeln sage, davon redet am
hellen Tag, und was man euch ins Ohr flüstert, das
verkündet von den Dächern. 28 Fürchtet euch nicht
vor denen, die den Leib töten, die Seele aber nicht
töten können, sondern fürchtet euch vor dem, der
Seele und Leib ins Verderben der Hölle stürzen
kann. 29 Verkauft man nicht zwei Spatzen für ein
paar Pfennig? Und doch fällt keiner von ihnen zur
Erde ohne den Willen eures Vaters. 30 Bei euch aber
sind sogar die Haare auf dem Kopf alle gezählt.
31 Fürchtet euch also nicht! Ihr seid mehr wert als
viele Spatzen. 32 Wer sich nun vor den Menschen
zu mir bekennt, zu dem werde auch ich mich vor
meinem Vater im Himmel bekennen. 33 Wer mich
aber vor den Menschen verleugnet, den werde
auch ich vor meinem Vater im Himmel verleug-
nen.
34 Denkt nicht, ich sei gekommen, um Frieden auf
die Erde zu bringen. Ich bin nicht gekommen, um
Frieden zu bringen, sondern das Schwert. 35 Denn
ich bin gekommen, um *den Sohn mit seinem Vater*
zu entzweien *und die Tochter mit ihrer Mutter und*
die Schwiegertochter mit ihrer Schwiegermutter;
36 und *die Hausgenossen eines Menschen werden*
seine Feinde sein.
37 Wer Vater oder Mutter mehr liebt als mich, ist
meiner nicht würdig, und wer Sohn oder Tochter
mehr liebt als mich, ist meiner nicht würdig.
38 Und wer nicht sein Kreuz auf sich nimmt und
mir nachfolgt, ist meiner nicht würdig. 39 Wer das
Leben gewinnen will, wird es verlieren; wer aber
das Leben um meinetwillen verliert, wird es ge-
winnen.

16 ‖ Lk 10,3 • 17–22 ‖ 24,9–14; Mk 13,9–13; Lk 21,12–19 •
19–20 ‖ Lk 12,11f • 26–33 ‖ Lk 12,2–9 • 34–36 ‖ Lk 12,51–53 •
37–38 ‖ Lk 14,26f • 16: Joh 10,12 • 17: Joh 16,1–4a • 21: 10,35 •
22: Joh 15,18; Mt 24,13 • 23: 16,28 • 24: Lk 6,40; Joh 13,16; 15,20 •
25: 12,24.27; Mk 3,22; Lk 11,15.18f • 26: Mk 4,22; Lk 8,17 •
28: Jak 4,12 • 30: lk 21,18 • 33: Mk 8,38; Lk 9,26 • 35: 10,21; Mi 7,6 •
37: 19,29 • 38–39: 16,24f; Mk 8,34f; Lk 9,23f; Joh 12,25f •
39: Lk 17,33

Vom Lohn für die Aufnahme der Jünger

40 Wer euch aufnimmt, der nimmt mich auf, und
wer mich aufnimmt, nimmt den auf, der mich
gesandt hat. 41 Wer einen Propheten aufnimmt,
weil es ein Prophet ist, wird den Lohn eines Pro-
pheten erhalten. Wer einen Gerechten aufnimmt,
weil es ein Gerechter ist, wird den Lohn eines
Gerechten erhalten. 42 Und wer einem von diesen
Kleinen auch nur einen Becher frisches Wasser zu
trinken gibt, weil es ein Jünger ist – amen, ich sage
euch: Er wird gewiss nicht um seinen Lohn kom-
men.

10,42 ‖ Mk 9,41 • 40: Lk 10,16; Joh 13,20

11 Als Jesus die Unterweisung der zwölf Jünger beendet hatte, zog er weiter, um in den Städten zu lehren und zu predigen.

Der Beginn der Entscheidung:
11,2 – 12,50

Die Frage des Täufers

2 Johannes hörte im Gefängnis von den Taten Christi. Da schickte er seine Jünger zu ihm 3 und ließ ihn fragen: Bist du der, der kommen soll, oder müssen wir auf einen andern warten? 4 Jesus antwortete ihnen: Geht und berichtet Johannes, was ihr hört und seht: 5 *Blinde sehen wieder* und *Lahme* gehen; Aussätzige werden rein und *Taube hören; Tote stehen auf* und *den Armen wird das Evangelium verkündet.* 6 Selig ist, wer an mir keinen Anstoß nimmt.

2–6 ‖ Lk 7,18–23 • 2: 14,3 •3: Joh 1,15.27; 3,31; 11,27 • 5: Jes 26,19; 29,18; 35,5f; 61,1

Das Urteil Jesu über den Täufer

7 Als sie gegangen waren, begann Jesus zu der Menge über Johannes zu reden; er sagte: Was habt ihr denn sehen wollen, als ihr in die Wüste hinausgegangen seid? Ein Schilfrohr, das im Wind schwankt? 8 Oder was habt ihr sehen wollen, als ihr hinausgegangen seid? Einen Mann in feiner Kleidung? Leute, die fein gekleidet sind, findet man in den Palästen der Könige. 9 Oder wozu seid ihr hinausgegangen? Um einen Propheten zu sehen? Ja, ich sage euch: Ihr habt sogar mehr gesehen als einen Propheten. 10 Er ist der, von dem es in der Schrift heißt: *Ich sende meinen Boten vor dir her; / er soll den Weg* für dich *bahnen.*

11 Amen, das sage ich euch: Unter allen Menschen hat es keinen größeren gegeben als Johannes den Täufer; doch der Kleinste im Himmelreich ist größer als er. 12 Seit den Tagen Johannes' des Täufers bis heute wird dem Himmelreich Gewalt angetan; die Gewalttätigen reißen es an sich. 13 Denn bis hin zu Johannes haben alle Propheten und das Gesetz (über diese Dinge) geweissagt. 14 Und wenn ihr es gelten lassen wollt: Ja, er ist Elija, der wiederkommen soll. 15 Wer Ohren hat, der höre!

16 Mit wem soll ich diese Generation vergleichen? Sie gleicht Kindern, die auf dem Marktplatz sitzen und anderen Kindern zurufen: 17 Wir haben für euch auf der Flöte (Hochzeitslieder) gespielt, und ihr habt nicht getanzt; wir haben Klagelieder gesungen und ihr habt euch nicht an die Brust geschlagen. 18 Johannes ist gekommen, er isst nicht und trinkt nicht und sie sagen: Er ist von einem Dämon besessen. 19 Der Menschensohn ist gekommen, er isst und trinkt; darauf sagen sie: Dieser Fresser und Säufer, dieser Freund der Zöllner und Sünder! Und doch hat die Weisheit durch die Taten, die sie bewirkt hat, recht bekommen.

7–19 ‖ Lk 7,24–35 • 10: Mk 1,2; Lk 1,76; Ex 23,20; Mal 3,1 • 12f: Lk 16,16 • 13: 1 Petr 1,10 • 14: 17,12; Mk 9,13 • 15: 13,9.43; Mk 4,9.23; 7,16; Lk 8,8; 14,35 • 18: 9,14 • 19: 9,10f; Lk 5,30; 15,1f; 19,7

Vom Gericht über die galiläischen Städte

20 Dann begann er den Städten, in denen er die meisten Wunder getan hatte, Vorwürfe zu machen, weil sie sich nicht bekehrt hatten: 21 Weh dir, Chorazin! Weh dir, Betsaida! Wenn einst in Tyrus und Sidon die Wunder geschehen wären, die bei euch geschehen sind – man hätte dort in Sack und Asche Buße getan. 22 Ja, das sage ich euch: Tyrus und Sidon wird es am Tag des Gerichts nicht so schlimm ergehen wie euch. 23 Und du, Kafarnaum, meinst du etwa, *du wirst bis zum Himmel erhoben? Nein, in die Unterwelt wirst du hinabgeworfen.* Wenn in Sodom die Wunder geschehen wären, die bei dir geschehen sind, dann stünde es noch heute. 24 Ja, das sage ich euch: Dem Gebiet von Sodom wird es am Tag des Gerichts nicht so schlimm ergehen wie dir.

20–24 ‖ Lk 10,12–15 • 21: Joël 4,4f; Est 4,1 • 23: Jes 14,13.15 • 24: 10,15

Der Dank Jesu an den Vater

25 In jener Zeit sprach Jesus: Ich preise dich, Vater, Herr des Himmels und der Erde, weil du all das den Weisen und Klugen verborgen, den Unmündigen aber offenbart hast. 26 Ja, Vater, so hat es dir gefallen. 27 Mir ist von meinem Vater alles übergeben worden; niemand kennt den Sohn, nur der Vater, und niemand kennt den Vater, nur der Sohn und der, dem es der Sohn offenbaren will.

25–27 ‖ Lk 10,21f • 25: Jes 29,14 G • 27: 28,18; Joh 3,35; 13,3; 10,15

Vom leichten Joch Jesu

[28] Kommt alle zu mir, die ihr euch plagt und schwere Lasten zu tragen habt. Ich werde euch Ruhe verschaffen. [29] Nehmt mein Joch auf euch und lernt von mir; denn ich bin gütig und von Herzen demütig; *so werdet ihr Ruhe finden für eure Seele.* [30] Denn mein Joch drückt nicht und meine Last ist leicht.

28: Jer 31,25 • 29: Jer 6,16; Jes 28,12

Das Abreißen der Ähren am Sabbat

12 In jener Zeit ging Jesus an einem Sabbat durch die Kornfelder. Seine Jünger hatten Hunger; sie rissen deshalb Ähren ab und aßen davon. [2] Die Pharisäer sahen es und sagten zu ihm: Sieh her, deine Jünger tun etwas, das am Sabbat verboten ist. [3] Da sagte er zu ihnen: Habt ihr nicht gelesen, was David getan hat, als er und seine Begleiter hungrig waren – [4] wie er in das Haus Gottes ging und wie sie die heiligen Brote aßen, die weder er noch seine Begleiter, sondern nur die Priester essen durften? [5] Oder habt ihr nicht im Gesetz gelesen, dass am Sabbat die Priester im Tempel den Sabbat entweihen, ohne sich schuldig zu machen? [6] Ich sage euch: Hier ist einer, der größer ist als der Tempel. [7] Wenn ihr begriffen hättet, was das heißt: *Barmherzigkeit will ich, nicht Opfer,* dann hättet ihr nicht Unschuldige verurteilt; [8] denn der Menschensohn ist Herr über den Sabbat.

1–8 ‖ Mk 2,23–28; Lk 6,1–5 • 1: Dtn 23,26; • 3: 1 Sam 21,2–7 • 4: Lev 24,5–9 • 7: Hos 6,6; Mt 9,13

Die Heilung eines Mannes am Sabbat

[9] Darauf verließ er sie und ging in ihre Synagoge. [10] Dort saß ein Mann, dessen Hand verdorrt war. Sie fragten ihn: Ist es am Sabbat erlaubt zu heilen? Sie suchten nämlich einen Grund zur Anklage gegen ihn. [11] Er antwortete: Wer von euch wird, wenn ihm am Sabbat sein Schaf in eine Grube fällt, es nicht sofort wieder herausziehen? [12] Und wie viel mehr ist ein Mensch wert als ein Schaf! Darum ist es am Sabbat erlaubt, Gutes zu tun. [13] Dann sagte er zu dem Mann: Streck deine Hand aus! Er streckte sie aus, und die Hand war wieder ebenso gesund wie die andere. [14] Die Pharisäer aber gingen hinaus und fassten den Beschluss, Jesus umzubringen.

9–14 ‖ Mk 3,1–6; Lk 6,6–11 • 9–14: Lk 14,1–6 • 10: Lk 13,16; Joh 5,9f • 11: Lk 13,15; 14,5; Joh 5,9f • 14: Mk 11,18; Lk 19,47; Joh 5,18

Jesus als der Knecht Gottes

[15] Als Jesus das erfuhr, ging er von dort weg. Viele folgten ihm, und er heilte alle Kranken. [16] Aber er verbot ihnen, in der Öffentlichkeit von ihm zu reden. [17] Auf diese Weise sollte sich erfüllen, was durch den Propheten Jesaja gesagt worden ist:

[18] *Seht, das ist mein Knecht, den ich erwählt habe, / mein Geliebter, an dem ich Gefallen gefunden habe. Ich werde meinen Geist auf ihn legen / und er wird den Völkern das Recht verkünden.*

[19] *Er wird nicht zanken und nicht schreien / und man wird seine Stimme nicht auf den Straßen hören.*

[20] *Das geknickte Rohr wird er nicht zerbrechen / und den glimmenden Docht nicht auslöschen, / bis er dem Recht zum Sieg verholfen hat.*

[21] *Und auf seinen Namen werden die Völker ihre Hoffnung setzen.*

15–16 ‖ Mk 3,7–12; Lk 6,17–19 • 18: Jes 42,1–4; Mt 3,17

Verteidigungsrede Jesu

[22] Damals brachte man zu ihm einen Besessenen, der blind und stumm war. Jesus heilte ihn, sodass der Stumme wieder reden und sehen konnte. [23] Da gerieten alle Leute außer sich und sagten: Ist er etwa der Sohn Davids? [24] Als die Pharisäer das hörten, sagten sie: Nur mit Hilfe von Beelzebul, dem Anführer der Dämonen, kann er die Dämonen austreiben.

[25] Doch Jesus wusste, was sie dachten, und sagte zu ihnen: Jedes Reich, das in sich gespalten ist, geht zugrunde, und keine Stadt und keine Familie, die in sich gespalten ist, wird Bestand haben. [26] Wenn also der Satan den Satan austreibt, dann liegt der Satan mit sich selbst im Streit. Wie kann sein Reich dann Bestand haben? [27] Und wenn ich die Dämonen durch Beelzebul austreibe, durch wen treiben dann eure Anhänger sie aus? Sie selbst also sprechen euch das Urteil. [28] Wenn ich aber die Dämonen durch den Geist Gottes austreibe, dann ist das Reich Gottes schon zu euch gekommen. [29] Wie

kann einer in das Haus eines starken Mannes einbrechen und ihm den Hausrat rauben, wenn er den Mann nicht vorher fesselt? Erst dann kann er sein Haus plündern. 30 Wer nicht für mich ist, der ist gegen mich; wer nicht mit mir sammelt, der zerstreut.

31 Darum sage ich euch: Jede Sünde und Lästerung wird den Menschen vergeben werden, aber die Lästerung gegen den Geist wird nicht vergeben. 32 Auch dem, der etwas gegen den Menschensohn sagt, wird vergeben werden; wer aber etwas gegen den Heiligen Geist sagt, dem wird nicht vergeben, weder in dieser noch in der zukünftigen Welt.

33 Entweder: der Baum ist gut – dann sind auch seine Früchte gut. Oder: der Baum ist schlecht – dann sind auch seine Früchte schlecht. An den Früchten also erkennt man den Baum. 34 Ihr Schlangenbrut, wie könnt ihr Gutes reden, wenn ihr böse seid? Denn wovon das Herz voll ist, davon spricht der Mund. 35 Ein guter Mensch bringt Gutes hervor, weil er Gutes in sich hat, und ein böser Mensch bringt Böses hervor, weil er Böses in sich hat.

36 Ich sage euch: Über jedes unnütze Wort, das die Menschen reden, werden sie am Tag des Gerichts Rechenschaft ablegen müssen; 37 denn aufgrund deiner Worte wirst du freigesprochen und aufgrund deiner Worte wirst du verurteilt werden.

22–23 || Lk 11,14 • 24–30 || Mk 3,22–27; Lk 11,15.17–23 • 31–32 || Mk 3,28–30; Lk 12,10 • 33–35 || Lk 6,43–45 • 22–24; 9,32–34 • 24; 10,25; • 28: Lk 17,21 • 29: Jes 49,24 • 33: 7,17f • 34: 3,7

Die Verweigerung eines Zeichens

38 Zu dieser Zeit sagten einige Schriftgelehrte und Pharisäer zu ihm: Meister, wir möchten von dir ein Zeichen sehen. 39 Er antwortete ihnen: Diese böse und treulose Generation fordert ein Zeichen, aber es wird ihr kein anderes gegeben werden als das Zeichen des Propheten Jona. 40 Denn wie *Jona drei Tage und drei Nächte im Bauch des Fisches* war, so wird auch der Menschensohn drei Tage und drei Nächte im Innern der Erde sein. 41 Die Männer von Ninive werden beim Gericht gegen diese Generation auftreten und sie verurteilen; denn sie haben sich nach der Predigt des Jona bekehrt. Hier aber ist einer, der mehr ist als Jona. 42 Die Königin des Südens wird beim Gericht gegen diese Generation auftreten und sie verurteilen; denn sie kam vom Ende der Erde, um die Weisheit Salomos zu hören. Hier aber ist einer, der mehr ist als Salomo.

38–42 || Mk 8,11f; Lk 11,16.29–32 • 38–40: 16,1–4; Joh 6,30; 1 Kor 1,22 • 40: Jona 2,1; Mt 27,63 • 41: Jona 3,5 • 42: 1 Kön 10,1–10

Von der Rückkehr der unreinen Geister

43 Ein unreiner Geist, der einen Menschen verlassen hat, wandert durch die Wüste und sucht einen Ort, wo er bleiben kann. Wenn er aber keinen findet, 44 dann sagt er: Ich will in mein Haus zurückkehren, das ich verlassen habe. Und wenn er es bei seiner Rückkehr leer antrifft, sauber und geschmückt, 45 dann geht er und holt sieben andere Geister, die noch schlimmer sind als er selbst. Sie ziehen dort ein und lassen sich nieder. So wird es mit diesem Menschen am Ende schlimmer werden als vorher. Dieser bösen Generation wird es genauso gehen.

43–45 || Lk 11,24–26 • 45: 2 Petr 2,20

Von den wahren Verwandten Jesu

46 Als Jesus noch mit den Leuten redete, standen seine Mutter und seine Brüder vor dem Haus und wollten mit ihm sprechen.

47 Da sagte jemand zu ihm: Deine Mutter und deine Brüder stehen draußen und wollen mit dir sprechen. 48 Dem, der ihm das gesagt hatte, erwiderte er: Wer ist meine Mutter, und wer sind meine Brüder? 49 Und er streckte die Hand über seine Jünger aus und sagte: Das hier sind meine Mutter und meine Brüder. 50 Denn wer den Willen meines himmlischen Vaters erfüllt, der ist für mich Bruder und Schwester und Mutter.

46–50 || Mk 3,31–35; Lk 8,19–21

Die Rede über das Himmelreich: 13,1–53

Das Gleichnis vom Sämann

13 An jenem Tag verließ Jesus das Haus und setzte sich an das Ufer des Sees. 2 Da versammelte sich eine große Menschenmenge um ihn. Er stieg deshalb in ein Boot und setzte sich; die Leute aber standen am Ufer. 3 Und er sprach

lange zu ihnen in Form von Gleichnissen. Er sagte:
Ein Sämann ging aufs Feld, um zu säen. [4] Als er
säte, fiel ein Teil der Körner auf den Weg und die
Vögel kamen und fraßen sie. [5] Ein anderer Teil fiel
auf felsigen Boden, wo es nur wenig Erde gab, und
ging sofort auf, weil das Erdreich nicht tief war;
[6] als aber die Sonne hochstieg, wurde die Saat ver-
sengt und verdorrte, weil sie keine Wurzeln hatte.
[7] Wieder ein anderer Teil fiel in die Dornen und die
Dornen wuchsen und erstickten die Saat. [8] Ein
anderer Teil schließlich fiel auf guten Boden und
brachte Frucht, teils hundertfach, teils sechzig-
fach, teils dreißigfach.
[9] Wer Ohren hat, der höre!

1–9 ‖ Mk 4,1–9; Lk 8,4–8 • 9: 11,15

Sinn und Zweck der Gleichnisse

[10] Da kamen die Jünger zu ihm und sagten: Warum
redest du zu ihnen in Gleichnissen? [11] Er antwor-
tete: Euch ist es gegeben, die Geheimnisse des
Himmelreichs zu erkennen; ihnen aber ist es nicht
gegeben. [12] Denn wer hat, dem wird gegeben, und
er wird im Überfluss haben; wer aber nicht hat,
dem wird auch noch weggenommen, was er hat.
[13] Deshalb rede ich zu ihnen in Gleichnissen, weil
sie sehen und doch nicht sehen, weil sie hören und
doch nicht hören und nichts verstehen. [14] An
ihnen erfüllt sich die Weissagung Jesajas:
Hören sollt ihr, hören, aber nicht verstehen; / sehen
sollt ihr, sehen, aber nicht erkennen.
[15] *Denn das Herz dieses Volkes ist hart geworden /*
und mit ihren Ohren hören sie nur schwer / und ihre
Augen halten sie geschlossen, / damit sie mit ihren
Augen nicht sehen / und mit ihren Ohren nicht
hören, / damit sie mit ihrem Herzen / nicht zur Ein-
sicht kommen, / damit sie sich nicht bekehren und
ich sie nicht heile.
[16] Ihr aber seid selig, denn eure Augen sehen und
eure Ohren hören. [17] Amen, ich sage euch: Viele
Propheten und Gerechte haben sich danach ge-
sehnt zu sehen, was ihr seht, und haben es nicht
gesehen, und zu hören, was ihr hört, und haben es
nicht gehört.

10–17 ‖ Mk 4,10–12; Lk 8,9f • 16–17 ‖ Lk 10,23f • 12: 25,29; Mk 4,25; Lk 8,18; 19,26 • 14f: Jes 6,9f; Joh 12,40; Apg 28,26f • 17: 1 Petr 1,10–12

Die Deutung des Gleichnisses vom Sämann

[18] Hört also, was das Gleichnis vom Sämann be-
deutet. [19] Immer wenn ein Mensch das Wort vom
Reich hört und es nicht versteht, kommt der Böse
und nimmt alles weg, was diesem Menschen ins
Herz gesät wurde; hier ist der Samen auf den Weg
gefallen. [20] Auf felsigen Boden ist der Samen bei
dem gefallen, der das Wort hört und sofort freu-
dig aufnimmt, [21] aber keine Wurzeln hat, sondern
unbeständig ist; sobald er um des Wortes willen
bedrängt oder verfolgt wird, kommt er zu Fall. [22] In
die Dornen ist der Samen bei dem gefallen, der das
Wort zwar hört, aber dann ersticken es die Sorgen
dieser Welt und der trügerische Reichtum und es
bringt keine Frucht. [23] Auf guten Boden ist der
Samen bei dem gesät, der das Wort hört und es
auch versteht; er bringt dann Frucht, hundertfach
oder sechzigfach oder dreißigfach.

18–23 ‖ Mk 4,13–20; Lk 8,11–15 • 22: 1 Tim 6,9

Das Gleichnis vom Unkraut unter dem Weizen

[24] Und Jesus erzählte ihnen noch ein anderes
Gleichnis: Mit dem Himmelreich ist es wie mit
einem Mann, der guten Samen auf seinen Acker
säte. [25] Während nun die Leute schliefen, kam sein
Feind, säte Unkraut unter den Weizen und ging
wieder weg. [26] Als die Saat aufging und sich die
Ähren bildeten, kam auch das Unkraut zum Vor-
schein. [27] Da gingen die Knechte zu dem Gutsherrn
und sagten: Herr, hast du nicht guten Samen auf
deinen Acker gesät? Woher kommt dann das Un-
kraut? [28] Er antwortete: Das hat ein Feind von mir
getan. Da sagten die Knechte zu ihm: Sollen wir
gehen und es ausreißen? [29] Er entgegnete: Nein,
sonst reißt ihr zusammen mit dem Unkraut auch
den Weizen aus. [30] Lasst beides wachsen bis zur Ern-
te. Wenn dann die Zeit der Ernte da ist, werde ich
den Arbeitern sagen: Sammelt zuerst das Unkraut
und bindet es in Bündel, um es zu verbrennen; den
Weizen aber bringt in meine Scheune.

24–30: 13,36–43 • 30: 3,12

Das Gleichnis vom Senfkorn

[31] Er erzählte ihnen ein weiteres Gleichnis und
sagte: Mit dem Himmelreich ist es wie mit einem
Senfkorn, das ein Mann auf seinen Acker säte. [32] Es
ist das kleinste von allen Samenkörnern; sobald es

E.L.

„Mit dem Himmelreich ist es wie mit einem Mann, der guten Samen auf seinen Acker säte. Während nun die Leute schliefen, kam sein Feind, säte Unkraut unter den Weizen und ging wieder weg. Als die Saat aufging und sich die Ähren bildeten, kam auch das Unkraut zum Vorschein. ...Wenn dann die Zeit der Ernte da ist, werde ich den Arbeitern sagen: Sammelt zuerst das Unkraut und bindet es in Bündel, um es zu verbrennen; den Weizen aber bringt in meine Scheune." (Matthäus 13,24–26.30)

Sämann und Teufel, 1923

Majolika, 76 x 76 cm
bezeichnet links unten: E. L.
Lienz, Kriegergedächtniskapelle

Das Motiv „Sämann und Teufel" hat Albin Egger-Lienz bereits im Jahre 1907 in Öl gemalt und später immer wieder in Öl- und Aquarellmalerei sowie Pastellzeichnung wiederholt und wird immer wieder als Symbol des Guten und Bösen interpretiert. Die Keramiktafel fertigte Egger-Lienz in der Werkstatt Kuntner in Bruneck im Südtiroler Pustertal an und fügte sie in die 1923/24 von Architekt Clemens Holzmeister gestaltete Kriegergedächtniskapelle in Lienz ein, die Egger-Lienz noch mit seinen Werken „Sturm. Den Namenlosen", „Totenopfer" und „Der Auferstandene" ausstattet.

Die Jünger kamen zu Jesus und sagten: „Erkläre uns das Gleichnis vom Unkraut auf dem Acker. Er antwortete: Der Mann, der den guten Samen sät, ist der Menschensohn; der Acker ist die Welt; der gute Samen, das sind die Söhne des Reiches; das Unkraut sind die Söhne des Bösen; der Feind, der es gesät hat, ist der Teufel; die Ernte ist das Ende der Welt ..." (Matthäus 13,36–39)

Zwei Bergmäher, 1913

Öl auf Leinwand, 92,5 x 116 cm
bezeichnet links unten: A. Egger-Lienz
Lienz, Museum der Stadt Lienz Schloss Bruck, Inv.Nr. AEL 45

Albin Egger-Lienz weilt während seines Wienaufenthaltes immer wieder im Ötztal. Dort findet er 1907 sein Sujet der Bergmäher, das er in mehreren Fassungen und Wiederholungen gestaltet. Für Egger-Lienz ist der arbeitende Mensch immer Ausdruck des Lebens, Ausdruck der Schöpfung – wie später auch ein Werk heißen wird. Er inszeniert kein üppiges Ereignis, seine Motive beeindrucken ob ihrer Schlichtheit und ihrer inneren Einfachheit. Den arbeitenden Menschen findet Egger-Lienz stets in seinem Lebensraum, er sucht seine Figuren aus, die ihm dann Modell stehen.

aber hochgewachsen ist, ist es größer als die anderen Gewächse und wird zu einem *Baum,* sodass *die Vögel des Himmels* kommen und *in seinen Zweigen nisten.*

31–32 ‖ Mk 4,30–32; Lk 13,18f • 31: 17,20; Lk 17,6 • 32: Dan 4,8f.18; Ez 17,23

Das Gleichnis vom Sauerteig

33 Und er erzählte ihnen noch ein Gleichnis: Mit dem Himmelreich ist es wie mit dem Sauerteig, den eine Frau unter einen großen Trog Mehl mischte, bis das Ganze durchsäuert war.

33 ‖ Lk 13,20 • 33: 1 Kor 5,6; Gal 5,9

Die Bedeutung der Gleichnisse

34 Dies alles sagte Jesus der Menschenmenge durch Gleichnisse; er redete nur in Gleichnissen zu ihnen. 35 Damit sollte sich erfüllen, was durch den Propheten gesagt worden ist:
Ich öffne meinen Mund und rede in Gleichnissen, / ich verkünde, was seit der Schöpfung *verborgen war.*

34 ‖ Mk 4,33f • 35: Ps 78,2

Die Deutung des Gleichnisses vom Unkraut

36 Dann verließ er die Menge und ging nach Hause. Und seine Jünger kamen zu ihm und sagten: Erkläre uns das Gleichnis vom Unkraut auf dem Acker. 37 Er antwortete: Der Mann, der den guten Samen sät, ist der Menschensohn; 38 der Acker ist die Welt; der gute Samen, das sind die Söhne des Reiches; das Unkraut sind die Söhne des Bösen; 39 der Feind, der es gesät hat, ist der Teufel; die Ernte ist das Ende der Welt; die Arbeiter bei dieser Ernte sind die Engel. 40 Wie nun das Unkraut aufgesammelt und im Feuer verbrannt wird, so wird es auch am Ende der Welt sein: 41 Der Menschensohn wird seine Engel aussenden und sie werden aus seinem Reich alle zusammenholen, die andere verführt und Gottes Gesetz übertreten haben, 42 und werden sie in den Ofen werfen, in dem das Feuer brennt. Dort werden sie heulen und mit den Zähnen knirschen. 43 Dann werden die Gerechten im Reich ihres Vaters wie die Sonne leuchten. Wer Ohren hat, der höre!

36–43: 13,24–30 • 40: 3,10; 7,19; Joh 15,6 • 41: 24,31f • 42: 8,12 • 43: Dan 12,3; Mt 11,15

Die Gleichnisse vom Schatz und von der Perle

44 Mit dem Himmelreich ist es wie mit einem Schatz, der in einem Acker vergraben war. Ein Mann entdeckte ihn, grub ihn aber wieder ein. Und in seiner Freude verkaufte er alles, was er besaß, und kaufte den Acker. 45 Auch ist es mit dem Himmelreich wie mit einem Kaufmann, der schöne Perlen suchte. 46 Als er eine besonders wertvolle Perle fand, verkaufte er alles, was er besaß, und kaufte sie.

Das Gleichnis vom Fischnetz

47 Weiter ist es mit dem Himmelreich wie mit einem Netz, das man ins Meer warf, um Fische aller Art zu fangen. 48 Als es voll war, zogen es die Fischer ans Ufer; sie setzten sich, lasen die guten Fische aus und legten sie in Körbe, die schlechten aber warfen sie weg. 49 So wird es auch am Ende der Welt sein: Die Engel werden kommen und die Bösen von den Gerechten trennen 50 und in den Ofen werfen, in dem das Feuer brennt. Dort werden sie heulen und mit den Zähnen knirschen.

50: 8,12

Abschluss der Rede

51 Habt ihr das alles verstanden? Sie antworteten: Ja. 52 Da sagte er zu ihnen: Jeder Schriftgelehrte also, der ein Jünger des Himmelreichs geworden ist, gleicht einem Hausherrn, der aus seinem reichen Vorrat Neues und Altes hervorholt.

53 Als Jesus diese Gleichnisse beendet hatte, zog er weiter.

Weitere Taten – Belehrung der Jünger: 13,54 – 17,27

Die Ablehnung Jesu in seiner Heimat

54 Jesus kam in seine Heimatstadt und lehrte die Menschen dort in der Synagoge. Da staunten alle und sagten: Woher hat er diese Weisheit und die Kraft, Wunder zu tun? 55 Ist das nicht der Sohn des Zimmermanns? Heißt nicht seine Mutter Maria und sind nicht Jakobus, Josef, Simon und Judas seine Brüder? 56 Leben nicht alle seine Schwestern unter uns? Woher also hat er das alles? 57 Und sie

nahmen Anstoß an ihm und lehnten ihn ab. Da sagte Jesus zu ihnen: Nirgends hat ein Prophet so wenig Ansehen wie in seiner Heimat und in seiner Familie. [58] Und wegen ihres Unglaubens tat er dort nur wenige Wunder.

54–58 || Mk 6,1–6a; Lk 4,16–30 • 54: Joh 7,15 • 55: Joh 6,42 • 57: Joh 4,44

Das Urteil des Herodes über Jesus

14 Zu dieser Zeit hörte der Tetrarch Herodes, was man von Jesus erzählte. [2] Er sagte zu seinem Gefolge: Das ist Johannes der Täufer. Er ist von den Toten auferstanden; deshalb wirken solche Kräfte in ihm.

1–2 || Mk 6,14–16; Lk 9,7–9

Die Enthauptung des Täufers

[3] Herodes hatte nämlich Johannes festnehmen und in Ketten ins Gefängnis werfen lassen. Schuld daran war Herodias, die Frau seines Bruders Philippus. [4] Denn Johannes hatte zu Herodes gesagt: Du hattest nicht das Recht, sie zur Frau zu nehmen. [5] Der König wollte ihn deswegen töten lassen, fürchtete sich aber vor dem Volk; denn man hielt Johannes für einen Propheten. [6] Als aber der Geburtstag des Herodes gefeiert wurde, tanzte die Tochter der Herodias vor den Gästen. Und sie gefiel Herodes so sehr, [7] dass er schwor, ihr alles zu geben, was sie sich wünschte. [8] Da sagte sie auf Drängen ihrer Mutter: Lass mir auf einer Schale den Kopf des Täufers Johannes herbringen. [9] Der König wurde traurig; aber weil er einen Schwur geleistet hatte – noch dazu vor allen Gästen –, befahl er, ihr den Kopf zu bringen. [10] Und er ließ Johannes im Gefängnis enthaupten. [11] Man brachte den Kopf auf einer Schale und gab ihn dem Mädchen und sie brachte ihn ihrer Mutter. [12] Die Jünger des Johannes aber holten den Leichnam und begruben ihn. Dann gingen sie zu Jesus und berichteten ihm alles.

3–12 || Mk 6,17–29; Lk 3,19f • 4: Lev 18,16; 20,21 • 5: 21,26

Die Speisung der Fünftausend

[13] Als Jesus all das hörte, fuhr er mit dem Boot in eine einsame Gegend, um allein zu sein. Aber die Leute in den Städten hörten davon und gingen ihm zu Fuß nach. [14] Als er ausstieg und die vielen Menschen sah, hatte er Mitleid mit ihnen und heilte die Kranken, die bei ihnen waren. [15] Als es Abend wurde, kamen die Jünger zu ihm und sagten: Der Ort ist abgelegen und es ist schon spät geworden. Schick doch die Menschen weg, damit sie in die Dörfer gehen und sich etwas zu essen kaufen können. [16] Jesus antwortete: Sie brauchen nicht wegzugehen. Gebt ihr ihnen zu essen! [17] Sie sagten zu ihm: Wir haben nur fünf Brote und zwei Fische bei uns. [18] Darauf antwortete er: Bringt sie her! [19] Dann ordnete er an, die Leute sollten sich ins Gras setzen. Und er nahm die fünf Brote und die zwei Fische, blickte zum Himmel auf, sprach den Lobpreis, brach die Brote und gab sie den Jüngern; die Jünger aber gaben sie den Leuten, [20] und alle aßen und wurden satt. Als die Jünger die übrig gebliebenen Brotstücke einsammelten, wurden zwölf Körbe voll. [21] Es waren etwa fünftausend Männer, die an dem Mahl teilnahmen, dazu noch Frauen und Kinder.

13–21 || Mk 6,31–44; Lk 9,10–17; Joh 6,1–13 • 13–21: 15,32–39; Mk 8,1–10 • 14: 9,36 • 19f: 2 Kön 4,43f

Der Gang Jesu auf dem Wasser

[22] Gleich darauf forderte er die Jünger auf, ins Boot zu steigen und an das andere Ufer vorauszufahren. Inzwischen wollte er die Leute nach Hause schicken. [23] Nachdem er sie weggeschickt hatte, stieg er auf einen Berg, um in der Einsamkeit zu beten. Spät am Abend war er immer noch allein auf dem Berg. [24] Das Boot aber war schon viele Stadien vom Land entfernt und wurde von den Wellen hin und her geworfen; denn sie hatten Gegenwind. [25] In der vierten Nachtwache kam Jesus zu ihnen; er ging auf dem See. [26] Als ihn die Jünger über den See kommen sahen, erschraken sie, weil sie meinten, es sei ein Gespenst, und sie schrien vor Angst. [27] Doch Jesus begann mit ihnen zu reden und sagte: Habt Vertrauen, ich bin es; fürchtet euch nicht! [28] Darauf erwiderte ihm Petrus: Herr, wenn du es bist, so befiehl, dass ich auf dem Wasser zu dir komme. [29] Jesus sagte: Komm! Da stieg Petrus aus dem Boot und ging über das Wasser auf Jesus zu. [30] Als er aber sah, wie heftig der Wind war, bekam er Angst und begann unterzugehen. Er schrie: Herr, rette mich! [31] Jesus streckte sofort die Hand aus, ergriff ihn und sagte zu ihm: Du Kleingläubi-

ger, warum hast du gezweifelt? 32 Und als sie ins
Boot gestiegen waren, legte sich der Wind. 33 Die
Jünger im Boot aber fielen vor Jesus nieder und
sagten: Wahrhaftig, du bist Gottes Sohn.

22–33 ‖ Mk 6,45–52; Joh 6,15–21 • 23: Lk 6,12 • 26: Lk 24,37 •
31: 8,26 • 33: 16,16; 27,54; Mk 15,39; Joh 1,49; 11,27

Krankenheilungen in Gennesaret

34 Sie fuhren auf das Ufer zu und kamen nach Gen-
nesaret. 35 Als die Leute dort ihn erkannten, schick-
ten sie Boten in die ganze Umgebung. Und man
brachte alle Kranken zu ihm 36 und bat ihn, er
möge sie wenigstens den Saum seines Gewandes
berühren lassen. Und alle, die ihn berührten, wur-
den geheilt.

34–36 ‖ Mk 6,53–56 • 36: 9,21; Mk 5,28; Lk 6,19; 8,44

Von Reinheit und Unreinheit

15 Da kamen von Jerusalem Pharisäer und
Schriftgelehrte zu Jesus und sagten: 2 Wa-
rum missachten deine Jünger die Überlieferung
der Alten? Denn sie waschen sich nicht die Hän-
de vor dem Essen. 3 Er entgegnete ihnen: Warum
missachtet denn ihr Gottes Gebot um eurer Über-
lieferung willen? 4 Gott hat gesagt: *Ehre Vater und
Mutter!*, und: *Wer Vater oder Mutter verflucht, soll
mit dem Tod bestraft werden.* 5 Ihr aber lehrt: Wer
zu Vater oder Mutter sagt: Was ich dir schulde,
erkläre ich zur Opfergabe!, 6 der braucht seinen
Vater oder seine Mutter nicht mehr zu ehren.
Damit habt ihr Gottes Wort um eurer Überlie-
ferung willen außer Kraft gesetzt. 7 Ihr Heuchler!
Der Prophet Jesaja hatte Recht, als er über euch
sagte:
8 *Dieses Volk ehrt mich mit den Lippen, / sein Herz
aber ist weit weg von mir.*
9 *Es ist sinnlos, wie sie mich verehren; / was sie leh-
ren, sind Satzungen von Menschen.*
10 Und er rief die Leute zu sich und sagte: Hört und
begreift: 11 Nicht das, was durch den Mund in den
Menschen hineinkommt, macht ihn unrein, son-
dern was aus dem Mund des Menschen heraus-
kommt, das macht ihn unrein.
12 Da kamen die Jünger zu ihm und sagten: Weißt
du, dass die Pharisäer über deine Worte empört
sind?
13 Er antwortete ihnen: Jede Pflanze, die nicht mein
himmlischer Vater gepflanzt hat, wird ausgerissen
werden. 14 Lasst sie, es sind blinde Blindenführer.
Und wenn ein Blinder einen Blinden führt, wer-
den beide in eine Grube fallen.
15 Da sagte Petrus zu ihm: Erkläre uns jenes rätsel-
hafte Wort! 16 Er antwortete: Seid auch ihr noch
immer ohne Einsicht? 17 Begreift ihr nicht, dass
alles, was durch den Mund (in den Menschen)
hineinkommt, in den Magen gelangt und dann
wieder ausgeschieden wird? 18 Was aber aus dem
Mund herauskommt, das kommt aus dem Her-
zen, und das macht den Menschen unrein.
19 Denn aus dem Herzen kommen böse Gedan-
ken, Mord, Ehebruch, Unzucht, Diebstahl, falsche
Zeugenaussagen und Verleumdungen. 20 Das ist es,
was den Menschen unrein macht; aber mit unge-
waschenen Händen essen macht ihn nicht un-
rein.

1–20 ‖ Mk 7,1–23 • 2: Lk 11,38; Kol 2,21f • 4: Ex 20,12; 21,17;
Dtn 5,16; Lev 20,9 • 8: Jes 29,13 G • 14: 23,16.24; Lk 6,39 •
19: Röm 1,29–31; 1 Kor 5,10f; Gal 5,19–21; Eph 5,3–5; Kol 3,5;
1 Tim 1,9f; 2 Tim 3,2–4; 1 Petr 4,3

Die Erhörung der Bitte einer heidnischen Frau

21 Von dort zog sich Jesus in das Gebiet von Tyrus
und Sidon zurück. 22 Da kam eine kanaanäische
Frau aus jener Gegend zu ihm und rief: Hab Erbar-
men mit mir, Herr, du Sohn Davids! Meine Toch-
ter wird von einem Dämon gequält. 23 Jesus aber
gab ihr keine Antwort. Da traten seine Jünger zu
ihm und baten: Befrei sie (von ihrer Sorge), denn
sie schreit hinter uns her. 24 Er antwortete: Ich bin
nur zu den verlorenen Schafen des Hauses Israel
gesandt. 25 Doch die Frau kam, fiel vor ihm nieder
und sagte: Herr, hilf mir! 26 Er erwiderte: Es ist
nicht recht, das Brot den Kindern wegzunehmen
und den Hunden vorzuwerfen. 27 Da entgegnete
sie: Ja, du hast recht, Herr! Aber selbst die Hunde
bekommen von den Brotresten, die vom Tisch
ihrer Herren fallen. 28 Darauf antwortete ihr Jesus:
Frau, dein Glaube ist groß. Was du willst, soll
geschehen. Und von dieser Stunde an war ihre
Tochter geheilt.

21–28 ‖ Mk 7,24–30 • 22: 9,27 • 24: 10,6

Die Heilung vieler Kranker

29 Jesus zog weiter und kam an den See von Galiläa.
Er stieg auf einen Berg und setzte sich. 30 Da kamen

viele Menschen und brachten Lahme, Krüppel, Blinde, Stumme und viele andere Kranke zu ihm; sie legten sie vor ihn hin, und er heilte sie. [31] Als die Menschen sahen, dass Stumme plötzlich redeten, Krüppel gesund wurden, Lahme gehen und Blinde sehen konnten, waren sie erstaunt und priesen den Gott Israels.

29–31: Mk 7,31–37

Die Speisung der Viertausend

[32] Jesus rief seine Jünger zu sich und sagte: Ich habe Mitleid mit diesen Menschen; sie sind schon drei Tage bei mir und haben nichts mehr zu essen. Ich will sie nicht hungrig wegschicken, sonst brechen sie unterwegs zusammen. [33] Da sagten die Jünger zu ihm: Wo sollen wir in dieser unbewohnten Gegend so viel Brot hernehmen, um so viele Menschen satt zu machen? [34] Jesus sagte zu ihnen: Wie viele Brote habt ihr? Sie antworteten: Sieben, und noch ein paar Fische. [35] Da forderte er die Leute auf, sich auf den Boden zu setzen. [36] Und er nahm die sieben Brote und die Fische, sprach das Dankgebet, brach die Brote und gab sie den Jüngern und die Jünger verteilten sie an die Leute. [37] Und alle aßen und wurden satt. Dann sammelte man die übrig gebliebenen Brotstücke ein, sieben Körbe voll.

[38] Es waren viertausend Männer, die an dem Mahl teilgenommen hatten, dazu noch Frauen und Kinder. [39] Danach schickte er die Menge nach Hause, stieg ins Boot und fuhr in die Gegend von Magadan.

32–39 ‖ Mk 8,1–10 • 32–39: 14,13–21; Mk 6,32–44; Lk 9,10–17; Joh 6,1–13

Die Verweigerung eines Zeichens

16 Da kamen die Pharisäer und Sadduzäer zu Jesus, um ihn auf die Probe zu stellen. Sie baten ihn: Lass uns ein Zeichen vom Himmel sehen. [2] Er antwortete ihnen: [[3]] [4] Diese böse und treulose Generation fordert ein Zeichen, aber es wird ihr kein anderes gegeben werden als das Zeichen des Jona. Und er ließ sie stehen und ging weg.

1–4 ‖ Mk 8,11–13 • 1: 12,38f; Lk 11,16.29–32; Joh 6,30

Warnung vor den Pharisäern und Sadduzäern

[5] Die Jünger fuhren an das andere Ufer. Sie hatten aber vergessen, Brot mitzunehmen. [6] Und Jesus sagte zu ihnen: Gebt Acht, hütet euch vor dem Sauerteig der Pharisäer und Sadduzäer! [7] Sie aber machten sich Gedanken und sagten zueinander: Wir haben kein Brot mitgenommen. [8] Als Jesus das merkte, sagte er: Ihr Kleingläubigen, was macht ihr euch darüber Gedanken, dass ihr kein Brot habt? [9] Begreift ihr immer noch nicht? Erinnert ihr euch nicht an die fünf Brote für die Fünftausend und daran, wie viele Körbe voll ihr wieder eingesammelt habt? [10] Auch nicht an die sieben Brote für die Viertausend, und wie viele Körbe voll ihr da eingesammelt habt? [11] Warum begreift ihr denn nicht, dass ich nicht von Brot gesprochen habe, als ich zu euch sagte: Hütet euch vor dem Sauerteig der Pharisäer und Sadduzäer? [12] Da verstanden sie, dass er nicht gemeint hatte, sie sollten sich vor dem Sauerteig hüten, mit dem man Brot backt, sondern vor der Lehre der Pharisäer und Sadduzäer.

5–12 ‖ Mk 8,14–21 • 6: Lk 12,1 • 8: Mk 6,52 • 9: 14,21; Mk 6,44f • 10: 15,38; Mk 8,9

Das Messiasbekenntnis des Petrus und die Antwort Jesu

[13] Als Jesus in das Gebiet von Cäsarea Philippi kam, fragte er seine Jünger: Für wen halten die Leute den Menschensohn? [14] Sie sagten: Die einen für Johannes den Täufer, andere für Elija, wieder andere für Jeremia oder sonst einen Propheten. [15] Da sagte er zu ihnen: Ihr aber, für wen haltet ihr mich? [16] Simon Petrus antwortete: Du bist der Messias, der Sohn des lebendigen Gottes! [17] Jesus sagte zu ihm: Selig bist du, Simon Barjona; denn nicht Fleisch und Blut haben dir das offenbart, sondern mein Vater im Himmel. [18] Ich aber sage dir: Du bist Petrus und auf diesen Felsen werde ich meine Kirche bauen und die Mächte der Unterwelt werden sie nicht überwältigen. [19] Ich werde dir die Schlüssel des Himmelreichs geben; was du auf Erden binden wirst, das wird auch im Himmel gebunden sein, und was du auf Erden lösen wirst, das wird auch im Himmel gelöst sein. [20] Dann befahl er den Jüngern, niemand zu sagen, dass er der Messias sei.

13–20 ‖ Mk 8,27–30; Lk 9,18–21 • 14: 14,2; Mk 6,14f; Lk 9,7f • 16: 14,33; 27,54; Mk 15,39; Joh 1,49; 11,27 • 18: Joh 1,42; Ijob 38,17; Weish 16,13; Jes 38,10 • 19: 18,18; Joh 20,23; 21,15–17

Die erste Ankündigung von Leiden und Auferstehung

21 Von da an begann Jesus, seinen Jüngern zu erklären, er müsse nach Jerusalem gehen und von den Ältesten, den Hohenpriestern und den Schriftgelehrten vieles erleiden; er werde getötet werden, aber am dritten Tag werde er auferstehen. 22 Da nahm ihn Petrus beiseite und machte ihm Vorwürfe; er sagte: Das soll Gott verhüten, Herr! Das darf nicht mit dir geschehen! 23 Jesus aber wandte sich um und sagte zu Petrus: Weg mit dir, Satan, geh mir aus den Augen! Du willst mich zu Fall bringen; denn du hast nicht das im Sinn, was Gott will, sondern was die Menschen wollen.

21–23 ‖ Mk 8,31–33; Lk 9,22 • 21: 17,22f; 20,18f; 26,2; Mk 9,31; 10,32–34; Lk 9,44; 18,31–33

Von Nachfolge und Selbstverleugnung

24 Darauf sagte Jesus zu seinen Jüngern: Wer mein Jünger sein will, der verleugne sich selbst, nehme sein Kreuz auf sich und folge mir nach. 25 Denn wer sein Leben retten will, wird es verlieren; wer aber sein Leben um meinetwillen verliert, wird es gewinnen. 26 Was nützt es einem Menschen, wenn er die ganze Welt gewinnt, dabei aber sein Leben einbüßt? Um welchen Preis kann ein Mensch sein Leben zurückkaufen? 27 Der Menschensohn wird mit seinen Engeln in der Hoheit seines Vaters kommen und *jedem* Menschen *vergelten, wie es seine Taten verdienen.*

28 Amen, ich sage euch: Von denen, die hier stehen, werden einige den Tod nicht erleiden, bis sie den Menschensohn in seiner königlichen Macht kommen sehen.

24–28 ‖ Mk 8,34–9,1; Lk 9,23–27 • 24: 10,38f; Lk 14,27 • 25: 10,39; Lk 17,33; Joh 12,25 • 27: Ps 62,13; 28,4 • 28: 10,23; 24,34

Die Verklärung Jesu

17 Sechs Tage danach nahm Jesus Petrus, Jakobus und dessen Bruder Johannes beiseite und führte sie auf einen hohen Berg. 2 Und er wurde vor ihren Augen verwandelt; sein Gesicht leuchtete wie die Sonne und seine Kleider wurden blendend weiß wie das Licht. 3 Da erschienen plötzlich vor ihren Augen Mose und Elija und redeten mit Jesus. 4 Und Petrus sagte zu ihm: Herr, es ist gut, dass wir hier sind. Wenn du willst, werde ich hier drei Hütten bauen, eine für dich, eine für Mose und eine für Elija. 5 Noch während er redete, warf eine leuchtende Wolke ihren Schatten auf sie und aus der Wolke rief eine Stimme: Das ist *mein geliebter Sohn, an dem ich Gefallen gefunden habe; auf ihn sollt ihr hören.* 6 Als die Jünger das hörten, bekamen sie große Angst und warfen sich mit dem Gesicht zu Boden. 7 Da trat Jesus zu ihnen, fasste sie an und sagte: Steht auf, habt keine Angst! 8 Und als sie aufblickten, sahen sie nur noch Jesus.

9 Während sie den Berg hinabstiegen, gebot ihnen Jesus: Erzählt niemand von dem, was ihr gesehen habt, bis der Menschensohn von den Toten auferstanden ist.

1–9 ‖ Mk 9,2–10; Lk 9,28–36 • 2: 2 Petr 1,16–18 • 5: Ps 2,7; Jes 42,1; Dtn 18,15; Mt 3,17

Von der Wiederkunft des Elija

10 Da fragten ihn die Jünger: Warum sagen denn die Schriftgelehrten, zuerst müsse Elija kommen? 11 Er gab zur Antwort: Ja, Elija kommt *und er wird* alles *wiederherstellen.* 12 Ich sage euch aber: Elija ist schon gekommen, doch sie haben ihn nicht erkannt, sondern mit ihm gemacht, was sie wollten. Ebenso wird auch der Menschensohn durch sie leiden müssen. 13 Da verstanden die Jünger, dass er von Johannes dem Täufer sprach.

10–13 ‖ Mk 9,11–13 • 11: Mal 3,23 G • 12: 11,14 • 13: Lk 1,17

Die Heilung eines mondsüchtigen Jungen

14 Als sie zurückkamen, begegneten sie einer großen Zahl von Menschen. Da trat ein Mann auf ihn zu, fiel vor ihm auf die Knie 15 und sagte: Herr, hab Erbarmen mit meinem Sohn! Er ist mondsüchtig und hat schwer zu leiden. Immer wieder fällt er ins Feuer oder ins Wasser. 16 Ich habe ihn schon zu deinen Jüngern gebracht, aber sie konnten ihn nicht heilen. 17 Da sagte Jesus: O du ungläubige und unbelehrbare Generation! Wie lange muss ich noch bei euch sein? Wie lange muss ich euch noch ertragen? Bringt ihn her zu mir! 18 Dann drohte Jesus dem Dämon. Der Dämon verließ den Jungen, und der Junge war von diesem Augenblick an geheilt.

19 Als die Jünger mit Jesus allein waren, wandten sie sich an ihn und fragten: Warum konnten denn wir den Dämon nicht austreiben? 20 Er antwortete:

Weil euer Glaube so klein ist. Amen, das sage ich euch: Wenn euer Glaube auch nur so groß ist wie ein Senfkorn, dann werdet ihr zu diesem Berg sagen: Rück von hier nach dort!, und er wird wegrücken. Nichts wird euch unmöglich sein. [[21]]

14–21 || Mk 9,14–29; Lk 9,37–42 • 20: 21,21; Mk 11,23; Lk 17,6

Die zweite Ankündigung von Leiden und Auferstehung

22 Als sie in Galiläa zusammen waren, sagte Jesus zu ihnen: Der Menschensohn wird den Menschen ausgeliefert werden, 23 und sie werden ihn töten; aber am dritten Tag wird er auferstehen. Da wurden sie sehr traurig.

22–23 || Mk 9,30–32; Lk 9,43b–45 • 22: 16,21; 20,18f

Von der Tempelsteuer

24 Als Jesus und die Jünger nach Kafarnaum kamen, gingen die Männer, die die Tempelsteuer einzogen, zu Petrus und fragten: Zahlt euer Meister die Doppeldrachme nicht? 25 Er antwortete: Doch! Als er dann ins Haus hineinging, kam ihm Jesus mit der Frage zuvor: Was meinst du, Simon, von wem erheben die Könige dieser Welt Zölle und Steuern? Von ihren eigenen Söhnen oder von den anderen Leuten? 26 Als Petrus antwortete: Von den anderen!, sagte Jesus zu ihm: Also sind die Söhne frei. 27 Damit wir aber bei niemand Anstoß erregen, geh an den See und wirf die Angel aus; den ersten Fisch, den du heraufholst, nimm, öffne ihm das Maul und du wirst ein Vierdrachmenstück finden. Das gib den Männern als Steuer für mich und für dich.

24: Ex 30,13

Die Rede über das Leben in der Gemeinde: 18,1–35

Der Rangstreit der Jünger

18 In jener Stunde kamen die Jünger zu Jesus und fragten: Wer ist im Himmelreich der Größte? 2 Da rief er ein Kind herbei, stellte es in ihre Mitte 3 und sagte: Amen, das sage ich euch: Wenn ihr nicht umkehrt und wie die Kinder werdet, könnt ihr nicht in das Himmelreich kommen. 4 Wer so klein sein kann wie dieses Kind, der ist im Himmelreich der Größte. 5 Und wer ein solches Kind um meinetwillen aufnimmt, der nimmt mich auf.

1–5 || Mk 9,33–37; Lk 9,46–48 • 1: Lk 22,24–26 • 3: 19,14; Mk 10,15; Lk 18,17

Warnung vor der Verführung und der Verachtung von Jüngern

6 Wer einen von diesen Kleinen, die an mich glauben, zum Bösen verführt, für den wäre es besser, wenn er mit einem Mühlstein um den Hals im tiefen Meer versenkt würde. 7 Wehe der Welt mit ihrer Verführung! Es muss zwar Verführung geben; doch wehe dem Menschen, der sie verschuldet.
8 Wenn dich deine Hand oder dein Fuß zum Bösen verführt, dann hau sie ab und wirf sie weg! Es ist besser für dich, verstümmelt oder lahm in das Leben zu gelangen, als mit zwei Händen und zwei Füßen in das ewige Feuer geworfen zu werden.
9 Und wenn dich dein Auge zum Bösen verführt, dann reiß es aus und wirf es weg! Es ist besser für dich, einäugig in das Leben zu gelangen, als mit zwei Augen in das Feuer der Hölle geworfen zu werden.
10 Hütet euch davor, einen von diesen Kleinen zu verachten! Denn ich sage euch: Ihre Engel im Himmel sehen stets das Angesicht meines himmlischen Vaters. [[11]]

6–9 || Mk 9,42–47; Lk 17,1f • 8: 5,30 • 9: 5,29

Das Gleichnis vom verlorenen Schaf

12 Was meint ihr? Wenn jemand hundert Schafe hat und eines von ihnen sich verirrt, lässt er dann nicht die neunundneunzig auf den Bergen zurück und sucht das verirrte? 13 Und wenn er es findet – amen, ich sage euch: er freut sich über dieses eine mehr als über die neunundneunzig, die sich nicht verirrt haben. 14 So will auch euer himmlischer Vater nicht, dass einer von diesen Kleinen verloren geht.

12–14 || Lk 15,4–7 • 12: Joh 10,11–15

Von der Verantwortung für den Bruder

15 Wenn dein Bruder sündigt, dann geh zu ihm und weise ihn unter vier Augen zurecht. Hört er auf dich, so hast du deinen Bruder zurückgewonnen. 16 Hört er aber nicht auf dich, dann nimm einen

oder zwei Männer mit, denn *jede Sache muss durch*
die Aussage von zwei oder drei Zeugen entschieden
werden. [17] Hört er auch auf sie nicht, dann sag es
der Gemeinde. Hört er aber auch auf die Gemein-
de nicht, dann sei er für dich wie ein Heide oder
ein Zöllner.
[18] Amen, ich sage euch: Alles, was ihr auf Erden
binden werdet, das wird auch im Himmel gebun-
den sein und alles, was ihr auf Erden lösen werdet,
das wird auch im Himmel gelöst sein.
[19] Weiter sage ich euch: Alles, was zwei von euch
auf Erden gemeinsam erbitten, werden sie von
meinem himmlischen Vater erhalten. [20] Denn wo
zwei oder drei in meinem Namen versammelt
sind, da bin ich mitten unter ihnen.

15: Lev 19,17; Lk 17,3 • 16: Dtn 19,15 • 18: 16,19; Joh 20,23 • 19: 7,7 • 20: 28,20

Von der Pflicht zur Vergebung

[21] Da trat Petrus zu ihm und fragte: Herr, wie oft
muss ich meinem Bruder vergeben, wenn er sich
gegen mich versündigt? Siebenmal? [22] Jesus sagte
zu ihm: Nicht *siebenmal,* sondern *siebenundsieb-*
zigmal.

22: Gen 4,24; Lk 17,4

Das Gleichnis vom unbarmherzigen Gläubiger

[23] Mit dem Himmelreich ist es deshalb wie mit
einem König, der beschloss, von seinen Dienern
Rechenschaft zu verlangen. [24] Als er nun mit der
Abrechnung begann, brachte man einen zu ihm,
der ihm zehntausend Talente schuldig war. [25] Weil
er aber das Geld nicht zurückzahlen konnte, befahl
der Herr, ihn mit Frau und Kindern und allem,
was er besaß, zu verkaufen und so die Schuld zu
begleichen. [26] Da fiel der Diener vor ihm auf die
Knie und bat: Hab Geduld mit mir! Ich werde dir
alles zurückzahlen. [27] Der Herr hatte Mitleid mit
dem Diener, ließ ihn gehen und schenkte ihm die
Schuld. [28] Als nun der Diener hinausging, traf er
einen anderen Diener seines Herrn, der ihm hun-
dert Denare schuldig war. Er packte ihn, würgte
ihn und rief: Bezahl, was du mir schuldig bist! [29] Da
fiel der andere vor ihm nieder und flehte: Hab
Geduld mit mir! Ich werde es dir zurückzahlen.
[30] Er aber wollte nicht, sondern ging weg und ließ
ihn ins Gefängnis werfen, bis er die Schuld bezahlt
habe. [31] Als die übrigen Diener das sahen, waren
sie sehr betrübt; sie gingen zu ihrem Herrn und
berichteten ihm alles, was geschehen war. [32] Da ließ
ihn sein Herr rufen und sagte zu ihm: Du elender
Diener! Deine ganze Schuld habe ich dir erlassen,
weil du mich so angefleht hast. [33] Hättest nicht
auch du mit jenem, der gemeinsam mit dir in
meinem Dienst steht, Erbarmen haben müssen, so
wie ich mit dir Erbarmen hatte? [34] Und in seinem
Zorn übergab ihn der Herr den Folterknechten,
bis er die ganze Schuld bezahlt habe. [35] Ebenso
wird mein himmlischer Vater jeden von euch be-
handeln, der seinem Bruder nicht von ganzem
Herzen vergibt.

23: 25,19 • 27: Lk 7,42 • 35: 6,15

JESU WIRKEN IN JUDÄA UND IN JERUSALEM: 19,1 – 25,46

Der Weg nach Jerusalem:
19,1 – 20,34

Aufbruch nach Judäa

19 Als Jesus diese Reden beendet hatte, verließ
er Galiläa und zog in das Gebiet von Judäa
jenseits des Jordan.
[2] Viele Menschen folgten ihm dorthin und er heilte
sie.

1–2 || Mk 10,1; Lk 9,51

Von Ehescheidung und Ehelosigkeit

[3] Da kamen Pharisäer zu ihm, die ihm eine Falle
stellen wollten, und fragten: Darf man seine Frau
aus jedem beliebigen Grund aus der Ehe entlas-
sen? [4] Er antwortete: Habt ihr nicht gelesen, dass
der Schöpfer die Menschen am Anfang *als Mann*
und Frau geschaffen hat [5] und dass er gesagt hat:
Darum wird der Mann Vater und Mutter verlassen
und sich an seine Frau binden und die zwei werden
ein Fleisch sein? [6] Sie sind also nicht mehr zwei,
sondern eins. Was aber Gott verbunden hat, das
darf der Mensch nicht trennen. [7] Da sagten sie zu

ihm: Wozu hat dann Mose vorgeschrieben, dass
man (der Frau) *eine Scheidungsurkunde geben*
muss, wenn man sich trennen will? [8] Er antwortete:
Nur weil ihr so hartherzig seid, hat Mose euch
erlaubt, eure Frauen aus der Ehe zu entlassen. Am
Anfang war das nicht so. [9] Ich sage euch: Wer seine
Frau entlässt, obwohl kein Fall von Unzucht vor-
liegt, und eine andere heiratet, der begeht Ehe-
bruch.
[10] Da sagten die Jünger zu ihm: Wenn das die Stel-
lung des Mannes in der Ehe ist, dann ist es nicht
gut zu heiraten. [11] Jesus sagte zu ihnen: Nicht alle
können dieses Wort erfassen, sondern nur die,
denen es gegeben ist. [12] Denn es ist so: Manche sind
von Geburt an zur Ehe unfähig, manche sind von
den Menschen dazu gemacht und manche haben
sich selbst dazu gemacht – um des Himmelreiches
willen. Wer das erfassen kann, der erfasse es.

3–9 || Mk 10,2–12 • 4: Gen 1,27 • 5: Gen 2,24 • 7: Dtn 24,1; Mt 5,31 • 9: 5,32; Lk 16,18; 1 Kor 7,10f

Die Segnung der Kinder

[13] Da brachte man Kinder zu ihm, damit er ihnen
die Hände auflegte und für sie betete. Die Jünger
aber wiesen die Leute schroff ab. [14] Doch Jesus sag-
te: Lasst die Kinder zu mir kommen; hindert sie
nicht daran! Denn Menschen wie ihnen gehört das
Himmelreich. [15] Dann legte er ihnen die Hände auf
und zog weiter.

13–15 || Mk 10,13–16; Lk 18,15–17 • 14: 18,3

Von Reichtum und Nachfolge

[16] Es kam ein Mann zu Jesus und fragte: Meister,
was muss ich Gutes tun, um das ewige Leben zu
gewinnen? [17] Er antwortete: Was fragst du mich
nach dem Guten? Nur einer ist »der Gute«. Wenn
du aber das Leben erlangen willst, halte die Ge-
bote! [18] Darauf fragte er ihn: Welche? Jesus ant-
wortete: *Du sollst nicht töten, du sollst nicht die Ehe*
brechen, du sollst nicht stehlen, du sollst nicht falsch
aussagen; [19] *ehre Vater und Mutter!* Und: *Du sollst*
deinen Nächsten lieben wie dich selbst! [20] Der junge
Mann erwiderte ihm: Alle diese Gebote habe ich
befolgt. Was fehlt mir jetzt noch? [21] Jesus antwor-
tete ihm: Wenn du vollkommen sein willst, geh,
verkauf deinen Besitz und gib das Geld den Ar-
men; so wirst du einen bleibenden Schatz im Him-
mel haben; dann komm und folge mir nach. [22] Als
der junge Mann das hörte, ging er traurig weg;
denn er hatte ein großes Vermögen. [23] Da sagte
Jesus zu seinen Jüngern: Amen, das sage ich euch:
Ein Reicher wird nur schwer in das Himmelreich
kommen. [24] Nochmals sage ich euch: Eher geht ein
Kamel durch ein Nadelöhr, als dass ein Reicher in
das Reich Gottes gelangt. [25] Als die Jünger das hör-
ten, erschraken sie sehr und sagten: Wer kann
dann noch gerettet werden? [26] Jesus sah sie an und
sagte zu ihnen: Für Menschen ist das unmöglich,
für Gott aber *ist alles möglich.*
[27] Da antwortete Petrus: Du weißt, wir haben alles
verlassen und sind dir nachgefolgt. Was werden
wir dafür bekommen? [28] Jesus erwiderte ihnen:
Amen, ich sage euch: Wenn die Welt neu geschaf-
fen wird und der Menschensohn sich auf den
Thron der Herrlichkeit setzt, werdet ihr, die ihr
mir nachgefolgt seid, auf zwölf Thronen sitzen
und die zwölf Stämme Israels richten. [29] Und jeder,
der um meines Namens willen Häuser oder Brü-
der, Schwestern, Vater, Mutter, Kinder oder Äcker
verlassen hat, wird dafür das Hundertfache erhal-
ten und das ewige Leben gewinnen. [30] Viele aber,
die jetzt die Ersten sind, werden dann die Letzten
sein, und die Letzten werden die Ersten sein.

16–30 || Mk 10,17–31; Lk 18,18–30 • 18: Ex 20,12–16; Dtn 5,16–20 • 19: Lev 19,18 • 21: 6,20; 8,22 • 26: Gen 18,14; Ijob 42,2; Lk 1,37 • 28: 25,31; Offb 3,21; Lk 22,30 • 30: 20,16; Lk 13,30

Das Gleichnis von den Arbeitern im Weinberg

20 Denn mit dem Himmelreich ist es wie mit
einem Gutsbesitzer, der früh am Morgen
sein Haus verließ, um Arbeiter für seinen Wein-
berg anzuwerben. [2] Er einigte sich mit den Arbei-
tern auf einen Denar für den Tag und schickte sie
in seinen Weinberg. [3] Um die dritte Stunde ging er
wieder auf den Markt und sah andere dastehen,
die keine Arbeit hatten. [4] Er sagte zu ihnen: Geht
auch ihr in meinen Weinberg! Ich werde euch
geben, was recht ist. [5] Und sie gingen. Um die sechs-
te und um die neunte Stunde ging der Gutsherr
wieder auf den Markt und machte es ebenso. [6] Als
er um die elfte Stunde noch einmal hinging, traf
er wieder einige, die dort herumstanden. Er sagte
zu ihnen: Was steht ihr hier den ganzen Tag untätig
herum? [7] Sie antworteten: Niemand hat uns ange-

worben. Da sagte er zu ihnen: Geht auch ihr in meinen Weinberg! 8 Als es nun Abend geworden war, sagte der Besitzer des Weinbergs zu seinem Verwalter: Ruf die Arbeiter, und zahl ihnen den Lohn aus, angefangen bei den letzten, bis hin zu den ersten. 9 Da kamen die Männer, die er um die elfte Stunde angeworben hatte, und jeder erhielt einen Denar. 10 Als dann die ersten an der Reihe waren, glaubten sie, mehr zu bekommen. Aber auch sie erhielten nur einen Denar. 11 Da begannen sie, über den Gutsherrn zu murren, 12 und sagten: Diese letzten haben nur eine Stunde gearbeitet, und du hast sie uns gleichgestellt; wir aber haben den ganzen Tag über die Last der Arbeit und die Hitze ertragen. 13 Da erwiderte er einem von ihnen: Mein Freund, dir geschieht kein Unrecht. Hast du nicht einen Denar mit mir vereinbart? 14 Nimm dein Geld und geh! Ich will dem letzten ebenso viel geben wie dir. 15 Darf ich mit dem, was mir gehört, nicht tun, was ich will? Oder bist du neidisch, weil ich (zu anderen) gütig bin? 16 So werden die Letzten die Ersten sein und die Ersten die Letzten.

8: Lev 19,13; Dtn 24,15 • 16: 19,30; Mk 10,31; Lk 13,30

Die dritte Ankündigung von Leiden und Auferstehung

17 Als Jesus nach Jerusalem hinaufzog, nahm er unterwegs die zwölf Jünger beiseite und sagte zu ihnen: 18 Wir gehen jetzt nach Jerusalem hinauf; dort wird der Menschensohn den Hohenpriestern und Schriftgelehrten ausgeliefert; sie werden ihn zum Tod verurteilen 19 und den Heiden übergeben, damit er verspottet, gegeißelt und gekreuzigt wird; aber am dritten Tag wird er auferstehen.

17–19 ǁ Mk 10,32–34; Lk 18,31–34 • 18f: 16,21; 17,22f • 19: 27,63; 28,6; Lk 9,22; 24,7.46; Apg 10,40; 1 Kor 15,4

Vom Herrschen und vom Dienen

20 Damals kam die Frau des Zebedäus mit ihren Söhnen zu Jesus und fiel vor ihm nieder, weil sie ihn um etwas bitten wollte. 21 Er fragte sie: Was willst du? Sie antwortete: Versprich, dass meine beiden Söhne in deinem Reich rechts und links neben dir sitzen dürfen. 22 Jesus erwiderte: Ihr wisst nicht, um was ihr bittet. Könnt ihr den Kelch trinken, den ich trinken werde? Sie sagten zu ihm: Wir können es. 23 Da antwortete er ihnen: Ihr werdet meinen Kelch trinken; doch den Platz zu meiner Rechten und zu meiner Linken habe nicht ich zu vergeben; dort werden die sitzen, für die mein Vater diese Plätze bestimmt hat.

24 Als die zehn anderen Jünger das hörten, wurden sie sehr ärgerlich über die beiden Brüder. 25 Da rief Jesus sie zu sich und sagte: Ihr wisst, dass die Herrscher ihre Völker unterdrücken und die Mächtigen ihre Macht über die Menschen missbrauchen. 26 Bei euch soll es nicht so sein, sondern wer bei euch groß sein will, der soll euer Diener sein, 27 und wer bei euch der Erste sein will, soll euer Sklave sein. 28 Denn auch der Menschensohn ist nicht gekommen, um sich dienen zu lassen, sondern um zu dienen und sein Leben hinzugeben als Lösegeld für viele.

20–23 ǁ Mk 10,35–40 • 24–28 ǁ Mk 10,41–45; Lk 22,24–27 • 22: 26,39; Joh 18,11 • 26: 23,11; Mk 9,35; Lk 9,48 • 28: Jes 53,12; 1 Tim 2,6

Die Heilung von zwei Blinden bei Jericho

29 Als sie Jericho verließen, folgte ihm eine große Zahl von Menschen. 30 An der Straße aber saßen zwei Blinde, und als sie hörten, dass Jesus vorbeikam, riefen sie laut: Herr, Sohn Davids, hab Erbarmen mit uns! 31 Die Leute aber wurden ärgerlich und befahlen ihnen zu schweigen. Sie aber schrien noch lauter: Herr, Sohn Davids, hab Erbarmen mit uns! 32 Jesus blieb stehen, rief sie zu sich und sagte: Was soll ich euch tun? 33 Sie antworteten: Herr, wir möchten, dass unsere Augen geöffnet werden. 34 Da hatte Jesus Mitleid mit ihnen und berührte ihre Augen. Im gleichen Augenblick konnten sie wieder sehen, und sie folgten ihm.

29–34 ǁ Mk 10,46–52; Lk 18,35–43 • 29–34; 9,27–30 • 30: 15,22

Die Auseinandersetzung mit den Gegnern in Jerusalem: 21,1 – 23,39

Der Einzug in Jerusalem

21 Als sich Jesus mit seinen Begleitern Jerusalem näherte und nach Betfage am Ölberg kam, schickte er zwei Jünger voraus 2 und sagte zu ihnen: Geht in das Dorf, das vor euch liegt; dort werdet ihr eine Eselin angebunden finden und ein

Fohlen bei ihr. Bindet sie los und bringt sie zu mir!
3 Und wenn euch jemand zur Rede stellt, dann
sagt: Der Herr braucht sie, er lässt sie aber bald
zurückbringen.
4 Das ist geschehen, damit sich erfüllte, was durch
den Propheten gesagt worden ist:
5 *Sagt der Tochter Zion: / Siehe, dein König kommt
zu dir. / Er ist friedfertig / und er reitet auf einer Ese-
lin / und auf einem Fohlen, / dem Jungen eines Last-
tiers.*
6 Die Jünger gingen und taten, was Jesus ihnen auf-
getragen hatte. 7 Sie brachten die Eselin und das
Fohlen, legten ihre Kleider auf sie, und er setzte
sich darauf. 8 Viele Menschen breiteten ihre Klei-
der auf der Straße aus, andere schnitten Zweige
von den Bäumen und streuten sie auf den Weg.
9 Die Leute aber, die vor ihm hergingen und die
ihm folgten, riefen:
Hosanna dem Sohn Davids! / *Gesegnet sei er, der
kommt im Namen des Herrn.* / *Hosanna* in der Hö-
he!
10 Als er in Jerusalem einzog, geriet die ganze Stadt
in Aufregung, und man fragte: Wer ist das? 11 Die
Leute sagten: Das ist der Prophet Jesus von Naza-
ret in Galiläa.

1–11 ‖ Mk 11,1–11; Lk 19,28–40; Joh 12,12–19 • 5: Jes 62,11; Sach 9,9 • 9: Ps 118,25f; Mt 23,39; Lk 13,35

Die Tempelreinigung

12 Jesus ging in den Tempel und trieb alle Händler
und Käufer aus dem Tempel hinaus; er stieß die
Tische der Geldwechsler und die Stände der Tau-
benhändler um 13 und sagte: In der Schrift steht:
Mein Haus soll ein Haus des Gebetes sein. Ihr aber
macht daraus *eine Räuberhöhle.* 14 Im Tempel ka-
men Lahme und Blinde zu ihm und er heilte sie.
15 Als nun die Hohenpriester und die Schriftge-
lehrten die Wunder sahen, die er tat, und die Kin-
der im Tempel rufen hörten: Hosanna dem Sohn
Davids!, da wurden sie ärgerlich 16 und sagten zu
ihm: Hörst du, was sie rufen? Jesus antwortete
ihnen: Ja, ich höre es. Habt ihr nie gelesen: *Aus dem
Mund der Kinder und Säuglinge schaffst du dir Lob*?
17 Und er ließ sie stehen und ging aus der Stadt hi-
naus nach Betanien; dort übernachtete er.

12–17 ‖ Mk 11,15–19; Lk 19,45–48; Joh 2,13–16 • 13: Jes 56,7; Jer 7,11 • 16: Ps 8,3

Die Verfluchung eines Feigenbaums

18 Als er am Morgen in die Stadt zurückkehrte,
hatte er Hunger. 19 Da sah er am Weg einen Fei-
genbaum und ging auf ihn zu, fand aber nur Blät-
ter daran. Da sagte er zu ihm: In Ewigkeit soll keine
Frucht mehr an dir wachsen. Und der Feigenbaum
verdorrte auf der Stelle.
20 Als die Jünger das sahen, fragten sie erstaunt:
Wie konnte der Feigenbaum so plötzlich verdor-
ren? 21 Jesus antwortete ihnen: Amen, das sage ich
euch: Wenn ihr Glauben habt und nicht zweifelt,
dann werdet ihr nicht nur das vollbringen, was ich
mit dem Feigenbaum getan habe; selbst wenn ihr
zu diesem Berg sagt: Heb dich empor und stürz
dich ins Meer!, wird es geschehen. 22 Und alles, was
ihr im Gebet erbittet, werdet ihr erhalten, wenn ihr
glaubt.

18–19 ‖ Mk 11,12–14 • 20–22 ‖ Mk 11,20–25 • 19: Lk 13,6 • 21: Lk 17,6 • 22: 7,7

Die Frage nach der Vollmacht Jesu

23 Als er in den Tempel ging und dort lehrte, kamen
die Hohenpriester und die Ältesten des Volkes zu
ihm und fragten: Mit welchem Recht tust du das
alles? Wer hat dir dazu die Vollmacht gegeben?
24 Jesus antwortete ihnen: Auch ich will euch eine
Frage stellen. Wenn ihr mir darauf antwortet,
dann werde ich euch sagen, mit welchem Recht ich
das tue. 25 Woher stammte die Taufe des Johannes?
Vom Himmel oder von den Menschen? Da über-
legten sie und sagten zueinander: Wenn wir ant-
worten: Vom Himmel!, so wird er zu uns sagen:
Warum habt ihr ihm dann nicht geglaubt? 26 Wenn
wir aber antworten: Von den Menschen!, dann
müssen wir uns vor den Leuten fürchten; denn alle
halten Johannes für einen Propheten. 27 Darum
antworteten sie Jesus: Wir wissen es nicht. Da er-
widerte er: Dann sage auch ich euch nicht, mit
welchem Recht ich das alles tue.

23–27 ‖ Mk 11,27–33; Lk 20,1–8 • 26: 14,5

Das Gleichnis von den ungleichen Söhnen

28 Was meint ihr? Ein Mann hatte zwei Söhne. Er
ging zum ersten und sagte: Mein Sohn, geh und
arbeite heute im Weinberg! 29 Er antwortete: Ja,
Herr!, ging aber nicht. 30 Da wandte er sich an den
zweiten Sohn und sagte zu ihm dasselbe. Dieser

antwortete: Ich will nicht. Später aber reute es ihn und er ging doch. 31 Wer von den beiden hat den Willen seines Vaters erfüllt? Sie antworteten: Der zweite. Da sagte Jesus zu ihnen: Amen, das sage ich euch: Zöllner und Dirnen gelangen eher in das Reich Gottes als ihr. 32 Denn Johannes ist gekommen, um euch den Weg der Gerechtigkeit zu zeigen, und ihr habt ihm nicht geglaubt; aber die Zöllner und die Dirnen haben ihm geglaubt. Ihr habt es gesehen und doch habt ihr nicht bereut und ihm nicht geglaubt.

31: Lk 7,29f

Das Gleichnis von den bösen Winzern

33 Hört noch ein anderes Gleichnis: Es war ein Gutsbesitzer, der *legte einen Weinberg an, zog ringsherum einen Zaun, hob eine Kelter aus und baute einen Turm.* Dann verpachtete er den Weinberg an Winzer und reiste in ein anderes Land. 34 Als nun die Erntezeit kam, schickte er seine Knechte zu den Winzern, um seinen Anteil an den Früchten holen zu lassen. 35 Die Winzer aber packten seine Knechte; den einen prügelten sie, den andern brachten sie um, einen dritten steinigten sie. 36 Darauf schickte er andere Knechte, mehr als das erste Mal; mit ihnen machten sie es genauso. 37 Zuletzt sandte er seinen Sohn zu ihnen; denn er dachte: Vor meinem Sohn werden sie Achtung haben. 38 Als die Winzer den Sohn sahen, sagten sie zueinander: Das ist der Erbe. Auf, wir wollen ihn töten, damit wir seinen Besitz erben. 39 Und sie packten ihn, warfen ihn aus dem Weinberg hinaus und brachten ihn um.
40 Wenn nun der Besitzer des Weinbergs kommt: Was wird er mit solchen Winzern tun? 41 Sie sagten zu ihm: Er wird diesen bösen Menschen ein böses Ende bereiten und den Weinberg an andere Winzer verpachten, die ihm die Früchte abliefern, wenn es Zeit dafür ist.
42 Und Jesus sagte zu ihnen: Habt ihr nie in der Schrift gelesen:
Der Stein, den die Bauleute verworfen haben, / er ist zum Eckstein geworden; / das hat der Herr vollbracht, / vor unseren Augen geschah dieses Wunder?
44 Und wer auf diesen Stein fällt, der wird zerschellen; auf wen der Stein aber fällt, den wird er zermalmen. 43 Darum sage ich euch: Das Reich Gottes wird euch weggenommen und einem Volk gegeben werden, das die erwarteten Früchte bringt. 45 Als die Hohenpriester und die Pharisäer seine Gleichnisse hörten, merkten sie, dass er von ihnen sprach.
46 Sie hätten ihn gern verhaften lassen; aber sie fürchteten sich vor den Leuten, weil alle ihn für einen Propheten hielten.

33–46 || Mk 12,1–12; Lk 20,9–19 • 33: Jes 5,1f G • 35: 22,6 • 42: Ps 118,22f G • 46: 26,4f

Das Gleichnis vom königlichen Hochzeitsmahl

22 Jesus erzählte ihnen noch ein anderes Gleichnis: 2 Mit dem Himmelreich ist es wie mit einem König, der die Hochzeit seines Sohnes vorbereitete. 3 Er schickte seine Diener, um die eingeladenen Gäste zur Hochzeit rufen zu lassen. Sie aber wollten nicht kommen. 4 Da schickte er noch einmal Diener und trug ihnen auf: Sagt den Eingeladenen: Mein Mahl ist fertig, die Ochsen und das Mastvieh sind geschlachtet, alles ist bereit. Kommt zur Hochzeit! 5 Sie aber kümmerten sich nicht darum, sondern der eine ging auf seinen Acker, der andere in seinen Laden, 6 wieder andere fielen über seine Diener her, misshandelten sie und brachten sie um.
7 Da wurde der König zornig; er schickte sein Heer, ließ die Mörder töten und ihre Stadt in Schutt und Asche legen. 8 Dann sagte er zu seinen Dienern: Das Hochzeitsmahl ist vorbereitet, aber die Gäste waren es nicht wert (eingeladen zu werden). 9 Geht also hinaus auf die Straßen und ladet alle, die ihr trefft, zur Hochzeit ein. 10 Die Diener gingen auf die Straßen hinaus und holten alle zusammen, die sie trafen, Böse und Gute, und der Festsaal füllte sich mit Gästen.
11 Als sie sich gesetzt hatten und der König eintrat, um sich die Gäste anzusehen, bemerkte er unter ihnen einen Mann, der kein Hochzeitsgewand anhatte. 12 Er sagte zu ihm: Mein Freund, wie konntest du hier ohne Hochzeitsgewand erscheinen? Darauf wusste der Mann nichts zu sagen. 13 Da befahl der König seinen Dienern: Bindet ihm Hände und Füße und werft ihn hinaus in die äußerste Finsternis! Dort wird er heulen und mit den Zähnen knirschen. 14 Denn viele sind gerufen, aber nur wenige auserwählt.

1–10 || Lk 14,15–24 • 6: 21,35 • 13: 8,12

Die Frage nach der kaiserlichen Steuer

15 Damals kamen die Pharisäer zusammen und beschlossen, Jesus mit einer Frage eine Falle zu stellen. 16 Sie veranlassten ihre Jünger, zusammen mit den Anhängern des Herodes zu ihm zu gehen und zu sagen: Meister, wir wissen, dass du immer die Wahrheit sagst und wirklich den Weg Gottes lehrst, ohne auf jemand Rücksicht zu nehmen; denn du siehst nicht auf die Person.
17 Sag uns also: Ist es nach deiner Meinung erlaubt, dem Kaiser Steuer zu zahlen, oder nicht? 18 Jesus aber erkannte ihre böse Absicht und sagte: Ihr Heuchler, warum stellt ihr mir eine Falle? 19 Zeigt mir die Münze, mit der ihr eure Steuern bezahlt! Da hielten sie ihm einen Denar hin. 20 Er fragte sie: Wessen Bild und Aufschrift ist das? 21 Sie antworteten: Des Kaisers. Darauf sagte er zu ihnen: So gebt dem Kaiser, was dem Kaiser gehört, und Gott, was Gott gehört! 22 Als sie das hörten, waren sie sehr überrascht, wandten sich um und gingen weg.

15–22 || Mk 12,13–17; Lk 20,20–26

Die Frage nach der Auferstehung der Toten

23 Am selben Tag kamen zu Jesus einige von den Sadduzäern, die behaupten, es gebe keine Auferstehung. Sie fragten ihn: 24 Meister, Mose hat gesagt: *Wenn ein Mann stirbt, ohne Kinder zu haben, dann soll sein Bruder dessen Frau heiraten und* seinem *Bruder Nachkommen verschaffen.* 25 Bei uns lebten einmal sieben Brüder. Der erste heiratete und starb, und weil er keine Nachkommen hatte, hinterließ er seine Frau seinem Bruder, 26 ebenso der zweite und der dritte und so weiter bis zum siebten. 27 Als letzte von allen starb die Frau.
28 Wessen Frau wird sie nun bei der Auferstehung sein? Alle sieben haben sie doch zur Frau gehabt.
29 Jesus antwortete ihnen: Ihr irrt euch; ihr kennt weder die Schrift noch die Macht Gottes. 30 Denn nach der Auferstehung werden die Menschen nicht mehr heiraten, sondern sein wie die Engel im Himmel. 31 Habt ihr im übrigen nicht gelesen, was Gott euch über die Auferstehung der Toten mit den Worten gesagt hat: 32 *Ich bin der Gott Abrahams, der Gott Isaaks und der Gott Jakobs*? Er ist doch nicht der Gott der Toten, sondern der Gott der Lebenden. 33 Als das Volk das hörte, war es über seine Lehre bestürzt.

23–33 || Mk 12,18–27; Lk 20,27–38 • 23: Apg 23,8 • 24: Dtn 25,5f; Gen 38,8 • 32: Ex 3,6

Die Frage nach dem wichtigsten Gebot

34 Als die Pharisäer hörten, dass Jesus die Sadduzäer zum Schweigen gebracht hatte, kamen sie (bei ihm) zusammen. 35 Einer von ihnen, ein Gesetzeslehrer, wollte ihn auf die Probe stellen und fragte ihn: 36 Meister, welches Gebot im Gesetz ist das wichtigste? 37 Er antwortete ihm: *Du sollst den Herrn, deinen Gott, lieben mit ganzem Herzen, mit ganzer Seele* und mit all deinen Gedanken. 38 Das ist das wichtigste und erste Gebot. 39 Ebenso wichtig ist das zweite: *Du sollst deinen Nächsten lieben wie dich selbst.* 40 An diesen beiden Geboten hängt das ganze Gesetz samt den Propheten.

34–40 || Mk 12,28–31; Lk 10,25–28 • 37: Dtn 6,5 • 39: Lev 19,18; Mt 5,43; Röm 13,9; Gal 5,14 • 40: 7,12

Die Frage nach dem Messias

41 Danach fragte Jesus die Pharisäer, die bei ihm versammelt waren: 42 Was denkt ihr über den Messias? Wessen Sohn ist er? Sie antworteten ihm: Der Sohn Davids. 43 Er sagte zu ihnen: Wie kann ihn dann David, vom Geist (Gottes) erleuchtet, »Herr« nennen? Denn er sagt: 44 *Der Herr sprach zu meinem Herrn: Setze dich mir zur Rechten und ich lege dir deine Feinde unter die Füße.* 45 Wenn ihn also David »Herr« nennt, wie kann er dann Davids Sohn sein? 46 Niemand konnte ihm darauf etwas erwidern und von diesem Tag an wagte keiner mehr, ihm eine Frage zu stellen.

41–45 || Mk 12,35–37a; Lk 20,41–44 • 44: Ps 110,1 • 46: Mk 12,34; Lk 20,40

Worte gegen die Schriftgelehrten und die Pharisäer

23 Darauf wandte sich Jesus an das Volk und an seine Jünger 2 und sagte: Die Schriftgelehrten und die Pharisäer haben sich auf den Stuhl des Mose gesetzt. 3 Tut und befolgt also alles, was sie euch sagen, aber richtet euch nicht nach dem, was sie tun; denn sie reden nur, tun selbst aber nicht, was sie sagen. 4 Sie schnüren schwere Lasten zusammen und legen sie den Menschen auf die

Schultern, wollen selber aber keinen Finger rüh-
ren, um die Lasten zu tragen. 5 Alles, was sie tun,
tun sie nur, damit die Menschen es sehen: Sie
machen ihre Gebetsriemen breit und die Quasten
an ihren Gewändern lang, 6 bei jedem Festmahl
möchten sie den Ehrenplatz und in der Synagoge
die vordersten Sitze haben, 7 und auf den Straßen
und Plätzen lassen sie sich gern grüßen und von
den Leuten Rabbi (Meister) nennen. 8 Ihr aber sollt
euch nicht Rabbi nennen lassen; denn nur einer ist
euer Meister, ihr alle aber seid Brüder. 9 Auch sollt
ihr niemand auf Erden euren Vater nennen; denn
nur einer ist euer Vater, der im Himmel. 10 Auch
sollt ihr euch nicht Lehrer nennen lassen; denn
nur einer ist euer Lehrer, Christus. 11 Der Größte
von euch soll euer Diener sein. 12 Denn wer sich
selbst erhöht, wird erniedrigt, und wer sich selbst
erniedrigt, wird erhöht werden.
13 Weh euch, ihr Schriftgelehrten und Pharisäer,
ihr Heuchler! Ihr verschließt den Menschen das
Himmelreich. Ihr selbst geht nicht hinein; aber ihr
lasst auch die nicht hinein, die hineingehen wol-
len.[14]
15 Weh euch, ihr Schriftgelehrten und Pharisäer,
ihr Heuchler! Ihr zieht über Land und Meer, um
einen einzigen Menschen für euren Glauben zu
gewinnen; und wenn er gewonnen ist, dann macht
ihr ihn zu einem Sohn der Hölle, der doppelt so
schlimm ist wie ihr selbst.
16 Weh euch, ihr seid blinde Führer! Ihr sagt: Wenn
einer beim Tempel schwört, so ist das kein Eid; wer
aber beim Gold des Tempels schwört, der ist an sei-
nen Eid gebunden. 17 Ihr blinden Narren! Was ist
wichtiger: das Gold oder der Tempel, der das Gold
erst heilig macht? 18 Auch sagt ihr: Wenn einer
beim Altar schwört, so ist das kein Eid; wer aber
bei dem Opfer schwört, das auf dem Altar liegt, der
ist an seinen Eid gebunden. 19 Ihr Blinden! Was ist
wichtiger: das Opfer oder der Altar, der das Opfer
erst heilig macht? 20 Wer beim Altar schwört, der
schwört bei ihm und bei allem, was darauf liegt.
21 Und wer beim Tempel schwört, der schwört bei
ihm und bei dem, der darin wohnt. 22 Und wer
beim Himmel schwört, der schwört beim Thron
Gottes und bei dem, der darauf sitzt.
23 Weh euch, ihr Schriftgelehrten und Pharisäer,
ihr Heuchler! Ihr gebt den Zehnten von Minze,
Dill und Kümmel und lasst das Wichtigste im
Gesetz außer Acht: Gerechtigkeit, Barmherzigkeit
und Treue. Man muss das eine tun, ohne das
andere zu lassen. 24 Blinde Führer seid ihr: Ihr siebt
Mücken aus und verschluckt Kamele.
25 Weh euch, ihr Schriftgelehrten und Pharisäer,
ihr Heuchler! Ihr haltet Becher und Schüsseln
außen sauber, innen aber sind sie voll von dem,
was ihr in eurer Maßlosigkeit zusammengeraubt
habt. 26 Du blinder Pharisäer! Mach den Becher
zuerst innen sauber, dann ist er auch außen
rein.
27 Weh euch, ihr Schriftgelehrten und Pharisäer,
ihr Heuchler! Ihr seid wie die Gräber, die außen
weiß angestrichen sind und schön aussehen; in-
nen aber sind sie voll Knochen, Schmutz und Ver-
wesung. 28 So erscheint auch ihr von außen den
Menschen gerecht, innen aber seid ihr voll Heu-
chelei und Ungehorsam gegen Gottes Gesetz.
29 Weh euch, ihr Schriftgelehrten und Pharisäer,
ihr Heuchler! Ihr errichtet den Propheten Grab-
stätten und schmückt die Denkmäler der Ge-
rechten 30 und sagt dabei: Wenn wir in den Tagen
unserer Väter gelebt hätten, wären wir nicht wie
sie am Tod der Propheten schuldig geworden.
31 Damit bestätigt ihr selbst, dass ihr die Söhne der
Prophetenmörder seid. 32 Macht nur das Maß eu-
rer Väter voll! 33 Ihr Nattern, ihr Schlangenbrut!
Wie wollt ihr dem Strafgericht der Hölle ent-
rinnen?
34 Darum hört: Ich sende Propheten, Weise und
Schriftgelehrte zu euch; ihr aber werdet einige von
ihnen töten, ja sogar kreuzigen, andere in euren
Synagogen auspeitschen und von Stadt zu Stadt
verfolgen. 35 So wird all das unschuldige Blut über
euch kommen, das auf Erden vergossen worden
ist, vom Blut Abels, des Gerechten, bis zum Blut
des Zacharias, Barachias' Sohn, den ihr im Vorhof
zwischen dem Tempelgebäude und dem Altar er-
mordet habt. 36 Amen, das sage ich euch: Das alles
wird über diese Generation kommen.
37 Jerusalem, Jerusalem, du tötest die Propheten
und steinigst die Boten, die zu dir gesandt sind.
Wie oft wollte ich deine Kinder um mich sam-
meln, so wie eine Henne ihre Küken unter ihre
Flügel nimmt; aber ihr habt nicht gewollt. 38 Da-
rum wird euer Haus (von Gott) verlassen. 39 Und

ich sage euch: Von jetzt an werdet ihr mich nicht
mehr sehen, bis ihr ruft: *Gesegnet sei er, der kommt*
im Namen des Herrn!

1–36 ‖ Mk 12,37b–40; Lk 20,45–47; 11,39–52 • 16–22 ‖ 5,34–37 •
37–39 ‖ Lk 13,34f • 3: Mal 2,7f • 5: Ex 13,9; Num 15,38f •
6: Lk 14,7 • 8: Joh 13,13 • 11: 20,26f; Mk 9,35; 10,43; Lk 9,48; 22,26 •
12: Lk 14,11; 18,14 • 13: Lk 11,52 • 16: 5,34 • 23: Lev 27,30; Lk 18,12 •
25: Mk 7,4 • 27: Apg 23,3 • 28: Lk 16,15 • 30: 5,12; Apg 7,52 •
33: 3,7 • 34: 1 Thess 2,15 • 35: Gen 4,8.10; 2 Chr 24,20–22 •
38: Jer 12,7; 22,5; Ps 69,26 • 39: Ps 118,26; Mt 21,9

Die Rede über die Endzeit: 24,1 – 25,46

Die Ankündigung der Zerstörung des Tempels

24 Als Jesus den Tempel verlassen hatte,
wandten sich seine Jünger an ihn und wie-
sen ihn auf die gewaltigen Bauten des Tempels hin.
2 Er sagte zu ihnen: Seht ihr das alles? Amen, das
sage ich euch: Kein Stein wird hier auf dem andern
bleiben; alles wird niedergerissen werden.

1–2 ‖ Mk 13,1f; Lk 21,5f • 2: Lk 19,44

Vom Anfang der Not

3 Als er auf dem Ölberg saß, wandten sich die Jün-
ger, die mit ihm allein waren, an ihn und fragten:
Sag uns, wann wird das geschehen, und was ist das
Zeichen für deine Ankunft und das Ende der Welt?
4 Jesus antwortete: Gebt Acht, dass euch niemand
irreführt! 5 Denn viele werden unter meinem Na-
men auftreten und sagen: Ich bin der Messias!, und
sie werden viele irreführen.
6 Ihr werdet von Kriegen hören und Nachrichten
über Kriege werden euch beunruhigen. Gebt Acht,
lasst euch nicht erschrecken! Das *muss geschehen.*
Es ist aber noch nicht das Ende. 7 Denn ein Volk
wird sich gegen das andere erheben und ein Reich
gegen das andere und an vielen Orten wird es
Hungersnöte und Erdbeben geben. 8 Doch das
alles ist erst der Anfang der Wehen.
9 Dann wird man euch in große Not bringen und
euch töten und ihr werdet von allen Völkern um
meines Namens willen gehasst. 10 Dann werden
viele zu Fall kommen und einander hassen und
verraten.
11 Viele falsche Propheten werden auftreten und sie
werden viele irreführen. 12 Und weil die Missach-
tung von Gottes Gesetz überhandnimmt, wird die
Liebe bei vielen erkalten. 13 Wer jedoch bis zum
Ende standhaft bleibt, der wird gerettet. 14 Aber
dieses Evangelium vom Reich wird auf der ganzen
Welt verkündet werden, damit alle Völker es hö-
ren; dann erst kommt das Ende.

3–14 ‖ Mk 13,3–13; Lk 21,7–19 • 6: Dan 2,28 G • 7: Jes 19,2 •
9–13: 10,17–22; Joh 16,1–4 • 11: 24,23 • 14: 28,19

Vom Höhepunkt der Not

15 Wenn ihr dann am heiligen Ort den *unheilvollen*
Gräuel stehen seht, der durch den Propheten
Daniel vorhergesagt worden ist – der Leser begrei-
fe –, 16 dann sollen die Bewohner von Judäa in die
Berge fliehen; 17 wer gerade auf dem Dach ist, soll
nicht mehr ins Haus gehen, um seine Sachen mit-
zunehmen; 18 wer auf dem Feld ist, soll nicht zu-
rückkehren, um seinen Mantel zu holen. 19 Weh
aber den Frauen, die in jenen Tagen schwanger
sind oder ein Kind stillen.
20 Betet darum, dass ihr nicht im Winter oder an
einem Sabbat fliehen müsst. 21 Denn es wird eine
so große *Not* kommen, *wie es noch nie eine gegeben*
hat, seit die Welt besteht, und wie es auch keine mehr
geben wird. 22 Und wenn jene Zeit nicht verkürzt
würde, dann würde kein Mensch gerettet; doch
um der Auserwählten willen wird jene Zeit ver-
kürzt werden.
23 Wenn dann jemand zu euch sagt: Seht, hier ist
der Messias!, oder: Da ist er!, so glaubt es nicht!
24 Denn es wird mancher falsche Messias und man-
cher falsche Prophet auftreten und sie werden
große Zeichen und Wunder tun, um, wenn mög-
lich, auch die Auserwählten irrezuführen.
25 Denkt daran: Ich habe es euch vorausgesagt.
26 Wenn sie also zu euch sagen: Seht, er ist draußen
in der Wüste!, so geht nicht hinaus; und wenn sie
sagen: Seht, er ist im Haus!, so glaubt es nicht.
27 Denn wie der Blitz bis zum Westen hin leuchtet,
wenn er im Osten aufflammt, so wird es bei der
Ankunft des Menschensohnes sein. 28 Überall wo
ein Aas ist, da sammeln sich die Geier.

15–28 ‖ Mk 13,14–23; Lk 21,20–24 • 15: Dan 9,27; 11,31; 12,11;
1 Makk 1,54 • 17: Mk 13,15f; Lk 17,31 • 21: Dan 12,1; Joël 2,2 •
26: Lk 17,23 • 28: Lk 17,37

Vom Kommen des Menschensohnes

29 Sofort nach den Tagen der großen Not *wird sich*
die Sonne verfinstern und der Mond wird nicht

mehr scheinen; die Sterne werden vom Himmel *fallen* und die Kräfte des Himmels werden erschüttert werden. [30] Danach wird das Zeichen des Menschensohnes am Himmel erscheinen; dann *werden alle Völker der Erde jammern und klagen* und sie werden den *Menschensohn* mit großer Macht und Herrlichkeit *auf den Wolken des Himmels kommen* sehen. [31] Er wird seine Engel unter lautem Posaunenschall aussenden und sie werden die von ihm Auserwählten *aus allen vier Windrichtungen zusammenführen,* von einem Ende des Himmels bis zum andern.

29–31 ‖ Mk 13,24–27; Lk 21,25–28 • 29: Jes 13,10; 34,4 G; Joël 2,10; Hag 2,6.21; 2 Petr 3,10; • 30: Sach 12,10.12; Dan 7,13; Mt 26,64; Mk 14,62; Offb 1,7 • 31: Sach 2,10 G

Mahnungen im Hinblick auf das Ende

[32] Lernt etwas aus dem Vergleich mit dem Feigenbaum! Sobald seine Zweige saftig werden und Blätter treiben, wisst ihr, dass der Sommer nahe ist. [33] Genauso sollt ihr erkennen, wenn ihr das alles seht, dass das Ende vor der Tür steht. [34] Amen, ich sage euch: Diese Generation wird nicht vergehen, bis das alles eintrifft. [35] Himmel und Erde werden vergehen, aber meine Worte werden nicht vergehen.

[36] Doch jenen Tag und jene Stunde kennt niemand, auch nicht die Engel im Himmel, nicht einmal der Sohn, sondern nur der Vater.

[37] Denn wie es in den Tagen des Noach war, so wird es bei der Ankunft des Menschensohnes sein. [38] Wie die Menschen in den Tagen vor der Flut aßen und tranken und heirateten, bis zu dem Tag, *an dem Noach in die Arche ging,* [39] und nichts ahnten, bis die Flut hereinbrach und alle wegraffte, so wird es auch bei der Ankunft des Menschensohnes sein. [40] Dann wird von zwei Männern, die auf dem Feld arbeiten, einer mitgenommen und einer zurückgelassen. [41] Und von zwei Frauen, die mit derselben Mühle mahlen, wird eine mitgenommen und eine zurückgelassen. [42] Seid also wachsam! Denn ihr wisst nicht, an welchem Tag euer Herr kommt.

32–36 ‖ Mk 13,28–32; Lk 21,29–33 • 37–42 ‖ Mk 13,35; Lk 17,26–36 • 34: 16,28; Mk 9,1; Lk 9,27 • 37: Gen 6,11–13; 7,7–23 • 38: Gen 7,7 • 42: 25,13; Lk 21,36

Das Gleichnis vom wachsamen Hausherrn

[43] Bedenkt: Wenn der Herr des Hauses wüsste, zu welcher Stunde in der Nacht der Dieb kommt, würde er wach bleiben und nicht zulassen, dass man in sein Haus einbricht. [44] Darum haltet auch ihr euch bereit! Denn der Menschensohn kommt zu einer Stunde, in der ihr es nicht erwartet.

43–44 ‖ Lk 12,39f • 43: 1 Thess 5,2; 2 Petr 3,10

Das Gleichnis vom treuen und vom schlechten Knecht

[45] Wer ist nun der treue und kluge Knecht, den der Herr eingesetzt hat, damit er dem Gesinde zur rechten Zeit gibt, was sie zu essen brauchen? [46] Selig der Knecht, den der Herr damit beschäftigt findet, wenn er kommt! [47] Amen, das sage ich euch: Er wird ihn zum Verwalter seines ganzen Vermögens machen. [48] Wenn aber der Knecht schlecht ist und denkt: Mein Herr kommt noch lange nicht!, [49] und anfängt, seine Mitknechte zu schlagen, wenn er mit Trinkern Gelage feiert, [50] dann wird der Herr an einem Tag kommen, an dem der Knecht es nicht erwartet, und zu einer Stunde, die er nicht kennt; [51] und der Herr wird ihn in Stücke hauen und ihm seinen Platz unter den Heuchlern zuweisen. Dort wird er heulen und mit den Zähnen knirschen.

45–51 ‖ Lk 12,42–46 • 47: 25,21.23 • 50: 24,42.44 • 51: 8,12

Das Gleichnis von den zehn Jungfrauen

25 Dann wird es mit dem Himmelreich sein wie mit zehn Jungfrauen, die ihre Lampen nahmen und dem Bräutigam entgegengingen. [2] Fünf von ihnen waren töricht und fünf waren klug. [3] Die törichten nahmen ihre Lampen mit, aber kein Öl, [4] die klugen aber nahmen außer den Lampen noch Öl in Krügen mit. [5] Als nun der Bräutigam lange nicht kam, wurden sie alle müde und schliefen ein. [6] Mitten in der Nacht aber hörte man plötzlich laute Rufe: Der Bräutigam kommt! Geht ihm entgegen! [7] Da standen die Jungfrauen alle auf und machten ihre Lampen zurecht. [8] Die törichten aber sagten zu den klugen: Gebt uns von eurem Öl, sonst gehen unsere Lampen aus. [9] Die klugen erwiderten ihnen: Dann reicht es weder für uns noch für euch; geht doch zu den Händlern und kauft, was ihr braucht. [10] Während sie noch

unterwegs waren, um das Öl zu kaufen, kam der
Bräutigam; die Jungfrauen, die bereit waren, gin-
gen mit ihm in den Hochzeitssaal und die Tür
wurde zugeschlossen. [11] Später kamen auch die
anderen Jungfrauen und riefen: Herr, Herr, mach
uns auf! [12] Er aber antwortete ihnen: Amen, ich
sage euch: Ich kenne euch nicht.
[13] Seid also wachsam! Denn ihr wisst weder den
Tag noch die Stunde.

1: Lk 12,35f • 11f: Lk 13,25–27 • 12: 7,23 • 13: 24,42.50; Mk 13,35f

Das Gleichnis vom anvertrauten Geld

[14] Es ist wie mit einem Mann, der auf Reisen ging:
Er rief seine Diener und vertraute ihnen sein Ver-
mögen an. [15] Dem einen gab er fünf Talente Sil-
bergeld, einem anderen zwei, wieder einem ande-
ren eines, jedem nach seinen Fähigkeiten. Dann
reiste er ab. Sofort [16] begann der Diener, der fünf
Talente erhalten hatte, mit ihnen zu wirtschaften,
und er gewann noch fünf dazu. [17] Ebenso gewann
der, der zwei erhalten hatte, noch zwei dazu. [18] Der
aber, der das eine Talent erhalten hatte, ging und
grub ein Loch in die Erde und versteckte das Geld
seines Herrn. [19] Nach langer Zeit kehrte der Herr
zurück, um von den Dienern Rechenschaft zu ver-
langen. [20] Da kam der, der die fünf Talente erhal-
ten hatte, brachte fünf weitere und sagte: Herr,
fünf Talente hast du mir gegeben; sieh her, ich
habe noch fünf dazugewonnen. [21] Sein Herr sagte
zu ihm: Sehr gut, du bist ein tüchtiger und treuer
Diener. Du bist im Kleinen ein treuer Verwalter
gewesen, ich will dir eine große Aufgabe über-
tragen. Komm, nimm teil an der Freude deines
Herrn! [22] Dann kam der Diener, der zwei Talente
erhalten hatte, und sagte: Herr, du hast mir zwei
Talente gegeben; sieh her, ich habe noch zwei
dazugewonnen. [23] Sein Herr sagte zu ihm: Sehr
gut, du bist ein tüchtiger und treuer Diener. Du
bist im Kleinen ein treuer Verwalter gewesen, ich
will dir eine große Aufgabe übertragen. Komm,
nimm teil an der Freude deines Herrn! [24] Zuletzt
kam auch der Diener, der das eine Talent erhalten
hatte, und sagte: Herr, ich wusste, dass du ein
strenger Mann bist; du erntest, wo du nicht gesät
hast, und sammelst, wo du nicht ausgestreut hast;
[25] weil ich Angst hatte, habe ich dein Geld in der
Erde versteckt. Hier hast du es wieder. [26] Sein Herr
antwortete ihm: Du bist ein schlechter und fauler
Diener! Du hast doch gewusst, dass ich ernte, wo
ich nicht gesät habe, und sammle, wo ich nicht
ausgestreut habe. [27] Hättest du mein Geld wenigs-
tens auf die Bank gebracht, dann hätte ich es bei
meiner Rückkehr mit Zinsen zurückerhalten.
[28] Darum nehmt ihm das Talent weg und gebt es
dem, der die zehn Talente hat! [29] Denn wer hat,
dem wird gegeben, und er wird im Überfluss ha-
ben; wer aber nicht hat, dem wird auch noch weg-
genommen, was er hat. [30] Werft den nichtsnutzi-
gen Diener hinaus in die äußerste Finsternis! Dort
wird er heulen und mit den Zähnen knirschen.

14–30 || Lk 19,11–27 • 14: Mk 13,34 • 19: 18,23 • 21: 24,45–47;
Lk 16,10 • 23: Lk 12,44 • 29: 13,12; Mk 4,25; Lk 8,18; 19,26 • 30: 8,12

Vom Weltgericht

[31] Wenn der Menschensohn in seiner Herrlichkeit
kommt und alle *Engel mit ihm,* dann wird er sich
auf den Thron seiner Herrlichkeit setzen. [32] Und
alle Völker werden vor ihm zusammengerufen
werden und er wird sie voneinander scheiden, wie
der Hirt die Schafe von den Böcken scheidet. [33] Er
wird die Schafe zu seiner Rechten versammeln, die
Böcke aber zur Linken. [34] Dann wird der König de-
nen auf der rechten Seite sagen: Kommt her, die
ihr von meinem Vater gesegnet seid, nehmt das
Reich in Besitz, das seit der Erschaffung der Welt
für euch bestimmt ist. [35] Denn ich war hungrig und
ihr habt mir zu essen gegeben; ich war durstig und
ihr habt mir zu trinken gegeben; ich war fremd
und obdachlos und ihr habt mich aufgenommen;
[36] ich war nackt und ihr habt mir Kleidung gege-
ben; ich war krank und ihr habt mich besucht; ich
war im Gefängnis und ihr seid zu mir gekommen.
[37] Dann werden ihm die Gerechten antworten:
Herr, wann haben wir dich hungrig gesehen und
dir zu essen gegeben, oder durstig und dir zu trin-
ken gegeben? [38] Und wann haben wir dich fremd
und obdachlos gesehen und aufgenommen, oder
nackt und dir Kleidung gegeben? [39] Und wann
haben wir dich krank oder im Gefängnis gesehen
und sind zu dir gekommen? [40] Darauf wird der
König ihnen antworten: Amen, ich sage euch: Was
ihr für einen meiner geringsten Brüder getan habt,
das habt ihr mir getan.
[41] Dann wird er sich auch an die auf der linken

Seite wenden und zu ihnen sagen: Weg von mir, ihr Verfluchten, in das ewige Feuer, das für den Teufel und seine Engel bestimmt ist! 42 Denn ich war hungrig und ihr habt mir nichts zu essen gegeben; ich war durstig und ihr habt mir nichts zu trinken gegeben; 43 ich war fremd und obdachlos und ihr habt mich nicht aufgenommen; ich war nackt und ihr habt mir keine Kleidung gegeben; ich war krank und im Gefängnis und ihr habt mich nicht besucht. 44 Dann werden auch sie antworten: Herr, wann haben wir dich hungrig oder durstig oder obdachlos oder nackt oder krank oder im Gefängnis gesehen und haben dir nicht geholfen? 45 Darauf wird er ihnen antworten: Amen, ich sage euch: Was ihr für einen dieser Geringsten nicht getan habt, das habt ihr auch mir nicht getan. 46 Und sie werden weggehen und die ewige Strafe erhalten, die Gerechten aber das ewige Leben.

31: 16,27; Dtn 33,2 G; Mt 19,28; Offb 3,21 • 32: Ez 34,17 • 41: Offb 20,10 • 46: Dan 12,2; Joh 5,29

DAS LEIDEN UND DIE AUFERSTEHUNG JESU: 26,1 – 28,20

Der Beschluss des Hohen Rates

26 Als Jesus seine Reden beendet hatte, sagte er zu seinen Jüngern: 2 Ihr wisst, dass in zwei Tagen das Paschafest beginnt; da wird der Menschensohn ausgeliefert und gekreuzigt werden.

3 Um die gleiche Zeit versammelten sich die Hohenpriester und die Ältesten des Volkes im Palast des Hohenpriesters, der Kajaphas hieß, 4 und beschlossen, Jesus mit List in ihre Gewalt zu bringen und ihn zu töten. 5 Sie sagten aber: Ja nicht am Fest, damit kein Aufruhr im Volk entsteht.

1–5 || Mk 14,1f; Lk 22,1f; Joh 11,47–53 • 2: 16,21 • 4f: 21,46

Die Salbung in Betanien: 26,6–13

6/7 Als Jesus in Betanien im Haus Simons des Aussätzigen bei Tisch war, kam eine Frau mit einem Alabastergefäß voll kostbarem, wohlriechendem Öl zu ihm und goss es über sein Haar. 8 Die Jünger wurden unwillig, als sie das sahen, und sagten: Wozu diese Verschwendung? 9 Man hätte das Öl teuer verkaufen und das Geld den Armen geben können.

10 Jesus bemerkte ihren Unwillen und sagte zu ihnen: Warum lasst ihr die Frau nicht in Ruhe? Sie hat ein gutes Werk an mir getan. 11 Denn die Armen habt ihr immer bei euch, mich aber habt ihr nicht immer. 12 Als sie das Öl über mich goss, hat sie meinen Leib für das Begräbnis gesalbt. 13 Amen, ich sage euch: Überall auf der Welt, wo dieses Evangelium verkündet wird, wird man sich an sie erinnern und erzählen, was sie getan hat.

6–13 || Mk 14,3–9; Lk 7,36–50; Joh 12,1–8 • 11: Dtn 15,11

Der Verrat durch Judas

14 Darauf ging einer der Zwölf namens Judas Iskariot zu den Hohenpriestern 15 und sagte: Was wollt ihr mir geben, wenn ich euch Jesus ausliefere? Und *sie zahlten* ihm *dreißig Silberstücke.* 16 Von da an suchte er nach einer Gelegenheit, ihn auszuliefern.

14–16 || Mk 14,10f; Lk 22,3–6 • 15: Joh 11,57; 13,2; Sach 11,12

Die Vorbereitung des Paschamahls

17 Am ersten Tag des Festes der Ungesäuerten Brote gingen die Jünger zu Jesus und fragten: Wo sollen wir das Paschamahl für dich vorbereiten? 18 Er antwortete: Geht in die Stadt zu dem und dem und sagt zu ihm: Der Meister lässt dir sagen: Meine Zeit ist da; bei dir will ich mit meinen Jüngern das Paschamahl feiern. 19 Die Jünger taten, was Jesus ihnen aufgetragen hatte, und bereiteten das Paschamahl vor.

17–19 || Mk 14,12–16; Lk 22,7–13 • 17: Ex 12,14–20

Das Mahl

20 Als es Abend wurde, begab er sich mit den zwölf Jüngern zu Tisch. 21 Und während sie aßen, sprach er: Amen, ich sage euch: Einer von euch wird mich verraten und ausliefern. 22 Da waren sie sehr betroffen und einer nach dem andern fragte ihn: Bin ich es etwa, Herr? 23 Er antwortete: Der, der die Hand mit mir in die Schüssel getaucht hat, wird mich verraten. 24 Der Menschensohn muss zwar seinen Weg gehen, wie die Schrift über ihn sagt. Doch weh dem Menschen, durch den der Menschensohn verraten wird. Für ihn wäre es besser, wenn er nie geboren wäre. 25 Da fragte Judas, der

ihn verriet: Bin ich es etwa, Rabbi? Jesus sagte zu
ihm: Du sagst es.
26 Während des Mahls nahm Jesus das Brot und
sprach den Lobpreis; dann brach er das Brot,
reichte es den Jüngern und sagte: Nehmt und esst;
das ist mein Leib. 27 Dann nahm er den Kelch,
sprach das Dankgebet und reichte ihn den Jüngern
mit den Worten: Trinkt alle daraus; 28 das ist mein
Blut, *das Blut des Bundes,* das für viele vergossen
wird zur Vergebung der Sünden. 29 Ich sage euch:
Von jetzt an werde ich nicht mehr von der Frucht
des Weinstocks trinken bis zu dem Tag, an dem ich
mit euch von neuem davon trinke im Reich mei-
nes Vaters.

20–29 ‖ Mk 14,17–25; Lk 22,14–23 • 20–25 ‖ Joh 13,2.21–30 •
26–28 ‖ 1 Kor 11,23–25 • 24: Ps 22,7f.16–18; Jes 53,8f •
27: 1 Kor 10,16 • 28: Ex 24,8; Jer 31,31; Hebr 7,22; 9,15

Der Gang zum Ölberg

30 Nach dem Lobgesang gingen sie zum Ölberg
hinaus. 31 Da sagte Jesus zu ihnen: Ihr alle werdet
in dieser Nacht an mir Anstoß nehmen und zu Fall
kommen; denn in der Schrift steht: *Ich werde den
Hirten erschlagen, dann werden sich die Schafe der
Herde zerstreuen.* 32 Aber nach meiner Auferste-
hung werde ich euch nach Galiläa vorausgehen.
33 Petrus erwiderte ihm: Und wenn alle an dir An-
stoß nehmen – ich niemals! 34 Jesus entgegnete
ihm: Amen, ich sage dir: In dieser Nacht, noch ehe
der Hahn kräht, wirst du mich dreimal verleug-
nen. 35 Da sagte Petrus zu ihm: Und wenn ich mit
dir sterben müsste – ich werde dich nie verleug-
nen. Das Gleiche sagten auch alle anderen Jünger.

30–35 ‖ Mk 14,26–31 • 30: Lk 22,39; Joh 18,1 • 31: 26,56; Sach 13,7;
Joh 16,32 • 32: 28,7.16 • 34–35: Lk 22,31–34; Joh 13,36–38 •
34: 26,75

Das Gebet in Getsemani

36 Darauf kam Jesus mit den Jüngern zu einem
Grundstück, das man Getsemani nennt, und sagte
zu ihnen: Setzt euch und wartet hier, während ich
dort bete. 37 Und er nahm Petrus und die beiden
Söhne des Zebedäus mit sich. Da ergriff ihn Angst
und Traurigkeit, 38 und er sagte zu ihnen: Meine
Seele ist zu Tode betrübt. Bleibt hier und wacht mit
mir! 39 Und er ging ein Stück weiter, warf sich zu
Boden und betete: Mein Vater, wenn es möglich
ist, gehe dieser Kelch an mir vorüber. Aber nicht
wie ich will, sondern wie du willst. 40 Und er ging
zu den Jüngern zurück und fand sie schlafend. Da
sagte er zu Petrus: Konntet ihr nicht einmal eine
Stunde mit mir wachen? 41 Wacht und betet, damit
ihr nicht in Versuchung geratet. Der Geist ist wil-
lig, aber das Fleisch ist schwach. 42 Dann ging er
zum zweiten Mal weg und betete: Mein Vater,
wenn dieser Kelch an mir nicht vorübergehen
kann, ohne dass ich ihn trinke, geschehe dein
Wille. 43 Als er zurückkam, fand er sie wieder schla-
fend, denn die Augen waren ihnen zugefallen.
44 Und er ging wieder von ihnen weg und betete
zum dritten Mal mit den gleichen Worten. 45 Da-
nach kehrte er zu den Jüngern zurück und sagte zu
ihnen: Schlaft ihr immer noch und ruht euch aus?
Die Stunde ist gekommen; jetzt wird der Men-
schensohn den Sündern ausgeliefert. 46 Steht auf,
wir wollen gehen! Seht, der Verräter, der mich aus-
liefert, ist da.

36–46 ‖ Mk 14,32–42; Lk 22,39–46 • 37: Hebr 5,7 • 38: Ps 42,6.12;
43,5 • 39: Joh 12,27; Mt 20,22; Joh 6,38; 18,11; Hebr 10,9 •
45: Joh 2,4; 7,30; 8,20; 12,23; 13,1; 17,1

Die Gefangennahme

47 Während er noch redete, kam Judas, einer der
Zwölf, mit einer großen Schar von Männern, die
mit Schwertern und Knüppeln bewaffnet waren;
sie waren von den Hohenpriestern und den Ältes-
ten des Volkes geschickt worden. 48 Der Verräter
hatte mit ihnen ein Zeichen verabredet und gesagt:
Der, den ich küssen werde, der ist es; nehmt ihn
fest. 49 Sogleich ging er auf Jesus zu und sagte: Sei
gegrüßt, Rabbi! Und er küsste ihn. 50 Jesus erwi-
derte ihm: Freund, dazu bist du gekommen? Da
gingen sie auf Jesus zu, ergriffen ihn und nahmen
ihn fest.
51 Doch einer von den Begleitern Jesu zog sein
Schwert, schlug auf den Diener des Hohenpries-
ters ein und hieb ihm ein Ohr ab. 52 Da sagte Jesus
zu ihm: Steck dein Schwert in die Scheide; denn
alle, die zum Schwert greifen, werden durch das
Schwert umkommen. 53 Oder glaubst du nicht,
mein Vater würde mir sogleich mehr als zwölf
Legionen Engel schicken, wenn ich ihn darum
bitte? 54 Wie würde dann aber die Schrift erfüllt,
nach der es so geschehen muss? 55 Darauf sagte

Jesus zu den Männern: Wie gegen einen Räuber
seid ihr mit Schwertern und Knüppeln ausgezo-
gen, um mich festzunehmen. Tag für Tag saß ich
im Tempel und lehrte und ihr habt mich nicht ver-
haftet. 56 Das alles aber ist geschehen, damit die
Schriften der Propheten in Erfüllung gehen. Da
verließen ihn alle Jünger und flohen.

47–56 ‖ Mk 14,43–50; Lk 22,47–53; Joh 18,3–12 • 53: Lk 2,13 •
55: Lk 19,47; Joh 18,20 • 56: 26,31; Joh 16,32

Das Verhör vor dem Hohen Rat

57 Nach der Verhaftung führte man Jesus zum
Hohenpriester Kajaphas, bei dem sich die Schrift-
gelehrten und die Ältesten versammelt hatten.
58 Petrus folgte Jesus von weitem bis zum Hof des
hohepriesterlichen Palastes; er ging in den Hof
hinein und setzte sich zu den Dienern, um zu
sehen, wie alles ausgehen würde.
59 Die Hohenpriester und der ganze Hohe Rat
bemühten sich um falsche Zeugenaussagen gegen
Jesus, um ihn zum Tod verurteilen zu können.
60 Sie erreichten aber nichts, obwohl viele falsche
Zeugen auftraten. Zuletzt kamen zwei Männer
61 und behaupteten: Er hat gesagt: Ich kann den
Tempel Gottes niederreißen und in drei Tagen
wieder aufbauen. 62 Da stand der Hohepriester auf
und fragte Jesus: Willst du nichts sagen zu dem,
was diese Leute gegen dich vorbringen? 63 Jesus
aber schwieg. Darauf sagte der Hohepriester zu
ihm: Ich beschwöre dich bei dem lebendigen Gott,
sag uns: Bist du der Messias, der Sohn Gottes?
64 Jesus antwortete: Du hast es gesagt. Doch ich er-
kläre euch: Von nun an werdet ihr *den Menschen-
sohn zur Rechten* der Macht *sitzen* und *auf den Wol-
ken des Himmels kommen* sehen. 65 Da zerriss der
Hohepriester sein Gewand und rief: Er hat Gott
gelästert! Wozu brauchen wir noch Zeugen? Jetzt
habt ihr die Gotteslästerung selbst gehört. 66 Was
ist eure Meinung? Sie antworteten: Er ist schuldig
und muss sterben.
67 Dann spuckten sie ihm ins Gesicht und schlugen
ihn. Andere ohrfeigten ihn 68 und riefen: Messias,
du bist doch ein Prophet! Sag uns: Wer hat dich
geschlagen?

57–68 ‖ Mk 14,53–65; Lk 22,54f.66–71; Joh 18,12–24 • 61: 27,40;
Joh 2,19; Apg 6,14 • 63: Jes 53,7; Mt 16,16; Joh 10,24 • 64: Dan 7,13;
Ps 110,1; Mt 24,30; Mk 13,26; Lk 21,27 • 65: Lev 24,16; Joh 19,7 •
67: Jes 50,6

Die Verleugnung durch Petrus

69 Petrus aber saß draußen im Hof. Da trat eine
Magd zu ihm und sagte: Auch du warst mit die-
sem Jesus aus Galiläa zusammen. 70 Doch er leug-
nete es vor allen Leuten und sagte: Ich weiß nicht,
wovon du redest. 71 Und als er zum Tor hinausge-
hen wollte, sah ihn eine andere Magd und sagte zu
denen, die dort standen: Der war mit Jesus aus
Nazaret zusammen. 72 Wieder leugnete er und
schwor: Ich kenne den Menschen nicht. 73 Kurz
darauf kamen die Leute, die dort standen, zu
Petrus und sagten: Wirklich, auch du gehörst zu
ihnen, deine Mundart verrät dich. 74 Da fing er an,
sich zu verfluchen und schwor: Ich kenne den
Menschen nicht. Gleich darauf krähte ein Hahn,
75 und Petrus erinnerte sich an das, was Jesus gesagt
hatte: Ehe der Hahn kräht, wirst du mich dreimal
verleugnen. Und er ging hinaus und weinte bitter-
lich.

69–75 ‖ Mk 14,66–72; Lk 22,56–62; Joh 18,15–18.25–27 • 75: 26,34

Die Auslieferung an Pilatus

27 Als es Morgen wurde, fassten die Hohen-
priester und die Ältesten des Volkes ge-
meinsam den Beschluss, Jesus hinrichten zu las-
sen. 2 Sie ließen ihn fesseln und abführen und
lieferten ihn dem Statthalter Pilatus aus.

1–2 ‖ Mk 15,1; Lk 23,1; Joh 18,28

Das Ende des Judas

3 Als nun Judas, der ihn verraten hatte, sah, dass
Jesus zum Tod verurteilt war, reute ihn seine Tat.
Er brachte den Hohenpriestern und den Ältesten
die dreißig Silberstücke zurück 4 und sagte: Ich
habe gesündigt, ich habe euch einen unschuldigen
Menschen ausgeliefert. Sie antworteten: Was geht
das uns an? Das ist deine Sache. 5 Da warf er die
Silberstücke in den Tempel; dann ging er weg und
erhängte sich. 6 Die Hohenpriester nahmen die Sil-
berstücke und sagten: Man darf das Geld nicht in
den Tempelschatz tun; denn es klebt Blut daran.
7 Und sie beschlossen, von dem Geld den Töpfer-
acker zu kaufen als Begräbnisplatz für die Frem-
den. 8 Deshalb heißt dieser Acker bis heute Blut-
acker. 9 So erfüllte sich, was durch den Propheten
Jeremia gesagt worden ist:
Sie nahmen die dreißig Silberstücke – das ist der

Preis, den er den Israeliten wert war – 10 *und kauf-
ten für das Geld den Töpferacker, wie mir der Herr
befohlen hatte.*

3: Apg 1,16–19; Mt 26,15 • 6: Dtn 23,19 • 9: Sach 11,12f; Jer 18,2f; 32,8f; Ex 9,12 G

Die Verhandlung vor Pilatus

11 Als Jesus vor dem Statthalter stand, fragte ihn
dieser: Bist du der König der Juden? Jesus antwor-
tete: Du sagst es. 12 Als aber die Hohenpriester und
die Ältesten ihn anklagten, gab er keine Antwort.
13 Da sagte Pilatus zu ihm: Hörst du nicht, was sie
dir alles vorwerfen? 14 Er aber antwortete ihm auf
keine einzige Frage, sodass der Statthalter sehr ver-
wundert war.
15 Jeweils zum Fest pflegte der Statthalter einen
Gefangenen freizulassen, den sich das Volk aus-
wählen konnte. 16 Damals war gerade ein berüch-
tigter Mann namens Barabbas im Gefängnis.
17 Pilatus fragte nun die Menge, die zusammenge-
kommen war: Was wollt ihr? Wen soll ich freilas-
sen, Barabbas oder Jesus, den man den Messias
nennt? 18 Er wusste nämlich, dass man Jesus nur
aus Neid an ihn ausgeliefert hatte.
19 Während Pilatus auf dem Richterstuhl saß, ließ
ihm seine Frau sagen: Lass die Hände von diesem
Mann, er ist unschuldig. Ich hatte seinetwegen
heute Nacht einen schrecklichen Traum.
20 Inzwischen überredeten die Hohenpriester und
die Ältesten die Menge, die Freilassung des Barab-
bas zu fordern, Jesus aber hinrichten zu lassen.
21 Der Statthalter fragte sie: Wen von beiden soll ich
freilassen? Sie riefen: Barabbas! 22 Pilatus sagte zu
ihnen: Was soll ich dann mit Jesus tun, den man
den Messias nennt? Da schrien sie alle: Ans Kreuz
mit ihm! 23 Er erwiderte: Was für ein Verbrechen
hat er denn begangen? Da schrien sie noch lauter:
Ans Kreuz mit ihm! 24 Als Pilatus sah, dass er nichts
erreichte, sondern dass der Tumult immer größer
wurde, ließ er Wasser bringen, wusch sich vor allen
Leuten die Hände und sagte: Ich bin unschuldig
am Blut dieses Menschen. Das ist eure Sache! 25 Da
rief das ganze Volk: Sein Blut komme über uns und
unsere Kinder! 26 Darauf ließ er Barabbas frei und
gab den Befehl, Jesus zu geißeln und zu kreuzigen.

11–26 || Mk 15,2–15; Lk 23,2–5.13–25; Joh 18,29 –19,1 • 11: 2,2; 27,29.37; Mk 15,18.26; Lk 23,37f; Joh 19,3.19.21 • 14: Joh 19,9 • 21: Apg 3,13f • 23: Joh 19,14f

Die Verspottung Jesu durch die Soldaten

27 Da nahmen die Soldaten des Statthalters Jesus,
führten ihn in das Prätorium, das Amtsgebäude
des Statthalters, und versammelten die ganze Ko-
horte um ihn. 28 Sie zogen ihn aus und legten ihm
einen purpurroten Mantel um. 29 Dann flochten
sie einen Kranz aus Dornen; den setzten sie ihm
auf und gaben ihm einen Stock in die rechte Hand.
Sie fielen vor ihm auf die Knie und verhöhnten
ihn, indem sie riefen: Heil dir, König der Juden!
30 Und sie spuckten ihn an, nahmen ihm den Stock
wieder weg und schlugen ihm damit auf den Kopf.
31a Nachdem sie so ihren Spott mit ihm getrieben
hatten, nahmen sie ihm den Mantel ab und zogen
ihm seine eigenen Kleider wieder an.

27–31a || Mk 15,16–20a; Joh 19,2f • 28: Lk 23,11 • 30: Jes 50,6

Die Kreuzigung

31b Dann führten sie Jesus hinaus, um ihn zu kreu-
zigen. 32 Auf dem Weg trafen sie einen Mann aus
Zyrene namens Simon; ihn zwangen sie, Jesus das
Kreuz zu tragen. 33 So kamen sie an den Ort, der
Golgota genannt wird, das heißt Schädelhöhe.
34 Und *sie gaben* ihm Wein *zu trinken,* der mit *Galle*
vermischt war; als er aber davon gekostet hatte,
wollte er ihn nicht trinken.
35 Nachdem sie ihn gekreuzigt hatten, *warfen sie
das Los und verteilten* seine *Kleider unter sich.*
36 Dann setzten sie sich nieder und bewach-
ten ihn. 37 Über seinem Kopf hatten sie eine
Aufschrift angebracht, die seine Schuld angab:
Das ist Jesus, der König der Juden. 38 Zusammen
mit ihm wurden zwei Räuber gekreuzigt, der
eine rechts von ihm, der andere links. 39 Die Leu-
te, die vorbeikamen, verhöhnten ihn, *schüttelten
den Kopf* 40 und riefen: Du willst den Tempel nie-
derreißen und in drei Tagen wieder aufbauen?
Wenn du Gottes Sohn bist, hilf dir selbst, und
steig herab vom Kreuz! 41 Auch die Hohenpries-
ter, die Schriftgelehrten und die Ältesten ver-
höhnten ihn und sagten: 42 Anderen hat er gehol-
fen, sich selbst kann er nicht helfen. Er ist doch
der König von Israel! Er soll vom Kreuz herab-
steigen, dann werden wir an ihn glauben. 43 *Er hat
auf Gott vertraut: der soll ihn* jetzt *retten, wenn
er an ihm Gefallen hat;* er hat doch gesagt: Ich
bin Gottes Sohn. 44 Ebenso beschimpften ihn die

beiden Räuber, die man zusammen mit ihm ge-
kreuzigt hatte.

31b–44 ‖ Mk 15,20b–32; Lk 23,26.33–43; Joh 19,16b–27 •
34: Ps 69,22 • 35: Ps 22,19 • 38: Jes 53,12 • 39: Ps 22,8 • 40: 26,61;
Joh 2,19 • 43: Ps 22,9

Der Tod Jesu

45 Von der sechsten bis zur neunten Stunde herrsch-
te eine Finsternis im ganzen Land. 46 Um die neun-
te Stunde rief Jesus laut: *Eli, Eli, lema sabachtani?*,
das heißt: *Mein Gott, mein Gott, warum hast du
mich verlassen?* 47 Einige von denen, die dabeistan-
den und es hörten, sagten: Er ruft nach Elija.
48 Sogleich lief einer von ihnen hin, tauchte einen
Schwamm in *Essig*, steckte ihn auf einen Stock und
gab Jesus *zu trinken.* 49 Die anderen aber sagten:
Lass doch, wir wollen sehen, ob Elija kommt und
ihm hilft. 50 Jesus aber schrie noch einmal laut auf.
Dann hauchte er den Geist aus.
51 Da riss der Vorhang im Tempel von oben bis
unten entzwei. Die Erde bebte und die Felsen spal-
teten sich. 52 Die Gräber öffneten sich und die Lei-
ber vieler Heiligen, die entschlafen waren, wurden
auferweckt. 53 Nach der Auferstehung Jesu ver-
ließen sie ihre Gräber, kamen in die Heilige Stadt
und erschienen vielen.
54 Als der Hauptmann und die Männer, die mit
ihm zusammen Jesus bewachten, das Erdbeben
bemerkten und sahen, was geschah, erschraken sie
sehr und sagten: Wahrhaftig, das war Gottes Sohn!
55 Auch viele Frauen waren dort und sahen von
weitem zu; sie waren Jesus seit der Zeit in Galiläa
nachgefolgt und hatten ihm gedient. 56 Zu ihnen
gehörten Maria aus Magdala, Maria, die Mutter
des Jakobus und des Josef, und die Mutter der
Söhne des Zebedäus.

45–56 ‖ Mk 15,33–41; Lk 23,44–49; Joh 19,28–30 • 46: Ps22,2 •
48: Ps 69,22 • 51: Ex 26,31 • 54: 16,16.

Das Begräbnis Jesu

57 Gegen Abend kam ein reicher Mann aus Arima-
thäa namens Josef; auch er war ein Jünger Jesu.
58 Er ging zu Pilatus und bat um den Leichnam
Jesu. Da befahl Pilatus, ihm den Leichnam zu
überlassen. 59 Josef nahm ihn und hüllte ihn in ein
reines Leinentuch. 60 Dann legte er ihn in ein neues
Grab, das er für sich selbst in einen Felsen hatte
hauen lassen. Er wälzte einen großen Stein vor den
Eingang des Grabes und ging weg. 61 Auch Maria
aus Magdala und die andere Maria waren dort; sie
saßen dem Grab gegenüber.

57–61 ‖ Mk 15,42–47; Lk 23,50–56; Joh 19,38–42 • 58: Dtn 21,22f

Die Bewachung des Grabes

62 Am nächsten Tag gingen die Hohenpriester und
die Pharisäer gemeinsam zu Pilatus; es war der Tag
nach dem Rüsttag. 63 Sie sagten: Herr, es fiel uns ein,
dass dieser Betrüger, als er noch lebte, behauptet
hat: Ich werde nach drei Tagen auferstehen. 64 Gib
also den Befehl, dass das Grab bis zum dritten Tag
sicher bewacht wird. Sonst könnten seine Jünger
kommen, ihn stehlen und dem Volk sagen: Er ist
von den Toten auferstanden. Und dieser letzte Be-
trug wäre noch schlimmer als alles zuvor. 65 Pila-
tus antwortete ihnen: Ihr sollt eine Wache haben.
Geht und sichert das Grab, so gut ihr könnt. 66 Da-
rauf gingen sie, um das Grab zu sichern. Sie ver-
siegelten den Eingang und ließen die Wache dort.

62: Joh 19,42 • 63: 20,19; 12,40 • 64: 28,13

Die Botschaft des Engels am leeren Grab

28 Nach dem Sabbat kamen in der Morgen-
dämmerung des ersten Tages der Woche
Maria aus Magdala und die andere Maria, um
nach dem Grab zu sehen. 2 Plötzlich entstand ein
gewaltiges Erdbeben; denn ein Engel des Herrn
kam vom Himmel herab, trat an das Grab, wälzte
den Stein weg und setzte sich darauf. 3 Seine Ge-
stalt leuchtete wie ein Blitz und sein Gewand war
weiß wie Schnee. 4 Die Wächter begannen vor
Angst zu zittern und fielen wie tot zu Boden. 5 Der
Engel aber sagte zu den Frauen: Fürchtet euch
nicht! Ich weiß, ihr sucht Jesus, den Gekreuzigten.
6 Er ist nicht hier; denn er ist auferstanden, wie er
gesagt hat. Kommt her und seht euch die Stelle an,
wo er lag. 7 Dann geht schnell zu seinen Jüngern
und sagt ihnen: Er ist von den Toten auferstanden.
Er geht euch voraus nach Galiläa, dort werdet ihr
ihn sehen. Ich habe es euch gesagt. 8 Sogleich ver-
ließen sie das Grab und eilten voll Furcht und
großer Freude zu seinen Jüngern, um ihnen die
Botschaft zu verkünden.

1–8 ‖ Mk 16,1–8; Lk 24,1–12; Joh 20,1–13 • 6: 12,40; 16,21; 17,23;
20,19

Die Erscheinung Jesu vor den Frauen

9 Plötzlich kam ihnen Jesus entgegen und sagte:
Seid gegrüßt! Sie gingen auf ihn zu, warfen sich vor
ihm nieder und umfassten seine Füße. 10 Da sagte
Jesus zu ihnen: Fürchtet euch nicht! Geht und sagt
meinen Brüdern, sie sollen nach Galiläa gehen
und dort werden sie mich sehen.

9–10 || Joh 20,14–18.

Der Betrug der Hohenpriester

11 Noch während die Frauen unterwegs waren,
kamen einige von den Wächtern in die Stadt und
berichteten den Hohenpriestern alles, was geschehen war. 12 Diese fassten gemeinsam mit den Ältes-
ten den Beschluss, die Soldaten zu bestechen. Sie
gaben ihnen viel Geld 13 und sagten: Erzählt den
Leuten: Seine Jünger sind bei Nacht gekommen
und haben ihn gestohlen, während wir schliefen.
14 Falls der Statthalter davon hört, werden wir ihn
beschwichtigen und dafür sorgen, dass ihr nichts
zu befürchten habt. 15 Die Soldaten nahmen das
Geld und machten alles so, wie man es ihnen
gesagt hatte. So kommt es, dass dieses Gerücht bei
den Juden bis heute verbreitet ist.

13: 27,64

Der Auftrag des Auferstandenen

16 Die elf Jünger gingen nach Galiläa auf den Berg,
den Jesus ihnen genannt hatte. 17 Und als sie Jesus
sahen, fielen sie vor ihm nieder. Einige aber hatten
Zweifel. 18 Da trat Jesus auf sie zu und sagte zu
ihnen: Mir ist alle Macht gegeben im Himmel und
auf der Erde. 19 Darum geht zu allen Völkern und
macht alle Menschen zu meinen Jüngern; tauft sie
auf den Namen des Vaters und des Sohnes und des
Heiligen Geistes, 20 und lehrt sie, alles zu befolgen,
was ich euch geboten habe. Seid gewiss: Ich bin bei
euch alle Tage bis zum Ende der Welt.

19: 24,14

DAS EVANGELIUM NACH MARKUS

Das älteste, griechisch geschriebene Evangelium wird nach altkirchlicher Überlieferung Markus zugeschrieben. Damit ist gemeint Johannes Markus aus Jerusalem, Sohn einer Maria, in deren Haus sich die Urgemeinde in Jerusalem versammelte; er war ein Vetter des Barnabas, Mitarbeiter des Paulus und später auch des Petrus (Phlm 24; Kol 4,10; Apg 12,12; 13,5; 15,36–39; 1 Petr 5,13). Ebenfalls nach altkirchlicher Überlieferung schrieb er sein Evangelium in Rom. Es steht in zeitlichem Zusammenhang mit der Zerstörung Jerusalems (Mk 13) und ist deshalb um 70 n. Chr. verfasst, und zwar für Heiden und Heidenchristen (vgl. 7,3f).

Markus sammelte Überlieferungen über Jesus, vor allem Wundererzählungen, Gleichnisse, Geschichten, die in einem Jesuswort gipfeln, Einzelworte und Zeugnisse über die Passion. Er ordnete diese Stoffe zeitlich und sachlich und verarbeitete sie so zu einem Evangelium. Der geographisch bestimmte Aufriss ist folgender: Wirken Jesu in Galiläa (1,14 – 5,43); Wanderung durch jüdisch-heidnisches Gebiet mit Belehrung der Jünger (6,1 – 9,50); Zug nach Jerusalem, Ringen mit den jüdischen Führern und Tod am Kreuz (10,1 – 15,47). Sein Evangelium beginnt mit dem Auftreten des Täufers (1,1–13) und endet mit dem Auffinden des leeren Grabes durch Frauen am Ostermorgen (16,1–8).

Der Anhang (16,9–20) wurde erst im 2. Jahrhundert von unbekannter Hand angefügt, vermutlich weil der jähe Schluss 16,8 nicht befriedigte. Die Annahme, dass ein ursprünglicher Schluss verloren ging, ist wenig wahrscheinlich.

Indem Markus vom Wirken und vom Schicksal Jesu berichtet, verkündet er, dass Gott durch diesen Jesus seinen Willen offenbart hat, die Menschen zu retten: Jesus ist der verheißene Messias, der Sohn Gottes; durch sein Wirken ist die Heilszeit angebrochen (1,14). Er überwindet das Unheil, die Herrschaft des Satan und seiner Helfer (Dämonenaustreibungen und Krankenheilungen), er vergibt Sünden (2,1–12), verkündet den unverfälschten Willen Gottes (2,27f; 7,1–23) und richtet das Reich Gottes auf (Kap. 4). Weil in seiner Person Gottes Vollmacht in menschlicher Niedrigkeit auftritt, wird sein Geheimnis nicht begriffen, nicht von den Juden, aber auch nicht von den Jüngern vor der Auferstehung Jesu (6,4–6; 8,14–21; 14,26–42; vgl. auch die Schweigegebote Jesu 5,43; 8,30; 9,9). Die einzig angemessene Haltung der Botschaft Jesu gegenüber ist unbedingter Glaube (5,36; 9,19–24; 11,22–25). Christsein heißt, Jesus in Glaube, Selbstlosigkeit, Bereitschaft zum Dienen und Mut zum Leiden nachzufolgen (8,31–33; 9,42–48; 10,17–27.41–45) und so die Kraft des Reiches Gottes zu erfahren. Der erste Heide, der das Geheimnis Jesu erkannte, ist der Hauptmann unter dem Kreuz: »Wahrhaftig, dieser Mensch war Gottes Sohn« (15,39). In ihm sieht Markus die Heidenkirche beim Kreuz Christi vertreten. Die bedrängten Heidenchristen will Markus durch sein Evangelium in ihrem Glauben stärken und ermutigen, Christus auch in Verfolgungen treu zu bleiben.

DIE VORBEREITUNG DES WIRKENS JESU: 1,1–13

Johannes der Täufer

1 Anfang des Evangeliums von Jesus Christus,
dem Sohn Gottes: 2 Es begann, wie es bei dem
Propheten Jesaja steht:
Ich sende meinen Boten vor dir her; / er soll den Weg für dich *bahnen.*
3 *Eine Stimme ruft in der Wüste: / Bereitet dem
Herrn den Weg! / Ebnet* ihm *die Straßen!*
4 So trat Johannes der Täufer in der Wüste auf und
verkündigte Umkehr und Taufe zur Vergebung der
Sünden. 5 Ganz Judäa und alle Einwohner Jerusa-
lems zogen zu ihm hinaus; sie bekannten ihre Sün-
den und ließen sich im Jordan von ihm taufen.
6 Johannes trug ein Gewand aus Kamelhaaren und
einen ledernen Gürtel um seine Hüften und er
lebte von Heuschrecken und wildem Honig. 7 Er

verkündete: Nach mir kommt einer, der ist stärker als ich; ich bin es nicht wert, mich zu bücken, um ihm die Schuhe aufzuschnüren. 8 Ich habe euch nur mit Wasser getauft, er aber wird euch mit dem Heiligen Geist taufen.

1–8 ‖ Mt 3,1–6,11; Lk 3,3–6.15f • 1–8: Joh 1,19–28 • 1: 15,39 • 2: Mal 3,1; Ex 23,20; Mt 11,10; Lk 1,76; 7,27 • 3: Jes 40,3 G • 4: Apg 13,24; 19,4

Die Taufe Jesu

9 In jenen Tagen kam Jesus aus Nazaret in Galiläa und ließ sich von Johannes im Jordan taufen. 10 Und als er aus dem Wasser stieg, sah er, dass der Himmel sich öffnete und der Geist wie eine Taube auf ihn herabkam. 11 Und eine Stimme aus dem Himmel sprach: *Du bist mein geliebter Sohn, an dir habe ich Gefallen gefunden.*

9–11 ‖ Mt 3,13–17; Lk 3,21f • 9–11: Joh 1,29–34 • 11: Gen 22,2; Ps 2,7; Jes 42,1; Mt 3,17

Die Versuchung Jesu

12 Danach trieb der Geist Jesus in die Wüste. 13 Dort blieb Jesus vierzig Tage lang und wurde vom Satan in Versuchung geführt. Er lebte bei den wilden Tieren und die Engel dienten ihm.

12–13 ‖ Mt 4,1f.11; Lk 4,1f

DAS WIRKEN JESU IN GALILÄA: 1,14 – 8,26

Erstes Auftreten in Galiläa

14 Nachdem man Johannes ins Gefängnis geworfen hatte, ging Jesus wieder nach Galiläa; er verkündete das Evangelium Gottes 15 und sprach: Die Zeit ist erfüllt, das Reich Gottes ist nahe. Kehrt um, und glaubt an das Evangelium!

14–15 ‖ Mt 4,12.17; Lk 4,14f

Die Berufung der ersten Jünger

16 Als Jesus am See von Galiläa entlangging, sah er Simon und Andreas, den Bruder des Simon, die auf dem See ihr Netz auswarfen; sie waren nämlich Fischer. 17 Da sagte er zu ihnen: Kommt her, folgt mir nach! Ich werde euch zu Menschenfischern machen. 18 Sogleich ließen sie ihre Netze liegen und folgten ihm. 19 Als er ein Stück weiterging, sah er Jakobus, den Sohn des Zebedäus, und seinen Bruder Johannes; sie waren im Boot und richteten ihre Netze her. 20 Sofort rief er sie und sie ließen ihren Vater Zebedäus mit seinen Tagelöhnern im Boot zurück und folgten Jesus nach.

16–20 ‖ Mt 4,18–22 • 16–20: Lk 5,1–11; Joh 1,35–51

Jesus in der Synagoge von Kafarnaum

21 Sie kamen nach Kafarnaum. Am folgenden Sabbat ging er in die Synagoge und lehrte. 22 Und die Menschen waren sehr betroffen von seiner Lehre; denn er lehrte sie wie einer, der (göttliche) Vollmacht hat, nicht wie die Schriftgelehrten.
23 In ihrer Synagoge saß ein Mann, der von einem unreinen Geist besessen war. Der begann zu schreien: 24 Was haben wir mit dir zu tun, Jesus von Nazaret? Bist du gekommen, um uns ins Verderben zu stürzen? Ich weiß, wer du bist: der Heilige Gottes. 25 Da befahl ihm Jesus: Schweig und verlass ihn! 26 Der unreine Geist zerrte den Mann hin und her und verließ ihn mit lautem Geschrei. 27 Da erschraken alle und einer fragte den andern: Was hat das zu bedeuten? Hier wird mit Vollmacht eine ganz neue Lehre verkündet. Sogar die unreinen Geister gehorchen seinem Befehl. 28 Und sein Ruf verbreitete sich rasch im ganzen Gebiet von Galiläa.

21–28 ‖ Lk 4,31–37 • 21f: Mt 7,28f • 24: 5,7; Mt 8,29; Lk 8,28; Joh 2,4 • 27: Mt 7,29

Die Heilung der Schwiegermutter des Petrus

29 Sie verließen die Synagoge und gingen zusammen mit Jakobus und Johannes gleich in das Haus des Simon und Andreas. 30 Die Schwiegermutter des Simon lag mit Fieber im Bett. Sie sprachen mit Jesus über sie, 31 und er ging zu ihr, fasste sie an der Hand und richtete sie auf. Da wich das Fieber von ihr und sie sorgte für sie.

29–31 ‖ Mt 8,14f; Lk 4,38f

Die Heilung von Besessenen und Kranken

32 Am Abend, als die Sonne untergegangen war, brachte man alle Kranken und Besessenen zu Jesus. 33 Die ganze Stadt war vor der Haustür ver-

sammelt, [34] und er heilte viele, die an allen möglichen Krankheiten litten, und trieb viele Dämonen aus. Und er verbot den Dämonen zu reden; denn sie wussten, wer er war.

32–34 || Mt 8,16; Lk 4,40f

Aufbruch aus Kafarnaum

[35] In aller Frühe, als es noch dunkel war, stand er auf und ging an einen einsamen Ort, um zu beten. [36] Simon und seine Begleiter eilten ihm nach, [37] und als sie ihn fanden, sagten sie zu ihm: Alle suchen dich. [38] Er antwortete: Lasst uns anderswohin gehen, in die benachbarten Dörfer, damit ich auch dort predige; denn dazu bin ich gekommen. [39] Und er zog durch ganz Galiläa, predigte in den Synagogen und trieb die Dämonen aus.

35–39 || Lk 4,42–44 • 39 || Mt 4,23 • 35: Lk 5,16; 9,18

Die Heilung eines Aussätzigen

[40] Ein Aussätziger kam zu Jesus und bat ihn um Hilfe; er fiel vor ihm auf die Knie und sagte: Wenn du willst, kannst du machen, dass ich rein werde. [41] Jesus hatte Mitleid mit ihm; er streckte die Hand aus, berührte ihn und sagte: Ich will es – werde rein! [42] Im gleichen Augenblick verschwand der Aussatz und der Mann war rein. [43] Jesus schickte ihn weg und schärfte ihm ein: [44] Nimm dich in Acht! Erzähl niemand etwas davon, sondern geh, *zeig dich dem Priester* und bring das Reinigungsopfer dar, das Mose angeordnet hat. Das soll für sie ein Beweis (meiner Gesetzestreue) sein. [45] Der Mann aber ging weg und erzählte bei jeder Gelegenheit, was geschehen war; er verbreitete die ganze Geschichte, sodass sich Jesus in keiner Stadt mehr zeigen konnte; er hielt sich nur noch außerhalb der Städte an einsamen Orten auf. Dennoch kamen die Leute von überallher zu ihm.

40–45 || Mt 8,2–4; Lk 5,12–16 • 43f: 5,43 • 44: Lev 13,49; 14,2–32; Lk 17,14

Die Heilung eines Gelähmten

2 Als er einige Tage später nach Kafarnaum zurückkam, wurde bekannt, dass er (wieder) zu Hause war. [2] Und es versammelten sich so viele Menschen, dass nicht einmal mehr vor der Tür Platz war; und er verkündete ihnen das Wort. [3] Da brachte man einen Gelähmten zu ihm; er wurde von vier Männern getragen. [4] Weil sie ihn aber wegen der vielen Leute nicht bis zu Jesus bringen konnten, deckten sie dort, wo Jesus war, das Dach ab, schlugen (die Decke) durch und ließen den Gelähmten auf seiner Tragbahre durch die Öffnung hinab. [5] Als Jesus ihren Glauben sah, sagte er zu dem Gelähmten: Mein Sohn, deine Sünden sind dir vergeben! [6] Einige Schriftgelehrte aber, die dort saßen, dachten im Stillen: [7] Wie kann dieser Mensch so reden? Er lästert Gott. Wer kann Sünden vergeben außer dem einen Gott? [8] Jesus erkannte sofort, was sie dachten, und sagte zu ihnen: Was für Gedanken habt ihr im Herzen? [9] Ist es leichter, zu dem Gelähmten zu sagen: Deine Sünden sind dir vergeben!, oder zu sagen: Steh auf, nimm deine Tragbahre und geh umher? [10] Ihr sollt aber erkennen, dass der Menschensohn die Vollmacht hat, hier auf der Erde Sünden zu vergeben. Und er sagte zu dem Gelähmten: [11] Ich sage dir: Steh auf, nimm deine Tragbahre, und geh nach Hause!

[12] Der Mann stand sofort auf, nahm seine Tragbahre und ging vor aller Augen weg. Da gerieten alle außer sich; sie priesen Gott und sagten: So etwas haben wir noch nie gesehen.

1–12 || Mt 9,1–8; Lk 5,17–26

Die Berufung des Levi und das Mahl mit den Zöllnern

[13] Jesus ging wieder hinaus an den See. Da kamen Scharen von Menschen zu ihm und er lehrte sie. [14] Als er weiterging, sah er Levi, den Sohn des Alphäus, am Zoll sitzen und sagte zu ihm: Folge mir nach! Da stand Levi auf und folgte ihm. [15] Und als Jesus in seinem Haus beim Essen war, aßen viele Zöllner und Sünder zusammen mit ihm und seinen Jüngern; denn es folgten ihm schon viele. [16] Als die Schriftgelehrten, die zur Partei der Pharisäer gehörten, sahen, dass er mit Zöllnern und Sündern aß, sagten sie zu seinen Jüngern: Wie kann er zusammen mit Zöllnern und Sündern essen? [17] Jesus hörte es und sagte zu ihnen: Nicht die Gesunden brauchen den Arzt, sondern die Kranken. Ich bin gekommen, um die Sünder zu rufen, nicht die Gerechten.

13–17 || Mt 9,9–13; Lk 5,27–32 • 14: Mt 8,22 • 15: Lk 7,34; 19,7 • 16: Mt 11,19; Lk 15,1f • 17: Lk 19,10

Die Frage nach dem Fasten

[18] Da die Jünger des Johannes und die Pharisäer zu fasten pflegten, kamen Leute zu Jesus und sagten: Warum fasten deine Jünger nicht, während die Jünger des Johannes und die Jünger der Pharisäer fasten?

[19] Jesus antwortete ihnen: Können denn die Hochzeitsgäste fasten, solange der Bräutigam bei ihnen ist? Solange der Bräutigam bei ihnen ist, können sie nicht fasten. [20] Es werden aber Tage kommen, da wird ihnen der Bräutigam genommen sein; an jenem Tag werden sie fasten.

[21] Niemand näht ein Stück neuen Stoff auf ein altes Kleid; denn der neue Stoff reißt doch vom alten Kleid ab und es entsteht ein noch größerer Riss. [22] Auch füllt niemand neuen Wein in alte Schläuche. Sonst zerreißt der Wein die Schläuche; der Wein ist verloren und die Schläuche sind unbrauchbar. Neuer Wein gehört in neue Schläuche.

18–22 || Mt 9,14–17; Lk 5,33–38

Das Abreißen der Ähren am Sabbat

[23] An einem Sabbat ging er durch die Kornfelder und unterwegs rissen seine Jünger Ähren ab. [24] Da sagten die Pharisäer zu ihm: Sieh dir an, was sie tun! Das ist doch am Sabbat verboten. [25] Er antwortete: Habt ihr nie gelesen, was David getan hat, als er und seine Begleiter hungrig waren und nichts zu essen hatten – [26] wie er zur Zeit des Hohenpriesters Abjatar in das Haus Gottes ging und die heiligen Brote aß, die außer den Priestern niemand essen darf, und auch seinen Begleitern davon gab?

[27] Und Jesus fügte hinzu: Der Sabbat ist für den Menschen da, nicht der Mensch für den Sabbat. [28] Deshalb ist der Menschensohn Herr auch über den Sabbat.

23–28 || Mt 12,1–8; Lk 6,1–5 • 23: Dtn 23,26 • 25: 1 Sam 21,2–7 • 26: Lev 24,5–9

Die Heilung eines Mannes am Sabbat

3 Als er ein andermal in eine Synagoge ging, saß dort ein Mann, dessen Hand verdorrt war. [2] Und sie gaben Acht, ob Jesus ihn am Sabbat heilen werde; sie suchten nämlich einen Grund zur Anklage gegen ihn. [3] Da sagte er zu dem Mann mit der verdorrten Hand: Steh auf und stell dich in die Mitte! [4] Und zu den anderen sagte er: Was ist am Sabbat erlaubt: Gutes zu tun oder Böses, ein Leben zu retten oder es zu vernichten? Sie aber schwiegen. [5] Und er sah sie der Reihe nach an, voll Zorn und Trauer über ihr verstocktes Herz, und sagte zu dem Mann: Streck deine Hand aus! Er streckte sie aus und seine Hand war wieder gesund. [6] Da gingen die Pharisäer hinaus und fassten zusammen mit den Anhängern des Herodes den Beschluss, Jesus umzubringen.

1–6 || Mt 12,9–14; Lk 6,6–11 • 1–6: Lk 14,1–6

Der Andrang des Volkes

[7] Jesus zog sich mit seinen Jüngern an den See zurück. Viele Menschen aus Galiläa aber folgten ihm. Auch aus Judäa, [8] aus Jerusalem und Idumäa, aus dem Gebiet jenseits des Jordan und aus der Gegend von Tyrus und Sidon kamen Scharen von Menschen zu ihm, als sie von all dem hörten, was er tat. [9] Da sagte er zu seinen Jüngern, sie sollten ein Boot für ihn bereithalten, damit er von der Menge nicht erdrückt werde. [10] Denn er heilte viele, sodass alle, die ein Leiden hatten, sich an ihn herandrängten, um ihn zu berühren. [11] Wenn die von unreinen Geistern Besessenen ihn sahen, fielen sie vor ihm nieder und schrien: Du bist der Sohn Gottes! [12] Er aber verbot ihnen streng, bekannt zu machen, wer er sei.

7–12 || Mt 4,23–25; 12,15f; Lk 6,17–19 • 11: Mt 8,29; Lk 4,41

Die Wahl der Zwölf

[13] Jesus stieg auf einen Berg und rief die zu sich, die er erwählt hatte, und sie kamen zu ihm. [14] Und er setzte zwölf ein, die er bei sich haben und die er dann aussenden wollte, damit sie predigten [15] und mit seiner Vollmacht Dämonen austrieben. [16] Die Zwölf, die er einsetzte, waren: Petrus – diesen Beinamen gab er dem Simon –, [17] Jakobus, der Sohn des Zebedäus, und Johannes, der Bruder des Jakobus – ihnen gab er den Beinamen Boanerges, das heißt Donnersöhne –, [18] dazu Andreas, Philippus, Bartholomäus, Matthäus, Thomas, Jakobus, der Sohn des Alphäus, Thaddäus, Simon Kananäus [19] und Judas Iskariot, der ihn dann verraten hat.

13–19 || Mt 10,1–4; Lk 6,12–16 • 16–19: Joh 1,40–44; Apg 1,13

Jesus und seine Angehörigen

20 Jesus ging in ein Haus und wieder kamen so viele
Menschen zusammen, dass er und die Jünger nicht
einmal mehr essen konnten. 21 Als seine Angehöri-
gen davon hörten, machten sie sich auf den Weg,
um ihn mit Gewalt zurückzuholen; denn sie sag-
ten: Er ist von Sinnen.

21: Joh 7,5

Verteidigungsrede Jesu

22 Die Schriftgelehrten, die von Jerusalem herabge-
kommen waren, sagten: Er ist von Beelzebul beses-
sen; mit Hilfe des Anführers der Dämonen treibt
er die Dämonen aus. 23 Da rief er sie zu sich und
belehrte sie in Form von Gleichnissen: Wie kann
der Satan den Satan austreiben? 24 Wenn ein Reich
in sich gespalten ist, kann es keinen Bestand ha-
ben. 25 Wenn eine Familie in sich gespalten ist, kann
sie keinen Bestand haben. 26 Und wenn sich der
Satan gegen sich selbst erhebt und mit sich selbst
im Streit liegt, kann er keinen Bestand haben, son-
dern es ist um ihn geschehen. 27 Es kann aber auch
keiner in das Haus eines starken Mannes einbre-
chen und ihm den Hausrat rauben, wenn er den
Mann nicht vorher fesselt; erst dann kann er sein
Haus plündern. 28 Amen, das sage ich euch: Alle
Vergehen und Lästerungen werden den Menschen
vergeben werden, so viel sie auch lästern mögen;
29 wer aber den Heiligen Geist lästert, der findet in
Ewigkeit keine Vergebung, sondern seine Sünde
wird ewig an ihm haften. 30 Sie hatten nämlich
gesagt: Er ist von einem unreinen Geist besessen.

22–30 ‖ Mt 12,24–29.31f; Lk 11,15–22 • 28–29 ‖ Lk 12,10 •
22: Mt 9,34; 10,25 • 27: Jes 49,24 • 30: Joh 10,20

Von den wahren Verwandten Jesu

31 Da kamen seine Mutter und seine Brüder; sie
blieben vor dem Haus stehen und ließen ihn he-
rausrufen. 32 Es saßen viele Leute um ihn herum
und man sagte zu ihm: Deine Mutter und deine
Brüder stehen draußen und fragen nach dir. 33 Er
erwiderte: Wer ist meine Mutter und wer sind
meine Brüder? 34 Und er blickte auf die Menschen,
die im Kreis um ihn herumsaßen, und sagte: Das
hier sind meine Mutter und meine Brüder. 35 Wer
den Willen Gottes erfüllt, der ist für mich Bruder
und Schwester und Mutter.

31–35 ‖ Mt 12,46–50; Lk 8,19–21

Die Gleichnisse vom Reich Gottes: 4,1–34

Das Gleichnis vom Sämann

4 Ein andermal lehrte er wieder am Ufer des
Sees und sehr viele Menschen versammelten
sich um ihn. Er stieg deshalb in ein Boot auf dem
See und setzte sich; die Leute aber standen am
Ufer. 2 Und er sprach lange zu ihnen und lehrte sie
in Form von Gleichnissen. Bei dieser Belehrung
sagte er zu ihnen: 3 Hört! Ein Sämann ging aufs
Feld, um zu säen. 4 Als er säte, fiel ein Teil der Kör-
ner auf den Weg und die Vögel kamen und fraßen
sie. 5 Ein anderer Teil fiel auf felsigen Boden, wo es
nur wenig Erde gab, und ging sofort auf, weil das
Erdreich nicht tief war; 6 als aber die Sonne hoch-
stieg, wurde die Saat versengt und verdorrte, weil
sie keine Wurzeln hatte. 7 Wieder ein anderer Teil
fiel in die Dornen und die Dornen wuchsen und
erstickten die Saat und sie brachte keine Frucht.
8 Ein anderer Teil schließlich fiel auf guten Boden
und brachte Frucht; die Saat ging auf und wuchs
empor und trug dreißigfach, ja sechzigfach und
hundertfach. 9 Und Jesus sprach: Wer Ohren hat
zum Hören, der höre!

1–9 ‖ Mt 13,1–9; Lk 8,4–8 • 9: Mt 11,15

Sinn und Zweck der Gleichnisse

10 Als er mit seinen Begleitern und den Zwölf allein
war, fragten sie ihn nach dem Sinn seiner Gleich-
nisse. 11 Da sagte er zu ihnen: Euch ist das Geheim-
nis des Reiches Gottes anvertraut; denen aber, die
draußen sind, wird alles in Gleichnissen gesagt;
12 denn
sehen sollen sie, sehen, aber nicht erkennen; / hören
sollen sie, hören, aber nicht verstehen, / damit sie
sich nicht bekehren / und ihnen nicht vergeben wird.

10–12 ‖ Mt 13,10–17; Lk 8,9f • 12: Jes 6,9f; Joh 12,40; Apg 28,26f

Die Deutung des Gleichnisses vom Sämann

13 Und er sagte zu ihnen: Wenn ihr schon dieses
Gleichnis nicht versteht, wie wollt ihr dann all die
anderen Gleichnisse verstehen? 14 Der Sämann sät
das Wort. 15 Auf den Weg fällt das Wort bei denen,
die es zwar hören, aber sofort kommt der Satan
und nimmt das Wort weg, das in sie gesät wurde.
16 Ähnlich ist es bei den Menschen, bei denen das
Wort auf felsigen Boden fällt: Sobald sie es hören,

nehmen sie es freudig auf; [17] aber sie haben keine
Wurzeln, sondern sind unbeständig, und wenn sie
dann um des Wortes willen bedrängt oder verfolgt
werden, kommen sie sofort zu Fall. [18] Bei anderen
fällt das Wort in die Dornen: sie hören es zwar,
[19] aber die Sorgen der Welt, der trügerische Reich-
tum und die Gier nach all den anderen Dingen
machen sich breit und ersticken es und es bringt
keine Frucht. [20] Auf guten Boden ist das Wort bei
denen gesät, die es hören und aufnehmen und
Frucht bringen, dreißigfach, ja sechzigfach und
hundertfach.

13–20 || Mt 13,18–23; Lk 8,11–15 • 19: 1 Tim 6,9

Vom rechten Hören

[21] Er sagte zu ihnen: Zündet man etwa ein Licht an
und stülpt ein Gefäß darüber oder stellt es unter
das Bett? Stellt man es nicht auf den Leuchter?
[22] Es gibt nichts Verborgenes, das nicht offenbar
wird, und nichts Geheimes, das nicht an den Tag
kommt. [23] Wenn einer Ohren hat zum Hören, so
höre er!
[24] Weiter sagte er: Achtet auf das, was ihr hört!
Nach dem Maß, mit dem ihr meßt und zuteilt,
wird euch zugeteilt werden, ja, es wird euch noch
mehr gegeben. [25] Denn wer hat, dem wird gegeben;
wer aber nicht hat, dem wird auch noch wegge-
nommen, was er hat.

21–25 || Lk 8,16–18 • 21: Mt 5,15; Lk 11,33 • 22: Mt 10,26; Lk 12,2 •
23: Mt 11,15 • 24: Mt 7,2; Lk 6,38 • 25: Mt 13,12; 25,29; Lk 19,26

Das Gleichnis vom Wachsen der Saat

[26] Er sagte: Mit dem Reich Gottes ist es so, wie wenn
ein Mann Samen auf seinen Acker sät; [27] dann
schläft er und steht wieder auf, es wird Nacht und
wird Tag, der Samen keimt und wächst und der
Mann weiß nicht, wie. [28] Die Erde bringt von selbst
ihre Frucht, zuerst den Halm, dann die Ähre,
dann das volle Korn in der Ähre. [29] Sobald aber
die Frucht reif ist, *legt er die Sichel an; denn die Zeit
der Ernte ist da.*

29: Joël 4,13

Das Gleichnis vom Senfkorn

[30] Er sagte: Womit sollen wir das Reich Gottes ver-
gleichen, mit welchem Gleichnis sollen wir es be-
schreiben? [31] Es gleicht einem Senfkorn. Dieses ist
das kleinste von allen Samenkörnern, die man in
die Erde sät. [32] Ist es aber gesät, dann geht es auf
und wird größer als alle anderen Gewächse und
treibt große *Zweige*, sodass *in seinem Schatten die
Vögel des Himmels nisten* können.

30–32 || Mt 13,31f; Lk 13,18f • 32: Dan 4,8f.18; Ez 17,23

Schlussbemerkung zu den Gleichnissen

[33] Durch viele solche Gleichnisse verkündete er
ihnen das Wort, so wie sie es aufnehmen konnten.
[34] Er redete nur in Gleichnissen zu ihnen; seinen
Jüngern aber erklärte er alles, wenn er mit ihnen
allein war.

33–34 || Mt 13,34

Taten und Worte Jesu: 4,35 – 8,26

Der Sturm auf dem See

[35] Am Abend dieses Tages sagte er zu ihnen: Wir
wollen ans andere Ufer hinüberfahren. [36] Sie schick-
ten die Leute fort und fuhren mit ihm in dem
Boot, in dem er saß, weg; einige andere Boote be-
gleiteten ihn. [37] Plötzlich erhob sich ein heftiger
Wirbelsturm, und die Wellen schlugen in das
Boot, sodass es sich mit Wasser zu füllen begann.
[38] Er aber lag hinten im Boot auf einem Kissen und
schlief. Sie weckten ihn und riefen: Meister, küm-
mert es dich nicht, dass wir zugrunde gehen? [39] Da
stand er auf, drohte dem Wind und sagte zu dem
See: Schweig, sei still! Und der Wind legte sich und
es trat völlige Stille ein. [40] Er sagte zu ihnen: Wa-
rum habt ihr solche Angst? Habt ihr noch keinen
Glauben? [41] Da ergriff sie große Furcht und sie sag-
ten zueinander: Was ist das für ein Mensch, dass
ihm sogar der Wind und der See gehorchen?

35–41 || Mt 8,18.23–27; Lk 8,22–25 • 39: 6,51

Die Heilung des Besessenen von Gerasa

5 Sie kamen an das andere Ufer des Sees, in
das Gebiet von Gerasa. [2] Als er aus dem Boot
stieg, lief ihm ein Mann entgegen, der von einem
unreinen Geist besessen war. Er kam von den
Grabhöhlen, [3] in denen er lebte. Man konnte ihn
nicht bändigen, nicht einmal mit Fesseln. [4] Schon
oft hatte man ihn an Händen und Füßen gefesselt,
aber er hatte die Ketten gesprengt und die Fesseln

zerrissen; niemand konnte ihn bezwingen. [5] Bei Tag und Nacht schrie er unaufhörlich in den Grabhöhlen und auf den Bergen und schlug sich mit Steinen. [6] Als er Jesus von weitem sah, lief er zu ihm hin, warf sich vor ihm nieder [7] und schrie laut: Was habe ich mit dir zu tun, Jesus, Sohn des höchsten Gottes? Ich beschwöre dich bei Gott, quäle mich nicht! [8] Jesus hatte nämlich zu ihm gesagt: Verlass diesen Mann, du unreiner Geist! [9] Jesus fragte ihn: Wie heißt du? Er antwortete: Mein Name ist Legion; denn wir sind viele. [10] Und er flehte Jesus an, sie nicht aus dieser Gegend zu verbannen.

[11] Nun weidete dort an einem Berghang gerade eine große Schweineherde. [12] Da baten ihn die Dämonen: Lass uns doch in die Schweine hineinfahren! [13] Jesus erlaubte es ihnen. Darauf verließen die unreinen Geister den Menschen und fuhren in die Schweine und die Herde stürzte sich den Abhang hinab in den See. Es waren etwa zweitausend Tiere und alle ertranken. [14] Die Hirten flohen und erzählten alles in der Stadt und in den Dörfern. Darauf eilten die Leute herbei, um zu sehen, was geschehen war. [15] Sie kamen zu Jesus und sahen bei ihm den Mann, der von der Legion Dämonen besessen gewesen war. Er saß ordentlich gekleidet da und war wieder bei Verstand. Da fürchteten sie sich. [16] Die, die alles gesehen hatten, berichteten ihnen, was mit dem Besessenen und mit den Schweinen geschehen war. [17] Darauf baten die Leute Jesus, ihr Gebiet zu verlassen.

[18] Als er ins Boot stieg, bat ihn der Mann, der zuvor von den Dämonen besessen war, bei ihm bleiben zu dürfen. [19] Aber Jesus erlaubte es ihm nicht, sondern sagte: Geh nach Hause und berichte deiner Familie alles, was der Herr für dich getan und wie er Erbarmen mit dir gehabt hat. [20] Da ging der Mann weg und verkündete in der ganzen Dekapolis, was Jesus für ihn getan hatte, und alle staunten.

1–20 ‖ Mt 8,28–34; Lk 8,26–39 • 7: 1,24; 3,11; Lk 4,34; Joh 2,4

Die Auferweckung der Tochter des Jaïrus und die Heilung einer kranken Frau

[21] Jesus fuhr im Boot wieder ans andere Ufer hinüber und eine große Menschenmenge versammelte sich um ihn. Während er noch am See war, [22] kam ein Synagogenvorsteher namens Jaïrus zu ihm. Als er Jesus sah, fiel er ihm zu Füßen [23] und flehte ihn um Hilfe an; er sagte: Meine Tochter liegt im Sterben. Komm und leg ihr die Hände auf, damit sie wieder gesund wird und am Leben bleibt. [24] Da ging Jesus mit ihm.

Viele Menschen folgten ihm und drängten sich um ihn. [25] Darunter war eine Frau, die schon zwölf Jahre an Blutungen litt. [26] Sie war von vielen Ärzten behandelt worden und hatte dabei sehr zu leiden; ihr ganzes Vermögen hatte sie ausgegeben, aber es hatte ihr nichts genutzt, sondern ihr Zustand war immer schlimmer geworden. [27] Sie hatte von Jesus gehört. Nun drängte sie sich in der Menge von hinten an ihn heran und berührte sein Gewand. [28] Denn sie sagte sich: Wenn ich auch nur sein Gewand berühre, werde ich geheilt. [29] Sofort hörte die Blutung auf und sie spürte deutlich, dass sie von ihrem Leiden geheilt war. [30] Im selben Augenblick fühlte Jesus, dass eine Kraft von ihm ausströmte, und er wandte sich in dem Gedränge um und fragte: Wer hat mein Gewand berührt? [31] Seine Jünger sagten zu ihm: Du siehst doch, wie sich die Leute um dich drängen, und da fragst du: Wer hat mich berührt? [32] Er blickte umher, um zu sehen, wer es getan hatte. [33] Da kam die Frau, zitternd vor Furcht, weil sie wusste, was mit ihr geschehen war; sie fiel vor ihm nieder und sagte ihm die ganze Wahrheit. [34] Er aber sagte zu ihr: Meine Tochter, dein Glaube hat dir geholfen. Geh in Frieden! Du sollst von deinem Leiden geheilt sein.

[35] Während Jesus noch redete, kamen Leute, die zum Haus des Synagogenvorstehers gehörten, und sagten (zu Jaïrus): Deine Tochter ist gestorben. Warum bemühst du den Meister noch länger? [36] Jesus, der diese Worte gehört hatte, sagte zu dem Synagogenvorsteher: Sei ohne Furcht; glaube nur! [37] Und er ließ keinen mitkommen außer Petrus, Jakobus und Johannes, den Bruder des Jakobus. [38] Sie gingen zum Haus des Synagogenvorstehers. Als Jesus den Lärm bemerkte und hörte, wie die Leute laut weinten und jammerten, [39] trat er ein und sagte zu ihnen: Warum schreit und weint ihr? Das Kind ist nicht gestorben, es schläft nur. [40] Da lachten sie ihn aus. Er aber schickte alle hinaus und nahm außer seinen Begleitern nur die Eltern mit in den Raum, in dem das Kind lag. [41] Er fasste das

Kind an der Hand und sagte zu ihm: Talita kum!, das heißt übersetzt: Mädchen, ich sage dir, steh auf! [42] Sofort stand das Mädchen auf und ging umher. Es war zwölf Jahre alt. Die Leute gerieten außer sich vor Entsetzen. [43] Doch er schärfte ihnen ein, niemand dürfe etwas davon erfahren; dann sagte er, man solle dem Mädchen etwas zu essen geben.

21–43 || Mt 9,18–26; Lk 8,40–56 • 28: 6,56; Mt 14,36 • 34: 10,52; Lk 7,50; 17,19; 18,42

Die Ablehnung Jesu in seiner Heimat

6 Von dort brach Jesus auf und kam in seine Heimatstadt; seine Jünger begleiteten ihn. [2] Am Sabbat lehrte er in der Synagoge. Und die vielen Menschen, die ihm zuhörten, staunten und sagten: Woher hat er das alles? Was ist das für eine Weisheit, die ihm gegeben ist! Und was sind das für Wunder, die durch ihn geschehen! [3] Ist das nicht der Zimmermann, der Sohn der Maria und der Bruder von Jakobus, Joses, Judas und Simon? Leben nicht seine Schwestern hier unter uns? Und sie nahmen Anstoß an ihm und lehnten ihn ab. [4] Da sagte Jesus zu ihnen: Nirgends hat ein Prophet so wenig Ansehen wie in seiner Heimat, bei seinen Verwandten und in seiner Familie. [5] Und er konnte dort kein Wunder tun; nur einigen Kranken legte er die Hände auf und heilte sie. [6a] Und er wunderte sich über ihren Unglauben.

1–6a || Mt 13,54–58; Lk 4,16–30 • 2: Joh 7,15 • 3: Joh 6,42 • 4: Joh 4,44

Die Aussendung der zwölf Jünger

[6b] Jesus zog durch die benachbarten Dörfer und lehrte. [7] Er rief die Zwölf zu sich und sandte sie aus, jeweils zwei zusammen. Er gab ihnen die Vollmacht, die unreinen Geister auszutreiben, [8] und er gebot ihnen, außer einem Wanderstab nichts auf den Weg mitzunehmen, kein Brot, keine Vorratstasche, kein Geld im Gürtel, [9] kein zweites Hemd und an den Füßen nur Sandalen. [10] Und er sagte zu ihnen: Bleibt in dem Haus, in dem ihr einkehrt, bis ihr den Ort wieder verlasst. [11] Wenn man euch aber in einem Ort nicht aufnimmt und euch nicht hören will, dann geht weiter und schüttelt den Staub von euren Füßen, zum Zeugnis gegen sie. [12] Die Zwölf machten sich auf den Weg und riefen die Menschen zur Umkehr auf. [13] Sie trieben viele Dämonen aus und salbten viele Kranke mit Öl und heilten sie.

6b–13 || Mt 9,35; 10,1.5–14; Lk 9,1–6

Das Urteil des Herodes über Jesus

[14] Der König Herodes hörte von Jesus; denn sein Name war bekannt geworden und man sagte: Johannes der Täufer ist von den Toten auferstanden; deshalb wirken solche Kräfte in ihm. [15] Andere sagten: Er ist Elija. Wieder andere: Er ist ein Prophet, wie einer von den alten Propheten. [16] Als aber Herodes von ihm hörte, sagte er: Johannes, den ich enthaupten ließ, ist auferstanden.

14–16 || Mt 14,1f; Lk 9,7–9 • 14f: Mt 16,14

Die Enthauptung des Täufers

[17] Herodes hatte nämlich Johannes festnehmen und ins Gefängnis werfen lassen. Schuld daran war Herodias, die Frau seines Bruders Philippus, die er geheiratet hatte. [18] Denn Johannes hatte zu Herodes gesagt: Du hattest nicht das Recht, die Frau deines Bruders zur Frau zu nehmen. [19] Herodias verzieh ihm das nicht und wollte ihn töten lassen. Sie konnte ihren Plan aber nicht durchsetzen, [20] denn Herodes fürchtete sich vor Johannes, weil er wusste, dass dieser ein gerechter und heiliger Mann war. Darum schützte er ihn. Sooft er mit ihm sprach, wurde er unruhig und ratlos, und doch hörte er ihm gern zu. [21] Eines Tages ergab sich für Herodias eine günstige Gelegenheit. An seinem Geburtstag lud Herodes seine Hofbeamten und Offiziere zusammen mit den vornehmsten Bürgern von Galiläa zu einem Festmahl ein. [22] Da kam die Tochter der Herodias und tanzte und sie gefiel dem Herodes und seinen Gästen so sehr, dass der König zu ihr sagte: Wünsch dir, was du willst; ich werde es dir geben. [23] Er schwor ihr sogar: Was du auch von mir verlangst, ich will es dir geben, und *wenn es die Hälfte meines Reiches wäre.* [24] Sie ging hinaus und fragte ihre Mutter: Was soll ich mir wünschen? Herodias antwortete: Den Kopf des Täufers Johannes. [25] Da lief das Mädchen zum König hinein und sagte: Ich will, dass du mir sofort auf einer Schale den Kopf des Täufers Johannes bringen lässt.

[26] Da wurde der König sehr traurig, aber weil er vor

allen Gästen einen Schwur geleistet hatte, wollte er
ihren Wunsch nicht ablehnen. 27 Deshalb befahl er
einem Scharfrichter, sofort ins Gefängnis zu gehen
und den Kopf des Täufers herzubringen. Der
Scharfrichter ging und enthauptete Johannes.
28 Dann brachte er den Kopf auf einer Schale, gab
ihn dem Mädchen und das Mädchen gab ihn sei-
ner Mutter. 29 Als die Jünger des Johannes das hör-
ten, kamen sie, holten seinen Leichnam und leg-
ten ihn in ein Grab.

17–29 || Mt 14,3–12; Lk 3,19f • 18: Lev 18,16; 20,21 •
23: Est 5,3.6; 7,2

Die Rückkehr der Jünger und die Speisung der Fünftausend

30 Die Apostel versammelten sich wieder bei Jesus
und berichteten ihm alles, was sie getan und ge-
lehrt hatten. 31 Da sagte er zu ihnen: Kommt mit
an einen einsamen Ort, wo wir allein sind, und
ruht ein wenig aus. Denn sie fanden nicht einmal
Zeit zum Essen, so zahlreich waren die Leute, die
kamen und gingen. 32 Sie fuhren also mit dem Boot
in eine einsame Gegend, um allein zu sein. 33 Aber
man sah sie abfahren und viele erfuhren davon; sie
liefen zu Fuß aus allen Städten dorthin und kamen
noch vor ihnen an. 34 Als er ausstieg und die vielen
Menschen sah, hatte er Mitleid mit ihnen; denn sie
waren *wie Schafe, die keinen Hirten haben.* Und er
lehrte sie lange.
35 Gegen Abend kamen seine Jünger zu ihm und
sagten: Der Ort ist abgelegen und es ist schon spät.
36 Schick sie weg, damit sie in die umliegenden
Gehöfte und Dörfer gehen und sich etwas zu essen
kaufen können. 37 Er erwiderte: Gebt ihr ihnen zu
essen! Sie sagten zu ihm: Sollen wir weggehen, für
zweihundert Denare Brot kaufen und es ihnen ge-
ben, damit sie zu essen haben? 38 Er sagte zu ihnen:
Wie viele Brote habt ihr? Geht und seht nach! Sie
sahen nach und berichteten: Fünf Brote und au-
ßerdem zwei Fische. 39 Dann befahl er ihnen, den
Leuten zu sagen, sie sollten sich in Gruppen ins
grüne Gras setzen. 40 Und sie setzten sich in Grup-
pen zu hundert und zu fünfzig. 41 Darauf nahm er
die fünf Brote und die zwei Fische, blickte zum
Himmel auf, sprach den Lobpreis, brach die Brote
und gab sie den Jüngern, damit sie sie an die Leute
austeilten. Auch die zwei Fische ließ er unter allen
verteilen. 42 Und alle aßen und wurden satt. 43 Als
die Jünger die Reste der Brote und auch der Fische
einsammelten, wurden zwölf Körbe voll. 44 Es wa-
ren fünftausend Männer, die von den Broten ge-
gessen hatten.

30–31 || Lk 9,10; 10,17 • 32–34 || Mt 14,13–21; Lk 9,10–17;
Joh 6,1–13 • 32–44: 8,1–10; Mt 15,32–39 • 34: Mt 9,36; Num 27,17;
1 Kön 22,17; Ez 34,5 • 41: 8,19

Der Gang Jesu auf dem Wasser

45 Gleich darauf forderte er seine Jünger auf, ins
Boot zu steigen und ans andere Ufer nach Betsaida
vorauszufahren. Er selbst wollte inzwischen die
Leute nach Hause schicken. 46 Nachdem er sich
von ihnen verabschiedet hatte, ging er auf einen
Berg, um zu beten. 47 Spät am Abend war das Boot
mitten auf dem See, er aber war allein an Land.
48 Und er sah, wie sie sich beim Rudern abmühten,
denn sie hatten Gegenwind. In der vierten Nacht-
wache ging er auf dem See zu ihnen hin, wollte
aber an ihnen vorübergehen. 49 Als sie ihn über den
See gehen sahen, meinten sie, es sei ein Gespenst,
und schrien auf. 50 Alle sahen ihn und erschraken.
Doch er begann mit ihnen zu reden und sagte:
Habt Vertrauen, ich bin es; fürchtet euch nicht!
51 Dann stieg er zu ihnen ins Boot und der Wind
legte sich. Sie aber waren bestürzt und außer sich.
52 Denn sie waren nicht zur Einsicht gekommen,
als das mit den Broten geschah; ihr Herz war ver-
stockt.

45–52 || Mt 14,22–33; Joh 6,16–21 • 46: Lk 6,12 • 51: 4,39 • 52: 8,17

Krankenheilungen in Gennesaret

53 Sie fuhren auf das Ufer zu, kamen nach Genne-
saret und legten dort an. 54 Als sie aus dem Boot
stiegen, erkannte man ihn sofort. 55 Die Menschen
eilten durch die ganze Gegend und brachten die
Kranken auf Tragbahren zu ihm, sobald sie hör-
ten, wo er war.
56 Und immer, wenn er in ein Dorf oder eine Stadt
oder zu einem Gehöft kam, trug man die Kranken
auf die Straße hinaus und bat ihn, er möge sie
wenigstens den Saum seines Gewandes berühren
lassen. Und alle, die ihn berührten, wurden ge-
heilt.

53–56 || Mt 14,34–36 • 55: Mt 4,24 • 56: 5,28; Mt 14,36

Von Reinheit und Unreinheit

7 Die Pharisäer und einige Schriftgelehrte, die
aus Jerusalem gekommen waren, hielten sich
bei Jesus auf. 2 Sie sahen, dass einige seiner Jünger
ihr Brot mit unreinen, das heißt mit ungewasche-
nen Händen aßen. 3 Die Pharisäer essen nämlich
wie alle Juden nur, wenn sie vorher mit einer Hand
voll Wasser die Hände gewaschen haben, wie es die
Überlieferung der Alten vorschreibt. 4 Auch wenn
sie vom Markt kommen, essen sie nicht, ohne sich
vorher zu waschen. Noch viele andere überlieferte
Vorschriften halten sie ein, wie das Abspülen von
Bechern, Krügen und Kesseln. 5 Die Pharisäer und
die Schriftgelehrten fragten ihn also: Warum hal-
ten sich deine Jünger nicht an die Überlieferung
der Alten, sondern essen ihr Brot mit unreinen
Händen? 6 Er antwortete ihnen: Der Prophet Jesaja
hatte Recht mit dem, was er über euch Heuchler
sagte:
*Dieses Volk ehrt mich mit den Lippen, / sein Herz
aber ist weit weg von mir.*
7 *Es ist sinnlos, wie sie mich verehren; / was sie leh-
ren, sind Satzungen von Menschen.*
8 Ihr gebt Gottes Gebot preis und haltet euch an
die Überlieferung der Menschen. 9 Und weiter
sagte Jesus: Sehr geschickt setzt ihr Gottes Gebot
außer Kraft und haltet euch an eure eigene Über-
lieferung. 10 Mose hat zum Beispiel gesagt: *Ehre
deinen Vater und deine Mutter!,* und: *Wer Vater
oder Mutter verflucht, soll mit dem Tod bestraft wer-
den.* 11 Ihr aber lehrt: Es ist erlaubt, dass einer zu
seinem Vater oder seiner Mutter sagt: Was ich dir
schulde, ist Korbán, das heißt: eine Opfergabe.
12 Damit hindert ihr ihn daran, noch etwas für
Vater oder Mutter zu tun. 13 So setzt ihr durch eure
eigene Überlieferung Gottes Wort außer Kraft.
Und ähnlich handelt ihr in vielen Fällen.
14 Dann rief er die Leute wieder zu sich und sag-
te: Hört mir alle zu und begreift, was ich sage:
15 Nichts, was von außen in den Menschen hinein-
kommt, kann ihn unrein machen, sondern was
aus dem Menschen herauskommt, das macht ihn
unrein. [16]
17 Er verließ die Menge und ging in ein Haus.
Da fragten ihn seine Jünger nach dem Sinn dieses
rätselhaften Wortes. 18 Er antwortete ihnen: Be-
greift auch ihr nicht? Seht ihr nicht ein, dass das,
was von außen in den Menschen hineinkommt,
ihn nicht unrein machen kann? 19 Denn es gelangt
ja nicht in sein Herz, sondern in den Magen und
wird wieder ausgeschieden. Damit erklärte Jesus
alle Speisen für rein. 20 Weiter sagte er: Was aus
dem Menschen herauskommt, das macht ihn
unrein. 21 Denn von innen, aus dem Herzen der
Menschen, kommen die bösen Gedanken, Un-
zucht, Diebstahl, Mord, 22 Ehebruch, Habgier, Bos-
heit, Hinterlist, Ausschweifung, Neid, Verleum-
dung, Hochmut und Unvernunft. 23 All dieses Böse
kommt von innen und macht den Menschen un-
rein.

1–23 || Mt 15,1–20 • 2: Lk 11,38; Kol 2,21f • 4: Mt 23,25 • 6: Jes 29,13 G • 10: Ex 20,12; 21,17; Lev 20,9; Dtn 5,16

Die Erhörung der Bitte einer heidnischen Frau

24 Jesus brach auf und zog von dort in das Gebiet
von Tyrus. Er ging in ein Haus, wollte aber, dass
niemand davon erfuhr; doch es konnte nicht ver-
borgen bleiben. 25 Eine Frau, deren Tochter von ei-
nem unreinen Geist besessen war, hörte von ihm;
sie kam sogleich herbei und fiel ihm zu Füßen.
26 Die Frau, von Geburt Syrophönizierin, war eine
Heidin. Sie bat ihn, aus ihrer Tochter den Dämon
auszutreiben. 27 Da sagte er zu ihr: Lasst zuerst die
Kinder satt werden; denn es ist nicht recht, das
Brot den Kindern wegzunehmen und den Hunden
vorzuwerfen. 28 Sie erwiderte ihm: Ja, du hast recht,
Herr! Aber auch für die Hunde unter dem Tisch
fällt etwas von dem Brot ab, das die Kinder essen.
29 Er antwortete ihr: Weil du das gesagt hast, sage
ich dir: Geh nach Hause, der Dämon hat deine
Tochter verlassen. 30 Und als sie nach Hause kam,
fand sie das Kind auf dem Bett liegen und sah, dass
der Dämon es verlassen hatte.

24–30 || Mt 15,21–28

Die Heilung eines Taubstummen

31 Jesus verließ das Gebiet von Tyrus wieder und
kam über Sidon an den See von Galiläa, mitten in
das Gebiet der Dekapolis. 32 Da brachte man einen
Taubstummen zu Jesus und bat ihn, er möge ihn
berühren. 33 Er nahm ihn beiseite, von der Menge
weg, legte ihm die Finger in die Ohren und be-
rührte dann die Zunge des Mannes mit Speichel;
34 danach blickte er zum Himmel auf, seufzte und

Egger Lienz

„Gegen Abend kamen seine Jünger zu ihm und sagten: Der Ort ist abgelegen und es ist schon spät. Schick sie weg, damit sie in die umliegenden Gehöfte und Dörfer gehen und sich etwas zu essen kaufen können. Er erwiderte: Gebt ihr ihnen zu essen! ... Darauf nahm er die fünf Brote und die zwei Fische, blickte zum Himmel auf, sprach den Lobpreis, brach die Brote und gab sie den Jüngern, damit sie sie an die Leute austeilten. Auch die zwei Fische ließ er unter allen verteilen. Und alle aßen und wurden satt.“
(Markus 6,35–37.41–42)

Mittagessen, um 1920

Öl auf Leinwand, 91,5 x 125 cm
bezeichnet links oben: Egger Lienz
Innsbruck, Tiroler Landesmuseum Ferdinandeum, Inv.Nr. Gem 3022

Die bäuerliche Familie ist beim Mittagstisch vereint. Zum gemeinsamen Mahl steht eine (nicht sichtbare) Speiseschüssel am Tisch. Die Sonnenstrahlen umfangen den ganzen Raum der Bauernstube. Ein harmonisches Bild des bäuerlichen Alltags ist evident. Egger-Lienz hat bereits 1908 dieses Motiv in einer impressionistischen Malweise festgehalten und dann insgesamt dreizehnmal wiederholt. So beliebt waren diese Motive aus dem bäuerlichen Alltag.

„Da brachte man einen Blinden zu Jesus und bat ihn, er möge ihn berühren. Er nahm den Blinden bei der Hand, führte ihn vor das Dorf hinaus, bestrich seine Augen mit Speichel, legte ihm die Hand auf … Er war geheilt und konnte alles ganz genau sehen.“ (Markus 8,22–23.25)

Die Blinden, 1918/19

Öl auf Leinwand, 170 x 236 cm
Lienz, Museum der Stadt Lienz Schloss Bruck, Inv.Nr. AEL 51

Unmittelbar mit den Geschehnissen nach dem Ersten Weltkrieg verbunden ist … dieses Motiv der drei Blinden, die sich gegenseitig ertasten, aber dennoch in ihrer Not einsam sind. In diesen Kriegsbildern weist Egger-Lienz eindringlich auf die menschliche Existenzangst hin. In ihrer Wirkung unterstützt wird die Aussage auch durch die expressive Formulierung und farbliche Düsterheit. „Die Blinden“ von Egger-Lienz haben die Sehkraft verloren, nur die innere Sicht, die innere Hoffnung ist ihnen geblieben.

sagte zu dem Taubstummen: Effata!, das heißt: Öffne dich! [35] Sogleich öffneten sich seine Ohren, seine Zunge wurde von ihrer Fessel befreit und er konnte richtig reden. [36] Jesus verbot ihnen, jemand davon zu erzählen. Doch je mehr er es ihnen verbot, desto mehr machten sie es bekannt. [37] Außer sich vor Staunen sagten sie: Er hat alles gut gemacht; er macht, dass die Tauben hören und die Stummen sprechen.

31–37: Mt 15,29–31 • 33: 8,23 • 37: Jes 35,5

Die Speisung der Viertausend

8 In jenen Tagen waren wieder einmal viele Menschen um Jesus versammelt. Da sie nichts zu essen hatten, rief er die Jünger zu sich und sagte: [2] Ich habe Mitleid mit diesen Menschen; sie sind schon drei Tage bei mir und haben nichts mehr zu essen. [3] Wenn ich sie hungrig nach Hause schicke, werden sie unterwegs zusammenbrechen; denn einige von ihnen sind von weither gekommen. [4] Seine Jünger antworteten ihm: Woher soll man in dieser unbewohnten Gegend Brot bekommen, um sie alle satt zu machen? [5] Er fragte sie: Wie viele Brote habt ihr? Sie antworteten: Sieben. [6] Da forderte er die Leute auf, sich auf den Boden zu setzen. Dann nahm er die sieben Brote, sprach das Dankgebet, brach die Brote und gab sie seinen Jüngern zum Verteilen; und die Jünger teilten sie an die Leute aus. [7] Sie hatten auch noch ein paar Fische bei sich. Jesus segnete sie und ließ auch sie austeilen. [8] Die Leute aßen und wurden satt. Dann sammelte man die übrig gebliebenen Brotstücke ein, sieben Körbe voll. [9] Es waren etwa viertausend Menschen beisammen. Danach schickte er sie nach Hause. [10] Gleich darauf stieg er mit seinen Jüngern ins Boot und fuhr in das Gebiet von Dalmanuta.

1–10 || Mt 15,32–39 • 1–10: Mt 14,13–21; Mk 6,32–44; Lk 9,10–17; Joh 6,1–13 • 2: Mt 9,36 • 6: 8,20

Die Verweigerung eines Zeichens

[11] Da kamen die Pharisäer und begannen ein Streitgespräch mit ihm; sie forderten von ihm ein Zeichen vom Himmel, um ihn auf die Probe zu stellen. [12] Da seufzte er tief auf und sagte: Was fordert diese Generation ein Zeichen? Amen, das sage ich euch: Dieser Generation wird niemals ein Zeichen gegeben werden. [13] Und er verließ sie, stieg in das Boot und fuhr ans andere Ufer.

11–13 || Mt 16,1–4 • 11: Mt 12,38f; Lk 11,16.29; Joh 6,30; 1 Kor 1,22

Warnung vor den Pharisäern und vor Herodes

[14] Die Jünger hatten vergessen, bei der Abfahrt Brote mitzunehmen; nur ein einziges hatten sie dabei.

[15] Und er warnte sie: Gebt Acht, hütet euch vor dem Sauerteig der Pharisäer und dem Sauerteig des Herodes! [16] Sie aber machten sich Gedanken, weil sie kein Brot bei sich hatten. [17] Als er das merkte, sagte er zu ihnen: Was macht ihr euch darüber Gedanken, dass ihr kein Brot habt? Begreift und versteht ihr immer noch nicht? Ist denn euer Herz verstockt? [18] *Habt ihr denn keine Augen, um zu sehen, und keine Ohren, um zu hören?* Erinnert ihr euch nicht: [19] Als ich die fünf Brote für die Fünftausend brach, wie viele Körbe voll Brotstücke habt ihr da aufgesammelt? Sie antworteten ihm: Zwölf. [20] Und als ich die sieben Brote für die Viertausend brach, wie viele Körbe voll habt ihr da aufgesammelt? Sie antworteten: Sieben.

[21] Da sagte er zu ihnen: Versteht ihr immer noch nicht?

14–21 || Mt 16,5–12 • 15: Lk 12,1 • 17: 6,52 • 18: Jer 5,21 • 19: 6,41–44 • 20: 8,6–9

Die Heilung eines Blinden bei Betsaida

[22] Sie kamen nach Betsaida. Da brachte man einen Blinden zu Jesus und bat ihn, er möge ihn berühren. [23] Er nahm den Blinden bei der Hand, führte ihn vor das Dorf hinaus, bestrich seine Augen mit Speichel, legte ihm die Hände auf und fragte ihn: Siehst du etwas? [24] Der Mann blickte auf und sagte: Ich sehe Menschen; denn ich sehe etwas, das wie Bäume aussieht und umhergeht. [25] Da legte er ihm nochmals die Hände auf die Augen; nun sah der Mann deutlich. Er war geheilt und konnte alles ganz genau sehen. [26] Jesus schickte ihn nach Hause und sagte: Geh aber nicht in das Dorf hinein!

23: 7,33; Joh 9,6

AUF DEM WEG NACH JERUSALEM: 8,27 – 10,52

Das Messiasbekenntnis des Petrus

27 Jesus ging mit seinen Jüngern in die Dörfer bei Cäsarea Philippi. Unterwegs fragte er die Jünger: Für wen halten mich die Menschen? 28 Sie sagten zu ihm: Einige für Johannes den Täufer, andere für Elija, wieder andere für sonst einen von den Propheten. 29 Da fragte er sie: Ihr aber, für wen haltet ihr mich? Simon Petrus antwortete ihm: Du bist der Messias! 30 Doch er verbot ihnen, mit jemand über ihn zu sprechen.

27–30 || Mt 16,13–20; Lk 9,18–22 • 28: 6,14 • 29: Joh 11,27

Die erste Ankündigung von Leiden und Auferstehung

31 Dann begann er, sie darüber zu belehren, der Menschensohn müsse vieles erleiden und von den Ältesten, den Hohenpriestern und den Schriftgelehrten verworfen werden; er werde getötet, aber nach drei Tagen werde er auferstehen. 32 Und er redete ganz offen darüber. Da nahm ihn Petrus beiseite und machte ihm Vorwürfe. 33 Jesus wandte sich um, sah seine Jünger an und wies Petrus mit den Worten zurecht: Weg mit dir, Satan, geh mir aus den Augen! Denn du hast nicht das im Sinn, was Gott will, sondern was die Menschen wollen.

31–33 || Mt 16,21–23; Lk 9,22 • 31: 9,31; 10,32–34

Von Nachfolge und Selbstverleugnung

34 Er rief die Volksmenge und seine Jünger zu sich und sagte: Wer mein Jünger sein will, der verleugne sich selbst, nehme sein Kreuz auf sich und folge mir nach. 35 Denn wer sein Leben retten will, wird es verlieren; wer aber sein Leben um meinetwillen und um des Evangeliums willen verliert, wird es retten. 36 Was nützt es einem Menschen, wenn er die ganze Welt gewinnt, dabei aber sein Leben einbüßt? 37 Um welchen Preis könnte ein Mensch sein Leben zurückkaufen? 38 Denn wer sich vor dieser treulosen und sündigen Generation meiner und meiner Worte schämt, dessen wird sich auch der Menschensohn schämen, wenn er mit den heiligen Engeln in der Hoheit seines Vaters kommt.

9 Und er sagte zu ihnen: Amen, ich sage euch: Von denen, die hier stehen, werden einige den Tod nicht erleiden, bis sie gesehen haben, dass das Reich Gottes in (seiner ganzen) Macht gekommen ist.

8,34 – 9,1 || Mt 16,24–28; Lk 9,23–27 • 8,34: Mt 10,38f; Lk 14,27; Mt 8,22 • 35: Mt 10,39; Lk 17,33; Joh 12,25 • 38: Mt 10,33 • 9,1: Mt 10,23; 24,34

Die Verklärung Jesu

2 Sechs Tage danach nahm Jesus Petrus, Jakobus und Johannes beiseite und führte sie auf einen hohen Berg, aber nur sie allein. Und er wurde vor ihren Augen verwandelt; 3 seine Kleider wurden strahlend weiß, so weiß, wie sie auf Erden kein Bleicher machen kann. 4 Da erschien vor ihren Augen Elija und mit ihm Mose und sie redeten mit Jesus. 5 Petrus sagte zu Jesus: Rabbi, es ist gut, dass wir hier sind. Wir wollen drei Hütten bauen, eine für dich, eine für Mose und eine für Elija. 6 Er wusste nämlich nicht, was er sagen sollte; denn sie waren vor Furcht ganz benommen. 7 Da kam eine Wolke und warf ihren Schatten auf sie, und aus der Wolke rief eine Stimme: Das ist *mein geliebter Sohn; auf ihn sollt ihr hören.* 8 Als sie dann um sich blickten, sahen sie auf einmal niemand mehr bei sich außer Jesus.

9 Während sie den Berg hinabstiegen, verbot er ihnen, irgendjemand zu erzählen, was sie gesehen hatten, bis der Menschensohn von den Toten auferstanden sei. 10 Dieses Wort beschäftigte sie und sie fragten einander, was das sei: von den Toten auferstehen.

2–10 || Mt 17,1–9; Lk 9,28–36 • 2–8: 2 Petr 1,16–18 • 7: Ps 2,7; Jes 42,1; Dtn 18,15; Mt 3,17 • 9: Mt 8,4

Von der Wiederkunft des Elija

11 Da fragten sie ihn: Warum sagen die Schriftgelehrten, zuerst müsse Elija kommen? 12 Er antwortete: Ja, Elija kommt zuerst und *stellt* alles *wieder her.* Aber warum heißt es dann vom Menschensohn in der Schrift, er werde viel leiden müssen und verachtet werden? 13 Ich sage euch: Elija ist schon gekommen, doch sie haben mit ihm gemacht, was sie wollten, wie es in der Schrift steht.

11–13 || Mt 17,10–13 • 12: Mal 3,23 G; Jes 52,13 – 53,12; Ps 22,2–20 • 13: Mt 11,14

Die Heilung eines besessenen Jungen

14 Als sie zu den anderen Jüngern zurückkamen, sahen sie eine große Menschenmenge um sie versammelt und Schriftgelehrte, die mit ihnen stritten. 15 Sobald die Leute Jesus sahen, liefen sie in großer Erregung auf ihn zu und begrüßten ihn. 16 Er fragte sie: Warum streitet ihr mit ihnen? 17 Einer aus der Menge antwortete ihm: Meister, ich habe meinen Sohn zu dir gebracht. Er ist von einem stummen Geist besessen; 18 immer wenn der Geist ihn überfällt, wirft er ihn zu Boden und meinem Sohn tritt Schaum vor den Mund, er knirscht mit den Zähnen und wird starr. Ich habe schon deine Jünger gebeten, den Geist auszutreiben, aber sie hatten nicht die Kraft dazu. 19 Da sagte er zu ihnen: O du ungläubige Generation! Wie lange muss ich noch bei euch sein? Wie lange muss ich euch noch ertragen? Bringt ihn zu mir! 20 Und man führte ihn herbei. Sobald der Geist Jesus sah, zerrte er den Jungen hin und her, sodass er hinfiel und sich mit Schaum vor dem Mund auf dem Boden wälzte. 21 Jesus fragte den Vater: Wie lange hat er das schon? Der Vater antwortete: Von Kind auf; 22 oft hat er ihn sogar ins Feuer oder ins Wasser geworfen, um ihn umzubringen. Doch wenn du kannst, hilf uns; hab Mitleid mit uns! 23 Jesus sagte zu ihm: Wenn du kannst? Alles kann, wer glaubt.

24 Da rief der Vater des Jungen: Ich glaube; hilf meinem Unglauben! 25 Als Jesus sah, dass die Leute zusammenliefen, drohte er dem unreinen Geist und sagte: Ich befehle dir, du stummer und tauber Geist: Verlass ihn und kehr nicht mehr in ihn zurück! 26 Da zerrte der Geist den Jungen hin und her und verließ ihn mit lautem Geschrei. Der Junge lag da wie tot, so dass alle Leute sagten: Er ist gestorben. 27 Jesus aber fasste ihn an der Hand und richtete ihn auf, und der Junge erhob sich.

28 Als Jesus nach Hause kam und sie allein waren, fragten ihn seine Jünger: Warum konnten denn wir den Dämon nicht austreiben? 29 Er antwortete ihnen: Diese Art kann nur durch Gebet ausgetrieben werden.

14–29 || Mt 17,14–21; Lk 9,37–42

Die zweite Ankündigung von Leiden und Auferstehung

30 Sie gingen von dort weg und zogen durch Galiläa. Er wollte aber nicht, dass jemand davon erfuhr; 31 denn er wollte seine Jünger über etwas belehren. Er sagte zu ihnen: Der Menschensohn wird den Menschen ausgeliefert und sie werden ihn töten; doch drei Tage nach seinem Tod wird er auferstehen. 32 Aber sie verstanden den Sinn seiner Worte nicht, scheuten sich jedoch, ihn zu fragen.

30–32 || Mt 17,22f; Lk 9,43b–45 • 30: Lk 17,11 • 31: 8,31; 10,33

Der Rangstreit der Jünger

33 Sie kamen nach Kafarnaum. Als er dann im Haus war, fragte er sie: Worüber habt ihr unterwegs gesprochen? 34 Sie schwiegen, denn sie hatten unterwegs miteinander darüber gesprochen, wer (von ihnen) der Größte sei. 35 Da setzte er sich, rief die Zwölf und sagte zu ihnen: Wer der Erste sein will, soll der Letzte von allen und der Diener aller sein. 36 Und er stellte ein Kind in ihre Mitte, nahm es in seine Arme und sagte zu ihnen: 37 Wer ein solches Kind um meinetwillen aufnimmt, der nimmt mich auf; wer aber mich aufnimmt, der nimmt nicht nur mich auf, sondern den, der mich gesandt hat.

33–37 || Mt 18,1–5; Lk 9,46–48 • 34: Lk 22,24–26 • 35: 10,43; Mt 20,26f; Lk 22,26

Der fremde Wundertäter

38 Da sagte Johannes zu ihm: Meister, wir haben gesehen, wie jemand in deinem Namen Dämonen austrieb; und wir versuchten, ihn daran zu hindern, weil er uns nicht nachfolgt. 39 Jesus erwiderte: Hindert ihn nicht! Keiner, der in meinem Namen Wunder tut, kann so leicht schlecht von mir reden. 40 Denn wer nicht gegen uns ist, der ist für uns. 41 Wer euch auch nur einen Becher Wasser zu trinken gibt, weil ihr zu Christus gehört – amen, ich sage euch: er wird nicht um seinen Lohn kommen.

38–40 || Lk 9,49f • 41 || Mt 10,42

Warnung vor der Verführung

42 Wer einen von diesen Kleinen, die an mich glauben, zum Bösen verführt, für den wäre es besser, wenn er mit einem Mühlstein um den Hals ins

Meer geworfen würde. 43 Wenn dich deine Hand
zum Bösen verführt, dann hau sie ab; es ist besser
für dich, verstümmelt in das Leben zu gelangen,
als mit zwei Händen in die Hölle zu kommen, in
das nie erlöschende Feuer. [44] 45 Und wenn dich
dein Fuß zum Bösen verführt, dann hau ihn ab; es
ist besser für dich, verstümmelt in das Leben zu
gelangen, als mit zwei Füßen in die Hölle gewor-
fen zu werden. [46] 47 Und wenn dich dein Auge
zum Bösen verführt, dann reiß es aus; es ist besser
für dich, einäugig in das Reich Gottes zu kommen,
als mit zwei Augen in die Hölle geworfen zu wer-
den, 48 *wo ihr Wurm nicht stirbt und das Feuer nicht
erlischt.*

42–48 ‖ Mt 18,6–9; Lk 17,1f • 43: Mt 5,30 • 47: Mt 5,29 •
48: Jes 66,24

Vom Salz

49 Denn jeder wird mit Feuer gesalzen werden.
50 Das Salz ist etwas Gutes. Wenn das Salz die Kraft
zum Salzen verliert, womit wollt ihr ihm seine
Würze wiedergeben? Habt Salz in euch und haltet
Frieden untereinander!

50 ‖ Mt 5,13; Lk 14,34f

Aufbruch nach Judäa

10 Von dort brach Jesus auf und kam nach
Judäa und in das Gebiet jenseits des Jordan.
Wieder versammelten sich viele Leute bei ihm,
und er lehrte sie, wie er es gewohnt war.

1 ‖ Mt 19,1f; Lk 9,51

Von der Ehescheidung

2 Da kamen Pharisäer zu ihm und fragten: Darf ein
Mann seine Frau aus der Ehe entlassen? Damit
wollten sie ihm eine Falle stellen. 3 Er antwortete
ihnen: Was hat euch Mose vorgeschrieben? 4 Sie
sagten: Mose hat erlaubt, *eine Scheidungsurkunde
auszustellen und* (die Frau) *aus der Ehe zu entlas-
sen.* 5 Jesus entgegnete ihnen: Nur weil ihr so hart-
herzig seid, hat er euch dieses Gebot gegeben. 6 Am
Anfang der Schöpfung aber *hat Gott sie als Mann
und Frau geschaffen.* 7 *Darum wird der Mann Vater
und Mutter verlassen,* 8 *und die zwei werden ein
Fleisch sein.* Sie sind also nicht mehr zwei, sondern
eins. 9 Was aber Gott verbunden hat, das darf der
Mensch nicht trennen.
10 Zu Hause befragten ihn die Jünger noch einmal
darüber. 11 Er antwortete ihnen: Wer seine Frau aus
der Ehe entlässt und eine andere heiratet, begeht
ihr gegenüber Ehebruch. 12 Auch eine Frau begeht
Ehebruch, wenn sie ihren Mann aus der Ehe ent-
lässt und einen anderen heiratet.

2–9 ‖ Mt 19,3–9 • 11 ‖ Mt 5,32; Lk 16,18 • 4: Dtn 24,1; Mt 5,31f •
6: Gen 1,27 • 7: Gen 2,24 • 11f: 1 Kor 7,10f

Die Segnung der Kinder

13 Da brachte man Kinder zu ihm, damit er ihnen
die Hände auflegte. Die Jünger aber wiesen die
Leute schroff ab. 14 Als Jesus das sah, wurde er
unwillig und sagte zu ihnen: Lasst die Kinder zu
mir kommen; hindert sie nicht daran! Denn Men-
schen wie ihnen gehört das Reich Gottes. 15 Amen,
das sage ich euch: Wer das Reich Gottes nicht so
annimmt, wie ein Kind, der wird nicht hinein-
kommen. 16 Und er nahm die Kinder in seine Ar-
me; dann legte er ihnen die Hände auf und seg-
nete sie.

13–16 ‖ Mt 19,13–15; Lk 18,15–17 • 15: Mt 18,3

Von Reichtum und Nachfolge

17 Als sich Jesus wieder auf den Weg machte, lief ein
Mann auf ihn zu, fiel vor ihm auf die Knie und
fragte ihn: Guter Meister, was muss ich tun, um
das ewige Leben zu gewinnen? 18 Jesus antwortete:
Warum nennst du mich gut? Niemand ist gut au-
ßer Gott, dem Einen. 19 Du kennst doch die Gebo-
te: *Du sollst nicht töten, du sollst nicht die Ehe bre-
chen, du sollst nicht stehlen, du sollst nicht falsch
aussagen,* du sollst keinen Raub begehen; *ehre dei-
nen Vater und deine Mutter!* 20 Er erwiderte ihm:
Meister, alle diese Gebote habe ich von Jugend an
befolgt.
21 Da sah ihn Jesus an, und weil er ihn liebte, sagte
er: Eines fehlt dir noch: Geh, verkaufe, was du hast,
gib das Geld den Armen, und du wirst einen blei-
benden Schatz im Himmel haben; dann komm
und folge mir nach! 22 Der Mann aber war betrübt,
als er das hörte, und ging traurig weg; denn er
hatte ein großes Vermögen. 23 Da sah Jesus seine
Jünger an und sagte zu ihnen: Wie schwer ist es für
Menschen, die viel besitzen, in das Reich Gottes zu
kommen! 24 Die Jünger waren über seine Worte
bestürzt. Jesus aber sagte noch einmal zu ihnen:

Meine Kinder, wie schwer ist es, in das Reich
Gottes zu kommen! 25 Eher geht ein Kamel durch
ein Nadelöhr, als dass ein Reicher in das Reich
Gottes gelangt. 26 Sie aber erschraken noch mehr
und sagten zueinander: Wer kann dann noch
gerettet werden? 27 Jesus sah sie an und sagte: Für
Menschen ist das unmöglich, aber nicht für Gott;
denn *für Gott ist alles möglich.*
28 Da sagte Petrus zu ihm: Du weißt, wir haben alles
verlassen und sind dir nachgefolgt. 29 Jesus ant-
wortete: Amen, ich sage euch: Jeder, der um mei-
netwillen und um des Evangeliums willen Haus
oder Brüder, Schwestern, Mutter, Vater, Kinder
oder Äcker verlassen hat, 30 wird das Hundertfache
dafür empfangen: Jetzt in dieser Zeit wird er Häu-
ser, Brüder, Schwestern, Mütter, Kinder und Äcker
erhalten, wenn auch unter Verfolgungen, und in
der kommenden Welt das ewige Leben. 31 Viele
aber, die jetzt die Ersten sind, werden dann die
Letzten sein, und die Letzten werden die Ersten
sein.

17–31 ‖ Mt 19,16–30; Lk 18,18–30 • 18: Dtn 6,4 • 19: Ex 20,12–16; Dtn 5,16–20 • 21: Mt 8,22 • 27: Gen 18,14; Ijob 42,2; Lk 1,37 • 31: Mt 20,16; Lk 13,30

Die dritte Ankündigung von Leiden und Auferstehung

32 Während sie auf dem Weg hinauf nach Jerusa-
lem waren, ging Jesus voraus. Die Leute wunder-
ten sich über ihn, die Jünger aber hatten Angst. Da
versammelte er die Zwölf wieder um sich und
kündigte ihnen an, was ihm bevorstand.
33 Er sagte: Wir gehen jetzt nach Jerusalem hinauf;
dort wird der Menschensohn den Hohenpriestern
und den Schriftgelehrten ausgeliefert; sie werden
ihn zum Tod verurteilen und den Heiden über-
geben; 34 sie werden ihn verspotten, anspucken,
geißeln und töten. Aber nach drei Tagen wird er
auferstehen.

32–34 ‖ Mt 20,17–19; Lk 18,31–33 • 33f: 8,31; 9,31 • 34: 16,6

Vom Herrschen und vom Dienen

35 Da traten Jakobus und Johannes, die Söhne des
Zebedäus, zu ihm und sagten: Meister, wir möch-
ten, dass du uns eine Bitte erfüllst. 36 Er antwortete:
Was soll ich für euch tun? 37 Sie sagten zu ihm: Lass
in deinem Reich einen von uns rechts und den
andern links neben dir sitzen. 38 Jesus erwiderte:
Ihr wisst nicht, um was ihr bittet. Könnt ihr den
Kelch trinken, den ich trinke, oder die Taufe auf
euch nehmen, mit der ich getauft werde? 39 Sie ant-
worteten: Wir können es. Da sagte Jesus zu ihnen:
Ihr werdet den Kelch trinken, den ich trinke, und
die Taufe empfangen, mit der ich getauft werde.
40 Doch den Platz zu meiner Rechten und zu mei-
ner Linken habe nicht ich zu vergeben; dort wer-
den die sitzen, für die diese Plätze bestimmt sind.
41 Als die zehn anderen Jünger das hörten, wurden
sie sehr ärgerlich über Jakobus und Johannes. 42 Da
rief Jesus sie zu sich und sagte: Ihr wisst, dass die,
die als Herrscher gelten, ihre Völker unterdrücken
und die Mächtigen ihre Macht über die Menschen
missbrauchen.
43 Bei euch aber soll es nicht so sein, sondern wer
bei euch groß sein will, der soll euer Diener sein,
44 und wer bei euch der Erste sein will, soll der
Sklave aller sein. 45 Denn auch der Menschensohn
ist nicht gekommen, um sich dienen zu lassen,
sondern um zu dienen und sein Leben hinzuge-
ben als Lösegeld für viele.

35–40 ‖ Mt 20,20–23 • 41–45 ‖ Mt 20,24–28; Lk 22,24–27 • 38f: 14,36; Lk 12,50 • 43f: 9,35; Mt 23,11 • 45: Jes 53,10–12

Die Heilung eines Blinden bei Jericho

46 Sie kamen nach Jericho. Als er mit seinen Jün-
gern und einer großen Menschenmenge Jericho
wieder verließ, saß an der Straße ein blinder Bett-
ler, Bartimäus, der Sohn des Timäus. 47 Sobald er
hörte, dass es Jesus von Nazaret war, rief er laut:
Sohn Davids, Jesus, hab Erbarmen mit mir! 48 Viele
wurden ärgerlich und befahlen ihm zu schweigen.
Er aber schrie noch viel lauter: Sohn Davids, hab
Erbarmen mit mir! 49 Jesus blieb stehen und sagte:
Ruft ihn her! Sie riefen den Blinden und sagten zu
ihm: Hab nur Mut, steh auf, er ruft dich. 50 Da warf
er seinen Mantel weg, sprang auf und lief auf Jesus
zu. 51 Und Jesus fragte ihn: Was soll ich dir tun? Der
Blinde antwortete: Rabbuni, ich möchte wieder
sehen können. 52 Da sagte Jesus zu ihm: Geh! Dein
Glaube hat dir geholfen. Im gleichen Augenblick
konnte er wieder sehen, und er folgte Jesus auf sei-
nem Weg.

46–52 ‖ Mt 20,29–34; Lk 18,35–43 • 46–52: Mt 9,27–31 • 52: 5,34; Mt 9,22; Lk 7,50; 8,48; 17,19

DIE LETZTEN TAGE JESU IN JERUSALEM: 11,1 – 13,37

Der Einzug in Jerusalem

11 Als sie in die Nähe von Jerusalem kamen, nach Betfage und Betanien am Ölberg, schickte er zwei seiner Jünger voraus. 2 Er sagte zu ihnen: Geht in das Dorf, das vor euch liegt; gleich wenn ihr hineinkommt, werdet ihr einen jungen Esel angebunden finden, auf dem noch nie ein Mensch gesessen hat. Bindet ihn los, und bringt ihn her! 3 Und wenn jemand zu euch sagt: Was tut ihr da?, dann antwortet: Der Herr braucht ihn; er lässt ihn bald wieder zurückbringen. 4 Da machten sie sich auf den Weg und fanden außen an einer Tür an der Straße einen jungen Esel angebunden und sie banden ihn los. 5 Einige, die dabeistanden, sagten zu ihnen: Wie kommt ihr dazu, den Esel loszubinden? 6 Sie gaben ihnen zur Antwort, was Jesus gesagt hatte, und man ließ sie gewähren. 7 Sie brachten den jungen Esel zu Jesus, legten ihre Kleider auf das Tier und er setzte sich darauf. 8 Und viele breiteten ihre Kleider auf der Straße aus; andere rissen auf den Feldern Zweige (von den Büschen) ab und streuten sie auf den Weg. 9 Die Leute, die vor ihm hergingen und die ihm folgten, riefen:

Hosanna! / Gesegnet sei er, der kommt im Namen des Herrn!

10 Gesegnet sei das Reich unseres Vaters David, / das nun kommt. / *Hosanna* in der Höhe!

11 Und er zog nach Jerusalem hinein, in den Tempel; nachdem er sich alles angesehen hatte, ging er spät am Abend mit den Zwölf nach Betanien hinaus.

1–11 || Mt 21,1–10; Lk 19,28–38; Joh 12,12–19 • 9: Ps 118,25f; Mt 23,39; Lk 13,35

Die Verfluchung eines Feigenbaums

12 Als sie am nächsten Tag Betanien verließen, hatte er Hunger. 13 Da sah er von weitem einen Feigenbaum mit Blättern und ging hin, um nach Früchten zu suchen. Aber er fand an dem Baum nichts als Blätter; denn es war nicht die Zeit der Feigenernte. 14 Da sagte er zu ihm: In Ewigkeit soll niemand mehr eine Frucht von dir essen. Und seine Jünger hörten es.

12–14 || Mt 21,18f

Die Tempelreinigung

15 Dann kamen sie nach Jerusalem. Jesus ging in den Tempel und begann, die Händler und Käufer aus dem Tempel hinauszutreiben; er stieß die Tische der Geldwechsler und die Stände der Taubenhändler um 16 und ließ nicht zu, dass jemand irgendetwas durch den Tempelbezirk trug. 17 Er belehrte sie und sagte: Heißt es nicht in der Schrift: *Mein Haus soll ein Haus des Gebetes für alle Völker sein?* Ihr aber habt daraus *eine Räuberhöhle* gemacht. 18 Die Hohenpriester und die Schriftgelehrten hörten davon und suchten nach einer Möglichkeit, ihn umzubringen. Denn sie fürchteten ihn, weil alle Leute von seiner Lehre sehr beeindruckt waren. 19 Als es Abend wurde, verließ Jesus mit seinen Jüngern die Stadt.

15–19 || Mt 21,12f; Lk 19,45–48; Joh 2,13–16 • 17: Jes 56,7; Jer 7,11 • 18: 12,12; 14,1f

Vom Glauben

20 Als sie am nächsten Morgen an dem Feigenbaum vorbeikamen, sahen sie, dass er bis zu den Wurzeln verdorrt war. 21 Da erinnerte sich Petrus und sagte zu Jesus: Rabbi, sieh doch, der Feigenbaum, den du verflucht hast, ist verdorrt. 22 Jesus sagte zu ihnen: Ihr müsst Glauben an Gott haben. 23 Amen, das sage ich euch: Wenn jemand zu diesem Berg sagt: Heb dich empor und stürz dich ins Meer!, und wenn er in seinem Herzen nicht zweifelt, sondern glaubt, dass geschieht, was er sagt, dann wird es geschehen. 24 Darum sage ich euch: Alles, worum ihr betet und bittet – glaubt nur, dass ihr es schon erhalten habt, dann wird es euch zuteil. 25 Und wenn ihr beten wollt und ihr habt einem anderen etwas vorzuwerfen, dann vergebt ihm, damit auch euer Vater im Himmel euch eure Verfehlungen vergibt. [26]

20–25 || Mt 21,20–22 • 23: Mt 17,20; Lk 17,6 • 24: Mt 7,7 • 25: Mt 6,14f; Lk 6,37

Die Frage nach der Vollmacht Jesu

27 Sie kamen wieder nach Jerusalem. Als er im Tempel umherging, kamen die Hohenpriester, die Schriftgelehrten und die Ältesten zu ihm 28 und fragten ihn: Mit welchem Recht tust du das alles?

Wer hat dir die Vollmacht gegeben, das zu tun?
29 Jesus sagte zu ihnen: Zuerst will ich euch eine
Frage vorlegen. Antwortet mir, dann werde ich
euch sagen, mit welchem Recht ich das tue.
30 Stammte die Taufe des Johannes vom Himmel
oder von den Menschen? Antwortet mir! 31 Da
überlegten sie und sagten zueinander: Wenn wir
antworten: Vom Himmel!, so wird er sagen: Wa-
rum habt ihr ihm dann nicht geglaubt? 32 Sollen
wir also antworten: Von den Menschen? Sie fürch-
teten sich aber vor den Leuten; denn alle glaubten,
dass Johannes wirklich ein Prophet war. 33 Darum
antworteten sie Jesus: Wir wissen es nicht. Jesus
erwiderte: Dann sage auch ich euch nicht, mit wel-
chem Recht ich das alles tue.

27–33 || Mt 21,23–27; Lk 20,1–8

Das Gleichnis von den bösen Winzern

12 Jesus begann zu ihnen (wieder) in Form
von Gleichnissen zu reden. (Er sagte:) Ein
Mann *legte einen Weinberg an, zog ringsherum*
einen Zaun, hob eine Kelter aus und baute einen
Turm. Dann verpachtete er den Weinberg an
Winzer und reiste in ein anderes Land. 2 Als nun
die Zeit dafür gekommen war, schickte er einen
Knecht zu den Winzern, um bei ihnen seinen
Anteil an den Früchten des Weinbergs holen
zu lassen. 3 Sie aber packten und prügelten ihn
und jagten ihn mit leeren Händen fort. 4 Darauf
schickte er einen anderen Knecht zu ihnen; auch
ihn misshandelten und beschimpften sie. 5 Als er
einen dritten schickte, brachten sie ihn um. Ähn-
lich ging es vielen anderen; die einen wurden
geprügelt, die andern umgebracht. 6 Schließlich
blieb ihm nur noch einer: sein geliebter Sohn. Ihn
sandte er als letzten zu ihnen, denn er dachte: Vor
meinem Sohn werden sie Achtung haben. 7 Die
Winzer aber sagten zueinander: Das ist der Erbe.
Auf, wir wollen ihn töten, dann gehört sein Erb-
gut uns. 8 Und sie packten ihn und brachten ihn
um und warfen ihn aus dem Weinberg hinaus.
9 Was wird nun der Besitzer des Weinbergs tun? Er
wird kommen und die Winzer töten und den
Weinberg anderen geben. 10 Habt ihr nicht das
Schriftwort gelesen:
Der Stein, den die Bauleute verworfen haben, / er ist
zum Eckstein geworden;
11 *das hat der Herr vollbracht, / vor unseren Augen*
geschah dieses Wunder?
12 Daraufhin hätten sie Jesus gern verhaften lassen;
aber sie fürchteten die Menge. Denn sie hatten
gemerkt, dass er mit diesem Gleichnis sie meinte.
Da ließen sie ihn stehen und gingen weg.

1–12 || Mt 21,33–46; Lk 20,9–19 • 1: Jes 5,1f G • 6: 1,11; 9,7 •
10: Ps 118,22f G • 12: 11,18; 14,1f

Die Frage nach der kaiserlichen Steuer

13 Einige Pharisäer und einige Anhänger des Hero-
des wurden zu Jesus geschickt, um ihn mit einer
Frage in eine Falle zu locken. 14 Sie kamen zu ihm
und sagten: Meister, wir wissen, dass du immer die
Wahrheit sagst und dabei auf niemand Rücksicht
nimmst; denn du siehst nicht auf die Person, son-
dern lehrst wirklich den Weg Gottes. Ist es erlaubt,
dem Kaiser Steuer zu zahlen, oder nicht? Sollen
wir sie zahlen oder nicht zahlen? 15 Er aber durch-
schaute ihre Heuchelei und sagte zu ihnen: Warum
stellt ihr mir eine Falle? Bringt mir einen Denar,
ich will ihn sehen. 16 Man brachte ihm einen. Da
fragte er sie: Wessen Bild und Aufschrift ist das? Sie
antworteten ihm: Des Kaisers. 17 Da sagte Jesus zu
ihnen: So gebt dem Kaiser, was dem Kaiser gehört,
und Gott, was Gott gehört! Und sie waren sehr
erstaunt über ihn.

13–17 || Mt 22,15–22; Lk 20,20–26

Die Frage nach der Auferstehung der Toten

18 Von den Sadduzäern, die behaupten, es gebe
keine Auferstehung, kamen einige zu Jesus und
fragten ihn: 19 Meister, Mose hat uns vorgeschrie-
ben: *Wenn ein Mann, der einen Bruder hat, stirbt*
und eine Frau hinterlässt, *aber kein Kind, dann soll*
sein Bruder die Frau heiraten und seinem *Bruder*
Nachkommen verschaffen. 20 Es lebten einmal sie-
ben Brüder. Der erste nahm sich eine Frau, und als
er starb, hinterließ er keine Nachkommen. 21 Da
nahm sie der zweite; auch er starb, ohne Nach-
kommen zu hinterlassen, und ebenso der dritte.
22 Keiner der sieben hatte Nachkommen. Als letzte
von allen starb die Frau. 23 Wessen Frau wird sie
nun bei der Auferstehung sein? Alle sieben haben
sie doch zur Frau gehabt. 24 Jesus sagte zu ihnen:
Ihr irrt euch, ihr kennt weder die Schrift noch die
Macht Gottes. 25 Wenn nämlich die Menschen von

den Toten auferstehen, werden sie nicht mehr heiraten, sondern sie werden sein wie die Engel im Himmel. [26] Dass aber die Toten auferstehen, habt ihr das nicht im Buch des Mose gelesen, in der Geschichte vom Dornbusch, in der Gott zu Mose spricht: *Ich bin der Gott Abrahams, der Gott Isaaks und der Gott Jakobs?* [27] Er ist doch nicht ein Gott von Toten, sondern von Lebenden. Ihr irrt euch sehr.

18–27 ǁ Mt 22,23–33; Lk 20,27–38 • 18: Apg 23,8 • 19: Dtn 25,5f; Gen 38,8 • 26: Ex 3,6

Die Frage nach dem wichtigsten Gebot

[28] Ein Schriftgelehrter hatte ihrem Streit zugehört; und da er bemerkt hatte, wie treffend Jesus ihnen antwortete, ging er zu ihm hin und fragte ihn: Welches Gebot ist das erste von allen? [29] Jesus antwortete: Das erste ist: *Höre, Israel, der Herr, unser Gott, ist der einzige Herr.* [30] *Darum sollst du den Herrn, deinen Gott, lieben mit ganzem Herzen und ganzer Seele,* mit all deinen Gedanken *und all deiner Kraft.* [31] Als zweites kommt hinzu: *Du sollst deinen Nächsten lieben wie dich selbst.* Kein anderes Gebot ist größer als diese beiden. [32] Da sagte der Schriftgelehrte zu ihm: Sehr gut, Meister! Ganz richtig hast du gesagt: Er allein ist der Herr, und es gibt keinen anderen außer ihm, [33] und ihn mit ganzem Herzen, ganzem Verstand und ganzer Kraft zu lieben und den Nächsten zu lieben wie sich selbst, ist weit mehr als alle Brandopfer und anderen Opfer. [34] Jesus sah, dass er mit Verständnis geantwortet hatte, und sagte zu ihm: Du bist nicht fern vom Reich Gottes. Und keiner wagte mehr, Jesus eine Frage zu stellen.

28–34 ǁ Mt 22,34–40; Lk 10,25–28 • 29f: Dtn 6,4f • 31: Lev 19,18 • 32: Lk 20,39; Dtn 4,35; 6,4f • 33: 1 Sam 15,22 • 34: Mt 22,46; Lk 20,40

Die Frage nach dem Messias

[35] Als Jesus im Tempel lehrte, sagte er: Wie können die Schriftgelehrten behaupten, der Messias sei der Sohn Davids? [36] Denn David hat, vom Heiligen Geist erfüllt, selbst gesagt: *Der Herr sprach zu meinem Herrn: Setze dich mir zur Rechten und ich lege dir deine Feinde unter die Füße.* [37a] David selbst also nennt ihn »Herr«. Wie kann er dann Davids Sohn sein?

35–37a ǁ Mt 22,41–45; Lk 20,41–44 • 36: Ps 110,1

Worte gegen die Schriftgelehrten

[37b] Es war eine große Menschenmenge versammelt und hörte ihm mit Freude zu. [38] Er lehrte sie und sagte: Nehmt euch in Acht vor den Schriftgelehrten! Sie gehen gern in langen Gewändern umher, lieben es, wenn man sie auf den Straßen und Plätzen grüßt, [39] und sie wollen in der Synagoge die vordersten Sitze und bei jedem Festmahl die Ehrenplätze haben. [40] Sie bringen die Witwen um ihre Häuser und verrichten in ihrer Scheinheiligkeit lange Gebete. Aber um so härter wird das Urteil sein, das sie erwartet.

37b–40 ǁ Mt 23,1.5–7.14; Lk 20,46f • 38–39: Lk 11,43

Das Opfer der Witwe

[41] Als Jesus einmal dem Opferkasten gegenübersaß, sah er zu, wie die Leute Geld in den Kasten warfen. Viele Reiche kamen und gaben viel. [42] Da kam auch eine arme Witwe und warf zwei kleine Münzen hinein. [43] Er rief seine Jünger zu sich und sagte: Amen, ich sage euch: Diese arme Witwe hat mehr in den Opferkasten hineingeworfen als alle andern. [44] Denn sie alle haben nur etwas von ihrem Überfluss hergegeben; diese Frau aber, die kaum das Nötigste zum Leben hat, sie hat alles gegeben, was sie besaß, ihren ganzen Lebensunterhalt.

41–44 ǁ Lk 21,1–4

Die Rede über die Endzeit: 13,1–37

Die Ankündigung der Zerstörung des Tempels

13 Als Jesus den Tempel verließ, sagte einer von seinen Jüngern zu ihm: Meister, sieh, was für Steine und was für Bauten! [2] Jesus sagte zu ihm: Siehst du diese großen Bauten? Kein Stein wird auf dem andern bleiben, alles wird niedergerissen.

1–2 ǁ Mt 24,1f; Lk 21,5f • 2: Lk 19,44

Vom Anfang der Not

[3] Und als er auf dem Ölberg saß, dem Tempel gegenüber, fragten ihn Petrus, Jakobus, Johannes und Andreas, die mit ihm allein waren: [4] Sag uns, wann wird das geschehen, und an welchem Zeichen wird man erkennen, dass das Ende von all dem bevorsteht? [5] Jesus sagte zu ihnen: Gebt Acht,

dass euch niemand irreführt! 6 Viele werden unter
meinem Namen auftreten und sagen: Ich bin es!
Und sie werden viele irreführen.
7 Wenn ihr dann von Kriegen hört und Nachrich-
ten über Kriege euch beunruhigen, lasst euch nicht
erschrecken! Das *muss geschehen.* Es ist aber noch
nicht das Ende. 8 Denn ein Volk wird sich gegen das
andere erheben und ein Reich gegen das andere.
Und an vielen Orten wird es Erdbeben und Hun-
gersnöte geben. Doch das ist erst der Anfang der
Wehen.
9 Ihr aber, macht euch darauf gefasst: Man wird
euch um meinetwillen vor die Gerichte bringen,
in den Synagogen misshandeln und vor Statthal-
ter und Könige stellen, damit ihr vor ihnen Zeug-
nis ablegt. 10 Vor dem Ende aber muss allen Völ-
kern das Evangelium verkündet werden. 11 Und
wenn man euch abführt und vor Gericht stellt,
dann macht euch nicht im voraus Sorgen, was ihr
sagen sollt; sondern was euch in jener Stunde ein-
gegeben wird, das sagt! Denn nicht ihr werdet
dann reden, sondern der Heilige Geist. 12 Brüder
werden einander dem Tod ausliefern und Väter
ihre Kinder, und die Kinder werden sich gegen
ihre Eltern auflehnen und sie in den Tod schicken.
13 Und ihr werdet um meines Namens willen von
allen gehasst werden; wer aber bis zum Ende
standhaft bleibt, der wird gerettet.

3–13 || Mt 24,3–14; Lk 21,7–19 • 7: Dan 2,28 G • 8: Jes 19,2 • 9–13: Mt 10,17–22; Joh 16,1–4a • 11: Lk 12,11f • 12: Mi 7,6 • 13: Joh 15,18

Vom Höhepunkt der Not

14 Wenn ihr aber den *unheilvollen Gräuel* an dem
Ort seht, wo er nicht stehen darf – der Leser be-
greife –, dann sollen die Bewohner von Judäa in die
Berge fliehen; 15 wer gerade auf dem Dach ist, soll
nicht hinabsteigen und ins Haus gehen, um etwas
mitzunehmen; 16 wer auf dem Feld ist, soll nicht
zurückkehren, um seinen Mantel zu holen. 17 Weh
aber den Frauen, die in jenen Tagen schwanger
sind oder ein Kind stillen. 18 Betet darum, dass dies
alles nicht im Winter eintritt. 19 Denn jene Tage
werden eine *Not* bringen, *wie es noch nie eine gege-
ben hat, seit* Gott *die Welt* erschuf, *und wie es auch
keine mehr geben wird.* 20 Und wenn der Herr die-
se Zeit nicht verkürzen würde, dann würde kein
Mensch gerettet; aber um seiner Auserwählten
willen hat er diese Zeit verkürzt.
21 Wenn dann jemand zu euch sagt: Seht, hier ist
der Messias!, oder: Seht, dort ist er!, so glaubt es
nicht! 22 Denn es wird mancher falsche Messias
und mancher falsche Prophet auftreten und sie
werden Zeichen und Wunder tun, um, wenn
möglich, die Auserwählten irrezuführen. 23 Ihr
aber, seht euch vor! Ich habe euch alles voraus-
gesagt.

14–23 || Mt 24,15–28; Lk 21,20–24 • 14: Dan 9,27; 11,31; 12,11; 1 Makk 1,54 • 15: Lk 17,31 • 19: Dan 12,1; Joël 2,2 • 21: Lk 17,23

Vom Kommen des Menschensohnes

24 Aber in jenen Tagen, nach der großen Not, *wird
sich die Sonne verfinstern und der Mond wird nicht
mehr scheinen;* 25 *die Sterne werden* vom Himmel
fallen und die Kräfte des Himmels werden erschüt-
tert werden. 26 Dann wird man den *Menschensohn*
mit großer Macht und Herrlichkeit *auf den Wol-
ken kommen* sehen. 27 Und er wird die Engel aus-
senden und die von ihm Auserwählten *aus allen
vier Windrichtungen zusammenführen,* vom Ende
der Erde bis zum Ende des Himmels.

24–27 || Mt 24,29–31; Lk 21,25–28 • 24f: Jes 13,10; 34,4 G; Joël 2,10; Hag 2,6.21; 2 Petr 3,10 • 26: Dan 7,13; Mt 26,64; Mk 14,62; Offb 1,7 • 27: Sach 2,10 G

Mahnungen im Hinblick auf das Ende

28 Lernt etwas aus dem Vergleich mit dem Feigen-
baum! Sobald seine Zweige saftig werden und
Blätter treiben, wisst ihr, dass der Sommer nahe
ist. 29 Genauso sollt ihr erkennen, wenn ihr (all)
das geschehen seht, dass das Ende vor der Tür
steht. 30 Amen, ich sage euch: Diese Generation
wird nicht vergehen, bis das alles eintrifft. 31 Him-
mel und Erde werden vergehen, aber meine Worte
werden nicht vergehen. 32 Doch jenen Tag und jene
Stunde kennt niemand, auch nicht die Engel im
Himmel, nicht einmal der Sohn, sondern nur der
Vater.
33 Seht euch also vor und bleibt wach! Denn ihr
wisst nicht, wann die Zeit da ist. 34 Es ist wie mit
einem Mann, der sein Haus verließ, um auf Reisen
zu gehen: Er übertrug alle Verantwortung seinen
Dienern, jedem eine bestimmte Aufgabe; dem
Türhüter befahl er, wachsam zu sein. 35 Seid also

wachsam! Denn ihr wisst nicht, wann der Hausherr kommt, ob am Abend oder um Mitternacht, ob beim Hahnenschrei oder erst am Morgen. 36 Er soll euch, wenn er plötzlich kommt, nicht schlafend antreffen. 37 Was ich aber euch sage, das sage ich allen: Seid wachsam!

28–32 || Mt 24,32–36; Lk 21,29–33 • 33–37 || Mt 24,42; 25,13–30; Lk 12,39–46 • 30: 9,1; Mt 16,28; Lk 9,27

DAS LEIDEN UND DIE AUFERSTEHUNG JESU: 14,1 – 16,20

Der Beschluss des Hohen Rates

14 Es war zwei Tage vor dem Pascha und dem Fest der Ungesäuerten Brote. Die Hohenpriester und die Schriftgelehrten suchten nach einer Möglichkeit, Jesus mit List in ihre Gewalt zu bringen, um ihn zu töten. 2 Sie sagten aber: Ja nicht am Fest, damit es im Volk keinen Aufruhr gibt.

1–2 || Mt 26,3–5; Lk 22,1f • 1: 11,18; 12,12

Die Salbung in Betanien

3 Als Jesus in Betanien im Haus Simons des Aussätzigen bei Tisch war, kam eine Frau mit einem Alabastergefäß voll echtem, kostbarem Nardenöl, zerbrach es und goss das Öl über sein Haar. 4 Einige aber wurden unwillig und sagten zueinander: Wozu diese Verschwendung? 5 Man hätte das Öl um mehr als dreihundert Denare verkaufen und das Geld den Armen geben können. Und sie machten der Frau heftige Vorwürfe.

6 Jesus aber sagte: Hört auf! Warum lasst ihr sie nicht in Ruhe? Sie hat ein gutes Werk an mir getan. 7 Denn die Armen habt ihr immer bei euch und ihr könnt ihnen Gutes tun, so oft ihr wollt; mich aber habt ihr nicht immer. 8 Sie hat getan, was sie konnte. Sie hat im voraus meinen Leib für das Begräbnis gesalbt. 9 Amen, ich sage euch: Überall auf der Welt, wo das Evangelium verkündet wird, wird man sich an sie erinnern und erzählen, was sie getan hat.

3–9 || Mt 26,6–13; Lk 7,36–50; Joh 12,1–8

Der Verrat durch Judas

10 Judas Iskariot, einer der Zwölf, ging zu den Hohenpriestern. Er wollte Jesus an sie ausliefern. 11 Als sie das hörten, freuten sie sich und versprachen, ihm Geld dafür zu geben. Von da an suchte er nach einer günstigen Gelegenheit, ihn auszuliefern.

10–11 || Mt 26,14–16; Lk 22,3–6.

Die Vorbereitung des Paschamahls

12 Am ersten Tag des Festes der Ungesäuerten Brote, an dem man das Paschalamm schlachtete, sagten die Jünger zu Jesus: Wo sollen wir das Paschamahl für dich vorbereiten? 13 Da schickte er zwei seiner Jünger voraus und sagte zu ihnen: Geht in die Stadt; dort wird euch ein Mann begegnen, der einen Wasserkrug trägt. Folgt ihm, 14 bis er in ein Haus hineingeht; dann sagt zu dem Herrn des Hauses: Der Meister lässt dich fragen: Wo ist der Raum, in dem ich mit meinen Jüngern das Paschalamm essen kann? 15 Und der Hausherr wird euch einen großen Raum im Obergeschoss zeigen, der schon für das Festmahl hergerichtet und mit Polstern ausgestattet ist. Dort bereitet alles für uns vor!
16 Die Jünger machten sich auf den Weg und kamen in die Stadt. Sie fanden alles so, wie er es ihnen gesagt hatte, und bereiteten das Paschamahl vor.

12–16 || Mt 26,17–19; Lk 22,7–13 • 12: Ex 12,14–20

Das Mahl

17 Als es Abend wurde, kam Jesus mit den Zwölf. 18 Während sie nun bei Tisch waren und aßen, sagte er: Amen, ich sage euch: Einer von euch wird mich verraten und ausliefern, *einer von denen, die zusammen mit mir essen.* 19 Da wurden sie traurig und einer nach dem andern fragte ihn: Doch nicht etwa ich? 20 Er sagte zu ihnen: Einer von euch Zwölf, der mit mir aus derselben Schüssel isst. 21 Der Menschensohn muss zwar seinen Weg gehen, wie die Schrift über ihn sagt. Doch weh dem Menschen, durch den der Menschensohn verraten wird. Für ihn wäre es besser, wenn er nie geboren wäre.

22 Während des Mahls nahm er das Brot und sprach den Lobpreis; dann brach er das Brot, reichte es ihnen und sagte: Nehmt, das ist mein Leib. 23 Dann nahm er den Kelch, sprach das Dank-

gebet, reichte ihn den Jüngern und sie tranken alle daraus. 24 Und er sagte zu ihnen: Das ist mein Blut, *das Blut des Bundes,* das für viele vergossen wird. 25 Amen, ich sage euch: Ich werde nicht mehr von der Frucht des Weinstocks trinken bis zu dem Tag, an dem ich von neuem davon trinke im Reich Gottes.

17–25 || Mt 26,20–29; Lk 22,14–23 • 17–21 || Joh 13,2.21–26 • 22–24 || 1 Kor 11,23f • 18: Ps 41,10 • 24: Ex 24,8; Jes 53,11f; Jer 31,31; Hebr 7,22; 9,15

Der Gang zum Ölberg

26 Nach dem Lobgesang gingen sie zum Ölberg hinaus. 27 Da sagte Jesus zu ihnen: Ihr werdet alle (an mir) Anstoß nehmen und zu Fall kommen; denn in der Schrift steht: *Ich werde den Hirten erschlagen, dann werden sich die Schafe zerstreuen.* 28 Aber nach meiner Auferstehung werde ich euch nach Galiläa vorausgehen. 29 Da sagte Petrus zu ihm: Auch wenn alle (an dir) Anstoß nehmen – ich nicht! 30 Jesus antwortete ihm: Amen, ich sage dir: Noch heute Nacht, ehe der Hahn zweimal kräht, wirst du mich dreimal verleugnen. 31 Petrus aber beteuerte: Und wenn ich mit dir sterben müsste – ich werde dich nie verleugnen. Das gleiche sagten auch alle anderen.

26–31 || Mt 26,30–35 • 26: Lk 22,39; Joh 18,1 • 27: Sach 13,7; Joh 16,32 • 30–31: 14,72; Lk 22,31–34; Joh 13,36–38

Das Gebet in Getsemani

32 Sie kamen zu einem Grundstück, das Getsemani heißt, und er sagte zu seinen Jüngern: Setzt euch und wartet hier, während ich bete. 33 Und er nahm Petrus, Jakobus und Johannes mit sich. Da ergriff ihn Furcht und Angst, 34 und er sagte zu ihnen: Meine Seele ist zu Tode betrübt. Bleibt hier und wacht! 35 Und er ging ein Stück weiter, warf sich auf die Erde nieder und betete, dass die Stunde, wenn möglich, an ihm vorübergehe.

36 Er sprach: Abba, Vater, alles ist dir möglich. Nimm diesen Kelch von mir! Aber nicht, was ich will, sondern was du willst (soll geschehen). 37 Und er ging zurück und fand sie schlafend. Da sagte er zu Petrus: Simon, du schläfst? Konntest du nicht einmal eine Stunde wach bleiben? 38 Wacht und betet, damit ihr nicht in Versuchung geratet. Der Geist ist willig, aber das Fleisch ist schwach. 39 Und er ging wieder weg und betete mit den gleichen Worten. 40 Als er zurückkam, fand er sie wieder schlafend, denn die Augen waren ihnen zugefallen; und sie wussten nicht, was sie ihm antworten sollten. 41 Und er kam zum dritten Mal und sagte zu ihnen: Schlaft ihr immer noch und ruht euch aus? Es ist genug. Die Stunde ist gekommen; jetzt wird der Menschensohn den Sündern ausgeliefert. 42 Steht auf, wir wollen gehen! Seht, der Verräter, der mich ausliefert, ist da.

32–42 || Mt 26,36–46; Lk 22,39–46 • 34: Ps 42,6.12; 43,5; Joh 12,27

Die Gefangennahme

43 Noch während er redete, kam Judas, einer der Zwölf, mit einer Schar von Männern, die mit Schwertern und Knüppeln bewaffnet waren; sie waren von den Hohenpriestern, den Schriftgelehrten und den Ältesten geschickt worden. 44 Der Verräter hatte mit ihnen ein Zeichen vereinbart und gesagt: Der, den ich küssen werde, der ist es. Nehmt ihn fest, führt ihn ab und lasst ihn nicht entkommen. 45 Und als er kam, ging er sogleich auf Jesus zu und sagte: Rabbi! Und er küsste ihn. 46 Da ergriffen sie ihn und nahmen ihn fest. 47 Einer von denen, die dabeistanden, zog das Schwert, schlug auf den Diener des Hohenpriesters ein und hieb ihm ein Ohr ab. 48 Da sagte Jesus zu ihnen: Wie gegen einen Räuber seid ihr mit Schwertern und Knüppeln ausgezogen, um mich festzunehmen. 49 Tag für Tag war ich bei euch im Tempel und lehrte und ihr habt mich nicht verhaftet; aber (das ist geschehen), damit die Schrift in Erfüllung geht. 50 Da verließen ihn alle und flohen. 51 Ein junger Mann aber, der nur mit einem leinenen Tuch bekleidet war, wollte ihm nachgehen. Da packten sie ihn; 52 er aber ließ das Tuch fallen und lief nackt davon.

43–50 || Mt 26,47–56; Lk 22,47–53; Joh 18,3–12 • 49: Lk 19,47; Joh 18,20 • 50: Joh 16,32

Das Verhör vor dem Hohen Rat

53 Darauf führten sie Jesus zum Hohenpriester und es versammelten sich alle Hohenpriester und Ältesten und Schriftgelehrten. 54 Petrus aber war Jesus von weitem bis in den Hof des hohepriesterlichen Palastes gefolgt; nun saß er dort bei den Dienern und wärmte sich am Feuer.

55 Die Hohenpriester und der ganze Hohe Rat be-
mühten sich um Zeugenaussagen gegen Jesus,
um ihn zum Tod verurteilen zu können; sie fan-
den aber nichts. 56 Viele machten zwar falsche Aus-
sagen über ihn, aber die Aussagen stimmten nicht
überein. 57 Einige der falschen Zeugen, die gegen
ihn auftraten, behaupteten: 58 Wir haben ihn sagen
hören: Ich werde diesen von Menschen erbau-
ten Tempel niederreißen und in drei Tagen einen
anderen errichten, der nicht von Menschenhand
gemacht ist. 59 Aber auch in diesem Fall stimmten
die Aussagen nicht überein. 60 Da stand der Hohe-
priester auf, trat in die Mitte und fragte Jesus:
Willst du denn nichts sagen zu dem, was diese
Leute gegen dich vorbringen? 61 Er aber schwieg
und gab keine Antwort. Da wandte sich der Ho-
hepriester nochmals an ihn und fragte: Bist du der
Messias, der Sohn des Hochgelobten? 62 Jesus sag-
te: Ich bin es. Und ihr werdet *den Menschensohn
zur Rechten* der Macht *sitzen* und *mit den Wolken
des Himmels kommen* sehen. 63 Da zerriss der
Hohepriester sein Gewand und rief: Wozu brau-
chen wir noch Zeugen? 64 Ihr habt die Gottesläste-
rung gehört. Was ist eure Meinung? Und sie fäll-
ten einstimmig das Urteil: Er ist schuldig und
muss sterben.
65 Und einige spuckten ihn an, verhüllten sein
Gesicht, schlugen ihn und riefen: Zeig, dass du ein
Prophet bist! Auch die Diener schlugen ihn ins
Gesicht.

53–65 || Mt 26,57–68; Lk 22,54f.66–71; Joh 18,13–24 • 58: 15,29; Joh 2,19; Apg 6,14 • 61: 8,29; Joh 10,24 • 62: Dan 7,13; Ps 110,1; Mt 24,30; Mk 13,26

Die Verleugnung durch Petrus

66 Als Petrus unten im Hof war, kam eine von den
Mägden des Hohenpriesters. 67 Sie sah, wie Petrus
sich wärmte, blickte ihn an und sagte: Auch du
warst mit diesem Jesus aus Nazaret zusammen.
68 Doch er leugnete es und sagte: Ich weiß nicht
und verstehe nicht, wovon du redest. Dann ging er
in den Vorhof hinaus. 69 Als die Magd ihn dort
bemerkte, sagte sie zu denen, die dabeistanden,
noch einmal: Der gehört zu ihnen. 70 Er aber leug-
nete es wieder ab. Wenig später sagten die Leute,
die dort standen, von neuem zu Petrus: Du gehörst
wirklich zu ihnen; du bist doch auch ein Galiläer.
71 Da fing er an zu fluchen und schwor: Ich ken-
ne diesen Menschen nicht, von dem ihr redet.
72 Gleich darauf krähte der Hahn zum zweiten
Mal, und Petrus erinnerte sich, dass Jesus zu ihm
gesagt hatte: Ehe der Hahn zweimal kräht, wirst du
mich dreimal verleugnen. Und er begann zu wei-
nen.

66–72 || Mt 26,69–75; Lk 22,56–62; Joh 18,17.25–27 • 72: 14,30

Die Verhandlung vor Pilatus

15 Gleich in der Frühe fassten die Hohenpries-
ter, die Ältesten und die Schriftgelehrten,
also der ganze Hohe Rat, über Jesus einen Be-
schluss: Sie ließen ihn fesseln und abführen und
lieferten ihn Pilatus aus. 2 Pilatus fragte ihn: Bist
du der König der Juden? Er antwortete ihm: Du
sagst es. 3 Die Hohenpriester brachten viele Ankla-
gen gegen ihn vor. 4 Da wandte sich Pilatus wieder
an ihn und fragte: Willst du denn nichts dazu
sagen? Sieh doch, wie viele Anklagen sie gegen dich
vorbringen.
5 Jesus aber gab keine Antwort mehr, sodass Pila-
tus sich wunderte.
6 Jeweils zum Fest ließ Pilatus einen Gefangenen
frei, den sie sich ausbitten durften. 7 Damals saß
gerade ein Mann namens Barabbas im Gefängnis,
zusammen mit anderen Aufrührern, die bei einem
Aufstand einen Mord begangen hatten. 8 Die Volks-
menge zog (zu Pilatus) hinauf und bat, ihnen die
gleiche Gunst zu gewähren wie sonst. 9 Pilatus
fragte sie: Wollt ihr, dass ich den König der Juden
freilasse? 10 Er merkte nämlich, dass die Hohen-
priester nur aus Neid Jesus an ihn ausgeliefert
hatten. 11 Die Hohenpriester aber wiegelten die
Menge auf, lieber die Freilassung des Barabbas zu
fordern. 12 Pilatus wandte sich von neuem an sie
und fragte: Was soll ich dann mit dem tun, den
ihr den König der Juden nennt? 13 Da schrien sie:
Kreuzige ihn! 14 Pilatus entgegnete: Was hat er
denn für ein Verbrechen begangen? Sie schrien
noch lauter: Kreuzige ihn! 15 Darauf ließ Pilatus,
um die Menge zufrieden zu stellen, Barabbas frei
und gab den Befehl, Jesus zu geißeln und zu kreu-
zigen.

1–15 || Mt 27,1f.11–26; Lk 22,66; 23,1–4.17–25; Joh 18,29–19,1 • 11: Apg 3,13f • 12: Joh 19,15

Die Verspottung Jesu durch die Soldaten

16 Die Soldaten führten ihn in den Palast hinein, das heißt in das Prätorium, und riefen die ganze Kohorte zusammen.
17 Dann legten sie ihm einen Purpurmantel um und flochten einen Dornenkranz; den setzten sie ihm auf 18 und grüßten ihn: Heil dir, König der Juden! 19 Sie schlugen ihm mit einem Stock auf den Kopf und spuckten ihn an, knieten vor ihm nieder und huldigten ihm. 20a Nachdem sie so ihren Spott mit ihm getrieben hatten, nahmen sie ihm den Purpurmantel ab und zogen ihm seine eigenen Kleider wieder an.

16–20a || Mt 27,27–31a; Joh 19,2f • 17: Lk 23,11

Die Kreuzigung

20b Dann führten sie Jesus hinaus, um ihn zu kreuzigen. 21 Einen Mann, der gerade vom Feld kam, Simon von Zyrene, den Vater des Alexander und des Rufus, zwangen sie, sein Kreuz zu tragen. 22 Und sie brachten Jesus an einen Ort namens Golgota, das heißt übersetzt: Schädelhöhe. 23 Dort reichten sie ihm Wein, der mit Myrrhe gewürzt war; er aber nahm ihn nicht. 24 Dann kreuzigten sie ihn. *Sie warfen das Los und verteilten* seine *Kleider unter sich* und gaben jedem, was ihm zufiel. 25 Es war die dritte Stunde, als sie ihn kreuzigten. 26 Und eine Aufschrift (auf einer Tafel) gab seine Schuld an: Der König der Juden. 27 Zusammen mit ihm kreuzigten sie zwei Räuber, den einen rechts von ihm, den andern links. [28]
29 Die Leute, die vorbeikamen, verhöhnten ihn, *schüttelten den Kopf* und riefen: Ach, du willst den Tempel niederreißen und in drei Tagen wieder aufbauen? 30 Hilf dir doch selbst und steig herab vom Kreuz! 31 Auch die Hohenpriester und die Schriftgelehrten verhöhnten ihn und sagten zueinander: Anderen hat er geholfen, sich selbst kann er nicht helfen. 32 Der Messias, der König von Israel! Er soll doch jetzt vom Kreuz herabsteigen, damit wir sehen und glauben. Auch die beiden Männer, die mit ihm zusammen gekreuzigt wurden, beschimpften ihn.

21–32 || Mt 27,31b–44; Lk 23,26–38; Joh 19,16b–27 • 23: Ps 69,22 • 24: Ps 22,19; Joh 19,24 • 29: Ps 22,8; Mk 14,58; Joh 2,19

Der Tod Jesu

33 Als die sechste Stunde kam, brach über das ganze Land eine Finsternis herein. Sie dauerte bis zur neunten Stunde. 34 Und in der neunten Stunde rief Jesus mit lauter Stimme: *Eloï, Eloï, lema sabachtani?*, das heißt übersetzt: *Mein Gott, mein Gott, warum hast du mich verlassen?* 35 Einige von denen, die dabeistanden und es hörten, sagten: Hört, er ruft nach Elija! 36 Einer lief hin, tauchte einen Schwamm in *Essig*, steckte ihn auf einen Stock und *gab* Jesus *zu trinken*. Dabei sagte er: Lasst uns doch sehen, ob Elija kommt und ihn herabnimmt. 37 Jesus aber schrie laut auf. Dann hauchte er den Geist aus.
38 Da riss der Vorhang im Tempel von oben bis unten entzwei.
39 Als der Hauptmann, der Jesus gegenüberstand, ihn auf diese Weise sterben sah, sagte er: Wahrhaftig, dieser Mensch war Gottes Sohn.
40 Auch einige Frauen sahen von weitem zu, darunter Maria aus Magdala, Maria, die Mutter von Jakobus dem Kleinen und Joses, sowie Salome; 41 sie waren Jesus schon in Galiläa nachgefolgt und hatten ihm gedient. Noch viele andere Frauen waren dabei, die mit ihm nach Jerusalem hinaufgezogen waren.

33–41 || Mt 27,45–56; Lk 23,44–49; Joh 19,28–30 • 34: Ps 22,2 • 36: Ps 69,22

Das Begräbnis Jesu

42 Da es Rüsttag war, der Tag vor dem Sabbat, und es schon Abend wurde, 43 ging Josef von Arimathäa, ein vornehmer Ratsherr, der auch auf das Reich Gottes wartete, zu Pilatus und wagte es, um den Leichnam Jesu zu bitten. 44 Pilatus war überrascht, als er hörte, dass Jesus schon tot sei. Er ließ den Hauptmann kommen und fragte ihn, ob Jesus bereits gestorben sei. 45 Als der Hauptmann ihm das bestätigte, überließ er Josef den Leichnam. 46 Josef kaufte ein Leinentuch, nahm Jesus vom Kreuz, wickelte ihn in das Tuch und legte ihn in ein Grab, das in einen Felsen gehauen war. Dann wälzte er einen Stein vor den Eingang des Grabes. 47 Maria aus Magdala aber und Maria, die Mutter des Joses, beobachteten, wohin der Leichnam gelegt wurde.

42–47 || Mt 27,57–61; Lk 23,50–56; Joh 19,38–42

Die Botschaft des Engels im leeren Grab

16 Als der Sabbat vorüber war, kauften Maria
aus Magdala, Maria, die Mutter des Jako-
bus, und Salome wohlriechende Öle, um damit
zum Grab zu gehen und Jesus zu salben. 2 Am
ersten Tag der Woche kamen sie in aller Frühe zum
Grab, als eben die Sonne aufging. 3 Sie sagten
zueinander: Wer könnte uns den Stein vom Ein-
gang des Grabes wegwälzen? 4 Doch als sie hin-
blickten, sahen sie, dass der Stein schon wegge-
wälzt war; er war sehr groß. 5 Sie gingen in das
Grab hinein und sahen auf der rechten Seite einen
jungen Mann sitzen, der mit einem weißen Ge-
wand bekleidet war; da erschraken sie sehr. 6 Er
aber sagte zu ihnen: Erschreckt nicht! Ihr sucht
Jesus von Nazaret, den Gekreuzigten. Er ist aufer-
standen; er ist nicht hier. Seht, da ist die Stelle, wo
man ihn hingelegt hatte. 7 Nun aber geht und sagt
seinen Jüngern, vor allem Petrus: Er geht euch vo-
raus nach Galiläa; dort werdet ihr ihn sehen, wie
er es euch gesagt hat. 8 Da verließen sie das Grab
und flohen; denn Schrecken und Entsetzen hatte
sie gepackt. Und sie sagten niemand etwas davon;
denn sie fürchteten sich.

1–8 ‖ Mt 28,1–8; Lk 24,1–12; Joh 20,1–13 • 6: 10,34

[Die Erscheinungen des Auferstandenen

9 Als Jesus am frühen Morgen des ersten Wochen-
tages auferstanden war, erschien er zuerst Maria
aus Magdala, aus der er sieben Dämonen ausge-
trieben hatte. 10 Sie ging und berichtete es denen,
die mit ihm zusammen gewesen waren und die
nun klagten und weinten. 11 Als sie hörten, er lebe
und sei von ihr gesehen worden, glaubten sie es
nicht. 12 Darauf erschien er in einer anderen Ge-
stalt zweien von ihnen, als sie unterwegs waren
und aufs Land gehen wollten. 13 Auch sie gingen
und berichteten es den anderen und auch ihnen
glaubte man nicht. 14 Später erschien Jesus auch
den Elf, als sie bei Tisch waren; er tadelte ihren
Unglauben und ihre Verstocktheit, weil sie denen
nicht glaubten, die ihn nach seiner Auferstehung
gesehen hatten. 15 Dann sagte er zu ihnen: Geht
hinaus in die ganze Welt, und verkündet das Evan-
gelium allen Geschöpfen! 16 Wer glaubt und sich
taufen lässt, wird gerettet; wer aber nicht glaubt,
wird verdammt werden. 17 Und durch die, die zum
Glauben gekommen sind, werden folgende Zei-
chen geschehen: In meinem Namen werden sie
Dämonen austreiben; sie werden in neuen Spra-
chen reden; 18 wenn sie Schlangen anfassen oder
tödliches Gift trinken, wird es ihnen nicht scha-
den; und die Kranken, denen sie die Hände aufle-
gen, werden gesund werden.
19 Nachdem Jesus, der Herr, dies zu ihnen gesagt
hatte, *wurde er in den Himmel aufgenommen* und
setzte sich zur Rechten Gottes. 20 Sie aber zogen aus
und predigten überall. Der Herr stand ihnen bei
und bekräftigte die Verkündigung durch die Zei-
chen, die er geschehen ließ.]

9–20 ‖ Mt 28,9f. 16–20; Lk 24,13–51; Joh 20,11–23 • 9: Lk 8,2 •
19: Apg 1,9–11; 2 Kön 2,3.11; Ps 110,1

DAS EVANGELIUM NACH LUKAS

Die altkirchliche Überlieferung nennt als Verfasser des dritten Evangeliums und der Apostelgeschichte »Lukas, den geliebten Arzt« (vgl. Kol 4,14; Phlm 24; auch 2 Tim 4,11), der Heidenchrist war und mit Paulus in Verbindung stand. Lukas benutzt das Evangelium des Markus und schöpft aus einer mit Matthäus gemeinsamen Sammlung von Jesusworten; er blickt auf den Untergang Jerusalems (70 n. Chr.) zurück (21,20–24) und erwartet die Wiederkunft Christi nicht mehr als unmittelbar bevorstehend (17,20f; 21,24; Apg 1,8). Die Abfassung des Evangeliums (wie der Apostelgeschichte) fällt wohl in die Jahre 80–90. Ob es in Kleinasien oder in Griechenland entstanden ist, lässt sich nicht sicher bestimmen.

Lukas legt seinem Evangelium den dreistufigen Aufriss des Markusevangeliums zugrunde und ordnet seinen übrigen Stoff vor allem in zwei Blöcken in diesen Rahmen ein: 6,20 – 8,3 und 9,51 – 18,14. Die »kleine Einschaltung« (6,20 – 8,3) enthält die Bergpredigtüberlieferung; die »große Einschaltung« (9,51 – 18,14) hat er zu einem umfänglichen Bericht über die letzte Reise Jesu nach Jerusalem ausgestaltet (»Reisebericht«). Vorangestellt hat er wie Matthäus eine Vorgeschichte über Herkunft und Kindheit des Täufers und Jesu (Kap. 1 – 2), angeschlossen mehrere Berichte von Erscheinungen des Auferstandenen in und bei Jerusalem (Kap. 24).

Lukas will ein Schriftwerk für gebildete Heiden und Heidenchristen schaffen, wie das kunstvoll gestaltete Vorwort (1,1–4) zeigt. Darin berichtet er, dass schon viele vor ihm die auf Augenzeugen zurückgehenden Überlieferungen über Jesus zusammengestellt hätten, er also verschiedene schriftliche Vorlagen hatte, und dass er allem genau nachgegangen sei, um die Verkündigung der Kirche historisch und theologisch als zuverlässig zu erweisen.

Lukas verdanken wir verschiedene wertvolle Überlieferungen, die sich in den anderen Evangelien nicht finden, darunter die Gleichnisse vom barmherzigen Samariter, vom verlorenen Sohn, vom klugen Verwalter, vom Pharisäer und Zöllner, eine Reihe von urchristlichen Gebeten und Hymnen (Lobgesang Marias: 1,46–55; Lobgesang des Zacharias: 1,68–79; Lobgesang des Simeon: 2,29–32), wichtige Hinweise auf das Verhalten Jesu gegenüber Frauen, Zöllnern und Sündern, auch bedeutsame Einzelzüge des Passionsgeschehens.

Die Sonderüberlieferungen des Lukas stehen im Dienst seiner theologischen Aussagen. Er zeigt in Jesus den Heiland der Verlorenen, der sozial Entrechteten, der Frauen, der Zöllner und Sünder. Jesus offenbarte die Menschenliebe Gottes auf bezwingende Weise. Alle Christen müssen daher ebenso wie Jesus handeln. Wo jemand sich dem Wort Jesu öffnet, wird er zu einem guten und edlen Menschen (8,15). Das Leben des Christen hat seine Mitte in der dienenden Liebe, die auch dem Feind und dem Fremden gilt (6,27–36; 10,25–37) und sich besonders an der Einstellung zu Reichtum und Besitz bewähren muss (12,13–21.33f; 14,12–14; 16,9–13.19–31). Jesus zeigt im Leben und im Sterben, wie sich ein Mensch gut und richtig verhalten soll.

Durch Jesus ist die entscheidende Wende der Heilsgeschichte eingetreten (16,16f). Jesus, nicht der als Friedensbringer verehrte Kaiser in Rom, ist der wahre Heiland der Welt (2,11: »Heute ist euch der Retter geboren«. Darum verknüpfte Lukas die Geschichte Jesu mit der Weltgeschichte (1,5; 2,1f; 3,1f). Der Alte Bund und die Geschichte Israels finden ihre Vollendung in der Kirche Christi, die aus Juden und Heiden besteht.

[7] *Mit der Auferstehung Jesu und dem Untergang Jerusalems ist die Epoche der Heidenmission, die Zeit der Sammlung aller Menschen zum einen Volk Gottes angebrochen. Wenn die »Zeit der Heiden« zu Ende ist (21,24), wird auch Israel Jesus als Messias anerkennen (13,35). Das Christusbild des Lukas und sein Aufruf zu sozialem Verhalten sind bis heute maßgebend für die christliche Vorstellung vom Menschen und vom rechten Verhalten in der Gemeinschaft.*

DAS VORWORT: 1,1–4

1 Schon viele haben es unternommen, einen Bericht über all das abzufassen, was sich unter uns ereignet und erfüllt hat. 2 Dabei hielten sie sich an die Überlieferung derer, die von Anfang an Augenzeugen und Diener des Wortes waren. 3 Nun habe auch ich mich entschlossen, allem von Grund auf sorgfältig nachzugehen, um es für dich, hochverehrter Theophilus, der Reihe nach aufzuschreiben. 4 So kannst du dich von der Zuverlässigkeit der Lehre überzeugen, in der du unterwiesen wurdest.

DIE VORGESCHICHTE: 1,5 – 2,52

Die Verheißung der Geburt des Täufers

5 Zur Zeit des Herodes, des Königs von Judäa, lebte ein Priester namens Zacharias, der zur Priesterklasse Abija gehörte. Seine Frau stammte aus dem Geschlecht Aarons; sie hieß Elisabet. 6 Beide lebten so, wie es in den Augen Gottes recht ist, und hielten sich in allem streng an die Gebote und Vorschriften des Herrn. 7 Sie hatten keine Kinder, denn Elisabet war unfruchtbar, und beide waren schon in vorgerücktem Alter.

8 Eines Tages, als seine Priesterklasse wieder an der Reihe war und er beim Gottesdienst mitzuwirken hatte, 9 wurde, wie nach der Priesterordnung üblich, das Los geworfen, und Zacharias fiel die Aufgabe zu, im Tempel des Herrn das Rauchopfer darzubringen. 10 Während er nun zur festgelegten Zeit das Opfer darbrachte, stand das ganze Volk draußen und betete. 11 Da erschien dem Zacharias ein Engel des Herrn; er stand auf der rechten Seite des Rauchopferaltars. 12 Als Zacharias ihn sah, erschrak er und es befiel ihn Furcht. 13 Der Engel aber sagte zu ihm: Fürchte dich nicht, Zacharias! Dein Gebet *ist erhört worden. Deine Frau* Elisabet *wird dir einen Sohn gebären; dem sollst du den Namen* Johannes *geben.* 14 Große Freude wird dich erfüllen und auch viele andere werden sich über seine Geburt freuen. 15 Denn er wird groß sein vor dem Herrn. *Wein und andere berauschende Getränke wird er nicht trinken* und schon im Mutterleib wird er vom Heiligen Geist erfüllt sein. 16 Viele Israeliten wird er zum Herrn, ihrem Gott, bekehren. 17 Er wird mit dem Geist und mit der Kraft des Elija dem Herrn vorangehen, um *das Herz der Väter wieder den Kindern zuzuwenden* und die Ungehorsamen zur Gerechtigkeit zu führen und so das Volk für den Herrn bereit zu machen. 18 Zacharias sagte zu dem Engel: Woran soll ich erkennen, dass das wahr ist? Ich bin ein alter Mann und auch meine Frau ist in vorgerücktem Alter. 19 Der Engel erwiderte ihm: Ich bin Gabriel, der vor Gott steht, und ich bin gesandt worden, um mit dir zu reden und dir diese frohe Botschaft zu bringen. 20 Aber weil du meinen Worten nicht geglaubt hast, die in Erfüllung gehen, wenn die Zeit dafür da ist, sollst du stumm sein und nicht mehr reden können bis zu dem Tag, an dem all das eintrifft. 21 Inzwischen wartete das Volk auf Zacharias und wunderte sich, dass er so lange im Tempel blieb. 22 Als er dann herauskam, konnte er nicht mit ihnen sprechen. Da merkten sie, dass er im Tempel eine Erscheinung gehabt hatte. Er gab ihnen nur Zeichen mit der Hand und blieb stumm.
23 Als die Tage seines Dienstes (im Tempel) zu Ende waren, kehrte er nach Hause zurück. 24 Bald darauf empfing seine Frau Elisabet einen Sohn und lebte fünf Monate lang zurückgezogen. Sie sagte: 25 Der Herr hat mir geholfen; er hat in diesen Tagen gnädig auf mich geschaut und mich von der Schande befreit, mit der ich in den Augen der Menschen beladen war.

5: 1 Chr 24,10 • 9: Ex 30,7f • 13: Gen 17,19f; Lk 1,60 • 15: Num 6,3; Ri 13,4; Lk 7,33 • 17: Mt 17,10–13; Mal 3,23f

Die Verheißung der Geburt Jesu

26 Im sechsten Monat wurde der Engel Gabriel von Gott in eine Stadt in Galiläa namens Nazaret 27 zu einer Jungfrau gesandt. Sie war mit einem Mann namens Josef verlobt, der aus dem Haus David stammte. Der Name der Jungfrau war Maria. 28 Der Engel trat bei ihr ein und sagte: Sei gegrüßt, du

Begnadete, der Herr ist mit dir. 29 Sie erschrak über die Anrede und überlegte, was dieser Gruß zu bedeuten habe. 30 Da sagte der Engel zu ihr: Fürchte dich nicht, Maria; denn du hast bei Gott Gnade gefunden. 31 *Du wirst ein Kind empfangen, einen Sohn wirst du gebären: dem sollst du den Namen* Jesus *geben.* 32 Er wird groß sein und Sohn des Höchsten genannt werden. Gott, der Herr, wird ihm *den Thron* seines Vaters *David* geben. 33 Er wird über das Haus Jakob *in Ewigkeit* herrschen und *seine Herrschaft* wird kein Ende haben. 34 Maria sagte zu dem Engel: Wie soll das geschehen, da ich keinen Mann erkenne? 35 Der Engel antwortete ihr: Der Heilige Geist wird über dich kommen, und die Kraft des Höchsten wird dich überschatten. Deshalb wird auch das Kind heilig und Sohn Gottes genannt werden. 36 Auch Elisabet, deine Verwandte, hat noch in ihrem Alter einen Sohn empfangen; obwohl sie als unfruchtbar galt, ist sie jetzt schon im sechsten Monat. 37 Denn *für Gott ist nichts unmöglich.* 38 Da sagte Maria: Ich bin die Magd des Herrn; mir geschehe, wie du es gesagt hast. Danach verließ sie der Engel.

27: Mt 1,16 • 31: Jes 7,14; Gen 17,19; Mt 1,21–23 • 32f: 2 Sam 7,13; Jes 9,6 • 35: Mt 1,18–20 • 37: Gen 18,14; Ijob 42,2; Mt 19,26; Mk 10,27; Lk 18,27

Der Besuch Marias bei Elisabet

39 Nach einigen Tagen machte sich Maria auf den Weg und eilte in eine Stadt im Bergland von Judäa. 40 Sie ging in das Haus des Zacharias und begrüßte Elisabet. 41 Als Elisabet den Gruß Marias hörte, hüpfte das Kind in ihrem Leib. Da wurde Elisabet vom Heiligen Geist erfüllt 42 und rief mit lauter Stimme: Gesegnet bist du mehr als alle anderen Frauen und gesegnet ist die Frucht deines Leibes. 43 Wer bin ich, dass die Mutter meines Herrn zu mir kommt? 44 In dem Augenblick, als ich deinen Gruß hörte, hüpfte das Kind vor Freude in meinem Leib. 45 Selig ist die, die geglaubt hat, dass sich erfüllt, was der Herr ihr sagen ließ. 46 Da sagte Maria:

Meine Seele preist die Größe *des Herrn,* / 47 und mein Geist *jubelt über Gott, meinen Retter.*

48 Denn *auf die Niedrigkeit seiner Magd hat er geschaut.* / Siehe, von nun an *preisen mich selig* alle Geschlechter.

49 Denn der Mächtige *hat Großes* an mir *getan* / und *sein Name ist heilig.*

50 *Er erbarmt sich* von Geschlecht zu Geschlecht / *über alle, die ihn fürchten.*

51 Er vollbringt *mit seinem Arm* machtvolle Taten: / *Er zerstreut, die* im Herzen *voll Hochmut sind;*

52 *er stürzt die Mächtigen* vom Thron / und *erhöht die Niedrigen.*

53 *Die Hungernden beschenkt er mit seinen Gaben* / und lässt die Reichen leer ausgehen.

54 *Er nimmt sich seines Knechtes Israel an / und denkt an sein Erbarmen,*

55 *das er unsern Vätern* verheißen hat, / *Abraham und seinen Nachkommen* auf ewig.

56 Und Maria blieb etwa drei Monate bei ihr; dann kehrte sie nach Hause zurück.

42: Jdt 13,18 • 46–55: 1 Sam 2,1–10 • 47: Hab 3,18 • 48: 1 Sam 1,11; Gen 30,13 • 49: Dtn 10,21; Ps 111,9 • 50: Ps 103,13.17 • 51: Ps 89,11 • 52: Ez 21,31; Ps 147,6; Ijob 5,11; 12,19 • 53: Ps 107,9; 34,11 • 54: Jes 41,8f; Ps 98,3 • 55: Mi 7,20; 2 Sam 22,51; Gen 17,7

Die Geburt des Täufers

57 Für Elisabet kam die Zeit der Niederkunft und sie brachte einen Sohn zur Welt. 58 Ihre Nachbarn und Verwandten hörten, welch großes Erbarmen der Herr ihr erwiesen hatte, und freuten sich mit ihr. 59 Am achten Tag kamen sie zur Beschneidung des Kindes und wollten ihm den Namen seines Vaters Zacharias geben. 60 Seine Mutter aber widersprach ihnen und sagte: Nein, er soll Johannes heißen. 61 Sie antworteten ihr: Es gibt doch niemand in deiner Verwandtschaft, der so heißt. 62 Da fragten sie seinen Vater durch Zeichen, welchen Namen das Kind haben solle. 63 Er verlangte ein Schreibtäfelchen und schrieb zum Erstaunen aller darauf: Sein Name ist Johannes. 64 Im gleichen Augenblick konnte er Mund und Zunge wieder gebrauchen, und er redete und pries Gott. 65 Und alle, die in jener Gegend wohnten, erschraken und man sprach von all diesen Dingen im ganzen Bergland von Judäa. 66 Alle, die davon hörten, machten sich Gedanken darüber und sagten: Was wird wohl aus diesem Kind werden? Denn es war deutlich, dass die Hand des Herrn mit ihm war.

67 Sein Vater Zacharias wurde vom Heiligen Geist erfüllt und begann prophetisch zu reden:

68 *Gepriesen sei der Herr, der Gott Israels!* / Denn er hat *sein Volk* besucht und *ihm Erlösung geschaffen;*

[69] er hat uns *einen starken Retter* erweckt / im Hau-
se seines Knechtes *David.*
[70] So hat er verheißen von alters her / durch den
Mund seiner heiligen Propheten.
[71] Er hat uns *errettet vor unseren Feinden / und aus
der Hand* aller, *die uns hassen;*
[72] er hat *das Erbarmen mit den Vätern* an uns voll-
endet / und *an seinen* heiligen Bund *gedacht,*
[73] *an den Eid, den er* unserm Vater *Abraham ge-
schworen hat;* / [74] er hat uns geschenkt, dass wir,
aus Feindeshand befreit, / ihm furchtlos dienen
[75] in Heiligkeit und Gerechtigkeit / vor seinem An-
gesicht all unsre Tage.
[76] Und du, Kind, wirst Prophet des Höchsten hei-
ßen; / denn du wirst *dem Herrn* vorangehen und
ihm *den Weg bereiten.*
[77] Du wirst sein Volk mit der Erfahrung des Heils
beschenken / in der Vergebung der Sünden.
[78] Durch die barmherzige Liebe unseres Gottes /
wird uns besuchen das aufstrahlende Licht aus der
Höhe,
[79] um *allen* zu leuchten, *die in Finsternis sitzen und
im Schatten des Todes,* / und unsre Schritte zu len-
ken *auf den Weg des Friedens.*
[80] Das Kind wuchs heran und sein Geist wurde
stark. Und Johannes lebte in der Wüste bis zu dem
Tag, an dem er den Auftrag erhielt, in Israel auf-
zutreten.

59: Gen 17,12 • 60: 1,13 • 68: Ps 41,14; 72,18; 106,48; Lk 7,16; 24,21; Ps 111,9 • 69: 1 Sam 2,10; Ps 18,3; 132,17 • 70: Röm 1,2; Offb 10,7 • 71: Ps 106,10 • 72: Ps 105,8; 106,45; Ex 2,24; Lev 26,42 • 73: Gen 22,16f; Jer 11,5; Mi 7,20 • 76: 7,27; Mt 11,10; Mk 1,2; Mal 3,1; Ex 23,20 • 78: Jes 60,1f; Sach 6,12 G; Mal 3,20 • 79: Jes 9,1; 42,7; Ps 107,10; Mt 4,16; Jes 59,8; Röm 3,17

Die Geburt Jesu

2 In jenen Tagen erließ Kaiser Augustus den
Befehl, alle Bewohner des Reiches in Steuer-
listen einzutragen. [2] Dies geschah zum ersten Mal;
damals war Quirinius Statthalter von Syrien. [3] Da
ging jeder in seine Stadt, um sich eintragen zu las-
sen.
[4] So zog auch Josef von der Stadt Nazaret in Galiläa
hinauf nach Judäa in die Stadt Davids, die Bet-
lehem heißt; denn er war aus dem Haus und
Geschlecht Davids. [5] Er wollte sich eintragen las-
sen mit Maria, seiner Verlobten, die ein Kind er-
wartete. [6] Als sie dort waren, kam für Maria die
Zeit ihrer Niederkunft, [7] und sie gebar ihren Sohn,
den Erstgeborenen. Sie wickelte ihn in Windeln
und legte ihn in eine Krippe, weil in der Herberge
kein Platz für sie war.
[8] In jener Gegend lagerten Hirten auf freiem Feld
und hielten Nachtwache bei ihrer Herde. [9] Da trat
der Engel des Herrn zu ihnen und der Glanz des
Herrn umstrahlte sie. Sie fürchteten sich sehr,
[10] der Engel aber sagte zu ihnen: Fürchtet euch
nicht, denn ich verkünde euch eine große Freude,
die dem ganzen Volk zuteil werden soll: [11] Heute ist
euch in der Stadt Davids der Retter geboren; er ist
der Messias, der Herr. [12] Und das soll euch als Zei-
chen dienen: Ihr werdet ein Kind finden, das, in
Windeln gewickelt, in einer Krippe liegt. [13] Und
plötzlich war bei dem Engel ein großes himm-
lisches Heer, das Gott lobte und sprach:
[14] Verherrlicht ist Gott in der Höhe / und auf Erden
ist Friede / bei den Menschen seiner Gnade.
[15] Als die Engel sie verlassen hatten und in den
Himmel zurückgekehrt waren, sagten die Hirten
zueinander: Kommt, wir gehen nach Betlehem,
um das Ereignis zu sehen, das uns der Herr ver-
künden ließ. [16] So eilten sie hin und fanden Maria
und Josef und das Kind, das in der Krippe lag. [17] Als
sie es sahen, erzählten sie, was ihnen über dieses
Kind gesagt worden war. [18] Und alle, die es hörten,
staunten über die Worte der Hirten. [19] Maria aber
bewahrte alles, was geschehen war, in ihrem Her-
zen und dachte darüber nach. [20] Die Hirten kehr-
ten zurück, rühmten Gott und priesen ihn für das,
was sie gehört und gesehen hatten; denn alles war
so gewesen, wie es ihnen gesagt worden war.

4: Joh 7,42 • 13: Mt 26,53 • 14: 19,38; Jes 57,19; Eph 2,17 • 19: 2,51

Das Zeugnis des Simeon und der Hanna über Jesus

[21] Als acht Tage vorüber waren und das Kind be-
schnitten werden sollte, gab man ihm den Namen
Jesus, den der Engel genannt hatte, noch ehe das
Kind im Schoß seiner Mutter empfangen wurde.
[22] Dann kam für sie der Tag der vom Gesetz des
Mose vorgeschriebenen Reinigung. Sie brachten
das Kind nach Jerusalem hinauf, um es dem Herrn
zu weihen, [23] gemäß dem Gesetz des Herrn, in dem
es heißt: *Jede männliche Erstgeburt soll dem Herrn
geweiht sein.* [24] Auch wollten sie ihr Opfer dar-

bringen, wie es das Gesetz des Herrn vorschreibt:
ein Paar Turteltauben oder zwei junge Tauben.
25 In Jerusalem lebte damals ein Mann namens
Simeon. Er war gerecht und fromm und wartete
auf die Rettung Israels und der Heilige Geist ruhte
auf ihm. 26 Vom Heiligen Geist war ihm offenbart
worden, er werde den Tod nicht schauen, ehe er
den Messias des Herrn gesehen habe. 27 Jetzt wurde
er vom Geist in den Tempel geführt; und als die
Eltern Jesus hereinbrachten, um zu erfüllen, was
nach dem Gesetz üblich war, 28 nahm Simeon das
Kind in seine Arme und pries Gott mit den Worten:

29 Nun lässt du, Herr, deinen Knecht, / wie du gesagt hast, in Frieden scheiden.
30 Denn meine Augen haben *das Heil gesehen,* /
31 das du *vor allen Völkern* bereitet hast,
32 *ein Licht,* das *die Heiden* erleuchtet, / und *Herrlichkeit* für dein Volk *Israel.*

33 Sein Vater und seine Mutter staunten über die
Worte, die über Jesus gesagt wurden. 34 Und Simeon segnete sie und sagte zu Maria, der Mutter Jesu:
Dieser ist dazu bestimmt, dass in Israel viele durch
ihn zu Fall kommen und viele aufgerichtet werden, und er wird ein Zeichen sein, dem widersprochen wird. 35 Dadurch sollen die Gedanken
vieler Menschen offenbar werden. Dir selbst aber
wird ein Schwert durch die Seele dringen.
36 Damals lebte auch eine Prophetin namens Hanna, eine Tochter Penuëls, aus dem Stamm Ascher.
Sie war schon hochbetagt. Als junges Mädchen
hatte sie geheiratet und sieben Jahre mit ihrem
Mann gelebt; 37 nun war sie eine Witwe von vierundachtzig Jahren. Sie hielt sich ständig im Tempel auf und diente Gott Tag und Nacht mit Fasten
und Beten. 38 In diesem Augenblick nun trat sie
hinzu, pries Gott und sprach über das Kind zu
allen, die auf die Erlösung Jerusalems warteten.
39 Als seine Eltern alles getan hatten, was das Gesetz
des Herrn vorschreibt, kehrten sie nach Galiläa in
ihre Stadt Nazaret zurück. 40 Das Kind wuchs heran und wurde kräftig; Gott erfüllte es mit Weisheit und seine Gnade ruhte auf ihm.

21: 1,31 • 22: Lev 12; Num 18,15f • 23: Ex 13,2.12 • 24: Lev 12,8 • 30: Jes 40,5 G • 31: Jes 52,10 • 32: Jes 49,6; 42,6; 46,13 • 34: Jes 8,14

Der zwölfjährige Jesus im Tempel

41 Die Eltern Jesu gingen jedes Jahr zum Paschafest
nach Jerusalem. 42 Als er zwölf Jahre alt geworden
war, zogen sie wieder hinauf, wie es dem Festbrauch entsprach. 43 Nachdem die Festtage zu Ende waren, machten sie sich auf den Heimweg. Der
junge Jesus aber blieb in Jerusalem, ohne dass seine Eltern es merkten. 44 Sie meinten, er sei irgendwo in der Pilgergruppe, und reisten eine Tagesstrecke weit; dann suchten sie ihn bei den Verwandten
und Bekannten. 45 Als sie ihn nicht fanden, kehrten sie nach Jerusalem zurück und suchten ihn
dort. 46 Nach drei Tagen fanden sie ihn im Tempel;
er saß mitten unter den Lehrern, hörte ihnen zu
und stellte Fragen. 47 Alle, die ihn hörten, waren
erstaunt über sein Verständnis und über seine
Antworten. 48 Als seine Eltern ihn sahen, waren sie
sehr betroffen und seine Mutter sagte zu ihm:
Kind, wie konntest du uns das antun? Dein Vater
und ich haben dich voll Angst gesucht. 49 Da sagte er zu ihnen: Warum habt ihr mich gesucht?
Wusstet ihr nicht, dass ich in dem sein muss, was
meinem Vater gehört? 50 Doch sie verstanden
nicht, was er damit sagen wollte. 51 Dann kehrte er
mit ihnen nach Nazaret zurück und war ihnen
gehorsam. Seine Mutter bewahrte alles, was
geschehen war, in ihrem Herzen. 52 Jesus aber
wuchs heran und seine Weisheit nahm zu und *er
fand Gefallen bei Gott und den Menschen.*

41: Ex 23,14–17 • 42: Ex 12,15.18 • 51: 2,19 • 52: 1 Sam 2,26

DIE VORBEREITUNG DES WIRKENS JESU: 3,1 – 4,13

Johannes der Täufer

3 Es war im fünfzehnten Jahr der Regierung des
Kaisers Tiberius; Pontius Pilatus war Statthalter von Judäa, Herodes Tetrarch von Galiläa,
sein Bruder Philippus Tetrarch von Ituräa und
Trachonitis, Lysanias Tetrarch von Abilene; 2 Hohepriester waren Hannas und Kajaphas. Da erging in
der Wüste das Wort Gottes an Johannes, den Sohn
des Zacharias. 3 Und er zog in die Gegend am Jordan und verkündigte dort überall Umkehr und

Taufe zur Vergebung der Sünden. 4 (So erfüllte
sich,) was im Buch der Reden des Propheten Jesaja
steht:
*Eine Stimme ruft in der Wüste: / Bereitet dem Herrn
den Weg! / Ebnet* ihm *die Straßen!*
5 *Jede Schlucht soll aufgefüllt werden, / jeder Berg
und Hügel sich senken.*
*Was krumm ist, soll gerade werden, / was uneben ist,
soll zum ebenen Weg werden.*
6 *Und alle Menschen werden das Heil sehen, das von
Gott kommt.*
7 Das Volk zog in Scharen zu ihm hinaus, um sich
von ihm taufen zu lassen. Er sagte zu ihnen: Ihr
Schlangenbrut, wer hat euch denn gelehrt, dass
ihr dem kommenden Gericht entrinnen könnt?
8 Bringt Früchte hervor, die eure Umkehr zeigen,
und fangt nicht an zu sagen: Wir haben ja Abra-
ham zum Vater. Denn ich sage euch: Gott kann aus
diesen Steinen Kinder Abrahams machen. 9 Schon
ist die Axt an die Wurzel der Bäume gelegt; jeder
Baum, der keine gute Frucht hervorbringt, wird
umgehauen und ins Feuer geworfen.
10 Da fragten ihn die Leute: Was sollen wir also tun?
11 Er antwortete ihnen: Wer zwei Gewänder hat,
der gebe eines davon dem, der keines hat, und wer
zu essen hat, der handle ebenso. 12 Es kamen auch
Zöllner zu ihm, um sich taufen zu lassen, und frag-
ten: Meister, was sollen wir tun? 13 Er sagte zu
ihnen: Verlangt nicht mehr, als festgesetzt ist.
14 Auch Soldaten fragten ihn: Was sollen denn wir
tun? Und er sagte zu ihnen: Misshandelt niemand,
erpresst niemand, begnügt euch mit eurem Sold!
15 Das Volk war voll Erwartung und alle überleg-
ten im Stillen, ob Johannes nicht vielleicht selbst
der Messias sei. 16 Doch Johannes gab ihnen allen
zur Antwort: Ich taufe euch nur mit Wasser. Es
kommt aber einer, der stärker ist als ich, und ich
bin es nicht wert, ihm die Schuhe aufzuschnüren.
Er wird euch mit dem Heiligen Geist und mit
Feuer taufen. 17 Schon hält er die Schaufel in der
Hand, um die Spreu vom Weizen zu trennen und
den Weizen in seine Scheune zu bringen; die Spreu
aber wird er in nie erlöschendem Feuer verbren-
nen. 18 Mit diesen und vielen anderen Worten
ermahnte er das Volk in seiner Predigt.
19 Johannes tadelte auch den Tetrarchen Herodes
wegen (der Sache mit) Herodias, der Frau seines
Bruders, und wegen all der anderen Schandtaten,
die er verübt hatte. 20 Deshalb ließ Herodes Johan-
nes ins Gefängnis werfen und lud so noch mehr
Schuld auf sich.

3–6 ‖ Mt 3,1–6; Mk 1,2–6 • 7–9 ‖ Mt 3,7–10 • 15–17 ‖ Mt 3,11f; Mk 1,7f • 19–20 ‖ Mt 14,3f; Mk 6,17f • 3: Joh 1,19–23; Apg 13,24; 19,4 • 4f: Jes 40,3–5 G • 9: Mt 7,19 • 15: Joh 1,24–28; 16: Apg 13,25

Die Taufe Jesu

21 Zusammen mit dem ganzen Volk ließ auch Jesus
sich taufen. Und während er betete, öffnete sich
der Himmel, 22 und der Heilige Geist kam sichtbar
in Gestalt einer Taube auf ihn herab, und eine
Stimme aus dem Himmel sprach: *Du bist mein
geliebter Sohn, an dir habe ich Gefallen gefunden.*

21–22 ‖ Mt 3,13–17; Mk 1,9–11 • 21–22: Joh 1,29–34 • 22: Gen 22,2; Ps 2,7; Jes 42,1; Mt 3,17

Die Vorfahren Jesu

23 Jesus war etwa dreißig Jahre alt, als er zum ersten
Mal öffentlich auftrat. Man hielt ihn für den Sohn
Josefs. Die Vorfahren Josefs waren: Eli, 24 Mattat,
Levi, Melchi, Jannai, Josef, 25 Mattitja, Amos, Na-
hum, Hesli, Naggai, 26 Mahat, Mattitja, Schimi,
Josech, Joda, 27 Johanan, Resa, Serubbabel, Scheal-
tiël, Neri, 28 Melchi, Addi, Kosam, Elmadam, Er,
29 Joschua, Eliëser, Jorim, Mattat, Levi, 30 Simeon,
Juda, Josef, Jonam, Eljakim, 31 Melea, Menna, Mat-
tata, Natan, David, 32 Isai, Obed, Boas, Salmon,
Nachschon, 33 Amminadab, Admin, Arni, Hezron,
Perez, Juda, 34 Jakob, Isaak, Abraham, Terach, Na-
hor, 35 Serug, Regu, Peleg, Eber, Schelach, 36 Kenan,
Arpachschad, Sem, Noach, Lamech, 37 Metusche-
lach, Henoch, Jered, Mahalalel, Kenan, 38 Enosch,
Set, Adam; (der stammte von) Gott.

31–33: Rut 4,18–22 • 34–35: Gen 11,10–26 • 36–38: Gen 5

Die Versuchung Jesu

4 Erfüllt vom Heiligen Geist, verließ Jesus die
Jordangegend. Darauf führte ihn der Geist
vierzig Tage lang in der Wüste umher, 2 und dabei
wurde Jesus vom Teufel in Versuchung geführt.
Die ganze Zeit über aß er nichts; als aber die vier-
zig Tage vorüber waren, hatte er Hunger. 3 Da sagte
der Teufel zu ihm: Wenn du Gottes Sohn bist, so
befiehl diesem Stein, zu Brot zu werden. 4 Jesus
antwortete ihm: In der Schrift heißt es: *Der Mensch*

lebt nicht nur von Brot. 5 Da führte ihn der Teufel
(auf einen Berg) hinauf und zeigte ihm in einem
einzigen Augenblick alle Reiche der Erde. 6 Und er
sagte zu ihm: All die Macht und Herrlichkeit die-
ser Reiche will ich dir geben; denn sie sind mir
überlassen und ich gebe sie, wem ich will. 7 Wenn
du dich vor mir niederwirfst und mich anbetest,
wird dir alles gehören. 8 Jesus antwortete ihm: In
der Schrift steht: *Vor dem Herrn, deinem Gott, sollst*
du dich niederwerfen und ihm allein *dienen.* 9 Da-
rauf führte ihn der Teufel nach Jerusalem, stellte
ihn oben auf den Tempel und sagte zu ihm: Wenn
du Gottes Sohn bist, so stürz dich von hier hinab;
10 denn es heißt in der Schrift: *Seinen Engeln be-*
fiehlt er, dich zu behüten; 11 und: *Sie werden dich*
auf ihren Händen tragen, / damit dein Fuß nicht an
einen Stein stößt. 12 Da antwortete ihm Jesus: Die
Schrift sagt: *Du sollst den Herrn, deinen Gott, nicht*
auf die Probe stellen. 13 Nach diesen Versuchungen
ließ der Teufel für eine gewisse Zeit von ihm ab.

1–13 ‖ Mt 4,1–11; Mk 1,12f • 4: Dtn 8,3 • 8: Dtn 5,9; 6,13 • 10: Ps 91,11f • 12: Dtn 6,16

DAS WIRKEN JESU IN GALILÄA: 4,14 – 9,50

Erstes Auftreten in Galiläa

14 Jesus kehrte, erfüllt von der Kraft des Geistes,
nach Galiläa zurück. Und die Kunde von ihm ver-
breitete sich in der ganzen Gegend. 15 Er lehrte in
den Synagogen und wurde von allen gepriesen.

14–15 ‖ Mt 4,12.17; Mk 1,14f • 14: 4,37; 5,15

Die Ablehnung Jesu in seiner Heimat

16 So kam er auch nach Nazaret, wo er aufgewach-
sen war, und ging, wie gewohnt, am Sabbat in die
Synagoge. Als er aufstand, um aus der Schrift vor-
zulesen, 17 reichte man ihm das Buch des Prophe-
ten Jesaja. Er schlug das Buch auf und fand die
Stelle, wo es heißt:
18 *Der Geist des Herrn ruht auf mir; / denn der Herr*
hat mich gesalbt.
Er hat mich gesandt, / damit ich den Armen eine gute
Nachricht bringe;
damit ich den Gefangenen die Entlassung verkünde /
und den Blinden das Augenlicht;
damit ich die Zerschlagenen in Freiheit setze 19 *und*
ein Gnadenjahr des Herrn ausrufe.
20 Dann schloss er das Buch, gab es dem Synago-
gendiener und setzte sich. Die Augen aller in der
Synagoge waren auf ihn gerichtet. 21 Da begann er,
ihnen darzulegen: Heute hat sich das Schriftwort,
das ihr eben gehört habt, erfüllt. 22 Seine Rede fand
bei allen Beifall; sie staunten darüber, wie begna-
det er redete, und sagten: Ist das nicht der Sohn
Josefs? 23 Da entgegnete er ihnen: Sicher werdet ihr
mir das Sprichwort vorhalten: Arzt, heile dich
selbst! Wenn du in Kafarnaum so große Dinge
getan hast, wie wir gehört haben, dann tu sie auch
hier in deiner Heimat! 24 Und er setzte hinzu:
Amen, das sage ich euch: Kein Prophet wird in sei-
ner Heimat anerkannt. 25 Wahrhaftig, das sage ich
euch: In Israel gab es viele Witwen in den Tagen
des Elija, als der Himmel für drei Jahre und sechs
Monate verschlossen war und eine große Hungers-
not über das ganze Land kam. 26 Aber zu keiner
von ihnen wurde Elija gesandt, nur zu einer Witwe
in Sarepta bei Sidon. 27 Und viele Aussätzige gab es
in Israel zur Zeit des Propheten Elischa. Aber kei-
ner von ihnen wurde geheilt, nur der Syrer Naa-
man. 28 Als die Leute in der Synagoge das hörten,
gerieten sie alle in Wut. 29 Sie sprangen auf und
trieben Jesus zur Stadt hinaus; sie brachten ihn
an den Abhang des Berges, auf dem ihre Stadt
erbaut war, und wollten ihn hinabstürzen. 30 Er
aber schritt mitten durch die Menge hindurch und
ging weg.

16–30 ‖ Mt 13,54–58; Mk 6,1–6a • 18: Jes 61,1f; 29,18; 58,6 G • 22: Joh 6,42 • 24: Joh 4,44 • 25: 1 Kön 17,1–7; Jak 5,17 • 26: 1 Kön 17,8–16 • 27: 2 Kön 5,1–27

Jesus in der Synagoge von Kafarnaum

31 Jesus ging hinab nach Kafarnaum, einer Stadt in
Galiläa, und lehrte die Menschen am Sabbat. 32 Sie
waren sehr betroffen von seiner Lehre, denn er
redete mit (göttlicher) Vollmacht.
33 In der Synagoge saß ein Mann, der von einem
Dämon, einem unreinen Geist, besessen war. Der
begann laut zu schreien: 34 Was haben wir mit dir
zu tun, Jesus von Nazaret? Bist du gekommen, um

uns ins Verderben zu stürzen? Ich weiß, wer du
bist: der Heilige Gottes! 35 Da befahl ihm Jesus:
Schweig und verlass ihn! Der Dämon warf den
Mann mitten in der Synagoge zu Boden und ver-
ließ ihn, ohne ihn jedoch zu verletzen. 36 Da waren
alle erstaunt und erschrocken und einer fragte den
andern: Was ist das für ein Wort? Mit Vollmacht
und Kraft befiehlt er den unreinen Geistern, und
sie fliehen. 37 Und sein Ruf verbreitete sich in der
ganzen Gegend.

31–37 || Mk 1,21–28 • 32: Mt 7,28f • 34: 8,28; Mt 8,29; Mk 5,7; Joh 2,4 • 36: Mt 7,29 • 37: 4,14; 5,15

Die Heilung der Schwiegermutter des Petrus

38 Jesus stand auf, verließ die Synagoge und ging in
das Haus des Simon. Die Schwiegermutter des
Simon hatte hohes Fieber und sie baten ihn ihr zu
helfen. 39 Er trat zu ihr hin, beugte sich über sie und
befahl dem Fieber zu weichen. Da wich es von ihr
und sie stand sofort auf und sorgte für sie.

38–39 || Mt 8,14f; Mk 1,29–31

Die Heilung von Besessenen und Kranken

40 Als die Sonne unterging, brachten die Leute ihre
Kranken, die alle möglichen Leiden hatten, zu Je-
sus. Er legte jedem Kranken die Hände auf und
heilte alle. 41 Von vielen fuhren auch Dämonen aus
und schrien: Du bist der Sohn Gottes! Da fuhr er
sie schroff an und ließ sie nicht reden; denn sie
wussten, dass er der Messias war.

40–41 || Mt 8,16; Mk 1,32–34 • 41: Mt 8,29; Mk 3,11

Aufbruch aus Kafarnaum

42 Bei Tagesanbruch verließ er die Stadt und ging
an einen einsamen Ort. Aber die Menschen such-
ten ihn, und als sie ihn fanden, wollten sie ihn
daran hindern wegzugehen. 43 Er sagte zu ihnen:
Ich muss auch den anderen Städten das Evange-
lium vom Reich Gottes verkünden; denn dazu bin
ich gesandt worden. 44 Und er predigte in den Syn-
agogen Judäas.

42–44 || Mk 1,35–39

Die Berufung der ersten Jünger

5 Als Jesus am Ufer des Sees Gennesaret stand,
drängte sich das Volk um ihn und wollte das
Wort Gottes hören. 2 Da sah er zwei Boote am
Ufer liegen. Die Fischer waren ausgestiegen und
wuschen ihre Netze. 3 Jesus stieg in das Boot, das
dem Simon gehörte, und bat ihn, ein Stück weit
vom Land wegzufahren. Dann setzte er sich und
lehrte das Volk vom Boot aus. 4 Als er seine Rede
beendet hatte, sagte er zu Simon: Fahr hinaus auf
den See! Dort werft eure Netze zum Fang aus!
5 Simon antwortete ihm: Meister, wir haben die
ganze Nacht gearbeitet und nichts gefangen. Doch
wenn du es sagst, werde ich die Netze auswerfen.
6 Das taten sie, und sie fingen eine so große Menge
Fische, dass ihre Netze zu reißen drohten. 7 Des-
halb winkten sie ihren Gefährten im anderen
Boot, sie sollten kommen und ihnen helfen. Sie
kamen und gemeinsam füllten sie beide Boote bis
zum Rand, sodass sie fast untergingen. 8 Als Simon
Petrus das sah, fiel er Jesus zu Füßen und sagte:
Herr, geh weg von mir; ich bin ein Sünder. 9 Denn
er und alle seine Begleiter waren erstaunt und
erschrocken, weil sie so viele Fische gefangen hat-
ten; 10 ebenso ging es Jakobus und Johannes, den
Söhnen des Zebedäus, die mit Simon zusammen-
arbeiteten. Da sagte Jesus zu Simon: Fürchte dich
nicht! Von jetzt an wirst du Menschen fangen.
11 Und sie zogen die Boote an Land, ließen alles
zurück und folgten ihm nach.

1–11: Mt 4,18–22; Mk 1,16–20; Joh 1,35–51; 21,1–7

Die Heilung eines Aussätzigen

12 Als Jesus in einer der Städte war, kam ein Mann,
der am ganzen Körper Aussatz hatte. Sobald er
Jesus sah, warf er sich vor ihm zu Boden und bat
ihn: Herr, wenn du willst, kannst du machen, dass
ich rein werde. 13 Da streckte Jesus die Hand aus,
berührte ihn und sagte: Ich will es – werde rein!
Im gleichen Augenblick verschwand der Aussatz.
14 Jesus befahl ihm: Erzähl niemand davon, son-
dern geh, *zeig dich dem Priester* und bring das Rei-
nigungsopfer dar, wie es Mose angeordnet hat. Das
soll für sie ein Beweis (deiner Heilung) sein.
15 Sein Ruf verbreitete sich immer mehr, sodass die
Menschen von überall herbeiströmten. Sie alle
wollten ihn hören und von ihren Krankheiten
geheilt werden. 16 Doch er zog sich an einen einsa-
men Ort zurück, um zu beten.

12–16 || Mt 8,2–4; Mk 1,40–45 • 14: Lev 13,49; 14,2–32; Lk 17,14 • 15: 4,14.37 • 16: 9,18; Mk 1,35

Die Heilung eines Gelähmten

17 Eines Tages, als Jesus wieder lehrte, saßen unter den Zuhörern auch Pharisäer und Gesetzeslehrer; sie waren aus allen Dörfern Galiläas und Judäas und aus Jerusalem gekommen. Und die Kraft des Herrn drängte ihn dazu, zu heilen. 18 Da brachten einige Männer einen Gelähmten auf einer Tragbahre. Sie wollten ihn ins Haus bringen und vor Jesus hinlegen. 19 Weil es ihnen aber wegen der vielen Leute nicht möglich war, ihn hineinzubringen, stiegen sie aufs Dach, deckten die Ziegel ab und ließen ihn auf seiner Tragbahre in die Mitte des Raumes hinunter, genau vor Jesus hin. 20 Als er ihren Glauben sah, sagte er zu dem Mann: Deine Sünden sind dir vergeben. 21 Da dachten die Schriftgelehrten und die Pharisäer: Wer ist das, dass er eine solche Gotteslästerung wagt? Wer außer Gott kann Sünden vergeben? 22 Jesus aber merkte, was sie dachten, und sagte zu ihnen: Was habt ihr für Gedanken im Herzen? 23 Was ist leichter, zu sagen: Deine Sünden sind dir vergeben!, oder zu sagen: Steh auf und geh umher? 24 Ihr sollt aber erkennen, dass der Menschensohn die Vollmacht hat, hier auf der Erde Sünden zu vergeben. Und er sagte zu dem Gelähmten: Ich sage dir: Steh auf, nimm deine Tragbahre und geh nach Hause! 25 Im gleichen Augenblick stand der Mann vor aller Augen auf. Er nahm die Tragbahre, auf der er gelegen hatte, und ging heim, Gott lobend und preisend. 26 Da gerieten alle außer sich; sie priesen Gott und sagten voller Furcht: Heute haben wir etwas Unglaubliches gesehen.

17–26 || Mt 9,1–8; Mk 2,1–12 • 21: 7,49

Die Berufung des Levi und das Mahl mit den Zöllnern

27 Als Jesus von dort wegging, sah er einen Zöllner namens Levi am Zoll sitzen und sagte zu ihm: Folge mir nach! 28 Da stand Levi auf, verließ alles und folgte ihm. 29 Und er gab für Jesus in seinem Haus ein großes Festmahl. Viele Zöllner und andere Gäste waren mit ihnen bei Tisch. 30 Da sagten die Pharisäer und ihre Schriftgelehrten voll Unwillen zu seinen Jüngern: Wie könnt ihr zusammen mit Zöllnern und Sündern essen und trinken?

31 Jesus antwortete ihnen: Nicht die Gesunden brauchen den Arzt, sondern die Kranken. 32 Ich bin gekommen, um die Sünder zur Umkehr zu rufen, nicht die Gerechten.

27–32 || Mt 9,9–13; Mk 2,13–17 • 27: Mt 8,22 • 29: 15,1f; Mt 11,19 • 30: 7,34; 19,7 • 32: 19,10

Die Frage nach dem Fasten

33 Sie sagten zu ihm: Die Jünger des Johannes fasten und beten viel, ebenso die Jünger der Pharisäer; deine Jünger aber essen und trinken. 34 Jesus erwiderte ihnen: Könnt ihr denn die Hochzeitsgäste fasten lassen, solange der Bräutigam bei ihnen ist?

35 Es werden aber Tage kommen, da wird ihnen der Bräutigam genommen sein; in jenen Tagen werden sie fasten.

36 Und er erzählte ihnen auch noch ein Gleichnis: Niemand schneidet ein Stück von einem neuen Kleid ab und setzt es auf ein altes Kleid; denn das neue Kleid wäre zerschnitten und zu dem alten Kleid würde das Stück von dem neuen nicht passen.

37 Auch füllt niemand neuen Wein in alte Schläuche. Denn der neue Wein zerreißt die Schläuche; er läuft aus und die Schläuche sind unbrauchbar.

38 Neuen Wein muss man in neue Schläuche füllen.

39 Und niemand, der alten Wein getrunken hat, will neuen; denn er sagt: Der alte Wein ist besser.

33–38 || Mt 9,14–17; Mk 2,18–22

Das Abreißen der Ähren am Sabbat

6 Als er an einem Sabbat durch die Kornfelder ging, rissen seine Jünger Ähren ab, zerrieben sie mit den Händen und aßen sie. 2 Da sagten einige Pharisäer: Was tut ihr da? Das ist doch am Sabbat verboten! 3 Jesus erwiderte ihnen: Habt ihr nicht gelesen, was David getan hat, als er und seine Begleiter hungrig waren – 4 wie er in das Haus Gottes ging und die heiligen Brote nahm, die nur die Priester essen dürfen, und wie er sie aß und auch seinen Begleitern davon gab? 5 Und Jesus fügte hinzu: Der Menschensohn ist Herr über den Sabbat.

1–5 || Mt 12,1–8; Mk 2,23–28 • 1: Dtn 23,26 • 3f: 1 Sam 21,2–7 • 4: Lev 24,5–9

Die Heilung eines Mannes am Sabbat

6 An einem anderen Sabbat ging er in die Synagoge und lehrte. Dort saß ein Mann, dessen rechte Hand verdorrt war. 7 Die Schriftgelehrten und die Pharisäer gaben Acht, ob er am Sabbat heilen werde; sie suchten nämlich einen Grund zur Anklage gegen ihn. 8 Er aber wusste, was sie im Sinn hatten, und sagte zu dem Mann mit der verdorrten Hand: Steh auf und stell dich in die Mitte! Der Mann stand auf und trat vor. 9 Dann sagte Jesus zu ihnen: Ich frage euch: Was ist am Sabbat erlaubt: Gutes zu tun oder Böses, ein Leben zu retten oder es zugrunde gehen zu lassen? 10 Und er sah sie alle der Reihe nach an und sagte dann zu dem Mann: Streck deine Hand aus! Er tat es und seine Hand war wieder gesund. 11 Da wurden sie von sinnloser Wut erfüllt und berieten, was sie gegen Jesus unternehmen könnten.

6–11 || Mt 12,9–14; Mk 3,1–6 • 6–11: 14,1–6

Die Wahl der Zwölf

12 In diesen Tagen ging er auf einen Berg, um zu beten. Und er verbrachte die ganze Nacht im Gebet zu Gott.

13 Als es Tag wurde, rief er seine Jünger zu sich und wählte aus ihnen zwölf aus; sie nannte er auch Apostel. 14 (Es waren) Simon, dem er den Namen Petrus gab, und sein Bruder Andreas, dazu Jakobus und Johannes, Philippus und Bartholomäus, 15 Matthäus und Thomas, Jakobus, der Sohn des Alphäus, und Simon, genannt der Zelot, 16 Judas, der Sohn des Jakobus, und Judas Iskariot, der zum Verräter wurde.

12–16 || Mt 10,1–4; Mk 3,13–19 • 12: Mt 14,23; Mk 6,46 • 14–16: Joh 1,40–44; Apg 1,13

Der Andrang des Volkes

17 Jesus stieg mit ihnen den Berg hinab. In der Ebene blieb er mit einer großen Schar seiner Jünger stehen und viele Menschen aus ganz Judäa und Jerusalem und dem Küstengebiet von Tyrus und Sidon 18 strömten herbei. Sie alle wollten ihn hören und von ihren Krankheiten geheilt werden. Auch die von unreinen Geistern Geplagten wurden geheilt. 19 Alle Leute versuchten, ihn zu berühren; denn es ging eine Kraft von ihm aus, die alle heilte.

17–19 || Mt 4,23–25; 12,15f; Mk 3,7–12 • 19: 8,44; Mt 14,36

Die Feldrede: 6,20–49

Seligpreisungen und Weherufe

20 Er richtete seine Augen auf seine Jünger und sagte:
Selig, ihr Armen, denn euch gehört das Reich Gottes.
21 Selig, die ihr jetzt hungert, denn ihr werdet satt werden. / Selig, die ihr jetzt weint, denn ihr werdet lachen.
22 Selig seid ihr, wenn euch die Menschen hassen und aus ihrer Gemeinschaft ausschließen, wenn sie euch beschimpfen und euch in Verruf bringen um des Menschensohnes willen. 23 Freut euch und jauchzt an jenem Tag; euer Lohn im Himmel wird groß sein. Denn ebenso haben es ihre Väter mit den Propheten gemacht.
24 Aber weh euch, die ihr reich seid; denn ihr habt keinen Trost mehr zu erwarten.
25 Weh euch, die ihr jetzt satt seid; denn ihr werdet hungern.
Weh euch, die ihr jetzt lacht; denn ihr werdet klagen und weinen.
26 Weh euch, wenn euch alle Menschen loben; denn ebenso haben es ihre Väter mit den falschen Propheten gemacht.

6,20–49: Mt 5–7 • 20–23 || Mt 5,3–12

Von der Vergeltung und von der Liebe zu den Feinden

27 Euch, die ihr mir zuhört, sage ich: Liebt eure Feinde; tut denen Gutes, die euch hassen. 28 Segnet die, die euch verfluchen; betet für die, die euch misshandeln. 29 Dem, der dich auf die eine Wange schlägt, halt auch die andere hin, und dem, der dir den Mantel wegnimmt, lass auch das Hemd. 30 Gib jedem, der dich bittet; und wenn dir jemand etwas wegnimmt, verlang es nicht zurück. 31 Was ihr von anderen erwartet, das tut ebenso auch ihnen. 32 Wenn ihr nur die liebt, die euch lieben, welchen Dank erwartet ihr dafür? Auch die Sünder lieben die, von denen sie geliebt werden. 33 Und wenn ihr nur denen Gutes tut, die euch Gutes tun, welchen Dank erwartet ihr dafür? Das tun auch die Sünder. 34 Und wenn ihr nur denen etwas leiht, von denen ihr es zurückzubekommen hofft, welchen Dank erwartet ihr dafür? Auch die Sünder leihen

Sündern in der Hoffnung, alles zurückzubekommen. [35] Ihr aber sollt eure Feinde lieben und sollt Gutes tun und leihen, auch wo ihr nichts dafür erhoffen könnt. Dann wird euer Lohn groß sein und ihr werdet Söhne des Höchsten sein; denn auch er ist gütig gegen die Undankbaren und Bösen. [36] Seid barmherzig, wie es auch euer Vater ist!

27–36 || Mt 5,38–48 • 31: Mt 7,12

Vom Richten

[37] Richtet nicht, dann werdet auch ihr nicht gerichtet werden. Verurteilt nicht, dann werdet auch ihr nicht verurteilt werden. Erlasst einander die Schuld, dann wird auch euch die Schuld erlassen werden. [38] Gebt, dann wird auch euch gegeben werden. In reichem, vollem, gehäuftem, überfließendem Maß wird man euch beschenken; denn nach dem Maß, mit dem ihr messt und zuteilt, wird auch euch zugeteilt werden.

[39] Er gebrauchte auch einen Vergleich und sagte: Kann ein Blinder einen Blinden führen? Werden nicht beide in eine Grube fallen? [40] Der Jünger steht nicht über seinem Meister; jeder aber, der alles gelernt hat, wird wie sein Meister sein. [41] Warum siehst du den Splitter im Auge deines Bruders, aber den Balken in deinem eigenen Auge bemerkst du nicht? [42] Wie kannst du zu deinem Bruder sagen: Bruder, lass mich den Splitter aus deinem Auge herausziehen!, während du den Balken in deinem eigenen Auge nicht siehst? Du Heuchler! Zieh zuerst den Balken aus deinem Auge; dann kannst du versuchen, den Splitter aus dem Auge deines Bruders herauszuziehen.

37–42 || Mt 7,1–5 • 37: Mt 6,14f; Mk 11,25f • 38: Mk 4,24 • 39: Mt 15,14 • 40: Mt 10,24f; Joh 13,16; 15,20

Von der wahren Frömmigkeit

[43] Es gibt keinen guten Baum, der schlechte Früchte hervorbringt, noch einen schlechten Baum, der gute Früchte hervorbringt. [44] Jeden Baum erkennt man an seinen Früchten: Von den Disteln pflückt man keine Feigen und vom Dornstrauch erntet man keine Trauben. [45] Ein guter Mensch bringt Gutes hervor, weil in seinem Herzen Gutes ist; und ein böser Mensch bringt Böses hervor, weil in seinem Herzen Böses ist. Wovon das Herz voll ist, davon spricht der Mund. [46] Was sagt ihr zu mir: Herr! Herr!, und tut nicht, was ich sage?

43–45 || Mt 7,16–21; 12,33–35

Vom Haus auf dem Felsen

[47] Ich will euch zeigen, wem ein Mensch gleicht, der zu mir kommt und meine Worte hört und danach handelt. [48] Er ist wie ein Mann, der ein Haus baute und dabei die Erde tief aushob und das Fundament auf einen Felsen stellte. Als nun ein Hochwasser kam und die Flutwelle gegen das Haus prallte, konnte sie es nicht erschüttern, weil es gut gebaut war. [49] Wer aber hört und nicht danach handelt, ist wie ein Mann, der sein Haus ohne Fundament auf die Erde baute. Die Flutwelle prallte dagegen, das Haus stürzte sofort in sich zusammen und wurde völlig zerstört.

47–49 || Mt 7,24–27

Zeichen und Worte Jesu: 7,1 – 9,50

Der Hauptmann von Kafarnaum

7 Als Jesus diese Rede vor dem Volk beendet hatte, ging er nach Kafarnaum hinein. [2] Ein Hauptmann hatte einen Diener, der todkrank war und den er sehr schätzte. [3] Als der Hauptmann von Jesus hörte, schickte er einige von den jüdischen Ältesten zu ihm mit der Bitte, zu kommen und seinen Diener zu retten. [4] Sie gingen zu Jesus und baten ihn inständig. Sie sagten: Er verdient es, dass du seine Bitte erfüllst; [5] denn er liebt unser Volk und hat uns die Synagoge gebaut. [6] Da ging Jesus mit ihnen. Als er nicht mehr weit von dem Haus entfernt war, schickte der Hauptmann Freunde und ließ ihm sagen: Herr, bemüh dich nicht! Denn ich bin es nicht wert, dass du mein Haus betrittst. [7] Deshalb habe ich mich auch nicht für würdig gehalten, selbst zu dir zu kommen. Sprich nur ein Wort, dann muss mein Diener gesund werden. [8] Auch ich muss Befehlen gehorchen und ich habe selber Soldaten unter mir; sage ich nun zu einem: Geh!, so geht er, und zu einem andern: Komm!, so kommt er, und zu meinem Diener: Tu das!, so tut er es. [9] Jesus war erstaunt über ihn, als er das hörte. Und er wandte sich um und sagte zu den Leuten, die ihm folgten: Ich sage euch: Nicht einmal in

Israel habe ich einen solchen Glauben gefunden. 10 Und als die Männer, die der Hauptmann geschickt hatte, in das Haus zurückkehrten, stellten sie fest, dass der Diener gesund war.

1–10 || Mt 8,5–13; Joh 4,46–53

Die Auferweckung eines jungen Mannes in Naïn

11 Einige Zeit später ging er in eine Stadt namens Naïn; seine Jünger und eine große Menschenmenge folgten ihm. 12 Als er in die Nähe des Stadttors kam, trug man gerade einen Toten heraus. Es war der einzige Sohn seiner Mutter, einer Witwe. Und viele Leute aus der Stadt begleiteten sie. 13 Als der Herr die Frau sah, hatte er Mitleid mit ihr und sagte zu ihr: Weine nicht! 14 Dann ging er zu der Bahre hin und fasste sie an. Die Träger blieben stehen und er sagte: Ich befehle dir, junger Mann: Steh auf! 15 Da richtete sich der Tote auf und begann zu sprechen *und* Jesus *gab ihn seiner Mutter zurück.* 16 Alle wurden von Furcht ergriffen; sie priesen Gott und sagten: Ein großer Prophet ist unter uns aufgetreten: Gott hat sich seines Volkes angenommen. 17 Und die Kunde davon verbreitete sich überall in Judäa und im ganzen Gebiet ringsum.

15: 1 Kön 17,23 • 16: 1,68

Die Frage des Täufers

18 Johannes erfuhr das alles von seinen Jüngern. Da rief er zwei von ihnen zu sich, 19 schickte sie zum Herrn und ließ ihn fragen: Bist du der, der kommen soll, oder müssen wir auf einen andern warten?

20 Als die beiden Männer zu Jesus kamen, sagten sie: Johannes der Täufer hat uns zu dir geschickt und lässt dich fragen: Bist du der, der kommen soll, oder müssen wir auf einen andern warten? 21 Damals heilte Jesus viele Menschen von ihren Krankheiten und Leiden, befreite sie von bösen Geistern und schenkte vielen Blinden das Augenlicht. 22 Er antwortete den beiden: Geht und berichtet Johannes, was ihr gesehen und gehört habt: *Blinde sehen wieder, Lahme* gehen, und Aussätzige werden rein; *Taube hören, Tote stehen auf,* und *den Armen wird das Evangelium verkündet.* 23 Selig ist, wer an mir keinen Anstoß nimmt.

18–23 || Mt 11,2–6 • 22: Jes 26,19; 29,18; 35,5f; 61,1

Das Urteil Jesu über den Täufer

24 Als die Boten des Johannes weggegangen waren, begann Jesus zu der Menge über Johannes zu reden; er sagte: Was habt ihr denn sehen wollen, als ihr in die Wüste hinausgegangen seid? Ein Schilfrohr, das im Wind schwankt? 25 Oder was habt ihr sehen wollen, als ihr hinausgegangen seid? Einen Mann in feiner Kleidung? Leute, die vornehm gekleidet sind und üppig leben, findet man in den Palästen der Könige. 26 Oder was habt ihr sehen wollen, als ihr hinausgegangen seid? Einen Propheten? Ja, ich sage euch: Ihr habt sogar mehr gesehen als einen Propheten. 27 Er ist der, von dem es in der Schrift heißt:

Ich sende meinen Boten vor dir her; / er soll den Weg für dich *bahnen.*

28 Ich sage euch: Unter allen Menschen gibt es keinen größeren als Johannes; doch der Kleinste im Reich Gottes ist größer als er. 29 Das ganze Volk, das Johannes hörte, selbst die Zöllner, sie alle haben den Willen Gottes anerkannt und sich von Johannes taufen lassen. 30 Doch die Pharisäer und die Gesetzeslehrer haben den Willen Gottes missachtet und sich von Johannes nicht taufen lassen.

31 Mit wem soll ich also die Menschen dieser Generation vergleichen? Wem sind sie ähnlich? 32 Sie sind wie Kinder, die auf dem Marktplatz sitzen und einander zurufen: Wir haben für euch auf der Flöte (Hochzeitslieder) gespielt und ihr habt nicht getanzt; wir haben Klagelieder gesungen und ihr habt nicht geweint. 33 Johannes der Täufer ist gekommen, er isst kein Brot und trinkt keinen Wein und ihr sagt: Er ist von einem Dämon besessen. 34 Der Menschensohn ist gekommen, er isst und trinkt; darauf sagt ihr: Dieser Fresser und Säufer, dieser Freund der Zöllner und Sünder! 35 Und doch hat die Weisheit durch alle ihre Kinder Recht bekommen.

24–35 || Mt 11,7–19 • 27: Ex 23,20; Mal 3,1; Lk 1,76; Mk 1,2 • 33: 1,15 • 34: 5,30; 15,1f; 19,7; Mt 9,10f

Die Begegnung Jesu mit der Sünderin

36 Jesus ging in das Haus eines Pharisäers, der ihn zum Essen eingeladen hatte, und legte sich zu Tisch. 37 Als nun eine Sünderin, die in der Stadt lebte, erfuhr, dass er im Haus des Pharisäers bei Tisch war, kam sie mit einem Alabastergefäß voll

wohlriechendem Öl 38 und trat von hinten an ihn heran. Dabei weinte sie und ihre Tränen fielen auf seine Füße. Sie trocknete seine Füße mit ihrem Haar, küsste sie und salbte sie mit dem Öl. 39 Als der Pharisäer, der ihn eingeladen hatte, das sah, dachte er: Wenn er wirklich ein Prophet wäre, müsste er wissen, was das für eine Frau ist, von der er sich berühren lässt; er wüsste, dass sie eine Sünderin ist. 40 Da wandte sich Jesus an ihn und sagte: Simon, ich möchte dir etwas sagen. Er erwiderte: Sprich, Meister! 41 (Jesus sagte:) Ein Geldverleiher hatte zwei Schuldner; der eine war ihm fünfhundert Denare schuldig, der andere fünfzig. 42 Als sie ihre Schulden nicht bezahlen konnten, erließ er sie beiden. Wer von ihnen wird ihn nun mehr lieben? 43 Simon antwortete: Ich nehme an, der, dem er mehr erlassen hat. Jesus sagte zu ihm: Du hast recht. 44 Dann wandte er sich der Frau zu und sagte zu Simon: Siehst du diese Frau? Als ich in dein Haus kam, hast du mir kein Wasser zum Waschen der Füße gegeben; sie aber hat ihre Tränen über meinen Füßen vergossen und sie mit ihrem Haar abgetrocknet. 45 Du hast mir (zur Begrüßung) keinen Kuss gegeben; sie aber hat mir, seit ich hier bin, unaufhörlich die Füße geküsst. 46 Du hast mir nicht das Haar mit Öl gesalbt; sie aber hat mir mit ihrem wohlriechenden Öl die Füße gesalbt. 47 Deshalb sage ich dir: Ihr sind ihre vielen Sünden vergeben, weil sie (mir) so viel Liebe gezeigt hat. Wem aber nur wenig vergeben wird, der zeigt auch nur wenig Liebe. 48 Dann sagte er zu ihr: Deine Sünden sind dir vergeben. 49 Da dachten die anderen Gäste: Wer ist das, dass er sogar Sünden vergibt? 50 Er aber sagte zu der Frau: Dein Glaube hat dir geholfen. Geh in Frieden!

36–50 || Mt 26,6–13; Mk 14,3–9; Joh 12,3–8 • 42: Mt 18,27 • 49: 5,21 • 50: 8,48; 18,42; Mt 9,22; Mk 5,34; 10,52

Frauen im Gefolge Jesu

8 In der folgenden Zeit wanderte er von Stadt zu Stadt und von Dorf zu Dorf und verkündete das Evangelium vom Reich Gottes. Die Zwölf begleiteten ihn, 2 außerdem einige Frauen, die er von bösen Geistern und von Krankheiten geheilt hatte: Maria Magdalene, aus der sieben Dämonen ausgefahren waren, 3 Johanna, die Frau des Chuzas, eines Beamten des Herodes, Susanna und viele andere. Sie alle unterstützten Jesus und die Jünger mit dem, was sie besaßen.

2: 23,49; Mk 16,9 • 3: 24,10

Das Gleichnis vom Sämann

4 Als die Leute aus allen Städten zusammenströmten und sich viele Menschen um ihn versammelten, erzählte er ihnen dieses Gleichnis: 5 Ein Sämann ging aufs Feld, um seinen Samen auszusäen. Als er säte, fiel ein Teil der Körner auf den Weg; sie wurden zertreten und die Vögel des Himmels fraßen sie. 6 Ein anderer Teil fiel auf Felsen, und als die Saat aufging, verdorrte sie, weil es ihr an Feuchtigkeit fehlte. 7 Wieder ein anderer Teil fiel mitten in die Dornen und die Dornen wuchsen zusammen mit der Saat hoch und erstickten sie. 8 Ein anderer Teil schließlich fiel auf guten Boden, ging auf und brachte hundertfach Frucht. Als Jesus das gesagt hatte, rief er: Wer Ohren hat zum Hören, der höre!

4–8 || Mt 13,1–9; Mk 4,1–9 • 8: Mt 11,15

Sinn und Zweck der Gleichnisse

9 Seine Jünger fragten ihn, was das Gleichnis bedeute. 10 Da sagte er: Euch ist es gegeben, die Geheimnisse des Reiches Gottes zu erkennen. Zu den anderen Menschen aber wird nur in Gleichnissen geredet; denn *sie sollen sehen und doch nicht sehen, hören und doch nicht verstehen.*

9–10 || Mt 13,10–17; Mk 4,10–12 • 10: Jes 6,9; Joh 12,40; Apg 28,26

Die Deutung des Gleichnisses vom Sämann

11 Das ist der Sinn des Gleichnisses: Der Samen ist das Wort Gottes.

12 Auf den Weg ist der Samen bei denen gefallen, die das Wort zwar hören, denen es aber der Teufel dann aus dem Herzen reißt, damit sie nicht glauben und nicht gerettet werden. 13 Auf den Felsen ist der Samen bei denen gefallen, die das Wort freudig aufnehmen, wenn sie es hören; aber sie haben keine Wurzeln: Eine Zeit lang glauben sie, doch in der Zeit der Prüfung werden sie abtrünnig. 14 Unter die Dornen ist der Samen bei denen gefallen, die das Wort zwar hören, dann aber weggehen und in den Sorgen, dem Reichtum und den Genüssen des Lebens ersticken, deren Frucht also nicht reift. 15 Auf guten Boden ist der Samen bei

denen gefallen, die das Wort mit gutem und aufrichtigem Herzen hören, daran festhalten und durch ihre Ausdauer Frucht bringen.

11–15 || Mt 13,18–23; Mk 4,13–20

Vom rechten Hören

16 Niemand zündet ein Licht an und deckt es mit einem Gefäß zu oder stellt es unter das Bett, sondern man stellt das Licht auf den Leuchter, damit alle, die eintreten, es leuchten sehen. 17 Es gibt nichts Verborgenes, das nicht offenbar wird, und nichts Geheimes, das nicht bekannt wird und an den Tag kommt.

18 Gebt also Acht, dass ihr richtig zuhört! Denn wer hat, dem wird gegeben; wer aber nicht hat, dem wird auch noch weggenommen, was er zu haben meint.

16–18 || Mk 4,21–25 • 16: 11,33; Mt 5,15 • 17: 12,2; Mt 10,26 • 18: 19,26; Mt 13,12; 25,29

Von den wahren Verwandten Jesu

19 Eines Tages kamen seine Mutter und seine Brüder zu ihm; sie konnten aber wegen der vielen Leute nicht zu ihm gelangen. 20 Da sagte man ihm: Deine Mutter und deine Brüder stehen draußen und möchten dich sehen. 21 Er erwiderte: Meine Mutter und meine Brüder sind die, die das Wort Gottes hören und danach handeln.

19–21 || Mt 12,46–50; Mk 3,31–35 • 21: 11,28

Der Sturm auf dem See

22 Eines Tages stieg er mit seinen Jüngern in ein Boot und sagte zu ihnen: Wir wollen ans andere Ufer des Sees hinüberfahren. Und sie fuhren ab. 23 Während der Fahrt aber schlief er ein. Plötzlich brach über dem See ein Wirbelsturm los; das Wasser schlug in das Boot und sie gerieten in große Gefahr.

24 Da traten sie zu ihm und weckten ihn; sie riefen: Meister, Meister, wir gehen zugrunde! Er stand auf, drohte dem Wind und den Wellen, und sie legten sich und es trat Stille ein. 25 Dann sagte er zu den Jüngern: Wo ist euer Glaube? Sie aber fragten einander voll Schrecken und Staunen: Was ist das für ein Mensch, dass sogar die Winde und das Wasser seinem Befehl gehorchen?

22–25 || Mt 8,18.23–27; Mk 4,35–41

Die Heilung des Besessenen von Gerasa

26 Sie fuhren in das Gebiet von Gerasa, das dem galiläischen Ufer gegenüberliegt. 27 Als Jesus an Land ging, lief ihm ein Mann aus der Stadt entgegen, der von Dämonen besessen war. Schon seit langem trug er keine Kleider mehr und lebte nicht mehr in einem Haus, sondern in den Grabhöhlen. 28 Als er Jesus sah, schrie er auf, fiel vor ihm nieder und rief laut: Was habe ich mit dir zu tun, Jesus, Sohn des höchsten Gottes? Ich bitte dich: Quäle mich nicht! 29 Jesus hatte nämlich dem unreinen Geist befohlen, den Mann zu verlassen. Denn schon seit langem hatte ihn der Geist in seiner Gewalt und man hatte ihn wie einen Gefangenen an Händen und Füßen gefesselt. Aber immer wieder zerriss er die Fesseln und wurde von dem Dämon in menschenleere Gegenden getrieben. 30 Jesus fragte ihn: Wie heißt du? Er antwortete: Legion. Denn er war von vielen Dämonen besessen. 31 Und die Dämonen baten Jesus, sie nicht zur Hölle zu schicken.

32 Nun weidete dort an einem Berg gerade eine große Schweineherde. Die Dämonen baten Jesus, ihnen zu erlauben, in die Schweine hineinzufahren. Er erlaubte es ihnen. 33 Da verließen die Dämonen den Menschen und fuhren in die Schweine, und die Herde stürzte sich den Abhang hinab in den See und ertrank. 34 Als die Hirten das sahen, flohen sie und erzählten alles in der Stadt und in den Dörfern. 35 Darauf eilten die Leute herbei, um zu sehen, was geschehen war. Sie kamen zu Jesus und sahen, dass der Mann, den die Dämonen verlassen hatten, wieder bei Verstand war und ordentlich gekleidet Jesus zu Füßen saß. Da fürchteten sie sich. 36 Die, die alles gesehen hatten, berichteten ihnen, wie der Besessene geheilt wurde. 37 Darauf baten alle, die im Gebiet von Gerasa wohnten, Jesus, sie zu verlassen; denn es hatte sie große Angst gepackt. Da stieg Jesus ins Boot und fuhr zurück.

38 Der Mann, den die Dämonen verlassen hatten, bat Jesus, bei ihm bleiben zu dürfen. Doch Jesus schickte ihn weg und sagte: 39 Kehr in dein Haus zurück, und erzähl alles, was Gott für dich getan hat. Da ging er weg und verkündete in der ganzen Stadt, was Jesus für ihn getan hatte.

26–39 || Mt 8,28–34; Mk 5,1–20 • 28: 4,34.41; Mk 1,24; 3,11; Joh 2,4

Die Auferweckung der Tochter des Jaïrus und die Heilung einer kranken Frau

40 Als Jesus (ans andere Ufer) zurückkam, empfin-
gen ihn viele Menschen; sie hatten alle schon auf
ihn gewartet. 41 Da kam ein Mann namens Jaïrus,
der Synagogenvorsteher war. Er fiel Jesus zu Füßen
und bat ihn, in sein Haus zu kommen. 42 Denn sein
einziges Kind, ein Mädchen von etwa zwölf Jah-
ren, lag im Sterben. Während Jesus auf dem Weg
zu ihm war, drängten sich die Menschen um ihn
und erdrückten ihn beinahe. 43 Darunter war eine
Frau, die schon seit zwölf Jahren an Blutungen litt
und bisher von niemand geheilt werden konnte.
44 Sie drängte sich von hinten an ihn heran und be-
rührte den Saum seines Gewandes. Im gleichen
Augenblick kam die Blutung zum Stillstand. 45 Da
fragte Jesus: Wer hat mich berührt? Als alle es ab-
stritten, sagten Petrus und seine Gefährten: Meis-
ter, die Leute drängen sich doch von allen Seiten
um dich und erdrücken dich fast. 46 Jesus erwider-
te: Es hat mich jemand berührt; denn ich fühlte,
wie eine Kraft von mir ausströmte. 47 Als die Frau
merkte, dass sie es nicht verheimlichen konnte, kam
sie zitternd zu ihm, fiel vor ihm nieder und erzähl-
te vor allen Leuten, warum sie ihn berührt hatte
und wie sie durch die Berührung sofort gesund
geworden war. 48 Da sagte er zu ihr: Meine Tochter,
dein Glaube hat dir geholfen. Geh in Frieden!
49 Während Jesus noch redete, kam einer, der zum
Haus des Synagogenvorstehers gehörte, und sagte
(zu Jaïrus): Deine Tochter ist gestorben. Bemüh
den Meister nicht länger! 50 Jesus hörte es und sagte
zu Jaïrus: Sei ohne Furcht; glaube nur, dann wird
sie gerettet. 51 Als er in das Haus ging, ließ er nie-
mand mit hinein außer Petrus, Johannes und
Jakobus und die Eltern des Mädchens. 52 Alle Leute
weinten und klagten über ihren Tod. Jesus aber
sagte: Weint nicht! Sie ist nicht gestorben, sie schläft
nur. 53 Da lachten sie ihn aus, weil sie wussten, dass
sie tot war. 54 Er aber fasste sie an der Hand und
rief: Mädchen, steh auf! 55 Da kehrte das Leben in
sie zurück und sie stand sofort auf. Und er sagte,
man solle ihr etwas zu essen geben. 56 Ihre Eltern
aber waren außer sich. Doch Jesus verbot ihnen,
irgend- jemand zu erzählen, was geschehen war.

40–56 || Mt 9,18–26; Mk 5,21–43 • 44: 6,19; Mt 14,36 • 48: 7,50; 17,19; 18,42; Mk 10,52

Die Aussendung der zwölf Jünger

9 Dann rief er die Zwölf zu sich und gab ihnen
die Kraft und die Vollmacht, alle Dämonen
auszutreiben und die Kranken gesund zu machen.
2 Und er sandte sie aus mit dem Auftrag, das Reich
Gottes zu verkünden und zu heilen. 3 Er sagte zu
ihnen: Nehmt nichts mit auf den Weg, keinen
Wanderstab und keine Vorratstasche, kein Brot,
kein Geld und kein zweites Hemd. 4 Bleibt in dem
Haus, in dem ihr einkehrt, bis ihr den Ort wieder
verlasst. 5 Wenn euch aber die Leute in einer Stadt
nicht aufnehmen wollen, dann geht weg und
schüttelt den Staub von euren Füßen, zum Zeug-
nis gegen sie. 6 Die Zwölf machten sich auf den
Weg und wanderten von Dorf zu Dorf. Sie ver-
kündeten das Evangelium und heilten überall die
Kranken.

1–6 || Mt 10,1.5–14; Mk 6,7–13 • 1–6: 10,1–12 • 3: 22,35

Das Urteil des Herodes über Jesus

7 Der Tetrarch Herodes hörte von allem, was ge-
schah, und wusste nicht, was er davon halten
sollte. Denn manche sagten: Johannes ist von den
Toten auferstanden. 8 Andere meinten: Elija ist
wiedererschienen. Wieder andere: Einer der alten
Propheten ist auferstanden. 9 Herodes aber sagte:
Johannes habe ich selbst enthaupten lassen. Wer
ist dann dieser Mann, von dem man mir solche
Dinge erzählt? Und er hatte den Wunsch, ihn ein-
mal zu sehen.

7–9 || Mt 14,1f; Mk 6,14–16 • 7: 9,19; Mt 16,14 • 9: 23,8

Die Rückkehr der Jünger und die Speisung der Fünftausend

10 Die Apostel kamen zurück und erzählten Jesus
alles, was sie getan hatten. Dann nahm er sie bei-
seite und zog sich in die Nähe der Stadt Betsaida
zurück, um mit ihnen allein zu sein. 11 Aber die
Leute erfuhren davon und folgten ihm. Er empfing
sie freundlich, redete zu ihnen vom Reich Gottes
und heilte alle, die seine Hilfe brauchten.
12 Als der Tag zur Neige ging, kamen die Zwölf zu
ihm und sagten: Schick die Menschen weg, damit
sie in die umliegenden Dörfer und Gehöfte gehen,
dort Unterkunft finden und etwas zu essen be-
kommen; denn wir sind hier an einem abgelege-
nen Ort. 13 Er antwortete: Gebt ihr ihnen zu essen!

Sie sagten: Wir haben nicht mehr als fünf Brote und zwei Fische; wir müssten erst weggehen und für all diese Leute Essen kaufen. [14] Es waren etwa fünftausend Männer. Er erwiderte seinen Jüngern: Sagt ihnen, sie sollen sich in Gruppen zu ungefähr fünfzig zusammensetzen. [15] Die Jünger taten, was er ihnen sagte, und veranlassten, dass sich alle setzten. [16] Jesus aber nahm die fünf Brote und die zwei Fische, blickte zum Himmel auf, segnete sie und brach sie; dann gab er sie den Jüngern, damit sie diese an die Leute austeilten. [17] Und alle aßen und wurden satt. Als man die übrig gebliebenen Brotstücke einsammelte, waren es zwölf Körbe voll.

10–17 || Mt 14,13–21; Mk 6,30–44; Joh 6,1–13 • 10–17: Mt 15,32–39; Mk 8,1–10

Das Messiasbekenntnis des Petrus und die erste Ankündigung von Leiden und Auferstehung

[18] Jesus betete einmal in der Einsamkeit, und die Jünger waren bei ihm. Da fragte er sie: Für wen halten mich die Leute? [19] Sie antworteten: Einige für Johannes den Täufer, andere für Elija; wieder andere sagen: Einer der alten Propheten ist auferstanden. [20] Da sagte er zu ihnen: Ihr aber, für wen haltet ihr mich? Petrus antwortete: Für den Messias Gottes. [21] Doch er verbot ihnen streng, es jemand weiterzusagen.

[22] Und er fügte hinzu: Der Menschensohn muss vieles erleiden und von den Ältesten, den Hohenpriestern und den Schriftgelehrten verworfen werden; er wird getötet werden, aber am dritten Tag wird er auferstehen. 10,32–34

18–22 || Mt 16,13–21; Mk 8,27–31 • 18: 5,16; Mk 1,35 • 19: 9,7f • 20: Joh 11,27 • 22: 9,44; 17,25; 18,31–33; 24,7; Mt 17,22f; 20,18f; 26,2; Mk 9,31; 10,32–34

Von Nachfolge und Selbstverleugnung

[23] Zu allen sagte er: Wer mein Jünger sein will, der verleugne sich selbst, nehme täglich sein Kreuz auf sich und folge mir nach. [24] Denn wer sein Leben retten will, wird es verlieren; wer aber sein Leben um meinetwillen verliert, der wird es retten. [25] Was nützt es einem Menschen, wenn er die ganze Welt gewinnt, dabei aber sich selbst verliert und Schaden nimmt? [26] Denn wer sich meiner und meiner Worte schämt, dessen wird sich der Menschensohn schämen, wenn er in seiner Hoheit kommt und in der Hoheit des Vaters und der heiligen Engel. [27] Wahrhaftig, das sage ich euch: Von denen, die hier stehen, werden einige den Tod nicht erleiden, bis sie das Reich Gottes gesehen haben.

23–27 || Mt 16,24–28; Mk 8,34–9,1 • 23: 14,27; Mt 10,38f; 8,22 • 24: 17,33; Mt 10,39; 16,25; Joh 12,25 • 26: Mt 10,33 • 27: Mt 10,23; 24,34

Die Verklärung Jesu

[28] Etwa acht Tage nach diesen Reden nahm Jesus Petrus, Johannes und Jakobus beiseite und stieg mit ihnen auf einen Berg, um zu beten. [29] Und während er betete, veränderte sich das Aussehen seines Gesichtes und sein Gewand wurde leuchtend weiß. [30] Und plötzlich redeten zwei Männer mit ihm. Es waren Mose und Elija; [31] sie erschienen in strahlendem Licht und sprachen von seinem Ende, das sich in Jerusalem erfüllen sollte. [32] Petrus und seine Begleiter aber waren eingeschlafen, wurden jedoch wach und sahen Jesus in strahlendem Licht und die zwei Männer, die bei ihm standen. [33] Als die beiden sich von ihm trennen wollten, sagte Petrus zu Jesus: Meister, es ist gut, dass wir hier sind. Wir wollen drei Hütten bauen, eine für dich, eine für Mose und eine für Elija. Er wusste aber nicht, was er sagte. [34] Während er noch redete, kam eine Wolke und warf ihren Schatten auf sie. Sie gerieten in die Wolke hinein und bekamen Angst. [35] Da rief eine Stimme aus der Wolke: *Das ist mein auserwählter Sohn, auf ihn sollt ihr hören.* [36] Als aber die Stimme erklang, war Jesus wieder allein. Die Jünger schwiegen jedoch über das, was sie gesehen hatten, und erzählten in jenen Tagen niemand davon.

28–36 || Mt 17,1–9; Mk 9,2–8 • 28–36: 2 Petr 1,16–18 • 35: Ps 2,7; Dtn 18,15; Jes 42,1; Mt 3,17

Die Heilung eines besessenen Jungen

[37] Als sie am folgenden Tag den Berg hinabstiegen, kam ihnen eine große Menschenmenge entgegen. [38] Da schrie ein Mann aus der Menge: Meister, ich bitte dich, hilf meinem Sohn! Es ist mein einziger. [39] Er ist von einem Geist besessen; plötzlich schreit er auf, wird hin und her gezerrt und Schaum tritt ihm vor den Mund, und der Geist quält ihn fast unaufhörlich. [40] Ich habe schon deine Jünger gebeten ihn auszutreiben, aber sie konnten es nicht.

41 Da sagte Jesus: O du ungläubige und unbelehrbare Generation! Wie lange muss ich noch bei euch sein und euch ertragen? Bring deinen Sohn her! 42 Als der Sohn herkam, warf der Dämon ihn zu Boden und zerrte ihn hin und her. Jesus aber drohte dem unreinen Geist, heilte den Jungen und gab ihn seinem Vater zurück. 43a Und alle gerieten außer sich über die Macht und Größe Gottes.

37–43a ‖ Mt 17,14–21; Mk 9,14–29

Die zweite Ankündigung von Leiden und Auferstehung

43b Alle Leute staunten über das, was Jesus tat; er aber sagte zu seinen Jüngern: 44 Merkt euch genau, was ich jetzt sage: Der Menschensohn wird den Menschen ausgeliefert werden. 45 Doch die Jünger verstanden den Sinn seiner Worte nicht; er blieb ihnen verborgen, sodass sie ihn nicht begriffen. Aber sie scheuten sich, Jesus zu fragen, was er damit sagen wollte.

43b–45 ‖ Mt 17,22f; Mk 9,30–32 • 44: 9,22; 17,25; 18,32 • 45: 18,34

Der Rangstreit der Jünger

46 Unter den Jüngern kam die Frage auf, wer von ihnen der Größte sei.
47 Jesus wusste, was in ihrem Herzen vorging. Deshalb nahm er ein Kind, stellte es neben sich 48 und sagte zu ihnen: Wer dieses Kind um meinetwillen aufnimmt, der nimmt mich auf; wer aber mich aufnimmt, der nimmt den auf, der mich gesandt hat. Denn wer unter euch allen der Kleinste ist, der ist groß.

46–48 ‖ Mt 18,1–5; Mk 9,33–37 • 46: 22,24–26

Der fremde Wundertäter

49 Da sagte Johannes: Meister, wir haben gesehen, wie jemand in deinem Namen Dämonen austrieb, und wir versuchten, ihn daran zu hindern, weil er nicht mit uns zusammen dir nachfolgt. 50 Jesus antwortete ihm: Hindert ihn nicht! Denn wer nicht gegen euch ist, der ist für euch.

49–50 ‖ Mk 9,38–41

AUF DEM WEG NACH JERUSALEM: 9,51 – 19,27

Von der wahren Jüngerschaft:
9,51 – 13,21

Die ungastlichen Samariter

51 Als die Zeit herankam, in der er (in den Himmel) aufgenommen werden sollte, entschloss sich Jesus, nach Jerusalem zu gehen. 52 Und er schickte Boten vor sich her. Diese kamen in ein samaritisches Dorf und wollten eine Unterkunft für ihn besorgen. 53 Aber man nahm ihn nicht auf, weil er auf dem Weg nach Jerusalem war. 54 Als die Jünger Jakobus und Johannes das sahen, sagten sie: Herr, sollen wir befehlen, dass Feuer vom Himmel fällt und sie vernichtet? 55 Da wandte er sich um und wies sie zurecht. 56 Und sie gingen zusammen in ein anderes Dorf.

51: Apg 1,9

Von der Nachfolge

57 Als sie auf ihrem Weg weiterzogen, redete ein Mann Jesus an und sagte: Ich will dir folgen, wohin du auch gehst. 58 Jesus antwortete ihm: Die Füchse haben ihre Höhlen und die Vögel ihre Nester; der Menschensohn aber hat keinen Ort, wo er sein Haupt hinlegen kann. 59 Zu einem anderen sagte er: Folge mir nach! Der erwiderte: Lass mich zuerst heimgehen und meinen Vater begraben. 60 Jesus sagte zu ihm: Lass die Toten ihre Toten begraben; du aber geh und verkünde das Reich Gottes! 61 Wieder ein anderer sagte: Ich will dir nachfolgen, Herr. Zuvor aber lass mich von meiner Familie Abschied nehmen. 62 Jesus erwiderte ihm: Keiner, der die Hand an den Pflug gelegt hat und nochmals zurückblickt, taugt für das Reich Gottes.

57–60 ‖ Mt 8,18–22

Die Aussendung der zweiundsiebzig Jünger

10 Danach suchte der Herr zweiundsiebzig andere aus und sandte sie zu zweit voraus in alle Städte und Ortschaften, in die er selbst gehen wollte. 2 Er sagte zu ihnen: Die Ernte ist groß, aber es gibt nur wenig Arbeiter. Bittet also den Herrn der Ernte, Arbeiter für seine Ernte auszu-

senden. 3 Geht! Ich sende euch wie Schafe mitten
unter die Wölfe. 4 Nehmt keinen Geldbeutel mit,
keine Vorratstasche und keine Schuhe! Grüßt nie-
mand unterwegs! 5 Wenn ihr in ein Haus kommt,
so sagt als erstes: Friede diesem Haus! 6 Und wenn
dort ein Mann des Friedens wohnt, wird der Frie-
de, den ihr ihm wünscht, auf ihm ruhen; andern-
falls wird er zu euch zurückkehren. 7 Bleibt in die-
sem Haus, esst und trinkt, was man euch anbietet;
denn wer arbeitet, hat ein Recht auf seinen Lohn.
Zieht nicht von einem Haus in ein anderes! 8 Wenn
ihr in eine Stadt kommt und man euch aufnimmt,
so esst, was man euch vorsetzt. 9 Heilt die Kranken,
die dort sind, und sagt den Leuten: Das Reich
Gottes ist euch nahe. 10 Wenn ihr aber in eine Stadt
kommt, in der man euch nicht aufnimmt, dann
stellt euch auf die Straße und ruft: 11 Selbst den
Staub eurer Stadt, der an unseren Füßen klebt, las-
sen wir euch zurück; doch das sollt ihr wissen: Das
Reich Gottes ist nahe. 12 Ich sage euch: Sodom wird
es an jenem Tag nicht so schlimm ergehen wie die-
ser Stadt.
13 Weh dir, Chorazin! Weh dir, Betsaida! Wenn
einst in Tyrus und Sidon die Wunder geschehen
wären, die bei euch geschehen sind – man hätte
dort in Sack und Asche Buße getan. 14 Tyrus und
Sidon wird es beim Gericht nicht so schlimm erge-
hen wie euch. 15 Und du, Kafarnaum, meinst du
etwa, *du wirst bis zum Himmel erhoben? Nein, in*
die Unterwelt wirst du hinabgeworfen.
16 Wer euch hört, der hört mich, und wer euch
ablehnt, der lehnt mich ab; wer aber mich ablehnt,
der lehnt den ab, der mich gesandt hat.

2 ‖ Mt 9,37f • 13–15 ‖ Mt 11,20–24 • 1–12: 9,1–6; Mt 10,7–16; Mk 6,8–11 • 4: 22,35 • 9: Mt 4,17 • 15: Jes 14,13.15 • 16: Mt 10,40; Joh 13,20

Der Lohn der Jünger

17 Die Zweiundsiebzig kehrten zurück und berich-
teten voll Freude: Herr, sogar die Dämonen gehor-
chen uns, wenn wir deinen Namen aussprechen.
18 Da sagte er zu ihnen: Ich sah den Satan wie einen
Blitz vom Himmel fallen. 19 Seht, ich habe euch die
Vollmacht gegeben, auf Schlangen und Skorpione
zu treten und die ganze Macht des Feindes zu
überwinden. Nichts wird euch schaden können.
20 Doch freut euch nicht darüber, dass euch die
Geister gehorchen, sondern freut euch darüber,
dass eure Namen im Himmel verzeichnet sind.

17: 9,10; Mk 6,30f • 19: Ps 91,13

Der Dank Jesu an den Vater

21 In dieser Stunde rief Jesus, vom Heiligen Geist
erfüllt, voll Freude aus: Ich preise dich, Vater, Herr
des Himmels und der Erde, weil du all das den
Weisen und Klugen verborgen, den Unmündigen
aber offenbart hast. Ja, Vater, so hat es dir gefallen.
22 Mir ist von meinem Vater alles übergeben wor-
den; niemand weiß, wer der Sohn ist, nur der
Vater, und niemand weiß, wer der Vater ist, nur der
Sohn und der, dem es der Sohn offenbaren will.

21–22 ‖ Mt 11,25–27 • 21: Jes 29,14 G • 22: Joh 10,15

Die Seligpreisung der Jünger

23 Jesus wandte sich an die Jünger und sagte zu
ihnen allein: Selig sind die, deren Augen sehen, was
ihr seht. 24 Ich sage euch: Viele Propheten und
Könige wollten sehen, was ihr seht, und haben es
nicht gesehen und wollten hören, was ihr hört,
und haben es nicht gehört.

23–24 ‖ Mt 13,16f • 24: 1 Petr 1,10–12

Das Beispiel vom barmherzigen Samariter

25 Da stand ein Gesetzeslehrer auf, und um Jesus
auf die Probe zu stellen, fragte er ihn: Meister, was
muss ich tun, um das ewige Leben zu gewinnen?
26 Jesus sagte zu ihm: Was steht im Gesetz? Was liest
du dort? 27 Er antwortete: *Du sollst den Herrn, dei-*
nen Gott, lieben mit ganzem Herzen und ganzer
Seele, mit all deiner Kraft und all deinen Gedanken,
und: *Deinen Nächsten sollst du lieben wie dich*
selbst. 28 Jesus sagte zu ihm: Du hast richtig geant-
wortet. Handle danach und du wirst leben. 29 Der
Gesetzeslehrer wollte seine Frage rechtfertigen
und sagte zu Jesus: Und wer ist mein Nächster?
30 Darauf antwortete ihm Jesus: Ein Mann ging
von Jerusalem nach Jericho hinab und wurde von
Räubern überfallen. Sie plünderten ihn aus und
schlugen ihn nieder; dann gingen sie weg und
ließen ihn halb tot liegen. 31 Zufällig kam ein Pries-
ter denselben Weg herab; er sah ihn und ging wei-
ter. 32 Auch ein Levit kam zu der Stelle; er sah ihn
und ging weiter. 33 Dann kam ein Mann aus Sama-
rien, der auf der Reise war. Als er ihn sah, hatte er

Mitleid, 34 ging zu ihm hin, goss Öl und Wein auf
seine Wunden und verband sie. Dann hob er ihn
auf sein Reittier, brachte ihn zu einer Herberge
und sorgte für ihn. 35 Am andern Morgen holte er
zwei Denare hervor, gab sie dem Wirt und sagte:
Sorge für ihn, und wenn du mehr für ihn brauchst,
werde ich es dir bezahlen, wenn ich wiederkom-
me.
36 Was meinst du: Wer von diesen dreien hat sich
als der Nächste dessen erwiesen, der von den Räu-
bern überfallen wurde? 37 Der Gesetzeslehrer ant-
wortete: Der, der barmherzig an ihm gehandelt
hat. Da sagte Jesus zu ihm: Dann geh und handle
genauso!

25–28 || Mt 22,35–40; Mk 12,28–31 • 25: 18,18 • 27: Dtn 6,5; Lev 19,18; Mt 5,43; Röm 13,9; Gal 5,14 • 28: Lev 18,5 • 29: Lev 19,16–18

Maria und Marta

38 Sie zogen zusammen weiter und er kam in ein
Dorf. Eine Frau namens Marta nahm ihn freund-
lich auf. 39 Sie hatte eine Schwester, die Maria hieß.
Maria setzte sich dem Herrn zu Füßen und hörte
seinen Worten zu. 40 Marta aber war ganz davon in
Anspruch genommen, für ihn zu sorgen. Sie kam
zu ihm und sagte: Herr, kümmert es dich nicht,
dass meine Schwester die ganze Arbeit mir allein
überlässt? Sag ihr doch, sie soll mir helfen! 41 Der
Herr antwortete: Marta, Marta, du machst dir
viele Sorgen und Mühen. 42 Aber nur eines ist not-
wendig. Maria hat das Bessere gewählt, das soll ihr
nicht genommen werden.

38–42 || Joh 11,1; 12,1–3

Das Gebet des Herrn

11 Jesus betete einmal an einem Ort; und als er
das Gebet beendet hatte, sagte einer seiner
Jünger zu ihm: Herr, lehre uns beten, wie schon
Johannes seine Jünger beten gelehrt hat. 2 Da sagte
er zu ihnen: Wenn ihr betet, so sprecht:
Vater, / dein Name werde geheiligt. / Dein Reich
komme.
3 Gib uns täglich das Brot, das wir brauchen.
4 Und erlass uns unsere Sünden; / denn auch wir
erlassen jedem, was er uns schuldig ist. / Und führe
uns nicht in Versuchung.

1–4 || Mt 6,9–13

Das Gleichnis vom bittenden Freund

5 Dann sagte er zu ihnen: Wenn einer von euch
einen Freund hat und um Mitternacht zu ihm geht
und sagt: Freund, leih mir drei Brote; 6 denn einer
meiner Freunde, der auf Reisen ist, ist zu mir
gekommen, und ich habe ihm nichts anzubieten!,
7 wird dann etwa der Mann drinnen antworten:
Lass mich in Ruhe, die Tür ist schon verschlossen
und meine Kinder schlafen bei mir; ich kann nicht
aufstehen und dir etwas geben? 8 Ich sage euch:
Wenn er schon nicht deswegen aufsteht und ihm
seine Bitte erfüllt, weil er sein Freund ist, so wird
er doch wegen seiner Zudringlichkeit aufstehen
und ihm geben, was er braucht.

Vom Vertrauen beim Beten

9 Darum sage ich euch: Bittet, dann wird euch
gegeben; sucht, dann werdet ihr finden; klopft an,
dann wird euch geöffnet. 10 Denn wer bittet, der
empfängt; wer sucht, der findet; und wer anklopft,
dem wird geöffnet. 11 Oder ist unter euch ein Vater,
der seinem Sohn eine Schlange gibt, wenn er um
einen Fisch bittet, 12 oder einen Skorpion, wenn er
um ein Ei bittet? 13 Wenn nun schon ihr, die ihr
böse seid, euren Kindern gebt, was gut ist, wie viel
mehr wird der Vater im Himmel den Heiligen
Geist denen geben, die ihn bitten.

9–13 || Mt 7,7–11 • 9: Mk 11,24; Joh 14,13f; 15,7; 16,24

Verteidigungsrede Jesu

14 Jesus trieb einen Dämon aus, der stumm war. Als
der Dämon den Stummen verlassen hatte, konnte
der Mann reden. Alle Leute staunten. 15 Einige von
ihnen aber sagten: Mit Hilfe von Beelzebul, dem
Anführer der Dämonen, treibt er die Dämonen
aus. 16 Andere wollten ihn auf die Probe stellen und
forderten von ihm ein Zeichen vom Himmel.
17 Doch er wusste, was sie dachten, und sagte zu
ihnen: Jedes Reich, das in sich gespalten ist, wird
veröden und ein Haus ums andere stürzt ein.
18 Wenn also der Satan mit sich selbst im Streit
liegt, wie kann sein Reich dann Bestand haben? Ihr
sagt doch, dass ich die Dämonen mit Hilfe von
Beelzebul austreibe. 19 Wenn ich die Dämonen
durch Beelzebul austreibe, durch wen treiben
dann eure Anhänger sie aus? Sie selbst also spre-
chen euch das Urteil. 20 Wenn ich aber die Dämo-

nen durch den Finger Gottes austreibe, dann ist doch das Reich Gottes schon zu euch gekommen. 21 Solange ein bewaffneter starker Mann seinen Hof bewacht, ist sein Besitz sicher; 22 wenn ihn aber ein Stärkerer angreift und besiegt, dann nimmt ihm der Stärkere all seine Waffen weg, auf die er sich verlassen hat, und verteilt die Beute. 23 Wer nicht für mich ist, der ist gegen mich; wer nicht mit mir sammelt, der zerstreut.

14–23 ‖ Mt 12,22–30; Mk 3,22–27 • 14–15: Mt 9,32–34 • 15: Mt 10,25 • 16: 11,29–32; Mt 16,1–4; Mk 8,11–13; Joh 6,30; 1 Kor 1,22 • 20: Ex 8,15; Ps 8,4; Lk 17,21 • 21: Jes 49,24

Von der Rückkehr der unreinen Geister

24 Ein unreiner Geist, der einen Menschen verlassen hat, wandert durch die Wüste und sucht einen Ort, wo er bleiben kann. Wenn er keinen findet, sagt er: Ich will in mein Haus zurückkehren, das ich verlassen habe. 25 Und wenn er es bei seiner Rückkehr sauber und geschmückt antrifft, 26 dann geht er und holt sieben andere Geister, die noch schlimmer sind als er selbst. Sie ziehen dort ein und lassen sich nieder. So wird es mit diesem Menschen am Ende schlimmer werden als vorher.

24–26 ‖ Mt 12,43–45

Zweierlei Seligpreisungen

27 Als er das sagte, rief eine Frau aus der Menge ihm zu: Selig die Frau, deren Leib dich getragen und deren Brust dich genährt hat. 28 Er aber erwiderte: Selig sind vielmehr die, die das Wort Gottes hören und es befolgen.

28: 8,21

Die Verweigerung eines Zeichens

29 Als immer mehr Menschen zu ihm kamen, sagte er: Diese Generation ist böse. Sie fordert ein Zeichen; aber es wird ihr kein anderes gegeben werden als das Zeichen des Jona. 30 Denn wie Jona für die Einwohner von Ninive ein Zeichen war, so wird es auch der Menschensohn für diese Generation sein.

31 Die Königin des Südens wird beim Gericht gegen die Männer dieser Generation auftreten und sie verurteilen; denn sie kam vom Ende der Erde, um die Weisheit Salomos zu hören. Hier aber ist einer, der mehr ist als Salomo. 32 Die Männer von Ninive werden beim Gericht gegen diese Generation auftreten und sie verurteilen; denn sie haben sich nach der Predigt des Jona bekehrt. Hier aber ist einer, der mehr ist als Jona.

29–32 ‖ Mt 12,38–42; Mk 8,11f • 29: 11,16; Mt 16,1–4; Joh 6,30 • 31: 1 Kön 10,1–10 • 32: Jona 3,5

Vom Licht und vom Auge

33 Niemand zündet ein Licht an und stellt es in einen versteckten Winkel oder stülpt ein Gefäß darüber, sondern man stellt es auf einen Leuchter, damit alle, die eintreten, es leuchten sehen. 34 Dein Auge gibt dem Körper Licht. Wenn dein Auge gesund ist, dann wird auch dein ganzer Körper hell sein. Wenn es aber krank ist, dann wird dein Körper finster sein.

35 Achte also darauf, dass in dir nicht Finsternis statt Licht ist. 36 Wenn dein ganzer Körper von Licht erfüllt und nichts Finsteres in ihm ist, dann wird er so hell sein, wie wenn die Lampe dich mit ihrem Schein beleuchtet.

34–36 ‖ Mt 6,22f • 33: 8,16; Mt 5,15; Mk 4,21

Worte gegen die Pharisäer und die Schriftgelehrten

37 Nach dieser Rede lud ein Pharisäer Jesus zum Essen ein. Jesus ging zu ihm und setzte sich zu Tisch. 38 Als der Pharisäer sah, dass er sich vor dem Essen nicht die Hände wusch, war er verwundert. 39 Da sagte der Herr zu ihm: O ihr Pharisäer! Ihr haltet zwar Becher und Teller außen sauber, innen aber seid ihr voll Raubgier und Bosheit. 40 Ihr Unverständigen! Hat nicht der, der das Äußere schuf, auch das Innere geschaffen? 41 Gebt lieber, was in den Schüsseln ist, den Armen, dann ist für euch alles rein.

42 Doch weh euch Pharisäern! Ihr gebt den Zehnten von Minze, Gewürzkraut und allem Gemüse, die Gerechtigkeit aber und die Liebe zu Gott vergesst ihr. Man muss das eine tun, ohne das andere zu unterlassen.

43 Weh euch Pharisäern! Ihr wollt in den Synagogen den vordersten Sitz haben und auf den Straßen und Plätzen von allen gegrüßt werden.

44 Weh euch: Ihr seid wie Gräber, die man nicht mehr sieht; die Leute gehen darüber, ohne es zu merken.

45 Darauf erwiderte ihm ein Gesetzeslehrer: Meis-
ter, damit beleidigst du auch uns. 46 Er antwortete:
Weh auch euch Gesetzeslehrern! Ihr ladet den
Menschen Lasten auf, die sie kaum tragen können,
selbst aber rührt ihr keinen Finger dafür.
47 Weh euch! Ihr errichtet Denkmäler für die Pro-
pheten, die von euren Vätern umgebracht wurden.
48 Damit bestätigt und billigt ihr, was eure Väter
getan haben. Sie haben die Propheten umge-
bracht, ihr errichtet ihnen Bauten. 49 Deshalb hat
auch die Weisheit Gottes gesagt: Ich werde Pro-
pheten und Apostel zu ihnen senden und sie wer-
den einige von ihnen töten und andere verfolgen,
50 damit das Blut aller Propheten, das seit der Er-
schaffung der Welt vergossen worden ist, an dieser
Generation gerächt wird, 51 vom Blut Abels bis
zum Blut des Zacharias, der im Vorhof zwischen
Altar und Tempel umgebracht wurde. Ja, das sage
ich euch: An dieser Generation wird es gerächt
werden.
52 Weh euch Gesetzeslehrern! Ihr habt den Schlüs-
sel (der Tür) zur Erkenntnis weggenommen. Ihr
selbst seid nicht hineingegangen und die, die hi-
neingehen wollten, habt ihr daran gehindert.
53 Als Jesus das Haus verlassen hatte, begannen die
Schriftgelehrten und die Pharisäer, ihn mit vieler-
lei Fragen hartnäckig zu bedrängen; 54 sie versuch-
ten, ihm eine Falle zu stellen, damit er sich in sei-
nen eigenen Worten verfange.

39–52 || Mt 23,1–36 • 38: Mt 15,2; Mk 7,2; Kol 2,21f • 43: 20,46; Mk 12,38f • 51: Gen 4,8.10; 2 Chr 24,20–22

Warnung vor der Heuchelei der Pharisäer

12 Unterdessen strömten Tausende von Men-
schen zusammen, sodass es ein gefähr-
liches Gedränge gab.
Jesus wandte sich zuerst an seine Jünger und sagte:
Hütet euch vor dem Sauerteig der Pharisäer, das
heißt vor der Heuchelei. 2 Nichts ist verhüllt, was
nicht enthüllt wird, und nichts ist verborgen, was
nicht bekannt wird. 3 Deshalb wird man alles, was
ihr im Dunkeln redet, am hellen Tag hören, und
was ihr einander hinter verschlossenen Türen ins
Ohr flüstert, das wird man auf den Dächern ver-
künden.

2–3 || Mt 10,26f • 1: Mt 16,6; Mk 8,15 • 2: Mk 4,22

Aufforderung zum furchtlosen Bekenntnis

4 Euch aber, meinen Freunden, sage ich: Fürchtet
euch nicht vor denen, die den Leib töten, euch aber
sonst nichts tun können. 5 Ich will euch zeigen,
wen ihr fürchten sollt: Fürchtet euch vor dem, der
nicht nur töten kann, sondern die Macht hat, euch
auch noch in die Hölle zu werfen. Ja, das sage ich
euch: Ihn sollt ihr fürchten. 6 Verkauft man nicht
fünf Spatzen für ein paar Pfennig? Und doch ver-
gisst Gott nicht einen von ihnen. 7 Bei euch aber
sind sogar die Haare auf dem Kopf alle gezählt.
Fürchtet euch nicht! Ihr seid mehr wert als viele
Spatzen. 8 Ich sage euch: Wer sich vor den Men-
schen zu mir bekennt, zu dem wird sich auch der
Menschensohn vor den Engeln Gottes bekennen.
9 Wer mich aber vor den Menschen verleugnet, der
wird auch vor den Engeln Gottes verleugnet wer-
den. 10 Jedem, der etwas gegen den Menschensohn
sagt, wird vergeben werden; wer aber den Heiligen
Geist lästert, dem wird nicht vergeben. 11 Wenn
man euch vor die Gerichte der Synagogen und vor
die Herrscher und Machthaber schleppt, dann
macht euch keine Sorgen, wie ihr euch verteidigen
oder was ihr sagen sollt. 12 Denn der Heilige Geist
wird euch in der gleichen Stunde eingeben, was ihr
sagen müsst.

4–12 || Mt 10,28–33 • 10 || Mt 12,32; Mk 3,29 • 11 || Mt 10,19; Mk 13,11 • 11f: 21,12–15

Das Beispiel von der falschen Selbstsicherheit des reichen Mannes

13 Einer aus der Volksmenge bat Jesus: Meister, sag
meinem Bruder, er soll das Erbe mit mir teilen.
14 Er erwiderte ihm: Mensch, wer hat mich zum
Richter oder Schlichter bei euch gemacht? 15 Dann
sagte er zu den Leuten: Gebt Acht, hütet euch vor
jeder Art von Habgier. Denn der Sinn des Lebens
besteht nicht darin, dass ein Mensch aufgrund sei-
nes großen Vermögens im Überfluss lebt.
16 Und er erzählte ihnen folgendes Beispiel: Auf
den Feldern eines reichen Mannes stand eine gute
Ernte. 17 Da überlegte er hin und her: Was soll ich
tun? Ich weiß nicht, wo ich meine Ernte unter-
bringen soll. 18 Schließlich sagte er: So will ich es
machen: Ich werde meine Scheunen abreißen und
größere bauen; dort werde ich mein ganzes Ge-
treide und meine Vorräte unterbringen. 19 Dann

kann ich zu mir selber sagen: Nun hast du einen großen Vorrat, der für viele Jahre reicht. Ruh dich aus, iss und trink und freu dich des Lebens! [20] Da sprach Gott zu ihm: Du Narr! Noch in dieser Nacht wird man dein Leben von dir zurückfordern. Wem wird dann all das gehören, was du angehäuft hast? [21] So geht es jedem, der nur für sich selbst Schätze sammelt, aber vor Gott nicht reich ist.

14: Ex 2,14

Von der falschen und der rechten Sorge

[22] Und er sagte zu seinen Jüngern: Deswegen sage ich euch: Sorgt euch nicht um euer Leben und darum, dass ihr etwas zu essen habt, noch um euren Leib und darum, dass ihr etwas anzuziehen habt. [23] Das Leben ist wichtiger als die Nahrung und der Leib wichtiger als die Kleidung. [24] Seht auf die Raben: Sie säen nicht und ernten nicht, sie haben keinen Speicher und keine Scheune; denn Gott ernährt sie. Wie viel mehr seid ihr wert als die Vögel! [25] Wer von euch kann mit all seiner Sorge sein Leben auch nur um eine kleine Zeitspanne verlängern?

[26] Wenn ihr nicht einmal etwas so Geringes könnt, warum macht ihr euch dann Sorgen um all das übrige?

[27] Seht euch die Lilien an: Sie arbeiten nicht und spinnen nicht. Doch ich sage euch: Selbst Salomo war in all seiner Pracht nicht gekleidet wie eine von ihnen. [28] Wenn aber Gott schon das Gras so prächtig kleidet, das heute auf dem Feld steht und morgen ins Feuer geworfen wird, wie viel mehr dann euch, ihr Kleingläubigen! [29] Darum fragt nicht, was ihr essen und was ihr trinken sollt, und ängstigt euch nicht! [30] Denn um all das geht es den Heiden in der Welt. Euer Vater weiß, dass ihr das braucht. [31] Euch jedoch muss es um sein Reich gehen; dann wird euch das andere dazugegeben. [32] Fürchte dich nicht, du kleine Herde! Denn euer Vater hat beschlossen, euch das Reich zu geben.

22–31 || Mt 6,25–33

Vom wahren Schatz

[33] Verkauft eure Habe und gebt den Erlös den Armen! Macht euch Geldbeutel, die nicht zerreißen. Verschafft euch einen Schatz, der nicht abnimmt, droben im Himmel, wo kein Dieb ihn findet und keine Motte ihn frisst. [34] Denn wo euer Schatz ist, da ist auch euer Herz.

33–34 || Mt 6,19–21 • 33: Mt 19,21; Lk 18,22

Das Gleichnis vom treuen und vom schlechten Knecht

[35] Legt euren Gürtel nicht ab und lasst eure Lampen brennen! [36] Seid wie Menschen, die auf die Rückkehr ihres Herrn warten, der auf einer Hochzeit ist, und die ihm öffnen, sobald er kommt und anklopft. [37] Selig die Knechte, die der Herr wach findet, wenn er kommt! Amen, ich sage euch: Er wird sich gürten, sie am Tisch Platz nehmen lassen und sie der Reihe nach bedienen. [38] Und kommt er erst in der zweiten oder dritten Nachtwache und findet sie wach – selig sind sie. [39] Bedenkt: Wenn der Herr des Hauses wüsste, in welcher Stunde der Dieb kommt, so würde er verhindern, dass man in sein Haus einbricht. [40] Haltet auch ihr euch bereit! Denn der Menschensohn kommt zu einer Stunde, in der ihr es nicht erwartet.

[41] Da sagte Petrus: Herr, meinst du mit diesem Gleichnis nur uns oder auch all die anderen? [42] Der Herr antwortete: Wer ist denn der treue und kluge Verwalter, den der Herr einsetzen wird, damit er seinem Gesinde zur rechten Zeit die Nahrung zuteilt? [43] Selig der Knecht, den der Herr damit beschäftigt findet, wenn er kommt! [44] Wahrhaftig, das sage ich euch: Er wird ihn zum Verwalter seines ganzen Vermögens machen. [45] Wenn aber der Knecht denkt: Mein Herr kommt noch lange nicht zurück!, und anfängt, die Knechte und Mägde zu schlagen; wenn er isst und trinkt und sich berauscht, [46] dann wird der Herr an einem Tag kommen, an dem der Knecht es nicht erwartet, und zu einer Stunde, die er nicht kennt; und der Herr wird ihn in Stücke hauen und ihm seinen Platz unter den Ungläubigen zuweisen.

[47] Der Knecht, der den Willen seines Herrn kennt, sich aber nicht darum kümmert und nicht danach handelt, der wird viele Schläge bekommen. [48] Wer aber, ohne den Willen des Herrn zu kennen, etwas tut, was Schläge verdient, der wird wenig Schläge bekommen. Wem viel gegeben wurde, von dem wird viel zurückgefordert werden, und wem man

viel anvertraut hat, von dem wird man um so
mehr verlangen.

39–46 || Mt 24,43–51; Mk 13,33–37 • 35: Mt 25,1 • 39: 1 Thess 5,2; 2 Petr 3,10 • 44: Mt 25,21.23

Von Frieden und Zwietracht

49 Ich bin gekommen, um Feuer auf die Erde zu
werfen. Wie froh wäre ich, es würde schon bren-
nen! 50 Ich muss mit einer Taufe getauft werden
und ich bin sehr bedrückt, solange sie noch nicht
vollzogen ist.
51 Meint ihr, ich sei gekommen, um Frieden auf die
Erde zu bringen? Nein, sage ich euch, nicht Frie-
den, sondern Spaltung. 52 Denn von nun an wird
es so sein: Wenn fünf Menschen im gleichen Haus
leben, wird Zwietracht herrschen: Drei werden
gegen zwei stehen und zwei gegen drei, 53 der Vater
gegen den Sohn und *der Sohn gegen den Vater,* die
Mutter gegen die Tochter und *die Tochter gegen die
Mutter,* die Schwiegermutter gegen ihre Schwie-
gertochter und *die Schwiegertochter gegen die
Schwiegermutter.*

49–53 || Mt 10,34–36 • 50: Mk 10,38f • 53: Mi 7,6

Von den Zeichen der Zeit

54 Außerdem sagte Jesus zu den Leuten: Sobald ihr
im Westen Wolken aufsteigen seht, sagt ihr: Es gibt
Regen. Und es kommt so. 55 Und wenn der Süd-
wind weht, dann sagt ihr: Es wird heiß. Und es
trifft ein. 56 Ihr Heuchler! Das Aussehen der Erde
und des Himmels könnt ihr deuten. Warum könnt
ihr dann die Zeichen dieser Zeit nicht deuten?
57 Warum findet ihr nicht schon von selbst das
rechte Urteil?

55: Mt 16,2f

Von der Versöhnung

58 Wenn du mit deinem Gegner vor Gericht gehst,
bemüh dich noch auf dem Weg, dich mit ihm zu
einigen. Sonst wird er dich vor den Richter schlep-
pen und der Richter wird dich dem Gerichtsdie-
ner übergeben, und der Gerichtsdiener wird dich
ins Gefängnis werfen. 59 Ich sage dir: Du kommst
von dort nicht heraus, bis du auch den letzten
Pfennig bezahlt hast.

58–59 || Mt 5,25f

Mahnung zur Umkehr

13 Zu dieser Zeit kamen einige Leute zu Jesus
und berichteten ihm von den Galiläern, die
Pilatus beim Opfern umbringen ließ, sodass sich
ihr Blut mit dem ihrer Opfertiere vermischte. 2 Da
sagte er zu ihnen: Meint ihr, dass nur diese Galiläer
Sünder waren, weil das mit ihnen geschehen ist,
alle anderen Galiläer aber nicht? 3 Nein, im Gegen-
teil: Ihr alle werdet genauso umkommen, wenn ihr
euch nicht bekehrt. 4 Oder jene achtzehn Men-
schen, die beim Einsturz des Turms von Schiloach
erschlagen wurden – meint ihr, dass nur sie Schuld
auf sich geladen hatten, alle anderen Einwohner
von Jerusalem aber nicht? 5 Nein, im Gegenteil:
Ihr alle werdet genauso umkommen, wenn ihr
euch nicht bekehrt. 6 Und er erzählte ihnen dieses
Gleichnis: Ein Mann hatte in seinem Weinberg
einen Feigenbaum; und als er kam und nachsah,
ob er Früchte trug, fand er keine. 7 Da sagte er zu
seinem Weingärtner: Jetzt komme ich schon drei
Jahre und sehe nach, ob dieser Feigenbaum Früch-
te trägt, und finde nichts. Hau ihn um! Was soll
er weiter dem Boden seine Kraft nehmen? 8 Der
Weingärtner erwiderte: Herr, lass ihn dieses Jahr
noch stehen; ich will den Boden um ihn herum
aufgraben und düngen. 9 Vielleicht trägt er doch
noch Früchte; wenn nicht, dann lass ihn umhauen.

6: Mt 21,19

Die Heilung einer Frau am Sabbat

10 Am Sabbat lehrte Jesus in einer Synagoge. 11 Dort
saß eine Frau, die seit achtzehn Jahren krank war,
weil sie von einem Dämon geplagt wurde; ihr
Rücken war verkrümmt und sie konnte nicht
mehr aufrecht gehen. 12 Als Jesus sie sah, rief er sie
zu sich und sagte: Frau, du bist von deinem Leiden
erlöst. 13 Und er legte ihr die Hände auf. Im glei-
chen Augenblick richtete sie sich auf und pries
Gott. 14 Der Synagogenvorsteher aber war empört
darüber, dass Jesus am Sabbat heilte, und sagte zu
den Leuten: Sechs Tage sind zum Arbeiten da.
Kommt also an diesen Tagen und lasst euch hei-
len, nicht am Sabbat! 15 Der Herr erwiderte ihm:
Ihr Heuchler! Bindet nicht jeder von euch am Sab-
bat seinen Ochsen oder Esel von der Krippe los
und führt ihn zur Tränke? 16 Diese Tochter Abra-
hams aber, die der Satan schon seit achtzehn Jah-

ren gefesselt hielt, sollte am Sabbat nicht davon
befreit werden dürfen? 17 Durch diese Worte wur-
den alle seine Gegner beschämt; das ganze Volk
aber freute sich über all die großen Taten, die er
vollbrachte.

14: Ex 20,9f

Das Gleichnis vom Senfkorn

18 Er sagte: Wem ist das Reich Gottes ähnlich, wo-
mit soll ich es vergleichen?
19 Es ist wie ein Senfkorn, das ein Mann in seinem
Garten in die Erde steckte; es wuchs und wurde zu
einem *Baum* und *die Vögel des Himmels nisteten in
seinen Zweigen.*

18–19 || Mt 13,31f; Mk 4,30–32 • 19: Dan 4,8f.18; Ez 17,23

Das Gleichnis vom Sauerteig

20 Außerdem sagte er: Womit soll ich das Reich
Gottes vergleichen? 21 Es ist wie der Sauerteig, den
eine Frau unter einen großen Trog Mehl mischte,
bis das Ganze durchsäuert war.

20–21 || Mt 13,33 • 21: 1 Kor 5,6; Gal 5,9

Von der neuen Ordnung im Reich Gottes: 13,22 – 19,27

Von der engen und von der verschlossenen Tür

22 Auf seinem Weg nach Jerusalem zog er von Stadt
zu Stadt und von Dorf zu Dorf und lehrte. 23 Da
fragte ihn einer: Herr, sind es nur wenige, die
gerettet werden? Er sagte zu ihnen: 24 Bemüht euch
mit allen Kräften, durch die enge Tür zu gelangen;
denn viele, sage ich euch, werden versuchen hi-
neinzukommen, aber es wird ihnen nicht gelin-
gen.
25 Wenn der Herr des Hauses aufsteht und die Tür
verschließt, dann steht ihr draußen, klopft an die
Tür und ruft: Herr, mach uns auf! Er aber wird
euch antworten: Ich weiß nicht, woher ihr seid.
26 Dann werdet ihr sagen: Wir haben doch mit dir
gegessen und getrunken und du hast auf unseren
Straßen gelehrt. 27 Er aber wird erwidern: Ich sage
euch, ich weiß nicht, woher ihr seid. *Weg von mir,
ihr habt alle Unrecht getan!* 28 Da werdet ihr heulen
und mit den Zähnen knirschen, wenn ihr seht,
dass Abraham, Isaak und Jakob und alle Prophe-
ten im Reich Gottes sind, ihr selbst aber ausge-
schlossen seid. 29 Und man wird von Osten und
Westen und von Norden und Süden kommen und
im Reich Gottes zu Tisch sitzen. 30 Dann werden
manche von den Letzten die Ersten sein und man-
che von den Ersten die Letzten.

24: Mt 7,13f • 25: Mt 25,10–12 • 27: Ps 6,9; Mt 7,23 • 28: Mt 8,11f •
30: Mt 19,30; 20,16; Mk 10,31

Der Abschied von Galiläa

31 Zu dieser Zeit kamen einige Pharisäer zu ihm
und sagten: Geh weg, verlass dieses Gebiet, denn
Herodes will dich töten. 32 Er antwortete ihnen:
Geht und sagt diesem Fuchs: Ich treibe Dämonen
aus und heile Kranke, heute und morgen, und
am dritten Tag werde ich mein Werk vollenden.
33 Doch heute und morgen und am folgenden
Tag muss ich weiterwandern; denn ein Prophet
darf nirgendwo anders als in Jerusalem umkom-
men.
34 Jerusalem, Jerusalem, du tötest die Propheten
und steinigst die Boten, die zu dir gesandt sind.
Wie oft wollte ich deine Kinder um mich sam-
meln, so wie eine Henne ihre Küken unter ihre
Flügel nimmt; aber ihr habt nicht gewollt. 35 Da-
rum wird euer Haus (von Gott) verlassen. Ich sage
euch: Ihr werdet mich nicht mehr sehen, bis die
Zeit kommt, in der ihr ruft: *Gesegnet sei er, der
kommt im Namen des Herrn!*

34–35 || Mt 23,37–39 • 35: Jer 12,7; 22,5; Ps 69,26; 118,26; Mt 21,9;
Mk 11,9

Die Heilung eines Wassersüchtigen am Sabbat

14 Als Jesus an einem Sabbat in das Haus eines
führenden Pharisäers zum Essen kam, be-
obachtete man ihn genau.
2 Da stand auf einmal ein Mann vor ihm, der an
Wassersucht litt. 3 Jesus wandte sich an die Geset-
zeslehrer und die Pharisäer und fragte: Ist es am
Sabbat erlaubt zu heilen, oder nicht? 4 Sie schwie-
gen. Da berührte er den Mann, heilte ihn und ließ
ihn gehen. 5 Zu ihnen aber sagte er: Wer von euch
wird seinen Sohn oder seinen Ochsen, der in den
Brunnen fällt, nicht sofort herausziehen, auch am
Sabbat? 6 Darauf konnten sie ihm nichts erwidern.

1–6: 6,6–11

Mahnung zur Bescheidenheit

7 Als er bemerkte, wie sich die Gäste die Ehrenplätze aussuchten, nahm er das zum Anlass, ihnen eine Lehre zu erteilen. Er sagte zu ihnen: 8 Wenn du zu einer Hochzeit eingeladen bist, such dir nicht den Ehrenplatz aus. Denn es könnte ein anderer eingeladen sein, der vornehmer ist als du, 9 und dann würde der Gastgeber, der dich und ihn eingeladen hat, kommen und zu dir sagen: Mach diesem hier Platz! Du aber wärst beschämt und müsstest den untersten Platz einnehmen. 10 Wenn du also eingeladen bist, setz dich lieber, wenn du hinkommst, auf den untersten Platz; dann wird der Gastgeber zu dir kommen und sagen: Mein Freund, rück weiter hinauf! Das wird für dich eine Ehre sein vor allen anderen Gästen. 11 Denn wer sich selbst erhöht, wird erniedrigt, und wer sich selbst erniedrigt, wird erhöht werden.

7: 20,46; Mt 23,6 • 11: 18,14; Mt 23,12

Von den rechten Gästen

12 Dann sagte er zu dem Gastgeber: Wenn du mittags oder abends ein Essen gibst, so lade nicht deine Freunde oder deine Brüder, deine Verwandten oder reiche Nachbarn ein; sonst laden auch sie dich ein, und damit ist dir wieder alles vergolten. 13 Nein, wenn du ein Essen gibst, dann lade Arme, Krüppel, Lahme und Blinde ein. 14 Du wirst selig sein, denn sie können es dir nicht vergelten; es wird dir vergolten werden bei der Auferstehung der Gerechten.

Das Gleichnis vom Festmahl

15 Als einer der Gäste das hörte, sagte er zu Jesus: Selig, wer im Reich Gottes am Mahl teilnehmen darf. 16 Jesus sagte zu ihm: Ein Mann veranstaltete ein großes Festmahl und lud viele dazu ein. 17 Als das Fest beginnen sollte, schickte er seinen Diener und ließ den Gästen, die er eingeladen hatte, sagen: Kommt, es steht alles bereit! 18 Aber einer nach dem andern ließ sich entschuldigen. Der erste ließ ihm sagen: Ich habe einen Acker gekauft und muss jetzt gehen und ihn besichtigen. Bitte, entschuldige mich! 19 Ein anderer sagte: Ich habe fünf Ochsengespanne gekauft und bin auf dem Weg, sie mir genauer anzusehen. Bitte, entschuldige mich! 20 Wieder ein anderer sagte: Ich habe geheiratet und kann deshalb nicht kommen. 21 Der Diener kehrte zurück und berichtete alles seinem Herrn. Da wurde der Herr zornig und sagte zu seinem Diener: Geh schnell auf die Straßen und Gassen der Stadt und hol die Armen und die Krüppel, die Blinden und die Lahmen herbei. 22 Bald darauf meldete der Diener: Herr, dein Auftrag ist ausgeführt; aber es ist immer noch Platz. 23 Da sagte der Herr zu dem Diener: Dann geh auf die Landstraßen und vor die Stadt hinaus und nötige die Leute zu kommen, damit mein Haus voll wird. 24 Das aber sage ich euch: Keiner von denen, die eingeladen waren, wird an meinem Mahl teilnehmen.

15–24 || Mt 22,1–10

Vom Ernst der Nachfolge

25 Viele Menschen begleiteten ihn; da wandte er sich an sie und sagte: 26 Wenn jemand zu mir kommt und nicht Vater und Mutter, Frau und Kinder, Brüder und Schwestern, ja sogar sein Leben gering achtet, dann kann er nicht mein Jünger sein. 27 Wer nicht sein Kreuz trägt und mir nachfolgt, der kann nicht mein Jünger sein.

28 Wenn einer von euch einen Turm bauen will, setzt er sich dann nicht zuerst hin und rechnet, ob seine Mittel für das ganze Vorhaben ausreichen? 29 Sonst könnte es geschehen, dass er das Fundament gelegt hat, dann aber den Bau nicht fertig stellen kann. Und alle, die es sehen, würden ihn verspotten 30 und sagen: Der da hat einen Bau begonnen und konnte ihn nicht zu Ende führen.

31 Oder wenn ein König gegen einen anderen in den Krieg zieht, setzt er sich dann nicht zuerst hin und überlegt, ob er sich mit seinen zehntausend Mann dem entgegenstellen kann, der mit zwanzigtausend gegen ihn anrückt? 32 Kann er es nicht, dann schickt er eine Gesandtschaft, solange der andere noch weit weg ist, und bittet um Frieden.

33 Darum kann keiner von euch mein Jünger sein, wenn er nicht auf seinen ganzen Besitz verzichtet.

34 Das Salz ist etwas Gutes. Wenn aber das Salz seinen Geschmack verliert, womit kann man ihm die Würze wiedergeben? 35 Es taugt weder für den Acker noch für den Misthaufen, man wirft es weg. Wer Ohren hat zum Hören, der höre!

26–27 || Mt 10,37–39 • 34–35 || Mt 5,13; Mk 9,50 • 27: 9,23; Mt 16,24; Mk 8,34 • 35: Mt 11,15

Die Gleichnisse vom verlorenen Schaf und von der verlorenen Drachme

15 Alle Zöllner und Sünder kamen zu ihm,
um ihn zu hören. 2 Die Pharisäer und die
Schriftgelehrten empörten sich darüber und sag-
ten: Er gibt sich mit Sündern ab und isst sogar mit
ihnen.
3 Da erzählte er ihnen ein Gleichnis und sagte:
4 Wenn einer von euch hundert Schafe hat und eins
davon verliert, lässt er dann nicht die neunund-
neunzig in der Steppe zurück und geht dem ver-
lorenen nach, bis er es findet? 5 Und wenn er es
gefunden hat, nimmt er es voll Freude auf die
Schultern, 6 und wenn er nach Hause kommt, ruft
er seine Freunde und Nachbarn zusammen und
sagt zu ihnen: Freut euch mit mir; ich habe mein
Schaf wiedergefunden, das verloren war. 7 Ich sage
euch: Ebenso wird auch im Himmel mehr Freude
herrschen über einen einzigen Sünder, der um-
kehrt, als über neunundneunzig Gerechte, die es
nicht nötig haben umzukehren.
8 Oder wenn eine Frau zehn Drachmen hat und
eine davon verliert, zündet sie dann nicht eine
Lampe an, fegt das ganze Haus und sucht uner-
müdlich, bis sie das Geldstück findet? 9 Und wenn
sie es gefunden hat, ruft sie ihre Freundinnen und
Nachbarinnen zusammen und sagt: Freut euch
mit mir; ich habe die Drachme wiedergefunden,
die ich verloren hatte. 10 Ich sage euch: Ebenso
herrscht auch bei den Engeln Gottes Freude über
einen einzigen Sünder, der umkehrt.

4–7 ‖ Mt 18,12–14 • 1: 5,29f; 7,34; 19,7; Mt 9,10f; Mk 2,15f • 3–7: Joh 10,11–15

Das Gleichnis vom verlorenen Sohn

11 Weiter sagte Jesus: Ein Mann hatte zwei Söhne.
12 Der jüngere von ihnen sagte zu seinem Vater:
Vater, gib mir das Erbteil, das mir zusteht. Da teilte
der Vater das Vermögen auf. 13 Nach wenigen Ta-
gen packte der jüngere Sohn alles zusammen und
zog in ein fernes Land. Dort führte er ein zügello-
ses Leben und verschleuderte sein Vermögen. 14 Als
er alles durchgebracht hatte, kam eine große Hun-
gersnot über das Land und es ging ihm sehr
schlecht. 15 Da ging er zu einem Bürger des Landes
und drängte sich ihm auf; der schickte ihn aufs
Feld zum Schweinehüten. 16 Er hätte gern seinen
Hunger mit den Futterschoten gestillt, die die
Schweine fraßen; aber niemand gab ihm davon.
17 Da ging er in sich und sagte: Wie viele Tagelöh-
ner meines Vaters haben mehr als genug zu essen
und ich komme hier vor Hunger um. 18 Ich will
aufbrechen und zu meinem Vater gehen und zu
ihm sagen: Vater, ich habe mich gegen den Him-
mel und gegen dich versündigt. 19 Ich bin nicht
mehr wert, dein Sohn zu sein; mach mich zu
einem deiner Tagelöhner. 20 Dann brach er auf und
ging zu seinem Vater. Der Vater sah ihn schon von
weitem kommen und er hatte Mitleid mit ihm. Er
lief dem Sohn entgegen, fiel ihm um den Hals und
küsste ihn. 21 Da sagte der Sohn: Vater, ich habe
mich gegen den Himmel und gegen dich versün-
digt; ich bin nicht mehr wert, dein Sohn zu sein.
22 Der Vater aber sagte zu seinen Knechten: Holt
schnell das beste Gewand und zieht es ihm an,
steckt ihm einen Ring an die Hand und zieht ihm
Schuhe an. 23 Bringt das Mastkalb her und schlach-
tet es; wir wollen essen und fröhlich sein. 24 Denn
mein Sohn war tot und lebt wieder; er war ver-
loren und ist wiedergefunden worden. Und sie
begannen, ein fröhliches Fest zu feiern.
25 Sein älterer Sohn war unterdessen auf dem Feld.
Als er heimging und in die Nähe des Hauses kam,
hörte er Musik und Tanz. 26 Da rief er einen der
Knechte und fragte, was das bedeuten solle. 27 Der
Knecht antwortete: Dein Bruder ist gekommen
und dein Vater hat das Mastkalb schlachten lassen,
weil er ihn heil und gesund wiederbekommen hat.
28 Da wurde er zornig und wollte nicht hineinge-
hen. Sein Vater aber kam heraus und redete ihm
gut zu. 29 Doch er erwiderte dem Vater: So viele Jah-
re schon diene ich dir, und nie habe ich gegen dei-
nen Willen gehandelt; mir aber hast du nie auch
nur einen Ziegenbock geschenkt, damit ich mit
meinen Freunden ein Fest feiern konnte. 30 Kaum
aber ist der hier gekommen, dein Sohn, der dein
Vermögen mit Dirnen durchgebracht hat, da hast
du für ihn das Mastkalb geschlachtet. 31 Der Vater
antwortete ihm: Mein Kind, du bist immer bei
mir, und alles, was mein ist, ist auch dein. 32 Aber
jetzt müssen wir uns doch freuen und ein Fest fei-
ern; denn dein Bruder war tot und lebt wieder; er
war verloren und ist wiedergefunden worden.

11: Mt 21,28

Das Gleichnis vom klugen Verwalter

16 Jesus sagte zu den Jüngern: Ein reicher Mann hatte einen Verwalter. Diesen beschuldigte man bei ihm, er verschleudere sein Vermögen. 2 Darauf ließ er ihn rufen und sagte zu ihm: Was höre ich über dich? Leg Rechenschaft ab über deine Verwaltung! Du kannst nicht länger mein Verwalter sein. 3 Da überlegte der Verwalter: Mein Herr entzieht mir die Verwaltung. Was soll ich jetzt tun? Zu schwerer Arbeit tauge ich nicht, und zu betteln schäme ich mich. 4 Doch – ich weiß, was ich tun muss, damit mich die Leute in ihre Häuser aufnehmen, wenn ich als Verwalter abgesetzt bin. 5 Und er ließ die Schuldner seines Herrn, einen nach dem andern, zu sich kommen und fragte den ersten: Wie viel bist du meinem Herrn schuldig? 6 Er antwortete: Hundert Fass Öl. Da sagte er zu ihm: Nimm deinen Schuldschein, setz dich gleich hin und schreib »fünfzig«. 7 Dann fragte er einen andern: Wie viel bist du schuldig? Der antwortete: Hundert Sack Weizen. Da sagte er zu ihm: Nimm deinen Schuldschein und schreib »achtzig«. 8 Und der Herr lobte die Klugheit des unehrlichen Verwalters und sagte: Die Kinder dieser Welt sind im Umgang mit ihresgleichen klüger als die Kinder des Lichtes.

Vom rechten Gebrauch des Reichtums

9 Ich sage euch: Macht euch Freunde mit Hilfe des ungerechten Mammons, damit ihr in die ewigen Wohnungen aufgenommen werdet, wenn es (mit euch) zu Ende geht.

10 Wer in den kleinsten Dingen zuverlässig ist, der ist es auch in den großen, und wer bei den kleinsten Dingen Unrecht tut, der tut es auch bei den großen. 11 Wenn ihr im Umgang mit dem ungerechten Reichtum nicht zuverlässig gewesen seid, wer wird euch dann das wahre Gut anvertrauen?

12 Und wenn ihr im Umgang mit dem fremden Gut nicht zuverlässig gewesen seid, wer wird euch dann euer (wahres) Eigentum geben?

13 Kein Sklave kann zwei Herren dienen; er wird entweder den einen hassen und den andern lieben, oder er wird zu dem einen halten und den andern verachten. Ihr könnt nicht beiden dienen, Gott und dem Mammon.

13 || Mt 6,24 • 10: 19,17; Mt 25,21

Das Urteil Jesu über die Pharisäer

14 Das alles hörten auch die Pharisäer, die sehr am Geld hingen, und sie lachten über ihn. 15 Da sagte er zu ihnen: Ihr redet den Leuten ein, dass ihr gerecht seid; aber Gott kennt euer Herz. Denn was die Menschen für großartig halten, das ist in den Augen Gottes ein Gräuel.

15: Mt 23,28

Vom Gesetz und von der Ehescheidung

16 Bis zu Johannes hatte man nur das Gesetz und die Propheten. Seitdem wird das Evangelium vom Reich Gottes verkündet und alle drängen sich danach, hineinzukommen. 17 Aber eher werden Himmel und Erde vergehen, als dass auch nur der kleinste Buchstabe im Gesetz wegfällt.

18 Wer seine Frau aus der Ehe entlässt und eine andere heiratet, begeht Ehebruch; auch wer eine Frau heiratet, die von ihrem Mann aus der Ehe entlassen worden ist, begeht Ehebruch.

18 || Mt 5,32; 19,9; Mk 10,11f • 16: Mt 11,12f • 17: Mt 5,18 • 18: 1 Kor 7,10f

Das Beispiel vom reichen Mann und vom armen Lazarus

19 Es war einmal ein reicher Mann, der sich in Purpur und feines Leinen kleidete und Tag für Tag herrlich und in Freuden lebte. 20 Vor der Tür des Reichen aber lag ein armer Mann namens Lazarus, dessen Leib voller Geschwüre war. 21 Er hätte gern seinen Hunger mit dem gestillt, was vom Tisch des Reichen herunterfiel. Stattdessen kamen die Hunde und leckten an seinen Geschwüren. 22 Als nun der Arme starb, wurde er von den Engeln in Abrahams Schoß getragen. Auch der Reiche starb und wurde begraben. 23 In der Unterwelt, wo er qualvolle Schmerzen litt, blickte er auf und sah von weitem Abraham, und Lazarus in seinem Schoß. 24 Da rief er: Vater Abraham, hab Erbarmen mit mir und schick Lazarus zu mir; er soll wenigstens die Spitze seines Fingers ins Wasser tauchen und mir die Zunge kühlen, denn ich leide große Qual in diesem Feuer. 25 Abraham erwiderte: Mein Kind, denk daran, dass du schon zu Lebzeiten deinen Anteil am Guten erhalten hast, Lazarus aber nur Schlechtes. Jetzt wird er dafür getröstet, du aber musst leiden. 26 Außerdem ist zwischen uns und

euch ein tiefer, unüberwindlicher Abgrund, sodass
niemand von hier zu euch oder von dort zu uns
kommen kann, selbst wenn er wollte. 27 Da sagte
der Reiche: Dann bitte ich dich, Vater, schick ihn
in das Haus meines Vaters! 28 Denn ich habe noch
fünf Brüder. Er soll sie warnen, damit nicht auch
sie an diesen Ort der Qual kommen. 29 Abraham
aber sagte: Sie haben Mose und die Propheten, auf
die sollen sie hören. 30 Er erwiderte: Nein, Vater
Abraham, nur wenn einer von den Toten zu ih-
nen kommt, werden sie umkehren. 31 Darauf sagte
Abraham: Wenn sie auf Mose und die Propheten
nicht hören, werden sie sich auch nicht überzeu-
gen lassen, wenn einer von den Toten aufersteht.

Warnung vor der Verführung

17 Er sagte zu seinen Jüngern: Es ist unver-
meidlich, dass Verführungen kommen.
Aber wehe dem, der sie verschuldet. 2 Es wäre bes-
ser für ihn, man würde ihn mit einem Mühlstein
um den Hals ins Meer werfen, als dass er einen von
diesen Kleinen zum Bösen verführt. 3a Seht euch
vor!

1–2 || Mt 18,6f; Mk 9,42

Von der Pflicht zur Vergebung

3b Wenn dein Bruder sündigt, weise ihn zurecht;
und wenn er sich ändert, vergib ihm. 4 Und wenn
er sich siebenmal am Tag gegen dich versündigt
und siebenmal wieder zu dir kommt und sagt: Ich
will mich ändern!, so sollst du ihm vergeben.

3b: Lev 19,17; Mt 18,15.21f

Von der Macht des Glaubens

5 Die Apostel baten den Herrn: Stärke unseren
Glauben! 6 Der Herr erwiderte: Wenn euer Glaube
auch nur so groß wäre wie ein Senfkorn, würdet
ihr zu dem Maulbeerbaum hier sagen: Heb dich
samt deinen Wurzeln aus dem Boden und ver-
pflanz dich ins Meer!, und er würde euch gehor-
chen.

6: Mt 17,20; 21,21; Mk 11,23

Das Gleichnis vom unnützen Sklaven

7 Wenn einer von euch einen Sklaven hat, der
pflügt oder das Vieh hütet, wird er etwa zu ihm,
wenn er vom Feld kommt, sagen: Nimm gleich
Platz zum Essen? 8 Wird er nicht vielmehr zu ihm
sagen: Mach mir etwas zu essen, gürte dich und
bediene mich; wenn ich gegessen und getrunken
habe, kannst auch du essen und trinken. 9 Bedankt
er sich etwa bei dem Sklaven, weil er getan hat, was
ihm befohlen wurde? 10 So soll es auch bei euch
sein: Wenn ihr alles getan habt, was euch befohlen
wurde, sollt ihr sagen: Wir sind unnütze Sklaven;
wir haben nur unsere Schuldigkeit getan.

Der dankbare Samariter

11 Auf dem Weg nach Jerusalem zog Jesus durch
das Grenzgebiet von Samarien und Galiläa. 12 Als
er in ein Dorf hineingehen wollte, kamen ihm
zehn Aussätzige entgegen. Sie blieben in der Ferne
stehen 13 und riefen: Jesus, Meister, hab Erbarmen
mit uns! 14 Als er sie sah, sagte er zu ihnen: Geht,
zeigt euch den Priestern ! Und während sie zu den
Priestern gingen, wurden sie rein. 15 Einer von
ihnen aber kehrte um, als er sah, dass er geheilt
war; und er lobte Gott mit lauter Stimme. 16 Er
warf sich vor den Füßen Jesu zu Boden und dankte
ihm. Dieser Mann war aus Samarien. 17 Da sagte
Jesus: Es sind doch alle zehn rein geworden. Wo
sind die übrigen neun? 18 Ist denn keiner umge-
kehrt, um Gott zu ehren, außer diesem Fremden?
19 Und er sagte zu ihm: Steh auf und geh! Dein
Glaube hat dir geholfen.

11: Mk 9,30 • 14: Lev 13,49; 14,2–32; Lk 5,14 • 19: 7,50; 8,48; 18,42; Mt 9,22; Mk 5,34; 10,52

Vom Kommen des Gottesreiches

20 Als Jesus von den Pharisäern gefragt wurde,
wann das Reich Gottes komme, antwortete er: Das
Reich Gottes kommt nicht so, dass man es an
äußeren Zeichen erkennen könnte. 21 Man kann
auch nicht sagen: Seht, hier ist es!, oder: Dort ist
es! Denn: Das Reich Gottes ist (schon) mitten
unter euch.

21: 11,20; Mt 12,28

Vom Kommen des Menschensohnes

22 Er sagte zu den Jüngern: Es wird eine Zeit kom-
men, in der ihr euch danach sehnt, auch nur einen
von den Tagen des Menschensohnes zu erleben;
aber ihr werdet ihn nicht erleben. 23 Und wenn
man zu euch sagt: Dort ist er! Hier ist er!, so geht

nicht hin und lauft nicht hinterher! [24] Denn wie
der Blitz von einem Ende des Himmels bis zum
andern leuchtet, so wird der Menschensohn an
seinem Tag erscheinen. [25] Vorher aber muss er vie-
les erleiden und von dieser Generation verworfen
werden.
[26] Und wie es zur Zeit des Noach war, so wird es
auch in den Tagen des Menschensohnes sein. [27] Die
Menschen aßen und tranken und heirateten bis zu
dem Tag, an dem *Noach in die Arche ging;* dann
kam die Flut und vernichtete alle. [28] Und es wird
ebenso sein, wie es zur Zeit des Lot war: Sie aßen
und tranken, kauften und verkauften, pflanzten
und bauten. [29] Aber an dem Tag, als Lot Sodom
verließ, *regnete es Feuer und Schwefel vom Himmel*
und alle kamen um. [30] Ebenso wird es an dem Tag
sein, an dem sich der Menschensohn offenbart.
[31] Wer dann auf dem Dach ist und seine Sachen im
Haus hat, soll nicht hinabsteigen, um sie zu holen,
und wer auf dem Feld ist, soll nicht zurückkehren.
[32] Denkt an die Frau des Lot! [33] Wer sein Leben zu
bewahren sucht, wird es verlieren; wer es dagegen
verliert, wird es gewinnen. [34] Ich sage euch: Von
zwei Männern, die in jener Nacht auf einem Bett
liegen, wird der eine mitgenommen und der
andere zurückgelassen. [35] Von zwei Frauen, die mit
derselben Mühle Getreide mahlen, wird die eine
mitgenommen und die andere zurückgelassen.
[[36]] [37] Da fragten sie ihn: Wo wird das geschehen,
Herr? Er antwortete: Wo ein Aas ist, da sammeln
sich auch die Geier.

22: 21,7–36 • 23: Mt 24,23–27; Mk 13,21 • 25: 9,22.44; 18,32 •
26: Gen 6,11–13; 7,7–23; Mt 24,37–39 • 27: Gen 7,7; 2 Petr 2,5 •
28: Gen 18,20 • 29: Gen 19,15.23f; 2 Petr 2,7 • 31: Mt 24,17f;
Mk 13,15f • 33: 9,24; Mt 10,39; 16,25; Mk 8,35; Joh 12,25 •
35: Mt 24,41 • 37: Mt 24,28

Das Gleichnis vom gottlosen Richter und der Witwe

18 Jesus sagte ihnen durch ein Gleichnis, dass
sie allezeit beten und darin nicht nachlas-
sen sollten: [2] In einer Stadt lebte ein Richter, der
Gott nicht fürchtete und auf keinen Menschen
Rücksicht nahm. [3] In der gleichen Stadt lebte auch
eine Witwe, die immer wieder zu ihm kam und
sagte: Verschaff mir Recht gegen meinen Feind!
[4] Lange wollte er nichts davon wissen. Dann aber
sagte er sich: Ich fürchte zwar Gott nicht und neh-
me auch auf keinen Menschen Rücksicht; [5] trotz-
dem will ich dieser Witwe zu ihrem Recht verhel-
fen, denn sie lässt mich nicht in Ruhe. Sonst
kommt sie am Ende noch und schlägt mich ins
Gesicht. [6] Und der Herr fügte hinzu: Bedenkt, was
der ungerechte Richter sagt. [7] Sollte Gott seinen
Auserwählten, die Tag und Nacht zu ihm schreien,
nicht zu ihrem Recht verhelfen, sondern zögern?
[8] Ich sage euch: Er wird ihnen unverzüglich ihr
Recht verschaffen. Wird jedoch der Menschen-
sohn, wenn er kommt, auf der Erde (noch) Glau-
ben vorfinden?

Das Beispiel vom Pharisäer und vom Zöllner

[9] Einigen, die von ihrer eigenen Gerechtigkeit über-
zeugt waren und die anderen verachteten, erzählte
Jesus dieses Beispiel: [10] Zwei Männer gingen zum
Tempel hinauf, um zu beten; der eine war ein Pha-
risäer, der andere ein Zöllner. [11] Der Pharisäer
stellte sich hin und sprach leise dieses Gebet: Gott,
ich danke dir, dass ich nicht wie die anderen Men-
schen bin, die Räuber, Betrüger, Ehebrecher oder
auch wie dieser Zöllner dort. [12] Ich faste zweimal
in der Woche und gebe dem Tempel den zehnten
Teil meines ganzen Einkommens. [13] Der Zöllner
aber blieb ganz hinten stehen und wagte nicht ein-
mal, seine Augen zum Himmel zu erheben, son-
dern schlug sich an die Brust und betete: Gott, sei
mir Sünder gnädig! [14] Ich sage euch: Dieser kehr-
te als Gerechter nach Hause zurück, der andere
nicht. Denn wer sich selbst erhöht, wird ernied-
rigt, wer sich aber selbst erniedrigt, wird erhöht
werden.

12: Mt 23,23 • 13: Ps 51,3 • 14: 14,11; Mt 23,12

Die Segnung der Kinder

[15] Man brachte auch kleine Kinder zu ihm, damit
er ihnen die Hände auflegte. Als die Jünger das
sahen, wiesen sie die Leute schroff ab. [16] Jesus aber
rief die Kinder zu sich und sagte: Lasst die Kinder
zu mir kommen; hindert sie nicht daran! Denn
Menschen wie ihnen gehört das Reich Gottes.
[17] Amen, das sage ich euch: Wer das Reich Gottes
nicht so annimmt wie ein Kind, der wird nicht
hineinkommen.

15–17 || Mt 19,13–15; Mk 10,13–16 • 17: Mt 18,3

Von Reichtum und Nachfolge

18 Einer von den führenden Männern fragte ihn:
Guter Meister, was muss ich tun, um das ewige
Leben zu gewinnen? 19 Jesus antwortete: Warum
nennst du mich gut? Niemand ist gut außer Gott,
dem Einen. 20 Du kennst doch die Gebote: *Du sollst
nicht die Ehe brechen, du sollst nicht töten, du sollst
nicht stehlen, du sollst nicht falsch aussagen; ehre
deinen Vater und deine Mutter!* 21 Er erwiderte: Alle
diese Gebote habe ich von Jugend an befolgt. 22 Als
Jesus das hörte, sagte er: Eines fehlt dir noch: Ver-
kauf alles, was du hast, verteil das Geld an die
Armen und du wirst einen bleibenden Schatz im
Himmel haben; dann komm und folge mir nach!
23 Der Mann aber wurde sehr traurig, als er das
hörte; denn er war überaus reich. 24 Jesus sah ihn
an und sagte: Wie schwer ist es für Menschen, die
viel besitzen, in das Reich Gottes zu kommen!
25 Denn eher geht ein Kamel durch ein Nadelöhr,
als dass ein Reicher in das Reich Gottes gelangt.
26 Die Leute, die das hörten, fragten: Wer kann
dann noch gerettet werden? 27 Er erwiderte: Was
für Menschen unmöglich ist, ist *für Gott möglich.*
28 Da sagte Petrus: Du weißt, wir haben unser Ei-
gentum verlassen und sind dir nachgefolgt. 29 Jesus
antwortete ihnen: Amen, ich sage euch: Jeder, der
um des Reiches Gottes willen Haus oder Frau,
Brüder, Eltern oder Kinder verlassen hat, 30 wird
dafür schon in dieser Zeit das Vielfache erhalten
und in der kommenden Welt das ewige Leben.

18–30 || Mt 19,18–30; Mk 10,17–31 • 18: 10,25 • 19: Dtn 6,4 • 20: Ex 20,12–16; Dtn 5,16–20 • 22: 12,33; Mt 8,22 • 27: Gen 18,14; Ijob 42,2; Lk 1,37

Die dritte Ankündigung von Leiden und Auferstehung

31 Jesus versammelte die Zwölf um sich und sagte
zu ihnen: Wir gehen jetzt nach Jerusalem hinauf;
dort wird sich alles erfüllen, was bei den Prophe-
ten über den Menschensohn steht: 32 Er wird den
Heiden ausgeliefert, wird verspottet, misshandelt
und angespuckt werden, 33 und man wird ihn gei-
ßeln und töten. Aber am dritten Tag wird er auf-
erstehen. 34 Doch die Zwölf verstanden das alles
nicht; der Sinn der Worte war ihnen verschlossen
und sie begriffen nicht, was er sagte.

31–34 || Mt 20,17–19; Mk 10,32–34 • 32: 9,22.44; 17,25 • 33: 24,6f • 34: 9,45

Die Heilung eines Blinden bei Jericho

35 Als Jesus in die Nähe von Jericho kam, saß ein
Blinder an der Straße und bettelte. 36 Er hörte, dass
viele Menschen vorbeigingen, und fragte: Was hat
das zu bedeuten? 37 Man sagte ihm: Jesus von Naza-
ret geht vorüber. 38 Da rief er: Jesus, Sohn Davids,
hab Erbarmen mit mir! 39 Die Leute, die voraus-
gingen, wurden ärgerlich und befahlen ihm zu
schweigen. Er aber schrie noch viel lauter: Sohn
Davids, hab Erbarmen mit mir! 40 Jesus blieb ste-
hen und ließ ihn zu sich herführen. Als der Mann
vor ihm stand, fragte ihn Jesus: 41 Was soll ich dir
tun? Er antwortete: Herr, ich möchte wieder sehen
können. 42 Da sagte Jesus zu ihm: Du sollst wieder
sehen. Dein Glaube hat dir geholfen. 43 Im gleichen
Augenblick konnte er wieder sehen. Da pries er
Gott und folgte Jesus. Und alle Leute, die das gese-
hen hatten, lobten Gott.

35–43 || Mt 20,29–34; Mk 10,46–52 • 35–43: Mt 9,27–31 • 42: 7,50; 8,48; Mt 9,22; Mk 5,34

Jesus im Haus des Zöllners Zachäus

19 Dann kam er nach Jericho und ging durch
die Stadt. 2 Dort wohnte ein Mann namens
Zachäus; er war der oberste Zollpächter und war
sehr reich. 3 Er wollte gern sehen, wer dieser Jesus
sei, doch die Menschenmenge versperrte ihm die
Sicht; denn er war klein. 4 Darum lief er voraus und
stieg auf einen Maulbeerfeigenbaum, um Jesus zu
sehen, der dort vorbeikommen musste. 5 Als Jesus
an die Stelle kam, schaute er hinauf und sagte zu
ihm: Zachäus, komm schnell herunter! Denn ich
muss heute in deinem Haus zu Gast sein. 6 Da
stieg er schnell herunter und nahm Jesus freudig
bei sich auf. 7 Als die Leute das sahen, empörten sie
sich und sagten: Er ist bei einem Sünder einge-
kehrt. 8 Zachäus aber wandte sich an den Herrn
und sagte: Herr, die Hälfte meines Vermögens will
ich den Armen geben, und wenn ich von jemand
zu viel gefordert habe, gebe ich ihm das Vierfache
zurück.
9 Da sagte Jesus zu ihm: Heute ist diesem Haus das
Heil geschenkt worden, weil auch dieser Mann ein
Sohn Abrahams ist. 10 Denn der Menschensohn ist
gekommen, um zu suchen und zu retten, was ver-
loren ist.

7: 5,30; 7,34 • 10: 5,32; Mt 9,13; Mk 2,17

Das Gleichnis vom anvertrauten Geld
[11] Weil Jesus schon nahe bei Jerusalem war, mein-
ten die Menschen, die von all dem hörten, das
Reich Gottes werde sofort erscheinen. Daher er-
zählte er ihnen ein weiteres Gleichnis. [12] Er sagte:
Ein Mann von vornehmer Herkunft wollte in ein
fernes Land reisen, um die Königswürde zu erlan-
gen und dann zurückzukehren. [13] Er rief zehn sei-
ner Diener zu sich, verteilte unter sie Geld im Wert
von zehn Minen und sagte: Macht Geschäfte da-
mit, bis ich wiederkomme. [14] Da ihn aber die Ein-
wohner seines Landes hassten, schickten sie eine
Gesandtschaft hinter ihm her und ließen sagen:
Wir wollen nicht, dass dieser Mann unser König
wird. [15] Dennoch wurde er als König eingesetzt.
Nach seiner Rückkehr ließ er die Diener, denen er
das Geld gegeben hatte, zu sich rufen. Er wollte
sehen, welchen Gewinn jeder bei seinen Geschäf-
ten erzielt hatte.
[16] Der erste kam und sagte: Herr, ich habe mit dei-
ner Mine zehn Minen erwirtschaftet. [17] Da sagte
der König zu ihm: Sehr gut, du bist ein tüchtiger
Diener. Weil du im Kleinsten zuverlässig warst,
sollst du Herr über zehn Städte werden. [18] Der
zweite kam und sagte: Herr, ich habe mit deiner
Mine fünf Minen erwirtschaftet. [19] Zu ihm sagte
der König: Du sollst über fünf Städte herrschen.
[20] Nun kam ein anderer und sagte: Herr, hier hast
du dein Geld zurück. Ich habe es in ein Tuch ein-
gebunden und aufbewahrt; [21] denn ich hatte Angst
vor dir, weil du ein strenger Mann bist: Du hebst
ab, was du nicht eingezahlt hast, und erntest, was
du nicht gesät hast. [22] Der König antwortete: Auf-
grund deiner eigenen Worte spreche ich dir das
Urteil. Du bist ein schlechter Diener. Du hast
gewusst, dass ich ein strenger Mann bin? Dass ich
abhebe, was ich nicht eingezahlt habe, und ernte,
was ich nicht gesät habe? [23] Warum hast du dann
mein Geld nicht auf die Bank gebracht? Dann
hätte ich es bei der Rückkehr mit Zinsen abheben
können. [24] Und zu den anderen, die dabeistanden,
sagte er: Nehmt ihm das Geld weg, und gebt es
dem, der die zehn Minen hat. [25] Sie sagten zu ihm:
Herr, er hat doch schon zehn. [26] (Da erwiderte er:)
Ich sage euch: Wer hat, dem wird gegeben werden;
wer aber nicht hat, dem wird auch noch wegge-
nommen, was er hat. [27] Doch meine Feinde, die
nicht wollten, dass ich ihr König werde – bringt sie
her und macht sie vor meinen Augen nieder!

11–27 ‖ Mt 25,14–30 • 17: 16,10; Mt 24,45–47; 25,21 • 26: 8,18; Mt 13,12; Mk 4,25

DIE LETZTEN TAGE IN JERUSALEM: 19,28 – 21,38

Die Auseinandersetzung mit den Gegnern in Jerusalem: 19,28 – 21,38

Der Einzug in Jerusalem
[28] Nach dieser Rede zog Jesus weiter und ging nach
Jerusalem hinauf. [29] Als er in die Nähe von Betfage
und Betanien kam, an den Berg, der Ölberg heißt,
schickte er zwei seiner Jünger voraus [30] und sagte:
Geht in das Dorf, das vor uns liegt. Wenn ihr hi-
neinkommt, werdet ihr dort einen jungen Esel
angebunden finden, auf dem noch nie ein Mensch
gesessen hat. Bindet ihn los und bringt ihn her!
[31] Und wenn euch jemand fragt: Warum bindet ihr
ihn los?, dann antwortet: Der Herr braucht ihn.
[32] Die beiden machten sich auf den Weg und fan-
den alles so, wie er es ihnen gesagt hatte. [33] Als sie
den jungen Esel losbanden, sagten die Leute, de-
nen er gehörte: Warum bindet ihr den Esel los?
[34] Sie antworteten: Der Herr braucht ihn. [35] Dann
führten sie ihn zu Jesus, legten ihre Kleider auf das
Tier und halfen Jesus hinauf. [36] Während er dahin-
ritt, breiteten die Jünger ihre Kleider auf der Stra-
ße aus. [37] Als er an die Stelle kam, wo der Weg vom
Ölberg hinabführt, begannen alle Jünger freudig
und mit lauter Stimme Gott zu loben wegen all der
Wundertaten, die sie erlebt hatten. [38] Sie riefen: *Ge-*
segnet sei der König, *der kommt im Namen des*
Herrn. Im Himmel Friede und Herrlichkeit in der
Höhe! [39] Da riefen ihm einige Pharisäer aus der
Menge zu: Meister, bring deine Jünger zum
Schweigen! [40] Er erwiderte: Ich sage euch: Wenn
sie schweigen, werden die Steine schreien.

28–40 ‖ Mt 21,1–9; Mk 11,1–10; Joh 12,12–19 • 38: Ps 118,26; Lk 2,14 • 40: Hab 2,11

Die Ankündigung der Zerstörung Jerusalems

41 Als er näher kam und die Stadt sah, weinte er über sie 42 und sagte: Wenn doch auch du an diesem Tag erkannt hättest, was dir Frieden bringt. Jetzt aber bleibt es vor deinen Augen verborgen. 43 Es wird eine Zeit für dich kommen, in der deine Feinde rings um dich einen Wall aufwerfen, dich einschließen und von allen Seiten bedrängen. 44 Sie werden dich und deine Kinder zerschmettern und keinen Stein auf dem andern lassen; denn du hast die Zeit der Gnade nicht erkannt.

44: Ps 137,9; Lk 21,6; Mt 24,2; Mk 13,2

Die Tempelreinigung

45 Dann ging er in den Tempel und begann, die Händler hinauszutreiben. 46 Er sagte zu ihnen: In der Schrift steht: *Mein Haus soll ein Haus des Gebetes sein.* Ihr aber habt daraus *eine Räuberhöhle* gemacht.

47 Er lehrte täglich im Tempel. Die Hohenpriester, die Schriftgelehrten und die übrigen Führer des Volkes aber suchten ihn umzubringen. 48 Sie wussten jedoch nicht, wie sie es machen sollten, denn das ganze Volk hing an ihm und hörte ihn gern.

45–46 || Mt 21,12f; Mk 11,15–17; Joh 2,13–16 • 47–48 Mk 11,18 • 46: Jes 56,7; Jer 7,11 • 47: 21,37; Mt 26,55; Mk 14,49; Joh 18,20; Lk 20,19; 22,2

Die Frage nach der Vollmacht Jesu

20 Als er eines Tages im Tempel das Volk lehrte und das Evangelium verkündete, kamen die Hohenpriester und die Schriftgelehrten mit den Ältesten hinzu 2 und fragten ihn: Sag uns: Mit welchem Recht tust du das alles? Wer hat dir dazu die Vollmacht gegeben?

3 Er antwortete ihnen: Auch ich will euch eine Frage stellen. Sagt mir: 4 Stammte die Taufe des Johannes vom Himmel oder von den Menschen?

5 Da überlegten sie und sagten zueinander: Wenn wir antworten: Vom Himmel!, so wird er sagen: Warum habt ihr ihm dann nicht geglaubt? 6 Wenn wir aber antworten: Von den Menschen!, dann wird das ganze Volk uns steinigen; denn sie sind überzeugt, dass Johannes ein Prophet gewesen ist. 7 Darum antworteten sie: Wir wissen nicht, woher. 8 Jesus erwiderte: Dann sage auch ich euch nicht, mit welchem Recht ich das alles tue.

1–8 || Mt 21,23–27; Mk 11,27–33

Das Gleichnis von den bösen Winzern

9 Er erzählte dem Volk dieses Gleichnis: Ein Mann legte einen Weinberg an, verpachtete ihn an Winzer und reiste für längere Zeit in ein anderes Land. 10 Als nun die Zeit dafür gekommen war, schickte er einen Knecht zu den Winzern, damit sie ihm seinen Anteil am Ertrag des Weinbergs ablieferten. Die Winzer aber prügelten ihn und jagten ihn mit leeren Händen fort. 11 Darauf schickte er einen anderen Knecht; auch ihn prügelten und beschimpften sie und jagten ihn mit leeren Händen fort. 12 Er schickte noch einen dritten Knecht; aber auch ihn schlugen sie blutig und warfen ihn hinaus. 13 Da sagte der Besitzer des Weinbergs: Was soll ich tun? Ich will meinen geliebten Sohn zu ihnen schicken. Vielleicht werden sie vor ihm Achtung haben. 14 Als die Winzer den Sohn sahen, überlegten sie und sagten zueinander: Das ist der Erbe; wir wollen ihn töten, damit das Erbgut uns gehört. 15 Und sie warfen ihn aus dem Weinberg hinaus und brachten ihn um. Was wird nun der Besitzer des Weinbergs mit ihnen tun? 16 Er wird kommen und diese Winzer töten und den Weinberg anderen geben. Als sie das hörten, sagten sie: Das darf nicht geschehen! 17 Da sah Jesus sie an und sagte: Was bedeutet das Schriftwort:

Der Stein, den die Bauleute verworfen haben, / er ist zum Eckstein geworden ?

18 Jeder, der auf diesen Stein fällt, wird zerschellen; auf wen der Stein aber fällt, den wird er zermalmen.

19 Die Schriftgelehrten und die Hohenpriester hätten ihn gern noch in derselben Stunde festgenommen; aber sie fürchteten das Volk. Denn sie hatten gemerkt, dass er sie mit diesem Gleichnis meinte.

9–19 || Mt 21,33–46; Mk 12,1–12 • 9: Jes 5,1f G • 13: 3,22 • 17: Ps 118,22 • 19: 19,47f; 22,2

Die Frage nach der kaiserlichen Steuer

20 Daher lauerten sie ihm auf und schickten Spitzel, die sich fromm stellen und ihn bei einer (unüberlegten) Antwort ertappen sollten. Denn sie wollten ihn der Gerichtsbarkeit des Statthalters

übergeben. 21 Die Spitzel fragten ihn: Meister, wir wissen, dass du aufrichtig redest und lehrst und nicht auf die Person siehst, sondern wirklich den Weg Gottes lehrst. 22 Ist es uns erlaubt, dem Kaiser Steuer zu zahlen, oder nicht? 23 Er aber durchschaute ihre Hinterlist und sagte zu ihnen: 24 Zeigt mir einen Denar! Wessen Bild und Aufschrift sind darauf? Sie antworteten: Die des Kaisers. 25 Da sagte er zu ihnen: Dann gebt dem Kaiser, was dem Kaiser gehört, und Gott, was Gott gehört! 26 So gelang es ihnen nicht, ihn öffentlich bei einem (unüberlegten) Wort zu ertappen. Sie waren von seiner Antwort sehr überrascht und schwiegen.

20–26 || Mt 22,15–22; Mk 12,13–17 • 20: 11,54

Die Frage nach der Auferstehung der Toten

27 Von den Sadduzäern, die die Auferstehung leugnen, kamen einige zu Jesus und fragten ihn: 28 Meister, Mose hat uns vorgeschrieben: *Wenn ein Mann, der einen Bruder hat, stirbt* und eine Frau *hinterlässt, ohne Kinder zu haben, dann soll sein Bruder die Frau heiraten und* seinem *Bruder Nachkommen verschaffen.* 29 Nun lebten einmal sieben Brüder. Der erste nahm sich eine Frau, starb aber kinderlos. 30 Da nahm sie der zweite, 31 danach der dritte und ebenso die anderen bis zum siebten; sie alle hinterließen keine Kinder, als sie starben. 32 Schließlich starb auch die Frau. 33 Wessen Frau wird sie nun bei der Auferstehung sein? Alle sieben haben sie doch zur Frau gehabt. 34 Da sagte Jesus zu ihnen: Nur in dieser Welt heiraten die Menschen. 35 Die aber, die Gott für würdig hält, an jener Welt und an der Auferstehung von den Toten teilzuhaben, werden dann nicht mehr heiraten. 36 Sie können auch nicht mehr sterben, weil sie den Engeln gleich und durch die Auferstehung zu Söhnen Gottes geworden sind. 37 Dass aber die Toten auferstehen, hat schon Mose in der Geschichte vom Dornbusch angedeutet, in der er den Herrn *den Gott Abrahams, den Gott Isaaks und den Gott Jakobs* nennt. 38 Er ist doch kein Gott von Toten, sondern von Lebenden; denn für ihn sind alle lebendig. 39 Da sagten einige Schriftgelehrte: Meister, du hast gut geantwortet. 40 Und man wagte nicht mehr, ihn etwas zu fragen.

27–38 || Mt 22,23–33; Mk 12,18–27 • 27: Apg 23,8 • 28: Dtn 25,5f; Gen 38,8 • 37: Ex 3,6 • 39: Mk 12,32 • 40: Mt 22,46; Mk 12,34

Die Frage nach dem Messias

41 Da fragte er sie: Wie kann man behaupten, der Messias sei der Sohn Davids? 42 Denn David selbst sagt im Buch der Psalmen: *Der Herr sprach zu meinem Herrn: Setze dich mir zur Rechten,* 43 *und ich lege dir deine Feinde als Schemel unter die Füße.* 44 David nennt ihn also »Herr«. Wie kann er dann Davids Sohn sein?

41–44 || Mt 22,41–45; Mk 12,35–37a • 42: Ps 110,1

Worte gegen die Schriftgelehrten

45 Jesus sagte vor dem ganzen Volk zu seinen Jüngern: 46 Hütet euch vor den Schriftgelehrten! Sie gehen gern in langen Gewändern umher, lieben es, wenn man sie auf den Straßen und Plätzen grüßt, und wollen in der Synagoge die vordersten Sitze und bei jedem Festmahl die Ehrenplätze haben. 47 Sie bringen die Witwen um ihre Häuser und verrichten in ihrer Scheinheiligkeit lange Gebete. Aber um so härter wird das Urteil sein, das sie erwartet.

45–47 || Mt 23,1.5–7.14; Mk 12,37b–40 • 46: 11,43; 14,7

Das Opfer der Witwe

21 Er blickte auf und sah, wie die Reichen ihre Gaben in den Opferkasten legten. 2 Dabei sah er auch eine arme Witwe, die zwei kleine Münzen hineinwarf. 3 Da sagte er: Wahrhaftig, ich sage euch: Diese arme Witwe hat mehr hineingeworfen als alle anderen. 4 Denn sie alle haben nur etwas von ihrem Überfluss geopfert; diese Frau aber, die kaum das Nötigste zum Leben hat, sie hat ihren ganzen Lebensunterhalt hergegeben.

1–4 || Mk 12,41–44

Die Rede über die Endzeit: 21,5–36

Die Ankündigung der Zerstörung des Tempels

5 Als einige darüber sprachen, dass der Tempel mit schönen Steinen und Weihegeschenken geschmückt sei, sagte Jesus: 6 Es wird eine Zeit kommen, da wird von allem, was ihr hier seht, kein Stein auf dem andern bleiben; alles wird niedergerissen werden.

5–6 || Mt 24,1f; Mk 13,1f • 6: 19,44

Vom Anfang der Not

7 Sie fragten ihn: Meister, wann wird das gesche-
hen und an welchem Zeichen wird man erkennen,
dass es beginnt? 8 Er antwortete: Gebt Acht, dass
man euch nicht irreführt! Denn viele werden
unter meinem Namen auftreten und sagen: Ich bin
es!, und: Die Zeit ist da. – Lauft ihnen nicht nach!
9 Und wenn ihr von Kriegen und Unruhen hört,
lasst euch dadurch nicht erschrecken! Denn das
muss als erstes *geschehen;* aber das Ende kommt
noch nicht sofort. 10 Dann sagte er zu ihnen: Ein
Volk wird sich gegen das andere erheben und ein
Reich gegen das andere. 11 Es wird gewaltige Erd-
beben und an vielen Orten Seuchen und Hungers-
nöte geben; schreckliche Dinge werden geschehen
und am Himmel wird man gewaltige Zeichen
sehen.
12 Aber bevor das alles geschieht, wird man euch
festnehmen und euch verfolgen. Man wird euch
um meines Namens willen den Gerichten der
Synagogen übergeben, ins Gefängnis werfen und
vor Könige und Statthalter bringen. 13 Dann wer-
det ihr Zeugnis ablegen können. 14 Nehmt euch
fest vor, nicht im voraus für eure Verteidigung zu
sorgen; 15 denn ich werde euch die Worte und die
Weisheit eingeben, sodass alle eure Gegner nicht
dagegen ankommen und nichts dagegen sagen
können. 16 Sogar eure Eltern und Geschwister, eure
Verwandten und Freunde werden euch ausliefern
und manche von euch wird man töten. 17 Und ihr
werdet um meines Namens willen von allen ge-
hasst werden. 18 Und doch wird euch kein Haar
gekrümmt werden. 19 Wenn ihr standhaft bleibt,
werdet ihr das Leben gewinnen.

7–19 || Mt 10,17–22; 24,3–14; Mk 13,3–13 • 9: Dan 2,28 G •
10: Jes 19,2 • 12: Joh 16,1–4; Lk 12,11f • 18: Mt 10,30

Vom Gericht über Jerusalem

20 Wenn ihr aber seht, dass Jerusalem von einem
Heer eingeschlossen wird, dann könnt ihr daran
erkennen, dass die Stadt bald verwüstet wird.
21 Dann sollen die Bewohner von Judäa in die
Berge fliehen; wer in der Stadt ist, soll sie verlas-
sen, und wer auf dem Land ist, soll nicht in die
Stadt gehen. 22 Denn das sind die *Tage der Vergel-
tung,* an denen alles in Erfüllung gehen soll, was in
der Schrift steht. 23 Wehe den Frauen, die in jenen
Tagen schwanger sind oder ein Kind stillen. Denn
eine große Not wird über das Land hereinbrechen:
Der Zorn (Gottes) wird über dieses Volk kommen.
24 Mit scharfem Schwert wird man sie erschlagen,
als Gefangene wird man sie in alle Länder verschlep-
pen und *Jerusalem* wird von *den Heiden zertreten*
werden, bis die Zeiten der Heiden sich erfüllen.

20–24 || Mt 24,15–22; Mk 13,14–20 • 22: Dtn 32,35 •
24: Sach 12,3 G

Vom Kommen des Menschensohnes

25 Es werden Zeichen sichtbar werden an Sonne,
Mond und Sternen, und auf der Erde werden die
Völker bestürzt und ratlos sein über das Toben
und Donnern des Meeres. 26 Die Menschen wer-
den vor Angst vergehen in der Erwartung der
Dinge, die über die Erde kommen; denn die Kräfte
des Himmels werden erschüttert werden. 27 Dann
wird man den *Menschensohn* mit großer Macht
und Herrlichkeit *auf einer Wolke kommen* sehen.
28 Wenn (all) das beginnt, dann richtet euch auf,
und erhebt eure Häupter; denn eure Erlösung ist
nahe.

25–28 || Mt 24,29–31; Mk 13,24–27 • 25: Jes 13,10; 34,4 G; Joël 2,10 •
26: Hag 2,6.21; 2 Petr 3,10 • 27: Dan 7,13; Mt 26,64; Mk 14,62;
Offb 1,7

Mahnungen im Hinblick auf das Ende

29 Und er gebrauchte einen Vergleich und sagte:
Seht euch den Feigenbaum und die anderen Bäu-
me an: 30 Sobald ihr merkt, dass sie Blätter treiben,
wisst ihr, dass der Sommer nahe ist. 31 Genauso
sollt ihr erkennen, wenn ihr (all) das geschehen
seht, dass das Reich Gottes nahe ist. 32 Amen, ich
sage euch: Diese Generation wird nicht vergehen,
bis alles eintrifft. 33 Himmel und Erde werden ver-
gehen, aber meine Worte werden nicht vergehen.
34 Nehmt euch in Acht, dass Rausch und Trunken-
heit und die Sorgen des Alltags euch nicht verwir-
ren und dass jener Tag euch nicht plötzlich über-
rascht, 35 (so) wie (man in) eine Falle (gerät); denn
er wird über alle Bewohner der ganzen Erde he-
reinbrechen. 36 Wacht und betet allezeit, damit ihr
allem, was geschehen wird, entrinnen und vor den
Menschensohn hintreten könnt.

29–33 || Mt 24,32–35; Mk 13,28–32 • 32: 9,27; Mt 16,28; Mk 9,1 •
36: Mt 24,42; 25,13; Mk 13,35

Die Lehrtätigkeit Jesu im Tempel

[37] Tagsüber lehrte Jesus im Tempel; abends aber ging er zum Ölberg hinaus und verbrachte dort die Nacht. [38] Schon früh am Morgen kam das ganze Volk zu ihm in den Tempel, um ihn zu hören.

37: 19,47; 23,53; 22,39

DAS LEIDEN UND DIE AUFERSTEHUNG JESU: 22,1 – 24,53

Der Beschluss des Hohen Rates

22 Das Fest der Ungesäuerten Brote, das Pascha genannt wird, war nahe. [2] Und die Hohenpriester und die Schriftgelehrten suchten nach einer Möglichkeit, Jesus (unauffällig) zu beseitigen; denn sie fürchteten sich vor dem Volk.

1–2 ‖ Mt 26,3–5; Mk 14,1f • 2: 19,47f; 20,19

Der Verrat durch Judas

[3] Der Satan aber ergriff Besitz von Judas, genannt Iskariot, der zu den Zwölf gehörte. [4] Judas ging zu den Hohenpriestern und den Hauptleuten und beriet mit ihnen, wie er Jesus an sie ausliefern könnte.

[5] Da freuten sie sich und kamen mit ihm überein, ihm Geld dafür zu geben. [6] Er sagte zu und suchte von da an nach einer Gelegenheit, ihn an sie auszuliefern, ohne dass das Volk es merkte.

3–6 ‖ Mt 26,14–16; Mk 14,10f

Die Vorbereitung des Paschamahls

[7] Dann kam der Tag der Ungesäuerten Brote, an dem das Paschalamm geschlachtet werden musste. [8] Jesus schickte Petrus und Johannes in die Stadt und sagte: Geht und bereitet das Paschamahl für uns vor, damit wir es gemeinsam essen können. [9] Sie fragten ihn: Wo sollen wir es vorbereiten? [10] Er antwortete ihnen: Wenn ihr in die Stadt kommt, wird euch ein Mann begegnen, der einen Wasserkrug trägt. Folgt ihm in das Haus, in das er hineingeht, [11] und sagt zu dem Herrn des Hauses: Der Meister lässt dich fragen: Wo ist der Raum, in dem ich mit meinen Jüngern das Paschalamm essen kann? [12] Und der Hausherr wird euch einen großen Raum im Obergeschoss zeigen, der mit Polstern ausgestattet ist. Dort bereitet alles vor! [13] Sie gingen und fanden alles so, wie er es ihnen gesagt hatte, und bereiteten das Paschamahl vor.

7–13 ‖ Mt 26,17–19; Mk 14,12–16 • 7: Ex 12,14–20

Das Mahl

[14] Als die Stunde gekommen war, begab er sich mit den Aposteln zu Tisch. [15] Und er sagte zu ihnen: Ich habe mich sehr danach gesehnt, vor meinem Leiden dieses Paschamahl mit euch zu essen. [16] Denn ich sage euch: Ich werde es nicht mehr essen, bis das Mahl seine Erfüllung findet im Reich Gottes. [17] Und er nahm den Kelch, sprach das Dankgebet und sagte: Nehmt den Wein und verteilt ihn untereinander! [18] Denn ich sage euch: Von nun an werde ich nicht mehr von der Frucht des Weinstocks trinken, bis das Reich Gottes kommt. [19] Und er nahm Brot, sprach das Dankgebet, brach das Brot und reichte es ihnen mit den Worten: Das ist mein Leib, der für euch hingegeben wird. Tut dies zu meinem Gedächtnis! [20] Ebenso nahm er nach dem Mahl den Kelch und sagte: Dieser Kelch ist *der Neue Bund* in meinem Blut, das für euch vergossen wird. [21] Doch seht, der Mann, der mich verrät und ausliefert, sitzt mit mir am Tisch. [22] Der Menschensohn muss zwar den Weg gehen, der ihm bestimmt ist. Aber weh dem Menschen, durch den er verraten wird. [23] Da fragte einer den andern, wer von ihnen das wohl sei, der so etwas tun werde.

14–23 ‖ Mt 26,20–29; Mk 14,17–25 • 19–20 ‖ 1 Kor 11,23–25 • 21–23 ‖ Joh 13,2.21–26 • 20: Ex 24,8; Jer 31,31

Vom Herrschen und vom Dienen

[24] Es entstand unter ihnen ein Streit darüber, wer von ihnen wohl der Größte sei. [25] Da sagte Jesus: Die Könige herrschen über ihre Völker und die Mächtigen lassen sich Wohltäter nennen. [26] Bei euch aber soll es nicht so sein, sondern der Größte unter euch soll werden wie der Kleinste und der Führende soll werden wie der Dienende. [27] Welcher von beiden ist größer: wer bei Tisch sitzt oder wer bedient? Natürlich der, der bei Tisch sitzt. Ich aber bin unter euch wie der, der bedient.

[28] In allen meinen Prüfungen habt ihr bei mir aus-

geharrt. 29 Darum vermache ich euch das Reich,
wie es mein Vater mir vermacht hat: 30 Ihr sollt in
meinem Reich mit mir an meinem Tisch essen und
trinken, und ihr sollt auf Thronen sitzen und die
zwölf Stämme Israels richten.

24–27 || Mt 20,24–28; Mk 10,41–45 • 24–26: 9,46–48; Mt 18,1; Mk 9,33f; • 26f: Joh 13,4f.12–17 • 30: Mt 19,28

Die Ankündigung der Verleugnung und der Umkehr des Petrus

31 Simon, Simon, der Satan hat verlangt, dass er
euch wie Weizen sieben darf. 32 Ich aber habe für
dich gebetet, dass dein Glaube nicht erlischt. Und
wenn du dich wieder bekehrt hast, dann stärke
deine Brüder. 33 Darauf sagte Petrus zu ihm: Herr,
ich bin bereit, mit dir sogar ins Gefängnis und in
den Tod zu gehen. 34 Jesus erwiderte: Ich sage dir,
Petrus, ehe heute der Hahn kräht, wirst du drei-
mal leugnen, mich zu kennen.

31–34 || Joh 13,36–38 • 31: Mt 16,18; Joh 21,15–17 • 33–34: Mt 26,34f; Mk 14,30f • 34: 22,61

Die Stunde der Entscheidung

35 Dann sagte Jesus zu ihnen: Als ich euch ohne
Geldbeutel aussandte, ohne Vorratstasche und
ohne Schuhe, habt ihr da etwa Not gelitten? Sie
antworteten: Nein. 36 Da sagte er: Jetzt aber soll der,
der einen Geldbeutel hat, ihn mitnehmen und
ebenso die Tasche. Wer aber kein Geld hat, soll sei-
nen Mantel verkaufen und sich dafür ein Schwert
kaufen. 37 Ich sage euch: An mir muss sich das
Schriftwort erfüllen: *Er wurde zu den Verbrechern
gerechnet.* Denn alles, was über mich gesagt ist,
geht in Erfüllung. 38 Da sagten sie: Herr, hier sind
zwei Schwerter. Er erwiderte: Genug davon!

35: 9,2f; 10,4 • 37: Jes 53,12; Joh 19,28

Das Gebet am Ölberg

39 Dann verließ Jesus die Stadt und ging, wie er es
gewohnt war, zum Ölberg; seine Jünger folgten
ihm. 40 Als er dort war, sagte er zu ihnen: Betet da-
rum, dass ihr nicht in Versuchung geratet! 41 Dann
entfernte er sich von ihnen ungefähr einen Stein-
wurf weit, kniete nieder und betete: 42 Vater, wenn
du willst, nimm diesen Kelch von mir! Aber nicht
mein, sondern dein Wille soll geschehen. 43 Da
erschien ihm ein Engel vom Himmel und gab ihm
(neue) Kraft. 44 Und er betete in seiner Angst noch
inständiger und sein Schweiß war wie Blut, das auf
die Erde tropfte. 45 Nach dem Gebet stand er auf,
ging zu den Jüngern zurück und fand sie schla-
fend; denn sie waren vor Kummer erschöpft. 46 Da
sagte er zu ihnen: Wie könnt ihr schlafen? Steht auf
und betet, damit ihr nicht in Versuchung geratet.

39–46 || Mt 26,30.36–46; Mk 14,26.32–42 • 39: 21,37; Joh 18,1f • 42: Mt 6,10; Joh 12,27f

Die Gefangennahme

47 Während er noch redete, kam eine Schar Män-
ner; Judas, einer der Zwölf, ging ihnen voran. Er
näherte sich Jesus, um ihn zu küssen. 48 Jesus aber
sagte zu ihm: Judas, mit einem Kuss verrätst du
den Menschensohn? 49 Als seine Begleiter merk-
ten, was (ihm) drohte, fragten sie: Herr, sollen wir
mit dem Schwert dreinschlagen? 50 Und einer von
ihnen schlug auf den Diener des Hohenpriesters
ein und hieb ihm das rechte Ohr ab. 51 Jesus aber
sagte: Hört auf damit! Und er berührte das Ohr
und heilte den Mann. 52 Zu den Hohenpriestern
aber, den Hauptleuten der Tempelwache und den
Ältesten, die vor ihm standen, sagte Jesus: Wie
gegen einen Räuber seid ihr mit Schwertern und
Knüppeln ausgezogen. 53 Tag für Tag war ich bei
euch im Tempel und ihr habt nicht gewagt, gegen
mich vorzugehen. Aber das ist eure Stunde, jetzt
hat die Finsternis die Macht.

47–53 || Mt 26,47–56; Mk 14,43–50; Joh 18,3–11 • 53: 19,47; 21,37; Joh 18,20

Die Verleugnung durch Petrus

54 Darauf nahmen sie ihn fest, führten ihn ab und
brachten ihn in das Haus des Hohenpriesters.
Petrus folgte von weitem. 55 Mitten im Hof hatte
man ein Feuer angezündet und Petrus setzte sich
zu den Leuten, die dort beieinandersaßen. 56 Eine
Magd sah ihn am Feuer sitzen, schaute ihn genau
an und sagte: Der war auch mit ihm zusammen.
57 Petrus aber leugnete es und sagte: Frau, ich
kenne ihn nicht. 58 Kurz danach sah ihn ein ande-
rer und bemerkte: Du gehörst auch zu ihnen.
Petrus aber sagte: Nein, Mensch, ich nicht! 59 Etwa
eine Stunde später behauptete wieder einer: Wahr-
haftig, der war auch mit ihm zusammen; er ist
doch auch ein Galiläer. 60 Petrus aber erwiderte:

Mensch, ich weiß nicht, wovon du sprichst. Im
gleichen Augenblick, noch während er redete,
krähte ein Hahn. 61 Da wandte sich der Herr um
und blickte Petrus an. Und Petrus erinnerte sich
an das, was der Herr zu ihm gesagt hatte: Ehe heute
der Hahn kräht, wirst du mich dreimal verleug-
nen. 62 Und er ging hinaus und weinte bitterlich.

54–62 || Mt 26,57f.69–75; Mk 14,53f.66–72; Joh 18,12–18.25–27 • 61: 22,34

Die Verspottung durch die Wächter

63 Die Wächter trieben ihren Spott mit Jesus. Sie
schlugen ihn, 64 verhüllten ihm das Gesicht und
fragten ihn: Du bist doch ein Prophet! Sag uns:
Wer hat dich geschlagen? 65 Und noch mit vielen
anderen Lästerungen verhöhnten sie ihn.

63–65 || Mt 26,67; Mk 14,65

Das Verhör vor dem Hohen Rat

66 Als es Tag wurde, versammelten sich die Ältesten
des Volkes, die Hohenpriester und die Schriftge-
lehrten, also der Hohe Rat, und sie ließen Jesus
vorführen. 67 Sie sagten zu ihm: Wenn du der Mes-
sias bist, dann sag es uns! Er antwortete ihnen:
Auch wenn ich es euch sage – ihr glaubt mir ja
doch nicht; 68 und wenn ich euch etwas frage, ant-
wortet ihr nicht. 69 Von nun an wird *der Men-
schensohn zur Rechten* des allmächtigen *Gottes sit-
zen.* 70 Da sagten alle: Du bist also der Sohn Gottes.
Er antwortete ihnen: Ihr sagt es – ich bin es. 71 Da
riefen sie: Was brauchen wir noch Zeugenaussa-
gen? Wir haben es selbst aus seinem eigenen Mund
gehört.

66–71 || Mt 27,1; 26,57.63–65; Mk 15,1; 14,53.61–64; Joh 18,19–24 • 67: 9,20; Joh 10,24 • 69: Dan 7,13; Ps 110,1

Die Auslieferung an Pilatus

23 Daraufhin erhob sich die ganze Ver-
sammlung und man führte Jesus zu Pila-
tus. 2 Dort brachten sie ihre Anklage gegen ihn
vor; sie sagten: Wir haben festgestellt, dass dieser
Mensch unser Volk verführt, es davon abhält, dem
Kaiser Steuer zu zahlen, und behauptet, er sei der
Messias und König. 3 Pilatus fragte ihn: Bist du der
König der Juden? Er antwortete ihm: Du sagst es.
4 Da sagte Pilatus zu den Hohenpriestern und zum
Volk: Ich finde nicht, dass dieser Mensch eines Ver-
brechens schuldig ist. 5 Sie aber blieben hartnäckig
und sagten: Er wiegelt das Volk auf und verbreitet
seine Lehre im ganzen jüdischen Land von Galiläa
bis hierher.

1–5 || Mt 27,2.11–14; Mk 15,1–5; Joh 18,28–38

Die Verspottung durch Herodes

6 Als Pilatus das hörte, fragte er, ob der Mann ein
Galiläer sei. 7 Und als er erfuhr, dass Jesus aus dem
Gebiet des Herodes komme, ließ er ihn zu Hero-
des bringen, der in jenen Tagen ebenfalls in Jeru-
salem war. 8 Herodes freute sich sehr, als er Jesus
sah; schon lange hatte er sich gewünscht, mit
ihm zusammenzutreffen, denn er hatte von ihm
gehört. Nun hoffte er, ein Wunder von ihm zu
sehen. 9 Er stellte ihm viele Fragen, doch Jesus
gab ihm keine Antwort. 10 Die Hohenpriester und
die Schriftgelehrten, die dabeistanden, erhoben
schwere Beschuldigungen gegen ihn. 11 Herodes
und seine Soldaten zeigten ihm offen ihre Verach-
tung. Er trieb seinen Spott mit Jesus, ließ ihm ein
Prunkgewand umhängen und schickte ihn so zu
Pilatus zurück. 12 An diesem Tag wurden Herodes
und Pilatus Freunde; vorher waren sie Feinde ge-
wesen.

8: 9,9 • 11: Mt 27,28; Mk 15,17

Die Verhandlung vor Pilatus

13 Pilatus rief die Hohenpriester und die anderen
führenden Männer und das Volk zusammen 14 und
sagte zu ihnen: Ihr habt mir diesen Menschen her-
gebracht und behauptet, er wiegle das Volk auf. Ich
selbst habe ihn in eurer Gegenwart verhört und
habe keine der Anklagen, die ihr gegen diesen
Menschen vorgebracht habt, bestätigt gefunden,
15 auch Herodes nicht, denn er hat ihn zu uns
zurückgeschickt. Ihr seht also: Er hat nichts getan,
worauf die Todesstrafe steht. 16 Daher will ich ihn
nur auspeitschen lassen und dann werde ich ihn
freilassen. [17] 18 Da schrien sie alle miteinander:
Weg mit ihm; lass den Barabbas frei! 19 Dieser
Mann war wegen eines Aufruhrs in der Stadt und
wegen Mordes ins Gefängnis geworfen worden.
20 Pilatus aber redete wieder auf sie ein, denn er
wollte Jesus freilassen. 21 Doch sie schrien: Kreu-
zige ihn, kreuzige ihn! 22 Zum dritten Mal sagte er
zu ihnen: Was für ein Verbrechen hat er denn

begangen? Ich habe nichts feststellen können, wofür er den Tod verdient. Daher will ich ihn auspeitschen lassen und dann werde ich ihn freilassen. 23 Sie aber schrien und forderten immer lauter, er solle Jesus kreuzigen lassen, und mit ihrem Geschrei setzten sie sich durch: 24 Pilatus entschied, dass ihre Forderung erfüllt werden solle. 25 Er ließ den Mann frei, der wegen Aufruhr und Mord im Gefängnis saß und den sie gefordert hatten. Jesus aber lieferte er ihnen aus, wie sie es verlangten.

18–25 ‖ Mt 27,20–26; Mk 15,11–15; Joh 18,38 – 19,1 • 18: Apg 3,13f • 21: Joh 19,15

Die Kreuzigung

26 Als sie Jesus hinausführten, ergriffen sie einen Mann aus Zyrene namens Simon, der gerade vom Feld kam. Ihm luden sie das Kreuz auf, damit er es hinter Jesus hertrage. 27 Es folgte eine große Menschenmenge, darunter auch Frauen, die um ihn klagten und weinten. 28 Jesus wandte sich zu ihnen um und sagte: Ihr Frauen von Jerusalem, weint nicht über mich; weint über euch und eure Kinder! 29 Denn es kommen Tage, da wird man sagen: Wohl den Frauen, die unfruchtbar sind, die nicht geboren und nicht gestillt haben. 30 Dann wird man *zu den Bergen sagen: Fallt auf uns!, und zu den Hügeln: Deckt uns zu!* 31 Denn wenn das mit dem grünen Holz geschieht, was wird dann erst mit dem dürren werden?

32 Zusammen mit Jesus wurden auch zwei Verbrecher zur Hinrichtung geführt.

33 Sie kamen zur Schädelhöhe; dort kreuzigten sie ihn und die Verbrecher, den einen rechts von ihm, den andern links. 34 Jesus aber betete: Vater, vergib ihnen, denn sie wissen nicht, was sie tun. Dann *warfen sie das Los und verteilten* seine *Kleider unter sich.* 35 Die Leute standen dabei und *schauten zu;* auch die führenden Männer des Volkes *verlachten* ihn und sagten: Anderen hat er geholfen, nun soll er sich selbst helfen, wenn er der erwählte Messias Gottes ist. 36 Auch die Soldaten verspotteten ihn; sie traten vor ihn hin, reichten ihm Essig 37 und sagten: Wenn du der König der Juden bist, dann hilf dir selbst! 38 Über ihm war eine Tafel angebracht; auf ihr stand: Das ist der König der Juden.

39 Einer der Verbrecher, die neben ihm hingen, verhöhnte ihn: Bist du denn nicht der Messias? Dann hilf dir selbst und auch uns! 40 Der andere aber wies ihn zurecht und sagte: Nicht einmal du fürchtest Gott? Dich hat doch das gleiche Urteil getroffen. 41 Uns geschieht recht, wir erhalten den Lohn für unsere Taten; dieser aber hat nichts Unrechtes getan. 42 Dann sagte er: Jesus, denk an mich, wenn du in dein Reich kommst. 43 Jesus antwortete ihm: Amen, ich sage dir: Heute noch wirst du mit mir im Paradies sein.

26–43 ‖ Mt 27,31b–44; Mk 15,20b–32; Joh 19,16b–27.29 • 30: Hos 10,8; Offb 6,16 • 34: Ps 22,19; Joh 19,24 • 35: Ps 22,8

Der Tod Jesu

44 Es war etwa um die sechste Stunde, als eine Finsternis über das ganze Land hereinbrach. Sie dauerte bis zur neunten Stunde. 45 Die Sonne verdunkelte sich. Der Vorhang im Tempel riss mitten entzwei, 46 und Jesus rief laut: *Vater, in deine Hände lege ich meinen Geist.* Nach diesen Worten hauchte er den Geist aus.

47 Als der Hauptmann sah, was geschehen war, pries er Gott und sagte: Das war wirklich ein gerechter Mensch. 48 Und alle, die zu diesem Schauspiel herbeigeströmt waren und sahen, was sich ereignet hatte, schlugen sich an die Brust und gingen betroffen weg.

49 Alle seine *Bekannten* aber *standen in einiger Entfernung* (vom Kreuz), auch die Frauen, die ihm seit der Zeit in Galiläa nachgefolgt waren und die alles mit ansahen.

44–49 ‖ Mt 27,45–56: Mk 15,33–41; Joh 19,28–30 • 46: Ps 31,6 • 49: Ps 38,12; Lk 8,2f

Das Begräbnis Jesu

50/51 Damals gehörte zu den Mitgliedern des Hohen Rates ein Mann namens Josef, der aus der jüdischen Stadt Arimathäa stammte. Er wartete auf das Reich Gottes und hatte dem, was die anderen beschlossen und taten, nicht zugestimmt, weil er gut und gerecht war. 52 Er ging zu Pilatus und bat um den Leichnam Jesu. 53 Und er nahm ihn vom Kreuz, hüllte ihn in ein Leinentuch und legte ihn in ein Felsengrab, in dem noch niemand bestattet worden war. 54 Das war am Rüsttag, kurz bevor der Sabbat anbrach. 55 Die Frauen, die mit Jesus aus Galiläa gekommen waren, gaben ihm das Geleit und sahen zu, wie der Leichnam in das Grab gelegt wur-

de. [56] Dann kehrten sie heim und bereiteten wohl-
riechende Öle und Salben zu. Am Sabbat aber hiel-
ten sie die vom Gesetz vorgeschriebene Ruhe ein.

50–56 || Mt 27,57–61; Mk 15,42–47; Joh 19,38–42 • 54: Dtn 21,23

Die Botschaft der Engel im leeren Grab

24 Am ersten Tag der Woche gingen die
Frauen mit den wohlriechenden Salben,
die sie zubereitet hatten, in aller Frühe zum Grab.
[2] Da sahen sie, dass der Stein vom Grab weggewälzt
war; [3] sie gingen hinein, aber den Leichnam Jesu,
des Herrn, fanden sie nicht. [4] Während sie ratlos
dastanden, traten zwei Männer in leuchtenden
Gewändern zu ihnen. [5] Die Frauen erschraken und
blickten zu Boden. Die Männer aber sagten zu
ihnen: Was sucht ihr den Lebenden bei den Toten?
[6] Er ist nicht hier, sondern er ist auferstanden.
Erinnert euch an das, was er euch gesagt hat, als er
noch in Galiläa war: [7] Der Menschensohn muss
den Sündern ausgeliefert und gekreuzigt werden
und am dritten Tag auferstehen. [8] Da erinnerten
sie sich an seine Worte. [9] Und sie kehrten vom Grab
in die Stadt zurück und berichteten alles den Elf
und den anderen Jüngern. [10] Es waren Maria Mag-
dalene, Johanna und Maria, die Mutter des Jako-
bus; auch die übrigen Frauen, die bei ihnen waren,
erzählten es den Aposteln. [11] Doch die Apostel hiel-
ten das alles für Geschwätz und glaubten ihnen
nicht. [12] Petrus aber stand auf und lief zum Grab.
Er beugte sich vor, sah aber nur die Leinenbinden
(dort liegen). Dann ging er nach Hause, voll Ver-
wunderung über das, was geschehen war.

1–12 || Mt 28,1–8; Mk 16,1–8; Joh 20,1–13 • 7: 9,22.44; 17,25; 18,32f • 10: 8,2f; Mk 16,9

Die Begegnung mit dem Auferstandenen auf dem Weg nach Emmaus

[13] Am gleichen Tag waren zwei von den Jüngern
auf dem Weg in ein Dorf namens Emmaus, das
sechzig Stadien von Jerusalem entfernt ist. [14] Sie
sprachen miteinander über all das, was sich ereig-
net hatte. [15] Während sie redeten und ihre Gedan-
ken austauschten, kam Jesus hinzu und ging mit
ihnen. [16] Doch sie waren wie mit Blindheit geschla-
gen, sodass sie ihn nicht erkannten. [17] Er fragte sie:
Was sind das für Dinge, über die ihr auf eurem
Weg miteinander redet? Da blieben sie traurig ste-
hen, [18] und der eine von ihnen – er hieß Kleopas –
antwortete ihm: Bist du so fremd in Jerusalem,
dass du als einziger nicht weißt, was in diesen Ta-
gen dort geschehen ist? [19] Er fragte sie: Was denn?
Sie antworteten ihm: Das mit Jesus aus Nazaret. Er
war ein Prophet, mächtig in Wort und Tat vor Gott
und dem ganzen Volk. [20] Doch unsere Hohenpries-
ter und Führer haben ihn zum Tod verurteilen und
ans Kreuz schlagen lassen. [21] Wir aber hatten ge-
hofft, dass er der sei, der Israel erlösen werde. Und
dazu ist heute schon der dritte Tag, seitdem das
alles geschehen ist. [22] Aber nicht nur das: Auch ei-
nige Frauen aus unserem Kreis haben uns in große
Aufregung versetzt. Sie waren in der Frühe beim
Grab, [23] fanden aber seinen Leichnam nicht. Als sie
zurückkamen, erzählten sie, es seien ihnen Engel
erschienen und hätten gesagt, er lebe. [24] Einige von
uns gingen dann zum Grab und fanden alles so,
wie die Frauen gesagt hatten; ihn selbst aber sahen
sie nicht.
[25] Da sagte er zu ihnen: Begreift ihr denn nicht?
Wie schwer fällt es euch, alles zu glauben, was die
Propheten gesagt haben. [26] Musste nicht der Mes-
sias all das erleiden, um so in seine Herrlichkeit zu
gelangen? [27] Und er legte ihnen dar, ausgehend von
Mose und allen Propheten, was in der gesamten
Schrift über ihn geschrieben steht. [28] So erreichten
sie das Dorf, zu dem sie unterwegs waren. Jesus tat,
als wolle er weitergehen, [29] aber sie drängten ihn
und sagten: Bleib doch bei uns; denn es wird bald
Abend, der Tag hat sich schon geneigt. Da ging er
mit hinein, um bei ihnen zu bleiben. [30] Und als er
mit ihnen bei Tisch war, nahm er das Brot, sprach
den Lobpreis, brach das Brot und gab es ihnen.
[31] Da gingen ihnen die Augen auf und sie erkann-
ten ihn; dann sahen sie ihn nicht mehr. [32] Und sie
sagten zueinander: Brannte uns nicht das Herz in
der Brust, als er unterwegs mit uns redete und uns
den Sinn der Schrift erschloss? [33] Noch in dersel-
ben Stunde brachen sie auf und kehrten nach Jeru-
salem zurück und sie fanden die Elf und die ande-
ren Jünger versammelt. [34] Diese sagten: Der Herr
ist wirklich auferstanden und ist dem Simon er-
schienen. [35] Da erzählten auch sie, was sie unter-
wegs erlebt und wie sie ihn erkannt hatten, als er
das Brot brach.

13: Mk 16,12 • 24: Joh 20,3–10 • 34: 1 Kor 15,4f

Die Erscheinung des Auferstandenen in Jerusalem

36 Während sie noch darüber redeten, trat er selbst
in ihre Mitte und sagte zu ihnen: Friede sei mit
euch! 37 Sie erschraken und hatten große Angst,
denn sie meinten, einen Geist zu sehen. 38 Da sagte
er zu ihnen: Was seid ihr so bestürzt? Warum lasst
ihr in eurem Herzen solche Zweifel aufkommen?
39 Seht meine Hände und meine Füße an: Ich bin
es selbst. Fasst mich doch an und begreift: Kein
Geist hat Fleisch und Knochen, wie ihr es bei mir
seht. 40 Bei diesen Worten zeigte er ihnen seine
Hände und Füße. 41 Sie staunten, konnten es aber
vor Freude immer noch nicht glauben. Da sagte er
zu ihnen: Habt ihr etwas zu essen hier? 42 Sie gaben
ihm ein Stück gebratenen Fisch; 43 er nahm es und
aß es vor ihren Augen.
44 Dann sprach er zu ihnen: Das sind die Worte, die
ich zu euch gesagt habe, als ich noch bei euch war:
Alles muss in Erfüllung gehen, was im Gesetz des
Mose, bei den Propheten und in den Psalmen über
mich gesagt ist. 45 Darauf öffnete er ihnen die Au-
gen für das Verständnis der Schrift. 46 Er sagte zu
ihnen: So steht es in der Schrift: Der Messias wird
leiden und am dritten Tag von den Toten aufer-
stehen, 47 und in seinem Namen wird man allen
Völkern, angefangen in Jerusalem, verkünden, sie
sollen umkehren, damit ihre Sünden vergeben
werden. 48 Ihr seid Zeugen dafür. 49 Und ich werde
die Gabe, die mein Vater verheißen hat, zu euch
herabsenden. Bleibt in der Stadt, bis ihr mit der
Kraft aus der Höhe erfüllt werdet.
50 Dann führte er sie hinaus in die Nähe von Beta-
nien. Dort erhob er seine Hände und segnete sie.
51 Und während er sie segnete, verließ er sie und
wurde zum Himmel emporgehoben; 52 sie aber fie-
len vor ihm nieder. Dann kehrten sie in großer
Freude nach Jerusalem zurück. 53 Und sie waren
immer im Tempel und priesen Gott.

36–53 || Mk 16,14–19; Joh 20,19–23 • 36: 1 Kor 15,5 • 37: Mt 14,26 • 41: Joh 21,5.10 • 42: Apg 10,41 • 44: Mt 16,21; Joh 5,39.46 • 45: Joh 20,9 • 48: Apg 1,8 • 50: Apg 1,9f

DAS EVANGELIUM NACH JOHANNES

Das letzte der vier Evangelien wird von der altkirchlichen Überlieferung dem Apostel Johannes, dem Sohn des Fischers Zebedäus und Bruder des Jakobus (Mk 1,19f; 3,17), zugeschrieben. Es hat erst am Ausgang des 1. Jahrhunderts seine jetzige Gestalt gefunden. Träger und Gewährsmann der in ihm bezeugten Überlieferung ist »der Jünger, den Jesus liebte« (vgl. 13,23; 19,26; 20,2; 21,7.20.24). Manche Anzeichen weisen darauf hin, dass dieses Evangelium einen längeren Entstehungsprozess durchlaufen hat.

Das Johannesevangelium unterscheidet sich in Anlage, Auswahl und Darbietung des Stoffes erheblich von den drei früheren (»synoptischen«) Evangelien. Es berichtet wiederholt von Reisen Jesu zu Festen in Jerusalem (2,13; 5,1; 7,2.10; 11,55; 12,12) und erzählt hauptsächlich vom Auftreten Jesu in diesem Zentrum des Judentums. Vom Wirken Jesu in Galiläa bringt es nur eine knappe Auswahl, fügt aber andererseits ein langes Kapitel über einen Aufenthalt in Samarien ein (4,1–42). Doch ist das alles nur der äußere Rahmen für die Selbstoffenbarung Jesu in Wort und »Zeichen«, in der er sich als der von Gott gesandte Sohn, als Licht und Leben der Menschen bezeugt. Die ganze Darstellung soll den Glauben begründen, dass Jesus »der Messias, der Sohn Gottes ist«, durch den die Glaubenden ewiges Leben gewinnen (20,31).

Die großen Linien des Aufbaus sind deutlich erkennbar. Auf den einleitenden Abschnitt (Prolog: 1,1–18), der von Jesu ewigem Sein beim Vater (Präexistenz) zur Menschwerdung (Inkarnation) hinführt, folgt das Zeugnis Johannes' des Täufers und der Bericht über die Berufung der Jünger (1,19–51). Dann beschreibt der Evangelist die Anfänge des Wirkens Jesu auf der Hochzeit in Kana (2,1–11), in Jerusalem (Tempelreinigung 2,13–22; Nikodemusgespräch 3,1–21), Judäa (3,22–36), Samarien (4,1–42) und wieder in Galiläa (4,43–54).

Das Mittelstück (Kap. 5 – 12) dient der Selbstoffenbarung Jesu vor der Welt: in Jerusalem Heilung eines Kranken und Offenbarungsrede als der Sohn, der lebendig macht und richtet (Kap. 5); in Galiläa die große Speisung und Offenbarung als das vom Himmel gekommene Lebensbrot (Kap. 6); auf dem Laubhüttenfest in Jerusalem Gespräche über seine Messianität (Kap. 7), Offenbarung als Licht der Welt, Auseinandersetzung mit dem Judentum, Heilung eines Blindgeborenen (Kap. 8 – 9); weitere Selbstoffenbarung als der wahre Hirt und Führer seiner Herde (Kap. 10); vor dem letzten Pascha Erweckung des Lazarus als Zeichen seiner Macht über Leben und Tod (Kap. 11), Salbung in Betanien, Einzug in Jerusalem, Begegnung mit Griechen und letzte Selbstoffenbarung (Kap. 12).

Vom Wirken in der Welt (vgl. den Rückblick 12,37–50) wird das letzte Zusammensein mit den Jüngern abgehoben (Kap. 13 – 17). Im Rahmen des Abschiedsmahls mit der Fußwaschung (Kap. 13) dienen die Abschiedsreden (Kap. 14 – 16) sowie das große Gebet zum Vater (Kap. 17) der Unterweisung und Zurüstung der Gemeinde für die Zeit nach Jesu Tod, in der der Erhöhte durch den verheißenen Heiligen Geist in der Gemeinde weiterwirkt. Nach diesem Teil (Kap. 13 – 17), der in den anderen Evangelien keine direkte Entsprechung hat, folgt die Leidensgeschichte mit ausführlicher Darstellung des Prozesses vor Pilatus (Kap. 18 – 19) und der Bericht über das Ostergeschehen (Kap. 20). Kap. 21 ist eine Zufügung der Herausgeber des Evangeliums.

Das Johannesevangelium mit seiner Entfaltung der Selbstoffenbarung Jesu und seinen Aussagen über die Sendung Jesu als Retter der Welt hat auf den Glauben und die Theologie der Kirche in allen Jahrhunderten größten Einfluss gehabt. Klemens von Alexandria hat es das »pneumatische« (geistige) Evangelium genannt.

DER PROLOG: 1,1–18

1 Im Anfang war das Wort, / und das Wort war
bei Gott, / und das Wort war Gott.
2 Im Anfang war es bei Gott.
3 Alles ist durch das Wort geworden / und ohne das
Wort wurde nichts, was geworden ist.
4 In ihm war das Leben / und das Leben war das
Licht der Menschen.
5 Und das Licht leuchtet in der Finsternis / und die
Finsternis hat es nicht erfasst.
6 Es trat ein Mensch auf, der von Gott gesandt war;
sein Name war Johannes. 7 Er kam als Zeuge, um
Zeugnis abzulegen für das Licht, damit alle durch
ihn zum Glauben kommen. 8 Er war nicht selbst
das Licht, er sollte nur Zeugnis ablegen für das
Licht.
9 Das wahre Licht, das jeden Menschen erleuchtet, /
kam in die Welt.
10 Er war in der Welt / und die Welt ist durch ihn
geworden,
aber die Welt erkannte ihn nicht.
11 Er kam in sein Eigentum, / aber die Seinen nahmen ihn nicht auf.
12 Allen aber, die ihn aufnahmen, / gab er Macht,
Kinder Gottes zu werden, / allen, die an seinen
Namen glauben,
13 die nicht aus dem Blut, / nicht aus dem Willen
des Fleisches, / nicht aus dem Willen des Mannes, /
sondern aus Gott geboren sind.
14 Und das Wort ist Fleisch geworden / und hat
unter uns gewohnt / und wir haben seine Herrlichkeit gesehen, / die Herrlichkeit des einzigen
Sohnes vom Vater, / voll Gnade und Wahrheit.
15 Johannes legte Zeugnis für ihn ab und rief: Dieser war es, über den ich gesagt habe: Er, der nach
mir kommt, ist mir voraus, weil er vor mir war.
16 Aus seiner Fülle haben wir alle empfangen, /
Gnade über Gnade.
17 Denn das Gesetz wurde durch Mose gegeben,
die Gnade und die Wahrheit kamen durch Jesus
Christus. 18 Niemand hat Gott je gesehen. Der Einzige, der Gott ist und am Herzen des Vaters ruht,
er hat Kunde gebracht.

4: 5,26; 8,12 • 12: 1 Joh 3,1f; Gal 3,26 • 13: 3,6; 1 Joh 5,18 • 14: 1 Joh 1,1–3 • 15: 1,30; Mt 11,3 • 18: Ex 33,18.20; 1 Joh 4,12.20

DAS ÖFFENTLICHE WIRKEN JESU: 1,19 – 12,50

Die Kennzeichnung der Person und des Auftrags Jesu – Die Anfänge seines Wirkens: 1,19 – 4,54

Die Aussage Johannes' des Täufers

19 Dies ist das Zeugnis des Johannes: Als die Juden
von Jerusalem aus Priester und Leviten zu ihm
sandten mit der Frage: Wer bist du?, 20 bekannte er
und leugnete nicht; er bekannte: Ich bin nicht der
Messias. 21 Sie fragten ihn: Was bist du dann? Bist
du Elija? Und er sagte: Ich bin es nicht. Bist du der
Prophet? Er antwortete: Nein. 22 Da fragten sie ihn:
Wer bist du? Wir müssen denen, die uns gesandt
haben, Auskunft geben. Was sagst du über dich
selbst? 23 Er sagte: Ich bin *die Stimme, die in der Wüste ruft: Ebnet den Weg für den Herrn!*, wie der
Prophet Jesaja gesagt hat. 24 Unter den Abgesand-
ten waren auch Pharisäer. 25 Sie fragten Johannes:
Warum taufst du dann, wenn du nicht der Messias
bist, nicht Elija und nicht der Prophet? 26 Er ant-
wortete ihnen: Ich taufe mit Wasser. Mitten unter
euch steht der, den ihr nicht kennt 27 und der nach
mir kommt; ich bin es nicht wert, ihm die Schuhe
aufzuschnüren. 28 Dies geschah in Betanien, auf
der anderen Seite des Jordan, wo Johannes taufte.

19: 1,7.8.15; 5,31–38; 8,14 • 20: 6,14; Mt 17,10–13 • 21: Dtn 18,15.18 • 23: Jes 40,3 G; Mt 3,3; Mk 1,3; Lk 3,4 • 24–28: Mt 3,1–6.11f; Mk 1,1–8; Lk 3,3–6.15–17

Das Zeugnis des Täufers für Jesus

29 Am Tag darauf sah er Jesus auf sich zukommen
und sagte: Seht, das Lamm Gottes, das die Sünde
der Welt hinwegnimmt. 30 Er ist es, von dem ich
gesagt habe: Nach mir kommt ein Mann, der mir
voraus ist, weil er vor mir war. 31 Auch ich kannte
ihn nicht; aber ich bin gekommen und taufe mit
Wasser, um Israel mit ihm bekanntzumachen.
32 Und Johannes bezeugte: Ich sah, dass der Geist

vom Himmel herabkam wie eine Taube und auf ihm blieb. 33 Auch ich kannte ihn nicht; aber er, der mich gesandt hat, mit Wasser zu taufen, er hat mir gesagt: Auf wen du den Geist herabkommen siehst und auf wem er bleibt, der ist es, der mit dem Heiligen Geist tauft. 34 Das habe ich gesehen und ich bezeuge: Er ist der Sohn Gottes.

29: Jes 53,7; 1 Joh 3,5 • 30: 1,15 • 32–34: Mt 3,13–17; Mk 1,9–11; Lk 3,21f

Die ersten Jünger

35 Am Tag darauf stand Johannes wieder dort und zwei seiner Jünger standen bei ihm. 36 Als Jesus vorüberging, richtete Johannes seinen Blick auf ihn und sagte: Seht, das Lamm Gottes! 37 Die beiden Jünger hörten, was er sagte, und folgten Jesus. 38 Jesus aber wandte sich um, und als er sah, dass sie ihm folgten, fragte er sie: Was wollt ihr? Sie sagten zu ihm: Rabbi – das heißt übersetzt: Meister -, wo wohnst du? 39 Er antwortete: Kommt und seht! Da gingen sie mit und sahen, wo er wohnte, und blieben jenen Tag bei ihm; es war um die zehnte Stunde.

40 Andreas, der Bruder des Simon Petrus, war einer der beiden, die das Wort des Johannes gehört hatten und Jesus gefolgt waren. 41 Dieser traf zuerst seinen Bruder Simon und sagte zu ihm: Wir haben den Messias gefunden. Messias heißt übersetzt: der Gesalbte (Christus). 42 Er führte ihn zu Jesus. Jesus blickte ihn an und sagte: Du bist Simon, der Sohn des Johannes, du sollst Kephas heißen. Kephas bedeutet: Fels (Petrus). 43 Am Tag darauf wollte Jesus nach Galiläa aufbrechen; da traf er Philippus. Und Jesus sagte zu ihm: Folge mir nach! 44 Philippus war aus Betsaida, dem Heimatort des Andreas und Petrus. 45 Philippus traf Natanaël und sagte zu ihm: Wir haben den gefunden, über den Mose im Gesetz und auch die Propheten geschrieben haben: Jesus aus Nazaret, den Sohn Josefs. 46 Da sagte Natanaël zu ihm: Aus Nazaret? Kann von dort etwas Gutes kommen? Philippus antwortete: Komm und sieh! 47 Jesus sah Natanaël auf sich zukommen und sagte über ihn: Da kommt ein echter Israelit, ein Mann ohne Falschheit. 48 Natanaël fragte ihn: Woher kennst du mich? Jesus antwortete ihm: Schon bevor dich Philippus rief, habe ich dich unter dem Feigenbaum gesehen. 49 Natanaël antwortete ihm: Rabbi, du bist der Sohn Gottes, du bist der König von Israel! 50 Jesus antwortete ihm: Du glaubst, weil ich dir sagte, dass ich dich unter dem Feigenbaum sah? Du wirst noch Größeres sehen. 51 Und er sprach zu ihm: Amen, amen, ich sage euch: Ihr werdet den Himmel geöffnet und die Engel Gottes auf- und niedersteigen sehen über dem Menschensohn.

36: 1,29 • 40–51: Mt 4,18–22; Mk 1,16–20; Lk 5,1–11 • 42: Mt 16,18; Mk 3,16; Lk 6,14 • 43: Mt 8,22 • 47: Ps 32,2 • 49: Mt 14,33; 16,16 • 51: Gen 28,12; Mk 14,62

Die Hochzeit in Kana als Zeichen

2 Am dritten Tag fand in Kana in Galiläa eine Hochzeit statt und die Mutter Jesu war dabei. 2 Auch Jesus und seine Jünger waren zur Hochzeit eingeladen. 3 Als der Wein ausging, sagte die Mutter Jesu zu ihm: Sie haben keinen Wein mehr. 4 Jesus erwiderte ihr: Was willst du von mir, Frau? Meine Stunde ist noch nicht gekommen. 5 Seine Mutter sagte zu den Dienern: Was er euch sagt, das tut!

6 Es standen dort sechs steinerne Wasserkrüge, wie es der Reinigungsvorschrift der Juden entsprach; jeder fasste ungefähr hundert Liter. 7 Jesus sagte zu den Dienern: Füllt die Krüge mit Wasser! Und sie füllten sie bis zum Rand. 8 Er sagte zu ihnen: Schöpft jetzt und bringt es dem, der für das Festmahl verantwortlich ist. Sie brachten es ihm. 9 Er kostete das Wasser, das zu Wein geworden war. Er wusste nicht, woher der Wein kam; die Diener aber, die das Wasser geschöpft hatten, wussten es. Da ließ er den Bräutigam rufen 10 und sagte zu ihm: Jeder setzt zuerst den guten Wein vor und erst, wenn die Gäste zu viel getrunken haben, den weniger guten. Du jedoch hast den guten Wein bis jetzt zurückgehalten. 11 So tat Jesus sein erstes Zeichen, in Kana in Galiläa, und offenbarte seine Herrlichkeit und seine Jünger glaubten an ihn. 12 Danach zog er mit seiner Mutter, seinen Brüdern und seinen Jüngern nach Kafarnaum hinab. Dort blieben sie einige Zeit.

11: 1,14; 11,40

Die Vertreibung der Händler aus dem Tempel

13 Das Paschafest der Juden war nahe und Jesus zog nach Jerusalem hinauf. 14 Im Tempel fand er die

Verkäufer von Rindern, Schafen und Tauben und die Geldwechsler, die dort saßen. [15] Er machte eine Geißel aus Stricken und trieb sie alle aus dem Tempel hinaus, dazu die Schafe und Rinder; das Geld der Wechsler schüttete er aus und ihre Tische stieß er um. [16] Zu den Taubenhändlern sagte er: Schafft das hier weg, macht das Haus meines Vaters nicht zu einer Markthalle! [17] Seine Jünger erinnerten sich an das Wort der Schrift: *Der Eifer für dein Haus verzehrt mich.* [18] Da stellten ihn die Juden zur Rede: Welches Zeichen lässt du uns sehen als Beweis, dass du dies tun darfst? [19] Jesus antwortete ihnen: Reißt diesen Tempel nieder, in drei Tagen werde ich ihn wieder aufrichten. [20] Da sagten die Juden: Sechsundvierzig Jahre wurde an diesem Tempel gebaut und du willst ihn in drei Tagen wieder aufrichten? [21] Er aber meinte den Tempel seines Leibes. [22] Als er von den Toten auferstanden war, erinnerten sich seine Jünger, dass er dies gesagt hatte, und sie glaubten der Schrift und dem Wort, das Jesus gesprochen hatte.

13–16: Mt 21,10–17; Mk 11,15–19; Lk 19,45–48 • 17: Ps 69,10 • 18: 4,48; 6,30 • 19: Mt 26,61; 27,40; Mk 14,58; 15,29; Apg 6,14

Jesus beim Paschafest in Jerusalem

[23] Während er zum Paschafest in Jerusalem war, kamen viele zum Glauben an seinen Namen, als sie die Zeichen sahen, die er tat. [24] Jesus aber vertraute sich ihnen nicht an, denn er kannte sie alle [25] und brauchte von keinem ein Zeugnis über den Menschen; denn er wusste, was im Menschen ist.

Das Gespräch mit Nikodemus

3 Es war ein Pharisäer namens Nikodemus, ein führender Mann unter den Juden. [2] Der suchte Jesus bei Nacht auf und sagte zu ihm: Rabbi, wir wissen, du bist ein Lehrer, der von Gott gekommen ist; denn niemand kann die Zeichen tun, die du tust, wenn nicht Gott mit ihm ist. [3] Jesus antwortete ihm: Amen, amen, ich sage dir: Wenn jemand nicht von neuem geboren wird, kann er das Reich Gottes nicht sehen. [4] Nikodemus entgegnete ihm: Wie kann ein Mensch, der schon alt ist, geboren werden? Er kann doch nicht in den Schoß seiner Mutter zurückkehren und ein zweites Mal geboren werden. [5] Jesus antwortete: Amen, amen, ich sage dir: Wenn jemand nicht aus Wasser und Geist geboren wird, kann er nicht in das Reich Gottes kommen. [6] Was aus dem Fleisch geboren ist, das ist Fleisch; was aber aus dem Geist geboren ist, das ist Geist. [7] Wundere dich nicht, dass ich dir sagte: Ihr müsst von neuem geboren werden. [8] Der Wind weht, wo er will; du hörst sein Brausen, weißt aber nicht, woher er kommt und wohin er geht. So ist es mit jedem, der aus dem Geist geboren ist. [9] Nikodemus erwiderte ihm: Wie kann das geschehen? [10] Jesus antwortete: Du bist der Lehrer Israels und verstehst das nicht? [11] Amen, amen, ich sage dir: Was wir wissen, davon reden wir, und was wir gesehen haben, das bezeugen wir, und doch nehmt ihr unser Zeugnis nicht an. [12] Wenn ich zu euch über irdische Dinge gesprochen habe und ihr nicht glaubt, wie werdet ihr glauben, wenn ich zu euch über himmlische Dinge spreche? [13] Und niemand ist in den Himmel hinaufgestiegen außer dem, der vom Himmel herabgestiegen ist: der Menschensohn.

1: 7,50; 19,39 • 5: Ez 11,19; 36,25–27; Röm 8,9 • 6: 1,13; Gen 6,3; Ijob 34,14f • 8: Koh 11,5 • 11: 1 Joh 1,2

Das Ziel der Sendung Jesu

[14] Und wie Mose die Schlange in der Wüste erhöht hat, so muss der Menschensohn erhöht werden, [15] damit jeder, der (an ihn) glaubt, in ihm das ewige Leben hat. [16] Denn Gott hat die Welt so sehr geliebt, dass er seinen einzigen Sohn hingab, damit jeder, der an ihn glaubt, nicht zugrunde geht, sondern das ewige Leben hat. [17] Denn Gott hat seinen Sohn nicht in die Welt gesandt, damit er die Welt richtet, sondern damit die Welt durch ihn gerettet wird. [18] Wer an ihn glaubt, wird nicht gerichtet; wer nicht glaubt, ist schon gerichtet, weil er an den Namen des einzigen Sohnes Gottes nicht geglaubt hat.

[19] Denn mit dem Gericht verhält es sich so: Das Licht kam in die Welt, und die Menschen liebten die Finsternis mehr als das Licht; denn ihre Taten waren böse. [20] Jeder, der Böses tut, hasst das Licht und kommt nicht zum Licht, damit seine Taten nicht aufgedeckt werden. [21] Wer aber die Wahrheit tut, kommt zum Licht, damit offenbar wird, dass seine Taten in Gott vollbracht sind.

14: 12,32.34; 19,37; Num 21,8f • 16: 1 Joh 4,9f; Röm 5,8; 8,32 • 17: 12,47f

Der Täufer und der Messias

22 Darauf ging Jesus mit seinen Jüngern nach
Judäa. Dort hielt er sich mit ihnen auf und taufte.
23 Aber auch Johannes taufte damals, und zwar in
Änon bei Salim, weil dort viel Wasser war; und die
Leute kamen und ließen sich taufen. 24 Johannes
war nämlich noch nicht ins Gefängnis geworfen
worden. 25 Da kam es zwischen den Jüngern des
Johannes und einem Juden zum Streit über die
Frage der Reinigung. 26 Sie gingen zu Johannes und
sagten zu ihm: Rabbi, der Mann, der auf der ande-
ren Seite des Jordan bei dir war und für den du
Zeugnis abgelegt hast, der tauft jetzt, und alle lau-
fen zu ihm. 27 Johannes antwortete: Kein Mensch
kann sich etwas nehmen, wenn es ihm nicht vom
Himmel gegeben ist. 28 Ihr selbst könnt mir bezeu-
gen, dass ich gesagt habe: Ich bin nicht der Mes-
sias, sondern nur ein Gesandter, der ihm voraus-
geht. 29 Wer die Braut hat, ist der Bräutigam; der
Freund des Bräutigams aber, der dabeisteht und
ihn hört, freut sich über die Stimme des Bräuti-
gams. Diese Freude ist nun für mich Wirklichkeit
geworden. 30 Er muss wachsen, ich aber muss klei-
ner werden.
31 Er, der von oben kommt, steht über allen; wer
von der Erde stammt, ist irdisch und redet irdisch.
Er, der aus dem Himmel kommt, steht über allen.
32 Was er gesehen und gehört hat, bezeugt er, doch
niemand nimmt sein Zeugnis an. 33 Wer sein Zeug-
nis annimmt, beglaubigt, dass Gott wahrhaftig ist.
34 Denn der, den Gott gesandt hat, verkündet die
Worte Gottes; denn er gibt den Geist unbegrenzt.
35 Der Vater liebt den Sohn und hat alles in seine
Hand gegeben. 36 Wer an den Sohn glaubt, hat das
ewige Leben; wer aber dem Sohn nicht gehorcht,
wird das Leben nicht sehen, sondern Gottes Zorn
bleibt auf ihm.

24: Mt 14,3; Mk 6,17 • 27: 19,11 • 31: 3,13; 8,23 • 32: 3,11 •
36: 1 Joh 5,12

Das Gespräch am Jakobsbrunnen

4 Jesus erfuhr, dass die Pharisäer gehört hatten,
er gewinne und taufe mehr Jünger als Johan-
nes – 2 allerdings taufte nicht Jesus selbst, sondern
seine Jünger –; 3 daraufhin verließ er Judäa und
ging wieder nach Galiläa. 4 Er musste aber den Weg
durch Samarien nehmen. 5 So kam er zu einem Ort
in Samarien, der Sychar hieß und nahe bei dem
Grundstück lag, das Jakob seinem Sohn Josef ver-
macht hatte. 6 Dort befand sich der Jakobsbrun-
nen. Jesus war müde von der Reise und setzte sich
daher an den Brunnen; es war um die sechste
Stunde.
7 Da kam eine samaritische Frau, um Wasser zu
schöpfen. Jesus sagte zu ihr: Gib mir zu trinken!
8 Seine Jünger waren nämlich in den Ort gegangen,
um etwas zum Essen zu kaufen. 9 Die samaritische
Frau sagte zu ihm: Wie kannst du als Jude mich,
eine Samariterin, um Wasser bitten? Die Juden
verkehren nämlich nicht mit den Samaritern.
10 Jesus antwortete ihr: Wenn du wüsstest, worin
die Gabe Gottes besteht und wer es ist, der zu dir
sagt: Gib mir zu trinken!, dann hättest du ihn
gebeten, und er hätte dir lebendiges Wasser gege-
ben. 11 Sie sagte zu ihm: Herr, du hast kein Schöpf-
gefäß, und der Brunnen ist tief; woher hast du also
das lebendige Wasser? 12 Bist du etwa größer als
unser Vater Jakob, der uns den Brunnen gegeben
und selbst daraus getrunken hat, wie seine Söhne
und seine Herden? 13 Jesus antwortete ihr: Wer von
diesem Wasser trinkt, wird wieder Durst bekom-
men; 14 wer aber von dem Wasser trinkt, das ich
ihm geben werde, wird niemals mehr Durst haben;
vielmehr wird das Wasser, das ich ihm gebe, in ihm
zur sprudelnden Quelle werden, deren Wasser
ewiges Leben schenkt.
15 Da sagte die Frau zu ihm: Herr, gib mir dieses
Wasser, damit ich keinen Durst mehr habe und
nicht mehr hierher kommen muss, um Wasser zu
schöpfen. 16 Er sagte zu ihr: Geh, ruf deinen Mann
und komm wieder her! 17 Die Frau antwortete: Ich
habe keinen Mann. Jesus sagte zu ihr: Du hast rich-
tig gesagt: Ich habe keinen Mann. 18 Denn fünf
Männer hast du gehabt und der, den du jetzt hast,
ist nicht dein Mann. Damit hast du die Wahrheit
gesagt.
19 Die Frau sagte zu ihm: Herr, ich sehe, dass du ein
Prophet bist. 20 Unsere Väter haben auf diesem
Berg Gott angebetet; ihr aber sagt, in Jerusalem sei
die Stätte, wo man anbeten muss. 21 Jesus sprach zu
ihr: Glaube mir, Frau, die Stunde kommt, zu der
ihr weder auf diesem Berg noch in Jerusalem den
Vater anbeten werdet. 22 Ihr betet an, was ihr nicht
kennt, wir beten an, was wir kennen; denn das Heil

kommt von den Juden. 23 Aber die Stunde kommt
und sie ist schon da, zu der die wahren Beter den
Vater anbeten werden im Geist und in der Wahr-
heit; denn so will der Vater angebetet werden.
24 Gott ist Geist und alle, die ihn anbeten, müssen
im Geist und in der Wahrheit anbeten. 25 Die Frau
sagte zu ihm: Ich weiß, dass der Messias kommt,
das ist: der Gesalbte (Christus). Wenn er kommt,
wird er uns alles verkünden.
26 Da sagte Jesus zu ihr: Ich bin es, ich, der mit dir
spricht.

3: Mt 4,12; Mk 1,14; Lk 4,14 • 5: Gen 33,18f; 48,22; Jos 24,32 • 8: Lk 9,52f • 14: Sir 24,21; Ps 36,10; Jes 58,11 • 22: 2 Kön 17,29; Jes 2,3 • 25: Dtn 18,18 • 26: 9,37

Die Aufnahme Jesu bei den Samaritern

27 Inzwischen waren seine Jünger zurückgekom-
men. Sie wunderten sich, dass er mit einer Frau
sprach, aber keiner sagte: Was willst du?, oder: Was
redest du mit ihr? 28 Da ließ die Frau ihren Was-
serkrug stehen, eilte in den Ort und sagte zu den
Leuten: 29 Kommt her, seht, da ist ein Mann, der
mir alles gesagt hat, was ich getan habe: Ist er viel-
leicht der Messias? 30 Da liefen sie hinaus aus dem
Ort und gingen zu Jesus.
31 Währenddessen drängten ihn seine Jünger:
Rabbi, iss! 32 Er aber sagte zu ihnen: Ich lebe von
einer Speise, die ihr nicht kennt. 33 Da sagten die
Jünger zueinander: Hat ihm jemand etwas zu
essen gebracht? 34 Jesus sprach zu ihnen: Meine
Speise ist es, den Willen dessen zu tun, der mich
gesandt hat, und sein Werk zu Ende zu führen.
35 Sagt ihr nicht: Noch vier Monate dauert es bis
zur Ernte? Ich aber sage euch: Blickt umher und
seht, dass die Felder weiß sind, reif zur Ernte.
36 Schon empfängt der Schnitter seinen Lohn und
sammelt Frucht für das ewige Leben, so dass sich
der Sämann und der Schnitter gemeinsam freuen.
37 Denn hier hat das Sprichwort recht: Einer sät
und ein anderer erntet. 38 Ich habe euch gesandt zu
ernten, wofür ihr nicht gearbeitet habt; andere
haben gearbeitet und ihr erntet die Frucht ihrer
Arbeit.
39 Viele Samariter aus jenem Ort kamen zum Glau-
ben an Jesus auf das Wort der Frau hin, die bezeugt
hatte: Er hat mir alles gesagt, was ich getan habe.
40 Als die Samariter zu ihm kamen, baten sie ihn,
bei ihnen zu bleiben; und er blieb dort zwei Tage.
41 Und noch viel mehr Leute kamen zum Glauben
an ihn aufgrund seiner eigenen Worte. 42 Und zu
der Frau sagten sie: Nicht mehr aufgrund deiner
Aussage glauben wir, sondern weil wir ihn selbst
gehört haben und nun wissen: Er ist wirklich der
Retter der Welt.

34: 5,30; 17,4; 19,30; Hebr 10,5–9 • 36: Ps 126,5f; Jes 9,2 • 38: 17,18.20f • 42: 1 Joh 4,14

Ein Heilungswunder in Galiläa

43 Nach diesen beiden Tagen ging er von dort nach
Galiläa. 44 Jesus selbst hatte nämlich bestätigt:
Ein Prophet wird in seiner eigenen Heimat nicht
geehrt.
45 Als er nun nach Galiläa kam, nahmen ihn die
Galiläer auf, weil sie alles gesehen hatten, was er in
Jerusalem während des Festes getan hatte; denn
auch sie waren zum Fest gekommen. 46 Jesus kam
wieder nach Kana in Galiläa, wo er das Wasser in
Wein verwandelt hatte.
In Kafarnaum lebte ein königlicher Beamter; des-
sen Sohn war krank. 47 Als er hörte, dass Jesus von
Judäa nach Galiläa gekommen war, suchte er ihn
auf und bat ihn, herabzukommen und seinen
Sohn zu heilen; denn er lag im Sterben. 48 Da sagte
Jesus zu ihm: Wenn ihr nicht Zeichen und Wun-
der seht, glaubt ihr nicht. 49 Der Beamte bat ihn:
Herr, komm herab, ehe mein Kind stirbt. 50 Jesus
erwiderte ihm: Geh, dein Sohn lebt! Der Mann
glaubte dem Wort, das Jesus zu ihm gesagt hatte,
und machte sich auf den Weg.
51 Noch während er unterwegs war, kamen ihm
seine Diener entgegen und sagten: Dein Junge lebt.
52 Da fragte er sie genau nach der Stunde, in der
die Besserung eingetreten war. Sie antworteten:
Gestern in der siebten Stunde ist das Fieber von
ihm gewichen. 53 Da erkannte der Vater, dass es
genau zu der Stunde war, als Jesus zu ihm gesagt
hatte: Dein Sohn lebt. Und er wurde gläubig mit
seinem ganzen Haus. 54 So tat Jesus sein zweites
Zeichen, und zwar nachdem er von Judäa nach
Galiläa gekommen war.

44: Mt 13,57; Mk 6,4; Lk 4,24 • 46: 2,1–11 • 46b–53: Mt 8,5–13; Lk 7,1–10 • 48: 2,18; 6,26; 12,37; 20,30 • 50: 1 Kön 17,23 • 54: 2,11

Die Selbstoffenbarung Jesu vor der Welt: 5,1 – 12,50

Die Heilung eines Gelähmten am Sabbat in Jerusalem

5 Einige Zeit später war ein Fest der Juden und Jesus ging hinauf nach Jerusalem. 2 In Jerusalem gibt es beim Schaftor einen Teich, zu dem fünf Säulenhallen gehören; dieser Teich heißt auf Hebräisch Betesda. 3 In diesen Hallen lagen viele Kranke, darunter Blinde, Lahme und Verkrüppelte. [3b.4]

5 Dort lag auch ein Mann, der schon achtunddreißig Jahre krank war. 6 Als Jesus ihn dort liegen sah und erkannte, dass er schon lange krank war, fragte er ihn: Willst du gesund werden? 7 Der Kranke antwortete ihm: Herr, ich habe keinen Menschen, der mich, sobald das Wasser aufwallt, in den Teich trägt. Während ich mich hinschleppe, steigt schon ein anderer vor mir hinein. 8 Da sagte Jesus zu ihm: Steh auf, nimm deine Bahre und geh! 9 Sofort wurde der Mann gesund, nahm seine Bahre und ging.

Dieser Tag war aber ein Sabbat. 10 Da sagten die Juden zu dem Geheilten: Es ist Sabbat, du darfst deine Bahre nicht tragen. 11 Er erwiderte: Der Mann, der mich gesund gemacht hat, sagte zu mir: Nimm deine Bahre und geh! 12 Sie fragten ihn: Wer ist das denn, der zu dir gesagt hat: Nimm deine Bahre und geh? 13 Der Geheilte wusste aber nicht, wer es war. Jesus war nämlich weggegangen, weil sich dort eine große Menschenmenge angesammelt hatte. 14 Später traf ihn Jesus im Tempel und sagte zu ihm: Jetzt bist du gesund; sündige nicht mehr, damit dir nicht noch Schlimmeres zustößt. 15 Der Mann ging fort und teilte den Juden mit, dass es Jesus war, der ihn gesund gemacht hatte. 16 Daraufhin verfolgten die Juden Jesus, weil er das an einem Sabbat getan hatte. 17 Jesus aber entgegnete ihnen: Mein Vater ist noch immer am Werk und auch ich bin am Werk. 18 Darum waren die Juden noch mehr darauf aus, ihn zu töten, weil er nicht nur den Sabbat brach, sondern auch Gott seinen Vater nannte und sich damit Gott gleichstellte.

8: Mt 9,6; Mk 2,11; Lk 5,24 • 14: 8,11 • 17: 9,4 • 18: 7,1.25; 10,33

Jesu Rede über seine Vollmacht

19 Jesus aber sagte zu ihnen: Amen, amen, ich sage euch: Der Sohn kann nichts von sich aus tun, sondern nur, wenn er den Vater etwas tun sieht. Was nämlich der Vater tut, das tut in gleicher Weise der Sohn. 20 Denn der Vater liebt den Sohn und zeigt ihm alles, was er tut, und noch größere Werke wird er ihm zeigen, sodass ihr staunen werdet. 21 Denn wie der Vater die Toten auferweckt und lebendig macht, so macht auch der Sohn lebendig, wen er will. 22 Auch richtet der Vater niemand, sondern er hat das Gericht ganz dem Sohn übertragen, 23 damit alle den Sohn ehren, wie sie den Vater ehren. Wer den Sohn nicht ehrt, ehrt auch den Vater nicht, der ihn gesandt hat. 24 Amen, amen, ich sage euch: Wer mein Wort hört und dem glaubt, der mich gesandt hat, hat das ewige Leben; er kommt nicht ins Gericht, sondern ist aus dem Tod ins Leben hinübergegangen. 25 Amen, amen, ich sage euch: Die Stunde kommt und sie ist schon da, in der die Toten die Stimme des Sohnes Gottes hören werden; und alle, die sie hören, werden leben. 26 Denn wie der Vater das Leben in sich hat, so hat er auch dem Sohn gegeben, das Leben in sich zu haben. 27 Und er hat ihm Vollmacht gegeben, Gericht zu halten, weil er der Menschensohn ist. 28 Wundert euch nicht darüber! Die Stunde kommt, in der alle, die in den Gräbern sind, seine Stimme hören 29 und herauskommen werden: Die das Gute getan haben, werden zum Leben auferstehen, die das Böse getan haben, zum Gericht. 30 Von mir selbst aus kann ich nichts tun; ich richte, wie ich es (vom Vater) höre, und mein Gericht ist gerecht, weil es mir nicht um meinen Willen geht, sondern um den Willen dessen, der mich gesandt hat.

31 Wenn ich über mich selbst als Zeuge aussage, ist mein Zeugnis nicht gültig; 32 ein anderer ist es, der über mich als Zeuge aussagt, und ich weiß: Das Zeugnis, das er über mich ablegt, ist gültig. 33 Ihr habt zu Johannes geschickt, und er hat für die Wahrheit Zeugnis abgelegt. 34 Ich aber nehme von keinem Menschen ein Zeugnis an, sondern ich sage dies nur, damit ihr gerettet werdet. 35 Jener war die Lampe, die brennt und leuchtet, und ihr wolltet euch eine Zeit lang an seinem Licht erfreuen. 36 Ich aber habe ein gewichtigeres Zeugnis

als das des Johannes: Die Werke, die mein Vater
mir übertragen hat, damit ich sie zu Ende führe,
diese Werke, die ich vollbringe, legen Zeugnis
dafür ab, dass mich der Vater gesandt hat. 37 Auch
der Vater selbst, der mich gesandt hat, hat über
mich Zeugnis abgelegt. Ihr habt weder seine
Stimme gehört noch seine Gestalt je gesehen,
38 und auch sein Wort bleibt nicht in euch, weil ihr
dem nicht glaubt, den er gesandt hat. 39 Ihr er-
forscht die Schriften, weil ihr meint, in ihnen das
ewige Leben zu haben; gerade sie legen Zeugnis
über mich ab. 40 Und doch wollt ihr nicht zu mir
kommen, um das Leben zu haben. 41 Meine Ehre
empfange ich nicht von Menschen. 42 Ich habe
erkannt, dass ihr die Liebe zu Gott nicht in euch
habt. 43 Ich bin im Namen meines Vaters gekom-
men und doch lehnt ihr mich ab. Wenn aber ein
anderer in seinem eigenen Namen kommt, dann
werdet ihr ihn anerkennen. 44 Wie könnt ihr zum
Glauben kommen, wenn ihr eure Ehre voneinan-
der empfangt, nicht aber die Ehre sucht, die von
dem einen Gott kommt? 45 Denkt nicht, dass ich
euch beim Vater anklagen werde; Mose klagt euch
an, auf den ihr eure Hoffnung gesetzt habt. 46 Wenn
ihr Mose glauben würdet, müsstet ihr auch mir
glauben; denn über mich hat er geschrieben.
47 Wenn ihr aber seinen Schriften nicht glaubt, wie
könnt ihr dann meinen Worten glauben?

20: 3,35; 14,12 • 21: 1 Sam 2,6; 2 Kön 5,7 • 22: 5,27 • 24: 3,18 • 26: Mt 11,27 • 27: Dan 7,13f • 28f: Dan 12,2; Mt 16,27 • 30: 4,34; 6,38 • 31: 8,13f • 33: 1,19–34; 18,37 • 35: 1,8 • 36: 10,25 • 41: 1 Thess 2,6

Die wunderbare Speisung einer Volksmenge am See von Tiberias

6 Danach ging Jesus an das andere Ufer des
Sees von Galiläa, der auch See von Tiberias
heißt. 2 Eine große Menschenmenge folgte ihm,
weil sie die Zeichen sahen, die er an den Kranken
tat. 3 Jesus stieg auf den Berg und setzte sich dort
mit seinen Jüngern nieder. 4 Das Pascha, das Fest
der Juden, war nahe. 5 Als Jesus aufblickte und sah,
dass so viele Menschen zu ihm kamen, fragte er
Philippus: Wo sollen wir Brot kaufen, damit diese
Leute zu essen haben? 6 Das sagte er aber nur, um
ihn auf die Probe zu stellen; denn er selbst wusste,
was er tun wollte. 7 Philippus antwortete ihm: Brot
für zweihundert Denare reicht nicht aus, wenn
jeder von ihnen auch nur ein kleines Stück bekom-
men soll. 8 Einer seiner Jünger, Andreas, der Bru-
der des Simon Petrus, sagte zu ihm: 9 Hier ist ein
kleiner Junge, der hat fünf Gerstenbrote und zwei
Fische; doch was ist das für so viele! 10 Jesus sagte:
Lasst die Leute sich setzen! Es gab dort nämlich
viel Gras. Da setzten sie sich; es waren etwa fünf-
tausend Männer. 11 Dann nahm Jesus die Brote,
sprach das Dankgebet und teilte an die Leute aus,
so viel sie wollten; ebenso machte er es mit den
Fischen. 12 Als die Menge satt war, sagte er zu sei-
nen Jüngern: Sammelt die übrig gebliebenen Brot-
stücke, damit nichts verdirbt. 13 Sie sammelten und
füllten zwölf Körbe mit den Stücken, die von den
fünf Gerstenbroten nach dem Essen übrig waren.
14 Als die Menschen das Zeichen sahen, das er
getan hatte, sagten sie: Das ist wirklich der Pro-
phet, der in die Welt kommen soll. 15 Da erkannte
Jesus, dass sie kommen würden, um ihn in ihre
Gewalt zu bringen und zum König zu machen.
Daher zog er sich wieder auf den Berg zurück, er
allein.

1–13 || Mt 14,13–21; Mk 6,31–44; Lk 9,10–17 • 1–13: Mt 15,32–39; Mk 8,1–10 • 4: 11,55 • 9: 2 Kön 4,42f • 14: Dtn 18,15.18

Der Gang Jesu auf dem Wasser

16 Als es aber spät geworden war, gingen seine Jün-
ger zum See hinab, 17 bestiegen ein Boot und fuh-
ren über den See, auf Kafarnaum zu. Es war schon
dunkel geworden, und Jesus war noch nicht zu
ihnen gekommen. 18 Da wurde der See durch einen
heftigen Sturm aufgewühlt. 19 Als sie etwa fünf-
undzwanzig oder dreißig Stadien gefahren waren,
sahen sie, wie Jesus über den See ging und sich dem
Boot näherte; und sie fürchteten sich. 20 Er aber rief
ihnen zu: Ich bin es; fürchtet euch nicht! 21 Sie woll-
ten ihn zu sich in das Boot nehmen, aber schon
war das Boot am Ufer, das sie erreichen wollten.

16–21 || Mt 14,22–33; Mk 6,45–52

Die Rede über das Himmelsbrot in der Synagoge von Kafarnaum

22 Am nächsten Tag sah die Menge, die am ande-
ren Ufer des Sees geblieben war, dass nur noch ein
Boot dort lag, und sie erfuhren, dass Jesus nicht
mit seinen Jüngern ins Boot gestiegen war, son-
dern dass die Jünger allein abgefahren waren.

[23] Von Tiberias her kamen andere Boote in die Nähe des Ortes, wo sie nach dem Dankgebet des Herrn das Brot gegessen hatten. [24] Als die Leute sahen, dass weder Jesus noch seine Jünger dort waren, stiegen sie in die Boote, fuhren nach Kafarnaum und suchten Jesus. [25] Als sie ihn am anderen Ufer des Sees fanden, fragten sie ihn: Rabbi, wann bist du hierher gekommen? [26] Jesus antwortete ihnen: Amen, amen, ich sage euch: Ihr sucht mich nicht, weil ihr Zeichen gesehen habt, sondern weil ihr von den Broten gegessen habt und satt geworden seid. [27] Müht euch nicht ab für die Speise, die verdirbt, sondern für die Speise, die für das ewige Leben bleibt und die der Menschensohn euch geben wird. Denn ihn hat Gott, der Vater, mit seinem Siegel beglaubigt. [28] Da fragten sie ihn: Was müssen wir tun, um die Werke Gottes zu vollbringen? [29] Jesus antwortete ihnen: Das ist das Werk Gottes, dass ihr an den glaubt, den er gesandt hat. [30] Sie entgegneten ihm: Welches Zeichen tust du, damit wir es sehen und dir glauben? Was tust du? [31] Unsere Väter haben das Manna in der Wüste gegessen, wie es in der Schrift heißt: *Brot vom Himmel gab er ihnen zu essen.*

[32] Jesus sagte zu ihnen: Amen, amen, ich sage euch: Nicht Mose hat euch das Brot vom Himmel gegeben, sondern mein Vater gibt euch das wahre Brot vom Himmel. [33] Denn das Brot, das Gott gibt, kommt vom Himmel herab und gibt der Welt das Leben. [34] Da baten sie ihn: Herr, gib uns immer dieses Brot! [35] Jesus antwortete ihnen: Ich bin das Brot des Lebens; wer zu mir kommt, wird nie mehr hungern, und wer an mich glaubt, wird nie mehr Durst haben.

[36] Aber ich habe euch gesagt: Ihr habt (mich) gesehen und doch glaubt ihr nicht. [37] Alles, was der Vater mir gibt, wird zu mir kommen, und wer zu mir kommt, den werde ich nicht abweisen; [38] denn ich bin nicht vom Himmel herabgekommen, um meinen Willen zu tun, sondern den Willen dessen, der mich gesandt hat. [39] Es ist aber der Wille dessen, der mich gesandt hat, dass ich keinen von denen, die er mir gegeben hat, zugrunde gehen lasse, sondern dass ich sie auferwecke am Letzten Tag. [40] Denn es ist der Wille meines Vaters, dass alle, die den Sohn sehen und an ihn glauben, das ewige Leben haben und dass ich sie auferwecke am Letzten Tag. [41] Da murrten die Juden gegen ihn, weil er gesagt hatte: Ich bin das Brot, das vom Himmel herabgekommen ist. [42] Und sie sagten: Ist das nicht Jesus, der Sohn Josefs, dessen Vater und Mutter wir kennen? Wie kann er jetzt sagen: Ich bin vom Himmel herabgekommen? [43] Jesus sagte zu ihnen: Murrt nicht! [44] Niemand kann zu mir kommen, wenn nicht der Vater, der mich gesandt hat, ihn zu mir führt; und ich werde ihn auferwecken am Letzten Tag. [45] Bei den Propheten heißt es: *Und alle werden Schüler Gottes sein.* Jeder, der auf den Vater hört und seine Lehre annimmt, wird zu mir kommen. [46] Niemand hat den Vater gesehen außer dem, der von Gott ist; nur er hat den Vater gesehen. [47] Amen, amen, ich sage euch: Wer glaubt, hat das ewige Leben.

[48] Ich bin das Brot des Lebens. [49] Eure Väter haben in der Wüste das Manna gegessen und sind gestorben. [50] So aber ist es mit dem Brot, das vom Himmel herabkommt: Wenn jemand davon isst, wird er nicht sterben. [51] Ich bin das lebendige Brot, das vom Himmel herabgekommen ist. Wer von diesem Brot isst, wird in Ewigkeit leben. Das Brot, das ich geben werde, ist mein Fleisch, (ich gebe es hin) für das Leben der Welt.

[52] Da stritten sich die Juden und sagten: Wie kann er uns sein Fleisch zu essen geben? [53] Jesus sagte zu ihnen: Amen, amen, das sage ich euch: Wenn ihr das Fleisch des Menschensohnes nicht esst und sein Blut nicht trinkt, habt ihr das Leben nicht in euch. [54] Wer mein Fleisch isst und mein Blut trinkt, hat das ewige Leben, und ich werde ihn auferwecken am Letzten Tag. [55] Denn mein Fleisch ist wirklich eine Speise und mein Blut ist wirklich ein Trank. [56] Wer mein Fleisch isst und mein Blut trinkt, der bleibt in mir und ich bleibe in ihm. [57] Wie mich der lebendige Vater gesandt hat und wie ich durch den Vater lebe, so wird jeder, der mich isst, durch mich leben. [58] Dies ist das Brot, das vom Himmel herabgekommen ist. Mit ihm ist es nicht wie mit dem Brot, das die Väter gegessen haben; sie sind gestorben. Wer aber dieses Brot isst, wird leben in Ewigkeit. [59] Diese Worte sprach Jesus, als er in der Synagoge von Kafarnaum lehrte.

30: Mt 16,1–4; Mk 8,11–13 • 31: Ps 78,24; Ex 16,4 • 35: Sir 24,21 • 37: 4,34; 5,30; Mt 26,39; Mk 14,36; Lk 22,42 • 42: Mt 13,54–57; Mk 6,1–6; Lk 4,16–30 • 45: Jes 54,13; Jer 31,33f • 46: 1,18 • 51: 1,14 • 57: 5,26

Die Spaltung unter den Jüngern

60 Viele seiner Jünger, die ihm zuhörten, sagten:
Was er sagt, ist unerträglich. Wer kann das an-
hören? 61 Jesus erkannte, dass seine Jünger darüber
murrten, und fragte sie: Daran nehmt ihr Anstoß?
62 Was werdet ihr sagen, wenn ihr den Menschen-
sohn hinaufsteigen seht, dorthin, wo er vorher war?
63 Der Geist ist es, der lebendig macht; das Fleisch
nützt nichts. Die Worte, die ich zu euch gespro-
chen habe, sind Geist und sind Leben. 64 Aber es gibt
unter euch einige, die nicht glauben. Jesus wusste
nämlich von Anfang an, welche es waren, die nicht
glaubten, und wer ihn verraten würde. 65 Und er
sagte: Deshalb habe ich zu euch gesagt: Niemand
kann zu mir kommen, wenn es ihm nicht vom
Vater gegeben ist. 66 Daraufhin zogen sich viele Jün-
ger zurück und wanderten nicht mehr mit ihm um-
her. 67 Da fragte Jesus die Zwölf: Wollt auch ihr weg-
gehen? 68 Simon Petrus antwortete ihm: Herr, zu
wem sollen wir gehen? Du hast Worte des ewigen
Lebens. 69 Wir sind zum Glauben gekommen und
haben erkannt: Du bist der Heilige Gottes. 70 Jesus
erwiderte: Habe ich nicht euch, die Zwölf, erwählt?
Und doch ist einer von euch ein Teufel. 71 Er sprach
von Judas, dem Sohn des Simon Iskariot; denn
dieser sollte ihn verraten: einer der Zwölf.

64: 7,46 • 68–69: Mt 16,16; Mk 8,29; Lk 9,20 • 70–71: 13,18; Mt 26,14–16; Mk 14,10f; Lk 22,3–6

Die Selbstoffenbarung Jesu beim Laubhüttenfest in Jerusalem: 7,1–52

Jesu Flucht vor der Öffentlichkeit

7 Danach zog Jesus in Galiläa umher; denn er
wollte sich nicht in Judäa aufhalten, weil die
Juden darauf aus waren, ihn zu töten. 2 Das Laub-
hüttenfest der Juden war nahe. 3 Da sagten seine
Brüder zu ihm: Geh von hier fort und zieh nach
Judäa, damit auch deine Jünger die Werke sehen,
die du vollbringst. 4 Denn niemand wirkt im Ver-
borgenen, wenn er öffentlich bekannt sein möch-
te. Wenn du dies tust, zeig dich der Welt! 5 Auch
seine Brüder glaubten nämlich nicht an ihn. 6 Jesus
sagte zu ihnen: Meine Zeit ist noch nicht gekom-
men, für euch aber ist immer die rechte Zeit. 7 Euch
kann die Welt nicht hassen, mich aber hasst sie,
weil ich bezeuge, dass ihre Taten böse sind. 8 Geht
ihr nur hinauf zum Fest; ich gehe nicht zu diesem
Fest hinauf, weil meine Zeit noch nicht erfüllt ist.
9 Das sagte er zu ihnen und er blieb in Galiläa. 10 Als
aber seine Brüder zum Fest hinaufgegangen wa-
ren, zog auch er hinauf, jedoch nicht öffentlich,
sondern heimlich. 11 Die Juden suchten beim Fest
nach ihm und sagten: Wo ist er? 12 Und in der
Volksmenge wurde viel über ihn hin und her gere-
det. Die einen sagten: Er ist ein guter Mensch.
Andere sagten: Nein, er führt das Volk in die Irre.
13 Aber niemand redete öffentlich über ihn, denn
man fürchtete sich vor den Juden.

1: Mt 17,22; Mk 9,30 • 5: Mk 3,21 • 6: 2,4; 7,30; 8,20; Mt 26,18; Lk 4,13; 21,8; Apg 1,7 • 7: 15,18f

Jesu Auftreten im Tempel

14 Schon war die Hälfte der Festwoche vorüber, da
ging Jesus zum Tempel hinauf und lehrte. 15 Die
Juden wunderten sich und sagten: Wie kann der
die Schrift verstehen, ohne dafür ausgebildet zu
sein? 16 Darauf antwortete ihnen Jesus: Meine
Lehre stammt nicht von mir, sondern von dem,
der mich gesandt hat. 17 Wer bereit ist, den Willen
Gottes zu tun, wird erkennen, ob diese Lehre von
Gott stammt oder ob ich in meinem eigenen Na-
men spreche. 18 Wer im eigenen Namen spricht,
sucht seine eigene Ehre; wer aber die Ehre dessen
sucht, der ihn gesandt hat, der ist glaubwürdig und
in ihm ist keine Falschheit. 19 Hat Mose euch nicht
das Gesetz gegeben? Aber keiner von euch befolgt
das Gesetz. Warum wollt ihr mich töten? 20 Die
Menge antwortete: Du bist wohl von einem Dä-
mon besessen – wer will dich denn töten? 21 Jesus
entgegnete ihnen: Ich habe nur ein einziges Werk
vollbracht, und ihr alle wundert euch darüber.
22 Mose hat euch die Beschneidung gegeben – sie
stammt freilich nicht von Mose, sondern von den
Vätern –, und ihr beschneidet einen Menschen
auch am Sabbat. 23 Wenn ein Mensch am Sabbat
die Beschneidung empfangen darf, damit das
Gesetz des Mose nicht missachtet wird, warum
zürnt ihr mir, weil ich am Sabbat einen Menschen
als Ganzen gesund gemacht habe? 24 Urteilt nicht
nach dem Augenschein, sondern urteilt gerecht!

15: Mt 13,54; Mk 6,2; Lk 4,16–30 • 18: 8,50 • 20: Mk 3,21f; Mt 10,25; 12,24; Lk 11,15

Mutmaßungen des Volkes über Jesus

25 Da sagten einige Leute aus Jerusalem: Ist das nicht der, den sie töten wollen? 26 Und doch redet er in aller Öffentlichkeit und man lässt ihn gewähren. Sollte der Hohe Rat wirklich erkannt haben, dass er der Messias ist? 27 Aber von dem hier wissen wir, woher er stammt; wenn jedoch der Messias kommt, weiß niemand, woher er stammt.
28 Während Jesus im Tempel lehrte, rief er: Ihr kennt mich und wisst, woher ich bin; aber ich bin nicht in meinem eigenen Namen gekommen, sondern er, der mich gesandt hat, bürgt für die Wahrheit. Ihr kennt ihn nur nicht. 29 Ich kenne ihn, weil ich von ihm komme und weil er mich gesandt hat.
30 Da wollten sie ihn festnehmen; aber keiner wagte ihn anzufassen, denn seine Stunde war noch nicht gekommen.
31 Aus der Menge kamen viele Leute zum Glauben an ihn; sie sagten: Wird der Messias, wenn er kommt, mehr Zeichen tun, als dieser getan hat?
32 Die Pharisäer hörten, was die Leute heimlich über ihn redeten. Da schickten die Hohenpriester und die Pharisäer Gerichtsdiener aus, um ihn festnehmen zu lassen. 33 Jesus aber sagte: Ich bin nur noch kurze Zeit bei euch; dann gehe ich fort, zu dem, der mich gesandt hat. 34 Ihr werdet mich suchen und ihr werdet mich nicht finden; denn wo ich bin, dorthin könnt ihr nicht gelangen. 35 Da sagten die Juden zueinander: Wohin will er denn gehen, dass wir ihn nicht mehr finden können? Will er in die Diaspora zu den Griechen gehen und die Griechen lehren? 36 Was bedeutet es, wenn er gesagt hat: Ihr werdet mich suchen, aber nicht finden; denn wo ich bin, dorthin könnt ihr nicht gelangen?

25: 5,18 • 27: 6,42 • 28: 8,55 • 29: 6,46 • 33: 8,21

Der Streit im Hohen Rat um Jesus

37 Am letzten Tag des Festes, dem großen Tag, stellte sich Jesus hin und rief: Wer Durst hat, komme zu mir, und es trinke, 38 wer an mich glaubt. Wie die Schrift sagt: Aus seinem Inneren werden Ströme von lebendigem Wasser fließen. 39 Damit meinte er den Geist, den alle empfangen sollten, die an ihn glauben; denn der Geist war noch nicht gegeben, weil Jesus noch nicht verherrlicht war.
40 Einige aus dem Volk sagten, als sie diese Worte hörten: Er ist wahrhaftig der Prophet. 41 Andere sagten: Er ist der Messias. Wieder andere sagten: Kommt denn der Messias aus Galiäa? 42 Sagt nicht die Schrift: Der Messias *kommt aus* dem Geschlecht Davids und aus dem Dorf *Betlehem,* wo David lebte? 43 So entstand seinetwegen eine Spaltung in der Menge. 44 Einige von ihnen wollten ihn festnehmen; aber keiner wagte ihn anzufassen.
45 Als die Gerichtsdiener zu den Hohenpriestern und den Pharisäern zurückkamen, fragten diese: Warum habt ihr ihn nicht hergebracht? 46 Die Gerichtsdiener antworteten: Noch nie hat ein Mensch so gesprochen. 47 Da entgegneten ihnen die Pharisäer: Habt auch ihr euch in die Irre führen lassen? 48 Ist etwa einer vom Hohen Rat oder von den Pharisäern zum Glauben an ihn gekommen? 49 Dieses Volk jedoch, das vom Gesetz nichts versteht, verflucht ist es. 50 Nikodemus aber, einer aus ihren eigenen Reihen, der früher einmal Jesus aufgesucht hatte, sagte zu ihnen: 51 Verurteilt etwa unser Gesetz einen Menschen, bevor man ihn verhört und festgestellt hat, was er tut? 52 Sie erwiderten ihm: Bist du vielleicht auch aus Galiläa? Lies doch nach: Der Prophet kommt nicht aus Galiläa.

41: Dtn 18,15.18 • 42: 2 Sam 7,12–16; Mi 5,1; Mt 2,5; 22,42; Röm 1,3; 2 Tim 2,8 • 44: 7,30 • 50: 3,1 • 51: Dtn 1,16f; 17,2–5

[Jesus und die Ehebrecherin

53 Dann gingen alle nach Hause.

8 Jesus aber ging zum Ölberg. 2 Am frühen Morgen begab er sich wieder in den Tempel. Alles Volk kam zu ihm. Er setzte sich und lehrte es.
3 Da brachten die Schriftgelehrten und die Pharisäer eine Frau, die beim Ehebruch ertappt worden war. Sie stellten sie in die Mitte 4 und sagten zu ihm: Meister, diese Frau wurde beim Ehebruch auf frischer Tat ertappt. 5 Mose hat uns im Gesetz vorgeschrieben, solche Frauen zu steinigen. Nun, was sagst du? 6 Mit dieser Frage wollten sie ihn auf die Probe stellen, um einen Grund zu haben, ihn zu verklagen. Jesus aber bückte sich und schrieb mit dem Finger auf die Erde. 7 Als sie hartnäckig weiterfragten, richtete er sich auf und sagte zu ihnen: Wer von euch ohne Sünde ist, werfe als Erster einen Stein auf sie. 8 Und er bückte sich wieder und schrieb auf die Erde. 9 Als sie seine Antwort gehört hatten, ging einer nach dem anderen fort, zuerst

die Ältesten. Jesus blieb allein zurück mit der Frau, die noch in der Mitte stand. 10 Er richtete sich auf und sagte zu ihr: Frau, wo sind sie geblieben? Hat dich keiner verurteilt? 11 Sie antwortete: Keiner, Herr. Da sagte Jesus zu ihr: Auch ich verurteile dich nicht. Geh und sündige von jetzt an nicht mehr!]

2: Lk 21,38 • 5: Dtn 22,22–24 • 6: Jer 17,13 • 7: Dtn 17,7; Mt 7,1; Lk 6,37

Streitgespräche Jesu mit den Juden: 8,12–59

Jesu Selbstzeugnis

12 Als Jesus ein andermal zu ihnen redete, sagte er: Ich bin das Licht der Welt. Wer mir nachfolgt, wird nicht in der Finsternis umhergehen, sondern wird das Licht des Lebens haben. 13 Da sagten die Pharisäer zu ihm: Du legst über dich selbst Zeugnis ab; dein Zeugnis ist nicht gültig. 14 Jesus erwiderte ihnen: Auch wenn ich über mich selbst Zeugnis ablege, ist mein Zeugnis gültig. Denn ich weiß, woher ich gekommen bin und wohin ich gehe. Ihr aber wisst nicht, woher ich komme und wohin ich gehe. 15 Ihr urteilt, wie Menschen urteilen, ich urteile über keinen. 16 Wenn ich aber urteile, ist mein Urteil gültig; denn ich urteile nicht allein, sondern ich und der Vater, der mich gesandt hat. 17 Auch in eurem Gesetz heißt es: Erst das Zeugnis von zwei Menschen ist gültig. 18 Ich bin es, der über mich Zeugnis ablegt, und auch der Vater, der mich gesandt hat, legt über mich Zeugnis ab. 19 Da fragten sie ihn: Wo ist dein Vater? Jesus antwortete: Ihr kennt weder mich noch meinen Vater; würdet ihr mich kennen, dann würdet ihr auch meinen Vater kennen. 20 Diese Worte sagte er, als er im Tempel bei der Schatzkammer lehrte. Aber niemand nahm ihn fest; denn seine Stunde war noch nicht gekommen.

13: 5,31f • 15: 7,24 • 16: 5,30; 8,29 • 17: Dtn 17,6; 19,15 • 19: 7,28; 14,7; 15,21 • 20: 2,4; 7,30; 13,1

Die Herkunft und Bestimmung Jesu

21 Ein andermal sagte Jesus zu ihnen: Ich gehe fort und ihr werdet mich suchen und ihr werdet in eurer Sünde sterben. Wohin ich gehe, dorthin könnt ihr nicht gelangen. 22 Da sagten die Juden: Will er sich etwa umbringen? Warum sagt er sonst: Wohin ich gehe, dorthin könnt ihr nicht gelangen? 23 Er sagte zu ihnen: Ihr stammt von unten, ich stamme von oben; ihr seid aus dieser Welt, ich bin nicht aus dieser Welt. 24 Ich habe euch gesagt: Ihr werdet in euren Sünden sterben; denn wenn ihr nicht glaubt, dass ich es bin, werdet ihr in euren Sünden sterben. 25 Da fragten sie ihn: Wer bist du denn? Jesus antwortete: Warum rede ich überhaupt noch mit euch? 26 Ich hätte noch viel über euch zu sagen und viel zu richten, aber er, der mich gesandt hat, bürgt für die Wahrheit, und was ich von ihm gehört habe, das sage ich der Welt. 27 Sie verstanden nicht, dass er damit den Vater meinte. 28 Da sagte Jesus zu ihnen: Wenn ihr den Menschensohn erhöht habt, dann werdet ihr erkennen, dass Ich es bin. Ihr werdet erkennen, dass ich nichts im eigenen Namen tue, sondern nur das sage, was mich der Vater gelehrt hat. 29 Und er, der mich gesandt hat, ist bei mir; er hat mich nicht allein gelassen, weil ich immer das tue, was ihm gefällt.

21: 7,33f; 13,33 • 23: 3,13.31; 17,14–16 • 24: Jes 43,11; Joh 13,19 • 28: 3,14; 12,32; 14,24 • 29: 16,5

Die wahren Kinder Abrahams

30 Als Jesus das sagte, kamen viele zum Glauben an ihn. 31 Da sagte er zu den Juden, die an ihn glaubten: Wenn ihr in meinem Wort bleibt, seid ihr wirklich meine Jünger. 32 Dann werdet ihr die Wahrheit erkennen und die Wahrheit wird euch befreien. 33 Sie erwiderten ihm: Wir sind Nachkommen Abrahams und sind noch nie Sklaven gewesen. Wie kannst du sagen: Ihr werdet frei werden? 34 Jesus antwortete ihnen: Amen, amen, das sage ich euch: Wer die Sünde tut, ist Sklave der Sünde. 35 Der Sklave aber bleibt nicht für immer im Haus; nur der Sohn bleibt für immer im Haus. 36 Wenn euch also der Sohn befreit, dann seid ihr wirklich frei.

37 Ich weiß, dass ihr Nachkommen Abrahams seid. Aber ihr wollt mich töten, weil mein Wort in euch keine Aufnahme findet. 38 Ich sage, was ich beim Vater gesehen habe, und ihr tut, was ihr von eurem Vater gehört habt. 39 Sie antworteten ihm: Unser Vater ist Abraham. Jesus sagte zu ihnen: Wenn ihr Kinder Abrahams wärt, würdet ihr so handeln wie

Abraham. [40] Jetzt aber wollt ihr mich töten, einen
Menschen, der euch die Wahrheit verkündet hat,
die Wahrheit, die ich von Gott gehört habe. So hat
Abraham nicht gehandelt. [41] Ihr vollbringt die Wer-
ke eures Vaters. Sie entgegneten ihm: Wir stam-
men nicht aus einem Ehebruch, sondern wir ha-
ben nur den einen Vater: Gott. [42] Jesus sagte zu
ihnen: Wenn Gott euer Vater wäre, würdet ihr
mich lieben; denn von Gott bin ich ausgegangen
und gekommen. Ich bin nicht in meinem eigenen
Namen gekommen, sondern er hat mich gesandt.
[43] Warum versteht ihr nicht, was ich sage? Weil ihr
nicht imstande seid, mein Wort zu hören. [44] Ihr
habt den Teufel zum Vater und ihr wollt das tun,
wonach es euren Vater verlangt. Er war ein Mör-
der von Anfang an. Und er steht nicht in der Wahr-
heit; denn es ist keine Wahrheit in ihm. Wenn er
lügt, sagt er das, was aus ihm selbst kommt; denn
er ist ein Lügner und ist der Vater der Lüge. [45] Mir
aber glaubt ihr nicht, weil ich die Wahrheit sage.
[46] Wer von euch kann mir eine Sünde nachweisen?
Wenn ich die Wahrheit sage, warum glaubt ihr mir
nicht? [47] Wer aus Gott ist, hört die Worte Gottes;
ihr hört sie deshalb nicht, weil ihr nicht aus Gott
seid.

30: 10,42; 12,11 • 31: 14,21–23 • 34: 1 Joh 3,8 • 42: 1 Joh 5,1 •
44: 1 Joh 3,8–15 • 46: 1 Joh 3,5 • 47: 1 Joh 4,6

Jesus und Abraham

[48] Da antworteten ihm die Juden: Sagen wir nicht
mit Recht: Du bist ein Samariter und von einem
Dämon besessen? [49] Jesus erwiderte: Ich bin von
keinem Dämon besessen, sondern ich ehre mei-
nen Vater; ihr aber schmäht mich. [50] Ich bin nicht
auf meine Ehre bedacht; doch es gibt einen, der
darauf bedacht ist und der richtet. [51] Amen, amen,
ich sage euch: Wenn jemand an meinem Wort fest-
hält, wird er auf ewig den Tod nicht schauen. [52] Da
sagten die Juden zu ihm: Jetzt wissen wir, dass du
von einem Dämon besessen bist. Abraham und die
Propheten sind gestorben, du aber sagst: Wenn
jemand an meinem Wort festhält, wird er auf ewig
den Tod nicht erleiden. [53] Bist du etwa größer als
unser Vater Abraham? Er ist gestorben und die
Propheten sind gestorben. Für wen gibst du dich
aus? [54] Jesus antwortete: Wenn ich mich selbst ehre,
so gilt meine Ehre nichts. Mein Vater ist es, der
mich ehrt, er, von dem ihr sagt: Er ist unser Gott.
[55] Doch ihr habt ihn nicht erkannt. Ich aber kenne
ihn, und wenn ich sagen würde: Ich kenne ihn
nicht, so wäre ich ein Lügner wie ihr. Aber ich
kenne ihn und halte an seinem Wort fest. [56] Euer
Vater Abraham jubelte, weil er meinen Tag sehen
sollte. Er sah ihn und freute sich. [57] Die Juden ent-
gegneten: Du bist noch keine fünfzig Jahre alt und
willst Abraham gesehen haben? [58] Jesus erwiderte
ihnen: Amen, amen, ich sage euch: Noch ehe Abra-
ham wurde, bin ich. [59] Da hoben sie Steine auf, um
sie auf ihn zu werfen. Jesus aber verbarg sich und
verließ den Tempel.

48: 7,20 • 50: 7,18 • 53: 4,12 • 56: Gen 17,17 • 59: 10,31.39; 11,8

Die Heilung eines Blinden und der Streit der Juden: 9,1–42

Die Heilung eines Blinden

9 Unterwegs sah Jesus einen Mann, der seit sei-
ner Geburt blind war. [2] Da fragten ihn seine
Jünger: Rabbi, wer hat gesündigt? Er selbst? Oder
haben seine Eltern gesündigt, sodass er blind ge-
boren wurde? [3] Jesus antwortete: Weder er noch
seine Eltern haben gesündigt, sondern das Wirken
Gottes soll an ihm offenbar werden. [4] Wir müssen,
solange es Tag ist, die Werke dessen vollbringen,
der mich gesandt hat; es kommt die Nacht, in der
niemand mehr etwas tun kann. [5] Solange ich in der
Welt bin, bin ich das Licht der Welt. [6] Als er dies
gesagt hatte, spuckte er auf die Erde; dann machte
er mit dem Speichel einen Teig, strich ihn dem
Blinden auf die Augen [7] und sagte zu ihm: Geh und
wasch dich in dem Teich Schiloach! Schiloach
heißt übersetzt: Der Gesandte. Der Mann ging fort
und wusch sich. Und als er zurückkam, konnte er
sehen.
[8] Die Nachbarn und andere, die ihn früher als Bett-
ler gesehen hatten, sagten: Ist das nicht der Mann,
der dasaß und bettelte? [9] Einige sagten: Er ist es.
Andere meinten: Nein, er sieht ihm nur ähnlich.
Er selbst aber sagte: Ich bin es. [10] Da fragten sie ihn:
Wie sind deine Augen geöffnet worden? [11] Er ant-
wortete: Der Mann, der Jesus heißt, machte einen
Teig, bestrich damit meine Augen und sagte zu
mir: Geh zum Schiloach und wasch dich! Ich ging

hin, wusch mich und konnte wieder sehen. 12 Sie
fragten ihn: Wo ist er? Er sagte: Ich weiß es nicht.

5: 8,12 • 7: 2 Kön 5,10; Jes 8,6

Das Eingreifen der Pharisäer

13 Da brachten sie den Mann, der blind gewesen
war, zu den Pharisäern. 14 Es war aber Sabbat an
dem Tag, als Jesus den Teig gemacht und ihm die
Augen geöffnet hatte. 15 Auch die Pharisäer fragten
ihn, wie er sehend geworden sei. Der Mann ant-
wortete ihnen: Er legte mir einen Teig auf die
Augen; dann wusch ich mich und jetzt kann ich
sehen. 16 Einige der Pharisäer meinten: Dieser
Mensch kann nicht von Gott sein, weil er den Sab-
bat nicht hält. Andere aber sagten: Wie kann ein
Sünder solche Zeichen tun? So entstand eine Spal-
tung unter ihnen. 17 Da fragten sie den Blinden
noch einmal: Was sagst du selbst über ihn? Er hat
doch deine Augen geöffnet. Der Mann antwortete:
Er ist ein Prophet.
18 Die Juden aber wollten nicht glauben, dass er
blind gewesen und sehend geworden war. Daher
riefen sie die Eltern des Geheilten 19 und fragten
sie: Ist das euer Sohn, von dem ihr behauptet, dass
er blind geboren wurde? Wie kommt es, dass er
jetzt sehen kann? 20 Seine Eltern antworteten: Wir
wissen, dass er unser Sohn ist und dass er blind
geboren wurde. 21 Wie es kommt, dass er jetzt se-
hen kann, das wissen wir nicht. Und wer seine
Augen geöffnet hat, das wissen wir auch nicht.
Fragt doch ihn selbst, er ist alt genug und kann
selbst für sich sprechen. 22 Das sagten seine Eltern,
weil sie sich vor den Juden fürchteten; denn die
Juden hatten schon beschlossen, jeden, der ihn als
den Messias bekenne, aus der Synagoge auszu-
stoßen. 23 Deswegen sagten seine Eltern: Er ist alt
genug, fragt doch ihn selbst.
24 Da riefen die Pharisäer den Mann, der blind
gewesen war, zum zweiten Mal und sagten zu ihm:
Gib Gott die Ehre! Wir wissen, dass dieser Mensch
ein Sünder ist. 25 Er antwortete: Ob er ein Sünder
ist, weiß ich nicht. Nur das eine weiß ich, dass ich
blind war und jetzt sehen kann. 26 Sie fragten ihn:
Was hat er mit dir gemacht? Wie hat er deine
Augen geöffnet? 27 Er antwortete ihnen: Ich habe
es euch bereits gesagt, aber ihr habt nicht gehört.
Warum wollt ihr es noch einmal hören? Wollt auch
ihr seine Jünger werden? 28 Da beschimpften sie
ihn: Du bist ein Jünger dieses Menschen; wir aber
sind Jünger des Mose. 29 Wir wissen, dass zu Mose
Gott gesprochen hat; aber von dem da wissen wir
nicht, woher er kommt. 30 Der Mann antwortete
ihnen: Darin liegt ja das Erstaunliche, dass ihr nicht
wisst, woher er kommt; dabei hat er doch meine
Augen geöffnet. 31 Wir wissen, dass Gott einen
Sünder nicht erhört; wer aber Gott fürchtet und
seinen Willen tut, den erhört er. 32 Noch nie hat
man gehört, dass jemand die Augen eines Blind-
geborenen geöffnet hat. 33 Wenn dieser Mensch
nicht von Gott wäre, dann hätte er gewiss nichts
ausrichten können. 34 Sie entgegneten ihm: Du bist
ganz und gar in Sünden geboren und du willst uns
belehren? Und sie stießen ihn hinaus.

14: 5,9 • 22: 7,13; 12,42; 16,2 • 24: Jos 7,19; 2 Chr 30,8; Ps 66,2; 68,35; Jes 42,12 • 29: 5,45f • 34: Ps 51,7

Jesu Selbstoffenbarung vor dem Geheilten

35 Jesus hörte, dass sie ihn hinausgestoßen hatten,
und als er ihn traf, sagte er zu ihm: Glaubst du
an den Menschensohn? 36 Der Mann antwortete:
Wer ist das, Herr? (Sag es mir,) damit ich an ihn
glaube. 37 Jesus sagte zu ihm: Du siehst ihn vor dir;
er, der mit dir redet, ist es. 38 Er aber sagte: Ich
glaube, Herr! Und er warf sich vor ihm nieder.
39 Da sprach Jesus: Um zu richten, bin ich in diese
Welt gekommen: damit die Blinden sehend und
die Sehenden blind werden. 40 Einige Pharisäer,
die bei ihm waren, hörten dies. Und sie fragten
ihn: Sind etwa auch wir blind? 41 Jesus antwortete
ihnen: Wenn ihr blind wärt, hättet ihr keine Sün-
de. Jetzt aber sagt ihr: Wir sehen. Darum bleibt
eure Sünde.

Die Bildworte vom Hirten und von den Schafen: 10,1–39

Der gute Hirt als Gegenbild zu Dieben und Räubern

10 Amen, amen, das sage ich euch: Wer in den
Schafstall nicht durch die Tür hineingeht,
sondern anderswo einsteigt, der ist ein Dieb und
ein Räuber. 2 Wer aber durch die Tür hineingeht,
ist der Hirt der Schafe. 3 Ihm öffnet der Türhüter

und die Schafe hören auf seine Stimme; er ruft die
Schafe, die ihm gehören, einzeln beim Namen und
führt sie hinaus. 4 Wenn er alle seine Schafe hi-
nausgetrieben hat, geht er ihnen voraus, und die
Schafe folgen ihm; denn sie kennen seine Stim-
me. 5 Einem Fremden aber werden sie nicht fol-
gen, sondern sie werden vor ihm fliehen, weil sie
die Stimme des Fremden nicht kennen. 6 Dieses
Gleichnis erzählte ihnen Jesus; aber sie verstanden
nicht den Sinn dessen, was er ihnen gesagt hatte.
7 Weiter sagte Jesus zu ihnen: Amen, amen, ich sage
euch: Ich bin die Tür zu den Schafen. 8 Alle, die vor
mir kamen, sind Diebe und Räuber; aber die
Schafe haben nicht auf sie gehört. 9 Ich bin die Tür;
wer durch mich hineingeht, wird gerettet werden;
er wird ein- und ausgehen und Weide finden.
10 Der Dieb kommt nur, um zu stehlen, zu schlach-
ten und zu vernichten; ich bin gekommen, damit
sie das Leben haben und es in Fülle haben.

6: 16,25 • 7: Ps 118,20 • 8: Jer 23,1f • 9: Jes 49,9f; Ez 34,12–15

Der gute Hirt als Gegenbild zum Tagelöhner

11 Ich bin der gute Hirt. Der gute Hirt gibt sein
Leben hin für die Schafe. 12 Der bezahlte Knecht
aber, der nicht Hirt ist und dem die Schafe nicht
gehören, lässt die Schafe im Stich und flieht, wenn
er den Wolf kommen sieht; und der Wolf reißt sie
und jagt sie auseinander. Er flieht, 13 weil er nur ein
bezahlter Knecht ist und ihm an den Schafen
nichts liegt. 14 Ich bin der gute Hirt; ich kenne die
Meinen und die Meinen kennen mich, 15 wie mich
der Vater kennt und ich den Vater kenne; und ich
gebe mein Leben hin für die Schafe. 16 Ich habe
noch andere Schafe, die nicht aus diesem Stall
sind; auch sie muss ich führen und sie werden auf
meine Stimme hören; dann wird es nur eine Herde
geben und einen Hirten. 17 Deshalb liebt mich der
Vater, weil ich mein Leben hingebe, um es wieder
zu nehmen. 18 Niemand entreißt es mir, sondern
ich gebe es aus freiem Willen hin. Ich habe Macht,
es hinzugeben, und ich habe Macht, es wieder zu
nehmen. Diesen Auftrag habe ich von meinem
Vater empfangen.
19 Wegen dieser Rede kam es unter den Juden
erneut zu einer Spaltung. 20 Viele von ihnen sag-
ten: Er ist von einem Dämon besessen und redet
im Wahn. Warum hört ihr ihm zu? 21 Andere sag-
ten: So redet kein Besessener. Kann ein Dämon die
Augen von Blinden öffnen?

11: Ez 34,11–22; Mt 18,12–14; Lk 15,3–7 • 15: Mt 11,25–27;
Lk 10,21f • 17: 3,35 • 18: 13,3 • 20: 7,20; 8,48.52; Mk 3,22.30

Das Streitgespräch beim Tempelweihfest

22 Um diese Zeit fand in Jerusalem das Tempel-
weihfest statt. Es war Winter, 23 und Jesus ging im
Tempel in der Halle Salomos auf und ab. 24 Da
umringten ihn die Juden und fragten ihn: Wie
lange noch willst du uns hinhalten? Wenn du der
Messias bist, sag es uns offen! 25 Jesus antwortete
ihnen: Ich habe es euch gesagt, aber ihr glaubt
nicht. Die Werke, die ich im Namen meines Vaters
vollbringe, legen Zeugnis für mich ab; 26 ihr aber
glaubt nicht, weil ihr nicht zu meinen Schafen
gehört. 27 Meine Schafe hören auf meine Stimme;
ich kenne sie und sie folgen mir. 28 Ich gebe ihnen
ewiges Leben. Sie werden niemals zugrunde gehen
und niemand wird sie meiner Hand entreißen.
29 Mein Vater, der sie mir gab, ist größer als alle und
niemand kann sie der Hand meines Vaters ent-
reißen. 30 Ich und der Vater sind eins. 31 Da hoben
die Juden wiederum Steine auf, um ihn zu steini-
gen. 32 Jesus hielt ihnen entgegen: Viele gute Werke
habe ich im Auftrag des Vaters vor euren Augen ge-
tan. Für welches dieser Werke wollt ihr mich stei-
nigen? 33 Die Juden antworteten ihm: Wir steinigen
dich nicht wegen eines guten Werkes, sondern we-
gen Gotteslästerung; denn du bist nur ein Mensch
und machst dich selbst zu Gott. 34 Jesus erwiderte
ihnen: Heißt es nicht in eurem Gesetz: *Ich habe
gesagt: Ihr seid Götter?* 35 Wenn er jene Menschen
Götter genannt hat, an die das Wort Gottes ergan-
gen ist, und wenn die Schrift nicht aufgehoben
werden kann, 36 dürft ihr dann von dem, den der
Vater geheiligt und in die Welt gesandt hat, sagen:
Du lästerst Gott – weil ich gesagt habe: Ich bin
Gottes Sohn? 37 Wenn ich nicht die Werke meines
Vaters vollbringe, dann glaubt mir nicht. 38 Aber
wenn ich sie vollbringe, dann glaubt wenigstens
den Werken, wenn ihr mir nicht glaubt. Dann wer-
det ihr erkennen und einsehen, dass in mir der
Vater ist und ich im Vater bin. 39 Wieder wollten sie
ihn festnehmen; er aber entzog sich ihrem Zugriff.

25: 5,36f • 28: 6,39; 17,12 • 31: 8,59 • 34: Ps 82,6 • 38: 14,10f; 17,21 •
39: 8,59

Die Auferweckung des Lazarus und ihre Folgen: 10,40 – 11,57

Jesus im Gebiet östlich des Jordan

40 Dann ging Jesus wieder weg auf die andere Seite
des Jordan, an den Ort, wo Johannes zuerst getauft
hatte; und dort blieb er. 41 Viele kamen zu ihm. Sie
sagten: Johannes hat kein Zeichen getan; aber al-
les, was Johannes über diesen Mann gesagt hat, ist
wahr. 42 Und viele kamen dort zum Glauben an
ihn.

40: 1,28

Die Nachricht vom Tod des Lazarus

11 Ein Mann war krank, Lazarus aus Betanien,
dem Dorf, in dem Maria und ihre Schwes-
ter Marta wohnten. 2 Maria ist die, die den Herrn
mit Öl gesalbt und seine Füße mit ihrem Haar ab-
getrocknet hat; deren Bruder Lazarus war krank.
3 Daher sandten die Schwestern Jesus die Nach-
richt: Herr, dein Freund ist krank. 4 Als Jesus das
hörte, sagte er: Diese Krankheit wird nicht zum
Tod führen, sondern dient der Verherrlichung
Gottes: Durch sie soll der Sohn Gottes verherrlicht
werden. 5 Denn Jesus liebte Marta, ihre Schwester
und Lazarus. 6 Als er hörte, dass Lazarus krank war,
blieb er noch zwei Tage an dem Ort, wo er sich auf-
hielt.
7 Danach sagte er zu den Jüngern: Lasst uns wie-
der nach Judäa gehen. 8 Die Jünger entgegneten
ihm: Rabbi, eben noch wollten dich die Juden stei-
nigen und du gehst wieder dorthin? 9 Jesus ant-
wortete: Hat der Tag nicht zwölf Stunden? Wenn
jemand am Tag umhergeht, stößt er nicht an, weil
er das Licht dieser Welt sieht; 10 wenn aber jemand
in der Nacht umhergeht, stößt er an, weil das Licht
nicht in ihm ist. 11 So sprach er. Dann sagte er zu
ihnen: Lazarus, unser Freund, schläft; aber ich
gehe hin, um ihn aufzuwecken. 12 Da sagten die
Jünger zu ihm: Herr, wenn er schläft, dann wird
er gesund werden. 13 Jesus hatte aber von seinem
Tod gesprochen, während sie meinten, er spreche
von dem gewöhnlichen Schlaf. 14 Darauf sagte ih-
nen Jesus unverhüllt: Lazarus ist gestorben. 15 Und
ich freue mich für euch, dass ich nicht dort war;
denn ich will, dass ihr glaubt. Doch wir wollen zu
ihm gehen. 16 Da sagte Thomas, genannt Didymus
(Zwilling), zu den anderen Jüngern: Dann lasst
uns mit ihm gehen, um mit ihm zu sterben.

1: Lk 10,38–42 • 8: 8,59; 10,31 • 16: 14,5–8; 20,24–29

Die Auferweckung des Lazarus als Zeichen

17 Als Jesus ankam, fand er Lazarus schon vier Tage
im Grab liegen. 18 Betanien war nahe bei Jerusa-
lem, etwa fünfzehn Stadien entfernt. 19 Viele Juden
waren zu Marta und Maria gekommen, um sie
wegen ihres Bruders zu trösten. 20 Als Marta hörte,
dass Jesus komme, ging sie ihm entgegen, Maria
aber blieb im Haus. 21 Marta sagte zu Jesus: Herr,
wärst du hier gewesen, dann wäre mein Bruder
nicht gestorben. 22 Aber auch jetzt weiß ich: Al-
les, worum du Gott bittest, wird Gott dir geben.
23 Jesus sagte zu ihr: Dein Bruder wird auferstehen.
24 Marta sagte zu ihm: Ich weiß, dass er aufersté-
hen wird bei der Auferstehung am Letzten Tag.
25 Jesus erwiderte ihr: Ich bin die Auferstehung
und das Leben. Wer an mich glaubt, wird leben,
auch wenn er stirbt, 26 und jeder, der lebt und an
mich glaubt, wird auf ewig nicht sterben. Glaubst
du das? 27 Marta antwortete ihm: Ja, Herr, ich
glaube, dass du der Messias bist, der Sohn Gottes,
der in die Welt kommen soll.
28 Nach diesen Worten ging sie weg, rief heimlich
ihre Schwester Maria und sagte zu ihr: Der Meis-
ter ist da und lässt dich rufen. 29 Als Maria das
hörte, stand sie sofort auf und ging zu ihm. 30 Denn
Jesus war noch nicht in das Dorf gekommen; er
war noch dort, wo ihn Marta getroffen hatte.
31 Die Juden, die bei Maria im Haus waren und sie
trösteten, sahen, dass sie plötzlich aufstand und
hinausging. Da folgten sie ihr, weil sie meinten, sie
gehe zum Grab, um dort zu weinen. 32 Als Maria
dorthin kam, wo Jesus war, und ihn sah, fiel sie
ihm zu Füßen und sagte zu ihm: Herr, wärst du
hier gewesen, dann wäre mein Bruder nicht ge-
storben. 33 Als Jesus sah, wie sie weinte und wie
auch die Juden weinten, die mit ihr gekommen
waren, war er im Innersten erregt und erschüttert.
34 Er sagte: Wo habt ihr ihn bestattet? Sie antwor-
teten ihm: Herr, komm und sieh! 35 Da weinte
Jesus. 36 Die Juden sagten: Seht, wie lieb er ihn
hatte! 37 Einige aber sagten: Wenn er dem Blinden
die Augen geöffnet hat, hätte er dann nicht auch
verhindern können, dass dieser hier starb? 38 Da

wurde Jesus wiederum innerlich erregt und er ging
zum Grab. Es war eine Höhle, die mit einem Stein
verschlossen war.
[39] Jesus sagte: Nehmt den Stein weg! Marta, die
Schwester des Verstorbenen, entgegnete ihm: Herr,
er riecht aber schon, denn es ist bereits der vier-
te Tag. [40] Jesus sagte zu ihr: Habe ich dir nicht ge-
sagt: Wenn du glaubst, wirst du die Herrlichkeit
Gottes sehen? [41] Da nahmen sie den Stein weg.
Jesus aber erhob seine Augen und sprach: Vater,
ich danke dir, dass du mich erhört hast. [42] Ich wuss-
te, dass du mich immer erhörst; aber wegen der
Menge, die um mich herum steht, habe ich es ge-
sagt; denn sie sollen glauben, dass du mich gesandt
hast. [43] Nachdem er dies gesagt hatte, rief er mit
lauter Stimme: Lazarus, komm heraus! [44] Da kam
der Verstorbene heraus; seine Füße und Hände
waren mit Binden umwickelt, und sein Gesicht
war mit einem Schweißtuch verhüllt. Jesus sagte
zu ihnen: Löst ihm die Binden und lasst ihn weg-
gehen!

25: 5,21.26 • 27: 20,31; 6,69; Mt 16,16 • 37: 9,1–41 • 41: 12,27f; 17,1 •
42: 17,8.21.23.25 • 44: 19,40

Der Tötungsbeschluss des Hohen Rates – Das prophetische Wort des Hohenpriesters

[45] Viele der Juden, die zu Maria gekommen waren
und gesehen hatten, was Jesus getan hatte, kamen
zum Glauben an ihn. [46] Aber einige von ihnen gin-
gen zu den Pharisäern und berichteten ihnen, was
er getan hatte. [47] Da beriefen die Hohenpriester
und die Pharisäer eine Versammlung des Hohen
Rates ein. Sie sagten: Was sollen wir tun? Dieser
Mensch tut viele Zeichen. [48] Wenn wir ihn gewäh-
ren lassen, werden alle an ihn glauben. Dann wer-
den die Römer kommen und uns die heilige Stätte
und das Volk nehmen. [49] Einer von ihnen, Kaja-
phas, der Hohepriester jenes Jahres, sagte zu ih-
nen: Ihr versteht überhaupt nichts. [50] Ihr bedenkt
nicht, dass es besser für euch ist, wenn ein einziger
Mensch für das Volk stirbt, als wenn das ganze
Volk zugrunde geht. [51] Das sagte er nicht aus sich
selbst; sondern weil er der Hohepriester jenes Jah-
res war, sagte er aus prophetischer Eingebung, dass
Jesus für das Volk sterben werde. [52] Aber er sollte
nicht nur für das Volk sterben, sondern auch, um
die versprengten Kinder Gottes wieder zu sam-
meln. [53] Von diesem Tag an waren sie entschlossen,
ihn zu töten.

47–53: Mt 26,3–5; Mk 14,1f; Lk 22,1f • 50: 2 Sam 20,14–22;
Jona 1,8–16 • 52: 10,11.15f

Erneute Flucht Jesu

[54] Jesus bewegte sich von nun an nicht mehr öf-
fentlich unter den Juden, sondern zog sich von
dort in die Gegend nahe der Wüste zurück, an
einen Ort namens Efraim. Dort blieb er mit sei-
nen Jüngern. [55] Das Paschafest der Juden war nahe
und viele zogen schon vor dem Paschafest aus dem
ganzen Land nach Jerusalem hinauf, um sich zu
heiligen. [56] Sie fragten nach Jesus und sagten zuei-
nander, während sie im Tempel zusammenstan-
den: Was meint ihr? Er wird wohl kaum zum Fest
kommen. [57] Die Hohenpriester und die Pharisäer
hatten nämlich, um ihn festnehmen zu können,
angeordnet: Wenn jemand weiß, wo er sich auf-
hält, soll er es melden.

55: Num 9,6–13; 2 Chr 30,15–19; Joh 18,28

Jesus auf dem Weg zum letzten Osterfest in Jerusalem: 12,1–50

Die Salbung in Betanien

12 Sechs Tage vor dem Paschafest kam Jesus
nach Betanien, wo Lazarus war, den er von
den Toten auferweckt hatte. [2] Dort bereiteten sie
ihm ein Mahl; Marta bediente und Lazarus war
unter denen, die mit Jesus bei Tisch waren. [3] Da
nahm Maria ein Pfund echtes, kostbares Narden-
öl, salbte Jesus die Füße und trocknete sie mit
ihrem Haar. Das Haus wurde vom Duft des Öls
erfüllt. [4] Doch einer von seinen Jüngern, Judas
Iskariot, der ihn später verriet, sagte: [5] Warum hat
man dieses Öl nicht für dreihundert Denare ver-
kauft und den Erlös den Armen gegeben? [6] Das
sagte er aber nicht, weil er ein Herz für die Armen
gehabt hätte, sondern weil er ein Dieb war; er hatte
nämlich die Kasse und veruntreute die Einkünfte.
[7] Jesus erwiderte: Lass sie, damit sie es für den Tag
meines Begräbnisses tue. [8] Die Armen habt ihr
immer bei euch, mich aber habt ihr nicht immer
bei euch.
[9] Viele Juden hatten erfahren, dass Jesus dort war,

und sie kamen, jedoch nicht nur um Jesu willen,
sondern auch um Lazarus zu sehen, den er von den
Toten auferweckt hatte. 10 Die Hohenpriester aber
beschlossen, auch Lazarus zu töten, 11 weil viele
Juden seinetwegen hingingen und an Jesus glaub-
ten.

1–8 ‖ Mt 26,6–13; Mk 14,3–9 • 6: 13,29 • 8: Dtn 15,11

Der Einzug in Jerusalem

12 Am Tag darauf hörte die Volksmenge, die sich
zum Fest eingefunden hatte, Jesus komme nach
Jerusalem. 13 Da nahmen sie Palmzweige, zogen
hinaus, um ihn zu empfangen und riefen: *Hosan-
na! / Gesegnet sei er, der kommt im Namen des
Herrn, /* der König Israels!
14 Jesus fand einen jungen Esel und setzte sich da-
rauf – wie es in der Schrift heißt: 15 *Fürchte dich
nicht, Tochter Zion! Siehe, dein König kommt; er
sitzt auf dem Fohlen einer Eselin.* 16 Das alles ver-
standen seine Jünger zunächst nicht; als Jesus aber
verherrlicht war, da wurde ihnen bewusst, dass es
so über ihn in der Schrift stand und dass man so
an ihm gehandelt hatte. 17 Die Leute, die bei Jesus
gewesen waren, als er Lazarus aus dem Grab rief
und von den Toten auferweckte, legten Zeugnis für
ihn ab. 18 Ebendeshalb war die Menge ihm entge-
gengezogen: weil sie gehört hatte, er habe dieses
Zeichen getan. 19 Die Pharisäer aber sagten zuei-
nander: Ihr seht, dass ihr nichts ausrichtet; alle
Welt läuft ihm nach.

12–19 ‖ Mt 21,1–9; Mk 11,1–10; Lk 19,28–38 • 13: Ps 118,25f •
15: Jes 40,9; Sach 9,9

**Die letzte öffentliche Rede Jesu –
Die Stunde der Entscheidung**

20 Auch einige Griechen waren anwesend – sie
gehörten zu den Pilgern, die beim Fest Gott anbe-
ten wollten. 21 Sie traten an Philippus heran, der
aus Betsaida in Galiläa stammte, und sagten zu
ihm: Herr, wir möchten Jesus sehen. 22 Philippus
ging und sagte es Andreas; Andreas und Philippus
gingen und sagten es Jesus. 23 Jesus aber antwortete
ihnen: Die Stunde ist gekommen, dass der Men-
schensohn verherrlicht wird. 24 Amen, amen, ich
sage euch: Wenn das Weizenkorn nicht in die Erde
fällt und stirbt, bleibt es allein; wenn es aber stirbt,
bringt es reiche Frucht. 25 Wer an seinem Leben
hängt, verliert es; wer aber sein Leben in dieser
Welt gering achtet, wird es bewahren bis ins ewige
Leben. 26 Wenn einer mir dienen will, folge er mir
nach; und wo ich bin, dort wird auch mein Diener
sein. Wenn einer mir dient, wird der Vater ihn
ehren.
27 Jetzt ist meine Seele erschüttert. Was soll ich
sagen: Vater, rette mich aus dieser Stunde? Aber
deshalb bin ich in diese Stunde gekommen.
28 Vater, verherrliche deinen Namen! Da kam eine
Stimme vom Himmel: Ich habe ihn schon ver-
herrlicht und werde ihn wieder verherrlichen.
29 Die Menge, die dabeistand und das hörte, sagte:
Es hat gedonnert. Andere sagten: Ein Engel hat zu
ihm geredet. 30 Jesus antwortete und sagte: Nicht
mir galt diese Stimme, sondern euch. 31 Jetzt wird
Gericht gehalten über diese Welt; jetzt wird der
Herrscher dieser Welt hinausgeworfen werden.
32 Und ich, wenn ich über die Erde erhöht bin,
werde alle zu mir ziehen. 33 Das sagte er, um anzu-
deuten, auf welche Weise er sterben werde. 34 Die
Menge jedoch hielt ihm entgegen: Wir haben aus
dem Gesetz gehört, dass der Messias bis in Ewig-
keit bleiben wird. Wie kannst du sagen, der Men-
schensohn müsse erhöht werden? Wer ist dieser
Menschensohn?
35 Da sagte Jesus zu ihnen: Nur noch kurze Zeit ist
das Licht bei euch. Geht euren Weg, solange ihr das
Licht habt, damit euch nicht die Finsternis über-
rascht. Wer in der Finsternis geht, weiß nicht,
wohin er gerät. 36 Solange ihr das Licht bei euch
habt, glaubt an das Licht, damit ihr Söhne des
Lichts werdet. Dies sagte Jesus. Und er ging fort
und verbarg sich vor ihnen.

21: 1,44 • 23: 7,30; 8,20; 13,1; 17,1 • 25: Mt 10,39; 16,25; Mk 8,35;
Lk 9,24; 17,33 • 27: Mt 26,36–46; Mk 14,32–42; Lk 22,40–46 •
28: 17,1 • 31: 16,11 • 32: 3,14; 8,28 • 34: Jes 9,6; Ez 37,25; Ps 89,37;
Lk 1,33

Jesu Urteil über den Unglauben der Juden

37 Obwohl Jesus so viele Zeichen vor ihren Augen
getan hatte, glaubten sie nicht an ihn. 38 So sollte
sich das Wort erfüllen, das der Prophet Jesaja ge-
sprochen hat: *Herr, wer hat unserer Botschaft ge-
glaubt? Und der Arm des Herrn – wem wurde* seine
Macht *offenbar?* 39 Denn sie konnten nicht glau-
ben, weil Jesaja an einer anderen Stelle gesagt hat:
40 *Er hat ihre Augen blind gemacht und ihr Herz*

hart, damit sie mit ihren Augen nicht sehen und mit ihrem Herzen nicht zur Einsicht kommen, damit sie sich nicht bekehren und ich sie nicht heile. 41 Das sagte Jesaja, weil er Jesu Herrlichkeit gesehen hatte; über ihn nämlich hat er gesprochen. 42 Dennoch kamen sogar von den führenden Männern viele zum Glauben an ihn; aber wegen der Pharisäer bekannten sie es nicht offen, um nicht aus der Synagoge ausgestoßen zu werden. 43 Denn sie liebten das Ansehen bei den Menschen mehr als das Ansehen bei Gott.

38: Jes 53,1 G • 40: Jes 6,9f; Mt 13,13; Mk 4,12; Lk 8,10 • 41: Jes 6,1–4 • 42: 3,1; 7,50f; 9,22; 16,2; 19,38f

Aufforderung zur Entscheidung zwischen Glauben und Unglauben

44 Jesus aber rief aus: Wer an mich glaubt, glaubt nicht an mich, sondern an den, der mich gesandt hat, 45 und wer mich sieht, sieht den, der mich gesandt hat. 46 Ich bin das Licht, das in die Welt gekommen ist, damit jeder, der an mich glaubt, nicht in der Finsternis bleibt. 47 Wer meine Worte nur hört und sie nicht befolgt, den richte nicht ich; denn ich bin nicht gekommen, um die Welt zu richten, sondern um sie zu retten. 48 Wer mich verachtet und meine Worte nicht annimmt, der hat schon seinen Richter: Das Wort, das ich gesprochen habe, wird ihn richten am Letzten Tag. 49 Denn was ich gesagt habe, habe ich nicht aus mir selbst, sondern der Vater, der mich gesandt hat, hat mir aufgetragen, was ich sagen und reden soll. 50 Und ich weiß, dass sein Auftrag ewiges Leben ist. Was ich also sage, sage ich so, wie es mir der Vater gesagt hat.

44f: 5,36; 6,57; 11,42; 17,8.21.23.25 • 46: 1,9; 8,12; 9,5 • 47: 3,17 • 50: 3,17; 17,3; Dtn 32,47f

DER ABSCHIED JESU VON SEINEN JÜNGERN: 13,1 – 17,26

Das Abschiedsmahl: 13,1 – 14,31

Die Fußwaschung

13 Es war vor dem Paschafest. Jesus wusste, dass seine Stunde gekommen war, um aus dieser Welt zum Vater hinüberzugehen. Da er die Seinen, die in der Welt waren, liebte, erwies er ihnen seine Liebe bis zur Vollendung. 2 Es fand ein Mahl statt, und der Teufel hatte Judas, dem Sohn des Simon Iskariot, schon ins Herz gegeben, ihn zu verraten und auszuliefern. 3 Jesus, der wusste, dass ihm der Vater alles in die Hand gegeben hatte und dass er von Gott gekommen war und zu Gott zurückkehrte, 4 stand vom Mahl auf, legte sein Gewand ab und umgürtete sich mit einem Leinentuch. 5 Dann goss er Wasser in eine Schüssel und begann, den Jüngern die Füße zu waschen und mit dem Leinentuch abzutrocknen, mit dem er umgürtet war. 6 Als er zu Simon Petrus kam, sagte dieser zu ihm: Du, Herr, willst mir die Füße waschen? 7 Jesus antwortete ihm: Was ich tue, verstehst du jetzt noch nicht; doch später wirst du es begreifen. 8 Petrus entgegnete ihm: Niemals sollst du mir die Füße waschen! Jesus erwiderte ihm: Wenn ich dich nicht wasche, hast du keinen Anteil an mir. 9 Da sagte Simon Petrus zu ihm: Herr, dann nicht nur meine Füße, sondern auch die Hände und das Haupt. 10 Jesus sagte zu ihm: Wer vom Bad kommt, ist ganz rein und braucht sich nur noch die Füße zu waschen. Auch ihr seid rein, aber nicht alle. 11 Er wusste nämlich, wer ihn verraten würde; darum sagte er: Ihr seid nicht alle rein.

12 Als er ihnen die Füße gewaschen, sein Gewand wieder angelegt und Platz genommen hatte, sagte er zu ihnen: Begreift ihr, was ich an euch getan habe? 13 Ihr sagt zu mir Meister und Herr und ihr nennt mich mit Recht so; denn ich bin es. 14 Wenn nun ich, der Herr und Meister, euch die Füße gewaschen habe, dann müsst auch ihr einander die Füße waschen. 15 Ich habe euch ein Beispiel gegeben, damit auch ihr so handelt, wie ich an euch gehandelt habe. 16 Amen, amen, ich sage euch: Der Sklave ist nicht größer als sein Herr und der Abgesandte ist nicht größer als der, der ihn gesandt hat. 17 Selig seid ihr, wenn ihr das wisst und danach handelt. 18 Ich sage das nicht von euch allen. Ich weiß wohl, welche ich erwählt habe, aber das Schriftwort muss sich erfüllen: *Einer, der mein Brot aß, hat mich hintergangen.* 19 Ich sage es euch

schon jetzt, ehe es geschieht, damit ihr, wenn es
geschehen ist, glaubt: Ich bin es. 20 Amen, amen,
ich sage euch: Wer einen aufnimmt, den ich sende,
nimmt mich auf; wer aber mich aufnimmt, nimmt
den auf, der mich gesandt hat.

1: 7,30; 8,20; 12,23 • 2: Mt 26,14–16; Mk 14,10f; Lk 22,3–6 • 14: Mt 20,28; Mk 10,45; Lk 22,26f • 16: Mt 10,24; Lk 6,40 • 18: Ps 41,10; Mt 26,21; Mk 14,18; Lk 22,21 • 20: Mt 10,40; Lk 10,16

Jesu Hinweis auf den Verräter

21 Nach diesen Worten war Jesus im Innersten
erschüttert und bekräftigte: Amen, amen, das sage
ich euch: Einer von euch wird mich verraten. 22 Die
Jünger blickten sich ratlos an, weil sie nicht wuss-
ten, wen er meinte. 23 Einer von den Jüngern lag an
der Seite Jesu; es war der, den Jesus liebte. 24 Simon
Petrus nickte ihm zu, er solle fragen, von wem
Jesus spreche. 25 Da lehnte sich dieser zurück an die
Brust Jesu und fragte ihn: Herr, wer ist es? 26 Jesus
antwortete: Der ist es, dem ich den Bissen Brot,
den ich eintauche, geben werde. Dann tauchte er
das Brot ein, nahm es und gab es Judas, dem Sohn
des Simon Iskariot. 27 Als Judas den Bissen Brot
genommen hatte, fuhr der Satan in ihn. Jesus sagte
zu ihm: Was du tun willst, das tu bald! 28 Aber kei-
ner der Anwesenden verstand, warum er ihm das
sagte. 29 Weil Judas die Kasse hatte, meinten einige,
Jesus wolle ihm sagen: Kaufe, was wir zum Fest
brauchen!, oder Jesus trage ihm auf, den Armen
etwas zu geben. 30 Als Judas den Bissen Brot ge-
nommen hatte, ging er sofort hinaus. Es war aber
Nacht.

21–30 || Mt 26,21–25; Mk 14,18–21; Lk 22,21–23 • 23: 19,26f; 20,3–10; 21,7.20–24 • 27: Lk 22,3

Das neue Gebot

31 Als Judas hinausgegangen war, sagte Jesus: Jetzt
ist der Menschensohn verherrlicht und Gott ist in
ihm verherrlicht. 32 Wenn Gott in ihm verherrlicht
ist, wird auch Gott ihn in sich verherrlichen, und
er wird ihn bald verherrlichen. 33 Meine Kinder, ich
bin nur noch kurze Zeit bei euch. Ihr werdet mich
suchen, und was ich den Juden gesagt habe, sage
ich jetzt auch euch: Wohin ich gehe, dorthin könnt
ihr nicht gelangen. 34 Ein neues Gebot gebe ich
euch: Liebt einander! Wie ich euch geliebt habe, so
sollt auch ihr einander lieben. 35 Daran werden alle
erkennen, dass ihr meine Jünger seid: wenn ihr
einander liebt.

31: 7,39; 12,16.23.28; 17,1.4f • 33: 7,33; 8,21 • 34: 1 Joh 2,7–11; 4,7–21

Jesu Wort an Petrus

36 Simon Petrus sagte zu ihm: Herr, wohin willst du
gehen? Jesus antwortete: Wohin ich gehe, dorthin
kannst du mir jetzt nicht folgen. Du wirst mir aber
später folgen. 37 Petrus sagte zu ihm: Herr, warum
kann ich dir jetzt nicht folgen? Mein Leben will ich
für dich hingeben. 38 Jesus entgegnete: Du willst
für mich dein Leben hingeben? Amen, amen, das
sage ich dir: Noch bevor der Hahn kräht, wirst du
mich dreimal verleugnen.

36: 21,18f • 37–38 || Mt 26,33–35; Mk 14,29–31; Lk 22,31–34

Das Gespräch über den Weg zum Vater

14 Euer Herz lasse sich nicht verwirren.
Glaubt an Gott und glaubt an mich! 2 Im
Haus meines Vaters gibt es viele Wohnungen.
Wenn es nicht so wäre, hätte ich euch dann gesagt:
Ich gehe, um einen Platz für euch vorzubereiten?
3 Wenn ich gegangen bin und einen Platz für euch
vorbereitet habe, komme ich wieder und werde
euch zu mir holen, damit auch ihr dort seid, wo
ich bin. 4 Und wohin ich gehe – den Weg dorthin
kennt ihr. 5 Thomas sagte zu ihm: Herr, wir wissen
nicht, wohin du gehst. Wie sollen wir dann den
Weg kennen? 6 Jesus sagte zu ihm: Ich bin der Weg
und die Wahrheit und das Leben; niemand kommt
zum Vater außer durch mich. 7 Wenn ihr mich
erkannt habt, werdet ihr auch meinen Vater erken-
nen. Schon jetzt kennt ihr ihn und habt ihn gese-
hen. 8 Philippus sagte zu ihm: Herr, zeig uns den
Vater; das genügt uns. 9 Jesus antwortete ihm:
Schon so lange bin ich bei euch und du hast mich
nicht erkannt, Philippus? Wer mich gesehen hat,
hat den Vater gesehen. Wie kannst du sagen: Zeig
uns den Vater? 10 Glaubst du nicht, dass ich im
Vater bin und dass der Vater in mir ist? Die Worte,
die ich zu euch sage, habe ich nicht aus mir selbst.
Der Vater, der in mir bleibt, vollbringt seine Werke.
11 Glaubt mir doch, dass ich im Vater bin und dass
der Vater in mir ist; wenn nicht, glaubt wenigstens
aufgrund der Werke! 12 Amen, amen, ich sage euch:
Wer an mich glaubt, wird die Werke, die ich voll-

bringe, auch vollbringen und er wird noch grö-
ßere vollbringen, denn ich gehe zum Vater. 13 Alles,
um was ihr in meinem Namen bittet, werde ich
tun, damit der Vater im Sohn verherrlicht wird.
14 Wenn ihr mich um etwas in meinem Namen bit-
tet, werde ich es tun.

2: 12,26; 13,33; 1 Thess 4,16f; 2 Kor 5,1 • 5: 11,16; 20,24 •
6: Mt 11,27; Lk 10,22 • 9: 17,21 • 11: 10,38 • 13–14: 15,7.16; 16,24f;
Mt 7,7–11; Mk 11,24; Lk 11,9–13

Trostworte an die Jünger

15 Wenn ihr mich liebt, werdet ihr meine Gebote
halten. 16 Und ich werde den Vater bitten und er
wird euch einen anderen Beistand geben, der für
immer bei euch bleiben soll. 17 Es ist der Geist der
Wahrheit, den die Welt nicht empfangen kann,
weil sie ihn nicht sieht und nicht kennt. Ihr aber
kennt ihn, weil er bei euch bleibt und in euch sein
wird. 18 Ich werde euch nicht als Waisen zurück-
lassen, sondern ich komme wieder zu euch. 19 Nur
noch kurze Zeit, und die Welt sieht mich nicht
mehr; ihr aber seht mich, weil ich lebe und weil
auch ihr leben werdet. 20 An jenem Tag werdet ihr
erkennen: Ich bin in meinem Vater, ihr seid in mir
und ich bin in euch. 21 Wer meine Gebote hat und
sie hält, der ist es, der mich liebt; wer mich aber
liebt, wird von meinem Vater geliebt werden und
auch ich werde ihn lieben und mich ihm offenba-
ren.

22 Judas – nicht der Judas Iskariot – fragte ihn:
Herr, warum willst du dich nur uns offenbaren
und nicht der Welt? 23 Jesus antwortete ihm: Wenn
jemand mich liebt, wird er an meinem Wort fest-
halten; mein Vater wird ihn lieben und wir werden
zu ihm kommen und bei ihm wohnen. 24 Wer mich
nicht liebt, hält an meinen Worten nicht fest. Und
das Wort, das ihr hört, stammt nicht von mir, son-
dern vom Vater, der mich gesandt hat.

25 Das habe ich zu euch gesagt, während ich noch
bei euch bin. 26 Der Beistand aber, der Heilige Geist,
den der Vater in meinem Namen senden wird, der
wird euch alles lehren und euch an alles erinnern,
was ich euch gesagt habe. 27 Frieden hinterlasse ich
euch, meinen Frieden gebe ich euch; nicht einen
Frieden, wie die Welt ihn gibt, gebe ich euch. Euer
Herz beunruhige sich nicht und verzage nicht.
28 Ihr habt gehört, dass ich zu euch sagte: Ich gehe
fort und komme wieder zu euch zurück. Wenn ihr
mich lieb hättet, würdet ihr euch freuen, dass ich
zum Vater gehe; denn der Vater ist größer als ich.
29 Jetzt schon habe ich es euch gesagt, bevor es
geschieht, damit ihr, wenn es geschieht, zum Glau-
ben kommt.

30 Ich werde nicht mehr viel zu euch sagen; denn es
kommt der Herrscher der Welt. Über mich hat er
keine Macht, 31 aber die Welt soll erkennen, dass
ich den Vater liebe und so handle, wie es mir der
Vater aufgetragen hat. Steht auf, wir wollen weg-
gehen von hier.

16: 14,26; 15,26; 16,7–14 • 17: 20,22 • 20: 10,38 • 23–24: 1 Joh 3,23f •
26: 14,16; 15,26; 16,7–14 • 27: 20,19.21 • 30–31: 12,31; Mk 14,41f;
Lk 4,6.13; 22,3.31.40.46

Weitere Reden Jesu zu seinen Jüngern: 15,1 – 16,33

Die Bildrede vom Fruchtbringen

15 Ich bin der wahre Weinstock und mein
Vater ist der Winzer. 2 Jede Rebe an mir, die
keine Frucht bringt, schneidet er ab und jede Rebe,
die Frucht bringt, reinigt er, damit sie mehr Frucht
bringt. 3 Ihr seid schon rein durch das Wort, das
ich zu euch gesagt habe. 4 Bleibt in mir, dann bleibe
ich in euch. Wie die Rebe aus sich keine Frucht
bringen kann, sondern nur, wenn sie am Wein-
stock bleibt, so könnt auch ihr keine Frucht brin-
gen, wenn ihr nicht in mir bleibt. 5 Ich bin der
Weinstock, ihr seid die Reben. Wer in mir bleibt
und in wem ich bleibe, der bringt reiche Frucht;
denn getrennt von mir könnt ihr nichts vollbrin-
gen. 6 Wer nicht in mir bleibt, wird wie die Rebe
weggeworfen und er verdorrt. Man sammelt die
Reben, wirft sie ins Feuer und sie verbrennen.
7 Wenn ihr in mir bleibt und wenn meine Worte in
euch bleiben, dann bittet um alles, was ihr wollt:
Ihr werdet es erhalten. 8 Mein Vater wird dadurch
verherrlicht, dass ihr reiche Frucht bringt und
meine Jünger werdet.

9 Wie mich der Vater geliebt hat, so habe auch ich
euch geliebt. Bleibt in meiner Liebe! 10 Wenn ihr
meine Gebote haltet, werdet ihr in meiner Liebe
bleiben, so wie ich die Gebote meines Vaters gehal-
ten habe und in seiner Liebe bleibe. 11 Dies habe

ich euch gesagt, damit meine Freude in euch ist
und damit eure Freude vollkommen wird. [12] Das
ist mein Gebot: Liebt einander, so wie ich euch
geliebt habe. [13] Es gibt keine größere Liebe, als
wenn einer sein Leben für seine Freunde hingibt.
[14] Ihr seid meine Freunde, wenn ihr tut, was ich
euch auftrage. [15] Ich nenne euch nicht mehr Knech-
te; denn der Knecht weiß nicht, was sein Herr tut.
Vielmehr habe ich euch Freunde genannt; denn
ich habe euch alles mitgeteilt, was ich von meinem
Vater gehört habe. [16] Nicht ihr habt mich erwählt,
sondern ich habe euch erwählt und dazu be-
stimmt, dass ihr euch aufmacht und Frucht bringt
und dass eure Frucht bleibt. Dann wird euch der
Vater alles geben, um was ihr ihn in meinem
Namen bittet. [17] Dies trage ich euch auf: Liebt ei-
nander!

1f: Jes 5,1; Jer 2,21; Ps 80,9–18; Sir 24,17 • 3: 13,10 • 6: Ez 15,2–6 • 7: 14,13; 15,16; Mt 7,7–11; Mk 11,24; Lk 11,9–13 • 9: 1 Joh 3,16; 4,7–9.19 • 11: 16,22–24; 17,13 • 12: 13,34 • 13: 1 Joh 3,16 • 15: 17,26 • 16: 13,18

Der Hass der Welt gegen die Jünger

[18] Wenn die Welt euch hasst, dann wisst, dass sie
mich schon vor euch gehasst hat. [19] Wenn ihr von
der Welt stammen würdet, würde die Welt euch als
ihr Eigentum lieben. Aber weil ihr nicht von der
Welt stammt, sondern weil ich euch aus der Welt
erwählt habe, darum hasst euch die Welt. [20] Denkt
an das Wort, das ich euch gesagt habe: Der Sklave
ist nicht größer als sein Herr. Wenn sie mich ver-
folgt haben, werden sie auch euch verfolgen; wenn
sie an meinem Wort festgehalten haben, werden
sie auch an eurem Wort festhalten. [21] Das alles wer-
den sie euch um meines Namens willen antun;
denn sie kennen den nicht, der mich gesandt
hat. [22] Wenn ich nicht gekommen wäre und nicht
zu ihnen gesprochen hätte, wären sie ohne Sün-
de; jetzt aber haben sie keine Entschuldigung für
ihre Sünde. [23] Wer mich hasst, hasst auch meinen
Vater. [24] Wenn ich bei ihnen nicht die Werke voll-
bracht hätte, die kein anderer vollbracht hat,
wären sie ohne Sünde. Jetzt aber haben sie (die
Werke) gesehen und doch hassen sie mich und
meinen Vater. [25] Aber das Wort sollte sich erfüllen,
das in ihrem Gesetz steht: *Ohne Grund haben sie*
mich gehasst. [26] Wenn aber der Beistand kommt,
den ich euch vom Vater aus senden werde, der
Geist der Wahrheit, der vom Vater ausgeht, dann
wird er Zeugnis für mich ablegen. [27] Und auch ihr
sollt Zeugnis ablegen, weil ihr von Anfang an bei
mir seid.

16 Das habe ich euch gesagt, damit ihr keinen
Anstoß nehmt. [2] Sie werden euch aus der
Synagoge ausstoßen, ja es kommt die Stunde, in
der jeder, der euch tötet, meint, Gott einen heili-
gen Dienst zu leisten.
[3] Das werden sie tun, weil sie weder den Vater noch
mich erkannt haben. [4a] Ich habe es euch gesagt,
damit ihr, wenn deren Stunde kommt, euch an
meine Worte erinnert.

15,18: Mt 10,22; Mk 13,13; Lk 21,17 • 20: 13,16; Mt 10,24; Lk 6,40 • 24: 9,41 • 25: Ps 35,19; 69,5 • 26: 14,16.26; 16,7–14 • 27: Apg 1,8.21f; 5,32 • 16,2: 9,22; 12,42; Mt 10,17; Lk 21,12 • 4a: Lk 22,53

Der Geist als Beistand und Lehrer

[4b] Das habe ich euch nicht gleich zu Anfang gesagt;
denn ich war ja bei euch. [5] Jetzt aber gehe ich zu
dem, der mich gesandt hat, und keiner von euch
fragt mich: Wohin gehst du? [6] Vielmehr ist euer
Herz von Trauer erfüllt, weil ich euch das gesagt
habe.
[7] Doch ich sage euch die Wahrheit: Es ist gut für
euch, dass ich fortgehe. Denn wenn ich nicht fort-
gehe, wird der Beistand nicht zu euch kommen;
gehe ich aber, so werde ich ihn zu euch senden.
[8] Und wenn er kommt, wird er die Welt überführen
(und aufdecken), was Sünde, Gerechtigkeit und
Gericht ist; [9] Sünde: dass sie nicht an mich glau-
ben; [10] Gerechtigkeit: dass ich zum Vater gehe und
ihr mich nicht mehr seht; [11] Gericht: dass der Herr-
scher dieser Welt gerichtet ist. [12] Noch vieles habe
ich euch zu sagen, aber ihr könnt es jetzt nicht tra-
gen. [13] Wenn aber jener kommt, der Geist der
Wahrheit, wird er euch in die ganze Wahrheit
führen. Denn er wird nicht aus sich selbst heraus
reden, sondern er wird sagen, was er hört, und
euch verkünden, was kommen wird. [14] Er wird
mich verherrlichen; denn er wird von dem, was
mein ist, nehmen und es euch verkünden. [15] Alles,
was der Vater hat, ist mein; darum habe ich gesagt:
Er nimmt von dem, was mein ist, und wird es euch
verkünden.

5: 13,36; 14,2f • 7: 14,16.26; 15,26 • 11: 12,31; 14,30 • 13: 20,22

Der Schmerz der Trennung –
Die Freude des Wiedersehens
16 Noch kurze Zeit, dann seht ihr mich nicht mehr,
und wieder eine kurze Zeit, dann werdet ihr mich
sehen. 17 Da sagten einige von seinen Jüngern zu-
einander: Was meint er damit, wenn er zu uns
sagt: Noch kurze Zeit, dann seht ihr mich nicht
mehr, und wieder eine kurze Zeit, dann werdet ihr
mich sehen? Und was bedeutet: Ich gehe zum
Vater? 18 Sie sagten: Was heißt das: eine kurze Zeit?
Wir wissen nicht, wovon er redet. 19 Jesus erkannte,
dass sie ihn fragen wollten, und sagte zu ihnen: Ihr
macht euch Gedanken darüber, dass ich euch ge-
sagt habe: Noch kurze Zeit, dann seht ihr mich
nicht mehr, und wieder eine kurze Zeit, dann wer-
det ihr mich sehen.
20 Amen, amen, ich sage euch: Ihr werdet weinen
und klagen, aber die Welt wird sich freuen; ihr
werdet bekümmert sein, aber euer Kummer wird
sich in Freude verwandeln. 21 Wenn die Frau ge-
bären soll, ist sie bekümmert, weil ihre Stunde da
ist; aber wenn sie das Kind geboren hat, denkt sie
nicht mehr an ihre Not über der Freude, dass ein
Mensch zur Welt gekommen ist. 22 So seid auch ihr
jetzt bekümmert, aber ich werde euch wiederse-
hen; dann wird euer Herz sich freuen und nie-
mand nimmt euch eure Freude.
23 An jenem Tag werdet ihr mich nichts mehr fra-
gen. Amen, amen, ich sage euch: Was ihr vom Va-
ter erbitten werdet, das wird er euch in meinem
Namen geben.
24 Bis jetzt habt ihr noch nichts in meinem Namen
erbeten. Bittet und ihr werdet empfangen, damit
eure Freude vollkommen ist.

22: 15,11; 17,13 • 23–24: 14,13; 15,16; Mt 7,7–11; Mk 11,24;
Lk 11,9–13

Bedrängnis und Friede
25 Dies habe ich in verhüllter Rede zu euch gesagt;
es kommt die Stunde, in der ich nicht mehr in ver-
hüllter Rede zu euch spreche, sondern euch offen
den Vater verkünden werde. 26 An jenem Tag wer-
det ihr in meinem Namen bitten und ich sage
nicht, dass ich den Vater für euch bitten werde;
27 denn der Vater selbst liebt euch, weil ihr mich
geliebt und weil ihr geglaubt habt, dass ich von
Gott ausgegangen bin. 28 Vom Vater bin ich ausge-
gangen und in die Welt gekommen; ich verlasse
die Welt wieder und gehe zum Vater.
29 Da sagten seine Jünger: Jetzt redest du offen und
sprichst nicht mehr in Gleichnissen. 30 Jetzt wissen
wir, dass du alles weißt und von niemand gefragt
zu werden brauchst. Darum glauben wir, dass du
von Gott gekommen bist. 31 Jesus erwiderte ihnen:
Glaubt ihr jetzt? 32 Die Stunde kommt und sie ist
schon da, in der ihr versprengt werdet, jeder in sein
Haus, und mich werdet ihr allein lassen. Aber ich
bin nicht allein, denn der Vater ist bei mir. 33 Dies
habe ich zu euch gesagt, damit ihr in mir Frieden
habt. In der Welt seid ihr in Bedrängnis; aber habt
Mut: Ich habe die Welt besiegt.

30: 11,42; 17,8 • 32: Sach 13,7; Mt 26,31f; Mk 14,27

Das Abschiedsgebet des Herrn:
17,1–26

Jesu Rechenschaft vor dem Vater
17 Dies sagte Jesus. Und er erhob seine Augen
zum Himmel und sprach: Vater, die Stunde
ist da. Verherrliche deinen Sohn, damit der Sohn
dich verherrlicht. 2 Denn du hast ihm Macht über
alle Menschen gegeben, damit er allen, die du ihm
gegeben hast, ewiges Leben schenkt. 3 Das ist das
ewige Leben: dich, den einzigen wahren Gott, zu
erkennen und Jesus Christus, den du gesandt hast.
4 Ich habe dich auf der Erde verherrlicht und das
Werk zu Ende geführt, das du mir aufgetragen
hast. 5 Vater, verherrliche du mich jetzt bei dir mit
der Herrlichkeit, die ich bei dir hatte, bevor die
Welt war.
6 Ich habe deinen Namen den Menschen offenbart,
die du mir aus der Welt gegeben hast. Sie gehörten
dir und du hast sie mir gegeben, und sie haben an
deinem Wort festgehalten. 7 Sie haben jetzt erkannt,
dass alles, was du mir gegeben hast, von dir ist.
8 Denn die Worte, die du mir gegeben hast, gab ich
ihnen und sie haben sie angenommen. Sie haben
wirklich erkannt, dass ich von dir ausgegangen
bin, und sie sind zu dem Glauben gekommen, dass
du mich gesandt hast.

1: 7,39; 8,54; 11,4; 12,16.23.28; 13,31f; 14,13; 15,8; 16,14 • 2: 3,15;
5,24; 6,40; 10,10.28 • 3: 1 Joh 5,20; 1 Kor 8,6 • 5: Joh 1,1f; 1 Joh 1,2;
Phil 2,6; Hebr 1,3 • 6: 17,26 • 8: 5,36; 6,57; 11,42; 17,25

Jesu Fürbitte für die Jünger

[9] Für sie bitte ich; nicht für die Welt bitte ich, sondern für alle, die du mir gegeben hast; denn sie gehören dir. [10] Alles, was mein ist, ist dein, und was dein ist, ist mein; in ihnen bin ich verherrlicht. [11] Ich bin nicht mehr in der Welt, aber sie sind in der Welt, und ich gehe zu dir. Heiliger Vater, bewahre sie in deinem Namen, den du mir gegeben hast, damit sie eins sind wie wir. [12] Solange ich bei ihnen war, bewahrte ich sie in deinem Namen, den du mir gegeben hast. Und ich habe sie behütet und keiner von ihnen ging verloren, außer dem Sohn des Verderbens, damit sich die Schrift erfüllt. [13] Aber jetzt gehe ich zu dir. Doch dies rede ich noch in der Welt, damit sie meine Freude in Fülle in sich haben. [14] Ich habe ihnen dein Wort gegeben und die Welt hat sie gehasst, weil sie nicht von der Welt sind, wie auch ich nicht von der Welt bin. [15] Ich bitte nicht, dass du sie aus der Welt nimmst, sondern dass du sie vor dem Bösen bewahrst. [16] Sie sind nicht von der Welt, wie auch ich nicht von der Welt bin. [17] Heilige sie in der Wahrheit; dein Wort ist Wahrheit. [18] Wie du mich in die Welt gesandt hast, so habe auch ich sie in die Welt gesandt. [19] Und ich heilige mich für sie, damit auch sie in der Wahrheit geheiligt sind.

12: 10,28; Ps 41,10 • 13: 15,11; 16,22 • 14: 15,19 • 15: Mt 6,13; 1 Joh 2,13f

Jesu Fürbitte für alle Glaubenden

[20] Aber ich bitte nicht nur für diese hier, sondern auch für alle, die durch ihr Wort an mich glauben. [21] Alle sollen eins sein: Wie du, Vater, in mir bist und ich in dir bin, sollen auch sie in uns sein, damit die Welt glaubt, dass du mich gesandt hast. [22] Und ich habe ihnen die Herrlichkeit gegeben, die du mir gegeben hast; denn sie sollen eins sein, wie wir eins sind, [23] ich in ihnen und du in mir. So sollen sie vollendet sein in der Einheit, damit die Welt erkennt, dass du mich gesandt hast und die Meinen ebenso geliebt hast wie mich. [24] Vater, ich will, dass alle, die du mir gegeben hast, dort bei mir sind, wo ich bin. Sie sollen meine Herrlichkeit sehen, die du mir gegeben hast, weil du mich schon geliebt hast vor der Erschaffung der Welt. [25] Gerechter Vater, die Welt hat dich nicht erkannt, ich aber habe dich erkannt und sie haben erkannt, dass du mich gesandt hast. [26] Ich habe ihnen deinen Namen bekannt gemacht und werde ihn bekannt machen, damit die Liebe, mit der du mich geliebt hast, in ihnen ist und damit ich in ihnen bin.

21: 10,30 • 24: 12,26; 14,3 • 26: 15,15

DIE ERHÖHUNG JESU: 18,1 – 20,29

Das Leiden Jesu: 18,1 – 19,42

Die Verhaftung

18 Nach diesen Worten ging Jesus mit seinen Jüngern hinaus, auf die andere Seite des Baches Kidron. Dort war ein Garten; in den ging er mit seinen Jüngern hinein. [2] Auch Judas, der Verräter, der ihn auslieferte, kannte den Ort, weil Jesus dort oft mit seinen Jüngern zusammengekommen war. [3] Judas holte die Soldaten und die Gerichtsdiener der Hohenpriester und der Pharisäer und sie kamen dorthin mit Fackeln, Laternen und Waffen. [4] Jesus, der alles wusste, was mit ihm geschehen sollte, ging hinaus und fragte sie: Wen sucht ihr? [5] Sie antworteten ihm: Jesus von Nazaret. Er sagte zu ihnen: Ich bin es. Auch Judas, der Verräter, stand bei ihnen. [6] Als er zu ihnen sagte: Ich bin es!, wichen sie zurück und stürzten zu Boden. [7] Er fragte sie noch einmal: Wen sucht ihr? Sie sagten: Jesus von Nazaret. [8] Jesus antwortete: Ich habe euch gesagt, dass ich es bin. Wenn ihr mich sucht, dann lasst diese gehen! [9] So sollte sich das Wort erfüllen, das er gesagt hatte: Ich habe keinen von denen verloren, die du mir gegeben hast. [10] Simon Petrus aber, der ein Schwert bei sich hatte, zog es, schlug nach dem Diener des Hohenpriesters und hieb ihm das rechte Ohr ab; der Diener hieß Malchus. [11] Da sagte Jesus zu Petrus: Steck das Schwert in die Scheide! Der Kelch, den mir der Vater gegeben hat – soll ich ihn nicht trinken?

1–2 ‖ Mt 26,30–36; Mk 14,26–32; Lk 22,39 • 3–11 ‖ Mt 26,47–56; Mk 14,43–50; Lk 22,47–53 • 9: 6,39; 10,28; 17,12 • 11: 12,27; Mt 20,22

Das Verhör vor Hannas und die Verleugnung durch Petrus

[12] Die Soldaten, ihre Befehlshaber und die Gerichtsdiener der Juden nahmen Jesus fest, fesselten ihn [13] und führten ihn zuerst zu Hannas; er war nämlich der Schwiegervater des Kajaphas, der in jenem Jahr Hoherpriester war. [14] Kajaphas aber war es, der den Juden den Rat gegeben hatte: Es ist besser, dass ein einziger Mensch für das Volk stirbt. [15] Simon Petrus und ein anderer Jünger folgten Jesus. Dieser Jünger war mit dem Hohenpriester bekannt und ging mit Jesus in den Hof des hohepriesterlichen Palastes. [16] Petrus aber blieb draußen am Tor stehen. Da kam der andere Jünger, der Bekannte des Hohenpriesters, heraus; er sprach mit der Pförtnerin und führte Petrus hinein. [17] Da sagte die Pförtnerin zu Petrus: Bist du nicht auch einer von den Jüngern dieses Menschen? Er antwortete: Nein. [18] Die Diener und die Knechte hatten sich ein Kohlenfeuer angezündet und standen dabei, um sich zu wärmen; denn es war kalt. Auch Petrus stand bei ihnen und wärmte sich.

[19] Der Hohepriester befragte Jesus über seine Jünger und über seine Lehre. [20] Jesus antwortete ihm: Ich habe offen vor aller Welt gesprochen. Ich habe immer in der Synagoge und im Tempel gelehrt, wo alle Juden zusammenkommen. Nichts habe ich im Geheimen gesprochen. [21] Warum fragst du mich? Frag doch die, die mich gehört haben, was ich zu ihnen gesagt habe; sie wissen, was ich geredet habe. [22] Auf diese Antwort hin schlug einer von den Knechten, der dabeistand, Jesus ins Gesicht und sagte: Redest du so mit dem Hohenpriester? [23] Jesus entgegnete ihm: Wenn es nicht recht war, was ich gesagt habe, dann weise es nach; wenn es aber recht war, warum schlägst du mich? [24] Danach schickte ihn Hannas gefesselt zum Hohenpriester Kajaphas. [25] Simon Petrus aber stand (am Feuer) und wärmte sich. Sie sagten zu ihm: Bist nicht auch du einer von seinen Jüngern? Er leugnete und sagte: Nein. [26] Einer von den Dienern des Hohenpriesters, ein Verwandter dessen, dem Petrus das Ohr abgehauen hatte, sagte: Habe ich dich nicht im Garten bei ihm gesehen? [27] Wieder leugnete Petrus und gleich darauf krähte ein Hahn.

13: Lk 3,2; Apg 4,6 • 14: 11,50 • 15–27 || Mt 26,58.69–75; Mk 14,54.66–72; Lk 22,54–62 • 19–24: Mt 26,63–65; 27,1; Mk 14,61–64; 15,1; Lk 22,66–71

Das Verhör und die Verurteilung durch Pilatus

[28] Von Kajaphas brachten sie Jesus zum Prätorium; es war früh am Morgen. Sie selbst gingen nicht in das Gebäude hinein, um nicht unrein zu werden, sondern das Paschalamm essen zu können. [29] Deshalb kam Pilatus zu ihnen heraus und fragte: Welche Anklage erhebt ihr gegen diesen Menschen? [30] Sie antworteten ihm: Wenn er kein Übeltäter wäre, hätten wir ihn dir nicht ausgeliefert. [31] Pilatus sagte zu ihnen: Nehmt ihr ihn doch und richtet ihn nach eurem Gesetz! Die Juden antworteten ihm: Uns ist es nicht gestattet, jemand hinzurichten. [32] So sollte sich das Wort Jesu erfüllen, mit dem er angedeutet hatte, auf welche Weise er sterben werde. [33] Pilatus ging wieder in das Prätorium hinein, ließ Jesus rufen und fragte ihn: Bist du der König der Juden? [34] Jesus antwortete: Sagst du das von dir aus, oder haben es dir andere über mich gesagt? [35] Pilatus entgegnete: Bin ich denn ein Jude? Dein eigenes Volk und die Hohenpriester haben dich an mich ausgeliefert. Was hast du getan? [36] Jesus antwortete: Mein Königtum ist nicht von dieser Welt. Wenn es von dieser Welt wäre, würden meine Leute kämpfen, damit ich den Juden nicht ausgeliefert würde. Aber mein Königtum ist nicht von hier. [37] Pilatus sagte zu ihm: Also bist du doch ein König? Jesus antwortete: Du sagst es, ich bin ein König. Ich bin dazu geboren und dazu in die Welt gekommen, dass ich für die Wahrheit Zeugnis ablege. Jeder, der aus der Wahrheit ist, hört auf meine Stimme. [38] Pilatus sagte zu ihm: Was ist Wahrheit?

Nachdem er das gesagt hatte, ging er wieder zu den Juden hinaus und sagte zu ihnen: Ich finde keinen Grund, ihn zu verurteilen. [39] Ihr seid gewohnt, dass ich euch am Paschafest einen Gefangenen freilasse. Wollt ihr also, dass ich euch den König der Juden freilasse? [40] Da schrien sie wieder: Nicht diesen, sondern Barabbas! Barabbas aber war ein Straßenräuber.

19 Darauf ließ Pilatus Jesus geißeln. [2] Die Soldaten flochten einen Kranz aus Dornen; den setzten sie ihm auf und legten ihm einen purpurroten Mantel um. [3] Sie stellten sich vor ihn hin und sagten: Heil dir, König der Juden! Und sie schlugen ihm ins Gesicht. [4] Pilatus ging wieder hinaus und sagte zu ihnen: Seht, ich bringe ihn zu euch heraus; ihr sollt wissen, dass ich keinen Grund finde, ihn zu verurteilen. [5] Jesus kam heraus; er trug die Dornenkrone und den purpurroten Mantel. Pilatus sagte zu ihnen: Seht, da ist der Mensch! [6] Als die Hohenpriester und ihre Diener ihn sahen, schrien sie: Ans Kreuz mit ihm, ans Kreuz mit ihm! Pilatus sagte zu ihnen: Nehmt ihr ihn und kreuzigt ihn! Denn ich finde keinen Grund, ihn zu verurteilen. [7] Die Juden entgegneten ihm: Wir haben ein Gesetz, und nach diesem Gesetz muss er sterben, weil er sich als Sohn Gottes ausgegeben hat.

[8] Als Pilatus das hörte, wurde er noch ängstlicher. [9] Er ging wieder in das Prätorium hinein und fragte Jesus: Woher stammst du? Jesus aber gab ihm keine Antwort. [10] Da sagte Pilatus zu ihm: Du sprichst nicht mit mir? Weißt du nicht, dass ich Macht habe, dich freizulassen, und Macht, dich zu kreuzigen? [11] Jesus antwortete: Du hättest keine Macht über mich, wenn es dir nicht von oben gegeben wäre; darum liegt größere Schuld bei dem, der mich dir ausgeliefert hat. [12] Daraufhin wollte Pilatus ihn freilassen, aber die Juden schrien: Wenn du ihn freilässt, bist du kein Freund des Kaisers; jeder, der sich als König ausgibt, lehnt sich gegen den Kaiser auf. [13] Auf diese Worte hin ließ Pilatus Jesus herausführen und er setzte sich auf den Richterstuhl an dem Platz, der Lithostrotos, auf Hebräisch Gabbata, heißt. [14] Es war am Rüsttag des Paschafestes, ungefähr um die sechste Stunde. Pilatus sagte zu den Juden: Da ist euer König! [15] Sie aber schrien: Weg mit ihm, kreuzige ihn! Pilatus aber sagte zu ihnen: Euren König soll ich kreuzigen? Die Hohenpriester antworteten: Wir haben keinen König außer dem Kaiser. [16a] Da lieferte er ihnen Jesus aus, damit er gekreuzigt würde.

18,28–38a || Mt 27,2.11–26; Mk 15,1–15; Lk 23,1–7.13–15 • 32: 3,14; 12,32f • 33: 12,13; 19,15.19–22 • 39–40: Mt 27,15–26; Mk 15,6–15; Lk 23,6–22 • 19,1–7 || Mt 27,27–31; Mk 15,16–20 • 7: 5,18; 10,33–36; Lev 24,16 • 9: 7,28; 8,42 • 14: 19,31.42; Mt 26,17; Mk 14,12; Lk 22,7

Die Hinrichtung Jesu

[16b] Sie übernahmen Jesus. [17] Er trug sein Kreuz und ging hinaus zur sogenannten Schädelhöhe, die auf Hebräisch Golgota heißt. [18] Dort kreuzigten sie ihn und mit ihm zwei andere, auf jeder Seite einen, in der Mitte Jesus. [19] Pilatus ließ auch ein Schild anfertigen und oben am Kreuz befestigen; die Inschrift lautete: Jesus von Nazaret, der König der Juden. [20] Dieses Schild lasen viele Juden, weil der Platz, wo Jesus gekreuzigt wurde, nahe bei der Stadt lag. Die Inschrift war hebräisch, lateinisch und griechisch abgefasst. [21] Die Hohenpriester der Juden sagten zu Pilatus: Schreib nicht: Der König der Juden, sondern dass er gesagt hat: Ich bin der König der Juden. [22] Pilatus antwortete: Was ich geschrieben habe, habe ich geschrieben.

[23] Nachdem die Soldaten Jesus ans Kreuz geschlagen hatten, nahmen sie seine Kleider und machten vier Teile daraus, für jeden Soldaten einen. Sie nahmen auch sein Untergewand, das von oben her ganz durchgewebt und ohne Naht war. [24] Sie sagten zueinander: Wir wollen es nicht zerteilen, sondern darum losen, wem es gehören soll. So sollte sich das Schriftwort erfüllen: *Sie verteilten meine Kleider unter sich und warfen das Los um mein Gewand.* Dies führten die Soldaten aus.

[25] Bei dem Kreuz Jesu standen seine Mutter und die Schwester seiner Mutter, Maria, die Frau des Klopas, und Maria von Magdala. [26] Als Jesus seine Mutter sah und bei ihr den Jünger, den er liebte, sagte er zu seiner Mutter: Frau, siehe, dein Sohn! [27] Dann sagte er zu dem Jünger: Siehe, deine Mutter! Und von jener Stunde an nahm sie der Jünger zu sich.

[28] Danach, als Jesus wusste, dass nun alles vollbracht war, sagte er, damit sich die Schrift erfüllte: Mich dürstet. [29] Ein Gefäß mit Essig stand da. Sie steckten einen Schwamm mit Essig auf einen Ysopzweig und hielten ihn an seinen Mund. [30] Als Jesus von dem Essig genommen hatte, sprach er: Es ist vollbracht! Und er neigte das Haupt und gab seinen Geist auf.

16b–22 || Mt 27,31.33.37–38; Mk 15,20.22.25–27; Lk 23,33.38 • 20: Hebr 13,12 • 23–24 || Mt 27,35; Mk 15,24; Lk 23,34 • 24: Ps 22,19 • 25–27 || Mt 27,55f; Mk 15,40f; Lk 23,49 • 28–30 || Mt 27,48–50; Mk 15,36f; Lk 23,44–49 • 28f: Ps 22,16; 69,22

Die Bestattung des Leichnams

[31] Weil Rüsttag war und die Körper während des Sabbats nicht am Kreuz bleiben sollten, baten die Juden Pilatus, man möge den Gekreuzigten die Beine zerschlagen und ihre Leichen dann abnehmen; denn dieser Sabbat war ein großer Feiertag.

32 Also kamen die Soldaten und zerschlugen dem
ersten die Beine, dann dem andern, der mit ihm
gekreuzigt worden war. 33 Als sie aber zu Jesus
kamen und sahen, dass er schon tot war, zerschlu-
gen sie ihm die Beine nicht, 34 sondern einer der
Soldaten stieß mit der Lanze in seine Seite, und
sogleich floß Blut und Wasser heraus. 35 Und der,
der es gesehen hat, hat es bezeugt, und sein Zeug-
nis ist wahr. Und er weiß, dass er Wahres berich-
tet, damit auch ihr glaubt. 36 Denn das ist gesche-
hen, damit sich das Schriftwort erfüllte: *Man soll
an ihm kein Gebein zerbrechen.* 37 Und ein anderes
Schriftwort sagt: *Sie werden auf den blicken, den sie
durchbohrt haben.*
38 Josef aus Arimathäa war ein Jünger Jesu, aber aus
Furcht vor den Juden nur heimlich. Er bat Pilatus,
den Leichnam Jesu abnehmen zu dürfen, und Pila-
tus erlaubte es. Also kam er und nahm den Leich-
nam ab. 39 Es kam auch Nikodemus, der früher ein-
mal Jesus bei Nacht aufgesucht hatte. Er brachte
eine Mischung aus Myrrhe und Aloe, etwa hun-
dert Pfund. 40 Sie nahmen den Leichnam Jesu und
umwickelten ihn mit Leinenbinden, zusammen
mit den wohlriechenden Salben, wie es beim jüdi-
schen Begräbnis Sitte ist. 41 An dem Ort, wo man
ihn gekreuzigt hatte, war ein Garten, und in dem
Garten war ein neues Grab, in dem noch niemand
bestattet worden war. 42 Wegen des Rüsttages der
Juden und weil das Grab in der Nähe lag, setzten
sie Jesus dort bei.

31: Ex 12,16; Dtn 21,23 • 35: 21,24 • 36: Ex 12,46; Ps 34,21 • 37: Sach 12,10 • 38–42 || Mt 27,57–60; Mk 15,42–46; Lk 23,50–54 • 39: 3,1–12; 7,50f • 40: 11,44

Osterberichte: 20,1–31

Die Entdeckung des leeren Grabes

20 Am ersten Tag der Woche kam Maria von
Magdala frühmorgens, als es noch dunkel
war, zum Grab und sah, dass der Stein vom Grab
weggenommen war. 2 Da lief sie schnell zu Simon
Petrus und dem Jünger, den Jesus liebte, und sagte
zu ihnen: Man hat den Herrn aus dem Grab weg-
genommen und wir wissen nicht, wohin man ihn
gelegt hat. 3 Da gingen Petrus und der andere Jün-
ger hinaus und kamen zum Grab; 4 sie liefen beide
zusammen dorthin, aber weil der andere Jünger
schneller war als Petrus, kam er als erster ans Grab.
5 Er beugte sich vor und sah die Leinenbinden lie-
gen, ging aber nicht hinein. 6 Da kam auch Simon
Petrus, der ihm gefolgt war, und ging in das Grab
hinein. Er sah die Leinenbinden liegen 7 und das
Schweißtuch, das auf dem Kopf Jesu gelegen hatte;
es lag aber nicht bei den Leinenbinden, sondern
zusammengebunden daneben an einer besonde-
ren Stelle. 8 Da ging auch der andere Jünger, der
zuerst an das Grab gekommen war, hinein; er sah
und glaubte. 9 Denn sie wussten noch nicht aus der
Schrift, dass er von den Toten auferstehen musste.
10 Dann kehrten die Jünger wieder nach Hause
zurück.

1–10 || Mt 28,1–8; Mk 16,1–8; Lk 24,1–11 • 2: 13,23; 19,26 • 5–6: 19,40 • 8–9: 2,22; Ps 16,8–11; Lk 24,25–27.44–46 • 9: Apg 2,24–31; 13,32–37; 1 Kor 15,4

Die Erscheinung Jesu vor Maria aus Magdala

11 Maria aber stand draußen vor dem Grab und
weinte. Während sie weinte, beugte sie sich in die
Grabkammer hinein. 12 Da sah sie zwei Engel in
weißen Gewändern sitzen, den einen dort, wo der
Kopf, den anderen dort, wo die Füße des Leich-
nams Jesu gelegen hatten. 13 Die Engel sagten zu
ihr: Frau, warum weinst du? Sie antwortete ihnen:
Man hat meinen Herrn weggenommen und ich
weiß nicht, wohin man ihn gelegt hat. 14 Als sie das
gesagt hatte, wandte sie sich um und sah Jesus
dastehen, wusste aber nicht, dass es Jesus war.
15 Jesus sagte zu ihr: Frau, warum weinst du? Wen
suchst du? Sie meinte, es sei der Gärtner, und sagte
zu ihm: Herr, wenn du ihn weggebracht hast, sag
mir, wohin du ihn gelegt hast. Dann will ich ihn
holen. 16 Jesus sagte zu ihr: Maria! Da wandte sie
sich ihm zu und sagte auf Hebräisch zu ihm: Rab-
buni!, das heißt: Meister. 17 Jesus sagte zu ihr: Halte
mich nicht fest; denn ich bin noch nicht zum Vater
hinaufgegangen. Geh aber zu meinen Brüdern
und sag ihnen: Ich gehe hinauf zu meinem Vater
und zu eurem Vater, zu meinem Gott und zu eu-
rem Gott. 18 Maria von Magdala ging zu den Jün-
gern und verkündete ihnen: Ich habe den Herrn
gesehen. Und sie richtete aus, was er ihr gesagt
hatte.

11–18 || Mt 28,9f; Mk 16,9–11 • 16: Mk 10,51

Die Beauftragung der Jünger

[19] Am Abend dieses ersten Tages der Woche, als die Jünger aus Furcht vor den Juden die Türen verschlossen hatten, kam Jesus, trat in ihre Mitte und sagte zu ihnen: Friede sei mit euch! [20] Nach diesen Worten zeigte er ihnen seine Hände und seine Seite. Da freuten sich die Jünger, dass sie den Herrn sahen. [21] Jesus sagte noch einmal zu ihnen: Friede sei mit euch! Wie mich der Vater gesandt hat, so sende ich euch.

[22] Nachdem er das gesagt hatte, hauchte er sie an und sprach zu ihnen: Empfangt den Heiligen Geist! [23] Wem ihr die Sünden vergebt, dem sind sie vergeben; wem ihr die Vergebung verweigert, dem ist sie verweigert.

19–23 ‖ Mk 16,14–18; Lk 24,36–39 • 22: 14,17.26; 15,26 • 23: Mt 16,19

Jesus und Thomas

[24] Thomas, genannt Didymus (Zwilling), einer der Zwölf, war nicht bei ihnen, als Jesus kam. [25] Die anderen Jünger sagten zu ihm: Wir haben den Herrn gesehen. Er entgegnete ihnen: Wenn ich nicht die Male der Nägel an seinen Händen sehe und wenn ich meinen Finger nicht in die Male der Nägel und meine Hand nicht in seine Seite lege, glaube ich nicht. [26] Acht Tage darauf waren seine Jünger wieder versammelt und Thomas war dabei. Die Türen waren verschlossen. Da kam Jesus, trat in ihre Mitte und sagte: Friede sei mit euch! [27] Dann sagte er zu Thomas: Streck deinen Finger aus – hier sind meine Hände! Streck deine Hand aus und leg sie in meine Seite und sei nicht ungläubig, sondern gläubig! [28] Thomas antwortete ihm: Mein Herr und mein Gott! [29] Jesus sagte zu ihm: Weil du mich gesehen hast, glaubst du. Selig sind, die nicht sehen und doch glauben.

24: 11,16; 14,5; 21,2

DER EPILOG: 20,30–31

[30] Noch viele andere Zeichen, die in diesem Buch nicht aufgeschrieben sind, hat Jesus vor den Augen seiner Jünger getan. [31] Diese aber sind aufgeschrieben, damit ihr glaubt, dass Jesus der Messias ist, der Sohn Gottes, und damit ihr durch den Glauben das Leben habt in seinem Namen.

NACHTRAG ZUM EVANGELIUM: 21,1–25

Die Erscheinung des Auferstandenen am See

21 Danach offenbarte sich Jesus den Jüngern noch einmal. Es war am See von Tiberias und er offenbarte sich in folgender Weise. [2] Simon Petrus, Thomas, genannt Didymus (Zwilling), Natanaël aus Kana in Galiläa, die Söhne des Zebedäus und zwei andere von seinen Jüngern waren zusammen. [3] Simon Petrus sagte zu ihnen: Ich gehe fischen. Sie sagten zu ihm: Wir kommen auch mit. Sie gingen hinaus und stiegen in das Boot. Aber in dieser Nacht fingen sie nichts. [4] Als es schon Morgen wurde, stand Jesus am Ufer. Doch die Jünger wussten nicht, dass es Jesus war. [5] Jesus sagte zu ihnen: Meine Kinder, habt ihr nicht etwas zu essen? Sie antworteten ihm: Nein. [6] Er aber sagte zu ihnen: Werft das Netz auf der rechten Seite des Bootes aus und ihr werdet etwas fangen. Sie warfen das Netz aus und konnten es nicht wieder einholen, so voller Fische war es. [7] Da sagte der Jünger, den Jesus liebte, zu Petrus: Es ist der Herr! Als Simon Petrus hörte, dass es der Herr sei, gürtete er sich das Obergewand um, weil er nackt war, und sprang in den See. [8] Dann kamen die anderen Jünger mit dem Boot – sie waren nämlich nicht weit vom Land entfernt, nur etwa zweihundert Ellen – und zogen das Netz mit den Fischen hinter sich her. [9] Als sie an Land gingen, sahen sie am Boden ein Kohlenfeuer und darauf Fisch und Brot. [10] Jesus sagte zu ihnen: Bringt von den Fischen, die ihr gerade gefangen habt. [11] Da ging Simon Petrus und zog das Netz an Land. Es war mit hundertdreiundfünfzig großen Fischen gefüllt, und ob-

wohl es so viele waren, zerriss das Netz nicht.
12 Jesus sagte zu ihnen: Kommt her und esst! Kei-
ner von den Jüngern wagte ihn zu fragen: Wer bist
du? Denn sie wussten, dass es der Herr war. 13 Jesus
trat heran, nahm das Brot und gab es ihnen,
ebenso den Fisch. 14 Dies war schon das dritte Mal,
dass Jesus sich den Jüngern offenbarte, seit er von
den Toten auferstanden war.

2: 11,16; 14,5; 20,24; 1,45f • 5: Lk 24,41 • 6: Lk 5,4–7 • 7: 13,23; 19,26f; 20,2 • 14: 20,19–23.26–29

Das Wort des Auferstandenen an Petrus

15 Als sie gegessen hatten, sagte Jesus zu Simon
Petrus: Simon, Sohn des Johannes, liebst du mich
mehr als diese? Er antwortete ihm: Ja, Herr, du
weißt, dass ich dich liebe. Jesus sagte zu ihm: Weide
meine Lämmer! 16 Zum zweiten Mal fragte er ihn:
Simon, Sohn des Johannes, liebst du mich? Er ant-
wortete ihm: Ja, Herr, du weißt, dass ich dich liebe.
Jesus sagte zu ihm: Weide meine Schafe! 17 Zum
dritten Mal fragte er ihn: Simon, Sohn des Johan-
nes, liebst du mich? Da wurde Petrus traurig, weil
Jesus ihn zum dritten Mal gefragt hatte: Hast du
mich lieb? Er gab ihm zu Antwort: Herr, du weißt
alles; du weißt, dass ich dich lieb habe. Jesus sagte
zu ihm: Weide meine Schafe! 18 Amen, amen, das
sage ich dir: Als du noch jung warst, hast du dich
selbst gegürtet und konntest gehen, wohin du
wolltest. Wenn du aber alt geworden bist, wirst du
deine Hände ausstrecken und ein anderer wird
dich gürten und dich führen, wohin du nicht
willst. 19 Das sagte Jesus, um anzudeuten, durch
welchen Tod er Gott verherrlichen würde. Nach
diesen Worten sagte er zu ihm: Folge mir nach!
20 Petrus wandte sich um und sah, wie der Jünger,
den Jesus liebte, (diesem) folgte. Es war der Jün-
ger, der sich bei jenem Mahl an die Brust Jesu
gelehnt und ihn gefragt hatte: Herr, wer ist es, der
dich verraten wird? 21 Als Petrus diesen Jünger sah,
fragte er Jesus: Herr, was wird denn mit ihm?
22 Jesus antwortete ihm: Wenn ich will, dass er bis
zu meinem Kommen bleibt, was geht das dich an?
Du aber folge mir nach! 23 Da verbreitete sich unter
den Brüdern die Meinung: Jener Jünger stirbt
nicht. Doch Jesus hatte zu Petrus nicht gesagt: Er
stirbt nicht, sondern: Wenn ich will, dass er bis zu
meinem Kommen bleibt, was geht das dich an?

15: Mt 16,18; Lk 22,31f; 1 Petr 5,4 • 17: 13,36–38; 18,17.25–27 • 19: 11,22; Mt 8,22 • 20: 13,25 • 22: 21,19

Schlussbemerkung der Herausgeber des Evangeliums

24 Dieser Jünger ist es, der all das bezeugt und der
es aufgeschrieben hat; und wir wissen, dass sein
Zeugnis wahr ist. 25 Es gibt aber noch vieles andere,
was Jesus getan hat. Wenn man alles aufschrei-
ben wollte, so könnte, wie ich glaube, die ganze
Welt die Bücher nicht fassen, die man schreiben
müsste.

24: 19,35

DIE APOSTELGESCHICHTE

Das Buch trägt in den griechischen Textausgaben seit dem 2. Jahrhundert den Titel »Taten der Apostel«. Es wird in ihm jedoch hauptsächlich von der Tätigkeit der Apostel Petrus und Johannes und von dem missionarischen Wirken des Paulus erzählt, darüber hinaus noch vor allem von Stephanus, Philippus, Barnabas und Jakobus. Als Verfasser gilt der altkirchlichen Tradition Lukas, dem auch das dritte Evangelium zugeschrieben wird (entstanden zwischen 80 und 90 n. Chr.), das er in Apg 1,1 sein »erstes Buch« nennt.

Den unmittelbaren Anlass zur Abfassung des Werkes kennen wir nicht mehr. Lukas berichtet über die Zeit nach Ostern: wie der »Missionsbefehl« Jesu (Lk 24,47; Apg 1,8) von Jerusalem aus »in ganz Judäa und Samarien und bis an die Grenzen der Erde« ausgeführt wurde, wobei »die Grenzen der Erde« mit Rom, der Hauptstadt des römischen Reiches, erreicht sind (28,16–31). Doch wird dabei nicht alles erzählt, sondern nur wichtige Episoden, Einzelereignisse (wie die Ausgießung des Geistes an Pfingsten, die »Bekehrung« des Paulus und das »Apostelkonzil«) werden erwähnt. Breiten Raum in der Schilderung nehmen die »Missionsreisen« ein. Die Apostelgeschichte ist deshalb keine «Geschichte der Urkirche», sondern eine »Missionschronik«, die den Weg des Evangeliums von den Juden und Samaritern zu den Heiden zeigt. Diese Missionschronik weist drei Teile auf, die geographisch orientiert sind: die Kirche in Jerusalem (1,4 – 8,3), die Kirche in Judäa und Samarien (8,4 – 12,25), die Kirche unter den Völkern (13,1 – 28,31). Ihre »Mitte« bildet die Erzählung über das »Apostelkonzil« (Apg 15), auf dem die mit Paulus und Barnabas in Jerusalem versammelten Apostel und Ältesten die Entscheidung fällen, dass die Heidenchristen sich nicht der Beschneidung und den Weisungen des jüdischen Gesetzes zu unterwerfen haben.

Woher Lukas sein Wissen über das von ihm Erzählte hat, entzieht sich unserer Kenntnis. Es besteht jedoch kein Zweifel, dass er auf Überlieferungen zurückgreifen konnte; deren Umfang und Inhalt sind aber nur schwer zu bestimmen. Sicher ist jedenfalls, dass er die Briefe des Paulus bei der Abfassung der Apostelgeschichte nicht benutzt hat.

Was Lukas seinen Lesern theologisch sagen will, geht vor allem aus den Reden hervor, die in der Apostelgeschichte eine wichtige Rolle spielen: Jetzt ist die Zeit der Kirche und das ist für Lukas die Zeit des Heiligen Geistes, die die Zeit des Alten Bundes abgelöst hat und die Zeit Jesu in die Gegenwart verlängert. Der Heilige Geist lenkt das Leben der Kirche und die Wege der Missionare. Die »Naherwartung« der Wiederkunft Jesu tritt deshalb zurück; jedoch ist Lukas wie die Verfasser der übrigen Schriften des Neuen Testaments überzeugt, dass die Endzeit bereits angebrochen ist. Das Heil, das Christus gebracht hat, wird von den Missionaren nochmals den Juden angeboten, aber bald auch den Heiden. Mit der Ankunft des Paulus in Rom wird endgültig sichtbar, dass das Herz des jüdischen Volkes dem Evangelium gegenüber »verstockt« bleibt und das Heil den Heiden gesandt wird, »und sie werden es hören« (28,28; vgl. auch 13,46f; 18,6). So ist ein Hauptziel der »Geschichtsschreibung« des Lukas in der Apostelgeschichte, die allmähliche Loslösung der Kirche von Israel zu beschreiben. Am Ende stehen sich Kirche und Judentum als zwei voneinander getrennte Größen gegenüber.

DAS VORWORT: 1,1–3

1 Im ersten Buch, lieber Theophilus, habe ich
über alles berichtet, was Jesus getan und
gelehrt hat, 2 bis zu dem Tag, an dem er (in den
Himmel) aufgenommen wurde. Vorher hat er
durch den Heiligen Geist den Aposteln, die er sich
erwählt hatte, Anweisungen gegeben.
3 Ihnen hat er nach seinem Leiden durch viele
Beweise gezeigt, dass er lebt; vierzig Tage hindurch
ist er ihnen erschienen und hat vom Reich Gottes
gesprochen.

1: Lk 1,1–4 • 2: Lk 24,49; 1 Tim 3,16; Lk 24,44–48; Joh 20,22 •
3: 10,41; 13,31

DIE KIRCHE IN JERUSALEM: 1,4 – 8,3

Letzte Anweisungen und Belehrungen des Auferstandenen

4 Beim gemeinsamen Mahl gebot er ihnen: Geht
nicht weg von Jerusalem, sondern wartet auf die
Verheißung des Vaters, die ihr von mir vernom-
men habt. 5 Johannes hat mit Wasser getauft, ihr
aber werdet schon in wenigen Tagen mit dem Hei-
ligen Geist getauft. 6 Als sie nun beisammen waren,
fragten sie ihn: Herr, stellst du in dieser Zeit das
Reich für Israel wieder her? 7 Er sagte zu ihnen:
Euch steht es nicht zu, Zeiten und Fristen zu erfah-
ren, die der Vater in seiner Macht festgesetzt hat.
8 Aber ihr werdet die Kraft des Heiligen Geistes
empfangen, der auf euch herabkommen wird; und
ihr werdet meine Zeugen sein in Jerusalem und in
ganz Judäa und Samarien und bis an die Grenzen
der Erde.

4: Lk 24,49 • 5: 11,16; Mt 3,11 • 8: 2,1–13; 10,39; Mt 28,19;
Mk 16,15; Lk 24,47f

Die Himmelfahrt Jesu

9 Als er das gesagt hatte, wurde er vor ihren Augen
emporgehoben, und eine Wolke nahm ihn auf und
entzog ihn ihren Blicken. 10 Während sie unver-
wandt ihm nach zum Himmel emporschauten,
standen plötzlich zwei Männer in weißen Gewän-
dern bei ihnen 11 und sagten: Ihr Männer von
Galiläa, was steht ihr da und schaut zum Himmel
empor? Dieser Jesus, der von euch ging und in den
Himmel aufgenommen wurde, wird ebenso wie-
derkommen, wie ihr ihn habt zum Himmel hin-
gehen sehen.

9: Mk 16,19; Lk 24,51; 1 Tim 3,16; 1 Petr 3,22 • 11: Offb 1,7

Betende Gemeinde

12 Dann kehrten sie vom Ölberg, der nur einen
Sabbatweg von Jerusalem entfernt ist, nach Jeru-
salem zurück. 13 Als sie in die Stadt kamen, gingen
sie in das Obergemach hinauf, wo sie nun ständig
blieben: Petrus und Johannes, Jakobus und An-
dreas, Philippus und Thomas, Bartholomäus und
Matthäus, Jakobus, der Sohn des Alphäus, und
Simon, der Zelot, sowie Judas, der Sohn des Jako-
bus. 14 Sie alle verharrten dort einmütig im Gebet,
zusammen mit den Frauen und mit Maria, der
Mutter Jesu, und mit seinen Brüdern.

13: Lk 6,14–16 • 14: Lk 23,49

Die Wahl des Matthias zum Apostel

15 In diesen Tagen erhob sich Petrus im Kreis der
Brüder – etwa hundertzwanzig waren zusammen-
gekommen – und sagte: 16 Brüder! Es musste sich
das Schriftwort erfüllen, das der Heilige Geist
durch den Mund Davids im voraus über Judas
gesprochen hat. Judas wurde zum Anführer de-
rer, die Jesus gefangen nahmen. 17 Er wurde zu
uns gezählt und hatte Anteil am gleichen Dienst.
18 Mit dem Lohn für seine Untat kaufte er sich ein
Grundstück. Dann aber stürzte er vornüber zu
Boden, sein Leib barst auseinander und alle Ein-
geweide fielen heraus. 19 Das wurde allen Einwoh-
nern von Jerusalem bekannt; deshalb nannten sie
jenes Grundstück in ihrer Sprache Hakeldamach,
das heißt Blutacker. 20 Denn es steht im Buch der
Psalmen: *Sein Gehöft soll veröden, niemand soll
darin wohnen!* und: *Sein Amt soll ein anderer erhal-
ten!* 21 Einer von den Männern, die die ganze Zeit
mit uns zusammen waren, als Jesus, der Herr, bei
uns ein und aus ging, 22 angefangen von der Taufe

durch Johannes bis zu dem Tag, an dem er von uns
ging und (in den Himmel) aufgenommen wur-
de, – einer von diesen muss nun zusammen mit
uns Zeuge seiner Auferstehung sein. 23 Und sie
stellten zwei Männer auf: Josef, genannt Barsab-
bas, mit dem Beinamen Justus, und Matthias.
24 Dann beteten sie: Herr, du kennst die Herzen
aller; zeige, wen von diesen beiden du erwählt hast,
25 diesen Dienst und dieses Apostelamt zu über-
nehmen. Denn Judas hat es verlassen und ist an
den Ort gegangen, der ihm bestimmt war. 26 Dann
gaben sie ihnen Lose; das Los fiel auf Matthias und
er wurde den elf Aposteln zugerechnet.

16: Lk 22,47 • 18: Mt 27,3–10 • 20: Ps 69,26; 109,8 • 21: Joh 15,27 •
24: 15,8 • 26: 1 Sam 14,41f; Spr 16,33

Das Pfingstereignis

2 Als der Pfingsttag gekommen war, befanden
sich alle am gleichen Ort. 2 Da kam plötzlich
vom Himmel her ein Brausen, wie wenn ein hef-
tiger Sturm daherfährt, und erfüllte das ganze
Haus, in dem sie waren. 3 Und es erschienen ihnen
Zungen wie von Feuer, die sich verteilten; auf
jeden von ihnen ließ sich eine nieder. 4 Alle wur-
den mit dem Heiligen Geist erfüllt und begannen,
in fremden Sprachen zu reden, wie es der Geist
ihnen eingab. 5 In Jerusalem aber wohnten Juden,
fromme Männer aus allen Völkern unter dem
Himmel. 6 Als sich das Getöse erhob, strömte die
Menge zusammen und war ganz bestürzt; denn
jeder hörte sie in seiner Sprache reden. 7 Sie gerie-
ten außer sich vor Staunen und sagten: Sind das
nicht alles Galiläer, die hier reden? 8 Wieso kann sie
jeder von uns in seiner Muttersprache hören:
9 Parther, Meder und Elamiter, Bewohner von
Mesopotamien, Judäa und Kappadozien, von
Pontus und der Provinz Asien, 10 von Phrygien
und Pamphylien, von Ägypten und dem Gebiet
Libyens nach Zyrene hin, auch die Römer, die sich
hier aufhalten, 11 Juden und Proselyten, Kreter und
Araber, wir hören sie in unseren Sprachen Gottes
große Taten verkünden. 12 Alle gerieten außer sich
und waren ratlos. Die einen sagten zueinander:
Was hat das zu bedeuten? 13 Andere aber spotteten:
Sie sind vom süßen Wein betrunken.

1: 1,14; Lev 23,15–21 • 3: Lk 3,16 • 4: 4,31; 8,15.17; 10,44; 11,15;
15,8; 19,2.6 • 6: 2,11; 10,46; 19,6; Mk 16,17; 1 Kor 12,10.28.30;
14,1–39 • 12: 1 Kor 14,23

Die Pfingstpredigt des Petrus

14 Da trat Petrus auf, zusammen mit den Elf; er
erhob seine Stimme und begann zu reden: Ihr
Juden und alle Bewohner von Jerusalem! Dies sollt
ihr wissen, achtet auf meine Worte! 15 Diese Män-
ner sind nicht betrunken, wie ihr meint; es ist ja
erst die dritte Stunde am Morgen; 16 sondern jetzt
geschieht, was durch den Propheten Joël gesagt
worden ist:
17 In den letzten Tagen *wird es geschehen, / so*
spricht Gott: */ Ich werde von meinem Geist aus-*
gießen / über alles Fleisch. / Eure Söhne und eure
Töchter werden Propheten sein, / eure jungen Män-
ner werden Visionen haben, / und eure Alten wer-
den Träume haben.
18 *Auch über meine Knechte und Mägde / werde ich*
von meinem Geist ausgießen / in jenen Tagen und
sie werden Propheten sein.
19 *Ich werde Wunder erscheinen lassen* droben *am*
Himmel / und Zeichen unten *auf der Erde: / Blut*
und Feuer und qualmenden Rauch.
20 *Die Sonne wird sich in Finsternis verwandeln /*
und der Mond in Blut, / ehe der Tag des Herrn
kommt, / der große und herrliche Tag.
21 *Und es wird geschehen: / Jeder, der den Namen des*
Herrn anruft, / wird gerettet.
22 Israeliten, hört diese Worte: Jesus, den Nazoräer,
den Gott vor euch beglaubigt hat durch macht-
volle Taten, Wunder und Zeichen, die er durch ihn
in eurer Mitte getan hat, wie ihr selbst wisst –
23 ihn, der nach Gottes beschlossenem Willen und
Vorauswissen hingegeben wurde, habt ihr durch
die Hand von Gesetzlosen ans Kreuz geschlagen
und umgebracht. 24 Gott aber hat ihn von den
Wehen des Todes befreit und auferweckt; denn es
war unmöglich, dass er vom Tod festgehalten
wurde. 25 David nämlich sagt über ihn:
Ich habe den Herrn beständig vor Augen. / Er steht
mir zur Rechten, ich wanke nicht.
26 *Darum freut sich mein Herz / und frohlockt meine*
Zunge / und auch mein Leib wird in sicherer Hoff-
nung ruhen;
27 *denn du gibst mich nicht der Unterwelt preis, /*
noch lässt du deinen Frommen die Verwesung
schauen.
28 *Du zeigst mir die Wege zum Leben, / du erfüllst*
mich mit Freude vor deinem Angesicht.

29 Brüder, ich darf freimütig zu euch über den
Patriarchen David reden: Er starb und wurde
begraben und sein Grabmal ist bei uns erhalten bis
auf den heutigen Tag. 30 Da er ein Prophet war und
wusste, dass Gott *ihm* den Eid *geschworen hatte,*
einer von seinen Nachkommen werde auf seinem
Thron sitzen, 31 sagte er vorausschauend über die
Auferstehung des Christus: *Er gibt ihn nicht der*
Unterwelt preis und sein Leib schaut die Verwesung
nicht. 32 Diesen Jesus hat Gott auferweckt, da-
für sind wir alle Zeugen. 33 Nachdem er durch die
rechte Hand Gottes erhöht worden war und vom
Vater den verheißenen Heiligen Geist empfangen
hatte, hat er ihn ausgegossen, wie ihr seht und
hört. 34 David ist nicht zum Himmel aufgestiegen;
vielmehr sagt er selbst:
Es sprach der Herr zu meinem Herrn: / Setze dich
mir zur Rechten,
35 *und ich lege dir deine Feinde / als Schemel unter*
die Füße.
36 Mit Gewissheit erkenne also das ganze Haus
Israel: Gott hat ihn zum Herrn und Messias ge-
macht, diesen Jesus, den ihr gekreuzigt habt.

17: Joël 3,1–5 • 19: 5,12 • 21: Röm 10,13 • 22: 10,38; Lk 24,19 •
23: 1 Thess 2,15 • 25: Ps 16,8–11 G • 30: Ps 132,11; 2 Sam 7,12f •
31: 13,35; Ps 16,10 • 34: Ps 110,1

Erste Bekehrungen

37 Als sie das hörten, traf es sie mitten ins Herz, und
sie sagten zu Petrus und den übrigen Aposteln:
Was sollen wir tun, Brüder? 38 Petrus antwortete
ihnen: Kehrt um und jeder von euch lasse sich auf
den Namen Jesu Christi taufen zur Vergebung sei-
ner Sünden; dann werdet ihr die Gabe des Heili-
gen Geistes empfangen. 39 Denn euch und euren
Kindern gilt die Verheißung und all *denen in der*
Ferne, die der Herr, unser Gott, herbeirufen wird.
40 Mit noch vielen anderen Worten beschwor und
ermahnte er sie: Lasst euch retten aus dieser ver-
dorbenen Generation! 41 Die nun, die sein Wort
annahmen, ließen sich taufen. An diesem Tag wur-
den (ihrer Gemeinschaft) etwa dreitausend Men-
schen hinzugefügt. 42 Sie hielten an der Lehre der
Apostel fest und an der Gemeinschaft, am Brechen
des Brotes und an den Gebeten.

37: Lk 3,10 • 38: Lk 3,3 • 39: Jes 57,19; Eph 2,17 • 40: Dtn 32,5;
Ps 78,8; Lk 9,41; Phil 2,15

Das Leben der jungen Gemeinde

43 Alle wurden von Furcht ergriffen; denn durch
die Apostel geschahen viele Wunder und Zeichen.
44 Und alle, die gläubig geworden waren, bildeten
eine Gemeinschaft und hatten alles gemeinsam.
45 Sie verkauften Hab und Gut und gaben davon
allen, jedem so viel, wie er nötig hatte. 46 Tag für
Tag verharrten sie einmütig im Tempel, brachen in
ihren Häusern das Brot und hielten miteinander
Mahl in Freude und Einfalt des Herzens. 47 Sie lob-
ten Gott und waren beim ganzen Volk beliebt. Und
der Herr fügte täglich ihrer Gemeinschaft die
hinzu, die gerettet werden sollten.

43: 5,12 • 44: 4,32–35 • 46: Lk 24,53

Die Heilung des Gelähmten im Tempel

3 Petrus und Johannes gingen um die neunte
Stunde zum Gebet in den Tempel hinauf. 2 Da
wurde ein Mann herbeigetragen, der von Geburt
an gelähmt war. Man setzte ihn täglich an das Tor
des Tempels, das man die Schöne Pforte nennt;
dort sollte er bei denen, die in den Tempel gingen,
um Almosen betteln. 3 Als er nun Petrus und
Johannes in den Tempel gehen sah, bat er sie um
ein Almosen. 4 Petrus und Johannes blickten ihn
an und Petrus sagte: Sieh uns an! 5 Da wandte er
sich ihnen zu und erwartete, etwas von ihnen zu
bekommen.
6 Petrus aber sagte: Silber und Gold besitze ich
nicht. Doch was ich habe, das gebe ich dir: Im
Namen Jesu Christi, des Nazoräers, geh umher!
7 Und er fasste ihn an der rechten Hand und rich-
tete ihn auf. Sogleich kam Kraft in seine Füße und
Gelenke; 8 er sprang auf, konnte stehen und ging
umher. Dann ging er mit ihnen in den Tempel, lief
und sprang umher und lobte Gott. 9 Alle Leute
sahen ihn umhergehen und Gott loben. 10 Sie
erkannten ihn als den, der gewöhnlich an der
Schönen Pforte des Tempels saß und bettelte. Und
sie waren voll Verwunderung und Staunen über
das, was mit ihm geschehen war.

2–8: 14,8–10

Die Rede des Petrus auf dem Tempelplatz

11 Da er sich Petrus und Johannes anschloss, lief
das ganze Volk bei ihnen in der sogenannten Halle
Salomos zusammen, außer sich vor Staunen. 12 Als

Petrus das sah, wandte er sich an das Volk: Israeliten, was wundert ihr euch darüber? Was starrt ihr uns an, als hätten wir aus eigener Kraft oder Frömmigkeit bewirkt, dass dieser gehen kann? [13] Der Gott Abrahams, Isaaks und Jakobs, der Gott unserer Väter, hat seinen Knecht Jesus verherrlicht, den ihr verraten und vor Pilatus verleugnet habt, obwohl dieser entschieden hatte, ihn freizulassen. [14] Ihr aber habt den Heiligen und Gerechten verleugnet und die Freilassung eines Mörders gefordert. [15] Den Urheber des Lebens habt ihr getötet, aber Gott hat ihn von den Toten auferweckt. Dafür sind wir Zeugen. [16] Und weil er an seinen Namen geglaubt hat, hat dieser Name den Mann hier, den ihr seht und kennt, zu Kräften gebracht; der Glaube, der durch ihn kommt, hat ihm vor euer aller Augen die volle Gesundheit geschenkt. [17] Nun, Brüder, ich weiß, ihr habt aus Unwissenheit gehandelt, ebenso wie eure Führer. [18] Gott aber hat auf diese Weise erfüllt, was er durch den Mund aller Propheten im voraus verkündigt hat: dass sein Messias leiden werde.

[19] Also kehrt um und tut Buße, damit eure Sünden getilgt werden [20] und der Herr Zeiten des Aufatmens kommen lässt und Jesus sendet als den für euch bestimmten Messias. [21] Ihn muss freilich der Himmel aufnehmen bis zu den Zeiten der Wiederherstellung von allem, die Gott von jeher durch den Mund seiner heiligen Propheten verkündet hat. [22] Mose hat gesagt: *Einen Propheten wie mich wird euch der Herr, euer Gott, aus euren Brüdern erwecken. Auf ihn sollt ihr hören in allem, was er zu euch sagt.* [23] *Jeder, der auf jenen Propheten nicht hört, wird aus dem Volk ausgemerzt werden.* [24] Und auch alle Propheten von Samuel an und alle, die später auftraten, haben diese Tage angekündigt. [25] Ihr seid die Söhne der Propheten und des Bundes, den Gott mit euren Vätern geschlossen hat, als er zu Abraham sagte: *Durch deinen Nachkommen sollen alle Geschlechter der Erde Segen erlangen.* [26] Für euch zuerst hat Gott seinen Knecht erweckt und gesandt, damit er euch segnet und jeden von seiner Bosheit abbringt.

11: 5,12; Joh 10,23 • 13: Ex 3,6.15; Jes 52,13; Lk 23,19–25 • 15: 4,10; 5,31; Hebr 2,10 • 17: 13,27; Lk 23,34; Joh 16,3; 1 Tim 1,13 • 18: Lk 18,31 • 19: 2,38; Lk 3,3 • 20: Mt 19,28 • 21: Lk 21,27f • 22: Dtn 18,15.18; Apg 7,37; Joh 1,21; 6,14 • 23: Lev 23,29; Dtn 18,19 • 25: Gen 12,3; 18,18; 22,18; 28,4; Gal 3,8

Petrus und Johannes vor dem Hohen Rat

4 Während sie zum Volk redeten, traten die Priester, der Tempelhauptmann und die Sadduzäer zu ihnen. [2] Sie waren aufgebracht, weil die Apostel das Volk lehrten und in Jesus die Auferstehung von den Toten verkündeten. [3] Sie nahmen sie fest und hielten sie bis zum nächsten Morgen in Haft. Es war nämlich schon Abend. [4] Viele aber, die das Wort gehört hatten, wurden gläubig; und die Zahl der Männer stieg auf etwa fünftausend.

[5] Am anderen Morgen versammelten sich ihre Führer sowie die Ältesten und die Schriftgelehrten in Jerusalem, [6] dazu Hannas, der Hohepriester, Kajaphas, Johannes, Alexander und alle, die aus dem Geschlecht der Hohenpriester stammten. [7] Sie stellten die beiden in die Mitte und fragten sie: Mit welcher Kraft oder in wessen Namen habt ihr das getan?

[8] Da sagte Petrus zu ihnen, erfüllt vom Heiligen Geist: Ihr Führer des Volkes und ihr Ältesten! [9] Wenn wir heute wegen einer guten Tat an einem kranken Menschen darüber vernommen werden, durch wen er geheilt worden ist, [10] so sollt ihr alle und das ganze Volk Israel wissen: im Namen Jesu Christi, des Nazoräers, den ihr gekreuzigt habt und den Gott von den Toten auferweckt hat. Durch ihn steht dieser Mann gesund vor euch. [11] Er (Jesus) ist *der Stein, der von euch Bauleuten verworfen wurde, der aber zum Eckstein geworden ist.* [12] Und in keinem anderen ist das Heil zu finden. Denn es ist uns Menschen kein anderer Name unter dem Himmel gegeben, durch den wir gerettet werden sollen.

[13] Als sie den Freimut des Petrus und des Johannes sahen und merkten, dass es ungelehrte und einfache Leute waren, wunderten sie sich. Sie erkannten sie als Jünger Jesu, [14] sahen aber auch, dass der Geheilte bei ihnen stand; so konnten sie nichts dagegen sagen.

[15] Sie befahlen ihnen, den Hohen Rat zu verlassen; dann berieten sie miteinander [16] und sagten: Was sollen wir mit diesen Leuten anfangen? Dass offensichtlich ein Wunder durch sie geschehen ist, ist allen Einwohnern von Jerusalem bekannt; wir können es nicht abstreiten. [17] Damit aber die Sache nicht weiter im Volk verbreitet wird, wollen wir ihnen bei Strafe verbieten, je wieder in diesem

Namen zu irgendeinem Menschen zu sprechen.
[18] Und sie riefen sie herein und verboten ihnen,
jemals wieder im Namen Jesu zu predigen und zu
lehren. [19] Doch Petrus und Johannes antworteten
ihnen: Ob es vor Gott recht ist, mehr auf euch zu
hören als auf Gott, das entscheidet selbst. [20] Wir
können unmöglich schweigen über das, was wir
gesehen und gehört haben. [21] Jene aber drohten
ihnen noch mehr und ließen sie dann gehen; denn
sie sahen keine Möglichkeit, sie zu bestrafen, mit
Rücksicht auf das Volk, da alle Gott wegen des
Geschehenen priesen. [22] Denn der Mann, an dem
das Wunder der Heilung geschah, war über vier-
zig Jahre alt.

2: 23,8 • 6: Lk 3,2 • 7: Lk 20,2 • 11: Ps 118,22; Lk 20,17; Eph 2,20; 1 Petr 2,4–8 • 12: Mt 1,21; 1 Kor 3,11 • 17: 5,28 • 19: 5,29–32

Gebet der Urgemeinde um Furchtlosigkeit

[23] Nach ihrer Freilassung gingen sie zu den Ihren
und berichteten alles, was die Hohenpriester und
die Ältesten zu ihnen gesagt hatten. [24] Als sie das
hörten, erhoben sie einmütig ihre Stimme zu Gott
und sprachen: *Herr, du hast den Himmel, die Erde
und das Meer geschaffen und alles, was dazugehört;*
[25] du hast durch den Mund unseres Vaters David,
deines Knechtes, durch den Heiligen Geist gesagt:
*Warum toben die Völker, / warum machen die Na-
tionen vergebliche Pläne?*

[26] *Die Könige der Erde stehen auf / und die Herrscher
haben sich verbündet / gegen den Herrn und seinen
Gesalbten.*

[27] Wahrhaftig, *verbündet haben sich* in dieser Stadt
gegen deinen heiligen Knecht Jesus, *den du gesalbt
hast,* Herodes und Pontius Pilatus mit den Heiden
und den Stämmen Israels, [28] um alles auszuführen,
was deine Hand und dein Wille im voraus be-
stimmt haben. [29] Doch jetzt, Herr, sieh auf ihre
Drohungen und gib deinen Knechten die Kraft,
mit allem Freimut dein Wort zu verkünden.
[30] Streck deine Hand aus, damit Heilungen und
Zeichen und Wunder geschehen durch den Na-
men deines heiligen Knechtes Jesus. [31] Als sie gebe-
tet hatten, bebte der Ort, an dem sie versammelt
waren, und alle wurden mit dem Heiligen Geist
erfüllt und sie verkündeten freimütig das Wort
Gottes.

24: Ps 146,6; Ex 20,11 • 25: Ps 2,1f • 27: Ps 2,2; Lk 23,12f • 31: 2,44f

Die Gütergemeinschaft der Urgemeinde

[32] Die Gemeinde der Gläubigen war ein Herz und
eine Seele. Keiner nannte etwas von dem, was er
hatte, sein Eigentum, sondern sie hatten alles ge-
meinsam. [33] Mit großer Kraft legten die Apostel
Zeugnis ab von der Auferstehung Jesu, des Herrn,
und reiche Gnade ruhte auf ihnen allen. [34] Es gab
auch keinen unter ihnen, der Not litt. Denn alle,
die Grundstücke oder Häuser besaßen, verkauften
ihren Besitz, brachten den Erlös [35] und legten ihn
den Aposteln zu Füßen. Jedem wurde davon so viel
zugeteilt, wie er nötig hatte. [36] Auch Josef, ein Levit
aus Zypern, der von den Aposteln Barnabas, das
heißt übersetzt Sohn des Trostes, genannt wurde,
[37] verkaufte einen Acker, der ihm gehörte, brachte
das Geld und legte es den Aposteln zu Füßen.

33: 2,22–24 • 34: Lk 12,33; Apg 2,44f • 36: 9,27; 11,22.30; 12,25; 13–15; 1 Kor 9,6; Gal 2,1.9.13; Kol 4,10

Der Betrug des Hananias und der Saphira

5 Ein Mann namens Hananias aber und sei-
ne Frau Saphira verkauften zusammen ein
Grundstück, [2] und mit Einverständnis seiner Frau
behielt er etwas von dem Erlös für sich. Er brachte
nur einen Teil und legte ihn den Aposteln zu
Füßen. [3] Da sagte Petrus: Hananias, warum hat der
Satan dein Herz erfüllt, dass du den Heiligen Geist
belügst und von dem Erlös des Grundstücks etwas
für dich behältst? [4] Hätte es nicht dein Eigentum
bleiben können und konntest du nicht auch nach
dem Verkauf frei über den Erlös verfügen? Warum
hast du in deinem Herzen beschlossen, so etwas zu
tun? Du hast nicht Menschen belogen, sondern
Gott. [5] Als Hananias diese Worte hörte, stürzte er
zu Boden und starb. Und über alle, die es hörten,
kam große Furcht. [6] Die jungen Männer standen
auf, hüllten ihn ein, trugen ihn hinaus und begru-
ben ihn.

[7] Nach etwa drei Stunden kam seine Frau herein,
ohne zu wissen, was geschehen war. [8] Petrus fragte
sie: Sag mir, habt ihr das Grundstück für so viel
verkauft? Sie antwortete: Ja, für so viel. [9] Da sagte
Petrus zu ihr: Warum seid ihr übereingekommen,
den Geist des Herrn auf die Probe zu stellen? Siehe,
die Füße derer, die deinen Mann begraben haben,
stehen vor der Tür; auch dich wird man hinaus-
tragen. [10] Im selben Augenblick brach sie vor sei-

nen Füßen zusammen und starb. Die jungen Männer kamen herein, fanden sie tot, trugen sie hinaus und begruben sie neben ihrem Mann. 11 Da kam große Furcht über die ganze Gemeinde und über alle, die davon hörten.

3: Lk 22,3; Joh 13,2

Zeichen und Wunder der Apostel

12 Durch die Hände der Apostel geschahen viele Zeichen und Wunder im Volk. Alle kamen einmütig in der Halle Salomos zusammen. 13 Von den übrigen wagte niemand, sich ihnen anzuschließen; aber das Volk schätzte sie hoch. 14 Immer mehr wurden im Glauben zum Herrn geführt, Scharen von Männern und Frauen. 15 Selbst die Kranken trug man auf die Straßen hinaus und legte sie auf Betten und Bahren, damit, wenn Petrus vorüberkam, wenigstens sein Schatten auf einen von ihnen fiel. 16 Auch aus den Nachbarstädten Jerusalems strömten die Leute zusammen und brachten Kranke und von unreinen Geistern Geplagte mit. Und alle wurden geheilt.

12: 2,43; Röm 15,19; 2 Kor 12,12; Apg 3,11 • 15: 19,12; Mk 6,56 • 16: Lk 4,40f

Verhaftung und Befreiung der Apostel

17 Da erhoben sich voll Eifersucht der Hohepriester und alle, die auf seiner Seite standen, nämlich die Gruppe der Sadduzäer. 18 Sie ließen die Apostel verhaften und in das öffentliche Gefängnis werfen. 19 Ein Engel des Herrn aber öffnete nachts die Gefängnistore, führte sie heraus und sagte: 20 Geht, tretet im Tempel auf und verkündet dem Volk alle Worte dieses Lebens! 21a Sie gehorchten und gingen bei Tagesanbruch in den Tempel und lehrten.

17: 4,1–3 • 19: 12,7–10 • 20: 13,26

Die Apostel vor dem Hohen Rat

21b Währenddessen kam der Hohepriester mit seinen Begleitern. Sie riefen den Hohen Rat und alle Ältesten der Söhne Israels zusammen; man schickte Boten zum Gefängnis, um die Apostel vorführen zu lassen. 22 Die Diener gingen, fanden sie aber nicht im Gefängnis. Sie kehrten zurück und meldeten: 23 Wir fanden das Gefängnis sorgfältig verschlossen und die Wachen vor den Toren stehen; als wir aber öffneten, fanden wir niemand darin. 24 Der Tempelhauptmann und die Hohenpriester waren ratlos, als sie das hörten, und wussten nicht, was nun werden sollte. 25 Da kam jemand und meldete ihnen: Die Männer, die ihr ins Gefängnis geworfen habt, stehen im Tempel und lehren das Volk. 26 Da ging der Tempelhauptmann mit seinen Leuten hin und holte sie, allerdings nicht mit Gewalt; denn sie fürchteten, vom Volk gesteinigt zu werden. 27 Man führte sie herbei und stellte sie vor den Hohen Rat. Der Hohepriester verhörte sie 28 und sagte: Wir haben euch streng verboten, in diesem Namen zu lehren; ihr aber habt Jerusalem mit eurer Lehre erfüllt; ihr wollt das Blut dieses Menschen über uns bringen. 29 Petrus und die Apostel antworteten: Man muss Gott mehr gehorchen als den Menschen. 30 Der Gott unserer Väter hat Jesus auferweckt, den ihr ans Holz gehängt und ermordet habt. 31 Ihn hat Gott als Herrscher und Retter an seine rechte Seite erhoben, um Israel die Umkehr und Vergebung der Sünden zu schenken. 32 Zeugen dieser Ereignisse sind wir und der Heilige Geist, den Gott allen verliehen hat, die ihm gehorchen. 33 Als sie das hörten, gerieten sie in Zorn und beschlossen, sie zu töten.

34 Da erhob sich im Hohen Rat ein Pharisäer namens Gamaliël, ein beim ganzen Volk angesehener Gesetzeslehrer; er ließ die Apostel für kurze Zeit hinausführen. 35 Dann sagte er: Israeliten, überlegt euch gut, was ihr mit diesen Leuten tun wollt. 36 Vor einiger Zeit nämlich trat Theudas auf und behauptete, er sei etwas Besonderes. Ihm schlossen sich etwa vierhundert Männer an. Aber er wurde getötet und sein ganzer Anhang wurde zerstreut und aufgerieben. 37 Nach ihm trat in den Tagen der Volkszählung Judas, der Galiläer, auf; er brachte viel Volk hinter sich und verleitete es zum Aufruhr. Auch er kam um und alle seine Anhänger wurden zerstreut. 38 Darum rate ich euch jetzt: Lasst von diesen Männern ab und gebt sie frei; denn wenn dieses Vorhaben oder dieses Werk von Menschen stammt, wird es zerstört werden; 39 stammt es aber von Gott, so könnt ihr sie nicht vernichten; sonst werdet ihr noch als Kämpfer gegen Gott dastehen. Sie stimmten ihm zu, 40 riefen die Apostel herein und ließen sie auspeitschen; dann verboten sie ihnen, im Namen Jesu zu pre-

digen, und ließen sie frei. 41 Sie aber gingen weg vom Hohen Rat und freuten sich, dass sie gewürdigt worden waren, für seinen Namen Schmach zu erleiden. 42 Und Tag für Tag lehrten sie unermüdlich im Tempel und in den Häusern und verkündeten das Evangelium von Jesus, dem Christus.

26: Lk 20,19 • 28: Mt 27,25 • 29: 4,19 • 30: Dtn 21,22 G; Apg 2,23f • 31: 2,38 • 32: Lk 24,48; Joh 15,26f • 34: 22,3 • 37: Lk 2,2 • 40: 22,19; 4,17 • 41: Lk 6,22f; 1 Petr 4,13 • 42: 2,46; 5,20f.25; 8,35; 19,4f

Die Wahl der Sieben

6 In diesen Tagen, als die Zahl der Jünger zunahm, begehrten die Hellenisten gegen die Hebräer auf, weil ihre Witwen bei der täglichen Versorgung übersehen wurden. 2 Da riefen die Zwölf die ganze Schar der Jünger zusammen und erklärten: Es ist nicht recht, dass wir das Wort Gottes vernachlässigen und uns dem Dienst an den Tischen widmen. 3 Brüder, wählt aus eurer Mitte sieben Männer von gutem Ruf und voll Geist und Weisheit; ihnen werden wir diese Aufgabe übertragen. 4 Wir aber wollen beim Gebet und beim Dienst am Wort bleiben. 5 Der Vorschlag fand den Beifall der ganzen Gemeinde, und sie wählten Stephanus, einen Mann, erfüllt vom Glauben und vom Heiligen Geist, ferner Philippus und Prochorus, Nikanor und Timon, Parmenas und Nikolaus, einen Proselyten aus Antiochia. 6 Sie ließen sie vor die Apostel hintreten und diese beteten und legten ihnen die Hände auf. 7 Und das Wort Gottes breitete sich aus und die Zahl der Jünger in Jerusalem wurde immer größer; auch eine große Anzahl von den Priestern nahm gehorsam den Glauben an.

1: 4,34f • 3: 1 Tim 3,7f • 6: 13,3; 14,23; 1 Tim 4,14; 2 Tim 1,6 • 7: 19,20; 4,4

Die Verhaftung des Stephanus

8 Stephanus aber, voll Gnade und Kraft, tat Wunder und große Zeichen unter dem Volk. 9 Doch einige von der sogenannten Synagoge der Libertiner und Zyrenäer und Alexandriner und Leute aus Zilizien und der Provinz Asien erhoben sich, um mit Stephanus zu streiten; 10 aber sie konnten der Weisheit und dem Geist, mit dem er sprach, nicht widerstehen. 11 Da stifteten sie Männer zu der Aussage an: Wir haben gehört, wie er gegen Mose und Gott lästerte. 12 Sie hetzten das Volk, die Ältesten und die Schriftgelehrten auf, drangen auf ihn ein, packten ihn und schleppten ihn vor den Hohen Rat. 13 Und sie brachten falsche Zeugen bei, die sagten: Dieser Mensch hört nicht auf, gegen diesen heiligen Ort und das Gesetz zu reden. 14 Wir haben ihn nämlich sagen hören: Dieser Jesus, der Nazoräer, wird diesen Ort zerstören und die Bräuche ändern, die uns Mose überliefert hat. 15 Und als alle, die im Hohen Rat saßen, auf ihn blickten, erschien ihnen sein Gesicht wie das Gesicht eines Engels.

10: Lk 21,15 • 13: Mt 26,59; Mk 14,55 • 14: Mt 26,61; 27,40; Mk 14,58; 15,29; Joh 2,19

Die Rede des Stephanus

7 Der Hohepriester aber fragte: Ist das wahr? 2 Stephanus antwortete: Brüder und Väter, hört mich an! Der Gott der Herrlichkeit erschien unserem Vater Abraham, als er in Mesopotamien lebte, ehe er sich in Haran niederließ, 3 und sagte zu ihm: *Zieh weg aus deinem Land und aus deiner Verwandtschaft* und geh *in das Land, das ich dir zeigen werde.* 4 Da zog er aus dem Land der Chaldäer fort und ließ sich in Haran nieder. Von dort ließ Gott ihn nach dem Tod seines Vaters in dieses Land übersiedeln, in dem ihr jetzt wohnt. 5 Er hat ihm darin kein Erbteil gegeben, auch nicht einen Fußbreit, doch hat er verheißen, *das Land ihm und seinen Nachkommen* zum Besitz *zu geben,* obwohl er kinderlos war. 6 So sprach Gott: *Seine Nachkommen werden als Fremde in einem Land wohnen, das ihnen nicht gehört; und man wird sie zu Sklaven machen und sie vierhundert Jahre lang hart behandeln.* 7 *Aber auch über das Volk, dem sie als Sklaven dienen, werde ich Gericht halten,* sprach Gott, *und nachher werden sie ausziehen und mich an diesem Ort verehren.* 8 Und er gab ihm den Bund der Beschneidung. So wurde Abraham der Vater Isaaks und beschnitt ihn am achten Tag, ebenso Isaak den Jakob, und Jakob die zwölf Patriarchen. 9 Die Patriarchen aber *waren eifersüchtig* auf Josef *und verkauften ihn nach Ägypten; doch Gott war mit ihm.* 10 Er rettete ihn aus allen seinen Nöten, *schenkte ihm* Weisheit und *die Gunst* des Pharao, des Königs von Ägypten, und *er bestellte ihn zum Herrscher* über Ägypten und *über sein ganzes Haus.* 11 Es kam aber eine Hungersnot über ganz

Ägypten und Kanaan und das Elend war groß.
Auch unsere Väter hatten keine Nahrung mehr.
12 Als Jakob hörte, dass es in Ägypten Getreide gab,
schickte er unsere Väter ein erstes Mal dorthin.
13 Beim zweiten Mal gab Josef sich seinen Brüdern
zu erkennen und dem Pharao wurde Josefs Her-
kunft bekannt. 14 Josef aber ließ seinen Vater Jakob
und seine ganze Familie holen: fünfundsiebzig
Menschen. 15 So zog Jakob nach Ägypten hinab;
und er starb und auch unsere Väter starben. 16 Man
brachte sie nach Sichem und bestattete sie in dem
Grab, das Abraham von den Söhnen Hamors in
Sichem für Silbergeld gekauft hatte.
17 Als aber die Zeit der Verheißung herankam, die
Gott dem Abraham zugesagt hatte, vermehrte sich
das Volk und breitete sich in Ägypten aus, 18 bis ein
anderer über Ägypten König wurde, der von Josef
nichts wusste. 19 Er ging gegen unser Volk heim-
tückisch vor und zwang unsere Väter, ihre Kinder
auszusetzen; sie sollten nicht am Leben bleiben.
20 In dieser Zeit wurde Mose geboren und Gott
hatte Gefallen an ihm. Drei Monate lang wurde er
im Haus seines Vaters aufgezogen; 21 als er aber
ausgesetzt wurde, nahm ihn die Tochter des Pha-
rao auf und erzog ihn als ihren Sohn. 22 Und Mose
wurde in aller Weisheit der Ägypter ausgebildet
und er war mächtig in Wort und Tat. 23 Als er vier-
zig Jahre alt war, reifte in ihm der Gedanke, nach
seinen Brüdern, den Söhnen Israels, zu sehen.
24 Und als er sah, wie einem von ihnen Unrecht
geschah, kam er dem Unterdrückten zu Hilfe und
rächte ihn, indem er den Ägypter erschlug. 25 Er
dachte, seine Brüder würden begreifen, dass Gott
ihnen durch seine Hand Rettung bringen wolle;
doch sie begriffen es nicht. 26 Am folgenden Tag
kam er dazu, wie sie sich stritten; er versuchte, sie
auszusöhnen und Frieden zu stiften, und sagte:
Männer, ihr seid doch Brüder. Warum tut ihr ei-
nander Unrecht? 27 Der Mann aber, der seinem
Nächsten Unrecht getan hatte, stieß ihn weg und
sagte: *Wer hat dich zum Anführer und Schiedsrich-
ter über uns bestellt?* 28 *Willst du mich etwa umbrin-
gen, wie du gestern den Ägypter umgebracht hast?*
29 Daraufhin floh Mose und hielt sich als Fremder
in Midian auf; dort wurden ihm zwei Söhne gebo-
ren. 30 Als vierzig Jahre vergangen waren, *erschien
ihm in der Wüste beim Berg* Sinai *ein Engel im Feuer
eines brennenden Dornbusches.* 31 Als Mose die Er-
scheinung sah, wunderte er sich darüber. Er ging
näher hin, um sie genauer zu betrachten. Da er-
tönte die Stimme des Herrn: 32 *Ich bin der Gott dei-
ner Väter, der Gott Abrahams, Isaaks und Jakobs.*
Mose begann zu zittern und wagte nicht hinzuse-
hen. 33 Da sagte der Herr zu ihm: *Zieh deine Schuhe
aus! Denn der Ort, wo du stehst, ist heiliger Boden.*
34 *Ich habe das Elend meines Volkes in Ägypten gese-
hen und seine Klage gehört. Ich bin herabgestiegen,
um sie zu retten. Und jetzt geh, ich sende dich nach
Ägypten.* 35 Diesen Mose, den sie verleugnet hat-
ten mit den Worten: *Wer hat dich zum Anführer
und Schiedsrichter bestellt?*, ihn hat Gott als Anfüh-
rer und Befreier gesandt durch die Hand des
Engels, der ihm im Dornbusch erschien. 36 Dieser
Mose hat sie herausgeführt, indem er Zeichen und
Wunder tat in Ägypten und im Roten Meer und in
der Wüste, vierzig Jahre lang. 37 Dies ist der Mose,
der zu den Söhnen Israels gesagt hat: *Einen Pro-
pheten wie mich wird Gott euch aus euren Brüdern
erwecken.* 38 Dieser stand bei der Versammlung des
Volkes in der Wüste zwischen dem Engel, der mit
ihm auf dem Berg Sinai redete, und unseren Vä-
tern. Er hat Worte des Lebens empfangen, um
sie uns zu geben. 39 Aber unsere Väter wollten sich
ihm nicht unterordnen; sie wiesen ihn ab und
wandten ihr Herz nach Ägypten zurück. 40 Sie sag-
ten zu Aaron: *Mach uns Götter, die vor uns herzie-
hen! Denn dieser Mose, der uns aus Ägypten he-
rausgeführt hat – wir wissen nicht, was mit ihm
geschehen ist.* 41 Und sie fertigten in jenen Tagen das
Standbild eines Kalbes an, brachten dem Götzen
Opfer dar und freuten sich über das Werk ihrer
Hände. 42 Da wandte sich Gott ab und überließ sie
dem Sternenkult, wie es im Buch der Propheten
heißt: *Habt ihr mir etwa Schlachtopfer und Gaben
dargebracht während der vierzig Jahre in der Wüste,
ihr vom Haus Israel?* 43 *Das Zelt des Moloch und den
Stern des Gottes Romfa habt ihr herumgetragen, die
Bilder, die ihr gemacht habt, um sie anzubeten.
Darum will ich euch in die Gebiete jenseits von
Babylon verbannen.*
44 Unsere Väter hatten in der Wüste das Bundes-
zelt. So hat Gott es angeordnet; er hat dem Mose
befohlen, es nach dem Vorbild zu errichten, das er
geschaut hatte. 45 Und unsere Väter haben es über-

nommen und mitgebracht, als sie unter Josua das Land der Heidenvölker besetzten, die Gott vor den Augen unserer Väter vertrieb, bis zu den Tagen Davids. [46] Dieser fand Gnade vor Gott und bat für das Haus Jakob um ein Zeltheiligtum. [47] Salomo aber baute ihm ein Haus. [48] Doch der Höchste wohnt nicht in dem, was von Menschenhand gemacht ist, wie der Prophet sagt: [49] *Der Himmel ist mein Thron und die Erde der Schemel für meine Füße. Was für ein Haus könnt ihr mir bauen?, spricht der Herr. Oder welcher Ort kann mir als Ruhestätte dienen?* [50] Hat nicht *meine Hand dies alles gemacht?*

[51] Ihr Halsstarrigen, ihr, die ihr euch mit Herz und Ohr immerzu dem Heiligen Geist widersetzt, eure Väter schon und nun auch ihr. [52] Welchen der Propheten haben eure Väter nicht verfolgt? Sie haben die getötet, die die Ankunft des Gerechten geweissagt haben, dessen Verräter und Mörder ihr jetzt geworden seid, [53] ihr, die ihr durch die Anordnung von Engeln das Gesetz empfangen, es aber nicht gehalten habt.

2: Gen 11,31; 15,7 • 3: Gen 12,1 • 5: Dtn 2,5; Gen 12,7; 13,15; 17,8 • 6: Gen 15,13f • 7: Ex 3,12 • 8: Gen 21,4; 17,10 • 9: Gen 37,11.28; 39,2 • 10: Gen 39,21; 41,37–44; Ps 105,21; Weish 10,14 • 11: Gen 41,54 • 12: Gen 42,2.5 • 13: Gen 45,3.16 • 14: Gen 45,9–11; 46,27; Ex 1,5; Dtn 10,22 • 15: Gen 46,1; 49,33 • 16: Gen 23,16f; 33,19; 50,13 • 17: Ex 1,7–9.22 • 20: Ex 2,2; Hebr 11,23 • 21: Ex 2,3.5.10 • 23: Ex 2,11 • 26: Ex 2,13 • 27: Ex 2,14 G • 29: Ex 2,15.22 • 30: Ex 3,2f • 32: Ex 3,6 • 33: Ex 3,5 • 34: Ex 3,7f.10 • 35: Ex 2,14 G • 36: Ex 7,3.10; 14,21; Num 14,33 • 37: Dtn 18,15; Apg 3,22; Joh 1,21; 6,14 • 38: Ex 19,3; Gal 3,19; Ex 31,18; Dtn 9,10; 2 Kor 3,3 • 40: Ex 32,1 • 41: Ex 32,4.6 • 42: Am 5,25–27 G • 44: Ex 25,40 • 45: Dtn 32,49; Jos 3,14; 18,1 • 46: 2 Sam 7,2; Ps 132,5 • 47: 1 Kön 6,1 • 49: Jes 66,1f • 51: Dtn 9,6 • 52: 2 Chr 36,16; Mt 23,34 • 53: Ex 20,18.21; Dtn 5,2–5; Gal 3,19; Hebr 2,2

Die Steinigung des Stephanus

[54] Als sie das hörten, waren sie aufs Äußerste über ihn empört und knirschten mit den Zähnen. [55] Er aber, erfüllt vom Heiligen Geist, blickte zum Himmel empor, sah die Herrlichkeit Gottes und Jesus zur Rechten Gottes stehen [56] und rief: Ich sehe den Himmel offen und den Menschensohn zur Rechten Gottes stehen. [57] Da erhoben sie ein lautes Geschrei, hielten sich die Ohren zu, stürmten gemeinsam auf ihn los, [58] trieben ihn zur Stadt hinaus und steinigten ihn. Die Zeugen legten ihre Kleider zu Füßen eines jungen Mannes nieder, der Saulus hieß. [59] So steinigten sie Stephanus; er aber betete und rief: Herr Jesus, nimm meinen Geist auf! [60] Dann sank er in die Knie und schrie laut: Herr, rechne ihnen diese Sünde nicht an! Nach diesen Worten starb er.

[1a] Saulus aber war mit dem Mord einverstanden.

7,54: 5,33 • 56: Lk 22,69 • 59: Lk 23,46 • 60: Lk 23,34 • 8,1a: 7,58; 22,20

Verfolgung und Zerstreuung der Urgemeinde

8 [1b] An jenem Tag brach eine schwere Verfolgung über die Kirche in Jerusalem herein. Alle wurden in die Gegenden von Judäa und Samarien zerstreut, mit Ausnahme der Apostel. [2] Fromme Männer bestatteten Stephanus und hielten eine große Totenklage für ihn. [3] Saulus aber versuchte die Kirche zu vernichten; er drang in die Häuser ein, schleppte Männer und Frauen fort und lieferte sie ins Gefängnis ein.

1b: 11,19 • 3: 9,1; 22,4; 1 Kor 15,9; Gal 1,13

DIE KIRCHE IN JUDÄA UND SAMARIEN: 8,4 – 12,23

Philippus als Missionar in Samaria

[4] Die Gläubigen, die zerstreut worden waren, zogen umher und verkündeten das Wort. [5] Philippus aber kam in die Hauptstadt Samariens hinab und verkündigte dort Christus. [6] Und die Menge achtete einmütig auf die Worte des Philippus; sie hörten zu und sahen die Wunder, die er tat. [7] Denn aus vielen Besessenen fuhren unter lautem Geschrei die unreinen Geister aus; auch viele Lahme und Krüppel wurden geheilt. [8] So herrschte große Freude in jener Stadt.

[9] Ein Mann namens Simon wohnte schon länger in der Stadt; er trieb Zauberei und verwirrte das Volk von Samarien, da er sich als etwas Großes ausgab. [10] Alle hörten auf ihn, Jung und Alt, und sie sagten: Das ist die Kraft Gottes, die man die Große nennt. [11] Und sie schlossen sich ihm an, weil er sie lange Zeit mit seinen Zauberkünsten betörte. [12] Als sie jedoch dem Philippus Glauben schenkten, der das Evangelium vom Reich Gottes und vom Namen Jesu Christi verkündete, ließen sie sich taufen, Männer und Frauen. [13] Auch Simon wurde gläu-

big, ließ sich taufen und schloss sich dem Philippus an; und als er die großen Zeichen und Wunder sah, geriet er außer sich vor Staunen.

5: 6,5 • 7: Mk 16,17 • 12: 1,3; 19,8; 28,23.31

Petrus und Johannes in Samarien

14 Als die Apostel in Jerusalem hörten, dass Samarien das Wort Gottes angenommen hatte, schickten sie Petrus und Johannes dorthin. 15 Diese zogen hinab und beteten für sie, sie möchten den Heiligen Geist empfangen. 16 Denn er war noch auf keinen von ihnen herabgekommen; sie waren nur auf den Namen Jesu, des Herrn, getauft. 17 Dann legten sie ihnen die Hände auf und sie empfingen den Heiligen Geist.

18 Als Simon sah, dass durch die Handauflegung der Apostel der Geist verliehen wurde, brachte er ihnen Geld 19 und sagte: Gebt auch mir diese Macht, damit jeder, dem ich die Hände auflege, den Heiligen Geist empfängt.

20 Petrus aber sagte zu ihm: Dein Silber fahre mit dir ins Verderben, wenn du meinst, die Gabe Gottes lasse sich für Geld kaufen. 21 Du hast weder einen Anteil daran noch ein Recht darauf, denn dein Herz ist nicht aufrichtig vor Gott. 22 Wende dich von deiner Bosheit ab und bitte den Herrn; vielleicht wird dir dein Ansinnen vergeben. 23 Denn ich sehe dich voll bitterer Galle und Bosheit.

24 Da antwortete Simon: Betet ihr für mich zum Herrn, damit mich nichts von dem trifft, was ihr gesagt habt. 25 Nachdem sie so das Wort des Herrn bezeugt und verkündet hatten, machten sie sich auf den Weg zurück nach Jerusalem und verkündeten in vielen Dörfern der Samariter das Evangelium.

17: 2,4; 4,31; 10,44–47; 15,8f; 19,2.6 • 21: Eph 5,5

Die Taufe des Äthiopiers

26 Ein Engel des Herrn sagte zu Philippus: Steh auf und zieh nach Süden auf der Straße, die von Jerusalem nach Gaza hinabführt. Sie führt durch eine einsame Gegend.

27 Und er brach auf. Nun war da ein Äthiopier, ein Kämmerer, Hofbeamter der Kandake, der Königin der Äthiopier, der ihren ganzen Schatz verwaltete. Dieser war nach Jerusalem gekommen, um Gott anzubeten, 28 und fuhr jetzt heimwärts. Er saß auf seinem Wagen und las den Propheten Jesaja. 29 Und der Geist sagte zu Philippus: Geh und folge diesem Wagen. 30 Philippus lief hin und hörte ihn den Propheten Jesaja lesen. Da sagte er: Verstehst du auch, was du liest? 31 Jener antwortete: Wie könnte ich es, wenn mich niemand anleitet? Und er bat den Philippus, einzusteigen und neben ihm Platz zu nehmen. 32 Der Abschnitt der Schrift, den er las, lautete:

Wie ein Schaf wurde er zum Schlachten geführt; / und wie ein Lamm, das verstummt, / wenn man es schert, / so tat er seinen Mund nicht auf.

33 *In der Erniedrigung wurde seine Verurteilung aufgehoben. / Seine Nachkommen, wer kann sie zählen? / Denn sein Leben wurde von der Erde fortgenommen.*

34 Der Kämmerer wandte sich an Philippus und sagte: Ich bitte dich, von wem sagt der Prophet das? Von sich selbst oder von einem anderen? 35 Da begann Philippus zu reden und ausgehend von diesem Schriftwort verkündete er ihm das Evangelium von Jesus. 36 Als sie nun weiterzogen, kamen sie zu einer Wasserstelle. Da sagte der Kämmerer: Hier ist Wasser. Was steht meiner Taufe noch im Weg? [37] 38 Er ließ den Wagen halten und beide, Philippus und der Kämmerer, stiegen in das Wasser hinab und er taufte ihn. 39 Als sie aber aus dem Wasser stiegen, entführte der Geist des Herrn den Philippus. Der Kämmerer sah ihn nicht mehr und er zog voll Freude weiter. 40 Den Philippus aber sah man in Aschdod wieder. Und er wanderte durch alle Städte und verkündete das Evangelium, bis er nach Cäsarea kam.

31: Joh 16,13 • 32: Jes 53,7 • 33: Jes 53,8 G • 35: 5,42; Lk 24,27 • 36: 10,47 • 39: 1 Kön 18,12 • 40: 21,8

Die Bekehrung des Saulus

9 Saulus wütete immer noch mit Drohung und Mord gegen die Jünger des Herrn. Er ging zum Hohenpriester 2 und erbat sich von ihm Briefe an die Synagogen in Damaskus, um die Anhänger des (neuen) Weges, Männer und Frauen, die er dort finde, zu fesseln und nach Jerusalem zu bringen.

3 Unterwegs aber, als er sich bereits Damaskus näherte, geschah es, dass ihn plötzlich ein Licht

vom Himmel umstrahlte. 4 Er stürzte zu Boden und hörte, wie eine Stimme zu ihm sagte: Saul, Saul, warum verfolgst du mich? 5 Er antwortete: Wer bist du, Herr? Dieser sagte: Ich bin Jesus, den du verfolgst. 6 Steh auf und geh in die Stadt; dort wird dir gesagt werden, was du tun sollst. 7 Seine Begleiter standen sprachlos da; sie hörten zwar die Stimme, sahen aber niemand. 8 Saulus erhob sich vom Boden. Als er aber die Augen öffnete, sah er nichts. Sie nahmen ihn bei der Hand und führten ihn nach Damaskus hinein. 9 Und er war drei Tage blind und er aß nicht und trank nicht.

10 In Damaskus lebte ein Jünger namens Hananias. Zu ihm sagte der Herr in einer Vision: Hananias! Er antwortete: Hier bin ich, Herr.

11 Der Herr sagte zu ihm: Steh auf und geh zur sogenannten Geraden Straße und frag im Haus des Judas nach einem Mann namens Saulus aus Tarsus. Er betet gerade 12 und hat in einer Vision gesehen, wie ein Mann namens Hananias hereinkommt und ihm die Hände auflegt, damit er wieder sieht. 13 Hananias antwortete: Herr, ich habe von vielen gehört, wie viel Böses dieser Mann deinen Heiligen in Jerusalem angetan hat. 14 Auch hier hat er Vollmacht von den Hohenpriestern, alle zu verhaften, die deinen Namen anrufen. 15 Der Herr aber sprach zu ihm: Geh nur! Denn dieser Mann ist mein auserwähltes Werkzeug: Er soll meinen Namen vor Völker und Könige und die Söhne Israels tragen. 16 Ich werde ihm auch zeigen, wie viel er für meinen Namen leiden muss. 17 Da ging Hananias hin und trat in das Haus ein; er legte Saulus die Hände auf und sagte: Bruder Saul, der Herr hat mich gesandt, Jesus, der dir auf dem Weg hierher erschienen ist; du sollst wieder sehen und mit dem Heiligen Geist erfüllt werden. 18 Sofort fiel es wie Schuppen von seinen Augen und er sah wieder; er stand auf und ließ sich taufen. 19 Und nachdem er etwas gegessen hatte, kam er wieder zu Kräften.

Einige Tage blieb er bei den Jüngern in Damaskus; 20 und sogleich verkündete er Jesus in den Synagogen und sagte: Er ist der Sohn Gottes. 21 Alle, die es hörten, gerieten in Aufregung und sagten: Ist das nicht der Mann, der in Jerusalem alle vernichten wollte, die diesen Namen anrufen? Und ist er nicht auch hierher gekommen, um sie zu fesseln und vor die Hohenpriester zu führen? 22 Saulus aber trat um so kraftvoller auf und brachte die Juden in Damaskus in Verwirrung, weil er ihnen bewies, dass Jesus der Messias ist.

1–22: 22,5–16; 26,12–18 • 1: 8,3; 1 Kor 15,9; Gal 1,13; • 2: 19,9.23; 22,4; 24,14.22 • 3: 1 Kor 9,1; 15,8; Gal 1,16 • 10: 10,17; 16,9 • 11: 21,39 • 14: 1 Kor 1,2; 2 Tim 2,22 • 15: 22,15; Röm 1,5; Gal 2,9; 1 Kor 1,17; 2 Kor 4,7 • 16: Mt 10,22; Lk 21,12f; 2 Kor 11,23–29 • 20: Mt 14,33; 16,16; 27,54; Mk 15,39; Lk 1,32.35; 22,70; Joh 1,49; 11,27 • 22: 18,28

Die Flucht des Saulus aus Damaskus

23 So verging einige Zeit; da beschlossen die Juden, ihn zu töten. 24 Doch ihr Plan wurde dem Saulus bekannt. Sie bewachten sogar Tag und Nacht die Stadttore, um ihn zu beseitigen. 25 Aber seine Jünger nahmen ihn und ließen ihn bei Nacht in einem Korb die Stadtmauer hinab.

26 Als er nach Jerusalem kam, versuchte er, sich den Jüngern anzuschließen. Aber alle fürchteten sich vor ihm und konnten nicht glauben, dass er ein Jünger war. 27 Barnabas jedoch nahm sich seiner an und brachte ihn zu den Aposteln. Er erzählte ihnen, wie Saulus auf dem Weg den Herrn gesehen habe und dass dieser mit ihm gesprochen habe und wie er in Damaskus mutig und offen im Namen Jesu aufgetreten sei. 28 So ging er bei ihnen in Jerusalem ein und aus, trat unerschrocken im Namen des Herrn auf 29 und führte auch Streitgespräche mit den Hellenisten. Diese aber planten, ihn zu töten. 30 Als die Brüder das merkten, brachten sie ihn nach Cäsarea hinab und schickten ihn von dort nach Tarsus.

31 Die Kirche in ganz Judäa, Galiläa und Samarien hatte nun Frieden; sie wurde gefestigt und lebte in der Furcht vor dem Herrn. Und sie wuchs durch die Hilfe des Heiligen Geistes.

24: 2 Kor 11,32f • 26: Gal 1,18 • 27: 4,36 • 30: 11,25; Gal 1,21

Die Aufnahme von Heiden in die Kirche: 9,32 – 12,25

Petrus in Lydda und Joppe

32 Auf einer Reise zu den einzelnen Gemeinden kam Petrus auch zu den Heiligen in Lydda. 33 Dort fand er einen Mann namens Äneas, der seit acht Jahren lahm und bettlägerig war. 34 Petrus sagte zu

ihm: Äneas, Jesus Christus heilt dich. Steh auf und
richte dir dein Bett! Sogleich stand er auf. 35 Und
alle Bewohner von Lydda und der Scharon-Ebene
sahen ihn und bekehrten sich zum Herrn.
36 In Joppe lebte eine Jüngerin namens Tabita, das
heißt übersetzt: Gazelle. Sie tat viele gute Werke
und gab reichlich Almosen. 37 In jenen Tagen aber
wurde sie krank und starb. Man wusch sie und
bahrte sie im Obergemach auf. 38 Weil aber Lydda
nahe bei Joppe liegt und die Jünger hörten, dass
Petrus dort war, schickten sie zwei Männer zu ihm
und ließen ihn bitten: Komm zu uns, zögere nicht!
39 Da stand Petrus auf und ging mit ihnen. Als er
ankam, führten sie ihn in das Obergemach hinauf;
alle Witwen traten zu ihm, sie weinten und zeig-
ten ihm die Röcke und Mäntel, die Gazelle ge-
macht hatte, als sie noch bei ihnen war. 40 Petrus
aber schickte alle hinaus, kniete nieder und betete.
Dann wandte er sich zu dem Leichnam und sagte:
Tabita, steh auf! Da öffnete sie ihre Augen, sah
Petrus an und setzte sich auf. 41 Er gab ihr die Hand
und ließ sie aufstehen; dann rief er die Heiligen
und die Witwen und zeigte ihnen, dass sie wieder
lebte.
42 Das wurde in ganz Joppe bekannt und viele
kamen zum Glauben an den Herrn. 43 Petrus aber
blieb längere Zeit in Joppe bei einem gewissen
Simon, einem Gerber.

40: Mk 5,40f • 43: 10,6

Die Vision des Hauptmanns Kornelius in Cäsarea

10 In Cäsarea lebte ein Mann namens Korne-
lius, Hauptmann in der sogenannten Itali-
schen Kohorte; 2 er lebte mit seinem ganzen Haus
fromm und gottesfürchtig, gab dem Volk reichlich
Almosen und betete beständig zu Gott. 3 Er sah um
die neunte Tagesstunde in einer Vision deutlich,
wie ein Engel Gottes bei ihm eintrat und zu ihm
sagte: Kornelius! 4 Kornelius blickte ihn an und
fragte erschrocken: Was ist, Herr? Er sagte zu ihm:
Deine Gebete und Almosen sind zu Gott gelangt,
und er hat sich an sie erinnert. 5 Schick jetzt eini-
ge Männer nach Joppe und lass einen gewissen
Simon herbeiholen, der den Beinamen Petrus hat.
6 Er ist zu Gast bei einem Gerber namens Simon,
der ein Haus am Meer hat. 7 Als der Engel, der mit
ihm sprach, weggegangen war, rief Kornelius zwei
seiner Haussklaven und einen frommen Soldaten
aus seinem Gefolge. 8 Er erzählte ihnen alles und
schickte sie nach Joppe.

6: 9,43

Die Vision des Petrus in Joppe

9 Am folgenden Tag, als jene unterwegs waren und
sich der Stadt näherten, stieg Petrus auf das Dach,
um zu beten; es war um die sechste Stunde. 10 Da
wurde er hungrig und wollte essen. Während man
etwas zubereitete, kam eine Verzückung über ihn.
11 Er sah den Himmel offen und eine Schale auf die
Erde herabkommen, die aussah wie ein großes Lei-
nentuch, das an den vier Ecken gehalten wurde.
12 Darin lagen alle möglichen Vierfüßler, Kriech-
tiere der Erde und Vögel des Himmels. 13 Und eine
Stimme rief ihm zu: Steh auf, Petrus, schlachte
und iss! 14 Petrus aber antwortete: Niemals, Herr!
Noch nie habe ich etwas Unheiliges und Unreines
gegessen. 15 Da richtete sich die Stimme ein zwei-
tes Mal an ihn: Was Gott für rein erklärt, nenne du
nicht unrein! 16 Das geschah dreimal, dann wurde
die Schale plötzlich in den Himmel hinaufgezo-
gen.
17 Petrus war noch ratlos und überlegte, was die
Vision, die er gehabt hatte, wohl bedeutete; inzwi-
schen hatten sich die von Kornelius gesandten
Männer zum Haus des Simon durchgefragt und
standen am Tor. 18 Sie riefen und fragten, ob Simon
mit dem Beinamen Petrus hier zu Gast sei. 19 Wäh-
rend Petrus noch über die Vision nachdachte, sag-
te der Geist zu ihm: Da sind zwei Männer und su-
chen dich. 20 Steh auf, geh hinunter und zieh ohne
Bedenken mit ihnen; denn ich habe sie geschickt.
21 Petrus stieg zu den Männern hinab und sagte:
Ich bin der, den ihr sucht. Aus welchem Grund seid
ihr hier?
22 Sie antworteten: Der Hauptmann Kornelius, ein
gerechter und gottesfürchtiger Mann, der beim
ganzen Volk der Juden in gutem Ruf steht, hat von
einem heiligen Engel die Weisung erhalten, dich in
sein Haus holen zu lassen und zu hören, was du
ihm zu sagen hast. 23a Da ließ er sie eintreten und
bewirtete sie.

9: 11,5–11 • 14: Lev 11; Ez 4,14 • 15: Mk 7,15.19; Gal 2,12 • 19: 13,2; 15,28

Die Taufe des Kornelius

23b Tags darauf machte sich Petrus mit ihnen auf den Weg und einige Brüder aus Joppe begleiteten ihn. 24 Am folgenden Tag kamen sie nach Cäsarea. Kornelius erwartete sie schon und hatte seine Verwandten und seine nächsten Freunde zusammengerufen. 25 Als nun Petrus ankam, ging ihm Kornelius entgegen und warf sich ehrfürchtig vor ihm nieder. 26 Petrus aber richtete ihn auf und sagte: Steh auf! Auch ich bin nur ein Mensch. 27 Während er sich mit ihm unterhielt, ging er hinein und fand dort viele Menschen versammelt. 28 Da sagte er zu ihnen: Ihr wisst, dass es einem Juden nicht erlaubt ist, mit einem Nichtjuden zu verkehren oder sein Haus zu betreten; mir aber hat Gott gezeigt, dass man keinen Menschen unheilig oder unrein nennen darf. 29 Darum bin ich auch ohne Widerspruch gekommen, als nach mir geschickt wurde. Nun frage ich: Warum habt ihr mich holen lassen?

30 Da sagte Kornelius: Vor vier Tagen um diese Zeit war ich zum Gebet der neunten Stunde in meinem Haus; da stand plötzlich ein Mann in einem leuchtenden Gewand vor mir 31 und sagte: Kornelius, dein Gebet wurde erhört und deine Almosen wurden vor Gott in Erinnerung gebracht. 32 Schick jemand nach Joppe und lass Simon, der den Beinamen Petrus hat, holen; er ist Gast im Haus des Gerbers Simon am Meer. 33 Sofort habe ich nach dir geschickt und es ist gut, dass du gekommen bist. Jetzt sind wir alle hier vor Gott zugegen, um all das anzuhören, was dir vom Herrn aufgetragen worden ist.

34 Da begann Petrus zu reden und sagte: Wahrhaftig, jetzt begreife ich, dass Gott nicht auf die Person sieht, 35 sondern dass ihm in jedem Volk willkommen ist, wer ihn fürchtet und tut, was recht ist. 36 Er hat das Wort den Israeliten gesandt, indem er den Frieden verkündete durch Jesus Christus; dieser ist der Herr aller.

37 Ihr wisst, was im ganzen Land der Juden geschehen ist, angefangen in Galiläa, nach der Taufe, die Johannes verkündet hat: 38 wie Gott Jesus von Nazaret gesalbt hat mit dem Heiligen Geist und mit Kraft, wie dieser umherzog, Gutes tat und alle heilte, die in der Gewalt des Teufels waren; denn Gott war mit ihm. 39 Und wir sind Zeugen für alles, was er im Land der Juden und in Jerusalem getan hat. Ihn haben sie *an den Pfahl gehängt* und getötet. 40 Gott aber hat ihn am dritten Tag auferweckt und hat ihn erscheinen lassen, 41 zwar nicht dem ganzen Volk, wohl aber den von Gott vorherbestimmten Zeugen: uns, die wir mit ihm nach seiner Auferstehung von den Toten gegessen und getrunken haben. 42 Und er hat uns geboten, dem Volk zu verkündigen und zu bezeugen: Das ist der von Gott eingesetzte Richter der Lebenden und der Toten. 43 Von ihm bezeugen alle Propheten, dass jeder, der an ihn glaubt, durch seinen Namen die Vergebung der Sünden empfängt.

44 Noch während Petrus dies sagte, kam der Heilige Geist auf alle herab, die das Wort hörten. 45 Die gläubig gewordenen Juden, die mit Petrus gekommen waren, konnten es nicht fassen, dass auch auf die Heiden die Gabe des Heiligen Geistes ausgegossen wurde. 46 Denn sie hörten sie in Zungen reden und Gott preisen. Petrus aber sagte: 47 Kann jemand denen das Wasser zur Taufe verweigern, die ebenso wie wir den Heiligen Geist empfangen haben? 48 Und er ordnete an, sie im Namen Jesu Christi zu taufen. Danach baten sie ihn, einige Tage zu bleiben.

26: 14,15; Offb 19,10 • 28: 11,3; Gal 2,12 • 34: Dtn 10,17; Röm 2,11.14; 1 Petr 1,17 • 35: Röm 2,14; Joh 9,31; 10,16 • 36: Jes 52,7; 1 Kor 12,3; Phil 1,10f • 37: Lk 4,44 • 38: Jes 61,1; Lk 3,22; 4,18f; Jes 7,14; Mt 1,23 • 39: Dtn 21,22; Gal 3,13 • 40f: 1,3; Mt 20,19; 1 Kor 15,4–7 • 41: Lk 24,41–43 • 42: 17,31; Röm 14,9; 2 Tim 4,1; 1 Petr 4,5 • 43: Jes 53,5f; Jer 31,34; Dan 9,24 • 44: 2,4

Die Rechenschaft des Petrus vor der Gemeinde in Jerusalem

11 Die Apostel und die Brüder in Judäa erfuhren, dass auch die Heiden das Wort Gottes angenommen hatten. 2 Als nun Petrus nach Jerusalem hinaufkam, hielten ihm die gläubig gewordenen Juden vor: 3 Du hast das Haus von Unbeschnittenen betreten und hast mit ihnen gegessen. 4 Da begann Petrus, ihnen der Reihe nach zu berichten: 5 Ich war in der Stadt Joppe und betete; da hatte ich in einer Verzückung eine Vision: Eine Schale, die aussah wie ein großes Leinentuch, das an den vier Ecken gehalten wurde, senkte sich aus dem Himmel bis zu mir herab. 6 Als ich genauer hinschaute, sah ich darin die Vierfüßler der Erde, die wilden Tiere, die Kriechtiere und die Vögel des Himmels. 7 Ich hörte auch eine Stimme, die zu mir

sagte: Steh auf, Petrus, schlachte und iss! [8] Ich antwortete: Niemals, Herr! Noch nie ist etwas Unheiliges oder Unreines in meinen Mund gekommen. [9] Doch zum zweiten Mal kam eine Stimme vom Himmel; sie sagte: Was Gott für rein erklärt hat, nenne du nicht unrein! [10] Das geschah dreimal, dann wurde alles wieder in den Himmel hinaufgezogen. [11] Da standen auf einmal drei Männer vor dem Haus, in dem ich wohnte; sie waren aus Cäsarea zu mir geschickt worden. [12] Der Geist aber sagte mir, ich solle ohne Bedenken mit ihnen gehen. Auch diese sechs Brüder zogen mit mir und wir kamen in das Haus jenes Mannes. [13] Er erzählte uns, wie er in seinem Haus den Engel stehen sah, der zu ihm sagte: Schick jemand nach Joppe und lass Simon, der Petrus genannt wird, holen. [14] Er wird dir Worte sagen, durch die du mit deinem ganzen Haus gerettet werden wirst. [15] Während ich redete, kam der Heilige Geist auf sie herab, wie am Anfang auf uns. [16] Da erinnerte ich mich an das Wort des Herrn: Johannes hat mit Wasser getauft, ihr aber werdet mit dem Heiligen Geist getauft werden. [17] Wenn nun Gott ihnen, nachdem sie zum Glauben an Jesus Christus, den Herrn, gekommen sind, die gleiche Gabe verliehen hat wie uns: wer bin ich, dass ich Gott hindern könnte? [18] Als sie das hörten, beruhigten sie sich, priesen Gott und sagten: Gott hat also auch den Heiden die Umkehr zum Leben geschenkt.

3: 10,28; Gal 2,12 • 15: 2,3f • 16: 1,5; Lk 3,16 • 18: 14,27

Die Entstehung einer christlichen Gemeinde in Antiochia

[19] Bei der Verfolgung, die wegen Stephanus entstanden war, kamen die Versprengten bis nach Phönizien, Zypern und Antiochia; doch verkündeten sie das Wort nur den Juden. [20] Einige aber von ihnen, die aus Zypern und Zyrene stammten, verkündeten, als sie nach Antiochia kamen, auch den Griechen das Evangelium von Jesus, dem Herrn. [21] Die Hand des Herrn war mit ihnen und viele wurden gläubig und bekehrten sich zum Herrn. [22] Die Nachricht davon kam der Gemeinde von Jerusalem zu Ohren und sie schickten Barnabas nach Antiochia. [23] Als er ankam und die Gnade Gottes sah, freute er sich und ermahnte alle, dem Herrn treu zu bleiben, wie sie es sich vorgenommen hatten. [24] Denn er war ein trefflicher Mann, erfüllt vom Heiligen Geist und von Glauben. So wurde für den Herrn eine beträchtliche Zahl hinzugewonnen. [25] Barnabas aber zog nach Tarsus, um Saulus aufzusuchen. [26] Er fand ihn und nahm ihn nach Antiochia mit. Dort wirkten sie miteinander ein volles Jahr in der Gemeinde und unterrichteten eine große Zahl von Menschen. In Antiochia nannte man die Jünger zum ersten Mal Christen.

19: 8,1–4 • 22: 4,36 • 25: 9,30 • 26: 11,30; 12,25; 13,2; Gal 2,1.13; Apg 26,28; 1 Petr 4,16

Die Spende der Gemeinde von Antiochia für die Christen in Judäa

[27] In jenen Tagen kamen von Jerusalem Propheten nach Antiochia hinab. [28] Einer von ihnen namens Agabus trat auf und weissagte durch den Geist, eine große Hungersnot werde über die ganze Erde kommen. Sie brach dann unter Klaudius aus. [29] Man beschloss, jeder von den Jüngern solle nach seinem Vermögen den Brüdern in Judäa etwas zur Unterstützung senden. [30] Das taten sie auch und schickten ihre Gaben durch Barnabas und Saulus an die Ältesten.

28: 21,10f • 29: Röm 15,26; 1 Kor 16,1; 2 Kor 9,2.12; Gal 2,10

Die Hinrichtung des Jakobus und die Verhaftung des Petrus

12 Um jene Zeit ließ der König Herodes einige aus der Gemeinde verhaften und misshandeln. [2] Jakobus, den Bruder des Johannes, ließ er mit dem Schwert hinrichten. [3] Als er sah, dass es den Juden gefiel, ließ er auch Petrus festnehmen. Das geschah in den Tagen der Ungesäuerten Brote. [4] Er nahm ihn also fest und warf ihn ins Gefängnis. Die Bewachung übertrug er vier Abteilungen von je vier Soldaten. Er beabsichtigte, ihn nach dem Paschafest dem Volk vorführen zu lassen. [5] Petrus wurde also im Gefängnis bewacht. Die Gemeinde aber betete inständig für ihn zu Gott.

5: Jak 5,16

Die wunderbare Befreiung des Petrus

[6] In der Nacht, ehe Herodes ihn vorführen lassen wollte, schlief Petrus, mit zwei Ketten gefesselt, zwischen zwei Soldaten; vor der Tür aber bewach-

ten Posten den Kerker. [7] Plötzlich trat ein Engel des
Herrn ein und ein helles Licht strahlte in den
Raum. Er stieß Petrus in die Seite, weckte ihn und
sagte: Schnell, steh auf! Da fielen die Ketten von
seinen Händen. [8] Der Engel aber sagte zu ihm:
Gürte dich und zieh deine Sandalen an! Er tat es.
Und der Engel sagte zu ihm: Wirf deinen Mantel
um und folge mir! [9] Dann ging er hinaus und
Petrus folgte ihm, ohne zu wissen, dass es Wirk-
lichkeit war, was durch den Engel geschah; es kam
ihm vor, als habe er eine Vision. [10] Sie gingen an
der ersten und an der zweiten Wache vorbei und
kamen an das eiserne Tor, das in die Stadt führt; es
öffnete sich ihnen von selbst. Sie traten hinaus und
gingen eine Gasse weit; und auf einmal verließ ihn
der Engel.
[11] Da kam Petrus zu sich und sagte: Nun weiß ich
wahrhaftig, dass der Herr seinen Engel gesandt
und mich der Hand des Herodes entrissen hat und
all dem, was das Volk der Juden erhofft hat. [12] Als
er sich darüber klar geworden war, ging er zum
Haus der Maria, der Mutter des Johannes mit dem
Beinamen Markus, wo nicht wenige versammelt
waren und beteten. [13] Als er am Außentor klopfte,
kam eine Magd namens Rhode, um zu öffnen.
[14] Sie erkannte die Stimme des Petrus, doch vor
Freude machte sie das Tor nicht auf, sondern lief
hinein und berichtete: Petrus steht vor dem Tor.
[15] Da sagten sie zu ihr: Du bist nicht bei Sinnen.
Doch sie bestand darauf, es sei so. Da sagten sie: Es
ist sein Engel. [16] Petrus aber klopfte noch immer.
Als sie öffneten und ihn sahen, staunten sie. [17] Er
gab ihnen mit der Hand ein Zeichen zu schweigen
und erzählte ihnen, wie der Herr ihn aus dem
Gefängnis herausgeführt hatte. Er sagte: Berichtet
das dem Jakobus und den Brüdern! Dann verließ
er sie und ging an einen anderen Ort.
[18] Als es Tag wurde, herrschte bei den Soldaten
große Aufregung darüber, was wohl mit Petrus
geschehen sei. [19a] Herodes aber ließ ihn suchen,
und da man ihn nicht fand, verhörte er die Wachen
und befahl, sie abzuführen.

7: 5,19 • 12: 12,25; 13,5.13; 15,37 • 18: 5,22f

Der Tod des Herodes Agrippa

[19b] Dann zog Herodes von Judäa nach Cäsarea
hinab und blieb dort. [20] Er war über die Bewohner
von Tyrus und Sidon sehr aufgebracht. Sie kamen
gemeinsam zu ihm, gewannen Blastus, den Käm-
merer des Königs, für sich und baten um Frieden,
weil sie ihre Nahrung aus dem Land des Königs
bezogen. [21] Am festgesetzten Tag nahm Herodes
im Königsgewand auf der Tribüne Platz und hielt
vor ihnen eine feierliche Ansprache. [22] Das Volk
aber schrie: Die Stimme eines Gottes, nicht eines
Menschen!
[23] Im selben Augenblick schlug ihn ein Engel des
Herrn, weil er nicht Gott die Ehre gegeben hatte.
Und von Würmern zerfressen, starb er.

Die Rückkehr des Barnabas und des Saulus nach Antiochia

[24] Das Wort des Herrn aber wuchs und breitete sich
aus. [25] Nachdem Barnabas und Saulus in Jerusalem
ihre Aufgabe erfüllt hatten, kehrten sie zurück;
Johannes mit dem Beinamen Markus nahmen sie
mit.

24: 6,7

DIE KIRCHE UNTER DEN VÖLKERN: 13,1 – 28,31

Die Aussendung des Barnabas und des Saulus

13 In der Gemeinde von Antiochia gab es Pro-
pheten und Lehrer: Barnabas und Simeon,
genannt Niger, Luzius von Zyrene, Manaën, ein
Jugendgefährte des Tetrarchen Herodes, und Sau-
lus. [2] Als sie zu Ehren des Herrn Gottesdienst fei-
erten und fasteten, sprach der Heilige Geist: Wählt
mir Barnabas und Saulus zu dem Werk aus, zu
dem ich sie mir berufen habe. [3] Da fasteten und
beteten sie, legten ihnen die Hände auf und ließen
sie ziehen.

1: Röm 16,21 • 2: 1 Kor 9,6 • 3: 6,6; 14,23; 1 Tim 4,14; 2 Tim 1,6

Die erste Missionsreise des Paulus:
13,4 – 14,28

Von Antiochia über Zypern bis Perge

4 Vom Heiligen Geist ausgesandt, zogen sie nach Seleuzia hinab und segelten von da nach Zypern. 5 Als sie in Salamis angekommen waren, verkündeten sie das Wort Gottes in den Synagogen der Juden. Johannes hatten sie als Helfer bei sich. 6 Sie durchzogen die ganze Insel bis Paphos. Dort trafen sie einen Mann namens Barjesus, einen Zauberer und falschen Propheten, der Jude war 7 und zum Gefolge des Prokonsuls Sergius Paulus, eines verständigen Mannes, gehörte. Dieser ließ Barnabas und Saulus rufen und wünschte, von ihnen das Wort Gottes zu hören. 8 Aber Elymas, der Zauberer – so wird nämlich der Name Elymas übersetzt –, trat gegen sie auf und wollte den Prokonsul vom Glauben abhalten. 9 Saulus, der auch Paulus heißt, blickte ihn, vom Heiligen Geist erfüllt, an 10 und sagte: Du elender und gerissener Betrüger, du Sohn des Teufels, du Feind aller Gerechtigkeit, willst du nicht endlich aufhören, die geraden Wege des Herrn zu durchkreuzen? 11 Jetzt kommt die Hand des Herrn über dich. Du wirst blind sein und eine Zeit lang die Sonne nicht mehr sehen. Im selben Augenblick fiel Finsternis und Dunkel auf ihn, er tappte umher und suchte jemand, der ihn an der Hand führte. 12 Als der Prokonsul das alles sah, wurde er gläubig, denn er war betroffen von der Lehre des Herrn. 13 Von Paphos fuhr Paulus mit seinen Begleitern ab und kam nach Perge in Pamphylien. Johannes aber trennte sich von ihnen und kehrte nach Jerusalem zurück.

5: 12,12.25 • 13: 13,5

Das Wirken des Barnabas und des Paulus in Antiochia in Pisidien

14 Sie selbst wanderten von Perge weiter und kamen nach Antiochia in Pisidien. Dort gingen sie am Sabbat in die Synagoge und setzten sich. 15 Nach der Lesung aus dem Gesetz und den Propheten schickten die Synagogenvorsteher zu ihnen und ließen ihnen sagen: Brüder, wenn ihr ein Wort des Trostes für das Volk habt, so redet.

16 Da stand Paulus auf, gab mit der Hand ein Zeichen und sagte: Ihr Israeliten und ihr Gottesfürchtigen, hört! 17 Der Gott dieses Volkes Israel hat unsere Väter erwählt und das Volk in der Fremde erhöht, in Ägypten; er hat sie *mit hoch erhobenem Arm von dort herausgeführt* 18 und fast *vierzig Jahre durch die Wüste getragen.* 19 *Sieben Völker hat er im Land Kanaan vernichtet und ihr Land ihnen zum Besitz gegeben,* 20 für etwa vierhundertfünfzig Jahre. Danach hat er ihnen Richter gegeben bis zum Propheten Samuel. 21 Dann verlangten sie einen König und Gott gab ihnen Saul, den Sohn des Kisch, einen Mann aus dem Stamm Benjamin, für vierzig Jahre. 22 Nachdem er ihn verworfen hatte, erhob er David zu ihrem König, von dem er bezeugte: *Ich habe David, den Sohn des Isai, als einen Mann nach meinem Herzen gefunden, der alles, was ich will, vollbringen wird.* 23 Aus seinem Geschlecht hat Gott dem Volk Israel, der Verheißung gemäß, Jesus als Retter geschickt. 24 Vor dessen Auftreten hat Johannes dem ganzen Volk Israel Umkehr und Taufe verkündigt. 25 Als Johannes aber seinen Lauf vollendet hatte, sagte er: Ich bin nicht der, für den ihr mich haltet; aber seht, nach mir kommt einer, dem die Sandalen von den Füßen zu lösen ich nicht wert bin.

26 Brüder, ihr Söhne aus Abrahams Geschlecht und ihr Gottesfürchtigen! Uns wurde das Wort dieses Heils gesandt. 27 Denn die Einwohner von Jerusalem und ihre Führer haben Jesus nicht erkannt, aber sie haben die Worte der Propheten, die an jedem Sabbat vorgelesen werden, erfüllt und haben ihn verurteilt. 28 Obwohl sie nichts fanden, wofür er den Tod verdient hätte, forderten sie von Pilatus seine Hinrichtung. 29 Als sie alles vollbracht hatten, was in der Schrift über ihn gesagt ist, nahmen sie ihn vom Kreuzesholz und legten ihn ins Grab. 30 Gott aber hat ihn von den Toten auferweckt, 31 und er ist viele Tage hindurch denen erschienen, die mit ihm zusammen von Galiläa nach Jerusalem hinaufgezogen waren und die jetzt vor dem Volk seine Zeugen sind. 32 So verkünden wir euch das Evangelium: Gott hat die Verheißung, die an die Väter ergangen ist, 33 an uns, ihren Kindern, erfüllt, indem er Jesus auferweckt hat, wie es schon im zweiten Psalm heißt: *Mein Sohn bist du, heute habe ich dich gezeugt.* 34 Dass er ihn aber von den Toten auferweckt hat, um ihn nicht mehr zur Verwesung zurückkehren zu lassen, hat

er so ausgedrückt: *Ich will euch die Heilsgaben ge-*
währen, die ich David fest zugesagt habe. 35 Darum
sagt er auch an einer anderen Stelle: *Du lässt dei-*
nen Frommen nicht die Verwesung schauen. 36 Da-
vid aber ist, nachdem er seinen Zeitgenossen ge-
dient hatte, nach Gottes Willen entschlafen und
mit seinen Vätern vereint worden. Er hat die Ver-
wesung gesehen; 37 der aber, den Gott auferweckte,
hat die Verwesung nicht gesehen. 38 Ihr sollt also
wissen, meine Brüder: Durch diesen wird euch die
Vergebung der Sünden verkündet, und in allem,
worin euch das Gesetz des Mose nicht gerecht
machen konnte, 39 wird jeder, der glaubt, durch ihn
gerecht gemacht. 40 Gebt also Acht, dass nicht ein-
trifft, was bei den Propheten gesagt ist: 41 *Schaut*
hin, ihr Verächter, staunt und erstarrt! Denn ich
vollbringe in euren Tagen eine Tat – würde man euch
von dieser Tat erzählen, ihr glaubtet es nicht.
42 Als sie hinausgingen, bat man sie, am nächsten
Sabbat über diese Worte zu ihnen zu sprechen.
43 Und als die Versammlung sich aufgelöst hatte,
schlossen sich viele Juden und fromme Proselyten
Paulus und Barnabas an. Diese redeten mit ihnen
und ermahnten sie, der Gnade Gottes treu zu blei-
ben.
44 Am folgenden Sabbat versammelte sich fast die
ganze Stadt, um das Wort des Herrn zu hören.
45 Als die Juden die Scharen sahen, wurden sie
eifersüchtig, widersprachen den Worten des Pau-
lus und stießen Lästerungen aus.
46 Paulus und Barnabas aber erklärten freimütig:
Euch musste das Wort Gottes zuerst verkündet
werden. Da ihr es aber zurückstoßt und euch des
ewigen Lebens unwürdig zeigt, wenden wir uns
jetzt an die Heiden. 47 Denn so hat uns der Herr
aufgetragen:
Ich habe dich zum Licht für die Völker gemacht,
bis an das Ende der Erde sollst du das Heil sein.
48 Als die Heiden das hörten, freuten sie sich und
priesen das Wort des Herrn; und alle wurden gläu-
big, die für das ewige Leben bestimmt waren.
49 Das Wort des Herrn aber verbreitete sich in der
ganzen Gegend. 50 Die Juden jedoch hetzten die
vornehmen gottesfürchtigen Frauen und die Ers-
ten der Stadt auf, veranlassten eine Verfolgung
gegen Paulus und Barnabas und vertrieben sie aus
ihrem Gebiet. 51 Diese aber schüttelten gegen sie
den Staub von ihren Füßen und zogen nach Iko-
nion. 52 Und die Jünger waren voll Freude und
erfüllt vom Heiligen Geist.

14: 15,21; Lk 4,16f • 17: Ex 6,1.6 • 18: Ex 16,35; Num 14,34; Dtn 1,31; 7,1 • 21: 1 Sam 8,5; 10,21.24 • 22: Ps 89,21; 1 Sam 13,14; Jes 44,28 • 23: 2 Sam 7,12; Jes 11,1 • 24: Lk 3,3 • 25: Lk 3,16 • 27: 3,17; Lk 23,34; Joh 16,3; 1 Tim 1,13 • 28: Lk 23,4.15–25 • 32: Röm 1,4 • 33: Ps 2,7 • 34: Jes 55,3 G • 35: Ps 16,10; Apg 2,27.31 • 38: 10,43; Hebr 9,9; 10,1–4 • 39: Röm 10,4 • 41: Hab 1,5 • 46: 3,26; Mt 10,6; Röm 1,16; Apg 18,6 • 47: Jes 42,6; 49,6 • 49: 2 Thess 3,1 • 50: 14,5.19; 1 Thess 2,15f; 2 Tim 3,11 • 51: Mt 10,14; Lk 9,5

In Ikonion, Lystra und Derbe

14 In Ikonion gingen sie ebenfalls in die Syna-
goge der Juden und redeten in dieser Weise
und eine große Zahl von Juden und Griechen
wurde gläubig. 2 Die Juden aber, die sich wider-
setzten, erregten und erbitterten die Heiden gegen
die Brüder. 3 Längere Zeit nun blieben sie dort und
predigten freimütig im Vertrauen auf den Herrn;
er legte Zeugnis ab für das Wort seiner Gnade,
indem er durch die Hände der Apostel Zeichen
und Wunder geschehen ließ. 4 Doch das Volk in
der Stadt spaltete sich; die einen hielten zu den Ju-
den, die andern zu den Aposteln. 5 Als die Apostel
merkten, dass die Heiden und die Juden zusam-
men mit ihren Führern entschlossen waren, sie
zu misshandeln und zu steinigen, 6 flohen sie in
die Städte von Lykaonien, Lystra und Derbe, und
in deren Umgebung. 7 Dort verkündeten sie das
Evangelium.
8 In Lystra war ein Mann, der von Geburt an
gelähmt war; er saß ohne Kraft in den Füßen da
und hatte nie gehen können. 9 Er hörte der Predigt
des Paulus zu. Dieser blickte ihm fest ins Auge; und
da er sah, dass der Mann darauf vertraute, geret-
tet zu werden, 10 rief er laut: Steh auf! Stell dich auf-
recht auf deine Füße! Da sprang der Mann auf und
ging umher. 11 Als die Menge sah, was Paulus getan
hatte, fing sie an zu schreien und rief auf Lykao-
nisch: Die Götter sind in Menschengestalt zu uns
herabgestiegen. 12 Und sie nannten den Barnabas
Zeus, den Paulus aber Hermes, weil er der Wort-
führer war. 13 Der Priester des »Zeus vor der Stadt«
brachte Stiere und Kränze an die Tore und wollte
zusammen mit der Volksmenge ein Opfer dar-
bringen. 14 Als die Apostel Barnabas und Paulus
davon hörten, zerrissen sie ihre Kleider, sprangen
unter das Volk und riefen: 15 Männer, was tut ihr?

Auch wir sind nur Menschen, von gleicher Art wie
ihr; wir bringen euch das Evangelium, damit ihr
euch von diesen nichtigen Götzen zu dem leben-
digen Gott bekehrt, der *den Himmel, die Erde und*
das Meer geschaffen hat und alles, was dazugehört.
16 Er ließ in den vergangenen Zeiten alle Völker
ihre Wege gehen. 17 Und doch hat er sich nicht un-
bezeugt gelassen: Er tat Gutes, gab euch vom Him-
mel her Regen und fruchtbare Zeiten; mit Nah-
rung und mit Freude erfüllte er euer Herz. 18 Doch
selbst mit diesen Worten konnten sie die Volks-
menge kaum davon abbringen, ihnen zu opfern.
19 Von Antiochia und Ikonion aber kamen Juden
und überredeten die Volksmenge. Und sie steinig-
ten den Paulus und schleiften ihn zur Stadt hi-
naus, in der Meinung, er sei tot. 20 Als aber die Jün-
ger ihn umringten, stand er auf und ging in die
Stadt. Am anderen Tag zog er mit Barnabas nach
Derbe weiter.

2: 13,45 • 5: 13,50; 2 Tim 3,11 • 6: Mt 10,23 • 8–10: 3,1–10 • 15: 10,26; Jak 5,17; Ex 20,11; Ps 146,6; Jes 37,16; Jer 32,17 • 17: 17,24–28; Röm 1,19f • 19: 2 Kor 11,25; 2 Tim 3,11

Rückkehr nach Syrien

21 Als sie dieser Stadt das Evangelium verkündet
und viele Jünger gewonnen hatten, kehrten sie
nach Lystra, Ikonion und Antiochia zurück. 22 Sie
sprachen den Jüngern Mut zu und ermahnten sie,
treu am Glauben fest zu halten; sie sagten: Durch
viele Drangsale müssen wir in das Reich Gottes
gelangen. 23 In jeder Gemeinde bestellten sie durch
Handauflegung Älteste und empfahlen sie mit
Gebet und Fasten dem Herrn, an den sie nun
glaubten. 24 Nachdem sie durch Pisidien gezogen
waren, kamen sie nach Pamphylien, 25 verkünde-
ten in Perge das Wort und gingen dann nach Atta-
lia hinab. 26 Von dort fuhren sie mit dem Schiff
nach Antiochia, wo man sie für das Werk, das sie
nun vollbracht hatten, der Gnade Gottes empfoh-
len hatte. 27 Als sie dort angekommen waren, rie-
fen sie die Gemeinde zusammen und berichteten
alles, was Gott mit ihnen zusammen getan und
dass er den Heiden die Tür zum Glauben geöffnet
hatte. 28 Und sie blieben noch längere Zeit bei den
Jüngern.

22: 11,23; 1 Thess 3,2f • 23: 20,28 • 25: 8,4; 10,36.44; 11,19; 16,6 • 26: 13,1f • 27: 1 Kor 16,9

Das Apostelkonzil in Jerusalem: 15,1–35

Die Streitfrage

15 Es kamen einige Leute von Judäa herab und
lehrten die Brüder: Wenn ihr euch nicht
nach dem Brauch des Mose beschneiden lasst,
könnt ihr nicht gerettet werden. 2 Nach großer Auf-
regung und heftigen Auseinandersetzungen zwi-
schen ihnen und Paulus und Barnabas beschloss
man, Paulus und Barnabas und einige andere
von ihnen sollten wegen dieser Streitfrage zu den
Aposteln und den Ältesten nach Jerusalem hi-
naufgehen. 3 Sie wurden von der Gemeinde feier-
lich verabschiedet und zogen durch Phönizien
und Samarien; dabei berichteten sie den Brüdern
von der Bekehrung der Heiden und bereiteten
damit allen große Freude. 4 Bei ihrer Ankunft in
Jerusalem wurden sie von der Gemeinde und von
den Aposteln und den Ältesten empfangen. Sie
erzählten alles, was Gott mit ihnen zusammen
getan hatte. 5 Da erhoben sich einige aus dem Kreis
der Pharisäer, die gläubig geworden waren, und
sagten: Man muss sie beschneiden und von ihnen
fordern, am Gesetz des Mose fest zu halten.

1: 15,24; Gal 1,7; 5,10 • 2: Gal 2,1

Die Versammlung der Apostel und der Ältesten mit der Gemeinde

6 Die Apostel und die Ältesten traten zusammen,
um die Frage zu prüfen. 7 Als ein heftiger Streit
entstand, erhob sich Petrus und sagte zu ihnen:
Brüder, wie ihr wisst, hat Gott schon längst hier
bei euch die Entscheidung getroffen, dass die Hei-
den durch meinen Mund das Wort des Evangeli-
ums hören und zum Glauben gelangen sollen.
8 Und Gott, der die Herzen kennt, bestätigte dies,
indem er ihnen ebenso wie uns den Heiligen Geist
gab. 9 Er machte keinerlei Unterschied zwischen
uns und ihnen; denn er hat ihre Herzen durch den
Glauben gereinigt. 10 Warum stellt ihr also jetzt
Gott auf die Probe und legt den Jüngern ein
Joch auf den Nacken, das weder unsere Väter noch
wir tragen konnten? 11 Wir glauben im Gegenteil,
durch die Gnade Jesu, des Herrn, gerettet zu wer-
den, auf die gleiche Weise wie jene. 12 Da schwieg
die ganze Versammlung. Und sie hörten Barnabas
und Paulus zu, wie sie erzählten, welch große Zei-

chen und Wunder Gott durch sie unter den Hei-
den getan hatte.
13 Als sie geendet hatten, nahm Jakobus das Wort
und sagte: Brüder, hört mich an! 14 Simon hat
berichtet, dass Gott selbst zuerst eingegriffen hat,
um aus den Heiden ein Volk für seinen Namen zu
gewinnen.
15 Damit stimmen die Worte der Propheten über-
ein, die geschrieben haben:
16 *Danach werde ich mich umwenden / und die zer-*
fallene Hütte Davids wieder aufrichten; / ich werde
sie aus ihren Trümmern wieder aufrichten / und
werde sie wiederherstellen,
17 *damit die übrigen Menschen den Herrn suchen, /*
auch alle Völker, / über denen mein Name ausgeru-
fen ist – / spricht der Herr, der das ausführt,
18 was ihm seit Ewigkeit bekannt ist.
19 Darum halte ich es für richtig, den Heiden, die
sich zu Gott bekehren, keine Lasten aufzubürden;
20 man weise sie nur an, Verunreinigung durch
Götzen(opferfleisch) und Unzucht zu meiden und
weder Ersticktes noch Blut zu essen. 21 Denn Mose
hat seit ältesten Zeiten in jeder Stadt seine Ver-
kündiger, da er in den Synagogen an jedem Sabbat
verlesen wird.

8: 10,44; 11,15 • 9: 10,34f • 10: Mt 23,4; Gal 3,10; 5,1 • 11: Gal 2,16; Eph 2,4–10 • 13: 21,18; Gal 2,9 • 16: Am 9,11f G; Jer 12,15 • 18: Jes 45,21 • 20: 15,29; 21,25; Lev 18,6–18

Die Beschlüsse der Versammlung

22 Da beschlossen die Apostel und die Ältesten
zusammen mit der ganzen Gemeinde, Männer aus
ihrer Mitte auszuwählen und sie zusammen mit
Paulus und Barnabas nach Antiochia zu senden,
nämlich Judas, genannt Barsabbas, und Silas,
führende Männer unter den Brüdern. 23 Sie gaben
ihnen folgendes Schreiben mit: Die Apostel und
die Ältesten, eure Brüder, grüßen die Brüder aus
dem Heidentum in Antiochia, in Syrien und Zili-
zien. 24 Wir haben gehört, dass einige von uns,
denen wir keinen Auftrag erteilt haben, euch mit
ihren Reden beunruhigt und eure Gemüter erregt
haben. 25 Deshalb haben wir uns geeinigt und
beschlossen, Männer auszuwählen und zusam-
men mit unseren lieben Brüdern Barnabas und
Paulus zu euch zu schicken, 26 die beide für den
Namen Jesu Christi, unseres Herrn, ihr Leben ein-
gesetzt haben. 27 Wir haben Judas und Silas abge-
sandt, die euch das Gleiche auch mündlich mit-
teilen sollen. 28 Denn der Heilige Geist und wir
haben beschlossen, euch keine weitere Last aufzu-
erlegen als diese notwendigen Dinge: 29 Götzenop-
ferfleisch, Blut, Ersticktes und Unzucht zu meiden.
Wenn ihr euch davor hütet, handelt ihr richtig.
Lebt wohl!

24: 15,1; Gal 1,7; 5,10 • 28: Mt 23,4; 1 Kor 8,1

Die Mitteilung der Beschlüsse an die Gemeinde von Antiochia

30 Man verabschiedete die Abgesandten und sie
zogen hinab nach Antiochia, riefen die Gemeinde
zusammen und übergaben ihr den Brief. 31 Die
Brüder lasen ihn und freuten sich über die Ermun-
terung. 32 Judas und Silas, selbst Propheten, spra-
chen ihnen mit vielen Worten Mut zu und stärk-
ten sie. 33 Nach einiger Zeit wurden sie von den
Brüdern in Frieden wieder zu denen entlassen, die
sie abgesandt hatten. [34] 35 Paulus aber und Bar-
nabas blieben in Antiochia und lehrten und ver-
kündeten mit vielen anderen das Wort des Herrn.

32: 11,27; 13,1

Die zweite Missionsreise des Paulus: 15,36 – 18,22

Die Trennung des Paulus von Barnabas

36 Nach einiger Zeit sagte Paulus zu Barnabas: Wir
wollen wieder aufbrechen und sehen, wie es den
Brüdern in all den Städten geht, in denen wir das
Wort des Herrn verkündet haben. 37 Barnabas
wollte auch den Johannes, genannt Markus, mit-
nehmen; 38 doch Paulus bestand darauf, ihn nicht
mitzunehmen, weil er sie in Pamphylien im Stich
gelassen hatte, nicht mit ihnen gezogen war und
an ihrer Arbeit nicht mehr teilgenommen hatte.
39 Es kam zu einer heftigen Auseinandersetzung,
so dass sie sich voneinander trennten; Barnabas
nahm Markus mit und segelte nach Zypern. 40 Pau-
lus aber wählte sich Silas und reiste ab, nachdem
die Brüder ihn der Gnade des Herrn empfohlen
hatten. 41 Er zog durch Syrien und Zilizien und
stärkte die Gemeinden.

37: 12,12.25 • 38: 13,13; Kol 4,10 • 41: 9,30; 11,25; Gal 1,21

Paulus in Lykaonien

16 Er kam auch nach Derbe und nach Lystra. Dort war ein Jünger namens Timotheus, der Sohn einer gläubig gewordenen Jüdin und eines Griechen. 2 Er war Paulus von den Brüdern in Lystra und Ikonion empfohlen worden. 3 Paulus wollte ihn als Begleiter mitnehmen und ließ ihn mit Rücksicht auf die Juden, die in jenen Gegenden wohnten, beschneiden; denn alle wussten, dass sein Vater ein Grieche war. 4 Als sie nun durch die Städte zogen, überbrachten sie ihnen die von den Aposteln und den Ältesten in Jerusalem gefassten Beschlüsse und trugen ihnen auf, sich daran zu halten. 5 So wurden die Gemeinden im Glauben gestärkt und wuchsen von Tag zu Tag.

1: 17,14; Röm 16,21; Phil 2,19; 1 Kor 4,17; 2 Tim 1,5 • 4: 15,23–29

Durch Kleinasien bis Troas

6 Weil ihnen aber vom Heiligen Geist verwehrt wurde, das Wort in der Provinz Asien zu verkünden, reisten sie durch Phrygien und das galatische Land. 7 Sie zogen an Mysien entlang und versuchten, Bithynien zu erreichen; doch auch das erlaubte ihnen der Geist Jesu nicht. 8 So durchwanderten sie Mysien und kamen nach Troas hinab. 9 Dort hatte Paulus in der Nacht eine Vision. Ein Mazedonier stand da und bat ihn: Komm herüber nach Mazedonien und hilf uns! 10 Auf diese Vision hin wollten wir sofort nach Mazedonien abfahren; denn wir waren überzeugt, dass uns Gott dazu berufen hatte, dort das Evangelium zu verkünden.

6: 18,23

Das Wirken des Paulus in Philippi

11 So brachen wir von Troas auf und fuhren auf dem kürzesten Weg nach Samothrake und am folgenden Tag nach Neapolis. 12 Von dort gingen wir nach Philippi, in eine Stadt im ersten Bezirk von Mazedonien, eine Kolonie. In dieser Stadt hielten wir uns einige Tage auf. 13 Am Sabbat gingen wir durch das Stadttor hinaus an den Fluss, wo wir eine Gebetsstätte vermuteten. Wir setzten uns und sprachen zu den Frauen, die sich eingefunden hatten. 14 Eine Frau namens Lydia, eine Purpurhändlerin aus der Stadt Thyatira, hörte zu; sie war eine Gottesfürchtige und der Herr öffnete ihr das Herz, sodass sie den Worten des Paulus aufmerksam lauschte. 15 Als sie und alle, die zu ihrem Haus gehörten, getauft waren, bat sie: Wenn ihr überzeugt seid, dass ich fest an den Herrn glaube, kommt in mein Haus und bleibt da. Und sie drängte uns.

16 Als wir einmal auf dem Weg zur Gebetsstätte waren, begegnete uns eine Magd, die einen Wahrsagegeist hatte und mit der Wahrsagerei ihren Herren großen Gewinn einbrachte. 17 Sie lief Paulus und uns nach und schrie: Diese Menschen sind Diener des höchsten Gottes; sie verkünden euch den Weg des Heils. 18 Das tat sie viele Tage lang. Da wurde Paulus ärgerlich, wandte sich um und sagte zu dem Geist: Ich befehle dir im Namen Jesu Christi: Verlass diese Frau! Und im gleichen Augenblick verließ er sie.

19 Als aber ihre Herren sahen, dass sie keinen Gewinn mehr erwarten konnten, ergriffen sie Paulus und Silas, schleppten sie auf den Markt vor die Stadtbehörden, 20 führten sie den obersten Beamten vor und sagten: Diese Männer bringen Unruhe in unsere Stadt. Es sind Juden; 21 sie verkünden Sitten und Bräuche, die wir als Römer weder annehmen können noch ausüben dürfen. 22 Da erhob sich das Volk gegen sie und die obersten Beamten ließen ihnen die Kleider vom Leib reißen und befahlen, sie mit Ruten zu schlagen. 23 Sie ließen ihnen viele Schläge geben und sie ins Gefängnis bringen; dem Gefängniswärter befahlen sie, sie in sicherem Gewahrsam zu halten. 24 Auf diesen Befehl hin warf er sie in das innere Gefängnis und schloss zur Sicherheit ihre Füße in den Block.

25 Um Mitternacht beteten Paulus und Silas und sangen Loblieder; und die Gefangenen hörten ihnen zu. 26 Plötzlich begann ein gewaltiges Erdbeben, sodass die Grundmauern des Gefängnisses wankten. Mit einem Schlag sprangen die Türen auf und allen fielen die Fesseln ab. 27 Als der Gefängniswärter aufwachte und alle Türen des Gefängnisses offen sah, zog er sein Schwert, um sich zu töten; denn er meinte, die Gefangenen seien entflohen. 28 Da rief Paulus laut: Tu dir nichts an! Wir sind alle noch da. 29 Jener rief nach Licht, stürzte hinein und fiel Paulus und Silas zitternd zu Füßen. 30 Er führte sie hinaus und sagte: Ihr Her-

ren, was muss ich tun, um gerettet zu werden? 31 Sie antworteten: Glaube an Jesus, den Herrn und du wirst gerettet werden, du und dein Haus. 32 Und sie verkündeten ihm und allen in seinem Haus das Wort Gottes. 33 Er nahm sie in jener Nachtstunde bei sich auf, wusch ihre Striemen und ließ sich sogleich mit allen seinen Angehörigen taufen. 34 Dann führte er sie in seine Wohnung hinauf, ließ ihnen den Tisch decken und war mit seinem ganzen Haus voll Freude, weil er zum Glauben an Gott gekommen war.

35 Als es Tag wurde, schickten die obersten Beamten die Amtsdiener und ließen sagen: Lass jene Männer frei! 36 Der Gefängniswärter überbrachte Paulus die Nachricht: Die obersten Beamten haben (die Amtsdiener) hergeschickt und befohlen, euch freizulassen. Geht also, zieht in Frieden! 37 Paulus aber sagte zu ihnen: Sie haben uns ohne Urteil öffentlich auspeitschen lassen, obgleich wir römische Bürger sind, und haben uns ins Gefängnis geworfen. Und jetzt möchten sie uns heimlich fortschicken? Nein! Sie sollen selbst kommen und uns hinausführen. 38 Die Amtsdiener meldeten es den obersten Beamten. Diese erschraken, als sie hörten, es seien römische Bürger. 39 Und sie kamen, um sie zu beschwichtigen, führten sie hinaus und baten sie, die Stadt zu verlassen. 40 Vom Gefängnis aus gingen die beiden zu Lydia. Dort fanden sie die Brüder, sprachen ihnen Mut zu und zogen dann weiter.

17: Mk 1,24–26.34 • 22: 2 Kor 11,25; Phil 1,30; 1 Thess 2,2 • 30: 2,37; Joh 6,28 • 31: 11,14; Joh 6,29 • 37: 22,25.29

Paulus in Thessalonich und Beröa

17 Auf dem Weg über Amphipolis und Apollonia kamen sie nach Thessalonich. Dort hatten die Juden eine Synagoge. 2 Nach seiner Gewohnheit ging Paulus zu ihnen und redete an drei Sabbaten zu ihnen, wobei er von den Schriften ausging. 3 Er legte sie ihnen aus und erklärte, dass der Messias leiden und von den Toten auferstehen musste. Und er sagte: Jesus, den ich euch verkünde, ist dieser Messias. 4 Einige von ihnen ließen sich überzeugen und schlossen sich Paulus und Silas an, außerdem eine große Schar gottesfürchtiger Griechen, darunter nicht wenige Frauen aus vornehmen Kreisen.

5 Die Juden wurden eifersüchtig, holten sich einige nichtsnutzige Männer, die sich auf dem Markt herumtrieben, wiegelten mit ihrer Hilfe das Volk auf und brachten die Stadt in Aufruhr. Sie zogen zum Haus des Jason und wollten die beiden vor das Volk führen. 6 Sie fanden sie aber nicht. Daher schleppten sie den Jason und einige Brüder vor die Stadtpräfekten und schrien: Diese Leute, die die ganze Welt in Aufruhr gebracht haben, sind jetzt auch hier, 7 und Jason hat sie aufgenommen. Sie alle verstoßen gegen die Gesetze des Kaisers; denn sie behaupten, ein anderer sei König, nämlich Jesus. 8 So brachten sie die Menge und die Stadtpräfekten, die das hörten, in Erregung. 9 Diese nahmen von Jason und den anderen eine Bürgschaft und ließen sie frei.

10 Die Brüder schickten noch in der Nacht Paulus und Silas weiter nach Beröa. Nach ihrer Ankunft gingen sie in die Synagoge der Juden. 11 Diese waren freundlicher als die in Thessalonich; mit großer Bereitschaft nahmen sie das Wort auf und forschten Tag für Tag in den Schriften nach, ob sich dies wirklich so verhielte. 12 Viele von ihnen wurden gläubig, und ebenso nicht wenige der vornehmen griechischen Frauen und Männer. 13 Als aber die Juden von Thessalonich erfuhren, dass Paulus auch in Beröa das Wort Gottes verkündete, kamen sie dorthin, um das Volk aufzuwiegeln und aufzuhetzen. 14 Da schickten die Brüder Paulus sogleich weg zum Meer hinunter. Silas und Timotheus aber blieben zurück. 15 Die Begleiter des Paulus brachten ihn nach Athen. Mit dem Auftrag an Silas und Timotheus, Paulus möglichst rasch nachzukommen, kehrten sie zurück.

1: 1 Thess 2,2 • 3: Lk 24,26f.45f • 5: Röm 16,21 • 7: Lk 23,2; Joh 19,12 • 11: Joh 5,39 • 13: 1 Thess 2,14–16 • 15: 1 Thess 3,1

Paulus in Athen

16 Während Paulus in Athen auf sie wartete, erfasste ihn heftiger Zorn; denn er sah die Stadt voll von Götzenbildern. 17 Er redete in der Synagoge mit den Juden und Gottesfürchtigen und auf dem Markt sprach er täglich mit denen, die er gerade antraf. 18 Einige von den epikureischen und stoischen Philosophen diskutierten mit ihm und manche sagten: Was will denn dieser Schwätzer? Andere aber: Es scheint ein Verkünder fremder

Gottheiten zu sein. Er verkündete nämlich das
Evangelium von Jesus und von der Auferstehung.
19 Sie nahmen ihn mit, führten ihn zum Areopag
und fragten: Können wir erfahren, was das für eine
neue Lehre ist, die du vorträgst? 20 Du bringst uns
recht befremdliche Dinge zu Gehör. Wir wüssten
gern, worum es sich handelt. 21 Alle Athener und
die Fremden dort taten nichts lieber, als die letz-
ten Neuigkeiten zu erzählen oder zu hören.
22 Da stellte sich Paulus in die Mitte des Areopags
und sagte: Athener, nach allem, was ich sehe, seid
ihr besonders fromme Menschen. 23 Denn als ich
umherging und mir eure Heiligtümer ansah, fand
ich auch einen Altar mit der Aufschrift: EINEM
UNBEKANNTEN GOTT. Was ihr verehrt, ohne es
zu kennen, das verkünde ich euch. 24 Gott, der die
Welt erschaffen hat und alles in ihr, er, der Herr
über Himmel und Erde, wohnt nicht in Tempeln,
die von Menschenhand gemacht sind. 25 Er lässt
sich auch nicht von Menschen bedienen, als brau-
che er etwas: er, der allen das Leben, den Atem und
alles gibt. 26 Er hat aus einem einzigen Menschen
das ganze Menschengeschlecht erschaffen, damit
es die ganze Erde bewohne. Er hat für sie be-
stimmte Zeiten und die Grenzen ihrer Wohnsitze
festgesetzt. 27 Sie sollten Gott suchen, ob sie ihn
ertasten und finden könnten; denn keinem von
uns ist er fern. 28 Denn in ihm leben wir, bewegen
wir uns und sind wir, wie auch einige von euren
Dichtern gesagt haben: Wir sind von seiner Art.
29 Da wir also von Gottes Art sind, dürfen wir nicht
meinen, das Göttliche sei wie ein goldenes oder
silbernes oder steinernes Gebilde menschlicher
Kunst und Erfindung. 30 Gott, der über die Zeiten
der Unwissenheit hinweggesehen hat, lässt jetzt
den Menschen verkünden, dass überall alle um-
kehren sollen. 31 Denn er hat einen Tag festgesetzt,
an dem *er den Erdkreis in Gerechtigkeit richten
wird,* durch einen Mann, den er dazu bestimmt
und vor allen Menschen dadurch ausgewiesen hat,
dass er ihn von den Toten auferweckte.
32 Als sie von der Auferstehung der Toten hörten,
spotteten die einen, andere aber sagten: Darüber
wollen wir dich ein andermal hören. 33 So ging
Paulus aus ihrer Mitte weg. 34 Einige Männer aber
schlossen sich ihm an und wurden gläubig, unter
ihnen auch Dionysius, der Areopagit, außerdem
eine Frau namens Damaris und noch andere mit
ihnen.

18: 1 Kor 1,22 • 24–28: Röm 1,19f • 25: Ps 50,10–13 • 26: Dtn 32,8; Ijob 12,23 • 27f: Jes 55,6; Jer 29,12–14; Weish 13,6; Ps 145,18; Jer 23,24; Ps 139; Röm 11,36; 1 Kor 8,6; Kol 1,16f • 31: Ps 96,13; 98,9 • 32: 1 Kor 1,23

Paulus in Korinth

18 Hierauf verließ Paulus Athen und ging
nach Korinth. 2 Dort traf er einen aus Pon-
tus stammenden Juden namens Aquila, der vor
kurzem aus Italien gekommen war, und dessen
Frau Priszilla. Klaudius hatte nämlich angeordnet,
dass alle Juden Rom verlassen müssten. Diesen
beiden schloss er sich an, 3 und da sie das gleiche
Handwerk betrieben, blieb er bei ihnen und arbei-
tete dort. Sie waren Zeltmacher von Beruf. 4 An
jedem Sabbat lehrte er in der Synagoge und suchte
Juden und Griechen zu überzeugen. 5 Als aber Silas
und Timotheus aus Mazedonien eingetroffen wa-
ren, widmete sich Paulus ganz der Verkündigung
und bezeugte den Juden, dass Jesus der Messias sei.
6 Als sie sich dagegen auflehnten und Lästerungen
ausstießen, schüttelte er seine Kleider aus und
sagte zu ihnen: Euer Blut komme über euer Haupt!
Ich bin daran unschuldig. Von jetzt an werde ich
zu den Heiden gehen.
7 Und er ging von da in das Haus eines gewissen
Titius Justus hinüber, eines Gottesfürchtigen, des-
sen Haus an die Synagoge grenzte. 8 Krispus aber,
der Synagogenvorsteher, kam mit seinem ganzen
Haus zum Glauben an den Herrn; und viele Ko-
rinther, die (Paulus) hörten, wurden gläubig und
ließen sich taufen. 9 Der Herr aber sagte nachts in
einer Vision zu Paulus: Fürchte dich nicht! Rede
nur, schweige nicht! 10 Denn ich bin mit dir, nie-
mand wird dir etwas antun. Viel Volk nämlich
gehört mir in dieser Stadt. 11 So blieb Paulus ein
Jahr und sechs Monate und lehrte bei ihnen das
Wort Gottes.
12 Als aber Gallio Prokonsul von Achaia war, traten
die Juden einmütig gegen Paulus auf, brachten ihn
vor den Richterstuhl 13 und sagten: Dieser verführt
die Menschen zu einer Gottesverehrung, die gegen
das Gesetz verstößt. 14 Als Paulus etwas erwidern
wollte, sagte Gallio zu den Juden: Läge hier ein Ver-
gehen oder Verbrechen vor, ihr Juden, so würde ich
eure Klage ordnungsgemäß behandeln. 15 Streitet

ihr jedoch über Lehre und Namen und euer Gesetz, dann seht selber zu! Darüber will ich nicht Richter sein. [16] Und er wies sie vom Richterstuhl weg. [17] Da ergriffen alle den Synagogenvorsteher Sosthenes und verprügelten ihn vor dem Richterstuhl. Gallio aber kümmerte sich nicht darum.

1: 18,18.26 • 2: Röm 16,3; 1 Kor 16,19; 2 Tim 4,19 • 3: 1 Kor 4,12; 9,12 • 6: Mt 27,24f • 8: 1 Kor 1,14 • 10: 1 Kor 2,3; 2 Kor 10,10 • 14: 25,18–20; Joh 18,31 • 17: 1 Kor 1,1

Die Rückkehr des Paulus über Ephesus nach Antiochia

[18] Paulus blieb noch längere Zeit. Dann verabschiedete er sich von den Brüdern und segelte zusammen mit Priszilla und Aquila nach Syrien ab. In Kenchreä hatte er sich aufgrund eines Gelübdes den Kopf kahl scheren lassen. [19] Sie gelangten nach Ephesus. Dort trennte er sich von den beiden; er selbst ging in die Synagoge und redete zu den Juden. [20] Sie baten ihn, noch länger zu bleiben; aber er wollte nicht, [21] sondern verabschiedete sich und sagte: Ich werde wieder zu euch kommen, wenn Gott es will. So fuhr er von Ephesus ab, [22] landete in Cäsarea, zog (nach Jerusalem) hinauf, begrüßte dort die Gemeinde und ging dann nach Antiochia hinab.

18: Röm 16,1 • 21: Röm 1,10; 1 Kor 4,19; Jak 4,15

Die dritte Missionsreise des Paulus: 18,23 – 21,17

[23] Nachdem er dort einige Zeit geblieben war, zog er weiter, durchwanderte zuerst das galatische Land, dann Phrygien und stärkte alle Jünger.

Die Missionsarbeit des Apollos in Ephesus

[24] Ein Jude namens Apollos kam nach Ephesus. Er stammte aus Alexandria, war redekundig und in der Schrift bewandert. [25] Er war unterwiesen im Weg des Herrn. Er sprach mit glühendem Geist und trug die Lehre von Jesus genau vor; doch kannte er nur die Taufe des Johannes. [26] Er begann, offen in der Synagoge zu sprechen. Priszilla und Aquila hörten ihn, nahmen ihn zu sich und legten ihm den Weg Gottes noch genauer dar. [27] Als er nach Achaia gehen wollte, ermunterten ihn die Brüder dazu und schrieben den Jüngern, sie möchten ihn freundlich aufnehmen. Nach seiner Ankunft wurde er den Gläubigen durch die Gnade eine große Hilfe. [28] Denn mit Nachdruck widerlegte er die Juden, indem er öffentlich aus der Schrift nachwies, dass Jesus der Messias sei.

24: 1 Kor 1,12; 3,4–6 • 25: 19,3f • 28: 9,22; 17,3; 18,5

Die Begegnung des Paulus mit Johannesjüngern

19 Während Apollos sich in Korinth aufhielt, durchwanderte Paulus das Hochland und kam nach Ephesus hinab. [2] Er traf einige Jünger und fragte sie: Habt ihr den Heiligen Geist empfangen, als ihr gläubig wurdet? Sie antworteten ihm: Wir haben noch nicht einmal gehört, dass es einen Heiligen Geist gibt. [3] Da fragte er: Mit welcher Taufe seid ihr denn getauft worden? Sie antworteten: Mit der Taufe des Johannes. [4] Paulus sagte: Johannes hat mit der Taufe der Umkehr getauft und das Volk gelehrt, sie sollten an den glauben, der nach ihm komme: an Jesus. [5] Als sie das hörten, ließen sie sich auf den Namen Jesu, des Herrn, taufen. [6] Paulus legte ihnen die Hände auf und der Heilige Geist kam auf sie herab; sie redeten in Zungen und weissagten. [7] Es waren im ganzen ungefähr zwölf Männer.

1: 1 Kor 16,8 • 3: Mt 3,11; Lk 3,16 • 6: 8,17

Das Wirken des Paulus in Ephesus

[8] Er ging in die Synagoge und lehrte drei Monate lang freimütig und suchte sie vom Reich Gottes zu überzeugen. [9] Da aber einige verstockt waren, sich widersetzten und vor allen Leuten den (neuen) Weg verspotteten, trennte er sich mit den Jüngern von ihnen und unterwies sie täglich im Lehrsaal des Tyrannus. [10] Das geschah zwei Jahre lang; auf diese Weise hörten alle Bewohner der Provinz Asien, Juden wie Griechen, das Wort des Herrn.

9: 18,6; Tit 3,10f; 2 Joh 10

Die Wundertaten des Paulus in Ephesus

[11] Auch ungewöhnliche Wunder tat Gott durch die Hand des Paulus. [12] Sogar seine Schweiß- und Taschentücher nahm man ihm vom Körper weg und legte sie den Kranken auf; da wichen die Krankheiten und die bösen Geister fuhren aus. [13] Auch einige der umherziehenden jüdischen Be-

schwörer versuchten, den Namen Jesu, des Herrn, über den von bösen Geistern Besessenen anzurufen, indem sie sagten: Ich beschwöre euch bei dem Jesus, den Paulus verkündet. [14] Das taten sieben Söhne eines gewissen Skeuas, eines jüdischen Oberpriesters. [15] Aber der böse Geist antwortete ihnen: Jesus kenne ich und auch Paulus ist mir bekannt. Doch wer seid ihr? [16] Und der Mensch, in dem der böse Geist hauste, sprang auf sie los, überwältigte sie und setzte ihnen so zu, dass sie nackt und zerschunden aus dem Haus fliehen mussten.

[17] Das wurde allen Juden und Griechen, die in Ephesus wohnten, bekannt; alle wurden von Furcht gepackt und der Name Jesu, des Herrn, wurde hoch gepriesen. [18] Viele, die gläubig geworden waren, kamen und bekannten offen, was sie (früher) getan hatten. [19] Und nicht wenige, die Zauberei getrieben hatten, brachten ihre Zauberbücher herbei und verbrannten sie vor aller Augen. Man berechnete den Wert der Bücher auf fünfzigtausend Silberdrachmen. [20] So wuchs das Wort des Herrn mit Macht und wurde stark.

12: 5,15 • 13: Lk 9,49 • 15: Mk 1,34; Lk 4,41 • 17: 5,5.11; 19,27f • 20: 6,7; 12,24

Der Aufruhr der Silberschmiede

[21] Nach diesen Ereignissen nahm sich Paulus vor, über Mazedonien und Achaia nach Jerusalem zu reisen. Er sagte: Wenn ich dort gewesen bin, muss ich auch Rom sehen. [22] Er sandte zwei seiner Helfer, Timotheus und Erastus, nach Mazedonien voraus und blieb selbst noch eine Zeit lang in der Provinz Asien.

[23] Um jene Zeit aber wurde der (neue) Weg Anlass zu einem schweren Aufruhr. [24] Denn ein Silberschmied namens Demetrius, der silberne Artemistempel herstellte und den Künstlern viel zu verdienen gab, [25] rief diese und die anderen damit beschäftigten Arbeiter zusammen und sagte: Männer, ihr wisst, dass wir unseren Wohlstand diesem Gewerbe verdanken. [26] Nun seht und hört ihr, dass dieser Paulus nicht nur in Ephesus, sondern fast in der ganzen Provinz Asien viele Leute verführt und aufgehetzt hat mit seiner Behauptung, die mit Händen gemachten Götter seien keine Götter. [27] So kommt nicht nur unser Geschäft in Verruf, sondern auch dem Heiligtum der großen Göttin Artemis droht Gefahr, nichts mehr zu gelten, ja sie selbst, die von der ganzen Provinz Asien und von der ganzen Welt verehrt wird, wird ihre Hoheit verlieren. [28] Als sie das hörten, wurden sie wütend und schrien: Groß ist die Artemis von Ephesus! [29] Die ganze Stadt geriet in Aufruhr; alles stürmte ins Theater und sie schleppten die Mazedonier Gaius und Aristarch, Reisegefährten des Paulus, mit sich.

[30] Als aber Paulus in die Volksversammlung gehen wollte, hielten ihn die Jünger zurück. [31] Auch einige hohe Beamte der Provinz Asien, die mit ihm befreundet waren, schickten zu ihm und rieten ihm, nicht ins Theater zu gehen.

[32] Dort schrien die einen dies, die andern das; denn in der Versammlung herrschte ein großes Durcheinander und die meisten wussten gar nicht, weshalb man überhaupt zusammengekommen war. [33] Die Juden schickten Alexander nach vorn und aus der Menge gab man ihm noch Hinweise. Alexander gab mit der Hand ein Zeichen und wollte vor der Volksversammlung eine Verteidigungsrede halten. [34] Doch als sie merkten, dass er ein Jude war, schrien sie alle fast zwei Stunden lang wie aus einem Mund: Groß ist die Artemis von Ephesus! [35] Der Stadtschreiber aber brachte die Menge zur Ruhe und sagte: Männer von Ephesus! Wer wüsste nicht, dass die Stadt der Epheser die Tempelhüterin der Großen Artemis und ihres vom Himmel gefallenen Bildes ist? [36] Dies ist unbestreitbar; ihr müsst also Ruhe bewahren und dürft nichts Unüberlegtes tun. [37] Ihr habt diese Männer hergeschleppt, die weder Tempelräuber noch Lästerer unserer Göttin sind. [38] Wenn also Demetrius und seine Zunftgenossen eine Klage gegen irgend jemand haben, so gibt es dafür Gerichtstage und Prokonsuln; dort mögen sie einander verklagen. [39] Wenn ihr aber noch etwas anderes vorzubringen habt, so kann das in der gesetzmäßigen Volksversammlung geklärt werden. [40] Sonst sind wir in Gefahr, dass man uns nach dem heutigen Vorfall des Aufruhrs anklagt, weil kein Grund vorliegt, mit dem wir diesen Volksauflauf rechtfertigen könnten. Nach diesen Worten löste er die Versammlung auf.

21: 23,11; Röm 1,10.13; 15,23–25; 1 Kor 16,6 • 22: Röm 16,21–23 • 23: 2 Kor 1,8 • 26: 17,29 • 28: 1 Kor 15,32; 2 Kor 1,8 • 29: 20,4; 27,2

Paulus in Mazedonien und Griechenland

20 Nachdem der Tumult sich gelegt hatte,
rief Paulus die Jünger zusammen und
sprach ihnen Mut zu. Dann verabschiedete er sich
und ging weg, um nach Mazedonien zu reisen. [2] Er
zog durch die dortigen Gegenden und sprach oft
und eindringlich zu den Jüngern. Dann begab er
sich nach Griechenland; [3] dort blieb er drei Mo-
nate. Als er mit dem Schiff nach Syrien fahren
wollte, planten die Juden einen Anschlag auf ihn.
So entschloss er sich, den Rückweg über Mazedo-
nien zu nehmen. [4] Dabei begleiteten ihn Sopater,
der Sohn des Pyrrhus, aus Beröa, Aristarch und
Sekundus aus Thessalonich, Gaius aus Derbe und
Timotheus sowie Tychikus und Trophimus aus der
Provinz Asien. [5] Diese reisten voraus und warteten
auf uns in Troas. [6] Nach den Tagen der Ungesäu-
erten Brote segelten wir von Philippi ab und ka-
men in fünf Tagen zu ihnen nach Troas, wo wir uns
sieben Tage aufhielten.

1: 2 Kor 2,13 • 5: 16,8 • 6: 2 Kor 2,12

Der Abschiedsbesuch des Paulus in Troas

[7] Als wir am ersten Wochentag versammelt wa-
ren, um das Brot zu brechen, redete Paulus zu ih-
nen, denn er wollte am folgenden Tag abreisen;
und er dehnte seine Rede bis Mitternacht aus. [8] In
dem Obergemach, in dem wir versammelt wa-
ren, brannten viele Lampen. [9] Ein junger Mann
namens Eutychus saß im offenen Fenster und
sank, als die Predigt des Paulus sich länger hinzog,
in tiefen Schlaf. Und er fiel im Schlaf aus dem drit-
ten Stock hinunter; als man ihn aufhob, war er tot.
[10] Paulus lief hinab, warf sich über ihn, umfasste
ihn und sagte: Beunruhigt euch nicht: Er lebt!
[11] Dann stieg er wieder hinauf, brach das Brot und
aß und redete mit ihnen bis zum Morgengrauen.
So verließ er sie. [12] Den jungen Mann aber führten
sie lebend von dort weg. Und sie wurden voll Zu-
versicht.

7: 1 Kor 16,2; Offb 1,10 • 10: 1 Kön 17,21

Von Troas nach Milet

[13] Wir gingen voraus zum Schiff und fuhren nach
Assos, wo wir Paulus an Bord nehmen sollten; so
hatte er es angeordnet, weil er selbst zu Fuß gehen
wollte. [14] Als er in Assos zu uns stieß, nahmen wir
ihn an Bord und erreichten Mitylene. [15] Von dort
segelten wir am nächsten Tag ab und kamen bis
auf die Höhe von Chios. Am anderen Tag liefen
wir Samos an und landeten am folgenden Tag in
Milet. [16] Paulus hatte sich entschlossen, an Ephe-
sus vorbeizufahren, um in der Provinz Asien keine
Zeit zu verlieren. Denn er hatte es eilig, weil er,
wenn möglich, am Pfingstfest in Jerusalem sein
wollte.

Die Abschiedsrede des Paulus in Milet

[17] Von Milet aus schickte er jemand nach Ephesus
und ließ die Ältesten der Gemeinde zu sich rufen.
[18] Als sie bei ihm eingetroffen waren, sagte er: Ihr
wisst, wie ich vom ersten Tag an, seit ich die Pro-
vinz Asien betreten habe, die ganze Zeit in eurer
Mitte war [19] und wie ich dem Herrn in aller Demut
diente unter Tränen und vielen Prüfungen, die ich
durch die Nachstellungen der Juden erlitten habe,
[20] wie ich nichts verschwiegen habe von dem, was
heilsam ist. Ich habe es euch verkündigt und habe
euch gelehrt, öffentlich und in den Häusern. [21] Ich
habe Juden und Griechen beschworen, sich zu
Gott zu bekehren und an Jesus Christus, unseren
Herrn, zu glauben. [22] Nun ziehe ich, gebunden
durch den Geist, nach Jerusalem und ich weiß
nicht, was dort mit mir geschehen wird. [23] Nur das
bezeugt mir der Heilige Geist von Stadt zu Stadt,
dass Fesseln und Drangsale auf mich warten.
[24] Aber ich will mit keinem Wort mein Leben wich-
tig nehmen, wenn ich nur meinen Lauf vollende
und den Dienst erfülle, der mir von Jesus, dem
Herrn, übertragen wurde: das Evangelium von der
Gnade Gottes zu bezeugen. [25] Nun aber weiß ich,
dass ihr mich nicht mehr von Angesicht sehen
werdet, ihr alle, zu denen ich gekommen bin und
denen ich das Reich verkündet habe. [26] Darum
bezeuge ich euch am heutigen Tag: Ich bin un-
schuldig, wenn einer von euch allen verloren geht.
[27] Denn ich habe mich der Pflicht nicht entzogen,
euch den ganzen Willen Gottes zu verkünden.
[28] Gebt Acht auf euch und auf die ganze Herde, in
der euch der Heilige Geist zu Bischöfen bestellt
hat, damit ihr als Hirten für die Kirche Gottes
sorgt, die er sich durch das Blut seines eigenen
Sohnes erworben hat. [29] Ich weiß: Nach meinem
Weggang werden reißende Wölfe bei euch ein-

dringen und die Herde nicht schonen. 30 Und selbst aus eurer Mitte werden Männer auftreten, die mit ihren falschen Reden die Jünger auf ihre Seite ziehen. 31 Seid also wachsam und denkt daran, dass ich drei Jahre lang Tag und Nacht nicht aufgehört habe, unter Tränen jeden einzelnen zu ermahnen. 32 Und jetzt vertraue ich euch Gott und dem Wort seiner Gnade an, das die Kraft hat, aufzubauen und das Erbe in der Gemeinschaft der Geheiligten zu verleihen. 33 Silber oder Gold oder Kleider habe ich von keinem verlangt; 34 ihr wisst selbst, dass für meinen Unterhalt und den meiner Begleiter diese Hände hier gearbeitet haben. 35 In allem habe ich euch gezeigt, dass man sich auf diese Weise abmühen und sich der Schwachen annehmen soll, in Erinnerung an die Worte Jesu, des Herrn, der selbst gesagt hat: Geben ist seliger als nehmen.

36 Nach diesen Worten kniete er nieder und betete mit ihnen allen. 37 Und alle brachen in lautes Weinen aus, fielen Paulus um den Hals und küssten ihn; 38 am meisten schmerzte sie sein Wort, sie würden ihn nicht mehr von Angesicht sehen. Dann begleiteten sie ihn zum Schiff.

21: 13,6–40; 14,15; 17,1–4.10–13.16–34; 18,5–11; 19,8–10 • 23: 9,16; 21,4.11 • 24: 21,13; 2 Tim 4,7; Lk 4,18–21 • 25: Lk 9,2; 10,9 • 26: 18,6 • 28: 14,23; 1 Kor 12,28; Eph 4,11; Tit 1,5; 2 Tim 1,6; 1 Tim 4,14–16; 1 Petr 5,2 • 29: Mt 7,15; Lk 10,3; Joh 10,12 • 30: Gal 4,17 • 31: Mk 13,35.37; 2 Kor 2,4; 11,28; 1 Thess 2,11f • 32: 1 Thess 2,13 • 33: Mt 10,8; 1 Kor 9,12; 1 Sam 12,3 • 34: 18,3; 1 Kor 4,12; 9,12; 1 Thess 2,9; 2 Thess 3,7–9; Phil 4,9 • 36: 21,5 • 37: Röm 16,16; 1 Kor 16,20; 1 Petr 5,14

Von Milet über Cäsarea nach Jerusalem

21 Als die Zeit zur Abfahrt gekommen war, trennten wir uns von ihnen, fuhren auf dem kürzesten Weg nach Kos, am anderen Tag nach Rhodos und von dort nach Patara. 2 Hier fanden wir ein Schiff, das nach Phönizien fuhr; wir gingen an Bord und fuhren ab. 3 Als wir Zypern sichteten, ließen wir es zur Linken liegen, segelten nach Syrien und landeten in Tyrus; hier sollte das Schiff seine Ladung löschen. 4 Nachdem wir die Jünger ausfindig gemacht hatten, blieben wir sieben Tage bei ihnen. Auf eine Eingebung des Geistes hin warnten sie Paulus davor, nach Jerusalem zu gehen.

5 Als die Tage um waren, brachen wir zur Weiterreise auf, und alle, auch Frauen und Kinder, begleiteten uns bis vor die Stadt. Am Strand knieten wir nieder, beteten 6 und nahmen Abschied voneinander. Dann gingen wir an Bord; jene aber kehrten nach Hause zurück.

7 So fuhren wir von Tyrus ab und beendeten unsere Seereise in Ptolemaïs. Wir begrüßten die Brüder und blieben einen Tag bei ihnen. 8 Am folgenden Tag kamen wir nach Cäsarea. Wir gingen in das Haus des Evangelisten Philippus, der einer von den Sieben war, und blieben bei ihm. 9 Er hatte vier Töchter, prophetisch begabte Jungfrauen.

10 Wir blieben mehrere Tage. Da kam von Judäa ein Prophet namens Agabus herab 11 und besuchte uns. Er nahm den Gürtel des Paulus, band sich Füße und Hände und sagte: So spricht der Heilige Geist: Den Mann, dem dieser Gürtel gehört, werden die Juden in Jerusalem ebenso fesseln und den Heiden ausliefern. 12 Als wir das hörten, redeten wir ihm zusammen mit den Einheimischen zu, nicht nach Jerusalem hinaufzuziehen. 13 Doch Paulus antwortete: Warum weint ihr und macht mir das Herz schwer? Ich bin bereit, mich in Jerusalem für den Namen Jesu, des Herrn, fesseln zu lassen und sogar zu sterben. 14 Da er sich nicht überreden ließ, gaben wir nach und sagten: Der Wille des Herrn geschehe.

15 Nach diesen Tagen bereiteten wir uns zur Reise vor und zogen hinauf nach Jerusalem. 16 Auch einige Jünger aus Cäsarea begleiteten uns und brachten uns zu einem gewissen Mnason aus Zypern, bei dem wir wohnen sollten; er war ein Jünger aus der Anfangszeit. 17 Als wir nach Jerusalem kamen, wurden wir von den Brüdern freudig empfangen.

4: 20,23 • 5: 20,36 • 8: 8,40 • 9: 2,17 • 10: 11,28 • 11: Röm 15,31

Verhaftung und Gefangenschaft des Paulus: 21,18 – 28,31

Paulus bei Jakobus und das Nasiräatsgelübde

18 Am folgenden Tag ging Paulus mit uns zu Jakobus; auch alle Ältesten fanden sich ein. 19 Er begrüßte sie und berichtete im einzelnen alles, was Gott durch seinen Dienst unter den Heiden getan hatte. 20 Als sie das hörten, priesen sie Gott und sagten zu ihm: Du siehst, Bruder, wie viele Tausende unter den Juden gläubig geworden sind, und

sie alle sind Eiferer für das Gesetz. 21 Nun hat man ihnen von dir erzählt: Du lehrst alle unter den Heiden lebenden Juden, von Mose abzufallen, und forderst sie auf, ihre Kinder nicht zu beschneiden und sich nicht an die Bräuche zu halten. 22 Was nun? Sicher werden sie hören, dass du gekommen bist. 23 Tu also, was wir dir sagen: Bei uns sind vier Männer, die ein Gelübde auf sich genommen haben. 24 Nimm sie mit und weihe dich zusammen mit ihnen; trag die Kosten für sie, damit sie sich das Haar abscheren lassen können. So wird jeder einsehen, dass an dem, was man von dir erzählt hat, nichts ist, sondern dass auch du das Gesetz genau beachtest. 25 Über die gläubig gewordenen Heiden aber haben wir ja einen Beschluss gefasst und ihnen geschrieben, sie sollten sich vor Götzenopferfleisch, Blut, Ersticktem und Unzucht hüten.
26 Da nahm Paulus die Männer mit und weihte sich am nächsten Tag zusammen mit ihnen, ging dann in den Tempel und meldete das Ende der Weihetage an, damit für jeden von ihnen das Opfer dargebracht werde.

18: 15,13; Gal 1,19 • 21: 18,13; Gal 3,25 • 24: 1 Kor 9,19–23; 10,32f • 25: 15,20.29 • 26: Num 6,1–20; 1 Kor 9,20

Die Verhaftung des Paulus

27 Als die sieben Tage zu Ende gingen, sahen ihn die Juden aus der Provinz Asien im Tempel. Sie brachten das ganze Volk in Aufruhr, ergriffen ihn 28 und schrien: Israeliten! Kommt zu Hilfe! Das ist der Mensch, der in aller Welt Lehren verbreitet, die sich gegen das Volk und das Gesetz und gegen diesen Ort richten; er hat sogar Griechen in den Tempel mitgenommen und diesen heiligen Ort entweiht. 29 Sie hatten nämlich kurz zuvor den Epheser Trophimus mit ihm zusammen in der Stadt gesehen und meinten, Paulus habe ihn in den Tempel mitgenommen. 30 Da geriet die ganze Stadt in Aufregung und das Volk lief zusammen. Sie ergriffen Paulus und zerrten ihn aus dem Tempel und sofort wurden die Tore geschlossen.
31 Schon wollten sie ihn umbringen, da brachte man dem Obersten der Kohorte die Meldung hinauf: Ganz Jerusalem ist in Aufruhr! 32 Er eilte sofort mit Soldaten und Hauptleuten zu ihnen hinunter. Als sie den Obersten und die Soldaten sahen, hörten sie auf, Paulus zu schlagen. 33 Der Oberst trat hinzu, verhaftete ihn, ließ ihn mit zwei Ketten fesseln und fragte, wer er sei und was er getan habe. 34 In der Menge schrien die einen dies, die andern das. Da er bei dem Lärm nichts Sicheres ermitteln konnte, befahl er, ihn in die Kaserne zu führen. 35 Als Paulus an die Freitreppe kam, mussten ihn die Soldaten wegen des Andrangs der Menge tragen. 36 Denn das Volk lief hinterher und schrie: Weg mit ihm!
37 Als man Paulus in die Kaserne bringen wollte, sagte er zum Obersten: Darf ich ein Wort mit dir reden? Der antwortete: Du verstehst Griechisch? 38 Dann bist du also nicht der Ägypter, der vor einiger Zeit die viertausend Sikarier aufgewiegelt und in die Wüste hinausgeführt hat? 39 Paulus antwortete: Ich bin ein Jude aus Tarsus in Zilizien, Bürger einer nicht unbedeutenden Stadt. Ich bitte dich, gestatte mir, zum Volk zu sprechen. 40 Als der Oberst es erlaubte, stellte sich Paulus auf die Freitreppe und gab dem Volk mit der Hand ein Zeichen. Alles wurde still und er redete sie in Hebräischer Sprache an:

28: 6,13; 18,13 • 29: 20,4; 2 Tim 4,20 • 33: 20,23; 21,11 • 39: 9,11

Die Rede des Paulus im Tempelvorhof

22 Brüder und Väter! Hört, was ich euch zu meiner Verteidigung zu sagen habe. 2 Als sie hörten, dass er in Hebräischer Sprache zu ihnen redete, waren sie noch ruhiger. Und er sagte: 3 Ich bin ein Jude, geboren in Tarsus in Zilizien, hier in dieser Stadt erzogen, zu Füßen Gamaliëls genau nach dem Gesetz der Väter ausgebildet, ein Eiferer für Gott, wie ihr alle es heute seid. 4 Ich habe den (neuen) Weg bis auf den Tod verfolgt, habe Männer und Frauen gefesselt und in die Gefängnisse eingeliefert. 5 Das bezeugen mir der Hohepriester und der ganze Rat der Ältesten. Von ihnen erhielt ich auch Briefe an die Brüder und zog nach Damaskus, um dort ebenfalls die Anhänger (der neuen Lehre) zu fesseln und zur Bestrafung nach Jerusalem zu bringen. 6 Als ich nun unterwegs war und mich Damaskus näherte, da geschah es, dass mich um die Mittagszeit plötzlich vom Himmel her ein helles Licht umstrahlte. 7 Ich stürzte zu Boden und hörte eine Stimme zu mir sagen: Saul, Saul, warum verfolgst du mich? 8 Ich antwortete: Wer bist du, Herr? Er sagte zu mir: Ich bin Jesus, der Nazoräer,

den du verfolgst. 9 Meine Begleiter sahen zwar das
Licht, die Stimme dessen aber, der zu mir sprach,
hörten sie nicht. 10 Ich sagte: Herr, was soll ich tun?
Der Herr antwortete: Steh auf, und geh nach Da-
maskus, dort wird dir alles gesagt werden, was du
nach Gottes Willen tun sollst. 11 Da ich aber vom
Glanz jenes Lichtes geblendet war, sodass ich nicht
mehr sehen konnte, wurde ich von meinen Beglei-
tern an der Hand geführt und gelangte so nach
Damaskus.
12 Ein gewisser Hananias, ein frommer und geset-
zestreuer Mann, der bei allen Juden dort in gutem
Ruf stand, 13 kam zu mir, trat vor mich und sagte:
Bruder Saul, du sollst wieder sehen! Und im glei-
chen Augenblick konnte ich ihn sehen. 14 Er sagte:
Der Gott unserer Väter hat dich dazu erwählt, sei-
nen Willen zu erkennen, den Gerechten zu sehen
und die Stimme seines Mundes zu hören; 15 denn
du sollst vor allen Menschen sein Zeuge werden
für das, was du gesehen und gehört hast. 16 Was
zögerst du noch? Steh auf, lass dich taufen und
deine Sünden abwaschen und rufe seinen Namen
an! 17 Als ich später nach Jerusalem zurückgekehrt
war und im Tempel betete, da geriet ich in eine
Verzückung. 18 Und ich sah ihn, wie er zu mir sagte:
Beeil dich, verlasse sofort Jerusalem; denn sie wer-
den dein Zeugnis über mich nicht annehmen.
19 Da sagte ich: Herr, sie wissen doch, dass ich es
war, der deine Gläubigen ins Gefängnis werfen
und in den Synagogen auspeitschen ließ. 20 Auch
als das Blut deines Zeugen Stephanus vergossen
wurde, stand ich dabei; ich stimmte zu und passte
auf die Kleider derer auf, die ihn umbrachten.
21 Aber er sagte zu mir: Brich auf, denn ich will dich
in die Ferne zu den Heiden senden.

1: 7,2; 13,26 • 3–21: 9,1–29; 26,9–23; 5,34; 2 Kor 11,22; Phil 3,5; Röm 10,2; Gal 1,14 • 4: 8,3 • 17: 9,26; Gal 1,18f • 19: 22,4 • 20: 7,58; 8,1 • 21: 9,15; 13,2; 26,16–18; Röm 1,5; Gal 2,7

Paulus und der römische Oberst

22 Bis zu diesem Wort hörten sie ihm zu, dann fin-
gen sie an zu schreien: Weg mit so einem Men-
schen! Er darf nicht am Leben bleiben. 23 Sie lärm-
ten, zerrissen ihre Kleider und warfen Staub in die
Luft. 24 Da befahl der Oberst, ihn in die Kaserne zu
führen, und ordnete an, ihn unter Geißelschlägen
zu verhören. Auf diese Weise wollte er herausfin-
den, warum sie derart gegen ihn tobten. 25 Als sie
ihn aber für die Geißelung festbanden, sagte Pau-
lus zu dem Hauptmann, der dabeistand: Dürft ihr
jemand, der das römische Bürgerrecht besitzt, gei-
ßeln, noch dazu ohne Verurteilung?
26 Als der Hauptmann das hörte, ging er zum
Obersten, meldete es und sagte: Was hast du vor?
Der Mann ist ein Römer. 27 Der Oberst kam zu
Paulus und fragte ihn: Sag mir, bist du ein Römer?
Er antwortete: Ja. 28 Da antwortete der Oberst: Ich
habe für dieses Bürgerrecht ein Vermögen gezahlt.
Paulus sagte: Ich bin sogar als Römer geboren.
29 Sofort ließen die, die ihn verhören sollten, von
ihm ab. Und der Oberst erschrak, als er erfuhr, dass
es ein Römer war, den er hatte fesseln lassen.

22: 1 Kor 4,13 • 25: 16,37; 23,27 • 29: 16,38f

Paulus vor dem Hohen Rat

30 Weil er genau wissen wollte, was die Juden ihm
vorwarfen, ließ er ihn am nächsten Tag aus dem
Gefängnis holen und befahl, die Hohenpriester
und der ganze Hohe Rat sollten sich versammeln.
Und er ließ Paulus hinunterführen und ihnen
gegenüberstellen.
23 Paulus schaute mit festem Blick auf den
Hohen Rat und sagte: Brüder! Bis zum
heutigen Tag lebe ich vor Gott mit völlig reinem
Gewissen. 2 Der Hohepriester Hananias aber be-
fahl denen, die bei ihm standen, ihn auf den Mund
zu schlagen. 3 Da sagte Paulus zu ihm: Dich wird
Gott schlagen, du übertünchte Wand! Du sitzt
hier, um mich nach dem Gesetz zu richten, und
entgegen dem Gesetz befiehlst du, mich zu schla-
gen? 4 Die Umstehenden sagten: Du wagst es, den
Hohenpriester Gottes zu schmähen? 5 Paulus ant-
wortete: Ich wusste nicht, Brüder, dass er der Ho-
hepriester ist. Denn es heißt in der Schrift: *Einen
Fürsten deines Volkes sollst du nicht verfluchen.* 6 Da
Paulus aber wusste, dass der eine Teil zu den Sad-
duzäern, der andere zu den Pharisäern gehörte,
rief er vor dem Hohen Rat aus: Brüder, ich bin
Pharisäer und ein Sohn von Pharisäern; wegen der
Hoffnung und wegen der Auferstehung der Toten
stehe ich vor Gericht.
7 Als er das sagte, brach ein Streit zwischen den
Pharisäern und den Sadduzäern aus, und die Ver-
sammlung spaltete sich. 8 Die Sadduzäer behaup-

ten nämlich, es gebe weder eine Auferstehung noch Engel noch Geister, die Pharisäer dagegen bekennen sich zu all dem. [9] Es erhob sich ein lautes Geschrei und einige Schriftgelehrte aus dem Kreis der Pharisäer standen auf und verfochten ihre Ansicht. Sie sagten: Wir finden nichts Schlimmes an diesem Menschen. Vielleicht hat doch ein Geist oder ein Engel zu ihm gesprochen. [10] Als der Streit heftiger wurde, befürchtete der Oberst, sie könnten Paulus zerreißen. Daher ließ er die Wachtruppe herabkommen, ihn mit Gewalt aus ihrer Mitte herausholen und in die Kaserne bringen.

[11] In der folgenden Nacht aber trat der Herr zu Paulus und sagte: Hab Mut! Denn so wie du in Jerusalem meine Sache bezeugt hast, sollst du auch in Rom Zeugnis ablegen.

1: 24,16; 2 Kor 1,12 • 3: Mt 23,27; Lev 19,15 • 5: Ex 22,27 • 6: 4,2; 22,3; 26,5 • 8: Lk 20,27; Mt 22,23 • 11: 18,9; 19,21; 27,24; 28,23.31

Die Verschwörung der Juden gegen Paulus

[12] Nach Tagesanbruch rotteten sich die Juden zusammen und schworen einen heiligen Eid, weder zu essen noch zu trinken, bis sie Paulus getötet hätten. [13] An dieser Verschwörung waren mehr als vierzig Männer beteiligt. [14] Sie gingen zu den Hohenpriestern und den Ältesten und sagten: Wir haben mit einem heiligen Eid geschworen, nichts zu essen, bis wir Paulus getötet haben. [15] Geht also jetzt zusammen mit dem Hohen Rat zum Obersten und bittet ihn, Paulus zu euch herunterzuführen, da ihr den Fall noch genauer untersuchen wollt; wir aber halten uns bereit, um ihn, noch bevor er hierher kommt, umzubringen.

[16] Der Neffe des Paulus, der Sohn seiner Schwester, erfuhr jedoch von dem Anschlag. Er ging in die Kaserne und verständigte Paulus. [17] Paulus ließ einen der Hauptleute rufen und sagte: Bring diesen jungen Mann zum Obersten, denn er hat ihm etwas zu melden. [18] Der nahm ihn mit sich, brachte ihn zum Obersten und sagte: Der Gefangene Paulus hat mich gerufen und gebeten, diesen jungen Mann zu dir zu führen, da er dir etwas mitzuteilen habe. [19] Der Oberst fasste ihn bei der Hand, nahm ihn beiseite und fragte: Was hast du mir zu melden? [20] Er antwortete: Die Juden haben verabredet, dich zu bitten, du mögest morgen den Paulus vor den Hohen Rat hinunterführen lassen. Angeblich wollen sie Genaueres über ihn erfahren. [21] Trau ihnen nicht! Denn mehr als vierzig Männer von ihnen lauern ihm auf. Sie haben sich geschworen, weder zu essen noch zu trinken, bis sie ihn umgebracht haben; schon stehen sie bereit und warten auf deine Anordnung. [22] Der Oberst befahl dem jungen Mann: Sag niemand etwas darüber, dass du mir das angezeigt hast. Dann ließ er ihn gehen.

Die Überführung des Paulus nach Cäsarea

[23] Er rief zwei von den Hauptleuten und gab ihnen den Befehl: Haltet von der dritten Stunde der Nacht an zweihundert Soldaten zum Marsch nach Cäsarea bereit, außerdem siebzig Reiter und zweihundert Leichtbewaffnete; [24] auch Tragtiere soll man bereitstellen, Paulus aufsitzen lassen und sicher zum Statthalter Felix bringen. [25] Und er schrieb einen Brief mit folgendem Inhalt: [26] Klaudius Lysias entbietet dem erlauchten Statthalter Felix seinen Gruß! [27] Dieser Mann wurde von den Juden ergriffen und wäre beinahe von ihnen umgebracht worden; da habe ich mit der Wachtruppe eingegriffen und ihn befreit. Ich hatte nämlich erfahren, dass er Römer ist. [28] Und weil ich ermitteln wollte, wessen sie ihn beschuldigen, brachte ich ihn vor ihren Hohen Rat. [29] Ich fand heraus, dass er wegen Streitfragen über ihr Gesetz angeschuldigt wird, dass aber keine Anklage gegen ihn vorliegt, auf die Tod oder Haft steht. [30] Da mir aber angezeigt wurde, gegen den Mann sei ein Anschlag geplant, schicke ich ihn sogleich zu dir; auch habe ich die Kläger angewiesen, ihre Sache gegen ihn bei dir vorzubringen.

[31] Die Soldaten übernahmen Paulus, wie ihnen befohlen war, und brachten ihn bei Nacht bis Antipatris. [32] Am anderen Tag ließen sie die Reiter mit ihm weiterziehen und kehrten in die Kaserne zurück. [33] Diese gaben nach ihrer Ankunft in Cäsarea den Brief beim Statthalter ab und führten ihm Paulus vor. [34] Er las (den Brief) und fragte Paulus, aus welcher Provinz er stamme. Als er hörte, er sei aus Zilizien, [35] sagte er: Ich werde dich vernehmen, sobald deine Ankläger eingetroffen sind. Dann befahl er, ihn im Prätorium des Herodes in Gewahrsam zu halten.

27: 21,33; 22,25 • 28: 22,30 • 29: 18,14f • 35: 22,3

Paulus vor dem römischen Statthalter Felix

24 Nach fünf Tagen kam der Hohepriester
Hananias mit einigen Ältesten und dem
Anwalt Tertullus herab und sie brachten beim
Statthalter ihre Klage gegen Paulus vor. 2 Er wurde
herbeigeholt und Tertullus erhob Anklage mit
folgenden Worten: Tiefen Frieden genießen wir
durch dich, und durch deine Umsicht hat sich für
dieses Volk vieles gebessert. 3 Das erkennen wir
immer und überall mit großer Dankbarkeit an,
erlauchter Felix. 4 Um dich aber nicht länger
bemühen zu müssen, bitte ich dich, uns in deiner
Milde kurz anzuhören. 5 Wir finden nämlich, die-
ser Mann ist eine Pest, ein Unruhestifter bei al-
len Juden in der Welt und ein Rädelsführer der
Nazoräersekte. 6 Er hat sogar versucht, den Tem-
pel zu entweihen. Wir haben ihn festgenommen
8b Wenn du ihn verhörst, wirst du selbst alles er-
mitteln können, wessen wir ihn anklagen. 9 Und
die Juden unterstützten ihn, indem sie behaupte-
ten, so sei es.
10 Auf einen Wink des Statthalters erwiderte Pau-
lus: Da ich dich seit vielen Jahren als Richter für
dieses Volk kenne, verteidige ich meine Sache voll
Zuversicht. 11 Wie du feststellen kannst, sind erst
zwölf Tage vergangen, seit ich nach Jerusalem hi-
naufgezogen bin, um Gott anzubeten. 12 Sie haben
mich weder im Tempel noch in den Synagogen
noch anderswo in der Stadt dabei angetroffen,
dass ich ein Streitgespräch mit jemand geführt
oder einen Aufruhr im Volk erregt hätte. 13 Sie kön-
nen dir auch nichts von dem beweisen, was sie mir
jetzt vorwerfen. 14 Das allerdings bekenne ich dir:
Dem (neuen) Weg entsprechend, den sie eine
Sekte nennen, diene ich dem Gott meiner Väter.
Ich glaube an alles, was im Gesetz und in den Pro-
pheten steht, 15 und ich habe dieselbe Hoffnung
auf Gott, die auch diese hier haben: dass es eine
Auferstehung der Gerechten und Ungerechten
geben wird. 16 Deshalb bemühe auch ich mich, vor
Gott und den Menschen immer ein reines Gewis-
sen zu haben. 17 Nach mehreren Jahren bin ich nun
zu meinem Volk gekommen, um Spenden zu
überbringen und zu opfern. 18 Als ich mich zu die-
sem Zweck im Tempel hatte weihen lassen, trafen
mich – nicht mit einer Volksmenge und nicht bei
einem Tumult – 19 einige Juden aus der Provinz
Asien; sie müssten vor dir erscheinen und Anklage
erheben, wenn sie etwas gegen mich vorzubringen
haben. 20 Oder diese hier sollen doch selbst sagen,
was für ein Vergehen sie herausgefunden haben,
als ich vor dem Hohen Rat stand, 21 es sei denn der
eine Satz, den ich in ihrer Mitte ausgerufen habe:
Wegen der Auferstehung der Toten stehe ich heute
vor eurem Gericht.
22 Felix, der den (neuen) Weg genau kannte, ver-
tagte den Fall mit den Worten: Sobald der Oberst
Lysias herabkommt, werde ich eure Sache ent-
scheiden. 23 Den Hauptmann wies er an, Paulus
weiter in Gewahrsam zu halten, jedoch in leichter
Haft, und niemand von den Seinen daran zu hin-
dern, für ihn zu sorgen.
24 Einige Tage darauf erschien Felix mit seiner
Gemahlin Drusilla, einer Jüdin, ließ Paulus rufen
und hörte an, was er ihm über den Glauben an
Christus Jesus berichtete. 25 Als aber die Rede auf
Gerechtigkeit, Enthaltsamkeit und das bevorste-
hende Gericht kam, erschrak Felix und unterbrach
ihn: Für jetzt kannst du gehen; wenn ich Zeit finde,
werde ich dich wieder rufen. 26 Dabei hoffte er, von
Paulus Geld zu erhalten. Deshalb ließ er ihn auch
häufig kommen und unterhielt sich mit ihm.
27 Nach zwei Jahren aber wurde Porzius Festus
Nachfolger des Felix; und weil Felix den Juden
einen Gefallen erweisen wollte, ließ er Paulus in
der Haft zurück.

5: 17,6 • 11: 21,17 • 14: 9,2 • 15: Dan 12,2; 2 Makk 7,9; Joh 5,28f •
16: 23,1 • 17: Röm 15,25f; Gal 2,10 • 18: 21,27 • 21: 23,6 • 22: 23,26 •
23: 27,3 • 27: 25,9

Paulus vor dem Statthalter Festus –
Seine Berufung an den Kaiser

25 Als Festus in der Provinz eingetroffen war,
zog er drei Tage später von Cäsarea nach
Jerusalem hinauf. 2 Da erstatteten die Hohenpries-
ter und die Vornehmsten der Juden bei ihm An-
zeige gegen Paulus. Sie ersuchten ihn, gegen Pau-
lus vorzugehen, 3 und baten ihn um den Gefallen,
Paulus nach Jerusalem bringen zu lassen. Sie woll-
ten ihn nämlich unterwegs aus einem Hinterhalt
heraus ermorden. 4 Festus jedoch antwortete, Pau-
lus bleibe in Cäsarea in Haft und er selbst wolle in
Kürze abreisen. 5 Die unter euch, die dafür zustän-
dig sind, sagte er, können mit hinabkommen, und

wenn gegen den Mann etwas vorliegt, sollen sie gegen ihn Anklage erheben.

6 Er hielt sich nicht länger als acht oder zehn Tage bei ihnen auf, dann reiste er nach Cäsarea hinab. Am folgenden Tag setzte er sich auf den Richterstuhl und ließ Paulus vorführen. 7 Als dieser erschien, umringten ihn die Juden, die von Jerusalem herabgekommen waren, und brachten viele schwere Beschuldigungen vor, konnten sie aber nicht beweisen. 8 Paulus verteidigte sich: Ich habe mich weder gegen das Gesetz der Juden noch gegen den Tempel noch gegen den Kaiser vergangen. 9 Festus jedoch wollte den Juden einen Gefallen erweisen und antwortete dem Paulus: Willst du nach Jerusalem hinaufgehen und dich dort unter meinem Vorsitz dieser Sache wegen richten lassen? 10 Paulus sagte: Ich stehe vor dem Richterstuhl des Kaisers und da muss ich gerichtet werden. Den Juden habe ich kein Unrecht getan, wie auch du sehr wohl weißt. 11 Wenn ich wirklich ein Unrecht begangen und etwas getan habe, worauf die Todesstrafe steht, weigere ich mich nicht zu sterben. Wenn aber ihre Anklage gegen mich unbegründet ist, kann mich niemand ihnen ausliefern. Ich lege Berufung beim Kaiser ein! 12 Da besprach sich Festus mit seinen Ratgebern und antwortete: An den Kaiser hast du appelliert; zum Kaiser sollst du gehen.

3: 23,15 • 9: 24,27

Paulus vor dem Statthalter Festus und König Agrippa

13 Einige Tage später trafen König Agrippa und Berenike in Cäsarea ein, um Festus ihre Aufwartung zu machen. 14 Sie blieben mehrere Tage dort. Da trug Festus dem König den Fall des Paulus vor und sagte: Von Felix ist ein Mann als Gefangener zurückgelassen worden, 15 gegen den die Hohenpriester und die Ältesten der Juden, als ich in Jerusalem war, vorstellig wurden. Sie forderten seine Verurteilung, 16 ich aber erwiderte ihnen, es sei bei den Römern nicht üblich, einen Menschen auszuliefern, bevor nicht der Angeklagte den Anklägern gegenübergestellt sei und Gelegenheit erhalten habe, sich gegen die Anschuldigungen zu verteidigen. 17 Als sie dann zusammen hierher kamen, setzte ich mich gleich am nächsten Tag auf den Richterstuhl und ließ den Mann vorführen. 18 Bei der Gegenüberstellung brachten die Kläger keine Anklage wegen solcher Verbrechen vor, die ich vermutet hatte; 19 sie führten nur einige Streitfragen gegen ihn ins Feld, die ihre Religion und einen gewissen Jesus betreffen, der gestorben ist, von dem Paulus aber behauptet, er lebe. 20 Da ich mich auf die Untersuchung dieser Dinge nicht verstand, fragte ich, ob er nach Jerusalem gehen wolle, um sich dort deswegen richten zu lassen. 21 Paulus jedoch legte Berufung ein; er wollte bis zur Entscheidung der kaiserlichen Majestät in Haft bleiben. Daher gab ich Befehl, ihn in Haft zu halten, bis ich ihn zum Kaiser schicken kann. 22 Da sagte Agrippa zu Festus: Ich würde den Mann gern selbst hören. Morgen, antwortete er, sollst du ihn hören.

23 So kamen am folgenden Tag Agrippa und Berenike mit großem Gepränge und betraten die Empfangshalle, zusammen mit den Obersten und den vornehmsten Männern der Stadt. Auf Befehl des Festus wurde Paulus vorgeführt, 24 und Festus sagte: König Agrippa und all ihr Männer, die ihr hier bei uns seid! Da seht ihr den Mann, dessentwegen mich alle Juden in Jerusalem und auch hier bestürmt haben mit ihrem Geschrei, er dürfe nicht länger am Leben bleiben. 25 Ich aber konnte bei ihm nichts feststellen, worauf die Todesstrafe steht. Da er jedoch selbst an die kaiserliche Majestät appelliert hat, habe ich beschlossen, ihn hinzuschicken. 26 Etwas Genaues über ihn weiß ich meinem Herrn allerdings nicht zu schreiben. Darum habe ich ihn euch und vor allem dir, König Agrippa, vorführen lassen, um nach dem Verhör zu wissen, was ich schreiben kann. 27 Denn es scheint mir unsinnig, einen Gefangenen zu schicken, ohne anzugeben, was man ihm vorwirft.

26 Da sagte Agrippa zu Paulus: Du hast die Erlaubnis, in eigener Sache zu reden. Paulus erhob die Hand und sagte zu seiner Verteidigung: 2 Ich schätze mich glücklich, König Agrippa, dass ich mich heute vor dir verteidigen darf wegen all der Dinge, die mir die Juden vorwerfen, 3 besonders, da du ein Kenner aller jüdischen Satzungen und Streitfragen bist. Deshalb bitte ich, mich geduldig anzuhören.

4 Das Leben, das ich seit meiner Jugend bei mei-

nem Volk und in Jerusalem geführt habe, ist allen Juden von Anfang an bekannt. [5] Ich bin ihnen von früher her bekannt, und wenn sie wollen, können sie bezeugen, dass ich nach der strengsten Richtung unserer Religion gelebt habe, nämlich als Pharisäer. [6] Und jetzt stehe ich vor Gericht wegen der Hoffnung auf die Verheißung, die von Gott an unsere Väter ergangen ist. [7] Unser Zwölfstämmevolk hofft, sie zu erlangen, und deshalb dient es Gott unablässig, bei Tag und Nacht. Dieser Hoffnung wegen, König, werde ich von den Juden angeklagt. [8] Warum haltet ihr es für unglaubhaft, dass Gott Tote auferweckt? [9] Ich selbst meinte, ich müsste den Namen Jesu, des Nazoräers, heftig bekämpfen. [10] Das habe ich in Jerusalem auch getan: Ich ließ mir von den Hohenpriestern Vollmacht geben und sperrte viele der Heiligen ins Gefängnis; und wenn sie hingerichtet werden sollten, stimmte ich dafür. [11] Und in allen Synagogen habe ich oft versucht, sie durch Strafen zur Lästerung zu zwingen; in maßloser Wut habe ich sie sogar bis in Städte außerhalb des Landes verfolgt. [12] So zog ich auch mit der Vollmacht und Erlaubnis der Hohenpriester nach Damaskus. [13] Da sah ich unterwegs, König, mitten am Tag ein Licht, das mich und meine Begleiter vom Himmel her umstrahlte, heller als die Sonne. [14] Wir alle stürzten zu Boden, und ich hörte eine Stimme auf Hebräisch zu mir sagen: Saul, Saul, warum verfolgst du mich? Es wird dir schwer fallen, gegen den Stachel auszuschlagen. [15] Ich antwortete: Wer bist du, Herr? Der Herr sagte: Ich bin Jesus, den du verfolgst. [16] Steh auf, stell dich auf deine Füße! Denn ich bin dir erschienen, um dich zum Diener und Zeugen dessen zu erwählen, was du gesehen hast und was ich dir noch zeigen werde. [17] Ich will dich vor dem Volk und den Heiden retten, zu denen ich dich sende, [18] um ihnen die Augen zu öffnen. Denn sie sollen sich von der Finsternis zum Licht und von der Macht des Satans zu Gott bekehren und sollen durch den Glauben an mich die Vergebung der Sünden empfangen und mit den Geheiligten am Erbe teilhaben.

[19] Daher, König Agrippa, habe ich mich der himmlischen Erscheinung nicht widersetzt, [20] sondern zuerst denen in Damaskus und in Jerusalem, dann im ganzen Land Judäa und bei den Heiden verkündet, sie sollten umkehren, sich Gott zuwenden und der Umkehr entsprechend handeln. [21] Aus diesem Grund haben mich einige Juden im Tempel ergriffen und versucht, mich umzubringen. [22] Doch ich habe Gottes Hilfe erfahren bis zum heutigen Tag; so stehe ich da als Zeuge für Groß und Klein und sage nichts anderes als das, was nach dem Wort der Propheten und des Mose geschehen soll: [23] dass der Christus leiden müsse und dass er, als erster von den Toten auferstanden, dem Volk und den Heiden ein Licht verkünden werde.

[24] Als er sich mit diesen Worten verteidigte, rief Festus laut: Du bist verrückt, Paulus! Das viele Studieren in den (heiligen) Schriften treibt dich zum Wahnsinn. [25] Paulus erwiderte: Ich bin nicht verrückt, erlauchter Festus; was ich sage, ist wahr und vernünftig. [26] Der König versteht sich auf diese Dinge; deshalb spreche ich auch freimütig zu ihm. Ich bin überzeugt, dass ihm nichts davon entgangen ist; das alles hat sich ja nicht in irgendeinem Winkel zugetragen. [27] König Agrippa, glaubst du den Propheten? Ich weiß, du glaubst. [28] Darauf sagte Agrippa zu Paulus: Fast überredest du mich dazu, mich als Christ auszugeben. [29] Paulus antwortete: Ich wünschte mir von Gott, dass früher oder später nicht nur du, sondern alle, die mich heute hören, das werden, was ich bin, freilich ohne diese Fesseln.

[30] Da erhoben sich der König und der Statthalter, auch Berenike und alle, die bei ihnen saßen. [31] Sie zogen sich zurück, besprachen sich miteinander und sagten: Dieser Mann tut nichts, worauf Tod oder Haft steht. [32] Und Agrippa sagte zu Festus: Der Mann könnte freigelassen werden, wenn er nicht an den Kaiser appelliert hätte.

25,19: 18,15 • 26,4: Gal 1,14; Phil 3,5f • 5: 23,6 • 6: 28,20 • 9–20: 9,1–29; 22,3–21 • 16: Ez 2,1.3; 2 Kor 12,1; Gal 1,15f • 18: Jes 35,5; 42,7.16; 61,1; Apg 20,32; Kol 1,13 • 21: 21,30f • 23: Lk 24,26.44–47; 1 Kor 15,20; Kol 1,18 • 28: 11,26; 1 Petr 4,16 • 32: 25,11

Die Abfahrt des gefangenen Apostels nach Rom

27 Als unsere Abfahrt nach Italien feststand, wurden Paulus und einige andere Gefangene einem Hauptmann der kaiserlichen Kohorte namens Julius übergeben. [2] Wir bestiegen ein Schiff aus Adramyttium, das die Orte entlang der Küste Kleinasiens anlaufen sollte, und fuhren ab; bei uns

war Aristarch, der Mazedonier aus Thessalonich.
[3] Am anderen Tag liefen wir in Sidon ein und
Julius, der Paulus wohlwollend behandelte, er-
laubte ihm, zu seinen Freunden zu gehen und sich
versorgen zu lassen. [4] Von dort fuhren wir wei-
ter und umsegelten, weil wir Gegenwind hatten,
Zypern. [5] Wir fuhren durch das Meer von Zilizien
und Pamphylien und erreichten Myra in Lyzien.
[6] Dort fand der Hauptmann ein alexandrinisches
Schiff, das nach Italien fuhr, und er brachte uns an
Bord. [7] Viele Tage lang kamen wir nur langsam
vorwärts und mit Mühe erreichten wir die Höhe
von Knidos. Da uns der Wind nicht herankom-
men ließ, umsegelten wir Kreta bei Salmone, [8] fuh-
ren unter großer Mühe an Kreta entlang und
erreichten einen Ort namens Kalói Liménes, in
dessen Nähe die Stadt Lasäa liegt.
[9] Da inzwischen längere Zeit vergangen und die
Schifffahrt bereits unsicher geworden war – sogar
das Fasten war schon vorüber –, warnte Paulus
und sagte: [10] Männer, ich sehe, die Fahrt wird mit
Gefahr und großem Schaden verbunden sein,
nicht nur für die Ladung und das Schiff, sondern
auch für unser Leben. [11] Der Hauptmann aber ver-
traute dem Steuermann und dem Kapitän mehr
als den Worten des Paulus. [12] Da der Hafen zum
Überwintern ungeeignet war, beschloss die Mehr-
heit weiterzufahren, um nach Möglichkeit Phönix
zu erreichen, einen nach Südwesten und Nord-
westen offenen Hafen von Kreta; dort wollten
sie überwintern. [13] Als leichter Südwind aufkam,
meinten sie, ihr Vorhaben sei schon geglückt; sie
lichteten den Anker und fuhren dicht an Kreta ent-
lang.

1: 25,12 • 2: 19,29; 20,4 • 3: 24,23; 28,2.16

Der Seesturm

[14] Doch kurz darauf brach von der Insel her ein
Orkan los, Eurakylon genannt. [15] Das Schiff wurde
mitgerissen, und weil es nicht mehr gegen den
Wind gedreht werden konnte, gaben wir auf und
ließen uns treiben. [16] Während wir unter einer
kleinen Insel namens Kauda hinfuhren, konnten
wir das Beiboot nur mit Mühe in die Gewalt
bekommen. [17] Die Matrosen hoben es hoch, dann
sicherten sie das Schiff, indem sie Taue darum he-
rumspannten. Weil sie fürchteten, in die Syrte zu
geraten, ließen sie den Treibanker hinab und trie-
ben dahin. [18] Da wir vom Sturm hart bedrängt
wurden, erleichterten sie am nächsten Tag das
Schiff, [19] und am dritten Tag warfen sie eigenhän-
dig die Schiffsausrüstung über Bord. [20] Mehrere
Tage hindurch zeigten sich weder Sonne noch
Sterne und der heftige Sturm hielt an. Schließlich
schwand uns alle Hoffnung auf Rettung.
[21] Niemand wollte mehr essen; da trat Paulus in
ihre Mitte und sagte: Männer, man hätte auf mich
hören und von Kreta nicht abfahren sollen, dann
wären uns dieses Unglück und der Schaden er-
spart geblieben. [22] Doch jetzt ermahne ich euch:
Verliert nicht den Mut! Niemand von euch wird
sein Leben verlieren, nur das Schiff wird unterge-
hen. [23] Denn in dieser Nacht ist ein Engel des
Gottes, dem ich gehöre und dem ich diene, zu mir
gekommen [24] und hat gesagt: Fürchte dich nicht,
Paulus! Du musst vor den Kaiser treten. Und Gott
hat dir alle geschenkt, die mit dir fahren. [25] Habt
also Mut, Männer! Denn ich vertraue auf Gott,
dass es so kommen wird, wie mir gesagt worden
ist. [26] Wir müssen allerdings an einer Insel stran-
den.

24: 23,11 • 26: 28,1

Der Schiffbruch vor Malta

[27] Als wir schon die vierzehnte Nacht auf der Adria
trieben, merkten die Matrosen um Mitternacht,
dass sich ihnen Land näherte. [28] Sie warfen das Lot
hinab und maßen zwanzig Faden; kurz danach
loteten sie nochmals und maßen fünfzehn Faden.
[29] Aus Furcht, wir könnten auf Klippen laufen,
warfen sie vom Heck aus vier Anker und wünsch-
ten den Tag herbei. [30] Als aber die Matrosen unter
dem Vorwand, sie wollten vom Bug aus Anker
auswerfen, vom Schiff zu fliehen versuchten und
das Beiboot ins Meer hinunterließen, [31] sagte Pau-
lus zum Hauptmann und zu den Soldaten: Wenn
sie nicht auf dem Schiff bleiben, könnt ihr nicht
gerettet werden. [32] Da kappten die Soldaten die
Taue des Beibootes und ließen es forttreiben. [33] Bis
in die Morgendämmerung hinein ermunterte
Paulus alle, etwas zu essen, und sagte: Heute ist
schon der vierzehnte Tag, dass ihr ausharrt, ohne
auch nur die geringste Nahrung zu euch zu neh-
men. [34] Deshalb rate ich euch: Esst etwas; das ist

gut für eure Rettung. Denn keinem von euch wird auch nur ein Haar von seinem Kopf verloren gehen.
35 Nach diesen Worten nahm er Brot, dankte Gott vor den Augen aller, brach es und begann zu essen. 36 Da fassten alle Mut und aßen ebenfalls. 37 Wir waren im ganzen zweihundertsechsundsiebzig Menschen an Bord. 38 Nachdem sie sich satt gegessen hatten, warfen sie das Getreide ins Meer, um das Schiff zu erleichtern.
39 Als es nun Tag wurde, entdeckten die Matrosen eine Bucht mit flachem Strand; auf ihn wollten sie, wenn möglich, das Schiff auflaufen lassen; das Land selbst war ihnen unbekannt. 40 Sie machten die Anker los und ließen sie im Meer zurück. Zugleich lösten sie die Haltetaue der Steuerruder, hissten das Vorsegel und hielten mit dem Wind auf den Strand zu. 41 Als sie aber auf eine Sandbank gerieten, strandeten sie mit dem Schiff; der Bug bohrte sich ein und saß unbeweglich fest; das Heck aber begann in der Brandung zu zerbrechen.
42 Da beschlossen die Soldaten, die Gefangenen zu töten, damit keiner schwimmend entkommen könne. 43 Der Hauptmann aber wollte Paulus retten und hinderte sie an ihrem Vorhaben. Er befahl, dass zuerst alle, die schwimmen konnten, über Bord springen und an Land gehen sollten, 44 dann die Übrigen, teils auf Planken, teils auf anderen Schiffstrümmern. So kam es, dass alle ans Land gerettet wurden.

34: Lk 12,7 • 35: Joh 6,11; Lk 22,19; 1 Tim 4,4 • 41: 2 Kor 11,25

Die Überwinterung auf Malta

28 Als wir gerettet waren, erfuhren wir, dass die Insel Malta heißt. 2 Die Einheimischen waren uns gegenüber ungewöhnlich freundlich; sie zündeten ein Feuer an und holten uns alle zu sich, weil es zu regnen begann und kalt war. 3 Als Paulus einen Haufen Reisig zusammenraffte und auf das Feuer legte, fuhr infolge der Hitze eine Viper heraus und biss sich an seiner Hand fest. 4 Als die Einheimischen das Tier an seiner Hand hängen sahen, sagten sie zueinander: Dieser Mensch ist gewiss ein Mörder; die Rachegöttin lässt ihn nicht leben, obwohl er dem Meer entkommen ist. 5 Er aber schleuderte das Tier ins Feuer und erlitt keinen Schaden. 6 Da erwarteten sie, er werde anschwellen oder plötzlich tot umfallen. Als sie aber eine Zeit lang gewartet hatten und sahen, dass ihm nichts Schlimmes geschah, änderten sie ihre Meinung und sagten, er sei ein Gott.
7 In jener Gegend lagen Landgüter, die dem Publius, dem Ersten der Insel, gehörten; er nahm uns auf und bewirtete uns drei Tage lang freundlich als seine Gäste. 8 Der Vater des Publius lag gerade mit Fieber und Ruhr im Bett. Paulus ging zu ihm hinein und betete; dann legte er ihm die Hände auf und heilte ihn. 9 Daraufhin kamen auch die anderen Kranken der Insel herbei und wurden geheilt. 10 Sie erwiesen uns viele Ehren und bei der Abfahrt gaben sie uns alles mit, was wir brauchten.

5: Mk 16,18; Lk 10,19 • 6: 14,11

Von Malta nach Rom

11 Drei Monate später fuhren wir mit einem alexandrinischen Schiff ab, das auf der Insel überwintert hatte und die Dioskuren als Schiffszeichen trug. 12 Wir liefen in Syrakus ein und blieben drei Tage; 13 von dort fuhren wir die Küste entlang weiter und erreichten Rhegion. Nach einem Tag setzte Südwind ein und so kamen wir in zwei Tagen nach Puteoli. 14 Hier trafen wir Brüder; sie baten uns, sieben Tage bei ihnen zu bleiben. Und so kamen wir nach Rom. 15 Von dort waren uns die Brüder, die von uns gehört hatten, bis Forum Appii und Tres Tabernae entgegengereist. Als Paulus sie sah, dankte er Gott und fasste Mut.

Ankunft und Wirken des Völkerapostels in Rom

16 Nach unserer Ankunft in Rom erhielt Paulus die Erlaubnis, für sich allein zu wohnen, zusammen mit dem Soldaten, der ihn bewachte. 17 Drei Tage später rief er die führenden Männer der Juden zusammen. Als sie versammelt waren, sagte er zu ihnen: Brüder, obwohl ich mich nicht gegen das Volk oder die Sitten der Väter vergangen habe, bin ich von Jerusalem aus als Gefangener den Römern ausgeliefert worden. 18 Diese haben mich verhört und wollten mich freilassen, da nichts gegen mich vorlag, worauf der Tod steht. 19 Weil aber die Juden Einspruch erhoben, war ich gezwungen, Berufung beim Kaiser einzulegen, jedoch nicht, um mein Volk anzuklagen. 20 Aus diesem Grund habe ich

darum gebeten, euch sehen und sprechen zu dür-
fen. Denn um der Hoffnung Israels willen trage ich
diese Fesseln. 21 Sie antworteten ihm: Wir haben
über dich weder Briefe aus Judäa erhalten, noch ist
einer von den Brüdern gekommen, der uns etwas
Belastendes über dich berichtet oder erzählt hätte.
22 Wir wünschen aber von dir zu hören, was du
denkst; denn von dieser Sekte ist uns bekannt, dass
sie überall auf Widerspruch stößt.
23 Sie vereinbarten mit ihm einen bestimmten Tag,
an dem sie in noch größerer Zahl zu ihm in die
Wohnung kamen. Vom Morgen bis in den Abend
hinein erklärte und bezeugte er ihnen das Reich
Gottes und versuchte, sie vom Gesetz des Mose
und von den Propheten aus für Jesus zu gewinnen.
24 Die einen ließen sich durch seine Worte über-
zeugen, die andern blieben ungläubig. 25 Ohne sich
einig geworden zu sein, brachen sie auf, nachdem
Paulus noch das eine Wort gesagt hatte: Treffend
hat der Heilige Geist durch den Propheten Jesaja
zu euren Vätern gesagt:
26 *Geh zu diesem Volk und sag: / Hören sollt ihr,
hören, aber nicht verstehen; / sehen sollt ihr, sehen,
aber nicht erkennen.*
27 *Denn das Herz dieses Volkes ist hart geworden /
und mit ihren Ohren hören sie nur schwer / und ihre
Augen halten sie geschlossen, / damit sie mit ihren
Augen nicht sehen / und mit ihren Ohren nicht
hören, / damit sie mit ihrem Herzen nicht zur Ein-
sicht kommen, / damit sie sich nicht bekehren und
ich sie nicht heile.*
28 Darum sollt ihr nun wissen: Den Heiden ist die-
ses Heil Gottes gesandt worden. Und sie werden
hören! [29]
30 Er blieb zwei volle Jahre in seiner Mietwohnung
und empfing alle, die zu ihm kamen. 31 Er verkün-
dete das Reich Gottes und trug ungehindert und
mit allem Freimut die Lehre über Jesus Christus,
den Herrn, vor.

16: 27,3 • 20: 26,6f • 23: 13,16–25; 17,2f.11f; Lk 24,44; Joh 1,45; 5,45f; 1 Petr 1,10–12 • 26: Jes 6,9f G; Mt 13,14; Mk 4,12; Lk 8,10; Joh 12,40 • 28: Ps 67,3; 98,3; Apg 18,6; Lk 3,6 • 31: 1,3; 28,23; Röm 1,15

DIE PAULINISCHEN BRIEFE

An der Spitze der Briefsammlung des Neuen Testaments stehen 14 Briefe, die den Namen des Apostels Paulus in der Anschrift tragen oder doch – wie der Brief an die Hebräer – einen Bezug zu Paulus aufweisen. Der Apostel bediente sich auch des Briefes, um auf Glaubensfragen zu antworten, Schwierigkeiten im Gemeindeleben zu lösen, seelsorgliche Anweisungen zu geben und die xneubekehrten Christen zu ermahnen, zu trösten und zu stärken. Diese Briefe waren (abgesehen von den Schreiben an Philemon, Timotheus und Titus) dazu bestimmt, in der Gemeindeversammlung vorgelesen zu werden. Sie schenken uns wichtige Einblicke in das Denken des großen Apostels, auch seiner Mitarbeiter, und in das Leben wichtiger urchristlicher Gemeinden seines Missionsgebietes.

Manche Forscher nehmen heute an, dass einige Schreiben dieser Sammlung von Mitarbeitern und Schülern des Apostels verfasst wurden (s. die Einleitungen zu den Briefen an die Epheser und Kolosser, an Timotheus und Titus).

Wichtige Briefe des Apostels wurden schon früh gesammelt. Ein Hinweis auf eine solche Sammlung paulinischer Briefe findet sich bereits im Neuen Testament (2 Petr 3,15: »Das hat euch auch unser geliebter Bruder Paulus mit der ihm verliehenen Weisheit geschrieben; es steht in allen seinen Briefen, in denen er davon spricht. In ihnen ist manches schwer zu verstehen«).

Die heutige Sammlung von Paulusbriefen ist aber unvollständig, da eine Anzahl paulinischer Briefe verloren gegangen ist (vgl. 1 Kor 5,9; 2 Kor 2,3f und Kol 3,16f).

Die einzelnen Briefe dieser Schriftgruppe sind dem Umfang nach angeordnet, die umfangreichsten stehen an der Spitze. Der Hebräerbrief wurde an das Ende gestellt, da er nicht von Paulus selbst stammt, sein Verfasser aber deutlich von paulinischen Gedanken beeinflusst ist.

In der Briefsammlung unterscheidet man noch die Gruppe der Gefangenschaftsbriefe, die Hinweise darauf enthalten, dass Paulus bei deren Abfassung sich in Haft befand (so die Briefe an die Gemeinden in Ephesus, Philippi und Kolossä und an Philemon) – der Apostel befand sich mehrmals in Haft –, und die Briefe an Timotheus und Titus, die Pastoral-(Hirten-)Briefe genannt werden, da sie nicht an Gemeinden, sondern an Gemeindehirten (pastores) gerichtet sind und diesen seelsorgliche Anweisungen geben.

DER BRIEF AN DIE RÖMER

Wann die christliche Gemeinde in Rom entstanden ist und wer sie gegründet hat, ist nicht bekannt. Der Brief an die Römer ist das früheste Zeugnis ihrer Existenz und Bedeutung. Paulus schreibt an die römische Gemeinde, kurz bevor er seine Reise nach Jerusalem antritt, bei der er die Kollekte der heidenchristlichen Gemeinden von Mazedonien und Griechenland überbringen will. (Röm 15,25–32; vgl. Apg 20,3ff). Er trat diese Reise zwischen 56 und 58 n. Chr. an. Vermutlich ist der Brief während des vorangehenden dreimonatigen Aufenthalts in Griechenland geschrieben worden (Apg 20,2f), und zwar in Korinth, dem Zentrum seiner Griechenlandmission.

Paulus hatte schon lange die Absicht, in die Hauptstadt Rom zu kommen, um die dortige Gemeinde zu besuchen (Röm 8,1–15). Nach der Tätigkeit im östlichen Teil des römischen Reichs will er in Spanien eine neue Missionsarbeit beginnen; hierfür erwartet er von der römischen Gemeinde Unterstützung (15,14–24).

Mit seinem Brief will er sich, auch weil über ihn mancherlei Nachrichten verbreitet waren, persönlich vorstellen. Er legt deshalb eingehend dar, wie er die Botschaft von Jesus Christus versteht und verkündigt. Der Römerbrief ist eine ausführliche Erklärung dessen, was das »Evangelium Jesu Christi« ist. Deswegen beginnt er mit einem auch römischen Christen vertrauten Bekenntnissatz (Röm 1,3b-4a) und entfaltet diesen mit Hilfe der Lehre von der Rechtfertigung des Sünders (1,16f; 1,18 – 8,39). Er spricht zunächst vom Zorn Gottes über die Sünde der Menschen (1,18 – 3,20). Darauf folgen die zentralen Ausführungen über das rechtfertigende Handeln Gottes und den Glauben des Menschen (3,21 – 5,11). Diese Gedanken werden weiter entfaltet in einem Abschnitt über das neue Leben und die Hoffnung des Christen (5,12 – 8,39). Im Besonderen geht er dann auf die Frage nach der Rettung Israels ein (Kap. 9 – 11), was darauf schließen lässt, dass zur Gemeinde in Rom viele Judenchristen gehörten. Allerdings geht es dem Apostel auch immer wieder um das Heil für die Heiden. Wir müssen also mit einer gemischten Gemeinde rechnen. Im einzelnen kennt Paulus die Situation der römischen Gemeinde nicht genau; nur in dem ermahnenden Schlussteil (12,1 –15,13) behandelt er eine aktuelle Streitfrage (14,1 – 15,13). Kap. 16 ist ein Nachtrag mit einer Empfehlung, zahlreichen Grüßen und Ermahnungen sowie einem abschließenden Lobpreis (16,25–27).

Der Römerbrief stellt eine Zusammenfassung der Verkündigung und Theologie des Apostels dar. Man hat ihn daher das »Testament des Paulus« genannt. Wegen seines Umfangs wurde er später an den Anfang der Sammlung paulinischer Briefe gestellt.

ANSCHRIFT UND GRUSS: 1,1–7

1 Paulus, Knecht Christi Jesu, berufen zum
Apostel, auserwählt, das Evangelium Gottes
zu verkündigen, [2] das er durch seine Propheten
im voraus verheißen hat in den heiligen Schrif-
ten: [3] das Evangelium von seinem Sohn, der dem
Fleisch nach geboren ist als Nachkomme Davids,
[4] der dem Geist der Heiligkeit nach eingesetzt ist
als Sohn Gottes in Macht seit der Auferstehung
von den Toten, das Evangelium von Jesus Christus,
unserem Herrn.
[5] Durch ihn haben wir Gnade und Apostelamt
empfangen, um in seinem Namen alle Heiden zum
Gehorsam des Glaubens zu führen; [6] zu ihnen
gehört auch ihr, die ihr von Jesus Christus berufen
seid.
[7] An alle in Rom, die von Gott geliebt sind, die
berufenen Heiligen: Gnade sei mit euch und Frie-
de von Gott, unserem Vater, und dem Herrn Jesus
Christus.

1: Gal 1,15; Apg 13,2; 26,16f • 3: 9,5; 2 Tim 2,8 • 4: Apg 13,33; 1 Tim 3,16 • 5: 15,15–19; Apg 9,15; Gal 2,7.9

DANKGEBET – THEMA DES BRIEFES: 1,8–17

[8] Zunächst danke ich meinem Gott durch Jesus
Christus für euch alle, weil euer Glaube in der
ganzen Welt verkündet wird. [9] Denn Gott, den ich
im Dienst des Evangeliums von seinem Sohn mit
ganzem Herzen ehre, ist mein Zeuge: Unablässig
denke ich an euch [10] in allen meinen Gebeten und
bitte darum, es möge mir durch Gottes Willen
endlich gelingen, zu euch zu kommen. [11] Denn ich
sehne mich danach, euch zu sehen; ich möchte
euch geistliche Gaben vermitteln, damit ihr da-

durch gestärkt werdet, [12] oder besser: damit wir, wenn ich bei euch bin, miteinander Zuspruch empfangen durch euren und meinen Glauben. [13] Ihr sollt wissen, Brüder, dass ich mir schon oft vorgenommen habe, zu euch zu kommen, aber bis heute daran gehindert wurde; denn wie bei den anderen Heiden soll meine Arbeit auch bei euch Frucht bringen. [14] Griechen und Nichtgriechen, Gebildeten und Ungebildeten bin ich verpflichtet; [15] so liegt mir alles daran, auch euch in Rom das Evangelium zu verkündigen. [16] Denn ich schäme mich des Evangeliums nicht: Es ist eine Kraft Gottes, die jeden rettet, der glaubt, zuerst den Juden, aber ebenso den Griechen. [17] Denn im Evangelium wird die Gerechtigkeit Gottes offenbart aus Glauben zum Glauben, wie es in der Schrift heißt: *Der aus Glauben Gerechte wird leben.*

8: 16,19; 1 Thess 1,8 • 9: Phil 1,8 • 10: 15,23; Apg 19,21 • 11: 1 Thess 2,17; 3,10 • 13: 15,22 • 15: Apg 28,30f • 16: 1 Kor 1,18.24; 2,4 • 17: 3,21f; Hab 2,4; Gal 3,11; Hebr 10,38

DIE RETTUNG DER MENSCHEN: 1,18 – 8,39

Sünde und Verlorenheit: 1,18 – 3,20

Gottes Zorn über die Ungerechtigkeit der Menschen

[18] Der Zorn Gottes wird vom Himmel herab offenbart wider alle Gottlosigkeit und Ungerechtigkeit der Menschen, die die Wahrheit durch Ungerechtigkeit niederhalten. [19] Denn was man von Gott erkennen kann, ist ihnen offenbar; Gott hat es ihnen offenbart. [20] Seit Erschaffung der Welt wird seine unsichtbare Wirklichkeit an den Werken der Schöpfung mit der Vernunft wahrgenommen, seine ewige Macht und Gottheit. Daher sind sie unentschuldbar. [21] Denn sie haben Gott erkannt, ihn aber nicht als Gott geehrt und ihm nicht gedankt. Sie verfielen in ihrem Denken der Nichtigkeit und ihr unverständiges Herz wurde verfinstert. [22] Sie behaupteten, weise zu sein, und wurden zu Toren. [23] Sie vertauschten die Herrlichkeit des unvergänglichen Gottes mit Bildern, die einen vergänglichen Menschen und fliegende, vierfüßige und kriechende Tiere darstellen. [24] Darum lieferte Gott sie durch die Begierden ihres Herzens der Unreinheit aus, sodass sie ihren Leib durch ihr eigenes Tun entehrten. [25] Sie vertauschten die Wahrheit Gottes mit der Lüge, sie beteten das Geschöpf an und verehrten es anstelle des Schöpfers – gepriesen ist er in Ewigkeit. Amen. [26] Darum lieferte Gott sie entehrenden Leidenschaften aus: Ihre Frauen vertauschten den natürlichen Verkehr mit dem widernatürlichen; [27] ebenso gaben die Männer den natürlichen Verkehr mit der Frau auf und entbrannten in Begierde zueinander; Männer trieben mit Männern Unzucht und erhielten den ihnen gebührenden Lohn für ihre Verirrung. [28] Und da sie sich weigerten, Gott anzuerkennen, lieferte Gott sie einem verworfenen Denken aus, sodass sie tun, was sich nicht gehört: [29] Sie sind voll Ungerechtigkeit, Schlechtigkeit, Habgier und Bosheit, voll Neid, Mord, Streit, List und Tücke, sie verleumden [30] und treiben üble Nachrede, sie hassen Gott, sind überheblich, hochmütig und prahlerisch, erfinderisch im Bösen und ungehorsam gegen die Eltern, [31] sie sind unverständig und haltlos, ohne Liebe und Erbarmen. [32] Sie erkennen, dass Gottes Rechtsordnung bestimmt: Wer so handelt, verdient den Tod. Trotzdem tun sie es nicht nur selber, sondern stimmen bereitwillig auch denen zu, die so handeln.

18: 2,5.8f; Jes 66,15 • 19: Apg 14,17; 17,24–28 • 20: Weish 13,1–9; Sir 17,8f • 21: Eph 4,17f • 22: 1 Kor 1,19–21 • 23: Ps 106,20; Dtn 4,15–19; Weish 12,24 • 27: 1 Kor 6,9; Lev 18,22 • 29: Gal 5,19–21; 2 Tim 3,2–5

Der Mensch vor Gottes Gericht

2 Darum bist du unentschuldbar – wer du auch bist, Mensch –, wenn du richtest. Denn worin du den andern richtest, darin verurteilst du dich selber, da du, der Richtende, dasselbe tust. [2] Wir wissen aber, dass Gottes Gericht über alle, die solche Dinge tun, der Wahrheit entspricht. [3] Meinst du etwa, du könntest dem Gericht Gottes entrinnen, wenn du die richtest, die solche Dinge tun, und dasselbe tust wie sie? [4] Verachtest du etwa den Reichtum seiner Güte, Geduld und Langmut? Weißt du nicht, dass Gottes Güte dich zur Umkehr treibt? [5] Weil du aber starrsinnig bist und dein

Herz nicht umkehrt, sammelst du Zorn gegen dich
für den »Tag des Zornes«, den Tag der Offenba-
rung von Gottes gerechtem Gericht. 6 *Er wird je-*
dem vergelten, wie es seine Taten verdienen: 7 de-
nen, die beharrlich Gutes tun und Herrlichkeit,
Ehre und Unvergänglichkeit erstreben, gibt er ewi-
ges Leben, 8 denen aber, die selbstsüchtig nicht der
Wahrheit, sondern der Ungerechtigkeit gehor-
chen, widerfährt Zorn und Grimm. 9 Not und
Bedrängnis wird jeden Menschen treffen, der das
Böse tut, zuerst den Juden, aber ebenso den Grie-
chen; 10 Herrlichkeit, Ehre und Friede werden je-
dem zuteil, der das Gute tut, zuerst dem Juden,
aber ebenso dem Griechen; 11 denn Gott richtet
ohne Ansehen der Person.

1: Mt 7,2 • 4: 2 Petr 3,9 • 5: Offb 6,17 • 6: Ps 62,13; Mt 16,27 •
10: 1,16; 3,9 • 11: Apg 10,34; 1 Petr 1,17

Die Heiden und das Gesetz

12 Alle, die sündigten, ohne das Gesetz zu haben,
werden auch ohne das Gesetz zugrunde gehen
und alle, die unter dem Gesetz sündigten, werden
durch das Gesetz gerichtet werden. 13 Nicht die
sind vor Gott gerecht, die das Gesetz hören, son-
dern er wird die für gerecht erklären, die das
Gesetz tun. 14 Wenn Heiden, die das Gesetz nicht
haben, von Natur aus das tun, was im Gesetz ge-
fordert ist, so sind sie, die das Gesetz nicht haben,
sich selbst Gesetz. 15 Sie zeigen damit, dass ihnen
die Forderung des Gesetzes ins Herz geschrieben
ist; ihr Gewissen legt Zeugnis davon ab, ihre
Gedanken klagen sich gegenseitig an und verteidi-
gen sich – 16 an jenem Tag, an dem Gott, wie ich es
in meinem Evangelium verkündige, das, was im
Menschen verborgen ist, durch Jesus Christus
richten wird.

12: 3,19 • 13: Mt 7,21; Jak 1,22.25 • 14: Apg 10,35 • 16: 1 Kor 4,5;
2 Kor 5,10

Die Juden und das Gesetz

17 Du nennst dich zwar Jude und verlässt dich auf
das Gesetz, du rühmst dich deines Gottes, 18 du
kennst seinen Willen und du willst, aus dem Ge-
setz belehrt, beurteilen, worauf es ankommt; 19 du
traust dir zu, Führer zu sein für Blinde, Licht für
die in der Finsternis, 20 Erzieher der Unverständi-
gen, Lehrer der Unmündigen, einer, für den im
Gesetz Erkenntnis und Wahrheit feste Gestalt
besitzen. 21 Du belehrst andere Menschen, dich
selbst aber belehrst du nicht. Du predigst: Du
sollst nicht stehlen!, und stiehlst. 22 Du sagst: Du
sollst die Ehe nicht brechen!, und brichst die Ehe.
Du verabscheust die Götzenbilder, begehst aber
Tempelraub. 23 Du rühmst dich des Gesetzes, ent-
ehrst aber Gott durch Übertreten des Gesetzes.
24 Denn in der Schrift steht: *Euretwegen wird unter*
den Heiden der Name Gottes gelästert. 25 Die Be-
schneidung ist nützlich, wenn du das Gesetz be-
folgst; übertrittst du jedoch das Gesetz, so bist du
trotz deiner Beschneidung zum Unbeschnittenen
geworden. 26 Wenn aber der Unbeschnittene die
Forderungen des Gesetzes beachtet, wird dann
nicht sein Unbeschnittensein als Beschneidung
angerechnet werden? 27 Der leiblich Unbeschnit-
tene, der das Gesetz erfüllt, wird dich richten, weil
du trotz Buchstabe und Beschneidung ein Über-
treter des Gesetzes bist. 28 Jude ist nicht, wer es
nach außen hin ist, und Beschneidung ist nicht,
was sichtbar am Fleisch geschieht, 29 sondern Jude
ist, wer es im Verborgenen ist, und Beschneidung
ist, was am Herzen durch den Geist, nicht durch
den Buchstaben geschieht. Der Ruhm eines sol-
chen Juden kommt nicht von Menschen, sondern
von Gott.

17: Phil 3,4–6; Jes 48,1f • 19: Mt 15,14; Lk 6,39 • 21: Mt 23,3f •
24: Jes 52,5 G; Ez 36,20 • 25: 1 Kor 7,19; Gal 5,3 • 26: Gal 5,6 •
28: 9,6 • 29: Dtn 30,6; Phil 3,2f

Gottes Treue angesichts der Sünde der Menschen

3 Was ist nun der Vorzug der Juden, der Nut-
zen der Beschneidung? 2 Er ist groß in jeder
Hinsicht. Vor allem: Ihnen sind die Worte Gottes
anvertraut. 3 Wenn jedoch einige Gott die Treue
gebrochen haben, wird dann etwa ihre Untreue die
Treue Gottes aufheben? 4 Keineswegs! Gott soll
sich als der Wahrhaftige erweisen, *jeder Mensch*
aber als *Lügner*, wie es in der Schrift heißt: *So*
behältst du Recht mit deinen Worten und trägst den
Sieg davon, wenn man mit dir rechtet. 5 Wenn aber
unsere Ungerechtigkeit die Gerechtigkeit Gottes
bestätigt, was sagen wir dann? Ist Gott – ich frage
sehr menschlich – nicht ungerecht, wenn er seinen
Zorn walten lässt? 6 Keineswegs! Denn wie könnte

Gott die Welt sonst richten? 7 Wenn aber die Wahr-
heit Gottes sich durch meine Unwahrheit als noch
größer erweist und so Gott verherrlicht wird,
warum werde ich dann als Sünder gerichtet? 8 Gilt
am Ende das, womit man uns verleumdet und was
einige uns in den Mund legen: Lasst uns Böses tun,
damit Gutes entsteht? Diese Leute werden mit
Recht verurteilt. 9 Was heißt das nun? Sind wir als
Juden im Vorteil? Ganz und gar nicht. Denn wir
haben vorher die Anklage erhoben, dass alle, Ju-
den wie Griechen, unter der Herrschaft der Sünde
stehen, 10 wie es in der Schrift heißt:
Es gibt keinen, der gerecht ist, / auch nicht einen;
11 *es gibt keinen Verständigen, / keinen, der Gott
sucht.*
12 *Alle sind abtrünnig geworden, / alle miteinander
taugen nichts. / Keiner tut Gutes, / auch nicht ein
Einziger.*
13 *Ihre Kehle ist ein offenes Grab, / mit ihrer Zunge
betrügen sie; / Schlangengift ist auf ihren Lippen.*
14 *Ihr Mund ist voll Fluch und Gehässigkeit.*
15 *Schnell sind sie dabei, Blut zu vergießen; /* 16 *Ver-
derben und Unheil sind auf ihren Wegen, /* 17 *und
den Weg des Friedens kennen sie nicht.*
18 *Die Gottesfurcht steht ihnen nicht vor Augen.*
19 Wir wissen aber: Was das Gesetz sagt, sagt es
denen, die unter dem Gesetz leben, damit jeder
Mund verstummt und die ganze Welt vor Gott
schuldig wird. 20 Denn durch Werke des Gesetzes
wird *niemand vor ihm gerecht werden;* durch das
Gesetz kommt es vielmehr zur Erkenntnis der
Sünde.

2: 9,4 • 3: 9,6; 11,1.29 • 4: Ps 116,11; 51,6 G • 5: 9,14 • 7: 6,1 • 9: 1,16; 2,9f; 11,32 • 10: Koh 7,20; Ps 14,1–3 • 13: Ps 5,10 G; 140,4 • 14: Ps 10,7 G • 15: Jes 59,7f; Spr 1,16 • 18: Ps 36,2 • 19: 7,7 • 20: Ps 143,2 G; Gal 2,16; 3,21f

Gerechtigkeit und neues Leben:
3,21 – 8,39

Das Kreuz Christi als Grund der neuen Gerechtigkeit

21 Jetzt aber ist unabhängig vom Gesetz die Ge-
rechtigkeit Gottes offenbart worden, bezeugt vom
Gesetz und von den Propheten: 22 die Gerechtig-
keit Gottes aus dem Glauben an Jesus Christus,
offenbart für alle, die glauben. Denn es gibt keinen
Unterschied: 23 Alle haben gesündigt und die Herr-
lichkeit Gottes verloren. 24 Ohne es verdient zu
haben, werden sie gerecht, dank seiner Gnade,
durch die Erlösung in Christus Jesus. 25 Ihn hat
Gott dazu bestimmt, Sühne zu leisten mit seinem
Blut, Sühne, wirksam durch Glauben. So erweist
Gott seine Gerechtigkeit durch die Vergebung der
Sünden, die früher, in der Zeit seiner Geduld,
begangen wurden; 26 er erweist seine Gerechtigkeit
in der gegenwärtigen Zeit, um zu zeigen, dass er
gerecht ist und den gerecht macht, der an Jesus
glaubt.
27 Kann man sich da noch rühmen? Das ist ausge-
schlossen. Durch welches Gesetz? Durch das der
Werke? Nein, durch das Gesetz des Glaubens.
28 Denn wir sind der Überzeugung, dass der
Mensch gerecht wird durch Glauben, unabhängig
von Werken des Gesetzes. 29 Ist denn Gott nur der
Gott der Juden, nicht auch der Heiden? Ja, auch
der Heiden, 30 da doch gilt: Gott ist »der Eine«. Er
wird aufgrund des Glaubens sowohl die Beschnit-
tenen wie die Unbeschnittenen gerecht machen.
31 Setzen wir nun durch den Glauben das Gesetz
außer Kraft? Im Gegenteil, wir richten das Gesetz
auf.

21: 1,17 • 22: Phil 3,9 • 24: Eph 2,8; Tit 3,7 • 25: Lev 16,12–15 • 27: 8,2 • 28: Gal 2,16 • 29: 10,12; 9,24 • 30: Dtn 6,4; Röm 4,11f • 31: 6,15; Mt 5,17

Die Anrechnung des Glaubens als Gerechtigkeit: das Beispiel Abrahams

4 Müssen wir nun nicht fragen: Was hat dann
unser leiblicher Stammvater Abraham er-
langt? 2 Wenn Abraham aufgrund von Werken Ge-
rechtigkeit erlangt hat, dann hat er zwar Ruhm,
aber nicht vor Gott. 3 Denn die Schrift sagt: *Abra-
ham glaubte Gott und das wurde ihm als Gerech-
tigkeit angerechnet.* 4 Dem, der Werke tut, werden
diese nicht aus Gnade angerechnet, sondern er
bekommt den Lohn, der ihm zusteht. 5 Dem aber,
der keine Werke tut, sondern an den glaubt, der
den Gottlosen gerecht macht, dem wird sein
Glaube als Gerechtigkeit angerechnet. 6 Auch Da-
vid preist den Menschen selig, dem Gott Gerech-
tigkeit unabhängig von Werken anrechnet:
7 *Selig sind die, deren Frevel vergeben / und deren
Sünden bedeckt sind.*

8 *Selig ist der Mensch, / dem der Herr die Sünde nicht anrechnet.*
9 Gilt nun diese Seligpreisung nur den Beschnittenen oder auch den Unbeschnittenen? Wir haben gesagt: *Abraham wurde der Glaube als Gerechtigkeit angerechnet.* 10 Wann wurde er ihm angerechnet: als er beschnitten oder als er unbeschnitten war? Nicht als er beschnitten, sondern als er noch unbeschnitten war. 11 Das Zeichen der Beschneidung empfing er zur Besiegelung der Glaubensgerechtigkeit, die ihm als Unbeschnittenem zuteil wurde; also ist er der Vater aller, die als Unbeschnittene glauben und denen daher Gerechtigkeit angerechnet wird, 12 und er ist der Vater jener Beschnittenen, die nicht nur beschnitten sind, sondern auch den Weg des Glaubens gehen, des Glaubens, den unser Vater Abraham schon vor seiner Beschneidung hatte.
13 Denn Abraham und seine Nachkommen erhielten nicht aufgrund des Gesetzes die Verheißung, Erben der Welt zu sein, sondern aufgrund der Glaubensgerechtigkeit. 14 Wenn nämlich jene Erben sind, die das Gesetz haben, dann ist der Glaube entleert und die Verheißung außer Kraft gesetzt. 15 Das Gesetz bewirkt Zorn; wo es aber das Gesetz nicht gibt, da gibt es auch keine Übertretung. 16 Deshalb gilt: »aus Glauben«, damit auch gilt: »aus Gnade«. Nur so bleibt die Verheißung für alle Nachkommen gültig, nicht nur für die, welche das Gesetz haben, sondern auch für die, welche wie Abraham den Glauben haben. 17 Nach dem Schriftwort: *Ich habe dich zum Vater vieler Völker bestimmt,* ist er unser aller Vater vor Gott, dem er geglaubt hat, dem Gott, der die Toten lebendig macht und das, was nicht ist, ins Dasein ruft. 18 Gegen alle Hoffnung hat er voll Hoffnung geglaubt, dass er der Vater vieler Völker werde, nach dem Wort: *So zahlreich werden deine Nachkommen sein.* 19 Ohne im Glauben schwach zu werden, war er, der fast Hundertjährige, sich bewusst, dass sein Leib und auch Saras Mutterschoß erstorben waren. 20 Er zweifelte nicht im Unglauben an der Verheißung Gottes, sondern wurde stark im Glauben und er erwies Gott Ehre, 21 fest davon überzeugt, dass Gott die Macht besitzt zu tun, was er verheißen hat. 22 Darum wurde der Glaube *ihm als Gerechtigkeit angerechnet.*
23 Doch nicht allein um seinetwillen steht in der Schrift, dass der Glaube ihm angerechnet wurde, 24 sondern auch um unseretwillen; er soll auch uns angerechnet werden, die wir an den glauben, der Jesus, unseren Herrn, von den Toten auferweckt hat.
25 Wegen unserer Verfehlungen wurde er hingegeben, / wegen unserer Gerechtmachung wurde er auferweckt.

2: Jak 2,21–24 • 3: Gen 15,6; Gal 3,6; Jak 2,23 • 7: Ps 32,1f • 9: Gen 15,6 • 11: Gen 17,10f; Gal 3,7 • 12: Mt 3,9 • 13: Gen 12,7; 18,18; 22,16–18 • 15: 3,20; 5,13; 7,8.10 • 16: Gal 3,7–9 • 17: Gen 17,5; Hebr 11,19 • 18: Gen 15,5 • 19: Gen 17,17; Hebr 11,11 • 21: Gen 18,14; Lk 1,37 • 22: Gen 15,6 • 24: 10,9 • 25: Jes 53,4f.12

Die Hoffnung der Glaubenden

5 Gerecht gemacht aus Glauben, haben wir Frieden mit Gott durch Jesus Christus, unseren Herrn. 2 Durch ihn haben wir auch den Zugang zu der Gnade erhalten, in der wir stehen, und rühmen uns unserer Hoffnung auf die Herrlichkeit Gottes. 3 Mehr noch, wir rühmen uns ebenso unserer Bedrängnis; denn wir wissen: Bedrängnis bewirkt Geduld, 4 Geduld aber Bewährung, Bewährung Hoffnung. 5 Die Hoffnung aber lässt nicht zugrunde gehen; denn die Liebe Gottes ist ausgegossen in unsere Herzen durch den Heiligen Geist, der uns gegeben ist. 6 Christus ist schon zu der Zeit, da wir noch schwach und gottlos waren, für uns gestorben. 7 Dabei wird nur schwerlich jemand für einen Gerechten sterben; vielleicht wird er jedoch für einen guten Menschen sein Leben wagen. 8 Gott aber hat seine Liebe zu uns darin erwiesen, dass Christus für uns gestorben ist, als wir noch Sünder waren. 9 Nachdem wir jetzt durch sein Blut gerecht gemacht sind, werden wir durch ihn erst recht vor dem Gericht Gottes gerettet werden.
10 Da wir mit Gott versöhnt wurden durch den Tod seines Sohnes, als wir noch (Gottes) Feinde waren, werden wir erst recht, nachdem wir versöhnt sind, gerettet werden durch sein Leben. 11 Mehr noch, wir rühmen uns Gottes durch Jesus Christus, unseren Herrn, durch den wir jetzt schon die Versöhnung empfangen haben.

2: Eph 3,12 • 3: Jak 1,2f; 1 Petr 4,13 • 5: Ps 22,6 • 6: 1 Petr 3,18 • 8: Joh 3,16; 1 Joh 4,10 • 9: 1 Thess 1,10 • 10: 2 Kor 5,18 • 11: 1 Kor 1,30f

Der alte und der neue Mensch

[12] Durch einen einzigen Menschen kam die Sünde in die Welt und durch die Sünde der Tod und auf diese Weise gelangte der Tod zu allen Menschen, weil alle sündigten. [13] Sünde war schon vor dem Gesetz in der Welt, aber Sünde wird nicht angerechnet, wo es kein Gesetz gibt; [14] dennoch herrschte der Tod von Adam bis Mose auch über die, welche nicht wie Adam durch Übertreten eines Gebots gesündigt hatten; Adam aber ist die Gestalt, die auf den Kommenden hinweist. [15] Doch anders als mit der Übertretung verhält es sich mit der Gnade; sind durch die Übertretung des einen die vielen dem Tod anheim gefallen, so ist erst recht die Gnade Gottes und die Gabe, die durch die Gnadentat des einen Menschen Jesus Christus bewirkt worden ist, den vielen reichlich zuteil geworden. [16] Anders als mit dem, was durch den einen Sünder verursacht wurde, verhält es sich mit dieser Gabe: Das Gericht führt wegen der Übertretung des einen zur Verurteilung, die Gnade führt aus vielen Übertretungen zur Gerechtsprechung. [17] Ist durch die Übertretung des einen der Tod zur Herrschaft gekommen, durch diesen einen, so werden erst recht alle, denen die Gnade und die Gabe der Gerechtigkeit reichlich zuteil wurde, leben und herrschen durch den einen, Jesus Christus. [18] Wie es also durch die Übertretung eines einzigen für alle Menschen zur Verurteilung kam, so wird es auch durch die gerechte Tat eines einzigen für alle Menschen zur Gerechtsprechung kommen, die Leben gibt. [19] Wie durch den Ungehorsam des einen Menschen die vielen zu Sündern wurden, so werden auch durch den Gehorsam des einen die vielen zu Gerechten gemacht werden.

[20] Das Gesetz aber ist hinzugekommen, damit die Übertretung mächtiger werde; wo jedoch die Sünde mächtig wurde, da ist die Gnade übergroß geworden. [21] Denn wie die Sünde herrschte und zum Tod führte, so soll auch die Gnade herrschen und durch Gerechtigkeit zu ewigem Leben führen, durch Jesus Christus, unseren Herrn.

12: Gen 2,17; 3,1–19 • 13: 4,15 • 15: 1 Kor 15,21f • 20: 7,7.13; Gal 3,19 • 21: 6,23

Die Gemeinschaft der Getauften mit Christus

6 Heißt das nun, dass wir an der Sünde fest halten sollen, damit die Gnade mächtiger werde? [2] Keineswegs! Wie können wir, die wir für die Sünde tot sind, noch in ihr leben? [3] wisst ihr denn nicht, dass wir alle, die wir auf Christus Jesus getauft wurden, auf seinen Tod getauft worden sind? [4] Wir wurden mit ihm begraben durch die Taufe auf den Tod; und wie Christus durch die Herrlichkeit des Vaters von den Toten auferweckt wurde, so sollen auch wir als neue Menschen leben. [5] Wenn wir nämlich ihm gleich geworden sind in seinem Tod, dann werden wir mit ihm auch in seiner Auferstehung vereinigt sein. [6] Wir wissen doch: Unser alter Mensch wurde mitgekreuzigt, damit der von der Sünde beherrschte Leib vernichtet werde und wir nicht Sklaven der Sünde bleiben. [7] Denn wer gestorben ist, der ist frei geworden von der Sünde. [8] Sind wir nun mit Christus gestorben, so glauben wir, dass wir auch mit ihm leben werden. [9] Wir wissen, dass Christus, von den Toten auferweckt, nicht mehr stirbt; der Tod hat keine Macht mehr über ihn. [10] Denn durch sein Sterben ist er ein für allemal gestorben für die Sünde, sein Leben aber lebt er für Gott. [11] So sollt auch ihr euch als Menschen begreifen, die für die Sünde tot sind, aber für Gott leben in Christus Jesus.

[12] Daher soll die Sünde euren sterblichen Leib nicht mehr beherrschen, und seinen Begierden sollt ihr nicht gehorchen. [13] Stellt eure Glieder nicht der Sünde zur Verfügung als Waffen der Ungerechtigkeit, sondern stellt euch Gott zur Verfügung als Menschen, die vom Tod zum Leben gekommen sind, und stellt eure Glieder als Waffen der Gerechtigkeit in den Dienst Gottes. [14] Die Sünde soll nicht über euch herrschen; denn ihr steht nicht unter dem Gesetz, sondern unter der Gnade.

1: 5,20 • 3: Gal 3,27 • 4: Kol 2,12 • 5: Phil 3,10f; 2 Tim 2,11 • 6: Gal 5,24; 6,14; Eph 4,22f • 9: Apg 2,27; 13,35 • 10: Hebr 9,26; 1 Petr 3,18 • 12: Gen 4,7 • 13: 6,19; 12,1 • 14: Gal 5,18

Die Freiheit der Christen von der Sünde

[15] Heißt das nun, dass wir sündigen dürfen, weil wir nicht unter dem Gesetz stehen, sondern unter der Gnade? Keineswegs! [16] Ihr wisst doch: Wenn ihr euch als Sklaven zum Gehorsam verpflichtet, dann seid ihr Sklaven dessen, dem ihr gehorchen

müsst; ihr seid entweder Sklaven der Sünde, die
zum Tod führt, oder des Gehorsams, der zur Ge-
rechtigkeit führt. 17 Gott aber sei Dank; denn ihr
wart Sklaven der Sünde, seid jedoch von Herzen
der Lehre gehorsam geworden, an die ihr überge-
ben wurdet. 18 Ihr wurdet aus der Macht der Sünde
befreit und seid zu Sklaven der Gerechtigkeit ge-
worden. 19 Wegen eurer Schwachheit rede ich nach
Menschenweise: Wie ihr eure Glieder in den Dienst
der Unreinheit und der Gesetzlosigkeit gestellt
habt, so dass ihr gesetzlos wurdet, so stellt jetzt
eure Glieder in den Dienst der Gerechtigkeit, so
dass ihr heilig werdet. 20 Denn als ihr Sklaven der
Sünde wart, da wart ihr der Gerechtigkeit gegen-
über frei. 21 Welchen Gewinn hattet ihr damals? Es
waren Dinge, deren ihr euch jetzt schämt; denn sie
bringen den Tod. 22 Jetzt, da ihr aus der Macht der
Sünde befreit und zu Sklaven Gottes geworden
seid, habt ihr einen Gewinn, der zu eurer Heili-
gung führt und das ewige Leben bringt. 23 Denn
der Lohn der Sünde ist der Tod, die Gabe Gottes
aber ist das ewige Leben in Christus Jesus, unse-
rem Herrn.

15: 6,1f • 16: 2 Petr 2,19; Joh 8,34–36 • 17: Joh 8,32–36 •
18: 1 Petr 2,24 • 21: 8,6 • 23: 5,12.21; Jak 1,15

Die Freiheit der Christen vom Gesetz

7 wisst ihr denn nicht, Brüder – ich rede doch
zu Leuten, die das Gesetz kennen –, dass das
Gesetz für einen Menschen nur Geltung hat, so-
lange er lebt? 2 So ist die Ehefrau durch das Gesetz
an ihren Mann gebunden, solange er am Leben ist;
wenn ihr Mann aber stirbt, ist sie frei von dem
Gesetz, das die Frau an den Mann bindet. 3 Wenn
sie darum zu Lebzeiten des Mannes einem ande-
ren gehört, wird sie Ehebrecherin genannt; ist aber
der Mann gestorben, dann ist sie frei vom Gesetz
und wird nicht zur Ehebrecherin, wenn sie einem
anderen gehört. 4 Ebenso seid auch ihr, meine Brü-
der, durch das Sterben Christi tot für das Gesetz,
so dass ihr einem anderen gehört, dem, der von
den Toten auferweckt wurde; ihm gehören wir,
damit wir Gott Frucht bringen. 5 Denn als wir
noch dem Fleisch verfallen waren, wirkten sich die
Leidenschaften der Sünden, die das Gesetz her-
vorrief, so in unseren Gliedern aus, dass wir dem
Tod Frucht brachten. 6 Jetzt aber sind wir frei ge-
worden von dem Gesetz, an das wir gebunden wa-
ren, wir sind tot für das Gesetz und dienen in der
neuen Wirklichkeit des Geistes, nicht mehr in der
alten des Buchstabens.

2: 1 Kor 7,39 • 4: 6,4 • 5: 6,21 • 6: 6,7; 2 Kor 3,6

Die Mächte des Unheils: Gesetz, Sünde und Tod

7 Heißt das nun, dass das Gesetz Sünde ist? Kei-
neswegs! Jedoch habe ich die Sünde nur durch
das Gesetz erkannt. Ich hätte ja von der Begierde
nichts gewusst, wenn nicht das Gesetz gesagt hätte:
Du sollst nicht begehren. 8 Die Sünde erhielt durch
das Gebot den Anstoß und bewirkte in mir alle
Begierde, denn ohne das Gesetz war die Sünde tot.
9 Ich lebte einst ohne das Gesetz; aber als das Gebot
kam, wurde die Sünde lebendig, 10 ich dagegen
starb und musste erfahren, dass dieses Gebot, das
zum Leben führen sollte, den Tod bringt. 11 Denn
nachdem die Sünde durch das Gebot den Anstoß
erhalten hatte, täuschte und tötete sie mich durch
das Gebot. 12 Das Gesetz ist heilig und das Gebot
ist heilig, gerecht und gut. 13 Ist dann etwa das
Gute mein Tod geworden? Keineswegs! Sondern
die Sünde verursachte, damit sie als Sünde offen-
bar werde, durch das Gute meinen Tod; denn
durch das Gebot sollte die Sünde sich in ihrem
ganzen Ausmaß als Sünde erweisen.
14 Wir wissen, dass das Gesetz selbst vom Geist
bestimmt ist; ich aber bin Fleisch, das heißt: ver-
kauft an die Sünde. 15 Denn ich begreife mein Han-
deln nicht: Ich tue nicht das, was ich will, sondern
das, was ich hasse. 16 Wenn ich aber das tue, was ich
nicht will, erkenne ich an, dass das Gesetz gut ist.
17 Dann aber bin nicht mehr ich es, der so handelt,
sondern die in mir wohnende Sünde. 18 Ich weiß,
dass in mir, das heißt in meinem Fleisch, nichts
Gutes wohnt; das Wollen ist bei mir vorhanden,
aber ich vermag das Gute nicht zu verwirklichen.
19 Denn ich tue nicht das Gute, das ich will, son-
dern das Böse, das ich nicht will. 20 Wenn ich aber
das tue, was ich nicht will, dann bin nicht mehr ich
es, der so handelt, sondern die in mir wohnende
Sünde. 21 Ich stoße also auf das Gesetz, dass in mir
das Böse vorhanden ist, obwohl ich das Gute tun
will. 22 Denn in meinem Innern freue ich mich am
Gesetz Gottes, 23 ich sehe aber ein anderes Gesetz

in meinen Gliedern, das mit dem Gesetz meiner Vernunft im Streit liegt und mich gefangen hält im Gesetz der Sünde, von dem meine Glieder beherrscht werden. [24] Ich unglücklicher Mensch! Wer wird mich aus diesem dem Tod verfallenen Leib erretten? [25] Dank sei Gott durch Jesus Christus, unseren Herrn! Es ergibt sich also, dass ich mit meiner Vernunft dem Gesetz Gottes diene, mit dem Fleisch aber dem Gesetz der Sünde.

7: 3,20; 5,13; Ex 20,17; Dtn 5,21 • 8: Jak 1,14f • 10: Lev 18,5; Gal 3,12 • 12: 1 Tim 1,8 • 13: 5,20; 1 Kor 15,56 • 14: Ps 51,7 • 15: Gal 5,17 • 18: Gen 6,5; 8,21; Phil 2,13 • 20: Gal 2,20 • 24: 8,10 • 25: 1 Kor 15,57

Das Leben der Christen im Geist

8 Jetzt gibt es keine Verurteilung mehr für die, welche in Christus Jesus sind. [2] Denn das Gesetz des Geistes und des Lebens in Christus Jesus hat dich frei gemacht vom Gesetz der Sünde und des Todes. [3] Weil das Gesetz, ohnmächtig durch das Fleisch, nichts vermochte, sandte Gott seinen Sohn in der Gestalt des Fleisches, das unter der Macht der Sünde steht, zur Sühne für die Sünde, um an seinem Fleisch die Sünde zu verurteilen; [4] dies tat er, damit die Forderung des Gesetzes durch uns erfüllt werde, die wir nicht nach dem Fleisch, sondern nach dem Geist leben. [5] Denn alle, die vom Fleisch bestimmt sind, trachten nach dem, was dem Fleisch entspricht, alle, die vom Geist bestimmt sind, nach dem, was dem Geist entspricht. [6] Das Trachten des Fleisches führt zum Tod, das Trachten des Geistes aber zu Leben und Frieden. [7] Denn das Trachten des Fleisches ist Feindschaft gegen Gott; es unterwirft sich nicht dem Gesetz Gottes und kann es auch nicht. [8] Wer vom Fleisch bestimmt ist, kann Gott nicht gefallen. [9] Ihr aber seid nicht vom Fleisch, sondern vom Geist bestimmt, da ja der Geist Gottes in euch wohnt. Wer den Geist Christi nicht hat, der gehört nicht zu ihm. [10] Wenn Christus in euch ist, dann ist zwar der Leib tot aufgrund der Sünde, der Geist aber ist Leben aufgrund der Gerechtigkeit. [11] Wenn der Geist dessen in euch wohnt, der Jesus von den Toten auferweckt hat, dann wird er, der Christus Jesus von den Toten auferweckt hat, auch euren sterblichen Leib lebendig machen durch seinen Geist, der in euch wohnt.

[12] Wir sind also nicht dem Fleisch verpflichtet, Brüder, so dass wir nach dem Fleisch leben müssten. [13] Wenn ihr nach dem Fleisch lebt, müsst ihr sterben; wenn ihr aber durch den Geist die (sündigen) Taten des Leibes tötet, werdet ihr leben. [14] Denn alle, die sich vom Geist Gottes leiten lassen, sind Söhne Gottes. [15] Denn ihr habt nicht einen Geist empfangen, der euch zu Sklaven macht, so dass ihr euch immer noch fürchten müsstet, sondern ihr habt den Geist empfangen, der euch zu Söhnen macht, den Geist, in dem wir rufen: Abba, Vater! [16] So bezeugt der Geist selber unserem Geist, dass wir Kinder Gottes sind. [17] Sind wir aber Kinder, dann auch Erben; wir sind Erben Gottes und sind Miterben Christi, wenn wir mit ihm leiden, um mit ihm auch verherrlicht zu werden.

1: 10,4 • 2: 2 Kor 3,17 • 3: 2 Kor 5,21; Gal 4,4; Phil 2,7; Hebr 2,17 • 4: Gal 5,16.25 • 6: 6,21 • 7: Jak 4,4 • 9: 1 Kor 3,16 • 10: Gal 2,20; Phil 1,21 • 11: 6,4; 2 Kor 4,14 • 13: Gal 6,8; Eph 4,22–24 • 14: Gal 5,18 • 15: Gal 4,4–6 • 17: Gal 4,7; 2 Tim 2,11f; 1 Petr 4,13; Offb 21,7

Die Hoffnung auf die Erlösung der Welt

[18] Ich bin überzeugt, dass die Leiden der gegenwärtigen Zeit nichts bedeuten im Vergleich zu der Herrlichkeit, die an uns offenbar werden soll. [19] Denn die ganze Schöpfung wartet sehnsüchtig auf das Offenbarwerden der Söhne Gottes. [20] Die Schöpfung ist der Vergänglichkeit unterworfen, nicht aus eigenem Willen, sondern durch den, der sie unterworfen hat; aber zugleich gab er ihr Hoffnung: [21] Auch die Schöpfung soll von der Sklaverei und Verlorenheit befreit werden zur Freiheit und Herrlichkeit der Kinder Gottes. [22] Denn wir wissen, dass die gesamte Schöpfung bis zum heutigen Tag seufzt und in Geburtswehen liegt. [23] Aber auch wir, obwohl wir als Erstlingsgabe den Geist haben, seufzen in unserem Herzen und warten darauf, dass wir mit der Erlösung unseres Leibes als Söhne offenbar werden. [24] Denn wir sind gerettet, doch in der Hoffnung. Hoffnung aber, die man schon erfüllt sieht, ist keine Hoffnung. Wie kann man auf etwas hoffen, das man sieht? [25] Hoffen wir aber auf das, was wir nicht sehen, dann harren wir aus in Geduld.

[26] So nimmt sich auch der Geist unserer Schwachheit an. Denn wir wissen nicht, worum wir in rechter Weise beten sollen; der Geist selber tritt jedoch für uns ein mit Seufzen, das wir nicht in Worte fas-

„Ich bin überzeugt, dass die Leiden der gegenwärtigen Zeit nichts bedeuten im Vergleich zu der Herrlichkeit, die an uns offenbar werden soll. Denn die ganze Schöpfung wartet sehnsüchtig auf das Offenbarwerden der Söhne Gottes. Die Schöpfung ist der Vergänglichkeit unterworfen, ... Auch die Schöpfung soll von der Sklaverei und Verlorenheit befreit werden zur Freiheit und Herrlichkeit der Kinder Gottes. Denn wir wissen, dass die gesamte Schöpfung bis zum heutigen Tag seufzt und in Geburtswehen liegt.“ (Römer 8,18–23)

Die Wallfahrer, 1904/05

Öl auf Leinwand, 190 x 398 cm
bezeichnet links unten: EGGER-LIENZ
Mannheim, Städtische Kunsthalle, Inv.Nr. 248

Wie in einem Triptychon ist das schmale Bildfeld durch die Holzbalkensteher geteilt. Das Mittelfeld nimmt den Gekreuzigten mit einer Frau und einem Mann auf; in den seitlichen Feldern treten von links Frauen und von rechts Männer heran. Egger-Lienz spricht in diesem Gemälde die Dominanz des Heils durch den Kreuzestod an. Frauen und Männer in verschiedenen Altersstufen begegnen dem Gekreuzigten und sind im Glauben eins. Christus als Mensch ist in gleicher Größe wie die ihn umgebenden Menschen gestaltet: Damit wird der Erlöser in den bäuerlichen Lebensraum eingebunden wie in einem seiner letzten Werke, „Christi Auferstehung“.

E.L.

„Gott hat seinen eigenen Sohn nicht verschont, sondern ihn für uns alle hingegeben ... Christus Jesus, der gestorben ist, mehr noch: der auferweckt worden ist, sitzt zur Rechten Gottes und tritt für uns ein. Was kann uns scheiden von der Liebe Christi? ... Weder Tod noch Leben ...“ (Römer 8,32.34.38)

Der Auferstandene, 1925

Freskomalerei, 134 x 97 cm
bezeichnet rechts unten: E. L.
Lienz, Kriegergedächtniskapelle

Im Wandbild der Kriegergedächtniskapelle in Lienz hat Egger-Lienz Christus als Auferstandenen mit Heiligenschein und Kreuzfahne dargestellt, aber er ist in der Körperlichkeit Mensch geblieben. Im Menschensohn spiegelt sich der bäuerliche Mensch seines Lebensraumes wider. Es verwundert kaum, dass dieses Bild des Auferstandenen damals heftige Kritik hervorgerufen hat. Ein Jahr nach der Fertigstellung der Kapelle hat das Heilige Offizium in Rom das Interdikt über die Kapelle verhängt. Erst 1950 durften wieder heilige Messen in der Kapelle gefeiert werden.

sen können. 27 Und Gott, der die Herzen erforscht,
weiß, was die Absicht des Geistes ist: Er tritt so, wie
Gott es will, für die Heiligen ein. 28 Wir wissen, dass
Gott bei denen, die ihn lieben, alles zum Guten
führt, bei denen, die nach seinem ewigen Plan
berufen sind; 29 denn alle, die er im voraus erkannt
hat, hat er auch im voraus dazu bestimmt, an
Wesen und Gestalt seines Sohnes teilzuhaben,
damit dieser der Erstgeborene von vielen Brüdern
sei. 30 Die aber, die er vorausbestimmt hat, hat er
auch berufen, und die er berufen hat, hat er auch
gerecht gemacht; die er aber gerecht gemacht hat,
die hat er auch verherrlicht.

18: 2 Kor 4,17 • 19: Kol 3,4; 1 Joh 3,2 • 20: Gen 3,17–19 • 21: 2 Petr 3,13 • 23: 2 Kor 5,2–5 • 24: 2 Kor 5,7; Hebr 11,1 • 25: 2 Kor 4,18; Gal 5,5 • 28: Eph 1,11 • 29: Phil 3,21; Kol 1,18 • 30: 2 Thess 2,13f

Die Gewissheit der Glaubenden

31 Was ergibt sich nun, wenn wir das alles beden-
ken? Ist Gott für uns, wer ist dann gegen uns? 32 Er
hat seinen eigenen Sohn nicht verschont, sondern
ihn für uns alle hingegeben – wie sollte er uns mit
ihm nicht alles schenken? 33 Wer kann die Auser-
wählten Gottes anklagen? Gott ist es, der gerecht
macht. 34 Wer kann sie verurteilen? Christus Jesus,
der gestorben ist, mehr noch: der auferweckt wor-
den ist, sitzt zur Rechten Gottes und tritt für uns
ein. 35 Was kann uns scheiden von der Liebe Chris-
ti? Bedrängnis oder Not oder Verfolgung, Hunger
oder Kälte, Gefahr oder Schwert? 36 In der Schrift
steht: *Um deinetwillen sind wir den ganzen Tag dem*
Tod ausgesetzt; wir werden behandelt wie Schafe, die
man zum Schlachten bestimmt hat. 37 Doch all das
überwinden wir durch den, der uns geliebt hat.
38 Denn ich bin gewiss: Weder Tod noch Leben,
weder Engel noch Mächte, weder Gegenwärtiges
noch Zukünftiges, weder Gewalten 39 der Höhe
oder Tiefe noch irgendeine andere Kreatur kön-
nen uns scheiden von der Liebe Gottes, die in
Christus Jesus ist, unserem Herrn.

32: Joh 3,16 • 33: Jes 50,8 • 34: 4,25; Hebr 7,25; 1 Joh 2,1 • 36: Ps 44,23 • 37: 1 Joh 5,4 • 38: Eph 1,21; 6,12; Kol 2,15; 1 Petr 3,22

DIE ENDGÜLTIGE RETTUNG ISRAELS: 9,1 – 11,36

Paulus und Israel

9 Ich sage in Christus die Wahrheit und lüge
nicht und mein Gewissen bezeugt es mir im
Heiligen Geist: 2 Ich bin voll Trauer, unablässig lei-
det mein Herz.
3 Ja, ich möchte selber verflucht und von Christus
getrennt sein um meiner Brüder willen, die der
Abstammung nach mit mir verbunden sind. 4 Sie
sind Israeliten; damit haben sie die Sohnschaft, die
Herrlichkeit, die Bundesordnungen, ihnen ist das
Gesetz gegeben, der Gottesdienst und die Ver-
heißungen, 5 sie haben die Väter und dem Fleisch
nach entstammt ihnen der Christus, der über
allem als Gott steht, er ist gepriesen in Ewigkeit.
Amen.

4: Ex 4,22; 40,34f; Röm 3,2; Eph 2,12 • 5: 1,3; 1 Kor 15,28

Die bleibende Erwählung durch Gott

6 Es ist aber keineswegs so, dass Gottes Wort hin-
fällig geworden ist. Denn nicht alle, die aus Israel
stammen, sind Israel; 7 auch sind nicht alle, weil sie
Nachkommen Abrahams sind, deshalb schon sei-
ne Kinder, sondern es heißt: Nur *die Nachkommen*
Isaaks werden deine Nachkommen heißen. 8 Das be-
deutet: Nicht die Kinder des Fleisches sind Kinder
Gottes, sondern die Kinder der Verheißung wer-
den als Nachkommen anerkannt; 9 denn es ist eine
Verheißung, wenn gesagt wird: *In einem Jahr wer-*
de ich wiederkommen, dann wird Sara einen Sohn
haben.
10 So war es aber nicht nur bei ihr, sondern auch
bei Rebekka: Sie hatte von einem einzigen Mann
empfangen, von unserem Vater Isaak, 11 und ihre
Kinder waren noch nicht geboren und hatten
weder Gutes noch Böses getan; damit aber Gottes
freie Wahl und Vorherbestimmung gültig bleibe,
12 nicht abhängig von Werken, sondern von ihm,
der beruft, wurde ihr gesagt: *Der Ältere muss dem*
Jüngeren dienen; 13 denn es steht in der Schrift: *Ja-*
kob habe ich geliebt, Esau aber gehasst.

6: 3,1–4; 11,29; 2,28 • 7: Gen 21,12; Mt 3,9 • 8: Gal 3,7; 4,28 • 9: Gen 18,10 • 11: 11,5f • 12: Gen 25,23 • 13: Mal 1,2f

Die Freiheit und das Erbarmen Gottes

[14] Heißt das nun, dass Gott ungerecht handelt?
Keineswegs! [15] Denn zu Mose sagt er: *Ich schenke
Erbarmen, wem ich will, und erweise Gnade, wem
ich will.* [16] Also kommt es nicht auf das Wollen und
Streben des Menschen an, sondern auf das Erbar-
men Gottes.
[17] In der Schrift wird zum Pharao gesagt: *Eben
dazu habe ich dich bestimmt, dass ich an dir meine
Macht zeige und dass auf der ganzen Erde mein
Name verkündet wird.* [18] Er erbarmt sich also, wes-
sen er will, und macht verstockt, wen er will.
[19] Nun wirst du einwenden: Wie kann er dann
noch anklagen, wenn niemand seinem Willen zu
widerstehen vermag? [20] Wer bist du denn, dass du
als Mensch mit Gott rechten willst? *Sagt etwa das
Werk zu dem, der es geschaffen hat:* Warum hast du
mich so gemacht? [21] Ist nicht vielmehr der Töpfer
Herr über den Ton? Kann er nicht aus derselben
Masse ein Gefäß herstellen für Reines, ein anderes
für Unreines?
[22] Gott, der seinen Zorn zeigen und seine Macht
erweisen wollte, hat die Gefäße des Zorns, die zur
Vernichtung bestimmt sind, mit großer Langmut
ertragen; [23] und um an den Gefäßen des Erbar-
mens, die er zur Herrlichkeit vorherbestimmt hat,
den Reichtum seiner Herrlichkeit zu erweisen,
[24] hat er uns berufen, nicht allein aus den Juden,
sondern auch aus den Heiden.
[25] So spricht er auch bei Hosea: *Ich werde als mein
Volk berufen, was nicht mein Volk war, und als
Geliebte jene, die nicht geliebt war.* [26] *Und dort, wo
ihnen gesagt wurde: Ihr seid nicht mein Volk, dort
werden sie Söhne des lebendigen Gottes genannt
werden.*
[27] Und Jesaja ruft über Israel aus: *Wenn auch die
Israeliten so zahlreich wären wie der Sand am
Meer – nur der Rest wird gerettet werden.* [28] *Denn
der Herr wird handeln, indem er sein Wort auf der
Erde erfüllt und durchsetzt.*
[29] Ebenso hat Jesaja vorhergesagt: *Hätte nicht der
Herr der himmlischen Heere uns Nachkommen-
schaft übrig gelassen, wir wären wie Sodom gewor-
den, wir wären Gomorra gleich.*

15: Ex 33,19 • 16: Eph 2,8 • 17: Ex 9,16 • 18: 11,30–32; Ex 7,3 • 20: Jes 29,16; 45,9; Weish 12,12 • 21: Jer 18,6; 2 Tim 2,20 • 22: 2,4 • 23: 8,29 • 24: 1,16; 3,29 • 25: Hos 2,25; 1 Petr 2,10 • 26: Hos 2,1 • 27: Jes 10,22f G; Röm 11,5 • 29: Jes 1,9 G

Israels falscher Eifer für Gott

[30] Was heißt das nun? Heiden, die die Gerechtig-
keit nicht erstrebten, haben Gerechtigkeit emp-
fangen, die Gerechtigkeit aus Glauben. [31] Israel
aber, das nach dem Gesetz der Gerechtigkeit streb-
te, hat das Gesetz verfehlt. [32] Warum? Weil es ihm
nicht um die Gerechtigkeit aus Glauben, sondern
um die Gerechtigkeit aus Werken ging. Sie stießen
sich am »Stein des Anstoßes«, [33] wie es in der
Schrift heißt: *Siehe, ich richte in Zion einen Stein
auf, an dem man anstößt, einen Fels, an dem man
zu Fall kommt. Wer an ihn glaubt, wird nicht zu-
grunde gehen.*
10 Brüder, ich wünsche von ganzem Herzen
und bete zu Gott, dass sie gerettet werden.
[2] Denn ich bezeuge ihnen, dass sie Eifer haben
für Gott; aber es ist ein Eifer ohne Erkenntnis. [3] Da
sie die Gerechtigkeit Gottes verkannten und ihre
eigene aufrichten wollten, haben sie sich der
Gerechtigkeit Gottes nicht unterworfen. [4] Denn
Christus ist das Ende des Gesetzes und jeder, der
an ihn glaubt, wird gerecht.

9,30: 10,20 • 31: 10,2f; 11,7 • 32: 1 Kor 1,23 • 33: Jes 8,14; 28,16; Mt 21,42; 1 Petr 2,6–8 • 10,1: 9,1.3 • 2: Apg 22,3 • 4: Gal 3,24

Die rettende Botschaft für alle

[5] Mose schreibt: *Wer sich an die Gesetzesgerechtig-
keit hält* in seinem Tun, *wird durch sie leben.* [6] Die
Glaubensgerechtigkeit aber spricht: *Sag nicht in
deinem Herzen: Wer wird in den Himmel hinauf-
steigen?* Das hieße: Christus herabholen. [7] Oder:
Wer wird in den Abgrund hinabsteigen? Das hieße:
Christus von den Toten heraufführen. [8] Was also
sagt sie? *Das Wort ist dir nahe, es ist in deinem
Mund und in deinem Herzen.* Gemeint ist das Wort
des Glaubens, das wir verkündigen; [9] denn wenn
du mit deinem Mund bekennst: »Jesus ist der
Herr« und in deinem Herzen glaubst: »Gott hat
ihn von den Toten auferweckt«, so wirst du geret-
tet werden. [10] Wer mit dem Herzen glaubt und mit
dem Mund bekennt, wird Gerechtigkeit und Heil
erlangen. [11] Denn die Schrift sagt: *Wer an ihn
glaubt, wird nicht zugrunde gehen.* [12] Darin gibt es
keinen Unterschied zwischen Juden und Griechen.
Alle haben denselben Herrn; aus seinem Reichtum
beschenkt er alle, die ihn anrufen. [13] Denn *jeder,
der den Namen des Herrn anruft, wird gerettet wer-*

den. 14 Wie sollen sie nun den anrufen, an den sie nicht glauben? Wie sollen sie an den glauben, von dem sie nichts gehört haben? Wie sollen sie hören, wenn niemand verkündigt? 15 Wie soll aber jemand verkündigen, wenn er nicht gesandt ist? Darum heißt es in der Schrift: *Wie sind die Freudenboten willkommen, die Gutes verkündigen!*

5: Lev 18,5; Gal 3,12 • 6: Dtn 9,4; 30,12–14; Ps 107,26; Bar 3,29 • 8: Dtn 30,14 • 9: 1 Kor 12,3 • 11: Jes 28,16; Röm 9,33 • 12: 1,16; Gal 3,28; Kol 3,11 • 13: Joël 3,5 • 15: Jes 52,7

Israels Ungehorsam

16 Doch nicht alle sind dem Evangelium gehorsam geworden. Denn Jesaja sagt: *Herr, wer hat unserer Botschaft geglaubt?* 17 So gründet der Glaube in der Botschaft, die Botschaft im Wort Christi. 18 Aber, so frage ich, haben sie die Boten etwa nicht gehört? Doch, sie haben sie gehört; denn *ihre Stimme war in der ganzen Welt zu hören und ihr Wort bis an die Enden der Erde.* 19 Hat dann Israel, so frage ich, die Botschaft nicht verstanden?

Zunächst antwortet Mose: *Ich will euch eifersüchtig machen auf ein Volk, das kein Volk ist; auf ein unverständiges Volk will ich euch zornig machen.*

20 Und Jesaja wagt sogar zu sagen: *Ich ließ mich finden von denen, die nicht nach mir suchten; ich offenbarte mich denen, die nicht nach mir fragten.*

21 Über Israel aber sagt er: *Den ganzen Tag habe ich meine Hände ausgestreckt nach einem ungehorsamen und widerspenstigen Volk.*

16: Jes 53,1 • 17: Joh 17,20 • 18: Ps 19,5 • 19: Dtn 32,21 G; Röm 11,11 • 20: Jes 65,1 • 21: Jes 65,2

Der erwählte »Rest« und das verblendete Volk

11 Ich frage also: Hat Gott sein Volk verstoßen? Keineswegs! Denn auch ich bin ein Israelit, ein Nachkomme Abrahams, aus dem Stamm Benjamin. 2 *Gott hat sein Volk nicht verstoßen,* das er einst erwählt hat. Oder wisst ihr nicht, was die Schrift von Elija berichtet? Elija führte Klage gegen Israel und sagte: 3 *Herr, sie haben deine Propheten getötet und deine Altäre zerstört. Ich allein bin übrig geblieben, und nun trachten sie auch mir nach dem Leben.* 4 Gott aber antwortete ihm: *Ich habe siebentausend Männer* für mich *übrig gelassen, die ihr Knie nicht vor Baal gebeugt haben.* 5 Ebenso gibt es auch in der gegenwärtigen Zeit einen Rest, der aus Gnade erwählt ist – 6 aus Gnade, nicht mehr aufgrund von Werken; sonst wäre die Gnade nicht mehr Gnade. 7 Das bedeutet: Was Israel erstrebt, hat nicht das ganze Volk, sondern nur der erwählte Rest erlangt; die übrigen wurden verstockt, 8 wie es in der Schrift heißt: *Gott gab ihnen einen Geist der Betäubung, Augen, die nicht sehen, und Ohren, die nicht hören, bis zum heutigen Tag.* 9 Und David sagt: *Ihr Opfertisch werde für sie zur Schlinge und zur Falle, zur Ursache des Sturzes und der Bestrafung.* 10 *Ihre Augen sollen erblinden, sodass sie nichts mehr sehen; ihren Rücken beuge für immer!*

11 Nun frage ich: Sind sie etwa gestrauchelt, damit sie zu Fall kommen? Keineswegs! Vielmehr kam durch ihr Versagen das Heil zu den Heiden, um sie selbst eifersüchtig zu machen. 12 Wenn aber schon durch ihr Versagen die Welt und durch ihr Verschulden die Heiden reich werden, dann wird das erst recht geschehen, wenn ganz Israel zum Glauben kommt.

1: Phil 3,5; 2 Kor 11,22 • 2: Ps 94,14 • 3: 1 Kön 19,10–14 • 4: 1 Kön 19,18 • 5: 9,27 • 6: 4,4 • 8: Jes 29,10; Dtn 29,3; Mt 13,13; Apg 28,26f • 9: Ps 69,23f G • 11: 10,19

Das Bild vom Ölbaum

13 Euch, den Heiden, sage ich: Gerade als Apostel der Heiden preise ich meinen Dienst, 14 weil ich hoffe, die Angehörigen meines Volkes eifersüchtig zu machen und wenigstens einige von ihnen zu retten. 15 Denn wenn schon ihre Verwerfung für die Welt Versöhnung gebracht hat, dann wird ihre Annahme nichts anderes sein als Leben aus dem Tod. 16 Ist die Erstlingsgabe vom Teig heilig, so ist es auch der ganze Teig; ist die Wurzel heilig, so sind es auch die Zweige. 17 Wenn aber einige Zweige herausgebrochen wurden und wenn du als Zweig vom wilden Ölbaum in den edlen Ölbaum eingepfropft wurdest und damit Anteil erhieltest an der Kraft seiner Wurzel, 18 so erhebe dich nicht über die anderen Zweige. Wenn du es aber tust, sollst du wissen: Nicht du trägst die Wurzel, sondern die Wurzel trägt dich. 19 Nun wirst du sagen: Die Zweige wurden doch herausgebrochen, damit ich eingepfropft werde. 20 Gewiss, sie wurden herausgebrochen, weil sie nicht glaubten. Du aber stehst an ihrer Stelle, weil du glaubst. Sei daher nicht überheblich, sondern fürchte dich! 21 Hat Gott die Zwei-

ge, die von Natur zum edlen Baum gehören, nicht verschont, so wird er auch dich nicht verschonen. [22] Erkenne die Güte Gottes und seine Strenge! Die Strenge gegen jene, die gefallen sind, Gottes Güte aber gegen dich, sofern du in seiner Güte bleibst; sonst wirst auch du herausgehauen werden. [23] Ebenso werden auch jene, wenn sie nicht am Unglauben fest halten, wieder eingepfropft werden; denn Gott hat die Macht, sie wieder einzupfropfen. [24] Wenn du aus dem von Natur wilden Ölbaum herausgehauen und gegen die Natur in den edlen Ölbaum eingepfropft wurdest, dann werden erst recht sie als die von Natur zugehörigen Zweige ihrem eigenen Ölbaum wieder eingepfropft werden.

13: 1,5 • 20: 1 Kor 10,12 • 22: Joh 15,2.4

Die Errettung ganz Israels

[25] Damit ihr euch nicht auf eigene Einsicht verlasst, Brüder, sollt ihr dieses Geheimnis wissen: Verstockung liegt auf einem Teil Israels, bis die Heiden in voller Zahl das Heil erlangt haben; [26] dann wird ganz Israel gerettet werden, wie es in der Schrift heißt:

Der Retter wird aus Zion kommen, / er wird alle Gottlosigkeit von Jakob entfernen.

[27] *Das ist der Bund, den ich ihnen gewähre, / wenn ich ihre Sünden wegnehme.*

[28] Vom Evangelium her gesehen sind sie Feinde Gottes, und das um euretwillen; von ihrer Erwählung her gesehen sind sie von Gott geliebt, und das um der Väter willen. [29] Denn unwiderruflich sind Gnade und Berufung, die Gott gewährt. [30] Und wie ihr einst Gott ungehorsam wart, jetzt aber infolge ihres Ungehorsams Erbarmen gefunden habt, [31] so sind sie infolge des Erbarmens, das ihr gefunden habt, ungehorsam geworden, damit jetzt auch sie Erbarmen finden. [32] Gott hat alle in den Ungehorsam eingeschlossen, um sich aller zu erbarmen.

[33] O Tiefe des Reichtums, der Weisheit und der Erkenntnis Gottes! Wie unergründlich sind seine Entscheidungen, wie unerforschlich seine Wege! [34] Denn *wer hat die Gedanken des Herrn erkannt? Oder wer ist sein Ratgeber gewesen?* [35] *Wer hat ihm etwas gegeben, sodass Gott ihm etwas zurückgeben müsste?*

[36] Denn aus ihm und durch ihn und auf ihn hin ist die ganze Schöpfung. Ihm sei Ehre in Ewigkeit! Amen.

25: Lk 21,24 • 26: Jes 59,20f G • 27: Jer 31,33f; Jes 27,9 G • 28: 15,8; 1 Thess 2,15f • 29: 9,6; Num 23,19 • 32: 1,19; Gal 3,22 • 33: Ijob 11,7f; Ps 139,17 • 34: Jes 40,13; 1 Kor 2,16 • 35: Jes 40,14 G; Ijob 41,3 • 36: 1 Kor 8,6; Kol 1,16f

DAS LEBEN DER GLAUBENDEN: 12,1 – 15,13

Die Gemeinde und ihre Dienste

12 Angesichts des Erbarmens Gottes ermahne ich euch, meine Brüder, euch selbst als lebendiges und heiliges Opfer darzubringen, das Gott gefällt; das ist für euch der wahre und angemessene Gottesdienst. [2] Gleicht euch nicht dieser Welt an, sondern wandelt euch und erneuert euer Denken, damit ihr prüfen und erkennen könnt, was der Wille Gottes ist: was ihm gefällt, was gut und vollkommen ist.

[3] Aufgrund der Gnade, die mir gegeben ist, sage ich einem jeden von euch: Strebt nicht über das hinaus, was euch zukommt, sondern strebt danach, besonnen zu sein, jeder nach dem Maß des Glaubens, das Gott ihm zugeteilt hat.

[4] Denn wie wir an dem einen Leib viele Glieder haben, aber nicht alle Glieder denselben Dienst leisten, [5] so sind wir, die vielen, e i n Leib in Christus, als einzelne aber sind wir Glieder, die zueinander gehören. [6] Wir haben unterschiedliche Gaben, je nach der uns verliehenen Gnade. Hat einer die Gabe prophetischer Rede, dann rede er in Übereinstimmung mit dem Glauben; [7] hat einer die Gabe des Dienens, dann diene er. Wer zum Lehren berufen ist, der lehre; [8] wer zum Trösten und Ermahnen berufen ist, der tröste und ermahne. Wer gibt, gebe ohne Hintergedanken; wer Vorsteher ist, setze sich eifrig ein; wer Barmherzigkeit übt, der tue es freudig.

1: 6,13 • 2: Eph 4,17.22f; 1 Thess 5,21 • 3: 2 Kor 10,13 • 4: 1 Kor 12,12.27f; Eph 1,23 • 6–8: 1 Kor 12,4.8–11 • 7: 1 Petr 4,10f • 8: 2 Kor 9,7

Aufforderungen zu einem Leben aus dem Geist

9 Eure Liebe sei ohne Heuchelei. Verabscheut das
Böse, haltet fest am Guten! 10 Seid einander in brü-
derlicher Liebe zugetan, übertrefft euch in gegen-
seitiger Achtung! 11 Lasst nicht nach in eurem
Eifer, lasst euch vom Geist entflammen und dient
dem Herrn!
12 Seid fröhlich in der Hoffnung, geduldig in der
Bedrängnis, beharrlich im Gebet! 13 Helft den Hei-
ligen, wenn sie in Not sind; gewährt jederzeit Gast-
freundschaft! 14 Segnet eure Verfolger; segnet sie,
verflucht sie nicht! 15 Freut euch mit den Fröhli-
chen und weint mit den Weinenden! 16 Seid unter-
einander eines Sinnes; strebt nicht hoch hinaus,
sondern bleibt demütig!
Haltet euch nicht selbst für weise! 17 Vergeltet nie-
mand Böses mit Bösem! *Seid allen Menschen*
gegenüber auf Gutes bedacht! 18 Soweit es euch
möglich ist, haltet mit allen Menschen Frieden!
19 Rächt euch nicht selber, liebe Brüder, sondern
lasst Raum für den Zorn (Gottes); denn in der
Schrift steht: *Mein ist die Rache, ich werde vergel-*
ten, spricht der Herr. 20 Vielmehr: *Wenn dein Feind*
Hunger hat, gib ihm zu essen, wenn er Durst hat, gib
ihm zu trinken; tust du das, dann sammelst du
glühende Kohlen auf sein Haupt. 21 Lass dich nicht
vom Bösen besiegen, sondern besiege das Böse
durch das Gute!

9: 2 Kor 6,6 • 10: Phil 2,3 • 12: 5,2f; Kol 4,2 • 13: 1 Petr 4,9; Hebr 13,2 • 14: Lk 6,27f • 15: 1 Kor 12,26 • 16: 15,5; Phil 2,2f; Spr 3,7 • 17: 1 Thess 5,15; 1 Petr 3,9; Spr 3,4 G • 18: Hebr 12,14 • 19: Dtn 32,35.41 • 20: Spr 25,21f; Mt 5,44

Der Christ und die staatliche Ordnung

13 Jeder leiste den Trägern der staatlichen
Gewalt den schuldigen Gehorsam. Denn es
gibt keine staatliche Gewalt, die nicht von Gott
stammt; jede ist von Gott eingesetzt. 2 Wer sich da-
her der staatlichen Gewalt widersetzt, stellt sich
gegen die Ordnung Gottes, und wer sich ihm ent-
gegenstellt, wird dem Gericht verfallen. 3 Vor den
Trägern der Macht hat sich nicht die gute, sondern
die böse Tat zu fürchten; willst du also ohne Furcht
vor der staatlichen Gewalt leben, dann tue das
Gute, sodass du ihre Anerkennung findest. 4 Sie
steht im Dienst Gottes und verlangt, dass du das
Gute tust. Wenn du aber Böses tust, fürchte dich!
Denn nicht ohne Grund trägt sie das Schwert. Sie
steht im Dienst Gottes und vollstreckt das Urteil
an dem, der Böses tut. 5 Deshalb ist es notwendig,
Gehorsam zu leisten, nicht allein aus Furcht vor
der Strafe, sondern vor allem um des Gewissens
willen. 6 Das ist auch der Grund, weshalb ihr Steu-
ern zahlt; denn in Gottes Auftrag handeln jene, die
Steuern einzuziehen haben. 7 Gebt allen, was ihr
ihnen schuldig seid, sei es Steuer oder Zoll, sei es
Furcht oder Ehre.

1: 1 Petr 2,13f; Tit 3,1 • 5: 1 Petr 2,19 • 7: Mt 22,21

Das grundlegende Gebot

8 Bleibt niemand etwas schuldig; nur die Liebe
schuldet ihr einander immer. Wer den andern
liebt, hat das Gesetz erfüllt. 9 Denn die Gebote: *Du*
sollst nicht die Ehe brechen, du sollst nicht töten, du
sollst nicht stehlen, du sollst nicht begehren!, und
alle anderen Gebote sind in dem einen Satz zu-
sammengefasst: *Du sollst deinen Nächsten lieben*
wie dich selbst. 10 Die Liebe tut dem Nächsten nichts
Böses. Also ist die Liebe die Erfüllung des Geset-
zes.
11 Bedenkt die gegenwärtige Zeit: Die Stunde ist
gekommen, aufzustehen vom Schlaf. Denn jetzt ist
das Heil uns näher als zu der Zeit, da wir gläubig
wurden. 12 Die Nacht ist vorgerückt, der Tag ist
nahe. Darum lasst uns ablegen die Werke der Fins-
ternis und anlegen die Waffen des Lichts. 13 Lasst
uns ehrenhaft leben wie am Tag, ohne maßloses
Essen und Trinken, ohne Unzucht und Ausschwei-
fung, ohne Streit und Eifersucht. 14 Legt (als neues
Gewand) den Herrn Jesus Christus an und sorgt
nicht so für euren Leib, dass die Begierden erwa-
chen.

8: Joh 13,34 • 9: Ex 20,13–17; Dtn 5,17–21; Mt 22,39f; Gal 5,14; Lev 19,18 • 10: 1 Kor 13,4 • 11: Eph 5,14.16; 1 Thess 5,5f • 12: Eph 6,11.13; 1 Thess 5,8 • 13: Mt 24,49; Lk 21,34 • 14: Gal 3,27; Eph 4,24

»Starke« und »Schwache« in der Gemeinde

14 Nehmt den an, der im Glauben schwach ist,
ohne mit ihm über verschiedene Auffas-
sungen zu streiten. 2 Der eine glaubt, alles essen zu
dürfen, der Schwache aber isst kein Fleisch. 3 Wer
Fleisch isst, verachte den nicht, der es nicht isst;
wer kein Fleisch isst, richte den nicht, der es isst.
Denn Gott hat ihn angenommen. 4 Wie kannst du
den Diener eines anderen richten? Sein Herr ent-

scheidet, ob er steht oder fällt. Er wird aber stehen; denn der Herr bewirkt, dass er steht. 5 Der eine bevorzugt bestimmte Tage, der andere macht keinen Unterschied zwischen den Tagen. Jeder soll aber von seiner Auffassung überzeugt sein. 6 Wer einen bestimmten Tag bevorzugt, tut es zur Ehre des Herrn. Wer Fleisch isst, tut es zur Ehre des Herrn; denn er dankt Gott dabei. Wer kein Fleisch isst, unterlässt es zur Ehre des Herrn, und auch er dankt Gott.

7 Keiner von uns lebt sich selber und keiner stirbt sich selber: 8 Leben wir, so leben wir dem Herrn, sterben wir, so sterben wir dem Herrn. Ob wir leben oder ob wir sterben, wir gehören dem Herrn. 9 Denn Christus ist gestorben und lebendig geworden, um Herr zu sein über Tote und Lebende. 10 Wie kannst also du deinen Bruder richten? Und du, wie kannst du deinen Bruder verachten? Wir werden doch alle vor dem Richterstuhl Gottes stehen. 11 Denn es heißt in der Schrift: *So wahr ich lebe,* spricht der Herr, *vor mir wird jedes Knie sich beugen und jede Zunge wird Gott preisen.* 12 Also wird jeder von uns vor Gott Rechenschaft über sich selbst ablegen.

13 Daher wollen wir uns nicht mehr gegenseitig richten. Achtet vielmehr darauf, dem Bruder keinen Anstoß zu geben und ihn nicht zu Fall zu bringen.

14 Auf Jesus, unseren Herrn, gründet sich meine feste Überzeugung, dass an sich nichts unrein ist; unrein ist es nur für den, der es als unrein betrachtet. 15 Wenn wegen einer Speise, die du isst, dein Bruder verwirrt und betrübt wird, dann handelst du nicht mehr nach dem Gebot der Liebe. Richte durch deine Speise nicht den zugrunde, für den Christus gestorben ist. 16 Es darf doch euer wahres Gut nicht der Lästerung preisgegeben werden; 17 denn das Reich Gottes ist nicht Essen und Trinken, es ist Gerechtigkeit, Friede und Freude im Heiligen Geist. 18 Und wer Christus so dient, wird von Gott anerkannt und ist bei den Menschen geachtet. 19 Lasst uns also nach dem streben, was zum Frieden und zum Aufbau (der Gemeinde) beiträgt. 20 Reiß nicht wegen einer Speise das Werk Gottes nieder! Alle Dinge sind rein; schlecht ist es jedoch, wenn ein Mensch durch sein Essen dem Bruder Anstoß gibt. 21 Es ist nicht gut, Fleisch zu essen oder Wein zu trinken oder sonst etwas zu tun, wenn dein Bruder daran Anstoß nimmt. 22 Die Überzeugung, die du selbst hast, sollst du vor Gott haben. Wohl dem, der sich nicht zu verurteilen braucht bei dem, was er für recht hält. 23 Wer aber Zweifel hat, wenn er etwas isst, der ist gerichtet, weil er nicht aus der Überzeugung des Glaubens handelt. Alles, was nicht aus Glauben geschieht, ist Sünde.

1–23: 1 Kor 8,1–13 • 1: 15,1; 1 Kor 9,22 • 2: 1 Kor 10,25 • 3: Kol 2,16 • 4: Jak 4,11f • 5: Gal 4,10 • 6: 1 Tim 4,4f • 7: 2 Kor 5,15; Gal 2,19 • 8: 6,11; 1 Thess 5,10 • 9: Apg 10,42 • 10: Mt 7,1; 2 Kor 5,10 • 11: Jes 49,18; Jes 45,23 G; Phil 2,10f • 14: Mt 15,11; Tit 1,15 • 17: Gal 4,20; Mt 6,33 • 19: 12,18; 15,2 • 23: 14,14

Aufruf zur Einmütigkeit in der Gemeinde

15 Wir müssen als die Starken die Schwäche derer tragen, die schwach sind, und dürfen nicht für uns selbst leben. 2 Jeder von uns soll Rücksicht auf den Nächsten nehmen, um Gutes zu tun und (die Gemeinde) aufzubauen. 3 Denn auch Christus hat nicht für sich selbst gelebt; in der Schrift heißt es vielmehr: *Die Schmähungen derer, die dich schmähen, haben mich getroffen.* 4 Und alles, was einst geschrieben worden ist, ist zu unserer Belehrung geschrieben, damit wir durch Geduld und durch den Trost der Schrift Hoffnung haben. 5 Der Gott der Geduld und des Trostes schenke euch die Einmütigkeit, die Christus Jesus entspricht, 6 damit ihr Gott, den Vater unseres Herrn Jesus Christus, einträchtig und mit einem Munde preist.

7 Darum nehmt einander an, wie auch Christus uns angenommen hat, zur Ehre Gottes. 8 Denn, das sage ich, Christus ist um der Wahrhaftigkeit Gottes willen Diener der Beschnittenen geworden, damit die Verheißungen an die Väter bestätigt werden. 9 Die Heiden aber rühmen Gott um seines Erbarmens willen; es steht ja in der Schrift:

Darum will ich dich bekennen unter den Heiden / und deinem Namen lobsingen. 10 An anderer Stelle heißt es:

Ihr Heiden, freut euch mit seinem Volk! 11 Und es heißt auch:

Lobt den Herrn, alle Heiden, / preisen sollen ihn alle Völker.

12 Und Jesaja sagt:

Kommen wird der Spross aus der Wurzel Isais; / er

wird sich erheben, / um über die Heiden zu herrschen. / Auf ihn werden die Heiden hoffen.

13 Der Gott der Hoffnung aber erfülle euch mit aller Freude und mit allem Frieden im Glauben, damit ihr reich werdet an Hoffnung in der Kraft des Heiligen Geistes.

1: 14,1f • 2: 14,19 • 3: Ps 69,10 • 4: 1 Kor 10,11; 2 Tim 3,16 • 5: 12,16; Phil 2,2; 4,2 • 7: 14,1 • 8: 11,29f; Mt 15,24 • 9: Ps 18,50 • 10: Dtn 32,43 G • 11: Ps 117,1 • 12: Jes 11,1.10 G; Offb 5,5 • 13: 5,1f

DER SCHLUSS DES BRIEFES: 15,14 – 16,27

Die Reisepläne des Paulus

14 Meine Brüder, ich bin fest davon überzeugt, dass ihr viel Gutes tut, dass ihr reiche Erkenntnis besitzt und selbst imstande seid, einander zurechtzuweisen. 15 Um euch aber einiges in Erinnerung zu rufen, habe ich euch einen teilweise sehr deutlichen Brief geschrieben. Ich tat es kraft der Gnade, die mir von Gott gegeben ist, 16 damit ich als Diener Christi Jesu für die Heiden wirke und das Evangelium Gottes wie ein Priester verwalte; denn die Heiden sollen eine Opfergabe werden, die Gott gefällt, geheiligt im Heiligen Geist.

17 In Christus Jesus kann ich mich also vor Gott rühmen. 18 Denn ich wage nur von dem zu reden, was Christus, um die Heiden zum Gehorsam zu führen, durch mich in Wort und Tat bewirkt hat, 19 in der Kraft von Zeichen und Wundern, in der Kraft des Geistes Gottes. So habe ich von Jerusalem aus in weitem Umkreis bis nach Illyrien überallhin das Evangelium Christi gebracht. 20 Dabei habe ich darauf geachtet, das Evangelium nicht dort zu verkündigen, wo der Name Christi schon bekannt gemacht war, um nicht auf einem fremden Fundament zu bauen; 21 denn es heißt in der Schrift:

Sehen werden die, denen nichts über ihn verkündet wurde, / und die werden verstehen, die nichts gehört haben.

22 Das ist es auch, was mich immer wieder gehindert hat, zu euch zu kommen. 23 Jetzt aber habe ich in diesen Gegenden kein neues Arbeitsfeld mehr. Außerdem habe ich mich seit vielen Jahren danach gesehnt, zu euch zu kommen, 24 wenn ich einmal nach Spanien reise; auf dem Weg dorthin hoffe ich euch zu sehen und dann von euch für die Weiterreise ausgerüstet zu werden, nachdem ich mich einige Zeit an euch erfreut habe. 25 Doch jetzt gehe ich zuerst nach Jerusalem, um den Heiligen einen Dienst zu erweisen. 26 Denn Mazedonien und Achaia haben eine Sammlung beschlossen für die Armen unter den Heiligen in Jerusalem. 27 Sie haben das beschlossen, weil sie ihre Schuldner sind. Denn wenn die Heiden an ihren geistlichen Gütern Anteil erhalten haben, so sind sie auch verpflichtet, ihnen mit irdischen Gütern zu dienen. 28 Wenn ich diese Aufgabe erfüllt und ihnen den Ertrag der Sammlung ordnungsgemäß übergeben habe, will ich euch besuchen und dann nach Spanien weiterreisen. 29 Ich weiß aber, wenn ich zu euch komme, werde ich mit der Fülle des Segens Christi kommen.

14: Phil 1,9 • 15: 1,5 • 16: 11,13 • 18: 2 Kor 3,5 • 19: 2 Kor 12,12 • 21: Jes 52,15 • 22: 1,13 • 23: 1,10f • 25: Apg 19,21; 24,17 • 26: Apg 11,29; 1 Kor 16,1; 2 Kor 9,2.12 • 27: 1 Kor 9,11 • 29: 1,11

Aufforderung zur Fürbitte

30 Ich bitte euch, meine Brüder, im Namen Jesu Christi, unseres Herrn, und bei der Liebe des Geistes: Steht mir bei, und betet für mich zu Gott, 31 dass ich vor den Ungläubigen in Judäa gerettet werde, dass mein Dienst in Jerusalem von den Heiligen dankbar aufgenommen wird 32 und dass ich, wenn es Gottes Wille ist, voll Freude zu euch kommen kann, um mit euch eine Zeit der Ruhe zu verbringen.

33 Der Gott des Friedens sei mit euch allen! Amen.

30: 2 Kor 1,11; Phil 1,27; Eph 6,18f • 31: Apg 21,10f • 32: 1,10 • 33: 16,20; 1 Thess 5,23; 2 Thess 3,16

Grüße und Ermahnungen

16 Ich empfehle euch unsere Schwester Phöbe, die Dienerin der Gemeinde von Kenchreä: 2 Nehmt sie im Namen des Herrn auf, wie es Heilige tun sollen, und steht ihr in jeder Sache bei, in der sie euch braucht; sie selbst hat vielen, darunter auch mir, geholfen. 3 Grüßt Priska und Aquila, meine Mitarbeiter in Christus Jesus, 4 die für mich ihr eigenes Leben aufs Spiel gesetzt ha-

ben; nicht allein ich, sondern alle Gemeinden der
Heiden sind ihnen dankbar. 5 Grüßt auch die Ge-
meinde, die sich in ihrem Haus versammelt. Grüßt
meinen lieben Epänetus, der die Erstlingsgabe
der Provinz Asien für Christus ist. 6 Grüßt Maria,
die für euch viel Mühe auf sich genommen hat.
7 Grüßt Andronikus und Junias, die zu meinem
Volk gehören und mit mir zusammen im Gefäng-
nis waren; sie sind angesehene Apostel und haben
sich schon vor mir zu Christus bekannt. 8 Grüßt
Ampliatus, mit dem ich im Herrn verbunden bin.
9 Grüßt Urbanus, unseren Mitarbeiter in Christus,
und meinen lieben Stachys. 10 Grüßt Apelles, der
sich in Christus bewährt hat. Grüßt das ganze
Haus des Aristobul. 11 Grüßt Herodion, der zu
meinem Volk gehört. Grüßt alle aus dem Haus des
Narzissus, die sich zum Herrn bekennen. 12 Grüßt
Tryphäna und Tryphosa, die für den Herrn viel
Mühe auf sich nehmen. Grüßt die liebe Persis; sie
hat für den Herrn große Mühe auf sich genom-
men. 13 Grüßt Rufus, der vom Herrn auserwählt
ist; grüßt seine Mutter, die auch mir zur Mutter
geworden ist. 14 Grüßt Asynkritus, Phlegon, Her-
mes, Patrobas, Hermas und die Brüder, die bei
ihnen sind. 15 Grüßt Philologus und Julia, Nereus
und seine Schwester, Olympas und alle Heiligen,
die bei ihnen sind. 16 Grüßt einander mit dem
heiligen Kuss. Es grüßen euch alle Gemeinden
Christi.

17 Ich ermahne euch, meine Brüder, auf die Acht zu
geben, die im Widerspruch zu der Lehre, die ihr
gelernt habt, Spaltung und Verwirrung verursa-
chen: Haltet euch von ihnen fern! 18 Denn diese
Leute dienen nicht Christus, unserem Herrn, son-
dern ihrem Bauch und sie verführen durch ihre
schönen und gewandten Reden das Herz der Arg-
losen. 19 Doch euer Gehorsam ist allen bekannt;
daher freue ich mich über euch und wünsche nur,
dass ihr verständig bleibt, offen für das Gute,
unzugänglich für das Böse. 20 Der Gott des Frie-
dens wird den Satan bald zertreten und unter eure
Füße legen. Die Gnade Jesu, unseres Herrn, sei mit
euch!

21 Es grüßen euch Timotheus, mein Mitarbeiter,
und Luzius, Jason und Sosipater, die zu meinem
Volk gehören. 22 Ich, Tertius, der Schreiber dieses
Briefes, grüße euch im Namen des Herrn. 23 Es
grüßt euch Gaius, der mich und die ganze Ge-
meinde gastlich aufgenommen hat. Es grüßt euch
der Stadtkämmerer Erastus und der Bruder Quar-
tus.

[24 Die Gnade Jesu Christi, unseres Herrn, sei mit
euch allen! Amen.]

1: Apg 18,18 • 3: Apg 18,2 • 5: 1 Kor 16,19; Kol 4,15; Phlm 2 • 16: 1 Kor 16,20; 2 Kor 13,12; 1 Thess 5,26; 1 Petr 5,14 • 17: Tit 3,10 • 18: Phil 3,18f; Kol 2,4 • 19: 1,8; 1 Kor 14,20 • 20: 15,33; Gen 3,15 • 21: Apg 16,1f; 13,1; 17,5f; 20,4; Phil 2,19 • 23: 1 Kor 1,14; 2 Tim 4,20; Apg 19,22 • 24: 2 Thess 3,18; 1 Kor 16,23

Abschließender Lobpreis Gottes

25 Ehre sei dem, der die Macht hat, euch Kraft zu
geben – / gemäß meinem Evangelium und der
Botschaft von Jesus Christus, / gemäß der Offen-
barung jenes Geheimnisses, / das seit ewigen Zei-
ten unausgesprochen war,

26 jetzt aber nach dem Willen des ewigen Gottes
offenbart / und durch prophetische Schriften
kundgemacht wurde, / um alle Heiden zum Ge-
horsam des Glaubens zu führen.

27 Ihm, dem einen, weisen Gott, / sei Ehre durch
Jesus Christus in alle Ewigkeit! Amen.

25: 1 Kor 2,7; Eph 1,9; Kol 1,26 • 26: Eph 3,4f.9; 1 Petr 1,20; Röm 1,5 • 27: 11,36; 1 Tim 1,17

DER ERSTE BRIEF AN DIE KORINTHER

Nach Ausweis der Apostelgeschichte (18,1–18) kam Paulus auf der zweiten Missionsreise im Jahr 50 oder 51 n. Chr. nach Korinth. Die dortige Christengemeinde ist von ihm gegründet. Nach seinem Wegzug blieb er mit der Gemeinde in persönlicher Verbindung. In den beiden erhaltenen Korintherbriefen werden noch andere Schreiben an die Gemeinde erwähnt (vgl. 1 Kor 5,9; 2 Kor 2,4f).

Paulus hat den 1. Korintherbrief zwischen 53 und 55 n. Chr. in Ephesus geschrieben. Den Anlass bildeten Fragen, die in der jungen Christengemeinde aufgetreten waren. Der Apostel erhielt davon Kenntnis durch »die Leute der Chloe« (1,11) und durch eine schriftliche Anfrage, die ihm wahrscheinlich von einer Abordnung der Gemeinde überbracht wurde (7,1; 16,17). Die »Leute der Chloe« berichteten von Spaltungen, die das Weiterbestehen der Gemeinde gefährdeten (1,12–17). Sie erzählten von einem schweren Fall von Blutschande (5,1–13), von Streitigkeiten der Christen vor heidnischen Richtern (6,1–11) und von sexuellen Verfehlungen (6,12–20). Ausführlich erörtert werden Fragen über Ehe und Ehelosigkeit (7,1–40), den Genuss von Götzenopferfleisch (8,1 – 11,1) und die Ordnung in der gottesdienstlichen Versammlung (11,2 – 14,40); nachdrücklich wendet sich Paulus gegen Missstände beim Herrenmahl (11,17–34). Das 15. Kapitel hat die Auferweckung Christi und der Christen zum Thema. Das abschließende Kapitel 16 enthält persönliche Mitteilungen und eine ausführliche Grußliste.

Der 1. Korintherbrief gibt Einblick in das Leben und in die Probleme einer jungen heidenchristlichen Gemeinde. Aus der Stellungnahme des Paulus wird vor allem sichtbar, was für Glauben und Leben der Christen maßgebend ist: das Kreuz (1,18 – 2,5) und die Auferweckung Christi (15,1–28), das Wirken des Geistes Gottes (2,10–16; 12,1–31), die Ordnung der Gemeinde (3,5 – 4,21; 12,27–30; 16,15–18) und der rechte Gebrauch der Geistesgaben (12,1–11.27–31; 14,1–40). Wie kein anderer Brief zeigt dieses Schreiben, in welcher Weise Paulus sich als Gemeindegründer den Fragen einer jungen Gemeinde stellt und wie stark seine Entscheidungen von Christus, dem Gekreuzigten und Auferstandenen, her bestimmt sind.

ANSCHRIFT UND GRUSS: 1,1–3

1 Paulus, durch Gottes Willen berufener Apostel
Christi Jesu, und der Bruder Sosthenes 2 an die
Kirche Gottes, die in Korinth ist, – an die Geheiligten in Christus Jesus, berufen als Heilige mit
allen, die den Namen Jesu Christi, unseres Herrn,
überall anrufen, bei ihnen und bei uns. 3 Gnade sei
mit euch und Friede von Gott, unserem Vater, und
dem Herrn Jesus Christus.

1: Röm 1,1; Apg 18,17 • 2: 6,11

DANK AN GOTT: 1,4–9

4 Ich danke Gott jederzeit euretwegen für die Gnade Gottes, die euch in Christus Jesus geschenkt
wurde, 5 dass ihr an allem reich geworden seid in
ihm, an aller Rede und aller Erkenntnis. 6 Denn das
Zeugnis über Christus wurde bei euch gefestigt,
7 sodass euch keine Gnadengabe fehlt, während ihr
auf die Offenbarung Jesu Christi, unseres Herrn,
wartet. 8 Er wird euch auch festigen bis ans Ende,
sodass ihr schuldlos dasteht am Tag Jesu, unseres
Herrn. 9 Treu ist Gott, durch den ihr berufen worden seid zur Gemeinschaft mit seinem Sohn Jesus
Christus, unserem Herrn.

5: 2 Kor 8,7 • 6: Apg 18,5 • 7: 2 Thess 1,7 • 8: Phil 1,6.10; 1 Thess 3,13 • 9: 10,13

DIE SPALTUNGEN IN DER GEMEINDE: 1,10 – 4,21

Mahnung zur Einheit

10 Ich ermahne euch aber, Brüder, im Namen Jesu
Christi, unseres Herrn: Seid alle einmütig und dul-
det keine Spaltungen unter euch; seid ganz eines
Sinnes und einer Meinung. 11 Es wurde mir näm-
lich, meine Brüder, von den Leuten der Chloë
berichtet, dass es Zank und Streit unter euch gibt.
12 Ich meine damit, dass jeder von euch etwas
anderes sagt: Ich halte zu Paulus – ich zu Apollos
– ich zu Kephas – ich zu Christus. 13 Ist denn Chris-
tus zerteilt? Wurde etwa Paulus für euch gekreu-
zigt? Oder seid ihr auf den Namen des Paulus
getauft worden? 14 Ich danke Gott, dass ich nie-
mand von euch getauft habe, außer Krispus und
Gaius, 15 sodass keiner sagen kann, ihr seiet auf
meinen Namen getauft worden. 16 Ich habe aller-
dings auch die Familie des Stephanas getauft. Ob
ich sonst noch jemand getauft habe, weiß ich nicht
mehr. 17 Denn Christus hat mich nicht gesandt zu
taufen, sondern das Evangelium zu verkünden,
aber nicht mit gewandten und klugen Worten,
damit das Kreuz Christi nicht um seine Kraft
gebracht wird.

10: 11,18; Röm 15,5 • 12: 3,3f; Apg 18,24 • 14: Apg 18,8; Röm 16,23 •
16: 16,15.17 • 17: Apg 9,15

Die Botschaft vom Kreuz

18 Denn das Wort vom Kreuz ist denen, die ver-
loren gehen, Torheit; uns aber, die gerettet wer-
den, ist es Gottes Kraft. 19 Es heißt nämlich in der
Schrift:
*Ich lasse die Weisheit der Weisen vergehen / und die
Klugheit der Klugen verschwinden.*
20 *Wo ist ein Weiser? Wo ein Schriftgelehrter?* Wo ein
Wortführer in dieser Welt? Hat Gott nicht die
Weisheit der Welt als Torheit entlarvt? 21 Denn da
die Welt angesichts der Weisheit Gottes auf dem
Weg ihrer Weisheit Gott nicht erkannte, beschloss
Gott, alle, die glauben, durch die Torheit der Ver-
kündigung zu retten. 22 Die Juden fordern Zeichen,
die Griechen suchen Weisheit. 23 Wir dagegen ver-
kündigen Christus als den Gekreuzigten: für Ju-
den ein empörendes Ärgernis, für Heiden eine
Torheit, 24 für die Berufenen aber, Juden wie Grie-
chen, Christus, Gottes Kraft und Gottes Weisheit.
25 Denn das Törichte an Gott ist weiser als die
Menschen und das Schwache an Gott ist stärker als
die Menschen. 26 Seht doch auf eure Berufung,
Brüder! Da sind nicht viele Weise im irdischen
Sinn, nicht viele Mächtige, nicht viele Vornehme,
27 sondern das Törichte in der Welt hat Gott er-
wählt, um die Weisen zuschanden zu machen, und
das Schwache in der Welt hat Gott erwählt, um das
Starke zuschanden zu machen. 28 Und das Niedrige
in der Welt und das Verachtete hat Gott erwählt:
das, was nichts ist, um das, was etwas ist, zu ver-
nichten, 29 damit kein Mensch sich rühmen kann
vor Gott. 30 Von ihm her seid ihr in Christus Jesus,
den Gott für uns zur Weisheit gemacht hat, zur
Gerechtigkeit, Heiligung und Erlösung. 31 *Wer sich*
also *rühmen will, der rühme sich* des Herrn; so
heißt es schon in der Schrift.

18: 1,23f; Röm 1,16 • 19: Jes 29,14; Ps 33,10 • 20: Jes 19,12; 33,18 G;
44,25; 1 Kor 3,19 • 21: Mt 11,25 • 22: Mt 12,38 par; Joh 2,18;
Apg 17,18–21 • 23: 2,2.14; 1,18; 2,5; Kol 2,3 • 25: 2 Kor 13,4 •
27: Jak 2,5 • 29: Röm 3,27; Eph 2,9 • 31: Jer 9,22f; 2 Kor 10,17

Paulus, Verkünder der Weisheit Gottes

2 Als ich zu euch kam, Brüder, kam ich nicht,
um glänzende Reden oder gelehrte Weisheit
vorzutragen, sondern um euch das Zeugnis Gottes
zu verkündigen. 2 Denn ich hatte mich entschlos-
sen, bei euch nichts zu wissen außer Jesus Chris-
tus, und zwar als den Gekreuzigten. 3 Zudem kam
ich in Schwäche und in Furcht, zitternd und
bebend zu euch. 4 Meine Botschaft und Verkündi-
gung war nicht Überredung durch gewandte und
kluge Worte, sondern war mit dem Erweis von
Geist und Kraft verbunden, 5 damit sich euer Glau-
be nicht auf Menschenweisheit stützte, sondern
auf die Kraft Gottes.
6 Und doch verkündigen wir Weisheit unter den
Vollkommenen, aber nicht Weisheit dieser Welt
oder der Machthaber dieser Welt, die einst ent-
machtet werden. 7 Vielmehr verkündigen wir das
Geheimnis der verborgenen Weisheit Gottes, die
Gott vor allen Zeiten vorausbestimmt hat zu unse-
rer Verherrlichung. 8 Keiner der Machthaber die-
ser Welt hat sie erkannt; denn hätten sie die Weis-
heit Gottes erkannt, so hätten sie den Herrn der
Herrlichkeit nicht gekreuzigt. 9 Nein, wir verkün-

digen, wie es in der Schrift heißt, was *kein Auge*
gesehen und kein Ohr gehört hat, was keinem Men-
schen in den Sinn gekommen ist: das Große, das
Gott denen bereitet hat, die ihn lieben.
[10] Denn uns hat es Gott enthüllt durch den Geist.
Der Geist ergründet nämlich alles, auch die Tiefen
Gottes. [11] Wer von den Menschen kennt den Men-
schen, wenn nicht der Geist des Menschen, der in
ihm ist? So erkennt auch keiner Gott – nur der
Geist Gottes. [12] Wir aber haben nicht den Geist der
Welt empfangen, sondern den Geist, der aus Gott
stammt, damit wir das erkennen, was uns von Gott
geschenkt worden ist. [13] Davon reden wir auch,
nicht mit Worten, wie menschliche Weisheit sie
lehrt, sondern wie der Geist sie lehrt, indem wir
den Geisterfüllten das Wirken des Geistes deuten.
[14] Der irdisch gesinnte Mensch aber lässt sich nicht
auf das ein, was vom Geist Gottes kommt. Torheit
ist es für ihn, und er kann es nicht verstehen, weil
es nur mit Hilfe des Geistes beurteilt werden kann.
[15] Der geisterfüllte Mensch urteilt über alles, ihn
aber vermag niemand zu beurteilen. [16] Denn *wer*
begreift den Geist des Herrn? Wer kann ihn beleh-
ren? Wir aber haben den Geist Christi.

3 Vor euch, Brüder, konnte ich aber nicht wie
vor Geisterfüllten reden; ihr wart noch ir-
disch eingestellt, unmündige Kinder in Christus.
[2] Milch gab ich euch zu trinken statt fester Speise;
denn diese konntet ihr noch nicht vertragen. Ihr
könnt es aber auch jetzt noch nicht; [3] denn ihr seid
immer noch irdisch eingestellt. Oder seid ihr nicht
irdisch eingestellt, handelt ihr nicht sehr mensch-
lich, wenn Eifersucht und Streit unter euch herr-
schen? [4] Denn wenn einer sagt: Ich halte zu Pau-
lus!, ein anderer: Ich zu Apollos!, seid ihr da nicht
Menschen?

2,1: 1,17 • 2: Gal 6,14 • 3: Apg 18,9; 2 Kor 10,10 • 4: 1 Thess 1,5 • 5: 1,18.24 • 7: Röm 16,25; Kol 1,26 • 9: Jes 64,3; Jer 3,16; Sir 1,10 • 10: Dan 2,22 • 12: Röm 8,15 • 14: 1,23 • 16: Jes 40,13 G; Röm 11,34; 8,9 • 3,2: 1 Petr 2,2 • 3: 1,11f; 11,18; Gal 5,19f

Die Verantwortung des Apostels
und seiner Mitarbeiter

[5] Was ist denn Apollos? Und was ist Paulus? Ihr
seid durch sie zum Glauben gekommen. Sie sind
also Diener, jeder, wie der Herr es ihm gegeben hat:
[6] Ich habe gepflanzt, Apollos hat begossen, Gott
aber ließ wachsen. [7] So ist weder der etwas, der
pflanzt, noch der, der begießt, sondern nur Gott,
der wachsen lässt. [8] Wer pflanzt und wer begießt:
Beide arbeiten am gleichen Werk, jeder aber erhält
seinen besonderen Lohn, je nach der Mühe, die er
aufgewendet hat. [9] Denn wir sind Gottes Mitar-
beiter; ihr seid Gottes Ackerfeld, Gottes Bau.
[10] Der Gnade Gottes entsprechend, die mir ge-
schenkt wurde, habe ich wie ein guter Baumeister
den Grund gelegt; ein anderer baut darauf weiter.
Aber jeder soll darauf achten, wie er weiterbaut.
[11] Denn einen anderen Grund kann niemand legen
als den, der gelegt ist: Jesus Christus. [12] Ob aber
jemand auf dem Grund mit Gold, Silber, kostba-
ren Steinen, mit Holz, Heu oder Stroh weiterbaut:
[13] das Werk eines jeden wird offenbar werden;
jener Tag wird es sichtbar machen, weil es im Feuer
offenbart wird. Das Feuer wird prüfen, was das
Werk eines jeden taugt. [14] Hält das stand, was er
aufgebaut hat, so empfängt er Lohn. [15] Brennt es
nieder, dann muss er den Verlust tragen. Er selbst
aber wird gerettet werden, doch so wie durch
Feuer hindurch.
[16] Wisst ihr nicht, dass ihr Gottes Tempel seid und
der Geist Gottes in euch wohnt? [17] Wer den Tem-
pel Gottes verdirbt, den wird Gott verderben.
Denn Gottes Tempel ist heilig, und der seid ihr.
[18] Keiner täusche sich selbst. Wenn einer unter
euch meint, er sei weise in dieser Welt, dann werde
er töricht, um weise zu werden. [19] Denn die Weis-
heit dieser Welt ist Torheit vor Gott. In der Schrift
steht nämlich: *Er fängt die Weisen in ihrer eigenen*
List. [20] Und an einer anderen Stelle: *Der Herr kennt*
die Gedanken der Weisen; *er weiß, sie sind nichtig.*
[21] Daher soll sich niemand eines Menschen rüh-
men. Denn alles gehört euch; [22] Paulus, Apollos,
Kephas, Welt, Leben, Tod, Gegenwart und Zu-
kunft: alles gehört euch; [23] ihr aber gehört Christus
und Christus gehört Gott.

4 Als Diener Christi soll man uns betrachten
und als Verwalter von Geheimnissen Gottes.
[2] Von Verwaltern aber verlangt man, dass sie sich
treu erweisen. [3] Mir macht es allerdings nichts aus,
wenn ihr oder ein menschliches Gericht mich zur
Verantwortung zieht; ich urteile auch nicht über
mich selbst. [4] Ich bin mir zwar keiner Schuld
bewusst, doch bin ich dadurch noch nicht gerecht
gesprochen; der Herr ist es, der mich zur Rechen-

schaft zieht. [5] Richtet also nicht vor der Zeit; wartet, bis der Herr kommt, der das im Dunkeln Verborgene ans Licht bringen und die Absichten der Herzen aufdecken wird. Dann wird jeder sein Lob von Gott erhalten.

[6] Brüder, ich habe das auf mich und Apollos bezogen, und zwar euretwegen, damit ihr an uns lernt, dass der Grundsatz gilt: »Nicht über das hinaus, was in der Schrift steht«, dass also keiner zugunsten des einen und zum Nachteil des andern sich wichtig machen darf. [7] Denn wer räumt dir einen Vorrang ein? Und was hast du, das du nicht empfangen hättest? Wenn du es aber empfangen hast, warum rühmst du dich, als hättest du es nicht empfangen? [8] Ihr seid schon satt, ihr seid schon reich geworden, ohne uns seid ihr zur Herrschaft gelangt. Wäret ihr doch nur zur Herrschaft gelangt! Dann könnten auch wir mit euch zusammen herrschen.

[9] Ich glaube nämlich, Gott hat uns Apostel auf den letzten Platz gestellt, wie Todgeweihte; denn wir sind zum Schauspiel geworden für die Welt, für Engel und Menschen. [10] Wir stehen als Toren da um Christi willen, ihr dagegen seid kluge Leute in Christus. Wir sind schwach, ihr seid stark; ihr seid angesehen, wir sind verachtet. [11] Bis zur Stunde hungern und dürsten wir, gehen in Lumpen, werden mit Fäusten geschlagen und sind heimatlos. [12] Wir plagen uns ab und arbeiten mit eigenen Händen; wir werden beschimpft und segnen; wir werden verfolgt und halten stand; [13] wir werden geschmäht und trösten. Wir sind sozusagen der Abschaum der Welt geworden, verstoßen von allen bis heute.

[14] Nicht um euch bloßzustellen, schreibe ich das, sondern um euch als meine geliebten Kinder zu ermahnen. [15] Hättet ihr nämlich auch ungezählte Erzieher in Christus, so doch nicht viele Väter. Denn in Christus Jesus bin ich durch das Evangelium euer Vater geworden. [16] Darum ermahne ich euch: Haltet euch an mein Vorbild!

3,5: 1,12 • 9: Mt 13,3–9; Eph 2,20 • 10: 15,10; Röm 15,20 • 11: Eph 2,20; 1 Petr 2,4–6; Apg 4,11f • 13: 4,5; 2 Thess 1,7f • 15: Jud 23 • 16: 6,19; 2 Kor 6,16; Eph 2,21f • 18: 4,10 • 19: Ijob 5,13; 1 Kor 1,20; Röm 1,22 • 20: Ps 94,11 G • 22: 1,12; Röm 8,38 • 4,1: 3,5; Kol 1,25f; 1 Petr 4,10 • 2: Lk 12,42 • 3: 9,3 • 5: Röm 2,16 • 6: Röm 12,3 • 8: Offb 3,21 • 9: 2 Kor 4,11 • 11: 2 Kor 11,27 • 12: 9,12; Apg 18,3; 20,33f • 13: Apg 22,22 • 15: Gal 4,19; Phil 2,22; Phlm 10 • 16: 11,1; Phil 4,9

Ankündigung eines baldigen Besuches

[17] Eben deswegen schicke ich Timotheus zu euch, mein geliebtes und treues Kind im Herrn. Er wird euch erinnern an meine Weisungen, wie ich sie als Diener Christi Jesu überall in allen Gemeinden gebe. [18] In der Annahme, dass ich nicht selber zu euch komme, haben sich zwar einige wichtig gemacht. [19] Ich werde aber bald zu euch kommen, wenn der Herr will. Dann werde ich diese Wichtigtuer nicht auf ihre Worte prüfen, sondern auf ihre Kraft. [20] Denn nicht in Worten erweist sich die Herrschaft Gottes, sondern in der Kraft. [21] Was zieht ihr vor: Soll ich mit dem Stock zu euch kommen oder mit Liebe und im Geist der Sanftmut?

17: 16,10; Apg 16,1; 19,22 • 19: 16,5–7; 2 Kor 13,1–10 • 20: 2,4 • 21: 2 Kor 13,10

MISSSTÄNDE IN DER GEMEINDE: 5,1 – 6,20

Ein Fall von Blutschande

5 Übrigens hört man von Unzucht unter euch, und zwar von Unzucht, wie sie nicht einmal unter den Heiden vorkommt, dass nämlich einer mit der Frau seines Vaters lebt. [2] Und da macht ihr euch noch wichtig, statt traurig zu werden und den aus eurer Mitte zu stoßen, der so etwas getan hat. [3] Was mich angeht, so habe ich – leiblich zwar abwesend, geistig aber anwesend – mein Urteil über den, der sich so vergangen hat, schon jetzt gefällt, als ob ich persönlich anwesend wäre: [4] Im Namen Jesu, unseres Herrn, wollen wir uns versammeln, ihr und mein Geist, und zusammen mit der Kraft Jesu, unseres Herrn, [5] diesen Menschen dem Satan übergeben zum Verderben seines Fleisches, damit sein Geist am Tag des Herrn gerettet wird.

[6] Zu Unrecht rühmt ihr euch. Wisst ihr nicht, dass ein wenig Sauerteig den ganzen Teig durchsäuert? [7] Schafft den alten Sauerteig weg, damit ihr neuer Teig seid. Ihr seid ja schon ungesäuertes Brot; denn als unser Paschalamm ist Christus geopfert wor-

den. 8 Lasst uns also das Fest nicht mit dem alten
Sauerteig feiern, nicht mit dem Sauerteig der Bos-
heit und Schlechtigkeit, sondern mit den unge-
säuerten Broten der Aufrichtigkeit und Wahrheit.
9 Ich habe euch in meinem Brief ermahnt, dass ihr
nichts mit Unzüchtigen zu schaffen haben sollt.
10 Gemeint waren damit nicht alle Unzüchtigen
dieser Welt oder alle Habgierigen und Räuber und
Götzendiener; sonst müsstet ihr ja aus der Welt
auswandern. 11 In Wirklichkeit meinte ich damit:
Habt nichts zu schaffen mit einem, der sich Bru-
der nennt und dennoch Unzucht treibt, habgierig
ist, Götzen verehrt, lästert, trinkt oder raubt; mit
einem solchen Menschen sollt ihr nicht einmal
zusammen essen. 12 Ich will also nicht Außenste-
hende richten – ihr richtet ja auch nur solche, die
zu euch gehören –, 13 die Außenstehenden wird
Gott richten. *Schafft den Übeltäter weg aus eurer
Mitte!*

1: Lev 18,7f; 20,11; Dtn 27,20 • 3: Kol 2,5 • 4: Mt 18,20 • 5: 1 Tim 1,20; 1 Petr 4,6 • 6: Gal 5,9 • 7: Ex 12,15.19; 13,7; 1 Petr 1,19; Ex 12,21 • 8: Ex 12,15–20 • 9: 2 Petr 2,2.14.19; Jud 23 • 10: 1 Tim 6,3–10; 1 Joh 5,19 • 11: 6,9f; 2 Thess 3,6; Kol 4,5 • 13: Dtn 17,7; 19,19

Rechtshändel unter Christen

6 Wagt es einer von euch, der mit einem ande-
ren einen Rechtsstreit hat, vor das Gericht
der Ungerechten zu gehen statt zu den Heiligen?
2 Wisst ihr denn nicht, dass die Heiligen die Welt
richten werden? Und wenn durch euch die Welt
gerichtet wird, seid ihr dann nicht zuständig, ei-
nen Rechtsstreit über Kleinigkeiten zu schlichten?
3 Wisst ihr nicht, dass wir über Engel richten wer-
den? Also erst recht über Alltägliches. 4 Wie könnt
ihr dann jene, die im Urteil der Gemeinde nichts
gelten, als Richter einsetzen, wenn ihr einen Rechts-
streit über Alltägliches auszutragen habt? 5 Ich sage
das, damit ihr euch schämt. Gibt es denn unter
euch wirklich keinen, der die Gabe hat, zwischen
Brüdern zu schlichten? 6 Stattdessen zieht ein Bru-
der den andern vor Gericht, und zwar vor Ungläu-
bige. 7 Ist es nicht überhaupt schon ein Versagen,
dass ihr miteinander Prozesse führt? Warum lei-
det ihr nicht lieber Unrecht? Warum lasst ihr euch
nicht lieber ausrauben? 8 Nein, ihr selber begeht
Unrecht und Raub, und zwar an Brüdern. 9 Wisst
ihr denn nicht, dass Ungerechte das Reich Gottes
nicht erben werden? Täuscht euch nicht! Weder
Unzüchtige noch Götzendiener, weder Ehebre-
cher noch Lustknaben, noch Knabenschänder,
10 noch Diebe, noch Habgierige, keine Trinker,
keine Lästerer, keine Räuber werden das Reich Got-
tes erben. 11 Und solche gab es unter euch. Aber ihr
seid rein gewaschen, seid geheiligt, seid gerecht
geworden im Namen Jesu Christi, des Herrn, und
im Geist unseres Gottes.

2: Dan 7,22; Lk 22,30; Offb 20,4 • 3: 2 Petr 2,4; Jud 6 • 5: 4,14 • 7: Mt 5,39f; 1 Thess 5,15; 1 Petr 3,9 • 9: 15,50; Gal 5,19–21; Eph 5,5; Offb 21,8; 22,15 • 11: Röm 6,6–11; Tit 3,4–7; 1 Petr 3,21; 1 Joh 2,12; Hebr 9,14; 10,22

Unzucht und christliche Freiheit

12 »Alles ist mir erlaubt« – aber nicht alles nützt
mir. Alles ist mir erlaubt, aber nichts soll Macht
haben über mich. 13 Die Speisen sind für den Bauch
da und der Bauch für die Speisen; Gott wird beide
vernichten. Der Leib ist aber nicht für die Unzucht
da, sondern für den Herrn, und der Herr für den
Leib. 14 Gott hat den Herrn auferweckt; er wird
durch seine Macht auch uns auferwecken. 15 Wisst
ihr nicht, dass eure Leiber Glieder Christi sind?
Darf ich nun die Glieder Christi nehmen und zu
Gliedern einer Dirne machen? Auf keinen Fall!
16 Oder wisst ihr nicht: Wer sich an eine Dirne bin-
det, ist ein Leib mit ihr? Denn es heißt: *Die zwei
werden ein Fleisch sein.* 17 Wer sich dagegen an den
Herrn bindet, ist ein Geist mit ihm. 18 Hütet euch
vor der Unzucht! Jede andere Sünde, die der
Mensch tut, bleibt außerhalb des Leibes. Wer aber
Unzucht treibt, versündigt sich gegen den eigenen
Leib. 19 Oder wisst ihr nicht, dass euer Leib ein Tem-
pel des Heiligen Geistes ist, der in euch wohnt und
den ihr von Gott habt? Ihr gehört nicht euch selbst;
20 denn um einen teuren Preis seid ihr erkauft wor-
den. Verherrlicht also Gott in eurem Leib!

12: 10,23 • 13: Mt 15,17; 1 Thess 4,3–5 • 14: 15,20f; Röm 8,11; 2 Kor 4,14 • 15: 12,12.27; Röm 12,5 • 16: Gen 2,24 • 17: 2 Kor 3,17 • 19: 3,16; Röm 8,11.15 • 20: 7,23; 1 Petr 1,18f

DIE STANDESORDNUNG IN DER GEMEINDE: 7,1–40

Die christliche Ehe

7 Nun zu den Anfragen eures Briefes! »Es ist gut für den Mann, keine Frau zu berühren«. 2 Wegen der Gefahr der Unzucht soll aber jeder seine Frau haben und jede soll ihren Mann haben. 3 Der Mann soll seine Pflicht gegenüber der Frau erfüllen und ebenso die Frau gegenüber dem Mann. 4 Nicht die Frau verfügt über ihren Leib, sondern der Mann. Ebenso verfügt nicht der Mann über seinen Leib, sondern die Frau. 5 Entzieht euch einander nicht, außer im gegenseitigen Einverständnis und nur eine Zeit lang, um für das Gebet frei zu sein. Dann kommt wieder zusammen, damit euch der Satan nicht in Versuchung führt, wenn ihr euch nicht enthalten könnt. 6 Das sage ich als Zugeständnis, nicht als Gebot. 7 Ich wünschte, alle Menschen wären (unverheiratet) wie ich. Doch jeder hat seine Gnadengabe von Gott, der eine so, der andere so.

1: Mt 19,10; 1 Tim 4,3 • 2: 1 Thess 4,3f • 3: Eph 5,21–29 • 7: Mt 19,12

Ehe mit Heiden – Ehescheidung

8 Den Unverheirateten und den Witwen sage ich: Es ist gut, wenn sie so bleiben wie ich. 9 Wenn sie aber nicht enthaltsam leben können, sollen sie heiraten. Es ist besser zu heiraten, als sich in Begierde zu verzehren. 10 Den Verheirateten gebiete nicht ich, sondern der Herr: Die Frau soll sich vom Mann nicht trennen 11 – wenn sie sich aber trennt, so bleibe sie unverheiratet oder versöhne sich wieder mit dem Mann – und der Mann darf die Frau nicht verstoßen.

12 Den Übrigen sage ich, nicht der Herr: Wenn ein Bruder eine ungläubige Frau hat und sie willigt ein, weiter mit ihm zusammenzuleben, soll er sie nicht verstoßen. 13 Auch eine Frau soll ihren ungläubigen Mann nicht verstoßen, wenn er einwilligt, weiter mit ihr zusammenzuleben. 14 Denn der ungläubige Mann ist durch die Frau geheiligt und die ungläubige Frau ist durch ihren gläubigen Mann geheiligt. Sonst wären eure Kinder unrein; sie sind aber heilig. 15 Wenn aber der Ungläubige sich trennen will, soll er es tun. Der Bruder oder die Schwester ist in solchen Fällen nicht wie ein Sklave gebunden; zu einem Leben in Frieden hat Gott euch berufen. 16 Woher weißt du denn, Frau, ob du den Mann retten kannst? Oder woher weißt du, Mann, ob du die Frau retten kannst?

9: 1 Tim 5,14 • 10: Mt 5,32; 19,4–6 • 16: 1 Petr 3,1f

Gottes Ruf und der Stand der Berufenen

17 Im Übrigen soll jeder so leben, wie der Herr es ihm zugemessen, wie Gottes Ruf ihn getroffen hat. Das ist meine Weisung für alle Gemeinden. 18 Wenn einer als Beschnittener berufen wurde, soll er beschnitten bleiben. Wenn einer als Unbeschnittener berufen wurde, soll er sich nicht beschneiden lassen. 19 Es kommt nicht darauf an, beschnitten oder unbeschnitten zu sein, sondern darauf, die Gebote Gottes zu halten. 20 Jeder soll in dem Stand bleiben, in dem ihn der Ruf Gottes getroffen hat. 21 Wenn du als Sklave berufen wurdest, soll dich das nicht bedrücken; auch wenn du frei werden kannst, lebe lieber als Sklave weiter. 22 Denn wer im Herrn als Sklave berufen wurde, ist Freigelassener des Herrn. Ebenso ist einer, der als Freier berufen wurde, Sklave Christi. 23 Um einen teuren Preis seid ihr erkauft worden. Macht euch nicht zu Sklaven von Menschen! 24 Brüder, jeder soll vor Gott in dem Stand bleiben, in dem ihn der Ruf Gottes getroffen hat.

17: 7,20.24 • 18: Gal 5,1f • 19: Gal 5,6; 6,15; Röm 2,25f • 21: Eph 6,5f; Phlm 16 • 23: 6,20

Ehe und Jungfräulichkeit

25 Was die Frage der Ehelosigkeit angeht, so habe ich kein Gebot vom Herrn. Ich gebe euch nur einen Rat als einer, den der Herr durch sein Erbarmen vertrauenswürdig gemacht hat. 26 Ich meine, es ist gut wegen der bevorstehenden Not, ja, es ist gut für den Menschen, so zu sein. 27 Bist du an eine Frau gebunden, suche dich nicht zu lösen; bist du ohne Frau, dann suche keine. 28 Heiratest du aber, so sündigst du nicht; und heiratet eine Jungfrau, sündigt auch sie nicht. Freilich werden solche Leute irdischen Nöten nicht entgehen; ich aber möchte sie euch ersparen. 29 Denn ich sage euch, Brüder: Die Zeit ist kurz. Daher soll, wer eine Frau hat, sich in Zukunft so verhalten, als habe er keine, 30 wer

weint, als weine er nicht, wer sich freut, als freue
er sich nicht, wer kauft, als würde er nicht Eigentü-
mer, 31 wer sich die Welt zunutze macht, als nutze
er sie nicht; denn die Gestalt dieser Welt vergeht.
32 Ich wünschte aber, ihr wäret ohne Sorgen. Der
Unverheiratete sorgt sich um die Sache des Herrn;
er will dem Herrn gefallen. 33 Der Verheiratete
sorgt sich um die Dinge der Welt; er will seiner
Frau gefallen. 34 So ist er geteilt. Die unverheiratete
Frau aber und die Jungfrau sorgen sich um die
Sache des Herrn, um heilig zu sein an Leib und
Geist. Die Verheiratete sorgt sich um die Dinge der
Welt; sie will ihrem Mann gefallen. 35 Das sage ich
zu eurem Nutzen: nicht um euch eine Fessel anzu-
legen, vielmehr, damit ihr in rechter Weise und
ungestört immer dem Herrn dienen könnt.
36 Wer sich gegenüber seiner Jungfrau ungehörig
zu verhalten glaubt, wenn sein Verlangen nach ihr
zu stark ist, der soll tun, wozu es ihn drängt, wenn
es so sein muss; er sündigt nicht; sie sollen heira-
ten. 37 Wer aber in seinem Herzen fest bleibt, weil
er sich in der Gewalt hat und seinem Trieb nicht
ausgeliefert ist, wer also in seinem Herzen ent-
schlossen ist, seine Jungfrau unberührt zu lassen,
der handelt richtig. 38 Wer seine Jungfrau heiratet,
handelt also richtig; doch wer sie nicht heiratet,
handelt besser.

25: Mt 19,12; 2 Kor 8,10 • 26: 7,29; 10,11 • 29: Röm 13,11; 1 Petr 4,7; 1 Joh 2,16f • 33: Lk 14,20

Wiederverheiratung nach dem Tod des Mannes

39 Eine Frau ist gebunden, solange ihr Mann lebt;
wenn aber der Mann gestorben ist, ist sie frei zu
heiraten, wen sie will; nur geschehe es im Herrn.
40 Glücklicher aber ist sie zu preisen, wenn sie nach
meinem Rat unverheiratet bleibt – und ich denke,
dass auch ich den Geist Gottes habe.

39: Röm 7,2

HEIDNISCHE OPFER, CHRISTLICHE SAKRAMENTE, CHRISTLICHER GOTTESDIENST: 8,1 – 11,34

Die Freiheit des Christen

8 Nun zur Frage des Götzenopferfleisches.
Gewiss, wir alle haben Erkenntnis. Doch die
Erkenntnis macht aufgeblasen, die Liebe dagegen
baut auf. 2 Wenn einer meint, er sei zur Erkennt-
nis gelangt, hat er noch nicht so erkannt, wie man
erkennen muss. 3 Wer aber Gott liebt, der ist von
ihm erkannt. 4 Was nun das Essen von Götzenop-
ferfleisch angeht, so wissen wir, dass es keine Göt-
zen gibt in der Welt und keinen Gott außer dem
einen. 5 Und selbst wenn es im Himmel oder auf
der Erde sogenannte Götter gibt – und solche Göt-
ter und Herren gibt es viele –, 6 so haben doch wir
nur einen Gott, den Vater. Von ihm stammt alles
und wir leben auf ihn hin. Und einer ist der Herr:
Jesus Christus. Durch ihn ist alles, und wir sind
durch ihn.
7 Aber nicht alle haben die Erkenntnis. Einige, die
von ihren Götzen nicht loskommen, essen das
Fleisch noch als Götzenopferfleisch und so wird
ihr schwaches Gewissen befleckt. 8 Zwar kann uns
keine Speise vor Gottes Gericht bringen. Wenn
wir nicht essen, verlieren wir nichts, und wenn
wir essen, gewinnen wir nichts. 9 Doch gebt Acht,
dass diese eure Freiheit nicht den Schwachen
zum Anstoß wird. 10 Wenn nämlich einer dich,
der du Erkenntnis hast, im Götzentempel beim
Mahl sieht, wird dann nicht sein Gewissen, da er
schwach ist, verleitet, auch Götzenopferfleisch zu
essen? 11 Der Schwache geht an deiner »Erkennt-
nis« zugrunde, er, dein Bruder, für den Christus
gestorben ist. 12 Wenn ihr euch auf diese Weise
gegen eure Brüder versündigt und ihr schwaches
Gewissen verletzt, versündigt ihr euch gegen Chris-
tus. 13 Wenn darum eine Speise meinem Bruder
zum Anstoß wird, will ich überhaupt kein Fleisch
mehr essen, um meinem Bruder keinen Anstoß zu
geben.

1–13: Röm 14,1–23; Apg 15,29 • 2: Gal 6,3 • 3: 13,12; Gal 4,9 • 4: 10,19f • 6: Röm 11,36; Kol 1,16f • 7: 10,27f • 9: Gal 5,13

Das Beispiel des Apostels

9 Bin ich nicht frei? Bin ich nicht ein Apostel?
Habe ich nicht Jesus, unseren Herrn, gese-
hen? Seid ihr nicht mein Werk im Herrn? 2 Wenn
ich für andere kein Apostel bin, bin ich es doch für

euch. Ihr seid ja im Herrn das Siegel meines Apos-
telamtes. [3] Das aber ist meine Rechtfertigung vor
denen, die abfällig über mich urteilen: [4] Haben wir
nicht das Recht, zu essen und zu trinken? [5] Haben
wir nicht das Recht, eine gläubige Frau mitzuneh-
men, wie die übrigen Apostel und die Brüder des
Herrn und wie Kephas? [6] Sollen nur ich und Bar-
nabas auf das Recht verzichten, nicht zu arbeiten?
[7] Wer leistet denn Kriegsdienst und bezahlt sich
selber den Sold? Wer pflanzt einen Weinberg und
isst nicht von seinem Ertrag? Oder wer weidet eine
Herde und trinkt nicht von der Milch der Herde?
[8] Sage ich das nur aus menschlicher Einsicht? Sagt
das nicht auch das Gesetz? [9] Im Gesetz des Mose
steht doch: *Du sollst dem Ochsen zum Dreschen kei-
nen Maulkorb anlegen.* Liegt denn Gott etwas an
den Ochsen? [10] Sagt er das nicht offensichtlich un-
seretwegen? Ja, unseretwegen wurde es geschrie-
ben. Denn der Pflüger wie der Drescher sollen ihre
Arbeit in der Erwartung tun, ihren Teil zu erhal-
ten. [11] Wenn wir für euch die Geistesgaben gesät
haben, ist es dann zu viel, wenn wir von euch irdi-
sche Gaben ernten? [12] Wenn andere an dem, was
euch gehört, teilhaben dürfen, dann erst recht wir.
Aber wir haben von diesem Recht keinen Ge-
brauch gemacht. Vielmehr ertragen wir alles, um
dem Evangelium Christi kein Hindernis in den
Weg zu legen. [13] Wisst ihr nicht, dass alle, die im
Heiligtum Dienst tun, vom Heiligtum leben, und
dass alle, die am Altar Dienst tun, vom Altar ihren
Anteil erhalten? [14] So hat auch der Herr denen, die
das Evangelium verkündigen, geboten, vom Evan-
gelium zu leben. [15] Ich aber habe all das nicht in
Anspruch genommen. Ich schreibe dies auch
nicht, damit es in meinem Fall so geschieht. Lie-
ber wollte ich sterben, als dass mir jemand diesen
Ruhm entreißt. [16] Wenn ich nämlich das Evange-
lium verkünde, kann ich mich deswegen nicht
rühmen; denn ein Zwang liegt auf mir. Weh mir,
wenn ich das Evangelium nicht verkünde! [17] Wäre
es mein freier Entschluss, so erhielte ich Lohn.
Wenn es mir aber nicht freisteht, so ist es ein Auf-
trag, der mir anvertraut wurde. [18] Was ist nun mein
Lohn? Dass ich das Evangelium unentgeltlich ver-
künde und so auf mein Recht verzichte.

[19] Da ich also von niemand abhängig war, habe ich
mich für alle zum Sklaven gemacht, um möglichst
viele zu gewinnen. [20] Den Juden bin ich ein Jude
geworden, um Juden zu gewinnen; denen, die
unter dem Gesetz stehen, bin ich, obgleich ich
nicht unter dem Gesetz stehe, einer unter dem
Gesetz geworden, um die zu gewinnen, die unter
dem Gesetz stehen. [21] Den Gesetzlosen war ich
sozusagen ein Gesetzloser – nicht als ein Gesetz-
loser vor Gott, sondern gebunden an das Gesetz
Christi –, um die Gesetzlosen zu gewinnen. [22] Den
Schwachen wurde ich ein Schwacher, um die
Schwachen zu gewinnen. Allen bin ich alles gewor-
den, um auf jeden Fall einige zu retten. [23] Alles aber
tue ich um des Evangeliums willen, um an seiner
Verheißung teilzuhaben.

[24] Wisst ihr nicht, dass die Läufer im Stadion zwar
alle laufen, aber dass nur einer den Siegespreis
gewinnt? Lauft so, dass ihr ihn gewinnt. [25] Jeder
Wettkämpfer lebt aber völlig enthaltsam; jene tun
dies, um einen vergänglichen, wir aber, um einen
unvergänglichen Siegeskranz zu gewinnen. [26] Da-
rum laufe ich nicht wie einer, der ziellos läuft, und
kämpfe mit der Faust nicht wie einer, der in die
Luft schlägt; [27] vielmehr züchtige und unterwerfe
ich meinen Leib, damit ich nicht anderen predige
und selbst verworfen werde.

1: 15,8f; Gal 5,1.13 • 2: 4,15 • 3: 4,3f • 4: 9,14 • 5: Mt 8,14 •
6: Apg 13,2 • 7: 2 Thess 3,9; 2 Tim 2,4.6 • 9: Dtn 25,4; 1 Tim 5,18 •
11: Röm 15,27 • 12: 2 Kor 11,7–9; Apg 20,33f • 13: Num 18,8.21;
Dtn 18,1–3 • 14: Mt 10,10; Gal 6,6 • 19: 10,33; Mt 20,26f •
20: Apg 16,3; 21,20–26; Gal 4,12 • 21: Gal 6,2 • 22: Röm 15,1;
2 Kor 11,29 • 25: Phil 3,14; 2 Tim 2,4f; 4,7f; 1 Petr 5,4 •
27: Röm 13,14

Israels Geschichte als Warnung

10 Ihr sollt wissen, Brüder, dass unsere Väter
alle unter der Wolke waren, alle durch das
Meer zogen [2] und alle auf Mose getauft wurden in
der Wolke und im Meer. [3] Alle aßen auch die glei-
che gottgeschenkte Speise [4] und alle tranken den
gleichen gottgeschenkten Trank; denn sie tranken
aus dem Leben spendenden Felsen, der mit ihnen
zog. Und dieser Fels war Christus. [5] Gott aber hatte
an den meisten von ihnen kein Gefallen; denn er
ließ sie in der Wüste umkommen. [6] Das aber ge-
schah als warnendes Beispiel für uns: damit wir
uns nicht von der Gier nach dem Bösen beherr-
schen lassen, wie jene sich von der Gier beherr-
schen ließen. [7] Werdet nicht Götzendiener wie ei-
nige von ihnen; denn es steht in der Schrift: *Das*

Volk setzte sich zum Essen und Trinken; dann standen sie auf, um sich zu vergnügen. 8 Lasst uns nicht Unzucht treiben, wie einige von ihnen Unzucht trieben. Damals kamen an einem einzigen Tag dreiundzwanzigtausend Menschen um. 9 Wir wollen auch nicht den Herrn auf die Probe stellen, wie es einige von ihnen taten, die dann von Schlangen getötet wurden. 10 Murrt auch nicht, wie einige von ihnen murrten; sie wurden vom Verderber umgebracht. 11 Das aber geschah an ihnen, damit es uns als Beispiel dient; uns zur Warnung wurde es aufgeschrieben, uns, die das Ende der Zeiten erreicht hat. 12 Wer also zu stehen meint, der gebe Acht, dass er nicht fällt. 13 Noch ist keine Versuchung über euch gekommen, die den Menschen überfordert. Gott ist treu; er wird nicht zulassen, dass ihr über eure Kraft hinaus versucht werdet. Er wird euch in der Versuchung einen Ausweg schaffen, sodass ihr sie bestehen könnt.

1: Ex 13,21; 14,22; Ps 78,13f; Röm 1,13 • 3: Ex 16,4.35; Ps 78,24f • 4: Ex 17,6; Num 20,7–11; Ps 78,15f • 5: Num 14,16 • 6: Num 11,4.34 • 7: Ex 32,6 • 8: Num 25,1.9 • 9: Num 21,5f • 10: Ex 16,2f; Num 14,2.36f; 17,6–14 • 11: 7,29; Röm 15,4; 1 Petr 4,7 • 12: Röm 11,20 • 13: 1,8f; 2 Thess 3,3; Jak 1,13f

Über Götzendienst und Götzenopfermahl

14 Darum, liebe Brüder, meidet den Götzendienst! 15 Ich rede doch zu verständigen Menschen; urteilt selbst über das, was ich sage. 16 Ist der Kelch des Segens, über den wir den Segen sprechen, nicht Teilhabe am Blut Christi? Ist das Brot, das wir brechen, nicht Teilhabe am Leib Christi? 17 Ein Brot ist es. Darum sind wir viele ein Leib; denn wir alle haben teil an dem einen Brot. 18 Schaut auf das irdische Israel: Haben die, welche von den Opfern essen, nicht teil am Altar? 19 Was meine ich damit? Ist denn Götzenopferfleisch wirklich etwas? Oder ist ein Götze wirklich etwas? 20 Nein, aber was man dort opfert, *opfert man* nicht Gott, sondern *den Dämonen.* Ich will jedoch nicht, dass ihr euch mit Dämonen einlasst. 21 Ihr könnt nicht den Kelch des Herrn trinken und den Kelch der Dämonen. Ihr könnt nicht Gäste sein am *Tisch des Herrn* und am Tisch der Dämonen. 22 Oder wollen wir *die Eifersucht des Herrn wecken* ? Sind wir stärker als er? 23 »Alles ist erlaubt« – aber nicht alles nützt. »Alles ist erlaubt« – aber nicht alles baut auf. 24 Denkt dabei nicht an euch selbst, sondern an die anderen. 25 Alles, was auf dem Fleischmarkt verkauft wird, das esst, ohne aus Gewissenhaftigkeit nachzuforschen. 26 Denn *dem Herrn gehört die Erde und was sie erfüllt.* 27 Wenn ein Ungläubiger euch einlädt und ihr hingehen möchtet, dann esst, was euch vorgesetzt wird, ohne aus Gewissensgründen nachzuforschen. 28 Wenn euch aber jemand darauf hinweist: Das ist Opferfleisch!, dann esst nicht davon, mit Rücksicht auf den, der euch aufmerksam macht, und auf das Gewissen; 29 ich meine das Gewissen des anderen, nicht das eigene; denn (an sich gilt): Warum soll meine Freiheit vom Gewissensurteil eines anderen abhängig sein? 30 Wenn ich in Dankbarkeit mitesse, soll ich dann getadelt werden, dass ich etwas esse, wofür ich Dank sage? 31 Ob ihr also esst oder trinkt oder etwas anderes tut: Tut alles zur Verherrlichung Gottes! 32 Gebt weder Juden noch Griechen, noch der Kirche Gottes Anlass zu einem Vorwurf! 33 Auch ich suche allen in allem entgegenzukommen; ich suche nicht meinen Nutzen, sondern den Nutzen aller, damit sie gerettet werden. 1 Nehmt mich zum Vorbild, wie ich Christus zum Vorbild nehme.

14: 1 Joh 5,21 • 16: 11,24f • 17: Apg 2,42; 1 Kor 12,27; Röm 12,5 • 18: Lev 7,6.15f; Dtn 18,1–4 • 19: 8,4 • 20: Ps 106,37 • 21: 2 Kor 6,15f; Mal 1,7.12 • 22: Dtn 32,21 • 23: 6,12 • 24: Röm 15,2; Phil 2,4 • 25: Röm 14,2–10 • 26: Ps 24,1 • 28: 8,7 • 30: Röm 14,6; 1 Tim 4,3f • 31: Kol 3,17 • 32: Röm 14,13 • 11,1: 4,16; Phil 3,17; 4,9

Über das Verhalten der Frau im Gottesdienst

11 2 Ich lobe euch, dass ihr in allem an mich denkt und an den Überlieferungen festhaltet, wie ich sie euch übergeben habe. 3 Ihr sollt aber wissen, dass Christus das Haupt des Mannes ist, der Mann das Haupt der Frau und Gott das Haupt Christi. 4 Wenn ein Mann betet oder prophetisch redet und dabei sein Haupt bedeckt hat, entehrt er sein Haupt. 5 Eine Frau aber entehrt ihr Haupt, wenn sie betet oder prophetisch redet und dabei ihr Haupt nicht verhüllt. Sie unterscheidet sich dann in keiner Weise von einer Geschorenen. 6 Wenn eine Frau kein Kopftuch trägt, soll sie sich doch gleich die Haare abschneiden lassen. Ist es aber für eine Frau eine Schande, sich die Haare abschneiden oder sich kahl scheren zu lassen, dann soll sie sich auch verhüllen. 7 Der Mann darf sein Haupt nicht verhüllen, weil er Abbild und Abglanz Gottes ist; die Frau aber ist der Abglanz

des Mannes. 8 Denn der Mann stammt nicht von
der Frau, sondern die Frau vom Mann. 9 Der Mann
wurde auch nicht für die Frau geschaffen, sondern
die Frau für den Mann. 10 Deswegen soll die Frau
mit Rücksicht auf die Engel das Zeichen ihrer Voll-
macht auf dem Kopf tragen. 11 Doch im Herrn gibt
es weder die Frau ohne den Mann noch den Mann
ohne die Frau. 12 Denn wie die Frau vom Mann
stammt, so kommt der Mann durch die Frau zur
Welt; alles aber stammt von Gott.
13 Urteilt selber! Gehört es sich, dass eine Frau
unverhüllt zu Gott betet? 14 Lehrt euch nicht schon
die Natur, dass es für den Mann eine Schande,
15 für die Frau aber eine Ehre ist, lange Haare zu
tragen? Denn der Frau ist das Haar als Hülle gege-
ben. 16 Wenn aber einer meint, er müsse darüber
streiten: Wir und auch die Gemeinden Gottes
kennen einen solchen Brauch nicht.

2: 2 Thess 2,15 • 3: 3,23; Gen 3,16; Eph 5,23 • 7: Gen 1,27 •
8: Gen 2,22f; 1 Tim 2,13 • 9: Gen 2,18; 6,2

Die rechte Feier des Herrenmahls

17 Wenn ich schon Anweisungen gebe: Das kann
ich nicht loben, dass ihr nicht mehr zu eurem
Nutzen, sondern zu eurem Schaden zusammen-
kommt. 18 Zunächst höre ich, dass es Spaltungen
unter euch gibt, wenn ihr als Gemeinde zusam-
menkommt; zum Teil glaube ich das auch. 19 Denn
es muss Parteiungen geben unter euch; nur so wird
sichtbar, wer unter euch treu und zuverlässig ist.
20 Was ihr bei euren Zusammenkünften tut, ist
keine Feier des Herrenmahls mehr; 21 denn jeder
verzehrt sogleich seine eigenen Speisen, und dann
hungert der eine, während der andere schon be-
trunken ist. 22 Könnt ihr denn nicht zu Hause essen
und trinken? Oder verachtet ihr die Kirche Gottes?
Wollt ihr jene demütigen, die nichts haben? Was
soll ich dazu sagen? Soll ich euch etwa loben? In
diesem Fall kann ich euch nicht loben.
23 Denn ich habe vom Herrn empfangen, was ich
euch dann überliefert habe: Jesus, der Herr, nahm
in der Nacht, in der er ausgeliefert wurde, Brot,
24 sprach das Dankgebet, brach das Brot und sagte:
Das ist mein Leib für euch. Tut dies zu meinem
Gedächtnis! 25 Ebenso nahm er nach dem Mahl
den Kelch und sprach: Dieser Kelch ist der *Neue
Bund* in meinem Blut. Tut dies, sooft ihr daraus
trinkt, zu meinem Gedächtnis!
26 Denn sooft ihr von diesem Brot esst und aus dem
Kelch trinkt, verkündet ihr den Tod des Herrn, bis
er kommt. 27 Wer also unwürdig von dem Brot isst
und aus dem Kelch des Herrn trinkt, macht sich
schuldig am Leib und am Blut des Herrn. 28 Jeder
soll sich selbst prüfen; erst dann soll er von dem
Brot essen und aus dem Kelch trinken. 29 Denn wer
davon isst und trinkt, ohne zu bedenken, dass es
der Leib des Herrn ist, der zieht sich das Gericht
zu, indem er isst und trinkt. 30 Deswegen sind
unter euch viele schwach und krank und nicht
wenige sind schon entschlafen. 31 Gingen wir mit
uns selbst ins Gericht, dann würden wir nicht
gerichtet. 32 Doch wenn wir jetzt vom Herrn ge-
richtet werden, dann ist es eine Zurechtweisung,
damit wir nicht zusammen mit der Welt ver-
dammt werden. 33 Wenn ihr also zum Mahl zusam-
menkommt, meine Brüder, wartet aufeinander!
34 Wer Hunger hat, soll zu Hause essen; sonst wird
euch die Zusammenkunft zum Gericht. Weitere
Anordnungen werde ich treffen, wenn ich komme.

18: 1,10–12; 3,3f • 22: Jak 2,5f • 23: 15,3; Mt 26,26–28; Mk 14,22–24;
Lk 22,19f • 25: Jer 31,31; Lk 22,20 • 26: Mt 26,29; Mk 14,25;
Lk 22,16–18 • 31: Hebr 12,5f • 34: 16,5

DIE GEISTESGABEN UND DAS LEBEN DER CHRISTEN: 12,1 – 14,40

Der eine Geist und die vielen Gaben

12 Auch über die Gaben des Geistes möchte
ich euch nicht in Unkenntnis lassen, meine
Brüder. 2 Als ihr noch Heiden wart, zog es euch,
wie ihr wisst, mit unwiderstehlicher Gewalt zu den
stummen Götzen. 3 Darum erkläre ich euch: Kei-
ner, der aus dem Geist Gottes redet, sagt: Jesus sei
verflucht! Und keiner kann sagen: Jesus ist der
Herr!, wenn er nicht aus dem Heiligen Geist redet.
4 Es gibt verschiedene Gnadengaben, aber nur den
einen Geist. 5 Es gibt verschiedene Dienste, aber
nur den einen Herrn. 6 Es gibt verschiedene Kräfte,
die wirken, aber nur den einen Gott: Er bewirkt
alles in allen. 7 Jedem aber wird die Offenbarung

des Geistes geschenkt, damit sie anderen nützt.
8 Dem einen wird vom Geist die Gabe geschenkt,
Weisheit mitzuteilen, dem andern durch den glei-
chen Geist die Gabe, Erkenntnis zu vermitteln,
9 dem dritten im gleichen Geist Glaubenskraft,
einem andern – immer in dem einen Geist – die
Gabe, Krankheiten zu heilen, 10 einem andern
Wunderkräfte, einem andern prophetisches Re-
den, einem andern die Fähigkeit, die Geister zu
unterscheiden, wieder einem andern verschiedene
Arten von Zungenrede, einem andern schließlich
die Gabe, sie zu deuten. 11 Das alles bewirkt ein und
derselbe Geist; einem jeden teilt er seine besondere
Gabe zu, wie er will.

1: 14,1 • 2: Gal 4,8 • 3: 1 Joh 4,2f; Röm 10,9 • 4: Röm 12,6; Eph 4,4 •
6: 8,6; Eph 4,6 • 7: 14,26 • 11: 7,7; Röm 12,3; Eph 4,7–12; 1 Petr 4,10

Der eine Leib und die vielen Glieder

12 Denn wie der Leib eine Einheit ist, doch viele
Glieder hat, alle Glieder des Leibes aber, obgleich
es viele sind, einen einzigen Leib bilden: So ist es
auch mit Christus. 13 Durch den einen Geist wur-
den wir in der Taufe alle in einen einzigen Leib auf-
genommen, Juden und Griechen, Sklaven und
Freie; und alle wurden wir mit dem einen Geist
getränkt. 14 Auch der Leib besteht nicht nur aus
einem Glied, sondern aus vielen Gliedern.
15 Wenn der Fuß sagt: Ich bin keine Hand, ich
gehöre nicht zum Leib!, so gehört er doch zum
Leib. 16 Und wenn das Ohr sagt: Ich bin kein Auge,
ich gehöre nicht zum Leib!, so gehört es doch zum
Leib. 17 Wenn der ganze Leib nur Auge wäre, wo
bliebe dann das Gehör? Wenn er nur Gehör wäre,
wo bliebe dann der Geruchssinn? 18 Nun aber hat
Gott jedes einzelne Glied so in den Leib eingefügt,
wie es seiner Absicht entsprach. 19 Wären alle
zusammen nur ein Glied, wo bliebe dann der
Leib? 20 So aber gibt es viele Glieder und doch nur
einen Leib. 21 Das Auge kann nicht zur Hand
sagen: Ich bin nicht auf dich angewiesen. Der Kopf
kann nicht zu den Füßen sagen: Ich brauche euch
nicht. 22 Im Gegenteil, gerade die schwächer schei-
nenden Glieder des Leibes sind unentbehrlich.
23 Denen, die wir für weniger edel ansehen, erwei-
sen wir umso mehr Ehre und unseren weniger
anständigen Gliedern begegnen wir mit mehr An-
stand, 24 während die anständigen das nicht nötig
haben. Gott aber hat den Leib so zusammenge-
fügt, dass er dem geringsten Glied mehr Ehre zu-
kommen ließ, 25 damit im Leib kein Zwiespalt
entstehe, sondern alle Glieder einträchtig fürei-
nander sorgen. 26 Wenn darum ein Glied leidet,
leiden alle Glieder mit; wenn ein Glied geehrt wird,
freuen sich alle anderen mit ihm. 27 Ihr aber seid der
Leib Christi und jeder Einzelne ist ein Glied an
ihm.
28 So hat Gott in der Kirche die einen als Apostel
eingesetzt, die andern als Propheten, die dritten als
Lehrer; ferner verlieh er die Kraft, Wunder zu tun,
sodann die Gaben, Krankheiten zu heilen, zu hel-
fen, zu leiten, endlich die verschiedenen Arten von
Zungenrede. 29 Sind etwa alle Apostel, alle Prophe-
ten, alle Lehrer? Haben alle die Kraft, Wunder zu
tun? 30 Besitzen alle die Gabe, Krankheiten zu hei-
len? Reden alle in Zungen? Können alle solches
Reden auslegen? 31a Strebt aber nach den höheren
Gnadengaben!

12: 10,17; Röm 12,4f • 13: Gal 3,28 • 26: Röm 12,15 • 27: Röm 12,5;
Eph 5,30 • 28: 12,8–10; Eph 4,11f • 31a: 14,1

Die höheren Gnadengaben –
das Hohelied der Liebe

31b Ich zeige euch jetzt noch einen anderen Weg,
einen, der alles übersteigt:

13 Wenn ich in den Sprachen der Menschen
und Engel redete, / hätte aber die Liebe
nicht, / wäre ich dröhnendes Erz oder eine lär-
mende Pauke.
2 Und wenn ich prophetisch reden könnte / und
alle Geheimnisse wüsste / und alle Erkenntnis
hätte; / wenn ich alle Glaubenskraft besäße / und
Berge damit versetzen könnte, / hätte aber die
Liebe nicht, / wäre ich nichts.
3 Und wenn ich meine ganze Habe verschenkte /
und wenn ich meinen Leib dem Feuer übergäbe, /
hätte aber die Liebe nicht, / nützte es mir nichts.
4 Die Liebe ist langmütig, / die Liebe ist gütig. / Sie
ereifert sich nicht, / sie prahlt nicht, / sie bläht sich
nicht auf.
5 Sie handelt nicht ungehörig, / sucht nicht ihren
Vorteil, / lässt sich nicht zum Zorn reizen, / trägt
das Böse nicht nach.
6 Sie freut sich nicht über das Unrecht, / sondern
freut sich an der Wahrheit.

7 Sie erträgt alles, / glaubt alles, / hofft alles, / hält
allem stand.
8 Die Liebe hört niemals auf. / Prophetisches Re-
den hat ein Ende, / Zungenrede verstummt, / Er-
kenntnis vergeht.
9 Denn Stückwerk ist unser Erkennen, / Stückwerk
unser prophetisches Reden;
10 wenn aber das Vollendete kommt, / vergeht alles
Stückwerk.
11 Als ich ein Kind war, / redete ich wie ein Kind, /
dachte wie ein Kind / und urteilte wie ein Kind.
Als ich ein Mann wurde, / legte ich ab, was Kind
an mir war.
12 Jetzt schauen wir in einen Spiegel / und sehen
nur rätselhafte Umrisse, / dann aber schauen wir
von Angesicht zu Angesicht.
Jetzt erkenne ich unvollkommen, / dann aber wer-
de ich durch und durch erkennen, / so wie ich auch
durch und durch erkannt worden bin.
13 Für jetzt bleiben Glaube, Hoffnung, Liebe, diese
drei; / doch am größten unter ihnen ist die Liebe.

1: 14,6–8 • 2: 14,3.5; Mt 7,22; 17,20; 21,22; Mk 11,23 • 3: Mt 19,21 • 4: Röm 13,8–10 • 6: Röm 12,9 • 7: Spr 10,12 • 13: Hebr 10,22–24; Kol 3,14

Über die Charismen der Prophetie und der Zungenrede

14 Jagt der Liebe nach! Strebt aber auch nach
den Geistesgaben, vor allem nach der pro-
phetischen Rede! 2 Denn wer in Zungen redet,
redet nicht zu Menschen, sondern zu Gott; kei-
ner versteht ihn: Im Geist redet er geheimnis-
volle Dinge. 3 Wer aber prophetisch redet, redet zu
Menschen: Er baut auf, ermutigt, spendet Trost.
4 Wer in Zungen redet, erbaut sich selbst; wer aber
prophetisch redet, baut die Gemeinde auf. 5 Ich
wünschte, ihr alle würdet in Zungen reden, weit
mehr aber, ihr würdet prophetisch reden. Der Pro-
phet steht höher als der, der in Zungen redet, es sei
denn, dieser legt sein Reden aus; dann baut auch
er die Gemeinde auf.
6 Was nützt es euch, Brüder, wenn ich komme und
in Zungen vor euch rede, euch aber keine Offen-
barung, keine Erkenntnis, keine Weissagung, keine
Lehre bringe? 7 Wenn leblose Musikinstrumente,
eine Flöte oder eine Harfe, nicht deutlich unter-
schiedene Töne hervorbringen, wie soll man dann
erkennen, was auf der Flöte oder auf der Harfe
gespielt wird? 8 Und wenn die Trompete unklare
Töne hervorbringt, wer wird dann zu den Waffen
greifen? 9 So ist es auch mit euch, wenn ihr in Zun-
gen redet, aber kein verständliches Wort hervor-
bringt. Wer soll dann das Gesprochene verstehen?
Ihr redet nur in den Wind.
10 Es gibt wer weiß wie viele Sprachen in der Welt
und nichts ist ohne Sprache. 11 Wenn ich nun den
Sinn der Laute nicht kenne, bin ich für den Spre-
cher ein Fremder, wie der Sprecher für mich. 12 So
ist es auch mit euch. Da ihr nach Geistesgaben
strebt, gebt euch Mühe, dass ihr damit vor allem
zum Aufbau der Gemeinde beitragt. 13 Deswegen
soll einer, der in Zungen redet, darum beten, dass
er es auch auslegen kann. 14 Denn wenn ich nur in
Zungen bete, betet zwar mein Geist, aber mein
Verstand bleibt unfruchtbar. 15 Was folgt daraus?
Ich will nicht nur im Geist beten, sondern auch
mit dem Verstand. Ich will nicht nur im Geist Gott
preisen, sondern auch mit dem Verstand. 16 Wenn
du nur im Geist den Lobpreis sprichst und ein
Unkundiger anwesend ist, so kann er zu deinem
Dankgebet das Amen nicht sagen; denn er versteht
nicht, was du sagst. 17 Dein Dankgebet mag noch
so gut sein, der andere hat keinen Nutzen davon.
18 Ich danke Gott, dass ich mehr als ihr alle in Zun-
gen rede. 19 Doch vor der Gemeinde will ich lieber
fünf Worte mit Verstand reden, um auch andere
zu unterweisen, als zehntausend Worte in Zungen
stammeln.
20 Seid doch nicht Kinder an Einsicht, Brüder! Seid
Unmündige an Bosheit, an Einsicht aber seid reife
Menschen! 21 Im Gesetz steht: *Durch Leute, die
anders und in anderen Sprachen reden, werde ich zu
diesem Volk sprechen;* aber auch so *werden sie nicht*
auf mich *hören,* spricht der Herr. 22 So ist Zungen-
reden ein Zeichen nicht für die Gläubigen, son-
dern für die Ungläubigen, prophetisches Reden
aber ein Zeichen nicht für die Ungläubigen, son-
dern für die Glaubenden. 23 Wenn also die ganze
Gemeinde sich versammelt und alle in Zungen
reden und es kommen Unkundige oder Ungläu-
bige hinzu, werden sie dann nicht sagen: Ihr seid
verrückt! 24 Wenn aber alle prophetisch reden und
ein Ungläubiger oder Unkundiger kommt herein,
dann wird ihm von allen ins Gewissen geredet und

er fühlt sich von allen ins Verhör genommen;
25 was in seinem Herzen verborgen ist, wird aufge-
deckt. Und so *wird er sich niederwerfen*, Gott *anbe-
ten* und ausrufen: *Wahrhaftig, Gott ist bei euch!*

1: 12,10 • 5: Num 11,29 • 16: 2 Kor 1,20; 1 Chr 16,36; Neh 8,6 •
20: Röm 16,19; Eph 4,14 • 21: Jes 28,11f • 23: Apg 2,12f •
25: Jes 45,14; Sach 8,23

Die rechte Einheit und Ordnung im Gottesdienst

26 Was soll also geschehen, Brüder? Wenn ihr zu-
sammenkommt, trägt jeder etwas bei: einer einen
Psalm, ein anderer eine Lehre, der dritte eine
Offenbarung; einer redet in Zungen und ein ande-
rer deutet es. Alles geschehe so, dass es aufbaut.
27 Wenn man in Zungen reden will, so sollen es nur
zwei tun, höchstens drei, und zwar einer nach dem
andern; dann soll einer es auslegen. 28 Wenn aber
niemand es auslegen kann, soll auch keiner vor der
Gemeinde so reden. Er soll es für sich selber tun
und vor Gott. 29 Auch zwei oder drei Propheten
sollen zu Wort kommen; die anderen sollen urtei-
len. 30 Wenn aber noch einem andern Anwesenden
eine Offenbarung zuteil wird, soll der erste schwei-
gen; 31 einer nach dem andern könnt ihr alle pro-
phetisch reden. So lernen alle etwas und alle wer-
den ermutigt. 32 Die Äußerung prophetischer Ein-
gebungen ist nämlich dem Willen der Propheten
unterworfen.
33 Denn Gott ist nicht ein Gott der Unordnung,
sondern ein Gott des Friedens.
Wie es in allen Gemeinden der Heiligen üblich ist,
34 sollen die Frauen in der Versammlung schwei-
gen; es ist ihnen nicht gestattet zu reden. Sie sol-
len sich unterordnen, wie auch das Gesetz es for-
dert. 35 Wenn sie etwas wissen wollen, dann sollen
sie zu Hause ihre Männer fragen; denn es gehört
sich nicht für eine Frau, vor der Gemeinde zu
reden. 36 Ist etwa das Gotteswort von euch ausge-
gangen? Ist es etwa nur zu euch gekommen?
37 Wenn einer meint, Prophet zu sein oder geist-
erfüllt, soll er in dem, was ich euch schreibe, ein
Gebot des Herrn erkennen. 38 Wer das nicht aner-
kennt, wird nicht anerkannt. 39 Strebt also nach der
Prophetengabe, meine Brüder, und hindert nie-
mand daran, in Zungen zu reden. 40 Doch alles soll
in Anstand und Ordnung geschehen.

26: 12,8–10; Eph 4,12 • 29: 1 Thess 5,19–21 • 33: Röm 15,33 •
34: 11,16; Gen 3,16; 1 Tim 2,11f • 35: Eph 5,22 • 39: 14,1.5 •
40: Kol 2,5

DIE AUFERWECKUNG CHRISTI UND DER CHRISTEN: 15,1–58

Die Auferweckung Christi und das Heil

15 Ich erinnere euch, Brüder, an das Evange-
lium, das ich euch verkündet habe. Ihr habt
es angenommen; es ist der Grund, auf dem ihr
steht. 2 Durch dieses Evangelium werdet ihr geret-
tet, wenn ihr an dem Wortlaut festhaltet, den ich
euch verkündet habe. Oder habt ihr den Glauben
vielleicht unüberlegt angenommen?
3 Denn vor allem habe ich euch überliefert, was
auch ich empfangen habe:
Christus ist für unsere Sünden gestorben, / gemäß
der Schrift,
4 und ist begraben worden. / Er ist am dritten Tag
auferweckt worden, / gemäß der Schrift,
5 und erschien dem Kephas, dann den Zwölf.
6 Danach erschien er mehr als fünfhundert Brü-
dern zugleich; die meisten von ihnen sind noch am
Leben, einige sind entschlafen. 7 Danach erschien
er dem Jakobus, dann allen Aposteln. 8 Als Letztem
von allen erschien er auch mir, dem Unerwarteten,
der »Missgeburt«. 9 Denn ich bin der geringste von
den Aposteln; ich bin nicht wert, Apostel genannt
zu werden, weil ich die Kirche Gottes verfolgt
habe. 10 Doch durch Gottes Gnade bin ich, was ich
bin, und sein gnädiges Handeln an mir ist nicht
ohne Wirkung geblieben. Mehr als sie alle habe ich
mich abgemüht – nicht ich, sondern die Gnade
Gottes zusammen mit mir. 11 Ob nun ich verkün-
dige oder die anderen: das ist unsere Botschaft,
und das ist der Glaube, den ihr angenommen habt.
12 Wenn aber verkündigt wird, dass Christus von
den Toten auferweckt worden ist, wie können
dann einige von euch sagen: Eine Auferstehung
der Toten gibt es nicht? 13 Wenn es keine Auferste-
hung der Toten gibt, ist auch Christus nicht aufer-
weckt worden. 14 Ist aber Christus nicht aufer-

weckt worden, dann ist unsere Verkündigung leer
und euer Glaube sinnlos. 15 Wir werden dann auch
als falsche Zeugen Gottes entlarvt, weil wir im
Widerspruch zu Gott das Zeugnis abgelegt haben:
Er hat Christus auferweckt. Er hat ihn eben nicht
auferweckt, wenn Tote nicht auferweckt werden.
16 Denn wenn Tote nicht auferweckt werden, ist
auch Christus nicht auferweckt worden. 17 Wenn
aber Christus nicht auferweckt worden ist, dann
ist euer Glaube nutzlos und ihr seid immer noch
in euren Sünden; 18 und auch die in Christus Ent-
schlafenen sind dann verloren. 19 Wenn wir unsere
Hoffnung nur in diesem Leben auf Christus ge-
setzt haben, sind wir erbärmlicher daran als alle
anderen Menschen.
20 Nun aber ist Christus von den Toten auferweckt
worden als der Erste der Entschlafenen. 21 Da näm-
lich durch einen Menschen der Tod gekommen
ist, kommt durch einen Menschen auch die Auf-
erstehung der Toten. 22 Denn wie in Adam alle ster-
ben, so werden in Christus alle lebendig gemacht
werden.
23 Es gibt aber eine bestimmte Reihenfolge: Erster
ist Christus; dann folgen, wenn Christus kommt,
alle, die zu ihm gehören. 24 Danach kommt das
Ende, wenn er jede Macht, Gewalt und Kraft ver-
nichtet hat und seine Herrschaft Gott, dem Vater,
übergibt. 25 Denn er muss herrschen, bis Gott *ihm*
alle *Feinde unter die Füße gelegt hat.* 26 Der letzte
Feind, der entmachtet wird, ist der Tod. 27 Sonst
hätte er *ihm* nicht *alles zu Füßen gelegt.* Wenn es
aber heißt, alles sei unterworfen, ist offenbar der
ausgenommen, der ihm alles unterwirft. 28 Wenn
ihm dann alles unterworfen ist, wird auch er, der
Sohn, sich dem unterwerfen, der ihm alles unter-
worfen hat, damit Gott herrscht über alles und in
allem.
29 Wie kämen sonst einige dazu, sich für die Toten
taufen zu lassen? Wenn Tote gar nicht auferweckt
werden, warum lässt man sich dann taufen für sie?
30 Warum setzen dann auch wir uns stündlich der
Gefahr aus? 31 Täglich sehe ich dem Tod ins Auge,
so wahr ihr, Brüder, mein Ruhm seid, den ich in
Christus Jesus, unserem Herrn, empfangen habe.
32 Was habe ich dann davon, dass ich in Ephesus,
wie man so sagt, mit wilden Tieren gekämpft habe?
Wenn Tote nicht auferweckt werden, dann *lasst uns*
essen und trinken; denn morgen sind wir tot. 33 Lasst
euch nicht irreführen! Schlechter Umgang verdirbt
gute Sitten. 34 Werdet nüchtern, wie es sich gehört,
und sündigt nicht! Einige Leute wissen nichts von
Gott; ich sage das, damit ihr euch schämt.

1: Gal 1,11 • 3: 11,23; Jes 53,4f; Röm 4,25; 1 Petr 2,24 • 4: Hos 6,2 • 5: Lk 24,34.36 • 8: 9,1; Apg 9,3–5 • 9: Apg 8,1–3; 9,1–3; Gal 1,13; 1 Tim 1,15; Eph 3,8 • 10: 3,10; 2 Kor 11,23; 1 Tim 1,14 • 11: 3,5 • 12: 2 Tim 2,18 • 18: 1 Thess 4,14 • 20: Apg 26,23; Kol 1,18 • 21: Gen 3,17–19; Röm 5,12.18 • 23: 1 Thess 4,15f • 25: Ps 110,1 • 26: Offb 20,14; 21,4 • 27: Ps 8,7; Hebr 2,8 • 28: 8,6; Röm 11,36 • 30: Röm 8,36 • 31: 2 Kor 4,10f • 32: Jes 22,13; Apg 19,29f; 20,3; 2 Kor 1,8 • 34: 6,5; 1 Thess 5,6–8

Die Vollendung des Heils bei der Auferstehung

35 Nun könnte einer fragen: Wie werden die Toten
auferweckt, was für einen Leib werden sie haben?
36 Was für eine törichte Frage! Auch das, was du
säst, wird nicht lebendig, wenn es nicht stirbt.
37 Und was du säst, hat noch nicht die Gestalt, die
entstehen wird; es ist nur ein nacktes Samenkorn,
zum Beispiel ein Weizenkorn oder ein anderes.
38 Gott gibt ihm die Gestalt, die er vorgesehen hat,
jedem Samen eine andere. 39 Auch die Lebewesen
haben nicht alle die gleiche Gestalt. Die Gestalt der
Menschen ist anders als die der Haustiere, die
Gestalt der Vögel anders als die der Fische. 40 Auch
gibt es Himmelskörper und irdische Körper. Die
Schönheit der Himmelskörper ist anders als die
der irdischen Körper. 41 Der Glanz der Sonne ist
anders als der Glanz des Mondes, anders als der
Glanz der Sterne; denn auch die Gestirne unter-
scheiden sich durch ihren Glanz.
42 So ist es auch mit der Auferstehung der Toten.
Was gesät wird, ist verweslich, was auferweckt
wird, unverweslich. 43 Was gesät wird, ist armselig,
was auferweckt wird, herrlich. Was gesät wird, ist
schwach, was auferweckt wird, ist stark. 44 Gesät
wird ein irdischer Leib, auferweckt ein überirdi-
scher Leib. Wenn es einen irdischen Leib gibt, gibt
es auch einen überirdischen. 45 So steht es auch in
der Schrift: Adam, der Erste *Mensch, wurde ein*
irdisches *Lebewesen.* Der Letzte Adam wurde
lebendig machender Geist. 46 Aber zuerst kommt
nicht das Überirdische; zuerst kommt das Irdi-
sche, dann das Überirdische. 47 Der Erste *Mensch*
stammt *von der Erde* und ist *Erde;* der Zweite
Mensch stammt vom Himmel. 48 Wie der von der
Erde irdisch war, so sind es auch seine Nachfah-

ren. Und wie der vom Himmel himmlisch ist, so sind es auch seine Nachfahren. 49 Wie wir nach dem Bild des Irdischen gestaltet wurden, so werden wir auch nach dem Bild des Himmlischen gestaltet werden. 50 Damit will ich sagen, Brüder: Fleisch und Blut können das Reich Gottes nicht erben; das Vergängliche erbt nicht das Unvergängliche.

51 Seht, ich enthülle euch ein Geheimnis: Wir werden nicht alle entschlafen, aber wir werden alle verwandelt werden – 52 plötzlich, in einem Augenblick, beim letzten Posaunenschall. Die Posaune wird erschallen, die Toten werden zur Unvergänglichkeit auferweckt, wir aber werden verwandelt werden. 53 Denn dieses Vergängliche muss sich mit Unvergänglichkeit bekleiden und dieses Sterbliche mit Unsterblichkeit. 54 Wenn sich aber dieses Vergängliche mit Unvergänglichkeit bekleidet und dieses Sterbliche mit Unsterblichkeit, dann erfüllt sich das Wort der Schrift:

Verschlungen ist der Tod vom Sieg.

55 *Tod, wo ist dein Sieg? / Tod, wo ist dein Stachel?*

56 Der Stachel des Todes aber ist die Sünde, die Kraft der Sünde ist das Gesetz. 57 Gott aber sei Dank, der uns den Sieg geschenkt hat durch Jesus Christus, unseren Herrn. 58 Daher, geliebte Brüder, seid standhaft und unerschütterlich, nehmt immer eifriger am Werk des Herrn teil und denkt daran, dass im Herrn eure Mühe nicht vergeblich ist.

37: Joh 12,24 • 38: Gen 1,11 • 43: Phil 3,20f; Kol 3,4 • 45: Gen 2,7 • 47: Gen 2,7 • 49: Gen 5,3; Röm 8,29 • 50: Joh 3,5f • 51: 1 Thess 4,15–17 • 52: Mt 24,31 • 53: 2 Kor 5,4 • 54: Jes 25,8 • 55: Hos 13,14 G • 56: Röm 5,12f; 7,7–9.13 • 57: Röm 7,25 • 58: 16,13

DER SCHLUSS DES BRIEFES: 16,1–24

Die Sammlung für Jerusalem

16 Was die Geldsammlung für die Heiligen angeht, sollt auch ihr euch an das halten, was ich für die Gemeinden Galatiens angeordnet habe. 2 Jeder soll immer am ersten Tag der Woche etwas zurücklegen und so zusammensparen, was er kann. Dann sind keine Sammlungen mehr nötig, wenn ich komme. 3 Nach meiner Ankunft werde ich eure Vertrauensleute mit Briefen nach Jerusalem schicken, damit sie eure Liebesgabe überbringen. 4 Ist es der Mühe wert, dass ich selbst hinreise, dann sollen sie mit mir reisen.

1: Apg 11,29; Röm 15,26; 2 Kor 8,4; 9,1; Gal 2,10 • 2: Apg 20,7; Offb 1,10 • 3: 2 Kor 8,16–19

Die Pläne des Apostels

5 Ich werde zu euch kommen, wenn ich durch Mazedonien gereist bin. In Mazedonien will ich nämlich nicht bleiben, 6 aber, wenn es möglich ist, bei euch, vielleicht sogar den ganzen Winter. Wenn ich dann weiterreise, könnt ihr mir das Geleit geben. 7 Ich möchte euch diesmal nicht nur auf der Durchreise sehen; ich hoffe, einige Zeit bei euch bleiben zu können, wenn der Herr es zulässt.

8 In Ephesus will ich bis Pfingsten bleiben. 9 Denn weit und wirksam ist mir hier eine Tür geöffnet worden; doch auch an Gegnern fehlt es nicht.

10 Wenn Timotheus kommt, achtet darauf, dass ihr ihn nicht entmutigt; denn er arbeitet im Dienst des Herrn wie ich. 11 Keiner soll ihn gering schätzen. Verabschiedet ihn dann in Frieden, damit er zu mir zurückkehrt; ich warte auf ihn mit den Brüdern.

12 Was den Bruder Apollos angeht, so habe ich ihn dringend gebeten, er möge mit den Brüdern zu euch reisen, aber er wollte auf keinen Fall jetzt gehen. Er wird kommen, wenn er eine günstige Gelegenheit findet.

5: Apg 19,21; 20,2f; 2 Kor 1,16 • 8: Apg 19,1.10 • 9: Apg 14,27 • 10: 4,17; Phil 2,19f • 11: 1 Tim 4,12 • 12: 3,5f

Letzte Mahnungen und Grüße

13 Seid wachsam, steht fest im Glauben, *seid mutig, seid stark!* 14 Alles, was ihr tut, geschehe in Liebe.

15 Ich habe noch eine Bitte, Brüder. Ihr kennt das Haus des Stephanas: Sie sind die erste Frucht Achaias und haben sich in den Dienst der Heiligen gestellt. 16 Ordnet euch ihnen unter, ebenso ihren Helfern und Mitarbeitern! 17 Es freut mich, dass Stephanas, Fortunatus und Achaikus zu mir gekommen sind; sie sind mir ein Ersatz für euch, da ihr nicht hier sein könnt. 18 Sie haben mich und euch erfreut und aufgerichtet. Verweigert solchen Männern eure Anerkennung nicht!

19 Es grüßen euch die Gemeinden in der Provinz Asien. Aquila und Priska und ihre Hausgemeinde senden euch viele Grüße im Herrn. 20 Es grüßen euch alle Brüder. Grüßt einander mit dem heiligen Kuss! 21 Den Gruß schreibe ich, Paulus, eigenhändig.
22 Wer den Herrn nicht liebt, sei verflucht! Marána tha – Unser Herr, komm!
23 Die Gnade Jesu, des Herrn, sei mit euch!
24 Meine Liebe ist mit euch allen in Christus Jesus.

13: 15,58; Eph 6,10; Ps 31,25 G; Jos 1,7 • 14: Kol 3,14 • 15: 1,16; Röm 16,5 • 18: 1 Thess 5,12f • 19: Offb 1,4.11; Apg 18,2 • 20: Röm 16,16 • 21: 2 Thess 3,17; Kol 4,18 • 22: Gal 1,8f • 23: Röm 16,24

DER ZWEITE BRIEF AN DIE KORINTHER

Seit der Abfassung des 1. Korintherbriefs nahm das Verhältnis des Apostels Paulus zur korinthischen Gemeinde einen wechselvollen Verlauf. Gegner drangen in die Gemeinde ein, die die Autorität des Apostels untergruben. Dieser sah sich veranlasst, von Ephesus aus einen Besuch in Korinth zu machen (2,5; 7,12). Bei dieser Gelegenheit kam es zu einem schweren Zwischenfall, der für Paulus eine Demütigung bedeutete. Bei seiner Abreise stellte er einen baldigen Besuch in Aussicht (1,15f), schrieb aber dann stattdessen von Ephesus aus in »großer Bedrängnis und Herzensnot« einen Brief (2,4). Titus überbrachte diesen der Gemeinde; währenddessen wartete Paulus mit Spannung das Ergebnis der Mission seines Schülers ab und reiste ihm schließlich über Troas nach Mazedonien entgegen (2,13). Dort erhielt er von Titus gute Nachricht aus Korinth (7,6–16), die die Wiederversöhnung mit der Gemeinde einleitete.

Der 2. Korintherbrief ist von dieser wechselvollen Geschichte bestimmt. Im Wesentlichen geht es um drei Themen: Zuerst spricht Paulus von seinem Apostelamt, indem er die Gemeinde als sein apostolisches Werk darstellt (Kap. 1 – 7); zweitens ruft er die Gemeinde auf, sich an der Kollekte für die Armen in Jerusalem zu beteiligen (Kap. 8 – 9), und drittens setzt er sich in leidenschaftlicher Form mit seinen Gegnern auseinander, wobei er uns wichtige Einblicke in sein von Mühe und Kampf erfülltes Apostelleben gewährt (Kap. 10 – 13).

Von den Briefen des Paulus gibt der 2. Korintherbrief die bedeutsamsten Aufschlüsse über sein apostolisches Selbstverständnis. Außerdem enthält er wichtige Aussagen über die Beziehung von Amt und Gemeinde.

ANSCHRIFT UND GRUSS: 1,1–2

1 Paulus, durch Gottes Willen Apostel Christi Jesu, und der Bruder Timotheus an die Kirche Gottes, die in Korinth ist, und an alle Heiligen in ganz Achaia. 2 Gnade sei mit euch und Friede von Gott, unserem Vater, und dem Herrn Jesus Christus.

1: 1 Kor 1,1f; Phil 1,1

VON LEIDEN UND TROST DES APOSTELS: 1,3–11

3 Gepriesen sei der Gott und Vater Jesu Christi,
unseres Herrn, der Vater des Erbarmens und der
Gott allen Trostes. 4 Er tröstet uns in all unserer
Not, damit auch wir die Kraft haben, alle zu trös-
ten, die in Not sind, durch den Trost, mit dem auch
wir von Gott getröstet werden. 5 Wie uns nämlich
die Leiden Christi überreich zuteil geworden sind,
so wird uns durch Christus auch überreicher Trost
zuteil. 6 Sind wir aber in Not, so ist es zu eurem
Trost und Heil, und werden wir getröstet, so ge-
schieht auch das zu eurem Trost; er wird wirksam,
wenn ihr geduldig die gleichen Leiden ertragt, die
auch wir ertragen. 7 Unsere Hoffnung für euch ist
unerschütterlich; wir sind sicher, dass ihr mit uns
nicht nur an den Leiden teilhabt, sondern auch am
Trost.
8 Wir wollen euch die Not nicht verschweigen,
Brüder, die in der Provinz Asien über uns kam und
uns über alles Maß bedrückte; unsere Kraft war
erschöpft, so sehr, dass wir am Leben verzweifel-
ten. 9 Aber wir haben unser Todesurteil hingenom-
men, weil wir unser Vertrauen nicht auf uns selbst
setzen wollten, sondern auf Gott, der die Toten
auferweckt. 10 Er hat uns aus dieser großen Todes-
not errettet und rettet uns noch; auf ihm ruht
unsere Hoffnung, dass er uns auch in Zukunft ret-
ten wird. 11 Helft aber auch ihr, indem ihr für uns
betet, damit viele Menschen in unserem Namen
Dank sagen für die Gnade, die uns geschenkt
wurde.

3: Eph 1,3; 1 Petr 1,3; Röm 15,5 • 4: 7,6 • 5: 4,10f; Kol 1,24 • 6: 4,12.15 • 8: Apg 19,23; 1 Kor 15,32 • 9: Röm 4,17 • 11: Röm 15,30; 2 Kor 4,15

KLÄRUNG VON MISSVERSTÄNDNISSEN: 1,12 – 2,11

Die Zuverlässigkeit des Apostels

12 Denn das ist unser Ruhm – und dafür zeugt auch
unser Gewissen –, dass wir in dieser Welt, vor
allem euch gegenüber, in der Aufrichtigkeit und
Lauterkeit, wie Gott sie schenkt, gehandelt haben,
nicht aufgrund menschlicher Weisheit, sondern
aufgrund göttlicher Gnade. 13 Und wenn wir euch
schreiben, meinen wir nichts anderes, als was ihr
lest und versteht; ich hoffe, ihr werdet noch ganz
verstehen, 14 was wir meinen und was ihr zum Teil
schon verstanden habt, nämlich dass ihr am Tag
Jesu, unseres Herrn, auf uns stolz sein dürft, so wie
wir auf euch.

12: 2,17; Apg 23,1; 1 Kor 2,13 • 14: 3,2f; Phil 2,16

Die Änderung des Reiseplans

15 In dieser Zuversicht wollte ich zunächst zu euch
kommen, damit ihr ein zweites Mal Gnade erfah-
ren hättet. 16 Von euch wollte ich dann nach Maze-
donien reisen und von Mazedonien zu euch zu-
rückkommen, um von euch nach Judäa geleitet zu
werden. 17 War dieser Entschluss etwa leichtsinnig?
Plane ich, wie manche Menschen planen, sodass
mein Ja auch ein Nein sein kann? 18 Gott ist treu,
er bürgt dafür, dass unser Wort euch gegenüber
nicht Ja und Nein zugleich ist. 19 Denn Gottes Sohn
Jesus Christus, der euch durch uns verkündigt
wurde – durch mich, Silvanus und Timotheus –,
ist nicht als Ja und Nein zugleich gekommen; in
ihm ist das Ja verwirklicht. 20 Er ist das Ja zu allem,
was Gott verheißen hat. Darum rufen wir durch
ihn zu Gottes Lobpreis auch das Amen. 21 Gott
aber, der uns und euch in der Treue zu Christus
festigt und der uns alle gesalbt hat, 22 er ist es auch,
der uns sein Siegel aufgedrückt und als ersten
Anteil (am verheißenen Heil) den Geist in unser
Herz gegeben hat.
23 Ich rufe aber Gott zum Zeugen an und schwöre
bei meinem Leben, dass ich nur, um euch zu scho-
nen, nicht mehr nach Korinth gekommen bin.
24 Wir wollen ja nicht Herren über euren Glauben
sein, sondern wir sind Helfer zu eurer Freude;
denn im Glauben seid ihr fest verwurzelt.
2 Ich entschloss mich also, nicht noch einmal
zu euch zu kommen und euch zu betrüben.
2 Wenn ich euch nämlich betrübe, wer wird mich
dann erfreuen? Etwa der, den ich selbst betrübt
habe? 3 Und so schrieb ich, statt selber zu kommen,
einen Brief, um nicht von denen betrübt zu wer-
den, die mich erfreuen sollten; und ich bin sicher,

dass meine Freude auch die Freude von euch allen ist. 4 Ich schrieb euch aus großer Bedrängnis und Herzensnot, unter vielen Tränen, nicht um euch zu betrüben, nein, um euch meine übergroße Liebe spüren zu lassen.

1,15: Röm 15,29 • 16: 1 Kor 16,5f • 17: Jak 5,12; Mt 5,37 • 18: 1 Kor 1,9 • 19: 1 Thess 1,1; Apg 18,5 • 20: Offb 3,14; 1 Kor 14,16 • 21: 1 Joh 2,27 • 22: 5,5; Eph 1,13f • 23: Röm 1,9; 2 Kor 12,20f • 24: 4,5; 1 Petr 5,3 • 2,1: 12,21; 1 Kor 4,21 • 3: 13,10 • 4: 7,8; Apg 20,31

Mahnung zur Milde

5 Wenn aber einer Betrübnis verursacht hat, hat er nicht mich betrübt, sondern mehr oder weniger – um nicht zu übertreiben – euch alle. 6 Die Strafe, die dem Schuldigen von der Mehrheit auferlegt wurde, soll genügen. 7 Jetzt sollt ihr lieber verzeihen und trösten, damit der Mann nicht von allzu großer Traurigkeit überwältigt wird. 8 Darum bitte ich euch, ihm gegenüber Liebe walten zu lassen. 9 Gerade deswegen habe ich euch ja auch geschrieben, weil ich wissen wollte, ob ihr wirklich in allen Stücken gehorsam seid. 10 Wem ihr aber verzeiht, dem verzeihe auch ich. Denn auch ich habe, wenn hier etwas zu verzeihen war, im Angesicht Christi um euretwillen verziehen, 11 damit wir nicht vom Satan überlistet werden; wir kennen seine Absichten nur zu gut.

6: 7,11f • 7: Kol 3,13

HERRLICHKEIT UND NOT DES APOSTELDIENSTES: 2,12 – 5,10

Das Wirken des Apostels als Siegeszug Christi

12 Als ich dann nach Troas kam, um das Evangelium Christi zu verkünden, und mir der Herr eine Tür öffnete, 13 hatte mein Geist dennoch keine Ruhe, weil ich meinen Bruder Titus nicht fand. So nahm ich Abschied und reiste nach Mazedonien.
14 Dank sei Gott, der uns stets im Siegeszug Christi mitführt und durch uns den Duft der Erkenntnis Christi an allen Orten verbreitet. 15 Denn wir sind Christi Wohlgeruch für Gott unter denen, die gerettet werden, wie unter denen, die verloren gehen. 16 Den einen sind wir Todesgeruch, der Tod bringt; den anderen Lebensduft, der Leben verheißt. Wer aber ist dazu fähig?
17 Wir sind jedenfalls nicht wie die vielen anderen, die mit dem Wort Gottes ein Geschäft machen. Wir verkünden es aufrichtig und in Christus, von Gott her und vor Gott.

12: Apg 20,6; 1 Kor 16,9 • 13: 7,5 • 15: 1 Kor 1,18 • 16: 3,5f • 17: 4,2; Phil 1,15–17

Der Apostel und sein Dienst an der Gemeinde

3 Fangen wir schon wieder an, uns selbst zu empfehlen? Oder brauchen wir – wie gewisse Leute – Empfehlungsschreiben an euch oder von euch?
2 Unser Empfehlungsschreiben seid ihr; es ist eingeschrieben in unser Herz und alle Menschen können es lesen und verstehen. 3 Unverkennbar seid ihr ein Brief Christi, ausgefertigt durch unseren Dienst, *geschrieben* nicht mit Tinte, sondern mit dem Geist des lebendigen Gottes, nicht *auf Tafeln aus Stein,* sondern – wie *auf Tafeln – in Herzen von Fleisch.*

1: 5,12; 10,12 • 2: 1 Kor 9,1f • 3: Ex 24,12; 34,1; Ez 11,19; 36,26; Jer 31,33

Dienst am Buchstaben und Dienst im Geist

4 Wir haben durch Christus so großes Vertrauen zu Gott. 5 Doch sind wir dazu nicht von uns aus fähig, als ob wir uns selbst etwas zuschreiben könnten; unsere Befähigung stammt vielmehr von Gott. 6 Er hat uns fähig gemacht, Diener des Neuen Bundes zu sein, nicht des Buchstabens, sondern des Geistes. Denn der Buchstabe tötet, der Geist aber macht lebendig.
7 Wenn aber schon der Dienst, der zum Tod führt und dessen Buchstaben in Stein gemeißelt waren, so herrlich war, dass die Israeliten das Gesicht des Mose nicht anschauen konnten, weil es eine Herrlichkeit ausstrahlte, die doch vergänglich war, 8 wie sollte da der Dienst des Geistes nicht viel herrlicher sein? 9 Wenn schon der Dienst, der zur Verurteilung führt, herrlich war, so wird der Dienst, der zur Gerechtigkeit führt, noch viel herrlicher sein. 10 Eigentlich kann von Herrlichkeit in jenem Fall gar nicht die Rede sein, wo das Verherrlichte vor der größeren Herrlichkeit verblasst. 11 Wenn

nämlich schon das Vergängliche in Herrlichkeit erschien: die Herrlichkeit des Bleibenden wird es überstrahlen.

12 Weil wir eine solche Hoffnung haben, treten wir mit großem Freimut auf, 13 nicht wie *Mose, der über sein Gesicht eine Hülle legte,* damit die Israeliten das Verblassen des Glanzes nicht sahen. 14 Doch ihr Denken wurde verhärtet. Bis zum heutigen Tag liegt die gleiche Hülle auf dem Alten Bund, wenn daraus vorgelesen wird, und es bleibt verhüllt, dass er in Christus ein Ende nimmt. 15 Bis heute liegt die Hülle auf ihrem Herzen, wenn Mose vorgelesen wird. 16 Sobald sich aber einer dem Herrn zuwendet, *wird die Hülle entfernt.* 17 Der Herr aber ist der Geist, und wo der Geist des Herrn wirkt, da ist Freiheit. 18 Wir alle spiegeln mit enthülltem Angesicht die *Herrlichkeit des Herrn* wider und werden so in sein eigenes Bild verwandelt, von Herrlichkeit zu Herrlichkeit, durch den Geist des Herrn.

4 Daher erlahmt unser Eifer nicht in dem Dienst, der uns durch Gottes Erbarmen übertragen wurde. 2 Wir haben uns von aller schimpflichen Arglist losgesagt; wir handeln nicht hinterhältig und verfälschen das Wort Gottes nicht, sondern lehren offen die Wahrheit. So empfehlen wir uns vor dem Angesicht Gottes jedem menschlichen Gewissen. 3 Wenn unser Evangelium dennoch verhüllt ist, ist es nur denen verhüllt, die verloren gehen; 4 denn der Gott dieser Weltzeit hat das Denken der Ungläubigen verblendet. So strahlt ihnen der Glanz der Heilsbotschaft nicht auf, der Botschaft von der Herrlichkeit Christi, der Gottes Ebenbild ist.

5 Wir verkündigen nämlich nicht uns selbst, sondern Jesus Christus als den Herrn, uns aber als eure Knechte um Jesu willen. 6 Denn Gott, der sprach: Aus Finsternis soll Licht aufleuchten!, er ist in unseren Herzen aufgeleuchtet, damit wir erleuchtet werden zur Erkenntnis des göttlichen Glanzes auf dem Antlitz Christi.

3,5: 2,16; Phil 2,13 • 6: Röm 7,6; 1 Kor 11,25 • 7: Ex 34,29f • 10: Ex 34,29–35 • 13: Ex 34,33.35 • 14: Jes 6,10; Röm 11,25; 10,4 • 16: Ex 34,34; Röm 11,23.26 • 17: Röm 8,2; 1 Kor 6,17 • 18: Röm 8,29; 1 Kor 13,12; Ex 16,7.10; 24,17 • 4,2: 2,17; 1 Thess 2,5 • 3: 1 Kor 1,18 • 4: Eph 2,2; Kol 1,15; Hebr 1,3 • 6: Gen 1,3; 2 Kor 3,18; 1 Petr 2,9

Die Leidensgemeinschaft des Apostels mit Christus

7 Diesen Schatz tragen wir in zerbrechlichen Gefäßen; so wird deutlich, dass das Übermaß der Kraft von Gott und nicht von uns kommt. 8 Von allen Seiten werden wir in die Enge getrieben und finden doch noch Raum; wir wissen weder aus noch ein und verzweifeln dennoch nicht; 9 wir werden gehetzt und sind doch nicht verlassen; wir werden niedergestreckt und doch nicht vernichtet. 10 Wohin wir auch kommen, immer tragen wir das Todesleiden Jesu an unserem Leib, damit auch das Leben Jesu an unserem Leib sichtbar wird. 11 Denn immer werden wir, obgleich wir leben, um Jesu willen dem Tod ausgeliefert, damit auch das Leben Jesu an unserem sterblichen Fleisch offenbar wird. 12 So erweist an uns der Tod, an euch aber das Leben seine Macht. 13 Doch haben wir den gleichen Geist des Glaubens, von dem es in der Schrift heißt: *Ich habe geglaubt, darum habe ich geredet.* Auch wir glauben und darum reden wir. 14 Denn wir wissen, dass der, welcher Jesus, den Herrn, auferweckt hat, auch uns mit Jesus auferwecken und uns zusammen mit euch (vor sein Angesicht) stellen wird. 15 Alles tun wir euretwegen, damit immer mehr Menschen aufgrund der überreich gewordenen Gnade den Dank vervielfachen, Gott zur Ehre. 16 Darum werden wir nicht müde; wenn auch unser äußerer Mensch aufgerieben wird, der innere wird Tag für Tag erneuert. 17 Denn die kleine Last unserer gegenwärtigen Not schafft uns in maßlosem Übermaß ein ewiges Gewicht an Herrlichkeit, 18 uns, die wir nicht auf das Sichtbare starren, sondern nach dem Unsichtbaren ausblicken; denn das Sichtbare ist vergänglich, das Unsichtbare ist ewig.

8: 1,8f; 1 Kor 4,10–13 • 10: Röm 6,8 • 11: Röm 8,36 • 13: Ps 116,10 G • 14: Röm 8,11; 1 Kor 6,14 • 15: 1,11 • 17: Röm 8,17f; 1 Petr 1,6f • 18: Röm 8,24f; Hebr 11,1

Die Hoffnung des Apostels

5 Wir wissen: Wenn unser irdisches Zelt abgebrochen wird, dann haben wir eine Wohnung von Gott, ein nicht von Menschenhand errichtetes ewiges Haus im Himmel. 2 Im gegenwärtigen Zustand seufzen wir und sehnen uns danach, mit dem himmlischen Haus überkleidet zu werden.

3 So bekleidet, werden wir nicht nackt erscheinen.
4 Solange wir nämlich in diesem Zelt leben, seufzen wir unter schwerem Druck, weil wir nicht entkleidet, sondern überkleidet werden möchten, damit so das Sterbliche vom Leben verschlungen
werde. 5 Gott aber, der uns gerade dazu fähig gemacht hat, er hat uns auch als ersten Anteil den
Geist gegeben. 6 Wir sind also immer zuversichtlich, auch wenn wir wissen, dass wir fern vom Herrn in der Fremde leben, solange wir in diesem
Leib zu Hause sind; 7 denn als Glaubende gehen
wir unseren Weg, nicht als Schauende. 8 Weil wir
aber zuversichtlich sind, ziehen wir es vor, aus dem Leib auszuwandern und daheim beim Herrn zu
sein. 9 Deswegen suchen wir unsere Ehre darin, ihm zu gefallen, ob wir daheim oder in der Fremde
sind. 10 Denn wir alle müssen vor dem Richterstuhl Christi offenbar werden, damit jeder seinen Lohn empfängt für das Gute oder Böse, das er im irdischen Leben getan hat.

1: 2 Petr 1,13f • 2: Röm 8,23 • 4: 1 Kor 15,53 • 5: 1,22; Eph 1,13f • 6: Hebr 13,14 • 7: Röm 8,24; 1 Petr 1,8 • 8: Phil 1,23 • 10: Röm 14,10; 1 Kor 4,5

DIE BEWÄHRUNG DES APOSTELS IN SEINEM DIENST: 5,11 – 6,10

Der Dienst der Versöhnung

11 So versuchen wir, erfüllt von Ehrfurcht vor dem Herrn, Menschen zu gewinnen; Gott aber kennt uns durch und durch. Ich hoffe, dass auch euer Urteil über mich sich zur vollen Wahrheit durchgerungen hat. 12 Damit wollen wir uns nicht
wieder vor euch rühmen, sondern wir geben euch Gelegenheit, rühmend auf uns hinzuweisen, damit ihr denen entgegentreten könnt, die sich nur rühmen, um ihr Gesicht zu wahren, ihr
Herz aber nicht zeigen dürfen. 13 Wenn wir nämlich von Sinnen waren, so geschah es für Gott; wenn wir besonnen sind, geschieht es für euch.
14 Denn die Liebe Christi drängt uns, da wir erkannt haben: Einer ist für alle gestorben, also
sind alle gestorben. 15 Er ist aber für alle gestorben, damit die Lebenden nicht mehr für sich leben, sondern für den, der für sie starb und
auferweckt wurde. 16 Also schätzen wir von jetzt an niemand mehr nur nach menschlichen Maßstäben ein; auch wenn wir früher Christus nach menschlichen Maßstäben eingeschätzt haben,
jetzt schätzen wir ihn nicht mehr so ein. 17 Wenn
also jemand in Christus ist, dann ist er eine neue Schöpfung: Das Alte ist vergangen, Neues ist
geworden. 18 Aber das alles kommt von Gott, der uns durch Christus mit sich versöhnt und uns
den Dienst der Versöhnung aufgetragen hat. 19 Ja,
Gott war es, der in Christus die Welt mit sich versöhnt hat, indem er den Menschen ihre Verfehlungen nicht anrechnete und uns das Wort von der Versöhnung (zur Verkündigung) anver-
traute. 20 Wir sind also Gesandte an Christi statt, und Gott ist es, der durch uns mahnt. Wir bitten an Christi statt: Lasst euch mit Gott versöhnen!
21 Er hat den, der keine Sünde kannte, für uns zur Sünde gemacht, damit wir in ihm Gerechtigkeit Gottes würden.

11: 4,2 • 12: 3,1f; 10,12f • 14: Röm 6,3f; 7,4; 8,31f • 15: Röm 14,7f; Gal 2,20 • 16: Röm 1,3; 9,5 • 17: Röm 6,4; Gal 6,15; Offb 21,5 • 18: Röm 5,10 • 19: Röm 3,24f; Kol 1,19f • 20: Mt 10,40; Lk 10,16 • 21: Röm 8,3f; Gal 3,13; 1 Petr 2,24

Die Herrlichkeit der apostolischen Leiden

6 Als Mitarbeiter Gottes ermahnen wir euch, dass ihr seine Gnade nicht vergebens empfangt. 2 Denn es heißt:
Zur Zeit der Gnade erhöre ich dich, / am Tag der Rettung helfe ich dir.
Jetzt ist sie da, *die Zeit der Gnade;* jetzt ist er da, *der
Tag der Rettung.* 3 Niemand geben wir auch nur den geringsten Anstoß, damit unser Dienst nicht
getadelt werden kann. 4 In allem erweisen wir uns als Gottes Diener: durch große Standhaftigkeit, in
Bedrängnis, in Not, in Angst, 5 unter Schlägen, in Gefängnissen, in Zeiten der Unruhe, unter der Last der Arbeit, in durchwachten Nächten, durch Fasten, 6 durch lautere Gesinnung, durch Erkenntnis, durch Langmut, durch Güte, durch den Heiligen
Geist, durch ungeheuchelte Liebe, 7 durch das
Wort der Wahrheit, in der Kraft Gottes, mit den Waffen der Gerechtigkeit in der Rechten und in
der Linken, 8 bei Ehrung und Schmähung, bei
übler Nachrede und bei Lob. Wir gelten als Betrüger und sind doch wahrhaftig; 9 wir werden ver-

kannt und doch anerkannt; wir sind wie Ster-
bende und seht: wir leben; wir werden gezüchtigt
und doch nicht getötet; [10] uns wird Leid zugefügt
und doch sind wir jederzeit fröhlich; wir sind arm
und machen doch viele reich; wir haben nichts
und haben doch alles.

2: Jes 49,8 • 4–10: 4,8–10; 11,23–29; 1 Kor 4,11–13 • 6: Gal 5,22f •
7: Röm 13,12 • 9: Ps 118,17f • 10: 8,9; Phil 4,12f

DIE AUSSÖHNUNG MIT DEN KORINTHERN: 6,11 – 7,16

Werbung und Mahnung

[11] Unser Mund hat sich für euch aufgetan, Korin-
ther, unser Herz ist weit geworden. [12] In uns ist es
nicht zu eng für euch; eng ist es in eurem Herzen.
[13] Lasst doch als Antwort darauf – ich rede wie zu
meinen Kindern – auch euer Herz weit aufgehen!
[14] Beugt euch nicht mit Ungläubigen unter das
gleiche Joch! Was haben denn Gerechtigkeit und
Gesetzwidrigkeit miteinander zu tun? Was haben
Licht und Finsternis gemeinsam? [15] Was für ein
Einklang herrscht zwischen Christus und Beliar?
Was hat ein Gläubiger mit einem Ungläubigen
gemeinsam? [16] Wie verträgt sich der Tempel Gottes
mit Götzenbildern? Wir sind doch der Tempel des
lebendigen Gottes; denn Gott hat gesprochen:
Ich will unter ihnen wohnen und mit ihnen gehen. /
Ich werde ihr Gott sein / und sie werden mein Volk sein.
[17] *Zieht darum weg aus ihrer Mitte /* und sondert
euch ab, spricht der Herr, / *und fasst nichts Unrei-*
nes an. / Dann will ich euch aufnehmen
[18] und euer *Vater sein / und ihr sollt meine Söhne*
und Töchter sein, / spricht der Herr, / der Herrscher
über die ganze Schöpfung.

7 Das sind die Verheißungen, die wir haben,
liebe Brüder. Reinigen wir uns also von aller
Unreinheit des Leibes und des Geistes und streben
wir in Gottesfurcht nach vollkommener Heiligung.
[2] Gebt uns doch Raum in eurem Herzen! Niemand
haben wir geschädigt, niemand zugrunde gerich-
tet, niemand übervorteilt. [3] Ich sage das nicht, um
euch zu verurteilen; denn eben habe ich gesagt,
dass ihr in unserem Herzen wohnt, verbunden mit
uns zum Leben und zum Sterben. [4] Ich habe gro-
ßes Vertrauen zu euch; ich bin sehr stolz auf euch.
Trotz all unserer Not bin ich von Trost erfüllt und
ströme über von Freude.

6,11: Ps 119,32 • 14: Dtn 22,10; Eph 5,7.11 • 15: 1 Kor 10,21 •
16: Lev 26,11f; Jer 31,33; 32,38; Ez 37,27; 1 Kor 3,16 • 17: Jes 52,11;
Jer 51,45; Offb 18,4; Zef 3,20 G • 18: 2 Sam 7,14; Jer 31,9; Jes 43,6;
Am 3,13 G • 7,1: 1 Joh 3,3 • 2: 12,17 • 3: 6,11f.9

Die Sendung des Titus

[5] Als wir nach Mazedonien gekommen waren, fan-
den wir in unserer Schwachheit keine Ruhe. Über-
all bedrängten uns Schwierigkeiten: von außen
Widerspruch und Anfeindung, im Innern Angst
und Furcht. [6] Aber Gott, der die Niedergeschla-
genen aufrichtet, hat auch uns aufgerichtet, und
zwar durch die Ankunft des Titus – [7] nicht nur
durch seine Ankunft, sondern auch durch den
Trost, den er bei euch erfahren hatte. Er erzählte
uns von eurer Sehnsucht, eurer Klage, eurem Eifer
für mich, sodass ich mich noch mehr freute. [8] Dass
ich euch aber mit meinem Brief traurig gemacht
habe, tut mir nicht Leid. Wenn es mir auch eine
Weile Leid tat – ich sehe ja, dass dieser Brief euch,
wenn auch nur für kurze Zeit, traurig gemacht
hat –: [9] jetzt freue ich mich, nicht weil ihr traurig
geworden seid, sondern weil die Traurigkeit euch
zur Sinnesänderung geführt hat. Denn es war eine
gottgewollte Traurigkeit; so ist euch durch uns
kein Nachteil erwachsen. [10] Die gottgewollte Trau-
rigkeit verursacht nämlich Sinnesänderung zum
Heil, die nicht bereut zu werden braucht; die welt-
liche Traurigkeit aber führt zum Tod. [11] Wie groß
war doch der Eifer, zu dem euch diese gottge-
wollte Traurigkeit geführt hat, wie aufrichtig eure
Entschuldigung, euer Unwille, eure Furcht, eure
Sehnsucht, wie wirksam eure Anstrengung und
am Ende die Bestrafung! In jeder Hinsicht hat es
sich gezeigt, dass ihr in dieser Sache unschuldig
seid. [12] Wenn ich euch also geschrieben habe, so
tat ich es nicht, um den zu treffen, der Unrecht
getan hatte, auch nicht, um dem Recht zu ver-
schaffen, der Unrecht erlitten hatte, sondern ich
tat es, damit euer Eifer für uns sichtbar werde vor
euch und vor Gott. [13] Deswegen sind wir jetzt ge-
tröstet.
Wir wurden aber nicht nur getröstet, sondern da-
rüber hinaus erfreut durch die Freude des Titus,

dessen Geist neue Kraft gefunden hat durch euch
alle. 14 Wenn ich euch vor ihm gerühmt hatte, so
brauchte ich mich jetzt nicht zu schämen. Im
Gegenteil, unser Lob vor Titus erwies sich als volle
Wahrheit, wie auch alles Wahrheit ist, was wir euch
verkündigt haben. 15 Er ist euch von Herzen zuge-
tan, wenn er daran denkt, wie ihr euch alle gehor-
sam gezeigt und ihn mit Furcht und Zittern auf-
genommen habt. 16 Ich freue mich, dass ich in jeder
Hinsicht auf euch vertrauen kann.

5: 2,13; 4,8 • 6: 1,3f • 7: 1 Thess 3,6f • 8: 2,4 • 11: 2,6f • 12: 2,9 •
15: Phil 2,12

AUFRUF ZUR SAMMLUNG FÜR JERUSALEM: 8,1–24

Das Vorbild der Christen Mazedoniens

8 Brüder, wir wollen euch jetzt von der Gnade
erzählen, die Gott den Gemeinden Mazedo-
niens erwiesen hat. 2 Während sie durch große Not
geprüft wurden, verwandelten sich ihre übergroße
Freude und ihre tiefe Armut in den Reichtum ihres
selbstlosen Gebens. 3 Ich bezeuge, dass sie nach
Kräften und sogar über ihre Kräfte spendeten,
ganz von sich aus, 4 indem sie sich geradezu auf-
drängten und uns um die Gunst baten, zur Hilfe-
leistung für die Heiligen beitragen zu dürfen.
5 Und über unsere Erwartung hinaus haben sie
sich eingesetzt, zunächst für den Herrn, aber auch
für uns, wie es Gottes Wille war.

1: 9,1f; Röm 15,26 • 3: Apg 11,29

Der Abschluss der Sammlung in Korinth

6 Daraufhin ermutigten wir Titus, dieses Liebes-
werk, das er früher bei euch begonnen hatte, nun
auch zu vollenden. 7 Wie ihr aber an allem reich
seid, an Glauben, Rede und Erkenntnis, an jedem
Eifer und an der Liebe, die wir in euch begründet
haben, so sollt ihr euch auch an diesem Liebeswerk
mit reichlichen Spenden beteiligen. 8 Ich meine
das nicht als strenge Weisung, aber ich gebe euch
Gelegenheit, angesichts des Eifers anderer auch
eure Liebe als echt zu erweisen. 9 Denn ihr wisst,
was Jesus Christus, unser Herr, in seiner Liebe
getan hat: Er, der reich war, wurde euretwegen
arm, um euch durch seine Armut reich zu machen.
10 Ich gebe euch nur einen Rat, der euch helfen
soll; ihr habt ja schon voriges Jahr angefangen,
etwas zu unternehmen, und zwar aus eigenem
Entschluss. 11 Jetzt sollt ihr das Begonnene zu Ende
führen, damit das Ergebnis dem guten Willen ent-
spricht – je nach eurem Besitz. 12 Wenn nämlich
der gute Wille da ist, dann ist jeder willkommen
mit dem, was er hat, und man fragt nicht nach
dem, was er nicht hat. 13 Denn es geht nicht da-
rum, dass ihr in Not geratet, indem ihr anderen
helft; es geht um einen Ausgleich. 14 Im Augen-
blick soll euer Überfluss ihrem Mangel abhelfen,
damit auch ihr Überfluss einmal eurem Mangel
abhilft. So soll ein Ausgleich entstehen, 15 wie es
in der Schrift heißt: *Wer viel gesammelt hatte,*
hatte nicht zu viel, und wer wenig, hatte nicht zu
wenig.

6: 12,18 • 7: 1 Kor 1,5; 1 Kor 16,1–3 • 9: Phil 2,6f • 10: 9,2 •
12: Spr 3,27f • 15: Ex 16,18

Der Eifer und die Selbstlosigkeit der Mitarbeiter

16 Dank sei Gott, der den gleichen Eifer für euch
auch Titus ins Herz gelegt hat. 17 Denn Titus war
mit meinem Vorschlag einverstanden und sein
Eifer war so groß, dass er aus eigenem Entschluss
gleich zu euch abreiste. 18 Zusammen mit ihm ha-
ben wir den Bruder geschickt, der wegen seiner
Verkündigung des Evangeliums in allen Gemein-
den Anerkennung findet 19 und außerdem von den
Gemeinden dazu bestimmt wurde, unser Reisege-
fährte zu sein, wenn wir diese Liebesgabe zur Ehre
des Herrn und als Zeichen unseres guten Willens
überbringen. 20 Denn angesichts der großen Spen-
de, die von uns überbracht werden soll, möchten
wir vermeiden, dass man uns verdächtigt. 21 Es
liegt uns nämlich daran, dass alles *einwandfrei*
zugeht, nicht nur *vor dem Herrn,* sondern *auch vor*
den Menschen. 22 Wir haben aber mit den beiden
noch einen weiteren Bruder geschickt, dessen Eifer
wir vielfach und bei vielen Gelegenheiten feststel-
len konnten und der sich in diesem Fall noch eif-
riger zeigt, weil er viel von euch erwartet.
23 Was nun Titus angeht: Er ist mein Gefährte und
mein Mitarbeiter, der für euch tätig ist; unsere

anderen Brüder aber sind Abgesandte der Gemeinden und ein Abglanz Christi. [24] Legt also ihnen gegenüber und damit vor den Gemeinden das Zeugnis eurer Liebe ab und zeigt, dass wir euch zu Recht gerühmt haben.

18: 12,18 • 21: Spr 3,4 G • 24: 7,14f

ERNEUTER AUFRUF ZUR SAMMLUNG FÜR JERUSALEM: 9,1–15

Empfehlung der Beauftragten

9 Eigentlich ist es unnötig, euch über das Hilfswerk für die Heiligen zu schreiben. [2] Denn ich kenne euren guten Willen und rühme euch vor den Mazedoniern, indem ich ihnen sage: Achaia ist seit einem Jahr gerüstet. Und euer Eifer hat viele andere angespornt. [3] Trotzdem habe ich die Brüder zu euch geschickt; denn unser Lob für euch könnte in dieser Hinsicht verfrüht gewesen sein. Ihr solltet also jetzt wirklich, wie ich sagte, gerüstet sein.

[4] Wenn nämlich Mazedonier mit mir kämen und euch noch nicht gerüstet fänden, dann könnte es geschehen, dass wir uns wegen dieser unserer Erwartung zu schämen hätten – um nicht zu sagen, ihr hättet euch zu schämen. [5] Ich hielt es also für notwendig, die Brüder zu bitten, sie möchten vorausreisen und eure in Aussicht gestellte Spende schon jetzt einsammeln, damit sie dann verfügbar ist, und zwar als großzügige Spende, nicht als Gabe des Geizes.

1: 8,4 • 2: 8,11 • 3: 8,22.24

Der Segen des Hilfswerks

[6] Denkt daran: Wer kärglich sät, wird auch kärglich ernten; wer reichlich sät, wird reichlich ernten. [7] Jeder gebe, wie er es sich in seinem Herzen vorgenommen hat, nicht verdrossen und nicht unter Zwang; denn Gott liebt *einen fröhlichen Geber.* [8] In seiner Macht kann Gott alle Gaben über euch ausschütten, sodass euch allezeit in allem alles Nötige ausreichend zur Verfügung steht und ihr noch genug habt, um allen Gutes zu tun, [9] wie es in der Schrift heißt:

Reichlich gibt er den Armen; / seine Gerechtigkeit hat Bestand für immer.

[10] Gott, der *Samen gibt für die Aussaat und Brot zur Nahrung,* wird auch euch das Saatgut geben und die Saat aufgehen lassen; er wird *die Früchte eurer Gerechtigkeit* wachsen lassen. [11] In allem werdet ihr reich genug sein, um selbstlos schenken zu können; und wenn wir diese Gabe überbringen, wird sie Dank an Gott hervorrufen. [12] Denn euer Dienst und eure Opfergabe füllen nicht nur die leeren Hände der Heiligen, sondern werden weiterwirken als vielfältiger Dank an Gott. [13] Vom Zeugnis eines solchen Dienstes bewegt, werden sie Gott dafür preisen, dass ihr euch gehorsam zum Evangelium Christi bekannt und dass ihr ihnen und allen selbstlos geholfen habt. [14] In ihrem Gebet für euch werden sie sich angesichts der übergroßen Gnade, die Gott euch geschenkt hat, eng mit euch verbunden fühlen. [15] Dank sei Gott für sein unfassbares Geschenk.

6: Spr 11,24 • 7: Spr 22,9 G • 9: Ps 112,9 • 10: Jes 55,10; Hos 10,12 G • 11: 4,15; 8,7 • 12: 8,14

ZURÜCKWEISUNG VON ANGRIFFEN GEGEN DEN APOSTEL: 10,1–18

Die Vorwürfe der Gegner

10 Ich, Paulus, der ja im persönlichen Umgang mit euch so unterwürfig, aus der Ferne aber so unerschrocken sein soll, ich ermahne euch angesichts der Freundlichkeit und Güte Christi [2] und bitte euch: Zwingt mich nicht, bei meinem Kommen so unerschrocken und fest aufzutreten, wie ich es gegen gewisse Leute zu tun gedenke, die meinen, wir verhalten uns wie Menschen dieser Welt. [3] Wir leben zwar in dieser Welt, kämpfen aber nicht mit den Waffen dieser Welt. [4] Die Waffen, die wir bei unserem Feldzug einsetzen, sind nicht irdisch, aber sie haben durch Gott die Macht, Festungen zu schleifen; mit ihnen reißen wir [5] alle hohen Gedankengebäude nieder, die sich gegen die Erkenntnis Gottes auftürmen. Wir nehmen

alles Denken gefangen, sodass es Christus ge-
horcht; 6 wir sind entschlossen, alle Ungehorsa-
men zu strafen, sobald ihr wirklich gehorsam ge-
worden seid.
7 Schaut auf das, was vor Augen liegt. Wenn
jemand überzeugt ist, Christus zu gehören, dann
soll er doch auch bedenken, dass nicht nur er, son-
dern auch wir Christus gehören. 8 Und wenn ich
etwas mehr auf unsere Vollmacht poche, werde ich
mich nicht zu scheuen brauchen. Der Herr hat sie
mir allerdings verliehen, damit ich bei euch auf-
baue, nicht damit ich niederreiße; 9 ich möchte
nicht den Anschein erwecken, als wollte ich euch
durch meine Briefe einschüchtern.
10 Ja, die Briefe, wird gesagt, die sind wuchtig und
voll Kraft, aber sein persönliches Auftreten ist matt
und seine Worte sind armselig.
11 Wer so redet, der soll sich merken: Wie wir durch
das geschriebene Wort aus der Ferne wirken, so
können wir auch in eurer Gegenwart tatkräftig
auftreten.

1: 10,10; 11,6; 1 Kor 2,3 • 2: 1 Kor 4,21; 2 Kor 1,17 • 4: Röm 13,12; Eph 6,11–13 • 5: Jes 2,12–17 • 7: 1 Kor 1,12 • 8: 12,6; 13,10 • 10: 10,1; 11,6 • 11: 13,2

Die Überzeugung des Apostels

12 Wir sind allerdings nicht so vermessen, uns
gleichzustellen oder zu vergleichen mit gewissen
Leuten, die sich selbst anpreisen. In ihrem Unver-
stand messen sie sich an sich selbst und verglei-
chen sich mit sich selbst. 13 Wir dagegen wollen uns
nicht maßlos rühmen, sondern jenen Maßstab
anlegen, den uns Gott zugeteilt hat, dass wir näm-
lich bis zu euch gelangt sind. 14 Wir überschreiten
also nicht unser Maß, wie wir es tun würden, wenn
wir nicht bis zu euch gelangt wären; denn wir sind
wirklich als Erste mit dem Evangelium Christi bis
zu euch gekommen. 15 Wir rühmen uns also nicht
maßlos und mit fremden Leistungen; aber wir ha-
ben die Hoffnung, wenn euer Glaube stärker wird,
vor euren Augen über das uns (bisher) gesetzte
Maß weit hinauszuwachsen 16 und die Heilsbot-
schaft über eure Grenzen hinauszutragen. Nach
einem fremden Maßstab und auf einem Feld, das
schon bestellt ist, wollen wir keinen Ruhm ernten.
17 *Wer sich also rühmen will, der rühme sich* des
Herrn. 18 Denn nicht, wer sich selbst empfiehlt, ist
anerkannt, sondern der, den der Herr empfiehlt.

12: 3,1 • 13: Röm 12,3 • 15: Röm 15,20.24 • 17: Jer 9,22f; 1 Kor 1,31 • 18: 1 Kor 4,5

DIE LEISTUNG DES APOSTELS: 11,1 – 12,13

Die Selbstlosigkeit des Apostels

11 Lasst euch doch ein wenig Unverstand von
mir gefallen! Aber das tut ihr ja. 2 Denn ich
liebe euch mit der Eifersucht Gottes; ich habe euch
einem einzigen Mann verlobt, um euch als reine
Jungfrau zu Christus zu führen. 3 Ich fürchte aber,
wie die Schlange einst durch ihre Falschheit Eva
täuschte, könntet auch ihr in euren Gedanken von
der aufrichtigen und reinen Hingabe an Christus
abkommen. 4 Ihr nehmt es ja offenbar hin, wenn
irgendeiner daherkommt und einen anderen Jesus
verkündigt, als wir verkündigt haben, wenn ihr
einen anderen Geist empfangt, als ihr empfangen
habt, oder ein anderes Evangelium, als ihr ange-
nommen habt. 5 Ich denke doch, ich stehe den
Überaposteln keineswegs nach. 6 Im Reden mag
ich ein Stümper sein, aber nicht in der Erkenntnis;
wir haben sie euch in keiner Weise und in keinem
Fall vorenthalten. 7 Oder habe ich einen Fehler
gemacht, als ich, um euch zu erhöhen, mich selbst
erniedrigte und euch das Evangelium Gottes ver-
kündete, ohne etwas dafür zu nehmen? 8 Andere
Gemeinden habe ich ausgeplündert und Geld von
ihnen genommen, um euch dienen zu können.
9 Aber als ich zu euch kam und in Schwierigkeiten
geriet, bin ich niemand zur Last gefallen; was ich
zu wenig hatte, ergänzten die Brüder, die aus
Mazedonien kamen. Ich habe also darauf Wert
gelegt, euch in keiner Weise zur Last zu fallen, und
werde auch weiterhin darauf Wert legen. 10 So ge-
wiss die Wahrheit Christi in mir ist: diesen Ruhm
wird mir im Gebiet von Achaia niemand nehmen.
11 Warum? Liebe ich euch etwa nicht? Gott weiß es.
12 Was ich aber tue, werde ich auch in Zukunft tun:
Ich werde denen die Gelegenheit nehmen, die nur
die Gelegenheit suchen, sich Achtung zu verschaf-

„Es ist der Wille Gottes, dass ihr durch eure guten Taten die Unwissenheit unverständiger Menschen zum Schweigen bringt. Handelt als Freie, aber nicht als solche, die die Freiheit als Deckmantel für das Böse nehmen, sondern wie Knechte Gottes. Erweist allen Menschen Ehre, liebt die Brüder, fürchtet Gott ...“
(1 Petrus 2,15–17)

Die Familie oder Der Bauer, 1925/26

Öl über Tempera auf Leinwand, 149 x 200 cm
Lienz, Museum der Stadt Lienz Schloss Bruck, Inv.Nr. AEL 69

Der Bauer mit dem breitkrempigen Hut sitzt, auf einen Stock gestützt, inmitten einer Bauernstube frontal zum Betrachter gewandt, umgeben von einer Frau und zwei Kindern. Das Gemälde zählt zu den letzten Werken von Albin Egger-Lienz. Das Kolorit wirkt auf wenige Farbtöne reduziert, die Malweise expressiv gehalten, die Komposition auf die wesentlichen Formen beschränkt. Ein großes Thema von Albin Egger-Lienz ist hier nochmals angesprochen: die Existenz des Menschen in seinem engen Lebensraum.

„Seid alle eines Sinnes, voll Mitgefühl und brüderlicher Liebe, seid barmherzig und demütig! Vergeltet nicht Böses mit Bösem noch Kränkung mit Kränkung. Stattdessen segnet; denn ihr seid dazu berufen, Segen zu erlangen. ... Denn die Augen des Herrn blicken auf die Gerechten und seine Ohren hören ihr Flehen ...“
(1 Petrus 3,8–9.12)

Tischgebet, 1923

Öl auf Leinwand, 136 x 188 cm
bezeichnet rechts unten: Egger Lienz
Innsbruck, Tiroler Landesmuseum Ferdinandeum, Inv.Nr. Gem 1188
(Leihgabe des Landes Tirol)

Die bäuerliche Familie – Vater, Mutter, Sohn – hat sich am Tisch zum Gebet vereint. Sie sind in sich verschlossen, tief im Gebet versunken. Die leere Speiseschüssel ist inhaltlicher Mittelpunkt des Motivs. Die Not hat auch die Familie ereilt. Es ist ein Innehalten spürbar, das sich in der Gebetshaltung manifestiert. „... das Bild ist selbst zu einem Stück Religion, zu einem Gottesdienst geworden, der hohe, reine Sinn der Egger'schen Gedankenwelt spricht daraus.“ (Josef Soyka)

fen, um so dazustehen wie wir. 13 Denn diese Leute sind Lügenapostel, unehrliche Arbeiter; sie tarnen sich freilich als Apostel Christi. 14 Kein Wunder, denn auch der Satan tarnt sich als Engel des Lichts. 15 Es ist also nicht erstaunlich, wenn sich auch seine Handlanger als Diener der Gerechtigkeit tarnen. Ihr Ende wird ihren Taten entsprechen.

1: 11,16–18 • 2: Eph 5,26f • 3: Gen 3,4.13 • 4: Gal 1,6–9 • 5: 11,13; 12,11 • 6: 10,10; 1 Kor 2,1f.13 • 7: 1 Kor 9,12f • 8: Phil 4,10.15 • 9: 12,13 • 10: 1 Kor 9,15 • 12: 2,17; Phil 3,2 • 13: Offb 2,2 • 15: Phil 3,19; 2 Tim 4,14

Die »Narrenrede«: 11,16 – 12,13

Die Leiden und Mühen des Apostels

16 Noch einmal sage ich: Keiner soll mich für einen Narren halten. Tut ihr es aber doch, dann lasst mich auch als Narren gewähren, damit auch ich ein wenig prahlen kann. 17 Was ich hier sage, sage ich nicht im Sinn des Herrn, sondern sozusagen als Narr im falschen Stolz des Prahlers. 18 Da viele Menschen im Sinn dieser Welt prahlen, will auch ich einmal prahlen. 19 Ihr lasst euch die Narren ja gern gefallen, ihr klugen Leute. 20 Denn ihr nehmt es hin, wenn euch jemand versklavt, ausbeutet und in seine Gewalt bringt, wenn jemand anmaßend auftritt und euch ins Gesicht schlägt. 21 Zu meiner Schande muss ich gestehen: Dazu bin ich allerdings zu schwach gewesen.

Womit aber jemand prahlt – ich rede jetzt als Narr –, damit kann auch ich prahlen. 22 Sie sind Hebräer – ich auch. Sie sind Israeliten – ich auch. Sie sind Nachkommen Abrahams – ich auch. 23 Sie sind Diener Christi – jetzt rede ich ganz unvernünftig –, ich noch mehr: Ich ertrug mehr Mühsal, war häufiger im Gefängnis, wurde mehr geschlagen, war oft in Todesgefahr. 24 Fünfmal erhielt ich von Juden die neununddreißig Hiebe; 25 dreimal wurde ich ausgepeitscht, einmal gesteinigt, dreimal erlitt ich Schiffbruch, eine Nacht und einen Tag trieb ich auf hoher See. 26 Ich war oft auf Reisen, gefährdet durch Flüsse, gefährdet durch Räuber, gefährdet durch das eigene Volk, gefährdet durch Heiden, gefährdet in der Stadt, gefährdet in der Wüste, gefährdet auf dem Meer, gefährdet durch falsche Brüder. 27 Ich erduldete Mühsal und Plage, durchwachte viele Nächte, ertrug Hunger und Durst, häufiges Fasten, Kälte und Blöße. 28 Um von allem andern zu schweigen, weise ich noch auf den täglichen Andrang zu mir und die Sorge für alle Gemeinden hin. 29 Wer leidet unter seiner Schwachheit, ohne dass ich mit ihm leide? Wer kommt zu Fall, ohne dass ich von Sorge verzehrt werde? 30 Wenn schon geprahlt sein muss, will ich mit meiner Schwachheit prahlen. 31 Gott, der Vater Jesu, des Herrn, er, der gepriesen ist in Ewigkeit, weiß, dass ich nicht lüge. 32 In Damaskus ließ der Statthalter des Königs Aretas die Stadt der Damaszener bewachen, um mich festzunehmen. 33 Aber durch ein Fenster wurde ich in einem Korb die Stadtmauer hinuntergelassen und so entkam ich ihm.

16: 11,1; 12,6 • 18: Phil 3,4 • 19: 1 Kor 4,10 • 22: Apg 22,3; Röm 11,1; Phil 3,5 • 23: 1 Kor 4,1; 15,10 • 24: Dtn 25,3 • 25: Apg 16,22; 14,19; 27,41–43 • 27: 6,4f; 1 Kor 4,11; 1 Thess 2,9 • 28: Apg 20,31 • 29: 1 Kor 9,22 • 30: 12,5.9f • 32: Apg 9,24f

Begnadung und Schwachheit des Apostels

12 Ich muss mich ja rühmen; zwar nützt es nichts, trotzdem will ich jetzt von Erscheinungen und Offenbarungen sprechen, die mir der Herr geschenkt hat. 2 Ich kenne jemand, einen Diener Christi, der vor vierzehn Jahren bis in den dritten Himmel entrückt wurde; ich weiß allerdings nicht, ob es mit dem Leib oder ohne den Leib geschah, nur Gott weiß es. 3/4 Und ich weiß, dass dieser Mensch in das Paradies entrückt wurde; ob es mit dem Leib oder ohne den Leib geschah, weiß ich nicht, nur Gott weiß es. Er hörte unsagbare Worte, die ein Mensch nicht aussprechen kann. 5 Diesen Mann will ich rühmen; was mich selbst angeht, will ich mich nicht rühmen, höchstens meiner Schwachheit. 6 Wenn ich mich dennoch rühmen wollte, wäre ich zwar kein Narr, sondern würde die Wahrheit sagen. Aber ich verzichte darauf; denn jeder soll mich nur nach dem beurteilen, was er an mir sieht oder aus meinem Mund hört. 7 Damit ich mich wegen der einzigartigen Offenbarungen nicht überhebe, wurde mir ein Stachel ins Fleisch gestoßen: ein Bote Satans, der mich mit Fäusten schlagen soll, damit ich mich nicht überhebe. 8 Dreimal habe ich den Herrn angefleht, dass dieser Bote Satans von mir ablasse. 9 Er aber antwortete mir: Meine Gnade genügt dir; denn sie erweist ihre Kraft in der Schwachheit. Viel

lieber also will ich mich meiner Schwachheit rüh-
men, damit die Kraft Christi auf mich herab-
kommt. [10] Deswegen bejahe ich meine Ohnmacht,
alle Misshandlungen und Nöte, Verfolgungen und
Ängste, die ich für Christus ertrage; denn wenn ich
schwach bin, dann bin ich stark.
[11] Jetzt bin ich wirklich ein Narr geworden; ihr habt
mich dazu gezwungen. Eigentlich sollte ich von
euch gerühmt werden; denn in nichts bin ich hin-
ter den Überaposteln zurückgeblieben, obgleich
ich nichts bin. [12] Das, woran man den Apostel er-
kennt, wurde mit großer Ausdauer unter euch voll-
bracht: Zeichen, Wunder und machtvolle Taten.
[13] Worin seid ihr denn im Vergleich mit den übri-
gen Gemeinden zu kurz gekommen? Höchstens
darin, dass gerade ich euch nicht zur Last gefallen
bin. Dann verzeiht mir bitte dieses Unrecht!

1: Apg 26,16; Gal 2,2 • 5: 11,30 • 6: 10,8 • 7: Num 33,55; Ez 28,24 • 8: Mt 26,44 • 9: Jes 40,29; Phil 4,13 • 10: 6,9f • 11: 11,1.5.16 • 12: Apg 5,12; Röm 15,19 • 13: 11,7–9

ANKÜNDIGUNG EINES NEUEN BESUCHES: 12,14 – 13,10

Die Sorgen und Ziele des Apostels:

[14] Schon zum dritten Mal will ich jetzt zu euch
kommen und ich werde euch nicht zur Last fallen;
ich suche ja nicht euer Geld, sondern euch. Denn
nicht die Kinder sollen für die Eltern sparen, son-
dern die Eltern für die Kinder. [15] Ich aber will sehr
gern alles aufwenden und mich für euch aufrei-
ben. Wenn ich euch so sehr liebe, soll ich deswe-
gen weniger Liebe empfangen? [16] Nun gut! Eine
schwere Last habe ich euch zwar nicht zugemutet;
aber habe ich euch vielleicht mit Verschlagenheit
und List in mein Netz gelockt? [17] Habe ich euch
vielleicht durch einen, den ich zu euch sandte,
übervorteilt? [18] Ja, ich habe Titus gebeten, euch zu
besuchen, und den Bruder mit ihm gesandt. Hat
Titus euch etwa übervorteilt? Haben wir nicht
beide im gleichen Geist gehandelt? Sind wir nicht
in den gleichen Spuren gegangen?

14: 13,1 • 15: Phil 2,17; 1 Thess 2,8 • 17: 7,2 • 18: 8,16–18

Befürchtungen und Besorgnisse

[19] Gewiss denkt ihr schon lange, dass wir uns vor
euch nur herausreden wollen. Aber wir reden in
Christus, vor dem Angesicht Gottes. Und alles,
liebe Brüder, geschieht, um eure Gemeinde aufzu-
bauen. [20] Denn ich fürchte, dass ich euch bei mei-
nem Kommen nicht so finde, wie ich euch zu fin-
den wünsche, und dass ihr mich so findet, wie ihr
mich nicht zu finden wünscht. Ich fürchte, dass es
zu Streit, Eifersucht, Zornesausbrüchen, Ehrgeiz,
Verleumdungen, übler Nachrede, Überheblich-
keit, allgemeiner Verwirrung kommt; [21] dass mein
Gott, wenn ich wiederkomme, mich noch einmal
vor euch demütigt; dass ich Grund haben werde,
traurig zu sein über viele, die schon früher Sünder
waren und sich trotz ihrer Unreinheit, Unzucht
und Ausschweifung noch nicht zur Umkehr ent-
schlossen haben.

19: 2,17 • 20: 10,2 • 21: 13,2

Seelsorge aus apostolischer Vollmacht

13 Das ist das dritte Mal, dass ich zu euch
komme. *Durch die Aussage von zwei oder
drei Zeugen wird jede Sache entschieden.* [2] Denen,
die sich früher verfehlt haben, und allen Übrigen
sage ich jetzt aus der Ferne dasselbe, was ich schon
bei meinem zweiten Aufenthalt angekündigt habe:
Wenn ich komme, werde ich keine Nachsicht mehr
üben. [3] Denn ihr verlangt einen Beweis dafür, dass
durch mich Christus spricht, der nicht in seiner
Schwachheit, sondern in seiner Kraft unter euch
wirkt. [4] Zwar wurde er in seiner Schwachheit ge-
kreuzigt, aber er lebt aus Gottes Kraft. Auch wir
sind schwach in ihm, aber wir werden zusammen
mit ihm vor euren Augen aus Gottes Kraft leben.
[5] Fragt euch selbst, ob ihr im Glauben seid, prüft
euch selbst! Erfahrt ihr nicht an euch selbst, dass
Christus Jesus in euch ist? Sonst hättet ihr ja (als
Gläubige) schon versagt. [6] Ich hoffe aber, ihr wer-
det erkennen, dass wir nicht versagt haben. [7] Doch
flehen wir zu Gott, dass ihr nichts Böses tut, nicht,
damit wir gerechtfertigt erscheinen, sondern nur,
damit ihr das Gute tut, wir aber wie Versager daste-
hen. [8] Denn wir können unsere Kraft nicht gegen
die Wahrheit einsetzen, nur für die Wahrheit. [9] So
ist es uns eine Freude, wenn wir schwach dastehen,

ihr aber euch als stark erweist. Das ist es, was wir erflehen: eure vollständige Erneuerung. 10 Deswegen schreibe ich das alles aus der Ferne, um nicht, wenn ich zu euch komme, Strenge gebrauchen zu müssen kraft der Vollmacht, die der Herr mir zum Aufbauen, nicht zum Niederreißen gegeben hat.

1: 12,14; Dtn 19,15; Mt 18,16; 1 Tim 5,19 • 2: 12,21 • 3: Röm 15,18f • 4: 1 Kor 1,24f.27 • 5: 1 Kor 11,28; Röm 8,9f • 10: 2,3; 10,4.8.11

SCHLUSSWORT UND SEGENSWUNSCH: 13,11–13

11 Im Übrigen, liebe Brüder, freut euch, kehrt zur Ordnung zurück, lasst euch ermahnen, seid eines Sinnes und lebt in Frieden! Dann wird der Gott der Liebe und des Friedens mit euch sein. 12 Grüßt einander mit dem heiligen Kuss! Es grüßen euch alle Heiligen. 13 Die Gnade Jesu Christi, des Herrn, die Liebe Gottes und die Gemeinschaft des Heiligen Geistes sei mit euch allen!

11: Phil 4,4; Röm 12,16; 15,5.33; Phil 2,2 • 12: Röm 16,16; 1 Kor 16,20; 1 Thess 5,26 • 13: Gal 6,18; Joh 14,16f; Röm 8,26f

DER BRIEF AN DIE GALATER

Paulus ist nach Apg 16,6; 18,23 auf seinen Missionsreisen zweimal in das »galatische Land« gekommen, was durch Gal 4,13 bestätigt wird, wo er ausdrücklich auf den ersten Aufenthalt verweist. Die Gründung der Gemeinden in Galatien (zur Bevölkerung und geographischen Lage vgl. Anmerkung zu 1,2) fällt in die Zeit der beginnenden selbstständigen Missionsarbeit nach der Trennung von Barnabas, vermutlich in das Jahr 50 n. Chr. (Apg 15,39 – 18,23).

Einige Jahre später sind die galatischen Gemeinden von Irrlehrern aufgesucht und beeinflusst worden. Paulus befindet sich inzwischen in Ephesus (vgl. Apg 19,1 – 20,1) und schreibt von dort aus zwischen 53 und 55 n. Chr. seinen Brief. Die Irrlehrer vertreten nach den wenigen Hinweisen, die dem Galaterbrief zu entnehmen sind, eine Lehre, die aus jüdischer, christlicher und heidnischer Tradition zusammengesetzt ist, verstehen sich selbst aber als Judenchristen und verlangen von den ehemaligen Heiden, dass sie sich ebenfalls beschneiden lassen und das alttestamentliche Gesetz als zum Heil notwendig anerkennen (vgl. 4,8–10.16–20; 5,1–12; 6,11–16).

Paulus sieht darin eine Verfälschung der christlichen Botschaft, er kann diese Lehre nicht als »Evangelium« anerkennen (1,6–9). Er erinnert an seine eigene Bekehrung und Einsetzung zum Apostel der Heiden, an seine Unabhängigkeit von den Vertretern der judenchristlichen Mission (1,10–24), an die Anerkennung seiner gesetzesfreien Mission unter den Heiden beim Apostelkonzil und an die Auseinandersetzung mit Petrus und Barnabas in Antiochia (2,1–21). Danach legt er dar, wie Verheißung und Gesetz, Glaube und »Werke des Gesetzes« sich zueinander verhalten, und warnt vor einem Abfall vom wahren Glauben (3,1 – 5,12). Im Schlussteil bringt der Apostel allgemeine Ermahnungen (sog. Paränese), wie wir sie auch aus anderen Paulusbriefen kennen (z. B. Röm Kap. 12 und 13). Doch kommt er in dem eigenhändig geschriebenen Schlusswort wieder auf die besondere Situation in Galatien zurück.

Paulus hat mit seinem Brief offensichtlich Erfolg gehabt, sonst wäre das Schreiben kaum erhalten geblieben. Auch zeigt 1 Kor 16,1, dass er weiterhin mit den galatischen Christen in Verbindung stand. Der

Brief gibt Einblick in Gefährdungen der jungen Gemeinden und zeigt, ähnlich dem Römerbrief, was Paulus unter dem Evangelium von Jesus Christus versteht; insbesondere geht er dabei auf das Verhältnis von Rechtfertigung und Glaube ein.

ANSCHRIFT UND GRUSS: 1,1–5

1 Paulus, zum Apostel berufen, nicht von Menschen oder durch einen Menschen, sondern durch Jesus Christus und durch Gott, den Vater, der ihn von den Toten auferweckt hat, 2 und alle Brüder, die bei mir sind, an die Gemeinden in Galatien:
3 Gnade sei mit euch und Friede von Gott, unserem Vater, und dem Herrn Jesus Christus, 4 der sich für unsere Sünden hingegeben hat, um uns aus der gegenwärtigen bösen Welt zu befreien, nach dem Willen unseres Gottes und Vaters. 5 Ihm sei Ehre in alle Ewigkeit. Amen.

1: 1,11f; Röm 1,1 • 2: 1 Kor 16,1 • 4: 2,20; Eph 5,2; 1 Tim 2,6; 1 Joh 5,19 • 5: Röm 16,27; 2 Tim 4,18

DER ANLASS DES BRIEFES: 1,6–9

6 Ich bin erstaunt, dass ihr euch so schnell von dem abwendet, der euch durch die Gnade Christi berufen hat, und dass ihr euch einem anderen Evangelium zuwendet. 7 Doch es gibt kein anderes Evangelium, es gibt nur einige Leute, die euch verwirren und die das Evangelium Christi verfälschen wollen. 8 Wer euch aber ein anderes Evangelium verkündigt, als wir euch verkündigt haben, der sei verflucht, auch wenn wir selbst es wären oder ein Engel vom Himmel. 9 Was ich gesagt habe, das sage ich noch einmal: Wer euch ein anderes Evangelium verkündigt, als ihr angenommen habt, der sei verflucht.

6: 5,8 • 7: 2 Kor 11,4; Gal 5,10; Apg 15,1.24 • 8: 1 Kor 16,22

DAS APOSTELAMT DES PAULUS: 1,10 – 2,10

Die Berufung zum Apostel

10 Geht es mir denn um die Zustimmung der Menschen, oder geht es mir um Gott? Suche ich etwa Menschen zu gefallen? Wollte ich noch den Menschen gefallen, dann wäre ich kein Knecht Christi. 11 Ich erkläre euch, Brüder: Das Evangelium, das ich verkündigt habe, stammt nicht von Menschen; 12 ich habe es ja nicht von einem Menschen übernommen oder gelernt, sondern durch die Offenbarung Jesu Christi empfangen. 13 Ihr habt doch gehört, wie ich früher als gesetzestreuer Jude gelebt habe, und wisst, wie maßlos ich die Kirche Gottes verfolgte und zu vernichten suchte. 14 In der Treue zum jüdischen Gesetz übertraf ich die meisten Altersgenossen in meinem Volk und mit dem größten Eifer setzte ich mich für die Überlieferungen meiner Väter ein. 15 Als aber Gott, der mich *schon im Mutterleib* auserwählt und durch seine Gnade berufen hat, mir in seiner Güte 16 seinen Sohn offenbarte, damit ich ihn unter den Heiden verkündige, da zog ich keinen Menschen zu Rate; 17 ich ging auch nicht sogleich nach Jerusalem hinauf zu denen, die vor mir Apostel waren, sondern zog nach Arabien und kehrte dann wieder nach Damaskus zurück. 18 Drei Jahre später ging ich nach Jerusalem hinauf, um Kephas kennen zu lernen, und blieb fünfzehn Tage bei ihm. 19 Von den anderen Aposteln habe ich keinen gesehen, nur Jakobus, den Bruder des Herrn. 20 Was ich euch hier schreibe – Gott weiß, dass ich nicht lüge. 21 Danach ging ich in das Gebiet von Syrien und Zilizien. 22 Den Gemeinden Christi in Judäa aber

blieb ich persönlich unbekannt, [23] sie hörten nur: Er, der uns einst verfolgte, verkündigt jetzt den Glauben, den er früher vernichten wollte. [24] Und sie lobten Gott um meinetwillen.

10: 1 Thess 2,4 • 11: 1,1 • 13: Phil 3,5; Apg 8,3; 9,1; 1 Kor 15,9 • 14: Apg 26,4f • 15: Jes 49,1 • 16: Röm 1,5; 1 Kor 15,10; Apg 9,3–5 • 18: Apg 9,26–28; Joh 1,42 • 19: 2,9; Mt 13,55 • 20: Röm 9,1

Das Apostelkonzil in Jerusalem

2 Vierzehn Jahre später ging ich wieder nach Jerusalem hinauf, zusammen mit Barnabas; ich nahm auch Titus mit. [2] Ich ging hinauf aufgrund einer Offenbarung, legte der Gemeinde und im besonderen den »Angesehenen« das Evangelium vor, das ich unter den Heiden verkündige; ich wollte sicher sein, dass ich nicht vergeblich laufe oder gelaufen bin. [3] Doch nicht einmal mein Begleiter Titus, der Grieche ist, wurde gezwungen, sich beschneiden zu lassen. [4] Denn was die falschen Brüder betrifft, jene Eindringlinge, die sich eingeschlichen hatten, um die Freiheit, die wir in Christus Jesus haben, argwöhnisch zu beobachten und uns zu Sklaven zu machen, [5] so haben wir uns keinen Augenblick unterworfen; wir haben ihnen nicht nachgegeben, damit euch die Wahrheit des Evangeliums erhalten bleibe. [6] Aber auch von denen, die Ansehen genießen – was sie früher waren, kümmert mich nicht, Gott schaut nicht auf die Person –, auch von den »Angesehenen« wurde mir nichts auferlegt. [7] Im Gegenteil, sie sahen, dass mir das Evangelium für die Unbeschnittenen anvertraut ist wie dem Petrus für die Beschnittenen – [8] denn Gott, der Petrus die Kraft zum Aposteldienst unter den Beschnittenen gegeben hat, gab sie mir zum Dienst unter den Heiden – [9] und sie erkannten die Gnade, die mir verliehen ist. Deshalb gaben Jakobus, Kephas und Johannes, die als die »Säulen« Ansehen genießen, mir und Barnabas die Hand zum Zeichen der Gemeinschaft: Wir sollten zu den Heiden gehen, sie zu den Beschnittenen. [10] Nur sollten wir an ihre Armen denken; und das zu tun, habe ich mich eifrig bemüht.

1: Apg 15,2 • 2: Phil 2,16 • 4: 5,1 • 6: Dtn 10,17; Röm 2,11 • 7: 1,15f; Apg 22,21; Röm 1,5 • 10: Apg 11,29f; 1 Kor 16,1–4; 2 Kor 8,9

DIE GERECHTIGKEIT AUS DEM GLAUBEN: 2,11 – 4,7

Gesetzesgehorsam oder Glaube

[11] Als Kephas aber nach Antiochia gekommen war, bin ich ihm offen entgegengetreten, weil er sich ins Unrecht gesetzt hatte. [12] Bevor nämlich Leute aus dem Kreis um Jakobus eintrafen, pflegte er zusammen mit den Heiden zu essen. Nach ihrer Ankunft aber zog er sich von den Heiden zurück und trennte sich von ihnen, weil er die Beschnittenen fürchtete. [13] Ebenso unaufrichtig wie er verhielten sich die anderen Juden, sodass auch Barnabas durch ihre Heuchelei verführt wurde. [14] Als ich aber sah, dass sie von der Wahrheit des Evangeliums abwichen, sagte ich zu Kephas in Gegenwart aller: Wenn du als Jude nach Art der Heiden und nicht nach Art der Juden lebst, wie kannst du dann die Heiden zwingen, wie Juden zu leben? [15] Wir sind zwar von Geburt Juden und nicht Sünder wie die Heiden. [16] Weil wir aber erkannt haben, dass der Mensch nicht durch Werke des Gesetzes gerecht wird, sondern durch den Glauben an Jesus Christus, sind auch wir dazu gekommen, an Christus Jesus zu glauben, damit wir gerecht werden durch den Glauben an Christus und nicht durch Werke des Gesetzes; denn durch Werke des Gesetzes *wird niemand gerecht.* [17] Wenn nun auch wir, die wir in Christus gerecht zu werden suchen, als Sünder gelten, ist dann Christus etwa Diener der Sünde? Das ist unmöglich! [18] Wenn ich allerdings das, was ich niedergerissen habe, wieder aufbaue, dann stelle ich mich selbst als Übertreter hin. [19] Ich aber bin durch das Gesetz dem Gesetz gestorben, damit ich für Gott lebe. Ich bin mit Christus gekreuzigt worden; [20] nicht mehr ich lebe, sondern Christus lebt in mir. Soweit ich aber jetzt noch in dieser Welt lebe, lebe ich im Glauben an den Sohn Gottes, der mich geliebt und sich für mich hingegeben hat. [21] Ich missachte die Gnade Gottes in keiner Weise; denn käme die Gerechtigkeit durch das Gesetz, so wäre Christus vergeblich gestorben.

11: Joh 1,42 • 12: Apg 10,15.28; 11,3 • 16: 3,11; Röm 3,20.28; 4,5; 11,6; Ps 143,2 G • 19: Röm 6,10; 7,6; Gal 6,14 • 20: Röm 8,9f; Kol 3,4; Gal 1,4

Aufruf an die Galater

3 Ihr unvernünftigen Galater, wer hat euch ver-
blendet? Ist euch Jesus Christus nicht deut-
lich als der Gekreuzigte vor Augen gestellt worden?
2 Dies eine möchte ich von euch erfahren: Habt ihr
den Geist durch die Werke des Gesetzes oder durch
die Botschaft des Glaubens empfangen? 3 Seid ihr
so unvernünftig? Am Anfang habt ihr auf den
Geist vertraut und jetzt erwartet ihr vom Fleisch
die Vollendung. 4 Habt ihr denn so Großes ver-
geblich erfahren? Sollte es wirklich vergeblich ge-
wesen sein?
5 Warum gibt euch denn Gott den Geist und
bewirkt Wundertaten unter euch? Weil ihr das
Gesetz befolgt oder weil ihr die Botschaft des
Glaubens angenommen habt?

1: 5,7 • 2: 2,16

Abrahams Glaube und die Verheißung des Segens

6 Von Abraham wird gesagt: *Er glaubte Gott, und
das wurde ihm als Gerechtigkeit angerechnet.* 7 Da-
ran erkennt ihr, dass nur die, die glauben, Abra-
hams Söhne sind. 8 Und da die Schrift vorhersah,
dass Gott die Heiden aufgrund des Glaubens
gerecht macht, hat sie dem Abraham im Voraus
verkündet: *Durch dich sollen alle Völker Segen er-
langen.* 9 Also gehören alle, die glauben, zu dem
glaubenden Abraham und werden wie er gesegnet.
10 Alle aber, die nach dem Gesetz leben, stehen
unter dem Fluch. Denn in der Schrift heißt es: *Ver-
flucht ist jeder, der sich nicht an alles hält, was zu
tun das Buch des Gesetzes vorschreibt.* 11 Dass durch
das Gesetz niemand vor Gott gerecht wird, ist
offenkundig; denn: *Der aus Glauben Gerechte wird
leben.*
12 Das Gesetz aber hat nichts mit dem Glauben zu
tun, sondern es gilt: *Wer die Gebote erfüllt, wird
durch sie leben.* 13 Christus hat uns vom Fluch des
Gesetzes freigekauft, indem er für uns zum Fluch
geworden ist; denn es steht in der Schrift: *Verflucht
ist jeder, der am Pfahl hängt.* 14 Jesus Christus hat
uns freigekauft, damit den Heiden durch ihn der
Segen Abrahams zuteil wird und wir so aufgrund
des Glaubens den verheißenen Geist empfangen.
15 Brüder, ich nehme einen Vergleich aus dem
menschlichen Leben: Niemand setzt das rechts-
gültig festgelegte Testament eines Menschen außer
Kraft oder versieht es mit einem Zusatz. 16 Abra-
ham und seinem Nachkommen wurden die Ver-
heißungen zugesprochen. Es heißt nicht: »und den
Nachkommen«, als wären viele gemeint, sondern
es wird nur von einem gesprochen: *und deinem
Nachkommen;* das aber ist Christus. 17 Damit mei-
ne ich: Das Testament, dem Gott einst Gültigkeit
verliehen hat, wird durch das vierhundertdreißig
Jahre später erlassene Gesetz nicht ungültig, so-
dass die Verheißung aufgehoben wäre. 18 Würde
sich das Erbe nämlich aus dem Gesetz herleiten,
dann eben nicht mehr aus der Verheißung. Gott
hat aber durch die Verheißung Abraham Gnade
erwiesen.

6: Gen 15,6; Röm 4,3 • 7: Röm 4,11f • 8: Gen 12,3; 18,18; Apg 3,25 • 9: Röm 4,16 • 10: Dtn 27,26; Jak 2,10 • 11: 2,16; Hab 2,4; Röm 1,17 • 12: Lev 18,5; Röm 10,5 • 13: Röm 8,3; 2 Kor 5,21; Dtn 21,23 • 14: Jes 44,3; Joël 3,1f • 15: Hebr 9,16 • 16: Gen 22,17 • 17: Ex 12,40 • 18: Röm 4,13; 11,6

Die heilsgeschichtliche Stellung des Gesetzes

19 Warum gibt es dann das Gesetz? Wegen der Über-
tretungen wurde es hinzugefügt, bis der Nach-
komme käme, dem die Verheißung gilt. Es wurde
durch Engel erlassen und durch einen Mittler
bekannt gegeben. 20 Einen Mittler gibt es jedoch
nicht, wo nur einer handelt; Gott aber ist »der
Eine«. 21 Hebt also das Gesetz die Verheißungen
auf? Keineswegs! Wäre ein Gesetz gegeben wor-
den, das die Kraft hat, lebendig zu machen, dann
käme in der Tat die Gerechtigkeit aus dem Ge-
setz; 22 stattdessen hat die Schrift alles der Sünde
unterworfen, damit durch den Glauben an Jesus
Christus die Verheißung sich an denen erfüllt, die
glauben. 23 Ehe der Glaube kam, waren wir im Ge-
fängnis des Gesetzes, festgehalten bis zu der Zeit,
da der Glaube offenbart werden sollte. 24 So hat das
Gesetz uns in Zucht gehalten bis zum Kommen
Christi, damit wir durch den Glauben gerecht ge-
macht werden. 25 Nachdem aber der Glaube ge-
kommen ist, stehen wir nicht mehr unter dieser
Zucht.

19: Röm 5,20; 7,7.13; Hebr 2,2; Apg 7,38.53 • 20: Dtn 6,4 • 21: Röm 8,2–4 • 22: Röm 3,9; 11,32 • 23: 4,3 • 24: Röm 10,4

Glaube und Gottessohnschaft

26 Ihr seid alle durch den Glauben Söhne Gottes in Christus Jesus. 27 Denn ihr alle, die ihr auf Christus getauft seid, habt Christus (als Gewand) angelegt. 28 Es gibt nicht mehr Juden und Griechen, nicht Sklaven und Freie, nicht Mann und Frau; denn ihr alle seid »einer« in Christus Jesus. 29 Wenn ihr aber zu Christus gehört, dann seid ihr Abrahams Nachkommen, Erben kraft der Verheißung.

4 Ich will damit sagen: Solange der Erbe unmündig ist, unterscheidet er sich in keiner Hinsicht von einem Sklaven, obwohl er Herr ist über alles; 2 er steht unter Vormundschaft, und sein Erbe wird verwaltet bis zu der Zeit, die sein Vater festgesetzt hat. 3 So waren auch wir, solange wir unmündig waren, Sklaven der Elementarmächte dieser Welt. 4 Als aber die Zeit erfüllt war, sandte Gott seinen Sohn, geboren von einer Frau und dem Gesetz unterstellt, 5 damit er die freikaufe, die unter dem Gesetz stehen, und damit wir die Sohnschaft erlangen. 6 Weil ihr aber Söhne seid, sandte Gott den Geist seines Sohnes in unser Herz, den Geist, der ruft: Abba, Vater. 7 Daher bist du nicht mehr Sklave, sondern Sohn; bist du aber Sohn, dann auch Erbe, Erbe durch Gott.

3,26: 4,5.7; Röm 8,17 • 27: Röm 13,14 • 28: Röm 10,12; 1 Kor 12,13; Kol 3,11 • 29: 3,7.14.18; Röm 9,7 • 4,3: 3,23; Kol 2,20 • 4: Mk 1,15 • 5: 3,13 • 6: 3,26; Röm 8,15 • 7: 3,29; Röm 8,16f

DIE FREIHEIT DES CHRISTEN: 4,8 – 6,10

Warnung vor Rückfall in die alte Knechtschaft

8 Einst, als ihr Gott noch nicht kanntet, wart ihr Sklaven der Götter, die in Wirklichkeit keine sind. 9 Wie aber könnt ihr jetzt, da ihr Gott erkannt habt, vielmehr von Gott erkannt worden seid, wieder zu den schwachen und armseligen Elementarmächten zurückkehren? Warum wollt ihr von neuem ihre Sklaven werden? 10 Warum achtet ihr so ängstlich auf Tage, Monate, bestimmte Zeiten und Jahre? 11 Ich fürchte, ich habe mich vergeblich um euch bemüht.

12 Ich bitte euch, Brüder: Werdet wie ich, denn auch ich bin geworden wie ihr. Ihr habt mir nichts zuleide getan. 13 Ihr wisst, dass ich krank und schwach war, als ich euch zum ersten Mal das Evangelium verkündigte; 14 ihr aber habt auf meine Schwäche, die für euch eine Versuchung war, nicht mit Verachtung und Abscheu geantwortet, sondern mich wie einen Engel Gottes aufgenommen, wie Christus Jesus. 15 Wo ist eure Begeisterung geblieben? Ich kann euch bezeugen: Wäre es möglich gewesen, ihr hättet euch die Augen ausgerissen, um sie mir zu geben. 16 Bin ich also euer Feind geworden, weil ich euch die Wahrheit sage? 17 Jene Leute bemühen sich um euch nicht in guter Absicht; sie wollen euch abtrünnig machen, damit ihr euch dann um sie bemüht. 18 Gut wäre es, wenn ihr euch zu jeder Zeit in guter Absicht um mich bemühen würdet und nicht nur dann, wenn ich bei euch bin, 19 bei euch, meinen Kindern, für die ich von neuem Geburtswehen erleide, bis Christus in euch Gestalt annimmt. 20 Ich wollte, ich könnte jetzt bei euch sein und in anderer Weise mit euch reden; denn euer Verhalten macht mich ratlos.

8: 1 Kor 8,4; 12,2 • 9: 1 Thess 4,5; Kol 2,20; Gal 3,29; Röm 8,16f • 17: 1,7; 6,12; Apg 20,30 • 19: 1 Kor 4,15

Das Zeugnis der Schrift

21 Ihr, die ihr euch dem Gesetz unterstellen wollt, habt ihr denn nicht gehört, was im Gesetz steht? 22 In der Schrift wird gesagt, dass Abraham zwei Söhne hatte, einen von der Sklavin, den andern von der Freien. 23 Der Sohn der Sklavin wurde auf natürliche Weise gezeugt, der Sohn der Freien aufgrund der Verheißung. 24 Darin liegt ein tieferer Sinn: Diese Frauen bedeuten die beiden Testamente. Das eine Testament stammt vom Berg Sinai und bringt Sklaven zur Welt; das ist Hagar – 25 denn Hagar ist Bezeichnung für den Berg Sinai in Arabien – und ihr entspricht das gegenwärtige Jerusalem, das mit seinen Kindern in der Knechtschaft lebt. 26 Das himmlische Jerusalem aber ist frei, und dieses Jerusalem ist unsere Mutter. 27 Denn es steht in der Schrift:

Freu dich, du Unfruchtbare, die nie geboren hat, / brich in Jubel aus und jauchze, die du nie in Wehen lagst! / Denn viele Kinder hat die Einsame, / mehr als die Vermählte.

28 Ihr aber, Brüder, seid Kinder der Verheißung wie
Isaak. 29 Doch wie damals der Sohn, der auf natür-
liche Weise gezeugt war, den verfolgte, der kraft des
Geistes gezeugt war, so geschieht es auch jetzt. 30 In
der Schrift aber heißt es: *Verstoß die Sklavin und
ihren Sohn! Denn nicht der Sohn der Sklavin soll
Erbe sein, sondern der Sohn der Freien.* 31 Daraus
folgt also, meine Brüder, dass wir nicht Kinder der
Sklavin sind, sondern Kinder der Freien.

22: Gen 16,15; 21,2f • 23: Gen 17,16; Röm 4,19f; 9,7–9 • 24: Ex 19,20 • 25: Gen 16,1 • 26: Hebr 12,22; Offb 21,2 • 27: Jes 54,1 • 30: Gen 21,10

Freiheit oder Knechtschaft

5 Zur Freiheit hat uns Christus befreit. Bleibt
daher fest und lasst euch nicht von neuem das
Joch der Knechtschaft auflegen! 2 Hört, was ich,
Paulus, euch sage: Wenn ihr euch beschneiden
lasst, wird Christus euch nichts nützen. 3 Ich ver-
sichere noch einmal jedem, der sich beschneiden
lässt: Er ist verpflichtet, das ganze Gesetz zu hal-
ten. 4 Wenn ihr also durch das Gesetz gerecht wer-
den wollt, dann habt ihr mit Christus nichts mehr
zu tun; ihr seid aus der Gnade herausgefallen. 5 Wir
aber erwarten die erhoffte Gerechtigkeit kraft des
Geistes und aufgrund des Glaubens. 6 Denn in
Christus Jesus kommt es nicht darauf an, be-
schnitten oder unbeschnitten zu sein, sondern
darauf, den Glauben zu haben, der in der Liebe
wirksam ist. 7 Ihr wart auf dem richtigen Weg. Wer
hat euch gehindert, weiter der Wahrheit zu folgen?
8 Was man auch gesagt hat, um euch zu überreden:
es kommt nicht von dem, der euch berufen hat.
9 Ein wenig Sauerteig durchsäuert den ganzen
Teig. 10 Doch im Glauben an den Herrn bin ich fest
davon überzeugt, dass ihr keine andere Lehre
annehmen werdet. Wer euch verwirrt, der wird das
Urteil Gottes zu tragen haben, wer es auch sei.
11 Man behauptet sogar, dass ich selbst noch die
Beschneidung verkündige. Warum, meine Brüder,
werde ich dann verfolgt? Damit wäre ja das Ärger-
nis des Kreuzes beseitigt. 12 Diese Leute, die Un-
ruhe bei euch stiften, sollen sich doch gleich ent-
mannen lassen.

1: 2,4; 4,5.9; Joh 8,32.36 • 2: 2,21 • 3: 3,10; Röm 2,25; Jak 2,10 • 5: Röm 8,23.25 • 6: 3,28; 6,15; 1 Kor 7,19 • 8: 1,6 • 9: 1 Kor 5,6 • 10: 1,7 • 11: 6,12.14; 1 Kor 1,23

Die Liebe als Frucht des Geistes

13 Ihr seid zur Freiheit berufen, Brüder. Nur nehmt
die Freiheit nicht zum Vorwand für das Fleisch,
sondern dient einander in Liebe! 14 Denn das ganze
Gesetz ist in dem einen Wort zusammengefasst:
Du sollst deinen Nächsten lieben wie dich selbst!
15 Wenn ihr einander beißt und verschlingt, dann
gebt Acht, dass ihr euch nicht gegenseitig um-
bringt. 16 Darum sage ich: Lasst euch vom Geist lei-
ten, dann werdet ihr das Begehren des Fleisches
nicht erfüllen. 17 Denn das Begehren des Fleisches
richtet sich gegen den Geist, das Begehren des
Geistes aber gegen das Fleisch; beide stehen sich
als Feinde gegenüber, sodass ihr nicht imstande
seid, das zu tun, was ihr wollt. 18 Wenn ihr euch
aber vom Geist führen lasst, dann steht ihr nicht
unter dem Gesetz.
19 Die Werke des Fleisches sind deutlich erkennbar:
Unzucht, Unsittlichkeit, ausschweifendes Leben,
20 Götzendienst, Zauberei, Feindschaften, Streit,
Eifersucht, Jähzorn, Eigennutz, Spaltungen, Par-
teiungen, 21 Neid und Missgunst, Trink- und Ess-
gelage und Ähnliches mehr. Ich wiederhole, was
ich euch schon früher gesagt habe: Wer so etwas
tut, wird das Reich Gottes nicht erben. 22 Die
Frucht des Geistes aber ist Liebe, Freude, Friede,
Langmut, Freundlichkeit, Güte, Treue, 23 Sanftmut
und Selbstbeherrschung; dem allem widerspricht
das Gesetz nicht. 24 Alle, die zu Christus Jesus
gehören, haben das Fleisch und damit ihre Lei-
denschaften und Begierden gekreuzigt. 25 Wenn
wir aus dem Geist leben, dann wollen wir dem
Geist auch folgen. 26 Wir wollen nicht prahlen,
nicht miteinander streiten und einander nichts
nachtragen.

13: 1 Kor 8,9; 1 Petr 2,16 • 14: Röm 13,9; Lev 19,18; Mt 22,39f • 16: 5,25; Röm 8,5 • 17: Röm 7,15.23; 8,6 • 18: Röm 6,14; 8,14 • 19: 2 Kor 12,10; 1 Kor 1,10f • 20: 1 Kor 6,9f; Kol 3,5f; Offb 22,15 • 22: Eph 5,9; 2 Kor 6,6 • 23: 2 Petr 1,6; 1 Tim 1,9 • 24: 2,19; Röm 6,6; 8,9 • 25: 5,16; Röm 8,4f • 26: Phil 2,3

Das Gesetz Christi

6 Wenn einer sich zu einer Verfehlung hin-
reißen lässt, meine Brüder, so sollt ihr, die ihr
vom Geist erfüllt seid, ihn im Geist der Sanftmut
wieder auf den rechten Weg bringen. Doch gib
Acht, dass du nicht selbst in Versuchung gerätst.
2 Einer trage des anderen Last; so werdet ihr das

Gesetz Christi erfüllen. 3 Wer sich einbildet, etwas zu sein, obwohl er nichts ist, der betrügt sich. 4 Jeder prüfe sein eigenes Tun. Dann wird er sich nur im Blick auf sich selbst rühmen können, nicht aber im Vergleich mit anderen. 5 Denn jeder wird seine eigene Bürde zu tragen haben.

6 Wer im Evangelium unterrichtet wird, lasse seinen Lehrer an allem teilhaben, was er besitzt. 7 Täuscht euch nicht: Gott lässt keinen Spott mit sich treiben; was der Mensch sät, wird er ernten. 8 Wer im Vertrauen auf das Fleisch sät, wird vom Fleisch Verderben ernten; wer aber im Vertrauen auf den Geist sät, wird vom Geist ewiges Leben ernten. 9 Lasst uns nicht müde werden, das Gute zu tun; denn wenn wir darin nicht nachlassen, werden wir ernten, sobald die Zeit dafür gekommen ist. 10 Deshalb wollen wir, solange wir noch Zeit haben, allen Menschen Gutes tun, besonders aber denen, die mit uns im Glauben verbunden sind.

1: Mt 18,15; Jak 5,19; 1 Kor 10,12 • 2: Kol 3,13; Röm 8,2; 1 Kor 9,21 • 3f: 1 Kor 8,2; 2 Kor 12,11 • 5: Röm 14,12 • 6: 1 Kor 9,11.14 • 8: Röm 8,6.13 • 9: 2 Thess 3,13; Hebr 12,1.3

SCHLUSSWORT UND SEGENSWUNSCH: 6,11–18

11 Seht, ich schreibe euch jetzt mit eigener Hand; das ist meine Schrift. 12 Jene Leute, die in der Welt nach Anerkennung streben, nötigen euch nur deshalb zur Beschneidung, damit sie wegen des Kreuzes Christi nicht verfolgt werden. 13 Denn obwohl sie beschnitten sind, halten sie nicht einmal selber das Gesetz; dennoch dringen sie auf eure Beschneidung, um sich dessen zu rühmen, was an eurem Fleisch geschehen soll. 14 Ich aber will mich allein des Kreuzes Jesu Christi, unseres Herrn, rühmen, durch das mir die Welt gekreuzigt ist und ich der Welt. 15 Denn es kommt nicht darauf an, ob einer beschnitten oder unbeschnitten ist, sondern darauf, dass er neue Schöpfung ist. 16 Friede und Erbarmen komme über alle, die sich von diesem Grundsatz leiten lassen, und über das Israel Gottes.

17 In Zukunft soll mir niemand mehr solche Schwierigkeiten bereiten. Denn ich trage die Zeichen Jesu an meinem Leib.

18 Die Gnade Jesu Christi, unseres Herrn, sei mit eurem Geist, meine Brüder. Amen.

11: 1 Kor 16,21 • 12: 5,2.11 • 14:2,19; 1 Kor 2,2 • 15: 5,6; 1 Kor 7,19; 2 Kor 5,17 • 16: Ps 125,4f • 17: 2 Kor 4,10 • 18: Phil 4,23; 2 Tim 4,22; Phlm 25

DER BRIEF AN DIE EPHESER

Beim Epheserbrief handelt es sich wohl um einen Rundbrief, da die Erwähnung von »Ephesus« (1,1) in zahlreichen Handschriften fehlt. Die Empfänger sind sehr wahrscheinlich die Christen Kleinasiens oder eines noch größeren Gebiets. Als Abfassungsort kommt Ephesus in Frage.

Das Schreiben ist zwar wie ein Brief gestaltet, stellt aber nach Stil und Inhalt eher eine feierliche Predigt dar. Lob Gottes (1,3) und Fürbitte (1,16; 3,1.14) kennzeichnen den ersten Teil, der mit einem liturgischen Lobpreis abschließt (3,21). Manche Forscher nehmen daher an, dass dieses Schreiben von einem Paulusschüler verfasst wurde, der im Namen des Apostels schrieb.

Ein bestimmter Anlass für die Entstehung des Schreibens ist nicht erkennbar. Das zentrale Thema des Briefs ist die Kirche, und zwar die weltweite Kirche, deren Haupt Christus ist. Inhaltlich wird dieses Thema in den Kapiteln 1 – 3 entfaltet. Gott hat die Kirche durch Christus schon vor der Erschaffung der Welt erwählt und als sein Volk zusammengerufen (Kap. 1). Durch die Taufe sind die Gläubigen der Macht der Finsternis entrissen und mit Christus verbunden worden (2,1–10). In der Kirche ist ein neues Menschengeschlecht entstanden, in dem die alte Feindschaft zwischen Juden und Heiden überwunden wurde, weil Christus Frieden gestiftet hat (2,11–22). Werkzeug Gottes für den Bau der Völkerkirche war der Apostel Paulus (Kap. 3). Im zweiten Teil werden sittliche Folgerungen gezogen. Vor allem gilt es, die Einheit zu wahren und alle Dienste in der Kirche zu aktivieren (4,1–16). Als Getaufte haben die Christen den alten, der Sünde verfallenen Menschen zu überwinden und ein neues Leben zu verwirklichen, das durch Christus erleuchtet ist (4,17 – 5,20). Das neue Leben hat sich vor allem in Ehe und Familie auszuwirken (5,21 – 6,9). Das Bild vom Streiter Christi schließt die Mahnung ab (6,10–20).

Der Epheserbrief enthält die bedeutendsten theologischen Aussagen im Neuen Testament über die Kirche.

ANSCHRIFT UND GRUSS: 1,1–2

1 Paulus, durch den Willen Gottes Apostel
Christi Jesu, an die Heiligen in Ephesus, die an
Christus Jesus glauben. [2] Gnade sei mit euch und
Friede von Gott, unserem Vater, und dem Herrn
Jesus Christus.

1: Kol 1,1f

GOTTES HEILSPLAN: 1,3 – 2,22

Loblied auf den Heilsplan Gottes

[3] Gepriesen sei der Gott und Vater unseres Herrn
Jesus Christus: / Er hat uns mit allem Segen seines
Geistes gesegnet / durch unsere Gemeinschaft mit
Christus im Himmel.
[4] Denn in ihm hat er uns erwählt vor der Erschaf-
fung der Welt, / damit wir heilig und untadelig
leben vor Gott;
[5] er hat uns aus Liebe im Voraus dazu bestimmt, /
seine Söhne zu werden durch Jesus Christus / und
nach seinem gnädigen Willen zu ihm zu gelangen,
[6] zum Lob seiner herrlichen Gnade. / Er hat sie uns
geschenkt in seinem geliebten Sohn;
[7] durch sein Blut haben wir die Erlösung, / die Ver-
gebung der Sünden nach dem Reichtum seiner
Gnade.
[8] Durch sie hat er uns mit aller Weisheit und Ein-
sicht reich beschenkt
[9] und hat uns das Geheimnis seines Willens kund-
getan, / wie er es gnädig im Voraus bestimmt hat:
[10] Er hat beschlossen, die Fülle der Zeiten herauf-
zuführen, / in Christus alles zu vereinen, alles, was
im Himmel und auf Erden ist.
[11] Durch ihn sind wir auch als Erben vorherbe-
stimmt und eingesetzt / nach dem Plan dessen, der
alles so verwirklicht, / wie er es in seinem Willen
beschließt;
[12] wir sind zum Lob seiner Herrlichkeit bestimmt, /
die wir schon früher auf Christus gehofft haben.
[13] Durch ihn habt auch ihr das Wort der Wahrheit
gehört, das Evangelium von eurer Rettung; / durch
ihn habt ihr das Siegel des verheißenen Heiligen
Geistes empfangen, als ihr den Glauben annahmt.
[14] Der Geist ist der erste Anteil des Erbes,/ das wir
erhalten sollen, / der Erlösung, durch die wir Got-
tes Eigentum werden, / zum Lob seiner Herrlich-
keit.

3: 2 Kor 1,3 • 7: Kol 1,14 • 10: Kol 1,20 • 14: 2 Kor 1,22

Gebet um Erkenntnis der Hoheit Christi

[15/16] Darum höre ich nicht auf, für euch zu danken,
wenn ich in meinen Gebeten an euch denke; denn
ich habe von eurem Glauben an Jesus, den Herrn,
und von eurer Liebe zu allen Heiligen gehört.
[17] Der Gott Jesu Christi, unseres Herrn, der Vater
der Herrlichkeit, gebe euch den Geist der Weisheit

und Offenbarung, damit ihr ihn erkennt. [18] Er erleuchte die Augen eures Herzens, damit ihr versteht, zu welcher Hoffnung ihr durch ihn berufen seid, welchen Reichtum die Herrlichkeit seines Erbes den Heiligen schenkt [19] und wie überragend groß seine Macht sich an uns, den Gläubigen, erweist durch das Wirken seiner Kraft und Stärke. [20] Er hat sie an Christus erwiesen, den er von den Toten auferweckt und im Himmel auf den Platz *zu seiner Rechten* erhoben hat, [21] hoch über alle Fürsten und Gewalten, Mächte und Herrschaften und über jeden Namen, der nicht nur in dieser Welt, sondern auch in der zukünftigen genannt wird. [22] *Alles hat er ihm zu Füßen gelegt* und ihn, der als Haupt alles überragt, über die Kirche gesetzt. [23] Sie ist sein Leib und wird von ihm erfüllt, der das All ganz und gar beherrscht.

15/16: Kol 1,3f.9 • 20: Ps 110,1 • 21: Kol 1,16 • 22: Ps 8,7; Hebr 8,6; Kol 1,18

Vom Tod zum Leben

2 Ihr wart tot infolge eurer Verfehlungen und Sünden. [2] Ihr wart einst darin gefangen, wie es der Art dieser Welt entspricht, unter der Herrschaft jenes Geistes, der im Bereich der Lüfte regiert und jetzt noch in den Ungehorsamen wirksam ist. [3] Zu ihnen gehörten auch wir alle einmal, als wir noch von den Begierden unseres Fleisches beherrscht wurden. Wir folgten dem, was das Fleisch und der böse Sinn uns eingaben, und waren von Natur aus Kinder des Zorns wie die anderen. [4/5] Gott aber, der voll Erbarmen ist, hat uns, die wir infolge unserer Sünden tot waren, in seiner großen Liebe, mit der er uns geliebt hat, zusammen mit Christus wieder lebendig gemacht. Aus Gnade seid ihr gerettet. [6] Er hat uns mit Christus Jesus auferweckt und uns zusammen mit ihm einen Platz im Himmel gegeben. [7] Dadurch, dass er in Christus Jesus gütig an uns handelte, wollte er den kommenden Zeiten den überfließenden Reichtum seiner Gnade zeigen. [8] Denn aus Gnade seid ihr durch den Glauben gerettet, nicht aus eigener Kraft – Gott hat es geschenkt –, [9] nicht aufgrund eurer Werke, damit keiner sich rühmen kann. [10] Seine Geschöpfe sind wir, in Christus Jesus dazu geschaffen, in unserem Leben die guten Werke zu tun, die Gott für uns im Voraus bereitet hat.

1: Kol 2,13 • 6: Kol 3,1 • 9: 1 Kor 1,29

Die Einheit von Juden und Heiden in Christus

[11] Erinnert euch also, dass ihr einst Heiden wart und von denen, die äußerlich beschnitten sind, Unbeschnittene genannt wurdet. [12] Damals wart ihr von Christus getrennt, der Gemeinde Israels fremd und von dem Bund der Verheißung ausgeschlossen; ihr hattet keine Hoffnung und lebtet ohne Gott in der Welt. [13] Jetzt aber seid ihr, die ihr einst in der Ferne wart, durch Christus Jesus, nämlich durch sein Blut, in die Nähe gekommen. [14] Denn er ist unser Friede. Er vereinigte die beiden Teile (Juden und Heiden) und riss durch sein Sterben die trennende Wand der Feindschaft nieder. [15] Er hob das Gesetz samt seinen Geboten und Forderungen auf, um die zwei in seiner Person zu dem einen neuen Menschen zu machen. Er stiftete Frieden [16] und versöhnte die beiden durch das Kreuz mit Gott in einem einzigen Leib. Er hat in seiner Person die Feindschaft getötet. [17] Er kam und verkündete den *Frieden:* euch, *den Fernen, und* uns, *den Nahen.* [18] Durch ihn haben wir beide in dem einen Geist Zugang zum Vater.
[19] Ihr seid also jetzt nicht mehr Fremde ohne Bürgerrecht, sondern Mitbürger der Heiligen und Hausgenossen Gottes. [20] Ihr seid auf das Fundament der Apostel und Propheten gebaut; der Schlussstein ist Christus Jesus selbst. [21] Durch ihn wird der ganze Bau zusammengehalten und wächst zu einem heiligen Tempel im Herrn. [22] Durch ihn werdet auch ihr im Geist zu einer Wohnung Gottes erbaut.

13: 2,17 • 14: Kol 1,20.22 • 17: Jes 57,19; Lk 2,14 • 21: 1 Petr 2,5

DER APOSTEL UND DIE GEMEINDE: 3,1–21

Paulus, Apostel für die Heiden

3 Deshalb (bete) ich, Paulus, für euch, die Heiden. Euch kommt es zugute, dass ich der Gefangene Christi Jesu bin. [2] Ihr habt doch gehört, welches Amt die Gnade Gottes mir für euch verliehen hat. [3] Durch eine Offenbarung wurde mir das Geheimnis mitgeteilt, das ich soeben kurz beschrieben habe. [4] Wenn ihr das lest, könnt ihr sehen, welche Einsicht in das Geheimnis Christi mir gegeben ist. [5] Den Menschen früherer Generationen war es nicht bekannt; jetzt aber ist es seinen heiligen Aposteln und Propheten durch den Geist offenbart worden: [6] dass nämlich die Heiden Miterben sind, zu demselben Leib gehören und an derselben Verheißung in Christus Jesus teilhaben durch das Evangelium. [7] Ihm diene ich dank der Gnade, die mir durch Gottes mächtiges Wirken geschenkt wurde. [8] Mir, dem Geringsten unter allen Heiligen, wurde diese Gnade geschenkt: Ich soll den Heiden als Evangelium den unergründlichen Reichtum Christi verkündigen [9] und enthüllen, wie jenes Geheimnis Wirklichkeit geworden ist, das von Ewigkeit her in Gott, dem Schöpfer des Alls, verborgen war. [10] So sollen jetzt die Fürsten und Gewalten des himmlischen Bereichs durch die Kirche Kenntnis erhalten von der vielfältigen Weisheit Gottes, [11] nach seinem ewigen Plan, den er durch Christus Jesus, unseren Herrn, ausgeführt hat. [12] In ihm haben wir den freien Zugang durch das Vertrauen, das der Glaube an ihn schenkt. [13] Deshalb bitte ich euch, nicht wegen der Leiden zu verzagen, die ich für euch ertrage, denn sie sind euer Ruhm.

1: 4,1; Phil 1,7; Kol 4,18; Phlm 1.9 • 3: 1,9f • 7: Kol 1,25 • 8: 1 Kor 15,9; Gal 1,16

Fürbitte für die Kirche

[14] Daher beuge ich meine Knie vor dem Vater, [15] nach dessen Namen jedes Geschlecht im Himmel und auf der Erde benannt wird, [16] und bitte, er möge euch aufgrund des Reichtums seiner Herrlichkeit schenken, dass ihr in eurem Innern durch seinen Geist an Kraft und Stärke zunehmt. [17] Durch den Glauben wohne Christus in eurem Herzen. In der Liebe verwurzelt und auf sie gegründet, [18] sollt ihr zusammen mit allen Heiligen dazu fähig sein, die Länge und Breite, die Höhe und Tiefe zu ermessen [19] und die Liebe Christi zu verstehen, die alle Erkenntnis übersteigt. So werdet ihr mehr und mehr von der ganzen Fülle Gottes erfüllt. [20] Er aber, der durch die Macht, die in uns wirkt, unendlich viel mehr tun kann, als wir erbitten oder uns ausdenken können, [21] er werde verherrlicht durch die Kirche und durch Christus Jesus in allen Generationen, für ewige Zeiten. Amen.

20f: Röm 16,25–27

VERSCHIEDENE MAHNUNGEN: 4,1 – 6,20

Aufruf zur Einheit

4 Ich, der ich um des Herrn willen im Gefängnis bin, ermahne euch, ein Leben zu führen, das des Rufes würdig ist, der an euch erging. [2] Seid demütig, friedfertig und geduldig, ertragt einander in Liebe [3] und bemüht euch, die Einheit des Geistes zu wahren durch den Frieden, der euch zusammenhält. [4] Ein Leib und ein Geist, wie euch durch eure Berufung auch eine gemeinsame Hoffnung gegeben ist; [5] ein Herr, ein Glaube, eine Taufe, [6] ein Gott und Vater aller, der über allem und durch alles und in allem ist.

2: Kol 3,12 • 4: Röm 12,5; 1 Kor 12,12f

Die Gnadengaben zum Aufbau der Kirche

[7] Aber jeder von uns empfing die Gnade in dem Maß, wie Christus sie ihm geschenkt hat. [8] Deshalb heißt es: *Er stieg hinauf zur Höhe und erbeutete Gefangene,* er gab den *Menschen Geschenke.* [9] Wenn er aber *hinaufstieg, was bedeutet dies anderes, als dass er auch zur Erde herabstieg?* [10] Derselbe, der herabstieg, ist auch hinaufgestiegen bis zum höchsten Himmel, um das All zu beherrschen. [11] Und er gab den einen das Apostelamt, andere setzte er als Propheten ein, andere als Evangelisten, andere als Hirten und Lehrer, [12] um die Heiligen für die Erfüllung ihres Dienstes zu rüsten, für den

Aufbau des Leibes Christi. 13 So sollen wir alle zur Einheit im Glauben und in der Erkenntnis des Sohnes Gottes gelangen, damit wir zum vollkommenen Menschen werden und Christus in seiner vollendeten Gestalt darstellen. 14 Wir sollen nicht mehr unmündige Kinder sein, ein Spiel der Wellen, hin und her getrieben von jedem Widerstreit der Meinungen, dem Betrug der Menschen ausgeliefert, der Verschlagenheit, die in die Irre führt. 15 Wir wollen uns, von der Liebe geleitet, an die Wahrheit halten und in allem wachsen, bis wir ihn erreicht haben. Er, Christus, ist das Haupt. 16 Durch ihn wird der ganze Leib zusammengefügt und gefestigt in jedem einzelnen Gelenk. Jedes trägt mit der Kraft, die ihm zugemessen ist. So wächst der Leib und wird in Liebe aufgebaut.

8: Ps 68,19 • 11: 1 Kor 12,28 • 13: Kol 1,28 • 14: Jak 1,6 • 15: 1 Kor 11,3; Kol 2,19

Der alte und der neue Mensch

17 Ich sage es euch und beschwöre euch im Herrn: Lebt nicht mehr wie die Heiden in ihrem nichtigen Denken! 18 Ihr Sinn ist verfinstert. Sie sind dem Leben, das Gott schenkt, entfremdet durch die Unwissenheit, in der sie befangen sind, und durch die Verhärtung ihres Herzens. 19 Haltlos wie sie sind, geben sie sich der Ausschweifung hin, um voll Gier jede Art von Gemeinheit zu begehen. 20 Das aber entspricht nicht dem, was ihr von Christus gelernt habt. 21 Ihr habt doch von ihm gehört und seid unterrichtet worden in der Wahrheit, die Jesus ist. 22 Legt den alten Menschen ab, der in Verblendung und Begierde zugrunde geht, ändert euer früheres Leben 23 und erneuert euren Geist und Sinn! 24 Zieht den neuen Menschen an, der *nach dem Bild Gottes* geschaffen ist in wahrer Gerechtigkeit und Heiligkeit.

22: Kol 3,9 • 24: Gen 1,26; Kol 3,10

Die Pflichten gegen den Nächsten

25 Legt deshalb die Lüge ab und *redet untereinander die Wahrheit;* denn wir sind als Glieder miteinander verbunden. 26 *Lasst euch durch den Zorn nicht zur Sünde hinreißen!* Die Sonne soll über eurem Zorn nicht untergehen. 27 Gebt dem Teufel keinen Raum! 28 Der Dieb soll nicht mehr stehlen, sondern arbeiten und sich mit seinen Händen etwas verdienen, damit er den Notleidenden davon geben kann. 29 Über eure Lippen komme kein böses Wort, sondern nur ein gutes, das den, der es braucht, stärkt und dem, der es hört, Nutzen bringt. 30 Beleidigt nicht den Heiligen Geist Gottes, dessen Siegel ihr tragt für den Tag der Erlösung. 31 Jede Art von Bitterkeit, Wut, Zorn, Geschrei und Lästerung und alles Böse verbannt aus eurer Mitte! 32 Seid gütig zueinander, seid barmherzig, vergebt einander, weil auch Gott euch durch Christus vergeben hat.

5 Ahmt Gott nach als seine geliebten Kinder 2 und liebt einander, weil auch Christus uns geliebt und sich für uns hingegeben hat als Gabe und als Opfer, das Gott gefällt.

4,25: Sach 8,16 • 26: Ps 4,5 G • 31: Kol 3,8

Aus der Finsternis zum Licht

3 Von Unzucht aber und Schamlosigkeit jeder Art oder von Habgier soll bei euch, wie es sich für Heilige gehört, nicht einmal die Rede sein. 4 Auch Sittenlosigkeit und albernes oder zweideutiges Geschwätz schickt sich nicht für euch, sondern Dankbarkeit. 5 Denn das sollt ihr wissen: Kein unzüchtiger, schamloser oder habgieriger Mensch – das heißt kein Götzendiener – erhält ein Erbteil im Reich Christi und Gottes. 6 Niemand täusche euch mit leeren Worten: All das zieht auf die Ungehorsamen den Zorn Gottes herab. 7 Habt darum nichts mit ihnen gemein! 8 Denn einst wart ihr Finsternis, jetzt aber seid ihr durch den Herrn Licht geworden. Lebt als Kinder des Lichts! 9 Das Licht bringt lauter Güte, Gerechtigkeit und Wahrheit hervor. 10 Prüft, was dem Herrn gefällt, 11 und habt nichts gemein mit den Werken der Finsternis, die keine Frucht bringen, sondern deckt sie auf! 12 Denn man muss sich schämen, von dem, was sie heimlich tun, auch nur zu reden. 13 Alles, was aufgedeckt ist, wird vom Licht erleuchtet. 14 Alles Erleuchtete aber ist Licht. Deshalb heißt es: Wach auf, du Schläfer, / und steh auf von den Toten / und Christus wird dein Licht sein.

15 Achtet also sorgfältig darauf, wie ihr euer Leben führt, nicht töricht, sondern klug. 16 Nutzt die Zeit; denn diese Tage sind böse. 17 Darum seid nicht unverständig, sondern begreift, was der Wille des Herrn ist. 18 Berauscht euch nicht mit Wein – das

macht zügellos –, sondern lasst euch vom Geist
erfüllen! 19 Lasst in eurer Mitte Psalmen, Hymnen
und Lieder erklingen, wie der Geist sie eingibt.
Singt und jubelt aus vollem Herzen zum Lob des
Herrn! 20 Sagt Gott, dem Vater, jederzeit Dank für
alles im Namen Jesu Christi, unseres Herrn!

3: Mt 15,19 • 5: 1 Kor 6,9f • 9: Gal 5,22 • 14: Jes 60,1–3 •
18: Spr 23,31 G • 19: Ps 33,2f; Kol 3,16

Über die christliche Familienordnung

21 Einer ordne sich dem andern unter in der ge-
meinsamen Ehrfurcht vor Christus. 22 Ihr Frauen,
ordnet euch euren Männern unter wie dem Herrn
(Christus); 23 denn der Mann ist das Haupt der
Frau, wie auch Christus das Haupt der Kirche ist;
er hat sie gerettet, denn sie ist sein Leib. 24 Wie aber
die Kirche sich Christus unterordnet, sollen sich
die Frauen in allem den Männern unterordnen.
25 Ihr Männer, liebt eure Frauen, wie Christus die
Kirche geliebt und sich für sie hingegeben hat,
26 um sie im Wasser und durch das Wort rein und
heilig zu machen. 27 So will er die Kirche herrlich
vor sich erscheinen lassen, ohne Flecken, Falten
oder andere Fehler; heilig soll sie sein und makel-
los.
28 Darum sind die Männer verpflichtet, ihre
Frauen so zu lieben wie ihren eigenen Leib. Wer
seine Frau liebt, liebt sich selbst. 29 Keiner hat je sei-
nen eigenen Leib gehasst, sondern er nährt und
pflegt ihn, wie auch Christus die Kirche. 30 Denn
wir sind Glieder seines Leibes. 31 *Darum wird der
Mann Vater und Mutter verlassen und sich an seine
Frau binden und die zwei werden ein Fleisch sein.*
32 Dies ist ein tiefes Geheimnis; ich beziehe es auf
Christus und die Kirche. 33 Was euch angeht, so
liebe jeder von euch seine Frau wie sich selbst, die
Frau aber ehre den Mann.

6 Ihr Kinder, gehorcht euren Eltern, wie es vor
dem Herrn recht ist. 2 *Ehre deinen Vater und
deine Mutter:* Das ist ein Hauptgebot und ihm
folgt die Verheißung: 3 *damit es dir gut geht und du
lange lebst auf der Erde.* 4 Ihr Väter, reizt eure Kin-
der nicht zum Zorn, sondern erzieht sie in der
Zucht und Weisung des Herrn! 5 Ihr Sklaven,
gehorcht euren irdischen Herren mit Furcht und
Zittern und mit aufrichtigem Herzen, als wäre es
Christus. 6 Arbeitet nicht nur, um euch bei den
Menschen einzuschmeicheln und ihnen zu gefal-
len, sondern erfüllt als Sklaven Christi von Herzen
den Willen Gottes! 7 Dient freudig, als dientet ihr
dem Herrn und nicht den Menschen. 8 Denn ihr
wisst, dass jeder, der etwas Gutes tut, es vom Herrn
zurückerhalten wird, ob er ein Sklave ist oder ein
freier Mann. 9 Ihr Herren, handelt in gleicher
Weise gegen eure Sklaven! Droht ihnen nicht!
Denn ihr wisst, dass ihr im Himmel einen gemein-
samen Herrn habt. Bei ihm gibt es kein Ansehen
der Person.

5,21 – 6,9: Kol 3,18 – 4,1 • 23: 1 Kor 11,3 • 25: 1 Tim 2,6 •
30: Röm 12,5 • 31: Gen 2,24 • 6,2: Ex 20,12 • 3: Dtn 5,16 •
5: 1 Tim 6,1f; Tit 2,9f; 1 Petr 2,18

Aufruf zum Kampf

10 Und schließlich: Werdet stark durch die Kraft
und Macht des Herrn! 11 Zieht die Rüstung Gottes
an, damit ihr den listigen Anschlägen des Teufels
widerstehen könnt. 12 Denn wir haben nicht gegen
Menschen aus Fleisch und Blut zu kämpfen, son-
dern gegen die Fürsten und Gewalten, gegen die
Beherrscher dieser finsteren Welt, gegen die bösen
Geister des himmlischen Bereichs. 13 Darum legt
die Rüstung Gottes an, damit ihr am Tag des
Unheils standhalten, alles vollbringen und den
Kampf bestehen könnt.
14 Seid also standhaft: Gürtet euch mit Wahrheit,
zieht *als Panzer die Gerechtigkeit* an 15 und als
Schuhe die Bereitschaft, für das Evangelium vom
Frieden zu kämpfen. 16 Vor allem greift zum Schild
des Glaubens! Mit ihm könnt ihr alle feurigen
Geschosse des Bösen auslöschen. 17 Nehmt den
Helm des Heils und das Schwert des Geistes, das
ist das Wort Gottes. 18 Hört nicht auf, zu beten und
zu flehen! Betet jederzeit im Geist; seid wachsam,
harrt aus und bittet für alle Heiligen, 19 auch für
mich: dass Gott mir das rechte Wort schenkt, wenn
es darauf ankommt, mit Freimut das Geheimnis
des Evangeliums zu verkünden, 20 als dessen Ge-
sandter ich im Gefängnis bin. Bittet, dass ich in sei-
ner Kraft freimütig zu reden vermag, wie es meine
Pflicht ist.

SCHLUSSWORT UND SEGENSWUNSCH: 6,21–24

21 Damit auch ihr erfahrt, wie es mir geht und was
ich tue, wird euch Tychikus, der geliebte Bruder
und treue Helfer im Dienst des Herrn, alles berich-
ten. 22 Ich schicke ihn eigens zu euch, damit ihr
alles über uns erfahrt und damit er euch Mut zu-
spricht.
23 Friede sei mit den Brüdern, Liebe und Glaube
von Gott, dem Vater, und Jesus Christus, dem
Herrn. 24 Gnade und unvergängliches Leben sei
mit allen, die Jesus Christus, unseren Herrn, lie-
ben!

21: Kol 4,7f

DER BRIEF AN DIE PHILIPPER

Paulus gründete die Gemeinde von Philippi (Ostmazedonien) als erste christliche Gemeinde auf europäischem Boden bei seiner zweiten Missionsreise um das Jahr 50. Die Gemeinde wuchs ihm besonders ans Herz. Nur von ihr ließ er sich unterstützen, auch finanziell. Den Brief an die Philipper schrieb er im Gefängnis, wahrscheinlich in Ephesus, um 55 n. Chr. Die Auffassung, der Brief sei erst in der römischen Gefangenschaft des Apostels abgefasst worden, ist heute weithin aufgegeben. Zwar erfahren wir aus der Apostelgeschichte nichts über eine Gefangenschaft in Ephesus, aber Andeutungen in den Briefen des Apostels Paulus lassen darauf schließen (1 Kor 15,32; vor allem 2 Kor 1,8–10; vgl. auch 2 Kor 11,22–33). Den Anlass des Briefs bildete der Wunsch der Christen in Philippi, von ihrem Apostel, der im Gefängnis saß, Näheres über sein Schicksal zu erfahren, sowie eine Geldspende, die sie durch Epaphroditus überbringen ließen. Auch das Eindringen von Irrlehren bewog Paulus zur Abfassung dieses Schreibens.

Nach Dank und Fürbitte (1,3–11) spricht Paulus von seinem Schicksal. Er tut dies so, dass er sein Los mit dem des Evangeliums verknüpft (1,12–26). Er mahnt zur Einheit und stellt in einem hymnischen Text der Gemeinde den Weg Christi, des Gottessohnes und erhöhten Herrn, vor Augen. An ihm hat sie durch den Glauben Anteil gewonnen (1,27 – 2,18). Sodann spricht er über seine persönlichen Pläne (2,19–30). Im 3. Kapitel nimmt er mit außerordentlich scharfen Worten Stellung gegen christliche Wanderprediger, die Irrlehren verbreiten, und weist auf die Gefahr hin, die dadurch der Kirche droht. Abschließend wendet er sich an einzelne Gemeindeglieder, die ihm Sorge bereiten, und bedankt sich für die empfangene Gabe (Kap. 4).

Der besondere Wert des Briefs liegt darin, dass er uns Einblick verschafft in das persönliche Wollen und Denken des Menschen und Christen Paulus. Der bekannteste und wichtigste Text ist das Christuslied in 2,6–11. Theologisch bedeutsam ist daneben die Erwartung des Paulus im Hinblick auf sein Ergehen nach dem Tod (1,19–26) und auf seine Gemeinschaft mit Christus (3,7–21).

ANSCHRIFT UND GRUSS: 1,1–2

1 Paulus und Timotheus, Knechte Christi Jesu,
an alle Heiligen in Christus Jesus, die in Phi-
lippi sind, mit ihren Bischöfen und Diakonen.
2 Gnade sei mit euch und Friede von Gott, unse-
rem Vater, und dem Herrn Jesus Christus.

1: 2 Kor 1,1 • 2: Röm 1,7f

DER APOSTEL UND SEIN EVANGELIUM: 1,3–26

Dank und Fürbitte

3 Ich danke meinem Gott jedes Mal, wenn ich an
euch denke; 4 immer, wenn ich für euch alle bete,
tue ich es mit Freude 5 und danke Gott dafür, dass
ihr euch gemeinsam für das Evangelium eingesetzt
habt vom ersten Tag an bis jetzt. 6 Ich vertraue da-
rauf, dass er, der bei euch das gute Werk begonnen
hat, es auch vollenden wird bis zum Tag Christi
Jesu.
7 Es ist nur recht, dass ich so über euch alle denke,
weil ich euch ins Herz geschlossen habe. Denn ihr
alle habt Anteil an der Gnade, die mir durch meine
Gefangenschaft und die Verteidigung und Bekräf-
tigung des Evangeliums gewährt ist. 8 Gott ist mein
Zeuge, wie ich mich nach euch allen sehne mit der
herzlichen Liebe, die Christus Jesus zu euch hat.
9 Und ich bete darum, dass eure Liebe immer noch
reicher an Einsicht und Verständnis wird, 10 damit
ihr beurteilen könnt, worauf es ankommt. Dann
werdet ihr rein und ohne Tadel sein für den Tag
Christi, 11 reich an der Frucht der Gerechtigkeit,
die Jesus Christus gibt, zur Ehre und zum Lob
Gottes.

8: Röm 1,9

Paulus, Verkünder der Frohen Botschaft

12 Ihr sollt wissen, Brüder, dass alles, was mir zuge-
stoßen ist, die Verbreitung des Evangeliums geför-
dert hat. 13 Denn im ganzen Prätorium und bei
allen Übrigen ist offenbar geworden, dass ich um
Christi willen im Gefängnis bin. 14 Und die meis-
ten der Brüder sind durch meine Gefangenschaft
zuversichtlich geworden im Glauben an den
Herrn und wagen umso kühner, das Wort Gottes
furchtlos zu sagen. 15 Einige verkündigen Christus
zwar aus Neid und Streitsucht, andere aber in
guter Absicht. 16 Die einen predigen Christus aus
Liebe, weil sie wissen, dass ich zur Verteidigung des
Evangeliums bestimmt bin, 17 die andern aus Ehr-
geiz, nicht in redlicher Gesinnung; sie möchten die
Last meiner Ketten noch schwerer machen. 18 Aber
was liegt daran? Auf jede Weise, ob in unlauterer
oder lauterer Absicht, wird Christus verkündigt
und darüber freue ich mich.
Aber ich werde mich auch in Zukunft freuen.
19 Denn ich weiß: *Das wird zu meiner Rettung
führen* durch euer Gebet und durch die Hilfe des
Geistes Jesu Christi. 20 Darauf warte und hoffe ich,
dass ich in keiner Hinsicht beschämt werde, dass
vielmehr Christus in aller Öffentlichkeit – wie
immer, so auch jetzt – durch meinen Leib ver-
herrlicht wird, ob ich lebe oder sterbe. 21 Denn für
mich ist Christus das Leben und Sterben Gewinn.
22 Wenn ich aber weiterleben soll, bedeutet das für
mich fruchtbare Arbeit. Was soll ich wählen? Ich
weiß es nicht. 23 Es zieht mich nach beiden Seiten:
Ich sehne mich danach, aufzubrechen und bei
Christus zu sein – um wie viel besser wäre das!
24 Aber euretwegen ist es notwendiger, dass ich am
Leben bleibe. 25 Im Vertrauen darauf weiß ich, dass
ich bleiben und bei euch allen ausharren werde,
um euch im Glauben zu fördern und zu erfreuen,
26 damit ihr euch in Christus Jesus umso mehr
meiner rühmen könnt, wenn ich wieder zu euch
komme.

19: Ijob 13,16 G • 23: 2 Kor 5,8

VERSCHIEDENE MAHNUNGEN: 1,27 – 2,18

Aufruf zur Eintracht

27 Vor allem: Lebt als Gemeinde so, wie es dem
Evangelium Christi entspricht. Ob ich komme
und euch sehe oder ob ich fern bin, ich möchte
hören, dass ihr in dem einen Geist feststeht, ein-
mütig für den Glauben an das Evangelium kämpft
28 und euch in keinem Fall von euren Gegnern ein-
schüchtern lasst. Das wird für sie ein Zeichen
dafür sein, dass sie verloren sind und ihr gerettet
werdet, ein Zeichen, das von Gott kommt. 29 Denn
euch wurde die Gnade zuteil, für Christus da zu
sein, also nicht nur an ihn zu glauben, sondern
auch seinetwegen zu leiden. 30 Denn ihr habt den
gleichen Kampf zu bestehen, den ihr früher an mir
gesehen habt und von dem ihr auch jetzt hört.

2 Wenn es also Ermahnung in Christus gibt,
Zuspruch aus Liebe, eine Gemeinschaft des
Geistes, herzliche Zuneigung und Erbarmen,
2 dann macht meine Freude dadurch vollkommen,
dass ihr eines Sinnes seid, einander in Liebe ver-
bunden, einmütig und einträchtig, 3 dass ihr nichts
aus Ehrgeiz und nichts aus Prahlerei tut. Sondern
in Demut schätze einer den andern höher ein als
sich selbst. 4 Jeder achte nicht nur auf das eigene
Wohl, sondern auch auf das der anderen.

Das Beispiel Christi

5 Seid untereinander so gesinnt, wie es dem Leben
in Christus Jesus entspricht:
6 Er war Gott gleich, / hielt aber nicht daran fest,
wie Gott zu sein,
7 sondern er entäußerte sich / und wurde wie ein
Sklave / und den Menschen gleich. / Sein Leben
war das eines Menschen;
8 er erniedrigte sich / und war gehorsam bis zum
Tod, / bis zum Tod am Kreuz.
9 Darum hat ihn Gott über alle erhöht / und ihm
den Namen verliehen, / der größer ist als alle Na-
men,
10 damit alle im Himmel, auf der Erde und unter
der Erde / ihre *Knie beugen* vor dem Namen Jesu
11 *und jeder Mund bekennt:* / »Jesus Christus ist der
Herr« – / zur Ehre Gottes, des Vaters.

10: Jes 45,23

Die Sorge des Apostels um das Heil der Gemeinde

12 Darum, liebe Brüder – ihr wart ja immer gehor-
sam, nicht nur in meiner Gegenwart, sondern
noch viel mehr jetzt in meiner Abwesenheit –:
müht euch mit Furcht und Zittern um euer Heil!
13 Denn Gott ist es, der in euch das Wollen und das
Vollbringen bewirkt, noch über euren guten Wil-
len hinaus. 14 Tut alles ohne Murren und Beden-
ken, 15 damit ihr rein und ohne Tadel seid, *Kinder
Gottes ohne Makel* mitten in einer *verdorbenen und
verwirrten Generation,* unter der ihr als Lichter in
der Welt leuchtet. 16 Haltet fest am Wort des Le-
bens, mir zum Ruhm für den Tag Christi, damit
ich nicht vergeblich gelaufen bin oder mich *um-
sonst abgemüht habe.*
17 Wenn auch mein Leben dargebracht wird
zusammen mit dem Opfer und Gottesdienst eures
Glaubens, freue ich mich dennoch und ich freue
mich mit euch allen. 18 Ebenso sollt auch ihr euch
freuen; freut euch mit mir!

15: Dtn 32,5 • 16: Jes 65,23 G; 49,4 • 18: 3,1

DIE PLÄNE DES APOSTELS: 2,19–30

19 Ich hoffe aber im Vertrauen auf Jesus, den Herrn,
dass ich Timotheus bald zu euch schicken kann,
damit auch ich ermutigt werde, wenn ich erfahre,
wie es um euch steht. 20 Ich habe keinen Gleichge-
sinnten, der so aufrichtig um eure Sache besorgt
ist; 21 denn alle suchen ihren Vorteil, nicht die
Sache Jesu Christi. 22 Ihr wisst ja, wie er sich be-
währt hat: Wie ein Kind dem Vater – so hat er mit
mir zusammen dem Evangelium gedient. 23 Ihn
also hoffe ich schicken zu können, sobald ich
meine Lage übersehe. 24 Doch ich habe die Zuver-
sicht im Herrn, dass auch ich bald kommen kann.
25 Ich hielt es aber für notwendig, Epaphroditus,
meinen Bruder, Mitarbeiter und Mitstreiter, euren

Abgesandten und Helfer in meiner Not, zu euch
zu schicken. 26 Er sehnte sich danach, euch alle wie-
der zu sehen, und war beunruhigt, weil ihr gehört
hattet, dass er krank geworden war. 27 Er war tat-
sächlich so krank, dass er dem Tod nahe war. Aber
Gott hatte Erbarmen mit ihm, und nicht nur mit
ihm, sondern auch mit mir, damit ich nicht vom
Kummer überwältigt würde. 28 Umso mehr beeile
ich mich, ihn zu schicken, damit ihr euch wieder
freut, wenn ihr ihn seht, und auch ich weniger
Kummer habe.
29 Nehmt ihn also im Herrn mit aller Freude auf
und haltet Menschen wie ihn in Ehren, 30 denn
wegen seiner Arbeit für Christus kam er dem Tod
nahe. Er hat sein Leben aufs Spiel gesetzt, um zu
vollenden, was an eurem Dienst für mich noch
gefehlt hat.

19: Apg 16,1

DAS LEBEN DES CHRISTEN – DAS VORBILD DES APOSTELS: 3,1 – 4,9

Standhaftigkeit im Glauben

3 Vor allem, meine Brüder, freut euch im
Herrn! Euch immer das Gleiche zu schreiben
wird mir nicht lästig, euch aber macht es sicher.
2 Gebt Acht auf diese Hunde, gebt Acht auf die
falschen Lehrer, gebt Acht auf die Verschnittenen!
3 Denn die Beschnittenen sind wir, die wir im Geist
Gottes dienen und uns in Christus Jesus rühmen
und nicht auf irdische Vorzüge vertrauen, 4 ob-
wohl ich mein Vertrauen auch auf irdische Vor-
züge setzen könnte. Wenn ein anderer meint, er
könne auf irdische Vorzüge vertrauen, so könnte
ich es noch mehr.
5 Ich wurde am achten Tag beschnitten, bin aus
dem Volk Israel, vom Stamm Benjamin, ein Heb-
räer von Hebräern, lebte als Pharisäer nach dem
Gesetz, 6 verfolgte voll Eifer die Kirche und war
untadelig in der Gerechtigkeit, wie sie das Gesetz
vorschreibt.

1: 2,18; 4,4 • 4f: 2 Kor 11,18.22

Sehnsucht nach voller Gemeinschaft mit Christus

7 Doch was mir damals ein Gewinn war, das habe
ich um Christi Willen als Verlust erkannt. 8 Ja noch
mehr: ich sehe alles als Verlust an, weil die Er-
kenntnis Christi Jesu, meines Herrn, alles über-
trifft. Seinetwegen habe ich alles aufgegeben und
halte es für Unrat, um Christus zu gewinnen 9 und
in ihm zu sein. Nicht meine eigene Gerechtigkeit
suche ich, die aus dem Gesetz hervorgeht, sondern
jene, die durch den Glauben an Christus kommt,
die Gerechtigkeit, die Gott aufgrund des Glaubens
schenkt. 10 Christus will ich erkennen und die
Macht seiner Auferstehung und die Gemeinschaft
mit seinen Leiden; sein Tod soll mich prägen. 11 So
hoffe ich, auch zur Auferstehung von den Toten zu
gelangen.
12 Nicht dass ich es schon erreicht hätte oder dass
ich schon vollendet wäre. Aber ich strebe danach,
es zu ergreifen, weil auch ich von Christus Jesus
ergriffen worden bin. 13 Brüder, ich bilde mir nicht
ein, dass ich es schon ergriffen hätte. Eines aber tue
ich: Ich vergesse, was hinter mir liegt, und strecke
mich nach dem aus, was vor mir ist. 14 Das Ziel vor
Augen, jage ich nach dem Siegespreis: der himm-
lischen Berufung, die Gott uns in Christus Jesus
schenkt.
15 Das wollen wir bedenken, wir Vollkommenen.
Und wenn ihr anders über etwas denkt, wird Gott
euch auch das offenbaren. 16 Nur müssen wir fest-
halten, was wir erreicht haben.
17 Ahmt auch ihr mich nach, Brüder, und achtet
auf jene, die nach dem Vorbild leben, das ihr an
uns habt. 18 Denn viele – von denen ich oft zu euch
gesprochen habe, doch jetzt unter Tränen spre-
che – leben als Feinde des Kreuzes Christi. 19 Ihr
Ende ist das Verderben, ihr Gott der Bauch; ihr
Ruhm besteht in ihrer Schande; Irdisches haben
sie im Sinn. 20 Unsere Heimat aber ist im Himmel.
Von dorther erwarten wir auch Jesus Christus, den
Herrn, als Retter, 21 der unseren armseligen Leib
verwandeln wird in die Gestalt seines verherrlich-
ten Leibes, in der Kraft, mit der er sich alles unter-
werfen kann.

9: Röm 1,17; 3,21 • 10: Röm 6,3–5 • 17: 1 Kor 11,1 • 19: Röm 16,18 •
Hebr 12,22

Christliche Grundhaltungen

4 Darum, meine geliebten Brüder, nach denen
ich mich sehne, meine Freude und mein
Ehrenkranz, steht fest in der Gemeinschaft mit
dem Herrn, liebe Brüder. 2 Ich ermahne Evodia
und ich ermahne Syntyche, einmütig zu sein im
Herrn. 3 Ja, ich bitte auch dich, treuer Gefährte,
nimm dich ihrer an! Sie haben mit mir für das
Evangelium gekämpft, zusammen mit Klemens
und meinen anderen Mitarbeitern. Ihre Namen
stehen im *Buch des Lebens.*
4 Freut euch im Herrn zu jeder Zeit! Noch einmal
sage ich: Freut euch! 5 Eure Güte werde allen Men-
schen bekannt. Der Herr ist nahe. 6 Sorgt euch um
nichts, sondern bringt in jeder Lage betend und
flehend eure Bitten mit Dank vor Gott! 7 Und der
Friede Gottes, der alles Verstehen übersteigt, wird
eure Herzen und eure Gedanken in der Gemein-
schaft mit Christus Jesus bewahren. 8 Schließlich,
Brüder: Was immer wahrhaft, edel, recht, was lau-
ter, liebenswert, ansprechend ist, was Tugend heißt
und lobenswert ist, darauf seid bedacht! 9 Was ihr
gelernt und angenommen, gehört und an mir
gesehen habt, das tut! Und der Gott des Friedens
wird mit euch sein.

3: Ps 69,29; Offb 3,5 • 4: 3,1 • 5: 1 Kor 7,29; 1 Petr 4,7 • 9: Röm 15,33

DANK DES APOSTELS: 4,10–20

10 Ich habe mich im Herrn besonders gefreut, dass
ihr eure Sorge für mich wieder einmal entfalten
konntet. Ihr hattet schon daran gedacht, aber es
fehlte euch die Gelegenheit dazu. 11 Ich sage das
nicht, weil ich etwa Mangel leide. Denn ich habe
gelernt, mich in jeder Lage zurechtzufinden: 12 Ich
weiß Entbehrungen zu ertragen, ich kann im
Überfluss leben. In jedes und alles bin ich einge-
weiht: in Sattsein und Hungern, Überfluss und
Entbehrung. 13 Alles vermag ich durch ihn, der mir
Kraft gibt. 14 Trotzdem habt ihr recht daran getan,
an meiner Bedrängnis teilzunehmen. 15 Ihr wisst
selbst, ihr Philipper, dass ich beim Beginn der Ver-
kündigung des Evangeliums, als ich aus Mazedo-
nien aufbrach, mit keiner Gemeinde durch Geben
und Nehmen verbunden war außer mit euch
16 und dass ihr mir in Thessalonich und auch sonst
das eine und andere Mal etwas geschickt habt, um
mir zu helfen. 17 Es geht mir nicht um die Gabe, es
geht mir um den Gewinn, der euch mit Zinsen
gutgeschrieben wird. 18 Ich habe alles empfangen
und habe jetzt mehr als genug. Mir fehlt nichts
mehr, seit ich von Epaphroditus eure Gaben er-
hielt, ein schönes Opfer, eine angenehme Opfer-
gabe, die Gott gefällt. 19 Mein Gott aber wird euch
durch Christus Jesus alles, was ihr nötig habt, aus
dem Reichtum seiner Herrlichkeit schenken. 20 Un-
serem Gott und Vater sei die Ehre in alle Ewigkeit!
Amen.

20: Röm 16,27

DER SCHLUSS DES BRIEFES: GRÜSSE UND SEGENSWUNSCH: 4,21–23

21 Grüßt jeden Heiligen in Christus Jesus! Es grü-
ßen euch die Brüder, die bei mir sind. 22 Es grüßen
euch alle Heiligen, besonders die aus dem Haus
des Kaisers. 23 Die Gnade Jesu Christi, des Herrn,
sei mit eurem Geist!

DER BRIEF AN DIE KOLOSSER

Kolossä war eine Stadt im westlichen Teil Kleinasiens (Phrygien), am Oberlauf des Flusses Lykos. In diesem Gebiet missionierte nicht Paulus, sondern in seinem Auftrag Epaphras, der im Brief lobend erwähnt wird (1,7f; 4,12f). Paulus ist der Gemeinde persönlich nicht bekannt (2,1). Der gedankliche Abstand zu den älteren Paulusbriefen macht es wahrscheinlich, dass der Brief spät, entweder in der Gefangenschaft des Apostels in Cäsarea (Apg 23,33 – 26,32) um 57–59 oder in Rom nach 59–60 n. Chr. (Apg 28,16–31), abgefasst wurde. Manche Forscher halten den Brief für das Schreiben eines Paulusschülers. Den Anlass des Schreibens bildete eine in die Gemeinde eingedrungene Irrlehre, die eine merkwürdige Frömmigkeit in Verbindung mit Schicksalsglauben und Verehrung von Gestirnen vertrat, den Christusglauben jedoch bestehen ließ. Durch den Brief soll die Gemeinde zu der durch Epaphras vermittelten apostolischen Lehre zurückgeführt werden.

Nach Dank und Fürbitte (1,3–11) erinnert der Apostel die Gemeinde mit einem Christuslied (1,12–20) an das verpflichtende Bekenntnis. Die Gedanken des Liedes werden auf die Gemeinde bezogen (1,21–23) und im Hinblick auf den Apostel und auf Christus vertieft (1,24 – 2,7). Es schließt sich die Warnung vor den Irrlehrern an, in der die Kolosser an die Gaben erinnert werden, die sie in der Taufe empfangen haben (2,8–23). Ein weiterer Teil enthält Ermahnungen für Getaufte (3,1–17), Belehrungen in Form einer »Haustafel«, die sich an die verschiedenen Stände richten (3,18 – 4,1), und Weisungen für die gesamte Gemeinde (4,2–6). Eine lange Liste von Grüßen und einzelnen persönlichen Anweisungen beendet das Schreiben (4,7–18).

Für den Glauben der Kirche gewann der Brief Bedeutung wegen seiner Aussagen über Christus, die im Christuslied zusammengefasst sind.

ANSCHRIFT UND GRUSS: 1,1–2

1 Paulus, durch den Willen Gottes Apostel Christi Jesu, und der Bruder Timotheus 2 an die heiligen Brüder in Kolossä, die an Christus glauben. Gnade sei mit euch und Friede von Gott, unserem Vater.

1: Eph 1,1 • 2: Röm 1,7

GOTTES HEILSPLAN: 1,3–23

Dank für die Gemeinde

3 Wir danken Gott, dem Vater Jesu Christi, unseres Herrn, jedes Mal, wenn wir für euch beten. 4 Denn wir haben von eurem Glauben an Christus Jesus gehört und von der Liebe, die ihr zu allen Heiligen habt, 5 weil im Himmel die Erfüllung eurer Hoffnung für euch bereitliegt. Schon früher habt ihr davon gehört durch das wahre Wort des Evangeliums, 6 das zu euch gelangt ist. Wie in der ganzen Welt, so trägt es auch bei euch Frucht und wächst seit dem Tag, an dem ihr den Ruf der göttlichen Gnade vernommen und in Wahrheit erkannt habt. 7 So habt ihr es von Epaphras, unserem geliebten Mitarbeiter, gelernt. Er ist an unserer Stelle ein treuer Diener Christi 8 und er hat uns auch von der Liebe berichtet, die der Geist in euch bewirkt hat.

3: Eph 1,15f • 7: Phlm 23

Fürbitte für die Gemeinde

9 Seit dem Tag, an dem wir davon erfahren haben, hören wir nicht auf, inständig für euch zu beten, dass ihr in aller Weisheit und Einsicht, die der Geist

schenkt, den Willen des Herrn ganz erkennt. [10] Denn
ihr sollt ein Leben führen, das des Herrn würdig
ist und in allem sein Gefallen findet. Ihr sollt
Frucht bringen in jeder Art von guten Werken und
wachsen in der Erkenntnis Gottes. [11] Er gebe euch
in der Macht seiner Herrlichkeit viel Kraft, damit
ihr in allem Geduld und Ausdauer habt.

9: Eph 1,15–17

Loblied auf Christus, das Ebenbild Gottes

[12] Dankt dem Vater mit Freude! Er hat euch fähig
gemacht, Anteil zu haben am Los der Heiligen, die
im Licht sind.
[13] Er hat uns der Macht der Finsternis entrissen
und aufgenommen in das Reich seines geliebten
Sohnes. [14] Durch ihn haben wir die Erlösung, die
Vergebung der Sünden.
[15] Er ist das Ebenbild des unsichtbaren Gottes, / der
Erstgeborene der ganzen Schöpfung.
[16] Denn in ihm wurde alles erschaffen / im Him-
mel und auf Erden, / das Sichtbare und das Un-
sichtbare, / Throne und Herrschaften, Mächte und
Gewalten; / alles ist durch ihn und auf ihn hin
geschaffen.
[17] Er ist vor aller Schöpfung, / in ihm hat alles Be-
stand.
[18] Er ist das Haupt des Leibes, / der Leib aber ist die
Kirche. / Er ist der Ursprung, / der Erstgeborene
der Toten; / so hat er in allem den Vorrang.
[19] Denn Gott wollte mit seiner ganzen Fülle in ihm
wohnen, / [20] um durch ihn alles zu versöhnen.
Alles im Himmel und auf Erden wollte er zu Chris-
tus führen, / der Friede gestiftet hat am Kreuz
durch sein Blut.

14: Eph 1,7 • 15: 2 Kor 4,4 • 16: Eph 1,21 • 18: Eph 1,22f • 20: Eph 1,10

Aufruf an die Gemeinde

[21] Auch ihr standet ihm einst fremd und feindlich
gegenüber; denn euer Sinn trieb euch zu bösen
Taten. [22] Jetzt aber hat er euch durch den Tod sei-
nes sterblichen Leibes versöhnt, um euch heilig,
untadelig und schuldlos vor sich treten zu lassen.
[23] Doch müsst ihr unerschütterlich und unbeug-
sam am Glauben festhalten und dürft euch nicht
von der Hoffnung abbringen lassen, die euch das
Evangelium schenkt. In der ganzen Schöpfung
unter dem Himmel wurde das Evangelium ver-
kündet; ihr habt es gehört, und ich, Paulus, diene
ihm.

21: Eph 2,14–16

DER APOSTEL UND DIE GEMEINDE: 1,24 – 2,23

Diener der Kirche für alle Menschen

[24] Jetzt freue ich mich in den Leiden, die ich für
euch ertrage. Für den Leib Christi, die Kirche,
ergänze ich in meinem irdischen Leben das, was
an den Leiden Christi noch fehlt. [25] Ich diene der
Kirche durch das Amt, das Gott mir übertragen
hat, damit ich euch das Wort Gottes in seiner Fülle
verkündige, [26] jenes Geheimnis, das seit ewigen
Zeiten und Generationen verborgen war. Jetzt
wurde es seinen Heiligen offenbart; [27] Gott wollte
ihnen zeigen, wie reich und herrlich dieses Ge-
heimnis unter den Völkern ist: Christus ist unter
euch, er ist die Hoffnung auf Herrlichkeit. [28] Ihn
verkündigen wir; wir ermahnen jeden Menschen
und belehren jeden mit aller Weisheit, um da-
durch alle in der Gemeinschaft mit Christus voll-
kommen zu machen. [29] Dafür kämpfe ich unter
vielen Mühen; denn seine Kraft wirkt mit großer
Macht in mir.

26: Röm 16,25f; 1 Kor 2,7; Eph 3,3.9 • 28: Eph 4,13

Der Glaube der Gemeinde

2 Ihr sollt wissen, was für einen schweren
Kampf ich für euch und für die Gläubigen in
Laodizea zu bestehen habe, auch für alle anderen,
die mich persönlich nie gesehen haben. [2] Dadurch
sollen sie getröstet werden; sie sollen in Liebe
zusammenhalten, um die tiefe und reiche Einsicht
zu erlangen und das göttliche Geheimnis zu er-
kennen, das Christus ist. [3] In ihm sind alle Schätze
der Weisheit und Erkenntnis verborgen. [4] Das sage
ich, damit euch niemand durch Überredungs-
künste täuscht. [5] Auch wenn ich fern von euch wei-
le, bin ich im Geist bei euch. Mit Freude sehe ich,

wie fest und geordnet euer Glaube an Christus ist. 6 Ihr habt Christus Jesus als Herrn angenommen. Darum lebt auch in ihm! 7 Bleibt in ihm verwurzelt und auf ihn gegründet und haltet an dem Glauben fest, in dem ihr unterrichtet wurdet. Hört nicht auf zu danken!

3: Jes 45,3; Spr 2,2f • 7: Eph 2,20; 3,17

Warnung vor Irrlehrern

8 Gebt Acht, dass euch niemand mit seiner Philosophie und falschen Lehre verführt, die sich nur auf menschliche Überlieferung stützen und sich auf die Elementarmächte der Welt, nicht auf Christus berufen. 9 Denn in ihm allein wohnt wirklich die ganze Fülle Gottes. 10 Durch ihn seid auch ihr davon erfüllt; denn er ist das Haupt aller Mächte und Gewalten. 11 In ihm habt ihr eine Beschneidung empfangen, die man nicht mit Händen vornimmt, nämlich die Beschneidung, die Christus gegeben hat. Wer sie empfängt, sagt sich los von seinem vergänglichen Körper. 12 Mit Christus wurdet ihr in der Taufe begraben, mit ihm auch auferweckt, durch den Glauben an die Kraft Gottes, der ihn von den Toten auferweckt hat. 13 Ihr wart tot infolge eurer Sünden, und euer Leib war unbeschnitten; Gott aber hat euch mit Christus zusammen lebendig gemacht und uns alle Sünden vergeben.

14 Er hat den Schuldschein, der gegen uns sprach, durchgestrichen und seine Forderungen, die uns anklagten, aufgehoben. Er hat ihn dadurch getilgt, dass er ihn an das Kreuz geheftet hat. 15 Die Fürsten und Gewalten hat er entwaffnet und öffentlich zur Schau gestellt; durch Christus hat er über sie triumphiert.

16 Darum soll euch niemand verurteilen wegen Speise und Trank oder wegen eines Festes, ob Neumond oder Sabbat. 17 Das alles ist nur ein Schatten von dem, was kommen wird, die Wirklichkeit aber ist Christus. 18 Niemand soll euch verachten, der sich in scheinbarer Demut auf die Verehrung beruft, die er den Engeln erweist, der mit Visionen prahlt und sich ohne Grund nach weltlicher Art wichtig macht. 19 Er hält sich nicht an das Haupt, von dem aus der ganze Leib durch Gelenke und Bänder versorgt und zusammengehalten wird und durch Gottes Wirken wächst. 20 Wenn ihr mit Christus gestorben seid und euch von den Elementen der Welt losgesagt habt, warum lasst ihr euch dann, als würdet ihr noch in der Welt leben, vorschreiben: 21 Berühre das nicht, iss nicht davon, fass das nicht an! 22 Das alles wird verbraucht und dadurch vernichtet. *Menschliche Satzungen und Lehren* sind es. 23 Man sagt zwar, in ihnen liege Weisheit, es sei ein besonderer Kult, ein Zeichen von Demut, seinen Körper zu kasteien. Doch es bringt keine Ehre ein, sondern befriedigt nur die irdische Eitelkeit.

12: Röm 6,4 • 13: Eph 2,1.5 • 15: Eph 1,21 • 17: Hebr 8,5; 10,1 • 19: Eph 2,22; 4,16 • 22: Jes 29,13 G

WORTE DER MAHNUNG AN DIE GETAUFTEN: 3,1 – 4,6

Der alte und der neue Mensch

3 Ihr seid mit Christus auferweckt; darum strebt nach dem, was im Himmel ist, wo Christus *zur Rechten Gottes sitzt.* 2 Richtet euren Sinn auf das Himmlische und nicht auf das Irdische! 3 Denn ihr seid gestorben und euer Leben ist mit Christus verborgen in Gott. 4 Wenn Christus, unser Leben, offenbar wird, dann werdet auch ihr mit ihm offenbar werden in Herrlichkeit.

5 Darum tötet, was irdisch an euch ist: die Unzucht, die Schamlosigkeit, die Leidenschaft, die bösen Begierden und die Habsucht, die ein Götzendienst ist. 6 All das zieht den Zorn Gottes nach sich. 7 Früher seid auch ihr darin gefangen gewesen und habt euer Leben davon beherrschen lassen. 8 Jetzt aber sollt ihr das alles ablegen: Zorn, Wut und Bosheit; auch Lästerungen und Zoten sollen nicht mehr über eure Lippen kommen. 9 Belügt einander nicht; denn ihr habt den alten Menschen mit seinen Taten abgelegt 10 und seid zu einem neuen Menschen geworden, der nach dem Bild seines Schöpfers erneuert wird, um ihn zu erkennen. 11 Wo das geschieht, gibt es nicht mehr Griechen oder Juden, Beschnittene oder Unbeschnittene, Fremde, Skythen, Sklaven oder Freie, sondern Christus ist alles und in allen. 12 Ihr seid

von Gott geliebt, seid seine auserwählten Heiligen. Darum bekleidet euch mit aufrichtigem Erbarmen, mit Güte, Demut, Milde, Geduld! 13 Ertragt euch gegenseitig und vergebt einander, wenn einer dem andern etwas vorzuwerfen hat. Wie der Herr euch vergeben hat, so vergebt auch ihr! 14 Vor allem aber liebt einander, denn die Liebe ist das Band, das alles zusammenhält und vollkommen macht. 15 In eurem Herzen herrsche der Friede Christi; dazu seid ihr berufen als Glieder des einen Leibes. Seid dankbar! 16 Das Wort Christi wohne mit seinem ganzen Reichtum bei euch. Belehrt und ermahnt einander in aller Weisheit! Singt Gott in eurem Herzen Psalmen, Hymnen und Lieder, wie sie der Geist eingibt, denn ihr seid in Gottes Gnade. 17 Alles, was ihr in Worten und Werken tut, geschehe im Namen Jesu, des Herrn. Durch ihn dankt Gott, dem Vater!

1: Eph 2,6; Ps 110,1 • 5: Mt 15,19; Röm 1,29f; Gal 5,19f • 8: Eph 4,31 • 9: Eph 4,22–24 • 10: Gen 1,26f • 11: Gal 3,28 • 12: Eph 4,32 • 14: Eph 4,3f • 15: Röm 12,5 • 16: Eph 5,19

Christliche Hausordnung

18 Ihr Frauen, ordnet euch euren Männern unter, wie es sich im Herrn geziemt. 19 Ihr Männer, liebt eure Frauen und seid nicht aufgebracht gegen sie! 20 Ihr Kinder, gehorcht euren Eltern in allem; denn so ist es gut und recht im Herrn. 21 Ihr Väter, schüchtert eure Kinder nicht ein, damit sie nicht mutlos werden. 22 Ihr Sklaven, gehorcht euren irdischen Herren in allem! Arbeitet nicht nur, um euch bei den Menschen einzuschmeicheln und ihnen zu gefallen, sondern fürchtet den Herrn mit aufrichtigem Herzen! 23 Tut eure Arbeit gern, als wäre sie für den Herrn und nicht für Menschen; 24 ihr wisst, dass ihr vom Herrn euer Erbe als Lohn empfangen werdet. Dient Christus, dem Herrn! 25 Wer Unrecht tut, wird dafür seine Strafe erhalten, ohne Ansehen der Person.

4 Ihr Herren, gebt den Sklaven, was recht und billig ist; ihr wisst, dass auch ihr im Himmel einen Herrn habt.

3,18–4,1: Eph 5,22–6,9; 1 Petr 2,18–3,7 • 25: Röm 2,11

Mahnungen an alle

2 Lasst nicht nach im Beten; seid dabei wachsam und dankbar! 3 Betet auch für uns, damit Gott uns eine Tür öffnet für das Wort und wir das Geheimnis Christi predigen können, für das ich im Gefängnis bin; 4 betet, dass ich es wieder offenbaren und verkündigen kann, wie es meine Pflicht ist. 5 Seid weise im Umgang mit den Außenstehenden, nutzt die Zeit! 6 Eure Worte seien immer freundlich, doch mit Salz gewürzt; denn ihr müsst jedem in der rechten Weise antworten können.

DER SCHLUSS DES BRIEFES: PERSÖNLICHE MITTEILUNGEN UND GRÜSSE: 4,7–18

7 Wie es mir geht, wird euch der geliebte Bruder Tychikus ausführlich berichten. Er ist mein treuer Helfer und dient mit mir dem Herrn. 8 Ich schicke ihn eigens zu euch, damit ihr alles über uns erfahrt und damit er euch Mut zuspricht. 9 Er kommt mit Onesimus, dem treuen und geliebten Bruder, der ja einer von euch ist. Sie werden euch über alles berichten, was hier vor sich geht.

10 Es grüßt euch Aristarch, der mit mir im Gefängnis ist, und Markus, der Vetter des Barnabas. Seinetwegen habt ihr schon Anweisungen erhalten. Wenn er zu euch kommt, nehmt ihn auf! 11 Auch Jesus, genannt Justus, grüßt euch. Von den Juden sind sie die Einzigen, die mit mir für das Reich Gottes arbeiten; durch sie bin ich getröstet worden. 12 Es grüßt euch euer Epaphras, der Knecht Christi Jesu. Immer kämpft er für euch im Gebet, dass ihr vollkommen werdet und ganz durchdrungen seid vom Willen Gottes. 13 Ich bezeuge, dass er sich große Mühe gibt um euch und um die Gläubigen in Laodizea und Hiërapolis. 14 Auch der Arzt Lukas, unser lieber Freund, und Demas grüßen euch. 15 Grüßt die Brüder in Laodizea, auch Nympha und die Gemeinde in ihrem Haus. 16 Wenn der Brief bei euch vorgelesen worden ist, sorgt dafür, dass er auch in der Gemeinde von Laodizea bekannt wird, und den Brief an die Laodizener lest auch bei euch vor! 17 Sagt dem

Archippus: Achte darauf, dass du den Dienst
erfüllst, den du im Auftrag des Herrn übernom-
men hast.
18 Den Gruß schreibe ich, Paulus, eigenhändig.
Denkt an meine Fesseln! Die Gnade sei mit euch!

7: Eph 6,21f • 9: Phlm 10 • 12: 1,7 • 14: 2 Tim 4,11 • 18: 1 Kor 16,21; Eph 3,1

DER ERSTE BRIEF AN DIE THESSALONICHER

Der erste Brief an die Gemeinde von Thessalonich ist der älteste der uns erhaltenen Paulusbriefe. Paulus hatte auf seiner zweiten Missionsreise zusammen mit Timotheus die Gemeinde von Thessalonich um das Jahr 50 n.Chr gegründet, musste aber nach kurzem Wirken die Stadt verlassen (vgl. Apg 17,1–9). Von Athen aus schickte er Timotheus nach Thessalonich zurück, um sich über den Stand der jungen Gemeinde zu unterrichten. In Korinth (Apg 18,1–6) traf er mit Timotheus wieder zusammen und schrieb den uns vorliegenden Brief.

Der 1. Thessalonicherbrief ist ein echt seelsorgliches Schreiben, das seine Existenz einer bestimmten Situation des Apostels und der Gemeinde verdankt. Der erste Teil (1,2 – 3,13) blickt voll Dank zurück auf die Gründung der Gemeinde und die inzwischen vergangene Zeit. Der zweite Teil (4,1 – 5,22) enthält apostolische Mahnungen und Belehrungen: Aufforderung zur Heiligung des Lebens (4,1–12), Auskunft über die Hoffnung der Christen (4,13–18), Mahnung zur Wachsamkeit angesichts der zeitlich nicht bestimmbaren Ankunft des Herrn (5,1–11), Anweisungen für das Gemeindeleben (5,12–22).

Die Bedeutung des Briefs liegt in den Aussagen über die Missionspredigt vor Heiden (1,2–10), über das Wort Gottes (2,13), die Heiligung des Lebens (4,1–12) und die Erwartung der Wiederkunft Christi (4,13 – 5,10).

ANSCHRIFT UND GRUSS: 1,1

1 Paulus, Silvanus und Timotheus an die Ge-
meinde von Thessalonich, die in Gott, dem
Vater, und in Jesus Christus, dem Herrn, ist: Gnade
sei mit euch und Friede.

1: 2 Thess 1,1

DER APOSTEL UND DIE GEMEINDE: 1,2 – 3,13

Die Thessalonicher – ein Vorbild für die Heidenchristen

2 Wir danken Gott für euch alle, sooft wir in unse-
ren Gebeten an euch denken; 3 unablässig erinnern
wir uns vor Gott, unserem Vater, an das Werk eures
Glaubens, an die Opferbereitschaft eurer Liebe
und an die Standhaftigkeit eurer Hoffnung auf
Jesus Christus, unseren Herrn. 4 Wir wissen, von
Gott geliebte Brüder, dass ihr erwählt seid. 5 Denn
wir haben euch das Evangelium nicht nur mit

Worten verkündet, sondern auch mit Macht und mit dem Heiligen Geist und mit voller Gewissheit; ihr wisst selbst, wie wir bei euch aufgetreten sind, um euch zu gewinnen. 6 Und ihr seid unserem Beispiel gefolgt und dem des Herrn; ihr habt das Wort trotz großer Bedrängnis mit der Freude aufgenommen, die der Heilige Geist gibt. 7 So wurdet ihr ein Vorbild für alle Gläubigen in Mazedonien und in Achaia. 8 Von euch aus ist das Wort des Herrn aber nicht nur nach Mazedonien und Achaia gedrungen, sondern überall ist euer Glaube an Gott bekannt geworden, sodass wir darüber nichts mehr zu sagen brauchen. 9 Denn man erzählt sich überall, welche Aufnahme wir bei euch gefunden haben und wie ihr euch von den Götzen zu Gott bekehrt habt, um dem lebendigen und wahren Gott zu dienen 10 und seinen Sohn vom Himmel her zu erwarten, Jesus, den er von den Toten auferweckt hat und der uns dem kommenden Gericht Gottes entreißt.

2: 2 Thess 1,3 • 4: 2 Thess 2,13 • 7: Phil 3,17 • 9: Apg 14,15; Joh 17,3 • 10: Apg 17,31; Tit 2,13

Rückblick auf das erste Wirken des Apostels

2 Ihr wisst selbst, Brüder, dass wir nicht vergebens zu euch gekommen sind. 2 Wir hatten vorher in Philippi viel zu leiden und wurden misshandelt, wie ihr wisst; dennoch haben wir im Vertrauen auf unseren Gott das Evangelium Gottes trotz harter Kämpfe freimütig und furchtlos bei euch verkündet. 3 Denn wir predigen nicht, um euch irrezuführen, in schmutziger Weise auszunutzen oder zu betrügen, 4 sondern wir tun es, weil Gott uns geprüft und uns das Evangelium anvertraut hat, nicht also um den Menschen, sondern um Gott zu gefallen, der unsere *Herzen prüft.* 5 Nie haben wir mit unseren Worten zu schmeicheln versucht, das wisst ihr, und nie haben wir aus versteckter Habgier gehandelt, dafür ist Gott Zeuge. 6 Wir haben auch keine Ehre bei den Menschen gesucht, weder bei euch noch bei anderen, 7 obwohl wir als Apostel Christi unser Ansehen hätten geltend machen können. Im Gegenteil, wir sind euch freundlich begegnet: Wie eine Mutter für ihre Kinder sorgt, 8 so waren wir euch zugetan und wollten euch nicht nur am Evangelium Gottes teilhaben lassen, sondern auch an unserem eigenen Leben; denn ihr wart uns sehr lieb geworden. 9 Ihr erinnert euch, Brüder, wie wir uns gemüht und geplagt haben. Bei Tag und Nacht haben wir gearbeitet, um keinem von euch zur Last zu fallen, und haben euch so das Evangelium Gottes verkündet. 10 Ihr seid Zeugen, und auch Gott ist Zeuge, wie gottgefällig, gerecht und untadelig wir uns euch, den Gläubigen, gegenüber verhalten haben. 11 Ihr wisst auch, dass wir, wie ein Vater seine Kinder, jeden Einzelnen von euch 12 ermahnt, ermutigt und beschworen haben zu leben, wie es Gottes würdig ist, der euch zu seinem Reich und zu seiner Herrlichkeit beruft.

4: Jer 11,20 • 9: Apg 20,34; 1 Kor 4,12; 9,12–18 • 11: 1 Kor 4,15 • 12: Eph 4,1; Phil 1,27; 2 Thess 1,5; 1 Petr 5,10

Die Aufnahme des Evangeliums durch die Gemeinde

13 Darum danken wir Gott unablässig dafür, dass ihr das Wort Gottes, das ihr durch unsere Verkündigung empfangen habt, nicht als Menschenwort, sondern – was es in Wahrheit ist – als Gottes Wort angenommen habt; und jetzt ist es in euch, den Gläubigen, wirksam. 14 Denn, Brüder, ihr seid den Gemeinden Gottes in Judäa gleich geworden, die sich zu Christus Jesus bekennen. Ihr habt von euren Mitbürgern das Gleiche erlitten wie jene von den Juden.

15 Diese haben sogar Jesus, den Herrn, und die Propheten getötet; auch uns haben sie verfolgt. Sie missfallen Gott und sind Feinde aller Menschen; 16 sie hindern uns daran, den Heiden das Evangelium zu verkünden und ihnen so das Heil zu bringen. Dadurch *machen sie* unablässig *das Maß ihrer Sünden voll.* Aber der ganze Zorn ist schon über sie gekommen.

13: Hebr 4,2; Gal 1,11f; 2 Thess 2,13f • 15: Mt 23,31f; Apg 2,23; 7,52; Röm 11,28 • 16: Mt 23,13; Gen 15,16; Dan 8,23

Der verhinderte Besuch

17 Für kurze Zeit, Brüder, sind wir verwaist, weil ihr uns fern seid, den Augen fern, nicht dem Herzen; deshalb haben wir uns in größter Sehnsucht umso eifriger bemüht, euch wieder zu sehen. 18 Ja, wir hatten uns fest vorgenommen, zu euch zu kommen, und das wollte ich, Paulus, schon einige Male; aber der Satan hat uns daran gehindert.

19 Denn wer ist unsere Hoffnung, unsere Freude, der Kranz unseres Ruhmes vor Jesus, unserem Herrn, wenn er kommen wird? Nicht etwa auch ihr? 20 Ja, ihr seid unsere Ehre und Freude.

Die Entsendung des Timotheus

3 Darum hielten wir es nicht länger aus; wir beschlossen, allein in Athen zurückzubleiben, 2 und schickten Timotheus, unseren Bruder und Gottes Mitarbeiter am Evangelium Christi, um euch zu stärken und in eurem Glauben aufzurichten, 3 damit keiner wankt in diesen Bedrängnissen. Ihr wisst selbst: Für sie sind wir bestimmt. 4 Denn als wir noch bei euch waren, haben wir euch vorausgesagt, dass wir in Bedrängnis geraten werden; und so ist es, wie ihr wisst, auch eingetroffen. 5 Darum ertrug ich es auch nicht länger; ich schickte Timotheus, um über euren Glauben Gewissheit zu erhalten und zu erfahren, ob nicht der Versucher euch in Versuchung geführt hat und unsere Mühe vergeblich war.

1: Apg 17,14f • 3: 2 Tim 3,12; 2 Thess 1,4

Die Freude des Apostels über den Stand der Gemeinde

6 Inzwischen ist aber Timotheus von euch zu uns zurückgekommen und hat uns gute Nachricht von eurem Glauben und eurer Liebe gebracht; er hat uns auch berichtet, dass ihr uns stets in guter Erinnerung bewahrt und euch danach sehnt, uns zu sehen, wie auch wir euch sehen möchten. 7 Darum, Brüder, wurden wir beim Gedanken an euch in all unserer Not und Bedrängnis durch euren Glauben getröstet; 8 jetzt leben wir auf, weil ihr fest in der Gemeinschaft mit dem Herrn steht. 9 Wie können wir Gott euretwegen genug danken für all die Freude, die uns um euretwillen vor unserem Gott erfüllt? 10 Bei Tag und Nacht bitten wir inständig darum, euch wieder zu sehen und an eurem Glauben zu ergänzen, was ihm noch fehlt.

6: Apg 18,5 • 7: 2 Thess 1,4

Segenswunsch des Apostels

11 Gott, unser Vater, und Jesus, unser Herr, mögen unsere Schritte zu euch lenken. 12 Euch aber lasse der Herr wachsen und reich werden in der Liebe zueinander und zu allen, wie auch wir euch lieben, 13 damit euer Herz gefestigt wird und ihr ohne Tadel seid, geheiligt vor Gott, unserem Vater, wenn Jesus, unser Herr, mit allen seinen Heiligen kommt.

13: 5,23; 2 Thess 1,7.10

WEISUNGEN FÜR DAS CHRISTLICHE LEBEN: 4,1 – 5,22

Aufforderung zur Heiligung des Lebens:

4 Im Übrigen, Brüder, bitten und ermahnen wir euch im Namen Jesu, des Herrn: Ihr habt von uns gelernt, wie ihr leben müsst, um Gott zu gefallen, und ihr lebt auch so; werdet darin noch vollkommener! 2 Ihr wisst ja, welche Ermahnungen wir euch im Auftrag Jesu, des Herrn, gegeben haben. 3 Das ist es, was Gott will: eure Heiligung. Das bedeutet, dass ihr die Unzucht meidet, 4 dass jeder von euch lernt, mit seiner Frau in heiliger und achtungsvoller Weise zu verkehren, 5 nicht in leidenschaftlicher Begierde wie *die Heiden, die Gott nicht kennen,* 6 und dass keiner seine Rechte überschreitet und seinen Bruder bei Geschäften betrügt, denn all das rächt der Herr, wie wir euch schon früher gesagt und bezeugt haben. 7 Denn Gott hat uns nicht dazu berufen, unrein zu leben, sondern heilig zu sein. 8 Wer das verwirft, der verwirft also nicht Menschen, sondern Gott, der euch *seinen* Heiligen *Geist schenkt.*

9 Über die Bruderliebe brauche ich euch nicht zu schreiben; Gott selbst hat euch schon gelehrt, einander zu lieben; 10 und danach handelt ihr auch an allen Brüdern in ganz Mazedonien. Wir ermuntern euch aber, Brüder, darin noch vollkommener zu werden. 11 Setzt eure Ehre darein, ruhig zu leben, euch um die eigenen Aufgaben zu kümmern und mit euren Händen zu arbeiten, wie wir euch aufgetragen haben. 12 So sollt ihr vor denen, die nicht zu euch gehören, ein rechtschaffenes Leben führen und auf niemand angewiesen sein.

5: Jer 10,25; Ps 79,6 • 6: Ps 94,1 • 7: 2 Thess 2,13f • 8: Ez 36,27; 37,14

Die Hoffnung der Christen

13 Brüder, wir wollen euch über die Verstorbenen nicht in Unkenntnis lassen, damit ihr nicht trauert wie die anderen, die keine Hoffnung haben. 14 Wenn Jesus – und das ist unser Glaube – gestorben und auferstanden ist, dann wird Gott durch Jesus auch die Verstorbenen zusammen mit ihm zur Herrlichkeit führen. 15 Denn dies sagen wir euch nach einem Wort des Herrn: Wir, die Lebenden, die noch übrig sind, wenn der Herr kommt, werden den Verstorbenen nichts voraushaben. 16 Denn der Herr selbst wird vom Himmel herabkommen, wenn der Befehl ergeht, der Erzengel ruft und die Posaune Gottes erschallt. Zuerst werden die in Christus Verstorbenen auferstehen; 17 dann werden wir, die Lebenden, die noch übrig sind, zugleich mit ihnen auf den Wolken in die Luft entrückt, dem Herrn entgegen. Dann werden wir immer beim Herrn sein. 18 Tröstet also einander mit diesen Worten!

13–17: 2 Thess 2,1–12 • 14: 1 Kor 15,3f.20f • 15: 1 Kor 15,23.51f; Joh 17,24

Aufforderung zur Bereitschaft für den Tag des Herrn

5 Über Zeit und Stunde, Brüder, brauche ich euch nicht zu schreiben. 2 Ihr selbst wisst genau, dass der Tag des Herrn kommt wie ein Dieb in der Nacht. 3 Während die Menschen sagen: Friede und Sicherheit!, kommt plötzlich Verderben über sie wie die Wehen über eine schwangere Frau, und es gibt kein Entrinnen. 4 Ihr aber, Brüder, lebt nicht im Finstern, sodass euch der Tag nicht wie ein Dieb überraschen kann. 5 Ihr alle seid Söhne des Lichts und Söhne des Tages. Wir gehören nicht der Nacht und nicht der Finsternis. 6 Darum wollen wir nicht schlafen wie die anderen, sondern wach und nüchtern sein. 7 Denn wer schläft, schläft bei Nacht, und wer sich betrinkt, betrinkt sich bei Nacht. 8 Wir aber, die dem Tag gehören, wollen nüchtern sein und uns rüsten mit *dem Panzer* des Glaubens und der Liebe und mit *dem Helm* der Hoffnung auf *das Heil.* 9 Denn Gott hat uns nicht für das Gericht seines Zorns bestimmt, sondern dafür, dass wir durch Jesus Christus, unseren Herrn, das Heil erlangen. 10 Er ist für uns gestorben, damit wir vereint mit ihm leben, ob wir nun wachen oder schlafen. 11 Darum tröstet und ermahnt einander und einer richte den andern auf, wie ihr es schon tut.

2: Mt 24,43; Lk 12,39; 2 Petr 3,10; Offb 3,3; 16,15 • 3: Mt 24,38f; Lk 21,34f • 6: Röm 13,11f • 8: Jes 59,17; Weish 5,18f; Eph 6,14–17 • 9: 2 Thess 2,14 • 10: 4,14; Röm 14,8f

Anweisungen für das Gemeindeleben

12 Wir bitten euch, Brüder: Erkennt die unter euch an, die sich solche Mühe geben, euch im Namen des Herrn zu leiten und zum Rechten anzuhalten. 13 Achtet sie hoch und liebt sie wegen ihres Wirkens! Haltet Frieden untereinander!

14 Wir ermahnen euch, Brüder: Weist die zurecht, die ein unordentliches Leben führen, ermutigt die Ängstlichen, nehmt euch der Schwachen an, seid geduldig mit allen! 15 Seht zu, dass keiner dem andern Böses mit Bösem vergilt, sondern bemüht euch immer, einander und allen Gutes zu tun.

16 Freut euch zu jeder Zeit!

17 Betet ohne Unterlass!

18 Dankt für alles; denn das will Gott von euch, / die ihr Christus Jesus gehört.

19 Löscht den Geist nicht aus!

20 Verachtet prophetisches Reden nicht!

21 Prüft alles und behaltet das Gute!

22 Meidet das Böse in jeder Gestalt!

13: 1 Kor 16,15f • 15: Spr 20,22; Röm 12,17; 1 Petr 3,9 • 17: Lk 18,1; Röm 12,12; Eph 6,18; Kol 4,2 • 21: 1 Joh 4,1 • 22: Ijob 1,1.8; 2,3

DER SCHLUSS DES BRIEFES: SEGEN UND GRUSS: 5,23–28

23 Der Gott des Friedens heilige euch ganz und gar und bewahre euren Geist, eure Seele und euren Leib unversehrt, damit ihr ohne Tadel seid, wenn Jesus Christus, unser Herr, kommt. 24 Gott, der euch beruft, ist treu; er wird es tun.

25 Brüder, betet auch für uns!

26 Grüßt alle Brüder mit dem heiligen Kuss!

27 Ich beschwöre euch beim Herrn, diesen Brief allen Brüdern vorzulesen.

28 Die Gnade Jesu Christi, unseres Herrn, sei mit euch!

24: 1 Kor 1,9; 2 Thess 3,3 • 25: 2 Thess 3,1 • 26: Röm 16,16 • 27: Kol 4,16

DER ZWEITE BRIEF AN DIE THESSALONICHER

Anlass für den Brief ist das Auftreten von Irrlehrern in der Gemeinde. Diese haben die Gemeinde in große Verwirrung gebracht mit der Behauptung, dass der Tag der Wiederkunft Christi schon da sei (2,2). Der Brief warnt die Thessalonicher vor diesen Schwärmern und belehrt sie über die Geschehnisse, die nach dem Plan Gottes dem Ende vorausgehen müssen. Dabei werden in starkem Maß Vorstellungen aufgegriffen, die im zeitgenössischen Judentum verbreitet waren.

Der Brief hat folgenden Aufbau: Paulus dankt für den guten Zustand der Gemeinde, weist auf das gerechte Gericht Gottes hin und bittet um die Vollendung der Thessalonicher in allem Guten (1,1–12). Vor dem Ende der Welt wird es zum großen Abfall von Gott kommen und der »Sohn des Verderbens, der Widersacher« (Antichrist) wird auftreten, der jetzt noch »zurückgehalten«, bei der Wiederkunft Christi aber vernichtet wird (2,1–12). Paulus ermahnt zum treuen Festhalten an den Überlieferungen und weist einzelne Gemeindemitglieder zurecht, die sich, offenkundig durch die Irrlehrer verführt, weigern, der täglichen Arbeit nachzugehen (2,13 – 3,15). Der Brief schließt mit dem üblichen Segensgruß (3,16–18).

Die Bedeutung des Briefs ist vor allem darin zu sehen, dass er angesichts der sich verzögernden Wiederkunft Christi dazu auffordert, im Glauben nicht nachzulassen (vgl. 2 Petr), und vor schwärmerischer Endzeiterwartung warnt.

ANSCHRIFT UND GRUSS: 1,1–2

1 Paulus, Silvanus und Timotheus an die Gemeinde von Thessalonich, die in Gott, unserem Vater, und in Jesus Christus, dem Herrn, ist:
2 Gnade sei mit euch und Friede von Gott, dem Vater, und dem Herrn Jesus Christus.

1: 1 Thess 1,1 • 2: Röm 1,7

DIE SORGE DES APOSTELS UM DIE GEMEINDE: 1,3–12

Die Bedrängnis der Thessalonicher und das gerechte Gericht Gottes

3 Wir müssen Gott euretwegen immer danken,
Brüder, wie es recht ist, denn euer Glaube wächst
und die gegenseitige Liebe nimmt bei euch allen
zu. 4 Wir können in den Gemeinden Gottes mit
Stolz auf euch hinweisen, weil ihr im Glauben
standhaft bleibt bei aller Verfolgung und Bedrängnis, die ihr zu ertragen habt. 5 Dies ist ein Anzeichen des gerechten Gerichtes Gottes; ihr sollt ja
des Reiches Gottes teilhaftig werden, für das ihr
leidet.
6 Denn es entspricht der Gerechtigkeit Gottes,
denen mit Bedrängnis zu vergelten, die euch
bedrängen, 7 euch aber, den Bedrängten, zusammen mit uns Ruhe zu schenken, wenn Jesus, der
Herr, sich vom Himmel her offenbart mit seinen
mächtigen Engeln 8 in loderndem Feuer. Dann *übt
er Vergeltung* an denen, die Gott nicht kennen und
dem Evangelium Jesu, unseres Herrn, nicht gehorchen. 9 *Fern vom Angesicht des Herrn und von seiner Macht und Herrlichkeit* müssen sie sein, mit
ewigem Verderben werden sie bestraft, 10 wenn er
an jenem Tag kommt, um inmitten seiner Heiligen gefeiert und im Kreis aller derer bewundert zu
werden, die den Glauben angenommen haben;
auch bei euch hat ja unser Zeugnis Glauben gefunden.

3: 1 Thess 1,2 • 4: Mk 4,17 • 5–10: Röm 2,6–11 • 5: Phil 1,28 • 7: 1 Thess 3,13; 4,16 • 8: Ex 3,2; Jes 66,4.15; Jer 10,25; Ps 79,6 • 9: Jes 2,10.19.21 • 10: Jes 2,11.17; Ps 89,8

Fürbitte des Apostels

[11] Darum beten wir auch immer für euch, dass
unser Gott euch eurer Berufung würdig mache
und in seiner Macht allen Willen zum Guten und
jedes Werk des Glaubens vollende. [12] So soll der
Name Jesu, unseres Herrn, in euch verherrlicht
werden und ihr in ihm, durch die Gnade unseres
Gottes und Herrn Jesus Christus.

12: Jes 24,15; Mal 1,11

DIE CHRISTLICHE HOFFNUNG UND DER TAG DES HERRN: 2,1–17

Die Zeichen der Endzeit

2 Brüder, wir schreiben euch über die Ankunft
Jesu Christi, unseres Herrn, und unsere Ver-
einigung mit ihm und bitten euch: [2] Lasst euch
nicht so schnell aus der Fassung bringen und in
Schrecken jagen, wenn in einem prophetischen
Wort oder einer Rede oder in einem Brief, der
angeblich von uns stammt, behauptet wird, der
Tag des Herrn sei schon da. [3] Lasst euch durch
niemand und auf keine Weise täuschen! Denn
zuerst muss der Abfall von Gott kommen und
der Mensch der Gesetzwidrigkeit erscheinen, der
Sohn des Verderbens, [4] der Widersacher, der sich
über alles, was Gott oder Heiligtum heißt, so sehr
erhebt, dass er sich sogar in den Tempel Gottes
setzt und sich als Gott ausgibt.
[5] Erinnert ihr euch nicht, dass ich euch dies schon
gesagt habe, als ich bei euch war? [6] Ihr wisst auch,
was ihn jetzt noch zurückhält, damit er erst zur
festgesetzten Zeit offenbar wird. [7] Denn die
geheime Macht der Gesetzwidrigkeit ist schon am
Werk; nur muss erst der beseitigt werden, der sie
bis jetzt noch zurückhält. [8] Dann wird der gesetz-
widrige Mensch allen sichtbar werden. Jesus, der
Herr, wird ihn *durch den Hauch seines Mundes
töten* und durch seine Ankunft und Erscheinung
vernichten. [9] Der Gesetzwidrige aber wird, wenn er
kommt, die Kraft des Satans haben. Er wird mit
großer Macht auftreten und trügerische Zeichen
und Wunder tun. [10] Er wird alle, die verloren
gehen, betrügen und zur Ungerechtigkeit ver-
führen; sie gehen verloren, weil sie sich der Liebe
zur Wahrheit verschlossen haben, durch die sie
gerettet werden sollten. [11] Darum lässt Gott sie der
Macht des Irrtums verfallen, sodass sie der Lüge
glauben; [12] denn alle müssen gerichtet werden, die
nicht der Wahrheit geglaubt, sondern die Unge-
rechtigkeit geliebt haben.

1–12: 1 Thess 4,13–17 • 2: 2,15; 3,17 • 3: 1 Tim 4,1; 1 Joh 2,18; 4,3 • 4: Dan 11,36; Ez 28,2 • 8: Jes 11,4; Ijob 4,9; Offb 19,15 • 9: Mt 24,24 • 11: Röm 1,28; 2 Tim 4,4

Ermutigung der Gläubigen

[13] Wir müssen Gott zu jeder Zeit euretwegen dan-
ken, vom Herrn geliebte Brüder, weil Gott euch als
Erstlingsgabe dazu auserwählt hat, aufgrund der
Heiligung durch den Geist und aufgrund eures
Glaubens an die Wahrheit gerettet zu werden.
[14] Dazu hat er euch durch unser Evangelium beru-
fen; ihr sollt nämlich die Herrlichkeit Jesu Christi,
unseres Herrn, erlangen. [15] Seid also standhaft,
Brüder, und haltet an den Überlieferungen fest, in
denen wir euch unterwiesen haben, sei es münd-
lich, sei es durch einen Brief.

13: 1 Thess 1,2; 2,13; Dtn 33,12 • 14: 1 Thess 4,7; 5,9 • 15: 1 Kor 11,2; 2 Thess 3,6

Segenswunsch des Apostels

[16] Jesus Christus aber, unser Herr, und Gott, unser
Vater, der uns seine Liebe zugewandt und uns in
seiner Gnade ewigen Trost und sichere Hoffnung
geschenkt hat, [17] tröste euch und gebe euch Kraft
zu jedem guten Werk und Wort.

16f: 1 Thess 3,11–13

ANWEISUNGEN AN DIE GEMEINDE: 3,1–15

Bitte um das Gebet der Gemeinde

3 Im Übrigen, Brüder, betet für uns, damit das
Wort des Herrn sich ausbreitet und verherr-
licht wird, ebenso wie bei euch. 2 Betet auch
darum, dass wir vor den bösen und schlechten
Menschen gerettet werden; denn nicht alle neh-
men den Glauben an. 3 Aber der Herr ist treu; er
wird euch Kraft geben und euch vor dem Bösen
bewahren. 4 Wir vertrauen im Herrn auf euch, dass
ihr jetzt und auch in Zukunft tut, was wir anord-
nen. 5 Der Herr richte euer Herz darauf, dass ihr
Gott liebt und unbeirrt auf Christus wartet.

1: Kol 4,3; 1 Thess 5,25 • 3: 1 Kor 10,13; 1 Thess 5,24

Zurechtweisung der Müßiggänger

6 Im Namen Jesu Christi, des Herrn, gebieten wir
euch, Brüder: Haltet euch von jedem Bruder fern,
der ein unordentliches Leben führt und sich nicht
an die Überlieferung hält, die ihr von uns emp-
fangen habt. 7 Ihr selbst wisst, wie man uns nach-
ahmen soll. Wir haben bei euch kein unordentli-
ches Leben geführt 8 und bei niemand unser Brot
umsonst gegessen; wir haben uns gemüht und
geplagt, Tag und Nacht haben wir gearbeitet, um
keinem von euch zur Last zu fallen. 9 Nicht als hät-
ten wir keinen Anspruch auf Unterhalt; wir woll-
ten euch aber ein Beispiel geben, damit ihr uns
nachahmen könnt. 10 Denn als wir bei euch waren,
haben wir euch die Regel eingeprägt: Wer nicht
arbeiten will, soll auch nicht essen. 11 Wir hören
aber, dass einige von euch ein unordentliches Le-
ben führen und alles Mögliche treiben, nur nicht
arbeiten. 12 Wir ermahnen sie und gebieten ihnen
im Namen Jesu Christi, des Herrn, in Ruhe ihrer
Arbeit nachzugehen und ihr selbst verdientes Brot
zu essen.

6: 1 Thess 5,14 • 7: 1 Kor 11,1 • 8: 1 Kor 4,12; 1 Thess 2,9 • 9: Mt 10,10; 1 Kor 9,6.14; Phil 3,17 • 12: 1 Thess 4,11

Mahnung an alle

13 Ihr aber, Brüder, werdet nicht müde, Gutes zu
tun.
14 Wenn jemand auf unsere Mahnung in diesem
Brief nicht hört, dann merkt ihn euch und meidet
den Umgang mit ihm, damit er sich schämt;
15 doch seht ihn nicht als Feind an, sondern weist
ihn als euren Bruder zurecht!

14: 1 Kor 5,9.11 • 15: Mt 18,15–17

DER SCHLUSS DES BRIEFES: 3,16–18

16 Der Herr des Friedens aber schenke euch den
Frieden zu jeder Zeit und auf jede Weise. Der Herr
sei mit euch allen.
17 Den Gruß schreibe ich, Paulus, eigenhändig. Das
ist mein Zeichen in jedem Brief; so schreibe ich.
18 Die Gnade Jesu Christi, unseres Herrn, sei mit
euch allen!

16: Röm 15,33 • 17: 1 Kor 16,21 • 18: Röm 16,24

DIE PASTORALBRIEFE

Der 1. und 2. Timotheusbrief und der Titusbrief werden als »Pastoralbriefe« bezeichnet. Sie sind nicht an Gemeinden gerichtet, sondern an die Hirten (lateinisch: pastores), die Vorsteher der Gemeinden. Sie enthalten Anweisungen des kurz vor dem Tod stehenden Apostels zur Ordnung und Leitung der Gemeinden.
[2] Diese Briefe heben sich nach Form und Inhalt von den übrigen Paulusbriefen ab und bilden eine eigene Gruppe. Die bekämpften Gegner sind nicht mehr Judenchristen, die das gesetzesfreie Evangelium des Paulus ablehnen (vgl. den Galaterbrief), sondern Vertreter einer jüdisch gefärbten »Gnosis«, einer sogenannten »Erkenntnis« (vgl. 1 Tim 6,20) über Gott und die Welt und die Erlösung, die für die frühe Kirche eine ernste Bedrohung darstellte. Der Gedanke an eine baldige Wiederkunft Christi ist in den Hintergrund getreten. Die Kirche und der einzelne Christ haben sich für eine längere Zeit auf das Leben in der Welt einzustellen. Die kirchlichen Ämter, die in der Zeit des Paulus erst ansatzweise vorhanden waren, beginnen feste Formen anzunehmen: Es gibt Vorsteher (Bischöfe), Älteste (Presbyter) und Diakone. In dieser neuen Situation geben die Pastoralbriefe Richtlinien und Anweisungen für die Amtsträger.

Aus diesen Gründen nimmt die neuere Forschung an, dass die Pastoralbriefe nicht unmittelbar von Paulus stammen. Der Verfasser der drei Briefe, wer immer er sein mag, ist jedoch überzeugt, im Sinn und in der Autorität des Apostels Paulus zu schreiben und dessen Lehre für seine Zeit verbindlich darzulegen.

DER ERSTE BRIEF AN TIMOTHEUS

Timotheus, in der Apostelgeschichte und in den Paulusbriefen oft genannt, war der Sohn eines heidnischen Vaters und einer christlichen Mutter (Apg 16,1–3). Etwa seit dem Jahr 50 n. Chr. ist er Mitarbeiter des Paulus; auch während der in Phil 2,19–22 erwähnten Gefangenschaft war er bei ihm. Nach 1 Tim 1,3 ist er der Beauftragte des Apostels für die Kirche von Ephesus. Im 1. und 2. Timotheusbrief erhält er Richtlinien für die Ausübung des kirchlichen Amtes und die persönliche Lebensführung.

Nach dem Briefeingang (1,1–2) werden im ersten Teil des Schreibens (Kap. 1) grundlegende Fragen behandelt: Bekämpfung der Irrlehre, Verantwortung des Lehrers in der Gemeinde (1,3–7); Bedeutung des Gesetzes im Licht des Evangeliums (1,8–11); Berufung des Paulus zum Dienst für das Evangelium (1,12–17); abschließend eine Mahnung an Timotheus zu verantwortungsbewusster Ausführung (1,18–20). Im zweiten Teil (2,1 – 6,19) stehen zuerst Anweisungen für den Gottesdienst (2,1–15). Dann werden die Bedingungen für die Übernahme kirchlicher Ämter aufgezählt (Kap. 3). Es folgen: Mahnungen zum Kampf gegen Irrlehrer (4,1–11), Anweisungen für die Lebensführung des Timotheus (4,12 – 5,2). Der Abschnitt 5,3 – 6,2a handelt von verschiedenen Ständen in der Gemeinde (Witwen, Älteste, Sklaven). Kap. 6 wendet sich nochmals gegen die Irrlehrer, warnt vor Habgier und mahnt Timotheus zum unermüdlichen Kampf für den überlieferten Glauben (6,2b–21).

ANSCHRIFT UND GRUSS: 1,1–2

1 Paulus, Apostel Christi Jesu durch den Auftrag Gottes, unseres Retters, und Christi Jesu, unserer Hoffnung, 2 an Timotheus, seinen echten Sohn durch den Glauben. Gnade, Erbarmen und Friede von Gott, dem Vater, und Christus Jesus, unserem Herrn.

1: 2,3; 4,10; Tit 1,3; 2,10; 3,4

GRUNDLEGENDE AUSSAGEN: 1,3–20

Die Aufgabe der Glaubensunterweisung

3 Bei meiner Abreise nach Mazedonien habe ich dich gebeten, in Ephesus zu bleiben, damit du bestimmten Leuten verbietest, falsche Lehren zu verbreiten 4 und sich mit Fabeleien und endlosen Geschlechterreihen abzugeben, die nur Streitfragen mit sich bringen, statt dem Heilsplan Gottes zu dienen, der sich im Glauben verwirklicht. 5 Das Ziel der Unterweisung ist Liebe aus reinem Herzen, gutem Gewissen und ungeheucheltem Glauben. 6 Davon sind aber manche abgekommen und haben sich leerem Geschwätz zugewandt. 7 Sie wollen Gesetzeslehrer sein, verstehen aber nichts von dem, was sie sagen und worüber sie so sicher urteilen.

3: Apg 20,1 • 4: 4,7; Tit 1,14 • 5: Gal 5,14

Die Bedeutung des Gesetzes

8 Wir wissen: Das Gesetz ist gut, wenn man es im Sinn des Gesetzes anwendet 9 und bedenkt, dass das Gesetz nicht für den Gerechten bestimmt ist, sondern für Gesetzlose und Ungehorsame, für Gottlose und Sünder, für Menschen ohne Glauben und Ehrfurcht, für solche, die Vater oder Mutter töten, für Mörder, 10 Unzüchtige, Knabenschänder, Menschenhändler, für Leute, die lügen und Meineide schwören und all das tun, was gegen die gesunde Lehre verstößt. 11 So lehrt das Evangelium von der Herrlichkeit des seligen Gottes, das mir anvertraut ist.

8: Röm 7,12.16 • 10: 4,6; 6,3

Dank für die Berufung zum Apostel

12 Ich danke dem, der mir Kraft gegeben hat: Christus Jesus, unserem Herrn. Er hat mich für treu gehalten und in seinen Dienst genommen, 13 obwohl ich ihn früher lästerte, verfolgte und verhöhnte. Aber ich habe Erbarmen gefunden, denn ich wusste in meinem Unglauben nicht, was ich tat. 14 So übergroß war die Gnade unseres Herrn, die mir in Christus Jesus den Glauben und die Liebe schenkte. 15 Das Wort ist glaubwürdig und wert, dass man es beherzigt: Christus Jesus ist in die Welt gekommen, um die Sünder zu retten. Von ihnen bin ich der Erste. 16 Aber ich habe Erbarmen gefunden, damit Christus Jesus an mir als Erstem seine ganze Langmut beweisen konnte, zum Vorbild für alle, die in Zukunft an ihn glauben, um das ewige Leben zu erlangen. 17 Dem König der Ewigkeit, dem unvergänglichen, unsichtbaren, einzigen Gott, sei Ehre und Herrlichkeit in alle Ewigkeit. Amen.

13f: 1 Kor 15,9f; Gal 1,13–16 • 15: Lk 19,10 • 16: 1 Kor 15,10; Eph 3,1.7–9; Kol 1,24f • 17: Röm 16,27; Offb 4,11; 7,12

Die Verantwortung des Timotheus

18 Diese Ermahnung lege ich dir ans Herz, mein Sohn Timotheus, im Gedanken an die prophetischen Worte, die einst über dich gesprochen wurden; durch diese Worte gestärkt, kämpfe den guten Kampf, 19 gläubig und mit reinem Gewissen. Schon manche haben die Stimme ihres Gewissens missachtet und haben im Glauben Schiffbruch erlitten, 20 darunter Hymenäus und Alexander, die ich dem Satan übergeben habe, damit sie durch diese Strafe lernen, Gott nicht mehr zu lästern.

18: 4,14 • 20: 2 Tim 2,17; 4,14; 1 Kor 5,5

DIE RECHTE ORDNUNG IN DEN GEMEINDEN: 2,1 – 6,19

Gebet für alle Menschen

2 Vor allem fordere ich zu Bitten und Gebeten,
zu Fürbitte und Danksagung auf, und zwar
für alle Menschen, 2 für die Herrscher und für alle,
die Macht ausüben, damit wir in aller Frömmig-
keit und Rechtschaffenheit ungestört und ruhig
leben können. 3 Das ist recht und gefällt Gott, un-
serem Retter; 4 er will, dass alle Menschen gerettet
werden und zur Erkenntnis der Wahrheit gelan-
gen.
5 Denn:
Einer ist Gott, / Einer auch Mittler zwischen Gott
und den Menschen: / der Mensch Christus Jesus,
6 der sich als Lösegeld hingegeben hat für alle, / ein
Zeugnis zur vorherbestimmten Zeit,
7 als dessen Verkünder und Apostel ich eingesetzt
wurde – ich sage die Wahrheit und lüge nicht –, als
Lehrer der Heiden im Glauben und in der Wahr-
heit.

3: 1,1; 4,10; Tit 1,3; 2,10; 3,4 • 6: Mt 20,28; Mk 10,45; Gal 1,4; Tit 2,14 • 7: Gal 2,7; Eph 3,1; Kol 1,25–29

Männer und Frauen

8 Ich will, dass die Männer überall beim Gebet ihre
Hände in Reinheit erheben, frei von Zorn und
Streit. 9 Auch sollen die Frauen sich anständig, be-
scheiden und zurückhaltend kleiden; nicht Haar-
tracht, Gold, Perlen oder kostbare Kleider seien ihr
Schmuck, 10 sondern gute Werke; so gehört es sich
für Frauen, die gottesfürchtig sein wollen. 11 Eine
Frau soll sich still und in aller Unterordnung
belehren lassen.
12 Dass eine Frau lehrt, erlaube ich nicht, auch
nicht, dass sie über ihren Mann herrscht; sie soll
sich still verhalten. 13 Denn zuerst wurde Adam
erschaffen, danach Eva. 14 Und nicht Adam wurde
verführt, sondern die Frau ließ sich verführen und
übertrat das Gebot. 15 Sie wird aber dadurch geret-
tet werden, dass sie Kinder zur Welt bringt, wenn
sie in Glaube, Liebe und Heiligkeit ein besonnenes
Leben führt.

8: 1 Petr 3,7 • 9: 1 Petr 3,1–4 • 11: 1 Kor 14,33–35 • 13: Gen 2,7.22 • 14: Gen 3,13

Der Bischof

3 Das Wort ist glaubwürdig: Wer das Amt eines
Bischofs anstrebt, der strebt nach einer gro-
ßen Aufgabe. 2 Deshalb soll der Bischof ein Mann
ohne Tadel sein, nur einmal verheiratet, nüchtern,
besonnen, von würdiger Haltung, gastfreundlich,
fähig zu lehren; 3 er sei kein Trinker und kein ge-
walttätiger Mensch, sondern rücksichtsvoll; er sei
nicht streitsüchtig und nicht geldgierig. 4 Er soll
ein guter Familienvater sein und seine Kinder zu
Gehorsam und allem Anstand erziehen. 5 Wer sei-
nem eigenen Hauswesen nicht vorstehen kann,
wie soll der für die Kirche Gottes sorgen? 6 Er darf
kein Neubekehrter sein, sonst könnte er hoch-
mütig werden und dem Gericht des Teufels verfal-
len. 7 Er muss auch bei den Außenstehenden einen
guten Ruf haben, damit er nicht in üble Nachrede
kommt und in die Falle des Teufels gerät.

1–7: Tit 1,6f • 2: 1 Petr 5,3

Die Diakone

8 Ebenso sollen die Diakone sein: achtbar, nicht
doppelzüngig, nicht dem Wein ergeben und nicht
gewinnsüchtig; 9 sie sollen mit reinem Gewissen
am Geheimnis des Glaubens festhalten. 10 Auch sie
soll man vorher prüfen, und nur wenn sie unbe-
scholten sind, sollen sie ihren Dienst ausüben.
11 Ebenso sollen die Frauen ehrbar sein, nicht ver-
leumderisch, sondern nüchtern und in allem zu-
verlässig. 12 Die Diakone sollen nur einmal verhei-
ratet sein und ihren Kindern und ihrer Familie gut
vorstehen. 13 Denn wer seinen Dienst gut versieht,
erlangt einen hohen Rang und große Zuversicht
im Glauben an Christus Jesus.

Die Kirche, Fundament der Wahrheit Gottes

14 Ich schreibe dir das alles, obwohl ich hoffe, schon
bald zu dir zu kommen. 15 Falls ich aber länger aus-
bleibe, sollst du wissen, wie man sich im Hauswe-
sen Gottes verhalten muss, das heißt in der Kirche
des lebendigen Gottes, die die Säule und das Fun-
dament der Wahrheit ist. 16 Wahrhaftig, das Ge-
heimnis unseres Glaubens ist groß:
Er wurde offenbart im Fleisch, / gerechtfertigt
durch den Geist,

geschaut von den Engeln, / verkündet unter den
Heiden,
geglaubt in der Welt, / aufgenommen in die Herr-
lichkeit.

Falsche Haltungen

4 Der Geist sagt ausdrücklich: In späteren Zei-
ten werden manche vom Glauben abfallen;
sie werden sich betrügerischen Geistern und
den Lehren von Dämonen zuwenden, 2 getäuscht
von heuchlerischen Lügnern, deren Gewissen ge-
brandmarkt ist. 3 Sie verbieten die Heirat und for-
dern den Verzicht auf bestimmte Speisen, die Gott
doch dazu geschaffen hat, dass die, die zum Glau-
ben und zur Erkenntnis der Wahrheit gelangt sind,
sie mit Danksagung zu sich nehmen. 4 Denn alles,
was Gott geschaffen hat, ist gut und nichts ist ver-
werflich, wenn es mit Dank genossen wird; 5 es
wird geheiligt durch Gottes Wort und durch das
Gebet.

1: 2 Tim 3,1; 2 Petr 3,3; 1 Joh 2,18 • 3: 1 Kor 7,1; Kol 2,21 • 4: Gen 1,31

Die rechte Wertordnung

6 Dies trage den Brüdern vor, dann wirst du ein
guter Diener Christi Jesu sein, erzogen in den Wor-
ten des Glaubens und der guten Lehre, der du
gefolgt bist. 7 Gottlose Altweiberfabeln weise zu-
rück! Übe dich in der Frömmigkeit! 8 Denn kör-
perliche Übung nützt nur wenig, die Frömmigkeit
aber ist nützlich zu allem: Ihr ist das gegenwärti-
ge und das zukünftige Leben verheißen. 9 Dieses
Wort ist glaubwürdig und wert, dass man es beher-
zigt. 10 Dafür arbeiten und kämpfen wir, denn wir
haben unsere Hoffnung auf den lebendigen Gott
gesetzt, den Retter aller Menschen, besonders der
Gläubigen. 11 Das sollst du anordnen und lehren.

6: 1,10; 6,3; 2 Tim 4,3; Tit 1,9 • 7: 1,4; Tit 1,14 • 10: 1,1; 2,3; Tit 1,3; 2,10; 3,4

Anweisungen für Timotheus

12 Niemand soll dich wegen deiner Jugend gering
schätzen. Sei den Gläubigen ein Vorbild in deinen
Worten, in deinem Lebenswandel, in der Liebe, im
Glauben, in der Lauterkeit. 13 Lies ihnen eifrig (aus
der Schrift) vor, ermahne und belehre sie, bis ich
komme. 14 Vernachlässige die Gnade nicht, die in
dir ist und die dir verliehen wurde, als dir die Äl-
testen aufgrund prophetischer Worte gemeinsam
die Hände auflegten. 15 Dafür sollst du sorgen, da-
rin sollst du leben, damit allen deine Fortschritte
offenbar werden. 16 Achte auf dich selbst und auf
die Lehre; halte daran fest! Wenn du das tust, ret-
test du dich und alle, die auf dich hören.

5 Einen älteren Mann sollst du nicht grob
behandeln, sondern ihm zureden wie einem
Vater. Mit jüngeren Männern rede wie mit Brü-
dern, 2 mit älteren Frauen wie mit Müttern, mit
jüngeren wie mit Schwestern, in aller Zurückhal-
tung.

4,14: 2 Tim 1,6; Apg 14,23

Stand und Aufgabe der Witwen

3 Ehre die Witwen, wenn sie wirklich Witwen sind.
4 Hat eine Witwe aber Kinder oder Enkel, dann sol-
len diese lernen, zuerst selbst ihren Angehörigen
Ehrfurcht zu erweisen und dankbar für ihre Mut-
ter oder Großmutter zu sorgen; denn das gefällt
Gott. 5 Eine Frau aber, die wirklich eine Witwe ist
und allein steht, setzt ihre Hoffnung auf Gott und
betet beharrlich und inständig bei Tag und Nacht.
6 Wenn eine jedoch ein ausschweifendes Leben
führt, ist sie schon bei Lebzeiten tot. 7 Das sollst du
ihnen einprägen; dann wird man ihnen nichts vor-
werfen können. 8 Wer aber für seine Verwandten,
besonders für die eigenen Hausgenossen, nicht
sorgt, der verleugnet damit den Glauben und ist
schlimmer als ein Ungläubiger.
9 Eine Frau soll nur dann in die Liste der Witwen
aufgenommen werden, wenn sie mindestens sech-
zig Jahre alt ist, nur einmal verheiratet war, 10 wenn
bekannt ist, dass sie Gutes getan hat, wenn sie Kin-
der aufgezogen hat, gastfreundlich gewesen ist
und den Heiligen die Füße gewaschen hat, wenn
sie denen, die in Not waren, geholfen hat und
überhaupt bemüht war, Gutes zu tun. 11 Jüngere
Witwen weise ab; denn wenn die Leidenschaft sie
Christus entfremdet, wollen sie heiraten 12 und
ziehen sich den Vorwurf zu, ihrem Versprechen
(das sie Christus gegeben haben) untreu geworden
zu sein. 13 Außerdem werden sie faul und gewöh-
nen sich daran, von Haus zu Haus zu laufen. Aber
nicht nur faul werden sie, sondern auch geschwät-
zig; sie mischen sich in alles und reden über Dinge,

die sie nichts angehen. 14 Deshalb will ich, dass jün-
gere Witwen heiraten, Kinder zur Welt bringen,
den Haushalt versorgen und dem Gegner keinen
Anlass zu übler Nachrede geben. 15 Einige haben
sich schon abgewandt und sind dem Satan gefolgt.
16 Wenn eine gläubige Frau Witwen in ihrem Haus
hat, soll sie für sie sorgen. Die Gemeinde soll nicht
belastet werden, damit sie sich um die kümmern
kann, die wirklich Witwen sind.

Über die Ältesten

17 Älteste, die das Amt des Vorstehers gut versehen,
verdienen doppelte Anerkennung, besonders sol-
che, die sich mit ganzer Kraft dem Wort und der
Lehre widmen. 18 Denn die Schrift sagt: *Du sollst
dem Ochsen zum Dreschen keinen Maulkorb anle-
gen,* und: Wer arbeitet, hat ein Recht auf seinen
Lohn.
19 Nimm gegen einen Ältesten keine Klage an,
außer *wenn zwei oder drei Zeugen sie bekräftigen.*
20 Wenn sich einer verfehlt, so weise ihn in Gegen-
wart aller zurecht, damit auch die anderen sich
fürchten. 21 Ich beschwöre dich bei Gott, bei Chris-
tus Jesus und bei den auserwählten Engeln: Be-
folge dies alles ohne Vorurteil und vermeide jede
Bevorzugung! 22 Lege keinem vorschnell die Hän-
de auf und mach dich nicht mitschuldig an frem-
den Sünden; bewahre dich rein!

17: 1 Petr 5,1–5 • 18: Dtn 25,4; Mt 10,10; Lk 10,7; 1 Kor 9,12–14 • 19: Dtn 19,15; Mt 18,16

Verschiedene Mahnungen

23 Trink nicht nur Wasser, sondern nimm auch
etwas Wein, mit Rücksicht auf deinen Magen und
deine häufigen Krankheiten.
24 Die Sünden mancher Leute liegen offen zutage,
sie laufen ihnen gleichsam voraus zum Gericht;
bei anderen kommen sie erst hinterher. 25 Ebenso
liegen die guten Werke offen zutage, und wenn sie
noch nicht offenkundig sind, können sie doch
nicht verborgen bleiben.

Wort an die Sklaven

6 Alle, die das Joch der Sklaverei zu tragen
haben, sollen ihren Herren alle Ehre erwei-
sen, damit der Name Gottes und die Lehre nicht
in Verruf kommen. 2a Wer aber einen gläubigen
Herrn hat, achte ihn nicht deshalb für geringer,
weil er sein Bruder ist, sondern diene ihm noch eif-
riger; denn sein Herr ist gläubig und von Gott
geliebt und bemüht sich, Gutes zu tun.

1: Tit 2,9f; 1 Petr 2,18

Warnung vor Irrlehre und Habsucht

2b So sollst du lehren, dazu sollst du ermahnen.
3 Wer aber etwas anderes lehrt und sich nicht an
die gesunden Worte Jesu Christi, unseres Herrn,
und an die Lehre unseres Glaubens hält, 4 der ist
verblendet; er versteht nichts, sondern ist krank
vor lauter Auseinandersetzungen und Wortge-
fechten. Diese führen zu Neid, Streit, Verleum-
dungen, üblen Verdächtigungen 5 und Gezänk un-
ter den Menschen, deren Denken verdorben ist;
diese Leute sind von der Wahrheit abgekommen
und meinen, die Frömmigkeit sei ein Mittel, um
irdischen Gewinn zu erzielen. 6 Die Frömmigkeit
bringt in der Tat reichen Gewinn, wenn man nur
genügsam ist. 7 Denn wir haben nichts in die Welt
mitgebracht, und wir können auch nichts aus ihr
mitnehmen. 8 Wenn wir Nahrung und Kleidung
haben, soll uns das genügen. 9 Wer aber reich wer-
den will, gerät in Versuchungen und Schlingen, er
verfällt vielen sinnlosen und schädlichen Begier-
den, die den Menschen ins Verderben und in den
Untergang stürzen. 10 Denn die Wurzel aller Übel
ist die Habsucht. Nicht wenige, die ihr verfielen,
sind vom Glauben abgeirrt und haben sich viele
Qualen bereitet.

3: 1,10; 4,6; 2 Tim 1,13; 4,3; Tit 1,9; 2,1.10 • 7: Ijob 1,21; Koh 5,14

Aufforderung an Timotheus

11 Du aber, ein Mann Gottes, flieh vor all dem.
Strebe unermüdlich nach Gerechtigkeit, Fröm-
migkeit, Glauben, Liebe, Standhaftigkeit und Sanft-
mut. 12 Kämpfe den guten Kampf des Glaubens, er-
greife das ewige Leben, zu dem du berufen worden
bist und für das du vor vielen Zeugen das gute Be-
kenntnis abgelegt hast. 13 Ich gebiete dir bei Gott,
von dem alles Leben kommt, und bei Christus
Jesus, der vor Pontius Pilatus das gute Bekenntnis
abgelegt hat und als Zeuge dafür eingetreten ist:
14 Erfülle deinen Auftrag rein und ohne Tadel, bis
zum Erscheinen Jesu Christi, unseres Herrn, 15 das
zur vorherbestimmten Zeit herbeiführen wird

der selige und einzige Herrscher, / der König der Könige und Herr der Herren,
16 der allein die Unsterblichkeit besitzt, / der in unzugänglichem Licht wohnt, / den kein Mensch gesehen hat noch je zu sehen vermag: / Ihm gebührt Ehre und ewige Macht. Amen.

11: 2 Tim 2,22 • 12: 2 Tim 4,7 • 16: Ps 104,2; Ex 33,20

Seelsorge an den Reichen

17 Ermahne die, die in dieser Welt reich sind, nicht überheblich zu werden und ihre Hoffnung nicht auf den unsicheren Reichtum zu setzen, sondern auf Gott, der uns alles reichlich gibt, was wir brauchen.
18 Sie sollen wohltätig sein, reich werden an guten Werken, freigebig sein und, was sie haben, mit anderen teilen.
19 So sammeln sie sich einen Schatz als sichere Grundlage für die Zukunft, um das wahre Leben zu erlangen.

19: Mt 6,20; 19,21; Lk 12,33

DER SCHLUSS DES BRIEFES: MAHNUNG UND GRUSS: 6,20–21

20 Timotheus, bewahre, was dir anvertraut ist. Halte dich fern von dem gottlosen Geschwätz und den falschen Lehren der sogenannten »Erkenntnis«!
21 Nicht wenige, die sich darauf eingelassen haben, sind vom Weg des Glaubens abgekommen. Die Gnade sei mit euch!

DER ZWEITE BRIEF AN TIMOTHEUS

Der 2. Timotheusbrief ist persönlicher gehalten als der 1. Timotheus- und der Titusbrief und bezieht sich auf die Amts- und Lebensführung des Timotheus. Paulus weist auf sein eigenes Vorbild als das eines christlichen Zeugen hin, der für die Botschaft sein Leben einsetzt. Die Hinweise des Paulus auf seine Lage werden oft als Beweise für die Echtheit des Briefs angeführt. Die neuere Forschung neigt zu der Annahme, dass in diesen persönlichen Notizen zuverlässige mündliche Nachrichten über die Spätzeit des Apostels Paulus verwendet worden sind. Der Brief hat den Charakter eines Testaments.

Das Schreiben beginnt mit einem einleitenden Gruß (1,1–2). Nach einem Dankgebet (1,3–5) wird Timotheus ermutigt, unerschrocken für das Evangelium einzutreten (1,6–18). Der nächste Abschnitt setzt ein mit dem Hinweis auf den Sinn der Leiden und Verfolgungen (2,1–13). Es folgen Anweisungen für das Verhalten gegenüber den Irrlehrern (2,14–26), eine Schilderung der Sittenlosigkeit der Menschen in der Endzeit (3,1–9) und demgegenüber eine Beschreibung der guten Lebensführung eines kirchlichen Amtsträgers (3,10–17). Im abschließenden 4. Kapitel ermahnt Paulus den Timotheus zu unerschrockener Erfüllung seines Dienstes als Verkünder des Evangeliums (4,1–8). Angeschlossen sind Mitteilungen und Aufträge (4,9–18) sowie persönliche Grüße und Segenswünsche (4,19–22).

ANSCHRIFT UND GRUSS: 1,1–2

1 Paulus, durch den Willen Gottes zum Apostel
Christi Jesu berufen, um das Leben in Christus
Jesus, das uns verheißen ist, zu verkündigen, 2 an
Timotheus, seinen geliebten Sohn: Gnade, Erbar-
men und Friede von Gott, dem Vater, und Chris-
tus Jesus, unserem Herrn.

WORT DER ERMUTIGUNG AN TIMOTHEUS: 1,3–18

Dankgebet des Apostels

3 Ich danke Gott, dem ich wie schon meine Vor-
fahren mit reinem Gewissen diene – ich danke ihm
bei Tag und Nacht in meinen Gebeten, in denen
ich unablässig an dich denke. 4 Wenn ich mich an
deine Tränen erinnere, habe ich Sehnsucht, dich
zu sehen, um mich wieder von Herzen freuen zu
können; 5 denn ich denke an deinen aufrichtigen
Glauben, der schon in deiner Großmutter Loïs
und in deiner Mutter Eunike lebendig war und der
nun, wie ich weiß, auch in dir lebt.

5: Apg 16,1f

Aufforderung an Timotheus

6 Darum rufe ich dir ins Gedächtnis: Entfache die
Gnade Gottes wieder, die dir durch die Auflegung
meiner Hände zuteil geworden ist. 7 Denn Gott hat
uns nicht einen Geist der Verzagtheit gegeben,
sondern den Geist der Kraft, der Liebe und der
Besonnenheit. 8 Schäme dich also nicht, dich zu
unserem Herrn zu bekennen; schäme dich auch
meiner nicht, der ich seinetwegen im Gefängnis
bin, sondern leide mit mir für das Evangelium.
Gott gibt dazu die Kraft: 9 Er hat uns gerettet; mit
einem heiligen Ruf hat er uns gerufen, nicht auf-
grund unserer Werke, sondern aus eigenem Ent-
schluss und aus Gnade, die uns schon vor ewigen
Zeiten in Christus Jesus geschenkt wurde; 10 jetzt
aber wurde sie durch das Erscheinen unseres Ret-
ters Christus Jesus offenbart. Er hat dem Tod die
Macht genommen und uns das Licht des unver-
gänglichen Lebens gebracht durch das Evange-
lium, 11 als dessen Verkünder, Apostel und Lehrer
ich eingesetzt bin. 12 Darum muss ich auch dies
alles erdulden; aber ich schäme mich nicht, denn
ich weiß, wem ich Glauben geschenkt habe, und
ich bin überzeugt, dass er die Macht hat, das mir
anvertraute Gut bis zu jenem Tag zu bewahren.
13 Halte dich an die gesunde Lehre, die du von mir
gehört hast; nimm sie dir zum Vorbild und bleibe
beim Glauben und bei der Liebe, die uns in Chris-
tus Jesus geschenkt ist. 14 Bewahre das dir anver-
traute kostbare Gut durch die Kraft des Heiligen
Geistes, der in uns wohnt.

6: 1 Tim 4,14; Apg 14,23 • 8: Röm 1,16 • 9: Tit 3,5 • 10: Tit 1,4; 2,13; 3,6; 2 Petr 1,1.11 • 13: 4,3; 1 Tim 1,10; 4,6; 6,3; Tit 1,9; 2,1.10

Das Verhalten der Gegner und der Freunde des Paulus

15 Du weißt, dass sich alle in der Provinz Asien von
mir abgewandt haben, auch Phygelus und Her-
mogenes.
16 Der Familie des Onesiphorus schenke der Herr
sein Erbarmen, denn Onesiphorus hat mich oft
getröstet und hat sich meiner Ketten nicht ge-
schämt; 17 als er nach Rom kam, suchte er uner-
müdlich nach mir, bis er mich fand. 18 Der Herr
gebe ihm, dass er beim Herrn Erbarmen findet an
jenem Tag. Seine treuen Dienste in Ephesus kennst
du selbst am besten.

SEELSORGLICHE ANWEISUNGEN FÜR TIMOTHEUS: 2,1 – 4,8

Selbstloser Dienst für Christus

2 Du, mein Sohn, sei stark in der Gnade, die dir
in Christus Jesus geschenkt ist. 2 Was du vor
vielen Zeugen von mir gehört hast, das vertrau
zuverlässigen Menschen an, die fähig sind, auch
andere zu lehren. 3 Leide mit mir als guter Soldat
Christi Jesu. 4 Keiner, der in den Krieg zieht, lässt
sich in Alltagsgeschäfte verwickeln, denn er will,

dass sein Heerführer mit ihm zufrieden ist. 5 Und
wer an einem Wettkampf teilnimmt, erhält den
Siegeskranz nur, wenn er nach den Regeln kämpft.
6 Der Bauer, der die ganze Arbeit tut, soll als Erster
seinen Teil von der Ernte erhalten. 7 Überleg dir,
was ich sage. Dann wird der Herr dir in allem das
rechte Verständnis geben.
8 Denk daran, dass Jesus Christus, der Nach-
komme Davids, von den Toten auferstanden ist; so
lautet mein Evangelium, 9 für das ich zu leiden
habe und sogar wie ein Verbrecher gefesselt bin;
aber das Wort Gottes ist nicht gefesselt. 10 Das alles
erdulde ich um der Auserwählten willen, damit
auch sie das Heil in Christus Jesus und die ewige
Herrlichkeit erlangen. 11 Das Wort ist glaubwür-
dig:
Wenn wir mit Christus gestorben sind, / werden
wir auch mit ihm leben;
12 wenn wir standhaft bleiben, / werden wir auch
mit ihm herrschen;
wenn wir ihn verleugnen, / wird auch er uns ver-
leugnen.
13 Wenn wir untreu sind, / bleibt er doch treu, /
denn er kann sich selbst nicht verleugnen.

6: 1 Kor 9,7.10 • 8: Röm 1,3; 1 Kor 15,4 • 10: Kol 1,24 • 11: Röm 6,8 •
12: Mt 10,33 • 13: Röm 3,3f

Das rechte Verhalten gegenüber den Irrlehrern

14 Ruf ihnen das ins Gedächtnis und beschwöre sie
bei Gott, sich nicht um Worte zu streiten; das ist
unnütz und führt die Zuhörer nur ins Verderben.
15 Bemüh dich darum, dich vor Gott zu bewähren
als ein Arbeiter, der sich nicht zu schämen braucht,
als ein Mann, der offen und klar die wahre Lehre
vertritt. 16 Gottlosem Geschwätz geh aus dem Weg;
solche Menschen geraten immer tiefer in die Gott-
losigkeit 17 und ihre Lehre wird um sich fressen wie
ein Krebsgeschwür. Zu ihnen gehören Hymenäus
und Philetus, 18 die von der Wahrheit abgeirrt sind
und behaupten, die Auferstehung sei schon ge-
schehen. So zerstören sie bei manchen den Glau-
ben. 19 Aber das feste Fundament, das Gott gelegt
hat, kann nicht erschüttert werden. Es trägt als Sie-
gel die Inschrift: *Der Herr kennt die Seinen,* und:
Wer den Namen des Herrn nennt, meide das
Unrecht. 20 In einem großen Haus gibt es nicht nur
Gefäße aus Gold und Silber, sondern auch aus
Holz und Ton – die einen für Reines, die anderen
für Unreines. 21 Wer sich nun von all dem rein hält,
gleicht einem Gefäß für Reines; er ist geheiligt, für
den Herrn brauchbar, zu jedem guten Werk taug-
lich.
22 Flieh vor den Begierden der Jugend; strebe uner-
müdlich nach Gerechtigkeit, Glauben, Liebe und
Frieden, zusammen mit all denen, die den Herrn
aus reinem Herzen anrufen. 23 Lass dich nicht auf
törichte und unsinnige Auseinandersetzungen
ein; du weißt, dass sie nur zu Streit führen. 24 Ein
Knecht des Herrn soll nicht streiten, sondern zu
allen freundlich sein, ein geschickter und geduldi-
ger Lehrer, 25 der auch die mit Güte zurechtweist,
die sich hartnäckig widersetzen. Vielleicht schenkt
Gott ihnen dann die Umkehr, damit sie die Wahr-
heit erkennen, 26 wieder zur Besinnung kommen
und aus dem Netz des Teufels befreit werden, der
sie eingefangen und sich gefügig gemacht hat.

16: 1 Tim 4,7; Tit 1,14 • 17: 1 Tim 1,20 • 18: 1 Kor 15,12 •
19: Num 16,5 G; Jes 26,13 • 22: 1 Tim 6,11

Die Situation der Menschen in der Endzeit

3 Das sollst du wissen: In den letzten Tagen
werden schwere Zeiten anbrechen. 2 Die
Menschen werden selbstsüchtig sein, habgierig,
prahlerisch, überheblich, bösartig, ungehorsam
gegen die Eltern, undankbar, ohne Ehrfurcht,
3 lieblos, unversöhnlich, verleumderisch, unbe-
herrscht, rücksichtslos, roh, 4 heimtückisch, ver-
wegen, hochmütig, mehr dem Vergnügen als Gott
zugewandt. 5 Den Schein der Frömmigkeit werden
sie wahren, doch die Kraft der Frömmigkeit wer-
den sie verleugnen. Wende dich von diesen Men-
schen ab. 6 Zu ihnen gehören die Leute, die sich in
die Häuser einschleichen und dort gewisse Frauen
auf ihre Seite ziehen, die von Sünden beherrscht
und von Begierden aller Art umgetrieben werden,
7 Frauen, die immer lernen und die doch nie zur
Erkenntnis der Wahrheit gelangen können. 8 Wie
sich Jannes und Jambres dem Mose widersetzt
haben, so widersetzen sich auch diese Leute der
Wahrheit; ihr Denken ist verdorben, ihr Glaube
bewährt sich nicht. 9 Doch sie werden wenig Erfolg
haben, denn ihr Unverstand wird allen offenkun-
dig werden, wie es auch bei jenen geschehen ist.

1: 1 Tim 4,1 • 5: Tit 1,16 • 6: 2 Petr 2,14 • 7: 1 Tim 2,4; Tit 1,1

Die Aufgabe des Timotheus

[10] Du aber bist mir gefolgt in der Lehre, im Leben
und Streben, im Glauben, in der Langmut, der
Liebe und der Ausdauer, [11] in den Verfolgungen
und Leiden, denen ich in Antiochia, Ikonion und
Lystra ausgesetzt war. Welche Verfolgungen habe
ich erduldet! Und aus allen hat der Herr mich
errettet. [12] So werden alle, die in der Gemeinschaft
mit Christus Jesus ein frommes Leben führen
wollen, verfolgt werden. [13] Böse Menschen und
Schwindler dagegen werden immer mehr in das
Böse hineingeraten; sie sind betrogene Betrüger.
[14] Du aber bleibe bei dem, was du gelernt und
wovon du dich überzeugt hast. Du weißt, von wem
du es gelernt hast; [15] denn du kennst von Kindheit
an die heiligen Schriften, die dir Weisheit verlei-
hen können, damit du durch den Glauben an
Christus Jesus gerettet wirst. [16] Jede von Gott ein-
gegebene Schrift ist auch nützlich zur Belehrung,
zur Widerlegung, zur Besserung, zur Erziehung in
der Gerechtigkeit; [17] so wird der Mensch Gottes zu
jedem guten Werk bereit und gerüstet sein.

11: Apg 13,50; 14,5.19; 2 Kor 11,22–33; Eph 3,1; Kol 1,24 •
14: 2 Petr 1,20; Jud 3

Aufruf zu unerschrockenem Einsatz

4 Ich beschwöre dich bei Gott und bei Christus
Jesus, dem kommenden Richter der Leben-
den und der Toten, bei seinem Erscheinen und bei
seinem Reich: [2] Verkünde das Wort, tritt dafür ein,
ob man es hören will oder nicht; weise zurecht,
tadle, ermahne, in unermüdlicher und geduldiger
Belehrung. [3] Denn es wird eine Zeit kommen, in
der man die gesunde Lehre nicht erträgt, sondern
sich nach eigenen Wünschen immer neue Lehrer
sucht, die den Ohren schmeicheln; [4] und man wird
der Wahrheit nicht mehr Gehör schenken, son-
dern sich Fabeleien zuwenden. [5] Du aber sei in
allem nüchtern, ertrage das Leiden, verkünde das
Evangelium, erfülle treu deinen Dienst! [6] Denn ich
werde nunmehr geopfert, und die Zeit meines
Aufbruchs ist nahe. [7] Ich habe den guten Kampf
gekämpft, den Lauf vollendet, die Treue gehalten.
[8] Schon jetzt liegt für mich der Kranz der Gerech-
tigkeit bereit, den mir der Herr, der gerechte Rich-
ter, an jenem Tag geben wird, aber nicht nur mir,
sondern allen, die sehnsüchtig auf sein Erscheinen
warten.

1: 2 Petr 1,12; Jud 17 • 3: 1 Tim 4,1; 1,10; 4,6; 6,3; Tit 1,9; 2,1.10 •
4: 1 Tim 1,4 • 6: Phil 2,17 • 7: 1 Tim 6,12; Phil 3,14; 2 Petr 1,14

PERSÖNLICHE MITTEILUNGEN UND AUFTRÄGE: 4,9–18

[9] Beeil dich, komm bald zu mir! [10] Demas hat mich
aus Liebe zu dieser Welt verlassen und ist nach
Thessalonich gegangen; Kreszenz ging nach Gala-
tien, Titus nach Dalmatien. [11] Nur Lukas ist noch
bei mir. Bring Markus mit, denn er wird mir ein
guter Helfer sein. [12] Tychikus habe ich nach Ephe-
sus geschickt. [13] Wenn du kommst, bring den Man-
tel mit, den ich in Troas bei Karpus gelassen habe,
auch die Bücher, vor allem die Pergamente. [14] Ale-
xander, der Schmied, hat mir viel Böses getan; *der
Herr wird ihm vergelten, wie es seine Taten verdie-
nen.* [15] Nimm auch du dich vor ihm in Acht, denn
er hat unsere Lehre heftig bekämpft.
[16] Bei meiner ersten Verteidigung ist niemand für
mich eingetreten; alle haben mich im Stich gelas-
sen. Möge es ihnen nicht angerechnet werden.
[17] Aber der Herr stand mir zur Seite und gab mir
Kraft, damit durch mich die Verkündigung voll-
endet wird und alle Heiden sie hören; und so
wurde ich dem *Rachen des Löwen entrissen.* [18] Der
Herr wird mich allem Bösen entreißen, er wird
mich retten und in sein himmlisches Reich führen.
Ihm sei die Ehre in alle Ewigkeit. Amen.

12: Eph 6,21 • 14: 1 Tim 1,20; Ps 62,13; 28,4 • 16: Phil 1,15–18 •
17: Ps 22,22; Dan 6,21.28

DER SCHLUSS DES BRIEFES: GRÜSSE UND SEGENSWÜNSCHE: 4,19–22

[19] Grüße Priska und Aquila und die Familie des
Onesiphorus! [20] Erastus blieb in Korinth, Trophi-
mus musste ich krank in Milet zurücklassen.
[21] Beeil dich, komm noch vor dem Winter! Es
grüßen dich Eubulus, Pudens, Linus, Klaudia und
alle Brüder.
[22] Der Herr sei mit deinem Geist! Die Gnade sei
mit euch!

DER BRIEF AN TITUS

Titus gehörte neben Timotheus zu den engsten Mitarbeitern des Apostels Paulus, wie vor allem der Galater- und der 2. Korintherbrief zeigen (Gal 2,3; 2 Kor 2,13; 7,6.13; 8,6.16.23; 12,18). Nach Tit 1,5 übertrug ihm Paulus die Verantwortung für die Kirche von Kreta. Nach alter Überlieferung soll er bis zu seinem Lebensende als Bischof dieser Insel gewirkt haben.

Der Brief an Titus hat amtlichen Charakter; das Persönliche tritt zurück. Nach dem Eingangsgruß (1,1–4) werden zunächst die Aufgaben des Titus in Kreta genannt: Er soll geeignete Vorsteher für die Christengemeinden einsetzen (1,5–9) und die Irrlehre bekämpfen (1,10–16). Dann wird er ermahnt, in Übereinstimmung mit der »gesunden Lehre« die einzelnen Stände an ihre Pflichten zu erinnern (2,1–10). Es gilt, der in Jesus Christus sichtbar gewordenen Gnade Gottes zu entsprechen (2,11–15). Anschließend werden unter Hinweis auf die Taufe grundlegende Pflichten im politischen und mitmenschlichen Bereich genannt (3,1–8). Es folgt eine erneute Warnung vor Irrlehrern (3,9–11). Persönliche Aufträge, Segenswünsche und Grüße beschließen den Brief (3,12–15).

BEKENNTNIS, ANSCHRIFT UND GRUSS: 1,1–4

1 Paulus, Knecht Gottes und Apostel Jesu Chris-
ti, berufen, um die Auserwählten Gottes zum
Glauben und zur Erkenntnis der wahren Gottes-
verehrung zu führen, [2] in der Hoffnung auf das
ewige Leben, das der wahrhaftige Gott schon vor
ewigen Zeiten verheißen hat; [3] jetzt aber hat er zur
vorherbestimmten Zeit sein Wort offenbart in der
Verkündigung, die mir durch den Auftrag Gottes,
unseres Retters, anvertraut ist. [4] An Titus, seinen
echten Sohn aufgrund des gemeinsamen Glau-
bens: Gnade und Friede von Gott, dem Vater, und
Christus Jesus, unserem Retter.

1: 1 Tim 2,4; 2 Tim 3,7 • 3: 1 Tim 2,6; 6,15; Tit 2,10; 1 Tim 4,10; 1,1; 2,3; 3,4 • 4: 2,13; 3,6; 2 Tim 1,10; 2 Petr 1,1.11; 3,18

DIE AUFGABEN DES TITUS: 1,5 – 3,11

Einsetzung geeigneter Vorsteher

5 Ich habe dich in Kreta deswegen zurückgelassen,
damit du das, was noch zu tun ist, zu Ende führst
und in den einzelnen Städten Älteste einsetzt, wie
ich dir aufgetragen habe.
6 Ein Ältester soll unbescholten und nur einmal
verheiratet sein. Seine Kinder sollen gläubig sein;
man soll ihnen nicht nachsagen können, sie seien
liederlich und ungehorsam. 7 Denn ein Bischof
muss unbescholten sein, weil er das Haus Gottes
verwaltet; er darf nicht überheblich und jähzornig
sein, kein Trinker, nicht gewalttätig oder habgie-
rig. 8 Er soll vielmehr das Gute lieben, er soll gast-
freundlich sein, besonnen, gerecht, fromm und
beherrscht. 9 Er muss ein Mann sein, der sich an
das wahre Wort der Lehre hält; dann kann er mit
der gesunden Lehre die Gemeinde ermahnen und
die Gegner widerlegen.

5: Apg 14,23; 1 Tim 3,2–4 • 6: Apg 20,17.28; 1 Petr 5,2f • 9: 2,1.10; 1 Tim 1,10; 4,6; 6,3; 2 Tim 1,13; 4,3

Bekämpfung der Irrlehrer

10 Denn es gibt viele Ungehorsame, Schwätzer und
Schwindler, besonders unter denen, die aus dem
Judentum kommen. 11 Diese Menschen muss man
zum Schweigen bringen, denn aus übler Gewinn-
sucht zerstören sie ganze Familien mit ihren fal-
schen Lehren. 12 Einer von ihnen hat als ihr eige-
ner Prophet gesagt: Alle Kreter sind Lügner und
faule Bäuche, gefährliche Tiere. 13 Das ist ein wah-
res Wort. Darum weise sie streng zurecht, damit
ihr Glaube wieder gesund wird 14 und sie sich nicht
mehr an jüdische Fabeleien halten und an Gebote
von Menschen, die sich von der Wahrheit abwen-
den.
15 Für die Reinen ist alles rein; für die Unreinen
und Ungläubigen aber ist nichts rein, sogar
ihr Denken und ihr Gewissen sind unrein. 16 Sie
beteuern, Gott zu kennen, durch ihr Tun aber ver-
leugnen sie ihn; es sind abscheuliche und unbe-
lehrbare Menschen, die zu nichts Gutem taugen.

14: 1 Tim 1,4; 4,7; 2 Tim 2,16 • 15: Mt 15,11; Mk 7,15 • 16: 2 Tim 3,5

Anweisungen für einzelne Stände

2 Du aber verkünde, was der gesunden Lehre
entspricht. 2 Die älteren Männer sollen nüch-
tern sein, achtbar, besonnen, stark im Glauben, in
der Liebe, in der Ausdauer. 3 Ebenso seien die älte-
ren Frauen würdevoll in ihrem Verhalten, nicht
verleumderisch und nicht trunksüchtig; sie müs-
sen fähig sein, das Gute zu lehren, 4 damit sie die
jungen Frauen dazu anhalten können, ihre Män-
ner und Kinder zu lieben, 5 besonnen zu sein, ehr-
bar, häuslich, gütig und ihren Männern gehorsam,
damit das Wort Gottes nicht in Verruf kommt.
6 Ebenso ermahne die jüngeren Männer, in allen
Dingen besonnen zu sein. 7 Gib selbst ein Beispiel
durch gute Werke. Lehre die Wahrheit unver-
fälscht und mit Würde, 8 mit gesunden, unan-
fechtbaren Worten; so wird der Gegner beschämt
und kann nichts Schlechtes über uns sagen. 9 Die
Sklaven sollen ihren Herren gehorchen, ihnen in
allem gefällig sein, nicht widersprechen, 10 nichts
veruntreuen; sie sollen zuverlässig und treu sein,
damit sie in allem der Lehre Gottes, unseres Ret-
ters, Ehre machen.

1: 1,9; 2,10; 1 Tim 1,10; 4,6; 6,3; 2 Tim 1,13; 4,3 • 3: 1 Petr 3,1–5 • 6: 1 Joh 2,13f • 7f: 2 Petr 3,15f • 9f: 1 Tim 6,1f; 1 Petr 2,18 • 10: 1,3; 3,4; 1 Tim 1,1; 2,3; 4,10

Gnade und christliches Leben

11 Denn die Gnade Gottes ist erschienen, um alle
Menschen zu retten. 12 Sie erzieht uns dazu, uns
von der Gottlosigkeit und den irdischen Begierden
loszusagen und besonnen, gerecht und fromm in
dieser Welt zu leben, 13 während wir auf die selige
Erfüllung unserer Hoffnung warten: auf das Er-
scheinen der Herrlichkeit unseres großen Gottes
und Retters Christus Jesus. 14 Er hat sich für uns
hingegeben, um uns *von aller Schuld zu erlösen*
und *sich ein reines Volk zu schaffen, das ihm als sein*
besonderes Eigentum gehört und voll Eifer danach
strebt, das Gute zu tun. 15 So sollst du mit allem
Nachdruck lehren, ermahnen und zurechtweisen.
Niemand soll dich gering achten.

11: 3,4 • 13: 1,4 • 14: Ez 37,23; Ps 130,8; Ex 19,5; Dtn 14,2

Die Pflichten der Getauften im sozialen Bereich

3 Erinnere sie daran, sich den Herrschern und Machthabern unterzuordnen und ihnen zu gehorchen. Sie sollen immer bereit sein, Gutes zu tun, [2] sollen niemand schmähen, nicht streitsüchtig sein, sondern freundlich und gütig zu allen Menschen. [3] Denn auch wir waren früher unverständig und ungehorsam; wir gingen in die Irre, waren Sklaven aller möglichen Begierden und Leidenschaften, lebten in Bosheit und Neid, waren verhasst und hassten einander. [4] Als aber die Güte und Menschenliebe Gottes, unseres Retters, erschien, [5] hat er uns gerettet – nicht weil wir Werke vollbracht hätten, die uns gerecht machen können, sondern aufgrund seines Erbarmens – durch das Bad der Wiedergeburt und der Erneuerung im Heiligen Geist. [6] Ihn hat er in reichem Maß über uns ausgegossen durch Jesus Christus, unseren Retter, [7] damit wir durch seine Gnade gerecht gemacht werden und das ewige Leben erben, das wir erhoffen. [8] Dieses Wort ist glaubwürdig, und ich will, dass du dafür eintrittst, damit alle, die zum Glauben an Gott gekommen sind, sich nach Kräften bemühen, das Gute zu tun. So ist es gut und für alle Menschen nützlich.

1: Röm 13,1–7; 1 Petr 2,13–17 • 4: 2,11; 1,3 • 5: Joh 3,3–8; Röm 3,20; Gal 2,16; Eph 2,8f; 5,26; 2 Tim 1,9 • 6: 1,4

Erneute Warnung vor Irrlehrern

[9] Lass dich nicht ein auf törichte Auseinandersetzungen und Erörterungen über Geschlechterreihen, auf Streit und Gezänk über das Gesetz; sie sind nutzlos und vergeblich. [10] Wenn du einen Sektierer einmal und ein zweites Mal ermahnt hast, so meide ihn. [11] Du weißt, ein solcher Mensch ist auf dem verkehrten Weg; er sündigt und spricht sich selbst das Urteil.

9: 1 Tim 1,4 • 10: Mt 18,15–17

DER SCHLUSS DES BRIEFES: PERSÖNLICHE MITTEILUNGEN UND GRÜSSE: 3,12–15

[12] Sobald ich Artemas oder Tychikus zu dir schicke, komm rasch zu mir nach Nikopolis; denn ich habe mich entschlossen, dort den Winter zu verbringen. [13] Den gesetzeskundigen Zenas und den Apollos statte für die Weiterreise gut aus, damit ihnen nichts fehlt. [14] Auch unsere Leute sollen lernen, nach Kräften Gutes zu tun, wo es nötig ist, damit ihr Leben nicht ohne Frucht bleibt.
[15] Es grüßen dich alle, die bei mir sind. Grüße alle, die uns durch den Glauben in Liebe verbunden sind. Die Gnade sei mit euch allen!

12: 2 Tim 4.12

DER BRIEF AN PHILEMON

Der kleine Brief hat einen ganz persönlichen Anlass. Der Sklave Onesimus war seinem Herrn Philemon entlaufen, der in Kolossä wohnte. Er kam auf seiner Flucht zu Paulus, der im Gefängnis saß, vermutlich in Ephesus. Paulus gewann Onesimus für den christlichen Glauben und Onesimus war ihm in mancherlei Hinsicht nützlich (vgl. VV. 11 und 20). Der Apostel schickte den Sklaven zu Philemon zurück, dessen Haus einer christlichen Gemeinde als Versammlungsort diente. Der Brief, geschrieben um 55 n. Chr., sollte Philemon bewegen, dem Sklaven Onesimus zu verzeihen und ihn als christlichen Bruder aufzunehmen. Die Bedeutung des Briefs liegt darin, dass er einen Beitrag zur Lösung des bedrückenden Sklavenproblems in der christlichen Gemeinde darstellt. Gleichzeitig ist er als persönliches Dokument des Menschen Paulus von hohem Wert.

ANSCHRIFT UND GRUSS: 1–3

1 Paulus, Gefangener Christi Jesu, und der Bru-
der Timotheus an unseren geliebten Mitarbei-
ter Philemon, 2 an die Schwester Aphia, an Archip-
pus, unseren Mitstreiter, und an die Gemeinde in
deinem Haus: 3 Gnade sei mit euch und Friede von
Gott, unserem Vater, und dem Herrn Jesus Chris-
tus.

2: Kol 4,17 • 3: Röm 1,7

DANKGEBET DES APOSTELS: 4–7

4 Ich danke meinem Gott jedes Mal, wenn ich in
meinen Gebeten an dich denke. 5 Denn ich höre
von deinem Glauben an Jesus, den Herrn, und von
deiner Liebe zu allen Heiligen. 6 Ich wünsche, dass
unser gemeinsamer Glaube in dir wirkt und du all
das Gute in uns erkennst, das auf Christus gerich-
tet ist. 7 Es hat mir viel Freude und Trost bereitet,
dass durch dich, Bruder, und durch deine Liebe die
Heiligen ermutigt worden sind.

FÜRSPRACHE FÜR ONESIMUS: 8–20

8 Obwohl ich durch Christus volle Freiheit habe,
dir zu befehlen, was du tun sollst, 9 ziehe ich es um
der Liebe willen vor, dich zu bitten. Ich, Paulus, ein
alter Mann, der jetzt für Christus Jesus im Kerker
liegt, 10 ich bitte dich für mein Kind Onesimus,
dem ich im Gefängnis zum Vater geworden bin.
11 Früher konntest du ihn zu nichts gebrauchen,
doch jetzt ist er dir und mir recht nützlich. 12 Ich
schicke ihn zu dir zurück, ihn, das bedeutet mein
eigenes Herz. 13 Ich würde ihn gern bei mir behal-
ten, damit er mir an deiner Stelle dient, solange ich
um des Evangeliums willen im Gefängnis bin.
14 Aber ohne deine Zustimmung wollte ich nichts
tun. Deine gute Tat soll nicht erzwungen, sondern
freiwillig sein. 15 Denn vielleicht wurde er nur des-
halb eine Weile von dir getrennt, damit du ihn für
ewig zurückerhälst, 16 nicht mehr als Sklaven, son-
dern als weit mehr: als geliebten Bruder. Das ist er
jedenfalls für mich, um wie viel mehr dann für
dich, als Mensch und auch vor dem Herrn. 17 Wenn
du dich mir verbunden fühlst, dann nimm ihn
also auf wie mich selbst! 18 Wenn er dich aber ge-
schädigt hat oder dir etwas schuldet, setz das auf
meine Rechnung! 19 Ich, Paulus, schreibe mit eige-

ner Hand: Ich werde es bezahlen – um nicht da-
von zu reden, dass du dich selbst mir schuldest.
[20] Ja, Bruder, um des Herrn willen möchte ich von
dir einen Nutzen haben. Erfreue mein Herz; wir
gehören beide zu Christus.

10: 1 Kor 4,15; Kol 4,9 • 16: 1 Kor 7,22 • 19: 1 Kor 16,21

GRÜSSE UND SEGEN: 21–25

[21] Ich schreibe dir im Vertrauen auf deinen Gehor-
sam und weiß, dass du noch mehr tun wirst, als ich
gesagt habe.
[22] Bereite zugleich eine Unterkunft für mich vor!
Denn ich hoffe, dass ich euch durch eure Gebete
wiedergeschenkt werde.
[23] Es grüßen dich Epaphras, der mit mir um Chris-
ti Jesu willen im Gefängnis ist, [24] sowie Markus,
Aristarch, Demas und Lukas, meine Mitarbeiter.
[25] Die Gnade Jesu Christi, des Herrn, sei mit eurem
Geist!

23: Kol 4,7–14 • 25: Gal 6,18

DER BRIEF AN DIE HEBRÄER

In den ältesten Handschriften trägt der Brief die Überschrift »An die Hebräer«, das heißt an Judenchristen. Eine Verfasserangabe fehlt, ebenso die Angabe der Adressaten. Da das Schreiben paulinischen Einfluss aufweist (siehe auch den Hinweis auf Timotheus 13,23), wurde früher vermutet, es stamme, wenn nicht von Paulus selbst, von einem Mitarbeiter des Paulus, etwa von Barnabas oder von Apollos (Apg 13,1 – 15,35; 18,24 – 19,1; 1 Kor 1,12; 3,4). Dies lässt sich jedoch nicht nachweisen. Wegen des ausgezeichneten griechischen Stils, der eingehenden Kenntnis des Alten Testaments und der jüdisch beeinflussten Denk- und Darstellungsweise ist als Verfasser ein griechisch gebildeter Judenchrist anzunehmen, der von paulinischen Gedanken beeinflusst ist.

Der Brief ist am frühesten in Rom durch den 1. Klemensbrief (abgefasst um 97 n. Chr.) bezeugt; die Notiz 13,24 (»Es grüßen euch die Brüder aus Italien«) verweist ebenfalls eher auf Rom als auf Kleinasien als Entstehungsort. Da der Verfasser auf die apostolische Zeit zurückblickt (13,7: »Schaut auf das Ende des Lebens eurer Vorsteher«), zugleich auf eine bevorstehende Verfolgung hinweist – Kaiser Domitian (81–96 n. Chr.) ließ die Christen im ganzen Römischen Reich verfolgen –, sind als Zeit der Abfassung etwa die Jahre 85–95 n. Chr. anzunehmen.

Das Schreiben weist folgende Gliederung auf: Gottes abschließende Offenbarung durch den Sohn (1,1 – 4,13); Jesus Christus, der vollkommene und endgültige Hohepriester des Volkes Gottes, der durch seinen Tod volle Sühne bewirkt, den Neuen Bund heraufgeführt und den Zugang zu Gott geöffnet hat (4,14 – 10,18); das wandernde Gottesvolk auf dem Weg zu der von Gott geschenkten Ruhe (11,1 – 12,3); abschließende Ermahnungen an müde gewordene Christen (12,4 – 13,19); Grüße und Segenswünsche (13,20–25).

Für seine Darlegungen schöpfte der Verfasser aus dem griechischen Alten Testament (Septuaginta) sowie aus jüdischen und christlichen Überlieferungen. So schuf er ein seelsorgliches »Mahnschreiben« (13,22) an Christen, die in Gefahr sind, vom Glauben abzufallen. Ihnen zeigt er, dass Jesus ebenso wie alle Großen des Volkes Gottes für seine Überzeugung auch zu leiden hatte und dass sich erst im Leiden die Kraft des Glaubens und der Hoffnung bewährt. Wie Jesus Christus kann auch der Christ nur durch Leiden in das Reich Gottes gelangen. Im Mittelpunkt steht die Aussage über Jesus als den allein würdigen Hohenpriester nach der Art des Priesterkönigs Melchisedek (vgl. die Anmerkung zu 7,1–28). Jesus hat durch das Opfer seines Lebens eine umfassende Erlösung bewirkt und tritt vor Gott als Fürsprecher für die Kirche ein. In ihm ist das alttestamentliche Priestertum an sein Ziel und Ende gelangt.

Das Schreiben bietet Einblick in den Reichtum christlichen Denkens und Lebens am Ende des ersten christlichen Jahrhunderts. Von besonderem Gewicht ist die Mahnung, Jesus Christus auch in Widrigkeiten unbedingt treu zu bleiben.

DER SOHN ALS ERFÜLLUNG DER VERHEISSUNGEN GOTTES: 1,1 – 4,13

Der Sohn und die Engel

1 Viele Male und auf vielerlei Weise hat Gott
einst zu den Vätern gesprochen durch die Pro-
pheten; 2 in dieser Endzeit aber hat er zu uns ge-
sprochen durch den Sohn, den er zum Erben des
Alls eingesetzt und durch den er auch die Welt
erschaffen hat; 3 er ist der Abglanz seiner Herr-
lichkeit und das Abbild seines Wesens; er trägt das
All durch sein machtvolles Wort, hat die Reini-
gung von den Sünden bewirkt und *sich* dann *zur*
Rechten der Majestät in der Höhe *gesetzt;* 4 er ist
um so viel erhabener geworden als die Engel, wie
der Name, den er geerbt hat, ihren Namen über-
ragt. 5 Denn zu welchem Engel hat er jemals gesagt:
Mein Sohn bist du, / heute habe ich dich gezeugt,
und weiter:
Ich will für ihn Vater sein, / und er wird für mich
Sohn sein?
6 Wenn er aber den Erstgeborenen wieder in die
Welt einführt, sagt er:
Alle Engel Gottes sollen sich vor ihm niederwerfen.
7 Und von den Engeln sagt er:
Er macht seine Engel zu Winden / und seine Diener
zu Feuerflammen;
8 von dem Sohn aber:
Dein Thron, o Gott, steht für immer und ewig,
und:
Das Zepter seiner Herrschaft ist ein gerechtes Zepter.
9 *Du liebst das Recht und hasst das Unrecht, / da-*
rum, o Gott, hat dein Gott dich gesalbt / mit dem Öl
der Freude wie keinen deiner Gefährten.
10 Und:
Du, Herr, hast vorzeiten der Erde Grund gelegt, / die
Himmel sind das Werk deiner Hände.
11 *Sie werden vergehen, du aber bleibst; / sie alle ver-*
alten wie ein Gewand;
12 *du rollst sie zusammen wie einen Mantel* / und wie
ein Gewand *werden sie gewechselt. / Du aber bleibst,*
der du bist, / und deine Jahre enden nie.
13 Zu welchem Engel hat er jemals gesagt:
Setze dich mir zur Rechten, / und ich lege dir deine
Feinde als Schemel unter die Füße?
14 Sind sie nicht alle nur dienende Geister, ausge-
sandt, um denen zu helfen, die das Heil erben sol-
len?

3: 2 Kor 3,18; Kol 1,15; Joh 1,3; Kol 1,17; Ps 110,1 • 4: Phil 2,9 • 5: Ps 2,7; 2 Sam 7,14 • 6: Dtn 32,43 G; Ps 97,7 G • 7: Ps 104,4 G • 8: Ps 45,7f G • 10: Ps 102,26–28 • 13: Ps 110,1

Gottes Zeugnis für den Sohn

2 Darum müssen wir umso aufmerksamer auf
das achten, was wir gehört haben, damit wir
nicht vom Weg abkommen. 2 Denn wenn schon das
durch Engel verkündete Wort rechtskräftig war
und jede Übertretung und jeder Ungehorsam die
gerechte Vergeltung fand, 3 wie sollen dann wir ent-
rinnen, wenn wir uns um ein so erhabenes Heil
nicht kümmern, das zuerst durch den Herrn ver-
kündet und uns von den Ohrenzeugen bestätigt
wurde? 4 Auch Gott selbst hat dies bezeugt durch
Zeichen und Wunder, durch machtvolle Taten aller
Art und Gaben des Heiligen Geistes, nach seinem
Willen.

4: 2 Kor 12,12

Die Erniedrigung und Erhöhung des Sohnes
5 Denn nicht Engeln hat er die zukünftige Welt
unterworfen, von der wir reden, 6 vielmehr (dem
Sohn, darum) heißt es an einer Stelle ausdrück-
lich:
Was ist der Mensch, dass du an ihn denkst, / oder der
Menschensohn, dass du dich seiner annimmst?
7 *Du hast ihn nur für kurze Zeit unter die Engel*
erniedrigt. / Du hast ihn mit Herrlichkeit und Ehre
gekrönt, 8 *alles hast du ihm zu Füßen gelegt.*
Denn als er ihm alles zu Füßen legte, hat er nichts
von der Unterwerfung ausgenommen. Jetzt sehen
wir noch nicht *alles ihm zu Füßen gelegt;* 9 aber
den, der *nur für kurze Zeit unter die Engel ernied-*
rigt war, Jesus, ihn sehen wir um seines Todeslei-
dens willen *mit Herrlichkeit und Ehre gekrönt;* es
war nämlich Gottes gnädiger Wille, dass er für alle
den Tod erlitt. 10 Denn es war angemessen, dass
Gott, für den und durch den das All ist und der
viele Söhne zur Herrlichkeit führen wollte, den
Urheber ihres Heils durch Leiden vollendete.
11 Denn er, der heiligt, und sie, die geheiligt wer-
den, stammen alle von Einem ab; darum scheut er
sich nicht, sie *Brüder* zu nennen 12 und zu sagen:
Ich will deinen Namen meinen Brüdern verkün-
den, / inmitten der Gemeinde dich preisen;
13 und ferner:
Ich will auf ihn mein Vertrauen setzen; und:
Seht, ich und die Kinder, die Gott mir geschenkt hat.
14 Da nun *die Kinder* Menschen von Fleisch und
Blut sind, hat auch er in gleicher Weise Fleisch und
Blut angenommen, um durch seinen Tod den zu
entmachten, der die Gewalt über den Tod hat,
nämlich den Teufel, 15 und um die zu befreien, die
durch die Furcht vor dem Tod ihr Leben lang der
Knechtschaft verfallen waren. 16 Denn er nimmt
sich keineswegs der Engel an, sondern *der Nach-*
kommen Abrahams nimmt er sich an. 17 Darum
musste er in allem *seinen Brüdern* gleich sein, um
ein barmherziger und treuer Hoherpriester vor
Gott zu sein und die Sünden des Volkes zu sühnen.
18 Denn da er selbst in Versuchung geführt wurde
und gelitten hat, kann er denen helfen, die in Ver-
suchung geführt werden.

6–8: Ps 8,5–7 G • 10: Apg 3,15 • 12: Ps 22,23 • 13: Jes 8,17; 2 Sam 22,3; Jes 8,18 G • 16: Jes 41,8f G • 17: Ps 22,23 • 18: 4,15; Mt 4,1–11; Lk 4,1–13

Der Sohn und Mose
3 Darum, heilige Brüder, die ihr an der himm-
lischen Berufung teilhabt, schaut auf den
Apostel und Hohenpriester, dem unser Bekennt-
nis gilt: auf Jesus, 2 der – wie auch *Mose in* Gottes
Haus – dem *treu* ist, der ihn eingesetzt hat. 3 Denn
er hat größere Herrlichkeit empfangen als Mose,
so wie der, der ein Haus baut, größeren Ruhm
genießt als das Haus. 4 Denn jedes Haus wird von
jemand erbaut; der aber, der alles erbaut hat, ist
Gott. 5 *Mose* war *in* Gottes *ganzem Haus treu* als
Diener, zum Zeugnis der künftigen Offenbarun-
gen; 6 Christus aber ist *treu* als Sohn, der über das
Haus Gottes gesetzt ist; *sein Haus* aber sind wir,
wenn wir an der Zuversicht und an dem stolzen
Bewusstsein festhalten, das unsere Hoffnung uns
verleiht.

2: Num 12,7 G • 5: Num 12,7 G

Gottes Wort als Gericht
7 Darum beherzigt, was der Heilige Geist sagt:
Heute, wenn ihr seine Stimme hört, / 8 *verhärtet euer*
Herz nicht wie beim Aufruhr, / wie in der Wüste am
Tag der Versuchung.
9 *Dort haben eure Väter mich versucht, / sie haben*
mich auf die Probe gestellt / und hatten doch meine
Taten gesehen, / 10 *vierzig Jahre lang.*
Darum *war mir diese Generation zuwider / und ich*
sagte: Immer geht ihr Herz in die Irre. / Sie erkann-
ten meine Wege nicht.
11 *Darum habe ich in meinem Zorn geschworen: / Sie*
sollen nicht in das Land meiner Ruhe kommen.
12 Gebt Acht, Brüder, dass keiner von euch ein
böses, ungläubiges Herz hat, dass keiner vom le-
bendigen Gott abfällt, 13 sondern ermahnt einan-
der jeden Tag, solange es noch heißt: *Heute,* damit
niemand von euch durch den Betrug der Sünde
verhärtet wird; 14 denn an Christus haben wir nur
Anteil, wenn wir bis zum Ende an der Zuversicht
festhalten, die wir am Anfang hatten. 15 Wenn es
heißt:
Heute, wenn ihr seine Stimme hört, / verhärtet euer
Herz nicht wie beim Aufruhr – 16 wer waren denn
jene, die *hörten* und *sich auflehnten*? Waren es
nicht alle, die unter Mose aus Ägypten ausgezogen
waren? 17 Wer *war ihm vierzig Jahre lang zuwider*?
Nicht etwa die Sünder, deren *Leichen in der Wüste*

liegen blieben? 18 Wem hat er geschworen, *sie sollen*
nicht in das Land seiner Ruhe kommen, wenn nicht
den Ungehorsamen? 19 Und wir sehen, dass sie we-
gen ihres Unglaubens *nicht hineinkommen* konn-
ten.

7–11: Ps 95,7–11 • 15: Ps 95,7f • 17: Num 14,29

Gottes Wort als Verheißung

4 Darum lasst uns ernsthaft besorgt sein, dass
keiner von euch zurückbleibt, solange die
Verheißung, *in das Land seiner Ruhe zu kommen,*
noch gilt. 2 Denn uns ist die gleiche Freudenbot-
schaft verkündet worden wie jenen; doch hat
ihnen das Wort, das sie hörten, nichts genützt, weil
es sich nicht durch den Glauben mit den Hörern
verband. 3 Denn wir, die wir gläubig geworden
sind, *kommen in das Land der Ruhe,* wie er gesagt
hat:
Darum habe ich in meinem Zorn geschworen: / Sie
sollen nicht in das Land meiner Ruhe kommen.
Zwar waren die Werke seit der Erschaffung der
Welt vollendet; 4 denn vom siebten Tag heißt es an
einer Stelle: *Und Gott ruhte am siebten Tag aus von*
all seinen Werken;
5 hier aber heißt es:
Sie sollen nicht in das Land meiner Ruhe kommen.
6 Da es nun dabei bleibt, dass einige hineinkom-
men, die aber, die früher die Freudenbotschaft
empfangen haben, wegen ihres Ungehorsams
nicht hineingekommen sind, 7 setzt er aufs Neue
einen Tag fest, nämlich: *Heute,* indem er durch
David, wie schon gesagt, nach so langer Zeit
spricht:
Heute, wenn ihr seine Stimme hört, / verhärtet euer
Herz nicht!
8 Denn hätte schon Josua sie in das Land der Ruhe
geführt, so wäre nicht von einem anderen, späte-
ren Tag die Rede. 9 Also ist dem Volk Gottes eine
Sabbatruhe vorbehalten. 10 Denn wer *in das Land*
seiner Ruhe gekommen ist, der ruht auch selbst von
seinen Werken aus, wie Gott von den seinigen.
11 Bemühen wir uns also, *in* jenes *Land der Ruhe zu*
kommen, damit niemand aufgrund des gleichen
Ungehorsams zu Fall kommt.
12 Denn lebendig ist das Wort Gottes, kraftvoll
und schärfer als jedes zweischneidige Schwert; es
dringt durch bis zur Scheidung von Seele und
Geist, von Gelenk und Mark; es richtet über die
Regungen und Gedanken des Herzens; 13 vor ihm
bleibt kein Geschöpf verborgen, sondern alles liegt
nackt und bloß vor den Augen dessen, dem wir
Rechenschaft schulden.

1: Ps 95,11 • 3: Ps 95,11 • 4: Gen 2,2 G • 5: Ps 95,11 • 7: Ps 95,7f •
10: Ps 95,11; Gen 2,2 G • 12: Weish 18,15f

CHRISTUS, DER WAHRE UND ENDGÜLTIGE HOHEPRIESTER DES NEUEN BUNDES: 4,14 – 10,18

Das Amt des Hohenpriesters

14 Da wir nun einen erhabenen Hohenpriester ha-
ben, der die Himmel durchschritten hat, Jesus, den
Sohn Gottes, lasst uns an dem Bekenntnis festhal-
ten. 15 Wir haben ja nicht einen Hohenpriester, der
nicht mitfühlen könnte mit unserer Schwäche,
sondern einen, der in allem wie wir in Versuchung
geführt worden ist, aber nicht gesündigt hat. 16 Lasst
uns also voll Zuversicht hingehen zum Thron der
Gnade, damit wir Erbarmen und Gnade finden
und so Hilfe erlangen zur rechten Zeit.
5 Denn jeder Hohepriester wird aus den Men-
schen ausgewählt und für die Menschen ein-
gesetzt zum Dienst vor Gott, um Gaben und Opfer
für die Sünden darzubringen. 2 Er ist fähig, für die
Unwissenden und Irrenden Verständnis aufzu-
bringen, da auch er der Schwachheit unterworfen
ist; 3 deshalb muss er für sich selbst ebenso wie
für das Volk Sündopfer darbringen. 4 Und keiner
nimmt sich eigenmächtig diese Würde, sondern er
wird von Gott berufen, so wie Aaron.
5 So hat auch Christus sich nicht selbst die Würde
eines Hohenpriesters verliehen, sondern der, der
zu ihm gesprochen hat:
Mein Sohn bist du. / Heute habe ich dich gezeugt,
6 wie er auch an anderer Stelle sagt:
Du bist Priester auf ewig / nach der Ordnung Mel-
chisedeks.
7 Als er auf Erden lebte, hat er mit lautem Schreien
und unter Tränen Gebete und Bitten vor den ge-

bracht, der ihn aus dem Tod retten konnte, und er
ist erhört und aus seiner Angst befreit worden. 8 Ob-
wohl er der Sohn war, hat er durch Leiden den Ge-
horsam gelernt; 9 zur Vollendung gelangt, ist er für
alle, die ihm gehorchen, der Urheber des *ewigen
Heils* geworden 10 und wurde von Gott angeredet
als »Hoherpriester *nach der Ordnung Melchisedeks*«.

4,15: Mt 4,1–11 • 16: 10,22 • 5,3: Lev 9,7 • 5: Ps 2,7 • 6: Ps 110,4 •
7: Mt 26,37f; Mk 14,33f • 8: Phil 2,8 • 9: Jes 45,17 G • 10: Ps 110,4

Die schwache Gemeinde

11 Darüber hätten wir noch viel zu sagen; es ist aber
schwer verständlich zu machen, da ihr schwer-
hörig geworden seid. 12 Denn obwohl ihr der Zeit
nach schon Lehrer sein müsstet, braucht ihr von
neuem einen, der euch die Anfangsgründe der
Lehre von der Offenbarung Gottes beibringt;
Milch habt ihr nötig, nicht feste Speise. 13 Denn
jeder, der noch mit Milch genährt wird, ist un-
fähig, richtiges Reden zu verstehen; er ist ja ein
unmündiges Kind; 14 feste Speise aber ist für Er-
wachsene, deren Sinne durch Gewöhnung geübt
sind, Gut und Böse zu unterscheiden.

6 Darum wollen wir beiseite lassen, was man
zuerst von Christus verkünden muss, und
uns dem Vollkommeneren zuwenden; wir wollen
nicht noch einmal den Grund legen mit der Beleh-
rung über die Abkehr von toten Werken, über den
Glauben an Gott, 2 über die Taufen, die Handauf-
legung, die Auferstehung der Toten und das ewige
Gericht; 3 das wollen wir dann tun, wenn Gott es
will. 4 Denn es ist unmöglich, Menschen, die ein-
mal erleuchtet worden sind, die von der himmli-
schen Gabe genossen und Anteil am Heiligen Geist
empfangen haben, 5 die das gute Wort Gottes und
die Kräfte der zukünftigen Welt kennen gelernt
haben, 6 dann aber abgefallen sind, erneut zur
Umkehr zu bringen; denn sie schlagen jetzt den
Sohn Gottes noch einmal ans Kreuz und machen
ihn zum Gespött. 7 Wenn ein Boden den häufig
herabströmenden Regen trinkt und denen, für die
er bebaut wird, nützliche Gewächse hervorbringt,
empfängt er Segen von Gott; 8 trägt er aber *Dornen
und Disteln,* so ist er nutzlos und vom Fluch be-
droht; sein Ende ist die Vernichtung durch Feuer.
9 Bei euch aber, liebe Brüder, sind wir trotz des
Gesagten vom Besseren überzeugt und davon, dass
ihr am Heil teilhabt. 10 Denn Gott ist nicht so unge-
recht, euer Tun zu vergessen und die Liebe, die ihr
seinem Namen bewiesen habt, indem ihr den Hei-
ligen gedient habt und noch dient. 11 Wir wün-
schen aber, dass jeder von euch im Blick auf den
Reichtum unserer Hoffnung bis zum Ende den
gleichen Eifer zeigt, 12 damit ihr nicht müde wer-
det, sondern Nachahmer derer seid, die aufgrund
ihres Glaubens und ihrer Ausdauer Erben der Ver-
heißungen sind.

5,12–14: 1 Kor 3,1–3 • 6,7: Gen 1,11f • 8: Gen 3,17f

Die zuverlässige Verheißung

13 Als Gott dem Abraham die Verheißung gab,
schwor er bei sich selbst, da er bei keinem Höheren
schwören konnte, 14 und sprach: *Fürwahr, ich will
dir Segen schenken in Fülle und deine Nachkommen
überaus zahlreich machen.* 15 So erlangte Abraham
durch seine Ausdauer das Verheißene. 16 Menschen
nämlich schwören bei dem Höheren; der Eid dient
ihnen zur Bekräftigung und schließt jeden weite-
ren Einwand aus; 17 deshalb hat Gott, weil er den
Erben der Verheißung ausdrücklich zeigen wollte,
wie unabänderlich sein Entschluss ist, sich mit
einem Eid verbürgt. 18 So sollten wir durch zwei
unwiderrufliche Taten, bei denen Gott unmöglich
täuschen konnte, einen kräftigen Ansporn haben,
wir, die wir unsere Zuflucht dazu genommen
haben, die dargebotene Hoffnung zu ergreifen.
19 In ihr haben wir einen sicheren und festen Anker
der Seele, der hineinreicht *in das Innere hinter dem
Vorhang;* 20 dorthin ist Jesus für uns als unser Vor-
läufer hineingegangen, er, der *nach der Ordnung
Melchisedeks* Hoher*priester* ist *auf ewig.*

13: Gen 22,16 • 14: Gen 22,17 • 19: Lev 16,2.12 • 20: Ps 110,4

Christus und die Priester des Alten Bundes: 7,1 – 8,13

Melchisedek und die Leviten

7 Dieser *Melchisedek, König von Salem und
Priester des höchsten Gottes;* er, der *dem Ab-
raham, als dieser nach dem Sieg über die Könige
zurückkam, entgegenging* und *ihn segnete* 2 und
welchem Abraham *den Zehnten von allem* gab; er,
dessen Name »König der Gerechtigkeit« bedeutet

und der auch *König von Salem* ist, das heißt »König
des Friedens«; 3 er, der ohne Vater, ohne Mutter
und ohne Stammbaum ist, ohne Anfang seiner
Tage und ohne Ende seines Lebens, ein Abbild des
Sohnes Gottes: dieser Melchisedek bleibt *Priester
für immer.*
4 Seht doch, wie groß der ist, dem selbst Abraham,
der Patriarch, *den Zehnten* vom Besten der Beute
gab! 5 Zwar haben auch die von den Söhnen Levis,
die das Priesteramt übernehmen, den Auftrag, den
gesetzmäßigen Zehnten vom Volk zu erheben, das
heißt von ihren Brüdern, obwohl auch diese aus
Abraham hervorgegangen sind; 6 jener aber, der
seinen Stammbaum nicht von ihnen herleitet,
hat von Abraham *den Zehnten* genommen und
den Träger der Verheißungen *gesegnet.* 7 Zweifellos
wird aber immer der Geringere von einem Höhe-
ren gesegnet. 8 Und in dem einen Fall nehmen den
Zehnten sterbliche Menschen, im andern aber
einer, von dem bezeugt wird, dass er lebt. 9 Und in
Abraham hat sozusagen auch Levi, der den Zehn-
ten nimmt, den Zehnten entrichtet; 10 denn er war
noch im Leib seines Stammvaters, als *Melchisedek
ihm entgegenging.*

1: Gen 14,17–20 • 3: Ps 110,4 • 4: Gen 14,20 • 5: Num 18,21 •
10: Gen 14,17

Christus und die Leviten

11 Wäre nun die Vollendung durch das levitische
Priestertum gekommen – das Volk hat ja darü-
ber gesetzliche Bestimmungen erhalten –, warum
musste dann noch ein anderer *Priester nach der
Ordnung Melchisedeks* eingesetzt werden und wa-
rum wurde er nicht nach der Ordnung Aarons
benannt? 12 Denn sobald das Priestertum geändert
wird, ändert sich notwendig auch das Gesetz.
13 Der nämlich, von dem das gesagt wird, gehört
einem anderen Stamm an, von dem keiner Zutritt
zum Altar hat; 14 es ist ja bekannt, dass unser Herr
dem Stamm Juda entsprossen ist, und diesem hat
Mose keine Priestersatzungen gegeben.
15 Das ist noch viel offenkundiger, wenn nach dem
Vorbild Melchisedeks ein anderer Priester einge-
setzt wird, 16 der nicht, wie das Gesetz es fordert,
aufgrund leiblicher Abstammung Priester gewor-
den ist, sondern durch die Kraft unzerstörbaren
Lebens. 17 Denn es wird bezeugt:
*Du bist Priester auf ewig / nach der Ordnung Mel-
chisedeks.*
18 Das frühere Gebot wird nämlich aufgehoben,
weil es schwach und nutzlos war – 19 denn das
Gesetz hat nicht zur Vollendung geführt –, und
eine bessere Hoffnung wird eingeführt, durch die
wir Gott nahe kommen. 20 Das geschieht nicht
ohne Eid; jene anderen sind ohne Eid Priester
geworden, 21 dieser aber durch einen Eid dessen,
der zu ihm sprach:
*Der Herr hat geschworen und nie wird es ihn reuen: /
Du bist Priester auf ewig.*
22 So ist Jesus auch zum Bürgen eines besseren
Bundes geworden.
23 Auch folgten dort viele Priester aufeinander, weil
der Tod sie hinderte zu bleiben; 24 er aber hat, weil
er *auf ewig* bleibt, ein unvergängliches Priester-
tum.

11: Ps 110,4 • 17: Ps 110,4 • 21: Ps 110,4 • 24: Ps 110,4

Christus, der vollkommene Priester

25 Darum kann er auch die, die durch ihn vor Gott
hintreten, für immer retten; denn er lebt allezeit,
um für sie einzutreten. 26 Ein solcher Hoherpries-
ter war für uns in der Tat notwendig: einer, der hei-
lig ist, unschuldig, makellos, abgesondert von den
Sündern und erhöht über die Himmel; 27 einer,
der es nicht Tag für Tag nötig hat, wie die Hohen-
priester zuerst für die eigenen Sünden Opfer dar-
zubringen und dann für die des Volkes; denn das
hat er ein für allemal getan, als er sich selbst dar-
gebracht hat. 28 Das Gesetz nämlich macht Men-
schen zu Hohenpriestern, die der Schwachheit
unterworfen sind; das Wort des Eides aber, der
später als das Gesetz kam, setzt *den Sohn* ein, der
auf ewig vollendet ist.

27: Lev 16,6.15 • 28: Ps 2,7; 110,4

Christus, der Mittler des Neuen Bundes

8 Die Hauptsache dessen aber, was wir sagen
wollen, ist: Wir haben einen Hohenpriester,
der sich *zur Rechten* des Thrones der Majestät im
Himmel *gesetzt hat,* 2 als Diener des Heiligtums
und *des* wahren *Zeltes, das der Herr selbst aufge-
schlagen hat,* nicht etwa ein Mensch. 3 Denn jeder
Hohepriester wird eingesetzt, um Gaben und
Opfer darzubringen; deshalb muss auch unser

Hoherpriester etwas haben, was er darbringen
kann. 4 Wäre er nun auf Erden, so wäre er nicht
einmal Priester, da es hier schon Priester gibt, die
nach dem Gesetz die Gaben darbringen. 5 Sie die-
nen einem Abbild und Schatten der himmlischen
Dinge, nach der Anweisung, die Mose erhielt, als
er daranging, das Zelt zu errichten: *Sieh zu,* heißt
es, *dass du alles nach dem Urbild ausführst, das dir*
auf dem Berg gezeigt wurde. 6 Jetzt aber ist ihm ein
um so erhabenerer Priesterdienst übertragen wor-
den, weil er auch Mittler eines besseren Bundes ist,
der auf bessere Verheißungen gegründet ist.
7 Wäre nämlich jener erste Bund ohne Tadel, so
würde man nicht einen zweiten an seine Stelle zu
setzen suchen.
8 Denn er tadelt sie, wenn er sagt: *Seht, es werden*
Tage kommen – spricht der Herr –, in denen ich mit
dem Haus Israel und dem Haus Juda einen neuen
Bund schließen werde, 9 *nicht wie der Bund war, den*
ich mit ihren Vätern geschlossen habe, als ich sie bei
der Hand nahm, um sie aus Ägypten herauszu-
führen. Sie sind nicht bei meinem Bund geblieben
und darum habe ich mich auch nicht mehr um sie
gekümmert – spricht der Herr. 10 *Das wird der Bund*
sein, den ich nach diesen Tagen mit dem Haus Israel
schließe – spricht der Herr: Ich lege meine Gesetze in
ihr Inneres hinein und schreibe sie ihnen in ihr Herz.
Ich werde ihr Gott sein und sie werden mein Volk
sein. 11 *Keiner wird mehr seinen Mitbürger und kei-*
ner seinen Bruder belehren und sagen: Erkenne den
Herrn! Denn sie alle, Klein und Groß, werden mich
erkennen. 12 *Denn ich verzeihe ihnen ihre Schuld*
und an ihre Sünden denke ich nicht mehr.
13 Indem er von einem *neuen Bund* spricht, hat er
den ersten für veraltet erklärt. Was aber veraltet
und überlebt ist, das ist dem Untergang nahe.

1: Ps 110,1 • 2: Num 24,6 G • 5: Kol 2,17; Ex 25,40 • 8–12: Jer 31,31–34 G

Christus und die Opfer des Alten Bundes: 9,1 – 10,18

Der Opferdienst des Alten Bundes

9 Der erste Bund hatte gottesdienstliche Vor-
schriften und ein irdisches Heiligtum. 2 Es
wurde nämlich ein erstes Zelt errichtet, in dem
sich der Leuchter, der Tisch und die heiligen Brote
befanden; dieses Zelt wurde das Heilige genannt.
3 Hinter dem zweiten Vorhang aber war ein Zelt,
das sogenannte Allerheiligste, 4 mit dem goldenen
Rauchopferaltar und der ganz mit Gold überzo-
genen Bundeslade; darin waren ein goldener Krug
mit dem Manna, der Stab Aarons, der Triebe ange-
setzt hatte, und die Bundestafeln; 5 über ihr waren
die Kerubim der Herrlichkeit, die die Sühneplatte
überschatteten. Doch es ist nicht möglich, darüber
jetzt im Einzelnen zu reden.
6 So also ist das alles aufgebaut. In das erste Zelt
gehen die Priester das ganze Jahr hinein, um die
heiligen Dienste zu verrichten. 7 In das zweite Zelt
aber geht nur einmal im Jahr der Hohepriester
allein hinein, und zwar mit dem Blut, das er für
sich und für die Vergehen des Volkes darbringt. 8 Da-
durch deutet der Heilige Geist an, dass der Weg in
das Heiligtum noch nicht sichtbar geworden ist,
solange das erste Zelt Bestand hat. 9 Das ist ein
Sinnbild, das auf die gegenwärtige Zeit hinweist;
denn es werden Gaben und Opfer dargebracht, die
das Gewissen des Opfernden nicht zur Vollkom-
menheit führen können; 10 es handelt sich nur um
Speisen und Getränke und allerlei Waschungen,
äußerliche Vorschriften, die bis zu der Zeit einer
besseren Ordnung auferlegt worden sind.

1f: Ex 25,23.30f • 3: Ex 26,33 • 4: Ex 16,33; Num 17,25 • 7: Ex 30,10

Das einmalige Opfer Christi

11 Christus aber ist gekommen als Hoherpriester
der künftigen Güter; und durch das erhabenere
und vollkommenere Zelt, das nicht von Men-
schenhand gemacht, das heißt nicht von dieser
Welt ist, 12 ist er ein für allemal in das Heiligtum
hineingegangen, nicht mit dem Blut von Böcken
und jungen Stieren, sondern mit seinem eigenen
Blut, und so hat er eine ewige Erlösung bewirkt.
13 Denn wenn schon das Blut von Böcken und Stie-
ren und die Asche einer Kuh die Unreinen, die
damit besprengt werden, so heiligt, dass sie leib-
lich rein werden, 14 wie viel mehr wird das Blut
Christi, der sich selbst kraft ewigen Geistes Gott
als makelloses Opfer dargebracht hat, unser Ge-
wissen von toten Werken reinigen, damit wir dem
lebendigen Gott dienen.
15 Und darum ist er der Mittler eines neuen Bun-

des; sein Tod hat die Erlösung von den im ersten
Bund begangenen Übertretungen bewirkt, damit
die Berufenen das verheißene ewige Erbe erhalten.
16 Wo nämlich ein Testament vorliegt, muss der
Tod des Erblassers nachgewiesen werden; 17 denn
ein Testament wird erst im Todesfall rechtskräftig
und gilt nicht, solange der Erblasser noch lebt.
18 Daher ist auch der erste Bund mit Blut in Kraft
gesetzt worden. 19 Nachdem Mose jedes Gebot
dem Gesetz gemäß dem ganzen Volk vorgelesen
hatte, nahm er das Blut der jungen Stiere und
der Böcke, dazu Wasser, rote Wolle und Ysop,
besprengte das Buch selbst und das ganze Volk
20 und sagte: *Das ist das Blut des Bundes, den Gott
für euch eingesetzt hat.* 21 Dann besprengte er auch
das Zelt und alle gottesdienstlichen Geräte auf
gleiche Weise mit dem Blut. 22 Fast alles wird nach
dem Gesetz mit Blut gereinigt, und ohne dass Blut
vergossen wird, gibt es keine Vergebung.
23 Durch solche Mittel müssen also die Abbilder
der himmlischen Dinge gereinigt werden; die
himmlischen Dinge selbst aber erfordern wirksa-
mere Opfer. 24 Denn Christus ist nicht in ein von
Menschenhand errichtetes Heiligtum hineinge-
gangen, in ein Abbild des wirklichen, sondern in
den Himmel selbst, um jetzt für uns vor Gottes
Angesicht zu erscheinen; 25 auch nicht, um sich
selbst viele Male zu opfern, (denn er ist nicht) wie
der Hohepriester, der jedes Jahr mit fremdem Blut
in das Heiligtum hineingeht; 26 sonst hätte er viele
Male seit der Erschaffung der Welt leiden müssen.
Jetzt aber ist er am Ende der Zeiten ein einziges
Mal erschienen, um durch sein Opfer die Sünde zu
tilgen. 27 Und wie es dem Menschen bestimmt ist,
ein einziges Mal zu sterben, worauf dann das
Gericht folgt, 28 so wurde auch Christus ein einzi-
ges Mal geopfert, um *die Sünden vieler hinwegzu-
nehmen;* beim zweiten Mal wird er nicht wegen der
Sünde erscheinen, sondern um die zu retten, die
ihn erwarten.

11: 4,14 • 13: Num 19,9.17 • 15: 7,22 • 19: Ex 24,3–8; Lev 14,4;
Num 19,6 • 20: Ex 24,8 • 22: Lev 17,11 • 28: Jes 53,12

Die endgültige Versöhnung mit Gott

10 Denn das Gesetz enthält nur einen Schat-
ten der künftigen Güter, nicht die Gestalt
der Dinge selbst; darum kann es durch die immer
gleichen, alljährlich dargebrachten Opfer die, die
vor Gott treten, niemals für immer zur Vollendung
führen. 2 Hätte man nicht aufgehört zu opfern,
wenn die Opfernden ein für allemal gereinigt und
sich keiner Sünde mehr bewusst gewesen wären?
3 Aber durch diese Opfer wird alljährlich nur an
die Sünden erinnert, 4 denn das Blut von Stieren
und Böcken kann unmöglich Sünden wegneh-
men. 5 Darum spricht Christus bei seinem Eintritt
in die Welt:
*Schlacht- und Speiseopfer hast du nicht gefordert, /
doch einen Leib hast du mir geschaffen; /* 6 *an Brand-
und Sündopfern hast du kein Gefallen.*
7 *Da sagte ich: Ja, ich komme – / so steht es über mich
in der Schriftrolle –, / um deinen Willen, Gott, zu
tun.*
8 Zunächst sagt er: *Schlacht- und Speiseopfer,
Brand- und Sündopfer forderst du nicht, du hast
daran kein Gefallen,* obgleich sie doch nach dem
Gesetz dargebracht werden; 9 dann aber hat er
gesagt: *Ja, ich komme, um deinen Willen zu tun.* So
hebt Christus das Erste auf, um das Zweite in Kraft
zu setzen. 10 Aufgrund dieses Willens sind wir
durch die Opfergabe des Leibes Jesu Christi ein für
alle Mal geheiligt.
11 Jeder Priester steht Tag für Tag da, versieht sei-
nen Dienst und bringt viele Male die gleichen
Opfer dar, die doch niemals Sünden wegnehmen
können. 12 Dieser aber hat nur ein einziges Opfer
für die Sünden dargebracht und *sich* dann für
immer *zur Rechten Gottes gesetzt;* 13 seitdem war-
tet er, *bis seine Feinde ihm als Schemel unter die
Füße gelegt werden.* 14 Denn durch ein einziges
Opfer hat er die, die geheiligt werden, für immer
zur Vollendung geführt. 15 Das bezeugt uns auch
der Heilige Geist; denn zuerst sagt er:
16 *Das wird der Bund sein, den ich nach diesen Tagen*
mit ihnen *schließe – / spricht der Herr:
Ich lege meine Gesetze in ihr Herz / und schreibe sie
in ihr Inneres;*
17 dann aber:
*An ihre Sünden und Übertretungen denke ich nicht
mehr.*
18 Wo aber die Sünden vergeben sind, da gibt es
kein Sündopfer mehr.

1: 8,5 • 5–7: Ps 40,7–9 G • 10: 2,11; 9,28 • 12: Ps 110,1 •
16: Jer 31,33 G • 17: Jer 31,34 G

DER WEG DES GLAUBENS: 10,19 – 13,19

Das unwandelbare Bekenntnis

19 Wir haben also die Zuversicht, Brüder, durch das Blut Jesu in das Heiligtum einzutreten. 20 Er hat uns den neuen und lebendigen Weg erschlossen durch den Vorhang hindurch, das heißt durch sein Fleisch. 21 Da wir einen Hohenpriester haben, der über das Haus Gottes gestellt ist, 22 lasst uns mit aufrichtigem Herzen und in voller Gewissheit des Glaubens hintreten, das Herz durch Besprengung gereinigt vom schlechten Gewissen und den Leib gewaschen mit reinem Wasser. 23 Lasst uns an dem unwandelbaren Bekenntnis der Hoffnung festhalten, denn er, der die Verheißung gegeben hat, ist treu. 24 Lasst uns aufeinander achten und uns zur Liebe und zu guten Taten anspornen. 25 Lasst uns nicht unseren Zusammenkünften fernbleiben, wie es einigen zur Gewohnheit geworden ist, sondern ermuntert einander, und das um- so mehr, als ihr seht, dass der Tag naht.

21: Sach 6,11f; Hebr 3,6 • 22: 9,14

Warnung vor dem Abfall

26 Denn wenn wir vorsätzlich sündigen, nachdem wir die Erkenntnis der Wahrheit empfangen haben, gibt es für diese Sünden kein Opfer mehr, 27 sondern nur die Erwartung des furchtbaren Gerichts und ein *wütendes Feuer, das die Gegner verzehren wird.* 28 Wer das Gesetz des Mose verwirft, *muss* ohne Erbarmen *auf die Aussage von zwei oder drei Zeugen hin sterben.* 29 Meint ihr nicht, dass eine noch viel härtere Strafe der verdient, der den Sohn Gottes mit Füßen getreten, *das Blut des Bundes,* durch das er geheiligt wurde, verachtet und den Geist der Gnade geschmäht hat? 30 Wir kennen doch den, der gesagt hat: *Mein ist die Rache, ich werde vergelten,* und ferner: *Der Herr wird sein Volk richten.* 31 Es ist furchtbar, in die Hände des lebendigen Gottes zu fallen.

26: 6,4–8 • 27: Jes 26,11 • 28: Dtn 17,6 • 29: Ex 24,8 • 30: Dtn 32,35f

Mahnung zur Ausdauer

32 Erinnert euch an die früheren Tage, als ihr nach eurer Erleuchtung manchen harten Leidenskampf bestanden habt: 33 Ihr seid vor aller Welt beschimpft und gequält worden, oder ihr seid mitbetroffen gewesen vom Geschick derer, denen es so erging; 34 denn ihr habt mit den Gefangenen gelitten und auch den Raub eures Vermögens freudig hingenommen, da ihr wusstet, dass ihr einen besseren Besitz habt, der euch bleibt. 35 Werft also eure Zuversicht nicht weg, die großen Lohn mit sich bringt. 36 Was ihr braucht, ist Ausdauer, damit ihr den Willen Gottes erfüllen könnt und so das verheißene Gut erlangt.

37 Denn nur noch *eine kurze Zeit, / dann wird der kommen, der kommen soll, / und er bleibt nicht aus.*
38 *Mein Gerechter aber wird durch den Glauben leben; / doch wenn er zurückweicht, / habe ich kein Gefallen an ihm.*

39 Wir aber gehören nicht zu denen, die zurückweichen und verloren gehen, sondern zu denen, die glauben und das Leben gewinnen.

34: 13,3 • 37: Jes 26,20; Hab 2,3 G • 38: Hab 2,4 G

Der Glaube der Väter: 11,1 – 12,3

Die Urväter

11 Glaube aber ist: Feststehen in dem, was man erhofft, Überzeugtsein von Dingen, die man nicht sieht.

2 Aufgrund dieses Glaubens haben die Alten ein ruhmvolles Zeugnis erhalten.

3 Aufgrund des Glaubens erkennen wir, dass die Welt durch Gottes Wort erschaffen worden und dass so aus Unsichtbarem das Sichtbare entstanden ist.

4 Aufgrund des Glaubens brachte Abel Gott ein besseres Opfer dar als Kain; durch diesen Glauben erhielt er das Zeugnis, dass er gerecht war, da Gott es bei seinen Opfergaben bezeugte, und durch den Glauben redet Abel noch, obwohl er tot ist.

5 Aufgrund des Glaubens wurde Henoch entrückt und musste nicht sterben; *er wurde nicht mehr gefunden, weil Gott ihn entrückt hatte;* vor der Entrückung erhielt er das Zeugnis, dass er *Gott gefiel.*

6 Ohne Glauben aber ist es unmöglich, (Gott) *zu gefallen;* denn wer zu Gott kommen will, muss glauben, dass er ist und dass er denen, die ihn suchen, ihren Lohn geben wird.

7 Aufgrund des Glaubens wurde Noach das offen-
bart, was noch nicht sichtbar war, und er baute in
frommem Gehorsam eine Arche zur Rettung sei-
ner Familie; durch seinen Glauben sprach er der
Welt das Urteil und wurde Erbe der Gerechtigkeit,
die aus dem Glauben kommt.

4: Gen 4,4 • 5: Gen 5,24 G • 7: Gen 6,13–22; 7,1

Die Patriarchen

8 Aufgrund des Glaubens gehorchte Abraham dem
Ruf, *wegzuziehen* in ein Land, das er zum Erbe
erhalten sollte; und *er zog weg,* ohne zu wissen,
wohin er kommen würde.
9 Aufgrund des Glaubens *hielt er sich als Fremder*
im verheißenen *Land* wie in einem fremden Land
auf und wohnte mit Isaak und Jakob, den Miter-
ben derselben Verheißung, in Zelten; 10 denn er
erwartete die Stadt mit den festen Grundmauern,
die Gott selbst geplant und gebaut hat.
11 Aufgrund des Glaubens empfing selbst Sara die
Kraft, trotz ihres Alters noch Mutter zu werden;
denn sie hielt den für treu, der die Verheißung
gegeben hatte. 12 So stammen denn auch von ei-
nem einzigen Menschen, dessen Kraft bereits er-
storben war, viele ab: *zahlreich wie die Sterne am*
Himmel und der Sand am Meeresstrand, den man
nicht zählen kann.
13 Voll Glauben sind diese alle gestorben, ohne das
Verheißene erlangt zu haben; nur von fern haben
sie es geschaut und gegrüßt und haben bekannt,
dass sie Fremde und Gäste auf Erden sind. 14 Mit
diesen Worten geben sie zu erkennen, dass sie eine
Heimat suchen. 15 Hätten sie dabei an die Heimat
gedacht, aus der sie weggezogen waren, so wäre
ihnen Zeit geblieben zurückzukehren; 16 nun aber
streben sie nach einer besseren Heimat, nämlich
der himmlischen. Darum schämt sich Gott ihrer
nicht, er schämt sich nicht, ihr Gott genannt zu
werden; denn er hat für sie eine Stadt vorbereitet.
17 Aufgrund des Glaubens *brachte Abraham den*
Isaak dar, als er auf die Probe gestellt wurde, und
gab den *einzigen Sohn* dahin, er, der die Ver-
heißungen empfangen hatte 18 und zu dem gesagt
worden war: *Durch Isaak wirst du Nachkommen*
haben. 19 Er verließ sich darauf, dass Gott sogar die
Macht hat, Tote zum Leben zu erwecken; darum
erhielt er Isaak auch zurück. Das ist ein Sinnbild.
20 Aufgrund des Glaubens segnete Isaak Jakob und
Esau im Hinblick auf das Kommende.
21 Aufgrund des Glaubens segnete Jakob sterbend
jeden der Söhne Josefs und *neigte sich über das*
obere Ende seines Stabes.
22 Aufgrund des Glaubens dachte Josef vor seinem
Tod an den Auszug der Israeliten und traf Anord-
nungen wegen seiner Gebeine.

8: Gen 12,1.4 • 9: Gen 26,3 • 11: Gen 17,19; 21,2 • 12: Gen 22,17; Ex 32,13; Gen 15,5 • 13: Ps 39,13; 119,19 • 17: Gen 22,1f • 18: Gen 21,12 G • 19: Gen 22,1–18 • 20: Gen 27,28f.39f • 21: Gen 47,31 G • 22: Gen 50,24

Weitere Zeugen des Glaubens

23 Aufgrund des Glaubens *wurde* Mose nach seiner
Geburt *drei Monate lang* von seinen Eltern *ver-*
borgen, weil sie sahen, dass es ein schönes Kind war,
und weil sie sich vor dem Befehl des Königs nicht
fürchteten.
24 Aufgrund des Glaubens weigerte sich Mose, als
er herangewachsen war, Sohn einer Tochter des
Pharao genannt zu werden; 25 lieber wollte er sich
zusammen mit dem Volk Gottes misshandeln las-
sen, als flüchtigen Genuss von der Sünde zu haben;
26 er hielt *die Schmach des Messias* für einen größe-
ren Reichtum als die Schätze Ägyptens; denn er
dachte an den künftigen Lohn.
27 Aufgrund des Glaubens verließ er Ägypten, ohne
Furcht vor dem Zorn des Königs; er hielt stand-
haft aus, als sähe er den Unsichtbaren.
28 Aufgrund des Glaubens vollzog er *das Pascha*
und *bestrich die Türpfosten mit Blut,* damit *der Ver-*
nichter ihre Erstgeborenen nicht anrührte.
29 Aufgrund des Glaubens zogen sie durch das Rote
Meer wie über trockenes Land; als die Ägypter
das Gleiche versuchten, wurden sie vom Meer ver-
schlungen.
30 Aufgrund des Glaubens geschah es, dass die
Mauern von Jericho einstürzten, nachdem man
sieben Tage um sie herumgezogen war.
31 Aufgrund des Glaubens kam die Dirne Rahab
nicht zusammen mit den Ungehorsamen um;
denn sie hatte die Kundschafter in Frieden aufge-
nommen.
32 Und was soll ich noch aufzählen? Die Zeit würde
mir nicht reichen, wollte ich von Gideon reden,
von Barak, Simson, Jiftach, David und von Samuel
und den Propheten; 33 sie haben aufgrund des

Glaubens Königreiche besiegt, Gerechtigkeit ge-
übt, Verheißungen erlangt, Löwen den Rachen
gestopft, 34 Feuersglut gelöscht; sie sind scharfen
Schwertern entgangen; sie sind stark geworden, als
sie schwach waren; sie sind im Krieg zu Helden
geworden und haben feindliche Heere in die
Flucht geschlagen. 35 Frauen haben ihre Toten
durch Auferstehung zurückerhalten. Einige nah-
men die Freilassung nicht an und ließen sich fol-
tern, um eine bessere Auferstehung zu erlangen.
36 Andere haben Spott und Schläge erduldet, ja
sogar Ketten und Kerker. 37 Gesteinigt wurden sie,
verbrannt, zersägt, mit dem Schwert umgebracht;
sie zogen in Schafspelzen und Ziegenfellen umher,
Not leidend, bedrängt, misshandelt. 38 Sie, deren
die Welt nicht wert war, irrten umher in Wüsten
und Gebirgen, in den Höhlen und Schluchten des
Landes. 39 Doch sie alle, die aufgrund des Glaubens
(von Gott) besonders anerkannt wurden, haben
das Verheißene nicht erlangt, 40 weil Gott erst für
uns etwas Besseres vorgesehen hatte; denn sie soll-
ten nicht ohne uns vollendet werden.

12 Da uns eine solche Wolke von Zeugen
umgibt, wollen auch wir alle Last und die
Fesseln der Sünde abwerfen. Lasst uns mit Aus-
dauer in dem Wettkampf laufen, der uns aufge-
tragen ist, 2 und dabei auf Jesus blicken, den
Urheber und Vollender des Glaubens; er hat an-
gesichts der vor ihm liegenden Freude das Kreuz
auf sich genommen, ohne auf die Schande zu ach-
ten, und *sich zur Rechten* von Gottes Thron *gesetzt.*
3 Denkt an den, der von den Sündern solchen
Widerstand gegen sich erduldet hat; dann werdet
ihr nicht ermatten und den Mut nicht verlieren.

11,23: Ex 2,2 • 24: Ex 2,11f • 26: Ps 69,10; 89,51f; Hebr 12,2; 13,13 • 27: Ex 2,15 • 28: Ex 12,11.13.22f • 29: Ex 14,21–31 • 30: Jos 6,1–21 • 31: Jos 2,11f; 6,17.22–25 • 33: Dan 6,23 • 34: Dan 3,23–25 • 35: 2 Makk 6,18 – 7,42 • 37: 2 Chr 24,21 • 38: 1 Sam 13,6 • 12,1: 1 Kor 9,24 • 2: 2,10; Ps 110,1

Abschließende Mahnungen: 12,4 – 13,19

Die Züchtigung als Zeichen väterlicher Liebe

4 Ihr habt im Kampf gegen die Sünde noch nicht
bis aufs Blut Widerstand geleistet 5 und ihr habt die
Mahnung vergessen, die euch als Söhne anredet:
Mein Sohn, verachte nicht die Zucht des Herrn, /
verzage nicht, wenn er dich zurechtweist.
6 *Denn wen der Herr liebt, den züchtigt er; / er*
schlägt mit der Rute jeden Sohn, den er gern hat.
7 Haltet aus, wenn ihr gezüchtigt werdet. Gott
behandelt euch wie Söhne. Denn wo ist ein Sohn,
den sein Vater nicht züchtigt? 8 Würdet ihr nicht
gezüchtigt, wie es doch bisher allen ergangen ist,
dann wäret ihr nicht wirklich seine Kinder, ihr
wäret nicht seine Söhne. 9 Ferner: An unseren leib-
lichen Vätern hatten wir harte Erzieher und wir
achteten sie. Sollen wir uns dann nicht erst recht
dem Vater der Geister unterwerfen und so das
Leben haben? 10 Jene haben uns für kurze Zeit nach
ihrem Gutdünken in Zucht genommen; er aber tut
es zu unserem Besten, damit wir Anteil an seiner
Heiligkeit gewinnen. 11 Jede Züchtigung scheint
zwar für den Augenblick nicht Freude zu bringen,
sondern Schmerz; später aber schenkt sie denen,
die durch diese Schule gegangen sind, als Frucht
den Frieden und die Gerechtigkeit.
12 Darum *macht die erschlafften Hände wieder stark*
und die wankenden Knie wieder fest 13 und *ebnet*
die Wege für eure Füße, damit die lahmen Glieder
nicht ausgerenkt, sondern geheilt werden.

5: Spr 3,11f G • 7: Ps 73,14f • 9: Num 16,22; 27,16 • 12: Jes 35,3; Ijob 4,3f • 13: Spr 4,26 G

Warnung vor Leichtfertigkeit

14 *Strebt voll Eifer nach Frieden* mit allen und nach
der Heiligung, ohne die keiner den Herrn sehen
wird. 15 Seht zu, dass niemand die Gnade Gottes
verscherzt, *dass keine bittere Wurzel wächst und*
Schaden stiftet und durch sie alle vergiftet werden,
16 dass keiner unzüchtig ist oder gottlos wie *Esau,*
der für eine einzige Mahlzeit sein *Erstgeburtsrecht*
verkaufte. 17 Ihr wisst auch, dass er verworfen wur-
de, als er später den Segen erben wollte; denn er
fand keinen Weg zur Umkehr, obgleich er unter
Tränen danach suchte.

14: Ps 34,15 • 15: Dtn 29,17 G • 16: Gen 25,33f • 17: Gen 27,30–40

Die rechte Furcht vor Gott

18 Denn ihr seid nicht zu einem sichtbaren, *lodern-*
den Feuer hingetreten, *zu dunklen Wolken, zu Fins-*
ternis und Sturmwind, 19 *zum Klang der Posaunen*
und zum Schall der Worte, bei denen die Hörer

flehten, diese Stimme solle nicht weiter zu ihnen
reden; [20] denn sie ertrugen nicht den Befehl: Sogar
*ein Tier, das den Berg berührt, soll gesteinigt wer-
den.* [21] Ja, so furchtbar war die Erscheinung, dass
Mose rief: Ich bin voll Angst und Schrecken. [22] Ihr
seid vielmehr zum Berg Zion hingetreten, zur
Stadt des lebendigen Gottes, dem himmlischen
Jerusalem, zu Tausenden von Engeln, zu einer fest-
lichen Versammlung [23] und zur Gemeinschaft der
Erstgeborenen, die im Himmel verzeichnet sind;
zu Gott, dem Richter aller, zu den Geistern der
schon vollendeten Gerechten, [24] zum Mittler eines
neuen Bundes, Jesus, und zum Blut der Bespren-
gung, das mächtiger ruft als das Blut Abels.
[25] Gebt Acht, dass ihr den nicht ablehnt, der redet.
Jene haben ihn abgelehnt, als er auf Erden seine
Gebote verkündete, und sind (dem Gericht) nicht
entronnen; wie viel weniger dann wir, wenn wir
uns von dem abwenden, der jetzt vom Himmel her
spricht. [26] Seine Stimme hat damals die Erde er-
schüttert, jetzt aber hat er verheißen: *Noch einmal
lasse ich es beben,* aber nicht nur *die Erde* erschüt-
tere ich, sondern auch *den Himmel.* [27] Dieses *Noch
einmal* weist auf die Umwandlung dessen hin,
das, weil es erschaffen ist, erschüttert wird, damit
das Unerschütterliche bleibt. [28] Darum wollen wir
dankbar sein, weil wir ein unerschütterliches Reich
empfangen, und wollen Gott so dienen, wie es ihm
gefällt, in ehrfürchtiger Scheu; [29] denn unser *Gott
ist verzehrendes Feuer.*

18f: Ex 19,16–19; Dtn 4,11 • 19: Ex 20,19 • 20: Ex 19,13 •
21: Dtn 9,19 • 22: Gal 4,26 • 24: 9,15; Gen 4,10 • 26: Hag 2,6 G •
29: Dtn 4,24; Jes 33,14

Aufruf zu echtem christlichem Leben

13 Die Bruderliebe soll bleiben. [2] Vergesst die
Gastfreundschaft nicht; denn durch sie
haben einige, ohne es zu ahnen, Engel beherbergt.
[3] Denkt an die Gefangenen, als wäret ihr mitge-
fangen; denkt an die Misshandelten, denn auch ihr
lebt noch in eurem irdischen Leib. [4] Die Ehe soll
von allen in Ehren gehalten werden und das Ehe-
bett bleibe unbefleckt; denn Unzüchtige und Ehe-
brecher wird Gott richten. [5] Euer Leben sei frei von
Habgier; seid zufrieden mit dem, was ihr habt;
denn Gott hat versprochen: *Ich lasse dich nicht fal-
len und verlasse dich nicht.* [6] Darum dürfen wir
zuversichtlich sagen:
*Der Herr ist mein Helfer, ich fürchte mich nicht. /
Was können Menschen mir antun?*
[7] Denkt an eure Vorsteher, die euch das Wort
Gottes verkündet haben; schaut auf das Ende ihres
Lebens, und ahmt ihren Glauben nach! [8] Jesus
Christus ist derselbe gestern, heute und in Ewig-
keit. [9] Lasst euch nicht durch mancherlei fremde
Lehren irreführen; denn es ist gut, das Herz durch
Gnade zu stärken und nicht dadurch, dass man
nach Speisevorschriften lebt, die noch keinem
genützt haben.
[10] Wir haben einen Altar, von dem die nicht essen
dürfen, die dem Zelt dienen. [11] Denn die Körper
der Tiere, *deren Blut* vom Hohenpriester *zur Süh-
nung der Sünde in das Heiligtum gebracht wird,
werden außerhalb des Lagers verbrannt.* [12] Deshalb
hat auch Jesus, um durch sein eigenes Blut das Volk
zu heiligen, außerhalb des Tores gelitten. [13] Lasst
uns also zu ihm *vor das Lager hinaus*ziehen und
seine Schmach auf uns nehmen. [14] Denn wir haben
hier keine Stadt, die bestehen bleibt, sondern wir
suchen die künftige.
[15] Durch ihn also lasst uns *Gott* allezeit *das Opfer
des Lobes darbringen,* nämlich *die Frucht der Lip-
pen,* die seinen Namen preisen. [16] Vergesst nicht,
Gutes zu tun und mit anderen zu teilen; denn an
solchen Opfern hat Gott Gefallen. [17] Gehorcht
euren Vorstehern und ordnet euch ihnen unter,
denn sie wachen über euch und müssen Rechen-
schaft darüber ablegen; sie sollen das mit Freude
tun können, nicht mit Seufzen, denn das wäre zu
eurem Schaden. [18] Betet für uns! Zwar sind wir
überzeugt, ein gutes Gewissen zu haben, weil wir
in allem recht zu leben suchen; [19] umso dringen-
der aber bitte ich um euer Gebet, damit ich euch
recht bald zurückgegeben werde.

2: Gen 18,3; 19,2f • 3: 10,34 • 4: 1 Kor 5,11; 7,2–4; Eph 5,5 •
5: 1 Tim 6,3–10; Dtn 31,6.8; Jos 1,5 • 6: Ps 118,6 G • 9: Kol 2,21;
1 Tim 1,6f; 4,3; 2 Tim 2,14–16; Hebr 9,10 • 11: Lev 16,27 •
12: Mt 27,33; Joh 19,17 • 15: Ps 50,14.23; Hos 14,3 •
17: Apg 20,28–31; 1 Kor 16,16; 1 Petr 5,5 • 18: Röm 15,30 •
19: Apg 12,5; Röm 15,30

DER SCHLUSS DES BRIEFES: SEGENSWÜNSCHE UND GRÜSSE: 13,20–25

[20] Der Gott des Friedens aber, der Jesus, unseren
Herrn, *den* erhabenen *Hirten seiner Schafe*, von
den Toten *heraufgeführt hat durch das Blut eines
ewigen Bundes*, [21] er mache euch tüchtig in allem
Guten, damit ihr seinen Willen tut. Er bewirke in
uns, was ihm gefällt, durch Jesus Christus, dem die
Ehre sei in alle Ewigkeit. Amen.
[22] Schließlich bitte ich euch, Brüder, nehmt diese
Mahnrede bereitwillig an; ich habe euch ja nur
kurz geschrieben. [23] wisst, dass unser Bruder Timo-
theus freigelassen worden ist; sobald er kommt,
werde ich mit ihm zusammen euch besuchen.
[24] Grüßt alle eure Vorsteher und alle Heiligen! Es
grüßen euch die Brüder aus Italien.
[25] Die Gnade sei mit euch allen!

20: Jes 63,11; Sach 9,11; 1 Petr 5,4; Jes 55,3 • 21: Röm 16,27

DIE KATHOLISCHEN BRIEFE

Die sieben Briefe, die dem Hebräerbrief folgen, werden seit alter Zeit »Katholische Briefe« genannt, weil sie nicht an bestimmte einzelne Gemeinden adressiert sind, sondern sich an einen größeren Leserkreis richten. »Katholisch« ist in diesem Zusammenhang im Sinn von »universal, allgemein« gebraucht.

DER BRIEF DES JAKOBUS

Der Verfasser dieses Briefs ist nach der Anschrift Jakobus, der »Knecht Gottes und Jesu Christi, des Herrn« (1,1). Damit kann nicht der Apostel Jakobus, der Sohn des Zebedäus, oder der andere Apostel Jakobus, der Sohn des Alphäus (Mk 3,17; Apg 1,13), gemeint sein, da in der Anschrift der Aposteltitel fehlt. Mit dem Verfasser, den die Anschrift nennt, ist offensichtlich Jakobus, der »Bruder des Herrn«, gemeint, der in Mk 6,3 erwähnt wird (Jakobus, »der Kleine«, Mk 15,40). Er gehörte nach der Auferstehung Jesu zum Kern der Urgemeinde in Jerusalem (vgl. Apg 1,14; 1 Kor 15,7; Gal 1,19; 2,9). Nach dem Weggang des Petrus (Apg 12,17) wurde Jakobus, der gesetzestreue und angesehene Judenchrist, Leiter dieser Gemeinde (Apg 21,17f). Er erlitt im Jahr 62 n. Chr. den Märtyrertod.

Als Empfänger sind »die zwölf Stämme, die in der Zerstreuung leben«, genannt. Damit können die judenchristlichen Gemeinden in Palästina und anderen Ländern gemeint sein. Doch könnte der Ausdruck »die zwölf Stämme« auch eine symbolische Bezeichnung der ganzen Christenheit sein, die in dieser Welt wie in der Diaspora (»Zerstreuung« 1,1) lebt. Der Einfluss jüdischer Denk- und Redeweise ist in dem Brief jedenfalls deutlich erkennbar.

Wenn Jakobus, der »Bruder des Herrn«, diesen Brief verfasst hat, muss er spätestens im Jahr 62 geschrieben sein. Nach anderer Auffassung ist dieses in gutem Griechisch abgefasste Schreiben erst gegen Ende des 1. Jahrhunderts entstanden, und zwar in Kreisen, die sich auf Jakobus berufen konnten.

Der Jakobusbrief ist trotz des briefartigen Anfangs (1,1) kein eigentlicher Brief. Er hat auch keinen systematischen Aufbau. Es geht nicht um die Entfaltung oder Verteidigung von Lehren, sondern um die Mahnung zu einer tatkräftigen Verwirklichung des Evangeliums (mit Anklängen an die Bergpredigt). Die einzelnen Abschnitte sind nur lose miteinander verbunden. Grundlage ist der Glaube an Jesus Christus, den Herrn der Herrlichkeit, den kommenden Richter (2,1; 5,7–11). Der Glaube ist Gabe Gottes, er lebt vom Hören auf das Wort und macht den Menschen zum wahren Gottesdienst fähig: zur tätigen Liebe gegenüber den Armen (1,19–27; 2,1–13).

Über das Verhältnis von Glauben und Werken handelt ausführlich der Abschnitt 2,14–26. Während Paulus in Röm 3,28 sagt, der Mensch werde durch Glauben gerecht, unabhängig von den »Werken des Gesetzes«, betont Jakobus, »dass der Mensch aufgrund seiner Werke gerecht wird, nicht durch den Glauben allein« (2,24). Doch stehen die Aussagen des Jakobusbriefs nicht in wirklichem Gegensatz zur Lehre des Paulus. Paulus spricht von »Werken des Gesetzes«, Jakobus aber meint die Taten der Nächstenliebe, ohne die auch für Paulus der Glaube nichtig wäre (vgl. Gal 5,6).

Vom Inhalt des Briefs sind ferner zu nennen die Mahnungen zum Ausharren in Prüfungen, zum Gebet, die Warnung vor Lehrstreitigkeiten, vor einer Weisheit, die nicht von Gott kommt, und allgemein »vor jeder Befleckung durch die Welt«. Wichtig ist die Erwähnung der Krankensalbung in 5,14f (vgl. Mk 6,13).

ANSCHRIFT UND GRUSS: 1,1

1 Jakobus, Knecht Gottes und Jesu Christi, des Herrn, grüßt die zwölf Stämme, die in der Zerstreu-
ung leben.

1: 1 Petr 1,1

SINN UND WESEN DER VERSUCHUNG: 1,2–18

2 Seid voll Freude, meine Brüder, wenn ihr in man-
cherlei Versuchungen geratet. 3 Ihr wisst, dass die
Prüfung eures Glaubens Ausdauer bewirkt. 4 Die
Ausdauer aber soll zu einem vollendeten Werk
führen; denn so werdet ihr vollendet und untade-
lig sein, es wird euch nichts mehr fehlen. 5 Fehlt es
aber einem von euch an Weisheit, dann soll er sie
von Gott erbitten; Gott wird sie ihm geben, denn
er gibt allen gern und macht niemand einen Vor-
wurf. 6 Wer bittet, soll aber voll Glauben bitten und
nicht zweifeln; denn wer zweifelt, ist wie eine
Welle, die vom Wind im Meer hin und her getrie-
ben wird. 7 Ein solcher Mensch bilde sich nicht ein,
dass er vom Herrn etwas erhalten wird: 8 Er ist ein
Mann mit zwei Seelen, unbeständig auf all seinen
Wegen.

9 Der Bruder, der in niederem Stand lebt, rühme
sich seiner hohen Würde, 10 der Reiche aber seiner
Niedrigkeit; denn *er wird dahinschwinden wie die
Blume im Gras.* 11 Die Sonne geht auf und ihre
Hitze versengt das Gras; die Blume verwelkt und
ihre Pracht vergeht. So wird auch der Reiche ver-
gehen mit allem, was er unternimmt.

12 Glücklich der Mann, der in der Versuchung
standhält. Denn wenn er sich bewährt, wird er den
Kranz des Lebens erhalten, der denen verheißen
ist, die Gott lieben. 13 Keiner, der in Versuchung
gerät, soll sagen: Ich werde von Gott in Versuchung
geführt. Denn Gott kann nicht in die Versuchung
kommen, Böses zu tun, und er führt auch selbst
niemand in Versuchung. 14 Jeder wird von seiner
eigenen Begierde, die ihn lockt und fängt, in
Versuchung geführt. 15 Wenn die Begierde dann
schwanger geworden ist, bringt sie die Sünde zur
Welt; ist die Sünde reif geworden, bringt sie den
Tod hervor.

16 Lasst euch nicht irreführen, meine geliebten
Brüder; 17 jede gute Gabe und jedes vollkommene
Geschenk kommt von oben, vom Vater der Ge-
stirne, bei dem es keine Veränderung und keine
Verfinsterung gibt. 18 Aus freiem Willen hat er uns
durch das Wort der Wahrheit geboren, damit wir
gleichsam die Erstlingsfrucht seiner Schöpfung
seien.

3: 1 Petr 1,7 • 6: Mt 7,7; 21,21 • 10: Jes 40,6f; 1 Petr 1,24 • 12: Weish 5,16; 1 Petr 5,4; Offb 2,10 • 13: Sir 15,11f • 17: Mt 7,11 • 18: 1 Petr 1,23

ERMAHNUNGEN UND WARNUNGEN: 1,19 – 5,12

Der rechte Hörer des Wortes

19 Denkt daran, meine geliebten Brüder: Jeder
Mensch soll schnell bereit sein zu hören, aber
zurückhaltend im Reden und nicht schnell zum
Zorn bereit; 20 denn im Zorn tut der Mensch nicht
das, was vor Gott recht ist. 21 Darum legt alles
Schmutzige und Böse ab, seid sanftmütig und
nehmt euch das Wort zu Herzen, das in euch ein-
gepflanzt worden ist und das die Macht hat, euch
zu retten.

22 Hört das Wort nicht nur an, sondern handelt
danach; sonst betrügt ihr euch selbst. 23 Wer das
Wort nur hört, aber nicht danach handelt, ist wie
ein Mensch, der sein eigenes Gesicht im Spiegel
betrachtet: 24 Er betrachtet sich, geht weg und
schon hat er vergessen, wie er aussah. 25 Wer sich
aber in das vollkommene Gesetz der Freiheit ver-
tieft und an ihm festhält, wer es nicht nur hört, um
es wieder zu vergessen, sondern danach handelt,
der wird durch sein Tun selig sein.

26 Wer meint, er diene Gott, aber seine Zunge nicht
im Zaum hält, der betrügt sich selbst und sein
Gottesdienst ist wertlos. 27 Ein reiner und makel-
loser Dienst vor Gott, dem Vater, besteht darin: für

Waisen und Witwen zu sorgen, wenn sie in Not sind, und sich vor jeder Befleckung durch die Welt zu bewahren.

19: Sir 5,11 • 21: 1 Petr 2,1 • 23: Mt 7,24.26 • 25: Ps 19,8; Röm 8,2

Verhalten gegenüber Reichen und Armen

2 Meine Brüder, haltet den Glauben an unseren Herrn Jesus Christus, den Herrn der Herrlichkeit, frei von jedem Ansehen der Person. 2 Wenn in eure Versammlung ein Mann mit goldenen Ringen und prächtiger Kleidung kommt, und zugleich kommt ein Armer in schmutziger Kleidung, 3 und ihr blickt auf den Mann in der prächtigen Kleidung und sagt: Setz dich hier auf den guten Platz!, und zu dem Armen sagt ihr: Du kannst dort stehen!, oder: Setz dich zu meinen Füßen! – 4 macht ihr dann nicht untereinander Unterschiede und fällt Urteile aufgrund verwerflicher Überlegungen? 5 Hört, meine geliebten Brüder: Hat Gott nicht die Armen in der Welt auserwählt, um sie durch den Glauben reich und zu Erben des Königreichs zu machen, das er denen verheißen hat, die ihn lieben? 6 Ihr aber verachtet den Armen. Sind es nicht die Reichen, die euch unterdrücken und euch vor die Gerichte schleppen? 7 Sind nicht sie es, die den hohen Namen lästern, der über euch ausgerufen worden ist? 8 Wenn ihr dagegen nach dem Wort der Schrift: *Du sollst deinen Nächsten lieben wie dich selbst!* das königliche Gesetz erfüllt, dann handelt ihr recht. 9 Wenn ihr aber nach dem Ansehen der Person urteilt, begeht ihr eine Sünde und aus dem Gesetz selbst wird offenbar, dass ihr es übertreten habt. 10 Wer das ganze Gesetz hält und nur gegen ein einziges Gebot verstößt, der hat sich gegen alle verfehlt.

11 Denn er, der gesagt hat: *Du sollst nicht die Ehe brechen!*, hat auch gesagt: *Du sollst nicht töten!* Wenn du nicht die Ehe brichst, aber tötest, hast du das Gesetz übertreten. 12 Darum redet und handelt wie Menschen, die nach dem Gesetz der Freiheit gerichtet werden. 13 Denn das Gericht ist erbarmungslos gegen den, der kein Erbarmen gezeigt hat. Barmherzigkeit aber triumphiert über das Gericht.

5: Mt 5,3f; 1 Kor 1,26f • 8: Lev 19,18 • 11: Ex 20,13f

Glaube und Tat

14 Meine Brüder, was nützt es, wenn einer sagt, er habe Glauben, aber es fehlen die Werke? Kann etwa der Glaube ihn retten? 15 Wenn ein Bruder oder eine Schwester ohne Kleidung ist und ohne das tägliche Brot 16 und einer von euch zu ihnen sagt: Geht in Frieden, wärmt und sättigt euch!, ihr gebt ihnen aber nicht, was sie zum Leben brauchen – was nützt das? 17 So ist auch der Glaube für sich allein tot, wenn er nicht Werke vorzuweisen hat. 18 Nun könnte einer sagen: Du hast Glauben und ich kann Werke vorweisen; zeig mir deinen Glauben ohne die Werke und ich zeige dir meinen Glauben aufgrund der Werke. 19 Du glaubst: Es gibt nur den einen Gott. Damit hast du Recht; das glauben auch die Dämonen und sie zittern. 20 Willst du also einsehen, du unvernünftiger Mensch, dass der Glaube ohne Werke nutzlos ist? 21 Wurde unser Vater Abraham nicht aufgrund seiner Werke als gerecht anerkannt? Denn er hat *seinen Sohn Isaak als Opfer auf den Altar gelegt.* 22 Du siehst, dass bei ihm der Glaube und die Werke zusammenwirkten und dass erst durch die Werke der Glaube vollendet wurde. 23 So hat sich das Wort der Schrift erfüllt: *Abraham glaubte Gott, und das wurde ihm als Gerechtigkeit angerechnet,* und er wurde *Freund Gottes* genannt. 24 Ihr seht, dass der Mensch aufgrund seiner Werke gerecht wird, nicht durch den Glauben allein. 25 Wurde nicht ebenso auch die Dirne Rahab durch ihre Werke als gerecht anerkannt, weil sie die Boten bei sich aufnahm und dann auf einem anderen Weg entkommen ließ?

26 Denn wie der Körper ohne den Geist tot ist, so ist auch der Glaube tot ohne Werke.

19: Dtn 6,4 • 21: Röm 4,1–25; Gen 22,9 • 23: Gen 15,6; Jes 41,8

Die Macht der Zunge

3 Nicht so viele von euch sollen Lehrer werden, meine Brüder. Ihr wisst, dass wir im Gericht strenger beurteilt werden. 2 Denn wir alle verfehlen uns in vielen Dingen. Wer sich in seinen Worten nicht verfehlt, ist ein vollkommener Mann und kann auch seinen Körper völlig im Zaum halten. 3 Wenn wir den Pferden den Zaum anlegen, damit sie uns gehorchen, lenken wir damit das ganze Tier. 4 Oder denkt an die Schiffe: Sie sind groß und

werden von starken Winden getrieben und doch
lenkt sie der Steuermann mit einem ganz kleinen
Steuer, wohin er will. 5 So ist auch die Zunge nur
ein kleines Körperglied und rühmt sich doch
großer Dinge. Und wie klein kann ein Feuer sein,
das einen großen Wald in Brand steckt. 6 Auch die
Zunge ist ein Feuer, eine Welt voll Ungerechtigkeit.
Die Zunge ist der Teil, der den ganzen Menschen
verdirbt und das Rad des Lebens in Brand setzt; sie
selbst aber ist von der Hölle in Brand gesetzt.
7 Denn jede Art von Tieren, auf dem Land und in
der Luft, was am Boden kriecht und was im Meer
schwimmt, lässt sich zähmen und ist vom Men-
schen auch gezähmt worden; 8 doch die Zunge
kann kein Mensch zähmen, dieses ruhelose Übel,
voll von tödlichem Gift.
9 Mit ihr preisen wir den Herrn und Vater und mit
ihr verfluchen wir die Menschen, die *als Abbild
Gottes* erschaffen sind. 10 Aus ein und demselben
Mund kommen Segen und Fluch. Meine Brüder,
so darf es nicht sein. 11 Läßt etwa eine Quelle aus
derselben Öffnung süßes und bitteres Wasser her-
vorsprudeln? 12 Kann denn, meine Brüder, ein
Feigenbaum Oliven tragen oder ein Weinstock
Feigen? So kann auch eine salzige Quelle kein Süß-
wasser hervorbringen.

9: Gen 1,26f

Die Weisheit von oben

13 Wer von euch ist weise und verständig? Er soll in
weiser Bescheidenheit die Taten eines rechtschaf-
fenen Lebens vorweisen. 14 Wenn aber euer Herz
voll ist von bitterer Eifersucht und von Ehrgeiz,
dann prahlt nicht und verfälscht nicht die Wahr-
heit! 15 Das ist nicht die Weisheit, die von oben
kommt, sondern eine irdische, eigennützige, teuf-
lische Weisheit. 16 Wo nämlich Eifersucht und Ehr-
geiz herrschen, da gibt es Unordnung und böse
Taten jeder Art. 17 Doch die Weisheit von oben ist
erstens heilig, sodann friedlich, freundlich, gehor-
sam, voll Erbarmen und reich an guten Früchten,
sie ist unparteiisch, sie heuchelt nicht. 18 Wo Frie-
den herrscht, wird (von Gott) für die Menschen,
die Frieden stiften, die Saat der Gerechtigkeit aus-
gestreut.

15: 1,5.17 • 18: Hebr 12,11

Warnung vor Zwietracht und Weltsinn

4 Woher kommen die Kriege bei euch, woher
die Streitigkeiten? Doch nur vom Kampf der
Leidenschaften in eurem Innern. 2 Ihr begehrt und
erhaltet doch nichts. Ihr mordet und seid eifer-
süchtig und könnt dennoch nichts erreichen. Ihr
streitet und führt Krieg. Ihr erhaltet nichts, weil
ihr nicht bittet. 3 Ihr bittet und empfangt doch
nichts, weil ihr in böser Absicht bittet, um es in
eurer Leidenschaft zu verschwenden. 4 Ihr Ehebre-
cher, wisst ihr nicht, dass Freundschaft mit der
Welt Feindschaft mit Gott ist? Wer also ein Freund
der Welt sein will, der wird zum Feind Gottes.
5 Oder meint ihr, die Schrift sage ohne Grund:
Eifersüchtig sehnt er sich nach dem Geist, den er
in uns wohnen ließ. 6 Doch er gibt noch größere
Gnade; darum heißt es auch: *Gott tritt den Stolzen
entgegen, den Demütigen aber schenkt er seine
Gnade.*
7 Ordnet euch also Gott unter, leistet dem Teufel
Widerstand; dann wird er vor euch fliehen. 8 Sucht
die Nähe Gottes; dann wird er sich euch nähern.
Reinigt die Hände, ihr Sünder, läutert euer Herz,
ihr Menschen mit zwei Seelen! 9 Klagt und trauert
und weint! Euer Lachen verwandle sich in Trauer,
eure Freude in Betrübnis. 10 Demütigt euch vor
dem Herrn; dann wird er euch erhöhen.
11 Verleumdet einander nicht, Brüder! Wer seinen
Bruder verleumdet oder seinen Bruder verurteilt,
verleumdet das Gesetz und verurteilt das Gesetz;
wenn du aber das Gesetz verurteilst, handelst du
nicht nach dem Gesetz, sondern bist sein Richter.
12 Nur einer ist der Gesetzgeber und Richter: er, der
die Macht hat, zu retten und zu verderben. Wer
aber bist du, dass du über deinen Nächsten rich-
test?

6: Spr 3,34 G; 1 Petr 5,5 • 7: 1 Petr 5,8f • 9: Lk 6,25 • 10: 1 Petr 5,6

Warnung vor Selbstsicherheit

13 Ihr aber, die ihr sagt: Heute oder morgen werden
wir in diese oder jene Stadt reisen, dort werden wir
ein Jahr bleiben, Handel treiben und Gewinne
machen –, 14 ihr wisst doch nicht, was morgen mit
eurem Leben sein wird. Rauch seid ihr, den man
eine Weile sieht; dann verschwindet er. 15 Ihr soll-
tet lieber sagen: Wenn der Herr will, werden wir
noch leben und dies oder jenes tun. 16 Nun aber

prahlt ihr voll Übermut; doch all dieses Prahlen ist
schlecht. 17 Wer also das Gute tun kann und es
nicht tut, der sündigt.

Warnung an die hartherzigen Reichen

5 Ihr aber, ihr Reichen, weint nur und klagt
über das Elend, das euch treffen wird. 2 Euer
Reichtum verfault und eure Kleider werden von
Motten zerfressen. 3 Euer Gold und Silber verros-
tet; ihr Rost wird als Zeuge gegen euch auftreten
und euer Fleisch verzehren wie Feuer. Noch in den
letzten Tagen sammelt ihr Schätze. 4 Aber der Lohn
der Arbeiter, die eure Felder abgemäht haben, der
Lohn, den ihr ihnen vorenthalten habt, schreit
zum Himmel; die Klagerufe derer, die eure Ernte
eingebracht haben, dringen zu den Ohren des
Herrn der himmlischen Heere. 5 Ihr habt auf
Erden ein üppiges und ausschweifendes Leben
geführt und noch am Schlachttag habt ihr euer
Herz gemästet. 6 Ihr habt den Gerechten verurteilt
und umgebracht, er aber leistete euch keinen
Widerstand.

2f: Mt 6,19 • 5: Jer 12,3; 25,34

Mahnung zur Ausdauer

7 Darum, Brüder, haltet geduldig aus bis zur
Ankunft des Herrn! Auch der Bauer wartet auf die
kostbare Frucht der Erde, er wartet geduldig, bis
im Herbst und im Frühjahr der Regen fällt.
8 Ebenso geduldig sollt auch ihr sein. Macht euer
Herz stark, denn die Ankunft des Herrn steht nahe
bevor. 9 Klagt nicht übereinander, Brüder, damit
ihr nicht gerichtet werdet. Seht, der Richter steht
schon vor der Tür. 10 Brüder, im Leiden und in der
Geduld nehmt euch die Propheten zum Vorbild,
die im Namen des Herrn gesprochen haben. 11 Wer
geduldig alles ertragen hat, den preisen wir glück-
lich. Ihr habt von der Ausdauer des Ijob gehört
und das Ende gesehen, das der Herr herbeigeführt
hat. Denn der Herr ist voll Erbarmen und Mitleid.

9: Mt 7,1f; Mk 13,29 • 11: Ijob 42,10–17; Ps 103,8; 116,5

Warnung vor dem Schwören

12 Vor allem, meine Brüder, schwört nicht, weder
beim Himmel noch bei der Erde noch irgendeinen
anderen Eid. Euer Ja soll ein Ja sein und euer Nein
ein Nein, damit ihr nicht dem Gericht verfallt.

12: Mt 5,34–37

DIE MACHT DES VERTRAUENSVOLLEN GEBETS: 5,13–18

13 Ist einer von euch bedrückt? Dann soll er beten.
Ist einer fröhlich? Dann soll er ein Loblied singen.
14 Ist einer von euch krank? Dann rufe er die Ältes-
ten der Gemeinde zu sich; sie sollen Gebete über
ihn sprechen und ihn im Namen des Herrn mit Öl
salben.
15 Das gläubige Gebet wird den Kranken retten
und der Herr wird ihn aufrichten; wenn er Sün-
den begangen hat, werden sie ihm vergeben.
16 Darum bekennt einander eure Sünden und betet
füreinander, damit ihr geheiligt werdet. Viel ver-
mag das inständige Gebet eines Gerechten. 17 Elija
war ein Mensch wie wir; er betete inständig, es
solle nicht regnen, und es regnete drei Jahre und
sechs Monate nicht auf der Erde. 18 Und er betete
wieder; da gab der Himmel Regen und die Erde
brachte ihre Früchte hervor.

17: 1 Kön 17–18; Lk 4,25

DIE VERANTWORTUNG FÜR DEN GEFÄHRDETEN BRUDER: 5,19–20

19 Meine Brüder, wenn einer bei euch von der
Wahrheit abirrt und jemand ihn zur Umkehr
bewegt, 20 dann sollt ihr wissen: Wer einen Sünder,
der auf Irrwegen ist, zur Umkehr bewegt, der ret-
tet ihn vor dem Tod und *deckt* viele *Sünden zu.*

20: Spr 10,12; 1 Petr 4,8

DER ERSTE BRIEF DES PETRUS

Der Verfasser dieses Briefs ist nach 1,1 der Apostel Petrus. Er spricht zu den Ältesten der Gemeinde als »Mit-Ältester« und »Zeuge der Leiden Christi« (5,1). Er schreibt seinen Brief aus Babylon (5,13), womit nur Rom gemeint sein kann, »durch den Bruder Silvanus«. Bei ihm befindet sich auch Markus (5,12–13); damit ist wohl Johannes Markus gemeint, den Petrus von Jerusalem her kannte (Apg 12,12). Silvanus, auch Silas genannt, war ein angesehener Mann in der Gemeinde von Jerusalem und gehörte zu der Abordnung, die von dort nach Antiochia geschickt wurde (Apg 15,22). Er war ein urchristlicher Prophet (Apg 15,32). Paulus nahm ihn als Begleiter bei der zweiten Missionsreise mit (Apg 15,40; vgl. 18,5).

Nach altkirchlicher Überlieferung wurde der 1. Petrusbrief kurz vor dem Tod des Apostels (64 oder 67 n. Chr.) unter Kaiser Nero geschrieben. Gegen eine Verfasserschaft des Petrus erheben sich zwar einige Bedenken aufgrund des guten griechischen Stils und der vielen Gemeinsamkeiten zwischen dem 1. Petrusbrief und den Paulusbriefen; auch kann zur Zeit Neros noch nicht gesagt werden, dass die Christen in der ganzen Welt verfolgt werden (5,9). Die Einwände gegen die Verfasserschaft des Petrus verlieren zum Teil aber an Gewicht, wenn Silvanus nicht nur der Schreiber war, dem Petrus diktierte, sondern dessen »Sekretär«, der mit einer gewissen Selbstständigkeit im Auftrag des Petrus schrieb. Eine sichere Entscheidung ist nicht möglich.

Der Brief richtet sich »an die Auserwählten, die als Fremde in Pontus, Galatien, Kappadozien, in der Provinz Asien und Bithynien in der Zerstreuung leben« (1,1), also an Gemeinden im nördlichen und westlichen Kleinasien. Die Empfänger des Briefs sind vorwiegend Heidenchristen; sie leben »in der Zerstreuung«, weil sie als Christen in der Welt fremd und heimatlos sind (vgl. 1,17). Das Fremdsein der »Auserwählten« in der Welt tritt in einer Zeit der Verfolgung stärker ins Bewusstsein. Umso notwendiger ist es für die Christen, ihre besondere Stellung und ihre Sendung in Staat und Gesellschaft zu begreifen (vgl. 2,11 – 4,11). Diese Weisungen schöpfen aus einer bereits gefestigten christlichen Überlieferung.

Der Brief will (vgl. 5,12) die Empfänger ermahnen, dem Glauben treu zu bleiben, und ihnen bezeugen, dass sie als Getaufte dazu berufen sind, am Leidensweg Jesu und dann auch an seiner Herrlichkeit teilzuhaben. Auf Taufe und Kreuz wird immer wieder hingewiesen, so- dass manche Ausleger vermuten, dem Brief liege, vor allem in dem Abschnitt 1,3 – 4,11, eine urchristliche Taufansprache zugrunde.

ANSCHRIFT UND GRUSS: 1,1–2

1 Petrus, Apostel Jesu Christi, an die Auser-
wählten, die als Fremde in Pontus, Galatien,
Kappadozien, der Provinz Asien und Bithynien in
der Zerstreuung leben, 2 von Gott, dem Vater, von
jeher ausersehen und durch den Geist geheiligt,
um Jesus Christus gehorsam zu sein und mit seinem Blut besprengt zu werden. Gnade sei mit euch und Friede in Fülle.

1: Jak 1,1 • 2: Hebr 12,24

ZIEL UND WEG DES GLAUBENS: 1,3 – 2,10

Das Ziel des Glaubens

3 Gepriesen sei der Gott und Vater unseres Herrn
Jesus Christus: Er hat uns in seinem großen Erbar-
men neu geboren, damit wir durch die Auferste-
hung Jesu Christi von den Toten eine lebendige
Hoffnung haben 4 und das unzerstörbare, makel-
lose und unvergängliche Erbe empfangen, das im
Himmel für euch aufbewahrt ist. 5 Gottes Macht
behütet euch durch den Glauben, damit ihr das
Heil erlangt, das am Ende der Zeit offenbart wer-
den soll. 6 Deshalb seid ihr voll Freude, obwohl ihr
jetzt vielleicht kurze Zeit unter mancherlei Prü-
fungen leiden müsst. 7 Dadurch soll sich euer
Glaube bewähren und es wird sich zeigen, dass er
wertvoller ist als Gold, das im Feuer geprüft wurde
und doch vergänglich ist. So wird (eurem Glau-
ben) Lob, Herrlichkeit und Ehre zuteil bei der
Offenbarung Jesu Christi. 8 Ihn habt ihr nicht gese-
hen und dennoch liebt ihr ihn; ihr seht ihn auch
jetzt nicht; aber ihr glaubt an ihn und jubelt in
unsagbarer, von himmlischer Herrlichkeit ver-
klärter Freude, 9 da ihr das Ziel des Glaubens errei-
chen werdet: euer Heil. 10 Nach diesem Heil haben
die Propheten gesucht und geforscht und sie
haben über die Gnade geweissagt, die für euch
bestimmt ist. 11 Sie haben nachgeforscht, auf wel-
che Zeit und welche Umstände der in ihnen wir-
kende Geist Christi hindeute, der die Leiden Chris-
ti und die darauf folgende Herrlichkeit im Voraus
bezeugte. 12 Den Propheten wurde offenbart, dass
sie damit nicht sich selbst, sondern euch dienten;
und jetzt ist euch dies alles von denen verkündet
worden, die euch in der Kraft des vom Himmel
gesandten Heiligen Geistes das Evangelium ge-
bracht haben. Das alles zu sehen ist sogar das Ver-
langen der Engel.

3: Eph 1,3 • 6f: Jak 1,2–4 • 11: Dan 12,6–13; Ps 22; Jes 53; Hab 2,3

Der Weg zum Glauben

13 Deshalb umgürtet euch und macht euch bereit!
Seid nüchtern und setzt eure Hoffnung ganz auf
die Gnade, die euch bei der Offenbarung Jesu
Christi geschenkt wird. 14 Seid gehorsame Kinder
und lasst euch nicht mehr von euren Begierden
treiben wie früher, in der Zeit eurer Unwissenheit.
15 Wie er, der euch berufen hat, heilig ist, so soll
auch euer ganzes Leben heilig werden. 16 Denn es
heißt in der Schrift: *Seid heilig, denn ich bin heilig.*
17 Und wenn ihr den als Vater anruft, der jeden
ohne Ansehen der Person nach seinem Tun beur-
teilt, dann führt auch, solange ihr in der Fremde
seid, ein Leben in Gottesfurcht. 18 Ihr wisst, dass
ihr aus eurer sinnlosen, von den Vätern ererbten
Lebensweise nicht um einen vergänglichen Preis
losgekauft wurdet, *nicht um Silber* oder Gold,
19 sondern mit dem kostbaren Blut Christi, des
Lammes ohne Fehl und Makel. 20 Er war schon vor
der Erschaffung der Welt dazu ausersehen und
euretwegen ist er am Ende der Zeiten erschienen.
21 Durch ihn seid ihr zum Glauben an Gott gekom-
men, der ihn von den Toten auferweckt und ihm
die Herrlichkeit gegeben hat, sodass ihr an Gott
glauben und auf ihn hoffen könnt. 22 Der Wahrheit
gehorsam, habt ihr euer Herz rein gemacht für
eine aufrichtige Bruderliebe; darum hört nicht
auf, einander von Herzen zu lieben. 23 Ihr seid
neu geboren worden, nicht aus vergänglichem,
sondern aus unvergänglichem Samen: aus Gottes
Wort, das lebt und das bleibt. 24 Denn
*alles Sterbliche ist wie Gras / und all seine Schönheit
ist wie die Blume im Gras.*
Das Gras verdorrt und die Blume verwelkt; / 25 *doch
das Wort des Herrn bleibt in Ewigkeit.*
Dieses *Wort* ist das Evangelium, das euch verkün-
det worden ist.

14: Eph 4,17–22 • 16: Lev 19,2 • 17: Mt 6,9; Lk 11,2; Gal 4,6; Röm 8,15; Mt 5,48; Lk 6,36 • 18: Jes 52,3 • 19: Joh 1,36; Offb 5,6.9 • 24: Jes 40,6–8 G

Jesus Christus, der lebendige Stein

2 Legt also alle Bosheit ab, alle Falschheit und
Heuchelei, allen Neid und alle Verleumdung.
2 Verlangt, gleichsam als neugeborene Kinder,
nach der unverfälschten, geistigen Milch, damit
ihr durch sie heranwachst und das Heil erlangt.
3 Denn ihr habt *erfahren, wie gütig der Herr ist.*
4 Kommt zu ihm, dem lebendigen *Stein,* der von
den Menschen verworfen, aber von Gott *auser-
wählt und geehrt* worden ist. 5 Lasst euch als leben-
dige Steine zu einem geistigen Haus aufbauen, zu

einer heiligen Priesterschaft, um durch Jesus
Christus geistige Opfer darzubringen, die Gott
gefallen.
6 Denn es heißt in der Schrift:
Seht her, ich lege in Zion einen auserwählten Stein, /
einen Eckstein, den ich in Ehren halte; / wer an ihn
glaubt, der geht nicht zugrunde.
7 Euch, die ihr glaubt, gilt diese Ehre. Für jene aber,
die nicht glauben, ist dieser *Stein, den die Bauleu-*
te verworfen haben, zum Eckstein geworden, 8 *zum*
Stein, an den man anstößt, und zum Felsen, an dem
man zu Fall kommt. Sie stoßen sich an ihm, weil
sie dem Wort nicht gehorchen; doch dazu sind
sie bestimmt. 9 Ihr aber seid *ein auserwähltes Ge-*
schlecht, eine königliche Priesterschaft, ein heiliger
Stamm, ein Volk, das sein besonderes Eigentum
wurde, damit ihr die großen Taten dessen verkün-
det, der euch aus der Finsternis in sein wunderba-
res Licht gerufen hat. 10 Einst wart ihr *nicht sein*
Volk, jetzt aber seid ihr *Gottes Volk;* einst gab es für
euch *kein Erbarmen,* jetzt aber habt ihr *Erbarmen*
gefunden.

3: Ps 34,9 • 4: Jes 28,16 G • 6: Jes 28,16 G • 7: Ps 118,22; Apg 4,11; Jes 8,14 • 9: Ex 19,5f G; 23,22 G; Jes 43,20f • 10: Hos 1,6.9; 2,3.25

CHRISTLICHES LEBEN IN FAMILIE UND GESELLSCHAFT: 2,11 – 4,11

Der Christ im Staat

11 Liebe Brüder, da ihr Fremde und Gäste seid in
dieser Welt, ermahne ich euch: Gebt den irdischen
Begierden nicht nach, die gegen die Seele kämp-
fen. 12 Führt unter den Heiden ein rechtschaffenes
Leben, damit sie, die euch jetzt als Übeltäter ver-
leumden, durch eure guten Taten zur Einsicht
kommen und Gott preisen am Tag der Heimsu-
chung.
13 Unterwerft euch um des Herrn willen jeder
menschlichen Ordnung: dem Kaiser, weil er über
allen steht, 14 den Statthaltern, weil sie von ihm
entsandt sind, um die zu bestrafen, die Böses tun,
und die auszuzeichnen, die Gutes tun. 15 Denn es
ist der Wille Gottes, dass ihr durch eure guten
Taten die Unwissenheit unverständiger Menschen
zum Schweigen bringt. 16 Handelt als Freie, aber
nicht als solche, die die Freiheit als Deckmantel für
das Böse nehmen, sondern wie Knechte Gottes.
17 Erweist allen Menschen Ehre, liebt die Brüder,
fürchtet Gott und ehrt den Kaiser!

11: Ps 39,13; 119,19 • 13–17: Röm 13,1–7; Tit 3,1 • 17: Spr 24,21; Röm 12,10

Die Sklaven in der Nachfolge Christi

18 Ihr Sklaven, ordnet euch in aller Ehrfurcht euren
Herren unter, nicht nur den guten und freund-
lichen, sondern auch den launenhaften. 19 Denn es
ist eine Gnade, wenn jemand deswegen Kränkun-
gen erträgt und zu Unrecht leidet, weil er sich in
seinem Gewissen nach Gott richtet. 20 Ist es viel-
leicht etwas Besonderes, wenn ihr wegen einer Ver-
fehlung Schläge erduldet? Wenn ihr aber recht
handelt und trotzdem Leiden erduldet, das ist eine
Gnade in den Augen Gottes.
21 Dazu seid ihr berufen worden; denn auch Chris-
tus hat für euch gelitten und euch ein Beispiel
gegeben, damit ihr seinen Spuren folgt.
22 *Er hat keine Sünde begangen / und in seinem*
Mund war kein trügerisches Wort.
23 Er wurde geschmäht, schmähte aber nicht; / er
litt, drohte aber nicht, / sondern überließ seine
Sache dem gerechten Richter.
24 Er hat unsere Sünden mit seinem Leib auf das
Holz des Kreuzes getragen, damit wir tot seien
für die Sünden und für die Gerechtigkeit leben.
Durch seine Wunden seid ihr geheilt. 25 Denn ihr
hattet euch *verirrt wie Schafe,* jetzt aber seid ihr
heimgekehrt zum Hirten und Bischof eurer See-
len.

18: Kol 3,22f; Tit 2,9f • 21: Mk 8,34; Lk 9,23; Mt 10,25; Phil 2,5 • 22: Jes 53,9 • 24: Jes 53,11f • 24–25: Jes 53,5f

Frauen und Männer in der Ehe

3 Ebenso sollt ihr Frauen euch euren Männern
unterordnen, damit auch sie, falls sie dem
Wort (des Evangeliums) nicht gehorchen, durch
das Leben ihrer Frauen ohne Worte gewonnen
werden, 2 wenn sie sehen, wie ehrfürchtig und rein
ihr lebt. 3 Nicht auf äußeren Schmuck sollt ihr
Wert legen, auf Haartracht, Gold und prächtige
Kleider, 4 sondern was im Herzen verborgen ist,

das sei euer unvergänglicher Schmuck: ein sanftes
und ruhiges Wesen. Das ist wertvoll in Gottes
Augen. 5 So haben sich einst auch die heiligen
Frauen geschmückt, die ihre Hoffnung auf Gott
setzten: Sie ordneten sich ihren Männern unter.
6 Sara gehorchte Abraham und nannte ihn ihren
Herrn. Ihre Kinder seid ihr geworden, wenn ihr
recht handelt und euch vor keiner Einschüchte-
rung fürchtet.
7 Ebenso sollt ihr Männer im Umgang mit euren
Frauen rücksichtsvoll sein, denn sie sind der
schwächere Teil; ehrt sie, denn auch sie sind Erben
der Gnade des Lebens. So wird euren Gebeten
nichts mehr im Weg stehen.

1: Tit 2,3–5 • 6: Gen 18,12; Spr 3,25 • 7: Eph 5,25.28

Aufruf zur Eintracht

8 Endlich aber: seid alle eines Sinnes, voll Mitge-
fühl und brüderlicher Liebe, seid barmherzig
und demütig! 9 Vergeltet nicht Böses mit Bösem
noch Kränkung mit Kränkung! Stattdessen segnet;
denn ihr seid dazu berufen, Segen zu erlangen.
10 Es heißt nämlich:
*Wer das Leben liebt / und gute Tage zu sehen
wünscht,*
*der bewahre seine Zunge vor Bösem / und seine Lip-
pen vor falscher Rede.*
11 *Er meide das Böse und tue das Gute; / er suche
Frieden und jage ihm nach.*
12 Denn *die Augen des Herrn blicken auf die Ge-
rechten / und seine Ohren hören ihr Flehen; / aber
das Antlitz des Herrn richtet sich gegen die Bö-
sen.*

8: Röm 12,5; Eph 4,2f • 10–12: Ps 34,13–17

Rechtes Verhalten in der Welt

13 Und wer wird euch Böses zufügen, wenn ihr
euch voll Eifer um das Gute bemüht? 14 Aber auch
wenn ihr um der Gerechtigkeit willen leiden
müsst, seid ihr selig zu preisen. *Fürchtet euch
nicht vor ihnen und lasst euch nicht erschrecken,*
15 sondern *haltet* in eurem Herzen Christus, *den
Herrn, heilig!* Seid stets bereit, jedem Rede und
Antwort zu stehen, der nach der Hoffnung fragt,
die euch erfüllt; 16 aber antwortet bescheiden
und ehrfürchtig, denn ihr habt ein reines Ge-
wissen. Dann werden die, die euch beschimpfen,
weil ihr in (der Gemeinschaft mit) Christus ein
rechtschaffenes Leben führt, sich wegen ihrer
Verleumdungen schämen müssen. 17 Es ist besser,
für gute Taten zu leiden, wenn es Gottes Wille ist,
als für böse.
18 Denn auch Christus ist der Sünden wegen ein
einziges Mal gestorben, er, der Gerechte, für die
Ungerechten, um euch zu Gott hinzuführen; dem
Fleisch nach wurde er getötet, dem Geist nach
lebendig gemacht. 19 So ist er auch zu den Geistern
gegangen, die im Gefängnis waren, und hat ih-
nen gepredigt. 20 Diese waren einst ungehorsam,
als Gott in den Tagen Noachs geduldig wartete,
während die Arche gebaut wurde; in ihr wurden
nur wenige, nämlich acht Menschen, durch das
Wasser gerettet. 21 Dem entspricht die Taufe, die
jetzt euch rettet. Sie dient nicht dazu, den Körper
von Schmutz zu reinigen, sondern sie ist eine Bitte
an Gott um ein reines Gewissen aufgrund der Auf-
erstehung Jesu Christi, 22 der in den Himmel ge-
gangen ist; dort ist er zur Rechten Gottes und
Engel, Gewalten und Mächte sind ihm unterwor-
fen.

4 Da Christus im Fleisch gelitten hat, wappnet
auch ihr euch mit diesem Gedanken: Wer im
Fleisch gelitten hat, für den hat die Sünde ein
Ende. 2 Darum richtet euch, solange ihr noch auf
Erden lebt, nicht mehr nach den menschlichen
Begierden, sondern nach dem Willen Gottes!
3 Denn lange genug habt ihr in der vergangenen
Zeit das heidnische Treiben mitgemacht und habt
ein ausschweifendes Leben voller Begierden ge-
führt, habt getrunken, geprasst, gezecht und un-
erlaubten Götzenkult getrieben. 4 Jetzt erregt es
ihren Unwillen und sie lästern, weil ihr euch nicht
mehr in diesen Strudel der Leidenschaften hi-
neinreißen lasst. 5 Aber sie werden vor dem Rechen-
schaft ablegen müssen, der schon bereitsteht, um
die Lebenden und die Toten zu richten. 6 Denn
auch Toten ist das Evangelium dazu verkündet
worden, dass sie wie Menschen gerichtet werden
im Fleisch, aber wie Gott das Leben haben im
Geist.
7 Das Ende aller Dinge ist nahe. Seid also besonnen
und nüchtern und betet! 8 Vor allem haltet fest an
der Liebe zueinander; denn *die Liebe deckt viele
Sünden zu.* 9 Seid untereinander gastfreundlich,

ohne zu murren. 10 Dient einander als gute Ver-
walter der vielfältigen Gnade Gottes, jeder mit der
Gabe, die er empfangen hat. 11 Wer redet, der rede
mit den Worten, die Gott ihm gibt; wer dient, der
diene aus der Kraft, die Gott verleiht. So wird in
allem Gott verherrlicht durch Jesus Christus. Sein
ist die Herrlichkeit und die Macht in alle Ewigkeit.
Amen.

3,14: Mt 5,10f; Jes 8,12f • 18: Röm 6,10; Eph 2,18; Hebr 9,27f; 10,10; Röm 1,4 • 20: Gen 6,8–7,7; 2 Petr 2,4f • 22: Eph 1,20f • 4,1: Röm 6,10; Gal 5,24 • 3: Eph 2,2f; Tit 3,3 • 5: Apg 10,42; 2 Tim 4,1 • 7: Röm 13,11f; 1 Kor 7,29 • 8: Spr 10,12; Jak 5,20 • 10: Röm 12,6–8; 1 Kor 12,11 • 11: Jud 25

ABSCHLIESSENDE MAHNUNGEN: 4,12 – 5,11

Ausdauer in der Prüfung

12 Liebe Brüder, lasst euch durch die Feuersglut, die
zu eurer Prüfung über euch gekommen ist, nicht
verwirren, als ob euch etwas Ungewöhnliches
zustoße. 13 Stattdessen freut euch, dass ihr Anteil
an den Leiden Christi habt; denn so könnt ihr auch
bei der Offenbarung seiner Herrlichkeit voll Freu-
de jubeln. 14 Wenn ihr wegen des Namens Christi
beschimpft werdet, seid ihr selig zu preisen; denn
der Geist der Herrlichkeit, *der Geist Gottes, ruht*
auf euch. 15 Wenn einer von euch leiden muss, soll
es nicht deswegen sein, weil er ein Mörder oder ein
Dieb ist, weil er Böses tut oder sich in fremde
Angelegenheiten einmischt. 16 Wenn er aber leidet,
weil er Christ ist, dann soll er sich nicht schämen,
sondern Gott verherrlichen, indem er sich zu die-
sem Namen bekennt. 17 Denn jetzt ist die Zeit, in
der das Gericht beim Haus Gottes beginnt; wenn
es aber bei uns anfängt, wie wird dann das Ende
derer sein, die dem Evangelium Gottes nicht
gehorchen? 18 Und *wenn der Gerechte kaum geret-
tet wird, wo wird man dann die Frevler und Sünder
finden*?

19 Darum sollen alle, die nach dem Willen Gottes
leiden müssen, Gutes tun und dadurch ihr Leben
dem treuen Schöpfer anbefehlen.

13: Apg 5,41 • 14: Mt 5,11f; Jes 11,2 • 18: Spr 11,31 G

Hirt und Herde

5 Eure Ältesten ermahne ich, da ich ein Ältester
bin wie sie und ein Zeuge der Leiden Christi
und auch an der Herrlichkeit teilhaben soll, die
sich offenbaren wird: 2 Sorgt als Hirten für die
euch anvertraute Herde Gottes, nicht aus Zwang,
sondern freiwillig, wie Gott es will; auch nicht aus
Gewinnsucht, sondern aus Neigung; 3 seid nicht
Beherrscher eurer Gemeinden, sondern Vorbilder
für die Herde! 4 Wenn dann der oberste Hirt
erscheint, werdet ihr den nie verwelkenden Kranz
der Herrlichkeit empfangen.

5 Sodann, ihr Jüngeren: ordnet euch den Ältesten
unter! Alle aber begegnet einander in Demut!
Denn *Gott tritt den Stolzen entgegen, den Demüti-
gen aber schenkt er seine Gnade.* 6 Beugt euch also
in Demut unter die mächtige Hand Gottes, da-
mit er euch erhöht, wenn die Zeit gekommen ist.
7 *Werft* alle *eure Sorge auf ihn,* denn er kümmert
sich um euch. 8 Seid nüchtern und wachsam! Euer
Widersacher, der Teufel, geht wie ein brüllender
Löwe umher und sucht, wen er verschlingen kann.
9 Leistet ihm Widerstand in der Kraft des Glau-
bens! Wisst, dass eure Brüder in der ganzen Welt
die gleichen Leiden ertragen müssen! 10 Der Gott
aller Gnade aber, der euch in (der Gemeinschaft
mit) Christus zu seiner ewigen Herrlichkeit beru-
fen hat, wird euch, die ihr kurze Zeit leiden müsst,
wieder aufrichten, stärken, kräftigen und auf
festen Grund stellen. 11 Sein ist die Macht in Ewig-
keit. Amen.

2: Apg 20,28 • 3: Phil 3,17; Tit 2,7 • 5: Spr 3,34 G; Jak 4,6 • 7: Ps 55,23 • 8: Ps 22,14 • 9: Jak 4,7 • 10: 1 Thess 2,12

DER SCHLUSS DES BRIEFES: GRÜSSE UND SEGENSWUNSCH: 5,12–14

12 Durch den Bruder Silvanus, den ich für treu
halte, habe ich euch kurz geschrieben; ich habe
euch ermahnt und habe bezeugt, dass dies die
wahre Gnade Gottes ist, in der ihr stehen sollt. 13 Es
grüßen euch die Mitauserwählten in Babylon und
mein Sohn Markus. 14 Grüßt einander mit dem
Kuss der Liebe! Friede sei mit euch allen, die ihr in
(der Gemeinschaft mit) Christus seid.

12: Apg 15,22; 16,19; 17,4; 18,5; 2 Kor 1,19; 1 Thess 1,1; 2 Thess 1,1 • 13: Apg 12,12.25; 15,37.39; Kol 4,10; 2 Tim 4,11; Phlm 24

DER ZWEITE BRIEF DES PETRUS

Der 2. Petrusbrief richtet sich an alle, die an Christus glauben (1,1), genauer gesagt, an die Adressaten des 1. Petrusbriefs (vgl. 2 Petr 3,1), bei denen er auch Briefe des Paulus als bekannt voraussetzt (3,15f). Im zweiten Kapitel lehnt er sich an Ausführungen des Judasbriefs an. Deshalb wird oft angenommen, das Schreiben sei erst nach dem Tod des Apostels entstanden. Es ist in der Form eines Briefs abgefasst, wie die Anschrift zeigt (1,1f); auch einige persönliche Äußerungen entsprechen dem Briefcharakter. Es fehlt aber ein Briefschluss; das Schreiben endet mit einem Lobpreis auf Christus (3,18; vgl. 1 Petr 4,11). Nach Inhalt und Form will es als Testament des Apostels verstanden sein (1,12–15).

Der 2. Petrusbrief will die Leser im Glauben und in der Hoffnung stärken und sie vor falschen Lehrern warnen. Diese spotten über den Glauben an die Wiederkunft des Herrn (3,4) und leugnen seine göttliche Herrlichkeit (2,1.10). Entsprechend ist ihre Lebensweise (vgl. Kap. 2). Das Schreiben verteidigt demgegenüber nachdrücklich die Erwartung der Wiederkunft Christi und erinnert an die Herrlichkeit Jesu, die bei der Verklärung sichtbar wurde (1,16–18). Wichtig sind die Aussagen über die heiligen Schriften und ihre richtige Auslegung (1,19–21).

ANSCHRIFT UND GRUSS: 1,1–2

1 Simon Petrus, Knecht und Apostel Jesu Chris-
ti, an alle, die durch die Gerechtigkeit unseres
Gottes und Retters Jesus Christus den gleichen
kostbaren Glauben erlangt haben wie wir. 2 Gnade
sei mit euch und Friede in Fülle durch die Er-
kenntnis Gottes und Jesu, unseres Herrn.

1: 1 Petr 1,1 • 2: Jud 2

DIE ÜBERLIEFERTE WAHRHEIT: 1,3–21

Glaube und Leben

3 Alles, was für unser Leben und unsere Frömmig-
keit gut ist, hat seine göttliche Macht uns ge-
schenkt; sie hat uns den erkennen lassen, der uns
durch seine Herrlichkeit und Kraft berufen hat.
4 Durch sie wurden uns die kostbaren und überaus
großen Verheißungen geschenkt, damit ihr der
verderblichen Begierde, die in der Welt herrscht,
entflieht und an der göttlichen Natur Anteil erhal-
tet.
5 Darum setzt allen Eifer daran, mit eurem Glau-
ben die Tugend zu verbinden, mit der Tugend die
Erkenntnis, 6 mit der Erkenntnis die Selbstbeherr-
schung, mit der Selbstbeherrschung die Ausdauer,
mit der Ausdauer die Frömmigkeit, 7 mit der
Frömmigkeit die Brüderlichkeit und mit der Brü-
derlichkeit die Liebe. 8 Wenn dies alles bei euch
vorhanden ist und wächst, dann nimmt es euch
die Trägheit und Unfruchtbarkeit, sodass ihr Jesus
Christus, unseren Herrn, immer tiefer erkennt.
9 Wem dies aber fehlt, der ist blind und kurzsich-
tig; er hat vergessen, dass er gereinigt worden ist
von seinen früheren Sünden. 10 Deshalb, meine
Brüder, bemüht euch noch mehr darum, dass eure
Berufung und Erwählung Bestand hat. Wenn ihr
das tut, werdet ihr niemals scheitern. 11 Dann wird
euch in reichem Maß gewährt, in das ewige Reich
unseres Herrn und Retters Jesus Christus einzu-
treten.

3: Eph 1,3; Tit 1,2f; Joh 17,3 • 4: Eph 1,18f • 5: 1 Tim 6,3;
Tit 2,11–13 • 7: 1 Joh 3,17f • 11: 2 Tim 4,18; Tit 2,13

Das Zeugnis der Propheten und der Apostel

12 Darum will ich euch immer an das alles erin-
nern, obwohl ihr es schon wisst und in der Wahr-
heit gefestigt seid, die ihr empfangen habt. 13 Ich
halte es nämlich für richtig, euch daran zu erin-
nern, solange ich noch in diesem Zelt lebe, und
euch dadurch wach zu halten; 14 denn ich weiß,
dass mein Zelt bald abgebrochen wird, wie mir
auch Jesus Christus, unser Herr, offenbart hat.
15 Ich will aber dafür sorgen, dass ihr auch nach
meinem Tod euch jederzeit daran erinnern könnt.
16 Denn wir sind nicht irgendwelchen klug aus-
gedachten Geschichten gefolgt, als wir euch die
machtvolle Ankunft Jesu Christi, unseres Herrn,
verkündeten, sondern wir waren Augenzeugen
seiner Macht und Größe. 17 Er hat von Gott, dem
Vater, Ehre und Herrlichkeit empfangen; denn er
hörte die Stimme der erhabenen Herrlichkeit, die
zu ihm sprach: Das ist mein geliebter Sohn, an
dem ich Gefallen gefunden habe. 18 Diese Stimme,
die vom Himmel kam, haben wir gehört, als wir
mit ihm auf dem heiligen Berg waren. 19 Dadurch
ist das Wort der Propheten für uns noch sicherer
geworden und ihr tut gut daran, es zu beachten;
denn es ist ein Licht, das an einem finsteren Ort
scheint, bis der Tag anbricht und der Morgenstern
aufgeht in eurem Herzen. 20 Bedenkt dabei vor al-
lem dies: Keine Weissagung der Schrift darf eigen-
mächtig ausgelegt werden; 21 denn niemals wurde
eine Weissagung ausgesprochen, weil ein Mensch
es wollte, sondern vom Heiligen Geist getrieben
haben Menschen im Auftrag Gottes geredet.

12: Jud 5 • 13: Joh 21,18f; 2 Kor 5,1; 2 Tim 4,5 • 17: Mt 17,5; Mk 9,7;
Lk 9,35 • 19: Röm 13,12 • 21: 2 Tim 3,16; 1 Petr 1,11

WARNUNG VOR IRRLEHRERN: 2,1–22

Das Auftreten falscher Lehrer

2 Es gab aber auch falsche Propheten im Volk;
so wird es auch bei euch falsche Lehrer ge-
ben. Sie werden verderbliche Irrlehren verbreiten
und den Herrscher, der sie freigekauft hat, ver-
leugnen; doch dadurch werden sie sich selbst bald
ins Verderben stürzen. 2 Bei ihren Ausschweifungen
werden sie viele Anhänger finden und ihretwegen
wird der Weg der Wahrheit in Verruf kommen. 3 In
ihrer Habgier werden sie euch mit verlogenen
Worten zu kaufen versuchen; aber das Gericht
über sie bereitet sich schon seit langem vor und das
Verderben, das ihnen droht, schläft nicht.

1–22: Jud 3–16

Das drohende Gericht über die Irrlehrer

4 Gott hat auch die Engel, die gesündigt haben, nicht verschont, sondern sie in die finsteren Höhlen der Unterwelt verstoßen und hält sie dort eingeschlossen bis zum Gericht. 5 Er hat auch die frühere Welt nicht verschont, nur Noach, den Verkünder der Gerechtigkeit, hat er zusammen mit sieben anderen als achten bewahrt, als er die Flut über die Welt der Gottlosen brachte. 6 Auch die Städte Sodom und Gomorra hat er eingeäschert und zum Untergang verurteilt, als ein Beispiel für alle Gottlosen in späteren Zeiten. 7 Den gerechten Lot aber, der unter dem ausschweifenden Leben der Gottesverächter litt, hat er gerettet; 8 denn dieser Gerechte, der mitten unter ihnen wohnte, musste Tag für Tag ihr gesetzwidriges Tun sehen und hören, und das quälte den gerechten Mann Tag für Tag. 9 Der Herr kann die Frommen aus der Prüfung retten; bei den Ungerechten aber kann er warten, um sie am Tag des Gerichts zu bestrafen, 10a besonders die, die sich von der schmutzigen Begierde ihres Körpers beherrschen lassen und die Macht des Herrn verachten.

4: Jud 6; 1 Petr 3,19f • 6: Gen 19,24f; Jud 7 • 7: Gen 19,1–16

Der Weg der Irrlehrer

10b Diese frechen und anmaßenden Menschen schrecken nicht davor zurück, die überirdischen Mächte zu lästern, 11 während die Engel, die ihnen an Stärke und Macht überlegen sind, beim Herrn nicht über sie urteilen und lästern. 12 Diese Menschen aber sind wie unvernünftige Tiere, die von Natur aus dazu geboren sind, gefangen zu werden und umzukommen. Sie lästern über Dinge, die sie nicht verstehen; doch sie werden umkommen, wie die Tiere umkommen, 13 und als Lohn für ihr Unrecht werden sie Unrecht erleiden. Sie halten es für ein Vergnügen, bei Tag ein üppiges Leben zu führen; ein schmutziger Schandfleck sind sie, wenn sie in ihrer trügerischen Genusssucht mit euch prassen und schwelgen. 14 Sie haben nur Augen für die Ehebrecherin und sind unersättlich in der Sünde. Sie locken haltlose Menschen an, deren Sinn nicht gefestigt ist; ihr Herz ist in der Habgier geübt, sie sind Kinder des Fluches. 15 Sie haben den geraden Weg verlassen und sind in die Irre gegangen. Sie folgten dem Weg Bileams, des Sohnes Bosors; ihm ging es nur um den Lohn für sein Unrecht, 16 aber er wurde wegen seines Vergehens zurechtgewiesen: Ein stummes Lasttier redete mit menschlicher Stimme und verhinderte das wahnwitzige Vorhaben des Propheten. 17 Diese Menschen sind Quellen ohne Wasser, sie sind Wolken, die der Sturm vor sich herjagt; für sie ist die dunkelste Finsternis bestimmt. 18 Sie führen geschwollene und nichts sagende Reden; sie lassen sich von ihren fleischlichen Begierden treiben und locken mit ihren Ausschweifungen die Menschen an, die sich eben erst von denen getrennt haben, die im Irrtum leben. 19 Freiheit versprechen sie ihnen und sind doch selbst Sklaven des Verderbens; denn von wem jemand überwältigt worden ist, dessen Sklave ist er. 20 Sie waren dem Schmutz der Welt entronnen, weil sie den Herrn und Retter Jesus Christus erkannt hatten; wenn sie sich aber von neuem davon fangen und überwältigen lassen, dann steht es mit ihnen am Ende schlimmer als vorher. 21 Es wäre besser für sie, den Weg der Gerechtigkeit gar nicht erkannt zu haben, als ihn erkannt zu haben und sich danach wieder von dem heiligen Gebot abzuwenden, das ihnen überliefert worden ist. 22 Auf sie trifft das wahre Sprichwort zu: *Der Hund kehrt zurück zu dem, was er erbrochen hat,* und: Die gewaschene Sau wälzt sich wieder im Dreck.

16: Num 22,28f • 20: Mt 12,45 • 22: Spr 26,11

DAS ERWARTETE KOMMEN CHRISTI: 3,1–16

Die Gewissheit der Ankunft

3 Das ist schon der zweite Brief, den ich euch schreibe, liebe Brüder. In beiden will ich eure klare Einsicht wachrufen und euch erinnern: 2 Denkt an die Worte, die von den heiligen Propheten im Voraus verkündet worden sind, und an das Gebot des Herrn und Retters, das eure Apostel euch überliefert haben. 3 Vor allem sollt ihr eines wissen: Am Ende der Tage werden Spötter kommen, die sich nur von ihren Begierden leiten las-

sen und höhnisch sagen: [4] Wo bleibt denn seine verheißene Ankunft? Seit die Väter entschlafen sind, ist alles geblieben, wie es seit Anfang der Schöpfung war. [5] Wer das behauptet, übersieht, dass es einst einen Himmel gab und eine Erde, die durch das Wort Gottes aus Wasser entstand und durch das Wasser Bestand hatte. [6] Durch beides ging die damalige Welt zugrunde, als sie vom Wasser überflutet wurde. [7] Der jetzige Himmel aber und die jetzige Erde sind durch dasselbe Wort für das Feuer aufgespart worden. Sie werden bewahrt bis zum Tag des Gerichts, an dem die Gottlosen zugrunde gehen.

1: 1 Petr 1,1 • 2: Jud 17 • 3: Jud 18 • 5: Gen 1,3–31 • 6: Gen 7,10–24

Die Verzögerung der Ankunft

[8] Das eine aber, liebe Brüder, dürft ihr nicht übersehen: dass beim Herrn ein Tag wie tausend Jahre und tausend Jahre wie ein Tag sind. [9] Der Herr zögert nicht mit der Erfüllung der Verheißung, wie einige meinen, die von Verzögerung reden; er ist nur geduldig mit euch, weil er nicht will, dass jemand zugrunde geht, sondern dass alle sich bekehren.

[10] Der Tag des Herrn wird aber kommen wie ein Dieb. Dann wird der Himmel prasselnd vergehen, die Elemente werden verbrannt und aufgelöst, die Erde und alles, was auf ihr ist, werden (nicht mehr) gefunden. [11] Wenn sich das alles in dieser Weise auflöst: wie heilig und fromm müsst ihr dann leben, [12] den Tag Gottes erwarten und seine Ankunft beschleunigen! An jenem Tag wird sich der Himmel im Feuer auflösen und die Elemente werden im Brand zerschmelzen. [13] Dann erwarten wir, seiner Verheißung gemäß, *einen neuen Himmel* und *eine neue Erde,* in denen die Gerechtigkeit wohnt.

8: Ps 90,4 • 9: 1 Tim 2,4 • 10: Mt 24,43; 1 Thess 5,2 • 13: Jes 65,17; 66,22; Offb 21,1

Das Zeugnis der Paulusbriefe

[14] Weil ihr das erwartet, liebe Brüder, bemüht euch darum, von ihm ohne Makel und Fehler und in Frieden angetroffen zu werden. [15] Seid überzeugt, dass die Geduld unseres Herrn eure Rettung ist. Das hat euch auch unser geliebter Bruder Paulus mit der ihm geschenkten Weisheit geschrieben; [16] es steht in allen seinen Briefen, in denen er davon spricht. In ihnen ist manches schwer zu verstehen und die Unwissenden, die noch nicht gefestigt sind, verdrehen diese Stellen ebenso wie die übrigen Schriften zu ihrem eigenen Verderben.

DER SCHLUSS DES BRIEFES: WUNSCH UND LOBPREIS: 3,17–18

[17] Ihr aber, liebe Brüder, sollt das im Voraus wissen und Acht geben, dass ihr euch nicht von dem Irrtum der Gottesverächter mitreißen lasst, euren Halt verliert und zu Fall kommt. [18] Wachset in der Gnade und Erkenntnis unseres Herrn und Retters Jesus Christus! Ihm gebührt die Herrlichkeit, jetzt und bis zum Tag der Ewigkeit. Amen.

18: Jud 25; Petr 4,11

DER ERSTE BRIEF DES JOHANNES

Dieses Schreiben wendet sich wahrscheinlich an einen örtlich begrenzten Kreis christlicher Gemeinden und ist wohl gegen Ende des 1. Jahrhunderts abgefasst. Nach Stil und Gedankengut ist der 1. Johannesbrief mit dem Johannesevangelium nah verwandt.

Der Verfasser rechnet sich zu einer Gruppe christlicher Lehrer (vgl. »wir« in 1,1–4 u. ö.), die im Kampf gegen Irrlehrer (vgl. 2,18; 4,1) das »von Anfang an« Verkündigte (2,7.24; 3,11) einschärfen wollen.

Das Schreiben mahnt zum Glauben an Jesus, den Christus und Sohn Gottes, und zur Bruderliebe. Es ist kunstvoll gegliedert und hat folgenden Aufbau: Vorrede (1,1–4); Gemeinschaft mit Gott durch ein Leben im Licht, das heißt durch Einhalten der Gebote (1,5 – 2,17); Abwehr der »Antichriste« und Festhalten am wahren Bekenntnis zu Christus (2,18–27); Gotteskindschaft und Erfüllung der Gerechtigkeit in tätiger Bruderliebe (2,28 – 3,24); Unterscheidung der Geister und Verwirklichung des Glaubens in der Liebe (4,1–21); der wahre Glaube als Sieg über die Welt und als Weg zum Leben (5,1–12); Abschluss: Sünde und ewiges Leben (5,13–21).

Der 1. Johannesbrief ist ein wichtiges Zeugnis für den wahren Glauben an Jesus Christus als Gottessohn und weist auf bleibende Grundlagen des christlichen Lebens hin (Bruderliebe, Überwindung der Sünde).

VORREDE: DAS WORT DES LEBENS: 1,1–4

1 Was von Anfang an war, was wir gehört haben,
was wir mit unseren Augen gesehen, was wir
geschaut und was unsere Hände angefasst haben,
das verkünden wir: das Wort des Lebens. 2 Denn
das Leben wurde offenbart; wir haben gesehen
und bezeugen und verkünden euch das ewige
Leben, das beim Vater war und uns offenbart
wurde.
3 Was wir gesehen und gehört haben, das verkün-
den wir auch euch, damit auch ihr Gemeinschaft
mit uns habt. Wir aber haben Gemeinschaft mit
dem Vater und mit seinem Sohn Jesus Christus.
4 Wir schreiben dies, damit unsere Freude voll-
kommen ist.

1: Joh 1,1–5.14 • 3: 1,7; Joh 17,20f; 1 Kor 1,9 • 4: Joh 15,11; 16,20.22.24; 17,13; 2 Joh 12

DAS LEBEN IN DER GEMEINSCHAFT MIT GOTT: 1,5 – 2,17

Das Wesen Gottes

5 Das ist die Botschaft, die wir von ihm gehört
haben und euch verkünden: Gott ist Licht und
keine Finsternis ist in ihm. 6 Wenn wir sagen, dass
wir Gemeinschaft mit ihm haben, und doch in der
Finsternis leben, lügen wir und tun nicht die
Wahrheit. 7 Wenn wir aber im Licht leben, wie er
im Licht ist, haben wir Gemeinschaft miteinander
und das Blut seines Sohnes Jesus reinigt uns von
aller Sünde.

5: 3,11; Dan 2,22; Joh 8,12; Jak 1,17 • 6: 2,4.11; Joh 3,20f • 7: Joh 8,12; 12,35f; Hebr 9,14.22

Christ und Sünde

8 Wenn wir sagen, dass wir keine Sünde haben,
führen wir uns selbst in die Irre und die Wahrheit
ist nicht in uns. 9 Wenn wir unsere Sünden beken-
nen, ist er treu und gerecht; er vergibt uns die Sün-
den und reinigt uns von allem Unrecht. 10 Wenn
wir sagen, dass wir nicht gesündigt haben, machen
wir ihn zum Lügner und sein Wort ist nicht in uns.
2 Meine Kinder, ich schreibe euch dies, damit
ihr nicht sündigt. Wenn aber einer sündigt,
haben wir einen Beistand beim Vater: Jesus Chris-

tus, den Gerechten. 2 Er ist die Sühne für unsere Sünden, aber nicht nur für unsere Sünden, sondern auch für die der ganzen Welt.

1,9: Ex 34,6f; Dtn 32,4 • 10: Spr 28,13 • 2,1: Joh 14,16f; 15,26; 17,12; Röm 8,34; Hebr 7,25 • 2: 4,10

Wahre Gotteserkenntnis

3 Wenn wir seine Gebote halten, erkennen wir, dass wir ihn erkannt haben. 4 Wer sagt: Ich habe ihn erkannt!, aber seine Gebote nicht hält, ist ein Lügner und die Wahrheit ist nicht in ihm. 5 Wer sich aber an sein Wort hält, in dem ist die Gottesliebe wahrhaft vollendet. Wir erkennen daran, dass wir in ihm sind. 6 Wer sagt, dass er in ihm bleibt, muss auch leben, wie er gelebt hat.

4: 1,6 • 5: 5,3; Joh 14,21.23 • 6: Joh 13,41f

Das neue Gebot

7 Liebe Brüder, ich schreibe euch kein neues Gebot, sondern ein altes Gebot, das ihr von Anfang an hattet. Das alte Gebot ist das Wort, das ihr gehört habt. 8 Und doch schreibe ich euch ein neues Gebot, etwas, das in ihm und in euch verwirklicht ist; denn die Finsternis geht vorüber und schon leuchtet das wahre Licht. 9 Wer sagt, er sei im Licht, aber seinen Bruder hasst, ist noch in der Finsternis. 10 Wer seinen Bruder liebt, bleibt im Licht; da gibt es für ihn kein Straucheln. 11 Wer aber seinen Bruder hasst, ist in der Finsternis. Er geht in der Finsternis und weiß nicht, wohin er geht; denn die Finsternis hat seine Augen blind gemacht.

8: Joh 13,34; Röm 13,12 • 9: 4,20 • 10: Joh 11,9 • 11: Joh 11,10; 12,35

Christ und Welt

12 Ich schreibe euch, ihr Kinder, dass euch durch seinen Namen die Sünden vergeben sind. 13 Ich schreibe euch, ihr Väter, dass ihr den erkannt habt, der von Anfang an ist. Ich schreibe euch, ihr jungen Männer, dass ihr den Bösen besiegt habt. 14 Ich schreibe euch, ihr Kinder, dass ihr den Vater erkannt habt. Ich schreibe euch, ihr Väter, dass ihr den erkannt habt, der von Anfang an ist. Ich schreibe euch, ihr jungen Männer, dass ihr stark seid, dass das Wort Gottes in euch bleibt und dass ihr den Bösen besiegt habt.

15 Liebt nicht die Welt und was in der Welt ist! Wer die Welt liebt, hat die Liebe zum Vater nicht. 16 Denn alles, was in der Welt ist, die Begierde des Fleisches, die Begierde der Augen und das Prahlen mit dem Besitz, ist nicht vom Vater, sondern von der Welt.

17 Die Welt und ihre Begierde vergeht; wer aber den Willen Gottes tut, bleibt in Ewigkeit.

15: Joh 5,42 • 16: Spr 27,20

DIE BEWÄHRUNG DES GLAUBENS: 2,18 – 3,24

Das Auftreten von Irrlehrern

18 Meine Kinder, es ist die letzte Stunde. Ihr habt gehört, dass der Antichrist kommt, und jetzt sind viele Antichriste gekommen. Daran erkennen wir, dass es die letzte Stunde ist. 19 Sie sind aus unserer Mitte gekommen, aber sie gehörten nicht zu uns; denn wenn sie zu uns gehört hätten, wären sie bei uns geblieben. Es sollte aber offenbar werden, dass sie alle nicht zu uns gehörten. 20 Ihr habt die Salbung von dem, der heilig ist, und ihr alle wisst es.

21 Ich schreibe euch nicht, dass ihr die Wahrheit nicht wisst, sondern ich schreibe euch, dass ihr sie wisst und dass keine Lüge von der Wahrheit stammt.

22 Wer ist der Lügner – wenn nicht der, der leugnet, dass Jesus der Christus ist? Das ist der Antichrist: wer den Vater und den Sohn leugnet.

23 Wer leugnet, dass Jesus der Sohn ist, hat auch den Vater nicht; wer bekennt, dass er der Sohn ist, hat auch den Vater. 24 Für euch gilt: Was ihr von Anfang an gehört habt, soll in euch bleiben; wenn das, was ihr von Anfang an gehört habt, in euch bleibt, dann bleibt ihr im Sohn und im Vater. 25 Und seine Verheißung an uns ist das ewige Leben.

26 Dies habe ich euch über die geschrieben, die euch in die Irre führen. 27 Für euch aber gilt: Die Salbung, die ihr von ihm empfangen habt, bleibt in euch und ihr braucht euch von niemand belehren zu lassen. Alles, was seine Salbung euch lehrt, ist wahr und keine Lüge. Bleibt in ihm, wie es euch seine Salbung gelehrt hat.

18: 1 Tim 4,1; 2 Thess 2,3f • 20: 2,27; 2 Kor 1,21 • 23: 4,15; Joh 5,23; 12,44f; 14,6f • 25: Joh 5,24; 6,40; 17,2 • 27: Joh 14,26; 16,13

Mahnung zur Treue

28 Und jetzt, meine Kinder, bleibt in ihm, damit
wir, wenn er erscheint, die Zuversicht haben und
bei seinem Kommen nicht zu unserer Schande von
ihm gerichtet werden. 29 Wenn ihr wisst, dass er ge-
recht ist, erkennt auch, dass jeder, der die Gerech-
tigkeit tut, von Gott stammt.

Das Geschenk der Kindschaft Gottes

3 Seht, wie groß die Liebe ist, die der Vater uns
geschenkt hat: Wir heißen Kinder Gottes und
wir sind es. Die Welt erkennt uns nicht, weil sie ihn
nicht erkannt hat. 2 Liebe Brüder, jetzt sind wir
Kinder Gottes. Aber was wir sein werden, ist noch
nicht offenbar geworden. Wir wissen, dass wir ihm
ähnlich sein werden, wenn er offenbar wird; denn
wir werden ihn sehen, wie er ist. 3 Jeder, der dies
von ihm erhofft, heiligt sich, so wie Er heilig ist.
4 Jeder, der die Sünde tut, handelt gesetzwidrig;
denn Sünde ist Gesetzwidrigkeit. 5 Ihr wisst, dass
er erschienen ist, um die Sünde wegzunehmen,
und er selbst ist ohne Sünde. 6 Jeder, der in ihm
bleibt, sündigt nicht. Jeder, der sündigt, hat ihn
nicht gesehen und ihn nicht erkannt. 7 Meine Kin-
der, lasst euch von niemand in die Irre führen! Wer
die Gerechtigkeit tut, ist gerecht, wie Er gerecht ist.
8 Wer die Sünde tut, stammt vom Teufel; denn der
Teufel sündigt von Anfang an. Der Sohn Gottes
aber ist erschienen, um die Werke des Teufels zu
zerstören. 9 Jeder, der von Gott stammt, tut keine
Sünde, weil Gottes Same in ihm bleibt. Er kann
nicht sündigen, weil er von Gott stammt. 10 Daran
kann man die Kinder Gottes und die Kinder des
Teufels erkennen: Jeder, der die Gerechtigkeit
nicht tut und seinen Bruder nicht liebt, ist nicht
aus Gott.

1: Joh 1,12f; Röm 8,14–17; Eph 1,5 • 2: Kol 3,4; 1 Kor 13,12 •
5: Joh 1,29; Hebr 7,26 • 8: 3,12; Gen 3,15; Joh 8,34.44

Aufruf zur Bruderliebe

11 Denn das ist die Botschaft, die ihr von Anfang an
gehört habt: Wir sollen einander lieben 12 und
nicht wie Kain handeln, der von dem Bösen
stammte und seinen Bruder erschlug. Warum hat
er ihn erschlagen? Weil seine Taten böse, die Taten
seines Bruders aber gerecht waren.
13 Wundert euch nicht, meine Brüder, wenn die
Welt euch hasst. 14 Wir wissen, dass wir aus dem
Tod in das Leben hinübergegangen sind, weil wir
die Brüder lieben. Wer nicht liebt, bleibt im Tod.
15 Jeder, der seinen Bruder hasst, ist ein Mörder
und ihr wisst: Kein Mörder hat ewiges Leben,
das in ihm bleibt. 16 Daran haben wir die Liebe
erkannt, dass Er sein Leben für uns hingegeben
hat. So müssen auch wir für die Brüder das Leben
hingeben. 17 Wenn jemand Vermögen hat und sein
Herz vor dem Bruder verschließt, den er in Not
sieht, wie kann die Gottesliebe in ihm bleiben?
18 Meine Kinder, wir wollen nicht mit Wort und
Zunge lieben, sondern in Tat und Wahrheit.

11: 1,5; 2,7; Joh 13,34 • 12: Gen 4,8 • 13: Joh 15,18–21 • 14: Joh 5,24;
11,26 • 15: Mt 5,21–26; Joh 8,44 • 16: Joh 13,1; 15,12f • 17: 4,20;
Jak 2,15f • 18: Jak 1,25; 2,12.15–17

Die Zuversicht der Kinder Gottes

19 Daran werden wir erkennen, dass wir aus der
Wahrheit sind, und werden unser Herz in seiner
Gegenwart beruhigen. 20 Denn wenn das Herz uns
auch verurteilt – Gott ist größer als unser Herz
und er weiß alles. 21 Liebe Brüder, wenn das Herz
uns aber nicht verurteilt, haben wir gegenüber
Gott Zuversicht; 22 alles, was wir erbitten, empfan-
gen wir von ihm, weil wir seine Gebote halten und
tun, was ihm gefällt. 23 Und das ist sein Gebot: Wir
sollen an den Namen seines Sohnes Jesus Christus
glauben und einander lieben, wie es seinem Gebot
entspricht. 24 Wer seine Gebote hält, bleibt in Gott
und Gott in ihm. Und dass er in uns bleibt, erken-
nen wir an dem Geist, den er uns gegeben hat.

22: Joh 14,13f; 15,7; 16,23f.26 • 23: Joh 13,34; 15,12.17 •
24: Joh 14,21–23

DER GLAUBE ALS WEG ZUM LEBEN: 4,1 – 5,12

Über die Unterscheidung der Geister

4 Liebe Brüder, traut nicht jedem Geist, son-
dern prüft die Geister, ob sie aus Gott sind;
denn viele falsche Propheten sind in die Welt hi-
nausgezogen. 2 Daran erkennt ihr den Geist Got-
tes: Jeder Geist, der bekennt, Jesus Christus sei im
Fleisch gekommen, ist aus Gott. 3 Und jeder Geist,
der Jesus nicht bekennt, ist nicht aus Gott. Das ist
der Geist des Antichrists, über den ihr gehört habt,
dass er kommt. Jetzt ist er schon in der Welt.
4 Ihr aber, meine Kinder, seid aus Gott und habt sie
besiegt; denn Er, der in euch ist, ist größer als jener,
der in der Welt ist. 5 Sie sind aus der Welt; deshalb
sprechen sie, wie die Welt spricht, und die Welt
hört auf sie. 6 Wir aber sind aus Gott. Wer Gott
erkennt, hört auf uns; wer nicht aus Gott ist, hört
nicht auf uns. Daran erkennen wir den Geist der
Wahrheit und den Geist des Irrtums.

1: 1 Kor 12,10; 1 Thess 5,21 • 2: 1 Kor 12,3 • 3: 2,18.22; 2 Joh 7 •
6: Joh 8,47; 14,17; 15,26; 16,13

Die Vollendung des Glaubens in der Liebe

7 Liebe Brüder, wir wollen einander lieben; denn
die Liebe ist aus Gott und jeder, der liebt, stammt
von Gott und erkennt Gott. 8 Wer nicht liebt, hat
Gott nicht erkannt; denn Gott ist die Liebe. 9 Die
Liebe Gottes wurde unter uns dadurch offenbart,
dass Gott seinen einzigen Sohn in die Welt gesandt
hat, damit wir durch ihn leben. 10 Nicht darin be-
steht die Liebe, dass wir Gott geliebt haben, son-
dern dass er uns geliebt und seinen Sohn als Sühne
für unsere Sünden gesandt hat. 11 Liebe Brüder,
wenn Gott uns so geliebt hat, müssen auch wir ei-
nander lieben. 12 Niemand hat Gott je geschaut;
wenn wir einander lieben, bleibt Gott in uns und
seine Liebe ist in uns vollendet. 13 Daran erkennen
wir, dass wir in ihm bleiben und er in uns bleibt:
Er hat uns von seinem Geist gegeben. 14 Wir haben
gesehen und bezeugen, dass der Vater den Sohn
gesandt hat als den Retter der Welt. 15 Wer bekennt,
dass Jesus der Sohn Gottes ist, in dem bleibt Gott
und er bleibt in Gott. 16a Wir haben die Liebe, die
Gott zu uns hat, erkannt und gläubig angenommen.

7: 4,16 • 9: Joh 3,16; Röm 3,25; 5,8 • 12: Joh 1,18; 5,37; 6,46 •
14: Joh 4,42

Furcht und Liebe

16b Gott ist die Liebe, und wer in der Liebe bleibt,
bleibt in Gott und Gott bleibt in ihm. 17 Darin ist
unter uns die Liebe vollendet, dass wir am Tag des
Gerichts Zuversicht haben. Denn wie er, so sind
auch wir in dieser Welt. 18 Furcht gibt es in der
Liebe nicht, sondern die vollkommene Liebe ver-
treibt die Furcht. Denn die Furcht rechnet mit
Strafe(,) und wer sich fürchtet, dessen Liebe ist
nicht vollendet.
19 Wir wollen lieben, weil er uns zuerst geliebt hat.
20 Wenn jemand sagt: Ich liebe Gott!, aber seinen
Bruder hasst, ist er ein Lügner. Denn wer seinen
Bruder nicht liebt, den er sieht, kann Gott nicht
lieben, den er nicht sieht. 21 Und dieses Gebot
haben wir von ihm: Wer Gott liebt, soll auch sei-
nen Bruder lieben.

19: 4,9f • 21: Mt 22,37–40; Joh 14,15.21; 15,17

Der Glaube als Sieg über die Welt

5 Jeder, der glaubt, dass Jesus der Christus ist,
stammt von Gott und jeder, der den Vater
liebt, liebt auch den, der von ihm stammt. 2 Wir
erkennen, dass wir die Kinder Gottes lieben, wenn
wir Gott lieben und seine Gebote erfüllen.
3 Denn die Liebe zu Gott besteht darin, dass wir
seine Gebote halten. Seine Gebote sind nicht
schwer. 4 Denn alles, was von Gott stammt, besiegt
die Welt. Und das ist der Sieg, der die Welt besiegt
hat: unser Glaube. 5 Wer sonst besiegt die Welt,
außer dem, der glaubt, dass Jesus der Sohn Gottes
ist? 6 Dieser ist es, der durch Wasser und Blut ge-
kommen ist: Jesus Christus. Er ist nicht nur im
Wasser gekommen, sondern im Wasser und im
Blut. Und der Geist ist es, der Zeugnis ablegt; denn
der Geist ist die Wahrheit. 7 Drei sind es, die Zeug-
nis ablegen: 8 der Geist, das Wasser und das Blut;
und diese drei sind eins.

1: 4,15; Joh 1,12; 3,3 • 4: 2,14 • 6: Joh 19,34; 1,33; 14,26

Das Zeugnis Gottes

9 Wenn wir von Menschen ein Zeugnis annehmen,
so ist das Zeugnis Gottes gewichtiger; denn das ist
das Zeugnis Gottes: Er hat Zeugnis abgelegt für
seinen Sohn. 10 Wer an den Sohn Gottes glaubt,

trägt das Zeugnis in sich. Wer Gott nicht glaubt,
macht ihn zum Lügner, weil er nicht an das Zeug-
nis glaubt, das Gott für seinen Sohn abgelegt hat.
11 Und das Zeugnis besteht darin, dass Gott uns das
ewige Leben gegeben hat; und dieses Leben ist in
seinem Sohn. 12 Wer den Sohn hat, hat das Leben;
wer den Sohn Gottes nicht hat, hat das Leben nicht.

9: Joh 5,32.36f • 10: Joh 8,44 • 11: Joh 1,4; 5,21.24.26

SCHLUSSMAHNUNG: SÜNDE UND EWIGES LEBEN: 5,13–21

13 Dies schreibe ich euch, damit ihr wisst, dass ihr
das ewige Leben habt; denn ihr glaubt an den
Namen des Sohnes Gottes. 14 Wir haben ihm ge-
genüber die Zuversicht, dass er uns hört, wenn
wir etwas erbitten, das seinem Willen entspricht.
15 Wenn wir wissen, dass er uns bei allem hört, was
wir erbitten, dann wissen wir auch, dass er unsere
Bitten schon erfüllt hat. 16 Wer sieht, dass sein Bru-
der eine Sünde begeht, die nicht zum Tod führt,
soll (für ihn) bitten; und Gott wird ihm Leben
geben, allen, deren Sünde nicht zum Tod führt.
Denn es gibt Sünde, die zum Tod führt. Von ihr
spreche ich nicht, wenn ich sage, dass er bitten soll.
17 Jedes Unrecht ist Sünde; aber es gibt Sünde, die
nicht zum Tod führt. 18 Wir wissen: Wer von Gott
stammt, sündigt nicht, sondern der von Gott Ge-
zeugte bewahrt ihn und der Böse tastet ihn nicht
an. 19 Wir wissen: Wir sind aus Gott, aber die ganze
Welt steht unter der Macht des Bösen. 20 Wir wis-
sen aber: Der Sohn Gottes ist gekommen und er
hat uns Einsicht geschenkt, damit wir (Gott) den
Wahren erkennen. Und wir sind in diesem Wah-
ren, in seinem Sohn Jesus Christus. Er ist der
wahre Gott und das ewige Leben. 21 Meine Kinder,
hütet euch vor den Götzen!

13: Joh 20,31 • 14: Joh 14,13f • 16: Joh 15,22–24; Mt 12,31; Hebr 6,4–6; 10,26–29 • 18: 3,6.9; Joh 1,13.18 • 19: Joh 8,47; 12,31; 14,30 • 20: Joh 17,3; 20,28

DER ZWEITE BRIEF DES JOHANNES

Der 2. Johannesbrief entspricht in der Anlage antiken Briefen, die gewöhnlich den Umfang eines Papyrusblattes hatten (vgl. 3 Joh). Der Verfasser stellt sich als »der Alte« oder »der Älteste« vor und weist damit auf seine Autorität hin. Über seine Person wissen wir nichts Sicheres. Nach dem einleitenden Gruß (VV. 1–3) mahnt er zunächst zu christlicher Lebensführung entsprechend dem Liebesgebot (VV. 4–6), warnt vor Irrlehrern und gibt die Anweisung, ihnen keine Aufnahme und Gemeinschaft zu gewähren (VV. 7–11). Dann kündigt er seinen baldigen Besuch an und schließt mit Grüßen der Gemeinde, in der er sich befindet (VV. 12–13).

Nach Stil und Inhalt steht das Schreiben dem 1. Johannesbrief nahe (Liebesgebot, Irrlehren über Christus). Durch die eigentümliche Bezeichnung des Absenders ist er mit dem 3. Johannesbrief verbunden; beide sind wohl demselben Verfasser zuzuweisen. Im Unterschied zum 3. Johannesbrief ist der zweite (vgl. VV. 1 und 13) ein Gemeindebrief.

Der Brief gibt Einblick in christliches Denken um 100 n. Chr. und zeigt, wie sich die Kirche damals gegen umherziehende Irrlehrer verteidigt. Obwohl das Liebesgebot stark betont ist, wird eine scharfe Trennungslinie zu den »Verführern« gezogen.

ANSCHRIFT UND GRUSS: 1–3

1 Der Älteste an die von Gott auserwählte Herrin
und an ihre Kinder, die ich in Wahrheit liebe; aber
nicht nur ich, sondern auch alle, die die Wahrheit
erkannt haben, lieben sie 2 aufgrund der Wahrheit,
die in uns bleibt. Und sie wird mit uns sein in
Ewigkeit. 3 Gnade wird mit uns sein, Erbarmen
und Friede von Gott, dem Vater, und von Jesus
Christus, dem Sohn des Vaters, in Wahrheit und
Liebe.

1: 3 Joh 1 • 2: Joh 14,17

LEBEN IN DER WAHRHEIT: 4–6

4 Ich habe mich sehr gefreut(,) unter deinen Kin-
dern solche zu finden, die in der Wahrheit leben,
gemäß dem Gebot, das wir vom Vater empfangen
haben. 5 Und so bitte ich dich, Herrin, nicht als
wollte ich dir ein neues Gebot schreiben, sondern
nur das, das wir von Anfang an hatten: dass wir
einander lieben sollen. 6 Denn die Liebe besteht
darin, dass wir nach seinen Geboten leben. Das
Gebot, das ihr von Anfang an gehört habt, lautet:
Ihr sollt in der Liebe leben.

4: 3 Joh 3 • 5: 1 Joh 2,7–11 • 6: Joh 14,21; 1 Joh 5,3

ABWEISUNG VON IRRLEHRERN: 7–11

7 Viele Verführer sind in die Welt hinausgegangen;
sie bekennen nicht, dass Jesus Christus im Fleisch
gekommen ist. Das ist der Verführer und der
Antichrist.

8 Achtet auf euch, damit ihr nicht preisgebt, was
wir erarbeitet haben, sondern damit ihr den vollen
Lohn empfangt. 9 Jeder, der darüber hinausgeht
und nicht in der Lehre Christi bleibt, hat Gott
nicht. Wer aber in der Lehre bleibt, hat den Vater
und den Sohn.

10 Wenn jemand zu euch kommt und nicht diese
Lehre mitbringt, dann nehmt ihn nicht in euer
Haus auf, sondern verweigert ihm den Gruß.
11 Denn wer ihm den Gruß bietet, macht sich mit-
schuldig an seinen bösen Taten.

7: 1 Joh 2,18.22; 4,2f • 9: 1 Joh 2,23f

SCHLUSSGRÜSSE: 12–13

12 Vieles hätte ich euch noch zu schreiben; ich will
es aber nicht mit Papier und Tinte tun, sondern
hoffe, selbst zu euch zu kommen und persönlich
mit euch zu sprechen, damit unsere Freude voll-
kommen wird. 13 Es grüßen dich die Kinder dei-
ner auserwählten Schwester.

12: 3 Joh 13f

DER DRITTE BRIEF DES JOHANNES

Der 3. Johannesbrief ist wie der zweite von dem »Alten« oder »Ältesten« verfasst. Es ist ein persönlicher Brief an einen sonst unbekannten Gaius, der zu einem mit dem Absender verbundenen Freundeskreis gehört (vgl. V. 15). Drei Anliegen kommen darin zur Sprache: die Unterstützung von Wandermissionaren (VV. 2–8), die Zurückweisung eines herrschsüchtigen Gemeindeleiters namens Diotrephes, der die Bemühungen des Briefschreibers hindert und Christen aus der Gemeinde ausschließt (VV. 9–10), sowie eine Empfehlung für einen gewissen Demetrius (VV. 11–12). Der Briefschluss (VV. 13–15) gleicht dem des 2. Johannesbriefs.

Die Gemeinde, in der sich der Empfänger befindet, kann kaum dieselbe wie die Empfängerin des 2. Johannesbriefs sein. Von Irrlehrern ist keine Rede. Wegen des gleichen Verfassers muss dieser Brief etwa aus der gleichen Zeit wie der 2. Johannesbrief stammen (Ende des 1. Jahrhunderts).

Der 3. Johannesbrief ist wertvoll für die Kenntnis damaliger Gemeindeverhältnisse: Es gibt noch keine feste kirchliche Verfassung, aber lebendige Gemeindezellen, Wandermissionare und den Einfluss eines über die Ortsgemeinden hinaus wirkenden Mannes.

ANSCHRIFT UND GRUSS: 1–4

1 Der Älteste an den geliebten Gaius, den ich in
Wahrheit liebe.
2 Lieber Bruder, ich wünsche dir in jeder Hinsicht
Wohlergehen und Gesundheit, so wie es deiner
Seele wohlergeht. 3 Denn ich habe mich sehr ge-
freut, als Brüder kamen, die für deine Treue zur
Wahrheit Zeugnis ablegten und berichteten, wie
du in der Wahrheit lebst. 4 Ich habe keine größere
Freude, als zu hören, dass meine Kinder in der
Wahrheit leben.

1: 2 Joh 1

UNTERSTÜTZUNG VON MISSIONAREN: 5–8

5 Lieber Bruder, du handelst treu in allem, was du
an den Brüdern, sogar an fremden Brüdern tust.
6 Sie haben vor der Gemeinde für deine Liebe
Zeugnis abgelegt. Du wirst gut daran tun, wenn du
sie für ihre Reise so ausrüstest, wie es Gottes wür-
dig ist. 7 Denn für seinen Namen sind sie ausgezo-
gen und haben von den Heiden nichts angenom-
men. 8 Darum sind wir verpflichtet, solche Män-
ner aufzunehmen, damit auch wir zu Mitarbeitern
für die Wahrheit werden.

ZURECHTWEISUNG DES DIOTREPHES: 9–10

9 Ich habe der Gemeinde geschrieben. Aber Dio-
trephes, der unter ihnen der Erste sein will, erkennt
uns nicht an. 10 Deshalb werde ich, wenn ich kom-
me, an sein Tun und Treiben erinnern. Mit bösen
Worten hetzt er gegen uns und gibt sich damit
noch nicht zufrieden; sondern er selbst nimmt die
Brüder nicht auf und hindert alle daran, die es tun
wollen, und schließt diese aus der Gemeinde aus.

EMPFEHLUNG DES DEMETRIUS: 11–12

11 Lieber Bruder, ahme nicht das Böse nach, son-
dern das Gute! Wer das Gute tut, ist aus Gott; wer
aber das Böse tut, hat Gott nicht gesehen. 12 Für
Demetrius legen alle und die Wahrheit selbst
Zeugnis ab; auch wir legen für ihn Zeugnis ab und
du weißt, dass unser Zeugnis wahr ist.

11: 1 Joh 2,3; 3,6.10 • 12: Joh 19,35; 21,24

SCHLUSSGRÜSSE: 13–15

13 Vieles hätte ich dir noch zu schreiben; ich will es
aber nicht mit Tinte und Feder tun. 14 Ich hoffe,
dich bald zu sehen; dann werden wir persönlich
miteinander sprechen. 15 Friede sei mit dir! Es grü-
ßen dich die Freunde. Grüße die Freunde, jeden
einzelnen!

13f: 2 Joh 12

DER BRIEF DES JUDAS

Der Verfasser stellt sich in V. 1 als »Judas, Bruder des Jakobus« vor. Er beruft sich auf Jakobus, weil dieser eine bei den Empfängern des Briefs angesehene Persönlichkeit ist. Mit Judas kann also nur der »Bruder des Herrn« gemeint sein, der in Mt 13,55 und Mk 6,3 neben Jakobus und weiteren Brüdern Jesu genannt wird.

Der Judasbrief ist sicher vor dem 2. Petrusbrief geschrieben, da dieser ihn in Kap. 2 benützt. Er will vor Irrlehrern warnen, die den Glauben gefährden und die Gemeinde spalten. Den falschen Lehrern wird Gottlosigkeit, ausschweifendes Leben, Leugnung der alleinigen Herrschaft Christi und Missachtung der Engel vorgeworfen (VV. 3–4.8–16.19). Diese Angaben reichen nicht aus, um auf eine bestimmte Irrlehre zu schließen.

Der Aufbau des Briefs ist einfach. Im ersten Teil (VV. 3–16) droht Judas den falschen Lehrern das Gericht Gottes an. Er verweist auf warnende Beispiele im Alten Testament und beruft sich auch auf außerbiblische jüdische Überlieferungen (»Buch des Henoch« in den VV. 7 und 14, »Himmelfahrt des Mose« in V. 9). Der zweite Teil (VV. 17–23) wendet sich an die treu gebliebenen Christen. Sie sollen festhalten am Glauben und am Gebet, an der Liebe und an der Hoffnung und sie sollen sich der Brüder annehmen, die in Gefahr sind.

ANSCHRIFT UND GRUSS: 1–2

1 Judas, Knecht Jesu Christi, Bruder des Jakobus,
an die Berufenen, die von Gott, dem Vater, geliebt
und für Jesus Christus bestimmt und bewahrt
sind. 2 Erbarmen, Frieden und Liebe seien mit
euch in Fülle.

1: Jak 1,1 • 2: 2 Petr 1,2

WARNUNG VOR IRRLEHRERN: 3–16

Das Auftreten falscher Lehrer

3 Liebe Brüder, da es mich sehr drängt, euch über
unsere gemeinsame Rettung zu schreiben, halte
ich es für notwendig, euch mit diesem Brief zu
ermahnen: Kämpft für den überlieferten Glauben,
der den Heiligen ein für allemal anvertraut ist.
4 Denn es haben sich einige Leute eingeschlichen,
die schon seit langem für das Gericht vorgemerkt
sind: gottlose Menschen, die die Gnade unseres
Gottes dazu missbrauchen, ein zügelloses Leben
zu führen, und die Jesus Christus, unseren einzi-
gen Herrscher und Herrn, verleugnen.

3–16: 2 Petr 2,1–22 • 3: 1 Tim 1,18 • 4: Gal 2,4

Das drohende Gericht über die Irrlehrer

5 Zwar wisst ihr alles ein für allemal; aber ich will
euch dennoch daran erinnern: Obwohl der Herr
das Volk aus Ägypten gerettet hatte, hat er später
alle vernichtet, die nicht glaubten. 6 Die Engel, die
ihren hohen Rang missachtet und ihren Wohnsitz
verlassen haben, hat er mit ewigen Fesseln in der
Finsternis eingeschlossen, um sie am großen Tag
zu richten.
7 Auch Sodom und Gomorra und ihre Nachbar-
städte sind ein Beispiel: In ähnlicher Weise wie
jene trieben sie Unzucht und wollten mit Wesen
anderer Art verkehren; daher werden sie mit ewi-
gem Feuer bestraft.

5: 2 Petr 1,12 • 6: Gen 6,1–4 • 7: Henochbuch 6,1–7; 10,4–6;
Gen 19,4–11.23–25

Der Weg der Irrlehrer

8 Genauso beflecken sich auch diese Träumer, sie
missachten die Macht des Herrn und lästern die
überirdischen Mächte. 9 Als der Erzengel Michael
mit dem Teufel rechtete und über den Leichnam
des Mose stritt, wagte er nicht, den Teufel zu
lästern und zu verurteilen, sondern sagte: *Der Herr*
weise dich in die Schranken. 10 Diese jedoch lästern
über alles, was sie nicht kennen; was sie aber wie
die unvernünftigen Tiere von Natur aus verstehen,
daran gehen sie zugrunde. 11 Weh ihnen! Sie sind
den Weg Kains gegangen, aus Habgier sind sie dem
Irrtum Bileams verfallen, der Aufruhr Korachs hat
sie ins Verderben gestürzt. 12 Diese Menschen sind
ein Schandfleck bei eurem Liebesmahl, an dem sie
ohne Scheu teilnehmen und es sich gut gehen las-
sen; sie sind Hirten, die eine Weide für sich selber
suchen. Wasserlose Wolken sind sie, von den Win-
den dahingetrieben; Bäume, die im Herbst keine
Frucht tragen, zweimal verdorrt und entwurzelt;
13 wilde Meereswogen, die ihre eigene Schande ans
Land spülen; Sterne, die keine feste Bahn haben;
ihnen ist auf ewig die dunkelste Finsternis be-
stimmt.
14 Auch ihnen gilt, was schon Henoch, der siebte
nach Adam, geweissagt hat: »Seht, der Herr
kommt mit seinen heiligen Zehntausenden, 15 um
über alle Gericht zu halten und alle Gottlosen zu
bestrafen wegen all ihrer gottlosen Taten, die sie
verübt haben, und wegen all der frechen Reden,
die die gottlosen Sünder gegen ihn geführt ha-
ben.« 16 Sie sind Nörgler, immer unzufrieden mit
ihrem Geschick; sie lassen sich von ihren Begier-
den leiten; sie nehmen große Worte in den Mund
und schmeicheln den Menschen aus Eigennutz.

9: Sach 3,2 • 11: Gen 4,3–8; Num 22–24; Num 16 • 14: Henochbuch
1,9

ERMAHNUNG ZUR TREUE UND ZUR SORGE UM GEFÄHRDETE MITCHRISTEN: 17–23

17 Ihr aber, liebe Brüder, denkt an die Worte, die
von den Aposteln Jesu Christi, unseres Herrn, im
Voraus verkündet worden sind, 18 als sie euch sag-
ten: Am Ende der Zeit wird es Spötter geben, die
sich von ihren gottlosen Begierden leiten lassen.
19 Sie werden die Einheit zerstören, denn es sind
irdisch gesinnte Menschen, die den Geist nicht
besitzen.
20 Ihr aber, liebe Brüder, gründet euch auf euren
hochheiligen Glauben, und baut darauf weiter,
betet in der Kraft des Heiligen Geistes, 21 haltet fest
an der Liebe Gottes und wartet auf das Erbarmen

Jesu Christi, unseres Herrn, der euch das ewige
Leben schenkt. 22 Erbarmt euch derer, die zweifeln;
23 rettet sie, entreißt sie dem Feuer! Der anderen
aber erbarmt euch voll Furcht; verabscheut sogar
das Gewand eines Menschen, der der Sünde verfallen ist.

17: 2 Petr 3,2 • 18: 2 Petr 3,3 • 20: Kol 2,7 • 23: Am 4,11; Sach 3,2

BRIEFSCHLUSS: 24–25

24 Dem einen Gott aber, der die Macht hat, euch
vor jedem Fehltritt zu bewahren und euch untadelig und voll Freude vor seine Herrlichkeit treten
zu lassen, 25 ihm, der uns durch Jesus Christus,
unseren Herrn, rettet, gebührt die Herrlichkeit, Hoheit, Macht und Gewalt vor aller Zeit und jetzt und für alle Zeiten. Amen.

24: Röm 16,27 • 25: 2 Petr 3,18

DIE OFFENBARUNG DES JOHANNES

Das letzte Buch des Neuen Testaments heißt »Offenbarung« oder »Apokalypse« (griechisch: apokálypsis, Enthüllung). Der Titel stammt vom Verfasser selbst (1,1).

Apokalypsen gab es schon in alttestamentlicher Zeit. Das bekannteste Beispiel ist das Buch Daniel (Kap. 7 – 12), das zur Zeit der Religionsverfolgung durch den Syrerkönig Antiochus IV. Epiphanes (167–164 v. Chr.) geschrieben wurde, um die Israeliten zum treuen Festhalten am Bundesgott und seinem Gesetz aufzurufen. Eine ähnliche Situation führte zur Abfassung der neutestamentlichen Apokalypse, die gegen Ende der Regierungszeit des römischen Kaisers Domitian (81–96 n. Chr.) geschrieben wurde.

Der Verfasser rechnet damit, dass der Zwang zur göttlichen Verehrung des Kaisers in nächster Zukunft zu einer schweren Verfolgung der Kirche führen wird. Domitian verlangte, als »Herr und Gott« angeredet zu werden. In der römischen Provinz Asien wurde der Kaiserkult schon seit langem mit besonderem Eifer betrieben. Sieben Gemeinden dieser Provinz, die zugleich die ganze Kirche repräsentieren, sind denn auch die unmittelbaren Adressaten des Buches (1,4.11).

Der uns nicht näher bekannte Verfasser nennt sich schlicht »Knecht Johannes«; er muss aber eine Persönlichkeit von hoher Autorität gewesen sein. Seine gründliche Kenntnis des Alten Testaments und der außerbiblischen jüdischen Offenbarungsschriften (Apokalypsen) weisen auf judenchristliche Herkunft hin. Er ist der Erste, der eine selbstständige christliche Apokalypse verfasst hat. Den Auftrag dazu hat er nach seinen eigenen Worten in einer Vision (Schau) vom himmlischen Christus erhalten (1,10–20).

Auf die einleitende Vision folgen zuerst die sog. Sendschreiben, in denen sich der himmlische Christus anerkennend, tadelnd und mahnend an die sieben Gemeinden wendet (Kap. 2 – 3). Der ungleich längere Hauptteil (4,1 – 22,15) beginnt mit der großen Vision vom thronenden Gott im Kreis des himmlischen Hofstaates.

Die Offenbarung geschieht, wie in vorchristlichen apokalyptischen Schriften, auch in der christlichen Apokalypse durch »Visionen« und »Auditionen« (Schauen und Hören von himmlischen Botschaften). Wie seine Vorgänger bedient sich auch Johannes nicht nur der gewöhnlichen, ohne weiteres verständlichen

Sprache, sondern er verwendet vor allem Bilder, Symbole und allegorische Szenen. Und wie dort ist auch hier das Hauptthema der bevorstehende Triumph der Herrschaft Gottes. Trotz dieser Gemeinsamkeiten ist die Apokalypse des Johannes aber eine echt christliche Schrift mit alttestamentlich- jüdischen Zeugnissen. Der endgültige Sieg Gottes, der für die vorchristlichen »Apokalyptiker« noch reine Zukunft ist, hat mit der Auferstehung Jesu bereits begonnen. Ziel der Geschichte kann demnach nur noch die Vollendung und volle Offenbarung dieses Sieges sein. Der prophetische Verfasser will im Blick auf die beginnende Auseinandersetzung zwischen Christuskult und Kaiserkult die noch ausstehenden Ereignisse der Endzeit mit den Ausdrucksmitteln einer Apokalypse veranschaulichen.

Die Offenbarung des Johannes will nicht den Gang der Welt- und Kirchengeschichte voraussagen. Ebenso wenig ist es ihre Absicht, das mit der baldigen Wiederkunft Christi verbundene Geschehen in seinem Ablauf genau zu beschreiben. Mit ihren zahlreichen, dem heutigen Leser weithin fremden Bildern will sie vielmehr bedeutsame Wahrheiten über das Schicksal der Kirche und der ungläubigen Menschheit verkünden, um in den Christen die Bereitschaft zum Martyrium zu stärken. Als Zeugnis des unerschütterlichen Glaubens an den Sieg Christi und seiner Getreuen ist diese einzige prophetische Schrift des Neuen Testaments das große Trost- und Mahnbuch der Kirche geworden.

VORWORT: 1,1–3

1 Offenbarung Jesu Christi, die Gott ihm gegeben hat, damit er seinen Knechten zeigt, *was*
bald *geschehen muss;* und er hat es durch seinen
Engel, den er sandte, seinem Knecht Johannes
gezeigt. 2 Dieser hat das Wort Gottes und das Zeugnis Jesu Christi bezeugt: alles, was er geschaut hat.
3 Selig, wer diese prophetischen Worte vorliest und
wer sie hört und wer sich an das hält, was geschrieben ist; denn die Zeit ist nahe.

1: Dan 2,28f • 3: 14,13; 16,15; 19,9; 20,6; 22,7.14

BRIEFLICHE EINLEITUNG: 1,4–8

4 Johannes an die sieben Gemeinden in der Provinz Asien: Gnade sei mit euch und Friede von
Ihm, der ist und der war und der kommt, und von
den sieben Geistern vor seinem Thron 5 und von
Jesus Christus; er ist *der treue Zeuge, der Erstgeborene* der Toten, *der Herrscher über die Könige der
Erde.* Er liebt uns und hat uns *von unseren Sünden
erlöst* durch sein Blut; 6 er hat uns zu Königen
gemacht und zu *Priestern* vor Gott, seinem Vater.
Ihm sei die Herrlichkeit und die Macht in alle
Ewigkeit. Amen.
7 *Siehe, er kommt mit den Wolken,* und jedes Auge
wird ihn *sehen,* auch alle, *die ihn durchbohrt* haben;
und alle Völker der Erde *werden seinetwegen jammern und klagen.* Ja, amen. 8 Ich bin das Alpha und
das Omega, spricht Gott, der Herr, *der ist* und der
war und der kommt, der Herrscher über die ganze
Schöpfung.

4: 1 Kor 16,19; Ex 3,14 G • 5: Ps 89,38.28; 130,8 • 6: 5,10; Ex 19,6; Jes 61,6 • 7: Dan 7,13; Sach 12,10 • 8: Ex 3,14 G

DIE SENDSCHREIBEN AN DIE SIEBEN GEMEINDEN: 1,9 – 3,22

Die Beauftragung des Johannes

9 Ich, euer Bruder Johannes, der wie ihr bedrängt
ist, der mit euch an der Königsherrschaft teilhat
und mit euch in Jesus standhaft ausharrt, ich war
auf der Insel Patmos um des Wortes Gottes willen
und des Zeugnisses für Jesus.
10 Am Tag des Herrn wurde ich vom Geist ergrif-
fen und hörte hinter mir eine Stimme, laut wie
eine Posaune. 11 Sie sprach: Schreib das, was du
siehst, in ein Buch und schick es an die sieben
Gemeinden: nach Ephesus, nach Smyrna, nach
Pergamon, nach Thyatira, nach Sardes, nach Phi-
ladelphia und nach Laodizea.
12 Da wandte ich mich um, weil ich sehen wollte,
wer zu mir sprach. Als ich mich umwandte, sah ich
sieben goldene Leuchter 13 und mitten unter den
Leuchtern einen, der *wie ein Mensch* aussah; *er*
war *bekleidet mit einem Gewand,* das bis auf die
Füße reichte, und um die Brust trug er *einen Gür-
tel aus Gold.*
14 Sein Haupt und *seine Haare* waren *weiß wie
weiße Wolle, leuchtend weiß wie Schnee,* und seine
Augen wie Feuerflammen; 15 *seine Beine glänzten
wie Golderz,* das im Schmelzofen glüht, und *seine
Stimme* war *wie das Rauschen von Wassermassen.*
16 In seiner Rechten hielt er sieben Sterne und aus
seinem Mund kam ein scharfes, zweischneidiges
Schwert und sein Gesicht leuchtete wie die macht-
voll strahlende Sonne.
17 Als ich ihn sah, fiel ich wie tot vor seinen Füßen
nieder. Er aber legte seine rechte Hand auf mich
und sagte: *Fürchte dich nicht! Ich bin der Erste und
der Letzte* 18 und der Lebendige. Ich war tot, doch
nun lebe ich in alle Ewigkeit, und ich habe die
Schlüssel zum Tod und zur Unterwelt.
19 Schreib auf, was du gesehen hast: was ist und *was*
danach *geschehen* wird.
20 Der geheimnisvolle Sinn der sieben Sterne, die
du auf meiner rechten Hand gesehen hast, und der
sieben goldenen Leuchter ist: Die sieben Sterne
sind die Engel der sieben Gemeinden und die sie-
ben Leuchter sind die sieben Gemeinden.

10: Apg 20,7; 1 Kor 16,2 • 11: 1 Kor 16,19; Offb 2,1–7.8–11.12–17.18–29; 3,1–6.7–13.14–22 • 13: Dan 7,13; Ez 9,2.11 G; Dan 10,5 • 14: Dan 7,9; 10,6 • 15: Ez 1,24; 43,2 • 16: 2,1; Ri 5,31 • 17: Jes 44,2.6; Offb 2,8; 22,13 • 18: Hos 13,14 • 19: Dan 2,29

An die Gemeinde in Ephesus

2 An den Engel der Gemeinde in Ephesus
schreibe: So spricht Er, der die sieben Sterne
in seiner Rechten hält und mitten unter den sie-
ben goldenen Leuchtern einhergeht:
2 Ich kenne deine Werke und deine Mühe und dein
Ausharren; ich weiß: Du kannst die Bösen nicht
ertragen, du hast die auf die Probe gestellt, die sich
Apostel nennen und es nicht sind, und hast sie als
Lügner erkannt.
3 Du hast ausgeharrt und um meines Namens willen
Schweres ertragen und bist nicht müde geworden.
4 Ich werfe dir aber vor, dass du deine erste Liebe
verlassen hast.
5 Bedenke, aus welcher Höhe du gefallen bist. Kehr
zurück zu deinen ersten Werken! Wenn du nicht
umkehrst, werde ich kommen und deinen Leuch-
ter von seiner Stelle wegrücken. 6 Doch für dich
spricht: Du verabscheust das Treiben der Nikolai-
ten, das auch ich verabscheue. 7 Wer Ohren hat,
der höre, was der Geist den Gemeinden sagt: Wer
siegt, dem werde ich zu essen geben *vom Baum des
Lebens,* der *im Paradies Gottes* steht.

1: 1,16 • 2: 2 Kor 11,13 • 4: 1 Tim 5,12 • 7: 2,11.17.29; 3,6.13.22; Mt 11,15; Gen 2,9; Ez 31,8; Offb 22,2.14.19

An die Gemeinde in Smyrna

8 An den Engel der Gemeinde in Smyrna schreibe:
So spricht Er, *der Erste und der Letzte,* der tot war
und wieder lebendig wurde:
9 Ich kenne deine Bedrängnis und deine Armut;
und doch bist du reich. Und ich weiß, dass du von
solchen geschmäht wirst, die sich als Juden aus-
geben; sie sind es aber nicht, sondern sind eine
Synagoge des Satans.
10 Fürchte dich nicht vor dem, was du noch erlei-
den musst. Der Teufel wird einige von euch ins
Gefängnis werfen, um euch *auf die Probe zu stel-
len,* und ihr werdet in Bedrängnis sein, *zehn Tage
lang.* Sei treu bis in den Tod; dann werde ich dir
den Kranz des Lebens geben.
11 Wer Ohren hat, der höre, was der Geist den
Gemeinden sagt: Wer siegt, dem kann der zweite
Tod nichts anhaben.

8: Jes 44,6; Offb 1,17 • 9: 3,9 • 10: Dan 1,12.14; Jak 1,12 • 11: 2,7

An die Gemeinde in Pergamon

12 An den Engel der Gemeinde in Pergamon schrei-
be: So spricht Er, der das scharfe, zweischneidige
Schwert trägt:
13 Ich weiß, wo du wohnst; es ist dort, wo der Thron
des Satans steht. Und doch hältst du an meinem
Namen fest und hast den Glauben an mich nicht
verleugnet, auch nicht in den Tagen, als Antipas,
mein treuer Zeuge, bei euch getötet wurde, dort,
wo der Satan wohnt.
14 Aber ich habe etwas gegen dich: Bei dir gibt es
Leute, die an der Lehre Bileams festhalten; Bileam
lehrte Balak, er solle *die Israeliten dazu verführen,*
Fleisch zu essen, das den Götzen geweiht war, und
Unzucht zu treiben.
15 So gibt es auch bei dir Leute, die in gleicher Weise
an der Lehre der Nikolaiten festhalten.
16 Kehr nun um! Sonst komme ich bald und werde
sie mit dem Schwert aus meinem Mund bekämp-
fen.
17 Wer Ohren hat, der höre, was der Geist den Ge-
meinden sagt: Wer siegt, dem werde ich von dem
verborgenen Manna geben. Ich werde ihm einen
weißen Stein geben und auf dem Stein steht *ein*
neuer Name, den nur der kennt, der ihn empfängt.

14: Num 31,16; 25,1f G • 17: 2,7; Ps 78,24; Jes 62,2

An die Gemeinde in Thyatira

18 An den Engel der Gemeinde in Thyatira schrei-
be: So spricht der Sohn Gottes, *der Augen* hat *wie*
Feuerflammen und Beine wie Golderz:
19 Ich kenne deine Werke, deine Liebe und deinen
Glauben, dein Dienen und Ausharren und ich
weiß, dass du in letzter Zeit mehr getan hast als
am Anfang.
20 Aber ich werfe dir vor, dass du das Weib Isebel
gewähren lässt; sie gibt sich als Prophetin aus und
lehrt meine Knechte und *verführt sie, Unzucht zu*
treiben und Fleisch zu essen, das den Götzen geweiht
ist.
21 Ich habe ihr Zeit gelassen umzukehren; sie aber
will nicht umkehren und von ihrer Unzucht ablas-
sen.
22 Darum werfe ich sie auf das Krankenbett und
alle, die mit ihr Ehebruch treiben, bringe ich in
große Bedrängnis, wenn sie sich nicht abkehren
vom Treiben dieses Weibes.
23 Ihre Kinder werde ich töten, der Tod wird sie
treffen und alle Gemeinden werden erkennen,
dass ich es bin, der *Herz und Nieren prüft,* und ich
werde *jedem* von euch *vergelten, wie es seine Taten*
verdienen.
24 Aber euch Übrigen in Thyatira, denen, die dieser
Lehre nicht folgen und die »Tiefen des Satans«, wie
sie es nennen, nicht erkannt haben, euch sage ich:
Ich lege euch keine andere Last auf. 25 Aber was ihr
habt, das haltet fest, bis ich komme.
26 Wer siegt und bis zum Ende an den Werken fest-
hält, die ich gebiete, dem werde ich Macht *über die*
Völker geben. 27 *Er wird über sie herrschen mit eiser-*
nem Zepter und sie zerschlagen wie Tongeschirr;
28 (und ich werde ihm diese Macht geben,) wie
auch ich sie von meinem Vater empfangen habe,
und ich werde ihm den Morgenstern geben.
29 Wer Ohren hat, der höre, was der Geist den
Gemeinden sagt.

18: Dan 10,5f • 20: Num 31,16; 25,1f G • 23: Ps 7,10; Jer 11,20; Ps 62,13; Spr 24,12 • 26–27: Ps 2,8f G • 29: 2,7

An die Gemeinde in Sardes

3 An den Engel der Gemeinde in Sardes schrei-
be: So spricht Er, der die sieben Geister Got-
tes und die sieben Sterne hat: Ich kenne deine
Werke. Dem Namen nach lebst du, aber du bist tot.
2 Werde wach und stärke, was noch übrig ist, was
schon im Sterben lag. Ich habe gefunden, dass
deine Taten in den Augen meines Gottes nicht
vollwertig sind.
3 Denk also daran, wie du die Lehre empfangen
und gehört hast. Halte daran fest und kehr um!
Wenn du aber nicht aufwachst, werde ich kommen
wie ein Dieb und du wirst bestimmt nicht wissen,
zu welcher Stunde ich komme.
4 Du hast aber einige Leute in Sardes, die ihre Klei-
der nicht befleckt haben; sie werden mit mir in
weißen Gewändern gehen, denn sie sind es wert.
5 Wer siegt, wird ebenso mit weißen Gewändern
bekleidet werden. Nie *werde ich* seinen Namen *aus*
dem Buch des Lebens streichen, sondern ich werde
mich vor meinem Vater und vor seinen Engeln zu
ihm bekennen.
6 Wer Ohren hat, der höre, was der Geist den Ge-
meinden sagt.

5: Ex 32,32f; Ps 69,29; Dan 12,1; Offb 13,8; 17,8; 20,12.15; 21,27 • 6: 2,7

An die Gemeinde in Philadelphia

7 An den Engel der Gemeinde in Philadelphia
schreibe: So spricht der Heilige, der Wahrhaftige,
der *den Schlüssel Davids* hat, / *der öffnet, sodass nie-*
mand mehr schließen kann, / der schließt, sodass
niemand mehr öffnen kann:
8 Ich kenne deine Werke, und ich habe vor dir eine
Tür geöffnet, die niemand mehr schließen kann.
Du hast nur geringe Kraft, und dennoch hast du
an meinem Wort festgehalten und meinen Namen
nicht verleugnet.
9 Leute aus der Synagoge des Satans, die sich als
Juden ausgeben, es aber nicht sind, sondern Füg-
ner – ich werde bewirken, dass sie *kommen und*
sich dir zu Füßen werfen und erkennen, dass ich dir
meine Liebe zugewandt habe.
10 Du hast dich an mein Gebot gehalten, standhaft
zu bleiben; daher werde auch ich zu dir halten und
dich bewahren vor der Stunde der Versuchung, die
über die ganze Erde kommen soll, um die Bewoh-
ner der Erde auf die Probe zu stellen.
11 Ich komme bald. Halte fest, was du hast, damit
kein anderer deinen Kranz bekommt.
12 Wer siegt, den werde ich zu einer Säule im Tem-
pel meines Gottes machen und er wird immer
darin bleiben. Und ich werde auf ihn den Namen
meines Gottes schreiben und *den Namen der Stadt*
meines Gottes, des neuen Jerusalem, das aus dem
Himmel herabkommt von meinem Gott, und ich
werde auf ihn auch meinen *neuen Namen* schrei-
ben.
13 Wer Ohren hat, der höre, was der Geist den
Gemeinden sagt.

7: Jes 22,22 • 9: 2,9; Jes 60,14; 43,4 • 12: Ez 48,35; Jes 62,2 • 13: 2,7

An die Gemeinde in Laodizea

14 An den Engel der Gemeinde in Laodizea schrei-
be: So spricht Er, der »Amen« heißt, *der treue und*
zuverlässige Zeuge, der Anfang *der Schöpfung*
Gottes:
15 Ich kenne deine Werke. Du bist weder kalt noch
heiß. Wärest du doch kalt oder heiß!
16 Weil du aber lau bist, weder heiß noch kalt, will
ich dich aus meinem Mund ausspeien.
17 Du behauptest: *Ich bin reich und wohlhabend*
und nichts fehlt mir. Du weißt aber nicht, dass
gerade du elend und erbärmlich bist, arm, blind
und nackt.
18 Darum rate ich dir: Kaufe von mir Gold, das im
Feuer geläutert ist, damit du reich wirst; und kaufe
von mir weiße Kleider und zieh sie an, damit du
nicht nackt dastehst und dich schämen musst; und
kaufe Salbe für deine Augen, damit du sehen
kannst.
19 *Wen ich liebe,* den weise ich zurecht und nehme
ihn in Zucht.
Mach also Ernst und kehr um!
20 Ich stehe vor der Tür und klopfe an. Wer meine
Stimme hört und die Tür öffnet, bei dem werde
ich eintreten und wir werden Mahl halten, ich mit
ihm und er mit mir.
21 Wer siegt, der darf mit mir auf meinem Thron
sitzen, so wie auch ich gesiegt habe und mich mit
meinem Vater auf seinen Thron gesetzt habe.
22 Wer Ohren hat, der höre, was der Geist den
Gemeinden sagt.

14: Ps 89,38; Spr 14,5 • 15: Spr 8,22 G • 17: Hos 12,9 • 19: Spr 3,12 •
21: Mt 19,28; 25,31; Lk 22,30; 1 Kor 4,8 • 22: 2,7

DIE EINLEITENDE HIMMELSVISION: 4,1 – 5,14

Die Huldigung vor dem Thron Gottes

4 Danach sah ich: Eine Tür war geöffnet am
Himmel; und die Stimme, die vorher zu mir
gesprochen hatte und die wie eine Posaune klang,
sagte: *Komm herauf* und ich werde dir zeigen, *was*
dann geschehen muss. 2 Sogleich wurde ich vom
Geist ergriffen. Und ich sah: Ein Thron stand im
Himmel; *auf dem Thron* saß einer, 3 der wie ein
Jaspis und ein Karneol aussah. Und *über dem*
Thron wölbte sich *ein Regenbogen,* der wie ein
Smaragd *aussah.*
4 Und rings um den Thron standen vierundzwan-
zig Throne und auf den Thronen saßen vierund-
zwanzig Älteste in weißen Gewändern und mit
goldenen Kränzen auf dem Haupt.
5 Von dem Thron gingen *Blitze, Stimmen und Don-*
ner aus. Und sieben lodernde Fackeln brannten
vor dem Thron; das sind die sieben Geister Gottes.

6 Und vor dem Thron war etwas wie ein gläsernes
Meer, gleich Kristall.
Und in der Mitte, rings um den Thron, waren *vier*
Lebewesen voller Augen, vorn und hinten.
7 Das erste Lebewesen glich *einem Löwen,* das zwei-
te *einem Stier,* das dritte sah aus wie *ein Mensch,*
das vierte glich *einem* fliegenden *Adler.*
8 Und jedes der vier Lebewesen hatte *sechs Flügel,*
außen und innen *voller Augen.* Sie ruhen nicht, bei
Tag und Nacht, und rufen:
Heilig, heilig, heilig / ist der Herr, der Gott, der
Herrscher über die ganze Schöpfung; / er war und
er ist und er kommt.
9 Und wenn die Lebewesen dem, *der auf dem Thron*
sitzt und in alle Ewigkeit lebt, Herrlichkeit und
Ehre und Dank erweisen, 10 dann werfen sich die
vierundzwanzig Ältesten vor dem, *der auf dem*
Thron sitzt, nieder und beten ihn an, *der in alle*
Ewigkeit lebt. Und sie legen ihre goldenen Kränze
vor seinem Thron nieder und sprechen:
11 Würdig bist du, unser Herr und Gott, / Herr-
lichkeit zu empfangen und Ehre und Macht.
Denn du bist es, der die Welt erschaffen hat, /
durch deinen Willen war sie und wurde sie er-
schaffen.

1: Ex 19,16.24; Dan 2,29 • 3: Jes 6,1; Ez 1,26–28 • 5: Ex 19,16 G; Sach 4,2; Ez 1,13 • 6: Ez 1,22; 1,5.18 • 7: Ez 1,10 • 8: Jes 6,2; Ez 1,18 G; Jes 6,3; Ex 3,14 G • 9: Jes 6,1; Dan 6,27; 12,7

Das versiegelte Buch und das Lamm

5 Und ich sah auf der rechten Hand dessen, *der*
auf dem Thron saß, eine Buchrolle; sie war
innen und außen beschrieben und mit sieben Sie-
geln *versiegelt.* 2 Und ich sah: Ein gewaltiger Engel
rief mit lauter Stimme: Wer ist würdig, die Buch-
rolle zu öffnen und ihre Siegel zu lösen? 3 Aber nie-
mand im Himmel, auf der Erde und unter der
Erde konnte das Buch öffnen und es lesen. 4 Da
weinte ich sehr, weil niemand für würdig befun-
den wurde, das Buch zu öffnen und es zu lesen.
5 Da sagte einer von den Ältesten zu mir: Weine
nicht! Gesiegt hat *der Löwe* aus dem Stamm *Juda,*
der Spross aus der Wurzel Davids; er kann das Buch
und seine sieben Siegel öffnen.
6 Und ich sah: Zwischen dem Thron und den vier
Lebewesen und mitten unter den Ältesten stand
ein Lamm; es sah aus wie *geschlachtet* und hatte
sieben Hörner und *sieben Augen;* die Augen sind
die sieben Geister Gottes, die *über die ganze Erde*
ausgesandt sind.
7 Das Lamm trat heran und empfing das Buch aus
der rechten Hand dessen, *der auf dem Thron saß.*
8 Als es das Buch empfangen hatte, fielen die vier
Lebewesen und die vierundzwanzig Ältesten vor
dem Lamm nieder; alle trugen Harfen und gol-
dene Schalen voll von *Räucherwerk;* das sind *die*
Gebete der Heiligen. 9 Und sie sangen ein *neues*
Lied:
Würdig bist du, / das Buch zu nehmen und seine
Siegel zu öffnen;
denn du wurdest geschlachtet / und hast mit dei-
nem Blut / Menschen für Gott erworben / aus allen
Stämmen und Sprachen, / aus allen Nationen und
Völkern
10 und du hast sie für unsern Gott / zu Königen und
Priestern gemacht; / und sie werden auf der Erde
herrschen.
11 Ich sah und ich hörte die Stimme von vielen
Engeln rings um den Thron und um die Lebewe-
sen und die Ältesten; die Zahl der Engel war *zehn-*
tausendmal zehntausend und tausendmal tausend.
12 Sie riefen mit lauter Stimme:
Würdig ist *das Lamm, das geschlachtet wurde,* /
Macht zu empfangen, Reichtum und Weisheit, /
Kraft und Ehre, Herrlichkeit und Lob.
13 Und alle Geschöpfe im Himmel und auf der
Erde, unter der Erde und auf dem Meer, alles, was
in der Welt ist, hörte ich sprechen:
Ihm, *der auf dem Thron sitzt,* und dem Lamm /
gebühren Lob und Ehre und Herrlichkeit und
Kraft in alle Ewigkeit.
14 Und die vier Lebewesen sprachen: Amen. Und
die vierundzwanzig Ältesten fielen nieder und be-
teten an.

1: Jes 6,1; Ez 2,9f; Jes 29,11 • 5: Gen 49,9; Jes 11,10 • 6: Jes 53,7; Sach 4,10 • 7: Jes 6,1 • 8: Ps 141,2 • 9: Ps 33,3 • 10: 1,6; Ex 19,6; Jes 61,6 • 11: Dan 7,10 • 12: Jes 53,7 • 13: Jes 6,1

DIE SIEBEN SIEGEL UND DIE SIEBEN POSAUNEN: 6,1 – 11,19

Die ersten sechs Siegel

6 Dann sah ich: Das Lamm öffnete das erste
der sieben Siegel; und ich hörte das erste der
vier Lebewesen wie mit Donnerstimme rufen:
Komm! 2 Da sah ich *ein weißes Pferd;* und der, der
auf ihm saß, hatte einen Bogen. Ein Kranz wurde
ihm gegeben und als Sieger zog er aus, um zu sie-
gen.
3 Als das Lamm das zweite Siegel öffnete, hörte ich
das zweite Lebewesen rufen: Komm! 4 Da erschien
ein anderes *Pferd;* das war *feuerrot.* Und der, der
auf ihm saß, wurde ermächtigt, der Erde den
Frieden zu nehmen, damit die Menschen sich ge-
genseitig abschlachteten. Und es wurde ihm ein
großes Schwert gegeben.
5 Als das Lamm das dritte Siegel öffnete, hörte ich
das dritte Lebewesen rufen: Komm! Da sah ich *ein
schwarzes Pferd;* und der, der auf ihm saß, hielt in
der Hand eine Waage. 6 Inmitten der vier Lebewe-
sen hörte ich etwas wie eine Stimme sagen: Ein
Maß Weizen für einen Denar und drei Maß Gers-
te für einen Denar. Aber dem Öl und dem Wein
füge keinen Schaden zu!
7 Als das Lamm das vierte Siegel öffnete, hörte ich
die Stimme des vierten Lebewesens rufen: Komm!
8 Da sah ich ein fahles Pferd; und der, der auf ihm
saß, heißt *»der Tod«;* und die *Unterwelt* zog hinter
ihm her. Und ihnen wurde die Macht gegeben
über ein Viertel der Erde, Macht, zu töten *durch
Schwert, Hunger* und Tod und durch die Tiere der
Erde.
9 Als das Lamm das fünfte Siegel öffnete, sah ich
unter dem Altar die Seelen aller, die hingeschlach-
tet worden waren wegen des Wortes Gottes und
wegen des Zeugnisses, das sie abgelegt hatten. 10 Sie
riefen mit lauter Stimme: *Wie lange* zögerst du
noch, Herr, du Heiliger und Wahrhaftiger, *Gericht
zu halten und unser Blut* an den Bewohnern der
Erde *zu rächen?* 11 Da wurde jedem von ihnen ein
weißes Gewand gegeben; und ihnen wurde gesagt,
sie sollten noch kurze Zeit warten, bis die volle
Zahl erreicht sei durch den Tod ihrer Mitknechte
und Brüder, die noch sterben müssten wie sie.
12 Und ich sah: Das Lamm öffnete das sechste Sie-
gel. Da entstand ein gewaltiges Beben. *Die Sonne
wurde schwarz wie ein Trauergewand* und *der* ganze
Mond wurde wie Blut.
13 *Die Sterne des Himmels fielen herab* auf die Erde,
wie wenn ein Feigenbaum seine Früchte *abwirft,*
wenn ein heftiger Sturm ihn schüttelt. 14 *Der Him-
mel* verschwand *wie eine Buchrolle, die man zu-
sammenrollt,* und alle Berge und Inseln wurden
von ihrer Stelle weggerückt. 15 *Und die Könige der
Erde, die Großen* und die Heerführer, die Reichen
und die Mächtigen, alle Sklaven und alle Freien
verbargen sich in den Höhlen und Felsen der Berge.
16 *Sie sagten zu den Bergen und Felsen: Fallt auf uns*
und verbergt uns vor dem Blick dessen, *der auf
dem Thron sitzt,* und vor dem Zorn des Lammes;
17 denn *der große Tag* ihres *Zorns ist gekommen. Wer
kann da bestehen?*

2: Sach 1,8; 6,3.6 • 4: Sach 1,8; 6,2 • 5: Sach 6,2.6 • 8: Hos 13,14; Jer 14,12; 15,3; Ez 5,12.17; 14,21 • 10: Sach 1,12; Ps 79,5; Dtn 32,43; 2 Kön 9,7 • 12: Jes 13,10; 50,3 G; Ez 32,8; Joël 3,4 • 13: Jes 34,4 G • 14: Jes 34,4 • 15: Ps 2,2; Jes 24,21; 2,10.19 • 16: Hos 10,8; Jes 6,1 • 17: Joël 2,11; Nah 1,6; Röm 2,5

Die Bezeichnung der Knechte Gottes

7 Danach sah ich: Vier Engel standen *an den
vier Ecken der Erde.* Sie hielten *die vier Winde*
der Erde fest, damit der Wind weder über das Land
noch über das Meer wehte, noch gegen irgendei-
nen Baum. 2 Dann sah ich vom Osten her einen
anderen Engel emporsteigen; er hatte das Siegel
des lebendigen Gottes und rief den vier Engeln,
denen die Macht gegeben war, dem Land und dem
Meer Schaden zuzufügen, mit lauter Stimme zu:
3 Fügt dem Land, dem Meer und den Bäumen kei-
nen Schaden zu, bis wir den Knechten unseres
Gottes das Siegel auf die Stirn gedrückt haben.
4 Und ich erfuhr die Zahl derer, die mit dem Siegel
gekennzeichnet waren. Es waren hundertvierund-
vierzigtausend aus allen Stämmen der Söhne Is-
raels, die das Siegel trugen:
5 Aus dem Stamm Juda trugen zwölftausend das
Siegel, / aus dem Stamm Ruben zwölftausend, /
aus dem Stamm Gad zwölftausend,
6 aus dem Stamm Ascher zwölftausend, / aus dem
Stamm Naftali zwölftausend, / aus dem Stamm
Manasse zwölftausend,
7 aus dem Stamm Simeon zwölftausend, / aus dem

Stamm Levi zwölftausend, / aus dem Stamm Is-
sachar zwölftausend,
8 aus dem Stamm Sebulon zwölftausend, / aus dem
Stamm Josef zwölftausend, / aus dem Stamm Ben-
jamin trugen zwölftausend das Siegel.
9 Danach sah ich: eine große Schar *aus allen Natio-
nen* und Stämmen, *Völkern und Sprachen;* niemand
konnte sie zählen. Sie standen in weißen Gewän-
dern vor dem Thron und vor dem Lamm und tru-
gen Palmzweige in den Händen. 10 Sie riefen mit
lauter Stimme: Die Rettung kommt von unserem
Gott, *der auf dem Thron sitzt,* und von dem Lamm.
11 Und alle Engel standen rings um den Thron, um
die Ältesten und die vier Lebewesen. Sie warfen
sich vor dem Thron nieder, beteten Gott an 12 und
sprachen:
Amen, Lob und Herrlichkeit, / Weisheit und
Dank, / Ehre und Macht und Stärke / unserem
Gott in alle Ewigkeit. Amen.
13 Da fragte mich einer der Ältesten: Wer sind
diese, die weiße Gewänder tragen, und woher sind
sie gekommen? 14 Ich erwiderte ihm: Mein Herr,
das musst du wissen. Und er sagte zu mir: Es sind
die, die aus der großen *Bedrängnis* kommen; sie
haben *ihre Gewänder gewaschen* und *im Blut* des
Lammes weiß gemacht. 15 Deshalb stehen sie vor
dem Thron Gottes und dienen ihm bei Tag und
Nacht in seinem Tempel; und der, *der auf dem
Thron sitzt,* wird sein Zelt über ihnen aufschlagen.
16 *Sie werden keinen Hunger und keinen Durst* mehr
leiden und weder Sonnenglut noch irgendeine *sen-
gende Hitze wird auf ihnen* lasten. 17 Denn das
Lamm in der Mitte vor dem Thron *wird sie weiden
und zu den Quellen führen, aus denen das Wasser
des Lebens strömt, und Gott wird alle Tränen* von
ihren Augen *abwischen.*

1: Ez 7,2; 37,9 • 3: Ez 9,4.6 • 10: Jes 6,1 • 14: Dan 12,1; Gen 49,11 •
15: Jes 6,1 • 16: Jes 49,10 • 17: Ez 34,23; Ps 23,2; Jer 2,13; Jes 25,8

Das siebte Siegel und die sieben Engel

8 Als das Lamm das siebte Siegel öffnete, trat
im Himmel Stille ein, etwa eine halbe Stunde
lang.
2 Und ich sah: Sieben Engel standen vor Gott;
ihnen wurden sieben Posaunen gegeben. 3 Und
ein anderer Engel kam und trat mit einer golde-
nen Räucherpfanne an den Altar; ihm wurde viel
Weihrauch gegeben, den er auf dem goldenen Altar
vor dem Thron verbrennen sollte, um so die Ge-
bete aller Heiligen vor Gott zu bringen. 4 Aus der
Hand des Engels stieg *der Weihrauch* mit den
Gebeten der Heiligen zu Gott empor.
5 *Dann nahm* der Engel *die Räucherpfanne, füllte
sie mit glühenden Kohlen, die er vom Altar nahm,*
und warf sie auf die Erde; da begann es zu *donnern
und* zu dröhnen, *zu blitzen* und zu beben.

3: Ps 141,2 • 5: Lev 16,12; Ex 19,16 G

Die ersten vier Posaunen

6 Dann machten sich die sieben Engel bereit, die
sieben Posaunen zu blasen.
7 Der erste Engel blies seine Posaune. Da fielen
Hagel und Feuer, die mit Blut vermischt waren, auf
das Land. Es verbrannte ein Drittel des Landes, ein
Drittel der Bäume und alles grüne Gras.
8 Der zweite Engel blies seine Posaune. Da wurde
etwas, das einem großen *brennenden Berg* glich,
ins Meer geworfen. Ein Drittel des Meeres wurde
zu *Blut.* 9 Und ein Drittel der Geschöpfe, die im
Meer leben, kam um und ein Drittel der Schiffe
wurde vernichtet.
10 Der dritte Engel blies seine Posaune. Da fiel ein
großer Stern vom Himmel; er loderte wie eine
Fackel und fiel auf ein Drittel der Flüsse und auf
die Quellen. 11 Der Name des Sterns ist »Wermut«.
Ein Drittel des Wassers wurde bitter und viele
Menschen starben durch das Wasser, weil es bitter
geworden war.
12 Der vierte Engel blies seine Posaune. Da wurde
ein Drittel der Sonne und ein Drittel des Mondes
und ein Drittel der Sterne getroffen, sodass sie ein
Drittel ihrer Leuchtkraft verloren und der Tag um
ein Drittel dunkler wurde und ebenso die Nacht.
13 Und ich sah und hörte: Ein Adler flog hoch am
Himmel und rief mit lauter Stimme: Wehe! Wehe!
Wehe den Bewohnern der Erde! Noch drei Engel
werden ihre Posaunen blasen.

7: Ex 9,23–25; Ez 38,22; Joël 3,3 • 8: Jer 51,25 G; Ex 7,20f •
10: Jes 14,12

Die fünfte Posaune

9 Der fünfte Engel blies seine Posaune. Da sah
ich einen Stern, der vom Himmel auf die
Erde gefallen war; ihm wurde der Schlüssel zu dem

Schacht gegeben, der in den Abgrund führt. 2 Und
er öffnete den Schacht des Abgrunds. Da *stieg*
Rauch aus dem Schacht auf, *wie aus einem* großen
Ofen, und *Sonne* und Luft *wurden verfinstert* durch
den Rauch aus dem Schacht.
3 Aus dem Rauch kamen *Heuschrecken über die*
Erde und ihnen wurde Kraft gegeben, wie sie Skor-
pione auf der Erde haben. 4 Es wurde ihnen gesagt,
sie sollten *dem Gras auf der Erde, den grünen Pflan-*
zen und den Bäumen keinen Schaden zufügen,
sondern nur den Menschen, die das Siegel Gottes
nicht *auf der Stirn* haben. 5 Es wurde ihnen befoh-
len, die Menschen nicht zu töten, sondern nur zu
quälen, fünf Monate lang. Und der Schmerz, den
sie zufügen, ist so stark, wie wenn ein Skorpion
einen Menschen sticht.
6 In jenen Tagen *werden* die Menschen *den Tod*
suchen, aber nicht finden; sie werden sterben wol-
len, aber der Tod wird vor ihnen fliehen. 7 Und die
Heuschrecken *sehen aus wie Rosse, die zur Schlacht*
gerüstet sind; auf ihren Köpfen tragen sie etwas,
das gold schimmernden Kränzen gleicht, und ihre
Gesichter sind wie Gesichter von Menschen, 8 ihr
Haar ist wie Frauenhaar, ihr Gebiss wie ein Löwen-
gebiss, 9 ihre Brust wie ein eiserner Panzer; und das
Rauschen ihrer Flügel ist wie *das Dröhnen von*
Wagen, von vielen Pferden, *die sich in die Schlacht*
stürzen. 10 Sie haben Schwänze und Stacheln wie
Skorpione und in ihren Schwänzen ist die Kraft,
mit der sie den Menschen schaden, fünf Monate
lang. 11 Sie haben als König über sich den Engel des
Abgrunds; er heißt auf hebräisch Abaddon, auf
griechisch Apollyon.
12 Das erste »Wehe« ist vorüber. Noch zweimal
wird das »Wehe« kommen.

1: 12,4; Mt 24,29; Mk 13,25 • 2: Ex 19,18; Gen 19,28; Joël 2,10 • 3: Ex 10,12 • 4: Ex 10,15; Ez 9,4 • 6: Ijob 3,21 • 7: Joël 2,4f • 8: Joël 1,6 • 9: Joël 2,5

Die sechste Posaune

13 Der sechste Engel blies seine Posaune: Da hörte
ich eine Stimme, die von den vier Hörnern des gol-
denen Altars her kam, der vor Gott steht. 14 Die
Stimme sagte zu dem sechsten Engel, der die Po-
saune hält: Binde die vier Engel los, die *am gro-*
ßen Strom, am Eufrat, gefesselt sind. 15 Da wurden
die vier Engel losgebunden, die auf Jahr und
Monat, auf Tag und Stunde bereitstanden, um ein
Drittel der Menschheit zu töten.
16 Und die Zahl der Reiter dieses Heeres war viel-
tausendmal tausend; diese Zahl hörte ich.
17 Und so sahen die Pferde und die Reiter in der
Vision aus: Sie trugen feuerrote, rauchblaue und
schwefelgelbe Panzer. Die Köpfe der Pferde gli-
chen Löwenköpfen und aus ihren Mäulern schlug
Feuer, Rauch und Schwefel. 18 Ein Drittel der
Menschen wurde durch diese drei Plagen getötet,
durch Feuer, Rauch und Schwefel, die aus ihren
Mäulern hervorkamen. 19 Denn die tödliche Macht
der Pferde war in ihren Mäulern und in ihren
Schwänzen. Ihre Schwänze glichen Schlangen, die
Köpfe haben, mit denen sie Schaden zufügen kön-
nen.
20 Aber die übrigen Menschen, die nicht durch
diese Plagen umgekommen waren, wandten sich
nicht ab *von den Machwerken ihrer Hände:* Sie hör-
ten nicht auf, sich niederzuwerfen vor ihren *Dä-*
monen, vor ihren *Götzen aus Gold, Silber, Erz, Stein*
und Holz, den Götzen, *die weder sehen, noch hören,*
noch gehen können. 21 Sie ließen nicht ab von Mord
und Zauberei, von Unzucht und Diebstahl.

14: Gen 15,18 • 17: Dan 8,1f • 20: Jes 17,8; 2,8.20; Ps 106,37; Dan 5,4.23; Ps 115,4–7; 135,15–17

Die Engel und das kleine Buch

10 Und ich sah: Ein anderer gewaltiger Engel
kam aus dem Himmel herab; er war von
einer Wolke umhüllt und der Regenbogen stand
über seinem Haupt. Sein Gesicht war wie die
Sonne und seine Beine waren wie Feuersäulen. 2 In
der Hand hielt er ein kleines, aufgeschlagenes
Buch. Er setzte seinen rechten Fuß auf das Meer,
den linken auf das Land 3 und rief laut, so wie *ein*
Löwe brüllt. Nachdem er gerufen hatte, erhoben
die sieben Donner ihre Stimme. 4 Als die sieben
Donner gesprochen hatten, wollte ich es auf-
schreiben. Da hörte ich eine Stimme vom Himmel
her rufen: *Halte geheim,* was die sieben Donner
gesprochen haben; schreib es nicht auf! 5 Und der
Engel, den ich auf dem Meer und auf dem Land
stehen sah, *erhob seine rechte Hand zum Himmel.*
6 *Er schwor bei dem, der in alle Ewigkeit lebt, der den*
Himmel geschaffen hat und was darin ist, *die Erde*
und was darauf ist und das Meer und was darin ist:

Es wird keine Zeit mehr bleiben, 7 denn in den Tagen, wenn der siebte Engel seine Stimme erhebt und seine Posaune bläst, wird auch das Geheimnis Gottes vollendet sein; so hatte er es seinen Knechten, den Propheten, verkündet.
8 Und die Stimme aus dem Himmel, die ich gehört hatte, sprach noch einmal zu mir: Geh, nimm das Buch, das der Engel, der auf dem Meer und auf dem Land steht, aufgeschlagen in der Hand hält.
9 Und ich ging zu dem Engel und bat ihn, mir das kleine *Buch* zu geben. *Er sagte zu mir:* Nimm und *iss* es! In deinem Magen wird es bitter sein, in deinem Mund aber *süß wie Honig.* 10 Da nahm ich das kleine *Buch* aus der Hand des Engels *und aß* es. *In meinem Mund war es süß wie Honig.* Als ich es aber gegessen hatte, wurde mein Magen bitter. 11 Und mir wurde gesagt: Du musst noch einmal weissagen über viele *Völker und Nationen mit ihren Sprachen* und Königen.

3: Am 3,8 • 4: Dan 12,4.9 • 5–6: Dan 12,7; Gen 14,22.19; Neh 9,6 • 9: Ez 2,8; 3,1–3 • 11: Jer 1,10; Dan 3,4; 7,14

Die Vermessung des Tempels

11 Dann wurde mir ein Messstab gegeben, der aussah wie ein Stock, und mir wurde gesagt: Geh, miss den Tempel Gottes und den Altar und zähle alle, die dort anbeten! 2 Den Hof, der außerhalb des Tempels liegt, lass aus und miss ihn nicht; denn er ist *den Heiden* überlassen. Sie werden die heilige Stadt *zertreten,* zweiundvierzig Monate lang.

1: Ez 40,3 • 2: Sach 12,3 G; Jes 63,18

Das Zeugnis der beiden Propheten

3 Und ich will meinen zwei Zeugen auftragen, im Bußgewand aufzutreten und prophetisch zu reden, zwölfhundertsechzig Tage lang. 4 Sie sind *die zwei Ölbäume* und die zwei *Leuchter,* die *vor dem Herrn der Erde stehen.* 5 Wenn ihnen jemand Schaden zufügen will, *schlägt Feuer* aus ihrem *Mund* und *verzehrt* ihre Feinde; so muss jeder sterben, der ihnen schaden will. 6 Sie haben Macht, den Himmel zu verschließen, damit *kein Regen fällt* in den Tagen ihres Wirkens als Propheten. Sie haben auch Macht, *das Wasser in Blut zu verwandeln* und die Erde *zu schlagen mit allen möglichen Plagen,* sooft sie wollen. 7 Wenn sie ihren Auftrag als Zeugen erfüllt haben, *wird* sie *das Tier,* das aus dem Abgrund *heraufsteigt, bekämpfen, besiegen* und töten. 8 Und ihre Leichen bleiben auf der Straße der großen Stadt liegen. Diese Stadt heißt, geistlich verstanden: Sodom und Ägypten; dort wurde auch ihr Herr gekreuzigt. 9 Menschen aus allen Völkern und Stämmen, Sprachen und Nationen werden ihre Leichen dort sehen, dreieinhalb Tage lang; sie werden nicht zulassen, dass die Leichen begraben werden. 10 Und die Bewohner der Erde freuen sich darüber, beglückwünschen sich und schicken sich gegenseitig Geschenke; denn die beiden Propheten hatten die Bewohner der Erde gequält. 11 Aber nach den dreieinhalb Tagen *kam* von Gott her wieder *Lebensgeist in sie und sie standen auf. Da überfiel alle,* die sie sahen, *große Angst.*
12 Und sie hörten eine laute Stimme vom Himmel her rufen: *Kommt herauf!* Vor den Augen ihrer Feinde *stiegen sie* in der Wolke *zum Himmel hinauf.* 13 In diesem Augenblick *entstand ein gewaltiges Erdbeben.* Ein Zehntel der Stadt *stürzte ein* und siebentausend Menschen kamen durch das Erdbeben um. Die Überlebenden wurden vom Entsetzen gepackt und gaben dem Gott des Himmels die Ehre. 14 Das zweite »Wehe« ist vorüber, das dritte »Wehe« kommt bald.

4: Sach 4,3.11–14 • 5: 2 Kön 1,10; 2 Sam 22,9 • 6: 1 Kön 17,1; Ex 7,17; 1 Sam 4,8 • 7: Dan 7,3.7.21 • 11: Ez 37,5.10; Gen 15,12 • 12: Ex 19,24; 2 Kön 2,11 • 13: Ez 38,19f

Die siebte Posaune

15 Der siebte Engel blies seine Posaune. Da ertönten laute Stimmen im Himmel, die riefen:
Nun gehört die Herrschaft über die Welt / unserem *Herrn und seinem Gesalbten;* / und sie werden herrschen in alle Ewigkeit.
16 Und die vierundzwanzig Ältesten, die vor Gott auf ihren Thronen sitzen, warfen sich nieder, beteten Gott an 17 und sprachen:
Wir danken dir, Herr, / Gott und Herrscher über die ganze Schöpfung, / der du bist und der du warst;
denn du hast deine große Macht in Anspruch genommen / und *die Herrschaft angetreten.*
18 Die Völker gerieten in Zorn. / Da kam dein *Zorn* und die Zeit, die Toten zu richten:
die Zeit, deine Knechte zu belohnen, / die Propheten und die Heiligen

und *alle, die* deinen Namen *fürchten, / die Kleinen*
und die Großen, / die Zeit, alle zu verderben, die
die Erde verderben.
[19] Der Tempel Gottes im Himmel wurde geöffnet
und *in* seinem *Tempel* wurde *die Lade* seines *Bun-*
des sichtbar: Da begann es zu *blitzen,* zu dröhnen
und zu donnern, es gab ein Beben und *schweren*
Hagel.

15: Ps 2,2; Dan 7,14.27; Sach 14,9 • 17: Ex 3,14 G; Ps 99,1 •
18: Ps 2,1.5; Ps 115,13 • 19: 1 Kön 8,1.6; Ex 19,16 G; 9,24

DER KAMPF DES SATANS GEGEN DAS VOLK GOTTES: 12,1 – 14,5

Die Frau und der Drache

12 Dann erschien ein großes Zeichen am
Himmel: eine Frau, mit der Sonne beklei-
det; der Mond war unter ihren Füßen und ein
Kranz von zwölf Sternen auf ihrem Haupt. [2] Sie
war schwanger und schrie vor Schmerz in ihren
Geburtswehen.
[3] Ein anderes Zeichen erschien am Himmel: ein
Drache, groß und feuerrot, mit sieben Köpfen und
zehn Hörnern und mit sieben Diademen auf sei-
nen Köpfen. [4] Sein Schwanz fegte ein Drittel *der*
Sterne vom Himmel und *warf* sie *auf die Erde herab.*
Der Drache stand vor der Frau, die gebären sollte;
er wollte ihr Kind verschlingen, sobald es geboren
war. [5] Und *sie gebar* ein Kind, *einen Sohn,* der über
alle Völker *mit eisernem Zepter herrschen wird.*
Und ihr Kind wurde zu Gott und zu seinem Thron
entrückt. [6] Die Frau aber floh in die Wüste, wo
Gott ihr einen Zufluchtsort geschaffen hatte; dort
wird man sie mit Nahrung versorgen, zwölfhun-
dertsechzig Tage lang.

2: Jes 66,7; Mi 4,10 • 3: Dan 7,7 • 4: Dan 8,10; Offb 9,1; Mi 5,2 •
5: Jes 66,7; Ps 2,9 G

Der Sturz des Drachen

[7] Da entbrannte im Himmel ein Kampf; *Michael*
und seine Engel erhoben sich, um mit dem Dra-
chen *zu kämpfen.* Der Drache und seine Engel
kämpften, [8] aber sie konnten sich nicht halten und
sie verloren ihren Platz im Himmel. [9] Er wurde
gestürzt, der große Drache, die alte *Schlange,* die
Teufel oder *Satan* heißt und die ganze Welt ver-
führt; der Drache wurde auf die Erde gestürzt und
mit ihm wurden seine Engel hinabgeworfen. [10] Da
hörte ich eine laute Stimme im Himmel rufen:
Jetzt ist er da, der rettende Sieg, / die Macht und
die Herrschaft unseres Gottes / und die Vollmacht
seines Gesalbten;
denn gestürzt wurde der Ankläger unserer Brü-
der,
der sie bei Tag und bei Nacht
vor unserem Gott verklagte.
[11] Sie haben ihn besiegt durch das Blut des Lam-
mes / und durch ihr Wort und Zeugnis;
sie hielten ihr Leben nicht fest, / bis hinein in den
Tod.
[12] Darum *jubelt, ihr Himmel* / und alle, die darin
wohnen.
Weh aber euch, Land und Meer! / Denn der Teu-
fel ist zu euch hinabgekommen;
seine Wut ist groß, / weil er weiß, dass ihm nur
noch eine kurze Frist bleibt.

7: Dan 10,13.20 • 8: Dan 2,35 • 9: Gen 3,1.14; Sach 3,1; Ijob 1,6 •
12: Jes 44,23

Der Kampf des Drachen gegen die Frau

[13] Als der Drache erkannte, dass er auf die Erde
gestürzt war, verfolgte er die Frau, die den Sohn
geboren hatte. [14] Aber der Frau wurden die beiden
Flügel des großen Adlers gegeben, damit sie in die
Wüste an ihren Ort fliegen konnte. Dort ist sie vor
der Schlange sicher und wird *eine Zeit und zwei*
Zeiten und eine halbe Zeit lang ernährt. [15] Die
Schlange spie einen Strom von Wasser aus ihrem
Rachen hinter der Frau her, damit sie von den Flu-
ten fortgerissen werde. [16] Aber die Erde kam der
Frau zu Hilfe; sie öffnete sich und verschlang den
Strom, den der Drache aus seinem Rachen gespien
hatte. [17] Da geriet der Drache in Zorn über die Frau
und er ging fort, um Krieg zu führen mit ihren
übrigen Nachkommen, die den Geboten Gottes
gehorchen und an dem Zeugnis für Jesus festhal-
ten. [18] Und der Drache trat an den Strand des Mee-
res.

14: Dan 7,25; 12,7

Die beiden Tiere

13 Und ich sah: *Ein Tier stieg aus dem Meer, mit zehn Hörnern* und sieben Köpfen. Auf seinen Hörnern trug es zehn Diademe und auf seinen Köpfen Namen, die eine Gotteslästerung waren. 2 *Das Tier,* das ich sah, *glich einem Panther;* seine Füße waren wie die Tatzen *eines Bären* und sein Maul wie das Maul *eines Löwen.* Und der Drache hatte ihm seine Gewalt übergeben, seinen Thron und seine große Macht. 3 Einer seiner Köpfe sah aus wie tödlich verwundet; aber die tödliche Wunde wurde geheilt. Und die ganze Erde sah dem Tier staunend nach. 4 Die Menschen warfen sich vor dem Drachen nieder, weil er seine Macht dem Tier gegeben hatte; und sie beteten das Tier an und sagten: Wer ist dem Tier gleich und wer kann den Kampf mit ihm aufnehmen?

5 Und es wurde ermächtigt, mit seinem *Maul anmaßende Worte* und Lästerungen *auszusprechen;* es wurde ihm Macht gegeben, dies zweiundvierzig Monate zu tun. 6 Das Tier öffnete sein Maul, um Gott und seinen Namen zu lästern, seine Wohnung und alle, die im Himmel wohnen. 7 Und es wurde ihm erlaubt, *mit den Heiligen zu kämpfen und sie zu besiegen.* Es wurde ihm auch Macht gegeben über alle Stämme, Völker, Sprachen und Nationen. 8 Alle Bewohner der Erde fallen nieder vor ihm: alle, deren Name nicht seit der Erschaffung der Welt *eingetragen ist ins Lebensbuch* des Lammes, das geschlachtet wurde.

9 Wenn einer Ohren hat, so höre er. 10 *Wer zur Gefangenschaft bestimmt ist,* geht *in die Gefangenschaft. Wer mit dem Schwert* getötet werden soll, wird *mit dem Schwert* getötet. Hier muss sich die Standhaftigkeit und die Glaubenstreue der Heiligen bewähren.

11 Und ich sah: Ein anderes Tier stieg aus der Erde herauf. Es hatte zwei Hörner wie ein Lamm, aber es redete wie ein Drache. 12 Die ganze Macht des ersten Tieres übte es vor dessen Augen aus. Es brachte die Erde und ihre Bewohner dazu, das erste Tier anzubeten, dessen tödliche Wunde geheilt war. 13 Es tat große Zeichen; sogar Feuer ließ es vor den Augen der Menschen vom Himmel auf die Erde fallen. 14 Es verwirrte die Bewohner der Erde durch die Wunderzeichen, die es im Auftrag des Tieres tat; es befahl den Bewohnern der Erde, ein Standbild zu errichten zu Ehren des Tieres, das mit dem Schwert erschlagen worden war und doch wieder zum Leben kam. 15 Es wurde ihm Macht gegeben, dem Standbild des Tieres Lebensgeist zu verleihen, sodass es auch sprechen konnte und bewirkte, dass alle getötet wurden, *die das Standbild* des Tieres *nicht anbeteten.* 16 Die Kleinen und die Großen, die Reichen und die Armen, die Freien und die Sklaven, alle zwang es, auf ihrer rechten Hand oder ihrer Stirn ein Kennzeichen anzubringen. 17 Kaufen oder verkaufen konnte nur, wer das Kennzeichen trug: den Namen des Tieres oder die Zahl seines Namens. 18 Hier braucht man Kenntnis. Wer Verstand hat, berechne den Zahlenwert des Tieres. Denn es ist die Zahl eines Menschennamens; seine Zahl ist sechshundertsechsundsechzig.

1: Dan 7,3.7 • 2: Dan 7,4–6 • 5: Dan 7,8.25 • 7: Dan 7,21 • 8: Dan 12,1; Ps 69,29; Jes 53,7; Offb 3,5 • 10: Jer 15,2; 43,11 • 15: Dan 3,5f

Das Lamm und sein Gefolge

14 Und ich sah: Das Lamm stand auf dem Berg Zion und bei ihm waren hundertvierundvierzigtausend; *auf ihrer Stirn* trugen sie seinen Namen und den Namen seines Vaters. 2 Dann hörte ich eine Stimme vom Himmel her, *die dem Rauschen von Wassermassen* und dem Rollen eines gewaltigen Donners *glich.* Die Stimme, die ich hörte, war wie der Klang der Harfe, die ein Harfenspieler schlägt. 3 Und sie sangen ein neues Lied vor dem Thron und vor den vier Lebewesen und vor den Ältesten. Aber niemand konnte das Lied singen lernen außer den hundertvierundvierzigtausend, die freigekauft und von der Erde weggenommen worden sind. 4 Sie sind es, die sich nicht mit Weibern befleckt haben; denn sie sind jungfräulich. Sie folgen dem Lamm, wohin es geht. Sie allein unter allen Menschen sind freigekauft als Erstlingsgabe für Gott und das Lamm. 5 Denn in ihrem Mund fand sich keinerlei Lüge. Sie sind ohne Makel.

1: Ez 9,4 • 2: Ez 1,24; 43,2 • 3: Ps 33,3; Jes 42,10 • 5: Jes 53,9; Zef 3,13

DAS GERICHT: 14,6 – 20,15

Die Ankündigung des Gerichts

6 Dann sah ich: Ein anderer Engel flog hoch am
Himmel. Er hatte den Bewohnern der Erde ein
ewiges Evangelium zu verkünden, allen Nationen,
Stämmen, Sprachen und Völkern. 7 Er rief mit lau-
ter Stimme: Fürchtet Gott und erweist ihm die
Ehre! Denn die Stunde seines Gerichts ist gekom-
men. Betet ihn an, *der den Himmel und die Erde,
das Meer* und die Wasserquellen *geschaffen hat.*
8 Ein anderer Engel, ein zweiter, folgte und rief:
*Gefallen, gefallen ist Babylon, die Große, die alle
Völker betrunken gemacht hat mit dem Zornwein*
ihrer Hurerei.
9 Ein anderer Engel, ein dritter, folgte ihnen und
rief mit lauter Stimme: Wer das Tier und sein
Standbild anbetet und wer das Kennzeichen auf
seiner Stirn oder seiner Hand annimmt, 10 der
muss *den Wein des Zornes* Gottes trinken, der
unverdünnt *im Becher seines Zorns gemischt ist.*
Und er wird mit *Feuer und Schwefel* gequält vor
den Augen der heiligen Engel und des Lammes.
11 *Der Rauch* von ihrer Peinigung *steigt auf in* alle
Ewigkeit und alle, die das Tier und sein Standbild
anbeten und die seinen Namen als Kennzeichen
annehmen, werden bei Tag und Nacht keine Ruhe
haben. 12 Hier muss sich die Standhaftigkeit der
Heiligen bewähren, die an den Geboten Gottes
und an der Treue zu Jesus festhalten. 13 Und ich
hörte eine Stimme vom Himmel her rufen:
Schreibe! Selig die Toten, die im Herrn sterben,
von jetzt an; ja, spricht der Geist, sie sollen ausru-
hen von ihren Mühen; denn ihre Werke begleiten
sie.

7: Ex 20,11 • 8: Jes 21,9; Dan 4,27; Jer 51,7f • 10: Jes 51,17.22; Ps 75,9 G; Jer 25,15; Gen 19,24 • 11: Jes 34,9f • 13: 1,3

Die Stunde der Ernte

14 Dann sah ich eine weiße Wolke. Auf der *Wolke*
thronte einer, der *wie ein Menschensohn aussah.* Er
trug einen goldenen Kranz auf dem Haupt und
eine scharfe Sichel in der Hand. 15 Und ein ande-
rer Engel kam aus dem Tempel und rief dem, der
auf der Wolke saß, mit lauter Stimme zu: *Schick*
deine *Sichel aus* und ernte! Denn die Zeit zu ern-
ten ist gekommen: *Die Frucht* der Erde *ist reif* ge-
worden. 16 Und der, der auf der Wolke saß, schleu-
derte seine Sichel über die Erde und die Erde
wurde abgeerntet.
17 Und ein anderer Engel trat aus dem himmli-
schen Tempel. Auch er hatte eine scharfe Sichel.
18 Vom Altar her kam noch ein anderer Engel, der
die Macht über das Feuer hatte. Dem, der die
scharfe Sichel trug, rief er mit lauter Stimme zu:
Schick deine scharfe *Sichel aus* und ernte die Trau-
ben vom Weinstock der Erde! Seine Beeren *sind
reif* geworden. 19 Da schleuderte der Engel seine
Sichel auf die Erde, erntete den Weinstock der Erde
ab und warf die Trauben in die große Kelter des
Zornes Gottes. 20 *Die Kelter* wurde draußen vor der
Stadt *getreten* und Blut strömte aus der Kelter; es
stieg an, bis an die Zügel der Pferde, eintausend-
sechshundert Stadien weit.

14: Dan 7,13 • 15: Joël 4,13 • 18: Joël 4,13 • 20: Joël 4,13; Jes 63,3

Die Ankündigung der sieben letzten Plagen

15 Dann sah ich ein anderes Zeichen am Him-
mel, groß und wunderbar. Ich sah sieben
Engel mit sieben Plagen, den sieben letzten; denn
in ihnen erreicht der Zorn Gottes sein Ende.
2 Dann sah ich etwas, das einem gläsernen Meer
glich und mit Feuer durchsetzt war. Und die Sie-
ger über das Tier, über sein Standbild und über die
Zahl seines Namens standen auf dem gläsernen
Meer und trugen die Harfen Gottes. 3 Sie sangen
das Lied des Mose, des Knechtes Gottes, und das
Lied zu Ehren des Lammes:
Groß und *wunderbar sind deine Taten,* / Herr, Gott
und Herrscher über die ganze Schöpfung.
Gerecht und zuverlässig sind deine Wege, / du König
der Völker.
4 Wer wird dich nicht fürchten, Herr, / wer wird
deinen Namen nicht *preisen*?
Denn du allein bist *heilig: / Alle Völker kommen
und beten dich an;* / denn deine gerechten Taten
sind offenbar geworden.
5 Danach sah ich: Es öffnete sich der himmlische
Tempel, *das Zelt des Zeugnisses* im Himmel. 6 Und
die *sieben* Engel mit den *sieben Plagen* traten he-
raus; sie waren in reines, glänzendes *Leinen geklei-
det* und *trugen* um ihre Brust *einen Gürtel aus*

Gold. 7 Und eines der vier Lebewesen reichte den
sieben Engeln sieben goldene Schalen; sie waren
gefüllt mit dem Zorn des Gottes, der in alle Ewig-
keit lebt. 8 *Und der Tempel füllte sich mit dem Rauch*
der Herrlichkeit und Macht Gottes. Niemand
konnte den Tempel betreten, bis die *sieben Plagen*
aus der Hand der sieben Engel zu ihrem Ende
gekommen waren.

1: Lev 26,21 G • 3: Ex 15,1; 14,31; 15,11; Ps 92,5f; 111,2; 139,14; Dtn 32,4 • 4: Ps 145,1; 99,3; 86,9 • 5: Ex 40,34 G • 6: Lev 26,21 G; Dan 10,5; Ez 9,2.11 G • 8: Ex 40,34f; 1 Kön 8,10; Jes 6,4; Lev 26,21

Die sieben Engel mit den Schalen des Zorns

16 Dann hörte ich, wie eine laute Stimme aus
dem Tempel den sieben Engeln zurief:
Geht und *gießt* die sieben Schalen *mit dem Zorn*
Gottes *über die Erde!*
2 Der erste ging und goss seine Schale über das
Land. *Da bildete sich ein böses und schlimmes Ge-*
schwür an den Menschen, die das Kennzeichen des
Tieres trugen und sein Standbild anbeteten.
3 Der zweite Engel goss seine Schale über das Meer.
Da *wurde es zu Blut,* das aussah wie das Blut eines
Toten; und alle Lebewesen im Meer *starben.*
4 Der dritte goss seine Schale über *die Flüsse* und
Quellen. *Da wurde* alles *zu Blut.* 5 Und ich hörte
den Engel, der die Macht über das Wasser hat,
sagen: *Gerecht bist du,* der du bist und der du warst,
du *Heiliger;* denn damit hast du ein gerechtes
Urteil gefällt. 6 *Sie haben das Blut* von Heiligen und
Propheten *vergossen;* deshalb hast du ihnen *Blut zu*
trinken gegeben, so haben sie es verdient. 7 Und ich
hörte eine Stimme vom Brandopferaltar her sa-
gen: Ja, *Herr,* Gott und Herrscher über die ganze
Schöpfung. *Wahr* und *gerecht sind deine* Gerichts-
urteile.
8 Der vierte Engel goss seine Schale über die Sonne.
Da wurde ihr Macht gegeben, mit ihrem Feuer die
Menschen zu verbrennen. 9 Und die Menschen
verbrannten in der großen Hitze. Dennoch ver-
fluchten sie den Namen Gottes, der die Macht über
diese Plagen hat. Sie bekehrten sich nicht dazu,
ihm die Ehre zu geben.
10 Der fünfte Engel goss seine Schale über den
Thron des Tieres. *Da kam Finsternis* über das
Reich des Tieres und die Menschen zerbissen sich
vor Angst und Schmerz die Zunge. 11 Dennoch ver-
fluchten sie den Gott des Himmels wegen ihrer
Schmerzen und ihrer Geschwüre; und sie ließen
nicht ab von ihrem Treiben.
12 Der sechste Engel goss seine Schale über *den*
großen Strom, den Eufrat. Da trocknete sein *Wasser*
aus, sodass den Königen des Ostens der Weg of-
fen stand. 13 Dann sah ich aus dem Maul des Dra-
chen und aus dem Maul des Tieres und aus dem
Maul des falschen Propheten drei unreine Geister
hervorkommen, die wie Frösche aussahen. 14 Es
sind Dämonengeister, die Wunderzeichen tun;
sie schwärmten aus zu den Königen der ganzen
Erde, um sie zusammenzuholen für den Krieg am
großen Tag Gottes, des Herrschers über die ganze
Schöpfung.
15 Siehe, ich komme wie ein Dieb. Selig, wer wach
bleibt und sein Gewand anbehält, damit er nicht
nackt gehen muss und man seine Blöße sieht.
16 Die Geister führten die Könige an dem Ort
zusammen, der auf hebräisch Harmagedon heißt.
17 Und der siebte Engel goss seine Schale über die
Luft. Da kam eine laute *Stimme aus dem Tempel,*
die vom Thron her rief: Es ist geschehen. 18 Und es
folgten *Blitze,* Stimmen *und Donner;* es entstand
ein gewaltiges Erdbeben, *wie noch keines gewesen*
war, seitdem es Menschen auf der Erde gibt. So
gewaltig war dieses Beben. 19 Die große Stadt brach
in drei Teile auseinander und die Städte der Völ-
ker stürzten ein. Gott hatte sich an *Babylon, die*
Große, erinnert und reichte ihr *den Becher mit dem*
Wein seines rächenden *Zornes.*
20 Alle Inseln verschwanden und es gab keine Ber-
ge mehr. 21 Und *gewaltige Hagelbrocken,* zentner-
schwer, stürzten vom Himmel auf die Menschen
herab. Dennoch verfluchten die Menschen Gott
wegen dieser Hagelplage; denn die Plage war über
die Maßen groß.

1: Jes 66,6; Zef 3,8 • 2: Dtn 28,35; Ex 9,9f • 3: Ex 7,17f • 4: Ex 7,19 • 5: Ps 119,137; Ex 3,14 G; Dtn 32,4 G • 6: Ps 79,3; Jes 49,26 G • 7: Ps 19,10 • 10: Ex 10,21f • 12: Gen 15,18; Dtn 1,7; Jer 50,38; Jes 41,2.25 • 14: Ex 8,3 • 15: 1,3; Mt 24,37–44; Lk 12,35–40 • 17: Jes 66,6 • 18: Ex 19,16; Dan 12,1 • 19: Dan 4,27; Jes 51,17.22; Jer 25,15 • 21: Ex 9,22–26

Die Hure Babylon

17 Dann kam einer der sieben Engel, welche
die sieben Schalen trugen, und sagte zu
mir: Komm, ich zeige dir das Strafgericht über die

große Hure, die an *den vielen Gewässern sitzt.*
2 Denn mit ihr haben *die Könige der Erde* Unzucht
getrieben und vom Wein ihrer Hurerei wurden die
Bewohner der Erde betrunken. 3 Der Geist ergriff
mich und der Engel entrückte mich in die Wüste.
Dort sah ich eine Frau auf einem scharlachroten
Tier sitzen, das über und über mit gotteslästerli-
chen Namen beschrieben war und sieben Köpfe
und *zehn Hörner* hatte. 4 Die Frau war in Purpur
und Scharlach gekleidet und mit Gold, Edelstei-
nen und Perlen geschmückt. Sie hielt einen *golde-
nen Becher* in der Hand, der mit dem abscheuli-
chen Schmutz ihrer Hurerei gefüllt war. 5 Auf ihrer
Stirn stand ein Name, ein geheimnisvoller Name:
Babylon, die Große, die Mutter der Huren und aller
Abscheulichkeiten der Erde. 6 Und ich sah, dass die
Frau betrunken war vom Blut der Heiligen und
vom Blut der Zeugen Jesu.
Beim Anblick der Frau ergriff mich großes Erstau-
nen. 7 Der Engel aber sagte zu mir: Warum bist du
erstaunt? Ich will dir das Geheimnis der Frau ent-
hüllen und das Geheimnis des Tieres mit den sie-
ben Köpfen und zehn Hörnern, auf dem sie sitzt.
8 *Das Tier,* das du gesehen hast, war einmal und ist
jetzt nicht; es wird aber aus dem Abgrund *herauf-
steigen* und dann ins Verderben gehen. Staunen
werden die Bewohner der Erde, deren Namen seit
der Erschaffung der Welt nicht *im Buch des Lebens
verzeichnet sind.* Sie werden bei dem Anblick des
Tieres staunen; denn es war einmal und ist jetzt
nicht, wird aber wieder da sein. 9 Hier braucht man
Verstand und Kenntnis.
Die sieben Köpfe bedeuten die sieben Berge, auf
denen die Frau sitzt. Sie bedeuten auch sieben
Könige. 10 Fünf sind bereits gefallen. Einer ist jetzt
da, einer ist noch nicht gekommen; wenn er dann
kommt, darf er nur kurze Zeit bleiben. 11 Das Tier
aber, das war und jetzt nicht ist, bedeutet einen
achten König und ist doch einer von den sieben
und wird ins Verderben gehen. 12 *Die zehn Hörner,*
die du gesehen hast, *bedeuten zehn Könige,* die
noch nicht zur Herrschaft gekommen sind; sie
werden aber königliche Macht für eine einzige
Stunde erhalten, zusammen mit dem Tier. 13 Sie
sind eines Sinnes und übertragen ihre Macht und
Gewalt dem Tier. 14 Sie werden mit dem Lamm
Krieg führen, aber das Lamm wird sie besiegen.
Denn es ist *der Herr der Herren* und der König *der
Könige.* Bei ihm sind die Berufenen, Auserwähl-
ten und Treuen.
15 Und er sagte zu mir: Du hast *die Gewässer* gese-
hen, an denen die Hure sitzt; sie bedeuten *Völker*
und Menschenmassen, *Nationen und Sprachen.*
16 Du hast die zehn Hörner und das Tier gesehen;
sie werden die Hure hassen, ihr alles wegnehmen,
bis sie nackt ist, werden ihr Fleisch fressen und sie
im Feuer verbrennen. 17 Denn Gott lenkt ihr Herz
so, dass sie seinen Plan ausführen: Sie sollen ein-
mütig handeln und ihre Herrschaft dem Tier
übertragen, bis die Worte Gottes erfüllt sind. 18 Die
Frau aber, die du gesehen hast, ist die große Stadt,
die die Herrschaft hat über *die Könige der Erde.*

1: Jer 51,13 • 2: Jes 23,17; Ez 27,33; Jer 25,15f • 3: Dan 7,7 • 4: Jer 51,7 • 5: Dan 4,27 • 8: Dan 7,3; Ex 32,32f; Ps 69,29; Dan 12,1; Offb 3,5 • 12: Dan 7,24 • 14: Dtn 10,17; Dan 2,47; 1 Tim 6,15 • 15: Jer 51,13; Dan 3,4 • 18: Ps 2,2

Die Ankündigung von Babylons Sturz

18 Danach sah ich einen anderen Engel aus
dem Himmel herabsteigen; er hatte große
Macht *und die Erde leuchtete auf von seiner Herr-
lichkeit.* 2 Und er rief mit gewaltiger Stimme: *Gefal-
len, gefallen ist Babylon, die Große!* Zur Wohnung
von Dämonen ist sie geworden, zur Behausung
aller unreinen Geister und zum Schlupfwinkel
aller unreinen und abscheulichen Vögel. 3 Denn
vom Zornwein ihrer Unzucht *haben* alle *Völker
getrunken und die Könige der Erde haben mit ihr
Unzucht getrieben.* Durch die Fülle ihres Wohl-
stands sind die Kaufleute der Erde reich geworden.
4 Dann hörte ich eine andere Stimme vom Him-
mel her rufen: Verlass die Stadt, mein Volk, damit
du nicht mitschuldig wirst an ihren Sünden und
von ihren Plagen mitgetroffen wirst. 5 *Denn ihre*
Sünden *haben sich bis zum Himmel aufgetürmt*
und Gott hat ihre Schandtaten nicht vergessen.
6 Zahlt ihr mit gleicher Münze heim, gebt ihr dop-
pelt zurück, was sie getan hat. Mischt ihr den
Becher, den sie gemischt hat, doppelt so stark. 7 Im
gleichen Maß, wie sie in Prunk und Luxus lebte,
lasst sie Qual und Trauer erfahren. *Sie dachte bei
sich:* Ich throne als Königin, *ich bin keine Witwe*
und werde keine Trauer kennen. 8 Deshalb *werden
an einem einzigen Tag* die Plagen über sie *kommen,*
die für sie bestimmt sind: Tod, Trauer und Hun-

ger. Und sie wird im Feuer verbrennen; denn *stark*
ist der Herr, der Gott, der sie gerichtet hat.

1: Ez 43,2 • 2: Jes 21,9; Dan 4,27; Jes 13,21; 34,11; Jer 50,39 •
3: Jer 51,7; Jes 23,17; Ez 27,33 • 4: Jes 48,20; 2 Kor 6,17 • 5: Jer 51,9 •
6: Jer 50,15.29; Ps 137,8 • 7: Jes 47,7f • 8: Jes 47,9; Jer 50,34

Die Klage über den Untergang Babylons

[9] *Die Könige der Erde, die mit ihr gehurt* und in
Luxus gelebt *haben, werden über* sie *weinen und*
klagen, wenn sie den Rauch der brennenden Stadt
sehen. [10] Sie bleiben in der Ferne stehen aus Angst
vor ihrer Qual und sagen: Wehe! Wehe, du *große*
Stadt *Babylon, du mächtige Stadt!* In einer einzigen
Stunde ist das Gericht über dich gekommen.
[11] Auch die *Kaufleute* der Erde *weinen und klagen*
um sie, weil niemand mehr ihre Ware kauft:
[12] Gold und Silber, Edelsteine und Perlen, feines
Leinen, Purpur, Seide und Scharlach, wohlrie-
chende Hölzer aller Art und alle möglichen Geräte
aus Elfenbein, kostbarem Edelholz, Bronze, Eisen
und Marmor; [13] auch Zimt und Balsam, Räucher-
werk, Salböl und Weihrauch, Wein und Öl, feins-
tes Mehl und Weizen, Rinder und Schafe, Pferde
und Wagen und sogar Menschen mit Leib und
Seele.
[14] Auch die Früchte, nach denen dein Herz be-
gehrte, sind dir genommen. Und alles, was präch-
tig und glänzend war, hast du verloren; nie mehr
wird man es finden. [15] Die *Kaufleute,* die durch den
Handel mit dieser Stadt reich geworden sind, wer-
den aus Angst vor ihrer Qual in der Ferne stehen
und sie werden *weinen und klagen:* [16] Wehe! Wehe,
du große Stadt, bekleidet mit feinem Leinen, mit
Purpur und Scharlach, geschmückt mit Gold,
Edelsteinen und Perlen. [17] In einer einzigen Stunde
ist dieser ganze Reichtum dahin.
Alle Kapitäne und Schiffsreisenden, *die Matrosen*
und alle, die ihren Unterhalt *auf See* verdienen,
machten schon in der Ferne Halt, [18] als sie den
Rauch der brennenden Stadt sahen, und sie riefen:
Wer konnte sich mit der großen Stadt *messen*?
[19] *Und sie streuten sich Staub auf den Kopf, sie*
schrien, weinten und klagten: Wehe! Wehe, du
große Stadt, die mit ihren Schätzen alle reich
gemacht hat, die Schiffe auf dem Meer haben. In
einer einzigen Stunde ist sie verwüstet worden.
[20] *Freu dich* über ihren Untergang, *du Himmel* –
und auch ihr, Heilige, Apostel und Propheten,
freut euch! Denn *Gott hat* euch an ihr *gerächt.*
[21] Dann hob ein gewaltiger Engel einen *Stein* auf,
so groß wie ein Mühlstein; *er warf ihn* ins Meer
und rief: So wird *Babylon, die große Stadt,* mit
Wucht hinabgeworfen werden und man wird sie
nicht mehr finden. [22] Die Musik von Harfenspie-
lern und Sängern, von Flötenspielern und Trom-
petern hört man nicht mehr in dir. Einen kundi-
gen Handwerker gibt es nicht mehr in dir. *Das*
Geräusch des Mühlsteins hört man nicht mehr in
dir. [23] *Das Licht der Lampe* scheint nicht mehr in
dir. *Die Stimme von Braut und Bräutigam* hört
man nicht mehr in dir. Deine *Kaufleute waren die*
Großen der Erde, deine Zauberei verführte alle Völ-
ker. [24] Aber in ihr war das Blut von Propheten und
Heiligen und von allen, die auf der Erde hinge-
schlachtet worden sind.

9: Ez 27,31–33; Jes 23,17 • 10: Dan 4,27; Ez 26,17 • 11: Ez 27,31.36 •
13: Ez 27,13 • 15: Ez 27,31.36 • 17: Ez 27,27–34 • 19: Ez 26,19 •
20: Jes 44,23; Dtn 32,43 G • 21: Jer 51,63f; Dan 4,27; Ez 26,41 •
22: Jes 24,8; Ez 26,13; Jer 25,10 • 23: Jes 23,8; 47,9; Nah 3,4 •
24: Jer 51,49

Jubel im Himmel

19 Danach hörte ich etwas wie den lauten Ruf
einer großen Schar im Himmel:
Halleluja! / Das Heil und die Herrlichkeit und die
Macht / ist bei unserm Gott.
[2] *Seine Urteile sind wahr und gerecht.* / Er hat die
große Hure gerichtet, / die mit ihrer Unzucht die
Erde verdorben hat.
Er hat Rache genommen für das Blut seiner Knech-
te, / das an ihren Händen klebte. [3] Noch einmal rie-
fen sie:
Halleluja! / *Der Rauch* der Stadt steigt auf in alle
Ewigkeit.
[4] Und die vierundzwanzig Ältesten und die vier
Lebewesen fielen nieder vor Gott, *der auf dem*
Thron sitzt, beteten ihn an und riefen:
Amen, halleluja!
[5] Und eine Stimme kam vom Thron her:
Preist unsern Gott, *all* seine *Knechte / und alle, die*
ihn fürchten, Kleine und Große!
[6] Da hörte ich etwas wie den Ruf einer großen
Schar und *wie das Rauschen gewaltiger Wasser-*
massen und wie das Rollen mächtiger Donner:
Halleluja! / *Denn König geworden ist der Herr,*

unser Gott, / der Herrscher über die ganze Schöp-
fung.
7 *Wir wollen uns freuen und jubeln* / und ihm die
Ehre erweisen.
Denn gekommen ist die Hochzeit des Lammes /
und seine Frau hat sich bereit gemacht.
8 Sie durfte sich kleiden in strahlend reines Lei-
nen. / Das Leinen bedeutet die gerechten Taten der
Heiligen.
9 Jemand sagte zu mir: Schreib auf: Selig, wer zum
Hochzeitsmahl des Lammes eingeladen ist. Dann
sagte er zu mir: Das sind zuverlässige Worte, es
sind Worte Gottes. 10 Und ich fiel ihm zu Füßen,
um ihn anzubeten. Er aber sagte zu mir: Tu das
nicht! Ich bin ein Knecht wie du und deine
Brüder, die das Zeugnis Jesu festhalten. Gott bete
an! Das Zeugnis Jesu ist der Geist prophetischer
Rede.

2: Ps 19,10; 2 Kön 9,7 • 3: Jes 34,10 • 4: Jes 6,1 • 5: Ps 134,1; 115,13 • 6: Ez 1,24; 43,2; Ps 93,1; Dan 7,14 • 7: Ps 118,24 • 8: Ps 45,14f • 9: 1,3 • 10: 22,9

Sieg über das Tier und seinen Propheten

11 Dann sah ich *den Himmel offen,* und siehe, da
war ein weißes Pferd, und der, der auf ihm saß,
heißt »Der Treue und Wahrhaftige«; *gerecht rich-
tet er* und führt er Krieg. 12 *Seine Augen* waren wie
Feuerflammen und auf dem Haupt trug er viele
Diademe; und auf ihm stand ein Name, den er
allein kennt. 13 Bekleidet war er mit einem blutge-
tränkten Gewand; und sein Name heißt »Das Wort
Gottes«. 14 Die Heere des Himmels folgten ihm auf
weißen Pferden; sie waren in reines, weißes Leinen
gekleidet. 15 *Aus seinem Mund* kam *ein scharfes
Schwert;* mit ihm wird er die Völker schlagen. *Und
er herrscht über sie mit eisernem Zepter, und* er *tritt
die Kelter* des Weines, des rächenden Zornes
Gottes, des Herrschers über die ganze Schöpfung.
16 Auf seinem Gewand und auf seiner Hüfte trägt
er den Namen: »König *der Könige* und *Herr der
Herren*«.
17 Dann sah ich einen Engel, der in der Sonne
stand. Er rief mit lauter Stimme allen Vögeln zu,
die hoch am Himmel flogen: *Kommt her! Versam-
melt euch zum großen Mahl* Gottes. 18 *Fresst Fleisch*
von Königen, von Heerführern und *von Helden,*
Fleisch *von Pferden* und ihren *Reitern,* Fleisch von
allen, von Freien und Sklaven, von Großen und
Kleinen!
19 Dann sah ich das Tier und die *Könige der Erde*
und ihre Heere versammelt, um mit dem Reiter
und seinem Heer Krieg zu führen. 20 Aber das Tier
wurde gepackt und mit ihm der falsche Prophet;
er hatte vor seinen Augen Zeichen getan und
dadurch alle verführt, die das Kennzeichen des
Tieres angenommen und sein Standbild angebetet
hatten. Bei lebendigem Leib wurden beide in den
See von brennendem Schwefel geworfen. 21 Die
Übrigen wurden getötet mit dem Schwert, das aus
dem Mund des Reiters kam; und *alle Vögel fraßen
sich satt an* ihrem *Fleisch.*

11: Ez 1,1; Ps 96,13 • 12: Dan 10,6 • 13: Jes 63,1f • 15: Jes 11,4; 49,2; Ps 2,9 G; Jes 63,3 • 16: Dan 2,47; Dtn 10,17 • 17: Ez 39,4.17–20 • 19: Ps 2,2 • 20: Dan 7,11; Jes 30,33 • 21: Ez 39,17.20

Die Tausendjährige Herrschaft

20 Dann sah ich einen Engel vom Himmel
herabsteigen; auf seiner Hand trug er den
Schlüssel zum Abgrund und eine schwere Kette.
2 Er überwältigte den Drachen, die alte *Schlange* –
das ist *der Teufel* oder *der Satan* –, und er fesselte
ihn für tausend Jahre. 3 Er warf ihn in den Ab-
grund, verschloss diesen und drückte ein Siegel
darauf, damit der Drache die Völker nicht mehr
verführen konnte, bis die tausend Jahre vollendet
sind. Danach muss er für kurze Zeit freigelassen
werden.
4 *Dann sah ich Throne;* und denen, die darauf *Platz
nahmen, wurde das Gericht übertragen.* Ich sah die
Seelen aller, die enthauptet worden waren, weil sie
an dem Zeugnis Jesu und am Wort Gottes festge-
halten hatten. Sie hatten das Tier und sein Stand-
bild nicht angebetet und sie hatten das Kennzei-
chen nicht auf ihrer Stirn und auf ihrer Hand
anbringen lassen. Sie gelangten zum Leben und
zur Herrschaft mit Christus für tausend Jahre.
5 Die übrigen Toten kamen nicht zum Leben, bis
die tausend Jahre vollendet waren. Das ist die erste
Auferstehung. 6 Selig und heilig, wer an der ersten
Auferstehung teilhat. Über solche hat der zweite
Tod keine Gewalt. Sie werden *Priester Gottes* und
Christi sein und tausend Jahre mit ihm herrschen.

2: Gen 3,1; Sach 3,1; Ijob 1,6 • 4: Dan 7,9.22 G; 1 Kor 6,2 • 6: 1,3; Jes 61,6

Der endgültige Sieg über den Satan

7 Wenn die tausend Jahre vollendet sind, wird der
Satan aus seinem Gefängnis freigelassen werden.
8 Er wird ausziehen, um die Völker an den vier
Ecken der Erde, den Gog und den Magog, zu ver-
führen und sie zusammenzuholen für den Kampf;
sie sind so zahlreich wie die Sandkörner am Meer.
9 Sie schwärmten aus über *die weite Erde* und
umzingelten das Lager der Heiligen und Gottes
geliebte Stadt. Aber *Feuer fiel vom Himmel und ver-*
zehrte sie.
10 Und der Teufel, ihr Verführer, wurde in den See
von *brennendem Schwefel* geworfen, wo auch das
Tier und der falsche Prophet sind. Tag und Nacht
werden sie gequält, in alle Ewigkeit.

8: Ez 38,6; Jes 11,12; Ez 7,2; 38,2 • 9: Hab 1,6 G; Ps 87,2; 2 Kön 1,10; Ez 39,6 • 10: Ez 38,22

Das Gericht über alle Toten

11 Dann *sah ich einen* großen weißen *Thron* und
den, der auf ihm *saß; vor seinem Anblick flohen*
Erde und Himmel und es *gab keinen Platz mehr für*
sie. 12 Ich sah die Toten vor dem Thron stehen, die
Großen und die Kleinen. Und *Bücher wurden auf-*
geschlagen; auch *das Buch des Lebens* wurde aufge-
schlagen. Die Toten wurden *nach ihren Werken*
gerichtet, nach dem, was in den Büchern aufge-
schrieben war. 13 Und das Meer gab die Toten he-
raus, die in ihm waren; und *der Tod* und *die Unter-*
welt gaben ihre Toten heraus, die in ihnen waren.
Sie wurden gerichtet, jeder *nach seinen Werken.*
14 *Der Tod* und *die Unterwelt* aber wurden in den
Feuersee geworfen. Das ist der zweite Tod: der Feu-
ersee. 15 Wer nicht im *Buch des Lebens verzeichnet*
war, wurde in den Feuersee geworfen.

11: Jes 6,1; Ps 114,3.7; Dan 2,35 G • 12: Dan 7,10; Ps 69,29; Offb 3,5; Ps 28,4 • 13: Hos 13,14; Ps 28,4 • 14: Hos 13,14; Jes 25,8 G; 1 Kor 15,26 • 15: Ex 32,32f; Dan 12,1; Ps 69,29; Offb 3,5

DIE NEUE WELT GOTTES: 21,1 – 22,5

Gottes Wohnen unter den Menschen

21 Dann sah ich *einen neuen Himmel und eine*
neue Erde; denn der erste Himmel und die
erste Erde sind vergangen, auch das Meer ist nicht
mehr. 2 Ich sah *die heilige Stadt,* das neue *Jerusa-*
lem, von Gott her aus dem Himmel herabkom-
men; sie war bereit *wie eine Braut, die sich* für ihren
Mann *geschmückt hat.* 3 Da hörte ich eine laute
Stimme vom Thron her rufen: *Seht, die Wohnung*
Gottes unter den Menschen! *Er wird in ihrer Mitte*
wohnen, und sie werden sein Volk sein; und er, Gott,
wird bei ihnen sein. 4 *Er wird alle Tränen von ihren*
Augen abwischen: Der Tod wird nicht mehr sein,
keine *Trauer,* keine *Klage,* keine Mühsal. Denn was
früher war, ist vergangen.
5 *Er, der auf dem Thron saß,* sprach: *Seht, ich mache*
alles *neu.* Und er sagte: Schreib es auf, denn diese
Worte sind zuverlässig und wahr. 6 Er sagte zu mir:
Sie sind in Erfüllung gegangen. Ich bin das Alpha
und das Omega, der Anfang und das Ende. *Wer*
durstig ist, den werde ich umsonst aus der Quelle
trinken lassen, aus der *das Wasser des Lebens*
strömt. 7 Wer siegt, wird dies als Anteil erhalten:
Ich werde sein Gott sein und er wird mein Sohn sein.
8 Aber die Feiglinge und Treulosen, die Befleckten,
die Mörder und Unzüchtigen, die Zauberer, Göt-
zendiener und alle Lügner – ihr Los wird der See
von brennendem Schwefel sein. Dies ist der zweite
Tod.

1: Jes 65,17; 66,22 • 2: Jes 52,1; Gal 4,26; Hebr 12,22; Jes 61,10 • 3: Lev 26,11f; Ez 37,27; Sach 2,14; Jes 8,8 • 4: Jes 25,8; 1 Kor 15,26; Jes 35,10 • 5: Jes 6,1; 43,19 G; 2 Kor 5,17 • 6: Jes 55,1; Sach 14,8 • 7: Röm 8,17; 2 Sam 7,14 • 8: 22,15; Mt 15,19; Ez 38,22

Das neue Jerusalem

9 Und es kam einer von den sieben Engeln, die die
sieben Schalen mit den *sieben* letzten *Plagen* ge-
tragen hatten. Er sagte zu mir: Komm, ich will dir
die Braut zeigen, die Frau des Lammes. 10 *Da ent-*
rückte er mich in der Verzückung *auf einen* großen,
hohen Berg und zeigte mir *die heilige Stadt Jerusa-*
lem, wie sie von Gott her aus dem Himmel herab-
kam, 11 erfüllt von der Herrlichkeit Gottes. Sie
glänzte wie ein kostbarer Edelstein, wie ein kris-
tallklarer Jaspis. 12 *Die Stadt* hat eine große und
hohe Mauer mit zwölf *Toren* und zwölf Engeln
darauf. Auf die Tore sind Namen geschrieben: *die*

Namen der zwölf Stämme der Söhne Israels. 13 *Im*
Osten hat die Stadt drei Tore und im Norden drei
Tore und im Süden drei Tore und im Westen drei
Tore. 14 Die Mauer der Stadt hat zwölf Grund-
steine; auf ihnen stehen die zwölf Namen der zwölf
Apostel des Lammes.
15 Und der Engel, der zu mir sprach, hatte einen
goldenen *Messstab,* mit dem die Stadt, ihre Tore
und ihre Mauer gemessen wurden. 16 Die Stadt war
viereckig angelegt und ebenso lang wie breit. Er
maß die Stadt mit dem Messstab; ihre Länge,
Breite und Höhe sind gleich: zwölftausend Sta-
dien. 17 *Und er maß ihre Mauer;* sie ist hundert-
vierundvierzig Ellen hoch nach Menschenmaß,
das der Engel benutzt hatte. 18 Ihre Mauer ist aus
Jaspis gebaut und die Stadt ist aus reinem Gold,
wie aus reinem Glas. 19 *Die Grundsteine* der Stadt-
mauer sind mit *edlen Steinen* aller Art geschmückt;
der erste Grundstein ist ein Jaspis, der zweite ein
Saphir, der dritte ein Chalzedon, der vierte ein
Smaragd, 20 der fünfte ein Sardonyx, der sechste
ein Sardion, der siebte ein Chrysolith, der achte
ein Beryll, der neunte ein Topas, der zehnte ein
Chrysopras, der elfte ein Hyazinth, der zwölfte ein
Amethyst. 21 Die zwölf Tore sind zwölf Perlen;
jedes der Tore besteht aus einer einzigen Perle. Die
Straße der Stadt ist aus reinem Gold, wie aus kla-
rem Glas.
22 Einen Tempel sah ich nicht in der Stadt. Denn
der Herr, ihr Gott, der Herrscher über die ganze
Schöpfung, ist ihr Tempel, er und das Lamm. 23 Die
Stadt braucht *weder Sonne noch Mond,* die ihr
leuchten. Denn *die Herrlichkeit Gottes erleuchtet* sie
und ihre Leuchte ist das Lamm. 24 *Die Völker wer-*
den in diesem *Licht einhergehen und die Könige*
der Erde werden *ihre Pracht* in die Stadt *bringen.*
25 Ihre *Tore werden den ganzen Tag nicht geschlos-*
sen – Nacht wird es dort nicht mehr geben. 26 *Und*
man wird die Pracht und die Kostbarkeiten *der*
Völker in die Stadt *bringen.* 27 *Aber nichts Unreines*
wird hineinkommen, keiner, der Gräuel verübt und
lügt. Nur die, *die im Lebensbuch* des Lammes *ein-*
getragen sind, werden eingelassen.
22 Und er zeigte mir einen *Strom, das Was-*
ser des Lebens, klar wie Kristall; *er geht*
vom Thron Gottes und des Lammes aus. 2 Zwi-
schen der Straße der Stadt und dem Strom, hüben
und drüben, stehen Bäume des Lebens. Zwölfmal
tragen sie Früchte, jeden Monat einmal; und die
Blätter der Bäume dienen zur Heilung der Völker.
3 Es wird nichts mehr geben, was der Fluch Gottes
trifft. Der Thron Gottes und des Lammes wird in
der Stadt stehen und seine Knechte werden ihm
dienen. 4 Sie werden sein *Angesicht schauen* und
sein Name ist auf ihre Stirn geschrieben. 5 Es wird
keine Nacht mehr geben und sie brauchen weder
das Licht einer Lampe noch das Licht der Sonne.
Denn der Herr, ihr Gott, wird über ihnen leuch-
ten und sie werden herrschen *in alle Ewigkeit.*

21,9: Lev 26,21 G • 10: Ez 40,2; Jes 52,1 • 11: Jes 60,1f • 12: Ez 48,31; Ex 28,21 • 13: Ez 48,31–35 • 15: Ez 40,3.5 • 16: Ez 43,16 • 17: Ez 40,5 • 18: Jes 54,11f • 19f: Ez 28,13 G • 23: Jes 60,1.19 • 24: Jes 60,3.11; Ps 72,10 • 25: Sach 14,7 • 27: Jes 52,1; 4,3; Dan 12,1; Ps 69,29; Offb 3,5 • 22,1: Gen 2,10; Sach 14,8 • 2: Ez 47,12; Gen 2,9 • 3: Sach 14,11 • 4: Ps 17,15 • 5: Jes 60,19; Dan 7,18.27

ZEUGNIS UND ABSCHLIESSENDE MAHNUNG DES SEHERS: 22,6–21

6 Und der Engel sagte zu mir: Diese Worte sind zu-
verlässig und wahr. Gott, der Herr über den Geist
der Propheten, hat seinen Engel gesandt, um sei-
nen Knechten zu zeigen, *was* bald *geschehen muss.*
7 *Siehe, ich komme* bald. Selig, wer an den prophe-
tischen Worten dieses Buches festhält.
8 Ich, Johannes, habe dies gehört und gesehen. Und
als ich es hörte und sah, fiel ich dem Engel, der mir
dies gezeigt hatte, zu Füßen, um ihn anzubeten.
9 Da sagte er zu mir: Tu das nicht! Ich bin nur ein
Knecht wie du und deine Brüder, die Propheten,
und wie alle, die sich an die Worte dieses Buches
halten. Gott bete an!
10 Und er sagte zu mir: *Versiegle* dieses *Buch* mit sei-
nen prophetischen *Worten* nicht! Denn die Zeit ist
nahe. 11 *Wer Unrecht tut, tue weiter Unrecht,* der
Unreine bleibe unrein, der Gerechte handle weiter
gerecht und der Heilige strebe weiter nach Heilig-
keit. 12 *Siehe, ich komme* bald und *mit mir* bringe
ich den *Lohn und ich werde jedem geben, was sei-*
nem Werk entspricht. 13 *Ich bin* das Alpha und das
Omega, *der Erste und der Letzte,* der Anfang und

das Ende. [14] Selig, wer sein Gewand wäscht: Er hat
Anteil am *Baum des Lebens,* und er wird durch die
Tore in die Stadt eintreten können. [15] Draußen
bleiben die »Hunde« und die Zauberer, die Unzüchtigen und die Mörder, die Götzendiener und
jeder, der die Lüge liebt und tut.

[16] Ich, Jesus, habe meinen Engel gesandt als Zeugen für das, was die Gemeinden betrifft. Ich bin die
Wurzel und der Stamm Davids, der strahlende
Morgenstern.

[17] Der Geist und die Braut aber sagen: Komm! Wer
hört, der rufe: Komm! *Wer durstig ist, der komme.*
Wer will, empfange *umsonst das Wasser des Lebens.*

[18] Ich bezeuge jedem, der die prophetischen Worte
dieses Buches hört: Wer *etwas hinzufügt,* dem wird
Gott die Plagen zufügen, *von denen in diesem Buch
geschrieben steht.* [19] *Und* wer *etwas wegnimmt von*
den prophetischen Worten dieses Buches, dem
wird Gott seinen Anteil *am Baum des Lebens* und
an der heiligen Stadt wegnehmen, von denen in
diesem Buch geschrieben steht.

[20] Er, der dies bezeugt, spricht: Ja, ich komme
bald. –

Amen. Komm, Herr Jesus!

[21] Die Gnade des Herrn Jesus sei mit allen!

6: Dan 2,28 • 7: Sach 2,14; Offb 1,3; 22,12.20 • 9: 19,10 • 10: Dan 12,4.9 • 11: Dan 12,10 • 12: Sach 2,14; Jes 40,10 G; Ps 28,4 • 13: Jes 44,6; Offb 1,17 • 14: 1,3; Gen 2,9; 3,22 • 15: 21,8; Mt 15,19 • 16: Jes 11,1.10; Num 24,17 • 17: Jes 55,1; Sach 14,8 • 18: Dtn 4,2; 13,1; 29,20 • 19: Dtn 4,2; Gen 2,9; 3,22 • 20: 3,11; 22,7.12; 1 Kor 16,22 • 21: Hebr 13,25

ANHANG

I. NAMEN, ABKÜRZUNGEN UND PARALLELÜBERLIEFERUNGEN

1. Allgemeine Abkürzungen

A	Anmerkung
A	Altes Testament
atl.	alttestamentlich
ca.	circa = ungefähr
d. h.	das heißt
EÜ	Einheitsübersetzung
f	folgender Vers
G	griechische Übersetzung der Septuaginta, entstanden zwischen ca. 250–100 v. Chr.
H	hebräischer Text
Jh. (Jhd.)	Jahrhundert
korr.	korrigiert
NT	Neues Testament
ntl.	neutestamentlich
Par.	Parallele
Parr.	Parallelen
par.	parallele Stellen
S	Syrische Übersetzung (Peschitta)
s.	siehe
sog.	so genannt (-e, -er, -es)
u. a.	unter anderem
usw.	und so weiter
vgl.	vergleiche
V	Vers
VV.	Verse
Vg	Vulgata
z. B.	zum Beispiel
z. T.	zum Teil
( )	erklärender Zusatz der Übersetzer
[ ]	unechter Text bzw. alte Zusätze
‖	Parallelüberlieferung
ẹ	der Laut kann beim Gesang ausfallen (im Psalter)

2. Namen und Abkürzungen der biblischen Bücher

Altes Testament

Gen	Das Buch Genesis
Ex	Das Buch Exodus
Lev	Das Buch Levitikus
Num	Das Buch Numeri
Dtn	Das Buch Deuteronomium
Jos	Das Buch Josua
Ri	Das Buch der Richter
Rut	Das Buch Rut
1 Sam	Das erste Buch Samuel
2 Sam	Das zweite Buch Samuel
1 Kön	Das erste Buch der Könige
2 Kön	Das zweite Buch der Könige
1 Chr	Das erste Buch der Chronik
2 Chr	Das zweite Buch der Chronik
Esra	Das Buch Esra
Neh	Das Buch Nehemia
Tob	Das Buch Tobit
Jdt	Das Buch Judit
Est	Das Buch Ester
1 Makk	Das erste Buch der Makkabäer
2 Makk	Das zweite Buch der Makkabäer
Ijob	Das Buch Ijob
Ps	Die Psalmen
Spr	Das Buch der Sprichwörter
Koh	Das Buch Kohelet
Hld	Das Hohelied
Weish	Das Buch der Weisheit
Sir	Das Buch Jesus Sirach
Jes	Das Buch Jesaja
Jer	Das Buch Jeremia
Klgl	Die Klagelieder
Bar	Das Buch Baruch
Ez	Das Buch Ezechiel
Dan	Das Buch Daniel
Hos	Das Buch Hosea
Joël	Das Buch Joël
Am	Das Buch Amos
Obd	Das Buch Obadja
Jona	Das Buch Jona
Mi	Das Buch Micha
Nah	Das Buch Nahum
Hab	Das Buch Habakuk
Zef	Das Buch Zefanja
Hag	Das Buch Haggai
Sach	Das Buch Sacharja
Mal	Das Buch Maleachi

Neues Testament

Mt	Das Evangelium nach Matthäus
Mk	Das Evangelium nach Markus
Lk	Das Evangelium nach Lukas
Joh	Das Evangelium nach Johannes
Apg	Die Apostelgeschichte
Röm	Der Brief an die Römer
1 Kor	Der erste Brief an die Korinther
2 Kor	Der zweite Brief an die Korinther
Gal	Der Brief an die Galater
Eph	Der Brief an die Epheser
Phil	Der Brief an die Philipper
Kol	Der Brief an die Kolosser
1 Thess	Der erste Brief an die Thessalonicher
2 Thess	Der zweite Brief an die Thessalonicher
1 Tim	Der erste Brief an Timotheus
2 Tim	Der zweite Brief an Timotheus
Tit	Der Brief an Titus
Phlm	Der Brief an Philemon
Hebr	Der Brief an die Hebräer
Jak	Der Brief des Jakobus
1 Petr	Der erste Brief des Petrus
2 Petr	Der zweite Brief des Petrus
1 Joh	Der erste Brief des Johannes
2 Joh	Der zweite Brief des Johannes
3 Joh	Der dritte Brief des Johannes
Jud	Der Brief des Judas
Offb	Die Offenbarung des Johannes

3. Parallelüberlieferungen

In dieser Ausgabe werden jeweils am Ende eines Textabschnittes Hinweise auf Parallelüberlieferungen und auf verwandte Texte oder auch Einzelworte angeführt.

Hinter der Stellenangabe und einem ‖ werden die Texte aus dem Alten oder dem Neuen Testament angegeben, die auch der sprachlichen Form nach derselben Überlieferungsgruppe zugehören.

Hinter der Stellenangabe ohne das Parallelzeichen ‖ werden Stellen aus dem Alten und Neuen Testament angeführt, an denen sich inhaltlich, zum Teil auch formal, gleichartige oder verwandte Texte finden (sog. Sachparallelen). Im Neuen Testament finden sich daneben Hinweise auf die Texte, die entwe-

der als wörtliche Zitate (diese sind je kursiv gesetzt) oder als Anspielungen dem Alten Testament entnommen sind oder dieses frei zitieren.
Die einzelnen Verweisgruppen sind durch das Zeichen • voneinander getrennt.
Durch diese Verweise läßt sich der Prozeß des Wachsens und der Ausgestaltung der biblischen Überlieferung leichter erfassen; zugleich tritt die innere Einheit und die gedankliche, stilistische und sprachliche Vielfalt der biblischen Schriften, vor allem jener des Neuen Testaments, deutlich hervor.

II. ANMERKUNGEN ZUR TEXTGESTALTUNG UND TEXTÜBERLIEFERUNG

Das Buch Genesis

2,6 Feuchtigkeit: in H ein Wort unbekannter Bedeutung.

2,7 In H Wortspiel mit den Ausdrücken für Ackerboden (adamáh) und Mensch (adám).

2,23 denn ...: Die Ausdrücke für Mann (isch) und Frau (ischáh) sind im Hebräischen ähnlich.

4,1 Die Worte Evas sind ein Wortspiel mit dem Namen Kain, der im Hebräischen an das Zeitwort für »erwerben« (kanáh) anklingt.

4,4 von ihrem Fett, andere Übersetzungsmöglichkeit: von ihren fettesten Tieren.

4,7 als Dämon: sinngemäß ergänzt; in H steht trotz des weiblichen Wortes für Sünde eine männliche Zeitwortform, die an einen Unheilsdämon erinnert. Deswegen wird der ganze Satz mit männlicher Form gebildet.

4,8 Gehen wir aufs Feld!: nach den alten Übersetzungen ergänzt.

4,16 Wortspiel mit Nod und dem Wort »ruhelos« (nad).

4,25 Bis hierher war es im einzelnen fraglich, ob man adam mit »Mensch« übersetzen oder es als Eigenname Adam wiedergeben soll. Erst von hier ab ist Adam sicher Eigenname. – Die Worte Evas erklären sich als Wortspiel mit dem Namen Set, der an das hebräische Zeitwort schat (einsetzen) erinnert.

4,26 Auch der Name Enosch bedeutet »Mensch«. – Hier und an den meisten Stellen, wo in dieser Übersetzung »der Herr« für Gott steht, gebraucht H den Eigennamen Jahwe. Die Übersetzer folgen der Tradition der Juden und Christen, den Eigennamen Jahwe, den die Juden wegen Ex 20,7 = Dtn 5,11 nicht auszusprechen wagten, mit »der Herr« zu umschreiben.
Nur wo es unumgänglich schien, wurde der Eigenname belassen (vgl. Ex 3,15).

5,29 Wortspiel mit dem Namen Noach und den Zeitwörtern für »ruhen« (núach) und »trösten« (nihám).

6,16 hebe es an: H unklar; vielleicht ist gemeint: Das Dach soll in der Mitte eine Elle höher sein als an den Seiten, damit das Wasser abfließen kann.

9,27 Wortspiel mit dem Namen Jafet und dem ähnlich klingenden Zeitwort »er schaffe Raum« (jaft).

10,4 In H steht Dodaniter; wahrscheinlich ist aber Rodaniter zu lesen wie in 1 Chr 1,7. Die hebräischen Buchstaben d und r sind einander sehr ähnlich und konnten leicht verwechselt werden.

10,21 Die »Söhne Ebers« sind die Hebräer (hebr.: ibrím).

15,2 Schluss des Verses in H unklar, daher Übersetzung unsicher.

15,21 Hiwiter: ergänzt nach einigen alten Übersetzungen.

16,13f In H Wortspiel mit dem Namen des Brunnens.

17,17 Anspielung auf die Bedeutung des Namens Isaak, hebr.: jizchák (= er lacht; vgl. 18,12–15).

21,6 Wieder Wortspiel mit der Bedeutung des Namens Isaak (vgl. 17,17 und 18,12–15).

21,31 Das hebräische Wort scheba kann sowohl »sieben« als auch »Eid« bedeuten.

27,36 Der Name Jakob ist mehrdeutig: »Fersenhalter« (vgl. 25,26) und »Betrüger« (vgl. Hos 12,4; Jer 9,3).

30,32 Der Sinn des Verses ist in H nicht klar.

30,40 Der zweite Satz des Verses ist in H unklar.

31,53 zwischen uns: H fügt hinzu »der Gott ihrer Väter«, was G mit Recht weglässt.

46,23 Schuham: nach Num 26,42; H irrtümlich: Huschim.

46,28 Der erste Satz ist in H unklar.

48,22 Wortspiel mit dem Ortsnamen Sichem, der »Schulter« bedeutet.

49,1–27 Die Sprache dieses Textes in H ist sehr knapp und verwendet viele schwer verständliche Anspielungen.

49,4 Der erste sollst du nicht bleiben: Er verliert das Erstgeburtsrecht. Andere Übersetzungsmöglichkeit: Den Übermut dämpfe! (vgl. V. 3).

49,16 Wortspiel mit dem Namen Dan, der auch »der, der Recht spricht« bedeutet (vgl. 30,6).

49,19 Wortspiel mit dem Namen Gad und dem Zeitwort »drängen« (gadád); anders 30,11.

49,24 Der Sinn des letzten Versteils ist in H unklar.

Das Buch Exodus

1,10 und sich des Landes bemächtigen, andere Übersetzungsmöglichkeit: und aus dem Land fortziehen.

2,10 Der Name Mose ist ägyptisch und bedeutet »Kind«; der israelitische Erzähler hört das hebräische Zeitwort »ziehen« (mascháh) heraus.

2,22 Wortspiel mit dem Namen Gerschom, der aus ger (= Gast) und schom (= Öde) zusammengesetzt ist.

2,25 und gab sich ihnen zu erkennen: so nach G.

3,14f Im Hebräischen ist »Jahwe« eine Zeitwortform in der 3. Person Einzahl, etwa »er ist da«; da hier Gott von sich selbst in der 1. Person redet, gebraucht er das Zeitwort in der Ich-Form: Ich bin da. Für »Jahwe« werden allerdings auch andere Erklärungen versucht, von denen noch am ehesten zutreffen könnte: Er setzt ins Dasein. Zur Umschreibung des Gottesnamens Jahwe mit »der Herr« vgl. die Anmerkung zu Gen 4,26.

3,18 Hier und an ähnlichen Stellen, wo der Name Jahwe im Gespräch mit fremden Völkern gebraucht wird, ist die Umschreibung mit »der Herr« nicht angebracht, weil die nicht-israelitischen Völker den Gott Israels nicht als Herrn anerkennen und weil sie für ihre Götter Eigennamen haben.

4,13 Wörtlich: Schicke, wen du schickst!

14,20 H unklar, darum Übersetzung unsicher.

16,31 Manna bedeutet »Was ist das?« (vgl. V. 15).

18,11 Der Satz »doch der Herr hat sein Volk aus ihrer Hand gerettet« steht in H schon in V. 10.

32,4 Er zeichnete eine Skizze: Die Bedeutung von H ist umstritten; andere Übersetzungsmöglichkeit: Er formte das Gold in einer Gussform und goss daraus ...

32,35 gemacht, andere Übersetzungsmöglichkeit (nach den alten Übersetzungen): verehrt.

38,17 Der letzte Satz des Verses ist in H unklar.

Das Buch Levitikus

5,2 aber er merkt es dann: sinngemäß ergänzt (vgl. V. 3).

9,7 für dich und das Volk, vielleicht nach G zu korrigieren: für dich und dein Haus.

13,1–46 Das mit »Aussatz« wiedergegebene hebräische Wort meint nicht immer die Lepra in unserem Sinn, sondern dürfte auch andere ekelerregende Hautkrankheiten bezeichnen, die man mit Lepra verwechselte.

22,9 falls sie sie entweihen: H unklar.

22,16 H ist nicht völlig klar.

24,5 Die zwölf Kuchen werden in Ex 25,30 und 1 Sam 21,7 »Schaubrote« (wörtlich: Brote des Angesichts) genannt.

25,33 Wenn einer von den Leviten auf Einlösung verzichtet: so nach Vg.

26,26 Ich entziehe ihnen ihren Vorrat an Brot, wörtlich: Ich zerbreche ihnen den Brotstab; gemeint ist der Holzpflock an der Wand, auf dem die ringförmigen Brote hängen.

Das Buch Numeri

5,10a Der Sinn von H ist unklar.

10,36 Der Sinn von H ist unklar.

22,32 zu abschüssig: Der Sinn des hebräischen Wortes ist unklar. Wenn es hier richtig übersetzt ist, dann ist es wohl in übertragener Bedeutung gemeint.

22,41 bis zum Volk, wörtlich: bis an den äußersten Rand des Volkes (Israel).

23,10 dem seinen, gemeint ist: dem Ende Israels.

23,23 Der Einschub gibt hier keinen Sinn.

24,23 Der Fragesatz ist in H unklar.

35,4 zweitausend Ellen: so nach G und nach dem Zusammenhang (vgl. V. 5); H: tausend Ellen.

36,2 Mose wird in ehrfurchtsvoller Anrede »Herr« genannt. Zum ersten »Herr« vgl. die Anmerkung zu Gen 4,26.

Das Buch Deuteronomium

1,8 von dem ihr wisst: Die Wendung ist hier und an anderen Stellen eingefügt, weil man die komplizierte hebräische Satzkonstruktion im Deutschen so am besten wiedergeben kann.

1,17 Andere Übersetzungsmöglichkeit: denn das Gericht kommt von Gott.

1,28 Andere Lesart: größer und höher gewachsen als wir.

1,41 Andere Übersetzungsmöglichkeit: Jeder legte die Waffen an und zog leichten Sinnes ins Bergland hinauf.

2,34 weihten der Vernichtung: In älteren Bibelübersetzungen stand hier und an ähnlichen Stellen das Wort »Bann« oder »bannen«, das aber missverständlich ist. Gemeint ist die Vernichtung der Bevölkerung, und es ist dabei ein Wort benutzt, das in früheren Zeiten Vernichtung aufgrund von Gelübden oder Götterweisungen bezeichnete.

4,37 Andere Übersetzungsmöglichkeit: Weil er deine Väter liebgewonnen hatte, hat er »seinen Nachkommen« erwählt.

4,45 Hinter »Satzungen« steht ein Wort, das im Alten Orient »Vertragsurkunde« bedeutet und das in den vorausgehenden Büchern stets mit »Bundesurkunde« übersetzt ist.

4,45 Andere Lesart: die Satzungen, Gesetze und Rechtsvorschriften.

5,6–21 Der Text der Zehn Gebote weist gegenüber Ex 20,2–17 kleine Unterschiede auf.

5,11 Andere Übersetzungsmöglichkeit: Du sollst bei dem Namen des Herrn, deines Gottes, keinen Meineid schwören, denn der Herr spricht den nicht frei, der bei seinem Namen einen Meineid schwört. – Die oben gegebene weitere Übersetzung erlaubt es, auch anderen Missbrauch des Jahwenamens, etwa durch Magie, einzuschließen.

5,14 der in deinen Stadtbereichen Wohnrecht hat, wörtlich: der in deinen Stadttoren ist. – So immer, wenn diese Wendung wiederkehrt.

5,17 Manche Bibelausgaben zählen die Verse 17–20 nur als Vers 17; entsprechend ändert sich die Zählung der folgenden Verse.

5,31 Andere Lesart: Ich will dir das ganze Gebot, die Gesetze und die Rechtsvorschriften mitteilen.

6,4 Andere Übersetzungsmöglichkeit: Jahwe ist unser Gott, Jahwe allein. Die im Text gegebene Übersetzung zeigt, dass auf die Sprache der Liebeslyrik angespielt wird (vgl. Hld 6,8f).

6,7 Du sollst von ihnen reden, andere Übersetzungsmöglichkeit: Du sollst sie aufsagen.

6,17 Andere Lesart: Ihr sollt auf die Gebote des Herrn, eures Gottes, genau achten, und auf seine Satzungen und Gesetze, auf die er dich verpflichtet hat.

7,6 das ihm persönlich gehört: Hier wird in H ein Begriff für Eigentum gebraucht, der schwer zu übersetzen ist. Der Familienvater konnte neben dem Familienbesitz und der König neben dem Krongut noch ganz besonderen, persönlichen Besitz haben. Der betreffende Ausdruck konnte im Alten Orient auch auf die Vasallen eines Großkönigs angewandt werden. Das klingt hier an.

7,11 Andere Lesart: Deshalb sollst du auf das Gebot, die Gesetze und die Rechtsvorschriften achten, auf die ich dich heute verpflichte.

7,25f Das mit »Gräuel« übersetzte Wort, das noch öfter als Begründung von Gesetzen vorkommt, meint etwas Ekelhaftes, dessen man sich schämt.

8,3 Wörtlich: was aus dem Mund des Herrn hervorgeht.

9,24 Andere Lesart: seit ich euch kenne.

10,14 Andere Übersetzungsmöglichkeit: Sieh, dem Herrn, deinem Gott, gehören der Himmel, ja, der hohe Himmel, und die Erde mit allem, was auf ihr lebt.

10,17 Andere Übersetzungsmöglichkeit: Denn der Herr, euer Gott, ist der wahre Gott und der wahre Herrscher.

11,2/7 In V. 2 scheint ein Stück des ursprünglichen Textes durch ein Abschreibversehen verlorengegangen zu sein. Deshalb ist der erste Satz entsprechend dem ähnlichen Vers 8,5 ergänzt. Die deutsche Sprache erfordert es, V. 7 zu V. 2 vorzuziehen.

11,7 Vgl. die Anmerkung zu 11,2/7.

11,18 Andere Übersetzungsmöglichkeit: Diese meine Worte sollt ihr auf euren Herzen und auf euren Seelen anbringen.

12,5 Ursprünglich lautete der Text vermutlich: indem er dort seinen Namen anbringt, um ihn (dort) wohnen zu lassen. Dorthin sollst du ziehen.

13,1 Manche Bibelausgaben zählen diesen Vers als 12,32; entsprechend ändert sich die Verszählung in Kap.13.

13,10 So nach G; H: sondern du sollst ihn töten.

14,4–18 Die Übersetzung der Tiernamen ist nicht immer sicher.

14,8.13 In beiden Versen liegt ein sehr früh verderbter Text vor; die Wiederherstellung ist unsicher.

15,14 Andere Lesart: Womit der Herr, dein Gott, dich gesegnet hat, damit sollst du ihn bedenken.

16,1 Andere Übersetzungsmöglichkeit: Achte auf den Neumond im Abib!

16,16 um das Angesicht des Herrn … zu schauen: so nach dem mutmaßlichen Urtext. In den erhaltenen Textzeugen ist zur Wahrung der Unsichtbarkeit Gottes der Text leicht abgeändert: um vor dem Angesicht des Herrn … zu erscheinen.

18,4 Andere Übersetzungsmöglichkeit: Du sollst ihm das Beste von Korn, Wein und Öl und das Beste aus der Schafschur geben.

18,8 Deutung von H unsicher.
19,16 Aufruhr, andere Übersetzungsmöglichkeit: Abfall (vom Herrn). Welches Vergehen hier genau gemeint ist, bleibt unklar.
21,17 den doppelten Anteil, andere Übersetzungsmöglichkeit: zwei Drittel.
22,15 das Beweisstück ihrer Unberührtheit, wörtlich: ihre Unberührtheit.
23,1 Manche Bibelausgaben zählen diesen Vers als 22,30; entsprechend ändern sich die Verszahlen von Kap. 23.
23,3 Bastard: in H ein Wort mit umstrittener Bedeutung.
23,16 einen fremden Untertan, andere Übersetzungsmöglichkeit: einen Sklaven (aus dem Ausland).
24,17 Andere Lesart: Du sollst einen notleidenden und armen Taglöhner unter deinen Brüdern oder unter den Fremden, die in deinem Land innerhalb deiner Stadtbereiche wohnen, nicht ausbeuten.
27,4 Garizim, andere Lesart: Ebal; sie stammt aus antisamaritischer Tendenz, denn nach V. 13 ist der Ebal der Berg des Verfluchens, und der Tempel der Samariter stand auf dem Garizim.
28,12 Andere Übersetzungsmöglichkeit: Der Herr tut dir sein köstliches Schatzhaus auf, den Himmel.
28,22 mit Glut und Trockenheit, andere Lesart: mit Glut und Schwert.
28,24 Andere Lesart: Der Herr verwandelt den Regen, den dein Land erhält, in Staub und Asche. Beide fallen vom Himmel auf dich herab, bis du vernichtet bist.
28,69 Manche Bibelausgaben zählen diesen Vers schon als 29,1; entsprechend ändert sich die Verszählung in Kap. 29. V. 69 ist jedoch Einführung zum Folgenden, nicht Abschluss des Vorangehenden, und steht parallel zu 1,1; 4,44 und 33,1.
29,9 eure Anführer, Stammesführer, Ältesten und Listenführer, andere Übersetzungsmöglichkeit: eure Stammesführer, Ältesten und Listenführer.
29,11 Wörtlich: Du schreitest jetzt durch in dem Bund deines Gottes und in seiner Verwünschung.
29,28 Andere Übersetzungsmöglichkeit: Die verhüllte Rolle ist das Exemplar für den Herrn, unseren Gott. Die unverhüllte Rolle ist für alle Zeit das Exemplar für uns und unsere Kinder. Wir sollen alle Bestimmungen dieser Weisung halten.
30,16 Der Anfang des Verses ist nur in G erhalten.
31,1f Andere Lesart: Als Mose damit zu Ende war, diese Worte ganz Israel vorzutragen, sagte er zu ihnen.
31,7 Du sollst mit diesem Volk in das Land hineinziehen, andere Lesart: Du sollst dieses Volk in das Land führen.
31,11 Vgl. die Anmerkung zu 16,16.
32,1 meinen Worten, wörtlich: den Worten meines Mundes.
32,3 den Namen des Herrn, andere Übersetzungsmöglichkeit: einen Namen Jahwes.
32,5 Schwieriger, wahrscheinlich verderbter Text.
32,8 nach der Zahl der Götter, andere Lesart: nach der Zahl der Söhne Israels. – Diese Lesart ist jünger. Sie wurde eingeführt, um polytheistische Vorstellungen, die dieses Lied noch ohne Bedenken benutzten, zu beseitigen. Die gemeinte Zahl ist 70. Es gab 70 Götter, die die 70 Völker der Welt regierten. Da Israel (Jakob) 70 Nachkommen hatte, als er nach Ägypten zog (Ex 1,5), erlaubte man sich die Änderung von »Götter« in »Söhne Israels«.
32,13 er nährte ihn mit den Früchten des Feldes, andere Lesart: und er aß von den Früchten des Feldes. – Er stillte ihn mit Wein aus dem Felsen, mit Öl aus den Felsspalten: Es ist wohl an Weinberge gedacht, die auf felsendurchwachsenen Berghängen angelegt sind. Andere Übersetzungsmöglichkeit: mit Honig aus dem Felsen.
32,15 Die erste Zeile fehlt bei einem Teil der Textzeugen.
32,19 Andere Lesart: Der Herr sah (es), und er verstieß im Zorn seine Söhne und Töchter.
32,31 In der zweiten Vershälfte ist die Deutung von H unsicher.
32,35 Andere Lesart: Mein ist die Strafe und die Vergeltung zu der Zeit, da ihr Fuß wanken wird. – Röm 12,19 und Hebr 10,30 setzen diese Lesart voraus.
32,45 Hier sind drei verschiedene Textfassungen überliefert. Die Übersetzung folgt der wahrscheinlichsten Rekonstruktion.
33,2–29 Ein sehr alter, mehrfach neu gedeuteter und erweiterter Text. Er ist hier nach der ältesten in Handschriften erfassbaren Gestalt übersetzt. Einleitung und Schluss bilden zusammen einen rahmenden Psalm. Er ist in der hier übersetzten Fassung heilsgeschichtlich zu verstehen.
33,8 Andere Lesart: Deine Tummim und Urim gebühren deinem treuen Gefolgsmann.
33,10 Wörtlich: Sie legen Weihrauch in deine Nase.
33,12 Andere Lesart: In Sicherheit wohne der Liebling des Herrn an dessen Seite. Täglich wacht er über ihn, und zwischen seinen Schultern wohnt er.
33,21 Andere Lesart: Das erste Stück hat er sich ausgesucht, denn dort ist der Anteil des verborgenen Anführers. Er kam zu den Häuptern des Volkes.
34,1–3 Ein Teil der Textzeugen bringt eine andere, kürzere Landbeschreibung.

Das Buch Josua
1,6b Vgl. die Anmerkung zu Dtn 1,8.
1,14f östlich, wörtlich: jenseits; vom Standpunkt des Autors aus betrachtet, der in Palästina lebt.
2,19 ist selbst schuld, wenn sein Blut vergossen wird: wörtlich: sein Blut ist auf seinem Haupt.
5,9 Der Name Gilgal bedeutet wohl »Steinkreis« (vgl. 4,19f); er wird hier von galal (wälzen) abgeleitet.
6,18 begehren: Text korr. nach G.
7,17 Großfamilien: Text korr. mit S und einigen H-Handschriften.
7,26 Achor klingt an »Achan« an. Mit der Erzählung wird der Name des Achor-Tals gedeutet.
8,12f V. 12 fehlt größtenteils, V. 13 ganz in G; wohl ein Nachtrag.
8,25 Einwohner: Text korr. nach G.
10,2 er: Text korr. nach S und Vg.
12,4 Der Zusatz »das Gebiet des« fehlt in G und nimmt auf 12,1 keine Rücksicht.
13,8 Der Anfang des Verses »Die andere Hälfte des Stammes Manasse« ist sinngemäß ergänzt.
13,14 H liest nach Dtn 18,1, aber im Gegensatz zu Jos 13,33: die Feueropfer des Herrn, des Gottes Israels, sind ein Erbteil.
14,2 durch das Los teilten sie es ihnen zu: Text korr. nach G.
15,4 des Stammes Juda: Text korr. nach G (wörtlich: für sie); H: für euch.
15,7 nach Gelilot: Text korr. (vgl. 18,7); H: Gilgal.
15,9 zum Berg Efron: Text korr. nach G; H: zu den Städten des Berges Efron.
15,18 Übersetzung unsicher.
15,19 ein Geschenk als Zeichen des Segens, wörtlich: einen Segen.
15,28 und seine Tochterstädte: Text korr., H ist verderbt, vgl. G.
15,32 En-Rimmon: Text korr. nach Neh 11,29 (vgl. Jos 19,7).
15,59b Dieser Versteil ist nur in G erhalten.
17,11 Sinn und Bedeutung des Zusatzes unsicher.

17,18 nicht: Text korr. (vgl. V. 13; 16,10).
18,7 Levi: Text korr.; H: die Leviten.
18,18 Bet-Araba: Text korr. (vgl. V. 22; 15,6.61); H: Araba.
19,13 und biegt dann ab: Text korr.; H ist verderbt.
19,15 Der Text ist unvollständig überliefert.
19,34 Der Zusatz trifft sachlich nicht zu; er fehlt zu Recht in G.
19,47a Text korr. (vgl. Ri 1,34); H: Das Gebiet ... ging hinaus (ging verloren?).
20,7 Man wählte: Text korr. (vgl. Num 35,11); H: Sie heiligten; wohl unter Einfluss des folgenden Namens Kedesch (Heiligtum).
21,5f entsprechend ihren Sippen, vom Stamm: Text korr. nach V. 7; H: von den Sippen des Stammes.
21,45 war ausgeblieben, wörtlich: war dahingefallen (vgl. 23,14).
22,19 zieht uns ... hinein: Text korr.
22,22 soll er uns nicht helfen: Text korr., mit den alten Übersetzungen; H: hilf du uns nicht!
22,34a Zeuge: Text korr., eingefügt mit einigen H-Handschriften und S (vgl. V. 27).
23,14 ausgeblieben ist: vgl. die Anmerkung zu 21,45.
24,10 Ich wollte keinen Fluch von Bileam hören, wörtlich: Ich wollte nicht auf Bileam hören.
24,12 Der Zusatz passt besser zu V. 8.

Das Buch der Richter
1,14 drängte er sie: Text korr. nach G (vgl. Jos 15,18).
1,15 ein Geschenk als Zeichen des Segens, wörtlich: einen Segen (vgl. Jos 15,19).
1,16 nun zogen sie weiter und ließen sich ... nieder: Text korr. vgl. G; H: Er ging hin und wohnte beim Volk.
1,18 nicht: Text korr. nach G und V. 19.
1,22 die Nachkommen: so G; H: das Haus.
1,31 Mahaleb: Text korr. (vgl. Jos 19,29).
2,3 Widerstand leisten: Text korr., vgl. G.
3,9 Andere Lesart: des jüngeren Bruders.
3,22 Die Übersetzung des Zusatzes ist unsicher.
4,15 Zusatz aus V. 16.
5,1 Der Text des Lieds ist vielfach verderbt.
5,8b Text korr.
5,14a Text korr.
5,14d H fügt am Schluss, wohl als erklärenden Zusatz im Sinn von »hoher Beamter«, hinzu: Schreiber.
5,15e Text korr. mit V. 16.
5,29 eine Kluge: Text (Einzahl statt Mehrzahl) korr., vgl. S und Vg.
6,25.28 fetten (Farren): Text korr.; H: zweiten.
6,32 Jerubbaal erscheint in 7,1 als zweiter Name Gideons und bedeutet »Baal möge (für ihn) streiten« oder »Baal möge sich groß erweisen«.
7,3 musterte sie: Text korr. (vgl. V. 4).
7,6 Text durch Umstellung korr., vgl. G.
7,8b Text und Übersetzung unsicher.
7,20 auch die beiden anderen, wörtlich: die drei (dabei ist die Abteilung von V. 19 einbezogen).
8,2 Gideon verwendet ein Wortspiel.
8,6.15 Wörtlich: Hast du denn die Faust Sebachs und Zalmunas schon in deiner Hand?
9,4b Wörtlich: die leer und zuchtlos waren (vgl. 11,3).
9,9 mit dem: Text korr., vgl. G.
9,24 die ihm geholfen hatten, wörtlich: die seine Hände stark gemacht hatten.
9,26 und Knechten: Text korr.
9,29 ich würde ... sagen: Text korr. nach G. – Du hast ein großes Heer: Text korr.; H: Mach groß (?) dein Heer!
9,31 Aruma: Text korr. nach V. 41.
9,41 kehrte zurück: Text korr., vgl. G; H: wohnte.
9,44f mit der Abteilung: Text korr., vgl. G.
9,46.49 Gewölbe: Übersetzung unsicher.
9,48 seine Axt: Text korr., vgl. G.
10,4 Städte: Text korr. nach den alten Übersetzungen.
10,12 Midian: Text korr. nach G.
11,37f meine Jugend, wörtlich: meine Jungfrauenschaft.
12,7 in seiner Stadt: Text korr. nach G.
13,19 der Wunder tut: Text korr., vgl. G. – Der Zusatz stammt aus V. 20.
14,11 Weil man aber vor ihm Angst hatte: Text korr. nach G; H: Weil sie ihn aber sahen.
14,15 Am vierten Tag: Text korr. nach G.
15,4b band ... zusammen, wörtlich: wendete Schwanz gegen Schwanz.
15,8 die Knochen entzwei, wörtlich: Wade auf Schenkel; wohl eine sprichwörtliche Redensart.
15,16 habe ich sie verprügelt: Text korr. mit G. Das hebräische Wort für »Esel« und das für »gründlich verprügeln« bilden ein Wortspiel.
16,2 Als man berichtete: ergänzt nach G. Der Zusatz »die ganze Nacht« ist eine Doppelschreibung, die, aus V. 2b genommen, diesem widerspricht.
16,13f Text ergänzt, vgl. G.
17,5 und stellte an, wörtlich: und füllte die Hand (vgl. Ex 28,41; 29,9.24).
17,7 Der Zusatz fehlt in S, vgl. G.
17,10 Der Zusatz widerspricht dem folgenden; wohl falsche Lesart aus V. 11.
18,2 fünf kampferprobte Männer: Text korr. nach G.
18,7 mit den Aramäern: Text korr. nach G, H: mit den Menschen.
18,28 mit den Aramäern: Text korr. (vgl. die Anmerkung zu V. 7).
18,30 des Mose: Text korr., vgl. G, Vg; H: Manasses, wohl nachträgliche Korrektur.
19,2 wurde zornig: So versteht wohl zu Recht G den Text im Sinn eines Zerwürfnisses.
19,10 und seinem Knecht: Text korr., vgl. G und V. 11f.
19,18 nach Hause: Text korr. nach G und V. 29; H: zum Haus des Herrn.
19,22 unseren Mutwillen mit ihm treiben, wörtlich: ihn erkennen.
20,9 Wir wollen (in den Kampf) ziehen: Text korr. nach G. – »durch das Los« ist in der Übersetzung zu V. 10 gezogen.
20,12 des Stammes: Text korr. nach G und Vg.
20,31 nach Gibeon: Text korr., H: nach Gibea.
20,42 aus der Stadt: Text korr., vgl. G.
20,43 von Noha: Text korr. nach G.
20,48 samt Menschen: Text korr., vgl. Vg, S und einige H-Handschriften.
21,22 Vergebt: Text korr.; H: Vergebt uns.

Das erste Buch Samuel
1,1 Rama – H hat die spätere Namensform Ramatajim – ist auch die Wirkungsstätte Samuels. – ein Zufiter: Text korr., vgl. G und 9,5.
1,3 Herr der Heere: H: Jahwe Zebaot, von G oft mit Pantokrator (Allherrscher) übersetzt. Mit den Heeren sind die himmlischen Heere, nämlich die Gestirne und die Engel, aber auch die Heere Israels gemeint.
1,5 doppelten: Übersetzung unsicher.
1,9 und trat vor den Herrn: ergänzt nach G.
1,24 einen dreijährigen Stier: Text korr. nach G, vgl. V. 25; H: drei Stiere.

2,1c Wörtlich: Mein Horn ist durch Jahwe erhöht.
2,3 so vermessen: Text korr., vgl. G.
2,5 können feiern für immer, wörtlich: hören auf für immer.
2,10 der Höchste: Text korr. (vgl. Ps 18,14). – die Macht, wörtlich: das Horn.
2,27 deine Vorfahren, wörtlich: sie.
2,29 aus Missgunst: Text korr., vgl. G.
2,30 ihren Dienst versehen, wörtlich: ein und aus gehen.
2,32 voll Neid: Text korr., vgl. V. 29.
2,35 Vgl. die Anmerkung zu V. 30.
3,13 Gott lästern: Text korr. nach G; H: sich Fluch zuziehen.
3,19 und ließ ... unerfüllt, wörtlich: und ließ keines seiner Worte zu Boden fallen.
4,4 die beiden: Text korr. nach G; H: und dort die beiden.
4,21 Der Name Ikabod ist volkstümlich gedeutet.
6,15 Zusatz im Sinn von Num 4.
6,18 Der große Stein: Text korr., vgl. G.
6,19 Übertreibender Zusatz, der bei einem Teil der Textzeugen fehlt.
7,12 Jeschana: Text korr., vgl. G.
9,16 die Not: Text nach G ergänzt.
10,13 nach Gibea hinein: Text korr., vgl. G; H: auf die Höhe.
10,19 Nein: Text korr. nach mehreren Textzeugen.
12,5 dass ihr mir nichts vorwerfen könnt, wörtlich: dass ihr in meiner Hand nichts gefunden habt.
12,7 euch vorhalte: ergänzt nach G.
12,8 und die Ägypter eure Väter unterdrückten: ergänzt nach G.
12,11 Barak: Text korr. nach G und S; H: Bedan.
13,1 Die Zahlen sind nicht überliefert.
13,5 dreitausend: Text korr., vgl. G und S; H: dreißigtausend.
13,7 Viele: Text korr.; H: Hebräer.
13,18 den Hügel: Text korr., vgl. G; H: das Gebiet.
13,21 ein Pim: eine Gewichtseinheit, zwei Drittel eines Schekels. – Der Vers ist verderbt und unklar. Die hebräischen Bezeichnungen für die eisernen Geräte werden wie die in V. 20 verschieden gedeutet.
14,13 Da ergriffen sie die Flucht: Text korr.; H: Da fielen sie um.
14,25 Der erste Teil des Verses ist verderbt, die Übersetzung ein Versuch.
14,32b So die vielfach angenommene Deutung von H. Andere Übersetzungsmöglichkeit: »Und das Volk aß über dem Blut«, d.h. auf der Stelle, auf die das Blut geflossen war; dadurch wurde sie heiliger Bereich.
14,34 alles, was: Text korr. nach G.
14,47 war er siegreich: Text korr. nach G; H: frevelte er.
15,9 das Mastvieh: Text korr. nach der aramäischen Übersetzung; H: die zweiten.
16,7 Gott sieht: Text ergänzt nach G.
17,52 nach Gat: Text korr., vgl. G und die zweite Vershälfte; H: bis zu einem Tal.
18,21 in zwei Jahren: Text korr., vgl. V. 26.
19,13 Götterbild: H: Terafim (ein Kultobjekt unbekannter Form).
19,18f Prophetenhaus: in H ein Wort unsicherer Bedeutung; es dürfte sich um eine Prophetenniederlassung handeln (vgl. 2 Kön 6,1f).
20,16 Der Sinn des zweiten Satzes ist in H unklar, die Übersetzung ein Versuch.
20,25 saß ihm gegenüber: Text korr. nach G; H: stand auf.
20,41 neben dem Stein: Text korr., vgl. V. 19; unklar. – hörte nicht auf zu weinen: H unklar, Übersetzung ein Versuch.
22,22 Ich selbst bin schuld: Text korr. nach G.
24,11 Ich habe dich geschont: Text korr., vgl. die alten Übersetzungen.
25,6 zu meinem Bruder: Text korr., vgl. Vg.
25,22 mir: Text korr., vgl. G; H: den Feinden Davids.
25,29 Die Wendung »Beutel des Lebens« hängt damit zusammen, dass man kostbare Dinge (Münzen, Gold) in einem versiegelten Beutel aufbewahrt. So sorgfältig soll Davids Leben verwahrt werden.
25,36 Der Versschluss lautet wörtlich: erzählte sie ihm weder Kleines noch Großes bis zum Morgenlicht.
30,20 vor David her: Text korr., vgl. Vg.
30,29 Karmel: Text korr. nach G.
31,12 sie brachten sie: Text korr. nach G; H: sie kamen.

Das zweite Buch Samuel

1,21 ihr trügerischen Gefilde: Text korr.; H: ihr Gefilde der Erstlingsgarben.
2,8 Ischbaal: so lautet der Name richtig (vgl. 1 Chr 8,33; 9,39); H verändert den Namen, um den darin enthaltenen Gottesnamen Baal verächtlich zu machen, in Isch-Boschet (Mann der Schande); vgl. auch 4,4.
3,12 in eigener Sache: Bedeutung des betreffenden hebräischen Wortes unsicher.
4,4 Merib-Baal: So lautet der Name richtig (vgl. 1 Chr 8,34; 8,40); er wurde ähnlich wie der Name Ischbaal (vgl. Anm. zu 2,8) in H verunstaltet zu Mefiboschet.
4,6 Text korr. nach G; in H nimmt V. 6, teilweise mit anderem Inhalt, V. 7 vorweg.
5,8 Text schwer verständlich.
5,9 Millo: Stadtteil von Jerusalem westlich des Tempelbereichs. Der Name bedeutet »Auffüllung«, »Aufschüttung« o. dgl.
6,2 nach Baala in Juda: Text korr. nach 1 Chr 13,6; H: von den Bürgern Judas.
6,5 mit ganzer Hingabe: Text korr. nach G und 1 Chr 13,8; H: mit Zypressenhölzern.
7,7 Richter: Text korr. mit 1 Chr 17,6; H: Stämme.
7,23 Text korr.; vgl. die alten Übersetzungen und 1 Chr 17,21.
8,1 die Zügel der Herrschaft, wörtlich: den Zaum des Unterarms.
8,11 erbeutet hatte: Text korr. nach 1 Chr 18,11; H: geheiligt hatte.
8,13 schlug er Edom: Text korr., vgl. G und 1 Chr 18,12.
8,17 Abjatar, der Sohn Ahimelechs: Text korr. nach S und 1 Sam 22,20; 23,6; 30,7; H: Ahimelech, der Sohn Abjatars.
8,18 der Befehlshaber: Text korr. nach 20,23.
10,16 diesseits, wörtlich: jenseits; gemeint ist das Gebiet westlich des Eufrat (vgl. 1 Kön 5,4).
11,1 das Land: so sinngemäß nach 1 Chr 20,1.
11,21 Jerubbaals: Text korr. nach G (vgl. Ri 7,1); H liest Jerubbeschet, um den Namen des Gottes Baal verächtlich zu machen (vgl. die Anmerkungen zu 2,8; 4,4).
12,31 ließ sie arbeiten: Text korr.; H: führte sie hindurch.
13,18 Die beiden Sätze sind sinngemäß umgestellt.
13,32 Abschalom war verbittert, wörtlich: es lag über Abschaloms Mund.
13,39 zu hadern: Text korr., vgl. G.
14,8 Ich werde ... in Ordnung bringen, wörtlich: Ich werde deinetwegen Befehl geben.
14,11c Wörtlich: Keines von den Haaren deines Sohnes soll zu Boden fallen.
14,14 Einen Toten kann man nicht wieder ins Leben rufen, selbst wenn Abschalom verstoßen bleibt. Der Sinn des zweiten Satzes ist nicht ganz klar. Mit V. 15 kehrt die Rede der Frau zu dem angenommenen Fall zurück.
15,7 vier: Text korr., vgl. G und S; H: vierzig.
16,12 mein Elend: Text korr. nach G.

16,14 an den Jordan: Ortsangabe, die in H fehlt, ergänzt nach G und 15,28.
17,3b Text korr. nach G.
17,9 von deinen Leuten, wörtlich: von ihnen.
17,20 von hier zum Wasser: Text korr.
17,25 Ismaeliters: Text korr. nach 1 Chr 2,17.
17,27 brachten: ergänzt nach G.
18,23 Doch Ahimaaz sagte: ergänzt nach G.
19,12 V. 12 a und b sind sinngemäß umgestellt.
19,19 und durchschritten: Text korr.
19,26 von Jerusalem aus: Text korr. (vgl. 9,10f); H: nach Jerusalem.
20,6 und uns die Augen ausreißt: Übersetzung und Bedeutung unsicher.
20,7 zog Abischai mit Joab: Text korr., vgl. G; H: zogen mit ihm die Männer Joabs und die ...
20,8 Text und Sinn unsicher.
20,14 Alle Bichriter sammelten sich um ihn: Text korr.
21,8 Merib-Baal: H: Mefiboschet (vgl. die Anmerkung zu 4,4).
21,19 Jaïrs: Text korr. nach 1 Chr 20,5.
22,12 dunkles: Text korr. nach Ps 18.
22,27 doch falsch: Text korr. nach Ps 18.
22,28 doch die Blicke der Stolzen: Text korr. nach Ps 18.
22,42a Sie schreien: Text korr. nach Ps 18.
22,46 sie kommen zitternd: Text korr. nach Ps 18.
23,4 hervorsprießen lässt: Text korr.
23,5a gesichert: Text korr.
23,7 H liest am Ende des Verses noch ein Wort, das wohl aus dem folgenden Vers hierher geraten ist.
23,8b Text korr., vgl. G und 1 Chr 11,11.
23,9 Pas-Dammim: Text korr., vgl. 1 Chr 11,13.
23,11 bei Lehi: Text korr.
23,15 Da bekam David großen Durst, wörtlich: Da hatte David ein Verlangen.
23,19 Unter den Dreißig: Text korr.; H: Unter den Drei.
23,20 Söhne: eingefügt nach G.
23,27 Sibbechai: Text korr., vgl. G-Handschriften und 1 Chr 11,29.
23,32 Jaschen aus Nun: Text korr., vgl. 1 Chr 11,34 in G-Handschriften.
23,38 aus Jattir: Text korr., vgl. G-Handschriften.
24,2 durchstreift: Text korr.; Angleichung an V. 4.
24,5 begannen: Text korr., vgl. G; H: lagerten sich.
24,6 nach Kadesch: Text korr., vgl. G. – wandten sie sich: Text korr., vgl. G.

Das erste Buch der Könige
1,4 der König erkannte sie nicht: Er hatte mit ihr keine eheliche Gemeinschaft.
4,5 »Freund des Königs« ist hier Amtsbezeichnung. In H steht vor dem Titel »Freund« noch das Wort Priester.
5,4 Eintragung aus nachexilischer Zeit. Zu »diesseits des Stromes« vgl. die Anmerkung zu 2 Sam 10,16.
6,1–7,51 Die Kap.6 und 7 bereiten dem Verständnis erhebliche Schwierigkeiten. Besonders die Angaben über den Tempel sind oft schwer verständlich. H ist mehrfach durch Schreibfehler, Erweiterungen und Kürzungen entstellt. Diese Schwierigkeiten, in der Übersetzung teilweise geglättet, werden in den folgenden Anmerkungen nicht ausdrücklich erwähnt.
6,21 Ketten: Vielleicht ist ein Wort ausgefallen: einen Vorhang an goldenen Ketten.
7,9 H zum Teil unverständlich.
7,19f H unverständlich.
7,21 Die Namen Jachin und Boas werden verschieden gedeutet. Sie bilden vielleicht einen Satz: »Er (Gott) verleihe Festigkeit mit Kraft«, und drücken die Hoffnung auf den Bestand des Tempels und des Throns aus.
7,30f.36 H teilweise unverständlich.
8,12 Der erste Satz ist nur in G überliefert.
8,35 sie demütigst: Text korr. nach G; H: sie erhörst.
8,65 Späterer Zusatz, eingefügt in der Annahme, dass die Tempelweihe und das Laubhüttenfest nicht gleichzeitig, sondern nacheinander in je siebentägiger Feier begangen wurden.
9,8 wird zu einem Trümmerhaufen werden: sinngemäß korr.; H: wird hoch sein.
9,13 Den Namen konnte man verächtlich verstehen als »wie dürres Holz« (vgl. Jes 44,19).
9,15 Zu Millo vgl. die Anmerkung zu 2 Sam 5,9.
9,25 Opfergaben: Text korr.
10,1 H hat den Zusatz »im Namen des Herrn«; er ist wahrscheinlich durch Verschreibung aus dem Namen Salomo entstanden.
10,12 Die genaue Bedeutung des mit »Schnitzarbeiten« übersetzten Wortes ist unbekannt.
10,14 Das Spiel mit der Zahl sechs lässt eine sinnbildliche Bedeutung vermuten (vgl. Offb 13,18).
10,15 Die Übersetzung setzt geringfügige Korrekturen voraus.
10,19 der Kopf eines Jungstiers: Text korr. nach G; H: ein runder Kopf.
10,28 Statt Ägypten (hebräisch Mizrajim) ist vielleicht Muzri (Königreich an der zilizischen Küste, wie Koë) zu lesen.
11,7 Milkom: Text korr. nach V. 5 und 33; H: Moloch.
11,15 geschlagen hatte: Text korr. nach G.
12,2 kehrte ... zurück: Text korr. nach 2 Chr 10,2; H: blieb in Ägypten.
12,28 zum Volk: Text korr. nach G; H: zu ihnen.
12,30 vor das eine Kalb: H unklar.
13,11 Söhne: H hat Einzahl.
13,23 H wörtlich: sattelte er ihm, dem Propheten, den er zurückgeholt hatte, den Esel.
14,14 H unverständlich.
14,15 dass es schwankt: sinngemäß ergänzt.
15,6 Der Vers wiederholt 14,30.
15,15 seine eigenen Weihegaben: Text korr. nach G und 2 Chr 15,18.
15,21 zog sich zurück: Text korr. nach G und Vg.
17,1 der Prophet Elija aus Tischbe: Text korr. nach G.
17,15 und ihrem Sohn: Text sinngemäß korr.; H: und ihrem Haus.
18,26 Sie tanzten hüpfend: Das hebräische Wort deutet an, dass bei dem Tanz Bewegungen um den Altar ausgeführt werden, die Not und Behinderung ausdrücken. – den sie gebaut hatten: Text korr. nach den meisten alten Übersetzungen; H: den er erbaut hatte.
19,3 geriet in Angst: Text korr. nach G; H: sah.
20,11 In einer sprichwörtlichen Redensart wird gesagt, dass man sich eines Erfolgs erst rühmen soll, wenn man ihn erlangt hat.
20,33 als gutes Zeichen: Text sinngemäß korr.
21,10 lästern: wörtlich: segnen. Nabot soll beschuldigt werden, Fluchworte über den König ausgesprochen zu haben (vgl. Ex 22,27).
22,28 Zusatz aus Mi 1,2, veranlasst durch die Gleichsetzung des hier genannten Micha mit dem Micha des Prophetenbuches.

Das zweite Buch der Könige
1,2 Die Bezeichnung Zebul (= Fürst) wurde Baal und anderen Göttern beigelegt; sie ist auch im Namen des Gottes von

Ekron enthalten. Mt 10,25 hat die ursprüngliche Namensform Beelzebul. Baalzebub in H ist eine Entstellung des Namens (= Herr der Fliegen).

1,17 Sein Bruder: eingefügt wegen des Zusammenhangs, vgl. 3,1.

3,24 drängten die Israeliten nach: Text korr. nach G.

5,13 Wenn: Text korr.

5,18 wenn er sich dort niederwirft: Text korr. nach G; H: wenn ich mich dort niederwerfe.

6,8f Hinterhalt: Text korr. nach G (V. 9).

6,25 Milchstern: ein Zwiebelgewächs, das man nur in Notzeiten aß; andere Übersetzungsmöglichkeit: Taubenmist.

6,33 kam der König: H: kam der Bote.

7,11 schlugen Lärm: Text korr. nach G.

7,13 H ist durch Doppelschreibung einer Zeile entstellt.

8,10 Der Bescheid des Propheten besteht aus zwei scheinbar sich widersprechenden Sätzen. Der erste wird von manchen so verstanden: Du könntest genesen, aber der Tod wird durch andere Ursachen herbeigeführt werden. Hasaël täuscht den kranken König, indem er ihm den zweiten Teil des Bescheids vorenthält und dadurch auch den Sinn des ersten Teils verfälscht.

8,15 Das Subjekt des Satzes wird nicht ausdrücklich genannt. Wahrscheinlich wurde der König von Hasaël ermordet.

9,11 fragten sie: Text korr. nach G; H: fragte er.

9,31 Sie bezeichnet höhnisch Jehu als Simri, der den König tötete und sich bereits nach sieben Tagen das Leben nahm (vgl. 1 Kön 16,10.15–18).

10,1 Fürsten der Stadt … Erzieher der Söhne: Text korr. nach dem Zusammenhang.

10,13 Brüder: im weiteren Sinn von »Verwandten«; die »Herrin« ist die Königin-Mutter.

10,16 ließ er ihn … fahren: Text korr. nach G; H: ließen sie ihn … fahren.

10,25 Der Schluss des Verses in H: machten sie sich über die Stadt des Tempels des Baal her.

11,2 versteckte sie: Text korr. nach G; H: versteckten sie.

11,5 soll den Königspalast bewachen: Text korr. nach G.

12,11 sie leerten: Text korr. nach 2 Chr 24,11; H: sie verschnürten.

13,7 Der Vers ist Fortsetzung von V. 3.

13,20 In jenem Jahr: Text korr.; andere Korrektur: Jahr für Jahr.

14,13 und brachte ihn: Text korr. nach 2 Chr 25,23; H: und kam.

14,21f V. 21 und vielleicht auch 22 gehören in den Zusammenhang von V. 14.

14,28 H: und wie er Damaskus und Hamat für Juda in Israel zurückbrachte. Sinn unklar.

15,1 Der Name des Königs ist in beiden Formen überliefert (vgl. V. 13 und 2 Chr 26,1).

15,10 Jibleam: in H ist der Name entstellt.

15,19 In seinen Tagen: Text korr. nach G; H: alle seine Tage (mit dem vorausgehenden Satz verbunden).

15,25 H unverständlich.

16,3 Er ließ ihn durch das Feuer gehen: Er verbrannte ihn als Opfergabe für Baal (vgl. die Anmerkung zu Lev 18,21).

16,6 Edom: Text korr.; H: Aram.

16,18 Sabbatgang: Übersetzung unsicher.

17,5f Beide Verse sind Parallelbericht zu V. 3f.

17,16 Heer des Himmels: die Sterne, die von den östlichen Völkern als Götter verehrt wurden.

17,27 Er soll zu ihnen gehen: H: Sie sollen …

18,17 Tartan, Rabsaris und Rabschake: assyrische Beamtenbezeichnungen, etwa Oberfeldherr, Oberkämmerer und Obermundschenk.

18,29 aus meiner Hand: Text korr.; H: aus seiner Hand.

19,21 »Jungfrau« und »Tochter« sind bei den Propheten Bezeichnungen für die Bevölkerung von Ländern oder Städten.

19,26 Ostwind: Text korr. nach dem Jesaja-Text von Qumran.

19,28 dein Lärm: Text sinngemäß korr.; H: deine Sorglosigkeit.

19,37 seine Söhne: ergänzt nach Jes 37,38.

20,8 V. 7 ist wegen des Zusammenhangs nach V. 11 eingereiht.

20,9 soll der Schatten: Text korr. nach G. Es kann sich um die Beobachtung des Schattens an einer Sonnenuhr oder an den Stufen der Treppe handeln.

20,12 Merodach: nach G und Jes 39,1; H: Berodach.

20,13 freute sich: Text korr. nach G und Jes 39,2; H: hörte davon.

22,4 ausschütten: Text korr. nach V. 9; H: fertigmachen.

22,13 in ihm niedergeschrieben ist: Text korr. nach 2 Chr 34,21; H: gegen uns niedergeschrieben ist.

23,33 setzte ihn als König ab: Text korr. nach G.

23,34 brachte ihn: Text korr. nach 2 Chr 36,4. Durch die Verleihung eines neuen Namens drückt der Pharao aus, dass Jojakim sein Untertan ist.

24,3 zürnte: Text korr. nach V. 20 und G.

25,4 Zwei in H fehlende Wörter sind aus Jer 52,7 ergänzt.

Das erste Buch der Chronik

1,24–27 Der jeweils folgende Name bezeichnet den Sohn des vorausgehenden.

1,28–42 Manche Namen dieser und der folgenden Listen sind durch Schreibfehler entstellt und in Gen sowie in G in anderer Form überliefert. In den folgenden Anmerkungen wird darauf nicht im einzelnen eingegangen.

2,31 die Tochter: sinngemäß korr., vgl. V. 34.

3,21 Nach dem korrigierten Text sind alle hier genannten Söhne Hananjas untereinander Brüder. Demnach sind fünf Generationen nach Serubbabel genannt; das ist ein wichtiger Hinweis auf die Entstehungszeit des Buchs, vgl. die Einleitung.

4,1 Der jeweils folgende Name bezeichnet den Sohn des vorhergehenden.

4,9 Jabez erinnert an das Wort ozeb (= Beschwerde).

4,17 Ergänzt aus V. 18.

5,14 Die Namen der Söhne fehlen in H.

5,36 Die Zwischenbemerkung ist an falscher Stelle eingereiht. Sie gehört zu dem in V. 35 genannten Asarja (vgl. 1 Kön 4,2).

6,13 Text korr. nach 1 Sam 8,2.

6,39–66 Einige Ortsnamen fehlen in H und wurden aus Jos 21 ergänzt.

6,44f.54 Ergänzt nach Jos 21,16f.23.

6,62 Ergänzt nach Jos 21,34.

7,14–19 Der Text ist nur lückenhaft überliefert.

7,15 Der Name Hefer ist aus Num 26,33 zu entnehmen.

7,23 Man hörte im Namen Beria einen Anklang zu beraah (= im Unglück).

8,6f Der Text ist nur lückenhaft überliefert.

8,21 Für Schimi steht in V. 13 Schema.

9,33 Die erwartete Aufzählung der Namen fehlt hier.

11,11 Jaschobam ist wohl absichtliche Entstellung des Namens Jischbaal (vgl. 2 Sam 23,8). – drei: H: dreißig. Es gab einen Heldenkreis mit drei und einen größeren mit dreißig Männern.

11,13 In H sind einige Sätze verlorengegangen, so dass der Name des dritten Helden, Schamma, wegfiel und seine Leistungen auf den zweiten übertragen wurden. In 2 Sam 23,9–12 ist der volle Wortlaut noch erhalten. – Gerste: in 2 Sam 23,11: Linsen.

11,20f dreißig: in H zu »drei« verschrieben.
11,26–47 Die Namen sind teilweise durch Schreibfehler entstellt. Die Korrekturen stützen sich zumeist auf 2 Sam und G. In 2 Sam schließt die Liste mit Urija; Chr fügt sechzehn weitere Namen hinzu.
12,20 (David) brachte ... keine Hilfe: Text korr.; H: sie brachten ... keine Hilfe.
15,18 Secharja, Jaasiël: Text korr.; H: Secharja, Sohn Jaasiëls.
15,20f Die Bedeutung der Ausdrücke »nach elamitischer Weise« und »in der achten Stufe« ist unklar.
17,10 und mache dich groß: Text korr. nach G; H: und verkünde dir (nach 2 Sam 7,11).
17,17 H ist unverständlich.
17,18 zu dir sagen: Text korr. nach 2 Sam 7,20.
17,21 Text korr. nach G.
18,4 In 2 Sam 8,4 ist nur von siebzehnhundert Wagenkämpfern die Rede.
18,16 Text korr. nach 1 Sam 22,20; 23,6 und 30,7.
19,16 diesseits: vgl. die Anmerkung zu 2 Sam 10,16.
19,18 In 2 Sam 10,18 ist nur von siebenhundert Wagen die Rede.
20,3 und stellte sie: Text korr. nach 2 Sam 12,31.
20,4 kam es wieder: Text korr. mit G und 2 Sam 21,18.
21,12 fliehen musst: Text korr. nach G und 2 Sam 24,13.
22,9 Der Name Salomo enthält den Wortstamm schalom (= Frieden).
23,5 die David ... anfertigen ließ: Text korr. nach G.
23,9 In H steht für Jehiël der Name Schimi, dessen Söhne jedoch in V. 10 genannt werden. Man erwartet einen der Söhne Ladans.
23,27 Vers sinngemäß umgestellt.
24,6 Abjatars, des Sohnes Ahimelechs: Text korr. wie in 18,16. – Jeweils zwei: sinngemäß korr. – und eine: Text korr. nach G.
25,9 In H steht vor Josef noch der Name Asaf.
26,7 Elsabad: Josabad in V. 4 ist derselbe Name, nur mit anderer Gottesbezeichnung gebildet.
26,16 In H steht vor Hosea der Name Schuppim infolge Verschreibung aus dem vorausgehenden Wort.
26,17 täglich: sinngemäß ergänzt.
26,20 ihren Stammesbrüdern: Text korr. nach G.
26,21f Text aus inhaltlichen Gründen umgestellt.
27,4 In H folgen auf den Namen Varianten des Wortes für »Abteilung«.
27,34 war Priester: sinngemäß ergänzt.
28,11 Raum der Deckplatte: Der Chronist nennt so das Allerheiligste, weil für ihn die Deckplatte über der Bundeslade der wichtigste Kultgegenstand ist.
28,19 über ihm: Text korr. nach G.
29,5 Seine Hand für Jahwe füllen: hier nicht Weiheritus, wie Ex 28,41; Lev 8,27; 1 Kön 13,33 in H, sondern: etwas in die Hand nehmen, um es dem Herrn darzubringen.

Das zweite Buch der Chronik

1,13 von der Kulthöhe: Text korr. nach G.
1,16 Vgl. die Anmerkung zu 1 Kön 10,28.
2,9 zum Unterhalt: Text korr. nach G und 1 Kön 5,25. 1 Kön spricht nur von 20 000 Kor Weizen und 20 Kor (= 200 Bat) Öl.
3,1–4,22 H ist einigemal durch Schreibfehler entstellt; sie werden im folgenden nicht eigens vermerkt.
3,4 Nach H hätte die Höhe 120 Ellen betragen.
3,6 Der Ausdruck »Parwajimgold« weist wahrscheinlich auf die Herkunft des Goldes hin.
3,10 H teilweise unverständlich.
3,15 achtzehn: nach 1 Kön 7,15; H: fünfunddreißig.
3,17 Zu den Namen der Säulen vgl. die Anmerkung zu 1 Kön 7,21.
4,3 H: zehn Ellen.
4,9 Der Hof der Priester wird in 1 Kön 6,36 und 7,12 »innerer Hof« genannt. Die Bezeichnung in Chr deutet an, dass er zu ihrer Zeit nur noch von den Priestern betreten werden durfte.
5,3 Das Fest ist das Laubhüttenfest.
5,9 bis zum heutigen Tag: Der Chronist übernahm diese Bemerkung unverändert seiner Vorlage. Der Tempel war 586 v. Chr. zerstört worden. Zur Zeit des Chronisten war die Bundeslade nicht mehr vorhanden.
5,11–13 Fehlt in 1 Kön.
6,26 sie demütigst: Text korr. nach G; H: sie erhörst.
6,38 ihrer Feinde: Text korr. nach G und 1 Kön 8,48; H: ihrer Gefangenschaft.
8,9 seine Obersten und Hauptleute: Text korr. nach G und 1 Kön 9,22; H: die Obersten seiner Hauptleute.
8,18 In Chr sind zwei Tatsachen zusammengefasst: Hiram sandte Schiffe, die im Mittelmeer nach Tarschisch fuhren (9,21), und Seeleute, die von Elat aus mit der israelitischen Schiffsbesatzung nach Ofir fuhren.
9,4 sein Opfer: Text korr. nach G und 1 Kön 10,5; H: sein Obergemach.
9,14 die Abgaben: H: die Männer.
9,18b Text korr. nach 1 Kön 10,19.
10,1 »Israel« bezeichnet hier und öfter die Angehörigen der Nordstämme, die nach dem Abfall von der Dynastie Davids das Nordreich Israel bildeten. Daneben kann in Chr mit »Israel« das Gesamtvolk der zwölf Stämme oder auch die Bevölkerung des Südreichs Juda gemeint sein.
10,14 Mein Vater: Text korr. nach G und 1 Kön 12,14.
14,8 Kuschiter sind hier nicht die Bewohner Äthiopiens oder des Sudan, sondern ein kleinerer Volksstamm südlich des israelitischen Siedlungsgebiets, vgl. die Ortsnamen Marescha (V. 8f) und Gerar (V 12f).
14,9 nördlich: Text korr. nach G.
15,8 Asarja, des Sohnes: Text sinngemäß ergänzt.
15,19–16,1 Die Zahlen 35 und 36 beruhen auf einem Versehen des Schreibers, da Bascha schon im 26. Jahr Asas starb (vgl. 1 Kön 16,8).
17,3 seines Vaters: Infolge eines Missverständnisses des Schreibers steht in H: seines Vaters David.
19,8 Gemeint sind Streitigkeiten unter den Einwohnern (Text korr. nach G) Jerusalems bei Vergehen gegen das göttliche Gesetz.
20,1 Die Mëuniter sind benannt nach der Stadt Maan im Gebirge Seïr, südlich des Toten Meers. Der Name ist durch G bezeugt; H hat »Ammoniter«, die unmittelbar vorher genannt waren.
20,2 von Edom: sinngemäß korr.; H: von Aram.
20,25 Kleider: Text korr.
21,2 Juda: Text korr. nach G; H: Israel, doch vgl. die Anmerkung zu 10,1.
21,16 Kuschiter: wie in 14,8.
21,17 Joahas: Im folgenden wird er Ahasja genannt.
22,2 zweiundzwanzig: so nach G und 2 Kön 8,26; H: zweiundvierzig.
22,6 von den Wunden: Text korr. nach G und 2 Kön 8,29. Für Ahasja hat H Asarja.
22,10 auszurotten: Text korr. nach G und 2 Kön 11,1.
22,12 bei ihr: Text korr. nach G und 2 Kön 11,3; H: bei ihnen.
23,14 befahl den Hundertschaftsführern: Text korr. nach G und 2 Kön 11,15; H: führte die Hundertschaftsführer ... heraus.

23,16 des Herrn: Text korr. nach 2 Kön 11,17.
25,2 Die Einschränkung bezieht sich auf V. 14.
25,23 Joahas: vgl. die Anmerkung zu 21,17.
25,28 in der Davidstadt: Text korr. nach G und 2 Kön 14,20; H: in der Stadt Judas.
26,5 in der Furcht: Text korr. nach G. – Secharja ist sonst unbekannt.
26,7 Zu den Mëunitern vgl. die Anmerkung zu 20,1.
28,19 König von Juda: Text korr. nach G; H: Israel, vgl. aber die Anmerkung zu 10,1.
29,31 Wörtlich: Ihr habt jetzt eure Hand für den Herrn gefüllt.
29,34 Die Priester und Leviten mussten vor der Ausübung ihres Dienstes »sich heiligen«, d.h. verschiedene Reinigungsriten auf sich nehmen.
30,22 zu Ende waren: Text korr. nach G.
31,14 das Hochheilige: die Anteile, die bei bestimmten Opfern von den Priestern am Heiligtum gegessen werden mussten (vgl. Lev 2,3; 6,10.18; 7,6; 14,13).
32,22 verlieh ihnen Ruhe: Text korr. nach G.
32,24 erhörte ihn: Text korr. nach G. 2 Kön 20,1–11 berichtet ausführlich über die Heilung und das Wunderzeichen.
32,28 Hürden für die Herden: Text korr. nach G und Vg.
32,29 Esel: Text korr.; H: Städte.
33,3 Heer des Himmels: die Sterne, die vielfach als göttliche Wesen verehrt wurden.
33,6 Er ließ sie durch das Feuer gehen: vgl. die Anmerkung zu 2 Kön 16,3.
33,19 seiner Seher: Text korr.; der Ausdruck in H wird von manchen Auslegern als Eigenname (Hosai) verstanden.
33,20 im Garten: nach G und 2 Kön 21,18 eingefügt.
34,20 Abdon: In 2 Kön 22,12 lautet der Name Achbor.
34,22 Statt Tokhat und Hasra stehen in 2 Kön 22,14 die Namen Tikwa und Harhas.
35,3 hat man … gebracht: Text korr. nach G; H: bringt.
35,22 wagte es: Text korr. nach G.
35,25 Das biblische Buch der Klagelieder trauert über den Untergang Jerusalems, ist daher von dem hier genannten verschieden.
36,9 achtzehn: Text korr. nach 2 Kön 24,8; H: acht.
36,10 den Bruder Jojakims: H: seinen Bruder.
36,14 führenden Männer Judas: so mit G; H: Obersten der Priester.

Das Buch Esra

2,2 Männer des Volkes Israel: die Laien im Unterschied zu den in V. 36–43 genannten Priestern und Leviten.
4,1 Heimkehrer: wörtlich: Söhne der Verschleppung.
4,8 Hier wechselt der bis dahin hebräische Text ins Aramäische.
4,10 jenseits des Stroms: vgl. die Anmerkung zu 2 Sam 10,16.
6,19 Von hier ab ist der Urtext wieder hebräisch, vgl. die Anmerkung zu 4,8.
7,12–26 Das Schreiben des Artaxerxes ist in aramäischer Sprache überliefert (vgl. 4,8–6,18).
10,44 Text gestört, daher Übersetzung unsicher.

Das Buch Nehemia

3,1 Text korr.; H unklar.
4,17 Übersetzung wegen Störungen in H unsicher.
7,1 H fügt nach den Torwächtern noch »und die Sänger und Leviten« an, ein unpassender späterer Zusatz.
7,67 Die Angaben über Pferde und Maultiere sind nach Esra 2,66 ergänzt.
7,72 in ihren Städten: ergänzt aus Esra 2,70.
8,2 und alle, die das Gesetz verstehen konnten: die Kinder, die schon das Alter der Vernunft erreicht hatten.
9,3 drei Stunden lang, wörtlich: ein Viertel des Tags.
9,6 »Der Himmel der Himmel« ist nach dem damaligen Weltbild der oberste Himmel.
9,17 Übersetzung nach G.
9,30 Wörtlich: Da gabst du sie in die Gewalt der Völker der (anderen) Länder. Gemeint sind die heidnischen Nachbarn Israels (vgl. 10,29; Esra 3,3).
11,8 Text korr.
11,21 V. 21–24 passt besser vor V. 20.
12,17 Der Name des Oberhaupts der Familie Mijamin ist ausgefallen.
13,19 Der Sabbat beginnt mit dem Sonnenuntergang.

Das Buch Tobit

1,1 Tobit ist die gräzisierte Kurzform von Tobijahu. Vg gebraucht für Vater und Sohn die Form Tobias, die in G dem Sohn vorbehalten ist.
1,18 Der Erzähler denkt an die in 2 Kön 18f und Jes 36f berichteten Ereignisse.
3,6 ewige Ruhestatt: gemeint ist das Grab (vgl. Koh 12,5; Ps 49,12; Ez 26,20).
3,8 Der Dämon Aschmodai wird im AT nur hier genannt. Die jüdische Tradition deutet den Namen mit dem hebräischen Zeitwort hischmid (= verderben) als »Verderber«. Wahrscheinlich ist der Name persisch: aëschma daëva = böser Dämon.

Das Buch Judit

1,12 ganz Judäa, andere Lesart: ganz Idumäa.

Das Buch Ester

1,1a G liest in allen Teilen des Buches den Namen des Königs als Artaxerxes; H liest Ahaschwerosch, dessen griechische Form sonst Xerxes lautet. Gemeint ist Xerxes I. (486–465 v. Chr.).
1,1r Bugäer: sonst wird Haman als Agagiter bezeichnet.
1,3 Die Obersten des Heeres: Text korr.; H: das Heer.
1,13 die sich in der Geschichte auskennen, wörtlich: die die Zeiten kennen. Andere Deutung: die wissen, was jeweils in einer bestimmten Zeit zu tun ist (vgl. 1 Chr 12,33).
1,22 Dieser Zusatz fehlt in G.
2,5f Mordechai (= dem Gott Marduk gehörig) ist ein babylonischer Name. Nicht er selber, sondern wohl Kisch ist mit Jojachin in die Verbannung geführt worden (597 v. Chr.).
2,7 Hadassa (= Myrthe) ist der hebräische, Ester (= Stern) ist der babylonische Name für die Nichte und Adoptivtochter Mordechais.
3,1 Vgl. die Anmerkung zu 1,1r. – »Agagiter« erinnert an den König Agag von Amalek, den Feind Israels in 1 Sam 15.
3,7 Text korr. nach G (vgl. 8,12). – Pûr, ein assyrisches Wort, bedeutet »Los«.
4,17u Heiden, wörtlich: Gesetzlose, d. h. Menschen, die nicht nach dem Gesetz der Juden leben.
5,1–2b Der Zusatz ist eine in G überlieferte Erweiterung zu 5,1–2.
5,8 auch morgen: eingefügt mit G. – Die Frage des Königs beantworten, wörtlich: nach dem Wort des Königs handeln.
8,12x Die Ausgaben von G übergehen die Buchstaben v und w bei der Zählung der Verse.
10,31 Purimbericht: G liest (im Anklang an »Purim«): Brief über Phrurai (= Wachen).

Das erste Buch der Makkabäer

1,1 Die Kittäer sind eigentlich die Bewohner der Insel Zypern, im weiteren Sinn die Bewohner aller Inseln im östlichen Mittelmeerraum, schließlich alle Griechen überhaupt. – Griechenland ist hier das von Griechen bewohnte westliche Kleinasien, einschließlich Griechenlands und Mazedoniens.

1,10 Die griechische (seleuzidische) Zeitrechnung beginnt mit dem Jahr 312 v. Chr. Das 137. Jahr ist also 175 v. Chr.

1,54 Unheilvoller Gräuel: wohl ein Altar zu Ehren eines Fruchtbarkeitsgottes.

2,42 »Hasidäer« (hasidim) bedeutet »Fromme«; eine jüdische Gemeinschaft, die sich später (150 v. Chr.) in Pharisäer und Essener aufspaltete.

7,8 jenseits des Stroms: das Gebiet, das sich vom Eufrat bis an die Grenze Ägyptens erstreckt.

9,34 Der Vers ist vermutlich eine versehentliche Doppelschreibung von Vers 43.

9,35 Er schickte: Gemeint ist Jonatan.

12,9 die heiligen Bücher: Gemeint sind die Schriften des Alten Testaments, die um diese Zeit zum Kanon vereinigt werden.

14,27 Asaramel ist hebräisch; es heißt entweder »Vorhof des Volkes Gottes« oder ist verderbt aus sar-am-el (Fürst des Volkes Gottes).

16,24 1 Makk schließt ab mit dem Beginn der Amtszeit des Hohenpriesters Johanan, gewöhnlich Johannes Hyrkanus genannt, des ersten Hasmonäers (134–104 v. Chr.).

Das zweite Buch der Makkabäer

1,36 Neftar (= Erdöl): Manche lesen Naftan, andere Nafta.

3,3 »Asien« ist hier Bezeichnung für den Vorderen Orient.

6,8 der Einwohner von Ptolemaïs: Text korr. nach Vg.

9,9 Aus den Augen, andere Lesart: Aus dem Leib.

9,12 nicht überheblich sein, andere Lesart: nicht wie Gott sein wollen.

15,37 die Stadt: die heilige Stadt Jerusalem mit dem Berg Zion als Zentrum.

Das Buch Ijob

1,1 Das Land Uz liegt vermutlich in Arabien (vgl. Gen 36,28; Klgl 4,21). Ijob ist ein schon früh belegter Name und bedeutet vielleicht »der Angefeindete«.

1,5 In H steht für »lästern« euphemistisch »segnen«.

1,6 die »Gottessöhne« werden in G mit den Engeln gleichgesetzt. Sie gehören zum Hofstaat Jahwes (vgl. 38,7). In Ps 29,1 wird dieselbe Wendung mit »die Himmlischen«, in Ps 82,1 und 89,7 mit »Götter« wiedergegeben.

1,11 Statt »fluchen« steht in H euphemistisch »segnen« (vgl. die Anmerkung zu 1,5).

2,5 Vgl. die Anmerkung zu 1,11.

2,9 Vgl. die Anmerkung zu 1,5.

3,5 Verfinsterung am Tag: Text korr.; H: Bitternisse des Tags.

3,6 sie reihe sich: Text korr. nach S und Vg; H: sie freue sich.

3,8 Anklang an einen alten Mythos (vgl. Ps 74,14).

3,22 einen Hügel: Text korr.; H: ein Jauchzen.

5,1 Die »Heiligen« sind die Engel im Hofstaat Gottes (vgl. die Anmerkung zu 1,6).

5,27 Wir haben es gehört: Text korr. nach G und S; H: Hör es!

6,7b Text korr.; H: Diese sind wie die Krankheit meines Brotes.

6,14 Übersetzung unsicher.

6,16b schmilzt, wörtlich: sich verbirgt.

6,18a Karawanen biegen ab vom Weg: Text korr.; H: Es werden abgebogen die Pfade ihres (= der Bäche) Weges.

6,25a Andere Übersetzungsmöglichkeit: Wie können redliche Worte kränkend sein?

7,5b Text korr.; H: meine Hand schrumpft und wird verworfen.

7,6b Text korr.; H: sie gehen zu Ende ohne Hoffnung.

7,12 Anklang an einen alten Mythos (vgl. 3,8).

7,20d dir zur Last: H: mir zur Last.

8,13a Wörtlich: So sind die Wege aller.

9,13 Rahab ist Name für das Urchaos oder für das mythische Chaosmeer.

10,8b dann hast du dich umgedreht: Text korr. nach G.

10,15c geplagt mit Kummer: Text korr.; H: sieh mein Elend!

10,17 H ist unsicher überliefert.

10,20a Tage meines Lebens: Text korr. nach G.

11,6bc Wunder: Text korr. – dass Gott dich zur Rechenschaft zieht: Text korr.; H: dass Gott deiner Schuld Vergessen schenkt.

11,8 Höher als: Text korr.

11,14b in deinem Zelte: Text korr.; in H Mehrzahl.

11,18b geborgen bist du: Text korr.

12,18a Fesseln: H (mit anderer Vokalisierung): Zucht.

12,23b rafft sie dann hinweg: Text korr.

13,14 Sinn: Ich riskiere mein Leben.

13,28 Der Vers leitet 14,1–6 ein.

14,3b und ihn: Text korr. nach G, S, Vg; H: und mich.

15,18b was ihre Väter ihnen nicht verhehlten: Text korr.; H: was sie vor ihren Vätern nicht verhehlten.

15,27b Übersetzung unsicher.

16,5b nicht: Text korr. nach G.

17,6a Zum Spott: Text korr.

17,7b schwinden dahin: Text korr.

17,15b mein Glück: Text korr. nach G; H: meine Hoffnung.

19,26 H unklar.

19,27 Für »Herz« steht in H »Nieren« als Sitz des Seelenlebens.

20,17a von Öl: Text korr.

20,28b seines Zorns: des Zorns Gottes.

21,3b könnt ihr: Text korr.; H: kannst du.

21,19a Nicht: Text korr.

21,20a Unglück: Übersetzung unsicher.

21,24a Schenkel: Übersetzung unsicher.

22,8b Andere Übersetzungsmöglichkeiten: der Erfolgreiche, der Mächtige.

22,17a von uns: Text korr.; H: von ihnen.

22,18b ihm: Text korr.; H: mir.

23,2b seine Hand: Text korr. nach G und S; H: meine Hand.

23,9b bieg' ich: Text korr.; H: biegt er.

23,12b im Herzen: Text korr.

24,12a Sterbende: Text korr. nach S; H: Menschen.

24,14a Ist kein Licht: Text korr.; H: Bei Licht (= Bei Tage).

24,18–25 In den Kapiteln 24–27 ist die Reihenfolge des Textes vermutlich gestört. Ein logischer Ablauf und ein besseres Verständnis ergibt sich, wenn man liest: Dritte Rede Bildads: 25,1–6 + 26,5–14. Dritte Rede Zofars: 27,7–23 + 24,18–25. Die Abschnitte 26,1–4 + 27,1–6 gehören wohl zu Ijobs Schlussrede und sind also vor 29,1 einzuordnen.

27,18a wie die Spinne: Text korr.; H: wie die Motte.

28,4a Sinn von H unklar.

29,17b entriss: Text korr.; H: warf hin.

29,25c Vielleicht späterer Zusatz.

30,13b wehrt: Text korr.; H: hilft.

30,18a packt er: Text korr.

30,19a Er warf mich: Text korr.

30,20b nicht: Text korr.

30,24 Übersetzung unsicher.

31,29b triumphierte: Text korr.

31,32b Wanderer: Text korr.; H hat eine andere Vokalisierung.

32,9a Die alt an Jahren sind: Text korr.
33,13b deinen: Text korr.; H: seinen.
33,16b schreckt sie auf durch Warnung: Text korr.
33,17 von seinem Tun: Text korr. – auszutreiben: Text korr.
34,23a Frist: Text korr.
34,29c wacht er: Text korr.
34,31a Text korr.
35,3a mir: Text korr.; H: dir.
36,19f Sinn unklar.
36,29a Wer: Text korr. – Schweben: Text korr.
36,33 Text korr.
37,7a Gemeint ist: Gott zwingt die Menschen zur Untätigkeit.
37,10 entsteht: Text korr.; H hat eine andere Vokalisierung.
37,20bc Text unsicher.
38,8a Wer: Text korr.
38,20b sie führst: Text korr.; H: begreifst.
38,30a erstarren, wörtlich: verbergen sich.
39,13bc Sinn von H unklar.
40,19b Sinn von H unklar.
40,23a Schwillt: Text korr.; H: Bedrückt.
40,23b Flut, wörtlich: Jordan.
41,3a ihm: Text korr.; H: mir.
41,4 Sinn von H unklar.
41,6a Maul, wörtlich: Gesicht.
41,7a sein Rücken: Text korr.; H: sein Hochmut.
41,12b Sinn von H unklar.
42,6a widerrufe ich, wörtlich: verwerfe ich. – und atme auf: übersetzt nach der dem betreffenden hebräischen Wort entsprechenden arabischen Wurzel.
42,11 Kesita: ursprünglich altes Metallgewicht unbekannter Schwere, später Zahlungsmittel. – Ring: ein Nasenreif oder ein Ohrring.
42,14 Die Namen der drei Töchter bedeuten: Täubchen, Zimtblüte und Schminkhörnchen.

Die Psalmen

2,8 dir: ergänzt nach G und S.
2,11b Text korr.; H ist kaum verständlich: und jauchzt mit Beben, küsst den Sohn (in H zum Teil bereits V. 12).
3,1 Die sog. Psalmenüberschriften, die in dieser Übersetzung in eckigen Klammern stehen, sind späte Zusätze. Sie enthalten musikalische Hinweise, deren Bedeutung wir nicht kennen, und Vermutungen über Verfasser und Entstehungsverhältnisse, die der jüdischen Tradition entnommen sind.
3,3b Das hier und oft in den Psalmen stehende Wort »Sela« ist ebenfalls ein musikalischer Hinweis unbekannter Bedeutung.
4,2b Wörtlich: Gott meiner Gerechtigkeit.
4,4a wunderbar handelt der Herr … : Text korr.
4,4b mich, ergänzt nach G.
5,10a Text korr. nach G, S und der aramäischen Übersetzung; H: Aus seinem Mund.
6,3b Text korr.; H: denn meine Glieder sind erschrocken.
6,8b Wörtlich: und es (das Auge) ist matt (alt) geworden.
7,6bc Wörtlich: er trete mein Leben zu Boden / und trete meine Ehre in den Staub.
7,7c Text korr.
7,7d Der Herr richtet die Völker: in H Anfang von V. 9.
7,8b Text korr.
7,13a Text korr.
8,2c Text korr.; H ist unklar.
8,3 Lob: nach G; H: Bollwerk. – Andere Übersetzungsmöglichkeit: Besungen wird dein Glanz am Himmel / von der Kinder und Säuglinge Mund. / Du hast ein Bollwerk errichtet, / deinen Feinden zum Trotz.
8,6a G, S und Vg übersetzen: als die Engel.
9,15a Wörtlich: in den Toren der Tochter Zion.
9,17b Wörtlich: im Werk seiner Hände, er fängt den Frevler.
10,6b Nach G; H ist unklar.
10,8 Nach G.
10,10b H ist unklar; andere Übersetzungsmöglichkeit für V. 10: Zerschmettert stürzen die Schwachen nieder und fallen in seine Gewalt.
10,14b H hat zusätzlich: um es in deine Hand zu geben. – Sinn unklar.
11,1d Nach G und Hieronymus.
11,3a Wörtlich: Wenn die Grundfesten eingerissen werden.
11,6a H fügt nach »Schwefel« hinzu: »Schlinge (Verhängnis)«, vielleicht eine weitere göttliche Waffe.
11,6b Text korr.; H: sei der Anteil ihres Bechers.
12,6c dem Verachteten; wörtlich: dem, gegen den man schnaubt.
12,7bc Nach Hieronymus.
13,3a Text korr.; H ist unverständlich.
15,4 Nach G und S; H ist verderbt.
16,2–4 Sinn von H ist nicht ganz klar.
16,6b mein: ergänzt nach G und S.
17,3c findest du: Text korr. nach G und S.
17,10a ihr hartes Herz, wörtlich: ihr Fett.
17,11a sie lauern mir auf: Text korr.; H: unsere Schritte.
17,14b H ist verderbt.
18,2 Text korr.; H: Ich will dich lieben.
18,13a die Wolken: Text korr. nach G und 2 Sam 22,14.
18,14 Text korr. nach G und 2 Sam 22,14; H fügt am Schluss hinzu: Hagel und glühende Kohlen.
18,15 Text korr. nach 2 Sam 22,15.
18,16a Text korr.; H: des Wassers des Meeres.
18,30a Text korr.; H ist unklar.
18,34b Wörtlich: auf meinen Höhen.
18,36c Text korr.; in H andere Vokalisierung.
18,40b alle: ergänzt nach G.
18,44 Text leicht korr.
18,46 Text korr.; in H geht eine zusätzliche Verszeile (46a) voraus: Die Söhne der Fremde verschmachten und kommen.
18,49b Nach 2 Sam 22,49.
19,5a Text korr. nach G.
19,6c Ergänzt nach G und S.
19,8a Textvorschlag für die Psalmodie: Die Weisung des Herrn ist vollkommen und gut.
20,4b Wörtlich: er erkläre dein Brandopfer für fett.
20,10 Nach G; H: Herr, gib den Sieg! Der König wird uns antworten am Tag, da wir ihn rufen.
21,13b auf sie, wörtlich: auf ihr Gesicht.
22,9a Er wälze: Text korr.; H: Wälze.
22,16a Meine Kehle: Text korr.; H: Meine Kraft.
22,17a Viele: ergänzt nach G und der aramäischen Übersetzung.
22,17c Sie durchbohren: Übersetzung unsicher; Text korr. nach G; H: wie ein Löwe.
22,22b Nach G und S; H: vor den Hörnern der Büffel hast du mich erhört.
22,28c Text korr. nach mehreren G-Handschriften und S.; H: Vor dir.
22,30 H ist stark verderbt.
23,6b im Haus … wohnen: Text korr. nach G, S und der aramäischen Übersetzung; H: ins Haus des Herrn kehre ich zurück.
24,6b Nach S.
25,17a Text korr.; H: Nöte haben mein Herz weit (einsichtig?) gemacht.

25,21b o Herr: ergänzt nach G.
28,8a Text korr. nach G und S.
29,9ab Text korr. durch Vokaländerung; andere Übersetzungsmöglichkeit: Die Stimme des Herrn versetzt Hirschkühe in Wehen, bringt die Ziegen zur Frühgeburt.
30,5b Wörtlich: preist sein heiliges Gedenken.
30,8 auf den schützenden Berg, wörtlich: auf feste Berge.
30,13a Text korr. nach G.
31,7a Dir sind: Text korr. nach G, S und Vg; H: Mir sind.
31,11c im Elend: Text korr. nach G und S; H: in meiner Schuld.
31,12b Text korr.
31,20 Herr: ergänzt nach G.
31,22c zur Zeit der Bedrängnis: Text korr.; H: in der befestigten Stadt.
32,4b Text korr.
32,6a Text korr.; H ist verderbt.
33,7a Text korr. nach G, Vg und der aramäischen Übersetzung.
34,6a euer Gesicht: Text korr.; H: ihr Gesicht.
34,11a Reiche: Text korr. nach G und S; H: junge Löwen.
34,18a die Gerechten: ergänzt nach G, S und der aramäischen Übersetzung.
35,8c Wörtlich: er falle hinein zum Verderben.
35,10a Wörtlich: Alle meine Knochen sollen sagen.
35,12b ich bin ... einsam, wörtlich: Kinderlosigkeit meiner Seele.
35,15de H ist unverständlich.
35,16 Text korr.
36,2a Text korr. nach G.
37,7b dem alles gelingt, wörtlich: dem sein Weg gelingt.
37,28cd sinngemäß umgestellt; Text korr.; H: sie werden für immer bewahrt.
37,35b Text korr.; H: und er entwickelte sich wie eine lebenskräftige Pflanze.
37,36a Text korr. nach G, S und Hieronymus; H: ging er vorüber.
38,11 Der sinnstörende Einschub »auch sie« in H, der nach »Licht der Augen« steht, bleibt, wie in einigen G-Handschriften und S, unübersetzt.
38,20a Text korr.
39,14a Text korr.; H ist unverständlich.
40,15b Text korr. nach 70,3; H fügt hinzu: um es hinwegzuraffen.
41,10b Text korr.
42,5b Übersetzung nicht ganz sicher.
42,6d Text korr.
42,12d Text korr.
43,1 Ps 42 und 43 bilden ein einziges Lied, wie der Kehrvers 42,6.12 und 43,5 zeigt.
43,4ab Text korr.; H: zum Gott der Freude meines Jubels.
43,5d Text korr. wie in 42,6d und 12d.
44,5a Text korr.
44,26b Wörtlich: klebt am Boden.
45,5a Text korr.; H: Kämpfe für die Sache der Wahrheit, der Armut und des Rechts!
45,10a Text korr.; Königstöchter unter deinen Kostbarkeiten.
45,13a Nach G.
46,4cd Der Kehrvers von V. 8 und 12 wurde auch hier eingefügt.
46,10d Andere Übersetzungsmöglichkeit: verbrennt er die Wagen.
47,7a Nach G.
47,9a Nach G.
47,10c die Mächte: Text korr.; H: die Schilde.
48,15b Nach G.
49,12a Das Grab: Text korr. nach G, S und der aramäischen Übersetzung; H: Ihr Inneres.
49,15 H ist stark verderbt.
50,11a Text korr. nach G; H: die Vögel der Berge.
50,20a schändlich: Text korr.
50,23b Text korr.
51,10a Text korr.
52,3bc Text korr. nach S; H erlaubt auch die Übersetzung: Was rühmst du dich, dass Gottes Huld allezeit (auf deiner Seite) ist.
53,4a Text korr. nach G und der aramäischen Übersetzung; vgl. auch 14,3.
53,6c Wörtlich: Gott zerstreut die Gebeine deines Belagerers.
53,6d Text korr. nach G.
54,5a stolze Menschen: Text korr.; H: Fremde.
55,4c Wörtlich: Sie lassen Unheil auf mich herabfallen.
55,19b H ist verderbt.
56,3b Andere Übersetzungsmöglichkeit: ja, es sind viele, die mich bekämpfen, Allerhöchster.
56,6a Wörtlich: Sie kränken meine Worte.
56,8a es gibt für sie kein Entrinnen: Text korr.; H: würden sie trotz der Untat entkommen?
56,9c Wörtlich: sind sie nicht in deinem Buch?
57,7b sie haben meine Seele gebeugt: Text korr. nach G; H hat die Einzahl: er hat ... gebeugt.
58,2 Sinn nicht ganz klar.
58,8b Text korr.
58,10b H ist unverständlich; »die Feinde« ist ergänzt.
59,10a Text korr. nach G und der aramäischen Übersetzung.
59,10b Text korr. nach Hieronymus; H: denn Gott ist meine Burg.
59,16b Das hebräische Zeitwort ist doppeldeutig: sie verbringen die Nacht, oder: sie knurren.
60,6b dem Bogen: Text durch Änderung der Vokale korr. nach G und S; H: der Wahrheit.
60,10c Text korr.; H: über mich jauchze (vgl. 108,10).
61,8b Text korr.
62,3b Text korr. (vgl. V. 7b).
62,8b Gott, wörtlich: bei Gott.
63,10a ohne Grund: Text korr.; H: zum Verderben.
64,3b Andere Übersetzungsmöglichkeit: vor der Verschwörung derer, ...
64,6c Text korr.
64,7bc Text korr.
64,9 Text korr.
65,2a Text korr.
65,4b für uns: Text korr.; H: für mich.
65,6d Text korr.
65,10c reichlich, wörtlich: (Der Bach Gottes ist) mit Wasser (gefüllt).
65,12b Wörtlich: deine Spuren triefen von Fett.
66,11b auf die Schulter, wörtlich: um unsere Hüften.
66,12c Text korr.
66,15 Nach G.
66,17b Wörtlich: Rühmen war unter meiner Zunge.
67,3a sein Weg: Text korr.; H: dein Weg.
67,5b Mit G ergänzt.
67,8b Alle Welt, wörtlich: Alle Enden der Erde.
68,3a Sie verfliegen, wie Rauch verfliegt: Text korr.; H: Wie Rauch verweht wird, den du auseinanderwehst.
68,5c Text korr.
68,13b Text korr.
68,18b Text korr.; H: Der Herr ist unter ihnen, (der vom) Sinai (ist) im Heiligtum.
68,24 Text korr. nach G, S und der aramäischen Übersetzung; H: damit du (Feinde) zerschmetterst, wobei dein Fuß im Blut (watet).

68,27b in der Gemeinde: Text korr.; H: ihr aus dem Brunnen Israels.
68,28b im Zug, wörtlich: im Lärmen der Menge.
68,29a o Gott: Text korr.; H: dein Gott.
68,31b Text korr.
68,31cd Text korr.
68,36a in seinem Heiligtum: Text korr.; H: aus deinem Heiligtum.
69,11a Text korr.; H: Ich weinte beim Fasten meiner Seele.
69,15c Text korr.; H: Lass mich gerettet werden vor denen, die mich hassen.
69,23 Nach der aramäischen Übersetzung.
69,27c Text korr. nach G; H: und sie zählen den Schmerz.
70,5d der Herr: ergänzt mit einigen hebräischen Handschriften (vgl. Ps 40,17).
71,13c Wörtlich: sie sollen sich kleiden in Schmach und Schande.
71,16 Andere Übersetzungsmöglichkeit: Ich will kommen mit den Großtaten Gottes, des Herrn.
72,5a Text korr. nach G.
72,6b benetzen: Text unsicher.
72,7a H unklar.
72,9a seine Gegner: Text korr.; H: Schiffe, oder: Dämonen; G: Äthiopier; S: Inseln.
73,4b Text korr.
73,10a das Volk ihnen zu, wörtlich: sein Volk hierher.
73,10b Text korr.; H: Wasser in Fülle schlürfen sie.
73,15 Text korr. nach S und der aramäischen Übersetzung.
73,20 Wörtlich: Wie ein Traum nach dem Erwachen, Herr, in der Stadt vertreibst du ihr (Götzen)bild.
73,25 außer dir: ergänzt.
74,5 Text korr.; H: Es sah sich an, wie wenn man im Unterholz die Äxte hoch emporhebt.
74,6a Text korr.; H: und dann all das Schnitzwerk.
74,11b hältst verborgen: Text korr.; H: mach ein Ende!
74,14b Text korr.; H: dem Volk von Dämonen.
74,20a deinen: nach G und S.
74,20bc Andere Übersetzungsmöglichkeit: Denn die Winkel des Landes sind voll von Stätten der Gewalt.
75,7b Text korr.
75,10a jubeln: Text korr. nach G; H: verkünden.
76,5a furchtbar: nach der aramäischen Übersetzung und nach der griechischen von Theodotion; H: leuchtend.
76,5b Text korr. nach G.
76,11 dich feiern: Text korr.; H: du gürtest dich. – Andere Übersetzungsmöglichkeit: Ja, das grimmige Edom soll dich preisen, der Rest Hamats dich feiern.
77,3b Mit den Übersetzungen des Symmachus und des Hieronymus.
77,7 Nach G und S.
77,14 Nach G.
77,19a Text korr.
78,36b Wörtlich: und mit ihrem Mund täuschten sie ihn.
78,48a Text korr.; H: überließ er dem Hagel.
78,51a alle Erstgeburt, wörtlich: den Erstling ihrer Zeugungskraft.
78,54b H: zu dem Berg, den …
78,61b seine heilige Lade: H: seine Pracht (als Bezeichnung der Lade).
79,11b Andere Übersetzungsmöglichkeit: Lass am Leben die Todgeweihten!
79,12a Wörtlich: Zahl siebenfach in den Schoß unserer Nachbarn!
80,7b Nach G, S und der griechischen Übersetzung des Symmachus.
80,16 Text korr.; H fügt aus V. 18 hinzu: und den Sohn, den du großzogst.
81,10 Textvorschlag für die Psalmodie: Du sollst dich nicht niederwerfen vor einem fremden Gott.
81,16 Israel: H: ihm.
81,17a Text korr.; H: Er hat es genährt.
82,8b Wörtlich: Denn du besitzt Erbteil an den Völkern.
83,12 Text korr. nach G.
83,14a Wörtlich: Mein Gott, mach sie der Distel gleich!
84,3b dem Tempel, wörtlich: den (Tempel-)Vorhöfen des Herrn.
84,8b Text korr.; H: er erscheint (ihnen), der Gott der Götter auf dem Zion.
84,9 H: Herr, Gott der Heerscharen.
85,5b Wörtlich: zerbrich deinen Unmut gegen uns!
85,9d H fügt hinzu: und sie sollen nicht zur Torheit zurückkehren.
85,13a Segen, wörtlich: das Gute.
85,14b Text korr.; H: er achtet auf den Weg seiner Schritte.
86,3 »Du bist mein Gott« wurde aus V. 2 hierhergenommen.
86,8 »die du geschaffen hast« wurde aus V. 9 hierhergenommen.
87,2b Andere Übersetzungsmöglichkeit: mehr als alle anderen Orte in Jakob.
88,6a Text korr.
88,8 Wörtlich: und alle deine Wogen beugst du hernieder.
89,3b deine Treue steht fest: Text korr.; H: du befestigst deine Treue.
89,11a Text korr.
89,17b jubeln sie: Text korr.; H: erheben sie sich.
89,20b gekrönt: Text korr.
89,34a Text korr.; H: ich breche ihm nicht.
89,44a Übersetzung unsicher.
89,48 Text korr.
89,51a deines Knechtes: Text korr.; H: deiner Knechte.
89,51b Text korr.; H: Im Herzen trage ich alle die vielen Völker.
90,5 Text korr.
90,7 werden vernichtet, wörtlich: werden erschreckt.
90,11b Text korr.; H: und wie die Furcht vor dir ist dein Grimm.
91,2 Text korr. nach G.
91,3b Andere Übersetzungsmöglichkeit: und aus der Pest des Verderbens; oder: und vor dem (verderbenbringenden) Wort (G). Die hebräischen Ausdrücke für Pest (deber) und Wort (dabar) können leicht verwechselt werden, zumal man keine Vokale schrieb.
91,9a H: Denn du, Herr, bist meine Zuflucht.
92,8a Wörtlich: Wenn auch die Frevler aufsprießen wie Gras.
92,11b Nach S und der aramäischen Übersetzung; H: übergossen werde ich mit Öl.
93,4b Text korr.; H: mehr als die Herrlichkeit der Brandungen.
94,20 der bestechliche Richter, wörtlich: ein Richterstuhl des Verderbens.
95,10a dies: ergänzt nach G.
96,8b Wörtlich: und tretet ein in seine (Tempel-)Vorhöfe.
96,10c H: Der Erdkreis ist gegründet.
97,11a Text korr.; H: Licht ist gesät den Gerechten.
99,4a H: Und die Stärke des Königs liebt das Recht.
99,6b Vorschlag für die Psalmodie: auch Samuel rief seinen Namen an.
100,3b wir sind sein Eigentum: so nach einigen alten Übersetzungen. Nach anderen alten Übersetzungen: und nicht wir (haben uns erschaffen).
101,2c in der Stille, wörtlich: inmitten.

101,8ab Wörtlich: Morgen für Morgen will ich vernichten alle Frevler im Land.
102,6 Wörtlich: Vor lauter Jammern klebt mein Gebein am Fleisch.
102,8 und ich klage wie: Text korr.; H: und ich bin wie …
102,12 Text korr.; H: Meine Tage (sind) wie ein lang sich dehnender Schatten (d. h.: es geht dem Ende entgegen).
103,5 dein Leben lang: Text korr.
103,11b so hoch: Text korr.; H: so stark.
104,13b Text korr.; H ist unverständlich.
104,25a so groß und weit, wörtlich: groß und weit nach beiden Seiten.
105,22a Text korr. nach G, S und Vg.
105,27a Text korr. nach S.
105,28b Text korr.; H: und sie widerstrebten nicht seinem Wort.
105,36b Wörtlich: den Erstling all ihrer Kraft.
105,40a Text korr.; H: Als er bat.
106,7c dem Höchsten am Schilfmeer: Text korr.; H: am Meer, am Schilfmeer.
106,27a zu zerstreuen: Text korr.; H: niederzustrecken, (wie in V. 26b).
106,28 Wörtlich: die Opfer der Toten.
106,43b Text korr.; H: ihrem Beschluss.
107,17a Text korr.; H: die Toren in ihrem sündhaften Treiben.
107,20 vom Verderben, wörtlich: aus ihren Gruben.
108,2b Ergänzt aus 57,8.
108,2d Text korr. nach 57,9.
108,5a Text korr. nach 57,11.
108,7b Text korr. nach 60,7.
109,4 Sie befeinden mich: H fügt hinzu: für meine Liebe.
109,10b Text korr.
109,13b sein Name: Text korr.; H: ihr Name.
109,28b Text korr.; H: Sie treten auf, aber sie scheitern.
110,3 H ist schwer verständlich; die Übersetzung ist ein Versuch nach G.
113,5f Die beiden Verse sind aus sachlichen Gründen folgendermaßen umgestellt: 5a/6b und 5b/6a.
113,8a ihm: Text korr. nach G, S, Vg; H: mir.
115,4a Wörtlich: Ihre Götzen sind nur Silber und Gold.
116,2b an dem Tag: H: in meinen Tagen (im Sinn von: mein Leben lang).
118,14a Text korr.; »mein« ist ergänzt.
118,27 Nach G.
119,18a Wörtlich: Öffne mir die Augen, damit ich sehe.
119,25a Wörtlich: klebt am Staub.
119,25b Text korr. mit einigen Handschriften; H: gemäß deinem Wort.
119,37b durch dein Wort: Text korr.; H: durch deine Wege.
119,47b von Herzen: ergänzt aus G.
119,48a H fügt hinzu: die ich liebe.
119,66a H fügt vor »Erkenntnis« ein: Gutes.
119,83a Text korr.; H: Ich bin wie ein Schlauch im Rauch.
119,107b Text korr., vgl. V. 25b.
119,109a Wörtlich: Mein Leben halte ich ständig in der Hand.
119,119a sind für dich wie Schlacken: so nach mehreren alten Übersetzungen; H und andere Übersetzungen: schaffst du fort wie Schlacken.
119,128a Text geringfügig korr.
120,4b Vorschlag für die Psalmodie: und glühende Kohlen dazu.
120,7a Text korr.; H: Ich (bin) Friede.
122,2 Wörtlich: Schon stehen unsere Füße in deinen Toren.
122,7b Wörtlich: in seinen Palästen Geborgenheit.
123,4a Wörtlich: übersatt ist unsere Seele vom Spott der Übermütigen.
124,8a In vielen Gebeten der katholischen Liturgie ist die herkömmliche Übersetzung gebräuchlich: Unsere Hilfe ist im Namen des Herrn.
125,3bc Wörtlich: damit nicht auch die Gerechten ihre Hände nach Unrecht ausstrecken.
125,5a Text korr.; H: auf ihre krummen Wege.
127,2d den Seinen: Text korr.; H: seinem Geliebten; andere Übersetzungsmöglichkeit: zu Recht gibt der Herr den Seinen den Schlaf.
127,5b Beim Rechtsstreit mit ihren Feinden, wörtlich: Wenn sie reden mit Feinden im Tor.
128,2a kannst du genießen: so mit G; H: fürwahr, du kannst es genießen.
129,1f Wörtlich: von meiner Jugend auf.
132,6 von seiner Lade, wörtlich: von ihr.
132,11c Wörtlich: (Einen) von deiner Leibesfrucht.
132,15 Zions Nahrung, wörtlich: Seine Nahrung.
133,2bc Andere Übersetzungsmöglichkeit: in den Bart Aarons, der hinuntergeht bis zum Saum seines Gewandes.
135,9a Wörtlich: In deine Mitte, Ägypten.
136,14a Wörtlich: und Israel hindurchführte durch seine Mitte.
136,15a Wörtlich: und den Pharao ins Schilfmeer stürzte.
136,22a Wörtlich: als Erbe für Israel, seinen Knecht.
137,5b Text korr.; H: dann soll meine rechte Hand (die Kunst des Spielens) vergessen.
137,8a du Zerstörerin: H: du zu Verwüstende.
138,2c Ergänzt aus G; dort steht dieser Satz in V. 1.
138,2d Text korr.; H etwa: du hast Versprechen gemacht, die deinen Namen übersteigen.
138,3b Nach G; H: du machtest mich ungestüm.
139,3a es ist dir bekannt, wörtlich: du prüfst es; oder: du misst es.
139,5a Wörtlich: Du umschließt mich von hinten und von vorn.
139,10a mich ergreifen: Text korr.; H: mich leiten.
139,11a Text korr. nach den Übersetzungen von Symmachus und Hieronymus; H: Finsternis soll mich zermalmen.
139,14 Text korr. nach G, S und Hieronymus.
139,16a Text korr.; ist unklar.
139,18b Käme ich bis zum Ende: Text korr.; H: Erwachte ich.
139,20b deinen Namen: Text korr.; H: deine Städte; oder: deine Feinde.
140,5c Wörtlich: darauf sinnen, meine Schritte zu Fall zu bringen.
140,6b Text korr.
140,9f Text korr. durch Verschiebung der Versgrenze und Wiederholung der Negation von V. 9 in V. 10.
140,13b Wörtlich: er richtet den Gebeugten nach dem Armenrecht.
141,5d Andere Übersetzungsmöglichkeit: Denn stets (wird laut) mein Gebet trotz ihrer Bosheit, oder: wenn es ihnen schlecht geht …
141,6b H ist unverständlich.
142,7b Wörtlich: denn ich bin sehr schwach.
143,7e Wörtlich: die hinabgestiegen sind zur Grube.
143,9b meine Zuflucht: Text korr. nach G.
143,10c Text korr.; H: leite mich auf ebenem Land.
144,2d mir Völker: Text korr.; H: mein Volk.
144,10b Text korr.; H: David, seinen Knecht.
144,14 Andere Übersetzungsmöglichkeit: Unsere Gaue ohne Lasten, kein Durchbruch und kein Auszug, kein Geschrei auf unseren Plätzen.
145,12a Text korr. nach G und S; H: seine machtvollen Taten.
145,13 Der eingeklammerte Textteil fehlt in H; Rekonstruktion nach G, S und Vg.

146,4c Wörtlich: an jenem Tag ist es aus.
146,5b Wörtlich: das Meer und alles, was in ihnen ist.
146,9c In H steht dieser Versteil am Ende von V. 8.
147,6b erniedrigt die Frevler: H fügt hinzu: bis zum Boden.
147,17b Text korr.; H: Wer wird bestehen vor seinem Frost?
147,20b Text korr.; H: und seine Rechte lernten sie nicht kennen.

Das Buch der Sprichwörter
1,17f Sinn: Die Vögel meiden ein Netz, das sie sehen; die Verführer aber rennen in ihr eigenes Verderben.
4,4–7 Text in H und G nicht einheitlich.
4,27 G und Vg fügen zwei weitere Verse an: Denn die Wege zur Rechten kennt Gott, doch krumm sind die Wege zur Linken. Er aber wird deine Pfade eben machen und deine Bahnen in Frieden geleiten.
8,22a So mit S, Vg und der aramäischen Übersetzung; andere Übersetzungsmöglichkeit: als Erstling seiner Schöpfungswerke.
10,2b Gerechtigkeit, andere Übersetzungsmöglichkeit: Mildtätigkeit (vgl. Sir 3,30b; Tob 4,10f; 12,9).
10,4 Vg schiebt noch ein (= G hinter 9,12): Wer sich aufs Lügen stützt, der weidet Wind; er jagt hinter fliegenden Vögeln her.
10,10b So nach G.
11,7 Text unsicher, da in G abweichend.
11,16 So nach G.
11,30b So nach G.
12,12 Text verderbt; die alten Übersetzungen sind kaum verständlich.
12,26–28 Der Text ist schlecht erhalten und darum schwer zu deuten.
13,13 Vg schiebt hier (G hinter V. 9) ein: Trügerische Seelen irren in Sünden; die Gerechten aber haben Mitleid und Erbarmen.
13,23 Text unsicher.
14,9 Text unsicher; korr. nach G.
14,17b Nach S wäre die Antithese zu lesen: der Besonnene aber bleibt ruhig.
14,24 Text und Übersetzung unsicher.
14,32b Redlichkeit: nach G; H und Vg kaum richtig: in seinem Tod.
15,26b gefallen ihm, wörtlich: sind rein; »rein« ist kultischer Ausdruck, Gegensatz zu »Gräuel«.
16,4b Kurze und überspitzte Redeweise des Volksmunds.
18,1a einem Vorwand: nach G; H: einer Begierde.
18,2b Herz: kann Denkweise und überhaupt das Innere bedeuten.
18,22 G und Vg: eine gute Frau. Sie fügen an: Wer eine gute Frau verstößt, verstößt das Glück; wer eine Ehebrecherin aufnimmt, ist töricht und frevelhaft.
19,7 Das Eingeklammerte fehlt in H, steht aber in G und gehört vielleicht zum ursprünglichen Textbestand.
19,15a Text umstritten.
19,16b Vielleicht zu korrigieren: wer seine Worte verachtet.
19,18b Andere Übersetzungsmöglichkeit: und achte nicht auf sein Jammern; oder: doch lass dich nicht hinreissen zum Jähzorn!
19,19b Übersetzung unsicher.
19,22a Text korr.
19,29a Ruten: nach G; H: Strafgerichte.
20,26b H: und lässt über sie das Rad (des Dreschwagens?) gehen.
21,6b Text korr.; andere Übersetzungsmöglichkeit: wird wie ein Hauch verjagt in die Schlingen des Todes.
21,12a Andere Übersetzungsmöglichkeit: Der Gerechte belehrt das Haus des Frevlers; oder: Der Gerechte gibt acht auf …
22,11 Übersetzung unsicher; G hat Änderungen und Einschübe.
22,12a Wörtlich: behüten Einsicht.
22,17 Eine leichte Textkorrektur nach G stellt die Überschrift dieses ersten Anhangs an die erste salomonische Hauptsammlung wieder her. Eine echte Sammlung von »Worten von Weisen« reicht bis zur nächsten Überschrift in 24,23. Sie enthält drei kurze Teilsammlungen, von denen die erste (22,17–23,11) besondere Beachtung verdient, weil sie abhängig ist vom ägyptischen Weisheitsbuch des Amen-em-ope (etwa 10. Jh. v. Chr.). Das ägyptische Spruchgut wurde in Auswahl und unter Angleichung an den Glauben Israels übernommen. Angehängt ist eine weitere Sammlung von »Sprichwörtern von Weisen« (24,23–34).
23,23 Fehlt in G und unterbricht den Zusammenhang, ist also wohl ein Zusatz.
24,1–22 Diese Lebensregeln bilden einen eigenen Abschnitt mit zweiundzwanzig Versen entsprechend der Anzahl der Buchstaben im hebräischen Alphabet.
24,10 Text von H unklar; wahrscheinlich verderbt. Mit einem Wortspiel soll wohl gesagt werden: Wer anderen in der Bedrängnis nicht hilft (vgl. V. 11), bringt sich selbst in Bedrängnis.
25,10b Übersetzung unsicher.
25,14b Wörtlich: Ein Mann, der mit erlogener Gabe prahlt.
25,20a H schickt voraus: Ein das Kleid Ablegender am kalten Tag. Hier sind Buchstaben aus V. 19b wiederholt und missdeutet worden.
25,20cd Fehlt in H, steht aber in allen alten Übersetzungen und ist daher wohl ursprünglich.
25,27b Nach G; H ist verderbt.
26,10 H ist verderbt, will vielleicht sagen: Toren (und Betrunkene) sind unnütz, ja gefährlich.
27,6b trügerisch, andere Übersetzungsmöglichkeit: reichlich.
27,9c Andere Übersetzungsmöglichkeit: mehr als eigenes Planen.
28,2 Der Text ist schwierig. Er bezieht sich möglicherweise auf die rasch wechselnden Regierungen des Nordreichs Israel. Nach G wäre zu übersetzen: Durch die Frevel eines Gewalttätigen werden Streitigkeiten geweckt; durch einen verständigen Mann erlöschen sie.
28,3a Vornehmer: G: Frevelhafter.
28,17b Andere Übersetzungsmöglichkeit: man unterstütze ihn nicht.
29,17a Wörtlich: so wird er dir Ruhe gewähren.
30,1 Laïtiël, der Beiname Agurs, konnte verstanden werden als: Ich mühte mich ab mit Gott.
30,7–9 Das Stichwort »Lüge« veranlasste wohl den Einschub des Gebets des Bescheidenen.
30,11a.12a.13a.14a Der Anfang dieser Worte meint sinngemäß: Weh dem Geschlecht …
30,15–33 Die selbständige Gruppe der Zahlensprüche und die Worte an Lemuël 31,1–9 stehen in G hinter 24,34.
30,15a Wohl ein versprengtes Fragment.
30,17 Eine Unterbrechung, wohl verursacht durch das Stichwort »Adler« in V.19. Eine andere Erweiterung ist V. 20.
30,31 H ist unklar.
30,32a blamiert, wörtlich: als Tor erwiesen.
31,2a Ergänzt nach G; H hat kein Zeitwort.
31,3b dein Tun und Treiben, wörtlich: deine Wege.
31,10–31 Dieses Lied dürfte zu den jüngsten Teilen des Buches gehören. In H beginnen die Verse der Reihe nach mit den Buchstaben des hebräischen Alphabets.

Das Buch Kohelet

1,3 Besitz, für den er sich anstrengt: ein Leitmotiv des Buches; in H ein Wortspiel. Das Wort für »Besitz« meint sowohl menschliche Arbeit, die den Besitz hervorbringt, als auch den durch die Arbeit und Mühe erworbenen Besitz selbst.

1,8 Alle Dinge sind rastlos tätig, andere Übersetzungsmöglichkeit: Alle Worte sind überanstrengt.

1,9 Dass es »nichts Neues unter der Sonne« gibt, ist entgegen unserer Empfindung eine positive Aussage.

1,10cd Andere Übersetzungsmöglichkeit: aber schon seit Ewigkeiten hat es das gegeben, was sich vor unseren Augen ereignet hat.

1,12–3,15 In diesem Teil des Buches spielt der Verfasser in literarischer Fiktion die Rolle eines Königs.

1,14 Luftgespinst, andere Übersetzungsmöglichkeit: Haschen nach Luft. So auch später, wenn dieses Wort wiederkommt.

2,3 Der Sinn von H ist stellenweise nicht klar.

2,8 einen großen Harem: Übersetzung nicht ganz sicher.

3,11b Andere Übersetzungsmöglichkeit: Überdies hat er den Menschen eine Vorstellung von der Ewigkeit eingegeben …

3,18 Die »einzelnen Menschen«, die Gott »herausgegriffen« hat, sind die unschuldig zum Tod Verurteilten. In H ein Wortspiel: sie selbst (hemmah) – Tiere (behemah).

3,19a Wörtlich: Denn jeder Mensch ist Geschick, und auch die Tiere sind Geschick. Oder: Denn jeder Mensch ist ein Zufall, und auch die Tiere sind Zufall.

4,13–16 Kohelet beginnt hier zwar mit einem damals allgemein bekannten Sprichwort, meint aber von Anfang an einen bestimmten Fall. Das wird aus dem plötzlichen Umsprung in die Form des Berichts deutlich. Kohelet spricht dabei von drei verschiedenen Männern, die nacheinander herrschten.

5,5 Unter dem »Boten« ist wahrscheinlich der Priester zu verstehen (vgl. Mal 2,7).

5,8 Andere Übersetzungsmöglichkeit: wenn ein König sich um das Ackerland kümmert.

5,13 Durch ein schlechtes Geschäft, andere Übersetzungsmöglichkeit: Durch ein schlimmes Ereignis.

6,3 Auch wenn niemals ein Grab auf ihn warten würde, Sinn: Wenn das Unmögliche einträte, dass er unsterblich wäre.

6,7 Andere Übersetzungsmöglichkeit: Alles Arbeiten des Menschen ist für seinen Mund, und doch wird sein Rachen niemals voll.

7,1 In H ein Wortspiel zwischen »Name« (schem) und »Parfüm« (schemen tob). »Name« meint den guten Ruf, aber auch den Nachruhm über den Tod hinaus (vgl. Spr 10,7; Ijob 18,17). An diese Nuance des Sprichworts knüpft die eigene Überlegung Kohelets an. Ihr Anfang ist, wie immer im folgenden, in der Übersetzung durch einen Gedankenstrich gekennzeichnet.

7,6 In H ein Wortspiel: Gesang (schir) – Dornen (sirim) – Kessel (sir) – Ungebildeter (kesil).

7,18 Andere Übersetzungsmöglichkeit: Wer Gott fürchtet, wird beiden Gefahren entgehen.

7,29 Schwer übersetzbarer Text, der auf einem Wortspiel beruht. Das hebräische Wort für »Berechnungen« (es bedeutet auch »Wurfmaschinen«) verweist auf die Kriegstechnik. Kohelet spielt immer noch auf 7,25f an.

8,1a Andere Lesart: Wer tut es dem Gebildeten gleich? Wer dem, der es versteht, ein Wort zu deuten? – Wählt man diese Lesart, dann bilden die beiden Fragen nicht mehr das Ende des vorangehenden Abschnitts, sondern den Anfang des folgenden.

9,3f Andere Lesart: und danach müssen sie zu den Toten. Wer unter die Lebenden eingereiht ist, für den gibt es noch Zuversicht.

9,5f Andere Übersetzungsmöglichkeit: Sie erhalten auch keine Belohnung mehr, ihre Erinnerung ist geschwunden, ihre Liebe, ihr Hass und ihre Eifersucht sind längst erloschen.

9,7–10 Dieser Abschnitt gehört zu einer Art Rahmen. VV. 7–9 bringen schon Motive des Schlussgedichts 11,9–12,7. in V. 10 wird 11,4–8, der Abschnitt vor dem Schlussgedicht, angekündigt. Innerhalb dieses Rahmens stehen in 9,11–11,3 in lockerer Folge verschiedene Sentenzen und Ratschläge.

9,15 Andere Übersetzungsmöglichkeit: Der hätte die Stadt durch sein Wissen retten können. Aber kein Mensch dachte an diesen Mann.

10,1 Wörtlich: Sterbende Fliegen – da stinken und gären die Wasser des Parfümherstellers.

10,4b Andere Übersetzungsmöglichkeit: Gib deine Stellung nicht auf!

10,5 Versehen: ironisch gemeint.

10,10d Wörtlich: Der Vorteil, vorzubereiten, ist Wissen.

10,15 Andere Übersetzungsmöglichkeit: Wer es nicht versteht, in die Stadt zu ziehen, der macht sich müde als ungelernter Arbeiter. – Es ist an die Lage des Landproletariats gedacht.

10,16 Knabe: andere Übersetzungsmöglichkeit: Sklave. Für diese Übersetzung spräche V. 17, der von einem König aus »edlem Geschlecht« handelt.

11,8e Andere Übersetzungsmöglichkeit: Jeder, der (zur Welt) kommt, ist Windhauch (d.h. er muss sterben).

11,9 Die zweite Vershälfte ist vermutlich vom Verfasser des zweiten Nachworts hinzugefügt worden (vgl. 12,14).

11,10 Andere Übersetzungsmöglichkeit: denn die Jugend und die Morgenröte sind …

12,4d Wörtlich: Alle Töchter des Liedes ducken sich. – Die »Töchter des Liedes« sind in der Übersetzung als Töne der Melodie verstanden. Es könnte sich aber auch um eine poetische Umschreibung für die Vögel handeln, die verstummen.

12,12–14 Das zweite Nachwort bringt einige Absicherungen an dem Buch an, damit dieses Buch als rechtgläubig gelten kann.

Das Hohelied

1,5d wie Salomos Decken, andere Lesart: wie die Decken von Schalma (nordarabischer Beduinenstamm).

1,7d umherirren: Text korr.; H: wie eine verhüllte Frau.

2,2a Wörtlich: Wie eine Lilie.

2,3a Wörtlich: Wie ein Apfelbaum.

2,17 Balsambergen: Text korr.; H: Beter-Bergen (ein hebräischer Ortsname, vgl. 8,14).

3,10d mit Steinen: Text korr.; H: mit Holz der Liebe.

4,15a des Gartens: Text korr.; H: der Gärten.

5,8 sagt ihm: wörtlich: Was sollt ihr ihm melden?

5,12c Wörtlich: fest in der Fassung.

5,14a Wörtlich: Seine Hände.

6,12 Sinn von H unklar.

7,6c Ringeln, wörtlich: Tränkrinnen.

7,10b in mich: Text korr.; H: in meinen Geliebten.

Das Buch der Weisheit

1,1 Die Anrede ist an die Herrscher (wörtlich: Richter) der Erde gerichtet, weil der Verfasser als König Salomo spricht. Angeredet sind aber auch die unter Verfolgung leidenden Juden.

1,6 seiner heimlichen Gedanken, wörtlich: seiner Nieren. Die Nieren sind im semitischen Denken Sitz der innersten Empfindungen. Das Herz gilt als geistige Mitte, als Sitz der Gedanken und Willensentschlüsse.

2,13 Der Verfasser hat bei der Verfolgung des Gerechten den Gottesknecht von Deuterojesaja (vgl. die Einleitung zu Jes) und Ps 22 vor Augen. Das griechische Wort für Kind (pais) ist in G Übersetzung des hebräischen Wortes für Knecht (ebed).

2,23 seines eigenen Wesens: nach anderen Textzeugen: seiner Ewigkeit.

3,2 Der Verfasser vermeidet für die Gerechten die Ausdrücke »Tod« und »sterben« (vgl. V. 3a; 4,7.10f.16f); nur die Sünder lässt er vom Tod und Sterben der Gerechten sprechen (2,20).

3,7 Beim Endgericht, wörtlich: In der Zeit ihrer Heimsuchung.

3,13cd Wörtlich: denn sie wird Frucht haben bei der Heimsuchung der Seelen.

3,14a der Kinderlose, wörtlich: der Eunuch.

3,14e ein gar köstlicher, wörtlich: ein mehr beglückender (als wenn er Kinder hätte).

5,13 Vg fügt als V. 14 hinzu: So sprachen in der Unterwelt die, die gesündigt haben. – Entsprechend verschiebt sich in Vg die Verszählung.

5,14 Gischt: so nach S und der altlateinischen Übersetzung; G: Reif.

6,1–8 Salomo nimmt die Anrede an die Herrscher wieder auf; mit »also« zeigt er, dass er sie auch in 1,16–5,23 als seine Hörer voraussetzt, obwohl er sie nicht mehr direkt anredet.

6,1 Vg fügt vor V. 1 ein: Besser ist Weisheit als Kraft, und ein kluger Mann (ist besser) als ein starker. Dieser Vers ist in Vg als V. 1 gezählt; entsprechend verschiebt sich die Verszählung.

6,21 Einige wichtige Vg-Handschriften fügen als V. 23 hinzu: Liebt das Licht der Weisheit, ihr alle, die ihr den Völkern vorsteht. – Die Verse 22–25 werden in Vg als 24–27 gezählt.

9,19 Einige Vg-Handschriften fügen hinzu: alle, die dir gefallen haben, Herr, von Anfang an.

11,5 Vg formuliert 5b etwas anders und fügt als V. 6 hinzu: indem es ihnen an Getränk mangelte, und die Israeliten freuten sich, als sie Überfluss hatten. Die Verse 6–26 zählt dann Vg als VV. 7–27.

12,8 Von Hornissen sprechen G und Vg in Ex 23,28; Dtn 7,20; Jos 24,12. Heute wird das entsprechende hebräische Wort gewöhnlich mit »Entmutigung«, »Furcht« oder »Panik« wiedergegeben.

16,22 G vergleicht in Num 11,7 das Manna mit Eis (H mit Bdelliumharz, in Ex 16,14 mit Reif).

18,23 Ansturm: so nach Vg; G: Zorn (vgl. V. 20).

Das Buch Jesus Sirach

Vorwort: Für die Datierung ist die Angabe wichtig, dass der Enkel im 38. Jahr des Königs Euergetes (170–111 v. Chr.) nach Ägypten kam, also 132 v. Chr. Er wird um 152 v. Chr. geboren sein. Dann ist sein Vater vermutlich um 182 geboren. Der Verfasser schrieb wahrscheinlich in fortgeschrittenem Alter, wohl nicht vor 180 v. Chr.

1,5.7 sind spätere Zusätze; sie lauten:

5 Die Quelle der Weisheit ist das Wort Gottes in der Höhe, / ihre Wege sind die ewigen Gebote.

7 Die Kenntnis der Weisheit, wem wurde sie offenbart? / Ihre mannigfachen Wege, wer hat sie erkannt?

1,10b So mit einigen Textzeugen und nach dem Zusammenhang; die meisten G-Handschriften: die ihn lieben.

1,19a Oder mit S: Sie ist ein starker Stab und eine herrliche Stütze.

1,30 So mit S. – Vg zählt in Kap. 1 vierzig Verse.

2,6b Übersetzung nach S und Origenes; weniger gut G: Ebne deine Wege, und hoffe auf ihn!

2,8b G hat leicht geändert: und euer Lohn wird nicht ausbleiben.

2,9b Erbarmen: nach G, wie in V. 7a; S: Rettung.

2,12b dem Menschen: nach S; G verschärft: dem Sünder.

2,18d Fehlt in G zu Unrecht.

3,9 So nach H; G: Denn der Segen des Vaters baut den Kindern feste Häuser, doch der Fluch der Mutter reisst die Fundamente aus.

3,18 Der folgende Vers 19 entfällt, da nur von wenigen Textzeugen überliefert.

3,25 Fehlt im älteren G- und im Vg-Text; späterer Zusatz.

3,29b G: Ein aufmerksames Ohr ist der Wunsch des Weisen.

4,2–5 Text korr.; in H und G Doppelungen.

4,9b Nach G: Sei nicht feig im Gericht!

4,10cd G: Dann wirst du wie ein Sohn des Höchsten sein; er wird dich mehr lieben als deine Mutter.

5,3b Andere Übersetzungsmöglichkeit nach G: Denn der Herr ist ein strenger Richter.

6,11b G: und gegen deine Sklaven tritt er freimütig auf.

6,16a Wörtlich: Ein treuer Freund ist ein Beutel des Lebens. Zu diesem Bild vgl. die Anmerkung zu 1 Sam 25,29. Wie eine Kostbarkeit in einem Beutel verborgen wird, so ist das Leben bei Gott und bei einem Freund gut aufgehoben.

7,17cd Fehlt in G und S.

8,8ab Auch in H liegt ein Wortspiel vor.

9,15b G: und berate alles nach dem Gesetz des Höchsten!

9,17a Text unsicher; G, kaum richtig: Ein Werk aus Künstlerhand findet Lob.

10,1a G und S: erzieht sein Volk.

10,3a G und S: richtet sein Volk zugrunde.

10,10a Text unsicher; vielleicht nach G: Eine längere Krankheit spottet des Arztes.

10,15 Fehlt in H und ist wohl nur sinngemäß Wiederholung von V. 16a und 14b. G: Die Wurzeln der Völker hat Gott ausgerissen und Demütige an ihre Stelle gepflanzt.

10,16b Andere Übersetzungsmöglichkeit nach G: er vernichtet sie bis auf den Grund der Erde.

10,21 Schlecht bezeugter Zusatz: Anfang der Annahme (durch Gott) ist die Gottesfurcht; Anfang der Verwerfung sind Verhärtung und Überhebung.

11,18 Übersetzung unsicher.

12,5 H wörtlich: Die Waffen des Brotes gib ihm nicht. – Nach G wäre V. 5ab zu übersetzen: Halte das Brot zurück, und gib es ihm nicht; sonst bekommt er dich dadurch in seine Gewalt. Der Zusatz in 5c fehlt zu Recht in G.

12,7 In G Wiederholung von V. 4a.

13,6 G hat den Zusatz: Er redet dir freundlich zu und fragt: Was brauchst du? Und er beschämt dich bei seinen Gastmählern.

13,14 Nur durch wenige nichthebräische Textzeugen überliefert (stört den Zusammenhang): Wenn du davon hörst, noch schlaftrunken, wach auf! Mit ganzer Lebenskraft liebe den Herrn, und ruf ihn an zu deinem Heil!

14,5b Andere Übersetzungsmöglichkeit nach G: Er kann sich seiner Güter nicht freuen.

14,8b Andere Übersetzungsmöglichkeit nach Vg: Wer sein Gesicht abwendet, verachtet sich selbst.

14,9b Andere Übersetzungsmöglichkeit nach H: Wer seinem Nächsten den Besitz wegnimmt, richtet seinen eigenen Besitz zugrunde.

14,10 Der Zusatz fehlt in G und Vg. – H wörtlich: eine trockene Quelle.

14,20 Neue Abschnitte beginnen oft mit einer Empfehlung der

Weisheit, die dichterisch personifiziert wird (vgl. 51,13–21; Spr 8,34).

15,1–16,7 Dieser Text ist seit 1958 auch aus einem zweiten hebräischen Fragment bekannt, das sich enger an den ursprünglichen G-Text anschließt, während die bisher bekannte Handschrift eine spätere Bearbeitung erfuhr.

15,15a Nur in Vg.

16,15f Die beiden Verse fehlen in fast allen G-Handschriften; sie passen auch inhaltlich nicht in den Zusammenhang.

16,24 G hat Einzahl und beginnt mit der Anrede »mein Sohn«.

16,27 Von hier ab ist bis Kap. 31 fast nichts vom hebräischen Text erhalten.

17,5 Entfällt (später Zusatz).

17,6–10 Text verderbt; aus den alten Übersetzungen erschlossen.

17,16.18.21 Zusätze aus verschiedenen G-Handschriften.

17,24c Nur in Vg überliefert.

17,30 Übersetzung vorwiegend nach S.

17,32 Das »Heer in der Höhe« sind, im Anschluss an die Sonne in V. 31, die Sterne, die man als eine Heerschar personifizierte und in die Nähe der Engel rückte (vgl. Ri 5,20; Ijob 38,7; Jes 24,21; Bar 3,34f).

18,2f Die beiden Verse sind späte Zusätze.

18,9 Hier die runde Zahl hundert; Ps 90,10: siebzig, höchstens achtzig Jahre.

18,14 So mit S; G: Er erbarmt sich derer, die Zucht annehmen und eifrig nach seinen Geboten suchen.

18,28 Übersetzung nach S.

18,33b Andere Übersetzungsmöglichkeit: während du nichts im Beutel hast.

19,1 Wer das tut: nach H. – »das Wenige« in b meint die im Einzelfall nicht besonders hohen Ausgaben des Schlemmers, erst die maßlose Gewohnheit ist gefährlich.

19,3 Wohl nicht ursprünglich, sondern aus 10,11 und 6,4 zusammengestellt. Der erste Halbvers fehlt in H und S.

19,5b.6a Nur in einigen G-Handschriften.

19,8b G kaum richtig: Wenn es für dich keine Sünde ist, enthülle nichts! (Vgl. 27,16–21).

19,11f Sinn der Vergleiche: Der Tor kann nichts für sich behalten.

19,18.19.21 Späte Zusätze.

19,30 So nach S.

20,2 G: Wie ist es doch besser, zurechtzuweisen, als zu zürnen.

20,4 Der eigenartige Vergleich soll dartun, wie widerwärtig und erfolglos äußere Nötigung ist.

20,13a Andere Übersetzungsmöglichkeit: Der Weise macht sich mit wenigen Worten beliebt.

20,14 Nach S wäre zu übersetzen: Das Geschenk des Toren nützt ihm nichts, weil seine Augen siebenfach auf die Vergeltung gerichtet sind. Logischer G: Der Tor (= der Geizige) rechnet mit reichlichen Gegengaben, so dass du von seinem Geschenk keinen Nutzen hast.

20,19a So nach S; G: Ein widerwärtiger Mensch – ein Wort zur Unzeit!

20,21b Übersetzung unsicher.

20,27a Andere Übersetzungsmöglichkeit: Der Weise bringt sich mit wenigen Worten voran (vgl. V. 13a).

20,30f Wie 41,14f ohne Zusammenhang mit dem Kontext.

21,14a Zisterne: nach S; G: Krug.

21,18 Übersetzung vorwiegend nach S; G, weniger wahrscheinlich: Wie ein verwüstetes Haus, so ist dem Toren die Weisheit, und die Erkenntnis des Unvernünftigen sind unverständliche Reden.

21,25a Text unsicher.

21,27a G unrichtig: den Satan.

22,7f Späte Zusätze.

22,17b Text unsicher.

22,25f Übersetzung in Anlehnung an S.

22,26 G kaum verständlich: Wenn mich seinetwegen Schlimmes trifft, wird jeder, der es hört, sich vor ihm hüten.

23,27a Nach S; in G ausgefallen.

24,1–22 Zur Personifizierung der Weisheit vgl. die Einleitung zu Spr.

24,14b »Oleandersträucher« nach S; kaum richtig G: Rosensträucher.

24,18 Nur wenige Textzeugen von G und Vg haben diesen Vers; Vg: Ich bin die Mutter der schönen Liebe, der Gottesfurcht, der Erkenntnis und der frommen Hoffnung. In mir ist alle Lieblichkeit des Weges und der Wahrheit, in mir alle Hoffnung des Lebens und der Tugend.

24,20.22 Die Zusätze nur in lateinischen Textzeugen.

24,24 Schlecht bezeugter Zusatz, der in G anders lautet als in Vg.

25,9a Freund: nach S und Vg; G: Einsicht; das wäre dasselbe wie V. 10a.

25,12 Später Zusatz: Die Furcht vor dem Herrn ist der Anfang der Liebe zu ihm, der Glaube Anfang der Gemeinschaft mit ihm.

25,14f Der Zusammenhang verlangt, dass an die zurückgesetzte Nebenfrau zu denken ist, obwohl G und S männlich übersetzen (»Hasser«, »Feind«). Ähnlich haben G und S in V. 15a das sicher richtige »Gift« fälschlich mit »Kopf« übersetzt, da im Hebräischen beide Wörter gleich aussehen.

25,21b Nach S; G: Begehre nicht nach einer Frau!

26,19–27 Der Abschnitt fehlt bei den meisten Textzeugen. Die Sprache ist derber als sonst in Sir. Also wohl ein späterer Zusatz.

26,19a Nach G; S: Nimm dich in acht zur Zeit deiner Jugend!

26,21b Nach G.

26,27 Text verderbt und unsicher.

27,1b Wörtlich: wer es anzuhäufen sucht, wendet sein Auge ab. – Das kann Unehrlichkeit bedeuten oder sich auf die Not des Armen beziehen: Er ist rücksichtslos.

27,11a Andere Übersetzungsmöglichkeit: Die Rede des Weisen (S und andere).

27,16b Wörtlich: keinen Freund nach seiner Seele, d. h. der mit ihm eins ist, oder: wie er ihn sich wünscht.

27,29 Vorwiegend nach S; G: In der Falle fangen sich, die sich freuen über den Sturz des Frommen, und Schmerz verzehrt sie vor ihrem Tod.

28,13f Verleumder: S hat beidemal »die dritte Zunge«, d. h. der Zwischenträger, der Ohrenbläser.

28,24–26 Nach S.

29,16f Nach S; G: Die Güter des Bürgen verwüstet der Sünder, und der in seiner Gesinnung Undankbare lässt seinen Retter im Stich.

29,25a Nach G; S: Ein Fremdling bist du und trinkst Schmach.

30,20b Vgl. die Anmerkung zu 20,4.

31,1–36,13 G hat 33,16–36,13 hinter 30,25 eingereiht; vgl. die Anmerkung zu 33,16–33 und zu 36,16. Vg stimmt in der Kapitelzählung mit H und S überein, hat aber infolge von Doppelübersetzungen und Einschüben eine abweichende Verszählung. Hier wird die Kapitelzählung nach H und Vg, die Verszählung aber nach G beibehalten.

31,6 Übersetzung unsicher. Andere Übersetzungsmöglichkeit: Zahlreich sind die Schlingen des Goldes und die Stricke an den Perlen.

31,8a Andere Übersetzungsmöglichkeit: Wohl dem Reichen.

31,8b aus Habgier, wörtlich: hinter dem Gold her (G), oder: hinter dem Mammon her (H und S); das Wort »Mammon« begegnet hier zum ersten Mal.

31,10a Text korr. nach G und Vg.
Kap. 32 In G als Kap. 35 gezählt.
32,2 Vorwiegend nach G; H verderbt.
32,12b G: und sündige nicht durch übermütige Rede! Die Verse 11 und 12 sind unsicher überliefert.
32,24a Andere Übersetzungsmöglichkeit: Wer das Gesetz hält, behütet sein Leben.
33,1–16 In G als Kap. 36 gezählt (in H nur schlecht erhalten).
33,3b Nach G: und das Gesetz ist für ihn zuverlässig.
33,4b G: Fasse die Lehre zusammen, dann antworte!
33,8b G: und er hat die Zeiten und Feste verschieden gemacht.
33,14b Nach H und S wäre anzufügen: neben dem Licht die Finsternis.
33,16–33 In G als 30,25–40 gezählt, vermutlich infolge Vertauschung von Handschriftenblättern.
33,26b nach G: Lass seine Hände müßig, dann wird er Freiheit suchen.
33,31f G etwa: denn mit Blut hast du ihn erworben. – G hat auch eine andere Zeilenfolge.
Kap. 34 In G als Kap. 31 gezählt.
34,1a Nach G.
34,12b Nach S; G: und mehr als meine Worte ist mein Wissen.
Kap. 35 In G als Kap. 32 gezählt.
35,11 Vgl. 2 Kor 9,7: Einen fröhlichen Geber liebt Gott.
35,19bc Nur in Vg.
35,20 Text unklar; nach G etwa: Wer Gott wohlgefällig dient, der wird angenommen, und sein Bittruf erreicht die Wolken.
Kap. 36 In G als Kap. 33 gezählt.
36,3a Das fremde Volk (G: Die fremden Völker) sind die Griechen und ihre syrischen Verbündeten, die damals Judäa beherrschten.
36,12a das Haupt: vermutlich im Sinn von Oberhaupt; gemeint ist der gottfeindliche König. Statt »Fürsten Moabs« liest G: Fürsten der Feinde; es liegt aber eine Anspielung an Num 24,17 vor, die wohl ursprünglich ist.
36,16 In G steht 33,1–15 vor 36,16; darum müssen bei richtiger Einordnung die Verse 14 und 15 jetzt fehlen (vgl. die Anmerkung zu 31,1–36,13).
37,12d G: und der Mitleid mit dir hat.
37,13f Für »Gewissen« sagt der Hebräer »Herz«. Der Rat des »Herzens« ist stets der beste.
38,15b Wörtlich: »muss sich dem Arzt in die Hände einschließen.« So eine Randlesart von H und alle alten Übersetzungen. – Krankheit galt als Strafe für Sünden.
38,16d G: Vernachlässige nicht sein Begräbnis! (vgl. 16c). Aus Angst vor ritueller Unreinheit (vgl. die Einleitung zu Lev) mag mancher das Sterbehaus verlassen haben.
38,19 Text unsicher, da in H ausgefallen; in G verderbt.
38,24–30 Die Beschreibung der Handwerker und Künstler ist teilweise unklar.
38,25 Text unsicher.
38,30 Text unsicher.
38,32b Nach S; G: Sie müssen nicht in der Fremde wohnen und nicht umherziehen.
38,34d Gesetz des Höchsten: nach G; S hier und 39,8: Gesetz des Lebens (vgl. 17,11; 45,5).
39,13b So mit S; G: wie die Rose.
39,14c Nach S; G verderbt.
39,20bc Fehlt in G.
39,21 Zeilenfolge nach H.
40,6f Text unsicher.
40,7a Andere Übersetzungsmöglichkeit: noch schlafbedürftig wacht er auf.
40,13 Sinn des Vergleichs: Je wilder der Sturzbach bei Gewitterregen anschwillt, desto rascher vertrocknet er wieder. G: Der Reichtum des Frevlers versiegt wie ein Bach, wie ein starker Donner beim Gewitter erschallt.
40,14a H und G sind verderbt.
40,17a Diese Lesart wird durch die Fragmente aus Masada bestätigt. G: Liebe aber ist ein Paradies in Segnungen (vgl. V. 27a).
40,19cd In G zu Unrecht ausgefallen. Die Reihe erreicht die Zehnzahl. »Leib« nach dem Masada-Text gibt einen guten Sinn.
41,14f Vgl. die Anmerkung zu 20,30f.
41,19a der Unterschlagung: nach dem Masada-Text; andere H-Überlieferung: des Übermuts; G: des Diebstahls.
41,20–22 Umstellung und Übersetzung nach dem Masada-Text.
41,21a deinen Bruder, wörtlich: dein Fleisch.
42,7 Das Hinterlegte soll nach Menge und Gewicht (G) notiert werden. »Einnahme« und »Ausgabe« beziehen sich wohl auch noch auf das Hinterlegte.
42,14b G: und eine schändliche Tochter gereicht zur Schmach.
43,5b Die Sonne, im Hebräischen männlich, wird auch in Ps 19,6 mit einem Helden verglichen.
43,8d Text unsicher; gemeint ist wohl, dass der Mond den höchsten Wolken als Schiff dient.
43,17a Gehört dem Zusammenhang nach vor V. 16.
43,20b Nach dem Masada-Text; G: auf dem Wasser gefriert das Eis.
44,23c Andere Übersetzungsmöglichkeit nach G: Er erkannte (= bevorzugte) ihn in seinen Segnungen.
45,2 G: Er machte ihn der Herrlichkeit der Heiligen gleich und machte ihn groß zum Schrecken der Feinde.
45,8–12 Zu dieser knappen und schwer zu deutenden Beschreibung des hohenpriesterlichen Ornats vgl. bes. Ex 28.
45,11def Wörtlich: zur Erinnerung, in eingeschnittener Schrift, nach der Zahl der Stämme Israels.
45,20f Textumstellung nach H.
45,25b Wörtlich: eines Mannes vor seiner Herrlichkeit. Gemeint sind Salomo und die ganze davidische Dynastie.
45,25ef Fehlt in G, ist aber doch wohl ursprünglich Überleitung zu V. 26. Aufforderung zum Gotteslob auch 50,22a.
46,1c Der Name Josua bedeutet »Jahwe hilft«; dementsprechend besser G, wie oben, als H: in seinen Tagen (vgl. 43,8).
46,16a Weist auf V. 5 zurück.
46,17b So nach G und S. Zum Donner als Stimme Gottes vgl. Ps 29.
46,19 Der Zusatz fehlt in G und S.
47,15 Text unsicher; G: Deine Seele bedeckte die Erde, und du hast sie angefüllt mit Rätselsprüchen.
47,16b Nach S; G: und du wurdest geliebt in deinem Frieden.
47,23 Text zum Teil unsicher und mit späteren Erweiterungen.
47,24 G hat die Zeilen umgestellt.
48,2a Wörtlich: Er zerbrach ihnen den Brotstab (vgl. die Anmerkung zu Lev 26,26).
48,9 G verdeutlicht nach 2 Kön 2,11: Du wurdest im Feuersturm entrückt und in einem Wagen mit Feuerpferden.
48,11 Text sehr unsicher; G: Glücklich die, die dich sehen und die in der Liebe gestorben sind; denn auch wir werden leben.
48,21b So nach H; G verdeutlicht nach 2 Kön 19,35: und sein Engel vertilgte sie.
48,23a Auf Jesajas Befehl, wörtlich: Durch seine Hand (S); G: In seinen Tagen.
49,6a »Sie« können die Babylonier sein, das »fremde Volk« von V. 5b; aber gemeint sind wohl eher die Könige von Juda (vgl. V. 7), die indirekt den Untergang herbeigeführt haben.

49,13 G hat die Zeilen c und d vertauscht.
49,15 G hat 50,1a hier eingesetzt und so mit Josef verknüpft.
49,16a Nach G wäre zu übersetzen: Sem und Set sind unter den Menschen hoch geehrt (vgl. die Anmerkung zu Gen 4,26).
50,4b G: gegen Belagerung.
50,7a Königspalast: nach H; G: Tempel des Höchsten.
50,10b G: wie eine Zypresse, die in die Wolken ragt.
50,20d Nur am Versöhnungstag durfte der Hohepriester den Namen »Jahwe« aussprechen, was sonst aus Ehrfurcht verboten war.
50,22c einen Menschen; G fälschlich: unsere Tage.
50,27b G nennt den Verfasser »Bürger von Jerusalem«; vgl. die Einleitung.
50,29 tiefster Inhalt: G hat hier einen Ausdruck, der ein hebräisches Wort mit der Bedeutung »das Wesen, der tiefste Sinn« wiedergibt.
51,1–12 Nach dem Schlusswort 50,27–29 bildet das beigefügte Danklied einen Nachtrag.
51,4b.5a Eine Bemerkung sagt jeweils, dass die Feuerflammen und Wasserfluten nur bildlich aufzufassen sind.
51,8 Nach G und Vg wird Gott direkt angeredet, wie auch in V. 12.
51,11b G: dich preisen im Gebet; V. 11c fehlt in G.
51,12 Ob das litaneiartige Lied von Sirach selbst stammt, ist unsicher, da es in G und S fehlt.
51,13–20 So nach dem H-Text von Qumran, der die alphabetische Ordnung der Verse besser bewahrt hat als die anderen H-Zeugen.
51,17 Text unsicher.
51,20 Der Freund der Weisheit betritt das Haus der geliebten Braut. Text und Zeilenfolge unsicher.
51,30cd Dieser Lobpreis – wie auch der jüngere am Schluss – fehlt in G und ist späterer Zusatz, ebenso die dazwischenliegende nochmalige Schlussbemerkung, die bei den Textzeugen verschieden lang ist.

Das Buch Jesaja

1,1 Die Überschrift hat wohl ursprünglich Jes 1–12 eingeleitet.
1,2–31 Die Einleitungsrede bietet wie eine vorangestellte Zusammenfassung wichtige Themen der Verkündigung des Propheten.
1,7 Sodom: Text korr. nach V. 9.
1,17 den Unterdrückten: Text korr. nach den alten Übersetzungen.
1,29 Ihr werdet: Text korr. nach H-Handschriften und der aramäischen Übersetzung.
2,6 Übersetzung unsicher. – von Zauberern: Text korr.; H: vom Osten.
2,9c Sinn nicht klar.
2,18 schwinden dahin: nach dem Qumran-Text.
2,20 den Ratten: nach dem Qumran-Text.
3,10 Wohl dem Gerechten: Text korr.
3,13 sein Volk: Text korr. nach G.
3,16–23 Die hebräischen Wörter für Mode- und Schmuckartikel sind nicht immer sicher zu deuten.
3,24d Schande: nach dem Qumran-Text.
4,2 was der Herr sprossen lässt: Anklang an den messianischen Ausdruck »Spross« in Jer 23,5; 33,15; Sach 3,8; 6,12.
4,4 Andere Übersetzungsmöglichkeit: den Geist des Gerichts und den Geist der Läuterung.
4,5 kommt er: Text korr. nach G.
5,9 hören: ergänzt nach G. – Die Strafe entspricht, auch im folgenden Wehruf (V. 13f), dem Vergehen (V. 10).
5,10 Morgen, wörtlich: Joch, Gespann.
5,13 sterben: Text korr. nach den alten Übersetzungen. – die Masse der Armen, wörtlich: seine Masse.
5,18a mit Ochsenstricken: Text korr. in Anlehnung an V. 18b.
5,26 für ein Volk: Text korr.; Einzahl wie Jer 5,15.
6,5 ich bin verloren, andere Übersetzungsmöglichkeit: ich muss schweigen.
6,9f Verhärte; wörtlich: Verfette.
6,13e Vermutlich ein späterer Zusatz, der die Drohung mildert.
7,9 Der letzte Satz ist in H ein Wortspiel.
7,14 Jungfrau: nach G und Mt 1,23; das hebräische Wort almáh wird auch als »junge Frau« gedeutet. Nach V. 16 besagt das Zeichen, dass das Unheil in wenigen Jahren hereinbricht.
8,1f mit einem gewöhnlichen Griffel, wörtlich: mit Menschengriffel.
8,10 Anklang an den Namen Immanuel in 7,14 und 8,8.
8,19f Textüberlieferung und Sinn unsicher.
8,23 Text unsicher; der zweite Satz leitet zum folgenden Abschnitt über, der die Wende durch die Geburt des Heilskönigs verkündet.
9,2 Jubel: Text korr.
9,5f Mit Lk 1,32f wird V. 5f in der Liturgie des Weihnachtsfestes auf Jesus Christus bezogen.
9,10 Jakobs Gegner: Text korr.; H: die Gegner Rezins.
9,13 Palmzweig und Binse: die vornehmen und die geringen Leute.
9,19 seinen Nachbarn: Text korr. nach G.
10,1–4 Gehört inhaltlich zu 5,8–24.
10,5 in meiner Hand: Text korr.; H: in ihrer Hand. V. 5b ist wie in G umgestellt.
10,12 straft er: Text korr. nach G.
10,28 Assur zieht von Rimmon herauf: Text korr.
11,4 den Gewalttätigen: Text korr.
11,7 freunden sich an: Text korr.
11,15 trocknet ... aus: Text korr. nach G; H. weihte ... dem Untergang.
13,2 meine Helden, wörtlich: sie (ergänzt nach V. 3).
13,3 meine heiligen Krieger, wörtlich: meine Geheiligten. – Zum Krieg unterzieht man sich bestimmten Reinigungsriten (»sich heiligen«).
14,19 Bastard, wörtlich: Spross.
14,20 dieses Verbrechers: Text korr., Einzahl nach G und S.
14,22 In H zwei Wortspiele.
14,25 von ihnen: Gemeint sind die Israeliten.
15,2 Tochter Dibon: Text korr. nach Jer 48,18.
15,9 Text und Übersetzung unsicher.
16,1 Sinn unklar; vielleicht eine Aufforderung, auf dem Zion durch Gaben um Schutz und Hilfe zu bitten (vgl. V. 3f).
16,10 verstummt ist: Text korr. nach G.
17,5 ein Schnitter: Text korr.
17,9ab Text korr.; vgl. G.
18,1 der Heuschreckenschwärme, wörtlich: des Flügelgeschwirrs.
19,9 Die Hechlerinnen erblassen: Text korr.
20,1f Der Verständlichkeit wegen sind die beiden Verse umgestellt.
21,1 Nach V. 9 ist Babel gemeint. – Wüste am Meer: Bedeutung unklar.
21,8 Der Späher: Qumran-Text: Der Seher; H: Der Löwe.
21,11 Edom: Text korr. mit G; H: Duma. Der Spruch ist ein sog. Wächterlied.
22,3 H schwer verständlich, daher Übersetzung unsicher.
22,6 Aram: Text korr. nach G; H: Adam.
22,11 aus der Ferne, andere Übersetzungsmöglichkeit: im voraus.

22,19 Ich vertreibe dich: Text korr. nach den alten Übersetzungen (1. statt 3. Person).
22,24 mit Kindern und Kindeskindern, wörtlich: die Schößlinge und die Blätter.
23,1–3 Übersetzung unsicher. Das »Land der Kittäer« ist Zypern.
23,10 Bebau: Text korr. nach G und dem Qumran-Text.
23,13 Text durch spätere Zusätze völlig entstellt.
24,1–27,13 Dieser Abschnitt wird »Jesaja-Apokalypse« genannt, weil er apokalyptische Motive (Weltgericht, Auferstehung, eschatologisches Heil) enthält. Er stammt aus spätalttestamentlicher Zeit.
24,4 Text korr.
24,15a Text und Übersetzung unsicher.
24,17a Der H-Text enthält ein Wortspiel.
24,23d Text korr. nach G.
25,4e im Winter: Text korr.
25,5 lässt du verstummen: Text korr. (2. statt 3. Person).
26,9c ein Licht: eingefügt mit G.
26,16 Text korr.
27,7 ihre Mörder: Text korr. nach dem Qumran-Text.
28,6b den Feind, wörtlich: den Kampf.
28,10–13 Papperlapapp: H: zaw lazaw, zaw lazaw, qaw laqaw, qaw laqaw, verächtliche Nachäffung der Propheten. – »Er« in V. 11f ist Jahwe.
28,14b Sprüchemacher, andere Übersetzungsmöglichkeit: Herrscher.
28,16f ich lege: Text korr. nach G. VV. 16.17ab unterbrechen den Text; V. 17cd schließt an V. 15 an.
29,9ab In H ein Wortspiel.
29,13b mit Worten, wörtlich: mit seinem Mund.
30,10b zu den Propheten, wörtlich: zu den Schauenden.
30,16 In H zwei Wortspiele.
30,17a werden zittern: Text korr.
30,32 Text unsicher.
31,9 Seine starken Helden vergehen, wörtlich: Sein Fels vergeht.
32,19 stürzt: Text korr. nach der aramäischen Übersetzung.
33,7 die Krieger: in H ein Wort unsicherer Bedeutung.
33,11c Mein Atem: Text korr. nach Vg und der aramäischen Übersetzung; H: Euer Atem.
33,22f In H ist die Reihenfolge der Sätze durcheinandergeraten.
33,23b verteilen die Blinden: Text korr.
34,4a Hügel: Text korr.; H: das Heer des Himmels (aus V. 5).
34,5 erscheint: Text korr. nach dem Qumran-Text. – das Schwert des Herrn, wörtlich: mein Schwert.
34,12ab Ergänzt nach G; in H ist nur erhalten: seine Edlen.
34,13d Strauße, wörtlich: Töchter der Wüste.
34,15b seine Eier: Text korr.
34,16 der Mund des Herrn: Text korr. nach H-Handschriften und G.
36,1–39,8 Stimmt weithin mit 2 Kön überein; nur das Lied des Hiskija ist Eigengut von Jes. – Vgl. die Anmerkungen zu 2 Kön 18,13–20,19.
36,2 Rabschake ist ein assyrischer Beamtentitel, der etwa »Obermundschenk« bedeutet.
37,9 wiederum: Text korr. nach 2 Kön 19,9 und G.
37,20 Gott bist: eingefügt mit 2 Kön 19,19 und dem Qumran-Text.
37,21 Ich habe gehört: eingefügt mit 2 Kön 19,20 und G.
37,25 fremdes: eingefügt mit 2 Kön 19,24 und dem Qumran-Text.
37,27 verdorrt: Text korr. nach dem Qumran-Text.
38,12 hast du gewoben: Text korr. (2. statt 1. Person). – gewoben, wörtlich: aufgerollt.
38,13 H wiederholt am Ende V. 12ef.
38,15 was soll ich reden: Text korr., vgl. den Qumran-Text; H: und er hat mir gesagt. –15c: Text korr. nach S.
38,16 H ist unverständlich, die Übersetzung ein Versuch.
38,17 Übersetzung unsicher.
38,21f Die Verse gehören zu 38,1–8, vielleicht vor V. 7.
40,2e Wörtlich: »sie hat Zweifaches empfangen«. Das Strafrecht fordert in bestimmten Fällen doppelte Wiedergutmachung (vgl. Ex 22,3.6.8).
40,6 Ich fragte: Text korr. nach G, vgl. den Qumran-Text.
40,12 Scheffel: H: Schalisch (ein Hohlmaß unbekannter Größe).
40,20f Die Verse 41,6f gehören nach ihrem Inhalt hierher; sie stehen in Kap. 41 isoliert.
40,20 Sinn von H teilweise unklar.
40,21 seit der Grundlegung: Text korr.
41,1 ihr Völker, wartet auf mich: Text korr.; H: und Völker schöpfen neue Kraft (aus 40,31 eingedrungen).
41,2f Gemeint ist der Perserkönig Kyrus.
41,6f Vgl. die Anmerkung zu 40,20f.
41,14 Würmlein Israel: H: Leute Israels. »Auslösen, loskaufen, erlösen« meint die Befreiung aus der babylonischen Knechtschaft.
41,25 ihn: Gemeint ist Kyrus (vgl. 41,2). – habe ich ihn beim Namen gerufen: Text korr. (vgl. 45,3). – Er hat ... zertreten: Text korr.
42,10 Es jauchze: Text korr.
42,11 sollen sich freuen; H: sollen (ihre Stimme) erheben.
42,19 mein Vertrauter: Bedeutung des Wortes in H unklar.
42,22 in den Kerker geworfen, wörtlich: gebunden in Löchern.
43,4 ganze Länder: Text korr.; H: Menschen.
43,14e H ist verderbt, daher Übersetzung unsicher; vgl. G.
43,19 Straßen: nach dem Qumran-Text; H: Ströme (aus V. 20).
43,26b verteidige dich, wörtlich: zähl auf.
43,28a Text korr., vgl. G; H: und ich entweihte die Fürsten des Heiligtums.
44,4 das Schilfgras, wörtlich: das Gras zwischen Wassern; Text korr., ergänzt nach G.
44,7c Text korr.
44,12 Text unklar.
44,16b in der Glut: Text korr. nach G (vgl. V. 19).
44,20ab Nimmt wohl ein Sprichwort auf.
44,26a H: seines Knechtes; gemeint sind die Propheten als Boten Gottes.
44,28 der zu Jerusalem sagt ... und zum Tempel: Text korr.; vgl. Vg und G.
45,1 um die Könige zu entwaffnen, wörtlich: um den Gürtel an den Hüften der Könige zu lösen.
45,8 Dieser Vers hat die Anregung zum Lied »Tauet, Himmel, den Gerechten« gegeben.
45,9 kein Geschick, wörtlich: keine Hände; Text korr.
45,11c Text korr.
45,16a sie alle: nach G die Gegner Gottes.
46,1 Bel (= Baal, Herr), genauer Bel Marduk, der Gott der Stadt Babel, verkörpert die Schöpfermacht und Weltherrschaft. Nebo (vgl. den Namen Nebukadnezzar), der Gott der Weisheit und der Schreibkunst, hält die Schicksalstafeln in der Hand. – Die Übersetzung 46,1d ist unsicher.
46,3d Wörtlich: vom Mutterschoß an.
46,12 ihr Verzagten: Text korr. nach G.
47,4 spricht: ergänzt mit G.
48,6 Willst du, wörtlich: Wollt ihr.
48,10b prüfte: Text korr. nach dem Qumran-Text; H: erwählte.
48,11 mein Name: ergänzt nach G.
48,16 Zusatz aus einem anderen Zusammenhang (vgl. 61,1).

49,5d bei ihm: Text korr. nach dem Qumran-Text und G.
49,9c auf allen Bergen: Text korr. nach dem Qumran-Text; H: auf den Wegen.
49,12c Siniter: wahrscheinlich die Einwohner von Syene, heute Assuan in Oberägypten.
49,24b einen Mächtigen: Text korr. nach dem Qumran-Text und den alten Übersetzungen; H: einem Gerechten; gemeint ist der König von Babel.
50,11b entzündet: Text korr.
51,4 ihr Völker, ihr Nationen: Text korr. nach einigen H-Handschriften und S; H: mein Volk, meine Nation.
51,5a plötzlich: ergänzt nach G.
51,16 Text unklar. – als ich ausspannte: Text korr. nach V. 13 und S.
51,17f Der »Becher des Zorns« (vgl. V. 21–23) ist Bild für das göttliche Strafgericht. – »sie« in V. 18 ist Jerusalem.
51,19 tröstet: Text korr. nach dem Qumran-Text und den alten Übersetzungen (3. statt 1. Person).
52,13–53,12 Zusammengesetzt aus Gottesworten (52,13–15; 53,11d.12), einem Bericht über das Leiden des »Knechts« (53,1–9) und der Ankündigung der Erhöhung des »Knechts« (53,10.11a-c). Im einzelnen ist der hebräische Text gelegentlich unklar.
53,8 seines Volkes: Text korr. nach dem Qumran-Text; H: meines Volkes.
53,11 Licht: eingefügt nach dem Qumran-Text und G.
54,2 spann … aus: Text korr. nach den alten Übersetzungen.
57,8 kauftest du: Text korr. – du hast ihre Kraft bestaunt, wörtlich: »du hast die Hand geschaut«, verhüllende Aussage für das männliche Glied.
57,9 Moloch: entstellt aus Melech (= König), Beiname Baals.
57,10c Wörtlich: hast du das Leben deiner Hand gefunden. Sinn unklar, vgl. die Anmerkung zu V. 8.
57,11e mich verbarg: Text korr. nach G.
57,13b deine vielen Götzen: H unklar.
57,19a Lob auf den Lippen, wörtlich: Frucht der Lippen.
58,10a dein Brot: Text korr. nach H-Handschriften und den alten Übersetzungen.
58,12d Ruinen: Text korr.; H: Pfade.
58,13a nicht aus dem Haus gehst, wörtlich: deinen Fuß zurückhältst.
59,10 im Finstern: in H ein Wort unbekannter Bedeutung.
60,9 Die Schiffe kommen … zusammen: Text korr.; H: Auf mich harren die Inseln.
60,19b die Nacht: eingefügt mit G und dem Qumran-Text.
60,21d seiner Hände: Text korr. nach G und dem Qumran-Text; H: meiner Hände.
61,3 erfreue: Text korr. – Schmuck anstelle von Schmutz, wörtlich: »einen Turban anstelle von Staub«. Staub streut man sich bei Trauer auf den Kopf. In H ein Wortspiel.
61,7 Schande: Text korr.; H: eure Schande. – sie wurden angespuckt: Text korr.; H: sie jubeln.
61,10e sich festlich schmückt: Text korr.; H: Priesterdienst tut.
62,5b dein Erbauer: Text korr.; H: deine Söhne.
63,1 Er schreitet: Text korr. nach Symmachus und Vg.
63,6 ich zerschmetterte sie: Text korr. nach vielen H-Handschriften (vgl. 14,25); H: ich machte sie trunken.
63,11b seines Knechtes: Text korr.; H: seines Volkes.
63,15e Halte … fern: Text korr.; vgl. G und 64,11.
64,2 Der Zusatz ist eine irrtümliche Wiederholung aus 63,19.
64,3 kein Ohr hat gehört: Text korr.; H: sie haben nicht gehört.
64,4 H unklar, Übersetzung im Anschluss an G.
65,1 nach mir: eingefügt mit dem Qumran-Text und den alten Übersetzungen.
65,5b Wörtlich: sonst mache ich dich heilig. – Die kultische Heiligkeit (vgl. Ez 44,19; 46,20), hier aus dem Kult fremder Götter, überträgt sich auf alle, die damit in Berührung kommen.
65,6 wie sie es verdienen, wörtlich: in ihren Gewandbausch; so erhielt der Arbeiter seinen Lohn in Naturalien.
65,7 und zahle ihnen heim, wie sie es verdienen: Text korr. nach V. 6.
65,15 Meinen Knechten: Text korr., vgl. G; H: Seinen Knechten.
66,12 Ihre Kinder: Text korr.; vgl. G.
66,14b und ihr werdet aufblühen, wörtlich: und eure Gebeine werden sprossen.
66,17 Vielleicht ein Götterbild in einem Garten; Text und Sinn unklar. – Würmer: Text korr.; H: Gräuel.
66,18 Ich kenne: ergänzt nach G. – und komme: Text korr. nach G.
66,19 Die Völkernamen sind zum Teil im Anschluss an G wiedergegeben. Es ist an weit entfernte Völker gedacht.

Das Buch Jeremia

1,12 Wortspiel mit den hebräischen Ausdrücken für Mandelbaum (schaked) und wachen (schakad).
3,14–18 Ein Nachtrag aus der Zeit des Exils. Die Bundeslade wurde vielleicht 586 v. Chr. bei der Zerstörung des Tempels vernichtet.
4,2 »mit ihm« und »seiner« bezieht sich auf Gott. Sein Ruhm dringt zu den Völkern, so dass sie sich in seinem Namen segnen. Viele ändern aber zu »mit dir« und »deiner« (vgl. Gen 12,3; 18,18; 22,18; 26,4).
4,27 Die Einschränkung, dass nicht ein völliges Ende mit Juda gemacht wird, wirkt in der harten Drohrede störend, ebenso 5,10. Da aber 5,18 deutlich an beide Stellen anknüpft, sind Textänderungen nicht am Platz. Alle drei Stellen als späteren Einschub zu betrachten, ist eine Notlösung. Jeremia glaubt trotz der bitteren Heimsuchungen an die Rettung eines Restes des Volkes; vgl. 3,14–18; 4,1f und besonders den doppelt überlieferten Spruch 30,11 und 46,28.
4,28–30 Der Text von G scheint in Einzelheiten besser zu sein.
5,10b.18 Vgl. die Anmerkung zu 4,27.
8,10–12 Wiederholung von 6,13–15.
8,15 Passt inhaltlich besser zu 14,19.
8,19 Die letzte Frage passt als Gottesrede nicht in die Klage des Propheten.
10,11 In aramäischer Sprache.
12,4e G: Gott sieht unsere Pfade nicht.
13,23 Neger, wörtlich: Kuschiter. – Kusch entspricht dem heutigen Sudan und Teilen Äthiopiens.
14,3 Das Eingeklammerte fehlt in G; irrtümliche Doppelschreibung für V. 4cd.
15,12–14 Stört den Zusammenhang und unterbricht die Klage. Die Verse 13f stammen aus 17,3f.
16,14f Diese Verheißung ist aus 23,7f übernommen.
17,5 Die Einleitung fehlt in G; es folgt keine Gottesrede.
17,13 »In den Staub schreiben« ist Bild für die Vergänglichkeit; das in den Staub Geschriebene wird vom Wind sofort wieder zugeweht.
18,20 Das Eingeklammerte ist aus V. 22 eingedrungen.
22,24 In H heißt der König Konja, ein Kurzname für Jojachin.
23,10 wegen des Fluches: G: ihretwegen (d. h. wegen der Ehebrecher).
23,33.36 Das hebräische Wort massa bedeutet sowohl »Last« als auch »Ausspruch« (des Propheten); vgl. Jes 13,1 und öfter. Das Verbot erklärt sich wohl daher, dass man darüber gespottet hat.

24,8 Die wiederholte Beteuerung, dass es sich um ein Gotteswort handelt (V. 4f), ist wohl späterer Zusatz.
25,3–7 Das Ende von V. 3 sowie V. 4 und 6 durchbrechen den Zusammenhang; wohl Zusätze wie 7,25f; 35,15. Auch V. 7 ist größtenteils Zusatz; nur 7a gehört in die Rede Jeremias.
25,9–14 Dass auch die umliegenden Völker bestraft werden (V. 9 und 11), erscheint hier noch zu früh; es ist wohl Erweiterung im Hinblick auf V. 15–29; auch die Verse 12 und 14 sind kaum ursprünglich.
25,18 Das Eingeklammerte fehlt zu Recht in G.
28,1 zu Jeremia: H: zu mir; vgl. aber V. 5.
28,14 Zusatz aus 27,6; fehlt in G.
29,16–20 Passt nicht in den Briefzusammenhang, stammt vor allem aus Kap. 24; fehlt in G zu Recht.
29,25 Die eingeklammerten Zusätze fehlen in G; der Brief ging wohl nur an Zefanja.
30,1–31,40 Der Abschnitt hebt sich inhaltlich und formal von der Umgebung ab. Er ist eine Trostschrift, die vor allem die um 722 v. Chr. verschleppten Nordstämme anspricht, aber dann auch auf Juda bezogen wurde. Die Abfassungszeit lässt sich nicht sicher ausmachen, zumal die einzelnen Abschnitte wohl verschieden zu datieren sind. Das Ganze oder größere Teile Jeremia abzusprechen, ist nicht begründet.
30,13a Eine Erläuterung, die das Bild von der Wunde unnötig unterbricht.
30,14ef Irrtümlich aus dem folgenden Vers hier eingefügt.
31,22d Sinn unklar und umstritten; vielleicht: Israel (das wieder vereinte Volk) wird Efraim (den nach Assyrien deportierten Hauptstamm des Nordreichs) schützend umgeben.
32,14a Zusatz, irrtümlich aus V. 15 eingefügt. – Die Kaufurkunden werden doppelt ausgefertigt: Ein Exemplar wird in einem Tongefäß verwahrt, das zweite wird dem Käufer als Besitzurkunde übergeben.
32,35 Kinder durchs Feuer gehen lassen: Umschreibung für Kinderopfer.
33,4f Text vielleicht durch Zusätze erweitert.
33,16 Jahwe ist unsere Gerechtigkeit: Anspielung an den Namen des von Jeremia abgelehnten Königs Zidkija, der bedeutet: »Jahwe ist (meine) Gerechtigkeit«; der König trägt den Namen zu Unrecht.
36,1 Es ist das Jahr 605 v. Chr. – Man sieht, dass die einzelnen Abschnitte nicht chronologisch, sondern sachlich geordnet sind. Vorher waren bereits Ereignisse berichtet, die viel später geschehen sind.
39,1–10 Zusammengesetzt aus Teilen von 52,4–16 und 2 Kön 25,1–12.
39,3 Aufzählung der Namen unsicher; vielleicht nach V. 13 zu korrigieren.
40,1 Allgemeine Einleitung eines Abschnitts; es folgt kein Gotteswort.
42,19–22 Dem Zusammenhang nach wohl ursprünglich Antwort auf die Ablehnung des Gotteswortes in 43,1–3.
44,14 »niemand« und »nur wenige« ist allgemeine, ungenaue Angabe wie in V. 27f.
44,24f In G werden nur die Frauen angeredet, was wohl ursprünglich ist.
45,4 Der Zusatz fehlt in G.
46,15 Der »Starke« ist der Pharao. Nach G könnte auch der göttliche Apis-Stier gemeint sein.
46,16 Sinn nicht ganz klar. Vermutlich sind die fremden Söldnertruppen gemeint, die nach der Niederlage in ihre Heimat fliehen (vgl. V. 21f).
48,25 Spruch des Herrn: fehlt in G.
48,40 Wer »es« oder »er« ist, wird in geheimnisvoller Schwebe gelassen: Gott selbst oder ein menschlicher Vollstrecker seines Strafgerichts.
48,47c Fehlt in G.
49,19–21 Ist fast wörtlich gleich wie die Drohrede gegen Babel in 50,44–46 und hat dort seinen ursprünglichen Platz, wie man aus V. 21 ersieht. Nicht vom Untergang des Kleinstaats Edom »erbebt die Erde«, sondern nur vom Fall des Neubabylonischen Großreichs.
50,2 Bel (wie Baal = Herr) und Merodach sind Bezeichnungen für Marduk, den Hauptgott von Stadt und Reich Babylon. – Die Zusätze fehlen in G.
50,14 Der Zusatz fehlt in G.
50,28d Fehlt in G und dürfte aus 51,11 eingedrungen sein.
50,37a Zusatz aus 51,21.
51,15–19 Der mit 10,12–16 gleichlautende Hymnus durchbricht den Zusammenhang.
51,64 Die Schlussbemerkung fehlt in G; vgl. die Anmerkung zu 48,47.
52,1–34 Fast wörtlich aus 2 Kön 24,18–25,30 übernommen. Ein Auszug von 52,4–16 steht bereits in 39,1–10.
52,7 Ergänzt nach 39,4.
52,20 Der Zusatz fehlt in 2 Kön 25,16.

Die Klagelieder
1,12a Ihr alle: Text korr.; H: Nicht für euch alle.
1,13b Text korr. nach G.
1,20 drinnen raffte sie die Pest dahin, wörtlich: drinnen wie der Tod.
1,21a Hör: Text korr. nach S; H: Sie hörten.
1,21e Bring: Text korr. nach S; H: Du hast gebracht.
2,1e Schemel seiner Füße: Gemeint ist der Tempel (vgl. 1 Chr 28,2).
2,14a Trug, wörtlich: Tünche (vgl. Ez 13,10).
2,17 die Macht, wörtlich: das Horn.
2,18a Text korr.; H: Ihr Herz ruft.
2,18b stöhne, Tochter Zion!: Text korr.; H: Mauer der Tochter Zion!
2,22b die Schrecken: Text korr.; H: meine Schrecken.
3,51b Text korr.; H: wegen aller Töchter meiner Stadt.
3,66b Text korr.; H: unter dem Himmel des Herrn.
4,3c Text korr. nach G; H: Die Tochter meines Volkes ist …
4,7a Ihre jungen Männer: Text korr.; H: Ihre Nasiräer.
4,9d Text korr.; H: meine Felder.
4,16a Text korr.; H: Das Angesicht des Herrn.

Das Buch Baruch
1,2 fünften: ergänzt nach 2 Kön 25,8; gemeint ist die Zeit zwischen Mitte Juli und Mitte August 581 v. Chr.
2,29 Das freie Zitat 2,29–35 fasst Ankündigungen des Pentateuch und der Bücher Jeremia und Ezechiel zusammen.
3,4 der Todgeweihten, wörtlich: der Gestorbenen. Manche korrigieren in: der Männer.
3,23 Midian: Text korr.; G: Merran.
3,24 Mit dem »Haus Gottes« ist das Weltall gemeint.
6,10.23 Für »Schmutz« steht in G ein Wort, das eigentlich »Rost« bedeutet. Gold rostet aber nicht, sondern es setzt sich eine feine Schmutzschicht an, die man von Zeit zu Zeit wegputzt.
6,51 Andere Lesart: Wer sieht da, dass …
6,71 Byssus: Text korr.; mehrere Textzeugen: Marmor.

Das Buch Ezechiel
2,1 Menschensohn: Im Hebräischen bezeichnet der Ausdruck den einzelnen Menschen; bei Ezechiel ist damit der Prophet

in seiner menschlichen Begrenztheit gemeint, anders dagegen in Dan 7 (vgl. die Anmerkung zu Dan 7,13).
2,3 zu den abtrünnigen Söhnen Israels: H: zu den Söhnen Israels, zu den Völkern, den abtrünnigen; diese Erweiterung fehlt zu Recht in G.
2,5.8 ein widerspenstiges Volk, wörtlich: ein Haus der Widerspenstigkeit.
2,6 dich auch Dornen umgeben: Text korr.; vgl. G.
3,12 erhob: Text korr.; vgl. 10,4.
3,27 Gott, der Herr, wörtlich: der Herr Jahwe. So an allen einschlägigen Stellen.
4,4 Dann lege ich ... auf dich: Text korr.; H: Und du legst dann ...
4,16 ich entziehe Jerusalem seinen Vorrat an Brot: vgl. die Anmerkung zu Lev 26,26.
5,15 wirst du: Text korr. nach den alten Übersetzungen; H: wird sie.
6,14 von der Steppe bis nach Ribla: Text korr.; H: bis nach der Steppe von Dibla.
7,2 sag: eingefügt nach G.
7,5–7.10–13 Text unsicher und teilweise verderbt.
7,23 Sie werden ein Blutbad anrichten: Text korr.; vgl. G.
8,2 ein Mann: Text korr. nach G.
8,17 Bedeutung des zuletzt genannten Kultbrauchs unklar.
9,3 von den Kerubim: Text korr.
9,4 Das T hat in der althebräischen Schrift die Form unseres Malzeichens (×) und dient zur besonderen Kennzeichnung.
9,7 Dann ... schlagt zu!: Text korr.; vgl. G.
9,10 Ihr Verhalten lasse ich auf sie zurückfallen, wörtlich: Ihren Weg gebe ich auf ihren Kopf (ebenso 11,21).
10,13 Wirbel: H: galgal, das auch Rad, Räderwerk bedeuten kann.
10,14 H wörtlich: Das erste (Lebewesen) hatte ein Kerubgesicht, das zweite ein ...
11,3 Der Sinn des ersten Satzes ist nicht klar. Das Bild vom Topf bezeichnet hier die schützende Stadt, in der der bessere Teil des Volkes geborgen ist.
11,7 werde ich ... vertreiben: Text korr. nach den alten Übersetzungen und manchen H-Handschriften.
11,16 Sinn unklar.
11,19 ein anderes Herz: Text korr. nach G; H: ein einziges (d. h. ungeteilt treues) Herz.
11,21 Vgl. die Anmerkung zu 9,10.
11,24 in dieser göttlichen Vision, wörtlich: in der Vision durch den Geist Gottes; die Übersetzung ist an 8,3 angeglichen.
12,5 kriech hindurch: Text korr. nach den alten Übersetzungen; entsprechend auch V. 7 und 12.
12,19 ihr Land: Text korr. nach den alten Übersetzungen und mehreren H-Handschriften.
13,2 Text korr. nach G.
13,6 verkünden ... Orakel: Text korr.; vgl. G.
13,11 Text korr.
13,13 schicke ich einen, wörtlich: wird es sein, ein ...
13,14 in ihren Trümmern, wörtlich: mitten in ihr.
13,18 für alle Handgelenke: Text korr.; vgl. die alten Übersetzungen.
13,22 Ihr habt ... Kummer bereitet: Text korr.; vgl. den zweiten Satz.
14,4 in eigener Person: Text korr. nach V. 7.
14,5 hart anfassen, wörtlich: an seinem Herzen packen.
16,4 abgewaschen: H fügt ein Wort unsicherer Bedeutung hinzu, das in G fehlt.
16,6b Der Satz steht doppelt im Text.
16,7 ließ ich dich wachsen: sinngemäße Wiedergabe des schwierigen Textes.
16,15 bist du zu Willen gewesen: so nach G.
16,16 Der Schluss des Verses ist in H unverständlich; er ist daher nicht übersetzt.
16,29 den chaldäischen Krämern nachgelaufen, wörtlich: nach dem Krämerland Chaldäa hingelaufen.
16,47 Sinn des Satzes in H nicht eindeutig.
16,49 ohne ... zu helfen, wörtlich: die Hand des Armen und Elenden machte sie nicht stark.
16,53 und ich werde auch dein Schicksal wenden: Text korr.; vgl. die alten Übersetzungen. – zusammen mit ihrem Schicksal, wörtlich: in ihrer Mitte.
16,57 So lästern jetzt: Text korr.; vgl. G. – Edomiterinnen: Text korr. nach mehreren H-Handschriften und S; H: Aramäerinnen.
16,61 wenn ich ... nehme: Text korr.; vgl. G; H: wenn du ... nimmst.
17,7 ein anderer: Text korr. nach G; H: einer. – das Beet: Einzahl nach G und anderen Textzeugen; ebenso V. 10.
17,21 Die tapfersten Krieger: Text korr. nach S und der aramäischen Übersetzung; vgl. G; H: Seine Flüchtlinge.
17,22–24 Das Heilswort spricht unter Verwendung der vorausgehenden Bilder von der Wiederherstellung durch Gott.
18,10 eine andere von diesen Sünden: Text korr.; vgl. Vg und S.
18,13 Er ist selbst schuld an seinem Tod, wörtlich: Sein Blut wird auf ihm sein.
18,17 vom Unrecht: Text korr. nach G; vgl. V. 8; H: vom Elenden.
18,18 andere ... beraubt: Text korr., vgl. V. 7.12.16; H unklar.
18,25 Der letzte Satz ist in H als Frage formuliert, ebenso V. 29.
19,4 bot man ... auf: Text korr.; H: hörten sie.
19,5 ein anderes: vgl. die Anmerkung zu 17,7.
19,7 Er zerbrach ihre Burgen: Text korr., vgl. G.
19,10 im Garten: Text korr.; H: in deinem Blut.
20,15 für sie: ergänzt nach den alten Übersetzungen und H-Handschriften.
20,29 die Höhe, hebräisch bamáh, sonst mit »Kulthöhe« übersetzt. In H Wortspiel mit bamáh, aus dem man auch die Wörter für »was« und »kommen« heraushören konnte.
20,37 und zähle euch ab: Text korr.; vgl. G; der Text ist unklar.
20,38 Der letzte Satz korr. nach den alten Übersetzungen und einigen hebräischen Handschriften.
20,39 werdet ihr auf mich hören: Text korr.; H: werdet ihr nicht auf mich hören.
21,15.18 Text des Zusatzes verderbt und unverständlich.
21,20 Text unsicher.
21,21 Zeig, dass du scharf bist: Text korr.; vgl. G.
21,27 das Kampflied anstimmen: Text korr. nach G; H ist unklar.
21,32 Sinn des Zusatzes unklar. Im Blick auf V. 31, dritter Satz, könnte an eine messianische Zukunft gedacht sein (vgl. Gen 49,10).
22,18 Text korr.
22,25 sind seine Fürsten: Text korr. nach G; H: ist die Verschwörung seiner Propheten.
23,4 Die beiden Namen, abgeleitet von ohel (= Zelt), besagen, dass die beiden Frauen zu den in Zelten lebenden Nomaden gehören. Den Namen Ohola konnte man deuten als »ihr Zelt«, Oholiba als »mein (Gottes) Zelt in ihr«, Anspielungen auf den unrechtmäßigen Kult Samarias und den rechtmäßigen in Jerusalem.
23,21b Sinngemäß übersetzt nach V. 3 und 8.
23,23 Krieger, wörtlich: die Aufgebotenen.
23,43 H ist verderbt, die Übersetzung daher unsicher.

24,5 Brennholz: Text korr.; H: die Knochen. – koch mit: Text korr.; H: kochen sie.
24,10 ich gieße die Brühe ab: Text korr. nach G.
24,14 ich will dich richten: Text korr. nach den alten Übersetzungen und einigen H-Handschriften.
24,17 Trauerbrot: Text korr. nach Vg und der aramäischen Übersetzung; H: Menschenbrot.
25,16 Die Kereter sind eine Gruppe innerhalb der Philister; »ausrotten« und »Kereter« bilden in H ein Wortspiel.
26,14 Text korr.
26,20 in der ewigen Einöde: Text korr.; H: wie ewige Trümmer. – und dich nicht mehr erheben: Text korr. nach G.
27,6 Eschenholz: Text korr.; H ist verschrieben.
27,11 und die Wächter: Text korr. nach G; H ist unklar.
27,16 Edom: Text korr. nach vielen H-Handschriften; vgl. G; H: Aram.
27,17 Oliven, Wachs: H unklar.
27,19 Wein: Text korr. nach G; H: Dan und Jawan.
27,23 ganz Medien: Text korr.
27,32 war vergleichbar: Text korr.; H ist unklar.
27,34a Text korr.; vgl. die alten Übersetzungen.
28,12 Siegel: Text korr.; vgl. die alten Übersetzungen.
28,14 einem Kerub: Text korr. nach G.
28,15 bis zu dem Tag, an dem du Böses getan hast, wörtlich: bis an dir Schlechtigkeit gefunden wurde.
29,3 sie: Text korr. nach G; H: mich.
29,5 und begräbt dich, wörtlich: und sammelt dich ein.
29,6 bist du: Text korr. nach G.
29,7 zu wanken: Text korr.
29,21 Wörtlich: Ich werde dem Haus Israel ein Horn sprossen lassen, und ich gebe dir Öffnung des Mundes in ihrer Mitte.
30,17f On: Text korr. mit G. – die Zepter: Text korr. nach G und Vg; H: die Jochstangen.
31,3 Esche: Text korr.; H: Assur.
31,5 Übersetzung unsicher.
31,10 sie ... emporwuchs: Text korr. (3. statt 2. Person); vgl. G.
31,17 wohnten, werden ... zerstreut: Text korr., vgl. G.
32,2 Löwe der Völker, jetzt bist du verstummt, andere Übersetzung: Einem Völkerlöwen bist du gleich geworden.
32,10a Wörtlich: Ich bewirke, dass sich viele Völker über dich entsetzen.
32,17 des ersten: Text korr. nach G.
32,19f H ist schwer verständlich. Der zweite Teil von V. 20 ist verderbt und gibt keinen Sinn.
32,27 aus früheren Zeiten: Text korr. nach den alten Übersetzungen; H: von den unbestrittenen. – den Schild: Text korr.; H: ihre Verschuldungen.
33,4f ist er selbst schuld an seinem Tod, wörtlich: wird sein Blut auf seinem Kopf (V. 5: auf ihm) sein.
33,13 Du wirst am Leben bleiben: Text korr. nach G-Handschriften; vgl. V. 14 (2. statt 3. Person).
33,21 im elften: Text korr. nach H-Handschriften; vgl. G, S und 2 Kön 25,2; H: im zwölften.
33,31 Lügen: Text korr. nach G und S.
33,32 wie ein Mann, der ... singt: Text korr.; H: wie ein Lied.
34,3 die Milch: Text korr. nach Vg, G; H: das Fett.
34,16 behüten: Text korr. nach G; H: austilgen.
34,29 des Heils: Text korr. nach G und S; H: zum Ruhm.
35,6 lasse ich dich bluten, wörtlich: mache ich dich zu Blut. – Text teilweise korr. weil H verderbt ist.
35,11 dir: Text korr. nach G; H: an ihnen.
36,2 verödet: Text korr. nach G.
37,22 in meinem Land: ergänzt nach G.
37,23 Sünde: Text korr.; vgl. G.
37,25 ihre Väter: Text korr. nach G und S; H: eure Väter.
37,26 Text korr.; H hat zwei weitere Wörter, die kaum ursprünglich sind.
38,13 Händler: Text korr.; H: alle seine Junglöwen.
38,14 brichst du auf: Text korr. nach G; H: wirst du es wissen.
38,17 Du bist der: Text korr. nach G und Vg; H formuliert als Fragesatz.
39,16 Der Zusatz nimmt aus V. 11 das Stichwort »Pracht« auf.
39,20 Reitern: Text korr. nach G.
40,1–44,3 Die Beschreibung des Tempels ist knapp, oft nicht recht klar, der Text vielfach schwierig und bisweilen verderbt. Die Übersetzung versucht eine durchschaubare Darstellung zu geben.
40,5 Die Messung erfolgt mit der größeren, königlichen Elle.
40,14 H verderbt; übersetzt nach G; Sinnzusammenhang unklar.
40,19 Übersetzt nach G.
40,22.26 Auf der Innenseite: Text korr. nach G; H: Nach ihrer Vorderseite.
40,37 seine Vorhalle: Text korr. nach G (vgl. V. 31 und 34).
40,44 zwei: Text korr. nach G. – Südtor: Text korr. nach G; H: Osttor.
40,48 vierzehn Ellen und die Breite der beiden Seitenwände: Text korr. nach G; vgl. 41,1.
40,49 zwölf: Text korr. nach G; H: elf. – zehn: Text korr. nach G.
41,1 Text korr.
41,3 der Seitenwände: ergänzt nach G.
41,6 dreißig in drei: Text korr.; vgl. die alten Übersetzungen; H: dreiunddreißig.
41,7 Text korr. nach G. Der ganze Vers ist unklar.
41,8a Sinn von H nicht ganz klar.
41,9 Zwischen: Text korr.; vgl. G.
41,11 Die Mauer: Text korr.; vgl. G; H: Der Platz.
41,16 waren getäfelt: Text korr. nach G.
41,17 Text unklar.
41,22 und zwei Ellen breit: Text korr., eingefügt nach G. – sein Sockel: Text korr. nach G; H: seine Länge.
42,4 hundert Ellen lang: Text korr. nach G und S; H: ein Weg von einer Elle.
42,8 die ganze (Mauer): Text korr. nach G.
42,10 Im Süden: Text korr.; vgl. G; H: Im Osten.
42,12 Text unklar, die Übersetzung ist ein Versuch.
42,16f Dann wandte er sich: Text korr. nach G.
43,3 als er kam: Text korr. nach einigen H-Handschriften und Vg; H: als ich kam.
43,10 kennenlernen, wörtlich: ausmessen.
43,14 die oben ... zurücksprang: H wörtlich: und die Breite eine Elle.
43,17 Text ergänzt; vermutlich ist ein Satz ausgefallen.
44,28 nicht (haben): Text korr. nach Vg.
45,1 zwanzigtausend: Text korr. nach G; H: zehntausend.
45,4 die Weideflächen für ihre Herden: Text korr.; vgl. G und die aramäische Übersetzung; H: ein Heiligtum zum Heiligtum.
45,12 fünfzig: Text korr. nach G; H: fünf.
45,14 einem Kor: Text korr. nach Vg.
45,15 vom Viehbesitz: Text korr.
45,21 sieben: Text korr. nach den alten Übersetzungen.
46,5.11 dessen Menge (er bestimmen kann): sinngemäß übersetzt.
46,16 etwas von seinem Erbbesitz: Text korr.; vgl. G, V. 17.
46,19 zu den heiligen Priesterräumen: Text korr.; vgl. die alten Übersetzungen.
46,22 kleine: Text korr. nach G.

47,8 mit dem salzigen Wasser: Text korr.
47,9 der Fluss: Text korr. nach den alten Übersetzungen.
47,15 Lebo-Hamat: Text korr. nach G; vgl. V. 20.
48,9.13 20000 Ellen: Text korr., vgl. 45,1.

Das Buch Daniel

2,4 Aramäisch: An dieser Stelle wechselt der Urtext vom Hebräischen zum Aramäischen (vgl. die Einleitung).
3,12 Götter: Man kann hier und V. 18 auch Einzahl »Gott« lesen.
3,24–90 Das Gebet des Asarja (V. 24–50) und der Lobgesang der drei jungen Männer (V. 51–90) sind nur griechisch erhalten; die Übersetzung folgt dem Text des Theodotion.
3,71 Vg, deren Verszählung hier zugrunde gelegt wird, hat in V. 71–78 eine andere Versfolge als Theodotion (vgl. die Anmerkung zu 3,24–90).
3,91 (24) Mit V. 91 setzt wieder der in V. 23 unterbrochene aramäische Text ein, dessen Verszählung in Klammern steht.
3,92 (25) Der »Göttersohn« ist der in V. 49 genannte Engel des Herrn.
5,26–28 In Daniels Deutung ist mene = gezählt, tekel = gewogen, peres = geteilt; peres, Mehrzahl parsin, erinnert zugleich an »Perser«.
7,13 »Menschensohn« ist im Hebräischen und Aramäischen allgemeiner Ausdruck für den einzelnen Menschen. Hier aber bezeichnet der Ausdruck im Unterschied zu den durch Tiere symbolisierten heidnischen Weltreichen den messianischen Herrscher des endzeitlichen Gottesreiches; anders bei Ezechiel (vgl. die Anmerkung zu Ez 2,1).
7,28 Hier endet der aramäische Teil des Danielbuches. Kap. 8–12 sind hebräisch abgefasst.
9,24 Gemeint sind sog. Jahreswochen (je sieben Jahre). – ein Hochheiliges: gemeint ist wahrscheinlich das sog. Allerheiligste, d.h. der innerste Raum des Tempels.
11,6 Übersetzung unsicher.
13,1 Mit 12,13 endet das hebräisch-aramäische Danielbuch. In Vg folgen als Kapitel 13 und 14 noch drei weitere Erzählungen von Daniel. Die Übersetzung folgt Theodotion; zur griechischen Gestalt des Danielbuches vgl. die Einleitung.
13,54–59 Wortspiel mit »Zeder« (schinos) und »spalten« (schizein) sowie mit »Eiche« (prinos) und »entzweihauen« (prisai).
14,1 Vg zählt 14,1 als 13,65; entsprechend verschiebt sich die Verszählung in Kap. 14.

Das Buch Hosea

1,2 Der von Hosea gewählte Ausdruck »Frau der Hurerei«, der hier mit »Kultdirne« wiedergegeben ist, meint wohl (vgl. 4,12) ein Mädchen, das an den Sexualriten des Baalskultes teilgenommen hat. Die Verehrung Baals ist für Hosea Ehebruch gegenüber dem Bundesgott.
2,24 Jesreel (= Gott sät), die Kornebene Israels, steht hier zugleich stellvertretend für Israel.
3,2 anderthalb Hómer, wörtlich: ein Hómer und ein Letech; Letech ist ein Hohlmaß, das ein halbes Hómer ausmacht.
4,5bc Text nicht ganz klar.
4,15 Bet-Awen (= Haus des Frevels): anklagend für Bet-El (= Haus Gottes).
5,11d Abwertender Ausdruck für Baal und seinen Kult.
7,16a Text unklar; gemeint ist jedenfalls der Abfall von Jahwe zu Baal.
11,7 H unklar.
13,5a Text korr. nach den alten Übersetzungen und dem Zusammenhang; H: Ich habe dich in der Wüste erkannt.

Das Buch Joël

2,23 Text korr. nach G; H ist schwer verständlich.
2,26d Der Zusatz ist aus V. 27e hier eingedrungen.
4,11 H nicht ganz klar.
4,21ab Späterer erklärender Zusatz (vgl. V. 19d).

Das Buch Amos

1,5 Herrscher: G: Einwohner.
5,8 V. 7 gehört zwischen V. 9 und 10; er ist der Anfang der folgenden Rede.
5,10.12.15 Bei Gericht, wörtlich: Im Stadttor.
5,26 Sakkut und Kewan sind assyrische Gestirngötter; H nicht ganz klar.
6,1d Text unklar.
6,10 Text nicht ganz klar. Der Versschluss bezeugt die Angst vor der Todesgefahr, die von Gott ausgeht.
7,8 Senkblei: Übersetzung unsicher.
8,14 beim Götzenbild, wörtlich: bei der Sünde (vgl. 2 Kön 17,30).
9,1 Text nicht ganz klar.

Das Buch Obadja

1 Text korr. (Zeilen umgestellt).
21a Text unklar. Andere Übersetzungsmöglichkeit: Die Geretteten auf dem Berg Zion ziehen aus, um ...

Das Buch Micha

1,10 Der Text von V. 10–15 ist zum Teil unklar bzw. schlecht überliefert. Die hebräischen Zeitwörter weisen Anklänge an die mit ihnen verbundenen Ortsnamen auf. So kann z.B. Bet-Leafra als »Staubhausen« gedeutet werden.
1,13c In dieser vielleicht nachträglich eingefügten Bemerkung klingt die verbreitete prophetische Polemik gegen Pferde und Kriegswagen durch.
1,15c Text unklar. David musste vor Saul in die Höhle Adullam fliehen (vgl. 1 Sam 22,1). Vielleicht soll hier die Flucht des Königs von Jerusalem angesagt werden.
2,6–8 Text nicht klar.
3,2b Späterer Zusatz, der aber eher hinter V. 3 gehört.
3,3a Wörtlich: Sie fressen das Fleisch meines Volkes.
4,3 Das Eingeklammerte fehlt im Paralleltext Jes 2,4; wahrscheinlich ein späterer Zusatz.
5,1 Das Zitat in Mt 2,6 lautet etwas anders, ist aber sachlich nicht verschieden.
5,4f Undatierbarer Zusatz, bedingt durch das Stichwort »Assur« in V. 5d.

Das Buch Nahum

1,10 verbrannt, wörtlich: gefressen (vom Feuer).
1,13 Weil in V. 12b.13 nicht mehr Ninive, sondern Juda angeredet wird, meint »sein Joch« die Unterdrückung durch Assur.
2,6 Er: Gemeint ist der König von Assur.

Das Buch Habakuk

1,8b Nach G; H: Wölfe am Abend.
1,17a Nach dem Qumran-Text.
2,4b Das hebräische Wort für »Treue« bedeutet auch »Glaube«; vgl. G und die angeführten Stellen aus dem NT.
3,1 Das letzte Wort ist nicht sicher zu deuten; vielleicht »Klagelieder«.
3,9ab Sinn des Textes unklar.
3,14c Text unsicher.

Das Buch Zefanja

1,9 der über die Schwelle springt: Übersetzung unsicher. Gemeint ist wohl ein heidnischer Kultbrauch. Vielleicht ist

die Rede von Höflingen am Stufenthron des Königs oder von Kultdienern am Stufenthron eines Götterbildes.
1,11 Senke: das Stadtviertel im Süden der Neustadt von Jerusalem.
2,4 In H Wortspiele mit den Namen der Städte.
2,14 Denn das Zederngetäfel ist weg: Text korr.; H verderbt.
3,3b Wölfe der Steppe: vgl. die Anmerkung zu Hab 1,8b.
3,13 Text unklar.

Das Buch Sacharja
5,3 Text korr. nach G.
6,14 Hen, den Sohn Zefanjas: Text korr. nach Vg.
9,1 die Hauptstadt, wörtlich: das Auge. – Aram: Text korr.
11,13 Wirf ihn dem Schmelzer hin, andere Übersetzungsmöglichkeit nach S: Wirf ihn in das Schatzhaus!
12,2b H verderbt.
12,10 Und sie werden auf den blicken: nach Theodotion; H: und sie werden auf mich blicken.
14,5 Jasol: Text korr. nach G; vermutlich ein Ort oder Tal in der Nähe des Ölbergs.

Das Buch Maleachi
1,3 »Hassen« bedeutet in solchem Zusammenhang »weniger lieben«, »zurücksetzen« (vgl. Lk 14,26).
1,12d H unklar.
2,3d H unklar.
2,5 H unklar.
2,9 H unklar.
2,12c So nach G.
2,15 H schwer verständlich; G: Ihr aber sagt: Was anderes als Nachkommen sucht Gott?
2,16c Wörtlich: bedeckt er sein Gewand mit einer Gewalttat.
3,2cd Wörtlich: wie das Feuer des Schmelzers und wie die Lauge der Wäscher.
3,11 »Fresser« ist Bezeichnung einer Heuschreckenart.

Das Evangelium nach Matthäus
2,2 Andere Übersetzungsmöglichkeit: Wir haben seinen Stern im Osten gesehen. Entsprechend in V. 9.
2,23 Das Prophetenwort steht in dieser Form nicht im Alten Testament; vielleicht liegt eine Anspielung auf Jes 11,1 vor, wo vom »Spross« (hebräisch: nezer) die Rede ist.
3,7 Gericht, wörtlich: Zorn.
5,3 Wörtlich: die im Geist Armen. Gemeint sind Menschen, die wissen, dass sie vor Gott nichts vorweisen können, und die daher alles von Gott erwarten.
5,5 Andere Übersetzungsmöglichkeit: die sanftmütig sind. – Das Wort ist wohl gegen das politische Messiasideal gerichtet.
5,15 Wörtlich: und stellt es unter einen Modios. Das griechische Wort módios bezeichnet ein Gefäß, das als Hohlmaß (»Scheffel«), aber auch zum Auslöschen von Öllampen benutzt wurde.
5,18 Wörtlich: auch nicht ein Jota oder ein kleiner Strich (an einem Buchstaben).
5,26 Pfennig, wörtlich: Quadrans (kleine römische Münze).
5,37 »stammt vom Bösen« bedeutet entweder: ist böse, oder: ist vom Teufel bewirkt.
6,9 In der Liturgie ist folgende ökumenische Fassung gebräuchlich: Vater unser im Himmel, geheiligt werde dein Name. Dein Reich komme. Dein Wille geschehe, wie im Himmel, so auf Erden. Unser tägliches Brot gib uns heute. Und vergib uns unsere Schuld, wie auch wir vergeben unsern Schuldigern. Und führe uns nicht in Versuchung, sondern erlöse uns von dem Bösen.
6,13 Spätere Textzeugen fügen dem Gebet des Herrn noch einem Lobpreis an, der in Anlehnung an 1 Chr 29,10f gestaltet ist: Denn dein ist das Reich und die Kraft und die Herrlichkeit in Ewigkeit. Amen.
6,17 dein Haar, wörtlich: deinen Kopf.
6,27 Andere Übersetzungsmöglichkeit: kann ... seiner Körpergröße auch nur eine Elle hinzufügen?
7,15 Wörtlich: sie kommen zu euch in Schafspelzen, innen aber sind sie reissende Wölfe.
8,4 Ein Beweis (deiner Heilung), andere Deutungsmöglichkeiten: ein Beweis (meiner Gesetzestreue); oder: ein Beweis (meiner Vollmacht).
8,5–10 In dem Grenzort Kafarnaum lag eine Garnison mit Truppen des Herodes Antipas. Die Soldaten dieser Söldnertruppe waren meist Nichtjuden. Fromme Juden betraten die Häuser von Heiden nicht, um sich nicht unrein zu machen (vgl. die Anmerkung zu Mk 7,1–8.14–23).
8,7 Andere Übersetzungsmöglichkeit: Soll ich etwa kommen und ihn gesund machen?
8,12 die aber, für die das Reich bestimmt war, wörtlich: die Söhne des Reichs.
8,24 ein gewaltiger Sturm, wörtlich: ein gewaltiges Erdbeben (vgl. 24,7; 27,51).
8,28 Gadara, weniger gut bezeugte Lesarten: Gerasa, Gergesa.
9,10 in seinem Haus: entweder im Haus des Matthäus oder im Haus Jesu.
9,27 Matthäus verdoppelt gern die Personen bei Heilungen, wie der Vergleich mit Mk 9,27–31 und Lk 11,14 zeigt (vgl. auch Mt 20,29–34 mit Mk 10,46–52 und Mt 8,28 mit Mk 5,2).
10,25 Beelzebul: Die bisher übliche Namensform Beelzebub geht auf die Vulgataübersetzung zurück; zur Sache vgl. Mt 12,24.
10,29 ein paar Pfennig, wörtlich: ein As. Das As war die zweitkleinste römische Münze.
11,2–6 Aus der Anfrage des Täufers spricht eine gewisse Unsicherheit, ob Jesus wirklich der verheißene Messias ist.
11,11 Unter allen Menschen, wörtlich: Unter allen von einer Frau Geborenen.
11,12 Der Sinn der Stelle ist umstritten, weil nicht klar ist, ob das griechische Wort für »Gewalt anwenden« hier im positiven oder negativen Sinn zu verstehen ist. Im positiven Sinn sagte es: Das Himmelreich wird mit Macht oder Gewalt erstrebt. Doch spricht die Fortsetzung in V. 12 eher für die in der Übersetzung bevorzugte negative Bedeutung, obwohl dann unklar bleibt, wer die Gewalttätigen sind: die Gegner Jesu, die Zeloten, die Pharisäer und Schriftgelehrten oder gar die Anhänger Jesu und des Täufers.
12,10.13 Hand, andere Übersetzungsmöglichkeit: Arm.
12,27 Anhänger, wörtlich: Söhne.
12,35 Wörtlich: Ein guter Mensch bringt aus dem guten Schatz Gutes hervor, und ein böser Mensch bringt aus dem bösen Schatz Böses hervor.
12,39 treulose, wörtlich: ehebrecherische (vgl. Mt 16,4; Mk 8,38). Das Wort wird hier, wie schon bei den Propheten, im übertragenen Sinn gebraucht (vgl. Ez 16,15–34; Hos 2–3).
12,46f Die Worte »Bruder« und »Schwester« können nach hebräischem, aramäischem und griechischem Sprachgebrauch auch als Kurzbezeichnung für Verwandte im weiteren Sinn gebraucht werden (vgl. Gen 13,8; 14,14; 24,28; u.ö.). Zum Ganzen vgl. die Aussagen des Neuen Testaments über die »Brüder Jesu« bzw. die »Brüder des Herrn«: Mt 13,54–58; Mk 6,1–6; Joh 7,3–5; Apg 1,14; 1 Kor 9,5; Gal 1,19; auch Mt 27,56; Mk 15,40.47; 16,1.
12,47 Dieser Vers fehlt bei einigen wichtigen alten Textzeugen.

13,33 unter einen großen Trog Mehl, wörtlich: unter drei Sea Mehl. Eine Sea entspricht etwa 13 Litern.

13,35 Mehrere alte Textzeugen haben: seit der Schöpfung der Welt.

13,54–58 Der Bericht über die Ablehnung Jesu in Nazaret gibt auch Auskunft über die Familie Jesu: Nach Matthäus war der Vater selbst Bauhandwerker. (Zu den Brüdern und Schwestern Jesu vgl. die Anmerkung zu Mt 12,46f).

14,3 »Philippus« fehlt in einigen alten Textzeugen.

15,6 Gottes Wort, nach anderen Textzeugen: Gottes Gesetz.

15,23 Befrei sie (von ihrer Sorge), andere Übersetzungsmöglichkeit: Schick sie weg.

15,39 Die genaue Lage diese Ortes ist nicht bekannt. Ein Teil späterer Textzeugen nennt hier Magdala, das westlich von Kafarnaum in einer Bucht des Sees von Gennesaret lag.

16,2b–3 Spätere Textzeugen fügen hier ein: Am Abend sagt ihr: Es kommt schönes Wetter, denn der Himmel ist rot. [3]Und am Morgen: heute gibt es Sturm, denn der Himmel ist rot und trüb. Das Aussehen des Himmels könnt ihr beurteilen, die Zeichen der Zeit aber nicht.

16,18 Das dem Beinamen Petrus zugrunde liegende griechische Wort petra bedeutet »Fels«. – »die Mächte der Unterwelt«, wörtlich: »die Pforten des Hades«. Hades, hebräisch Scheol, bezeichnete damals den als Gebäude, Festungsanlage gedachten Bereich des Todes, aller Toten. Die Totenwelt, die man sich unter der Erde befindlich vorstellte, war jedoch nicht der Aufenthaltsort Satans oder der Dämonen. Die Pforten oder Tore des Hades sind ein Bild für die alles verschlingende Macht des Todes und der Vergänglichkeit.

17,21 Spätere Textzeugen fügen hier entsprechend Mk 9,29 ein: Diese Art (von Dämonen) aber kann nur durch Gebet und Fasten ausgetrieben werden.

17,27 ein Vierdrachmenstück, wörtlich: einen Statér.

18,5 um meinetwillen, wörtlich: aufgrund meines Namens.

18,11 Ein Teil der Textzeugen fügt hier ein: Denn der Menschensohn ist gekommen, um zu retten, was verloren ist; vgl. Lk 19,10.

18,22 Der griechische Text ist zu übersetzen mit »siebenundsiebzigmal«, nicht mit siebzigmal siebenmal wie in manchen Übersetzungen. Der Ausdruck hat den Sinn: immer, ohne Einschränkung.

18,23–25 Ein Talent (griechische Rechnungseinheit) entsprach sechstausend Drachmen. Ein Denar war damals einer Drachme gleichwertig und war der Tageslohn eines Arbeiters. Die Schuld umfasste also eine ungeheuere Summe, die kaum aufzubringen war. Die Jahreseinkünfte Herodes' des Großen betrugen 900 Talente, das Steueraufkommen von ganz Galiläa und Peräa im Jahr 4 n. Chr. 200 Talente. Unter dem »Diener« kann man sich etwa den Finanzminister eines orientalischen Königs vorstellen, dessen Beamte als Sklaven oder Diener des Herrschers angesehen wurden. Die Folter diente dazu, Auskünfte über beiseite geschafftes Geld zu erlangen.

19,9 Die sog. Unzuchtsklausel, die vom radikalen Scheidungsverbot Jesu den Fall der Unzucht ausnimmt, findet sich in der älteren Überlieferung, wie sie in Mk 10,2–12 und Lk 16,18 vorliegt, noch nicht.

19,29 das Hundertfache, nach einigen alten Textzeugen: ein Vielfaches; vgl. Lk 18,30.

20,16 Spätere Textzeugen fügen am Ende des Verses entsprechend Mt 22,14 hinzu: Denn viele sind gerufen, aber nur wenige auserwählt.

20,20 die Frau des Zebedäus, wörtlich: die Mutter der Söhne des Zebedäus.

21,1–11 Der Evangelist deutet den Einzug Jesu im Licht von Sacharja 9,9: Der Messias wird als Vertreter der armen Leute eine friedliche, sozial gerechte Herrschaft aufrichten.

21,3 Andere Übersetzungsmöglichkeit: Der Herr braucht sie. Und er (der Besitzer, der euch zur Rede stellt) wird sie euch sofort mitgeben.

21,29–31 In einer Reihe wichtiger Textzeugen sagt der erste Sohn nein, geht aber dann doch; der zweite Sohn sagt ja, geht aber nicht. In diesem Fall hat der erste Sohn den Willen des Vaters erfüllt.

21,42 Die Übersetzung »das hat der Herr vollbracht« nimmt Rücksicht auf den hebräischen Text von Ps 118,22. Der griechische Text lautet wörtlich übersetzt: ihn hat der Herr gemacht, und er ist wunderbar in unseren Augen.

21,44 Dieser Vers, der bei einigen alten Textzeugen fehlt, ist irrtümlicherweise hinter Vers 43 überliefert.

22,2–10.11–13 Matthäus hat zwei selbständige Gleichnisse miteinander verknüpft. Der zweite Teil besagt, dass der Eintritt in das Reich Gottes die Umkehr des Sünders voraussetzt.

23,14 Spätere Textzeugen fügen aus Mk 12,40 noch hinzu: Weh euch, ihr Schriftgelehrten und Pharisäer, ihr Heuchler! Ihr bringt die Witwen um ihre Häuser und verrichtet lange, scheinheilige Gebete. Deshalb wird das Urteil, das euch erwartet, um so härter sein.

23,30 am Tod, wörtlich: am Blut.

23,38 Wörtlich: Darum wird euch euer Haus überlassen. Zahlreiche Textzeugen haben statt dessen: … verödet überlassen.

24,14 damit alle Völker es hören, wörtlich: allen Völkern zum Zeugnis.

25,32 Die Übersetzung »Schafe« und »Böcke« nimmt Rücksicht auf die sprichwörtliche deutsche Redeweise. Wahrscheinlichere Übersetzung: die Schafe von den Ziegen. In Palästina waren die Schafe weiss und die Ziegen schwarz. Die Trennung der Tiere erfolgt nach deren Farbe: Die schwarzen Ziegen kommen auf die Unheilsseite links, die weissen Schafe auf die Heilsseite rechts.

26,50 Andere Übersetzungsmöglichkeit: Freund, tu, wozu du gekommen bist. – Die herkömmliche Übersetzung »Freund, wo bist du hergekommen?« ist vom griechischen Text her nicht zu rechtfertigen.

26,55 Darauf, wörtlich: In jener Stunde.

27,4 einen unschuldigen Menschen, wörtlich: unschuldiges Blut.

27,9 Das dem Propheten Jeremia zugeschriebene Zitat ist eine freie Verbindung von Stellen aus Sacharja, Jeremia und Exodus.

27,24 dieses Menschen, nach zahlreichen Textzeugen: dieses Gerechten. Dass Jesus als unschuldiger Gerechter leidet (vgl. 27,4.19.24), wird durch diesen Einschub deutlich herausgestellt. Pilatus sucht, dem römischen Recht zuwider, die Verantwortung von sich zu schieben. Das Volk gibt durch die Selbstverwünschung indirekt seine Verantwortung zu (vgl. V. 20).

27,64 als alles zuvor, wörtlich: als der erste.

Das Evangelium nach Markus

1,1 »dem Sohn Gottes« fehlt bei einigen alten Textzeugen.

1,4 Umkehr und Taufe, wörtlich: Taufe der Umkehr.

1,24 Andere Übersetzungsmöglichkeit: Du bist gekommen, um uns ins Verderben zu stürzen.

1,44 ein Beweis (meiner Gesetzestreue), andere Übersetzungsmöglichkeiten: ein Beweis (meiner Vollmacht); oder: ein Beweis (deiner Heilung).

2,7 außer dem einen Gott, andere Übersetzungsmöglichkeit: außer Gott allein. – Obige Übersetzung ist durch den Anklang an Dtn 6,4 nahegelegt. – Vgl. Mk 10,18; Lk 18,19.

2,8 Wörtlich: Jesus merkte in seinem Geist sofort, dass sie so dachten.
2,26 Der Hohepriester hieß nach 1 Sam 21,2 in Wirklichkeit Ahimelech: nach 1 Sam 22,20 hieß sein Sohn, nach 2 Sam 8,17 sein Vater Abjatar.
3,1.3.5 Hand, andere Übersetzungsmöglichkeit: Arm.
3,32 Einige Textzeugen fügen nach »Brüder« hinzu: und deine Schwestern.
4,40 Statt »Habt ihr ...« haben mehrere Textzeugen: Warum habt ihr keinen Glauben?
5,1 Weniger gut bezeugte Lesarten: Gadara, Gergesa.
6,1–6 Vgl. die Anmerkung zu Mt 12,46f; 13,54–58.
6,3 »Joses« ist Nebenform von »Josef«.
7,3 mit einer Handvoll Wasser, wörtlich: mit der Faust.
7,4 Andere Übersetzungsmöglichkeit: Und sie essen auch das, was vom Markt kommt, erst, wenn sie es gewaschen haben.
7,16 Spätere Textzeugen fügen hier entsprechend 4,23 ein: Wenn einer Ohren hat zum Hören, so höre er!
7,25 Heidin, wörtlich: Griechin.
9,14 Einige Textzeugen haben: Als er ... zurückkam, sah er.
9,29 Einige Textzeugen fügen nach »Gebet« hinzu: und Fasten.
9,37 um meinetwillen, wörtlich: aufgrund meines Namens.
9,38 Manche Textzeugen fügen nach »jemand« hinzu: der uns nicht nachfolgt.
9,42 »an mich« fehlt bei manchen alten Textzeugen.
9,44.46 Spätere Textzeugen fügen entsprechend 9,48 hier ein: wo ihr Wurm nicht stirbt und das Feuer nicht erlischt.
10,7 Einige alte Textzeugen fügen nach »verlassen« hinzu: und sich an seine Frau binden (vgl. Gen 2,24; Mt 19,5).
10,13 Wörtlich: damit er sie berührte.
10,37 in deinem Reich, wörtlich: in deiner Herrlichkeit.
11,26 Spätere Textzeugen haben im Anschluss an Mt 6,15 hier eingefügt: Wenn ihr aber nicht vergebt, dann wird euch euer Vater im Himmel eure Verfehlungen auch nicht vergeben.
12,42 Wörtlich: und warf zwei Leptá hinein, das ist ein Quadrans.
13,9 damit ihr vor ihnen Zeugnis ablegt, andere Übersetzungsmöglichkeit: zum Zeugnis gegen sie.
14,65 Zeig, dass du ein Prophet bist, wörtlich: Prophezei!
14,68 Spätere Textzeugen fügen am Ende des Verses hinzu: Da krähte der Hahn.
15,28 Spätere Textzeugen fügen entsprechend Lk 22,37 hier ein: So erfüllte sich das Schriftwort: Er wurde zu den Verbrechern gerechnet.
15,47 der Leichnam, wörtlich: er.
16,9–20 Dieser Abschnitt findet sich nicht bei den ältesten Textzeugen. Er ist eine im 2. Jahrhundert entstandene Zusammenfassung der in anderen Evangelien stehenden Berichte über die Erscheinungen und Anweisungen des Auferstandenen; er gehört also inhaltlich zur Evangelienüberlieferung.
In einer altlateinischen Handschrift findet sich statt dessen folgende Ergänzung: Und sie berichteten alles, was ihnen aufgetragen worden war, dem Kreis um Petrus. Danach sandte Jesus selbst durch sie vom Osten bis in den Westen die heilige und unvergängliche Botschaft vom ewigen Heil. Amen.
Bei einigen Textzeugen finden sich auch beide Zusätze.

Das Evangelium nach Lukas

1,35 Andere Übersetzungsmöglichkeit: Deshalb wird auch das Heilige, das geboren wird, Sohn Gottes genannt werden.
1,78 Statt »wird uns besuchen« haben einige Textzeugen: hat uns besucht. – Das aufstrahlende Licht, wörtlich: der Aufgang.
2,14 Wörtlich: Herrlichkeit Gott in der Höhe und auf Erden Friede bei den Menschen des Wohlgefallens. – Die ökumenische liturgische Fassung lautet: Ehre sei Gott in der Höhe und Friede auf Erden den Menschen seiner Gnade.
2,25 die Rettung, wörtlich: den Trost.
2,37 Andere Übersetzungsmöglichkeit: seit vierundachtzig Jahren aber war sie Witwe.
3,3 Umkehr und Taufe, wörtlich: die Taufe der Umkehr.
3,7 Gericht, wörtlich: Zorn.
4,34 Andere Übersetzungsmöglichkeit: Du bist gekommen, um uns ins Verderben zu stürzen.
4,44 Bei vielen Textzeugen ist hier nach Mk 1,39 geändert: in den Synagogen Galiläas; vgl. Mt 4,23.
5,14 Vgl. die Anmerkung zu Mt 8,4.
5,20 Wörtlich: ... sagte er: Mensch, deine Sünden ...
6,6.8.10 Hand, andere Übersetzungsmöglichkeit: Arm.
6,45 Wörtlich: Ein guter Mensch bringt aus dem guten Schatz seines Herzens das Gute hervor, und ein böser Mensch bringt aus dem Bösen das Böse hervor.
7,28 Unter allen Menschen, wörtlich: Unter allen von einer Frau Geborenen.
7,29 Wörtlich: sie alle haben Gott recht gegeben.
7,44 Wörtlich: hast du mir kein Wasser über die Füße gegossen.
8,15 durch ihre Ausdauer, andere Übersetzungsmöglichkeiten: beharrlich; oder: voll Geduld.
8,26.37 Weniger gut bezeugte Lesarten: Gergesa, Gadara.
8,31 zur Hölle, wörtlich: in den Abgrund.
8,43 Manche Textzeugen fügen am Ende des Verses (entsprechend Mk 5,26) hinzu: obwohl sie schon ihr ganzes Vermögen für die Ärzte aufgewendet hatte.
9,48 um meinetwillen, wörtlich: aufgrund meines Namens.
9,51 entschloss sich Jesus, wörtlich: richtete er sein Gesicht fest darauf.
9,54 Einige Textzeugen fügen am Ende des Verses hinzu: wie es auch Elija getan hat; vgl. 2 Chr 1,10–12.
9,55 Einige Textzeugen fügen am Ende des Verses hinzu: und sagte: Ihr wisst nicht, was für ein Geist aus euch spricht. Der Menschensohn ist nicht gekommen, um Menschen zu vernichten, sondern um sie zu retten. Vgl. Lk 19,10.
9,59 Viele alte Textzeugen haben hier: Herr, lass mich ...
10,1.17 Statt »zweiundsiebzig« haben zahlreiche alte Textzeugen »siebzig«.
10,6 Mann des Friedens, wörtlich: Sohn des Friedens.
10,19 Andere Übersetzungsmöglichkeit: überwinden, und er (das heißt der Feind) wird euch in keiner Weise schaden können.
10,21 Einige Textzeugen haben: vom Geist erfüllt.
10,29 seine Frage, wörtlich: sich.
10,38 Statt »freundlich« haben viele Textzeugen »in ihr Haus«.
10,42 Zahlreiche Textzeugen haben statt dessen: Aber wenig ist notwendig oder nur eines. – das Bessere, andere Übersetzungsmöglichkeit: das Richtige.
11,2 Bei zahlreichen Textzeugen ist der Vaterunser-Text des Lukas an den des Matthäus angeglichen.
11,13 Andere Übersetzungsmöglichkeit (nach einigen alten Textzeugen): wird der Vater denen, die ihn bitten, aus dem Himmel den Heiligen Geist geben.
11,19 Anhänger, wörtlich: Söhne.
11,33 Vgl. die Anmerkung zu Mt 5,15.
11,41 Wörtlich: Gebt lieber den Inhalt als Almosen, dann ...
12,3 hinter verschlossenen Türen, wörtlich: in den Kammern.
12,6 ein paar Pfennig, wörtlich: zwei As. Das As war die zweitkleinste römische Münze.
12,25 Andere Übersetzungsmöglichkeit: kann ... seiner Körpergröße auch nur eine Elle hinzufügen.

12,56 Wörtlich: Warum könnt ihr dann diese Zeit nicht deuten?
12,59 den letzten Pfennig, wörtlich: das letzte Leptón. Das Leptón war die kleinste griechische Münze.
13,1–4 Wörtlich: von den Galiläern, deren Blut Pilatus mit dem ihrer Opfertiere vermischte.
13,11 Wörtlich: eine Frau, die seit achtzehn Jahren einen Krankheitsgeist hatte.
13,21 Vgl. die Anmerkung zu Mt 13,33.
13,32 werde ich mein Werk vollenden, wörtlich: werde ich vollendet sein. Andere Übersetzungsmöglichkeit: werde ich am Ziel (meines Weges) sein.
13,35 Wörtlich: Darum wird euch euer Haus überlassen.
14,5 seinen Sohn, andere Lesart: seinen Esel.
15,21 Am Schluss des Verses fügen manche Textzeugen hinzu: Mach mich zu einem deiner Tagelöhner. Vgl. V. 19.
16,6 Fass, wörtlich: Bat. Ein Bat sind etwa vierzig Liter.
16,7 Sack, wörtlich: Kor. Ein Kor sind etwa vierhundert Liter.
16,9 Andere Übersetzungsmöglichkeit: wenn es (mit dem Reichtum) zu Ende geht (das heißt: wenn ihr nichts mehr habt).
16,12 Manche Textzeugen haben: wer wird euch dann euer Eigentum geben?
16,16 Andere Übersetzungsmöglichkeit: und alle wollen mit Gewalt hineinkommen.
16,17 nur der kleinste Buchstabe, wörtlich: nur ein kleiner Strich (an einem Buchstaben).
17,21 Andere Übersetzungsmöglichkeiten: Das Reich Gottes ist (eines Tages plötzlich) unter euch da. Oder: Das Reich Gottes ist in euch. – Gegen die zweite Möglichkeit spricht, dass die Evangelien das Wirken Gottes im Innern des Menschen nicht als »Reich Gottes« bezeichneten.
17,36 Spätere Textzeugen fügen entsprechend Mt 24,40 hinzu: Wenn zwei Männer auf dem Feld sind, wird der eine mitgenommen und der andere zurückgelassen.
18,7 sondern zögern, andere Übersetzungsmöglichkeit: während er ihnen geduldig zuhört.
18,15 Wörtlich: damit er sie berührte.
19,20 dein Geld, wörtlich: deine Mine.
20,34 Wörtlich: Nur in dieser Welt heiraten sie (nämlich die Männer) und werden geheiratet (nämlich die Frauen). Ähnlich im V. 35.
21,2 zwei kleine Münzen, wörtlich: zwei Leptá. Vgl. die Anmerkung zu 12,6.
21,35 Eine Reihe von Textzeugen hat: denn wie eine Falle wird er über alle Bewohner … hereinbrechen.
22,2 Andere Übersetzungsmöglichkeit: denn sie fürchteten, das Volk (werde einen Aufstand machen).
22,17 Nehmt den Wein, wörtlich: Nehmt diesen (Kelch). – Beim jüdischen Paschamahl wird der Kelch mehrmals herumgereicht. Von dem bei der Einsetzung des Abendmahls gereichten Kelch ist erst in Vers 20 die Rede.
22,21 Wörtlich: Doch siehe, die Hand dessen, der mich verrät und ausliefert, (ist) mit mir auf dem Tisch.
22,43f Diese zwei VV. fehlen bei wichtigen Textzeugen; sie sind vermutlich nicht ursprünglich.
23,17 Einige Textzeugen fügen hinzu: Zum Fest aber musste er ihnen einen Gefangenen freilassen.
23,34 Der erste Teil des Verses fehlt bei einigen alten Textzeugen.
23,42 Einige Textzeugen haben: wenn du in deiner Macht als König kommst.
24,6 Der erste Satz des Verses fehlt bei einigen alten Textzeugen.
24,12 Dieser V. fehlt bei einigen alten Textzeugen.
24,35 Andere Übersetzungsmöglichkeit: wie sie ihn daran erkannten, wie er das Brot brach.
24,36 Die Worte »und sagte zu ihnen: Friede sei mit euch!« fehlen bei einigen alten Textzeugen.
24,40 Dieser V. fehlt bei einigen alten Textzeugen.
24,51f Die Worte »und wurde zum Himmel emporgehoben, sie aber fielen vor ihm nieder« fehlen bei einigen alten Textzeugen.

Das Evangelium nach Johannes

1,3–4 Andere, weniger wahrscheinliche Satzeinteilung: und ohne das Wort wurde nichts. Was geworden ist, das war in ihm Leben.
1,9 Andere Übersetzungsmöglichkeiten: Es (das Wort) war das wahre Licht, das jeden Menschen erleuchtet, kommend in die Welt. Oder: Es (das Wort) war das wahre Licht, das jeden Menschen erleuchtet, der in die Welt kommt.
1,18 Statt »Der Einzige, der Gott ist und …« ist nach anderen Textzeugen zu übersetzen: Der einzige Sohn, der …
1,20f Für das hebräische Wort »der Messias« (der Gesalbte) steht im griechischen Text die Übersetzung ho Christós (der Christus), vgl. 1,41 und 4,25.
1,34 der Sohn Gottes, nach anderen Textzeugen: der Erwählte Gottes.
1,43–45 Philippus, der noch öfter genannt wird (6,5.7; 12,21f; 14,8f), erscheint auch in den synoptischen Listen der »Zwölf«. Dagegen findet sich der Name Natanaël nur bei Johannes (vgl. auch 21,2). Seine Gleichsetzung mit Bartholomäus, der in den synoptischen Listen hinter Philippus aufgeführt wird, ist fraglich.
2,4 Wörtlich: Was (ist) mir und dir, Frau? (Vgl. Mt 8,29; Mk 1,24; 5,7; Lk 4,34; 8,28).
2,6 Wörtlich: sie fassten je zwei bis drei Metreten. – Eine Metrete sind etwa vierzig Liter.
3,3 von neuem: der zugrunde liegende griechische Ausdruck bedeutet zugleich »von oben«.
3,8 Für »Wind« und »Geist« steht im griechischen Text das gleiche Wort (pneuma).
3,25 einem Juden, nach anderen Textzeugen: einigen Juden.
4,1 Jesus, nach anderen Textzeugen: Der Herr.
4,9 Andere Übersetzungsmöglichkeit: Die Juden benutzen nämlich nicht dieselben (Gefäße) wie die Samariter.
5,2 Nach anderen Textzeugen: Betzata. – Rest der Anlage sind ausgegraben worden.
5,3 Ein Teil der Textzeugen fügt nach »Verkrüppelte« hinzu: die auf die Bewegung des Wassers warteten. 4Ein Engel des Herrn aber stieg zu bestimmter Zeit in den Teich hinab und brachte das Wasser zum Aufwallen. Wer dann als erster hineinstieg, wurde gesund, an welcher Krankheit er auch litt. – Dies ist wohl ein deutender Zusatz zum ursprünglichen Text.
7,3–5 Vgl. die Anmerkung zu Mt 12,46f.
7,13 Der Ausdruck »die Juden« bezieht sich hier wie in 1,19; 2,18; 5,10 u. ö. auf die jüdischen Behörden.
7,37f Andere Übersetzungsmöglichkeit: Wer Durst hat, komme zu mir und trinke. 38Wer an mich glaubt, von dem sagt die Schrift, dass aus seinem Innern Ströme lebendigen Wassers fließen werden.
7,38 Es ist nicht klar, welche Schriftstelle hier gemeint ist; vgl. Ez 47,1; Sach 14,8.
7,46 Andere Textzeugen haben: Noch nie hat ein Mensch so gesprochen, wie dieser Mensch spricht.
7,52 Der Prophet, nach anderen Textzeugen: Ein Prophet.
7,53–8,11 Dieses Stück gehört nicht zum ursprünglichen Bestand des Johannesevangeliums; die besten Textzeugen überliefern es nicht. Die Erzählung stellt aber wohl eine alte Überlieferung dar und gehört inhaltlich zum Evangelium.

8,25 Der Sinn des griechischen Textes ist hier nicht sicher zu ermitteln.
10,29 Nach anderen Textzeugen: Was mein Vater mir gegeben hat, ist größer als alles, und niemand kann es der Hand meines Vaters entreissen.
13,1 bis zur Vollendung: Der Ausdruck im griechischen Text kann sowohl »bis zuletzt« als auch »bis zum äußersten« bedeuten.
13,10 Nach anderen Textzeugen: Wer gebadet ist, braucht sich nicht zu waschen, sondern ist ganz rein. – Bei der kürzeren Lesart meint »gebadet« in einem übertragenen Sinn: Wer durch die Fußwaschung Jesu in das dadurch versinnbildete Kreuzesgeschehen hineingenommen ist (wie die Jünger), bedarf keiner Reinigung mehr, sondern ist ganz rein. Bei der längeren Lesart oben im Text (»außer die Füße«) ist vielleicht an die Taufe gedacht.
13,18 Wörtlich: Einer ... hat gegen mich seine Ferse erhoben.
14,7 Nach anderen Textzeugen: Wenn ihr mich erkannt hättet, würdet ihr auch meinen Vater erkennen.
14,22 Judas, nach Lk 6,16 und Apg 1,14 »der (Sohn) des Jakobus«. In Mk 3,18 und M 10,3 steht statt dessen Thaddäus.
18,3 Soldaten, wörtlich: die Abteilung (Kohorte).
18,15 ein anderer Jünger: vielleicht »der Jünger, den Jesus liebte« (13,23–26; 19,26f; 20,3–10; 21,7.20–23.24).
19,30 gab seinen Geist auf, wörtlich: er übergab den Geist (das pneuma).
20,30f Ursprünglich Schlusswort des Johannes-Evangeliums.
21,1–25 Das nachträglich hinzugefügte Kapitel stammt aus dem Schülerkreis des Evangelisten.

Die Apostelgeschichte

1,2 Andere Übersetzungsmöglichkeit: Vorher hat er den Aposteln, die er sich durch den Heiligen Geist erwählt hatte, Anweisungen gegeben.
1,4 Beim gemeinsamen Mahl, andere Übersetzungsmöglichkeit: Als sie beisammen waren.
1,14 Vgl. die Anmerkung zu Mt 12,46f.
2,4 in fremden Sprachen, wörtlich: in anderen Zungen. – Gemeint ist hier ein Reden in anderen Sprachen, das aber zugleich geistgewirktes »Zungenreden« ist; es bestand wohl vor allem in Gebetsrufen; vgl. auch Apg 10,46; 19,6; 1 Kor 12,10; 14,5.
7,42 Sternenkult, wörtlich: Himmelsheer.
7,51 Wörtlich: Ihr Halsstarrigen und an Herzen und Ohren Unbeschnittenen, ihr widersetzt euch immerzu dem Heiligen Geist.
8,27 »Kämmerer«, wörtlich: »Eunuch«, was entweder im gängigen Sinn (Verschnittener, Entmannter) oder als Titel für einen hohen Beamten zu verstehen ist.
8,37 Einige Textzeugen fügen hinzu: Da sagte Philippus zu ihm: Wenn du aus ganzem Herzen glaubst, ist es möglich. Er antwortete: Ich glaube, dass Jesus Christus der Sohn Gottes ist.
11,2 die gläubig gewordenen Juden, wörtlich: die aus der Beschneidung.
13,24 wörtlich: Taufe der Umkehr.
15,1–35 Zum Bericht des Lukas über das »Apostelkonzil« (vermutlich um 48/49 n. Chr.) vgl. Gal 2,1–10.
15,34 Einzelne Textzeugen fügen hier ein: Silas aber beschloss dazubleiben; so reiste Judas allein (nach Jerusalem) ab.
19,3 Wörtlich: Auf was seid ihr denn getauft worden? Sie antworteten: Auf die Taufe des Johannes.
19,27 von der ganzen Provinz, wörtlich: von ganz Asien.
20,26 Ich bin unschuldig, wenn einer von euch verlorengeht, wörtlich: Ich bin rein vom Blut aller (vgl. 18,6).
24,6 Einige Textzeugen fügen ein: ... 6b und nach unserem Gesetz richten wollen. 7Aber der Oberst Lysias kam herzu und entriss ihn mit Gewalt unseren Händen 8a und befahl, dass seine Ankläger zu dir kommen sollen.
28,2.4 Die Einheimischen, wörtlich: Die Barbaren. Bei den Griechen Bezeichnung für Menschen, die nicht griechisch sprachen.
28,29 Einzelne Textzeugen fügen hinzu: Als er das gesagt hatte, gingen die Juden weg und stritten noch lange miteinander.

Der Brief an die Römer

1,4 seit, andere Übersetzungsmöglichkeit: aufgrund.
1,17 Andere Übersetzungsmöglichkeit: Der Gerechte wird aus Glauben leben (d.h.: Der Gerechte wird aufgrund seines Glaubens das Leben haben).
5,9 Gericht Gottes, wörtlich: Zorn.
6,5 ihm gleichgeworden, wörtlich: mit ihm zusammengewachsen.
6,17 der Lehre, wörtlich: der Gestalt der Lehre.
7,4 durch das Sterben, wörtlich: durch den Leib (gemeint ist der tote Leib).
7,5 dem Fleisch verfallen, wörtlich: im Fleisch (d. h. ohne Christus).
8,10 aufgrund der Sünde, andere Übersetzungsmöglichkeit (wegen des Zusammenhangs mit 6,10f): für die Sünde.
8,29 an Wesen und Gestalt seines Sohnes teilzuhaben, wörtlich: um dem Bild seines Sohnes gleichgestaltet zu werden.
9,4 die Bundesordnungen, wörtlich: die Bundesschlüsse. – Vgl. die Anmerkung zu Eph 2,12.
9,5 Andere Übersetzung: ... und dem Fleisch nach entstammt ihnen der Christus. Gott, der über allem ist, er ist gepriesen in Ewigkeit. Amen.
9,21 Wörtlich: ein Gefäß herstellen zur Ehre, ein anderes zur Unehre.
14,2 Wörtlich: der Schwache aber isst (nur) Gemüse.
16,24 Fehlt bei zahlreichen alten Textzeugen und ist wohl späterer Zusatz.

Der erste Brief an die Korinther

1,2 Andere Übersetzungsmöglichkeiten: ... mit allen, die überall den Namen unseres Herrn Jesus Christus, ihres und unseres Herrn, anrufen. Oder (wenn man diesen Satzteil als Fortführung der Anschrift versteht): ... an die Gemeinde Gottes in Korinth ... und an alle, die überall den Namen unseres Herrn Jesus Christus anrufen.
1,26 im irdischen Sinn, wörtlich: dem Fleisch nach.
2,1 Anstelle von »Zeugnis Gottes« haben andere Textzeugen: Geheimnis Gottes. Gemeint ist das Evangelium vom gekreuzigten Christus.
2,9 Dieses »Schriftzitat« ist als Ganzes im Alten Testament nicht zu finden.
2,13 Andere Übersetzungsmöglichkeiten: indem wir Wirkungen des Geistes mit geistgewirkten Worten wiedergeben; oder: indem wir Wirkungen des Geistes miteinander vergleichen.
2,14 Der irdisch gesinnte Mensch, wörtlich: Der psychische Mensch. Dieser urteilt über Gott und sein Handeln mit einem nicht vom Geist Gottes erleuchteten Denken. Zum abwertenden Gebrauch von »psychisch« vgl. Jak 3,15; Jud 19; auch 1 Kor 15,44.46 (»psychischer Leib«, d. h. sterblicher Leib).
7,14 durch ihren gläubigen Mann, wörtlich: durch den Bruder.
7,21 Der griechische Wortlaut des Verses und der Zusammenhang des Abschnitts empfehlen diese Übersetzung. Es gibt

aber auch Gründe für das Verständnis: Ergreif lieber die Gelegenheit (frei zu werden).
9,5 Wörtlich: Haben wir nicht das Recht, eine Schwester als Frau mitzunehmen (vgl. auch die Anmerkung zu Mt 12,46f).
9,23 an seiner Verheißung, wörtlich: an ihm (nämlich: dem Evangelium) teilzuhaben, d. h. an dem vom Evangelium zugesagten Heil.
11,24 Manche Textzeugen haben, dem späteren liturgischen Gebrauch entsprechend, eine erweiterte Fassung: Das ist mein Leib, der für euch hingegeben wird (oder: gebrochen wird).
14,32 Wörtlich: Die Geister der Propheten sind den Propheten unterworfen.
15,12–14 Anstelle der in den VV. 12–14 dreimal begegnenden Übersetzung: »ist (nicht) auferweckt worden« kann auch übersetzt werden: »ist (nicht) auferstanden«. Die erste Fassung ist deswegen vorzuziehen, weil in Kap. 15 mehrmals das Handeln Gottes an dem toten Jesus wie auch an den verstorbenen Gläubigen hervorgehoben wird (vgl. 15,15.51f).
15,28 Wörtlich: damit Gott alles in allem sei.
15,44 ein überirdischer Leib, wörtlich: ein pneumatischer (»geistlicher«) Leib.
15,45 Wörtlich: Adam, der Erste Mensch, wurde ein lebendiges Wesen (vgl. Gen 2,7; 3,19).
15,48 Wörtlich: Wie der Irdische, so auch die Irdischen, wie der Himmlische, so auch die Himmlischen.

Der zweite Brief an die Korinther

5,16 Wörtlich: Also kennen wir von jetzt an niemand mehr dem Fleisch nach; auch wenn wir früher Christus dem Fleisch nach gekannt haben, jetzt kennen wir ihn nicht mehr so. Vgl. die Anmerkungen zu 10,2.
9,5 als großzügige Spende, wörtlich: als Segen.
10,2f Wörtlich: die meinen, wir wandeln nach dem Fleisch. Im Fleisch nämlich wandelnd, ziehen wir nicht nach dem Fleisch zu Felde. – Der Begriff »Fleisch« kommt im griechischen Text von 10,2–4 wiederholt vor.
12,12 Das, woran man den Apostel erkennt, wörtlich: Die Zeichen des Apostels.

Der Brief an die Galater

1,16 Wörtlich: da zog ich nicht Fleisch und Blut zu Rate.
1,18f Neben Petrus, aramäisch Kepha(s), spielte in nachrömischer Zeit Jakobus, der »Bruder des Herrn«, eine wichtige Rolle in der Jerusalemer Gemeinde (vgl. 2,9), deren Leitung er später übernahm (Apg 12,17). Vgl. die Anmerkung zu Mt 12,46f.
4,29 Wörtlich: Doch wie damals der Sohn, der nach dem Fleisch gezeugt war, den verfolgte, der nach dem Geist gezeugt war, so geschieht es auch jetzt.

Der Brief an die Epheser

1,1 in Ephesus: es fehlt bei zahlreichen Textzeugen; vgl. die Einleitung.
1,23 Wörtlich: Sie ist sein Leib, die Fülle dessen, der alles in allem erfüllt.
2,12 von dem Bund, wörtlich: von den Bündnissen. – Gemeint sind die Bundesschlüsse Gottes mit Abraham, Mose usw.; vgl. Röm 9,4.
2,14 Er vereinigte die beiden Teile, wörtlich: Er machte die beiden zu einem.
2,20 Schlussstein, andere Übersetzungsmöglichkeit: Eckstein.
5,2 Wörtlich: als Gabe und Opfer für Gott zum wohlriechenden Duft.

Der Brief an die Philipper

3,2 die falschen Lehrer, wörtlich: die schlechten Arbeiter.
4,3 treuer Gefährte: im griechischen Text steht Syzygos, was auch männlicher Eigenname sein könnte.
4,18 ein schönes Opfer, wörtlich: einen wohlriechenden Duft.

Der Brief an die Kolosser

3,6 Nach anderen Textzeugen: Wegen all dem kommt der Zorn Gottes über die Ungehorsamen; vgl. Eph 5,6.
4,15 Nach anderen Textzeugen: auch Nymphas und die Gemeinde in seinem Haus.

Der erste Brief an die Thessalonicher

1,10 dem kommenden Gericht Gottes, wörtlich: dem kommenden Zorn.
4,4 Andere Übersetzungsmöglichkeit: dass jeder von euch seinen Leib in heiliger und ehrbarer Weise bewahrt. – Das griechische Wort für »Gefäß« kann in übertragener Bedeutung sowohl den Leib des Menschen als auch (in rabbinischer Ausdrucksweise) die Ehefrau bezeichnen.
4,6 Andere Übersetzungsmöglichkeit: und dass keiner sich gegen seinen Bruder in der betreffenden Sache Übergriffe erlaubt. – In diesem Fall wäre vom Ehebruch die Rede.
4,12 vor denen, die nicht zu euch gehören, wörtlich: vor den Außenstehenden (vgl. 1 Kor 5,12f).
4,14 Andere Übersetzungsmöglichkeit: dann wird Gott auch die im Glauben an Jesus Verstorbenen zusammen mit ihm zur Herrlichkeit führen; vgl. 4,16: die in Christus Verstorbenen.

Der zweite Brief an die Thessalonicher

1,12 Andere Übersetzungsmöglichkeit: durch die Gnade unseres Gottes und des Herrn Jesus Christus.
2,13 als Erstlingsgabe, nach anderen Textzeugen: von Anfang an.
3,5 Andere Übersetzungsmöglichkeit: Der Herr lenke euer Herz zur Liebe Gottes und zur Geduld Christi.

Der erste Brief an Timotheus

3,2 nur einmal verheiratet, wörtlich: Mann einer einzigen Frau. Nach der naheliegenden Auslegung dieser Stelle sind Männer, die nach dem Tod ihrer ersten Frau wieder geheiratet haben, vom Bischofsamt ausgeschlossen.
5,12 ihrem Versprechen untreu geworden zu sein, wörtlich: ihre erste Treue gebrochen zu haben.

Der zweite Brief an Timotheus

3,16 Andere Übersetzungsmöglichkeiten: Die ganze von Gott eingegebene Schrift; oder: Jedes von Gott eingegebene Schriftwort.
4,7 die Treue gehalten, andere Übersetzungsmöglichkeit: den Glauben bewahrt.

Der Brief an Titus

1,13 Das ist ein wahres Wort, wörtlich: Dieses Zeugnis ist wahr.
2,2 stark im Glauben, wörtlich: gesund im Glauben.
2,13 Andere Überstezungsmöglichkeit: der Herrlichkeit des großen Gottes und unseres Retters Christus Jesus.

Der Brief an Philemon

16 als Mensch und auch vor dem Herrn, wörtlich: im Fleisch und im Herrn.

Der Brief an die Hebräer

3,17 Wörtlich: deren Leiber … hinfielen.
4,2 die Freudenbotschaft, wörtlich: das Evangelium.
4,11 Wörtlich: damit niemand … hinfällt (vgl. 3,17).

5,7 Als er auf Erden lebte, wörtlich: In den Tagen seines Fleisches. – und er ist … befreit worden, andere Übersetzungsmöglichkeit: und er ist seiner Gottesfurcht wegen erhört worden.
5,12 richtiges Reden, andere Übersetzungsmöglichkeit: die rechte Lehre.
6,5 kennengelernt haben, wörtlich: genossen haben.
9,16 »Testament« und »Bund« werden im griechischen Text durch dasselbe Wort ausgedrückt.
11,1 Andere Übersetzungsmöglichkeit: Der Glaube aber ist die Grundlage dessen, was man erhofft, und die Gewissheit über Dinge, die man nicht sieht.
11,3 Andere Übersetzungsmöglichkeit: und das Sichtbare nicht aus der Welt der Erscheinungen entstanden ist.
11,11 Textüberlieferung unsicher; möglich ist auch: Aufgrund des Glaubens empfing er auch trotz seines Alters zusammen mit Sara die Kraft zur Zeugung; denn er hielt …
11,21 So nach dem griechischen Text; nach dem hebräischen: neigte sich über das Kopfende seines Bettes.
11,37 verbrannt, viele alte Textzeuen haben: erprobt (durch Folter?).
11,39 (von Gott) besonders anerkannt wurden, andere Übersetzungsmöglichkeit: (von der Schrift) ein rühmliches Zeugnis erhielten.
12,8 Wörtlich: dann wäret ihr uneheliche Kinder, ihr wäret nicht (eheliche) Söhne.
12,15 alle, wörtlich: die Vielen.
13,7 auf das Ende, wörtlich: auf den Ertrag.
13,23 freigelassen worden ist, andere Übersetzungsmöglichkeit: abreisen konnte.

Der Brief des Jakobus

1,17 Vater der Gestirne, wörtlich: Vater der Lichter; der Ausdruck bezeichnet Gott als den Schöpfer der Gestirne.
2,4 Andere Übersetzungsmöglichkeit: macht ihr dann nicht in eurem Innern Unterschiede und …
2,7 Der hohe (wörtlich: schöne) Name ist der Name Jesu.
2,18 Möglicherweise beginnt in Vers 18b die Entgegnung auf den Einwand von 18a, und man könnte übersetzen: Nun wird einer sagen: Du hast den Glauben, und ich habe die Werke. – Dann zeig mir doch deinen Glauben ohne die Werke, und ich …
3,18 Wörtlich: Frucht der Gerechtigkeit wird in Frieden gesät für die (oder: von denen), die Frieden schaffen. Die Deutung dieses Verses ist unsicher.
4,4 »Ehebrecher« kann hier im übertragenen Sinn gebraucht sein. Auch im AT haben die Propheten (z. B. Hos 2–3) den Abfall von Gott als »Ehebruch« gebrandmarkt.
4,5 Die Herkunft des Zitats ist unbekannt. Der Sinn ist vermutlich: Gott, der dem Menschen seinen Geist eingehaucht hat (Gen 2,7), macht diesem Geist gegenüber seinen Anspruch geltend. – Andere Übersetzungsmöglichkeit: Neidisch zeigt der Geist, den er in uns wohnen ließ, sein Verlangen.
5,14 Gebete über ihn sprechen, wörtlich: über ihn beten.

Der erste Brief des Petrus

1,13 umgürtet euch, wörtlich: umgürtet die Lenden eures Geistes.
2,13 jeder menschlichen Ordnung, wörtlich: jedem menschlichen Geschöpf.
2,24 Wörtlich: auf das Holz hinaufgetragen; vgl. Apg 5,30; Gal 3,13.
5,1 Eure Ältesten: die Vorsteher der Gemeinde.
5,3 eurer Gemeinden, wörtl. eurer Anteile.
5,5 Wörtlich: Alle aber bekleidet euch (im Umgang) miteinander mit Demut.
5,13 die Mitauserwählten, wörtlich: die mitauserwählte (Gemeinde).

Der zweite Brief des Petrus

1,1 Andere Übersetzungsmöglichkeit: unseres Gottes und des Retters Jesus Christus.
2,10b die überirdischen Mächte, wörtlich: die Herrlichkeiten.
2,15 Nach Num 22,5 hieß der Vater Bileams »Beor«; so auch hier nach einigen Textzeugen.
3,10 die Erde und alles, was auf ihr ist, wörtlich: die Erde und die Werke auf ihr. – Die eingeklammerten Worte »nicht mehr« finden sich nur bei wenigen Textzeugen, sind aber für den Sinn des Satzes notwendig.

Der erste Brief des Johannes

1,1 das Wort des Lebens, wörtlich: vom Wort des Lebens sprechen wir.
2,1 Das griechische Wort für »Beistand« (parakletos) ist das gleiche, das im Johannesevangelium für den verheißenen Geist verwendet wird.
2,20 Andere Lesart: und ihr wißt alles.
2,21 Andere Übersetzungsmöglichkeit: Ich schreibe euch nicht, weil ihr die Wahrheit nicht kennt, sondern ich schreibe euch, weil ihr sie kennt und wißt, daß keine Lüge von der Wahrheit stammt.
5,7f Hier ist bei vielen Textzeugen das sog. Comma Johanneum eingefügt, das nicht zum ursprünglichen Text gehört: (… die Zeugnis ablegen) im Himmel: der Vater, das Wort und der Heilige Geist, und diese drei sind eins. 8Und drei sind es, die Zeugnis geben auf Erden: (der Geist …)
Die drei Elemente (Geist, Wasser, Blut) sind drei Zeugen, die zeichenhaft hinweisen auf die Sakramente der Taufe und Eucharistie und auf den Geist als die in ihnen wirksame Kraft.
5,17 Nach anderen Textzeugen: Sünde, die zum Tod führt.
5,18 der von Gott Gezeugte, das heißt: Jesus Christus (Joh 1,13.18). – Andere Übersetzungsmöglichkeit: Wir wissen: Jeder, der von Gott stammt, sündigt nicht, sondern wer von Gott stammt, den bewahrt er, und der Böse tastet ihn nicht an.

Der Brief des Judas

7 Die sündigen Städte wollten ähnlich »wie jene«, d. h. die in V. 6 genannten Engel, »mit Wesen anderer Art verkehren«, wörtlich: sie liefen anderem Fleisch nach.
8 die überirdischen Mächte, wörtlich: die Herrlichkeiten.

Die Offenbarung des Johannes

1,13 ein Mensch, wörtl.: ein Menschensohn.
1,20 Zu »Engel der sieben Gemeinden« vgl. die Anmerkung zu 2,1.
8,3b Wörtlich: ihm wurde viel Weihrauch gegeben, damit er ihn zusammen mit den Gebeten aller Heiligen auf dem goldenen Altar vor dem Thron darbringe.
9,16 Wörtlich: 20000 Myriaden. 1 Myriade = 10000. Die Gesamtzahl von 200 Millionen ist als Symbol unermeßlicher Größe gemeint.
13,7 erlaubt, wörtlich: gegeben.
14,13 Andere Übersetzungsmöglichkeit: … im Herrn sterben. Von jetzt an – ja, spricht der Geist – sollen sie ausruhen von ihren Mühen.
15,3 König der Völker, nach anderen Textzeugen: König aller Zeiten.
21,3 Nach anderen Textzeugen: sie werden seine Völker sein.

III. DIE TEXTVORLAGEN DER EINHEITSÜBERSETZUNG

A. Der Text des Alten Testaments

1. Der hebräische Text

Der Einheitsübersetzung liegt für die hebräisch überlieferten Schriften der hebräische Text des Alten Testaments zugrunde, der sog. Masoretische Text. Er geht in seiner heutigen Fassung im Wesentlichen auf die sorgfältige Arbeit jüdischer Gelehrter, der sog. Masoreten, zurück. Sie bemühten sich zwischen dem 6. und 10. Jahrhundert n. Chr. um die Wiederherstellung und Sicherung der ältesten Textfassung der Bücher des Alten Testaments. Um 100 n. Chr. lag der hebräische Konsonantentext in Palästina vor; er entspricht im Wesentlichen dem Text, der schon 100 v. Chr. verbreitet war. Weil die Juden, wie andere semitische Völker, nur die Konsonanten (Mitlaute) schrieben, die Vokale (Selbstlaute) aber nur sehr ungenau andeuteten, schufen die Masoreten zwischen 600 und 900 n. Chr. mit Hilfe von Strichen und Punkten über und unter den Konsonantenbuchstaben Vokalzeichen. Diesen »vokalisierten« oder »punktierten« Text nennt man den masoretischen Text. Die wissenschaftliche Forschung der Textüberlieferungen und neuere Funde von vormasoretischen Handschriften, besonders von Qumran, haben zur kritischen Sichtung und Verbesserung dieses Textes beigetragen.

2. Der griechische Text

Die gesamte hebräische Bibel wurde für die Griechisch sprechenden Juden Ägyptens und des Mittelmerraumes zwischen 250 und 100 v. Chr. von unbekannten Juden in Alexandria ins Griechische übersetzt und so im Gottesdienst der jüdischen Gemeinde von Alexandria verwendet. Diese Übersetzung soll nach der Überlieferung in siebzig Tagen von siebzig Männern verfertigt worden sein; darum erhielt sie den Namen: »(die Übersetzung der) Siebzig« oder einfach »Septuaginta« (LXX). Sie wird in der Einheitsübersetzung durch den Buchstaben G, d. h. Griechischer Text, gekennzeichnet. In diese griechische Übersetzung wurden auch die sog. deuterokanonischen Bücher aufgenommen (s. Einleitung in das Alte Testament).
Im 2. Jahrhundert n. Chr. entstanden weitere griechische Übersetzungen, vor allem die des Aquila, des Symmachus und des Theodotion, die bisweilen auch in der Einheitsübersetzung berücksichtigt werden.

3. Die lateinischen Übersetzungen

Schon ab 150 n. Chr. entstehen in Nordafrika und Südfrankreich lateinische Übersetzungen, die man Vetus Latina (die Altlateinische) nennt. Diese Texte sind heute nur noch z. T. erhalten. Ab 390 n. Chr. schuf der hl. Hieronymus im Auftrag von Papst Damasus I. eine Übersetzung des Alten Testaments aus dem Hebräischen, da die früheren Übersetzungen aus der Septuaginta sehr fehlerhaft waren. Seine Übersetzung erhielt später den Namen Vulgata (Vg), d. h. die allgemein Verbreitete (Übersetzung). Sie gewann in der katholischen Kirche große Bedeutung in Gottesdienst und Theologie und wurde vom Konzil von Trient 1546 als authentisch erklärt (vgl. auch unten, B. 2).

4. Andere alte Textfassungen und Übersetzungen

Für das Bemühen, die älteste Fassung des hebräischen bzw. griechischen Textes des Alten Testaments festzustellen, sind außerdem folgende alte Texte und Übersetzungen wichtig: der Samaritanische Pentateuch, die aramäischen Übersetzungen (Targume) sowie die Übersetzung ins Syrische (Peschitta, abgekürzt S). Diese Übersetzungen haben den hebräischen Text zur Grundlage; andere alte Übersetzungen (z. B. die altlateinische, die koptische, die äthiopische, die armenische, die gotische) geben die Septuaginta wieder.

5. Aramäische Teile des Alten Testaments

Das Aramäische ist eine mit dem Hebräischen eng verwandte semitische Sprache. Seit der Zeit der Perserherrschaft (ab 540 v. Chr.) wird das Hebräische als Umgangssprache im jüdischen Volk vom Aramäischen allmählich verdrängt. Zur Zeit Jesu sprach das Volk in Palästina Aramäisch. In aramäischem Urtext sind folgende Teile des Alten Testaments abgefasst: Jer 10,11; Esra 4,8 – 6,18; 7,12–26; Dan 2,4 – 7,28.

B. Der Text des Neuen Testaments

1. Der griechische Text

Die Schriften des Neuen Testaments wurden von Anfang an sehr oft abgeschrieben. Kein Buch der Alten Welt ist so gut bezeugt durch frühe Abschriften wie das Neue Testament. Leider kam es aber im Verlauf der Überlieferung zu vielen Veränderungen der ursprünglichen Texte, sowohl durch Hör- und Lesefehler bei Diktat und Nachschrift, als auch durch absichtliche Veränderungen stilistischer und inhaltlicher Art. Heute wird die Zahl der Textvarianten, d. h. der Textverschiedenheiten, unter den verschiedenen Handschriften des Neuen Testaments auf rund 200 000 geschätzt. Meist handelt es sich dabei um stilistische Abweichungen, nur in verhältnismäßig wenigen Fällen um Sinnvarianten.
Schon in den ersten christlichen Jahrhunderten setzten aber Bestrebungen ein, die ursprünglichen Textfassungen wiederherzustellen und zu sichern. Durch eine große Zahl von Textzeugnissen seit dem 2. Jahrhundert n. Chr. und durch die gründliche Erforschung der verwickelten Geschichte der Textüberlieferung, ist der griechische Text des Neuen Testaments heute wissenschaftlich vollauf gesichert. Der Text der wissenschaftlichen Ausgaben entspricht jener Textform, die zu einem großen Teil um die Mitte des 2. Jahrhunderts bestand.
Die Einheitsübersetzung setzt die Ergebnisse der wissenschaftlichen Erforschung des Textes voraus und weist dort, wo wichtige, voneinander abweichende Textzeugnisse vorliegen, auf diese hin. Da die Textausgaben des Neuen Testaments nach dem Aufkommen des Buchdrucks in Verse eingeteilt wurden, der damalige griechische Text aber wissenschaftlich noch nicht voll gesichert war, finden sich in dieser Übersetzung auch Hinweise auf Verse, die nicht zum Urtext gehörten und daher lediglich in den Fußnoten abgedruckt werden.

2. Die altlateinischen Übersetzungen und die Vulgata

Schon seit dem 2. Jahrhundert kam es zu Übersetzungen ins Syrische, Koptische und Lateinische. Diese Übersetzungen sind wichtig für die Erforschung des ursprünglichen griechischen Textes. Frühe lateinische Übersetzungen entstanden zuerst in Nordafrika und in Südfrankreich, dann in Italien. Diese wurden Altlateinische Übersetzungen (Vetus latina) genannt.
Papst Damasus I. gab 382 dem damaligen bedeutendsten Bibelgelehrten der lateinischen Kirche, Hieronymus, den Auftrag, einen einheitlichen, zuverlässigen Text der lateinischen Übersetzung zu schaffen. 384 legte Hieronymus eine überarbeitete Fassung der Evangelien vor. Ob er auch die übrigen Schriften des Neuen Testaments ähnlich überarbeitet hat oder ob andere dies taten, ist bis heute nicht geklärt. Die lateinische Übersetzung, die unter Papst Damasus in Rom gebraucht wurde (spä-

ter Vulgata, d. h. die allgemein Verbreitete genannt), gewann im lateinischsprachigen Westen vorherrschende Bedeutung. Dazu trug der Rückgang der griechischen Sprachkenntnisse und die Trennung zwischen West- und Ostkirche maßgeblich bei.
Als die Reformatoren des 16. Jahrhunderts im Anschluss an die Humanisten wieder auf den griechischen Text zurückgriffen, erklärte das Konzil von Trient 1546 die »altehrwürdige, allgemeine (lateinische) Übersetzung, die durch so lange Jahrhunderte im Gebrauch der Kirche erprobt ist« als »authentisch«, d. h. für den kirchlichen Gebrauch maßgebend. Diese Übersetzung enthält zahlreiche Textvarianten gegenüber dem griechischen Originaltext, sodass die katholische Kirche heute sowohl für theologische Forschungen und Verlautbarungen wie auch für die Liturgie auf den griechischen Text zurückgreift.
Im Anschluss an das Zweite Vatikanische Konzil wurde im Auftrag der katholischen Kirche eine Nova Vulgata geschaffen, welche die Vulgataübersetzung des Alten und des Neuen Testaments anhand des hebräischen und griechischen Grundtextes überprüfte und auch stilistisch überarbeitete. Papst Johannes Paul II. hat sie am 15. April 1979 veröffentlicht und bestimmt, die Neue Vulgata solle überall dort verwendet werden, wo die Kirche biblische Texte in lateinischer Sprache gebraucht (z. B. römische Liturgie).

3. Der Text der Einheitsübersetzung
Das Zweite Vatikanische Konzil erlaubte den Gebrauch der Muttersprache in der Liturgie und beschloss, die Schriftlesung reicher und mannigfaltiger auszugestalten. Zugleich empfahl es, neue Bibelübersetzungen aus den Ursprachen zu schaffen, wo möglich gemeinsam mit den nichtkatholischen Christen. Deswegen fußt die Einheitsübersetzung auf den hebräischen und aramäischen (Altes Testament) und auf den griechischen (deuterokanonische Bücher des Alten Testaments, Neues Testament) Grundtexten und hat die Vulgataübersetzung nicht in besonderer Weise berücksichtigt.

IV. DIE ZÄHLUNG UND ÜBERSETZUNG DER PSALMEN

Die Zählung der Psalmen weicht in den hebräischen Handschriften von der Zählung in den griechischen und lateinischen (G und Vg) Handschriften ab. Da die Einheitsübersetzung den hebräischen Text zugrunde legt, folgt sie auch der hebräischen Zählung. So ergibt sich folgende Ordnung:

Ps 1–9:	Zählung gleich
Ps 10–113:	hebräische Zählung geht um 1 voraus
Ps 114–115:	entspricht dem griechischen Ps 113
Ps 116:	hebräische Zählung entspricht den griechischen Psalmen 114 und 115
Ps 117–146:	hebräische Zählung geht um 1 voraus
Ps 147:	hebräische Zählung entspricht den griechischen Psalmen 146 und 147
Ps 148–150:	Zählung gleich.

V. DIE ÖKUMENISCHEN TEILE

Im Auftrag des Rates der Evangelischen Kirche in Deutschland und des Evangelischen Bibelwerks in der Bundesrepublik Deutschland wirkten evangelische Fachleute der Bibel, der Liturgik, der Kirchenmusik und der deutschen Sprache gleichberechtigt an der Übersetzung der Psalmen und des Neuen Testaments mit.
An der Übersetzung der übrigen Teile des Alten Testaments waren auf Einladung der katholischen Auftraggeber auch evangelische Fachleute der früheren Württembergischen Bibelanstalt in Stuttgart und der Evangelischen Michaelsbruderschaft beteiligt. Doch wurden diese Teile von der Evangelischen Kirche in Deutschland nicht ausdrücklich als ökumenisch verbindlich anerkannt.

VI. MASSE, GEWICHTE UND MÜNZEN

Maße, Gewichte und Münzen werden heute nach mathematisch festgelegten Einheiten errechnet, die in einem Bezugssystem zueinander stehen. In der Frühzeit stützten sich die sozialen Gemeinschaften auf Festlegungen, die ihren Vergleichspunkt in der konkreten Erfahrung hatten. So wurden zum Beispiel Längenmaße nach Arm und Hand, Flächen nach der Zeit, die man brauchte, sie zu bearbeiten (Tagwerk) oder nach der benötigten Saatmenge bestimmt, Entfernungen nach der Zeit, die man braucht, um sie zurückzulegen (Tagesmarsch). Bei Maßen und Gewichten wird im Alten Testament zwischen königlichen und gewöhnlichen Einheiten unterschieden; eine königliche Elle etwa ist größer als eine gewöhnliche. Es ließ sich bisher nicht klären, ob die Bezeichnung »königlich« sich auf die Festsetzung der Wertgarantie (Eichmaß) durch den König bezieht oder auf Abgaben und Steuern, die nach dieser Bemessung zu leisten waren.
Die hier in Frage kommenden Begriffe bezeichnen in verschiedenen Perioden des Alten Testaments unterschiedliche Größen, je nach dem Herkunftsort (Babylonien, Ägypten, Griechenland, Rom, Ortsgegebenheiten) der einzelnen Zählsysteme. Diese verschiedenen Systeme wurden teilweise auch gleichzeitig benutzt. Die einzelnen Maßeinheiten entsprachen jedoch bei den einzelnen Völkerschaften des Vorderen Orients und der Mittelmeerwelt in etwa einander. Eine Übertragung in die heutigen Zahlen- und Maßsysteme ergibt nur Annäherungswerte.

1. Maße
a) Längenmaße
Elle (Gen 6,15; Mt 6,27): gemessen von der Spitze des Ellbogens bis zur Spitze des Mittelfingers
Spanne (Ex 28,16): der Abstand von der Daumen- bis zur Kleinfingerspitze der gespreizten Hand
Handbreite (Ex 25,25): gemessen an der Fingerwurzel
Finger (Jer 52,21): Daumenbreite

Es ergibt sich folgendes *Verhältnisschema*
(zu lesen 1 Elle = 2 Spannen usw.):

				königlich	gewöhnlich
Elle	1			52,5 cm	45,8 cm
Spanne	2	1		26,9 cm	22,9 cm
Handbreite	6	3	1	8,7 cm	7,6 cm
Finger	24	12	4	2,2 cm	1,9 cm

b) Wegmaße
Tagesmarsch (Num 11,31): ca. 40 km
Meile (Mt 5,41): römische Bezeichnung, 1.000 Doppelschritte, etwa 8 Stadien; ca. 1,5 km
Stadion (Mehrzahl: Stadien; Makk 11,5; Lk 24,13): griechische Bezeichnung, ca. 185–200 m
Faden (Apg 27,28): $^1/_{100}$ Stadion: ca. 1,85 m
Schritt (2 Sam 6,13): $^1/_{200}$ Stadion: ca. 92 cm
Fuß (Dtn 2,5; Apg 7,5): $^1/_{600}$ Stadion: ca. 30,8 cm
Elle (Gen 6,15; Mt 6,27): 45,8 cm
Bogenschuss (Gen 21,16): ?

c) Hohlmaße
Für Trockenes
Hómer (Lev 27,16): 10 Efa: ca. 400 l
Letech (s. Anmerkung zu Hos 3,2): 5 Efa: ca. 200 l
Efa (Ex 16,36): ca. 40 l
Sea (2 Kön 7,1; Mt 13,13): $^1/_3$ Efa: ca. 13 l
Gomer (Ex 16,36): $^1/_{10}$ Efa: ca. 4 l
Zehntel (Ex 29,40): $^1/_{10}$ Efa: ca. 4 l
Kab (2 Kön 6,25): $^1/_{18}$ Efa: ca. 2,2 l

Für Flüssigkeiten
Kor (1 Kön 5,2; Lk 16,7): 10 Bat: ca. 400 l
Bat (1 Kön 7,26; Lk 16,6): ca. 40 l
Metrete (Joh 2,6): 1 Bat: ca. 40 l
Hin (Ex 29,40): $^1/_6$ Bat, ca. 6,5 l
Log (Lev 14,10): $^1/_{72}$ Bat: ca. 0,5 l

2. Gewichte und Münzen
Schon in der Frühzeit erkannte man den Eigenwert edler und seltener Metalle; sie sind als Tauschobjekt begehrt und für Handel und Stadtkultur leicht verwendbar (vgl. die »Viehwährung« der Nomadenkultur). Metalle wog man mit Steingewichten auf einfachen Waagen. Die Metallwährung bildet das Zwischenglied zwischen dem Tauschhandel und der Geldwirtschaft. Das Verhältnis Gold-Silber war etwa 1:13. Gold- und Silberstücke wurden in Barren, als Schmuck (mit Gewichtsstempel) und vom 7. Jahrhundert an als geprägte Münzen gebraucht. Das Wort Silber wurde zur Bezeichnung für Geld schlechthin (vgl. das französische »argent«). Die ersten uns überhaupt bekannten Münzen wurden um das Jahr 630 v. Chr. in Lydien (heute West-Türkei) aus Weißgold (Elektrum) verfertigt. Im Alten Testament werden Münzen erst in nachexilischen Texten erwähnt. Die älteste auf dem kanaanäischen Boden gefundene Münze ist eine griechische Tetradrachme (Mitte des 6. Jahrhunderts). Als älteste jüdische Münze ist ein Halbschekel aus dem 5. Jahrhundert bekannt.

a) Gewichte
Talent (Ex 38,25; Mt 18,24): 3.600 Schekel: ca. 41 kg
Das Talent war keine Münze, sondern die Bezeichnung für eine festgelegte Recheneinheit: 6.000 Drachmen (vgl. Dutzend).
Mine (Ez 45,12; Lk 19,13):60 Schekel: ca. 685 g
Auch die Mine war keine Münze, vgl. zu Talent; ihr Wert entsprach 100 Drachmen.
Pfund (litra, Joh 12,3; 19,39): 320 g
Kesita (Jos 24,32; vgl. Gen 23,15): 4 Silberschekel: ca. 46 g
Schekel bzw. *Silberschekel* (Ex 38,24; Ez 45,12):11,5 g. Von hebr. »*schakal*«, wiegen, bezahlen: Gewicht, das zur Grundeinheit des Gewichtssystems wurde; es kann unterteilt werden in Drittel-, Halb- und Viertelschekel (vgl. die Doppeldrachme).
Halbschekel (Lk 15,8, vgl. Doppeldrachme): 6 g
Gera (Num 3,47): ca. 0,6 g

Es ergibt sich etwa folgendes *Verhältnisschema* (zu lesen: 1 Talent = 60 Minen usw.):

Talent	1		
Mine	60	1	
Schekel	3 600	60	1
Gera	72 000	1 200	20

b) Altorientalische Währungen
In engem Zusammenhang mit der wechselreichen politischen Geschichte ist auch die Münzgeschichte Palästinas sehr lebhaft gewesen. Als Währung, die seit 538 in den persischen Provinzen Palästinas in Umlauf war, sind im Alten Testament erwähnt: Golddariken (1 Chr 29,7; Esra 2,69; 8,27; Neh 7,69–71) und Silberschekel (Neh 5,15), wobei die Goldmünzen von der persischen Zentralmacht, die Silbermünzen von der Provinzregierung geprägt waren. Daneben waren auch die Währungen anderer Staaten gültige Zahlungsmittel. Die Hafenstadt Tyrus begann schon etwa 450 v. Chr. eigene Münzen (Statér) zu prägen. Diese Währung phönizischen Standards galt bis 331; in diesem Jahr führte Alexander der Große in seinem Reich eine einigermaßen einheitliche Währung ein, u. a. Tetradrachmen und Doppeldrachmen attischen Standards. Nach einem Dreivierteljahrhundert ptolemäischer und einem Dreivierteljahrhundert seleuzidischer Prägung lieferte Tyrus ab 125 v. Chr. wieder Tetradrachmen, Doppeldrachmen und Drachmen phönizischen Standards (Schekel, Halbschekel, Viertel-Silberschekel) mit einem sehr stabilen Feingehalt, im Gegensatz zu den seleuzidischen (Syrien) und ptolemäischen (Ägypten) Währungen, die laufend weniger Eigenwert haben (der Metallfeingehalt ist Mitte des 1. Jahrhunderts v. Chr. bis auf 30 Prozent des ursprünglichen Werts abgesunken). Daher galt die tyrische Währung als einzig gültiges Tempelsteuerzahlmittel. Nach 1 Makk 15,6 wurde dem Makkabäer Simeon (143–135) das Münzrecht zugestanden. Die makkabäische Währung ist durchwegs aus Bronze und ohne Wertangabe. Die Römer, Herrscher in Palästina seit 64 v. Chr., führten ihre Reichsmünzen (Denar, As, Quadrans) und verschiedene Provinzialmünzen (Münzstätten Antiochia, Alexandria) ein.

c) Griechische Währung
Mine (Ez 45,12; Lk 19,13): 25 Silberschekel bzw. Tetradrachmen, 100 Drachmen
Tetradrachme (Mt 17,27): auch Statér genannt; eine Silbermünze im Wert eines Schekels (Mt 16,15, EÜ: Silberstück)
Doppeldrachme (Mt 17,24): Silbermünze im Wert eines Halbschekels
Drachme (Lk 15,8): Silbermünze im Wert eines Viertelschekels, gleich 6 Oboloi; entspricht einem Denar
Obolos: Bronzemünze, gleich 8 Chalkoi
Chalkos (Mt 10,9): Bronzemünze, gleich $^1/_{48}$ Drachme
Lepton (Mk 12,42): Bronzemünze, $^1/_{144}$ Drachme

d) Römische Währung
Golddenar (vgl. Mt 10,9): 25 Silberdenare
Silberdenar (Mt 18,28): gleich einem Viertel-Silberschekel, unter Kaiser Nero (63 n. Chr.) einer Drachme gleichgestellt; römische Sold- und Steuermünze; entsprach dem Taglohn (s. Mt 20,2)
As (Mt 10,29): Bronzemünze, entspricht $^1/_{16}$ Denar
Quadrans (Mt 5,26): Bronzemünze, entspricht $^1/_{64}$ Denar

VII. KALENDER UND FESTTAGE

1. Zeit

Monate:	Kanaanäische Bezeichnung	Babylonische Bezeichnung
März/April (1)	Abib	Nisan
April/Mai (2)	Siw	(Ijjar)
Mai/Juni (3)		Siwan
Juni/Juli (4)		(Tammus)
Juli/August (5)		(Ab)
August/ September (6)		Elul
September/ Oktober (7)	Etanim	(Tischri)
Oktober/ November (8)	Bul	(Marche- schwan)
November/ Dezember (9)		Kislew
Dezember/ Januar (10)		Tebet
Januar/ Februar (11)		Schebat
Februar/März (12)		Adar

Die in Klammer stehenden Bezeichnungen finden sich nicht in der Bibel.
Der Tag dauerte von Sonnenuntergang zu Sonnenuntergang. Das galt auch für den Sabbat (7. Tag = Freitagabend bis Samstagabend). Der Lichttag wurde in zwölf Stunden eingeteilt, von Sonnenaufgang gerechnet bis Sonnenuntergang. Die Nacht wurde zunächst in drei, dann unter römischem Einfluss in vier Nachtwachen (zu je »drei« Stunden) eingeteilt.
Der Monat wurde von Neumond an gerechnet und bestand aus neunundzwanzig oder dreißig Tagen.
Das Jahr war ein Mondjahr zu 353 bis 355 Tagen, das man etwa jedes dritte Jahr durch Einschub eines Schaltmonats auf das Sonnenjahr abstimmte. Bis zum Babylonischen Exil begann das bürgerliche und das kultische Jahr mit dem Monat Nisan, das wirtschaftliche Jahr mit dem Monat Tischri. Nach dem Exil wurde das bürgerliche Jahr dem wirtschaftlichen angeglichen. Zur Zeit Jesu galten auch römische Monatsnamen (s. die deutschen Monatsnamen, die sich aus den römischen entwickelten). Daneben kannte man auch mazedonische Bezeichnungen, von denen aber nur drei im Alten Testament erwähnt sind: Dystros (Februar/März), Xanthikos (März/April) und Dioskoros (ein Schaltmonat).

2. Biblische Feste und Festzeiten
Die Feste im Allgemeinen haben sich aus drei Grundmotiven entwickelt, nämlich aus der Erinnerung:
1. an die ständige Wiederkehr der Ereignisse in der Natur (Ernte, Schafschur);
2. an bedeutsame Ereignisse im Familienleben (Entwöhnung des Kindes, Hochzeit) und
3. an geschichtliche Ereignisse im Leben des Volkes.
Mit der Zeit verbanden sich bei einigen Festen einige verschiedene Motive (vgl. Pascha, Laubhüttenfest).

Zu den biblischen Festen und Festzeiten gehören:
Sabbat (letzter Tag jeder Woche); vgl. Lev 23,3.
Neumond (erster Tag jedes Monats); vgl. Num 28,11.
Neujahrsfest (erster Tag jedes Jahres); vgl. Lev 23,23–25.
Das *Pascha* (am 14. und 15. Nisan, Frühlingsvollmond); vgl. Ex 12,1–14; Lev 23,4–8.
Das *Fest der Ungesäuerten Brote* (Anfang der Gerstenernte, anschließend an das Pascha); vgl. Ex 12,15–20.
Das *Wochen-* oder *Pfingstfest* (Weizenernte, fünfzig Tage nach dem Fest der Ungesäuerten Brote); vgl. Lev 23,15–22.
Der *Versöhnungstag* (fünf Tage vor dem Laubhüttenfest); vgl. Lev 16,2–34; 23,26–32.
Das *Laubhüttenfest* (Ende der Oliven- und Weinernte, vom 15. bis 22. Tischri); vgl. Lev 23,33–36. 39–43.
Das *Tempelweihfest* (Erinnerung an die Weihe des Tempels 164 v. Chr.; Woche vom 25. Kislew); vgl. 1 Makk 4,36–59.
Das *Purimfest* (am 14. und 15. Adar); vgl. Est 9,20–32.
Das *Sabbatjahr* (alle sieben Jahre); vgl. Lev 25,2–7.
Das *Jubeljahr* (alle neunundvierzig Jahre); vgl. Lev 25,8–31.

VIII. AUSGWÄHLTE NAMEN UND BEGRIFFE

(s. A = siehe die Anmerkung zu; s. Einl.: = siehe die Einleitung zu).

Aaron – Ex 4,14–12,50; 16,2–10; 17,10.12; 24,1–14; 28,1–30,30; 32,1–6.21–25; 35,19; 39; Lev 1,5–2,10; 6,9–10,19; 13,1f; 16,1–25; 21,1–22,18; Num 1,3.17.44, 3,1–4,48; 8,2–22; 12,1–11; 13,26; 14,2–26; 16,3 – 20,29; 26,59–64; 33,1–39; Dtn 9,20; 10,6; 32,50; Lk 1,5; Apg 7,40; Hebr 5,4; 7,11; 9,4.
Abba – Mk 14,36; Röm 8,15; Gal 4,6.
Abel – Gen 4,2–11; Mt 23,35; Lk 11,51; Hebr 11,4; 12,24.
Abendmahl – Mt 26,20–29; 14,17–25; Lk 22,14–20; 24,30; Joh 6,48–51; 21,13; Apg 1,4; 2,42.46; 10,41; 20,7.11; 1 Kor 10,16–21; 11,23–29; vgl. Eucharistie.
Abendopfer – Num 28,3–8; Esra 9,5.
Abib – s. Anhang VII.1.
Abigajil – 1 Sam 25,2–42; 27,3; 30,5; 2 Sam 2,2; 3,3; 1 Chr 3,1.
Abihu – Ex 6,23; 24,1.9; 28,1; Lev 10,1; Num 3,2.4; 26,60f; 1 Chr 5,29; 24,1f.
Abija (König) – 1 Kön 15,1–8; 2 Chr 13,1–23.
Abija (Priester) – 1 Chr 24,10; Lk 1,5.
Abimelech (König von Gerar) – Gen 20f; 26,1–26.
Abimelech (von Sichem) – Ri 8,31; 9,1–57; 10,1.
Abinadab – 1. 1 Sam 16,8; 17,13; 2. 2 Sam 6,3.
Abiram – Num 16,1–35; 26,9; Dtn 11,6; Ps 106,17; Sir 45,18.
Abischag – 1 Kön 1,3.15; 2,17.21f.
Abischai – 1 Sam 26,6–9; 2 Sam 2,18.24; 3,30; 10,10.14; 16,9.11; 18,2.5; 19,22, 20,6.10; 21,17; 23,18; 1 Chr 2,16; 11,20; 18,12.
Abjatar – 1 Sam 22,20–23; 23,6.9; 30,7; 2 Sam 8,17; 15,24–36; 17,15; 20,25; 1 Kön 1,25; 2,22–35; 4,4; 1 Chr 15,11; 18,16; 27,34; s. A Mk 2,26.
Abner – 1 Sam 14,50f; 17,55; 20,25; 26,5–16; 2 Sam 2,8–4,12; 1 Kön 2,5.32; 1 Chr 26,28.
Abram/Abraham – Gen 11,26–25,11; 2 Chr 20,7; 1 Makk 2,52; 2 Makk 1,2; Ps 105,6.42; Weish 10,5; Sir 44,19–22; Jes 41,8; Röm 4,3–22; Gal 3,6–18; Hebr 11,8–17; Jak 2,21–23.
Abschalom – 2 Sam 3,3; 13,1–19,11; 20,6; 1 Kön 1,6; 2,28; 1 Chr 3,2; Ps 3,1.
Achaia – Apg 18,12.27; 19,21; Röm 15,26; 1 Kor 16,15; 2 Kor 1,1; 9,2; 11,10; 1 Thess 1,7f.
Achan – Jos 7,1–26; 22,20; 1 Chr 2,7.

Achior – Jdt 5,5–22; 6,1–21; 11,9; 14,6.
Achisch – 1 Sam 21,11–15; 27,2–12; 28,1f; 29, 2–10.
Achor-Tal – s. A Hos 2,17.
Adam – Gen 2,25; 3,8–12.17–20; 4,1–25; 5,1–5; Weish 10,1f; s. A Gen 4,25; Lk 3,38; Röm 5,14; 1 Kor 15,22.45; 1 Tim 2,13f; Jud 14.
Adar – s. Anhang VII.1.
Adonija – 2 Sam 3,4; 1 Kön 1,5–53; 2,13–25; 1 Chr 3,2.
Adoption – s. A Gen 30,3.
Agabus – Apg 11,27f; 21,10f.
Agrippa I. – s. A Apg 12,1.
Agrippa II. – s. A Apg 25,13.
Ägypten – Gen 12,10–13,1; 39,1–50,26; Ex 1,1–14,31; 2 Kön 18,21–24; Tob 8,3; Jdt 5,12; Ps 78,51; 81,6; 105,27–38; Jes 19,1–20,6; Jer 46,2–26; Ez 29,1–32,32; Mt 2,13–19; Apg 2,10; 7,9–40; 13,17; Hebr 3,16; 8,9; 11,26f; Jud 5; Offb 11,8.
Ahab – 1 Kön 16,28–30.33; 17,1; 18,1–46; 19,1; 20,2–22,40; 2 Kön 1,1; 3,1.5; 8,16–18; 9,7–9; 10,1.18; 21,3; 2 Chr 18,1–19; 21,6.13; 22,2–8; Jer 29,21.
Ahas – 2 Kön 15,38; 16,1–20; 17,1; 18,1; 20,11; 23,12; 1 Chr 3,13; 2 Chr 27,9; 28,1–27; 29,19; Jes 1,1; 7,1–3.10.12; 14,28; 38,3; Mt 1,9.
Ahasja von Israel – 1 Kön 22,40 – 2 Kön 1,18; 2 Chr 20,35–37.
Ahasja von Juda – 2 Kön 8,24–29; 9,16–29; 12,19; 1 Chr 3,11; 2 Chr 22,1–11.
Ahija aus Schilo – 1 Kön 11,29–39; 14,2–18; 15,29; 2 Chr 9,29; 10,15.
Ai – Gen 12,8; 13,3; Jos 7,2–5; 8,1–29; 9,3; 10,1f; 12,9; Esra 2,28; Neh 7,32.
Ajalon – Jos 19,42; 21,24; Ri 1,25; 1 Sam 14,31; 1 Chr 6,54; 2 Chr 11,10; 28,18.
Allerheiligste, das – s. A 1 Chr 28,11.
Almosen – Dtn 15,7; Tob 4,7–11; 12,8f; Est 9,22; Spr 22,9; Sir 7,33; 18,15; Dan 4,24; Mt 6,2–4; Lk 11,41; 12,33; Apg 3,2f.10; 9,36; 10,2.4.31; 24,17.
Aloe – Ps 45,9; Hld 4,14; Joh 19,39.
Alpha und Omega – Offb 1,8; 21,6; 22,13; s. A Offb 1,8.
Alphäus – 1. Mt 10,3; Mk 3,18; Lk 6,15; Apg 1,13; 2. Mk 2,14.
Altar – Gen 8,20; 35,1.3.7; 22,9; Ex 20,24–26; 27,1–7; 29,12–44; 38,30; Lev 8,11.15.30; Num 23,1; Dtn 12,27; 16,21; Jos 8,30f; 1 Sam 14,35; 1 Kön 1,50; 2 Kön 16,12; 2 Chr 7,9; Esra 3,2f; 1 Makk 1,57; 2,23.25; 4,47; 2 Makk 1,18f; Ez 43,13–27, Mal 1,7; 2,13; s. A Lev 4,7; 1 Kön 18,34; Mt 5,23f; 23,18–20.35; Lk 1,11; 11,51; Röm 11,3; 1 Kor 9,13; 10,18; Hebr 7,13; 13,10; Jak 2,21; Offb 6,9; 8,3.5.
Alter – Lev 19,32; 1 Kön 12,8; 2 Chr 10,8; Ijob 8,8f; 12,12; 15,10; 32,7–9; Ps 71,9.18; Spr 16,31; 20,29; 23,22; Koh 12,1–7; Sir 3,12f; 8,6; 25,4–6; Jes 65,20; Lk 1,18; Joh 3,4; 21,18; Apg 2,17.
Älteste (im Judentum) – Ex 3,16; 12,21; Num 11,16; Dtn 19,12; 21,2–4.6.19f; 22,15–18; 25,7–9; Jos 9,11; 24,1; Ri 8,14; 11,5; Rut 4,2; 1 Sam 4,3; 11,3; 16,4; 30,26; 2 Sam 3,17; 5,3; 1 Kön 8,1; 12,6; 20,7f; 21,8–11; 2 Kön 10,6; 23,1; Esra 5,9; 6,7f; 10,8–14; Jdt 10,6; 15,8; 1 Makk 12,6.35; Jes 9,14; Mt 21,23; 26,3.47; 27,1.41; Mk 11,27; 14,43; Lk 22,66; Joh 8,9; Apg 4,5; 5,21; 22,5; 24,1; 25,15.
Ältester, Presbyter (im Christentum) – Apg 11,30; 14,23; 15,2.4.6.22f; 16,4; 20,17; 21,18; 1 Tim 5,17.19; Tit 1,5; Jak 5,14; 1 Petr 5,1.5; 2 Joh1; 3 Joh 1; Offb 4,4.10; 5,5f.8.11.14; 7,11.13; 11,6; 14,3; 19,4; s. A 1 Tim 3,1; 2 Joh 1; Offb 4,4–8.
Altes Testament – s. Einl. »Das Alte Testament«.
Amazja – 2 Kön 12,22; 13,12; 14,1–23; 15,3; 1 Chr 3,12; 2 Chr 24,27; 25,1–28; 26,1.4.
Amen – hebräisches Wort mit der Bedeutung: »So sei es!«, »So ist es.« In der Liturgie Ausdruck feierlicher Zustimmung. Jesus bekräftigte mit dem seinen Worten vorangestellten Amen (im Johannesevangelium verdoppelt) die ihm eigene Offenbarungs- und Lehrautorität.
Amminadab – Rut 4,19f; 1 Chr 2,10f; Mt 1,4; Lk 3,33.
Amnon – 2 Sam 3,2; 13,1–39.
Amon – 2 Kön 21,19–26; 2 Chr 33,21–25.
Anatot – Jer 1,1; 32,7–9.
Andreas – Mt 4,18; 10,2; Mk 1,16.29; 3,18; 13,3; Lk 6,14; Joh 1,40.44; 6,8; 12,22; Apg 1,13.
Angst – Gen 35,17; 50,21; Dtn 1,19; Ijob 4,14; Ps 23,4; 27,1; 55,4–6; 112,8; Sir 26,5; 40,2.7; Jona 1,5.10; Mt 10,26–31; 14,26f; 28,4; Mk 5,33.36; 6,20.50; 11,18; 12,12; Lk 1,12; 8,37; 12,4–7.32; 21,26; Joh 7,13; 9,22; 19,38; 20,19; Apg 2,43; 5,5.11; 19,17; Röm 8,15; 13,3f; 1 Kor 2,3; 2 Kor 7,5.15; Eph 6,5; Hebr 2,15; 5,7; 1 Petr 3,14; 1 Joh 4,18; Offb 1,17; 2,10; 11,11; vgl. Gottesfurcht.
Antichrist – 1 Joh 2,18.22; 4,3; 2 Joh 7; s. A 1 Joh 2,18f.
Antiochia am Orontes – 1 Makk 3,17; 4,35; 6,63; 10,68; 11,13.44.56; 2 Makk 4,33; 5,21; 8,35; 11,36; 13,23.26; 14,27; Apg 11,19–27; 13,1–3; 14,19–26; 15,22–35; 18,22; Gal 2,11f.
Antiochia in Pisidien – Apg 13,14–52; 14,19–22; 2 Tim 3,11.
Apokalypse, Apokalyptik – s. A Jes 24,1–27,13; s. Einl. Dan.; Einl. Offb.
Apokryphen – s. Einl. »Das Alte Testament«.
Apollos – Apg 18,24; 19,1; 1 Kor 1,12; 3,4–6.22; 4,6; 16,12; Tit 3,13.
Apostel – Mit 10,2–4; Mk 3,14–19; 6,30; Lk 6,13–16; Apg 1,13–26; 9,15; 14,14; 20,28; 22,21; Röm 1,1.5; 11,13; 1 Kor 15,7; Gal 1,15–19; Eph 2,20; 4,11; 1 Thess 2,7; 1 Tim 2,7; Offb 21,14; s. A Lk 6,13; 1 Kor 9,12; Gal 2,6–9.
Apostelkonzil – s. Einl. Apg; Apg 15,1–35; s. A Gal 2, 11–13.
Aquila – Apg 18,2.18.26; Röm 16,3; 1 Kor 16,19; 2 Tim 4,19.
Arabien – s. A Gal 1,17.
Aramäische Sprache – s. A 2 Kön 18,26; s. Anhang III.5.
Arbeit – Gen 1,28; 2,15; 3,17; 5,29; Ex 20,9f; Dtn 5,13f; Spr 6,6–11; Koh 11,6; Sir 22,1f; 38,34; Mt 20,1–8; 21,28–30; 25,26; Lk 10,40f; 12,35–48; Apg 18,3; 1 Kor 4,12; Eph 4,28; Kol 3,23f; 1 Thess 2,9; 4,11; 2 Thess 3,8.10–12; 1 Tim 5,18; Jak 5,4.
Arche – Gen 6,13–8,19; Mt 24,38; Lk 17,27; Hebr 11,7; 1 Petr 3,20.
Areopag – Apg 17,19.22.
Ariël – Jes 29,1f.7; vgl. Jerusalem.
Arimathäa – Mt 27,57; Mk 15,43; Lk 23,51; Joh 19,38.
Aristarch – Apg 19,29; 20,4; 27,2, Kol 4,10; Phlm 24.
Armut, arm – Ex 23,3.6.11; Lev 14,21; 25,25.35.39.47; Dtn 15,4.7–11; 24,14; 1 Sam 2,7f; Tob 4,21; Ps 34,7; 40,18; 49,3; 68,11; 69,34; 72,12f; 74,21; 140,13; Spr 14,31; 19,1; 22,22; 29,7; 31,9.20; Sir 7,32; 10,30f; 29,9; 34,24f; Jes 11,4; Jer 22,16; Ez 18,12; 22,29; Am 2,6; 4,1; 5,12; 8,4.6; Mt 5,3; 11,5; 19,21; 26,9.11; Mk 10,21; 12,42f; 14,5.7; Lk 4,18; 6,20; 7,22; 14,13.21; 16,20.22; 18,22; 19,8; 21,2f; Joh 12,5f.8; 13,29; Apg 4,34; Röm 15,26; 2 Kor 6,10; 8,9; 9,9; Gal 2,10; Jak 2,2–6; Offb 2,9; 3,17; 13,16.
Artaxerxes – Esra 4,7–23; 6,14; 7,1–21; Neh 2,1; 5,14; 13,6; Est 1,1–19; 2,21; 3,1.7.12f; 6,2; 8,1.7.12; 9,2.20.30; 10,1–3.
Artemis – Apg 19,24–35.
Asa – 1 Kön 15,8–25; 16,8.10.23.29; 1 Chr 3,10; 2 Chr 13,23; 14,1–4; 15,2.16–18; 16,1–6; 17,1f; 20,32; 21,12.
Asaramel – s. A 1 Makk 14,27.
Asarja von Juda – s. Usija.
Ascher – Gen 30,13; 35,26; 46,17; 49,20; Dtn 33,24; Jos 17,7.10; 19,14.31.34; 21,6.30; Ri 1,32f; Lk 2,36; Offb 7,6.
Aschera – s. A 1 Kön 14,23; 2 Chr 33,7.
Aschmodai – Tob 3,8.

1,1; 28,28; Ps 97,10; 141,4; Spr 3,7; 8,13; Am 5,15; Mt 5,39; 7,18; 12,35.39.45; 13,49f; 16,4; Mk 7,21–23; Lk 6,45; 11,13.29; Joh 3,19f; 5,29; Apg 9,13; Röm 2,9; 7,19.21; 12,9.17–21; 16,19; 1 Kor 10,6; Gal 1,4; Kol 1,21; 1 Thess 5,22; 2 Thess 3,2; 2 Tim 3,13; 4,18; Hebr 3,12; 5,14; Jak 3,8; 1 Petr 3,9; 2 Joh 11; 3 Joh 10.

Brandopfer – s. A Lev 1,1–17; 2 Chr 1,3; s. A Lk 1,9.

Brot – Ex 12,15–20; 13,6f; 16,4.8.15; 23,14; Lev 2,4; Dtn 8,3; Koh 11,1; Mt 4,3f; 6,11; 15,26.33–37; 16,5–12; Mk 6,8.37–43; Lk 7,33; 9,3; 11,3; 24,30.35; Joh 6,5–13.23.32–58; 21,9.13; vgl. Schaubrote.

Bruder – s. A Gen 14,14; Dtn 1,16.

Brüder Jesu – Mt 12,46–50; 13,55; 28,10; Mk 3,31–35; Lk 8,19–21; Joh 2,12; 7,3.5.10; 20,17; Apg 1,14; 1 Kor 9,5; s. A Mt 12,46f; Apg 12,17.

Bund (Abraham) – Gen 15,18–21; 17,2–14.19.21; s. A Dtn 4,37; 26,17–19; 29,11; Spr 2,17; Jer 34,18; s. Einl. Mal; Lk 1,72; Apg 3,25; 7,8.

Bund (David) – 2 Sam 23,5; Jer 33,21f; Ps 89,4.29; Sir 45,25.

Bund (Mose) – Ex 19,3–8; 24,7f; 34,10.28; Lev 26,9; Dt 29,11–14.20.24; 31,16.26; Neh 1,5; 2 Kor 3,14; Hebr 9,1.4.15–18.

Bund (Noach) – Gen 9,9–17; Sir 44,18.

Bund, der Neue – Jer 31,31–34; Mt 26,28; Mk 14,24; Lk 22,20; Röm 11,26f; 1 Kor 11,25; 2 Kor 3,6; Hebr 7,22; 8,6–13; 9,15; 12,24; 13,20; s. A Hebr 9,15–28.

Bundesbruch – Ex 32,1–29; Dtn 4,23; Jer 11,9–13; Hos 6,7; 8,1.

Bundesbuch – Ex 21,1–23,33.

Bundesgesetz – s. Einl. »Die fünf Bücher des Mose«.

Bundeslade – Ex 25,10–22; 26,33f; 30,6.26; 31,7; 35,12; 37,1.5; 39,35; 40,3–21; Lv 16,2; Num 3,31; 4,5; 10,33.35; 14,44; Dtn 10,3.5.8; 31,9.25f; Jos 3,3–4,18; 6,4–13; 7,6; 8,33; Ri 20,27; 1 Sam 3,3; 4,3–7,2; Sam 6,2–17; 7,2; 11,11; 15,24f.29; 1 Kön 2,26; 3,15; 8,1–9; 1 Chr 13,3–14; 15,1–16,37; 17,1; 22,19; 28,2.18; 2 Chr 1,4; 5,2–10; 6,11.41; 35,3; 2 Makk 2,4f; Ps 132,8; Jer 3,16; Hebr 9,4; Offb 11,19; vgl. Lade.

Bundesurkunde – Ex 30,6.26.36; 31,18; 32,15; 40,20; Num 9,15.

Cäsarea am Meer – Apg 8,40; 9,30; 10,1.24; 11,11; 12,19; 18,22; 21,8.16; 23,23.33; 25,1.4.6.13.

Cäsarea Philippi – Mt 16,13; Mk 8,27.

Chaldäer – s. A Dan 2,2; s. Einl. Hab.

Charisma – wörtlich: Gnadengabe (von charis, Gnade); besondere gnadenhafte Befähigung zum christlichen Leben und zum Aufbau der christlichen Gemeinden; Röm 1,11; 6,23; 11,29; 12,6; 1 Kor 1,7; 7,7; 12,4.9.28–31; 2 Kor 1,11; 1 Tim 4,14; 2 Tim 1,6; 1 Petr 4,10.

Chiliasmus – von chilioi, Tausend; Erwartung eines Tausendjährigen Reiches Christi auf der Erde, dessen Kommen einige Schriftausleger aus Offb 20,1–6 herauslassen.

Chorazin – Mt 11,21; Lk 10,13.

Christ – gr. christanos, d. h. einer, der an Jesus als den Christos (den Gesalbten), den Messias, glaubt; s. A Apg 11,26; Gal 3,28f; 1 Petr 4,16.

Christus – gr. Christos; s. Messias.

Chronik – s. Einl. Chr.

Chronistisches Geschichtswerk – s. Einl. Esra und Neh.

Comma Johanneum – s. A 1 Joh 5,7f.

Dagon – s. A 1 Sam 5,2.

Dämonen – böse Geister, die nach jüdischem Volksglauben besonders schwere Leiden bei Menschen verursachen und sie ihrer Freiheit berauben. Tob 6,15–17; 8,3; Mt 7,22; 10,8; 11,18; 12,24–28; 17,18; Mk 1,34.39; 3,15.22; 6,13; 7,26–30; 9,38; 16,9.17; Lk 4,33.35.41; 7,33; 8,2.27–38; 9,1.42.49; 10,17; 11,14–20; 13,32; Joh 7,20; 8,48–52; 10,20f; 1 Kor 10,20f; 1 Tim 4,1; Jak 2,19; Offb 9,20; 16,14; 18,2.

Damaskus – 2 Sam 8,5f; 1 Kön 11,23–25; 2 Kön 14,28; 16,9; Jes 17,1–3; Jer 49,23–27; Am 1,3–5; Apg 9,2–23.27; 22,5–16; 26,12–20; 2 Kor 11,32; Gal 1,17.

Dan (Stadt) – Gen 14,14; Ri 20,1; 1 Kön 4,25; 12,29f; 15,20; Am 8,14.

Dan, Daniter – Gen 30,6; 35,25; 46,23; 49,16f; Dtn 33,22; Jos 19,40.47f; 21,5.23; Ri 1,34; 5,17.

Daniel – 1 Makk 2,60; Ez 14,14.20; 28,3; Dan; Mt 24.15.

Dank, danken – Lev 7,12–15; 1 Chr 16,4.8.17.34f.41; 2 Chr 7,3.6; Esra 3,11; Neh 12,24; Ps 26,7; 28,7; 35,18; 50,14; 52,11; 100,4; 105,1; 106,1; 107,1.8.15.21.31; 118,21; 145,10; Jes 12,4; 51,3; Jer 30,18f; Dan 2,23; Jona 2,9; Mt 11,25; 15,36; 26,27; Mk 8,6; 14,23; Lk 2,38; 10,21; 17,9.16; 18,11; 22,17–19; Joh 6,11.23; 11,41; Apg 27,35; 28,15; Röm 1,8.21; 6,17; 7,25; 14,6; 16,4; 1 Kor 1,4.14; 10,30; 11,24; 14,16–18; 15,57; 2 Kor 1,11; 2,14; 4,15; 8,16; 9,11.15; Eph 1,16; 5,4.20; Phil 1,3.5; 4,6; Kol 1,3.12; 2,7; 3,15–17; 4,2; 1 Thess 1,2; 2,13; 3,9; 5,18; 2 Thess 1,3; 2,13; 1 Tim 1,12; 2,1; 4,3f; 2 Tim 1,3; Phlm 4; Offb 4,9; 7,12; 11,17.

Darius – Esra 4,24; 5,5–7; 6,1.12–15; Neh 12,22; Dan 6,1–29; 9,1.

Datan – Num 16,1–35; 26,9; Dtn 11,6; Ps 106,17; Sir 45,18.

David – Rut 4,17.22; 1 Sam 16,12 – 1 Kön 2,12; 2,24.26.33.44; Ps 78,70; 89,4.21.36.50; 122,5; 132,1.10f.17; 144,10; Jes 7,2.13; 9,6; 16,5; 22,9.22; 29,1; 37,35; 55,3; Jer 13,13; 17,25; 21,12; 22,2.4.30; 23,5; Ez 34,34; Mt 1,1.6.17.20; 9,27; 12,3.23; 15,22; 20,30f; 21,9.15; 22,42–45; Mk 2,25; 10,47f; 11,10, 12,35.37; Lk 1,27.32.69; 2,4.11; 3,31; 6,3; 18,38f; 20,41–44; Joh 7,42; Apg 1,16; 2,25.29.34; 4,25; 7,45; 13,22.34.36; 15,16; Röm 1,3; 4,6; 11,9; 2 Tim 2,8; Hebr 4,7; 11,32; Offb 3,7, 5,5; 22,16.

Davidssohn – ein jüdischer Titel des Messias, der nach 2 Sam 7,12–16; 1 Chr 17,10–14 ein Nachkomme und Nachfolger des Königs David (1000–961 v. Chr.) sein sollte (vgl. dazu Mt 12,23; 15,22; 22,41–46 par. u. ö.).

Debora – Ri 4f.

Deckplatte (über der Bundeslade) – Ex 25,17–22; 26,34; 30,6; 31,7, 35,12; 37,6–9; 39,35; 40,20; Lev 16,2.13–15; Num 7,89.

Dedan – Gen 10,7; 25,3; 1 Chr 1,9.32; Ez 25,13; 27,20; 38,13.

Dekalog – Ex 20,1–17; Dtn 5,6–21.

Dekapolis – wörtlich »Zehnstadt«; Mt 4,25; Mk 5,20; 7,31.

Demas – Kol 4,14; 2 Tim 4,10; Phlm 24.

Demetrius – 1. Apg 19,24.38; 2. 3 Joh 12.

Demut – 1 Sam 2,7; Ijob 5,11; Ps 147,6; Ez 17,24; Mt 11,29; 18,4; 23,12; Lk 1,48.52; 3,5; 14,11; 18,14; Apg 20,19; Röm 12,16; 2 Kor 10,1; 11,7; 12,21; Eph 4,2; Phil 2,3.8; Kol 2,18.23; 3,12; Jak 1,9f; 4,6.10; 1 Petr 3,8.

Derbe – Apg 14,6.20; 16,1.

Deuterojesaja – s. Einl. Jes.

deuterokanonisch – s. Einl. »Das Alte Testament«.

Deuteronomistisches Geschichtswerk – s. Einl. Dtn.

Diakon – von gr. diákonos, Diener; Phil 1,1; 1 Tim 3,8.12; s. A Apg 6,1–7; Phil 1,1.

Diaspora – s. Einl. Tob.

Didymus – Joh 11,16; 20,24; 21,2.

Dieb – Ex 20,15; Lev 19,11; Dtn 5,19; Jer 7,9; Mt 15,19; 19,18; 24,43; Mk 7,21; 10,19; Lk 12,39; 18,20; 1 Thess 5,2.4; Offb 3,3; 16,15.

Dienst, dienen – Mt 4,11; 6,24; 8,15; 10,26.28; 22,13; 23,11; 25,44; 27,55; Mk 1,13.31; 9,35; 10,43.45; 15,41; Lk 4,39; 8,3; 10,40; 12,37, 15,29; 16,13; 17,8; 22,26f; Joh 8,33; 12,2.26; Apg 6,2; 7,7; 19,22; 20,19; Röm 6,6; 7,6.25; 9,12; 11,13; 12,7.11; 14,18; 15,31; 16,18; 1 Kor 12,5; 16,15; 2 Kor 3,7–9; 4,1; 5,18; 6,3; 8,4; 9,1.12f; 11,8; Gal 4,8f.25; 5,13; Eph 4,12; 6,7; Phil 2,22; Kol 3,24; 4,17; 1 Thess 1,9; 1 Tim 1,12; 3,10.13; 6,2; 2 Tim 1,18, 4,5.11; Tit 3,3; Phlm 13; Hebr 1,14; 6,10; 1 Petr 1,12; 4,10f; Offb 2,19.

Menschensohn – In der jüdischen Apokalyptik handelt es sich um eine himmlische Gestalt. Ihm ist das Endgericht von Gott übertragen (vgl. Dan 7,13); zugleich weist er auf die künftige Herrlichkeit der geretteten Menschen hin. Eine besondere Richtung deutete den Menschensohn als Messias, den Retter des Volkes Gottes. Jesus gebraucht diese Bezeichnung in der dritten Person und weist damit sowohl auf seine irdische Existenz (Mk 8,31) als auf seine künftige Richterfunktion (Mt 9,6) und Herrlichkeit (Mt 25,31) hin. S. A Ez 2,1; Dan 7,13; s. Jesus Christus.

Meriba – Ex 17,7; Num 20,13.24; Dtn 32,51; 33,8; Ps 81,8; 106,32.

Merodach-Baladan – 2 Kön 20,12; Jes 39,1.

Mesopotamien – Gen 24,10; Dtn 23,5; Ri 3,8; 1 Chr 19,6; Jdt 2,24; 5,7f; 8,26; Ps 60,2; Apg 2,9; 7,2; vgl. Paddan-Aram.

Messias – Ps 2; 8; 110; Jes 7,14f; 9,1–6; 11,1–16; Am 9,11–15; Mi 5,1–4; s. A Lk 2,11; Joh 1,20f; 7,27; Apg 28,20; vgl. Gesalbter; Jesus Christus.

Metuschelach – Gen 5,21f.25–27; 1 Chr 1,3; Lk 3,37.

Micha (Efraimiter) – Ri 17,1–18,31.

Micha (Sohn Jimlas) – 1 Kön 22,8f.13–15.24–28; 2 Chr 18,7.12–14.23–25.27.

Micha (aus Moreschet) – Jer 26,18; s. Einl. Mi.

Michael – Dan 10,13.21; 12,1; Jud 9; Offb 12,7.

Michal – 1 Sam 14,49; 18,20.28; 19,11–13.17; 25,44; 2 Sam 3,13f; 6,16.20f.23; 1 Chr 15,29.

Midian, Midianiter – Gen 37,28.36; Ex 2,15f; 3,1; 4,19; 18,1; Num 10,29; 22,7; 25,6.14f.17; 31,2f.7–9; Jos 13,21; Ri 6,1; 7,1–8,28; 9,17; 10,12; 1 Kön 11,18; Jes 9,3; 10,26; 60,6; Hab 3,7; Apg 7,29.

Milet – Apg 20,15.17; 2 Tim 4,20.

Milkom – 1 Kön 11,5.33; 2 Kön 23,13.

Millo – s. A 2 Sam 5,9.

Mirjam – Ex 15,20f; Num 12,1.4f.10.15; 20,1; 26,59; Dtn 24,9; 1 Chr 5,29; Mi 6,4.

Mitleid – Ps 69,21; 72,13; 103,13; Jes 63,9; Jer 20,16; 21,7; Hos 1,6f; 2,21; Joël 2,18, Jona 4,10f; Mt 9,36; 14,14; 15,32; 18,27; 20,34; Mk 1,41; 6,34; 8,2; 9,22; Lk 7,13; 10,33; 15,20; Röm 1,31; Eph 4,32; Phil 2,1; Kol 3,12; Hebr 4,15; 5,2; 10,34; 1 Petr 3,8; 1 Joh 3,17; vgl. Barmherzigkeit; Erbarmen.

Mizpa (in Benjamin) – Ri 10,17; 11,11.29.34; 20,1.3; 21,1.5.8; 1 Sam 7,5–16; 10,17; 22,3; 2 Kön 25,23.25; 2 Chr 16,6; Neh 3,7.19; 1 Makk 3,46.

Moab – Gen 19,37; 36,35; Ex 15,15; Num 21,11.13; 14,20; 22,1–36; 23,6f.17; 24,17; 25,1; 26,3.63; 31,12; 33,44.48–50; 35,1; 36,13; Dtn 1,5; 2,8f.18; 28,69; 32,49; 34,1.5f.8; Jos 13,32; 24,9; Ri 3,12.15.17.30; 10,6; 11,15.17f.25; Rut 1,1f.6.22; 2,6; 4,3; 1 Sam 12,9; 14,47; 22,3f; 2 Sam 23,20; 2 Kön 1,1; 3,4–27; 1 Chr 11,22; Ps 60,10; 83,7; 108,10; Jes 11,14; 15,1–16,14; 25,10; Jer 25,21; 48,1–47; Dan 11,41; Am 2,1f.

Modeïn – 1 Makk 2,1.15.23; 13,25.30; 16,4; 2 Makk 13,14.

Moloch – Lev 18,21; 20,2–5; 1 Kön 10,7; 2 Kön 23,10; Jes 57,5f.9; Jer 32,35; Apg 7,43.

Mordechai – Est 1,1; 2,5.7.15.21f; 3,2–6; 4,1–17; 5,9–14; 6,1–13; 7,9f; 8,1f.12.15; 9,4; 10,3; 2 Makk 15,36.

Mord (Totschlag) – Gen 4,8–16; Ex 20,13; 21,12; Num 35,16–19; Dtn 5,17; 27,24f; Spr 28,17; Mt 22,7; 23,31.35; Mk 7,21; 15,7; Lk 23,19.25; Joh 8,44; Apg 3,14; 7,52; 9,1; 28,4; Röm 1,29; 1 Tim 1,9; 1 Petr 4,15; 1 Joh 3,12.15; Offb 9,21; 21,8; 22,15.

Morgenopfer – Num 28,3–8.

Morija – Gen 22,2; 2 Chr 3,1.

Mose – Ex; Dtn; Jos 1,5; Ps 77,21; 103,7; 105,26; 106,23; Jes 63,12; Jer 15,1; Mi 6,4; Mt 8,4; 17,3f; 19,7f; 22,24; 23,2; Mk 1,44; 7,10; 9,4f; 10,3f; 12,19.26; Lk 2,22; 5,14; 9,30.33; 16,29.31; 20,28.37; 24,27.44; Joh 1,17.45; 3,14; 5,45f; 6,32; 7,19.22f; 8,5; 9,28f; Apg 3,22; 6,11.14; 7,20.22.29.31f.35.37.40.44; 13,39; 15,1.5.21; 21,21; 26,22; 28,23.

Münzen – s. Anhang V.2.

Mutter – Gen 21,14–16; 24,60; 30,1; Ex 2,2–10; 1 Sam 1,8.22–28; 20,30; 2 Sam 21,8–10; 2 Makk 7,1–41; Ps 113,9; Spr 10,1; 29,15; Jes 49,15; 66,13; Mt 1,18; 2,11.13f.20f; 10,35.37; 12,46–50; 13,55; 14,8.11; 15,4–6; 19,5.19.29; Mk 3,31–35; 6,24.28; 7,10–12; 10,7.19.29f; Lk 1,43.60; 2,33f.48.51; 7,12.15; 8,19-21; 12,53; 14,26; 18,20; Joh 2,1.3.5.12; 6,42; 19,25–27; Apg 1,14; Röm 16,13; Gel 1,15; 4,26; Eph 5,31; 6,2; 1 Tim 5,2; 2 Tim 1,5.

Mutter Jesu – s. Maria.

Myrrhe – Ex 30,23–33; Ps 45,8f; Spr 7,17; Hld 1,13; 4,14; 5,5.13; Mt 2,11; Mk 15,23; Joh 19,39; s. A Mt 27,34.

Naaman (Feldherr) – 2 Kön 5,1–27.

Nabal – 1 Sam 25,3–39; 27,3; 30,5; 2 Sam 2,2; 3,3.

Nabatäer – 1 Makk 5,25; 9,35.

Nabot – 1 Kön 21,1–19; 2 Kön 9,21.25f.

Nächster (Nachbar) – Ex 3,22; 20,16f; 22,14; 32,27; Lev 6,2–5; 19,13–18; 25,14; Dtn 5,20; 19,4–6; Spr 3,28f; 11,9.12; Sir 7,32–36; Jes 10,1f; Jer 5,26–29; Ez 18,12f; Am 2,6–8; Mi 3,2f; Mt 5,43; 19,19; 22,39; Mk 12,31.33; Lk 10,27.29.36; Joh 4,5; Apg 7,27; Röm 13,9f; 15,2; 1 Kor 13; Gal 5,14; Eph 4,25; Jak 2,8; 4,12; s. Liebe.

Nacht – Gen 1,5.14.16.18; Ex 12,42; 13,21; Num 9,16; 15,11.16; Ijob 35,10; Ps 16,7; 19,3; 77,7; 91,5; 92,3; 121,6; 139,11f; Jes 21,11; Sach 14,7; Mt 2,14; 4,2; 12,40; 14,25; 22,6; 26,31.34; 28,13; Mk 4,27; 5,5; 6,48; 14,30; Lk 2,8.37; 5,5; 12,20; 17,34; 18,7; 21,37; Joh 3,2; 9,4; 11,10; 13,30; 19,39; 21,3; Apg 5,19; 9,24f; 12,6; 16,9.33; 17,10; 18,9; 20,31; 23,11.23.31; 26,7; 27,23.27; Röm 13,12; 1 Kor 11,23; 1 Thess 2,9; 3,10; 5,2.5.7; 2 Thess 3,8, 1 Tim 5,5; 2 Tim 1,3; Offb 4,8; 7,15; 8,12; 12,10; 14,11; 20,10; 21,25; 22,5.

Nachtwache – s. A Mt 14,25. Vgl. auch Anhang VI.1.

Nackt, Nacktheit – Gen 3,7; Mt 25,36–44; 2 Kor 5,3; Hebr 4,13; Offb 3,17f; 16,15; 17,16.

Nadab (Sohn Aarons) – Ex 6,23; 24,1.9; 28,1; Lev 10,1; Num 3,2.4; 26,60f; 1 Chr 5,29; 24,1f.

Naftali – Gen 30,8; 35,25; 49,21; Ex 1,4; Num 1,15; Dtn 27,13; 33,23; 34,2; Ri 1,33; 4,6.10; 5,18; 6,35; 7,23; Ps 68,28; Jes 8,23; Mt 4,13.15; Offb 7,6.

Naïn – Lk 7,11.

Name – s. A Dtn 12,5; Koh 7,1.

Narde – Mk 14,3; Joh 12,3.

Nasiräer, Nasiräat – Num 6,1–21; Ri 13,5–7; 16,17; 1 Makk 3,49; Am 2,11f; Lk 1,15; Apg 18,18; 21,23–26.

Natan – 2 Sam 7,2–4.17; 12,1; 1 Kön 1,8–45; 1 Chr 17,1–3.15; 29,29; 2 Chr 9,29; 29,25; Sir 47,1.

Natanaël – Joh 1,45–49; 21,2.

Nazarener – Beiname Jesu (neben Nazoräer), d. h. Mann aus Nazaret; vgl. Mk 1,24; 10,47; 14,67; 16,6; auch Lk 4,34; 24,19.

Nazaret – Mt 2,23; 4,13; 21,11; Mk 1,9; Lk 1,26; 2,4.39.51; 4,16; Joh 1,45f; Apg 10,38.

Nazoräer – 1. Beiname Jesu (neben Nazarener), d. h. Mann aus Nazaret (vgl. Mt 2,23.36; 26,71; Lk 18,37; Joh 18,5.7; 19,4); 2. Beiname der Judenchristen (vgl. Apg 24,5), später durch christianós, Christ, verdrängt (s. Apg 11,26).

Nebo (Berg, Stadt) – Num 32,3.38; 33,47; Dtn 32,49; 34,1; 1 Chr 5,8; Esra 2,29; 10,43; Neh 7,33; Jes 15,2; Jer 48,1.22; s. A Jes 46,1.

Nebukadnezzar – 2 Kön 24,1.10f; 25,1.8.22; 1 Chr 5,41; 2 Chr 36,6f.10.13.18.20; Esra 1,7; 2,1; 5,12.14; 6,5; Neh 7,6; Tob 14,15; Jdt 1,1.5.7.11f; 2,1.4.19; 3,2.8; 4,1; 6,2.4; 11,1.4.7.23;

seits des Jordan; ein breiter Landstreifen östlich des Jordan, zwischen Dekapolis im Norden und dem Nabatäerreich im Südosten. Vgl. Mt 4,25; 19,1; Mk 10,1; Joh 10,40.
Pergamon – Offb 1,11; 2,12.
Perge – Apg 13,13f; 14,25.
Perisiter – Gen 13,7; 15,20, 34,30; Ex 3,8.17; 23,23; 33,2; 34,11; Dtn 7,1; 20,17; Jos 3,10; 9,1; 11,3; 12,8; 17,15; 24,11; Ri 1,4f; 3,5; 1 Kön 9,20; 2 Chr 8,7; Esra 9,1; Neh 9,8; Jdt 5,16.
Perser, Persien – 2 Chr 36,20; Esra 4,9, 5,6; 6,6; 9,9; Est 1,3.19; 8,12; 1 Makk 3,31.37; 6,1.5.56; 2 Makk 1,13; 9,1.21; Ez 27,10; 38,5; Dan 5,28.
Petrus (Simon, Kephas) – Mt 4,18; 8,14; 10,2; 14,28f; 15,15; 16,16.18.22f; 17,1.4.24; 18,21; 19,27, 26,33.35.37.40.58.69. 73.75; Mk 1,16.29f; 3,16; 5,37; 8,29.32f; 9,2.5; 10,28; 11,21; 13,3; 14,29.33.37.54.66f.70.72; 16,7; Lk 5,8; 6,14; 8,45.51; 9,20.28.32f; 12,41; 18,28; 22,8.34.54f.58.60f; 24,12; Joh 1,40.42.44; 6,8.68; 13,6.8f.24.36f; 18,10f.15–18.25–27; 20,2–6; 21,2f.7.11.15.17.20f; Apg 1,13.15; 2,14.37f; 3,1.3f.6. 11f; 4,8.13.19; 5,3.8f.15.29, 8,14.20; 9,32.34.38–40; 10,5.9.13f.17–19.21.25f.32.34.44–46; 11,2.4.7.13; 12,3.5–7. 11.14.16.18; 15,7; 1 Kor 1,12; 3,22; 9,5; 15,5; Gal 1,18; 2,7–9.11.14; 1 Petr 1,1; 2 Petr 1,1.
Pfingstfest – Ex 23,16; 34,22; Lev 23,15–22; Num 28,26; Dtn 16,9–12; Tob 2,1; 2 Makk 12,32; s. Anhang VII.2. Das christliche Pfingstfest nimmt bezug auf die Ausgießung des Heiligen Geistes über die Jünger Jesu am fünfzigsten Tag nach dessen Auferstehung in Jerusalem; vgl. Apg 2,1–4; 20,16; 1 Kor 16,8.
Pharao – ägpyt. »das große Haus«; Titel altägyptischer Herrscher. Nach dem Neuen Testament ist der Pharao im Auftrag Gottes Schutzherr Josefs (Apg 7,10), dann aber auch Verfolger Israels (Röm 9,17). Gen 41,1–55; 47,1–26; Ex 1,8–22; 5,1–14,31; 15,19.
Pharisäer – Mt 3,7; 5,20; 7,29; 9,11.14.34; 12,2.14.24.38; 15,1.12; 16,1.6.11f; 18,3; 21,45; 22,15.34.41; 23,2.13–15.26; 27,62; Mk 2,16.18.24; 3,6; 7,1.3.5; 8,11.15; 9,11; 10,2; 12,13; Lk 5,17.21.30.33; 6,2.7; 7,30.36–39; 11,37–39.42f. 53; 12,1; 13,31; 14,1.3; 15,2; 16,14; 17,20; 18,10f; 19,39; Joh 1,24; 3,1; 4,1; 7,32.45.47f; 8,3.13; 9,13.15f.40; 11,46f.57; 12,19.42; 18,3; Apg 5,34; 15,5; 23,6–9; 26,5; Phil 3,5.
Philadelphia – Offb 1,11; 3,7.
Philippi – Apg 16,12; 20,6; Phil 1,1; 1 Thess 2,2.
Philippus (Apostel) – Mt 10,3; Mk 3,18; Lk 6,14; Joh 1,43–48; 6,5.7; 12,21f; 14,8f; Apg 1,12.
Philippus (einer der Sieben) – Apg 6,5; 8,5–40; 21,8.
Philister – Ein Rest der sog. »Seevölker«, die sich nach einem Überfall auf Ägypten ab 1200 v. Chr. am südlichen Teil der Küste Palästinas niederlassen und seit etwa 1150 mit den Israeliten kriegerisch zusammenstoßen. Gen 10,14; 21,32–34; Ex 15,14; Ri 3,3.31; 10,6f.11; 13,1.5; 14,1–16,30; 1 Sam 4,1–6,21; 13,1–14,31; 17,19–51; Ps 60,10; 83,8; 87,4; 108,10; Jes 11,14; 14,29.31; Jer 25,20; 47,1–7; Ez 25,15–17; Am 1,6–8; 9,7; Obd 19; Zef 2,4f; Sach 9,5–7.
Philometor – 2 Makk 4,21; 9,29; 10,13.
Phönizien – Mk 7,26; Apg 11,19; 15,3; 21,2.
Phrygien – Apg 2,10; 16,6; 18,23.
Pilatus – Mt 27,2.13.17.22.24.58.62.65; Mk 15,1f.4f.9.12.14f. 43f; Lk 3,1; 13,1; 23,1.3f.6.11–13.20.24.52; Joh 18,29.31. 33.35.37f; 19,1.4. 6.8.10.12f.15.19.21f.31.38; Apg 3,13; 4,27; 13,28; 1 Tim 6,13.
Pinhas (Sohn Eleasars) – Ex 6,25; Num 25,7.11; 31,6; Jos 22,13.30–32; Ri 20,28; 1 Chr 6,35; 9,20; Esra 8,2; Ps 106,30; Sir 45,23–25.
Pisidien – Apg 13,14; 14,24.
Plage – Ex 7,1–11,10; 2 Sam 24,21–25; 1 Kön 8,37; Ps 78,43–51; 105,28–36; 106,29f; Offb 9,18.20; 11,6; 15,1.6.8; 16,9.21; 18,4.8; 21,9; 22,18.
Pontus – Apg 2,9, 18,2; 1 Petr 1,1.
Potifar – Gen 37,36; 39,1.
Potifera – Gen 41,45.50; 46,20.
Prätorium – Mt 27,27; Mk 15,16; Joh 18,28.33; 19,9; Apg 23,35; Phil 1,13.
Priester, Priestertum – Gen 14,18; Ex 19,6.22.24; 28,1–29,44; 39,1–31; 40,12–15; Lev 1,7–17; 2,8–10.16; 4,1–35; 8,1–10,15; 21,1–24; 22,1–9; Num 3,1–10; 16,9f; 18,1–7; Dtn 17,9; 31,9; Jos 3,3–17; 4,9f; 6,4–16; 18,7; Ri 17,5.10–13; 18,4–6.18–20.24.27.30; 1 Sam 1,9; 2,28; 21,2–10; 22,11–21; 1 Kön 8,3–10; 12,31; 2 Kön 12,5–17; 17,27f; 23,2–9.20.24; 2 Chr 5,5–14; 11,13–15; 13,9–14; 26,17–20; 30,3.15f; 31,2.15–19; 35,2.10–18; Esra 7,5.7.11.16.21.24; 8,15.24–30; Neh 10,35.37–40; 12,1–22.30.41.44; 13,29f; Ps 132,9.16; Sir 7,29.31; Jer 5,31; 6,13; 27,16; 33,18.21; Ez 7,26; 22,26; 44,13–31; Hos 4,4f; Joël 1,9.13; Mi 3,11; Hag 2,11.13; Mal 1,6; 2,1–9; Mt 8,4; Mk 1,44; Lk 1,5.8f; 5,14; 17,14; Joh 17,19f; Apg 14,13; Röm 12,1; Eph 5,2; Phil 2,17; 4,18; Hebr 7,1–8,3; 9,14; 10,11; 13,15f; 1 Petr 2,5–9; Offb 1,6; 5,10; 20,6; s. A Hebr 7,1–28; 1 Petr 2,9.
Priesterschrift – s. Einl. »Die fünf Bücher des Mose«.
Priszilla – Apg 18,2.18.26; Röm 16,3; 1 Kor 16,19; 2 Tim 4,19.
Prokurator, Präfekt (praefectus) – römischer Beamter aus dem Ritterstand, der vor allem um das Steuerwesen in einem bestimmten Gebiet Sorge tragen musste und der auch polizeiliche und richterliche Gewalt innehatte. Dazu gehörten in Palästina Pontius Pilatus (Mt 27; Lk 3,1; Apg 3,13), Felix (Apg 23,24–24,27) und Festus (Apg 24,27–26,32).
Prophet – Gen 20,7; Ex 4,15f; 7,1; 15,20; Num 11,25–29; Dtn 13,2–6; 18,15–22; 34,10; Ri 4,4; 6,8; 1 Sam 9,9; 10,9–12; 19,20–24; 28,6.15; 1 Kön 22,6–28; 2 Kön 22,14; 2 Chr 9,29; 15,8; 34,22; Neh 6,12.14; 1 Makk 14,41; Ps 74,9; Spr 29,18; Jes 8,3; 30,10; Jer 1,5; 5,31; 11,21; 14,13–18; 23,9–32; 27,9f.14–18; 28,8–17; Klgl 2.9.20; Ez 13,1–23; 33,1–9; Hos 9,7; 12,11; Joël 3,1; Am 2,11f; 3,8; 7,14f; Mi 3,5–8; Sach 13,2–6; s. A Sir 49,10; s. Einl. Propheten; Mt 1,22; 2,5.15.17.23; 3,3; 4,14; 5,12.17; 7,12; 8,17; 10,41; 11,9.13; 12,17.39; 13,17.35.57; 14,5; 16,14; 21,4.26.46; 22,40, 23,29–31.34.37; 24,15; Mt 26,56; 27,9; Mk 1,2; 6,4.15; 8,28; 11,32; Lk 1,70.76; 2,36; 3,4; 4,17.24.27; 6,23; 7,16.26.28.39; 9,8.19; 10,24; 11,47.49f; 13,28.33f; 16,16.29.31; 18,31; 20,6; 24,19.25.27.44; Joh 1,21.23.25.45; 4,19.44; 6,14.45; 7,40.52; 8,52f; 9,17; 12,38; Apg 2,16.30; 3,18.21–25; 7,37.42.48.52; 8,28.30.34; 10,43; 11,27; 13,1.15.20.27.40; 15,15.32; 21,10; 24,14; 26,22.27; 28,23.25; Röm 1,2; 3,21; 11,3; 16,26; 1 Kor 12,28f; 14,29.32.37; Eph 2,20; 3,5; 4,11; 1 Thess 2,15; Tit 1,12; Hebr 1,1; 11,32; Jak 5,10; 1 Petr 1,10; 2 Petr 1,19; 2,16; 3,2; Offb 2,20; 10,7; 11,10.18; 16,6; 18,20.24; 22,6.9.
Proselyt – s. A Apg 6,5.
protokanonisch – s. Einl. »Das Alte Testament«.
Psalmen – s. Einl. Ps.
Pseudepigraphen – s. Einl. »Das Alte Testament«.
Ptolemäus VI. Philometor – 1 Makk 1,18; 10,51–60; 11,1–18; 2 Makk 4,21; 10,13.
Ptolemäus VII. Euergetes – Sir Prol.; 1 Makk 15,16.
Pul – 2 Kön 15,19; 1 Chr 15,26.
Purim – s. Einl. Est; Est 3,7; 9,20–32.
Put – 1 Chr 1,8; Jer 46,9; Ez 27,10.
Quasten – Ex 13,9; Num 15,38f; Dtn 22,12; Mt 9,20; 14,36; 23.5
Quirinius – s. A Lk 2,1–3.
Rabba (Rabbat-Ammon) – Hauptstadt der Ammoniter; heute Amman. Dtn 3,11; 2 Sam 11,1; 12,26–29; 1 Chr 20,1; Jer 49,2f; Ez 25,5; Am 1,14.

IX. ZEITTAFEL ZUR GESCHICHTE DES ALTEN UND NEUEN BUNDES

Daten des Altertums können nur annäherungsweise bestimmt werden.
In anderen Tabellen wird man deshalb bisweilen stark abweichende Zeitangaben finden.

Außerbiblische Daten	*Biblische Daten*
Vor 12 000 v. Chr. Die Altsteinzeit (Paläolithikum). Funde von Menschenknochen in Galiläa und am Karmel	
12 000–8000 Die Mittlere Steinzeit (Mesolithikum). Erste Spuren von Ackerbau und Viehzucht	
8000–4000 Die Jungsteinzeit (Neolithikum). Gründung der ersten bekannten Stadt um 7000 (Jericho). Erste Keramikerzeugnisse um 5000	
4000–3200 Die Kupferzeit (Chalkolithikum). Entdeckung der Töpferscheibe. Erste Verwendung des Metalls	3760 v. Chr. Schöpfung der Welt nach der jüdischen Zeitrechnung.
3200–2200 Die Frühbronzezeit. In Süd-Mesopotamien entsteht die erste Schrift (Sumerer). Erste Staaten: In Babylonien Sumerer, dann Akkader; in Ägypten sog. Altes Reich (Pyramiden, Aufkommen des Handels)	
2200–1550 Die Mittlere Bronzezeit. Palästina beherrscht durch Ägypten	
21. Jh. In Mesopotamien Gesetzessammlungen von Ur-Nammu, Lipit-Ischtar und aus Eschnunna	
Jerusalem, Aschkelon, Sichem, Bet-Schean und andere Orte erwähnt in ägyptischen Texten des 20. und 19. Jh. 1792–1750 Hammurapi (oder: Hammurabi) von Babel. Zerstörung von Mari	In der Patriarchenerzählung (Gen 11,50 – 50,26) gleichen verschiedene Gesetze und Bräuche den Rechtsbräuchen, die in altorientalischen Rechtsurkunden bezeugt sind. Um diese Zeit (zwischen 2000–1400) kommen die Patriarchen von Mesopotamien und aus dem Ostjordanland nach Kanaan (nähere Zeitbestimmung ist nicht möglich)
1750–1550 Ägypten von den Hyksos beherrscht (Sammelbezeichnung für verschiedene Völker: Horiter, Amoriter u.a.). Hauptstadt Tanis (bibl. Zoan)	Die größte Stadt in Kanaan ist Hazor (vgl. Jos 11)
1740–1200 Reich der Hetiter (von Anatolien bis – zeitweise – nach Kanaan)	
1550–1200 Die Spätbronzezeit	
Um 1550 Vertreibung der Hyksos aus Ägypten	Kanaan unter ägyptischer Kontrolle
Um 1468 Nach der Schlacht bei Megiddo dehnt Ägypten seine Herrschaft bis zum Eufrat aus	
1417–1379 In Ägypten herrscht Amenophis III. 1379–1362 In Ägypten herrscht Amenophis IV. (Echnaton). Amarnabriefe: u. a. Korrespondenz der kanaanäischen Herrscher, in akkadischer Sprache, mit dem Hof der beiden Pharaonen	Nach 1400 Die »Söhne Jakobs« in Ägypten (Gen 37 – Ex 11)
1304–1237 Ramses II. in Ägypten	Um 1250 Exodus (Auszug) der Israeliten aus Ägypten, Mose (Ex 12 – 14)
	Um 1230 Ansiedlung der Hebräer unter Josua in Palästina (Jos 1 – 12)
Um 1200 Zerfall des Hetiterreiches	
1200–900 Eisenzeit I	
Um 1190 Ansiedlung der Philister in Kanaan. Niedergang Ugarits. Ende der Mykenischen Kultur. Aramäer in Ost-Syrien	1200–1020 Richterzeit (Ri)
	1020–1000 Saul, erster König Israels (1 Sam 9 – 31)
	1000–961 Regierungszeit Davids (2 Sam 2 – 1 Kön 2)
	961–931 Salomo (1 Kön 2 – 11); Tempelbau in Jerusalem
	931 Zerfall des salomonischen Reiches in zwei Teile: Israel, d. h. Nordreich, und Juda, d. h. Südreich (1 Kön 12,1–19)
945–924 Schischak herrscht in Ägypten	931–914 Rehabeam König von Juda (1 Kön 14,21–31)
	924 Palästinafeldzug des Pharao Schischak (1 Kön 14,25f)
	931–910 Jerobeam I. König von Israel (1 Kön 12,20 – 14,20)
	914–912 Abija von Juda (1 Kön 15,1–8)
	911–871 Asa von Juda (1 Kön 15,9–24)
	909 Nadab von Israel (1 Kön 15,25–32)
	909–886 Bascha von Israel (1 Kön 15,33 – 16,7)

Außerbiblische Daten	*Biblische Daten*
900–550 Eisenzeit II	885 Ela von Israel (1 Kön 16,8–14)
	885 Simiri von Israel (1 Kön 16,15–20)
	885–874 Omri von Israel (1 Kön 16,21–28)
Vor 875 Ben-Hadad I., König der Aramäer in Damaskus	885–881 Kämpfe um die Herrschaft zwischen Omri und Tibni (1 Kön 16,21f)
859–824 Salmanassar III. in Assur	873–853 Ahab von Israel (1 Kön 16,29 – 22,40). Die Propheten Elija und Elischa
Vor 841 Ben-Hadad II. in Damaskus	854 In der Schlacht bei Karkar kämpft Ahab als Verbündeter der Aramäer von Damaskus gegen die Assyrer
Um 850 Mescha, König von Moab	871–848 Joschafat von Juda (1 Kön 22,41–51)
	853–852 Ahasja von Israel (1 Kön 22,52 – 2 Kön 1,17)
	852–841 Joram von Israel (2 Kön 3)
	848–841 Joram von Juda (2 Kön 8,16–24)
	841 Ahasja von Juda (2 Kön 8,25–29)
	841–813 Jehu von Israel (2 Kön 9f)
	840 Jehu zahlt Tribut an Salmanassar III.
	840–835 Atalja von Juda (2 Kön 11)
	835–796 Joasch von Juda (2 Kön 12)
810–782 Adad-Nirari III. in Assur	813–797 Joahas von Israel (2 Kön 13,1–9)
	797–782 Joasch von Israel (2 Kön 13,10 – 14,16)
	796–767 Amazja von Juda (2 Kön 14,1–22)
Vor 797 Hasaël in Damaskus	
753 Gründung Roms	782–747 Jerobeam II. von Israel (2 Kön 14,23–29)
	767–739 Asarja (Usija) von Juda (2 Kön 15,1–7). Die Propheten Amos und Hosea
	747 Secharja von Israel (2 Kön 15,8–12)
	747 Schallum von Israel (2 Kön 15,13–15)
745–727 Tiglat-Pilset III. in Assur und Babel (hier unter dem Namen Pul)	747–742 Menahem von Israel (2 Kön 15,14–22)
	742–740 Pekachja von Israel (2 Kön 15,23–26)
740–730 Rezin, Usurpator in Damaskus	740–731 Pekach von Israel (2 Kön 15,27–31)
	739–734 Jotam von Juda (2 Kön 15,32–38). Die Propheten Jesaja und Micha
	734–728 Ahas von Juda (2 Kön 16). Syrisch-efraimitischer Krieg
727–722 Salmanassar V. in Assur und Babel	731–722 Hoschea von Israel (2 Kön 17,1–7)
722 –705 Sargon II. König in Assur, seit 710 auch von Babel	722 Eroberung Samarias und Untergang des Nordreiches (2 Kön 17)
	728–699 Hiskija von Juda (2 Kön 18–20)
721–710 Merodach-Baladan II. König von Babel	
705–681 Sanherib in Assur und Babel. 689 Zerstörung Babels. Ninive Hauptstadt des neuassyrischen Reiches	699–643 Manasse (2 Kön 21,1–18)
690–664 Tirhaka in Ägypten	
681–669 Asarhaddon von Assur erobert Ägypten: Wiederaufbau Babels	
669–627 Assurbanipal in Assur und Babel, berühmt durch seine große Bibliothek. In der Folgezeit langsamer Zerfall des Reiches	642–641 Amon (2 Kön 21,19–26)
	641–609 Joschija (2 Kön 22,1 – 23,30). Die Propheten Jeremia, Nahum, Habakuk (?) und Zefanja
625–605 Nabopolassar wird König in Babel; 614 erobert er mit Hilfe der Meder die Stadt Assur, 612 Ninive. Ende des neuassyrischen Reiches	609 Joahas (2 Kön 23,31–35)
610–595 Necho II. in Ägypten. Unterliegt 605 bei Karkemisch den Babyloniern	
605–562 Nebukadnezzar in Babylonien	609–598 Jojakim (2 Kön 23,36 – 24,7)
	597 Jojachin (2 Kön 24,8–17)
	597–586 Zidkija (2 Kön 24,18 – 25,7)
	586 Eroberung Jerusalems und Untergang des Südreiches Juda (2 Kön 25,8–26)
556–539 Nabonid in Babylonien	586–538 Babylonische Verbannung = Babylonisches Exil (2 Chr 36,17–23). Die Propheten Ezechiel, Obadja, Deuterojesaja

Außerbiblische Daten	*Biblische Daten*
550–545 Belschazzar Mitregent in Babel	
550–330 Persische Zeit	
538–530 Kyrus von Persien erobert Babel und gründet das persische Weltreich (Aufstieg zur Macht seit 559) unter der Dynastie der Achämeniden	538 Edikt des Kyrus (Esra 1,1–4)
530–522 Kambyses von Persien; erobert 525 Ägypten	
522–486 Darius I. von Persien. Teilt das persische Reich in 29 Satrapien ein	um 525 Serubbabel, Statthalter von Juda (Esra 3,2.8). Die Propheten Haggai und Sacharja
510 Rom wird Republik	
486–465 Xerxes I.	
480 Schlacht bei den Thermopylen. Kriege Persiens mit Athen	
465–423 Artaxerxes I.	458–428 Esra (?). Der Prophet Maleachi
	445–425 Nehemia, Statthalter von Juda
423–404 Darius II.	
404–359 Artaxerxes II.	398 Esra (?)
336–331 Darius III., besiegt 333 bei Issus und 331 bei Arbela durch Alexander d. Großen. Niedergang des persischen Reiches	
330–64 Hellenistische Zeit	
323 Tod Alexanders des Großen	
323–305 Kämpfe der Diadochen um die Nachfolge Alexanders	
323 Ptolemäus wird Satrap von Ägypten, Seleukus Satrap von Babel	
312 Beginn der seleuzidischen Zeitrechnung	
305–283 Ptolemäus I. König von Ägypten	
305–281 Seleukus I. König von Babylon	
320–198 Ständiger Kampf zwischen Ptolemäern und Seleuziden um Palästina	
285–246 Ptolemäus II. in Ägypten	Um 250 Beginn der griechischen Übersetzung der Bibel (Septuaginta)
261–246 Antiochus II. in Syrien	
221–203 Ptolemäus IV. in Ägypten	
223–187 Antiochus III. in Syrien	
198 Schlacht bei Paneas; Syrien und Palästina endgültig unter der Herrschaft der Seleuziden	
187–175 Seleukus IV. Philopator	Vor 170 Onias III., Hoherpriester (2 Makk 3,1 – 4,38)
175–164 Antiochus IV. Epiphanes	167 Aufstand der Makkabäer (1/2 Makk)
	167–166 Mattatias (1 Makk 2)
	166–161 Judas (1 Makk 3,1 – 9,22)
164–162 Antiochus V. Eupator; sein Vormund Lysias	
162–150 Demetrius I. Soter	161–143 Jonatan (1 Makk 9,23–12,52). Hoherpriester Alkimus, seit 153 Jonatan
150–145 Alexander Balas	
149–146 Dritter punischer Krieg und Zerstörung Karthagos. Griechenland römische Provinz	
145–140 und 129–125 Demetrius II. Nikator	143–135 Simeon (1 Makk 12,53–16,17), seit 141 unabhängiger Herrscher, von Rom anerkannt
145 Antiochus VI. Dionysos kämpft gegen Demetrius II. mit Unterstützung seines Vormunds Tryphon	
141–139 Tryphon tritt die Nachfolge des auf seinen Befehl hingerichteten Antiochus VI. an	
139–129 Antiochus VII. Sidetes	134–104 Johannes Hyrkanus I. (1 Makk 16), Hoherpriester und Ethnarch
133 Tod des Tiberius Gracchus	
125–96 Antiochus VIII.	103–76 Alexander Jannäus. Entstehung der starken religiös-politischen Gruppierungen (Essener, Pharisäer, Sadduzäer)
83–69 Tigranes I., der Armenier, erobert Syrien, wird jedoch durch die Römer verdrängt; kurze Regierung des Antiochus XII. Asiaticus	
82–79 Diktatur Sullas in Rom	76–67 Salome Alexandra
70–19 Vergil, röm. Dichter	
66 Pompeius, römischer Befehlshaber im Osten	

Außerbiblische Daten	*Biblische Daten*
64 Syrien römische Provinz	(67) 63–40 Johannes Hyrkanus II. Ihm wurde Antipater, ein Sohn des Strategen von Idumäa gleichen Namens, als Hausverwalter durch Julius Cäsar aufgezwungen
64 v. Chr. – 330 n. Chr. Römische Zeit	
51–30 Kleopatra VII., Königin in Ägypten	40–37 Mattatias Antigonus II., der letzte König der makkabäischen Dynastie
47–44 Julius Cäsar	
41–30 Marcus Antonius	(40)37–4 v. Chr. Herodes I., der Große (bzw. der Ältere), Sohn des Antipater, König über Judäa, Galiläa, Samarien, Idumäa und Peräa
31 v. Chr. – 14 n. Chr. Oktavianus Augustus, Kaiser von Rom	
13 v. Chr. – 45/50 n. Chr. Philo von Alexandria, jüdischer Religionsphilosoph	
	7/6 v. Chr. Geburt Jesu (erste Volkszählung, Zensus des Quirinius? S. Lk 2,2)
6–4 v. Chr. Quintilius Varus, Statthalter von Syrien	
5 v. Chr. – 65 n. Chr. Seneka	
	4 v. Chr. Tod des Herodes und Verteilung seines Reiches unter die Söhne Archelaus (Ethnarch von Judäa, Idumäa und Samarien), Antipas (bis 39 n. Chr. Tetrarch von Galiläa und Peräa) und Philippus (bis 34 n. Chr. Tetrarch von Nordtransjordanien)
1 v. Chr. Germanien wird römische Provinz	
6/7 n. Chr. Quirinius, Statthalter von Syrien	6 n. Chr. Archelaus wird entthront; Judäa, Idumäa und Samarien werden römische Provinz. Volkszählung, Zensus des Quirinius. Zusammenschluss der sog. Zeloten; Unruhen unter Judas dem Galiläer
	6–15 n. Chr. Hannas, Hoherpriester
14–37 Tiberius, Kaiser von Rom	
	17–22 Gründung von Tiberias durch Herodes Antipas
	18–37 Josef Kajaphas, Hoherpriester
	26–36 Pontius Pilatus, römischer Prokurator in Judäa
	27/28–29 öffentliches Wirken Johannes' des Täufers
	27/28 Taufe Jesu
	29 Enthauptung des Täufers
	30? Kreuzigung Jesu (7. April/14. Nisan)
	um 33 Märtyrertod des Stephanus
	33/35 Bekehrung des Paulus
37 Geburt des jüdischen Historikers Flavius Josephus	
39 Petronius, Legat von Syrien	
41–54 Klaudius, Kaiser von Rom	41–44 Herodes Agrippa I., König von ganz Palästina
	42 Hinrichtung des Apostels Jakobus des Älteren
43–120 Der Philosoph Plutarch	
	um 48/49 Apostelkonzil in Jerusalem
49 Klaudius weist die Juden (und Judenchristen) aus Rom aus	
50 Herodes, König von Chalkis	50–100 Herodes Agrippa II., Ethnarch, seit 53 König über Nordpalästina
50–130 Der Philosoph Epiktet	
	50/1–52/3 Paulus zum ersten Mal in Korinth
51/52 oder 52/53 Gallio, Prokonsul von Achaia/ Korinth	
	53/4–55/6 Paulus in Ephesus
54 Ermordung des Kaisers Klaudius	
54–68 Nero, Kaiser von Rom	
55–120 Der Historiker Tacitus	
	56–58 Paulus erneut in Korinth
	58 Reise des Paulus nach Jerusalem
	58/59 Paulus in Haft in Jerusalem und Cäsarea
	bis 59 Felix, Prokurator von Judäa
	59–60 Porzius Festus, Prokurator von Judäa
	60/61 Fahrt des Paulus nach Rom
61–114 Plinius der Jüngere	61/62 Gefangenschaft des Paulus in Rom
	62 Ermordung des Hohenpriesters Jonatan

Außerbiblische Daten	*Biblische Daten*
	62/3 Hannas II., Sohn des Hannas I., Hoherpriester, lässt Jakobus, »den Bruder des Herrn«, hinrichten
64 Brand Roms. Christenverfolgung unter Nero	63/4 oder 65/67 Reise des Apostels Paulus nach Osten (Pastoralbriefe) und nach Westen (Spanien)?
	64 oder 67 Hinrichtung des Petrus und des Paulus in Rom
	66 Florus, Prokurator von Judäa
	66–70 Aufstand der Zeloten in Palästina. Einführung des Tempelopfers für den Kaiser. Flucht der Christen aus Jerusalem nach Pella in Ostjordanien
68 Selbstmord Neros	
68 Zerstörung von Qumran	
69–79 Vespasian, Kaiser von Rom	
70 Geburt des röm. Biographen Suetonius	70 Eroberung Jerusalems durch Titus und Zerstörung des Tempels
70–80 Bau des Kolosseums in Rom	70–80 Judenchristen aus Palästina kommen nach Ephesus, unter ihnen der Presbyter Johannes (?)
73 Judäa wird römische Provinz	
79–81 Kaiser Titus	
79 Ausbruch des Vesuv	
81–96 Domitian, Kaiser von Rom	
um 90 Verfolgung von Philosophen, Gelehrten, Christen in Rom und im Osten des Reiches	
96–98 Nerva, Kaiser von Rom	
98–117 Trajan, Kaiser von Rom	
um 100 Die »Synode« von Jamnia: Ausschluss der Judenchristen aus der Synagoge	
111 Kaiser Trajan erklärt das Christentum für illegal (Edikt des Trajan)	
117–138 Hadrian, Kaiser von Rom	
132–135 Zweiter jüdischer Aufstand unter Ben Kosiba (Bar Kochba). Völlige Zerstörung Jerusalems. Vertreibung der Juden aus Judäa. Jerusalem wird als heidnische Stadt neu aufgebaut: Colonia Aelia Capitolina mit einem Jupitertempel	

X. KARTEN

Karte 1: Der Nahe Osten

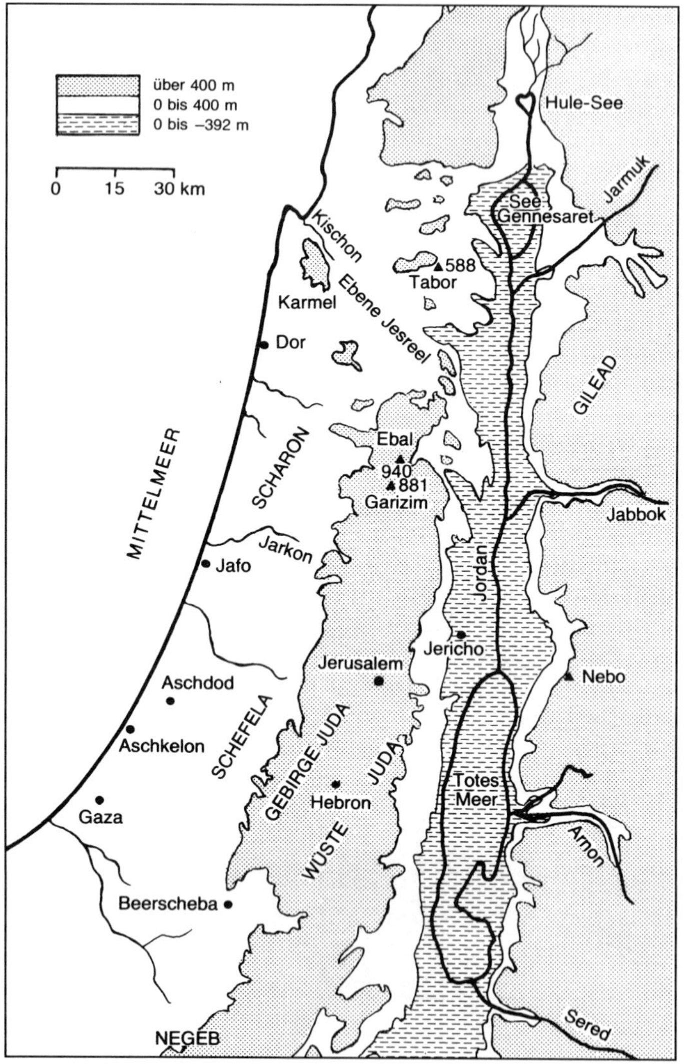

Karte 2: Physikalische Karte Palästinas

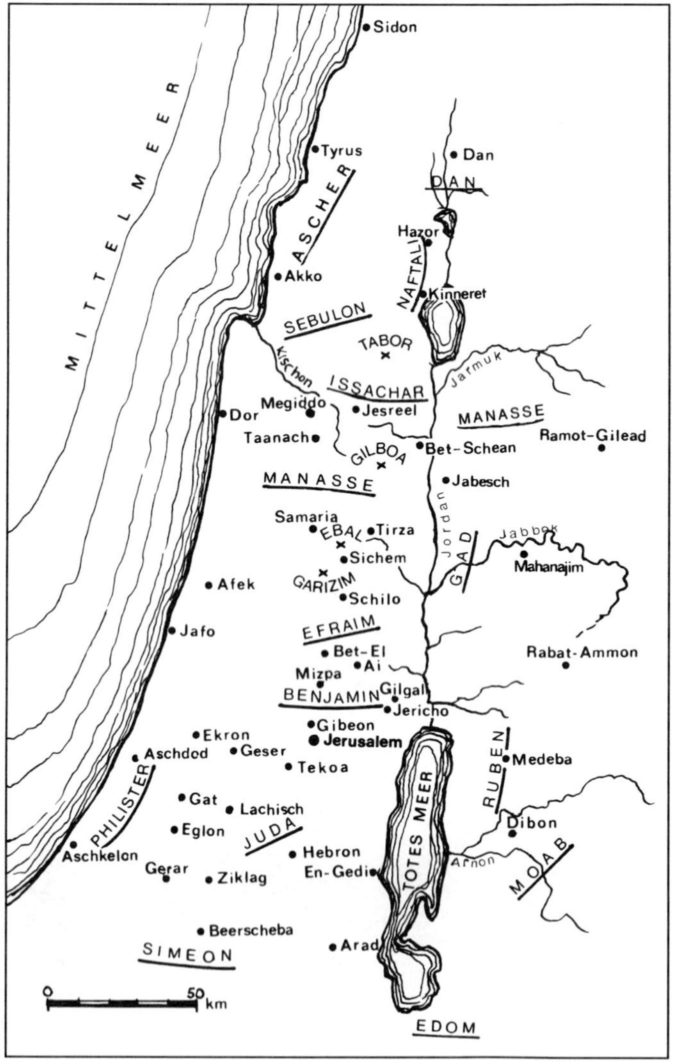

Karte 3: Siedlungsgebiete der israelischen Stümme

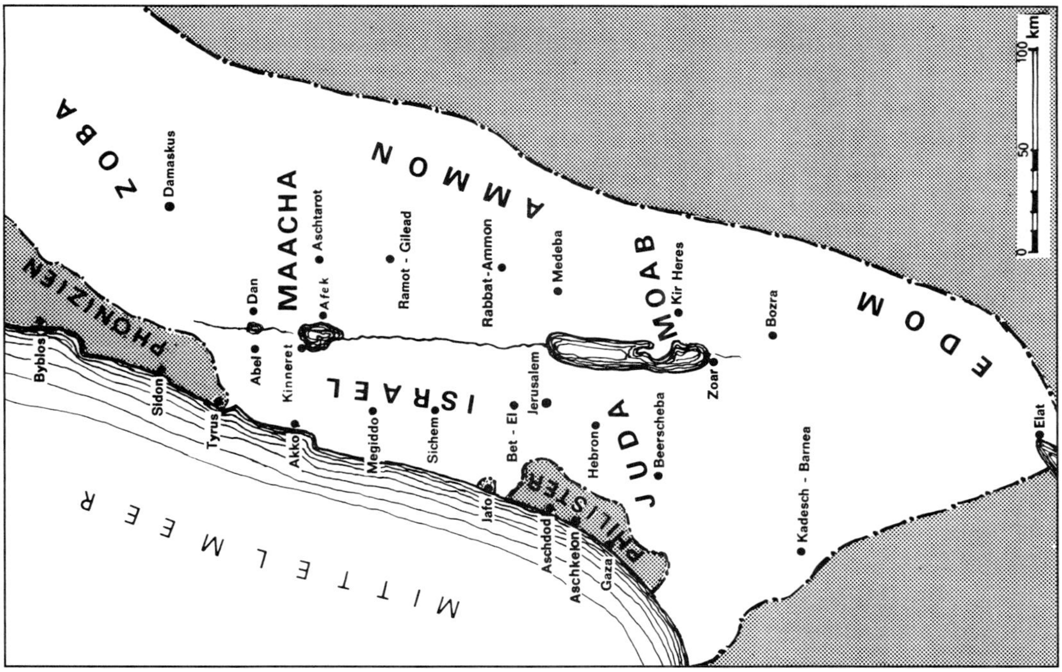

Karte 4: Das Reich Davids

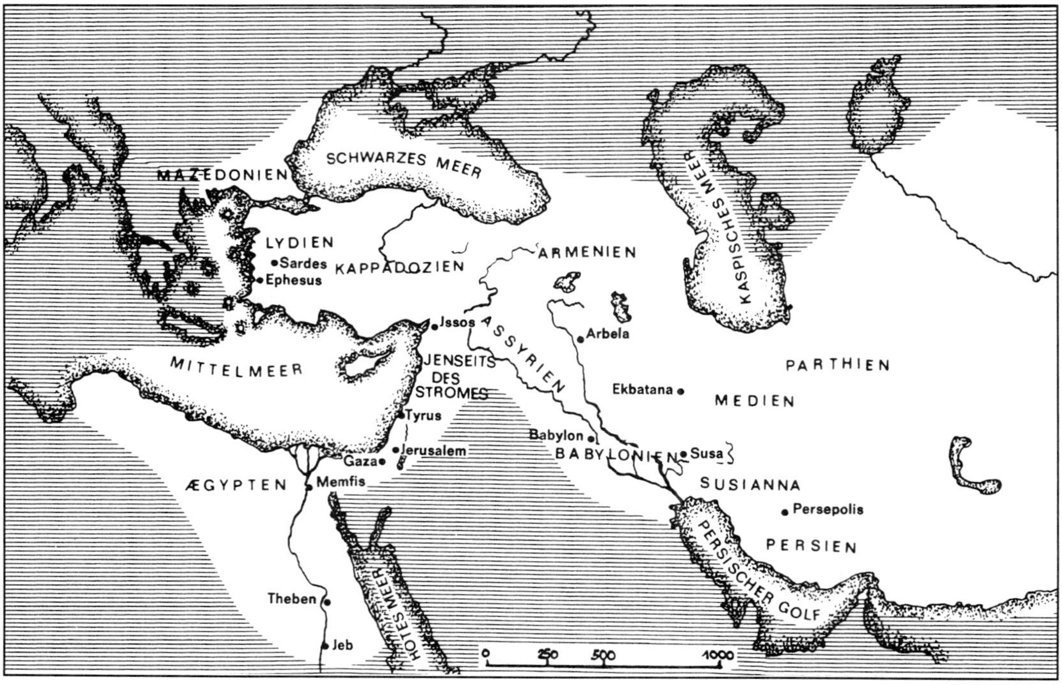

Karte 5: Das persische Reich

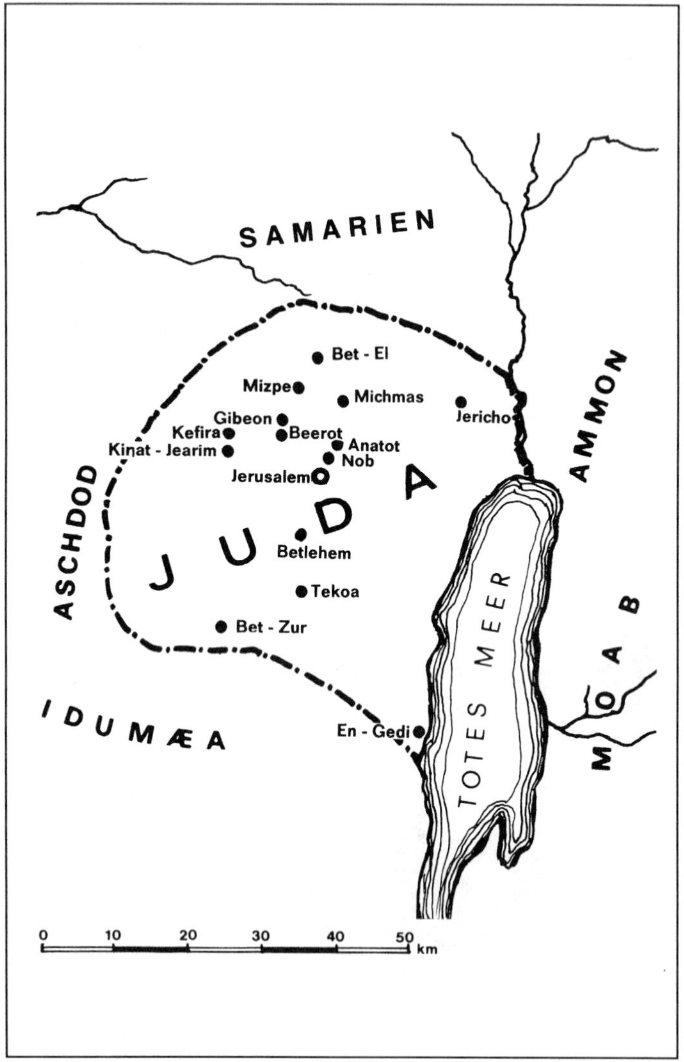

Karte 6: Juda in persischer Zeit

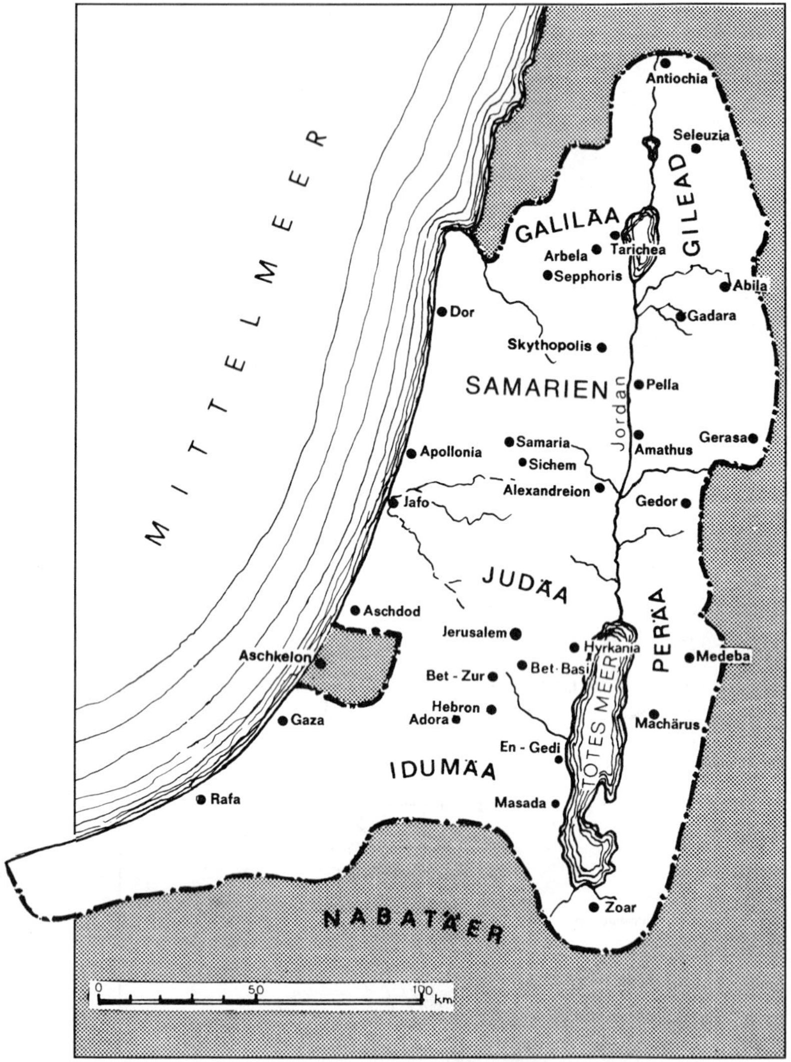

Karte 7: Der jüdische Staat in der Makkabäer-Zeit

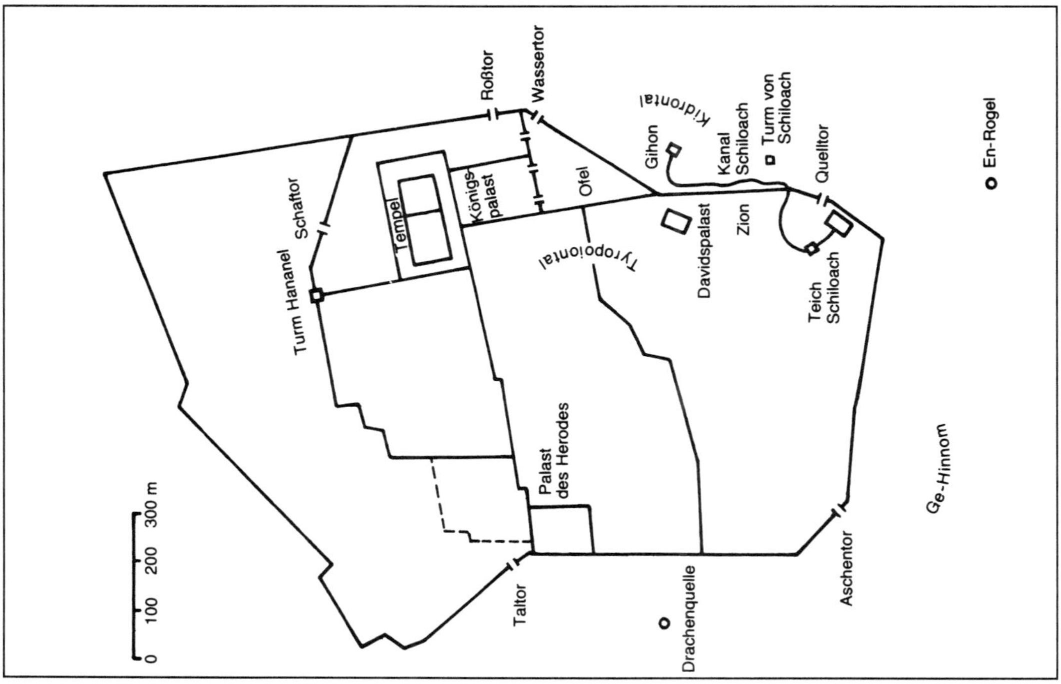

Karte 8: Jerusalem im Alten Testament

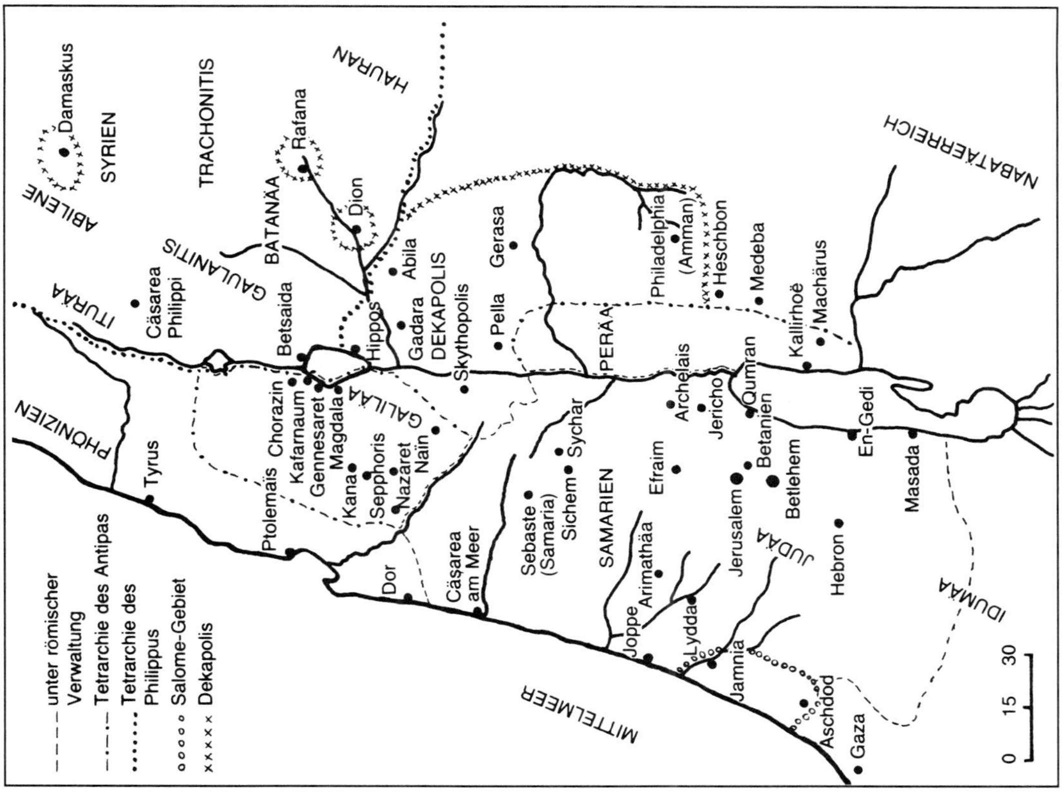

Karte 9: Palästina zu Beginn des 1. Jahrhunderts n. Chr.

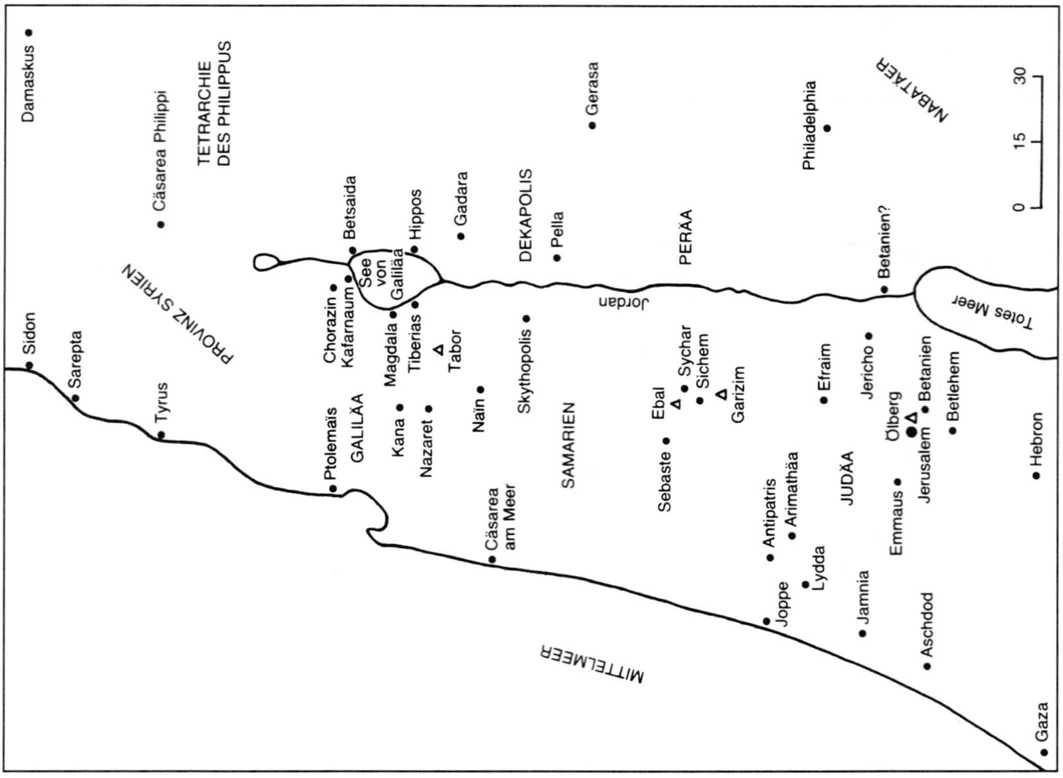

Karte 10: Palästina zur Zeit des Neuen Testaments

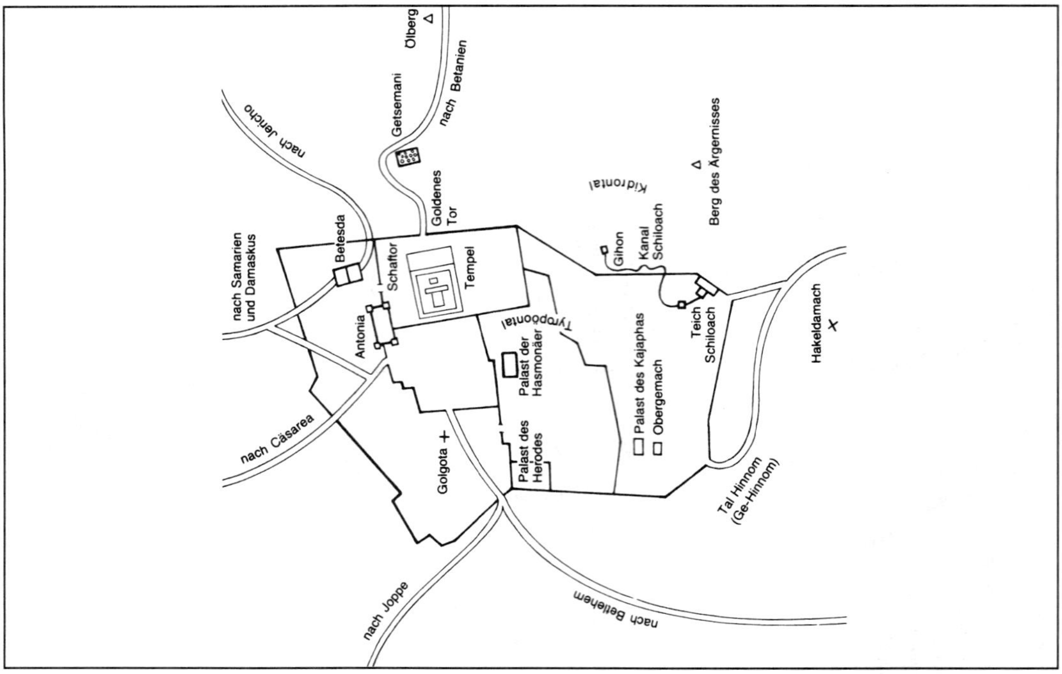

Karte 11: Jerusalem in neutestamentlicher Zeit

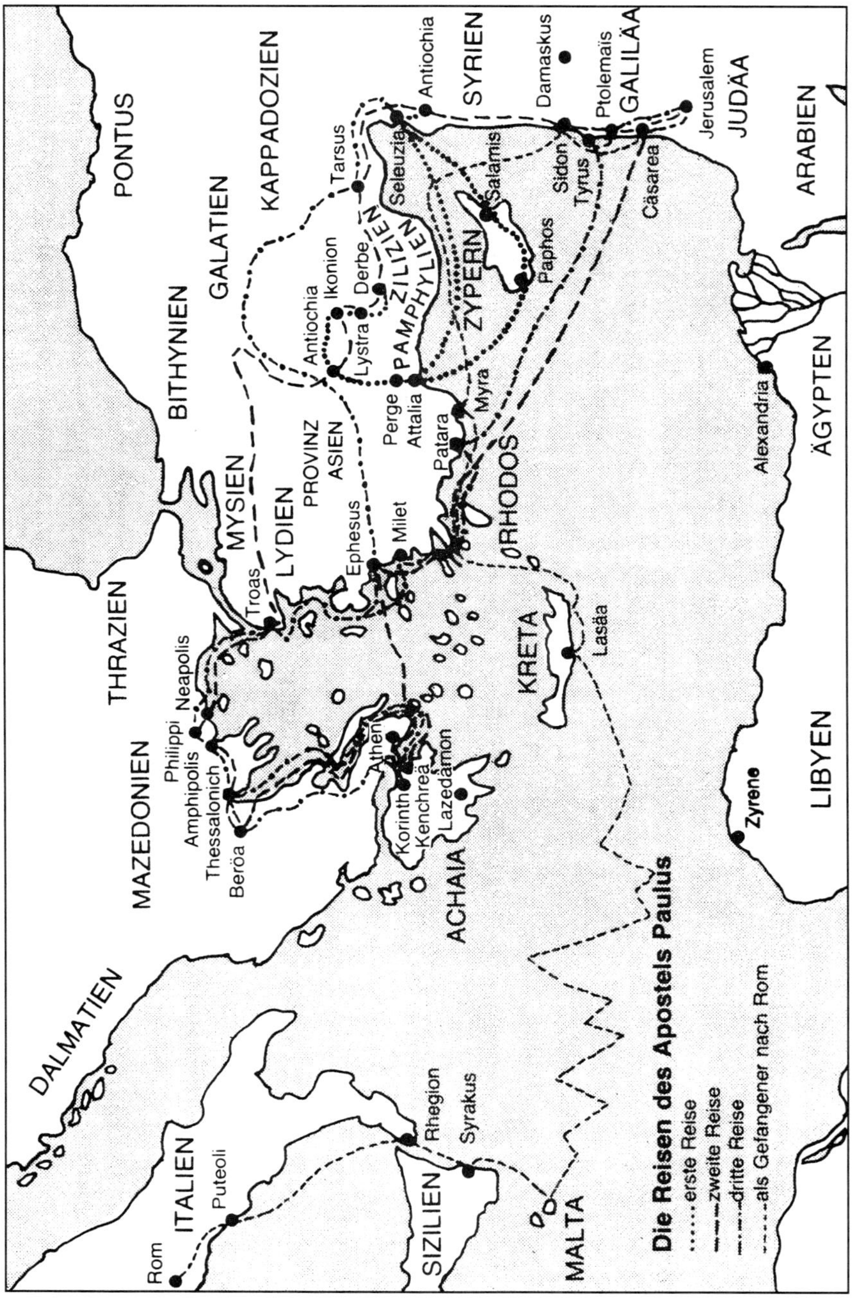

Karte 12: Die Reisen des Apostels Paulus

XI. VERZEICHNIS DER ÜBERSETZER UND MITARBEITER

Die Übersetzer des Alten Testaments
Heinrich Arenhoevel, Hermann Bückers, Alfons Deißler, Hermann Eising, Heinrich Groß, Ernst Haag, Vinzenz Hamp, Walter Kornfeld, Norbert Lohfink, Martin Rehm, Wolfgang Richter, Josef Scharbert, Johannes Schildenberger, Othmar Schilling, Rudolf Schmid, Heinrich Schneider, Josef Schreiner, Claus Westermann, Joseph Ziegler.

Die Mitarbeiter an der Übersetzung des Alten Testaments
Wilfried Barner, Eleonore Beck, Peter Bläser, Wolfgang Beilner, Richard Beron, Heinrich Böll, Uwe Förster, Joachim Goth, Odo Haggenmüller, Eberhard Haßler, Rudolf Henz, Hans Hilger, Alfons Kirchgässner, Otto Knoch, Emil Lengeling, Leopold Lentner, Gabriele Miller, Georg Molin, Otto Nüßler, Franz Planatscher, Josef Plöger, Christa Reinig, Theodor Schlatter, Egidius Schmalzriedt, Eugen Sitarz, Joseph Sulzbacher, Fridolin Stier, Gerhard Striebeck, Franz Josef Zinniker.

Die Übersetzer und die Mitarbeiter an der Übersetzung der Psalmen
Johannes Aengenvoort, Wilfried Barner, Richard Beron, Uwe Förster, Klaus Fricke, Herbert Goltzen, Heinrich Groß, Wilhelm Gundert, Odo Haggenmüller, Vinzenz Hamp, Rudolf Henz, Otto Knoch, Otto Nüßler, Franz Planatscher, Christa Reinig, Heinrich Rohr, Josef Scharbert, Fritz Schieri, Egidius Schmalzriedt, Eugen Sitarz, Oskar Söhngen, Fritz Tschirch, Eberhard Weismann, Claus Westermann.

Die Beauftragten für die Revision des Alten Testaments
[4] Weihbischof Josef Plöger, Weihbischof Klaus Dick, Bischof Reinhard Lettmann, Weihbischof Manfred Müller. Heinrich Groß, Ernst Haag, Odo Haggenmüller, Otto Knoch, Josef Scharbert, Josef Schreiner, Eugen Sitarz.

Die Übersetzer des Neuen Testaments
Gerhard Barth, Peter Bläser, Josef Blinzler, Otto Böcher, Kapistran Bott, Christoph Burchard, Josef Dillersberger, Martin Fischer, Joachim Gnilka, Erich Gräßer, Wilhelm Gundert, Klaus Haacker, Odo Haggenmüller, Ferdinand Hahn, Hellmut Haug, Rudolf Kassühlke, Otto Knoch, Heinz-Wolfgang Kuhn, Josef Kürzinger, Johann Michl, Franz Mußner, Engelbert Neuhäusler, Henning Paulsen, Wilhelm Pesch, Josef Pfammatter, Joseph Reuss, Eugen Ruckstuhl, Karl Theodor Schäfer, Theodor Schlatter, Heinrich Schlier, Josef Schmid, Rudolf Schnackenburg, Benedikt Schwank, Josef Sint, Gerhard Striebeck, Anton Vögtle, Karl Wennemer, Franz Zehrer, Heinrich Zimmermann.

Die Mitarbeiter an der Übersetzung des Neuen Testaments
Wilfried Barner, Eleonore Beck, Wolfgang Beilner, Richard Beron, Uwe Förster, Joachim Goth, Odo Haggenmüller, Eberhard Haßler, Rudolf Henz, Hans Hilger, Alfons Kirchgässner, Otto Knoch, Joseph Kopperschmidt, Emil Lengeling, Leopold Lentner, Johann Michl, Gabriele Miller, Engelbert Neuhäusler, Otto Nüßler, Franz Planatscher, Egidius Schmalzriedt, Eugen Sitarz, Oskar Söhngen, Joseph Sulzbacher, Gerhard Striebeck, Johannes Wagner, Karl Wennemer, Franz Josef Zinniker.

Die Beauftragten für die Revision des Neuen Testaments
Bischof Eduard Schick, Landesbischof Eduard Lohse, Erzbischof Johannes Joachim Degenhardt, Oberkirchenrat Wilhelm Gundert, Bischof Reinhard Lettmann, Weihbischof Hubert Luthe, Weihbischof Manfred Müller, Weihbischof Alois Stöger, Weihbischof Ernst Tewes. Gerhard Barth, Otto Böcher, Christoph Burchard, Martin Fischer, Joachim Gnilka, Erich Gräßer, Klaus Haacker, Odo Haggenmüller, Ferdinand Hahn, Hellmut Haug, Otto Knoch, Heinz-Wolfgang Kuhn, Egidius Schmalzriedt, Eugen Sitarz, Karl Wennemer.

Geschäftsführung
Otto Knoch

ALBIN EGGER-LIENZ
1868–1926

»... das Bild ist selbst
zu einem Stück Religion,
zu einem Gottesdienst geworden ...«

Von Gert Ammann

Es ist nicht von Anbeginn einsichtig, Werke von Albin Egger-Lienz dem Bibeltext beizugeben. Es ist zu hinterfragen, inwieweit Egger-Lienz ein religiöser Maler war bzw. wie sehr er seine Motive unter dem Aspekt religiös-christlicher Werte konzipierte. Man könnte es sich leicht machen und ein Zitat nennen, das er während der Konfrontation mit der Amtskirche 1925 festhielt, als seine Ausstattung der Kriegergedächtniskapelle in Lienz, vor allem wegen der Darstellung des Auferstandenen, abgelehnt und schließlich die Kapelle unter Interdikt gestellt wurde; er schrieb damals: »Ich bin religiös.«

Der Autor der Monografie über Albin Egger-Lienz, Prof. Wilfried Kirschl, konnte feststellen, dass es nur wenige persönliche Aussagen des Malers über Religion bzw. sein Verhältnis zur Religion gibt. Man spürt aber in vielen Fällen die innere Auseinandersetzung mit religiösen Aspekten, die bei Egger-Lienz verstärkt in der Person Christi zu liegen scheinen. Der Menschensohn inmitten der bäuerlichen Familie, als Teil des Lebens, als wesentlicher Mittelpunkt des Alltags. Wenn es bei Egger-Lienz um die Existenzfrage des Menschseins, ja auch der Menschlichkeit geht, dann markiert er Signale des Glaubens und auch des Heils. In diesem Sinne ist Albin Egger-Lienz ein religiöser Maler, geht es ihm doch um die Botschaft der Hoffnung. Wenn auch oft die Tragik des Daseins, die Ausweglosigkeit des bäuerlichen Menschen im Zentrum seiner künstlerischen und schöpferischen Gedankenwelt liegt, so spürt man darin oft die Sehnsucht nach Erlösung. Jeder Betrachter für sich wird den Zugang zum Werk von Albin Egger-Lienz auf eine ganz persönliche Weise wahrnehmen und ganz persönlich Zugang finden; jeder für sich entscheidet über das Fühlen der Botschaft, die der Künstler mit seinem Bildmotiv und seiner Ausdrucksweise ausgesandt hat.

Gerade die exemplarischen Motive wie »Christi Auferstehung«, die »Pietà« oder »Christnacht«, der »Totentanz«, der »Sämann und Teufel«, der »Feldsegen«, die »Kriegsfrauen« oder die »Generationen«, aber auch die Motive wie das »Finale« oder »Missa eroica« senden Botschaften aus, die aus dem Ringen des Künstlers nicht nur um formale Belange, sondern um geistige, ja religiöse Auseinandersetzung wachsen: Meist steht der Mensch eingewoben in sein Schicksal, in die äußeren Nöte der Ereignisse und ist den inneren Zwängen der Lebensexistenz ausgeliefert. Aber gerade diese Darstellungen – weil sie so eng mit dem Menschsein und der Menschenwürde verknüpft sind – sind unmittelbar Botschaften eines Heilsgedankens.

Das Gesamtwerk von Albin Egger-Lienz wird immer von verschiedenen Positionen zu beachten und zu beurteilen sein. Das Werden und Vergehen des Menschen – Leben und Tod – stehen meist im Mittelpunkt der Sujets, damit bleibt die Botschaft an die Menschen stets aktuell.

»Religiosität im strengsten Sinne wendet das Empfinden für weltläufige und in diesem Sinne bestehende Ordnungen zu einer gewissen außerweltlichen Insichgekehrtheit«, meint Egger-Lienz 1922 und zwei Jahre vor seinem Tod äußert er sich: »Die Christus Lehre währe das, nach meiner Auffassung, was erneuert und mit dem Lebendigen Sinn in die Welt getragen werden müsste.«

Drei öffentlich zugängliche Sammlungen von Egger-Lienz-Werken vermitteln anschaulich sein Œuvre: das Museum der Stadt Lienz auf Schloss Bruck (im Folgenden MSB Lienz genannt), das Tiroler Landesmuseum Ferdinandeum mit den Leihgaben des Landes Tirol (im Folgenden TLMF genannt) in Innsbruck und das Leopold Museum Privatstiftung in Wien.

Es ist schon viel Gültiges über Egger-Lienz geschrieben worden. Die Monografien von Curt H. Weigelt (Berlin 1914), Josef Soyka (Wien 1925), Giorgio Nicodemi (Brescia o. J.), Heinrich Hammer (Innsbruck-Wien-München 1930) und schließlich das Standardwerk mit dem Gesamtwerk von Wilfried Kirschl (Innsbruck 1977 und in einer neuen, erweiterten Auflage Wien-München 1996) haben ganz wesentlich zur Einordnung und Interpretation der Werke von Egger-Lienz beigetragen, aber auch seine Bindungen zur europäischen Kunst notiert. Hier anzuschließen sind die von Gert Ammann bearbeiteten Bestandskataloge des Tiroler Landesmuseums Ferdinandeum (Innsbruck 1996, 3. Aufl. 2001) und des Museums der Stadt Lienz auf Schloss Bruck (Lienz 2001).

Ausgangspunkt für sein Œuvre ist die Münchener Phase, die vor allem mit dem »Ave Maria nach der Schlacht am Bergisel« (1894/96, TLMF) und den Genreszenen in der Manier von Franz von Defregger markiert wird. Die Neigung von Egger-Lienz für den großen Tiroler Maler in München prägte ihn nur eingangs. Vielmehr ging Egger-Lienz eigene Wege, nachdem er an der Münchener Akademie den Einstieg in die Historienmalerei des späten 19. Jahrhunderts erleben konnte. Dieser Motivbereich war ihm einst sein Lebensraum, dem er aber mit gewaltigen Schritten entfliehen konnte. Wenn auch die Tradition der Historienmalerei durch Carl Theodor von Piloty in München übermächtig war, gelang es Egger-Lienz, aus dieser Norm auszubrechen. Im »Kreuz« (1901, TLMF) vermochte er jenes Kompositionsschema zu realisieren, das er später weiterentwickeln konnte: Es ist der Bruch mit der theatralischen, bühnenhaften Statik des Motivs, die noch ein wenig dem »Ave Maria nach der Schlacht am Bergisel« anhaftet; im »Kreuz« ist die bewusste Betonung des zufällig gewählten Bildausschnittes mit den fast aus dem Bildrahmen herausdrängenden Männern, das keilförmige Vorpreschen und das dichte Nachschieben der anonymen Masse von kriegerisch gestimmten Mitstreitern notiert. Hier ist die im Bildfeld dynamische Konzeption im »Haspinger Anno Neun« (MSB Lienz) vorweggenommen, hier kündigt sich die Konzeption des monumentalen Gemäldes »Den Namenlosen« (Heeresgeschichtliches Museum Wien) an. Die breite Front der Helden in den Motiven zum Thema »1915« steht diesem Schema entgegen, denn hier dominiert die pathetische Heroik. Die dynamische Bewegung des Bildgeschehens im »Haspinger Anno Neun« ist von der Diagonalen bestimmt. Wilfried Kirschl hat mit Recht auf scheinbare Vorbilder für diese »Historienbilder« in den Gemälden Arthur Kampfs »Choral nach der Schlacht von Leuthen« bzw. Julien Le Blants »Aufstand der Royalisten in der Vendée« aufmerksam gemacht. Egger-Lienz fand die atmosphärische Raumbühne in der Natur, nicht im Guckkasten der Theaterbühne.

Die Charakterisierung der dargestellten Menschen entnahm er der Realität, seine Mitmenschen standen ihm Modell: Es waren Frauen, Männer, Mädchen und Burschen in Sarnthein, in

St. Leonhard in Passeier oder in Längenfeld im Ötztal, nicht die Mitmenschen in München oder Wien. Egger-Lienz bedurfte stets des realen Gegenstandes als Vorbild für seine Kompositionen, der menschlichen Figur, des Antlitzes, der Hände oder der Bewegungsmomente, ja bis hin zu jenem Laib Brot für »Das Leben«, den er sich aus Lienz nach Wien senden ließ. Egger-Lienz skizzierte in den vom Geschehen gezeichneten Personen das jedem eigene Schicksal, das er in den späten »Gedankenbildern« so markant aufgreifen und demonstrieren sollte. Die Dichte der Menschenmenge in den Frühwerken wird später zu klar überschaubaren Einzeldarstellungen der Personen. In den bewusst auf das Menschenschicksal abgestimmten Sujets negiert Egger-Lienz diese komplexe Komposition und gelangt zu statischen triptychonartigen Schemata.

Die Spannweite des Bildnisses als autonomes Werk und nicht in der Bindung an die erzählerische Vielfalt wird in der Position des Porträts seines Sohnes »Fred« (1908) und des »Selbstbildnisses« (1923) – beide im TLMF – spürbar: Beim »Fred« wird die liebevolle und doch kühle Distanz und das unbekümmerte, legere und doch spannungserwartende Dasein des Kindes sichtbar, die Augensprache klingt wie im Selbstbildnis von 1911, in den Bildnissen von Lorli (1907, Privatbesitz; weitere Fassung im MSB Lienz) und Ila (1919/1920, Neue Galerie Linz). Im Selbstbildnis von 1923 ist gleichermaßen die Distanz und die Skepsis des Malers zu sich und dem Betrachter spürbar. Hier tritt die individuelle Charakterisierung klar vor Augen, in den vielen porträtähnlichen Menschenbildern ist die Lebendigkeit des Modells zu einer allgemein gültigen Markierung des Seelenhaften gewandelt. In ähnlichem Sinn als »Porträts« sind die späten Stillleben wie das »Rosenstillleben mit schwarzem Handschuh« (1922) oder die »Toten Hasen« (1925) zu sehen.

Die skizzenhaften, spontan gemalten Studienköpfe vermitteln die Ergriffenheit von menschlichem Sein, vom Charakter des Mannes, der Frau, des Greises oder des Kindes. Es sind meisterhafte Fingerübungen zum »Leben« (Österreichische Galerie Belvedere, Wien), zum »Totentanz«, zu den »Generationen« (1919, Privatbesitz). Hier wird die Spannkraft der detaillierten Sicht des Menschenantlitzes aktuell, das sich im großen Gemälde in den Gleichklang der Komposition einbindet. Hier setzt Egger-Lienz einen impulsiven Malduktus, der seinesgleichen sucht. Die Prägnanz der Form wird schließlich auch in den Zeichnungen augenscheinlich, in den subtilen und doch großzügig geformten und das Volumen umspannenden Modellierungen. Die knappe Notiz zu den kargen Frauenköpfen der »Kriegsfrauen« (1918/22, MSB Lienz) oder des Greises der »Generationen« steht deutlich im Gegensatz zu den Aquarellkopfstudien zum »Totentanz«. Diese sind nur ansatzweise in ihrer Porträthaftigkeit evident, eigentlich zeigen sie mehr den Typus des Bauern, des Jungen, des Alten, schließlich des toten Menschen. Die Prägnanz der Modellierung gehört zu den wesentlichen Handfertigkeiten von Egger-Lienz, sie vernetzen sein ganzes Werk in konsequenter Art. Dies ist nicht nur dem Bildnis eigen, sie wird auch in der Erfassung des Volumens aktuell angesprochen.

Wenn zwischen dem Frühwerk und den Motiven um 1909/1910 der »Weihbrunn sprengende Bauer« (1907, TLMF) in das Gesamtwerk von Egger-Lienz eintritt, so gewinnt die ländliche Welt des Menschen, aber auch der Glaube an die überirdische Hoffnung eine stabile Position, die bereits im spätgotischen Bildwerk des »Kreuzes« evident war. Der Glaube ist auch eingebettet in die Stille der »Bauernstube« (1920, Historisches Museum der Stadt Wien) und in vollem Maße im »Tischgebet« (1923) und in der »Auferstehung« (1924), beide im TLMF. Der Glaube an die Hoffnung überstrahlt das isolierte Dasein der Mütter: Der Gekreuzigte prägt den Lebensraum der in der Nachkriegszeit allein gelassenen Frauen. Die »Auferstehung« und die

»Pietà« (1926, Leopold Museum Privatstiftung, Wien) zählen zu den eindringlichsten elementaren Bildschöpfungen von Egger-Lienz. In der »Pietà« orientiert sich Egger-Lienz formal auch an dem »Toten Christus« von Andrea Mantegna. Die Trostlosigkeit der »Mütter« und die menschliche Einsamkeit im »Tischgebet« werden von der Hoffnung abgelöst. Für Egger-Lienz bot die »Auferstehung« die Realisierung des großen Mysteriums: »Vor diesem Werden steht für mich die Zeit stille und löst mich völlig von aller Erde, allem Leiden« (1923).

Es mag auch nur ein Zeichen des Lichtes sein, das die Landschaft bei »Virgl« (1913, TLMF) markiert, das in drei Bahnen in die breite Ebene herabströmt: Sie beherrschen den gesamten Landschaftsraum, aus kompositorischer Sicht greift als optisches Gegengewicht der beleuchtete Gegenhang ein, in gedanklicher Weise ist aber doch eine metaphysische Dimension spürbar. Die Bindung zum Landschaftlichen wird bei der »Erde«, aber vor allem beim »Vorfrühling« (1907, MSB Lienz) angesprochen. Viel später nehmen der »Sonnenuntergang auf der Mendel« (1919, MSB Lienz) und das fast abstrahierte, breit gelagerte Bild von »Sigmundskron« (1921, TLMF) mit dem stillen Horizont und den aufflackernden blühenden Bäumen im Dunkel des Vordergrundes die Lichtvision auf. Diese späten Landschaften – hier ist auch der »Kalvarienberg« eingebunden – stehen im Gegensatz zu den spontanen Stimmungsinterpretationen in der »Dünenlandschaft« oder im »Meer« aus der Zeit in Katwijk 1913 (MSB Lienz), das Letztere wohl eine der freiesten malerischen Impressionen von Egger-Lienz, dem der »Bergraum« (1911, Alpenvereinsmuseum Innsbruck) mit der Hohlraumkomposition formal entgegensteht.

Die monumentale Dimension des großformatigen Gemäldes »Einzug König Etzels in Wien« (1910/1911, Historisches Museum der Stadt Wien) steht in der Nachfolge der Mächtigkeit vom »Haspinger Anno Neun« und des »Totentanzes«, leitet aber auch über zum »Leben« (1910/1911). Im »Etzel« klingt erstmals und letztmalig die Einbindung des Weiß der Frauengestalten, des Gold und Blau im Schmuck und des Rot-Schwarz der Pferde und Reiter im Sinne der dekorativen Klangfarbe des ausgehenden Secessionismus an. Es war eine Herausforderung für Egger-Lienz, das für den Büffet-Raum des Wiener Rathauses gedachte Kaseinbild – einem Fresko ähnlich – in dieser dekorativ-monumentalen Wirkung zu konzipieren. Gleichzeitig betont Egger-Lienz vehement auch die Neigung zum Monumentalen, die sich später in der Weimarer Zeit deutlich in den Vordergrund drängt – nicht nur durch die Begegnung mit Ferdinand Hodlers Werk und dem daraus entbrannten »Hodlerstreit«, sondern auch in der formalen Entwicklung seiner Motive.

Es ist aber auch jene Phase im Werk von Egger-Lienz angesprochen, in der er sich vor allem an dem plastischen Volumen des belgischen Bildhauers Constantin Meunier – man denke an die Meunier-Köpfe im »Totentanz« – orientiert, sich in der Bürde der schwer schreitenden Männer im »Totentanz« den lebensgroßen realistischen Figurenkomplexen eines Auguste Rodin nähert. Nicht umsonst wies Egger-Lienz etwa in seiner Weimarer Zeit seine Schüler – u. a. Rudolf Wacker, der allerdings dann den Weg der Neuen Sachlichkeit beschritt – an, wie Bildhauer zu zeichnen. Es ist aber auch die Hommage an Jean-François Millet augenscheinlich, dessen »Sämann« von 1850 (und im übertragenen Sinn van Goghs »Sämann« von 1883) Egger-Lienz in der ersten Fassung seines »Sämanns« anvisiert. In der Gestalt des »Blinden« in einer Zeichnung von 1923 (TLMF) wird der Nachhall von Millets »Berger gardant son troupeau« sichtbar. Die in Ausstellungen in Wien erlebten Werke großer europäischer Künstler sind ihm nachhaltige Begegnungen. Egger-Lienz ist aber befähigt, aus der individuellen Kleinsicht der Nachahmung zur eigenen gedanklichen Weitsicht zu schreiten. In diesen für das menschliche Dasein elementaren Motiven lässt Egger-Lienz die ganze Tragkraft seiner Gedankenwelt wirksam werden. Orientie-

rung gaben ihm Zeichnungen von Käthe Kollwitz oder Menschenbilder des Finnen Axel Gallén-Kallela, Auseinandersetzungen boten auch Gemälde von Edvard Munch und Ferdinand Hodler, herausfordernd wirkten auch die Bildwerke der französischen Impressionisten – man denke an Eggers lichtdurchflutetes Sujet der »Maisernte« (Ostrau, Aquarell im TLMF). Seine Gegenposition zu den österreichischen Malern etwa der Neukunstgruppe mit Schiele, Kokoschka und Faistauer wird aber ebenfalls deutlich.

Die gedanklichen Bildinhalte beim »Totentanz« (ab 1906), dem der Zug der Männer »Nach dem Friedensschluss« (1902, MSB Lienz) voranging, weiten sich bis hin zum »Finale« (1918, Sammlung Leopold, Wien), zu »Christi Auferstehung« (1924, TLMF) und dem »Toten Christus« (1926, MSB Lienz) aus, begleitet von den »Kriegsfrauen« (1918/1922, MSB Lienz), den »Müttern« (1922/1923, TLMF), den »Alten« (1912/14, MSB Lienz) und den »Generationen« (1918/1919, Privatbesitz): Es ist das Schicksal, das unausweichliche Spannungsfeld zwischen Werden und Vergehen, zwischen Leben und Tod; es ist die Allgegenwart des Leides, der Not, der Ausweglosigkeit, der Bitternis und der Isolation; es ist der Zwang des Daseins, die all diese Motive prägen. Im »Totentanz« klingt noch die Bewegung des Schreitens an, in den späten »Gedankenbildern« ist nur mehr die Ruhe in der Statik wirksam. Auch über dem »Tischgebet« lagert die Einsamkeit der leeren Bauernstube. Die Motive der »Mütter«, des »Tischgebets« und der »Auferstehung« werden eigentlich erst nach dem »Finale« erklärbar. Das »Finale« in der Sammlung Leopold ist zweifellos das zentrale Werk im Œuvre von Egger-Lienz, mit dem er in die Kategorie des deutschen Expressionismus eintaucht und zugleich zu einem Mahner gegen den Krieg wird. Die Parallelität zu den antikriegsmahnenden Werken von Max Beckmann oder Otto Dix verdeutlicht bei Egger-Lienz eine andere, veristische Sichtweise des Todes.

Hier schiebt sich »Die Arbeit« oder »Der Mensch« (1912–1914) ein, eine Demonstration des Werdens und Vergehens, des Menschen, der Alten, der Arbeit, aber auch der Lebensabschnitte in der Natur und im Tagesablauf. Die Orientierung im Formalen auf den heroisierenden Ferdinand Hodler wird spürbar. Egger-Lienz bleibt aber der um die Existenz des Menschen Ringende und verläuft sich nicht in die Parallelität der Schönlinigkeit und das leuchtende Kolorit des Heroischen. Die im Boden kauernden und von der Erde umschlossenen Körper finden sich in »Den Namenlosen 1914« (1916), im »Totenopfer« (1918) und in der »Missa eroica« (1918) wieder. Die Betonung des Plastischen, des in sich geschlossenen Volumens, der an der Oberfläche gespannten Körper, der kubischen Rhythmen, der Verkürzungen und Verzerrungen ist zum zentralen Konzept der Figuration geworden. Erst im »Finale« wird diese von innen gebaute Körperlichkeit in eine organische Deformation gewandelt. Die Brutalität des Todes – in Erinnerung an die Massengräber des Ersten Weltkrieges – ist als Bildthema bis in unsere Tage aktuell, erschütternd, mahnend, anklagend, in der Dramatik leider wahr. Seit diesem Gemälde haben sich die Gesichter seiner Menschen verändert, sie sind in ihrer Wahrheit zu stillen Zeitzeugen geworden; sie sind Mahner und Botschafter des Leides und des Todes, sind allgegenwärtige Akteure des Zornes gegen den unheilvollen Krieg. Es sind introvertierte Seher, stumme Beobachter einer unheilvollen Welt. Diese Dimension wird bis zur »Pietà« (1926) tradiert.

Egger-Lienz zeigt neben den Zwängen im menschlichen Schicksal auch ein wenig die lebensfrohe Seite der bäuerlichen Welt. Das leuchtende Kolorit in den Motiven mit den Bergmähern, Schnittern, ruhenden Hirten oder dem Mittagessen vermittelt eine andere Welt. Die Tätigkeit der Bauern, die positive Lebenseinstellung, die Gemeinschaft im Alltag des »Mittagessens« (1910, Sammlung Leopold, Wien) oder die Eigenexistenz in der »Quelle« (1924, TLMF) zeigen die Palette des Alltags. So erscheinen diese Motive in den Gleichklang der Menschenschilderung bei Egger-Lienz eingewoben zu sein. Diese Genremotive sind in Wiederholungen nach von Egger-Lienz früher konzipierten Kompositionen evident, erinnern etwa an die Erstfassungen der »Bergmäher« von 1907 oder des »Mittagessens« von 1908; sie spiegeln aber ebenfalls deutlich die Facetten der Arbeitsweise und der Auftragssituation wider. In Erinnerung an frühe Motive sind auch die Aquarellfassungen von Details wichtiger Bildkonzepte wie dem Sämann, den Bauern im »Totentanz« oder den Schnittern entstanden und als Auftragsarbeiten oder als Vorräte zum Verkauf zu verstehen. Darin wird die ganze Spannweite der Persönlichkeit von Egger-Lienz wach: nicht nur die künstlerische Wertigkeit und Dimension, sondern auch die Alltagszwänge des Menschen Egger-Lienz.

Am Ende seines künstlerischen Weges nimmt Egger-Lienz in den Lünettenbildern des von Clemens Holzmeister gestalteten Sitzungssaales der Industriellen in der Wirtschaftskammer Tirol in Innsbruck nochmals das Thema Arbeit in den »Holzarbeitern« und den »Balkenträgern« (1924) auf. Die Zeichnungen sind noch um die Bewegung ringende Studien, die in knapper Formulierung die Rhythmik des Arbeitsprozesses widerspiegeln; in den Kaseinleinwandgemälden dominiert das konstruktive Schema. Und ein Resümee seines »religiösen« Werkes ist in der Kriegergedächtniskapelle bei der Pfarrkirche St. Andrä in Lienz erhalten. Die Geschichte der Kapellenausstattung mit Fresken zeigt die zeitgenössische Brisanz der Kunstauffassung Eggers. Der für die damalige Zeit ungewöhnlich gestaltete auferstandene Christus als Mensch wie du und ich wurde von der Amtskirche nicht akzeptiert – erst 1950 wurde die Kapelle wieder der Öffentlichkeit zugänglich.

Die Werke von Albin Egger-Lienz vermitteln eine klangreiche Palette. Sie präzisieren seine Position innerhalb der österreichischen Kunst des beginnenden 20. Jahrhunderts als um Realität bemühter und an gedanklicher Überhöhung orientierter Interpret des bäuerlichen Alltags, aber auch der Schrecken des Krieges und der Vereinsamung des Menschen. Albin Egger-Lienz war ein Schilderer des Menschendaseins und bleibt ein Mahner der Menschlichkeit. Die Totenmaske, abgenommen vom Bozner Bildhauer Andreas Kompatscher, zeigt nicht mehr die Verbitterung oder die Skepsis, von denen Egger-Lienz immer wieder geprägt war; die Gesichtszüge vermitteln Frieden, Hoffnung und Zuversicht – Zuversicht, dass sein künstlerisches Werk und Erbe bewahrt bleibt: »Wenn die Welt untergeht und manche alte Werte und Begriffe sich verwischen, so steht mein Werk außerhalb des Rummels, wie ein Sein für sich« (Brief von Egger-Lienz an Otto Kunz, 1912).

(Veränderte und für diese Bibel erweiterte Fassung des Beitrages im Bestandskatalog des Tiroler Landesmuseums Ferdinandeum, Innsbruck 1996)

CHRONIK DER FAMILIE

EHEMANN

Name

geboren am in

getauft am in

Taufpaten

EHEFRAU

Name

geboren am in

getauft am in

Taufpaten

WIR HABEN UNS VERMÄHLT

am

in der -Kirche

in

von Pfarrer

UNSERE TRAUZEUGEN

ELTERN UND GROSSELTERN DES EHEMANNES

ELTERN DES EHEMANNES

Vater

geboren am　　　　　　　　　　in

Mutter

geboren am　　　　　　　　　　in

getraut am　　　　　　　　　　in

GROSSELTERN DES EHEMANNES

Großvater

geboren am　　　　　　　　　　in

Großmutter

geboren am　　　　　　　　　　in

getraut am　　　　　　　　　　in

Großvater

geboren am　　　　　　　　　　in

Großmutter

geboren am　　　　　　　　　　in

getraut am　　　　　　　　　　in

ELTERN UND GROSSELTERN DER EHEFRAU

ELTERN DER EHEFRAU

Vater

geboren am in

Mutter

geboren am in

getraut am in

GROSSELTERN DER EHEFRAU

Großvater

geboren am in

Großmutter

geboren am in

getraut am in

Großvater

geboren am in

Großmutter

geboren am in

getraut am in

KIND

Name

geboren am in

getauft am in

von

Taufpaten

Kommunion / Konfirmation / Firmung

getraut am in

mit

geboren am in

ENKEL

KIND

Name

geboren am in

getauft am in

von

Taufpaten

Kommunion / Konfirmation / Firmung

getraut am in

mit

geboren am in

ENKEL

KIND

Name

geboren am in

getauft am in

von

Taufpaten

Kommunion / Konfirmation / Firmung

getraut am in

mit

geboren am in

ENKEL

KIND

Name

geboren am in

getauft am in

von

Taufpaten

Kommunion / Konfirmation / Firmung

getraut am in

mit

geboren am in

ENKEL

VERSTORBENE

Name

geboren am in

im Alter von Jahren

Name

geboren am in

im Alter von Jahren

Name

geboren am in

im Alter von Jahren

Name

geboren am in

im Alter von Jahren

Name

geboren am in

im Alter von Jahren

VERSTORBENE

Name

geboren am in

im Alter von Jahren

Name

geboren am in

im Alter von Jahren

Name

geboren am in

im Alter von Jahren

Name

geboren am in

im Alter von Jahren

Name

geboren am in

im Alter von Jahren

JUBILÄEN UND GEDENKTAGE DER FAMILIE

JUBILÄEN UND GEDENKTAGE DER FAMILIE